国学经典文库　图文珍藏版

私家藏书

马松源⊙主编

线装书局

图书在版编目（CIP）数据

皇家藏书/马松源编.--北京：线装书局，
2011.7（2021.6）
（私家藏书）
ISBN 978-7-5120-0402-3

Ⅰ.①皇… Ⅱ.①马… Ⅲ.①皇室－私人藏书－中国
Ⅳ.①G258.83

中国版本图书馆CIP数据核字（2011）第145235号

皇家藏书

主　　编：马松源
责任编辑：崔建伟　高晓彬
出版发行：线装書局
　　　　　地　址：北京市丰台区方庄日月天地大厦B座17层（100078）
　　　　　电　话：010-58077126（发行部）010-58076938（总编室）
　　　　　网　址：www.zgxzsj.com

经　　销：新华书店
印　　制：北京彩虹伟业印刷有限公司
开　　本：710mm×1040mm　1/16
印　　张：112
字　　数：1360千字
版　　次：2021年6月第1版第2次印刷
印　　数：3001-9000套

线装书局官方微信

定　　价：598.00元（全四卷）

·总 序·

　　一般来说，藏书作为一项社会事业，离不开私人即藏书家的贡献。真正的读书人都是爱书的。用心挑选，四处访求，持之以恒，就成了藏书家。追源溯史，私家藏书可谓现代图书馆的鼻祖。世界上许多有名的图书馆，都始于私家藏书，尤其珍本善本大多来自私人捐赠和洽购。比如，哈佛大学图书馆系统是美国最古老，也是世界最大的学术图书馆，拥有七十多个分馆和一千五百多万册藏书。它的"出身"却并不显赫，第一批藏书来自一位剑桥毕业生约翰·哈佛先生1638年的遗赠，约四百册，以《圣经》与神学著作为主，还有语法、词典和古希腊罗马文学，都是主人从英国带来的。再如，拥有世界第四大藏书的纽约公共图书馆，也是以私家藏书起家的，每年都有大批私人捐赠。镇馆之宝则是流入美国的第一部"古登堡《圣经》"，受赠于图书馆的创始人之一的列诺克斯先生。

　　就中国而言，私家藏书构成了我国古代藏书的基础。历代的藏书事业，无论皇家藏书、名家藏书、民间藏书或是寺观藏书、书院藏书均对中华文明的发展、社会的进步做出了各自的贡献，甚至可以说，没有藏书文化，便不会有中国的历史文化。私家藏书具有不可替代的特殊地位，正如浩瀚的海洋不可缺少涓涓细流的汇入，许多珍贵的典籍正是通过私家藏书这一绵延不绝的渠道得以保存和流传。从收藏者的身份看，主要是皇室成员、达官显贵、学者名流及绅士百姓；从藏书的类别看，则主要为经典政书、善本孤本、禁书杂书等。政书齐备、版本精夥、善本孤本多、禁书奇书多、实用性与趣味性并存，是私家藏书的最大特色。私家藏书内容极为丰富，在我国文化传承中占有举足轻重的地位，可谓华夏文明最为重要的"矿脉"之一。

　　私家藏书就其整体而言，是一种复杂的历史存在，大多是中国封建王朝时期曾被中央和地方政权明令禁毁的名著。这些被禁毁的书籍多为涉及风花雪月的"人情小说"及至"淫词小说"或称"爱欲小说"。相对于中国正统的"经典文化"，这些"爱欲小说"所呈现的亚文化形态，较少虚饰成分，更贴近民族历史、社会生活和精神面貌的实际。这一流派的名著，不仅长于男女两性关系的描写，它所涉及的社会画面非常广泛。其性爱描写虽直露烦碎，溺于展示，但"意不在事，不避鄙秽"。因此，我国古代统治者以维系道德、清净风化为由，冠以"诲淫诲盗"的罪名对那些"难入大雅"的异编、邪论和淫词小说一律予以封杀禁毁，每次焚书，都会有人冒灭顶之灾挟书犯禁。这些"人间奇品"随即转入地下，或手抄、或私刻，袖手暗递、秘相传阅。然而随着时代的变迁及各种历史原因，如文化交流、战争、贸易往来等，这些私藏于民间地下的书籍旋聚旋散，有的毁于战火，有的已经流失到海外，其版本就成了绝本、孤本，甚至一些残卷也是当世仅存的，藏书家不愿将其公布于世，读者浪难寓目。这些稀珍秘本的散落遗失，确实是我们中国人的遗憾。有鉴于此，我们站在新的时代文化高度进行审视观照，对禁毁名著的文化剖析和批判以及对中国古代思想文化进程的检讨，鉴于阐扬历史文化遗产，为中国古典名著保留传承尽份心力。我们组织北京大学、清华大学、中国社会科学院历史研究所、中国社会科学院图书馆等单位的专家学者，历经数载，遍及海内外各地搜集整理，同时，对明清时期的私家藏书进行了大量的检索研究工作，参照现存关于私家藏书的全部可见目录及研究著作，经过反复筛选与研究，力图推出在中国文化历史上最具冲击力、生命力、影响力及争议性的著作，充分展示了私人藏书中最为精华的部分奉献给读者，其独特价值不言而喻。

就这套《私家藏书》而言，其得以面世，可谓费尽周折，十分不易。全书共分为皇家藏书、名家藏书、民间藏书和海外藏书共四大版块，每个版块下又分为绝世孤本、珍稀秘本、手抄真本、禁毁私刻本等若干篇，收录了明清两代名气最大、见者最少、版本最精的私家秘藏本二十二部，从皇家成员到士农工商，无所不包。作为皇室成员收藏的皇家藏书多为世间极品，且为各种治国为政、经天纬地之作是其收藏之重点，各种兵学、史学、国学经典之作，更是皇子龙孙必读之课本，其所收录的是当世校勘最精绝的版本，还有部分珍贵典籍因为有皇帝御批的手迹而成世间至宝；名人私家藏书按藏书者的不同精选了鲁迅藏书、郑振铎藏书、马廉藏书和李卓吾藏书，广集明清两代名流雅士、达官贵族和成功臣子所秘而不宣、用而不语的私藏珍籍，以填补中华文化史上古籍之空缺；私家藏书中占份额最大的部分是民间私藏的书籍，由于带有浓烈的个人喜好和品味的特点，因而极为丰富多彩，其所收录的有珍本秘笈的正统经书，更多的却是禁毁孤绝的一些奇书、异书、冷僻书，甚或淫邪激进的书籍，世间少见，反映了民间独特的文化品味和猎奇心理，也大大弥补了其它藏书的不足；由于历史的原因，世界上许多国家都藏有大量中国珍贵书籍，其文物价值极高，此次整理，我们将流失海外已久的孤残本等多种国内从未出版的书收入其中，从中可以获得更多、更新的信息，填充国内很多研究领域的空白。在对流失海外书籍的收集过程中，我们得到了美国哈佛大学图书馆、日本东京大学图书馆、英国剑桥大学图书馆、法国巴黎图书馆、荷兰汉学院、俄罗斯莫斯科图书馆以及韩国岭南大学中央图书馆等多家藏书机构和海外很多私人藏书家的支持和帮助，在此表示衷心地感谢！

为方便读者和研究者阅读欣赏，增加对这些私家藏书的了解和鉴别能力，《私家藏书》所收诸书，均保留原汁原味，不作任何删节。我们相信本书的出版将为学术界、文化界提供珍贵的史料，有鉴于我们对中国古代文化的研究与探讨，是一件造福于子孙后代的善事。当然，由于此项是一个大型的文化工程，因资料范围广，精选难度高，工作复杂纷繁等诸多原因，书中仍不免存在疏虞之处，恳请有关专家、学者和广大读者给予谅解和指正，以便我们及时修正。

第一卷：皇家藏书

皇家藏书是指皇族贵胄的私人藏书。有几千年封建皇权统治历史的古代中国，皇家的豪贵气派与王者尊严都是至高无上的，皇家的一切都是世间极品，皇家藏书也是一样。　历代帝王无不重视藏书建设，广收天下典籍至宝，博采海内奇书、秘本，对一些威胁其统治地位或十分珍奇的书，往往外禁内用。各种治国为政、经天纬地之作是其收藏之重点，各种兵学、史学、国学经典之作，更是皇子龙孙必读之课本。本卷"皇家藏书"所收录的是当世校勘最精绝的版本，还有部分珍贵书籍因为有皇帝御批的手迹，而为世间至宝。

第一篇：皇家藏绝世孤本

《照世杯》　（清·酌元亭主人）
上海复旦大学图书馆藏道光癸卯卧云书阁孤本

《寒花铃》　（清·白云道人）
北京图书馆藏敦厚堂孤本

第二篇：皇家藏绣像珍稀秘本

《香闺秘史》　（清·西泠狂者）
北京大学图书馆藏清顺治十六年绣像秘本

《雨花香》　（清·石成金）
国家图书馆藏啸花轩珍稀秘本

第三篇：皇家藏手抄真本

《春秋配》　（明·不题撰人）
大连图书馆藏清刻手抄真本

《玉含珠》　（清·醒世居士）
北京大学图书馆藏清初醉月楼手抄本

第四篇：皇家藏禁毁私刻本

《幻中游》　（清·步月斋主人）
故宫博物院藏楼外楼私刻本

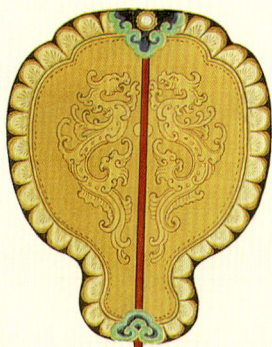

◎ 第二卷：名家藏书 ◎

　　古今名人，一直都是文化领域的聚焦点。由于他们有着特殊的社会地位和较高的社会知名度，因而其风流雅趣，举止言谈都为众人所关注。**名家藏书**即名人私家藏书，它有着独特之处，即精品多、孤本绝版多、私著秘记多，有着较浓厚的个人色彩而不易为外人所见。本卷"名家藏书"广集明清两代名流雅士，达官显贵和成功臣子们所秘而不宣，用而不语的近十种私藏珍籍，以填补中华文化史上古籍之空缺。

第一篇：鲁迅藏书
《阴阳斗》 （清·不题撰人）
鲁迅藏明崇祯笔耕山房刻本

第二篇：郑振铎藏书
《听月楼》 （清·不题撰人）
郑振铎藏手抄真本

第三篇：马廉藏书
《风流和尚》 （清·不题撰人）
马廉藏手抄真本

《玉楼传情》 （清·江南随园主人）
马廉藏清福文堂刊本

第四篇：李卓吾藏书
《贪欣误》 （清·罗浮散客）
李卓吾藏私刻本

《情楼迷史》 （清·佚名）
李卓吾藏清醉月楼刊本

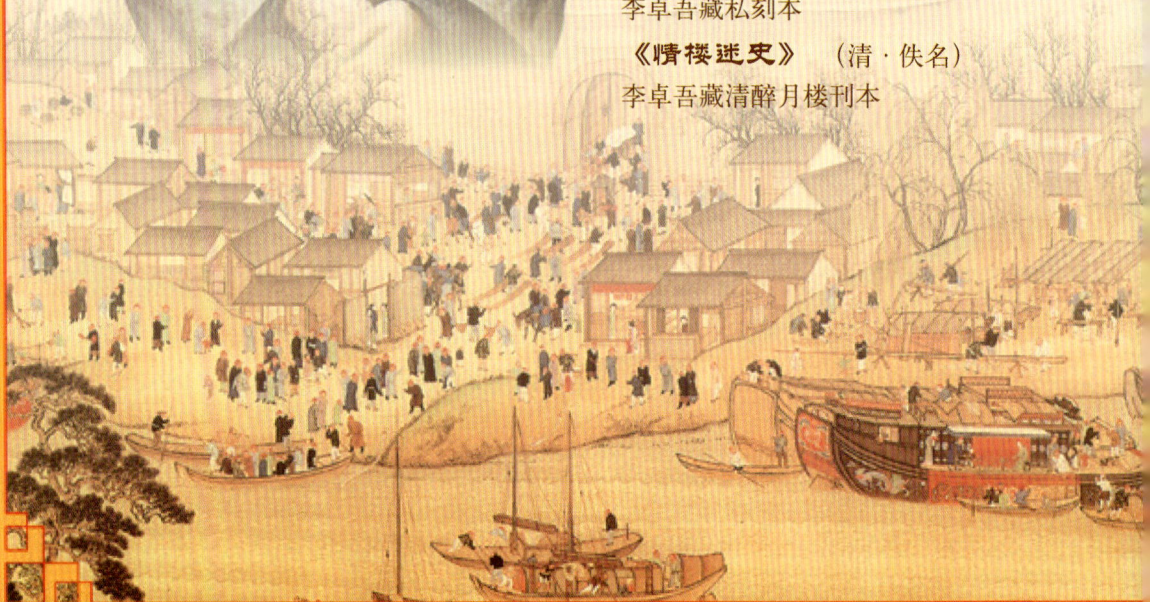

第三卷：民间藏书

　　我国古代统治者一向推行文化垄断的政策，但这并未能阻碍民间对书籍的搜求，反而刺激了不同于官方的民间文化的繁荣。**民间藏书**由于带有浓烈的个人喜好和品味的特点，因而极为丰富多彩。本卷"民间藏书"所收录的有珍本秘笈的正统经书，更多的却是禁毁孤绝的一些奇书、异书、冷僻书，甚或淫邪激进的书籍，世间少见，反映了民间独特的文化品味和阅读心理，也大大弥补了其它藏书的不足。

第四卷：海外藏书

从孔子到近代，几千年藏书家藏书的绵绵相传，藏书文化蔚为大观，甚至流播海外，远传五洲。世界上许多国家都藏有大量中国珍贵书籍，这些书籍散佚海外的原因是多种多样的，有的是由于战争，如鸦片战争前后，大量古籍文物被侵略者洗劫一空，流失海外；有些是因为文化交流和贸易往来而传播出去的。这些书籍在国内或被焚毁，或是绝版，或毁损于战争之中，因此流失于海外的版本就成了绝本，甚至一些残卷也是当世仅存的。本卷"**海外藏书**"所收录的无一不是当世之孤本，其文物价值极高，对研究中国古代历史和文化有着十分重要的意义。

第一篇：海外藏绝世孤本

《伴花楼》 （清·苏庵主人）

孤本今存英国剑桥大学图书馆

第二篇：海外藏绣像珍稀秘本

《锦香亭》 （清·古吴素庵主人）

现有岐园藏绣像本存日本东京大学图书馆

第三篇：海外藏手抄真本

《银瓶梅》 （清·不提撰人）

手抄真本现存美国哈佛大学图书馆

第四篇：海外藏禁毁私刻本

《八洞天》 （清·笔炼阁主人）

私刻本现藏于日本内阁文库

前　言

一般来说,藏书作为一项社会事业,离不开私人即藏书家的贡献。真正的读书人都是爱书的。用心挑选,四处访求,持之以恒,就成了藏书家。追源溯史,私家藏书可谓现代图书馆的鼻祖。世界上好些有名的图书馆,都始于私家藏书,尤其珍本善本大多来自私人捐赠和洽购。比如,哈佛大学图书馆系统是美国最老,也是世界最大的学术图书馆,拥有七十多个分馆和一千五百多万藏书。它的"出身"却并不显赫,第一批藏书得自一位剑桥毕业生约翰·哈佛先生1638年的遗赠,约四百册,以《圣经》与神学著作为主,还有语法、词典和古希腊罗马文学,都是主人从英国带来的。再如,拥有世界第四大藏书的纽约公共图书馆,也是以私家藏书起家的,每年都有大批私人捐赠。镇馆之宝则是流入美国的第一部"古登堡《圣经》",受赠予图书馆的创始人之一列诺克斯先生。

就中国而言,私家藏书构成了我国古代藏书的基础。历代的藏书事业,无论皇家藏书、官宦藏书、私藏或是寺观藏书、书院藏书均对中华文明的发展、社会的进步做出了各自的贡献,甚至可以说,没有藏书文化,便不会有中国的历史文化。私家藏书具有不可替代的特殊地位,正如浩瀚的海洋不可缺少涓涓细流的汇入,许多珍贵的典籍正是通过私家藏书这一绵延不绝的渠道得以保存和流传。

从收藏者的身份看,主要是皇室成员、达官显贵、学者名流及士绅百姓;从藏书的类别看,则主要为经典政书、善本孤本、禁书杂书等。政书齐备、版本精良、善本孤本多、禁书奇书多、实用性与趣味性并存,是私家藏书的最大特色。私家藏书内容极为丰富,在我国文化传承中占有举足轻重的地位,可谓华夏文明最为重要的"矿脉"。

但是历代藏书家一般都将藏书束之高阁，藏而不用，秘而不宣，世人很难一窥其庐山真面，就这套《私家藏书》而言，其得以面世，可谓费尽周折，十分不易，其中的每一种、每一册都是历经众多有名无名的藏书家之手，如接力赛一般层层递传下来的，尽管在递传过程中因种种天灾人祸可能毁损惨重，但这恰恰又说明了藏书保存的极大不易与艰巨。

此套《私家藏书》是在十余位顶级国学大师的带领下，遍访海内外，淘遍古书海，精心挑选辑录而成，所选图书均为中国文化历史上最具冲击力、生命力、影响力及争议性的著作，充分展示了私人藏书中最为精华的部分，其独特价值不言而喻。故更显其弥足珍贵，如今的面世实乃当今读者一大幸事。

目 录

国学经典文库

私家藏书

目录

图文珍藏版

一

皇家藏书

第一篇　皇家藏绝世孤本

《照世杯》

《赛花铃》

第二篇　皇家藏绣像珍稀秘本

《香闺秘史》篇

《雨花香》

第三篇　皇家藏手抄真本

《春秋配》

国学经典文库

私家藏书

皇家藏书

图文珍藏版

四

第四篇　皇家藏禁毁私刻本

《幻中游》

国学经典文库

皇家藏书

马松源◎主编

线装书局

皇家藏绝世孤本

第一篇

照世杯

［清］酌元亭主人　撰

第一回　七松园弄假成真

诗曰:

美人家住莫愁村,蓬头粗服朝与昏,
门前车马似流水,户内不惊鸳鸯魂。
座中一目识豪杰,无限相思少言说,
有情不遂莫若死,背灯独扣芙蓉结。

这首古风,是一个才子赠妓女的。

众人都道妓女的情假,我道是妓女的情最真;众人都道妓女的情滥,我道是妓女的情最专;众人都道妓女的情薄,我道是妓女的情最厚。这等看起来,古今有情种子,不要在深闺少女中留心注目,但在青楼罗绮内广揽博收罢了。只是,妓女一般都有情假、情滥、情薄的:试看眼前那些倚门卖笑之低娼,搽脂抹粉之歪货,但晓得亲嘴咂舌是情、拈酸吃醋是情,那班轻薄子弟初出世做嫖客的,也认作这便是情:眼挑脚勾是情、赔钱贴钞是情,轻打悄骂是情。更有一种假名士的妓女,倩人字画,居然诗伯词宗,遇客风云,满口盟翁社长;还有一种学闺秀的妓女,乔称小姐,入门先要多金,冒托宦姬,见面定需厚礼——局面虽大,取财更被窝浪态,较甚于娼家,而座上戏调,何减于土妓。可怜把一个情字,生生汩没了,还要想他情真、情专、情厚,此万万决不可得之理。

我却反说妓女有情,反说妓女情真、情专、情厚,这是什么缘故?

盖为我辈要存天理、存良心,不去做那偷香窃玉,败坏闺门的事。便是闺门中有多情绝色美人,我们也不敢去领教。但天生下一个才子出来,他那种痴情,虽不肯浪用,也未必肯安于不用。只得去寄迹秦楼,陶情楚馆,或者遇得着一两个有心人,便可偿今生之情缘了。所以,情字必须亲身阅历,才知道个中的甘苦。唯有妓女们,他阅人最多，那两只俏眼，一副俊心肠，不是挥金如土的俗子可以买得转。倘若看中了一个情种，便由你穷无立锥，少不得死心塌地，甘做荆钗裙布，决不像朱买臣的阿妻，中道弃夫，定要学霍小玉那冤家，从一而死。

看官们，听在下这回小说，便有许多人要将花柳径路从今决绝的；更有许多人，将风月工夫从今做起的。

话说苏州一个秀士，姓阮讳苣，号江兰，年方弱冠，生得潇洒俊逸，诗词歌赋，举笔惊人。只是性情高傲，避俗如仇。父母要为他择配，他自己忖量道："婚嫁之事，原该父母主张。但一日丝萝，即为百年琴瑟，比不得行云流水，易聚易散，这是要终日相对，终身相守的。倘配着一个村姬俗妇，可不憎嫌杀眉目，辱没杀枕席吗！"遂立定主意，权辞父母道："孩儿待成名之后，再议室家。"父母见他志气高大，甚是欢喜。且阮江兰年纪还小，便迟得一两年，也还不叫作旷夫。

有一日，阮江兰的厚友张少伯约他去举社。这张少伯家私虽不十分富厚，爱走名场，做人还在慷慨一边。

是日举社，宾朋毕集，分散过诗题，便开筵饮酒，演了一本《浣纱记》。阮江兰啧啧羡慕道："好一位西施，看他乍见范蠡，即订终身，绝无儿女子气，岂是寻常脂粉？"

同席一友叫作乐多闻，接口道："西施不过一没廉耻女子耳！何足羡慕？"

阮江兰见言语不投，并不去回答。演完半本，众人道："'浣纱'是旧戏，看得厌烦了，将下本换了杂出吧！"

扮末的送戏单到阮江兰席上来，乐多闻道："不消扯开戏目，演一折《大江东》吧。"

阮江兰道："这一出戏不许做。"

乐多闻道："怎么不许做？"

阮江兰道："平日见了关夫子圣像，少不得要跪拜。若一样妆做傀儡，我们饮酒作乐，岂不亵渎圣贤？"

乐多闻大笑道："老阮，你是少年人，想被迂夫子过了气，这等道学起来。"对着扮末的道："你快吩咐戏房里装扮。"

阮江兰冷笑一笑，便起身道："羞与汝辈为伍。"竟自洋洋拂袖而去了。

回到家里，独自掩房就枕，翻来覆去，忽然害了相思病，想起戏场上的假西施来，意中辗转道："死西施只好空想，不如去寻一个活跳的西施吧！闻得越地产名姝，我明日便治装出门，到山阴去寻访。难道我阮江兰的时运，就不如范大夫了？"算计已定，一见窗格明亮，披着衣服下床，先叫醒书童焦绿，打点行囊，自家便去禀知父母。

才走出大门，正遇着张少伯。阮江兰道："兄长绝早往哪里去？"

张少伯道："昨日得罪足下，不曾终席奉陪，特来请罪。"

阮江兰道："小弟逃席，实因乐多闻惹厌，不干吾兄事。"

张少伯道："乐多闻那个怪物，不过是小人之雌，一味犬吠正人，不知自家是井底蛙类，吾兄何必计较？"

阮江兰道："这种小人眼内也还容得，自然付之不论、不议之列。只是小弟匆匆往山阴去，不及话别。今日一晤，正惬予怀。"

张少伯道："吾兄何时言归？好翘首伫望。"

阮江兰道："丈夫游游山水，也定不得归期。大约严慈在堂，不久就要归省。"

张少伯握手相送出城。候他上了船，才挥泪而别。

阮江兰一路无事，在舟中不过焚一炉香，读几卷古诗。

到了杭州，要在西湖上赏玩，又止住道："西湖风景不是草草可以领会，且待山阴回棹，恣意受用一番。"遂渡过钱塘江，觉得行了一程，便换一种好境界。

船抵山阴，亲自去赁一所花园，安顿行李，便去登会稽山，游了阳明第十一洞天。又到宛委山眺望，心目怡爽。脚力有些告竭，徐徐步入城来。见一个所在，无数带儒巾穿红鞋子的相公，拥挤着眄望。阮江兰也挤进去，抬头看那宅第，上面是石刻的三个大字，写着"香兰社"。细问众人，知道是妇女作诗会。

阮江兰不觉呆了，痴痴地踱到里面去。早有两三个仆役看见，便骂道："你是何方野人？不知道规矩。许多夫人、小姐在内里举社，你竟自闯进来吗？"有一个后生怒目张牙，起来呵斥道："这定是白日撞，锁去见官，敲断他脊梁筋！"

一派喧嚷，早惊动那些锦心绣口的美人，走出珠帘，见众人争打一位美貌郎君，遂喝住道："休得乱打。"仆役才远远散开。

阮江兰听得美人来解救，上前深躬唱喏，弯着腰再不起来，只管偷眼去看。众美人道："你大胆扰乱清社，是什么意思？"

阮江兰道："不佞是苏州人，为慕山阴风景，特到此间。闻得夫人、小姐续兰亭雅集，偶想闺人风雅愧杀儒巾，不知不觉擅入华堂，望乞怜恕死罪。"

众美人见他谈吐清俊，因问道："你也想入社吗？我们社规严肃，初次入社要饮三叵罗酒,才许分韵作诗。"

阮江兰听见许他入社,踊跃狂喜道:"不佞还吃得几杯。"

美人忙唤侍儿道:"可取一张小文几放在此生面前,准备文房四宝。先斟上三叵罗入社酒过来。"

阮江兰接酒在手,见那叵罗是尖底巨腮小口,足足容得二斤多许,乘着高兴,一饮而尽。

众美人道:"好量!"

阮江兰被美人赞得魂都掉了,愈加抖擞精神,忙取过第二叵罗来,勉强挣持下肚。还留下些残酒,不曾吃得干净。侍儿执着壶在旁边催道:"吃完时,好重斟的。"阮江兰又咽下一口去,这一口便在腹肚内辘轳了。

原来阮江兰酒量,原未尝开垦过,平时吃肚脐眼的钟子,还作三四口打发,略略过度,便要害起酒病来。今日雄饮两叵罗,倒像樊哙撞鸿门宴,叵酒安足辞的吃法。也是他一种痴念,思想夹在明眸皓齿队里做个带柄的妇人,挨入朱颜翠袖丛中,假充个半雄的女子。拼着书生性命,结果这三大叵罗。哪知到第三杯上,嘴唇虽然领命,腹中先写了避谢的帖子。早把樊哙吃鸿门宴的威风,换了毕吏部醉倒在酒瓮边的故事。

众美人还在那里赞他量好,阮江兰却没福分顶这个花盆,有如泰山石压在头上,一寸一寸缩短了身体,不觉蹲倒桌下去逃席。众美人大笑道:"无礼狂生,不如此惩戒,他也不知桃花洞口原非渔郎可以问信。"随即唤侍女:"涂他一个花脸。"侍女争各拿了朱笔、墨笔,不管横七竖八,把阮江兰清清白白赛安岳,似六郎的容颜,倏忽便要配享冷庙中的瘟神痘使。仆役们走来,抬头拽脚,直送到街上。那街道都是青石铺成的,阮江兰浓睡到日夕方醒,醉眼朦胧,只道眠在美人白玉床上。渐渐身子寒冷,揉一揉眼,周围一望,才知帐顶就是天面,席褥就是地皮。惊骇道:"我如何拦街睡着?"立起身来,正要踏步归寓,早拥上无数顽皮孩童,拿着荆条,拾起瓦片,望着阮江兰打来。有几个喊道:"疯子!疯子!"又有几个喊道:"小鬼!小鬼!"

阮江兰不知他们是玩是笑,奈被打不过,只得抱头鼠窜。归到寓所,书童焦绿看见,掩嘴便笑。阮江兰道:"你笑什么?"焦绿道:"相公想在那家串戏来?"阮江兰道:"我从不会串戏。这话说得可笑。"焦绿道:"若不曾串戏,因何开了小丑的花脸?"阮江兰也疑心起来,忙取镜子一照,自家笑道:"可知娃童叫我是小鬼,又叫我是疯子。"焦绿取过水来净了面。阮江兰越思想越恨,道:"那班蠢佳人,这等恶取笑,并不留一毫人情。辜负我老阮一片怜才之念。料想萱萝村也未必有接待的夷光。便有接待的夷光,不过也是蠢佳人慕名结社,摧残才子的行径罢了。再不要妄想了。不如回到吴门。留着我这干净面孔,晤对那些名窗净儿,结识那些野鸟幽花,还不致出乖露丑。倘再不知进退,真要弄出话巴来。难道我面孔是铁打的?累上些瘢点,岂不是一生之玷?"遂唤焦绿收拾归装,接浙而行,连西湖上也只略眺望一番。正是:

> 乘兴而来,败兴而归。
>
> 前有子猷,后有小阮。

说话阮江兰回家之日,众社友齐来探望,独有张少伯请他接风。吃酒中间,因问阮江兰道:"吾兄出游山阴,可曾访得一两个丽人?"阮江兰道:"说来也好笑,小弟此行,莫说丽人访不着,便访着了,也只好供他们嬉笑之具。总是古今风气不同,妇女好尚迥别。古时妇女还晓得以貌取人,譬如遇着潘安貌美,就掷果,左思貌丑,就掷瓦。虽是他们一偏好恶,也还眼里识货。大约文人才子,有三分颜色,便有十分风流,有一种蕴藉,便有百种俏丽。若只靠面貌上用功夫,那做戏子的,一般也有俊优,做奴才的一般也有俊仆,只是他们面貌与俗气俗骨是上天一齐禀赋来的。任你风流俏丽杀,也只看得,吃不得,一吃便嚼蜡了。偏恨此辈惯会败坏人家闺门。这皆是下流妇女,天赋他许多俗气俗骨,好与那班下贱之人浃洽气脉,浸淫骨髓。倘闺门习上流的,不学贞姬节妇,便该学名媛侠女。如红拂之奔李靖,文君之奔相如,皆是第一等大名眼、大侠肠的裙钗。近来风气不同,千金国色定要拣公子王孙,才肯配合。闾阎之家,间有美女,又皆贪图厚赀,嫁做妾媵。间或几个能诗善画的闺秀,口中也讲择人,究竟所择的,也未必才子。可见佳人心事原不肯将才子横在胸中。况小弟一介寒素,哪里轮流得着,真辜负我这一腔痴情了。"张少伯笑道:"吾兄要发泄痴情,何不到扬州青楼中一访?"阮江兰笑道:"若说着青楼中,那得有人物?"张少伯道:"从来多才多情的,皆出于青楼。如薛涛、真娘、素秋、亚仙、湘兰、素徽,难道不是妓家吗?"阮江兰拍掌大叫:"有理!有理!请问到处有妓,吾兄何故独称扬州?"张少伯道:"扬州是隋皇歌舞、六朝佳丽之地,到今风流一脉,犹未零落。日前一友从彼处来,曾将花案诗句写在扇头,吾兄一看便知。"阮江兰接扇在手,读那上面的诗道:

畹客幽如空谷兰，镜怜好向月中看。

棠娇分外春醑雨，燕史催花片片抟。

阮江兰正在读罢神往之际，只见乐多闻跑进书房来，嚷道："反了！反了！我与老张结盟在前，老张与小阮结盟在后，今日两个对面吃酒，便背着我了。"张少伯道："小弟这席酒因为江兰兄自山阴来，又要往扬州去。一来是洗尘，二来是送行。倘若邀过吾兄来，少不得也要出个分子，这倒是小弟不体谅了。"乐多闻道："扬州有个敞同社，在那里做官，小弟要去望他，同阮兄联舟何如？"阮江兰道："小弟还不就行，恐怕有误尊兄。"乐多闻道："是他推却。"酒也不吃，作别出门去了。阮江兰还宽坐一会才别。

且说乐多闻回家暗恼道："方才小阮可恶至极，我好意挈他同行，怎便一口推阻？待我明日到他家中一问。若是不曾起身便罢，倘若悄悄儿去了，决不与他干休。"哪知阮江兰的心肠，恨不得有缩地之法，霎时到了扬州，哪里管乐多闻来查谎？这乐多闻偏又多心，道是阮江兰轻薄，说谎骗他，忙忙唤船，也赶到扬州，遍问关上饭店，并不知阮江兰的踪迹。

原来阮江兰住在平山堂下七松园里。他道扬州名胜，只有个平山堂：那画船、箫鼓、游妓、歌郎皆集于此，每日吃过饭，便循着寒河一带，览芳寻胜。看来看去，都是世俗之妓，并不见有超尘出色的女子。正在园中纳闷，书童焦绿慌慌走来，道："园主人叫我们搬行李哩，说是新到一位公子，要我们出这间屋与他。"阮江兰骂道："我阮相公先住在此，那个敢来夺我的屋？"还不曾说完，那一位公子已踱到园里，听见阮江兰不肯出房，大怒道："众小厮可进去将这狗头的行李搬了出来！"阮江兰赶出书房门，正要发话，看见公子身边立着一位美貌丽人，只道是他家眷，便不开口，走了出来。园主人接着道："阮相公莫怪小人无礼，因这位公子是应大爷，住不多几日就要去的。相公且权在这竹阁上停下。候他起身，再移进去罢了。"阮江兰见那竹阁也还幽雅，便叫书童搬行李上去。心中只管想那丽人，道是："世间有这等绝色，反与蠢物受用。我辈枉有才貌，只好在画图中结交两个相知，眼皮上饱看几个尤物，那得能够沐浴脂香，亲承粉泽，做个一双两好？总之，天公不肯以全福予人。隔世若投人身，该投在富贵之家，平平常常学那享痴福的白丁，再不可做今世失时落运的才子了。"正是：

天莫生才子，才人会怨天。

牢骚如不作,早赐予婵娟。

阮江兰自此之后,时常在竹篱边偷望,有时见丽人在亭子中染画,有时见丽人凭栏对着流水长叹,有时见丽人蓬头焚香,有时见丽人在月下吟诗。阮江兰心魂荡漾,情不自持,走来走去,就像走马灯儿点上了火,不住团团转的一般。几番被应家下人呵斥,阮江兰再不理论。这些光景早落在公子眼里了。公子算计道:“这个馋眼饿胚,且叫我受他一场屈气。”忙叫小厮研墨,自家取了一张红叶笺,杜撰几句偷情话儿,用上一颗鲜红的小图印,钤封好了,命一个后生小厮,叫他:“送与竹阁上的阮相公。只说娘娘约到夜静相会,切不可露我的机关。”小厮笑了一笑,竟自持去。才走出竹篱门,只见阮江兰背剪着手,望着竹篱内叹气。小厮在他身后,轻轻拽一拽衣袖。阮江兰回头一看,只是应家的人,恐怕又惹他辱骂,慌忙跑回竹阁去。小厮跟到阁里,低低叫:“阮相公,我来作成你好事的。”阮江兰还道是取笑。反严声厉色道:“胡说!我阮相公是正经人,你辄敢来取笑吗?”小厮叹道:“好心认作驴肝肺,干折我娘娘一片雅情。”故意向袖中取出情书来,在阮江兰面前略晃一晃,依旧走了出去。阮江兰一时认真,上前扯住道:“好兄弟,你向我说知就里,我买酒酬谢。”小厮道:“相公既然疑心,扯我做什么?”阮江兰道:“好兄弟,你不要怪我,快快取出书来。”小厮道:“我这带柄的红娘,初次传书递柬,不是轻易打发的哩。”阮江兰忙在头上拔下一根金簪子来送他。小厮接在手里,将书交付阮江兰。又道:“娘娘约你夜静相会,须放悄密些。”说罢,打阁外去了。阮江兰取书在鼻头上嗅了一阵,就如嗅出许多美人香来。拆开一看,书内写道:

妾幽如敛衽拜,具书阮郎台下:素知足下钟情妾身,奈无缘相见。今夜乘拙夫他出,足下可于月明人静之后,跳墙而来。妾在花荫深处,专候张生也。

阮江兰手舞足蹈,狂喜起来。坐在阁上,呆等那日色落山,死盼那月轮降世,又出阁打听消息。只见应公子身穿着簇新衣服,乔模乔样的,后面跟着三四个家人,夹了毡包,一齐下小船里去了。又走回一个家人,大声说道:“大爷吩咐道,早闭上园门,今夜不得回来。这四面旷野,须小心防贼要紧。”阮江兰听得,暗笑道:“呆公子,你只好

照世杯

图文珍藏版

防园外的贼,哪里防得我这园内的偷花贼?"

　　将次更阑,挨身到竹篱边,推一推门,那门是虚掩上的。阮江兰道:"美人用意,何等周致!你看他先把门儿开在这里了。"跨进门槛,靠着花架走去。阮江兰原是熟路,便直达卧室。但第一次偷婆娘,未免有些胆怯,心欲前而足不前,趔趔趄趄,早一块砖头绊倒。众家人齐喊道:"什么响?"走过来不问是贼不是贼,先打上一顿,拿条索子绑在柱上。阮江兰喊道:"我是阮相公,你们也不认得吗?"众家人道:"那个管你软相公、硬相公,但黄夜入人家,非奸即贼,任你招成那一个罪名。"阮江兰又喊道:"绑得麻木了,快些放我吧!"家人道:"我们怎敢擅放?待大爷回来发落。"阮江兰道:"我不怕什么,现是你娘娘约我来的。"忽见里面开了房门,走出那位丽人来,骂道:"何处狂生,平白冤我黄夜约你?"阮江兰道:"现有亲笔书在此,难道我无因而至?你若果然是个情种,小生甘心为你而死。你既摈我于大门之外,毫不怜念,我岂轻生之浪子哉!"那丽人默然不语,暗地踌躇道:"我看此生风流倜傥,磊落不羁,倒是可托终身之人。只是我并不曾写书约他,他这样孟浪而来,必定有个缘故。"叫家人搜他的身边。那些家人一齐动手,搜出一幅花笺来。丽人看了,却认得应公子笔迹,当时猜破机关,亲自替阮江兰解缚,送他出去,正是:

　　　　多情窈窕女,爱杀可怜人。

　　　　不信桃花落,渔郎犹问津。

　　你道这丽人是那一个?原来是扬州名妓,那花案上第一个,叫作畹娘的便是。这畹娘性好雅淡,能工诗赋,虽在风尘中,极要拣择长短,留心数年,莫说郑元和是空谷足音,连卖油郎也是稀世活宝。择来择去,并无一毫着己的。畹娘镇日闭户,不肯招揽那些语言无味、面目可憎之人,且诙谐笑傲,时常弄出是非来。老鸨本意要女儿做个摇钱树,谁知倒做了惹祸胎,不情愿留他在身边。得了应公子五百余金,瞒神瞒鬼,将一乘轿子抬来,交付应公子。畹娘落在火坑,也无可奈何,不觉染成一病。应公子还觉知趣,便不去歪缠,借这七松园与他养病。那一夜放走阮生之时,众家人候公子到来,预先下石畹娘,说:"是绑得端端正正的,被畹娘放了。"公子正要发作,畹娘反说出一篇道理来,道:"妾身既入君门,便属君家妻妾,岂有冒名偷情、辱没自家闺阃之理?风闻自外,不说君家戏局,反使妾抱不白之名,即君家亦蒙不明之诮,岂是正人君子所为?"应公子目瞪口呆,羞惭满面。畹娘从此茶饭都减,病势转剧。应公子求神请医,慌个不了。哪知畹娘起初害的还是厌恶公子、失身非偶的病痛,近来新害的却是爱上阮江兰、相思抑郁的症候。这相思抑郁的症候,不是药饵可以救得、针砭可以治得,必须一剂活人参汤,才能回生起死。畹娘千算万计,扶病写了一封书,寄与那有情的阮郎,指望阮郎做个医心病的卢扁,哪知反做了误杀人的庸医。这是什么缘故?

原来阮江兰自幼父母爱之如宝,大气儿也不敢呵着他,便是上学读书,从不曾经过一下竹片,娇生惯养,比女儿还不同些。前番被山阴妇女涂了花脸,还心上懊悔不过,今番受这雨点的拳头脚尖,着肉的麻绳铁索,便由你顶尖好色的痴人,没奈何也要回头熬一熬火性。又接着畹娘这封性急的情书,便真正嫡笔,阮江兰也不敢认这个犯头。接书在手,反拿去出首,当面羞辱应公子一场。应公子疑心道:"我只假过一次书,难道这封书又是我假的?"拆开一看,书上写道:

> 足下月夜虚惊,皆奸谋预布之地,虽小受折挫,妾已心感深情。倘能出我水火,生死以之,即白我怨也。

应公子不曾看完,勃然大发雷霆,赶进房内,痛挞畹娘。立刻唤了老鸨来,叫他领去。阮江兰目击这番光景,心如刀割,尾在畹娘轿后,直等轿子住了,才纳闷而归。迟了几日,阮江兰偷问应家下人,备知畹娘原委,放心不下,复进城到畹娘家去询视。老鸨回说:"女儿卧病在床,不便相见。"阮江兰取出三两一锭,递与老鸨。老鸨道:"银子我且收下,待女儿病好,相公再来吧!"阮江兰道:"小生原为看病而来,并无他念。但在畹娘卧榻边,容我另支一榻相伴,便当厚谢妈妈。"老鸨见这个雄儿是肯出手的,还有甚么作难? 便一直引到床前。畹娘一见,但以手招阮江兰,含泪不语。阮江兰道:"玉体违和,该擅自调摄。小生在此,欲侍奉汤药,未审尊意见许否?"畹娘点头作喜。从此阮江兰竟移了铺盖来,寓在畹娘家里,一应供给,尽出己赀。且喜畹娘病好,下床梳洗,艳妆浓饰,拜谢阮江兰。当夜自荐枕席,共欢鱼水。正是:

> 银釭照水簟,珀枕坠金钗。
> 云散雨方歇,佳人春满怀。

　　两个在被窝之中,订了百年厮守的姻缘,相亲相爱,起坐不离。但小娘爱俏,老鸨爱钞,是千百年铁板铸定的旧话。阮江兰初时还有几两孔方,热一热老鸨的手,亮一亮老鸨的眼,塞一塞老鸨的口,及至囊橐用尽,渐渐要拿衣服去编字号,老鸨手也光棍了,眼也势利了,口也零碎了。阮江兰平日极有性气,不知怎么到此地,任凭老鸨嘲笑怒骂,一毫不动声色,就像受过戒的禅和子。

　　有一日,扬州许多恶少,同着一位下路朋友,来闹寡门。老鸨正没处发挥,对着众人一五一十地告诉道:"我的女儿已是从良过了,偏他骨头作痒,又要出来接客。应公子立逼取足身价,老身东借债、西借债,方得凑完。若是女儿有良心的,见我这般苦恼,便该用心赚钱。偏又恋着一个没来历的穷鬼,反要老娘拿闲饭养他。许多有意思的主客,被他关着房门,尽打断了。众位相公思想一想,可有这样道理吗?"那班恶少裸袖挥拳道:"老妈妈,你放心,我们替你赶他出门。"一齐拥进房里,正要动手,那一个下路朋友止住道:"盟兄不须造次,这是敝同社江兰兄。"阮江兰认了一认,才知道是乐多闻。

　　众人坐下,乐多闻道:"小弟谬托在声气中,当日相约同舟,何故拒绝达甚? 莫不是小弟身上有俗人气习,怕过了吾兄吗?"阮江兰道:"不是吾兄有俗人气习,还是小弟自谅不敢奉陪。"乐多闻讯诮道:"这样好娘娘,吾兄也该做个大老官,带挈我们领一领大教。为何闭门做嫖客?"阮江兰两眼看着畹娘,只当不曾听见。乐多闻又将手中一把扇子递与畹娘道:"小弟久慕大笔,粗扇上,要求几笔兰花,幸即赐教。"畹娘并不做腔,取过一枝画笔,就用那砚池里残墨,任意画完了。众人称羡不已。乐多闻道:"这一面是娘娘的画,那一面少不得江兰兄的诗,难道辞得小弟吗?"江兰胡乱写完,乐多闻念道:

　　　　古木秋厚散落晖,王孙叩狱不能归。
　　　　骄人惭愧称贫贱,世路何妨骂布衣。

　　畹娘晓得是讥刺乐多闻,暗自含笑。乐多闻不解其中意思,欢欢喜喜,同着众人出门。那老鸨实指望劳动这些天神、天将,退送灾星出宫,哪知求诗求画,反讲做一家,心上又添一番气恼。只得施展出调虎离山之法,另置一所房屋,将畹娘藏过,弄得阮江兰似香火无主,冷庙里的神鬼。正是:

累累丧家之狗，惶惶落汤之鸡。

前辈元和榜样，卑田院里堪栖。

不提阮江兰落寞，话说乐多闻回到苏州，将一把扇子到处卖弄。遇着一个明眼人，解说那阮江兰的诗句，道是："明明笑骂，怎还宝贝般拿在手里，出自己的丑态？"乐多闻衔恨，满城布散流言说："阮江兰在扬州嫖得精光，被老鸨赶出大门，亲眼见他在街上讨饭。"众朋友闻知，也有惋惜的，也有做笑话传播的，独有张少伯着急，向乐多闻处问了女客名姓，连夜叫船赶到扬州。

访的确了畹娘住居，敲进门去，深深向老鸨唱喏。老鸨问道："尊客要见我女儿吗？"张少伯道："在下特地相访。"老鸨道："尊客莫怪老身，其实不能相会了。"张少伯询问来历，老鸨道："再莫要提起。只因我女儿爱上一个穷人，一心一念要嫁他，这几日那穷人不在面前，啼啼哭哭，不肯接客，叫老身也没奈何。"张少伯道："既然是你令爱不肯接客，你们行户人家可经得一日冷落的？他既看上一个情人，将来也须防他逃走。稍不遂他的意，寻起一条死路来，你老人家贴了棺材，还带累人命官司哩。不如趁早出脱这滞货，再讨一两个赚钱的，这便人财两得。"老鸨见他说得有理，沉吟一会，道："出脱是极妙的，但一时寻不出主客来。"张少伯道："你令爱多少身价？"老鸨道："是五百金。"张少伯道："若是减价求售，在下还娶得起，倘要索高价，便不敢担当。"老鸨急要推出大门，自家减价道："极少也须四百金。再少便挪移不去。"少伯道："你既说定四百金，我即取来兑与你，只是即日要过门的。"老鸨道："这不消说得。"张少伯叫仆从卸下背箱来。老鸨引到自家房里，配搭了银水，充足数目，正交赎身文契。忽听得外面敲门响，老鸨听一听，却是阮江兰声气，便不开门。张少伯道："敲门的是哪个？"老鸨道："就是我女儿嫁的那个穷鬼，叫作什么阮江兰。"张少伯道："正是，我倒少算计了，虽将女儿嫁我，却不曾与你女儿讲通，设使一时不情愿出门，你如何勉强得？"老鸨道："不妨，你只消叫一乘轿子在门前，我自有法度，可令一位大叔远远跟着，不可露出行径来。"张少伯道："我晓得了。"忙开门送出来，老鸨四面一望，不见阮江兰在门外，放心大胆。回身进去，和颜悦色对女儿说道："我们搬在此处，地方太偏僻，相熟朋友不见有一个来走动，我想坐吃山空，不如还搬到旧地。你心下如何？"畹娘想一想道："我那心上人，久不得他音信，必是找不到此处，若重到旧居，或者可以相会。"遂点头应允。

　　老鸨故意收拾皮箱物件,畹娘又向镜前掠鬓梳头,满望牛郎一度。老鸨转一转身,向畹娘道:"我在此发家伙,你先到那边去照管。现有轿子在门前哩。"畹娘并不疑心,莲步慢挪,湘裙微动上了轿。老鸨出来,与张家小厮做手势,打个照会。那轿夫如飞的抬了去,张家小厮也如飞的跟着轿子,后面又有一个人如飞的赶来,扯着张家小厮。原来这小厮叫作秋星,两只脚正跑得高兴,忽被人拽了衣服,急得口中乱骂。回过头来,只见后面那一个人破巾破服,好似乞食的王孙,不第的苏子,又觉有些面善。那一个人也不等秋星开口,先自通名姓道:"我是阮相公,你缘何忘了?"秋星"哎哟"道:"小人眼花! 连阮相公竟不认得。该死! 该死!"阮江兰道:"你匆忙跟这轿子哪里去?"秋星道:"我家相公新娶一个名妓,我跟着上船去哩。"阮江兰还要盘问,秋星解一解衣服,露出胸脯,撒脚地去了。

　　原来阮江兰因老鸨拆开之后,一心尚牵挂畹娘,住饭店里,到处访问消息。这一日正寻得着,又闭门不纳。阮江兰闷恹恹,在旁边寺院里闲踱,思想觑个方便好进去。虽一条肚肠放在门内,那一双饿眼远远射在门外,见了一乘轿子出来,便像王母云车,恨不得攀辕留驾。偏那两个轿夫比长兴脚儿更跑得迅速。阮江兰却认得轿后的是秋星,扯着一问,才知他主人娶了畹娘。一时发怒,要赶到张少伯那边,拼个你死我活。争奈着了这一口气,下部尽软了,挪不上三两步,恰恰遇着冤家对头。那张少伯面带喜容,抢上前来,深躬大喏道:"久别吾兄,渴想之极。"

　　阮江兰礼也不回,大声责备道:"你这假谦恭哄那个? 横竖不过有几两铜臭,便如此大胆,硬夺朋友妻妾!"张少伯道:"我们相别许多时,不知你见教的那一件?"阮江兰道:"人儿现已抬在船上,反佯推不知吗?"张少伯哈哈大笑道:"我只道那件事儿得罪,原来为这一个娼家。小弟虽是淡薄财主,也还亏这些铜臭换得美人来家受用。吾兄只好想天鹅肉吃罢了。"阮江兰道:"你不要卖弄家私,只将你倒吊起来,腹中看可有半点墨水?"张少伯道:"我的腹中固欠墨水,只怕你也是空好看哩。"阮江兰道:"不敢夸口说,我这笔尖戳得死你这等白丁哩。"张少伯道:"空口无凭,你既自恃才高,便该中举、中进士,怎么像叫花子的形状,拿着赶狗棒儿骂皇帝——贵贱也不自量。"阮江兰冷笑道:"待我中一个举人、进士,让你们小人来势利的。"说罢竟走去了。

　　话说阮江兰被老张一段激发,倒把思想畹娘之念,丢在东洋大海了,一时便振作起功名的心肠。连夜回去,闭关读书,一切诗词歌赋,置之高阁,平日相好朋友,概不接见。

父母见他潜心攻苦，竭力治办好饮食，伺前伺后，要他多吃得一口，心下便加倍快活。埋头三年，正逢大比，宗师秉公取士，录在一等。为没有盘缠动身，到了七月将尽，尚淹留家下。父母又因坐吃山空，无处借贷，低着头儿纳闷。忽然走一个小厮进来，夹着朱红拜匣。阮老者认得是张家的秋星，揭开拜匣一看，见封筒上写着"程仪十两"，连忙叫出儿子，说："张家送了盘费来。"阮江兰不见犹可，见了分外焦躁，道："是张少伯，分明来奚落。"他拿起拜匣，往阶墀上一掷。秋星捣鬼道："我相公送你盘费，又不希图什么，如何妆这样嘴脸？"拾起拜匣，出门去了。

阮老者道："张少伯是你同窗好友，送来程仪，便该领谢才是，如何反去抵触他？"阮江兰切齿道："孩儿宁可沿路叫花进京，决不受小人不义之财。"阮老者不知就里，只管再三埋怨。又见学里门斗顾亦齐，走来催促道："众相公俱已进京，你家相公怎么还不动身？"阮老者道："不瞒你说，前日在县里领了盘费来，又籴米买柴用去，如今向那个开口。"顾亦齐道，"不妨不妨，我有十两银子，快拿去作速起身吧！"阮江兰感激了几句，别过父母，带领焦绿，上京应试。刚刚到得应天府，次日进头场，果然篇篇掷地作金石，笔笔临池散蕊花。

原来有意思的才人，再不肯留心举业。哪知天公赋他的才分宁有多少，若将一分才用在诗上，举业内便少了一分精神；若将一分才用在画上，举业内便少了一分火候；若将一分才用在宾朋应酬上，举业内便少了一分工夫。所以才人终身博不得第一，都坐这个病痛。阮江兰天分既好，又加上三年苦功，还怕什么广寒宫的桂花，没有上天梯子，去拿利斧折他吗？正是：

> 为学如务农，粒粒验收成。
>
> 不勤则不获，质美宜加功。

阮江兰出场之后，看见监场御史告示写道：

> 放榜日近，生员毋得归家。如违，拿歇家重究。

阮江兰只得住下，寓中闲寂不过，走到街上去散闷。撞到应天府门前，只见搭棚挂彩，红缎扎就一座龙门；再走进去，又见一座亭子内供着那踢头的魁星。两廊排设的尽是风糖胶果，独有一张桌子上更觉加倍摆列齐整。只见：

> 颤巍巍的风糖，酷肖楼台殿阁；齐臻臻的胶果，恍如花鸟人禽。蜂蝶闻
> 香而绕座，中心好之；猿猴望影而垂涎，未尝饱也。颁自尚方称盛典，移来南
> 国宴春元。

　阮江兰问那承值的军健，才知道明日放榜，预先端正下鹿鸣宴。那分外齐整的是解元桌面。阮江兰一心羡慕，不知自己可有这样福分。又一心妒忌，不知那个有造化的吃他。早是出了神，往前一撞，摇倒了两碗风糖。走拢两三个军健，一把扯住，要捉拿见官。阮江兰慌了，情愿赔还。军健道："这都是一月前定做下的，哪里去买？"阮江兰再三哀告，军健才许他跟到下处，逼取四两银子。又气又恼，一夜睡不着，略闭上睛，便梦见风糖、胶果排在前面，反惊得一身冷汗。叹口气道："别人中解元，我替他备桌面，真是晦气。侥幸中了还好，若是下第，何处措办盘费回家？"翻来覆去，辗转思量。忽听耳根边一派喧嚷，早有几个汉子从被窝里扶起来，替他穿了衣服、鞋袜，要他写喜钱。阮江兰此时如立在云端里，牙齿捉对儿的打交，浑身发疟儿的缩抖，不知是梦里，是醒里。看了试录，见自家是解元，才叫一声"惭愧"，慌忙打点去赴宴。

　一走进应天府，只见地下跪着几个带红毡帽的磕头捣蒜，只求饶恕。阮江兰知道是昨日扯着要赔钱的军健，并不较论。吃宴了毕，回到寓所，同乡的没一个不送礼来贺。阮江兰要塞张少伯的口，急急回家，门前早已竖了四根旗杆。相见父母，个个欢喜。少顷，房中走出一个标致的丫鬟来，说道："娘娘要出来相见哩。"阮江兰只道是那个亲戚家的，呆呆的盘问。父母道："孩狼，你倒忘记了，当初在扬州时，可曾与一个畹娘订终身之约吗？"阮江兰变色道："这话提他则甚？"父母道："孩儿，你这件事负不得心。张少伯特送他来与你成亲，岂可以一旦富贵，遂改前言？"阮江兰指着门外骂道："那张少伯小畜生，我决不与他干休。孩儿昔日在扬州，与畹娘订了同衾同穴之约，被张少伯挟富娶去，反辱骂孩儿一场。便是孩儿奋志读书，皆从他辱骂而起。若论畹娘，也只好算一个随波逐浪的女客，盟誓未冷，旋嫁他人。虽然是妓家本色，只是初时设盟设誓者何心？后来输情服意，荐他人枕席者又何心？既要如此，何苦在牝牡骊黄之外结交我这穷汉？可不辜负了他那双眼睛？如今张少伯见孩儿侥幸，便想送畹娘来赎罪。孩儿至愚不肖，决不肯收此失节之妇，以污清白之躯。"

正说得激烈，里面走出畹娘来，娇声婉气地说道："阮郎，你不要错怪了人。那张少伯分明是押衙一流人物。"阮江兰背着身体笑道："好个为自家娶老婆的古押衙！"畹娘道："你不要在梦里骂我，待奴家细细说出原委来。昔日郎君与妾相昵，有一个姓乐的撞来，郎君曾作诗讥诮他。他衔恨不过，便在苏州谎说郎君狎邪狼狈，仿了郑元和的行止。张少伯信以为真，变卖田产，带了银子星夜赶来，为妾赎身。妾为老鸨计赚，哄到他船上，一时间要寻死觅活。谁知张少伯不是要娶我，原是为郎君娶下的。"

阮江兰又笑道："既为我娶下，何不彼时就做一个现人情？"畹娘道："这又有个话说。他道是郎君是天生才子，只不肯沉潜读书，恐妾归君子之后，未免流连房闱，便致废弃本业。不是成就郎君，反是贻害郎君了。所以当面笑骂，总是激励郎君一片踊跃功名的念头。妾到他家里，另置一间房屋安顿妾身，以弟妇相待。便是张宅夫人，亦以妯娌相称。后来听得郎君闭关读书，私自庆幸。见郎君取了科举。晓得无力进京，又馈送路费。郎君乃掷之大门之外，只得转托顾门斗送来。难道郎君就不是解人，以精穷之门斗，那得有十金资助贫士？这件事上，不该省悟吗？前日得了郎君发解之信，朝天四拜道是：'姻缘担子，此番才得卸肩。'如此周旋苦心，虽押衙亦不能及。若郎君疑妾有不白之行，妾亦无足惜，但埋没了热肠侠士，妾唯有立死君前，以表彰心迹而已。"阮江兰汗流浃背，如大梦方醒。两个老人家啧啧称道不绝。阮江兰才请过畹娘来，拜见公婆，又交拜了。随即叫两乘轿子，到张少伯家去，请他夫妇拜谢。从此两家世世往来，竟成了异姓兄弟。

第二回　百和坊将无作有

造化小儿强作宰，穷通切莫怨浮沉。

使心运智徒劳力，掘地偷天枉费心。

忙里寻闲真是乐，静口守拙有清音。

早知苟得原非得，须信机深祸亦深。

丈夫生在世上，伟然七尺，该在骨头上磨炼出人品，心肝上呕吐出文章，胼胝上挣扎出财帛。若人品不在骨头上磨炼，便是庸流；文章不在心肝上呕吐，便中浮论；财帛不在胼胝上挣扎，便是虚花。且莫提起人品、文章，只说那财帛一件，今人立地就想祖基父业，成人就想子禄妻财。我道这妄想心肠，虽有如来转世，说得天花乱坠，也不能斩绝世界上这一点病根。

且说明朝叔季年间，有一个积年在场外说嘴的童生，他姓欧，单名醉，自号滁山。少年时有些随机应变的聪明，道听途说的学问，每逢考较，府县一般高高地挂着，到了提前衙门，就像铁门槛，再爬不进这一层。自家虽在孙山之外，脾味却喜骂人，从案首直数到案末，说某小子一字不识，某富家多金夤缘，某乡绅自荐子弟，某官府开报神童。一时便有许多同类，你唱我和，竟成了大党。时人题他一个总名，叫作"童世界"，又起欧滁山绰号叫作"童妖"。他也居之不疑，俨然是童生队里的名士。但年近三十，在场外夸得口，在场内藏不得拙，那摘不尽的髭髯，渐渐连腮搭鬓，缩不小的身体，渐渐伟质魁形。还亏他总不服老，卷面上"未冠"两个字，像印版刻成的，再不改换。众人虽则晓得他功名淹塞，却不晓得他功名愆期。他自父母亡后，留下一个未适人的老丫头，小名秋葵，做了应急妻室。家中还有一个小厮，一个苍头。那苍头耳是聋的，只好挑水烧锅，唯有那小厮叫作鹊浔，眼尖口快，举动刁钻，与秋葵有一手儿。欧滁山时常拈酸吃醋，亲戚们劝他娶亲，只是不肯。有的说："他志气高大，或者待进学后才议婚姻。"不知欧滁山心事全不为此。他要做个现成财主女婿，思量老婆面上得些油水。横了这个见解，把岁月都跟着蹉跎过了。又见同社们也有进学，也有出贡的，再不得轮流到自己。且后进时髦，日盛一日，未免做了前辈童生。要告致仕，又恐冤屈了那满腹文章、十年灯火。忽然想起一个出贡的朋友姜天淳，现在北直真定作县，要去抽丰。

他带了鹊渌出门，留苍头看家。朝行暮宿，换了几番舟车陆马，才抵真定。自家瞒去童生角色，吩咐鹊渌在人前说是名士秀才。会过姜天淳，便拜本地乡室。乡宦们知道是父母官的同乡同社，又是名士，尽来送下程请酒。欧滁山倒应接不暇。一连说过几桩分上，得了七百余金。我道欧滁山族新做游客，那得如此获利？

原来他走的是衙门线索，一应书办快手，尽是眷社盟弟的帖子，到门亲拜。还抄窃时人的诗句，写在半金半白的扉子上，落款又写"拙作请教"，每人送一把，做见面人情。那班衙门里朋友，最好结交，他也不知道什么是名士，但见扇子上有一首歪诗，你也称好，我也道妙，大家捡极肥的分上送来，奉承这诗伯。欧滁山也不管事之是非，理之曲直，一味拿出名士腔调来，强要姜天淳如何审断，如何注销。若有半点不依他，从清晨直累到黄昏，缠扰个不了。做官人的心性，哪里耐烦得这许多。说一件准一件，只图耳根干净，面前清洁便罢了。所以游客有四种熬他不得的去处：

　　不识羞的厚脸，惯撒泼的鸟嘴。

　　会做作的乔样，弄虚头的辣手。

世上尊其名曰："游客。"我道游者流也，客者民也，虽内中贤愚不等，但抽丰一途，最好纳污藏垢，假秀才、假名士、假乡绅、假公子、假书贴，光棍作为，无所不至。今日流在这里，明日流在那里，扰害地方，侵渔官府，见面时称功颂德，背地里捏禁拿讹。游道至今大坏，半坏于此辈流民，倒把真正豪杰、韵士、山人、词客的车辙，一例都行不通了。歉的带坏好的，怪不得当事们见了游客一张拜帖，攒着眉，跌着脚，如生人遇着勾死鬼一般害怕。若是礼单上有一把诗扉，就像见了大黄巴豆，遇着头疼，吃着泻肚的。就是衙役们晓得这一班是惹厌不讨好的怪物，连传帖相见，也要勒压纸包。

我曾见越中一游客，谒某县令，经月不见回拜，某客排门大骂，县令痛恶，遣役投帖送下程。某客恬不为耻，将下程全收，缴礼之时，嫌酒少，叱令重易大坛三白。翌日果负大坛至。某客以为得计，先用大碗尝试，仅咽一口，呕吐几死，始知坛中所贮者乃溺也。我劝自爱的游客们，家中若有一碗薄粥可吃，只该甘穷闭户。便是少柴少米，宁可受妻子的怨滴，决不可受富贵场内怠慢。闲话休提。

且说欧滁山一日送客，只见无数脚夫，挑着四五十只皮箱，后面十多乘轿子，陆续进那大宅子里去了。欧滁山道："是哪里来的官家？"忙叫鹊渌访问，好去拜他的。鹊渌去不多时，走来回复道："是对门新搬来的。说是河间府屠老爷小奶奶。屠老爷在淮扬做道，这小奶奶是扬州人，姓缪。如今他家老爷死在任上，只有一个叔子叫作三太爷，同着小奶奶在这边住。"欧滁山道："既是河间人，怎么倒在这里住下？"鹊渌道："打破砂锅问到底，我哪知他家的事故？"欧滁山骂了几声"蠢奴才"，又接着本地朋友来会，偶然问及河间屠乡宦。那朋友也道："这乡宦已作古人了。"欧滁山假嗟叹一回，两个又讲闲话才别。

次日，见鹊渌传进帖子来，道："屠太爷来面拜了。"欧滁山忙整衣衫，出来迎接。只见那三太爷打扮：

> 头戴一顶方巾，脚穿一双朱履。扯偏袖，宛似书呆出相；打深躬，恰如道士伏章。主人看坐，两眼朝天；仆子送茶，一气入口。先叙了久仰久慕，才问起尊姓尊名。混沌不知礼貌，老生怀葛之夫，村愚假学谦恭，一团酒肉之相。

欧滁山分宾主坐下，拱了两拱，说几句初见面的套话。三太爷并不答应，只把耳朵侧着，呆睁了两只铜铃的眼睛。欧滁山老大诧异。旁边早走上一个后生管家，悄悄说道："家太爷耳背，不晓得攀谈，相公莫要见怪。"欧滁山道："说哪里话，你家老爷在生时，与我极相好，他的令叔便是我的叔执了。怎么讲个怪字？"只问那管家的姓名。后生道："小的姓徐。"欧滁山接口道："徐大叔，你家老爷做官清廉，可有多少官囊吗？"徐管家道："家老爷也曾买下万金田产，至于内里囊橐，都是扬州奶奶掌管，也够受用半世。"欧滁山道："这等你家日子还好过哩。"只见三太爷坐在对面，咂嘴咂舌地叫道："小厮拿过拜匣来，送与欧相公。"又朝着滁山拱手道："藉重大笔。"欧滁山揭开拜匣,里面是一封银子,写着"笔资八两"。不知他是写围屏、写轴子、画水山、画行乐。着了急,忙推辞道:"学生自幼苦心文字海中,不曾有余暇工夫摹效黄庭,宗法北苑。若是要做祭文、寿文,还不敢逊让;倘以笔墨相委,这便难领教了。"三太爷口内唧了几十喋声,才说出两个字来,道:"求文! 求文!"倒是徐官家代说道:"家老爷死后,生平节概,无人表白,昨日闻得欧相公是海内名士,特求一篇墓志。些微薄礼,聊当润笔。"欧滁山笑道:"这何难? 明日便有,尊礼还是带回去。"徐管家道:"相公不收,怎么敢动劳?"欧滁山道:"若论我的文章,当代要推大匠。就是本地士绅求序求传,等上轮个月才有。但念你老爷旧日相与情分,不便受这重礼,待草完墓志,一并送还。"徐管家见三太爷在椅子上打瞌睡,走去摇醒了,搀他出门。欧滁山进来,暗喜道:"我老欧今日的文章才值钱,当时做童生,每次出去考,经营惨淡,构成两篇,定要赔卷子,贴供给。谁知出来做游客,这般燥脾,一篇墓志打什么紧,也送八两银子来? 毕竟名下好题诗也。不过因我是名士,这墓志倒不可草草打发。"研起墨来,捏着一管笔,只管摇头摆脑的吟哦,倒默记出自家许多小题来。要安放在上面,不知用那一句好。千踌躇,万算计,忽然大叫道:"在这里了。"取出《古文必读》,用那《祭十二郎文》,改头换尾,写得清清楚楚,叫鹊渌跟了,一直到对门来。

　　徐管家迎见,引至客堂,请出三太爷来相见。欧滁山送上墓志,三太爷接在手里,将两眼觑在字上,极口的道:"好!"又叫徐管家拿进去与奶奶看。欧滁山听见奶奶是识字的,毛孔都痒将起来。徐管家又传说:"奶奶吩咐,请欧相公吃一杯酒去。"欧滁山好像奉了皇后娘娘的懿旨,身也不敢动,口中先递了诚欢诚忭的谢表。摆上酒肴,一时间山珍海错,罗列满前,真个大人家举止,就如预备在家里的。欧滁山显出那猪八戒的手段来,件件啖得尽兴,千欢万喜回去了。

　　迟不上几日,徐管家又来相请。欧滁山尝过一次甜头儿,脚根不知不觉地走得飞快。才就客位坐下,只听得里面环佩叮当,似玉人甫离绣阁;麝兰氤氲,如仙女初下瑶阶。先走出两个女婢来,说道:"奶奶亲自拜谢欧相公。"滁山未及答应,那一位缪奶奶袅袅娜娜的。走将出来。女婢铺下红毡,慌得欧滁山手足无措,不知朝南朝北,还了礼数。缪奶奶娇声颤语道:"妾夫见背,默默无闻,得先生片语表彰,不独未亡人衔感,即泉下亦顶不戴不朽。"欧滁山连称"不敢"。偷眼去瞧他,虽不见得十分美貌,还有七种风情:

眼儿是骚的,嘴儿是甜的,身体儿是动的,脚尖儿是半的。脸儿是侧的,颈儿是扭的,纤纤指儿是露出来的。

欧滁山看得仔细,那眼光早射到裙带底下,虚火发动,自家裤裆里活跳起来,险些儿磨穿了几层衣服。又怕不好看相,只得弯着腰告辞出来。回到寓中,已是黄昏时候,一点淫心忍耐不住,关了房门,坐在椅子上,请出那作怪的光郎头来,虚空模拟,就用五姐作缘,闭上眼睛,伸直了两只腿,勒上勒下。口中正叫着"心肝乖乖",不期对面桌子下,躲着一个白日撞的贼,不知几时闪进来的,蹲在对面,声也不响,气也不喘,被欧滁山滚热的精华,直冒了一脸。那贼"呀"的叫喊起来,倒吓了欧滁山一跳。此时滁山是作丧之后,昏昏沉沉,四肢瘫软,才叫得一声"有贼",那贼拨开门闩,已跳在门外。欧滁山赶去捉他,那贼摇手道:"你要赶我,我便说出你的丑态来了。"欧滁山不觉又羞又笑,那贼已穿街走巷,去得无影无。欧滁山只得回来。查一查银子,尚喜不曾出脱,大骂鹊渌。

原来鹊渌是缪家的大叔们请他在酒馆中一乐,吃得酩酊大醉,昏天黑地,睡在椿凳上,哪里知道有贼没贼。欧滁山也没奈何,自己点了灯,四面照一照,才去安寝。睡便睡在床上,一心想着缪奶奶,道:"是这般一个美人,又有厚赏,若肯转嫁我,倒是不求至而的安稳富翁。且待明日,向他徐管家讨些口气,倘有一线可入,贪缘进去,做个补代,不怕一生不享荣华。"翻来覆去,用心过度,再也睡不着。到四更天气,才闭上眼,又梦见贼来,开了皮箱,将他七百两头装在搭包里。欧滁山急得眼里冒出火来,顾不得性命,精光的爬下床来,口中乱喊:"捉贼!"那鹊渌在醉香中,霎时惊醒了,也赤身滚起来,暗地里恰恰撞着欧滁山,不由分说,扯起钉耙样的拳头,照着欧滁山的脸上乱打。欧滁山熬不过疼痛,将头脸靠住鹊渌怀里,把他精身体上死咬。两个扭做一团,滚在地下。你骂我是强盗,我骂你是贼徒。累到天明,气力用尽。欧滁山的梦神也告消乏了,鹊渌的醉魔也打疲倦了。大家抱头抱脚的,欹跨睡在门槛上。直睡到日出三竿,鸡啼傍午,主仆两人才醒。各揉一揉睡眼,都叫诧异。欧滁山觉得自家尊容有些古怪,忙取镜子一照,惊讶道:"我怎么脱换一个青面小鬼,连头脚都这般峥嵘了。"鹊渌也觉得自家贵体有些狼狈,低头一看,好似掉在染缸里,遍体染就个红红绿绿的。面面相觑,竟解不出缘故来。

一连告了几日养病假，才敢出去会客。那缪奶奶又遣管家送过四盘果品来看病。欧滁山款住徐管家，要他坐下。徐管家道："小的是下人，怎敢陪相公坐地？"欧滁山笑道："你好呆，敬其主以及其使，便是敝老师孔夫子，还命遽伯玉之使同坐哩！你不须谦让。"徐管家只得将椅子移在侧边，半个屁股坐着。欧滁山吩咐鹊渌，叫他在酒馆中取些热菜来，酒儿要烫得热热的。鹊渌答应一声去了。欧滁山问道："你家奶奶性儿喜欢什么？待我好买几件礼物回答。"徐管家道："我家奶奶敬重相公文才，那指望礼物回答？"欧滁山道："你便是这等说，我却要尽一点敬意。"徐管家道："若说起我家奶奶，纱罗绸缎，首饰头面，那件没有？若要他喜欢的，除非吃食上橄榄、松子罢了。"欧滁山问道："你家奶奶原来是个清客，爱吃这样不做肉的东西。"徐管家嬉的笑起来。鹊渌早取了熟菜，摆上一桌，斟过两杯酒。二人一头吃，一头说。欧滁山乘兴问道："你家奶奶又没有一男半女，年纪又幼小，怎么守好节？"徐管家道："正是。我们不回河间去，也是奶奶要日后寻一分人家，坐产招夫的意思。"欧滁山道："不知你家奶奶要寻那样人儿？"徐管家道："小的也不晓得。奶奶还不曾说出口来，为碍着三太爷在这里。"欧滁山道："我有一句体己话儿对你讲，切不可向外人说。"忙把鹊渌叫开了，说道："我学生今年才三十一岁，还是真正童男子，一向要娶亲，因敝地再没得好妇人。若是你家奶奶不弃，情愿赘在府上。我虽是客中，要措办千金，也还供得你家奶奶妆奁。"徐管家道："相公，莫说千金万金，若是奶奶心肯，便一分也不消相公破费。但三太爷在此，也须通知他做主才妙。"欧滁山道："你家三太爷聋着两只耳朵，也容易结交他。"徐管家道："相公慢慢商量，让小的且回去吧！"欧滁山千叮万嘱一遍，正是：

　　　　耳听好消息，眼观旌节旗。

　　话说姜天淳晓得欧滁山得过若干银两，又见不肯起身，怕在地方招摇出事来，忙对起八两程仪，促他急整归鞭。欧滁山大怒，将程仪掷在地下，道："谁稀罕这作孽的钱？你家主人要使官势，只好用在泛常游客身上。我们同窗同社，也还不大作准，试问他，难道做一生知县，再不还乡的吗？我老欧有日和他算账哩。"那来役任凭他发挥，拾了银子，忙去回复知县。

　　这叫作好意翻恶意，人心险似蛇心。我道姜天淳这个主人，便放在天平上兑一兑，也还算十足的斤两。看官们，试看世界上那个肯破悭送人？他吃辛吃苦的做官，担惊担险的趁钱，宁可招人怨，惹人怪，闭塞上方便门，留积下些元宝，好去打点升迁；极不济，便完赃赎罪，抖着流徙，到底还仗庇孔方，保姆一生不愁冻饿。我常想古今慷慨豪杰，只有两个：一个是孟尝君，舍得三餐饭养士；一是平原君，舍得十日酒请客。这大老官的声名千古不易。可见酒饭之德，亦能使人品传芳。假若剜出己财，为众朋友做个大施主，这便成得古今真豪杰了。倘自负慷慨，逢人通诚，啴锄水火的小恩惠，也恶夸口，这种人便替孟尝君厨下烧锅，代平原君席上斟酒，还要嫌他龌龊相。但当今报德者少，负义者多。如欧滁山皆是另具一副歪心肠，别赋一种贱骨骼。抹却姜天淳的好处，反恶声狂吠起来。这且不要提他。

话说缪奶奶屡次着人送长送短，百倍殷切。欧滁山只得破些钞儿，买几件小礼点缀。一日，三太爷拉欧滁山街上去闲步，见一个簌新酒帘飘荡在风里，那三太爷频频咽涎，像有些闻香下马的光景，只愁没有解貂换酒的主人。欧滁山见最生情，邀他进去，捡一副干净座儿，请他坐地。酒保陆续搬上肴馔来，两个一递一杯，直吃到日落，还不曾动身。欧滁山要与三太爷接谈，争奈他两耳又聋，只好对坐着哑饮。谁知哑饮易醉，欧滁山满腔心事，乘着醉兴，不觉吐露道："令侄妇青年人怎么容他守寡？你老人家该方便些才是。"那三太爷偏是这几句话听得明白，点一点头道："我天要寻一个好人物，招他进来哩！急切里又遇不着。"欧滁山见说话入港，老着脸皮，自荐道："晚生还不曾娶亲，若肯玉成，当图厚报。"三太爷大喜道："这段姻缘绝妙的了，我今日便亲口许下，你择日来纳聘何如？"欧滁山正喜得抓耳搔腮，侧边一个小厮，眼瞅着三太爷道："不知家里奶奶的意思，太爷轻口便许人吗？"欧滁山忙把手儿摇着说道："大叔你请在外面吃酒，都算在我账上。"把个小厮哄开了。离席朝上作了揖，又自斟一杯酒送过去。三太爷扶起道："你又行这客礼做什么？"欧滁山道："既蒙俯允，始终不二，便以杯酒为订。"三太爷道："你原来怕我是酒后戏言，我从来直肠直口，再不会说谎的。"欧滁山极口感激，算完店账，各自回寓。

次日打点行聘。这缪家受聘之后，欧滁山即想做亲。叫了一班鼓乐，自家倒坐在新人轿里，抬了一个圈子，依旧到对门下轿。因是第一次做新郎，心里老大有些惊跳。又见缪奶奶是大方家，比不得秋葵丫头，胡乱可以用些枪法的，只得在那上床之时，脱衣之后，求欢之际，斯斯文文，软软款款，假学许多风雅模样。缪奶奶未免要装些身份。欧滁山低声悄语道："吉日良辰,定要请教。"缪奶奶笑忍不住,放开手,任他进去赴考。欧滁山才入门,一面谦让道："唐突!唐突!"哪知兢持太甚,倒把一个积年会完卷的老童生,头一篇还不曾做到起讲,便老早出场了。自家觉着惭愧,喘吁吁的赔小心道："贻笑大方,改日容补。"缪奶奶只是笑,再不作声。

过了数日,欧滁山见他房口箱笼摆得如密篾一般,不知内里是金银财宝,还是纱罗绸缎,想着要入一入眼。因成亲不久,不便开口说得,遂想出一个抛砖引玉之法来,手中拿着钥匙,递与缪奶奶道："拙夫这个箱内,尚存六百多金,娘子请看一看。"缪奶奶道："我这边的银钱还用度不了,那个要你的?"欧滁山道："不是这样讲,我的钥匙交付与娘子,省得拙夫放在身边。"缪奶奶取过来交与一个丫头。只见三太爷走到房门前说道："牛儿从河间府来,说家里的大宅子,有暴发户戚小桥要买,已还过九千银子。牛儿不敢做主,特来请你去成交易哩。"缪奶奶愁眉道："我身子不大耐烦,你老人家同着姑爷去兑了房价来吧!"欧滁山听见又有九千银子,好像做梦的,恨不得霎时起身,搬了回来,这一夜加力奉承财主奶奶。

次日备上四个头口,三太爷带了牛儿,欧滁山带了鹊渌,一行人逶迤而去。才走得数里,后面一匹飞马赶来,却是徐管家,拿着一个厚实实的大封袋,付与欧滁山道:"你们起身忙忘记带了房契,奶奶特差小的送来。"欧滁山道:"险不空往返一遭儿哩!还亏你奶奶记性快。"徐管家道:"爷们不要耽搁,快赶路吧!"两个加一鞭。只见:

夕阳影里马蹄过,沙土尘中人面稀。

停了几日,已到河间府。三太爷先把欧滁山安顿在城外饭店里,自家同着牛儿进城,道是议妥当了,即来请去交割房契。欧滁山果然在饭店中等候。候了两日,竟不见半个脚影儿走来,好生盼望。及至再等数天,就有些疑惑,叫鹊渌进城去探问。鹊渌问了一转,依旧单身回来,说是城内百和坊,虽有一个屠乡宦,他家并不见什么三太爷。欧滁山还道他问得不详细,自己袖着房契,叫鹊渌领了,走到百和坊来。只见八字墙门,里面走出一个花帕兜头的大汉。欧滁山大模大样问道:"你家三太爷回来了,为何不出城接我?"那大汉啐道:"你是哪里走来的鸟蛮子,问什么三太爷、四太爷?"欧滁山道:"现有牛儿跟着的,烦你唤出牛儿来,他自然认得我。"大汉骂道:"你家娘的牛马儿！怎么在我宅子门前歪缠？"欧滁山情急了，忙通出角色来道："你家小奶奶现做了我的贱内，特叫我来卖房子哩。"这句话还不曾说完，大汉早劈面一个耳掌，封住衣袖揪了进去。鹊涵见势头不好，一溜烟儿躲开。可怜欧滁山被那大汉捉住，又有许多汉子来帮打，像饿虎攥羊一般，直打得个落花流水。还亏末后一个少年喝住，众汉才个个收了拳兵。

此时欧滁山魂灵也不在身上，痴了一会，渐渐醒觉，才叫疼叫痛，又叫起冤屈来。那少年近前问道："你这蛮子声口像是外方。有甚缘故？快些说来。"欧滁山带着眼泪说道："学生原是远方人，因为探望舍亲姜天淳，所以到保定府来，就在保定府娶一房家小，这贱内原是屠老先生之妾。屠老先生虽在任上亡过，现有三太爷做主为媒，不是我贪财强娶。"那少年道："那个耐烦听你这些闲话？只问你无端为何进我的宅子？"欧滁山道："我非无端而来，原是来兑房价的，现有契文在此，难道好白赖的吗？"少年怒道："你这个蛮子，想是青天白日见鬼。叫众汉子推他出去。"欧滁山受过一番狼狈的，哪里经得第二遍？听见一声推出去，他的脚跟先出门了，只得闷闷而走。

回到饭店，却见鹊渌倒在炕上坐着哩。欧滁山骂道："你这贼奴才，不顾主人死活，任他拿去毒打。设使真个打死，指望你来收尸，这也万万不能够了。"鹊渌笑道："相公倘然打死，还留得鹊渌一条性命，也好回家去报信，怎道怨起我来？"欧滁山不言不语，连衣睡在床上，捶胸捣枕。鹊渌道："相公不消气苦，我想三太爷原姓屠，他家弟男子侄，哪里肯将房产银子倒白白送与相公吗？"欧滁山沉吟道："你也说的是，但房契在我手里，也还不该下这毒手。"鹊渌道："他既下这毒手，焉知房契不先换去了？"欧滁山忙捡出房契来，拆开封简，见一张绵纸，看看上面，写的不是房契，却是借约。写道：

> 立借票人屠三醉，今因乏用，借到老欧处白银六百两。候起家立业后，
> 加倍奉偿。恐后无凭，立此借票存照。

欧滁山呆了，道："我被这老贼拐去了。"又想一想道："前日皮箱放在内屋里，如何盗得去？"又转念道："他便盗我六百金，缪奶奶身边，千金不止，还可补偿缺陷。"急急收拾行李，要回保定。争奈欠了饭钱，被房主人捉住。欧滁山没奈何，只得将被褥

准算，主仆两个，孤孤寂寂，行在路上，有一顿没一顿，把一个假名士，又假起乞丐来了。

趱到保定，同着鹃渌入城，望旧寓走来。只见：

> 冷清清门前草长，幽寂寂堂上禽飞。破交椅七横八竖，碎纸窗万片千条。就像过塞无人烟的古庙，神鬼潜踪；又如满天大风雪的寒江，渔翁绝迹。入其庭不见其人，昔日罗帏挂蛛网；披其户其人安在，今朝翠阁结烟萝。

欧滁山四面搜寻，要讨个人影儿也没得。鹃渌呜呜地又哭起来。欧滁山问道："你哭些什么？"鹃渌道："奶奶房里使用的珠儿，他待我情意极好，今日不见了，怎禁得人不哭？"欧滁山道："连奶奶都化为乌有，还提起什么珠儿？我如今想起来了，那借票上写着屠三碎，分明是说'三醉岳阳人不识'，活活是个雄拐子，连你奶奶也是雌拐儿。算我年灾月厄，撞在他手里。罢了！罢了！只是两只空拳，将什么做盘缠回家？"鹃渌道："还是去寻姜老爷的好。"欧滁山道："我曾受过恩惠，反又骂他，觉得不好相见。"鹃渌道："若是不好相见，可写一封书去，干求他罢了。"欧滁山道："说得有理。"仍回到对门旧寓来，借了笔砚，恳恳切切写着悔过谢罪的话，又叙说被拐致穷之致。鹃渌忙去投书。姜天淳果然不念旧恶，又送出二十两程仪来。欧滁山置办些铺盖，搭了便船回家。

一路上少不得嗟叹怨眼，谁知惊动了中舱内一位客人。那客人被他耳根聒得不耐烦，只得骂了船家几句，说他胡乱搭人。船家又来埋怨。欧滁山正没处叫屈，借这因头，把前前后后情节，像说书的一般，说与众人听。众人也有怜他的，也有笑他的。独有中舱客人，叫小厮来请他。欧滁山抖一抖衣服，钻进舱去。客人见欧滁山戴一顶巾子，穿一双红鞋，道是读书的，起身来作揖，问了姓氏。欧滁山又问那客人，客人道："小弟姓江，号秋雯，原籍是徽州。因今岁也曾遇着一伙骗子，正要动问，老丈所娶那妇人，怎的一个模样？"欧滁山道："是个不肥不瘦的身体，生来着实风骚，面上略有几个雀斑。"江秋雯笑道："与小弟所遇的不差。"欧滁山怒目张拳道："他如今在哪里？"江秋雯道："这是春间的事体，如今那个晓得他的踪迹？"欧滁山道："不知吾兄如何被骗的？"江秋雯道："小弟有两个典铺，开在临清。每年定带些银两去添补。今春泊船宿迁，邻船有一个妇人，看见小弟，目成心许。将一条汗巾掷过来。小弟一时迷惑，接在手中，闻香嗅气。那妇人不住嬉笑，小弟情不自禁，又见他是两只船，一只船是男人，一只船是女人。访得详细，到二更天，见他篷窗尚未掩着，此时也顾不得性命，跳了过去。倒是那妇人叫喊起来，一伙仆从捉住小弟，痛打一顿，骗去千金才放。小弟吃这个亏，再不怨人，只怨自己不该偷婆娘。"欧滁山道："老丈有这等度量，小弟便忍耐不住了。"江秋雯道："忍耐不住便怎么？小弟与吾兄同病相怜，何不移在中舱来做伴？"自此，欧滁山朝夕饮食，尽依藉着江秋雯。到了镇江，大家上岸去走走。只见码头上，一个弄蛇的叫花子，鹘渌端相一遍，悄悄对欧滁山说道："这倒像那三太爷的模样哩。"欧滁山认了一认，道："果然是三太爷。"上前一把扯住，喊道："捉住拐子了。"那叫花子一个拳头撞来，打得不好开交。江秋雯劝住道："欧兄，你不要错认了，他既然拐你多金，便不该仍做叫花子。既做叫花子，你认他是三太爷，可不自己没体面？"欧滁山听了，才放手。倒是哪里肯放，说是走了他的挣钱的儿子。江秋雯不晓得什么叫作挣钱儿子。细问起来，才知是一条蛇儿。欧滁山反拿出几钱银偿他。

　　次日，别了江秋雯，搭了江船，到得家里。不意苍头死了，秋葵卷了些值钱物件，已是跟人逃走。欧滁山终日抑郁，遂得膨胀病而亡。可见世人须要斩绝妄想心肠，切不可赔了夫人又折兵，学那欧滁山的样子。

第三回　走安南玉马换猩绒

百年古墓已为田，人世悲欢只眼前。

日暮子规啼更切，闲修野史续残编。

话说广西地方与安南交界，中国客商，要收买丹砂、苏合香、沉香，却不到安南去，都在广西收集。不知道这些东西是安南的土产，广西不过是一个聚处。安南一般也有客人到广西来货卖。那广西牙行经纪，皆有论万家私，堆积货物。但逢着三七，才是交易的日子。这一日叫作开市。开市的时候。两头齐列着官兵，放炮呐喊，直到天明，才许买卖。这也是近着海滨，恐怕有奸细生事的意思。市上又有个评价官，这评价官是安抚衙门里差出来的。若市上有私买私卖，缉访出来，货物入官，连经纪客商都要问罪。自从做下这个官例，那个还敢胡行？所以，评价官是极有权要的。名色虽是评价，实在却是抽税。这一主无碍的钱粮，都归在安抚。

曾有个安抚姓胡，他生性贪酷，自到广西做官，不指望为百姓兴一毫利，除了毫害，每日只想剥尽地皮自肥。总为天高听远，分明是半壁天子一般。这胡安抚没有儿子，就将妻侄承继在身边做公子。这公子有二十余岁，生平毛病是见不得女色的，不论精粗美恶，但是落在眼里就不肯放过。只为安抚把他关禁在书房里，又请一位先生陪他读书。你想旷野里的猢狲，可是一条索子锁得住的？况且要他读书，真如生生的逼那猢狲装扮李三娘挑水，鲍老送婴孩的戏文人。眼见得读书不成，反要生起病来。安抚的夫人又爱惜如宝，这公子倚娇倚痴，要出衙门去玩耍。夫人道："只怕你父亲不许。待我替你讲？"早是安抚退堂，走进内衙来。夫人指着公子道："你看他面黄肌瘦，茶饭也不多吃，皆因在书房内用功过度。若再关禁几时，连性命都有些难保了。"安抚道："他既然有病，待我传官医进来，吃一两剂药，自然就好的。你着急则甚？"公子怕露出马脚来，忙答应道："那样苦水，我吃他做什么？"安抚道："既不吃药，怎得病好哩？"夫人道："孩子家心性原坐不定的。除非是放他出衙门外，任他在有山水的所在，或者好寺院里闲散一番，自然病就好了。"安抚道："你讲的好没道理。我在这地方上，现任做官，怎好放纵儿子出外玩耍？"夫人道："你也忒糊涂，难道儿子面孔上贴着安抚公子的几个字吗？便出去玩耍，有那个认得，有那个议论？况他又不是生事的。你不要弄得他病久了，当真三长两短，我是养不出儿子的哩。"安抚也是溺爱，一边况且夫人发怒，只得改口道："你不要着急，我自有个道理。明朝是开市的日期，吩咐评价官领他到市上，玩一会就回。除非是打扮要改换了，才好掩人耳目。"夫人道："这个容易。"公子在旁边听得眉开眼笑，扑手跌脚的，外边喜欢去了。正是：

> 意马心猿拴不住，郎君年少总情迷。
>
> 世间溺爱皆如此，不独偏心是老妻。

话说次日五更，评价官奉了安抚之命，领着公子出辕门来，每人都骑着高头大马。到得市上，那市上原来评价官也有个衙门。公子下了马，评价官就领他到后衙里坐着，说道："小衙内，你且宽坐片时，待小官出去点过了兵，放炮之后，再来领衙内出外观看。"只见评价官出去坐堂。公子哪里耐烦死等？也便随后走了出来。此时天尚未亮，满堂灯炬照得如同白日，看那四围都是带大帽、持枪棍的，委实好看。公子打人丛里挤出来，直到市上，早见人烟凑集，家家都挂着灯笼。公子信步走去，猛抬头看见楼上一个标致妇人，凭着楼窗往下面看，便立住脚，目不转睛地瞧个饱满。你想，看人家妇女，那有看得饱的时节？总是美人立在眼前，心头千思万想，要他笑一笑，留些情意，好从中下手。却不知枉用心肠，像饿鬼一般，腹中越发空虚了。这叫作眼饱肚中饥。公子也这样呆想。哪知楼上的妇人，他却贪看市上来来往往的，可有半些眼角梢几留在公子身上吗？又见楼下一个后生，对着那楼上妇人说道："东方发白了，可将那几盏灯挑下来吹熄了。"妇人道："烛也剩不多，等他点完了吧！"公子乘他们说话，就在袖里取出汗巾来。那汗巾头上系着一个玉马，他便将汗巾裹一裹，掷向楼上去。偏偏打着妇人的面孔，妇人一片声喊起来。那楼下后生也看见一件东西在眼中晃一晃，又听得楼上喊声，只道那个拾砖头打他。忙四下一看，只见那公子嬉笑一张嘴，拍着手大笑道："你不要错看了那汗巾，里面裹着有玉马哩!"这后生怒从心上，恶向胆边，忙去揪着公子头发，要打一顿。不提防用得力猛，却揪着了帽子，被公子在人丛里一溜烟跑开了。后生道："便宜这个小畜生! 不然打他一个半死，才显我的手段。"拿帽在手，一径跑到楼上去。妇人接着笑道："方才不知那个涎脸，将汗巾裹着玉马掷上来。你看这玉马，倒还有趣哩。"后生拿过来看一看，道："这是一个旧物件。"那妇人也向后生手里取过帽子来看，道："你是哪里得来的? 上面好一颗明珠。"后生看了，惊讶道："果然好一颗明珠。是了，是了! 方才那小畜生不知是那个官长家的哩!"妇人道："你说什么?"后生道："我在楼下见一个人瞧你，又听得你喊起来，我便赶上去打那一个人。不期揪着帽子，被他脱身走去。"妇人道："你也不问个皂白，轻易便打人。不要打出祸根来。便由他瞧得奴家一眼，可有本事吃下肚去吗?"后生道："他现在将物件掷上来，分明是调戏你。"妇人道："你好呆，这也是他落便宜，白送一个玉马，奴家还不认得他是长是短，你不要多心。"正说话间，听得市上放炮响，后生道："我去做生意了。"正是：

　　　玉马无端送，明珠暗里投。

　　你道这后生姓什么? 原来叫作杜景山。他父亲是杜望山，出名的至诚经纪，四方客商都肯来投依，自去世之后，便遗下这挣钱的行户与儿子。杜景山也做人乖巧，倒百能百干，会招揽四方客商，算得一个克家的肖子了。我说那楼上妇人，就是他结发妻子。这妻子娘家姓白，乳名叫作凤姑，人才又生得柔媚，支持家务件件妥帖，两口儿极是恩爱不过的。他临街是客楼，一向堆着货物。这日出空了，凤姑偶然上楼去，观望街上，不期撞着胡衙内这个祸根。你说，惹了别个还可，这胡衙内是活太岁，在他头了动了土，重则断根绝命，轻则也要荡产倾家。若是当下评价官晓得了，将杜景山责罚几板，也就是消了忿眼。偏那衙内怀揣着鬼胎，却不敢打市上走，没命地往僻巷里躲了去。走得气端，只得立在房檐下歇一歇力。不晓得对门一个妇人蓬着头，敞着胸，手内提了马桶，将水荡一荡，朝着侧边泼下。那知道黑影内有一个人立着，刚刚泼在衙内衣服上。衙内叫了一声："哎哟!"妇人丢下马桶，就往家里飞跑。我道妇人家倒马桶，也有个时节，为何侵晨爬起来就倒? 只因小户人家，又住在窄巷里，恐怕黄昏时候街上有人走动,故此趁那五更天,巷内都关门闭户,他便冠冠冕冕,好出来洗荡。也是衙内晦气,泼了一身粪渣香。自家闻不得,也要掩着鼻子。心下又气又恼,只得脱下那件外套来,露出里面是金黄短夹袄。衙内恐怕有人看见,观瞻不雅,就走出巷门。看那巷外却是一带空地,但闻马嘶的声气。走得几步,果见一匹马拴在大树底下,鞍辔都是备端正的,衙内便去解下缰绳。才跨上去,肢蹬还不曾踏稳,那马如飞跑去了。又见草窝里跳出一个汉子,喊道:"拿这偷马贼!拿这偷马贼!",随后如飞的赶将来。衙内又不知这马的缰口,要带又带不住,那马又不打空地上走,竟转一个大弯,冲到市上来。防守市上的官兵,见这骑马汉子在人丛里放辔头,又见后面汉子追他是偷马贼,一齐喊起来道:"捉拿奸细!"吓得那些做生意买卖的,也有挤落了鞋子,也有失落了银包,也有不见了货物,也有踏在深沟里,也有跌在店门前,纷纷沓沓,俨有千军万民的光景。

　　评价官听得有了奸细,忙披甲上马,当头迎着,却认得是衙内。只见衙内头发披散了,满面流的是汗,那脸色就如黄蜡一般。喜得马也跑不动了。早有一个胡髯碧眼的汉子喝道:"快下马来,俺安南国的马,可是你这蛮子偷来骑得的吗?"那评价官止住道:"这是我们衙内,不要啰噪。"连忙叫人抱下马来。那安南国的汉子把马也牵去了。那官兵见是衙内,个个害怕道:"早是不曾伤着那里哩!"评价官见市上无数人拥护在一团,来看衙内,只得差官兵赶散了。从容问道:"衙内出去,说也不说一声,吓得小官魂都没了。分头寻找,却不知衙内在何处游戏。为何衣帽都不见了?是什么缘故?"衙内隔了半晌,才说话道:"你莫管我闹事,快备马送我回去。"评价官只得自家衙里取了巾服,替衙内穿藏起来,还捏了两把汗,恐怕安抚难为他。再三求告衙内,要他包涵。衙内道:"不干你事,你莫要害怕。"众人遂扶衙内上马,进了辕门,后堂传梆,道是:"衙内回来了。"夫人看见,便问道:"我儿,外面光景好看吗?"衙内全不答应,红了眼眶,扑簌簌掉下泪来。夫人道:"儿为着何事?"忙把衣袖替他揩泪。衙内越发哭得高兴。夫人仔细将衙内看一看,道:"你的衣帽哪里去了?怎么换这个巾服?"衙内哭着说道:"儿往市上观看,被一个店口的强汉,见儿帽赏上的明珠起了不良之念,便来抢去,又剥下儿的外套衣服。"夫人掩住他的口道:"不要提起吧,你爹原不肯放你出去,是我变嘴变脸的说了,他才依我。如今若晓得这事,可不连我也埋怨起来?"正是:

不到江心,不肯收舵。

若无绝路,哪肯回兵?

　　话说安抚见公子回来,忙送他到馆内读书。不期次日众官员都来候问衙内的安。安抚想道:"我的儿子又没有大病,又不曾叫官医进来用药,他们怎么问安?"忙传中军进来,叫他致意众官员,回说衙内没有大病,不消问候得。中军传着安抚之命,不一时又进来禀道:"众官员说,晓得衙内原没有病,因是衙内昨日跑马着惊,特来问候的意思。"安抚气恼道:"我的儿子才出衙门游得一次,众官就晓得,想是他必定生事了。"遂叫中军谢声众官员。他便走到夫人房里来,发作道:"我原说在此现任,儿子外面去不得的。夫人偏是护短,却任他生出事来,弄得众官员都到衙门里问安,成什么体统?"夫人道:"他玩不上半日,哪里生出什么事来?"安抚焦躁道:"你还要为他遮瞒。"夫人道:"可怜他小小年纪,又没有气力,从哪里生事起?是有个缘故,我恐怕相公着恼,不曾说得。"安抚道:"你便遮瞒不说,怎遮瞒得外边耳目?"夫人道:"前日相公吩咐,说要儿子改换妆饰,我便取了相公烟墩帽,上面钉了一颗明珠,把他带上。不意撞着不良的人,欺心想着这明珠,连帽子都抢了去。就是这个缘故了。"安抚道:"岂有此理,难道没人跟随着他,任凭别人抢去?这里面还有个隐情,连你也被儿子瞒过。"夫人道:"我又不曾到外面去,哪里晓得这些事情。相公叫他当面来一问,就知道详细了,何苦埋怨老身。"说罢便走开了。

　　安抚便着丫鬟,向书馆里请出衙内来。衙内心中着惊,走到安抚面前,深深作一个揖。安抚问道:"你怎么昨日出去跑马闯事?"衙内道:"是爹爹许我出去,又不是儿子自家私出去玩耍的。"安抚道:"你反说得干净!我许你出去散闷,那个许你出去招惹是非?"衙内道:"那个自家去招惹是非?别人抢我的帽子、衣服,孩儿倒不曾同他争斗,反回避了他,难道还是孩儿的不是?"安抚道:"你好端端市上观看,又有人跟随着,那个大胆敢来抢你的?"衙内回答不出,早听得房后夫人大骂起来,道:"胡家后代,只得这一点骨血,便将就些也罢。别人家儿女还要大赌大嫖,败坏家私。他又不是那种不学好的,就是出去玩耍,又不曾为非作歹,玷辱你做官的名声。好休便休!只管唠唠叨叨,你要逼死他才住吗?"安抚听得这一席话,连身子麻木了半边,不住打寒噤,忙去赔小心道:"夫人,你不要气坏了。你疼孩儿,难道我不疼孩儿?我恐孩儿在外面吃

照世杯

图文珍藏版

了亏,问一个来历,好处治那抢帽子的人。"夫人道:"这才是。"叫着衙内道:"我儿,你若记得那抢帽子的人,就说出来,做爹的好替你出气。"衙内道:"我还记得那个人家灯笼上明明写着'杜景山行'四个字。"夫人欢喜,忙走出来,抚着衙内背道:"好乖儿子,这样聪明,字都认识得深了。此后再没人敢来欺负你。"又指着安抚道:"你胡家门里,我也不曾看见一个走得出,会识字像他的哩!"安抚口中只管把"杜景山"三个字一路念着,踱了出来。又想道:"我如今遽然将杜景山拿来,痛打一阵,百姓便叫我报复私仇。这名色也不好听。我有个道理了,平昔闻得行家尽是财主富户,自到这里做官,除了常例之外,再不曾取扰分文。不若借这个事端,难为他一难为。我又得了实惠,他又不致受苦,我儿子的私愤又偿了。极妙!极妙!"即刻遂传书吏写一张大红猩猩小姑绒的票子,拿朱笔写道:"仰杜景山速办三十丈交纳,着领官价,如违拿究,即日缴。"那差官接了这个票子,可敢怠慢?急急到杜家行里来。

　　杜景山定道是来取平常供应的东西,只等差官拿出票子来看了,才吓得面如土色,舌头伸了出来,半日还缩不进去。差官道:"你火速交纳,不要迟误,票上原说即日缴的,你可曾看见吗?"杜景山道:"爷们且进里面坐了。"忙叫妻子治酒肴款待。差官道:"你有得交纳,没得交纳,也该作速计较。"杜景山道:"爷请酒,待在下说出道理来。"差官道:"你怎么讲?"杜景山道:"爷晓得这猩猩绒是禁物,安南客人不敢私自拿来贩卖。要一两丈,或者还有人家藏着的,只怕人家也不肯拿出来。如今要三十丈,分明是个难题目了。莫讲猩猩绒不容易有,就是急切要三十丈小姑姑绒也没处去寻。平时安抚老爷取长取短,还分派众行家身上,谓之众轻易举。况且还是眼面前的物件,就着一家支办,办量上也担承得来。如今这个难题目,单看上了区区一个,便将我遍身上下的血割了也染不得这许多。在下通常计较,有些微薄礼,取来孝顺,烦在安抚老爷面前回这样一声。若回得脱,便是我行家的造化,情愿将百金奉酬。就顺不脱,也要宽了限期,慢慢商量,少不得奉酬。就是这百金,若爷不放心,在下便先取出来,等爷袖了去何如?"差官想道:"回得脱,回不脱,只要我口内禀一声,就是百金上腰,拼着去票一票,决不到生出事来。"便应承道:"这个使得,银子也不消取出来。我一向晓得你做人是极忠厚老成的。你也要写一张呈子,同着我去。济与不济,看你的造化了。"杜景山立刻写了呈子,一齐到安抚衙门前来。

　　此时安抚还不曾退堂,差官跪上去禀道:"行家杜景山带在老爷台下。"安抚道:

"票子上的物件交纳完全吗?"差官道:"杜景山也有个下情。"便将呈子递上去。安抚看也不看,喝道:"差你去取猩猩绒,谁教你带了行家来? 你替他递呈子,敢是得了他钱财?"忙丢下签去,要捆打四十。杜景山着了急,顾不得性命,跪上去票道:"行家磕老爷头,老爷要责差官,不如责了下人。这与差官没相干,况且老爷取猩猩绒,又给官价,难道小人藏在家里,不肯承应? 有这样大胆的子民吗? 只是这猩猩绒,久系禁物,老爷现大张着告示在外面,行家奉老爷法度,那个敢私买这禁物?"安抚见他说得有理,反讨个没趣,只得免了差官的打。倒心平气和对杜景山道:"这不是我老爷自取,因朝廷不日差中贵来,取上京去。只得要预先备下。我老爷这边宽你的限期,毋得别项推托。"忙叫库吏,先取下三十两银子给予他。杜景山道:"这银子小人绝不敢领。"安抚怒道:"你不要银子,明明说老爷白取你的了。可恶! 可恶!"差官倒上去替他领了下来。杜景山见势头不好,晓得这件事万难推诿,只得上去哀告道:"老爷宽小人三个月限,往安南国收买了,回来交纳。"安抚便叫差官拿上票子去换,朱笔批道:"限三个月交纳。如过限,拿家属比较。"杜景山只得磕了头,同着差官出来。正是:

> 不怕官来只怕管,上天入地随他遣。
>
> 官若说差许重说,你若说差就打板。

话说杜景山回到家中,闷闷不乐。凤姑捧饭与他吃,他也只做不看见。凤姑问道:"你为着什么这样愁眉不开?"杜景山道:"说来也好笑,我不知那些儿得罪了胡安抚,要在我身上交纳三十丈猩猩小姑绒。限我三个月,到安南去收买回来。你想众行家安安稳稳在家里趁银子,偏我这等晦气。天若保佑我,到安南去容容易易就收买了来,还扯一个直。若收买不来时,还要带累你哩!"说罢不觉泪如雨下。凤姑听得,也惨然哭起来。杜景山道:"撞着这个恶官分明是我前世的冤家了,只是我去之后,你在家小心谨慎,切不可立在店门前,惹人轻薄。你平昔原有志气,不消我吩咐得。"凤姑道:"但愿得你早去早回,免得我在家盼望。至若家中的事体,只管放心。但不知你几时动身? 好收拾下行李。"杜景山道:"他的限期紧迫,只明日便要起身。须收拾得千金去才好。还有那玉马,你也替我放在拜匣里,好凑礼物送安南客人的。"凤姑道:"我替你将玉马系在衣带旁边,时常看看,只当是奴家同行一般。"两个这一夜凄凄切切,讲说不了,少不得要被窝里送行,愈加意亲热。总是杜景山自做亲之后,一刻不离。这一次出门,就像千山万水,要去一年两载的光景。正是:

阳台今夜鸾胶梦,边草明朝雁断愁。

话说杜景山别过凤姑,取路到安南去,饥餐渴饮,晓行暮宿,不几时望见安南国城池,心中欢喜不尽。进得城门,又验了路引,搜一搜行囊,晓得是广西客人,指引他道:"你往朵落馆安歇,那里尽是你们广西客人。"杜景山遂一路问那馆地,果然有一个大馆,门前三个番字,却一个字也不认得。进了馆门,听见里面客人皆是广西声气。走出一两个来,通了名姓,真是同乡遇同乡,说在一堆,笑在一处。安下行李,就有个值馆的通事官,引他在一间客房里安歇。杜景山便与一个老成同乡客商议买猩猩绒。那老成客叫作朱春辉,听说要买猩猩绒,不觉骇然道:"杜客,你怎么做这犯禁的生意?"杜景山道:"这不是在下要买,只因为赍了安抚之命,不得不来。"随即往行李内取出官票与朱春辉看。朱春辉看了道:"你这个差不是好差。当时为何不辞脱?"杜景山道:"在下当时也再三推辞,怎当安抚就是蛮牛,一毫不通人性的,索性倒不求他了。"朱春辉道:"我的熟经纪姓黎,他是黎季犛丞相之后,是个大姓。做老了经纪的。我和你他家去商量。"杜景山道:"怎又费老客这一片盛心?"朱春辉道:"尽在异乡就是至亲骨肉,说哪里话?"两个出了朵落馆,看那国中行走的,都是樵髻剪发,全没有中华体统。到得黎家店口,只见店内走出一个连腮卷毛白胡子老者,见了朱客人,手也不拱,笑嘻嘻地说得不明不白,扯着朱客人往内里便走。杜景山随后跟进来,要和他施礼,那老儿居然立着不动。朱春辉道:"他们这国里,是不拘礼数的。你坐着吧!这就是黎师长了。"黎老儿又指着杜景山问道:"这是那个?"朱春辉道:"我是敝乡的杜客人。"黎老者道:"原来是远客。待俺取出茶来。"只见那老者进去一会,手中捧着矮漆螺顶盘子,盘内盛着些果品。杜景山不敢吃,朱春辉道:"这叫作香盖,吃了满口冰凉,几日口中还是香的哩!"黎老者道:"俺们国中叫作庵罗果,因尊客身边都带着槟榔,不敢取奉,特将这果子当茶。"杜景山吃了几个,果然香味不同。朱春辉道:"敝乡杜景山到贵国来取猩猩绒。为初次到这边,找不着地头。烦师长指引一指引。"黎老者笑道:"怎么这位客官要做这稀罕生意?你们中国,道是猩猩出在俺安南地方,不知俺安南要诱到一个猩猩,好烦难哩!"杜景山听得,早是吓呆了,问道:"店官,怎么烦难?"只见黎老者作色道:"这位客长官,好不中相与,口角这样轻薄。"杜景山不解其意,朱春辉赔不是道:"老师长不须见怪,敝同乡极长厚的,他不是轻薄,因不知贵国的称呼。"黎老者道:"不知者不坐罪。罢了!罢了!"杜景山才晓得自家失口叫了他"店官"。黎老者道:"你们不晓得那猩猩绒的形状,他的面是人面,身子却像猪,又有些像猿。出来必同三四个做伴。敝国这边张那猩猩的叫作捕傩。这捕傩大有手段,他晓得猩猩的来路,就在黑蛮峪口一路,设着浓酒,旁边又张了高木屐,猩猩初见那酒,也不肯就饮,骂道:'奴辈设计张我,要害我性命。我辈偏不吃这酒,看他甚法儿奈何我?'遂相引而去。迟了一会,又来骂一阵。骂上几遍,当不得在那酒边走来走去,香味直钻进鼻头里,口内唾吐直流出来,对着同伴道:'我们略尝一尝酒的滋味,不要吃醉了。'大家齐来尝酒。哪知落了肚,喉咙越发痒起来,任你有主意,也拿把不定,顺着口儿只管吃下去,吃得酩酊大醉,见了高木屐,个个欢喜,着在脚下,还一面骂道:'奴辈要害我,将酒灌醉我们。我们却留量,不肯吃醉了。看他甚法儿奈何我?'众捕傩见他醉醺醺,东倒西歪的,大笑道:'着手了!着手了!'猛力上前一赶,那猩猩是醉后,且又着了木屐,走不上几步,尽皆跌倒。众捕傩上前擒住,却不敢私自取血。报过国王,道是张着几个猩猩了,众捕傩才敢取血。那取血也不容易,跪在猩猩面前哀求道:'捕奴怎敢相犯?因奉国王之命,不得已要借重玉体上猩红,求吩咐见惠多少。倘若不肯,你又枉送性命,捕奴又白折辛苦。不如吩咐多惠数瓢,后来染成货物,为你表扬名声,我们还感激你大德,这便死得有名了。'哪晓得猩猩也是极喜花盆,极好名的,遂开口许捕滩们几瓢。取血之时,真一点不多,一点不少。倘遇着一个悭鬼猩猩,他便一滴也舍不得许人,后来果然一滴也取不出。这猩猩倒是言语相符,最有信行的。只是献些与国王,献些与丞相,以下便不能够得。捕傩落下的,或染西毡,或染大绒,客人买下,往中国去换货。近来因你广西禁过,便没有客人去卖,捕傩取了,也只是送与本国的官长人家。杜客长,你若要收买,除非预先到捕傩人家去定了,这也要等得轮年经载,才收得起来。若性子急,便不能够如命。"

　　杜景山听到此处,浑身流出无数冷汗,叹口气道:"穷性命要葬送在这安南国了。"黎老者道:"杜客长差了,你做这件生意不着,换了做别的有利息生意也没人拉阻你,因何便要葬送性命?"朱春辉道:"老师长,你不晓得我这敝同乡的苦恼!"黎老者道:

"俺又不是他肚肠里蛔虫,那处晓和他苦恼?"杜景山还要央求他,只听得外面一派的哨声,金鼓旗号,动天震地。黎老者起身道:"俺要迎活佛去哩。"便走进里面,双手执着一枝烧了四、五尺长的沉香,恭恭敬敬,一直跑到街上。

杜景山道:"他们迎什么活佛?"朱春辉道:"我昨日听得三佛齐国来了一个圣僧,国王要拜他做国师。今日想是迎他到宫里去。"两信便离了店口,劈面正撞着迎圣僧有銮驾,只见前头四面金刚旗,中间几百黑脸蓬头赤足的小鬼,抬着十数颗枯树,树梢上烧得半天通红。杜景山问道:"这是什么故事?"朱春辉道:"是他们国里的乡风。你看那活鬼模样的都是獠民,抬着的大树,或是沉香、或是檀香。他都将猪油和松香熬起来,浇在树上点着了,便叫敬佛。"杜景山道:"可知鼻头边又香又臭哩!我却从不曾看见檀香、沉香,有这般大树?"朱春辉道:"你看这起椎髻妇女,手内捧着珊瑚的,都是国内宦家大族的夫人、小姐。"杜景山道:"好大珊瑚,真宝贝了。我看这些蛮娘装束虽奇怪,面孔还是本色。但夫人、小姐怎么杂在男獠队里?"朱春辉道:"他国中从来是不知礼义的。"看到后边,只见一乘龙辇,辇上是檀香雕成、四面嵌着珍珠宝石的玲珑龛子。龛子内坐着一个圣僧,圣僧怎生打扮? 只见:

> 身披着七宝袈裟,手执着九环锡杖。袈裟耀日,金光吸进海门霞;锡杖腾云,法力卷开尘世雾。六根俱净,露出心田;五蕴皆空,展施杯渡。佛国已曾通佛性,安南今又振南宗

话说杜景山看罢了圣僧,同着朱春辉回到朵落馆来,就垂头要睡。朱春辉道:"事到这个地位,你不必着恼。急出些病痛来,在异乡有那个照管你? 快起来,锁上房门,在我那边去吃酒。"杜景山想一想,见说得有理,便支持爬起来,走过朱春辉那边去。朱春辉便在坛子里取起一壶酒,斟了一杯,奉与杜景山。杜景山道:"我从来怕吃冷酒,还去热一热。"朱春辉道:"这酒原不消热,你吃了看,比不得我们广西酒。他这酒是菠萝蜜的汁酿成的。"杜景山道:"什么叫作菠萝蜜?"朱春辉道:"你初到安南国,不曾吃过这一种美味。菠萝蜜大如西瓜,有软刺。五六月里才结熟。取他的汁来酿酒,其味香甜。可止渴病。若烫热了,反不见他的好处。"杜景山吃下十数盅,觉得可口。朱春辉又取一壶来,吃完了,大家才别过了睡觉。

杜景山却不晓得这酒和身份，贪饮了几盅。睡到半夜，酒性发作，不觉头晕恶心起来，吐了许多香水，才觉得平复。掀开帐了，拥着被窝坐一会。那桌上的灯还半明不灭，只见地下横着雪白如炼的一条物件。杜景山打了一个寒噤道："莫非白蛇吗？"揉一揉双眼，探头出去仔细一望，认得是自家盛银子的褡包，惊起来道："不好了，被贼偷去了。"忙披衣下床，拾起包来，只落得个空空如也。四上望一望，房门又是关的，周围尽是高墙，想那贼从何处来？抬头一看，上面又是仰尘板，跌脚道："这贼想是会飞的吗？怎么门不开，户不动，将我的银子盗了去。我便收买不出猩猩绒，留得银子在，还好设法。如今空着两只拳头，叫我哪里去运动？这番性命合葬送了。只是我拼着一死也罢，那安抚决不肯干休，少不得累及我那年幼的妻子出乖露丑了。"想到伤心处，呜呜咽咽哭个不住。

原来朱春辉就在他间壁，睡过一觉，忽听得杜景山的哭声，他恐怕杜景山寻死，急忙穿了衣服，走过来敲门，道："杜兄为何事这般痛哭？"杜景山开门出来道："小弟被盗，千金都失去，只是门户依然闭着，不知贼从何来？"朱春辉道："原来如此，不必心焦。包你明日贼来送还你的原物。"杜景山道："老客说的话太悬虚了些，贼若明日送还我，今夜又何苦来偷去？"朱春辉道："这有个缘故，你不晓得。安南国的人虽不晓得礼义，却从来没有贼盗。总为地方富庶，他不屑做这个勾当。"杜景山道："既如此说，难道我的银子不是本地人盗去的吗？"朱春辉道："其实是本地人盗去的。"杜景山道："我又有些不解了。"朱春辉道："你听我讲来：小弟当初第一次在这里做客，载了三千金的绸缎货物来，也是夜静更深，门不开，户不动，绸缎货物尽数失去。后来情急了，要禀知国王，反是值馆的通事官来向我说道，他们这边有一座泥驼山，山上有个神通师长。许多弟子学他的法术，他要试验与众弟子看。又要令中国人替他传名。几遇着初到的客人，他就弄这一个搬运的神通，恐吓人一场，人若晓得了，去持香求告他，他便依旧将原物搬运还人。我第二日果然去求他。他道：你回去时绸缎货物已到家矣！我那时还半疑半信，哪晓得回来一开进房门，当真原物一件不少。你道好不作怪吗？"杜景山道："作怪便作怪，哪里有这等强盗法师？"朱春辉道："他的耳目长，你切莫毁笑他。"杜景山点一点头，道："我晓得，巴不能一时就天亮了，好到那泥驼山去。"正是：

杜景山等不得洗面漱口,问了地名,便走出馆出。此时星残月昏,路径还不甚黑,迤逦行了一程,早望见了一座山。不知打那里上去,团团在山脚下,找得不耐烦,又没个人几问路。看那山嘴上,有一块油光水滑的石头,他道:"我且在这里睡一睡,待天亮时好去问路。"正曲臂作枕,伸了一个懒腰,恐怕露水落下来,忙把衣袖盖了头。

忽闻得一阵猩风,刮得渐渐逼近,又听得像有人立在跟前大笑,那一笑连山都震得响动。杜景山道:"这也作怪,待我且看一看。"只见星月之下,立着一个披发的怪物,长臂黑身,开着血盆大的口,把面孔都遮住了,离着杜景山只有七八尺远。杜景山吓得魂落胆寒,肢轻体颤,两三滚,滚下山去。又觉得那怪物像要赶来,他便不顾山下高低,在那沙石荆棘之中,没命的乱跑。早被一条溪河隔断。杜景山道:"我的性命则索休了。"又想道:"宁可死在水里留得全尸,不要被这怪物吃了去。"扑通地跳在溪河里,喜得水还浅,又有些温暖气儿。要渡过对岸,恐怕那岸上又撞着别的怪物。只得沿着岸,轻轻地在水里走去。不上半里,听得笑语喧哗。杜景山道:"造化! 造化! 有人烟的所在了,且走上前要紧。"又走几步,定睛一看,见成群的妇女,在溪河里洗浴,还有岸上脱得赤条条才下水的。杜景山道:"这五更天,怎么有妇女在溪河里洗浴?分明是些花月的女妖。我杜景山怎么这等命苦? 才脱了阎王,又撞着小鬼。叫我也没奈何了!"又想道:"撞着这些女妖,被他迷死了,也落得受用些儿。若是送与那怪物嘴里,真无名无实,白白龌龊了身体。"倒放泼了胆子,着实用工窥望一番。正是:

洛女波中现,湘娥火上行。

杨妃初浴罢,不乱此轻盈。

你道这洗浴的,还是妖女不是妖女?原来安南国中不论男女,从七八岁上就去弄水。这个溪河,叫作浴兰溪,四时水都是温和的,不择寒暑昼夜,只是好浴,他们性情再忍耐不住。比不得我们中国妇人,爱惜廉耻。要洗一个浴,将房门关得密不通风,还要差丫头立在窗子下,唯恐有人窥看。我道妇人这些假惺惺的规模,只叫作妆幌子。就如我们吴越的妇女，终日游山玩水，入寺拜僧，倚门立户，看戏赴社，把一个花容粉面，任你千人看、万人瞧，他还要批评男人的长短，谈笑过路的美丑，再不晓得爱惜自家头脸，若是被风刮起裙子，现出小腿来；抱娃子喂奶，露出胸脯来；上马桶小解，掀出那话儿来，便百般遮遮掩掩，做尽丑态。不晓得头脸与身体总是一般，既要爱惜身体，便该爱惜头脸，既要遮藏身体，便该遮藏头脸。古云说得好："篱牢犬不入"。若外人不曾看见你的头脸，怎就想着亲切你的身体？便是杜景山受这些苦恼，担这些惊险，也只是种祸在妻子凭着楼窗，被胡衙内看见，才生出这许多风波来。我劝大众要清净闺阃，须严禁妻女姊妹，不要出门是第一着。若果然丧尽廉耻，不顾头面，倒索性像安南国，男女混杂，赤身露体，还有这个风俗。我且说那杜景山，立在水中，肆意饱看，见那些妇女浮着水面上，映得那水光都像桃红颜色。一时在水里也有斯打的，也有调笑的，也有互相擦背的，也有搂做一团抱着，像男女交媾的，也有唱蛮歌儿的。洗完了，个个都精赤在岸上洒水，不用巾布揩拭的，那些腰音间短阔狭，高低肥瘦，黑白毛净，种种妙处，被杜景山看得眼内尽爆出火来。恨不生出两只长臂膊、长手，去抚摩揉弄一遍。那得看出了神，脚下踏的块石头踏滑了，翻身跌在水里，把水面打一个大窟洞。众蛮妇此时齐着完了衣服，听得水声，大家都跑到岸边，道："想是大鱼跳地响，待我们脱了衣服，重下水去捉起来。"杜景山着了急，忙回道："不是鱼，是人。"众妇人看一看道："果然是一个人，听他言语又是外路声口。"一个老妇道："是哪里来这怪声的蛮子，窥着俺们，可叫他起来。"杜景山道："我若不上岸去，就要下水来捉我。"只得走上岸跪着通诚，道："在下是广西客人，要到泥驼山访神通师长，不期遇着怪物张大口要吃我，只得跑在这溪里躲避，实在非有心窥看。"那些妇女笑道："你这呆蛮子，往泥驼山去，想是走错路，在枕石上遇着狒狒了。你受了惊吓，随着俺们来，与你些酒吃压惊。"杜景山立起了身，自家看看上半截，好像雨淋鸡；看看下半截，为方才跪在地上沾了许多沙土，像个灰里猢狲。

走到一个大宅门，只见众妇人都进去，叫杜景山也进来。杜景山看见大厅上排列着金瓜钺斧，晓得不是平等人家，就在阶下立着。只见那些妇女依旧走到厅上，一个婆子捧了衣服，要他脱下湿的来。杜景山为那玉马在衣带上，浸湿了线结，再解不开，只得用力去扯断，提在手中。厅上一个戴耳环的孩子，慌忙跑下阶来。劈手夺将去，就如拾着宝贝的一般欢喜。杜景山看见他夺去，脸都失了色，连湿衣服也不肯换，要讨这玉马。厅上的老妇人见他来讨,对着垂环孩子说道:"你戏一戏,把与这客长吧!"那孩子道:"这马儿,同俺家的马儿一样,俺要他成双成对哩!"竟笑嘻嘻跑到厅后去了。杜景山猴急道:"这是我的浑家,这是我的活宝,怎不还我?"才妇人道:"你不消发急,且把干袍子换了,待俺讨来还你。"老妇人便进去。杜景山又见斟上一大橘瓢酒在面前。老妇人出来道:"你这客长,这何酒也不吃,干衣服也不换吗?"杜景山咕嘟着一张嘴道:"我的活宝也去了,我的浑家也不见面了,还有甚心肠吃酒、换衣服?"老妇人从从容容在左手衣袖里提出一个玉马来,道:"这可是你的吗?"杜景山认一认道:"是我的。"老妇人又在有的衣袖里提出一个玉马来道:"这可是你的吗?"杜景山认一认道:"是我的。"老妇人提着两个玉马在手里,道:"这两个都是你的吗?"杜景山再仔细认一认,急忙里辨不出那一个是自家的。又见那垂环的孩子哭出来道:"怎么把两个都拿出来? 若不一齐与俺,俺就去对国王说。"老妇人见他眼也哭肿了,忙把两个玉马递在他手里道:"你不要哭坏了。"那孩子依旧笑嘻嘻进厅后去。杜景山哭道:"没有玉马,我回家去怎么见浑家的面?"老妇人道:"一个玉马打什么紧? 就哭下来。"杜景山又哭道:"看见了玉马,就如见我的浑家,拆散了玉马,就如拆散我的浑家,怎叫人不伤心?"老妇人哪里解会他心中的事? 只管强逼道:"你卖与俺家罢了。"杜景山道:"我不卖,我不卖,要卖除非与我三十丈猩猩绒。"老妇人听他说得糊涂,又问道:"你明讲上来。"杜景山道:"要卖除非与我三十丈猩猩绒。"老妇人道:"俺只道你要什么世间难得的宝贝,要三十猩猩绒,也容易处,何不早说?"杜景山听得许他三十丈猩猩绒,便眉开眼笑,就像死囚遇着恩赦的诏,彩楼底下绣球打着光头,扛他做女婿的,也没有这样快活。正是:

有心求不至,无意反能来。

造物自前定,何用苦安排。

话说老妇人叫侍婢取出猩猩绒来,对杜景山道:"客长,你且收下,这绒有四十多丈,一并送了你,只是我有句话动问,你这玉马是哪里得来的?"杜景山胡乱应道:"这是在下传家之宝。"老妇人道:"客长你也不晓得来历,待俺说与你听。俺家是术术丞相,为权臣黎季犛所害,遗下这一个小孩儿,新国主登极,追念故旧老臣,就将小孩荫袭。小孩儿进朝谢恩，国主见了异常珍爱，就赐这玉马与人，叫他仔细珍藏，说是库中活宝。当初曾有一对，将一个答了广西安抚的回礼，单剩下一个。客长你还不晓得玉马的奇怪哩。每到清晨，他身上就透湿的，像是一条龙驹，夜间有神人骑他。你原没福分承受，还归到俺家来做一对。俺们明日就要修表称贺国主了。你若常到俺国里来做生意，务必到俺家来探望一探望，你去吧。"

杜景山作谢了，就走出来。他只要有了这猩猩绒，不管什么活宝死宝，就是一千个去了，也不在心上。一步一步地问了路，到朵落馆来。朱春辉接着问道："你手里拿的是猩猩绒，怎么一时收买这许多？敢是神通师长还你银子了？"杜景山道："我并不曾见什么神通师长，遇着术术丞相家，要买我的宝贝玉马，将猩猩绒交换了去。还是他多占些便宜。"朱春辉惊讶道："可是你常系在身边的玉马吗？那不过是玉器镇纸，怎算得宝贝？"杜景山道："若不是宝贝，他哪肯出猩猩绒与我交易？"朱春辉道："恭喜！恭喜！也是你造化好。"杜景山一面去开房门道："造化便好，只是回家盘缠一毫没有，怎么处？"猛抬头往房里一看，只见搭包饱饱满满的挂在床棱上，忙解开来，见银子原封不动，谢了天地一番，又把猩猩绒将单被裹好。朱春辉听得他在房里诧异，赶来问道："银子来家了吗？"杜景山笑道："我倒不知银子是有脚的，果然回来了。"朱春辉道："银子若没有脚，为何人若身边没得他，一步也行不动吗？"杜景山不觉大笑起来。朱春辉道："吾兄既安南来一遭，何不顺便置买货物回去，也好趁此利息。"杜景山道："我归家心切，哪里耐烦坐下这边收货物？况在原不是为生意而来。"朱春辉道："吾兄既不耐烦坐等，小弟倒收过千金的香料，你先交易去何如？"杜景山道："既承盛意，肯与在下交易，是极好的了。只是吾兄任劳，小弟任逸，心上过去。"朱春辉道："小弟原是来做生意，便多住几月也不妨。吾兄官事在身，怎么并论得？"两个当下便估了物价，兑足银两，杜景山只拿出够用的盘费来。别过朱春辉，又谢了值馆通事。装载货物，不消几日，已到家下。还不满两个月。

凤姑见丈夫回家，喜动颜色，如十余载不曾相见，忽然跑家来的模样。只是杜景山不及同凤姑叙衷肠、话离别，先立在门前，看那些脚夫挑进香料来，逐担查过数目，打发脚钱了毕，才进房门。只见凤姑预备下酒饭，同丈夫对面儿坐地。杜景山吃完了，道："娘子，你将那猩猩绒留上十丈，待我且拿去交纳也，也好放下这片心肠，回来和你一堆儿说话。"凤姑便量了尺寸，剪下十丈来，藏在皮箱里。杜景山取那三十丈，一直到安抚衙门前,寻着那原旧差官。差官道:"恭喜回来得早,连日本官为衙内病重,不曾坐堂。你在这衙门前各候一候,我传进猩猩绒去,缴了票子出来。"杜景候到将夜,见差官出来道:"你真是天大福分,不知老爷为何切骨恨你,见了猩猩绒,冷笑一笑道:'是便宜了那个狗头。'就拿出一封银子来,说是给予你的官价。"杜景山道:"我安南回来,没有土仪相送,这权当土仪吧!"差官道:"我晓得你这件官差,赔过千金,不带累我吃苦,就是万幸。怎敢当这盛意?"假推了一会,也就收下。

　　杜景山扯着差官到酒店里去,差官道:"借花献佛,少不得是我做东。"坐下,杜景山问道:"你方才消票子,安抚怎说便宜了我,难道还有甚事放我不过吗?"差官道:"本官因家务事,心上不快活,想是随口的话,未必有成见。"杜景山道:"家务事断不得,还在此做官。"差官道:"你听我说出来,还要笑倒人哩!"杜景山道:"内衙的事体,外人那得知道?"差官道:"可知好事不出门,恶事传千里。我们本官的衙内,看上夫人房中两个丫鬟,要去偷香窃玉。你想,偷情的事,须要两下讲得明白,约定日期,才好下手。衙内却不探个营寨虚实,也不问里面可有内应,单枪独马,悄悄躲在夫人床脚下安营。到夜静更深,竟摸到丫鬟被窝里去,被丫鬟喊起'有贼!'衙内怕夫人晓得,忙收兵转来,要开房门出去。哪知才开得门,外面婆娘、丫头齐来捉贼,执着门闩、棍棒,照衙内身上乱打。衙内忍着疼痛,不敢声唤。及至取灯来看,才晓得是衙内。已是打得头破血流,浑身青肿。这一阵比割须弃袍还败得该事哩。夫人后来知道打的不是贼,是衙内,心中懊恨不过,就拿那两个丫鬟出气,活活将他皆吊起来打死了。衙内如今闭上眼去,便见那丫鬟来索命。服药祷神,病再不脱。想是这一员小将,不久要阵亡了。"

　　杜景山听说衙内这个行径,想起那楼下抛玉马的必定是他了。况安南国术术丞相的夫人,曾说他国王将一个玉马送与广西安抚。想那安抚逼取猩猩绒,分明是为儿子报仇,却不知不曾破我一毫家产。不过拿他玉马,换一换物,倒总成我做一场生意,还落一颗明珠到手哩!回家把这些话都对凤姑说明,凤姑才晓得断缘故,后来再也不上那楼去。

　　杜景山因买着得料,得了时价,倒成就一个富家。可见妇女再也不可出闺门。招是惹非,俱由于被外人窥见姿色,致起邪心。"容是诲淫之端。"此语直可以为鉴。

第四回　掘新坑悭鬼成财主

我也谈禅，我也说法，不挂僧衣，飘飘儒袷；
我也谈神，我也说鬼，纵涉离奇，井井头尾。
罪我者人，知我者天。
掩卷狂啸，醉后灯前。

你看世上最误事的，是人身上这一腔子气。若在气头上，连天也不怕，地也不怕，王法、官法也不怕，霎时就要取人的头颅，破人的家产。及至气过了，也只看得平常。却不知多少豪杰，都在气头上做出事业来，葬送自家性命。又道活在世间一日，少不得气也随他一日；活在世间百岁，气也随他百岁。倘断了气，就是死人。这等看来，除非做鬼，才没有气性。我道做鬼也不能脱这口气。试看那白昼现形，黄昏讨命的厉鬼，禀若没有杀气，怎么一毫不怕生人？只是气也有得不同。用气也有如法，不如法。若禀了壮气、秀气、才气、和气，直气、道学气、义气、清气，便是天地间正气。若禀了暴气、杀气、癫狂气、淫气、悭吝气、浊气、俗气、小家气，便是天地间偏气。用得如法，正气就是善气。用得不如法，偏气就是恶气。所以老子说一个"元气"，孟夫子说一个"浩气"。元气要培，浩气要养。世人不晓得培气养气，还去动气使气，斫丧这气。故此，范文正公急急说一个"忍"字出来，叫人忍气。我尝对朋友说，那阮嗣宗是古来第一位乖巧汉子，他见路旁有攘臂揎袖，要来殴辱他，阮嗣宗便和声悦气，说出"鸡肋不足以容尊拳"这一名话来，那恶人便敛手而退。可见阮嗣宗不是会忍，分明是讨乖。看官们晓得这讨乖的法子，便终身不吃亏了。在下要讲这一回小说，只为一个读书君子，争一口气，几乎丧却残生，亏他后边遇着救星，才得全身远害，发愤成名。

话说湖州乌程县义乡村上，有个姓穆的太公，号栖梧，年纪五十余岁，村中都称他是新坑穆家。你道为何叫作"新坑"？原来义乡村在山凹底下，那些种山田的，全靠人粪去栽培。又因离城遥远，没有水路通得粪船，只好在远近乡村田埂路上拾地残粪。这粪倒比金子还值钱。穆太公想出一个计较来道："我在城中走，见道旁都有粪坑，我们村中就没得，可知道把这些宝贝汁都狼藉了。我却如今想个制度出来，倒强似做别样生意。"随即去叫瓦匠，把门前三间屋掘成三个大坑，每一个坑，都砌起小墙隔断，墙上又粉起来，忙到城中亲戚人家讨了无数诗画斗方画，贴在这粪屋壁上。太公端相一番，道："诸事齐备，只欠斋匾。"因请镇上训蒙先生来题。那训蒙先生想了一会，道："我往常出对与学生，还是抄旧人诗句。今日叫我自出己裁，真正逼杀人命的事体。"又见太公摆出酒肴来，像个求文的光景，训蒙先生也不好推卸，手中拿着酒杯，心里把那城内城外的堂名，周围想遍，再记不出一个字。忽然想着了，得意道："酒且略停，待学生题过匾，好吃个尽兴。"太公忙把臭墨研起来，训蒙先生将笔头在嘴里咬一咬，蘸得墨浓笔饱，兢兢业业写完三个字。太公道："请先生读一遍，待小老儿好记着。"训蒙先生道："这是'齿爵堂'三个字。"太公又要他解说，这训蒙先生原是抄那城内徐尚书牌坊上的两个字，哪里解说得出？只得随口答应道："这两个字极切题，极利市，有个故事在里面，容日来解说吧！"酒也不吃，出门去了。太公反老大不过意，备了两盒礼，到馆中来做谢。

训蒙先生道："太公也多心，怎么又破费钱钞？"太公道："还有事借重哩！"袖里忙取出百十张红纸来。训蒙先生道："可是要写门联吗？"太公道："不是，就为小老儿家新起的三间粪屋，恐众人不晓得，要贴些报条出去招呼。烦先生写：'穆家喷香新坑，奉求远近君子下顾，本宅愿贴草纸'廿个字。"训蒙先生见他做端正了文章，只要誊录，有甚难处？一个时辰都已写完。太公作谢出门，将这百十张报条四方贴起。果然老老幼幼尽来赏鉴新坑，不要出大恭的，小恭也出一个才去。况那乡间人最爱小便宜。他从来揩不净的所在，用惯了稻草瓦片，见有现成草纸，怎么不动火？还有出了恭，揩也不揩，落那一张草纸回家去的。又且壁上花花绿绿，最惹人看。登一次新坑，就如看一次景致。莫讲别的，只那三间粪屋，粉得像雪洞一般，比乡间人卧室还有不同些。还有那蓬头大脚的婆娘来问："可有女粪坑？"太公又分外盖起一间屋，掘一个坑，专放妇人进去随喜。谁知妇人来下顾的比男人更多。太公每日五更起来，给放草纸，连吃饭也没工夫。到夜里便将粪屋门锁上，恐怕家人偷粪换钱。

一时种田的庄户，都在他家来趸买。每担是价银一钱，更有挑柴、运米、担油来兑换的。太公从置粪坑之后，到成个富足的人家。他又省吃俭用，有一分积一分，自然日盛一日。穆太公独养一个儿子，学名叫作文光，一向在蒙馆读书。到他十八岁上，太公就娶了半山村崔题桥的女儿做媳妇。穆文光恋着被窝里恩爱，再不肯去读书。太公见儿子渐渐黄瘦，不似人形，晓得是儿子贪色，再不好明说出来。因叫媳妇在一边，悄悄吩咐道："媳妇，我娶你进门，一来为照管家务，二要生个孙子，好接后代。你却年轻后生，不知道利害，只图关上房门的快活。可晓得做公公的是独养儿子，这点骨血就是我的活宝。你看他近日恹恹缩缩，脸上血气都没得，自朝至夜，打上论千呵欠，你也该将就放松些。倘有起长短来，不是断送我儿子的命，分明是断送我的老命了。"媳妇听得这些话，连地洞也没处钻，羞得满面通红，急忙要走开；又怕违拗了公公，说他不听教诲，只得低了头，待公公吩咐完，才开口道："公公说的话，媳妇难道是痴的、聋的，一毫不懂人事？只是媳妇也做不得主。除非公公分我们在两处睡，这才方便。"穆太公见媳妇说话也还贤惠，遂不作声。

到得夜间，叫穆文光进房道："我老年的人，一些用头也没了，睡到半夜，脚后冰凉，再不敢伸直两腿。你今夜可伴我睡。"穆文光托辞道："孩儿原该来相伴的，只恐睡得不斯文，反要惊动了爹爹。"太公道："不妨，我夜间睡不得一两个时辰，就要起来开那坑上的锁，若是你惊醒了我，便不得失晓了。极好的！极好的！"穆文光又推托道："孩儿两只脚，上床难得就热，怕冰了爹爹身体。"太公怒道："你这不孝的逆种，难道日记故事上黄香扇枕那一段，先生不曾讲与你听吗？"穆文光见老子发怒，只得脱去鞋袜、衣服，先钻到床上去。太公道："你夜饭也不吃就睡了？"穆文光眼的回道："这一口薄粥，反要吊得人肚饥，不如不吃吧。"太公道："你这畜生，吃了现成饭，还说这作孽的话。到你做人家，连粥也没得吃哩！"太公气饱了，也省下两碗粥，就上床去睡。睡到半夜，觉得有冷风吹进来，太公怕冻坏儿子，伸手去压被角，哪知人影儿也不见了。太公疑心道："分明与儿子同睡，怎便被里空空的，敢是我在此做梦？"忙坐起来，床里床外四周一摸，又揭开帐幔，怕儿子跌下床去，争奈房里又乌天黑地，看不见一些踪迹。总是太公爱惜灯油，不到黄昏，就爬上床去，不像人家浪费油火，彻底点着灯，稍稍不亮，还叫丫头起来，多添两根灯草哩！可怜太公终年在黑暗地狱里过日子。正是：

几年辛苦得从容,力尽筋疲白发翁,

爱惜灯油坐黑夜,家中从不置灯笼。

话说太公睡在床上,失去了儿子,放心不下,披着衣服,开房门出来,磕磕撞撞,扶着板壁走去,几乎被门槛绊倒。及至媳妇房门前,叫唤道:"媳妇,儿子可曾到你房里来?"哪晓得儿子同媳妇,狮子也舞过一遍了。听得太公声气,穆文光着了忙,叫媳妇回说不曾来。媳妇道:"丈夫是公公叫去做伴,为何反来寻取?"太公跌脚道:"夜静更阑,躲在哪里去?冻也要冻死了。我老人家略起来片刻,还在此打寒噤哩!叫他少年孩子,怎么禁得起?"依旧扶着墙壁走回来,还暗自埋怨道:"是我这老奴才不是,由他两口儿做一处也罢。偏要强逼他拆开做什么?"眼也不敢闭,直坐到天明。拿了一答草纸,走出去开门,却不晓得里外的门都预先有人替他开了。太公慌做一堆,大叫起来道:"这门是那个开的,敢是有贼躲在家里吗?"且又跑回内房,来查点箱笼,一径走到粪屋边,唯恐贼偷了粪去。睁睛一看,只见门还依旧锁着,心下才放落下千斤担子。

正要进去查问,接着那些大男、小妇,就如点卯的一般,鱼贯而入,不住穿梭走动,争来抢夺草纸。太公着急道:"你们这般人,忒没来历,斯文生意何苦动手动脚。"众人嚷道:"我们辛辛苦苦吃了自家饭,天明就来生产宝贝,老头儿还不知感激。我们难道是你家子孙,白白替你家挣家私的?将来大家敛起分子,挖他近百十个官坑,像意儿洒落,不怕你张口尽数来吃了去!"太公听他说得有理,只得笑脸赔不是,道:"诸兄何必发恼,小老儿开这一张臭口只当放屁。你们分明是我的施主,若断绝门徒,活活要饿杀我这有胡子的和尚了。"众人见他说得好笑,反解嘲道:"太公即要扳留我们这般肯散漫的施主,也该备些素饭粉汤,款待一款待,后来便没人敢夺你的门徒。"太公道:"今日先请众位出空了,另日再奉补元气如何?"众人才一齐大笑起来。太公暗喜道:"我偶然说错一句话,险些断送了蒲根,还亏蓬脚收得快,才拿稳了主舵。"正是:

要图下次主顾,须陪当下小心。

稍有一毫怠慢,大家不肯光临。

你道穆太公为不见了儿子,夜里还那样着急,睡也不敢睡,睁着眼睛等到鸡叫,怎么起来大半日，反忘记了，不去寻找，是甚么意思？这却因他开了那个方便出恭的铺子，又撞着那班鸡鸣而起抢头筹的乡人，挤进挤出，算人头账出算不清楚。且是别样货物，还是赊账，独有人肚子里这一桩货物，落下地来，就有十中的纹银。现来做了交易，那穆太公把爱子之念，都被爱财之念夺将去，自然是财重人轻了。况且我们最重的是养生，最经心的是饥寒。穆太公脸也不洗，口也不漱，自朝至夜，连身上冷暖，腹内饥饱都不理会。把自家一个血肉身体，当作死木槁灰，饥寒既不经心，便叫他别投个人身，他也不会受用美酒佳肴，穿着绫罗缎胥。既不养生，便是将性命看得轻。将性命既看得轻，要他将儿子看得十分郑重，这哪里能够？所以，忙了一日，再不曾记挂儿子。偏那儿子又会作怪，因是暗地溜到自家床上来睡，恐怕瞒不过太公，他悄悄开出门去，披星戴月，往城里舅舅家来藏身。他这舅舅姓金，号有方，是乌程县数一数二有名头吃馄饨的无赖秀才。凡是县城中可欺的土财主，没有名头要倚靠的典当铺，他便从空捏出事故来，或是拖水人命，或是大逆谋反，或是挑唆远房兄弟、叔侄争家，或是帮助原业主找绝价，或是撮弄寡妇孤儿告吞占田土屋宇。他又包写、包告、包准。骗出银子来，也有二八分的，也有三七分的，也有平对分的。这等看起来，金有方倒成了一个财主了，哪里晓得没天理的钱，原不禁用的。他从没天理得来，便有那班没天理的人，手段又比他强，算计又比他毒，做成圈套，得了他的去。这叫作强盗遇着贼偷，大来小往。只是那班没天理的人，手段如何样强、算计如何样毒，也要分说出来，好待看官们日后或者遇着像金有方这等绝顶没品的秀才，也好施展出这软尖刀的法子，替那些被害之家少出些气儿。你道为何？原来金有方酷性好吊纸牌，那纸牌内百奇百巧的弊病，比衙内不公不法的弊病还多，有一种惯洗牌的，叫作药牌，要八红就是八红，要四赏四二肩，就是四赏四二肩，要顺风旗，就是顺风旗。他却在洗牌的时候，做端正了色样。对面腰牌的，原是一气相识。或有五张一腰的，或有十张一腰的，两家都预先照会，临时又有暗诀，再不得错分到庄上去。

近来那三张一腰的叫作"薄切"。薄切就要罚了。纵有乖巧人看得破，争奈识破他一种弊病，他却又换一种做法，哪里当得起几副色样。卷尽面前筹码，就霎时露出金漆桌面来。故此逢场吊牌，再没有不打连手做伙计的。若是做了连手，在出牌之时，定然你让一张，我让一张，还要自家灭去赏肩。好待他上色样。有心要赢那一个人，一遇着他出牌，不是你打起，就是我打起，直逼得他做了孤寡人才歇手。你想，这班打连手的还如此利害，那做药牌相识人的，可禁得起他一副色样吗？金有方起初也还赢两场，得了甜滋味，只管昼夜钻紧在里面。后来没有一场不输，拼命要去翻本，本却翻不成，反尽情倒输一贴，将那平日害人得来的银钱，倾囊竭底的白送与那些相识，还要赔精神、赔气恼，做饶头哩！俗语说得好，折本才会赚钱。金有方手头虽赌空了，却被他学精了吊牌的法子。只是生意会做，没有本钱，那些相识吊客，见他形状索莫，挤不出大汤水来，也就不去算计他。反叫他在旁边拈些飞来头。一日将拈过的筹码算一算，大约有十余两银子。财多身弱，又要作起祸来，忙向头家买了筹码，同着三个人，在旁边小斗。正斗得高兴，只见家中一个小厮跑来，说道："乡间穆小宫人到了。"金有方皱着眉头，道："他来做什么？也罢。叫他这里来相会。"小厮便走出门去请他。我想，人家一个外甥来探望，自然千欢万喜。金有方反心中不乐，是什么缘故？

原来穆太公丧妻之时，金有方说是饿死了妹子，因告他在官，先将穆家房奁囊橐，抢得精一无二。穆太公被这一抢，又遭着官司，家计也就淡薄起来。亏得新坑致富，重恢复了产业，还比以前更增益几倍。那金有方为着此事，遂断绝往来。忽然听得外甥上门，也觉有些不好相见。正是：

昔日曾为敌国，今朝懒见亲人。

话说穆文光到得金有方家，舅母留他吃朝饭，小厮回来请："官人在间壁刘家吊牌，不得脱身。请过去相会哩！"穆文光就走出门，小厮指着道："就是这一家。小官人请立着，待我进去通知一声。"穆文光立在门前，见有一扇招牌，那招牌上写着："马吊学馆"。穆文光道："毕竟我们住在乡间，见识不广，像平时只晓得酒馆、茶馆、算命馆、教学馆、起课馆、教戏馆、招商馆，却再不知道有马吊馆。这马吊馆是什么故事？"

正在那里思量，小厮走出来道："小官人进来吧！"穆文光转了几个弯，见里面是一座花园，听得书房里、厅里、小阁里、轩子里，都有击格之声。听那声气又不是投壶声，又不是棋子声，又不是蹴球声，觉得忽高忽下，忽疾忽徐，另是一种响法。小厮指道："那小阁里便是。"穆文光跨进阁门，只见内里三张桌儿，那桌儿都是斜放的，每张桌儿四面坐着秃头褧衣的人，每人手内拿着四寸长、二寸阔的厚纸骨，那厚纸骨上又画着人物、铜钱、索子，每人面前都堆着金漆筹儿，筹儿也有长的、短的，面前也有多的、少的,旁边又坐着一个人,拿了棋篓儿,内里也盛着许多筹码,倒着实好看。穆文光见了金有方,叫声:"娘舅",深深作下揖去。金有方一面回个半礼,手中还捏着牌,口里叫道:"我还不曾捉。"慌慌张张抽出一个千僧来,对面是桩家,忙把他的千僧殿在九十子下面,众人哄然大笑。金有方看了压牌,红着脸要去抢那千僧,桩家嚷道:"牌上桌,项羽也难夺,你牌经也不曾读过吗?"按着再不肯放。金有方争嚷道:"我在牌里用过十年功夫,难道不晓得压牌是红万,反拿千僧捉九十子吗?方才是我见了外甥,要回他的礼,偶然抽错了。也是无心,怎便不肯还我?"桩家道:"我正在这无心上赢你,你只该埋怨你外甥,不该埋怨别人。"众人道:"老金,你是赢家,便赔几副罢了。"只见桩家又出了百老,百老底下拖出二十子,成了天女散花的色样。侧坐的两家道:"我们造化,只出一副百老,虽的尽是老金包了去。"金有方数过筹码,心中不平道:"宁输斗,不输错。我受这一遭亏不打紧,只是把千僧灭的冤枉了。"正是:

推了车子过河,提了油瓶买酒。

错只错在自家,难向他人角口。

原来那纸牌是最势利的,若是一次斗出色样来,红牌次次再不离手。倘斗错了一副,他便红星儿也不上门。间或分着一两张赏肩,不是无助之赏,就是受伤之肩。撞得巧,拿了三赏,让别家一赏冲了去。夺锦标倒要赔钱。可见鸽子向旺处飞,连牌也要拣择人家,总是势利世界,纸糊的强盗,还脱不得势利二字。金有方果然被这一挫渐渐输去大半筹码。穆文光坐在旁边,又要问长问短。金有方焦躁道:"你要学吊牌,厅上现有吊师,在那里开馆,你去领教一番,自然明白,不必只管问人。"穆文光是少年人,见这样好耍子事,他怎肯放空?又听得吊牌也有吊师,心痒不过,三步做了两步,到得厅上。见厅中间一个高台,上面坐着戴方巾、穿大红鞋的先生。供桌上,将那四十张牌铺满一桌。台下无数听讲的弟子,两行摆班坐着,就像讲经的法师一般。穆文光端立而听,听那先生开讲道:"我方才将那龙子犹十三篇,条分缕析,句解明白,你们想已得其大概。只是制马吊的来历,运动马吊的学问,与那后世坏马吊的流弊,我却也要指点一番。"众弟子俱点头唯唯。那先生将手指着桌上的牌说道:"这牌在古时,原叫作叶子戏,有两个斗的,有三人斗的,其中闹江、打海、上楼、斗蛤,打老虎、看豹,各色不同。唯有马吊，必用四人。所以按四方之象，四人手执八张，所以配八卦之数，以三家而攻一家，意主合从；以一家而赢三家，意主并吞。此制马吊之来历也。若夫不打过桩，不打连张，则谓之仁。逢桩必捉，有千必挂，则谓之义。发牌有序，殿牌不乱，则谓之礼。留张防贺，现趣图冲，则谓之智。不可急捉，必发还张，则谓之信。此运动马吊之学问也。逮至今日，风斯下矣。昔云闭口叶子，今人喧哗叫跳，满座讥讽。上一色样，即狂言'出卖高牌'，失一趣肩，即大骂'尔曹无状'。更有暗传声，呼人救驾，悄灭赏，连手图赢。小则掷牌撒赖，大则推桌挥拳。此后世坏马吊之流弊也。尔等须力矫今人之弊，复见古人之风，庶不负坛站讲究一番。"说罢就下台，众人又点头唯唯。

穆文光只道马吊是个戏局，听了这吊师的议论，才晓得马吊内有如此大道理，比做文章还精微，不觉动了一个执赞从游之意。回到小阁里，只见母舅背剪着手，看那头家结账，自家还解道说："今日威风少挫，致令无名小卒，反侥幸成功。其实不敢欺我的吊法。你们边岸还不曾摸着。"众人道："吊牌的手段，只论输赢。你输了自然是手段不济。"金有方道："今日之败，非战之罪，只为错捉了九十子，我心上懊恼，半日牌风不来。若说手段不济，请问那一家的色样，不是我打断。那一家的好名件，不是我挤死？你们替我把现采收好，待老将明日再来翻本。"说罢，领了穆文光回家。在下曾有《挂枝儿》，道那马吊输了的：

> 吊牌的人，终日把牌来吊，费精神，有什么下梢？四十张打劫，人真强
> 盗。头家要现来，赢家不肯饶。闷恹恹的回来，哥哥还有个妻儿吵。

这穆文光住在舅舅身边，学好学歹，我也不暇分说。且说那穆太公，自儿子出门之后，只道是儿子躲往学堂里去。及至夜间，还不见归。便有几分着忙。叫人向学堂里问，道是好几日不曾赴馆。太公此时爱财之念稍轻，那爱子之念觉得稍重。忙向媳妇问道："我老人家又没有亲眷，儿子料没处藏身，莫不是到崔亲家那边去吗？"媳妇道："他一向原说要去走走，或者在我父亲家也不可知"太公道："我也许久不看见亲家，明日借着去寻儿子，好探一番。只是放心不下那新坑。媳妇，我今夜数下三百张草纸，你明日付与种菜园的穆忠，叫他在门前给散，终究我还不放心，你若是做完茶

饭,就在门缝里看着外边,若是余下的草纸,不要被穆忠落下,还收了进来要紧。"媳妇道:"我从来不走到外厢,只怕不便。"太公道:"说也不该,你不要享福太过。试看那前乡后村,男子汉散脚散手,吃现成饭。倒是大妇小女在田里做生活。上面日色蒸晒,只好扎个破包头;下面泥水汪洋,还要精赤着两脚去耘草。我活到五十多岁,不知见过多多少少,有什么不便?"媳妇见太公琐碎,遂应承了。太公当夜稳睡,到得次日,将草纸交明媳妇。媳妇道:"家中正没得盐用,公公顺便带些来。我们那半山村的盐,极是好买。"太公道:"我晓得。"遂一直走出来,开了粪屋锁,慢慢向田路上缓步去。

约略走过十余里,就是崔题桥家。到得中堂,崔亲母出来相见,问罢女儿,又问女婿。太公见他的口气,晓得儿子不曾来,反不好相问,要告别出门。崔亲母苦留,穆太公死也不肯。辞得脱身,欢喜道:"我今日若吃了他家东西,少不得崔亲家到我家来,也要回礼,常言说得好,亲家公是一世相与的,若次次款待,连家私也要吃穷半边哩!还是我有主意,今日茶水总不沾着,后日便怠慢了亲家,难道好说我不还席?"这穆太公一头走路,一头捣鬼,又记起媳妇叫他买盐,说是半山村的盐好买,他从来见有一毫便宜之事,可肯放空?遂在路旁站里买了。又见那店里,将绝大的荷叶来包盐,未免有些动火,也多讨了一个荷叶拿在手里。走不上一箭地,腹中微微痛起来。再走几步,越发痛得凶。

原来穆太公因昨日忍过一日饥,直到夜间,锁上粪屋门,才得放心大胆吃饱,一时多吃了几碗,饮食不调,就做下伤饥食饱的病,肚里自然要做起祸来。毕竟出脱腹中这一宗宝货,滞气疏通,才得平复。穆太公也觉得要走这一条门路,心上又舍不得遗弃路旁,道是:"别人的锦绣,还要用拜帖请他上门来,泄在聚宝盆内,怎么自家贩本钱酿成的,反被别人受用?"虽是这等算计,当不得一阵阵直痛到小肚子底下,比妇人养娃子将到产门边,醉汉吐酒撞到喉咙里,都是再忍耐不住的。穆太公偏又生出韩信想不到的计策,王安石做不出的新法,急急将那一个饶头荷叶,放在近山涧的地上,自家便高耸尊臀,宏宣宝屁,像那围田倒了岸,河道决了坍,趋势一流而下,又拾起一块瓦片,寒住口子,从从容容系上裙裤,将那荷叶四面一兜,安顿在中央,取一根稻草,也扎得端正,拿着就走。可煞作怪,骑马遇不着亲家,骑牛反要遇羊,远远望见崔题桥从岸上走来。穆太公还爱惜体面,恐怕崔题桥解出这一包来,不好意思。慌忙往涧里一丢,上前同崔题桥施礼。崔题桥要拉他回家去,说是:"亲家公到了敝村,那有豆腐酒不吃一杯之理？"哪知穆太公在他家里还学陈仲子的廉洁，已是将到半途，可肯复转去赴楚霸王的鸿门宴吗？推辞一会，崔题桥又问他手中所拿何物？穆太公回说是盐，崔题桥道："想是亲家果然有公务，急需盐用，反依遵命，不敢虚邀。"穆太公多谢了几句，便相别回家。心中懊恼道："我空长这许多年纪，再不思前想后，白白将一包银子丢在水里也不响。像方才亲家何等大方，问过一句便丢开手。那个当真打开荷叶来看？真正自家失时落运，不会做人家的老狗骨头。"穆太公暗自数骂一阵，早已将到家了。正是：

> 狭路相逢，万难回避。
>
> 折本生涯，一场晦气。

且说穆太公前脚出门，媳妇便叫穆忠在门前开张铺面，崔氏奉公公之命，隐着身体在门内，应一应故事，手中依旧做些针指。忽听外面喧嚷之声，像是那个同穆忠角口。原来喧嚷的是义乡村上一个无赖，姓谷，绰号树皮，自家恃着千斤的牛力，专要放刁打诈，把那村中几个好出尖的后生，尽被谷树皮征服了。他便觉得唯我独尊，据国称王，自家先上一个徽号，要村中人呼他是谷大官人。可怜那村口原是山野地方，又没得乡宦，又没得秀才，便这等一个破落户，他要横行，众人只好侧目而视。虽不带纱帽，倒赛得过诈人的乡宦；虽不挂蓝衫，反胜得多骗人的秀才；便是穆太公老年人，一见他还有六分恭敬、三分畏惧、一分奉承哩！偏那穆忠坐在坑门前，给发草纸，他就拿出一副乔家主公的嘴脸，像巡检带了主簿印，居然做起主簿官，行起主簿事，肃起主簿堂规，装起主簿模样来。那谷树皮特地领了出恭牌。走到新坑上，见穆忠还在那边整顿官体，他那一腔无明火，从尾脊庐直钻过泥丸宫，捏着巴斗大的拳头，要奉承穆忠几下，又想道："打狗看主人面，我且不要轻动亵尊。先发挥他一场，若是倔强不服，那时再打得他一佛出世，二佛升天。不怕主人不来赔礼。"指着穆忠骂道："你这瞎眼奴才，见了我谷大官人，还端然坐着不动，试问你家主公，他见我贵足踏在你贱地来，远远便立起，口口声声叫官人，草纸还多送几张，鞠躬尽礼，非常小心。你这奴才，皮毛还长不全，反来作怪吗？"穆忠回嘴道："一霎时有轮百人进出，若个个要立起身，个个要叫官人，连腰也要立酸，口也要叫干了。"穆忠还不曾说完，那边迎面一掌，早打了个满天星。穆忠口里把城隍土地乱喊起来，谷树皮揪过头发，就如饿鹰抓兔。穆忠身子全不敢动弹，只有一张嘴还喊得出爹娘两个字。

　　崔氏看见，只得推开半扇门，口中劝道："小人无状，饶恕他这遭吧。"谷树皮正在那里打出许多故事来，听得娇滴滴声气在耳根边相劝，抬头一看，却是一位美貌小娘子。他便住手，忙同崔氏答话。崔氏见他两个眼睛如铜铃一般，便堆下满脸笑容来，也还是泥塑的判官，纸画的钟道，怎不教人唬杀？崔氏头也不回，气喘喘走回卧室内，还把房门紧紧关住。那谷树皮记挂着这小娘子，将半天的怒气都散到爪哇国去了。及至崔氏不理他，又要重整复那些剩气残恼。恰遇穆太公进门，问了缘故，假意把穆忠踢上几空脚，打上几虚掌，又向谷树皮作揖赔不是。谷树皮扯着得胜旗，打着得胜鼓，也就洋洋蹿出门了。

　　穆太公埋怨穆忠道："国不可一日无王，家不可一日无主，古语真说得不差的，我才出去得半日，家中便生出事端来。还喜我归家劝住，不然连屋也要被他拆去，你难道不知他是个活太岁，真字星，烧纸去退送还退送不及，反招惹他进门降祸吗？"又跑进内里，要埋怨媳妇。只见媳妇在灶下做饭，太公道："我也不要饭吃，受恶气也受饱了。"崔氏低声下气问道："公公可曾买盐回来？"太公慌了，道："我为劝闹，放在外面柜桌上，不知可有闲人拿去？"急忙走出来，拿了盐包，递与媳妇道："侥幸！侥幸！还在桌上，不曾动。煎豆腐就用这新盐，好待我尝一尝滋味。"崔氏才打开荷叶，只闻得臭气扑鼻，看一看道："公公去买盐，怎倒买了稀酱来？"太公闻知，吓得脸都失色，近前一看，捶胸跌脚起来，恨恨地道："是我老奴才自不小心！"又唯恐一时眼花，看得不真，重复端详一次，越觉得心疼，拿着往地下一掷。早走过一只黄狗来，像一千年不曾见食面的，摇头摆尾，啧啧哑哑的肥嚼一会。太公目瞪口呆，爬在自家床上去叹气。又不好明说出来，自叹自解道："只认我路上失落了银子，不曾买盐。"又懊悔道："我既有心拿回家来，便该倾在新坑内，为何造化那黄狗？七颠八倒，这等不会打算！敢则日建不利，该要破财的。"正是：

　　狗子方食南亩粪，龙王收去水晶盐。
　　公公纳闷看床顶，媳妇闻香到鼻尖。

为穆太公因要寻儿子回家,不料儿子寻不着,反送落一件日用之物,又送落一件生财之物。只是已去者,不可复追,那尚存着,还要着想。太公虽然思想儿子,因为二者不可得兼的念头横在胸中,反痛恨儿子不肖,说是带累他赔了夫人又折兵,却不晓得他令郎住在金有方家,做梦也不知道乃尊有这些把戏。

话说金有方盘问外甥,才知穆文光是避父亲打骂,悄悄进城的。要打发他独自回家,唯恐少年娃子,走到半路又溜到别处。若要自家送他上门,因为前次郎舅恶交,没有颜面相见。正没做理会处,忽有一个莫逆赌友,叫作苗舜格,来约他去马吊。金有方见了,便留住道:"苗兄来得正好,小弟有一件事奉托。"苗舜格道:"吾兄的事,就如小弟身上的事。若承见托,再无不效劳的。"金有方道:"穆舍甥在家下住了两日,细问他方知是逃走出来的。小弟要送他回去,吾兄晓得敝姊丈与小弟不睦,不便亲自上门。愚意要烦尊驾走一遭,不知可肯?"苗舜格沉吟道:"今日场中有个好主客,小弟原思量约兄弟去做帮手,赢他一场。又承见托,怎么处?"金有方道:"这个不难,你说是那个主客?"苗舜格道:"就是徐尚书的公子。"金有方道:"主客虽是好的,闻得他某处输去千金,某处又被人赢去房产,近来也是一个蹋皮儿哩!"苗舜格道:"屏风虽坏,骨骼犹存。他到底比我们穷鬼好万倍。"金有方道:"我有道理,你代我送穆舍甥回家,我代你同徐公子马吊。你晓得我马吊神通,只有赢,没有输的。"苗舜格道:"这是一向佩服,但既承兄这等好意,也不敢推却。待小弟就领穆令甥到义乡村去吧。"金有方叫出穆文光来,穆文光还作势不肯去。金有方道:"你不要执性,迟得数日,我来接你。料你乡间没有好先生,不如在城里来读书,增长些学问,今日且回去。"穆文光只得同苗舜格出门,脚步儿虽然走着,心中只管想那马吊,道:"是世上有这一种大学问,若不学会,枉了做人一世。回家去骗了父亲贽见礼,只说到城中附馆读书。就借这名色,拜在吊师门墙下,有何不可?"算计已定,早不知不觉出了城,竟到义乡村上。

只见太公坐在新坑前,众人拥着他要草纸。苗舜格上前施礼,穆文光也来作揖。太公道:"你这小畜生,几日躲在哪里?"苗舜格道:"令郎去探望母舅,不必责备他。因金有方怕宅上找寻,特命小弟送来。"穆太公听得儿子上那冤家对头的门,老大烦恼,又不好怠慢苗舜格,只得留他坐下,叫媳妇备饭出来。苗舜格想道:"他家难道没有堂屋,怎便请我坐在这里?"抬头一看,只见簇新的一个斋匾,悬在旁边门上。又见门外的众人,拿着草纸进去。门里的众人,系着裤带出来。苗舜格便走去一望,原来是东厕。早笑了一笑,道:"东厕上也用不着堂名。就用着堂名,或者如混堂一样的名色也罢。怎么用得着'齿爵堂'三个字?"暗笑了一阵,依旧坐下,当不起那馨香之味环绕不散。取出饭来吃,觉得菜里饭里尽是这气味。勉强吃几口充饥。到底满肚皮的疑惑,一时便如数出而哇之。竟像不曾领太公这一席盛情。你道太公为何在这"齿爵堂"前宴客?因是要照管新坑,不得分身请客到堂上,便将粪屋做了茶厅。只是穆太公与苗舜格同是一般鼻头,怎么香臭也不分?只为天下的人情,都是习惯而成自然。譬如我们行船,遇着粪船过去,少不得炉里也添些香,篷窗也关上一会。走路遇着粪担,忙把衣袖掩着鼻孔,还要吐两口唾沫。试看粪船上的人,饮食坐卧,朝夕不离,还唱山歌儿作乐。挑粪担的,每日替人家妇女倒马桶,再不曾有半点憎嫌,只恨那马桶内少货。难道他果然香臭不分?因是自幼至老,习这务本生意,日渐月摩,始而与他相合,继而便与他相忘,鼻边反觉道一刻少他不得。就像书房内烧黄熟香,闺房里烧沉香的一般。这不是在下掉谎,曾见古诗上载着"粪渣香"二字。我常道,习得惯,连臭的自然都是香的;习不惯,连香的自然都是臭的。穆太公却习得惯,苗舜格却习不惯。又道是眼不见即为净。苗舜格吃亏在亲往新坑上一看,可怜他险些儿将五脏神都打口里搬出来。穆太公再也想不到这个缘故。慌忙送出门,居然领受那些奇香异味。正是:

> 鼻孔嗅将来,清风引出去。
>
> 自朝还至暮,胜坐七香台。

话说穆文光,心心念念要去从师学马吊,睁眼闭眼,四十张纸牌就摆在面前。可见少年人,志气最专,趋向最易得摇夺。进了学堂门,是一种学好的志气。出了学堂门,就有一种学不好的趋向。穆文光不知这纸牌是个吃人的老虎,多少倾家荡产的,在此道中消磨了岁月,低贱了人品,种起了祸患。我劝世上父兄,切不可向子弟面前说马吊是个雅戏。你看这穆文光,为这雅戏上,反做了半世的苦戏。我且讲穆太公,要送儿子进学堂,穆文光正正经经地说道:"父亲,不要孩儿读书成名,便在乡间,从那训蒙的略识几个字,也便罢了。若实在想后来发达,光耀祖宗,这却要在城内寻个名师良友,孩儿才习得上流。"太公欢喜道:"好儿子!你有这样大志气,也不枉父亲积德一世。我家祖宗都是白衣人，连童生也不曾出一个。日后不望中举人、中进士，但愿你中个秀才，便死也瞑目。"穆文光道："父亲既肯成就孩儿，就封下赘见礼，孩儿好去收拾书箱行李，以便进城。"太公听说，呆了半晌，道："凡事须从长算计。你方才说要进城。我问你，还是来家吃饭，是在城中吃饭？"穆文光道："自然在城中吃饭。"太公道："除非我移家在城中住，你才有饭吃哩。难道为你一人读书，叫我丢落新坑不成？"穆文光道："这吃饭事小，不要父亲经心。娘舅曾说，一应供给，尽在他家。"太公啐道："你还不晓得娘舅做人嘛，我父亲好端端一分人家，葬送在他手里。他又去缠他做甚？"穆文光道："孩儿吃他家的饭，读自家的书，有什么不便？"太公见儿子说得有理，遂暗自踌躇。原来这老儿是极算小没主意的。想到儿子进城，吃现成饭，家中便少了一口，这样便宜事怎么不做？因封就一钱重的封儿，付与儿子去做赘礼，叫穆忠挑了书箱行李入城。穆文光便重到金有方家来，再不说起读书二字。

金有方又是邪路货，每日携他在马吊场中去。穆文光便悄悄将赘礼送与吊师。那吊师姓刘。绰号赛桑门，极会装身份，定要穆文光行师生礼。赛桑门先将龙子犹十三篇教穆文光读。谁知同堂弟子，晓得他是新坑穆家，又为苗舜格传说他坑上都用"齿爵堂"的斋匾，众弟子个个不足教师，说是收这等粪门生，玷辱门墙，又不好当面斥逐，只好等吊师进去，大家齐口讥讽。穆文光一心读马吊经，再不去招揽。

有两个牌友，明明嘲笑他道："小穆，你家吃的是粪，穿的是粪，你满肚子都是粪了。只该拿马吊经，在粪坑上读，不要在这里薰坏了我们。"穆文光总是不理。还喜天性聪明，不上几日，把马吊经读得透熟。赛桑门又有一本《十三经注疏》，如张阁老直解一般，逐节逐段替他讲贯明白，穆文光也得其大概。赛桑门道："我看你有志上进，可以传授心法。只是洗牌之干净，分牌之敏捷不错，出牌之变化奇幻，打牌之斟酌有方，留牌之审时度势，须要袖手在场中旁观，然后亲身在场中历练，自然一鸣惊人，冠军无疑矣！切不可半途而废，蹈为山九仞之辙。更不可见异而迁，萌鸿鹄将至之心。子其勉旃勉旃。"穆文光当下再拜受教。赛桑门因叫出自家兄弟来，要他领穆文光去看局。他这兄弟也是烈烈轰轰的名士，绰号"飞手夜叉"。众人因为他神于拈头，遂庆贺他这一个徽号。

穆文光跟他在场上，那飞手夜叉，移一张小凳子放在侧边，叫穆文光坐着。只见四面的吊家，一个光着头，挂一串蜜蜡念珠在颈上，酒糟的面孔，年纪虽有三十多岁，却没得一根胡须，绰号叫作"吊太监"，这便是徐公子。一个凹眼睛，黑脸高鼻，连腮搭鬓，一团胡子的，绰号叫作吊判官，这人是逢百户。一个粗眉小眼，缩头缩颈，瘦削身体，挂一串金刚念珠在手上的，绰号"吊鬼"，这人是刘小四。一个赖麻子，浑身衣服醒醒醒醒的，绰号"吊花子"，这便是苗舜格。四家对垒，鏖战不已。飞手夜叉忽然叫住，道："你们且住手，待我结一结账，算一算筹码。"

原来吊太监大败，反是吊花子赢子。飞手夜叉道："徐大爷输过七十千，该三十五两。这一串蜜蜡念珠只好准折。"苗舜格便要向徐公子颈上褪下来。徐公子大怒道："你这花子奴才，我大爷抬举你同桌马吊，也就折福了。怎么轻易取我念珠？我却还要翻本，焉知输家不变做赢家吗？"苗舜格见他使公子性气，只得派桩再吊。

将近黄昏，飞手夜叉又来结账，徐公子比以前更输得多。苗舜格道："大爷此番却没得说了。"徐公子道："另日赌账除还，你莫妄心想我的念珠。"苗舜格晓得他有几分赖局，想个主意，向他说道："大爷要还账，打什么紧？只消举一举手，动一动口，便有元宝滚进袖里来。"徐公子见说话有些蹊跷，正要动问。苗舜格拽着他衣服，从外面悄语道："有一桩事体商议，大爷发一注大财爻，在下也发一笔小财爻。这些须赌账，包管大爷不要拿出己赀来。"徐公子听得动火，捏着苗舜格的手，问道："什么发财事？"苗舜格道："坐在横头看马吊的，他是新坑穆家，现今在乡下算第一家财主。"徐公子道："我们打了连手，赢他何如？"苗舜格道："这个小官人，还不曾当家，银钱是他老子掌管。"徐公子道："这等没法儿算计他。"苗舜格道："有法！有法！他家新坑上挂一个斋匾，却用的是大爷家牌坊上'齿爵'两个字，这就有题目，好生发了。"徐公子道："题目便有，请教生发之策。"苗舜格道："进一状子在县里，道是欺悖圣旨，污秽先考，他可禁得起这两个大题目吗？那时我去收场，不怕他不分一半家私送上大爷的门。"徐公子道："好计策！好计策！明日就发兵。"苗舜格道："还要商量，大爷不可性急。穆家的令舅，就是金有方。这金有方也曾骗过穆家，我们须通知了他才好。"徐公子道："我绝早就看见金有方来了，不知他在那里马吊？"苗舜格道："只在此处，待我寻来。"苗舜格去不多时，拉着金有方，聚在一处商议。大家计较停当，始散。正是：

豺虎食人，其机如神。

无辜受阱，有屈何伸。

话说穆太公好端端在家里，忽见一班无赖后生蜂拥进来，说道："太公你年纪老大，怎么人也不认得？前日谷大官人来照顾你新坑，也是好意。为何就得罪他？如今要掘官坑，抢你的生意。我们道太公做人忠厚，大家劝阻，谷大官人说道：'若要我不抢他生意，除非叫他的媳妇陪我睡一夜才罢。'"太公叫声："气煞我也！"早跌倒地下。众人都慌忙跑出门去。崔氏听得外面人声嘈杂，急走出来，见公公跌倒，忙扶公公进房。太公从此着了病，一连几日下不得床。崔氏着穆忠请小官人来家。穆文光晓得父亲病重，匆匆赶到义乡村，见太公话也说不出，像中风的模样，看着儿子只是掉泪。穆文光心上就如箭攒的，好不难过。向崔氏问起病的根由，崔氏也不晓得。穆文光道："我们该斋一斋土地。"也顾不得钱钞，开了箱子，取出几两来，买些猪头三牲果品、酒肴，整治齐备，到黄昏时候，叫穆忠送到土地堂里。穆文光正跪着祷祝，忽见一人大喊进来，道："祭神不如祭我。"穆忠看见，叫声："不好！小官人快回避。"穆文光如飞地跑出来，喘定了，问穆忠道："方才这是那一个？"穆忠道："这个人凶多哩！他叫作谷树皮，小人几被他一顿打死。前日他要同我家做对头，如今现掘起一个丈余的深坑，抢我家生意。"穆文光道："他不过是个恶人，难道是吃人的老虎？何必回避他？快转去。"穆忠道："小官人去吧，我曾被他打怕了，死也是不去的。"穆文光道："你这没用的奴才，待我独自去见他，可有本事打我？"说罢，便从旧路上望土地堂来。听得里面声气雄壮，也便有三分胆怯，立在黑地里窥望。他只见谷树皮将一桌祭物嚼得琅琅有声，又把一壶酒，揭开壶，一气尽灌下去。手里还提着那些吃不完的熟菜，大踏步走出土地堂来。

穆文光悄悄从后跟着，行了数十步，见谷树皮走进一个小屋里去。迟得半会，听得谷树皮叫喊。穆文光大着胆，也进这小屋来一看，还喜不敢深入，原来这屋里就是谷树皮掘的官坑。不知他怎生跌在里面，东爬西爬，再也不起来。穆文光得意道："你这个恶人，神道也不怕，把祭物吃得燥脾，这粪味也叫你尝得饱满。"谷树皮钻起头来，哀求道："神道爷爷，饶我残生吧！"穆文光道："你还求活吗？待我且替地方上除一个大害。"搬起一块大石头，觑得端正，照着谷树皮头上扑通的打去。可怜谷树皮头脑进裂，死于粪坑之内。穆文光见坑里不见动静，满意快活，跑回家来。在太公面前，拍掌说道："孩儿今日结果了一个恶人，闻得他叫谷树皮，将孩子斋土地的祭品，抢来吃在肚里。想是触犯神道，自家竟跌在粪坑内。被孩儿一块石头送他做鬼了。"太公听说，呵呵大笑，爬下床来，扯着穆文光道："好孝顺的儿子！你小小人儿，倒会替父亲报复大仇。我的病原为谷树皮而起，今日既出了这口气，病也退了。"自此合家欢喜不尽。哪知穆太公的心病虽然医好，那破财的病儿却从头害起。

一日，太公正步到门前来，不觉叹息道："自谷树皮掘了官坑，我家生意便这样淡薄。命运不好，一至于此。"正盼望下顾新坑的，哪知反盼望着两个穿青衣的公差。这公差一进门，便去摘下齿爵堂的斋匾。太公才要争论，早被一条铁索挂在颈项里，带着就走。太公道："我犯着何罪？也待说出犯由来，小老儿好知道情节。兄们不须造次。"有一个公差道："你要看牌吗？犯的罪名好大哩！"太公又不识字，叫出穆文光来。穆文光看见铁索套在父亲颈上，没做理会，读那牌上，才明白为僭用齿爵堂，徐公子是原告。公差又要拉太公出去。穆文光道："诸兄从城中来，腹内也饿了，请在舍下便饭，好从容商议。"公差道："这小官倒会说话，我们且吃了饭。"着摆出饭来，又没大肴大酒，太公又舍不得打发差钱。公差痛骂一场，把太公鹰拿燕捉的，出门去了。

穆文光哭哭啼啼，又不放心，随后跟进城来。向娘舅家去借救兵。只见金有方陪苗舜格坐着，穆文光说出父亲被告的原因，便哭个不了。金有方道："外甥你且莫哭，我想个计较救你父亲，则个……"因对苗舜格道："吾兄与老徐相厚，烦出来分解一番，只认推看薄面。"苗舜格道："老徐性极怠懒，最难讲话，如今且去通一通线索，再做主意。"苗舜格假意转一转身，就来回复道："小弟会着老徐，再三劝解一通。他的题目拿得正大。这件事，我想只有两个门路：不是拼着屁股同他打官司，就是拿出银子向他挽回。"金有方道："敝姊丈未必舍得银子，只好拼着屁股去捱官司罢了。"穆文光道："娘舅说哪里话？银子是挣得来的，父母遗体可好损伤得？"苗舜格道："既要如此，也须通知你令尊。"

穆文光正牵挂父亲不知作何下落，遂同了金有方、苗舜格到县前来。寻到差人家里，见穆太公锁在门柱上，两眼流着泪。穆文光抱头大哭。

原来差人都是预先讲通，故意难为乡下财主的。金有方假怒道："谁不晓得我老金的亲眷，这等放肆无礼！"走出一个差人来，连连赔礼，把铁索解下。穆太公此时就像脱离了地狱，升到天堂的模样，异常感激金有方。金有方道："你不要谢我，且去央求苗兄要紧。这兄与徐公子相厚，方才我已曾着他去讨口气，你问他便知道了。"苗舜格道："老丈这斋匾，是那个胡乱题的？徐公子道是齿爵堂牌坊原是圣旨赐造，如今僭用圣旨，就该问个罪名。况又污秽他先考，这情罪非同小可。"金有方道："苗兄，你莫利害话，只是想个解救法儿出来。"苗舜格道："要解救法儿，除非送他轮千银子。"金有方道："你将银子看得这等容易？"苗舜格道："这场官司他告得有理。且是徐公子年家故旧又多，官官相护，令姊丈少不得破家吃苦。"穆太公恐怕决撒了，忙叮嘱道："老舅调停一个主意，我竭力去完局罢了。"金有方道："这事弄到后边，千金还费不出。依我预先处分，也得五百金送徐公子，一百金送县里销状，太少了也成不得。"穆太公道："把我拘锁在此，也没处措置。必须自家回去，卖田卖产，才好设法。"金有方道："这个容易。"随即吩咐了差人。

太公同着儿子回家，只得将零星熬苦熬淡，积分积厘的银子拿出来。自家为前次锁怕了，不敢进城，便交付与儿子，叫他托金大舅把官司收拾干净，一总酬谢。

穆文光领着父命，一面私自筹画道："银子吩咐送五百两与徐家，难道是少欠他的，定要五百足数？我且私下取百金，做马吊本钱，好赢那徐公子的过来，也替父亲争口气。"遂将销状的一封银子藏在腰里。见了金有方道："我家爹爹致意娘舅，说是拮据，只凑得五百金，千万借重娘舅布置。"金有方道："那一百金销状的，是断断少不提。"穆文光道："徐公子处，送他四百金，便可挪移出一百来。"金有方道："待我央苗舜格送去，受与不受，再做区处。"金有方拿了银子出门，会同苗舜格，到徐公子家每人分一百金。徐公子得了三百，拿个帖子去销状。金有方回家说道："事体虽然妥当，费我一片心面，你父亲也未必晓得。"穆文光道："爹爹原说要来酬谢的。"金有方道："至亲骨肉，要甚酬谢？"穆文光见官司结局，欢喜不尽，摇摆到马吊馆来，向飞手夜叉说道："我要向场中马吊一回，若是赢了，好孝顺师叔的。"飞手夜叉道："你才初入门，只好小吊吧"。穆文光道："大输大赢，还有些趣味。小吊便赢了，也没多光景。"飞手夜叉道："你有多少来历，就想大吊。"穆文光在腰间取出那百两一封来。飞手夜叉看见了，道："徐公子正寻人大吊，为少脚数，你凑一脚，是极好的。只输后不要懊悔。"穆文光道："那懊悔的人，也不算一个汉子。"飞手夜叉便引他在着内里楼上，只见徐公子、苗舜格、冯百户先在上面。飞手夜叉道："我送一脚补救了。"徐公子晓得是穆小官，也不言语，大家派定座位，拈桩洗牌。

穆文光第一次上场，红张倒不脱手，一连起了无数色样，偏是斗得聪明，把三家筹码卷得干干净净。飞手夜叉，在旁边称赞道："强将手下无弱兵，我家兄教出来的门生,自然不同。"众人道:"暴学三年赢,他后来有得输哩!"飞手夜叉见穆光赢得多了,忙在桌下踢上几脚,叫他歇场。穆文光乖觉。到他做桩,便住手道:"小弟初学马吊,今日要得个彩头,且结了账再吊何如?"飞手夜叉又道:"说得有理。"众人还不肯放牌,见头家做主,遂静听结账。

原来穆文光是大赢家,徐公子输去一百五十两。苗舜格所得的百金,手也不曾热,依旧送还穆文光。穆文光对飞手夜叉道:"这两家的现物我都收下,那冯爷欠的送与师叔吧!"说罢拿着银子跑下楼去。徐公子与苗舜格面面相觑,只好肚里叫苦。正是:

> 闻道岂争前后,当场还较输赢,
>
> 攫金不持寸铁,但将纸骨为兵。

话说金有方听得外甥赢了二百多金到手,意思要骗来入己,假作老成,说道:"我少年人,切不可入赌场。今日偶然得胜,只算侥幸。若贪恋在马吊上,不独赢来的要送还人,连本钱也不可保。你将财折放在我身边,为你生些利息。我晓得你令尊一文钱舍不得与你的。你难道房屋里不要动用吗? 闲时在我处零碎支取,后来依旧交还你本钱如何?"穆文光正暗自打算,只见穆忠来讨信,穆文光道:"你来得极好。"便将自家落下与赢来的凑成三百两,打做一包,其余还放在腰里,向穆忠说道:"这银子须交明太公,官司俱已清洁,不必忧虑。"穆忠答应一声往外就走。金有方黑眼睛见了白银子,恨不得从空夺去。又见穆文光不上他的钓竿,又羞又恼。早是苗舜格撞进来,说是徐公子要付账,一直拖着穆文光到马吊馆来。

穆文光道:"明日也好马吊,何苦今磨油磨烛,费精费神吗?"徐公子怒道:"你这龟臭小畜生,不知高低,我作成你这许多银子,便再吊三日三夜也不要紧,便这等拿腔作势,恼动我性子,教你这不识抬举的东西吃点苦头!"穆文光道:"你这个性子,便是你的儿子、孙子也不依着你,我又不是你奴才,犯不着打巴掌。"徐公子道:"你这才出世的小牛精也抵触老夫了。你还不晓得□这□处日牵了你家老牛精来,一齐敲个臭死,才知我手段哩!"穆文光见伤了父亲,不觉大怒道:"谁是牛精? 你这不知人事的才真是牛精!"徐公子隔着桌子,伸手打来,穆文光披头散发,走了出去。苗舜格道:"这一二天原不该同他认真顶撞着。"金有方进来的工夫，飞手夜叉道："你们现有四人，何不吊牌？"众人叫声有理，个个按定坛场，果然吊得有兴。正是：

此标夺锦，彼庆散花，没名分公孙对坐，有情义夫妇圆銮。旁家才贺顺风旗，谁人又斗香炉脚。说不尽平分天地，美得杀小大比肩，莫言雅戏不参禅，试看人心争浑素。

话说徐公子正斗出一个色样来，忙把底牌捏在手里，高声喊道："且算完色样，再看冲。"忽然哎哟一声，蹲在地下。众人不知道为甚缘故。争来扶他，只见衣衫染的一片尽是鲜血，个个惊喊起来，旁边一个人叫道："杀死这奴才，我去偿命，你们不要着急。"众人看时，原来是穆文光。齐声喝道："不要走了凶身。"急忙上前拿住，又搜出一把小解手刀来，刀口上都是血。金有方道："他与你有甚冤仇，悄地拿刀害他性命？"穆文光道："说起冤仇来，我与他不共戴天哩！"金有方道："他又不曾杀你父亲，什么叫做不共戴天？"穆文光道："他设计骗我父亲，比杀人的心肠还狠。"金有方道："你却是为马吊角口起，讲不得这句话。"穆文光又要去夺刀，气忿忿的道："我倒干净结果了这奴才吧。"还不曾说完，早赶进一伙人来，把穆文光锁了出去。

金有方跟在后面，才晓得是徐衙里亲戚、仆从击了县门上鼓，差人来捉的。那知县听得人命重情，忙坐堂审事。差人跪上去禀道："凶身捉到了。"知县问道："你黑夜持刀杀人，难道不惧王法吗？"穆文光道："童生读书识字，怎么不惧王法？只为报仇念重，不得不然。"知县骂道："亏你读书识字的童生，轻易便想杀人。"忙抽签要打。穆文光道："宗师老爷，不必责罚童生，若是徐公子果然身死，童生情愿偿命。"知县问徐家抱告，道："你主人可曾杀死？"抱告道："主人将死，如今又救活了。"知县道："既经救活，还定不得他罪名，且收监伺候。"遂退了堂。金有方见外甥不曾受累，才放下心。那些公人赶着金有方要钱，金有方只得应承了。

次日清晨，到穆太公家报信。可怜那太公，闻知儿子下监，哭天哭地，几乎哭死过去。金有方道："凡事要拿出主意来，一味蛮哭，儿子可是哭得出监的？"太公才止了哭声，里面媳妇又重新接腔换调哭起来。金有方道："老姊丈吩咐媳妇莫哭，你快取百十两银子，同我进城，先要买好禁子，使你令郎在监便不吃亏。"穆太公取了银两，同金有方入城。

到得县门前来,寻着禁子,送了一份见面礼,便引着太公到监中来。父子抱头大哭。只见堂上来提穆文光重审,太公随后跟着。将到仪门边,内里一个差人喊道:"犯人穆文光依旧收监。"禁子只得又带转来。穆太公问道:"怎么今日不审?"差人道:"新官到了要交盘哩! 没工夫审事。"金有方附耳对太公道:"这是你儿子好机会,我们且回家去吧!"太公遂住在金有方家,每日往监中看儿子。后来打听得新官行香之后,便坐堂放告,太公央金有方写了一张状子,当堂叫喊。知县看完状子,就抽签要徐某验伤,一面监里提出穆文光来审。知县见了穆文光年纪尚小,人才也生得倜傥,便有一分怜悯之心,因盘问道:"你为何误伤徐某?"穆光跪上去道:"童生是为父报仇,不是误伤。"知县指着穆太公道:"既不是误伤,你这老儿便不该来告谎状。"穆太公唬得上下牙齿捉对儿打交,一句话也回答不出。知县见这个光景,晓得他是良善人,遂不去苛求。又见穆文光挺身肯认为父报仇,分明是个有血性的汉子,遂开一条生路,道:"穆文光,你既称童生,毕竟会做文字,本县这边出一个题目,若是做得好,便宽有你的罪名。做得不好,先革退你的童生,然后重处。"穆文光忻然道:"请宗师老爷命题。"知县道:"题目就是'虽在缧绁之中,非其罪也'。"又叫门子取纸、墨、笔、砚与他。穆文光推开纸,濡墨吮毫,全不构思,霎时就完篇。

太公初见知县要儿子做文章,只道是难事,出了一身冷汗,暗地喊灵感观世音,助他的文思。忽然见儿子做完,便道:"祖宗有幸,虚空神灵保佑。"两只眼的溜溜望着那文章送到知县公案上,又望着知县不住点头。

原来这知县姓孔,原是甲科出身,初离书本,便历仕途。他那一种酸腔还不曾脱尽,生性只喜欢八股。看到穆文光文章中间有一联道:"子产刑书,岂为无辜而设。汤王法网,还因减罪而开。"拍案称赞道:"奇才! 奇才!"正叹赏间,忽然差人来禀道:"徐某被伤肋下,因贴上膏药冒不得风,不曾拿到,带得家属在此。"知县道:"既不曾死,也不便叫穆文光偿命。"遂叫去了刑具。徐家抱告票道:"穆某持刀杀家主,现有凶器。若纵放他,便要逃走。还求老爷收监。"知县骂道:"谁教你这奴才开口? 若是你主子果然被伤而死,我少不得他来抵偿。"又问穆文光:"你因何事报仇? 可据实讲上来。"穆文光道:"童生的父亲原不识字,误用徐某牌坊上'齿爵'二字做堂名,徐某告了父亲,吓诈银五百两。童生气不愤,所以持刀去杀他。"知县道:"你在何处杀他

照世杯

图文珍藏版

的?"穆文光道:"是在赌钱场上。"知县大怒道:"本县正要捉赌贩,你可报上名字来。"穆文光恐怕累了师叔与娘舅,只报出苗舜格来。知县忙出朱签,叫捉苗舜格。不一时,捉到了,迎风就打四十板。又取一面大枷,吩咐轮流枷在四门以警示通衢。又对穆文光说道:"本县怜你是读书人,从宽免责。但看你文章,自然是功名中人,今府县已录过童生,你可回家读书,俟宗师按临,本县亲自送你去应试。"穆文光父子磕头拜谢而去。

过了月余,值宗师按临湖州,知县果然送他去考,发案之时,高高第一名进学。报到义乡村,太公如在云雾中的一般,看得秀才不知是多大前程。将那进学的报单,直挂在大门上。自家居然是老封君,脱去酱汁白布衫,买了一件月白袖直裰,替身体增光辉。除去瓜棱矮综帽,做了一项华阳巾儿,替头皮改门面,乔模乔样,送儿子去谢考。正到宗师衙门前,听得众人说:"宗师递革行劣生员。"都拥挤着来看,只见里面走出三个秃头裸体的前任生员来,内里恰有金有方。穆太公不知什么叫作递革,上前一把扯住道:"老舅,你衣冠也没有,成甚体统?亏你还在这大衙门出入。"金有方受这穆太公不明白道理的羞辱,掩面飞跑了去。穆文光道:"娘舅革去秀才,父亲不去安慰他,反去嘲笑他,日后自然怀恨。"太公道:"我实在不晓得,又不犯着他行止,怎便怀恨?"说罢,穆文光同着一班新进,谢了宗师。又独自走去拜谢孔知县提拔之恩。孔知县也道自家有眼力,遂认作师生往来。

以后穆文光养的儿子,也读书进学,倒成了一个书乡之家。至今还称作新坑穆家。可见穆太公亏着新坑致富,穆文光亏着报仇成名,父子倒算得两个白屋发迹的豪杰。

賽花鈴

〔清〕白云道人　撰

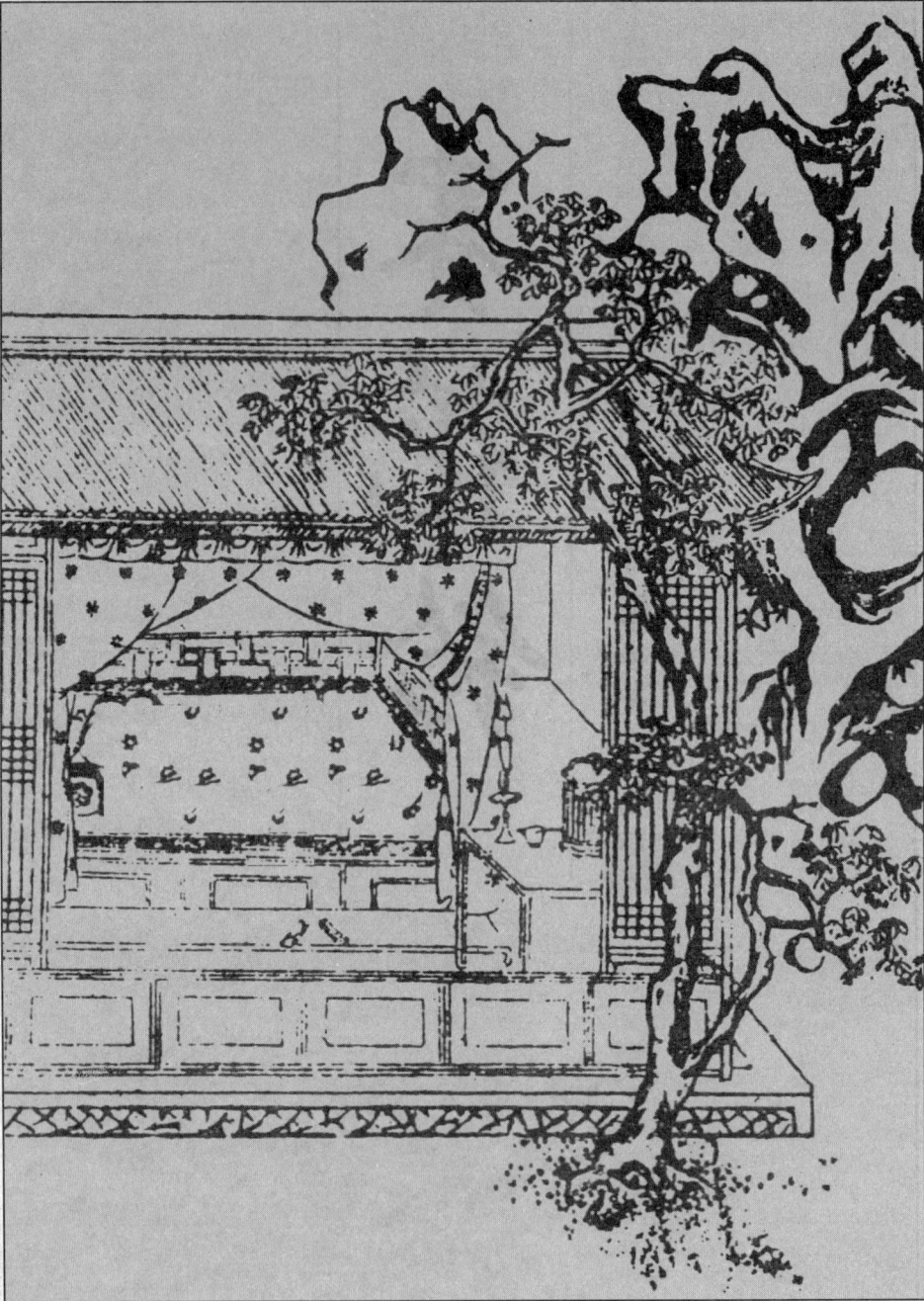

第一回　护花神阳台窃雨

诗曰：

弹铗朱门志未扬，为人须负热心肠。

宝刀一掷非谋报，侠骨能令草木香。

其二：

匣底铦锋未曾试，男儿肝胆向谁是。

手提三尺黄河水，天下安有不平事。

这两首诗，名为宝剑行，是赠侠客之作。大凡天生名流，为国柱石，必定上有神灵暗佑，下有侠杰扶持。凭你群奸说陷，百折百磨，到底有个出头日子。所谓吉人天相，然在自己，也须具有慧眼。先辨得他果是仙真，果是侠客，然后不被人欺，而仙侠为我使用。有如宋朝文彦博，征讨贝州妖人王则。一日，升帐独坐。忽被妖人飞一大石磨，从空打来。刚到头上，却得一人飞空抱出，把那交椅打得粉碎。彦博吓了一跳，起来拜谢其人，竟不认得。求其姓氏，那人并不答话，但写"多目神"三字而去。彦博才省起，幼时读书静室，夜半曾有一鬼乞食，形容甚怪，自言是上界多目尊神，因犯九天玄女法旨，罚他下方受苦。彦博遂饱赐酒食，又为他向玄女庙中，主诚求恩，果然即得超升。所以今日特来相救，以报前恩。这所谓神灵保护的了。

还有侠客一桩故事。明朝苏州有一钱生，名唤九畹。为人怀才抱行，磊落不羁。一日偶在虎丘梅花楼饮酒，见一壮士欠了酒钱，为酒保挫辱。钱生看他不是凡流，竟与他清偿所欠，并邀同饮，那人欣然就座。谈论中间，钱生细叩行藏。那人道："俺隐姓埋名已久，江湖上相识，但呼俺为申屠丈。因在此期一道友梅山老人，偶来闲步，不料忘带酒钱，致遭酒保无状。这也是小人，不必计较了。只是有累足下应还，何以克当。"两人自此结纳了一番，后三年，钱生携资宦归，途遇响马，正在危急之际，忽见一人从松梢而下，手持尺刃，杀散强寇，亲解生缚。仔细一看，其人非别，原来就是申屠丈。钱生向前拜谢,申屠丈笑道:"梅花楼一夕酒资,自当偿答,何用谢为。"遂跨步而去。这是旧话,不必细说。

近有一人,也亏了仙真暗佑,侠客扶持,后来得遂功名,脱离祸纲。说来到也稀罕,因做就一本话头,唤作《赛花铃》。看官们不嫌烦琐,待在下一一备述。

那人是明朝直隶苏州府太仓州红家庄人氏,姓红,名芳,表唤子芬。父为礼部侍郎,去世已久。娶妻王氏,琴瑟调和,年俱三十以外。单生一子,唤名文琬。生得仪容秀雅,资性聪明,年方八岁,便能吟咏。芳与王氏,十分爱惜,不啻掌上之珠。每日亲教攻书,不容少辍。你道红芳是个宦家公子,为何不延请西席,却自己教诲?原来先礼部是个清正之官,家道不甚丰裕,又因文琬年纪幼小,所以不请先生,只得权自教他几载。正所谓:

二义并尊师即父,一经堪授子为徒。

却说红芳,家虽清俭,其所居宅第,层楼曲室,仍是阀阅门楣。靠后建着园亭一座,内造书室三间,收拾精雅,即文琬在内读书。室之左首,靠着太湖石畔,有牡丹花二本。其一,枝叶扶疏,根株甚大,乃侍郎公所种。其一乃红芳亲手栽培,未满十载。此外又有桃柳梅竹之属,独墙角边有绝大的槿树一株,葱茏高茂,将及百年之物。只是园虽幽雅,往往有妖物作祟。喜得红文琬年纪虽轻,胆力颇壮,所以同着书童紫筠,在内肄业。祖上相传,又有宝剑一口,名曰五道水。光芒焕发,真不亚于干将莫邪。

一日午余读倦,红芳将剑细细的玩弄多时。红生在旁从容问道:"敢问父亲爱玩此剑,不知有甚好处?"红芳答道:"凡做男儿的,上则安邦定国,下则斩怪除妖,非此利器莫能也。"红生道:"据着父亲这般说起来,在孩儿辈,只宜学剑足矣,何以咬文嚼字,又做那清苦生涯。"红芳莞然笑道:"吾儿点点年纪,谁料敏悟至此。只是但知其一,未知其二。当那用兵时节,非武无以戡乱。若在太平之世,所以致君泽民,岂能舍此三寸毛锥。吾愿儿为文臣,不愿儿为武将也。"自此,红生将那宝剑挂在床头,不时把玩。

光阴荏苒,那一年倏又长成一十五岁。一日早起,忽闻外边传进:"方相公来了。"红芳急忙放下书卷,向前迎接。原来这姓方的,名唤永之,是方正学之后,乃一饱学秀才,就在三十里之外,白秀村居住,与红芳是嫡表兄弟,故来探望。红芳迎进客座,问过起居,遂置酒饭款待,着文琬出来,亦相见礼毕,方公欣然笑道:"与贤侄别来未几,一发长成可喜。适才遥闻诵声朗朗,所读何书?"红芳道:"经与古文,俱已读完,近来胡乱读些小题。只怪他性耽音律,闲时每每吟哦不辍。弟以诗乃不急之务,若专心致志,必致有妨正业。怎奈再三规训不从。"方公道:"作诗是文人分内事,何谓不急。侄既有此妙才,做表叔的就要面求一首。"因指庭前菊秧为题,文琬不假思索,应声占道:

芍药花开春暮时,东篱消息尚迟迟。

寄言墨客休相笑,一日秋风香满枝。

方公听毕,拍案称赏道:"细聆佳咏,异日前程远大,不卜可知。虽云未臻大雅,然由此再一琢磨,足与李杜平分一席。"红芳道:"不过随口乱言,仁兄何乃过为奖誉。近闻畹芳与仲馨二位贤侄,闭户苦读,想必进益颇多。"方公摇手叹息道:"只一部经书,尚未读完,那有进益的日子。"原来方永之有侄,名兰,表字畹芳;子名蕙,表唤仲馨。俱与红生年纪相仿。当下方公又问道:"不知今岁西席何人?"红芳道:"弟因窘乏,不及延师。即欲附学,又无善地,只得自己权为设账。"方公道:"有了这般资颖,后日必成伟器。虽则自训真切,然闻古人易子而教,还不如延师为妙。我闻曹士彬为人忠厚,所学淹贯,现在敝友何家设账,不若来岁吾与老弟,共请在家,上半载在弟处坐起,下半年在敝居终局。又闻沈行人之侄西苓,也要出来附学,约他同坐,岂不是好。"红芳道:"如此极妙。在弟虽窘,亦不吝此几两束修。只是顽儿自幼娇养,恐怕难以出外。"方公道:"我与贤郎,虽云中表,实系叔侄至亲,何妨就业。兄弱息素云,久欲与弟结秦晋之雅,今不若就此订定。则以侄兼婿,骨肉一家,那时便可以放心得了。"红芳大喜道:"若得如此,何幸如之。但愧家贫,无以为聘耳。"方公厉声道:"吾辈以亲情道谊为重,一言即定,安用聘为。"红芳即时进去,与王氏商议,取出祖上遗下的紫玉钗二股,放在桌上道:"今日就是吉日,权将此钗为求允之仪。"方公慨然收领。

当晚无话,至次日饭后,同去约了沈西苓。又到曹士彬处,定了来岁之约。光阴迅速,不觉又是新正天气。红家备了船只,一边去接先生,一边去接沈西苓及方兰、方蕙。到馆之夕,未免置酒相款,各自收拾书房安歇,不消细叙。

却说沈西苓,讳叫彼美,乃沈行人之侄。家居吴县,年方十八,学问充足,进学已二载了。只为曹士彬时髦望重,又兼方红二公相拉,所以出来附学,与众窗友俱不相投,独与红文琬十分莫逆。自此倏忽二载,文琬一来自己天性聪明,二来曹士彬教训之力,三来沈西苓切磋之功,所以学业大进。诗文韬略,无不博览精通。当下取一表号,唤作玉仙。只因两赴道试,不能入泮,居常愁眉蹙额,怏怏不悦。亏得曹士彬与沈西苓,曲为解慰。于时,中秋节近,士彬与众生俱各归去。玉仙闭门自课。

忽一夜,读至二更时候,不觉身子困倦,遂下庭院闲步。徘徊之际,忽然月色朦胧,阴风惨刮。遥闻半空里喧嚷之声不绝,侧耳静听,却是西北角上,哄声汹涌,恰像兵马格斗的一般。玉仙惊叹道:"不知又是什么妖物作怪了。"连把紫筠呼唤,已是熟睡不醒。便向床边取了宝剑,往太湖石畔,潜身细看。只听得哄声渐近,一阵狂风过处,见一老姬,手执双刀,向南疾走。那老姬怎生模样?但见:

骨骼轻盈,梳妆淡雅。论年庚,虽居迟暮;觑丰态,未损铅华。疾行如电,执利刃而飞趋。杀气横眉,似衔枚而赴敌。若云仙子殊姑射,道是妖姬似永儿。

那老姬过后,随有一将,獠牙红脸,貌极狰狞。手执巨斧,急急的向南赶去。红生偷眼一看,吓得遍身寒抖。原来那将生得:

躯干天乔,威风凛凛。鬓须苍赤,状貌森森。执开山之巨钺,力堪破石;具丈六之修躯,顶欲摩天。似此狰狞恶相,疑为木客。若令浑身披挂,即是神荼。

只见红脸将向前驱赶,那老姬回身,抖擞精力,杀了数合。正在酣战之际,斜刺里又忽地闪出一个美貌女子来。那女子生得如何?有诗为证:

国色最盈盈,温柔似太真。

含娇依淡月,弄影惜残春。

杨柳风前断,荼蘼架畔亲。

慈恩今已谢,惆怅洛阳尘。

那女子柳眉直竖,星眼含嗔,舞着双剑,与红脸将接住。一来一往,三个混战了一会。那老姬气力不加,刀法渐乱,被那红脸将一斧砍倒。女子急欲救时,又被红脸将轮斧劈来,遂绕着太湖石畔而走。其时,玉仙看得长久,心甚不忿。暗想:何物妖怪,辄敢如此跳梁。我闻宝剑可以驱邪何不将来一用。便大着胆,等那红脸将将次赶近女子,提起宝剑,用力砍去。只闻空中铮然一响,连剑与女子都不见了。时已二更天气,要去寻剑,却又骤雨如注,只得进门安寝。

次日清晨,急往园中,遍处寻觅,绝无踪迹。唯见老牡丹根株断落,跌倒在地。那新种的小牡丹,全然不动。又寻至墙角边,只见宝剑砍在槿树之上,剑口血迹淋漓。玉仙不胜骇异。即时拔出剑来,把那槿树一顿砍倒。忽然一阵香风过处,夜来那个美貌女子,罗袖飘飘,玉环哕哕,向前深深万福道:"妾乃花神也,自居此园,历有年所。

近来祸被槿精,渔色欺凌。因妾贞洁自守,以致昨夜老母与彼相角被戕。若非君子解救,妾亦为之命毙矣。重蒙厚德,特此致谢。"玉仙又惊又喜,向前揖道:"仙卿洪福,自应免祸。槿精作祟,理合去除。若在小生,何力之有。但今日之会,信非偶然。不识仙卿,亦肯效巫山之雨,令小生得以片时亲近否?"花神低首含羞,徐徐应道:"感君大谊,岂敢固却。如欲荐枕,愿俟夜来。"玉仙笑而许之。

及至夜深时候,果见花神冉冉而降。于是披芙蓉之帐,解雾之衣。玉股既舒,灵犀渐合。既而翻残桃浪,倾泻琼珠。而红生已为之欣然怡快矣。有顷,花神整妆而起,向着玉仙,从容说道:"妾虽爱君,奈因天曹法重,自后不获再图一会。然君佳遇颇多,姻缘有在。日后有一大难时,妾当竭力图报,唯郎保重保重。"说罢,回首盼生,殊有恋恋之意。而窗外香风骤起,遂凌风而去。玉仙似梦非梦,痴痴地沉吟了一会,始知红脸将是槿树精,老妪与美貌女子即是牡丹花神也。又连声叹息道:"非此宝剑,则花神何由免厄,而精祟何以得除。今既斩灭,谅无事矣。"

到了次早,会值曹士彬与沈西苓俱已到馆,遂将此事搁起不题。要知后来如何?下回便见。

第二回　劫村落潢池弄兵

当下曹士彬到馆，随后方兰、方蕙与沈西苓，一齐同至，各自攻书无话。

你道，下半载应在方家供膳，为何仍到红家？只因方公患病，故将酒米蔬肴送到红生家里，托暂支持，俟病愈之日，即同过去。不料那一年，流寇猖獗，湖广、江西等处地方，俱被残破，一连夺踞二十余城。亏得张总制兴湖广总兵莫有功，督兵征剿，稍稍败退。然风闻开去，各处草寇，聚众相应。遂有一员贼将，啸聚泖湖，手下约有三千贼众，官兵莫敢剿捕。其人姓唐名云，系山东响马出身。生得虎头猿臂，黑脸长髯。会使一把大刀，更精骑射，百发百中，所以众贼推拥为首，自号黑虎天王。当下扎寨，连接数里。凡苏松等处，市镇村落，无不被其剽掠。早惊动了上司官长，邀请提督昝元文进剿。

那昝元文，以武进士历有战功，升至右府同知，赐一品服，奉敕镇守吴淞。一日升帐，只见众将官纷纷禀报，泖寇唐云，十分猖獗。正在议论间，又值抚院檄文已到，随带副总镇王彪，立时起兵征进。那王彪能使六十三斤一条大鞭，有万夫不当之勇，最为昝元文心腹健将。当下领了三千铁甲军，星夜杀奔前来。地方少不得派出粮饷，犒赏军士。延挨数日，打下战书过去。那黑虎天王，闻了这个消息，登时唤过手下四员大将商议。一名三眼夜叉黄俊，一名独脚虎史文，一名小金刚鲁仲，一名撩天手陈达，俱有千斤气力。黑虎天王把上项事说了一遍，史文便道：“吾主不必忧虑，官兵若到，只需如此如此，管教他片甲不回。”众人齐道：“史大哥说得有理。”计议已定，即批发战书，约定明午出战。其夜，忽值本处乡绅，公宴请着昝元文饮酒，全无整备。及闻战期即在明日，大家仓皇失措，各自整理船只器械。挨到明晨，湖上并没动静，但有几只小船，对面时常来往。昝元文不以为意，遂促王彪为前部，招集众将，一直杀过山去。将近山前，只见芦花滩里，泊下许多船只。昝元文见了，连叫众将放炮。那贼船上听得炮声响处，并没一个迎敌，拥着两员头目，东西逃窜去了。王彪乘势杀上岸来，斩开了寨栅，并不见有甚兵马，只有粮草金银，堆积如山。众兵看见，尽去抢掳。捡着好的呈献主帅，其余各自分头抢散。正在扰攘之际，忽然见山后火起，四下喊声齐举。须臾狂风骤作，走石飞沙，早有四员贼将从旁杀出，把昝元文大兵，截为数处。那官兵身边揣着金帛，谁肯恋战。独有王彪自恃骁勇，便抡动钢鞭，向史文就打。史文往后一退，反把王彪围住垓心。此时王彪，独战五将，并无惧色。杀到申牌时分，手下仅存二十余人，只得下了一只小船，向南而走。又被鲁仲一箭射中水手，那船便支撑不定。陈达飞棹赶上，用力一枪，搠着了王彪左腿，翻身落水。众兵不敢捞救，竟死于泖湖之内。正是：

瓦罐不离井上破，将军难免阵中亡。

却说昝元文，见王彪围困垓心，正欲奋勇援救，又遇黄俊伏兵，拦住去路，杀得七损八伤，大折一阵。归点残兵，刚剩得六百余人，又没了王彪一员勇将。昝元文又羞又恨，欲待再战，缺少兵马，欲归吴淞，又恐部抚归咎，便将百姓大骂道："今日之败，都因地方不行救护。这些奸民，决与湖寇通情。且不要管他黑白，一个个砍了他的性命，才雪我恨。"即时传下号令，将近泖一路地方，尽行剿灭。可怜老幼男女，霎时间杀伤了五六百人，俱充做贼人首级，到部抚报功。惊得远近百姓，也有丧身锋镝的，也有逃窜远去的。儿啼女哭，一时星散。

却说黑虎天王，胜这一阵，皆由史文妖术。及见官兵败去，越无忌惮，率着众贼，四处打粮。看看掳到红家庄来，红芳听得风声不好，后知方公病体已愈，急忙打发儿子与曹士彬等，前往方家读书。又将细软什物，收拾停当，雇了船只，着王氏竟到长兴处家避乱，自己住在家里，探听消息。正是：

宁为太平犬，莫作离乱人。

红生到了方家，举家相见，礼毕。此时素云，年已及笄，生得眉横柳叶，脸衬桃花，真有倾国倾城之色。又兼方老安人，亲教诗词，颇谙吟咏。当下在房，一见红生，急向后屏躲避。红生虽不及细看，然亦窥见美艳非常，不觉暗暗欢喜。

看官，你道红生往来读书，已经数载，为何素云尚未识面？只因这头姻事，方公力欲许生，老安人却谦他家事单薄，意犹未决。况闺禁甚严，红生虽系娇客，非奉呼唤，不敢擅入中堂。即或暂时进去，自有婢妇先行禀报，然后进见。所以红生虽欲偷觑，其如闺阁深藏，难图半面。不料那一日，偶然撞见，顿觉芳情牵惹，一时按捺不下。闲话休提。

　　且说玉仙见了方公，备述流寇焚劫，甚是披猖，所以先期避难。方公与老安人道："既然如此，可宽心在此读书，待平静之后，归去未迟。"红生又细细的慰问了一会，自到白云轩卧内，打扫收拾，日与士彬、西苓讲诵不辍。正是：

　　　　闭户不闻戎马事，垂帘唯读圣贤书。

　　且说素云小姐，年当二八，正在动情时候。自那一日，窥见玉仙，风流俊雅，不觉春思顿萦，终日不情不绪，针线全抛。一日午睡起来，连呼侍婢凌霄，杳不见至。忽见几上有花笺一幅，遂研墨濡毫，以屏间画鹊为题，吟诗一绝道：

　　　　谁向生绡写得微，寒梅终日向相依。

　　　　佳人睡起朦胧眼，错认盘旋欲去飞。

　　原来素云房内有婢女三个。一唤紫菊，一唤春兰，另一即凌霄也。虽均有姿色，唯凌霄尤觉娉婷独立。至如素云宠爱，亦唯凌霄最为得意。当日因往后园，攀折桂花，所以不在房内侍候。素云题诗已毕，犹搦管沉吟。忽值方公走进，一眼看见，便问道："我儿所作何诗？可取来我看。"素云连忙双手奉上。方公看毕，欣然笑道："我儿有此诗才，谢家道韫，不足数矣。只是咏物之作，须要不即不离，有玲珑活变之致，方见匠头。吾儿此诗，骨骼虽全，风韵犹乏，更宜精细为妙。"素云道："孩儿睡起无聊，偶尔成咏，谁料为爹爹所见。幸蒙教诲，望乞和韵一章，使孩儿学为规则。"方公一头笑，一头取笔，向笺后写道：

　　　　怪杀良工心思微，双双灵羽镇相依。

　　　　自从七夕填河后，长绕南枝不肯飞。

　　方公题毕，把与素云看了一遍，便将来放在袖中，竟自踱出外边去了。素云唤着凌霄问道："适才我再四唤你，只是不见，你在何处去了这半晌？"凌霄道："说也好笑，适因小姐熟睡不醒，悄悄地走入园中，折取桂花。谁料红郎望见，笑嘻嘻地走近身边，深深揖道：'敢问姐姐，可是凌霄否？闻得小姐，最会作诗，奈小生孤馆无聊，不获觌面请教，望乞转达妆右，幸将珠玉见赐，以慰饥渴之望。'凌霄便抢白道：'君乃东床娇客，祖腹有期，何得倩着婢侍传言，有失尊重。万一为沈生并吾家小主窃见，岂无瓜李之疑。况幸遇妾身，若是一个不晓事的，张扬出来，不唯郎君行止有乖，连累小姐面上，也不好意思。'为此，正欲告禀。小姐，你道红郎好笑也不好笑。"素云听说，俯首不语。

既而低声说道："你今后没有要紧，不可再到园中。从来文人轻薄，你若遇见，只宜回避，不可与他调戏，亦不要将他抢白。我方才睡起，唤你不应，做下画鹊一诗，忽被爹爹撞见，把来袖了出去。你可走到外厢，看是如何，便来回复我。"凌霄连声应诺，遂急急的悄然步至书房门首。

那一日，适值曹士彬不在馆内，只见方公向着袖中摸出花笺，递与红、沈二生道："我因二位老侄诗才甚妙，今以画鹊为题，做下拙作二首，幸勿见笑。祈依韵和之。"又对方兰、方蕙道："你两个也做一首，倘有不明之处，可向沈大兄请政。"二生看毕，连声称赞道："细观两什，字字珠玑，一空凡响。自是天上神仙，非复人间粉黛。侄辈袜线菲长，岂敢班门弄斧。"方公道："二位老侄，不必太谦。幸即次和，以成一时之兴。"言讫，便自踱了出来。

看官，你道方公时何将此二诗，俱称自己所作，要着二生和韵？只因方公素慕红生之才，又闻沈西岑亦名誉藉甚，故借此一题，要他两下和来，以观高下。又因素云，当时亲口许了红生，不料老安人几番埋怨，意犹未决。为此进退两难，正欲红生显出手段。倘若和得高妙，果有出人意见，一来与自己增光，二来学着古人，雀屏中选之兆，三来使老安人晓得，红生学问富足，日后必然显达，不致反悔姻盟。所以瞒了女儿，竟自拿出外厢索和。

当下红、沈二生领了方公之命，与方兰、方蕙，各自就席。须臾，红、沈二生先完，随后方兰、方蕙次第成咏。要知和得高下如何？且听下回解说。

第三回　慧娇姚衡文称藻鉴

诗曰：

一曲阳春竞唱酬，高才难息谤悠悠。

早知世道多奸险，扪舌何如得自由。

当下红玉仙、沈西苓将鹊诗依韵和就，随后方兰、方蕙亦各完篇，共录在一方桐叶笺上，以待方公评阅。等了一会，只见方公欣然踱进房来，红、沈二生便将诗稿双手递过。方公接来看道：

其一：

画史深夸挥洒微，翠屏喜鸟似依依。

双睛更遇仙人点，奋翅天涯自远飞。

其二：

三匝空怜月色微，南林今幸一枝依。

故园欲去愁无主，故傍山梅不忍飞。

其三：

笔尖巧夺化工微，双鹊浑然永自依。

何事儿童痴蠢甚，几番驱逐不曾飞。

其四：

灵画年深墨迹微，一双灵鹊向花依。

旧巢今被谁人占，独自迟回不肯飞。

方公看罢，连连赞赏道："细观笺首二章，必系二位老侄所咏。工力悉敌，寓意各深，真是锦心绣口，使我不胜欣快。只愧儿侄辈，东涂西抹，较之绣虎才情，万不及一，真豚犬耳。"二生再三谦谢道："下里巴吟，谬承见赏，殊非侄辈所以请政之意。"方公又将方兰、方蕙的诗，细细的评驳了一番，遂将诗笺袖着，回进内房，把与素云看道："我以儿诗，并我所作，以示红、沈二生，并汝兄汝弟，着各次韵成章。汝且试为评阅，四人高下若何？"素云一连哦了数遍，便说道："首章，规模宏大，有高飞远举之志。次作清新秀雅，不愧大方，然一似有思归之忧者。至第三首，虽非前比，犹有可观。若末篇，潦草不工，卑卑乎不足观也。据着孩儿管见如此，未知爹爹严命以为确否？"方公道："我儿评品，语语切当。依我看来，第一作想是沈西苓，第二篇口气想是玉仙侄，第三想是蕙郎，若第四定是兰郎这蠢材了。"遂命素云，用上批语。及至一一相询，果如所言。二生看了，亦各叹服。独有方兰批坏，深憾姊氏较评之刻。又见众人暗地笑他，闷闷不悦。话休繁絮。

当日正在看诗，忽见书童报进："红相公来到。"玉仙随着方公，急忙迎进。见毕，坐定，备问家中消耗。红芳叹息道："不要说起，自你出来，不上半月，即遭那伙贼寇，到村焚劫，把屋宇家私，都化作灰烬了。你难道还不相闻吗？更有一件奇怪，周围俱各烧尽，独有牡丹亭还留在那边。闻说时常鬼现，贼兵倒也不敢擅进。"说罢，父子俱各感伤不已。方公与曹士彬从旁劝慰乃止。当晚少不得置酒款待，不消细叙。到了次日午后，红芳作别，自往长兴外家去了。

且说玉仙，自闻此信，终日眉头不展，面带忧容。却得方公几番劝慰道："吾侄家业虽废，犹幸骨肉无恙，何必过为无益之忧。目下闻得宗师将到，且自安心读书，以图克捷。"玉仙听说，只得强自排遣。一夕，与沈西苓趁着月色澄清，坐于竹荫石畔，闲话移时。玉仙微微叹息道："小弟时运不济，命途多舛，年将弱冠，功名既未到手，怎奈家下又遭焚劫。遑遑如丧家之狗，为之奈何。"西苓道："仁兄学业已成，又在具庆之下。今虽偃寒，后当显达。若在小弟，幼年失怙，书剑飘零，虽获幸拾青衿，而负郭无田，齐眉无妇。窃恐将来，不知更作何状也。"玉仙道："我两人虽则异姓，实胜同枝。他日乘车戴笠，永以为好，无相忘此日之情。"正说话时，忽闻后楼，呜呜的笛声吹响。玉仙慨然道："弟欲即事为题，共联一律，以舒郁勃，不知兄意若何？"沈生道："我亦正有此兴。兄如首倡，敢不效颦。"玉仙遂朗吟道：

> 幸同知己滞孤踪。（玉仙）　曲径无人云自封。（西苓）
>
> 梅影横斜侵石砌，（玉仙）　笛声断续到帘栊。（西苓）
>
> 柳眠不定因风扰，（玉仙）　花睡含羞带月浓。（西苓）

坐久却怜清露下，（西苓） 梦魂空忆楚云峰。（玉仙）

玉仙吟罢，兴犹未已。复作《蝶恋花》词以寄感。词曰：

夜静谁怜箫馆独？笛弄琼楼，空忆人如玉。孤鹤梦寒声转促，梅花落尽青山绿。破入清商成断续，袅袅余音，赠我愁千斛。曲罢不知银漏速，多情想倚阑干曲。

吟毕，抚掌大笑，即时进房，将词录出。写罢，重复吟哦了数遍，然后解衣就寝，一夜无话。到了次日，又值文会之期，曹士彬吃过早膳，同着红、沈二方，自去课文不题。

且说素云，自从凌霄传着玉仙的说话，又见生诗才俊逸，不觉春心顿动，往往托着凌霄，觇生动静。其日倚着雕栏，正在凝眸独立，忽见凌霄手持一张笺纸，笑吟吟地走至。素云问其所以，凌霄道："今日红家郎君与曹先生俱以会文出外，书房不锁，被我闯进去闲耍一回。只见砚匣底下压着这张花纸，甚是可爱。又见有几行墨迹在上，小姐平素是极好写字的，故拿来比一比，看谁的好。"素云接来一看，却是一首《蝶恋花》词，句既清新，字又端楷，赏玩数四，方知红生是为夜来闻他吹笛而作。便将来折为方胜，藏在镜箱之内。当晚玉仙、西苓与方兰、方蕙回来，各将文字清出，呈与曹士彬批阅。曹士彬先将沈西苓二艺看了一遍，密密圈点道："荆玉无瑕，秋兰挺秀。至其蹊径独辟，有白云在山，芙蓉露之故。"次将红玉仙的卷子看道："析理入玄，譬如悟僧说偈，语语真机，并无一点障碍。刿又高华秀茂，不做秦汉以下文字，试必冠军，允堪独步。"随后把方蕙的二艺，略略批点道："开讲宏阔，居然大家笔力。中二比，曲折匠心，题旨毕出。独后半篇，稍嫌卑弱耳。"再将方兰的卷子看了一遍，用笔一勾道："说理则牵引支离，对股则叠床架屋。终为顽石，何以琢磨。"不料那一日，方兰偶然不在馆内，沈西苓看见批坏，接过来与红玉仙从头看吧，忍笑不住。既而方兰进来，问道："吾等文卷，先生曾已阅过否？"西苓戏道："弟辈拙稿，俱被勘驳。唯吾兄的，先生最为奖赏。"方兰道："哪有此话，仁兄莫非取笑。"玉仙便取出来，展开一看。只见，自破承题以至结尾，涂抹之处，不计其数。方兰看见如此批坏，登时脸色涨红，夺去藏匿。沈生又谑道："兄的文字，掷地当作金声，惜乎先生一时错误，沉没佳章，殊可扼腕。"玉仙亦笑道："吾弟佳作，清奇典硕，在他人再没有做得出的，可惜先生不识奇物耳。"方兰自觉无颜，正在愤懑之际，又被沈、红二生当面讥笑，不觉发怒道："小弟虽则一字不通，你两个却也忒煞轻薄。昨日偶因身子不快，所以做得平淡，难道我两篇头也完不来的吗？"沈生道："完得来完不来，总与别人无干。弟辈偶尔取笑，吾兄何太认真。"玉仙道:"也不要怪着吾弟,高才见屈,自应愤怒不平。"当下二人,你一句,我一句,半真半谑,气得方兰不能开口。再要争竞几句,又值曹士彬走到,只得气愤愤的踱了出来,坐在椅上,暗暗地想了一会,愈觉恼恨道:"前日的鹊诗,既被那素云满口乱嚼,今日又遭小红当面讥讪,他夫妇如此情毒,我须寻一计较摆布他,才消此恨。"又想道:"那斯六礼未行,有何把柄,做得我家姊丈。须要寻计,拆散他这头姻事方好。"正在自言自语,适值方蕙走来看见,便问道:"吾弟为何不去读书,却怒悻悻地坐在这个所在?"方兰道:"我的文章不好,被看先生批坏,与那沈红两个有何干涉,只管刺刺的恶言取笑,不怕人的面痛。就是西苓,不过暂时相处,也还气得他过。若那小红,与我乃是郎舅至戚,反帮着外人,把我讥消,岂不可恨。"方蕙劝道:"只要自家争气,做得没有破绽就罢了,何消着恼。"方兰又怕叔婶得知,必要见怪,只得忍气吞声。自后与沈、红二生,面和心不和,暗暗怀恨,不消细说。

那一年,正值科考,宗师发下牌来,先着县尊考录童生。等得试后出案,玉仙高取第三,方蕙亦以第十名复试,唯方兰取在一千零七名。既而府试已过,宗师坐在江阴吊考。先录过了各县秀才,然后挂牌考试童生。玉仙府案,仍列第三,只与方蕙两个讲道。四书两篇,经与论各一篇,真做得锦绣相似,欣欣然俱觉得意出场。及至宗所发案,玉仙取在第七名,拨入府学。到了送进学那一日,鼓乐喧天,一路迎接回来。拜见方公夫妇,方公大喜道:"得婿如此,我无憾矣。更愿及早着鞭,毋负我望。"方老安人默然不语。方兰在旁,微微冷笑。只有方蕙,为着功名蹭蹬,又见红生进学之后十分得意,自此日夕忧苦,染成弱症,沈西苓亦以考在三等,没有科举,怏怏不乐。当下红生满怀欢喜,写了一封书信,着紫筠持到长兴,报知红老夫妇。过了数日,只见红芳即着紫筠赍书回报,红生拆开一看,其略云:

四郊多垒,三匝无枝。每切破家之忧,却获入泮之喜。所以继祖业而高大门闾者,非汝而谁。更宜努力,再图秋闱奏捷。至嘱至嘱。

红生又得了平安家信,愈觉欢喜。遂赋五言一首以自遣道:

家破何须恨,业成志岂违。

愿将寸草意,聊以报春晖。

自后,方公相待之情,愈加丰厚。生亦埋头苦读,以图远举。只是孤馆凄凉,每当风晨月夕,未免因春惹恨,睹花增感。每每想着素云,十分美貌,虽订姻盟,怎奈媒妁未通,六礼未备,尚未知久后姻亲果是如何。又想起父子各天,虽则外家至戚亦无久居之理。以此寝食俱忘,时时浩叹。

　　忽一日,检理诗稿,不见了曩夜闻笛的那一首《蝶恋花》词,忙向紫筠诘问道:"我这里并没有外人进来,为何不见了花笺一幅?"紫筠只是推着不知。既而红生又细细地翻捡了一会,再三盘诘,紫筠忽然醒起。要知果是何人拾去? 下回便见。

第四回　俏丫鬟带月闯书斋

红生不见了《蝶恋花》词那幅笺纸，再四诘问紫筠，紫筠忽然醒起道："那一日，只有凌霄姐在此闲耍半晌，除非是他拿去。"红生道："他又不识个字儿，拿去何用。"正在猜疑不定，恰值凌霄持着午膳走至。红生满面堆着笑容，扯住问道："前日砚匣底下，有一张笺纸，上面写着几行字儿的，被着姐姐拿去，望乞捡还。"凌霄道："这也好笑，我要这笺儿何用，为何向我取索。想是那一日，我家小姐在此闲玩，或者是他拿去了。"红生道："既是小姐拿去，烦乞姐姐讨来还我。"凌霄也不回言，竟至绣房，向着素云，道其所以。素云见说，急忙取出花笺，递与凌霄道："我要这笺儿何用，你可拿去掷还了他，切莫与外人知道。"凌霄应了一声，遂又趋出书斋，带笑说道："小姐说要他无用，着我送还了你。"红生慌忙展开一看，却不是前日的笺纸，又别是新诗一绝。其诗道：

懒抚焦桐懒赋诗，满怀幽思倩谁知。

鸟啼花落春将去，总是香闺肠断时。

红生看毕，暗暗惊喜道：原来小姐才情如许，深愧小生薄福，何以消受。只是室迩入遐，使我一片相思，顿添几倍，小姐小姐，你但知鸟啼花落，乃是断肠时候。亦曾想着凄凉孤馆，有欲化之魂否。遂于笺后题词一首道：

人在曲房，仙洞惆怅，佳期如梦。青鸟带书来，空把相思传送。珍重珍重。盼煞隔墙花动。

——右调《如梦令》

红生写毕，也瞒着凌霄道："这幅笺儿不是我的，想是小姐错把拿来。不敢相留，烦乞姐姐带去，纳还妆次。"凌霄不知头脑，便即取词而去。

次日，红生正在回廊之下，徘徊独步。忽见凌霄走至，红生含笑问道："姐姐此来，想必小姐更有话说。"凌霄道："如今将原笺还你了。"红生接过一看，却又是一首新

　　庭院深沉人悄悄，几阵狂风，断送花容老。梦破翻嫌莺语巧，云埋咫尺书窗杳。

　　未卜佳期何日好，秦晋空联，反觉添烦恼。昨夜月明愁更绕，笛声吹破关山晓。

——右调《蝶恋花》

　　红生展玩数次，不觉叹息道："谁想小姐如此厚情，一片幽思，已展于尺幅之内。却教我旦暮间何以排遣。因想此事，必须求着凌霄，或者得与小姐，相见一面。"遂将素云瞒着他，暗寄情词之意，备述一遍。凌霄亦叹息道："原来小姐恁般多心，连我也瞒着了。只怕非我也成就不得好事。"此时，适值紫筠不在，红生四顾无人，不觉情兴勃勃，便将凌霄一把搂住。凌霄满面涨红，用力死挣道："快些放手，我若声张起来，只怕羞破了你的脸皮。"那红生毕竟胆怯，唯恐叫喊，将手放松。凌霄乘势挣脱，便一溜烟走进去了。红生刚欲掩门，恰遇西苓走至，即邀进坐下。红生道："细观仁兄，若有不豫之色，何也？"西苓叹息，答道："我与兄聚首数年，今一旦远别，能无怅怅。"红生道："有何事故，便欲归去？"西苓道："昨闻宗师回省，弟以正考见遗，要先往省城告考。倘获侥幸，则与仁兄同赴科场。若仍不取，有一敝友在京，就到北监营谋了。只在明旦一别，后会难卜，是以不免快快耳。"其夜，二人唧唧哝哝的直话至二鼓就寝。到得鸡鸣时候，西苓即便起来，收拾行李，向着方公与曹士彬，辞别而去。红生独送至十里之外，口占一词为别。其词曰：

　　乱烟霏远树，鸡唱天初曙。一湾流水孤舟去，断肠唯此处，断肠唯此处。　　长杨已赋，休叹功名暮。□□日青云路，却因远别增离绪。赠君拈俚句，赠君拈俚句。

——右调《东坡引》

　　吟毕，犹依徊不舍。西苓握手辞谢道："蒙兄远送，足领厚情。此处已是十里长亭，就此别了吧！"红生坚执再送一程，只得快快分袂，回到书斋。收拾琴箱，也要别了方公，暂归长兴省亲，以便到京乡试。遂即整衣，同着方蕙，进至后房。时因方公卧病在榻，方老安人与素云俱坐在床之左侧。素云见生，即欲回避。方公止之道："红家官人，乃是至亲骨肉，哪里避得许多。无论订姻，即是表亲，原该兄妹称呼的。只今以兄妹之礼见吧。"礼毕，即命坐于床之右首。红生问道："老伯尊体无恙？为何日高尚未起来梳洗？"方公道："只因昨夜冒着风寒，不觉旧恙复发。老年风烛，已是没用的了。"红生本欲别公回去，闻说有病，只得耐住不言。少顷茶罢，忽闻桂香扑鼻。红生便问道："此时刚值季夏，为何就有桂花？"方公道："此是你表妹房前的四季桂花，年年不待中秋，预先开的。"便叫蕙郎："快去折一枝来，与红家哥哥，以作今秋折桂之兆。"连唤数声，无人答应。素云便自进内，折了一枝，置于几上。红生取花细玩，不胜欣喜。于时偷眼相窥，更觉情热。只恨人前，不便道及衷曲，怏怏而别。红生回至书房，把那桂花再三细玩，题着绝句三首道：

其一：

如来金粟布秋枝，仙子殷勤赠别时。

可惜清香虽不减，月明□□□想思。

其二：

朝来何意忽相逢，阵阵天香带晓风。

珍重姮娥亲有约，一枝擎出广寒宫。

其三：

丹桂何缘预放时，清香扑鼻最堪思。

深知折赠非无意，月窟期攀第一枝。

题毕，复研墨濡毫，用着楷书，细细的写在一方素笺之上，以待觅便，寄与素云。于是，乃是六月中旬。当夜月明如水，红生勉强饮了数杯，不情不绪，凄凉万状，独自靠在栏杆，举首看月。忽闻隔院红楼，丝竹竞奏，嬉笑之声不绝。愀然长叹道："所谓欢娱嫌夜短，寂寞恨更长。信有之乎。"又向竹荫之下，徘徊了半晌，只得进房就寝。翻来覆去，辗转不寐。将至二更时候，忽闻门上指声弹响。侧耳听时，又微闻咳嗽之声，便即起来，悄悄地启扉一看，只见梧桐径畔，站着一人。上穿淡罗半臂，下著半旧纱裙，发卷乌云，眉横远岫，乃一十六七岁的美丽人也。曾有一诗为证：

二八最盈盈，含愁似有情。

西厢曾伴月，南陌解闻莺。

逐队依兰幌，微歌发艳声。

主家谁姓氏，疑是郑康成。

红生向前一看，原来非别，即是凌霄也。只见笑容可掬，低低说道："你看，月转西廊，夜已深了，为何郎君尚未安寝？"红生亦欣然笑道："不知姐姐在外，有失迎迓，幸勿见罪。敢问如此夜深，忽蒙光降，可是小姐有什么说话否？"凌霄微微摇首道："非也。"红生又笑道:"然则姐姐来意,我已猜着了。莫非为着小生衾寒枕冷,有见怜之意吗?"凌霄道:"亦非也。为因月色溶溶,特来与郎闲话片晌。"红生一头笑,一头伸手搂抱。那凌霄半推半就,凭着红生抱进罗帏。原来只系单裙,遂即解松绣带,一霎时云雨起来。但见:

金莲高耸,粉脸轻偎。皓体呈妍,约纤腰而掀翻红浪;朱唇屡哑,倚绣枕而搅乱云鬟。一面笑喘吁吁,娇声如颤;几度绸缪款款,魂魄俱飞。正所谓鸳鸯本是双栖鸟,荳蔻元开并蒂花。

有顷,皓魄西沉,鸡声欲唱,而两人欢娱已毕。红生又抱住问道:"蒙卿厚爱,生死不忘。但不知有何良计,使我得与小姐相会否?"凌霄道:"老安人防闲甚密,虽有诸葛,无计可施也。"红生听罢,不胜怅怏。于时,方公病已少瘥,为因试期将近,红芳屡次差人催逼起身。只得收拾行李,带了紫筠,作别方老夫妇,前往金陵赴试。

抵省之后,遍处打听沈西苓消息。原来告考不取,已往北都去了。既而三场毕后,竟遭点额,怏怏而归。先往长兴,省候父母,免不得盘垣数日。然后取路来到方家门首。只见门上挂着孝球。及至中堂,又见举家藏孝,生甚惊愕。忙问所以,方老安人出来哭诉道:"自侄儿去后,表伯的病体又复凶剧,以致药石罔效,于五日前已经身故了。昨即差人亲到长兴报讣,想必与侄在路上错过。"红生听罢,不觉哭仆于地。忙唤紫筠,置备祭仪,拜伏灵前,哀恸欲绝。方老安人与素云,亦呜呜地陪他哭了一场。红生自此,心绪不宁。哀毁骨立,兼值沈西苓北去未返,方蕙又因痛父过伤,卧榻不起,每日只与方兰同馆。又是面目可憎,话不投机的。唯于风清月朗之夜,翻出几张旧诗,细细哦咏。方兰看见,早已十分厌恶。又每每撞着红生与凌霄,立在墙边偶语。心下狐疑。

一日着红生出外拜客,方兰将书匣开,捡出那花笺一看,只见都是情词。词尾写着"贱妾素云书赠"六字。看毕,不觉暗暗欢喜道:"我怀恨许久,正无发泄之处。谁想做出这般勾当,只怕你也安身不牢了。"便拿了笺纸,急忙走进内房,递与老安人道:"这纸上写的诗句何如?请婶母细看一看。"老安人接过,从头看了一遍,慌忙问道:"你从何处得来的?"方兰便把始末细陈。因说道:"这样轻薄之子,原不该容他穿房入户。那段姻事,叔叔前日亦不过是空言相订,并不曾行礼纳聘,怎见得就是他的妻子。今若如此胡行,弄出一个话把,岂不坏了方氏门风。就是婶母,还有甚体面。况这厮近来家业荡尽，赤贫如洗，就使妹妹嫁了他去，难道是不要吃着的吗?"方老安人道:"你也说得有理，只是一时不好遣发他。"方兰道:"这个何难，只消如此如此，便可以逐渐撒开了。"

原来方老安人，为因红生家事单薄，原有赖姻之意。当下又值方兰搬弄这场是非，心下十分恼怒，只是不好晓扬。便即步出书斋，向着红生吩咐道:"曹先生既已抱病回家，沈西苓又说北京远去，你在此读书，只怕心性不静。此去上南二十里之外，有一个慈觉寺，倒有许多洁净禅房。那当家老和尚，向与我侄儿相熟，我今日备下盘费，着侄儿送你主仆，且到那边去暂住几时。待先生病痊之日，就来接你。"当晚连连催促起身。素云闻了这个消息，心下骇然，一时间猜不出老安人是何主意，便取出几两零碎银子，着凌霄悄悄地送与红生，以备寓中薪水。红生无奈，只得收拾行李书箱，命紫筠挑了，自己与方兰辞别了老安人，一直来到寺中。借下三间小小的书室，把行李放在右首一间，做了卧房。方兰与长老送至房内，一茶之后，各自辞别去了。红生在寺，听着暮鼓晨钟，转觉凄惶无限，每每想念:"不知为着何事，平白地把我遣了出来。"又因急急起身，不曾与素云会得一面。左思右想，心下十分不快。

忽一日，检点书籍，不见了小姐所赠之笺，方知被那方兰窃去，决在老安人面前搬了是非，所以有此一番风浪。正所谓:

不如意事常八九，可与人言无二三。

第五回　慈觉寺春风别梦

诗曰：

萧寺凄愁夜独吟，天涯何处少知音。

最怜一和箫声后，更把相思寄梵林。

当下红玉仙，自寓在慈觉寺内，倏忽月余。终日凄凄冷冷，那有情怀，把那八股拈弄。每想着方兰窃去诗笺，致遭摈遣，时时浩叹不已。唯托之吟咏，以自消遣。一夕更余时候，红生读罢将睡，推窗一看，只见月朗风清，便把箫儿吹度一曲。既而终曲，忽远远听见隔墙，亦吹得箫声嘹亮。红生听久之，朗吟绝句一首道：

玉漏迟迟夜未央，远帘花影露凝香。

洞箫何处吹明月？不道离人已断肠。

吟罢，听那箫声哀婉，愈觉凄凉。遂步出庭除，向着石栏徙倚者久之。时已夜分，只得进房，和衣而寝。次早起来，梳洗才毕，只见一人，年将三五，唇红齿白，温雅绝伦。把房扉轻轻推启，飘然直入。红生慌忙起身迎进，揖毕坐下。那生细细的先问了红生姓氏，红生随后也询其居址姓名。那生从容答道："小弟姓何名馥，表字猗兰。敝居即在东村，此去不及五里。为因家下不能静坐，所以同一族兄寓此肄业。昨夜忽闻箫声甚妙，弟亦酷嗜此伎，特来请教。"红生道："俚音污耳，反辱仁兄谬奖。但弟曲终之后，闻得墙东亦度妙音，即是兄否？"何馥道："因闻雅奏，辄敢效颦。所愧音调乖讹，必为大方窃笑。唯籍仁兄，有以教之耳。"停了一会，何生又问道："春王未闻吾兄高辙，今已秋杪，何因到此？"红生道："向来原执贽于曹士彬，在舍肄业。适因进场之后，抱恙回家，弟又遭流寇焚劫，所以暂寓此地。"何生道："曩年弟亦从着曹师数载，然则与兄虽非共学，实系同门。"红生笑道："既然如此，小弟与兄乃是契友了。不识令兄在馆否？容当奉拜。"何生道："家兄昨日，偶因有事归去，想数日后方得到馆。"红生道："寓中更有相知否？"何馥道："并无他友。"红生道："只恐禅寮寂寞，难以独坐，何不过来与弟同榻,以待令兄来时移去,何如?"何馥道:"感蒙雅爱,敢不领教。但恐鄙人无似,不足以辱仁兄之知遇耳。"红生抚掌笑道:"虽则乍晤,一见吾兄丰庞秀丽,不减美人。倘获并寓,正所谓蒹葭倚玉。唯虑兄意不允耳,何乃过谦如此。"原来何馥发甫复眉,果然生得秀媚无比。所以红生谈笑间,颇多属意,而微言带谑以探之。何生意亦领略,微微含笑,遂即起身别去。自此往来数四,相得甚欢。红生相思无限,渴欲以桃代李。何馥含情缄意,应酬若出无心。

一日,红生偶然步去相望,何馥置酒款待。二人杯盘交错,甚是亲狎。正酬酢之间,忽然阴云密布,霎时间落下雨来。红生见雨势骤大,私自喜曰:"令夕雨阻,必遂我愿矣。"遂慢慢的且谈且饮将至黄昏时候,红生假意起身作别道:"蒙兄殷殷相劝,弟已不胜酩酊。只是这样大雨,如何过去,可有雨具否?"何馥道:"夜深雨阻,古人曾有剪烛西窗之兴,吾兄何不在此联榻谈心,而急于返去耶?"红生听了这一句话,正中机怀,不觉满心欢喜。便即脱巾卸服,又取巨觥斟满,与何馥一连饮了几觥。遂命书童妙才,点灯收拾。霎时间,倏又雨散云收,依旧一天星月。红生恐被后悔,急忙解衣。正欲上床,只听得外面叩门甚急。唤着妙方启门一看,却是何馥的族兄何半虚,满身透湿的趸将进来。何馥忙与他换了衣服,与红玉仙相见。两下通问已毕,何生道:"大兄何处来?却是这般夜深?"何半虚道:"不要说起,偶被一朋友拉去吃酒,怎奈死留不放,以致夜深,又遇着这样大雨。"红生知不可留,遂即辞别归寓。当夜快快而睡,不消细说。

次日,何半虚与何馥同来拜望,把些闲话,谈了半晌。何半虚向着袖中,摸出几篇稀旧的烂文章求教。红生看过,不觉暗暗捧腹,只得加上圈点,极口移赞。何半虚见了,十分欢喜,便要与生同寓,以便时常请教。红生欣然应允,遂叫书童打扫东首那一间空室,摆下两张书桌,把文房四宝并行李什物,陆续运至。当晚收拾停当,却因屋窄无处安榻,何半虚向红生床上一看道:"吾兄尊榻颇宽,况近日天气寒冷,三人同睡何如?"红生听说,点头依允。当下整顿已定,吃过夜膳。何半虚先自睡着,红生亦解衣上床。独有何馥,徘徊不进。红生催促几次,只得把条春凳,旁着床沿,和衣而睡。红生见了如此光景,心甚不悦。睡到半夜,伸手摸他一摸,那一时恰值初冬天气,夜色甚寒,已是四肢冻得冰冷。遂把自己所盖的红绫锦被,扯出一半,与他盖了。又取枕儿,与他枕着,自却曲肱作枕而睡。何馥醒来,忽见枕被如此停当,明知是红生美意,然佯推不知，并不说破。窥见窗上略有亮光，遂即起身，开门出去。红生只道他即进来，竟不闭门。谁知西风甚急，在那门缝里刮进，吹得毫毛直竖。又因被着何生许多做作，心下十分不快。遂冒了风寒，登时身体发热，饮食不进。何馥见了，也不动问，竟往旧寓安歇去了。

一日清早，何半虚有事出去。红生尚未起身，何馥进来问道："仁兄尊恙，日来稍觉平安否？"红生道："我病日复沉重，大半为着吾兄而起。近来亏得令兄相伴，庶慰寂寥。若论猗兰这般薄情，早已索我在枯鱼之肆了。"何生道："弟蒙兄一见如故，岂敢有负雅爱。奈因家兄在此，所以不便捧足。若或遇其他出，小弟即来奉陪。"红生听说，从床上跃起道："吾兄此言，真耶？假耶？"何生笑道："一言既出，驷马难追。"红生满心欢喜，顿觉病势去了一半。但心犹怏怏，所虑的只恐何半虚归来。谁想到了晚间，不见动静。遂闭上书房，把些闲事话了一会，又取出紫箫，各吹度一曲。时已漏下二鼓，红生携着何馥之手，低声笑道："你看月转西轩，夜已深了。日间捧足之言，兄岂相忘耶？"何馥只管翻看红史，沉吟不语。又停了一会，只见妙才走来问道："大相公不知还来睡否？"何馥逡巡答道："你且闭门睡吧！"红生听见，信以为实，遂急忙忙卸衣就寝。不提防何馥假推登厕，竟已回到旧寓去了。红生一场没趣，咨嗟不已。遂作词一阕以志恨。其词曰：

孤馆人无寐，霜天籁正清。旅怀难禁许多情，凄楚不堪、雁唳两三声。剪剪西风急，娟娟皓月明。相思无奈到残更，悔杀当初两下莫牵萦。

——右调《南乡子》

吟罢，依依若失，只得和衣假寐。到得东方才白，即便起身，将夜来所作《南乡子》一词，写在一方笺上，着紫筠送与何馥。何馥随即过来，红生愀然不悦道："足下言犹在耳，何失信若此。古云'落花有意随流水，流水无情恋落花'询有之乎？"何馥道："落花固为有意，流水未必无情，但恐隔墙春色，被人猜耳。虽然弟固不能忘情于兄，兄亦何消如此着急。只在早暮间，弟决有以报兄也。"言讫，向生别道："弟今日要去望一朋友，至晚就回。"便自踱了出去。红生那一日，愈觉不情不绪，唯拿着一本《艳史》消遣了一回。将至傍晚，悄然步到何馥的寓前一看，只见房门锁闭，妙才亦不在那里。红生看了半晌，心上一计道："今晚要他到我寓所，只在这锁身上。遂寻了一根竹片，把那锁门塞满，竟悄悄而归。等到黄昏，只见何半虚。吃得烂醉，同着何生来了。红生看见，又喜又气。气的是何半虚同来，面目可憎。喜的是何馥锁门不开，必来同睡。那何半虚已是十分酩酊，进得书房，便立脚不住，跨上床去，倒头而睡。何生竟去点火开门，你道这锁门已经塞满，怎生开得。连声唤问妙才，妙才推着不知。枉费了许多气力，只得回身走进房来。红生佯问道："吾兄为何还不去睡？"何生道："书房门锁，平日是极易开的，不料顿然作怪，连那锁匙也透不进了。权借大兄的床上一睡，明早去开吧！"说完，衣也不脱，竟向何半虚的那头睡着了。红生也就上床，只听得半虚鼻息如雷，何馥早已沉沉睡去。便轻轻伸手，将他小衣去下，自却捧足居后。而何生竟若未之觉者。把手去抚摸，只觉浑身细腻，光滑如脂。红生此时，意荡神飞，不能自禁。〔下省41字〕然两不通语，红生犹恐不为指破，后日定要仍前作势。遂百般使之自觉，何生并不作声。将及二鼓，方才事毕，遂并头交股而睡。次早起来，何半虚又有别事，用过早膳，即出门而去。红生与何馥相顾而笑，既而何馥又向着红生笑道："乘人熟睡，私下三关，仁兄应得何罪。"红生亦笑道："冒犯之罪，固知莫赎。但为兄萦逗许久，直至昨夜，始遂此愿。窃恐兄之播弄小弟，其罪亦足以相偿也。"言讫，濡毫展纸，题下绝句一首，以赠何生。其诗曰：

其一：

昨夜寒蛩不住啾，月明霜冷共悠悠。

西窗幸获同君梦，消却平生万斛愁。

其二：

芸窗日日费相思，天假良缘不自持。

鳌鱼才脱金钩去，又逐风波险处来。

要知后来何如？且待下回细解。

第六回　晚香亭夜月重期

却说红生与何馥，正在谐谑之际，忽于几上拈着一卷《艳史》，取来一看，却是文成与小友唐虞的故事。便掩卷而笑道："天下果报循环，原来如此迅速。只是文成奸人妻小，后日被人取债，固理所当然。若那唐虞一节实为多事。"红生道："文成设局奸骗，坏人名节，情实可恨。至于唐虞之事，所谓小德出入可也。"何馥道："当日也算唐虞的情好，若不肯从他，如何处置。"红生道："文成这样厚情待他，岂有不感动之理。况此事不比妇人家，怕坏了什么名节。当日文成的小使秀童说得好，今日世间人，那个不如此的。但惜其初会之夜，即为俯就，忒觉容易了些。据着今时相处的朋友看来，再过几月，只怕也难成事理。"何馥道："莫说几月，唐虞倘或不肯，就过几年何益。只为一时感他情厚，所以半推半就了。"正说话间，恰遇何半虚笑嘻嘻的踱进房来，邀着红生去游太湖，遂即闭了书房而去。三人一路说说笑笑，迤逦而行。忽远远望见一只快船，飞也撑来。何半虚指着说道："玉仙兄，你看那边船里来的，可不是个观音出现吗？"红生回头一看，只见那船中，果有一位美丽女子。但见：

脸映芙蓉，神凝秋水。眉纤纤而若柳，发扰扰而如云。怕着瞧时，意欲避而回眸转盼。为含羞处，帘将下而微笑低头。虽则是春风已识盈盈面，犹惜那玉笋窥难步步莲。

那船内的女子，一见红生，却便十分顾盼。只见舱内又走出一个少年来，红生仔细一看，认得是方兰。连忙问道："方兄，别来已多时，为何再不到寺中一会，今却往哪里去？"方兰听见，便叫歇船。走到岸上相见道："红兄还不知嘛，舍弟因哭父过伤，身故已十余日了。今婶母与舍妹，俱到东门外关仙转来，正要报兄得知，不期在这里相会，省得小弟又要到寓惊动。"说罢，竟下船而去。红生得了这个信息，快快不乐。明知是方兰怪他，所以不来相报。只得勉强盘桓了半晌，归到寺中，便打点整备楮帛往吊不题。

却说何半虚，自从见了方素云，心下十分牵挂，竟不知是谁家女子，怎么倒与红玉仙相熟？便对红生问道："昨日在那湖边相遇的，是什么令亲？"红生一时失却检点，便把方公前日订姻一事，并方兰平昔妒忌因由，备细说了一遍。正是：

逢人且说三分话，岂可全抛一片心。

何半虚听着这番缘故，心下便起了一点不好的念头，不住的转道："我何半虚，若得了这样美丽女子做了浑家，也不枉人生一世了。只是红玉仙既已订姻在前，只怕那方兰不肯改变，怎生得一计较，先离异了他，便好图就自己的亲事。"又想道："白秀村就在左近，我不若以吊丧为由，去望那方兰，乘机挑拨，有何不可。"当下主意已定，遂备办吊仪，写了一个通家眷弟的名帖，竟向白秀村来。访至方家，吊奠已毕，方兰迎进客座，分宾主坐下。何半虚道："今先祖与先祖何士恒，原系极相好的通家，不料年来疏阔，兼以寒素，不敢仰扳。岂料令年弟甫弱冠，便尔兰摧玉折，使弟辈闻之，殊为扼腕。"方兰道："先叔既已去世，舍弟又值夭亡，家门不幸，一至于此，有辱赐吊，足见通家至谊。"何半虚又将些闲话，说了一会。既不见素云的身影，却又不好问起，只得没趣而归。

一日，正在家中闷坐，家童忽报方相公来拜。何半虚慌忙整衣迎进，方兰再三致谢。既然而一茶又茶，即欲起身告别。何半虚一把拖住，忙命厨下备酒相款。方兰见如此厚情，踌躇不安。何生挽留就席，须臾酒至半酣。何半虚问道："前日兄去关仙，果有验否？"方兰道："这是姊母与舍妹要去。据着小弟看来，这也是荒唐之事，不足信也。"半虚又假意问道："舟中那一位年将及笄的闺媛，是兄何人？"方兰道："这是舍妹。"何半虚即接口道："原来就是令妹，未知曾受聘否？"方兰道："先叔在日，曾口许红家。然无媒妁，又不曾行礼，即姊母也不知详细的。今先叔已故，红玉仙家业罄然，家姊母意中，尚有几分未决。"半虚又问道："如今令姊处，还有几位令弟？"方兰道："先叔只有亡弟一个，今既相继而亡，序着嫡支，应该小弟承祧。"何生道："兄如此说，只今家事既已归兄，即令妹出嫁，亦唯吾兄做主。依我看来，得一佳婿便好，倘或错配了对头，不但令妹无倚，即吾兄家事，也难独美了。"方兰叹息道："小弟鄙意，也是如此。只是姊母有些犹豫耳。"何半虚击节道："是了，目前设有一人，原是旧家门第，家资约有四五千金，人才又甚出众，不知兄肯撮合否？"方兰道："弟原要寻一人家，今承老兄见教，待归与姊母商议妥帖，当即回复便了。"何半虚道："实不相瞒，适才所言，就是小弟。只因当时发了一个痴念，要求工容言德之配，若或不遇，情愿终身不娶。所以蹉跎至今，未谐伉俪。前一遇令妹，弟看来好个福相，因此特求足下作伐。"遂向袖中取出白金二十两，递与方兰道："些许茶敬，伏乞笑留。事成之后，另有重谢。"方兰愕然道："婚姻大事，须凭家姊母做主。既承美意，小弟只好从中帮衬，怎么就蒙厚惠，这个断不敢领。"何半虚道："兄若玉成此事，后日媒礼，当再找八十两。倘或不成，今日薄意，也不消挂齿了。"那方兰原是势利之徒，听说便想道："这人倒也慷慨，我妹嫁他，料必不差。况红玉仙平日待我，刻薄无礼。今趁此机会，拆散了他。一则出了我的恶气，二则家业可以独吞，三则又得了他百金媒礼。倘若红家有话。姊母自去理直，有何不可。"暗暗的打算一会，遂向半虚说道："既承美情，权且收下。若是不能效劳，依先奉纳。"当下酒散别去。何半虚看见收了他的二十两头，想来事有可谐，心下暗暗欢喜。到了次日，只见方兰又来，笑容可掬，向着半虚说道："昨日承教，小弟回去，在姊母面前，竭力撺掇，已有八九分好指望了。但小红在此，不便做事。须寻一事端，使他去了方妙。"何半虚道："这个只要令姊心允，如今世上没头官司甚多，只消费一二百金，就好超度这小红了。"方兰沉吟了一会道："若要事谐，必须如此。"何半虚点头称善，随又置备酒饭，殷勤留款而别。

且说红生，自闻信后，过日几日，备办楮帛，亲往吊奠。又作挽诗一章以挽之。其诗道：

尔死黄垆地，吾生白日天。

相依曾几载，离别是今年。

梦断凭蝴蝶，魂归托杜鹃。

故人从此绝，流泪独潸然。

读罢，抚棺潸潸哀恸欲绝，方老安人出来相见，备诉方蕙身故之由，泪如雨下，极其悲痛。当晚仍留在白云轩安寝。恰值方兰以事出外，红生秉烛独坐，愀然长叹道："死者难以复生，言念吾友，竟作终身之别。生者姻好无期，虽获订盟，未审于归何日。重来孤馆，物是人非。想起当时执经问难，聚首一堂，宁复知凄凉欲绝，遂有今夕乎。"正在自言自语，忽见凌霄悄然走至。红生笑问道："姐姐间别多时，愈觉丰姿秀丽。当此夜阑，幸蒙赐降，岂巫山神女欲向襄王，重做行云之梦乎。"凌霄掩口而笑，低声答道："禁声，小姐在外，谁逗你要来。"红生又惊又喜，连忙问道："果、果、果然小姐到来吗?"凌霄道:"小姐有句说话,要与郎君面讲,特着妾来相报,已在窗外,好生迎接。"红生听说,欣喜欲狂。正欲趋步下阶,只见素云已是翩然走进,掩扇低鬟,欲言又忍。红生向前深深一揖道:"小生风尘末品,琐尾无似,向承令先尊不弃,许谐秦晋。及寓名轩,屡辱小姐瑶章见惠,每欲面谢谈心,其如中外严隔。又不幸令先君物故之后,祸生几席,致为妾菲谗间,立被摈逐。今幸小姐惠然顾我,料必不弃寒微,实为万喜。"素云娇羞满面,低声答道:"下妾生长深闺,言不及外。今因有事面陈,所以夜深逸出。曩者,先君重郎才貌,将妾附托终身。岂知一之土未干,而变生肘腋。细揣家母与兽兄,意中竟欲将我重栽桃李,更结朱陈。此事唯妾知之,设果事真,唯有以死相报。在君亦宜及早图维,以成先君之志。"言讫歔泣下。红生正欲启口,忽闻后楼连声叫唤,唯恐老安人知觉,遂急急的不及终语而退。红生送出,凝眸怅望。只见凌霄复回转身来,遥语生道:"小姐着我传语报郎,自后日乃是望夕,郎于向晚假以探望为由,再来过宿,小姐还要与你面会。切宜牢记,不可爽约。"红生连声应诺,回至轩中,对着一盏半明不灭的孤灯,长吁短叹,辗转不寐。次早作别回寺,到了十五日薄暮,只说探望方兰,悄然独自往扣。老安人只得款留夜饭,仍宿于白云轩内。

原来方兰尚未归来,所以素云约在那一夜相会。当晚红生坐在卧内,守至二更,喟然叹息道:"月转星疏,夜已将半,小姐之约谬矣。"沉吟之际,忽闻窗外轻轻步响,慌忙趋出一看,只见凌霄独自走至。红生惊问道:"为何小姐不来?"凌霄道:"老安人虽已安寝,唯恐醒来叫唤,所以小姐出在晚香亭内,着妾请郎过去一会。"红生遂同着凌霄,委委曲曲,转过了几层廊庑,始抵晚香亭。素云傍着阑干,愁容满面。见了红生,低声说道:"前夜正欲与君细话,不料母亲呼唤,以致匆匆趋进,不及罄谈。今又约郎相会者,非为别事。单因劣兄既不至馆,曹先生又不终局而散,际此岁暮天寒,郎君独自寓居寺内,老母供给渐薄,将若之何。故为郎计,不如收拾行李,谢别寺僧速去与令尊商议,央媒纳采,方保无虞。若再逡巡,只怕一堕兄母局中,便难挽回了。百年之事,贱妾之命,皆系于此,郎勿视作等闲,而尚迟留于进退间也。"红生道:"荷蒙小姐垂爱,岂不知感。但此事,小生亦尝终夜思维。只因被盗之后,骨肉分离,竟无寄足之地。若欲央媒纳聘,非百余金,不能料理,须待冬底收租,或可措处。以是迟迟不果,非小生之不为留念也。"素云道:"郎君所言亦是,但天下无有做不来之事,亦不宜守株待兔,坐见决裂。妾积有首饰微资,约计三十余金,悉以赠君,少助一礼之费。又金簪一枝,并君家原聘玉钗一股,送君带去。虽微物不足以见珍意者,欲使郎君见簪如见妾容耳。"红生道:"过辱卿卿雅爱,使小生没齿难忘。但畴昔之夜,匆匆惊散,深可怅恨。今夕风清月朗,尊堂又值熟寝之际,未识小姐亦肯见怜否?"素云正色道:"贱妾所以会君者,是为百年大事,岂肯蹈淫奔丑行,而偷苟合之欢呼。妾颇知诗礼,固能以节自持。不谓君乃黉门秀士,而曾不闻绥绥之狐之可鄙也。"言讫,翻身而逝。红生一时春意勃然,便向前一把搂住凌霄,凌霄坚推不允。要知巫山之雨,再能窃否? 只看下回便见。

第七回　感新诗西窗续旧好

诗曰：

寂寂萧斋书和酬，那堪联榻更含愁。

最怜好梦重谐后，无奈相思明月秋。

话说红生，被这素云抢白了数句，翻身进内。红生只得把凌霄抱住求欢。凌霄半推半就，即于晚香亭下，绸缪了半晌。有顷，云收雨散，已是五更天气。红生回至白云轩，把那残灯剔亮，将所赠簪钗，藏作一处。暗想此事，必系方兰为难，须依小姐之意，早去与父亲商议。当下和衣而寝，等得天明，即别了方老安人，前往长兴。见了红芳，便把赖婚之事，备细说了一遍。红芳大惊道："方家见我家业萧条，就欲赖此姻事，怎么是好。"红母道："依我主意，只今朝廷闻说要点秀女，何不真此机会，备了聘物，送去做亲，看他怎生发落。"红芳道："你这个算计也好。"随即就选了一个吉日，备办礼物，竟把红生送到方家来。方老安人见了，好生不悦。把那礼物，一件也不受。对着红生道："我这里妆奁毫未准备，你令尊也忒造次了。今着人舟且回，你却在这里住几日再处。"红生听说，闷闷不乐，只得勉强住下。过了数日，忽闻提学将到，红生遂禀过安人，带了紫筠，仍往慈觉寺里读书。却喜何馥弟兄尚在，三人依前同寓，握手道欢，意殊恋恋。然红生以暂晤，旋当各别，每每向馥叹息。馥亦不禁嘘唏。红生又以春茗一封，金扇一柄，丝带一双，玉环一枚，送与何馥。馥以珀坠、京香答之。生情不获已，复作杂词三首以示馥。其词曰：

□□□重逢，把酒临风。莺声依旧过墙东。却忆当时□□□，尽变芳丛。行色已匆匆，情绪无穷。明年花发向谁红？料得玉楼侬去后，自有人同。

——右调《浪淘沙》

轻云日暮凝寒碧，芳草萋萋，遍南陌。此后相逢浑未得。一番憔悴，满腔萧索。总为伊悲戚。东君那惜天涯客，浪把殷勤漫相掷。魂梦只愁山水碧。彩笺题遍，青衫泪湿,料得无消息。

——右调《青玉案》

碧天暮冷,想楚风瘦月依然如昨。咫尺天涯成浩叹,总是东君情薄。纸帐寒生,牙床烟锁,辜负当时约。最无聊处,空斋相对萧索。即有阮籍风流,相如词调,至此还闲却。别后不堪云梦杳,生怕他人轻诺。凤去秦楼,莺离楚树,消息应难托。闲情万斛,请君及早收着。

——右调《念奴娇》

何馥看毕,笑道:"东君固为情薄,然玉楼君去,岂复有人同耶。"二人话得兴浓,适值何半虚不在馆内,即于太湖石畔,竹荫之下,解去亵衣,恣意谐谑了一会。其情款款,绝妙男女欢媾一般,初不知为二男相并也。继而事毕,红生叹息道:"昨闻文宗将到,只在数日之内,弟即束装别去,不知后会有期否?"何馥道:"只在尔我有情,奚虑山遐水阻。愿兄着意功名,不必以后会挂怀也。"遂一同趋进书斋。忽何半虚仓忙走至,向着红生说道:"弟有一事,欲借重吾兄大笔,未识允否?"红生道:"愿闻尊谕,倘可效力,敢不领教。"何半虚道:"时下王团练,闻得昝都督高升部署,其父昝老封翁七秩寿辰,特央小弟写一锦轴贺寿。弟恐鄙俚不堪,意欲求恳吾兄至家,代笔一挥。"红生唯唯应诺,并不推辞,竟辞了何馥,遂一同前去。一到了何家,急忙置酒款待。饮至半酣,何半虚忙唤家童取出锦轴来,红生展开一看,却是一幅金镶蜀锦的寿轴。看毕,便索笔要写,何半虚道:"弟有一律,尚未成章,当口占请教。"便朗朗念道:

香满金炉烛满台,八仙仿佛下蓬莱。

鹤如白雪云中舞,桃似朱霞海外来。

红生微笑道:"尊作固为妙绝,但止半律。不如待小弟完篇吧。"遂援笔写道:

片片丹霞绕户明,北堂寿域届斯辰。

风来瑶岛香初度,月泛琼觞花正春。

云外已来青鸟使,庭前喜看彩衣新。

一樽遥向南山祝,愿得遐龄比大椿。

写毕,何半虚哦咏数四,连连称赞,复以巨笺索诗。红生便将所作秋兴八首写道:

西风飒飒送悲笳,篱下秋寒菊未花。

梁寺残钟敲夜月,汉宫衰草接天涯。

云连塞北烽常炽，雁到江南信屡赊。
极目萧条愁不尽，烟深何处望京华。

无边风雨入重阳，雁渡江南到处凉。
败叶惊残乡国梦，寒砧敲破故园霜。

风连竹响从秋落，雨带潮声彻夜长。
一片闲愁无语处，楚山烟树尽苍苍。

日落平沙野色浓，清溪寂寞冷芙蓉。
月明湘水谁家笛，风过秋山何处钟。
钓石于今青藓合，琴台自古白云封。
关河迢递愁多少，独旁南屏对暮峰。

画桥秋水接通津，红蓼丹枫处处新。
满地黄花应笑客，一江鸥鸟暗窥人。
毡寒夜雨思杨子，裘敝秋风魏汉臣。
自古豪华俱有泪，五陵年少莫愁贫。

碧天如水雁来时，野客支颐几度思。
巫雨不经神女泪，湘涛空绕楚王祠。
身留海角思仍杳，诗入清秋句自悲。
风景萧萧催日暮，天涯何处问归期。

露滴金茎冷玉台，满庭荒草未曾开。
清江霞影横空落，野塞笳声扑梦来。
作赋独怀王粲志，长沙偏屈贾生才。
干戈到处谁能靖，回首南云思转哀。

国学经典文库

私家藏书

赛花铃

图文珍藏版

一〇三

秋郊云物望中移，独立长亭怅远离。

去燕无情还泛泛，归鸿有意故迟迟。

怀才不辨祢生赋，忧国谁怜屈子辞。

区宇即今犹战伐，十年沧海泪空垂。

翠壁嵯峨宿雨收，塞南草木复惊秋。

鲸鱼寥落空江冷，客子萧条故国愁。

日远长安青嶂隔，径荒乡曲白云浮。

援毫莫道频题句，杜老经今哭未休。

写得诗既清新，字又端劲，在座宾客，无不称赞。独何半虚口内虽则叹赏，心下着实有些妒忌。正在备酒款待，忽见方兰着人赍书相报。拆开一看，其上写道：

承谕云云，弟时刻在念。已于家婶母处，委曲言之，甚有许允之意。讵料此君，前又假托点选淑女为名，特备礼币，欲求赘入寒舍，即谐花烛。弟向家婶母，又力阻之，所以坚辞不受。但恐稍缓，事必有变。况此君若在，决难妥就。急宜设计，祛之远去。则旦暮可谐，决能为兄作嫁衣裳也。

何半虚为见红生文才高妙，心下已怀着十分妒忌之意。及接方兰的简札看了，便欲设谋陷害。当夜假露殷勤，置备酒肴款待。红生开怀畅饮，直至更阑而散，就留宿于后亭。初时酒醉，上床便即睡去。后渐渐酒醒，只见窗上月光射进，皎如白日。遂即起身，将欲开门出玩。忽听得门上轻轻弹响，连忙启问，却是一个绝色女子。身着一绣衣，外青里朱，下穿八幅湘裙，袅袅婷婷，真是天然国色，斜倚着园扉站着。红生慌忙施礼，那女子亦深深万福道："敢问郎君即是红玉仙吗？"红生低声答道："小生即是红文琬。敢问姐姐贵姓芳名？因何夜深却在此处？"那女子道："妾家即在何半虚隔壁，先君已故，只有老母在堂。因值月色甚佳，所以潜出香闺，徘徊半晌，不意与郎君相遇。"红生又问道："小生偶尔至此，缘何姐姐知我姓字？"女子道："日间在楼上，望见郎君挥洒寿章，真有子建七步之才，遂询及侍婢，知君为红玉仙也。"红生笑道："小生袜线庸才，酒后僭笔，乃有辱姐姐，谬为推奖，能无愧汗。但细观玉貌，想芳年正在二八，未审曾许配人否？"女子道："老母钟爱唯妾，所以未即轻许。妾又素性爱才，誓必择配。只因日间窥郎，姿宇不凡，又复诗才敏捷，故俟夜阑母睡，潜出以图一会。郎如不弃,可同至舍一谈。"红生欣然偕往。自园门转西,紫竹径内,有小楼三间。楼西又有巍房一带。生上楼时,只见残烛尚明,文器具备。叙谈半晌,女子取出紫竹鸾箫,求生一弄。红生接箫,徐徐吹了一曲。又持纨扇乞诗,红生举笔写道:

偶携双凫下仙洲,谁想花源境自幽。

相对不知明月上,夜深吹笛白去楼。

女子接过,遂出罗帕一方赠生。上有诗云:

其一:

紫紫红红斗艳尘,香闺寂寞黯伤神。

欲知黯然双眉色,半是怜春半恨春。

其二:

昨夜东风送暮春,淡烟疏雨滞芳尘

细腰莫向南楼倚,花落莺啼愁煞人。

红生看罢,连声赞道:"好诗,好诗,小生俚语兔园,怎及姐姐锦江秀句。"女子道:"俚言求正,岂堪谬誉。但妾今夜潜来会君者,非敢效桑间濮上之行,实因慕君才貌,不耻自媒。倘君不弃葑菲,愿做丝萝之托。"红生谢道:"荷承姐姐过爱,没齿难忘。所恨小生已缔朱陈,不克奉命,为之奈何。"女子道:"郎君既有佳配,贱妾甘作小妾。"红生大喜道:"若得如此,铭刻难忘。愿乞示以姓氏芳庚,使小生异日得以备弊纳聘。"女子微笑道:"到那时自有见妾之处,何消盘问。"正语时,忽听得东角园侧,有人呼唤。红生只得仓皇作别。要知何人唤生?下回自见。

第八回　赠吴钩旅次识英雄

　　红生当下正与那女子绸缪细话，忽听得有人呼唤，连忙趋出看时，却是何半虚家的小使。因起身登厕，看见园门开了，故此叫唤。红生语以他事，遂闭门而睡。次日天明，作别回去。何半虚送出红生，登时去拜望方兰。方兰接进坐定，叙过寒温。何半虚道："昨承翰教，悉知仁兄破格垂爱。欲做数字奉复，唯恐隐衷不便形之楮墨，故特拨冗走晤，不知吾兄可有良策，为弟开导否？"方兰道："荷蒙长兄降眄之后，自惭无功可效，所以时刻挂之心坎。今幸事有八九，但红生若在，不无阻碍。故必如曩时所谋，驱之远徙，才为稳便耳。"何半虚道："向蒙见谕，弟已相忘了。更乞仁兄为弟言之。"方兰道："在弟亦别无良策，为今之计，莫如寻一没头事陷害他，使他立脚不住，则这头姻事，可以唾手而就了。"何半虚又慌忙问道："寻着那一件事？方可陷害他？"方兰道："只今守汛的王守备，与弟至厚。只需如此如此，便可以陷害那了。"何半虚听罢，心下大喜，拍手称赞道："妙计妙计。"遂一同往见王守备。王守备延入营内。相见毕，分宾主坐定，把地方上的闲事，话了一会。随后王守备开口问道："敢问二位老亲翁光降，有何见谕？"何半虚未及回言，方兰便一把扯了王守备，走到侧边，附耳低声说了几句。只见王守备笑嘻嘻地点头说道："多承见爱，决当一一遵命。"二人遂即起身作别，王守备送出营门，又向着方兰道："所谕之事，决不差池。但所许云云，必要如数。"方兰点头唯唯，自回家去。何半虚那晚，也不到寓，竟自回到家里去了。

　　且说红生，自在寺内，又过了数日，打听宗师消息。方欲收拾起身，忽一日傍晚，听得叩门甚急。红生只得起身启视，却见一人，背着包裹，挨身而进。红生慌忙问其来历，那人答道："小人唤作花三，系远方人氏。为因贸易，来到贵郡。奈账目不能上手，今以催索到乡。不料远近并无客店，特向宝刹暂宿一宵。"红生道："我亦借寓读书，你要寄宿，须问当家和尚。"那人不由分说，竟把行李，向着供佛的案桌边放下，和衣而睡。红生也即进房，读了更余天气，上床安寝。谁料翻来覆去，再睡不着。

约至半夜，忽听得外面一片声沸嚷，约有二十余人，惧是腰刀弓箭，斩门而入。一见花三，大喊道："盗在这里了。"竟把花三并红生一齐捆缚。红生连声叫屈，众人道："花三是个有名湖盗，打家劫舍，犯着弥天大罪，我们缉捕已久，谁教你窝藏在这里。且带你到王将爷那边去，冤枉与不冤枉，听凭发落。"遂将铺盖，并那口宝剑，抢掠一空。

候至天明，一齐解到王守备营里来。红生哭诉道："生员谆谆守法，向来寓寺读书，不与户外一事。这个花三，从不认识。昨晚强要借宿，绝无窝藏情弊，伏乞审情开豁。"王守备哪里肯听，呵呵冷冷笑道："做了窝主，还称什么生员。这花三既在你寓中，他抢掠的金珠千两，窝在哪里？不用刑法，你如何肯招。"喝把红生夹起来。可怜瘦怯身躯，怎生受刑得起，只得认屈招供。王守备寻了招词，也不究那贼赃，竟将红生并那宝剑，锁禁在一间冷静屋内，待日起解协镇。

红生被禁，每日茶饭不充，又兼两足夹坏，十分疼痛。自嗟自叹，料想凶多吉少。但父母不能得见一面，每思量了一会，即泪如雨下。一夕更阑人静，月明如昼。正在暗暗悲泣，忽见一个女子，从空降下，向着红生低声唤道："红郎红郎，你还认得妾否？我特来救你也。"红生抬头一看，只见两脸胭脂，双眉黛绿。那女子非别，即花神也。便纳头拜下道："望乞大仙快快救拔弟子。"花神道："你家虽焚毁，且喜那牡丹亭依然无恙。当日感承你拔剑相助，今闻有难，特来相救。你不消忧苦。"便把手一指，那枷锁纷纷自落，两足伤痕亦即平愈如初。花神遂一手携着红生，一手与他取了宝剑，令红生闭了双眼。只闻宝拔剑一挥，脚下如登云雾，拥着红生，飘飘漾漾，顷刻间离却龙潭虎穴，已在官塘路口了。红生开眼一看，慌忙拜谢道："自非大仙超救，我的性命，且暮不保。此恩此德，没齿难忘。"花神把剑递与红生道："从此一别，后会难期。只是此剑，目下就有出头日子。愿乞珍重珍重。"言讫，已失花神所在。红生趁着月光，向前行了一会。怎奈路途不熟，盘费全无，不觉放声大哭道："我如今单身逃命，无处投奔。万一有人追来，左右原是一死。"正在啼哭之际，只听得半空中说道："前往北方避难，不唯保尔无虞。更获功名之路。只此十步外，有黄金二镒，可亟取之。"红生遂向前一看，只见草丛中火光闪烁。仔细看时，却是一个小匣。启之，果得黄金五十余两，便飞步向北而走。

看官，你道红生这场大祸，从着哪里起的？原来就是方兰为何半虚设计，将银五十余两,买嘱王守备,教他先着花三向寺借宿,旋即差兵捕获,其名为放鹰。后因红生逃出,又是何半虚出银,把来做了一个照提。此是后话不题。

且说红生,一路奔走,猛省得沈西岑在北坐监,何不上京一走。一则避此灾难,二则寻见沈生,倘得谋个出身也好。暗暗算计已定,在路晓行夜宿,急急的趱行前去。一日到一店中沽饮,独自一个,慢慢地饮了数杯。忽然想起,家中消息全无,素云姻事未遂,不觉长叹数声,涕泪交下。只见旁边站着一人,虎形彪目,相貌堂堂。及视其身上,衣衫褴褛,恰像个乞丐模样。向着红生,呵呵笑道:"我辈须要慨当以慷,足下少年做客,正所谓鸿鹄有万里之志。虽则独酌无聊,何故学那楚囚悲泣。"红生听他说话不俗,一发起敬。暗想此人,必系埋名豪杰,便招他同坐吃酒。那人也不推让,便向红生对面坐下。只见那满着座头吃酒的客人,俱喧哗笑道:"这个后生客官,忒没分晓,怎生同着一个花子吃酒。"那人侧着头,任凭众人喧笑,只做不听得,拿起双筯,把三四碗蔬肴,吃得罄尽。又向红生问道:"细观足下,甚有不豫之色,不知有何心事,俺虽沿门乞食之流,素负肝胆。倘不弃嫌,有甚用着俺处,俺须不避水火。"红生惨然泪下道:"小生原系金阊人氏,为因避难而来,不曾与家中父母话别,以此望云增感,不觉坠泪耳。"那人道:"足下既系思亲,何不修书一封,着人带去,以免尊父母远顾之忧。"红生道:"书已写下,怎奈衡阳雁断。"那人道:"足下孝思可敬,俺虽不才,愿做陆家黄耳,为你带去何如?"红生欣然笑道:"若得吾丈肯怜我父子各天,将书捎带,报问平安,誓当铭之心骨,不敢背德。"那人道:"足下说哪里话来,我与你不过萍水相逢,因见被难,所以愿做便鸿捎信,我岂图你日后的酬谢吗?"红生便向包袱内,取出书来,递与那人道:"半年离梦,千里信音,全在这一封书上。幸蒙老丈慨许寄报,真大恩人也。望乞上坐,受我一拜。"说罢,便双膝跪下,那人伸手,一把扶起。引得左右在座饮酒的,无不相顾而笑。那人重又坐定,从容问道:"足下既云避难离家,此行还到何处地方?作何事业?"红生道:"小生有一故人,援例入监,现今寓在京师,我此去只得投彼相依,以便再为之计。"那人道:"目今流寇纵横,中原鼎沸。大丈夫苟有一材一技,何患无小小富贵。若能运筹帷幄,斩将搴旗,则斗大金印,取之易于翻掌耳。足下既有故人在京,急宜前去,趁事机之会,成远大之业。至于家事,何必挂怀。况俺这般行径,那些凡夫肉眼,无不笑我是个乞丐。谁想足下一见如故,邀我同饮,这双眼睛,会能物色好汉,也算是一个豪杰了。"说罢,站起身来,正欲举手作别。忽瞧见红生所佩宝剑,便道:

"这是龙泉剑，愿借一观。"红生慌忙解下，双手递过。那人接来，定睛细看了一会，啧啧赏道："好剑好剑，真是丰城神物。不知足下何处得之?"红生知其属意，便道："方丈，此剑乃家传异宝，莫非见爱吗?"那人道："千金易得，一剑难求，岂有不爱之理。"红生道："既是这等，即以相赠便了。"那人接了宝剑，只一拱道："承惠承惠。"正所谓:

　　红粉赠予佳人，宝剑传与烈士。

　　当下座客，看见红生把那家传的无价宝剑，脱手相赠，无不愕然惊骇。红生既将宝剑赠了，便道："老丈能识此剑，想必神乎其术，幸乞试舞一回。"那人欣然，拔剑起舞。左盘右旋，曲中其度，烁烁闪闪。但见电光万道，惊得红生不能开眼，耳边只闻风雨之声不绝。须臾舞罢，那些座客，始初认他是个乞丐的，无不惊讶，以为异人，茫然自失。那人临去，红生又扯住问道："愿闻高姓大名，以便佩之不朽。"那人厉声道:"足下要问俺姓名居址，莫非不能忘情此剑，好在异日向我取索吗? 只是俺四海为家，原无定迹。若问日后相逢，当在金鼓丛中，干戈里面。"话讫，取了宝剑，一拱而去。当晚，红生就在店中歇了。次日算还饭钱，雇了牲口，一直到京。向着城中寻下歇店，便去访问沈西岑。谁想城里城外，整整的寻了十余日，绝无影响。回到店中，闷闷不悦。打点明日，要到八旗下去访问。只因红生这一问，管教:毕竟后来若何? 且待下回细讲。

第九回　闯虎穴美媛　故人双解难

诗曰：

已作凌云赋，那堪志未酬。

看花几失路，醉酒复为仇。

直道今谁是？孤怀夜独愁。

秋风情太薄，偏老骕骦裘。

话说红生到京，遍寻沈西苓不见。一日要到八旗营内探问。忽在一家酒肆门首经过，遂进店中沽饮。一连消了两壶，不觉醺醺沉醉。算还了酒钱，踉踉跄跄，取路回寓。只见路旁有绝大的花园一座，仔细一看，原来园门半掩，便挨身进内。但见四围翠竹成林，桃李相间，中间楼房三带，甚是齐整。正游玩时，只见秋千架后，有一美人，年方及笄，貌极妖娆。同着几个使女，在那里折花。一见红生，就转过牡丹亭去。红生注目良久，也随至牡丹亭，却不见那美人。只见亭内琴书笔砚，色色俱备。红生乘着酒兴，磨墨濡毫，题一绝句于壁云：

宿雨初收景物新，醉中何幸遇芳春。

桃花仿佛天台路，羡煞盈盈花下人。

写毕，步出亭来。再欲徘徊细玩，忽远远听见喝道之声，从外而至。内中一人，绯袍大帽，拥着许多带刀员役，大踏步地踱进来了。红生急欲趋避，早被那官儿瞧见。大喝道："这厮怎生在我园内，手下，快与我拿住。"红生此时，酒尚未醒。欲待上前分诉，奈模模糊糊，莫能措语，竟被那人役痛打了一顿。那官道："这分明是个奸细，不可释放，且带在一边，待我明日细细详审。"手下一声答应，就把红生一推一扯，锁在正堂左侧厢房里面。红生初时酒醉，被锁锁着，即沉沉睡去。及至黄昏时分，其酒渐渐醒来，摸着项上，却有一条绝大的铁链锁紧。心下慌张，罔知所以。只见一老妪，手中拿着白米饭半盂，并鱼肉各二碗。递与红生道："此是我家小姐好意，送与你充饥的。"红生仰首直视道:"你是何等人家,敢拘禁我在此。"老妪笑道:"你这郎君,兀自不知。北京城内外,那个不晓得这个所在,是俺家总督团营昝老爷的别墅,敢有这等擅闯的吗?我小姐为见你斯文俊雅,不是无赖之辈,故特命老身送饭与你。又着我传谕手下员役,明日老爷审问时,叫他们大家帮衬,从宽发落,这也是你的福分,邀得我家小姐这等见怜。"语罢,径自去了。红生听了这一番说话,心下十分懊悔。没来由闯此横祸,似此孤身客邸,料想没人搭救的了。一夜凄惶,不消细说。

次日饭后,早有三四个兵丁,如狼虎的一般,把红生横拖直拽,一直带到中堂阶下。须臾鼓声三响,只见那昝总督身穿大红暗龙马衣,两边兵役,各执利械,吆吆喝喝地坐出堂来。原来这昝总督,就是镇守吴松的昝元文。为因剿寇有功,升授团营总兵。当下出堂坐定,左右就把红生卸了锁链,当面跪下。昝元文厉声喝道:"你这厮,无故闯入我家园内,意欲何为?"红生哀禀道:"念红文琬乃是吴郡生员,为因求取功名,来至京都。昨晚实系酒醉冒犯,并无别意,望乞老大人审情宽恕。"昝元文微微冷笑道:"分明是一个奸细,还敢说什么生员。叫左右的,把那厮夹起来。"阶下一声应诺,就把红生拖下阶沿,将要上刑。只见管门的手持一个红束,慌忙禀说:"有兵部项老爷手拜见。"昝元文便站起身来道:"且带在一边。"遂趋至仪门,接着一位官长进来。红生偷眼一看,那官儿恰似沈西苓模样。正欲叫喊,又住口道:"既是西苓,为何又说项老爷。倘或不是,如何是好。"停了一回,只见那项兵部一眼瞧着红生,甚有顾盼之意。红生便想道:"虽不是西苓,也该过去分辨一个曲直。"遂大着胆,等待他宾主坐定,便叫起屈来。那项兵部听见,亲自下阶细验,认得是红生。大惊道:"贤弟在家读书,为何却到这所在?"更不待红生回话,即叫随役:"扶起了红相公。"便向昝元文道:"此乃小弟故人红玉仙,是个饱学秀才,不知有甚冒犯处,却被老先生拘审?"昝总督道:"这人是昨晚在花厅上亲获的,不是奸细,即系白撞,老先生不要认错了。"沈西苓艴然道:"同学好友,安有认错之理。就有不是之处,也该发到有司官审理。"便叫随役:"把红相公好好送到衙内,不得有违。"随役听见吩咐,登时扶拥着红生而去。昝元文愤愤不平道:"此人即系良善,也该待我问个明白,怎么擅自夺去。"沈西苓道:"那些武弁,听凭指挥。他是秀才,只怕老先生也奈何他不得。"遂即起身作别,骤马而归。

红生已先在署中,当下坐定,就把前后事情,备细述一遍。沈西苓再三安慰道:"花三虽则被获,那赃物并无实证。据我看来,决系仇家买嘱了王守备,设谋陷害。今既来京，料想也没事了。至如昝元文别墅，吾兄原不该擅闯，以后切须谨慎为主。"红生唯唯称谢。因问道："适才兄到昝府，那门役禀称兵部项老爷，这是何故？"沈西苓道："原来兄尚未知，那嘉兴项工部，是我旧交。自从分袂进京，亏得他青目，只说是项家子弟，随在任所。所以顶了项姓，获中了一名乡试。后又是他营谋，得补兵部员外郎之职。前已着人赍信报兄，奈因流寇阻梗，半路回转，不及递上。"红生道："恭喜仁兄，鹏程远举，使弟闻之，殊为忭快。所恨小弟命途多蹇，一事无成。今虽幸遇仁兄，尚无安身之地，如之奈何？"沈西苓道："吾兄大才，何患功名不就。只要着意揣摩，以图高捷便了。"当晚置酒叙阔，饮至更阑而散。次日收拾书房，力劝红生精心肄业。怎奈心绪不宁，容颜渐瘦，不觉厌厌成疾。时作诗词以自遣。其略云：

闷坐对斜阳，愁杀秋容到海棠。风日□端催太骤，鸳鸯。楚水吴山各一方。

雁落白云乡，足上无书空断肠。路隔天台今已矣，凄凉。后日相思后日长。

——右调《南乡子》

枝头莺语溜，叶底蜂簧奏。登楼恰值花时候。楼中人在否？楼中人在否？

相思情厚，寂寞双眉皱。梦陌楚山云岫，可怜羸得腰肢瘦。海棠开似旧，海棠开似旧。

——右调《东坡引》

且把红生按下不题。单说昝元文，因沈西苓擅行发放，便大怒道："叵耐小项这般欺我吗？此人分明是个奸细，他偏认作故人，竟自放了去。这样放肆，怎好让他。待我寻个破绽算计他一番，才雪我这口恶气。"一日，适值项工部设宴，邀请部属各官。沈西苓与昝元文，也都在席上。酒至数巡，内中有奉承势利的，向着昝元文一拱手道："前日老总翁征服洮湖水寇，弟辈不知详细，望乞赐教一二。"昝元文道："列位先生，若不厌烦，小弟愿陈其概。前奉简书，征那洮寇时，只因王彪不谙军务，以致输了一阵。后来是俺奋勇直上，遂斩首五百余级，又倒戈而降者，共三百余人。我想如今寇盗猖獗，原要有些武略，方能济世安民。所以干戈交接之时，原用不着这诗云子曰的。"说罢，只听得满座唯唯称是，独有沈西苓忿然道："小弟是吴郡人，前台翁剿寇时，亦曾与闻其详。只闻官兵败了一阵，又闻杀害百姓五百余人，却不晓得台翁原有这般克捷。"昝元文听说。默然不语。沈西苓又道："诗云子曰，虽是用他不着的，然从来武以平乱，文以治世。难道马上得天下，就可在马上治天下乎。故汉高祖有言，追杀兽兔者狗也，发纵指示者人也。"昝元文登时变色道:"你比我作狗吗?"沈西苓笑道:"弟不过援述先言,岂敢以狗相比。"项工部亦笑道:"善谑兮不为虐兮。"于时一座大笑,便将巨觥,各劝沈、昝一杯。既而席散。沈西苓回到署中,备细与红生说知此事,因叹息道:"以败作功,欺君误国,莫此为甚。吾岂肯与那厮共立朝端,意欲出本弹劾,兄意以为何如?"红生力劝道:"此人奸党,布满中外。兄当相时而动,不可直言贾祸。"沈西苓道:"我岂不知,只为身居郎署,安肯虚食君禄,而钳口不言,使豺狼当道乎。"红生又再三劝住。于时科考已过,已是七月中旬。沈西苓对着红生道:"兄若早至京师,这一名科举,可以稳取。今场期已近,意欲与兄营谋入监,则易得与试。但须数百金,方可料理。弟愧囊空,不能全为周助,为之奈何?"红生道:"弟乃落魄之人,无一善况。即使进场,亦万无中式之理。但承仁兄厚爱,真出自肺腑,敢不领命。前幸花神救拔时,又蒙指点,拾得黄金五十余两,一路到京,所用不多。其余现在箧内,乞兄持去,为弟打点。倘或仰藉台庇,侥幸一第,则仁兄厚恩,与生我者等也。"沈西苓即日与红生援例纳赀,入了北监。随又谋取了一名科举。

　　光阴瞬息,俄而又是八月初旬。红生打点精神,进场与试。及至三场毕后,候至揭晓,已中五十二名举人。沈西苓把酒称贺,红生再三谢道:"皆托仁兄洪福,得邀朱衣暗点。虽则一第,不足为荣。然家贫亲老,姻既未谐,又遭仇难,若非侥幸此举,几无还乡之日矣。"自此红生另寻了一个寓所,又过两日,吃了鹿鸣宴,谢了房考座师,正欲差人归家报捷,适值科场黉缘事发,红生以临场入监,唯恐有人谈论,终日杜门不出,连沈西苓亦为他怀着鬼胎。忽一日,沈西苓早朝已罢,来到政事堂议事。只见江南都堂一本,为湖寇事。其略云:

　　湖寇唐云,近复拥众万余,出没于太湖松泖间,以致商贾不通,生灵涂炭。臣屡檄守镇将士,及地方官,督兵会剿,而皆畏缩不前,并无斩获。此实总兵将领,漫无方略。而纵寇玩兵之所致也。臣窃谓,萑苻不靖,则必人民鸟兽,南亩荒芜。夫既民散田荒,则钱粮何从征办。而兵饷因以不足。故今日之急务,以剿寇为第一。而剿寇之法,务宜洗尽根株,此实国家重事。不得不据实奏闻,伏乞圣恩裁夺。臣不胜惶悚待罪之至。

　　沈西苓见了本章,向着昝元文笑道:"前闻老台翁说,湖寇唐云已经剿者剿抚者抚,洗靖根株矣。今何湖泖间仍复跳梁如,岂即是前日之唐云,抑别有一个唐云耶?"昝元文涨得满面通红,大怒道:"汝辈腐儒,只会安坐谈论,岂知我等忘身为国,亲冒矢石,为着朝廷出力,何等辛苦,乃敢横肆讥议耶。"遂拂袖而出,心下十分衔恨。连夜倩人做就本章。要把沈西苓劾奏。要知所劾何事? 下回自见。

第十回　触权奸流西苓　剿寇共罹峡

却说昝元文，被沈西苓当面讥诮，不觉大怒道："竖儒如此无理，誓不与共立朝端。"遂央人做就本章，次日早朝具奏。那本内备说西苓冒藉欺君，不供郎职。与流寇暗通消息。共开八款，遂奉旨下着大理寺审究。项工部见报大惊道："吾每每说那昝元文奸险非常，不可与之争竞。谁想西老不听吾言，果有今日之祸。"遂往见昝元文，代为请罪。又央兵科给事中田大年，并同年保奏。奉旨姑减一等，押发辽阳安置。沈西苓得旨，因以钦限难违，即与红生作别。恰值项工部亦携酒钱送，三人坐下，痛饮了一回。沈西苓潸然泣下道："弟为奸臣陷害，远配辽阳，今此一别，只怕后会无期了。"项工部道："仁兄虽则远行绝塞，料必吉人天相，旋车有日，万乞加餐自爱。"红生道："今日之行，实为昝贼所陷。弟恨绵力，不能少奋一臂，扑杀此獠。倘有侥幸日子，管杀他也到雷州。"沈西苓道："吾一身固不足惜，所痛家下老母与舍妹，别无倚赖。倘蒙仁兄念及故人，肯为青目，感戴不朽。"言讫握手欷，泪如泉涌。红生道："天恩雨露，不日金鸡诏下，仁兄且自放心前去。所谕之事，自然领教。不必挂怀。"遂满斟一杯，递与西苓。西苓接酒，悲愤不能下咽。刚饮得一口，遂即放下。项工部又再三解慰。既而酒散，修下家书一封，递与红生道："此书烦兄带至家中，付与家母亲拆。若在京中，诸事已有老仆主管，我已吩咐他即到仁兄寓所。待荣归之日，挈带归去。"当下牵袂依依，再欲吩咐几句，却被长解催促，只得洒泪而别。红生归寓，又作律诗一首，并盘费银五十两，着人赶去，送上西苓。其诗曰：

> 洒泪阳关北，相看云路赊。
>
> 别离从此日，生死各天涯。
>
> 露滴征衣冷，风翻雁影斜。
>
> 此行无驿使，何处寄梅花。

红生正在寓中闷坐，忽闻外边纷纷传说，所中本省举人，圣上俱要亲临复试。红生也未免把那经史温习一番。到临场那一日，只见御颁题目，却是"皇都春雨"二十韵。红生素习诗词，这二十韵，只消一挥而就。

　　钟声初应律，斗柄正逢寅。

　　奎璧文明转，乾坤沛泽匀。

　　卷帘书帙润，落笔墨池驯。

　　浪底鼍鸣急，溪边燕影频。

　　恩弘培嫩草，怒激散浮萍。

　　弱质惊摧委，名花喜濯尘。

　　暮烟生古堑，晚浦接平津。

　　野豹皆藏雾，江豚尽出滨。

　　宫桃红色乱，御柳绿容新。

　　气冷侵朝袖，阴浓覆座茵。

　　催开孤岭秀，洗出五峰真。

　　乌鹊咸依倚，蛟龙岂隐沦。

　　雷鸣千里肃，泽降万家春。

　　无语花翻槛，多情鸟唤人。

　　风来云片片，水过石粼粼。

　　瑞应黄农象，祥符虞夏淳。

　　耕夫忘帝力，士子叹皇仁。

　　诏就来丹阙，诗成献紫宸。

　　调元凭硕辅，济世贵经纶。

　　幸有怀才诏，还邀御目亲。

　　红生出场，自觉文章得意，遂将试卷，并平昔窗稿梓刻，遍送朝中士夫。忽一日，官报报来，备说试官将试卷进呈御览，皇上看见了红生排律，龙颜大喜。钦赐二甲进士。红生听说，欢喜不尽。即日进表谢恩，并拜见了科部各官。即欲整顿行李，给假省亲。忽见长班报说："项老爷来拜。"红生慌忙迎进，坐定，项工部道："承惠尊稿，句句清新，篇篇珠玉。自应皇上，恨相见之晚。昨弟偶在昝总老府上赴席，昝翁取出锦轴见示,内有仁兄祝词。后至牡丹亭小叙,又见壁上绝句,就是吾兄稿中之诗。昝翁闻知,十分钦慕,访得仁兄未谐佳偶,欲将伊女结为尊配,持简不佞执柯。"说罢,又指着阶下仆从说道:"昝翁唯恐小弟不为转述,又遣盛价在此。一来奉贺高捷,二来恭报佳音。"红生道:"弟已有聘在先,虽辱雅命殷殷,实难遵奉。"项工部道:"前日沈西苓亦言兄未完姻,今何相拒之坚耶。况昝翁虽则武职,官居极品,伊女千金闺秀,淑德素娴,乃肯慕才见招,亦是十分好意,幸乞三思,毋致后悔。"红生正色道:"无论小弟已有糟糠,即使一世无偶,亦岂以昝府为念哉。我友沈西苓,无辜受其毒陷,弟既不能奋臂以雪朋仇,复又与彼结为姻娅,则是上何以对苍天,下何以谢西苓乎。人生世上,富贵不忘其旧,利欲不动其心。我与西苓之谓也。宁肯富贵易交,而贵易妻哉。况此事亦台翁所目也。西苓即台翁之至交也。设使弟贪富贵而就姻,谅台翁决不色喜,何况为弟作伐,于心安乎。幸乞善为我辞,感甚荷甚。"项工部听说,不敢再劝,怏怏而退,竟写书回复了昝元文。那些仆从,听见红生说了这番话,更回去一一对那昝元文说了。昝元文大怒道:"不中抬举的小畜生,怎么这般无状,倒把狂辞唐突我嘛。想这小畜生,也是南直隶人,一定是沈西苓同党了。前日沈西苓放肆,被我一本,就弄到远远地方,谅这畜生,是第二个小沈了。"正在踌躇之际,恰值太仓王守备,差着家丁,将密揭投递。昝元文拆开一看,内中备言黑天大王猖獗,难以剿除,致彼都院具本劲奏,恳乞请旨调将收服等情。昝元文看罢,大笑道:"那唐云也忒奇怪,我老昝不能剿灭,难道再没有强如老昝的吗?"又低首沉吟了一会,不觉眉头一皱,计上心来,呵呵笑道:"我要把那厮陷害,有何难哉。也不须寻他过恶,也不须嘱托纠缠,只消假公济私,明日奏上一本,举荐他征服唐云,却教各路协镇,莫发救兵。待他孤军深入,那条性命,却不稳稳送在黑天王之手。即使不致阵亡,保不得损兵折将。那时以军法究治,也不怕他不死。万一侥幸得胜,我又得举荐之功,再加陷害亦未为晚。"

当下计议已定,次日早朝,即具疏举荐。寻奉圣旨批下,授红生以兵部职方司之职,即着团营总督昝元文,速拨三千羽林军,着即督兵征进。俟有功之日,另行升赏。红生接了诏旨,不胜忧恋。明知是昝元文所害,然圣旨已出,无可奈何,只得领了敕命,刻日起程。临行那一晚,项工部与各部属,俱于卢沟桥设酒送饯。既而众官散去,项工部独留在后,执手向着红生道:"兄亦晓得嘛,此举乃昝总督以却婚之故,所以假公济私。明为保举,实图倾害。唯兄以军务为重,早晚用心,以成大功。弟当侧耳而

赛花铃

图文珍藏版

听捷音也。"红生道:"昝元文狡谋陷害,小弟已悉其情。但今为天朝效力,虽马革裹尸,亦何畏哉。"遂与项工部作别而散。

次日起程,集点将士,却多是一班疲病老弱之辈,并没有半个壮丁。红生暗暗叹息道:"前日昝元文率领许多兵马,兼有王彪助阵,尚且损兵折将,不能克服。况今势非昔比,以疲惫之卒,而欲剪此强梁之寇。昝贼的谋计虽工,在红某一身亦不足惜,其如国事何?"遂上疏请益,疏凡三上,俱留中不报。红生不得已,只得领了三千军士,迅速出京。在路脂车峭帆,不一日已抵泖湖,自与唐云对敌,按下不题。

却说何半虚,自从问了红生照提之后,弃儒纳吏,随又营谋考满文书,托人进京斡选了山东鲁桥驿一个驿丞,遂与方兰商议,要做速行礼做亲,以便一同赴任。方兰道:"只今红玉仙已经逃遁无踪,若要行礼成亲,只消我三寸舌,向着家婶母甜言说合,不怕不从。但舍妹性资执拗,须要缓款而行,方得妥就。设或吾兄如此造次,小弟便不敢斗胆相许了。"何半虚看见方兰作难,料因心事未足,便将所许的八十两找足,外又加礼银四两,尺头二匹。方兰得了许多礼物,满心欢喜,便领了他的言语,即向方老安人面前,再三撮合,只因这一番,管教:

云翻雨覆风波起,玉碎香消脂粉寒。

毕竟方兰走去,说出什么话来?要知端的,且听下回解说。

第十一回　势利婆信谤寒盟

诗曰：

月下良缘已有期，谗言忍把旧盟欺。

谁知贞媛心非席，石烂泉枯总不移。

话说方兰，既得了何半虚的重谢，急来向着老安人说道："红玉仙为窝赃的事，前解到防官王守备处，正欲鞫问，谁想心虚，从着半夜里，竟自逃走去了。现今行文各处查缉，大抵是出头不得的了。所虑妹妹今已长成，还是别选良姻，还是守他来成亲吗？"方老安人失惊道："原来他做了这样违条犯法的事。早是你来说着，不然我哪里知道。只是他小小年纪，做了一个秀才，怎不守分。如今又不知逃在何处，若把你妹子嫁与他，只怕误了终身。若就别许人家，又恐老红要来说话。以此两难，如何是好？"方兰道："那红老儿是说不得的，他不曾费得半个铜钱，我这里并没出个八字，又没有聘书与他，怎见得就是他的媳妇。况且是自家儿子，做了不法的事，终不然把一个清白闺女，去嫁那不肖子不成。凭他告到官司，也是说得过的。"只这一番话，却中了方老安人的心。遂点头道："侄儿你倒说来不差，只是如今所许的人家，须要胜着红家几分才好。据你前日所说的何宅，不知人家何如？可以对得吗？"方兰道："我正为此事，要来与婶母商议。谁想何某已有了官职，不日就要上任。若肯许他，须作速出一庚帖，等他即日行礼。若婶母要依前盟，守着红玉仙回来，待我回绝了何家吧！"方老安人听说何半虚有了官职，不觉喜道："你说来不差，悉凭你主持就是。"方兰听见许允，满心欢喜，连忙去对何半虚道："承托的事体，家婶母初意，坚执不肯，被我再四把那话儿笼络他，业已妥当的了。但须作速订期纳聘，省得迟则有变。"何半虚大喜道："完美此姻，皆赖仁兄玉成厚爱，此恩此德，容当图报。至如聘金礼物，一一遵命便了。"遂选了吉日，送过聘来。方老安人少不得备办回盘礼物，俱不消细说。

却说素云在房，闻了这个信息，心下惊疑，暗着凌霄探个明白。谁知方兰与老安人做就机关,只说道是红家行聘,不日就要亲迎完娶,素云也信了。倒是凌霄乖巧,当行聘那一日,悄悄地偷那礼帖,把与素云一看。只见上面写着"何某端肃顿首拜",止不住腮边扑簌簌滚下泪来。凌霄再三安慰道:"是与不是,且再商量,何消这般烦恼。"素云道:"你哪里知我的心事来。从来婚姻之事,一言既定,终身不移。所以忠臣不事二君,烈女不更二夫。当初我爹爹亲口许着红生,虽则六礼未备,那股钗儿,已算是下定的了。况我明知事必有变,曾着你去约他面会两次。生死之盟,前已订定。岂料母亲听着谗言,背盟寒信。我若依允,却不做了失身之妇。若不肯从,怎生退得何家?"左思右想,与其偷颜失节,不若一死,倒觉干净。说罢,又唏嘘不已。凌霄又从容说道:"闻得何家已选了什么官儿,若完了姻事,就要上任。据着贱妾看来,比着红家更胜几倍。料想老安人主见不差,小姐何为固执。"素云变色道:"你说哪里话来。莫道何家是个吏员官儿,就是当朝显宦,也难变易我一点冰心。甚且那一晚,亲口订约。青天明月,实共闻此言,岂得以贫富易心,腼颜苟活。况人孰无死。我若死得其所,可以含笑见我爹爹于地下矣。今后该说的说,不该说的再休多言。"正在唧唧哝哝,恰值老安人走到。素云慌忙把头来掇转,以袖拭泪。老安人惊问道:"吉期已届,吾儿有甚烦恼,反掉下泪来。"素云道:"还说什么吉期,孩儿的性命,只怕不久了。"老安人便把凌霄唤去,问其缘故,凌霄将素云的心事,一五一十说了一遍。吓得老安人心下着忙,急与方兰计议道:"俱是你劝我许了何家,如今你妹子要死要活,不肯依允。万一做出一件事来,如何是好。"方兰道:"做侄儿的原是一片好意,况何生虽则三考出身,也是一个小小官职,有何辱没了妹子。如今只索催他早些娶了过去,婶母还该用着好言开慰。想妹子也是一个聪明的,岂不晓得好歹。"老安人原是个没主意的人,听了这一番话,只得又到素云房内,徐徐劝道:"吾儿且省愁烦,量做娘的,只生得你一点骨血,岂不要安放你一个停当。奈因红生家事日渐消乏,近又做了窝藏不法的事情,所以将你许了何家,有甚不好处。你只管执拗悲啼,却不要苦坏了身子。"素云目叹道:"儿若依了母亲,做不得失节之妇,若坚执不从何以回得何家。如今儿已有个两全妙策,教他早来娶去,决不累着母亲受气。"老安人听说,才把鬼胎放下。话休絮烦。

不一日,笙歌动地,鼓乐喧天,何半虚家的亲船已到。素云暗暗装束已定,向着祠堂,痛哭了一场,遂即移步出厅。方兰只恐有变,也不叫何生奠雁,竟唤着几个妇人,把素云推拥上轿,如飞的抬下船去了,自己却与凌霄另在小船送去,那嫁妆又另贮一船。

行不上三四里光景，忽听得锣声响处，四下喊声骤起。只见芦苇里面，撑出几只巨艘。上面枪刀密布，竟把亲船拦住。为首一人，原来就是黑天王部下的陈达。看看觑近，抢上船来，把素云连着轿儿扛了过去，妆奁器皿也掳得精空。何半虚急忙赴水，才逃脱性命。方兰在后船看见，便拉着凌霄上岸，在黑地里藏身半晌。看看贼已远去，心下想道："我本意只要拆散红生的夫妇，以消当时恶气，故在婶母面前十分撺掇，又在何半虚面前一力担当，谁料忽地里生出这个变故来。若归家去，不但婶母见责，连那何半虚也要怪我，终不然还他银子不成。更有一件，日后红家知道，这场是非怎生分解。何不趁此机会，骗了凌霄，拿些银子，出到外边暂住一二年，再作区处。有何不可。"当下暗暗算计已定，遂把凌霄藏在僻处，自己飞身回去，悄悄地取了四五十银子，哄着凌霄，只说领他归家，一径的雇船往外去了。不题。

　　再说素云，被这陈达掳去，送至中军请赏，黑天王一见，心下大喜。对陈达道："我这里有多少女子，却无一个绝色。谁想你拿着这样一个美人，真正有沉鱼落雁之容，使我一见，不觉为之神醉矣。自出兵至今，汝的功居第一，另行重赏。"又向着素云道："美人，我且问你，姓甚名谁，年纪多少？"素云已惊得魂魄俱丧，唯低头流泪，不措一语。黑天王道："你不须害怕，我将你做第二位压寨夫人，怕不富贵哩。"素云厉声答道："贱妾已有丈夫，断无相从之理。如不放归，愿求一死。"激得那黑天王性起，正要捉进强奸，谁想已有人报知仇氏。原来仇也有五六分姿色，亦系良家女子，素性淫悍，被这黑天王掳作正妻，却是十分畏惧。当下出来问道："闻得出阵，拿着一个美女，可唤过来与我一看。"素云连忙走至面前。仇氏细细地看了一会，说道："此女虽则美丽非常，若留之恐有不利。"黑天王忙问所以。仇氏道："我昨梦一仙姑，指一女子对我说道：'此女命犯伤官，花烛之夕，其夫就该遇难。若或留之，月内定遭其克。直待百日之后，恶星过度，方可成亲。'今此女与梦中相似，又闻自亲船掳来，则花烛遭厄之说，已符矣，岂可收纳，以被其殃乎。"说罢，即带素云，幽于别室，防禁甚严，永不许与黑天王相见。

　　单说素云，自遭幽禁，每日蓬头垢面，时时痛哭，将及月余。忽一夕，风雨萧瑟，雁唳蛩吟。素云想起幽囚盗窟，目下虽不被污，终难保免，不如早寻一死，倒觉干净。忽又想道："若竟是这般死了，不唯大仇未报，母恩未酬，又不知红郎今在何处，永无见面之日了。"想一会，哭一会，将至夜分，又泫然泣下道："我今身罹虎口，迟早总是一死，何须苦苦恋此薄命。罢罢罢，我只索要自尽了。"遂将腰边绣带解下，悬梁而死。可怜：

倾城倾国佳人,化作南柯一梦。

谁想素云命不该绝,将要悬梁,忽即沉沉睡去。朦胧之际,见一仙女,抚背而言道:"吾乃尔夫家后园牡丹花神是也。汝不可短见,日后还有钗接镜圆的日子。目今罗星将过,还有一番水厄。特授汝以花须丸二粒,服之便可转死还生。珍重珍重。"素云接过,一口吞下,倏忽间遂不见了仙女。须臾醒来,犹觉余香在口,暗暗惊喜道:"既是仙女救我,或者还有出头之日。只得勉强挨度,再为区处。"曾有名贤一诗为证:

惆怅佳人命最悭,才离虎穴又龙潭。

若非此夕花神救,安得明珠日后还。

且把素云按下不题。

再说红生,领兵出京,一路上官府不敢怠慢,到处措备粮饷应接。不一日,来到苏州,即着内丁,同了沈家苍头,先到沈西苓家内下书。又差人到家报喜。自己却为军情事重,不敢擅回。

一日正在舟中闲坐,只见报道:"太仓王守备迎馈礼物。"红生看了手本,放在一边,置之不问。自卯至酉,并没一个人睬他。只得纳闷而去。到了明日清晨,又至船边伺候。如是者三次,竟不得相见。至第四日,候见红生上轿,认得面貌,就是前日把来问过照提的,不觉大惊。登时换了青衣小帽,央着本处乡宦钱世行,现任按察司廉使(致仕在家),王守备就央了他办下二百余金一副盛礼,下船请罪。红生再三推辞道:"既蒙台命,不致难为他就是了。这礼物绝不敢受。"钱世行便深深地打着一拱道:"前日王弁曾获罪于老总台处,皆由奸人何半虚之计,实与他无涉。唯失于查察,获罪深重。容俟日后捕获时,自当解至台下,听候治罪。若使所备微仪,不蒙点领,则治弟亦不敢代为荆请矣。望乞海涵曲宥,则弟亦叨庇无尽。"红生道:"虽是何半虚造谋枉屈。你为防官,就该审谳。为何通同设陷。今承老先生见教,姑恕不究。这些礼物,亦只得权领。"说犹未已,那王守备跪在船头,只管叩首不已。红生竟不睬他。钱世行道:"今日王弁实已悔过待罪,伏乞老总台不念旧恶,所谓大人不做小人之过。"红生笑道:"若非老先生力为见谕,决要处置他一个死罪。也罢,就着他为前部冲锋,以便将功折罪。"遂于当日,点起军兵,以神将甘尽忠、水从源为后队,自己却与老将乌力骨,统领中军。一鼓造饭,二鼓取齐,三鼓进发。浩浩荡荡,杀奔洳河而来。要知胜负何如?且待下回分解。

第十二回　贞洁女捐躯殉节

当下红生领兵征进，先着探子，前去探听虚实。只见纷纷回报，黑天王正在山前点兵候战，鲁仲在山后看守营寨粮草。红生便唤甘尽忠、王守备吩咐："你二人可带本部兵五百，俱打着贼兵旗号，埋伏在两旁芦苇内，待他兵出之后，随即上山放火，夺得营寨即为头功。"又唤水从源吩咐道："你带部下人马，俱驾小船，前往山后水湾埋伏，只看山头火起，便从后乘势杀上，必得全胜。"分拨已定，自与乌力骨，领着中军，往山前进发。一声炮响，忽地里冲出五六十号船来。红生忙教摆开船只，两下混战一场。红生往后便退。黑天王赶至，略战数合又走。黑天王见红生船只乱动，遂招动令旗，前来追赶。未及数里，忽见山上火光烛天，烟气蔽日。黑天王只道粮草上火起，无心恋战。舍了红生，望着自己营寨而走。红生见他回阵，料得贼已中计，便同乌力骨回身杀上，又战一阵，杀伤贼众无数。黑天王慌忙下在一只小船而去，将近沙岸，只见山上炮石如雨，铳箭交加。左边冲出王守备，右边冲出甘尽忠，大杀一阵，竟不知有多少兵马在此。却不敢上山，遂绕山而逃。不料红生后又杀至，与王守备二将合为一处，就换乌力骨把守湖口，自与二将杀入老营。那鲁仲见势头不好，便弃了粮草，奔救大寨。将及交锋，背后水从源又驱兵掩杀一阵，鲁仲只得领了败残人马，望着左边小山，僻处逃躲。红生也不追赶，即鸣金收军。赏劳已毕，就在山下扎寨，自与水从源扮作小军，乘着一只小船，前去侦探。

约行二十余里，到一芦渚滩头。只见一只渔船，捞着一个死人在那里喧嚷。红生上前看时，却是个女子的尸骸，尚有几分气息，就唤渔船上的婆子，与他换去湿衣，把姜汤徐徐灌下，看是谁家闺女，好着人送他回去。正解衣时，忽见右臂上有小包一个，红生打开一看，是一段白绫裙幅，裹着一股玉钗，裙幅上又有绝句十首，一半字迹模糊，其一半云：

其一：

自怜薄命强依人，贞节哪知不受尘。

寄语慈亲休怅望，入江犹是女儿身。

其二：

一点冰心矢不磨，孤魂漂泊更如何。

江妃有意从为伴，羞煞东陵设网罗。

其三：

冷冷碧水涨清溪，此夜孤魂何处啼。

河伯若教怜薄命，东流反向洞庭西。

其四：

夜静挑灯读楚辞，从今何处托心思。

生前未获谐鸳侣，死后相逢那得知。

其五：

一别慈帏已八春，涛声岳色共愁人。

愿持节义轻身死，玉碎香消总不论。

——薄命方素云临死偶书

红生诵毕，方知就是方素云。慌了手脚，便自去抱过船来，覆着棉絮，灌着姜汤。有顷，吐出了许多泥水，虽不能言，却已有几分苏醒了。红生急忙望空祷告，俄而素云星眸微启，低声说道："这是什么所在呀？红郎为何却在此处？莫非是梦中相会吗？"红生向前便告以捞救之由。既而坐定，备询其投水之故。素云哭诉道："自与郎君别后，为遭兽兄不仁，强夺妾志，将妾许配何家。那时妾自分必死，但恐累及老母，以是隐忍苟活。不料何贼亲迎之夕，正拟以颈血溅其衣，却被黑寇手下的头目，掳至贼营。又欲强污妾身，幸喜盗妻仇氏，因妾于别室之中，更获仙女授我灵丹，许我有相会之日，故而迁延存命。然妾自料必死无疑，谁想昨日官兵征剿，黑寇战败而遁，仇氏与众将俱各分窜，不知下落。妾恐出头露面，又多一番辱，因作绝命词十章，投湖自尽。谁料获遇郎君救起，复得全生。想那仙女之言，果不虚谬。但不知我方氏祖上，做了许多恶事，使妾受此磨难。"说罢，不觉呜呜咽咽地哭将起来。红生再三劝慰道："小姐不必悲伤，大凡姻缘生死，会合分离，总是前生分定的。即如何贼与那方兰两个，用尽机谋，终成虚想，还亏得你冰清玉洁。这都是我在京日久，致你受此挫折。今日相逢，真出自意外，所谓天作之合也。

但目下领兵在此，正与唐云厮杀之时，只恐留下不当稳便，随即差人护送回去，以俟剿贼之后，另容相会便了。"素云骇然道："郎君向在哪里？何幸得此荣职？愿乞为妾细道其详。"红生遂把别后事情，也略略说了一遍。素云不胜欣喜道："如此待妾先归告知母氏，可不悔死他也。"红生遂出银一两，赏了渔翁，即备船只，就着渔船上的老妪，护送前去。从小港转至白秀村，着即上复方老安人教他好生调养，待剿贼复命之后，请假完婚。先具白金一百两，为小姐压惊之费。吩咐已毕，同了水从源送出港口，方才归入帐内，商议捣巢覆穴之计。

当日造饭食罢，点起合营将领，遣乌力骨等直逼贼营。那黑天王自从折了一阵，归遁武山，正与众将会集，整顿军船复战，忽见乌力骨已统兵近寨，便大怒道："匹夫如此小觑我，若不与他决一死战，我也决不敢望图王夺霸了。"即刻点兵下山，列成阵势。两军相遇，正在白苹桥迎敌。红生挥兵掩杀，把黑天王围了数匝。怎当他十分骁勇，大喝一声，官兵退下数里。乌力骨渐渐气力少怠，不敢当锋，望着本阵而逃。红生见乌力骨战他不下，遂唤众将一齐杀出阵来。水从源正撞黑天王船，未及数合被黄俊暗地里射了一箭，正中左肩。黑天王赶来抢时，幸得王守备接住，救得回来，已是箭深入骨，未几而死。黑天王遂即奋勇拒杀，红生率着甘尽忠、乌力骨驱着大队人马敌拒。站出船头，高声唤道："唐云，我这里天兵已下，你还不知死活，辄敢抗拒吗？我劝你不如及早投降，庶不致死无噍类。我又为你保荐，使你不失封侯。倘仍前趑趄，只怕后刃一加，你便噬脐无及了。"黑天王大笑道："我只道朝廷差着什么大将，原来是个白面书生，哪里晓得兵家妙算，却是自来送死。"说罢，遂挥着众贼，冲杀过来。甘尽忠慌忙接住，两人混战了一会。不料陈达架起大炮，只一炮，把红生的大船打得粉碎。甘尽忠失脚坠水而死。陈达遂乘胜赶来。乌力骨舍了黑天王，竟与陈达厮杀，两个又战至傍晚，不分胜负。史文看见不能取胜，便披发仗剑，作起法来。只见口中念着神咒，道一声疾，顷刻间雨雹交加，满天蔽着黑雾，对面不能见人。红生在船，站立不住，只得弃船登岸。那军士刚刚渡得一半，越觉风狂浪涌，霎时间把那船只，都翻在水里了。官兵溺死者，不计其数。乌力骨向前禀道："贼兵甚锐，兼有妖术，我军若不退去，皆葬在鱼腹中矣。望乞作速传令退军，以便取到救兵，再图剿灭。"红生依允，只得退回十里。查点将士，折了大半。心下好生闷闷不悦。当夜唯恐贼兵劫寨，众军皆不卸甲。

将有一更天气，只见月光皎洁，红生步出帐前，看那星斗，忽见一人，布袍素服，腰边挂着宝剑一把,向红生笑道:"别来未几,恭喜仁兄,荣登黄甲,奉旨出征。小弟偶尔相闻,特来问候,不知还认得故人否?"红生听说,只道是贼营遣来的刺客,吃了一惊。那人又笑道:"仁兄休得惊疑,可记着当时在酒店中把宝剑赠那乞者吗?即俺是也。"红生便大着胆,近前仔细一看,认得面庞不差,遂延入帐中,分宾主坐定。红生备细告诉道:"小弟原系文弱书生,不谙军旅,谁想登籍之后,即遭奸臣中伤,致奉圣旨,着弟领兵剿贼。不料自与唐云相拒以来,屡战屡北,今日损兵折将,又大败一阵。若欲再战,并无良策。若即退兵,又恐朝廷以失机绳罪。以此进退两难,计无所出。天幸遇着仁兄赐顾,不知可有胜局,以救三军之命吗?"那人听毕,不觉呵呵笑道:"红兄之言,何其懦也。量那唐云,不过泖湖中一草寇耳。虽有数千人马,皆乌合之众,可以灭此朝食,何致数败者哉。昔日范仲淹韩琦二公,亦皆文章科第,乃胸中却有十万甲兵,故西夏人为之谣曰:'军中有一范,西夏闻之惊破胆。军中有一韩,西夏闻之心胆寒。'彼二公者,独非文士乎。今足下初登仕籍,即奉简书,正宜出奇破贼,扫清泖荡。上免当今宵旰之忧,下慰吴中士庶之望。所以取荣名,享厚禄,在此一举。何乃以小小挫失,遂怀退避耶。"红生听了这一番话,涨得满面通红,连声谢道:"小弟不才,幸蒙仁兄赐谕。顿开茅塞,不觉愧汗浃背。但目下正在危迫之秋,万望仁兄有以教之。"那人道:"既值败残之后,还宜按兵不动。可速移檄当道,请兵救援。并察贼众来往险要河港,严督居民钉栅断堰,以截其去路。更差心腹,潜至贼营,行离间计。使彼自相伤残,则可以一战而破矣。兵贵神速,更贵出奇。神而明之,唯在足下之一心耳。"红生肃然起敬道:"多谢指教。"遂命左右,备酒款待。

当下两个,促膝细谈。饮至三更天气,那人道:"小弟此来,一则奉候台兄,一则有事相恳。前在酒肆中,匆匆乍会,即蒙以家传无价之龙泉见赐,如脱敝屣。岂今荣叨恩命,钱粮出于掌握,反有不为鄙人周济者乎。倘不见拒,愿当实告。"红生慌忙问其来意,只见那人言无数句,有分教:千余将士,几何尽丧泖湖。要知端的,下回便见。

第十三回　凭侠友功成奏凯

诗曰：

为友倾肝胆，提戈解寇围。

千金轻若屣，一诺重难回。

报国宁辞险，图功岂惮危。

妖氛从此靖，奏凯向朝归。

且说红生，当夜置酒款待那侠客。那人道："俺此来有事相求，若不见拒，愿当实告。"红生即问其来意。那人道："别无他事，特向足下暂借粮米二百担，白金三百两。到十日之后，即当加利奉纳，绝不敢谬约也。如蒙见许，现有人舟等候，幸祈即发为感。"红生便叫管粮军士，着今照数付去。乌力骨听见，连忙近前密禀道："现今军中乏粮，若发去许多，万一愆期不至，岂不误了大事。"红生道："汝言固是正理，但业已许诺，只得付去便了。"那人看见左右俱有难色，便道："若或贵役不肯相托，俺岂敢强借，就此作别了。"红生欣然笑道："蒙兄约在十日之外，弟即着令除了十日口粮，其余照数奉与仁兄拿去。大丈夫肝胆相孚，千金不计，况此些许而有吝色者哉。"那人便指挥随来数人，将米运放舟中。向生一拱，竟自下船而去。于时天色大明，只见黑天王率着众贼的船只，约有五六百艘团团围住，四边炮响如雷。红生看见来得势头，即便收兵上山，只得勉力拒守，以待近处援兵。谁料各路守镇官，俱受了昝元文的约束，那一个肯发兵来。一连拒守七日，人心愈危。怎奈贼兵愈众，山下围得铁桶相似。红生料难脱身，大哭道："我为奸臣所卖，以至此地。今日为国而死，诚为死得其所。"遂召诸将安慰道："尔等随我出征，本图建功立业，谁想天助寇贼，致遭数败。古人有言，人生自古谁无死，只要死得其所耳。今我势穷力尽，若同尔等降贼，亦有何难，只是日后朝廷别选良将，再来剿除，却不是仍旧一死，不过偷生几日，却贻万世臭名，非豪杰之所为也。为今之计，倒不如舍命一战，或可全生。就是力毙而死，也不失做个忠臣义士。当日田横之客五百人，自杀在海岛中,至今称其义勇。倘尔等不以我言为然,愿速斩我之头,以献唐云可也。"众军听毕,哭声震地。顷之,俱踊跃大呼道:"我辈愿死不愿降!"红生见众军士肯出死力,遂复出战。自午至西,两边伤死甚多,不能取胜,红生只得仍旧上山。

其夜二更时分,坐在山顶石上,只见贼将史文领了二百余人,绕着山脚巡哨。仰首见了红生,大叫道:"红爷不必害怕,我有一言奉告。闻得朝廷发与红爷,只有二千残弱之兵,今已深入不测,死伤大半,料想不能济事了。何不解甲归降,共图富贵。况今世界纷纷,有何皂白,纵使尽忠死节,安得旌表,却不白白枉送了性命。"红生大骂道:"狗鼠盗徒,我恨不能即时歼灭以报□□,反敢乱言无忌。你晓得红爷是何等样人,敢来饶舌吗?"史文明知志不可夺,遂即率众退去。俄而相拒,一连又是五日。不料寒威愈甚,粮又断绝。众军士啼啼哭哭,哀震山谷。

红生与王乌二将,也没做理会。但闻喊杀连天,正在危急之际,忽见西南角上,有几十只大船来到,竟不知是何处兵马。须臾,湖上杀声振动,只见那来的大船上,旌旗蔽日,剑戟横空,约有五百余人,全身披挂,俱是勇纠纠的精壮汉子。初时还认是唐云一伙,哪知一上岸来,就把山下围困的贼寇,冲得七零八落,四散逃窜。内有黄罗伞下,罩着一人。腰悬宝剑,手执丈八蛇矛,生得威风凛凛,气概轩昂,在山下大呼道:"快请红老爷下来相见。"王守备伸头一看,急忙报与红生道:"前日那个借粮的,已把贼兵杀败,特来请见。"红生大喜,疾趋下山。那人迎住道:"蒙兄慷慨借粮米、白银,原订十日之后奉璧,今特送到,幸勿见罪。"红生再三谢道:"吾兄真信人也。但弟被这唐云围困,死在旦夕。顷闻仁兄已经杀败一阵,不知可能相助一臂否?"

那人道:"俺料足下不能取胜,所以特选精卒五百余人,星夜前来救援,保为足下破之。"红生道:"敢问吾兄,从何得此兵卒,以救小弟?"那人呵呵大笑道:"原来足下尚未知俺行藏。俺前年打从伏虎山前经过,被一伙草寇围住,俺拔剑乱砍,一连砍死数贼。那寨主见俺本事高强,便请上山入伙。住不多时,寨主病故,众喽啰遂推俺为头目。以此积草屯粮,四方好汉,纷纷投聚。不上半年,遂拥众三千余人。但成则为王,败则为寇。算来也不是长久之计,每望招安,又无进路。今幸足下收服唐云,俺正好率兵相助,以便归顺朝廷。只为粮草缺乏,所以前来告借,今特送还。愿当剿除此贼,以效微劳。"红生道:"原来仁兄慷慨仗义,乃是当世之豪杰。便欲弃暗投明,愈觉可敬可羡。曩者,请问姓名,未蒙见示。今既殄灭强寇,共立功名,不是埋踪遁迹之时了,望乞剖白。”那人道:“俺姓庄,字伟人,江北人也。自幼遇一异人,授我五雷正法,并兵书一卷。只因二十岁上,为父报冤,杀死仇家一十六口,遂即遁迹江湖,未尝白人。今遇知己,辄敢尽言。”红生听说,益加恭敬。那庄伟人便将送到之米运起,着军士饱食一餐,教他休息。自却领了兵马,杀到平坡大叫:“唐云,早早下马受缚。”黑天王听得,大怒道:“我与你唇齿相依,为何反来自相攻击。”正欲出战,黄俊在旁说道:“不劳大哥费力,待小弟生擒此贼。”便轮动双刀,直取伟人。伟人大喝一声,竟把黄俊一刀砍死。鲁仲看见,举刀来迎,不一合又被庄伟人一剑挥为两段。惊得黑天王拍马拖刀而走。庄伟人奋勇赶上,只一箭,射中肩窝,便轻舒猿臂,活捉过来。那众贼,弃戈卸甲,愿乞投降者,约有五六百人。其余各自分头逃窜。庄伟人急忙鸣金收军,着将黑天王解到红生帐下。红生便令军士,绑来上了囚车,即日解京候旨发落。所获的金银财帛,悉散与众军卒。王守备原居旧职,待请旨后,别加升赏。遂邀庄伟人到营,殷殷作谢道:“若非仁兄到来,弟已死于唐贼之手。今获灭此巨寇,全仗神力。敢问用兵之道,何者为先?”庄伟人道:“为将之道,因敌制宜。上识天文,下察地利。强而示之以弱,实而形之以虚。静如处女,动如脱兔。为奇为正,莫知我之所之,斯为上将耳。至如唐云,不过一勇之夫。虽众至数千,皆乌合之众。唯藉泖荡,以为巢窟。欲剪除之,直易易也,何须劳兵动将,费国家之帑金者哉。”红生道:“弟愧腐儒,不知军旅之事,幸遇仁兄,成此大功,意欲结为兄弟,未知允否?”庄伟人欣然许允。遂备牲礼,当日就对神八拜,定为生死之交。

　　因以钦限严急,不及省亲。即欲班师就道,忽见管门兵役,向前禀道:“早间拿着一个贼党,现在衙门外,等候发落。”红生便叫解进来。须臾,只见捆着一人,解至阶前跪下。红生喝问道:“看你小小年纪,怎生投在贼营。今唐云等既已阵获,汝何不即时卸戈归顺,直待缉拿。在我跟前,有何话说。”那人俯伏,不敢抬头。低声哭禀道:“小人并非是贼,恳乞老爷超豁。”红生又问道:“你是何处人氏? 姓甚名谁? 如果冤枉,可着地邻保结,饶你一命。”那人道:“小的是本地人,姓何名馥,其实是清白良民,望乞老爷详察。”红生便将众军士喝退,吩咐掩门,且带在后堂审问。暗暗传令,着把何馥的绑缚松了,更衣相见。那些兵丁,互相猜疑。俱道是本官的亲戚,先前拿获何馥的,倒捏了两把汗,连忙向着何馥哀恳道:“小的们有眼不识泰山,一时冒犯,望乞海涵,在老爷面前饶恕则个。”何馥也摸不着头脑,只唯唯答应。既而进去,只见红生嘻嘻笑道:

"老弟别来许久，怎不做那长进的事，乃陷身于盗党。幸而遇我，不然几乎性命不保矣。"何馥仔细一看，认得是红生，始把鬼胎放下，欣然拜谢道："小弟命不该死，幸遇红爷。但其中冤抑之情，一言难尽。"红生便命看椅坐定，从容问道："贤弟有何冤抑，可为我备细陈之。"何馥道："弟之冤苦，皆为着红爷而起。"红生惊问道："我与你天各一方，为何为着我来，这也十分奇怪，须即一一言之。"何馥道："当日红爷被家兄何半虚，邀请到舍，做那寿诗。弟有弱妹，名唤媚娘，年当及笄，尚未受聘。因为爱着红爷才貌，那一夜潜出闺门，向着月明之下，与红爷相会。将欲面订百年，不料闻谕已经纳聘，遂即许作小星。及至次日，红爷归寓，祸遭那个变局，以后探听，杳无下落，致舍妹时刻思念，命我直到前途访问。不想经过盗穴，竟遭黑天王手下拿住，强屈入伙。弟再三哀求，哪里肯放，只今已将三个月。前在阵中，几乎丧命。昨被贵役拿住，绑缚拷打，体无完肤。若非遇着红爷，则命已登鬼。"言讫，泪如雨下。便解开衣服，把与红生细看。果然遍体带伤，红生心下惨然。即时传令，着把原获何生的兵役拿到，喝令重责四十。何馥看打到二十棍，为之力劝道："这是小弟命蹇所致，还求红爷饶了他这二十棍吧。"红生喝叫放起，忙命备酒。当下与何馥饮酒中间，又细细的问道："当时吾弟，并不说起有妹，即曩夜相会，又不肯说出姓名，其中莫非别有缘故？"何馥道："原不是小弟嫡妹，实姓吴，是弟姨母所出。只因自幼父母双亡，无所依托，所以继与家母。家母爱之如亲女，与弟亦胜如同胞兄妹。故以实情语弟，央弟出来访探。敢问红爷，何时进京，怎生就得荣升贵职？"红生亦备细的将前事话了一遍。是晚直饮至更深而散，就留在帐中安宿。

次日起来，红生执手问道："贤弟在家，既系无聊。还是先归，还是与我同进京师？待复命之后，一同南回。"何馥道："承辱厚意，本欲奉陪。但自陷贼巢，离家日久，恐老母有倚闾之望。思欲回去，报一确信，又省得表妹挂心。"红生道："这也说得是。"遂取过元宝一个，并方小姐所赠的玉钗一股，付与何生道："二物虽微，权为聘礼。待回朝之后，即图归娶也。"又作小词一首，附赠媚娘，其词曰：

昨夜东风帘外转，晓来无数凄惶。莺啼鸟语为谁忙？可怜春欲去，空解惜春光。

不管落花飞絮乱，只愁香散池塘。佳音虽获寄纱窗。相逢期尚远，相忆在兰房。

——右调《临江仙》

红生送过何狷兰，正欲择日起程。恰值本府知府并同知司李，备酒在虎丘，与红生称贺，兼为饯别。红生向着庄伟人道："既蒙郡公招饮，弟与兄早间先到山寺，以作竟日之游。亦古人偷得浮生半日闲之意也。"庄伟人道："弟亦正有此意。"当下遂一同去游虎丘。看有何话说，下回便见。

第十四回　游山寺邂逅娇姿

且把红生按下，再说咎元文。自将沈西苓劾奏流西，又将红生假公济私，举荐他收服黑天王。以是满朝科道，俱各愤愤不平道："他虽官害极品，不过是一武弁出身，怎敢窃弄威福，把我等文官小觑，致流者流，降者降。若不将他弹奏一本，将来朝纲必致紊乱。"遂将咎元文阴受流寇唐云厚贿，反把百姓杀害，充做贼俘，欺君误国等情，做了本头，奏闻圣上。不觉龙颜大怒，立时批下，着将咎元文革了职，候刑部勘问。咎元文闻了这个消息，吃了一惊，连夜打发家小，并将金珠细软，前往浙江暂住。

原来咎元文，单生一女，名唤琼英。年方二八，尚未受茶。自前番在后花园内瞧见红生，丰姿秀丽，心下十分想念。不料咎元文回来撞见，认是奸细，竟将红生捆吊密室。琼英不胜怜悯，候至夜深，密着老姬，潜将酒饭与生充饥。及次日遇着沈西苓救去，琼英方才放心得下。然未知姓甚名谁，无从探访，心心念念，思慕不置。只因年已及笄，春心飘荡，兼值深闺迴寂，从不见人，所以一遇红生，便觉十分属意。闲话休提。

且说当日，随着母氏急忙忙收拾起身，在路晓行夜宿。不一日，舟次苏州。琼英对着老夫人说道："孩儿一路，为因思念爹爹，心烦意乱，今日舟抵姑苏，闻得虎丘山寺，风景秀丽，意欲上崖去，散闷片时，不知母亲允否？"老夫人道："果然闻得，虎丘为苏州第一胜景，汝若要去，可令乳娘相伴，随喜一会，我自坐在船中吧。"琼英听说，心下大喜。次日清早，催唤早膳吃过，即带了乳姬，并丫鬟仆从，前往虎丘游赏。只因此一去，有分教：

画船唤起相思恨，佳句消磨锦绣肠。

再说红生，正欲进京复命，恰值府厅各官，备酒在虎丘饯别。红生遂与庄伟人，于早间先到山寺随喜。正在徘徊之际，忽见一队仆媵，随着一个美丽女子，款款而来。红生慌忙近前一看，乃一绝色佳人，与方素云不相上下。即着随行兵役，问是谁家宅眷。须臾回说，乃是咎老爷的小姐，名唤琼英。只因咎总兵被这科道纠弹，奉旨革职，所以夫人小姐,潜往浙江暂住。便途经过,到寺游赏。红生听说,大喜道:"原来昝元文也有今日,只可惜他的女儿,曾有一饭之恩,何以报答。"一边自言自语,那琼英觑见红生,也暗暗惊疑道:"昔在园内遇着的书生,怎生也在这里。看他许多役从,难道已经出仕的吗?"即着家童问明是那一位官长。家童去了一会,登时回报道:"乃是钦差征讨湖寇的兵部职方司红老爷。"琼英心下想道:"或者面颜相似,不是他吗?为何就得这般荣擢。"当日回到船中,愈加思念不已。吟诗一绝,以自遣道:

相逢谁解不相思,相见哪知意欲痴。

今夜孤舟何处泊?落花空对水差差。

昝小姐到得船中,老夫人即催开船,赶到平望停泊。次日五鼓起身,自向武陵进发。

且说红生,当晚在虎丘寺内,饮宴之后,忽报天使来到,开读圣旨已毕,天使道:"恭喜老先生,剿除巨寇,皇上大喜,特着下官星夜前来,催促进京复命,并要众将官立功册籍,以便次第行赏。钦限紧急,老先生只索即日起程,不便逗留了。"红生便与庄伟人,择日班师。一路至北逢州过县,无不尽有人马迎送。

不一日,来到鲁桥驿。那驿丞不早准备,缺少驿夫。本府知府不好意思,就把驿丞解来请罪。红生仔细一看,认得就是何半虚。佯为不知,厉声喝骂道:"王师奏凯,凡经临地方,上下衙门,无不躬亲迎送。你许大前程,辄敢违误吗?"何半虚抬头,见是红生,惊得魂不附体,连连磕头道:"愿求饶恕。"红生喝叫重打四十,即以抗误王师论罪,革去本职。可怜何半虚,打得两腿鲜血淋漓,即日收拾起身回去。自不消细说。

且说红生,不一日到了北京,项工部闻知,即到寓中相会。当下叙过寒暄已毕,项工部道:"流寇纵横,虽则是疥癣之疾,然损兵折将,连年征讨,未获扫清。今仁兄此举,本为奸臣设谋陷害,谁想竟成大功,凯旋复命,使弟辈殊为庆忭。但闻初时,亦屡为贼败,不知后来怎得即尔洗除?愿乞为弟细罄其详。"红生道:"小弟弄笔书生,素不谙军旅之事。前者奉命前去,自分必死。盖权奸名为荐举,阴实中伤,故所调军士,皆老弱疲惫不堪者。况又粮草不继,外绝救援。弟虽身先士卒,日夜饮泣,其如贼寇披猖,致遭连败。天幸遇一壮士,援戈相救,遂得转败为胜,得以一战扫除。此君姓庄名伟人,亦是江湖豪杰。少不得面圣之后,还要同来奉拜。"项工部道:"此皆仁兄洪福,所以有此际遇。"说罢,即令备酒,与红生称庆。当晚尽欢而散。

次日，红生早朝复命，龙颜大喜。便宣入金銮殿，细问平复之由。红生把诸将效力，并庄伟人解救之事，一一具奏。圣上十分慰劳，钦赐蟒衣一袭，玉带一围，官封兵部少堂。庄伟人弃邪归正，平复有功，即授都督之职。乌力骨、王守备等，俱有汗马之功，超升三级。水从源、甘尽忠没于王事，荫封其子。宣诏已毕，红生谢恩出朝，拜望同年，并翰林科道各衙门知识。在路，忽遇着昝元文，昝元文远远望见红生，即把马头拨转，向着小路而去。红生陡然想起，前日保我剿寇，本欲置我死地，谁知反得成功，岂不是因祸致福。只有沈西苓被他陷害，至今尚在远方，实是可伤。今幸被弹革职，现在审问。若不与西苓雪冤，更有谁人出力。思忖了一回，遂去与庄伟人商议此事。庄伟人听说，不觉大怒道："这样奸臣，何消与他絮叨叨的论辩，我明日早朝，少不得要上朝谢圣。倘或撞着时，一顿打死便了。"红生道："他既奉旨候勘，是个钦犯，不是这般鲁莽的。待奏过圣上，慢慢的与他厮闹未迟。"再三劝慰，庄伟人哪里肯听。

次日早朝谢恩已毕，正要出来寻那昝元文，昝元文合该晦气，正在朝房之外，劈头撞着庄伟人。喝问道："你这个就是昝元文吗？"昝元文慌忙应道："阁下是什么贵职？"那庄伟人便大声道："簇新钦授都督庄伟人的就是。今早一来上朝，二来要打杀一个奸贼。"话声未绝，挺出升箩大的拳头，只一拳把昝元文打去了十数步。早惊动了文武各官，尽来解劝。庄伟人道："待我再是一拳，就结果了这奸贼了，到省得他刑部衙门受苦哩。"正在喧嚷，适值红生与项工部来到，竭力劝免。昝元文抱痛而回，竟不知为着什么缘故。庄伟人既打了昝元文，便去上朝。朝罢，归与红生计议道："一不做，二不休。我今日既打了那厮，那厮明日少不得决有本进了。明早我与你两个，各弹他一本，倒也使得。"红生道："弟亦料着。"此贼气愤愤而去，决有本章奏闻圣上。与其让他先动手，不如弟与仁兄各上一本。兄把克饷丧师，杀害忠良之事劾奏，待弟把那不法欺君弥天大罪，细细具疏。他已是革职候勘的，怕不将他断送了也。

算计已定，次早二疏同进。昝元文亦具本进上。圣上看见大怒，便着锦衣卫拿下。其沈西苓，即日召还原职。旨下之日，那些受害的官员，俱各补疏进内，即着三法司勘问。因恩赦减等，发到雷州安置。家小田园，一概抄没。红生与庄伟人闻知，俱各大喜。飞即差人，同着天使出关，迎接沈西苓。要知后来如何？下回便见。

第十五回　上冤表千里召孤臣

诗曰：

金兰旧谊并雷陈，路浦珠还侠气伸。

一叩九重开雨露，归来十里属阳春。

却说红生与庄伟人两个，一同具本，劾奏昝元文。随蒙旨下，着拿元文勘罪，押赴雷州安置讫，便将沈西苓赦还复职。当下红生晓得西苓将至，急忙出关迎接。两人相见，悲喜交集。沈西苓道："弟自蒙恩遣，只道此生终于异域，永与故人无相会之日矣。谁料赐环恩诏，即得还都。今日此晤，得非出自梦中耶？"红生再三安慰道："皆因小弟，致遭奸贼中害。自从别后，弟每回肠日九，天幸偶尔春闱奏捷，又遭昝贼假公济私，将弟举荐，剿荡湖寇。幸获扫平复命，得报大仇。今日与兄相会，诚出自圣天子雨露隆渥，并吾兄忠诚格天之所致也。"沈西苓道："还借仁兄雪冤，得返故土。自今以后之日，俱君之所赐也。"言讫，又将别后阅历之事，细细的叙了一遍。随即引去见庄伟人。庄伟人欣然置酒款待，三人尽欢而饮，将至半夜，沈西苓向着红生道："小弟离家数载，白云在望，血泪几枯。今虽幸得还京，已无功名之念，明日即欲上表乞养，未审台意何如？"红生道："小弟婚姻尚未成就，鄙意正欲陈词完娶。兄既宦情厌冷，弟亦作速出都矣。"二人商议已定，遂各写疏辞归。表凡三上乃许。会庄伟人出镇扬州，便一齐离京起程。城中部属，科道各官，无不备酒饯送，馈银作赆。路旁观者如堵，个个赞羡。

三人离京之后，一路谈笑饮宴，极其欢洽。不一日，早已来到扬州关上，同送庄伟人上任，就泊船在总府衙门前。红生想着扬州名妓最多，思欲前去一访。便改换衣服，瞒着庄、沈二人，止带两个仆从，只说去望朋友，悄悄地竟自蹀到院中来。谁想妓女虽多，都是寻常颜色，并无所谓倾国倾城，举世无双者。又闻说城外略有几个好些的，便慢慢地迤逦蹀出城来。行了数里，到处访问。看看天色傍晚，回城不及，红生心下着忙。又远远的行了几里，不觉红日西沉，素蟾东出。红生前不着村，后不着店，正思无处投宿，忽远远望见树林中有灯光照出，遂趋步从之，却是三间茅舍，四下甚是僻静。红生叩门许久，只听得里边有人脚步响，乃是一个年少妇人，启门而出。红生便即挨身进内，告求借宿。抬眼仔细一看，恰有几分面善。那妇人亦定睛细视道："相公莫非姓红吗？"红生失惊道："我是远方来的，娘子为何认得？"妇人道："原来隔别数年，相公已不认得了。妾即是方家的凌霄，何幸相公得到这里相遇。"红生大惊道："怪道有些面熟，原来就是凌霄姐。你为何却在这里？"凌霄潸然泣下道："相公请坐，妾的苦楚，一言难尽。自从相公去后，方兰那厮，竟把小姐许了何半虚。后来何家迎娶，刚到半路，竟被强人把小姐掳去。那方兰唯恐老安人见责，把妾身当日拐了就走，经今数载，不知小姐怎么样了？妾又住在这里落难。"说罢，放声大哭。红生道："你如今既从了方兰，哭也无益了。只是他在此处，作何勾当？"凌霄道："据他说在城中生理，妾亦何从查考。只为不肯从他，终日在此逼迫。妾身也是难过日子的了。"红生道："如今却在何处？"凌霄道："往常间进城，或一日一归，或间日一归，今已去了数日，说准在明日回来。"红生道："方兰既要你成亲，也不差迟，你何故不肯？"凌霄道："这样不长进的杀才，并没有一点良心，料他是个没结果的，我怎肯从他。"红生道："既如此，你且不要烦恼。只你家的小姐，不知经过了多少患难，如今早已到在家里了。今有个沈相公，当日在你家读书的，已中了进士，现做大官。今泊在萱府前那只座船就是。不如我替你写张状纸，告到他手里，就求他带回，却不是好。"凌霄道："这等多谢相公，若得还乡，衔恩不朽了。"随急忙忙寻出一张旧纸，教红生写状。一边自去整备夜饭，与生充饥。就在几旁坐下，满满斟酒，以目斜送，甚是殷勤。红生旅邸凄凉，正在久旷之际，又是旧交，未免情动。那凌霄虽无十分容貌，然眉目秀丽，亦自可人。兼值灯火之下，越觉丰庞娟媚。红生又多饮了几杯，乘着酒兴，以言挑之道："姐姐前日在方家辛苦，今得闲养，面庞更觉标致了好些。"凌霄微笑道："相公倒会取笑，念着奴家，离乡背井，有甚好处。"红生道："姐姐既已随着方兰，向来还是一处歇息，还是两处各寝？"凌霄道："我房在东，他卧西首。"红生笑道："只怕男孤女独，风雨凄凉，怎当此长夜迢迢，管不得那东西之隔。"凌霄明知讽己，便含笑不答。红生又笑道："与姐姐阔别多时，还记得晚香亭内，曾试阳台之梦否？今夕何夕，得再相逢，信是天从人愿，不知姐姐意向若何？"凌霄听说，满脸晕红，低了头，寂不作声。见红生这般情厚，又且无人在此，便从旁坐下。既而又将酒满满斟送。红生亦送过一杯道："姐姐亦须陪饮一杯。"凌霄再三推辞，被这红生歪缠不过，只得吃尽了。谁知量甚不高，吃下了这杯急酒，登时面色通红，把持不定。一堆儿蹲在椅上。红生一把搂住道："姐姐酒量原来如此不济，愿即与卿再图欢梦，幸勿推阻，以负此良夜。"凌霄双手推开道："有甚快活处，相公莫要如此。"红生哪里肯听，竟与解裙卸裤。凌霄此时，口中虽则假意不肯，心内早已十分情动，全不是对着方兰的口角了。当下红生婉转求欢，凌霄半推半就，遂即云雨起来。〔下省73字〕

有顷，云收雨散，整衣而起。凌霄重剔银灯，收拾已毕，便同红生一床而寝。

睡至天明，凌霄道："夜来所言，须得相公与我同去便好。"红生道："我有别事羁身，兼又不便与你同去。你到那里，我自指点你就是。"遂吃了早膳，一同到城。红生远远指着大船说道："这只大号座船，就是沈爷坐的。你去船边伺候，待沈爷出来，叫喊便了。"说罢，竟自转去。凌霄候了好一会，才见庄都督送着沈员外下船，凌霄从旁觑得分明，便一片声叫起屈来。沈西苓听见，忙叫手下人拿住，接上状词。看罢，知是方兰拐骗之故，心下转道："虽是那方兰无赖，做了这般没下梢的事，然当时曾经同窗数载，又不是管属地方官，怎好问得。"便写了一个名帖，并那状词与凌霄，着人送至扬州府正堂审问，自己在船等候回复。府官见是沈员外送来的事情，不敢迟误，飞速出牌拘审。差人下乡，恰值方兰归来，不见了凌霄，正在那里喧嚷。差人向前，一把扭住。方兰不知就里，犹乱嚷道："我是方相公，你怎敢拿着我。"差人道："我是不敢拿你的，却为着本府太爷请你。"方兰吃了一惊，竟被差役，一直扯到府堂。府尊见了，大喝道："刁奴才，你拐骗良家女子，逃到这里，还是掠卖还是奸拐为妻？"方兰才晓得是凌霄这件事发作，只得跪上禀道："那个凌霄，原是自家的婢女，小人也是簪缨后裔，怎肯做那拐骗之事，望乞太爷审情超豁。"府尊大怒，喝道："谁许你多讲，且待那凌霄说上来。"凌霄便哭哭啼啼，把前后事情，细细的诉了一遍。方兰跪上去，再欲辩时，府尊不容开口，便抽签掷下，喝叫重打四十。又取一面大枷，枷在头门示众，即将凌霄并回词送上沈爷，待他自家发放。红生闻知，忙至府前，见方兰道："方兄请了，兄为何这般模样？"方兰哭道："说也可丑，其年仁兄为了官事之后，家婶母就把舍妹另许何半虚，比及何家娶去，路上又遇着强盗掳去，如今舍妹还不知下落。此事原是弟

私家藏书

赛花铃

图文珍藏版

与凌霄同送亲的。因无面目回家，只得同着凌霄，住在这里。谁想这个丫头，听人唆哄，霹空写着一张状子，告到太爷，竟说我是拐骗，为此屈受刑责。想我异乡孤零，没人搭救的了。"说罢，泪如雨下，甚是可悯。红生听了，到也慈悲起来。说道："看你流落异乡，身受刑罚，其实可怜。只是当初你的念头不好，所以到了这所在。我与你无论别的，就是同窗几载，岂能无情。"方兰点头道："弟自今已经件件晓得了。"红生便向店中，买了一个帖儿写着，便着巡风民壮传进府去。府尊连忙接进宾馆内，聚话多时，亲自送出头门。红生见了方兰，假做吃惊，对着府尊道："这方兰乃是小弟的同窗敝友，不知犯着何事，却被老年翁惩之以法。"府尊一拱道："领教。"红生别了府尊，府尊登时开枷释放。方兰大吃一惊道："红玉仙为何与本处太爷相熟？今日倒感激他的大恩，得以开劈。若不遇着他，几乎把那性命送在此处了。"当下再三拜谢，苦苦要留红生到寓。红生道："我因匆匆返棹，不得工夫。你若要归去，可于今晚作速收拾，明日早到庄总爷衙门前待我。"方兰唯唯，应声而去。红生亦遂即到总府前来。此时，沈西苓尚未开船，遂同去拜辞庄伟人。伟人又整备筵席，留着二生祖饯。直至次日送出，沈西苓与红生刚欲下船，只见方兰背负包裹，站在岸边等候，红生忙唤他下舱相见。方兰见了这二生这般显耀，逡巡不敢下船。红生在船内微微冷笑道："看你急急而来，恰是丧家之狗。若追前情，决不轻恕。但今见你十分狼狈，我也不必深究了。"方兰听得，只得含羞，走下船舱，撇了包裹，向着二生，深深做了两个揖。转眼望见凌霄，立在前舱，越发面色涨得通红起来，旋即走至后梢去了。二生也佯为不知。

当晚饮酒中间，沈西苓便唤凌霄出见，从容语以其事。红生听见，假作不知。不一日，已到苏州关上。红生谓沈西苓道："弟以白云念切，归思甚浓，不得造府叩谒。至方家岳母处，亦不暇探候。唯凌霄姐，既承挈携而归，望乞差一尊价送去，殊沾高谊不浅。"言讫，遂即握手言别。

红生即一径到了长兴，拜见红老夫妇。红公与老安人大悦，便问别后事情。红生细述一遍道："不肖命途多舛，数遇凶危，始遭方兰欲赖姻事，与何半虚局计，诬陷窝主，被擒收禁私狱，天幸花神援救，得脱牢笼。及至京都，又因醉闯咎元文别墅，被他朝回遇见，认作奸细，拿住不放。又亏得沈西苓救免，既而春闱奏捷，咎贼犹欲害儿性命，将儿举荐一本，奉旨征剿湖寇。当时与贼三战三北，被困山头三日。若不遇那庄伟人解围,早已作睢阳后身矣。其间艰苦,一言难尽。今幸功成名立,得蒙圣恩,钦赐归娶。皆上赖父母之福,下藉庄、沈之力,不肖何有焉。"红公与老安人道:"家无读书子,官从何处来,还自你读书的功效。至于患难险阻,也算做吉人天相了。汝于次日,可到祖茔拜祭,也见你荣名及祖。"红生唯唯应诺。要知后来何如?下回便见。

第十六回　赐环诏一朝联三媛

话说红生又盘桓了几日，遂往太仓州，于旧宅基上，起造堂屋，比前更加齐整。又于花亭之前，起建一座花神阁，内供花神神位。雕梁画栋，备极轮奂之美。但见：

> 桂殿兰宫，雕甍绣闼。阑干曲曲，备十二之萦回。楼榭嵬嵬，环三千之体势。春来花木争妍，夏至菱莲竞放。小桥流水逐挑浪以过津，幽径埋香转竹林而入胜。诚为裴度之绿野，不数石崇之金谷。

红生正在建造屋宇，忽报守镇王将爷进谒。红生下阶迎接。原来就是王守备。已为叙功，超升游击。一见红生，便拜谢道："前者剿灭巨寇，小走并无寸功可纪。荷蒙举荐，得与升赏，感仰厚恩，铭之五内。所有何半虚一事，卑职业已捕获，今特解来候请发落。"遂着手下兵役解进。只见何半虚戴着枷，一堆儿跪在阶下。红生虽是大仇，看了如此光景，却有几分怜悯之意。只得假装不见，自与王守备把些闲话，谈了半晌。恰值何猗兰亦来拜贺，相见礼毕坐定。何馥把进京事情，一一询问已毕，便道："何半虚冒犯翁兄，罪在不赦。但与小弟实系同宗，所以乃父再三央弟冒恳，弟亦难于启口。倘获以薄面，许其悔过，则感荷巨渥，胜于重生。况何半虚没有兄弟，若蒙严创，则乃父一线之传绝矣。"说罢掉下泪来。红生道："若论谋我原聘寒荆，并陷我不法，即置之死地，亦不为枉。若以笔砚交游，曾经连床共寓，岂无宽宥之念。只是以同袍而机械叵测，真一禽兽也。今日不过杀一禽兽，还说什么何半虚。"王守备亦再三哀恳道："据着何半虚，向卑职苦苦哀求转恳，亦万分追悔无及。望乞海涵饶恕。"何馥又跪下哀求。红生慨然道："听了子舆氏一句说话，于禽兽又何难焉。又有二位面上，便宜了这畜类吧。"王守备与何馥，慌忙致谢，遂即起身作别。何半虚连连叩头，相随而去。

那时，红生建造修茸已毕，亲往长兴，迎接红老夫妇还家。那些亲友馈送贺礼，填门塞户，登时声势赫奕。里中老老幼幼，无不称羡。又过数日，卜吉完姻。当迎亲那一夕，方吴二小姐一同进门。真个是笙管沸天，亲宾满座。交拜已毕，正欲迎入洞房，吃那合卺杯。忽外面一片声沸嚷报道："圣旨已到。"红生急忙焚香迎接，天使进入正厅，开诏宣读。却是圣上赐来封诰，兼闻红生未娶，特命昝元文之女琼英赐配红生。命完姻以后，作速上京赴任。红生谢恩已罢，心下想道：那昝元文虽系奸邪，他女儿曾有一饮之恩，况今业奉圣旨赐婚，怎敢不从。遂禀过红老夫妇，忙备暖轿接去。当下三位夫人，同赴花烛，拜见舅姑，合家甚是欢喜。那亲戚朋友，愈加称贺，俱不消细叙。沈西芩与庄伟人，亦具差人驰送贺礼。

当夜，红生与三位夫人饮酒中间，素云道："妾自与君订约之后，将谓姻好有期，不料兽兄诱母夺志，遂致流离患难，出万死而得一生。今幸团圆，实出自神天佑庇。敢问曩时赠君玉钗、琼簪安在？"红生道："蒙赐二珍，其琼簪佩带在身，顷刻不离。见簪如见卿耳。"素云道："那玉钗却在何处？"红生遮隐不得，便把赠予媚娘始末，细说一遍。素云绝无醋意，笑谓媚娘道："姐姐亦以此钗作合，可称媒妁。今既完聚，何不取来，会合一处。"媚娘便向奁内，取出玉钗。红生亦向怀中，取出琼簪。并素云这一股，俱置桌上，命琼英收藏，以作传家之宝。媚娘道："妾自那一夜，与君会后，料君必无弃妾之意，妾亦自幸终身有托。讵料鱼沉雁杳，竟尔音信茫然，使妾终日闭门愁泣，染成一病，几乎不起。幸有表兄寻访，得会君家。今日断钗重接，完妾素志，可谓天从人愿，苦尽甘来。但有悬于郎君者，家表兄幼年丧父，母又多病，功名未遂，凤鸾不偶，此妾所以放心不下耳。"红生欣然笑道："不待卿言，我亦筹之熟矣。他为你我牵丝，我亦为他作伐便了。"媚娘见说，不觉笑逐颜开，向生作谢。只有琼英，双眉绿锁，向着红生泫然泣下道："二位夫人虽罹坎坷，今获坦夷。独妾虽则上邀天子之洪恩，今宵得成伉俪，其如家破人离，难以自问。曾于曩日，在园内遇一书生，彼时力劝家君，毋致毁辱，而家君固执不听，谁知此生乃是项员外之好友，乃春闱奏捷之后，与老项两个，苦苦与家君作对，以致籍没家赀，遣戍边远地方，只今举目无亲，未知金鸡下赦，尚有日否？"红生鼓掌大笑道："小生与卿，已经两次相会，难道还不认得吗？要知昔年在园内相遇之人，即是区区也。感卿一饮，并蒙圣恩深重，所以屈就良姻。若论令尊相待之情，言之令人发指。今既蒙夫人见谕，则令尊之事，且再缓缓计议，夫人请自保重。"琼英听说，把红生仔细一认，不觉吃惊道："原来闯园的就是郎君。后在虎丘相遇的，亦是郎君。今又毕竟与君成了姻媾，不信天下有如此异事。"说罢，大家惊异者久之。

当夜，就在素云房中安宿。次及媚娘，再次琼英。自不必细说。过了几日，红生去拜望沈西苓，并到方、何二家见礼，先至沈家，西苓慌忙接入，置酒相款。红生道："今日小弟此来，非为别事。一为拜谒尊堂，二为令妹作伐。舍亲何猗兰，年方弱冠，尚未联姻，竟欲相求令妹庚帖送去，未审兄意允否？"沈西苓道："贤弟既以为可，则竟自执柯可矣，又何必问弟之可不可乎。"遂即进内，请了母命，写了一庚帖，付与红生。红生接过，因请太夫人拜见。西苓遂着侍婢请出沈母，向着红生，再三致谢救子之恩。

当下红生辞别西苓，即至方家。方老安人与方兰，十分恭敬，备陈前日负盟之愆。红生笑而不答。遂到方公墓上祭拜，以谢当日知遇厚情。

旋到何家，拜见已毕，即取沈家庚帖，递与何馥道："此是敝友沈西苓之妹，年方二八，才貌双全。只今西苓现为工部员外，与弟乃是莫逆至交，为此特来与老舅作伐。"何馥道："感蒙老姊丈盛情，自当拜领。"便即择日纳采，即于是秋完姻。当花烛之夕，红生与媚娘同去贺喜。只见二位新人，长短适均，容色相敌，翩翩然一对佳夫妇也。乃作词以贺之曰：

天上玉梅清瘦，院外笙歌迭奏。青鸟度蓝桥，却喜仙郎成就。知否？知否？就里春光暗透。

——右调《如梦令》

次日红生归去，闻知曹士彬在项工部家设账，便同沈西苓，何猗兰前去拜望。曹士彬见二生俱跻贵显，大笑道："二三子俱已作云中人，只愧我这领破青衫，不知几时脱下。"其年苏州提学考取童生，红生即为何馥写书作荐，何馥便获入泮。既而又闻，报到沈西苓升了户部侍郎。红生即持刺往贺。座席未定，又见京报人报着，红生亦升了兵部左堂。遂即并辔至京。次年何馥科举入场，正值项工部主考，出京之时，曾受红、沈所托，遂领了南直乡荐。曹士彬与项工部有宾主之情，亦得与榜。

红生在京，忽一日报到，扬州都督庄伟人，将本职印章，并自身所用甲胄，及谢表一缄，挂在无双亭上，竟向终南山修道去了。红生对沈西苓道："庄伟人进退稀奇，其视富贵功名，浑如空花野草，真是大丈夫作为，使我一闻此信，顿觉宦情灰冷。窃念小弟与兄，既已功成名遂，亦当知止，步其后尘可也。"沈西苓道："仁兄所言，与弟意吻合。若不必须激流勇进，窃恐宦海无边，终遭复溺耳。"两人即日上疏，致仕而归，一同到家。

红生孝事父母，亲奉甘旨。三位夫人，琴瑟调和。那凌霄因有数幸之情，令充下陈。自此，吟风弄月，行乐追欢，俱不消细说。

光阴如箭，倏忽间过了三载。忽一日，有一道士闯进大门，管门的拦阻不住，竟被他走入中堂。管门的连忙传禀进去，红生带了仆从，出来一看，只见那道士：赤面碧眼，草履箬冠，背上横着一把剑儿，破衲中露出两臂毛长寸许，举动古怪，竟不像个咬菜根的。红生问道："老师父从何到此？"那道士道："我当初原是个杀人的祖宗，今做了怕死的菩萨。老擅越就不认得了吗？"红生听说，到也惊疑起来。便留坐问道："敢问师父，可是化斋吗？"那道士大声道："我不为化斋而来。"便于背上解下宝剑，说道："这件莽东西，久已用不着了。谨此奉璧。"红生接过手中，仔细一看，才晓得就是庄伟人。慌忙与他相见。施礼，看坐道："庄兄，只闻你弃官入道，谁想尊容改变，令小弟一些也认不出了。"即命厨下置酒款待。庄伟人道："贫道只为还剑而来，山中白云，限期相候，不及奉扰了。"红生因叩请长生之术，庄伟人道："内丹外丹，都是不容易的功夫。你要益寿延年，只把广成大仙十二字的题目做起。"红生道："怎的叫作十二字题目？"庄伟人道："'必净必清，无劳尔形，无摇尔精。'这便是十二字的长生妙诀。"红生又挽住问他居住何山，庄伟人挥手道："三年前还有止息之地，近来无有安顿处了。"言讫，飞步而去。

红生自此清心寡欲，同着三位夫人，共修积气累精之术。后数年，沈西苓过访，见红生容颜转少，因问道："仁兄别后，反觉少年了。"红生便道及庄伟人送还宝剑，并传十二字的仙诀。沈西苓请出三位夫人，看了一看，不禁大笑道："足下爱花，今更能养花，而因以自养。直是宝惜造化的手段。"因绘其斋额曰"宝玄斋"。后红生徙居村僻，匿隐姓名，只自称宝玄居士。

看官们，只这一套故事，业已讲毕。在下的还有几句后文。人都道红生只一把宝剑，做出许大规模。分明是英雄亏着宝剑。若论宝剑，落在庄伟人手里，做出许大局面，许大功名，却还是宝剑靠着英雄。这怎么说，总之是红生送得不差，所以有了这本故事。说来到底是古人两句道得好：

红粉赠予佳人，宝剑传与烈士。

　　先正谓：“班固死，天下无信史。”近眉公陈老谓：“六朝唐宋，皆稗家丛说。”嘻！果如所言，亦恶在其公史小说也。而余谓稗家小说，犹得与于公史。劝善惩淫，隐阳秋于皮底；驾空设幻，揣世故于笔端。层层若海市蜃楼，绯绯似鲛人贝锦。一咏一吟，提携风月；载色载笑，傀儡尘寰。四座解颐，满堂绝倒。而谓此数行字，遂无补于斯世哉！虽然，局面偏小，理意不能兼该，犹之乎一器而适一用，故曰小说家也。究其所施，非说干戈则说鬼物；非说讼狱则说婚姻。求其干戈、鬼物、讼狱、婚姻兼备者，则莫如白云道人之为《赛花铃》。盖富贵贫贱，夷狄患难，一以贯之者也。

　　白云道人，茗上逸品。饱诗书，善辞赋，诙谐调笑，恒寄意于翰墨场中。故其下笔处诗词霏霏，而诵其说者恍身入万花谷中，见花神逞技，是《赛花铃》之所由长于小说，而亦白云道人之所以名《赛花铃》也。

　　嘻！游戏三昧，炼假还真，□老以为正果功夫，然耶否耶？总之，咏游笔札，浪谑词林，尼圣所谓游于艺者是矣。吾未措手，乌得言有，纤帙已全，谁曰不然，此又白云道人意中意耳。予故不敢自为娱赏，乞付书林氏，嘱令梓刻，以广其传。而烟水散人又严加校阅，增补至十六回，更觉面目一新。窃料是编一出，洛阳纸贵无疑矣。海内巨眼，自应鉴诸。

风月盟主漫书

皇家藏绣像珍稀秘本

私家藏书

第二篇

香闺秘史

［清］西泠狂者 撰

第一回　三姓同盟齐开店

诗曰：

风透纱窗月影寒，鬓云撩乱晚装残。

胸前罗事无颜色，尽是相思泪染斑。

又诗曰：

西邻歌吹玉缸红，始信蓝田有路通。

无砂汝南鸡唱晓，惊回魂梦各西东。

这两首诗，乃正德初年，文侯穆正仁与同里女子周氏伯玲所作。正仁年幼博学，与周氏胞兄名贵者，素同笔砚。次年就在周家做个馆池，正仁卧赶于花园久南轩，朝夕攻苦，不过问外事，正仁于举业之余，喜欢填词作赋，终日购求歌谱，竟无寻处。

一日偶向友人齐头谈话，看见桌上，有九种宫谱，遂借未灵。乃分一半给周同，请他代抄。正仁未抄写多少，而周同已缮写完了。且平仄板眼，点画柔媚。正仁此应惊诧，细问速成之因为，周同道："弟有弱妹字伯玲者，素亲翰墨，为我分担其作，故这样快完成也。"

正仁称奇，从此存收窥瞰，一出一进，靡不注目，偶遇周同他来，正仁以喝茶为由，闯入内室，即正好伯玲在窗下刺花，四目留恋，两情相通，因怕人看见，不敢久留，急忙回到南轩。写诗一首在团扇之上，托伯玲的丫鬟转给。伯玲收到扇子一看，知道正仁的所在，于是写古风一章，以给正仁曰：

妾本荸菲姿，春青谁为主。

欲结箕埽缘，严亲犹未许。

怜君正年少，胸中富经史。

相适荷目成，愁绪千万缕。

从此之后，两人常有书信来往。

次年元宵佳节，夜深人静，正仁独自睡在南轩，忽听有人叩门，快起来开门，只见红娘拥护伯玲而来，正仁狂喜交集，抱伯玲到床上，共成云雨，干到鸡叫才去。且订相逢之期，遂作前那二诗，两人私通，半年有余，家中并无人知道。

中秋节的夜里，伯玲要正仁到绣房同卧，却被家中的小厮贵郎听见，等到天亮正仁出房的时候，贵郎手拿利斧忽然闯入，正仁听到脚步声，慌忙跑出来。却正好撞在斧子上，大叫一声，迸血而死。

贵郎的来意，也是贪得伯玲的美貌，要求拔个头筹，不料伤了正仁，扔下斧子躲了出去。伯玲听得叫喊声，走出一声，见正仁被打伤死去。一时慌了手脚，将罗帕缠在颈上，双手抱着正仁的尸体而勒死。

后来周同知道了，告诉正仁的父母，报了官，贵郎远逃，不得凶卖，正仁伯玲，空死非命，可见男女情欲贪之有损无益。但这一件事，人人能知而不能避，小子不敢望世人，个个要做柳下惠，坐怀不乱；但不可如登途（徒）子，见色忘身。那宁元未年初之时更有一件奇怪的事。

且说宋自金房南侵，日以衰削，徽钦二宗，銮兴北狩，设立伪傍，中土瓜分，本康王作质逃归，藉崔府君泥马救渡，建立临安，暂作偏安之计。

这临安地面，原系繁丽之邦，复经驻跸作都，见人烟稠密，风景豪华，商贾交集市中，臣民从迁境内，丰乐楼宴钦通宵，西子湖笙歌彻夜，秀州即令嘉兴府是相去二百余里，比常亦大不相同，百货驻集，万趾齐臻，家殷卢裕，更不下临安富庶。

离城十余里，新方地面，有个土人金束祖，号作东溪，久住村中，与贻邻穆恩英王征，为莫逆挚友。三人都靠耕种度日，虽不是巨富，约有千金产业，还有一件怪事。

三人三十过头，都无子息，打伙而向寺处祈求，临安三天行竺，一年准走一次，齐云普陀，各处进香，上幡许愿，绝无音响。

偶然来到一位博士先生，杭州人氏，术艺精高，秀州绅士都来请他看阳宅，王生接到家中，也烦看看住基，金穆二姓听了，未免也去看看，这位先生开口很奇，便来打探的，他道："怎么三处房都一般基址，一样规模，利害却也相当，都主难为启嗣，这都是什么缘故呢？"盖因尊居尽是子地午向，门宜开子己方，反离在申地，绝嗣元兆也，水须自右倒左则吉，今却自左倒右故凶，那博士先生道：

"巽己水来便不佳，必招军贼事如麻。

因遭公事牛羊败，动火遭瘟莫怨嗟。

奸淫偷盗杀残疾，寡姨孤弱守空室。

寅午戌年定不然，管取凶多还少吉。

此乃万古不易之论，抑且三印华堂，前嫌阴宅，后太消削，龙首低重，虎方高耸，必然难招胤嗣，宅中都有如夫人吗？"金东溪等同笑应道："豕儿尚无消息，小星亦在他家，望先生尽心指点。"博士先生道："三处潭府，幸得右首丰侧其开敞，学生再一致创，生子可望偏房，但虑正室恐终无济，学生还有一言，倪老先生有弄克之哀，穆老先生宅中有横之之惨，须作速迁移吉，学生愚直，承三位下问，不敢阴违，这些都是书上所讲的，或平日能行善果，自必转祸为祥。非学生所能知道也。"

这三都想有娶妾的心意，都未隐而发，听先生所言，则含机事，各自谢了先生，把门窗略改了方向，不由大妻做主，一起叫来媒人，聘娶妾滕。金穆二家，妻子都没说什么，依凭丈夫做主，单有王生妻子，听说要娶妾，狠狠地将博士先生咒骂一阵，寻死寻活，就是不允，还未撺哄别人妻子，同心作梗。幸好她们没听她的话，这也是东溪家门福荫。可给倪小桥满志风骚，一场扫兴，不请三五日时间，金穆之事，都已完成，同日娶来一妾，请亲设宴，煞是风光。王生两处帮忙，泪从肚落，看来很是伤心。

王生无奈妻儿，正好眼热，金穆娶过数日，两下私下议论此事，穆恩英道："王先生娘子十分妒悍，宗犯可危，我们三人素称契厚，凡事和同，今日两家娶妾，怎忍撇他一人，独自冷淡，况且当日先生看论阳宅之阳，又是三家齐有份的，如今被内里霸着不容，你我怎么为他设一良计，完成此心愿，才是好交情。不然叫他一人孤孤零零，看我两家热闹，实在是难过。"金东溪道："极是易事，妻子任你怎样凶狠，难管丈夫外情，教王生莫要娶回家内，悄悄养居别宅，不许走漏风声，怕他怎的。"穆恩英道："此事美妙。"遂暗与王生说知，自然乐从，果然另置了别室，私娶在外。王生的妻子开始时毫不知觉，日深夜久，渐渐传闻，日夕心吵闹，王生气忿不过，又私与东经恩英商议，竟自住在妾处，绝不回家。妻子大恨，抑郁苦痛，呕血而死。

王生料理丧务，三七出了柩，打扫房屋，把妾移到家里，一双两好，甚是和乐，可煞作怪，不及半三，三家齐齐有孕，求神拜佛，越是殷勤，临月生将下来，又喜一样三个孩子，分娩之时，相去不出一月，三朝满月，摆酒做戏，家客盈门，父母惜如珍宝。

养到周岁，三人共议办席，齐整酒筵，请位蒙馆先生与儿子取个学名。至期亲朋齐集，直到村西，邀请一位余马老教书，马六十六老官来到，曾老进门，与亲邻见礼已毕，忙从袖中摸出红纸一张，递与东溪道："小启一通。微表学生庆祝三位公郎之意，万勿见笑。"东溪等同称谢，内有好事邻居，过去观看，那上面写道：

> 伏以大椿之基。肇于今日。仓箱之富，定于后时，打表场中拟雕梁画栋，底田内，将桃被泽池塘。堂前列十二金钗，愿贤淑不生妒悍。膝前有七子团圆，唯振发克绍箕裘。和黍秀而上实，桑麻茂矣还腾，和善人家庆有余，犁片之子驿且甬。

众观邻看了大笑道："极承先生过奖，只是未勾却以片视三舍亲颖。"马老道："圣人之言，一字不苟，学生述而作也。"顺臾席德，东溪左，将马老逊居首席，其余亲邻，以列次去，酒将半酣，东溪等叫抱出三婴，求职学名，马教书搜索枯肠，与金家取名文秀，王家唤大安，穆这叫作元吉。东溪等谢过马老，整杯再酌，夜分方散。

三家俱盼着儿子，到了六岁，请蒙师，同堂学业，三子性质，幸皆聪明，穆元吉更是俊慧，但因生在农庄人家，父母无心要他应科登第，续到十二三岁，文理将通，辞了先生，在家料理田业、幸俱平守。不意穆家病事忽生，恩英偶去亲戚家贺寿，饮酒直到黄昏，大醉而回，凑着阴雨天色，独自走过一条大桥，失足跌入水中，酒醉之人，挣立不起，黑夜里，虽然叫喊，无人救捞。

家人抱尸痛哭，众人劝慰，备棺收殓，送入祖茔，请来僧超度。金东溪王生怜元吉幼年失父，凡事尽心看顾，元吉亦敬二人如亲父。三家想当年风水先生之言，说穆家和早，穆姓防横亡，今果半言不差，先生真有神术。

自此三家肯修善。古语有云："光阴似箭，日月如梭"，不数年之间，金文秀等年力俱壮，一齐加冠义亲，父平要替他央人取号。这三个少年，独好新奇，不肯依着旧套，仰慕爱侍思小敬心，桥峰溪宇泉州，塘塘亭的叫法，各人恁自臆见，取个表字，金文秀唤作先来，王大安取做良臣，穆元吉称为和德，三人犹如同胞兄弟，比父辈更加亲爱。

娶过妻房，亦甚和好，三家打火相连，时刻来往，并无间隔。金先来妻子朱氏，名曰碧红，一般农户人家出身。王良臣所娶，乃冯知县之女，小字会娘，冯知县虽系官身，家住本村，故结了亲事。穆和德心爱斯文，娶的是村中梅老儒幼女金花，俱有几分姿色，三姓既无寒之累，又厮守着年幼娇妻，却甚名平床业，那料福退灾生。

忽然一年，本村瘟疫流行，三姓人家，无一不病，百计迎医，用心吃药，双早殁了采了五口。这小夫妻三对，幸都无事，金东溪同着一妻一妾，王生自身，并穆和德嫡母，七日之内，相继而亡，三家男妇，忙乱月余，方科安妥，只是病时医药医治，亡人衣丧葬，兼以三人娶采聘礼酒筵各项经费，家业用去大半，田产卖了十分之六，现物毫无存留，虽不至衣食不敷，也不如前富裕。

一日穆恩英生忌，穆和德道："我等承祖父遗留，当努力田园，日见隆盛方好，不期连遭颠沛，存蓄一空，日用以艰难，生计鲜少。常常听得人说：'大战之后必有疫，大疫之后，更有大荒'，眼见得金家人马，每每杀来，万民涂炭，把宋帝直赶到此地，整岁构兵，酿成灾疫，这两句也是应验了，万或年岁再一荒，这些田地，没有收成，恶生非它度日，饥饿时候，又无处典卖，只好看着饿死。先圣有言：'人无远虑，必有近忧。'每想到此，实是可危之事。"金先来道："我也正为此事，常挂心头，早有一个想法，未曾与二兄说法知，今日偶然谈到这些，便说出来商量商量，亦属美事。"

"临安府内，改拜皇，非常兴旺，连我秀州，亦颇繁华昌盛，前日偶往县中完粮，打从六里经过。面连铺面，做买卖的，亦捱肩叠背。却好东塔寺前，遇着母亲的亲戚，在那里开了黄山陕客店，留我去叙情，因天色晚了，回不来，就住在他家，说起行客一事，赚钱甚好，舍采开久，齐处闻名，主顾络绎不绝趁过万金当家，现在已七十过头精力甚好，只有一子，年尚还小，无人料理，况且要人手，未免要恩退步，欲把开得。他说只是招牌，然要二百两，店中床帐桌椅，锅灶碗盏，铜锡皿碗类共一百余金，再须数百两现银，放在手头接客，必有千金，方可轻活，不致掣肘，房子或贷或买，不在数内。因想我们三人，齿同意合，况且世代相与，胜如亲生，意欲亲心合力，均平凑出本银，顶了这行，公分利息，不但可免目下饥寒，或者托赖天地祖宗之灵，积攒得此家当，也不邮得，二位尊兄孰见何如?"王良臣道:"此计不差,若苦苦死守农业,略遇凶年,性命难存,据令亲说来,此行多寡有些进益,应该不致亏折资本,况我们生理,也不指生那么大富赚钱,只愿复得父产,不堕先人之志,便自己心满意足了。"穆和德道:"事愿该行,但令亲是旧生熟客,所以源源而来,还怕我们顶后,客人见了已换新主,一时散去,这是招呼不拢来的,那时怎么好。"金先生道:"我以前也想到这些,舍亲说行中有个父接客之人,这是断少不得的,顶行仍是要用他在有,一来客人不走,二则货物高低价上落,件件都熟悉,必无差谬;三则各行旧例,与一应牙规,以唯他记得。"王良臣道:"若有此人,就不必疑心了,我们今日说定,明早就着急设处银子起来,金大哥先到令亲戚家里,说明白,莫被别人下手。我三人虽见契厚,尚无疏说,明日副三牲,对神前立誓愿,东鸡插(歃)血,结为八拜之交,凡事无欺,可行之时,家小要移到一内外可钢嫌疑,账目更无暧昧。"穆和德道:"二兄主见既定,小弟当附尾,事要慎之于始,莫待后悔,便无及了。"金先来道:"这个自然。"是晚匆匆而散,良臣归家,对会娘说知开行之事,会娘道:"到城市中居住,毋论嫌钱不嫌,看看风景,也强知纳闷乡村。"一宿无话。

　　次早良臣为首,取了两人分金,在家整备牲畜,金一纸马,邀到金穆,先叙年岁,原是同岁同月的,金先来长王良臣二十日,王良臣大穆半月,遂以金为长兄,王硬居次,穆又次之。祭神立誓,歃血订盟,义气愿若桃园,节概拟追管鲍。王良臣亲自动笔,做下一纸盟书。他说:

　　　　窃以桃园之义,既然响绝千秋。即雷陈之交,非商万古,割度分多,管鲍

　　允称无我。生期死赴,范张不愧同心。……披肝露胆,务期暗室小期,并力

　　同心,心使化私如一。

　　三人立盟,颜是真切,离用福物,非极欢欣,自此内外却以兄弟之称,胜过同胞兄弟:

　　三人立盟后,立意开行,是穆和德,周金先生到他亲戚家里,把顶店一节,细细说明,办席蔬酒,写定议单,把行中所有现成器物,也开帐地算,共约三百余金,归来合齐猛措处了银子,名将田产便卖,凑足千金之数择一吉日,匆到行中,兑付银两。正题:

　　　　八拜仿桃园,同心地亦坚。

　　　　取叩联盟者,能如此日妍。

　　不知三人开行,是否有展,且听下回分解。

国学经典文库

私家藏书

香闺秘史

图文珍藏版

第二回　店中淫声先来乘

且说旧生交盘明白,搬移出外,店屋暂湾祖银,待后得同议灵,接客伙计钟明,重新写张合同,每当享力银二十四银,三人把家小都搬向新屋,只有王穆二人生母,愿地旧居,不到行中,和德专馆行中货物,出入账目,银两公同封锁,钥匙三人递收,月终算账后交倒,利息每季一分,无来王良臣轮流同钟明,到码头水口接客,支持买卖。

房子共有三间四进,门前楼屋一带,做了客房,进内平厅三间,和德把两间做卧室,一间分走路。第三屋内,是厅楼三间,上下俱堆贮客货,侧放一柜,和德在此收存账目。向后小楼三间,乃是金王两家作房,厨灶在内。

开行之后,四伙计殷进送迎,脚有公道。又有现银应发客商报行的,所以去来不绝,又兼穆和德总理账目,小心忠厚,客伙中甚是敬他,两两三三传说开来,尽道本行诚实,等旧添许多新客,生意甚是茂盛。

但因三家人口众多,费用繁多,虽是银子日在手内搏弄,算趁钱,又甚微细。接客人家,原有两话旧话道:"客来客盘缠,客去便无钱,"开及半年,每人两次,也各分得三五两赚银,虽不能利息丰盈,却自衣食富裕,三家之内,幸各无闲话。

时至夏末秋初,行中买卖冷淡,客商日渐稀少,钟明与金先来,分在西北两门接客,王良臣往下去探望母亲,穆和德在门首呆坐半日,有些体倦,归来打盹去了。钟明在北门,守至午后,并无客到,只身归来,见没一人在外,直到厨下,却遇会娘站着烹茶,见了钟明,笑问道:"钟叔叔,今日可有客吗吗?"钟明道:"想是外边反乱,绝影没有,也是奇闻,因腹中饿了归来,王二娘可有午饭吗?"会娘笑复道:"客人不曾接得,还要吃什么饭,家中人俱吃完了,明日一起吃吧!"钟明也戏道:"难道我不在家中,二娘就没有我的心,不留一碗儿我吃?"会娘把钟明瞅了一眼,笑骂道:"休得放屁,我与你有甚相干,留你吃,怎样叫作有心没心。"钟明道:"会娘爱我,便有心了,不爱我叫无心。"会娘带笑骂道:"还要说些甚。"

不妨马氏金花到,会娘道:"饭在里边锅里放着。你自取去吃就是,休消絮聒。"钟明拿饭,望外而去,暂不表。

都说金先来王良臣回家,与穆和德钟明计议道:"行中近来光景,忒煞萧条,不但毫无赚钱,要贴补吃用,须要别生良策才妙。"钟明道:"现在炎暑才过,金风秋起,商贾疑留之时,况兼各行都要抢夺主顾,须得一人前和主金问关口,邀接来商,或者不致空回。"王良臣道:"总是家中清闲,一无所事,待我前往苏州接客。"金先来道:"还是我去,这次钥匙你掌管,怎好去得。"王良臣道:"钥匙是什么大事,哥哥收着一样。"金先来道:"不可坏了规矩,弟必于要去,多与弟妇收着,用时取出也不迟。"良臣议定,一经进内,装束轻囊,会娘闻知,大不不欲之意,良臣坚执要去,将钥匙交付妻子道:"外面讨时就给出,不可有误",背起被囊,作别金穆二人,和内外男妇,雇船向姑苏进发。

道这会娘性极淫荡,自从完姻至今,夜夜逼着丈夫如此,却又会找架子,言谈贞洁,故良臣而不疑,独眠刚有两宵,欲火早高千丈,与钟明二弟时言语相嘲,眉来留恋,情意虽浓,只因行中人杂,耳目众多,苦于无处下手,钟明胆怯,又不敢上会娘楼去,为金先来夫妻住在隔壁,恐怕知风,会娘又深喜和德为人,温柔真切,每以邪语相知。和德立心忠直,待如亲嫂,金不在愿。会娘不得一人到手,急得两头没走跳处,夜间孤衾独拥,短叹长吁。暂不表。

再说这良臣出发门数日,接得一陕西毡货客人,约有千金交易,先把信一封寄本行。自己寓在枫桥,守看后客,未定归期。钟明同着金先来,往北门码头,陪客发货,和德在家收点记账,内里摆设接风酒筵,忙做一堆。凑着脚夫先要称些银子。和德特寻会娘计取锁匙。厨房不见,叫到后楼,于灯光之下,见会娘坐在马桶上小遗。

和德欲待退出房,会娘道:"适闻到处喊叫,如今又待空手转去,去做个男子汉,假惺惺何用,既要匙用,怎为不取。"和德因楼下无人,脚夫看着,只得带笑近身,接了忙走。会娘道:"这冤家已是有心,只故假装以锁匙为名,私以楼间寻我,但不晓我心里如何,尚不敢这次动手。趁今日人际之际,待我着实撩拨他,必然成就,免得干熬,何苦孤枕自支,图甚名节,谅来烈女传上论我不着。"

埂是日货多,又值临安府拘刷船只,装兵山淮,小小渡船,躲无踪影,一直打从北门,长肩挑回,路黑夫少,约至起更时候,尚发不完。和德守在中厅柜前,不敢暂离。

会娘重施脂粉,整理衣衫,走下楼来,见和德独自在外,欣欣得意,先到厨房观看一边,见朱姐金花正在灶上。手忙脚乱,各办蔬菜,料得无防范,不与一个看见,翻身复至和德坐处。

笑着对和德道:"你先前怎生无礼,我等前回,须对人,若要求饶,可又我不礼。"和德道:"我适才因看紧要,打发脚夫,来讨锁匙,并没有得罪嫂嫂,何出此言?"会娘道:"你还口强,为甚我刚小遣,你便悄来瞧我?"和德道:"急切要匙业用,不及看候,况又是嫂嫂叫我进去拿,悉反归罪于我?"会娘见暗挑不动,又含笑明言道:"我斗你要哩,哥哥不在,你岂不知,绝不顾我,何忍心至此?"和德道:"哥哥去多时,不久自归,嫂嫂莫说这话,外人闻之不雅。"会娘道:"唯有你我在此,那得外人,非是我做嫂嫂的不存颜面,因见你仪表非俗,将来必然发达,意俗结纳于未遇之先,况你俊雅可人,不等哥哥粗鲁,世间男人,那肯不偷女色,你莫谓我无媒自套,故作腔调。"和德道:"嫂嫂好没来由,这些说话,甚觉无趣,我与哥哥誓同生死,嫂嫂义总无二,叔嫂相奸,即如禽兽,遇叔果落寞,嫂嫂自非外人,何须结纳,我穆和德,虽不续出,良心自在。嫂嫂再勿多言,反伤弟兄情分。"会娘还待说些什么,和德起身,往外就走。

会娘老大没兴,口里喃喃讷讷骂道:"短命杀才,好歹不知,做作恶的,终不然天下只有你是男子种,老娘没你,渝便干鳖杀了不成。"带骂带怒,一直往卧楼而去。

却说金先来,因天夜记念家内,着钟明陪着客人,脱身先回,想帮和德照料,到家刚至厅前,闻得男女说话,忙止步闪在门外窃听,二人之言,句句皆知,暗知和德不济,女娘俯就,兀自托,结久弟,怕甚名头坏了? 又不是我起心奸骗无理亦无碍的,况如今世界同胞共母,叔嫂越租弄个爽利,穆弟真是迂腐之徒,不想冯氏,原来是风流人物,岂可放过。

呆想一坐,正遇和德走出,先来隐身不见,待他防去,急急进厅,飞奔会娘卧楼,却好在胡楼脚下,黑暗之中撞着,会娘问道:"何人乘黑到此?"先来低声,装作和德口气道:"嫂嫂是我,莫要作声。"便双手把会娘搂住,就要亲嘴。会娘将头挣开道:"你方才卖情,如今谁劝你来,我也不信你心肠是铁打的。"先来道:"我岂不知嫂嫂好意,适间恐有人窥探,故作违心之谈,今在暗中做事,料没人知,特来趋赴嫂嫂雅情。"一手即扯会娘裤子,会娘起意多会,欣然俯就,把身躯凑将下来,先后挺具直耸,一顶尽根,抽过三四十下。

会娘道:"直干不妥,到楼间床上去。"先来已经到手,不怕改移,把具抽出,同至楼内，早见灯光明亮，会娘方知不是和德，问先来道："是乐吗，怎假装小叔，设心骗我？"先来道："伯叔雅分两样，我适才在门外，听你俩言话，深怪三弟寡情，嫂嫂商怀，不能领受，又想二弟久出，实相亏，特充冲三弟，前来请罪。"会娘道："好一副乖滑嘴儿，只是可惜太便宜了你。"先来无暇回问，将会娘拘至床沿，役翻倒睡，揭起湘裙，竟将裤子褪去，这场好干。只见：

在下的俏躯高耸，欲了不尽之余，在上壮茎力送，拟拟点花房之穷。淫津点滴滴闲流唯永无佑日，前矛坚挺往来忙，谁许暂有里时，一个假秦都游说，几遭按剑之羞，何妨逆来顺受，一个假陈仓暗渡，欣逢接之善，直欲垒攻巢，但知锦帐长凤云会，那顾桃园义思。

二人干够多时，停戈罢战，抹试整衣。会娘道："愿将今日意，莫与外人知。"先来道："情肠两地牵，谁人敢浪言。"先来带笑下楼，悄无人知。

至外厢看和德也随进来，遇见先来，问道："哥哥几时回？"先来道："我在北门许久，刚才到家。"和德道："怎我在门首不见你？"先来不来答应，假装理货，和德也就罢了。

直至更深，货方发完，客到饮酒，乱过半夜才睡。

会娘此夜，等前略觉快活些，但也尚有孤眠之叹，日常常与先来先偷干。钟明每于无人之处，撞着会娘蹑手蹑脚，亲嘴呷舌，搂抱摸乳，肉麻光景没一件不做到，只是缘分浅薄，将要成事，又被人冲散，只好心热而已。

又过十余日，王良臣始与大队贩锡箱并江绿纸扎客人，同船归行，饮完洗坐酒席，良臣出门，先来悄至会娘房中求欢。在会娘是求而不得之事，毫不推卸，脱下小衣，仰卧床中，任凭先来舞弄。

两人偷弄惯了，没人看破，竟放大胆子，门也不关，尽情作要。

怎料良臣同客看货，忘带行李包，走转来拿，便中又在人家扳得断枝丹桂，进门将一半分与朱氏梅氏，其余特留会娘，与之插戴。走到楼下，闻上边隐隐似有笑语声，又觉床身振动不止，良臣想道："谁在楼中作要？嫂嫂共弟妇，俱在下面，我亲手递与他，穆弟外在柜前坐着，家中再无别人，除非是哥哥与钟明，钟明谅无此胆，难道是哥哥，盟言在耳,想也未必,等我上去再听。"

轻轻走至外楼,立着窃听,果有人在床云雨,闻得先来道:"乖乖可好吗?"会娘道:"不要多说,了事快去,莫被他回来遇着。"先来道:"二弟同客看货,到晚分归哩,我问乖乖,两人玉茎,还是谁的大些,行事那一个长久?"会娘笑而不答。先来道:"你不说吗,我便不干了",提具出来,会娘道:"怪王八,如此腾弄人,你等兄弟又大又久,所以我真心爱你。"先来把会娘紧紧一搂道:"我亲亲说来差但每次与你相会俱是日间,防有疏漏,俱匆匆完事,若得彻夜欢娱,尽我平生竟兴,管教你至死想我。"言毕又干,金钩又系,娇喘微吁,声达于外。

良臣暗想:"原来果是这没正经的在此胡为,欲待走进冲破,一时难以收手,且同在此开行不成,妻子必须休弃,外人知风,体面丧尽,将欲含忍实是气愤不过,可恨他睡我妻子,又来谈及这肉具短小,本领中平,恶与甘休?"呆了一会道:"罢莫得踩暴,有防久计,况客人又在店中等着,此一张扬,被众客传出,四远皆知,我老王到难做了。他既不仁,我更不义,暂且忍着,自有处置。"把手中桂花,插在壁间,仍旧蹑手蹑脚复了下楼,取其自去。

先来倚持酒兴,又要卖弄手段,交会娘干数千回合,弄得会娘心融体快,口里亲肉乖哥、无所不叫,两足高悬,纤腰敖摆,得意之像,尽不能述。先来日晡方才完事下楼来,暂不表。

却说良臣这一番去,果是大暮始归,见了先来,不题半字。吃些夜酒,各自归房,良臣闭好房门,会娘故作娇痴,坐倒良臣怀里,装娇作势道:"你怎去了这几多时,把人竟然撇下。"良臣将会娘推起道:"休得假亲热,你自有真心实恋的人心,哪里稀罕我在与不在,我出外不及一月,你在家中就做出这样好事,亏你还有面目见我。"

会娘是心虚的人,听了此言,怎能竟自服输,遂看着脸嚷着:"你休要胡言乱语,我又做了什么事,大惊小怪怎的,你因多时阔别,特来偎依着你,怎倒将人吆喝?我知道,你出外二十余日,相与得几个心上人儿,使用妻子不着故如此改变,我嫁到你家,是明媒正娶的黄花闺女,又非私偷苟合,若无七出之条,休想动我动儿,怎么我就见你不得?"良臣道:"好一个泼妇,你亲自做下丑事尚自嘴硬,我在吴又归时,便有人露出风声,尚然不信,日间亲眼见你,与先来这天杀的,在床扰捣,还要卖乖。"

会娘被丈夫一句说破真情,面色红涨,出声不得。良臣又道:"我彼时撞破,恐你做人不成，特看夫妻之面，含忍在此，你道我不知，我还有记号在外，试同去取来。"便一手拿灯，一手拽着会娘，同至外楼，将日间所押桂花，拔了又来道："你看，这不是我彼时拿回的吗？还赖到哪里去？你还爱他龟长战久，真心相与，他与是你丈夫了？还知道另有我在，倒反来诬蔑我有外情，请想七出之条，可有奸淫在一条否？"

会娘见丈夫所言，只字不差，再也不必开口，低首无言，面壁而坐，手弄衣带。

良臣把手中桂花扯烂，弃于窗外，向会娘道："据我意见该与你个死，并那无耻禽兽，一齐杀了，才是丈夫气概，看在多年夫妻情分，不忍下手，你如今待要悉生，可自招来。"会娘道："这是我不该一时被他骗了，如今求你往日恩爱，一概恕免，下次现示做这一便吧，若不相信，对天赌个誓愿。"良臣道："自古道：'偷鸡猫儿性难改'，凭你讲得如此，总是难听一面，哪有闲功夫，时刻管着你，况开此牢行，一脚下踢不开，朝夕相见，眼内火出，谁保你下次有无？纵是作速改好，也是折了当时，便宜与人，悉气得守？"会娘道："怕折便宜，有堪难处，偿若有忘旧恶，仍然好心相待，我明日也用一小计，骗姆姆到此，与你相交几时，却不扯平？"良臣原有此心，道："生死无欺，这样狗彘之事，何可昧心做得，我悉忍为。"会娘道："这倒扯平，神明看来，管你如此闲事，普天之下，一日一夜，不知有几千十万生灵，私下偷情，若都要掌恶簿的判官，农名书记，岂不要设立数千员，单管情欲，阎罗老子又要考较重轻，轮回报应，连吃饭厨屎空隙，必是没有的了，况唐朝做了天下之王，李世民发好不英武，子孙手里，那个皇后不与臣子义欢，彼此也只平常，不见仍中宗明皇等辈，拿奸杀妇。这样事在我开行歇客人家，只好当蝼蚁大小事务什么做得做不得。"

这臣良假意撇清，被会娘一席话，说得良臣嘻嘻笑道："你这个不习上的泼溅，把天下一件事，说是芥英子样的微细，若据你言语，天下妇人，凡是男子，便可交合，要什么明媒正娶，一夫一妇，同谐白发，就是朝廷高律，也不该有奸淫一款了，论起此事，原非出我本心，要却因他妻子，但这禽兽无礼，若不报复，笑我无能，如今便依你说，只是明日即要成事，迟则莫怪粗鲁，休说我不存颜面。"

会娘见丈夫口气松下，把心中惊恐撇下。正是：

　　万恶淫为首，阎君岂放宽。

　　淫妇心毒恶，巧语欲满天。

要知良臣是否得朱氏否，且看下回分解。

第三回 会娘遭金兵乱淫

且说会娘见丈夫口气松宽，把心中惊恐撇下，移轻身来，笑对丈夫道："看你心上如此着急，迟不得一两日子，倒会说些假道学话，包管你明日到手就是，若与那人相好了，也须常常想念我做媒的功绩，不要撇在脑后。"良臣道："你的媒人却是那个，若是男媒，不免也要去常谢的了。"会娘站起，把良臣身上，重重打了几下，侧目而视道："少要狂言造语些，请去睡觉吧！"良臣便不言语，与会娘归床而息，只因说得动兴，不兼久旷之余，这一次双接风快乐，断免不得的了。

会娘此时常又做出千般体态，枕席之上，着急温存，把良臣骗得心欢意乐。

天明起来，夫妻照会停妥，良臣假装体倦，推金来先出门拉客。

午后，会娘烧下一锅热水，提到卧楼，把浴盆放在床前，先叫丈夫躺在床上，垂下账幔忙去请朱姐净浴。

朱氏不知是计，问会娘道："二叔叔不在家吗?"会娘道："吃饭便去接客，每日规则，不晚不回的。"朱氏便把自己房门锁好，同至会娘楼内，会娘将水倾在盆，取过浴布，用手把自己房门反扣定了，径自下楼观风。

朱氏脱去了衣裳，刚倒身坐行浴盆之内，良臣在床，觑了莹白肌肤，丰腻肉穴兴不能遏，也脱做赤身，觅奔浴盆，把朱氏当胸搂住。朱氏出于不意，此惊非小，一时气脑，半话也说不出口，欲待挣扎，又一丝不穿，两腿未曾夹紧，早被良臣分开，横着下体在内，知将硬东西，左右急撞，有水濡润，毫不费力，一顶深入不毛，提有百十余回，朱氏兴趣又动，翘股而迎，但苦盆沿损腰，将身扭捏，良臣会意。把朱氏抱起放于春凳之上，两足架在双肩，用力抽插。

朱氏初时有些愤怒，得趣之后，丁香半叶，玉臂环拥，足无意而高挑，脸斜偎而紧贴，良臣满身舒畅，一股温泉，喷入朱氏穴中，且不提出淫具，两手捧定朱氏脸儿，布嘴支讨他津唾润口。朱氏无奈只得度了两口与良臣，还把双眼闭着。良臣将他乳头摩弄，又攥定金莲在手，把那已经泄得软如绵的淫具，放在朱氏阴户内，低头看着行事，不觉淫兴复浓，淫具却又空硬如前，良臣重新又大张旗鼓，用力狠战，朱氏道："什么紧要的事，干个不休，婶婶上来遇见怎好？"良臣也无瞅回言，但只一笑，又干够多时，方罢手而起，还把朱氏抱在怀里，坐于膝上，亲嘴咂舌。朱氏道："羞人答答的，你怎诱人干这样的事？"良臣道："我想慕嫂嫂已久，今日巧遇，略为表而已，来日甚长哩，怕什么羞，古人说得好，'光阴能几何，欢乐须及时。'我与嫂嫂正在少年之时，若不及早些乐地，有日老来，死期将去，要去作乐，也不能够了。"朱氏道："婶婶不是不知的，我因疲倦，在此打盹，她满疑我接客去了，如今依原寂睡，日悄自下楼，人终不知，朱氏怕水凉，推开良臣，急向盆中，喜得天色正当潮热，不异炎暑，汤微温。"朱氏草草浴完，穿衣而去。

良臣试净身体，坐在床上私喜，会娘到来，笑问道："计策如何？今番要谢谢媒人了。"良臣亦笑道："若无良策，怎会偷汉，这时候实是懒于动弹，晚上再与媒人消火吧？"会娘道："这样不济事的小秋，也要学偷女人，一次便弄得头盔倒挂，以后只过索烦些吧！，你如今可还折便宜么，再若拘管老娘，我的儿，叫你们口吃不了，还包着走。"

良臣道："你看这淫妇意要大开门了。"会娘向良臣劈啐了一口，走下楼来，良臣酣睡一觉，暗地溜到门前，人鬼不觉。从此金王两人，互相取乐，先来妻子被淫，总也不知，会娘虽露此破绽，良臣佯为不闻。会娘肆无忌惮，放心偷先来弄。

一日，良臣先来俱不在家，会娘独坐楼中，无人消遣，蓦闻钟明在下面讲话，又起怜爱之心，急走下来，见钟明在堂点货。会娘正要开言调戏，闻得外面有人言语，闪在门后，丈夫同客人说话而至。

一场扫兴，慢步归房，暇中想起丈夫回争闹，说金闻到家，就有人透露风声，必然是三步这天杀的，卖节沽名，把我搬斗，遂心中着实怪恨和德，常在丈夫并先来面前，说三步短处。这梅氏金花，系儒家女子，性颇贞静，每在内遁，见男女四人，不时私自调笑，常在波及，梅氏只是正色拒之，即悄对和德说知，要他分本回乡，和德猛想乱离日甚，将来商价为甚流通，行片费用颇大，利息是无望了，况兼众人做事乖张，杀身之祸，俱不可保，莫若远离为妙，免得日后也在浑水之中，受不白之名。

适值这日行中无事，金王俱闹在家，和德请到四位哥嫂道："弟蒙二位仁兄提挈，合本经营，极是美事，但家母还在乡间，现有病患，无人料理，特唤弟妇，义不容缓，今日空闲，把从前账目，逐一清算，不拘利息有无，弟自领本，归乡度日。二兄如今已是轻车熟路，力尽优为，小弟去亦无碍。自从起手到今，毋论账目银钱，家中大小等事，弟稍有欺心，归途既葬鱼腹，身道异处，神明报应二兄。

金王初意尚欲相留，闻和德说及此言，两人疑心刺他阴事，又添会娘常有怨言，原欲分开，只因难以启口，今日和德自出主意，正中两人心愿。

先来道："贤弟想是见近日生意欠好，要分去了，常言道：'守得荒年有熟年'，即已沾手，哪里心急得来，不敢苦留贤弟，总有亏折，以至埋怨，两弟兄还且守着，再看光景。"

和德道："弟非独善其身，见势景不妙，想然而去，就是两位仁兄，也要算个前后，今日兵马扰乱，谁人拿着血本，担惊受怕，远出为商，我们开行人家，苦没客来，便难过日，不如顶与人家，或暂且停业，别为营运，待地平静，再来开张，未为不可。"

良臣道："哪有此理，若一歇生，旧客便跳槽了，重开还有谁来，岂不前功尽弃。若说要顶与人，如此之际，有哪个该晦气的，瞎了眼睛，拿银子白送你用，贤弟纵要归去，我们实是歇手不得。"

和德道："既然二兄执意要守旧业，弟怎敢强谏。"遂叫进钟明来，把历来账目，从头彻尾，清算一遍，除本文之外，尚得利银三百余两，和德拔起本银，又分出利息。

雇下船只，收拢房中物件，别却哥嫂，打点回家，赎还田产，在自家门前，开家白酒铺子，诚省度日，却也安闲自在。

再说这金王两人，依旧开着此行，又有半年光景，金兵渐渐逼来，客人绝迹不至，这番先来亲到临安接客，良臣在家，与会娘朱氏轮番取乐，既无和德夫妻碍眼，又兼钟明在江塔寺前，包下一个土坡，时刻不离，总之行中毫无买卖，良臣亦任他去来，先来去不多时，接得一苏木胡椒客商到得，货堆两月，并无人买，又到几个糖客，系金陵人，向在闽做官，有白糖百桶欲要带回家，闻金兵已抵瓜州，宋家兵马守住江口，不容民船往来，归家不得，暂在客房住扎要候平静动身，却不卖货。

未及一月，传说金兵渡江，直抵临安，宋兵逃散，不日即到秀州，城内外人家，无不搬移藏避。金王亦谋暂躲乡间，因货迟阻，挨过三五日，据说宋帝已迁都四明，临安朱刺史差人往金营纳敦，这秀州也献地请降。金营发来告示，晓谕居民，秋毫无扰，各安生业。王金胆便大了，守着货物，毫不敢动。那消数日之间，金兵大至，果是雄威猛勇。金兵即到秀州，各门俱以重兵屯列营寨，刺史封起府库，请开钱粮户口册籍，备办酒相迎。外解送犒兵银一万两，金帅准降。下令一应大小官员，照旧供职，养马十日起行，凡城以内寸丝不动，安堵如故。城外人家，兵丁大惊，金帛子女，略无存留，但不杀人。

先来良臣离知，慌急无措，钟明目击此事，又来通报，合家慌乱，忙把衣服被褥，打成几个仓裹，藏些干粮在内，身旁各带散碎银数两，弃了家私货物，撇却客商。良臣先来钟明，俱挑行囊一担，手扶朱氏会娘，同往乡村躲路中逃窜男妇，如山遏来，子寻父的，夫喊妻的，哭声遍野。

先来等五人，行无一里之遥，早不见有，包中却有银物，良臣不舍，走回叫喊一通，不知去向，再轮旧路，正遇先来张头望脑，在人丛里捱挤，却独一人并不见朱氏会娘在旁，良臣急问道："嫂嫂弟妇何在？哥哥在此寻谁哩？"先来道："适才传说兵追到，众人一涌，遂失散了她们两个，故在此寻。"良臣跌脚道："快上前叫，谅无落后之理。"两人急急寻赶，暂不表。

却说朱氏会娘，被人众拆开，俱寻不见丈夫，又闻兵马赶到，不敢出声唤。会娘行半里。寸步难移，见路旁一丛茂草，钻身而入，早有一中年妇人，先坐在内哭泣。朱氏谅来也是避难之人，近前同会了，泪如雨下，细思丈夫怎生和我在此，不知何时相会。

表会娘跟着众人，往前乱走，距至黄昏日落，众人还不敢住脚。会娘鞋张渺小，走得两脚肿痛，又苦黑夜不能再走，坐在路旁高阜去处，要忙良臣追寻。坐过一夜，渐渐天明，只见王小三肩挑被仓，跄踉而至。会娘见了，叫道："钟叔叔哪里去，可见我丈夫吗？"钟明道："昨日出门之后，因往东塔寺前，看了相知，不料他已出门，及至赶得上朱，又被人多溃散，一时难寻。我在前面等候半日，不见影音，闻得兵马追来，拼命赶路，你怎么还坐在此处？"会娘道："我实是走不动了，脚都红肿，肚里又甚饥饿，叫我怎么赶路。死生自有定数，我在此听天由命罢了。"钟明道："怎说这话，万一落了胡儿之手，多死少生，我挽着你，且拓填去，寻条活路，若遇得一只渡船，竟叫他载到平湖城中，我有至亲在内，权且住着，待事平自然团聚。"钟明遂一手把会娘扶起，挽了同行，又走有二三里地，暂坐歇气，望着路侧地远远地有座土山，土山凹里，藏着一带茅草矮房。钟明指道："那山凹草房内，想有人家，且去买些饮食，衬衬肚子，再思走路，这回实是饿得难过。"会娘道："这会儿便是兵马杀到面前，也断走不动了,那村人家里,且借歇一宵,明日看光景另思安身之处。"

两人商酌已定,站起身来,沿路前进,走至土山凹内,推进屋去,俱是空空,并无一人,但遗下些桌凳床锅灶之类,会娘向钟明讨个包,做个枕头,向床上睡去,钟明坐在凳上,双眼瞧定会娘。

会娘道:"这里既无人烟,何处寻得甚东西来吃?"钟明道:"这却难事,此时有钱总无买处。"会娘想了一会道:"何曾人有去吃,我也不知各包俱有,那曾想及,这叫作搜远不搜近。"钟明到会娘头下,取出被包,解将开来,都是白面饼火攻,更兼煮肉烹鸡,会娘坐起,同钟明饱餐一顿,多余的仍原包好,钟明叫会娘站开,将被褥铺在床上,会娘依原去睡。小碛顶好前后门扇,嘻地一笑,径倒身来,与会娘同睡。

会娘道:"你怎么也在这里来睡,万一有熟人撞进看见,不像体面。"钟明道:"如此幽静地方,再兼这乱离时候,有甚熟识之人撞到此处,我与你两情甚浓,只恨天公不作美,屡次蹉跎,趁此机会,已是天赐良缘,岂肯当面错过哩?"

一边说,一边来扯会娘裤子,会娘两手微微遮隔,钟明性急先把自己裤裆拉下,露出肉具,昂然跳跃。会娘淫兴勃发,任从钟明脱去内裤,分开两腿,挺具冲用力抽提。

正在彼此眷恋,着意送近之际,忽听外面一片马嘶人沸,戈战胃胄之声。钟明心荒,停身细听,早有数人扑下门来,抢入屋中,抬头一看,尽是光头辫发之人,腰佩矢弧,手悬利刃。钟明会娘知是金兵,此惊不小,未及穿衣,慌忙披起,金兵一见大笑。

也不知嘀咕的是甚,拿住钟明,寻条麻绳,将其绑于屋柱之上,推倒会娘,取具便干,一个接一个,齐来淫乐。

会娘初时惊急,及到以淫,及觉本事过人,抽送得法,津津有味,搬弄倒第三鞑子,阴户中便觉疼痛,小腹微胀,气恼。

挨到完事,又是一个上来,放具又弄,会娘实是抵挡不住,苦口哀求,任你讨饶,越弄个床摇屋震,不肯住手。

这壁厢钟明看得垂涎,气得目绽,却又吓得胆碎,绑手麻木,未敢作声。

少顷会娘腹胀体酥,四肢无力,气息奄奄。金兵又笑喊一会,提出肉具,扶会娘坐着在他腹上,用力揉擦,流出白水碗余,方得保全性命。金兵知会娘不堪再弄,和无郑出衣被,拴在马上,次将会娘扶持上马,转身又往房内搜寻,别无他物,放下钟明,要银子。钟明道:"逃难之人,那得银子与你。"

第四回　仗兄义义迎家人

且说金兵要钟明给银子,钟明道:"逃难之人哪得银子与你。"金兵将钟明衣服剥下,腰间搜出碎银二十余两。骂道:"这个刁顽蛮子,藏着银子,诈若没有,休要还他衣服。"遂拿了银子衣服,一齐上马,钟明与会娘四目留恋,心中不舍,钟明上前一步。将会娘马头拦住,哭告道:"情愿送了衣服银两,还我妻子去吧!"金兵性发,拔出钢刀,将钟明分为两段。会娘见了,惊得打颤,不敢作声,相随同往。话分两头。

却说朱氏在草丛中,坐了一日一夜,饿得目昏肠碎,只得出来寻食,亦被一队金兵,撞着掳去,暂不表。

再说先来良臣,因失落妻子,东追西奔,遍地寻觅,误了行期,不妨金兵骤至,躲藏不迭,拿到营中,烧水喂马,一路带去,不肯释放,行中货物,抢得罄尽,也暂不表。

话说这和德在家,闻知金兵犯时,百姓避,不见金王两家小下来,心中挂念,后闻金兵已拔营临安去讫,秀州郊外地方,俱为劫掠,不见金王实信,坐立不安,王良臣生母重病在床,也央人求说良臣,访他儿子。良臣特至行中,探望金王下落,见一路人烟绝望,行内细软皆无,只存粗重木石器皿。就是客货,亦无丝毫,明知被抢,但不得人口消息,愈加惶惑,再开到侧间厢房内去看。尚商商无所解为上一百篓竹纸,原捆不动,和德暗想道:"这是沧海遗珠子",仍把房闭上,又各处要检看,略无他物,仔细思忖,欲待回乡,悲房子无人看守,所留财物,被人窃取,欲代之载回乡下,待访出二人付还,又恐日后别拘失脱,疑心也是被我拿,尽转寻思进退两难,从客踱出门首探看,要寻熟人,问声金王行止。

却好逃回两家紧邻,和德拱手相问。邻人道:"穆官人你的造化,早分了去,人财平稳,他们全家俱是被掳去了,有人亲眼觑见,还说老五杀在路上,尸体现存,两位令亲,不知何日方归,行中货物,所留多寡,你须代他发去,恐有客来取讨,也好圆个后日主顾。"

和德道："正有此意，恐乱中失物尚多，金王二兄回来，疑我谋赖，故而犹豫。"邻人道："岂有言话，但人心难料，你是老成之见，竟后悔，如今我们与你共同立个单账，他时尚有闲话，众人自来作证。"和德道："若得列位如此用情，方敢胆收去。"遂寻出纸墨笔砚，在众人前，逐件点登账目，请各邻人俱姓名，押个花守，相谢众邻。

临别又问钟明所杀地方，然后寻个屋内一应留遗，载在家中叠好，细与母亲妻子，留言四人被掳钟明被杀之事，母亲叹秘，和德坠下泪来，又恐良臣母病中闻此凶信，以致下虞，只说行中无恙，好言安慰。

即取二两银子，在本村买具棺木，用船载了，寻着钟明尸首，盛在棺中，叫人抬往三塔寺山门内放着。

走回家里，心里只是金王两人放不下，茶饭懒用，想起三人结义，誓同生死，后因他人做事乖张，致生离别，不料有此大变，人亡财散，我本叨天底，安然无事，恶忍忘了盟言，听凭他流离颠苦，譬如我当迟疑，不会分出，如今断然外中劫中，不免设处几封银子，密密带着，扮作乞儿，一路访去，不幸遇见，搭伙归来，再得这完聚，不岁同盟之雅。生意既定，不与母妻说知，原复将产卖了百余两银子，打叠包裹停当。

次日黎明，买副牲礼，烧了吉利纸，换上一身破衣，别却母亲妻子，独自一人，出门走。

梅金花婆媳苦留，和德不听，头也不回，一直望临安而去。于路逢人访问，绝无消耗，大兵经由之地，人亦稀少。和德受了无限苦楚，风眼雨缩，忍饿吞饥，挨了十余日，看看走到富春驿左侧，遇着一班难民，逐人认过，不见金王在内，因身子疲倦，向驿前街沿上，暂坐竭力，先有几个驿夫，也坐在彼，闲话之间，探听得金华府内，无相寺中，拘锁着三二百抢去妇女，亲人认明回赎，和德闻言，不敢停阻，急急由严州府兰谷县，两日之日，赶到金华，进了通寺远门，往无相寺。

挨身细认，果见朱氏在内，蓬头垢面，不似人形，朱氏见了和德，嚎声痛哭，哽咽得半字不出，和德不禁泪雨如珠，待朱氏哭声少住，问道："二嫂何在？二位哥哥可过来？"朱氏道："那日与二婶同逃出门，在途中拆散，直到桐庐县地方撞见，见是打扮千娇百媚，带笑对我说：'一严州府防御使娶去做妻，令往赴任。'绝不提二步半字，飘然而去，也不知所言真假，哥哥样式未会面。"说毕，又哭道："望叔叔可怜，救奴回家，死不忘恩。"和德道："事已这般，嫂嫂不必伤悲，正为要寻兄嫂回乡，所以不惮跟跋涉远来，但不可急，待我寻个头路，便好为计。"逐步向口下砚望一回，满眼俱是胡人，不敢后企盼，见大王殿门上，挂着一告示，看者纷纷，也试走去一看，即好是回赎妇女而体，急步捱上，分开人群。

和德看毕，心中暗喜，对朱氏道知，嘱她耐心暂等，待往府中赎了来领，这朱氏不免再口叮咛，和德允诺，抽身离去，复出通无门，寻下客寓，安歇一夜。

次日升堂，诉说苦情，当堂呈上白银十六两，知府见和德衣衫褴褛，言词哀痛，不嫌价少，叫库吏收过赎银，令和德亲手写下领状，掣一根一签，差人同去认领朱氏。和德叩谢知府，一同差役至鞑官处，除名挂号，将朱氏放出。来差回到寓中，和德称银一两相送。朱氏到店主内室梳洗，和德又到铺上，买了一两件洁净布衣，与朱氏换往江口乘船。

却好一只尽是回赎妇女在内，往临安行。和德因要到严州跟寻会娘，恐去船至彼，不肯耽搁，安顿朱氏在船，稍对朱氏道："嫂放心船下，我先严州寻二嫂，得便也赎同归，这船明早方行，我起岸先行，总在严州相会。"朱氏道："叔叔是在严州下船，休要久延时日，两不相顾。"和德道："不须嫂身又走。"日色斜西，早至严州。寻到防御使衙前，访问会娘信息，偶遇衙内一老苍头，系南直定上府人氏，为人耿直好善，和德相见，诉说来意。

苍头怜爱无辜受难，代进衙中揸查，果有冯氏在内，却是主人爱妾，心内踌躇，若竟与老爷明讲，这事不负了那人来意，除非设良计，呆想半日。点头道："如此如此，其事济矣。"暂不表。

却说会娘，至秀州掳去，众兵淫乱了数次，献与本营将官，那将与严州防御使是好友，一日同饮中，见会娘侍立坐侧，凤眼斜桃樱唇欲绽，装出无数娇态，那防御使不觉情动，遂备礼娶为侧室。过门后，会娘被窝中，枕席上，放出那携云握雨的功夫来，骗得防御使心欢意乐，衙中权柄，尽归会娘掌握，每日价玉食锦衣，呼奴使婢，那记半个王字。只因她人倚势专权，与防御使大夫人，为切齿之仇。这苍头是大夫人心腹，久恨会娘，但系主人宠他，无可奈何，只好心怪而已。

这日却好和德寻来，说要回赎，苍头正中下怀，又离散之情可悯，密定一计，叫和德进耳房暂坐，径入内室和夫人说知。这夫人满心欢喜，对苍头道："既有亲者赎，若得冤家离，莫大文希，只是这天杀的，岂肯放她去。"苍头道："莫道老爷不放，便是新娘若肯回？依奴之意，趁老爷患病在床，夫人自做主，免得日后悔。"防御使夫人道："我有计，老爷为那贱人，弄得体弱神虚，一病数日，若不早早撵，性命可虞，今乘他病中，将那贱人发付来人。"苍头道："甚妙，但不可迟。"防御夫人亲自到书房，正遇会娘缠脚，防御夫人道："你家丈夫在外探望，立等见，快快出去，莫被老爷知恶。"会娘闻色变，也不语，缠完脚慢道："什么亲，如今既到此见他何用，叫回吧。"防御夫人道："你是丈夫卖，还是兵抢？"会娘道："他怎卖我，是被抢。"防御夫人道："即非卖，丈夫无罪也，夫妻之情陡地分离，既远相寻，怎忍不见，我和衙中就是你久占的巢穴和以？"会娘见夫人发话，又理合，只得外见，口中尚自咕不住，及至耳房见，却是和德，愈添不乐，怒问道："你来此做甚？"

和德见会娘前，正待喜，忽闻此语，兼之怒容，也站住道："不知嫂下落，特来访，已在金华赎大嫂，现在舟中，闻得嫂在此，故来奉请回。"会娘道："你休做梦，吾今已别室，你等休想，世有防御使妻不做又从闲事，莫骗我回，转水嫌钱吗？""这是不行，我丈夫与你并非房族，干你甚事，要你远胡做。"对苍头道："他非我夫，来赎不存好意，誓不去！"苍头正待言，夫人手持荆至前，把会娘劈头乱打，喊骂道："你个怪贱淫根，你就是防御妻室，倒撵了我出去吧，适间老爷吩咐，要你即离衙，跟了亲人归，若说半个不，即是砍下你头来。

和德峥势凶恶，特把缘由一一道出。苍头听罢，遂壁间除下腰刀，径奔会娘道："这是不义这妇，便背亲人，既有老爷命，吾亲手杀也。"和德扯住苍头，居中劝解，防御夫人道："不要来人半文，出门径走。"会娘无奈，只得跟行。这里夫人拔出眼中钉，十分舒畅，捱至天晚，故为惊惶，道会娘盗物而逃，防御使大怒，叫人对知府讲明，差人缉捕。夫人私自捺定，暂不表。

再道和德与会娘，行至严州郊门外水口，天已傍晚，刚刚遇着顺风，朱氏所坐载船已正拢岸住，和德先跨进舱，与朱氏说知后，后扶会娘上船。再加一人船钱，安歇已定。当日行船，于路和德屡思金王二兄，寻觅不遇，幸得二嫂，又不在费银两，也是一苦，且同两嫂先归。待我再来访求，必要寻见方已。不上三四日之间，船已抵临安江口，众客起岸，分头而行，和德着朱氏、会娘，翻山越岭，至赤山埠，叫只西子湖中小船，渡至响水上岸，到松木场计船回，三人行过差羊访，正撞着金先来，王良臣二人，敞衣垢后，沿门行乞。

五人相见悲喜增多加，先来问道："二弟何来，怎又与嫂嫂们厮遇？"朱氏垂泪道："我被掳，直至金华，受了许多辱，求生不能，欲死不得，幸得三弟前来赎取，重见天日。"会娘默然不语，先来致谢和德，又把钟明死信，并写官森之事告知，会娘忽含悲道："我自分散后，却好遇钟明，正同来寻你们，撞遇金兵，被掳上马，钟叔叔来夺时，竟被砍死，说来可怜。"金先来道："多蒙三弟义气，幸得骨肉保全，为今之计为作速回，另寻生计为主，但我两囊中，并无分文，怎好？"和德道："愚弟，尚带有，不烦哥哥费心。"逐同往松木场，雇下塘船一只，三男两妇，会伴同归，暂不表。

却说梅氏金花，自丈夫行启，同婆婆在家针指，一日偶要做府，不凤有蒲席，婆婆道："糖桶中倒有，却是取他不得？"金花道："一时若无买处，且开一桶，只取蒲席不妨。"便去甚物在地，外面用纸封的。金花的拾起，去纸开看，上个文银煎饼，每饼约重三十余两，金花道："原来糖中有银子藏着，我们逐桶看看，想俱有的。"

于是婆媳二人忙将百桶齐齐打开，内中止上白糖四十桶有物，其余六十桶沙塘并无。金花道："把银子收起，各桶取蒲少许，仍将糖桶封好，试将四饼兑看，共重百两，计有中之数，不与一人知风。"对婆婆道："行中各持抢尽，独遗此货，内里私藏，又无心中为我们所得。明系天意，儿子回时，且莫与他讲，他若一知仍要还人。"婆婆点头会意。

未儿五人到家，系明候问，重定田园，和德把行中收回各物并地方公账，一并交付二人，金王感之不尽，细探糖客已无一菜迹，把糖变卖，共得一百余金，两家均分过活，金花闻糖已经卖去，方将所得银两，说与丈夫知道，和德又将四百两分赠金王，两人私心感戴，各无话说。

只有会娘，一心思忆防御使衙中受用，深和德赎回苦守，每每对丈夫说，和德开列铺时，常来诱我，今赎我下来，又在途中要与我睡，苦苦哀求，得免污辱，良臣听了在心。

偶然一日，至金先来家，先来谈和德好处。良臣道："但有些毛病，最贪女色。"先来道："这也从不闻介说起，以我论之，此人还是抑下恩后身哩。"良臣将妻子所言，微微表与先来代为不平，连朱氏也与称屈，良臣有些恼着妻子，令人叫妻子过先来家，并按了和德同会是非。

先来交开行时，把会娘挑逗和德的话，并和德拒会娘之言，从头说出，会娘无言抵对，朱氏又把途中夥搭客船，舱里共有十余妇女，坐在后舱，男人坐前舱，叔叔平日不相见情由，也细说一遍。和德外将严州赎回，不肯还家，反加挥此的话，也略一道白。会娘满目羞态，良臣操欲打。众皆劝息，自此良臣吟淡会娘，不与近身。

先来又已收心，不干偷摸之事，会娘又无别遇，你想风流淫奔的妇人，如何寂寞得过。一日黄昏，大哭数场，奔走他地。后无杳信。

良臣因在今家闲话，归家方知，求治不活呜呼哀哉，后无一子。

先来与朱氏，后来日子稍富，过得也爽快，七十有余，双双归泉，留有一子一女，后续主业终身。

和德连生三子，各攻举，俱入仕途，为元时显宦。和德同妻直至九十过头，无病而终，受人尊重。子孙绵绵不绝。

雨花香

［清］石成金 撰

第一种 今觉楼

世人要享快乐，只需在心念上领略，则随时随地俱享快乐，切莫在境界谋求，不独奢望难遂，反多愁苦无休。试看陈画师，不过眼前小就，便日日享许多自在快乐之福。谁个不能，那个不会，读者须当悟此。

予尝诌二句曰："福要人会享，会享就多福。"要知人若不会享福，虽有极好境界，即居胜蓬瀛，贵极元宰，怎奈他心中忧此虑彼，愁烦不了。视陈画师之小局实受，反不如也。

人能安分享乐，病也少些，老也老得缓些，福也受得多些，寿也长些，陈画师即现在榜样也。

崇祯年间，扬州西门外有个高人，姓陈，名正，字益庵，生得丰姿潇洒，气宇轩昂，飘飘然有出尘之表。家甚淡薄，只一妻一子一仆，幸西山里有几亩旱田，出的租稻，仅仅供食，这人读书不多，因看破人世虚幻，每日只图享乐，但他的乐处与世人富贵荣华、酒色财气的乐处不同。他日常说："文人有四件雅事，最好的是琴棋书画。要知弹琴，虽极清韵，必须正襟危坐，心存宫商，指按挑剔，稍不留意，即失调矣。我是个放荡闲散的人，哪里奈得！所以并不习学。又如着棋，高下对敌，筹运思维，最损精神。字若写得好，亲友的屏轴、斗方、扇条，应酬不了，且白求的多。我俱不为。四件之内，只有尾上的绘画一件，任随我的兴趣，某处要山就画山，某处要水就画水，某处要楼台树木，就画楼台树木。凡一切风云、人物、花鸟、器用，俱听我笔下成造。我所以专心学画，若画完一幅，自对玩赏，心旷神怡，赠予知音，彼亦快乐。"每喜唐伯虎四句口号云：

不炼金丹不坐禅，不为商贾不耕田。

闲来画幅青山卖，不用人间作业钱。

陈画师因有了这个主意，除卖画之外，一应诗文自量自己，才疏学浅，总不撰作，落得心无罣碍,只是专享闲乐之福,就在西门外高岗上,起盖了三间朝南小屋,安住家口。苑阔约四五丈,栽草花数种,如月季、野菊之类,并无牡丹、芍药之贵重的。周围土墙柴门。苑之东南上,起了一间小楼,楼下只可容三四人,一几四椅,中悬条画,几上除笔砚之外,堆列着旧书十余部,用的都是沙壶瓦盏。楼上起得更加细小,只可容二三人,设有棕榻小桌,四面推窗明朗。楼之南面,遥望镇江长山一带云树烟景。楼之北面,正对着虹桥法海、花柳林堤。楼东一望,名花园亭阁,高下参差。唯楼西都是荒坟荒冢。陈师坐此楼,自知往日之尘劳尽去,顿生觉悟,因题"今觉楼"三字匾,悬于下层,又诌一对联粘柱,时刻自醒兼以醒人。联云:

　　觉性凡夫登佛位,乐心斗室胜仙都。

　　此联重在"乐觉"二字,所谓趣不在境也。楼之上层,曾有客登此楼西望,尽是高低坟墓,每云不乐。师因晓之曰:"昔康对山构一园亭,其地在北邙山麓,所见无非丘陇。客讯之曰:'日对此景,令人何以为乐?'对山曰:'日对此景,乃令人不敢不乐。'我深敬服其所以起楼在荒冢旁,原是仿此。今每日目睹此累累者,皆是催我急急行乐,不容少缓也。"因又诌一联,粘上层柱云:

　　引我开怀山远近,催人行乐冢高低。

　　陈师自立规矩,每日上半日画些山水,卖得笔赀,以为沽酒杂用。凡有求画之人,都在上半日相会。一到午后,便停笔不画,一应亲友,令小童俱答外出。却在楼上,任意癫狂笑傲。夏则北迎保障湖内,莲叶接天,荷花数里,或科头裸体,高卧榻上,或乘风透凉,斜倚栏边,世之炎暑,总不知也。冬则西岗一带,若遇有雪,宛如银妆玉琢,否则闭窗垂幕,炉烧榾柮,满室烘烘,世之寒冷总不知也。春秋和暖,桃红柳绿,梧翠菊黄,更自快心。每日清晨向东遥望,曈曈朝气,生发欣然。每日午后,虹桥之画船箫鼓,桓舞酣歌,四时不绝。陈师曾遇异人,传授定慧功夫,静坐楼上。任意熟习,少有倦怠,或缓步以舒身体,或远眺以畅神思,或玩月之光华,或赏花之娇媚,或随意吟几首自在诗文,或信口唱几支无腔词曲,或对酒当歌,或谈禅说偈,种种闲乐,受用甚多。但陈师的性情,落落寡交,朋友最少,只有两人与师契厚,一个是种菜园的姓李,只因此人邻近不远,极重义气,所以时常来往。一个是方外僧人,诨名懒和尚,一切世事,俱不知晓,只喜默坐念佛,偶然说出一句话来,到有许多性理,所以时常来往。这两个人酒量甚小,会饮每人不过四五杯,就各酣然。陈师每常相会,也不奉揖,也不套话,也不谦上下,只一拱手,随便就座。且这卖菜李老,并不衣帽,唯粗粗短衣草鞋,卖完了菜就到陈师楼上闲玩。若遇饮酒,就饮几杯,桌上放的不过午饭留下的便肴一二碟。这懒和尚不吃荤腥,只不戒酒,若是来时,不过腐干盐豆佐酒。隔几日卖菜的李老,也煎碗豆腐□□□和尚,到他家草屋里饮乐。因陈师小楼在荒郊野外,忽一夜有六个强盗,点明火把,各执器械,打开陈师门,吓得陈师连叫大王,怜念贫穷,并无财物。众盗周围照看,并无铜锡物件,即好衣也无。正在搜劫,忽闻门外有多人呐喊捕捉,众盗慌张,既无财可劫,又听众声喊叫,一哄而散。原来是卖菜李老,在竹篱内探知盗至师室,因叫起众邻救援。陈师知道,感激不已。自后过了两个多月,又见一军官骑着马,带了三个家人捧着杯缎聘礼,口称北京来的某王爷闻师画法精妙,特来请师往京面会。礼拜之后,力辞不脱,陈师亦有允意,忽见懒和尚到来,同见礼后,向来人说:"既承好意远来,屈先暂回,待僧人力劝陈师同去。"来人闻言,遂将礼物留下送别。这懒和尚拉陈师密说:"我等世外高人,名利久忘,只图闲乐,何苦远到京都,甘受尘劳!可将妻子仆人,暂移乡村,只留我僧人将礼物璧回,推陈师得病,已另搬西山服药。"陈师依计,次日来人见画师藏躲,因无罪过,遂而辞去。续后闻得聘到京都之人,俱遭罪辱,方信懒僧高见。陈师迟了几日,知京人已散,复又至小楼,仍旧安享闲乐,每常自撰四句俚咏云:

> 岗上高楼整日闲,白云飞去见青山。
>
> 达人专领惺惺趣,不放晴明空往还。

又常述大义禅师传授秘诀八句,普示人众云:

> 莫只忘形与死心,此个难医病最深。
>
> 直须提起吹毛利,要剖西来第一义。
>
> 瞠起眼睛剔起眉,反复看渠渠是谁。
>
> 若人静坐不施功,何年及第悟心空。

陈师后来老而康健,寿至九十六岁,无病而终。予曾亲见此老,强壮不衰,乃当代之高人,诚可敬可法也。陈师所生一子,承继父业,家传的画法,甚是精妙。其契友李菜、佣懒和尚,寿高俱至九十以外,总因与陈师薰陶染习而致也。

惺斋十乐

石成金　天基

乐于知福

人能知福，即享许多大福，当常自想念。今幸生中国太平之世，兵戈不扰，又幸布衣蔬食，饱暖无灾，此福岂可轻看！反而思之，彼罹灾难困苦饥寒病痛者，何等凄楚，知通此理，即时时快乐矣。

乐于静恬

不必高堂大厦，虽茅檐斗室，若能凝神静坐，即是极大快乐。试看名强利锁，惊风骇浪，不知历无限苦楚。我今安然静怡性情，此乐不小。唯有喜动不喜静之人，虽有好居室，好闲时，才一坐下，即想事务奔忙，乃是生来辛苦之人，未知静怡滋味，又何必强与之言耶！

乐于读书

圣贤经书，举业文章，皆修齐治平之学。人不可不留心精研，以为报国安民之资，但予自恨才疏学浅，年老七十余岁，且多病多忘，如何仍究心于此！尚欲何为乎？目今唯将快乐诗歌文词，如邵子、乐天、太白、放翁诸书，每日熟读吟咏，开畅心怀而已。又将旧日读记之得意书文，重新诵理，恍与圣贤重相晤对，复领嘉训，乐何如耶！

乐于饮酒

予性喜饮酒，耐酒量甚小，每至四五杯，则熙熙皞皞，满体皆春，乐莫大焉。凡酒不可夜饮，亦不可过醉，不但昏沉不知其乐，且有伤脏腑也。

乐于赏花

观一切种植之花，须观其各有生生活泼之机，袅袅娇媚之态，不必限定牡丹、芍药之珍贵者。随便各种草本、木本之花，或有香、或有色、或有态度皆为妙品。但有遇即赏,切勿辜此秀色清芳也。

乐于玩月

凡有月时,将心中一切事务,尽行抛开,或持杯相对,或静坐清玩,或独自浩歌,或邀客同吟。此时心骨俱清,恍如濯魄水壶,置身广寒宫矣。此乐何极！想世人多值酣梦,听月自来自去,深可惜哉！

乐于观画

画以山水为最,可集名画几幅,不必繁多,只要入神妙品,但须赏鉴之人,细观画内有可居可游之地,心领神怡,将予幻身恍入画中,享乐无尽,不独沧海凄然,移我性情也！

乐于扫地

斋中扫地,不可委之僮仆,必须亲为。当摸箕执帚之时,即思此地非他,乃我之方寸地也。此尘埃非他,乃我之沉昏俗垢也。一举手之劳,尘去垢除,顿还我本来清净面目矣。迨扫完静坐,自觉心地与斋地,俱皆清爽,何乐如之！

乐于狂歌

凡乐心词曲诗歌,熟读胸次,每当诵读之余,或饮至半酣之时,即信口狂歌,高低任意,不拘调,不按谱,唯觉我心胸开朗,乐自天来,真不知身在尘凡也。

乐于高卧

睡有三害:曰思,曰饱,曰风。盖睡而思虑,损神百倍。饭后即睡,停食病生。睡则腠理不密,风寒易入,大则中厥,小亦感冒。除此三害,日日时时,俱可享羲皇之乐,不拘昼夜,静卧榻上,任我转侧伸舒,但觉身心快乐,不减渊明之得意也。

第二种 铁 菱 角

积财富翁，只知昼夜盘算，锱铢必较，家虽陈柴烂米，有人来求救济，即如剐肉。有人来募化做好事，若修桥补路之类，即如抽筋。且又自己甘受苦恼，不肯受用，都留为不肖子孙嫖赌浪费，甚至为有力势豪撄取肥橐，全不醒悟。观汪于门之事，极可警心。

家贫妄想受用，固是痴愚。若有财富翁，不肯受用，所谓好时光、好山水、好花鸟诗酒，都付虚度，岂非枉过一生！更为痴愚，诚可惜可怜。

曾有一后生姓汪，号于门，才十五岁，于万历年间，自徽州携祖遗的本银百余两，来扬投亲，为盐行伙计。这人颇有心机，性极鄙啬，真个是一钱不使、二钱不用，数米而食、秤柴而炊。未过十多年，另自赚有盐船三只，往来江西湖广贩卖。又过十多年，挣有粮食豆船五只，往来苏杭贩卖。这汪人，每夜只睡个三更，便想盘算，自己客座屏上粘一贴，大书云：

一予本性愚蠢淡薄自守，一应亲友，凡来借贷，俱分厘不应，免赐开口。

予有寿日喜庆诸事，一应亲友，只可空手来贺，莫送礼物，或有不谅者，即坚送百回我决定不收。至于亲友，家有寿日喜庆诸事，我亦空手往贺，亦不送礼，庶可彼此省事。

一凡冬时年节，俱不必踵贺，以免往返琐琐。

一凡请酒最费赀财，我既不设席款人，我亦不倒人家叨扰，则两家不致徒费。

一寒家衣帽布素，日用器物，自用尚且不符，凡诸亲友有来假借者，一概莫说。

愚人汪于门谨白

汪人生性吝啬，但有亲族朋友来求济助的，分厘不与，有来募做好事积德的，分厘不出。自己每常说："人有冷时，我去热人，我有冷时，无人热我。"他自己置买许多市房，租与各人开店铺，收租银。他恐怕人挂欠他的房租，预先要人的押房银若干。租银十日一兑，不许过期，如拖欠就于押银内扣除，都立经帐，放在肚兜。每日早起，直忙到黑晚还提个灯笼各处讨租。有人劝他寻个主管相帮，他答道："若请了主管，便要束脩，每年最少也得十多两银子，又每日三餐供给。他是外人，不好怠慢，吃了几日腐菜，少不得觅些荤腥与他解馋。遇个不会吃酒的还好，若是会吃酒的，过了十日五日，熬不过又未免讨杯酒来救渴，极少也得半斤四两酒奉承他。有这许多费用，所以不敢用人。宁可自己受些劳苦，况且银钱都由自手，我才放心。"他娶的妻子也是一般儿俭啬，分厘不用。一日时值寒冬，忽然天降大雪，早晨起来，看地下积有一尺多深，兀自飞扬不止，直落得门关户闭，路绝人稀。汪人向妻道："今日这般大雪，房租等银是他们的造化，且宽迟这一日，我竟不去取讨，只算坐在家中吃本了，但天气这等寒冷，我和你也要一杯酒冲冲寒，莫失了财主的规矩。"妻道："你方才愁的吃本，如今又要吃起酒来，岂不破坏了家私。"汪人道："我原不动己财沽酒，我切切记得八月十五中秋，这一日间壁张大伯，请我赏月，我怕答席，因回他有誓在前不到人家叨扰，断不肯去。后来，他送了我一壶酒，再三要我收，勉强不过，我没奈何只得收了。我吩咐你倒在瓦壶里，紧紧封好，前日冬至祭祖，用了一小半，还剩有一大半，教你依旧藏好，今日该取出来受用受用。"妻笑道："不是你说，我竟忘了。"即时去取出这半壶酒来。问丈夫道："须得些炭火暖一暖方好饮。"汪人道："酒性是热的，吃下肚子里自然会暖起来，何必又费什么炭火。"妻只得斟一杯冷酒送上，汪人也觉得寒冷，难于入口，尖着嘴慢慢地呷了一口，在口中务温些吞下，将半杯转敬浑家。妻接下呷半口，嫌冷不吃了。汪人道："享福不可太过，留些酒再饮吧。"他自裁的一顶毡帽，戴了十多年，破烂不堪，亦不买换。身上穿的一件青布素袍，非会客要紧事，亦不肯穿，每日只穿破布短袄，但是渐次家里人口众多，每日吃的粥饭都是粗糙红米，兼下麦糗。至于菜肴只拣最贱的菜蔬，价值五六厘十斤的老韭菜、老苋菜、老青菜之类下饭，或鱼或肉，一月尚不得一次，如此度日。还恨父母生这肚子会饥渴，要茶饭吃，生这身子会寒冷，要棉衣穿。他自己却同众人一样粗饭粗菜共食，怕人议论他吃偏食。就是吃饭时，他心中或想某处的盐船着某某人去坐押，或想某处的豆船叫某某人去同行，某处的银子怎的还不到，某处的货物因何还不来，某盐场我自己要盘查，某行铺我自己要看发，千愁万虑，一刻不得安宁。其时西门外有个陈画师，闻知汪人苦楚得可怜，因画一幅画提醒他。画的一只客船装些货袋，舱口坐了两个人，堤岸上纤夫牵船而行，画上题四句云：

船中人被利名牵,岸上人牵名利船。

江水滔滔流不尽,问君辛苦到何年。

将画送至汪人家内,过了三日,汪人封了一仪用拜匣盛了,着价同原画送还,说:"家爷多拜上陈爷,赐的画虽甚好,奈不得工夫领略,是以奉还。"价者依言送至陈楼。陈师开匣,看见一旧纸封袋,外写"微敬"二字,内觉厚重,因而拆开一看,原来是三层厚草纸包着的,内写"一星八折"。及看银子是八色潮银七分六厘。陈师仍旧封好,对来价说:"你主人既不收画,竟存下来,待我另赠他人。这送的厚礼太多了,我也用不起,亦不敢领,烦尊手带回,亦不另写回帖了。"价者听完即便持回。陈师自叹说:"我如此提醒,奈他痴迷不知,真为可怜。"这汪人因白送了八分银子就恼了半日,只待价者回来,知道原银不收,方才喜欢。他的鄙吝辛苦的事极多,说也说不尽。

内中单说他心血苦积的银子竟有百万两,他却分为财、源、万、倍四字号四库,堆财到有这许多银子,时刻防间。他叫铁匠打造铁菱角。每个约重斤余,下三角,上一角,甚是尖利,如同刀、枪,俱用大篾箩盛着,自进大门天井到银库左右,每晚定更之后即自己一箩一箩捧扛到各路库旁,尽撒满地,或人不知,误踹着跌,鲜血淋漓,几丧性命。到五更之后,自己又用扫帚将铁菱角仍堆箩内,复又自捧堆空屋。虽大寒、大热、大风雨,俱不间隔。其所以不托子侄家人者,恐有歹人通同为奸。这汪人如此辛苦,邻人都知道,就将"铁菱角"三字起了他的诨名。一则因实有此事,收撒苦楚。二则言铁菱角,世人不能咬动他些微。这汪人年纪四十余岁,因心血费尽,发竟白了,齿竟落了,形衰身老,如同七八十岁一般。到了崇祯末年,大清兵破了扬州城,奉御王令旨,久知汪铁菱家财甚富,先着大将军到他家搬运银子来,助济军饷。大将军领兵尚未到汪门,远远看见一人破衣破帽,跪于道旁,两手捧着黄册,顶在头上,口称:"顺民汪于门,迎接大将军献饷。"将军大喜,即接册细看,百万余两,分为财、源、万、倍四字号四库,因吩咐手下军官,即将令箭一枝,插于汪铁菱门首,又着百余兵把守保护,如有兵民擅动汪家一草一木者,即时斩首示众。汪人叩首感激,引路到库。着骡马将银装驮,自辰至午,络绎不绝。汪人看见搬空,心中痛苦,将脚连跳几跳,说:"我三十年的心血积聚,不曾丝毫受用,谁知尽军饷之用!"长嚎数声,身子一倒,满口痰拥,不省人事,即时气绝。将军闻知,着收敛毕。其子孙家人见主人去世,将盐窝引目以及各粮食船只房屋家伙,尽行出卖,以供奢华浪费。不曾一年,竟至衣不充身,食不充口,祈求诸亲族朋友救济，分厘不与，都回说："人有冷时，我去热人，我有冷时，无人热我。"子孙闻知，抱愧空回。只想会奢华的人怎肯甘贫守淡！未久俱抑郁而死。此等痴愚不可不述，以醒世也。

第三种　双鸾配

世人只知娶妻须要美貌，殊不知许多坏事都从此而起。试看陈子芳之妻，常时固是贞洁，一当兵乱若或面不粗麻，怎得完璧来归！前人谓丑妻瘦田家中宝，诚至言也。

这一种事说有三个大意。第一是劝人切不可奸淫，除性命丧了，又把己妻偿还，岂不怕人！第二是劝老年人切不可娶少妇，自寻速死，岂不怕人！第三是劝人闺门谨慎，切不可纵容妇女站立门首，以致惹事破家，岂不怕人！

崇祯年间，荆州府有一人，姓陈，名德，号子芳，娶妻耿氏，生得面麻身粗，却喜勤俭治家，智胜男子。这子芳每常自想道，人家妻子美貌固是好事，未免女性浮荡，转不如粗丑些，反多贞洁，因此夫妻甚是和好。他父亲陈云峰，开个绸缎店铺，甚是富余，生母忽然病故，父亲在色上着意，每觉寂寞，勉强挨过月余，忙去寻媒，续娶了丁氏。这丁氏一来年纪小，二来面貌标致，三来极喜风月，甚中云峰之意，便着紧绸缪，不上半年，竟把一条性命交付阎家。子芳料理丧葬，便承了父业，不觉过了年余，幸喜家中安乐，独有丁氏正在青年，又有几分颜色，怎肯冷落自守！每日侯子芳到店中去，便看街散闷。原来子芳的住房却在一个幽僻巷内，那绸缎铺另在热闹市口，若遇天雨就住在店中，因而丁氏常在门首站立。一日有个美少年走过，把丁氏细看。丁氏回头□看那少年，甚是美貌。两人眉来眼去。这少年是本地一个富家子弟，姓都名士美，最爱风流，娶妻方氏，端庄诚实，就是言语也不肯戏谑。因此士美不甚相得，专在外厢混为，因谋入丁氏房中，十分和好，往来日久。耿氏知风，密对丈夫说知。但子芳极孝，虽是继母，每事必要禀命，因此丁氏放胆行事。这日，子芳暗中细察丑事，俱被瞧见，心中大怒，思量要去难为他，负碍着继母不好看相。况家丑不可外扬，万一别人知道，自己怎么做人。踌躇一回，到不如叫他们知道我识破，暗地里绝他往来，才为妥当，算计已定，遂写了一帖粘在房门上，云：

陈子芳是顶天立地好男子，眼中着不得一些尘屑，何处小人，肆无忌惮！今后改过，尚可饶恕，若仍前怙恶不悛，勿谓我无杀人手也，特字知会。

士美出房，看见唬得魂不附体，急忙奔出逃命。丁氏悄悄将帖揭藏，自此月余不相往来。子芳也放下心肠。一日正坐在店中，只见一个军校打扮的人，走入店来，说道："我是都督老爷家里人，今老爷在此经过，要买绸缎送礼，说此处有个陈云峰是旧主顾，特差我来访问，足下可认得吗？"子芳道："云峰就是先父，动问长官是那个都督老爷？不知要买多少绸缎？"那人道："就是镇守云南的，今要买二三百两银子，云峰既是令先尊，足下可随我去见了老爷。兑足银子，然后点货何如？"子芳思量父亲在日，并不曾说起，今既来下顾，料想不害我什么，就去也是不妨，遂满口应承，连忙着扮停当，同了那人就走看看。

走了二十余里，四面俱是高山大树，不见半个人烟，心上疑惑，正要动问，忽见树林里钻出人来，把子芳劈胸扭住。子芳吃了一惊，知是剪径的好汉，只得哀求，指望同走的转来解救。谁知那人也是一伙，身边抽出一条索子绑住子芳，靴筒里扯出一把尖刀，指着子芳道："谁叫你违拗母亲，不肯孝顺，今日我们杀你，是你母亲的主意，却不干我们的事。"子芳哭道："我与母亲虽是继母，却那件违拗他来？若有忤逆的事，便该名正言顺，送官治罪，怎么叫二位爷私下杀我？我今日无罪死了，也没有放不下的心肠，只可怜我不曾生子，竟到绝嗣的地位。"说罢放声大哭起来，那两人听他说得悲伤，就起了恻隐之心，便将索子割断，道："我便放你去，你意下如何？"子芳收泪拜谢道："这是我重生父母了，敢问二位爷尊姓大名，日后好图个报效。"那两人叹口气道："其实不瞒你说，今日要害你，通是我主人都士美的意思。我们一个叫都义，一个叫都勇，生平不肯妄害无辜的，适才见你说得可怜，因此放你，并不图什么报效，如今你去之后，我们也远去某将军麾下效用，想个出身，但你须躲避，迟五六日回家，让我们去远，追捕不着才是两全。"说罢随举手向子芳一拱，竟大踏步而去。子芳见他们去了，重又哭了一场，辗转思量，深可痛恨，就依言在城外借个僧舍住下，想计害他。

这士美见子芳五六日不回家，只道事已完结，又走入丁氏房内，出入无忌。一夜，才与丁氏同宿，忽听得门首人声嘈杂，大闹不住。士美悄悄出来探信，只见一派火光，照得四处通红。那些老幼男女嚎哭奔窜，后面又是喊杀连天，炮声不绝，吃了大惊，连忙上前叩问，方知李家兵马杀到。原来，那时正值李自成造反，联合张献忠势甚猖獗，只因太平日久，不独兵卒一时纠集不来，就是枪刀器械，大半换糖吃了。纵有一两件，也是坏而不堪的，所以遇战，没一个不胆寒起来。那些官府，收拾逃命的，就算是个忠臣了。还有献城纳降，到做了贼寇的向导，里应外合，以图一时富贵，却也不少。那时到荆州也为官府一时不及提防，弄得百姓们妻孥散失，父子不顾，走得快的，或者多活几日，走得迟的，早入枉死城中去了。士美得知这个消息，吓得魂不附体，一径望家里奔来，不料这条路上，已是火焰冲天，有许多兵丁拦住巷口，逢人便砍。他不敢过去，只得重又转来，叫丁氏急忙收拾些细软。也不与耿氏说知，竟一溜烟同走，拣幽僻小路飞跑，又听喊杀连天，料想无计出城，急躲在一个小屋内，把门关好。丁氏道："我们生死难保，不如趁此密屋，且干个满兴，也是乐得的。"士美就依着他，把衣服权当卧具，也不管外边抢劫，大肆行事，谁知两扇大门，早已打开，有许多兵丁赶进，看见士美、丁氏尚是两个精光身子，尽指着笑骂。士美惊慌无措，衣服也穿不及，早被众人绑了，撇在一边。有个年长的兵对众说道："当此大难，还干这事，定是奸夫淫妇，明白无疑。"有几个齐道："既是个好淫的妇人，我们与他个吃饱而死。"因将丁氏绑起，逐个行事。这个才完，那个又来，十余人轮换，弄得丁氏下身，鲜血直流，昏迷没气。有个坏兵竟将士美的阳物割下，塞入丁氏阴户，看了大笑。复将士美丁氏两颗头俱切下来。正是：

万恶淫为首，报应不轻饶。

众兵丁俱呵呵大笑，一哄而散。可见为奸淫坏男女奇惨奇报。

这子芳在僧舍，听见李贼杀来，城已攻破，这番不唯算计士美不成，连自己的妻小家赀，也难保全。但事到其间，除了逃命二字，并无别计，只得奔出门来，向城里一望，火光烛天，喊声不绝，遂顿足道："如今性命却活不成了，身边并无财物，叫我哪里存身！我的妻子又不知死活存亡，倒不如闯进城去，就死也死在一处。"才要动脚，那些城中逃难的，如山似海拥将出来，子芳哪里站得住，只得随行逐队，往山径小路慌慌忙忙的走去。忽见几个人，各背着包裹奔走。子芳向前问道："列位爷往哪里去的？"那几人道："我们是扬州人，在此做客，不想遇着兵乱，如今只好回乡，待太平了再来。"子芳道："在下正苦没处避乱，倘得挈带，感恩不浅。"众人内有厚友依允。子芳就随了众人，行了一个多月，方到扬州。幸这里太平，又遇见曾卖绸缎的熟人说合，就在小东门外缎铺里，做伙计度日，只是思想妻子耿氏，不知存亡，家业不知有无，日夜忧愁。

过了几月，听人说大清兵马杀败自成，把各处掳掠的妇女尽行弃下。那清朝诸将看了，心上好生不忍。传令一路下来，倘有亲丁来相认的，即便发还。子芳得了这个信息，恐怕自己妻子在内，急忙迎到六安打探，问了两三日不见音耗，直至第六日，有人说一个荆州妇人在正红旗营内。当下走到营里，说了来情，就领那妇人出来与他识认，却不是自己的妻子。除了此人并没有第二个荆州人了。子芳暗想道："他是个荆州人，我且领了去，访她的丈夫送还他，岂不是大德！"遂用了些使费银子，写了一张领状领了回来。看这妇人，面貌敦厚，便问道："娘子尊姓？可有丈夫吗？"那妇人道："母家姓方，丈夫叫都士美，那逃难这一夜不在家里，可怜天大的家私尽被抢散。我的身子亏我两个家人，在那里做将官，因此得以保全。"子芳听得暗暗吃惊，这天网恢恢疏而不漏，都士美的奸淫，不料他的妻子就来随我，只是他两个家人却是。那个方氏又道："两个家人叫作都义、都勇也，是丈夫曾叫他出去做事，不知怎的就做了官。如今随征福建去了。"说罢呜呜咽咽地哭起来。子芳问道："因何啼哭？"方氏道："后有人亲见，说我丈夫与一个妇人，俱杀死在荆州空屋里，停了七八日尸都臭了，还不曾收殓，是他就掘坑埋了，连棺木也没得，可不凄惨！"子芳听了暗想道："那妇人必是丁氏。他两人算计害我，不料也有今日。此信到确然的了。"子芳见方氏丈夫已死，遂同方氏在寓处成了夫妻。

次日，把要回荆州查看家业话说明，便把方氏暂安住在尼庵内。一路前往，行了几日，看见镇市路上有个酒店。子芳正走得饥渴之时，进店沽酒，忽见一个麻面的酒保，看见了便叫道："官人你一向在哪里？怎么今日才得相会？"子芳吃惊道："我有些认得你，你姓甚的？"酒保道："这也可笑，过得几时，就不认得我了？"因扯子芳到无人处说道："难道你的妻子也认不得了？"子芳方才省悟，两个大声哭起来。子芳道："我那一处不寻你，你却在这里换了这样打扮，叫我哪里就省得出？"耿氏道："自当时丁氏与都士美丑事，我心中着恼，不意都贼赔着笑脸，挨到我身边作揖。'无耻！'我便大怒，把一条木凳劈头打去。他见我势头不好，只得去了。我便央胡寡妇家小厮来叫你，他说不在店里，说你同什么人出去五六日没有回来。我疑丁氏要谋害你，只是没人打听，闷昏昏的上床睡了，眼也不曾合。忽听得满街上喊闹不住，起来打探，说是李贼杀来。我便魂不附体，去叫丁氏，也不知去向。我见势头不好，先将金银并首饰铜锡器物俱丢在后园井内，又掘上许多泥盖面，又嘱邻居李老翁，俟平静时代我照看照看。我是个女流，路途不便，就穿戴你的衣帽，改做男人随同众人逃出城来。我要寻死，幸得胡寡妇同行，再三劝我，只得同他借寓在他亲戚家中。住了三四个月思量寻你，各处访问，并无音信，只得寄食于人。细想除非酒店里那些南来北往的人最多，或者可以寻得消息。今谢天，果得破镜重圆。"他两人各诉避难的始末。回到店中，一时俱晓得他夫妻相会，没一个不赞耿氏是个女中丈夫，把做奇事相传。店主人却又好事，备下酒席，请他二人。一来贺喜，二来谢平日轻慢之罪。直吃到尽欢而散。

次日，子芳再三致谢主人。耿氏也进去谢了主人娘子。仍改女妆，随子芳到荆州去。路上，子芳又把士美被杀及方氏赎回的话，说将出来。耿氏听了，不但没有妒心，反甚快活说道："他要调戏我，到不能够。他的妻子到被你收了，天理昭昭，可是怕人！"

到了荆州原住之处，只见房屋、店面俱烧做土堆，好不伤心！就寻着旧邻李老翁，悄悄叫人将井中原丢下的东西，约有两千余金，俱取上来。子芳大喜，将住的屋基，值价百余金,立契谢了李老翁,又将银子谢了下井工人。因荆州有丁氏奸淫丑事,名声大坏,本地羞愧,居住不得,携了许多赀本上路,走到尼庵,把方氏接了同行。耿氏、方氏相会,竟厚如姊妹,毫无妒忌,同到扬州,竟在小东门外,自己开张绸缎店铺,成了大大家业。

子芳的两个妻子,耿氏,虽然面麻,极有智谋,当兵荒马乱之时,他将许多蓄积安贮,后来阖家具赖此以为赀本。经营致富,福在丑人边,往往如此。方氏虽然忠厚、朴实,容貌却甚齐整。子芳俱一样看待并无偏爱。每夜三人一床,并头而睡,甚是恩爱。不多几年,却也稀奇,耿氏生了两男一女。方氏又生了一女二男。竟是一般一样。子芳为人,即继母也是尽孝,即丑妻也是和好,凡出言行事,时刻存着良心,又眼见都士美奸淫惨报,更加行好。他因心好,二妻四子二女,上下人口众多。家赀富余,甚是安乐享福。

一日,在缎铺内看伙计做生意,忽见五骑马,盛装华服,随了许多仆役,从门前经过,竟是都义、都勇。子芳即刻跳出柜来,紧跟马后飞奔,原来是到教场里拜游府,又跟回去,至南门外骡子行寓处,细问根由,才知都义、都勇俱在福建叙功擢用,有事到京,由扬经过。子芳就备了许多厚礼,写了手本,跪门叩见,叙说活命大恩,感谢不忘。又将当日都士美这些事情告诉,个个叹息。他两人后来与子芳做了儿女亲家,世代往来。这也是知恩报恩的佳话。可见恶人到底有恶报,好人到底有好报,丝毫不爽。

第四种　四　命　冤

　　凡为官者，词狱事情，当于无疑中生有疑，虽罪案已定，要从招详中委曲寻出生路来，以活人性命。不当于有疑中竟为无疑。若是事无对证，情法未合，切不可任意出入，陷入死地。但犯人与我无仇无隙，何苦定要置他死地！总之，人身是父母生下皮肉，又不是铜镕铁铸，或是任了一时喜怒，或是任了一己偏执，就他言语行动上陶定破绽，只凭推求，又靠着夹打敲捶，怕不以假做真，以无做有。可知为官聪明偏执，甚是害事。但这聪明偏执愚人少，智人多，贪官少，清官多，因清官倚着此心无愧，不肯假借，不肯认错，是将人之性命为儿戏矣。人命关天，焉得不有恶报！孔县官之事可鉴也。

　　师道最尊，须要实有才学。教训勤谨，方不误人子弟。予每见今人四书尚未透彻，即率踞师位，若再加棋酒词讼杂事分心，害误人子弟一生，每每师后不昌，甚至灭绝，可不畏哉！

　　刀笔杀人终自杀。吴养醇每喜代人写状，不知笔下屈陷了多少人身家性命，所以令其二子皆死，只留一女，即令女之冤屈，转害夫妇孤女，以及内侄，并皆灭绝。天道好还阅之凛凛。

　　人之生子，无论子多子少，俱要加意教训。切不可喜爱姑惜，亦当量其子之才干如何，若果有聪明，即令认真读书，否则更习本分生业，切不可令其无事闲荡。要知少年性情，一不拘管，则许多非为坏事，俱从此起，不可不戒。

　　予曾著天福编云："要成好人，须交好友。引醉若酸，那得甜酒。"总之，人家子孙，一与油刮下流交往，自然染习败行，及至性已惯成，虽极力挽回，以望成人，不可得矣。

　　明末扬州有个张老儿，家赀富厚，只生一子，名唤隽生，甚是乖巧，夫妇爱如掌上珠宝，七岁上学读书□同先生说明，切莫严督，听其嬉戏，长至一十六岁，容貌标致，美如冠玉。大凡人家儿女肯用心读书的少，懒惰得多，全靠着父兄督责，若父兄懈怠，子弟如何肯勤谨！况且人家儿子，十四五至十八九，虽知他读书不成，也要借读书拘束他。若无其事，东游西荡，便有坏人来勾引他，明结弟兄，暗为夫妇，游山玩水，吃酒赌钱，无所不为。张隽生十六岁，就不读书，没得拘管，果然被几个光棍搭上了。那时做人龙阳，后来也去寻龙阳，在外停眠整宿，父亲不知，母亲又为遮掩。及到知觉，觉得体面不雅，儿子也是习成，教训不转了。老夫妇没极奈何，思量为他娶了妻房，可以收拾得他的心。又道如今大人家好穿好吃，撑门面，越发引坏了他。况且门面大，往来也大，倒是冷落些人家。只要骨气好便吧，但他在外边与这些光棍走动，见惯美色，须是标致的女儿方好，若利害些的，令他惧怕，不敢出门更好。两人计议了，央了媒妈子，各处去说亲。等了几时，门户相当的有，好女子难得。及至女子好了，张家肯了，那家又晓得他儿子放荡不羁，不肯结亲。如此年余，说了离城三里远的一个教书先生吴养醇家女儿。这吴先生才疏学浅，连四书还不曾透彻，全靠着夤缘荐举，哄得几个学生骗些束脩度日，性喜着棋，又喜饮酒，学生书仿，任其偷安，总不教督，反欢喜代人写状词。凡本乡但有事情，都寻他商议，得了银子，小事架大，将无作有，不知害了多少人的身家性命，本乡人远近都怕他。他生的两个极好的儿子，不上三年都死了，只存一女名三姐，且喜这女性贞貌美，夫妇极爱，因媒来说张家婚姻，吴老自往城中察访，一见此子标致，且又家财富余，满口依允。择吉行礼，娶过张门，吴家备些妆奁来，甚是简朴。张老夫妇原因吴养醇没子，又且乡下与城中结亲，毕竟厚赠，到此失望，张隽生也不快，及至花烛之时，却喜女子标致。这番不唯张老夫妇喜欢，张隽生也自快意。岂料新人虽有绝世仪容，怎如得娈童妖妓，撒娇作痴，搂抱掐打。张隽生对他说些风流话儿，羞得不敢应，戏谑多是推拒，张隽生暗说终是村姑。只是张老夫妇，见他性格温柔，举止端雅，却又小心谨慎，甚是爱他，家中上下相安。如此半月，隽生见他心心念念想着父母，道："你这等记忆父母，我替你去看一看。"次日，打扮得端整，穿上一件新衣，平日出入也不曾对父母说，这日也不说，一竟出门出了城。望吴养醇家来，约有半路，他当时与这些朋友同行，说说笑笑，远处都跑了去。

这日独自行走，偏觉路远难走，看见路旁有个土地祠，也便入去坐坐。只见供桌旁有个小厮，年约十六七岁，有些颜色。这隽生，生得一双歪眼睛，一副歪肚肠，酷好男风。今见小厮，两人细谈，见背着甚重行李，要往广东去探亲贸易。隽生便恋恋不舍，即诌谎说："广东我有某官是我至亲。"便勾搭上了，如胶似漆，竟同往广东去了。

只是三姐在家，见他三日不回，甚捉不着头路，自想若是我父母留他吃酒，也没个几日的，如何不回来？又隔两日，公姑因不见儿子，张公不好说甚的，为姑的却对三姐道："我儿子平日有些不好，在外放荡，三朋四友，不回家里。我满望为他娶房媳妇，收他回心，你日后可拘收他，怎这三四日全然不见他影？"三姐道："是四日前他说到我家望我父母，不知因甚不回，公婆可着人去一问。"公婆果着家人去问，吴养醇道并不曾来。回报张老夫妇道:"又不知在那妓者、那光棍家里了,以后切须要拘束他。"

又过两日,倒是三姐经心,要公婆寻访,道:"他头上有金𤩫,身上穿新纱袍,或者在甚朋友家。"张老又各处访问几多日,并不见他。又问着一个姓高的道:"八日前见他走将近城门,与他一拱,道:'到丈人家去。'此后不曾相见。"张老夫妇在家着急痴想。却好吴养醇着内侄吴周来探消息,兼看三姐。这吴周是吴养醇的妻侄,并无父母,只身一人,只因家中嫁了女儿,无人照管,老年寂寞,就带来家改姓吴为继子的。这日张老出去相见,把吴周一看,才二十岁,容貌标致,便一把扭住道:"你还我儿子来。"这吴周见这光景,目瞪口呆,一句话说不出。倒是三姐见了,道:"公公,他好意来望,与他何干?"张老发怒道:"你也走不开,你们谋杀我儿子,要做长久夫妻,天理不容。"说到这话,连三姐气得不能言语。张老把吴周扭到县里。这县官姓孔,清廉正直。但只是有一件癖处,说人若不是深冤,怎来告状?因此原告多赢,所以告的越多。这日张老扭吴周叫喊,县官叫带进审问。张老道:"小的儿子张隽生,娶媳方才半月,说到丈人家中去,一去不回。到他家去问,吴周就是小的媳妇吴氏姑舅兄妹,作兄妹的,他回说'并不曾来'。明系他姊妹平日通奸,如今谋杀小的儿子,以图夫妇长久,只求老爷正法。"县官叫上吴周:"你怎么谋杀他儿子?"吴周道:"老爷,小人妹子方嫁半月,妹夫并不曾来,未尝见面,如何赖小的谋害?"县官又问张老说:"你儿子去吴家,谁见来?"张老道:"是媳妇说的。"又问:"你儿子与别人有仇吗?"张道:"小的儿子,年方十九岁,平日杜门读书,并无仇家。"又问:"路上可有虎狼吗?"张老道:"这地方清净,并无歹人恶兽。"县官想了一想,又叫吴周:"你有妻子吗?"吴周道:"不曾。"县官就点了一点头。又问家中还有甚人,道:"只有老父老母。"知县道:"且将吴周收监。"

张老讨保,待拘吴夫妇并媳吴氏至,一同审问。不数日人犯俱齐,知县先叫吴氏,只见美貌,便起疑心。想道:有这样一个女子,那丈夫怎肯舍得?有这样一个女子,那鳏夫怎能容得?奸有十分,谋杀也有八九。便作色问道:"你丈夫哪里去了?"三姐道:"出门时原说到我父母家里去,不知怎么不回。"县官道:"这句单晓得个不同谋的凌迟。"叫吴夫妇问:"你怎纵容女儿与吴周通奸,又谋杀张婿?"吴道:"老爷,天理良心,女儿在家,读书知礼。他兄妹,女儿在家时,一年相会不过一两次。女儿嫁后,才到我家,张婿从不曾来,怎么凭空诬陷?"县官叫吴周问:"你这奴才,如何奸了他妻子,又谋他命?尸藏何处?"吴周道:"老爷,实是冤枉。妹夫实不曾来,求老爷详察。"县官道:"你说不谋他,若他在娼家妓馆,数日也毕竟出来。若说远去,岂有成婚半月,舍了这样花枝般妇人远去?把吴媳拶起来,快招奸情。这两个夹起,速招谋杀与尸首。"可怜衙门里不曾用钱,把他三人拶夹一个死,也不肯招。官叫敲,敲了又不招。挨了多时,县官道："这三个贼骨,可是戾气钟于一家。"吩咐且放了,将吴媳发女监,吴老、吴周发隔别大监。

吴老妇人讨保,到次日另审。吴老妇人见此冤惨,到家晚夕投井而死。次日审问,又各加夹打,追要尸首,并无影响。吴老因衰年受刑,先死狱中。县官不肯放手,把吴周仍旧拷打,死而后已。只有一个吴媳,才知父母并吴周俱死,叫冤痛哭,晕死复苏,道:"父母死了,叫我倚靠何人?"旁人道:"正是,夫家既是对头,娘家又没人,监中如何过?也只有一条死路了。"三姐道:"死我也不怕,只是父兄实不曾杀他,日久自明,我要等个明白才死。"县官送下女监,喜得不多时,官已被议。

这孔县官是陕西人,离任回籍。新县到任,事得少缓,只有张隽生,只因一时高兴,与小厮去到广东,知无贵亲,将隽生灌醉,把他金壤衣服,席卷远去,醒来走投无路。后来遇见一林客人,惯喜男风,见隽生年少清秀,便留在身边,贪他后庭。过了年余,身上生了广疮,人都嫌恶不留。隽生自想,我家中富厚可过,娶得妻子才得半月,没来由远来受此苦楚,沿途乞化回来。乡里不忿,将隽生扭至新县,问出实情,重打四十。将吴媳提监,发放宁家。三姐不肯回去,众邻再三劝他道:"你不到张家,到何处去?"三姐道:"我原说待事明即死,只是死了要列位葬我在父兄身边,不与仇人同穴。"众人道:"日后埋葬事自然依你,但你毕竟回张家去为是。"三姐依言,回到家中见了公婆。张老夫妇自己也甚是惭愧,流泪道:"都是我这不长进的畜生,苦累了你,只是念他是个无心,还望媳妇宽恕。"三姐走到自己房中,张隽生因受刑伤,自睡一处,叫疼叫痛,见三姐到房,又捱起来跪着三姐,思量哀求。这三姐正色道:"我与你恩断义绝了,我父兄何辜,你凭空陷害他,夹打至死,母亲投井而亡。二年之内,你的父母,上下衙门,城里城外人,那个不说我奸淫坏?我名节两载,牢狱百般拶打,万种苦楚,害我至此。你好忍心,你就往远处去,何妨留一字寄来,或着一朋友说来,也不致冤枉大害,如何狠心,竟自远去!自己的妻子纵不思想,那有年老的父母全不记念,你不孝不慈,无仁无义的畜生,虽有人皮裹着,真个禽兽不如。"隽生只低着头道:"是我不是。"因爬起来把三姐的手一把捏。三姐把手一挥道:"罢了,我如今同你决了。"因不脱衣服,另睡一处,到得夜静自缢而亡。各乡绅士夫闻知,才晓得从前不是贪生,要全名节,甚是敬重,都来拜吊。即依遗言,葬于吴老墓旁。吴家合族同乡里公怒,各处擒拿隽生,要置死地。隽生知风,带着棒疮逃难到陕西地方,投某将军麾下当兵。随奉将令,于某山埋伏在山坡伏处,忽见一人蓬头垢面,披衣赤足,如癫如狂,亦飞奔来,自喊道:"我是孔某,在知县任上,曾偏执己见,枉害四条人命,而今一个被刑伤的瘸腿老鬼,领着一个淤泥满脸溺死的女鬼,一个项上扣索吊死的女鬼,又跟一个瘸腿少年男鬼,一齐追赶来向我讨命,赶到此地,只求躲避一时。"隽生知得此事,正在毒打,恭遇大清兵已至山下,架红衣大炮,向山坡伏处,一声响亮,打死几百人。孔县官、张隽生俱在死数,打做肉泥,连尸骸都化灰尘。可知,有子不教之父,误人子弟之师,刀笔害人之徒,偏执枉问之官,以及习学下流,邪心外癖,竟忘父母妻室之子孙,俱得如此惨报结局,可不畏哉!

为官切戒

石成金　天基

夹棍大刑,古今律例所未载,平刑者所不忍用也。若非奇凶极恶之大盗,切不可轻用,更遇无钱买嘱之皂役,官长一令,即不顾人之死活,乱安腿骨,重收绳索。要知人之腿足,不过生成皮肉,并非铜炼铁铸,才一受刑,痛钻心髓,每多昏晕几死,体或虚弱,命难久长。即或强壮,终身残疾,竟成废人。是受刑在一日而受病在一世矣,仁人见之,真堪怜悯。予亲见一问官审问某事,加以大刑,招则松放,不招则紧收绳索。再加审问,招即放夹,不招即敲扛。当此之时,虽斩剐大罪,亦不得不招。盖招则命尚延缓日月,若是不招,即立时丧命。苦夹成招,所谓三木之下,何事不认!嗟乎,官心残忍至此。试看姚国师已经修证果位,只因误责人二十板,必俟偿还二十板,方始销结。误责尚且如此,何况大刑,又何况问罪,又何况受贿受嘱,不知问官更加如何报复耶!但审问事情,若唯凭夹棍成招,从来并不真实,必须耐着性气,平着心思,揆情度理,反复询诘。莫执自己之偏见,缓缓细问,多方引诱,令其供吐实情。则情真罪当,不致冤枉平民,屈陷良善。此种功德,胜如天地父母,较之一切好事,不啻几千万倍矣。或谓如此用功细问,岂不多费时日,倘事案繁积,如何应理得完?殊不知为官者,若将酒色货财诸嗜好,俱自扫除,专心办理民事,即省下许多功夫,尽可审理。虽有迟玩之谤,较彼任听己意,草率了事,任随己意,不顾民之冤屈者,岂唯天渊之隔也!予亲见一好官,终其任,并未将一人用大刑收满,后来子孙果然显报,福寿无量。此为官第一切戒最要紧之事。又有不可轻易监禁人犯,不可轻易拘唤妇女诸件。予另著有于门种一卷,升堂切戒一卷,以及命盗奸斗诸案,各有审问心法,俱已刊刻行世。凡为官者,细看事情,时刻体行,福惠于民,即福惠于自己,流及于子孙,世代荣昌矣。

第五种　倒肥鼋

能杀得人者，才能救得人，虽孔圣人遇着少正卯，亦必诛之。要知世上大奸大恶，若不剿除，这许多良民，都遭屠害。试看甘翁将元凶活埋，便救了无数人的性命，全了无数人的夫妻，保了无数人的赀财，功德甚大。府县喜奖，百姓讴歌，天锡五福三多，由本因而致也。

杀除此等凶恶，用不着仁慈姑恤，以此辣手，不独没有罪过，反积大德。

大清兵破了扬州城，只因史阁部不肯降顺，触了领兵王爷的怒，任兵屠杀。百姓逃得快的，留条性命，逃得缓的，杀如切菜一般。可怜这些男女，一个个亡魂丧胆，携老抱孩，弃家狂奔，忙忙如丧家之犬，急急如漏网之鱼。但扬城西南二方，兵马扎着营盘，只有城之东北邵伯一带地方，有艾陵湖十多里水荡，若停船撤桥，兵马不能往来，只有南荒僻静小路小渡可通桥墅镇，走过桥墅镇，便是各沟港乡庄，可以避乱。要知这桥墅镇，乃是归总必由之路。

这地上有两个恶棍，一个诨名大肥鼋，一个诨名二肥鼋。彼时江上出有癞鼋，圆大有四五丈的，专喜吃人不吐骨头，因他二人生得身躯肥胖，背圆眼红，到处害人，是以人都叫他做肥鼋。他二人先前太平时候，也做些没本钱的生意，到了此时，看见这些人背着的，都是金珠细软，又有许多美貌妇女，都奔走纷纷，好不动心，即伙同乡愚二十多凶，各执木棍，都到桥墅总关要路上，拦住桥口，但有逃难的，便高喊道："知事的人送出买路金银，饶你们性命，若是迟些，就当头一棍送你上大路。"那些男妇听见，哭哭啼啼，也有将包裹箱盒丢下来，放过去的，也有不肯放下物件被抢被夺的，也有违拗即刻打死撇在桥下的。这为头两个恶棍，坐在桥口，指挥抢劫，欣欣得意，方才大半日，抢劫的包裹等物竟堆满了两屋，又留下标致妇女十余人，关闭一屋，只到次日同众公分。

日将晚时，又来了六个健汉，情愿入伙效力。那两个肥鼋，更加欢乐。到了定更时，来的六个大汉，忽然急忙上前，将二鼋绑住。其羽党正要动手解救，忽然河下来了一只快船，装载了十多人，四面大锣齐敲，鸟枪五千齐放，呐喊震天，犹如数百人来捕捉。众恶见势头不好,俱各飞跑。船上一白须老儿,跳上岸吩咐从人:"但跑去不必追赶。"就在桥口北首,并排筑两个深坑,着将捆的两个肥鼋,头下脚上,如栽树一般倒埋,只留两只脚在外,周围用土拥实。原来这老儿姓甘名正还,就住在桥墅北首半里远,家业不甚富厚。彼时闻知两恶伙众劫夺,愤恨道:"如此伤天害理,若不急救害人无数。"即刻传唤本庄健汉并家人二十多个,自备酒饭,先着六人假说入伙,深晚密将为首捆下,自己飞船随到,活埋二凶,又将写现成大字帖,粘在桥柱上云:

为首两恶,我们已捆拿活埋。余党不问,倘再效尤,照例同埋。凡被掳劫的金银等物,开明件数,对确即与领去。掳来妇女,已着妇看守,问明住处,逐位送还。特字知会。

贴出去对确来领者,已十分之七,其余封贮不动。又封己银赠送跟去有功的人。过了十多日平静,将剩的物件,俱缴本县收库,俟人再领。其掳的妇女,俱各回家团聚。府县闻知此事,欢喜不已,俱差人持名帖到甘翁家慰劳,破城在四月,到七月十二日,即是甘翁八十大寿。

本日自城至乡,有数百多男女俱各焚香跪满庭堂,挤不上的,俱跪门外场上叩头。又听见鼓乐喧天,乃是江都县知县,奉陈府尊委来贺寿。全付旗牌执事,亲自到门,抬着彩亭,上列"齿德兼隆"四金字匾额。又本城佐贰各官同乡绅人等公送许多礼物庆贺。甘翁一概不收,置酒款待。翁是时三子十二孙,五个曾孙,寿高一百三岁,子孙科甲连绵,后来凡贼盗过桥,即战兢畏缩,几十年路不拾遗。

第六种　洲老虎

事有不便于人者，但有良心尚不肯为，何况害人命以图占人田产。此等忍心，大于天怒，周之恶报，是皆自取。

或问癞鼋吞食周虎之子，何如竟吞周虎，岂不快心！要知周虎之毒恶阴谋占洲滩，遂害人性命，若竟吞其身，则有子而家业仍不大坏。今只吞其子，留周虎之头以枭斩示众，并令绝嗣。又令妻妾淫奔，家赀抄洗，人谓周之计甚狠，孰知天之计更狠。

不孝为诸恶之最，今曹丐只图进身，现有瞽母竟谎答只身，既进身而自己饱暖受用，竟忘瞽母之饥寒苦楚，曾不一顾，又不少送供馈，是曹之根本大坏。即不遭周虎之棍击脑破，亦必遭雷斧打出脑浆矣。其形相富厚，何足恃乎！

顺治某年，江都县东乡三江营地方，渡江约四五里，忽然新涨出一块洲滩，约有千余亩。江都民人赴控具详请佃。其时丹徒县有一个大恶人，姓周名正寅，家财颇富，援纳粟监护符，年已半百，一妻一妾，只存一子。这人惯喜占人田产，夺人洲滩，淫人妻女。家中常养许多打手，动辄扛人毒打。人都畏惧，如虎乡里。因他名唤正寅，寅属虎，就起他诨名叫为洲老虎，又减口叫他做周虎。他听人呼之为虎，反大欢喜。

本县又有一个姓赵的，家财虽不比周富，却更加熟谙上下衙门，也会争占洲滩，却是对手。因江中见有这新洲，都来争论。周虎道："这新洲我们预纳了多年水影钱粮，该是我们的。"赵某道："这新洲紧靠我们老洲，应该是我们的。"江都县人又道："这新洲离江都界近，离丹徒界远，应该是我们的。"互相争讼。奉院司委镇扬两府，带领两县，公同确勘，禀驳三年有余，不得决断。周虎家旁有一张姓长者，诌小词二首，写成斗方，着人送与贴壁，周虎展看，上有词云：

莫争洲，莫争洲，争洲结下大冤仇。日后沧桑□□定，眼前讼狱已无休。莫争洲，各自回头看后头。

且争洲，且争洲，争洲哪管结冤仇，但愿儿孙后代富，拼将性命一时休。且争洲，莫管前头管后头。

周虎看完，以话不投机，且自辞去，照旧不改。周虎每日寻思无计，一日自街上拜客回来，路遇一乞丐，生得形相胖厚，约有三十余岁。周虎唤至僻静处，笑说道："你这乞儿，相貌敦重，必有大富大贵，因何穷苦讨饭？"乞丐回复道："小人姓曹，原是宦家子孙，因命运不好，做事不遂，没奈何求乞。"周虎又问："你家中还有何人？"乞丐问道："蒙老爹问小人家中何人，有何主见？"周虎道："若是个只身，我就容易看管。"曹乞丐有个瞎母，现在因谎答道："小人却是只身，若蒙老爹收养，恩同再造。"周虎向乞丐笑道："我有一说，只是太便宜了你，我当初生有长子，死在远地，人都不知。你随到我家竟认我为生父，做我长子，我却假作怒骂，然后收留。"丐即依言，同回家内，先怒问道："你这畜生，漂流何处？如此下品，辱我门风。"要打要赶，丐再三哀求，改过自新，方才将好衣好帽，沐浴周身一新，吩咐家人，俱以大相公称呼。乞丐喜出望外，犹如平地登仙，各田各洲去收租割芦，俱带此丐随往。穿好吃好，如此三月有余，周虎又带许多家人打手，并丐同往新洲栽芦。

原来新洲栽芦，必有争打。赵某知得此信，同为头的六个羽党，叫齐了百余人，棍棒刀枪蜂拥洲上，阻拦争打。这周虎不过三十余人，寡不敌众。是日两相争打，器棍交加，喊声遍地，周虎的人，多被打伤。因于争斗时，周虎自将乞丐当头一棍，头破脑出，登时毕命。周虎因大喊大哭："你等光棍，将我儿子青天白日活活打死，无法无天。"赵某等看见，果然儿被打死，直挺在地，畏惧都皆逃走。周虎即时回去喊报县官，因关人命，次日本县亲至新洲尸处相验，果是棍打脑出，吩咐一面备棺椁着，一面多差干役各处严拿凶手。赵某并羽党六人，都锁拿送狱，审过几次，夹打成招。县官见人命真确，要定罪抵偿。赵某等见事案大坏，因请出几个乡宦，向周虎关说，情愿将此新洲总献，半亩不敢取要，只求开恩。周虎再三推辞。其后周虎议令自己只管得洲，其上下衙门官事，俱是赵某料理，他自完结。赵某一面星飞变卖家产，商议救援。这周虎毒计，白白得千余亩新洲，心中喜欢，欣欣大快乐，因同了第二个真子，带了几个家人，前往新洲察看界址。

是时，天气暑热，洲上佃屋矮小。到了夜晚，父子俱在屋外架板睡着乘凉。睡到半夜，周虎忽听儿子大喊一声，急起一看，只见屋大的一个癞头鼋，口如血盆，咬着儿扯去。周虎吓得魂不附体，急喊起家人，自拿大棍飞赶打去，已将儿身吞嚼上半段，只丢下小肚腿脚。周虎放声大哭，死而复苏。家人慌忙备棺，将下半身收殓。方完，忽见三个县差，手执朱签。周虎看朱签即"押周正寅在新洲俟候，本县于次日亲临验审。"周虎看完惊骇道："我这儿子是癞鼋吞食，因何也来相验？"问来差原委，俱回不知。地方小甲搭起篷场公座俟候。

到了次日，只见县官同着儒学官，锁着被犯赵等六人，并一瞽目老妇人，带了刑具仵作行人，俱到新洲芦席篷子下坐定。周虎先跪上禀道："监生儿子，实是前夜被江中的癞鼋吞死，并不是人致死，且尸已收殓，棺枢已钉，只求老父母准免开棺相验。"县官笑道："你且跪过一边。"因吩咐仵作手下人役，将三个月前棍打脑破的棺枢抬来，不一时抬到。县官吩咐将棺开了，自下公座亲看，叫将这瞽目老妇膀上用刀刺，血滴在尸骨上，果然透入骨内。又叫将周虎膀上刺血滴骨，血浮不入。随令盖棺，仍送原处。即唤周虎问道："你将做的这事，从实说来。"周虎见事已败露，只得将如何哄骗乞丐，如何自己打死情由，逐细自供不讳。县官道："你如此伤天害理，以人命为儿戏。因你是监生，本县同了学师在此。今日本县处的是大恶人，并不是处监生。"他虽已实说，也一夹棍，重打四十，打得皮开肉绽。着将赵等六人讨保宁家。就将锁枷赵某的锁枷，将周虎枷扭带回收在死牢内，听候申详正法。

洲上看的无数百姓，俱各快心。有精细人细问县官的随身内使，方知县官因在川堂金押困倦，以手伏几，忽见一人头破血流满身，哀告道："青天老爷，小人姓曹，乞化度日，被周虎哄骗充做儿子，在众人争打时，自用大棍将小人脑浆打出，登时死了。图占人的洲滩。小人的冤魂不散，但现有瞽目老母在西门外头巷草棚内，乞化度命，只求申冤。"县官醒了，随即密着内使唤到瞽目老妇，细问果有儿子。犹恐梦寐不确，特来开棺滴血，见是真实，才如此发落。众人听完，总各知晓。

这县官审完事，同学官即到周家查点家产。有周家老仆回禀："主母同家中妇女，闻知事坏，收拾了金珠细软，都跟随了许多光棍逃走了。"县官听完道："都是奸淫人妻女的现报。"因将家产房物，尽数开册变价，只留五十两交瞽目老妇，以为养生棺葬之用。其余银两贮库，存备赈饥。至于周虎自己原洲并新洲共计三千余亩，出示晓谕城乡各处，但有瞽目残废孤寡之人，限一月内报名验实，尽数派给。各听本人，或卖或佃，以施救济之恩。

不多时京详到了，罪恶情重，将周虎绑了，就在新洲上斩首。把一颗头悬挂高杆示众。人人大快，个个痛骂。赵等六人并江都县人，俱不敢再占洲滩。本乡人有俚言口号云：

　　两个尸棺，一假一真，

　　假儿假哭，真儿真疼。

　　谋财害命，灭绝子孙。

　　淫人妻女，妻女淫人。

　　枭斩示众，家化灰尘，

　　现在榜样，报应分明。

　　叮咛劝戒，各自回心，

　　诸恶莫作，众善奉行。

第七种　自害自

　　人之所为，天必报之。凡一往一来，皆有因由。在明眼观之，通是自取。彼昏昧之徒，任意作为，只图谋利于己，全不代他人设想，殊不知或报于本身，或报于子孙，断然不爽。要知微末尚有赠答，何况于陷害人之身家，平阅之凛凛。

　　王玉成前生必负此偷儿之债，所以今日特地卖妇偿还，即其嫂之慧心应变，亦是上天知王心之坏念，有意安排。不然，远人久隔何独于此口恰归耶！

　　我有老友赵君辅，为人最诚实，从不虚言。他向我说，扬州有两件事原都是图利于己，不顾他人的，谁知都是自己害了自己，说来好不怕人。

　　顺治四年有个许宣，随大兵入粤，授为邑令。他妄欲立功，乃搜乡间长发愚民十四人，伪称山贼，申报上司尽杀之。杀时为正午时。是日，许之家眷赴任，途中遇盗，劫杀男妇，恰是十四口，亦是正午时，此果报之巧者。又崇祯年间，南乡王玉成与兄同居。兄久客粤，成爱嫂甚美，起心私之，乃诈传兄死，嫂号哭几绝，设位成服。未几即百计谋合，嫂坚拒不从。成见其事不遂，又起坏念，鬻于远人，可得厚利，因巧言讽其改嫁，嫂又厉色拒之。适有大贾购美妾，成密令窥其嫂，果绝色也，遂定议三百金。仍给贾人曰："嫂心欲嫁，而外多矫饰，且恋母家不肯远行。汝暮夜徒猝至，见衣缟素者，便拥之登舆则事成矣。"计定归语其妻。嫂见成腰缠入室，从壁隙窥之，则白金满案，密语多时，只闻暮夜来娶四字，成随避出。嫂知其谋，乃佯笑语成妇曰："叔欲嫁我，亦是美事，何不明告？"妇知不能秘，曰："嫁姆于富商，颇足一生受用。"嫂曰："叔若早言，尚可饰妆。今吉礼而缟素，事甚不便，幸暂假青衫片时。"因成独忘以缟素之说语其妻，且妇又性拙，遂脱衣相易，并置酒叙别。嫂强醉之，潜往母家。

　　抵暮，贾人率众至，见一白衣女人独坐，蜂拥而去。妇色亦艾醉，极不能出一语。天明成始归，见门户洞达，二稚子嗥啼索母，始诧失妇，急追至江口，则乘风舟发，千帆杂乱，不能得矣。于是寸肠几裂，不知所出。又念床头尚有卖嫂金，可以再娶。成家及开箧视之,则以夜户不闭,已为穿窬盗去,方捶胸恸哭。而兄适自各归,肩囊累累,里巷咸来庆贺。嫂闻之即趋归,夫妇相见,悲喜交集。成即失妇又失其金,二子日日伶仃啼泣,且无颜对兄嫂,惭痛之极自缢而死。后来到靠兄抚养二子。我细听老友说完,极为叹息。可见天视甚近,岂不畏哉!

第八种　人抬人

凡为官者，只是淡无嗜好，静不多事，便是生民无限之福。要知得淡静二字，即是纯臣。

凡人只是安分不妄想，便享许多自在之福。

当四海升平，但有奏请，以及廷臣面对，建置更革，或书生□游，不谙民事，轻于献计，若一旦施行片纸之出，万民滋害，可不慎欤。

为官者，往来仕客甚多，如何应酬，但须酌量轻重，速赠速去。不可听在本地招摇生事，致污官箴。

我生于顺治末年，如今寿将七十。江都县的官，我眼见更换几十人，再不曾见熊县官，自康熙二十六年到任，至三十三年，在任八年之久的。这熊县官讳开楚。他是湖广人，只是不肯多事，小民便享许多安静之福。那时汤抚宪颁有对联云：

不生事，不懈事，自然无事。

能养民，能教民，便是亲民。

凡为官的，须把此联时刻警佩。熊公做到二年后，闻有个刘御史，坏了官，自京都回家，由扬州经过。熊公即备程仪银十二两，前去迎接。柬房禀道："这个御史是削职回去的，老爷可以不必送礼迎接。"熊公笑道："世人烧热灶的极多，烧冷灶的极少。本县性情专喜用情在冷处。但本县与此人无交，只此便见心思了。"柬房不敢违拗，因随熊公，到东关外刘御史船上相会。御史立于舱口，惊叫道："人情浮薄，我自罢官，一路来无人睬着，今何劳贵县远迎，又送程仪呢？"熊公道："些许微敬，不过少尽地主之谊，卑职不敢动问大柱史，因何被议？"御史道："我在朝房议事，科道各官，多有妄行改革，我说当此太平之时，民以无事为福，那众官俱以我为庸才，暗中竟说我既喜无事，只宜致仕闲逸的话，奏闻，蒙皇上削职还乡。今贵县问及，不胜惭愧。"熊公道："凡治民之法，利不百不可轻易变法，在上台更为紧要。倘上宪若喜多事，再遇不善奉行的下司藉情滋扰，小民受无限的苦累，上台哪里晓得！即如做县官的，若喜多准词状，多听风闻，那恶棍并衙役人等，便藉倚着遍地里诈骗，愚懦百姓，就难以安乐了。若地方上有大奸大恶，又须严刑尽治，榜示众知，令棍徒敛迹。若是一味安静不理，则虚费朝廷俸禄，而奸恶得志，百姓反不得安生了。总之，滥准、株连、差拘、监禁，此四件是为官大忌。请教大柱台以为何如？"刘御史点头道："此论深得为官妙法，我心敬服，但我平生自爱，沿途以来，从不谒客。今虽承贵县光顾，又承赐惠，感激不已。即日开船起程，亦不敢到贵县告辞。"说完打恭相别而去。

到了康熙三十三年，正值大计，考察各官贤否，江南督抚会题，竟将熊公填注才政平常，揭语已经到部。熊公探知此信，就打点罢官回去。过了两个多月，忽然京中飞报到县云，江都县熊知县大有才能，已奉旨行取来京，内升遍传此报。府官同大小各官、两城乡绅、士民，都到县贺喜。这熊公甚是惊疑不信，只恐虚报，续有都中来的亲友细说，方知刘御史去后年余，因有一县官多事，百姓聚众鼓噪。皇上闻知，想及刘御史曾说民以安静无事为福的话，特召进京供职。此时科部已将熊知县议令解任，刘御（史）看见，因而抗众议道："目今四海升平，为州县官的，不肯多事，与民安静，最是难得。这知县不可不行取进京升赏，以励各官。"因同了天下遴选卓异的好官，并列上奏奉。旨依议才有此报，熊公方才知感，又向县柬房道："岂料昔日些微，今得如此好报。"便择日起程进京。这日官宦士民齐到县前恭送，人千人万，拥挤不开。前边列着奉旨行取的两面金字朱牌。许多旗帜整齐，好不荣耀，无人不赞扬。虽定熊公清正，却深亏刘御史之力。可见人要抬举人，切不可遏抑人，亦不可随俗炎凉也。

第九种　官业债

圣人治世，不得已而设刑。原为惩大□□□，以安良善，非所以供官之喜怒。逞威以□□□，每见官长坐于法堂之上，用刑惨刻，虽施当其罪，犹不能无伤于天地之和。况以贪酷为心，或问事未实，或受人贿嘱，即错乱加刑，甚至拶夹问罪，枉屈愚懦，其还报自必昭彰。观姚国师之事，甚可凛也。

州县前有等无籍穷民，专代人比较，或替人回官，明知遭刑，挺身苦捱。这样人，扬俗名为溜儿，今日得钱挨打几十，调养股腿尚未全好，明日又去挨打，可怜叫疼叫痛，不知领打了几千几百。同是父母生成皮肉，一般疼痛，为何如此？总因前世做官，粗率错打，所以今世业债，必然还报。试看姚国师修至祖位，亦难逃避，可不畏哉。

永乐皇帝拜姚广孝为国师。这姚广孝法名道衍，自幼削发为僧，到二十余岁，就自己发愤上紧参悟，因而通慧。凡过去未来，前世后世俱能知晓。辅佐皇上，战争开创，大有功勋。及至天下平定，皇上重加恩宠。他仍做和尚，不肯留发还俗，终日光着头，穿着袈裟出入八轿。人都知道皇上尚且礼拜，其满朝文武各官，那一个不恭敬跪拜！从古至今，都未见和尚如此荣贵者。他是苏州人，一日启奏皇上要告假回苏祭祖，皇上准假，又与丹诏敕书，令其事毕速回。

自出京城，一路来奉着圣旨，座船鼓乐，上至督抚，下至承典，无不远接。他路上有兴，即唤一二官谒见、面谕，爱养百姓，清廉慎刑。若是没兴，只坐船内，参禅念佛。沿路旌旗锦彩，执事夫马，填满道途，好不热闹。及离苏州约十里多远，吩咐住船，国师于黑早穿了破纳芒鞋，密传中军官进内舱低说，本师要私行观看阊门外旧日的风景。这苏州城内，备齐察院，候本师驻创。凡有文武各官接到船上的，只将手本收下，谕令都在察院候见。说完遂瞒着人众，独自上岸，往城步蹋。那常随的员役却远半里跟着。行至阊门外，只见人烟骤集，甚是繁华，路上遇见许多大小官员，俱是迎接国师的。这国师亦躲在人丛，忽遇一细官、两个皂隶喝道奔来，也是跟随各官，迎接国师的。这国师偶从人丛中伸头看望，只见那马上坐的细官，一见国师便怒气满面，喝叫这野僧侧目视我，但本厅虽是微员，亦系朝廷设立，岂容轻藐，甚是可恼，忙叫皂隶将国师拉倒,剥去衣服,重责二十板。责完放起,只见远跟的员役,喊道:"这是当今皇上拜的国师,犯了何罪,如此杖责,一齐拥上将这马上坐的细官,用绳捆绑。"一面扶起国师,坐轿进院。随后院司各官闻知大惊失措,各具手本,但请国师将这细官,任行诛戮、免赐,奏闻宽某等失察之罪,便是大恩。原来这细官乃是吴县县丞,姓曹名恭相。他知责了国师,吓得魂不附体,曹县丞也道性命只在顷刻,战战兢兢,随着解差,膝行到案下叩头请死。

国师吩咐着大小各官上堂有话面谕,说道:"凡为官治理民事,朝廷设立刑法,不是供汝等喜怒的,亦不是济汝等贪私的,审事略有疑惑,切莫轻自动刑,不要说是大刑大罪,即杖责若是错误,来世俱要一板还一板,并不疏漏。本师只因前世曾在扬州做官,这曹县丞前世是扬州人,有事到案,因不曾细问事情真确,又因他答话粗直,本师一时性起,就将他错打了二十板。今世应该偿还,所以特特远来领受这苦楚,销结因果。"本师出京时,即写有四句偈,一面说,一面从袖内取出,谕令各官共看:

奏准丹诏敕南旋,袈裟犹带御炉烟。

特来面会曹公相,二十官刑了宿愆。

各官看完,因吩咐各要醒悟,将曹县丞放绑,逐出。又吩咐侍者烧汤进内,沐浴完,穿着袈裟端坐椅上,闭目而逝。各官无不惊异。续后督抚奏闻,不说责辱一事,只说自己回首,钦赐御葬,至今传为奇闻。

第十种　锦堂春

富贵贫贱，皆难一定，如蔡文英本是寒士，江纳以眼前境界，妄欲悔亲，岂知未久而即荣贵乎！予友史缙臣题堂匾曰："哪里论得？"诚格言也。

一饮一啄，尚有数定，何况夫妻之配合乎！婚已聘定，即境异当安，若妄想悔改，皆痴迷之至也。

昔年扬州有个江纳，原系三考出身，选得某县丞，因本县缺员，他谋署县印，甚是贪赃，上司叱逐回乡，只生一女，欲将宦赀择一佳婿，倚靠终老。奈曾定于蔡文英为妻。这蔡文英虽然读书进学，家甚贫寒。江纳外装体面，便目之为路人，常怀离婚之念，所虑女婿是个生员，没人弹压得他。蔡家也不来说亲，江家也并不提起。

一日与本地一个乡宦商议此事，这乡宦姓曹名金，颇有声势，人都怕他。他见江纳欲要离婚，便说道："这事何难？我与兄力为，须招他来，我自有话与他说，怕他不从。"江纳欢喜道："此事得成，学生自当重谢。"就下了眷弟名帖，期次日会饮。蔡文英看称呼虽异，亦要去看他怎生发付。到这日就是布衣便服，辞了母亲，竟来赴酌。进了江门，只见座中先有一客，行礼之后，问及姓氏，方知是曹老先生。蔡文英要把椅移下些，不敢对坐。曹乡宦哪里肯，正在那边推让，只见江纳故意慢慢地摇将出来。蔡文英就与江纳见了礼，茶也不曾吃。江纳道："我们不要闲坐，就饮酒吧。"曹宦道："但凭主人之意，无有不可。"江纳便把盏要定，曹宦坐第一位。曹宦道："今日之酒，专为蔡先生而设，学生不过奉陪，怎么好僭！"蔡文英听见这话，便暗想：我说他今日请我，有甚好意，他特地请那曹老要来弹压着我，就中便好说话。那江纳不来定我首座便罢，若来定我首座，我竟坐了与他一个没体面去。江纳此举只为离婚，况且原与曹宦商量过的，见曹宦不肯上坐，道里边有甚九里山计埋伏在内。江纳走来，一力定要蔡文英坐。蔡文英初时也逊与曹宦，因有奉陪的话，此番并不推却，俨然竟上坐了。

大凡不修名节的人，日日在没廉耻里住的，哪里来顾蔡文英这一坐，就是轻薄曹宦了。但只要蔡文英依允，便为得计，明知轻薄也死心受了。座中只有三桌酒：一桌是蔡文英上坐，一桌是曹宦奉陪下坐，一桌是江纳旁坐。蔡文英见有酒送来就吃。有问就答，欢呼畅饮，毫不知有先达在坐。直到酒阑立起身的时候，只见那曹宦走上前与蔡文英说道："学生久仰长兄，今日才会，恨相见之晚。今日得奉陪尊兄这半日，足见高怀，不消起是个聪慧过人的了。学生有句话动问，可知江翁今日此酒，为何而设？"蔡文英带笑说道："我晚生是极愚蠢的，老先生休得过誉。但是今日之酌晚生虽不晓事，或者可以意想得到。"曹宦携着蔡文英之手，满面堆着笑容道："我说兄长是个伶俐人，毕竟是晓得的，但兄长且说出来，若与江翁之意一些也不差，一发敬服了。"蔡文英带着冷笑道："毕竟是亲事，上边有甚说话了。"曹宦点点头道："长兄所见极到。学生又请问长兄，令先尊过聘之日，用几多财礼？"蔡文英道："实不瞒曹老先生说，闻得先父在日曾说，当初原是江翁要来攀先父，此时江翁在京要图一个好缺，少欠使用，着人与先父说过，钗镯缎疋之类，一应折银。先父就依来人说话，过聘之日，只用银一百两，此外并无所费。"曹宦道："尊兄未到之前，江翁也说有百两之数，足见至公一毫也没甚相欺了。江翁见长兄目下窘乏，竟欲将日前尊公之聘送还。一来尊兄有了这些银子，经营经营可以度日。二来明日尊兄高掇之后，怕没有好亲事！要江翁这样的恐怕还多呢。"才说完话，也不待蔡文英答应，就叫手下人取笔砚过来。只见豪奴十余人，突然而入，拿纸的拿纸，拿笔的拿笔，磨墨的磨墨。虽显无相抗之情，却隐有虎豹之势。蔡文英看了这光景，便鼓掌大笑，伸手抒毫，写了一纸退契，又在自己名下着了花押。蔡文英道："今要烦曹老先生做个见人，倘或晚生一日侥幸，岂可令世人疑晚生有弃妻短行的事！"曹宦一心要图江老之谢，况且事做到八九分了，岂可为这花字不写，便丢了空！曹宦也提起笔来着了花押。把银子兑足，要交割的时候，蔡文英失声道："哎呀，这银子且慢与我着。"曹宦与江老道："却还有甚话？"蔡文英道："我还有老母在家，必须与老母讲明，须他也用一个花字便好。"又转口道："这也但凭江翁之意。"江翁只要做事十分全美，便道："我到忘了令堂这个花字，是决要的。"曹宦道："这个不难，把银子且交付，我家人拿了，就随了蔡兄去，讨了蔡孺人的花押，把银子兑换了这张退契回来，岂不甚好！"江老连声道："是。"蔡文英欣然别曹宦。曹宦就叫四个管家，跟了蔡文英去。蔡文英一到家里，对管家道："我老安人性子却甚，不好说话，待我拿这纸退契进去，与他说个停当，讨了花押出来，那时自当奉谢，诸位且宽心坐坐。"安放了曹家人，一边自走进去对母亲说："江老假意将酒款待，藉曹宦势，威逼退婚事。"说了一遍。母便咬牙切齿，千禽兽万禽兽骂将起来。蔡文英慌忙道："母亲慢声，曹家人在外边，且不要惊动了他们。我如今开了后门就将这纸退契，去喊府尊。"一气跑到府前，却好府官晚堂未退，蔡文英将此事始末禀了，现有曹宦家人在生员家里持银守候。

这府官姓高，是个一清如水，尽心爱民的。听见此事，差人即刻唤到曹家人问道："江纳要蔡秀外退婚，这事可是真的吗？"曹家人都说是真的。又问道："如今江纳要还蔡秀才的聘礼，现在何处？"曹家人一时瞒不过，只得取出来道："现在这里。"又问道："今日你家老爷也是目击这事的吗？"曹家人说："今日是江纳请家爷吃酒，看见是看见的，其中退婚因由恐怕也不知道。"高府尊就笑道："本府晓得你家老爷是有道气的，怎么得知此事？"就叫库吏吩咐将这一百两银子且上了库。一面发签拿江纳，明日候审。

蔡秀才召保，曹家人发放回去就退了堂。那些差人晓得，江纳是个佛主，怎肯放手，连夜伙去吵闹，这也不提。

明日高府尊早堂事毕，见农民跪上来禀道："曹爷有书拜上。"高府尊问道："那个曹爷？"农民又禀道："本城乡宦讳金，曾做过科官的。"高府尊道："取来看。"中间不过是要周旋江纳体面，退婚实出蔡秀才本心等语。看完了，就叫束房发一回帖。便问堂吏道："那江纳可曾拿到吗？"只见差人跪上去禀道："已拿到了。"府尊道："既是拿到，怎么不就带上来？要本府问起，才来答应？你这奴才，情弊显然了。"就在签筒里起三枝出来，将差人打十五板。要知道这十五板，是曹宦这封书上来的，先与江纳一个歹信。凡为官的做事理上行走，在宦途还有人敬他，若似这般歪缠，那正气官自然与个没趣，即或情面难却，做事决不燥辣。

江纳看见差人先打了板子，万丈豪气已减去大半。府尊就问江纳道："你因甚缘故就要蔡秀才退婚？"江纳道："爷爷，小官江纳，怎敢行此违法之事？但是蔡文英好赌好嫖，不肯习上，他家道日贫，屡次央人来索还原聘，情愿退婚。江纳见他苦苦追求，万不得已应允。昨日蔡秀才又要在聘礼之外加倍取索，江纳执意不从，他就来诳告，伏乞青天爷爷鉴察。"府尊道："我昨日看见那蔡秀才，全不像个好赌好嫖，不肯习上的，恐怕还是你嫌他贫吗？"江纳满口赖道："实是蔡秀才自要退婚，况且江纳薄薄有几分体面，蔡秀才不曾死，女儿又要受一家聘，也是极没奈何的事，望老爷详察。"府尊道："据你口词，是极要成就蔡秀才，倒是蔡秀才有负于你。他今不愿退婚，你正好成就他了。"江纳道："如今即是他不仁，我也不义。江纳也不愿与他结亲了。"府尊笑道："据你说，如今又不要成就他了，也罢，如今本府与你处一处，毕竟要蔡秀才心悦诚服才好，不然本府这里依你断了，他又到上司那边去告，终是不了的事。本府处断，当初蔡秀才有百金为聘，你如今要与他开交，直须千金才好。"江纳连忙叩头道："尽江纳的家当，也没有千金，哪里设处得出？求老爷开恩。"府尊道："你既是这般苦求，本府与你两言而决：你若不要退婚，蔡秀才一厘要你不得。你若立意要退婚，限三日内再将七百金上库，凑成八百。教蔡秀才领了这些银子，本府就与你立一宗案，可令蔡秀才没齿无怨了。"江纳却全没有要蔡秀才完姻之意，只要求八百金之数，再减下些便好。府尊看了这光景，藉势威逼，不问可知。江纳便磕穿了头，告破了口，再不睬了，提起朱笔批在签上，着原差限三日内带来。回复如迟，重究。江纳回来，只得又与曹宦商议，出五百金完交。到第三日，一面进曹宦的书，一面将五百金上库。午堂差人又带江纳上去，府尊问差人道："江纳完多少银子了？"差人道："已上过六百了。"江纳又跪上去苦苦地求道："江纳尽力措置，才得这些银子。此外一厘也不能再多了，叩求老爷开恩。"府尊道："这二百两银子也不要你上库了，你到曹乡绅家讨一帖来，就恕你吧。"差人又押江纳到曹宦家来讨帖。曹宦晓得这风声，就不相见，说有事往乡里去了，有话且留在这里吧。

江纳一向结交曹宦，今略有事，就不肯相见，却是为何？若是江纳拿了这二百两去，那曹宦自然相见了。空着手去说话，怎肯相见？江纳会意，只得回来凑了一百现银，写了一百欠帖，教人送与曹宦。曹宦那个帖，就是张天师发的符也，不得这样快到府里了。

当日蔡文英、江纳一齐当面，府尊就叫库吏取出那六百两银子，交与蔡秀才。蔡文英看也不看，哪里肯收。府尊看在肚里，悉见江纳之诬了。因失声道："我到忘了，"对着江纳道："你女儿年纪既已长大，定是知事的了。本府也要问他肯改嫁，不肯改嫁？"就发签立刻要江纳的女儿来审。不多时女儿唤到。府尊叫江纳上来道："你女婿有了六百金也不为贫儒了，我今日就与蔡秀才主婚，两家当从此和好，不可再有说话。若不看曹乡宦的情面，本府还该问你大罪。"一面吩咐预先唤的花红鼓乐，一乘轿，一匹马，着令大吹大打迎出府门，又叫一员吏将江纳完的六百两银子，送到蔡家，看他成亲回话。惊动满城的百姓，拥挤围看。没有一个不感府尊之德，没有一个不骂江纳之坏。那江纳羞得抱头鼠窜而归。

这蔡文英有了膏火之助，并无薪米之忧，即便专心读书，联科及第。不过几年，选了崇阳县知县，又生了公子，同着老母妻子上任，好不荣耀。他做官极其廉明正直，兴利除害，凡有势宦情面，一毫不听。百姓们遍地称功颂德，又差人接了江纳到任上来，另与公子并教公子的西席，俱在书房内安养，甚是恭敬。将从前的事毫不提起，倒是江纳每常自觉羞愧。

一日蔡文英到书房里谈话，江纳拉到一小亭子上，背着西师恼愧道："当日的事，都是曹宦做起，后来府尊要他帖子，才减二百两，他就躲了不面措去。我一百两现银，又写一百两欠帖，才肯发帖。后来晓得府尊另断成婚，自己不过意，着人将欠帖送还与我。但曹宦在地方上，凡有事不论有理无理，只得了银，便以势力压做，不知屈陷了多少事。有一日忽然半夜里失了火，房屋家产尽成灰炭，父子家人共烧死九口，竟至阖门灭绝。你可不快心！可不害怕！当初他若肯好言劝止，或者没有其事，也不可知。我如今想起来，恨他不过。"蔡文英笑道："岳父恨他，在小婿反欢喜他。当初若无此事，小婿江宁科举，北京会试一切费用，哪有这许多银子应付？即或向岳父那借，也只好些微，决不有六百两助。我可是感激他。"不了翁婿大笑。

一日时值立春，天气晴和，内堂设宴，铺毡结彩，锦幛围列。老母夫妻公子团聚欢饮。蔡文英道："今日在这锦绣堂中，阖家受享荣华，皆是高府尊成全，不可不知感图报。"其时高府尊已年老告致，因备了许多厚礼，差人赍书，遥拜门生，往来不绝，竟成世交矣。

第十一种　牛丞相

雷者，因阳气被阴气裹不得出，猛然劈出，所以成声，原有天神主之。人有乖戾之气，上与相合，则击之。要知良善之人，从未有遭雷击也。

牛耕马驮，辛苦万千。猪羊充食，千刀万剐。是皆恶报偿还。前因后果，必然之理也。

人心行好，狗可变做状元。人心行坏，丞相可变做牛。好坏都是自作自受，冥王何预焉？

明朝有个状元罗伦，他是江西吉水县人，极有胆气。凡见事有不当者，即敢言直谏。朝廷因他忤旨，谪他到福建市舶。未几奉旨复官，他辞疾不赴。这罗状元是个理学大儒，腹中博通今古，天下的事物，那件不知，那件不晓。

一日由扬州经过，行到弯头东乡地方，忽然阴云四合，大雨倾盆。罗状元奔到村馆中避雨，只见雷电交加，霹雳一声，将耕牛一只击死田内。少刻云散雨止，远近的人都拥挤来看，罗状元亦随众往看。只见牛身被雷斧破开，血流倒地，因而心中不忿，大喊道："牛是诸畜生内最有功于人的，每日耕田耙地，千辛万苦，到后来皮肉筋骨，都供人用，最为可怜，有何罪过？"此时朝中有许多大奸大恶，天雷不击，何以击此最苦之牛？就借避雨村馆中笔砚，在牛身上，大大的字写二句云：

不去朝中击奸相，反来田内打耕牛。

同看的都欢喜说道："这才批得真正有理。"众人正在称赞之时，忽见天上乌云一块，疾来如飞，罩聚牛身。复又一雷，看得众人都惊跌在地。少刻爬将起来，同罗状元再去一看，那牛身上二句之下，竟是雷神用朱笔另写二句云：

他是唐朝李林甫，十世为牛九世娼。

罗状元同众人看罢,方才知道这牛是奸相变的。他受尽万千苦楚,再加雷斧而死,以报宿世之恶也。唐朝至今尚未报完,惊叹不已。这罗状元因此明白,回到吉水本乡,闭户另著明理书传世。可见恶人果报,填还应在屡世不止也。

第十二种　狗状元

佛法广大，不论四生六道，但有觉悟，自然正果。可惜此狗，修入洪福，贪迷荣贵，幸而不幸也。

极细如蝼蚁虮虱，皆具佛性。一得觉悟俱可成道，况狗兽之大乎！独叹人为万物之灵，百般呼唤，痴迷不醒，深可惜也。

一踢尚还五板，若杀彼生命，供我肥甘，如何还报得了，可不害怕！

予于状元不说姓名，恐单污于人也。阅者相谅，勿谓无稽虚语。

扬州小东门内有个韦明玉，三十多岁，因往镇江游甘露寺，就在寺内削发为僧。方丈中彻大师，是个参悟得道的高僧，每常说法，直截指点，座下恭听甚多。方丈内养有一狗，但遇大师说法，即伏旁侧耳细听。或说世情闲话，狗即外出。

一日明玉腹饥，先取一饼在东廊下倚柱咬吃。这方丈狗来跳望，如有求食之意。明玉性起，怒踢一脚。其狗负痛就地急滚，明玉懊悔，自思：饼又不曾与食，何苦踢此一脚，令他痛滚。心中不忍，因将吃不完的半个饼，丢地与狗咬吃过了。三日狗死，报知大师，令埋于后园。

过了十八年，忽报本地新科状元到寺内进香，兼看江景。大师即忙传众僧远远迎接。只见许多旗伞、执事、皂隶夫马，好不荣耀。状元在山门外下马步行，甚是幼小美貌端庄。上殿焚香拜佛完，到方丈谒见彻大师，留茶谈话，甚是谦和恭敬。揖别而出，又往两廊闲步，忽见明玉倚柱背脸，状元看见大怒，呼来跪下说道："我来寺里进香，又不曾滋扰汝等，如何没眼看我？好生可恶。"喝叫左右拖在廊下，责了五板，逐出。然后往山顶后边观看江景才回去。众僧送山下辞归，都来看明玉。这明玉苦眉道："我并不曾说话冲撞，又不曾行止犯法，无辜遭此官棒。"其实不服，恼恨不已。正在苦楚之时，忽又见戴红高帽的两个夜不收，将明玉和尚，拉着往外飞出，口中喊道："状元叫你去立等说话。"明玉惊怕，暗想道："莫不是方才打得不好，又要重打不成？"没奈何，只得随去。慌得寺内众和尚，齐进方丈，公禀彻大师，要往状元府前焚香跪门。彻大师吩咐道："汝等不必前去，此番必不难为他，我于状元未来时，已先有二句，粘在壁

上。"呼侍者取来与众共看,上写云:

一脚还五板,半饼供三年。

众僧看完惊异,方知这状元前生是本寺狗变的。随着人探听,果然唤到时,状元看着明玉道:"我方才一时怒气,责汝五板,仔细想起甚不过意,但你在寺众清苦,竟在我府中另扫一间静室,每日蔬菜茶饭供养你修行,岂不自在!"明玉和尚喜出望外,感谢不已,竟依住下。光阴瞬息已将三年,明玉和尚忽而去世。状元吩咐:"造龛送化而终。"可见世人一举一动都有前因,凡事岂可不慎耶!

第十三种　说蜣螂

神鬼仙佛，或现或隐，遍满世界。奈人之肉眼凡胎，何能知识？可见一切欺心坏事，虽于无人处为之，在神明已洞若观火。所谓暗室亏心，神目如电者，丝毫不错。

人只要心存正念，虽形迹垢污，亦不妨碍。若徒饰精洁于外，机甚左矣。

康熙初年，扬州有一人姓陈名友德，年四十余岁，性最爱洁，每喜穿玉色极细布袍，石青缎套，常坐船至江西湖广卖盐。

一日行到湖广岳州府，顺路闲往岳阳楼游玩，但见楼虽倾坏，其江山景致甚佳。正在玩赏时，见一寒士，身穿破衣，尘灰垢泥，来向友德拱手道："台兄想是闻岳阳楼的景致来玩的，但此楼胜处，全在衔山吞江，气象万千，真天下之奇观。"友德是个爱洁的人，见其人邋遢，因而不礼貌，亦不应答。那寒士忽倚着楼上栏杆，来携友德的手，指点山水之妙。忽有蜣螂虫迎面飞来，友德以手挥落楼檐。那寒士看见说道："这蜣螂虫，俗名推屎郎。虽是秽污推粪之虫，但其志在于转凡脱化鸣蝉，栖于树杪，飡光畈露，贵加飞腾，乃最有能干之物，未可轻忽也。"友德口虽微应，亦不答话。少刻下楼别去。

后十年，友德一日进扬城南门，由大街出小东门直事，正行路时，忽然见三个人将友德周身一看，慌忙齐说道："兄可姓陈名唤友德吗？"友德惊异问道："小弟是便是的，但与兄们从未识面，如何知我姓名？"三人道："祖师在南门里常家降乩，判云：'此时有一人姓陈名友德，年约六十余岁，须发雪白，身穿玉色布袍，石青缎套，从南门大街往北走，可代我赶上唤来，我有话说。'因此奉请回去一见。"友德怒喊道："我平生最不喜仙佛，你们说什么祖师，妖言惑众，哄骗谁来，快快回去。"那三个人坚不放手，婉言恳求道："你就不信仙佛，屈去一到，即刻便回也不妨事。"说完拉着急走。友德无奈，只得随去。口里自说道："我只不信，看他们如何骗我！"旁人听见的也跟随二十余人同去，看如何行止。

到了南门内常家，果见香烛供献，二人扶鸾。友德站立案旁，亦不跪拜。忽见乩

判云:"陈友德你来了吗?"友德恼怒,亦不应答,乩因判四句云:

十年不见陈友德,今日相逢鬓已霜。

记得岳阳楼上会,倚栏携手说蜣螂。

友德见此,即刻跪倒在地,叩头百余,谢罪敬服。众人细问原委,友德将十年前如何逢遇,如何说蜣螂的话,从头至尾,细说一遍。在道的三人,跟去二十余人俱皆叹服。友德从此投拜祖师门下,修真悟道,后得正果。可见不曾通彻仙佛的人,切不可一言毁谤也。

第十四种　飞蝴蝶

金钱化蝶飞，唐库之奇传。此从前听闻之语，不意再见真事于今日，岂非异乎！或者道士借此以醒世之钱财，未可着实看也。

事有利益于人者，或幻或不幻，虽凡夫亦是仙佛，否则即真仙真佛，正与凡夫相等，乃知人具济世利人之言行，即是现在之仙佛矣。至若藉道法以图遂贪欲坏事，恐凡夫人身俱不得也。

哄传扬州府学前，有一道士卖药甚奇。予随众往看，果见数百人围聚。予挤进观看，见有一道士，年约四十余岁，头戴小木冠，纳衣蒲团，手执云帚端坐，余无他物。人来问话，他不多言；人来买药，只取钱一文，将钱丢于道士面前。道士随用手在云帚上一抹，即有一颗药与之，随抹随有，虽数百人数百颗，丹俱不完。其丹大如指，顶朱色，能治百病，茶汤任下。卖药一时内，道士忽有向来人说："你为人极孝，奈少奉养，我当赠送。"即用手在钱堆上，或抓一把，三五十文不等，或两手捧一捧，一二百文不等。忽有向来人说："你家有婚姻喜事，缺少银钱，我当赠送。"任意取钱与之。或说饥寒急迫赠送的，或说病欠调养赠送的，钱数多少不一，人人都说着。

道士赠送人的钱虽多，来买药的钱更多。未曾半日，面前即堆积钱约有数千，看的人越多。正在拥闹之时，人丛中忽挤出两个公差来，向道士喊道："你是何方妖人，敢在江都县衙门左近，以卖药为名哄骗人的钱！我是积年快手，专拿你这等人治罪。"道士笑道："贫道在此卖药，治人疾病，积下来的钱虽多，贫道整几百几十救济人。二位既是县差到此，贫道不好简慢，该以茶奉敬。"一面说，一面在纳衣袖内用手接一盅热茶。茶内两个枣儿，连茶匙俱有，奉与来差。复将手在袖内又接出茶一盅，一样奉上那一位。两个差人惊怕不敢吃，因说："我们来不是吃你茶的。"道士笑道："你二位不吃茶，贫道知得二位的心思，但这面前堆的钱是留了济世利人的，非比外道用以遂自己贪欲的，莫想擅动一文。"又向二位道："既不吃贫道的茶，可仍旧将茶还我。"两县差因将不曾吃动的茶两盅递交道士。那道士用左手开着袖口，右手接过一盅茶，把茶盅连茶果远远的往袖中一撩（音辽去声），接过那一盅茶，也远远的往袖中又一撩。

临了将两只袖子往空中一大摆,说道:"贫道这钱是没得奉敬的。"因两手将钱捧了许多往空中一屏(音虎),只见钱都变了许多大蝴蝶,纷纷飞去。那道士又捧着钱,一屏一屏,都屏完了。那满空蝴蝶有几千,飞得好看,众人都仰面齐看,这道士竟不见了。少停一刻,许多蝴蝶都往天心里,上飞如灰点,也没了。许多众人议论,也有说是神仙下降当面错过的,也有说是幻法骇人的,也有说是真正救济人的,也有说是差人不该滋扰他的。这两个县差也甚懊悔,后来人都散去,遍传以为奇闻。

第十五种　村中俏

　　妇人若有奸情，心变两样，嫌此爱彼，渐成杀身大祸，甚可畏也。

　　不听邻老极好佳言，自速其死，皆由平昔借以卖线，喜看妇女而喜调妇女所致，又可畏也。

　　老诚男人，切莫娶风流妇女，汪原事即是明镜。

　　扬州南门里，有个汪原，是沿街背着线笼生理，年当强壮，尚无妻室，藉卖线为由，专喜看人家妇女，兼且说粗谈细，油嘴打话。因生意稀少，有朋友荐他到西乡里走走甚好。

　　一日到了陈家庄地方，见一妇人叫住买线。这妇人美貌孝服，约有二十四五岁。汪原与之眉来眼去，甚是欢喜。访问庄邻，遇一老者说道："这妇人郭氏，有名的叫作村中俏。虽然标致，去岁嫁了一个丈夫，不上半年得了痨病而死，不问而知是个喜动不喜静的妇人了。我看你是个老诚人，身就壮实，恐怕还不是他的对敌。"汪原道："只因我家中无人照管，不妨娶她。"因而烦媒说合，一讲就成，娶进门来，夫妻十分和好。

　　过了两个多月，汪原的面皮渐渐黄瘦了，汪原的气息渐渐喘急了。他有个同行卖线的刘佩吾，时常在汪家走动，早晚调妇，遂成私好。这佩吾晓得温存帮衬，又会枕上工夫。妇人得了甜味，因而日渐情密，且见丈夫有病，哼哼叫叫，煎药调理，看为仇敌。邻里人都知道风声，那汪原弱病卧床，佩吾假意问病，遂与妇人背地亲嘴，被汪原看见，奈病难开口。

　　次日略觉清爽，因向妇人说道："我在这坊住了多年，虽然小本生意，却是清白人家，你须要存些体面。我是不肯戴绿帽子的，倘然出乖露丑，一刀头落，休想轻饶。"妇人勉强说了几句白赖的话，转脚便向佩吾说知。佩吾道："既然你丈夫知觉，我下次谨慎些就是。"妇人道："你我恩情是割不断的，乘其病卧，我自有法。"佩吾别去，那妇人淫心荡漾，一心迷恋奸夫，又恐丈夫病好，管头缚脚，不遂其欲，夜半乘夫睡熟，以被蒙其头，将一袋米压上，不容转气，汪原被他安排死了。

到天明料然不醒，假意哭将起来。佩吾听有哭声，又听得街坊邻佑，都说："这人死得不明，我们急速报官。"佩吾心内如乱捶敲击，三十六策，走为上策，要往淮安亲家逃躲两三个月，等事情平静再回来。因一气从弯头高庙走至邵伯镇，已有四十多里，心略放宽。因饿见个饭店，便走进去，拣个座位坐下，叫："主人家快取些现成饭来吃，我要赶路，有好酒暖一壶来。"主人家答应了，须臾间只见店小二摆下两个小菜，放下两双箸，两个酒杯。佩吾道："只用一双箸，一个杯。"小二指着对面道："这位客人，难道是不用酒饭的？"佩吾道："客人在哪里？"小二又指道："这不是你一同进门的？"佩吾道："莫非你眼花了。"小二擦一擦眼道："作怪！方才有长长的一个黄瘦汉子，随着客官进来，一同坐地，如何就不见了？"佩吾想着汪原生时模样，料是冤鬼相随，心上惊慌，不等酒饭吃，便起身要走。

店中许多客人闻知小二见鬼，都走拢来围住佩吾座位。问其缘由。佩吾慌上加慌，登时发狂起来，口中只喊："我死得好苦。"众人道："这客人着鬼了，必有冤枉。"有附近弓兵知道，报与邵伯巡司。巡司是冷淡衙门，以有事为荣，就着弓兵拘审。当下众客人和店小二扶着佩吾来到巡司衙门。佩吾双眸反插，对着巡司道："你官小断不得我的事。"巡司大惊，即叫书手写文书，解江都县来，即刻带审。鬼附佩吾，将自己通奸，郭氏压死丈夫的事直说。且官取了口词，便差皂拘拿郭氏对理。

这郭氏安排了丈夫，挨到天明，正要与佩吾商议，不料他已逃走。这场大哭才是真哭。哭罢，收拾衣物当银收殓。众邻见汪原暴死，正在疑心，忽然公差来拘。郭氏到官，兀自抵赖，反被佩吾咬定，只得招承。冯知县定郭氏谋杀亲夫凌迟处死。若非佩吾通奸杀心何起，亦定斩罪，不多时男妇同赴法场，一斩一凌迟。来看的人几千百，都各凛知果报昭然。

第十六种　关外缘

恩若救急，一芥千金。试看彭之施济，不过银五两，袄一件，遂令受者铭感肺腑，诚可法也。

人一好赌，未有不受苦丧身破家者。试看彭案若非慈心为主，得遇救济，竟至身家妻子莫保，是谁强逼，可不警醒！

俗谓钱在手头，食在口头，可知若非大有主见之人。现钱在手，未有不多浪费用而致害者。观彭事甚可鉴也。

人若不经一番大苦，其平常劝谕，何能改易！只看彭人自从遭难之后，即另换一副心肠，竟至勤俭成家，但恨事败悔迟，世人急需早醒。

官征钱粮，必须入柜汇解，若任役私收，定致侵那，虽惩重法，又何益乎！

扬州旧城东岳庙前，有个开磨坊的彭秀文，性喜赌博，又喜奢华，因买充了江都县里书办，把磨坊交与胞弟开张。那时候县官征钱粮，只有田亩地丁，是听民自封投柜，其余杂办银两，俱交收役私收给串，逢解时将银入解。这秀文因而谋收行夫牙税银两，得权到手，收的银子，任意大赌大费。次年复又谋收，那新掩旧，不得露丑。却喜一件，为人极有慈心，时常将官银封小包几十个，每包五六分，放于身边，遇见跛的、瞎的、年老有病的，给予不吝。

一日，县中收完钱粮，在磨坊店门前闲立，看见对面庙门石鼓旁，倚了一个薄布衣的穷人，低头流泪，连声愁叹。秀文因问那汉子，为何如此愁苦。那汉子说："小子姓黄，是某科举人，有至亲在扬州现任的某官，因来向官恳些盘费，前往京都谋事，谁知这官只推不认得，反令下役呼叱，不容见面，害得小子宿的寓处房饭钱全无，房主赶逐，进退无路，计唯寻死，所以伤惨悲痛。"秀文蹙然，道："你既是书香一脉，前往京都需用几多盘费？"其人说："还房饭连搭顺船稍，若有银五两，将就可到。"秀文因见此人苦楚，遂说："此时十月天气寒冷，我看你身上尚无棉衣，我先取件旧布棉袄，与你穿暖，明日仍到此处，我有资助。"与衣别去。

次日，果来俟候，秀文就与银五两，黄举人记着姓名，感激叩别。忽然本县因事参离任,康熙某年间,新县官到任,大有才能,点收钱粮,俱系亲自遴选,不容贪谋,不论正项杂项,俱听纳户自封投柜,逐项清查。秀文侵用的夫税银子,水落石出,节年计共侵银一千六百余两,严拿收禁比追,受了许多刑杖,怎奈家产尽绝,官不能庇,问成斩罪在狱。

未曾年余,幸遇皇恩大赦,死罪减等,秀文改为流徙关外三千里,因而金妻出狱,急押起程,胞弟哭别,亲友赠送盘费,奈上路未久,银已用完,可怜夫妻沿途乞化而去。真个破衣赤足,受尽万苦。

出得关外,自量有死无生。行至流徙之处,忽遇一人立于店铺门首,呼近细看,先说道:"你莫非是彭恩人吗?"秀文日久总忘,并不相认。那人自说:"昔日在扬州东岳庙前赠我盘费棉衣者,即是我也,我受活命大恩,时刻切记。"说完就将秀文夫妇拉入店铺内室,与好衣帽换着,治席款待,叩头致谢。秀文因问黄举人如何住到此处,黄举人道:"重蒙大恩,得银搭船到京,投某王爷宫内效力。某王见我至诚,十分优待,其时王有契友,犯罪该斩,王求父皇,免死流徙此地。王因我可托,特交银万两,着我同王友开这店铺。凡山陕川广各省货物,即日用米粮布帛,俱皆全备。恩人夫妇可住于我家,代我掌管料理。"秀文喜出望外,因受了万千苦楚,性情顿改,凡事俭约,虽不过啬过吝,却也诸事朴实。

过了年余,黄举人又分一铺与秀文,立起最富家业。后来寄书信,并带许多关外土产物件与胞弟磨坊内,方才得知详细。如此因缘奇遇,不可不述其始末也。

第十七种　假都天

人心多愚，原易惑以邪说，如释则有炼魔之术，道则有黄白彼家之说，外此又有无为教、白莲教，名号不一。要皆惑人者也，一为所惑，因而脱骗财物，生盗生奸，甚至聚堂作乱，然及其后，未有一人不败者。两陆棍只知藉神谋财害命惊众，彼时富未享而俱丧狱底，其为首之活都天，乡愚信哄，尤可怜也。

三教大圣觉世利人，俱当敬奉，何宋秀才惯喜讪谤，今遭惨死，是皆平昔毁轻神佛之自取也。

扬州便益门外，黄金坝地方，于康熙十四年间，有一乡愚担粪灌园。忽有陆大、陆二两个人向他说道："你终年灌园，极其劳苦，我有一法，可得万金财主，你可依呢？"乡愚听得，喜不可言，因引至无人僻静空处传授，须得如此如此，乡愚领会。

明日，乡愚正在灌园时，忽然狂呼踊跳，自称都天神下降，大喊道："若不立庙祀我，这地方上百姓，各家男女，都遭瘟死。"是时正值瘟疫大行，家家病死的人极多，人都信以为真。旁边陆大、陆二竭力赞助。先于空地暂搭盖芦席殿篷，奉乡愚正中居坐，称之曰活都天。远近闻名，叩首祈祷，男女杂遝者不可计数。香烛牲礼酒肴供献，络绎不绝。

这活都天终日默坐神案上，并不饮食。乡人愿免灾疫，俱争先布施，或施殿梁银若干，或施殿柱银若干。砖瓦、木料、石灰、人工等银，俱交陆大、陆二登填姓名，收银入柜。正在人众拥挤时，忽有一屡年毁神谤佛的宋秀才走进席殿来，指着活都天高声大骂道："你这瘟奴才，不知死活，平空的自称活都天，哄骗乡野男妇，须不能惑得我宋相公，我且打你个死，看你如何治我。"一面骂，一面走到神座，把活都天两三掌。陆大、陆二拦阻不放。宋秀才又喊道："我从不信邪，我且将你这些供的酒肴，先请我相公受用受用。"即用手乱抓入口，又斟大盅酒乱吞，又吃又骂。那日看的人竟有上千，都拥挤不开，只见这宋秀才吃完了酒肴，忽然跳上几跳跌倒在地，反手如捆绑一般，高声自喊道："活都天老爷，我小人一时愚昧，冲犯得罪，只求活都天老爷饶我小人吧！"又高喊道："不好了，不好了，活都天老爷不肯饶我，又打棍了。"喊了多时，口鼻七孔中俱流出鲜血来，面色渐渐青紫。少停一时，气断身冷，直挺在地。陆大、陆二大喊道："这宋秀才不知人事，获罪活都天老爷，因不肯宽赦，就把他的性命追去了。你们众人内有认得他家的，速些送信去，着他家人来收殓。"停了一日一夜，次日宋家男妇多人，痛哭不已，买棺抬去埋了。众人都亲眼看见，个个惊怕，更加凛然敬重，人来得越多。

将近一月，布施的银钱、米粮、木料、砖瓦堆满几屋。忽一日，本府太守金公，亲来进香，只见许多旗伞、执事、皂快人等，好不热闹。这日轰动远近人更多，陆大、陆二欣欣然大有兴头。金公到了活都天处，下了轿，也不上香，也不礼拜，即立着先问活都天之外，庙中主事的是那几个人，本府问明便好布施礼拜。那陆大、陆二站立在旁，急忙说道："就是我兄弟两个做主。"又问已有钱粮若干，尚欠若干，俱有收簿，逐细禀答完了。金公即便于席殿正中坐下，吩咐皂快，先将陆大、陆二拿下，然后将活都天绑倒，不由分说，把这个三个人，就在席篷下，每人先打二十大板，然后叫上来喝道："尔等做的事，本府俱已知道，可从直说上来，如何造谋装都天，如何害死宋秀才，细细说明，如不实说，即刻打死。"这活都天哭禀道："小的是个挑粪的愚人，一些事都不晓得，俱是陆大、陆二做的，求老爷只问他二人就明白了。"金公即唤二人审问，抵赖不肯承招。金公吩咐将带来的夹棍，把二人夹起，挨不过刑，陆大只得直说道："当日哄这愚人装作都天，俱是小的二人主谋帮助的。预先说明，凡得银钱，俱是三人均分。这宋秀才平日是个惯会骂神佛的人，因算计于某日黑夜，小的们请他到无人处商议，求他假来打骂，却自己跌倒喊打，惊骇人敬怕。骗人多布施的，说明凡有财物俱作四分均分，宋秀才才肯入伙的。"金公又问："这宋秀〔才〕因何七孔流血呢？"陆大又不肯招。金公怒叫用棍狠敲，陆大只得直招，是放了毒药在酒肴内，哄他吃下，七孔流血死了的。金公又问道："宋秀才既然依你入伙，何苦又害他的命呢？"陆大供说："恐怕多他一人，就添一股分银，因此害他的。"金公又问："这活都天用何法不饮食呢？"陆大供说："每夜三更人静时，把活都天抬下来，荤饭吃得极饱，所以日里不吃饭食了。"金公听完大怒，放了夹，吩咐每人再加责二十大板，带回府收禁。吩咐将收集的银钱同物料变价贮库,买米赈济饥民。众百姓都感颂金府尊神明。回衙门之后,过了三日,又提出三人,各责二十板,先后俱死于狱。间隔今多年,但遇不真实的事物,即云黄金坝的都天假到底。

第十八种　真菩萨

财也者,天地间之公物也。天地间公物,理宜为天地间公用。富翁当推有余以济人,所谓不如积阴德于冥冥之中,以为子孙长久之计,此司马温公之至言也。

观世音菩萨,普天之下,家家供奉,人人感颂,总为能救苦救难而致于此。人之言行,有能多方救济者,虽是尘凡之人,即是现在之菩萨矣。

闵世璋,是歙县人。他在扬州行盐,乐善不倦,乃笃行君子也。每年盐业利息,自奉极俭余悉施济,全不吝惜。曾一日见郡有夫妇负宦债,以身偿宦,逐夫收妇。其夫妇痛哭,矢死不离。闵公知实,代偿其逋,夫妇仍归完聚,此特一节。当时扬州水旱频仍,闵公捐赀赈济,全活饥民不计其数。再如倡育遗婴,提携贫交,施絮衣,救难妇,修理桥路,种种不可枚举。闵公寿过八十,康强如壮,子孙蕃衍科名鹊起,咸谓德行之报。

扬州有个蔡琏,这人秉性仁慈,于顺治十二年,创立育婴社在小东门。其法以四人合养一婴,每人月出银一钱五分。遇路遗子女,收至社。所有贫妇领乳者,月给工食银六钱。每月望验儿给银,考其肥瘦,以予定夺。三年为满,待人领养。时陈公卓致政家居,为之刊定社规:内分缘起第一,乳母第二,捐银第三,收养第四,保婴第五,领养第六,清核第七,艺文第八。其议论至详至善,每本二十余页,名曰育婴编。此法不但恤幼,又兼济贫,免人世溺婴之惨,功莫有大于此者。

凡城邑村镇,宜永远仿此而行。始初蔡公五十余岁,尚未有子,因倡此社,后生三子五孙,寿至八十七岁。天报善良,洵为不虚。扬城因其活儿甚多,俱以真菩萨称之。预见愚人溺儿最惨,要知物命至微,尚体天地之心,放生戒杀,况乎子女!乃或以野合淫奔而灭其迹,或以家贫身病而弃所生,于是有既生而损者,有未生而堕者,骨肉自残，良心灭尽。人世恶业，莫过于此。若所以杀女之情，近愚山施氏，破之甚悉。歌云：

劝君莫溺女，溺女伤天性。男女皆我儿，贫富有定分。若云养女致家贫，生儿岂必皆怡亲。浪子千金供一掷，良田美宅等灰尘。若云举女碍生儿，后先迟速谁能知。当阶玉树多先折，老蚌双珠不厌迟。有女莫愁难遣嫁，裙布钗荆是佳话。嫁不论财礼义存，择婿安贫免牵挂。漫忧养女玷家声，为儿娶妇亦关情。淫首百恶尔先戒，不种孽根孽不生。杀女求儿儿不来，暮年孤独始悲哀。不如有女送终去，犹免白骨委蒿莱。赎人妻女救人殃，阴骘缠绵后必昌。若还多女竟无男，前生债主今生偿。劝君莫杀女，杀女还杀子。仁人有后恶人亡，挂折兰摧疾如矢。劝君莫杀女，杀女还杀妻。生珍婴孩死索命，牵衣地狱徒悲凄。劝君莫杀女，杀女还自杀。冤冤相报几时休，转劫投胎定夭折。孺子入井尚堪怜，如何摘女葬黄泉。及笄往嫁尚垂泪，何忍怀中辄相弃。古往今来多杀机，可怜习俗不知非。人命关天况骨肉，莫待回首泪满衣。

扬州有个程有容，业盐生理。大清初年，条陈利弊，当事多嘉纳之，性醇好善，诸如育婴拯溺，以至桥路之施，力行不倦。城南有败闸，植巨楠百数沉于水，大舟触之立破。人目为神桩，有容募人，泅水拔之。岁大歉，请于嵯院出金粟助赈，身董其事。就食者计有七十余万人，凡两个多月，未尝告瘁。恩赉有如，生平推诚待物，行必以恕，曰："吾留有余以与子孙也。"后果子孙绕膝者三十余人，利甲联绵，更置义田，以赡宗党之不振者，至今尚存，乡里咸呼公为菩萨。

扬州府太守蒋恭靖讳瑶正德，时大驾南巡，六师俱发，所须夫役，计宝应高邮站程凡六，每站万人。议者欲悉集于扬，人情汹汹。公唯站设二千，更迭遣以迎。计初议减五分之四，其他类皆递减，卒之上供不缺，民亦不扰。时江彬与太监丘得，挟势要索，公不为动。会上出观鱼，得一巨鱼，戏言值五百金。彬从旁言，请以畀守，促值甚急。公即脱夫人簪珥及绨绢服以进，曰："臣府库绝无缗钱，不能多具，上目为酸儒弗较也。"

一日，中贵出揭帖，索胡椒苏木奇香异品若干，困以所无，冀获厚赂，时抚臣邀公他求以应。公曰："古任土作贡，出于殊方，而故取于扬，守臣不知也。"抚臣厉声令公自覆，公即具揭帖，详注其下曰："某物产某处，某物出某处，扬州系中土偏方，无以应命。"上亦不责。又中贵说上选宫女数百以备行，在抚臣欲选之民间，公曰："必欲称旨,只臣一女以进。"上知其不可夺,即诏罢之。

予谓此一官,当急难之际,用尽智力,宁可自己不顾害累,而庇令万民安稳,何等心思!虽西方菩萨,现身救世,亦不过如此。目今官之有才能、有智谋者颇多,但专图利己,谁肯利民!请以蒋公为式而力行之。不唯功德福报,抑且芳名流传不朽矣。

第十九种　老作孽

男女虽异，爱欲则同。老年人只宜安静，乐享余年。切不可寻少艾在旁，不是取乐，反是自寻苦吃，又是自讨罪受，于人何尤。予曾著笑得好书，载有老人房事，修养软圈，跪香寻齿等说，极其形容，不是有意嘲笑老人，正是谏劝老人也。

富贵之家，每每老夫多娶少妾，或老而断弦仍娶幼女，只图眼前快乐，不顾后来苦楚。要知老人之精力，日渐衰败。在少年妇女，青春正艾，若要遂其欢心，则将灭之灯，何堪频去其油，必致疾病丛生，身命随丧，甚可畏也。若要不遂其欢心，则女虽有夫，如同无夫，孤守活寡，误害终身。衾寒枕冷，日夕悲怨，于心何安，甚可怜也。若要防闲太紧，则女必忧郁生病，往往夭死，岂不大损阴德！若要防闲稍宽，则种种丑事远近轰传，岂不大辱家声！总之老虽爱少，怎奈少不爱老，憎嫌之念一起，虽烈妇亦生心外向，请达者自想，何必贪一时之乐，而受无限之苦耶！

妇女生来情性犹如流水，即以少配少，若有风流俊俏之勾引，还要夺其心肺，何况以老配少！既不遂其欢心，又不饱其欲念，小则淫奔，大则蛊毒，甚至计谋害命。此理势之所必然，每每极多。可不凛然沈老之作孽，还是三妇人不曾同心计谋，留得病死，事出万幸，未可以此为法。

康熙初年，有个沈登云。他居住扬州南门外，年已六十岁，精力强健。他生平坏病，终日只喜谋算人的田地，盘剥人的家财。自己挣积约有六七千金事业，尽好过活，有了正妻又娶一妾，只是并不曾生一个儿女。此是沈老儿做人残忍，所以上天令其无后。到了六十岁大寿日，亲友来祝贺的甚多，沈老儿备了许多酒席，款待人众。自于席上，忽想起年周花甲，尚无子息，好不苦楚，因流下泪来。近他的座上有个樊老者，约有七十余岁，是他的好友，看见他苦恼，因劝慰道："我也是六十岁上无子，现今生了儿子，虽然幼小，毕竟可免无后之讥。你既悲伤，何不再娶个如夫人来家，还可生得一两个儿子出来。空空流泪有何益处!"沈老感谢他教得是,散了酒席,过了几日,算计又要娶小。

家中原初的妻妾闻知齐劝道:"有子、无子都是前世修来的,若命里无子就娶一个来,也没得生育,不如安分过活,何等不好!"沈老不依,主意要娶。寻了媒婆,各处说合,寻了三叉河镇上范家女儿,名唤二姐。这女儿的父亲已故,只有寡母在堂,女才十九岁,因高不成,低不就。媒婆来说沈家有几万两银子的财主,田地极多,一马也跑不到。家里陈柴腊米,穿金戴银,若是嫁了他,如何享用,他情愿把岳母,如何养老送终,倘若生了儿子,万贯家财,都归你手里执掌造化不了,只是莫忘记了我说合的媒人。妇女们没得见识,听了这些话满心欢喜,竟依允了。可怜把一个少年如花的女儿,活活葬送了。

不多时,这沈老儿事事丰盛,娶了范二姐过门。见了这少年标致女子,极大的欢喜,床上的事,曲意奉承,十分努力。范二姐原是黄花女儿,情窦未开,趣味未知,混过了满月,这沈老儿因扒得多了,虽然强壮,终是年老,身上就添了好几般病痛,看看再扒不得了,添了那几样病:

　　头里昏晕,眼里流泪,

　　鼻里清涕,喉里痰喘,

　　心里火烧,肚里胀塞,

　　腰里酸疼,腿里软瘫。

沈老周身病痛,请医百般调治,医令独宿保养。原旧的一妻一妾,不必说起,仍是常守活寡。新娶的范二姐,如何守得! 挨过了两个多月,沈老的病症,幸喜好了。怎奈那下身物件,竟软如棉花,沈老也自觉没趣,只得扒将下来,说道:"我有许多钱财,又有许多田庄,我与你穿好的,吃好的,尽好快活过日子。"二姐恼怒道:"古人说得好,良田万顷不如日进分文,我要家财何用?"沈老又勉强应道:"我因害病,被你吵笑,待我调养几日,与你要要,只怕你还要讨饶哩!"二姐把手在沈老脸上一抹,道:"你自己好不知羞,还来说大话哄人。"因而男女俱扫兴而止。

自此以后,二姐看见俊俏后生,恨不得就吞在肚里。只因嫁了这老年人,不由得他不痛恨母亲,不由得他不咒骂媒人,苦在心里说不出来。

偶一日,在后门口闲玩散闷,看见一个美少年走过去,彼此对看个不住。正在看得有兴，忽被家人冲散。原来这少年姓张，因他生得标致俊俏，人都叫他做赛张生。只离沈家半里路远。此生一见二姐，魂都留恋，每日来盼望。一早一晚竟与二姐勾搭上了，你贪我爱，如胶似漆，乘沈老养病，不必红娘勾引，亦不必跳墙，每晚竟是二姐于更深时，从内里开门接迎张生入房做事，黑早送出。原旧的妻妾以及家里人，俱也知道风声，都不管事。如此往来也有两个多月。

一日晚间，沈老走到二姐房里来，在门外听得有男人在房内低声嬉笑，沈老着实动疑，敲门多时，二姐假推睡着，将人藏躲桌下才开门。俟沈老进房，于黑处遮掩放出。沈老只推不曾看见，说了几句闲话，回到书房里，再三思量，若要声张，只恐丑名遍传，如何做人！若要不声张，如何容得！想出一计。正屋后一进，有高楼三间，沈老将二姐移到高楼上做房。二姐恐沈老疑心，只得依从，又着原妻妾看守，不许下楼。沈老又在楼旁一间屋里独宿。沈老只是病不离身，有一长者来候他的病，也略知他家些消息，因劝他道："尊体年老多病，何不把二位小夫人早早配与人，就积了些阴德，又省了些烦恼，且又得了些财礼，岂不甚好。"沈老口虽答应，心还不舍。

过了两个月，二姐日夜思想那少年，渐渐饮食减少，面色枯黄，医药不效，竟成了相思百日痨，果然未满百日，呜呼死了，二姐的寡母来吵了几场，哭死了几回。过了十多日，伏在棺上死了。

这赛张生终日在后门前痴望，杳无消息，买棺的日子，才知道二姐日夜相思死了。这赛张生走投无路，只得回家日夜痛哭了几十回，着实想念不舍。白日里看见二姐牵了去，竟是活捉张三郎，真正戏文，也是他奸人的妻女现报。

沈老原初的妾，终日孤眠，守得没出头日子。虽看上了几个人，奈看得严紧，总不能到手，随后月余，也忧郁死了。原配首妻无人做伴，孤苦伶仃，终日烦恼，不上半年也往阎家去了。沈老见儿女不曾生半个，一妻二妾都死了，心上好生不过意，好生孤苦凄惨，看见原初妻妾的两个棺材，想起当日他两个人曾说许多好话，劝我莫再娶小，只因我一时昏迷，都不依从，致有今日，痛哭一场。又看见寡妇的棺材，想起他在生时，费了多少辛苦，养成一个上好女儿，指望配人，图后来快活养老，都因我不曾把他女儿安置好处，坑害死了，以致他衰年无靠，苦恼死了。又痛哭一场。及至看见二姐的棺材，又想起初婚的月内，我与他两个人恩爱绸缪，何等亲厚，都因我不自谅衰老，早遣另配，保全他性命，以致把他活活害死了，又痛哭不止。

知此日夜悲啼,声哑泪枯,病症日添,服药不效,时常看见寡妇同三个妇人讨命,没有几日活拉了去。族众并不理着收殓,都来吵闹家财,停尸四日,臭气薰人,蛆虫满地,方才草率买棺入殓。幸有一个略好的,将公项提起些许,雇人把五个棺材抬去埋了,随即把房卖银瓜分,可叹这个老儿,只喜谋算人的家财,苦挣一生,不曾做件好事,只落得将许多产业,一旦都分得精光。他把四个妇人性命,活活的坑害死了,后世又不知如何果报,岂不是老来做孽,世人不可不知警戒!

第二十种　少知非

少年子弟，宁可终身不读书，不可一日近小人。此陈眉公格言也。要知少年人虽不读书，只是愚朴，却不害大事。若一与小人亲近，染成败坏习气，如油入面，岂独贫贱！每致丧心非为，身家不保，及陷于罪悔之已晚。试看郑友，若不改邪归正，必遭大难，小人之害如此。

少年人只是勤俭守分，不务外事，则一生受享许多快乐。若或一时昏迷错误，随即悔改，犹可收之桑榆。此帙书少年人不可不熟看。

我有一个朋友姓郑，名君召。他父亲开张布店，约有三百余两本银，因只生他一人，母亲又去世得早，十分钟爱，不曾教训，从小时就不肯读书，最喜玩耍。到二十一岁就娶了媳妇与他，若是勤俭安分，尽好过活。不意父死之后，他把布店都交与汤伙计掌管，自己只喜闲荡，最爱穿好的，吃好的，每日摇进摇出。人人都说他为富家郎。我看这光景，因做了个鼓儿词，写成斗方，劝他莫学奢华，词云：

劝你们莫奢华，淡泊些最是佳。何须浪费争高大，珍馐罗列喉如海，衣服新鲜锦上花，只恐福小难招架。这作为怎能长久？总不如朴实成家。

有个小人姓杨，他帮闲，称最簇片，居先专会吸人咬人，所以人都叫他做杨辣子。看见郑友奢华，不知有几万两的家财，因来假同他亲厚，凡有诸事，十分帮衬，十分奉承，郑友不知利害，竟与他往来，做了莫逆，一刻不离。

一日杨簇片欢喜，向郑友说道："人生在世，最难得是少年标致，又难得是手有余钱。古人说得好，不玩不笑，误了青春年少，若过到壮老年纪，岂不将好时光虚度！须要学几出好戏，不独自己玩玩，又且免些村俗，知些欢乐。我有个极好极厚的师傅，他是个串戏老作家，我同你去玩玩，岂不甚妙！"郑友点头道："承兄指教，好是极好，只恐怕多费银子，又恐怕我生性蠢拙，习学不来。"杨帮闲道："都在我身上，尽力嘱师傅，用心教导，包管学会，在别人要学会了一出戏，极少也要谢银一两，我与他至厚，只等他教会了，串熟了，每一出不过谢他五钱银子，他也不好较量。"郑友听见所费不多，就满心欢喜，拣了一个好日子，穿了新衣服，同了杨帮闲来拜戏师。

那师一见郑友大喜，叙过几句闲话，笑说道："尊兄这样一个标致相貌，该做个旦脚，只是不敢有屈，竟学一个小生吧。"郑友依允，将抄的曲本交与他，按着鼓板，口传声教。他偏有聪明，不消两三日，已将一二支曲子唱上了。师傅又大喜。上半日唱曲子，到了下半日，就大家闲散玩玩。那同伙的五六个少年人，都说道："取纸牌骰子来，大家看个东道，晚上吃酒，不好偏扰，一家不过费几分银子，事极微。"末拉，郑友入座，他回道："从来不知看牌掷骰。"随即有一个人指教他习学，果然一学就会。先是几回东道酒食，到后来竟是赌钱。先是几钱，到后来竟是几两。我听见郑友入在赌钱场里，心中大恼，又做了一篇，戒赌的唱儿送与他，词云：

劝你们莫赌钱，迷魂阵似蜜甜。无昏无晓相留恋，头家帮客都想赚。打骂争喧最可嫌，倡优隶卒同卑贱。起先时衣囊拆揭，到后来典卖田园。

怎奈郑友听如不听，只因众赌友串通一气要赢他，不肯放松，总不要郑友拿出一厘现银，都是杨帮闲一力招架。郑友初出来玩的，赌到兴头上，竟写一行字付银几两，又付银几两，都交与杨头家。不过玩了十多日，竟输了一百二十余两。临了那一日，众人收起筹码牌骰，都向郑友要银子，他却并无分厘。众人大嚷道："好不公道，假如你赢了别人的银子，你可要别人的银子！"这个要剥衣服，那个要拳打脚踢。这个要抓泥来涂污，那个要锁起来喊官。郑友急得走投无路，只得哀求杨朋友招架，宽期几日，做好做歹放去设措银子交还。因将父遗的本银，又将些布疋贱价卖银，反是杨头家假做好人来说合。纹银八折交代，兑出纹银一百余两，又封一两银子谢戏师，方才退帖开交他。一伙小人在暗处瓜分完结。

这郑友回到家中细想，自恨道无端信人去串戏，起先看东道，及至后来赌钱，白白被人骗去百十两银子，受了多少羞辱，着了多少气恼，若早听某人好话，不致如此！银子费去，又不曾玩得快活，好生不值。正在纳闷，另有一个姓袁的帮闲篾片来说道："我闻得郑大爷因输去银子，连日在家纳闷，目今苏州来了一个出奇的妓女，才一十七岁，人才出众，真个是现在的西施。我同你去玩一玩，消消忧闷，何等不好？"郑友听得大喜，因同了袁人前往。诱到钞关门外堂，巷里一家果见有妓女，骨骼轻盈，十分娇媚，郑友春兴勃然。又袁人在旁撺掇，自然上了道儿。郑友就星飞回家，取了五两银子，两疋彩缎，两只银杯，送到妓家，交与鸨儿，以为初会之礼。那鸨儿收了银子礼物，甚是欢喜，连忙定桌席，花攒锦簇，吹弹歌舞，宿了三日。一切赏赐等项俱出袁人之手。郑友银子用完，又来家设措银子去接用。我那时在他布店里，闻得郑友才离了赌场，复又去嫖，不怕他取厌，又做一唱词送了去。词云：

　　劝你们莫要嫖，姊妹们惯逞娇。做成假意虚圈套，痴心恩爱如珍宝。当面温存背跳槽，黄金散尽谁欢笑。只落得梅疮遍体，最可怜衣食无聊。

　　那郑友只当不曾看见，慌忙带了银子又到妓家去。

　　原来这妓者叫作怀哥，不独生得标致，且有一身本领，吹得弹得，写得好，画得好，唱得又好，饮得又好。所交的都是贵介公子，在街巷中也是数七数八的。这郑友不过生意人出身，字画吟咏，总不知晓，即打差之费，亦在鄙吝半边。那怀哥眼界极广，哪里看得他在心，所以鬼脸春秋不时波及。郑友是个聪明人，用了几十两银子，反讨不得个喜欢，心中深自懊悔，推事辞了妓者，独自坐在家里，好生烦恼，痛恨这杨、袁二人，想道："若不是他们来引诱我，怎得自寻罪受！"因吩咐门上店里人，"此后二人若是再寻我，总回他不在家。"发誓永不与他们会面。正在懊恨时，适值我到了他家，说道："我今日特备了一肴一壶，在舍下恭候，同你去散闷。"又请了汤伙计做陪客，遂同了二人到家里。三人共席，饮了几杯。我对郑友说道："在座无别人，可谈肺腑。我因与你父亲交厚，他去世之时，请了我在床前，当你的面叮咛托我教训，虽然我是你的朋友，我却是你的父辈尊长。你这几年嫖赌摇嗟，凡下流的坏事，无不做到。我几次做歌词劝你，你都不睬，你只想这四五年来，总因不守本分，费了多少银子？吃了多少苦恼？受了多少羞辱？也知道盐也是这样咸，醋也是这样酸，苦辣味都尝尽。但你是个极聪明人，智巧有余。凡百诸事，一学就会，如何这等瞌睡昏迷，呼唤推摇都不得醒。

你若再不急急改过自新，必致贫贱非为，死无葬身之地矣。我向日曾将少年人的行止好歹，细细的做了一帙，刻在人事通书内。因说得甚长，今印了一本，装订整齐，送与你带回家去，细细熟看，心中自然明朗。我劝你就从今日起，依我的好话，只当重又从你母亲胎里，另生出个新鲜身子来。真是已过昨日如前世，睡起今朝是再生。把那些坏人一概都辞绝，把那些坏事一概都不做。每日只坐店中一心一意，只勤本分生理。你这汤伙计，是个诚实好人，齐起本银来，快托他代你往娄塘、江阴、苏州收买布来，多买多卖。我又闻得你尊嫂，十分贤能，屡次谏劝，你总不听。今后家中事，快托他代你料理。我知道尊翁所积有限，怎比得富贵人家！王孙公子，成千累万供着浪费。幸喜这汤铭兄至诚照管，若遇坏人，此时本银已经都亏折完了。切须改过，包你不久就兴旺发财，不独我心欢喜，不负令尊的嘱托，即是令尊知家声不坠，也含笑于九泉矣。"郑友听完这些话，两泪交流，说道："我非草木，从今谨遵老伯台训，急急改过自新了。"我听完这话，也甚欢喜，三人痛饮而别。自后我又察访，郑友果然勤俭安分，一毫坏事不为。又过月余，我由江都县门前经过，遇见郑友在县前伺候。我急问因何在此，为着何事。郑友诉说道："自老伯劝谕之后，我专心改过学好，不意某人欺我忠厚，挂欠我许多布银，向他取要，除布银不还，反把我殴辱，忍耐不住，我因写了状子告他，与他不得开交。"我力劝他回去，同申再要，如何不还！又吩咐他，今后宁可价钱让些，切莫赊欠，免得淘气，切莫告状。因而又做一词寄予他，词云：

劝你们，莫兴词，告状的，真是痴花钱，费钞荒田地。赢了冤家图报复，输了刑伤活惨凄，如炉官法非儿戏。有什么深仇大隙，自寻那困苦流离。

过了年余，郑友从大东门走，见城门内枷了许多人，访问，原来是县官访拿刮棍并赌博、打降等犯，每人四十板枷，两月示众，看来竟有杨、袁，并当日同赌的在内。郑友急忙低头走去，只推不曾看见，自想道："若不是改过学好，今日也难逃此难。"见了更加学好，每日将我与他的人事通一本，又另将我做的四个唱词抄写一本，都放在几上，时刻熟看体行。

又过了三年，郑友是三十大寿，生了一男一女，那日设席，请的亲友都是长厚好人。那酒席中甚是欢喜，自己计算，竟有父遗的本银增添两倍。因感激我教训成家，拜我为义父,极其尊敬。我又教他代汤伙计娶了亲。自后除本分利。

后来将生的男女,两家结婚至厚。现今过活,甚是快乐,真个是败子回头金不换也。世上人只看这郑友,若不是肯听好话,自己悔改学好,怎得有个好日子过活!少年人不可将我这些话,看作泛常揭过,才有大益也。

第二十一种　刻薄穷

为人只要存心宽厚，富自久长。如财自刻剥奸谋中得来，子孙不独谋官一事，安保其不从，嫖赌讼奢内破败耶！

扬州城隍庙悬有一联云："刻剥成家，难免子孙荡费。奸淫作孽，岂能妻女清贞。"此格言，世人不可不时刻谨佩。

每月利息若三二分，皆不为过，多则贫人如何交纳得起！财翁全以宽厚为心，自生好子孙矣。

康熙初年，有个张侉子，他原是辽东人，曾做过游击。因犯了事，带了二百余金，逃走到扬州东乡里躲住，最有勇力，能会刀枪拳棒，专放加一火债，常于每年三四月间，粮食青黄不接之时，借米一担与人，到秋来还米一担五斗，名为借担头，只隔四个多月，就加米五斗，利息竟是加一之外。乡中但有穷人无粮的，没奈何不顾重利，只得借来应急。倏忽秋来，他就驾船沿庄取讨，若或稍迟，小则嚷骂，大则拳打，甚至占人田产，不管卖人也要交还。人都怕惧，不敢拖欠。积有千余两现银，生有二子。长子痴呆，不知人事，只会穿衣吃饭，连数目、方向俱不知晓。次子人都叫他做小侉，虽然乖巧，奈他性情不定，易惑易动，不安本分。奢华浪费，父死之后，竟是挥金如土。他的费用事甚多。我只说一件便知。

他曾于大雪时看见一人骑匹白马，上好鞍辔，人众称赞。小侉羡慕不已，即着人买匹白马，置新鞍辔。又特另雇人草料喂养，出入骑坐，自为荣耀，欣欣得意。偶往仙女庙镇上骑马走动，遇着江都县县丞，不曾下马。那县丞差人拘查，小侉慌了手脚，忙请个大乡宦恳嘱，送了县丞礼物银子，约费百余两方才了事。因自恨平民无职，要买一微官才可骑马张盖，才可皂役喝道。有人知其痴呆，因伙通骗棍，谎说现今吏部某人是我至亲，需银四百余两，即可印给凭据去做官。小侉大喜，即如数交兑，立即有笔帖为证。骗棍脱银过手，远遁他方。候至年余，毫无影响。告追无人，寻觅无处。续后又遇一人,向小侉说道:"你向日只图价少便宜,不够料理,怎有官做!须得银千两,兑交我这样至诚人,星往北京图谋,包管确实。如不放心,某人做保。"小侉听说大喜,又如数兑交,脱银过手,伙同保人,又复远逃。

小侉连连遭骗,今日卖田,明日卖房,到后来除没得官做,反将家产用尽。奴仆见穷将来,俱已散去,呆兄与嫂妻,俱因饥寒难过,接连先死。小侉日夜愁苦,没奈何照依乃父借米与人的例,走到人家借担头来度命,到得秋来没得还,受逼受辱,挨骂挨打,弄得孤苦只身,夜无宿场,日无食场,竟至饿死路上。棺木俱无,地方小甲用芦席卷了埋去。乡老都知老侉盘剥人报应,有以诗云:

> 从来放债没羊羔,一月三分律有条。
>
> 色低数短真刻剥,坐讨立逼太凶豪。
>
> 授你家财无尽足,典他房地那宽饶。
>
> 不杀穷人怎得富,也与儿孙留下稍。

第二十二种　宽厚富

圣贤仙佛,莫不以利人为亟,世间第一好事,莫如救难怜贫。试看陈翁存此好心,不过取息略微,遂享全福之报,最可法也。

穷富何常!有少富而老贫者,有祖父穷而子孙富者。沧桑迁改,盈虚消长,岂能预料?但彼我同生天地间,彼不幸而穷,我有幸而富,理宜周济扶持。乃世有不能怜之恤之,而反欺之谋之者,是诚何心哉,难免后报如然。

扬州便益门外有个陈之鼎,这人家赀没多,总不过银百余两,生有三子,开个小米铺糊口度日。他立志要救难济贫,每恨力不从心,因自立一法,将本银百两,到秋成收稻价贱时,尽数买稻堆贮。因冬米久贮不坏,即于冬腊人牛闲时,碾出米来堆在庄上,平时只在近处随买随卖,只到三四月青黄不接,便将庄上的米,着儿子陆续运到米铺里,只零星卖与贫苦人论升论斗,若到了三四斗整担的,就出多价也不肯卖。他的本意说,成担多买,毕竟是有钱人家。他铺里米价又比别家减一分钱,譬如别处米价每斗银一钱,他只要九分。这些贫淡人都到他家来买。这个三四升,那个七八升,日日拥挤不开,都是三个儿子料理。但是往乡装米,以及买稻上碾,并门前零星发卖,都是儿子,并无伙计。真是父子同心山成玉,兄弟同心土变金。因此钱财日发一日,又且省俭不奢,不到四五年,竟积起本银五百余两。他又尽着多本多买。他仍开这小铺,照旧例发卖。

偶一夜,有小人把他米铺门前垫沟厚板偷起了去。早起三个儿子在街坊喊叫:"谁人起沟板去,速些送来,免得咒骂。"喊了三四遍并无影响,不意黑晚有个某刮棍,吃酒吃得大醉。此时三月春天,他把衣服脱得精光,在陈米店前指名大骂道:"你门前铺地板,是我掘起来买银子用了。你敢出来认的话,我就同你打个死活。如不出来认话,如何如何。"辱及父母三代。陈老三个儿子,俱不能忍耐,要出去理论。陈老先把大门铺门都锁了,吩咐儿子家具不许出门。他是醉汉,黑夜难较,尽他咒骂,切莫睬他。那刮棍又将沟泥涂污门上，复又大骂四五回，喊得气喘声哑，自己没意思回家去了。

那人因大醉脱衣受冻，喊损气力，本夜三更时就死了。他妻子说："虽同陈老儿家相骂，他闭着门，并不曾回言，又不曾相打，没得图赖，只得自家买棺收殓。"三子才知道，若是昨晚不依父言，出来同他打骂，夜里死了，如何就得了结！陈老行的宽厚事，如此类颇多。他过七十岁时，家财竟至上万，时常吩咐儿子存心宽厚，不可刻剥贫人。后来陈翁活到九十一才去世。虽无官职荣贵，却是夫妻结发偕老，三子四孙，人伦全美，财富有余，此天报良善之不爽也。

皇家藏手抄真本

第三篇

春秋配

〔明〕不題撰人 撰

第一回　酒邀良友敦交谊
金赠偷儿见侠情

世上姻缘有定，人间知己难逢。堪欣全如又全空，何妨受些惊恐。只因闺名一韵，错讹正在其中。将功折罪荷皇封，孤鸾喜配双凤。

——右调《西江月》

话说大明天启年间南阳罗郡有段姻缘，真是无意而得，遇难而成者，其人姓李名花，表字春发，生得容貌端方，性情文雅。胸藏五车之书，才超众人之上。青衿学子，尚未登科。不料父母早亡，并无兄弟，孤身独处。中匮乏人，只有老奴李翼朝夕相伴。但他功名上不甚留心，林泉中却极着意。一日独坐书斋，恰当重阳时节。正是：

霏霏细雨菊花天，处处笙歌共绮筵。

九日登高传故事，醺来落帽是何年。

这李生在斋中寂寞无聊。偶尔闲步，见梧桐叶落，黄花正芳，不觉酒兴甚深，一声就叫李翼过来。李翼忽听主人呼唤，忙到面前说："相公有何吩咐？"李生道："今日重阳佳节，收拾酒肴，待我夜饮。"李翼道："饮酒登高方为避疫，正该白昼，何必夜饮。"李生道："你原不知九月九日，乃是李陵在番登台望乡之日，后人登高，依古托言避疫。饮酒最乐，你去沽酒，我在这里看李陵在番的古文一回。"李翼闻言，不敢怠慢，说："小人即去，安排酒肴便了。"竟自退去。李生打发李翼去后，翻阅了一回史书，又朗诵了一遍歌词。不觉夕阳在山，众鸟归林，已到黄昏时候。只见李翼走来，说："酒肴俱已齐备，请相公夜宵。"李生道："你且回避，待俺自酌自饮，以尽九日之欢。"李翼应声去了。李生饮着一盏茱萸美酒，对着一盆茂盛黄菊，尽兴而饮。这且按下不提。

却说李生同学中一个朋友，姓张名言行。生得相貌魁伟，勇力过人。却是满腹文章，功名顺利。前岁乡试已竟登科，及至次年联捷又中了进士。不料场后磨勘，因查出一字差错，竟革去了前程。自此以后，居处不安，常常愤恨说："我有这等才学，何处不可安置。什么是先得后失，这样扫兴。难道就家中闷坐了结此生罢了。近日来，幸喜集侠山好汉请我入伙，倒是称心满意的事。所谓不得于此，则得于彼。不免打点行囊，飘然常往，有何不可。我想罗郡绅衿，唯有李花与我最厚，何不到他家一别，以尽平日交情。"竟移步走到李春发门首，叫声："有人吗？"李翼闻听开了门，说道："原来是张相公。"忙报主人知道。李生急忙迎出道："仁兄从何处来，快请庭中一坐，少叙阔情。"张言行道："有事特来奉告。"二人遂携手进了中庭，分宾主坐下。李生忽见张言行满眼垂泪，问道："仁兄为何落泪？"张言行道："贤弟不知，愚兄自遭革除之后，居处不宁，幸喜集侠山众好汉请俺入伙，不久就要起身。你我知己好友，故此明言相告耳。"李生闻言，大惊失色道："集侠山入伙，岂是读书人做的事？诚恐王法森严，仁兄再请三思，不可造次。"张言行道："俺张言行入世以来，义气包身，奇谋盖世。既遭革退，功名无成，何年是出头日子。若碌碌终身，死不瞑目。"李春发道："不然，读书的人处在世间，趋福避祸，理之当然。忤逆之事，岂可乱行。况且富贵贫贱，凭天主张，何必如此激烈。"张言行拍案大叫道："俺生平不知道什么祸福，比不得古圣贤省身学问。我想愚兄抱些才略，自当雄壮其胆，做些人所不能为、不肯为、不敢为的事业出来，方能惊天动地，吓人耳目，才是英雄。若斤斤自守，受人挫折，实不甘心。主意已定，无烦贤弟拦阻，就此告别罢了。"李生又挽住衣袖道："仁兄执意如此，小弟也不敢苦劝。现成肴酒痛饮几杯，权当送行何如？"张言行道："这个使得。"李生吩咐李翼掌上灯，快将酒烫来。李翼答应，递过酒来。李生说："待我奉仁兄一杯。"张言行道："相交好友，何用套言。"李生道："遵命了。"二人坐定，饮了数巡。李生开口道："小弟有一言，还望仁兄裁夺。想老仁兄乘七尺之躯，那绿林中勾当，岂可轻易入伙。倘官兵一到，何处躲藏，到那时节悔之晚矣。况且仁兄具此才学，重新再整旧业，脱绿换紫，亦甚易事，何苦轻投逆类，岂不有玷家声。"张言行闻听鼓掌大笑道："贤弟真个是个书呆，出言甚是懦弱。但愿到集侠山，大事定妥，便可横行天下，何事不可为。方觉痛快，愚兄酒已醉了，就此告别。"李生又拦住道："夜已深了，请到上房同床夜话，俟明日早行，岂不两全。"张言行无奈，只得依从道："也罢，应是如此。"李生遂唤李翼铺设停当，两人携手同行，到了卧房，不肯就寝，重新摆上酒菜来同饮。说了些古人不得志话头，又讲了些豪杰本领不受人拘束的言语，甚是欢腾。听得谯楼二鼓声急。暂且按住不表。

却说罗郡中有个做贼的，姓石名唤敬坡，吃喝赌嫖，无所不做。每日在博场中输了钱财，手中困乏，即做那夜间的勾当。这日又因无钱使用，自言自语道："我石敬坡生来身似灯草，飞檐走壁，稳如平地。因母老家贫，没奈何做此行径。又缘赌博不利，偏偏要输钱。这两日甚是手乏，趁今夜风急月暗，闻听李花家产业丰厚，不免偷他些东西，以济燃眉之急。此刻已过二鼓时候，正好行事。"遂转弯抹角，来到李家门首。石敬坡望了一望道："好大宅院，待咱跳过墙去相机而行便了。"只见他将身一跃，已坐墙头上边。又将身一落，已到院内。虽然脚步轻巧，亦微有响声。只听得犬吠连声，惊醒院公李翼。闻得狗叫不比往日，慌忙起得身来，道："狗声甚怪，想是有贼，不免起去瞧瞧。"遂开了门，四下张望。却说石敬坡见有人开门，只得潜身躲在影身所在，装作猫儿叫了几声。这也是贼人惯会哄人的营生。李翼呸了一口道："原来是一只猫儿，将我吃了一惊。进房睡去吧！"石敬坡在暗中喜欢道："险些儿被这老狗打破了这桩买卖。"停了一时，见无响动，方敢跳出身来，向上房一望，灯尚未熄。怕有人未眠，不敢轻易上前，又在暗处暂避。这是什么缘故，只因张李二生，多饮了几杯，讲话投怀。已过三更时分，精神渐渐困倦，又兼酒气发作，二人竟倚桌睡去，哪里竟料到有人偷盗。这石敬坡站立多会儿，见寂无人声，便悄悄走到门边。并未关掩，又向里一张，见蜡烛半残，满桌子上杯盘狼藉，两位书生倚桌而眠。石敬坡暗笑道："原来烂醉了。待咱将竹筒吹灭了烛，现成肴酒等我痛饮几盅，以消饥渴，有何不可。"遂移步到桌边，把壶执定，托杯在手，然后吹灭了烛，自斟自饮，满口夸奖好酒，多喝几杯，壮壮胆气。又喝几杯，忽道一声："呀！不好，浑身都软了，想是有些醉意。"正然自己言语，只见张言行猛然惊醒，看旁边有人，遂大呼道："有歹人！看刀。你是做什么的？"李春发亦自惊起。吓得那石敬坡，战战兢兢，寸步难行。只得跪下说道："请爷爷听俺下情，小的石敬坡，既无买卖，又少田园，家道萧条，上有八十岁老母，忍饥受饿，无计奈何，做这样犯法的勾当，望爷爷可怜饶命。"张言行喝道："呸！定然是少年不做好事，诸处浪荡，任意赌博，才做这黑夜生意。待我杀此狗头。"才待要斫，李生慌忙扯住道："我劝仁兄且息雷霆，断不可结果他的性命，他也是为穷所逼，无法可施。这一次且将他恕过，仁兄且请坐下。"张言行放下刀，说道："太便宜他了。"李生遂叫李翼过来，快取白银三两,棉布两疋,与石敬坡拿去。李翼不敢违命,遂各取到,说:"银布在此。"李生道:"着他拿去。"石敬坡道:"蒙爷爷不伤性命,感恩不浅,怎敢受此赏赐。"李生道:"今日被擒,本当送官,念你家有老母,拿去供养你母亲吧。"石敬坡叩谢道:"他日不死必报大恩。"李生道:"谁要你报,但愿你改过就是了。"李翼送他出去。这石敬坡因祸得福,携着银布千恩万谢,畅心满意而归。张言行方说道:"愚兄告别。"李生道:"天明好行。"张言行道:"天明初十日,还要送舍妹到姑娘家去,没有久停的工夫。"李生道:"仁兄可再住几日,容小弟钱送。"张言行道:"贤弟既蒙厚爱,明朝到乌龙冈上相别罢了。"李生道:"你我相交多年,一旦别离,小弟心中实不能忍。"张言行道:"后会有期,何必如此。"李生道:"只得遵命,到乌龙冈奉送便了。"二人移步出了大门,相揖而别。正是:

从来名士厄逢多,谁许捫膺唤奈何。

后会难期应洒泪,阳关把盏醉颜酡。

二生相别,不知后来还能会面否,且听下回分解。

第二回　张杰士投谋寨主
秋联女过继胞姑

话说张言行辞别了李春发，望家而走。只见疏星半落，天上残月犹挂，松梢披霜戴露。渡水登桥，慌慌张张，总是心中有事，哪肯少停，不多一时来到自己门首。敲了敲铜环，叫声贤妹开门。

却说张言行妹子，名唤秋联。因父母偕亡，依哥哥度日。生得容貌端庄，举止温柔。刺凤绣鸾，无所不能，无所不会。昨夜因哥哥不回，等到三更时分，方敢安寝。黎明时节忽听哥哥打门，急忙起得身来。尚未梳洗，应声走到门前。闪开门，说："哥哥回来了。"张言行道："回来了。"把门关上，回到房中。秋联问道："昨晚哥哥哪里去来？"张言行道："昨宵同李春发一处饮酒，不觉醉了，因而宿下，未曾回来。"秋联道："原来如此，哥哥可吃茶吗？"张言行道："不用，你快收拾包裹带了钗环细软东西，姑娘病重，要去探望。"秋联道："想是侯家姑娘吗？"张言行道："正是。"秋联道："她乃久病之人，不去倒也罢了。"张言行道："贤妹差矣，这一病比不得往常，定要去看。"秋联道："哥哥言语有些蹊跷，为何叫妹子带了钗环细软呢？"张言行闻言着急道："哎！贤妹哪里知道，恐怕到了他家多住几日，家中无人照管，不过为此。"秋联道："既这等说，待我梳洗完备，做了早饭，好随哥哥前去。"张言行道："这倒使得。快梳洗了用过饭，以便同行。"秋联遂归绣房，急急打扮。心中却暗想道："哥哥这般言语，到底叫人疑惑。数日来未曾提起，忽然这样催促。或好或歹，只得任凭哥哥主张。不觉潸然泪下。这张言行见妹妹归房之后，虽是赔着笑脸，却暗里带些愁烦。俺虽是铁石心肠，岂不念同胞之情。但我心怀不平，要入山落草。只得把手足之情，一齐抛撒。只俺自己知道，不敢明言。"正暗自忖度，忽见妹妹收拾妥当，将早饭摆在桌上。二人同吃了，然后锁了门户，扶着妹妹上了马，望侯家慢慢行来。走够多时，才到门首。张言行道："已到姑娘宅边，贤妹下马来，待我叩门。有人吗？快开门来。"

却说侯老儿，名唤上官。听得有人打门，失了一惊道："听得马声乱嘶，人腔高唱，有什么事情,这等大惊小怪。"忽听门外又说道:"姑爹开门。"上官方知是亲戚降临,开开门道:"原来是贵兄妹们,快请里面坐。"张言行将马拴在槽上,然后同妹妹走上草堂。侯上官道:"你看这草堂上几日未曾打扫,桌椅上落得灰尘如许,待我整理整理。"张言行兄妹方才施礼,说:"姑爹万福。"侯上官答礼道:"你兄妹二人可好。"张言行道:"承问承问。"侯上官道:"快请坐下歇息。"转身向内喊道:"婆儿快下床来。"张氏道:"我起床不得。"上官道:"罗郡侄儿侄女看你来了。"张氏闻听又悲又喜道:"待我挣扎起来。"气吁吁移下床时,险些昏倒。拄着拐棍,慢慢行来。说道:"我儿们在哪里?"张家兄妹慌忙迎下草堂向前拦住,说:"我们就到内室去看姑娘,为何勉强起来,若要劳碌着,反觉不便。"欲要施下礼去,张氏道:"不许你们见礼,是什么风儿吹到吾家,今日相逢,叫人泪下。你二人来到刚刚凑巧,姑侄们见一面也得瞑目。"二人问道:"姑娘病体较前如何?"张氏道:"我这时候如草上之露,风中之烛,难保朝夕。论理这样年纪,也是死得着的,到不必较量。今日我们聚着也非偶然,只是有累你们远来,甚觉不安。"张言行道:"理当问候姑娘,何必挂齿。侄儿到此一则探望,二则要贸易他乡,只是牵挂妹妹无人照料,意欲把我妹妹与姑娘做一螟蛉女儿,不知姑娘意下如何。"张氏道:"这也使得,但未晓侄女肯与不肯,再作商量。"秋联道:"哥哥既有此心,在家何不与妹妹商议明白呢。"张言行道:"非不与妹妹说明,恐先与你告知,你不肯来,却耽搁了我的买卖,故此相瞒并无别意。况且姑娘这里胜似咱家十倍,晨昏相依,倒觉便宜。过来拜了父母吧!"秋联低头沉吟,心中自思,如不依从,是背长兄之命,无依无靠,一旦做了螟蛉,又恐怕将来没有下梢。正自辗转不定,只听哥哥又来催促道:"过来快些拜了爹妈。"秋联无奈何,只得跪倒庭中拜了四拜。满眼含泪,却不好出声啼哭。起得身来,张言行随后也就双膝跪下道:"我妹妹虽渐成人,但四德未备,还望当亲生女儿教训。侄侄儿时来运转,倘有发达日子,不敢辜负大德。"拜了两拜,侯上官扶将起来。张氏道:"我是姑娘与她亲娘相争多少,你的父与我又是同胞,自然久后择个才郎招赘吾家,到老来时相为依靠,岂当外人相待。"侯上官接口道:"我两口儿又无男,又无女,冷冷清清。得侄女为螟蛉,与亲生何异。将来得个美婿,结成婚配,我二老临终,难道他不发送我们。算来真是两全其美,难得难得。"不觉手舞足蹈起来。张言行又从怀内掏出五十两银的包袱,放于桌上,说:"些许几两银子,权为柴米之资。"侯上官不肯,道:"你拿在路上盘费,我家中自会摆布。"张言行道:"侄儿还有剩余,不必推辞。姑娘姑爹在上,侄儿就此告别。"侯上官道:"贤侄多住几天再去不晚。"张言行道:"起程在即,不能久停。"侯上官道:"既然如此,不敢强留了。"张氏道:"我抱病在身,不能送你。侄儿在路须晚行早宿。逢桥须下马,临渡莫争船。牢记牢记。"张言行道:"多蒙姑娘吩咐,侄儿晓得。此去自有经营,无烦挂念,就此拜别。"秋联上前扯着衣衫道:"哥哥千万保重,须早去早归,断不可久恋他乡,使妹妹盼望。"不觉流下泪来。张言行道:"非是做哥哥的忍心远离,总因心怀不平,又有要紧事相约,不久几月就来看你,不必伤惨。在此好生服侍姑爹姑娘,哥哥在外亦好放心。"说完,把马牵出大门以外。侯上官随后拿着酒壶酒杯说道:"我与贤侄饯别,多饮几杯,以壮行色。"张言行道:"又蒙姑爹厚爱,待我领情。"接过杯来,连饮三盅,拜辞上马而去。正是:

　　　　劝君更尽一杯酒,西出阳关无故人。

　　这侯上官看着走得远了,方才把门关上。回到内室,满面堆欢道:"不料今日有此喜事,婆儿你收了女儿,早晚有了依赖,侄儿又留上这些银子,我想坐食山空,也非长策,不如再凑办几两银子,并这五十两,出门做些买卖,得了利息,才好过得日子,岂不更好。"秋联道:"母亲当这时候,爹爹还去做买卖,不如在家相守为正。"张氏道:"哎!此话你莫向他说。如今有你伴我,任他去吧。你且扶我睡去。"秋联应声:"晓得。"遂各安寝。过了数日,侯上官打整行囊,并带资本,又拿着刻名刀,以防不虞。出门经营去讫,落得母女在家相敬相爱。这张氏逢了喜事,倍觉精神,病体渐渐安和了。

　　不知张言行归山,侯老儿贸易后来如何,待后分解。

第三回　姜老图财营贩米　贾婆逼女自斫柴

且说罗郡中奎星街，有一姜公。名韵，表字德化。为人良善，处事老诚。娶妻刘氏，贤惠端庄。生下一女，因月间缺乳，觅寻奶娘代为抚养这女儿，起名秋莲。长到十五岁上，真个是身材窈窕，容貌端方。不料母亲偶染时疫，竟而亡故。

时下秋莲，幸有她奶娘晨夕陪伴。姜公因无人料理家务，又继娶了个二婚贾氏。这贾氏存心不善，性情乖张，碍着丈夫耳目，勉强和顺。一日独坐房中，暗自思量道："我自从嫁到姜门，并未生下一男半女。只有丈夫前妻，撇下一个女儿，从小娇养惯的，唯在房中做些针线，一些杂事并未一件替替老娘。平日说她几句，我丈夫又极护短，不许啰唣。我常怀恨在心，又不好说出口来。若是我亲生女孩，自然有一番疼热，她是旁人生的，终不与我一心。几次要磨难于她，只是无计可施。这却怎么了。哎，既有此心，终有那日。"正在自言自语的时候，忽听丈夫敲门，慌忙答应道："来了。"开开门，迎着面说道："今日你回来，为何这等慌张？"姜韵道："婆儿你哪里知道，运粮河来了一桩买卖，我已雇下车辆前去装米。急取银两口袋来。"贾氏道："既然如此，我去取来。怎不与女儿说声？"姜韵道："三五日就回来，何必说与她知。我去后须要小心门户，不可多事。"贾氏答道："这个自然，何劳吩咐。"

打发丈夫出去，把门闭上，转回身来，坐在房中道："趁老头儿不在家里，不免叫女儿出来，挫磨她一番。她若不服，饱打一顿，出出平日闷气，有何不可。"遂高声喊叫道："秋莲哪里？"这秋莲正在闺中刺绣鸳鸯，忽听母亲呼唤，急出绣房，应了一声。只觉喊叫声音有些诧异，未免迟迟而行。又听贾氏大叫道："怎么还不见来，气杀我也。"秋莲闻听，遂叫声："奶娘快来。"奶娘走来问道："大姐为何失惊呢。"秋莲道："母亲前边发怒，怎好见面。"奶娘道："虽然发怒，哪有不见之理，小心过去才是。"秋莲胆怯心惊，见了贾氏，道了万福。贾氏道："万福什么，三文钱一斤豆腐，可不气杀我也。"秋莲问道："母亲因何生气。"贾氏道："你还不知郊外有许多芦柴，无人去斫，如何不叫人发燥。"秋莲道："母亲不必性急,何不雇人去砍来。"贾氏道："哪有许多银钱雇人,我想你倒去得。"秋莲道："母亲,孩儿闺中幼女,如何去得。砍柴倒也罢,恐怕旁人耻笑。"贾氏道："这是成家所为,有什笑处。"秋莲道："孩儿只会刺绣,不会砍柴。"贾氏大怒道："哎,你敢违母命吗?"奶娘上前劝道："老安人息怒。大姐从来不出闺门,砍柴如何做得。"贾氏睁眼道："老贱人多嘴,还不退后。秋莲,我问你去也不去?"秋莲道："孩儿实不能去。"贾氏大怒道："你敢连说三个不去。"秋莲道："孩儿不敢,只是不去。"贾氏把脚一跺道："哎哟,了不得了! 你又不是宦家女,因

何朝夕不出闺门,娇生惯养,一点不像庶民人家行径,生活之计,全不关心,岂不气杀了我。"秋莲道："奉劝母亲暂息雷霆,容孩儿细讲。二八女子,理宜在闺房中做些针指,采樵的营生,自是精壮男儿,才做得着。我平日是柔弱闺女,其实不敢应承。还望母亲思想。"贾氏道："应承就罢了,如不应承,取家法过来过来,打个样子你看。还是去也不去?"秋莲满面通红道："打死也不去。"贾氏道："你还是这等性硬,小贱人好大胆,还敢嘴强。母亲面前,怎肯容你作怪装腔,全然不听我的言语,实难轻饶。我如今就打死你,料也无妨。"秋莲道："就打死我,也不去得。那桑间濮上,且莫论三街两巷人谈笑,即是行路的人也要说长道短。况且女孩子家弓鞋袜小,如何在郊外行走。望母亲息了怒,仔细思量便了。"贾氏道："凡我叫你做事,定然违背。大约是你不曾受过家法,习惯心胜,才这等狂妄。"奶娘在旁劝道："大姐是嫩生生的皮肤,怎生受得这样棍棒。全仗老安人格外扶养,若是少米无柴,老奴情愿一面承当。请老安人且息怒,待我替大姐拾柴如何?"贾氏道："你怎么替得了她,她去也少不得你。秋莲还不去,去则便罢,不去定要打死。"奶娘道："大姐不必作难,我与你同去吧。"秋莲没奈何,说道："母亲,孩儿愿去。"贾氏道："既是愿去,你且起来。这是镰刀一把,麻绳一条,交与奶娘同去。下午回来,要大大两个芦柴,若要不足,打你个无数。阿弥陀佛,贪训女

儿，误了佛前烧香。待我上香去便了。"奶娘方劝秋莲回房，快且收拾郊外走走。秋莲不敢高声啼哭，唯暗暗落泪而已。正是：

不如意事常八九，可与人言无二三。

不知秋莲与奶娘怎样打柴，所遇何人，且听下回分解。

第四回 秋莲女畏逼离阁
春发郎怜情赠金

话说姜秋莲忍气吞声回到绣房，罩上包头，换上蓝布衫裙，紧紧系绦，奶娘拿着镰刀、麻绳、扁担，两人哭哭啼啼离了家门。这秋莲从未出门的绣女，走到街前，羞羞惭惭，低着头儿。只得扯住奶娘的衣袖，奔奔跄跄，走出庄村。举头一望，四野空阔，一片芦苇，正是深秋天气。怎见得：

芦叶汀洲，寒沙带浅流。数十年曾度南楼。柳下系船犹未稳，能几日又到深秋。黄鹤断矶头，故人能见否。旧江山，都是新愁。欲买桂花重载酒，终不似少年游。

——右调《唐多令》

奶娘道："前面就到芦林，大姐快走。"秋莲眼中流泪道："奴家不知哪世罪孽，今日遭此挫折。若我亲娘尚在，安能受此。不如寻个无常，倒是了乎。"奶娘劝道："大姐休说此话，古人先苦后甜，往往有之。暂且忍耐，不必伤感。"说话中间，二人已到芦边。奶娘道："大姐你且坐在这边歇息，待我去斫柴。"秋莲依从，坐在草地，想起自己苦处，未免啼悲。

这且按下不提。却说李春发，与张言行约定在乌龙冈上送别。次日起来，用了早膳，乘着白马，行到冈上，下得马来。等不多时，只见张言行策着马走到跟前，慌忙离鞍道："贤弟真信人也。"李春发道："我们知己相交，岂同别人。"两人遂把马拴在垂杨柳下，草地而坐。李春发道："仁兄到寨，须要相机而行，不可久恋，恐生祸端。"张言行道："愚兄满腔愤恨，无处发泄，定要做些义气事才畅心怀。"李春发道："但愿仁兄如此，无烦小弟叮咛。"张言行起身来说道："紧弟只管放心，他日相逢，自见明白。这路旁非久谈之所，古人云：送君千里，终须一别。愚兄就此告辞。"李春发说："遵命了。"

张言行将马解开，飞身上去，拱一拱手说："愚兄去也。"李春发立在冈上，又目送了一回，看不见踪影，方才自己上马旋转归家。也是天缘有分，恰好在芦林经过，忽抬头望见一个老妇人拾柴，一个幼女坐在尘埃不住啼哭。停住马，仔细向秋莲一望，心中惊讶道：你看此女，生得有沉鱼落雁之容，闭月羞花之貌。年纪不过二八，天生俏丽，并非小户女儿。不在闺中刺绣，却在这荒郊外，泪眼巴巴，真个诧异，其中定有缘故。不免下马，向老妈妈问个端底。遂滚鞍下马，向着奶娘道："老妈妈，小生有礼了。"奶娘答礼道："这个君子，非亲非故，向我施礼，却是为何？"李春发道："老妈妈身后那位大姐，因何在此啼哭？"奶娘答道："她是我家大姐，我是她的养娘。我主仆在此拾柴，何劳君子盘问。"李春发赔笑道："如此小生多口了。"奶娘道："真个多口。"李春发背身说道："你看她恶狠狠的直言应答，绝非路柳墙花了。细看她云鬟齐楚，身体柔怯，尚是未出闺门的幼女，为何在此采樵，甚觉不伦。既是拾柴，又何必啼哭？内里定有蹊跷，还须问个明白。老妈妈转来，小生斗胆再问一生，那位大姐是谁家宅

眷，还求向小生说个分明。"奶娘瞅了一眼，带着怒色道："这位相公放着路不走，只管要问长问短，是何道理？若再问时，定讨没趣。"李春发闻听，低头不语。暗自沉吟："本不该穷究，无奈心中只是牵挂，回家去定添愁怀，不如舍着脸皮，索性问个清白。"遂硬着胆向秋莲施下礼去，尊声："姐姐，小生有礼。"秋莲回答道："素不识面，不便还礼，相公休怪。"李春发道："非是小生多事，观看姐姐举动，不是小家模样。在此芦边啼啼哭哭，必有情由。姐姐姓什名何，求道其详。"秋莲道："自古男女有别，于理有碍，何敢轻言。"李春发道："在这荒野，无人看见，姐姐倘有冤屈事情，未必不能代为解纷，

何妨略陈其故。"秋莲见李生说得体切，又是庄言正论，绝不带些轻薄嬉戏光景。况且李生生得风流儒雅，迥异非常，秋莲暗思道：何妨告诉他一番。遂启朱唇，慢慢地道："相公把马拴在树上，容奴相告。"李春发应命，将马拴定道："愿闻其详。"奶娘接口道："大姐不必细讲，说些大概罢，时候久了，恐外观不雅。"秋莲道："奴家住在罗郡，奎星楼边。大门外有几株槐柳，便是。"李生问道："老先生是何名讳？"秋莲道："我爹爹姓姜名韵，表字德化。"李生道："令尊小生素知，近来作何生理？"秋莲道："因家道贫寒，出外贩米。"李生道："令尊既不在家，自有养娘拾柴，大姐到此何为？"秋莲含泪道："在家受不过晚娘拷打，无计奈何，方到此地。"李生道："我听姐姐诉了一遍，原系晚娘所害。小生随身带有三两银子，与姐姐留下，拿回家去，交与令堂买些柴米，省得出头露面，受这辛苦。"奶娘道："相公休得恃富，留下银子莫不有什么意思。"李生道："老妈妈，小生一片恻隐之心，勿得过疑。如此说来，俺便去也。"牵马欲行，秋莲对奶娘道："请那生留步。"奶娘应命喊道："相公且转来。"李生停步说："老妈妈要说什么？"奶娘道："我家大姐有话问你。"秋莲道："奶娘替我问他来历。"奶娘道："晓得。"遂开口道："请问相公因何走马郊外？"李生道："小生清晨因送朋友到此。"奶娘道："相公贵府，坐落何街，高姓大名？"李生答道："舍下在永寿街内，姓李名花，字是春发。"奶娘道："原来是李相公，在庠在监呢？"李生道："草草入泮，尚未发科。"奶娘道："如此说来，相公是位秀才了，失敬失敬。"奶娘又问道："令尊令堂想俱康健。"李生道："不幸双亲早逝。"奶娘又问道："兄弟几人？"李生道："并无兄弟，只是孤身。"奶娘又问："相公青春多少？"李生道："今年虚度十九岁了。"秋莲悄悄对奶娘道："问他曾婚配否？"奶娘遂问道："相公有妻室吗？"李生背身说道："这女子问出此言，大非幽闺静守之道，待俺去也。"遂乘马而回。正是：

桃花流水杳然去，道是无情却有情。

奶娘向秋莲道："你看那生，见问出妻室二字，满面通红，竟自去了。真乃至诚君子。"秋莲亦赞叹道："果然稳重。"奶娘道："你看他将银子丢在地下，不免拾起回去罢了。"秋莲道："任凭奶娘。"奶娘道："芦柴其实不惯采拾，只斫得这些，待我捆起来，一同好走。"一路上极口夸奖道："大姐你看这佛心人，叫人可钦可敬。又疏财又仗义，真诚老实,绝不轻狂。"秋莲道:"正是。与吾家从无半点瓜葛,亏他这般周济。"奶娘笑说道:"大姐你若得嫁这个才郎,可谓终身有托了。"秋莲道:"我与你是何心情,还讲此风话。至于婚姻,全凭爹妈主张,说他怎的。"二人讲话中间,不觉太阳将落,已到自己门首。

　　不知到家,贾氏如何相待,且听下回分解。

第五回　旷野奇逢全泄漏　高堂明毒起参商

话说贾氏打发奶娘同秋莲出外打柴，坐在屋中自己思量道：老娘嫁此丈夫，论心性倒也良善，只是家道艰窘，叫人操劳。每日清晨早起，哪一件不要老娘吃力，一桩照料不到，就要耽误。我想秋莲女儿生得娇养，还得奶娘服侍，绝不怜念做娘的逐日辛勤。人道是如花似玉的娇娥，在我看起来，犹如刺眼钉一般。今日遣她去斫柴，非是恶意，也是叫她经历经历，后日到婆家好做媳妇。你看她们出去，定然不肯用力拾柴，若要拾得随了我意，将她饶恕。倘拾来一点半星，到反惹老娘生气。一定再挫磨她一番，也是教训她的规矩。猛然抬头，忽见日影西沉，归鸦乱舞。说道："这样时候，怎么还不回来，叫人如何不气。哎！只得闷坐等候她便了。"却说奶娘与秋莲，久已住定脚步，不敢擅入。秋莲道："奶娘你看这点芦柴，母亲见时，定有一番淘气，却怎么处？"奶娘道："丑媳妇终要见公婆的面，哪里顾这些许多。有我在旁承当，料不妨碍。"秋莲道："虽然有你承当，我只是提心在口，甚觉惊怕。"说完，又落下泪来。奶娘道："事到其间，也说不得，随我进来吧。"秋莲无奈，只得依从。奶娘前行，秋莲随后，进了大门。将近内院，听得贾氏喊道："这般时候还不回家，吾好气也。"秋莲闻听，慌张道："奶娘，我母亲正在愤怒之时，你我且在门外暂停片时，再作道理。"奶娘道："不必如此，少不得要见她的。"又听得院内喊道："天日将黑，还不见来呢。"秋莲挣扎向前说："孩儿回来了。"奶娘将柴放下，故意说道："竟是拾柴不得容易，一日才拾得这些。请安人看看如何？"这贾氏迎面早已瞧明，问道："你们拾得芦柴几捆几担？"奶娘道："安人息怒，柴却甚少，到有一件奇事。"贾氏道："就是黎柿也当不得一担芦柴。"秋莲道："不是黎柿，是一件稀罕之事。"贾氏问道："有什么稀罕之事，你两人快些说来。"秋莲道："孩儿不是说谎，但事甚奇，恐怕母亲不信。"贾氏道："你且讲来。"秋莲道："提起这件事，当今少有，世上无双。遇一后生郊外走马闲游，他不忍女儿郊外行走，忙丢下一锭银子，并不回头，飘然去了。"贾氏道："有这等奇事，银子现在何处？"奶娘道："银大我袖内。"遂把银包递过。贾氏接来一看说："果然是一锭银子。我想两不相识，哪有赠银子的道理。此事当真奇了。我且问你，那人怎生模样？"秋莲道："头戴青巾，身穿蓝衫，年纪不过十八九岁，与吾家并无瓜葛。白白赠下银子，孩儿本不承受，他那里竟不回头而走。"贾氏道："可问他姓名吗？"秋莲道："他说他也是罗郡人家，家住在永寿街前，父母双亡，又鲜兄弟，只落他一个孤身，名唤李花，现今身列胶庠。"贾氏闻听，说："李花，李花，我也晓得他是个酸秀才，岂有银钱赠人。他后来又说何话？"秋莲道："别样事女孩儿家也不便深问。"贾氏道："且住！不便深问，想是做下伤风败俗的事吗？可不羞死，气杀我也。"奶娘道："安人不要屈那好人，那位秀才端端方方，温温雅雅，一片佛心又兼老诚。虽是交言，然自始至终，并不少带轻佻，叫人心服。安人何说此话。"贾氏翻了脸喝道："胡说！自古来只有一个柳下惠坐怀不乱，鲁男子自知不及，他因而闭户不纳。难道又是一个柳下惠不成。一个是俊俏书生，一个是及笄女子，况且遇于郊外，又送白银一锭，若无干涉，哪得有此。我想起来，恐怕是一片芦林，竟成了四围罗帏，满地枯草，权当作八铺牙床，凤友鸾交成了好事。就是那三尺孩童也瞒他不过，何敢来瞒哄老娘。既伤风化，又坏门阁。如今做这出乖露丑的事情，我今日岂肯与你干休，我只打你这贱人。"秋莲道："母亲且住，别事拷打，可以忍受，无影无踪，冤屈事情，如何应承的。"贾氏道："也罢，我也管你不下，不免前去报于乡地，明早往郡州出首，到那时官府自有处置，方见我所说不错。"说完，怒恨恨走到房中，带了些零零碎碎银子，竟自闭门去了。吓得那秋莲女小鹿儿心头乱跳，两鬓上血汗交流，说道："这却怎么了，平地中起此风波。叫声奶娘，此事若果到官，一则出乖弄丑，二来连累李相公。却怎么样处呢？"奶娘答道："我仔细想来，别无良策，唯有一个走字。"秋莲忙问道："走往哪里好。"奶娘道："你只管收拾包裹，我自有效用。"秋莲道："走不利便，反不稳当。"奶娘道："若不逃走，就难保全无事了。"秋莲道："是呀，果然送到官府问出情由来历，形迹上面许多不便，若要严究起来，纵有口也难分诉。既然拿定主意，唯有偷逃一着。倒也免得官长堂上满面含羞，如何说出口来。"两人商议逃去，暂且不提。

　　却说贾氏行到地保家里，问了一声："地方大哥可在家吗？"他家内应道："不在家，在外吃酒去了。"贾氏又问道："常在何处吃酒呢？"内又答道："大半在十字街头刘家酒楼上。"贾氏闻听，只得往前寻找。且说这地方姓张名恭，保长姓李名平，因公务办完,夜间无事,两人同到刘家酒楼上,一面饮酒,一面商量打应官府的事情。贾氏寻到楼边,问声:"地保可在你们楼上吗?"酒保闻听,对地保道:"楼下有人寻你们哩。"地方保长听说,不敢怠慢,下得楼来见了贾氏,问道:"你是谁家宅眷,找我们有何事情?"贾氏道:"随我同到僻静所在,有话与你们讲。"二人只得跟来。贾氏道:"我住在魁星楼旁,姜韵是我的丈夫。有一事情,特来相烦。"地保道:"原来是姜家大娘,有何话说?"贾氏道:"丈夫不在家中,我遣女儿同奶娘郊外斫柴,不想遇着个酸秀才名叫李花,赠她银子一锭,必然有些奸情,意欲叫你们递张报单,以便送官。"地保道:"青天白日哪有此事,我们又没亲眼看见,如何冒昧报官。奉劝贾老娘你是好好人家,不可多事,恐伤体面,请回去吧!"贾氏不肯,摸了几钱银子递与地保,说:"些许薄仪,权为酒资。事完还有重谢。"地保接过来道:"如何厚扰,但此事必先递了状子,我们从中帮助加些言语。至于报单,断然打不得的。"贾氏才问道:"不知何人会做呈词?"地保道:"西街上有位冯相公,善会画虎,绝好呈状。你老人家与他商量才好行事。"贾氏问道:"不知住在第几家,好去寻问。"地保道:"西街路北朝南,第四家门口,有个石蹬便是。"贾氏道:"待我去寻他做了状子,你们明朝务在衙前等候,不可耽误。"地保答应道:"这个自然,不用吩咐。"说完仍回楼上饮酒去了。这贾氏只得寻到西街门口,果然有个石蹬。停住脚步,敲了敲门,问声:"冯相公在家吗?"冯相公听得叫门,出来问道:"是何人叩门?"贾氏道:"有事奉访的。"冯相公开了门看见贾氏,说:"原来是位大嫂,有何见教。"贾氏道:"有件要事相烦。"遂从腰内掏出一块银子,约一两有零,递将过去,道:"一点薄敬,买杯茶吃。愿求相公做张呈状。"冯相公接过银子,说:"何劳厚仪。不知因何事情,请说明白,以便好做。"贾氏遂将遣女同奶娘拾柴,路遇秀才李花,无故赠金三两,想有些奸情在里头。我欲送官审理,特来求教,千万莫阻。冯相公道:"谁是证见,有何凭据,怎好轻易告官呢。"贾氏道:"那三两银子就是干证。保谓无凭?"这冯相公得了银两,哪管是非,遂答应道:"也罢,待我替你做来,但不便让座,俟我做完以便拿去,且在门首等等如何。"贾氏道:"使得。"冯相公遂转身回后,他是做惯此营生的,不多一时写得完备,走到门首,念了一遍与贾氏听。贾氏接过道声多谢,随即辞归。一路上欢欢喜喜,奔奔跄跄,已到起更时候,行到自己大门,竟入内室。对奶娘与秋莲说道:"你们不要慌,也不要忙,我已告知地保,明早好送官去。秋莲你是正犯,老娘是原告,银子是干证,老贱人是牵头,再有何说。"只见她言罢然后把前后门上了锁，将钥匙收在自己房中，说："你们且自去睡，明朝再讲。"说罢，遂转身把房门关闭，犹自恨恨说："淫奔之女，断不可留，气死人也。"奶娘见她已竟关门，对秋莲道："咱们也回去再作道理。"领着秋莲哭哭啼啼回归绣房。秋莲叹口气道："嗳，奶娘呀，若有我生身母在世，既无打柴事情，更无送官道理，偏偏逢此继母，死作冤家，却怎生了得。"奶娘上前劝道："也是你命运多舛，才弄得人七颠八倒，又遇着你这样继母心肠俱坏，掘就陷人的坑，谋害大姐。但愿苍天保佑得脱罗网，便是万幸。"秋莲落泪说："嗄，好苦呀！"奶娘道："大姐再休啼哭，快些收拾包袱。若要迟延，生出事来怎能罢休。"秋莲道："晓得，待我捡点完备再议脱身之法便了。"正是：

> 万般皆命不由人，世上何须太认真。
> 若到穷途求活计，昭关也许度逃臣。

不知她俩人怎生脱逃，且听下回分解。

第六回　同私奔乳母伤命　推落涧秋娘脱灾

话说那侯上官原是不安本分的人，自从那日离家出来做买卖，好好吃穿，又赌又嫖，不消数月本钱花了，落得赤手空拳难以回家见他妻女。遂自己寻思道：腰内困乏。不免走些黑道，得些钱财，方好回家。久闻罗郡中富户甚多，但路径不熟，未敢轻易下手，待我周围瞧望一番。遂到各街各巷行了一遍。到一街中有魁星楼一座，盖得甚是高大，朱红高？，却极幽静。这魁星楼，唯那文人尊敬，一年不过几次拜祷，哪同别的神灵不断香火，终岁热闹，所以冷冷清清人不轻到。这侯上官留神多回，说："这个所在倒好藏身。我且躲避楼中以待夜静时分，便好行事。"遂飞身上去，暗暗隐藏，不敢作声。这且按下不提。

却说秋莲依从奶娘之言开了柜箱，捡了些得意的钗环首饰，并衣服等类，将绸袱包裹起来。然后拿手帕包紧云鬓，随身蓝布衣裙，系上一条丝带，打扮得爽爽利利。又将绣鞋缠紧脚带，以备行路。奶娘也打整完备，说："大姐你且房中稍坐，待我往前边看看动静，回来好生法作越壁过壁的事件。"秋莲应道："正该如此。"这奶娘遂悄悄轻着脚步，走到贾氏门外听了一听，闻得房内鼾睡之声，阵阵聒耳。这是什么缘故，只因昨夜寻地方、求呈词，忙碌碌多时，所以睡得这等结实。奶娘心中暗道：这也是苍天保佑，令她这样熟睡，我们逃走，庶不知闻。抽身回到后院对秋莲道："妙极妙极。幸前边那贱物今正睡稳，倒得工夫安排走计。我想墙高如何能过，后边有个现成梯子，可以上墙。"闻听谯楼已打三更，奶娘将梯子搬到临街墙边说："大姐你先登梯上去坐稳在那墙头。"秋莲依从，上得墙来。说："哎呀，你看乍在高处，胆战心惊，令人害怕。"奶娘随即也扒上墙头，然后用力将梯拔起，顺手卸到墙外。定了定神，说："好了，脱身稳当，不可慌攻。大姐你且登梯下去，待我跟随。"二人到了街心，说："虽然闯出祸门，不知前去何处得安身之所。"奶娘道："事到其间，只好相机而行吧。大姐随我来顺着这条柳径，且往前行，再作道理。"正是：

青龙与白虎同行,吉凶事全然未保。

却说侯上官正在魁星楼上躲藏,忽听两个妇人在街心经过,唧唧哝哝,急走疾行。如何三更时候还敢来往,其中定有蹊跷,非是急紧事情定是偷逃,身上岂有不带些东西的。将物抢来,却是彩头。不免下楼去夺她包裹便了。遂下楼来暗暗跟随。说:"待我听她说些什么。"及走了两时余,只听奶娘说:"大姐,你看星斗将落,月色微明,只得放正了胆子,管不得我们弓鞋袜小了。别说大姐难以走此路径,就是老身自幼到如今,也未曾经惯这等苦楚。"大姐道:"奶娘我只是惊惧,心神不定。呀,你听哗啦啦柳叶乱飞,树枝摇动,把我魂灵几乎吓掉。"两人正在惊疑,背后有一个人赶来厉声喝道:"哈,你们往哪里走,绝非好事,快快说个明白,放你前行,饶你性命。"奶娘道:"呀,爷爷呀,我母女是往泰山庙进香的,因未觅着下处,故尚在此行走,敢望见怜。"侯上官道:"我不管你进香不进香,可把包袱留下。"奶娘道:"哪有包袱?都是些香纸。"侯上官道:"就是香纸我也要的。"奶娘道:"你要我便不与你。"侯上官喝道:"你若不与,我就要动手了。"奶娘道:"清平世界,何得无理。你再不去,我就喊叫起来。"侯上官道:"你要喊叫,我便是一刀。"奶娘发急遂喊道:"有贼有贼,快来救人。"侯上官大怒,遂在腰中摸出刀来,说:"这贱人不识好歹,赏你一刀去吧。"说时迟,那时疾,手起刀落,正中奶娘喉咙。听得扑通一声倒在尘埃,登时气绝,魂灵已归阴曹地府去了。竟把包袱拿去,吓得秋莲哎呀一声,说:"不好了,强盗竟把奶娘杀死,又将包袱抢去。奶娘呀,你死得好苦啊!"不觉两眼流下泪来。侯上官道:"妇人不要声长,稍有动静,也只一刀断送性命。快些起来跟我去吧!"秋莲道:"你既杀了奶娘,夺俺包裹,就该逃去,又来逼我同行怎的?"侯上官道:"这是好意,送你到前面草坡

路径,莫要遗下踪迹,原无别的心肠。"及至趁着月色,仔细向秋莲观瞧,才知道是个俏丽佳人。不觉春心发动,心道:几乎当面错过。世上哪有此娇容,若得与她颠鸾倒凤,不枉生在世间。且住,已竟是笼中之鸟,难以脱逃,不免再吓她一回,看她怎样。妇人你可认得这地方吗?"秋莲道:"我哪得认的。"侯上官道:"这就是乌龙冈,下面就是青蛇涧,幽雅僻静之所,你肯与我做得半刻夫妻,我便放你回去,你若不肯,一刀斫为两断。"秋莲背身暗暗说道:"不想老天注定乌龙冈,竟是我丧命之所。如今失身于他,岂不伤风化,失节操,贻笑后世。倒不如急仇寻个自尽,倒是正理。"正自沉吟,侯上官问道:"你不愿从吗?"秋莲怒道:"哪个从你,快速杀我。"侯上官思量道:一女子有何本事,何必问她。上前一把按倒在地,不怕她不从。转身说道:"我和你这段姻缘,想是前生注定的。你若不从,我岂肯甘休。当这僻静所在,就是你想求人救援,也是万万不能够的。犹如笼中之鸟,哪得飞去。"秋莲心中暗想道:我到此时,岂是蝼蚁贪生。但死得不明不白,有何益处。目下生个计策,倘或能把强人谋害,岂不痛快。若要不能,任他杀害,决不相从,也是保全名节。遂转身说道:"也罢。事到其间,也说不得了。大王且请息怒,夫妻之事非我不从,只为无媒苟合,故此不从。"侯上官欢喜道:"既要媒妁这也不难,你我拜了天地,就以星斗为媒何如。"秋莲暗想道:你看这贼,势不能止,不免将计就计,反害了他,才可保全。那高岸上面有数棵梅树,只说作亲也要些花草,哄他上岸折花,那时推他下去,岂不结果他的性命。就是这个主意。转脸说道:"大王真个要做亲吗?"侯上官道:"全仗娘子见怜。"秋莲道:"你且去将涧边梅花摘下几枝,插在那里。"侯上官道:"要它何用?"秋莲道:"指它为媒,好拜天地。"侯上官喜道:"这个何难,我就摘去。不知你要哪一枝?"秋莲跟随说:"临涧这一枝,开得茂盛。"侯上官走到涧边,只见树直枝高,难以折取,正在那里仰头痴望。秋莲一见想道:不趁此时下手,更待何时。哎,强盗休怪我不仁,皆因你不义。用手着力一推,只见侯上官翻个倒葱掉下涧去。半时不见动静,秋莲才放下胆,说:"好了,此贼下去未曾作声,想已气绝。哎,可恨贼人心肠太歹,既然伤害奶娘性命得了包袱,又要逼我成亲,天地间哪有这等便宜事,都叫你占了。到如今你要害人,反遭人害了。看看天色将明,只得再奔前走,寻个安身所在便了。"正是:

　　劈破玉笼飞彩凤,顿开金锁走蛟龙。

再说石敬坡，自从李春发赠他银布回来，忽然改过，不敢再去偷盗，另寻了些经纪买卖，供养老母。这也亏李生感化他过来，才能如此。这日因赴罗郡有件生意，起身最早，行了多时，天已将明，不觉已到乌龙冈上。因想道：此处甚是荒郊，绝少人迹，又兼青蛇涧中多是贼人出没之所，恐遭毒手，须要仔细防备才是。踌躇中间，已到涧边，早听有人喊叫："救人，救人。"石敬坡惊讶道："如何涧底下有人叫喊，这是什么人呢？"又听得涧底下有哎呀之声，说跌杀我也。石敬坡闻听，不解其故，慌忙喝道："此处急且没人行走，你莫非是魑魅魍魉吗？"侯上官在涧中道："我是人不是鬼，休得害怕。"石敬坡道："你既是人，为何跌在涧下呢？"侯上官道："我是客人，路经此地，被贼人推下涧来，把腿胯都跌伤了，望客人救一救命，自有重谢。"石敬坡闻言说："可怜，可怜。常言道，救人一命，胜造七级浮屠。"遂往下喊道："那人不必啼哭，我来救你。"又想了想道："嗄，你不是个好人，现有刀可证。"侯上官道："老爷休得过疑，我是买米客人，遇贼伤害，千万救我则个。"石敬坡道："待我下去看看再辨真假。"遂从乱石层叠之中寻找隙地，高高下下，弯弯转转，方得下来。只见那人卧在石边，真个伤了腿胯，满身血迹。问道："你既是客人，被贼抢夺，若要救上你去，将何物谢我呢？"侯上官道："还有一包袱东西，只要你救得我上去，全全奉送。"遂将包袱递过。石敬坡接过一看，俱是些钗环首饰衣服等类。竟反过脸来大声喝道："呸！你这狗头，明明是个强盗，不知害了多少人，今日恶贯满盈，失脚落涧，死亦应该，还来哄你老子。"侯上官哀求道："我实是客人遇贼的。"石敬坡喝道："狗头放屁！你若遇贼，这包袱便不在你手中了，况且内中东西俱是妇女们所用之物，岂是行路人带的吗？还要犟嘴。"侯上官道："既不救我，还我包袱罢了。"石敬坡道："这也是来路不明的东西，不如送了你老子买些酒吃。此时不杀你，便是你的造化，还要别生妄想。"说完携着包袱，仍寻旧路走到岸上，洋洋得意而归，哪里管他死活。正是：

蚌雀相争两落空，渔翁得利在其中。

恶人还得恶人挫，自古冤家狭路逢。

这侯上官见石敬坡走近，叹了口气道："我也是天理昭彰，自作自受，既然贪人钱财也就罢了，为何又心起不良，还要作贱人家女娘，败坏人家节操，如今说也无用，只是身上跌得这样狼狈，何时扒上涧去，才得将养。咳，只得忍着疼痛，慢慢挨走便了。"看官们，你看这候上官，忙了半夜，徒落一场空，毫无益处，真令人可笑。石敬坡从何处来，却能旱地拾鱼，倒得快活。也因他改过自新，上天加护的意思。

闲言休论，不知秋莲前途能得安身否，且听下回分解。

第七回　刁歪妇公堂告状
逃难女尼庵寄身

话说贾氏身体困倦，酣睡了一夜，到那钟鸣漏尽，东方渐渐发白的时候，猛然醒来。说："昨夜女儿事情，活活把人气死。我想她平日娇养，偶然叫她拾柴，不过要挫磨她的生性，哪知道她到那郊外做出这样丑事。如今送她到官审出真情，料她也怨不得我了。就是她父亲回来，也不能十分怪我。事到其间，一不做，二不休。呈状已曾写完，地保又与知会，怎好停止。常言道，任你们奸似鬼，也要吃老娘的洗脚水。那老贼人、小贱人你须准备，待我起来束妆停当，再到后面吓她们一吓。"及至收拾完备，走到角门口内便喊道："秋莲、乳娘，还不快些起来。"及喊了数声，绝没人答应。说："呀，因什么静悄悄的不闻声息，莫不是怕见官府露出马脚，心中害怕寻了短见吗？待我推门一看，呀，不好了，人也不见，箱笼大开，许多衣裳撇得纷纷乱乱，想是逃走了。待我看看行踪，呀，后院放得梯儿，何如不见呢。再到园内去瞧，只见那墙头上面，砖瓦参差，一定是越墙而逃。这便怎么处，为今之计，只得到门外叫地保知道，再作商议。"

却说那地方听得有人呼唤，只得走向前来细问根由。看见贾氏，说："原来是姜大娘，为何这等惊慌，是什急事。"贾氏道："你们不知，就是我昨日所说的那个女儿，同着奶娘黄夜私自逃走了。我丈夫又不在家，少不得要劳列位，与我追赶一程，倘或赶上，自有重谢。"地保道："昨交姜大娘教俺们打报单，想来就是因此起的吗？"贾氏道："正是。"地方道："待我们帮你去赶一赶，但不知从哪里走的？"贾氏道："从后园中越墙走的。"地保道："不像不像。这样高大墙院，她是两个妇人，怎么扒得上去。"贾氏道："家中梯儿今已不见，想是登梯子旋转过去的。列位请看看踪迹，便知端底。"贾氏遂领着地保从周围观了一遍。地保道："果然是越墙而走。不必说了，如今且不要忙，路上必有脚迹，让她妇人行走，料想不远。我们只望那柳道中寻找便了。"只见他们慌慌张张急忙乱跑，抬头一望，前面路旁影影绰绰似有人在地倒卧。地保嚷道："列位你看，前面恰像个人在那里睡哩。定然是个醉汉，待我上前唤他醒来。"走到跟前，说："呀，不好了。呸呸，原来是贼盗杀死的一个妇人在此。"贾氏闻听心惊道："果然是杀死的尸首吗？"地保说："难道谁来哄你不成，你也过来看看便明白了。"贾氏一见，心底明白，却嘀咕道："这是贱人奶娘。想是她们作了丑事，惧祸偷逃，却遭人暗算了。若论此事，全是我非，如今追悔也无及了。"转回脸来说道："列位请到俺家中从长计议何如。"地保道："这个理应。"遂跟定贾氏进了她门，共同计较。且按下不表。

却说姜秋莲将贼推下涧去，方得脱身。趁着星月之下，胡乱前奔。哪管金风透体，玉露浸鞋。行了多半夜，天色渐明，星光欲灭，才敢慢慢缓走。心中感伤，不觉泪下。说："哪料遭此家难，受这苦处。我爹爹回家知道，不知怎样痛楚。膝下没了女孩，又无音信，他岂肯甘休。想到此处，如何不叫人悲伤。再者与奶娘何干，情愿随我脱逃，实指望将来有了好处，定然报答她的恩情。谁想路逢强贼凶犯，持刀害命，死得可怜，岂不是我连累于她。倒不如我死在家中，却得明白，也省得遭害。"一路上自思自想，又恨又恼，悲悲切切。眼中的血泪，两只袖也拭不干净。走到太阳刚出，才停脚步道："奴家奔走一夜，体倦足麻，肚中饥饿，半步难行，如何是好。你看远远望见一片青堂瓦舍，是谁家宅院，倘可托身，亦未可定。只得上前再作区处。"及至走得将近仔细一观，是座庵院。怎见得：

　　　　大雄宝殿，鸳瓦层叠，真个气象巍峨。钟鼓楼台龙架高悬，果然摆列齐整。青松满院，翠生生阶砌铺荫。绿竹围墙，娇滴滴随风弄响，应是蓬莱仙境，不让金谷名园。

秋莲赞道："好个功果。"又抬头一望，见门上一匾，书着"青莲庵"三个大字。心内想道：但不知住持的是僧是尼，何敢轻于叫唤。正在迟疑，门里早走出一个尼姑来。秋莲一见，满心欢喜。想道：这是我的造化了，倘施慈悲尽可栖身。上前迎了几步，说："师傅见礼了。"尼姑慌忙答礼道："女娘稽首。"这尼姑向秋莲上下一观，腹内猜疑道：你看这女子生得俊俏，举止又极稳重，又甚温柔，为何容颜上带些忧愁的气色。待我盘问她一番，看是如何。遂开口道声："女子我且问你，仙乡何处，到此有何见教。"秋莲道："奴家因被继母赶出，路上又遇歹人杀我奶娘，抢去了所带包袱，奴家幸而脱身逃命,至此真是万死一生,敢望师傅大发慈悲,把奴打救,决不相忘。"尼姑闻言说:"原来你是避难之人,可怜可怜。救人原出佛门,既是不嫌,请进里面见了当家师傅,没有不收留之理。"秋莲道:"如此多谢了。"尼姑道:"女娘是客,请先行。"秋莲道:"还请师傅先行,奴家随后。"尼姑道:"如此小尼引道吧。"两人进了山门,转到二门,绕过韦驮庵,由阶而登,进入大殿。方知是观音圣像,倒身参拜。尼姑把磬击了三下,然后领到方丈内,叩拜主教老尼。老师傅又盘问一番,甚是怜念,遂叫安排斋饭,令秋莲用过,送在两间最幽静严密的房屋,叫她安置歇息。秋莲谢了又谢,不胜感慨。心内暗说道:也是奴家大造化,得了安身所在。任凭那歪娘家中怎样处置,也顾不得了。正是:

明知不是伴,事急且相随。

不知秋莲怎生离得尼庵,且听下回分解。

第八回 清上官推情度理
作恶妇攀东扯西

从来听讼实难哉,两造陈情莫浪猜。

多少覆盆含屈处,全凭悬镜照沉埋。

且说贾氏那日领着地保进了家中,让在庭中坐下,遂往后边安排酒饭,送到庭中令他们用过,又送上两串大钱赠予地保,说:"我们同到邓州递上呈状,只道遣奶娘买米被人杀害,把女儿拾柴等情,一切不要提起。叫他捉拿凶手。这便是列位用情了。"地保得了钱财,满口应许道:"就是这样办法,姜大娘慎勿泄漏。"贾氏道:"这何消说。"随身又带了零碎银子,同往邓州行来。不多几时,进了城门,走到知州衙门,只得喊叫起来说:"小妇人冤屈,被贼人杀死吾家奶娘,求青天老爷急速拿人与妇人出气。"众衙役向前拦住,说:"老爷尚未升堂,何得乱嚷。就有急事,也须我们代禀,为何这等不晓规矩。"贾氏只得前前后后诉了一遍,把秋莲事绝不提起。又问地保道:"你们可有报单吗?"地保道:"早已写完,同来告禀。"众役道:"自然虚实瞒不得你们,但公门中事体,就是尸主也当有些使费才是。"地保惧怕衙役,把贾氏扯在背地说:"瞒上不瞒下,也得送些敬仪才得稳当。"贾氏闻听,将腰中银子掏与地保,说:"凭你怎么打点便了。"地保接过,遂到茶馆中,房内若干,班里若干,分析明白,个个交付。众役得钱才与他禀报。

却说这知州,系浙江嘉兴府秀水县人氏,姓辛名田。考选邓州,居心善良清廉。但初入仕途,政务尚未练达。听得是人命事情,只得升堂坐下,先传地保来见。地保上堂跪到墀下,递上报单。辛知州阅了一遍,然后叫尸主进来。这贾氏进来跪下,把遣仆妇上市买米,过夜不回,被人杀死,求老爷开恩拿人,陈说已完。这知州见她是尸主,略略问个情节,遂上轿验了尸首回来,即差捕役拿票,提获凶手,不得有误。令贾氏归家收殓尸首,静俟获人后,再为审讯。贾氏叩头谢了,自去办理。知州已退堂不提。

却说捕役得了签票，只得往柳道各处寻访。既无干证拿获凶手，迁延月余，并无踪迹。只好打在路案，也无可奈何。熟知上司衙门得了详文，见人命重情，月余无信，便该参罚的。意料是邓州知州审不明白，故难结案。另着解到南阳府耿太守案下重审。这辛知州只得带领尸主贾氏并一切案卷亲送到府听审。及到府衙，尚未升堂，只得在外厅伺候。

却说这南阳太守，姓耿名仲，表字无回，江西南城人。也得了上司明文，着他办案。令人传出，就要升堂。那些房役闻听，早已预备停当。听得内里传点，不多一时，耿太守已到暖阁坐下。门子击一声点，众衙役两边摆列，呼应一声，连呼三次，然后闪了仪门，刑房将邓州文卷呈上。耿知府道："哎呀，原来是一案无头人命。传邓州知州进见。"众役传出，辛知州到堂行过堂参礼，又打恭下去。说："柳道一案，乃卑职之事。今反重劳大人，卑职多多有罪。"耿知府道："这是一件小事，贵州就不能审明吗？"辛知州道："有大人清天在上，卑职学疏才浅，望大人鉴宥。"耿知府道："岂不知赌近盗，淫近杀。再加详察，自然明白。如今你且回避，本府自有道理。"辛知州闻言打了一恭，说："卑职告退了。"打发知州出衙，一声吩咐带贾氏上来。众役传呼一声，早有差人领着贾氏，从角门带进，走到堂下。说："贾氏当面。"耿知府一面翻阅文卷，一面问道："贾氏汝家奶娘是怎么样死的？"贾氏道："是人杀死的。"耿知府问道："死在哪里？"贾氏说："死在柳道。"知府又问："什么时候使她出门？"贾氏道："爷爷呀，因小妇人男儿不在家中，使她去买米，夜间出去，天明不见回来。因此找寻，才知被人杀死柳道。人命关天，万望爷爷申冤。"知府点了点头道："且住，汝家无人，既是买米，何得夜间出门。我看这妇人言语狡诈，其中必有别故。将这妇人与我掯起来，快将实情供出，免动大刑。"两边衙役答应一声，齐来动手。一个将头发采住，两人将掯子套在贾氏手上，用

麻绳缠紧，两下一挣，再夹上竹板，才用小板敲击。这贾氏心惊胆战，疼痛难禁，昏迷几阵，不能忍受。醒了半日，口中不觉吐露道："奶娘之死，实有所因，求太爷不加罪于小妇人，小妇人自当实说。"知府遂吩咐去了刑具，着招房细写口供，不可错误。招房答应："晓得。"知府喝道："你可实实说来。"贾氏道："小妇人有一女儿，小名秋莲，与奶娘同到芦林坡去拾芦柴，那时有一秀才，也到芦林坡来，见我女儿举动端雅，不像拾柴的人，有意施恩，竟送白银一锭。"知府又问："是谁见来？"贾氏道："是秋莲自己说的。小人心疑郊外受人银两必是做下歹事，意欲出首。秋莲闻知报官，因与奶娘夤夜逃走。天明小妇人得知，遂喊知地方寻至柳道，见奶娘已被人杀死，秋莲不知下落。她身边还带许多细软东西，想是俱被贼人抢去。小妇人句句实言，还求爷爷拿人申冤。"耿知府道："你女儿多大年纪了。"贾氏道："一十六岁。"知府又问："可是你亲生的吗？"贾氏道："她是前房所生，小妇人是她继母。"耿知府闻听发怒道："哦，是了。若是亲生，必不肯使她郊外拾柴。不贤之妇，与我再拶起来。"众役重新拶起。贾氏哀求道："爷爷呀，拾柴乃穷苦所迫，岂是得已，小妇人并无歹意的。"耿知府喝道："她既逃走，又带着钗环细软，必不是少吃没穿，为穷所迫的。总是你前房女孩，任意作践，你这不贤之妇，与蛇蝎一样阴毒，可恨可恶，还敢强辩吗？众役且住了刑，贾氏，我问你，秋莲容貌若何？"贾氏道："不敢隐瞒，虽无天姿国色，也算绝代佳人。"知府又问："那赠银的秀才，你可知道他的姓名吗？"贾氏道："他名字叫作李花。"知府又问："多大年纪呢？"贾氏道："听他说有十八九岁。"又问："家住哪里？"贾氏道："也是罗郡村中人。"耿知府道："我想秋莲既无寻着，一定藏在李花家中，奶娘一定是他杀害的。"贾氏道："青天爷爷，犹如神鉴。"耿知府暗自沉吟道："自古才子眷恋佳人，嫦娥偏爱少年。必定是要私奔，被奶娘相劝，这奸夫色胆如天，竟把奶娘杀死，也是有的。"贾氏道："爷爷详情，真同日月。"知府遂吩咐传谕邓州知州，将贾氏带回到李花家，搜寻秋莲，倘若没有，即带李花听审。差役答应，遂同领贾氏出衙散去。只见一役跪倒启禀："老爷，新任按院何老爷出京五天了。"耿知府道："莫不是探花何得福吗？此人乃俊秀奇才，可见圣上明于用人。"遂吩咐工房，修理衙门，添补职事，不可耽误。又道："近日来山寇猖狂，劳攘百姓，又添许多军务之事，也只得努力办去才好。你们散去掩门便了。"

不知李花拿到如何分辨，且听下回分解。

第九回　石敬坡报恩惹祸　李春发无故招灾

镇日关门形影孤，挑灯夜读尽欢娱。

忽然平地风波起，犹记当年持赠无。

　　话说石敬坡自从李春发赠他银布，早已洗心，不做贼盗营生。如今改邪归正，寻些生意，得利养亲，这也算他好处。不料在青蛇涧中，夺了侯上官的包袱，遂即办了自己事情，转回家去，将包袱摆在面前，自己思量道：为人莫贪小利，富贵总得稳当，才觉放心。若像那拐诈诓骗，终不久长。我想乌龙冈抢的东西，是那人偷的，我却夺来，既不做贼，又平白劫人物件，甚是非理，却怎么安置才好。想了一会说："哎，有了。汉世漂母，留得韩信一饭，后来韩信封了侯，就酬他千金。自古来知恩报恩，原是有的。我如今将此物送与李相公，酬他周济之恩，有何不可。就是这个主意。但青天白日直径送去，未免招摇。纵然无事，李相公也未必肯受。我不如挨到夜间，倒觉便宜。"计较已定，遂与母亲同吃了午饭，收拾停当，然后起身前往。行到日落时分，才到永寿街前，进了茶馆歇下，沏了一壶茶，慢慢吃着等待时候。歇到起更以后，不好久坐，只得离了茶馆，寻个僻静孤庙，旋转多会儿，约将三更天时候，才寻找前去。到得李生门首，欲待敲门，说："且住。半夜三更，敲门打户，恐被邻舍人家听得不雅，反添扰攘。且将我旧日手段，再用他一用，遂即轻轻飞上房去，将包袱丢在院中，这不过是我一点穷心。"叫声："李相公，李相公，有人酬谢你来了。"李春发正在睡梦之中，听人呼唤，猛然惊醒，问了一声："是哪个唤我？"这石敬坡听得有人答应，便将身一跳，落在街心，说："既有人知觉，我且去吧。"

　　却说李春发？中问了一声，醒了多时，才疑惑道："这个时候，是谁叫我？"不觉纳闷起来。且说李翼也听得犬声甚急，恐有贼盗，慌忙披衣，开了房门，四下张望，忽见地下黑漆漆一片东西，却不知是何物件，只得近前细看。拾起一瞧，却是一个包袱，道："奇了,这是哪里来的。待我请起相公,决断决断。"李春发在房中问道："李翼因何大惊小怪?"李翼答道："适才犬吠,小人梦中听得有人叫:李相公,有人酬谢你来。忽然一声响动,小人急忙起来看时,并未见人,只有包袱在地,不知是何缘故,请相公起来裁度一番。"李生开了门,说："这也奇怪,莫不是谁家被盗,遗在这里。你去外面打听,有人说得相投,即便还他。"李翼道："这也不定,待小人留心访问便了。"他主仆两人猜猜疑疑,天已明了,李生也就起来。

却说贾氏奉耿知府之命,率领差捕在李花家讨人,并索赃物。约有五更天气,才到门首。贾氏说："我们敲门,待他出来,好与他讲话。"差捕道："天尚未明,怎好敲他门户?"贾氏道："你是官差,怕他怎的。"差捕闻听,向前敲了几下。李翼听得,对主人道："果然有人打门,想是邻家被盗,特来询问的,待小的出去看来。"走到门口问声:"是何人叩门,有何事情呢?"差捕道："有件要紧事特来相告。"李翼闪开门,贾氏前行说："公差们,你两个把住在门,你二人随我进去。"李翼不知是何来历,不敢拦阻。贾氏领着两个捕突入内室。李生见他们来得凶猛,惊讶:"什么人,敢是贼吗?"差捕道:"不是贼,倒是拿贼的。我们是官差,你家隐藏逃犯,特来搜寻。"李春发大怒道:"哪有这等事?"差捕道:"奶娘是你杀死,姜秋莲定在你家窝藏,还有许多赃物,也是你家收存,何得推辞。"他们正在嚷闹,这贾氏早已在各房寻她女儿不见,走到房中,看见桌上搁着一个包袱,打开一看俱是女儿的衣服首饰,遂大叫道:"列位,我女儿有了。"差捕道:"果然嘛,在哪里?"贾氏道:"你看这是什么?"差捕道:"是首饰衣服。"贾氏道:"这首饰衣服,俱是我女儿的。料想奶娘也是他杀的了。不然,这东西从何得来。赃已现在,快将我女儿献出,万事甘休。"李春发道:"哪个是赃,哪个是你女儿,其中情由,叫人不解。哦,是了,莫不是有个仇人,做成圈套,将我陷害吗? 无端将人混赖,这是哪里说起。也罢,你们是奉官差,我却不知端底为着什么事情,列位也须说个明白。"贾氏道:"你们的风流事情,今已败露,柳道中杀了奶娘,如今快快放出姜秋莲来,便与你甘休。"李春发大怒道:"一片俱是胡说。我晓得什么秋莲春莲呢?"差捕道:"不必多讲,老爷吩咐见秋莲极好,若是秋莲不见,即带李花回话。"李春发怒道:"我是学中秀才,又不曾犯法,如何将绳锁胡乱擒拿。你们休仗虎狼之威,也须分个高低,岂得孟浪。"贾氏道:"不必听他咬文嚼字的,你们既执笺票,又奉老爷遣差,现今真赃实犯,论甚秀才。"差捕听她言词,一齐道:"这也说得是,我们携着赃物,带他去见老爷,是非曲直,叫他自辩,我们何苦与他争论。"众公差上前把李生扭住说:"李花走吧,没有工夫与你细讲斯文。"竟一拥而去,这李翼吓得目睁口呆,不敢作声。见他们将主人捉去,实不知为何。姜婆领着衙役,凭空将我相公拿去,这便怎么处。不免锁了门户,前去打听打听,再作道理。正是:

　　　　终年闭户家中坐,那晓祸从天上来。

　　不知李春发此去吉凶何如,且听下回分解。

第十回 公堂上屈打成招 牢狱中协谋救主

且说耿知府政事精勤，不肯懈怠。因牵挂柳道一案，未审明白，黎明起来梳洗停当，穿上公服，即命击鼓升堂。坐在暖阁内，专意等候，说："昨晚差役带领贾氏前去李花家搜拿秋莲并李花审问，这时候想也就到。"

却说差捕同贾氏领着李花刚到衙前，差捕道："列位看这光景，料想太爷已经升堂。待进去禀过，好带人犯。"这差捕从旁边角门进去，走到堂前跪下禀道："奉差到李花家不见秋莲，只有一个包袱，贾氏说是她女儿跑时带出的，拿来呈验。今已将李花拿到候审。"耿知府道："带上李花来审讯。"众役答应一声，往下急跑，喊声带李花。差捕闻听，将李花推拥到大堂阶前，说："李花当面。"李花无奈，只得双膝跪下。耿知府抬头向李花一望，生得少年清秀，不似狡猾一流。只得开口问道："李花你可知罪吗？"李生道："老公祖在上，生员朝夕只在书房，攻读书史，又不欠账，又不欠债，不知罪从何来？"耿知府道："哦，你拐藏秋莲幼女，杀害奶娘老妇，现在你家搜出包袱，赃证已真，又是拐案，又是人命，怎么你说无罪？快把那郊外如何赠银诱逃，柳道怎样行凶杀害，如今却把秋莲藏在哪里，一一从实供来，免动刑法。"李花闻听吓得胆战心惊，不晓来由，无处插嘴应对，唯说："叫生员从何处说起？"知府又催问道："你还不招吗？看柳棍伺候。"李春发道："老公祖在上，容生员告禀，别事真不知道。若问起赠银事原有情节。那日生员因读书倦怠，偶到郊外闲行，见个幼女同老妇，相对伤情，那时生员询问端底，她说为继母凌逼，因此伤感。俺一时动了恻隐之心，仗义疏财，赠她几两银子，其实并无他意。芦林遇唯有此举。至于秋莲私奔，奶娘伤命的事，一切不晓。求老公祖细细端详，笔下超生吧！"耿知府道："依你说来，全不知情。这包袱可怎么却在你家。不过恃有衣襟护身不肯实说。我今就申文学台，革去你的衣襟。左右与我夹起来。"从衙役如狼如虎的，将鞋袜退去，把夹棍搁下，一个采起头发，那两个把绳盘了几盘，喝喊一声，两边人将绳背在肩上，用力一紧，这李生便昏迷过去。你看李春发本是个柔弱书生，嫩生生皮肤，怎禁得这等重刑。大约心似油煎，全无主张。头如迸裂，满眼昏红。一个衙役，拿着一碗凉水噙在口中，照他头上啐了三遍，才苏醒过来。叹了一口气说："冤枉啊！"耿知府问道："你招也不招？"李生定神思量道：若就招承岂不污了一世清名，待不招时，这大刑其实难受。想来必是前生造定的了。耿知府道："若不招就要再夹了。"李生道："愿招。"耿知府道："既是招了，退去夹棍。且带去收监，听候申详定罪。"只见禁子走来，上了刑具，带领回去。说："这是人命重罪，须加小心。"众小牢子答应一声，照常例收拾起来不提。

却说李翼等候多时，知主人下监，走到狱门说："哎呀，我那相公啊！"禁子喝道："你是什么人？"李翼道："要看我家相公的。"禁子问道："是李花不是？"李翼道："正是。"禁子道："他是重犯，岂容你进去看视。"李翼道："大哥，我还有些许薄敬，望行方便。"禁子接过说："啊，也罢，我且行一时之方便，叫你主仆相会一面。"遂开了门，说："你进来切莫要高声，你家相公受屈的人，待我取盆水来与他洗洗。"李翼道："多谢大哥了。"说着看见主人，不成模样，不觉满眼含泪说："相公醒来。"李生闻听把眼睁开，哎呀一声，说："痛杀我也，我见了你犹如乱箭穿心，满腔愤恨，只是说不出来。"李翼说："相公曲直，久而自明，容小人访察清楚，翻了此案也未可知。且请忍耐，不必伤感。"主仆两人正在悲痛之际，忽听外边有人叫门，看官你道是何人？原来是石敬坡夜间送了包袱，到了早晨，听得街面上纷纷齐说，将李相公拿在衙门去了，他心内暗暗后悔道："早知包袱惹祸，断不送去。想那李相公是佛心人，遭逢倒运，怎能打此官司，不知何日才得脱身。不免买些酒肉，到监中探望探望，尽点穷心。"随即提着篮儿进到监门，叫声："禁卒哥。"禁子往外一看，说："做什么的？"石敬坡道："里边有个李相公吗？"禁子道："有个李春发，你问他怎的？"石敬坡道："可将门开了，待我看看他。"禁子把眼一睁，说："咳，这是什么所在，你要进去？"石敬坡道："太爷我还有些薄敬。"禁子问道："多少呢？"石敬坡道："三百大钱。"禁子道："不够，再添。"石敬坡道："权且收下，俟后再补。"禁子道："也罢，快些进来。"石敬坡叫声："李相公我的恩人呀，你本是读书人，怎能受此苦楚，我今特来奉看，请吃一杯酒。"李生不知是何人，突然而来，说："我不用。"石敬坡说："吃一块肉吧。"李生道："也不用。"石敬坡道："李相公你的讳是春发吗？"李生道："正是。我和你素不相识，怎好承情，却来看我。"石敬坡道："相公你再想想。"李生道："如此你敢是个拐子。"石敬坡道："我明明是个贼，他乃认成拐子。既不相识，枉费穷心，回去吧。禁卒哥开门。"李翼道："相公，他好像那夜在我家做贼的石敬坡。"李生道："是了，快叫他转来。"李翼赶上说："石大哥转来。"石敬坡道："认得了吗？既然认的，不必细说。我蒙过相公厚恩，杀身难报,今送来一壶酒,聊表寸心。相公吃一杯吧。"李生道:"拿来我吃一杯。"石敬坡道:"再吃一块肉何如?"李生道:"吃不下去。"石敬坡道:"恩人所犯何罪,监禁在此。"李生道:"连我也不知犯的何罪? 只那晚屋檐上掉下一个包袱,认就谁家失盗,贼人遗下的。不料天明,姜婆就带领公差拿我,说我杀了她家养娘,窝藏她家女儿,名唤秋莲,偏偏包袱又现在我家,大老爷不问曲直,除名动刑,屈打成招,问罪收监。"石敬坡道:"相公那杀人罪,你如何轻易承认。"李生道:"刑法难熬,不得不然。"石敬坡道:"恐怕杀人即要偿命,谁是你的救星。还有一件,秋莲寻不着,只怕责比你哩。"李生叹口气道:"姜秋莲与你哪世冤家,害得我好苦,就死在阴司,也不甘心。"正说话间,只禁子走来,说:"老爷查监下来了,你们快都出去吧!"李翼与石敬坡同道:"相公放心养着,我们不时来看你。"遂出了牢门。石敬坡说:"李翼哥我两人到僻静去处,有句话讲。"李翼说:"使得。"二人到个孤庙中,石敬坡道:"请问相公就没个至亲好友吗?"李翼道:"有个契交,在集侠山住。"石敬坡道:"何不去求他相救。"李翼道:"我也想去,就是牢中没人送饭。"敬坡道:"这个有我。"李翼道:"姜秋莲也要寻找。"敬坡道:"这也有我。"李翼说:"如此说石大哥转上受我一拜。"慌得敬坡扯不及,遂同拜起来。李翼道:"感谢大哥慷慨,既允送饭,又寻秋链。倘我主人得脱牢狱,我主仆不肯忘你恩情的。"敬坡道:"你说哪里话,我受过活命之恩,比不得陌路人,定要事事关心的。"李翼道:"这叫作路遥知马力,日久见人心了。"敬坡道:"李翼哥,集侠山之事要紧,不可迟延。"李翼道:"这个自然。就是那秋莲之事,须烦留心。"敬坡道:"在我身上,不消说了。"李翼道:"我即刻起程去吧。"敬坡道:"我送你一程何如。"李翼道:"不可,各人办事要紧,请罢。"二人作别去了。

不知后事如何,下回分解。

第十一回 惧卖身私逃陷阱
因同名孟浪鸣官

话说张秋联自从过于姑娘为女，到也安静。只因姑夫侯上官出门去做买卖，不会经营，折损本钱，又兼年景萧疏，家道渐渐艰窘起来。这侯妈妈病体刚好，近又发作。一日坐在房中问秋联道："女儿，什么时候了？"秋联道："已到黄昏。"侯妈道："点起灯来。"秋联道："晓得。"母女二人，相守房中，讲些闲话不提。

却说石敬坡立誓再不做贼，只因许下与李生送饭，手中没有分文，自己思量道：腰中无钱，如何办事。天明就要送饭去，却哪里安排。罢罢罢，没奈何，将没良心的事，重新做遭，以为送饭之用。你看前面有一个人家，待我飞上他家屋檐，看看肥瘦如何。哎哟，这般兔儿，虽然毛长，却还有脬，只是灯尚未息。若要想他重利，除非等他熄了灯才好下手。那边来了个男子，我暂且回避便了。

这侯老儿走着说道："自从不做生意，无依无靠，家中每日少米无柴，如何度日。况且妻儿又病倒在床，怎么了得。"不觉来到自己门首，叫声女儿开门。秋联闻听，说："俺父亲来了。"侯妈道："我儿须问详细，然后开门。"秋联道："晓得。"走到门口，识得声音说："果然爹爹回来了。"遂开门一同进了内室。侯妈问道："弄的些柴米来否？"侯上官道："今晚没有，明日就用不了了。"侯妈道："今晚没有，难道明日有人白送与你吗？"侯上官道："我把秋，"刚说得半句，看见秋联在旁，不往下说，对秋联道："我儿，与你母亲煮碗汤来充饥。"秋联会意，知他有碍口之言，答应去厨下煮汤，却暗暗躲在窗前，听他说些什么言语。侯上官见女儿出去，对老婆道："我已把秋联卖与娼门了。"侯妈闻听说："怎么，把女儿卖与娼门了？你如何这样忍心害理！"侯上官道："不过多图几两银子，你不要高声，看秋联听见。"秋联听毕，进得房来，说："恩父恩母，我虽是你螟蛉女儿，服侍你二人如同亲生，你怎忍将我卖与娼门呢？"侯上官忙道："我儿错听了，张公子要娶一妾，把你卖给张门了，怎么听是娼门。明日就要过门，你去收拾衣鞋，到他家享荣华去吧，强如在此忍饥受饿。"秋联暗自沉吟道：听他巧言花语，不怀好意,我的亲生母哪里去了,落得女儿无依无靠,有什么好下梢?不觉啼哭起来。侯上官劝道:"因你年纪大了,理应择婿,明日是你佳期,不必伤悲。"侯妈在床上长吁短叹道:"不料今日做出这翻天覆地的事情来了。早知有今日之事,当初我决不留她。"这些话早被石敬坡尽都听去,暗暗喜道:"听他言语始末,竟是姜秋莲无疑了。她既在此,便好救李相公性命。我如今也不偷她,再看姜秋莲行径如何。"只见张秋联走出房来,到自己卧室,满眼流泪道:"我到此地位,恨天怨地,都是枉然。千思百虑,不如自尽,倒是了手。"又想了想说:"且住,与其轻生寻死,不如收拾包裹,连夜逃走。倘遇女庵,削发为尼,到强似在尘凡之中,招惹风波,趁着今夜去吧!"石敬坡听了多时,想道:姜秋莲若再逃走得无影无踪,李相公这场冤枉,无日得伸了。不免我先到庄外,等她来时,扯她到南阳,以明李相公之冤,有何不可。正是:

　　　　踏破铁鞋无觅处,得来全不费工夫。

　　且说张秋联将包袱收拾停当,紧了紧包头,系了系罗裙,趁着爹妈睡熟,绕过草堂,开了大门,轻移莲步,慢慢离了家中。说:"幸喜走出是非之地,又兼今夜月朗星稀,正好行路。"走犹未远,只见石敬坡迎面"哒!"了一声,说:"那女子休走,你是姜秋莲否?"张秋联吓得口不能言,想要回避。石敬坡道:"你只顾逃了,把李相公害得好苦。我和你到南阳辨明他的冤枉,你再走也不迟。"张秋联哪里肯去,石敬坡有近前之意,秋联无奈说:"休得无礼,我随你去。"石敬坡道:"快走,不可迟延。"这张秋联腹内说道:听他言语,令人不解。叫我随他,绝非好意。看起来不如在家自尽,倒得清白,如今悔之晚矣。正思念间,适遇路旁一井,遂将身往下一跳,唯听扑通一声,把石敬坡吓了一惊,回头不见秋联,方知是她跳在井中了。黑夜之间,一个人怎能捞他?痴呆了半晌,想道:我到南阳报官,领差役来捞她,有尸为凭,救李相公便不难了。想罢,竟向城中去了。

　　却说侯上官次早起得身来,见门户都开,就知秋联有八分逃走。各处寻找,果无踪影。慌忙对婆子道:"不好了,女儿逃走了。"只听婆子在房内,安安闲闲答应道:"走得好,免得我生气。"侯上官闭口无言,甚觉没趣。又舍不了这股财帛,急急出门,寻找女儿去了。

再表石敬坡跑了一夜，黎明到了府衙，进了大堂，慌慌张张捡起木槌，向鼓打了几下，口中却说："有大冤枉。"众役上前扯住，说："你是什么人，多大冤枉，擅敢击鼓。"石敬坡嚷道："冤枉大着哩，烦你上禀。"役人走进内宅门说："启爷，有人击鼓。"太爷吩咐伺候升堂。不多一时，知府坐在暖阁，众役排班，呼唱冲堂已毕。知府说："把鸣冤人带上来。"石敬坡台下跪倒，说："太老爷冤枉呀！"知府问道："你有何冤枉，须从实说来。"石敬坡道："太老爷，小人所禀是杀人的冤枉。因太爷把人问屈了，小人代他申明。"知府说："打嘴。本府问屈什么人，用你替他申冤？"众役上来打了五个嘴巴。石敬坡道："太爷就打死小人，到底是把人问屈了。"知府怒道："本府问屈的是谁？你是他什么人，代他申冤。"石敬坡道："太爷问屈的是李花，小的却不是他什么人，实是个贼。"知府道："看来俱是疯话，再打嘴。"石敬坡道："休打，小人不说了，任他含冤而死吧！"知府微笑道："我且问你，叫什名字？"回道："小人石敬坡。"知府说："你口口声声说李花有冤，我且不打你，你就把他的冤枉说来。"石敬坡道："李花是一柔弱书生，安能杀人。况且平日行径端方。拐藏秋莲，也是必无之

事。"知府道："他既招承，你何得代他强辩。"石敬坡道："经此大刑，安得不屈打成招？"知府大怒道："那李花私幼女以赠金，在柳道而杀人，他已招认，况有包袱为凭，你说他冤枉，果有什么确据呢？"石敬坡道："姜秋莲现在侯家庄，与人作女，怎说李花拐带。"知府道："姜秋莲既在，快带来审问。"石敬坡道："如今又逃走了。因她继父要卖她入娼，至夜竟自私奔。奈她不知路径，到半途掉在井里了。这是小人要往她家做贼，亲眼见的，才来禀知太爷。"知府道："她既落井，也罢，快唤贾氏来。"役人忙把贾氏唤到，跪在堂下。知府道："你女儿已有下落了。"贾氏道："现在何处？"知府道："在侯家庄投井死了。可同我人役去打捞尸首，回来报我。"吩咐已毕，遂退堂进内去了。衙役出来，叫地方给他备了一头驴儿，自己骑着，带领贾氏与石敬坡，叫他紧紧相随，

往侯家庄而去。走了多时，贾氏忽然开口道："众位去吧，我不去了。"役人问道："你怎不去？"贾氏说："这些路径，我女儿如何到得那里？一定是石敬坡听错了。"石敬坡道："断然不错，我若听的不真切，安敢轻易报官，自取其祸。"役人道："你二人也不必争论了，既奉官差，谁敢不去。就明知不是你的女儿，也得走这一遭。这正是官身不自由了，速速走吧！"

　　未知如何，下回分解。

话说姜韵自从那日出来，贩籴粮米，来来往往，得些利息，不肯轻易回家。只等获利甚丰时候，才到家中看看去。这日买了几石米，雇的车夫姓徐，名叫黑虎，生得膂力过人，惯能推车，所以做了常常主户。一日从店中五更起身，黑虎推车，姜韵在后随行。离店走了六七里路，见星斗未落，月光尚明，天气还早，就停住小车，在路旁歇息歇息。二人取出些干粮，才待坐下去吃，忽听有人叫声："好苦呀！"徐黑虎往四下一看，并无人影，吓得猛然跳起道："不好，有鬼了。"姜韵仔细听了听，说："不是鬼，路那边像是一井，莫不是井中有人，待我去问他一声。"遂走到井边问道："井内莫非有人吗？"张秋联听的有人问她，遂说："快着救我。"姜韵说："听她声音，原来是个女子，却如何救她法。"徐黑虎说："车子上有绳，解来缚住我的腰，卸下去捞她吧！"姜韵道："你少年人的力大，在上边好提拔，待我下去吧。"遂将绳系在腰中，叫黑虎慢慢卸下井去，摸着秋联，说："幸喜水不深，只泡得半截身。"忙将自己腰中绳解下，把秋联捆个结实。说："伙计，先把这女子拔上去，然后拔我。"黑虎听见，遂用力拔将上来，放在井边，替她解绳。趁着月色，向秋联细细一看，见她真有如花似玉之貌，暗自惊讶道：是仙是人，不料世间有这样女子。此日之遇，正是天赐姻缘，不可错过。正在踌躇之际，听得井内喊道："快拔我上去。"黑虎沉吟道：你若上来，必起争端。不如把他处死到井中，却是上策。看了看井旁有一木柱，上前搬倒，两手举起，叫声："老伙计站在中间，绳子下去了。"里边应了一声，桩脚早到头上，可怜姜韵性命，就丧在井中。秋联一见，说："呀，不好，又遇歹人了！"黑虎道："休嚷，我非歹人，那井中才是个歹人哩。我怕他上来难为于你，所以把他处死。待我把米袋也丢下井去，你上车来。你家在何处，我送你回家去吧！"这张秋联从井中出来，浑身衣服尽湿，水淋淋的，已觉心内抖擞，又见黑虎这般光景，惊得魂飞天外，暗自思量道：奴家刚离虎口，又遇豺狼，此时要再寻无常，他岂肯容。天呀！莫不是我的性命，该丧于此处。事到如今，任他言甘心险，我自宁死不辱罢了。只见黑虎把车子收拾停当,催她上车。正在无奈,忽听一片声锣响,迎面而来。黑虎惊讶道:"不知什么官府经过。"遂嘱咐秋联道:"你且在车边站立,断勿多言。倘若问你,只说是过路的,推办人出大恭去了。再说别话,官府是要打嘴的。"说完抽身向前面躲避去了。秋联见天已大明,官府又到,说:"我可有救星了,谢天谢地。"

却说这官府不是别位,是新巡按何大人,往南阳府去,从此经过。那职事鲜明,从役齐整,自不必说。单表秋联,等他职事过完,望见大轿,跪下路旁,叫声:"老爷救命呀!"何大人吩咐住轿。问道:"你是谁家女子,在此喊冤?"秋联禀道:"民女张秋联,父母早亡,依靠姑娘度日,姑爹不仁,欲卖民女入娼,无奈黑夜逃出庄来,遇强人逼我投井,今早又遇二人捞出,井上人却把井中人害死,立逼民女上车,幸遇青天过此,望老爷救命。"何巡按道:"我已明白,如今欲送你回去,又恐你姑爹卖你,却怎么处?人役呢?看看前面那林子里,是什么所在?"役人去了不多时,回来禀道:"是一所青莲庵,庵中住持,俱是女僧。"何巡按吩咐把庵中老尼唤来,役人二番回去,把老尼唤到,跪在面前。何巡按道:"你是庵中住持吗?"答道:"正是。"巡按道:"本院路途收得一鸣冤女子,寄在庵中。本院到南阳府,差人送香金于你,你好好看顾她。"老尼叩头而起,领着秋联去了,不提。

且说何巡按问役中:"有会推车的吗?"叫他权扮车夫,自己也换了衣帽,扮成客人,吩咐人役道:"本院前去私访。你们执事,仍走大路,也不可远离,以便呼唤就到。"众役齐应一声,各自前往。何巡按随着车子,却向旁路而走,说:"我自出京来,行至河南路上,观风问俗,狡猾非常,我立意励精图治,三月之内,把一切贼盗,俱化为善良,才合吾意。"正自思量,忽见前面石桥底下,走出一个人来,向巡按拱拱手,问道:"才过去的是什么老爷?"巡按答道:"是新按院何老爷,已经从大路过去了。"又问道:"有一女子喊冤,却怎么发落了?"巡按道:"却不晓得。"那人又问道:"你坐的车子,是买的还是雇的?"巡按道:"却是路上拾的。"那人道:"这车子是我的。"巡按道:"何所见是你的?"那人道:"我有暗记,车底下有我名字'徐黑虎'三字。你可看看,若无此三字,就算我赖了你。"巡按道:"虽然有字,难以凭信。后边有人来了,待他到时,叫他平论一番,我便给你。"却说来人,正是众役中扮作行人瞟望巡按的。远远见车子被人拦住,有争论之意,慌忙齐到跟前,虚作劝解。见巡按把嘴一扭,即会意思。掏出绳锁,一齐动手把徐黑虎拴住。黑虎嚷道:"怎么他坐我的车子,不肯还我,你们反倒拴我,太不公平。"众役喝道:"瞎眼的奴才,休得嚷了。这是按院大老爷私行,特访拿你,你还撒野吗?"黑虎听见,吓得开口结舌,半晌说不上话来,只是磕头。巡按问道:"此车果是你的吗?"黑虎道:"不是小人的。小人因从前见过此车,上有'徐黑虎'三字,今日所以冒名充认。"巡按问道:"你叫什么名字?"黑虎道:"小人姓白,小名叫狗。"巡按笑道:"正是黑虎立时化为白犬了。"遂吩咐众役:"将车子推到南阳入库,把徐黑虎寄监,本院随后自行到府发落。"役人领命,将黑虎捆在车上,推向南阳而去。这正是:

黑虎霎时化白犬,粮车权且作囚车。

这巡按为何不就回去,仍是私行打扮?一则因井中尸首尚未捞出,再者还要访些事情。

未知访的如何,且听下回分解。

第十三回 错中错捞女成男
奇上奇亲夫是尸

话说奉官遣差打捞尸首的这一起人,在路上磨牙斗齿,七言八语。这个说:"石敬坡多嘴,无端生事,叫人这样劳神。"那个说:"若井中果是秋莲,到好消案,也不枉这番辛苦。倘或差错,石敬坡便不能无罪了。"贾氏抱怨道:"石敬坡可知我女儿是怎个模样,却说的这般确切,真令人厌恶。"石敬坡量着自己的见不错,却也不与争论。一路来到井边,石敬坡说:"到了,就是此井。"公差方才下得驴来,贾氏早已走到井边,向里一望:"白晃晃的又不是水,却是什么东西。"石敬坡闻言,急急近前一看,却也看不清白,说:"这也奇了,为什么井桩也不见了。你看那边来了一个瘫子,等他到来,问个明白,便知端底。"却说来的瘫子,就是侯上官,久成残疾,拄着拐儿。因闻得巡按经过此地,又不知女儿逃往何处,恐弄出事来,时常在外打听消息。忽见一伙男女俱在井边,特来探视。石敬坡迎面问道:"这汉子我问你,这是谁家的井?"侯上官道:"就是我家的井,你问它做什么?"石敬坡道:"这井桩哪里去了?"侯上官道:"正是。日还在,今日为何就不见了? 奇怪,奇怪。"石敬坡又问道:"这侯家庄上有个姜秋莲吗?"侯老儿道:"张秋联是我的女儿,昨夜逃走了,你问她必有缘故。"石敬坡又问:"可是你的亲生女儿吗?"侯上官道:"不是亲生,却是螟蛉。"石敬坡拍掌道:"列位如何,不是我错了。"贾氏向侯上官问道:"敢是你把我女儿拐走了。"侯上官道:"我也遭你骗了。"石敬坡拦住道:"你二人不必吵闹,秋莲现在井中,捞起尸来,就明白了,何必如此。"侯上官道:"想是你骗我女儿下井的。"贾氏道:"不管他,我只问你要我的女儿便了。"公差喝道:"不得乱嚷,且叫人下井去捞起来再讲。"遂对地方说道:"下井捞尸是你的事了。"地方道:"这个自然。"遂把地方卸下,地方细细一看,说:"怪道上面看见雪白的些东西,原来是些白米,弄起去好换酒吃。"正在忙乱时候,这巡按也杂在众人里边,打听消息。只听众人又问井中捞着尸首没有,地方应道:"捞着了,不是个女子,原来是男人。"石敬坡道:"这是什么事情,你还只顾取笑。"地方说:"谁与你取笑? 你若不信,捞上来你看就是了。"说犹未了,早已将尸扯到井口。石敬坡看了一看。遂跌脚道:"好个成精作怪的东西,你害得我石敬坡好苦得紧。"贾氏向前一看,放声大哭,说:"这尸首明明是我家男人,不知他怎么死于此处。"公差道:"你认得真吗?"贾氏道:"我和他夫妻多半世,难道认不真切?"遂描述黄道黑哭起来说:"我那屈死的丈夫,每日东奔西簸,为名为利,不肯归家,今日被人陷害,你那名在哪里?利在哪里?徒落得死而不明,真苦死人也!"哭了一会,照着石敬坡道:"这可是你把我男人害了!"石敬坡道:"昨晚真真是个女子,如今变成白发老翁,只怕是井主移换了。"贾氏问瘫子道:"是你把我丈夫害了吗?"侯上官道:"你看我这样残疾,还顾不过自己来,怎去害人?"公差道:"说得有理,连我也弄糊涂了。"巡按插口道:"我倒明白。"石敬坡道:"你既明白,何不说个详细。"巡按道:"我却不说。"公差齐道:"人命关天,这案官司正没头绪,你既说你明白,就拴你去见老爷。"巡按道:"我是秀才,你们拴不得。"公差道:"命案重大,你既多言,便是案中之人,哪管你秀才不秀才。"上前竟自拴了。巡按暗暗说道:亏得是我,若是旁人,岂不惹出一场大祸来。我且带着此绳,同他到公堂,看他怎样发落。公差遂叫石敬坡和地方抬着尸首,同井主去见老爷。却说石敬坡,因井中尸首不是秋莲,又闷又悔,不敢回城见官,只推抬尸无力,故意迟延不走。公差一齐喊喊喝喝,往南阳城中而去。这且不表。

却说李翼那日别了敬坡,急急忙忙连夜往集侠山奔走,行了数日,早望见集侠山不远。极目观瞧,果然险绝,真是他们出没之所。渐渐行来,已到山口,早有人拦阻,说:"你是什么人,辄敢到此。"李翼赔笑施下礼去,说:"敢问大王可姓张吗?"喽啰道:"正是。问我大王有什么话说?"李翼道:"我是南阳府罗郡村,李相公门下院子李翼,有要紧事求见大王,烦为通报。"喽啰道:"既是罗郡人,想是非亲即友。你在此少等,待俺去禀大王,自有回复。"李翼说:"有劳了。"这喽啰急忙走到聚义厅上说:"启禀大王,有罗郡李相公家人求见。"张言行道:"李相公是我故人,快传那管家进见。"这喽啰答应一声,不多一时,把李翼领到堂前跪下。张言行认得李翼,慌忙走下厅来说:"你主人可好?有何事情来到此处,快快说来。"李翼跪下,满眼流泪说:"主人有难,特来求救。"张言行将李翼扯起说:"你主人是读书人,有什祸事,叫人不解。"李翼将已往从前,现今入监,问成死罪,说了一遍:"此来特与大王商议,设法解救,以全我主人性命,万勿推阻。"张言行闻言,大惊失色,说:"我与他虽是朋友,犹如同胞,我不救他,枉生世间。但怎样救他法?"想够多时,说:"有了。为今之计,唯安排下山劫他监狱,救出仁弟,一同回寨,共享欢乐,别无妙策。"遂叫:"请你二大王来。"喽啰答应,去不多时,二大王王海走来,叙过礼,下面坐定。张言行便将仁弟李花遭难在狱,李翼求救来由,陈说了一遍。王海道:"既是大哥的仁弟,即同我们己事一般,何敢推辞。不知哥哥如何救法?"张言行道:"快点寨兵,速速下山,直攻南阳府城,劫他牢狱,便是长策。"王海答应,收拾器械,准备粮草,明日起马而去。

不知张言行能救出李春发否,且听下回分解。

第十四回　三拷下探陈叛势
两军前吐露真情

　　话说南阳探子，因巨寇张言行在集侠山带领群贼，在濮河安营，声言要攻打南阳府，贼势十分厉害，特来报与本府太爷得知。衙役见探子禀见，急忙通报，知府升堂，问了详细，吩咐探子用心打听，再来报禀。探子应声去了。知府又唤中军过来："与你五百精兵，速去擒贼立功。"中军领令去了。众役又禀道："启老爷，小人押贾氏与石敬坡到侯家井中，打捞尸首，却不是姜秋莲，是一个白发男子。贾氏说是她的丈夫，小人只得把井主也带来了，一听太爷定夺。"耿太爷道："唤井主人来。"侯上官跪下。问道："你井内为何有尸首在内？"侯上官道："小人其实不知。"知府吩咐且自收监。又叫石敬坡上来，知府问道："如今井内却怎么不是姜秋莲呢？"石敬坡回道："小人亲眼见她投井的，不知怎样变化了。"知府也纷纷收监。叫贾氏上来，贾氏跪倒。知府问道："井内的尸首，你说是你丈夫，你认得真吗？"贾氏道："认得真。"知府吩咐："你且下去。"自己纳闷道："这桩事一发不得明白了。"公差跪倒爷："启老爷，有个秀才说，此事他倒明白，小人也把他带来了。"知府说："与我带上来。"只见那秀才摇摇摆摆，气昂昂的绝不惊忙，走到大堂檐前，挺挺地站立。虽然带着绳锁，一点不放心上。知府问道："你既是秀才，怎么连个礼也不行。"何巡按道："俺是读书人，自幼不入公门，又不曾犯法，行什么礼。"知府问道："你在庠在监？"何巡按道："也不在庠，也不在监，特奉主命来游玩河南的。"知府问道："你主是谁，要你往哪衙门去游？"何巡按道："在下何得福特蒙圣恩差俺巡按此处，有何专衙？"知府闻听，大惊失色，忙离了公座，上前打躬，说："不知大人到了，卑职有失迎接，望祈恕罪。"吓得那些公差，把绳锁摘下，只是磕头。何巡按道："唤我的人役来伺候。"正自吩咐，只见探子来报，贼势凶勇，攻打甚急，求老爷定夺。知府吩咐再去打探，探子飞马去讫，何巡按问道："莫非就是强盗张言行吗？"知府答道："正是。"何巡按道："本院在途中，闻得贼势厉害，贵府若不亲临阵前，只怕众军性命难保，贵府便不能无罪了。"耿知府打下一躬，说："大人吩咐的是,卑职即刻出马。"保巡按道:"理当如此。本院暂且回到察院,听候消息。"知府遂唤人役们,送大老爷回察院,小心伺候,打发巡按上轿而去,才说:"看我披挂来。"点过三军,一齐上马,摆开队伍,竟扑城外而来。

却说张言行那边,也有探望军情的,飞马来报说:"启上大王,南阳刺史亲统三军,前来对敌。"张言行闻听大喜,说:"李翼,你主人有救了。如今耿知府亲自出马,我这一去撞破重围,拿住刺史,何愁你东主不出来。"李翼道:"总仗张爷虎威。"张言行遂令王海保定李翼,自己率领喽卒,一马当先,冲上前去。不多一时,两垒相对。耿知府挺枪临阵说:"马上的可是张言行吗?"张言行答道:"既知是张爷爷,何不下马投降。"耿知府大怒道:"好大胆鼠贼,朝廷有何负你,擅敢造反?"张言行道:"我此来专为你这害民贼,轻薄绅士,屈陷人命。"耿知府问道:"屈陷何人?"张言行道:"邓州李花,犯的何罪,将他监禁在狱。"耿知府道:"他有罪无罪,与你何涉,胆敢猖狂。我便擒你,和李花一处斩首。"张言行闻言如何容得。一怒杀来,混杀一阵。耿知府虽有军将,但从没对敌,如何能取胜。遂令鸣金收军,暂回城去。张言行见天色将晚,也随机归营。李翼上前说:"闻听张爷阵上言语不好,恐反害了我主人也。"张言行说:"怎么反害了他?"李翼说:"张爷对耿知府说,因我主人起兵,知府这一进城来,必把我主人先杀了。这岂不是火上添油吗?张爷且请再思。"张言行闻听李翼之言,觉也说得有理,急得遍身流汗,半日不语。踌躇一回,说:"不该在阵前说出真言,

果是算计不到,倘如李翼之言,岂不把李春发速速死也。这便怎么处?"寻思一回,说:"也罢,事既到此,我便与李仁弟死在一处,也完了我心事。王海兄弟,如今你可埋伏要路,听我消息。"王海应道:"遵哥将令。"张言行才道:"李翼不必啼哭,我假作败兵,混进城去,打探你主人消息,以便救他。"李翼道:"极蒙张爷高情,若到城中,也须相机行事,不可造次。"张言行道:"何劳嘱咐。"遂吩咐众喽啰道:"你们头目,即速挑选五

六十名精壮的,随我前去。俱作百姓模样,或扮挑柴的,或装负米的,或作各色工匠,不拘哪行,任凭装点。须要前后进城,不露色相才好。入城之后,散乱照应,不可聚集。俱在府衙左右观望,以举火为号,便一齐杀出,不可有误。"众喽啰应声,各自预备,随身各带器械,外用衣服掩盖,杂在众人之中,挨进城去。却喜城门不甚防范,就在府衙左右等候。张言行也打扮败兵气象偷进城内,打听李春发消息。

不知可能救得李春发否,且听下回分解。

重金兰擅劫法场
明大义逃归囹圄

且说耿知府见张言行兵势甚勇,领军回城思量道:贼势甚觉难平,却怎么处。不如告禀巡院,细细酌量,再作道理。遂急急上轿往察院去,来到辕门,巡捕官通报,巡院传见,请耿知府内书房相会,以便商议军情。耿知府见了,打恭施礼,巡院谦让一回,分宾主坐下。何巡按问道:"贵府胜败如何?"耿知府禀道:"贼势甚是凶勇,不能取胜。大人,原来那李花与他同谋,望大人早早处决,以免后患。"何巡闻听惊讶道:"果然如此,事不宜迟,待我升堂,即速发落便了。"遂令传点坐在暖阁,众役排班,呼喝已毕,何巡按吩咐,叫刽子手伺候,快把李花提出,即时斩首。众役答应,疾快出衙,向府监提人。街面上俱一齐谈论道:"此番提李花出狱,多凶少吉,可怜他是读书人,遭此重罪。"这张言行久在衙前,打探动静,闻得此信,遂招集众喽啰在僻巷一个破庙宇中,四顾无人,才商议道:"不好了,我在衙前听得牢中提人,想是要斩李花。你们在左右观望,若见他有斩人光景,便随我上前一齐抢夺。杀出城门,不可有误。"众贼人道:"我们晓得,不必长谈,恐旁人听见,又生祸端。"说完仍散在衙门左右,往来偷瞧,专等消息不提。

却说众役到监中提出李花,即往察院来,上前通报,说:"李花提到。"李花跪在堂下,说:"爷爷冤枉呀!"何巡按道:"你冤枉什么,既与反贼同谋,那柳道杀人,是你无疑了。"李花道:"大老爷,那集侠山叛逆贼寇,我与他虽是同郡,从未交游,日下小人既误犯重罪,披枷带,还指望青天开眼,得遇大赦,未必无出头日子。至于柳道杀人,俺是读书人,无此辣手。哪有一点影响,况敢与叛贼同谋,作这灭九族的事情。望爷爷法台前怜念儒生,格外详审吧。"巡按道:"在我跟前,你不必巧言强口,枉自分解。既已杀人,又通山寇,罪不容诛。叫监斩官,即将李花绑起,插上标子,押赴杀场,速速开刀,勿得停留。"刽子手一齐动手,绑拴完备,巡按用珠笔点了名字,两人扶着,出了察院。正往前行,只见五六十个人,各执器械,随着一个烟毡大帽,手抡双刀的,将刽子手砍倒，解开李花缚绳，令个精壮小军，背将起来，领定众寇，杀到城门。幸喜防御人不多，那些门军见势头来的凶恶，不敢十分争斗。这张言行大喊一声，说："你们各自回避，倒是造化，省做刀下之鬼。"一面说一面将护门军砍倒数人，把铁锁劈开，门拴扳起，开了城门，一涌出城，竟回大营而去。随后城内武官，点起军兵，齐来追赶。张言行领着众人，早已走出他们营盘齐楚，不敢再追。哪料王海埋伏之兵一直杀来，官军看得明白，不肯迎敌，暂且退回入城去了。王海也不追赶，竟自回营。

却说李花，一经捆绑，早已魂飞天外，昏昏迷迷，架到街心，又不知人从何来，忽然解缚绳背负而逃。只觉虚飘飘昏沉沉，也不晓得身首一处，不在一处。荡荡悠悠满耳风生，一霎之间，携到一个所在，才觉有人与他披上衣服，心神稍觉安稳，只是有话说不出来。停了一会，耳中猛听有人唤他："贤弟醒来。"又听得说："相公醒来。"又苏醒了半时，猛睁开眼，见张言行身披甲胄，面前站立，又见李翼也在旁边，擦眼抹泪的哭，不知是何来历，才开口问道："张仁兄，这是什么所在?"张言行道："贤弟我为救你，领人马下山到此，与耿知府交战，那耿仲被我杀败，我便假做百姓，混进城去。不料贤弟正绑法场出斩，是为兄劫了法场，救了贤弟出城。这便是愚兄的营盘了。"李花道："原来如此，但我犯罪，自有一身承当。如今仁兄舍着性命把我救出固好，但只是劫了法场，非同儿戏。城中官员岂肯甘休，却怎么了得。再者我在邓州遭难，是何人传信，怎么得知的?"张言行道："我在集侠山，何等自在。你家李翼来说，我方领人马到此，受了多少劳碌，反惹你致怨。"李花闻听，向着李翼道："老奴才，我死自死，谁叫你来。你主人是朝廷俊秀，虽然犯法，想是前生冤业。如今做出这事，连累我的香名，反遗臭万年了。可恼可恼。"张言行闻听，含嗔道："这才是画虎画皮难画骨，知人知面不知心。贤弟休生埋怨，不必如此。到明日，再重新商议吧!"李花道："非是致怨仁兄，水火中救人，真是天高地厚之德，碎身难报。但人各有性情，不能相强。甘心就死，不肯为逆。倘朝廷不容，定来剿灭，仁兄设有疏失，岂不是小弟连累哥哥。于心何忍，实是不安，并非致怨。"张言行闻言，又转喜色道："愚兄岂不知此，但我两人，相交甚厚，所以轻生重义，哪有别心。"遂吩咐王海，令小卒打绑提锣，营外巡视，恐有劫寨之兵。急速摆上筵席，与李贤弟压惊。王海应声办理去了。张言行让李生上坐，自己下陪。众卒斟上酒来，随后大盘肉食，并山中野味，甚是丰盛。劝李花饮酒，李花不好却情，只得勉强应酬，说些得罪情由，感激话头。天已二更时分，李花辞醉不饮。张言行也觉身体困乏，说："贤弟也得将息将息，安歇一夜，明朝再讲，愚兄告别吧！"李花道："小弟困乏，也就去睡。"打发张言行安寝，自己心中有事，哪里睡得着，悄悄起来，看桌上现有令箭，我且拿去逃出营盘，再作道理。又听了一听，闻得张言行鼾声如雷，说："张兄既已睡熟，此时不走，更待何时。咳，虽是朋友好意，不肯忘旧，但是非之地，难以久留。趁着月色明亮，正好走路。"急急忙忙，正往前行，巡更的遇见，问道："什么人？"李花道："我是查夜的。"更夫问道："可有令箭？"李花道："这不是令箭。"更夫道："既有令箭，过去吧。"这李花逃出营来，无人查问，急往前去不提。

去说张言行醒来，不见李春发，遂问王海道："我李仁弟哪里去了？"王海应道："三更时候，更夫报道，有人拿着令箭，口称查夜，出营去了。"张言行道："想必逃走了，快备马来，待我追赶。传与三军，各执火把，快忙前去，赶他回来。"又赞叹道："我那仁弟，为人至诚忠厚。既做漏网之鱼，怎么又去吞钓。须要追赶回来，再劝他回头入伙方是。众小卒急急前追，不得迟延。"

且不说他们簇簇拥拥，急急追赶。说李花出得营来，不顾高低，哪管深浅，行了多时。说："你看夜沉露冷，戴月披星，又兼朔风阵阵侵骨，如今也顾不得了。只是张仁兄情意亲切，叫人难忘。但我的心肠坚如铁石，哪能移挪得动。"正思量着，见后面火光照耀，料想追赶来了，一时无处躲避，四下一望，见前面一片树林，不知是何所在，急急前去躲藏。

不知李花可得了避身之处否，且听下回分解。

第十六回　男女会庵中叙旧
春秋配救赐团圆

话说李春发急急行来，将近跟前一看，说："原来是个庙宇。大门紧闭，却怎么处。那边靠山门有棵柳树，条枝甚低，不免攀定柳条越墙而过，等到天明，再往前走。"随即攀定柳枝，蹬着墙头，飞身往下一跳，落在平地，定了定神，悄悄躲在墙根下。不提。

却说庵内道姑，闻听山门前忽有响动，又闻犬吠，一齐执灯出来探视。忽见墙边有人站立，一齐嚷道："不好，有贼人进院来了。快喊于邻人知道，齐来捉拿。"李花慌忙应道："我非贼盗，却是避贼盗的。"姜秋莲向前仔细一看，说："观你模样，莫非是罗郡李相公。"李春发道："我正是李花。"姜秋莲对老尼道："师傅，他就是我同郡李秀才。"老尼道："既是李相公，且请到大殿上说话。"李生向老尼施下礼去说："请问这小师傅，如何认得小生。"姜秋莲道："芦林坡前，你赠银子与谁来？"李生猛醒道："你莫非是姜秋莲吗？"小尼答道："正是奴家。"李春发道："你为何私自偷逃？柳道之中，遇盗杀了奶娘，你的母亲却在邓州将我首告，因此解送南阳，受尽许多磨折，你却安居此地。"姜秋莲问道："你既遭官司，今夜如何到此。"李春发道："我有盟兄张言行，现在集侠山为王，闻我受屈，特提兵到南阳与耿知府交战，知府兵败进城，立刻将我处斩，又亏他劫了杀场，救我出城。但我想贼营岂可安身，因此逃出。他又随后赶来，望师傅们大发慈悲，遮盖俺一时，明日再走。"姜秋莲听他说了半日，不觉心中痛伤，腮边流泪，但不好言语。老尼见她这般光景，问道："贤徒为何落泪，含着无限伤感。"姜秋莲道："我想当日芦林相遇，悯我幼女，慨然赠金，是何等豪侠义气，况且自始至终并无一言半语，少涉邪淫。哪料回家告诉继母，她偏疑心起来，猜有私情，就要鸣官，那时恐分不清白，出乖露丑，无奈何和养娘越墙逃走，行至柳道，又遇强人杀了养娘，夺去包袱，又逼奴家同行，幸天赐其便，将贼人推下深涧，方得脱身到此。自己受苦罢了，怎么连累李相公，遭此冤屈此官司，于心何忍。当日倒不如在家悬梁自缢，倒省惹无限风波。"李花问道："可知那杀养娘的叫什么名字？"姜秋莲道："那刀上有侯上官三字。"说话之间,那张秋联也来近前,听说侯上官三字,便惊道:"侯上官是奴家的义父,如何却有此事。"李花道:"敢问此位小师傅俗家住在哪里?"张秋联道:"奴家也是罗郡人氏。张言行便是我的胞兄。"李花道:"他乃我结义仁兄,如此说你是我的仁妹了。想必张兄临行,将仁妹寄托侯家庄上了。"张秋联道:"正是如此。论亲戚侯上官是我姑爹,哥哥把奴家寄于姑娘家为义女,所以说是义父。那日就在侯家庄上兄妹分别,不知哥哥出去,竟做此绿林营生。姑娘待我还有骨肉情意,岂料姑爹不知在何处损坏身体,成了残疾。又心怀不仁,要卖奴为娼。是我无奈,只得黑夜逃走,却遇强人逼我下井,次日有二客捞救出井。他二人之中,又害了一人在井内,这人便逼我上车。却好路遇按院老爷,行到化俗桥下,是我喊冤,得蒙按台寄我在此,不知将来怎样结果。"李花道:"石敬坡在南阳击鼓,说姜秋莲在侯家庄上,与人做了义女,莫非就是贤妹吗?"张秋联道:"那夜出庄之时,即遇一人问道:'你是姜秋莲也不是,我说你问她怎的,想那人便是石敬坡了。"李花道:"正是他。贤妹尊名?"张秋联道:"我是秋联。"李生道:"是了。张与姜同韵,莲与联同音,也休怪他说错了。他如今也在狱中,谁知你二人皆在这里。他为我寻秋莲,不分昼夜,因错名字击鼓鸣官,遣他捞尸,勾引出许多口舌,现在狱中,秋后处决,可怜可怜。"这老尼听他们告诉情由,说得可伤,不觉流下泪来。道:"你听他三人说得悲悲切切,来来往往,前前后后。有许多情节,巡按老爷竟把好人无故牵扯,我出家人听到此处,也替你们酸楚。都不必再言了,李相公且在这里宿歇,等到天明我领你两个同李相公,到按台老爷那里诉明就里,辨明冤枉便了。"李花与秋莲两人同道:"全仗老师傅法力协助协助,感激不尽。我们等候天明以便前去吧!"

却说张言行率领众人,追赶数里,不见踪影,又恐营盘有失,只得怅怅而归,这且不表。到了次日,老尼领着李花等,一齐进城,同到巡按衙前,适遇按院升堂。李花竟直奔上堂去,双膝跪倒,说:"老爷冤枉。"按院问:"是什么人?"众役禀道:"就是张言行劫去的李花,又来喊冤。"适耿知府也在堂边,说:"必有诡计,快拿去斩了。"按院道:"不可。他必有话说,待我问他,李花再向前来。"李花闻听,又爬几步,按院道:"李花你既被劫去,为何又来喊冤。"李花禀道:"老爷,小人虽与张言行幼年同学,实长而各别。他今造逆为叛,虽救我出去,但小人曾读诗书,祖宗清白传家,岂肯随他为逆。故此特来受死。"又将逃避庵中,遇着道姑,把冤枉对证明白的话,申明一番。按院闻听大喜道："为人谁不怕死，难得你诚厚如此。如今又证出杀人，是冤屈你。我即还你衣襟，却说张言行投降。本院代你启奏，加你官爵何如？"李花闻言欢喜，换了衣襟，拜谢道："蒙大人天恩，即往张言行营去，仗三寸不烂之舌，劝他归顺，即来复命。"遂出察院去了。

那姜秋莲、张秋联在外喊声冤枉，众役禀过，按院吩咐唤她进来。衙役领着她二人跪倒堂下。按院问道："那道姑有什么冤枉，叫什么名字？"姜姑道："俗名姜秋莲。"张姑道："俗名张秋联。"按院笑道："怎么一时出来两个秋连，住在哪里？"二人道："全是罗郡人氏。"按院又问："姜女有什么冤枉诉上来。"姜秋莲道："民女芦林拾柴蒙李花周济银两，及到家中，继母疑心，欲要送官究处，民女无奈，遂同养娘偷逃走至柳道，不料遇着歹人，夺了包袱，养娘喊叫被他伤害，又要奸骗民女，民女那时诱他在青蛇涧边折取梅花，就空推他跌死涧中。"巡按道："你可知那人姓名吗？"姜秋莲道："就是张秋联的父亲。"按院问道："何以知道？"姜秋莲道："刀上现有侯上官三字。"巡按看是果然，吩咐将刀寄库。又问张女："你有何冤枉。"张秋联道："爷爷听禀，我养父卖我入娼，夜间逃出，不料冤业相随，叫声秋莲同我与李相公申冤，吓得我投入井中。次日有二人将我救捞出井，又被匪人相欺，将一个同行的害于井里。救了我命，害了他身。后民女遇一官员喊冤，蒙恩送入庵去。今到台下，只得直陈。"巡按又问："你可是本院寄在青莲庵的吗？"张秋联道："原来就是大老爷。"巡按道："这件事，本院已经明白，那老儿是徐黑虎害的。但逼你投井的却是何人？"耿知府道："那就是石敬坡。"巡按想了一想说："是了，他误以秋联为秋莲，却与威逼人命不同。唤石敬坡上来。"石敬坡跪于堂下。巡按问道："你可认得姜秋莲吗？"石敬坡道："若会面也还认得。"何巡按道："这两个道姑你下去看来。"石敬坡道："此位好像是她。"巡按道："你且下去听审。唤人将徐黑虎提来。"不时提到。巡按道："此女你可认得？"徐黑虎向秋联道："我将你从井中救出，也要知恩报恩。"巡按道："救她之人，却被你害死井内，她却报谁的恩呢。且下去听审。唤侯上官。"侯上官上得堂来，巡按问道："张秋联在此，你认得吗？"侯上官望了一望，说："是我女儿。"巡按又问道："那一个你认得吗？"侯上官道："小人知罪，不必说了，小人成招吧！"巡按道："带他下去听审。"又将贾氏唤来，巡按问道："你可认得这道姑吗？"贾氏道："是我女儿。"巡按大怒道："她是你女儿，一十六岁，还叫她去荒郊野外拾柴。你的丈夫是徐黑虎所害，你家养娘是侯上官所杀，你诬告李花，该当何罪？"贾氏道："爷爷，我家的包袱现在他家，不是他杀害，如何到他家？"石敬坡道："大老爷，那包袱小人倒晓得。"巡按问道："你怎么知道？"石敬坡道："小人那日到罗郡买货，起程早些。行到乌龙冈，见一汉子腰藏包裹，料想来历不明的，是小人抢了他的。小人往日曾受这李花恩惠，无物可报，就将那包裹撩在他家院内，不想反害了他。"巡按道："所遇汉子却是何人？"侯上官道："是小人。"石敬坡一看说："就是此人。"巡按道："这就是了。唤众犯听审：姜秋莲越墙逃走，乃继母所逼，与私奔不同。侯上官夺物杀人，心蓄奸淫，实为罪魁恶首，定了剐罪。张秋联惧卖为娼，夜逃遇盗，因而投井，是所当也。石敬坡虽逼女投井，乃无心之失。南阳击鼓鸣冤，慷慨可嘉。填入刺史麾下听用，以为进身之阶。徐黑虎慕色杀人，定了斩罪。贾氏嫉妒前妻之女，心如蛇蝎，发本州三拶，领夫尸埋葬。李花陷不白之冤，受无限之苦，不肯同友造逆，甘心投辕受死，本院断姜女与之为妻。淑女宜配君子，姜秋莲下去更衣。众犯画供押出行刑。贾氏发回本州。张秋联且回庵内，以便另寻配偶。"吩咐已完，只见李花前来禀道："启大老爷，罪人已说张言行自来投降。"巡按道："你今又有说寇之功，本院即上本保你，且自更衣。着张言行进来。"众役传呼。张言行跪倒，说："罪人该死，求大人饶恕。"巡按道："看你气象果然英雄，且起来，既已改邪归正，本院自当保奏朝廷，你今且领你妹到庵去候旨。"张言行道："求大老爷就将李花也成就妹子之婚，便是莫大之恩。"巡按道："这也说得是，你既与李花有朋友之谊，又可结郎舅之好。令妹何妨与姜女同配李生。且二女名皆秋字，李生名有春字，则春秋二字，暗中奏合，乃天生奇缘，谅非人力所成，可喜可贺。耿刺史为媒，本院主婚，就此同拜花烛。"耿知府道："大人处分真乃天造地设，分毫不爽。人役速唤鼓乐伺候。花红齐全，着傧相赞礼，即在大堂同拜了天地。"李花同姜张二女拜跪起来，又谢了巡按与知府。正在热闹之际，忽众役禀道："圣旨下。"巡按吩咐，快排香案。只见内使已到堂上，说："圣旨已到，跪听宣读。"皇帝诏曰："何卿奏言李花甘死投辕，不肯顺逆。又有说冠之功，免群黎之难，诚为可嘉。特钦赐尔为翰林学士。张言行输心投诚，改过自新，不愧壮士，封为平顺将军。姜秋莲、张秋联名节不污，同受花封，为贞烈夫人。石敬坡勇于改过，不没人恩，鸣冤报德，真有豪侠之情，着巡抚麾下听用。钦此。"何巡抚接旨后，众人无不欣喜。这时厅上早已鼓乐齐鸣。李春发同着双秋进了洞房，自是欢喜不提。

玉含珠

[清]醒世居士 撰

第一段·惩贪色　　好才郎贪色破钞
　　　　　　　　　犯色戒鬼磨悔心

诗曰：

> 情宠娇多不自由，骊山举火戏诸侯。
> 只知一笑倾人国，不觉胡尘满玉楼。

这首诗是胡僧的，专道昔日周幽王宠个妃子，名褒姒，那幽王千方百计去媚她，因要取她一笑而不可得，乃把骊山下与诸侯为号的烽火突然烧起来。那些诸侯只道幽王有难，都率兵来救，及到其地，却安然无事。褒姒此时哈哈大笑。后来犬戎起兵来寇，再烧烽火，诸侯皆不来救。犬戎遂杀幽王于骊山之下。又春秋时有个陈灵公，私通夏徵舒之母夏姬，日夜至其家饮酒作乐，徵舒愧恨，因射杀灵公。后来隋朝又有个炀帝，也宠萧妃之色，要看扬州景致，用麻叔谋为帅，起天下民夫百万，开汴河一千余里，役死人夫无数。造凤舰龙舟，使宫女两岸牵拖，乐声闻于百里。后被宇文化等造反江都，斩炀帝于吴公台下。至唐明皇宠爱贵妃之色，那贵妃又与安禄山私通，被明皇撞见，钗横鬓乱，从此生疑心，遂将禄山除在渔阳地面做节度使。那禄山思恋杨妃，举兵反叛，明皇无计奈何，只得带了百官，逃难至马嵬山下，兵阻逼死了杨妃，亏了郭令公血战，才得恢复两京。你道这几个官家，都只为爱色，以致丧身亡国，如今愚民小子，便当把色欲警戒方是。你说戒那色欲则什？我今说一个青年子弟，只因不戒色，恋着一个妇人，险些儿害了一条性命，丢了泼天家私，惊动新桥市上，编成一本新闻。

话说宋朝临安府，去城十里，地名湖墅，出城五里，地名新桥。那市上有个富户，姓云名锦，其母潘氏，只生一子，名唤云发，娶妻金氏，生得四岁一个孙儿。那云锦家中巨富，放债积谷，果然金银满箧，米谷堆仓，又去新桥五里，地名灰桥市上，新造一所房屋，外面作成铺面。令子云发雇一个主管帮扶，开下一个铺子。家中收下的丝绵，发在铺中卖与在城机户，云发生来聪俊，粗知礼仪，做事朴实，不好花哄，因此云锦全不虑他。那云发每日早晨到铺中卖货，天晚回家。这铺中房屋，只占得门面，里头房屋,俱是空的。

忽一日,因家中有事,直至傍午方到铺中,无什事干,便走到河边耍子,忽见河边泊着两只船,船上有许多箱笼桌凳家伙,又有四五个人,将家伙搬入他店内空屋里来。船上走起三个妇人,一个中年胖妇人,一个是老婆子,一个是少年妇人,尽走入屋里来。只因这伙妇人入屋,有分教云发:

> 身如五鼓衔山月,命似三更油尽灯。

云发忙回来问主管道:"什么人擅自搬入我房来?"主管道:"她是在城人家,为因里役,一时间无处寻房,央此间邻舍范老来说,暂住两三日便去,正欲报知,恰好官人自来。"云发听了,正欲发怒,只见那小娘子走出来,敛袂向前,道个万福,方开口道:"官人息怒,非干主管之事,是奴家一时事急,不及先来府上禀知,望乞恕罪,容住三四日,寻了屋就行搬去,至于房金,依例拜纳,决不致欠。"云发见她年少美貌,不觉动火,便放下脸来道:"既如此,便多住几日也不妨。请自稳便。"妇人说罢,便去搬箱运笼。云发看得心痒,也帮她搬了几件家伙。那胖妇人与小妇人都道:"不劳官人用力。"云发道:"在此空闲,相帮何妨。"彼此俱各欢喜。天晚,云发回家,吩咐主管:"须与里面新搬来的说,写纸房契来与我。"主管答应;不在话下。

且说云发回到家中,并不把人搬来借住一事说与父母知觉,当夜心心念念只想着小妇人。次日早起,换了一身好衣服,打扮齐整,叫小厮寿童跟着,摇摇摆摆走到店中来。那里面走动的老妇,见屋主来了,便来邀接进去吃茶,要纳房状。云发便起身入去,只见那小妇人笑容可掬,迎将出来,道个万福,请入里面坐下。云发便到中间轩子内坐着。那老婆子和胖妇人都来相见陪坐。坐间只有三个妇人,云发便问道:"娘子高姓?怎么你家男子汉不见一个?"那胖妇人道:"拙夫姓韩,与小儿在衙门跟官,早去晚回,官身不得相会。"坐了一回,云发低着头,瞧那小妇人。这小娘子一双俊眼,觑着云发道:"敢问官人青春多少?"云发道:"虚度二十四岁,且问娘子青春?"那小妇人笑道:"与官人一缘一会,奴家也是二十四岁,城中搬来,偶遇官人,又是同庚,正是有缘千里来相会了。"那老妇和胖妇人,看见关目,推个事故,起身躲避了。只有二人对坐,那小妇人便把些风流话来引诱云发。云发心下虽爱她,亦不觉骇然道:"我道她是好人家,容她居住,谁想是这样人物。"正待转身出去,这个小妇人便走过来,挨在身边坐住,作娇作痴,说道:"官人,将你头上的金簪子取下,借奴看一看。"云发便除下帽子,正欲去拔。这个小妇人便一手按住云发的头髻,一只手拔了金簪,就起身道:"官人，我和你去上楼说句话儿。"一头说，一头迳走上楼上去了。此时云发心动，按捺不住，便也随后跟了上楼，讨那簪子，叫道："娘子还我簪子，家中有事，就要回去。"那妇人道："我与你是夙世姻缘，你不要假装老实，愿偕枕席之欢。"云发道："使不得。倘被人知觉，却不好看。"便站住脚，思要下楼。怎奈那妇人放出万种妖娆。回转身来，搂住云发，将尖尖玉手，去扯云发的裤子。那时就任你是铁石人，也忍不住了。云发情兴如火，便与她携手上床，成其云雨。霎时，云散雨收，两个起来偎倚而坐。云发且惊喜，问道："姐姐叫什么名字?"那妇人道："奴家姓张，小字赛金，敢问官人宅上做什行业?"云发道："父母只生我一身。家中贩丝放债，新桥市有名的财主，此间门首铺子，是我自己开的。"赛金暗喜道："今番缠得这个有钱的男子了。"原来这妇人一家，是个隐名的娼妓，又叫作私窝子，家中别无生意，只靠这一本账讨生活。那老妇人是胖妇人的娘。这赛金是胖妇人的女儿。在先那胖妇人，也嫁在好人家，因她丈夫无门生理，不能度活，不得已做这般勾当。赛金自小生得标致，又识书会写，当时已自嫁与人去了，只因看娘学样，在夫家做出事来，被丈夫发回娘家。事有凑巧，此时胖妇人年纪将上五旬，孤老来得甚少，恰好得女儿接代，便索性大做了。原来城中居住，只为这样事被人告发，慌了，搬来此处躲避。不想云发偶然撞在她手里，圈套安排停当，漏将入来，不由你不落水。怎的男儿不见一个? 但有人到他家去，他父子即便避开。这个妇人，但贪她的，便着她手，不知陷了几多汉子，当时赛金道："我等一时慌忙搬来，缺少盘费，告官人，有银子乞借五两，不可推故。"云发应允，起身整好衣冠，赛金才还了金簪。两个下楼，仍坐在轩子内，云发自思："我在此耽搁甚久，恐外面邻舍们谈论。"又吃了一杯茶，即要起身。赛金留吃午饭，云发道："耽搁已久，不吃饭了，少刻就送银子与你。"赛金道："午后特备一杯菜酒，官人不要见怪。"说罢，云发出到铺中，只见几个邻人，都来和哄道："云小官人，恭喜。"云发红了脸皮，说道："好没来由，有什么喜贺?"原来外边近邻，见云发进去，那房屋却是两间六椽的楼屋，赛金只占得一间做房，这边一间，就是丝铺上面，却是空的，有好事者，见云发不出来，便伏在这边空楼壁缝偷看，他们入马之时，都看得明白亲切。众人见他脸红嘴硬，内中那原张见的便道："你尚要赖哩，拔了金簪子，上楼去做什么?"云发被他说着，顿口无言，托个事故，起身便走出店。到娘舅潘家讨午饭吃了，踱到门前店中，借过一把戥子，将身边买丝银子，秤了三两，放在袖中，又闲坐了一回。挨到半下午，方复到铺中来。主管道："里面住的，方才在请官人吃酒。"恰好八老出来道："官人，你去哪里闲耍，教老子没处寻，家中特备菜酒，只请你，主管相陪，再无他客，就请进去。"云发就同主管，走到轩子下看时，桌上已安排得齐齐整整。赛金就请云发正席而坐，主管坐在横头，赛金朝上对坐。三人坐定，八老执壶斟酒。吃过几杯酒、几盘菜果，主管会意，托词道："年来掬摸甚多，天将晚了，我去收拾铺中什物去。"便脱身出来。那云发酒量亦浅，见主管去了，只一女子相陪有趣，便开怀畅饮。吃了十数杯，自知大醉，即将袖内银子交与赛金，起身搀了赛金的手道："我有句话和你说。今日做那个事，邻舍都知道了，多人来打和哄。倘传到我家父母知道，怎生是好？姐姐依着我说，寻个僻静去住，我自时常看顾你，何如？"赛金道："说得是，奴家就与母亲商议。"说罢，免不得又做些干生活，云发辞别嘱咐道："我此去再不来了，待你寻得所在，叫八老说知于我，我来送你起身。"说罢，云发出来铺中，吩咐主管记账，一径自回，不在话下。

且说赛金送云发去后，便把移居的话，备细说与父母知道。当夜各自安歇。次早起来，胖妇人吩咐八老，悄地打听邻舍消息。去了一会，八老回家哭道："街坊上嘴舌甚是不好，此地不是养人的去处。"胖妇人道："因在城中被人打搅，无奈移此，指望寻个好处安身。谁想又撞着不好的邻舍。"说罢，叹了口气，遂叫丈夫去寻房子不题。

话说云发，自那日回家，怕人嘴舌，瞒着父母，只推身子不快，一向不到铺中去，主管自行卖货，赛金在家，又着八老去招引旧时主顾来走动。那邻舍起初只晓得云发一个，恐子弟着手，尚有难容之意。次后见往来不绝，方晓得是个大做的。内中有生事的道："我们俱是好人家，如何容得这等麤曹的？常言道：'近奸近杀。'倘争锋起来，致伤人命，也要带累邻舍，我们鸣起锣来，逐她去吧！"那八老听得此言，进去向家人说知。胖妇人听得，甚没出气处，便耸老娘道："你七老八老，怕着谁的？兀不去门前叫骂那些短命多嘴的鸭黄儿去。"那老婆子果然就走到门前叫骂道："哪个多嘴贼鸭黄儿，在这里学放屁？若还敢不听我的，拼这条老性命结识他，哪个人家没亲眷来往？辄敢臭语污人，背地多嘴，是何道理？"其时邻舍们听得，道："这个出精老狗，不说自家干那事，倒来欺邻骂舍。"内中有个开杂货店的沈一郎正要去应对婆子，又有个守份的张义明拦住道："且由她，不要与这垂死的争气，早晚赶她起身便了。"那婆子骂了几声，见无人睬她，也自入去了。然后众邻舍来与主管说道："这一家人来住，都是你没分晓，反受他来。他如今不说自家理短，反叫老婆子门外叫骂，你是都听得的。我们明日到你主家，说与云大官知道，看你怎么样。"主管忙应道："列位息怒。不要说得，早晚就着他去就是。"说罢，众人去了。主管当时到里面，对胖妇人道："你们快快寻个所在搬去，不要带累我。看你们这般模样，就住也不秀气。"胖妇人道："不劳吩咐，我已寻屋在城，早晚就搬。"胖妇人就着八老，悄与云小官说知，又吩咐不可与他父母知觉。八老领诺，走到新桥市上，寻着云宅，站在对门候着。不多时云发出来，看见八老，忙引他到别家门首问道："你来有什话说？"八老道："家中要搬在城内游奕营羊毛寨南横桥街上去住。敬叫我来说知。"云发道："如此最好，明日我准来送家起身。"八老说了，辞回。次日云发巳牌时分，来到灰桥市上铺里坐下，主管将逐日卖丝的银子算了一回，然后到里面与赛金母子叙了寒温，又于身边取出一封银子，说道："这三两银子，助你搬屋之费，此后我再去看你。"赛金接了，母子称谢不尽。云发起身看过各处，见箱笼家伙都搬下船了。赛金问道："官人，我去后，你几时来看我？"云发道："我回家还要针灸日穴火，年年如此，大约半月日止，便来相望。"赛金母子滴泪别云发而去。正是：

    此处不留人，自有留人处。

  且说云发原有害夏的病，每遇炎天，使身体疲倦，形容消减。此时正六月初旬，因此请个医人，在背后针灸几穴火，在家调养，出门不得。虽思念赛金，也只得丢下不提。

  话说赛金，从五月十七搬在横桥街住下，不想那条街上，俱是营里军家，不好那道的，又兼僻拗，一向没有走动。胖妇人向赛金道："那日云发小官许下半月就来。如今一月，怎不见来？"赛金道："莫不是病倒了？或者他说什么针灸，想是忌暑不来。"遂与母亲商议，教八老买两个猪肚磨净，把糯米、莲肉灌在里面，安排烂熟，赛金便写封字道：

  贱妾赛金再拜谨启情郎云官人：自别尊颜，思慕不忘。向蒙期约，妾倚
  门凝望，不见降临。贵体灸火疼痛，妾坐卧不安，不能代替，谨具猪肚二枚，
  少申问安之意。幸希笑纳，不宣。

  写罢，折成简子，将纸封了，猪肚装在盒里，叫八老嘱道："你从他铺中一路而去，见了云小官，便交他亲收。"八老携了提盒，怀着简书，走出武林门，到灰桥市铺外，看将入去，不见云小官，便一迳到新桥市云发门首坐着。只见他家小厮寿童走出，八老便扯寿童到僻静处说道："我特来见你官人说话，可与我通知。"寿童遂转身进去。不多时，云发出来，八老慌忙作揖道："官人，且喜贵体康健。"云发道："好。阿公，你盒子里什么东西？"八老即道知来意。云发遂引他到个酒楼上坐定，问道："你搬在那里可好吗？"八老道："甚是萧索。"遂于怀中取出束封，递与云发，云发接来了看了，藏在袖中，揭开盒子，拿一个肚子叫酒博士切做一盘，吩咐烫两壶酒来。云发又买了张贴

子,索笔砚,一面陪八老吃酒,一面写回书。吃完了酒,又向身边取出一锭银子。约有三两上下,并回书交与八老道:"多多拜复五姐,过一二日,我定来相望。这银子送与你家盘费。"八老受了,起身下楼而去。天晚到家,将银柬俱付赛金。赛金拆开看时,上写道:

> 发顿首复爱卿赛金娘子妆次:前会多蒙厚意,无时少忘。所期正欲趋会,因贱躯灸火,有失前约。兹蒙重惠佳肴,不胜感激。相会只在二三日间,些许白物,权表微情,伏乞收入。云发再拜。

看毕,母子欢喜不题。

再说云发,在酒店拿了一个猪肚归家,悄地到自己卧房,对妻子道:"这个熟肚子,是个相知的机户送与我吃的。"当晚就将那熟肚与妻子在房中吃了,不令父母知觉。过了两日,云发起个早,告知父母,要去查铺,讨一乘兜轿坐了,命寿童打伞跟随。只因这一去,有分教:赛金断送了他的性命。正是:

> 二八佳人体似酥,腰间仗剑斩愚夫。
> 虽然不见人头落,暗里教君骨髓枯。

云发上轿,不觉早到灰桥市上,进了铺,主管相见。云发一心在赛金身上,坐了片时,便起吩咐主管道:"我入城去收些机户赊账,然后回来算你买账。"主管明知他要到那处,但不敢拦阻,只得道:"官人贵体新痊,不可别处闲走,恐生他疾。"云发不听,一径上轿,在路预先吩咐轿夫,进艮山门,迤逦羊毛寨南横桥,寻问湖市搬来张家店面,指示寿童,前去敲门,里面八老出来开门,见了云发,忙入去报知。赛金母子迎接云发下轿,说道:"贵人难见面,今日什风吹得到此?"云发欢然,里面坐下,叙了别情。茶罢,赛金道:"官人看看奴家卧房。"云发便同她到楼上坐下,两个无非说些深情密语。当下安排酒肴,两人对饮,云发情兴如火,相抱上床。事毕起来,洗手更酌,又饮数杯。云发因灸火,在家一月不曾行事,今见了赛金,岂肯一次便休。这云发也是色大,不禁情兴复发,下面硬个不了,扯了赛金上床,又丢一次。正是:

> 爽口物多才作疾,快心事过便为殃。

事后云发自觉神思散乱，困倦异常，便倒在床上睡了。赛金也陪睡在身边。

却说云发睡了，方合眼，便听有人叫："云小官，你这般好睡？"云发睁眼，见一个胖大和尚，身披旧褊衫，赤脚穿鞋，腰束黄丝绦，对着云发道："贫僧是桑叶寺水月住持，因为死了徒弟，特来劝化官人弃俗出家，与我做个徒弟，何如？"云发道："你这和尚，好没分晓。我父母半百之年，只生我一人，如何出得家？"和尚道："你只好出家，若贪享荣华，定然夭寿。依贫僧说，跟我去吧！"云发道："胡说，这是妇人卧房，你怎么也敢到此？"那和尚瞪眼喝道："你去也不去？"云发也骂道："你这秃驴，好没道理，只管缠我则什？"和尚大怒，扯住云发便走，及走到楼梯边，云发叫屈起来，被和尚尽力一推，便倒下楼去，撒然惊觉，出一身冷汗。开眼时，赛金还未醒。云发连叫奇怪。赛金也醒来道："官人好睡，便歇了，明早去吧！"云发道："家中父母记挂，我要回去，另日再来。"

赛金细看云发，颜色大是不好，不敢强留。云发下楼，想着梦里，又觉心惊，遂辞了赛金母子，急急上轿。天色将晚，肚里又渐疼起，真个过活不得，此时怨自艾，巴不能到家。吩咐轿夫快走，挨到自家门首，疼不可忍。下轿来走入里面，径奔楼上，坐在马桶大便，痛一阵，撒一阵，撒出的都是血水。及上床，便头晕眼花，四肢倦软，百骨酸疼。那云锦见儿子面青失色，奔上楼去，吃了一惊，亦在楼问道："因什这般模样？"云发假推在机户家多吃儿杯，睡后口渴，又吃冷水，肚疼作泻，说未了，咬牙寒战，浑身冷汗如雨，身如火热。云锦忙下楼，请医来看，医人道："脉气将绝，此病难医。"云锦再三哀告，医人道："此病非干泄泻，乃色欲过度，耗散元气，为脱阳之症，多是不好，我用一帖药，与他扶助元气，若服药后热退脉起，则有生意，我再来医。"于是撮了药自去。

父母再三盘问，云发只是不语。将及初更，服了药，伏枕而卧，忽见日间所梦和尚又至，立在床边叫道："云发，你强熬则什？不如早跟我去。"云发只不应他。那和尚便没不由分说，将身上黄丝绦套在云发颈上，扯住就走。云发扳住床榥。大叫一声惊醒，又是一梦。开眼看时，父母妻子俱在面前。父母问道："我儿因什惊醒？"云发自觉神思散乱，料挨不过，只得将赛金之事，并所梦和尚始末，一一说了，说罢，哭将起来。父母妻子，尽皆泪下。父亲见病已至此，不敢埋怨他，但把言语宽解。云发昏迷，几次复苏，泣谓浑家道："你须善待公姑，好看幼子，丝行资本，尽够过活。"其妻哭道："且宽心调理，不要多虑。"云发叹了口气，唤丫鬟扶起，对父母道："儿不能复生矣。也是年灾命厄，虽悔何及！传与少年子弟，不要学我非为，害了性命。我若死后，将尸丢在水中去，方可谢抛妻弃子、不顾父母之罪。"言讫，方才合眼，和尚又在面前。云发哀告道："我师，我与你有什冤仇，不肯放我？"那和尚道："我只因犯了色戒，死在彼处，不

得脱离,昨日偶见你与那女子白昼交欢,我一时心动,便想你做个顶替。"言罢而去。云发醒来,又将这话与父母。云锦骇道:"原来如此。"慌忙在门外街上,焚香点烛,摆列羹饭,望空拜告:"求禅师大发慈悲,放回我儿,亲去设醮追拔。"祝罢,烧化钱纸。回到楼上,见儿子睡着,忽然翻身坐将起来,睁着眼道:"云锦,我犯如来色戒,在羊毛寨寻了自尽。你儿子也来那里淫欲,我所以想要你儿子顶替,不然,求你超度,适才许我荐拔,我放你儿子,仍在羊毛寨等你,果来荐拔,能得脱生,永不来了。"云锦即合掌作礼,云发忽洒然而觉,颜色复旧,身上已住了热,及下床解手,便不泻了。天明,请原医来看,说道:"六脉已复,定然得生,恭喜了。"撮下药。调理数日,果然痊好。云锦即请了几位僧人,在羊毛寨赛金家,做一昼夜道场。只见赛金一家做梦,见个胖和尚,带了一条拄杖去了。

云发将息半年,依旧在新桥上生理,那八老来寻,竟一直谢绝。永不复去,一日与主管说起旧事,不觉追悔道:"人生在世,切莫贪色,我几乎把条性命平白害了。"自此以后,生男育女,常常训诫,不可贪色好淫。后来寿得八十之外而终。看官们牢记此段,以诫子弟,勿谓野史无益于人,不必寓目也!

第二段·戒惧内

大好汉惊心惧内
小娇娘纵情丧身

诗曰：

> 夫握乾纲图画中，未闻惧内受妻笼。
> 何事甘心偈首状，弄得臭名世世烘。

这首诗单表人间有夫妇，犹宇内有天地。天位乎上，主施；地位乎下，主受。夫以义率，妻以顺事，哪有丈夫怕妻子之理！无奈今之惧内者，自缙绅以逮下贱，习以成风，恬不知耻，即目击妻之淫纵，亦无奈何，无他，其祸皆起于"爱"之一字，盖人当初娶时，未免爱其色，而至于宠。宠之一成，就是：

> 堂上公言，似铁对钉。枕边私语，如兰斯馨。

虽神功妙手，孰能医治？狮子一吼，则丈夫无所措手足，因而成畏，此必然之理也。

话说南直隶本府城内莫有巷，有一人姓羊名玉，字学德。这人在地方，也是有数的好结朋友。若邻里有事，拉他出来说两句话，人都信服。只有一件，回家见了妻子，便像小鬼见阎王。论惧内的，他算是头一把交椅。他偏在人前说嘴道："做个人，岂有怕老婆之理？大凡人做事，哪得十全，倘有点差误，得那贤惠的点醒一番，也是内助之功，怎不听她？就是被老婆打几下，也不过是闺房中淘情插趣儿。你说那嫩松松的手儿，可打得疼吗？难道也像仇敌，必要与她打个输赢不成？"因执了这个念头，娶妻华氏，生得十分美貌，年只二十多岁，且手里来得，口里道得，他便一心畏服，因而怕她。

却说羊学德，有一起串行朋友，一姓高名子兴，一姓希名要得，一小旦姓苟名美都，俱是风流人物，都住在裤子巷右腹内。会吹弹歌唱，一到人家，妇女见了，未有不动心的，故老成人，断不容此辈上门。

却说苟美都，年方十五，父早逝，仅存母亲诸氏，年三十余岁，只看她儿子的美艳，便知其母一定是标致的了。况美都要学子兴的吹唱，日逐邀在家中，不分内外，孤既不孤，寡亦不寡，子母们未有不着手的。两邻见他哄进哄出，却也疑心。一日，高子兴来寻美都，偶遇美都出外，他便关门上楼。左邻有心，急去寻个壁缝瞧看，见子兴搂了诸氏，在醉翁椅上将屁股不住扭动，那诸氏乱颠乱播，子兴还要尽兴，诸氏恳求道："我的心肝，再一次定要死了。饶了吧。待明日与你尽兴。"高子兴道："你儿子又不在家。叫我去哪里完事？"诸氏道："随你哪里去。"子兴兜了裤子，下楼出门，那瞧看的邻舍先在门口等着，叫道："老高，你好战法。"子兴道："我们串戏的，不过虚戳这几枪。有什么好。"彼此笑开去了。但一传两，两传三，裤子巷中，没有一个知道的，那诸氏还要假卖清，骂邻骂舍不了。一日，也是合当有事，那高子兴、希要得俱在美都家吹唱饮酒，兴尽归家。独子兴转回，走在诸氏楼上歇了。那邻舍恨诸氏嘴硬，打探明白，都暗暗在门口守候。及子兴开门出来，被众人一把拿住，又恐诸氏短见，叫两个老妇人去陪住。那美都忙去寻希要得与几个相知来调停。其中有一个叫杨蜊子，一个叫王榻皮，有这两个在内，再处不到。子兴便叫美都去寻羊学德来。到了天明，美都寻着学德，道知其事，因说道："特来请你老人家去调停，不然，我母亲就死了。"羊学德道："内中作梗的是谁？"美都道："是杨蜊子、王榻皮。"学德道："原来是这两个，不打紧，你去秤一两银子，做二包拿来应用。"美都即到家对母亲说了，秤银出门交与学德，方同他到家。学德见坐了一屋的人，便笑道："呵呀。好热闹！为什事来？"那杨蜊子二人齐道："你老人来得好。有一件败俗的事，高子兴与苟子美的母亲通奸也非一日，邻里们守候四五日，昨夜才拿住，正要送官。你老人家既来，有什处法？"那羊学德便捏了杨、王二人的手，将银包递过去了，乃从容说道："这奸是床上拿住的，是门外拿住的？"有几个道："虽不是床上拿住，然我们合巷皆知。"学德又道："依列位说，是真了。且问这捉奸的是他父族，还是亲戚？"众人道："虽非父族、亲戚，我等近邻，伤风败俗的事，人人都拿得。"那王榻皮与蜊子道："你们且静口，听羊兄处分，自有妙论。"羊学德道："大凡人隐恶扬善，是积福积寿的根本，至于把他人弄丑，害人性命，与己何益？俗语道得好：闲人撮闲蝉，不要闲人管。"众人听了这一席话，都顿口无言，内有一人道："我们与他本无仇隙，做什对头？只是他二人通奸，我们都是亲眼见的，那诸氏反骂邻骂舍，所以气她不过，与她出丑，如今你老人家处千处万，随你吩咐，我们无有不依的。"羊学德道："这事也难怪众人，诸氏心性，不必说起，就是老高，在裤子巷中，硬头硬脑，列位岂有喜他的吗？"众人都笑起来。他又道："如今你们把我当一个人，我怎敢忘情。我拿出几两银子来，叫厨子包几桌酒。"吩咐苟美都道："你快去发行头来，叫高子兴串一本戏文赔礼，这个使得吗?"众人齐道:"妙极。"于是众人各散。须臾，戏箱发到，搭了台，邻舍毕集，一同吃了酒饭。子弟，生、旦、丑、净，都扮起来，敲动锣鼓，演了一本《幽闺记》男盗女娼的戏文。那苟美都做了贴旦，标致不过，在台上做作，引得羊学德妻子的规戒顿忘，旧兴复发，见美都下台，便搂住道:"我的心肝，你如此态度，不由人魂飞。到场毕，凭你怎样。要了了我的心愿去。"美都道:"若奶奶知，粗棍抽你，我却救你不得。须自家打算。"学德道:"休管她，粗棍抽我，我也将粗棍抽她。"高子兴听着，便道:"那不费之惠，何难奉承。"苟美都道:"肯定肯，只要他一个东道，明朝请我们，老希，你作中。"众人都道:"是了。"学德应允。直待戏完，吃了散场酒。美都与子兴同送羊学德一路回家。已是三更时分，残月朦胧，学德扯了美都，落后一步道:"我的小心肝，完了我的心事去。"美都道:"到你家扰了东道。自然了你的心愿。"学德便一把搂住道:"你这小油嘴，晓得我家里做不得，故意难我吗?"于是扯到廊下，只见希要得轻轻掩在侧边道:"狗打花，快拿些水来。"学德骂道:"牢拖的。还不轻声。"不上一会，复走来道:"老羊，东道休忘了。"学德道:"死花子，奈何死人，说有便有了。"美都道:"厌花了，还不快走。"子兴忙来拽他道:"不要惹厌。"扯得去。须臾了事，各散回家。

学德到家门，蜡梅开门放进，学德问道:"妈睡了吗?"蜡梅点头。学德忙忙上楼，向床内去摸。那华氏伸手劈面一掌。道:"入你娘的，这时候才来，你在外干什么事?"学德便坐在床前道:"今日遇着一件奇事。"便把子兴奸诸氏，众人处不倒，我去一说便倒，一一说明。道:"才看戏回来。并没走什野路。"华氏中报这些风流话，起来坐在床内道:"这是真的吗?"学德道:"怎敢调谎。"于是二人因倦睡去。这正是:

　　不耻奴颜婢膝行，甘心箠楚受妻禁。

　　夫纲凌替一如此，犹向人前假卖清。

次日清晨，高子兴同苟美都、希要得齐来羊家索东道。宾主一见，高子兴便谢道:"昨蒙恩哥费心，解我一结。"羊学德道:"这个该当。"美都接口道:"羊哥，我们今日来消昨日的东道。"学德道:"昨晚敝房等我，熬了一夜的眠，如何好叫她动手?"苟美都道:"何如，我说他会赖账，我只问中人要。不然我是这等贱的?"高子兴道:"就是一个东道。这狗屁股也不见贵。我有个故事说与你们听。当初羊头上无角，狗头上原有角，那羊想狗的角，央鸡居间借了。再不肯还，至今鸡尚道:'狗个角'，狗则云:'要要要'。羊一心图赖，口口道:'没没没'。"说罢，众人齐笑起来。学德道:"待我进去问声。”学德进内，不料华氏已在中门后听了，见丈夫进来，便一把捋住胡须道：“你昨夜原与小杂种干那个。我养你廉耻，不去打他，你好好随我上楼。”学德道：“我的贤惠娘，既全我的体面，休捋害我的胡须。”遂一同上楼。那外面苟美都爬在格眼上偷睄，下来对众人说知，众人即掩口进内窥听。只听华氏大发雷霆道：“谁家长进的男子，做那腌臜的事。”学德道“娘，你是伶俐的，怎听这干人哄？”华氏道：“别人或者有之，高叔这等人品，难道也会哄人？”学德忙膝行到华氏腿边道：“如你不信，你整起东道来与他们吃，我若与那杂种贴一贴身，油一句嘴，便二罪俱罚。”华氏道：“我的儿，他是我仇人，我到去整酒与他馔屁股吗？”学德道：“不是请他，他们笙、箫、提琴都带来了，无非唱曲耍酒。你在窗内听听，也是趣事。”华氏听得动兴，想他们那班人物风流可爱，便道：“罢了，饶你这遭。快去买东西，我与你烹调。只不许你在外放肆。”学德道：“不敢。”起来下楼，出外留住众人道：“我房下闻得众位在此，又听我说各位曲子唱得好，她已应承亲手整治，众人同我去买些肴馔美酒来。”于是众人各个带笑，一齐出门，这下叫作：

家人嗃嗃是佳谋，妇子嘻嘻贞亦羞。

百意逢年犹未善，开门接盗赴妆楼。

羊学德四人买了肴酒，拿到厨下，华氏果然登时整出来，叫蜡梅摆将出去，那高、希、苟三人，假逊了一回，然后坐定，叫一声：“请嗄。”但见：

人人动手，个个衔杯。狼吞虎咽。就似与鸡骨头有什冤仇；马饮牛呼，却像与糯米汁是亲姐妹。正是吃一看三揭两，盘中一似云飞。眼睛近视的休来入座；牙疼的吃了一半大亏。

须臾盘光碟空。华氏窥见，又叫蜡梅取些添换出来的。学德斟了一回酒，众人都道酒冷。学德便向内道：“酒冷了。”又饮一巡，众人又道：“还有些冷。”学德又向内道：“酒仍冷。”华氏起初听喊，心已不快；又听得喊叫，便十分大恼，下在中门后睄看，却好学德提酒壶进去换酒，劈头撞着。华氏正在气头上，就是一大巴掌，打得甚响，外面听真切。学德也不作声，向外走道：“这等可恶，我专打你这个酒冷。”众人心中惧疑道：“他平日极怕的，怎一时振作起来？”及众人饮得高兴，你唱我弹吹，我唱你弹吹，果然绕梁之音，声彻云霄。那华氏始听得妙，倚着门睄，后渐出中堂，立在屏后，或隐或见，引得这些小伙，越做出风流的样子来，及轮到高子兴唱，华氏便以手在屏上拍，隐

隐赞妙。那高子兴刚在右手,坐在屏风侧边,正与玉人相对。他见此光景,弄得:

　　　　心儿内忐忐忑忑,意儿上倒倒颠颠。

　　坐立不安。心生一计,将脚把垫桌的砖头踢去,见桌不平稳,忙向屏风角边去寻瓦片,轻轻将华氏绣鞋上捏了一把。然后垫好桌脚。他见华氏不动,知她有心,因一眼盯着华氏。华氏以手招他,便起身道:"列位且坐坐,我解手就来。"学德道:"不许逃席。"子兴道:"我肯逃吗?"于是走到后边,见门半掩,便身挨进去。华氏一见,便道:"高叔,不去饮酒,来此则什?"子兴道:"多扰大嫂,特来致谢。"华氏倒了一杯茶,带笑道:"高叔,前闻得你好快活。"子兴道:"她是过时桃杏,怎如大嫂是水上芙蓉。"华氏道:"我最怪人在东说西。"子兴乃上前搂住道:"我的心肝,对你焉有假心。"便去亲嘴接唇,华氏故意不允,把手内茶泼了一身,便道:"你快出去。我明日打发胡子出去。你可早来,我与你说话。"子兴得了约,复出来赴席。不妨那希要得早已窥破,见子兴说了出恭去后,他也说出恭,跟到后边,亦进了门,隐在暗处,听得明白,见小高出来,也不冲破。随来席上坐一会。各人方散。那学德回到内边赞道:"我的娘,你真显得好手段。"华氏笑道:"你不嫌我也罢了。"学德道:"有什嫌你? 只是这干人面前,不要你出头露脸。"华氏道:"啐,你就不该引他家来,难道徘生在额角上,见了人就入了去不成? 你既说这话,他们来时,我偏要出去见他,看你怎奈何我。"学德便以手自打脸道:"又是我多嘴了。"可怜:

　　　　玩夫股掌上,何事不堪为。

　　却说高子兴,因华氏约他,次日绝早,打扮十分齐整。悄悄而去。不料希要得在家亦想道:"我哪些不如他,他两人眉来眼去,只要踢开我? 若是大家弄弄便罢了。不然,我搅断他的筋。他今朝必然早去,等我先去候他。"便先去了。那子兴刚到羊家门首,去门缝里瞧,见有人在内,仔细一看,却正是小希。心下便如中一拳。道:"这鬼头,怎么先来了?"忙做不见,踱了过去。那小希看见,便急跑出门,叫道:"高大哥何往? 打扮得像去做新郎的,有什好处,带挈我一带。"子兴道:"我去拜一朋友。"小希道:"小弟奉陪。"子兴道:"不敢劳。"小希道:"小弟没事,今日总要同你走走。"子兴千方百计,再洒脱不开,整缠了一日,到次日,子兴恨道:"这天杀的,误我一日,那人不知怎的恨我。今日休走大道,由小路去吧!"及到羊家中堂,又见小希早在。问他道:"你因什来?"小希道:"我的来就是兄的来。"子兴道:"我与羊哥有话。"小希道:"我也有话。"二人坐下一回,子兴道:"去吧。"小希道:"你何往?我同你去。"子兴便发性,要与他相打。小希又微笑道:"我不曾得罪大哥,何必如此发怒?你要打就打几下。我总要跟着你。"子兴无奈,只是往苟家,向诸氏告知其事。诸氏道:"这个不难,但你不可忘旧,你去买四色礼来。我代你羊家去。"子兴忙去办备。

　　且说华氏,见他两人缠个不了,好不痛恨,至第三日,忽见一乘轿。抬了半老佳人进来,见了礼,便道:"我姓诸,苟美都是我的儿,前蒙羊大叔全我性命,特备些许微物,来谢奶奶。"华氏道:"原来是诸奶奶,俱是通家,何必如此,请里面坐下。"却说希要得,又来羊家巡哨,张见诸氏在内,便惊道:"好贼头,这着棋倒与他下着了,待我去寻蝎子,叫老羊回来破他。"不多时,学德果回,见是诸氏,见礼毕,华氏道知来意。便留待饭,饭后,华氏道:"奶奶,今夜在这里歇,我还有知情话对你说。"诸氏道:"只恐羊叔怪我阻他的兴。"二人笑做一堆,便叫轿夫回去。晚间华氏多吃了几杯,便春心发露,向诸氏道:"我与你结姊妹,方好来往。我闻你小高有情,姊姊,你试说趣味我听。"诸氏欣然道:"妹妹,那小冤家的行货子,真与人不同,一阵阵丢去,也说不出那多少妙处。故此女人见他,便先狂了。"说行那华氏将身贴近诸氏道:"你果是真心事,我也不说假,我原约他来一会,弄我空等两日,却是何故?"诸氏道:"休要怪他。你们怎的露风,被小希杂种知了?抵死缠住,一步不离,所以来不得。今特着我来通信,明日接你到我家去,不知可否?"华氏道:"如此甚好。"遂叫胡子在楼下宿,她两个说笑一夜。到次早,梳妆饭毕,华氏叫丈夫寻两乘轿来。学德道:"娘,也要到那里去?"华氏道:"你管我做什?"学德道:"晚上好来接你。"华氏道:"谁要你接。"学德只得叫两乘轿,任她出门,不敢多问。诸氏同华氏到家,子兴已先在了。那华氏好脸皮,一把扯住道:"你害我在家等了两日。"子兴道:"我的娘,气死了人,被小希缠住不放,今日幸得见面,等不得了。"于是携手上床。华氏解了小衣,倒在床上。子兴正待寻花觅蕊,忽听是瓦上豁喇喇一声响亮,两人吓了一跳。却原来希要得约杨蝎子等,睄着子兴进门,后有两乘轿进门,便用此计策。子兴害怕,连忙下楼与苟美都大开了门,教一回曲子,然后回家。又生一计,叫美都来道:"我雇一只灯船,叫你娘同华婶婶俱男扮了。寂寂出门,上船玩玩。"美都去通知了。不想子兴叫着一只灯船,又是个行不出的光棍王炎的船。他家一小使,叫作王龙,也在裤子巷左边住。少停,二妇带了巾帻,苟子领着小船。饮未数杯,子兴与华氏便进船舱去了。王龙不见二人在席,只道他是弄莛子,向门缝一睄,原来下面是个妇人,那妇人不住地打寒噤,正在要死要活的时候。王龙忙跳上岸,叫家长王炎来,轻轻进舱,一把拿住。诸氏带得有银在身,忙买王炎释放,还

争多道少。那希要得又去寻羊学德，说船内有二、三内眷干事，被人拿住，敬来邀你，赚他几两银子。羊老是吃这一碗饭的，便欣然同来，上了船，吃一大惊，只见华氏蹲作一堆，诸氏及高子兴都央求王炎。学德一时怒发，把王龙挥了几掌。那王炎、高子兴俱一溜烟走了，只存诸氏、美都。华氏已失了小衣。希要得也脱身真诚了。羊老气得话说不出，华氏反骂道："狗王八，你既是好汉，如何妻又被人诈害？"便装起势来，假要投河。羊老此时，羞极怒极，一推便落水了，诸氏母子，只是叩头，羊老道："都是我自己不是，不该惹着他们，与你无事，去吧。"可怜华氏，未极云雨乐，性命顷刻间。这也是自取了。羊老回家，遂移在清凉门去住。却恨小高不过，监中牢头禁子，都是平日相厚的，遇一起江洋强盗，便买嘱了他，一口咬定高子兴，后在狱中死了。你道内可惧的吗？唯惧了她，自然把你如掌中儿，何事不忍为？人喜惧内，吾因集此段以为戒。

第三段·赌妻子

为吝财烧妹遭殃
因爱赌媒妻幸富

诗曰：

> 承恩借猎小平津，使气常游中贵人。
> 一掷千金浑是胆，家无四壁不知贫。

这首诗，单道古时赌博中，如晋桓温、袁耽，宋时刘裕、刘毅，皆赌博中豪杰，自后竟流为不肖之事。入其中者，未有不丧家败业，游手行丐。那笑话中。一人问道："女转男身，有何方法？"一人答道："将几个猪肚，缝成大袋，把女子盛在里头煮几日，便转男身。"问者不解。其人答道："终日在赌里滚，怕他不出脿子？"故不肖子弟，游荡多端，赌为第一，或有成家，也千中仅一，然终不可为训。

话说成化年间，句容县有个汉子，姓裴名胜，自幼好赌，立誓不赢一二千金家当，再不回头。自己也有千两家业，不上几年，断送在几粒骰子上去了。看看赌净，衣食不足。其妻杨氏，原是旧家女儿，极有姿色，又贤惠。早晚苦劝不要赌，裴胜哪里肯听，及见赌到这个地位，料后来没好结局，一时间哭了一场，就要投河。那裴胜知道慌了，把妻子送到岳丈家去，安顿停当，便自己一溜走了。那杨氏虽住娘家，她那哥嫂，未免不喜。自恨丈夫不争气，也自忍气吞声。未及一年，爹娘都呜呼了，却是哥哥杨二当家。他做人，银钱性命样值钱，多一个人，茶也舍不得多吃盅的，如何肯供妹子。不上十多日，便道："妹子，留得爹娘在，养你过一世，如今爹娘没了，我又无什进头，人口添多，你妹夫又不回来，不知生死，何不趁你年尚青春，寻个好人家去，也是终身的事。"杨氏道："哥哥，论来要养我一口，也是易事，怎要我改嫁？况且妹夫未必死，若是嫁了，日后回来怎处？"杨二郎道："妹子是聪明人，俗语说得好，'宁增一斗，莫添一口。'你一个人单吃饭也须一日一升，一年也要三石六斗米，还有柴菜在外，一年极少也要六、七两银子,叫我哪里赚来?若说妹夫,千两银子都完赌了,光身出去,几根骨头不知落在哪里,焉有回家日子。依我早嫁为妙。"杨氏听说,也不好再应,只不作声,等哥哥转了身,垂泪道:"丈夫不争气,原靠不得哥哥,如何怪得他。"正在抹眼泪,只见杨二郎又走来道:"妹子,你不肯嫁,我还有好算计,你手里针指好,门首有间小屋,你一个尽好安身,替人家做些针指,我帮你些柴米,再等妹夫回来,却不是好。"杨氏信为真,满口应了,次日就搬出去。刚过了一月,柴米便不来济了。杨氏晚间便进去,见哥哥不出来,又去见嫂嫂,撇情不过,只得出来道:"姑娘,敢是缺些米了?"杨氏道:"正是。"嫂嫂进内,取出一块银子,约有五钱多重,交与杨氏道:"你拿去用,以后须自寻些活路,全靠不得哥哥了。"杨氏接银道:"当初哥哥有言在先,都是他包济,怎今说这话?叫我妇人家,哪里寻活路?"嫂嫂道:"姑娘,你哥哥念兄妹情分,原说帮助你些,若是长要,不如养你终身更妙,何必要你搬出?"杨氏吃个没意思,便把银子交还嫂嫂,走了出去,愤气起来,寻了条绳子,要去自尽。只听有人敲门甚急,杨氏只道是哥子回心转意,连忙开门将灯照看,却是七八十岁的老人家。看他:

> 两眉白似银,双耳垢如漆。
>
> 角巾头上包,筇杖手中执。
>
> 举步先摇首,开口先打噎。
>
> 龙钟一老翁,腰驼背不直。

　　杨氏问道:"我是寡妇,不知老人家半夜三更叩门则什?"那老者道:"老汉是村头王老,平生恤孤怜寡,常周济人,今闻大娘子为哥嫂不肯接济,特送些钱米与你。"杨氏道:"嫡亲哥嫂尚不见怜,我与你非亲非故,何敢受惠?"老者道:"说哪里话。济人须济急,此老汉本心,米在门首,可收进去。"老者竟自走了。杨氏拿灯去门外照,并不见人,好生疑惑。回首一看,果然地下一大袋米,有一、二石多,袋结上挂着铜钱二千。杨氏想道:"我若吃这米完,也得半年,必然丈夫回来了。这米钱不是人送,定是神助。"于是望空拜谢,也不自缢了,将钱米收拾停当,然后去睡了。

　　杨二郎见妹子两日不进去讨,心下想道:"妹子要甘心饥死不成?"便着个小厮,出来打听了,回复道:"姑娘房里柴米甚多,一发好过哩。"杨二郎吃惊道:"是哪里来的?"其妻道:"她人才甚美,要寻个帮主,也极容易,只是别人知了,我们如何做人。但捉贼见赃,捉奸见双,事体未的,不可出口,你黄昏时看个下落,倘有动静,再摆布她,不怕她不改嫁。"杨二郎点头道："是。"到黄昏后，悄走到门首打听，不见一毫动静。连打听四五个黄昏，俱没影响，又与妻说知。其妻道："养汉婆娘，极有算计，若待她做出事来，你我体面何存？不如趁早断送她个干净为妙。"杨二郎道："怎样断送她？"其妻道："这等败坏门风的，活在这里也没趣。待更深时，到她门首，放起一把火，岂不了帐？就是别人见了，也只道自家失火，岂不干净。"杨二郎拍手笑道："好计较，不怕她走上天去。"看官，你道一个妇人，独自住在门前，谁知至亲哥嫂去摆布她。正是：

> 青竹蛇儿口，黄峰尾上针。
>
> 两般犹未毒，最毒妇人心。

那杨二郎听了妻子之计，就如奉圣旨，等不到次日，即吩咐厨下收拾干柴乱草，只等夜间行事，不料他夫妻算计时，那日游神已听得明白，飞奔奏与玉皇大帝去了，到了更尽人静，杨二郎便叫小厮搬了些草，到了妹子门首放一把火，这些茅草小屋，一时便烧得满天红。杨二郎正在那里看，只见火尾登时横冲入自己大屋，自己住屋也烧起来了，心下大惊，急赶进搬抢家伙什物。走到后门，懊悔不迭。及查看人物，烧坏两个小厮，妻子去抢衣饰，被火烟冲倒，活活烧死。二郎慌在一团，天明方知烧死妻子。此是后话。

却说杨二发火烧时，杨氏刚正睡着，忽梦中听得有人连叫火发，慌忙披衣起来，那火已烧在面前，心下慌得没主意，只是叫天。忽见那晚送米来的老者，从火里钻进来，道："大娘子，我求救你出去。"把杨氏驮在背上，从火里缓缓走了出去。直驮了一段路，才放下道："大娘子，这火是怎样起的？皆因前日我送你米，你哥哥疑你做什丑事，故夫妻设计，要烧死你。不料天理昭彰，你倒不死，他的房子却尽烧了，又烧死了个把人哩！"杨氏道："原来如此！蒙你老救我，真是重生父母。但如今到哪里去安身？"老者道："且到我家再处。"遂领着杨氏走到家里，推开大门，安顿一去处与杨氏，道："大娘子坐住，等我进去点光来。"那老者进去，杨氏坐了一会，一个瞌睡竟睡着了。天明醒来看时，原来不是人家，是个土地庙。那妆塑的土地，正与夜来救她的一般。杨氏醒悟道："原来公公救我，料我日后还有些好处，不然，屡屡救我则什？"便起来拜谢土地。刚刚拜完，忽见一伙人，拿香烛进来。内中一个，叫作张小峰，常与裴胜相好的，见了杨氏，骇问道："大娘子，怎么独自坐在庙里。"杨氏一头哭，便把丈夫不成器，出了门，及哥嫂逼嫁，放火烧我，感得土地救出的话，一一告诉。众人道："你哥家事颇好。

休说你一个,就是三五个妹子,也供得起,怎下这毒手?"内中一个,是后来的,住在杨二后门,也说道:"千算万算,天只一算,昨夜火起时,四邻俱看见,有人站在半空,把几面红旗,遮好四边房子,单烧杨二一家,天明找寻妻子,已烧得黑炭样子,还在那里哭老婆哩。"众人听了,都伸舌头道:"直是虚空有神明。"张小峰又问杨氏道:"裴胜哥出去几时了?"杨氏道:"将有年半。前日闻得哥哥说,已死了,不知是真是假。"张小峰笑道:"活活一个人在,怎么说死?"杨氏道:"莫非官人知此信息吗?"张小峰道:"现在扬州钞关上,帮个公子的闲,终日骑马出入,好不阔绰哩。"杨氏道:"几时见他?"小峰道:"今年春头。"杨氏道:"我要去,可寻得着吗?"小峰道:"一到扬州,就可见面。"杨氏道:"这里到扬州多少路?"小峰道:"有二三百里,还要过扬子江哩。"杨氏泣道:"这等,我永世不得见了,不如寻个自尽吧!"小峰道:"不要忙做,我不著加些盘费上去,我家媳妇,也是扬州人,明日要回娘家去,你搭了她船同去,岂不省便。"众人道:"妙极!"遂登时叫了轿来,抬杨氏到张小峰家去。杨氏拜谢众人,嘱道:"列位,奴家若寻得丈夫,回来再谢,但今日之事,切不可令我哥哥得知。"众人应允,散了,杨氏到了张家,次日,便同他媳妇下船。张小峰赶来,拿一封书交与杨氏道:"见了裴兄,将此书交他。"杨氏拜谢。开船不多二三日,到了扬州,杨氏就借小峰媳妇家权住。那家知她贫穷守节,不胜哀怜,好好看待,逐日着人领她满街去撞,偏生不遇。一日,走到个小巷,见一个人手拿壶酒,托着几盘点心,身上穿得褴褛,忙忙走进一个人家去。杨氏仔细看时,正是丈夫裴胜。

原来裴胜跟个公子帮闲,好不兴头。但他虽落魄,旧家气骨犹存。那公子常倚势欺凌平人,裴胜背地与同辈说他短处,被公子听见,赶了出来,故此仍旧在赌场中奔走,博几个飞头钱过日子,那裴胜心下虽忙,眼却也清,一路进去,心里想道:"奇怪,巷头那个妇人,好像我妻一样。"放下点心,忙走出来,恰正撞着,便大叫着:"我的娘,千山万水,哪个同你到此?"杨氏哭道:"人人说你发迹了,怎又是这个模样?"裴胜道:"哪个对你说?"杨氏把小峰的书与他看,见上写道:

> 自从钞关叙别,倏尔又半年矣。想仁丈吉人天相,得意境界,钦慕钦慕。兹为尊阃夫人在令岳家苦守,令岳去世,日遭兄嫂阴害,几陷死地,幸神佑得全。某所目击,不忍坐视,特就便船送归教下,望乞欣留,不胜幸甚。
>
> 通家弟张峦拜启

　　方正看完，只见里边走个人来问道："这内眷是兄什么人？"裴胜道："那是贱内，特来寻我。"那人道："既是尊眷，怎不里面去坐？"杨氏便走入去看时，心如刀割，泪如雨下。原来裴胜在那家耳房安身，只一张床，一张破桌。裴胜等她停了泪，问道："往旧怎的，说与我听。"杨氏将前后一一说了，裴胜怒道："我迟日发迹，定摆布他。"那陪杨氏的小厮，也回了，是夜，裴胜夫妇不得苦中作乐一番，然后睡了。

　　且说裴胜睡着，梦见个白发老者叫道："裴胜，我救妻子来与你发迹，何不将妻再赌一赌。"醒来却是一梦，天明起来，忽有人叫裴胜出去道："外面俱传令夫人天姿国色，有个崔六郎，手头有几万银子，叫你把妻子与他赌，肯不肯？"裴胜听了，正合夜间的梦，连应道："好。"即写了"现赌活管"四大字，贴在壁上。那人便去约崔六郎来。六郎道："耳闻不如目睹，你把妻子与我看看，若果生得好，我就把一户当铺与你赌。"裴胜应允，遂引六郎到自己房边，远远站着，又设计把杨氏哄出来。六郎见了道："果然好，和你交易。"原来，裴胜包不得一掷赢他当铺，万一输了妻子，也好吃碗自在饭，那六郎是会弄手脚的，要稳赢他个标致老婆。两个立起文契、婚书，中见俱全。两个欢天喜地，把筹码摆出。不要裴胜随手掷的，都是快，那六郎越弄手脚越是叉，不上几掷，把六郎的筹码剿得精光。众人道："文契要花押了。"那六郎是爽利汉子，当下画了花押，把当铺交与裴胜而去。这裴胜方对妻子说出这事。杨氏甚喜，却骂道："我辛苦到此，若输时，你就送与别人，可见你赌博人终是不好。"又下泪起来，裴胜道："我的娘，你若不来，我不发迹，目今得了两千，已满我愿，此后再不赌了。"裴胜谢了中见，并谢了小峰的媳妇娘家，果然不复去赌，紧紧料理，做起人来。过了两年，将几百银子，买个官儿，夫妻轿马回到句容，一洗当日之羞，二去塞杨二郎之口。

　　其时是三月初头，那杨二郎自从那年放火烧妹，家业萧条，虽不至没吃没穿，也日逐支吾不来。闻得裴胜做官回家，心下大惊，想道："若说妹子失火烧死，邻舍并没见尸，讨起人来怎么处？"过了二三日，只见裴胜带了杨氏，纱帽圆领，轿马凉伞，轩昂回来，杨二无奈何，只得出接，见了妹子，吃惊道："你一向在哪里，却同妹夫回来？"杨氏道："那日被哥嫂烧死，我跟这死鬼回来讨命。"杨二郎慌道："当初悔听妇人言，致行那事。然而自作自受，你嫂子也烧死了。还讨什命？"裴胜笑道："这等说，尊舅那骨头，也要像我当年了，你妹倒没死，火烧那夜，就有神人送到我那里。"二郎更觉羞惭，道："妹子，念同胞手足情，妹夫高抬贵手，往事休提。"说罢，双膝跪下。裴胜夫妻慌忙扶起道："你自不仁，我却不念旧恶。"杨氏掩口笑道："多承火攻，烧得我有个出头日子。"那二郎满面通红。话休烦絮。

国学经典文库

私家藏书

玉含珠

图文珍藏版

三三一

却说裴胜,自己将银钱付于家人,买办食物,请客拜客,忙了几日,便一面寻张小峰,谢他三十两银,四个尺头,又捐资一百两,重建土地庙,夫妻亲去烧香设醮。那村中俱道:"裴胜败子回头,杨氏知恩报恩。"称个不了。毕竟赌博是最下的,把妻子来赌,是下之极了。倘若输了,便作世世话柄,岂不可耻。吾谓裴胜幸有个妻子在,不然,不愁不输膲子。好赌者,吾集此以为鉴!

第四段·对不如　　何瞎子听淫捉汉　火里焰远奔完情

诗曰：

> 人世姻缘亦最奇，变无为有甚难期。
>
> 饶伊防御千般巧，早出重垣向别啼。

这首诗，单表人的姻缘有个定数。由今看来，定数虽不可逃，其中变幻又不可测。明明是我妻子，偶起个风波，却失去了；明明不是我妻子，偶凑个机关，却又得了。其间离合，难以发举。

看官请听：话说湖州府清白镇地头，有百十户人家。内有一瞽者，姓何，起课最灵，远近皆来问卜，无有不验，因此人称他个号，叫作"赛康节"。每日间任你没生意，除食用外，也有两多银子余剩。时附近有个杜家，见他生意好，把个女儿，叫作羞月，与他为配，不知那羞月极伶俐，如何肯嫁瞎子？迫于父母的主意，纵没奈何，心下其实不快。赛康节自得了这老婆，眼虽不见，但听得人人喝彩，道："好个娘子。"他便爱惜胜如金玉，只去温存老婆，把生意都丢冷了，间有人来问卜，也不甚灵验，十分中只好一二分生意。还有好笑处，正在那里要起课，想着老婆，意摸了进去，任人在外边等候，就唤他亦不肯就出。因此生意更不济了。这叫作：

> 只贪恩爱好，哪顾名利高。
>
> 始信无锋刃，教人骨髓焦。

看官，你道何瞎子，只管摸进去做什？因他耳朵里常听人说"瞎子的老婆，从没个不养汉的。他唯恐妻子做出这样的事来，故此不时摸将进去，这一日，羞月正在灶下烧火。何瞎走进房去，将手向床边一摸，不见，向马桶边一摸，又不见，复摸到吃饭的桌边，也不见。便叫道："娘子在哪里？"羞月对他一啐道："呸，你只管寻我做什？"瞎子道："我闻得像有脚步响呢。"羞月道："有这等奇，我卧房里哪个敢来？"那瞎子道："像有人说话响呢！"羞月道："呸，着鬼的，影也没有，却说恁般话，你不要痴，你老婆不是那等人，不是我夸口，我若肯养汉，莫说你一个瞎子，再添几个瞎子，也照管不来。"何瞎笑道："我方说得一句，就认真来。"依旧摸了出去。正是：

只因一点水，惹起万波涛。

　　却说隔壁有个小伙，叫作乌云，绰号又叫"火里焰"。这乌云到处出热，凡有人央他，极冰冷的事，有了他就像火滚起来，故人取他的混名叫作火里焰。他与何家，只一壁之隔。何瞎因没了眼目，一应家使用的，都相烦他，遂做了通家弟兄。羞月叫他叔叔，他叫羞月嫂嫂，穿房入户，不以为意，这时何瞎夫妻斗口，他刚在厨下整饭，闻得羞月的话，心下忖道："怪不得我到那边去，嫂嫂频把眼儿睃我。我因好弟兄，不肯举意，这样看起来，我不要痴了，把块好羊肉，丢在别人口里去，等我去混一混看。"便悄悄走入羞月的卧房来。恰值羞月正在便桶小解，见乌云走来，忙把裙儿将粉白的屁股遮好。乌云笑嘻嘻地道："嫂嫂解手呵？"便向袖内摸出一张草纸来，双手递过去道："嫂嫂，头一张不要钱。"羞月劈手打落道："叔叔，这事你做得吗？还不快走。"乌云应声道："是，就走。"及回头看羞月，并无怒容，却一眼看着他走。走回家想道："有趣，口儿虽硬，眼儿却送我出来，且不要忙，明日少不得要央我，那时随机应变。"到了明日，羞月果在隔壁叫道："乌叔叔，你哥要托你个事。"那乌云听得，便麻了三四分，忙应道："来了。"急跑过来道："嫂嫂，要做什的？"羞月笑道："昨日言语唐突，叔叔莫恼。"乌云道："怎敢着恼。嫂嫂就掌我几下，亦不恼。"便歪着脸过去道："嫂嫂，试打一下看。"羞月笑道："我有手，也不打你这涎面，与你说正经话，哥哥这会忙，有包碎银子，烦你去煎。"乌云道："当得。"接住银便去了。这羞月见他走了，叹口气道："我前世有什债，今世遭这个丈夫。多承乌叔叔在此走动，我看了他，愈伤我心。几时按纳不下，把眼去送情，他全然不解。陡的昨日走进房来调戏我，我假意说几句，甚是懊悔，故今日又唤他来安慰他。天吓，这浅房窄户，且那瞎物又毒，半刻不肯放松，就是要做，哪里要做？"叹了口气，便靠在桌上假睡。不一时乌云煎了银子，竟奔羞月房里来。见她隐几而卧,便轻轻用手去摸她的奶,摸了这个,又摸那个。羞月只道是瞎子,摸惯的,不以为意。乌云见她不问,又把嘴靠在羞月的嘴边,把舌头捞一捞。羞月把头一扭,方见是乌云,忙起身道:"叔叔,难为你。"只见布帘外,瞎子摸进来道:"难为叔叔,快烧盅茶与他吃。"乌云答道:"自家弟兄,怎说这话?"辞别回家,不胜喜道:"妙,舌头还是香的,这事有七八分了。"暗笑道:"这贼瞎,看你守得住否!"有诗为证:

> 为着佳人死也甘,只图锦帐战情酣。
>
> 致教踏破巫山路,肯使朝云独倚栏。

却说羞月见乌云去了,心下亦着忙道:"亏我不曾喊出什的来,只说'难为你'三个字,幸瞎子缠到别处去,还好遮掩,若再开口,可不断送了他。冤家,你也胆大,摸了奶,又要亲嘴,我若睡在床上,连那个东西也干了去了。冤家,你空使了心,那瞎子好不利害,一会也不容你空闲,我就肯了,那个所在是戏场? 你也怎得下手?"一头想,一头把双脚儿来缠。这乌云又走来,见地下一只红绣鞋儿,忙拾起来笑道:"嫂嫂,好小脚儿。"宛似那:

> 红荷初出水,三寸小金莲。

羞月道:"羞人答答的,拿来还我。"乌云就双膝跪下,将鞋顶在头上道:"嫂嫂,鞋儿奉上。"羞月一笑来抢。乌云就乘势拦腰一抱,正要伸手去扯她的裤子,只听得门响,那瞎子又进来了。乌云忙放了手,把身往地下一倒,如狗爬了数步,闪到后窗,轻轻跳出窗外,向羞月摇手讨饶。只见那瞎问道:"娘,和谁笑?"羞月道:"我自家笑。"何瞎道:"为什么笑?"羞月:"我又不着鬼迷,你只管走进走出,岂不好笑?"何瞎亦笑道:"今日没生意,我丢你不下,故来陪你。"一屁股就羞月身边坐下。乌云见支吾过了,始放心走回家去,恨道:"贼瞎再迟一会进来,便被我上钩了。吃这贼瞎撞破,叫我满肚子火,哪里发泄。我看嫂嫂,十分有情于我,怎得个空,等我两人了了心愿,死也甘心。"想了一会,道:"妙! 妙! 我看她洗香牝的坐盆,傍在我家的壁,待我挖个孔儿,先遮好了。等她来洗时,把手去摸她一把,看她怎生答应。"忙去安排停当。侧耳听声,闻得倾汤水响,乌云便走去,拿开壁孔,瞧将入去,只见羞月把裤儿卸下,坐在盆中去洗。乌云看得亲切,便轻轻将手向屁股眼前一摸。那羞月只道是什虫之类,猛地叫一声道:"呀,不好了。"何瞎忙忙摸来问道:"娘,怎么来?"羞月转一念,晓得是乌云做作，便遮掩道："好古怪，像有虫在我脚上爬过。"何瞎听罢，也丢开去了。

却说乌云，把这双手闻了又闻道："种种香俱好，只有这种香气不同，真是天香，怎不叫人销魂。明日不到手，我须索死也。"想了一夜。次日早晨，晓得何瞎子生意是忙的，他便钻入羞月的房中去。羞月见了，笑道："叔叔，你心肠好狠，怎下得那毒手。"乌云跪下道："嫂嫂，可怜救我一救。"羞月道："冤家，不是我无心，那瞎就进来，如之奈何。"乌云道"此时生意正忙，有一会空，把我略贴贴儿，就死也甘心。"羞月见说得动情，便不作声。只听得脚步响，羞月道："不好了，来了。"忙推开，立起身来，一头系裤子，一头走到房门边立着，推乌云快去。乌云回到家中，又听了一会，瞎子出去了，乌云又走到窗子边道："嫂嫂，我再来完了事去。"羞月道："莫性急，弄得不爽利。我想一计，倒须在他面前弄得更好。"乌云惊道："怎的反要在他面前弄得？"羞月道："你莫惊，我已想定了，你下午来，包你饱餐一顿。"有诗道：

> 欲痴熬煎不畏天，色胆觍面恣淫奸。
>
> 不怕人羞并人憎，又抱琵琶过别船。

其实乌云半疑半信。到下午走过来，见何瞎和羞月共凳儿坐着。羞月见乌云来，即对何瞎道："你去那边凳上坐坐，我要管只鞋儿，你坐在这里碍手碍脚。"何瞎应一声，便起身去。睡在春凳上。羞月向乌云点点头，乌云轻轻挨过来，就在那凳上，各褪下小衣，便不免隐隐有此响声。那瞎子目虽不见，耳朵是伶俐的，问道："娘，什么响？"羞月道："没什么响。"何瞎道"你听，响呢。"羞月道："是老鼠数铜钱响。"瞎子道："不是，青天白日，如何得有？"乌云见瞎子问，略略轻缓，那响亦轻，何瞎子便闭了嘴，乌云又动荡起来，此番比前更响。何瞎道："娘，又响了，你听得吗？"羞月道："不听得。"何瞎道："你再听。"羞月道："偏你听得这许多响。"乌云此时不动，又不响了。何瞎道："好古怪。"乌云忍耐不住，那响声又发作起来。何瞎道："又响哩。"羞月道："我只道是什么响，原来是狗㘎冷泔水响。"何瞎道："不像。"乌云又住手，歇了一会，渐渐又响了起来。何瞎道："明明响得古怪。"羞月道："嗄，是猫嚼老鼠响。"何瞎道："不是。"不想乌云弄在紧溜头上，哪里住得手？哪里顾得响？何瞎道："古怪，古怪，这响得近了，娘，你再听听。"羞月道也正在酥麻的田地，含糊答道："是响，是响，是隔壁磨豆腐响。"何瞎道："不是，不是，等我为摸看。"便立起身来。乌云早已了事闪开，羞月忙去坐在坐桶上，却是响声已歇了。羞月道："哪有什响，偏你耳朵听得。"何瞎遂站住脚，侧耳一听，道："如今不响了。"却亦疑个不了。你道这大胆的事，也敢做出来，正所谓：

国学经典文库

私家藏书

玉含珠

图文珍藏版

三三七

聪明的妇人赛过伶俐汉。以后二人情兴难遏,又碍着瞎了,妇人便心生一计,把些衣服浸以脚盆内,假装在搓洗衣服。而瞎子闻知,却更不疑。

方明好了,不想两个淫心愈炽,日日要如此,便日日洗衣服;时时要如此,便时时洗衣。晴也洗,雨也洗,朝也洗,夕也洗。那瞎子不知听了多少响声,心下疑道:"就有这许多衣服洗?"心中便猜着了九分九。一日又听得响,何瞎故意自己要出去,走在衣盆侧边过,约近,便装一虎势,突然扑将过去,果摸着两个人。便一把扯住衣服喊道:"是哪个奸我的老婆?"死也不放。乌云晓得瞎子的厉害,忙把衣服洒下跑了。瞎子拿了这件衣服,跳出大门,喊道:"列位高邻,有人行奸,夺得他的衣服在此,替我认认,好去告他。"只见走出几个邻居来,把衣服看了道:"这是火里焰的。"瞎子听了,愈怒道:"这狗骨头,我待他胜若嫡亲兄弟,如何也干那个勾当?"内中有一个人道:"阿哥待得他好,阿嫂难道不要待他好的?"众人都笑起来。有一个老成的人劝道:"何先生,我劝你。你是个眼目不便的人,出入公门,一不便,打官司,又要费钱,二不便,像这不端正的妇人,留在身边,她日后没有大祸,必有逃奔,三不便。依我众人劝你,叫乌云完了地方上的事,陪了你的理,把这个女人送回娘家去,别嫁了人,这是良便。若留在身边,你喜她不喜,恐你的身子不保。请自三思。"何瞎子听了这一段话,点点头道:"这话有理,这话有理。"于是进内去,四围一摸,再摸不着妇人。那妇人反唠唠叨叨,说她的有理。被瞎子一把扯住那妇女的耳朵,都咬开了。正值她的娘家有了人来,便领回家去,那乌云浼出一个相知弟兄,安排几桌酒,请了地方邻里,又凑了几两银子,托了好弟兄,与何瞎讨了羞月,搬去他方居住去了。古来说得好,破粪箕对着破笤帚,再无话说。况何瞎是个瞽目之人,只该也寻寻个残疾的做对。讨这如花似玉的妻子,怎不做出事来?如何管得到底?看官你道是否?

第五段·微容娶

浪婆娘送老强出头
知勇退复旧得团圆

诗曰：

> 二八佳人体似酥，腰间仗剑斩愚夫。
>
> 虽然不见人头落，暗里教人骨髓枯。

这首诗，乃当日纯阳祖师，叹世人堕迷色欲，精髓有限，不知进退，致精竭髓枯，未有不丧身绝命者。

因说徽州府休宁县，有一人姓陈名简。家事甚殷，年至五十，才生一子，七岁时，便请先生命名上学，因对先生道："学生年老，只生此子，欲取一名，今观俗称，非金即玉，孩子恐折他福，须取低微些，非猫即狗，又近于畜生所生，求先生取一名，只要微贱些，不近于禽兽就罢了。"那先生道："便取为先生何如？"陈简道："又来取笑了，世上最尊贵者莫如师，小儿焉敢呼此。"那先生道："你不知先生的苦处，第一要趋承家长，第二要顺从学生，第三要结交管家。三者之中，缺了一件，这馆就坐不成了。如何不微不贱？"陈简道："先生戏言耳。也罢，'先'字改了'生'字吧，就叫作'生生'。"因取名为生生。这生生却也领意，读十余年书，虽不大通，粗粗文理，却也解得出。不觉十八岁了，生生嫌名字不好，又不好改了父的命名，只得去了一个"生"字，换个"鲁"字，叫名鲁生，父亲与他娶一房妻子汪氏，做亲一载，汪氏腹中有五个月身孕。徽州乡风，儿大俱各生理，陈简便打发鲁生出门，道是："男儿之志在四方，岂毙于妻儿枕边？"陈简即兑了五百余两本钱，交付鲁生。又托表弟蒋尚义与他做伴，并嘱规戒非为。择了日，鲁生只得拜别父母，安慰汪氏，哭离妻房，同了表叔而去。

却说他二人离了徽州，拿这五百两银本钱，走到地头倾销，买了南北生熟药材，去到北京货卖，到了下处，寻了主人，堆下药材，乱了两日，那鲁生自离了妻室，好生难过。思量一知音朋友，或吹或唱，消遣度日，便与行主人说知，那主人就如敬父母一般，便举荐一个人来。那人姓马，插号叫作"六头"。为何叫作六头？

坐在横头,吃的骨头,

跟人后头,看的眉头,

睡的丫头,奉承的鼻头。

这马六头帮闲称最,蔑片居先,一进鲁生寓处,帮衬十分,奉承第一。那鲁生与他,竟成了莫逆,一刻不离。尚义有时劝戒道:"此等人,不可亲近他。"只是不听,也只得罢了,不想二人说得入漆,便诱入那勾栏中去玩耍。鲁生偶见一个娼妇,生得身材小巧,骨骼轻盈,虽无五七分颜色,倒有十二分装扮,灯下看来,俨然一位仙子。那鲁生便春光勃然,又有那六头在跟前,一力提掇,自然要上了这儿。鲁生便回了寓处,取了五十两银子,并换药材的四疋缎子,拿去院中,送与鸨儿,以为初会之礼。那鸨儿连忙定桌席,叫戏子,花攒锦簇,吹弹歌舞,做了三日喜酒。一应赏赐,俱出六头之手。因蒋尚义说话琐碎,吃酒也没他份了。一连就在他行中,耍了好几时。

不想这鲁生嫖的妓者,叫作桂哥,年纪一十八岁,却有一身本领,吹得、弹得、唱得、写得、吃得、饮得,所交俱贵介公子,在衒衒中也数七八的妓子。这鲁生不过生意人出身,吟咏不消说起,即打差之费,亦在鄙吝半边。那桂哥眼界极广,哪里看得在心。故此鬼脸春秋,不时波及。那鲁生又是聪明人,用了百十余两银子,讨不得一个欢喜,心中深自懊悔。一日回寓,对表叔尚义道:"我不过因一时寂寞,错了念头,用去百十余两。讨不得半点恩情,反受了十分调谑,真是悔恨。"那尚义忙举手道:"老侄恭喜,俗语道得好,时来撞着酸酒店,运退遇见有情人。老侄若怕凄凉,何不寻个媒人,娶个处女,早晚也可服侍。就是饮食汤水,也得如心。"鲁生欣然道:"老叔之言,正合予意。快叫马六头来,寻媒说合,这实一时挨不得了。"尚义道:"须另寻媒,这六头包会误事。"鲁生道:"老叔不知,这些事他还周札。"遂叫了六头,唤媒寻着一家,姓邬,名遇,只有二女,长年二十岁,次年十七岁。六头帮衬鲁生,相看中意了邬大姐,便择日行聘,入赘进门做亲,其酒水花红,俱鲁生打点银两送到邬家。及期进门,行婚礼毕,上床就寝,只见那邬大姑,先脱得赤条条睡在床上。鲁生认作闺女,事毕,将白汗巾讨喜。清晨一瞧,但见些膁点污秽,并无一毫红意。那鲁生心中甚是不悦,忙唤六头来问道:"昨夜做亲,满望一个处子,原来是个破罐,媒人误事,乃至如此。"六头道:"我见人物尽好,又价廉功省,十分称意,不知又是破的。我去寻媒人来问他。"去不多时,媒人便到。鲁生扯出外边轻轻地道:"你如何将破罐子哄我?"媒婆道:"这样一个女娘,没有二三百两银子,休想娶她。我见官人少年英俊,知轻识重的人,后来还要靠傍着你，故再三劝减，送这一位美人与你为伴。就有些小节，也须含糊过去，你倒争长竞短起来。"鲁生道："倒是后婚，却也无碍，若有了外遇，如何同得一块？"那媒人便笑嘻嘻地道："官人，你原不知她。她前夫病体沉重，必定要她过门冲喜，一嫁三日，新官人已死，我闻大姐说，他那行货，极其秒小，况病重人的，做得三日亲，进得不上一个头，后边这一半，还是含花女儿哩。"鲁生也笑道："倒是再醮，也罢了。"于是留媒人与六头饮酒。又做三朝五日，极其丰盛。

摆了几日酒，酒完，未免又动起色来。二人上床，这番交媾，非比前日，不觉两下俱丢。一次，鲁生问道："你如何干事，就要叫起来？"大姑道："我们这边乡风是这样，不像你们南边人，不出声不出气，有什情趣。"鲁生被此淫情所迷，于是把卖货的银两，都交她收管。那大姑陆续私积，一二年间，也偷了一二百金在身。那鲁生渐渐消乏起来。自五百余两出门，嫖了百十余两，讨在姑去了百十两，又被大姑私吞一二百两，况时运倒置，买的买不着，卖的卖不着，有多少利生出来？只剩得百十两银子，心中甚是惊，把银子依先自管，家中使费，亦甚俭薄。邬大姑一门，原是吃惯用惯的，如何受得清淡，便不时寻闹起来。鲁生无奈，只得以此物奉承，正合了邬宅的家法。那鲁生便渐渐黄瘦起来，染成一病。

一日，鲁生从窗下经过，听见里面唧唧哝哝说话。他便伏在窗下潜听。听得邬二姑道："我瞧姐夫囊中之物也不多了，又且病体恹恹，料没有久富之日，姐姐，你贪他什的？"不如照旧规送他上香。你年纪尚小，再寻一个富贵的，可不有半世的受用！大姑道："你言虽有理，但怎么下得这手？"二姑道："姐姐差矣！我北边女人，顾什么恩义。趁早解决了他，还有好处。再若执迷，被人看破，便没下稍了。正是，呜呼老矣，是谁之嗟。不可错了念头。"大姑道："好倒好，只是有病的人，如何肯兴起来？"二姑道："姐姐，你又不聪明了，病虚的人，虚火上升，只需把手去里弄，定是硬的，定要干的，今夜你莫完事，假意解手，我来替你上床，任他就是有手段的。也要一场半死，断要上香了。"这叫作：

> 隔墙虽远耳，窗外实有人。

她二人在房中计较停当，却被鲁生在窗下听得明白。不觉出了一身冷汗，惊讶道："好狠女子，竟要置我死地。原来是惯做此道的，悔也何及。"

于是急忙出去，对蒋尚义道："适才邬二姐对姐姐道我囊中有限，病又不好，莫若趁此病时，姐妹交替，送我上香，今晚就要行事，倘若她来，如何对敌？事在危急时，请你商议,有什计较,可以救我?"尚义道:"老侄恭喜,还是你家祖宗有灵,使你闻知。但祸出你自作好色心胜,所以有此,也罢,侄妇即换妹子,老侄难道换不得表叔?若果真话。我便打磨军器,暗藏于房中,待她来时,着实杀她一阵,教她弃甲曳兵而走,以后再不敢上香了。"鲁生道:"准在今夜,老叔作速打点,千万救我一救。不然,千山万水出来经营,倒死于妇人之手,可恨可痛!"二人计较停当。蒋尚义便到药店中,撮了几品兴阳药料,自己修合应验良方。又把剪刀将毛剪去,只存一二分短毛在上,以便厮杀。

却说晚间,鲁生上床先睡。邬大姑随后上床,不觉春风已完一度,大姑便假要小解,走到妹子房中去了。鲁生忙掀帐子,爬下床来,换了尚义上床,不一会,二姑亦来上床了,两人搂在一块。亲嘴咂舌,那二姑只道是好吃的果子,不想吃这一下,便叫道:"啊哟,轻些。"此时更难受了。遂哭出声来,哀告道:"姐夫,你且停一会儿吧!"假姐夫道:"原来是姨妈,我只道是你姐姐。既承姨妈爱我而来,毕竟还要饱我而去,还求忍耐片时,不然,去不把前边来意埋没了吗?"二姑只得忍了一会儿,真正是觅死觅活,再三哀告道:"姐夫饶了我吧,我再不敢捋虎须了,不然,就要死了。"假姐夫见哀告苦求,哭将起来,量也够她受用了,临起身,又叮嘱道:"姨妈,明日千万早来。"二姑道:"且看。"于是一步一拐地去了,尚义亦换了鲁生上床,邬大姑也钻来睡了,当下两不提起。

次早,鲁生起来,对尚义道:"老叔,昨夜若非你冲这一阵,我定为泉下之鬼了。我仔细想来,总不异娼家行径。倘后边又计较出什招数来。则我还乡不成了。想当初出门时,爹爹付我本银五百余两,在此三、四年,已耗去四百多了,有什颜面回家?莫若离了此妇,速往他乡,别寻径儿,赚得原本,也好回家去见父母妻子。"说着泪如雨来。蒋尚义道:"老侄之梦醒了吗?如今之计,作速写一离书,再送她几两银子,叫她另嫁,此为上策。"二人计定。

再说那二姑,要小解也解不出来,里面又急又胀,无法可疗。因对大姑道:"亏你怎生当得他起?"大姑道:"也只平常,有什凶猛?"二姑道:"这个人如何得死,若要他上香,再一次我倒先上香了。"话犹未了,只见鲁生同蒋尚义进来。那尚义看住二姑,只是好笑。因道:"请邬爹出来说话。"邬遇出来。鲁生道:"小婿一为身体有病,二为本钱消折,不能养育令爱,;三为思乡之念甚切,今特拜辞岳丈,奉上离契一张,白银五两,乞将令爱别寻佳偶。我叔侄今日就要起身了。"邬老吃惊道:"你夫妻无什言语,为何忽有此议?"忙叫大姑出来。那大姑便哭道:"我和你一心一意,又无别的话说,怎忍得去我而去?你就要回来,也多付些盘缠与我,好在守你。"鲁生道:"如此反为不便,

春燕立兑

国学经典文库

私家藏书

玉含珠

图文珍藏版

三四三

我若不来,你靠谁供膳?"遂将离书银两,付与老邬,立刻收拾行李拜别。出门时只有铺盖二副,皮箱二只,拜帖盒三个,叫人挑了,离了北京,竟往湖广做干鱼生理,自此鲁生把妇人念头,竟如冰雪一般,与尚义将这百多银子,一心一意做了十余年,已赚起数千金来。二人装载在苏州阊门南濠街发卖不题。

却说鲁生之妻汪氏,自丈夫出门,生了一子,名润发,已上十八岁了,汪氏见丈夫不回,便打发儿子,同公公出来寻访父亲消息,也做些干鱼,在阊门外发卖。心内急于寻亲,鱼一时又脱不得,他便对牙人道:"我不过十余桶干鱼,要一时发脱,便贱个几两也好。"店主人同牙人道:"这个容易。"鲁生偶在侧边听得,便大怒道:"你几桶干鱼,折也有限,那行价一跌,我的几千两干鱼,为你一人折去多少?"彼此一句不投,便相打起来。润发就把鲁生推一跤。那鲁生便去叫了蒋尚义来,并跟随的人,赶到船边,要去扯出那小伙子来打,不想船舱里爬出一个老人家来,正是陈简,见了鲁生。喝道:"谁敢打?"鲁生见了,忙向前拜见道:"爹爹为何到此?"尚义亦向前相见。陈简道:"适才那小子,就是你的儿子,叫作润发,同我四处寻你不着,故要贱卖,幸喜即你?"忙唤润发出来,拜了父亲,并拜了蒋叔翁。便一同到鲁生寓处,卖了干鱼,一齐回家,夫妻父子完聚。算账时,赚了三千余两,鲁生即分一半与尚义,道:不是老叔救我,焉有今日。此后夫妻在家受享,润发出站贸易。看官:你道尚义虽识得妇人情弊,规谏无用。若非鲁生自己急流勇退,性命不保。客边宿娼娶妾者,可奉此段为鉴。

第六段·悔嗜酒

马周嗜酒受挫跌
王公疏财识英雄

国学经典文库

私家藏书

玉含珠

图文珍藏版

三四五

诗曰：

> 酒能害德且伤生，多少英雄遭辱侵。
> 饮酒知术恶旨意，不为所困方称贤。

这首诗，单道人生不可嗜酒，醉来天不怕，地不怕，逢着财色，得这酒助起气来，每不能遏抑，任你不敢做的、不敢不说的、不便说的，都做出、说出，不知不觉，毕竟小则辱身败德，大则亡丧家。所以当日，那神禹患旨酒、武公悔过而作诗，至今垂为龟鉴。你道酒是可过饮的吗？要必如至圣之不为酒困。无量不及乱方好，然世人未必能学。其次，则莫如知改。我今说个始初嗜酒，后来知改发迹，出人意料，与看官们听听。

话说唐太宗时，有一才子姓马名周字宾王，系博州庄平人氏。他孤身贫寒，年过三旬，尚未有室。自幼精通书史，广有志气谋略，只为孤贫无援，乏人荐拔，所以神龙困于泥潭，飞腾不得，每日抑郁自叹。却又有件毛病不好，生得一副好酒量，闷来时只是饮酒，尽醉方休，日常饭食，有一顿，没一顿，都不计较，单不肯少了酒。若没有钱买时，便打听邻家有喜丧酒时，即去撞捞坐吃，及至醉来，发疯骂坐，不肯让人。这些邻舍被他咶噪得不耐烦，没个不厌恶他，背地皆唤他穷马周，又号他："捞酒篱"。那马周听得，也不在心上，正是：

> 未逢龙虎会，一任马牛呼。

且说博州刺史姓达名奚，素闻马周明经有学，便聘他为本州助教之职。到任之日，众秀才携酒称贺，不觉吃得大醉。次日，刺史亲到学宫请教，马周被酒醉坏，爬身不起，刺史大怒而去，追酒醒后方觉，忙往州衙谢罪。被达公责备了许多说话，马周唯唯而退。每遇门生执经问难，便留同饮，支得俸钱，都付与酒家，兀自不敷，依旧在门生家捞酒，一日，吃得大醉，两个门生，左右扶住，一路歌咏而回，恰好遇着刺史了，前导喝他回避，马周酒愈醉，胆愈大，哪里肯避，瞋着两眼，倒骂起一个人来，此时达刺史见他醉得无礼，只得当街又发作了一场。马周当时酒醉不知，兀自口中骂人不止，次日醒后，门生又来劝马周去告罪。马周叹了气道：“我只为孤贫无援，欲图个进身之阶，所以屈志于人，今因酒过，屡被责辱，有何面目再去鞠躬取怜，古人不为五斗米折腰，这个官儿，也不是我终身之事。”说罢，便把公服交付门生，教他缴还刺史，仰天大笑，出门而去，一路想道：“我屡次受辱，皆因在酒上坏事，好不可恨，从今再不吃酒罢了。”一路自怨自艾。忽然想起“唯酒无量不及乱”句，不觉失声道：“有了，此后只是减半罢了，我此去冲州冲府，谅来没什大遭际，除是长安帝都，公侯卿相中有能举荐，如萧相国、魏无知的，讨个出头日子，方遂平生之愿。”遂望西迤逦而行。

不一日，来到新丰市上，天色已晚，便拣个大客店，踱将进去。但见许多商贩客人，驮着货物，亦在进店安歇，店主王公，迎接指派房头，堆放行旅。众客各据坐头，讨浆索酒，王公着小二搬运不迭，好似走马灯一般。马周独自个冷清清地坐在一边，没半个人来睬他。心中不忿，拍案大叫道：“主人家，你好欺负人，偏俺不是客，你便不来照顾吗？”王公听得，便来收科道：“客官，不须发怒，那边人众，只得先安顿他，你只一位，却容易的，但是用酒用饭，只管吩咐。”马周道：“既如此说，先取酒来。”王公道：“用多少酒？”马周指着对面的大座头上一伙官人道：“他们用多少，俺也用多少。”王公道：“那五位客人，用五斗好酒的。”马周道：“也用五斗吧。有好嗄饭，尽你搬来。”王公便吩咐小二，一连暖五斗酒，放在桌上，并肉菜摆下。马周举瓯独酌，约莫吃了三斗有余，按下酒肚，便不吃了，讨个洗脚盆来，把剩下的酒，都倾在盆内，脱下双靴，便伸脚下去洗濯，众客见了，无不惊怪。那五公暗暗称奇，知其为非常人，安顿他歇宿了。同时岑文本画得有《马周濯足图》，后有烟波钓叟题曰：

> 世人尚口，吾独尊足。口易兴波，足能跋尘。处下不倾，千里可逐。劳重赏薄，无言忍辱。醉之以酒，慰尔仆仆。令尔忘忧，胜吾厌腹。呼嗟宾王，见超凡俗。

马周安歇了一夜，次日王公早起会钞，打发行客登程，马周身无财物，想天气渐热了，便脱下狐裘，与王公作酒饭钱。王公见他是个慷慨之士，又嫌狐裘价重，再四不受，道：“客官身不便，下回补还就是了，这个断不敢领。况客官将来大有发迹，心非庸流，岂是少此房钱者，小老已知矣。”马周见他执意不受。乃索笔题诗壁上曰：

古人感一饭，千金弃如屣。

匕箸安足酬，所重在知己。

我饭新丰酒，狐裘不用抵。

贤哉主人翁，意气倾闾里。

题罢"庄平人马周书。"王公见他写作俱高，心中十分敬重，便问："先生如今何往？"马周道："欲往长安求名。"王公道："可有相熟的寓所吗？"马周道："没有。"王公道："先生此去，必然富贵。但资斧既空，将何存立？老夫有个甥女。嫁在万寿街卖鎚赵三郎家，老夫写封书，送先生到彼作寓罢了，更有白银三两，权助路费，休嫌菲薄。"马周感其厚意，只得受了，王公写之已毕，递与马周，马周道："他日寸进，决不相忘。"作谢而别。

行至长安，果然有花天锦地，大不相同，马周迳问到万寿街赵卖鎚家，将王公书信投递，原来赵家积世卖这粉食为生，前年赵三郎已故了，妻子王波英在家守寡，管理店面。这就是王公的外甥女，年纪也有三十上下，却丰艳胜人，这王淑英初时坐店卖鎚，神相袁天罡一见大惊，叹道："此妇面如满月，唇若红莲，声响袂清，山根不断，乃大贵之相。他日定人一品夫人，如何屈居此地？"偶在中郎将常何面前谈及此事。常何深信袁天罡之语，吩咐苍头，以买鎚为名，每日到他店中闲话，挑拨王氏嫁人，欲娶为妾。王氏全不睬睐，正是：

姻缘本是前生定，不是姻缘莫强求。

却说马周未到头一日，王氏先得一梦，梦见一匹白马，自东而来，到她店中把粉鎚一口食尽，自己篷手赶逐，不觉腾上马背，那马忽化成火龙冲天而去，及醒来，满身上热。思想此梦非常，旦起直至将午，犹在想梦不休，恰好忽一堂堂书生进店，递上书信，王氏展开看了一遍，见来的姓马，又身空白衣，想起梦来，心中大疑，就留下作寓。一日三餐，殷勤供给。那马周吃她的，便以理之当然一般，只是持心饮酒不敢过醉。这王氏始终不怠，甚是钦敬，不想邻里中有一班轻薄子弟，平日见王氏是个俏丽孤孀，常轻嘴薄舌，在言挑拨，王氏全不招惹，因而罢了。今见她留个远方单客在家，未免言三语四，生造议论。五氏是精细人，耳边闻得，便对马周道："贱妾本欲相留，奈孀妇人家，人言不雅，先生前程远大，宜高枝栖止，以图上进，若埋没大才于此，枉自可惜。"马周道："小生情愿为人馆宾,但无路可投耳。"言之未已,只见常中郎的苍头,又来买锤。王氏想着常何是个武官,必定少不了个文士相帮,乃问道："我这里有个薄亲马秀才,乃博州来的,是个饱学之士,在此觅一馆地。未知你家老爷要得着否?"常苍头应道："甚好,待我去禀知来迎。"原来那时正值天旱,太宗降诏,凡五品以上官员,都要直言得失,以凭采择,常何亦该具奏,正要寻个饱学,请他下笔,恰好苍头回去,将王氏说话禀知。常何大喜。即刻具帖,遣人牵马来迎。

马周谢别了王氏,来到常中郎家。常何见他仪表非俗,好生钦敬,当日置酒相待,打扫书房安顿歇下,次日,常何取白金二十两,彩绢十端,亲送到书房中来,以作贺礼,方将圣旨求言一事与马周相议。马周道："这个不难。"即时取笔,手不停挥,草成便宜二十条,常何逐一看过,叹服不已,连夜命人缮写,明日早朝进呈御览。太宗皇帝看罢,事事称善,便问常何道："此等见识议论,非卿所及,卿从何处得来?"常何拜状在地,口称："死罪。臣愚,实不能明白,此乃臣家客马周所为也。"太宗问道："马周何在? 可速宣来见朕。"黄门官即赍旨,迤到常中郎家,宣了马周,到了午门,常何引进金銮见驾。拜舞已毕,太宗问道："卿何处人氏,曾出仕否?"马周奏道："臣乃庄平县人,曾为博州助教,因不得其志,弃官游于京都,今获觌天颜,实出万幸。"太宗大喜,即日拜为监察御史,钦赐袍笏、官带。马周穿了,谢恩而出,仍到常何家拜谢举荐之恩。常何重开筵席,把酒称贺。至晚酒散,常何不敢屈留他在书馆,吩咐备轿马送马爷到王奶奶家去。马周忙道："那王氏原非亲戚,弟前日不过借寓其家而已,此妇明眼施惠,理法自持,真令人可敬。"常何闻说,大惊道："御史公有宅眷否?"马周道："惭愧,家贫未娶。"常何道："那王氏看来具双识英雄的俊眼了,既然未娶,弟想袁天罡曾相此妇有一品夫人之贵,御史公若不弃嫌,明日下官即去做伐,何如?"马周感其恩待殷,亦有此意,便道："若得先辈玉成,深荷大德。"便仍歇下,次日马周又同常何面君,其时突厥反叛,太宗正遣四大总管出兵征剿,命马周献平虏策,马周在御前口诵如流,句句中了圣意,便改为给事中之职,常何举贤有功,赐绢百疋。常何谢恩出朝,吩咐从人,便路引到买锤店中,要请王氏相见。王氏还只道常中郎来,是要强娶她做妾,急忙躲过,不肯出来,常何乃叫苍头找个邻妪来,将为马周求亲,并马周得官始末,俱托她传语进去。王氏方知情由,向时白马化龙之梦果验,即时应允。常何便将御赐绢疋,替马周行聘,赁下一所大屋教马周住下,择吉与王氏成亲。百官都来庆贺,正是:

分明乞相寒儒,忽作朝家贵客。

王氏嫁了马周，把自己一家一伙，都搬到马家来了。人人称羡，也不在话下。

且说马周做官，不上三年，直做到吏部尚书。王氏淑英，封作夫人。这马周，太宗时时自召见议事，把从前嗜酒性情都改换了，绝不致酒醉误事。忽一日，新丰店主人王公，知马周发迹，特到长安，先去看外甥女，方知改嫁的是马周，王公大喜，忙到尚书府中投帖。马周夫夫妇知了。接入相见，设酒厚待，住了月余要回，苦留不住，马周只得将千金相赠。王公哪里肯受，马周道："壁上诗句犹在，一饭千金，岂可忘也。"王公方受了，作谢而回，遂作新丰富室。

再说达奚史，因丁忧回籍，及服满到京，闻吏部冢宰即是马周，自知先时得罪，不敢去报名补官，马周知此情，忙差人再三请见，达奚无奈，只得入府请罪。马周扶起道："当年教训，本宜取端谨之士。彼时嗜酒狂呼，乃马周之罪。后已知过。改悔久矣！贤刺史无复追忆也！"即举达奚为京兆尹。京师官员，见马周度量宽宏，个个敬服。后来马周与王氏，富贵偕老，子孙显荣，看官，你道马周若不知节饮，则新丰店不礼于王公；即礼王公，粉链店断不礼于王氏。此二处即幸免矣，常中郎家岂乏美酒？为给谏时，宁少酒钱？当宣召见驾时，又不知作何狂呼矣。诗曰：

> 一代名臣属酒人，卖链王媪亦奇人。
> 时人不具波斯眼，枉使明珠混俗尘。

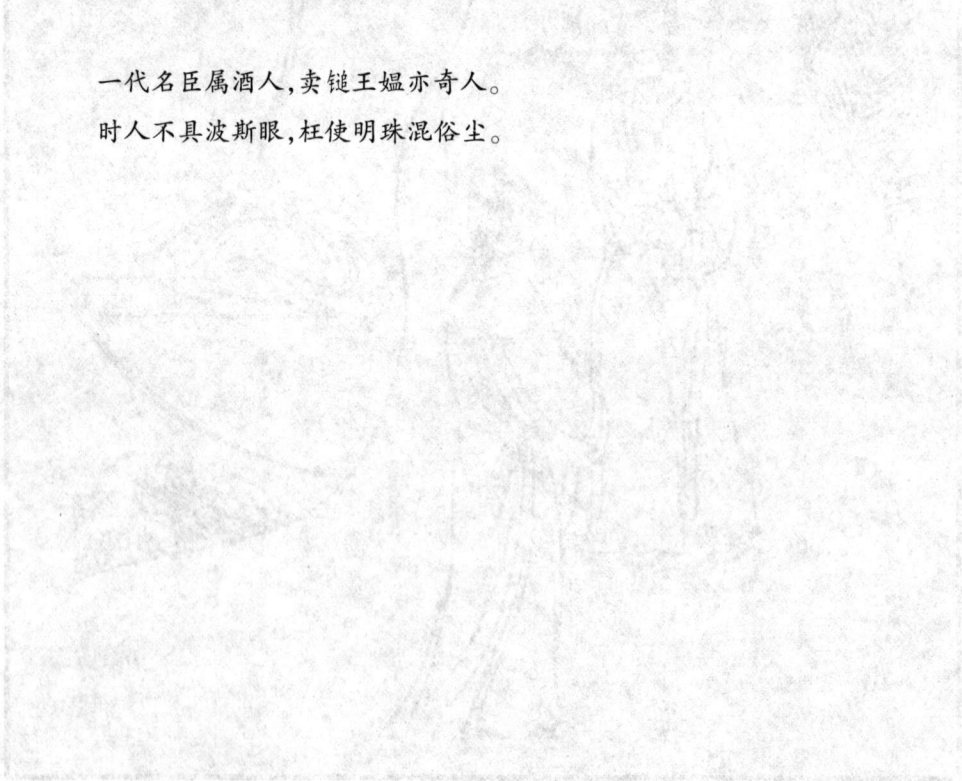

第七段·戒浪嘴

小光棍浪嘴伤命 老尼姑仗义报仇

诗曰：

> 口锋轻试受刀锋，自是狂且种毒凶。
>
> 地下尚应锥刺血，人间哪可疾如风。
>
> 浴堂殿上辞何丑，猪嘴关边罪岂容。
>
> 不识如簧谁氏子，至今萋菲玷英雄。

这首诗，单道人不可造言生事，自取其祸。若只胡言乱语，其祸犹小，至于造捏口语点玷闺门，必至丧身，昔日有张老开店生理，其女甚有姿色，对门鄂生流涎，百般求亲。张老因鄂轻狂，不许。又有一莫生来求，遂欲许之，鄂遂大怒，捏播莫与张女有奸。一日，莫生刚到张店买物，店中无人，莫因踱到里边望望。鄂在对门看见，便走过去，喊道捉奸。一时轰动地方，那莫生虽说明白回去，那女子却没意思，一索子吊死了，地方便把莫生申送到官，道是因奸致死，莫生无处申说，屈打成招。问成绞罪，整整坐了三四年牢。一日遇着个恤刑的来，看了招稿，出一面牌，亲要检尸。众人都笑道："死了三四年，奸情事从何处检得出来？"那恤刑临期，又出一面牌道："只检见枕骨。"众人一发笑疑不止，却不知女人不曾与人交媾的，其骨纯白，有夫的，骨上有一点黑，若是娼妓，则其骨纯黑如墨。那恤刑当日检看，其骨纯白无黑，知是枉断了。究出根原，放了莫生，便把鄂生去抵命。这岂不是自作自爱，但此犹有怨的，更是丝毫无涉，只因轻口浪舌，将无作有，以致离人骨肉，害人性命者，多有之。

话说嘉县有个人，姓应名时巧，绰号"赤口"，也是在闹汉行里走动的。生平好看妇人，那一张口，好说大话，替脸了作体面，以此为常，全不顾忌。往常与人角口生事，因加他个美号，叫作"赤口"，年近三十岁了。一日到街上闲踱，见一个讲命妇女，有许多人围着听讲。应赤口也挨进去，仔细看她，甚有姿色，又说得一口好京话，赤口着实看了一会儿，走了开去，暗忖道："好个佳人，可惜我没带银子，若带得几分，好和她扳一通话。"正在路上自言自语,忽后面有人叫道:"应大哥,看饱了吗?"赤口回看时,却是隔壁做白日鬼的邹光。邹光道:"这样妇人,虽然美好,终是人看乱的,也不值钱,一个所在,有位绝色的雌儿,你可看不?"应赤口道::"在哪里?带我去看看。"邹光道:"你看见包你魂散魄消。"赤口便垂涎道:"千万带我看看。"二人说说笑笑,走到一个新开的巷里来。邹光道:"在这里了,前面开了一扇避觑门的便是,你过去打一网看。"应赤口正颜作色,走去向门里一晲,晲见屏风后,果然有个妇人在那里闲话。生得何如?但见:

> 风神妩媚,体态婀娜。眼如秋水澄波,眉若春风拂柳。金钗半辫,乌云
> 上翠凤斜飞;珠帘双垂,缘鬓边明星正灿。轻笼玉笋,罗衫儿聚衬樱桃;缓步
> 金莲,绣带儿秀飘杨柳。真个是搪一搪消磨障,行一步可人怜。

应赤口看了几眼,果然标致非常,连忙走回来。对定邹光,把舌一伸道:"我眼里见过千千万万的女子,从没这样一见销魂的。"邹光着:"如此美人,看她一眼,准准有三夜睡不着哩,但我一向想来,再没一个人头,看来是没想的罢了。"应赤口道:"有什没想?只要有个入门诀,便包得停当。"邹光道:"你说得容易,看你有什么入门诀,你若进去讨得盅茶吃,我便输个东道给你。"应赤口道:"要到手也是容易的事,只吃她盅茶,有何难哉。讲定了,吃茶出来,东道就要吃的。"邹光应允。这应赤口便打点一团正经,慢慢地踱进门叫一声:"大哥在家吗?"那女娘全没小家子气,不慌不忙,略略地闪在屏风背后,应道:"早间出去,还没有回来,官人有什话说,可便说来。"赤口假意道:"怎么好。一件紧要事,要当面商量。特地许远走来,又会不着。"那女娘道:"既有要紧话,请坐了,等会就来。"赤口暗想道:"只是讨杯茶吃了走的好,若她她丈夫回来,看破机关,像什么模样。"因道:"我还有别的事要紧,没功夫在此久等,有茶乞借杯吃了。转转再来相见。"那女娘便走入去,叫小厮拿一杯茶出来。应赤口接来吃了,便起身出门,两个便去销东道,自不必说。

且说这女娘的丈夫,叫作林松,这女娘姓韩,原开大杂货铺,因林松折了本,改了行,出去贩卖药材,十数日前方才回来,新搬在此巷中居住。一向朋情,俱各不知。事有凑巧,这邹光有个分房哥子,名邹福,平日与林松最好,因林松去探他,邹福治酒与他接风。刚刚邹光同应赤口撞到,邹福便留住做陪客。酒至数巡,邹福便问林松道:"外面也有美貌女子吗?"林松道:"也有。但到底粗蠢。比不得我们这里的妙。"邹福道:"老哥是好风月的,只怕长久在外,未免也要活动的了。"林松道:"如今生意淡薄,

哪有闲钱去耍,但我一向在外,不知我们这里,不知我们这里,也有个把儿吗?"邹福道:"我不听得说有。"应赤口便道:"老尊台,敢是好此道吗? 这里有个绝妙的,几时同去看看。"邹光道:"什么所在?"应赤口道:"你也忘记了,就是前日去讨茶吃的那个。"邹光道:"莫胡说,那是良家,怎么去得?"应赤口卖嘴道:"不敢欺,区区前日已先打个偏手哩。"林松道:"兄的相交,我们怎好去打混。"邹福道:"此道中不论,明日大家去混混。"林松道:"请问这家,住在哪里?"应赤口道:"就在新开巷里。"林松便疑问道:"这家门径是怎样的?"就赤口道:"进巷三、四家,低低两扇新避齁门的就是。"林松听说。越生疑猜,却又问道:"那妇几多年纪?"应赤口道:"有二十三、四了,一副瓜子脸,略略有两点麻的。"这几句说得林松目瞪口呆,心中火发,暗道:"罢了。我才搬到此外处,未上半月,便做出事来,则以前我出门后。不知做了几多了,今后还有什脸见人。"便作辞起身。那邹福又道:"我们总吃到晚,一起人送老哥到那家去歇,何如?"林松道:"我明日来邀吧。只恐此兄不在府上,没有个相熟的名色,不好进去。"应赤口道:"就说是我应时巧主荐去的便了,林松记了他名字,径自别了。"正是:

> 轻薄狂生,两片飞唇。死堕拔舌。生受非刑,时时爽口,个个伤心。

却说林松听了就赤口那通话,走将回去,把韩氏百般凌逼,要她招出与应时巧通奸的事来。那韩氏不知来由,又不曾认得应时巧,陡然有这句话,竟不知从哪说起,任他狠打,无所承认,真是有冤难诉。要寻个自尽,又恐死了,此事越不得明白。哭了又哭,想了又想,这林松至次日,又狠打一顿,务要她说出来,韩氏挨到夜深,瞒了丈夫,竟一溜烟走了。林松次日起来,不见韩氏,左右邻家遍寻。俱说没有,只道应赤口做了手脚,把她拐去,连忙去寻那邹氏兄弟,告诉这段情由。邹福、邹光方才得林松新搬,赤口所说,即伊妻子,当日不该留他作陪,悔之不及,那邹光心下了然,只是不好说出指赤口去看情由。只得道:"兄枉尊夫人了,那人平日嘴不好,无风捉影的话,不知说过多少,怎么认真起来,如今尊夫人既不见,他现在家,拐逃的事,也是绝无的,但他口过陷人,就着他寻出,将功补罪也好。"那林松便向邻里取了干证,即是邹福兄弟。那知县立刻差人把应赤口捉到,当堂拷问,着实赤口不知一些情节,此时赤口亦自懊悔不迭。知县见不肯招,韩氏在逃,歇不得手,遂把来监了,一面出张缉牌,差人严寻。整整缉了半年,并没影响。一日邹福兄弟来见林松道:"尊夫人实不是应赤口拐去,他受苦也够了,我们意欲当官保他出来,慢慢把他去寻出尊夫人来。还兄罢了。"林松道:"我如今也明晓得那一事是全假的了,只可恨他当日说得凿凿可据,以假作真,毫无顾忌，致我割破恩爱，妻子逃亡，也罢，如今看兄分上，凭二兄去保吧！"邹福兄弟忻然别了回去。次早，邹光出名，当常把应赤口保了出来，嘱他留心查寻林家娘子。不想赤口被他保出，料人难寻，唯恐再入，不上三日，便一溜风，也不知哪去了。林松心下便疑他们是做一路，特地放应赤口走的。又到县里递呈，把这事一肩都卸在邹光身上。知县大怒，便差人把原保拿去，打了二十板，发在监内，要等应赤口出来方放。这也是邹光不端，图奸韩氏，引起应赤口作这场祸祟，所以也受些风流罪过。报应报应。那邹光又坐了一年，韩氏、赤口俱无踪迹。邹福逐日去求林松，要他方便，林松肯了，那县官作对，决然要待两个拿得一个，方才释放，只得罢了。

且说应赤口大数将尽，逃去三个年头。一日想起，事经三年，料已歇下，且回到邹家探个消息看看，遂收拾起身回家。一日，走到慈定庵门外，不觉两足疼痛起来，心下想道："日间入城，有人识得，现在脚疼，不如在庵内歇息，等到夜黑好走。"及走入去，只见佛堂上，站着个后生师姑在那里烧香。仔细看去，生得甚得标致，不觉又打动往常时高兴，注目饱看。只见那佛堂后走出一个老尼来，见了赤口，似惊慌样，忙叫道："应官人，一向不见，哪里去来。"原来这些光棍，常在庵观闲撞，故此尼姑都认得他。赤口含糊答应。犹一眼看着那后生师姑不置。那老尼忽然笑容可掬，忙叫师姑道："拿茶来应官人吃。"时天色已晚，老尼道："应官人就在小庵吃些夜饭进城吧！"应赤口欢喜道："只是打搅不便。"心下暗喜道："若得那小师姑陪饮，死也甘心。"那老尼同小师姑进去片时，便掇出素果酒菜来，请应官人坐下。她两师徒左右奉陪，那应赤口竟魂飞天外，快乐不过，不竟吃得沉醉。老尼两个便道："应官人，我扶你去睡吧！"便叫三、四个尼姑有力，将绳索捆了他手足，扛到后面菜园放下，也弄了一二个时辰。那应赤口渐渐醒来，叫道："哪个捆住我，我不走，快解了，好用力奉承哩。"只见那俏师姑向前来就是一掌道："你原来就是应赤口，我不是别人，就是林松的妻子韩氏，我与你无冤无仇，你为何在我丈夫面前胡言乱语。捏我与你有奸，害我至此？我只道今生寻你不着，哪知冤家路窄。巧巧送来。"又是一掌，把口咬将下去，将应赤口肩头肉，整整咬了一块下来，那应赤口惊个半死，也不知痛，哀告道，哀告道："我的娘，原来就是你，我也在监牢坐了半年，还饶不过我吗？"那韩氏将鞋对他嘴上没命地打，赤口便喊地方："救人嗄。"老尼恐怕事露，反受其害，忙拿把利刀，走来对定赤口项下，尽力生割。正叫作：

　　霜刀应斩流言子，老尼谁媲侠气饶。

応赤口被老尼杀死了,这韩氏吓得抖做一团,道:"如何处置?"老尼便吩咐:"埋在园角里,不得走漏风声。"不题,原来韩氏,只因那年林松逼勒,逃在慈定庵出家,日夕烧香,唯愿谴人应赤口厚赐报应。三年来,日日如此,这一日应赤口回来,神使他入庵避早,被老尼看见,定计报仇,甚是快活。

且说邹光在监中,足足坐了三年,因赤口缉获不着。知县便把他顶罪。发去松山驿摆站。邹光和解人商量,歇了一夜:"等我去哥哥家,讨些银子做盘缠。"解人晓得邹福是他哥子,他走不得的,便放他去,约在邹福家里会齐起身。邹光应声便走,心下想道:"虽然相交几个兄弟,不过是酒肉往来的,哪个肯来资助。便去告求。也是枉然,不如放出旧时手段,更快稳些。"于是信步一走,走到城外慈定庵边来,此时天色已黑,只见庵内扯起天灯。便暗想道:"一向听得慈定庵尼姑身边有钞,不如去捞他一遭,料没有空过的。"等到二更天,便爬上墙,从天灯竿上溜将进去,望见老尼,还在佛堂打坐。便向旁边巷里走进去,轻轻把恭门挨开,抓了把沙泥一撒,讨个马看,不想这头房间,就是韩氏的。那韩氏自见杀赤口之后,心惊胆战,唯恐有鬼。此时正朦胧睡着,听得沙响,便叫道:"应赤口,我与你原是没仇,只因你平白污口,害我名节,逃此出家。鬼使你前日自来送死,我杀你报仇。还不服罪吗? 好好退去,他日我做些功果超度你罢了。"那邹光听得明白。唬出一身冷汗,急依旧路,从墙上爬了出来,又爬城而入,走到家敲门,邹福听得声音,开门放入,问道:"什么事? 这等忙。"邹光便把发去摆站,寻取盘缠,在慈定庵得了韩氏、应赤口踪迹,一一说明,邹福欢喜道:"如此也脱了你的身了,待天亮叫林松来同去。"兄弟睡了一觉。天色微明。邹福兄弟便去邀林松,说明前事,个个明白。三人一径走到慈定庵来,林松见妻子果在殿上做早功课。起头见丈夫走到,吃了一惊,道:"我已出家了,你又来此为何?"林松故意唬道:"特来为应赤口讨命。"韩氏面如土色,不敢作声。林松道:"你且说来。尸首在哪里?"韩氏只得把前日赤口到此,老尼认得,杀他报仇,现埋在后园,一一说明。林松听得哭道:"我的妻,你受了三年无头冤枉,今日我才解释矣。"韩氏见丈夫回心了,遂大哭起来。邹福道:"是我弟造化,省得解去了。"说罢,只见解差寻到。邹福说明情由,同一干人归家吃饭。商量一二。走到县前,正值坐堂,解人带了邹光,过去禀道:"昨日解邹光起身,路过慈定庵,已得了应赤口、韩氏两人的消息。"知县道:"既两个在一处,就该拿来见我。"解人道:"韩氏做了尼姑,应赤口十日前傍晚,走到慈定庵内歇脚,老尼认得,说与韩氏,师徒将他杀了,尸首现存。"知县惊道:"这等说来,他两个奸情,是没有的了,那吃酒时说话,因何而起?"邹光才把那年讨茶赌东道的话禀明。知县道:"原来如此。"便差人到慈定庵,把韩氏、老尼唤到。韩氏将三年前劈空冤枉的事哭诉,又把前日应赤口进

庵。老尼杀死禀过一遍。知县听了，甚是怜她。乃对老尼道："应赤口造语陷人，罪不至死。你既事焚修，当方便为门，只该把来见我，如何便杀了她，这须偿命的？"老尼道："自从韩氏到庵，三年日夕悲痛，冤枉无伸，老尼见了，恨不得一朝撞见，食其肉。寝其皮，彼时他来。韩氏不识，老尼说知，韩氏说冤家路窄。扭他拼。男女不敌。老尼气愤，藏刀杀死是实，杀一无义，伸一冤枉，甘心偿命的。"韩氏忙道："老尼虽然下手，原是为着妇人，自然是小妇人偿命，望爷释放老尼。"老尼又道："这个使不得你既非主令，又非下手，沉冤始白，又囚狱抵命，这是我害你了。青天爷爷，还是老尼抵罪为是。"韩氏又哭禀道："说哪里话来，我所以不死者，为死得不干净耳。漏夜逃到她庵，原图报仇，蒙她收留，供养至今，仇恨已报，无能报恩也罢了，哪有累她抵命之理。自然是小妇抵死。"二人争个不了，知县道："你两个不必争，听我公断：应赤口诬污良妇，致韩氏几于丧命，罪无可赦。老尼抱愤杀之。虽应抵命，而义侠可宽，拟准赎徒。着应族领尸，韩氏名下，追给埋烧银二十两。韩氏清洁无瑕，着林松领回完聚。邹光引领赤口看妇成狱，要宜拟徒，已受杖监已久，释放宁家。"当下立了案卷，众人叩谢出门。韩氏仍愿归庵，林松百般谢罪，老尼着实劝回。自此夫妻更加恩爱，这韩氏足迹再不到门前了。后来侍奉老尼，胜似父母，及老尼死了，犹为之戴孝，终身不忘，以报其德。看官：你看应赤口，只一场说话不正经，把性命都送了，可见出好兴戎，招尤取祸，都从这一张口起。君子观应赤口之事，亦可以少儌矣。

第八段·蓄寡妇

多情子渐得美境
咬人虎散却佳人

诗曰：

> 苦节从来世世难，况教美少倍更阑。
> 子规夜半窗前啼，唤得孤衾泪未干。

这首诗单说人家不幸，有了寡妇，或年至五十、六十，此时火气已消，叫她终守可也，若三十以下，二十以上，此时欲心正炽，火气正焰，如烈马没缰，强要她守，鲜克有终。与其苟做出事来再醮，莫若早嫁为妙。

话说沛县地方，有个善里，有一黄家，兄弟三人，各娶妻室，皆极少艾美丽，不料三弟兄相继而亡，留下寡母六十余岁，伴着媳妇过活。大媳妇索氏，年二十七岁，唤索娘，次余氏，盾二十三岁，唤作余娘，三丁氏，年十九岁，唤作丁娘，余、丁二氏无子，唯索娘生有一字，方才四岁，会说话了。这三个寡妇，念一时恩爱，俱誓不再嫁，共抚此子，以替黄家争气。

一时间，三个妇人同在门前闲玩，忽见一个后生走来，生得甚是俊俏，真不下那：

> 何郎傅粉日，陈平冠玉时。

这后生唤作华春，年才弱冠，看见一门三美，娇香艳色，只管注目看着，呆立不去。余娘、丁娘见他看得着迹，便在门后闪着。独索娘偏立出身来道："你看得像意呵？再看看。"华春只得走开了去。索娘尚不肯丢他，直扑出门外来卖俏。那华春回头，见妇人又来看他，他便复转身来，仍一眼盯着妇人，并不顾地上高低，不觉失足，一跌便倒。三个妇人一齐笑将起来。那索娘道："有天理，跌得好。"华春爬起道："见了活观音，如何不拜。"只见那三个妇人，你扯我，我扯你，一阵笑声，都进去了。这叫作：

空房悲独立，欣遇少年郎。

何必相勾引，私心愿与尝。

　　索氏归到房中想道："不知前世有什冤孽，今朝撞着这冤家，好叫奴摆脱不下，这要他交上不难。我想戏文上的西门庆、金莲都是做出来的，世上哪有不贪色的男子汉。只是我的房里，她二人常来玩耍，如何勾引得他来？"思量了一夜。及至天明，梳洗吧，吃了早饭，便出门去睄。只见那后生，却早在对门等着。彼此眉来眼去，比昨日分外看得火热。那华春便把头点唇努，索氏掩着口儿在门内笑。华春看见她笑，便逼近来。索娘又闪入去了，急得那华春如出了神的一般。少顷，索娘又抱个小孩儿出来，向那孩儿道："我的儿呵，你长大了，不要学那不长进的游花光棍，想香扑儿耍耍。"那华春会意，忙在袖中摸出副银牙挑来，对孩子道："哥儿，我与你换了吧。"便把香扑一撮，抢到手来。那孩子哭起来了，便把牙挑递与他。索娘道："儿呵，走过来，这是臭的，不要他。"以空手向外一丢，道："唷，飞去了。"便把牙挑藏在手里，又教孩儿道："你骂他狗贼，偷了我的香去。"那华春在门首走上走下，正要从门里跨来，索娘又抱孩儿进去了，华春只得退步。她又抱了出来，以手儿向外招了两招。华春正要走进去，只见一个婆婆，两个小妇人，一齐出来看街耍子。华春只得蹀开了。正是：

花心故使人倾唾，惹得游蜂特地忙。

　　不题她婆媳进去。且说华春听她门首寂然无声，知她们已进去了，暗想："停会儿那个必定又来，待我贴着西首门旁，待她来时，打个措手不及。"立未久，只见索娘果又出来，正往门外一望。华春将身一闪，竟跟跄进来，便双关抱住，连呼道："我的娘，你急煞我。"索娘吃一惊，道："你好大胆，有人撞见，怎么了？"华春道："这是偏街，没人走的，亲个嘴去。"索娘道："还不快走，定要我叫起来？"早被华春的舌尖塞在口里了。那华春忙伸手去摸她，索娘忙把手一搁道："啐，忙做什的？ 你晚上来，我领你进去。"那华春便心花都开，欣欣地去了。到了晚饭后，即走去黄家左右守候。

　　却说那黄家，只有个七十多岁的老管家，又是耳聋的，将晚关门，早去睡了。索娘假意看管门户，把门轻轻地开了半扇。正要探望，只见华春已在面前，连忙扯入，关了门，悄悄带他上楼，藏在房中。附耳道："我去就来，你不要动响。"索娘恐余、丁二人到房鬼混，因先去余娘房里坐下道："好闷人。日间到混账罢了，怕的是晚，怕的是睡。"

余娘道：“睡不着，真个难过。”只见丁娘接口道：“你们难过，便寻个什的弄弄。”索娘道：“这件东西，有的时节倒也不值钱，如今没了，比宝还贵哩！哪里去寻？”大家笑个不了。华春听得火热，逐步挨到那板凳儿边去窥看。灯下见索娘固佳，而余娘尤佳，丁娘更佳。只听得索娘道：“我坐立不牢，去睡罢了。”丁娘道：“只是说睡，倒像有人在房里等你的一般。”余娘道：“倒是睄我们的那后生好。”索娘道：“也用得着，你去叫来。”丁娘道：“叫来有得与你？余娘自要受用了。”余娘道：“她以私意窥圣人。”索娘道：“不要争，明日都赏你们用用。”余娘、丁娘道：“在哪里？”大家笑了一场。索娘忙回到房中，推倒华春在床上，只恨这裤儿脱得不快，两人掰得紧紧的，只碍隔壁有人，不敢大刀阔斧。怎见得：

　　蝴蝶穿花，金鱼戏水。轻勾玉臂硬邦邦，紧紧粘磨；缓接朱唇香喷喷，轻
　　轻娇喘。一个久惯皮肉行，自能满意佳人；一个重开酒饭店，哪怕大肚罗汉。
　　可惜贪却片时云雨意，坏了一世松柏心。

　　华春弄到兴头上，便有些动荡声息，索娘恐怕人知，忙以两手搂住，又把两脚勾住，虽是了局，终觉不畅。华春道：“这样不爽快，有本事也使不出来，我的娘，你有什计策，把她们齐弄来，方得爽快。”索娘道：“短命的，你吃一又要扒两了。”华春道：“不是扒两，像这样碍手碍脚，如何做事？”索娘道：“待我算计，只是太便宜了你。”将次天明，索娘打发华春去了。心下一想，便把一本《春意》放在房中桌上。余娘刚走进房来，索娘故意把那书向袖中一缩。余娘便道：“什么书？与我看看。”索娘道：“你看不得。”余娘道：“你看得，我也看得。”便向她袖中摸出那书一看，笑道：“你看这做什么？”索娘道：“消遣耳。”余娘道：“你差了，愈看火愈发，怎了？”索娘道：“我还有个煞火的东西在。”余娘道：“我不要，你自己用我看。”索娘道：“你晚上来，我与你同睡，还有件最妙的试试。”两个遂散。

　　至晚，华春又来。索娘道：“一个有些意思了，少停如此这般，我说来，你做着就是了。”华春躲过。只见余娘不招自来，说道：“我来陪你睡，你把那个我看。”索娘道：“你先睡了，我拿来弄就是。”余娘果脱了衣服上床。索娘吹灭了灯，同华春脱了衣裳，摸上床来。索娘把余娘双脚掇起，华春亦觉酥了，便伏倒索娘背上。余娘知是两人做作，到那极快活的田地，也将错就错，见二人压得太重，便轻轻溜只手，把华春的卵袋一挤。华春失声道：“呵哟。”索娘便与余娘道：“莫高声，实是那后生，我爱他，招他在此，怜你独宿，叫你来同乐尔。”余娘道：“这是趣事，明说何妨。”于是三人一同睡了。

次日天早，华春临别道："那位娘再弄得来，才好放心乐意。""你去，我们有计。"华春去了，余娘道："有什计？"索娘道："那人假卖清，又嘴硬，不肯把我们小要的，我有一个角先生在此，我和你藏在她床里，她得了必然试验，我们在壁缝里见她弄时，跑去捉住，她自然入我的网来。"余娘称妙。两个拿了角先生，走到丁娘房里说些闲话，背地将那角先生藏在丁娘被里，然后各自散去。

到晚点灯时，余娘、索娘各自进房，丁娘亦归房就寝，因抖动眠被，抖出一件物来，此时丁娘拿在手里，摩弄不已。忽然芳心飘落，口中流涎，如十七、八个吊桶在心内，辘上辘下了，而又似蚂蚁钻咬的一般。不妨余娘、索娘在壁缝里张见明白，便抢入房内，大家笑将起来。丁娘羞避不及，余娘即吹灭了灯，让华春入房，躲在背后。索娘跨上丁娘身上，丁娘道："古怪，且慢着，这是不假的。"余娘道："难道是真的？"丁娘道："明明是一个游方和尚，跑进跑出，把个包裹儿，不住在我后门口甩来甩去，岂是假的？"索娘、余娘都笑起来，两下按住道："是真的，就是你说的那后生。我们招他来此乐乐，不忍瞒你。"丁娘道："也该先通知我，怎的一直生做。"索娘道："若不如此生做，你如何肯伏？"华春见她得趣，遂分头与索娘、余娘，个个尽兴，四人滚做一处睡了。自此夜起，无夜不来轮流取乐。

偶一日，索娘的孩儿要和娘睡。众人见他年小，也俱不放在心上。索娘便吩咐他道："孩儿，你与我睡，需要静睡，切不要动，床里有个老虎，是咬人的。"那孩子应声，便睡在那里不动，把一双眼儿，却半开半闭，将床上四人的做作，都看在肚里了。当初一人做事，怕旁人看见，吹灭了灯。如今三人同心，便点灯列饮，肆无忌惮，饮酒玩耐，尽心人捣。都只道瞒着婆婆、老价便好了，不料这小孩子看了一夜，有些惊畏，到次日晚上，又要与婆婆睡了。那婆婆道："我被你吵得昏了，你与娘睡吧！"那孩子道："我要与婆婆睡，娘的房里有老虎，怕人。"婆婆道："怎样的老虎？"孩子道："会咬人的老虎。"婆婆急问道："怎样的咬？"孩子道："咬得狠哩，把娘的舌头也咬，奶也咬，又有一个尾巴，把娘撒尿的孔儿只管刺，我怕他，不去睡。"婆婆惊道："只咬你娘，别人不咬？"孩子道："二阿娘、三阿娘，个个都咬到。"那婆婆听了，叹口气道："我只道她们真心守寡，原来如此做作。如不早嫁，后边还要做出事来。"遂叫老仆去寻媒婆，劝三媳再醮。三媳失惊，俱不悦道："我三人同心，死作黄家之鬼，何婆婆又有此举？"那婆婆便道："你三人果肯守，则黄门有光矣。但恐怕床上有老虎，又来咬着你们，唬坏了我的孙子。"三妇听说，六目相对，哑口无言。当日俱打发回家，另嫁去了。

却说那索氏，嫁个过路客人，后有人见她在京都为娼，不知所终。余氏嫁得好，家道尽丰，但丈夫逐日眠花卧柳，不顾妻房。余氏又寻主顾，被丈夫知觉，致死了。丁娘嫁一个系赌博为生的,是打妻骂妇,去未半载身亡,华春后来逢流贼所杀。一个个都遭其报。此乃天道恶淫,亦人所自取。但有寡妇者,亦不可不知,寡妇不容易做的。唯云我何等人家,有再嫁之妇?勉强留守,至于秽张丑著,始曰悔不早嫁,岂不晚乎?读此书真可为戒。

幻中游

[清] 步月斋主人 撰

原 序

　　天下事之所有，必非理之所无，而理之所无，恒为事之所有。此以知胶柱之见不可存，而观变之识所应裕也。即如鬼神一说，过溺则邻于惑，太忽则涉于侮。鲁论云："敬鬼神而远之。"斯言至矣。然，依古以来，往往有生平不信鬼神，而实默受其策遣而莫觉者。亦有明与鬼神相交，而卒收其裨益于无穷者。奇奇幻幻，出人意表。岂第如黄熊入梦，大厉坏寝，纯在恍惚不可为象之间哉！这部小说，单道有明一桩故事，乍看似近荒唐，详考确有实据。其中忠臣孝子、烈女节妇、良师信友、义仆贤妓，无不悉备。俾看官有以启其善念，遏其邪心。较之才子佳人，花前月下，徒以偷香窃玉之态，闺阁床笫之言，长人淫欲，贻害幼学者，似为不无较异云！

第一回　老宿儒七贴方登第

诗曰：

修士读书认理真，凡忘气化有屈伸。

游魂为变原不昧，漫道人间无鬼神。

却说万历年间，湖广黄州府罗田县，有一个秀才，姓石名峨，字峻峰，别号岚庵，乃洛阳石洪之后。为无末避乱，流落此处。家有房宅一所，田地数顷。为人素性刚方，不随时好，不信鬼神。夫人竺氏惠而且贤，中馈针织外，黄卷青灯，恒以相夫读书为务，因此峻峰学业成就。每逢考试，独冠一军。四方闻风，无不争相景仰，乐为结纳。可惜时运坑坷，于功名。凡进六场，不是命题差题，就是文中空白。不是策内忘了抬头，便是表里漏了年号。一连七次，俱被贴出。但穷且益坚，立志不懈，待至年过四十，却又是一个科分。这正是：

肯把功夫用百倍，哪怕朱表不点头。

凡大比之年，前数月内，魁星偏［遍］阅各省。拣其学问充足，培植深厚者，各照省数勒定一册，献于文昌。文昌奏之玉帝，玉帝登之榜上，张诸天门，名曰天榜。是科，石峨早已列在天榜数内。及至八月秋闱，三场如意而出。回至家中，向夫人竺氏道："今科三场，俱不被贴，吾已中矣！"夫人答道："相公果能高发，正是合家之庆。"到得揭晓，果然获蒙乡荐。及来春会试，又捷报南宫。二年之间，身登两榜。只因朝纲不振，权奸当道。立意家居，无心宦途。

生有一子，表字九畹，取名茂兰，一名蕙郎，乃武曲星所转。从小丰姿超众，聪明非凡，甫离褓褓，即通名物。七岁读书，竟能目视十行，日诵百篇。不过三五年间，把五经左史、诸子百家等书，俱各成诵在胸，熟如弗鼎。开笔作文，落落有大家风味。长至一十五岁，不唯文章工巧，诗赋精通，亦且长于书画。一县之人群呼为石家神童。峻峰窃喜，以为此子头角峥嵘，日后必能丕振家声，光昭祖业。"吾何必身列鹓班，甘于任人进退耶？"不仕之志，因此益坚。明朝定例，凡一科会试榜发，除鼎甲词林外，其余进士,三年内务要用完。因宦官专权,人多畏祸。殿试后,假托事故,家居不出者,十人之中,不下四五。缘此诠选之时,人才短少,吏部奏道:

朝廷开科取士,原以黼黻皇猷,非使叨膺名器。兹逢选期,人才短少,皆因历科进士,多甘家居,致有此弊。伏乞圣裁,饬各省巡抚,查明报部,提京面检。如或年力精壮,可以备员,即发往各省补缺。庶人材出,而百职修矣。谨疏奏闻。

疏上,皇上批道:准依奏览。部文行各省,各省行各府,各府行各县。

一日,石峻峰偶到县衙吏房。该管书吏一见峻峰,口称:"石老爷来的凑巧,我正要着人去送信。"峻峰道:"有何信送?"书吏道:"今有部文提你赴京检验,文是夜日晚上到的,今早发房。若不信时,请到房里一看。"遂让峻峰房里坐下,把文查出递与峻峰。峻峰一见这文,心中不快,闭口无言。书吏又道:"这文提的甚紧,速起县文,上省去请咨,咨文到县,约得半月有余。家中速打点行装,咨文到时,即便起身。断勿迟滞,致使再催。"方才说完,这个书吏,被传入宅里去了。

峻峰出衙回家,路上度量此事,不觉形诸颜色。到了家中,夫人问道:"相公往日,从外而来,甚是欢喜。今日面带忧容,是何缘故?"峻峰道:"今日适到县衙,见有部文,提我上京检验。意欲不去,系圣上的旨意。去时倘或验中,目下群小专权,恐易罹祸网,贻累子孙。事在两难,踌躇不决,故而如此。"夫人道:"这事有何作难,皇上提去验看,原系隆重人才。相公趁此上京,博得一职,选得一县。上任后,自励清操,勿蹈贪墨,纵有权奸,其奈你何?做得三年两载,急为告退。既不至上负朝廷,又可以下光宗族,两全之道,似莫过此,这是妾之愚见,不知相公以为何如?"峻峰答道:"夫人言之有理,但上京一去,往返须得半载。蕙即年当垂髫,夫人亦系女辈。家中无人料理,如何叫我放心去得?"夫人道:"这却无妨,我已年近五旬,一切家务,尽可支持。苍头赵才,为人忠诚,外边叫他照料。蕙郎虽幼,我严加查考,他也断不至于放荡。自管放心前去,无须挂怀。"峻峰道:"夫人既是这样,吾意已决。"

次日就赴县,起文上省请咨。家中凑对盘费,收拾行囊。一切亲友或具帖奉饯,或馈送赆礼。来来往往,倏忽间已是半月。吏房着人来说:"咨文已经到县,请石老爷领文起程。"石峻峰领得咨文在手,就雇了一只大船为"杉飞"。带了一个书童叫作"来喜"。择日起身,又与夫人竺氏,彼此嘱托了一番。这才领着蕙郎送至河岸,看着峻峰上船入舱。打锣开船,然后回家。

却说峻峰这一路北来,顺风扬帆。经了些波涛,过了些闸坝。不下月余,已到京都。下的船来,才落店时,就有长班投来伺候。次日,歇了一天,第三日早晨,长班领

着,就亲赴吏部衙门,把咨文投讫。仔细打听,进京者还无多人。吏部出一牌道:

　　部堂示谕,应检进士知悉:俟各省投文齐集日,另行择期,当堂面验。各人在寓静候,勿得自误。特示。

　　峻峰见了这牌,店里静坐无事,除同人拜往外,日逐带着来喜在街上游玩。玉泉山、白塔寺、药王庙、菜市口,俱各走到。一日,饭后出的门来。走到一个胡同里,看见一个说《西游》的,外边听的层层围着。峻峰来到跟前,侧耳一听,却说的是刘全进瓜,翠莲还魂一回。峻峰自思道:"无稽之谈,殊觉厌听。"往前走去,到了琉璃场前,心中触道:"这是天师府旧第,昔日天师在京,此地何等热闹?目今天师归山,落得这般苍凉。天运有升沉,人事有盛衰。即此可以想见一班。"凭吊了一会,嗟叹了几声。遂口咏七言律一首,以抒慨云:

　　景物变迁诚靡常,结庐何须饰雕梁。

　　阿房虽美宫终焚,铜雀空名台已荒。

　　舞馆歌楼今安在?颓垣碎瓦徒堪伤!

　　古来不乏名胜地,难免后人作战场。

　　诗才咏完,回头看时,路旁一人,手拿旧书一部,插草出卖。要过来看,乃是《牡丹庭[亭]记》。峻峰想道:"此书是四大传奇之一,系汤玉茗所作,我却未曾看过。店中闷坐无聊,何不买来一看,以当消遣。"因问道:"这书你要多少钱?"那人答道:"要钱四百文。"峻峰道:"这书纸板虽好,却不甚新鲜了。从来残物不过半价,给你二百钱吧。"那人道:"还求太爷高升。"峻峰喜其说话吉利,便道:"既要看书,何得惜钱。"叫来喜接过书来,付与他钱二百五十文。那人得钱欣然而去。

　　峻峰回到店中,吃了晚饭。叫来喜点起烛来,把这书放在桌上。从头看起,初看《惊梦离魂》以及《冥判》诸出,见其曲词雅倩,集唐工稳,幽思奥想,别有洞天。极口称道:"玉茗公真才人也!"及看到《开墓还魂》一出,鼓掌大笑道:"人气聚则生,气散则死,死生者人之所必不免也。死而复生,哪有此理?伯有作历,申生见巫,韩退之犹以为左氏浮夸,无足取信。汤玉茗才学名世,何故造此诞漫不经之语,惶惑后人也。疑鬼疑神,学人大病。家有读书子弟,切不可令见此书,以荡其心。"遂叫来喜就烛上一火焚之。峻峰在京候验不题。

　　但未知蕙郎与夫人在家如何?再看下回分解。

第二回　幼神童一相定终身

却说蕙郎在家,自他父亲上京去后,逐日不离书房,功夫愈加纯正。母亲竺氏亦时常查考,凡平日读过的书籍,重新温了一遍。每逢三八会期,求他母亲命题一道,作文一篇。非迎送宾客,足迹并不到大门。如是者,两月有余。

一日,偶到门前,见街上走路的,这个说吕公在世,那个说陈抟复生。唧唧哝哝,三五成群,一直往东去了。蕙郎问赵才道:"这是为何?互相称奖。"赵才答道:"十字街口东,有个相面先生,说他系云南大理府人,姓曹名奇,道号通玄子。一名曹半仙。他的相法,是从天台山得来的。相的委实与众不同,因此轰动了一城人。大相公何不也去相相呢!"蕙郎道:"我去是要去,倘或太太找我,你说上对门王相公家讲书去了。"赵才应道:"晓得。"

蕙郎出了大门,往东直走,又转过两道小巷,抬头一看,已是寓首了。但见口东路北,一簇人围着个相士。里三层,外三层,拥挤不动。蕙郎到了跟前,并不能钻入人空里去,只得在外边静听。闻其指示详细,评断决绝,心中已暗暗称奇。适值相士出来小解,看见蕙郎便惊道:"相公也是来相面的吗?"蕙郎答道:"正是。"相士道:"好个出奇的贵相!"蕙郎道:"小生陋貌俗态,有何奇贵?先生莫非过奖了。"相士道:"良骥空群,自应诧目,岂是过奖。相公真要相时,今日天色已晚,一时相不仔细。明日饭后,在敝寓专等,肯赐光否?"蕙郎道:"既是如此,明日定来请教。但不知先生寓在何处?"相士道:"从这条街上东去,见一个小胡同,往北直走,走到尽北头,向东一拐,又是一条东西街,名为贤孝坊。从西头往东数,路北第五家,就是敝寓,门口有招牌可认。"蕙郎道:"我明日定去领教,但恐先生不在家,被人请去。"相士道:"一言约定,决不相欺。"蕙郎作别而去。相士也收拾了坛场,去回寓所。却说蕙郎回到家中,步进书房。适赵才送茶到此,蕙郎问道:"太太曾找我吗?"赵才答道:"不曾。请问大相公,曾叫他相过否?"蕙郎道:"这人真正相的好,但今日时候迫促,相不仔细。说定明日在下处等我。我禀知太太,明日饭后,一定要去的。"蕙郎把相面一事搁在心头,通夜并没睡着。次早起来,向母亲竺氏道:"今日天气晴朗,孩儿久困书房,甚是疲倦,意欲出去走走。街上有个相士,相的出奇,还要求他给相相。孩儿不敢擅去,特来禀知母亲。"夫人道:"这我却不禁止,你但出去,务要早回,我才放心。"蕙郎答道:"孩儿也不敢在外久住,毋烦母亲嘱咐。"用过早饭,封了五钱银子,藏在袖内。并不跟人,出门径往贤孝坊去了。蕙郎一来,这正是:

展开奇书观异相,鼓动铁舌断英才。

蕙郎到了这街西头,向东一望,路北第五家门口,果然有个招牌,上写"通玄子寓处"五字。蕙郎走到门前,叫道:"曹先生在家吗?"内有一小厮应道:"现在。"蕙郎走进大门,往西一拐,又有个朝南的小门。进了这门,迎门是一池竹子。竹子旁边,有两株老梅,前面放着许多的花盆。转过池北是三间堂房,前出一厦,甚是干净。往里一看,后檐上放着一张条桌,上面摆着三事。前边八仙桌一张,搁着几本相书,放着文房四宝。墙上挂一横匾,写道:"法宗希夷"四字。旁边贴一对联,上写道:

心头有鉴断明天下休咎事,

眼底无花观遍域中往来人。

蕙郎正在打量,小厮进去说道:"有客来访。"那相士连忙走出相迎,道:"相公真不失信,老夫久候多时了。"让到屋里,分宾主坐下。叫小厮泼了一壶好茶来,彼此对饮了几杯。相士开言道:"算卦相面,先打听了人家的虚实,然后再为相算,名曰'买春'。这是江湖中人的衣钵,予生平誓不为此。相公的尊姓大名,并系何等人家,暂且不问。俟相过后,再请教罢。"蕙郎道:"如此说先生的大号,小生也不便请问了。"相士道:"相公的贵相,非一言半语,可以说完,请到里边相看,尤觉僻静。"相士领着蕙郎,从东间后檐上一个小门进去,又是朝西的两间竖头屋。前檐上尽是亮窗,窗下放着一张四仙小桌,对放着两把椅子。北山上铺着一张藤床,床上放着铺盖。后檐上挂着一轴古画,乃张子房杞桥进履图。两边放着两张月牙小桌,这桌上搁着双陆围棋,那桌上放着羌苗牙板。蕙郎称赞道:"先生如此摆设,真清雅人也。"相士答道:"旅邸草茅,未免污目。"

两个对面坐定,相士把蕙郎上下细看了一番,说道:"相公的贵相,天庭高耸,地阁方圆。两颧特立,准头丰隆。真五岳朝天之相,日后位至三公,自不必说。但印堂上微有厄气,天根亦微涉断缺,恐不利于少年。相书有云:一八、十八、二十八,下至眉攒上至发,是为上部,主少年。自天根至鼻头,是为中部,主中年。自承浆至颏下,是为下部,主末年。贵相自十八至二十八,这十年未免有些坑坷。过得二十八岁渐入佳境。到得五十六十,功在庙社,名垂竹帛,显贵极矣,以后不必再相了。"蕙郎道:"先生如此过奖,小生安敢望此。"相士道:"我言不妄发,日后定验。"蕙郎又问道:"先生既精相法,亦通柱理吗?"相士道:"相法按八卦,分九宫,命理讲格局,论官禄。其实阴阳五行,生克制化,一而二,二而一者也。"蕙郎道:"如此说来,先生不唯会相,亦且会算了,愿把贱造,再烦先生一看。总为致谢,未知先生肯否?"相士道:"这却使得。"蕙郎就将八字写出,相士接过来看了看说道:"贵造刑冲不犯,官杀清楚,诚贵人格也。是九岁顺行运,自九岁至十九,还在父母运内,无容多说。细看流年,不出月余,定有喜事临门。自十九至二十九,这十年大运不通,子平说的好:'老怕长生少怕衰,中年只怕病与胎。'你这十年行的正是胎运。过此以后,官星得权,百事如意了。但年年细查,不胜推算。待我总批几句,亲身领会吧。"遂提笔写谶语八句云:

> 学堂星动继红鸾,何料丧门忽到前。
>
> 驿马能牵大耗至,阴伏天牢紧相缠。
>
> 幸逢武曲照当命,哪怕伤宫与比肩。
>
> 寿星应主晚岁运,一生福禄自延绵。

写完递与蕙郎说道:"相公,你一生的遭际,尽在八句话中。挨次经去,半点不错。此帖务要收好,勿致遗失。"遂拱手说道:"语少忌讳,万望包涵。"蕙郎谢道:"代为指迷,曷胜感佩。"就把谢礼呈上,相士道:"老夫半生江湖,只重义气,不计钱财。相公日后高发,定有相逢之处。何必拘在一时,厚仪断不敢领。"蕙郎再三相让,相士极力推辞。蕙郎见其出于诚心,说道:"先生既然不肯,小生另当致敬,遵命安好过违。"遂把封套袖起,相士方才问道:"相公尊姓大名呢?"蕙郎答道:"小生姓石名茂兰,贱字九畹。住在永宁街上,家君讳峨,字是峻峰。系壬午举人,癸未进士。现今赴京候验,去有两个多月了。"相士道:"既然尊翁大人赴京检验,不出月余,定有喜信。这一句已是应验了。"彼此又盘桓了一会,蕙郎告辞,再三的致谢。相士送至门外,彼此作别而去。却说这个相士住了些时,不知流落何方。街上再不见他相面了。蕙郎在家不题。

但未知峻峰在京候验如何?再看下回分解。

第三回　念民艰挂冠归故里

却说石峻峰在京候验，住至月余，并无音信。一日，长班走来禀道："小的今早经过吏部门前，见有牌示了。限于初四日早刻齐集，当堂面验。今日初三，就是明晨了，老爷把靴帽衣服，逐一打整停当。小的明日早来，好跟老爷同去。或坐车，或坐轿，今日雇下，省的明晨忙迫。"峻峰称了三钱银子，着长班去雇车子，就把衣帽等物，逐一检点了一番。叫来喜俱各包妥。用过午饭，转瞬天黑。峻峰早早关门睡去。

次早起来，叫来喜要水洗了脸，梳了头，用过了早饭。店主方才去开店门，长班进来禀道："车子已到，请老爷早去，勿致有误。"就把衣包、帽盒，送在车上。峻峰上车坐定，长班却先走了。车夫使着车子，来喜随后跟着。霎时间，已到吏部门首。长班前来禀道："路北有一个茶馆，甚是清雅。老爷下车，暂歇片时，换了衣服，再上衙门。"峻峰下的车来，见路北门面铺上，挂着"煮茗斋"三字一个小招牌。进到里面，是三间瓦厦。两边俱是开窗。中间门上吊着帘子，院内东西两边，俱是走廊。时当九月，东廊下放着几盆金菊。西廊下挂着两笼画眉。峻峰步入房中，见后檐上贴着"聊胜指梅"四字。下边贴《茶赋》一篇云：

唯龙团之津液，与雀舌之汁膏。解睡余之烦渴，醒酒后之号呶。尔乃黄芽披蒸，绿脚垂洁。碧乳翻涛，银丝胜雪。列三等以为差，冠六□而独□。酪可为奴，筵堪伴果。味品香泉，烹须炉火。盛玉罂其常湛，转金碾以成埃。至若经作陆羽，录著蔡襄。添温暖于冬腹，涤炎热于夏肠。既无恤夫冰厄，又何羡乎琼浆。

两旁又贴一对联云：

开户迎花笑，启窗听鸟鸣。

峻峰里面坐了一会，换过衣服。长班来禀道："大人将近升堂，请老爷过衙门去吧！"峻峰跟着长班，走到仪门前边，挨省次站定。大人已上堂，从北直验起。一省或验中二十多人，或验中十五六人。点到峻峰，吏部停笔问道："你原籍何处？"峻峰应道："原籍河南，后迁湖广。"吏部又问道："洛阳石浚川先生，是你一脉吗？"峻峰应道："是进士的上世先祖。传至于今，已二十二代了。"吏部笑道："你既系先儒苗裔，又当年力精壮,正该为朝廷出力报效。奈何追蒿邙之高风,负王家之遴选。你且下去,明日再听发落。"并未说验中与没验中。峻峰下的堂来,心中甚是恍惚,不敢就走。直候到各省验完,大人退堂,方才回寓。心中度量了一夜。到得次早,叫长班去打听,回来禀道:"小的见吏部书办说:大人已经启奏,再看旨下如何?"峻峰心中愈加惊慌,住了两天,亲去打听。吏部已把圣谕贴出。

奉天承运皇帝诏曰:朕思贤为国宝,安可野有留良。兹依部奏,验中进士,二百八十人。大省二十名,中省十五名,小省十名,各照数发往候缺。唯石峨系先儒后裔,理应速用,即授陕西西安府长安县知县。赴部领凭,毋得迟缓。钦此。

峻峰见了这道旨意,不胜欢喜。领过凭文,请了两位幕宾,招了几名长随。离了京城,自通州坝上船,星夜往黄州府进发。京报已早到家中,夫人竺氏叫赵才打扫客舍,制办羊酒,候峻峰来到,以便待客。住了些时,峻峰已到家中,亲戚朋友来叩喜者绳绳不绝,热闹了半月有余。峻峰恐误了凭限,祭过祖坟,择一吉日,率领家众,直往长安上任去了。这正是:

雪里无人来送炭,锦上谁不去添花。

却说峻峰一入陕西境界,就有人役来接。峻峰略把土俗民情,问了一番。因问:"衙门广狭怎样?"来役禀道:"官衙内有鬼,历来的老爷,俱住民宅。小的来时,早已雇赁停当,修理齐楚。无烦老爷再为经心。"峻峰笑道:"本县素性是不怕鬼的。我定住官衙,不进民舍。你等作速回去,给我收拾官衙,违者到任重责。"来役跪央再三,决于不准,只得星夜赶回,把官衙打扫出来。峻峰一到县时,直就官衙内上任。

是晚,更夫巡夜,闻有鬼说道:"石青天在此居官,吾等暂且回避。"从此官衙内,安静无事了。上任三日,行香放告已毕。查前任的案卷,未结者还有二三十件,或出票,或出签,把一干人犯,俱各拘齐。出一牌示:"本县拟于某日,升堂理事。满城士民,愿看者概为不禁。"到得那日清晨,衙门里人就填满了。峻峰自饭后升堂,坐至日夕。二三十件案卷,俱经理清。当批者批,当断者断,该打的打,该罚的罚,无不情真罪当。一时看者,群惊为神。峻峰把众人唤到案前,晓谕道:"本县承乏兹土,虽无庞士龙之材,却有西门豹之心。在此居官一日,必不使尔等坐受贻危也。"众人叩谢而散。历任一年,政简刑清。做至三年,颂声载道。城内绅衿乡间百姓,送万民衣的,送万民伞的,贴德政歌的,纷纷不一。峻峰悉行阻却。特出一告条云:

长吏为民父母,兆民皆吾子也。父母育子不闻居功,长吏恤民岂意望报。嗣后媚谀之事,断不可复。

一县之人无可图报,遂题诗刻石,以铭其德云:

爱民勿徒美冀黄，窃幸邑侯称循良。

茧绩不羼咸淳化，鸣琴堪并单父堂。

割鸡聊把牛刀试，买犊旋庆筑麦场。

顶祝焚香情莫尽，永登贞珉志不忘。

后天启皇帝登基，太监魏忠贤专权用事。峻峰急欲退出，告优未暇，忽越级升了广西柳州府知府。到任三月怡化翔洽，适广西巡抚提进省议事。峻峰星夜赴省，来见宪台。巡抚道："传贵府来，非商别事，今有东厂魏大人发下银子三十万，叫本院散给各府，各府散给各县，放于民间使用，三分起息，然后本利催齐解司。下岁领去再放。贵府该代放银六万两。作速领去，分派州县。"峻峰禀道："大人之命，卑职固不敢违，但柳州府地瘠民贫，兼之连岁凶歉。有者典当田宅，无者鬻卖妻子。自顾不赡，那有余钱，代为出息。还求大人极力挽转，务使百姓均沾实惠。"巡抚道："这是东厂大人的钧旨，谁敢抗违。"峻峰跪央道："百姓是朝廷的百姓，官员是朝廷的官员。朝廷设官，原为牧民，并非设官代人放账。卑职只上知有皇上，下知有百姓，中知有大人。若浚民生而肥内监，这等样事卑职断不敢做，亦不肯做。还求大人三思。"巡抚道："如此说，难道你不顾你的考成吗？"峻峰起来冷笑道："吾人出仕，原以行节，非图固宠。卑职自幼读书，颇有志气。昔陶渊明不为五斗米折腰，吾宁为五马荣挫志乎？大人既不肯为万民做主，卑职断不给太监放债。"巡抚怒道："你这等的抗上，本院一定题参。"峻峰答道："与其待大人题参，何如卑职先自引退。"遂告辞而出，银子分文不领。回到署中，把仓库检点了一番，并无半点亏欠，未结的案卷逐一理清，应发的发回本县。把他的印绶，亲身送到巡抚衙门。抚院一见，甚是不悦。峻峰禀道："百姓不可一时无官，居官不可一日无印。卑职既得罪东厂大人，岂容卑职久留此地。望大人暂且把印收去，以便委人。如魏大人加以罪谴，就是焚尸灭族，卑职愿以身当，并不累大人。"说到此处，那巡抚就把印收去了。峻峰从省回衙，掩门待罪。住有半月，并无风信。遂雇了车轿，率领家属，仍回黄州去了。

不知峻峰回去如何？再看下回分解。

第四回　为友谊捐资置新宅

话说石峻峰弃官回署。巡抚委官盘查仓库，无半点亏欠，案卷无一件停留。只得一面委人看署，一面修书报与京中。书道：

叩禀：东厂司理监，魏大人座下。前承大人发下银两，卑职径定府县俱各派去。独柳州府知府石峨抗违不领，兼以弃官脱逃。特为禀明，以便究治。专候钧旨，肃此上达。

广西巡抚某人顿首。

魏忠贤拆书一看，心中想到："放账滚利，终属私事。且石峨为人刚直，十分究治，未必甘罪。倘或皇上闻知更觉不妥。莫若将计就计，叫他去吧。"遂写一回书道：

兹承来札，俱已心照。柳州府知府石峨，虽系抗上，乃皇上亲放之人，不便究处。且素称廉明，□□民望，弃官回籍，听其引退。勿得从刻，照书施行。

某月某日东厂特发

却说石峻峰转升之后，巡抚上疏，另题补了长安县一员知县。姓王名璠字止珍，乃广东广州府番禺县人。系进士出身。往长安上任，路过襄阳府。襄阳府城内，有一个致仕的员外，姓胡名荣字涵斋，与王璠素系年谊。王璠来到襄阳拜看胡荣，胡荣设席邀请。席间，王璠向胡员外道："小弟先去上任，少停半载，再接贱眷。自番禺直抵长安，路径太长，一气难以打到。弟欲向年兄借一闲房，在此做个过栈。两截走，庶不艰苦。不知年兄肯相帮否？"胡员外答道："宝眷到此，小弟理应照料，那烦年兄启口。"王璠道："既蒙年兄慨许，小弟就谢过了。"席终之后，王璠回店，次日走身走了。

却说胡员外又自想道："凡官员的家眷，少则二三十口，多则四五十人。现在住的宅子，终是安置不下，且不便宜。莫若另买一宅，权叫他住。一则全了朋友之谊，二则添些家产，岂不两全。"算计已定，遂叫官中，代为买房。本街西头路南，有房子一处。房主姓徐名敦，本因宅子里有鬼，住不安稳，要卖了另置。就出了一张五百两银子的文约，交给官中杨小山。杨小山因向胡家来说，胡员外问道："这房子他实在要多少银子？"杨小山道："依他说要银五百两。"胡员外给他三百五十两。说来说去，讲到四百五十两，徐家就应口卖了。胡员外择了日期，同着亲朋，叫杨小山写了文约，把价银足数兑去。徐家把宅子腾出，交给胡员外，他另搬到别处去了。

却说王璠到任，住了半年。写了一封家书，差了一个的当家人，往广东去接家眷。家中男女，上下共有二十余人。一路直投襄阳府胡宅而来。胡员外着人把新买的宅子，打扫洁净。请王夫人与公子住在里面。一切照料，无不尽心。歇近一月，正要起身而去。忽有一个家人，星夜赶来。禀道："老爷已于四月间病故，小的料太太少爷，还在此处。特来报知，好去搬灵。"夫人公子听说，哭倒在地，半日方苏。公子与夫人计议，此处到长安尚有两千余里。往来盘费，非同些小，手中无钱，如何去的。夫人道："央你胡年伯，或者相帮，也未可定。"王公子亲到胡员外家里，央他帮些银子，去接父灵。胡员外慨许，借银二百两。王公子得了银子，领着一个家人，往长安县搬灵去了。往返四五个月，才把灵柩搬到襄阳府来。胡员外城外有一处小房，叫他把灵柩停在里边。胡员外办礼制帐，亲去祭奠。其祭文云：

维吾兄之才略兮，堪称国良。甫操刀于小邑兮，治具毕张。苟骥足之大展兮，化被无方。胡皇天其不佑兮，遽梦黄粱。悲哲人之已萎兮，我心彷徨。陈壤奠于灵前兮，鉴兹薄馐。

这且按下不题。却说广东土寇大发，把广州一带俱被占去。王知县的灵柩一时难以回家。夫人公子，只得在此久住。住有一年，夜间渐闻鬼声，且见鬼形。夫人公子总不肯说出，恐负了胡员外的好意。又住了几月，王夫人并上下人等，俱病死宅中。只剩得王公子夫妇二人，与他庶母所生的一个妹子，年方十一二岁。后广东贼寇平息，胡员外又助银百有余两，叫王公子押着他父母的灵柩，转回广东去了。落下这处闲房，并没人敢在里边去住。胡员外托官中典卖，俱嫌宅子不吉，总无售主。只得把大门常常锁着。

忽一夜间，胡员外梦见一个老叟，苍颜白发，手执藜杖，登门来了。说道："小弟姓焦名宁馨。系绍兴府人氏，有一件要事相恳。西头路南宅子内有我一亲女、一甥女并一甥男。住已数年，今闻尊兄要卖此宅，但这两个女子，与尊兄有父子之分。日后就这宅子上还要招一佳婿，以光门婿。切不可妄听人言，轻为抛舍。"胡员外醒来，把梦中的言语告诉夫人冯氏。冯氏夫人道："梦寐之事，何足为凭。依我看来，咱家尽有钱使，何必典卖房宅，惹人耻笑。与其不值半文舍给人家。何如重新拆盖，赁出打租。"胡员外道："夫人说得极是，我从今再不卖他了。"到得次夜，时近三更，胡夫人有□未睡。忽见两个女子，丰姿绰约，颜色俏丽。领着一个六七岁的小儿，□□缓步从外而来。见了胡夫人，深深一拜。一齐就跪下磕头。胡夫人两手扶起问道："两位姐姐，你是何人？为何行这样的大礼。老身断不敢当。"二女子道："儿等住在西头宅子上，已经几年。今因王夫人上下死在里面。义父说宅子凶恶住不的了，屡次托人变卖，幸得母亲一言劝醒就不卖了。儿等能得安居此处，以待良缘。为此特来相谢。"说罢飘然而去。胡夫人甚是骇异，叫醒胡员外，把见两女子的事，说与他听。胡员外道："夫人所见与吾梦相符。此中必有缘故。这宅子我定是不卖了。但不知后来，应在何处？"这正是：

　　有缘千里来相会，无缘对面不相逢。

　　且按下不提。却说这宅子对门，有一个孝廉公姓朱名耀彩，字斐文。年近五旬，他发身时，是中的解元。会试曾荐元三次，俱未得中。闽省之人，群称为文章宗匠，理学名宿。他有一个儿子，名琅，字良玉，年方二十三岁，是个食廪的生员。人物聪俊，学问充足。王公子在此住时，门首时常相见。王公子羡慕朱琅。朱琅也钦仰王公子。王公子也是个补了廪的秀才，因是同道朋友，两个就拜成兄弟。王夫人与朱琅的母亲，亦时相往来，彼此情意甚觉投合。王夫人的女儿并拜朱夫人为义母。王夫人在日，朱夫人不时地把王小姐接过这院修理头面，添补衣裳，待之无异亲生。及王夫人夫妇灵柩归家有期，朱夫人又把王小姐接过来，照料了一番。说道："吾儿我与你果有缘法，日后须落在一块方好。但你居广东，我住湖广，云山间阻，从此一别，今生断不能再见面了。"说罢，不觉泪下。王小姐答道："孩儿仗托母亲的福力，安知后日不常靠着母亲。"亦自滴泪满怀。从此王夫人夫妇灵柩回去。朱夫人日逐想念王小姐，几乎成病。数月以后，方才开怀。王小姐回到家中，父母大事已过。兄嫂欲为他择配，王小姐也不便当面阻绝。作诗一首，贴于房中。其诗云：

　　婚姻大事系前缘，媒氏冰人徒枉然。

　　义母临岐曾有约，常思归落在伊边。

　　年过二十方许嫁，且托绣闱读史篇。

　　若使赤绳强相系，情甘一命赴黄泉。

　　自从王小姐作诗之后，择配一事，兄嫂二人，也再不敢提了。却说番禺县有一个极灵验的巫婆，能知人已往将来的事情。一日，走到王宅看见王小姐说道："这个姑娘，定是一位夫人，但必须经过三个娘家，方才成人。可惜形神之间，将来不无变换，这是数该如此，也不是他好意这般。"王夫人仔细相问，那巫婆答道："事系渺冥，不可说破，到了那时，便自明白。"又待问时，那巫婆撤身而出。王夫人把这话告诉王公子，王公子道："巫婆之言，殊属可恶。"从此吩咐看门的："一切巫婆人等，俱不准进门。"

　　王小姐自见那巫婆之后，渐渐的懒于见人。日逐在他卧楼上，做些针指，并不轻发言笑。长至踘十五岁时，容颜甚是标致。忽然坐了一个病根，一时昏去，半日方醒。王公子延医调治，总不见痊。王公子怨他夫人叫巫婆进院，所以致的他妹子这样。王小姐闻知劝说道："人生在世，死生有命。一个巫婆，他如何就能勾叫我这样，哥哥断不可埋怨嫂子。"王公子听说，方才缄口。且休说王小姐后日怎样。

尚未知石峻峰回来如何，再看下回分解。

第五回　孝顺男变产还父债

却说石峻峰回得家来,关门避事。自与蕙郎讲几篇文章,论几章经史。除此之外,晴明天气,约相契三四人,闲出郊外,临流登山,酌酒赋诗而已。那蕙郎未有妻室,与未入泮宫,是他留心的两件要事。一日,在客舍内静坐。见两个媒婆先到面前,一个叫作周大脚,一个叫作马长腿。笑着说道:"幸逢老爷在家,俺两个方不枉费了脚步。"峻峰问道:"你两个是为大相公的婚事而来吗?"二媒婆答道:"正是为此而来。"峻峰道:"你两个先到里面,向太太说知,我随后就到。"二媒婆听说,走入中堂去了。石夫人一见说道:"你两个老媒,为何久不来俺家走走?"二媒婆答道:"俺不是给大相公拣了一头好亲事,还不得闲上太太家来哩。"石夫人问道:"是说的那一家?"二媒婆答道:"是十字街南,路东房老爷家。他家的小姐今年十八,姿色十分出众,工针指,通文墨。房太太只这一位小姐,还有一副好陪送哩。太太与老爷商量,若是中意,俺两个好上那头去说。"夫人道:"这却也好。"叫来喜:"去请老爷进来。"峻峰进得房中,坐下。夫人向着说道:"两个老媒为蕙郎议亲,说的是房家,在十字口南边住,你可知道吗?"峻峰道:"这是做太河卫守备的房应魁。"二媒答道:"正是,正是。"峻峰道:"这是毋庸打听的,那里的姑娘多大小了?"二媒道:"十八岁,人才针指,无一不好,且是识文解字。过门时,又有好陪送。说的俱是实话,并不敢半点欺瞒。老爷,若说是好,俺就向那边说去。"峻峰道:"别无可说,你房老爷若不嫌我穷时,我就与他结亲。"两媒婆见峻峰夫妇已是应许,起身就走。石夫人道:"老媒别走,吃过午饭去。"二媒笑道:"太太,常言说得好,热媒热媒,不可迟回。俺那头说妥了,磕头时一总扰太太吧。"说毕,就出了大门,直往十字口南去了。

二媒婆到得房宅,正值房应魁与夫人刘氏小姐翠容,在中堂坐着说话。房太太一见,便问道:"你两个是来给小姐提媒的吗?"二媒应道:"太太倒猜的准。"翠容听说,把脸红了红,头也不抬,就躲在别房里去了。房应魁问道:"说的是那一家?"二媒答道:"永宁街上住的石太爷家。"房应魁道:"这是石峻峰,他不给魏太监放账,连知府也不做了,好一个硬气人。他的学生,我曾见过。人物甚好,学问极通,人俱说他是个神童。目下，去还未曾进学哩。门当户对，这是头好亲事，说去罢了。"房夫人道："既是他家，我也晓得。但他家地土不多，居官未久，无甚积蓄，恐过门后，日子艰窘。"房应魁道："人家作亲，会拣的拣儿郎，不会拣的拣宅房。贫富自有命定，何必只看眼前。"夫人道："主意你拿，妾亦不敢过谬。"二媒又追问一句道："老爷太太若是应承，俺两个明日就磕喜头了。"房应魁道："这是何事，既然应允，岂肯更口。"二媒听说辞去。迟了两日，两媒先到石家磕喜头，每人赏银二两。后到房家磕喜头，也照数赏银二两。石峻峰看了日期换过庚帖，议定腊月十八日过门。

峻峰的要紧心事，就割去一半了。只蕙郎未曾进学，还时刻在念。到得六月半间，学院行文岁考。黄州定于七月初二日调齐，初八日下马。峻峰闻信，就打点盘缠，领着蕙郎赴府应考。这个学院最认的文章，又喜好书写。蕙郎进得场时，头一道题，是季路问事鬼神。次题是，莫非命也。蕙郎下笔如神，未过午刻，两篇文章，真草俱就。略等了一会，学院升堂，蕙郎就把卷子交去。学院见他人才秀雅，送卷神速。遂叫到公案桌前，把卷子展开一看，真个是字字珠玑，句句锦绣。兼之书写端楷。夸奖道："此诚翰院材也。"遂拈笔题诗一道以赠之。其诗云：

人才非易得，川岳自降神。

文体追西汉，笔锋傲晋人。

箕裘千载旧，经济一时新。

养就从龙器，应为王家宾。

蕙郎出得场来，把文章写给他父亲一看。峻峰道："文章虽不甚好，却还有些指望。"及至拆号，蕙郎进了案首，对门王诠进了第二。却说王诠乃刑部主事王有章之子，为人甚不端方。兄弟三个，他系居长。自他父母去世，持其家资殷厚，往往暗地里图谋人家的妻女，外面总不露像。蕙郎窥看虽透，因是同进，遂成莫逆之交。这且不说，却说峻峰领着蕙郎回到家来，不觉已□就是十月尽间。蕙郎的婚期渐近。峻峰打点首饰，制办衣裳。到了腊月十八的吉期，鼓乐喧天，烛火照地。把新人房翠容聚进门来。拜堂已毕，送入洞房。到晚客散，夫妻恩爱，自不消说。

过得一月有余，王诠在这边与蕙郎说话，适值翠容从娘家回来。偷眼瞧见王诠，问丫头道："那是何人？"丫头答道："是对门王相公。"翠容默然无言。及到晚间，蕙郎归房。翠容道："对门王生，獐头鼠目，心术定属不端。常相交接，恐为所害，相公千万留心方妥。"蕙郎答道："同学朋友，何必相猜。"翠容因聚的未久，亦不便再说了。到得科考，蕙郎蒙取一等一名，补了廪饩，王诠蒙取二等，亦成增广。两个合伴上省应试。蕙郎二场被贴而回。是岁蕙郎年正十九，回想相士所批"学堂红鸾"一句，已经应验。再想"丧门到前"一句,心上却甚是有些踌躇。及至到了来春三四月间,罗田县瘟疫大行。峻峰夫妇二人,俱染时症相继而亡。才知相士之言,无一不验。蕙郎克尽子道,衣衾棺椁,无不尽心。把父母发送入土。且按下不题。

却说魏太监一时虽宽过了石峨,心下终是怀恨。此时西安府,新选了一个知府,姓范名承颜,最好奔走权贵。挈签后,托人情使银子,认在魏太监的门下。一日,特来参见,说话之间,魏太监道及石峨不给放账一事。意味之间,甚觉憾然。范承颜答道:"这有何难,卑职此去定为大人雪耻。"说定告辞而退。及至范承颜到了任所,留心搜寻石峨在任的事件。他居官三年,并无半点不好的事情。唯长安县有引河一道,系石峨的前任奉旨所开。数年以来,将近淤平。范承颜就以此为由,禀报督抚,说此河虽系石峨前任所开,石峨在任,并不疏挑,致使淤平,贻水患害民。理应提回原任,罚银五千两,以使赔修。抚院具了题,就着西安府行文用印。

却说石茂兰在家,那一日是他父亲的周年。一切亲友都来祭奠,午间正有客时。忽然两个差人,一个执签,一个提锁,来到石家门首。厉声叫道:"石相公在家吗?"赵才听说应道:"在家。"石茂兰也随后跟出来。差人一见,不由分说,就走近前来,把锁子给石生带上。石生不知何故,大家喧嚷。众客听说一齐出来劝解。那差人道:"他是犯了钦差大事,俺们也不敢做主。叫他自己当堂分辩去吧。"翠容在内宅,听说丈夫被锁。也跑出门外观望,谁料早被对门王诠看了尽情。众人劝解差人不下,也各自散了。翠容见她丈夫事不结局,就回到院内哭去了。

差人带着石生,见了县主。县主问道:"你就是原任长安县知县石峨的儿子吗?"石茂兰答道:"生员正是。"县主道:"你父亲失误钦工,理应该你赔修。你作速凑办银两,以便解你前去。"石茂兰回道:"此河生父并未经手,赔修应在前任。还求老爷原情。"县公道:"你勿得强辩。着原差押下去,限你一月为期,如或抗违迟误,定行详革治罪。"石茂兰满心被屈,无可奈何,下得堂来,出了衙门。左右打算,没处弄钱,只得去找官中,把房宅地土,尽行出约变卖。这官中拿着文约,各处觅主。此时人人闻知石生之事,恐有连累,并没人敢要。

这一日,官中在街上恰恰遇着王诠,提及石茂兰变产一事。王诠心里欲暗图房翠容,遂说道:"朋友有难,理应相帮,这房宅地土,别人不敢要时,我却暂且留下。俟石兄发财时,任他回赎。但不知文约上是要多少银子?"官中道:"是要四千五百两。"王诠道:"我也并不揸勒,就照数给他。"官中听了,喜道:"王相公这就是为朋友了。"遂把石茂兰请到他家,同着差人,官中把正数四千五百两银子兑讫。王诠又说道:"我听说来文是罚银五千。四千五百两,长兄断不能了结此事,莫如外助银五百两,系弟的薄心。"石茂兰谢道："感长兄盛情,弟何以报。"就把这五百银子,也拿在家来了。翠容闻知便说道："对门王家,只可受他的价银,是咱所应得的。外银五百,未必不有别意,断不可受。"石茂兰不听,把翠容送在娘家去。赵才来喜俱各打发走了。遂把宅子地土,一一交清。县公办了一道文书,上写道:

    罗田县正堂加三级钱,为关移事。敝县查得,原任长安县知县石峨,已经身故。票拘伊子石茂兰。并赔修银两五千正。差解投送,贵府务取收管,须至移者。

    罗田县差了两个人役,把石生并银子直解到西安府去了。石生一去莫提。但不知翠容在家如何?且看下回分解。

第六回　贞烈女舍身报母仇

话说房翠容回到娘家，一则挂念石生，又揣度着王家五百两空银子。日夜忧愁，容颜渐觉憔悴。房应魁见他女儿这般光景，心里十分肮脏，积得成病死了。剩下翠容母子二人，更加凄楚。这王诠自见翠容之后，心图到手，苦于无方，闻说房守备已死，他生了一计。因长安现任知县是他父亲的门生，就骑了一个极快的骡子，一日可行五六百里，遂往长安县去了。进得衙门，住了几天，知县金日莘偶然说及石家这桩事来。王诠道："石公子是弟的同进，且系对门。他变了产业来赔修河工，料他不久就到了。但有句话不得不向世兄说知，石生为人甚是诡谲。完工之后，定叫他看守三年，才可放他回家。不然，偶有差失就累及世兄了。"金日莘应道："相为之言，小弟自当铭心。"王诠又停留了几日，就回罗田县来了。

石茂兰来到西安府，落了店，差人投了文。次日早堂，见了太府，太府限他六个月完工。差人把石公子并银子五千，押送长安县去。长安的知县把银子存库。每日只发银子二十五两，着差人同石公子觅夫二百多名，往河上去修理。挑的挑，抉的抉，只消得一百四十五天，就修的依旧如初了。剩下的银子还有两千，石生去领。长安县开出一本上司衙门使费的账来，给石生看说："刚刚足用并没剩得分毫。"石生也不敢十分强要，亲去禀知太府，工已告竣。太府验过，把工收讫。石生送了一个求回籍的禀帖，太府批道："工虽已竣，尚须保固三年，方许回籍。私逃者，拿回重责。"就把石生羁绊在此处了。吃饭没钱买，住店没钱雇，只得在河岸上搭了一个窝铺住着。日间在城里卖些字画，落得钱数银子，聊且糊口。晚上回到窝铺里去睡。受了许多饥寒，尝了无限苦楚。作诗以自伤，其诗曰：

河工告竣不许还，身受艰辛几百般。

异域无亲谁靠恋，故乡相隔多云山。

白昼街头空扰扰，夜间卧听水潺潺。

转筹返旆在何日？心痛曷胜雨泪潸。

石生在外住过一年，王诠在家写了一封假书，着人送到房宅，说是石生的家报。

翠容拆开一看,上写道:

予自修河长安,操劳过度。饮食不均,积成一病。迩来日就垂危,料此生断难重聚。贤妻年当青春,任尔自便,勿为我所误。余言不宣。

拙夫石茂兰手书

翠容问家人道:"这书字是谁送来的?"那家人答道:"是西头王宅里人送来的。"翠容心里道:"孽畜是来行离间计了。"也写了一封回书道:

妾自丈夫西去,久已封发自守。此心不唯坚若金石,亦且皎如日月。但祈生渡玉门,以图偕老。如有不讳,情甘就木。禽兽之行,断不肯为。临启曷胜怆凄之至。

贱妾房翠容泣书

写完封好,着人送给王诠说:"这是石家娘子的家信,烦王大爷千万托人捎到长安去。"王诠收下,拆开一看。知此计断是不行了。心中又画了一策:"听闻那刘氏夫人,夜间常起来焚香拜斗。再把这个老妈治煞,单剩翠容,一个女子,断难逃脱我手了。"主意拿定,他家有个家生子名唤黄虎。年纪二十多岁,甚是凶恶,且善于跳墙。许了他五十两银子,叫他往房家去行刺。黄虎应允。

到了次夜,黄虎拿了一个金刚圈,竟跳入房宅内院,转过堂前一望,见刘氏夫人跪在地下,正磕头拜斗哩。黄虎暗暗走到背后,一把掀倒,使脚蹬住喉咙。顿饭时间,把个刘氏夫人活活的扪死了。翠容在房等候多时,不见他母亲回去,起来看时,早已死了。叫人抬进屋里,痛哭一场。天明料理丧事,不题。翠容想道:"害吾母者非他人,定是王诠。"欲待鸣官,苦无凭证,且身系女流,不便出去。无奈何,忍气吞声,把刘氏夫人殡葬了。是时,正当八月尽间。一日,阴雨蒙蒙,金风飒飒。凄凉之状,甚是难言。到得晚间,点起灯来,追念双亲,怀想丈夫,滴了几点血泪。因题诗一首道:

征人一去路悠悠,孤守深闺已再秋。

万里堤旁草渐蔓,望夫石畔水空流。

游鱼浮东渺无望,飞雁衔书向谁投?

忧思常萦魂梦内,几时相逢在重楼。

诗已题完,千思万想,总是无路。长叹道:"这等薄命,却不如早死为妙。"遂取了一根带子,拴在门上阑上。正伸头时,忽见观音老母,左有金童,右有玉女,祥云霭霭,从空而降。把带子一把扯断,叫道:"石娘子,为何起此短见?只因石生的魔障未消,你的厄期未过,所以目下夫妻拆散。你的富贵荣华全在后半世哩。我教你两句要言:作尼莫犯比丘戒,遇僧须念弥陀经。这两句话就可以全你的名节,保你的性命。切记勿忘。外有药面一包,到万难解脱时,你把这药,向那人面上洒去。你好逃生。"翠容一一记清了。正要说话，那菩萨已腾空去了。翠容起来看时，桌上果有药一包。上写"催命丹"三字。仍旧包好，带在身边。出来焚香拜谢一番，方才回房。不题。

却说王诠又生一计，使钱买着县里的衙役，拿着一张假文来向翠容道："石公子已经亡故，河工还未修完。现有长安县的关文，叫家里人去修完河工，以便收尸。"翠容不知是计，认以为真，痛哭了一场。对差人道："我家里实没人来领尸，烦公差大哥回禀县上老爷，给转一路回去吧！"差人道："这也使的，但须有些使费。"翠容把首饰等物，当了几两银子交与差人拿去。差人回向王诠道："房小姐认真石公子是死了。"住了些时，王诠着人来题媒，翠容不允。后又叫家人来讨债，翠容答道："我是一个女人，那有银子还债。"王诠又行贿县公，求替他追比这宗账目。这罗田县知县，姓钱名为党，是个利徒，就差了原差，飞签火票，立拿房氏当堂回话。差人朝夕门口喊叫，房翠容哪敢出头。谁料祸不单行，房应魁做守备时，有一宗打造的银子，私自使讫，并未奏销清楚。上宪查出，闻其已死，行文着本县代为变产填补亏空。遂把他的宅子尽封去了。翠容只得赁了两间房子，在里边安身。

王诠见翠容落得这般苦楚，又托了他的一个姨娘姓毛，原是房家的紧邻。来向翠容细劝道："你是少年妇人，如何能打官司？又没银子给他，万一出官，体面安在？依我看来，你这等无依无靠，不如嫁了他为妥。到了他家，那王诠断不轻贱看你。"翠容转想道："菩萨嘱咐咐的言语，或者到了他家能报我仇，也未可知。"遂假应道："我到了这般田地，也无可奈何了，任凭王家摆布吧！"毛氏得了这个口角，就回信给王诠。次日，王诠就着他姨娘送过二十两银子来，叫翠容打整身面。怕他夫人不准，择了一个好日子，把房翠容娶在另一处宅子上去。这正是：

真心要赴阳台会，却成南柯梦一场。

话说王诠到了晚间进房，把翠容仔细一看，真是十分美貌。走近前来，意欲相调。翠容正色止住道："我有话先向你说知，我丈夫石生，与你何等相与。定要娶我，友谊安在？且我母亲与你何仇，暗地着人治死？"王诠道："你我已成夫妇，往事不必再提。"翠容道："咱二人实系仇家，何得不思雪夙恨。"遂把那药面拿在手中，向王诠脸上一洒。那王诠哎哟一声，当即倒地而死。翠容见王诠已死，打开头面箱子。把上好的金珠，包了一个包袱，约值千金，藏在怀中。开了房门，要望路而走。忽然就地刮起一阵大风，把翠容刮在半虚空里，飘飘荡荡，觉着刮了有两三千里，方才落下。风气渐息，天色已明。抬头看时，却是观音堂一座。

进内一看，前边一座大殿，是塑的佛爷。转入后殿，里面是观音菩萨。尽后边才是禅堂。从神堂里走出一个老尼来，年近七旬。问道："女菩萨，你是从何处来的？"房翠容答道:"妾是黄州府罗田县人,丈夫姓石,今夜被狂风刮来的。不知这是什么去处? 离罗田县有多少路程?"老尼道:"这是四川成都府城西,离城三里地。此去黄州,约有两千多路。"翠容道:"奴家既到这里,断难一时回家了。情愿给师傅做徒弟吧!"老尼道:"我比丘家有五戒,守得这五戒,才可出的家。"翠容问道:"是那五戒?"老尼道:"目不视邪色,耳不听邪声,口不出邪言,足不走邪径,心不起邪念。"翠容道:"这五件,我都守得住。"老尼道:"你能如此,我给你闲房一座住着。各自起火,早晚不过替我扫扫殿,烧烧香。除此以外,并无别事派你了,若是愿意,你就住下。"翠容道:"这却甚好。"遂拜老尼为师。折变了些首饰,以此度度日。翠容想道:"菩萨说,'作尼莫犯比丘戒'这句我明白了。'遇僧须念弥陀经',僧者,佛也。"就一日两次,来佛殿前焚香祷祝。不题。房翠容在外莫说。

但不知茂兰回来如何? 再听下回分解。

第七回　穷秀才故入阴魔瘴

话说石茂兰看守河工三年,方才回家。进的城来,无处投奔,只得先往岳丈家去看看。到了房宅门口,见物是人非。甚是惊异,打听旁人说:"房守备夫妇俱没了。他家小姐被王诠设法娶去。王诠已死,房小姐并不知归往何处去了。这宅子是奉官变卖填补亏空了。"茂兰闻说,大惊失色。回想:"不听翠容之言,所以致有今日。"暗地里痛哭一场。前瞻后顾,无处扎脚。遂投城外客店里宿下。反复思想,欲还在此处住吧,这等落寞难见亲朋。不如暂往襄阳,以便再寻生路。店里歇了一夜,次早就往襄阳府去了。到得襄阳,见那城郭宏整,人烟辐凑。居然又是个府会,比黄州更觉热闹。落到店中,歇了两日,买了些纸来,画了几张条山,写了几幅手卷。逐日在街头上去卖,也落得些钱,暂且活生。

一日,走到太平巷来,东头路北第三家,是胡员外的宅子。路南错对门是个酒铺,门上帖一副对联道:

> 醉里乾坤大,壶中日月长。

石生走近前来,就进酒铺里坐下。酒保问道:"老客是要吃酒的吗?"石生答道:"只要吃四两。"那酒保把热酒取过四两来,给石生斟上,就照管别的客去了。石生把酒吃完,还了酒钱。正要起身出去,忽从店里边跑出一个人来。却是个长随的打扮。问石生道:"你这画是卖的吗?"石生答道:"正是。"那人把画展开一看,夸道:"画的委实不错,这是桩什么故事?"石生道:"是朱虚后诛诸吕图。"那人究问详细,石生把当年汉家的故事说了一遍。并上面的诗句也念给他听了。那人道:"你这一张画要多少钱?"石生答道:"凭太爷相赠便了。"那人从包里取出一块银子,约有三钱,递给石生。拣了一张画,卷好拿在手中。仍上里边吃酒去了。

此时,适值胡员外在门首站着,把石生上下打量一番。想道:"我相此人,终须大贵。"遂走过来问道:"尊客是那边来的呢?"石生答道:"在下是从黄州府罗田县来的。"胡员外问道:"罗田县有个石岚庵,你可认得他吗?"石生答道:"就是先严。"胡员外道:"既然这样,世兄是位公子了,如何流落到此处?"此时,石生不知道,方才那个买画的是魏太监私访的家人。就把他父亲生前弃官,死后修河的事情逐一说了个清楚。都被那买画的人,听在心里去了。胡员外也把字画拿过来一看,称赞道:"世兄写画俱佳,甚属可敬。若不相弃,到舍下少叙片刻如何?"石生略不推辞,就随着胡员外走过去了。

进得胡员外的院来,让在西书房里坐下,叫人打整酒饭。胡员外问道:"世兄曾进过学否?"石生答道:"已侥幸过了。"胡员外又道:"世兄既经发轫,还该努力读书,以图上进,区区小成,何足终身。"石生答道:"晚生非不有志前进,无奈遭际不幸,父母双亡,夫妻拆散。家业凋零,不唯无以安身,并且难于糊口。读书一事,所以提不起了,幸承老先生垂顾,相对殊觉赧颜。"胡员外道:"穷通者人之常,这是无妨的。从来有志者事竟成。世兄果有意上进,读书之资,就全在老夫身上。何如?"石生当下致谢不尽。待饭已毕,胡员外道:"念书须得个清净书房,街西头我有一处闲房,甚是僻静。先领你去看看,何如?"石生答道:"如此正妙。"

胡员外领着石生,家人拿着钥匙,开了大门,进去走到客位,东山头上有个小角门,里边是一个大院子。正中有个养鱼池,池前是一座石山子。山子前是两大架葡萄。池北边有前后出廊的瓦房三间,是座书房。前面挂着"芸经堂"三字一面匾。屋里东山头上,有个小门,进去是两间暖书房,却甚明亮。后边有泥房三间是个厨屋,厨屋前有两株垂杨,后边有几棵桃树,两株老松,一池竹子。石生看完,胡员外道:"这个去处,做个书房何如?"石生答道:"极好。"胡员外道:"世兄若爱中了此处,今晚暂且回店。明日我就着人打扫,后日你就搬过来罢了。但大门时常关锁,出入不便。从东边小胡同里,另开一门,你早晚出入便可自由了。"石生谢道:"多烦老先生操心。"遂别过胡员外而去,不题。

却说胡员外到了次日,就叫人另开了一个小门。把书房里打扫干净,专候石生搬来。到了第三日,石生从新买的书籍笔砚,自家拿着。叫人担着铺盖,直走到书房里边,方才放下,时当炎暑天气。西山头上铺着一张小床,把铺盖搁在上面。前檐上,一张八仙桌子,把书籍笔砚摆在上头。胡员外进来看了一看,说道:"这却也罢了。"又道:"世兄既在此住扎,你我就是一家人了。晴明天气卖些字画,或可糊口。倘或阴天下雨,难出门时,老夫自别有照应,断勿相拘。"石生再三致谢,说完同着胡员外锁了门,仍往街上去了。

胡员外回到家来,向夫人冯氏说道:"我看石公子日后定是大发。佳婿之说,大约应在此人了。但不知二女从何而出?"夫人道:"渺冥之事,未必果应,这也不必多说。"再说石生到了街上,又卖了几张字画。天色已黑,买了一支蜡烛,泼了一壶热茶,来到门首，开了锁进来，关上门，走到屋里。把烛点上一看，书籍笔砚俱没有了。心中惊异道："门是锁着，何人进来拿去？"吃着茶，坐了一会。谯楼上，已鼓打二更了。忽听得，东山头上角门响了一声。从里边走出一个女子来，年纪不过十八九岁。两手捧着书籍，姗姗来前，仍旧把书籍放在桌上。你说这女子是什么光景？

人才一表，两鬓整齐。乌云缭绕，柳腰桃腮。美目清皎，口不点唇，蛾眉淡扫。金莲步来三回转，却只因鞋弓袜小。何等样标致，怎般的窈窕。细看来，真真是世上绝无人间少。

——右调《步步娇》

又见一个女子，年不过二八。双手捧着笔砚，袅袅而至。照样放在原旧去处。你说这个女子是何等模样？

面庞圆漫细长身，鬓发如云。鬓匀髻高半尺头上戴，金莲三寸不沾尘。口辅儿端好，眸子儿传神。丰姿甚可人。又虽不是若耶溪边浣纱女，却宛似和番出塞的王昭君。

——右调《耍孩儿》

这两个女子站在桌前，石生麾之不去，问道："你莫非是两个鬼吗？"彼此相视而笑。少顷，走近前来，把石生双目封住。石生全然不怕，极力挣开，又把烛吹灭，石生重新点上。闹有半夜，石生身觉困倦，倒在床上，二女子把他抬着屋里走了一遭，依旧放在床上。石生只当不觉。时将鸡叫，二女子方回竖头屋里去了。只听得两个女子笑着说道："石郎如此胆量，定当大成。吾等得所托矣。"到了次晚，石生又在外回来。点上烛时，二女子仍旧在桌旁站候。石生问道："你两个是要做吗？"二女子答道："俺要念书。"石生道："我且问你，你二人是何名姓？"只见那个大的答道："我叫秋英。"小的答道："我叫春芳。"再问其姓氏，俯而不答。石生道："你既要念书，须得书籍。"二女子答道："都有。"石生先写字数行，叫两女子来认一遍。认去无不字字记得清楚。石生道："你两个却也念的书。"二女子转入屋里，各拿四书一部出来上学。石生问道："你个人能念多少呢？"二女子答道："能念两册。"号上两册，一个时辰就来背书，却是甚熟。教他写字，出手就能成个，石生甚是惊讶。

又一日晚间，春芳领着一个唇红齿白七八岁的幼童走进门来。见了石生就跪下磕头。石生问道："这又是谁？"春芳答道："这是我的兄弟，名唤馗儿，特来上来。望先生收留下他。"石生道："这哪有不收之理。"春芳送一红纸封套给石生。石生问道："这是什么？"春芳答道："是馗儿的贽见，先生收下吧。日后还有用处。"石生打开一看却是金如意一支，遂叫馗儿过来号书，念的比那两个女子更多。叫他写字，写得比那两个女子更好。没消一月的工夫，三个的四书俱各念完。号上经典没消半年，五经皆通。讲书作文，开笔就能成章。一年之后，文章诗赋，三个俱无不精通。一日晚间，石生向三个徒弟道："尔等从我将近二年，学问料有近益。我各出对联一句，你们务要对工，以见才思。"遂先召春芳出一联云：

红桃吐葩艳阳早占三春日，

春芳不待思想顺口对道：

绿柳垂线繁阴遍遮四夏天。

又召秋英出一联云：

竹有箭松有筠历风霜而叶柯不改，

秋英也顺口对道：

金在熔石在璞经琢炼而光彩弥彰。

又召馗儿出一联云：

设几席以程材提耳命面幸逢孺子可教，

馗儿也接口对道：

望门墙而受业淑陶渐摩欣被先生之风。

石生夸道："你三个对的俱甚工稳，足见竿头进步。"自此以后，师徒四人相处，倏忽间二载有余。这石生在外鳏居已久，见二女子又是绝色美貌，未免有些欣羡之意，时以戏言挑之。二女子厉色相拒道："你我现系师徒，师徒犹父子也。遽萌苟且之心，岂不有忝名教，自误前程，劝先生断勿再起妄念。"石生见其词严义正，游戏之言，从此不敢说了。石生与二女子，虽有幽明，却同一家。只石生自己知道，总不向人说出。

但不知后来终能隐昧否？再看下回分解。

第八回　富监生误投陷人坑

话说石生夜间教书一事，虽不肯向人说出，然亦终难隐昧。太平巷东北鼓棚街上，有一个黉门监生，姓蔡名寅字敬符。家道殷富。太平巷西头面北大街有他绸缎铺一个，本钱约有六七千金。日逐上铺，定经过石生斋前。又尝买他的字画，因此与石生相熟。一日晚上回家，走至石生书斋，闻里面书声琅琅，并非一两人的声音。蔡寅心中异样道："石九畹只他自己，何念书者之多也？莫非收了几个徒弟吗？"到了次日，街上遇见石生问道："九畹兄近日收了几位高徒？"石生答道："兄弟孤身一人，有甚徒弟？"蔡寅道："莫要瞒我。"石生道："你若不信，自管来看。"蔡寅终是疑惑。又一日晚间来到此处，竟把门叫开，到屋里看了一看。果然只是石生，并无别人，心上愈加惊异。暗暗想道："石九畹器宇轩昂，学殖深厚，或者后当发迹，默有鬼神相助，也说不定。"从此见了石生分外的亲敬。

蔡寅有个妹子，年届十六，姿色倾城，尚未许人。蔡寅向他母亲说道："石公子目下虽然厄穷，日后定然发迹，不如托人保亲，把妹子许了他为妥。"其母答道："石生半世沦落，何时运转。婚姻大事，不可苟且。我自留心，给他择配。这事你却不必多管。"蔡寅闭口而退。

一日蔡寅在铺内算账，过晚回家，时已鼓打二更。走到石生斋前，听得内里书声，不忍舍去，又听了半个时辰。转身走到太平巷东头，刚才往北一拐，路旁过来了四个棍徒，上前拦住道："蔡大爷怎晚才回家吗？"蔡寅答道："正是。"那一个说："天还不甚晚，请蔡大爷到舍下坐坐，俺去送你。"遂把蔡寅领到一个背巷里去，那人叫开大门，让蔡寅进去。蔡寅留心一看，见不是个好去处，撤身要走。哪里容得，只见四个人把蔡寅推推操操，架到屋里，外边的门户俱关锁了。蔡寅见他四个甚是凶恶，也就不敢十分抢走了。

那人把蔡寅延至上座，他四个在两旁相陪。大酒大肉，登时吃起。蔡寅说道："弟与兄等虽系同城，未曾识面，叨承厚扰，何以相报。请问兄等尊姓大名，异日好相称呼。"这个说："我叫秦雄西。"那一个说："我叫楚旺南。"一个说："我是鲁挟山。"一个说:"我是齐超海。"秦雄西道:"俺四个系拜的把子,俱是肝胆义气朋友,素闻蔡爷的大名,故斗胆邀来一叙。"说话中间从里面走出两个妓女来。楚旺南叫道:"你两个过来,陪着蔡爷吃酒。俺们转一转来。"二妓女走到蔡寅面前,深深道了个万福,就坐在两旁,那四人转入里面去了。蔡寅问道:"二位美人尊姓台号呢?"大的答道:"贱妾姓白名唤玉琢。"小的答道:"贱妾姓黄名唤金镶。"蔡寅见了这两个妓女,不觉神魂飘荡。二妓女又极力奉承,就吃的酒有七八分了。蔡寅道:"你我三人猜枚行令,还未尽兴。如有妙调见赐一二,方畅予怀。"玉琢道:"蔡爷若不嫌聒噪,贱妾就要献丑了。"遂口唱一曲道:

　　纱窗儿照照,卸残妆,暂把熏笼靠。好叫我心焦躁。月转西楼,还不见才郎到。灯光儿闪闪,漏声儿迢迢。怎长夜几时,叫奴熬到鸡三号。

　　　　　　　　　　　　　　　　　　——右调《蝶恋花》

玉琢唱完金镶也道:"贱妾也相和一曲。蔡爷千万莫笑。"蔡寅道:"阳春白雪倾耳不暇,那有相笑之理。"金镶遂口唱一曲道:

　　盼玉人不来,玉人来时,闻满怀。解解奴的罗襦,托托奴的香腮。你好风流,我好贪爱。顾不得羞答答上牙床,暂且勾了这笔相思债。

　　　　　　　　　　　　　　　　　　——右调《满江红》

唱完,蔡寅夸奖不已。又略饮几杯,遂把蔡寅引到后边一座房子里去。两边俱是板断间,俱有铺的床铺。当门桌上,一边放着骰盆,一边放着牌包。二妓女道:"妾等闻蔡爷仗义疏财,是个丈夫。无非邀来玩玩,以求相帮之意。请蔡爷上座,俺们下面奉陪。"蔡寅只得过去坐下。两个妓女紧靠着蔡寅。秦雄西在旁打头,那三个在下面衬局。把骰盆搁在当中,十两一柱。从蔡寅起首轮流掷去。骰是铅的,三个搭勾,同局一个,蔡寅如在梦中。待到五更时分蔡寅已输了一千二百余两。二妓道:"夜已太深,叫蔡爷歇息歇息吧!"就叫蔡寅在东间里床上睡了,那四人各自散去。二妓女把门关了,解衣上床,与蔡寅相偎相抱而睡。蔡寅熬的已是困乏,又被二妓缠身,直睡到次日饭后,方才起来。意欲要走,二妓道:"蔡爷早饭未用,前账未结断,走不得。"

蔡寅没法,叫齐超海拿着他的手帖,到绸铺中,兑了一千二百多两银子,把前账结清。抽身走时,又被二妓女拉住不准出门。蔡寅在此一连住了十昼十夜,把一个绸缎铺的本钱尽输给四个棍徒了。二妓女向那四人道:"蔡爷在咱家破钞已多,晚上叫他回家去吧!"到得一更多时,楚旺南打灯笼,那三个两旁相跟。蔡寅与二妓作别,出门而去。走了一会,蔡寅见走的不是旧路。问道:"这是往哪里去的?"楚旺南答道:"从这里上东去,再走一道南北街,往东一拐就是宅上了。"正走着,只见一个人问道:"蔡大爷来了吗?"鲁挟山指着蔡寅道:"这就是。"那人先跑下去了。蔡寅问道:"这是何人?"楚旺南答道:"那是敝友。"秦雄西道:"天还早着哩,咱到他家吃会子茶,再送你未迟。"

蔡寅就跟他们,进了那家的大门,从里边走出一个老妈来,问道:"那是蔡爷?"蔡寅答道:"区区便是。"老妈便让到客位里。蔡寅进得各位一看,见灯烛辉煌,却像个请客的光景。老妈陪着蔡寅茶未吃完,那四个人俱偷溜了。蔡寅抬身要走,老妈留道:"蔡爷既肯下顾,那有走的道理?"蔡寅看看外门又俱锁了,只得回来坐下。因问道:"妈妈尊姓呢?"老妈答道:"老身姓沈叫作三妈,原是门户人家。因小女桂娘,羡慕蔡爷才貌,知今晚从此经过,特留下一会。秀香,叫你三姑娘出来。"只见一个十四五岁的丫鬟打着灯笼,后面跟着一个女子,年纪不过二十以上。真有沉鱼落雁之容,闭月羞花之貌。走近前来,拜了一拜。就在蔡寅旁边坐了。说道:"贱妾久慕蔡爷的才貌,今得一会。可谓三生有幸。"蔡寅答道:"陋貌俗态,何堪上攀仙子。"老妈道:"请座席吧!"

于是延蔡寅上座,桂娘在旁,老妈下面相陪。酒是好酒,菜是好菜。霎时,席冷,蔡寅把桂娘仔细看来,比那两个妓女更觉标致,早有心猿意马拴索不住之意。老妈倒也知趣,叫道:"秀香,夜深了,送你姑爷姑娘上楼去吧!"丫鬟前边引着,蔡寅与桂娘携手并肩,登入楼中。是夜,颠鸾倒凤妙难备述。自此以后,你贪我爱,蔡寅哪里还想的起家来。是月梨花正开,院内有白梨花一树。蔡寅向桂娘指着道:"美人能作诗否?即以白梨花为题。"桂娘答道:"颇晓大略,聊且草就,再乞蔡爷斧正。"遂拈笔题七言律一首。上写道:

> 冰肌焕彩凝柔条,玉骨喷香散早朝。
>
> 淡妆无烦洛下沈,粉葩宁许画工描。
>
> 一枝带雨姿诚秀,万朵临风色更娇。
>
> 雪态纷披人耀目,艳红那些比桃夭。

题完,蔡寅看了称赞不已。住有月余,桂娘道:"蔡爷到此已久,也该往家里看看去了。"蔡寅道:"美人说得极是。"遂叫了老妈来算账。老妈道:"姑爷咱是什样的亲,如何提的起钱来?"让到十分尽头,老妈说道:"姑爷既然不肯,给老身回几票当吧!"午间设席,给蔡寅饯行。席终之后,老妈拿出几个当票来,递与蔡寅。蔡愈接过一看,本利共该银三千余两。只得应允道:"我回家不过半月,就赎出送来。"又与桂娘留恋了一会,彼此才洒泪而别。蔡寅回到家中,他母亲还不知怎样。室人褚氏,因其花费银钱,贪恋妓女,心中暗恼,自缢而死,发送已过。

蔡寅当地数顷，把当票赎出。亲自跟着，叫人送去。老妈喜其信实，又留他住下。晚间上的楼来，桂娘问道："蔡爷你穿的谁的服孝？"蔡寅答道："拙荆新亡，出殡未久。"说罢，不觉泣下。桂娘道："你人亡家败，俱是被俺这老妈所致。"蔡寅问道："这却怎说？"桂娘道："自始至终，俱是这个老妈串通那四个棍徒，先着玉琢金镶两个下脚货，引你入沟。后叫贱妾把你占住，坑你的银子，共计起来大约有万金了。我却不没良心，我本良家女子，误落水中。你若肯把我赎出，你奋志去读书，这花费的银子，我俱照数还你。"蔡寅道："目下手中无钱奈何？"桂娘道："我是八百银子买的，但能结（借）得八百银子来，把我赎出，我自有银子还他。"

蔡寅贪恋桂娘的才色，次日回到家里托人借了八百银子，亲自带到桂娘家来。桂娘就转托魏二姑向沈三妈赎身，沈三妈应允。蔡寅把八百两银子交清。桂娘向沈三妈道："孩儿给母亲弄钱多年，今日出去，别的不要。两个头面箱子并铺盖枕头我要带去。"沈三妈道："这值几何，任凭你带。"桂娘当下谢过三妈，收拾了，上了轿子，直投鼓棚街而来。到了蔡寅家中，桂娘把箱子打开，枕头拆破，叫蔡寅一看，尽是金珠等物，共值万金有余。蔡寅从此恢复家产，奋志读书。这桂娘在蔡寅家改邪归正，也极善于事奉婆婆，接待小姑，合家之人无不欢喜。蔡寅遂以继室相视，终身不再娶了。蔡寅之事已毕。

但不知石生在书房如何？再听下回分解。

第九回　应考试系身黄州狱

却说魏太监的家人,买得石生墨画一张,原要回京献给主人。及私访已完,回到京中,把这幅画献上。魏太监着人悬之"芳草轩"中。家人把石生告诉胡员外的话,详细说了一遍,魏太监却也不搁在心上。一日,光禄寺正卿马克昌谒见。魏忠贤引至轩中,来观此画。马克昌遂把上面诗句,口中一一念道:

安邦自古懒贤豪,群奸杂登列满朝。

幸得手持三尺剑,愿为当代锄草茅。

马克昌把诗念完,向魏忠贤冷笑道:"大人你看这诗,分明是以群奸讥弹吾等。以朱虚侯、刘章自任。如此轻薄,殊属可恶。但没落款,不知是谁人写画的?"家人在旁便答道:"这人姓石名茂兰,是罗田县秀才。他父亲曾做过长安县知县。后升广西柳州府知府。"魏忠贤道:"这一定是石峨的儿子了。罢了,罢了。他父亲违吾钧旨,充官窃逃,我却不十分追究。他反敢这样刻薄,我断不与他干休。"马克昌劝道:"些许小事,漫图报复。"彼此相别而去。

却说湖广,选了一个学院,姓韩名嵋字仰山。为人甚无行止,是魏忠贤的门生。临赴任时,来参见老师。魏忠贤嘱托道:"黄州府罗田县有个秀才姓石名茂兰。他与我有夙嫌,你考黄州时,替我拿获,解到京来。"韩嵋应诺而去,不题。到了八月中秋,石生此日,在街上卖字画。见一伙赶棚的人,商量起身的日期。石生问道:"众位是要上那府里去的?"那人答道:"学院按临黄州,行文九月十二日调齐,十六日下马。"石生道:"这信果真吗?"那人道:"俺亲使管的闫师傅说,如何不真?"

石生闻得此信,因是节下,买了几样菜果,打了一瓶煮酒。拿到斋中,晚间点上烛时。秋英等已在席前侍立。石生俱命坐下,把酒肴摆上,幽明均享了一会。石生见秋英容颜姣好,心中到底有些羡慕。因说道:"今晚星月皎洁,诚属佳境。每人咏诗一首,以写雅怀。或从月光生情,或就星辰寓意。起句内或明用或暗用,定要有个照字。韵脚不必拘定。"秋英道:"请从先生起韵,俺们随后步去。"石生遂口咏一诗道:

一轮明月照天中,欲会女霜路莫通。

玉杵空有谁送去,窃思跳入广寒宫。

此诗言虽慕二女之容,终苦无缘到手。秋英口咏一诗道:

汉光散彩射楼墙,织女投梭不自忙。

桥填须当乞巧日,愿君暂且效牛郎。

此诗言虽有佳期,还须待时。春芳也口咏一诗道:

一天列宿照当头,妾美中宫命不犹。

幸赋小星三五句,何嫌宵行抱衾周。

此诗言正房既有人占去,即列侧室亦所甘心。馘儿口咏一诗道:

月光东上映西厢,金殿风飘桂子香。

但得侧身王母宴,应看仙娥捧寿觞。

此诗言果能读书前进,何患二女终难到手。咏诗完毕,石生道:"你们各自散去。我歇息半夜,明日好打点回家。"秋英问道:"先生回家何干?"石生答道:"我去应岁考。"馘儿道:"先生断不可去,一去定有大祸。俟转岁补考吧!"石生不听,一定要去。三个极力相劝,直说到鸡叫头遍。见石生到底不允,三个方才散去,石生也方就寝。到了次日,石生收拾妥了行李,又为三徒派下些功夫。把门锁上,钥匙交与胡宅收着,天夕出城落店。次早起五更,直回黄州去了。

却说这个韩学院,下马来到黄州,下学放告已毕。挂牌考人,罗田县就是头棚。五鼓点名时,点到石生,茂兰接过卷子要走。学院叫住问道:"原任柳州府知府石峨是你何人?"石生应道:"是生员的父亲。"学院道:"你现今身负重罪,可知道吗?"石生应道:"生员委系不知。"学院道:"此时也不暇与你细说。"传黄州府着人押去送监。俟考竣时,审问解京。黄州府就着人把石生押送监中去了。这石生坐在监中,白日犹可,到了晚间,锁拷得甚是难受。欲要打点,手无半文。暗想:"自己无甚过犯,缘何遭此奇祸。"直哭到三晚时分,方才住声。

是时监内人犯,俱各睡熟,禁卒也暂去安歇。石生忽听得门外一阵风响,睁眼一看,却是秋英、春芳领着馘儿,三个从外哭泣而来。走到跟前,秋英道:"先生不听俺劝,果有此祸。俺也不能替了你。俺回去代先生告状鸣冤吧,先生务要保重自己,勿起短见。这是银子二十多两,先生收住,以便买些茶饭,打点打点禁卒。"石生道:"我不听良言,自投网法,反蒙尔等来照看,愧悔无及了。"秋英道:"这也不必,原是先生前定之数。俺们回去吧,说话太长,惊醒旁人,反觉不便。"石生把银子收下,他三个又哭着去了。石生在监不题。

却说三个鬼徒回到家中,秋英写了一张阴状,往城隍台下去告,状云:

具禀秋英，为代师鸣冤。乞天电察，以正诬枉事，切照。身师名茂兰，系黄州府罗田县廪生。今被学宪大人，拿送监中。寻其根由，实系太监魏贼所唆。似此无故被冤，法纪安在。哀恩本府城隍太老爷垂怜苦衷，施以实报，焚顶无既。

尫儿写了一张阳状，上巡抚案下去告。上写道：

具禀尫儿，为辨明冤枉，以救师命事。切照。身师石茂兰系黄州府罗田县廪生。与魏太监，素无宿嫌，竟唆拨学台大人，拿送监内，性命难保。为此哀恩本省抚宪大人，辨明冤枉，救出师命，衔感无既。

写完，彼此细看了一遍。秋英向春芳道："妹子，你年纪尚小，不可出门，在家里看家吧。我先去城隍台下告一张状，看是如何？再叫尫儿上抚院衙门里去。"笼了笼头面，整了整衣襟。把状子藏在怀里，出门往城隍庙前去了。凡在城隍台下告状者，必先到土地司里挂了号，方才准送。秋英来到土地司里挂了号，拿着状子往外正走，遇见一鬼卒，问道："这位娘子如此妙年，又这等标致，难道家中就无别人，竟亲自出来告状？"秋英把代师鸣冤的情由说与他听。那鬼卒称道："看来，你却是女中的丈夫，这状子再没有不准的。但城隍老爷今日不该坐堂，面递是没成的了。一会收发状词，必定有萧判爷。我对你说，萧判爷性子凶暴，倘或问话，言语之间须要小心。如惹着他，无论男女，尽法究处，甚是利害。"说完，这个鬼卒就走了。秋英听得这话，欲待回去，来是为何？欲去递时，恐难近前。筹度再三，硬着胆子，径向城隍庙门口去了。

住不多时，从里往外喊道："判爷已坐，告状的进来，挨次投递。再候点名。"秋英听说跟着众人，往里直走，抬头一看，只见仪门旁边，坐着一位判官。铁面紫髯，□目皤腹。杀气凛凛，十分可畏。秋英递过状去，站在一边伺候。却说这位判官，姓萧名秉刚。乃汉时萧何之后，生前为人粗率，行事却无私曲。死后以此成神。家中有一位夫人名叫俏丢儿，原是个疥癞女鬼。容颜虽好，身上总有些瘢痕。因此萧判官颇不称心，意欲物色一个出色的女子，招为二房。屡次寻觅，总是没有。那夫人窥透其意，往往家中不安。今晨正从家中斗气而来，心中不静。故秋英递状时，未暇观其容色。及挨次点名，点到秋英。抬头一看，惊讶道："何物殊尤，幸到吾前。"停笔问道："你是那里的女鬼，为何在此告状？——说清，方准你的状词。"秋英跪下禀道："奴乃浙江绍兴府，焦宁馨之女，奴父同姑丈秦可大作幕襄阳。住在太平巷徐家房子内，表妹春芳、表弟尫儿，俱系与奴同病而亡。走至阎王殿前，阎王爷吩咐道：你姊妹二人日后该在此处成一段奇缘，不该你们脱生。奴等回来，在此处专候。并表弟尫儿，现今还同在一块里居住。生员石茂兰是奴等的业师，无故被魏贼陷害。所以奴家代师鸣冤，望判爷千万垂怜。"判官道："我看你这般的容颜，恁小的年纪，正该嫁人投主，以图终身的大事。奇缘之成，是在何时。况且你身又系女流，读什么诗书，认什么师长，一派胡说。你的状是断然不准的。"叫鬼卒把这个女子扶入我衙门里去。

鬼卒得令，就拉的拉，扯的扯，把一个秋英女子，直推到判官衙内去了。萧判官收状发放已过，回到本衙内，叫过秋英来。吩咐道："本厅叫你到此，别无他意。因你的容颜，颇中我心。我意欲招你为二房夫人，同享富贵，断莫错了主意。"秋英并不答应，说之再三，秋英方回道："判爷你系居官，安得图谋良家女子为妾，致干天条。且奴与石生系有夙缘，岂忍从此而舍彼。这桩事是再没有说头的。"萧判官见秋英不从，便当下威逼道："我的刑罚，甚是利害。料你一个女流，如何当得。我百般拷打，不如早早地从了吧！"秋英听了大怒，便厉声道："判爷你若是强相逼迫，我虽不能当下雪恨，宁无异日。万一我若得见了城隍，定然叫你粉尸万段。"说罢大骂不止。判官听说大怒，要着人来打。又恐夫人里面听见，再惹气生。吩咐鬼卒，把秋英且监在别处一座闲房里。一日三次拷打，且按下不题。

却说春芳馗儿在家候至两日，并不见秋英回去。心里发闷，亲自来到城隍府前打听。才知秋英被萧判官监在屋里不能回家了。春芳回来向馗儿一说，馗儿拿着状子，径投抚院门前去了。

不知馗儿一去如何？看下回分解。

第十回　鸣师冤质讼督宪堂

话说尫儿到得抚院门前，打听了一番。抚院并不出门，又非放告的日期，无路可投，只得把信炮点着了一个。一声响时，里边大人听的炮响，霎时升堂。开了大门，声声喊道："鸣冤人投进。"尫儿不慌不忙，走进前来。只见堂规威严，人役森列，暖阁内坐着一位大人。尫儿近前跪下说："民子初开，向上一遭。"早有茶房接去，送在公案桌上。大人从头看了一遍问道："你是何处的人，石生缘何叫你替他告状？"尫儿回道："小人是襄阳府城里人，石生系小人的师父。他现在监中，家中并无别人。因此小人代师鸣冤，望大人垂鉴。"抚院道："你怎小小的年纪，却敢这样放刁。魏大人在京都，石生视□□风马牛不相及。石生被狱，或为别事。你说系魏大人唆拨，那是凭证？"尫儿回道："魏太监专权弄势，人所共晓。因去岁魏太监的家人，买去身师画图一张。上面有题得律诗四句，诗中有群奸草茅等字，他就说是讥诮的他。转托学院，把身师拿到监里，考完时还要解京究处。小人所供，俱是实话，并无半句诬捏。"抚院道："依你所供，是一派的胡说，着人给我推出门去。"人役听说，遂把尫儿拉着，向外就走。

抚院猛然看见，尫儿在日光之下走着，并无照的人影。便立刻叫道："快把他带回来。"尫儿听说，转身回到堂前，重新复又跪下。抚院发怒道："从来阴鬼无影，本院坐的是朝廷法堂。你是哪里的山精水怪，白日青天，竟敢在此胡闹。"叫："左右给我拉下去打。"左右人役，把尫儿扯翻在地。喝声"行杖！"打下一板去，是一股白气，打到三十，并无半声叫苦。及至放起距跃曲踊，倍觉得精神。抚院大怒，叫声："给我夹起来。"人役听说，把尫儿放倒，把腿填在夹棍里，直夹了有三个时辰，方才解去。尫儿神色依然如初。抚院道："这分明是鬼无疑了。"着家人到宅内取出天儿师禁鬼符一道，贴在尫儿胸前。又用纸使印一块粘在尫儿背后。从来阴鬼，原怕天师的法符，朝廷的印信，竟把尫儿一时制的不能动转了。遂着人送入监中，吩咐禁卒，留心看守。

却说尫儿在监中，坐到三更时分，揭去身上的符印，逃出监来。正要寻个去路。忽听得街上传锣响亮，人役喝道之声：却是本省城隍出来巡街。唬的尫儿躲在个更棚里。城隍走的相近，叫声"住轿"。吩咐鬼卒道："此处有什么冤鬼，意致得怨气冲天，给我搜来。"鬼卒过去一搜，就把馗儿带到轿前，跪在地下。城隍问道："你是何方的游魂，敢在这个去处作怪。"馗儿就把石生被害，并他代为鸣冤的情由，一一禀知城隍。城隍道："据你所供，这番意气却有可取。但你的年纪，甚是幼小。常在阴司里飘飘荡荡，何年是个出头的日子。依本府看来，不如把你送在一个富贵人家，脱生去吧！"馗儿问道："蒙太爷垂怜，小人感恩不尽。但小人有两个姐姐，现在襄阳。业师石生，还在监中。小的转生以后，就再不得见面了。"说罢痛哭。城隍又吩咐道："你也不必如此悲戚，你那两个姐姐与石生系有夙缘。不久，即成夫妇。剩你自己，何处归宿。魏贼一干奸人，不久祸事将近临头，冤也不必你鸣。你姊妹师徒，日后重逢有期，无烦过为留恋。"叫鬼卒"把他送到杭州府钱塘县里，程翰林家投胎托生去吧！"鬼卒得令，领着馗儿，起阵阴风，一直去了。

却说程翰林名谦，字为光，是一个翰林院侍讲。曾点过两次主考，做过一任学院。因他母亲年迈，告终养老回家。年纪不过五十岁，一妻一妾。夫人苏氏，生得一子，名唤程斤。生来姿质鲁笨，念书念到十七八岁，总不明白。屡次应考，尽落空网。程翰林在前也不知道他儿子是个何等样的学问，及至回家，逐日盘问。方才知他不通。凡做一篇文字，功夫必须两天。程翰林也懒于给他改抹。

侧室柳氏身怀重娠，八月十三日，夜间时当分娩。苏氏夫人听说，着人请下稳婆。房中点上灯烛。叫丫头妈妈，紧紧在旁边伺候。他也不住的前来照看。鬼卒领着馗儿的灵魂，早在门外等候。及至时辰将到，鬼卒把门上的帘子一掀，馗儿往里看时，只见床上坐着一个少年妇人，声声叫疼，旁边一个稳婆紧相依靠。住的却是朱红亮槅的好房子，才到回头，被那鬼卒一把推到床上，呱的一声，早已投胎落草了。稳婆抱起来看，乃是一男。苏氏夫人不胜欢喜，遂报喜于程翰林。程翰林也甚是欣幸，就起名叫作程堃琅。馗儿投生之时，却未曾喝过迷魂汤，心里极是清白的，但轻易不敢说话。过了三朝、满月，渐渐的添了些见识，却总不想家。长到一两岁，只会认人，不能出语。程翰林夫妇恐真是个哑子了，却也无从问他。

一日，程翰林与程斤在书房里讲书。家人来请吃午饭，适值程堃琅在书房中玩耍。心中想道：我哥哥年纪已过二十，连个学还不能进。必定是文章不好，我找出来看看方妥。遂把外门关上，走到屋里，上到椅子上。就书里翻出三篇没动笔的文章来，看了一遍。不觉大笑道："这等文字，无怪乎不能进学。"就磨了磨墨，把笔膏了膏，大批大抹，顷刻之间，把三篇文登时看完。末后题了一首七言律诗，以代总评。其诗云：

轧苗殊属太支离，名落孙山固所宜。

书读五车方为富,文成七步始称奇。

少年不受悬梁苦,老岁无闻后悔迟。

从此问津尚未晚,将来应有入彀时。

评完了,却把三篇文章仍旧放在书里。下来椅子,开了门,就往院子里去了。却说程翰林吃饭已完,领着程斥,仍来书房里坐下。程斥见他的书放的不是原旧去处,便拿过来,掀开一看,见三篇文章,俱经动了笔。心中诧异道:"这是何人,敢来作践我。"就送与他父亲一看,程翰林观其批评恰当,诗句明白,但字画不成个头。心里也甚是异样,遂叫看门的来问道:"我去吃饭有何人书房里来?看门的回答道:"并无外人,只二相公进来。关上了门,玩了一会,就开门出去,上院里去了。"程翰林心里疑惑道:"没的就是他不成?"回到院内,叫过程塾琅来。追问道:"你哥哥书房中的文章,是你给他看的吗?"程塾琅只是摇头。程翰林道:"夫人,你再仔细问他。"苏氏夫人,千方百计,吓逼不过,不觉开口应道:"是孩儿偶然作孽,叫父母大人不必疑怪。"程翰林夫妇二人,见程塾琅口能说话,且通文理,心中又惊又喜。

一日,程翰林考问程塾琅五经左史,以及诸子百家等书。左右根寻,总盘诘不住。程翰林知程塾琅前世是个无书不读,无一不会的个成学。遂向夫人苏氏说道:"此子日后,必能大振家声。断不可以庶子待他。"苏氏夫人答道:"这是不消你说的。"就与程斥同在一个书房里念书。这程斥是哥反受兄弟程塾琅的教训。朝渐夕磨,一半年间,把程斥剔拨得也明白了。遂与程塾琅同年入了邑庠。

却说程翰林家,有一件传家之宝,乃金如意两枝。前十年时,程夫人夜梦一女子,年纪不过十六七岁。进他屋里,拿去金如意一枝。说道:"程太太,我暂且借去一用,十年以后,定来奉还。"天明看时,果然少了一枝。左找右寻,并无踪影。没去已久,也不提了。及至程塾琅受生以后,程夫人又在佛前讨得一签。其占云:

玉麟成双非无缘,如意一支暗引前。

宝物还家可坐待,何妨借去已多年。

程夫人把这签帖拿给程翰林看。程翰林道:"塾琅儿日后成人,或者给你复看此物,也未可定。"不提。话说这程塾琅进学,年只八岁。到十岁就补了廪。十二三岁就成了钱塘县的一个大名士。事亲至孝,待兄甚恭。日与程斥兄弟两个,奋志读书。但家中人提起师弟两字来,他就不觉泪下。说起姊妹两字来,他便终日呜咽。父母问其缘故,总不肯说。程翰林料其事系前生,以后夫妇二人从此也再不问他了。尫儿转生,暂且不提。

但不知秋英受罪如何?再看下回分解。

　　话说尶儿钱塘投生去后，次日抚宪正要提出来再问。忽见狱走来禀道："监中拘禁的男鬼尶儿，夜间去无踪影了。"抚院惊讶道："奇哉，怪哉。有这等义鬼，代为鸣冤，石生的官司，可见是屈了。"遂办文移会学院，不提。

　　再说秋英在萧判官衙内，一日三次拷打，甚是难当。却拿定主意，再不依从。一日萧判官上城隍衙门里去了，鬼卒们也偷出外边玩去了。只落得秋英自己在这里。心中暗恼，不觉啼哭起来。宅内有个小使数名唤旋风。闲步到此，见门是锁着，往里一看，有个少年女子，拴在梁头上，在那里哭哩。心下发闷，便跑到宅中，一五一十，俱对夫人说了。夫人道："我却不信。"旋风道："太太不信，请亲去看看，是真是假，便见明白。"

　　夫人跟着旋风出了宅门，走到那屋子前。一看，真是有个女子。

　　叫鬼卒给我把门开了，鬼卒禀道："门是判爷封了去的，私自开锁判爷知道了，小的承当不起。"夫人骂道："你这该死的奴才，既怕老爷独不怕太太吗？若不开时，一定重打。"鬼卒无计奈何，只得把门开了。夫人进去，又喝道："把这女子，给我放下来。"这鬼卒又不敢不，给他解下梁来。夫人问道："你这个女子，因何锁在此处？实说与我知。"秋英禀道："奴叫秋英，替业师石生鸣冤，来到这里。判爷不嫌奴丑陋不堪，欲招为二房，奴执意不肯。言语之间，触怒判爷，把奴拘禁在此，如今已月余了。万望太太解救。"那夫人把秋英细看了一看，夸道："好个美貌女子，无怪乎那个老货看中了你。但有了你，何以显我，这个勾当，断是不准他做的。叫鬼卒偷送你出去吧！"秋英叩头道："谢过太太。"

　　鬼卒领着秋英出离了判衙，往东正走。不料与萧判官两下里正走了个对面。萧判官问鬼卒道："你领了这个女鬼上哪里去？"鬼卒回道："小的怎敢领他出来，这是太太叫小的领出他来的。"萧判官道："胡说，快给我速速领回去。"那鬼卒不敢违拗，把秋英仍送到原旧去处，拴在梁上。萧判官叫过这个鬼卒来，责他不小心看守，打了他二十个板子。

方才退入内宅，夫人一见便发怒道："你做的好事！"萧判官道："我有什么不好的事情？"夫人道："你强逼良家女子为妾，该当何罪？我一定上城隍殿前去出首。"判官道："妻妾之说，人伦所有。你既不肯容他，我放他走就是了，何必这等发狠。"两个嚷闹不住。萧判官见他夫人真是不准，又别处找了一座闲房，离衙门远远的，把秋英锁在里面。他一日三次，亲去看着，叫鬼卒拷打。百般刑罚，俱各受过。秋英总不肯半句应承。萧判官见他志节坚确，从此也渐渐的松放他了。秋英到这田地，甚是难受，遂作诗一首，以自伤云：

深闺弱女苦形单，漫露花容惹祸端。

胸矢十年不字志，痛嗟狂奴冒相干。

空房锁禁步难转，终夜哭哀泪眼干。

形体摧残半亏损，负仇终须得鸣官。

却说春芳在家等候馗儿，几日不见回来，秋英亦杳无音信，又亲自□□外边打听，才知道秋英还在那里受罪。馗儿已被城隍发往别处脱生去了。剩得自己冷冷落落，甚难为情。又念石生在监，近已不知怎样。此心一举，就往黄州狱中去了。却说石生在监里，正当半夜中间，闻一个女子啼哭而来。走至面前，却是春芳。石生道："路途遥远，又劳你来看我。"春芳答道："先生在监，女徒何时敢或置念。"石生问道："秋英馗儿为何不同你来呢？"春芳答道："馗儿往巡抚台下告状，被那处城隍看见，发往钱塘县脱生去了。秋英往城隍台下告状，被萧判官拉去强逼为妾，他执意不从。一日三次拷打，现今在那里受罪哩。"石生听说哭道："为我一个，倒连累你众人了。"春芳道："这原是数该如此，也不埋怨先生。"遂取出一个布包来，交给石生道："先生的银子使的将完了。这又是银子一十五两，先生随便使用吧。我便这一遭，还不知几时再来看你哩。"遂起身呜咽而去。

到了次日，禁卒见石生手中，又有了一包银子。惊异道："石相公进监时，腰里并无分文。忽然有这银子二十多两，并未见人送来。今又有银子一包，也没见是谁来送。莫非有鬼神暗中佑助他不成？"因留心照料石生，茶是茶，饭是饭，晚间并不拘禁他了。这正是：

善恶到头终有报，只争来早与来迟。

却说石生在监里坐着，忽听得外边有人传说：今日官吏人等，俱出外接诏去了。心中疑道："是接何的诏？"晚上禁卒进得监来对石生道："今日接的不是忧诏，却是喜诏。"石生问道："有何喜诏？"禁卒道："天启皇帝晏驾，崇祯皇帝登基，不日就有大赦。石相公的官司一定是开释的了。"石生道："还恐未必甚稳。"且按下不题。

却说崇祯皇爷未登基时，就深恶魏忠贤。到得登基次日，就把魏忠贤拿了。剿没其家，翻出一本账来，载的俱是些官员，或系他的门生、或系他的干儿，文武共有二三百人。崇祯皇帝大怒，一概削去其职。就有太常卿马克昌、湖广学院韩媚、西安府知府范承颜、陕西学院许寿南，一干人在内。又下了一道旨意：凡被魏贼陷害拘禁在狱者，无论罪之大小，悉行赦宥。旨意已到，黄州府知府把石生立时开出。用好言安慰，令其回家。

石生回到罗田，祭扫了坟墓，仍往襄阳而来。一路上，晚行早宿。听得人相传说，魏太监死后，重新又正了法了。许寿南、韩媚、马克昌、范承颜等，俱流徙出去了。罗田县知县钱为党、长安县知县金日萃，俱各贬家为民。石生心中暗道："天道好还，无往不复。所以今日有此现报。"行不几程，就到襄阳府了。进的城时，天色已晚。先到胡员外家，要了钥匙，好去开门。胡员外一见甚喜。说道："闻兄无辜获罪。今得脱出，可喜可贺。"石生答道："晚生多蒙老先生的福力，是以终获幸免。"又说了几句闲话，拿着钥匙，开了外门，进了书房。已是点灯时候。见春芳站在那里，愁眉不展。石生问道："尪儿转生，无容说了。秋英为何，至今还未归家？"春芳答道："他还在那判衙里受罪哩。不知几时，才得脱网？"石生怒道："他既为我受苦，我定替他争气。"石生吃了晚饭，向春芳道："这个劣判，殊干天伦。我定上城隍台下，去告他一状。"遂提笔写一呈道：

具呈黄州府罗田县廪生石茂兰，为逼良为妾，乞天究治以正法纪事。切照。生身罹刑狱，无由控白。有女徒秋英代生鸣冤台下。不料劣判萧，渔色为念，拉至衙中，强逼为妾。秋英不允，逐日拷打，性命难保。天条何在？为此上呈。

石生把呈子写完，就睡去了。到了次日，早晨起的身来，正是饭时。适值胡员外、蔡敬符，对门朱良玉俱来看望。盘桓了片时，又回看了一番。天色已晚，只得明早去呈了。谁知石生要代秋英出气一事，那萧判官在衙中早已晓得。一日也不言，到得起更时分，叫鬼卒把秋英领到本衙，解去绳锁，安慰道："你这个女子，志同金石，节操冰霜，甚是可敬。但我招你为妾，亦系好意。你既执意不肯，我也断不相强。你回去，多多拜上石司马大人，量能包原。些许小事，不必怀恨在心，放你去吧！"

秋英幸得脱身，出离了判衙，就直投太平巷来了。石生与春芳在家点上灯坐着，正说秋英那里受罪，彼此伤叹。忽听得外边角门响了一声，春芳招头向外一看，不胜惊喜道："秋英姐姐幸得回家了。"秋英道："妹妹，我几乎死在那里。"春芳道："石先生已回家两天了。"秋英进得屋中，见了石生，不觉放声大哭。石生与春芳两个极力相劝，方才住声。就把他庙前告状，被萧判官拉去的事，详细说了一番。石生恨道："今晚若非放你回来，我断不与他罢手。"秋英又道："方才我回来时，萧判官吩咐的些话，我都晓的。只'多多拜上石司马'这一句，我就不懂了。你是一个秀才，他如何叫作你司马，敢问先生这是怎说？"石生答道："这是个泛常称呼，别无说处。"石生心中暗忖道："难道我后日官至司马不成？"从此师徒们三个，情意倍加笃厚，石生读书愈有兴致了。但尫儿投生于他处，他三个人提起来，彼此未免有些扼腕。

但不知秋英、春芳二女，后来毕竟如何？再看下回分解。

第十二回　度灵魂历遍万重山

却说翠容小姐在成都府观音堂内,逐日向佛前焚香拜礼,已经三年。就感动了一位罗汉,托梦给他说道:"石家娘子,你的厄期已满,石生的魔障将消。须得我去点化一番,好叫你合家完聚。"翠容醒来却是一梦。这位罗汉就变做一个行脚僧的模样,往襄阳府来了。

袈裟披身市上行,木鱼手敲远闻声。

磕头连把弥陀念,唯化善缘早结成。

这个和尚,日逐在襄阳四关厢里,化那些往来的行客,坐家的铺户。一日石生偶到城外,见这个和尚化缘,他也上了百文钱的布施。那和尚把石生上下一看。问道:"相公贵姓?"石生答道:"贱姓石。"和尚又问道:"尊府住在何处?"石生答道:"住在城里。"和尚道:"我看你满脸的阴气,定有阴鬼缠身。"石生答道:"没有。"和尚道:"现有两个女鬼,已与你同居三年,如何瞒得过我?"石生道:

"虽然相伴,却无害于我。"和尚道:"害是无害,终非人身,难成夫妇。待老僧替你度脱一番,试看如何?"就当下画了一道符,上写两句咒语:

闻得哭声到,便是还阳时。

和尚遂把这符递与石生,说道:"你回去,把这符收好,不可叫人看见。到得这月十五日一早,把这道符贴在你外门上。有哭妹子的过你门前,则此符大有效矣。"石生接过符来,谢了和尚,回到家中,并不对秋英、春芳说知。这且按下不提。

却说蔡监生的妹子,年已十九。他母亲给他择配,大门小户,总说不妥。忽得了一个暴病而亡,出殡的日期,正赶到这月十五。一定该石生书房门口经过。到了那一天,这石生黎明起来,把灵符就贴在外门以上。这正是:

妙有点铁成金手,能使死尸为活人。

却说蔡家,这一日出殡。正抬着棺材,到了石生书房门首。蔡敬符哭了一声妹子那棺材忽然落在平地。这石生书房里的秋英,急忙跑出门来,一头钻入棺材里去了。人人惊讶，来看的，立时就有二三百人。只听得棺材里面喊叫道："这是个什么去处？闷杀个人，作速放我出去吧！"众人说："□□活了，打开看看，也是无妨的。"蔡监生拦阻不住，抬去了棺罩。打开材盖，只见蔡监生的妹子突然起来坐着。蔡监生向前问道："妹子你好了？"他妹子说道："我不是你妹子，我并没有个哥哥，你是何人？冒来认我。"说完就跳出棺来，直向石生书房里边去了。蔡监生正要拉住，倒被他骂了几句，说道："我只认得石生，你与我何亲何故？竟敢大胆，强来相拉。"蔡监生见不认他，也无奈何。只得叫人把空棺抬到别处，自往家中告诉他母亲去了。

石生知道是蔡监生的妹子，不好出来直看。偷眼一觑，真是一位绝色的佳人。眉眼身材，无一处不与秋英一般。这个女子，连声叫道："石先生哪里去了？"石生却再不好出来。说话中间，蔡监生的母亲，走来相认。女子道："我母亲去世早了，只有一个表妹子，在此与我做伴。同跟着石先生念书。你是谁家的老妈？强来给我做娘。东院的胡太太，才是我的娘哩。"蔡监生母亲知是借尸还魂，难以强认了，大哭一场，转身回去。胡员外听说，叫他夫人过来。把这女子，接到家中，认为义女。与蔡监生商议，各备妆奁一副，送过来与石茂兰择吉拜堂成亲。那洞房中夫妻恩爱，也不必细说。却说石生与秋英成亲以后，每日晚间，再也不见春芳的形迹了。忽一夜间石生夫妇二人，忽听得窗外有人说道：

本是同林鸟，迁乔独早鸣。

羡尔长比翼，何靳呼群声。

说罢，继之以哭。秋英道："这饲春芳妹子，埋怨我哩。相公何不再求那位老僧也度脱他一番。"石生道："我明日就去，但不知这个和尚走了没走？"到了次日，石生出城一看，那个和尚还在那里化缘哩。石生向前致谢道："多蒙禅师的法力，秋英已借尸还魂，转成人身了。"和尚问道："你今又来做什么？"石生答道："还有春芳未转人身，再求老禅师度脱则个。"和尚道："度脱灵魂，自是好事。但凑合难以尽巧，这只要看他的造化何如？你回去打整一座静屋，里外俱要糊的严密。明日晚上，在家中候我吧！"石生回家与秋英说了，遂打扫一座净屋，糊得严丝合缝。

到了次日，掌灯以后，那个化缘的和尚，果然到了。向石生道："我进屋里去，外边把门给我锁了。住七日七夜，我里边叫开门时，方准你来开。我若不叫，断不可私自开门。"石生悉依其言，等的到了第七日，天将黑时，并无半点动静。秋英道："这个和尚，未必不是遁了。你何不偷去看看。"石生走到窗前，用舌尖舐破了一个小孔。向里一张，只见那和尚两眼紧闭，盘膝打坐。就像个死人一般。石生恐怕惊醒了他，当时把小孔糊煞。回来向秋英道："走是没走，还无音信哩。"

又住了半顿饭时，忽见从外走来一个女子。身材细长，头脚严紧，容色与春芳相似，止好有十七八岁。慌忙跑到屋里，一头倒在床上，似死非死，似睡非睡，唬的秋英躲在一旁站着。外边那和尚连声叫道："快来开门，快来开门。"石生出去把门开开，和尚下的床来，说道："跑煞我，跑煞我。我为你这一位室人，经过了千山万水。方才做的这般妥当。我还得同你到屋里看看去。"石生就领着这个和尚走到屋里。只见春芳从那屋角里钻出，这和尚过去，一把揪到床前，往那女子身上一推，就不见春芳的踪影了。那女子口中叫道："姐姐我好脚疼。"睁开眼看着秋英道："我没上那里去？我身上乏困，就像走了几千里路的一般。"秋英道："妹妹你歇息两天便精神了。"这外边的和尚遂立时执意要走。石生极力相留，再留不住。说道："异日登高眺远，你我定有相逢之期。实不能在此久留。"送出门来，并不知向哪里去了。石生进得房中一看，这个女子毕真就是春芳分毫不差。胡员外遂又叫他夫人过来，把这女子领去，收为义女。治办妆奁，择了吉期，以便过门。却说到了过门之时，蔡监生的母亲合对门朱夫人，俱来送饭。朱夫人一见新人便异样道："这分明是王小姐，如何来到这里？"心下游疑，也不敢认真。是夕客散之后，春芳与石生成为夫妇。三人共作诗一首云：

淑女历来称好逑(兰)，怀春何必分明幽(英)。

丝罗共结由天定(芳)，琴瑟永偕岂人谋(兰)。

荒草冢前骨已掩(兰)，芸经堂内魂犹留(英)。

赤绳系足割难断(芳)，聊借别躯东同周(兰)。

却说石生既有了室家，又得胡员外的帮助，心中甚是宽舒。留心讨朱裴文的指教，到了八月秋闱就与朱良玉、蔡敬符三个合伴赴省应试。及至揭晓石茂兰中了解元，朱琅中了第十一名举人，蔡寅中了副榜。到得来春会试，朱琅不第先回。石茂兰中了第八名进士，在京中多住了月余。有广东一位新进士，姓王名灼字其华。闻石生将回襄阳，找来与石生搭伴，说道："襄阳府有弟的一位年伯，欲去探望探望。要与年兄同船，不知肯相容否？"石生答道："如此正妙，但不知贵年谊是那一家？"王其华答道："是太平巷内胡涵斋。"石生道："那是家岳。"王进士道："这样说来，更加亲热了。"两个同船，来到襄阳。石生回家，王进士直往胡宅去了。

一日，石生请王进士赴席，约胡员外、蔡敬符、朱良玉奉陪，蔡寅先到胡宅与王进士说话，好以便同来。说起秋英还魂一事，王进士道："世间竟有这样奇事？"刚才说完，石生那边就着人来请。胡员外道："老夫有事，不能奉陪。敬符兄陪了王世兄过去吧。"蔡寅陪着王进士,到得石生家。朱良玉早已过来相候。王进士原与朱良玉系结拜的兄弟,相见已毕,彼此叙了些家常。坐着正说话时,适石生厨下缺少家伙,春芳向邻家去借。王进士看见春芳,随后跟出门来,□地一眼。春芳红了红脸,急三步走到邻家去了。借了几件家伙走出门时,王进士还在街上站着看哩。一眼觑定春芳,直看的他走入院里去,方才回头。

春芳到了家里,放下家伙,向石生道:"你请的这个同年,却不是个好人,方才我去借家伙,他不住的左一眼,右一眼看了我个勾数。他是胡娘家的年谊,究非亲姊热妹,如何这般不分男女?"石生道:"既是年谊,就不相拘,你莫要怪他。"石生出来,正要让座,王进士道:"年兄不必过急,弟还有一句要紧话相恳。"石生道:"年兄有何见教?"王进士道:"年兄你既系胡年伯家的娇客,你我就不啻郎舅。方才出来的这位年嫂,是胡年伯从小养成的?还是外边走来的?"石生答道:"却是从外边走来的。"王进士道:"即是这样,一定要请出来作揖。仔细看看,以释弟惑。"石生道:"就是两个俱看看何妨?"石生与蔡寅陪着王进士走到院中。石生叫道:"你两个俱出来,王年兄请作揖哩。"秋英整身而出与王进士见礼让座。蔡寅指着秋英向王进士道:"这就是舍妹,借尸还魂在此。"左右叫春芳,再不肯出来。秋英进入里间,勉强推出,方才与王进士见礼。见过礼仍转入里间去了。

王进士仔细看了一番,不觉泣下。石生道:"这是为何?"王进士道:"年兄有所不知,前岁三四月间,舍妹促亡,尸首被风撮去,并没处找寻。方才门口看见这位年嫂,还不敢认得十分真切。今对面一看,确是舍妹无疑了。但不知是何时来到这里?"石生答道:"就是年前四月间走来的。"王进士哭道:"这分明也是借尸还魂了,如何还肯认我?"秋英道:"王家哥哥,不必悲痛。你看我待蔡家哥哥如何?就叫他也跟我一样罢了。"秋英叫春芳出来,仍拜王进士为兄。方才大家到了前厅,座席。席终而散。朱夫人见是王小姐借尸还魂,仍旧认为义女,不时地来接去。这王进士在胡员外家住了月余,临起身回家时,又到石生家里来看春芳。说道:"妹子路途遥远,委实不便接你。但愿妹丈选到广州左近,姊妹见面,庶可不难了。"春芳道:"这是哥哥属望的好意,只恐妹子未必有这样造化。"王进士又与石生、朱良玉、蔡敬符盘桓了一天,次日就起身往广东走了。从此石茂兰、胡员外、朱良玉、蔡敬符四姓人家,俱成亲戚。你往我来,逐日不断。

但不知房翠容小姐与石生后来如何见面?再看下回分解。

第十三回　观音寺夫妻重聚面

话说石生自发身之后，一年捷取，就放了南阳府的刑厅。三年俸满，转升了四川成都府的知府。到任两月，秋英春芳二位夫人因路上经了些险阻，许下在观音堂还愿。先差衙役来对庙中老尼说知。那老尼就打扫了殿宇，预备下茶果。吩咐翠容道："闻说这两位太太，俱系妙年。我年迈耳沉，应答恐不利便。一会来时，我只在神前伺候。一切照应，俱托付给你吧！"翠容应过。住不多时，衙役进来说道："太太的轿已到山门口了。师傅们速出去迎接迎接。"翠容听说整容而出。两位夫人已经下轿。翠容向前禀道："小尼失误远迎，乞太太见谅。"秋英答道："俺特来还愿，还要仗托师傅的法力，如何怪你。"翠容陪着两位太太，先到了佛前拜过。然后到观音殿内上了香烛，发了钱箔。老尼诵平安经一卷。两位太太方才磕头起来。向老尼谢道："有劳师傅祝赞。"老尼答道："太太到此，理应伺候。但老尼年迈耳沉，叫小徒陪太太禅堂里去吃茶吧！"

翠容陪两位太太，到了禅堂里坐下。把茶果献上，自己却在下面站着相陪。秋英心中打量，暗忖道："看这个尼姑举动有些官样大方，分明是个宦家的气象。如何落在庙中？"因问道："师傅贵庚几何了？"翠容答道："虚度三十岁了。"秋英太太又问道："你是从小出家的，还是半路里修行的？"翠容答道："是半路投来的。"秋英又问道："你系何处人？为什么来到这里？"翠容道："说起来话长，恐二位太太厌听。"秋英道："这却无妨，你说俺才明白哩。"翠容道："小尼是黄州府罗田县人氏。"秋英又问道："你曾有丈夫吗？"翠容道："有。"秋英道："姓甚名谁，是什么人家？"翠容答道："拙夫姓石名茂兰，是个廪生。公公石峻峰，系两榜出身，做过长安县知县。后升广西柳州府的知府。"秋英太太便道："这等说来，你真是个宦家的娘子了，失敬失敬。"就让他在旁边里坐下。春芳听见提起石茂兰三字，心中诧异，两眼不住地向秋英尽觑，秋英只当不睬。又问道："你为何一个女流就来到这里？"翠容答道："公婆不幸早逝，后被奸人陷害。因公公在长安居官时，有一河道失误挑修。文提石郎变产修河，一去二年并无音信。后有长安县的关移说石郎已经病故了。对门有个王诠，要娶小尼为妾，暗地着人，把小尼的母亲治死。小尼欲报母仇，因假为应承。幸有观音老母，赐给神药一包，名为催命丹。及至到了他家，把这药向那人面上洒去，那人就立时死了。小尼那时正要逃走，忽被一阵狂风，刮到这里。因此修行，不能回家，已数年了。"这正是：

　　诉尽从前艰苦事，渐启后来亨通缘。

　　秋英太太道："我丈夫姓石，我家老爷也姓石。你是黄州罗田县人，我家老爷虽居襄阳，原籍也是黄州罗田县人。你丈夫既然是个秀才，说起来我家老爷未必不认的他。回去向我家老爷说知，如有人上罗田县去，叫他把你丈夫或存或没，再打听个的确。设法送你回籍如何？"翠容谢道："多蒙二位太太垂怜。"两位夫人各送了二两银子的香资。翠容送出山门，上轿而去。

　　两位夫人回到内宅，秋英向春芳道："今日在庙中见的这个尼姑，定是翠容姐姐无疑了。"春芳道："若不是他，如何知得这般清楚。"晚间石生归房问道："你两个还过愿了？"秋英答道："愿是还过了，俺却见了一桩异事。"石生问道："什么异事？"秋英道："今日庙中，见了一个连毛的尼姑，年纪不过三十。问其来历，她丈夫的姓名籍贯却与相公一般。你说前妻翠容姐不知死在何处？据今日看来，还是活在这里哩。何不速去接来，以图完娶。"石生沉吟道："接是不难，恐未必的确，尤不可造次，下官职到黄堂，属下有多少官员，城中有多少绅衿。突然认一尼姑为妻，恐惹人耻笑。"秋英答道："相公差矣，夫妇一伦，本诸性天。避小嫌，而忘大伦，何以为人。公祖统驭万民，不认断使不的。你若是信不真，明日权当斋僧，亲去一看。如果然不错，就接来罢了。"石生依允。

　　到了次日，石生率领人役，往观音堂内斋僧。进的庙来，先参拜了佛像。惊异道："这尊佛像，好与襄阳化缘的老僧相似。"转入后殿行礼已毕，走到公案前坐下。把庙中几个尼姑叫出来从头点名。点到翠容跟前，石生一看，果然是他前妻房翠容。翠容一见石生，明认的是她的丈夫，却不敢相认。石生问道："夜日太太回宅，说有一个出家的尼姑，系黄州府罗田县人，就是你吗？"翠容答道："正是小尼。"石生道："现今有本府的一个亲戚姓吴。他是罗田县城里人，不久他的家眷回家。本府接你到我衙中，叫他携带你同船回去。你意下如何？"翠容谢道："多蒙太老爷的恩典。"石生斋僧已过，回到宅中。对秋英、春芳说道："果然是我前妻房翠容。我已许下，明日去接他。"秋英道："如此才是。"石生道："但恐来到，有些不妥，叫下官却作难了。"秋英道："天下原有定礼，妾虽无知，颇晓得个尊卑上下。接来时，自能使彼此相安，相公无容多虑。"闲言提过。

　　到了次日，石生适值抚台提进省去。秋英便着人役，打着全付执事，抬着四人大轿。差了两个管家婆去接翠容太太。他与春芳姊妹二人,却在宅内整容相候。及至接回来,轿到宅门,翠容方才下轿。秋英、春芳两个向前紧走几步,伏身禀道:"贱妾秋英春芳,迎接太太。"翠容连忙上前,两手拉住。说道:"奴乃出家贱尼,石郎还未知肯相认否?二位太太,如何这等恭敬。"秋英道:"妾等已与老爷说明,那有不认之理。但老爷适值进省,妾等先把太太接进宅来,俟老爷回署,好合家完聚。"就把翠容让到中堂,延之上座,地下铺上毡条。秋英春芳两个转下,并肩而立。让道:"太太请上,受妾等一拜。"房翠容回礼道:"奴家也有一拜。"彼此拜礼已毕。翠容向秋英春芳道:"奴家若非二位妹子引进,何由得见天日,嗣后只以姊妹相称,切莫拘嫡庶形迹,使我心下不安。"秋英道:"尊卑自有定分,何敢差越。"三个从此,彼此相敬相爱。转眼间,不觉数日了。

石生自省回署,进得后宅,秋英迎着说道:"房氏太太已经接来数日了,老爷进来相认吧!"石生见了翠容抱头大哭,秋英春芳在旁亦为落泪。翠容向石生道:"你为何捎来书叫我改嫁?"石生道:"书是假的。"翠容又道:"长安县的来文,说你已经死了。"石生道:"文也是旁人做的。"石生问翠容道:"怎么你能来到这里?"翠容把从前情由,自始至终,说给石生听了。石生也把秋英春芳配合的情由,也说给他听。翠容道:"我只说这两位妹子是你另娶的,却不料世间竟有这等出奇的姻缘。"石生向翠容道:"你为我受尽折磨,他两个的灵魂与我同过患难,情意一也。大小之分,任凭夫人所命吧。"翠容说道:"妾虽妄居□□,幸得离而复合,吾愿足矣。嗣后家中一切大小事务,俱叫他两个执掌。俺总以姊妹相处,讲什么大小嫡庶。"石生道:"夫人既能这样,日后下官定请三付冠诰,封赠尔等。"

翠容又向石生道:"妾在患难之时,曾蒙菩萨点化,到得此处,又多承老尼照理,曾许下团圆后,重修庙宇,酬谢师恩。望相公先领妾去参拜一番。不知准否?"石生应允,着衙役先去向庙中老尼说知。衙役回来禀道:"观音寺只剩得一座中殿,两边廊房、前面的佛殿、后面的禅堂俱成空地,连老尼也走去杳无踪影了。"翠容方知这老尼就是菩萨变成的。佛殿神堂俱是菩萨布置的虚景。遂叫人重修庙宇。不题。

石生一日在衙中无事,与三位夫人坐着闲谈。庭前有老槐一株,石生以此为题。叫三位夫人联句,作诗一首。石生先咏道:

回忆当年徒奔波(兰),古槐影下堪婆娑(翠)。

劲枝虽被春光早(英),柔条还沾雨露多(芳)。

绿作复云叶茂密(兰),黄应秋日气冲和(翠)。

势成连理有缘定(英),何必诵诗慕伐柯(芳)。

又一日,石生登峨眉山。到了山上,往下一看,形势崇高,如在半虚空中。又向四下里一望,但见层峦叠嶂,袤延八百余里。石生一时兴发,遂拈笔题诗一首道:

悬崖万丈梯难升,峭壁转回须攀藤。

一带连冈形险戏,两峰对峙不骞崩。

白龙日绕池中跃,夜晚遥望放锦灯。

四蜀固多丛茧处,此较剑阁尤为曾。

题诗已完,往前走到一座古刹前,名叫华林禅院。意欲进去一看,和尚听说,打扫了一座干净禅室,把石生迎到里边去。经过大殿山头旁,有一个小角门。忽闻一阵异香,从中吹出。石生到禅室里坐定,问和尚道:“你前边小门里锁的房子,盛着什么东西,气味如此馨香。”和尚禀道:“无甚东西,内有一座禅堂。相传百余年前,有一位老师傅坐化到里面,至今并未葬他。里外门俱是他亲自叫人锁的,说下不准人开。这些年来,也没人敢动。又相传这位师傅已经成佛,常与观音老母虚设法象,点化愚人。留下四句禅语,并无人解得。”石生道:“取来我看。”和尚从柜中,取出一个红纸帖来,递与石生。拆开一看,上写道:

似我非真我,见我才是我,烦我曾留我,遇我岂负我。

石生暗想道:“这莫不是襄阳化缘的老僧吗?”叫和尚开了角门,进里一看,见禅堂门上,贴着一道封皮。上写着“门待有缘开”五个字。揭去封皮,开了房门。当门一张大床,床上有一位坐化的老僧,浑身尽是尘土,背后贴着个纸条。写着道:“坐化人即是化缘人。”叫人扫去土尘,仔细一看,就是那化缘的老僧,面貌如生。石生拜道:“此乃罗汉点化我也。”下了山来,就命人立时重修殿宇。把坐化的老僧妆塑金身,送在里面,焚香供养。石生一家团聚不题。

不知尫儿转生还能相见否?再看下回分解。

第十四回　藩司衙师徒再谈心

却说石生在成都，做知府三年。转升了四川粮道，做道三载。屡有奇绩，选迁了浙江的布政。是时馗儿，已转生十三岁了。石生到任，簿书之暇，行文观风，取的钱塘县首卷就是程生。石生喜其写作俱佳，赏赐的甚是优厚。一日程生来谢藩台。石生闻其年幼，有些羡慕。请到内书房里相会。程生进得书房，向石生行礼已毕，石生让他坐下，着人献茶。石生上下打量，宛然是馗儿的模样。开口问道："贤契青春几何？"程堃琅答道："生员虚度十三岁了。"石生又问道："入泮几年？"程堃琅答道："侥幸五载了。"石生又问道："贤契如此妙年，佳章居然老手，可是宿构，却出新裁呢？"程堃琅答道："生员虽拙于作文，然深耻抄录。"石生道："文章既系尽出心裁，异日所造，应难相量。贤契的先生果何人？"程堃琅答道："生员幸承庭训，并未曾投师。"石生听其言谈，又毕真像馗儿的声口，心中愈发惊异。程堃琅细看石生依然是昔日的光景，但身系转生，难以遽认。程堃琅因说道："生员年幼无知，斗胆冒渎，敢问大人籍贯何处？"石生答道："本司原籍黄州，寄居襄阳。"程堃琅又问道："住在襄阳那街？"石生答道："住在太平巷内。"程堃琅又问道："太平巷有个胡员外，大人可曾认识他吗？"石生答道："此人是本司的岳丈，贤契你如何知得这般清楚？"程堃琅答道："胡员外与家君曾在京中同寓，是以知其端底。"随即又问道："胡员外有闲宅一处，里面住着一位石先生，大人可曾会过吗？"石生见程堃琅句句道着自己，便答道："此人本司却和他甚熟。"就转问道："我闻他有个徒弟名唤馗儿，后来转生钱塘，不知归落谁家了？"说到此处，程堃琅便不得不认，说道："大人莫非就是九畹石先生吗？"石生道："你莫非就是馗儿所转的吗？前世之事还记得否？"程堃琅答道："月下赋诗，当堂质讼，为时几何？竟至忘记耶？门生今日，幸得再见先生。但不知二位姐姐，还在彼处否？"石生答道："他两个已转成人身，与本司结成夫妇了。"程堃琅道："门生虽系转世，两位夫人意欲还求一见，不知肯相容否？"石生道："那有不容之理，但须本司先为说明，以便请你进去。"

石生说罢，转入内宅。春芳便问道："听说老爷外边会客，不知会的何客？"石生答道:"下官观风,取中了钱塘的一个廪生,年纪才十三岁。今日特来谢我,下官仔细盘问,方知他就是尴儿所转。问到你姊妹二人,他还要求见一面,不知该怎么样?"秋英说道:"既是这般,就该请进来一会才是。"石生便着家人,把程堃琅请入内宅。秋英、春芳两位夫人,早在檐下相候。三个见面,彼此落泪。春芳道:"兄弟你转生才几年,就长的怎模大了。"程堃琅道:"弟已系转世为人,不料与二位姐姐,尚能相会一面。"秋英道:"这是数该如此,你我焉能做主。"秋英春芳领着程堃琅并参见了翠容夫人。程堃琅就要告辞。石生道:"今日这样奇逢,那有遽去之理。"就在内宅里设席款待程堃琅。石生作诗一首,相夸道:

聚首一堂尚可提,校书灯下仿青□,

形骸虽变元神在,素□依然一木鸡。

程堃琅也作诗一首,相和道:

天形下覆如张弓,世事百年一梦中。

桃李公门犹在列,前缘宁敢付东风。

席终以后,春芳向石生道:"昔年尴儿上学,曾以金如意为许,老爷今日还他的吧!"石生道:"正该还他。"秋英道:"我收着哩。"立时取出,交与程堃琅。春芳道:"这是你程家传世之宝,你前世上学时,无以为贽,我暗与程太夫人借用。许下十年以后,定去还他。今日带去,务要交个清楚。"说完程堃琅辞谢石生而归。到了家中,程翰林与夫人问道:"你为何在衙门里就住了一天。"程堃琅答道:"石大人见孩儿年轻,甚是喜欢,设席款待,所以未能早回。三位太太俱准我见,孩儿临来时,三太太给了一件宝物,叫我回家交给母亲。"夫人道:"是何宝物?"程堃琅从袖中,取出一个纸包,递与夫人。展开一看,却是金如意一枝。夫人大惊道:"奇怪,奇怪,这金如意是咱家传世之宝。十数年前,梦一女子借去。左右找寻,并无踪影。生你之后,讨得一签,说此物不久还家。今日果然原物还来。但不知这枝如意,缘何落到石太太手中。我将来一定要问个明白。"这且不提。

却说石生得了程堃琅这个门生,虽系新交,实属故人。不时的请到衙门里来叙谈。是时正当春月,天气清朗,人烟和煦。石生向程堃琅道:"闻得天台山,雁荡系贵省的名山。同贤契一游何如?"程堃琅答道:"大人既肯屈驾,门生理应奉陪。"石生于是拣了一个良辰,带得程堃琅径往天台山去。上的山来,一看,真正是奇峰插天,长溪绕地,名秀之致。与别山大不相同。石生道:"胜地不可空游。你我须各人赋诗一首,以志登赏。"石生遂口咏一诗道:

□茨遗踪不复留,石梁胜景犹堪游。

飞峰壁立可回雁，激湍奔腾似龙湫。

华顶宠从胜熊耳，玉宵凿秀喻牛头。

桃花洞远无人到，误入至今传阮刘。

程堃琅也口咏一诗道：

昙华亭迹至今留，骚客梯岩时一游。

玉阁参差堪宿雁，瑶楼层转锁灵湫。

碧林风动震人耳，瑶草缤纷满岭头。

寒拾二仙足尝到，一方蒙佑免虔刘。

吟咏已毕。石生夸道："贤契此诗，可谓英年之作，倍胜老成。"程堃琅答道："门生在大人面前，不揣固陋，何异雷门击鼓。"山上有一座古庙，名为天台神观。观内有道士，听说藩台大人上山，观内打整的甚是干净，就请到里面献茶。石生说道："此山佳景甚多，一时难以遍览。不知别处还有古迹吗？"道士禀道："小观东南里半许，有太白金星的行宫。庙门前有石碑一统，上面有长就的律诗一首，风吹日晒，多少年来，字书总不磨灭。这却是此处的一景。大人请屈驾一览。"石生听说，遂同程堃琅跟定道士，出了观门，直上东南而去。走不多时到了庙前，见山门上挂着"太白金星行宫"六个大字的一面竖匾。门前果然有一统碑，碑上的诗句，真如长就的一般，却又甚是口亮。石生向前读其诗道：

时运亨通不厌迟，两阴相助尤为奇。

天台虽异贤孝坊，须忆当年相面时。

石生念完了诗句，恍然大悟，才知道曹半仙是太白金星变成的，并非俗人。遂进到庙中，礼拜了。游玩一会，石生遂下了山。回入衙中，向三位夫人说知此事。秋英说道："太白金星既这样的点化老爷，老爷不可不仰答神庥。"遂立时把庙宇盖的焕然一新。这且不题。

再说程堃琅，那日同石生上了天台，回到家中，把石生上山的事情，一一告诉他父亲程翰林。说道："石大人乃当代文人，一生却有这些异事。"苏氏夫人遂接口道："咱的金如意，多年不见，忽然还家。难道就不是一桩异事吗？恨我不能亲见石太太，问个详细。终叫我心里发闷。"程翰林道："这也不难，堃琅儿既是石大人的门生，便与石大人即系通家兄弟般。就彼此来往，也是无妨的。明日下三个请帖，请三位太太过来赴席。你当面问他，便见分晓。"次日，程夫人果下启来请。秋英禀知石生，石生道："门生家不同别人，去也无妨。"

到了那日，程夫人又着人速请了三次。这三位太太盛饰仪容，午间乘轿过去。到得程宅门首,才落轿时,程夫人早出二门来迎。三位太太,走入内宅。程夫人看这三位太太,真真是个个俊如天仙。又仔细把春芳太太端相,却与当年梦中所见的女子一般。又与程堃琅的神情相仿,心下更加疑闷。让入中堂,相见叙礼让坐献茶已毕。说话之间,程夫人渐渐言及金如意一事。秋英太太说道:"今日蒙程太太厚爱,正该彼此谈笑。从前已过之事,莫须深究。"程夫人转问春芳,春芳总是笑而不言。席终以后,程夫人把翠容太太让到别处,再三的根问。翠容太太方把秋英春芳借尸还魂并馗儿投生钱塘的事,一一说了一番。程夫人才知道程堃琅与秋英春芳原系前世姊妹,和石大人原系师生。平日提起师徒、姊妹四字,程堃琅不胜怆戚,正是为的这个缘故。自此以后,程夫人与石大人家三位太太,彼此往来不绝。

但不知石生在浙江后来做官如何?再看下文分解。

第十五回　狼虎店义仆救主难

话说石生做浙江布政,适值代理按察事务。滁州地方有一座老山,山上多洞,洞中聚集有两三千人,欲谋不轨。地方官秘密报知巡抚,巡抚与石生商议。石生道:"事系风闻,未见确据。不可冒为题奏,亦不可轻行剿没。必须打听个真实,方可相机行事。"巡抚道:"就烦贵司前去私访一番,回来再作计较。"石生依允。回衙只得换上便服,带了一个茶房。妆作算卦的模样,出了省城。一路私访前去。不多些时,到了滁州地方。日遂在镇店上卖卜。忽有一个贼眉贼眼的,上来算卦。石生观其气象,分明是个反叛。那人问道:"先生是子平,是六壬?"石生答道:"两件都会。"那人道:"既是两件都会,我一定算。但此处不甚僻静,你跟我到家里算上一天。如果算的好,卦资情愿加倍奉送。"石生答道:"我就跟你去。"

那人把石生领到一座山上,进入洞中,同伙的问道:"这是何人?"那人答道:"是个六壬先生。"又指茶房问道:"这系先生的何人?"石生答道:"这是小徒。"石生偷眼一觑,见刀枪旗帜,无不具备。真真是谋反无疑了。石生问道:"既要算命,请写出贵造来一看。"那人说道:"实不瞒你,俺们要举行大事。特请先生来,给俺择一个兴兵的日期。以便起手。"石生把六壬书展开一看说道:"这三个月以前,并无兴兵的日期。必须过这三个月以后,方好。现今是四月尽间,过了五六七三个月,到得八月十六,是个黄道吉辰。下山定获全胜。"那人道:"俺也看着必到那时才好。"方才算完要走,那人道:"先生既到我山中,有来的路,没去的路。洞中正缺少一个军师,俺就拜你做个军师吧!若要强回去,殊觉不便。"石生恐丧性命,只得假为依从。

到了次日,山中筑起一坛,叫石生登在坛上,众贼罗拜于下。那些贼人认真石生住下,自此以后,任所指挥,无不奉命。住有十数多天,一日天气清明,众贼齐下山去打猎。只剩得石生、茶房二人在洞中看守。石生吩咐茶房道:"你看看这些贼人下山是往哪里去,即来禀我。"茶房出去一看,见洞中两三千人,张弓挟矢,牵狗架鹰,下山俱往西南一路去了。茶房速进洞,禀知石生。石生道:"咱访查已真,还不速走,更待何时。"茶房遂扶着石生下山,往东北而去。这石生一路走着,遂口咏古风一首,单单自道其苦云：

山势攘听，暗说：这样慢待斯文岩石径斜，草木丛冗乱如麻。穷绝鸟难投步，左盼右顾堪咨嗟。嗟私行太伶仃，仓皇误入险陡中。万丈崇岭藏豹，千层深洞伏蛇龙。君不见，白云笼罩影缥缈，红日照射色暗淡。子规声叫高树头，孤猿哀啼长溪岸。一路行来多崎岖，气竭力尽肝肠断。

却说石生怕贼人追赶，走的甚是忙迫。直走到红日西沉，并未住脚。忽然山上跑下来一只猛虎，把茶房一爪叼去。吓得石生魂不附体，半日心神方定。往前又走，天色渐黑，见一个樵夫担着一担山柴，从旁而过。石生问道："前面何处有店？"樵夫答道："前去三十五里，方才有店，左近是没有的。"石生甚是担忧，黑影里又走了五七里路。抬头一看，远远望见山坡下有一道火光，像个庄村的模样，就望着那火光投去。到了跟前，却是一个小独庄。外边门户高大，里面楼阁层层。石生把门一敲，内有十四五岁的一个幼童开门问道："是做什么的？"石生道："是借宿的。"幼童道："相公少待，我去禀知主母，再回你信。"住了一会，出来说道："主母已知，请相公客舍里坐。"

石生进到客位里面。见灯烛灿列，摆设齐整。从背靠后转出一位少年妇人，花容艳妆，缓步来前。与石生见了礼，分宾主坐下。向石生问道："相公从何处而来？"石生答道："在下姓梁，往山中治买木料。下山过晚，赶店不及，欲借贵舍暂宿一宵。"妇人答道："房子尽有，但恐屈驾。"石生问道："娘子尊姓？"妇人答道："贱妾姓薛，拙夫叫作薛呈瑞。是个茶商。往山东登州府贸易，去已数年，并无信息。落得妾身，茕茕无依，甚是凄凉。相公适投寒舍，这是前世有缘了。"遂命人收拾桌张，让石生上座，自己在旁相陪。美酒佳肴，登时陈上，叫出两个头发眉齐的女童，在桌子以前歌舞，舞的甚是好看。只听得口歌古风一章道：

野有蔓草兮，零零壤壤。有美一人兮，宛如清阳。邂逅相遇兮，与子潜藏。

歌罢，石生看那妇女，甚是风流，不觉的引动了春心。席终，两个同入卧室。观其床帐、器皿，并非寻常人家所有。是夜，石生与那女子同枕共寝。到鸡将叫时，那女子向石生道："此处非君久恋之所，天色渐明，作速起来出去吧！"石生起的身来，还有些留恋之意，两个女童，前面拉着，这个女子后边推着，把石生一直送出门外，就把大门紧紧关上，再叫也无人答应了。石生甚是漠然，往前走不多时，回头看时，却是一家大坟。坟前以上，写着宋贵妃卞氏之墓。石生叹道："吾幸得该人桃源，宁复许后人问津耶。"

往前走到日夕，落到一个店中。院子甚深，房子甚稠。石生进来拣了一间干净小屋住下。到了掌灯以后，忽有一个卖绒线的，背着包袱进店来投宿。店主道："别无闲房,只有半间草屋,你将就着住一夜吧!"这人就进屋去睡了。石生哪知道这是贼店,约有半更天时,也就放心睡去。到得夜静众贼齐出,把别房里住的几个行客,俱经害讫。后到石生屋中,石生正在梦中,这贼上去,用绳紧紧捆住。石生方醒来,求道:"我与你无仇,行李内还有三五十两银子,任你拿去,饶我的性命吧!"那贼道:"银子是要拿的,这个馄饨汤你也是要吃了。"那一个贼道:"夜未甚深,江上打鱼的还未散尽,俟四更后送他去未迟。"众贼拿了银子,仍转回院内,却把个草屋里卖绒线的忘下了。

石生身上捆的难受,口中长叹道:"我石茂兰不料死在此处。"那卖绒线的听见,心中暗道:"这莫不是我故主吗?"起身出来,走到窗前,小声问道:"□客,方才说你姓名,你是哪里人?"石生答道:"我是黄州府罗田县永宁街上人。"卖绒线的道:"这样说起来,分明是我家大爷了。"石生问道:"你系何人?"卖绒线的道:"我是来喜。"石生道:"你快来救我。"来喜把屋门治开,进去解了石生。回到草屋把包袱背在身上。领着石生到外边一看,那房子后边,有一小墙与当街相靠。就把石生扶过墙去,他也随后跳出。

是夜,月色光明,如同白昼。二人往前紧走。石生道:"倘或贼人随后赶来,这却怎处?"来喜道:"大爷放心,小的新学成一个拳棒,就有三二十人,还不是小的的敌手。请问大爷,缘何来到这里?"石生把他私访的来由说了。来喜磕头道:"大爷高发,小的哪里知道。小的自从宅内出来流落此处,以卖线为生,至今还未成家哩。今日幸逢大爷,不知还肯收留小的否?"石生道:"你是我的故人,就跟我去吧,不必在此住了。"又往前走,约有五更时分,已到江边了。月下看见江中一只渔船,船上站着一个渔翁。头戴斗笠,身披茅蓑,正在那里下网。听得他口中唱道:

驾小艇兮,鼓桧桨。击空明兮,溯流光。侣鱼虾兮,凌万顷。念故主兮,来一方。

来喜这边叫道:"快撑船来。"那渔翁问道:"是做什么的?"来喜答道:"是过江的。"那渔翁把船摇到岸前,来喜向上一望,讶道:"你莫不是赵哥吗?"那渔翁看了一看,说道:"你莫不是来喜吗?奇遇,奇遇。"又问道:"那一个是谁?"来喜道:"是咱家的大爷,目下做这省的布政司了。出来私访,误投贼店,被我救出,同跑到这里来,你快接上船去。"那渔翁双手把石生搀入舱中,来喜随后跳上。渔翁跪下道:"赵才给老爷叩头。"石生道:"你且起来,作速送我过江去,咱再说话。"赵才道:"老爷已经上船,料贼赶来也无妨了。"开船走不多时,见有三四十个人从后赶来。见船已到江心,无可奈何而回。过得江来,石生问赵才道:"你在此打鱼为生,成了家没有?"赵才道:"小的一身一口还不能从容,那有余钱娶老婆。"石生道:"既是这样,你也跟我去吧!"

却说石生带着赵才来喜走到一座山前,是个南往北来的总路口。见两个少年妇人哭得甚是可怜。石生吩咐来喜道："你去问他为何这等悲楚？"那妇人道："俺家姓李，系邵州府人，颇有家私。于前月间，忽有大盗入宅，将几个男人尽情杀害，拿了俺许多金银，虏了俺妯娌两个。来到此处。嫌俺带脚，抛下俺走了。欲要鸣冤，不知官在何处？欲待回家，不知从哪路走？只得在此哀告往来行人，能代俺报此仇者情愿嫁他为妻。"石生叫来喜找小轿二乘，把两个妇人带回衙门。

次日，石生把私访的真信，禀报巡抚。巡抚统兵前去，把洞中的叛贼尽行剿没。石生差役把贼店中一干人犯拿到。仔细审究，打劫李姓一家，就是这人。俱各照律正法。石生吩咐二妇人道："你大仇已报，送你回籍去吧！"那妇人道："小妇人有誓在先，能代为报仇者，情愿嫁他为妻。今既蒙大老爷天恩，情愿住在宅内，任凭大老爷赏人吧！落入贼手，已经月余，有何颜面见人？"石生劝之再三，两妇人死不肯去。石生就把大的配了赵才，小的配了来喜。朝夕在宅内伺候。石生私访已毕。

但不知秋英在家如何？再看下回分解。

第十六回　碧霞宫神女授兵符

话说石生的衙门后边，是一处花园。园内有一白石碑，其光可鉴。至夜半时分，中有人喊马嘶甲兵响亮之声，听的甚真。相传这碑是衙门中的镇物，历来官长俱莫敢动移。石生往外面私访时，秋英在宅中无事，只身步入花园，来看这碑。到了跟前，忽见这碑变成一门，两扇俱开，从里边走出两个女童，说道："娘娘有旨，请石夫人里面相会。"秋英跟着女童进去。当中是一条砖砌的甬路，两墒下俱是些异树奇花。走有箭许，是一座紫石桥。从桥上过去，又走了数十步，是一座朱红大门。门上悬着一匾，匾上写着"碧霞宫"三字。才到门首，又出来了四个仙女。两个执着宝幡，两个执着提炉，说道："娘娘候夫人多时，特着奴等相迎。"

秋英随着宝幡又进了两三层门，才是一座大殿。殿当中莲花座上，坐着一位娘娘。下边放着四个绣墩，排着两行侍女。秋英进的殿来，望上行礼。娘娘辞道："夫人尊贵，小神怎敢当礼。"命二仙女急忙抚起，让在东边头一个绣墩上坐下。秋英道："贱妾尘埃俗人，何烦圣母相诏。"娘娘答道："石武曲不久即应大敌，军旅未娴，何以制胜？夫人聪明过人，特请来把军中一切机务，说与你知。日后誓师郊原，你两人庶可共赋六月，以奏肤功。"叫仙女取出兵书三卷，付与秋英。

娘娘说道："这书名为《行军机要》，首一卷是天时，第二卷是地利，第三卷是人和。自古以来，兵家总不外此三者。"秋英问道："天时怎样？"娘娘道："春夏秋冬，天时之总名。其间所逢的月，逢日辰，俱为天时。时逢吉日则胜。如汤以辛卯而破昆吾。武以甲子而克商纣是也。"秋英又问："怎谓地之利？"娘娘说道："山川林薄俱是地利。凡扎营必相地高下平坡，方可以保无恙。若依山靠林，使敌兵得所埋伏，则受害不小。此楚师背离，而舍所为，贻患晋候。此务择平坦宽阔之处，左右前后，俱无遮挡，这才是安营的吉地。"秋英又问道："何谓人和？"娘娘道："人和者众人结成一心也。凡行军之首先人心。人心齐则气壮，气壮则力勇。一鼓而前，谁能御之。若人怀异心，子弃其父，弟弃其兄，各鸟兽散，安能破敌。如殷旅之前途倒戈，这就是人不和的一个榜样。"秋英道:"这三件是行军大要,幸承圣母指明。但摆阵之法,终属茫然,还求圣母详说一番方妙。"娘娘道:"这口说不如眼见,你随我来。"

娘娘下了莲座,秋英随后跟着。一曲一湾,走到一个演武厅前,娘娘上去坐定,秋英旁边相陪。娘娘吩咐仙女道:"取我的兵符来。"这个仙女转入后厅,取出一杆红旗,递给娘娘。娘娘接在手中,把红旗一展,急听一阵风响,立时就有数万人马,站在演武厅前。娘娘吩咐道:"今日操演,尔等有失律者,定行枭首。"众兵丁无不唱喏。娘娘把红旗向东一摆,就成了一个阵势,娘娘向秋英道:"这叫作八卦连环阵,生伤休死诸门具备。昔年诸葛亮坐困陆郎,其遗迹至今尚在。此阵法之神妙莫测者也。"娘娘领着秋英下了将台,从生门而入,八门游遍。那吉那凶,说得清清楚楚。然即转回厅台,重新坐下。把红旗向西一摆,又成了一个阵势。秋英问道:"这是何阵?"娘娘道:"这名为一字长蛇阵,击首则尾应,击尾则首应,击中则首尾俱应。此阵法之最活者也。"又把红旗一摆,成了一个阵势。对秋英道:"是为鹅阵。"又摆成一阵道:"是为鹳阵。"又把红旗左边一摆,右边一摆,众兵丁交互奔腾,多时方住,成了一个阵势,前后人马相接,密如鱼鳞。秋英问道:"这阵叫作什么?"娘娘道:"这阵名为鱼鹿。昔年郑庄公与周王战于需葛,用的就是这个阵法。"阵已摆完,娘娘把红旗一卷,数万人马,风流云散,当时就没有了。

秋英谢道:"重烦娘娘指教,贱妾顿开茅塞。"娘娘道:"这系你我有缘,方能遇的这般凑巧。"娘娘领着秋英,下了厅台,转回殿内,仍照前坐定。娘娘吩咐仙女道:"取我兵符一道,付与石夫人带去。"仙女取一红旗交与秋英。娘娘道:"你后日临阵时,把这兵符执在手里,任所指麾,无不如意。成功以后,仍把这书与兵符交还与我。"秋英问道:"贱妾从何处给娘娘送来?"娘娘道:"这却不劳你送,就把这书符供在香案桌上,默祝一番,我自有人来取。"秋英又为致谢。娘娘道:"我还有律诗一首赠你。你朝夕度念,方知军务艰难,不至于轻忽债事。"遂手写一诗道:

丈人行阵林师贞,何得轻心漫谈兵。

无备终招悬雷夺,曳柴曾致斑马声。

舟中掬指因争济,弃甲复来为食羹。

临戎常怀量敌意,诘朝奏凯在盛京。

娘娘把诗付与秋英道:"你回去再留心细看兵书,就成女中一员名将,但系天机不可泄漏。"秋英应过,遂着两个仙女,领着秋英从旧路送出。出的门时,秋英回头一看,仍然是统石碑。秋英转入内宅,进了自己房中,把兵法神书秘密收好,总不肯告诉别人。秋英自得了这神书，白日不敢明看，俱是晚间，夜静无人时，方才展开细玩。从头看去，并无一字半句，心中模糊。看至月余，行军摆阵之法，就遂一遭遇了。心中暗忖道："老爷是个文官，那至于身历行伍。我乃女流，怎至于同赴疆场，圣母所嘱，有些令人可疑。"这且不表。

却说石生，自从访真了洞中的叛贼，巡抚喜其有功，奏知皇上。皇上旨下，着浙江布政兼理按察事务，石茂兰赴京引见。石生把一切事务，交与委图的官员。从河路往北而下。船至济宁，有他一个同年，姓殷名莫磬，字永安。闻石生路过本州，就上船来参拜。石生也下船去拜他。殷莫磬向石生道："小弟选期已到，意欲赴京。苦无脚力，年兄大人，若肯携带前去，承情不浅。"石生答道："这是弟所情愿，明日请上船来同行。"到得次日，殷生收拾行李，上了船，与石生同往京去。到了京中，石生引见圣上。圣上甚是嘉奖，着仍回原任理事。殷物掣签，选了广东惠州府的同知，对石生道："弟实望选在浙江，今天各一方，终不能蒙年兄的庇护了。"石生道："仕路窄狭，安知不还遇在一处。"住了几日，石生辞殷生道："年兄在京还有些事，故小弟实不能奉陪，不日就要先回浙江去了。"殷生道："年兄责任重大，小弟怎敢攀取。"

石生上了一疏，乞告假一，往罗田县去祭祖。圣上批准。石生谢珲了恩，星夜往罗田县而来。到了罗田效界，那罗田县的知县却迎二十余里，铺设公馆，馈送下程。石生概不敢当，在一客店内住下。石生祭祖已过，仍回店中，辞别了县主，一早起身而走。县主又送了二十多里，方才回衙。石生从罗田县，往赴浙水。刚才走了两程，又下了一道旨意："浙江布政石茂兰访查有功，准升广东巡抚。"石生接了旨意，务要往那衙门，再赴广东上任。殷莫磬闻得此信，不胜忻喜。

却说秋英与翠容、春芳三个，无事闲谈。管宅门的进来禀道："大老爷高升广东巡抚，红报已到，小的先给太太叩喜。"秋英听说，愕然道："广东与苗民相近，老爷升到那里，战伐之事终不免了。"就把兵书，逐夜留心细看，以预做准备。住不几日，石生回到衙门，把布按两司的事务，一一交代清楚。就择日起身，率领家眷，来到广东上任。一日殷莫磬特来参见，石生请至书房。殷生要行堂参礼，石生断断不肯，仍分宾主而坐。殷生道："卑职得到大人属下，可谓天遂人愿了。"石生答道："你我同榜，兄弟私交也。勿劳王家公义也。不忍以公而忘私，又安敢以私而废公耶。"殷生闻言，凛然而退。回到衙门，小心办事。并不敢少涉奔谒。住有半年，又提升他潮州府的知府。

但不知石生在广东如何？再看下回分解。

第十七回　忘风仇孤嫠脱困厄

却说石生自浙江布政转升了广东巡抚，才到任时，进士王曰灼，亲来看望。春芳向王进士道："我房里缺人使唤，烦哥哥代我买一个送来。"王曰灼应允而去。回到家里，着媒婆寻找不题。却说王诠之妻念氏，原系广州府人。他父亲念照远，贸易黄州，因与王家结亲。为自王诠死后，他两个兄弟俱不成人，吃赌嫖三字全占。五六年间，把家产花了个尽绝。念照远见他女儿既无子嗣，又无养膳，仍旧带回广州去了。那料念氏福薄，回到娘家没过三年，父母双亡。一切家资被他兄弟念小三输净，落的在馆驿里存身。

剩下念氏仍如无根的飘蓬一般。邻里亲戚愿其改适，他却顾惜大体，执意不肯。屡次托媒婆说情，愿卖身为奴。媒婆听得王进士买人的风信，来向念氏说道："你逐日叫俺给你找主，目下抚院大老爷衙内买人服侍。三太太你可愿意去吗？"念氏道："怎么不愿意，但凭大嫂作成。我自有用钱谢你。"媒人贪图用钱，领着念氏到了王进士家，叫他先看一看。王进士见人甚利便，向媒婆道："这人却也去的，问他要多少卖价。"念氏对媒人道："要银六十两。"王进士道："这却也不多，但写文约谁人做主？"媒婆道："他是没丈夫的，又无父母，叫他兄弟念小三来吧！"王进士道："石太太用人甚急，既是情愿，就要当日成交。"媒婆着人到馆驿叫了念小三来，说道："你姐姐卖身卖妥了，同着你写张文约，还有二两银子给你。"念小三正缺钱使，听说这话，喜不自胜。就慨然同着写了一张文约，得银二两走了。把媒人钱打发清楚，就住在王进士宅内。

到了次日，念氏打整打整身面，王进士雇小轿一乘，着人抬送抚院衙门里去。念氏进的宅来，从上而下磕头已毕。就在春芳房里，不离左右，一切应承，无不小心。一日春芳向秋英道："姐姐你看新来的这个妈妈好像个乡绅人家的派头，在此做奴，我甚是不安。"秋英道："你何不问他个详细。"春芳就把念氏叫到秋英房里来。念氏问道："太太有何使唤？"秋英道："别无话说，你进宅经已数日，你的来历，俺还未问你个清白。看你的举止动静，与俺们不相上下。你实说你是什么人家，为何落得这般。"念氏哭着答道："既到了这个地位，说也是多了。"秋英道："你不妨实说。"念氏道："家丑不可外言,说了恐太太们笑话。"秋英道:"万属得已谁肯卖身,你实说你是哪里人?"念氏禀道:"小妇人是黄州府罗田县永宁街上王家的媳妇。公公王有章是个两榜,曾做过京宦。丈夫王诠是个文生,与对门石知府的公子石生为友。见石生之妻房氏颜色绝世,心起不良,逐日谋算,后值石生修河在外,千方百计,竟把房氏婆到家来。是夜王诠死倒在地,房氏并不知哪里去了。小妇人有两个小叔,从他哥死以后,把家产化讫,落的小妇人并无依靠。不料回到娘家,又父母双亡。只有一个兄弟,又把家产输尽,目下落的在馆驿里住。小妇人无可奈何,只得卖身宅内,以终余年。万望老爷太太垂怜则个。"

秋英把念氏的一段言语,尽告诉了翠容。翠容大怒道:"这是我的冤家对头到了,我一定报报前仇。"秋英道:"姐姐差了,那是他男人做的事,与他何涉。这人现今落在咱家,即以你我为主,正该逐事行些方便。如何反提前仇,徒落得自己度量窄小。"翠容悟道:"妹子说的极是。再告诉老爷看他怎样?"正说间,石生闯到屋里,问道:"你两个方才说的什么?"秋英答道:"说的是三太太房里那个妈妈。"石生道:"有甚说头?"翠容道:"他不是别人,就是你的好朋友王诠的老婆,落得这般了。"石生道:"真是他吗?"秋英道:"真正是他。"石生向翠容道:"据王诠所为,就把这个妇人处死,尚未足泄夫人之恨。但王诠所为,未必是这个妇人的主意。身死家败,妻落人手,如此报应,已觉难堪了。刻薄之事,切不可做。况我当急难时,他曾助银五百,其情未为不厚。至今尚未还他。追想昔日的交情,则他妇人在此为奴,终觉过意不去。二位夫人看该何以相处?"秋英答道:"以妾看来死后无仇,这个妇人老爷应该周恤他才是。昔日他曾助银五百,今日就该照数还他,以偿前债。外再助银若干,以尽友情。问他若愿意回籍,差人送去。如此做来,就令王诠有灵应,亦感愧于地下矣。"石生道:"二夫人言之有理,下官就依这样做吧!"这正是:

　　识起一切俗情外,发言尽归款要中。

　　到了次日,石生同着三位夫人,把念氏叫到跟前,说道:"夜日听见太太们说,你是王诠的室人。王诠与本院素系朋友,你可知道吗?"念氏答道:"小妇人不知。"石生道:"本院就是你对门住的石茂兰。"念氏听说,跪倒在地磕头,央道:"亡夫所为,罪该万死。小妇人但凭太太、老爷尽情发放吧!"石生笑道:"娘子请起,本院并无别意。"那念氏哪里敢动。三位夫人过去亲手拉起来。石生说道:"从前的事再不提了。本院念故人情肠,意欲周济你还家。或广州或罗田,任从你便。"念氏道:"大人额外施恩,小女人没世不忘。但广州娘家无人,仍回罗田去吧!"石生道:"你既愿回罗田,少住些时,本院就着人送你去。"自此以后,三位夫人,俱以客礼待念氏。并不叫他在房里伺候了。

石生衙内，有个长随，名叫张忠，是罗田县人，甚是老成得托。石生就叫他去送念氏回家。还叫他路过襄阳，禀问胡员外的近安。字请朱良玉、蔡敬符同来衙门照料些事务。宅内设席给念氏饯行。石生叫秋英封银子五百两整，交与念氏。石生道："王兄在日，曾助我银子五百，这五百两银子是还前账的。"外又封银子三百两，说道："这三百银子，是本院分外相帮的。有这八百银子，老嫂尽可坐终余年了。"念氏谢道："照数还债，已觉讨愧。分外相帮，贱妾如何敢当。"三位夫人，又各赠银子二十两，以作路费。念氏起身，三位夫人亲送出宅门，方才回去。时人有诗，赞石生道：

> 夙怨不藏世所鲜，包荒大度肖坤乾。
>
> 帮金克仿赠袍意，遥送几同栈道前。
>
> 格外施恩全友道，幽魂负惭在九泉。
>
> 莫云偶尔恤孤寡，正为后昆造福田。

却说张忠带着几封家书，同着一个老妈，扶事念氏，扑了正路。当起旱处起旱，当坐船处坐船。不多些时，来到襄阳。张忠下船，各处投字去了。念氏在船上偶一合眼，看见丈夫王诠走入舱中。说道："贤妻你回来了？我生前做的何事，石大人却不记念夙仇。还周济你回家，真使我愧悔无及了。但当异日相报吧！"念氏醒来，心中怨恨王诠，感激石郎。翻来覆去，甚是不快。适张忠已经回到船来，走的与罗田相近。那张忠雇了轿子，把念氏送还王宅。他两个叔叔，见念氏回来。愁无养膳，意味作难。念氏道："叔叔不必这样，我自有银子养生。"两个小叔惊问道："嫂嫂的银子，从何处得来？莫不是娘家给你的吗？"念氏道："非也。"两个小叔道："既不是娘家给你的，是哪里来的银子？"念氏就把自己卖身，并石生还债帮金之事，一一说了。两个小叔感泣道："石大人何盛德若斯也！吾兄生平所为，叫弟等代为渐恶无地矣。"两个兄弟得了他嫂子这宗银子，努力持家。数年以后，家产恢复，子弟亦有入泮发身者。皆石生相激之力也。此是后话，毋庸多说。

却说张忠从黄州复归襄阳，请了朱举人、蔡副榜同来到衙中。石生请入内书房相会，叙礼已毕。蔡副榜进内宅看过了秋英，朱举人看过了春芳，出来坐下。蔡副榜道："妹丈大人，吉人天相，近来的福气，倍胜从前了。"朱举人道："惠风善政，一入境来，如雷轰耳。弟亦多为叨光了。"石生答道："小弟材不胜任，全赖二兄相帮。"是夕闲谈之间，说及送念氏回籍一事。朱举人、蔡副榜俱称赞道："如此举行，方见大人的度量。"石生又差人往广州，请了王进士，来到衙门中一会。彼此相见，自不觉畅怀。这蔡副榜合朱举人,石生俱留在衙门,照料些事务。王进士在衙中,住了月余,仍回广州去了。

但不知石生后来官到何处?要知端的,听下回分解。

第十八回　建奇功全家受荣华

话说石生在广州做巡抚,忽有边吏来报说:苗寇大发,抢夺人家的钱财,掳掠人家的妻女,声势甚是汹涌,石生不敢隐匿,据实奏知皇上。皇上旨下:特加石茂兰兵部尚书衔,令挂帅印前去平定。石生接旨已过,退入内宅,向秋英夫人道:"下官只通文墨,哪晓得军旅。一旦身任元戎,何以克称厥职。烦夫人代为平才,下官好再作道理。"秋英答道:"朝廷旨无容抗违,臣子职分理应御侮。老爷一去,开国承家,端在此举。安可以英雄态故作懦夫状。战阵之事,贱妾颇悉大略。若不弃嫌,情愿亲操旗鼓,随营办事。"石生大喜道:"夫人既有这番韬略,下官才觉放心。"

次日,就在演武厅操兵。以秋英为先锋,以左右二营为两队。殷莫磐情愿军前效力,就以他为监军。率领马步兵丁两万余人,分下已定。正是人马强壮,器械鲜明,直往边庭进发。一路行来,俱是秋英究竟了地势,然后扎营。来得与苗寇相近,择了一个高埠去处,安下了营盘。秋英向石生道:"苗寇依山靠海,出没无常。今日大军初到,人困马乏。苗寇以逸待劳,夜间必来劫寨。当预做准备。"石生道:"号令全凭出自夫人,下官坐镇中间而已。"秋英就把两队人马分为四路埋伏。去大营不过二三里许。寨中只留三二十人藏在一边,候劫寨的风信。苗寇来到营中,见是个空寨,必然抢夺东西。就以放炮为号,四面杀来,必获大胜。吩咐停当。寨旁有一座小山,秋英同石生躲在山上,远远料望。

是夜,苗寇见官兵扎下营寨,商议道:"官兵方从远来,必然疲倦。今夜乘黑劫寨,是为上策。"其中有一个头目,叫作赛天王,领了两千人马,暗地闯入官兵寨中。四下一看,并无兵马。只剩得许多器械,就下得马来。这个抢衣甲,那个抢弓箭,你东我西。赛天王也约束不住了。寨中的伏兵见其人乱,放了一声号炮。四面伏兵一齐杀来。苗寇知是中计,出寨急走。早被官兵紧紧围住。左右冲突,再不能出去了。杀到天明,苗寇只落得一二十人,乘间窃逃而去。

秋英石生下山回寨,宰牛杀羊,犒劳军士不题。石生向秋英道:"今日之功,建自夫人运筹决胜。苗寇平定应无难矣。"秋英答道:"老爷休要矜张。疆场之事,一彼一此,势不两立。苗虽小蠢,断难长甘退舍。"石生闭口无言。却说赛天王领着一二十名败卒,奔回本寨。禀知寨主哪思哩说:"官兵神妙不测,难以争胜。"哪思哩道:"我只说石巡抚是个白面书生,不谙军务。哪料想被他杀的这般尽绝,此仇不报,何以雄踞一方,图谋中原呢?"又差人来下战书,石生批道:"约于来月十六日会战。"秋英向石生道:"苗寇再来,必然统领大众,以图报仇。少有疏忽,尔我恐为所虏。"石生道:"这当怎处?"秋英道:"老爷放心,贱妾自有运用。"

到得那月十六日,黎明时分,秋英着守营寨造一楼车:高三丈有余,坐在上面以便望敌。石生领着左右两队大军,一鼓而出。走了不过十里,望见敌垒了。又向前走了三五里路,已与苗寇对锋。从那阵前闪出一位苗王,身披铠甲,手执铁矛。厉声问道:"来将何名? 敢侵犯吾境?"石生答道:"吾乃巡抚石茂兰。奉命讨贼,速速下马投降,免你一死。"苗王大怒骂道:"好死囚,你前日折损我许多的人马,今日又在阵前夸口。看我拿你下马,以报前仇。"摧马挺矛,直取石生。石生终是个文字官,不会厮杀。见苗寇上来的凶猛,料敌他不过,拨马便走,跑不半里,就跌落马下。苗王急忙使矛刺来,忽见一人,把石生背在身上,腾空而去。苗寇一直追赶。秋英在楼车上遥望,败卒将近。把兵符一摆,陡起了一阵黑风,对面看不见人,那苗寇撒身转回。这边金鼓齐鸣。苗寇正摸路时,自相残杀,早已血流满地,尸横遍野。

苗王哪思哩回到寨中,与众首领商议道:"石督府营内,定有异人。不可以智力相角。莫若暂且投降为妙。"众人俱不愿意。却说石生被那个人背到寨后,把石生放在地上。说道:"大人已脱敌难,请缓步回寨去吧!"石生问道:"你是何人? 幸蒙相救。"那人答道:"我乃王诠,蒙大人不念旧恶,周济念氏回籍。无可图报,故特来一救,聊当结草。"说罢,再看不见人了。石生回寨,暂且不提。

却说哪思哩与众人计议道:"石镜山朝阳洞,有一个百花公主,法能剪纸成兵。请他来相助一阵,或者能制伏官兵,也未可知。"遂立时着人持书去请。那公主拆书一看,慨然应许。率领一万人马而来,与苗寇合为大营。又来搦战。秋英向石生道:"出阵不用旁人,待贱妾与殷莫磐,俺两个出去收功吧!"秋英戎装当先,殷莫磐随后,只领五六千人马,径赴阵前。那边百花公主当头,哪思哩殿后。统领数万锐卒,从南杀来。望见官兵寡少,就四下里团团围住。秋英用护罩法把自家的兵马护定,任他左攻右击,总不能伤损一个。只见苗阵内有人背一箱子,周遭跑走。那兵马越杀越多,不计其数。秋英窥透其术,把兵符向上一摆,忽然一声霹雳,雨如盆倾。那苗兵渐渐减去,落地的多是纸人纸马,被雨一淋,就不能动移了。秋英把兵符又往下一摆,这边的兵马渐觉众多。杀了半个时辰,就有十万天兵,把百花公主、哪思哩两路人马杀的几乎片甲不回。百花公主领着残兵仍归本洞。哪思哩回寨，埋怨道："我要投降，你们不肯。又惹了一场大辱。"有众头目，莫敢发言。

再说秋英回的寨来，殷莫磐问道："此阵虽获大胜，倘苗寇再来为之奈何？"秋英答道："这一阵苗寇俱胆战心惊，不久即来投降了。何烦再动干戈。"果然，次日苗王遣人赍降表来投降。其表曰：

伏唯：圣德同天，无远弗届。异域无识，狡思启疆。兹经大兵所剿，始信王化难越。嗣后愿备远服，共沐皇风。如违纳贡之常，甘受后至之戮。

石生据其降表，奏闻朝廷。圣上准其投降。石生又极力劝化了一番，方才班师。苗王亲送石生百有余里，然后归寨。这正是：

奏捷马敲金镫响，破敌人唱凯歌还。

石生作诗一首，赞秋英道：

兵家岂第论虚孤，帏幄运筹防不虞。

娘子称军唯唐主，妇人夸戎成伯图。

只知男辈多雄略，那料女流有武夫。

簪珥暂当甲胄用，旌旗指处瞻城乌。

却说秋英与石生回了衙门，着人摆上香案默祝，圣母把神书兵符俱各收去。圣上因石生有功，特升兵部尚书，协同内阁办事。诰封秋英为襄武夫人。

奉天承运皇帝诏曰：治道立昌文德，不废夫武功。勋猷大就，男谋必需乎女助。尔蔡氏乃浙江布政使司石茂兰之侧室，凤树芳型，尤多雄略。务效忠于王家，不惮亲操旗鼓。思克相于夫子，罔惮身历疆场。兹尔平苗有功，诰封尔为襄力武夫人。于戏，紫泥焕彩，用标一时之荣。彤管流辉，永垂不朽之誉。

石生赴京上任，谢恩已毕，又请了两副冠诰，封赠翠容、春芳。住有半年，秋英向石生道："人生世上，富贵尚至卿相尊荣极矣。有远虑者，必须激流勇进，方可善全始终。不然树大招风，恐无日不在摇动中也。"石生道："夫人所见极高，下官不久即当告退。"是岁正该会试，石生又主一次大场，收了许多门生，程斤程堑琅俱列门下。大场已过，遂因脚病，不便动转。告老致仕而还，仍归襄阳居住。

石生思念，发迹虽在襄阳，罗田终系故土。先人坟墓所在，祭扫如何便宜。后翠容生二子，聘胡员外两位孙女。秋英生一子，聘朱良玉之女为妻，春芳生一子，聘蔡敬符之女为妻。石生领着翠容母子仍回罗田。秋英春芳母子，俱住在襄阳。石生一年襄阳，一年罗田，两下往来，甚是如意。嗣后石生四子，俱经高发。朱举人□了词林，蔡敬符中了正科。殷莫磐以随营有功，做了兵备守道，王曰灼做了知府。石生晚年康健,直活到年近百余,方损馆舍。退升这日,天鼓齐鸣。奉旨谥为"武勇公"崇祀□□。翠容二子,一支承桃本宗,一个过继房门。至今石生之后,一支黄州,两支襄阳。石氏后裔,因其先人皆蒙鬼神护佑。买了一处大宅子,就中盖一寺院。前殿是佛祖,中殿是观音,后殿是太白金星。招募僧道,治买祭田。俎豆馨香,四时不绝。石氏人口蕃盛,登鬼科,做显宦者代不乏人。因石生功德之所积也。亦何非鬼神之默助乎。后人有诗总断道:

　　二气弥纶布太空,何论南朔与西东。

　　形声超出见闻外,灵爽默浮自流通。

　　传纪降华事非谬,礼称去禅理堪穷。

　　人间幻态万千状,总在鬼神运量中。

国学经典文库　图文珍藏版

私家藏书

马松源⊙主编

线装书局

图书在版编目（CIP）数据

名家藏书/马松源编.—北京:线装书局，
2011.7（2021.6）
（私家藏书）
ISBN 978-7-5120-0402-3

Ⅰ.①名… Ⅱ.①马… Ⅲ.①私人藏书—中国 Ⅳ.
①G258.83

中国版本图书馆 CIP 数据核字（2011）第 145237 号

名家藏书

主　　编：马松源
责任编辑：崔建伟　高晓彬
出版发行：线装書局
　　　地　　址：北京市丰台区方庄日月天地大厦 B 座 17 层（100078）
　　　电　　话：010-58077126（发行部）010-58076938（总编室）
　　　网　　址：www.zgxzsj.com
经　　销：新华书店
印　　制：北京彩虹伟业印刷有限公司
开　　本：710mm×1040mm　1/16
印　　张：112
字　　数：1360 千字
版　　次：2021 年 6 月第 1 版第 2 次印刷
印　　数：3001—9000 套

定　　价：598.00 元（全四卷）

线装书局官方微信

目 录

名家藏书

第一篇　鲁迅藏书

《阴阳斗》

第二篇　郑振铎藏书

《听月楼》

第三篇　马廉藏书

《风流和尚》

《玉楼传情》

第四篇　李卓吾藏书

《贪欣误》

国学经典文库

名家藏书

马松源 ◎ 主编

线装书局

鲁迅藏书

第一篇

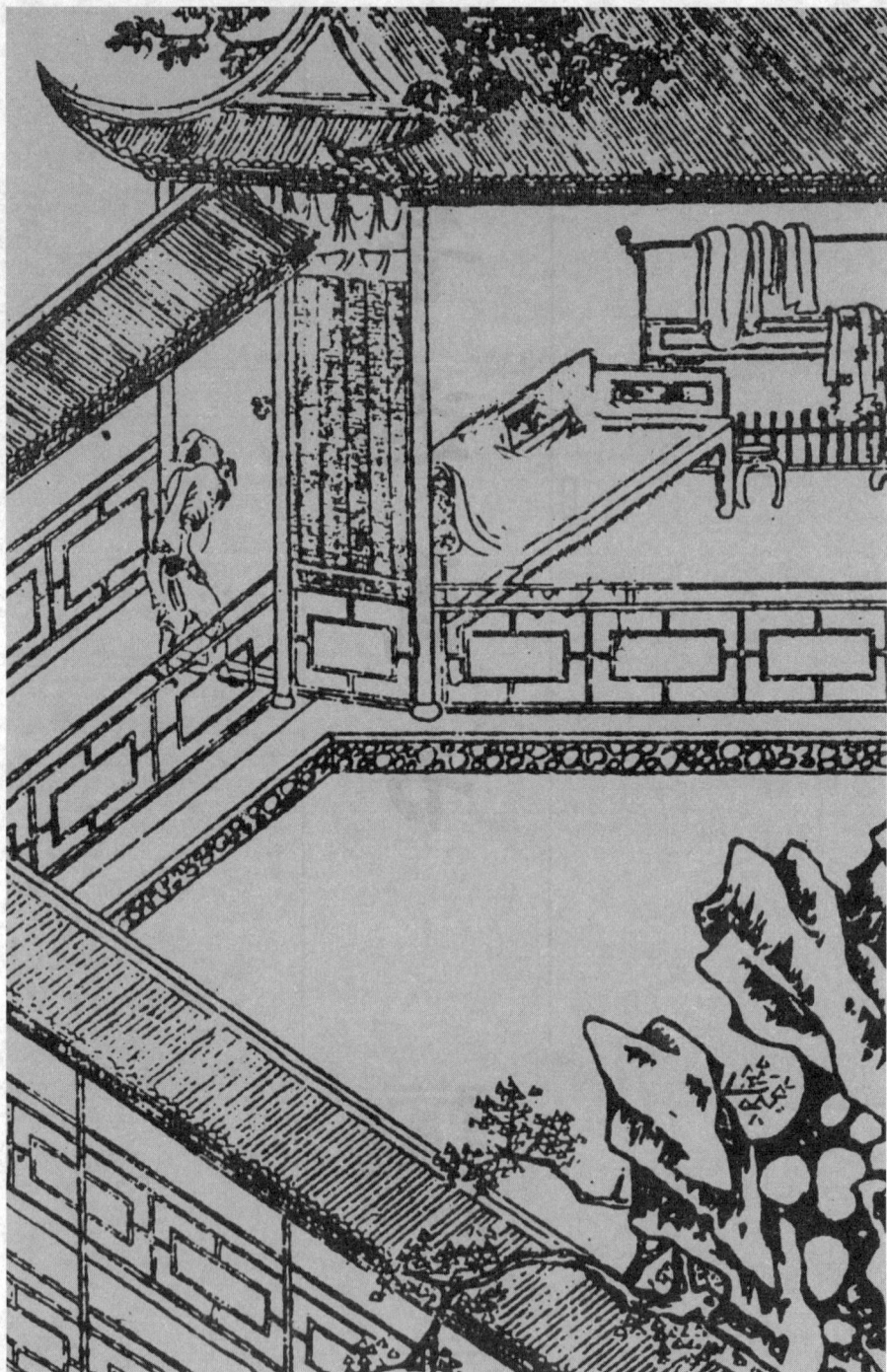

阴阳斗

〔清〕不题撰人 撰

第一回 荡魔山戒刀成形 隐朝歌贤士卖卜

看破红尘道，识得玄中妙。

人情似浮云，世态如光照。

玉兔正东升，金乌又西落。

一年春复秋，空教白头笑。

柳绿兼桃红，生死全难略。

叫你修来你不修，低头只等无常到。

话说三皇之世，北俱芦州净乐国国王之妻善胜夫人，怀胎十四个月，生下一位世子，乃是苍帝化身。后来长大成人，弃国修道，成了正果——在上天为玉枢掌教北尊天极，在中为荡魔无上上圣，在下为真武玄天上帝。曾在雪山修道，用戒刀剖腹洗肠，一时昏迷过去，把戒刀抛弃。及至仙人渡活时，忘收回戒刀。后至元玄洞修真，见戒刀已失，便将刀鞘留在元玄洞内，为镇洞之宝。这戒刀与刀鞘俱是苍帝赐予大帝的，乃是如意真宝，整受了一百余年的日精月华，才能变化成形。戒刀修成是阳体，刀鞘修成是阴体。那戒刀潜形于荡魔山中修真，刀鞘在元玄洞内养性。

又过数百余年，西池王母便诏刀鞘上天管理桃园，赐名桃花仙子。那戒刀未成正果，心怀不忿，遂在荡魔山兴妖作怪。有时吐焰与日月争光，有时无故兴云作雨，至于天怒，便差天兵天将下凡，把戒刀擒上金阙，在斩妖台上处斩。多蒙道教的鼻祖太上老君见他苦修了几千年，便在金阙讨下情面，带了他到兜率宫中，做一个看卦盒的童子。他便偷看《天罡正诀》，私自下凡。真灵不昧，竟投往商朝一家诸侯，姓周名卿，官拜上大夫之职，娶妻风氏夫人，年五十岁怀孕，梦见火光满室，耀人眼目。醒来时就生了一位公子，起名周乾。生得面如锅底，两道剑眉，自幼便有神光。及长至七岁时，在花园内玩耍，从天降下一位异人，赐他一部天书。因他素有凤根，将天书一览便一目了然，能知过去未来之事，请神召仙，驾雾腾云，皆一通晓。及至年长三十岁以上，周大夫夫妻相继而亡。周乾袭了父职，天下之人都呼他周公。在朝居官耿耿，百僚无有一位不敬服他的。周乾见商王无道，屡上谏言商王不纳，自己心中闷闷不乐。〔这日〕朝罢独坐府中，心中暗想："我既不能匡君于正，又不能舍身为国，如同俗人一般，不如趁此告职隐退，在朝歌寻一幽僻之处栖身方为上策。"主意已定，是晚在灯下修了一道告退的本章。五鼓上朝，出班见驾，将本章呈上。商王见是辞朝告退的本章，正厌他直谏烦人，今见他告职去任，正对心意，就准了他的本章。

周乾谢恩辞驾，回府吩咐家臣钱彭剪收拾细软之物，把府门锁了，带领家眷赴朝歌而来。在朝歌寻了一所僻静清雅的房屋住下，觉得逍遥自在，无拘无束。有诗为证：

> 人道为官举世奇，我知隐姓有天机。
>
> 云山相伴无惊恐，不似劳心日夜时。

周公清闲无事，这日坐在书房暗想："终日无聊，不如在此开一卜肆，引导世人。做一个讲先天的班头，剖八卦的领袖，有何不可？虽不能为国为民，以可开导愚民，留名万载。"便唤过老家臣钱彭剪。这钱彭剪是个诚实无欺之人，跟随周公在此隐居，情愿汲水种蔬，一心无二。闻听周公呼唤，忙至书房声诺道："公爷呼唤小人有何事故？"周公道："本爵自弃职隐居于此，原是不能为国为民，以承祖宗之遗训，意欲另开生面，做个立异的奇人。欲在此处作一事业，汝可将前门左侧之偏房三间拦断，在外洒扫洁净，陈设一张座头，急速去办理方好。"彭剪闻言笑道："公爷，我彭剪从来未曾见过公卿大夫作起肆业买卖来了。"周公笑道："本爵不是做买卖肆业，今欲开一卜肆，指点愚人，使彼等不敢为匪作亏的意思。本爵又恐人多，搅扰繁杂。这卜肆欲立一个规矩：每卦要卦资纹银一两，你在门前伺候。若有人问卜，先交银与你，然后你将他带进来见我，方可占卜。每日只占十课，多则不占。若是有人前来占卜，须要先给你纹银三分，以为传禀酬谢之资。你看如何？"彭剪闻言并不答语，在旁站立，低头暗笑。周公见此光景，问道："彭剪，你因何一言不答，立而不动？"彭剪笑道："非是小人不答言，我想公爷乃是一人之下，万人之上的人，何苦作起这下流之事来？有失贵体这是一则;二则恐落一个惑众之谣;三则恐占卦之人遥观因循,不敢登门问卜。况且卦资太重,何必虚设此一番的举动?"周公说道:"你不晓得本爵之意,详演先天,何为失体?劝解愚人,何为惑众?只恐卦儿不灵,若果灵应,只怕踏破门槛呢。你不必犹疑,快去行事。"

彭剪被催促无奈,只得去雇匠人来动工修理,改造房间。那消几日的工夫,皆已修理齐整。将匠人打发去后,便来回复道:"公爷,卜肆修完。但则一样,公爷的卦资要纹银一两,如卦灵呢,自然是要的;如不灵,岂不被众人挟笑公爷设计骗财的法子?"周公笑道:"卦如不灵,本爵愿赔回纹银十倍。"彭剪闻言说:"小人得纹银三分,就得赔回三钱,休要捉弄小人。公爷赔得起,小人赔不起。"周公闻言笑道:"你不知本爵的阴阳八卦通神,判断吉凶休咎无差也。罢,你的本爵代赔就是了。"彭剪谢了公爷。周公吩咐彭剪取了一片大竹板来,提笔写了"卦理通神"四个字,左边写一行小字云:"预定生死吉凶",右边写一行小字云:"卦资纹银一两、传命代步纹银三分。"又取一块大竹板上写道:"若有问卜者,清晨到此,指点吉凶。每日限占十卦,过午不占。如不灵应,倒罚纹银十两三钱。"写完命彭剪在大门外立住了招牌,坐在门外等候卜卦的人。

这一举动就轰动了朝歌城里关外,众百姓你言我语,街谈巷论,一个传十个,十个传百个,纷纷议论,俱说:"奇事!奇事!从未见过一位公爷把偌大的前程舍弃,来做占卦的营生。不知灵与不灵,卦资竟要一两纹银。"〔只因〕卦资太高,众人俱各袖手旁观,并不过问。

那周公衣裳穿得齐整,终日坐在卜肆中间,连一个从者亦不用,只焚一炉好香,独在座位上静坐,默默无言。彭剪自然是独坐在大门之内,一连坐了两三日,并无一个人来占卦,只是门前围着无数的人,乱讲闲观。内中有一个土豪心中暗想:"这位公爷真会玩耍,我也会取笑,我何不舍着一两三分银子试一试他的卦灵与不灵?"主意已定,因周公是有爵位的人,谁敢同他对坐闲谈,故此不待人说,先将一两三分银子递与彭剪。彭剪接银在手,心中暗笑道:"有趣,有趣,今日可发利市了。"转身走入,遂将一两银子放在周公面前,禀明了周公。周公吩咐:"将问卜的人领进来。"彭剪遵命,将那土豪领进房来。

周公吩咐:"问卜之人,休要行礼。所问何事,不可说出,你只在一旁站立,心中暗暗至诚祝赞便了。"土豪闻言,站在一旁,暗中祝告。周公拿起卦筒摇了几摇,倒出三个金钱。一连六次,定了六爻卦象。周公看了一遍,说道:"你的心事本爵已明白了。只因你的家丁妻子貌美,你要拆散他夫妻恩爱,令你家丁另娶,你的家丁不允,你想要将你家丁致死,是也不是?本爵查看此卦,只怕你害人不死,先害死自己的性命。"土豪听周公道出他的私心,直唬得目瞪口呆,面如土色,忙忙双膝跪倒在地,口尊:"公爷,小人果有此事。求公爷指一条明路,小人好去趋吉避凶。"周公闻言点了一点头,说道:"你既有悔心,自有生路。若不遇本爵,你明日决死无生。"言罢取过一张纸,写了几行字,递与土豪。土豪接过一看……

未知周公写的什么言语?怎生指点明路,救得土豪性命?且看下回分解。

第二回　通神卜判断无差
验先天死生有数

潜身潜姓不潜名，但愿茅庵避俗尘。

深锁柴扉耕笔墨，无边佳景月照林。

话说周公判毕，将纸递与土豪。土豪接过一看，上写道：

欺心想夺青春妇，怎知早已机关露。

明日三更欢会时，两个尸骸分四处。

土豪看罢一愣。周公说道："你的家丁已经盗你的财帛，贿买旁人助他之力。明日你与他妻承欢续旧之时，必然捉奸双双，杀死你二命。你今求本爵救你，你必须与他妻远离，绝灭色心，改为善念。上天自然佑你，逢凶化吉。本爵给你个应验，你今晚三更时候出门，东走三十里，见有一盏灯挂在门前，你叫门进去，必然对头见面。你可请他到家饮酒，有人开解，自然开交无事了。"土豪闻言，忙叩头拜谢，站起身形，转身走出大门。口内连说："好灵卦，好灵卦，未等我说占何事，卦中先就算出来了。"言罢，徉徜而去。

众人闻言，皆目瞪口呆。人丛中有一军汉上前说："我亦舍着一两三分银，占问占问我的吉凶有牵连否？"彭剪接银，领军汉已至桌案前禀明。

军汉站立一旁，周公起了一卦，提笔判了几句言词，递与军汉。军汉接过来一看，上写道：

得人十吊钱，妄想去捉奸。

无义财休取，恐怕惹情牵。

周公遂问军汉道："你可是昨日有人助你钱十吊，明日要你三更去替他捉奸，事成后再谢你钱十吊。你可是问这件事吗？"军汉闻言，唬得只是叩头。口内说："公爷真是个活神仙，小人实为此事而来。"周公笑道："你休妄想这宗财。你帮那人捉奸，若捉住奸夫，他的恨已消，哪肯再谢你十吊钱？倘若你捉不住奸夫，他岂肯白送给你钱使用？孤今指条明路给你走，你只管去与那人相会，你将我这卦帖拿出来与他们看，自然有人送与你青钱十吊。从此后休生妄想，方可免遭凶祸。"军士叩头道："多谢公爷指教小人，小人从此断不敢心生妄想。"叩别出来，不肯对人说知其事，只言："真灵，真灵，真赛神仙！神也仙也！列位不信，只管进去试试何如？"忙忙离了卜市而去。

谁知土豪与军汉皆遵周公之言，及至会面，两人走的是一条路，其让军汉捉奸的就是土豪的家人。当夜会面，俱觉大惊大喜，深信周公断卦如神。土豪遂将众人邀回家中，军汉相帮，替他二人开解，又拿出周公的判帖与众人看，方将这冤解释开。土豪又送军汉青钱十吊。

只因这两件事传遍朝歌城里关外，从此凡有疑难大事的人，都来求周公占算一卦，每日求占卦的人拥挤不开，真是断一卦准一卦。判四卦应两双。每日算完十卦，竟把门关闭，哪管外面有人求卦。这彭剪风雨不阻，得三钱银子，喜得眉开眼笑，不亦乐乎。自己又无儿无女，只是只身一人。每日一早周公就卜完十卦，彭剪把招牌收放妥当，即往对过街坊酒店内吃酒，必须将三钱银子花费已净方回府，若吃用不完，就将余银施与那些贫穷之人。日来月往，半载有余，这且不表。

且言这朝歌城里有一石寡妇，丈夫早年死了，只有一子，名唤石宗辅。因家道贫寒，积蓄了几两银子，命儿子去到孟津贸易，赚钱好扐口度日。母子商议妥当，收拾行囊，临行约定三个月之内就回家。谁知一去半载，并无音信。石婆子终日思儿想子，每日倚门盼望，日复一日，并无些影儿，便去求神问卜，终是虚文。心中太已烦闷，愁思万状。一日在自己门首站立，听得来往人等传说周公在栖云里卖卜，灵应非凡，只是卦资太高，非有一两三分白银算不了卦。你传我说，就打动了石婆子的心事，心中暗想："我何不亦去问问卜方好？手中又无一两三分银子，不如向邻舍借贷亦可。"遂向邻舍借了银两。次日起了个黑，早梳洗已毕，用乌绫帕罩了头，用了些点心，倒扣了街门，携带银两便往周公卜市而来。

来到卜市，正是天亮时候。正遇彭剪开门出来，挂招牌、洒扫门前地。石婆子认的彭剪，便叫声："彭老爷，公爷此时出来否？"彭剪闻言，抬头一看，认的是同里邻居石婆子。便问道："老嫂，你黑早到此必定有事，要卜卦吗？"石婆子闻言，垂泪道："正是。只因我儿石宗辅出外贸易，临行时原说约定三个月回家，至今半载并无音信。老身放心不下，无奈借贷邻舍的白银一两零三分，起个早前来求公爷卜一卦，看看我儿在外安然否？老身也免得时常牵肠挂肚。"一行说着，一行把银子递给彭剪。彭剪接银说道："老嫂自管放心，吉人自有天相。令郎在外大约无险，或因生意趁心，事未办结，帐目未清，耽搁日期亦未可知？儿行千里母担忧，此是人之常情。你为母的放心不下，要卜一卦，我就带你进去。"

石婆子跟随彭剪一同走进院宇。抬头一看，内堂上设摆一张桌子，桌上放着文房四宝、卦筒、香炉等类，中间坐着一位公爷，生得气象与人迥异，好威仪，但见：

> 头戴三梁冠，八宝攒身；穿着皂罗袍，上绣蟒龙。面如锅底黑又亮，目如朗星起毫光。端坐上面排八卦，亚赛灵仙一位神。

石婆子见周公仪表非俗，不由得双膝跪下。周公在座上，见从外进来个年老妇人，面带忧容，进屋跪在当中地上，自己一怔，心中不悦，暗说："不好。我适才卜了一卦，阴煞太旺，正欲吩咐彭剪今日不准妇人前来问卦，恐不利于己。未等吩咐，不期头一个就带进一个妇人来跪在下面。"周公说："你且起来。"遂问彭剪道："素日有卜卦的，皆是先禀我知。今日未禀明就带人进来卜卦，是何道理？"彭剪禀道："这是石杜之妻贾氏，其丈夫在日与彭剪有一面之交。今日他来问他的儿子归期，故此未曾先禀。"石婆子含泪说道："老身只因小儿石宗辅在外贸易半载未回，老身只有此子倚靠，放心不下，一时盼子情切，未遵往例。自知有错，恳求公爷海宥怜恤。"周公闻言点头道："也罢，待孤与你卜一卦，看看你儿何日回家。"遂取卦筒晃了几晃，起成一卦，按生克制化推算了一回，瞧着石婆子叹气道："孤若不明言，你岂不白白盼望？孤算你儿石宗辅今夜三更就要命近无常了。"石婆子闻言唬了一惊。忙问道："公爷再占算占算，我儿动身是未动身？如何算他今夜必死哩。"周公言道："孤的卦按着先天的阴阳，后天的八卦，分厘毫末也错不了，何况关系你儿的性命？你儿起身是起身了，你母子若要见面，除非梦里团圆罢。"石婆子哭着问道："我儿是得何病？今夜却死在何方？"周公说："孤占算你儿今夜三更在破窑之内生生压死。"石婆子见周公说的话如眼见的一般,心中倍加凄惨,不住叩头,"只求公爷搭救我儿的性命,恩德不浅。"周公无奈,说道:"且将你儿生辰八字报来,孤与你儿查一查流年。"石婆子忙将石宗辅的八字说来:"是二十四岁,十二月十八日丑时生的。"周公听完把八卦盒收讫,将石宗辅的八字排开。推算已毕,"咳"了一声说道:"丧门当头,白虎守命,就是神仙也难闯此关,命内一点救星亦无。石婆子,你不用想念他了。"这正是:

阎王注定半夜死,谁能留人到五更。

石婆子听周公说出石宗辅无有救星,放声大哭,凄凄惨惨出了卜市,竟回家中而去。

不知他儿的生死存亡,且看下回分解。

第三回　触天怒柔物降生
　　　　明道术佳人透机

绿水青山锁翠微，红尘不染静中非。

从今参透名利害，翻身跳出是非堆。

话说三十三天兜率宫太上老君正在蒲团上盘膝，闭目养静，忽然水火童禀报道："看守卦盒的童子不知偷往何处去了，至今未回。"老君闻禀运动神光，掐指寻纹，已知其故。点头道："好孽障，竟不思养静修真，成其正界，妄动凡思，自寻苦恼。"站起身形出离兜率宫，来至金阙，启奏昊天上帝。上帝闻奏，命桃园仙子下凡，将卦盒童子诱归其位。仙子领了玉旨，一点灵光下降，投在朝歌城内。见任太公有素德，便投往太公处为女，今已长成十六岁。生的面似桃花，身如弱柳，说不尽的标致。有诗为证：

樱桃为口玉为牙，独占人间解语花。

夙世有缘方种此，仙姬岂易到凡家。

这任太太怀孕满月，夜交三更，梦见满天彩云，从云中降下一位仙子，手持一枝灿烂桃花，递与院君，院君接过在鼻上一嗅而醒。未出三口，就坐蓐生下一女，就取名桃花。

老夫妻自得桃花女，真是爱之如掌上明珠一般。

这一日任太公夫妻二人正在堂楼闲坐，忽听见街坊隔邻哭惨切，心中诧异。任太公忙忙走出大门一看，见是隔壁的街邻石寡妇泪流满面，大放悲声，口中一五一十诉说不清。又见邻居围绕相劝，心中纳闷。走至近前说道："老嫂何故悲伤？且到寒舍去坐坐。有何心事对我学说学说，或者我可以开解一二也未可定。"遂即让进家中。众街邻见任太公让石婆子他家去，便一哄而散。

任太公引石婆子进了大门，任太太便迎接出来，同进中堂坐下。任太太问道："老嫂,你与何人口角,受了何人的委屈?"石婆子闻言拭泪道:"我这偌大年纪,焉与邻人口角? 所为小儿今夜三更必死,我叶落归秋,终久倚靠何人?"言罢又哭。任太公夫妻二人闻言惊问道:"想是你的令郎有凶信到来? 为何今夜三更死呢?"石婆子连连摇手道:"未也,未也。只因小儿出外贸易,原约定不过三个月就回家乡,如今整整去了半年有余,并不见音信。老身放心不下,今早起了一卦,卦象甚凶——今夜三更必被破窑压死。你二位老夫妇想一想,我焉能不伤心?"任太公闻言,不觉大笑道:"我只当有凶信回家,原来是起卦起的不利。老嫂何苦这等的过于悲伤? 那起卦的人他不是一个活神仙,如何知道这样的真切?"石婆子回答:"若是别人所言我也不信,原是周公爷占的,他判断阴阳有准,祸福无差,断事无移。我也曾苦苦哀求,求公爷搭救我儿不死,周公爷向我说难以搭救,除非是去向阎王案前求情,只怕还不能生呢!"任太公闻言,怔了一回说道:"我风闻这位公爷断卦如神,据他说来,只怕果然无有救星了。公爷既知令郎压死在破窑中,老嫂何不问公爷一个明白,是在何处的破窑中有这一步大难,再急速着人连夜赶到那里,找着你的令郎扯住了他,不令他进破窑,可就脱过这劫数了。"任太太闻言说道:"你年老老的太糊涂了,世事都不懂的了。周公爷又不是活神仙,他不过按卦理推详,如何定得在何处? 在何窑内遇难? 派人去救这是妄言,如何救得了?"石婆子闻听任太太这一番言语,不由得更觉伤心起来,忍不住大放悲声。任太公夫妻二人见石婆子如此悲伤,又想到他只有一个儿子依靠,家道又贫寒,倘或死了,叫他这一把老骨头倚靠何人? 又触动自己无儿之苦,想到此步田地,不由得也就哭起来了。

且言桃花小姐自从五岁时在门外同丫鬟玩耍,遇着一个化斋的道士,送给他三卷天书、一丸丹药。回到房中服下丹药,清气上升,浊气下降,灵慧献出,天书上的字皆都认的,字字无错讹。每夜梦中,那化斋的道士前来教他参解,正正教了数月,得了仙术,参透机关,那道士梦中可就不来了。桃花女乃是桃花仙子,根基匪浅,不消一年,将三卷天书读的通熟,任太公夫妇亦不知晓。长到十六岁,轻易不见人,素日爱的是桃花。任太公就在后园种了数百株桃树,与他朝夕赏玩。桃花小姐每日只在桃园中修理桃树,有时亦做些针黹。今日早饭毕,收拾了一回活计,正欲到桃花园内去消遣,忽听得中堂上悲哭之声甚惨,自己一怔,心中暗想:"今日堂上悲哭是何缘故?"遂即款动金莲来至中堂观看。见父母陪着隔壁石婆子啼哭不止,心中诧异,近前道了万福。石婆子见是小姐出来,便止住悲声,说道:"小姐,你轻易不见人,这几年未见面竟出息的越显娇娆了。"任太公夫妇见女儿出来,也将泪痕擦干,道:"女儿,那边坐下。"桃花小姐坐下问道:"爹娘何故同石大娘在此痛哭?"任太太忙接口道:"女儿有所不知,只因石大娘的令郎在外贸易,一去半年不回,石大娘往周国公那里起卦,占一占几时回归乡家。孰料公爷推详阴阳卦理,决定今夜三更必死在破窑,并无一些解救,你石大娘所以哀痛生悲。你父亲同为娘的在此劝解他,反倒打动我们无儿的苦处,故此下泪。"桃花小姐闻言,叹了一口气道:"原来为此。父母不可过伤,有儿无儿皆是命理定数,有孩儿在膝下承欢,爹娘休要多虑。"言罢复又劝慰石婆子道:"石大娘不必苦切,石哥哥若是该死,哭也哭他不活。再说那周国公也未必有这妙算神明。也罢,你老且将石哥哥生辰八字说来,待奴家与他占算占算,看他命中果是如何? 是该死,是不该死? 有救无救?"任太公夫妇接言说道:"我儿你休要捉弄石大娘,你几时又会起课、占卦哩。"桃花小姐道:"爹娘不知,女儿是新学的。石大娘只管告诉奴,听奴给占算占算,有何妨碍?"石婆子闻说所言近理,也是盼儿的心切,遂将石宗辅的生辰八字诉说一遍。桃花小姐即伸出尖尖生玉指,掐指寻纹算了一算,生死存亡、祸福休咎俱已明白了然矣。不住地点头赞叹说道:"好一个周国公,占算的一些不错,怪不得朝歌城里关外人人敬服他,果然今夜三更定被破窑压死。此乃白虎当头,丧门守命,土星压命,年头、月令俱已不利,决死无移(疑)。按方向推来,只在城南十五里之遥,有一座破窑,明日去向那里寻找,就有他的尸骸了。"石婆子一听这话,又大哭起来了。任太公赔笑劝道:"老嫂,你休要听他小小年纪的混话,就信以为实,既知方向,老汉这里差个家人去就救得令郎回家,有何不可? 何用这般作难。只是我女儿的话是难以信的,大约无准。"桃花小姐笑道:"人力岂能回天? 爹娘与石大娘不信我言也罢,今日时刻若交申初,便有一场大雨,如若无风雨,便是女儿乱说虚词,如有风雨,大娘呀,咱娘儿俩再作商议,小侄女教你老一个法儿,自能解救石哥哥回家。"言毕立起身来辞别,走出房门,竟奔桃园去了。

任太公听了女儿这般言讲。说道:"你老姐妹俩看一看,这样天时气晴明,火伞高张,岂是有雨的样儿? 老嫂你也不必遇伤,岂可因小女适才所言无稽谰语,焉能可信? 再说令郎若果死了,就是哭也无益,也不能哭活了他。若依老汉之言,老嫂且宽心回家,待老汉明早派人前去打听消息,可就知道实信了。"石婆子无奈之何,只得告辞回家。

回到家中,独自一人坐在屋内,闷闷无聊,前思后想,心乱如麻。正然胡思乱想,忽然天交申初之时，只见天气大变。霎时之间雨大风狂，犹如搬倒天河的一般，雷电交加不止。石婆子见此天道，大吃一惊，暗暗称奇，"果然至申时下此倾盆大雨。看将起来，桃花小姐的阴阳八卦甚是有准。还说有法可救我儿回家不死，我何不去哀求于他？或者得其有救我儿的方法也未可知。"想罢即刻立起身形，冒着大雨出了街门，来至任太公的大门以外，把门叩开进去。正见任太公向任太太坐在堂上谈及女儿卦下有准，不晓得他怎生学习的有此神术？正言间忽见石婆子冒雨而来，早已知他为着他儿子之故而来。

但不知求救得他儿子性命如何？且看下回分解。

第四回 石婆子求救孤儿
任佳人教施异术

愁人夜独伤，灭烛卧兰房。

只恐多情月，旋来照忧床。

话说任太公夫妻二人正然议论女儿卦爻有准，不晓何时学的？忽见石婆子走进中堂，连忙站起迎接。只见石婆子整了整衣裳，双膝跪在中堂，口中尊道："员外、安人，救一救老身的小儿性命，感恩无涯！不然连老身的性命也活不久了。"眼含泪痛哭起来了。任太公夫妻二人慌忙将石婆子扶起说道："老嫂，且免悲伤。你是看见下了这场大雨，将女儿之言信以为实，此不过是女儿误打误撞之言，何必信以为真？且请起来吧！"石婆子站起说道："员外、安人休要这等讲，小姐若是乱言妄语，哪有这等的准则应验当时？只求你们老夫妇二人快将小姐请出来，若已迟延，只恐不能救我儿的性命了。"言罢泪流满面。

任太公只得命使女将桃花小姐唤出前堂。石婆子见了桃花小姐便道："小姐，可怜老身，救一救小儿一命吧！"说着又跪在埃尘。任太太上前一把扶起，遂即道："使不得，使不得，他这小小年纪，如何受你的这一跪？"遂向桃花女说道："我的儿，你果有方法救一救你石哥哥性命？"桃花小姐便让爹娘并石婆子一齐坐下，口尊："石大娘，我有一方法可救的石哥哥一命。只有一件，不可在外面传说出奴的名字，切忌说我出方法救了你的儿子。别人知道犹可，只恐周国公他知道。倘若他知道，岂肯与奴善罢甘休？一定来找奴的晦气，两下必然结成冤仇。岂不是大娘你恩将仇报，辜负奴的好意？"石婆子闻言，口尊："小姐，你且放心。老身岂是那忘恩负义之人？断断不敢在外说出小姐的名姓来。"桃花女闻言，点头说道："既然如此，大娘你且暂听奴说。若按八卦推算，你的令郎定死无生；奴却有一种仙法，能起死回生，破他的阴阳八卦。若不仗法力，万万救不了石哥哥的性命。"石婆子闻言悦，口呼："小姐，不知怎样救法？快对老身说明。所用何物,我去办理。"桃花小姐说着:"大娘,你将土地星君的纸斳请一张,火德星君纸斳请一张,供在你的房内。燃上二支蜡烛,供上一碗净水,一个鸡子,放在桌子底下。要反扣一个筛箕,底下须要点着一盏灯,名曰添寿灯,千万仔细留神,灯不可被风吹灭。倘若灯灭,你的令郎非死无活,就不能救了。今夜风雨仍作,大娘呀,你可将你令郎素日穿过的一件旧衣折理,用一面镜子压在上面,旁边放一碗水,候至雨止,拿你令郎素日穿过的旧鞋一只,在你大门用旧鞋拍一下,叫你令郎名字一句,忙回房中。一个更鼓叫一遍,若叫过三更,你老人家只管放心去睡,明日清晨保你令郎回家,母子相见。"正是:

> 佳人妙法无人晓,赖得先天依秘传。

石婆子静听桃花女说完,一一领命,便忙忙辞别任太公夫妇,回家料理而去。此时风雨未止。任大公夫妇见女儿说出无数的方法来,心中仍是半信半疑,不大准信,一同问道:"娇儿呀,你适才说出这些方法可救石宗辅,凡人之生死是上上天注定,先造死后造生,那石宗辅造就今夜三更命尽在城南破窑中,你怎么又教他母亲哭半夜,明早就能回家,使他母子见面?此话有些不准,是荒诞支离,无稽之言。"桃花小姐见父母根问,又不敢先言明,唯恐泄漏天机,即推说道:"此刻未便明言,待来日再告诉爹娘知之。"任太公夫妇见女儿如此说,也不再问。桃花小姐言毕,辞别父母,自回桃园去了。

再说石宗辅自从去年九月出外贸易,原说三个月回家,岂知在外合上一个贩布的伙友,往孟津去贩布,所向风月,归期错过。幸喜得利三倍,延迟至二月尽。心知母亲在家必然悬望,自己思想回家,便辞了伙伴,收拾行囊,归心似箭,星夜奔朝歌大路而来。在路上饥餐渴饮,戴月披星,恨不能一步奔到家中,与母见面。走了数日,这日正是三月十五日,石宗辅出了旅店,在路上算了算路程,离家不过还有一百五、六十里,心中想道:"我今日紧一紧步,赶进城去方妙。"一面思想,一面放开大步急走,在路上行走,无心观览景物。走到天交申时,忽然乌云四起,凉风透骨,下起大雨来了。石宗辅不由得心中着忙,暗暗叫苦。暗想:"离家还有几十里路,下起大雨,如何赶的进城?"上淋下滑不能急走,累得浑身是汗。起先雨地行走方可,后又一阵狂风打面而来,一时骤雨如电,倾盆的一般倒将下来。石宗辅知道前无村店,后无人家,正是荒郊无处避雨。虽然有雨具遮盖，怎奈风狂雨大，不能遮护遍体。无奈只得冒雨往前急走。又兼风雨之气闭住人的气，在雨地喘不出气来，真是步步艰难。一行走着，用目望四下观看，心想着寻一处避雨的所在，暂且避一避雨。忽见前边有一座破窑，紧走几步，来至破窑前。一看见窑虽破损不堪，还可将就避雨，便将行李放下，脱下湿衣，拧了一拧雨水。因无处晾，只得仍披在身上，坐在就地，不由得叹气咳声，连气恨怨道："我心中越急，唯恐赶不进城里去，偏偏老天爷不作美，又下起这般的大雨来。堪堪天色昏暗，雨仍然不止，眼见得今日是赶不进城里去的了，也只好在此破窑中孤孤零零坐他一夜，等天明再进城吧！"自己又回思道："难道说一定非要今日进城不可？况且许久的日期都过了，只这一夜就过不得？"想来想去，心中觉得安宁，身上觉着乏倦，便将身靠在壁，合着眼养精神。按下慢提。

再表石婆子依桃花女之言，心中如领旨意的一般，冒着雨自去买了两张星君的纸斯，回至家中。家内现有生鸡，取过一只，堪堪天色昏黑。不久雨就渐渐止了，心中又有几分心安，暗想："桃花女的话有验，我儿自然有了盼望了。"又一刻的工夫，果然天色晴了，便惊骇道："桃花小姐真是神人也！休要小看于他，大约这个时候是我哭子之时候了！"即便大哭起来，越哭越恸、越伤悲，直哭至初更方才住声。手拿石宗辅当初所穿过的旧鞋一只，走到大门外，在上坎中央就拍了一下，呼唤一声："石宗辅我的儿！你快回家来吧！你想煞老娘了！快快地回来，以免老娘倚闾之望。"看到此，有曲歌为证：

　　一更里，月儿低，寡妇房中哭啼啼。叫声孩儿石宗辅，儿呀心肝你在哪里？只说出外做买卖，割舍冤家把娘离，娘在家掐着指头将儿来盼，谁知腊尽儿未回归。如今是，三月半，你叫为娘甚是着急。二更里，月儿高，寡妇房中哭嚎啕。叫声孩儿石宗辅：儿命因何不保好？别的死法还犹可，决不该死在荒郊破瓦窑。你身造下什么罪，造定离乡在外抛。自从周公算你死，娘心好似攘千刀。我儿今夜若有差迟处，撇下娘半边人儿没下稍。三更里，月正中，寡妇房中哭悲痛。叫声我儿石宗辅：不知因何惹着灾星？如今遵依任小姐的法儿来摆布，但不知方法儿灵不灵？果然我儿有命若得回家转，娘便满斗烧香谢神明。

石婆子遵依桃花女的教法言词，哭一回，叫一句。一直哭叫到四更时分，石婆子方住了哭叫之声，走进房内去了。按下不表。

且言石宗辅独自一人在破窑中，时有一更天，风雨已止，就渐渐晴了。自己实在寂寞无聊，莫若赶路前行。主意一定，背负行李出了破窑，往前行走。大约走了二十余里路程，忽然天变，雨又下起太大，自己着急。心中暗想："此处离家已近，还有十五里地。有心冒雨赶路，回想一则雨暴，二则就赶至城下，城门早已关闭，到那时进退两难，如何是好？且不如奔到前面有一破窑避雨，天明再进城回家，有何不可？"想罢奔至破窑避雨，身体乏困，合眼睡去，鼻息如雷，呼呼酣睡。

今夜危壁将塌，不知他性命如何？且看下回分解。

第五回 传解法孝子离灾 依妙术慈母会子

白云犹是汉宫秋，烽火魂消百尺楼。

将军战马今何在，野草闲花遍地愁。

话说石宗辅在破窑中避雨，将行李放在窑中地上，自己靠壁而坐。天交初鼓之时，身体已乏倦，眼旒昉，刚要睡着，忽听得窑外有人叫了一声："石宗辅，我的儿！快回来吧！想煞娘了。"心中大吃一惊，忙睁眼一看，还是自身坐在破窑中，并无别人。再听时，杳无音声。心中暗想："好奇怪！方才明明是我老母的声音叫了我一句，难道说我是心头惦念，糊里糊涂错听不成？"向窑外探头一看，雨已止了，便走出窑外。抬头一看，见满天明星皓月，地上草湿如油。意欲仍想赶路，自知前途并无栖身之处，只可天明再走亦不迟，仍旧走进窑中坐下。心中狐疑道："莫不是我疑心生暗鬼，莫不是我在外这些个月未回家，悬念家中我的老母心切？我梦魂颠倒，大约这一声是我的魂不守舍。魂送风之音相似也未可知。况且此处离家十余里，我母就是盼儿的心切，叫我一声，我如何听得见？"左思右想，热血捧心，朦朦胧胧又睡着了。睡梦之中，忽然又听见大叫一声："石宗辅我的儿！快回家来！"石宗辅从梦中惊醒，心中一怔，暗说："好奇怪，难道又是错听了不成？"一翻身爬起来，叫了一声"娘呀"，不由地流下泪来。呆呆地想了一回，忽然冷笑道："可知我心中糊涂，我是在睡梦中听我母亲呼唤，我的母岂能深夜踏着泥泞之地，来在荒郊呼唤与我？这是哪里说起。但则我独自一人在此荒凉之所，有何人知我在此受此孤伶？娘呀！连你老人家也是不知孩儿被雨阻在此处，胡思乱想已混去睡魔，睡又睡不着，心内又挂念老母，心中急躁，只可坐等五更，候至天明，方可入城回家见母。我且坐着不睡，再听一听还有人叫我的名字的没有？"打定主意，抖擞精神静坐，见当空月光皎皎。刚坐至三更的时候，目又倦了。忽然耳旁听的真真切切一声叫道："石宗辅我的儿！快回家来吧！想煞娘了！"石宗辅不由得大哭起来。遂应道："母亲呀，孩儿在这里。"心中又惊又喜："果然是我母亲声音，来在郊外呼唤我。"遂即站起身形，忙忙奔出破窑来迎母亲。

刚出了破窑，忽听脑后响声犹如天崩地塌一般，将石宗辅唬的"嗳哟"一声，魂飞胆裂，身不由己，跌在泥地。定了半晌神，回头一看，见这破窑已倒塌，自己嗟叹一番。再言这间破窑因日久年深，今又遇这场破块的大雨，是湿透了四面墙壁，如何堆的住？实是前生造定石宗辅今夜该在这破窑压死，偏偏就有一个桃花女教给石寡妇这个解法，以致石宗辅才脱了此劫难。是桃花女的道法通神，幸赖石宗辅是一孝子，才有这一段因果。

闲言少叙。且说石宗辅这一阵如雷轰顶，又如木雕泥塑的一样。定了定神，思念了一声："救苦救难太乙天尊。"心中回思，反痛哭起来："在此荒郊睡梦，就有像我老母的声音呼唤我，这也是鬼使神差，我就跑出窑来。若走迟一步，岂不压死在里面？不知何年月日才拖出我的尸首来？母亲在家如何知道？那就活活的盼望煞我的老母，岂不是因我一命，又害一命？况且是谁收殓他老的老身呢？"正然思想，忽听风送城上的更鼓之声，已是柝打四下。石宗辅幡然省悟，又笑道："我真是呆人。我今得皇天庇佑，脱了这场灾难，真算是万幸中之万幸。我候至天晓奔进城，至家中与我的老母相见，岂不是一件意外，想不到的大喜欢事？"于是思前想后，破悲为喜，坐在路旁一块石头上。忽又听见朝歌城内隐隐的更锣鱼更五下，心中欢悦："再等一时天就亮了。但则是我的行李被破窑压在里面，此时不能扒出。幸喜二十两白银是未离身，尚在身畔。今夜守着颓窑也是无益，不如我且奔到城下，在那里等至天明城开，我好进城回家见母，方是正理。"主意一定，站起身形，穿好了衣服，迈开大步行走如飞，直奔朝歌城而来。只落得只身得命，两手空空。忙忙赶到城门之下，立候不大的工夫，天将亮，只听城上一声炮响，"吱"，城门开放。石宗辅两步当一步踏进城来，两足如飞奔至自家门首，用手叩打门环，口呼："老母开门。"只听屋里一声答应。原来是石婆子是夜至四更虽然就枕，哪能睡得着？唯恐周公之言是真，桃花女之言是假，翻来覆去直至五更，残月已落。刚刚合眼贩吻，耳畔忽听敲门之声甚紧，忽又惊醒，从梦中答应。心知是儿子有命回家来了，心中大悦，一翻身爬起。飞奔到院中问道："击户者是石宗辅我儿回来了吗？"石宗辅在门外答应："老母，快开门。"石婆子说道："我的儿，你可盼望煞为娘的了！"一面说，一面忙忙开门。

母子见面竟如重生再遇一般，这番欢喜无尽，悲从喜生，又是伤感难尽，母子皆眼含痛泪。石婆子双手抱住石宗辅，揽在怀内放声大哭。哭够多时，止住悲声。石婆子含泪问道："石宗辅我的儿，你果然得了命回家？还是为娘的在梦中与你相会呢？"石宗辅听他娘说出的话有些古怪，含泪说道："孩儿真是死中逃生，两世为人，方得命回家。老娘同孩儿且到堂房，待孩儿慢慢地告禀。"石婆子闻言，携着石宗辅的手来至堂中，一同落座。

石宗辅便将在外贸易怎样回家，路上如何遇雨，在破窑避雨，至什么时候"听见母亲呼唤我三次，我急忙出破窑来看时，哪知破窑忽然倒塌，险些将孩儿压死在窑内。如今行李还压在破窑之内，幸喜银子未离身畔。"的话，滔滔说了一遍。石婆子闻言，母子又痛哭起来。石婆子停住了悲声。说道："我儿且免悲声，咱母子先去叩谢救你命的大恩人去。"石宗辅问道："孩儿同老母去叩谢哪个？为何救孩儿的性命？孩儿心中纳闷，请母亲道其详。"石婆子就将"盼儿不归，到周公处问卜，周公言道此卦不吉，说你昨夜三更必死在破窑之内，并无救星。为娘回家因此大哭，隔壁邻居任太公之女桃花小姐教了娘一个破解之法，如此如此，才救了你的性命。你看那桌子上不是摆着纸牁，这不是鸡子、筛儿，那不是灯儿、衫儿、镜儿、鞋儿呢。"石宗辅听了娘这一遍言语，与他在破窑之事恰合，这才如梦方醒。说道："依母亲这等说来，实在亏了任小姐救了孩儿一命。咱母子岂可空手登门叩谢，岂不怕街邻谈论咱母子太悭吝，不成事体？孩儿身畔现有二十两银子，费上二三两银子买一头羊，买一坛酒，送将过去，也算是咱母子的一点至诚之心。"石婆子闻儿所言，猛然想起一事，说道："我儿买羊买酒方存一点恭敬之心，道是正理，用不着自家银子。那周公起卦，卦资是一两零三分银子，若卦断不应验，一倍赔还十倍。不如咱母子一同先到周公卦市去讨银子，回来再去买办羊酒，岂不是两便？只是任小姐嘱咐过我，在外万不可题出他的名姓，现今去向周公要银子，周公若问起缘由，你如何回答他？"石宗辅答道："母亲放心。他若问我，儿只说我自己平平安安回来的就是了。难道说他就知任小姐救的我不成吗？"母子二人商议已定，遂用了早餐，将门倒扣，不大工夫母子一同来至卜市。

此时周公已算完十卦，只有彭剪一人在门首收拾招牌。石婆子便叫了一声："彭老爷，在那里干什么了？"彭剪闻听人叫，回头一看，见是石婆子。便道："老嫂，又做什么来了？"一言未尽，忽见石宗辅站立在石婆子身后，吃了一惊。问道："我的老贤侄，你是人还是鬼？今天日子不好，你前来是要谁的命？"石宗辅满脸赔笑，口尊："彭老爷一向可好？才别半载，竟和小侄说起玩耍话来，烦你老进去通禀一声，就说昨日所占的卦未应验，我母子前来讨还卦资来了。"彭剪听了这话心下已明，走至近前，笑问道："老贤侄，你不是鬼呀。昨日半夜三更有何动静？怎么安然无事你就回来了？我家公爷卦无虚卜，你母子今日必是因卦未应验，来此要倒赔银吗？"石婆子总是有年纪的人，知道彭剪之言是歹话，忙接言说道："彭老爷，我们是个穷人，怎敢向公爷要倒赔银呢？昨日的卦资是在邻居借来的，只求将原卦资赏还足矣，老身好还邻居，则感公爷恩德。"

　　不知彭剪怎样答对，且看下回分解。

第六回　还卦资母子酬恩
疑筮术主仆推详

术高更遇翻天手，斗智还逢意外谋。

莫道我行先一着，须防硬敌占头筹。

话说彭剪闻听石婆子之言，明知他母子前来索讨十倍卦资，反用好话央求。随即冷笑一声道："有趣！有趣！我家公爷素日夸口，今日讲不得响嘴了！你母子在此候等，我进去回复。"转身进内回禀公爷："公爷，所断石宗辅今夜三更死在破窑，现在他母子在外厢讨十倍卦资来了。小人也曾说过给人家占卦须要小心判断才是，公爷言道：'百不失一'，今日竟有讨十倍卦资的来了！"周公在座上闻彭剪之言，便喝道："你疯了吗？口中乱讲些什么话？"彭剪笑道："讲什么？人家索讨十倍卦银来了。"周公闻言怒道："胡说，有谁来要赔还银子？"彭剪回道："公爷不消发怒，要赔银子的人现在门外。"不等周公吩咐，竟出去将石婆子母子二人领进来了。

周公在座上看得明白，真是石寡妇，他身旁立着一个汉子，大约是他儿子。心中暗惊道："孤家昨日算他儿子三更时候压死在破窑之内，如何得命回来？今日来讨赔银。赔银倒是小事，只是孤的阴阳无错，如何今日不应验？其中必有缘故。"开言问道："石寡妇，你身旁站立的是你什么人？到此有何事？"石婆子见问，口呼："公爷，这是老身之子石宗辅，昨日夜间并没有死，今早晨才回家。老身带他来特给公爷来叩头。"石宗辅为人生的伶俐，听他母亲这般说法，便忙跪下，向上叩头。复又站起身形，仍是立在一旁，这一个头只磕的周公乌脸反变了茄色，不由得含羞带愧，就将卦桌上堆着十分起卦的银子一总推开。言道："石婆子，孤不撒赖，你将此十分银子拿去。"石宗辅将十小包银子领收，周公复问："石宗辅，道你夜间可是在城南破窑内存身歇下的吗？是何人传授你的解救法保全性命？你可从实讲来。"石宗辅见周公盘诘甚紧，便道："夜间小民奔家心胜，中途赶不上镇店，就宿在破窑内。只因半夜腹内朝凉，一时疼痛，要想出恭，刚刚出了破窑门口，那间破窑就倒塌了。故此未曾压在窑内，此是实言，不敢虚说。"周公道："不然，孤昨日算的申时下雨，至酉时止，三更时候方天晴。又算你独自一人在窑中丧命，并无救星，焉能出窑大便？此言本爵不信。"彭剪见周公赔还了石婆子的银子，仍然辩驳此事，即冷笑道："公爷卦是灵的，今反吃了亏。石宗辅实得肚腹疼痛，竟是肚中屎儿救了他的性命。银子已经给了他，令他母子去吧。只管问他则甚？"周公一闻此言，就仿佛挨一顿嘴巴子的一般，满面含羞，低头不语。石婆子知趣，忙同子告别出来，彭剪亦随即跟出来。

石宗辅问道："招牌上写的是十两零三钱，为何只有十两呢？"彭剪闻言顿足道："三钱是头在我身上，我赔还就是了。"石婆子忙接言道："彭老爷休同孩子一般见识，我们只望得回本银就足矣。公爷言而有信，反赔十倍，是十分足矣，勿容彭老爷受累赔还。"彭剪哪里肯听，说道："贤侄之言虽系出于无心，我想来甚是有理。公爷既赔还十倍，我若不赔十倍，于理不合。"遂向囊中取出十个小包递与石宗辅。石宗辅老着脸儿接将过来，石婆子过意不去，又说了些好话，安慰一番，母子便欢欢喜喜地去了。

彭剪满腹是气，呆了一回，这才转身走进内堂，一语不发。周公方才被彭剪说了几句打趣的话，心中不悦。见彭剪走进，想要发放他几句，又想道："本爵若嗔戒他几句，岂不被旁人耻笑我卜卦不应验，拿家人来消气？"自己便忍气吞声，说道："彭剪，你去把大门招牌收了，从今以后，本爵不卖卜了。"彭爵见周公有了怒气，便不敢违拗，遂将招牌收起藏下。正是：

凭君汲尽三江水，难洗今朝满面羞。

当时石家母子得了十两零三钱银子，满心欢喜，遂即在街市买了羊酒回家。母子二人换上新衣，一同走至任家，给任太公老夫妇叩谢。任太公见他礼物甚重，再三推辞；石家母子哪里肯依，非收下不可。任太公见他来意实诚，只得收下，吩咐家人备了一桌酒筵，与他母子接风，二则压惊。吃了半日酒，方出席告辞，临行任太公老夫妇又是再三嘱咐：且忌在外说出是他女儿设法救的。这且按下不表。

再说周公自从被石家母子讨赔卦资，心中甚是不悦，便将卜市闭了。一连几日不与人卜卦，闷坐书房。心中暗想："本爵的阴阳八卦判断无差，我算石宗辅必死无疑，竟然不灵！"复又寻思：卦爻判的一些亦不错，心中愈加狐疑。忽然猛醒，反自笑道：

"我好呆呀。我何不卜一卦，就可知道内里情由，何用如此胡思乱想？"忙取卦盒摇了几摇，起了一卦。细细推算，见卦乃是纯阴之象，太阴临值持世。心中惊道："昨日本爵自占一卦，是不利阴人。今日又占得纯阴之卦，难道说有什么阴人破我的阴阳八卦。左右推详一些不错，怎么算不出这阴人名姓？"心中焦躁起来。哪知桃花女传授石婆子的法，自己将八字早已按住，故而周公推算不出他的名姓来。所以周公掐来算去、算去掐来，再也推详不出，心中暗恨道："本爵若访出这个人的姓名来，不制死此人，誓不为人。"恨恨地把卦盒丢在一旁，气了一回，无计可施，无可奈何，只得罢了。自此之后终日闷坐，连饮食亦少进。左右的人皆知周公性子不好，就不敢上前劝他。

有话则长，无话则短。转眼之间已是七月初旬。周公在花亭上独坐，彭剪进来见周公闷闷不乐，心知是为石宗辅之事，含笑上前口呼："公爷，想石宗辅他若不出破窑大便，岂不压死在破窑内？或者他在路上想必行了些阴骘好事，自古道：'一点阴功可增十年寿。'必定有吉神暗中救护他，也未可知。公爷何不自卜一卦？自然也就明白了。"周公闻言即道："本爵何尝不自卜来？按卦象内明明现出有一个阴人救脱他的灾难，破了孤的八卦，就是推算不出这个阴人的名姓？"彭剪接言道："这朝歌城内莫说是阴人，就是那顶天立地奇男子也未必破得了公爷的神明八卦。况且算了几千卦，无一不灵应。纵使这一卦不验，有何妨碍？如今卜市的人俱在门首，天天等候卜卦，小人日日答应得口干舌燥，他们仍不散去，恳求不已。更言远方特意前来不得占卜，不胜愤愤而去，在我十分悔意不及。公爷占卜原是指点愚人的迷津，今日因为这点小事便悔了初心，岂不被他人耻笑？背地谈论？奈何，奈何？"周公听了这番言语，低头想了一想。说道："你这一夕话虽然说得有理，终然算是胡想，看起来这卦无灵。本爵推算石宗辅必死窑内，终然未死，又算破本爵八卦的阴人姓名也未推算出，似乎八卦有些不验，唯恐误了众人的大事。你既劝孤重开卦市，待孤再卜一卦，应验了再开卜市也不迟晚。不可不小心。"彭剪闻言便笑道："公爷自卜，不如代彭剪卜上一卦，看我后来结果收缘、吉凶如何？"周公闻言，微哂道："彭剪，你与本爵相处多年，一生勤俭，性情忠诚朴厚，收缘必有善果。也罢，今日本爵赏你一卦，你且亲自焚香，祝告先圣，取卦盒来，待本爵与你占卜一卦，看是如何，以定你的吉凶休咎。"彭剪闻言大悦，连忙净手焚起片香，将卦盒递给周公。周公接过卦盒，在香烟上熏了一熏，一连摇了六次，细细搜其卦象，登时周公脸上颜色更变，乌脸转了个淡黄色，浓眉起了两股紫气，嘿嘿半晌无言。

未知与彭剪卜得卦吉凶如何？且看下回分解。

第七回 试卜爻偶得凶信
特求救别有生机

只道周公八卦灵，桃花破法更奇人。

强中又有强中手，指破迷津救老彭。

话说周公与彭剪卜了一卦，只唬的周公呆呆地发怔，面色改变。半晌方喘出一口气来，两眼直视彭剪；不住地点头，大有叹惜之意。彭剪在旁看得明白，见周公给卜了一卦，半晌不言不语，竟有凄惨之形，心中吃惊不小。忙问道："公爷给彭剪所卜之卦，莫非此卦凶多吉少，何不说明？ 使彭剪防备，趋吉避凶才是。"周公闻言长叹一声，说道："本爵从来卜卦并无隐藏之言，必然直言判断。孤既与你推详卦理，岂有不说明之道理？ 你今所卜这一卦象，不但主凶，连你的性命也是不能保的。此乃天数使然，大限相迫，只在三日之内丑正三刻三分，就是你的归阴之期。先必头痛，然后吐血而死。你侍候本爵多年，可怜你为人一生忠厚朴诚，今时本爵竟似袖手旁观，无法救你。"不由得含泪点头赞叹。自古道：蝼蚁尚且贪生，何况人不惜命？ 彭剪一闻周公之言，直唬的魂飞天外，魄散九霄，面目更色，站在那里呆呆地发怔。半晌缓过一口气，含泪问道："公爷所占此卦果然无讹吗？"周公见问说道："本爵焉能妄断欺你？ 再说你侍候本爵也是一辈子，本爵无一些好事待你。今与你白银十两，趁着你的大限未临，你且去到街市游逛游逛，不可忧愁。人活百岁终然也是一死，莫若你欢欢喜喜到酒肆多吃几杯酒，可以解一解愁肠，勿须忧虑。你的一切后事，自有本爵与你办理，你且放宽心吧。"言毕便令人去取白银十两，即交与彭剪。彭剪素知周公的神卦万无一失，今日见他如此，不由的心下发慌。双膝跪下，口呼："公爷，卦内既现出有此大难，求公爷救一救彭剪。"周公叹道："人之生死大数，本爵焉能救得你？ 你将银子拿去，上外面散散心吧！"彭剪久知周公硬性，料知哀求也是无益，接过银子低着头，气闷闷走出大门来。

彭剪在一座大酒肆进去,拣了一方好座位坐下,令酒保打了两角好酒,切来几味上菜,独自一人自斟自饮。口中饮酒,心内暗想:"今日我还是世界上一个生人,再过三日我就是阴间一个鬼魂了。好生没趣。"想到这里不觉落下几点泪来。酒保素日认识彭剪,见他落泪,便问道:"彭老爷许久不来饮酒,今日前来饮酒,因何含悲?大约公爷不开卜市,想是你老人家无钱钞使用了?"彭剪见问即道:"不是为此,我别有心事。"又连连吃了几杯。常言道:酒入愁肠容易醉。彭剪这两角酒还未吃完,已是大醉,给了酒钱,出了酒肆,不觉东倒西歪,撞回公爷府。走进自己房中,一翻身便和衣倒在床上,呼呼酣睡了一夜。

到了次早睡醒,想起死期在迩,又流起眼泪。慢慢坐起前思后想,自言:"公爷之神卦是准的,不差分毫。人若有了死期,岂能逃脱?我倒不如今日再出府去游戏海乐,恨他不早告诉我几天,若早告诉我,我也好多快乐几天。"便换了衣裳,也不进内堂见公爷,扣了自己房门,又往街上而去。门公见彭剪这两日无精打采,出入皆是低头不语,不知为着何故,又不好去问他,只在背地疑怪。

且言彭剪出了大门,又往酒肆去饮酒。一路上,暗想:"公爷算石宗辅必死,他竟不死。今日公爷又算我必死,大约必死无移。真死假死,或者真死的若学石宗辅假死,也未可知。算他是死在破窑内,大便救了他的命,若不出恭,准被破窑压死。被压的可以得脱其死相,我是吐血而亡,怎样躲的过死?"想到此处,在路上落下泪来。正自悲恸,忽觉肩背上被拍一下,心中这一惊非小。暗说:"不好,大约催命的鬼来了。"回头一看,原是石宗辅。

且言石宗辅路遇彭剪,见他在路上自叹自嗟,或低头,或仰天,若有不胜所思之状。遂赶上前在他背后肩上拍了一下,问道:"彭老爷,你老在路上想什么了?这样两泪交流,奇奇怪怪所谓何事?"彭剪见问,含泪道:"一言难尽,老贤侄你哪里去?"石宗辅回答:"我是回家。"彭剪说:"好,我与你同路。"二人便同着走路,说说讲讲。也是事由天定,彭剪心中暗想:"前者他不死,公爷说其中必有缘故,或者他有解救之法,也未可知。况且我独自一人吃酒,也没有趣,不如沽两瓶酒、买些菜到他家中,我二人一同饮酒,借酒将我的事说明,求他解救。倘有解救之法,化凶为吉,亦未可定。"便走至市头立住脚说道:"老贤侄,自从你出外回家,并未曾与你接风。我今日补场,与你一同吃酒谈心。今日事情顺便,买些酒菜到你家,烦老嫂与我炙好,咱们借酒谈心,说一回话,你看何如?"石宗辅说:"毋庸彭老爷费钞,小侄代办。"彭剪拦道:"勿许。"便拿些银子买了些酒菜。石宗辅拦他不住,只得由他买了。

二人携着酒菜,不大工夫来到石家门首,石宗辅叫开了门,石婆子见是彭剪到来,便笑道:"彭老爷你可好哇,为何买这许多菜馔呢?"彭剪说道:"老嫂有所不知。我的公忙,老贤侄回家我未曾接风,今日闲暇。特意与贤侄借酒谈谈心事。"石婆子接菜自己下厨烧炒去了。

彭剪同石宗辅坐在堂房闲话。石宗辅闻彭剪所说的话是东一句,西一句,有头没尾,言语颠倒,心中动疑。暗想:"莫不是周公派他前来询听我未死的事情缘由来了不成?倒要谨慎提防。"不多时菜已炙熟,石婆子令石宗辅端进堂屋,彭剪又请石婆子一同就席而坐,彼此推让了一回方才落座。彭剪提壶斟了一循,自己连饮了几杯酒,将菜食了数口,点了一点头,"咳"了一声不由得落下泪来。石婆子见此行景,心中诧异,即问道:"彭老爷,你有什么心事?何故饮酒堕泪?"彭剪只是摇头不语。石宗辅笑道:"彭老爷,今日饮酒乃是欢乐事,何故悲伤起来,其中必有缘故。请道其详,我母子可以排解排解。"彭剪咳声道:"你母子有所不知,我心头实有过不去的事,想起来不由得落泪。"石婆子问道:"彭老爷,你到底想起什么心事来了?如此悲切,何不告诉我们母子听听。"彭剪咳声道:"老嫂不要提起,我今日是阳间一个人,明日四更天就是阴间一个鬼了,再不能见你母子之面了。"说到此间,不由眼泪如梭漂落下来。石氏母子二人心中纳闷。连忙问道:"这话从何说起?"彭剪便将周公替他起了一卦,言说卦象大凶,今夜四更时分吐血而死的话诉说一遍,"我想周公的卦乃是万无一失,只恐怕大限一到,我命难保不休矣。在路上遇见老贤侄,想起他前日是死里逃生,必有什么妙法,恳求你母子教一教我。若得脱了此灾厄,真是我彭剪的活命恩人,重生父母一样。"

石宗辅先疑彭剪受了周公之命,前来探听桃花小姐破了他的八卦之事来了,因听他言讲卜卦,又言明日准死,见他哭的泪流千行,引动他母亲陪着直哭。想想自己,看看他人,由不得也伤起心来。说道:"周公爷占的卦实在灵应非常。前者夜间我在破窑中,若听不见我母呼唤我,焉能出窑,若听不见我母呼唤我,准准的被破窑压死在里面。周公爷断你明日四更死,只怕必然应验。"彭剪闻言忙接口问道:"老贤侄,你在破窑中,如何听得见老嫂呼唤你呢?"这一句话问的石宗辅哑口无言,两眼直视彭剪。彭剪见此光景,明知话里有因,怎肯错过机关,急忙立起身形,向着石婆子深深作了一揖,口呼:"老嫂,可怜小弟,怜恤怜恤命尽之人,教我一个方法,救我的性命，没世不忘你老的再生之恩德。"石婆子还礼回答："老身哪有方法能救你的命？"彭剪见他坚意推却，即忙跪在石婆子面前，口呼："老嫂，自古道：救人一命，胜造七级浮屠。"便叩头如捣蒜的一般。石婆子忙吩咐石宗辅将彭剪搀扶起来，石婆子说："你想老身似庸愚之人，如何救得了人的性命，救我儿之命是别人给了一个方法，照法而行，我儿才得不死。此人再三再四嘱咐我，不要我传扬出他的名姓，恐怕你家公爷知道了，要与他斗气！故此老身母子不敢说出他的姓名。"彭剪闻言，猛然想起周公之言，口呼："老嫂，莫非是一位阴人教你的法，救了老贤侄吗？"石婆子闻言大惊，不觉失色。

不知石氏母子肯说出桃花小姐否？且看下回分解。

第八回　石婆子道漏救机
桃花女泄传神咒

人活七十世间少，先除年少后除老。

中间光阴不多时，何必忧愁与烦恼。

话说石婆子见彭剪苦苦哀求，听他说救石宗辅之命乃是得阴人救脱灾厄，不由得心中骇然失色。忙问道："彭老爷如何知道救我儿命的是一位阴人呢？"彭剪回答："我如何知晓？因公爷曾卜了一卦，说是有一个阴人暗中破了他的八卦，但则算不出阴人的名姓。老嫂既知有这一位能人，何妨告诉与我知晓，我好去求他救一救我的残生性命。倘若我这余生得救，也是你老人家积下一件大阴功德行，我断断不去泄漏他的机谋，向外人言。"说罢又要跪将下去，石婆子连忙扯住。被彭剪再三再四的哀求，又想起从前因为儿子也是同他一样的苦衷，心中不由得发了恻隐之心。心中暗想："我自可说明任小姐，令他自去哀求去。任小姐救与不救，由他自便。我说一个含糊的话就是了。"想定主意，口呼："彭老爷，你要问这个人的名姓，我断然不能说出。我如今指引你一条明路，凭你的造化去奔他，但能得见此人，你的五行就有救了。"彭剪闻言大喜，问道："老嫂快快说来。"石婆子说道："我这隔壁邻居是任太公，你可认识他否？"彭剪言道："我不管认识，还是两代的故交。我先父在日与任太公甚是交好，就是我也常去探望他老。若到他家去，必然留我用饭，款待我犹如亲子侄的一般。他家里里外外、男男女女无一个不熟识我的。"石婆子闻言点头道："你既与任宅是世交，这就至妙不过了。或是今日，或是明早过去探望任太公老夫妇，你就题你的怎生灾厄事来，你若有造化生机，遇见那一位能人，定然能用法力解救你的性命。千万不可说你是我教过去求救的。"彭剪听了这话，低头想了又想。即问道："老嫂，你老人家所言之话我有些糊涂。任员外家中人多，我哪得知谁是能人？去求哪一个救我？"石宗辅在旁跷嘴道："彭老爷，你好啰唆，告诉你是个阴人，你就往阴人那里去问就是了。咱们且多饮几杯吧！"即连连斟酒，劝彭剪多吃数杯。彭剪因问着了头路确实，心中略为放下些,一连饮了数杯,即便告辞要去。石家母子又叮咛嘱咐不可说出是他母子教的,彭剪连连点头诺诺,忙回公爷府。

一日无话。到晚间睡在床上,再也睡不着,翻来覆去,已至红日东升。忙起来梳洗,换了两件新鲜衣裳,竟往任太公家中而来。到了门首,向门公说明,门公向里传进。任太公闻报亲自出来相迎。笑道:"贤侄,许久不到寒舍走走,今晨到来,真也算是喜事临门。你还拘着什么礼,何用人通传?这院中有何人躲避你的呢?请进来吧。"彭剪忙作揖答道:"礼当如此,小侄虽是通家之好,然则不可逾分。"任太公携着彭剪的手走到后堂,向屋内说道:"老安人彭贤侄来了。"原来任太太因无儿,又无三亲六眷,故此平素最疼爱彭剪是个近人。丫鬟忙忙进去通报,任太太已迎出房门,远远的笑道:"今日风顺,将贤侄你吹来了。一向为何一月之久不来看看我老两口子来?"彭剪闻言赔笑说道:"小侄近因事多繁碎,未曾来问安。婶母身体安好,今幸康健。桃花妹妹康泰否?"任太太回答:"皆已平安。"任太公老夫妇将彭剪让进后楼,吩咐厨下备了酒饭,正遇桃花女早妆已毕,来至后楼与父母请安。恰遇彭剪,兄妹见面,二人见礼。任太太就命女儿肩侧下坐,使女递茶。任太太开言口呼:"贤侄,时常老身向你叔叔妹妹谈及你自小在我家日多,在你家日少,自你长成,性情朴质忠厚,瞬息间我两老年已五十有余。"彭剪道:"小侄向叨过爱,不异一脉之亲。无日不思前来请安。皆因公门事繁,从前事缓。"言毕即潸然泪下。任太公老夫妇疑他是为彼二老年迈悲感,忙解劝道:"贤侄何须如此悲哀,世人未有不老之期。"彭剪言道:"小侄见叔婶年纪高迈,小侄不能寿永,久侍左右,故而悲哀。"任太公老夫妇闻言,心觉酸痛,慰道:"贤侄勿须说此不吉利之言,我二老虽然有了年纪,这老身体还健壮,尚可与贤侄聚首几年。"彭剪闻言含泪摇头言道:"二老寿永必享大年,小侄寿促,从今日以后就不能见二老之面了。"言毕竟呜呜咽咽地哭将起来。任太公老夫妻惊问道:"贤侄正在壮年,为何出此不利之言?"只见使女丫鬟用托盘搬上菜来,任太公便坐了座位,对桃花女说:"女儿毋庸回避,你彭家哥哥不是外人,你幼时他时常领抱过你,今日同席用膳,亦无妨碍。"太公与彭剪对坐,任太太与桃花小姐横头,并肩坐下。太公斟了一杯酒,递与彭剪说:"贤侄,且开怀畅饮几杯,抛去烦恼。"彭剪接酒道:"今日小侄酒难下咽。今晨是侄儿望看叔婶妹妹以表我心,完我念头。辞一辞道,我死也瞑目。小侄还有什么心饮酒!"任太公闻言,骇然问道:"我看贤侄你一进门来面带忧色,所说之言皆是些断头话,说的我心中糊涂。你为着何事这样愁烦?"彭剪含泪道:"今夜四更小侄就死了,因想叔婶待我一场,故而来辞你二老,从今后再不能见面了。"言罢大哭。任太公老夫妇齐道:"此话从何说起?好好的人怎么一夜便死?"彭剪便将周公与他卜的卦说明。

任太太说："原来因此。"任太公接言道："周公之卦未必全验。"桃花女在旁听得明白，心中按捺不住，即呼："彭家哥哥，小妹粗知卦理，你将八字说说，小妹与你推算推算。"任太公接言道："也好，我记的他的生辰八字。"忙忙将彭剪的八字说出，桃花女把左手玉指尖尖掐了一回，吃惊道："周公的八卦果然决断无差。"任太公老夫妇忙问道："女儿，周公之卦算得怎样？"小姐答道："果然算的一些也不错，今夜四更吐血而亡。"任太公夫妇垂泪问道："可有救否？"桃花女又掐了一回玉指说道："虽然有数，太费周折。"任太公夫妇齐道："费周折也无妨，你看父母之面，救一救你的彭家哥哥吧！"桃花小姐说道："此法落耳不传，彭家哥哥随我到后花园去说知。"立刻站起身形，同彭剪往桃园去了。任家与彭剪是通家叔侄，便不管他兄妹二人，老夫妇仍在后楼饮酒。

桃花女与彭剪来至桃园小亭中坐下。桃花女口呼："彭家哥哥，妹妹算定今夜七月十五日中元胜会，北斗星君是朝玉京之期，定该二更回驾，落在这本城三官庙宇之内，注人间的轮回。彭哥你速办好片香一束，净水七杯，斗灯七盏，你沐浴更衣，日落时摆设在三官庙大殿供桌上，你休胆慊，须要心虔秉祝，念大圣北斗元君宝号，不可住口。到了二更，你可伏在供桌下等候，妹妹再给你一个宝贝袋。"忙向锦匣中取出一个金击子递与彭剪："我教你一卷神光咒，将咒要你念熟。候星君下降，且忌害怕，你听到有一神叫到你的名字，你就从供桌下念咒，敲起金击子，出来向星君讨寿，星君必然准你讨寿。这金击子与这篇神咒是克制星君的，若敲念起来，星君必然心惊头痛，难以归位。大事已毕，你回府去安歇，管保你无凶无险。倘若周公追问你未死的缘由，只可推诿，切不可说出我来，至要，至要！你速去照此而行。"彭剪闻言喜之不尽，口呼："妹妹你是我的救命大恩人，待事毕再来叩谢你吧！"自己出了桃园，来至后楼。见了任太公老夫妇言说："小侄授了妹妹的法，不敢泄漏，侄儿就此告别办事，不敢久停。"老夫妇齐道："既然如此，我们也不留你饮酒了。若果平安无事，明晨须要见我二老，以免我夫妇悬望。"彭剪连连应诺而退。是晚，彭剪净洗身体，遵依桃花小姐的吩咐，一一办完，摆设在三官庙大殿供桌上，嘱咐庙祝："此夜不许闲人进来。"独自一人跪在殿中，念起北斗星君宝号，焚起片香。天交二更，忽听得一阵风声，正合时候。连忙躲在供桌底下，觉得一阵异香扑鼻，就听有人说话。言道："这是什么人的供献？就知吾神等下降，预先备下洁净清水。"随后寂然无声。迟有一刻，忽听下边叫起名姓来，一个一个听得真切。忽然叫道："彭剪"。堂上有人高声道："寿享五十，今夜四更吐血而亡。"彭剪听见这句话，只唬得魂魄悚然。

不知此夜彭剪生死如何，且看下回分解。

问余何事栖碧山，笑而不答心自闲。

桃花流水杳然去，别有天地非人间。

话说彭剪在供桌底下听见一神叫他名姓，又言"此夜四更应注吐血而亡"，只唬的大惊失色，口中急急念咒，手中急急敲着金击子。忽闻火德星君言道："是谁用法咒来克制吾等？"彭剪闻言，在供桌底下钻出头一看，见两旁坐着九位神圣，皆是奇形异状，凶恶骇人。把胆量抖起，急忙跪在当中，口中不住地念咒，不住手的敲金击子。则见第一位星君开言呼："彭剪快住了响器，口中勿须念咒。你今夜可是前来求寿吗？可向第五位星君面前去求。"彭剪闻言，肘膝而行，向第五位面前而跪。只听第五位星君说道："吾等既受了他的供桌，彭剪素日为人忠厚朴诚，生平无恶过；又是桃园仙子教他求寿的。要破荡魔之数，吾神今将他的名字改了，与他增寿，方见得善有善报。"便呼："彭剪！吾神将你名字改过，从今以后改名叫彭祖，吾神赐你阳寿一百岁，左辅右弼星君赐你阳寿五十岁，每位星君各赐你一百岁，共赐你八百五十岁。每逢初三日、二十七日，须要斋戒沐浴，虔心礼斗，不可泄漏天机，以遭天谴。"彭剪叩头求道："小人乃是凡夫，既蒙上圣赐名添寿，但凡夫活这般大年纪，若无禄无子，反又受罪。恳求上圣赐些富贵，得养终身，方为佳妙。"众星君开言道："这亦说得是。"只见一位星君从怀中取出一粒丹药，令彭剪吞了，说道："此丹药能换骨脱胎，百病不生，好享那福禄寿三乐。"又见二位上圣各取出一本簿子，不晓神圣们在上面写了些什么，写毕化了一阵清风，踪迹不见，不知众圣哪里去了。此时彭剪觉得精神长了百倍，心中扬扬得意，满心欢喜。列公，彭祖在人间寿活八百多岁，娶了一十三妻，享大福寿之人也。正是：

凡人未服金丹药，想活百岁也艰难。

　　彭剪听了听,时交四更。暗想:"桃花妹妹令我事完之后仍回公爷府歇宿。我知他的意思,唯恐周公爷见我今夜未死,一夜未回府,心中定然生疑,定然追问水落石出。不如我遵依桃花妹妹之话,急速回府。"想罢便唤醒庙祝,给了一两银的香资,开了庙门,奔回府中。暗暗的叫开大门,入自己房中,倒身便睡。

　　这且言讲不着。且说公爷周乾是夜独自坐至五更,意想彭剪此时死了,忙取天罡剑唤醒小童,提挈灯火,亲自来至彭剪的房门。推开房门走到彭剪床前,只见彭剪四肢不动,仰面朝天,双睛微闭。周公只当彭剪已死。不由得连声叹气道:"阎王注定三更死,谁能留你到五更。可怜你平生忠厚,今日竟成乌有。"忙把金冠摘下,将发际散开,仗剑步斗,口中念咒。想要拘住彭剪的三魂七魄,不容散乱,然后用法超脱他投生在一个好去处。

　　且言彭剪一觉睡醒,睁眼一看,见公爷披发仗剑,在那里步罡踏斗,咕噜咕噜念咒。一翻身爬起,站在房中。周公一见大吃一惊,仗剑厉声喝道:"僵尸休得作祟,吾奉太上老君急急如律令敕。"彭剪见此光景,由不得笑将起来。问道:"公爷,你老在院中作什么法了?"周公闻言,定了元神,问道:"你是人还是起殃诈尸?"彭剪回答:"小人未曾死,怎么是起殃呢?"周公闻言,便令小童提灯一照,周公细验一遍,连连说:"奇怪!奇怪!"忙问道:"谁教给你的良法,得命回生?快快说明。"彭剪回答:"该死未死,再活几年,何故国公爷盼我死着这样大急,难道一定要我死方可遂心?"周公闻言心中不悦,沉音暗想:"这奴才尚敢吱唔诓我,且哄他到书房里去,再细细审问,定要追出是何人教他的方法破本爵的八卦。"想罢唤彭剪:"随我到书房里去说话。"彭剪不敢违拗,只得随着周公望书房来。心中暗想:"必要问我未死的根由,我纵死,也不说出桃花妹妹的名字来。"

　　来到书房,周公放下天罡剑,理好了发髻上冠,当中坐下,命小童向外厢唤几个人进来。不大工夫,进来几个家人。周公吩咐:"众家人,替本爵把彭剪捆绑起来。"众家人,不敢违背,只得动手忙取绳索,把彭剪捆将起来。彭剪喊道:"彭剪无罪。"周公盱视彭剪怒喝道:"你欺瞒本爵,焉得无罪?你快快说出是何人设法救你便罢。若不说出实话,本爵就要活活处死你,休怨本爵无情!"彭剪见问,连忙跪下说道:"彭剪是个愚人,有什么法力挽回不死?晚间躺在床上待死,孰料睡了一夜,又不知怎的不曾死。"周公不待说完,大喝一声:"嗨!满口胡言,不打你,你也不说出真话。"吩咐左右："替本爵先打他一百皮鞭。"就有两个家人走去拿来两条皮鞭，走至彭剪的跟前，一齐动手，整整打了一百皮鞭，只打的彭剪苦苦求饶。原来为官家的皆云："公门岂能无私？"这些家人皆与彭剪和睦，谁肯狠心痛打，打这一百皮鞭也不过有二三十下之重，因此彭剪不甚吃重，连声呼道："公爷屈打彭剪了。怨自己阴阳无准，反怪别人，与别人何干？求公爷格外施恩。"周公大怒，喝道："你平日老诚，今日竟然撒谎撒诳本爵，还不打你？"吩咐左右："替本爵再加一条绳索，捆住他中截，把他吊在廊檐下。"众家人哪敢稍停，把彭剪吊起。此时彭剪身觉疼痛，因为桃花妹妹乃是救命恩人，昨日又谆谆嘱咐我不要说出他的名姓。只可忍着疼痛，一语不发。

周公走至阶下问道："你快快说出实话，不但不责治你，本爵还要重重赏你。本爵看你满面红光，反添了寿限，必遇奇人传授你换骨脱胎之法，你可细细说来！"彭剪闻言心中惊骇，暗道："好厉害也！不但卜卦有准验，就是看相也有准验。我不如舍身受罪，勿论怎样盘诘，我也不吐实言。"主意一定，即将二目一合，闭口无言。周公见此光景，心中动怒，转身来至书房，取天罡剑在手，奔至彭剪面前，大喝一声："好彭剪，你隐瞒实话，就是欺主之罪，当时令你去见阎罗！"言罢恶狠狠举剑往欲砍。彭剪瞥见，只唬的魂不附体，急呼："公爷饶命，待我说就是了。"周公恨道："少若迟延，将你一剑分为两段。"彭剪忙说道："是石宗辅左邻任太公之女任桃花，教我昨晚三更至三官庙等候北斗星君下降，令我求寿，故此得活。"周公闻言，命众家人把彭剪放下吊来，一同来至中堂。

周公落座，开言问道："彭剪，本爵问你，何故你不实说？因何隐瞒不说？"彭剪言道："桃花小姐再三嘱咐于我，不要我对公爷说知，唯恐公爷生嗔，怀恨于他。就是石宗辅也是他设法救活的。"周公闻言，不由得怒道："好阴人，破本爵的八卦可恕，不该令石姓母子前来羞辱本爵，孤于他誓不两立。"彭剪闻言，忙叩头道："公爷息怒，宽宏才是，若记桃花小姐之仇，明显是彭剪恩将仇报，连累他遭殃受害。恳求公爷可怜他父母单生他弱女一人，年纪幼小，上无兄下无弟之孤人。"周公问道："这阴人多大年纪？"彭剪回答："年方一十六岁。"暗表桃花女与周公先后下凡，何以周公偌大年纪？皆因天上一刻，人间数秋。周公下凡比桃花多了一二零，故此大了数十岁。

闲言少叙，书归正传。且说周公听彭剪说出真情实话，便赏彭剪十两银子调养伤痕。彭剪谢了赏，周公便吩咐彭剪道："不许你到任家去说破；你若是到任家说破，走漏风声，本爵知晓了，罪上加罪，敲折尔的腿。"彭剪诺诺连声，口称不敢，自回房中去了。

周公默然暗想："任家桃花女小小年纪，竟有这般法术，本爵有些不信。待本爵查查看，昨夜果是北斗下降否？"忙掐指循纹一看，果然昨夜三更子初一刻，北斗降于城东三官庙中，不由得大惊失色，暗道："任桃花果然术能通神，朝歌城内若有此女，本爵万不能居他之上。"左思右想，闷闷不乐，在花楼上走来走去。猛然想起一计，"本爵何不如此如此，将此女诓进我门，把他摆布死，方消我心头之恨。"想罢心中得意，忙唤家人许成吩咐道："本爵命你将官媒唤来，有话吩咐他。"许成领命而去，周公仍坐书房等候。

不知用何计策暗害桃花小姐，且看下回分解。

第十回　骗亲事欺瞒诈就 误中计强逼联成

春城无处不飞花,寒食东风御柳斜。

日暮汉宫传蜡烛,轻烟散入武侯家。

话说周公命家丁许成去唤官媒,不多时将官媒蒋妈妈领进公爷府来。周公在书房闷坐,见家丁许成走进书房回明:"将官媒领到,在外面伺候公爷之命。"周公见左右人多,吩咐:"将官媒领进,尔等俱各退出。"众家丁遵命退出,蒋官媒走进书房,朝着公爷叩了一个头说:"公爷安好。"周公微然一笑,问道:"你可知道南城居住任家,他膝下所生一女名唤桃花,你素日认得他家否? 如若识认,可见过这任桃花否?"蒋媒回答:"南城任家小妇人认识,任宅家资数万,乃是良善人家。他家桃花小姐小妇人耳闻,未曾见过这任小姐之面,不敢妄言。大约任家小姐已有十六七岁了。"周公说:"本爵已知任家之女相貌端庄,意欲聘他为媳。你若做成此事,本爵重重谢你。"蒋媒婆闻言,沉音暗想:"我从来未听周公爷有少公子,听此话有些古怪。"周公见蒋媒婆迟疑不语,心中不悦。问道:"蒋媒为何不语?"蒋媒答道:"非是小妇人不语,我想任太公乃是平民,他怎敢与公爷结亲?"周公催促道:"你只管去说本爵要聘他女为媳,三日内就要成其好事,妆奁一概不要他家的。"蒋媒婆不待说完,接言道:"此限一发难成了,哪有三日就要过门,日期太近,岂不是白令小妇人往返空跑? 依我看来,公爷必有主见,不妨向小妇人说明好到哪里,随他如何? 倘他有什么大翻悔处,自有公爷阻挡做主,料也无妨。"周公闻言,回嗔作喜道:"你果然伶俐,本爵实有心惩治这任桃花小贱人,皆因他暗破本爵的八卦。"本爵对你说明:"本爵并无公子,今不过凑成圈套诓他过门,本爵好治死他。因后三日是诸凶煞下降日期,到那日她一下轿,必然命丧无常。此乃暗施法术,治他一死,与你媒人无干。你若做成此事,本爵谢你黄金百两,决不食言。"蒋媒婆道:"原来如此,怪不得公爷生嗔。任桃花是一个闺中女子,为什么敢破国公爷的八卦？若能治死他，倒是神不知鬼不觉，小妇人情愿去走一遭，也须想一条妙计，骗得任太公允许方好。"周公听蒋媒婆一席话，方投自己心怀，不由喜道："这事不难。待本爵先算一算看是如何？"连忙掐指循纹一算，心中先已明白。说道："诓亲之计有了。适才算得任太公不在家中，往庄上去了。方得明日巳时回家。本爵派许成同你前去，令许成在他门外等候，必须如此如此。他若依允便罢，他若不允亲事，你们就说本爵要经官告他女儿用妖术邪法破了孤的八卦，不怕他不允。"蒋媒婆闻言大喜道："此计大妙，小妇人明日就去。"周公赏了蒋媒婆的酒食，又先赏白银二十两，蒋媒婆欢天喜地，拜谢回家而去。

　　到了次日，蒋媒婆复到国公府，会合许成一同出府。二人在路上又商量一回，一直来至任家门首，已是巳时。只见任太公从那边而来，二人一见心中暗喜，佩服国公爷的卦儿真正灵应。任太公来到自家门首，甩蹬离鞍，下了坐骑，家童手提包袱，把马牵进门内。任太公抬头看见蒋媒婆同着一个人在门前站立，便笑问道："蒋大娘为何不进我宅去坐坐，站在门首做什么？"蒋媒迎着笑说道："太公，你看我这筐里是什么？昨日是我的小女下茶的日子，一应主顺人家，我都要将这茶饼送些东西来与太公安人的。恰好正遇太公回家，可令小哥送进去吧！"说完便把那筐里东西交与员外的跟随小童。太公随说道："原来是令媛有了出阁的日期，可喜可贺！且请进舍下奉茶。"

　　蒋媒连忙答应，同着太公并许成一齐来到大厅坐下。蒋媒忙向小童手中取回那筐子来递与任太公。遂说道："太公你且看看原不成个东西，不过尽些敬心而已。"任太公连称"不敢"，用手接过筐子来一看，上面盖着一块红绫，一对金花，便伸手拿起，顺手放在桌子上。筐子里放着十来个精致点心，蒋媒婆在旁凑趣道："太公你吃一个尝尝。"任太公一则从庄上来还未曾用过饭，此时腹中正在空饥；二则又见点心精巧，老人家多嘴馋，又见蒋媒婆在旁凑趣，不觉就拈起一个来放在口中。家童已携出茶来，任太公一面便让他二人饮茶，自己亦取茶一盏饮，慢慢地送着点心饼儿，遂吃遂说："好点心！真是清香满口。"蒋媒婆又装疯作狂的取过那一对金花，走上前与任太公戴上，口内笑说道："有趣！有趣！今日取个吉利，等老身明日寻一位好姨奶奶来，与太公生一位公子吧！"任太公只当他取笑。遂口中说道："只怕不能了。"许成忙取那一块红绫披在任太公的身上，二人便一齐跪倒叩头，口中称贺道："恭喜太公，贺喜太公。"任太公见此情形，忙问："你二人如何这般取笑？"忙伸手来扶二人，二人站起身形，口呼："太公，我们二人实说了吧。这是周国公送来与员外的。国公爷有位公子,想要聘娶员外家的小姐为妻,今年也是十六岁,择定日期太速,唯恐员外不允。若依小妇人看起来,员外爷虽是乡宦,周国公乃是一家国,此婚正可相配,员外爷休怪莽撞。"任太公闻言,方晓这是诓亲之计。心中着恼,说道:"婚姻大事非同小可也,须两家情愿,难道他倚仗国公之势欺压平民,我就害怕不敢阻婚,即许他婚姻不成?你等用圈套诓亲,并未从先说明,老汉偏偏不允这门亲事,看他把我怎样摆布?"蒋媒婆闻言含笑说道:"太公不须着恼,这位就是他的家人,是协同我来的。小妇人也曾向国公爷说过,唯恐你老人家不允亲事,国公爷也曾说道:'不妨碍。若不允这门亲事,我定必经官告他用邪法妖术破我的阴阳八卦。'太公爷,你老思想思想,朝歌城内大小官员哪一位不与他交好?允了亲事是两全其美,国公爷的威名亦辱不了太公爷的门风;如执拗不允,小妇人恐太公爷要吃亏,小姐献丑。太公爷你老再思再想。"任太公闻听这一夕话,默默无言,沉吟暗想:"悔不该令女儿多管闲事,我如今若不依允亲事,他若告到当官,我有输无赢,定然吃亏。我又嘴馋,吃了他的喜饼,我的女儿也得抛头露面,上堂见官出丑。"回思再想:"我的女儿今已长成,也得择婿相配,现今与国公之子匹配,也算荣耀,面上增光。"想到其间,遂向二人说道:"周国公喜与老汉结亲,岂有不允从之理?终然贵贱不敌,而且这姑爷也未相过,迎娶日期又太速。"蒋媒婆闻言笑道:"太公与国公结亲就算同体,况且他家来先就太公这公子是娇生贵养,自然貌美。只有日期太速些,周公爷也想到这里,向我们言地,若任亲家翁嫌日期太速,令我们代话,勿须制办妆奁,一概不用,公爷府内所用什物一概不缺,只要小姐一身至期过门就是了。"任太公闻言欢喜道:"既然如此,还须老汉我到后院对我老妻说知,商量商量才是,我一人也难做主。"蒋媒婆笑道:"夫为妻纲,太公允了亲事,自然老安人也允许,我们就此回复国公爷的喜信。"说:"许管家大叔,太公这里应许了这们亲事。"此刻许成心中会意。说:"蒋嫂子咱二人一同回复国公爷去吧!"言毕一俦走了。任太公独自一人呆呆地坐在厅堂上,想来想去心中觉着攀高结贵,畅然喜悦,哪晓得忘却内里的利害。笑盈盈来至内宅。

任太太见太公喜现于色,便立起身来问道:"员外回来满面喜容,为何头上插着两枝金花,肩上又披着一块红绫?今日还是与人家作赞礼郎?还是又娶了姨奶奶?我未听说,簪花披红就拜过天地了。"任太公含笑回答:"安人你都猜不中。老汉有喜,你也有喜。"老夫妇二人坐下,太公就将周国公差人前来求亲的话细细说了一遍:"你每日说女儿是贵相,如今果应你之言,作了贵人。你我老夫妻也沾些女儿的光彩。"任太太说：“只有一件，不备妆奁却不成礼款。”任太公笑道：“咱女儿日用衣服物件哪一样皆是新的，其余俟三日后再办起妆奁送去也缓开手了，也不算迟。我同你去到花园对女儿说知，也令他欢喜欢喜。”老安人闻言说：“言之有理。”便一同来至桃花园。

见桃花女独自一人携着花罐在那厢浇那桃树，老夫妇齐说道：“女儿何须自己浇树，令侍女浇溉可也。”桃花女抬头见爹娘走进桃园，连忙放下花罐迎接爹娘，一同上了花亭落座。桃花女见太公簪花披红，便笑问道：“今日爹娘有何喜事，簪花披红起来？”任安人便先接言道：“我两老之喜俱是我儿你携带的。”遂将“周国公差人来求亲，你爹爹已许他十九日出门”的话说了一遍。桃花女未等说完，早已杏脸焦黄，“哎哟”一声，身不由己在椅上跌扑在地。

不知桃花女性命如何，看下回分解。

第十一回 恼婚姻需索聘物
请凶煞中毒施谋

未会牵牛意若何，须邀织女弄金梭。

年年乞与人间巧，不道人间巧更多。

话说桃花小姐一闻父母之言，将自己许了周家，明知周国公诓亲，不待父母说完，面如淡金，坐立不定，倒仆在地。正是：

娇花经雨低无力，弱柳临风舞不胜。

任太公老夫妇二人只唬的魂不附体，连忙一齐上前抱扶起。忙问道："我的娇儿，何故如此？"桃花女坐定，慢启朱唇说道："爹娘做事并不三思，落入圈套之中。这是周公之计谋，如今既中其计，少不得孩儿于他争斗。"老夫妇忙问："何以见得？"桃花女道："孩儿算的周公并无公子，夫人又是早亡，膝下只有十六岁之女。三日之中要娶孩儿过门，大约是为彭家哥哥之事所为。孩儿破了他的八卦，他羞恼变成怒，今日来求亲，想着暗用法术制孩儿于死地。从此孩儿要与父母永别，再无见面之期了。"任太公夫妇闻言，只唬的惊骇发怔。半晌说道："好端端的喜事，吾儿何出此不吉之言？"桃花女非是凡人，料事如见。闻父母心疑相问，忙掐指循纹一算，已明透洞理。向父母言道："十九日是诸凶神下降大败的日期，周公择此日娶亲，是要冲死孩儿。"太公闻言大怒道："周公如此可恶，用法相害，为父不要这条老命了，与他拼了吧！"言罢把头上的、身上的花红掳下来，揉得稀烂，抛在就地。桃花女见此光景，暗说："不好，我既奉御旨下凡来破周公之法，料躲不过，不如稳住二老之心，免他着急。"遂说道："爹娘放心，此乃天数，孩儿也不怕他。父母养孩儿一场，并无享孩儿膝下承欢，竟负却父母劬劳大恩。"任太公夫妇闻言含泪道："这样不利的凶日，如何依允的？"桃花小姐道："别人遇此凶日有害,女儿可能破解。别人之事尚能救脱,今日临到自己身上,难道反不会救解?爹娘放心,女儿不怕,此去不过三日,儿便回来。只是须向周公给孩儿要几件东西,便依他的日期。"太公闻言反忧为喜,忙问道:"向周公要什么东西,快快说来,为父的好令蒋媒婆去向周公处索取。"桃花女说:"也不是奇难的物件,只要他二尺红绫,花轿上要绣八洞神仙之像,要用五色彩绸结成空的宝瓶一对,内贮五谷;熨斗一个。花轿一到他门前,急用檀香柏叶烧着,放在熨斗内,令他家人一名提着熨斗绕轿三匝,花轿方可进门。二门上要马鞍一个,方斗一个,新人下轿跨过马鞍,然后方可拜天地。再要他家自大门起直布彩毡到内堂,新人若一下轿脚不准沾地。还要他家的彭剪前来听候我们使唤。若周公有一件不允,父亲你可就说只可令他家公子亲来入赘,若不照此急备周全,那时再向他拼命毁婚也不迟晚。"任太公闻听一一记清,取过文房四宝逐一件件开写周全,皆遵着女儿所言之物件件无差开列明白。老夫妻二人又知女儿有回天的本领,不惧周公,定然无妨,便将忧愁抛去,又跟问桃花女道:"女儿,你既然能破周公的法术,我二老夫妇也自然放下心来。待蒋媒婆来时,为爹娘的令他向周公要取这些东西,我儿若是抵不住周公的法术,即速说明,为父的好向他拼命赖婚。"桃花女说:"爹娘勿须多虑,照单办理就是了。"任太公夫妇闻言,欢欢喜喜地走出后园。桃花女在桃园中打点破周公的法,这且不题。

再说蒋媒婆同许成回国公府见了周公,就将任太公许亲,十九日过门的话说了一遍。周公闻言大悦,赏了蒋媒婆银子,又赏许成十两白银。唯恐任太公夫妻反悔,吩咐蒋媒婆同许成登时备全聘礼、酒盒各物,又唤府中几个仆妇从人抬着聘礼跟随,竟到任太公家下礼物,牵羊担酒,纷纷攘攘来到任府。

任太公便令众人在外厅上待茶,女客让至内堂待茶,所来的礼物也不过目,一概令人抬入大厨房内去。蒋媒婆同着几个仆妇走进内房,朝上叩头贺喜,任太公斥责蒋媒婆道:"我且问你,你为何办这等糊涂事?你受人之托前来诓亲,我亦不能恼恨,就是不该择于十九日迎娶。周公爷是位明理之人,为何不查看明白,竟以纸棺材糊糊涂涂来瞒我,我如今也不追究这十九日的诸恶凶煞之期。你回去向周国公说明:这有红单一纸,上写的是届期上轿、下轿所用的东西,若少一件不给预备,莫怪老夫悔口退亲。我也不怕周国公去告当官,那时我情愿吃官司。"蒋媒婆忙接言安慰道:"太公太太请息怒望安,若要什么东西就怕世上没有,如果世上有的,小妇人包管周公爷必办齐备,决不食言。"任太公说道:"也不是世上没有的,这红单上开写明白,你将红单拿了去与公爷看，照单办理，不缺一件方可成婚。"蒋媒婆接单说道："我不识字，求太公念一念我听。"太公将红单念了一遍，蒋媒婆笑说："我只道天上少有，地下缺无，原来是这些东西。不难，不难，包在小妇人身上，不少一件。"太公说道："非是老夫啰唆，皆因日期太凶，理当我须食言赖婚，略公爷乃是公侯贵人，大约不能吝啬，不办此举。"蒋媒婆"诺诺"连声，忙同众人拜别飞奔回府。

见了周公说道："任家好心灵，好像他们有耳报神一般，公爷的事他先知晓。"口内说着，把红单递给周公。"这是任太公所要之物，皆在上面写着了。"周公闻言接单一看，说道："不难，一一依他，你再到任家回复此信，就说本爵件件依允，临期令彭剪送过府去，且任他使唤就是了。"蒋媒婆领命，又往任太公府中送了回音。

原来周公的《天罡神书》只有占算之法，并无破解之术，故此周公将桃花女所要的东西皆看轻了，未放在心上。十八日黄昏时候，周公独自坐在书房之内，掐算那些凶神恶煞下降的方位，就知四绝、四灭星在东北，丧门、吊客在北，天罗、地网在东，黄幡、豹尾在南，病符、死符在西，心中大悦。暗想："群凶聚合，又与本爵这所宅房甚合方向，不用拘齐之力。若是别人，只用一二位凶煞，他的性命就难保；本爵想这桃花女必然有些本事，况且又要了许多东西，安知不是解法？倘被他弄了手段，逃脱此难，反显出他之能，本爵有何面目见人？不若再做个明枪易躲，暗箭难防，量这些凶神恶煞下降的方向他必算不出，本爵何不再拘二位凶神？就将丧门、吊客移在前面，将哭丧神移在正北，有何不可？桃花女这个阴人的花轿一过，勿论遇着那一位凶神恶煞，就把这个狗贱的性命结果了！他纵有法术，也令他顾此失彼，也顾不了许多。"主意已定，忙去沐浴更衣，取了《天罡神书》揣在怀中，手提天罡宝剑来到后花园中，吩咐小童们预备下桌子、香花、灯烛、黄纸、新笔、朱砂等物放在桌案之上，吩咐侍从人等俱各退出花园，不准在外窥看。自己将园门关闭。

候至天交三鼓，周公走至桌案之前，把头上金冠摘下，将发际披散开，把《天罡神书》从怀取出，照定上面符篆，用新笔填饱朱墨在黄纸上"唰唰唰"书了几道灵符，放下朱笔，右手提天罡剑，左手焚符，口中念咒，用天罡剑一指空中，起了一阵怪风。风声已过，从空中落下一朵烟云，半云半雾，露出一位天将。怎见得：

> 头戴金盔生煞气，面如黑染竖浓眉，眼似鳌山灯两盏，一部胡须硬如针。
> 竹节钢鞭手内擎，上天敕旨封大帅，"黑煞"二字鬼神惊！

云摩响处,法身立在法桌之外,躬身问道:"法官唤吾神哪边使用?"周公用剑遮面,口尊"上圣,无事不敢亵渎尊神。明日巳时乃桃花女出嫁之期,借仗神威在任太公家候桃花女上轿时,可用钢鞭将桃花女打死轿内,再请尊神归本位。""谨遵法旨。"黑煞神去讫。周公把第二道灵符焚化。从空中来了一位披头散发、身空重孝,右手提着黄瓷罐、左手拿着哭丧棒,这位神专管人间丧事,乃是丧门正神。躬身问道:"法官有何差遣?"周公遮了面门说:"无事不敢亵渎,明日巳时桃花女的彩轿到门,上圣在大门守候,桃花女下轿时,仗尊神威灵将桃花女冲死,尊神再请回本位。"丧门神遵法谕,化一阵风去了。周公忙焚化第三道灵符,将吊客神请来在大门右首把守,须把桃花女冲死,方许回归本位,周公复又焚化第四道灵符。

未知请哪一位尊神,且看下回分解。

第十二回　明晓阱顾图解脱
知后事先泄玄机

闭口藏舌是英贤，能言还须省言先。

宁在人前说不会，莫与人前会不全。

话说周公把第四道灵符焚化，忽听空中风声大作。风定显露一位神祇，怎见得：

洁白银盔生杀气，素披甲上砌龙鳞。腰中系宝磨珍玉，战靴五彩起祥云。面如傅粉神眉竖，眼光四射惊骇人。法体金身高一丈，画戟方天手内擎。若问此尊神名字，威镇西方白虎神。

白虎神至法桌前问道："请问法官，有何差遣？"周公说道："无事不敢亵渎尊神。只因明日巳时迎娶桃花女过门，借仗尊神之威力，在洞房坐帐时把此女咬死，再回归本位。"白虎神领了法谕，腾空而去守吞地。周公请完四位正神，把《天罡神书》收起，理好了发，令人撤去供物法桌，回至房中。自思自言道："任桃花呀，本爵看你有回天的本事，也难脱此灾难！非是本爵心毒意歹，下此毒手暗害与你，也是你自取灾祸。"想罢听外厢已鱼更四跃，自己上床和衣而睡，一夜无话。

且言桃花女一心要与周公斗法，必然赌斗输赢，见一个高低上下，便把一切宝物收拾齐备。到了次日清晨梳洗已毕，忙到后园观看桃树，自觉心中不安，忙掐指循纹一算，便知内中情由。不由得心中暗笑："周公你小睹了我。你虽又添请四位凶神恶煞暗害与我，可惜你枉用心机，怎能够害的了奴家？"忙回转绣房，将收起过撧门的锦囊田打开，取出一枝小小的桃枝，拿至后园。口中念念有词，用气向桃枝上一吹。喝声："如意主好还愿。"勿见那只桃枝长将起来，竟似一枝七尺长的画戟。提在手中，把青丝发散发，反罩在粉面，右手擎戟，左手叠决，口中念咒，将画戟向天一指，喝声："红煞尊神速降。"

　　且言这桃花仙子的根基道法比周公高,仙子在瑶池修炼又久,天书又是昈真人所赐——昈真人乃是诸天神圣的领首,桃花女念的咒语皆是昈真人拘神之法令,故此不用烧符布斗。由戟望空中一指,一阵风过,从空落下一位尊神,金盔金甲,立在桃园,口尊:"法师唤吾神有何使用?"桃花女见红煞大帅下界,口称:"尊神,无事不敢劳动。今日因周乾卖卦泄漏天机,被小仙两次破解,尚不知省悟,痛改前非,以挽回天怒;反道生下万狠千毒之心,用诓亲计暗遣黑煞大帅守在门前,专候上轿之时要害小仙之性命。今不得已借仗尊神法力,在暗中保护小仙,上轿之时若见黑煞神钢鞭落下,求乞尊神用金鞭架住,待小仙上了彩舆出门之后,方许领黑煞帅一同复位。如违法令,按法书所贬。"桃花撤决红煞帅,遵法令随风而去。桃花女把青丝发梳好,向画戟上倒念真言,吹了一口法气,画戟还原,仍是一枝小小的桃株。又在桃树上撅了一枝嫩桃枝,又折了三枝柳树枝儿,一并携至绣房,亲自做了一张弓,三支箭,放在一旁。又取出几根棉线,用手腕左十字,右十字,做了一个像筛箩的样儿,分经出纬的,用戒法戒好了,一齐收拾起来。看看天将巳时,忽听外边鼓乐喧天,铿锵之声震耳,大约周家娶亲的到门了。

　　忽见二老爹娘身穿着吉服慌慌张张走进绣房,同声叫道:"孩儿呀,周家娶亲的彩舆已到门了。吾儿急速穿带吉服,上轿过门才是正理。"桃花女闻言不由得含泪口呼:"爹娘呀,你二老空养孩儿一十六秋。今日女儿到周家,必然两不相容,有一场恶斗,生死存亡难以预料。为儿的有几句言词,二老爹娘须要在意。谨记!"任太公夫妇已痛哭起来,说道:"我儿不必过忧,且放宽了心前去。大料周公并无歹意,若有歹意,周公的法术大约难敌我儿的法术,我儿且免悲伤。至三朝,我们老夫妇二人还要过门看你去哩。我儿有话只管讲明,不须隐讳,我二老夫妇焉有不依从你的?"桃花女闻言便说道:

　　　　无阴无阳不到头,莫道行善反无后。

　　　　无儿日后却有儿,大数来时白日飞!

　　　　双跨木云朝玉阙,子午甲戌是了期。

　　　　丝毫不爽天地数,桃园久已待孤椿。

　　　　方显人间行善乐!

此皆是任太公夫妇日后白日飞升,作仙桃园的上神,此是后来结局。闲言休表。且说桃花小姐言毕,向爹娘拜了四拜。说道:"已时已到,孩儿也要收拾停当,就此告别。"任太公老夫妇闻言,上前携住桃花女痛哭不止。

正在难解难分之际,只听众使女一齐说:"彭大爷来了。"任太公老夫妇闻言止住悲声,抬头观看,果然是彭剪走进桃园。彭剪口呼:"叔、婶、贤恩妹可安否?小侄请安来了。"任太公便含怒说:"彭剪你来此竟充是一好人呀。我女儿救你一命,谆谆嘱咐与你不可说破,你不听言,将事竟泄漏与周公,使周公记下仇恨,结下冤家,用诓亲之计欲害我女儿一死,竟候我女儿过门,必然制死我女。我女儿过门若无舛错便罢,若有舛错,我这条老命定与你合周公一并拼了,同你二人誓不两立!好一个负心人,你竟恩将仇报!"彭剪听到这里,只急得满面乍青乍红,拍胸跺足,"咳"了一声,说道:"叔、婶,莫要着急气恼,小侄之心自有天知。小侄蒙恩妹相救,我怎肯说出实话?周公三番五次诘问,打了小侄数百皮鞭,现有伤痕作证,我仍不吐实言。周公冲冲大怒,恶狠狠仗剑杀我,是我一时无主意,心中胆慊,不得已方才实说。周公将我囚起,不准出门,小侄不得前来告禀。后来什么诓亲计,小侄一概不知……"未等说完,桃花女接言说:"父母休埋怨彭家哥哥,此刻未有谈闲话的工夫。妹妹在此候你已久,有重大的事小妹托你办理。哥哥须要依我调度,才见你的心好歹。"彭剪说:"妹妹只管放心吩咐我,我必尽心,赴汤蹈火愚兄在所不辞,一误我还再误吗?"桃花女闻言,忙取出弓箭一把交与彭剪,嘱咐道:"你且收下带在身上,候我彩轿一进大门,你可如此如此这般行事。"彭剪连连点头遵命。桃花女又把线做成的筛箩,亦交与彭剪,密密的嘱咐了一回。彭剪接过,暗暗拿了出去放在彩轿内。

桃花女随身带齐各物,头戴八宝珠冠,身穿大红蟒袍,足下穿一双黄缎道鞋,不肯吸(沾)泥,就站在床上,束好了碧玉带。此时蒋媒婆走进中堂,忙忙递上去三尺红绫,一对宝瓶,瓶内盛满了五谷。桃花女命蒋媒婆把红绫盖在自己头上,一只手是一个宝瓶。心中暗想:"蒋媒婆老匹妇心术不正,今番我不免用他做我的替身吧!非是我心毒,是这老匹妇心毒在先。"心中想罢,开言口呼:"蒋妈妈,我今过周府并无亲人陪伴,你老就是我的亲人一般,你老陪房过周府,随彩轿而行,你且不可离我左右。明日来我家,赏你白银二十两,决不食言。"蒋媒婆闻言心中欢喜。回答道:"小姐,放宽了心,老身前来本是伺候小姐过门,轿前轿后并洞房内老身必然服侍周道(到),这是我分内之事。如何又敢妄领太公小姐的赏赐?"任太公回答:"只要你好好殷勤,小心扶持我女儿，过门后我必然赏你白银二十两，定不虚言。"桃花女便教父亲来抱他上轿。今日桃花女所用的人并那些物件原是为镇破那些凶神恶煞之作用，岂知后人大凡迎娶，俱照此式行事，竟成了风俗则例作为要事。闲言少叙。任太公便把桃花女抱将起来，含泪叫声："娇儿呀，你要老父抱你上轿，愿同你老父母一般大的年纪成人长大，夫妻百年和谐，子孙昌盛，福寿绵长，百无禁忌。"任太太跟随在后，一程送出，含泪哭泣。正是母女分别情不能已，况且膝下无儿，只生此女，今日分别，又未知吉凶如何，前思后想哭的如酒醉一般。彭剪见此景况，不由得也陪着痛哭。

　　任太公把桃花抱上了彩轿，桃花女方才坐稳。忽然一阵怪风向彩轿吹来，只见显露出一只钢鞭往下欲落。原来是周公请到的黑煞神在门前守候，见桃花女上了彩轿，忙举鞭往下落，只见左边伸出一条金鞭，把一只钢鞭架住，红煞神显露法体。这黑煞神见是红煞神架住他的钢鞭，不能打下去，不由得动怒生嗔，说道："吾神奉了周法官的天罡正法，前来打死桃花女，尊神何故用金鞭架住了吾神的钢鞭，救脱此女，令吾神不能覆他的法谕，是何道理？"

　　不知红煞神有何言回答，且看下回分解。

第十三回　邪斗正神圣无私　真赢假阴阳有准

兔走乌飞快又急，人生能有几多时。

看破兴衰浑似梦，参明成败一盘棋。

话说黑煞神红煞神用金鞭架住钢鞭，黑煞神说道："吾奉周法官的天罡正法，遣吾神打死任桃花。尊神何故用金鞭架隔来救任桃花，使吾神不能复他法旨？"红煞神口呼："黑煞大帅有所不知，吾神奉任桃花用昢真人的神咒拘来保护于他。他二人各显妙逞能，阴阳斗智，毕竟任桃花系上界桃园仙子降凡，出于正，是奉御旨激恼周公，二仙争斗，从此返本还原而归位，免堕落苦海沉沦。他二仙归期在迩。你吾二神又何必听其私拘使唤，以伤天地之和气？"黑煞神听明内中缘由，回答道："尊神所论深合玄妙之旨，请各归本位。"登时二神各驾祥云，各归本位去了。

且言桃花小姐坐着彩舆出了大门，一路鼓乐喧天，笙簧载道，无数的家丁也有步行的，也有骑跨骏马的，前呼后拥，从街上而过。众百姓见是归田的周国公爷婆媳，花轿是用绫绸结成，绣刺十八洞天仙围绕周围，皆是红缎包裹，真乃光耀夺目，无不赞美，道："公家与民间迥别！"内中有知周公无嗣的，说道："周公爷续娶夫人自然奢华。"桃花女在彩轿中听得此言，心中恼恨周公，暗想道："我若不生殊周乾，焉能解今日之耻？"轿上有十八洞仙像，一路行来，众凶神恶煞不敢近前，所以桃花女安然无事。

彩轿一到周公门首，任家的人役就令蒋媒婆快请周公府内的人出来熏轿。蒋媒婆闻言不敢怠慢，进府达知熏轿之事。周公便问蒋媒婆道："你见桃花女上轿之时有什么响动？"蒋媒婆回答："小妇人在旁见他父母扶抱他上轿。一路前来，并未有什么响动。"周公闻言大惊失色，暗想："真奇，这桃花女法力大约不小，连这黑煞大帅他也能躲过。料想这大门外这些凶神恐不中用，还亏将丧门、吊客请来暗暗在他左右，看这阴人还有什么手段法力来破解！"便对蒋媒婆说道："他既要本爵的人役门外熏轿，本爵自去有何妨碍？"吩咐左右："快给本爵在熨斗内焚起柏叶云香，待本爵去熏轿，好令阴人桃花女进门。"当时家人早已将各宗所用物件预备妥当，把熨斗递与周公。

周公接过熨斗走出府门，向着那彩轿绕着走了三匝。这周公不知柏叶、芸香是避邪之物，这些哭丧一众邪神在暗中闻见此等香味，皆站立不住，各自闪避去了。轿内桃花小姐听得周公亲自出来熏轿，心中暗暗嗤笑周乾："好一个呆呆的周乾，竟连柏叶、芸香能避诸邪也不晓得。观此便知他胸中的法术不足为虑了。"这桃花女所用取之物俱是破解凶神恶煞之手，这周乾哪里晓得此中妙法，破除凶神邪煞各物相冲相克之理。闲言少叙。且言周公熏完彩轿，走进大门，把熨斗各物丢在一旁，吩咐众多人等："俱各站开，待等新人上华堂下轿，你们众人再近前。"周公的意思，明知自己下了毒手，桃花女若一登华堂下轿，自有手段作用与众人看看，一则显一显自己的法术本领，二则以泄前日连连破我阴阳八卦之恨。想到这里心中大爽："桃花女必然死在轿中。"即刻吩咐家人许成传出话去，就说："公爷之命，时刻已到，把彩舆抬至华堂，令新人下轿。"许成不敢怠慢，遵命走至府门，向外说道："我奉公爷之命传言，时刻已到，急速新人进门，在华堂下轿。"言毕转身进去。再言彭剪受了桃花女的重托传法，听吩咐新人进门，彭剪急忙先行几步来至府门口，面朝府门取出桃弓柳箭，任叩搭弦，双手扯起向门内高声念道：

> 桃木弓柳木箭，射了左扇射右扇，
>
> 丧门吊客影无踪，一切凶神不见面。

彭剪念罢，前拳一撑，后手一松，照定府门正中一箭射去。丧门、吊客二位凶神最怕桃弓柳箭，未等弓弦响时二神就站立不稳，弓弦一响，二神即忙驾云，回归本位去了。故今后世若逢不吉年时，大门上皆挂桃弓柳箭，就是这个缘故。

当时周公只道桃花女不能退丧门吊客二凶神，必死在二凶神之手，即亲自出府熏轿，亦是借意暗查轿内的动静。周公哪知反人在桃花小姐的算中。周公亦是不放心，私自又出来在旁偷看形景，正遇彭剪又发第二支箭。岂料这第二支箭发出正遇周公向外偷查观看，这支箭"嗖"的一声便向周公面门飞来。周公眼快，喊声"不好"将头一闪刚刚躲过，箭从耳边过去，心中大怒。喝道："何人胆大胡为，在此乱放冷箭，欲伤本爵！"猛抬头观看，见是彭剪手擎着一张小弓儿，迎府门而立，大喝道："好彭剪，竟敢放冷箭,暗伤本爵!"彭剪被周公所喝,大惊失色,忙把桃木弓丢下,答道:"彭剪怎敢大胆射公爷?彭剪是奉任小姐之命用弓箭向门内左右射之,说公爷拘了什么丧门、吊客在大门左右把守,若彩轿一进门,要害他于死地,故令我在此先用弓矢射退二位凶星,他方好进门下轿。我是遵公爷派在任府使唤,这是我被任小姐所使,这事与彭剪无干。"周公闻言"哎哟"一声,捶胸顿足,连说:"罢了,罢了。本爵一旦的胸心血气工夫白白枉用,谁知本爵家中之人反为他人所用,倒败了本爵的大事。你且走去吧!"周公言罢,转身进了内堂。坐下心中暗想:"丧门、吊客二煞神虽被阴人所破,还有许多恶煞埋伏,暗害阴人一死,本爵再看他又有什么法术破解?"此话不言。

且说桃花女下了彩轿,蒋媒婆扶持着。上下内外堂房皆用红毡铺满,桃花女足下穿一双不吸(沾)地的黄缎鞋儿,在毡上缓缓而行。彭剪急忙在彩轿内到出线做的筛箩,见桃花小姐离二重门不远,急忙来至桃花女跟前,以双手抛起线做的筛箩罩在桃花女的头上,口中念道:

> 线做箩比就天罗网,大红毡压住绊脚绳,跨马鞍骑住星日,马羊见凡草
> 走无踪。

彭剪遵照桃花小姐所教,口中念着歌,来至二门口,把方斗里装的草抓出来,一把一把地向四处乱撒。桃花女趁此光景,忙忙纵步走到那马鞍边,一扬金莲跨过那马鞍去,忙忙取出身边宝瓶。瓶内所贮的五谷,将瓶口向下一倒,撒遍满地。正是:

> 凡人虽作等闲看,到了仙家自有灵。

桃花小姐将瓶内五谷撒着一程,走到了华堂之内。当时周府的众多使女仆妇皆知公爷用法力要治死任小姐,一出彩轿即要气绝身亡。众人见桃花小姐步入华堂安然无事,大众一怔,就知任小姐的法术破了公爷的法力,方晓的任小姐法力高过公爷的法力。前日众多妇女闻听蒋媒婆所言:任小姐有沉鱼落雁之容,闭月羞花之貌,哪一个皆都来要看一看任小姐,将一座华堂密密围的不透风。见任小姐真是国色天姿,华堂上众多妇女围绕,阴气凝结太盛。众凶神恶煞被桃花女一路用法力制伏,不敢相侵触犯。又见桃花女闯过泛地方位,华堂上阴气太旺,众多的妇女身体有不洁净者俱

多，又恐沾染了污秽之气不能归位，只得一齐驾云，各归本位去讫。

且言周公瞧见桃花女一连闯进三层门，直至华堂之上，安安稳稳，安然无事，就知将凶神恶煞退了，破了自己的法力。不由得三尸神暴跳，七窍内生烟。暗骂一声："好一个阴人桃花女，竟能破本爵的法术。量你有托天的本领，本爵与你结怨已深，誓不与阴人两立！"正然思索，只见蒋媒婆走进说道："任家的家人催请新郎出去交拜，这便如何是好？"周公闻言无计可施，急得搓手，忽然心生一计，唤过管家婆来，吩咐道："你向桃花女去说，就言公爷吩咐，今日不利新郎与新娘合卺坐帐。交拜见面，宜令公爷亲生的天香小姐代替交拜，权作新人入房坐帐。"管家婆遵命来至华堂，向桃花小姐按公爷所言一一说明。桃花小姐闻言，心中暗暗欢喜道："今日今时可有了替身，省了一番的作用。"便立等不动，将宝瓶交与蒋媒婆，暗在胸前锦囊中取出一面青铜镜子，收入袖内，两手高高拱着。

算计已订，忽听鼓乐喧天，扬扬盈耳。只见天香小姐走进华堂，两位佳人拱揖相让一番，然后交拜已毕；又有一班侍女拥护相随，进了后面洞房。天香小姐便与桃花小姐揭去盖面的红绫，定睛将桃花小姐一看，见桃花小姐生的不啻蕊宫仙女，月殿嫦娥，心中十分爱慕。暗暗叹惜："这位小姐生得千娇百媚的花容，今日要被我父亲治死，实实可怜。"这桃花女见天香小姐生得：

> 娥眉如月巧弯成，二目秋波亮若星。
> 八宝钗环添秀色，嫣然一顾显娇情。

暗暗称赞："好一位美貌佳人，可怜今夜替我身死。"二位佳人暗中皆有怜惜之意。天香小姐开言，口尊："任家姐姐请上床，以应坐帐之典。"桃花女明知床帐内有白虎星官，不肯坐帐。不知如何回答，且看下回分解。

第十四回　桃花女以法破法
周国公图害被害

> 不贪名利好清闲，泮奂优游自在仙。
>
> 脱略世计兼身计，总把人间当梦间。

话说前言。桃花小姐、天香小姐二位各有怜惜爱慕之意，总然桃花女乃是仙子降生，法门之女，心中明白过去未来之事，今夜出于不得已，要暗将天香小姐替位。当时自己哪里肯先坐床帐。即冷笑说道："小姐今夜为娇客，先请坐了上首，奴好奉陪附坐。"天香小姐道："姐姐是为长的，奴不过今夜权代哥哥相陪小姐，怎好有僭先坐之理？"桃花女笑道："既僭令足就算是新郎，自当先坐为事。"天香小姐心中明知父亲要暗害桃花女，又无救脱他的方法，是出于无奈，巴不得应酬完了此事早回闺阁，并不知道座位方向的利害。又听桃花女说得有理，便道："如此说就依姐姐之命，小妹有僭先矣。"便先到上首床而坐。桃花女忙将绣帐往身上一遮，口中反念起催神咒，催动了白虎大帅。一阵狂风过去，现了原形。见床上坐着一个阴人，这位猛烈的凶星真乃利害，"呼"的一声，向天香小姐肩下咬了一口。正是：

> 倏忽娇花经骤雨，不期嫩蕊遇狂风。

天香小姐"哎哟"一声扑跌床下，口中流血，已直僵僵死去。众仆妇使女见此光景，这一惊非小，急忙忙上前扶起。见天香小姐面如金纸，口流鲜血而死。妇女们连连呼唤，不见小姐苏省，众妇女便大哭起来。就有人去飞报周公。

这周公在书房，忽听得洞房中大放悲声，只道桃花女着了手，任家随来之人举哀，心中大喜，爽快之极。忽见本府仆妇慌慌张张来报说："小姐无故在洞房口吐鲜血，倒地身死。"周公不听此言则可，一闻此言，不觉如在高楼失足，扬子江翻舟，激灵灵打了一个寒颤,忙忙飞奔入内。进了洞房,双手抱起天香小姐放声痛哭道:"我儿好端端的,今日何故竟死在这里。"哭个不了。桃花女闻言微微冷笑。口呼:"周公你这话语自好哄那些个愚人,如何瞒得过我? 是你昨夜晚请了来白虎凶星,咬死了你的女儿,所以流血而死。好端端一位小姐,竟被你自己使法害了性命,你还哭他作甚?"周公闻听桃花女之言,又羞又恼,心中又恨,止住悲声抬头观看桃花女。只见他:

　　　遍体浑身着大红,天然媚态与仙同。

　　　周公初见桃花女,几让娥眉古士风。

　　周公一见桃花女秋水为神玉为骨,不由得发怯。心中暗道:"怪不得这阴人如此利害,相貌先已超群。"无奈何勉强赔着笑脸,呼一声:"任小姐,这事你明本爵不明,未知可有仙法解救小女之命否?"桃花小姐冷笑道:"周国公,你习学天罡诀未尝不是,如何会使不会破解? 你不怨自己没手段,道术不精,只是怨旁人破你天罡八卦,一味地恨怨他人。今日既然求救于我,即救你家小姐,有何难处? 快取河中的逆流水合柳枝,我当面略施小术,管令他立刻还阳复活,方教你心服口服。"你教怎样为逆流水? 大海涨潮小河退潮,小河涨潮大海退潮,以大海为主讲,躬取小河长潮水为逆流水。周公听了桃花女之言,都是些堵嗓子的话,心里实不受用。因为盼望救活女儿为要,就不敢与桃花女分辩皂白,即刻吩咐家人急速去取逆流水并柳枝来。吹口之气时取到这两件东西,桃花女令人取了一床凉席铺在就地,将天香小姐抬在席上,仰面朝天放定,令众男妇不许喧哗。桃花女不慌不忙,慢慢地取过柳枝浸在逆流水中,用手把柳枝在水中左搅旋三旋,右搅旋三旋,左手掐诀,口中默念神咒。念毕,右手把柳枝醮着逆流水照定天香小姐脸上一洒,真乃仙家妙用,咒念三次,水洒三次,天香小姐的三魂七魄归体入窍,气转还阳,"哎哟"一声说:"唬死奴也。"睁开杏眼四顾观看,见府中男女老幼立在房外,自己翻身坐起,坐在凉席上,只是呆呆地发怔。众家人、仆妇、使女俱各欢喜。说道:"小姐死去还阳,真乃任小姐法力通神,实有起死回生之力。可羡! 可羡!"周公只羞得面红过耳,无可奈何,只得上前拜谢桃花女救女儿之恩。

　　这天香小姐方知是任小姐救了自己的性命,心中感激任小姐大恩不尽,忙跪倒,拜谢桃花女活命之恩。自己也不回绣房,便陪着桃花女在新房内。这二位小姐惺惺惜惜,你爱我,我惜你,犹如一母同胞,二人又是同庚,十分缘合雅契。按下不表。

且言周公此时的羞愧甚是难当。回至书房独坐无言,暗中思想:"所请的这些凶神恶煞不见动静,大略都被这阴人破了,反使白虎神将女儿咬死,反又求他将我女儿救活,可恨他自显其能,当着众家人、仆妇、使女羞辱本爵,并无一言一句的逊让。本爵原使的是诓亲之计,为的是将他治死,到今日他反倒平平安安坐在我府中。竟等三日后他要见新郎之面,哎呀,可拿什么与他? 必须用一个死手将这阴人了决。一则除了本爵的羞愧,二则解本爵的心头之恨。"想罢取出天罡神书仔细详查,又得了桃花女的生辰八字,按着命宫细细揣算,得了一个黑犬镇压之法。又算了一算此法若用上,再无一点解救之法术,不觉哈哈大笑道:"早若用这个镇压法,也省了许多的闷气。"遂将天罡神书收讫,忙走出外堂,命家人王俶拿铜钱一贯,立刻向正南方采买一只黑色的母犬,牵到后园听用,不可有误。家人王俶领命向正南采买,不多时将黑母犬买来交与园丁看守,一宿无话。

到了次日,周公吩咐彭剪道:"你可到任太公家后园中有一棵蛀的桃树,拣那向阳正南方上的桃枝砍他大大一枝来,本爵有要紧用处。但则一件你将桃枝砍下之时,手拿桃枝转身就走,一路上且忌回头观看。你若回头观看,你的二目必瞎,那时莫怨本爵不说明白。"彭剪领命,"诺诺"连声退出,竟往任府而来。走进任府,向任太公说知,来到后面桃园,将向正南一颗高大桃树向南桃枝砍了一枝,直奔回国公府。周公见了桃枝心中大悦,站起身形,命彭剪拿着桃枝一同走进后园,将黑母犬牵出,便命人设摆香案,供上花果、香烛、朱砂、净砚。周公折了一小枝桃枝,醮着朱砂将桃花女的生辰八字写在上面,用黄纸包好,命人系在黑母犬身上;又把桃枝握了一个圈儿,套在黑母犬身上,又拿桃枝醮朱砂画了七道灵符,亲自上前将符粘在黑母犬身上的桃枝圈儿上。周公安放妥当,立刻手中掐诀口中念咒,咒语念了七遍,揭下灵符七道,用火焚化,把写八字的桃枝圈儿也都除下,共用火焚化,将黑母犬打死,命家中人将黑死母犬埋在后园正南方地下,把供桌等物倾下,便哈哈大笑道:"阴人哪,今番本爵看你如何躲得过此难?"原来那颗桃枝是桃花小姐的本命,周公先砍了来就制住了桃花女的灵机。

且言彭剪自己在外偷眼暗暗观看,只见周公如此一番作用,心中就有些疑惑。又见周公冷笑说出些个利害之话,心中大惊。暗说:"不好,这又是用什么法术暗中谋害我的恩妹任小姐了。我何不速速前去,将此事告诉恩妹,使他早做准备才是。"想罢直入内宅,彭剪是国公府老宰臣,穿房入舍无人拦阻,故此一直飞也似的奔至桃花女所住的新房。

　　且言桃花小姐自从救活天香小姐，这天香小姐心感桃花小姐的救命之恩，二人情投意合，相伴不离，谈谈论论，说说讲讲，至三更之后方各回房安睡。这日因在后楼早妆，单有任小姐一人独自坐在房中。想要设法还家，忽然一阵心惊肉颤，坐卧不安，连忙掐指循纹以算，心中大惊，暗道："不好了。周公砍了我的本命根，用黑犬压法制我，将我的生辰八字镇之。哎呀，纵有神仙手段难逃此厄，如何是好？"正在愁闷，忽见彭剪从外厢慌慌张张走进内宅，气喘吁吁，口呼："恩妹不好了，大祸已到，快做准备方好。"即将周公在后园作法要制恩妹一死，又将如何作法，如何命我砍桃枝一五一十细细说了一遍。桃花小姐闻言点了点头，口呼："哥哥休要着急，此事小妹我已算出，知道了周公所用乃是黑犬镇压法，乃是和魔毒之计法。但此回小妹料难逃脱此厄，大约小妹不能生在世上，望哥哥念小妹前番救你之情，今日须要搭救小妹之命，方见哥哥恩义分明。"彭剪闻言，自急得搓手顿足说道："愚兄若有法力，不等前来通知恩妹，愚兄在暗处就破解了，实实不能。恩妹若有用彭剪之处，虽赴汤蹈火，万死我也不辞。"桃花女闻听彭剪之言满心欢喜。说道："若如此，小妹有救无碍矣。"不知又用何法破解，且看下回分解。

第十五回　桃花三解天罡法　周乾再布压魔谋

闲来无事览残篇，多少英雄尽枉然。

生前徒用千般计，死后空留土一滩。

话说彭剪问其解救之法，桃花女言道："周公所用乃是压魔之法，就是大罗天仙也难脱逃此厄，必要三魂出窍，七魄飞空，决死无疑。但则彭家哥哥念小妹救你之情，今日答〔搭〕救小妹才是。"只急的彭剪顿足道："为兄若有法术救得你，我就不对恩妹你说，我就早早破了他的法，救了恩妹，何用报与恩妹你知？"桃花女说道："小妹不是要你破他的法，要你依我的言语而行，小妹就有了救星。"彭剪闻言，忙接言说道："恩妹，凡教给我的事皆记在心，不敢误事，你昨所嘱托的事那一宗一件皆未负恩妹所托。恩妹快快说来，我好去办理。"桃花女闻言满心欢喜，说道："你受周公之命到我家把向阳桃树砍了。那棵桃树是我的本命，今被你砍了，就如塞断水源一般，纵有飞腾变化也不中用，明日未刻就是小妹的死期。"彭剪闻言惊道："如此怎好？只恨我是一个愚人，不通玄术，砍了桃树害了恩妹的性命。我若通晓玄妙，周公将我处死，我也不去砍恩妹的桃树命根。"桃花女接言道："不必懊悔，过去之事不必提了。明日未时一定我死，小妹有一解法，非你出力方可复生。"彭剪说："自愿恩妹不死，为兄虽赴汤蹈火万死不辞。"桃花女说道："我死之后，周公必要即时将我入殓。待他举尸入殓时，切不可等我尸身入棺，他等将兜起尸身时，你可即早拿木杖三根，将大门掩上，朝着门闩上连敲三下，高叫一声'桃花女'，却用右足将大门踢开，那时自有妙法，我自然活转来。用此法时候早了不济事，迟了亦不济事，必须看他们将尸身兜起，举尸欲入棺方可作此法，千万不可误事，如误，小妹性命休矣。"彭剪闻言双眉紧蹙，摇头说道："此事太难，恐怕误事。恩妹你想一想：这新房此去离府门太远，只怕我未曾跑到大门，他们将你尸身已入了殓，岂不是我误了大事？"桃花女道："兄长所言极是，是小妹忙中未曾细说明白。

兄长你但看天交申时,你可便先出去在大门候等。若闻一阵香风过时,那就是兜起我的尸身的时候了,你便要照我的言语急急行事,并不误事。"彭剪点头道:"如此说来,只要算的准,这有何难?唯恐没有这一阵香风,可别怨恨我误事。"桃花女回答:"是必然有的,如无香风,不算你误事。"彭剪闻言心中尚觉半信半疑。复言道:"若果有香见为信,恩妹且放宽了心,千斤担子在我身上担,管许不误大事。"言罢忙忙告别而出。

桃花女独在房中打点他死后防身的法宝,一件件都装在锦囊中,带在贴身衣裳内。收拾完毕,只见天香小姐早妆已毕,来至新房。步入屋内,二人见礼坐下,用完茶点,彼此闲谈。桃花女并不题他父亲用黑犬镇压法暗害己身之事,还似说说笑笑不以为然。直至天晚,天香小姐陪着桃花女用过晚饭,方回自己房中安歇去了。

桃花女独自一人坐在新房,这一夜何曾合眼?坐在牙床之上调气养神,直至次早下了牙床。梳洗已毕,也不戴钗环珠翠,挽了一个道髻,穿上一件水绿色的道衫儿,欢欢喜喜不露一些声色。

当日周公仍是放心不下,暗派家人前去探看动静。去不多时回报:"任小姐并无动静,看他色相并无忧容之态。"周公闻报心中大悦,暗想:"此番克去了他的本命根源,他自然昏暗。"挨到了晌午,步进后园又书了一道催煞符,步罡踏斗,口中念念有词,把催符用火焚化已毕。

且言桃花女同天香小姐在新房中闲话,忽然桃花女大叫一声:"吾命休矣!"仆倒在地绝气而亡。天香小姐与仆妇丫鬟不知其故。一齐大惊失色,忙上前扶起。只见他气息全无,身软如绵,颜色如生。天香小姐见此光景,只吓得手足无措,便大哭起来:"姐姐呀,适才好端端的一个人,为何顷刻之间无故身亡?可怜你青春年少,月貌花容,今忽长逝,怎不教人痛心?"便拊尸哀哀痛切,众多丫鬟仆妇也都哭个不了,只哭得天昏地暗。一片声音喧哗惊动了彭剪,忙忙跑进新房,心中惊道:"果然好厉害的法术。"刚交未时一丝一毫也不错,只见桃花小姐身卧地上,面色如生人一般,紧咬嘴唇,不由得大哭起来。哭了一回,猛然想起昨日所嘱之言,暗想:"我在此哭也无益,快些出大门等候救他的性命为要,才是正事。"想罢停悲拭去泪痕,如飞似的奔出大门,等候依法行事。这且不题。

且言家人王敞报知周公:"任小姐暴病而亡。"周公闻报心中大悦,便亲自踱进房来,只见桃花果然死在地上,便冷笑道:"三寸气在千般用,一旦无常万事休。阴人哪,阴人,今日你还逃脱得本爵的手中否?这教作金风未动蝉先觉,暗算无常死不知。你也有今日。"哈哈大笑。天香小姐含泪口尊："爹爹,这任家姐姐虽然得罪爹爹,罪应该死,但念他救了孩儿一命之恩,且容恕他一二,望乞爹爹将他救活,他也知爹爹的法力高强,必口服心服为是。"周公笑道："你小小年纪如何晓得? 此乃天数已定,谁能救他复生?"遂即吩咐众家人："任桃花死在未时三刻,殃煞太重,不宜久停。速速办他的后事,走马入殓;俟入殓之后,将灵柩停在大堂偏右那一间小房内,不许众妇女举哀,待入殓后方准去任家报信。"吩咐家人先把府门关闭,以防任家使女回家通信。岂料彭剪一番举动,先把大门关闭。

不多时一应入殓物件俱已办理妥当,放在外堂。周公又吩咐:不准与桃花女另换衣服,就令原衣入殓。即派四个有力量的使女去搭任桃花的尸身入殓。四个使女领命上前,搭尸好似蜻蜓撼石柱的一般,搭不起来。用尽平生之力,尸身哪动分毫? 众人诧异,纷纷议论道:小小身材,如何有这等沉重? 周公吩咐再添上四个人去搭,也是搭不起。周公大怒道："好阴人,生前作怪,死后还是成精。你们众妇女皆上前去搭。"众仆妇使女搭了半刻的工夫,再也搭不起来,只累得气喘吁吁,遍体生津。周公见此光景,便喝退使女仆妇,另召了三四十个身强力壮的家丁进内来搭桃花女的尸身。众家丁个个蹿进内房即上前,搭头的搭头,搭腿的搭腿,搭胳膊、搭腰的,左右帮衬,七手八脚,乱哄哄忙个不住。一口同音说:"起。"真也奇怪,尸身好似生成在地下扎住根的一般,休想搭起来。把一位周公只气的暴躁如雷,忙取天罡剑照定桃花女尸身的膊肩上一挥砍下,一声响亮,迸出火星,反把周公的虎口震的苏麻,手腕疼痛,喊一声:"好结实的尸首!"一连照面浑身砍了几剑,纹丝未动,连身上衣服亦未有剑刴的痕迹,也未有破处。众家丁并仆妇、使女一齐惊异,皆言:"此女是一位有道法的人,大约是修成不坏的身体。"

周公正在盛怒之际,闻听众人纷纷羡他道行,犹如火上加油的一般,愤怒连呼:"快携干柴来。"左右不敢迟延,急忙取来干柴,周公吩咐将柴堆在桃花女身上,要将引火之物来烧化他的尸身。家人王僬跪禀道:"若用火焚他尸身,岂不连累府中之房舍? 有碍……"周公怒道:"本爵自有法力,岂能连累房舍? 快替本爵纵火焚化他的尸首。"众家丁取来引火之物,把柴草用火点着。事也作怪,点了一刻的工夫也未点着,刚刚点着这边,那边又灭了。周公命家丁用油灌于柴上,但加上油竟似加上水的一般,柴草上的火反倒灭了,浓烟四起,把周公并众多男女熏的鼻涕眼泪往下落,眼也不敢睁,一哄跑出房来,站在天井过风。

周公道："你们且把柴草搬出，且慢用火，其中必有缘故，待本爵算一算内中有什么缘故。"忙掐指循纹仔细一算。叹道："原是本爵一时粗心，失于检点，这阴人临危用了重身之法护住他的尸身，恐怕死后被人损伤。本爵与你无甚仇恨，你若服软本爵不置你于死地。今你死后还如此厥烈，本爵请六丁神祇，看你怎能脱过？"言罢摘去金冠，披散发际，手仗天罡剑，口中念念有词，惊动了万位神祇降在周公府内，虽然白昼不显金身。周公忽闻得一阵香风便知神圣降至，喝退众家丁，仍派四个使女去搭桃花女的尸身，必然搭得起来。且言彭剪在大门等得久了心中急躁，狐疑起来："莫不成香风过去了我未闻见，误了恩妹托我的大事？"正在懊悔之间，忽然闻见一阵香风扑鼻吹来，心中大喜道："时候到了。"忙用三根木杖望大门上连敲了三下，高叫一声"桃花女！"

未知破得周公之法否？且看下回分解。

第十六回 困名疆阴阳斗智
识本来二圣还原

阴阳反复不寻常，相触日月色无光。

黎首瞻仰尽彷徨，大哉上帝离云乡。

手扶日月上天堂，安然偶立在帝旁。

杲杲皎皎尘华裳，熙和万类庆昑觥。

话说彭剪闻见一阵香风，即依桃花女吩咐之法，用三根木杖向大门连敲三下。高叫一声"桃花女"，忙把右脚一抬，向大门上一踢，"哗啷"一声把大门踢开。

此时正是里边把桃花女的尸身刚搭出房门，周公见搭出尸身甚是欢喜，在后面跟随，催促快些入殓。只因桃花女的魂魄被凶煞守住不能入窍，被彭剪一敲大门，把凶煞惊退，桃花女的魂魄得便扑入尸窍，灵魂归了本位。桃花女翻身坐起，六丁六甲众神祇见桃花仙子还阳，足踏祥光回天复位去了。

这些家丁、使女、仆妇见桃花小姐站起身形，只唬的一个个大惊小怪，东奔西逃。口内嚷道："不好了，炸了尸了。"乱成一块。桃花女圆睁杏眼见周公立在那厢，心中着恼。用手一指喝道："周乾，我与你并无杀父的冤仇，何忍下此毒手，势必要治死我，今日其奈我何？"周公闻言羞愧难当，羞恼变成怒，一挺手中天罡剑，直取桃花女。这桃花女口中忙念拘煞反制的神咒，退后一步，把两袖高扬，向周公一捭，长笑一声，凶煞反扑周公。周公是出其不意，纵有法力也来不及，"哎哟"一声，"当啷啷"天罡剑抛在地上，"咕咚"一声，跌倒在地。周公不知桃花女袖里的变化，被这回煞一冲反伤了自己的性命。这正是：

惹火自烧身，害人先害己。

可叹世上的人皆不想此理。当时周公扑倒在地,面紫唇青,口无一息之气。阖府众多家丁、使女、仆妇皆都着忙放声大哭。皆言:"公爷被任桃花用邪法伤了性命。大众将他拿到闻太师府中去,好给公爷报仇偿命。"

此时天香小姐因父不准他讲情,自己哭得悲悲切切,回自己绣房去了。这时候桃花女听众人所言,微然冷笑曰:"周乾害人不死反自损命,是他自取之祸,与人何由?我在此看你等怎样拿法?"正然纷争,只见彭剪从外进来。且言彭剪在大门完了事奔进内宅,耳畔听得悲哭之声,心下惊疑,两步作一步跑至内堂。见众人乱纷纷不知嘈杂什么?只见桃花小姐站在那里冷笑,忙上前尊声:"恩妹死而复生……"话未说完,众人将彭剪围住说道:"公爷已被任桃花制死,还向他说什么好话?"彭剪骇然,忙问是否,众人用手一指:"你来看。"彭剪回头一看,只见公爷身卧在地,上前用手一摸,口内无气,不由得放声大哭。众人劝道:"既死不能复生,哭也无益,你做主出个主意才是。"彭剪闻言,停悲言道:"公爷前日害人,今日又害人,先把自己女儿害了,还求被害之人救活了,他自不省悟,反轮到自己身上。只好还求原人搭救。"言罢双膝跪在桃花女的面前,口呼:"恩妹看愚兄脸面,大发恻隐之心,救活我的恩上。众人皆感恩匪浅。"桃花女闻言搀起彭剪口尊:"兄长,不必如此。众人竟要拿我去见闻太师,即请闻太师到来,我也不怕。"彭剪曰:"他等皆是愚人,看彭剪的薄面,救活我的恩上,感情不尽。"言罢又要跪下去。众人一齐跪下,口尊:"任小姐,我等皆是愚人,恳求救活公爷,感恩万代。"

桃花女被众人哀求不过。暗想:"周乾命不该绝,救活了他好引他归位,方显我的手段。"便微然一笑说:"你等既不拿我,且看彭哥哥金面,救活了他吧。"遂向彭剪吩咐道:"你还到大门照方才的法去做,未曾敲门你可先叫三句'戒刀',他可就死而复生了。"彭剪问道:"为何不叫公爷的名字,叫起戒刀来了?"桃花女说道:"此乃天机,你如何知晓?急速依法办理。"彭剪并不再问,依法关上大门,照前法作用,叫了一声"戒刀"。那周公的魂魄省悟,一点灵魂入了自己身窍,一翻身坐在地上。睁开眼看见桃花女,正是:仇人相见分外眼红,忙站起身形拾起天罡剑,便大喝一声:"好阴人,你敢用回煞法来伤本爵,本爵若不诛你,誓不为人。"挺手中剑直取桃花女。桃花女从锦囊中取出一把如意桃枝,见宝剑临身且近,用如意桃枝架开,大喝一声:"好周乾,你不思报活命之恩,竟敢恃强相斗。"周乾并不答言,"嗖"又是一剑剁来,桃花女用如意桃枝架过,火速相迎,一阴一阳在大厅上相战。

彭剪见此光景说:"不可争斗,有话慢讲。"手中又无器械,不敢上前拦阻相劝,便奔报天香小姐知道,把一位天香小姐唬的身体乱抖。彭剪又飞奔到任家去报信不题。

且言周公同桃花女从大厅斗到天井,酣斗不休。二人奋不服身一纵,身躯不经,不由得起在空中,脚驾祥云在半空中,你来我往战斗不休。

任太公、任太太一到周家,天香小姐出来相见,把前前后后的话说了一遍,不由得皆都放声痛哭。俱仰面朝天观看。见他二人拥着彩云在半空中苦争恶战,越斗越远,直上霄汉,渐渐的看不见了。这公爷府中哭儿叫父之声震耳,他二人全然不顾。任太公夫妇见女儿归了神位,亦无可奈何,天香小姐见父亲升了天界,自己无倚无靠,见任太公老夫妇哭得太恸,劝道:"你二老夫妇不必过伤,小奴情愿拜在膝下为女。"言罢双膝跪倒,拜了四拜。任太公夫妇二人闻听此言,见天香小姐与女儿相貌一般,心中有怜惜之意,不觉大悦。任太太双手扶起天香小姐,认为义儿,一同回任府。天香小姐朝夕侍奉任老夫妇,膝下承欢。周公的家事就托彭剪料理。此事不在话下。

且言周公桃花女二人越斗越精神,各施法力,弄得风吼雷鸣。惊动了巡天御史,见他两个斗的很凶,已近北天门,忙去报与真武玄天上帝。帝睁慧眼观瞧,已知其事之来脉,即差龟蛇二将前去带他两个来见。

二将领了法旨,各向云中把他二人拦阻,大喝曰:"休要争斗,吾奉上帝敕令召你二人去谒金阙。"二人听得上帝有旨来召,只得住手。随着龟蛇二将参谒上圣,倒身下跪,叩首服伏。

上帝言曰:"你两个俱有根基道行,何故自相残害?周乾你乃是如意戒刀所化,在兜率宫为看守卦盒童子,不守清规,私自下凡泄漏天机,反累桃花仙子下凡,引你还原归位。桃花仙子乃是如意刀鞘,并无不守清规之处,你两个本性相同,休要另生他意!汝等今乃肉体飞升之期,每人各赐你金丹一粒,急命吞服。"周乾、桃花女二人不敢违背,各自将金丹吞讫。上帝又言:"你二人今服了此丹,如有先生异志者,此丹在腹内不消三刻,总就是金刚不坏之体也要化成浓血。"

言毕一展七星旗将二人卷在旗内,带至武当山中为将——周、桃二位元帅。把神光一迫,二位大帅各奔一边,左右手站立。上帝又将七星宝旗连展七展,望二位元帅吹了一口先天正气,二位元帅就将神光收了,一齐肉体归位。

是晚武当山的叶道士偶得一梦:梦见二位元帅托他寄送家书,惊醒上大殿一看,只见天将内又多二神,神光迫入,金光灿灿,心中骇然。见二神足下俱有书一封,不敢拆看，封皮上住址写得明白，遂即朝参了上帝并二位元帅金身，星夜下山奔至朝歌城内。寻到周府，把书信递与门上之人，并将梦警述说了一遍。门上人入报彭剪得知。彭剪接了来书，款待叶道士茶饭已毕，亲自同叶道士去报任太公、任太太及天香小姐得知。一同拆开书信，看明书信上写的是须要两姓合好的话，安慰之言，他二人为神之事。看毕俱各喜悦，曰："既然为神，仍有此灵异不泯。"

斯时便一同叶道士来至武当山进香：先叩谒上帝，后拜二位大帅。但细看二帅金容，与生时面貌无二。交与叶道士黄金百两，以为奉祀二位元帅香油费用。然后下山回家。此事远近传扬，人人称异，街谈巷论。传至朝廷，文武百官皆来瞻仰，奉祀之诚，求应如响。后人有诗为证：

其一：

> 为人做事有天知，莫道前因有所欺。
> 善恶到来终有报，举头三尺是神祇。

其二：

> 万事安排总在天，机关用尽枉图然。
> 人心不足蛇吞象，存意当知学圣贤。
> 无药可医唯忘想，有钱难买成神仙。
> 刻薄世情今古叹，任他作恶我心坚。

郑振铎藏书

第二篇

听月楼

［清］不题撰人 撰

第一回　月楼仙迹　艳妾专房

诗曰：

广寒宫阙降瑶仙，种种情魔自惹牵。

千古凡尘谁听月？月如无恨月常圆。

喜怒哀乐，自情而生也。怒哀虽云有情，终于无情；喜乐未尝无情，终非有情。无情于有情中而更见无情，有情于无情中而益见有情。情之所不容己，因情而死；情之所不能忘，因情而生。有情劫，有情魔，有情痴，有情缘，皆造化颠倒。世之男女，有情者使其情不魔不灭，而后无不遂其情也。偶检残编，得《听月楼》七律一首。其诗有无限深情。诵之再四，乃不禁欣然以□听月为名，谱成一部演说，以消阅者之闲闷云尔。

此书出于前朝河南开封府祥符县，有一位官宦，姓裴名长卿，字如金。少年登科，赐进士出身，屡升至刑部侍郎。为人刚方正直，敢作敢为，不避权贵，广有谋略。家道富厚，兼爱济困扶危，锄强去暴。夫人赵氏，同年，四十以外，所生一子二女。子名以松，字端文，年已十七，曾入黉门，在京随父读书，聘右都御史张翔之女雪姑为妻，尚未过门。长女绮霞，十六岁；次女绮云，年十五岁。俱生得沉鱼落雁之容，更有班姬道蕴之才，女工自不必说，俱待字闺中，未曾适人，夫妻爱如掌上珍珠。裴爷因两女才色兼优，要择婿配婚。因在后花园构一高楼，与二女居住。一为拈针步韵之区，二为游目遣兴之地。楼方告成，尚未题名。那日八月十五日，正是中秋佳节。这晚月明如昼，裴府团圆，家宴摆在后花园楼下厅中。裴爷夫妇，居中坐下，一子二女旁坐相陪。丫鬟上酒上菜，一家畅饮，好不快活。又见一天皎月，照得阶前雪亮，耀人眼目。裴爷此刻，心中欢喜，要在酒席筵前，考一考子女的学问。便道："此楼业已造成，尚未命名。吾儿可同两个女儿，各拟一个名儿上来，与为父的评定。其名，总要出类拔萃，不可落入俗套。取名的不中式者，罚酒三盅。"以松同两个妹子，连声答应，忙去腹中寻思。一会，三人俱已将楼名推敲顶好的出来。先是以松道："楼下有大松数十株围绕，与楼相齐，可名为餐松楼。"裴爷笑道："餐松乃急逸之意，非所以居尔两妹。吾儿学问颇不活泼,快领罚酒以通窍。"说得以松满面通红,不敢回言,只得吃了三杯罚酒。裴爷又问两个女儿:"楼名可曾有呢?"绮霞道:"女儿恐取出楼名,也怕不佳,不如不说,同妹子吃三杯罚酒吧。"裴爷道:"你二人之才,高似乃兄,快些说来与为父的听。"绮霞见乃尊谆谆问他,姊妹二人不敢再为推辞,只得说:"孩儿取的楼名叫作倚翠楼。"绮云也接说:"孩儿取名'双凤楼'。"裴爷道:"大女儿取名倚翠,还有诗人婉转之情。二女儿取名双凤,未免才思大露,绝少曲折。较之以松,总胜千百倍多矣。各饮一杯赏酒。"两位小姐,尊了父命,将酒饮过。夫人道:"老爷也取个楼名,指教儿女们。不好也要敬三杯酒的。"裴爷笑道:"夫人代孩儿们出气也,要盘驳下官了。"夫人道:"非姜敢班门弄斧,老爷不说出一个楼名,无以服众。这是要请教的。"裴爷不好回夫人,正沉吟一会。未及说出楼名,但闻空中一阵鹤唳之声,香风微微,皎月影影,悠悠扬扬,飘下一张柬帖,落于庭前。裴爷大吃一惊,忙着丫鬟:"到庭前看来,是什么东西?"丫鬟领命,执灯到庭前地下一看,见是个黄柬帖。忙弯腰拾起,走到上面,送与裴爷。裴爷接过一看,见柬帖一个,上写:"玉阙掌桂仙吏吴刚,致意司寇裴君。偶见名楼,顿生倾慕。其间多少有情之人,多少有情之诗,多少有情之事,非佳名不足以留其胜迹。如餐松、倚翠、双凤等名,皆才人后着。即司寇未言之留云楼,亦算巧思,犹非奇绝。刚于桂下用玉斧磨琢二字,以为君家楼名。令人惊奇诧异,以成一段佳话。匾三字,并诗一首,已书于司寇新楼。可上楼一看,便见分晓。"裴爷看完柬帖,又被一阵香风吹去,柬帖已不在手中。裴爷连称异事,便向夫人同一子二女说了一遍,大家各吃一惊。裴爷站起,命丫鬟掌灯,同夫人一子二女,齐登高楼。此楼后半截靠河,一带雪洞。推去窗子,可以眺远。前半截在花园内,上面楼中卷帘内本广一退光漆匾,约有三字宽,未曾写字,匾下即是一带粉屏。裴爷到楼上,正值灯月交辉,光射匾上。三个金字,乃"听月楼"。写掌桂仙吏题。夫人不通文墨,并不则声。裴爷与两位小姐,寻思听月二字,意味颇见生新。旁有以松插嘴叫声:"爹爹,楼名听月,虽是仙笔,而文理欠通。只有赏月、玩月、踏月、见月,月乃太阴之象,无声无臭,从何处听起? 此名似乎不妥。"裴爷也觉以松言之有理,连连点头。绮霞道:"兄长且慢批评仙笔,请看粉屏上诗句,自然明白。"裴爷命丫鬟,将灯移近屏前。大家细看,那诗是七言绝句一首。只见上写道:

听月楼高接太清,楼高听月更分明。

天街阵阵香风送,一片嫦娥笑语声。

后写"《咏听月楼》句,可博司寇一笑。"裴爷见此诗句,与儿女们恍然大悟"听月"二字之意,以手加额道:"楼名得此仙笔,千古流芳矣。"说罢,命丫鬟移灯照着,一同下楼,重新入席,共饮香醪。夫人道:"据仙柬云,老爷未言之留云楼,可是这个名吗?"裴爷道:"一丝不错。"夫人笑道:"真是活神仙了。"裴爷道:"明日朝罢回来,摆了香案,上匾谢仙。"夫人道:"正该如此。"说罢,大家畅饮一会,尽饮而散,回房安寝,过宿一宵。

次日起来,裴爷朝罢而回,命家下对楼摆下香案,同夫人儿女到楼前,有丫鬟铺下红毡,裴爷至亲五口,大拜八拜,答谢上仙题楼之恩。拜毕起身,又在楼上游玩一会,正才坐下,吃了一杯香茶。见一个丫鬟禀裴爷道:"楼下有家人来报,老爷两位同年,宣大老爷已起用侍读学士,柯大老爷已起用太仆寺少卿,俱带家眷来,陛见过了,方才有名贴来拜候老爷,请老爷示下。"裴爷点头知道,吩咐下面家人,打轿伺候,回拜两处。丫鬟答应,下楼去了。夫人问道:"来拜老爷是那两位同年?"裴爷道:"这两个同年,总是江西南康府建昌县人氏,一姓柯,字直夫,号秉正,为人迂拘执拗。一姓宣,字学乾,号行健,为人温雅和平,同为甘氏女婿,乃两姨连襟。前因公事挂误,今复起用来京。可喜有几个同年不时聚首谈心。夫人且与儿女们少坐片时,下官失陪了。"夫人道:"老爷请便。"裴爷起身下楼,一直出外上轿,带了四名家人,先去拜宣侍读,见面各叙寒温阔别,又说道:"有子登鳌,年已十七,入过学了。"裴爷也代他欢喜,即告别上轿,去拜柯太仆。叙礼送茶,也谈一番寒温。柯爷问裴爷道:"年兄有几位令郎令媛了。"裴爷道:"一个小儿,两个小女。"旋问柯爷,几位令郎令媛?柯爷道:"一个小儿,一个小女。"裴爷道:"你我俱有后人,可继书香。但不知闺中掌珠拾于何人之手?"柯爷道:"事有定数,何必为儿女情长。"裴爷笑道:"年兄言之极是。"说罢,起身告别。柯爷苦留便饭,裴爷道:"今日还有公件未完,容日再来领情吧!"下阶出去。柯爷送出大门,见裴爷上轿去了,方转身入内。才到腰门口,只听见中堂上一片喊叫之声,倒把柯爷吃一大惊,连忙进去一看,原来柯爷的大夫人甘氏,年已半百,秉性忠厚,又兼一身是病,膝下只生一女,名叫宝珠,年已十六。他生得比花花解语,比玉玉生香,女工有描龙刺凤之能,文墨有二酉五车之富,待字择婿,未曾出阁。侍女如媚、如钩,随身服侍,也有几分姿色,终日相伴小姐,在闺房足不出户。父母十分钟爱,只有柯爷不喜女儿吟风弄月,以为古今佳人才子,多由于诗,私心挑逗,成人话柄,屡责女儿。无奈女儿酷好吟诗,虽屡被责辱,犹背后吟咏。柯爷一生多疑,每被觉察出来,大闹几场。

因此，父女人和意不和。柯爷又因无子，用千金在苏州买一艳妾。本是水户出身，生得有七八分姿色。虽不能诗，也知认字，枕席上又善于奉承。柯爷被媒人哄诱上钩，买了回来，取名秀林，收在房中。过了几年，生了一子，柯爷分外欢喜。因子贵母，越发宠爱。秀林其子到了六岁，延师教读，取名鸣玉。生来聪明，过目成诵。十岁上，四书五经俱已了然。柯爷爱子心重，且又爱妾，言听计从。夫人见柯爷宠妾灭妻，又遭逼女儿，心中气忿不过，与柯爷吵闹几回，秀林反帮着，出言不逊，气得夫人病上加病。秀林以为得计，只望气死夫人，他就可以扶正了。怎奈是水户出身，每日在风流阵中，俱是棋逢敌手的少年，今见柯爷一年老胜一年，很不畅意，打点偷些野草闲花。柯爷家法甚严，三尺孩男不许入内。内里女眷，又不许出外。弄得秀林心猿意马，被他拘住，很不耐烦，终日自嗟自叹，只与夫人小姐寻事吵闹，打鸡骂狗，闹的全宅不安。这日，有一双红睡鞋晒在窗前，因小姐的丫鬟如钩泼水溅湿睡鞋，又被秀林撞见，连皮切肉，打丫鬟骂主人，大闹起来。且看下文。

第二回　见姨惊美　狗礼辞婚

诗曰：

眉似远山齿似银，美人身段有丰神。

秋波一盼魂消处，本欲相亲不许亲。

秀林为丫鬟如钩把他的睡鞋弄湿了，便大闹起来，指着丫鬟骂道："你这浪蹄子、臭淫妇，仗着什么人势头，屡次将我欺负。我亦不是好说话的主儿，你敢与我拼一拼？"如钩也忍不住回道："婢子是无心溅湿姨娘的鞋子，何必这等生气骂人。"秀林一听，好似火上加油，对着如钩，一口啐道："我不是你的主儿，你这浪胖，敢向我回嘴。非但是骂，还有打呢！"说着站起，拿了一根门栓，如狼似虎，抓过如钩，没头没脸的乱打。打得如钩满地打滚，哭喊连天。早惊动夫人，前来相劝，并不肯依。夫人气了归房。小姐知道此事，忙出房向秀林招赔不是。秀林不但不准情，反责备小姐道："你用出这等尖嘴薄舌的丫鬟，平时并不拘管，任他狂为，反代他讨情。将来引诱你做出不端事来，也是不消究问的。"这一席话，说得小姐满面通红，也气起来道："就是丫鬟失错，溅湿睡鞋，也是小事，不放着大喊大叫。我代他赔礼，也就丢开手了，你这嘴内说些什么乱话，令人难听。你要借如钩出气，将他活活打死，倒也干净。"秀林听见这些话，哪里忍耐得住，心下大怒道："我就把这贱人打死，看谁向我要人。"说着把门栓雨点似的，向如钩身上打下来，比先更打得凶险。如钩哭叫救命，小姐一旁看见，气得浑身冰冷。正是中堂大闹，恰值柯爷送客进来。一见这个光景，大吃一惊，忙向秀林手内夺过门栓。问他因何发恼？这般模样？秀林学舌与柯爷听，把方才吵闹的事，又加些作料，说如钩得罪了他；"你女儿不责备他的丫鬟，反掌着丫鬟说我许多不是，我怎么不气。我是一个主儿，就打他的丫鬟，也不为过。你看我手都气冷了。"柯爷摸着秀林的手道："果然冰冷的，丫鬟快取热茶与姨娘吃。大人不记小过，丢开手吧，气他则甚。"小姐见父亲百般安慰秀林，心中不忿道："爹爹也该问个曲直，怎听一面之词。各人房中使用的丫鬟，各有主儿。就是我的丫鬟不是，也该先问我一声，如何动手就打。

我若打了他的丫鬟，他又何以为情。参参不知就里，便认以为真了。"秀林哼了一声道："一个千金小姐，对着父亲还庇护丫鬟，成何体统。"柯爷被秀林一句话，激恼起来。喝声："宝珠，十分放肆。还不带了丫鬟回房，严行管束，尚站在中堂，与长辈斗口，全没家教。速速退下！"小姐见柯爷反教训起来，忍不住向前，气愤愤的拉了如钩。回房去了。柯爷反百船安慰秀林，手搭香肩，拉入内房，同用中膳。秀林占了上风，心中十分快活，加意奉承柯爷。柯爷虽有几岁年纪，也强作解人，与秀林调笑。中膳已毕，将茶漱口，便同秀林到花园散闷，不表。

且言宣夫人，因来京多日，打发儿子登鳌，到柯府见姨母。登鳌领了母命，更换衣襟，带了抱琴、醉琴两个书童，跟随轿子，一直来到太仆寺衙门。宣公子下轿，先有抱琴投了名帖。看门柯荣，见是至戚，不敢怠慢，请公子厅上少坐，忙入内禀知。老爷尚在花园，先禀知夫人。夫人正在房中气闷，听见丫鬟禀称："宣姨太太差了公子来见夫人。"夫人听见，破忧为喜，即请公子内堂相见。丫鬟传话出去，柯荣忙到厅去，请公子入内。一面赶到花园，去禀老爷。老爷与秀林在花园玩耍倦了，正在一张大理石榻上，并头而睡，却不敢去惊动，只得站在园门外等候。宣公子入内，到了中堂，见柯夫人坐在一张太师椅上，两旁四个丫鬟侍立，忙向前尊声："姨母在上，待侄儿宣登鳌拜见。"说着，要拜将下去。柯夫人一把拉住道："贤侄少礼，一旁坐下。"宣公子告坐坐定，有丫鬟献茶。茶毕，柯夫人道："令尊令堂安否？"公子道："托赖姨母鸿福，双亲俱安。命小侄前来代请姨丈姨母的安。"柯夫人道："好说，我看贤侄生得面如冠玉，貌似潘安，今年尊庚？可曾游庠吗？"公子道："小侄十七岁，已于去岁侥幸入学。但不知姨丈今往哪里去了？"柯夫人笑道："你家姨丈被妖怪终日缠住，问他则甚。"公子见说，不好再问。又道："姨母膝下，可有姨兄姨妹吗？"柯夫人道："做姨母的，生了一个姨妹，名叫宝珠，今年十六了。有个姨弟，名叫鸣玉，今年十三了，是妖怪所生的。"公子道："小侄到此，可请姨妹、姨弟出来，见个礼儿。"柯夫人道："你的姨弟在书房念书，被你姨丈拘住，不准出外。如私自逃出，姨丈定加指责，拘得这个孙子如木偶一般，不用叫他出来见礼，省得淘气。倒是你的姨妹，可唤他出来见个礼儿，与你兄妹会一会。"说罢，即命丫鬟去请小姐。丫鬟答应去了，宣公子坐在椅上，腹内寻思道："闻得母亲常说，姨母所生姨妹，貌若羞花，才如咏絮，乃一才貌双全的女子。但闻其名，未见其面，今日拿出几分眼力，看姨妹可是名称其实吗？"正在寻思，忽听一阵环佩声响，从屏后转出来。公子抬头定睛一看，见小姐冉冉来到中堂，好一似：

天上嫦娥离玉阙，林中美女下瑶阶。

公子见了小姐，月貌花容，已是心神荡漾。又见后随两个侍婢，也生得超群出众，心内连连称赞道："果然言之不虚，我宣登鳌若有福分，得与姨妹克成连理，也不枉一对姻缘，方是尽善尽美。且待我回去，禀知母亲，向爹爹说了，央媒前来说亲，谅姨丈姨母，再无不允的。"正是公子出神痴想，早见小姐向前，与母亲道了万福。柯夫人道："我儿罢了，可与姨兄见个礼儿。"小姐答应，转身叫声："姨兄请上，愚妹这里万福。"一面见礼，一面微露秋波暗觑。公子生得一貌堂堂，唇红齿白，品格不凡。心中也十分倾慕。公子见小姐与他见礼，忙起身，也尊声："姨妹少礼，愚兄这里回揖。"说罢，一揖下去。两下见礼已毕，小姐在公子对面坐定。四眼相望，你爱我，我爱你，说不尽顾盼，无限深情。夫人又与公子谈了一会家务，公子起身告别。夫人留住吃了晚饭去，公子也舍不得撇了小姐就去，趁着夫人留他，就坐了不动身。夫人正吩咐丫鬟，叫厨下备酒，恰值柯爷在花园睡醒，同秀林出来。柯荣向前禀知，将名帖呈上。一看，知是宣家姨侄到了，便问柯荣道："宣公子可在这里了？"柯荣道："现在中堂，见夫人呢。"柯爷点头，叫秀林回避了，独自迈步，来到中堂。见夫人居中坐着，儿女陪着姨侄坐在那里，心中已不喜欢。但因姨侄初来，未便发作。夫人见老爷进来，便叫公子向前，见了姨丈。公子起身，尊声："姨丈在上，小侄拜见。"柯爷拉住，只叫："行常礼吧。"公子依言礼毕，候柯爷与夫人并肩坐下，也一旁坐定。小姐向前，请父亲的安。柯爷哼了一声道："一个女儿家，不坐在深闺做你女工，出来则甚。"说得小姐满面通红，诺诺而退。夫人见柯爷发作女儿，很不耐烦道："一个远来至戚兄妹，出来见个礼儿何妨，你又来扯淡，多管闲事。"柯爷道："你哪知，男女七岁不同席。虽是至戚，也有瓜李之嫌。父母不管，岂不被人议论。"夫人道："动不动说的是老头巾的话，到也可笑。"柯爷也不及同公子叙寒温，只与夫人拌嘴。公子此刻，见小姐已去了，大失所望。又见柯爷为小姐出来与他一会，反同姨母争竞起来，弄得局促不安。也不等他晚饭吃了，即起身告别。夫人还说相留，柯爷反说："姨侄的令尊、令堂在家悬望，不必苦苦相留，改日再会吧！"说着，送了宣公子出来，上轿而去。回来又埋怨夫人一番道："虽宣家姨侄生得仪表甚好，却是举止轻浮，以后防闲要紧。"夫人笑而又气道："男女一见了面，便不成有什么事故出来？"柯爷恼道："你妇人浅见，知道什么。"自此，夫人与柯爷专为此事，絮聒不休，且自慢表。

再言宣公子，自到柯府见了姨妹回来，眠思梦想，念念不释，暗将此意，告知母亲。

宣夫人也深知姨女，才貌双全，堪以匹配孩儿，又是亲上加亲。兴致勃勃地与宣爷商议，代儿子央谋，向柯府求亲之事。宣爷听说，皱着眉，摇着头道："若论我与柯襟兄联姻，自是门当户对。乃这位襟兄，性情执拗，且又多疑，未必肯允这门亲。"夫人笑道："姻缘随天所定，不过借人力求之，行止再作商议。"宣爷见夫人言之有理，点头依允。次日，即托刑部侍郎裴爷为媒，到柯府求亲。裴爷因两处俱是同年交好，不好即却，只得坐轿到柯府而来。先有家人投了名帖进去。柯爷整衣出迎。裴爷入内，见礼分宾坐定，家人献茶。茶毕，柯爷问道："年兄何事下顾，望乞见教。"裴爷笑道："特来与年兄的令媛作伐，故轻造尊府。"柯爷道："女大自要当婚也。择婿之才貌若何，方可允亲。但不知年兄做媒，说的那一家儿郎？"裴爷道："若论女婿才貌，固是好的。亲家与你同年好友，又是襟戚，这头亲事可好吗？"柯爷哈哈大笑道："年兄是来代宣襟兄的儿郎做媒，却有三不可，做不得亲。"如何批驳出来，且看下文。

第三回　游园偷情　寻香召衅

诗曰：

花前月下订佳期，浪蝶狂蜂只自知。

怪煞声声铁马响，鸳鸯惊散碧波池。

裴爷问："有何三不可？倒要请教年兄。"柯爷道："小女年轻，未娴父母之训，倘早为出嫁，必失公姑之欢，此一不可也。我看宣家儿郎，外貌虽有可观，内里惜无实学，且举止轻浮，不似读书人的气度，此二不可也。两姨做亲，更有嫌疑之别，一不谨防，将来必弄成大话柄来，此三不可也。年兄前来，代小弟的女儿做媒，非敢方命。只为其中有三不可，不能曲从。年兄切勿见怪。"裴爷听这一派迂腐的话，不禁哈哈大笑道："似年兄这番议论，将来代令媛做媒的，必是乃尊方得妥当。"柯爷也笑道："年兄又来说趣话了，岂有毛遂自荐的。"裴爷道："此刻不与年兄争论，日后自有应验。就此告别，回复贵连襟。"说罢起身。柯爷也不相留，送了裴爷上轿而去。方转身回后，到了秀林房内坐下。秀林问道："外面会的是什么客？"柯爷道："是同年裴长卿。"秀林道："裴公来做什么的？"柯爷道："总是我家老不贤惹出来的事。"秀林吃惊道："说的什么事，是他惹出来的？"柯爷道："就是宣家姨侄来拜见什么姨丈姨母，这老不贤又叫出女儿，与他见礼。你想一个不出闺门的女子，便与面生的人会面，成何家教。我说了老不贤几句，他还与我吵闹。如今可弄出话柄来了。"秀林道："有甚话柄，快说与我听。"柯爷道："可恨宣家小畜生，竟看上了我女，回去告知父母，央了裴司寇为媒，岂不是个话柄。"秀林道："你可依允这头亲事？"柯爷摇手道："小畜生在那（下缺一百四十四字）道："宣家儿郎，初见你女面貌，便留心求婚，安知你女见了宣家儿郎，回房不吟风弄月吗？"柯爷大恼道："宝珠若再吟诗，被我察出，一定将他处死。"秀林道："处死女儿，于心不忍。不如乘他不及防备，向房中一搜，搜出来一火焚之，再发作几句，他下次就不敢了。"柯爷连连点头，气愤愤站起，赶到宝珠房中，翻箱倒笼，四处一搜，也拽出好些诗稿。一看，总无关紧要，取火焚于房外。临行带说带骂，发作宝珠一场而去。只气得宝珠大哭不已。明知中了秀林暗箭，唯有恨恨连声，不敢明言。还亏如钩、如媚两个心腹丫鬟，劝住小姐悲声。过了几日，也是应当有事。柯爷因在本衙门有公事，未曾回府。那时正是三月天气，晴光明媚，花柳成行，一派春景，正易引人动兴。秀林因柯爷未曾回来，独坐房中，甚是闷人。后堂夫人、小姐俱说不来，又不能闲话解闷。忽想起"家内花园，还有一派花香鸟语，春色可人。东楼万花台上，远看郊外野景，更是活目。迁老从不许我上去，怕被外人瞧见。今趁他不在家中，带了心腹丫鬟小翠，到花园去解闷。"想定主意，重施香粉，再点胭脂，妆饰一会，打扮精工，手拿一柄牙骨宫扇，唤了小翠跟随，袅袅娜娜，直奔花园而来。到了花园门口，但见：桃红柳绿，阵阵幽香；燕剪莺梭，声声巧语；太湖石旁，狸奴规凤子；倚虹桥畔，绿水戏鸳鸯，梧桐架，弄巧鹦歌；芍药栏，开屏孔雀；玻璃厅，明窗净几；迎晖阁，画栋雕梁；五老松高千竿竹，万花台倚百尺楼。又是暖日迟迟，和风习习。说不尽园中春景，令人爱慕。秀林带了丫鬟，一路走进花园，也无心在别处游玩，直奔东楼，慢慢上去。走至万花台上，命小翠移了一张石花鼓到台上坐下，望见墙外就是一道御河，两岸杨柳垂荫，河内游船如梭，往来不绝，且笙歌盈耳，真一大观。秀林在台上，望着下面景致，十分明白，心中畅快。暗想："这等好去处不让我来散散心，可恨迁老不近人情。也罢，等他不在家，瞒着迁老，时刻上来玩玩，有何不可。"想得心花都开，哪知外面游船上子弟，都借游玩为名，来看堂客的。凡走到岸边过者，看着台上也十分清楚。今日那台上，看着一位绝色佳人打扮，又甚是艳丽，无不啧啧称羡。也有知道是官宦人家眷属，不敢过于呆看，怕惹出祸来。只不来船过一看，回去眠思梦想而已。其时，朝中有一位当道奸相，姓蒋名文富，官拜武英殿大学士。夫人早丧，只生一女，名连城，年已十六，尚未适人。随身丫鬟红楼服侍。一子国銮，年已二十，虽娶妻房，终日在外，眠花卧柳，好色中都元帅，但见了一个标致妇人，如饿鹰见血一般，百般算计，都要遂他风流愿方丢开手。如有不从者，即带了家将蒋龙、蒋虎、蒋豹、蒋彪等，在民间硬行抢夺。也有羞愤自尽的，也有无耻相从的，总得遂他的心愿，也不顾别人死活。还有一个助桀为虐的通政司巩固，本拜在奸相门下为义子，又与蒋公子情投意合，凡做不来的事，都是巩通政代他暗设奸谋，又百般奉承。蒋氏父子，十分将他信任。奸相在朝专权纳贿，公子在外倚势行凶，父子济恶，弄得臣民人人侧目。只有裴刑部、柯太仆、宣侍读这几个正人在朝，奸相尚忌惮几分以外，满朝文武都是阿奉他的。所以威权日重,阴谋不轨。这都不在话下。

　　只言这日,巩通政陪了蒋公子,也在御河游湖,驾了三四号大船,带了家将、厨役、茶担数十余人,分在各船伺候。蒋公子同巩通政,在第三只船上坐着,推开船舱的窗子,四下找堂客看。恰值船到柯府花园后门水码头经过,蒋公子在船中一双好色的饿眼,早已看见台上坐着一个美人,由不得浑身酥软,只叫:"好东西,真是一块肥羊肉。"巩通政笑道:"世兄又着魔了。"蒋公子目不转睛,朝上痴望,也不听见巩通政的话。通政戏将扇子,在公子肩上一拍,到把公子吃了一惊。回过头来,问道:"老蒋做什么?"通政笑道:"世兄出神,必有奇遇。"公子也笑道:"你不看那台上坐着一个俏人儿吗?"通政忙从窗外定睛一望,果然不错。公子道:"老蒋如何? 代我着几个家将上岸,扶他下船,陪我大爷吃杯酒,带回去开开心。"通政道:"世兄,使不得。这个花园是柯太仆的,小弟认得,台上莫非他的姬妾。柯老素性执拗,不是好惹的主顾。世兄不要想痴了心,且开船到别处去物色吧!"公子道:"我的神魂已被他勾去了,怎肯舍他而去。老蒋,代我想个当儿,成就其事,必有重报。"通政道:"计倒有一条,明做不得,暗做可行。"公子急问道:"计将安出?"通政道:"公子且假作上岸解手,你看他的后园门开着呢。公子也不用带人上去,只要挨身进了园门,伏于台下,等候佳人。用些甜蜜之言,哄他上钩。如其不顺,喊叫起来,公子跑出园门上船,再别做计议。小弟将船拨在对岸相等。"公子拍手道:"好计!"故意装作腹痛,上岸出恭。家人要上前跟随,公子摇头不要。独自跳上岸去,鬼头鬼脑,到了花园门口,轻轻一推,门果是开的。挨身进去,顺手把门带好。他也不知园中路径,只仰面望着高台走去。到了台下伏着。侧耳细听。恰是秀林坐在台上,因看玩游船景致,十分开怀。又怕迁老回来责备,忙起身带了小翠,方慢慢下得楼来。正走之间,蒋公子把身一起,与秀林撞一个满怀。秀林吃了一惊,倒退几步。先将公子上下一看,见他生得人物风流,打扮不俗,心内已有几分怜爱,反喝问道:"你是何人? 私入园中,拦我去路,还不速速出去,不要被我叫喊起来,拿你做贼看待,休讨没趣。"公子见他几句言语,虽是利害,并不动气,知道可入彀中。反笑吟吟向前一揖道:"小生父亲,乃当朝首相,某姓蒋,名国銮,今遇小娘子这等花容月貌,如刘阮之误入天台,亦是三生有幸,望小娘子怜念小生。"秀林道:"既是一位贵公子,就该知礼,不该调戏官宦人家妇女。"公子道:"知法犯法,只做一遭,也是前缘。"说着,就要向前,动手动脚。秀林怕小翠看见,不成雅相。便叫:"小翠,我台上还有一条汗巾在上面,可上楼取来。"小翠答应,又转身上楼去了。公子见佳人遣去丫鬟,是个知趣的。忙拉住秀林的手,一直拖至玻璃厅榻上睡下,两人解带宽衣,秀林也是半推半就,成其好事。正在玩得高兴,忽听厅外一阵笑声。惊散巫山,再看下回。

国学经典文库

私家藏书

名家藏书

图文珍藏版

第四回　拜寿留妹　玩诗逼归

诗曰：

本是无心检旧编，案前侬见亦生怜。

多情却遇寡情者，从此香闺不稳眠。

你道厅外这笑声是谁？却是宝珠小姐，也因父亲不在家中，独坐香房纳闷，禀知母亲，带了丫鬟如媚、如钩，也到花园游玩，看看百花。一路闻得幽香可爱，缓步寻踪，到处玩耍，真和畅人心。自与丫鬟，谈着笑着，正走到玻璃厅上。外面望着里面，也是亲切。里面望着外面，也是分明。宝珠正打点进厅，耳畔中忽闻里面有喘呼之声，大吃一惊，忙停住脚步。定睛向玻璃厅里面一望，见那光景，不觉满面通红。只认是不惜廉耻家内的丫鬟、仆妇做的勾当，也不欲明言其事，但咳嗽两声，使之闻之，心内如小鹿儿乱撞，唬得急急转身，带着丫鬟就走。蒋公子正与秀林，在榻上顽得高兴，忽被厅外一阵笑声，一连几声咳嗽，唬得公子秀林魂飞天外。急急披衣下榻，不敢出厅。秀林在玻璃外一望，见宝珠带着丫鬟冉冉而去，由不得又恨又怕，恨的宝珠惊散好事，怕的宝珠方才撞见，一定在痴老面前告状，那就了不成呢。"宝珠呀，我与你前世是什么冤家对头，今又觅迹寻踪，来看我破绽。少不得你也有日死在我的手里。"这是秀林心虚，反怨恨起宝珠来。此刻，蒋公子抖在一堆，也怕弄出事来。倒是秀林胆大，叫声公子，休要惊慌，趁此无人，速速出园，后会有期。公子定一定神道："承娘子美情，小生生死不忘。但不知异日佳期，定于何时？"秀林道："你看万花台上，有红汗巾拖下，就是痴老不在家，我就开了园门，不时相会。只要公子情长，不要又攀花柳，忘了奴家。"公子道："永志娘子今日恩情。"说罢，两人又肉麻了一会，方才手挽手儿送出园门，望见公子下船去远，乃闭园门进来。四处找寻小翠，哪知小翠在台上找汗巾不见，就倚在石栏上睡着了。秀林仍找到万花台上，找着小翠，推醒了，一直下楼，出了花园，归房坐下。柯爷此刻并未回来，秀林到底做错了事，心内犹疑，也防着宝珠记他前仇，搬弄是非。又转一念道："宝珠也管不住我的许多，他若不说便罢，若说我就硬栽他一任。"想定毒意，便躺在床上睡倒。直至黄昏后，柯爷方才回来。也不到夫人后边去，竟到秀林房中。见他睡觉，推醒秀林，起来同用晚膳。反是夫人那边，打发了丫鬟过来，禀柯爷道："明日乃宣姨老爷五十正寿，那边姨太太打发管家婆，来接小姐。夫人特请老爷示下，小姐明日还是去不去？"柯爷听说，哼了一声道："老不贤，又来多事了。他过他的生日，要女儿去做什么。"秀林因有日间之事在心，巴不得撺掇宝珠出一日门，回来再说，就有得抵赖了。想定主意，便道："你又来古板了，一个姨丈人生日，姨母打发人来接侄女，你反叫女儿不去拜寿，于礼上说不去。"柯爷道："不是我不叫女儿去，只为前事在心，又怕弄出话柄来。"秀林道："拜寿的人山人海，小宣外面陪客不暇，哪有功夫进去看你女儿。况你明日也要到宣府拜寿，再细心鉴察，万无一失，这倒不必忧虑，只管叫女儿去。"柯爷被秀林一席话说得连连点头，吩咐丫鬟道："明日叫小姐到宣府拜寿，早去早回。"丫鬟答应去了。这里用过晚膳，将茶漱口，坐了一会，收拾安寝。秀林在床上暗想："明日支开宝珠这一个眼中钉，再打发痴老到衙门中有事不回，好让我迳到花园，去与情人畅聚一番，岂不大妙。"秀林想到此外，心中畅快，梦入阳台而去。这都不表。

单言次日起身，小姐在闺房收拾齐全，出来告别父母，带了随身两个丫鬟服侍，外边早已有轿伺候，抬进厅中，小姐上轿。后面是丫鬟两乘小轿，家人柯荣、柯华跟随轿后，一路直奔学士衙门而来。

不多时，到了宣府，将轿一直抬进内厅歇下，早有如媚、如钩，伺候小姐出轿。小姐轻移莲步，来到内堂，见了宣夫人，口称："姨母在上，愚侄女拜见。"宣夫人一把拉住道："侄女少礼，一旁请坐。"宝珠道："等姨丈进来拜寿。"夫人道："你姨丈在前厅陪客，没得工夫进来，且请坐了。"宝珠告坐，坐定，有丫鬟献茶。如媚、如钩上前，叩见夫人。礼毕，宝珠道："母亲请姨母的安，并代姨丈道喜。"夫人口称："好说。"见宝珠生得花容月貌，举止温柔，言谈稳重，暗想："好一个女子，怪不得痴儿想他匹配。可恨柯老执见拒婚，今痴儿发誓，今生不得宝珠为妻，决不再娶。岂不好笑。"一面肚内想着，一面回叫贤侄女："多谢你母亲记挂，你母亲一向安否？"宝珠见问，由不住莹莹欲泪。因是姨丈诞辰，不好哭出来。只附着宣夫人的耳，便将父亲宠姜灭妻，母亲气成了病的话，说了一遍。宣夫人听了，连声叹息。早有仆妇端来面碟，宣夫人陪着宝珠，用过寿面，进房匀面更衣，又坐着闲谈一会。正又摆饭，饭毕，宣氏父子因外面拜寿客来的稀少，便进内堂安歇一会。宝珠见姨丈进来，忙命丫鬟铺下红毡，向姨丈拜寿。宣爷只受了两礼，一把拉住宝珠。倒是宣公子一见宝珠，由不得神魂荡漾，只站在一旁发痴。倒是宣爷叫声"吾儿过来，与姨妹见礼。"宣公子一听乃尊吩咐，魂方入窍，忙向前叫声："姨妹，愚兄这厢有礼。"宝珠也称："姨兄，愚妹这厢万福。"两下四目传情，各自意会。礼毕，大家坐定，宣爷道："今承贤侄女前来拜寿，未免简慢。打点欲留侄女稍住几日谈谈，不卜意下何如？"宝珠道："爹爹临来时吩咐侄女，拜寿早去早回。"宣爷哈哈大笑道："休信迂老腐话，我偏留你玩几天，看他怎奈我何。"公子也巴不得留住柯小姐。倒是宣夫人道："侄女今日好好前来拜寿，不要屈留，免得回去淘气。"宣爷道："柯襟兄现在厅上，待我出去，向他当面言明，留住侄女，他也不好意思问我。"说着同公子出了内堂，仍到厅上，向直夫说："留住侄女玩几日去。"直夫因当着众人面前，不好回宣爷，只说一两日则可，多却不能从命。宣爷含笑点头，吩咐家人传话入内，说留住了柯小姐。柯府有人来接，只说小姐不回，改日打轿来接。家人答应去了。外面到了黄昏，四处张灯、摆席、演戏待客，好不闹热。直饮到三更时分。戏毕客散，宣氏父子因应酬一日辛苦，就同在外书房安寝。宝珠小姐便在宣夫人房中歇宿一宵。

次日起来，梳洗已毕，才到中堂，与夫人用过早膳。忽见丫鬟进来，禀夫人道："外面柯府已差了两个家人，来接小姐即刻回府。"宣夫人笑道："这又奇了。昨日我家老爷与他言明，他已经依允，如何过了一夜，就来接女儿。"倒是宝珠叫声："姨母，不必过留侄女，让我早早回去，免惹口舌。"说着，珠泪双垂。宣夫人也知他苦衷，不好再留。便叫丫鬟传话出去，吩咐打轿侍候，送柯小姐回府。丫鬟答应下来，去不多时，入内又禀夫人道："老爷同公子出去谢客，临行时吩咐管门的，倘有柯府人来接小姐回去，只等老爷回来，着人送小姐回府，原轿打回，不必在此再等。柯府两个家人已回去了。"夫人听说，点一点头，又叫声"贤侄女，你家轿子回去了，趁着姨丈姨兄不在家，可带了丫鬟，在我家四处游玩一会，以解闷怀。"宝珠见姨母吩咐，站起道："侄女失陪了。"便带如媚、如钩缓缓步出了内堂。一路顺着回廊，曲曲弯弯，走到内书房，正是宣公子读书之所。但见里面明窗净几，满架书籍，陈设精工，阶前尽是名花。两个丫鬟都向花下玩耍，唯宝珠走到书案面前一张太师椅上坐定，随手在书布下翻出一个锦笺，打开一看，只见上写着四首七律《玉人来》，因定睛细看道：

诗曰：

柳舍烟翠碧千苔，几度鸟声唤梦回。

小院寂寥春渐晚，焚香静待玉人来。

芙蕖出水湿红腮,晓露盈盈带笑开。

独对名花忆倾国,何如解语玉人来。

秋郊紫峦锦成堆,碧树荫稀叶渐摧。

雁落鱼沉香不远,兰舟轻载玉人来。

窗寒静掩减愁怀,添尽兰膏拨尽灰。

裁得红笺制心字,定知今夕玉人来。

下写"登鳌有所见戏题。"

宝珠看毕,知是姨兄诗按四季即景而题,有所寓意,暗暗关合自己身上,不禁手拿着诗笺玩味。句法生新,诗情婉媚,连连赞常道:"好一个才子,不知谁家有福的佳人配他。"又叹息几声道:"姨兄呀,你虽有心于奴,奴只是严命难违,你只好空成痴想。"宝珠想到此处,由不得一阵伤心,泪垂满面。"哎,自古红颜薄命,信有之矣。奴幼失严父子欢,长遭妖妾之忌,将来奴的终身,也不知着落何所。奴好命苦呀!"宝珠因一肚子牢骚,触起诗情,又要卖弄他的才学,打点和宣生玉人来四韵。正要研墨提笔,取一幅锦笺和诗。忽听书房外一片声喊叫进来,听见是父亲声音。只唬得宝珠忙将诗句揣入袖内,急急站起迎出。如何被责?且看下文。

第五回　训女遗笺　妒姬作祟

诗曰：

一幅遗笺惹是非，谗人借口意深微。

可怜皎皎芬芳体，误陷网罗唤不归。

书房外面，来的是柯直夫。因昨日宣连襟当着拜寿诸客留女，不好推却。回去时，忽想起："女儿住在宣家，到底不妥。那宣家小畜生，不是个好人。上次只在我家与女儿见了一面，便看上女儿，央媒说亲。亏我拿定主意，回绝了他。今日女儿住在他家，岂不是羊入虎口。这是我一时失着处，不该许他住下，快些打发人，将女儿接回，方是正理。"想定主意，便叫家人，速速打轿去接小姐。家人领命，去不多时，回来复命道："小姐等晚上，宣府打轿着人送小姐回来，叫小的们不必在那里等候。"柯爷见女儿接不回来，心下越发生疑，又气又恨，喝骂家人："一班没用的东西！"即气愤愤，亲自押轿，带了家人，来到宣府。也不用人通报，一直朝里就走。来到内堂，宣夫人正睡午觉，不在中堂。只有几个丫鬟仆妇，在房外伺候。柯爷见女儿也不在内堂，更吃惊不小。也不问宣氏夫妇，只急问众婢道："我家小姐往哪里去了？"小婢回道："因夫人睡午觉，小姐闷得慌，带了随身两个丫鬟，往内堂外去闲逛散闷。"柯爷听说，好似火上加油，越发着恼。只叫"了不得！"转身大踏步奔出内堂，四处找寻，不见小姐影响，心中好不焦躁，一路跌足捣鬼道："这回小贱人要做出来了！"正走之间，遇见宣府一个小丫鬟，问道："你可曾见我家小姐在何处玩耍呢？"小丫鬟道："我方才见柯小姐在我家公子书房内看书呢。"小丫鬟说罢自去，柯爷听说，只气得三尸暴跳，七窍生烟，恨恨连声道："好一个大胆贱人，这等无耻，竟上门俯就，这还了得。"此刻也不辨青红皂白，只管气冲冲、急忙忙一路喊叫到内书房，正值宝珠要和《玉人来》诗的时候，猛听得父亲从书房外喊叫进来，唬一大跳。急将宣生的诗稿藏于袖内站起，打点迎将出来。哪知柯爷已进了内书房，一见女儿，由不得怒气生嗔，骂声："不守家教的东西，我原吩咐你拜寿早去早回。你一到此地，便不想回去，有何留恋。今日打发人来接你，又推故到晚方回。就是姨母午睡，你也该静坐中堂。好个不出闺门的千金小姐，竟拴不住心猿意马，闲逛到姨兄的书房来。你难道瓜李之嫌也不知吗？设使宣生方才也在书房，你遇见了他，将何以为情。"这一席话，说得宝珠满面通红，遂答道："非是女儿不遵父命，不肯回去，只因昨日宣姨丈向爹爹言明，留女儿住几日。爹爹若不依允，女儿怎敢住下。就是爹爹今日不来接女儿，女儿也要回去的。又是姨丈吩咐，留女儿到晚，着人送回，非女儿敢大胆不回。姨母饭后，因姨丈、姨兄出去谢客，吩咐女儿趁今日外边无人，叫女儿出来逛一逛。方才逛到书房，也不知是姨兄读书之所，女儿出于无心，况有两个丫鬟跟随，不为独自行走，爹爹何必生气。"柯爷听说，冷笑几声道："你说有丫鬟跟随，丫鬟在哪里呢？"宝珠道："现在阶下。"如媚、如钩两个丫鬟，听见小姐呼唤，赶进内来。一见老爷在此，唬得只是发痴。柯爷喝问："你两个小贱人，不时刻跟随小姐，往哪里去？"如钩道："婢子们在阶前伺候，也不曾远离。"柯爷喝道："好利嘴，小姐在哪里，你们在哪里？少打的一班贱人，还要强辩。"宝珠道："又无人在这里，有甚嫌疑不便，只管责备丫鬟则甚。"柯爷听说大怒，指着宝珠骂声"好大胆的畜生，为父的责备你不是，你反护庇丫鬟，顶撞为父的。我且问你，你说这里无人，可以到此闲逛，谁来信你。安知你与宣家小畜生在此聚谈多时，支开丫鬟。方才听见我的声音，那小畜生自然急急躲避，好让你向我撇清的。这不是如见你肺腑的话！"宝珠听了柯爷一番言语，由不得羞惭无地，哭啼啼叫起屈来道："爹爹这是何苦，凭空冤枉女儿，坏女儿声名。"说罢，痛哭不已。柯爷喝道："我亦不与你在此争辩，收拾了，快些回去，我在此立等。"宝珠被柯爷勒逼着，带了丫鬟，出得书房，向内堂而来。此刻宣夫人已有丫鬟报知，从厅中惊醒起来，出房到了堂中，见宝珠双目通红进来，知又被痴老不知说些什么，便道："贤侄女，这都是你姨丈定要留住，惹你受气。"宝珠含着两行眼泪，叫声："姨母，承姨丈相留，乃是美意，怎敢怪起姨丈来。这都是侄女苦命，应当遭此磨折。"说罢，命丫鬟取了衣包，哭啼啼告辞宣夫人道："侄女从今一别，也不知可有相会之日。"宣夫人听见宝珠话说得凄惨，也由不住一阵伤心，眼泪汪汪道："侄女呀，少年人少要说这些尽头话，回去不要过于悲伤，保重身体要紧。简慢你去，不要见怪。回去问问你母亲的安，我亦不出去看那老东西的嘴脸，恕我不送。"宝珠只称："多谢姨母，愚侄女就此告辞。"拜了两拜，又道："姨丈、姨兄回来，代侄女说声道谢，不及面别了。"宣夫人见宝珠临去依依光景，很过意不去。但看他转身出了中堂，扬长而去，方叹息坐下，闷闷无言。不表。

　　只言宝珠,到了内厅,已有轿在那里伺候。柯爷看着宝珠上轿,两个丫鬟上了小轿,押着一同起身,出了宣府,一路催着轿夫,如飞回了自己府第。也到内厅,主仆下轿入内,柯爷跟了进来。宝珠正赌气,要到夫人那边去。被柯爷喝住,叫进秀林房中。宝珠也没奈何,进房见了秀林,叫声"姨娘有偏了。"秀林笑吟吟答道:"姑娘回来了,请坐。"说毕,大家坐定。有丫鬟送茶,秀林道:"姑娘轻易不出门,怎么不在宣姨太太家多玩几天,如何赶着回来?"宝珠未及回答,柯爷哼了一声道:"再多玩几天,还玩出大话柄来呢。"这几句话,气得宝珠无地自容,恨不欲生。倒是秀林道:"一个为父的,对了女儿说的什么话。难道女人一见男人,就有事不成吗?"柯爷道:"你妇人家见识得什么,一个女儿家总要静坐闺门,时习女工,守四德三从之教。一不可吟诗诵赋,启引诱之媒。二不可□容诲淫,失房帏之教。若只贪出外游玩,保姆似有女之怀春,且将放荡性情,岂易令篱牢之不入。为父的今日苦苦逼你回来,你心中必然不服,你可知宣府书房何地? 宣生何人? 女儿家无故前去游玩,又是何事? 父亲吩咐言语,不能谨记,又是何心? 父亲责备于你,你反当面顶撞,该是何罪? 你们只说我做人古板,不知古板人有许多好处。"柯爷说到这里,还有许多琐碎言语,说的未曾尽兴,只见一个丫鬟进来禀柯爷道:"本衙门立等老爷商议公事,是奉旨限刻的,不可迟误。"柯爷听见奉旨公事,不敢在家耽搁,说他迂话,只得起身。一面命丫鬟取了冠带更换,还对宝珠说:"以后只记为父的言语,不可再蹈前辙,可到母亲那边去吧。"宝珠受了一肚子闷气,也不回言,只候着柯爷出房往衙门去了,方告别秀林,也带着两个丫鬟,出房往柯夫人那边去了。

　　却也是合当有事,宝珠出房时,忘却在宣府书房内藏于袖内有宣生吟的《玉人来》诗笺,不觉将袖一拖,把一幅锦笺遗失在秀林房内地上。秀林眼尖,见宝珠出房门,在袖内掉下一个纸卷,不知是什么东西,忙弯腰拾起。打开一看,秀林本来认得字,却不会作诗,也知诗中之意。见诗笺上写的是四首《玉人来》,下写"登鳌氏有所见题",心内一想,不觉暗暗欢喜道:"痴老只管与小贱人絮叨,尽是空头话,总不曾拿住他的把柄。他如何肯服,今日我亲眼见他袖中掉下诗笺,分明登鳌二字,乃宣家小畜生的名字。'有所见'一定见此贱人,暗订终身,诗笺为聘。这小贱人是没处抵赖了。他的私情,人脏现获,且等痴老回来,将诗笺作证,挑动痴老一番,不怕不气死痴老,不怕不将小贱人置于死地,那时方出我心头之气。"想定毒计,叫一声:"宝珠小贱人呀!你明枪易躲,暗箭难防。"想毕,把诗笺卷好,收藏起来,专等痴老回府,好起风波的。无奈晚饭吃过,已坐守到更余,并不见柯爷回来。秀林等得好不耐烦,只等到三更后,柯爷方醉醺醺的回来。已醉得人事不知,脚下也站不住了,连衣倒在床上,酣呼大睡。秀林见此光景,好不恨恨,连声道:"不知今日,痴老又在那里吃醉。谅不能向他说了,只便宜小贱人多活一夜。"想罢,也不敢睡,歪在脚头,打一个盹,天已大明。秀林忙起身,推推柯爷,还不曾睡醒,只得下床。梳洗打扮已毕,坐在一张美人肩椅子上,等候柯爷起来,同吃早饭,又等到日上三竿,柯爷方打呵欠,慢慢起来。自有丫鬟伺候。净面漱口已毕,同秀林用过早膳,收去。秀林道:"你昨日在那家吃得这般大醉?"柯爷道:"是在裴同年家,多用了几杯酒。宝珠等我出去,可与你说些什么?"秀林道:"你出去,宝珠倒没有什么话,从袖中掉下一个诗卷,我却认不得字,你拿去看。"说着,把那锦笺递与柯爷。不看尤可,一看时,好似火高三丈,怒发九霄。怎生处治宝珠?且看下文。

第六回　拷逼掌珠　怒伤切戚

诗曰：

妒花风雨便相摧，骨肉参商起祸胎。

任彼名花多妩媚，可怜芳骨听沉埋。

柯爷将锦笺接过一看，见是四首《玉人来》七绝，诗下写："登鳌氏有所见题"。暗想："登鳌乃宣家小畜生的名字，这诗一定是他与宝珠在书房密约订盟，故借《玉人来》为题，发泄他胸中私情。宝珠收藏不谨，也是天网恢恢，今日败露。平时与我嘴硬，我看他今日还赖到哪里去。这败坏门风的小贱人，若不早早处死，以贻后患。"想罢，怒气冲冲，拿了锦笺，赶至中堂，坐在一把椅子上，喝令丫鬟："速速将宝珠这小贱人，唤来见我。"丫鬟答应去。秀林见柯爷大恼出房，必与宝珠不得开交，心下大喜，也出房闪到一旁，去冷眼观看。见柯爷又命丫鬟，取出许多家法，摆列地下。还有三般利害东西，一条麻绳，一把快刀，一杯药酒，分列桌上。柯爷好似个活阎王，坐在上面只拍着桌子乱叫："宝珠小贱人快来！"秀林闲看，好不开心，且自慢表。

再言宝珠，自被父亲逼归，又以秀林房中百般羞辱，心下又气又恼，闷闷出房，来到夫人这边。请过母亲的安，又将父亲逼归的话，向母亲说了一遍。只气得夫人眼泪汪汪，又与女儿痛哭一场。叫声："娇儿呀，我看你父亲待我母女这等光景，将来我母女不知死于何所。"宝珠听了母亲这番言语，好似滚油煎心，越发哭个不住。倒是夫人止住泪痕，反安慰宝珠道："你也不必过于苦坏身子，你我母女，听天由命。你且回房安歇吧！"宝珠苦吟吟答应，带了如媚、如钩，转身回房，闷坐在一张椅子上，痴痴呆想。如媚送一杯茶，摆在桌子上。总摆冷了，也不曾喝了一口。直至送了晚饭进房，气得食不下咽。无奈身子被这一日气苦，有些撑持不住了。打点睡妆安寝。慢慢站起身来，叫如钩来扯上盖衣服，忽然想起袖子内有一幅锦笺，忙用手在两边袖内细细一摸，毫无影响，不觉大吃一惊，又不好叫丫鬟出房四处找寻。暗想："这幅锦笺，若遗失在姨丈家，还不致紧要。若遗失在我宅内，倘落于秀林之手，我的性命就活不成了。"宝珠想到此处，又恨又怕，自己叫着自己的名字道："宝珠，宝珠，你好自不小心，这一幅锦笺不致紧要，却有宣家姨兄的名字在上，被人看见，岂不是无私而有弊，这一场风波若起，很不小呢。我宝珠一死不惜，只可怜舍不得年迈母亲，茕茕无依，到后来依靠何人。"由不得一阵心酸，将衣脱去，除下晚妆，走近床前，和衣睡倒。气一阵，哭一阵，怕一阵，恨一阵，弄得一夜不曾合眼，只是梦魂颠倒。直到天亮，起身下床，梳洗已毕，略用早汤，还是心惊肉战。正在痴痴呆坐，忽见秀林房中一个丫鬟，急忙忙走来，叫声："小姐，老爷坐在中堂立等小姐说话。"丫鬟说罢自去。宝珠一听，丫鬟说是老爷相请，已唬得魂不在身，知是锦笺事发了。欲待不去，其情迹更是显然。欲待就去，又怕不得好开交。左思右想，实在两难。正在心下沉吟，又是一个丫鬟来请。一气就是三四起丫鬟催促，宝珠越发着慌。把心一横道："丑媳妇免不得见公婆，是祸是福，听天由命便了。"想毕，站起身来，也不带一个丫鬟独自出房，走至中堂。见父亲坐在上面，圆睁怪眼，怒气冲天。地下桌上，不知摆些什么东西，心下也有些害怕。走至上面，叫声："爹爹万福。"柯爷一见宝珠到来，免不得气冲牛斗，喝骂一声："宝珠，你这小贱人！你做得好事，你还来见为父的吗！"宝珠战兢兢回道："女儿乃宦室名姝，素娴闺中之礼，有什么不好的事，贻羞爹爹吗？"柯爷冷笑两声道："好个宦室名姝，竟敢于弄月吟风，私奔苟合，败坏为父的声名。你还不知罪吗？"宝珠道："女儿乃不出闺门的女子，有什么吟风弄月、私奔苟合？女儿不知犯的什么罪？"柯爷怒道："你还在此明知故问，只怕今日就不能容情于你了。"宝珠含泪回道："爹爹呀，常言捉贼见赃，不可听信别人挑唆，平白栽害女儿，于心何忍。"柯爷喝一声："小贱人住口！你说拿贼见赃，为父的就还你一个实证。"说着，就把锦笺向宝珠脸上一掼道："这不是你在宣家回来，从袖中带回情人诗句，遗失在地，被为父的拾着，可是人赃现获。你将宣家小畜生，在他书房与你如何调戏、如何订盟、如何吟诗快快从直招来。若有一字支吾，少不得以家法重处。"宝珠拾起锦笺一看，知是袖中遗失之物，也不抵赖道："锦笺实是宣家姨兄书房中摆着的，女儿偶然检出一看。因见爹爹进来，是女儿藏于袖中，怕爹爹责备。归来又忘却丢下还他，故无心带回家中，误从袖内失落，也不知爹爹拾着别人拾着，这是女儿实供，并不隐讳。若有私情，任从爹爹加责。似此不能□女儿之罪。"柯爷见宝珠回得伶牙俐齿，十分动怒。喝骂："无耻贱人，你做下不顾脸面之事，有凭有据还要抵赖，不打怎肯直招。"说罢，恶狠狠地拿着一根门栓，向宝珠身上没头没脸乱打下来。犹如一树梨花，被一阵狂风骤雨百般摧残，怎禁得住。可怜宝珠被打得满地乱滚，头发散乱，哭喊连天。柯爷并无矜怜之意，一气打得百十下，并不住手，只叫："贱人招来。"秀林在旁看着冷笑，并不劝阻一声。两旁丫鬟，只唬得一个个泥塑木雕，不敢则声，站在旁边发痴。早有管家婆报知夫人，夫人一闻此信，唬得魂飞天外，扶病出房，叫丫鬟搀着，一直来至中堂。见女儿被他父亲打得十分狼藉，心中好不疼惜，颤巍巍哭啼啼向前骂一声："狠心的禽兽，我女儿犯了什么违条大罪，被你下这般毒手打他。我还要这老性命，活在世上做什么。我与你今日就拼了吧！"说着就一头向柯爷胸口撞去。柯爷不妨，被这一撞，心下大怒，喝一声："老不贤，你养的这等没廉耻的女儿，平日不加教训，今日做出丑事来，还来护短，与我拼命。"夫人哭道："我女儿做出什么丑事被你捉住，还我个证见来。"柯爷指着地下锦笺道："这不是女儿与你姨侄做的勾当，还要什么别的凭据吗！"夫人道："女儿好好坐在家中，又是你叫他去拜什么寿，分明你们安排牢笼害我的女儿，明说吧！"儿长儿短，哭个不住。柯爷很不耐烦道："女儿你不能管，我也不能管女儿吗？"说罢，拿起门栓来，又打。夫人见打得更凶，狠命地向前来夺门栓，被柯爷将栓一扫。把夫人扫倒在地，打了腰胯，疼得夫人挣也挣不起来。还是两个丫鬟，用力扶起夫人，扶到一张椅子坐下。夫人又是疼，又是气，又是哭，望着柯爷毒打，只叫："打死我女儿，我与你这老畜生不得好开交的。"柯爷也不听夫人一旁言语，只将宝珠打个不住。

此刻，宝珠已打得奄奄一息，又是秀林，假意出来做好人道："你只凭一幅锦笺，将姑娘置于死地，姑娘死得不明不白，夫人亦未必肯心服干休，你要拿这锦笺，去问宣家小畜生，这四首《玉人来》诗可是他做与你家姑娘的？他若招认，便不用下问，就请教他父亲纵子败坏同官的门风，污辱闺女的名节，他在文市也说不过去。他舍个儿子，你舍个女儿，以此过直来。你去想一想，不是这般内乱的。"柯爷见秀林言之有理，就顿住门栓，点一点头道："我就把小贱人交与你看管，候我问了宣家小畜生回来，情真罪当，我亦不打他，桌上刀、绳、药酒，随小贱人用那一件，早去脱生，免在世上活现形。"柯爷说罢，丢下门栓，拾了地下锦笺，笼于袖中，忙去整冠束带，也不用轿子，只带了两个家丁跟随，气冲冲直奔宣府而去。这里秀林又假意叫丫鬟，在地下扶起宝珠，倚在一个丫鬟身上睡着，取了姜汤灌下。宝珠悠悠苏醒，只叫"痛死奴也。"秀林又向前安慰夫人，夫人不辩妖妾真伪，反感激秀林，这都不在话下。

且言柯爷，一路来到宣府，也不用人通报，直奔厅中而来。正值宣爷偕着裴爷在那里闲谈，忽见柯爷气冲冲的大踏步上厅，大家只得起身相迎见礼，分宾坐定。有家丁送过茶,茶毕,宣爷道:"今日柯年兄到此,有何不豫之色?"柯爷道:"家丑难言,说起来令人羞死。"宣爷吃惊道:"请问襟兄,有何难言之事?"柯爷道:"你我两家做亲,礼犯嫌疑。不做就罢了,你家令郎胸中总丢不下我的女儿?还百般勾诱。你令郎坏我门风,可有这个理儿?"宣爷大惊道:"有这等事?我家畜生勾诱你家令媛,是什么时候?是在那个地方?还是襟兄目见的?还是耳闻的?"柯爷道:"就是你襟兄大寿第二天,在你书房里做的勾当。"宣爷听说,一想,哈哈大笑道:"襟兄之言差矣,贱辰第二天,是小弟带了小儿出去谢客,一天小儿并不在家,怎么引诱令媛?"柯爷见宣爷不认账,怒道:"你说令郎不在家,怎么有个凭据,是你令郎笔迹。且情事显然,难道我冤赖你令郎吗?"宣爷见有凭据在他手里,心下犯疑,也假怒道:"凭据在哪里?"柯爷忙将锦笺取出,与宣爷一看。怎生处治登鳌?且看下文。

第七回　计诱老拙　珠拾江心

诗曰：

但存百折不回志，却少慈祥婉转心。

人人彀中何昧昧，可怜愚拙世难寻。

宣爷将锦笺接过一看，果是登鳌的笔迹做的四首《玉人来》，诗下又有儿子的名讳，心下暗吃一惊。"那日登鳌随我出门谢客，并未离我身边，因何这一幅诗又落在姨侄女手里？事有可疑，且待我唤登鳌出来，当面一质，便见分晓。"想罢，对着柯爷叫声："襟兄不必发躁，这锦笺却是小儿的笔迹，不知他是何时做的，亦未必凭此一诗，便勾诱你家令媛。"柯爷怒道："你也不要在此护短了，赃证现在，是赖不去的。我少不得回去将无耻女儿处死，以免家丑外扬。你家儿子败坏我的门风，难道罢了不成吗？"宣爷道："待我唤登鳌出来，当面问他，这诗若不是为令媛做的，便一笔勾销，若果真为令媛做的，那时定究出勾引情由，我亦不能饶这畜生。我舍一儿子，你舍一个女儿，两下扯直何如？"柯爷哼了一声道："你这哄小儿的话，谁来信你？"宣爷道："我是老实话，怎说哄你？"柯爷哈哈大笑道："我说与你听你不信，则就要当面叫你儿子出来对质。分明这诗是他为我女儿做的，他去抵赖不认，不能用刑拷逼他，我岂不为你儿子白舍一个女儿，你这些话不是把我做呆子。"宣爷也怒道："果然我家畜生，情真罪当，不怕他不招承。他若抵赖，我岂没得家法处治这畜生吗？"柯爷还要斑驳，被裴爷拦住话头，叫声："两位年兄，不必争竞，听小弟一言。"柯、宣二公，俱说请教。裴爷道："且请锦笺一观。"宣爷递与裴爷一看，心中了然。暗想道："四首《玉人来》诗，按春夏秋冬四季而作，不□□所见，是因与柯女婚姻不就，平日思想做的。诗词非当面勾诱私赠表记，痴老不察，必要执扭追出一件大事来。我若不略施小计成全，岂不令旷夫怨女遗恨千秋。"想定主意，也不便说明，叫声："宣年兄，你竟把令郎叫出来，二位年兄不必开口，待我细细审问他一番。若有那个搅乱堂规者，罚他三大碗冷水。"说得柯、宣二公大笑起来道："我等竟做长班了。问官不明，也要加倍罚喝六大碗冷水。"裴爷笑道：

公子自宣爷大寿，又与柯爷的令媛在自己家内中堂会见一面，无奈来往人多，不便交谈，但以眉目传情。后又听见父母留下柯小姐玩几天去，心中好不畅快。指望于无人处会见柯小姐，当面一谈平日思慕之心，或得柯小姐怜我痴情，暗许婚姻也未可知。这是宣生的痴想，柯小姐虽爱宣生的才貌，就是当面会见，且不能交谈一言，何能无媒私订。况乃父已拒婚于前，小姐岂不知之，何敢自蹈败行，以为父母羞。就是在宣生书房内，见那四首《玉人来》诗，不过以才怜才，非有私意。只有宣生想慕柯小姐，倒是一片痴心。前因婚姻不成，已有无限愁肠，不能向人申诉，只借《玉人来》三字为题，吟成四首七绝，其诗中却寓意于柯小姐。但隐而不漏，每日放在案头，吟其诗而想其人。后来拜寿，在中堂一会，又留下柯小姐住几天，心中正喜，却不料第二天随父出去谢客，一天到晚，回来方知柯小姐被痴老已苦苦逼回家去了。不觉如有所失，走到书房，闷闷坐下。因去拿《玉人来》诗吟哦一番，以消闷怀。哪知四处找寻，不见锦笺的影响，心内生疑。暗想："锦笺是谁人拿去了？"又唤进两个书童抱琴、醉琴问："我不在家，可有人到这书房吗？"书童俱回言没有。宣生又不好叫书童去找，只是心下抑郁不乐，暗叫一声"柯小姐，你我何无缘至此，连因你而作的一幅锦笺，又被人窃去，岂不可恨。"想罢，连声叹息。整日坐卧不安，饮食少进。

这一天，正坐在书房思想柯小姐，又因锦笺不见，正懊恼不堪。忽见家丁进书房来道："老爷在前厅，请公子出去说话。"宣生听见父亲呼唤，不敢怠慢，即起身离了书房，来至前厅。见裴年伯、柯襟丈俱在那里坐着，又见乃尊气森森地坐着陪人，不知为什么事情，只得上前与裴、柯二公做过揖，转身又向乃尊作揖道："爹爹呼唤孩儿，有何吩咐？"宣爷正待开口发作，柯爷也要怒责几句，早被裴爷叫声："二位年兄，不要插嘴，乱我堂规。贤侄，且请坐了好说的。"宣生依言告坐，坐定，裴爷道："登鳌贤侄，我且问，你书房中可曾不见了什么东西？"宣生被裴爷这一问，问得满面通红，心下暗想："我只不见了一幅锦笺，裴年伯怎得知道？"便回道："小侄书房，不曾遗失什么东西。"裴爷笑道："贤侄休得瞒我，现在所失之件，存于我处，不知可是贤侄的？可拿去一看。"说着，把锦笺送与宣生。宣生接过一看，正是书房不见的锦笺，由不得大吃一惊。不能隐讳道："这是小侄丢在书布下的，不见了两日，怎么落在年伯手里，小侄不解。"裴爷道："我且问你，笺上的诗，可是你做的？有何所见而云然？诗出有心，诗出无心，你可从直说来。"宣生道："诗是小侄做的，戏以有所见为题，按四季吟成，《玉人来》四首,不过偶而感怀,实是无心。况诗上并无淫词艳句,请年伯细看,便见分晓。"又把锦笺送与裴爷。裴爷接过,叫声:"贤侄,你这一幅锦笺失落不打紧要,却关乎性命之忧,关乎名节之重。你不实说出来,这风波起的不小呢。"宣生听说,唬一大跳道:"小侄不犯非礼之罪,诗句又无勾挑之词,年伯如何说的这般利害。"裴爷道:"贤侄,我实对你说吧,你这幅锦笺,被你柯家姨妹拾去。柯家姨丈疑你有心做此诗词,勾引姨妹,其中必有私情,定要处死你家姨妹。故携锦笺,来请教你父亲,也要处治贤侄。贤侄趁早直说,你这幅锦笺,还是被姨妹独自取去的? 还是你在书房当面交与姨妹的? 贤侄快快说来。"宣生道:"诗虽是小侄所作,而姨妹只在舍下住了一夜。小侄头一日,爹爹正寿,四处陪客,没得工夫。次日随爹爹出去,谢客一天,不曾暂离。及回来时,姨妹已被姨丈接回,小侄从何处与姨妹见面,赠此锦笺。此诗是小侄丢在书布下不见的,怎说小侄有心赠人的。"裴爷笑道:"柯、宣二公,可曾听见小弟问的口供吗?"宣爷哼了一声道:"畜生呀,一个读书人,不思功名上进,只做这些轻薄之词,岂是成材。还不退下去!"唬得宣生急急起身,离了前厅,回他书房,心内一喜一忧。喜的锦笺果落于佳人之手,不枉我一番思慕。忧的是柯老执性,将无作有,把有才有貌的佳人,置于死地,岂不可惜可恨。

我且慢言宣生在书房内,再表柯爷,见宣爷并不问他儿子青红皂白,只略略责备几句,便喝退下去,好不心中着恼,跳起来指着宣爷说:"你只知溺爱,不明不顾大纲大纪,我也不与你瞎吵,我只回去处死了我的无耻女儿,看你可过意得去。"说罢,也不告别,也忘却拿了诗笺去,只气愤愤的大踏步朝外就走。裴爷知柯老是个直拙人,一定劝不转的,忙袖了锦笺,随即告别宣爷,也起身出来。宣爷送至大门,方回转内堂,说与夫人知道。夫人不胜跌足叹息不表。

且言裴爷,离了宣府,一路紧三步赶到柯爷。柯爷道:"裴年兄也走了吗?"裴爷假意发恼道:"老宣不近人情,我也很不耐烦他。"柯爷道:"你看他方才一派言语,百般代儿子遮盖,并无半句公道话,令人气得伤心,还与他说什么。"裴爷道:"此事大关风化,怪不得年兄认真作恼。但不知年兄还是将令媛当真处于死地,还是借此唬诈老宣呢?"柯爷道:"我不像老宣那等没家教,生女不孝,如何一刻容留得下来。"裴爷道:"年兄是一定处死令媛,不能挽回的了。死有几等死法,只要做得干净,不可露出形迹来。彼外人知道,依旧名声不好,非胜算也。"柯爷道:"我已安排刀、绳、药酒三件,凭小贱人用那一件就完事了。"裴爷摇手道:"不妙。"柯爷问道:"怎么不妙?"裴爷道:

"遭此三件而死,死了俱是生魂,死的不服,定要吵闹不安。不如于三更后,用一乘轿子,将人抬出后园门,到御河内波心一搋,无影无形,岂不爽快。"柯爷拍手称妙道:"年兄好算计,小弟承教,容日再谢吧。"说着,一拱告别。裴爷暗笑而去。赶回府第,安排巧计不提。

且表柯爷,一肚子热血,火焰焰的到了家中,秀林问:"你到宣家,怎么样了?"柯爷也不回言。夫人还坐在那张椅子发愣。宝珠也伏在椅子上哭哭啼啼。见柯爷回来,不动声色,以为前去一定追问没有此事,解了锦笺之疑大家略放些心。只是秀林,见柯爷这般光景,好生诧异。哪知柯爷于黄昏后,暗命家人,备了三乘小轿,在后园门口伺候。假意着人向小姐说:"夫人听得老爷于三更要弄死小姐,特备下轿,在后门等候,小姐速往宣府躲难要紧,并带如媚、如钩。"宝珠不知是计,唬得魂飞天外,急急带了两个丫鬟出房,赶至后园门上轿,一路赶奔御河下来。柯爷后面亲自押着三乘轿子。怎生逼宝珠投江,且看下文。

第八回　痴生染病　义友央媒

诗曰：

忽闻凶耗起愁思，一点痴情只自知。

药石任他医百病，谁医死别与生离。

柯爷押着女儿宝珠，并丫鬟如媚、如钩三乘轿子，由御河边走了几里下来，将近大江不远，对岸尽是芦洲，喝令轿子住着。轿夫答应，把三乘轿子歇下。宝珠在轿内，听见是他父亲的声音，唬一大跳。暗想："不好了，我今日是没命的了。"心下正在悲切，又听见柯爷喝叫："宝珠与两个小贱人快些出轿。"宝珠主仆三人，只得出轿。向外一望，但见一派江水滔滔，免不得魂不附体。又见柯爷叫三乘轿子先回，不知是何意思。宝珠忍不住，向前叫声："爹爹，此刻天已黄昏，将女儿并两个丫环带至此地做什么事情？"柯爷见问，冷笑两声道："你做的好事情，你岂不知。我实对你说吧，你这忘廉丧耻的贱人，败坏为父的清白家声。若将你处死于家内，免不得入殓殡葬，惊动外人耳目，亦复不雅。趁此昏夜无人，将你带到此处。你看一派江水，即是你葬身之地。你一时失着，做错了事，非怪为父狠心。你自闺门不谨，总由这两个小贱人勾诱，亦祸之魁首。若等你死后将两个小贱人另卖，岂不又要贻害人家。不如将这两个小贱人，随你到江心去做伴，好往龙宫去的。你听见我的吩咐，速速自裁吧！免得为父的亲自动手。"柯爷说这一番话，到把两个丫鬟唬得浑身乱抖，哭哭啼啼。转是宝珠，听见此话，并无悲恨之色。便道："爹爹既要女儿身赴江心，女儿到也情愿留此清白之躯，何不就在家中向女儿说明，也让女儿告别母亲，答谢生身养育之恩，女儿虽死无憾。爹爹定要做此诡计，使我母女不能一别，爹爹好狠心也。女儿死不惜命，只可怜两个丫鬟也受此不白之冤，随女儿毕命，爹爹还宜法外施仁。"柯爷喝声："贱人住口，你主仆三人，一条心肠做的事，怎能宽宥这两个小贱人。你也不必延挨时刻，天色已不早了，快快办你事吧！"宝珠道："女儿自然要上这条路的，但女儿一死，只放心不下我的母亲，女儿死后，只求爹爹不要听信别人的谗言，糟蹋我母亲，女儿死在九泉，感恩不尽。"柯爷听说，很不耐烦道："我都知晓，你速赴波心去吧！"宝珠见他父亲并无一点怜惜之意，他也不拜别柯爷，把心一横，圆睁杏眼，倒竖柳眉，叫声"如媚、如钩快随我来！"可怜两个丫鬟，战兢兢，被宝珠左手拉一个，右手扯一个，一气拉至江滩上。虽是天黑下来，星月照着，看得清楚。哭叫"宝珠呀，你生有绝世之容，死无葬身之地。红颜薄命，一至于斯。奴与宣郎，亲虽姨表，从无一言之涉私。只不过以才怜才，两相爱慕，遂蒙千古垢污之恨。宣郎呀，可知姨妹今晚为你四首《玉人来》诗，在此江心丧命呢。"又叫声"母亲呀，女儿不能面别母亲，只好梦空相会吧！"宝珠在江滩暗自悲想，又听见柯爷远远喊叫："还不快快上路，我就来亲自动手了！"宝珠也不睬他这些话，两手用力将两个丫鬟一拖一拖至滩边。两手一松，一边一个，推将下去。然后哈哈大笑，自己将身一纵，随入波流。正是：

> 白玉波翻埋粉骨，水晶帘卷葬香魂。

柯爷听见拍通几声，已知女儿主仆三人自尽江心了，仍放心不下，又走至江滩，四处一望，并无一人，方叹息不已道："非为父下此毒着，只为操行要紧。你在阴曹休怨为父的。"说罢，转身大踏步独自而回。免不得次日，夫人知道女儿被柯爷逼死江心，哭闹几场，又闹不过柯爷。思女伤心，气成一病，不得起床。只有秀林，见宝珠已死，夫人又病了，不出房门，无人碍眼，心下大喜，只等柯爷不在家中，便到花园去会蒋公子，任意狂为。家中人等也有些风声知道，只不敢向柯爷说出，怕的又起风波，且自慢表。

只言如媚、如钩下了江心，二人搂抱一处，随波流去。宝珠到了江心，似有人托住身子，一直送至对岸。岸边已有两只小船，帮住一号大船。只听大船上有人喝叫众水手，速赴江心救人。只听两只小船上一声答应，跳出多少水鬼，同赴江心救人，早将宝珠救起，送与大船上面。随后又把如媚、如钩一并救到大船，船中自有几个有力仆妇，将三人抱至舱中。先用姜汤灌醒他主仆三人，随后换去湿衣，将干衣代他们主仆通身一换，即扶入后舱，自有铺下现成床帐，将宝珠主仆，安放睡好，这时方慢慢开船而回。

列位，你道救宝珠者，即司寇裴长卿也。他素知柯爷多疑，而且气性直拙，今见他在宣府中，凭空以一首诗笺，要害女儿性命。虽苦口劝他，无益于事。只在路上几句言语，打动他必听从，回去定依言而行。裴府即拨船稳在芦洲内，早早等候救人。又命得力家人，在花园门外探听消息，尾在后边，随在柯府轿子，一路下来，看他在何处动手，即飞星报知裴爷。裴爷暗暗将船移在对岸洲里等候。只听水声一响，如飞由船出来救人。今果不出裴爷的算计,少不得回去重赏家丁、水手。又吩咐家中上下人等,只称三小姐,不许外边走漏风声。宝珠落水归船,醒来方知裴爷救回,心中感激不尽。只等到了裴府,见两位千金,也生得花容月貌,一见亲热,胜似同胞,情愿认在裴爷名下为义女。裴爷夫妇,心下也自欢喜,另收拾一房,与宝珠居住,仍命如媚、如钩服侍。裴爷打点成就这段姻缘,也不说明。宝珠每日与裴爷两位小姐吟诗消遣,到也安闲自在。只是放不下母亲年迈,身旁无人侍奉。又怕母亲听见女儿死江心的消息,不知如何悲伤。欲待通一个信息与母亲好放心,但裴爷不肯,怕的露了风声出去,又生别的枝叶。宝珠没奈何,悲切在心,权住裴府,按下不题。

且言宣夫人,因听见老爷说柯宝珠因为儿子四首《玉人来》诗被他取去,又遗落在地他父亲拾到,疑与儿子有私情,要将他女儿置于死地。因素知痴老说得出做得出,吃一大惊,很放心不下,嘱托宣爷,差家人暗暗在柯府打听消息。柯爷逼死女儿,是头一天晚上,宣府差人探听是次日饭前,不过略一探访,柯府中的细情已有传闻出来。宣府家人一得宝珠沉江的死信,不敢怠慢,飞星回去报知宣爷,宣爷只是不住叹息道:"柯老果然做出来了。"忙回后,告知夫人。夫人十分伤心,哭个不住。骂一声恶心老禽兽,连一个亲生女儿也容留不住,深可痛恨。说罢,大哭不已。宣爷也是伤心。宣府内堂这一闹,早被书房内宣登鳌,正在看书,忽听见内堂一片哭声,大吃一惊,丢下书本,起身离座,急忙忙出了书房,赶到后堂。见父母俱在那里啼哭,不知为着何事。吃惊不走,赶向前叫声:"爹爹,母亲,因何这等悲切?"宣爷未及回答,先是夫人哭叫一声:"吾儿呀,你心爱的姨妹,被你姨丈于昨日晚上送入波流了。叫人怎不伤心!"登鳌不听尤可,一听时,浑如大海崩舟,高山失足,大叫一声"罢了!"只见两眼一翻,将身一仰,一个筋斗晕将过去。唬得宣爷夫妇,魂不在身,双双向前,扶住了儿子身体,同叫:"吾儿快快醒来!"一面掐着人中,一面命丫鬟取了姜汤来灌,灌了一会,方悠悠苏醒。只叫"有才有貌的姨妹,为我无心一幅诗笺,累你遭了横死,我岂能独生世上,令人笑我为寡情者。"说罢,哽咽不止。宣爷夫妇,见儿子这般光景,知为宝珠之事。但昏晕过去,怎不着急。今见醒来,方才放心。又听他说这许多决绝的话,反安慰道:"吾儿不必伤心,人死不能复生,该是宝珠与你无缘,方如此结局。天下何愁没美佳人,你岂定非宝珠不可。"登鳌道:"爹娘恕孩儿不孝之罪,孩儿虽与宝珠无苟且之行,彼此心许,坚如金石。孩儿不得宝珠,终身宁可不娶。生则与生,死亦同死,以结来生之姻缘吧。"宣爷只此一子,听见儿子说这番话,心下很着恼起来,骂声:"无知畜生,岂不知不孝有三,无后为大。信口乱言,应治以家教。况宝珠之祸,由你而起。慢讲宝珠已葬江下,就是尚留世间,婚已回绝,你又何必痴想。若以后再提宝珠二字,定将你这畜生重处,偿宝珠的命。"夫人疼儿心重,叫声:"老爷息怒,宝珠已死,不提就是了。孩儿可到书房中养息去。"唤进两个书童,搀了公子到书房,心下抑郁也不能看书,哭啼啼,睡倒牙床,日夜思想宝珠。茶不思,饭不想,神魂若有所失。宣爷夫妇知道,心下甚是着忙。来到书房看视,见他骨瘦如柴,口中不住只叫宝珠。知是心病,忙着家人遍请名医,诊脉用药,如投大水,日重一日。弄得宣爷夫妇,见儿子奄奄一息,好不十分伤心。这个信息传到柯爷耳中,只叫:"好,这畜牲品行不端,报应我家女儿了。"传到裴爷耳中,大吃一惊,此事我若不设法去救宣家侄儿,一则宣年兄无后,二则宝珠将来如何结果。眉头一皱,计上心来。裴爷又有什么好计?且看一文。

第九回　面许朱陈　硬写绝据

诗曰：

游戏姻缘不自由，多情司寇太风流。

局中侮弄浑如梦，空使冰人笑白头。

裴爷暗想："宣生之病，由宝珠而起。今若向他说明，使柯老知之，必又有一番波折。且不知宝珠心下如何？再者，宣生把事看容易了，也不成千古风流佳话。待我如此如此，这般这般。一则看宣生之心，可坚如金石。二则将柯老侮弄一番，磨灭他一番直拙的气性。三则使宝珠得有所归，不枉我一片救他的婆心。"想定主意，便将绮霞、绮云两个女儿唤至面前，将此事与他商议，又叫他："暗暗细探，宝珠口气如何？报我知道。"两位小姐听见乃尊吩咐，连声答应，回了后边。果依裴爷的话去问宝珠。宝珠又执拗起来道："宣生之病，与我何干。今若借此以联姻，分明无私有弊，无怪我父置奴于死地，此事如何可行。"绮霞、绮云见宝珠回得决绝，也不朝下再说，便回复裴爷。裴爷点头含笑，命二女退下。心中打算一会，即差家人裴福去请太仆柯爷，立等有要话面谈。

裴福领了主人之命，如飞赶到柯府，去请柯爷，自有柯府门公报知柯爷。柯爷因逼死女儿，与夫人吵闹几场，正在府中纳闷。忽见裴府相请，一则出去散散闷，二则也要去面谢裴年兄。但不知他请我什么话说？且到那里就知道了。吩咐门公："叫裴府家人先回，我随后就到。"门公答应出去，打发裴府家人去了。柯爷即更换衣襟，带了两三个家人跟随，坐轿到裴府而来。不消片时，已到裴府。柯爷下轿，少不得裴府门公飞报裴爷，裴爷即刻出迎，将柯爷迎至厅上，见礼，分宾坐下。家人送茶，茶毕，柯爷道："那日承裴年兄教我，照依办法，果然爽快，小弟感激不尽。"裴爷听说，故意吃惊道："那是我失口一句玩话，柯年兄竟把我的话认真做了吗？"柯爷道："凡事要做便做，有何迟疑。况此女死有余辜，尚留恋他做什么。"裴爷故意大叫道："此女之死，吾之过也。年兄亦未免忍心至此。"说罢，连声叹息。柯爷只认裴爷当真怜惜他女儿之死。反摇手道："年兄不必怜惜这不肖女儿，我们且说正话。请问，年兄呼唤小弟，有何见谕？"裴爷道："无事不敢惊动年兄。有一件事，相烦代掣，年兄吃杯喜酒。"柯爷笑道："有喜酒吃，年兄吩咐，小弟自当效劳。但不知年兄见委何事？"裴爷道："小弟有一小女，年已十六，才貌亦可去得，打点托年兄作伐，做一个冰人。"柯爷吃惊道："你又来拿我开心了，我知道年兄只有两位千金，大的已许赵通政长子，第二已许江都督次子，虽未过门，俱已受聘。年兄那里又有一个待字之女，托我为媒。岂不是要我老拙吗？"裴爷正色道："儿女婚姻大事，怎能将无作有，向朋友戏言。"柯爷不信道："你这个女儿来历，向小弟说明，我好做媒人去。"裴爷道："这是舍弟俊卿之女，幼失父母，随我抚养成人。今日不好好代他择个佳婿，完全他终身大事，小弟死后怎对舍弟于九泉。这不是同我女儿一般吗。小弟可曾拿年兄开心。"柯爷拍掌道："年兄说明，我便去做媒。却不知年兄看重那家卿宦的儿郎？"裴爷笑道："这位儿郎，小弟之所爱，即年兄之所恶者也。年兄莫怪小弟，方敢直言。"柯爷道："小弟做媒，有何恶头，有何怪头？年兄只管请教。"裴爷道："我看上了你贵连襟的令郎，要招他做东床，烦年兄去说媒，再无不成的。"柯爷听说，吃惊不小道："年兄有个好女儿，偌大京都，怕拣不出一个好佳婿，独想上了这轻薄畜生。这个媒人，小弟不愿做的，年兄另请别人吧！"说着便起身告别，早被裴爷捺了坐下道："年兄又来直拙了。你做你的媒，不关你事，何必推诿。"柯爷道："小弟恨这小畜生如切齿，我还代他做媒。"裴爷道："你却恨他，我却爱他，相屈年兄走一遭，自当从重谢媒。"柯爷道："小畜生此刻病重的很呢，倘有不测，岂不误了令嫒的终身，不如等他好了，再去说媒吧！"裴爷道："不妨事的，他的重病，由抑郁而起，或因结亲，将喜一冲，病可立愈。就有不测，一是我女命当如此，二是我情愿的，总不怪媒人。年兄但请放心，只管说去，一说便成。"柯爷被裴爷一番言语捆住，不好推却道："媒是小弟说去，成与不成，休说小弟效劳不周。"裴爷道："这个自然。"说毕，催着柯爷动身，送到门口，还叮咛道："小弟今日，便候回音，年兄切勿忘却。"柯爷答应，方告别上轿而去。坐在轿中，肚内很笑："长卿何甚痴愚，一定要把女儿配此小畜生。又知道我与宣家仇恨甚深，定要央我做媒，岂不好笑。也罢，我只到那里略为言之，成与不成，不负朋友之所托。"想定主意，轿到宣府，果与宣爷会面。也不问他乃郎病之好歹，只将裴爷求亲的来意，略为一谈。宣爷摇手道："小儿不知是何心病，誓不娶亲。此刻病虽好些，屡被我重为教训，他立意如此。虽我父母，亦不能强他。襟兄就将此话回复裴年兄，请他莫怪。"柯爷明知其意，也不朝下再说，即告别上轿。又到裴府回复裴爷："非是我不尽言,怎奈宣家父子,俱不允亲"的话,说了一遍。这是柯爷把话故意说激烈些,使裴爷一怒而止。谁知裴爷明察秋毫,反笑嘻嘻道："今日有劳年兄,容日登门再谢。"柯爷连称不敢,随即别了裴爷,上轿回府。

　　裴爷将柯爷送出大门而去,即转身来到书房坐下,吩咐儿子以松,叫他明日到宣府,看看登鳌之病:"如果好了,你可务必邀他到我这里来,你可陪他在书房闲话,我自出来有话问他。"以松答应,裴爷起身回后去了。裴公子领了父亲之命,过宿一宵,果于次日,带了书童佛奴,往宣府而来。宣公子因得宝珠死信,染成一病,医药无效,几于无望生全,大亏日有所思,夜有所梦,梦见不知是仙是神对他说:"宝珠不死,汝休伤生。"宣公子自得梦以后,忽又想到:"宝珠落水岂无救星。"想到这里,忽然心中松快,病又减去几分,渐渐身子撑持下床,每日将养,病也脱体。宣老夫妇,见儿子病好,方才放心。又见他年纪不小,情窦已开,四处也代他央媒求亲。就是裴府这头亲事来说,要算门当户对,宣爷非不愿意,怎奈宣公子心中只有一个宝珠,除了宝珠,宁可终身不娶。宣老夫妇,每为此事忧心。欲待责备儿子,又怕他旧病复发,只得隐忍下来。宣公子虽是病好,犹自日夜痴想宝珠。这日,正坐在书房纳闷,忽见裴公子前来候他的病。本是文章好友,今见他到来,可以借此谈谈解闷。忙迎请进书房见礼,分宾而坐。茶毕,各道寒温一会。裴公子问病以后,邀他出去散散闷。宣公子不好推却,只得入内告知父母。宣老夫妇,也怕儿子在家闷出病来,命他带了抱琴、醉琴两个书童跟随,出去逛一逛,早去早回,不要伤神。宣公子答应出来,陪了裴公子出得府,一路谈讲,也在四处游玩一回。裴公子把宣公子诱到自己府门,务必邀他进去,稍坐片时歇歇。宣公子因有前日拒亲一事在心,不好意思到裴府去。当不得裴公子再三再四,将宣公子邀进府内。来到书房,见礼分宾坐定,佛奴送茶。茶毕,裴公子道:"宣仁兄□□,何以令人难解。但不知家尊仰扳于仁兄,而仁兄何拒绝之甚? 莫非仰扳不起吗?"宣公子叹一口气道:"小弟苦衷,一言难尽,望仁兄原谅。"裴公子正要开口,只听书房外一声咳嗽,裴爷进来。两位公子俱已站起相迎。唯宣公子见了裴爷,面有惭色,也名不得向前相见,口称:"年伯在上,小侄登鳌拜见。"裴爷道:"贤侄少礼,一旁坐下。"宣公子告坐。大家方才坐定,裴爷道:"我看贤侄才貌双全,老夫久已拜服。因膝下有一弱女,虽非至宝,亦是掌珠。欲择一佳偶如贤侄者,世上罕有其人,故前托令姨丈向你尊翁说媒。满拟一说必成,谁知推托,多分是令姨丈不会说话、代人善为撮合。今幸贤侄光临寒舍,老夫不揣冒昧,当面将弱女许与贤侄,贤侄不可再为推辞。"

宣公子道:"年伯吩咐,小侄怎敢推辞。但无父母之命,媒妁之言,小侄焉能自主。望年伯原谅。"裴爷道:"只要贤侄允了亲事,少不得央出媒妁,通知你家父母,这就不为自主了。"宣公子被裴爷这一驳,没得话回道:"小侄心事,连自己也说不出来,年伯府中千金,自有乘龙佳婿,何必小侄。但小侄虽有一点才貌,不足为奇,望年伯恕小侄唐突之罪。"裴爷笑道:"贤侄说不出的心事,老夫知之久矣,只不过情独钟于宝珠。可惜宝珠已死,徒想无益。就是小女才貌,也不亚于宝珠。贤侄不要少所见,多所怪,过于拘执,自贻后悔。"宣公子被裴爷说出心事,满面通红道:"小侄不曾情恋宝珠,别事也无后悔。"裴爷怒道:"你今日拒绝如此,不要到后来再想求我,我也是不能从命的。"宣公子也被裴爷絮烦急了道:"年伯若不相信小侄,便写一个凭据与年伯,以为后日执证。"裴爷听说,哈哈大笑,就叫宣公子写此凭据。宣公子取了笔砚,怎生写法?且看下文。

第十回　听月题诗　引生遇故

诗曰：

夜漏无声谁听月？冰轮皎皎又有声。

天宫响振霓裳曲，送下清音到玉京。

裴爷见宣公子，竟认真要写起绝据来为执照，肚内好不暗笑："书痴不知就里，执意如此，少不得日后慢慢摆布他一番，方出今日心头之气。"一面想着，一面假意发怒道："好个不识抬举的小子，老夫一团美意，招你为婿，你反出言无状，竟肯写绝据与老夫为凭。"也罢：

我本有心托明月，谁知明月照沟渠。

说罢，就命书童，取过文房四宝与宣公子，好写绝据。宣公子并不作难，片刻写完，还着了花押，呈与裴爷一看。只见上写道：

立绝据宣登鳌，今立到裴年伯名下：情因朱陈面许，冰炭难投。若日后懊悔，再求年伯，执此为凭，听其处治，毫不怨尤。今恐无据，立此存照。

裴爷看了绝据，笼于袖内，即气愤愤的起身，也不向宣公子再交一言，竟出书房而去。宣公子自觉没趣，也告别裴公子要行。裴公子还留他便饭，宣公子不肯相扰，带了书童，扬长而去。裴公子送出大门，见他去远，方转身进来，要复乃尊之命，不敢到书房去，赶到后堂。见尊翁与两妹子坐在那里，谈说宣生拒婚一段情景。他便向前，说宣生已去了。说着也一旁坐下。裴爷道："他临去可说些什么？"以松道："却是嘿嘿无言，不悦而去。爹爹何不向他说明，就是宝珠，他岂不十分感激。定要藏头露尾哄他，当面得罪爹爹。孩儿不解。"裴爷听说，哈哈大笑道："做好文章须要有波势，有曲折，方显出拿龙捉虎的手段，若直截而下，便成隹话，毫无趣味。"绮霞道："宣生已写绝据，定要宝珠。爹爹又不说明，宣生浑如梦寐，则千里姻缘之线，从何处穿起？"绮云也道："柯宝珠明推暗就，倒是一对奇怪文字，叫人从何处下手辨难？"裴爷不禁笑将起来道："你们只依为父之计而行，不怕宣登鳌不前来跪求为父的，不怕宝珠还再假撇清了。"绮霞道:"爹爹计将安出?"裴爷附着绮霞的耳,说了一会,绮霞点头。又附着以松的耳,说了一会,以松会意。父女们说罢,俱各相视而笑,大家办事去了,不表。

且言宝珠,自回了裴家两个姊妹一番决绝的话,虽是义正词严,及他姊妹去后,心中又懊悔起来道:"宣生得我死信,遂至一病不起,乃千古多情之才郎,便与他相订白头,亦不为过。况奴蒙裴继父从水中扶起,再生之恩,岂可不知,大不该向裴家姊妹们回的太愚蠢了些。设使外人知之,岂不说奴寡情至此。"相着愈加忧闷起来,伏几朦胧睡去。恰值绮霞、绮云姊妹二人走到宝珠房中,见宝珠在那里打盹,如媚、如钩向前尊声姑娘们请坐。绮霞摇手,叫他不则声。顺手在桌上取一条白纸,捻了一个纸捻。宝珠本是歪着头睡在膀子上,鼻孔朝外。绮云将纸捻送进宝珠鼻孔,一阵乱捻,捻得宝珠鼻内一阵奇痒。宝珠从梦中惊醒,一见是裴家姊妹,将身站起相迎,俱笑个不住,然后大家坐定,两个丫鬟俱送了泡茶来吃。绮霞吃着茶,叫声:"宝珠贤妹,你每想要到我家听月楼上去玩玩,此楼乃是仙笔所题。后楼雪窗,亦可眺远。今日无事,奉陪贤妹到楼上去游玩一回,省得在此贪睡。"宝珠道:"很好,听月二字起得新奇,愚妹也要到楼,瞻仰仙迹,以开怀抱。"说罢,姊妹三人起身出房,各代丫鬟跟随,一直往花园而来。到了花园,此刻已是秋末冬初间,花影凋零,鸟声稀少,只有几枝残菊而于畦边插着,也不足供赏玩。姊妹三人直向楼下而来。到了楼梯,鱼贯上去。楼上每日收拾洁净,自有园丁办理,伺候裴爷早晚上楼烧香。楼上满壁图书,俱是名人诗画,陈设精工。纸墨笔砚,俱皆古玩。

四面推窗亮开,毫无点尘。楼下自有管园仆妇,煨的香茗伺候,送上楼下。三位小姐上得楼来,先是裴家姊妹,见了仙匾,倒身下拜。宝珠也随着礼拜。拜毕起来,大家坐定,有丫鬟各送船茶一杯,在面前摆着。宝珠见匾上听月楼三个金字,写的夺人眼目,已不胜惊讶。又见下写掌桂仙吏题,一时不解。便问绮霞道:"姐姐,月如何可听,出于何典?这掌桂仙吏,又是什么仙人?望乞见教,以开茅塞。"绮霞见问,便回道:"贤妹有所不知,只因家君新建此楼,尚未题名。那年八月十五日晚上,合家在园内饮酒赏月。我父要在酒席前面试我们兄妹的才学,并将楼名各取一个上来,以定优劣。我兄取的餐松二字,我妹取的双凤二字,愚姐取的倚翠二字。还有,我父取的留云二字,未曾说出,忽月台下飘落一张红柬,上写着:楼名俱取的不佳,他于月府桂树下细加磨琢,成听月楼三字,以留千古仙迹。我父将柬帖看过,又被一阵仙风吹去,柬帖无影无踪,我父惊奇不止,即命掌灯,上楼一看。哪知未曾写字之匾,已有三个金字在上,如斧琢成,下书掌桂仙吏题,即月府吴刚也。贤妹,你道奇也不奇。就是这听月二字,我们兄妹也将此意细细推敲,并不知出于何典,其意似不近理。仙吏又留《咏听月楼》七绝诗一首,写在匾下粉屏上,解释听月二字之意,令人恍然大悟。贤妹何不近前一看便知。"宝珠听说,也暗自称奇。起身近前,到粉屏前一看,果见字迹写得龙飞凤舞,上写道:

诗曰:

听月楼高接太清,楼高听月更分明。

天街阵阵香风送,一片嫦娥笑语声。

宝珠看毕,连连称赞道:"这个月听得好,用意清新,近情近理,不枉是仙人之笔。"说着,将身坐下,又打动他的平日诗兴,便对绮霞说:"姐姐,此楼得仙人赐以嘉名,将来尊府必有瑞兆。又得仙人赐以佳句,亦增贤姊妹翰墨之光。但你我姊妹们平日诗中唱和,不过咏物感怀的腐题,题之清奇,莫过听月。愚妹不揣冒昧,大胆抛砖引玉,不知姐姐意下何如?"绮霞领了乃尊的密计,正要将宝珠逗留在楼上,好照计行事的。今听见宝珠要和《听月楼》的诗,正好延挨工夫,便答道:"贤妹有此高兴,愚姐理当奉陪,只是献丑。但不知和诗可不还和韵?"宝球道:"怎不和韵。"绮霞命丫鬟研墨,与绮云、宝球各取一幅锦笺,铺于案上,构取诗思,丫鬟一旁捧茶伺候。三位小姐见墨已浓,濡动羊毛,不必过假思索,俱已一挥而就。大家互相传看,和听月楼的诗,一首首俱有矫矫不群之句。

先是绮霞诗曰:

百尺高楼玉宇清,一天月色向空明。

丁丁伐木遥如许,世外犹闻斧凿声。

绮云诗曰:

楼外凉侵秋气清,寒砧动处月光明。

晴空隐约将衣捣,一片更催玉杵声。

宝珠诗曰:

楼传仙笔意奇清,眺望旋惊夜月明。

环佩叮当来步履,非笙非笛落虚声。

大家看毕,互相称赞,谦逊一回,每人诗后面,俱有自己名讳漫题。绮霞命丫鬟将三幅诗笺贴于楼上粉壁。又是丫鬟,送了一巡茶吃过,绮霞对着宝珠道:"我们诗兴既毕,何不到雪洞前眺远一番,以豁睛眸。"宝珠自在家中被父亲拘住,不能远走一步,以解闷怀。今在裴府,又是他们姊妹做伴很不寂寞。楼高眺远,更是雅事。一见绮霞所说,正中心怀。便回道:很好。姊妹三人即起身到雪洞前,四处一望。但见:

一泓秋水接长天,远树迷离袅碧烟。

最好晴光舒野径,钓鱼滩上送归船。

宝珠看着秋天一派野景,甚舒胸怀。先还与裴家姊妹并肩站着,看后,因越看越痴,竟把他姊妹扔在背后,他独自伏在洞口呆望。裴家姊妹也将身退后,让宝珠在雪洞口,畅意观望。绮霞眼尖尖,远远见两个戴方巾的后生,从楼下来了,一步近一步。认得,前面是宣生,后面是乃兄以松,诱他来了。他把妹子绮云手上一扭,努一努嘴,绮云点头会意,同乃姐把身子轻轻退在椅子上,坐了喝茶,暗笑宝珠。宝珠也不知就里,只顾出神朝下面望,身子露着半截。他也不知下面有人看他,且自慢表。

再言宣公子,自在裴府写据回去,好不懊恼,心中只是纳闷。过了两日,又见以松裴公子来,邀他出去逛一狂。宣公子执意不肯出去。裴公子因受了乃尊密计,当面请出宣年伯,说知来意。宣爷不好推却,逼着儿子陪裴公子出去逛一会。宣公子勉从父命,同裴公子一路寻秋,也谈谈别的闲心。却走到花园后门口,正是听月楼上,雪洞正坐着宝珠,一人在那里闲望。裴公子故作不知,问宣公子道:"你看那高楼上坐着一位佳人。"宣公子听说,抬头一看,吃惊不小。忙抢几步向前,且看下文。

第十一回　访美探楼　遇婢破梦

诗曰：

彼此深情各自钟，谁知无处觅仙踪。

天工巧使奇缘合，再见当年旧玉容。

这是裴爷安排的巧计，叫女儿诱宝珠到听月楼上，在雪洞口闲望，故使以松将宣公子引到这里，两下会面，好使宣公子疑疑惑惑，方懊悔起来，向裴爷哀求，才奈何他一番。这个机关，宝珠也不知道，宣公子越发意想不到。今听见裴公子说，那边楼口有一位佳人坐在那里，不觉将头一抬，看见那佳人，好似柯宝珠的模样。大吃一惊，忙抢行几步，向前定睛细看。越看越像，唬得魂不附体，转身就跑，只叫："不好了，青天白日见了鬼也。"说着要跑，被裴公子拉住道："宣仁兄，何以见这佳人是个鬼呢？"宣公子道："活脱一个被水淹死的柯宝珠，怎么不是鬼。"裴公子道："你可知这高楼是那家的？"宣公子道："我哪里知道。这个人家楼上，白日出鬼，也不相宜。"裴公子笑道："宣仁兄少要乱说，这就是舍下花园的高楼，那雪洞内坐着的，乃三舍妹，即家尊面许仁兄的佳人。怕仁兄疑惑舍妹丑陋，故小弟引仁兄，当面一看，可不亚似宝珠吗？"宣公子听说，越发说出呆话来道："岂有此理，仁兄欺我。分明一个宝珠的阴魂出现，怎说是你令妹。"宣公子与裴公子，在楼下高声争辩，早被楼上宝珠听见，楼下有人说话，怕的外观不雅，将身子缩进去，便与裴家姊妹带了丫鬟下楼，出园去了。宣公子还要朝楼上细看，哪知雪洞内佳人已寂然不见了。心中如有所失。裴公子道："宣仁兄不信小弟之言，你再去细访，不必在此发痴了，小弟就此告别。"说罢，把手一拱，就敲楼下后门进去。少顷，后门紧闭。宣公子见裴公子果从他楼下后门入内，"果然此楼是他家的。但他令妹怎与宝珠生得一般无二？事有可疑。且前日梦中说，宝珠不死，汝休轻生。莫非宝珠犹在世间？好令人难解。"一面想着，一面转身而回。到了自己府中，见过父母，仍归书房坐下。痴痴呆想："裴兄上次约我出去闲游，到他府中，受裴年伯一番挫折。今日又苦苦约我出去逛逛，到他后花园门口，说了许多鬼话，他就撇我一人在外,独自家去。此人毫无一点朋情,以后这等人,不必与他相交了。"想罢,叹息一回,忽叫声:"且住!曾闻得,裴年伯只有两女,一字赵通政,一字江都督,俱已受聘,那里又有个女儿。且方才雪洞中所见之佳人,分明是宝珠模样,裴兄怎说是他令妹。天下同模同样的原有,怎么这等厮像?"宣公子想到此处,忽又拍掌大笑,欢喜起来道:"莫非宝珠落水之时,是裴年伯救了回来,也未可知。诡说是他女儿,与我做媒,怕的柯老知道,又起风波。这是裴年伯一团美意。哎哟,不好了,若当真有此事,岂不被我一阵粗莽性气,送掉了我的好姻缘,令人憎恨。"说着,只是跌足叫屈。又转一念道:"宝珠生死,并无确信,何必徒费神思。哎,若是宝珠真死,苍天呀,我宣登鳌何福薄至此,连一个有才有貌的佳人,也消受不起,生我宣登鳌在世上,有何用处。"想到这里,又是泪珠双垂,好不伤心,哭了一回。暗想:"裴家父子,说话吞吐,其中事迹可疑。也罢,我闻得裴府花园中,有座听月楼,乃仙笔题的,并有仙诗四句。我久已要去一看,因病纠缠,是以耽误,未曾去得。今可借此,探访名楼并美人消息。但解铃还是系铃人,仍要去找裴兄引进方妥。"想定主意:"且歇息一夜,明早且去到裴府走遭。"说罢,已是掌灯时候,用过晚膳,也无心去看书,便解衣上床安寝。一夜,心下乱想,不曾合眼。

到了天明,起身梳洗已毕,用过早汤,即到后堂,请了父母早安,诡言出去会文,带了书童,出了府门,一直向裴府而来。不消片刻,已到裴府,宣公子问门公道:"你家公子可在书房?"门公回道:"公子不在书房,在花园内看秋色去了。"宣公子道:"烦你引路到花园去。"门公答应,引着宣公子进了花园。正值佛奴在那里玩耍。便叫:"佛兄弟,公子在哪里?有宣公子来候,快去通报。"佛奴道:"公子在梨花厅上看书呢。我同宣公子进去,伯伯请便吧!"门公点头,出园去了。佛奴尊声:"宣公子这里来。"宣公子主仆跟着佛奴,一路弯弯曲曲,来到梨花厅。佛奴抢一步,先到厅上,报知公子。公子已知宣生一定来问他消息的,果不出其所料,即起身出迎。见宣生进得厅来,叫声:"宣仁兄,来何早也?"宣公子道:"屡蒙仁兄枉顾,小弟今日特来回候。"说着两下见礼,分宾坐定,佛奴送茶。茶毕,裴公子道:"仁兄昨日将我舍妹认作鬼魅,未免来不得些。小弟故心中不忿失陪仁兄,是以家来了。"宣公子被说得满面通红道:"仁兄休怪,我只认楼上的令妹,宛似宝珠,故说是鬼。若当真是仁兄令妹,小弟怎敢乱道。但有一件疑心之事,动问仁兄,望乞仁兄见教。"裴公子道:"宣仁兄有何事疑心?乞道其详。"宣公子道:"小弟闻得,尊府只有两位千金,一字通政赵府,一字都督江府,俱已受聘,那里又有一位千金,未曾受过人家的聘礼呢?此事小弟不解。"裴公子笑道:"仁兄有所不知,这是我的堂妹。幼失父母,在小弟处抚养成人。我父母亲视如己出,所以做主择婿。这个舍妹,不但有貌,而且有才,兄如不信,可到我家听月楼上看一看他诗句,便见分晓。"宣公子道:"小弟久闻名楼仙迹,正要上去瞻仰一番。"说罢,起身同裴公子,转弯抹角,一直来到楼门。正要上楼,忽见佛奴来说:"夫人请公子到内堂,有要话相问,立等公子。"公子听说,便叫:"宣仁兄,请先上楼,小弟即刻就来奉陪。"说罢,转身自去。宣公子的书童,已被佛奴拉在别处玩耍去了。只剩宣公子,独自慢慢上楼。见楼中明窗净几,十分幽雅,果然有听月楼三字金匾,下面摆着香案,知是裴年伯早晚焚香之处。又见粉壁上写有四句七绝,近前一看,乃咏听月楼的诗。细细一看,连声称妙道:"果然这听月二字镂琢精工,不愧仙笔。此楼可以永垂不朽了。"说着,坐将下来。但见左边壁上,贴着三幅锦笺,字亦写得工楷柔媚,好似女子笔意。"莫非裴仁兄所说,他的几位令妹的闺阁诗吗?待我向前细看一番。"又起身走到左边壁间。一看,三幅锦笺却是和听月楼诗的原韵。先看绮霞、绮云的诗,连连点头道:"用意好,押韵稳,绝无乡宦气味,可称闺中二美。"及看到第三幅锦笺,上写着头一句"楼传仙笔意奇清"这一句起得突兀,且有故要发挥之意。第二句"眺望旋惊夜月明",有此一惊,方起下听字意思。第三句"环佩叮当来步履",诠听字,有引人入胜之致。第四句"非笙非笛落虚声"。月听到这般地位,是假是真,令人玩味无穷。此一首咏听月楼诗的和韵,较前二首体格生新,才华秀美,不亚古人大家道蕴矣。但不知可是裴仁兄所说这位堂妹吗?再看后面写的"薄命女宝珠慢题。"看毕大吃一惊道:"怎么称为薄命女?是呀,到底不是裴年伯亲生,或另眼看待,较之亲生女儿分了厚薄,所以一生不平之哀,借诗寓意,故女称薄命,这也怪他不得。但不知裴仁兄的令妹,也叫宝珠,这却奇怪的很了。莫非宝珠竟不曾死,埋藏于裴年伯家中?不然如何又有两个宝珠?裴仁兄口口声声说是他的堂妹,我若问他细底,倘被他斑驳起来,叫我何以回答。一时心中烦躁起来,不觉口渴,半日不见裴府书童送茶上楼,便到楼门口唤自己书童,亦不见答应。忍不住下得楼来,去找自己书童。走未几步,才转了一个弯,只见远远来了一个绝美丫鬟,捧着一盘船茶,冉冉而来。宣公子不知这美婢捧茶往何处去,此刻口渴忘情,忍不住叫声"姐姐,将手内这一杯茶见赐予小生,以解渴烦吧!"那美婢听说,将宣公子上下一望,把脸沉下来道:"相公们在花园游玩,自有书童伺候送茶,婢子这杯船茶,送与宝珠小姐吃的,何能乱与别人。倘小姐知道,岂不要责备婢子。相公莫怪。"说罢,转身要走。宣公子被他这一席话,说得满面通红,无言回答。见他转身要走,忽想起这个美婢,好似姨妹宝珠的丫鬟如媚模样。越想越是,抢一步向前,叫声"姐姐慢行,小生有话问你。"那美婢又停步不走,问道:"相公有什么话问婢子?快些请教,茶要冷了。"宣公子笑吟吟道:"姐姐的容颜,好似小生姨妹房中的如媚姐姐一般,故此动问一声,不知可是的吗?"那美婢把脸一红道:"我便叫如媚,却在裴府中使用。我也不知相公为何人,我也不知相公的姨妹为何人?天下同名同姓者多,同模同样者亦复不少。就是婢子名叫如媚,虽有两个,不足为奇。就是我家小姐名叫宝珠,柯府中有小姐名叫宝珠,也不知是一个宝珠两个宝珠,请相公去细细推详。婢子不及说话,要送茶去了。"说罢,捧着船茶,如飞而去。宣公子听了美婢这一番话,如醉如痴,站在那里不言不语,只是呆呆出神。怎生醒过来?且看下文。

第十二回　巧试佳人　戏挼书生

诗曰：

本知儿女却情长,随意风流有侠肠。

白首良缘原不偶,一经磨折姓名香。

如媚花园送茶与小姐,岂有明知宣生在花园内而使小姐前来私会? 这也是裴爷叫绮霞唤了如媚,说明其故,假向花园送茶。倘遇见宣生,教他这几句话。如媚岂认不得宣生,他是明知故昧,使宣生心中疑惑不定。一闻如媚这些话,呆呆站在那里暗想:"这个送茶的丫鬟,分明是宝珠姨妹的丫鬟如媚,他又推说不是。且住,我闻得柯姨丈将宝珠姨妹逼了投江,并将丫鬟如媚、如钩一同送入波流,这一定是裴年伯一并救了回来,说什么是裴兄的堂妹,多分宝珠未死,住在这里。想裴年伯许婚于我,不向我说明,使我坚守宝珠。当面辞婚,得罪裴年伯。年伯呀,你真好游戏也,我如同在醉梦之中。今日梦也该渐渐醒了。"想到这里,越发出神。不料跟他的书童,在别处玩了半天,怕相公见责,飞星一气跑来,一头撞在宣公子怀里。公子不妨,被这一撞,一跌跌倒在地,书童也跌在公子身上。急急爬起,见是公子,唬得魂不附体,垂手一旁站着。公子慢慢爬起,见书童,骂一声:"狗才在何处贪玩了,半日也不伺候送茶,此刻又冒冒失失跑来撞我一交,这是什么意思。"说着,气愤愤的向前,打了书童两个耳刮子。书童被打,也不敢回言,咕嘟着嘴,站在一旁。宣公子道:"狗才还不到楼下,送一杯茶到梨花厅上来与我吃。"书童方答应去了。宣公子转身到梨花厅内坐下,暗想:"裴仁兄家去,也不来了。我还有许多话问他,累我在此呆等,好不耐烦。"正想之音,书童已将茶送到,宣公子一面吃着茶,一面叫书童去找裴家佛奴,问他公子往哪里去了,速来回信。书童领命,不敢怠慢,去了一会,来回复公子道:"裴府公子,是夫人打发往赵舅太爷那边去拜生日,今日有一天呢,到晚方回。佛奴也跟去了,是我问门公的。"公子点头,吃了茶,站起身来,带了书童快快而回,少不得日日来找裴公子,要采访宝珠的信息。门公总回不在家,又不好意思当面去问裴爷,没有情没绪,回到自家书房闷坐,且自慢表。

再言裴公子,何尝在赵府去拜生日。也是裴爷使的机关,引宣生到听月楼上看见宝珠的诗,知道宝珠不死,落款又不落姓,且称他薄命女。令其疑惑不定。以松是夫人叫去了,宣生又无人问。再加如媚送茶一番话,更令宣生心痒难抓,哭不得,笑不得。裴爷与儿女们在背后暗笑,连宝珠也不知道。如媚自到花园送茶遇见宣生,也猜着裴爷几分属意,又是绮霞吩咐如媚,瞒着自家小姐,不许走漏风声。如媚领命,并连同伴如钩也不与他说明,他只在旁边看着裴爷巧为播弄宣生。又是好笑,又是感激裴爷。小姐为他《玉人来》一幅诗,连我两个婢子几乎一同丧命,今日奈何得宣生也戳了,方出我们主仆心头之气。正独自暗想,见裴府大小姐的丫鬟来唤如媚,叫声"姐姐,少要在此呆想,我家老爷与小姐在中堂叫你去说话呢。"如媚道:"姐姐少待,待我回声小姐去。"那丫鬟摇手道:"老爷临来吩咐的,叫姐姐不用向小姐说,立等你去。"如媚依言,随了这个丫鬟,一路来至中堂。见裴爷夫妇与公子小姐,俱坐在那里。向前挨着磕头,起来站立一旁,尊声:"老爷呼唤婢子,有何吩咐?"裴爷道:"你家小姐有父母在堂,婚姻大事非我所主。但你家老爷将你小姐无故置于死地,父女之情已绝,若不亏我设法救回,你小姐久已葬于鱼腹中矣。你小姐虽非我生身之女,我却是他再生之父。你小姐的婚姻,我可以做得主了,你道是也不是?"如媚道:"老爷恩同再造,人非草木,焉有不知。就是两个婢子的余生,也仗老爷的大力救拔,婢子恨不能结草以报,只好将来供长生禄位,早晚焚香,保佑老爷公侯万代,福寿绵长。何况我家小姐,千金之体,蒙老爷救于波中。不独将来不白之冤可洗,即一时难合之事可成,真是重生父母,报答不尽,岂有小姐婚姻之事不由老爷做主的。"裴爷见如媚说话伶牙俐齿,十分爱他。便道:"你说小姐的婚姻该由我做主,为什么我前日将你家小姐许与宣府,是我叫大小姐对你家小姐说的,你家小姐反不遵我命,执拗起来,是何缘故。想必你家小姐无情于宣生。这段姻缘是不得成了,我也强他不得。但今早我在朝内,有首相蒋大人,名叫文富,所生一子国銮,年已二十,才貌不亚于宣生。乃蒋大人的爱子,要择一个有才有貌的媳妇,配他的儿子。不知谁人多嘴,说我家有一个才貌双全未字的宝珠,他今日在朝房,当面向我求亲,托了巩通政为媒。我因他是当朝首相,又有权势,不好回他,遂当面允了这头亲事。他那里择日下聘过来,你家小姐的亲事,虽是我做主,到底向他说一声。我本当唤他出来说知,恐他羞涩,不能向我回答。欲待叫我家大小姐、二小姐去说,他二人挨送没趣,又不服气。再说你是小姐的贴身心腹丫鬟,他的性情你总知道,所以叫你出来。可曾听见我方才吩咐的一番话?你可回房向小姐细细说知,并叫小姐将自己年庚写出来,好等下聘日誊在喜书上回礼的。你好好问小姐说去吧!"如媚答应下来,退出中堂。一路暗想:"裴老爷这番大变动,好不令人奇诧,叫我怎好对小姐去说,小姐的心事,我岂不知。小姐听见此话,不知如何着急?必有一番大风波呢。若隐忍不言,裴老爷当真做下此事,要向我讨小姐年庚,叫我何以回答?且趁此时,相府未曾下聘,叫小姐早早打点,或可挽回。哎,怪来怪去,只怪小姐老实。就允了宣府这头亲事,完却心愿却罢了。又为什么拿腔作势,怕的什么无私有弊,回断了裴府两位小姐。怎怪裴老爷今日,借口将小姐另许婚姻。小姐呀,不知你将此事怎么处呢。"想着,已到自家小姐房中。正见宝珠午睡方才起来,问道:"如媚,我方才唤你半日,你往哪里去的?"如媚道:"是裴老爷唤婢子到中堂去,有话吩咐的。"宝珠道:"裴老爷吩咐你什么话?"如媚道:"小姐不要生气,婢子方敢直言。"宝珠笑道:"裴老爷乃我救命的恩人,他吩咐你的话,我有何气之可动。你且说来。"如媚就把裴爷吩咐的话,一字不曾隐瞒,细对他小姐说了一遍。

　　列位,你道裴爷当真将宝珠与蒋相对亲吗?裴爷虽是风流司寇,却一生刚方正直,怎肯联姻奸相。这又是巧试宝珠之心,坚也不坚。宝珠要算聪明女子,也参不透裴爷的机关。今听得如媚一番言话,由不住一阵心酸,两眼一翻,气咽胸膛,一交晕倒在床上。唬得如媚急急向前,扶住了小姐身躯,掐住人中,即唤如钧取姜汤来。如钧答应,飞星取了姜汤到来,跪在床边用耳挖撬开小姐的牙关,慢慢用茶匙挑了儿挑姜汤,送在小姐口中。歇了一会,小姐方才苏醒过来。叹了几口气,哭啼啼叫着自己的名字道:"苦命的宝珠呀,与其今日如此,何必当初又救我于波心,多此一翻赘瘤。哎,这总是我的生来命苦,不怪别人。与其生在世上活活现形,不如是赴九泉倒也干净。"说罢,放声大哭不止。如媚劝道:"小姐不必伤心,事还未成,打点主意要紧。"宝珠哭道:"我有什么主意,一死便完事了。还打点什么。"如媚到了此刻,见事关紧要,不得不向小姐说明,便将花园送茶,道见宣生与他一问一答的话,"我是这里大小姐教我说的,又叫我瞒着小姐,据婢子看来,裴爷做事虚虚实实,令人难测,此话之真假,未可遽信,小姐不要堕其术中,白费苦恼,使伊父女暗笑小姐之太愚拙了。"宝珠听见如媚这番相劝的言语,忽然醒悟起来道:"你之所言,一丝不错。这是裴爷巧试我,静守宣郎可是真心。我何不将计就计。"附着如媚的耳道:"你去如此这般,可好吗?"如媚点头道:"很好,小姐快些下床行事。婢子赶到中堂去报,小姐,不要当真的。"被宝珠一口

　啐，如媚笑着去了。赶至中堂，慌慌张张，只叫："老爷夫人，不好了。"裴爷夫妇同吃惊道："什么事这等慌忙。"如媚道："婢子将老爷吩咐的话，向小姐说知。小姐急了，在那里上吊呢。"这一个信，唬得裴爷等一齐赶至后边。见宝珠房门紧闭，高叫："宝珠休要如此，这是老夫试你的心，何得自寻短见。"说着用脚将房门踢开，但见宝珠笑嘻嘻的出来道："爹爹之恩未报，怎敢就舍得死。"裴爷见宝珠，哈哈大笑道："好个智巧之女，深知我心，不枉我一番美意。"大家各自放心。

　　且按下裴府之事，再言宣公子，屡在裴府探信，总会不见裴公子问个实底，好不心中焦躁。每日只坐在书房，痴痴呆想。茶不思，饭不想，又有些病将起来。那日，正闷坐书房，忽见书童呈上裴公子一个字儿，宣公子接过，拆开字见一看，不知其中是忧是喜？且看下文。

第十三回　许姻倩笔　赴选登科

诗曰：

拙痴不解虚圈套，误认冰人可代庖。

笔底生花花解语，笑他往事亦徒劳。

宣公子因访不出宝珠的消息，正在书房心中纳闷，忽接到裴公子一封字儿。只见信皮上写着呈上"宣仁兄喜书"五个字，不免疑心道："裴仁兄这封书子，怎加一喜字？且拆开，一看便见分晓。"想毕，把书子拆开，抽出信来，见是一幅松江笺，写诗四句在上面。细细定睛一看，只见上写道：

诗曰：

痴生何必过踌躇，裴宝珠原柯宝珠。

珠拾江心留好合，难求月老释前辜。

宣公子看了书子，大吃一惊，只以为不好了，哪知宝珠竟真是裴年伯救回。他好意与我为媒，我大不该回的那等决绝，又写了凭据与他，再不懊悔。今日叫我怎好意思去求他。若不去求他，宝珠又在他家，这便怎处？想了一会道："也罢，不如带了这幅诗笺，前去禀知爹爹，商议如何办法，或有挽回亦未可知。"想定主意，拿了诗笺，站起身来，出了书房，来到后堂。见父母俱坐在那里闲话，向前打了一躬，请过父母的安，一旁坐定。便尊声："爹娘呀，宝珠姨妹竟不曾死呢。"宣爷夫妇，同吃一惊道："有这等事？今在哪里？"公子道："现是裴年伯救了回。"便将"他诡说宝珠是女儿即托柯姨丈为媒，我们不允。孩儿又因裴年伯面许为婚，我又写了绝据。只为孩儿要苦守宝珠，一时莽撞。今当真宝珠在裴年伯家，此事怎处？"的话，说了一遍。宣爷道："你怎知宝珠在裴年伯家？"公子又将听月楼下，看见宝珠在雪洞口，还疑是鬼，后到听月楼上，亲见宝珠的诗句，并遇见他的丫鬟如媚，方有些疑心宝珠不曾死的话，说了一篇。"今又接得裴仁兄送来的诗一首，宝珠不在裴府往哪里去，请爹爹一看便知。"说着，将诗呈上。宣爷接过一看，哈哈大笑道："果然宝珠不死，现在裴府。"夫人听说，也欢喜起来，真是感激裴爷。便叫声："老爷，既是宝珠尚在裴府，裴爷不比柯老为人，老爷何不带痴儿成就这段婚姻，也不枉痴儿一番思慕宝珠之意。"宣爷摇头道："这事很大费周折呢。"夫人道："婚姻大事，有何周折?"宣爷道："夫人有所不知，只因痴儿坚守宝珠，誓不再娶。他不知裴年兄央了柯老说媒，诡说是他女儿，岂料即是宝珠，并不允这头亲事。裴爷又当面许痴儿的婚姻，痴儿不知就里，又写下绝据与他，再不懊悔，前去求他。裴年兄本是一团美意，我父子反拒绝于他，岂不恼我父子吗？今日水落石出，就是宝珠在他家里，有何意思再去求他。"公子听了乃尊一番言语，好似一瓢冷水浇在头顶上，心中一苦，珠泪双垂。夫人见儿子这般光景，又是疼儿心重，怕他再想出病来，叫声："老爷，你虽这么说，到底还带痴儿想个法，成全他一段痴想。"宣爷也见公子一旁堕泪，心中有些不忍。便道："夫人放心，苦我老脸不着，待我亲去，向裴年兄求亲，且看痴儿缘法如何?"夫人点头道："老爷亲自出马，事再无不成的。"宣爷笑道："且莫要拿稳了。"夫人道："事不宜迟，且屈老爷今日就去走一遭。"宣爷道："这个自然。但宝珠不死，夫人可暗差一个的当人，送信与柯姨，使他放心，切不可走漏风声与痴老同秀林贱婢知道。"夫人道："这个在我。"宣爷说罢，起身即去更衣，命家人打轿伺候。公子此刻方才改忧为喜。送了乃尊上轿，回他书房，静候好音不表。

且言宣爷，轿到裴府下轿，早有门公通报进去。少顷裴爷出迎，迎到内厅。两个见礼，分宾坐定，家丁送茶。茶毕，裴爷道："宣年兄在府纳福，今日甚风吹到寒舍，有何见谕?"宣爷道："小弟有一件不得已之事，特来负荆的。"裴爷道："年兄未曾得罪小弟，何出此言?"宣爷道："前因年兄托柯舍亲代小儿为媒，小儿坚守宝珠，是以得罪年兄。今日闻得宝珠是年兄救回，痴儿欲仗年兄，成全此事，愚父子感恩匪浅。今日小弟一来代小儿请罪，二来面求年兄依允。"裴爷笑道："年兄今日来迟了，小弟已将宝珠许与蒋相之子了。年兄莫怪。"宣爷大吃一惊道："怎么，年兄与奸相联起姻来了?"裴爷道："年兄嫌小弟家道寒俭，不肯俯允这头亲事，小弟只好仰扳相府，将来做个靠山吧!"宣爷被裴爷说得满面通红，无言可答。裴爷又道："年兄莫怪我说，非是小弟不欲成就令郎的姻缘，我之设法救了宝珠，为的何来？所以诡说我女，怕的柯老知道，又起风波。就是托他为媒，亦为后日地步。年兄不允亲倒也罢了。只可恨你家令郎过于无知，竟当面敢写下绝据，与我为凭，再不懊悔向我求亲，这是与宝珠恩断义绝。小弟怕误了宝珠的好述，所以另许蒋门。年兄今日到此，挽回无及了。"宣爷被裴爷说得浑身冰冷，忽想起裴公子的诗句上之意："宝珠并未另许他人。分明叫我儿子服罪求他，乃尊裴公之言不可尽信。"想了一会,叫声"裴年兄,你这些话,还有些欺我。"裴爷道:"小弟生平不曾欺过朋友,句句皆是实言,有何欺年兄之处?"宣爷将裴公子的诗句取出,递与裴爷道:"这是令郎的诗句,分明写的宝珠仍待痴儿,不过要他服罪求亲之意。今日年兄又说宝珠另许蒋门,岂不是欺小弟吗?"裴爷接过他儿子的诗句一看,又转口道:"就是宝珠不曾另许蒋门,无奈你的令郎写的绝据太狠些。"宣爷道:"可借绝据一观。"裴爷取来与宣爷看了一会道:"好大胆畜生,这等无知狂言,怪不得年兄动气。总是小弟赔罪。"说着离座,连连作揖。裴爷一把拉住道:"年兄不要如此,快请坐了好说话的。宣爷依言坐定,裴爷便把不允亲之后,为你令郎用一番委曲成全之计,才能引人入胜。年兄既说开了。小弟自当从命。只是令郎要唤他到来,待小弟责备一番,方成全他这段美事。"宣爷笑道:"这是理当如此。"说着把那纸绝据递与裴爷收了,一面又叫家人,飞星回府,速请公子到此议话。家人答应,领命去了。裴爷又向宣爷道:"宝珠虽是我做主许婚与你家令郎,到底柯年兄是他亲父,怎肯使他父女不认。但柯老直拙,若明向他说,又费一番唇舌。我自有道理,不怕不入我彀中。"宣爷听说,十分感激。裴爷正要回答,早见他儿子登鳌从外面进来,见了裴爷很不好意思。没奈何向前尊声:"年伯在上,小侄宣登鳌狂妄无知,误犯虎威,小侄该死。今日知罪不容逭,特来请罪。望年伯看家父分上,高抬贵手,恕了小侄吧!"说着,跪将下去。裴爷一把拉住道:"贤侄,你是不懊悔再来求人的,何必行此大礼。"宣公子道:"小侄的罪擢发难数,不过信口乱言,望年伯海涵,大人不记小人之过吧!"裴爷也不叫他坐,只叫声:"住口,当着你令尊在此,你说信口乱言,如何又写下绝据与我吗?"宣公子也狡赖道:"小侄何曾写什么绝据与年伯的。"裴爷道:"你亲笔写的绝据,你家尊方才看过,难道冤赖你不成。你拿去看来!"说着,把绝据掷与宣公子。宣公子拾起绝据,也不去看,一阵乱撕,撕得粉碎,捺于嘴内。只叫"年伯呀,小侄何尝写什么绝据,不要冤赖小侄呀。"引得裴爷哈哈大笑道:"这个狡猾儿郎,亲事便许了你,听你尊翁择日下聘过来。你须依我两句吩咐。你若要是洞房花烛夜,须等你金榜挂名时。"宣爷道:"这也是自然之理。"又叫儿子过来,拜谢裴爷成全之恩。宣公子依言,要大拜八拜。裴爷只受了四礼道:"贤侄从此可以无所忧虑了,回去发奋读书要紧。"宣公子连声答应,宣爷道:"裴年兄,还请何人为媒?"裴爷道:"仍用柯老。"宣爷笑道:"年兄用的好机关。"说罢,父子告别裴爷,上轿而去。裴爷回后,说与宝珠知道,宝珠也暗自欢喜,深服裴爷神机妙算。

次日,裴爷果然请了柯老到来,托他为媒。柯爷心中很不舒服,暗想:"有个女儿还怕没人家。他既不允亲就罢了,一定爱煞这小畜生。"心中虽是这等想,外面又不好推却,只得代他到宣府去说媒。这一回,一说便就,回复裴公。一边择日下聘,无非从丰礼物,下到裴府。柯爷是大媒,先领盒过来,与裴爷道喜见礼,坐下吃过茶。有家人来,请裴爷写小姐的庚帖。裴爷就在厅正中桌上,举笔就写。方写一字,忽然两手乱颤起来道:"这又是旧病发了。柯年兄,烦你代我一书。"柯爷笑道:"这件事如何代得。"裴爷道:"不妨事的,我女即如年兄女儿一样,可以写得的。"柯爷不知是计,便信笔一书。写毕,递与裴爷一看,连称很好,忙用喜套封好,装于盒内,打发人行到那边去,聘礼一概取入后边,只留下一对金钗,送柯老为写年庚润笔之资。柯爷道:"聘礼如何转送与人。"裴爷又说:"不妨事,务必要柯老收了。"柯爷方告别,到宣府吃了一日喜酒而回。宣公子自定下宝珠,心满意足,发愤读书。怎么前去赴选登科,生出别的甚事?且看下文。

私家藏书

名家藏书

图文珍藏版

第十四回　奸相逼婚　怨女离魂

诗曰：

姻缘本是订三生，冰判何能去强成。

美意殷勤转恶意，奸权一来任纵横。

宣爷自代儿子在裴府定了这门亲，又是柯老为媒，也知裴爷用意，便力劝儿子念书。宣公子此刻，心内一块石头落将下来，也想大登科后小登科，遂下帷苦攻，用心发奋。他平时本是个饱学秀才，胸罗二酉，功惜三馀，略加工夫点缀，越发文思大进。那年正当大比之期，应归他本省乡试，奈因路途遥远，宣爷不放心打发他一人前去，遂在京中代他拔例纳粟，追赴本京乡试，到了场期，宣生进去，本是平昔根深，文不加点，头场三篇，一挥而就，交卷出场，将文字誊写出来，呈出乃尊一看。宣爷见他字字珠玑，句句锦绣，心中大喜。那二场、三场，宣生越发容易。早早完了。三场事毕，在家候榜。到了放榜日期，宣登鳌中了亚元，就有报子报到府中，宣爷夫妇俱是大喜，赏了报钱而去。宣生免不得去吃鹿鸣宴，谒房师，拜同年，吃喜筵。忙忙碌碌，一个多月，又去用会试工夫。

光阴易过，瞬息间就是次年春闱。正总裁点了裴爷，副总裁点了柯爷，一个铁面无私，一个拘执，不徇人情。虽奸相蒋文富要代儿子通关节，也无从穿插。所以礼闱肃清。宣生会试三场，自不必说，好似探囊取物。直到揭晓，又中了经魁第八名。报到宣府，宣爷夫妇欢喜，自不必说。宣生去谒座师，一是裴爷，彼此甚是喜欢。一是柯岳丈，彼此相见，俱有羞惭之色。这些闲话，不消细述。单言殿试日期，天子临轩，考选新进士。选来选去，选出三鼎甲。那榜眼、探花不用交代他出迹，只听状元，中了宣登鳌。天子见状元生得才貌双全，龙心大悦，赖赐游街三日，好不荣耀。此刻宣府、裴府、柯府人等，无不欢喜。只有柯老，渐有些慎悔起来："当初若不将宝珠逼死，允了这头亲事，岂不得一个状元女婿。今日白送与老裴受享。"又转一念道："宣家小畜生，坑死我家女儿，做此败行之事，怎么反中起状元来？这也是我的眼瞎，却不该取中他的进士。"此刻,柯老心中犹错怪宣生。这且不表。

只言宣状元,游街已毕,回朝复旨,当殿授为翰林院修撰之职,少不得赴琼林宴,回府祀祖,拜父母,又去拜裴爷、柯爷,家内摆下喜筵,开锣演戏,款待贺客,好不热闹。忙了三五日,再去拜九卿六部,谒见阁相。别处拜见,不用细讲。只言奸相蒋文富,因想:儿子年已不小,也指望他功名成就,好继一脉书香。又知儿子学问平常,仗着自己武艺,未必得中。见天子春闱点了裴、柯二公做了主裁,欲代儿子通个关节,面托二公,无奈二公毫不徇情,奸相深恨裴、柯二人。欲待报仇,又无从下手,只得隐忍在心。心中正在纳闷,忽见堂官进来禀道:"启相爷,今有新科状元宣登鳌,禀见太师,未得均旨,不敢擅入。"蒋相听说,点一点头,即命堂官代他相迎。堂官领命,迎进宣状元。状元见了蒋相,尊声"老太师在上,容新进学生宣登鳌拜见。"说着,拜将下去。蒋相见状元行礼,因他是天子门生,也将身站起,立在一旁,只叫"殿元公行常礼吧!"受了两礼,即命堂官拉住,吩咐看座。状元道:"老太师在上,士学生理当侍立听教。"蒋相道:"未免有几句话儿谈谈,哪有不坐之理。堂官看坐。"堂官答应,在左边一旁,摆下椅子。状元向前告坐,坐定,堂官送茶。茶毕,蒋相道:"殿元公少年英发,名魁天下,他年必为国家栋梁。"状元连称不敢道:"新进小子,樗栎庸才,侥幸以得功名,倘有不到之处,仍望老太师指教。"蒋相笑道:"殿元公未免过谦了。"又谈了些别的闲话,状元起身告辞。蒋相命堂官送他,出相府而去。蒋相见状元生得才貌超群,语言出众,颇有招他为婿之意。因想:"女儿年已十六,小字连城,尚待字闺中,不若招新科状元为婿,以了我老来一桩心事。且住,当面不好言婚,不若叫门生巩通政到来,托他将媒,他还会说话,善为撮合。"想定注意,即叫人到书房去请巩通政。通政下朝无事,每日在相府书房陪着蒋公子谈嫖经。今一见相爷来叫他说话,起身如飞出了书房,赶至中堂。见了蒋相,早已卑躬折节,笑脸相陪。尊声:"老太师在上,门生巩固请安。"向前打了一个千儿,蒋相吩咐坐下。通政告坐,坐毕,问道:"老太师呼唤门生,有何吩咐?"蒋相道:"只因老夫有一爱女连城,年已十六,尚在择婿,并无一个可意儿郎。老夫见新科状元宣登鳌,才貌双全,到与吾女是一对佳偶。今烦贤契前去为媒,事成必当重谢。"通政连称不敢道:"这宣殿元莫非宣侍读的令郎吗?"蒋相道:"然也。"通政道:"既是老太师吩咐,门生理当效劳。"蒋相道:"老夫在此专候佳音。"通政起身,告别蒋相,到了门口上轿,一直往宣府而来。轿到宣府,早有门公入内通报,宣爷整衣出迎。此刻,通政已下轿进来,彼此见面,拉手相让,到厅见礼,分宾坐定。家人送茶,茶毕,宣爷道："寅兄今日光降寒舍,有何见谕?"通政道："无事不敢轻造贵府,只因蒋太师有一爱女,年已十六,才貌双全,射屏未得其人。今见令郎殿元公,倒是一对郎才女貌,堪为配偶,故命小弟到此为媒,两下门当户对,寅兄不要错了这好机会,望乞俯允。"宣爷吃惊道："若论相府议婚,小弟求之不得。但小儿已聘柯太仆之女,何得停婚再娶。望寅兄婉言回复太师,容日荆请。"通政笑道："寅兄不要固执不允,堂堂当朝首相也是难抑扳的。允了亲事,还有许多好处。"宣爷听说,把脸一沉道："小儿履历载明已聘柯氏,非我说谎,还叫小儿休了柯氏去就相府之亲,还叫相府千金来做小儿的二房?至于有好处没好处,也不能以此挟制于我,其话欠通。"通政被宣爷批驳一番言语,说得满面通红,即起身告别,上轿而去。到了相府,入内见了蒋相,便将宣爷不允亲的话说了一遍。蒋相大怒道："老夫好意向他求亲,他到拿腔作势起来。有多大的学士,有多大的状元,敢来抗拒老夫。少不得将这班无知畜生,一个个置于死地,方出心头之气。"说着,只叫："可恼,可恼!"通政赔笑道："老太师请息怒。谋事在人,只要门生略施小计,包管入我彀中。"蒋相变怒为喜道："贤契计将安出?"通政道："只要问声柯太仆,可是有女与宣府为婚?若真有此事,另作计较。若无此事,只消老太师发一请帖到那里,说有一寿屏托殿元公一写,不怕他敢不来,来时只用设席,待门生假意相陪,将酒把他灌醉。一面硬将他送入小姐房中,等他醒来时,好意应承通知父母,择日入赘。若倔犟时,只说他酒后私入相府闺房,调戏宰相的千金,该当何罪。只消老太师一本奏于当今,看他状元可做得稳?只怕他父子总要问罪呢。门生拙见如此,请老太师上裁。"蒋相道："此计很好,就是这么办法。"即取过宣状元履历手本一看,果填的聘妻柯氏。遂打发家人到柯太仆府去问。去了一会即复命相爷道："太仆府中回说,他家只有一位小姐,已死多年,并无宣府联姻之事。"蒋相听说,大喜道："分明是学乾故意推托,须要用着巩贤契之计了。"即命巩通政去写请帖,差了一个堂官,到宣府去请状元,说了来意。宣爷因在前不允他亲事,怕他见怪,今见他请儿子写一幅寿屏,再不好推却,只得打发儿子坐轿,带了书童抱琴、醉琴跟随,一直往相府门第而来。到了府前,下轿入内,自有堂官引路,去见蒋相。少不得行廷参之礼,又与通政见礼,坐下略叙寒温,状元请寿屏出来写,蒋相吩咐通政："先陪殿元公便饭,然后写屏,老夫失陪。"说罢,起身回后去了。通政邀了状元,到花厅那边,已摆下现成酒席伺候。状元与通政推让一会,坐了上席,通政主席相陪。早有相府家丁上酒上菜,通政有心算计状元,状元不知是计,量又有限,被通政左一杯右一杯苦苦相劝,早已吃得醺醺大醉,伏在桌上睡了。外边轿子并跟随书童,俱吃了酒饭,叫他们回去,说有一夜的寿屏写呢,次早来接。只乘状元一人在此,入了牢笼。通政见状元已醉,一声吆喝,外边早跑进几个家人,七手八脚将状元抬至连城小姐后楼榻上睡倒,并不通知小姐一声,一哄而散。此刻小姐带着丫鬟,俱在楼下闲坐。直到用过晚膳之后,方命丫鬟点灯上楼。蒋相见女儿要回楼去,就把这条密计向她说明,叫女儿依计而行。"这是为你终身大事,不可错过机关。"这位连城小姐,虽是奸相女儿,为人却性气刚烈。今听见乃尊吩咐的一番话,由不得杏眼圆睁,柳眉直竖道:"爹爹是何言语,女儿乃相府千金,怕少相当亲事。人家既有前妻,不肯使女儿为妾,亦是正理,岂有女儿清白声名,被爹爹用美人计坑陷女儿,女儿有何颜面再生世上。"说罢,把银牙一咬,用力向阶前槐树上撞起。只听得咔嚓一声响亮,连城性命好歹?且看上文。

第十五回　新诗免罪　旧好露奸

诗曰：

鸾笺一幅起愁闻，今日鸾笺免是非。

有喜有忧何变幻，总因丽句感天威。

蒋相见女儿连城刚烈不从，向阶前槐树下撞去，只唬得他魂不附体，急命丫鬟仆妇向前搭救，哪知来不及了。早已顶分两片，尸横在地，血浅尘埃。众人见小姐如此惨死，莫不伤心坠泪，回报蒋道："小姐已是没用了。"蒋相一闻此言，早已将魂魄飞散九霄，跑下阶前，抱住女儿尸首，放声痛哭道："亲儿呀，你既不愿如此，何以轻生，忍心舍了为父的去了。"说罢痛哭不止。国銮与通政在书房，一闻此信，俱吃惊不小。通政不能入内，便对国銮道："事已如此，公子进去劝慰太师一番，不要苦坏身子。请太师出来，治弟另有话商议。"国銮也是含着两行眼泪，如飞赶进中堂。见妹子尸横地下，父亲哭的泪人似的，也不免陪哭一场，方叫声"爹爹，人死不能复生，妹子既已死了，爹爹不必徒做此无益之悲，伤坏身体。"蒋相见儿子劝他，便止住泪滚，吩咐儿子出去，叫家丁制备衣衾棺木。国銮答应，又道"巩世兄请爹爹出去说话呢。"蒋相点头，吩咐仆妇们，将小姐的尸首，好好抬放中堂榻上安置。众仆妇答应，自去料理。蒋相说罢，同国銮出了中堂，来到书房坐下，只是叹气。通政向前一揖道："老太师着恼，门生请安。"揖毕，与国銮对面坐定。蒋相不怪自己将事做错了，反怪宣学乾"若允了亲事，女儿又不死于非命。"便道："难为贤契用得好计，白送我女儿一条性命。醉汉尚卧高楼，这事怎处？"通政听说，局促不安。又生出一个毒计道："太师请免烦恼，小姐之死，盖因宣学士不肯允亲，酿成祸端。今事已如此，一不做二不休，太师将小姐慢些入殓，抬至楼板放下，只于明日早朝奏他一本，说宣状元代太师写寿屏，好意留他吃酒，醉了不能回去，留住花园，趁着深夜无人，私进内室，闯入小姐闺中，见色迷心，强奸小姐不从，小姐羞愤而死。他是有职人员，知法犯法，不怕不触怒天威，问一个斩罪，这也可代小姐报仇了，太师快请灯下写本，公子可吩咐家人，将宣状元捆起，明日好扛进朝中，才没得抵赖呢。陪客就写门生作证。"此刻蒋相心曲已乱，并不怪女儿一死由于误用通政之计，反听他一派乱言，连连点首，即叫儿子去到后面楼上去辩理。国銮答应，起身去了。通政陪着蒋相，在书房写本，还代他斟酌誊写不表。

且言宣状元，被奸相用计灌醉，在高楼上睡在榻上，已是醉得人事不知，一任那奸党舞弄，宣府只说儿子在相府写寿屏留宿，并不通风。国銮早带了一班如狼似虎的家人，赶到楼中，先把宣状元捆起。下面众仆妇，已将小姐的尸灵抬至高楼放下，靠在宣状元睡的榻下。诸事停当，将到五更，蒋氏父子假意吆喝上楼，一见女儿尸灵，哭骂"宣家大胆畜生，好意留你写屏，怎么闯上高楼调戏吾女不从逼他自尽。这事不得开交了。"说着哭着，在楼板上跳个不住。此刻宣状元酒已渐渐醒了，又被一阵吆喝之声，早从梦中惊醒，睁眼一看，见身子睡在榻上，被绳捆住，不能动弹。面前站着奸相父子，指手画脚，带哭带骂，还有许多下人，在那里围着，不解何意。忍不住问道："老太师请我吃酒写屏，屏未曾写，为什么将我捆在此地，是何缘故？"蒋相未及开言，国銮骂一声"放你娘的屁，你做了无法无天的事，还在此装聋作哑吗？"状元听说，吃惊不小道："我又不曾违条犯法，你们口里乱说什么。"国銮道："你私进人家闺阁，强奸相府千金不从，逼死我家妹子，你不看见榻下的尸首吗，你还赖到哪里去。"状元果然朝下一看，见是一个女尸横于榻下，唬得魂不附体道："你们做成圈套诬赖我吗？"国銮还要开口，奸相道："此刻不必与他争辩，人赃现获，他是有职人员，自然请旨定夺。少不得偿我女儿之命。"说罢，吩咐儿子看好女儿尸首"天明即有刑部前来相验。众家丁将这畜生抬下楼去，随我入朝。"众家丁答应，七手八脚，把状元抬下楼来。可怜宣状元，有口难以分辨，凭着众人扛了入朝。到了朝中，这个信儿已传遍了，只唬得宣爷、裴爷项冒真魂。正要去请问奸相，早已见天子临轩，文武朝参已毕，有奸相出班跪下，呈上一本，哭奏当今，就把宣状元调戏女儿不从，逼勒触尽一段情节说了一遍。天子闻奏，看了本章，龙颜大怒道："宣登鳌今在何处？"奸相道："现是臣在尸地捆了，带至朝门候旨。"天子吩咐"松了他的捆，入朝面朕。"下面答应出去，宣状元见绑松了，整顿衣冠入朝，来至金阶俯伏，三呼万岁。天子道："宣登鳌，你身列文魁，该知礼法，怎么擅进相府闺中，调戏宰相之女，逼奸不从，羞愤自尽，该当何罪。"宣状元奏道："万岁休听蒋太师一面之词，臣有短表，冒奏天颜。"天子道："卿且奏来。"宣状元奏道："臣蒙天恩，特拔状元，岂有不知法度。但例有谒相之典，臣尊旧制。哪知蒋太师托巩通政，向臣说亲。小臣已聘妻柯氏，现载明履历，何得停妻再娶。是以臣父未曾允亲。蒋太师挟仇在心,又诡说请臣去写寿屏,屏未曾写,蒋太师即命巩通政陪臣在花园饮酒,将臣灌得大醉,不知如何,到他的楼上睡在一张榻上,臣已醉软,焉有别事。至于他女儿怎么死的,臣实不知。望万岁详情。"奸相叫声"宣登鳌住口,我何曾托什么巩通政为媒,到你家去。你在我家楼上行凶,情真事实,被我捉住,还赖到哪里去。要求万岁做主定罪,抵偿臣女之命。"此刻宣爷,见儿子被奸相一口咬定,忍不住出班俯伏奏道:"臣启陛下,蒋太师托巩通政为媒,代臣子言婚,是与臣而言的,怎赖没有。现有巩通政的名帖存在臣处为证。至于蒋太师请臣子去写寿屏,尽把臣子跟随打发回来,叫次早去接。又不写屏,仍命巩通政陪臣子吃酒,灌得大醉,分明是埋藏奸谋,坑陷臣子,望陛下做主。"奸相喝声:"宣学乾休要纵子为恶,到了此刻还庇护儿子吗。我只生此一个爱女,难道自家弄死,图赖你儿子?"这句话,问得宣爷无言对答。但聪明莫过于天子,闻得两边辩驳,心中了然。又因怜念状元才貌,不忍教他抵偿,便道:"诸卿少言,听朕旨下:朕观蒋文富本上,说女自尽,非是凶伤,何得诬冤宣登鳌。且请写屏,不应吃酒留宿,其女之死,安知非羞从父命,愤烈亡身。其情可悯。着伊家从重殡殓,免其相验,封为贞女,建坊。蒋相显系求亲不遂,挟隙赖栽,本当治罪,姑宽罚俸一年。始终奸谋,皆由巩固,有意酿成,革去通政,仍交部严加议罪。"这班奸党听得这一声旨下,如一桶冷水浇在头上,弄得垂头丧气,谢恩退下。好笑蒋相,赔了夫人又折兵,越发没趣。站立一旁,十分痛恨。只剩了宣氏父子,在地俯伏。天子还未曾释放,便道:"蒋相之女,一时激烈,不从父命,含恨九泉。卿可当殿作一首奇艳之句以吊之。做得好,另当加恩。做不好,仍要问罪。"宣状元领旨,早有内侍取了一副笔砚,并白纸一张递下。宣状元铺开白纸,濡动羊毛,伏在地下,笔不停挥,顷刻成了七律一首,恭呈御览。早有内侍接过,铺在龙案上面。天子举目一观,只见上写道:

性如松柏德如兰,不与群芳斗画栏。

弱质盈盈生傲骨,冰心皎皎有忠肝。

全仁舍死香魂杳,仗义轻生血泪弹。

巾帼须眉垂百世,却嫌风雨速摧残。

天子看了宣状元这一首挽蒋连城的哀诗,点首道:"得此一诗,此女虽死犹生。"即将挽诗赠予蒋相,焚化女儿坟前。蒋相领旨谢恩,要算敢怒而不敢言。天子加升宣登鳌为内阁学士之职。宣氏父子,谢恩站起,天子退朝,群臣各散。裴爷也代宣氏父子欢喜。蒋相讨个没趣,回去殡殓女儿,饮恨在心,自有一番通谋外国的异志,后书自有他的交代。通政又是奸相代他打点,只降了二级内用,这都不表。

再言太仆柯爷,见宣生弄出事来,心中暗算。谁知他反祸中得福,心下正在怨恨。忽又想道:"他的履历居然填出柯氏是他聘妻,越发了不得,这畜生还要污辱我女儿死后声名。蒋相扳不倒他,代我上他一本,说他无聘污名,大干法纪,看他这学士可做得成了。"回去与秀林商议定了,明早上朝好行事的。一路想着,回了自己府第,即到秀林房内,来找秀林说话。秀林不在房内,又不见丫鬟小翠。只得卸了朝服,坐下暗想:"他主仆二人往哪里去了?"柯老本是素昔多疑的人,今日疑中生疑,正待起身要去找他主仆二人,早见小翠笑嘻嘻的进来。一见柯爷,叫声"老爷下朝了,待婢子泡茶来,与老爷吃。"柯爷道:"不消,我且问你,同娘往哪里去的?"小翠道:"在花园玩去的。"柯爷道:"你来做什么?"小翠道:"娘同一个男人睡在榻上,叫我来拿衣服的。"未知柯爷听说如何?且看下文。

第十六回　谪官怜女　还珠见母

诗曰：

谗言可畏比豺狼，误听枉将骨肉伤。

雪后见尸分皂白，方知儿女更情长。

柯爷听了小翠一番言语，由不得火高三丈，气冲斗牛，大怒道："贱人有这等事，这还了得。"便叫小翠引路，随找到花园去。小翠年轻，不知世事。秀林与蒋公子通奸，并不瞒他。今日合该事败，向柯爷直说出来。见柯爷大怒起来，他反唬得浑身乱抖，回说："婢……婢子……子引路。"一气出了房门，直奔厅上过去，乃是花园。才到厅前，见家人柯荣在那厢扫地。忙叫："柯荣，快唤进几个有力的家人速来，同我到花园去！"柯荣不知什么事，丢下笤帚，如飞赶出去。叫了柯华、柯富、柯贵等十几个有力家丁进来，站在阶下道："老爷有何吩咐？"柯爷道："你们着几个守定后花园门口，不许放走一人。着几个带了绳子、马鞭，速速随我到花园里去。"众家丁答应，各去拿了家伙，即随柯爷到了花园门口。吩咐几个家丁："速到花园后门，用心把住，如放在一人，即以家法重处。"家丁分一半去了，留一半在柯爷后面跟随，悄悄而来。柯爷不许小翠声张，到了玻璃厅前，小翠指了一指，柯爷把嘴一努，小翠退后，柯爷站在外面潜听。先是气喘吁吁，后又听见秀林说："保佑那老厌物早早死了，我嫁了你做长久夫妻，岂不遂了奴一生心愿。"再听见一个男人声音道："你既要老厌物早死，情愿随我，明日我带一服砒霜来，你早晚留心，放他饮食内，摆布死了他，岂不爽快。"秀林道："奴为你弄死了这老厌物，你不要忘了奴的恩情呀。"柯爷句句听得明白，免不得怒气填胸，抢过家人手中一个马鞭，大叫："贱人做得好事！"一声吆喝，打进厅来。后面家人一拥进去。只唬得蒋国銮与秀林浑身寸丝俱无，急急跳下榻来，要想逃命。哪知四处俱有家人把住，不得出去。秀林早被柯爷几鞭，打得满地乱滚。一面打着，一面骂道："好大胆的狠心淫妇，你瞒着我私下偷汉子，还要与孤老算计我的老性命。你这淫妇的心，可狠不狠！"说着，又是几马鞭子，打得秀林乱哭乱叫，哀求道："这是贱妾一时该死，被人引诱，做错了事。还念妾为老爷生下一子，传宗接代，饶恕我吧，下次再不敢了。"秀林说完，柯爷一口啐道："只消你偷孤老一次，我一顶绿帽子就戴稳了，只怕饶了你，你未必肯饶我。我此刻也不与你多言。"吩咐家丁："将这贱人捆起来。"家丁答应，把秀林捆了，撩在一旁。国銮正在那里，两手抱肩，蹲在地下。见秀林被打的那般光景，又是疼惜秀林，又是自己害怕，心中好不懊悔道："家中妹子死还未收殓，爹爹叫我等刑部相验，我一时痰迷心窍，把家中正经事不去做，反撞到这个石灰箩里来，岂不是今日该倒运了。我又是一人独自出来的，外无救兵，又无人通信家去，这事怎么好？"正在那里犹疑，早被柯爷抓过头发，先向他身上是一顿马鞭，打得国銮连声哎呀。打毕，喝令跪下道："你这小杂种王八羔子，姓甚名谁？家住哪里？你从哪里进来的？与贱人偷情有多少时了？快快实供，免受刑罚。若有半句支吾，叫你受用这马鞭子。"国銮到了此刻，也不隐瞒，便将何日与秀林偷情，"今已年余，总从花园后门进来，都有秀娘暗号，我方敢进来。这是我的实供。"柯爷喝声："小狗才，你说了半日，不说出姓名吗？"国銮道："我姓蒋，名国銮。家父乃当朝首相，名叫文富。望看家父面上，饶了我吧！下次再不敢来了。"说罢，连连磕头，哀求不已。柯爷冷笑几声道："你就是那奸相生的小杂种？你说的好自在话，你家妹子被人强奸死了，你不出去报仇，反来败坏我家门风，且与贱人同谋，还要害我性命。却饶你不得！"又是一顿马鞭子，打得国銮浑身青紫。也命家丁把国銮捆起来。坐下，心中一想道："这事张扬出去，也是名声不好。不如照依宝珠的办法，灭其形迹。只吩咐家人不许传扬出去就是了。"想定主意，此刻已有下午时候。他坐在玻璃厅上，看着奸夫淫妇。过一会，又把二人打一顿马鞭出出气。只等到黄昏以后，赏了众家丁酒饭已毕，将近更许，外边夜静无人，柯爷便命众家丁，抬了奸夫淫妇，开了后园门，自己押着在后，一直由御河边行了几里下来，扔到宝珠投江之所，速命家丁，将奸夫淫妇推下江去。众家丁答应，狠命把奸夫淫妇向江心一掼，只听拍通一声，一个风流公子，受贪淫之报。一个害人妖精，遭自害之报。俱赴波流，死于非命。柯爷方带了家人，回他花园，将后门紧闭。吩咐众家人，外面不许张扬。一一重赏家人，家人领了赏，大家也不言，诡说秀林跟人逃走，家丑不可外扬，亦不用通报衙门捕捉。又将小翠，叫媒人领去卖了。这个信儿，传到夫人耳中，心下倒也欢喜。只是儿子鸣玉，一闻此信，唬得魂不附体，每日哭啼啼，催着父亲去找他母亲。被柯爷大骂了几场，鸣玉只好苦在心头，无可如何。后来家中知道柯爷处死秀林的缘由，夫人只是念佛道："这是害我女儿宝珠的报应。"鸣玉知道母亲死的凶信，每日痛哭不休,茶饭不吃。闹得柯爷没奈何,借了僧舍做了好些佛事,超度他母亲,鸣玉方才罢了。这且不表。

再言蒋相,自在朝中受了闷气回府,心下郁郁不乐,又不能不遵旨办理。即叫家丁去请公子来,代小姐治理丧事。家丁四处去找公子。那里有个公子影响。便问管门的,可曾见公子出去吗?门公回信没有。原来,国銮去私会秀林,都由后门出入。所以大门口的人,总不知道。众家丁见找不着公子,心下很慌,忙报与奸相知道。奸相听说,大吃一惊。回去叫得力家人,备办衣衾棺林,为小姐收殓。一面差了百十个家丁,在四城内外去找。真是沸沸扬扬,传将出去,闹了有一个多月,不见公子一些影响。急得奸相无法,泪随血出,又报了五城兵马司,差人延门缉访,并在四城门出了招子,悬了重赏,俱如大石投水,那个在龙王宫去找蒋国銮。奸相也急得毫没主意,日日思想儿子女儿。哭声不止,也不能上朝,告假在府养病。此事,只有巩通政知情公子的去处,又不知恋着女色,不肯回来?又不知奸情被柯府识破,遭了毒害?欲待禀明太师,带人前去硬搜,此事大关风化,又怕搜不出来,柯老也未必肯干休。想来想去,想出一个主意来,暗暗打发自己家人,在柯府门口去探听。访了好几日下来,果然访出一点消息,俱在疑似之间,又不好认真去告诉奸相。且奸相儿子的嫖路,都是通政引诱。这秀林一条路,也是他在船上指引国銮做出来的,怕得事弄大了,有碍自己。虽明知此事,只好心中隐恨柯老。他却坏了通政,又仗着奸相的权力谋升御史,因自己是个言官,欲待劾奏宣学士,报他卖去通政之仇,又怕天子不准,自己反要吃亏。只得拿柯老出气,劾奏太仆柯直夫年迈不胜其任,请旨罢职。果然,这一道本奏上去准了下来。巩固是代蒋公子报仇,到把宣爷、裴爷吃一大惊。柯爷自爱妾做出这一番丑事,心下都灰了,反怜惜起夫人与甘氏,到相好如初。又思想:"女儿之死,贱婢害之也。虽有子鸣玉,因其母而恶其子,也无心在京做官。"正打点告老辞朝,忽有这一道旨意,毫不介怀,便对夫人道:"老夫今既罢职回家,衙门是要让的。但有一件大事未曾办得,心中好不痛恨。"夫人道:"老爷有何事,这等痛恨?"柯爷道:"可恨宣家小畜生,他的履历上不填聘妻裴氏,反填柯氏。想女儿死后还被这小畜生污辱声名。夫人你道可恨不可恨。"夫人已知女儿消息,心中明白道:"老爷不要错怪宣家姨侄,只怕他不填裴氏而填柯氏,其中事必有缘故,老爷不可不细为思量。"柯爷听了夫人一番言语,吃惊不小道:"夫人此语令人不解。"夫人道:"老爷不用疑惑,只消到裴府去问司寇便知。"柯爷听说,恍然大悟。即刻起身,坐轿到裴府而来。早有门公进去通报,裴公忙出来迎接。柯爷入内见礼,分宾坐定,家丁送茶,茶毕,裴爷道:"年兄去官,小弟心甚不平。"柯爷道:"老朽去官,倒也不以为辱。只有一件不明之事,特来请问年兄。"裴爷道:"年兄有何事不明? 望乞见教。"柯爷道:"宣登鳌乃年兄的令婿,是我做的媒,怎么履历上不填裴氏,而填柯氏,这是什么缘故?"裴爷也知他家秀林一段情由,病根已除,可因此一问,向他说明缘故,借此使他父女骨肉团圆。想定主意,便道:"年兄,你家令媛或者尚在世间,与宣生联了姻,故填柯氏,亦不为错。"柯爷越发惊疑不定道:"人死不能再生,这又是年兄耍我的话。"裴爷道:"你心中此刻可思想令媛见面吗?"柯爷听说,流泪道:"一个自己亲生女儿,怎么不想。可惜想之无益,就是拙荆,为女儿都想出病来了。"裴爷道:"贤夫妇既思想女儿,小弟包管还你一个女儿。"柯爷惊喜如何? 且看下文。

第十七回　误认岳文　错逢嫂母

诗曰：

当年原有风笔误，此日姻缘又误人。

浪蝶狂蜂何处至？隔墙飞去乱香尘。

柯爷听见裴爷说还他一个女儿，又惊又喜道："我女儿难道还魂了吗？"裴爷笑道："非也。"就把江心搭救他女儿的话，说了一遍。柯爷听说，如梦初醒道："怪道年兄教我治死宝珠的法，则是有心要救宝珠。小弟感恩匪浅，但不知宝珠今在哪里？"裴爷道："少刻自有宝珠来见，年兄且休性急。但宣登鳌不写裴氏，而写柯氏的事，今日也要说开了。"柯爷道："裴自裴，柯自柯，宣家小畜生非我之婿，如何污我女儿声名。"裴爷正色道："年兄之言差矣。小弟只有两女，谗言道女者，即宝珠也。是你自己代女儿为媒，许与宣生，他怎么不填柯氏？"柯爷大吃一惊道："我是代年兄令媛为媒，怎说是我的女儿？"裴爷道："别的事可以赖得，就如年庚是令媛宝珠八字，又是你亲自写的，你去细想，这却赖不去的。"柯爷果然一想，八字却是宝珠的，还辩道："天下女儿八字相同者亦有，就是我写，因年兄一时手成托我写的。"裴爷笑道："年兄何其愚也，诸事可以托人，岂有女儿婚姻大事，托人写起年庚。年兄还不明白吗？"柯老又道："宣家聘礼是下在年兄家的，这却与我没相干。"裴爷笑道："宣家聘礼，年兄已先受过金钗一对，其余礼物，存在弟处，一概丝毫未动，少不得送至尊府。"柯爷道："金钗一对？是年兄送小弟润笔的，怎受收宣家的聘礼吗？"裴爷笑道："岂有将女儿的聘礼送人润笔的，你去想一想。"柯爷道："若论宝珠，又无父母之命，媒妁之言，何能算得准呢？"裴爷叫声"柯年兄住口。你这句话说不去，你将无作有，忍心治女儿于死地，我好意将你女儿救起，要算你女儿重生父母，就是将你女儿许了宣生，又是年兄为媒，算不得父母之命吗？当日你代我女儿做媒，女儿今日原业归宗，我算不得媒妁吗？年兄不要执意，徒自苦耳。"柯爷被问得无言可答，叫声："年兄，此事且再商量。可唤宝珠出来见我。"裴爷即邀柯爷，到中堂坐定。传话进去，叫丫鬟请宝珠小姐出来。丫鬟答应进去，向宝珠小姐说,老爷在中堂,相请小姐,小姐听说,起身带了如媚、如钩出房,来至中堂。见裴爷陪着自己父亲,在那里坐着。大吃一惊,欲要退回去,裴爷眼尖,早已看见宝珠光景,叫声:"宝珠,快来见你亲父。"宝珠也没奈何,进来先向裴爷请了安,然后向柯爷尊声:"爹爹在上,苦命女儿宝珠今见爹爹。"说着,拜将下去。柯爷一见宝珠免不得一阵伤心,哭声:"女儿呀,多怪为父误听谗言,将你折磨。若不亏裴伯父搭救,我父女今生焉得见面。"说着,抱了宝珠,痛哭不已。宝珠先一见父亲,还有怨恨不平之意。今见父亲这等怜惜着他,也哭啼啼道:"这是女儿命该如此,何敢怨着爹爹。"说罢,父女想逢,痛哭一场。裴爷一旁劝住,柯爷拉起宝珠,大家坐定。柯爷道:"承年兄收留小女,容日补报。但一则小弟去官,要回乡去。二则拙荆思念女儿,望年兄放女儿回去,一见母面。"裴爷道:"这个自然,年兄先回,小弟自然差人送令媛,并宣府聘礼到府。"柯爷道:"聘礼仍存年兄处。"裴爷道:"我收宣家聘礼,变不出个女儿把宣家。你年兄不要恩将仇报。"说得柯老满面通红。又见如媚、如钩上前叩见,更吃惊道:"裴年兄好通天手段。"裴爷笑道:"不要谬赞。请问年兄,何日荣行?我邀宣年兄好来做饯的。"柯爷道:"这倒不消了,小弟要让衙门只在三五日就动身。"裴爷道:"宣生与令媛,还是趁着年兄在京,代他二人完了姻去吧!"柯爷听说此事,又支吾道:"小弟行期既速,妆奁一时未曾备得,不如叫他缓些时,回乡入赘吧!"裴爷明知柯老推托,也不怕飞上天去,便回道:"就依年兄这等办法。"柯爷起身,告别回去。宝珠小姐因要回家,与裴府两位小姐依依不舍,哭别一场。又向裴爷大拜八拜,谢他始终成全之恩。裴爷笑道:"哪知我家高楼仙题听月,为尔夫妻佳兆。将来赠尔夫妇,以成千古佳话。"宝珠含羞拜谢。裴爷将宣府聘礼,又另赠宝珠白银一千金,装于箱内,先着人送至柯府。随后摆酒,代宝珠饯行。此刻,大家苦在心头,哪里吃得下去。宝珠略领情意,拜别裴爷并裴家兄妹,带了如媚、如钩两个丫鬟,起身上轿。裴爷虽义不容辞,放宝珠回去,心中也有些不忍。陪洒几点眼泪。裴家两位小姐,更不必说是伤心的了。不表。

且言宝珠回家见母,少不得又是一番悲苦。兄妹见面,也悲切一会。明知秀林的报应,只有暗暗的欢喜。也不便细问。这是骨肉小团圆。又见宝珠许了宣状元,夫人甚是感激裴爷,供他长生禄位,每日焚香答谢。柯爷怕人作饯,又要搭席多费,悄悄叫下车子,把衣物装上,不到三日内,也不去辞别裴、宣二府,带了家眷,回他江西去了。裴爷自打发宝珠去后,于次日即到宣府去会宣爷,说明柯老父女想会,"叫你令郎到江西入赘"的话,说了一遍,又道"柯年兄起程,我来奉约前去饯行。"宣爷听说,心中也自欢喜。只是又叫儿子告假去招亲，未免又费周折。然知柯老一生直拙，也无可如何，只得听之而已。及说到钱行一事，差人打听，柯老何时起身，在他门上问了几天，总无一个实信。到了三日后再去讨信，衙门已换新任太仆，在那里收拾呢。哪知柯府家眷，早已动身去了。只得回复宣、裴二爷，俱诧异道："此老还是这样脾气，竟自不别而行。"宣爷道："裴年兄，承你成全小儿的亲事，柯老已去，怎么办法？"裴爷道："不妨事的，有小弟做主，不怕柯老变动。明日可叫令郎上本告假，请旨完姻。柯老敢抗旨吗？"宣爷点头称是。裴爷告别而回，宣爷送出大门，回到后堂，即向登鳌说了一遍，叫他明日早朝上本。宣状元见宝珠已去，心中正在着急，今听见乃尊吩咐，心内好不兴头。忙在灯下细细草成一本，到了次日早朝，果将这道告假的本递上去。天恩准将下来，许其奉旨完姻，准其给假半年。旨下，状元谢恩，回到府中，禀知父母。宣爷即去代他打点行装，派了二十几个得力的家人，并两个书童抱琴、醉琴跟随。宣状元又去告辞裴爷，方回来告别父母，起身出了皇城，一路兼程而进，直向江西南康府建昌县而来。

在路非止一日，那日到了故里，宣府族中凋零，只有一房老家人夫妇，看守房屋。今见公子荣归，祭祖完姻，好不兴头，忙将房屋打妇，请公子居住。少不得有合城文武官员，前来拜贺。状元一概不会，容日拜谢。又去乡下祀祖，拜会合城文武已毕，方打点自己亲事。一面家中油漆，收拾，张灯结彩。一面要打轿去亲拜柯岳丈。忽又想道："且慢，待我便服往他府第，先探听一番，再去面拜。"道是状元多出一件波折，又生出意外事情来。

且言柯直夫，有一个胞弟，名叫庸夫，字□□，小直夫一岁，生得面貌无二，住宅弟兄毗连，只不过门楼分列东西。庸夫家道富有，只是目不识丁，纳粟做了监生。夫人昂氏已故，膝下并无子息，单生一女，名叫无艳，年已十八。生得奇丑异常，偏是丑人多作怪，每看见少年男子，又故意卖弄风流，惹人讨厌。庸夫又无家教，亦不禁止。凡庸夫出来会客，他就带了丫鬟小春、细柳，站在屏门后偷看外容。或有少年的，就嘻嘻哈哈，笑个不住，很不成规矩。他的丑名在外，又无人前来问信做媒，所以青春耽搁下来。这日也是合当有事，宣生带了两个书童来探访柯太仆，走到一个豆腐店问柯府在哪里住？那店内的人错指了西边门楼就是。宣生就依他言语，到了庸夫门口。叫两个书童站在对面影壁前，他一人又不进去，只在外边探头探脑，朝里面望。恰值庸夫出来有事，与宣生撞个满怀。宣生大吃一惊，只认是柯太仆，便往后退了几步。庸夫见宣生,生得气象翩翩,却认不得他。便问道:"足下到寒舍门口为什的?"宣生见问,暗想:"姨丈老奸巨猾,分明认得我,却假装认不得。"便道:"姨丈认不得姨侄宣登鳌吗?"庸夫见他认错了人,也将错就错,把宣生邀进厅来。两个书童也跟了进来。宣生与庸夫,向前要行大礼,庸夫让住,大家坐定,庸夫叫家童送茶。茶毕,宣生道:"姨丈荣行,未曾远送,多多有罪。"庸夫也含糊答应说道:"姨侄在京供职,回府做什么?"宣生道:"姨侄是奉旨回乡祭祖,特到姨丈处与姨妹完姻的。"庸夫听说,已知是直夫的女婿,便心生一计,将宣生邀至花厅坐下,吩咐家丁看茶毕,即赶到后堂与无艳商议,要行移花接木之计。哪知无艳在屏门后看见风流才貌,有垂涎之意。今见乃父吩咐,正中下怀。便道:"只要如此这般,女儿也是柯氏,不怕他赖到哪里去。"柯庸夫点头含笑而去。宣生坐在园中,久不见庸夫出来。正在诧异,忽听帘钩响处,一阵笑语之声进来,宣生吃惊不已。定睛一看,来者何人?下文便见。

第十八回　困园逾墙　完姻拒婿

诗曰：

西施原是捧心人，何故东施亦效颦。

妍丑不同谁辨别，风流看透假和真。

宣生听见环佩叮当，有两个艳婢搀出一个奇形怪状的佳人来。走至宣生面前，故意袅娜，做出许多丑态。那喇叭喉咙叫一声："相公你想得奴好苦，今日才来吗，再不来，奴的相思病，要想死了奴也。"这一阵肉麻的话，把个宣生唬得魂不附体。大叫道："青天白日，哪里跑出来的活鬼。"说着就要向园外飞跑。哪知园门已被庸夫外面扣住，不得出来。正在着急，无艳见宣生跑去，迈开尺二的莲钩，如飞赶来，一把抓住宣生的后襟，叫声："宣郎呀，一个自己结发妻子见面，先不亲亲热热说几句知心话，反这等大呼小叫。痴心女子负心汉，你好狠心呀。"无艳一阵夹七夹八的话，宣生也不懂得。背着脸问道："你这丑妇却是何人？只管在此缠我则甚？"无艳道："我是你妻子柯氏，你总认不得了？"宣生大吃一惊，暗想："宝珠莫非又死了，今日出来显魂的。"又问道："你既是柯氏，叫什么名字？我与你前后有多少变动的事情？说得明白便是真的。不然即是妖怪出现了。"无艳道："奴与郎君前事多得很呢，哪里记得。你若问奴的名字，却叫无艳。奴与郎君自幼订的亲，天各一方，今日回来，少不得我父代奴择日完姻。今日你我夫妻久旱逢甘雨，少不得在花园要与郎君试试新呢。"说着，抢一步，便要来抱宣生。那丫鬟小春、细柳，见姑娘熬不住的光景，站在一旁暗笑。宣生见他言语支离，说出他无艳名字，已知道认错了门，撞见鬼，心中好不懊悔。又见他蒲扇巴掌来搂，唬得宣生用力将身一挣，挣断衣服角朝街飞跑。无艳不舍，随后赶来。宣生大叫："抱琴、醉琴在哪里？"哪知两个书童已被庸夫安排在门房里呆坐等主人，只等到日中不见主人出来。肚内饿得要死，只得进来找主人。又遇见庸夫说："你主人已去多时了，你二人还在此等那个？"说罢，庸夫已进内宅去了。抱琴、醉琴大吃一惊道："分明在里头未曾出来，如何说是已去了？"此刻二人肚中已饿，站在这里也没干，只得出了庸夫的大门，如飞回去报信不表。

且言宣生，见无艳追来，东跑东赶，西跑西赶，花园门闭得紧紧的，又不能出去，心中好不着急。跑至一所秋千架下，他就心生一计，急急爬至太湖石，用力抓住架上的藤，挨到架上。架与墙齐，无艳望着宣生上了架子，他到底是个女子，终无这个力量上去，只望着架上叫声："宣郎，你怎把妻子视如陌路，还不下来吗？"宣生在上面见他生得一头黄发，插戴些钗环首饰，后面拖着半个雁尾子，有半边没头发。脸如烧饼，尽是些大芝麻，堆了好些干面洒在上面，眼一大一小，红眼边还有一个泥螺眼，两道帚箒眉，风耳、鹰鼻、陷腮、火盆嘴、金牙、厚嘴唇，要算丑到没处去了。他还在下面向宣生丢眉眼，装出勾人的情态。宣生一见，又好笑，又好气。你看这丑妇，一定是枉死城中出来的。真令人害怕，还说这些无耻的厌话，这是实在受不得。"谅他不能上来，我只不睬他，他过一会自然是要去的。"想定主意，伏在上面，假装打盹，故作醉呼之声。无艳在下面，只是喊，只是叫。见宣生睡在上面，佯佯不睬。由不得心中大怒，倒竖扫箒眉，圆睁泥螺眼，张开大盆嘴，露出金牙齿，骂一声"不识抬举的小畜生，奴好意有心于你，你反这等寡骨无情，真正气煞老娘。你量我不能上架子拉你下来，你看那边一张梯子，待我取了来，还爬不上去吗？"说罢转身就跑去取梯子。宣生听说，这一唬几乎跌下架子来。暗想："丑妇去取梯子，一定要爬上架子，又缠个不清了。无处脱身，这便怎处？"看见架子离墙头不远，把衣裳一拎，顺着架子，挨到墙头。朝那东边一望，见下面是个大院落，卷棚内坐着一位半老的妇人，在那里指点丫鬟们纺纱。此刻，宣生要躲西园之难，也没奈何，从墙上跳将下来。那东园正是柯太仆的住宅，这就是甘氏夫人。自与女儿见面，骨肉团圆，心中已是喜欢。又见柯爷相待比前更加亲厚，百病已除。回到故乡，无事督率丫鬟们纺纱，预备女儿出嫁的状奁。这日也是饭后，在卷棚内督工。忽听墙头上一声响亮，抬头一看，见跳下一个人来。大叫"家人们，快些出来捉贼。"这一声喊，唬得宣生跑将过来道："我不是贼呀。"夫人听见这声音好熟，抬头一看，见是姨侄宣生，大吃一惊道："你从何日出京，不到我这里来，却在那里墙头上跳过来，是何缘故。"宣生见是柯家姨母，向前见礼。夫人吩咐看坐。坐定，丫鬟送茶。茶毕，柯夫人道："你怎么在东边墙上跳过来？为甚的事？"宣生便把告假出京，奏旨还乡祀祖完姻的话，先说一遍。"今日特来私会姨母，问问毕姻怎么办法，然后再面会姨丈，好订吉期的。不知误走到间壁这人家，撞见一位老者，与姨丈生得面貌无二，我却误认是太仆公。他将我诱进花园，闭了园门，又跑出一个奇丑女子，口称是我妻子柯氏，又名叫无艳，一点廉耻全无。今日真正活见鬼了，被他追得没奈何，做出许多丑态，令人可厌，只得从太湖石上爬至秋千架，顺着架儿跳过墙头，才到这边来的。但不知西首住宅是何等人家？"夫人明知是庸夫的女鬼无艳在那里作怪，不便细言，只回他一个"日后自知，且讲正事，你是一人出来的吗？"宣生道："我是带了两个书童跟随在那边，不知往哪里去了。"夫人道："少不得叫人过去代你找来。此刻想心腹中饿了，酒席备不及为你接风，快取茶果来。"丫鬟答应自去，少刻端了来。又是一壶细茶，就在卷棚内摆下桌子，将六碟茶果放下，斟上香茶，送至面前。宣生一面吃着茶果，一面问夫人道："姨丈可在府上？"夫人道："今日绝早就带了鸣玉，往田上收租去了。你今日这等打扮，不必会他。你是奉旨完姻的，谅你姨丈不能抗旨。我这里办了些妆奁，不成意思，你也不要笑话，你只管明日坐轿来拜姨丈，送吉期过来。媒人裴公又不在这里，你家内又无人操办，凡事省俭些。我这里也不怪你。"宣生道："承姨母美情，小侄感激不尽。"夫人笑道："以后不要这等称呼。"宣生笑道："那个自然。"夫人便叫人过去，找宣生两个书童。那边回说已去久了，不在这里。夫人点头。宣生知书童必是回去报信，代累家人不放心。吃了茶果，忙告辞起身。夫人打发家人，备了轿子送宣生回府。众家人并书童，见主人回来，方才放心。大家向前请安，问明主人在哪里？宣生一面重赏柯府送来的家人、轿夫，打发回去。一面将误认太仆、错逢丑妇、困在园中、只得逾墙、到了柯府、会见夫人的话，说了一遍。大家听说，俱笑个不住。此刻，家人等俱称宣生为老爷，不敢以公子相称。

宣爷过了几日，坐轿带了家人，到柯府去拜太仆，面禀其事。哪知柯爷因有前事在心，并不出来一会。只叫儿子鸣玉，陪他到后面去见夫人。当着鸣玉，言明奏旨完姻之事，望乞转达大人。鸣玉答应，夫人忙叫厨下备酒款待一日，告辞回去。夫人与鸣玉等，晚上向柯爷说宣府完姻之事，柯爷道："我都不管，随你们怎么办法。"夫人听了，由不得肚内好笑。

按下柯府之事，再言宣爷回府，因想："媒人裴公未来，又有一道旨意还要开读，并学士一副官诰，是要媒人送过去的。"想来想去，就想到地方官可以做得媒人，便托了建昌县做了大媒，捧了旨意并官诰、迎娶日期到柯府。此刻。柯爷见是圣旨，不敢不出来摆下香案跪听，听县官宣读，旨意上无非敕封柯宝珠为三品恭人，择吉与宣学士成婚的话。柯爷谢恩站起，将圣旨请在家堂供奉，官诰、吉期及宣府礼物，都收于后边，一面赏赐行人酒饭喜包，一面致谢知县，款待筵席，热闹一日。柯爷很不耐烦。这话不表。

　　单言学士宣爷,见有了迎娶吉期,便叫家人收拾洞房,又雇了好些老妈、大娘侍候听用,又去叫厨役、定戏班、制备学士的职事,家中张灯结彩,厅上摆列陈设一新。忙忙碌碌,也忙了十几天。诸事已齐,到了吉期,也请了好些陈族远亲及左邻右舍,到来吃喜酒。合城文武俱来道喜送礼,一概不收,留着吃酒、看戏,托了亲友相陪。到了晚间,先是大媒建昌县排了执事,到了柯府后,即发动花轿。也是全班执事,十六个披红家丁,扶轿掌灯,外面三声大炮,鼓乐细吹,一路迎到柯府。也是三声大炮,将花轿抬至中堂放下,那些俗礼不消细述。

　　且言宝珠,已在灯下开了脸,梳妆已毕,穿了官诰,所有妆奁已于三日前送到宣府,如媚、如钩两个丫环,仍命陪嫁过去。此刻母女分离,又免不得依依不舍,洒上几点风流泪。外面鼓乐已催妆三次,要请新人上轿。女儿抱轿,欲别却是尊翁。夫人叫丫鬟去请柯爷,柯爷不知去向,且看下文。

第十九回　正言规友　当道锄奸

诗曰：

偏傲一生志不回，至亲竺少笑颜开。

鱼书远寄来千里，佩服良言免忌猜。

宝珠出嫁，请柯爷抱轿。四处找寻不见，丫鬟回了夫人。夫人怕错过吉时，只得叫进儿子鸣玉，抱了姐姐上轿。夫人含泪，送女儿到轿子内坐下，打发轿子动身。外面三声大炮，建昌县领轿先行。一路鼓乐，细吹细打，喜炮连天，迎到宣府。轿登内厅，自有傧相赞礼，两边喜娘搀出新人。又是傧相赞礼，迎出新郎。宣爷是穿的学士品级服色，登了红毡，与新人并肩站定。先拜天地，后谢圣恩，回来交拜已毕，用五色红巾，拉入洞房。合卺，撒帐，少不得有诸亲友男女人，等着新娘闹新房，直到二更方散。宣爷夫妇，方才共上牙床，解带宽衣，效鱼水之欢。一夜恩情，自不必说。到了次日起来。夫妇双拜家堂，又遥拜公婆。拜毕，夫妻坐下，先是里面仆妇丫鬟叩头，后是外面家人书童等叩头。这一日是家宴，并无外客。夫妻对面坐定饮酒，如媚、如钩左右执壶斟酒。宣爷叫声："夫人呀，想下官为夫人的婚姻，几于性命不保。夫人为下官一幅诗笺，亦几死于非命，你我夫妻，从患难中成就这段良缘，若不亏裴伯父一力周旋，你我夫妻焉有今日。应当供他长生禄位。早晚烧香，保佑他寿命延长，公侯万代，还报答他不尽呢。"夫人道："妾看老爷那诗句，本无一毫私心，遽被贱婢抖起风波，吾父不察，要将妾置于死地。裴伯父设法救妾回去，待之不啻亲生。后来戏要得我夫妇如醉如痴，意总不解，到今日梦总醒了，方知裴伯父一片为你我的婆心，真是莫大鸿恩，胜于父母。这等人将来死后，聪明正直而为神。妾闻老爷，困于相府中，好险呀。又是圣眷隆厚，非但免罪，而且加官，要算难得。"宣爷道："下官有一件不解的事，请问夫人。"夫人道："老爷有何事不解？乞道其详。"宣爷便把错投柯庸夫家中，遇见无艳一段情景的话，向夫人说了一遍。夫人听说，也微微而笑道："那是我二房叔叔生的一位不争气的贤妹，那一件丑货，老爷竟看上他吗？"说得宣爷哈哈大笑，便叫丫鬟斟上酒来，一面吃着酒，又道："夫人你我姻缘虽已成就，蒙岳母看待十分亲热，只是岳父终有芥蒂在心，并不与我女婿一面，却是为何？"夫人道："我父秉性执一如此，老爷不必见怪。若要翁婿相和，除非老爷去写两封书信，一是家报呈与公婆，回禀完娶吉期，请堂上双亲放心。一是呈与裴伯父，请他做个主意，代你翁婿解和。别人都劝不醒的，我父只怕裴伯父。"宣爷点头称是。夫人又道："两个丫鬟如媚、如钩俱随妾从死中得活，今年已不小。当非妒妇，老爷不如收作东西二小星吧！"宣爷笑道："夫人说哪里话，我与夫人结褵伊始，恩情正深，怎能分惠于他人。"夫人道："老爷拒却不收，使二婢何所归。若使将二婢另行择配远嫁，妾身又不放心。"宣爷道："下官有个善处之法，包管夫人心安。"夫人道："依老爷怎么办法？"宣爷道："下官亦有两个自幼随身的书童，一叫抱琴，一叫醉琴，年也不小。何不以二婢分配之，仍在你我随身服侍，岂不妙哉。"夫人道："老爷之言极是。"说罢俱吃得尽欢而散。过了三朝，宣爷写了两封信，一是家报，一呈裴爷。打发家人星夜去了。这里又与夫人拨了两间耳房，收拾了做洞房。择定吉期，抱琴与如媚一对，醉琴与如钩一对，同结花烛。两对夫妇，感激老爷夫人之恩，自不必说。到了满月以后，柯夫人要接女儿回门，又怕柯爷不与女婿会面。初上门，岂有不双双受礼的。便对柯爷道："今接女儿回门，女婿是要同来的，你断不可再躲向别处去，不与女婿会面，受他个礼嘛。"柯爷道："我见了宣家小畜生就有气了，回门只好你受拜，我是不与他见面的。"夫人笑道："你也太执拙了，一个亲女婿，须将前事休提，方是正理。"柯爷还要回答推诿，忽见家人送进一封书子来。禀道："启爷，京中裴爷有书到来，请爷电开。"说着，将书子呈上。柯爷接过，拆开一看，只见上写道：

年愚弟裴长卿顿首，致书于柯年兄阁下。京都一别，本拟饯别，以尽朋友之谊。谁知飘然远引，不领杯水之情，似乎于交道未免落落寡合也。然独有可原者，金兰之好，尚不敌骨肉之亲。其如女婿，半子也，女之赖以终身，岳之赖以养老，非泛泛疏远可比。若论前事，不怪自己多疑，启挑衅谗人之渐，反怪无心数语结生平，莫释之冤，虽订秦晋，犹如吴越。此弟之所大不解者也。况婿初登仕版，即邀圣眷，其将来职分，定在你我之上。其后之欲赴功名，非不可借其援引你我燕翼之谋。弟处局外，尚为兄婿极力周旋，岂有至亲而不见面，又弟所不取也。感悟发于一心，休谓逆言之入耳，药石寄于里。当知忠告之宜听，不然兄之薄情寡恩，恐为天下后世笑。书不尽言，兄其鉴之。

柯爷看了书字，不禁哈哈大笑道："裴年兄真良友也。"夫人便问："裴公寄来什么书字?"柯爷就将书中的话,先向夫人说了一遍。又道:"裴年兄也是劝我翁婿解和,书中言语,句句金石,令我不能不拜服。而今细想前事,皆由我多疑之误,致惹秀林之谗,与宝珠何干,又与女婿何干。就是他四首《玉人来》诗,未必他就说的是我女儿。总因我一点疑团,弄出无限风波,反叫裴年兄做了他们的大恩人,我到做了老厌物。夫人呀,我今知悔了,回门自然见女婿的。从此相好,不致相尤。"夫人笑道:"这便才是。"果然到了回门日期,宣爷夫妇来到柯府,见了岳丈岳母,大拜八拜。岳母见了女婿女儿自然是亲热的。此刻岳丈见了女婿,更加亲热,时刻谈讲,下棋吟诗,又叫儿子鸣玉讨姊丈的教。真是,分虽翁婿,情同骨肉。留女儿在家住对月,并连女婿也留下了。此乃是翁婿相好如初之时,不料朝中却闹出一个大变动来。只因奸相蒋文富在朝威权日重,又有一个巩御史在他门下助纣为虐,引了一班趋附的小人,夤缘进来。或做文官,或做武官,都是奸相做主。前因女儿一死,天子不将宣生治罪,反升他官职。"将我师生,一个罚俸,一个革职,岂不可恨。"阴生异志,暗蓄死士,打造军器,勾通外国,欲图大位,谋为不规。朝中只怕了裴刑部、宣学士二人,还不敢动弹,但爪牙已成,这个风声已有些传到朝中来,众文武俱吃一惊,只有天子不知,却拿不住他一个实证,不敢劾奏。唯裴爷是个精明强干之员,每日朝中出入,俱留心此事。

这一日,也是奸相的逆谋应当败露。裴爷正出朝来,要回衙门。未到里许,忽见前面两个人,在那里厮打。一个黑凛凛的大汉,将一个少年汉子按在地下,拳打脚踢,打得地下那汉子,喊叫救命。由不得心中大怒道:"禁城之内,谁敢如此行凶!"吩咐手下:"将这大汉并被打的汉子带来见我。"手下答应去了,两个人叫那大汉莫打"去见老爷,有话问你。"那大汉并不瞅睬,还是打他的。二人向前来拉,被大汉一手扫去,二人俱跌倒在地。急急爬起来回裴爷。裴爷大怒道:"如此撒野,这还了得!"又吩咐添六个人上,去用大铁链锁来。下面答应,蜂拥而去,共是八人,方把一个大汉捉了,锁将起来。地下被打的汉子,也爬起,跟着到了裴爷面前跪下。那大汉还立而不跪。裴爷先问那被打的汉子道:"你姓甚名谁?因何被他打的?"那汉子禀道:"小的叫段二,本京人氏,卖菜为生。因今日挑了担子上街卖菜,遇见这大汉问路,问蒋丞相府在哪里?小的回他,在杏花街上。他一定要小的引他去,小的怕耽误自己生意,不肯去,他就把小的菜担抢掉了,砸了,也踹破了。是小的一时不忿,要与他拼命,哪知他人长力大,将小的掼倒在地,一阵乱打,打得小的浑身疼痛。望老爷救命呀。"裴爷见这大汉,异言,异服,形迹可疑。又是来找奸相府的,必有缘故。当街不便相问,赏了段二一个艮踪子,"赔你菜担,你做生理去吧!"段二千恩万谢而去。裴爷将那大汉带至衙门,坐堂审究,命衙役在他浑身一搜,搜出两边裹脚,打腿内每边二把瘦描条利刃,肚兜内四个金条,一色浮钱,并无别物。问他是哪里人?他回说是车迟国人。问他到中原来找蒋相做什么?他就支吾不答。反复穷诘,并不开口。裴爷大怒,先打了一百个掌嘴,又套上铜夹棍,三收三放,大汉依然不招。及用到锡蛇红绣鞋诸般非刑,才打熬不住,招出是国王打发他来,下书与中国蒋丞相的。裴爷问书在哪里?大汉回道:"现在头发里。"裴爷又叫人在他头发内搜出一封私书来,外面还有车迟国宝印。拆开从头一看,只唬得裴爷魂不在身。书中甚话惊人?且看下文。

第二十回　风散浮云　情圆听月

诗曰：

楼势巍峨壮帝都，前人创建后人居。

多情天上团圆月，愿了风流美丈夫。

裴爷见私书上写的是，车迟国王要领兵来犯中原，约定奸相里应外合，事成之后，许以平分天下。于某月某日发兵，叫奸相早为预备。看毕，吃惊不小。暗想："奸贼好大胆也，今日人赃现获，不怕他冰山不倒。"想定主意，把私书收于袖内，吩咐松了刑具，问他叫什么名字？大汉道："叫国尔楞。"裴爷命他画了供，仍上起刑具带去收了刑部监，候音定夺。下面答应，把奸细带去收监。裴爷退堂，在灯下草成一本，并私书粘呈。过宿一宵，次日五鼓，天子临轩，文武朝参已毕，裴爷俯伏金阶奏道："臣刑部侍郎裴长卿有密本，面达天颜，恭请龙目电阅。"说着，把本呈上。内侍接上，铺于龙案。天子先将本一看，后又将私书一看，龙颜大怒。喝问："奸贼蒋文富何在？"只唬得奸相魂不附体，急急出班跪下道："臣蒋文富在此伺候。"天子见了奸相，把龙案一拍道："朕有何亏待于你，胆敢私通外国，谋夺朕的江山，真是罪不容诛了。"文富一听，面上失色，还强辩道："臣蒙天恩，授以首相，位极人臣，有什么不足之处，敢生异志，辜负圣恩。这是诬陷为臣，望陛下做主。"天子喝声："车迟国王下与你的私书，你拿下去看来，还赖到那里去。"说着，把私书掼下来。奸相抬起一看，又赖道："臣也认不得什么车迟国王，安知非裴刑部藉端抗奏大臣。无凭无据，何能以一纸之书，入臣之罪。"裴刑部大喝一声："奸贼住口，现捉得奸细亲口供的，你还狡赖。陛下若不将奸相早行正法，必为国家必腹大患。"天子道："奸细今在何处？"裴刑部道："臣已在本部审明，收监候旨。"天子即传旨下来，提出监中奸细廷讯，口供不改。龙颜更怒，命武士将奸相摘去冠带，押在一旁。又差裴刑部，带兵五百，前去搜查奸相府第，搜出许多悖逆之物，都上了簿。还有许多私书回书，尽是巩御史代笔。那些不轨之徒，一闻凶信，逃走了一半，只有跑不去的，共捉了男妇三百七十余人，一并捆绑，将叛产封固，其余解了，入朝缴旨。天子逐件一看，大怒道："这还了得，连禁之物及私书回书，一概火毁，不必波及他人。这是天子的隆恩，只将从逆巩固一名、外国奸细一名并逆犯蒋文富叛属三百七十余人，着裴刑部监斩。"押出午门外，只听得三声炮响，一个个俱做无头之鬼。这也是恶人的报应。刑部上朝缴旨，天子又将巩固家属，俱发岭南充军，叛产俱抄没入官。各省近边关隘，着兵部火牌，飞星敕知，加兵用心把守，以防外寇。又因裴刑部捉叛定国有功，升为刑部尚书。所有刑部侍郎原缺，着宣登鳌补授。假期将满，召取进京供职。旨下，裴爷谢恩。宣爷代子谢恩。天子退朝，群臣各散，宣爷与裴爷到了朝门外，互相称贺。宣爷道："裴年兄你生平做的事情，真是神出鬼没。就是今日蒋文富这个奸相，不是年兄精明，怎扳倒这个贼子。朝中灭了这贼，神人共快，君民相安。从此永享太平，年兄之功真不小也。"裴爷道："为臣尽忠，不能定国安民，平日朝廷高官厚禄，养你何用。这也是臣子分内之事，何功之有。但小弟的衙门，应让与令郎居住，所有听月楼，奉送令郎与令媳，以完千古佳话。"宣爷连声称谢。裴爷道："令郎假期将满，不日即有旨下召取，年兄该速速写信，先去通知，叫他们早为打点，也好进京供职。"宣爷点头称是，拱手而别，各回衙门办事不表。

且言无艳去拿梯子，要爬上架子，来抓宣生。正等拿过梯子来，宣生早已不见。此刻急得无艳咬碎金牙，放开喇叭喉咙，哭着说着道："一个好热腾腾的馒头，到了口边，又碰掉了，我还要这性命做什么。"早惊动两个丫鬟小春、细柳，知道姑娘放走了少年郎君，在那里气苦。连忙上前相劝，劝了姑娘回房。庸夫一闻此信，只是跌足连叫可惜道："蠢丫头，撞见这个好机缘，不用些风流手段将这少年郎君拴住，到把他放走了，我也是枉费心机。"后又听见隔壁大房女儿出嫁，女婿是个大官，还有官诰，心中越发懊悔，未免抱怨女儿几句。哪知女儿自见宣郎之后，正在害单相思的病，怎禁得乃尊一番埋怨。心又高，气又傲，哭了两天，直到人静之后，悬梁自尽。到了今日，庸夫知道女儿这个凶信，唬得魂飞魄散，痛哭几场，将女儿殡殓了，送到祖茔安葬。庸夫自此得了残废之疾，不到几年也西去了。膝下无子，所有偌大家私，总归大房承受。还亏后来鸣玉婆亲生子，承继二房一脉香烟，书中就没有他的交代。

再言宣爷夫妇。在岳家住过对月回家，恩爱异常。无事时吟诗下棋，以消闷怀。真是光阴迅速，已将有半年光景，接得京中乃尊书信，知升了刑部侍郎，所有听月楼，裴爷相送过来，以作贺礼。又说假期已满，不日就有旨下，速速打点，收拾进京。宣爷看过，说与夫人知道。夫妇甚是感激裴爷。不多几日，果有旨下来，召宣侍郎进京供职。宣爷接旨，进奉家堂。一面谢恩，一面送了天使而去。此刻因钦限紧急，不敢怠慢，连忙收拾行装，所有家园仍命老家人夫妇同抱琴、如媚、醉琴、如钩在内看管。一面到县挑了人夫车马，伺候动身。一面去拜别岳父母。未免饯行，洒了几点分离泪。怎奈钦限紧迫，唯有送别郊原，含泪而回。宣侍郎一路兼程而进，不消几日，早到京都。进了皇城，因非早朝时分，先到父亲衙门，夫妻双拜宣爷夫人。二老见媳妇果然生得人品出众，心中大喜。这日摆了筵宴，代儿子媳妇接风。另收拾一所与他小夫妇权住。到了次日早朝，宣氏父子入朝，谢恩缴旨。天子又将宣侍郎慰劳一番，退朝散了。宣侍郎到了朝房，见了裴爷。先拜谢见赐名楼及一切成全之恩，裴爷拉住笑道："令岳被我劝醒了吗？"宣侍郎点头称谢，大家一笑而散，各回衙门。裴爷已搬进尚书府第，宣侍郎搬进裴爷旧居，少不得夫妇二人亲到裴府，拜谢裴爷始终成全之恩。绮霞已出嫁与赵府，绮云已出嫁与江府，今日都接了回来，姊妹们相见，甚是亲热。裴以松已娶了亲，外面与宣刑部相见，也十分亲热。款待一日，方各回府，自此不时往来。后来裴爷告老回了河南，寿至八十七岁而终。其子以松中了河南乡榜解元，进京会试又仗宣侍郎之力，中了一榜，榜下放了知县。这也是以恩报恩。柯太仆也亏了女婿，复了原职衔，夫妇同年八十一岁，无疾而终。其子鸣玉，捐了一个州同职衔，坐享两房家资，娶亲生子两子一女，到也受用。宣老夫妇，俱有八九十岁，也是先后而终。宣侍郎夫妇，哭哀尽礼，守了六年大孝。到了服满之日，仍召取进京，归他侍郎衙门住下。此刻侍郎已有两子两女，总与河南裴以松、本京裴绮霞、裴绮云彼此结亲，不断往来。这是书中的大交代，不用烦叙。

　　且言裴侍郎，虽是刑部衙门，日日都有钦件发下来会审，但他断才甚好，不见着忙，无事时还与夫人在听月楼吟诗叙话。那日，也是八月中秋，宣侍郎与夫人坐在听月楼中，饮酒赏月，便指着仙题诗句，并绮霞、绮云、宝珠的壁上三首和韵诗道："此楼得这天工人工，极力培植，这也是裴年伯一生聪明。种子布于前，你我夫妻姻缘聚于后，信非偶然也。"夫人道："听月二字，本起得新奇，若非仙题，并一道仙诗，后人必议为荒谬。裴义父在日曾说，仙赐匾额，也是八月中秋夜赏月之时，今又值佳节，听月之情既已团圆，听月之诗尚少润色，老爷何不步韵和他一首，也是听月增辉，名楼生色。不知老爷酒后对月，有此逸兴否？"宣侍郎笑道："狗尾续貂，未免贻笑大方。"夫人道："老爷何必过谦。丫鬟快些斟酒，待老爷溜肠。"丫鬟答应，斟上酒来。又取过文房四宝，并一幅松笺，摆于桌上。宣侍郎一面吃着酒，一面铺纸濡毫，笔不停，顷刻成了和

听月楼诗一首,递与夫人,笑道:"献丑了。"夫人接过一看,只见上写道:

诗曰:

银河皎洁月光清,人倚楼中人眼明。

但听风微和露滴,蟾宫应有读书声。

夫人看了,连声称赞道:"得此一诗,压倒元白矣。"也命丫鬟,粘于壁上。又斟下一巡酒来。还未吃完,忽见楼外一片彩云,冉冉自空而下。侍郎夫妇大吃一惊,忙向楼外一看,见云中间站着一位道者,左执桂花,右执斧子,云旁站着一人,好似裴公,对着楼上说:"感尔夫妇多情,特来一晤,以完情缘。"说毕,腾空而去。侍郎夫妇,在楼板上拜谢。后来,侍郎也升了尚书,告老回去。就将听月匾额移于故乡,也建一楼,安上以留仙迹。夫妇偕老,子孙绕膝,世代书香,皆此楼佑之云尔:

非关司寇风流,焉有宣生好逑。

名著梯云仕路,功成听月仙楼。

马廉藏书

第三篇

风流和尚

［清］不题撰人 撰

第一回　邬可成继娶小桂姐

诗曰：

> 结下冤家必聚头，聚头谁不惹风流。
>
> 从来怨遂思中起，不染相思直甚仇。

俚言提过。话说江南镇江府城内，出了一个故事。这人姓邬名可成，是这一府的第一家财主。年方三十一岁，气相浑厚，体态丰俊。近年来，因原配张氏病故，那媒人前来与他议亲的，一个又一个，每日来往不断。真是世上人，眼皮子是薄的，凡家中有大闺女的，恐怕一时送不上门去。邬可成只与媒人说："需一个天姿国色的女子，方可成就，却不论家穷富，陪送多少。"媒人叩头去了。一路上想着，只有城外凤凰楼前，盖官人之女，姿色绝世，风雅不凡，堪作匹配。不免到他家一说，看是如何？

原来这盖官人，名叫盖明，祖居河南，彰德府人氏，因贸易至此，下户居了。家下虽不甚富，也颇有些过活。听得媒人与他提亲事，再三说道："邬官人若果续往，只管使的，若娶为妾，决不应承！"媒人道："委实要娶一位夫人，休得见乱。"盖明与妇人周氏商议妥当，可下允了。媒人告辞，出得门来，即时走到邬家，见了可成，将盖家亲事禀上。可成满心欢喜，择定日期，打点缎疋、钗环，聘金三百两，送到盖家。盖明厚办妆奁。堪堪到了吉期，周氏妇人将女儿齐齐整整，打扮得十分娇滴。这女儿因是八月十五生辰，取名桂姐，年方二九。是夜，又兼夜朦昧，衬得艳冶之态，就如那月里嫦娥一般。真正是：

> 明月照妆美裙钗，行来引佩下理台。
>
> 门外帘前懒款步，娇声融冶下台阶。
>
> 云鬟仿佛金钗堕，不肯抬起脸儿来。

是夜，漏下三更，忽听门外鼓乐齐鸣，邬可成拥拥挤挤，引着桂姐上了花轿，登时要过门去了。不免礼生唱礼，交拜天地，诸亲六眷，前来贺礼。酒筵一天至晚，方才散了。可成与新人除冠脱衣，把新人一看，正是：

诗曰：比花花解语，比玉玉生香。

可成与桂姐就枕，即捧过脸儿亲嘴，便自分其两股……尽情而弄。二人娇声低唤，十分兴趣。事完，及至鸡鸣，方才睡醒。阳台重赴，愈觉情浓，更曲尽一番恩爱。自此夫妻如鱼得水，欢乐极矣！

怎奈光阴似箭，不觉已经三年。这邬可成原来捐得是个知县，七品正印。这年三月间，有京报下来，分发浙江，候补县正堂。可成喜不自胜，请客来友，洒扫焚香，追封三代；把前妻埋葬，追封诰命夫人。又陈盖氏诰命。一面收拾车辆，去到浙江省城候缺。择日，带着妇人桂姐而去。一路晓行夜宿，来到浙江住下。可巧半年有余，就补到秀水县知县。可成因夫人盖氏不服水土，复将盖氏送回家去，另娶了一个妾房上任不提。

且说盖氏不服，好生闷倦，随向使女秋芳说道："闻听城外大兴寺，香火大会，十分热闹。明日去闲耍闲耍，也散散我这闷怀才好。"秋芳记在心中，次日，果然唤下轿子，与妇人说知。夫人即时打扮起来，与往日梳洗，更加十分俏丽。且听下回分解。

第二回　大兴寺和尚装道姑

说夫人打扮的比往日更加十分俏丽。正是：

> 使女会俯就，妆点素烧娇。
> 轻轻匀粉面，浅浅点绛唇。
> 花点疏星堕，螺痕淡月描。
> 影入菱花镜，另一种窈窕。

夫人钦动金莲，出了绣房上轿，一直来在大兴寺内。只见那寺委实可观，有诗为证：

诗曰：

> 钟鼓直竿在青霄，殿角金铃风送摇。
> 炉内氤氲虫瑞霭，三尊宝相紫金销。

又见那些烧香的女子来往不断，夫人朝了佛相拜了四拜，随往后殿，各处胜迹看了个遍。出得后门，在一所花园，只见百花密开，红白相称，粉绿相映，夸不尽的娇姿嫩色。有诗为证：

> 春光无处不飞悬，景色明媚又一天。
> 片片落红点水上，飘飘败絮舞风前。
> 海棠睡足迎春笑，垂柳随风弄翩翩。
> 衍泥乳燕飞故故，织柳新莺语关关。
> 年年怕见在开落，今岁又到落花天。

夫人吟毕，又见红日西堕，出的寺来，上轿回去。

却说这大兴寺中，有四五个和尚，掌教的名叫净海，见这夫人那一种风流美色，她在寺内各处游玩，早已饱看了一顿，惊得魂飞天外，恨不能一口把她吞到肚内。便随着轿子，竟至邬宅门首。见夫人走到院里，他用心打听，邬官人不在，家下只有几个奴仆相伴。回到寺中，一夜痴想，道："我往日偷上了许多妇女，从来没一个这般雅致佳人，怎生一条妙计，进他院去，再见一面，便也甘心。"想了一会，暗道："好计！好计！必须妆做尼姑模样，假以化灯油为名，竟入内房，如此如此，或可成就。"随往店中，买了一件青绢衫子，穿了一双尺口鞋儿。这净海本来生得乖巧清秀，年纪只二十多岁，打扮起来，真真像个小道姑一般，端端正正。走出门来，竟到邬家门前。管门的见是一个女僧，并不阻挡，他一步步走到内宅，只见那夫人在天井内，观看金鱼戏水。净海打一文星（问讯），叫声："奶奶万福。"夫人回拜，忙叫使女让他房中坐了。净海进了香房，上下一看，真个洞天福地。使女取茶与他用了，净海就将化灯油之事与夫人说了。这夫人心极慈善，便取二两白银上了布施。净海故意拉起长谈，说了些吃斋的、念佛的外套子话。直至过午，才要动身。只见西北角下狂风忽起，飞沙走石，四面而来。霎时间，天黑地暗，正是：

伸手不见拳，对面不见人。

夫人道："天已晚了，这风不曾住的，小师父，你就在此住了吧。明日再回庵去，有何不可？"

净海听得留他过宿，他喜从天降，随说道："怎好在此打搅夫人？"夫人道："这是人不留人，天留人，你若走出，迷糊了路，倘若被老和尚持里去，那时怎了？"净海故意面红道："奶奶取笑了。奶奶在家，藏的掩饰，再不能叫和尚背了去得。"二人又说笑了一会。只见夫人叫使女秋芳打点酒肴。须臾，点上灯烛，摆下晚饭，夫人与净海对面坐了，秋芳在旁斟酒。

第三回　留淫僧半夜图欢会

且说秋芳在旁斟酒，夫人说："你可将酒壶放在此，吃过了饭，临睡时进房来吧！"秋芳应了一声，竟出去了。夫人劝道："师父请一杯。"净海道："奶奶也请一杯。"夫人道："你这般青春标致，何不返俗，嫁个丈夫，以了终身？"净海道："奶奶，提丈夫二字，头脑也疼。倒是在这清净法门里快活。"夫人道："这是怎么说？ 有了丈夫，知疼知热，生男育女，以接宗枝，免得被人欺侮。"净海道："奶奶有所不知。嫁个丈夫，若是撞着知趣的，不用说朝欢暮乐，同衾共枕，是一生受用；倘若嫁给这村夫俗子，性气粗暴，浑身臭秽，动不动拳头、巴掌，那时上天无路，入地无门，岂不悔之晚矣！"夫人道："据你之言，立志修行，是不嫁的了。只怕你听不得雨洒寒窗，禁不得风吹冷被，那时还想丈夫哩！"净海道："奶奶，别人说不得硬话，若在我，极守得住。奶奶若不嫌絮烦，我告禀奶奶一番：我那庵中，住着一个寡女，是朝内出来的一个宫人。她在宫中时，那得个男人如此？ 因此内宫中，都受用着一件东西来，名唤'三十六宫都受春'，比男人之物加倍之趣。各宫人每每更番上下，夜夜轮流，妙不可当。他与我同床共住，到晚同眠，个个取乐。所以要那男人何用？ 小僧常到人家化缘，有那青年寡妇，我把他救急，他好生快活哩！"夫人笑道："难道你带来的？"净海道："奶奶，此女僧带得几件而来。我想常有相厚的寡居，偶然留歇，若是不曾带在身边，便扫了她的高兴，所以紧紧带定。"夫人道："无人在此，借我一看，怎生模样一件东西，能会作怪？"净海道："此物古怪，有两不可看：白天里不可看，灯火之下不可看。"夫人笑道："如此说，终不能入人之眼了。"净海亦笑道："贯能入人之眼。"夫人道："我说的是眼目之眼。"净海道："我晓得也！ 故意逗着作耍。"又道："今晚打搅着夫人，心下不安，可惜女僧是个贱质，不敢与夫人并体。若是奶奶不弃，略略一试，也可报答奶奶盛情。"夫人道："只不过取一时之乐，有甚贵贱。你既有美意，便试试果是如何？ 不然还道你说的是谎。"

净海见她动心允了，忙斟酒，劝她多吃几杯。夫人说得高兴，不觉一时醉了，坐立不定，道："我先睡也，你就在我被中睡着吧！"净海应了一声，暗地里喜得无穷。他见夫人睡稳,方去解衣,脱得赤条条的,潜潜悄悄,拉起香被儿,将那阳物夹得紧紧的,朝着夫人,动也不动。那夫人被他说的心下痒极,只见净海不动,想道:"莫非他是哄我?"随问道:"师傅,睡着吗?"净海道:"我怎敢睡,我不曾问过夫人,不敢大胆。若还如此,要如男人一般行事,未免摸摸索索,方见有意兴。"夫人道:"你照常例做着便是,何必这般拘束。"夫人把他一摸,不见一些动静,道:"你将他藏在何处?"净海道:"此物藏在我这里边,小小一物,极有人性的。若是高兴,便从里边照出,故与男子无二。"夫人笑道:"委实奇怪。"净海遂拨弄一番,乘势上身。且听下回分解。

第四回　后花园月下待情郎

若恋多娇容貌，阴谋巧取欢娱。

诗曰：

上天不错半毫丝，害彼还应害自己。

柱着藏头露着尾，计然雪化还露尸。

冤冤相报岂因迟，且待时辰还未至。

且说夫人哪知真假，紧紧搂住，柳腰轻摆，凤眼也斜，道："可惜你是妇人，若是男子，我便叫得你亲热。"净海道："何妨叫我认作男人。"夫人道："若你变做男人，我便留在房中，再不放你出去了。"净海道："老爷回来知道，恐是性命难逃。"夫人道："待得他回，还有三载。若得二年夜夜如此，便死也甘心。"净海见她如此心热，道："奶奶，你把此物摸摸，看还似生就吗？"夫人急用手摸了一摸，……吃了一惊；随问道："这等你果是男子？子是何若之人，委实怎么乔装到此？"净海急忙跪在床上，道："奶奶，恕小僧之罪，方敢直言。"夫人道："事已至此，有何罪？ 汝但实对我说，待我放心。"净海道："我乃大兴寺掌教和尚，名叫净海。昨日奶奶进寺游观，小僧见了，十分思慕，欲会无由，想想得这个念头，买了衣于暗处装束而来。幸遇奶奶留宿，这也是姻缘了。"夫人叹了一口气，道："千金躯一旦失守，如今也顾不得许多了。"二人又做巫山之梦，弄至两个时辰，方才云收雨散。

正说话间，只听秋芳推门进房，来寻道姑，四围不见，吃了一惊，不敢作声，暗暗一头想着，一头困了。

且说他二人见秋芳推门，双双搂定睡了。直至五更，夫人催净海早早起来束妆。夫人叫秋芳道："事已至此，料难瞒你。切不可说与外人知道，我自另眼看你。"秋芳伏

着床沿上回道："夫人不吩咐，也不敢坏夫人名节，何用夫人嘱咐？"这夫人一骨碌抽身起来，取了几样点心与净海充饥。净海道："足感夫人用心。"说罢，告辞而出。夫人说："出门一路向北，看了后门，黄昏早来。"净海应了一声，恰是个女道姑模样。秋芳送出大门，一路竟至后花园，门外上有三个字的一面牌额，写着"四时春"，左右贴着珠红对联，上写：

　　　　园日涉以成佳趣，门虽设而常关闲。

　　他便记在心里，仍回到寺中，脱了衣服，与众僧道："你们好好看守寺院，我今晚一去，不知何时才回，切勿与别人泄漏。"说罢，设下酒肴，那些和尚大家痛饮一番。不觉金乌西堕，玉兔东升，约有初更，来至花园门首。将门一推，却是开的，竟进园中，只见露台上，夫人与秋芳迎着前来。进门后秋芳忙去锁门，又去取一酒肴，摆列桌上，夫人着秋芳坐在桌横饮酒。月下花前，十分有趣。从此朝藏夕出，只他三个人知，余外家人并不知道。这且不表。

　　再说这寺中，自净海去后，又属虚空掌教。素有戒行，开口便阿弥陀佛，闭门只是烧香诵经。哪知这都是和尚哄人。

　　一日，有个财主，携一艳妓水秀容来寺闲耍。那秀容是出色的名妓，娇姿绝伦。虚空久闻其名。那日走进，虚空不知，劈面一撞，秀容忽然便自一笑。虚空见他一笑，动情起来。且看下回分解。

第五回　贼虚空痴心嫖艳妓

　　且说虚空见秀容照他一笑,便自动心,想道:"人家良妇,实是难图,红楼妓女,这有何难?"须臾,见秀容去了,他把眼远远送她,到夜来,好似没饭吃的饿鬼,鬼钱无一开到手。自此,无心念佛、烧香,一日一日,害起相思,非病非醉,不疼不痒。暗说:"今夜换了道袍,包上幅巾,竟到她家一宿,有何不可?"堪堪日落黄昏,里房中取出五两银子,竟往水家而去。

　　这和尚该是凑巧姻缘,却好这一晚还不曾接过客。秀容见了,接进房来,坐下,问道:"贵府何处,尊姓大名?"虚空道:"本处人氏,小字虚空。"秀容道:"尊字好相法儿(名)。"虚空笑道:"小僧法门弟子,因慕芳姿,特来求宿。"秀容心下想道:"我正要尝那和尚滋味,今造化。只恐妓铺往来人多,有人知道,连累师傅,必须议一净处,方好。"虚空道:"且过今夜,明日再取。"连忙摸出五两银子,送与秀容。秀容说:"为何赐这许多银子?"虚空道:"正要相取,休得见怪。"须臾,灯下摆出酒肴,二人闭门对饮。和尚抱秀容于怀中,亲亲摸摸,十分高兴。吃得醉醉的,收拾脱衣就寝。那虚空见了妇人雪白仰在那里,恨不得一口水吞下去。便一把搂住,道:"我的心肝!"便急忙脑的乱搠。

　　……

　　直到三更,方才完事。睡至五更,方才重赴,又弄到鸡鸣,方才罢手。这也按下不表。

　　再说大兴寺中,还有三个和尚:一个老年的名叫净心,两个年少的,一名绿林,一名红林。他三人谨慎守院。这一日,有一位妇人,姓经名花娘,丈夫经典,适从娘家回来,刚刚走到寺前,一声响处,那雨倾将下来。花娘一时无法躲避,连忙走入寺中,山门里凳上坐着。心下想到:"欲待转回娘家,不得;欲回到夫家,路途尚远。"心下十分忧闷,如何是好?初时,还指望天晴再走,不想那雨到黑不住,平地水深三尺。花娘无计可施,便悄悄避在墙角之下,过了今夜,明日再走。竟自就地而卧。

须臾,只见两个和尚,在伞下挑着一个灯笼出来。道个万福,道:"妾乃前村经典之妻,因往娘家而回,偶值大雨,进退不能,求借此间收留一夜,望两位师傅方便。"原来这两个和尚,一个青脸红花,叫作绿林;一个蓝脸红须,叫作红林,是一对贪花色的饱鬼。一时见了这个标致青年的妇人,如得珍宝,还肯放过了他?便假意道:"原来是经官人令政,失敬了!那经官人与我二人十分相契的好友,不知尊嫂在此,多有得罪。如今既知道了,岂有放尊嫂回去之礼,至今安置在此的道理?况尊嫂必在此多受饥了,去到小僧小房吃点素饭、大饼、馒头,点心吧!"花娘说:"多承二位大师父好意,盛情待我,妇回家去,见了我的丈夫,将从前从后一一说明他听。要知道了,必然感恩不尽,前来奉谢二位师父。二位师父莫送,请回吧。我只求在此权坐,不必费心了,我心中实在不安,劳驾,劳驾。"如欲听后来的话儿,且听下回分解。

第六回　大兴寺避雨遭风波

七言律一首：

东风吹开的枝头，不与凡花闹风流。

风飘青色孤芳逐，待月黄昏瘦影浮。

闲言少叙。且说花娘言道："只求在此权坐，不必费心。"绿林道："你看这地下水又过来了。"红林道："少顷水里如何安身？我好意接尊嫂房家一坐，不必推脱了。"绿林道："师兄拿了伞与灯光，我把娘子抱了进去吧！"言之未已，向前一把抱了就走了。花娘破口大骂道："我把你这些秃杂种，那个不是奶奶们养活的，反来欺侮奶奶。"绿林回道："所以是奶奶养活的，才要认认老家哩。"一直抱进一个净室，推门而入，已有一个老和尚，与两个妇人在那里玩耍。绿林叫道："师父，如今一家一个，省得到晚来你争我夺。"老和尚一看道："好个青年美貌山主！怎么好相面熟的一般？"想了一会，忽然想起，便道："小徒弟，休要动手，这原来是前村经典经官人之妻氏，娘家姓花，我的娘与她的娘是一个娘的孩子，我与她就是两姨姊妹。自幼我在家时，常在一处玩耍，这才是脱着腚在一堆的姊妹们哩！自从她娶了过门，我进了寺院，几年不曾见面了。"花娘听了，早知是姨兄，些许放心，随叫道："哥哥原来就在这寺里出家吗？妹妹哪里知道？明日将小妹送回家去，认了门户，咱姨妹们常常来往便是。"老和尚道："这事我一个人做不了主的，今晚商议，明日再取罢了。"忙忙打点酒食，劝花娘去吃。哪里吃得下去，两个妇人前来再三劝饮，没奈何才吃了几杯，两个妇人又道："妇身俱是人家儿女，也因撞着这两个贼秃光头，被他藏留此处，只如死了一般，含羞忍耻过了日子，再休想重逢父母，再见丈夫面了。就是他亲姐妹到此，他也不往外放。"见她们这般一说，也没奈何，想道："且看后来再图机会。"

且说绿林、红林见他二人是姨兄、姨妹，便不敢与老和尚争风，便搂了两个进房去睡。这老和尚没了对头，一时阳物劲的难受，便把花娘领进密室坐下，果然洁净清爽。正是：

几句弥陀清净地，数声鸟啼落花天。

须臾，摆下酒肴，般般稀世之珍。花娘无奈，只得同他对饮。是夜，老和尚搂抱花娘求欢，云雨起来，任他完事。后来三对儿，每日夜饮酒取乐。

过了几日，花娘的丈夫经典，不见妻子还家，往丈人门去接取。见了岳父母道："你女儿为何不出来见我？"花春夫妻道："去已八日了，怎生反来讨要妻子？"经典道："几时回去的？一定是你嫌我小生意的穷人，见你女儿有几分姿色，多因受人财礼别嫁了。"花春骂道："放屁！多因是你这小畜生穷了，把我女儿卖与别人去了，反来问我讨人来！"丈母道："你不要打死我的女儿，反来图赖。"便放声大哭起来了。两边邻舍听见，一齐都来了。问说起缘故，都说道："实然回去了。"想此事毕竟要涉讼的，遂一把扭到县中，叫起屈来了。太爷听见，叫将进来。花春把女婿情由一诉，太爷未决，花春邻舍上前，一口同音道："果是经典妻子回家去的。"经典回道："小的住得房屋只是数间小舍，就是回了家，岂无邻舍所知？望太爷唤小人邻人一问，便知明白。"未知如何，再听下回分解。

第七回　老和尚巧认花姨妹

诗曰：

> 每日贪杯又化娟，风流和尚岂寻常。
>
> 袈裟常被胭脂染，直裰时闻花粉香。

且说经典回道："望太爷唤小人邻舍一问，便知详细。"县官差人遂拘到经典邻舍，问道："你们知经典之妻几时回家的？"那四邻道："经典妻子因他岳母生日，夫妻同往娘家贺寿。过了几日，见经典早晚在家，日间街坊买卖，门是锁的，并不见他妻子回来。"花春道："太爷，他谋死妻子，自然买通邻居与他遮掩。"知县道："也难凭你一面之辞。但花春告的是人命，事情不小，把经典下狱，另日再审。"登时把经典扯到牢中，那两边邻舍与花春，在外不时听审。这经典是个生意人，一日不趁，一日无食，又无亲友送饭，实是可怜。幸喜手艺高强，不是结网巾，便是打鞋，易米度日。按下不提。

且说花娘每日侮于净室中坐着，外边声息不通，欲寻死来，又被两个妇人劝道："你既然到此，你我是一般人了。即便寻死，丈夫、父母也不知道，有冤难报。但是我和你在此，也是个缘分，且含忍守着，倘有个出头日子，也未可知。"花娘听了，道："多谢二位姐姐解劝。怎得忍辱偷生？像这等狠毒和尚，也算是无天理了。"妇人道："奴家姓江，行二，这位是郁大娘。我是五年前到此烧香，被和尚净心诱入净房，把药做的酒，放于花糕内，吃了几条，便醉将起来了。把我放在床上如此，及至醒来，已被淫污。几次求放，只是不依。那两个徒弟，那个嘴歪叫作绿林，那个眼邪的叫作红林。我来时都有妇人的，到后来病死了一个，便埋在后面竹园内。又有两人也死了，如此埋的。这郁大娘也是烧香，被绿林、红林推扯进来。上了路，便死也不放出去了。我们三人且含忍着，或者这些个秃东西恶贯满盈，自有天报应。"正是：

善报,恶报,迟报,速报,终须有报。

天知,地知,你知,我知,何谓无知。

按下三个妇人讲话,暂且不表。

且说绿林,一日正在前殿闲步,只见一个孤身妇人,手持香烛,走进山门中来。绿林仔细一看,那妇人年约有三十五六岁,一张半老脸儿,且是俏丽;衣衫雅淡,就如秋水一般,清趣之极。举着一双小脚,周周正正,札着金线裤腿,丝线带儿,温温存存,走进殿来。朝佛烧香、点烛,拜了几拜,起来道:"请问师父,闻后殿有尊观音圣像,却在何处?"这一问,便抓住绿林的痒处,便想道:"我若是将这妇人领到那边,不用说,他二人又与我夺。"忙道:"娘子,待小僧引道便是。"那妇人攸攸不觉,只当他是好心,一步步跟入了烟花柳巷的寨。进了七层门,到了一小房,果有圣相,田氏深深下拜。绿林回身把七层门都上了拴,走将进来。田氏道:"多蒙师父指引,告辞了。"绿林说:"小娘子,你里边请坐,把了待茶。"田氏说道:"小妾没有会布施,不敢在此打搅大师父。"绿林说:"田善主既然来到此处,没有不到小房待茶之理。"田氏说道:"没甚布施,绝不敢在此打搅。"绿林拦住去路,哪里肯放。田氏只得又入一房,极其精雅,桌上兰桂名香,床上梅花罗帐。绿林笑嘻嘻捧着一个点心盒儿摆下。且听下回分解。

国学经典文库

私家藏书

风流和尚

图文珍藏版

第八回　田寡妇焚香上鬼计

诗曰：

> 已作寺院客，如何转念嗟？
>
> 来到有福地，不惯住僧家。

且说绿林和尚捧着一个点心盒儿，摆下了一杯香茶，连忙道："娘子，且请用点心吧！"田氏曰："我不曾带得香钱，怎好取扰。"绿林笑曰："大娘子不必太谦了，和尚家的茶酒，俱是十方施主家的，就是用些，也并非费了僧家一文钱的。请问大娘子贵姓？"田氏曰："奴家姓田，丈夫没了七八年了。守着一个儿子，到了十五六岁，指望他大来成家立业，不想上年又死了。剩下奴孤身无依，故特来求佛赐一个好结果。"绿林笑曰："看大娘子这般姿色，美貌青春，还怕没有人家来求娶你去了。"

田氏不答，面上通红起来。不期又吃了几条花糕下去，那热茶在肚子里一阵发作起来，登时就如吃醉了酒的一般，立脚不住，头晕眼黑起来了。说道："师父，你这是弄的件眩迷人的东西叫我吃了，为何头晕眼花起来了？"绿林道："想是娘子起得早了些，是以乏了。此处并无人来到，便在小床一睡，歇息歇息如何？"田氏想了道："我今上了你这秃葫芦的当了！"然而要走，身子跌将倒来，坐立不住，只得在桌上靠着。那秃驴把她抱了放在床上，田氏要走，被酒力所困，哪里遮护得来？只半推半就儿，顺他做作。那秃贼帮他解开衣扣，褪下小衣，便恣意干将起来了。

诗曰：

> 初时半推半就，次后越弄越骚。
>
> 起初心花蜂采，后来雨应枯苗。

国学经典文库

私家藏书

风流和尚

图文珍藏版

　　且说那田氏被绿林把酒都弄醒了，道："师父，我多年不曾如此，今日遇着你这般有趣，怪不得妇人家要想和尚，你可常到我家走走。"绿林事完，放起田氏，道："你既孤身无忧，何须回去，住在此处，日夜与你如此，又何须担惊受怕。到你家去？倘然被人看出，两下羞脸难藏，如何？"田氏曰："倘此间被人知道，也是如此。"绿林道："我另有外房，这间卧房是极净的幽室，人足迹是不到的所在。"田氏曰："这般也使得，待家去取了必用之物来，再与你如此便了。"绿林说："什么必用之物？"田氏道："梳妆之物。"绿林说道："这是现成的。"随手开了箱子，取出几副镜面、花粉、衣服，俱是妇人必用之物。掇出一个净桶，道："要嫁女儿，也有在此。"田氏见了一笑，把和尚秃头打了一扇子，道："看你这般用心，是个久惯偷妇人的贼秃。"绿林亦笑道："大娘子倒也是个惯养汉的婆娘。"田氏道："放你的驴屁，你娘才养汉哩！"绿林说："既不惯养汉，为何方才将扇子打和尚？"二人调情有趣。到午上，列下酒肴，二人对吃对饮，亲嘴咂舌，不觉一时高兴，又干将起来。自此守着田氏，竟不去争那三个妇人了。

　　且说花娘与老和尚净心一处同宿，只因思家心切，一味小心从顺，以求放归，再不敢一毫偏强，以忤僧意。这净心见他如此，又是姨娘囡，固然切近三分，便常起放他之心，然恐事露，然而不敢。到上床之际，又苦苦向净心流泪。净心说："不是出家人心肠狠毒，恐一放你时，倘然说与人知，我们都死的了。"花娘说："若哥哥肯放小妹，我只说被人拐至他方，逃走还的。若说出哥哥一字，小妹当肉在床、骨在地，以报哥哥。"净心见她立志真切，道："放你便放你，今夜把我弄个快活的，我做主放就是了。"且听下回分解。

第九回　图欢会释放花二娘

谩说僧家快乐,僧家安是强梁;披削发作光光,装出恁般模样。上秃牵连下秃,下光赛过上光。秃光光,秃光光,才是两头和尚。

且说净心言道:"今夜你弄我个快活,我便做主放你。"花娘听了,喜不自胜,便道:"我一身被你淫污已久,不知弄尽多少情形,我还有什么不愿意处? 任凭师父所为便了。"净心道:"春宫上写着有一故事,俗家若是做来,就叫倒浇烛,僧家叫骑木驴。我仰在这里,你上在我身上骑着,若弄得我的出,便见尔是真情。"花娘笑道:"如此说,师父就是一个七岁口的葱白大叫驴。这驴物又是倒长着,我若骑上去,你可别大颠大跳的,将我跌将下来,再往别处咬群去。叫人家喂草驮的看见,一顿棍子,打伤了骨头。那时卖到家房里,一天上五斗麦子,三斗红粮,二斗小米,半夜里把碾子一卸下来,别说没有麸料,连青草不管你吃个饱,可就终无出头之日期了。"净心道:"你哪里懂这些? 我劲的慌了,快快上来吧!"花娘道:"你先说骑木驴,我想这驴老了,多半是送到磨坊头里的,师父你不要怪我。我越说闹,你才越的高兴哩! 我再问一声:在家我与丈夫干事,他那阳物是个圆的,你这怎么却是方的哩? 想来是人不一样人,木不一样木,阳物也不是一样的吗? 不就是你化了四方施主的钱粮来,诸日酒山肉海,吃的熊攻了脑子了吗? 你也闷杀我了。"净心道:"你俱不曾猜着,我这原是父母遗体胎里带的。"花娘说:"是了,是了。你父母遗留下你这异种,在市街上作贱人家良妇,污辱大家眷夫妇,准备着恶贯满盈,死无葬身之地。我劝你早早回头,痛改前非。今夜将我送出寺去,后来我自有好处到你,如不然,奴即死在九泉之下,我也必不与你干休。"

净心听了,惊得魂飞天外,魄散九霄,说道:"大然大悟,道如此之言,真正是晨钟暮鼓,唤回云海梦中人。小僧知过必改,决不食言。施主救我一条性命,小僧杀身难报。"说罢,正衣叩头流血。花娘道:"不必此等。被那边两个秃驴知觉,难以脱身,就此快收,送出我去,奴必不忘你的好处。"抽身穿了衣服,取了梳具,梳洗完了。净心将花娘领着，一层层开了门户，一直来到山门以外，二人相别。净心回身，复又把门户重重闭上。来至净室，只见绿林、红林与那妇人轮流取乐，他也并不理睬，躲在一旁去了。

且说花娘出的寺来，迷迷糊糊，又兼天尚未明，黑洞洞留在原地，哪里分得清东西南北，坐在地下，定醒了一会，方才认得前路，竟奔夫家，恨不能两步并了一步走，一时走入了家门，看见丈夫。恰好天已大亮，远远望见自己门户，把那胆子方才放下来了。走至近前，把门一看，却是锁的。事又凑巧，正在纳闷之际，有一个贴近邻人，姓王，名成美。此人性直，善成全人家的好事，就在县中当差。这日衙中有事，顶早起来，到县前公干。见了花娘，吃了一惊，道："花娘子，你在何处存身？害得你丈夫坐在军中，可晓得吗？"且听下回分解。

第十回　赠金银私别女和尚

诗曰：

> 尚有金银赠，如何别女僧？
> 白日佛门弟，夜间化俗人。

且说花娘子听了公差之言，落下泪来，道："奴今要见丈夫，不知往哪一路去？"邻人曰："我今正要往县中，可同我去便了。"二人随路而行。一路上，花娘将绿、红二和尚之事一一说了。不多时已至县前，这且不表。

再说净海和尚在邬家与夫人偷情，朝藏夕出，并无一人知道。屈指光阴不觉已经二年。邬可成任满，不久就要回家。盖氏夫人听了这个消息，如冷水浇心的一般，忙与净海议曰："为官的早晚回来，咱二人就要永别矣！"说罢，纷纷泪下。正是：

> 安排此事传幽客，收拾春光急欲回。
> 春信顺人向问漏。假忙道姑人对猜。

净海与夫人哭的如醉如痴，说不尽的离别情腹。正在难舍之际，家人报道："老爷已到关上，次日就到家了。"夫人起的着忙，吩咐饮食佳肴，一面从箱中取了十余封银子，道："不期丈夫就到，我心口如失珍宝一般，有计也不能留你。可将此金银，你先回到僧房，再图后会便了。"净海哭将起来了，夫人亦流泪道："如今须照女姑打扮，即出园门，料无人见，就此拜别矣！"秋芳送他出去，闭上园门，方才回。正是：

> 世间好物不坚牢，彩云易散琉璃脆。

一时上上下下忙将起来，准备着家主回来。不多时果然到了。夫人道："迎至堂下相见。"个个欢欢喜喜，两边男女叩头。进房，除了冠带，夫人摆酒与丈夫接风。可成便向夫人问些家事。自古新婚不如久别，夫妻早早睡下，不用说极尽一番恩爱。

次日未明，邬可成起身来，梳洗拜客，上坟拜扫。家中又请着亲戚，做了几天戏文。一些奉承他的，送礼的，遂拜见，一连忙了十余日，方得安稳。正是：

> 人逢喜事精神爽，闷来愁肠困睡多。

按下邬家妇人不表。

再说花娘随着邻人，一行来至县中。邻人王成美把她领至牢中。经典一见，吃了一惊，道："你在哪里？害得我到此地位！"花娘将前事一一说了一遍，满狱里的犯人，无不痛恨和尚。登时，禁子上堂禀明，取出经典夫妇，当堂一问。花娘将如何归家、如何避雨、如何遇和尚，一一说明。县主大怒，即刻问："这寺中有几房僧人？"花娘答道："东西二房，西房是好的，实不知详细。"知县点齐四班人役，各执器械，即时上轿，竟到大兴寺而来。

刚到寺门，只见一个女道姑，年有二十多岁，在那边叩门。县主吩咐人等："与我拿将过来。"两边衙役的狠如完煤的，一声把一个女道姑架将起来，揪倒县主面前。县主道："你是那庵里女僧，来此何干？"正是：

> 为人不做亏心事，半夜打门心不惊。

这女僧原是净海和尚假妆，自邬家走出的，方才走到此处。一见县主问，吓得魂不附体，只见他干张口说不出来。县主早知他心里有病，吩咐把他道服除去。两旁答应一声，上前将他外衣扒下，露出来条条一男子体态，怀中还揣着几封银子。且听下回分解。

第十一回　邬可成水阁盘秋芳

诗曰：

> 记是男儿体，如何扮女人。
>
> 今夜图欢会，日久赴市曹。

且说县主见道姑露出男体，又揣着几封银子，大怒，问道："你是哪里来的贼犯，假妆女僧？偷得谁家银子？实实招来！"净海一时隐瞒不住，就将起初到邬家，如何与夫人偷情，如何赠金，今日如何回寺，前前后后，说了一遍。县主叫人役领将下去。看了文，方回室写一封密书，着人送与邬家。邬可成拆开一看，心下明白，想道："此事不可泄漏，暗暗图这贱人便了。"

过了几日，可成见秋芳往花园内采花，叫她来到水阁以上，悄悄问道："你可实说，夫人床上，谁人睡来？若不直言，我却把你杀死。"说道从袖中取出一把尖刀来。秋芳魂不附体，说道："只有一女道姑前来化缘，因风大又兼天晚，留宿一夜，次早便去了。"可成道："道姑必是男人。"秋芳道："道姑那有男人之理？"可成道："他住在哪里？"秋芳说："住在大兴寺里。"此句答得不好了。可成想道："那有女僧在寺院之理？"收了小刀，道："随我来。"秋芳跟定，早已留心。恰好走至池边，可成上前，用力把她一推，秋芳急急向外去躲，刚刚扑在水面之上，大声叫将起来。夫人早已听见，前来看时，可成竟往花园去了。忙叫家人把秋芳捞将上来，唤至内室，问其情由。秋芳一一说明，夫人惊得面目改色，道："此事必泄漏矣！怎好？"正然议，只见可成欢欢喜喜地走来，一些也不在心间。夫人只是放不下胆来，可成置之不问。

又过几日，可成与夫人睡至二更时分，故意把夫人调得情热，云雨起来。可成道："我今夜酒少了些，觉得没兴，若此时得些酒吃，还有兴哩。"夫人道："叫一妇人酒榼取来便是。"可成道："此时他们已睡，哄着他只说要酒，大有不便，还须夫人一取可也。"

这夫人自从听秋芳之言,恐丈夫谋害,时时留心。随道:"既如此,我去取来。"把手净了,执着灯火,取过钥匙,竟往酒房而去。可成躬腰从随,其想着夫人填在酒槛里浸,浸死方解心头之恨。正是:

> 人叫人死死不了,天叫人死活不成。

只见夫人取一条大凳,走将上去,弯身而取。可成上前,才要动手,偏偏这凳儿搁得不稳,把夫人歪将下来。可成见事不成,忙问:"夫人怎样了? 我恐酒槛深大,怕取不来,特来相挪一挪。"夫人明知他来意不善,却无可言,复执灯火取了,方才回房。整其看来,二人对饮不提。

再说县主在大兴寺前锁拿净海,来到东房,吩咐把房头细搜。拿出三个妇人、三个和尚、两个道人、三个行者。又着人到竹园内,掘出两个妇人尸首来。县主又叫到西房细搜,只见几个青年读书的秀才,俱是便服,道:老父母,东房淫污不堪,久恨于心,今蒙洞烛,神人共喜。这西房门生们在此攻习书史,实是清净法门。门生向时有俚言八句为记:

> 东房每夜拥红装,西舍终宵上冷床。
> 左首不闻钟声响,右厢时打木鱼忙。
> 东厨酒肉腥膻气,此地花灯馥郁香。
> 一座山门分彼此,西边坐也善金刚。

第十二回 诛淫僧悉解众人恨

诗曰：

善恶到天总有报，天理昭彰是直情。

且说县主看罢俚言，辞了西房，把左右转回衙，径上正堂。

且说邬可成见二计不成，遂求县中诲罪，求县主周全其事。县主冷笑道："你闺门不谨，理当去官；净海私奸妇，妇亦不该死罪。更有何说？"可成无言，羞燥（臊）而回。

县主问郁氏道："他怎生骗你到他房内？"郁氏曰："老爷，妇人到寺烧香，被绿林二和尚推扯到他房内奸了，再也不放出来。"花娘恐江氏、田氏说出净心老和尚情由，便道："老爷不须细问，都是这二秃行为，与这老和尚一些无干。妇人若不是老僧怜放，就死在寺中，也无人知道。"江氏、田氏会意，道："老爷，就是埋尸，也是绿林、江林二秃。"县公问明，着把净心老和尚释放还俗，把两个妇人尸首着地方买了棺木收敛。江氏、郁氏、田氏俱放回家。道士、行者各归原籍，把东房产业归西房收管，出银一百两，助修城池。发放经典。三个恶僧绑赴市曹斩首，号令大兴寺门首。正是：

前世结下冤家债，今生难逃大数中。

劝人莫起淫恶念，积些阴功留后成。

如此秃憎恶贯满，一旦刀下把命倾。

西院书生清净寓，从来金榜俱题名。

话说可成夫妇二人对饮，饮至四更，叙话嬉笑如常，二人俱成半醺，脱衣而睡。次日清晨，梳洗已毕，可成出门散心，猛然心生一计。回家如常，每日满面春风，岂不知笑里藏刀。

这日，七月初八，可成生辰之日，可成吩咐家人，治办酒果、蔬菜之类，以备生辰会客。是日，亲戚、朋友俱至，送礼者无数，一日热闹，不必细讲。

猛然一宦家上任，与可成相识，路过可成村，在下车上船，行李太重不便，挑托可成寄放，乃只箱子。家人报与可成，可成道："就抬在房内去吧！"夫人不知是害，自（只）说是寄放的物件，并无在意。到晚间，亲朋俱散，可成与夫人重整筵席对饮，秋芳一旁斟酒。可成道："今日大喜之日，秋芳也饮两杯。"秋芳才吃三四杯酒，便觉头晕，躺在坑上睡着。可成与妇人把饮，脱衣就睡。可成假意未曾脱衣而卧，夫人半醉，登时睡熟。可成叫道："夫人，夫人。"一声不应，暗暗起身，摸着火种，点着硫黄，望箱内一插，随即出得房门，候着火起。原来箱子内装的是火药，一见火种，"轰"的一声响着，床帐、房屋登时俱红。可怜桂姐红粉佳人，秋芳嘴严的丫鬟，一齐火化成灰。后人有诗为证。

诗曰：

可成一计真可成，等的佳人睡朦胧。

绿帽一顶难除下，王八也会用火攻。

玉楼传情

[清]江南随园主人 撰

第一回　唐府开宴庆沾恩

诗曰：

天道夷且简，人道险而难。休咎相乘蹑，翻覆若波澜。奸雄无忌惮，淫欲恣奢繁。赏罚由颠倒，忠良任摧残。恢恢如漏网，识者暗中叹。以为上帝远，报应且何宽。一朝忽人势，瓦解无复全。始知原纵恶，厚毒以偿还。

这首五言古诗，说的是天道好还无往不复。凡奸邪害那忠良，虽阴谋假捏，暂时得计，究竟无不败露。忠良为奸邪所算，虽死亡困苦，几致沉冤，究竟无不昭雪。此固天理之必然，人事之不爽者也。即如前明嘉靖年绣戈袍这段故事，始则奸淫得志，忠良被删，后来奸佞诛锄，忠良获福，这不是老天做足局面吗？看官不必情急，待我慢慢地写来。

话说明朝嘉靖皇帝，原是帝支入承大统，好的是斋醮，喜的是清词，故当时有清词阁老、清词翰林之目。虽则如此，然却亏得几家文武，忠心为国，正直无私心，内而调和鼎鼐，外而宣威夷狄，所以也能够时和年丰，民康物阜，四夷宾贡，上下安和。

一日设朝，有那礼部缴进西番戈国遣使臣入贡表章，并一切贡品，在御前呈奏取旨。当下嘉靖皇翻览表章，交阅贡物。上贡而外，另有绣戈袍一件，却不知这绣戈袍是何被服。看官且听我说这戈国绣戈袍的来历。你道这戈国始于何时？原来，在夏后氏之世，有穷后羿灭了夏后太康，夺了夏后氏天下，羿臣寒浞又弑羿而篡其位，并夺其妻，生下二子，长的名浇，幼的名豷。寒浞封浇于过，封豷于戈。后来太康之子少康，命贤臣女艾谍浇、秀杼诱豷，遂灭过戈，复回夏后氏的天下。豷之子犰自宫中逃出，奔往西域，复立国家，仍其旧号，这就是戈国始封之祖了。若说这件绣戈袍，乃是大禹当年治水八年于外，三过其门而不入，自冬历夏所著的一件天衣，遂为数千百年镇国之宝。今日戈国君臣因数年不来朝贡，恐怕天朝政讨，故于常贡外，又将此袍充

玉楼传情

图文珍藏版

贡。嘉靖皇阅贡表，阅到绣戈袍一件，不识是何器物，遂传旨取来，就有左右太监当殿将这件绣戈袍抖开，只见这件绣戈袍：

> 如宝如珍，针线转泯，有质有文，华虫作衬。既不是洋巾陆离误认，又不是布娘命名翻靳。只见织去无痕，巧夺天丝的锦；看来甚新，典重涂山的觐。黻冕制自神人，空劳目印；丝贡厥远臣，反惹心恨。

却是一件不绸不缎的单袍，虽质朴无华，仍觉光彩夺目。既然充贡，定有异处，因遍未廷臣，莫能识者。天子不觉叹息道："些小物件，我在廷诸臣俱无能辨识，可见宰相须用读书人。"话犹未了，左班中闪出一位大臣，趋肯到御前跪下，奏道："微臣有本。"天子看这个大臣，却是华盖殿大学士左柱国、太子少师兼吏礼兵三部尚书，姓梁名柱，系广州府顺德县石乡人，年近古稀，四朝元老。天子问道："卿家有何表章？"少师奏道："这绣戈袍来自外国，我朝中群臣，焉能辨识其来历。陛下可宣戈国使臣进见，一问便知底细。"天子准奏，面谕礼部官，带领戈国使臣进见。礼部得旨，到午门外引进戈国使臣。那使臣跟随礼部官来到金阶前，少不得拜舞山呼，口称："戈国陪臣，职授定国将军乌云豹见驾，愿天朝大皇帝万岁万岁万万岁。"天子开言问道："你是戈国使臣，你国如何数年不来朝贡，这是何说？"使臣跪陈道："只因国内屡岁刀兵，连年饥馑，嗣君未定，且以有失朝贡。今春，国主嗣位，特遣下臣入贡，诚恐天朝以悛贡见责，故于当贡之外，另将绣戈袍一年充贡。这袍是屡朝镇国之宝，盛夏不暑，隆冬不寒，入水不濡，入火不焚。乃一件稀世奇珍。仰恳天恩，赦其从前不贡之罪，并求免后三年朝贡。下臣国主诚惶诚恐。"天子闻奏，不觉沉吟起来，你道为何？因这戈国一向恭顺，虽缺了数年朝贡，亦未遂兴师讨伐。今日补贡前罪，自是可赦。且他又将这件什么宝贝袍子，求放免以后三年朝贡。若不许他，失了他从前臣服之心，有乖大国之体；若许他免贡，将受他袍子，又非在朝不贵异物之道；若不要这件袍子，竟许他免贡，又太便宜了他。所以有这一番踌躇。

梁少师在旁，测知天子之意，因启奏道："陛下，这戈国后三年朝贡，不可以不放免，然又不可以徒放免。这件绣戈袍不可以不收，又不可以径收。"天子道："卿家有何高见？"少师奏道："依臣愚见，可收下这件袍子，放免他后三年朝贡，且当着使臣之面，将这件袍子赐予有功之臣，一来见我朝宽大之德，原不是因这件袍子起见，才免他数年朝贡,二来他说出这袍子如此什么宝贝,天子却将之来赏了功臣,见得我主不宝异物,所宝唯贤之意,又显得我朝有宣力之臣。"天子听毕喜道:"卿议甚当,就将这件袍子赐予卿家吧!"少师奏道:"臣墓木就拱之人,又无汗马功劳,就是朝廷禄,已渐伴食,何克当此珍异之赐?陛下将袍别与功高之臣。"天子道:"卿家系四朝元老,在朝群臣无出卿家之右者,卿家何辞?且卿家试说,廷臣中谁人功最高。"少师奏道:"中极殿大学士户部尚书唐尚杰父子数人,屡著勤劳有功于国,克当此赐。"天子道:"卿家将此袍让与唐卿家,卿家所举,谅是不差,可就传旨将此袍赐予唐卿家吧!"内臣传旨,只见大学士唐尚杰从班中闪出,走到御案前跪奏道:"微臣无功有负皇恩,不敢领此珍赐。"天子道:"朕意已定,唐卿家不必再推了。"唐尚书只得领袍,叩头谢恩。传旨下殿,宣谕戈国使臣,免其贡三年,礼部赐宴。使臣得旨,三呼谢恩。天子退朝,群臣散班。戈国使臣跟随礼部官退出午门回国去了。正是一人元良,万国以贞。

　　话说唐尚杰蒙此恩荣,心中欢喜,捧绣袍得意下殿,所有同僚,无不人人称爱,个人道喜。内中就有一家奸臣,心怀不忿。这奸臣是谁,这奸臣姓张,单名光,字德龙,官居工部侍郎,因清词得幸,入阁办事,恩加安乐卿,系一个谗谄面谀大奸大恶之臣。他今日在殿上,见唐尚书获此恩宠,好生不快。他爱的是这件宝袍,怨的是梁少师偏毗,恨的是唐尚书得宝。只为这件绣戈袍,后来就出无限祸端来。还且按下不表,先表唐尚杰尚书。他原系福建泉州府人氏,弘治年间状元及第,带三朝,间历中外,为人忠勤,自矢生有七子一女。长子名云龙,武探花出身,御寇,功封忠烈侯。次子云虎,武进士出身,御寇,功封勇烈侯。三子云彪,武进士出身,官负衣千户,御寇,功封威勇伯侯。四子云光,文进士进身,官授太常寺正卿。五子云豹,武状元出身,官封万户侯,镇守雁门关总帅之职。六子云俊,翰林出身,官拜都察院副都御史,恩选尚主。这六子都在朝供职,唯有七子云卿,弃文就武,中了武解元,在籍侍奉祖母和生母。当日尚书捧了赐袍回府,夫人王氏预备香案,三跪九叩迎接。随将这件绣戈袍摆在家庙堂上,焚香燃烛,告说祖先,以荣君赐。少不得大开东阁,延请五府六部,庆贺赐袍。这些同寅同年,都闻得唐尚书蒙珍袍之赐,正要到尚书会中,一来道喜,二来鉴赏。今见来邀,自然陆续都到。但见私第堂当中设一张座榻,座榻上头用五彩装成座帐一张,又用彩绸结出恩荣二字,悬于账内。帐前放一张条桌,供一副古铜八宝香案,香案前铺着拜毡。这些文武同官到者,都先向香案前望着恩宠二字,三跪九叩,然后转身向尚书道喜,才慢慢走到座帐边,细将这件绣戈袍观玩。这件绣戈袍果是奇珍,远处观之,却又了无他异,且不见纤造之痕,又不见缝纫之迹。

那时正是五月夏炎天气,别处暑酷难堪,坐在堂中,转觉清风习习,一似仲秋气候。就是苍蝇,也没有一只飞过。文武众官,个个称羡,连这位安乐张光也自看得越发动火,心中惹恨,独不能一时抢了,方遂己意。以晚客散,收起珍袍,尚书步回后堂。与夫人王氏叙话,说道:"圣恩高厚,报答维难。我与六子在朝供职,他们各人俱知矢值矢勤,以尽臣节,老夫倒也放心。唯有第七子云卿,他跟随祖母,远在自乡,诚恐他年少无知,倚着父兄的声势,欺压平民,有坏了我清白宦门的名誉。他去冬已举武解,老夫意欲差人唤他来京,一来可以求助功名,二来可以日夕教训,母亲处自有赵氏夫人七儿媳妇女儿金花做伴,谅不寂寞。夫人意下以为何如?"王氏夫人道:"老爷所见甚是,妾亦正虑第七子好生事闯祸,唤来在京,免了牵挂。"尚书点头,遂命丫鬟取出文房四宝,灯下将家书修成。

次早,尚书吩咐老家人唐安,赍书回家,召取云卿公子。那唐安奉命登程,晓行夜宿,非止一日。以到福建泉州,进了内城,来到唐府,就有那一班张升李禄赵福钱兴接着。唐安系尚书在京得用老家人,今日赍书回家,自然一直传进内堂。先见了老太太、赵氏,跪下叩头,又向杨氏夫人叩了头,将书递上。杨氏夫人接了书,送在老太太手中。老太太接书在手,问了唐安几句,唐安一一回答。唐安转身又见了云卿公子、金花小姐。公子、小姐问了父亲母亲的安,唐安回答。老太太将书递给孙儿,叫他开读。公子接书拆开,朗念一遍。书中上边写的是蒙恩赏赐绣戈袍,意欲唤七子来京,将此袍给他,叫他求取功名。下边是致嘱杨氏夫人,侍奉母亲,料理家事,教训女儿。老太太听罢来书,遂对杨氏夫人道:"我览来书,是叫孙儿云卿上京去取功名,自是要事。"夫人答道:"正是。媳妇正愁他在家惹是生非,怕闯出祸来,等他到京去,也有点拘束。媳妇一向也想打发他上京,只见年轻,路途惯,放心不下。如今老爷打发唐安回来,带他上京,甚是安当。"老太太转向对云卿道:"你父亲叫你上京,你意下何如?"云卿答道:"孙儿久有此心。如今爹爹又有书来唤,一定要早日去。"老太太道:"既然如此,你可对你媳妇说知,捡点行李,过了中秋十五、十六日就动身吧!"公子领命,转到后房,对孺人说:"父亲有书来,叫我上京求名。老太太吩咐十六日起程,家中母亲祖母,全托娘子侍奉,不可失了妇道。"孺人答道:"省亲求名,敢为大事,家中一切,郎君放心。但系妾身中现有数月身孕,将来生来,或男或女,也要郎君留个名字,后来才可呼唤。"公子想了一想道:"娘子他日所生,是男就叫高庆吧;若是生女,就任从娘子

取名。"当夜晚景已过,次日中秋,后堂欢宴,少不得祖孙母子姑姨妻妹致嘱一番。正是:

他日风霜慈母梦,十年孤矢丈夫心。

未知嘱咐何言,且看下回分解。

第二回　刁将军闹中识恩子

诗曰：

> 从来休咎兆机缄，占梦还须仔细参。
> 顺受若能求勇退，辞荣居辱免生谗。

却说唐老太太，因孙儿云卿上京，是日家宴饯行，合眷开怀畅饮。太太闻儿子幸沐朝廷特赐，心下十分欢喜。二来孙儿上京，正是鹏程万里，将来一门朱紫合佐帝皇，皆未可量。心头有此庆闹，不觉开量多饮几杯，酡然大醉，只得散席。归寝合眼，就得一梦。梦见身到唐氏祖坟，见坟头两旁所植松柏杉桧，俱极茂盛参天，叶叶拂云，数十株皆大能合抱，满山浓荫。

正在啧啧称羡，少顷却见天地忽变阴霾，霎时狂风骤雨，幸墓门高大，急向躲避。忽见风雨过处，继以雷电；山摇谷震，如在覆舟，此身几不能自主，好不惊怖。瞬息间，云收雨止，太阳当空。稍定移时，看那坟头大树，尽皆击倒，唯二株挺然，独一株折而复起。此时心下不胜凄惨，正在悲伤，随闻小婢帐外叫起："起来，用五更饭。"老太醒后，始知是梦。十分疑惧。细想祖坟树木，正系风水所关，如此伤毁，定必应在家门，莫不是将来或有变故，所以预有此凶报之梦。想起儿孙在朝为官，正属日后吉凶难以预卜。意欲将此梦说明，俾各人知有戒慎，但恐云卿登程，兆头不好，况又人生祸福皆由前定，即有群平之前，知亦难以力挽，只可尽人听天，将此一段奇梦搁起不提，只得于早膳后，云卿到膝下拜辞时，特地唤伊近前，叮咛说道："孙儿起程，路途中须要小心。所遇不关己事，切不可强去出头。到京更要谨慎，并对你父亲就知婆婆嘱咐：居官须认真供职，履盛思危，居高恐坠。就是尔兄弟们，亦要将我的说话，一一传说与他。谨记谨记！"

云卿领受，随即拜辞祖母并宅上一切人等，带领书童贵同家人唐安及亲随股役僮仆人辈，起程取路，晓行夜宿，少不免吃癞碗，睡死人床，不止一朝一夕。在湖广长沙地方枕近湘江一带，入北者必须过湖。适到江干，云卿即命贵同先往写船以为长行计。少顷，雇得一家船主姓崔名荣。贵同与他订明船银，回来禀明公子。然后一齐搬运行李什物下船不觉赤兔西沉。是晚，公子初涉长江，一望月明，弥天无际，影射波圆，拥流不定。南望巫峰，行风出没。少焉伏枕，由洪涛入耳潺潺不伏，难以熟睡，辗转反侧。未几，而水驿一更初报，即开船尾引项一吭，清亮入与更筹互和。细听始知为船尾鸡鸣。迨至闻转二更，船尾鸡鸣又复高叫二声。又试之三更四更五更，啼数无不与漏声多寡腔合，其清亮亦如前。云卿心焉异之。因他平日为人豪宕不羁，以故上至诗酒琴棋，无一不晓，下至呼庐喝雄，靡所不为。尤好学汉时诸王，东郊草戏，一闻此奇鸡，那得不诧异。留心试验，及隔夜所离，仍复旭是。早膳后，公子遂问崔荣："夜间船尾所鸣，可是生鸡吗？"船主下礼对说："此鸡虽是生鸡，但比寻常生鸡有些不同处。"公子又问："异安在？"船主说："此鸡一更初度，则高叫一声，二更则高叫二声，以至四更五更啼数无不与更筹相合。且又清亮不凡。若遇大风大雨，这鸡必先期展翅飞鸣，预报数十声。以故行江渡海皆恃此以为推验，湾泊可避罡风骤雨，庶免覆舟。但有凶亡，两眼必先充泪。"

公子见其说出此鸡有许多灵异处，遂命取来交小生一看。果然见这鸡雄冠突起，眼彩光芒射目，且银嘴铁脚，毛色灿然，尾后五毛，且各分金木水火土五行，真可谓书称五德不愧。公子赞赏不已，直对崔荣说："我甚中意这宝鸡，愚意欲将三百两圆丝与你买此鸡，尊意愿否？"崔荣说："我船度风破浪，皆借此鸡以趋吉避险，实人小等性命所依，本不欲卖，既属公子十分中意，便送与公子，保敢取值？"公子说："既蒙许送，我亦将此白银送与你，聊表我心。且诗有云：'投桃报李，乃礼之常。'岂必果论值与不值耶？"即命贵同开箱取出白银三百两，交与崔荣。崔见系尊者赐，不敢不受，只得领银而退。

看官你道这鸡缘何有此灵宝？公子何以不惜此重价以购此鸡。由不闻书云："鹤立鸡群。"鹤本有鹤群，鸡本有鸡群，鹤何以又立鸡群。因鹤性最驯，飞鸣宿食，只一公一母，绝无乱的。倘若一只先死或被人捉了，所剩一只，再不与别鹤结夫妇。间或所剩系公，不能空房独守，遂飞向鸡中偶立。如人妇死未能即能即娶，聊去青楼嫖嫖，以消欲火一样。况鸡性至淫，一感仙鹤数灵，生下雄群，便有五德之异。故《尔雅》所称，大者为连，小者为杰，以及善之鸡，皆系此种。船主不过一舵工水手，目上不睹《山海》

玉楼传情

图文珍藏版

《尔雅》,安知这鸡系鹤种由来?但见公子以中人之间相易,一时财动人心,自然割爱。并因大注几帛赏他,后来忠爱,皆由这起,开帆打桨,亦越加用力。

不一日,船到襄阳府地面,适逢湾泊所在。贵同等正要上去买些路菜,公子素闻此地好风光,正想上去游览一番,遂命水手湾好船,明日开缆未迟,我要入城内走走。贵同跟随公子上岸,主仆进城,果见城楼金汤巩固,轨道康庄,渐渐进去,见蚁队蜂群,所说皆是同往鸡场斗鸡的话。公子在旁闻说,猛醒起船中此宝鸡,有如此银嘴铁脚,谅是能斗,公子遂对贵同说:"尔可回去船尾取我宝鸡,并带白银三百两来。待我将此鸡与人家一斗,验他英勇如何?"贵同领命,公子候着。

不一时,贵同一切取了回来。公子入厂,适见厂主有一鸡号为五指无敌将军,心有群鸡与斗者,无不被其所毙,几无敢复来挑战的。鸡主恃胜扬言高叫曰:"如有再敢决雌雄,愿赌三百金。"众中只作壁上观,绝有应声的。公子见他欺敌太甚,即答言:"某愿赌。"主人说:"真否?"公子道:"安得不真?"主人又说:"既足下愿赌,须要互将三百金贮柜,然后放鸡,免至后悔。"公子大悦,命贵同取银交贮。两家开笼放鸡,只见将军鸡即伸长铁嘴,用莺歌点木斫势抢公子宝鸡眼,谁知宝鸡总不迎敌,但退后将头一摆,摆开避过。那将军鸡越加乘势逼近,如前法抢去。公子这鸡索性将身一跳,跳过对面去了,如雌伏一般。如是者三,激得将军鸡跳上跳落,无计可施。厂主亦眼看六百两金几为囊中物。在旁贵同等亦自料宝鸡必败。谁知那无敌将军一时大势用尽,垂头苦丧。这宝鸡然后展开大鹏翼,似绝不费力一般轻轻低头,把铁嘴向将军鸡左眼一抢,鲜血淋漓。这将军鸡发性,用双脚一踢,谁知左目连眼珠都出,一时痛楚不堪,已跌倒在地,如被人家缚束一般。这宝鸡自然向前又连抢他数抢。可惜无敌将军鸣呼哀哉,转轮去了。

旁观者无人不合声喝彩。那厂主忽然向公子大怒道:"我只将此鸡与尔试试胜负何如,理合既分了雌雄,你便该拦住,免伤我鸡性命,方能取银。"公子说:"你风头吗?慢道打死不过一鸡,就英雄比武,定必一伤。俗云,有力在上无力在下。不怨自家这鸡无用,反来倒赖,世间岂有此理?分明你是想起了六百两鬼尾注。"厂主说:"莫道是六百两,就是六千两尚未能偿我鸡性命。"激得公子越加火起,说道:"莫不是你倚着土霸欺压外客吗?快快将六百两银子交出便罢,如若不然,好把狗名报上来,等我摆布下你,你始知利害。"厂主说:"这还不识,老爷姓夏名光,系名流捐纳昭勇将军甘遮。"贵同在旁笑道:"如此职衔,岂能唬中极殿大学士唐尚杰之子武解元耶?我家七公子唐云卿是也。"

　　说未了，那夏光周身如水淋一般。众中走出一人，哭字虽庸，衣冠却甚楚楚。走到公子身边深深一礼，遂说道："久仰大名，今得相遇，三生有幸。"公子忙忙回礼："请问驾晴果系何人？何时得闻贱名？至蒙错爱如此。"其人对说："某系厂主义兄姓刁名纲字南楼，援例武界尉，先君曾为顺天府尹，因挂误犯罪，被张德龙总议发遣，蒙令尊大人保奏，得奉旨回家，闭门思过。未几忿疾，监临属纩时，嘱咐我等，尚书公之恩，凡我子孙，不可忘却云云。是以晚生常欲到盛省拜访，又恐足下托足云霄，难以见面。今在此得晤艺颜，实为天赐其便。"公子说："足见厚情。但小生转难当任过爱之极。"

　　厂主辣立在旁，如闻雷震耳。同楼说罢，急向公子施礼说道："公子勿怪，晚生实有眼不识泰山。前言唐突，幸看义兄之面，命盛仆败此六百两银子为是。"公子道："既系刁兄义弟，这银子小生决不取，但自后不论什么人等，不可恃势凌烁，起人尾注。"南楼亦从旁观公子笑纳，公子哪里肯受。推让数次，众人只得又浼公子取回三百。公子见说得有理，遂命贵同收回了三百两而罢。南楼又向公子说："此处离舍不远，幸祈移玉，少慰渴怀。"公子感其诚意，即便允诺，随命贵同随往，认识门口，先带回此鸡并银下楼，慢慢回来接我。贵同应命。南楼与公子携手，你言我答，不一时行到南门内石柱街，果见栋飞瓦，门额大书将军府三金字。正是：

　　　　春云有日终能会，人生何处不相逢。

　　未知南楼请公子到家如何，且看下回分解。

第三回　刘素娥多情被恼

诗曰：

> 最难测者是人心，沉复相龆别正淫；
> 多少痴迷从误处，无情反认不情深。

却说南楼既恳公子回到家，探坐分宾主，茶礼奉上。随命家疱办酒款待，不在话下。动问公子到敝处何干？公子将奉命上京的缘由说了。

顷刻，盛馔摆开，相请入席，你酬我酢。公子说不尽的班荆恨晚，南楼说不尽月落相思。到兴闹时，两情如漆，酒亦觉少千钟。南楼有意结交公子，说道："弟有衷情上诉，未知纳否？"公子说："大丈夫知音既遇，有话何妨共白。况两世相好，吾二人何不可说之有？"南楼说："愚意实欲上扳公子，对为骨肉，未知弟属铜臭，有辱缙绅否？"公子说："朋友贵以义合，岂论势位吗？"南楼说："既蒙公子不弃，请问贵庚多少？"公子道："弟已二十有六，足下何如？"南楼说："不佞已而立矣。"公子道："吾兄既长弟四岁，拜足下为兄便是。"南楼说："不佞原不敢当，但系既为兄弟，就此禀告天地，歃血为盟，方遂鄙意。"公子说："这个便得。"南楼又吩咐办三牲五礼，焚羔灌郁。跪下合禀道："某某处人氏某某与某某，愿学汉时的刘关张一般，且要效的桃园、禀告天地的话，皇上在上，是纠是鉴。"歃血毕，二人起来，分兄弟而立，各拜了八拜。自后不复用的客套，即以兄弟相呼，更加亲热十分。重复入席，移时杯盘狼藉。南楼入内，命家奴出见。看官勿道此是南楼疑戏，既属相好，便是通家，妻奴相见，原系古人盛德。

谁知南楼一妻一妾，正妻刘氏，顺天府尹刘俊的女儿，南楼父亲为京官时许定的。但性极淫毒，并有西施之美，真个加一分则太长，减一分则太短，施朱则太赤，施粉太白，羞花闭月，小名儿不愧叫素娥。有好事者做一古诗，以慕颜色。其词曰：

美女妖且闲，皓腕约金环。间上金爵钗。腰佩翠琅玕。明珠交玉体，珊瑚间木难。罗衣何飘飘，轻裾随风还。顾盼遗光彩，长啸气若兰，行徒用息驾，休者忘瞻餐。借问女安居？乃在墙南端。青楼临大路，高门结重关。容华耀朝日，谁不希令颜。

但性骄奢，好抛头露面。一见少年，便尔淫心立起。平日行为，南楼亦甚不满意。但伊时时倚着外家的势，南楼倒无可奈何。

且幸其不任生立，南楼有所借口，遂立一妾，姓王名月娟，生一子，始数岁，为人端庄，静一守小星礼莫敢专房，所以素娥亦莫由摆布他。当时一齐出堂，与叔叔见礼一揖。月娟等还即入内，独有素娥似饥虎见嫩羊一般，恨不得一奢到口，脐下牝中早已淫水汩汩，沿腿直流，酥痒难当。但丈夫在旁，且属生客，不可造次，只得从众入内。意中又想，既有如此少年潘安，与丈夫结与兄弟，自是天长地久的来往，何忧不能勾引到手？但恐他一时便去，各别西东，无计可施耳。正是：

爱学朝云安排香饵钓金鳌。

原来这七公子既属与南楼结交，伊依旧出来相行楚见，本属通家大礼，安有别意，自然不晓得此淫妇心肠。南楼亦素性阔。略厘不察到这个，两人重吐肺腑，贵同亦随到，俟公子回船，且禀上舵工说衬风开帆之意，公子闻主即离座告别。南楼即接住公子说道："天涯知己，幸合萍踪，断无有乍会忽离之理。在此多屈数天，解缆未迟。传说补他船费，多多在愚兄身。"公子说："弟非为此，因省亲念切，是以多一日便似三秋。"南楼斯时斯际，哪肯放手？公子被留，过意不去，只得先打发贵同回船，嘱说传语船家，多等几天，自然公补回费用便是。贵同领命回船。

亡何，上烛，两人谈心，夜以继日，刺刺不休。素娥从里边饱看，竟夜不厌。但见公子眉目不凡，身材奇伟，叶经茹史。转顾丈夫，还是左思相对如潘安一般，心中又忿又恨，转想起未嫁时，母亲闻刁家失势，南楼又复貌丑不扬，且不能读父书，每欲离婚，奈父亲挽拗，倘若斯时，严君从了，在同僚中择得这个公子配奴，终身岂不快乐？今日何必从旁叹恨？想到个里不觉两泪交流，转属无趣，倒不如归去吧！人家的物是取不得的，只是潜去睡了。南楼亦恐公子过损精神，即请公子安睡，随后归寝无话。隔日

玉楼传情

图文珍藏版

早膳后南楼引公子偏游家圃,到一静室,书画满壁满台,汉铜秦鼎,一炉好篆,中列瑶琴。公子道:"吾兄亦居士中之靖节耶?"南楼道:"内人所精。"公子闻南楼说出"所精"二字,他在路途指生荆棘,正引起技痒,便说:"尊嫂既精,求吾兄命他在帷内一弹,弟自知指法高低了。"

南楼正欲演内人的能干,入内说知。那素娥正欲亲近公子,一口从命。旋于帷内焚起香,弹一套伯牙访友。谱毕,公子说道:"我与尊夫兄弟初逢,本不应弹此,但与嫂嫂无与,似亦无妨。关于指法,真可谓潜鱼出听,六马仰鸣,女中师旷。我兄有妇如此,不特画中爱宠,抑且韵里高朋。"南楼说:"吾弟善善从长,内人转恐受不起。"

语罢,两人大笑一回。帷内闻到那个话,意中谓公子十分受用自家,莫非是有情的人?公子又讲再弄个好意的听听。素娥假作推辞,且载求公子亦赐教。公子说:"岂不闻孔圣云,必使反之,然后和之。尊嫂再弹,愚叔然后献丑便是。"素娥见他如此有意于己。何不凑此机会,学一学王孙,试看座客果系相如否?待他奏毕,遂在外恭声说道:"嫂嫂岂无别调吗?"素娥答道:"奴生平最好的是这个调,故常常弄得都系这个词,除外别无精粗的。"公子心正不邪,哪晓得他这个鬼话,答道:"难怪。"即这粗的刁老,亦道是内人再弹的指法不合。公子故弹,他哪晓得是凤求凰。但公子终嫌她带淫的腔调,意中倒有不合。语罢,即欲外出,又在帷外朦胧看见素娥微微含笑,眼界流情,且请公子赐教。公子终恐惹她的淫荡,越加推辞。适老仆到,请出堂用饭膳,南楼亦不敢强,他兄弟移玉出堂。正是:

盈盈一水间,默默不得语。

未知素蛾见公子退后何如,且看下回分解。

第四回　淫妇私奔托贱婢

诗曰：

> 由来不死是淫心，况复钟情误认深。
> 唯有却之能勇退，免交盗妇别人禽。

却说云卿本是伶俐的人，安有不识素娥那个淫佚的模样。心下原欲说知南楼，俾他有所提防。奈疏不间亲，虽属兄弟，终是萍水相逢，未知他的心腹如何，又无事迹可据。暂且搁过不提，且看后来作分处。是晚，南楼兴到，多饮几杯，竟去王氏房中。月娟接着，纤手轻扶，南楼相偎相搂，上得牙床。二人宽衣解带，又效于飞之乐。月娟体内热津密注，心魂俱飞，搂紧南楼腰臂，丢了又丢，竭尽平生之乐。云残雨止，二人揩拭一回昏然睡去。

再说素娥因无人伴睡，愈觉被窝寂静，枕头孤零，好不悲伤。且日间有此一番卖，终是桃花有意随流水，怎奈东风无付却东流。越想越痒，欲火起来，遍体燥热难当，遂将小衣裙尽，变抚玉肌，愈发难耐，手至酥乳，狠摩一回。终觉摆弄自家无甚趣味，忽想小说多有载女子黄夜私奔的事，凑此良人不在房内，何不抽身直到公子房中，试学巫神自荐，幸遇襄王，亦未可知。急且穿回衣服，潜出房门，莲步忙忙。忽猛想到：倘或去到时，公子不允，扬声起来，刁老闻知，岂不是画虎不成反类狗？不可，不可。急转步回到床口坐下，皱着眉来。忽听得房中侍婢梦语，心内即生一计，思量道："岂不闻俗云十个男子九个肯，只怕女人心不稳。如今进去叫门时，假托诸婢取火。他若肯开门，便允了；他若不肯，我便走了。他亦真道是婢辈无礼，他不对丈夫说固好，即对他说，亦决不能转道是我。"主意已定，此际身不能自主，复抵公子房外，低低叫门。公子问道："是鬼是贼？"素娥在外答道："主人内婢。"公子说："黄夜只身到来何事？"素娥说："取火种。"公子又问："什么种？"素娥答："取火种。"公子见他说得不妥，怒道：

"举动夜入人家,非奸即盗,里边岂无火种?你如不速退,我便高叫起来,恐你性命难保。"

素娥见公子真是铁汉,难以遂意,转不若凑早转回,免至露出蟹爪。乘公子说出"性命"二字,遂假作哭泣状,哀求道:"贱妾既蒙公子指教,即退便是。便恳求公子大开汤网,千禅海量汪涵,来日勿向主人说知免伤婢的性命,万代衔环相报。倘或公子不容,奴便即刻归房悬梁自缢,免得明早上出丑,死后留污。"公子闻他归房自缢,心想道:"私奔亡耻,婢子无知,罪未至死。今闻责知愧,倒有个自新之念,日后因此改过成人,亦未可知。"在房内道:"我明日不说亦得,但你退去,下次不可如此。"素娥在外说道:"既蒙公子再生,宁不奉教。"冉冉而退。正是:

我有心反似你无心好,你无情不晓我多情恼。

却说素娥当下眼看一座武陵园化作望夫山,透了一口气,心内想道:"今生不是并头莲,真是前世与他烧了断头香。且喜事虽未成,犹得假托他人,丑迹尚未败露。真个乘兴而来,败兴而返。"头又重,心又恼。香汗透前,皮毛尽彻。正值孤月斜阶,凉声在园,行近亭除,将到内室,鼠虫叫嗷,不觉五内虚空,寒邪直斩关而入。当下尚未知觉。一归床上,转辗不寐,忽觉毛皮壮热,头颅寒痛。

素蛾退后,公子想道:"贱婢如此猖獗,可见南楼平日治家不严,理合说知,有所约束,后来免得坏事。但说出此婢,真有不便,人命所关,又当面允他勿说,待他改过。"为是起来与南楼相见。

日高三丈,内婢又出堂向南楼禀告:"主妇有病未起。"南楼随到房中问候,就近展开被窝看他。但见双眼斜人,鼻息如线,额筋耸起,面似桃笺。以手摩按,说道:"贤妻昨日弄琴,尚如此爽利,独眠一夜,遂如此惫倦不堪。真是人有霎时的祸福!妻呀,你见病体若何?可对愚夫说个明白?俾我知了深浅,医卜便是。"但见素娥两手直下垂被内,用口咬着被头,并无一声说出,眼睁睁用头擂几个绣枕,叹一口气,便闭了眼。吓得那呆夫恐他断气,伸手试他尚有口算息否。旋命侍婢急取姜汤来。素娥自觉身中病症,口苦心干,非可用姜救的。急开目说道:"贤夫不必如此慌忙,我不过一时沉倦,歇歇便好。姜汤何用?"南楼说:"既如此,药不宜轻服;少顷着人去请五廷桂先生到来看过,施治乃得。"素娥说:"如此,足感贤夫情重。"

看官，你道南楼何故个个医者不请，偏要请王廷桂？缘王廷桂虽悬壶多年，但岐黄道中奥妙法律，总非透彻三昧，倒有几种能干，却又钐引得数十个金字匾额高悬门面，出入车马川流不息。恩系世俗，由来病家皆不是道中人，何知那个王叔和，那个是高阳生？一时有事，心便无主。将就近之先生，老老少少，一一写明纸上，着三姑六婆到庙堂上神案跪下，将那的先生逐个禀明，祈杯胜多，便谓神人张主，竟专请他，任伊施治，任伊要钱，纵有差失，再不怨的。廷桂一入行，便知有那个风气门路。他就挂招牌时即变卖祖业，留心结欢那的三姑六婆。那三姑六婆得他钱财，也结为伙伴一般。一受难家所托，祈卜请医的事，他连杯问亦不问，回去哄道："神前六校九校胜杯，皆许请王廷桂。"主家又不在旁看他，直信无疑，遂允请他。那三姑六婆，又先到馆中通个病体若何。乃到看处，并不在主家说起。先生手指下说个病情胜过住的家内一般，谁不敬服？所以得了那个秘诀，一时大行起来。又性最淫，往往与人家落私胎或种花，远近一班寡妇、戍妇、尼妇，即无病时，亦欲请先生、医医心病。即如素娥，平日身子就有不安，少得要他到来调调眼色。怎奈一向丈夫在旁，彼此有碍。今为想公子不遂，此兴无可消遣。一时闻得南楼往请那位先生，亦属意中人，何不等他到来，与他调戏一番。正是饥者易为食，望梅可以止渴，亦未可知。不觉素娥亦自家都催着老仆去请他。

廷桂见刁宅如此富贵，谢步大封，兼系主顾，又察知系着诊看夫人，且喜得近佳人，如得了将军令一般，移时即到刁宅。南楼随出接他入内，分主客坐下，献茶毕，廷桂开声问道："老爹，着小医生何事？"南楼道："看脉。"廷桂道："看那位？"南楼说："适贱房昨夜不知何故，睡了一晚，今放即病起来。故敢闻我张仲景到来施治。贤弟坐坐，我陪先生入内，看看贱房的脉症就来。"公子说："我兄自便。"那南楼遂同廷桂到妻子房首，垂帘诊视，先生眼见得玉手纤纤，麻姑方似，一边按下指法，一边心内想道："如此玉腕，得来枕枕，死便休罢。"但恐刁老问到脉症，只得又用个心神，覆按三部，但见地脉两尺浮数无力。左寸脉上出寸口且有一种懦怯郁结之状。此人必因丈夫有了偏房，复涉遐思，一时不遂，精神散耗，外邪乘虚而入，三候九诊，主意已定，说声"诊罢。"南楼道："请先生出中堂处方便是。"廷桂犹欲在此调扰一番，奈刁老已请，同行一齐外来复坐，刁老道："贱房得何症？所见何脉？"廷桂道："两肾浮弦系属相火内煽，外寒复乘虚，直中阴经，心脉郁结，又上出寸口，皆主所求不遂，君火内焚，理合得头疼身热，五心烦闷，口苦腰痛等病。"南楼闻说，转入问过妻子，厘不差分。随出外对廷桂个揖说道:"果属高明,求赐仙方。"廷桂开了六味补神丸,熟地细辛,羌活。随说道:"此方在别位,必说病有外补,不宜用熟地,恐寒邪滞了不出。所以医伤寒的三百九十七法,并未用过补阴药。便尊夫人邪由虚入,苟非以熟地补托,邪反不得出,此系小生于古法外变用的,实足补仲景所未备。"南楼说:"直可称长沙畏友。"廷桂又道:"据症用方,固须如此。但烦转说知夫人,自家开心服药,乃得见效。"刁老答道:"那个自然。"随送谢金,廷桂面辞而去。斯时云卿在旁,一一入耳,想道:"尊嫂昨日尚能理琴,十分爽利,今朝遽尔病,此事有蹊跷。况他日间向我弹的是凤求凰,又弄出一番淫媚,夜里即有妇女到来私奔。虽说是婢辈,但日中诸婢在我面前全无一个露出破绽。适这先生又说出尊嫂这个病症,莫不道叩门的就是淫妇不成?罢罢,祖母曾吩咐人家事不可勉强出头。我再住此,恐惹起身,不得不理。不如三十六着便了。"恰好贵同又到,催请下船取路,恐碍进京日期。公子遂决意对南楼说:"弟奉着严亲有召,必早日过庭方妥。聚首有期,何劳遽作小人如蜜之态。"说过定要起程。正是:

　　　　心旌已动随扬蹄,意马终悬莫系骢。

　　未知公子欲去,南楼如何分别,且看下回分解。

第五回　急就章桃僵李代

诗曰：

> 坏事由来是十方，邪淫医卜正须防。
>
> 世间多少无知汉，结契偏来引入房。

却说当下南楼见云卿去意已决，料难再强，答道："贤弟既承着父命，心猿已动，料难苦留。但贤弟再宁耐一两天，玫房稍愈一二，愚兄可能相送，斯时使任贤弟去了。"公子又见其十分诚恳，被留不过，只得再忍几天。

又说那素娥原为公子害病，除是公子与他勾当，亲了肉体，遂了心愿，方得病体痊愈。竟被公子不淫心反炽，即有王医在是，终是药不对病，服之无益。故廷桂虽一时心灵手敏，测中病源，而药饵何灵？终不能奏效，勉强服过。素娥越加沉重，梦语呢喃，唬得那房中婢仆好不害怕，一夜无眠。隔日，南楼入房问候，并说："公子决意欲去，难以再留。我妻又值有病，若是身好了一二分，我便送公子一二日，方才过，不若再请廷桂先生到来，再商个治法，以得早日安宁为是。"素娥闻丈夫说出那话，心中想着："公子不恤，此情何能便了？不得于此，宁不可复求于彼？何不将王先生当作公子一般，完了心愿，方能罢个兴致，况公子无情，恨不得数页纸钱彻送了他。一则正嫌其在此触恼，又恐他对南楼说明那夜的事情，一时察将起来，水落石出，终有不便。且欲再谋那先生，正要丈夫不在。"素娥一时变了卦，转有意廷桂起来。闻二人要去，正中其计，当下病已好得七八分。

是日，又值廷桂到来。再看他那风流的先生，越惹得淫心来，决意待丈夫去，再出个手段，遂过了愿，特自勉强支持，对南楼说个身子渐渐爽了。公子又住了两天，似长年一般，行心箭急，又向刁南楼屡屡勤问："尊嫂病体可好吗？"那日，南楼实对公子说："现已薄愈，但恐复作耳。"公子说："吉人自有天相。既如此小弟亦去得安乐，从此暂别便是。"南楼说："贤弟既心旌欲动,意马难留俟。愚兄命小人买路菜一两味,然后愚兄一齐下船,略送一二里,表愚兄寸表罢了。"公子说："既属尊嫂有病,不劳远送,还须在家料理为是。"南楼说："病体既属寻愈,即发作有王先生,去时嘱老仆多请几天便是。吾行更属何忧?"公子既专意脱身,未遑多辩。南楼临行,又入妻房问候一番。说道："我去送公子一程即便回来。"素娥说声："早去早归。"南楼说："是了。"即出来,与公子联裾下船,重加整顿。公子命舵工开船而去。即说素娥知丈夫已去,家中无人畏惧,遽欲与王廷桂干事,心又忽生一计。是晚,越加诈成沉重,呓语大作,唬得家人大小比前更觉慌起来。王氏见主人不在,主妇如此,明早只得打发家人请王先生调理。家人领命,不一时携同师爷到来。素娥叫诸婢故意问他："我闻你等说我加病,蒙贤妹又请先生到来看我。你待见我病究属何如?"诸婢遂实说："夫人昨夜一连说神说鬼,直到天明,唬得我等好不利害。夫人还不自知吗?"夫人又假说："呀!我昨夜一闭眼时,便见房中小鬼大鬼数十个,向我索命。我方紧紧躲藏床后引避,哪敢说出一声,俾各鬼知出我所在。"众婢听闻这个语,越加牙齿震震有声。众人况又想起,夫人从前因疑一婢与南楼有私,毒施毒打,此婢受刑不过,自缢而死。今夫人病体迷离,况又乍轻乍重,就系这婢阴报,亦未可知耶!看先生看脉如何,再作理会。且说王先生闻南楼不在家中,诸嫂先告病状。及至诊脉,虽病源未尽摆脱,然总与鬼症无涉。又见其言语清爽,不类魍魉,心中推测,实系可疑。左思右想,莫非夫人因丈夫宠爱二房,夜食不足,故尔如是?况明明脉症式合,一定无疑。何不凑南楼不在,试一打动他了,岂不是得财得色?有了这个意思,自然眉目不同。帘内人既属此道魁首,一见自然晓得。遂请先生当面赐方。廷桂又将旧方疏上,交与侍婢传送夫人,且说道："戏精通文墨,无书不览,君臣佐使,是必尽晓。改削改削!"素娥一看,原是旧方,将计就计,说道:"六味方须肾家药?但业天士案中,每补肾有云:虽古名医皆用六味滋水,但肾虚须益精方可。熟地虽佳,究属无情草木,必另寻一血肉有情之物,始能入窍。"廷桂目不睹群书,反不晓得这个道理。便闻夫人说个有情血肉之物一句,淫情大露,料觉从此可施轻薄。索性说道:"夫人果高明十倍,实欲用那件血肉有情的物,祈为指示,以便办上。"素娥急叫侍婢取上文房,执笔开了药味,命侍婢呈与师爷看过,并求代办赐用云云。那师爷亲手接着,既不是弓归地芍,又不是参苓草木。只见纸面上开列黄精一点,要出自大红肉,连皮去心,有须圆参的。廷桂道:"黄精七略方中,虽常惯用,但书中俱说是一枚枚,未闻有一点点的。元参亦有,皆是黑色,非同洋参,乃有大红肉的。"

素娥道："洋参即元参，论其体象则为元，论其施用则为洋。非元的参，安有洋？且医者意也，何必故靳不一救小妇性命？"廷桂忽悟出素娥这段私情，许诈成猛然想出的神气，道："有了，小生一时忘记身中原是带得，但请问夫人何时荐服？"众婢从在旁说："夫人病体日轻夜重，师爷有此妙品何不赐来，俾夫人凑此光服，以便药到春回，免至又如昨夜，令我等惊惧。"廷桂对说："虽则如此，人身如一小天地。夫人系肾家病，三更正水旺北方，乘势进药，乃得见效。非同疟疾，可先时截着。"诸婢无用，且系夫人师爷所说，那个敢拗。况又员外不在，各恐夫人夜间仍复颠倒，无主可靠，保不留住师爷在此做主治疗，免得举屋彷徨。况师爷惯熟宅内，又有老仆陪伴，应谅亦无妨。合声向主妇道："夫人，既属子放乃可服药，何不索性留师爷在此，屈驾一夜，着王安石伴师爷施药。待老爷回来，再作处理。"素娥喜从婢就计，说道："使得。但未晓师爷允请否？"廷桂承回答道："施药固须小生，乃晓烹法，奈老爷出外，未知回来怪医生过宿否？"诸婢说："老爷是直心人，临行时亦曾吩咐我等，要请师爷。况为着调理夫人，家中又有老仆可以做伴，回来还要多谢师爷，那有执怪的理！"廷桂心说："不料世间有如此便宜的，真乃无巧不成奇。"故作推让数次，乃允众请。心内又想着："夫人已明约三更行事，争奈必然老仆在旁，难以下手。便自己原有一种最灵的闷香，往常方便与人家偷情的，如何不取来应用，免负情人美意！"心计已定，领过茶果，随对刁宅家人说："小生尚有各宅未曾赴请的，等我趁早去匀，免俾人爱怨望，晚膳后回来便是。烦为代白夫人。"王安说："师爷幸勿失约，早些回去更妙。但我有事，恕不再请。"廷桂说个"使得"，遂转回寓所，藏了闷香，好待晚膳后进去施用，以图乐事。未几，日落西山，柳梢斜桂，潜身再到刁府。王安等人中堂茶礼再奉。正是：

　　　有意栽花花不发，无心插柳柳成荫。

　　未知廷桂在刁宅夜间何如，且看下回分解。

第六回　妇真淫得陇望蜀

诗曰：

枕席由来伏甲兵，况复防淫少戒惩。

独惜无知粗汉子，名言曾否服当膺。

却说素娥闻那位师爷回来，十分欢喜，背地重另施粉匀铅，心中且如汤碗上蚁一般，真个坐卧不着。那位先生心生一计，忽又对老仆说："你可入内禀上夫人，叫他先去略抖抖精神，到五更时候起来服药未迟。即我等，亦要息一会方可煎药。"老仆听说，即入内禀告夫人，随后出书房候师爷打睡。一时夫人得了先生消息，即便假寐。外内诸人，亦因夫人昨夜大惊小怪，未曾闭目，随见外边先生里边夫人皆睡，个个上床，不免困倦沉沉睡去。师爷听老仆有了鼻息，料他不醒，即起身取出香，向烛燃着，偷向老仆一熁去，连叫他数声，全无影响。廷桂胆大起来，潜身入内。且喜夫人房户迎风半掩，客灯明灭。潜步闪入，认向侍婢床前，用香渐渐熁去，侍婢即刻梦中若魇。廷桂始放下闷香，转身到夫人榻外。低声叫句："情娘请起服参。"夫人举目看见是廷桂，急起身说："现成的参带来未？"廷桂说："已在小生的腰际上。"素娥说："何不学毛遂脱颖自荐。"廷桂说："天下哪有如此贱物，必须夫人真心往求他方得。"素娥一时欲火难禁，顾不得羞愧，直伸手过去一探，说道："真可能药堪对症，果然好大红肉心带须略破头皮寸许的元参。但未知个里黄精多少？"一边说，一边倒口过来，与先生角嘴。廷桂说："慢着，须妨王氏房中晓得，好时惊起。"素娥转问道："外边有一老仆相陪，情人缘何得到我房？"廷桂说："我已用过闷香，外边老仆，夫人房中侍仆，俱被我闷倒了。但二夫人处，难以入去施法，奈何？"夫人道："不妨，贱人的房门系外边有门鬼，刁老预便随时偷往的。昨送公子去，现放在我房箱内，等我取出，密地往开他的门鬼，潜身入去闷他何难。"先生说道："使得。"即跟住夫人潜去开了王氏的卧房门鬼，那廷桂取了闷香,交与夫人施法,耳边低声说道:"如此如此。"夫人果然听过王氏有了鼻气,潜潜慢去,又大声叫过他不醒了。二人携手回到房中,谑浪一番上床,罗带徐解,绣衣尽褪,二人弄了近一个时辰,方才俱泄出一回,雨停云止,整衣而起。

四鼓将尽,廷桂只得告别出外,淫妇越加情热起来,舍不得,说道:"既奉枕衾,是必前缘有定,退后幸勿忘,当为取便。"廷桂道:"这个自然,慢慢商量出个计,以图永久便是。何必以一时暂别遽尔怆怀。"说罢,各归就被寝。

未几。鸡鸣报晓,日影穿窗,外厢王安昏迷中忽然跳醒,伸一下沉腰,揩一下倦眼,起来急向师爷床口问安请起,且说道:"未晓夜来师爷曾施药否?"廷桂说:"何曾。"安又道:"莫不是师爷亦如仆一般好睡吗?"廷桂说:"非是。我实留心觅药,故亦连醒数次,也曾叫你数声。你鼻息越大起来,总总一样不应。一夜里边,亦并无一个人出来相请。小生自见只身不便进去,是以无由传药与夫人服食。你可即速入内,看看夫人何如,并有什么吩咐,看脉不看脉,小生好回家去。待员外回时,再作商议。"老仆闻言,即抽身入内请安,且向夫人说声:"望恕老仆昨夜忘了起来的罪。"素娥答:"可是前夜我梦中颠倒,劳你等看守未能睡倒,故昨夜不觉分外好睡。连带我房中侍婢等皆系如此。这也难怪。"

老仆又述廷桂言语,求夫人定夺,以便上复师爷。素娥见丈夫尚未回来,且一夜欢娱,谍能餍饫,正想再图后会。乘势对老仆说:"你可以出去禀复师爷,说夫人道昨夜既未蒙施法,夫人甚病根难脱,今夜千祈移玉回来,再作乃好。"斯时宅内大小晏起,皆奔来问候。闻素娥说要今夜再请先生回来施药,本系各人好睡所误,又为病症所关,那有坚持并疑他有别的缘故。老仆领命,随出学潮,直对师父说明主妇再请之话。那廷桂是意中人,闻说岂不识到夫人那个意思,自然少作推辞,终究允诺。正是:

　　曾经沧海难为水,除却巫山不是云。

且说刁员船中相送公子,已过了一两日。公子好过意不去,屡屡欲另请扁舟请伊回府。奈南楼越加苦别起来,一声疑乃,又到桂阳地面。那时公子决意催速南楼回家,这贵同等上岸买菜,见桂阳适当赛会地方,景致十分艳丽。回到船中,说知公子。南楼在旁闻说,他原是好闹的性子,就对公子说:"此地既然赛会,你我二人何不上去看看?且就此盘聚三两天,愚兄回去便是。"公子说:"只怕夫人怨望。"南楼说:"倒也无妨。"公子被请不过，亦是少年人好动的，自然一齐上岸。果见十分华丽，标致异常，街街车果，巷巷楼箫，好个热闹。二人游玩一番，少不得觅个酒楼，兄弟上去就地把盏。行见一间酒店，招牌时夜间歇客，日间卖酒的。二人移步上楼，又见他上座两旁，大悬一八字短联，书道："腰有邀友，写纸且止。"

入席，酒过数巡，南楼下楼方便，耳闻有闹声，是索债的话。特静耳听去，一人道："老爹在此敝店月余，并未借出店钱，才问你。你又道明日就有。明日又说这个话。我想，天长地久，那时不有明日？我又央你将衣物去当了，少少结些钱过我，你道好的被贼劫了，自己还个举人身份，剩的袍子巾子还要出入穿起方合绅缙体面。这个话分明是不想结我的账了。一时荷包空，有置无弃，顾什么体面！若再不肯当些，我的本钱尽了，今餐连老爹都无吃的。"南楼听得清清楚楚。回席少顷，刚值那个讨债的酒家上菜，犹自怒容可掬。南楼心中好不怀疑，就向店人问道："你先与他讨债的，是何样人？"酒家道："客官再勿说起。你道世间有如此有品绅衾吗？"南楼说："你可代我请他出来，劝他便是。"酒家说："不请他便罢，那人是不好惹的。他在我店中，凡有朋友来问候他的，他便开口说个借银二字。"南楼说："不妨烦你请来便是。"公子在旁闻说，转问南楼。述犹未了，只见那人满面黑云，愁颜在目举止却又端庄。近前施礼说道："生平未识荆州，有劳下顾。未晓赐教何来？"南楼说："请来席间坐坐，细说未迟。"那人心下十分疑惧，只管坐下。南楼道："适闻店家说个被劫，某生平怜是失路的人，故敢请问其详。"那人说："再勿说起，令人烦恼。"南楼乘着酒兴叫道："大丈夫事无不可对人言，何烦恼之有？"那人见他说得如此慷慨，答道："萍水相逢，既蒙下问，敢不实说？某本福建人，原为上京会试，行近双谷口一带，却被响马打劫了物件，杀家仆三人，仅弟走脱，初意欲禀官提贼，奈响马猖獗，朝廷向来惧他，料此官员何能究办。转欲回家再作道理，奈身边所剩银两无几。到此店住又想探听个同乡或同年，再行打算，乃可回乡。不料住已月余，全无佳联；多欠店银，大为失礼。"公子自认道："在下就系同乡，未晓足下高发何科？"那人说个"前科侥幸。"公子说："又是同年了，乞未榜名。"那人说："姓毛，名天海。驾上高姓尊名？"公子说："姓唐，名云卿。想你虽是同年，但文武分途，所以未经觌面。"毛天海又向刁老请问，公子又代表白。答罢，你敬我慕。南楼说："一朝天便，聚会英雄，岂非前定！毛举杯聊且开怀，大家痛饮一番。足下归计自有理会。"公子亦来相劝。毛天海闻说，那得不宽怀抱盏。酒罢，南楼旋叫酒家算数，解囊交足。又取了二十两圆定，交酒家说："你可将毛老爷物欠数一一算明，多除少补。自后不可怠慢他为是。"酒家见有了银，自然一时改颜相看，说个："小人从命。"毛天海见如此大义，对二位说："既蒙慷慨，何不再请到卧房再谈谈心。"二人领命同往，重开华筵。到投机处，南楼便对公子说："古人一见如故，白首常新。你与我已为骨肉，今又遇毛兄，岂不是数合桃园，正应我二人当日发誓之语。何不请他凑成盛事。"公子说："我倒有这个意思，但未晓同年允否？"南楼说："他既与吾弟既系同乡同年，双何靳此同拜！"

毛子见他二人如此情切，况且有了依靠，承命一声。重问年庚，天海又少公子二岁。如前歃血，南楼仍居长，云卿居次，又次有天海。三人就在店中联床剪烛。南楼说："毛贤弟回闽所费，待送了二弟，顺同到寒舍盘旋数天，愚兄相送。"云卿说："三弟初念，上京中途被贼，欲进不能，故勉强回家。我今奉命上京，可以同往，正系天赐他便。富贵须及时，倘鳌头有属，固为手足生光。二来得了志，奏明天子，亦可请兵捉贼，以报私仇，以除民害。岂可便回恢志？如恐家中闻个消息未真，可写一纸书寄去，免得怀惑便是。"南楼闻公子说出句句有理，只得说："三弟请便。"天海又喜得遂初心，正欲进京会试，主意不易。又过了一天，南楼又被两弟催速回家，只得忍泪而别。正是：

> 雁行只合天边去，萍水相逢又别离。

那日共结了店钱，一齐回到公子船中。公子旋命崔荣待觅一小舟，以便送南楼回府。临期重整别筵，酒酣耳热，天海赋一古诗以赠南楼。辞曰：

> 携手上河梁，徘徊蹊路侧。怅怅不得辞，行人留。名言长相思，安知非日月。弦望自有时，弩崇明德，皓首以为期。

吟毕，书来交与刁南楼。公子移时亦有一笺献上，乃是七律一首，读来说道：

> 弟来兄去苦愁吟，赠别江头思不禁。纵效高枝垂苑北，难教飞絮落江南。昔年旧谊谁能记？两世交情我独深。大义知君牛头并，只需严慎戒胸衾。

那南楼见二弟各有佳章,自己虽不甚精此道,但情至文生,亦旋赋一律,少以见志。吟出:

一别那堪人两别,杯盘狼藉泪重挥。鱼龙方喜朝能会,春树旋悲暮欲迷。歌到离亭声断续,人分淮浦影东西。鹏程自愧同雌伏,此身终恨隔云坭。

那公子看南楼这诗,末一语微有些不善,心下思量,正恐其事那家人的事,日后或生出事来,竟向说道:"古临别赠言,不可无语。弟有一句上禀,千祈谨记。"南楼说:"有话请说,愚兄谨记便是。"公子道:"吾兄大义干霄,正是一生好处。但待下未免太阔略,自后须要约束些,免俾他人欺负。"南楼一闻此话,想有原因,不觉酒面添红,意欲问个明白。又见诸人在旁,恐说出实来,反有不美。适值舟人双催督扬帆,只得说声:"两贤弟前程万里,努力加鞭,倘有佳兆,勿弃鄙人为是。"两弟说:"哪有此理。后会有期,勿伤怀抱。回家保重为便。"正是:

多情岂谓春无脚,苦别方知月有声。

不一时,凡扬帆转,两地伫望不见。未知南楼去后如何,且看下回分解。

第七回　好医者逞说作燕诬

诗曰：

　　　一时反意便无情，毒药谋夫事竟成。

　　　真个妇人尽可杀，免教冤鬼哭盈城。

　　却说他三人一时对面，顷刻天涯好难舍割。奈事出不由，只得纷纷解缆，各办前程。那医生隔夜复随回刁府，仍旧带了闷香，进去上床，共情娇作乐。廷桂已气吁力少，勉强弄入，歪歪斜斜弄了一回，素娥迎凑不歇，直把阴精又丢，才眠倒于床，廷桂站立不稳，轰然而颓，将个素娥压个正着。二人歇了近一个时辰，素娥转醒，揽着廷桂说道："我初见情郎时，只道只可与尔聊作幻中夫妇，少消烦闷，谁想今日弄假成真，竟造到这个地位，宁非前缘注定。你我当各存终始，不可效相如的薄行，令王孙再赋白头。"廷桂道："那个自然。"素娥说："口说无凭须要上告穹苍，方表真意。"

　　说罢唤廷桂两家道个咒愿，就将手下金串赠予廷桂，且说道："只要两人他日遂个成双成对罢。"廷桂见了，喜不可言，叫句情娘道："你我真心，料无改变。奈娘子既本系罗敷，安能效得红拂，又况宅内婢仆多人，常碍耳目。小生如何长到？"素娥道："虽则可虑，但两家坚心，慢慢等个机会，张须遂意，随且行乐及时，勿负此良宵便了。"说着这些话语，二人又兴动，素娥启开双股单等那廷桂来战，廷桂纵身下床，捞起素娥转至屋中醉翁椅上。廷桂嬉笑，喘了半晌，方将素娥捞起，复于床上，揩抹干净，自又温存一番。廷桂忽然想起一事，道："明日刁老回来，教小生去罗帏孤枕，想起我娇美意，如何能捱此寒更。"素娥闻到此语转哭起来道："我与你卖日为活，终非长局。又恐禁不能久后思量，不如两合饮了药，阎王殿上唤他再世结为夫妻便罢。"

　　说毕，你怜我怕。廷桂转是个心计人，忽然想得一计，问道："娘子外家住在何处？"素娥道："就在城中。"廷桂道："如此，便有计。"素娥道："计从何来？"廷桂说："他日刁老来家，夫人若有了个机会，要叫小生和外应，便可回去外家。收病起来，着人托言到馆，请我来诊脉，先密地将心窝里的说话写了明明白白，背着人前急掷下，小生便可依书成事。你道个计谋可使得吗？"素娥说："果然高见，但情郎去后，切不可又忘了有我伤我的性命。"廷桂道个"不妨。"斟酌已定，只得出回外厢去睡。

及天鸡早叫，红日初升，宅内人等醒起来，又是昨夜好睡一般，有误了夫人服药的事，好不过意，只得又到夫人房中说个"原谅"。王氏亦随到，说道："夫人既是两夜总未服药，如何是好？"素娥知夫料必就回，说道："两夜虽未服药，身体歇了两夜，倒竟爽利起来，似此，不服亦得。可着人多送些谢金，任他回馆。待老爷归来，再作道谢。"王氏随命老仆王安送了师爷，依口说道："夫人传命，请师爷暂回贵馆，日后有事，再请便是。"师爷答道："老人家代白夫人，小生多谢。"

那日，南楼刚送别公子回去，说及妻子病症，素娥先开口含糊答了丈夫。南楼道："既然痊愈，不服药便罢。"初归，少不得先去正主房中睡过，待他食饱然后能到二房处。此是家例，不在话下。南楼放夜到素娥房中，见他蜂腰无力，柳眉斜斜，别有一种春意酥腔。南楼亦谓是他平日淫心故态，少顷上床，南楼说及此去又遇毛天海共盟的事，日后自家虽不能上进，亦可赖他一班兄弟们光壮一番。素娥忽闻丈夫提起"云卿"二字，一惊起他的惧心来，意欲试试丈夫，遂问道："唐公子到来，住了数天，既属手足真情，临行有言语嘱下贤夫否？"南楼也曾闻及公子说他待下太宽，一时触上心来，实欲告知妻子，俾内助可以从中协力，整顿家门。遂对素娥说："我三人各咏诗歌，以当赠别。云卿分袂时，又说我治家不严，恐被人家耻笑。我想他所说未必无因，莫不是他倒住了数日，难道就有个不肖的事情被他看破不成？贤妻，你我正为家之主，闻了这个话，俟后必须端庄临下方好，不可有负公子的教训。"

素娥句句听来，明系公子的言说，为着那晚的事，莫不有他一五一十说知丈夫，丈夫故意道个哑谜试我不成？越想越像，心中十分畏惧，一夜总未能闭眼。南楼说罢，又为日间送别二位贤弟，未免劳动一番，又公子家禁不住水路波涛，适在扁舟，少不免乘风破浪，微受险恶，身子十分劳倦。对妻子说了这个话，不觉怀着关张反张见了周公，竟不复如往时，一上床虽系弱卒无用，满不得娘婆沟而涸而勉强从事，犹复再衰三竭，牵来务必成羊方罢。不料是夜睡去，今竟忘了公课。素娥辗思复枕，觉南楼自来一到，全不是这个疏懒的，今竟无心相向如此，真是听了那弟兄说话，就无情起来。况后来识破机关，凭了赃证，岂能容得我过？不如先下了手，一来祸事不忧再发，二来又可与情人长相会，免了两地相思，欢寻梦里，岂不两全其美！立定主意，日思夜想，哪个计较可以收拾得南楼的性命。南楼又对王氏说出唐公子的话，王氏意中素知夫人性最淫，家中可虑者独波。奈是他的主妇，若说来好似贱凌贵，自家要送小口夺宠一般，只得哑口。

日间止将宅内大小人等告诫一番，又触起素娥畏害，思入风云，只想学张良，那顾夫妻情分，凑着南楼命尽。忽然暗道："我常看书，大多毒人的药饵但未知何方最妙。情人既得闷香，想必更有毒人妙品，何不与人一酌，收了丈夫性命，与他造过一番世界便罢。"遂决定要造这个狠心祸根的事，日间就假言托去省亲。归到刘府上，见了母亲宅内人等，开口对母亲说："你儿近日得个气病，日中又被那刁老面目无情，二房王氏乘势刻薄，在此服药全不见效。故特地回家，别了那班人，以便静养服药，待身子稍安妥才回了。"母亲道："我知道你有了病，又身边有姜氏，自然受气。本欲着人接你回家抖抖精神，免得在此烦恼。今你自回，正合为娘的心事。但你在刁府上一几服何人的药？"素娥说："一向皆赖城外的王廷桂药丸药膏，身子是以不至十分狼藉。过日还求母亲着人代和请他到来，就此调治，未晓母亲允否？"母亲说："来日着人往请便是。"翌午，果见那廷桂器宇昂昂，衣冠楚楚，到来刘府看脉。刘素娥先时密地写就蝇小楷封定，随候廷桂对面，凑着旁人他顾，使个眼色，急将此书向廷桂手中掷去。廷桂挺循例疏了，方辞了夫人，归到寓所，密将此书拆看，其辞曰：

　　贱妾素娥敛衽百度，致书于芳卿廷桂情郎麾下；曩者两夕分离，三秋赋恨；银河对面，弱水难杭。未免有情，谁能遣此？然犹谓好事多磨，良辰不再。妾尚得以他年幽恨城中获追随于一死；前日长生殿里偿痴念于再生。自知郑恒先许，难挑园内之琴；蔡琰无归，聊解江边之佩。兴言及此，亦复开怀。不料至今变出非常，祸来不测；竟同猛虎跳墙，岂任泣鱼在釜；昨夜王氏房中，烧了闷香断头；反似那时贱妾房内，弄来丑态，真面俱呈，以故司徒之见旋惊，渔之罗方设。后值刁老回头，月娟肆口。句句闻来，将军曾开宝剑；层层洗脱，西江已竭金波。离恃一时，苏秦有舌，终恐他年项羽无颜。料亦野老寻羊，食内谅知公冶城门失火移祸终及池鱼。诚恐缘巾既送，终须白刃相加，射贼擒王，诈奸求党。情人纵不入笠，亦必招尔艾；既属亡鸡，定来管斯猛鹤。嗟夫！莲花有葬，更可恨于红颜；唇齿亡寒，独致惜乎白面。况妾双侧闻：鸾胶未续，兰梦犹虚；萱草尚荣，雁行孤独。致此实怜伍尚无知，敢效庆童出首。速宜班猫作散，信石和凡；得以鱼羹荐去，刁首同施。伫见一举功成，庶几他时美备。相如既遇，不必奔去成都；李靖终逢，何用辞来越府？此实势无两立。奚用行贵三思？倘或楚囚，徒效阎皇殿上先候芳魂。如其鸡缚，未能隋帝床前早施毒手。千祈勿存免顾，致憾犬烹。伫候回音并求付药云云。

那廷桂看了这个话，真道是闷香无灵，南楼知悉，一时错足，性命可忧，自作自受。独念家中有七旬的寿母无人奉祀，难独罢手不成？好不怕惧。再复诵函一遍，自说道："此事虽关阴骘，但曹操有云：'宁可我负天下人，不可使天下人负我。'此时出于无奈。况他治家不严，倒有个可死的罪。一不做二不休，我就合药与他罢。"

隔日，又是素娥着人请到对面时，假道："小生有一服好药散送过，夫人病愈后慢慢受用。"素娥说个"多谢"，急向台上接了收好。廷桂去后，密地看来，散内写明，只可于食物内下药三分便得，不必用多。素娥会了意，藏过了，以便加家应用。适隔日有刁宅人来接他回家，南楼在他房中夜宵潜候，便假意与丈夫回餐，随下了散。南楼霎时腹痛起来说声："我取死矣！悔不问明贤弟的话，又不合向尔等说知。必定系尔等有狗党的事，今闻我的话恐防败露，先交我毒了。"素娥听丈夫说了此语，假意往救他，急用双手塞住丈夫的口。众在外往救不及，南楼一时语未了，呼呜哀哉，只合阎王殿上告诉他便了。素娥见丈夫已死，还要洗了身方好。女猛得一计，指着月娟说道："自入我门以来，丈夫并未与人有什么仇。今我才回，丈夫一到我房便中毒，想是你个贱人恨丈夫吧，图去反嫁，又欲移祸过我，先购毒物，知我回来，今夜老爷必到，潜毒了待他死在我房中得来祸我。似引狠毒，总不顾累我日后守寡的苦，还要休天方好，我誓不与你干休。"说罢，又大哭起来。吓得那王氏又悲又恼，正是：

> 一时黑白难分处，异日冤仇有报时。

未知刘氏赖得王氏毒夫如何，且看下回分解。

第八回　刘氏居然蚕食诸姬

诗曰：

> 用药还来用火攻，果然心计毒无穷。
>
> 老夫不惮冤沉处，险里逢生就个中。

却说王氏闻夫人说到这个话，心下十分惧怕，面上反有一种惊慌气色，令人可疑处。月娟说道："妾自来皆知实命不犹，小星自凛，哪敢毒死良人反图再嫁，但未晓老爷因何被害，与贱妾无干。万望夫人细察方好。"说罢，跪在尸前大哭一场。只是自家心清腹净，转被主妇诬蔑。奈卑不敌尊难以抗拒，只暗祷亡夫灵魂藉庇便了。那刘氏知王氏不敢疑在自己身上，越装成十分难肯罢手一般。宅内人等，个个心里皆信得不是王氏，见主妇证实，他的不忍忠良受害，合口说道："老爷未晓何由中毒？今夫人据说系王氏所害，全无证据，恐他不服。不若慢生气了，聊且备办衣棺，收敛了老爷，然后查出赃证，理论未迟。"刘氏一闻那话，自家原是使铜银大声的活套，恨不得众人相劝，好作收科。遂乘势说道："本鸽则难容，奈他虽则毒夫，偏能用计，使得干净。现无赃据，只得依了众人的话，免至因理论反贱了老爷的尸骸。待日后寻出真据，始将他割头祭奠未迟。"随又取出白银五百两交与王安，往买丧葬各物回来应用。

可惜一个大义的将军，反受女兵杀却。须臾敛过尸首，夫人随对家众说："老爷分明受毒而死，你等知了，但王氏又无凭实。未知冤家果系何人，或外厢的亦未可知，你等日下出去不宜张扬，恐仇人闻了即远远躲避，老爷的冤就沉了。"家众答道："夫人果然高见，从命便是了。"

自后，再无一人敢将南楼枉死情形说出，即被旁人查察，亦只是含糊应答而已。竟瞒过四亲六眷。淫妇又要将丈夫棺枢停于后园中，日后慢慢请师觅地埋葬。月娟被主妇诬捏，幸众人解脱，便道是个十分好彩，哪敢再去疑他，但心中倒有不能明白处。今闻夫人要将丈夫棺柩停在园中，何不带着儿子前园内看棺守丧，或丈夫的冤魂不熄。有个出眼处，立定主意，遂告过夫人，要前去园内。斯时王安在旁，听月娟说来，怜他孝义，动起自家的心里，又恐他母子孤寒无伴。王安亦对说："老仆自愿同往。"谁知素娥见丈夫已死，且幸瞒过众人，日后正可与廷桂长会。便老爷虽死，还有王氏与王安等碍目，尚嫌策未万全。心忧到这个，适闻月娟王安要往棺前守夜，触起毒心，又得一计。徐说道："足见孝心。我在外看守，你等前去罢。便夜业须要紧慎火烛。"王氏领命。

入夜，果到园中，密对王安说："老爷回家数日，别无再往他处，毒从何来？况老爷平日十分慈善，家内谅必有个怀恨的僮婢。无端被害，教人实属难明。"王安道："诸无可疑，独系老爷一死，夫人个个不疑，偏偏证实是你，内里无缘故。况前日王师爷到来。两夜举宅好睡如魔，难独便造出事来不成？除此真个别无疑议拟。"王氏说："果系如此，实属令人不测了。我如今就在老爷面前祷告一番，或是阴未泯，求他托梦，说个明白与我等知便罢。"王安跟着王氏小主三人跪下哭告毕，主仆又推测一回，已近三鼓，止得枕苫而睡。又道刘氏见月娟已进了园中，心中第一恼着他主仆二人碍目，廷桂不便公然维鹊有巢；且又丈夫棺尚在，洗冤在录。正虑日后南楼的兄弟追究起来，少不得将尸要洗。一时斗胆，正欲将王氏三人烧死，并棺材焚却，总免后患。立定意念，果然从园外发起火来。

且喜火热连延，虽非东风借得，料亦炎偏昆岗，日后即有宋朝的包文拯，想亦审不出了。那火势一时惊动这少年枉死阳数未尽的阴魂来。南楼念着刘氏毒了自己，心犹未足，今又要烧棺并王氏三条命。棺不足惜，独平生只有此子，系刁门血食所关，况日后报仇正在三人身上，何忍任他同遭毒手。只得忽报梦与他知。悉将素娥如此设计，自己如此中计，今毒妇又如此发火要害你等，俱告王氏王安，你目下三人可即逃去不可轻死，免沉了我的冤，日后自有个报仇之处。谨记谨记！

语罢，用手拍一吓王氏的背："愚夫死矣，娘子可急醒来投生吧！"王氏王安一齐的了，跳醒起来，叫一声"老爷"，掩映见南楼再冉入棺而没。转瞬间，见外边有焰焰的火势，果系连廊绕栋而来，逼近棺所。王氏对王安说："如何是好？"一时阴灵相助，事穷计出。王安顾不得践踏主人棺材，抽身跳上天面，又取了一张凳子，扒开瓦面，且说："夫人，保着少主急上去。"逐用手将月娟扶上去了，然后一齐用力爬将进去。可幸小院墙头不高，轻身跳下，又是茸茸草际。王氏稍定，低声对王安说："先时你见老爷未?"安说出。二人所见一样。王氏说:"既系夫君显灵,自当遵命,以便日后流芳百世。但不知目一何从去向?"王安答道:"暂走再作理会。凑着夫人不知觉,乘夜奔了。"素娥在园外见火势浩荡,心中道是今蕃一矢可射三雕,怕你不死在我手里。须臾,各仆尽起,皆欲往救。夫人拦阻道:"里面有二房与王安在此,老爷的棺木料且无防,何用你等进去帮助。况个个皆软弱不济事的,如何能扑绝此注定的天火?只可在外面开了火路,使火不能连丛出来延累便好,安可进去自送性命。"诸人被夫人如此劝止,那个不畏火的,只得袖手,竟无一人挺身入内。

及至天明,开了火路,素娥寻及丈夫的棺停顿处,见骨灰数团,腥臭触鼻异常。一时入目,即宅内无知无识的小奴老妪,亦不觉恸哭起来。素娥又假造个悲哀,叫句:"夫啊,你如此枉死,复被未诛。真可谓福无重至,祸不单行,教妻子好不悲伤吗?"再说再哭,一片假泪。随又命人入园,再寻月娟等尸首。回来答说:"不见。"夫人道:"一时火势太烈,想亦同化灰去了。三条性命虽则可惜,但老爷的棺皆系你班贱人在内,不谨慎火烛,以致焚化。真乃死有余辜,地上撞着老爷还要打他。罢,罢,你等明日可往街坊上,多请几个上等木匠泥水工回来,整复凉亭画阁,与你等谨闭清闺,肃静媚居过日便了。"意中且喜老仆王氏三人烧死,从此无人识破毒夫的情弊;情人到来又无了避忌。只安排手段他日与廷桂成婚。遂蒙蒙聋聋将此事草草搁起,姑又设了个计较,着奸夫到来才了。正是:

勿将旧时意,还待眼前人。

未知招法如何,且看下回分解。

第九回　王奸婿旧郎做新郎

诗曰：

　　　　肆无忌惮是奸豪，强抢公然在世涂。
　　　　敢得押衙来义士，莫教红粉祸相遭。

　　却说素娥自用了火攻，意中道着守丧的王月娟母子王安三人必然灰烬了，自此宅内无人管束，无人碍目，就欲与廷桂造成一对，日夜放不开方遂他的意。奈廷桂合了药，交与情人，未晓事体造得如何。在外探听，虽闻南楼已死，究不敢造次进去与素娥聚话，只得等候个消息。一日，正在馆无聊，忽见夫人房中侍女到来说道："夫人旧病复发，再请师爷前去治疗。幸勿吝玉，令夫人望眼欲穿。"说罢，袖中呈上一札，下宁而去，廷桂又向静中展开雒诵，其略云：

　　贱妾刘氏素娥敛衽百拜致书于我情郎廷桂芳卿座右：曩时圆参辱赐，旧病全疗。今日君子不来，新愁辄起。回忆夜晨合欢，幸解相思于红豆；宁愿房中黑贼，暗窥情弊以诸知。以故牛子游归，竟被鼠妇非白。妾见事本黄连，毒宁没药，后蒙灵丹。见惠施去，顷刻将军立变僵蚕，行用使用以木棺埋去。须史寄奴，且能益智。随念守官恒碍，并须远志除根，可境两遂丹心双酬余欲特着红娘，聊书白纸，寄言之子。千祈熟地重游，寄语即奔，万望从容即到。庶几约从来复，无须怨隔水于牵牛；立命车前，更可结同心于豆叩。快看，免狮子化作并头莲。唯愿瞻斯楮实，念彼女志贞。幸勿枳橘变性，徒虑莲玉苦心。现已花里预扫峰房，只待宿唯彩蝶。即使墙外尚余苍耳。安会有意人。

那廷桂见了这个信息，又喜又惊。但事到如此，不得不造，只得依书成事，整顿衣冠望刁宅而去。今番刘氏直造天台，无禁无拘，再不似前此多方掩映，携着敝香始能与情娇面会干事。心内欢喜未了，旋到中堂，早见素娥在此伫候，柳腰款摆，莲步轻移，迎着廷桂道："孀妇为丈夫弃世，兼又家户不幸，复遭回禄，财破人亡。孤身料理，不免悲伤太过，有坏七情。今已旧病复作，想亦前时未蒙得师爷夜里亲煎独参汤赐服，故病根未除，一有所因，便尔复发。夜来实欲求师爷再施妙法，在此寒舍屈驾如何？"廷桂道："既因病体所关，不得不允。"又假意问起南楼身亡的事，吊慰一番。

夫人亦装成悲悲哭哭，与廷桂说短论长，不觉夕阳在树。夫人取出银子，命家人买菜回来弄好。须臾摆上，意欲与情郎同席。终是初交，婢仆在旁，虽非畏他阻止，但面皮上倒有些过意不去。素娥又特设在中席，教诸人在里面聚饮，自家然后出去外面赔着怀念人。你酬我酢，真个同席而食！须臾还要同枕而寝，无异夫妇。

一连数夜，初时，廷桂意中犹碍着僮仆，后渐嘲渐熟，司空见惯，事若寻常。自此，夫人又交银子赏给各人，竟买过一班反替他做个小红娘一般。廷桂因此得财得色，果遂了初愿。正是：

> 桃花院里留春住，巫峡峰前入梦频。

二人俨如伉俪，此中快乐，不说可知。但云卿天海只道南楼到了家。我二人正须趁早上京，兄显个武略，弟展个文才，玄管场中齐驱并驾，两占鳌头，那时方来回，大哥，棠棣同赓未迟。书声满载，行一日，又是江南路面，正系后来我朝乾隆上皇屡下的地方。且喜湖中秋水一泓，打桨打尽是蓬莱少女，乘槎客皆为文苑仙翁。二人暗里个个称羡，适贵同等又要上岸买物，公子忽对天海说："我在家曾闻祖母说，他昔日从严君上京复命，到此游览一番。地坊人物，十分出色；西湖景致，老去未忘。你我今幸亲临，况风色不利，何不上去走走，以广耳目，方来解缆，尊意若何？"天海道："小弟从命。"须臾上岸，见名山胜壤，果堪跬步。

行近花林一带，瞥遇一狼公子，率健仆数十人，背负少妇，那喊声救命。末后又一妪赶上，路中并无一人上前阻劝。云卿心想道："如此升平世界，光天化日，难旬是还的强抢人家妇女的事不成！"一时惹起性来，又忘了衣训。遂拉同天海赶上，忙问叫喊的老妇："你如此叫喊，为着何由？说我知了，与你做主吧！"方妇气喘喘说道："前面

被抢的是贱妾玉女。昔日那公子见过颜色，要强买他回去做妾。女儿不允。到如今，公子特地率多人到来，不由分说，抢了负去。贱妇只赶上求贵客打救打救。"云卿听了说道："岂有此理！你急跟上来，与你取回便是。"老妇道："如此难得。"急忙赶上。

云卿扬言叫道："前面抢妇的慢走，有话讲。"张豹回头，在后有人请住。自家恃着父兄的势，料无人敢与作对，即任他前来，谅亦无妨。便立住脚说道："前来的莫不是架梁吧。"云卿行近答道："不是这个。但闻老妪说公子抢夺他的玉女，此属情理不堪，前来相劝，非不别故。望听鄙言，交还这少妇与他为是。"张豹说："尊驾听他一面的言，未知其详。因为那老干婆前时曾将此妇作按，揭过我的银子三百两起座房子，两年上本利总不交回。向他讨时，今日说要将妇卖了才有银子偿还，明日又说要将此女嫁了方才有银子偿还。总是推倘的。我适要立个偏房，他均属奉客的贱货，嫁了我就辱了他不成！来的，你试看我抢他是不是？"

老妪即向云卿辩说那公子的话是说谎的，一向老贱何曾接过他的银。云卿又对张豹说："不论借揭的有无，便伊的玉女既非情愿做妾，即强他无益。以公子如此身份，何忧天下更无美妇可奉箕帚，纵他母亲借过公子银子，求将这女子交回。小生待他还银！"张豹向云卿怒道："连你都好大口气！往往是一言两语，便要将银子来压我这个张尚书长公子武解元张豹吗？小小贱婢，要抢便抢，要打便打，与他何干？莫道是银，就是金，家中还不知有几万万提。宁独稀罕三百银子的？你快走吧，免得惹公子生气。"云卿道："你既道是张年叔的令公，便该受我的相劝，何必定要造这欺压穷民的事。"张豹听说出："年叔"二字，急问道："足下果系何人？"云卿说："弟系唐上杰七子云卿，似此同僚相好，万望公子作情为是。"

张豹始知遇了敌手，平日备悉云卿父子的势位，又念着自家原属关节的武解元，恐不从他所劝，一时闹起来，敌他不过，岂不转怒为喜，是反为不美。出于无奈，不惹暂且让他，日后再行计较便是。豹指着老妪说道："今日算你好造化，偏遇着我的世交年家。我且看唐世兄面上，饶你狗命吧！"随命家人将此少妇放下。云卿作揖道："足见张世兄大量，这个才是。"说罢，又着老妇上前愤而向豹下礼。张豹心下倒是十分怀恨，只得勉从，且说声："少陪"，忿去。

老妇见张豹已去，便携着女儿向云卿天海面前跪下，说道："幸得踩人解脱，母女重逢，皆出自大恩所赐，此间不是话所，寒舍不远，恳二位恩主增光，俾得少献茶汤，聊伸结草。"云卿答道："我等不是本处人氏，因为上京舟经贵处，略来游玩。适遇你等，故特为暂驻,如今正要扬帆,无能留恋。你母子既得重聚,请回便罢。如此小小事故,何劳说个恩字。"老妇见公子不肯下顾,又向天海求浼。天海感其诚意,劝公子道:"今已近晚,料亦不能进楫。略去少坐,顺路回船,免负她母女的高谊为是。"云卿见天海欲去,只得首肯。正是:

　　无端惹起相思债,有意酬来宿世恩。

　　未知公子兄弟二人所去若何,且看下回分解。

第十回　李素兰萍水谐鱼水

诗曰:

> 赤绳系足也难移,邂逅相逢合赋诗。
> 堪笑当年强暴客,无缘对面费相思。

却说天海二人被素兰母妇请求不过,只得允请。须臾即到,老妇异人,弟兄从下,茶果献上。那老妇又徐徐向二人说道:"今日恩公到来,非比别位顾不得失礼,老贱有几句心腹欲白,未知贵人面前肯容直抗拒有劳洗耳否?"毛天海说:"人各有怀,何话不可说?"那老妇敛衽告道:"妾本林刘氏,出身乐户。丈夫去年弃世,所遗无几,只剩得五百两银子,买了这个孽障回来,指望有了钱树,一生衣食吃不尽的,不料他原系本处前知府李廷光大老爷的女。伊父亲居官清正,因挂误事又凑着催科不起,朝廷执责他,又无钱向部家打点。后被张德龙弹奏他的过,随议罚银三千赎罪。他一时宦囊太薄,辨缴不起,本省抚府曾英,承了张德龙部辩意旨,将他发监候缴。那时风流云散,个个求去。兴平日称官亲、称慕友,以及执鞭弨司阍送等,鹰饱查然,遂无一人为他策划解纷。况且丧妻房,自从困兹图圄,曙后一星。那孽障见孤身无靠,父在监牢,料难白手得出来,均为之一死。遂要缇萦的孝烈,立意将身卖典人家作婢妾,以图得些身价,或能救父。一时有这个风声,被棍徒胡彬等闻了,立下一个骗局,不惜重价买他,即转卖与我。后他父亲得了女儿被骗,身在牢笼,不能出来理明,越恼越恨,渐渐得了一个气病,死在桎梏。那孽障自入我门,知会哭泣,死死不肯接客。"审问他,又道:"身为缙绅裔,决不学捣头生活。报母有日,只愿匹配良家,妾不胜惜。"

这等老贱是个慈心人,闻来酸鼻,怜他孝义,故不强他接客,奈张公子平日是穿花插柳的角色,自见他一面,惹出个眼火来,便屡屡到来逼他。他见那公子父子不是忠良,哪里从他?遂使今弄出这个祸起。老身自后再不愿造这个生意,只望就此女送与公子为妾。一来以报大恩，二来有了下落，带老身亦得个归结，万代沾恩。并坟赐纳。"语罢，拉了素兰向公子跪下。公子急忙说："小生家中有了妻子，又安敢娶官家女为妾！况张公子闻知不服。请起，请起！"那老妇说："虽则如此，但日后理防仇人寻害。老贱那的话公子不允，决不起来了。"天海从旁听见，言言有理，句句多情。劝公子道："老人家如此深情，我兄暂且允肯为是。"那素兰意中甚公子不允，一闻天海相劝，此是终身大事，不宜当面错过，只得乘势露个真心感动恩人。带着羞愧，酡颜半掩，倩口随开，向天海说道："如此多谢叔叔做主，俾得母亲有倚，并奴家日后父仇可报，万代沾恩。"那时云卿闻素兰竟认天海为叔叔，由不是先有意于我吗？又且颜色可动，惹起平日的风流性子来，倒有几分首肯。天海料有心要作成他二人这段俪缘，又向李氏道："谅小生说来，哥哥无有不从的话。便未晓佳人有嫌贰辱职否？"老妇道："我母女二人性命得离虎口，皆出自大德所赐。虽复粉身，犹不足以报。况一入侯门，福及鸡犬。由我做主，初嫁由父母，料贱女无不曲从之理。只求二位恩人肯容收纳便是。"云卿说："小生从命不难，第严命在身，且未经禀告，遽尔成婚，恐他日有个不孝的罪名。"老妇道："见贤郎孝德。但不成了夫妇的话无凭，张公日后必来侵害。"天海道："倒说得有理。虽则男冠必父命，但非嫡娶。贤兄今且作纳妾，不禀命似亦无妨。"云卿一时把不定性气，又被天海屡屡从中耸动，不觉顺口依他。大众取了皇历，恰好隔日系嫁娶日子，就约定洞房的故事。又忙一日，堪堪已至迎娶时辰。遂张灯结彩，鼓乐宣天，迎娶素兰入府，拜了花堂，饮过合卺酒，众侍婢拥新人送进洞房，悄然尽散。云卿解卸红鸾带，至床前拥住素兰，素兰不胜娇羞，挣扎不已，云卿亦不言语，轻解素兰绣衣，素兰推阻，云卿从后两臂箍住，软玉温香抱个满怀。素兰难拒，任其行事。云卿见他顺了，心中甚是欢喜，急剥尽衣裙，素兰花心承着玉露又丢了一回。满床狼藉，桃瓣数点，二人起身揩抹一回，交颈而睡。正是：

　　　　有缘千里终须合，无缘对面不相逢。

　　一时才子佳人风云际会，遇出非常，自然比聘定的夫妻更觉十分恩爱，不在话下。又道那张豹屡屡到逼娶李素兰为妾，见素兰不肯，强率家往抢，且到了手竟视为囊中之物。不料素兰前缘注定，偏遇着这个唐云卿，有勇知礼，朱紫一门。张豹正敢怒不敢言，见其十分勉强罢手，冤从心下，反成了深仇。又着人前去打探，回说云卿竟与素兰成了婚。遂大怒道："大家不要,犹自可说。他不肯我逼素兰为妾,他反偷逼素兰为妾,分明是借我卖他人情。我出丑他受用,这个如此还了得。罢。罢,我不若凑着父亲有书前来叫我上京会试,月间且系父亲的母难,正在前去称觞,免失菽水承新美意,况闻父亲时时暗地与唐家父子作对,或见了父亲,乘着机会,仇尚可报,亦未要知。"主意已定,乘着个忿忿,火速进京。

不一日,去到衙门,见过了父母亲。一日,德龙说道："我儿在家有生事否?"张豹本欲将唐云卿搬弄是非,待父亲与他报仇。急乘父问,慌说道："儿我尚敢生事?记得在家,个日从东教场谢箭,见有一公子强抢了一少妇,那小妇人放声喊救。儿见有此大干法纪的事,上前理谕。那公子又说他系唐尚杰之子云卿。儿见他系我父亲的僚友,越加上前,以'何恃势凌人,大家须爱顾些,纳衿面子'等话好意开导他,人反说我阻他的勾当,日后上京,还要说知父兄,在天子面前送个小口,杀了我一家方遂他意思。语罢,又将父亲的名字痛骂一番。我素闻他父子势大,只得哑忍辞去。儿恐父亲动气,本不欲明告,又虑父亲不知他父子狠毒,一时不及掩耳,反受他的牢笼。"那个话张德龙不闻犹可,一时闻来,好不十分恼恨。且对儿子说："他既弄我,我须算他,为父誓不与那唐家父子干休。你等须仔细提防便是。"正是:

诉爱不行唯知者,子恶性难知是父身。

不知张德龙日后如何仇唐家父子,且看下回分解。

第十一回　嘉靖受惊还北阙

诗曰：

> 枭奸亦有赤心人，刀锯当前舍一身。
>
> 可惜愚中偏误用，翻为丛恶枉艰辛。

却说那张德龙一心恨他的绣袍赐，又闻着了儿子张豹的话，心下想道："何不往去试他个真假。"刚是他的寿诞，先日来到唐府，对尚杰说道："来日系小弟的母难，豚儿等执要称贺，少不得要请大人增增光。"尚杰道："有喜当贺。明早小弟到府祝寿便是。"张德龙又道："还要大人的绣戈袍借与小弟一穿，瑶池生以，勿却为幸。"奈尚杰素知那德龙系个奸佞，又与自己作对，遂假道："这个小事，弟本欲从命。奈一向家中母亲闻知此事，屡欲取回一看，以广见闻，弟承了命，先数日已将此袍命人带回福建了。可惜僚兄是来迟些，幸勿以此见怪。"张德友道："分明是大人怕小弟借了此袍便会起尾注不成。不信刚刚寄去，小弟便来，有如此凑巧。"尚杰道："当真。"

张德龙见他决意不借，只得含恨回家，心中反疑着那尚杰果是有意仇恨自己，越想越真。私心人偏多疑。一日，正见计无所出，又恐先受了尚杰的害，左思右想，好个坐卧不稳。谁想惊动到张府中那个谢勇，弄出翻天覆地的事故来。原来谢勇本是山陕人，有万夫不当之勇。初时在家，与人争些赌博，一时轻轻动起手来，便伤了那个人性命。后官司审，议他误杀，罪定军遣。适张德龙当年正系这省督府，一时会审各犯，忽看见谢勇的宇勇魁梧，况系凶犯，定必名称其人。自家常有些不良之心，要弑君杀上的举动，专意欲收一班死士以便行移。遂物地命差役带回衙中，密叫他堂问话。张德龙果见他有一种凶悍如古，恶来一流，立即出银子与他赎罪，又买嘱仇家一番，就幽图，旋充禁侍。谢勇一时感激，誓图后报。且又随到京堂，越隆委任，阳锅不辞，水火不避。

是日，勇见张德龙心中忧惧，动静气色，遂问道："近日仆见恩相坐卧不宁，莫非为着与那唐尚杰父子不睦，心中算他不倒，故不觉藏疑吗？"张德龙道："你系我心腹之人，直说无妨。正是这个。"谢勇道："小人筹之实稳，收拾他何难。"张德龙闻到"何难"，不禁喜动颜色，急问道："计将安出？"谢勇请退了左右着量未迟。张德龙退出出众，忙赐谢勇坐下，说道："但有妙计可遂老夫的心，万两黄金酬答不惜。既有计，且密密说来，以开茅塞。"谢勇道："相公但急想不出，岂不闻天子定于某月某日往东岳求嗣吗？如今待小人先到了双谷口躲下，待天子到时，一箭射去，倘或中了，那时恩主就在这里乘势取了大宝。不中，小人纵然一死，审讯时口口称是尚杰所使，岂不是保了我一人，可害他的九族，我恩主还不遂愿吗？"张德龙说："这个计较倒毒，但为着我的事，伤了你的性命，本公心中不忍。"讵知那谢勇原系唐家前世的冤业，故意然立心，定要往干这个事。又自说道："小人回想在家里，曾犯了个死罪，若非恩公打救，安有今日？况一入候门，便有妻有子，待至今时方死，亦便宜太甚。况或恩主九重有分，倒未可知。小人有如此穿杨妙技，未必就干的不成！"德龙闻谢勇说出"能干"二字，心里倒有几分信他，遂说道："据心腹如此看来，事成亦未可定。但防你的妻子不由你前去，并日后倘有差池反来埋怨，老夫如何过意得去？"谢勇道："大丈夫捐躯报主，更得何恋妻儿，作老死崖柯计！况古英雄三箭定关心，固属易易。今出其不意，攻其不备，岂有不成功的理？我前去将此中缘由对妻子说明，壮着他的胆量，他便不爱拦阻我了。至若倘有疏虞，小人的妻儿求恩相体恤，长教他在府中，不可任其出外，免日后恐有泄漏事风合是。"德龙道："朋友相交，尚可托妻子寄子，况恩情如吾二人吗！向自相逢，便尔腹心相待，况今前去，又为着我的事，正该以德报德，哪有不另眼相看你。若信不过，我使写人誓章交你存据，以便勇往向前吧！"

须臾，果然德龙书就一纸誓交与谢勇，又假意劝阻他一番。正是：请将不如激将。谢勇接了誓章，前来交与妻韩氏藏过，并分说安慰他一番。谁知韩氏原系德龙家婢，自少淫荡，曾为府中僮仆所私。德龙知他失了身，卖与人家不得的，遂将此贱货赐予勇为妻。以结心腹。谁知韩氏最憎勇不是个风流人，平日极非好惜丈夫的。况闻他为着办家爷事，无故再令他不去。后来高等勇辞了妻儿，即刻改装，潜到了双谷埋伏，以待弑君。看官，你道谢勇缘何有这个举动计？他因日前曾跟德龙上纲，侧闻嘉靖一日早朝，随对各臣道："前日曾命霍卿家代朕去山东东岳求嗣许下的斋本醮，一向未产皇儿，是以未能还愿。今沐皇天庇佑，正宫既喜弄璋，正合酬答鸿恩。且朕又欲亲牵牲制祭,效古帝王封山志岳的盛轨,止烦梁卿代劳监国,霍卿同往东岳,未知何否?"梁柱奏道:"自古帝王深居简出。汉武好大喜功,相如封禅有书,以及上林诸赋,不过迎着人主的意。后儒犹以长君逢君讥之,何得谓之盛事? 况往返道路,千里迢迢,保无有变出非常,有惊扈从。并凤不离巢,既欲凤愿酬还,独命霍大人伐带便是,何须圣驾?"嘉靖说:"岂不闻尼父云:'吾不与祭如不祭。'这个诚心安可请人代表的理! 朕意已定,无劳阻止。但梁卿家所奏亦是道理。但出个方法护驾仔细些,便去无虞了。"梁柱又奏道:"既我主必定有往,但到东岳必须路由双谷口,这个地方正是贼人出没所在,最宜防慎。如今须命大将军陈安邦作御前保驾,大元帅霍韬部礼,又按兵马一千、猛将十名同往,陛下轮舆居中,除城郭村庄外,凡遇原始林麓一切荒阻,切不可安营驻架,如此方免变故。求主允奏。"嘉靖说:"果然高见。准奏便是。"遂即传旨兵部,定军马,准来月某日祖道。谢勇在旁,早知王上往东岳的事故。因德龙要害唐尚杰,一时触起他的心目,所以有这场冤孽。后到了日期,嘉靖起程,一路望济南武宁等地方而来。果然见柳暗花明,一处有一处的风致。接赏不给。车内人心下好觉闹热,拥着旌旗,六军浩荡。一日,适到双谷山。嘉靖举目,见一带山重水复,忽然心惊肉跳起来。心内想道:"这个正是元蒲旧蒲,怪不得少师当日恳恳说得如此要害,快催人马进发为是。"当下谁知谢勇先伏在此放射。

　　嘉靖想未了,忽耳内闻响箭一声射来,中的是头上玉冕。嘉靖喊一声,已倒在马下。那谢勇的穿杨技竟作波浪锤,他见不中,拿史弓欲再弯,即被安邦上前捉住,解到御前,请旨定夺。嘉靖早得众人扶起,惊定一回,指那犯对霍韬道:"代朕审他吧!"霍韬就在御前审他道:"你是何人? 何故胆敢只身弑帝?"那人说道:"小人姓谢,一向住顺天府内。屡屡被皇家勒办夫马,以至破业亡家,因此心中不服。今闻驾幸山东,故特地到来,埋伏弑帝,少泄心中之恨。此供是实,并无别故。"霍韬道:"句句说来,总属廖妄,你既是平民,哪有如此大志? 况住在皇城,备办夫马由来已久,与外省西钱例规一般,此属内外公平,本不是难为的事。况皇城远近家家如是,保独尔一人怀恨。谅你为此大逆不道,祸延九族,岂易造来的! 必系受人所使。主谋的欲行篡乱乃有此举,实实吐出,免至动刑。"那人道:"正系诛灭九族的事,安愿受人主使? 不幸无能被捉,要杀便杀,何用盘问!"霍韬闻他所说糊涂,必是个刺客,遂道:"不打不招,左右与我用刑。"喝一声,锦衣卫用御棍打他四十大棍,他仍不改前说。只得齐施五木,究个真情。各刑具次第用去。须臾,那人脚跟皆散,始说道:"小人受刑不起,供实便是。"

霍韬说:"实供何在?快快说来。"那人道:"姓谢名勇,系雁门关唐云豹家将。家父因父亲年老不欲远离左右,因皇上听一班奸臣所奏,偏调他往边亭为官,不得东京都快乐,父子兄弟时时聚首心下十分抱恨。又念着自己索得民心,故特命小人预先埋储存在此,候车驾前来射却昏君,他父子再立新王,把弄朝纲。小人平日实受过体恤的恩,一时感激,故代前来造出这个事。理合死口勿说,承受刑不起,又被大人识破,谅难瞒过,姑行实吐。"

那时嘉靖正在上座,听谢勇说来,大怒道:"云豹父子满门忠孝,朕所深信。那有为此大逆不道的事?况他屡被朝廷大黄,镇守封疆。亦属武臣的本份事,安有怀恨如此?"霍韬道:"我主明见。"嘉靖道:"朕惊慌不乐,又见犯人所说蹊跷,正欲回宫发下部家审个确据,心中始安。莫若霍卿家代朕前往还愿便罢。"霍韬领命。主上又拨三百扈役跟他前去,随同辽安却等回京。正是:

　　　　猎谏有书真爱主,刁首无灵只害贤。

未知嘉靖将谢勇带回京中何如,且看下回分解。

第十二回　张安乐奉旨剿家

诗曰：

保忠锄佞老臣心，审案调停爱护深。

唯有绸罗先密设，管教明允纳钧金。

却说皇上因刺客一惊，十分恐惧。当下心内想道："前去未知还有多少险阴的路途，倘再疏虞，如何是好？并那刺客又口口供大唐尚杰，一时良反难分，实觉事出意外，倒不如回到朝中，与各出臣商议个法子，审个明白，方能免心中疑惑。"遂意回轮，独命霍韬代朕前往东岳还了这愿吧。即未到京师，早有关口飞报，各官员陆续前来接驾回宫。嘉靖即升御座，传旨召梁柱张德龙入内议事。一时火速即到。礼见毕，梁柱奏道："我主缘何早回，且有一种惊慌气象？乞赐纶音。"嘉靖道："卿家果然高见不差，寡人不听少师指教，几害了性命。"梁柱一闻，忙奏道："所害何为？"嘉靖说："朕自起程，一到双谷口，即被贼人暗射一箭。可幸上赖皇天祖宗之灵，下托两班文武之福，射来不中。又得殿前将军陈安邦忠心为国，一见祸作，好奋不顾身而上。适贼又欲连发二矢，转被陈将军捉了。"张德龙奏道："吾主福与天齐，贼人故不能遂志。比如此贼今且何在？"嘉靖道："现已带回。更有一难明处。"梁柱奏道："比如那贼有说出主使未？"嘉靖道："正为着这个难明。"德龙问道："何难明之胆？"嘉靖说："他不说别个使的，偏说是我朝中唐尚杰父子。"德龙奏道："不宜信他。那唐尚杰一门忠孝，天下尽知。况我主又宠以人臣以极品，绣袍独赐。未必为此大逆的事，还要忝祥复审为是。"嘉靖道："虽则平日意他是个忠良，故特托以腹心手足，无奈刺客口从实是他，假此如何分辨？"张德龙奏道："我主命少师会同微臣前去一审便有个明白处。"嘉靖道："朕正欲烦两位卿家前去审明。"两人奏道："微臣从命。"那少师一见皇上说刺客所言主使系唐尚杰，心下好不狐疑。但一时真假难分，又不可言不是他的，正要前去看个明白。今奉皇命，即廖同了张德龙各升了座，随命将犯人谢勇带到。张德龙一见犯人，大怒道："唐尚杰父子忠良，人人共信，那得擅开？莫不是你与他有仇吗？"那犯人道："小人原受唐相爷父子所托，理不合供出他。但一时受刑不起，只得供实。此是小犯人负尚杰恩公了，该着万死。求大人速速开刀便了。"梁柱道："唐尚杰父子身受主恩，位极一品，正是人生极足之事，岂有再为此大逆的事！你必是受别人买嘱，移祸与他，快快说实，便有生路。"那犯人口供用复如是。梁柱道："左右与我用刑。"锦衣卫一齐动手，打得皮开骨碎，鲜血淋漓，死去复生。张德龙又喜又惧，恐他刑不起终有破绽，只得对少师说："据那犯死口难移，虽则你我背信得唐尚杰未必有此弑君之事，但他七八父子其中或有良不一，亦未可知。又况俗云知人知面不知心，天下人品尽多前后改节、首尾不符令人莫测者。今如此强用刑无益。不如凑他生供，奏复皇上，请旨定夺。大人意下如何？"梁柱道："虽则必须奏缴，但事属甚大。唐尚杰九族性命所关。身居大臣理合保忠锄佞，何得据一面之言，便此糊涂了局。少不得着偭家请唐尚杰到来，同商量个昭雪的方子乃好。"那张德龙被梁少师抢白他一番，心中又怒又惧。但他言得有理，只得说声："大人高见。"霎时传了那尚杰到来，一闻此事，真个魂不附体，眼白白似在梦中一般。梁柱对尚杰说："大人勿惧，此是闭门家里坐，祸从天上来，内中必有缘故。与心一门有关的，须仔细上前对质便知。"尚杰道："犯官能合问他？"上前一看，那人全未认识，不觉大怒道："本阁与你无仇，保得乱诬本阁造反？皇天在上，看看方好。"那犯人道："明明恩公因皇上使了你的公子出守边庭，使你父子不相见面，二公子又欲要造天子，欺嘉靖皇是入继的，帮命小人如此行刺。小人本不欲供出，但不料受刑不起，恩相勿怪。"梁柱道："你明明是诬他的。你即一死，本部终要你说个明白。"那犯人说："难道有本人不开？反开别个？"又以头撞柱道："犯人供已说尽，刑又用尽。大人不信，任在人说那个说使便是那个了。"一时强词，触了梁柱大怒起来，又叫左右用刑。谢勇自觉痛苦不过终须一死，膝行到尚杰身边说声："小人今生见累于恩相，来生再报。实以一时受刑不起说了出来。"说罢，就撞石柱而死。梁柱一时见犯人已死，越加难以审辨，明知是假的，但事无奈，只得回旨，见了皇上，嘉靖问道："事体如何？可奏与孤知。"梁柱奏道："据臣愚见，此事尚杰想未必做得。但犯人口口咬他，如此如此死了，请我主酌夺。"嘉靖道："朕初心亦还说或不是他。但以此观来，那犯所说句句入理，难独真有本人不开，反开别人？况谁人不怕死，他至死不称，便是真了。"嘉靖说了，越想越怒，拍案道："唐尚杰，唐尚杰，你父子皆受皇恩，一家全食天禄。朕待你真个推心置腹,你反待朕如同仇敌,真个人面兽心。如此老奸,要来何用?张卿家,赐你宝剑一口,敕书一函,可前去他的府中,不论老少男女,捉往法场。候朕旨到,尽行开刀,并一切银两什物,剽回充库,不可有违!速速退班。"梁柱在旁,好不代他怕惧,意欲为脱卸,又苦无凭。难道白白丧了忠良不成?只得奏道:"我皇还须仔细。唐尚杰未必有此事。"嘉靖道:"连卿家你一时都蒙了,明明有证,尚说非他。难道朕自做出来的?不必多言,速退便罢。"梁柱见果系无据,欲保奏不能,只哑口而爱,眼看满门汗马,忽然化作断头。归到府中,好不烦闷,隔日,又同一班文武上朝保奏。嘉靖只说:"既明有了子证,难独是要把个弑君之罪赦了不成?卿家等还要护佑他,我哩个承继的皇帝不要便了。"各大臣闻嘉靖说到这话,个个无言,只奏道:"臣众非敢如此,但想一时我主受那刺客蒙骗,有失了国家的大柱石,反被外国耻笑。"嘉靖又道:"朕岂不知?那唐尚杰父子皆系弓马出身,武夫纠纠,目不睹诗书,那识春秋大义?恐他任自家的血气,一时利欲熏心,故做出此弥天的罪过,亦未可知。况尔等平日个个自说高明,既说不是他,何以又无能审出个真的来,非则偏庇,二者必居一于此。"

梁柱又闻嘉靖说出这个话,实难以再辩,只得一众退班,心中叹道:"再不信世间有如此无头的冤债。想人生祝福无常,倒不如急流勇退,以乐余年,完了终身气节为尚。"当下已萌了归田的志。少师正欲面奏皇上,乞骨骸归里,奈皇上为着行刺的事十分怒忿,难以开口。姑俟异日再谋挂冠,不在话下。却说德龙原为这个绣袍起见,一到唐府,便着左右留心此物。须臾搜出,德龙拿在手中,偏向唐尚杰面前戏他道:"前日下官与大人相借此袍,大人偏要说寄回福建去了,如何今又在此,俾弟搜出拿在手中?弟真可谓须不得食,犹堪染指了。本大人鸿福的东西,下官原不当取走。但奉着主上,聊且献上朝廷,定不久终要赐还。勿怪。勿怪。"激得尚杰怒气冲冠,须发皆竖,无奈他奉着君命,莫可如何。且又听见德龙如此故意舞弄,心内想道:"莫不是他因那日前来借袍不遂,怀恨在心,要豁自己,故有此祸不成?但无迹可据,说不得,总是前生孽,只得顺受而已。"正是:

> 百般三生业,一箭功成万骨枯。

未知德龙搜出这件绣袍如何缴旨,且看下回分解。

第十三回 张德龙深奸谋逼变

诗曰:

保忠锄佞有同心,痛哭陈书办自梁。

无奈网罗重陷处,管教廷内有分全。

却说张德龙奉旨去剿尚杰的家,并将这件绣袍并三百口眷属,回殿奏知皇上。嘉靖大悦,对德龙说:"此事审决,并往剿家,皆系安乐公的功劳。今既追回那件绣袍,朕即转赐予卿家,以表元庸。便可即将奸臣并他人口,押去法场,一齐开恨,回来复旨吧!"那德龙一时心内正喜那绣袍终归于己,好不遂愿,又奉旨前去结果仇人,急出班谢恩领命。殿上走出淇甘泉、张天保,跪奏道:"刀下留情。"嘉靖说:"事既明白,急需正法,以免生事。如何卿等又要留情?"两臣奏道:"以事揣来,或是云豹做来,亦未可定。况犯人所说,系云豹的手下人,或与尚杰无关。如我主着一有智有谋的能臣,并假降一度圣旨,说召豹回朝议事,看他动静若何?若系父子同谋弑君,他命谢勇到双谷口,后必令人打探着行刺的消息,事之成败无有不知之理。他既然知事败了,必惧谢勇供了。一见官员到时,必定疑皇上命人捉他。若乘势作反,方是行刺的事真了。主准奏。"

那张德龙恨不即时杀了唐尚杰方遂他的心事,今见甘泉等如此多方阴谏,正恐唐尚杰或时脱了身,岂不是反费了谢勇移祸的死功?只得出班弹奏道:"湛大人所奏太疏了,倘或他若是乘势真反起来,刀下无情,岂不是反伤了前去观兵的官员性命?况云豹本是个枭勇的,那个官员愿往?"嘉靖道:"张卿所极是。便湛卿所出又触起寡人的远虑。"张德龙奏道:"远虑何来?微臣愿听。"嘉靖说道:"唐尚杰罪犯天条,幸他居阁数家口眷亦皆在亦城,今已一网打尽。料他上天无路入地无门,势难走脱。但尚杰儿子云豹,现镇雁门关,兵豪将勇,朕正虑杀了尚杰个老奸,后来云豹闻知,料无不造反代父报仇的。如何是好?"张德龙奏道:"我皇果然高见。不若我主暂将尚杰寄下天牢,凑着云豹或未能实知行刺败露,出其无备,命一朝廷能员假旨召他回京议大事。他若一时上当,特自送死,我主不烦一兵,不折一矢,故属他们乱贼合受显报的,若是知了,乘势作反,恳主上赐了兵符,任那前往的官员,遇库支钱粮火药,遇劳调兵点将,又先选择数百个数悍猛将辅佑而行,何忧不捉了云豹来京,一同治罪?"嘉靖说道:"卿家果然忠心为国,高见不差。但未知那个愿往?"那陈安邦亦是个忠臣,原信是唐尚杰是冤枉的,正欲前去与云豹商量个计较,打救他满门,并恐奸仔荐个奸党前去,不明不白,故意坐成他作反一般,满加激怒皇上,岂不是冤上加冤,诬上加诬!孰不若自己前去随机处置,或者有个救法,亦未可知,主意已定,出班奏道:"微臣愿往。"嘉靖说道:"前蒙卿家救驾,正合晋爵公侯,乃足奖努天下后世忘身事君的臣节。朕自回宫后,一味烦恼,是以未及酬你元庸。今又挺身愿往雁门关行走。朕文臣有个张卿家,武臣有个陈卿家,天下何忧不太平。但云豹十分枭勇,卿家前去,正须仔细,不可造次。功成回来,便赐良田十顷,权且晋爵忠勇侯,袭荫三代。"随赐兵符宝剑,并嘉靖亲手书了假诏,附了陈安邦。传旨将唐尚杰一切人口暂且收入天牢,然后退班。但那个陈安邦为人,张德龙平日亦知他与唐尚杰原是一党,今虽面应承皇上前去捉云豹,正俾他与云豹商量个计较昭雪,岂不是反便宜了。德龙父子归到家中,左思右想,忽得一计,说道:"有了。"随唤心腹家将顾宁上堂。张德龙叫他到身跟,附耳低声教他:"你可以即速前往雁门关,如此如此说,然后回来重赏。"顾宁领命,即日起程,露宿风餐,果然到了雁门关。缘顾宁有一血表莫是强,现在唐云豹关中为知总之。那日受了张德龙之计,他一到关便托言来探老表。兵相引他进了莫是强,两家说了一番戚谊辞别的话,末后莫是强问顾宁道:"愚弟闻兄在张相爷处大见信任,交来仁路有由,心下常常替你喜欢。但未晓今不远千里而来为着何故。"顾宁说:"正为着贤弟的事。"是强急问:"弟有何事?求兄赐教。"顾宁道:"请退了左右。"是强果然命老将暂巡。顾宁说道:"你关中就有大祸,你还不知道吗?"是强变色,问道:"是什么祸事?弟处总未闻,烦兄明示。"顾宁说:"我因日前跟随张相爷上朝,适见皇上山东祭岳而回,说:'行到双谷口,却被奸人行刺,捉了犯人回京审判。'那刺客至死还说是唐尚杰唐云豹父子使他的。天子大怒。我家老爷张德龙及二三大臣屡屡何奏,皇上不准,已将尚杰一家三百余口下了天牢。今又特命将军陈安邦统了大兵前来关中,假传圣旨召云豹回京,及一切党羽一同斩首,免其在外作乱。约十日外,陈将军即到关了。我知了这个凶信,主知母亲，母亲知你在云豹手下为官，正恐株连，有关性命。母亲念着外侄亲情，特着愚兄预早前来报知，叫你及时偷自脱身，不可在此受累。"莫是强说："既是如此，何不同你入主帅处报个明白，他亦感你的恩典。"顾宁说："此是朝廷机密事，是不宜走漏的。我不过为着兄弟之情，并承尔姑平之命，故前来报知，岂想他感恩的？况他就是个刀头之鬼，即说不说，亦何益于事？总系你知了，便顾你自己的前程为是。"说罢，却起身告别，莫是强留他，宁又说道："正恐陈将军就到，连我走不出。"莫是强道："即如此，弟难以强留，烦回去代白姑母，小侄从命便是。"

果然顾宁即走。那莫是强心内想道："再不意唐家人有此大祸。便表兄特地到来，未必说妄。他来意明明是教我先脱了身，但我系由云豹手下，藉他平日抬举，乃有千总之职。正是食人之禄，须忠人之事，届有同福不同祸的？况云豹父子是个忠臣，又爱士卒如子女，如个不敬服他？理合大帐禀明，但事体甚大，有宜乱道。又恐他全不知觉，竟入了奸臣圈脱。孰不先对唐吉少爷说知，才再作计较。"正是：

奸佞自能收死士，忠良亦有置腹人。

却说个唐吉系云豹之子，与母亲任氏、妹子金花跟随父亲在此关中。但唐吉虽系年仅舞象，而英武突过父兄，真不愧将门肖子。正值太平无事，日间止与那一班将士，就在此雁门以北正山禽野兽野人俗之所，或箭射云鹰，或手格猛虎，率为戏事。

一日，公子正来与莫是强约去找猎的事。一见唐吉，是强正触起他的心事，便专意对少爷说道："你家中有一天大的事情，你还有心去打猎？"唐吉说："我已禀明父亲，无甚的事。"莫是强道："不是这里，是京城令祖大人处。"唐吉说："祖父处近日亦未见着人来说有什么事。"是强道："令祖处着人来不得了。"距得唐吉一惊，急道："有话请莫骑尉明说。"是强道："昨日我有表兄到来报道：天子往山东酬愿，到双谷口被人行刺。拿住审判，那人死口说少爷的祖父尊父主使的。天子大怒，将你满门收入天牢，今又特命将军陈安邦前来关中，捉你父子一齐斩首。那个话未必他无故说谎的！卑职意欲入阁禀明师爷，又见事忒大，未知如何，故欲先与你斟酌过，才敢进去。"

说未了，唐吉魂不附体，失口一般，是强慢慢解救，始能开声，道："骑尉救我，如何是好?"是强道:"可入禀大人,皇上如此昏庸,均之一死。说他尽起关内兵马,杀回朝中,与公公报仇。若将士,谅无不从。"唐吉说:"骑尉所见虽高,但家父素性忠梗,即死亦决不为此造反的事。若先去说明,反被他拦阻不便。倒不如尔作紧紧瞭望,远远见了兵马,先来密地通知。浼尔等帮助,先杀却了朝廷的命官,那时骑虎难下,然后逼了父亲,忧他不要作反。"唐吉说罢,那时在旁个个将士无不合口赞道:"果然妙计。"正是:

少年喜事非为计,有勇无谋果是真。

未知公子的妙计造出何如,且看下回分解。

第十四回　唐云豹守节身终

诗曰：

> 果然张老是奸雄，激变多方设计工。
>
> 独有靖恭求自尽，冤仇虽惨见孤忠。

却说唐吉与莫是强议定，决定要背着父亲唐云豹，谋先杀了钦差，然后逼他造反。果然那云豹自己安乐，全不知觉外边。莫是强勤心望着钦差的来路。一日到未牌时，果然望去，南面来的尘头突起。虽马歇铃，士衔枚，而旌旆云扬，弥山遍野一般。士府指着叫莫是强看道："几的不成兵马来吗？"是强立刻命一小校入内相请唐吉。正值唐吉在府中箭道上练习弓马，准备战杀，一闻莫千总有请，即出到望楼相见。是强指着道："那边来的必是陈将军，故特请少爷出来商议。"唐吉道："尔我勿通报大人，看他来意如何，再作道理。"果见来的兵马渐近，二十里外且歇住马足不前。久之望去，又见他兵士个个安营扎寨一般。唐吉说："他初到，又近黄昏，决然不敢进兵，必然远安营过了夜，明日始敢进来，我今日凑他军心未定，路途不熟，出其不意，前去劫了他一寨。中将愿从否？"莫是强道："小将愿从。"二人相约已定，即刻造反，持了利刃，预备了火牛两只。二更出城，一线月明，疏星朗灿。三更二人已到陈安邦的营，全无八门的样，又无长蛇的形。二人越加大胆，驱那火牛进去。又见军无甲，兵无刃，二人遂热了火绳，那火牛东推西荡，军士醒起，如村儿见了老虎一般，且又手无兵器，任他二人要割得割，要刺得刺。适那火牛又是生鼓，唐吉时时准备他打老虎的。陈将军的兵哪能敌他得过，且任其践踏，死了无数，一时惊动到安邦。安邦急扳剑在手，喝道："何处贼人，敢来劫天子使臣的驾！"唐吉说道："你等奸佞，在昏君面前诬捏我唐家作反，我唐吉少不得要剥了你皮方少少称意，尔还敢称兵前来捉我父子！"说罢，又向安邦刺去。安邦得无心恋战，不顾军士，急走而脱，那二人杀得他尸骸遍野，不见了安邦，且转回关中再作道理。正是：

　　　　无心偏受害，有力未能谋。

　　却说那二人回到关中，唐吉说道："我自幼随祖父在京，屡屡闻人说陈安邦有万夫不当之勇，谁知被我二人杀得他七零八落，竟不敢与我决个雌雄，落空而走，可见名不称实。天下人才，闻不如见。"是强道："此往必然惊动朝廷再起大兵前来，绝无罢手的。如何是好？"唐吉道："我去劫营正欲他如此。待他起了兵回来，是上门寻打了，那时怕父亲不做反！"是强道："虽则如此，但关中将士虽个个有命，终恐不能敌得朝廷的多多益善。"唐吉道："均之一死，又何畏个多少。再起兵回来，我等破釜沉舟，与他绝个背城借一。倘若能胜他，杀回朝中，拿住奸党，杀他雪恨。若我输了，此处从关后抄路去得云南。那处有个高山，叫作牛头山。这时逃去此处落草，招兵买马。祖宗有定，或能报仇，亦未可知。此实是出于无奈，不得不行。况今皇上如此昏庸，奸佞满布朝堂，我唐家且不免受害，何有别姓？以此观来，在此为官亦属无奈。你等尊意若休？"合说道："我等自入营以来，即受唐家福庇。今日有难，哪有不相助的理。暂且瞒过了主帅，待他真否再到，然后酌量。"唐吉道："全恃众位功力。"说罢各散。

　　谁知陈这被唐吉杀得七零八落，走到天明，止剩数十名急脚的手，十分愤恨，持了兵符印信，前去就近代州调兵，为复仇计。那代州有个衙门，第三边总镇。这镇守的元帅非他，朱系山东宁人，武状元出身，姓魏名应彪。一日升帐，兵丁通报，现有朝中大将军陈安邦望关中进发，已来近二十里外，应彪道："既系朝中陈大人到关，必有缘由。你等排班跟我前去迎接。"不一时，果按安邦入关坐下。应彪先请过了圣安，复叙了寒暄派话。应彪说："大将军不在朝中，今狼狼藉藉，面带惊怒，下临敝境，所为何求？求大人明示。"陈安邦遂将为着尚杰的事，现奉主上的命往伊子云豹处探看虚实，不断他自家有事，自己私疑，正恐本藩提兵捉他回朝，出我不备，倒被他黑夜命儿子唐吉前来劫了营，兵已半折，今来欲借兵报仇的话，说与应彪知道，并将嘉靖御赐的兵符送与他验看，以便依旨付兵。应彪看过，说道："既如此，卑职遵谕便是，但卑职前闻行刺的事，亦意唐尚杰未必有此痛逆。本欲上个奏章代他办白，以见我等保忠斥奸之道。奈身处边亭，又恐事上听闻不确，言来反不中窍。日前只得走个书信上去一二知己，劝他务必出力保奏。我与唐家虽非有素，独惜忠臣罹此弥在大罪。今闻大人说来，又是个肆无忌惮大大的奸恶。你道知人难不难?"二人痛恨尚杰父子一番，摆宴陪奉，越日，即点了关中三千马，交与陈安邦，再往雁门去了。正遇莫是强适从城楼上远远望见，浩浩荡荡，白羽若月，赤羽若日，弥山遍野，必系陈安邦再来执恨，较前时势子更觉十分英勇一般。是强遂对关中一班诸将道："我等这番休矣! 他初来时，实未准备，是以一时失败。今又新添带甲，重整戈矛。他兵折了又有添兵。将损了又有新将，以雁门有限之从，敌朝廷日弥之师，蜂虿虽毒，蝼蚁料难制胜。还须入告元帅为是。诸将只得暂将前番事搁过，入阁陈安邦今番这个势子禀过元帅知道，看他如何，再作道理。"主意已定，诸将入见云豹道："元帅，不好了。"遂将唐尚杰被害的头尾说知。现朝廷恐元帅在外称兵回去报仇。因特命陈安邦统了雄兵前来关中，假旨召元帅回京，一齐正法。现逼关前十里许。一时唬得云豹体身大汗，气死中央。夫人儿女出堂，与众将急救而醒，发性道："颜渊命短，伯牛病亡。此是说不得了。况君要臣死便死。即系父母兄弟一门俱毙，我一人何忍独自偷生! 如有那个，此事若真，即非前来哄我，我亦必回京中，与父亲兄弟见了一面，死亦无恨。我日间方且怪父亲处我个倌家到来，又且心惊肉跳。但我们祸一尔等从何知得?"是强又将老表来报的情由再说一遍。云豹说："大丈夫死亦死耳，吾何惧哉!"遂吩咐俟候。

少顷，果然云豹出关迎接，来的是大将军陈安邦。云豹传说入关相见，安邦遂与他并辔入关。看官，你道安邦既往代州调了兵回来预定厮杀，缘何今见云豹出迎，居然大胆进去? 因安邦见前昨动营是唐吉不是云豹，心中或意云豹未知此事，亦未可定。况平日同居武弁，云豹本是个忠臣，安邦知之最稔。今到关前好意相迎，自家身居钦差，圣旨上又未说捉他定罪的话，哄得他回朝不烦一兵，一折一矢。纵然他有的不是，自有朝廷处分。岂不是两全其美! 遂忘了那晚的畏惧，竟大步进去。云豹亦是个静细有志量的人，一见安邦，亦不把切身大祸先去问他，欲接了圣旨，观其来意如何，然后出声，只得二人草草客套，随即接了圣旨。三呼毕，云豹起来说道："据圣旨所说，是召卑职回京议事，并无别的。但我近日闻父亲在京被人诬反，现已一家收了天牢。这个圣旨，明知不是召我回京议事，还是取我脑袋的。我唐云豹岂是畏死的? 独惜我父子小心克事，一时被诬，两班文武并无左右亲近为一言。将来小人道长，君子道消，无事而杀，士大夫可以去，恐不独为唐氏忧。"那个话竟动起陈安邦的呲心来，说道："大人既说到如此，真可谓社稷臣，我陈安邦亦非从食肉者。尊大人之事，也曾与梁少师、湛尚书、张郎中等，叩头流血苦谏圣上数次。奈昭雪苦于无由。凑着那个张德龙奸仔屡屡顶着,编能惑主。他奏道恐大人在外作乱,又恳圣上假降召旨,待你回去,一网打尽。在大人处,虽则眼看将军旋作断头,但以理推来,莫大量天命!为大人计,正要挺身前去,在君父面前说个明白,纵然一死,此亦见得大君子临难无苟免。何以我前几日来,大人反造这个事?"云豹说:"将军来了数日吗?下官总未知得,那有什么事?"安邦道:"勿遮瞒,卑职想,大人为着性命起见,一时差了。"云豹说:"数日下官日夜只是观兵书,倒未有造得甚事。倘有差处,求将军明示。"正是:

　　既有朝奸频送口,必然边将且无头。

　　欲知将军说出如何,且看下回分解。

第十五回　陈安国以公济私

诗曰：

由来躁莽是英年，不禀父兄动向前。

叛逆几乎无办处，幸逢霍步为加鞭。

却说那云豹于唐吉杀劫的事，如在梦中。一闻陈安邦说出那个话，必须问个明白，心里方安。安邦答道："卑职因为奉王命来到关前，离二十里许，卑职见扈从大繁，恐蜂拥而入惊惧左右。又驻车时，适已傍晚，不见关中有人来相接，愚故就地安营歇宿，来日再着人通报大人，始敢拜见。"语至此，云豹插话道："此亦兵丁瞭望偷闲故，令下官有失迎接。"安邦说："你我如此交情，这个有甚要紧？独系是谁三更时分，即有数人突入营盘杀起来。一少自称大人是他的令公。斯时卑职营全无准备，只得挺身走险。俟及天明，招集散卒，始知折了半。此系大人分明闻了尊君处这个消息。莫不是恐卑职带兵前来捉你，故令儿子到我营中先下手不成？"云豹道："下官绝无此事，将军休得错怪。即来捉我，亦胗奉命，与你无涉，安敢暗祸。我想关内诸将亦受朝廷爵禄，岂有不知王法，勿敢擅劫朝廷大臣的营？小畜生亦未必有如此能干。大人慢着，待我捉那畜生出来，让人认他。他果曾造得是事，如此猖狂大逆，要来何用？杀却方遂下官的心愿。"说罢，即悻悻然转入内堂，去寻唐吉，安开口劝他不及。

谁知唐吉一闻安邦到来，已备办厮杀，早在座后平屏背，句句闻了。因父亲要杀他，又恐安邦虽所言如此，终是巧言蜜语，甜他父入京枭首，且父亲现已入来寻杀，料难容过。一不造，二不败，遂觑见父从左入，他便右出，抽出短刃，口不分说，一刀，那忠勇侯身口异处。即刻亡去，诸将入内禀白，云豹出来看见，一并气死在旁。内面妻女一连众将救了数刻始能出声。欲再觅唐吉，唐吉已逃去了。云豹即速赶上，捉了回来，泣怒道："小畜生，好不分晓！家门不幸，却被奸人陷豁，嫁祸谋反。为父正欲面过君王,说个曲直。纵然朝廷不醒,见了众亲,纵然一死,亦心中不愧一个忠臣孝子。况陈将军本是个好人,到来正要与他商量个洗冤方法。你畜生死无知,胆敢杀他。朝中闻我等今番亲手杀了朝廷命官是真的,连前番行刺不是亲手亦不是假的了。畜生为父亲死原不足惜,可恨尔玷辱满门,反中了奸人计谋。罢,罢,今杀你亦无济仇事,如将你一齐带回京中,同受国法,以完此不臣不佼,之语便了。"唐吉跪在地下,亦哭道:"孩儿一时错了,或杀或戒,听爹爹行便。"云豹遂叫左右:"与我上了缚。"众将面面相觑,只是不肯动手。云豹只得亲手缚他。夫人对云豹道:"这小畜生,谅必假认陈将军提兵来捉我等,故一时无知,遂密地前去劫他的营。今又见老爷要杀他,所以一时便性起来,造出这个。还要老爷恕他年少无知,想个计谋救他为是。"云豹说:"畜生如此无法,擅杀朝官,与作反无异,便是本藩的对头,救他什么?"夫人道:"老爷太迂了!如今圣上听任奸臣,主要将唐家尽杀。现在公收了天牢,老爷正当提兵杀回京都打救满门为是。况陈安邦到来,虽则好言好语,安非佛口蛇心,骗我等回京就杀?为老爷计,既不欲造反,一心要见了父兄,纵死亦罢,岂不念满门诛灭?你我一生止此半点骨肉,理合将金花女儿送回夫家,打发那畜生走了,你我纵然一死,唐家香灯或不致绝了。如今老爷既要错,白地送了他的性命,圣上亦未必便信你真系个忠臣!望老爷三思为是。"云豹大怒道:"到其间,尽节事大,生死事小,计什么日后的香灯!据你说来,如此包庇,总是你平日失个教训,故纵成这的大逆的畜生,如此还你亦是可杀,若不哑口速退,岂不怕本藩的利剑吗?"说了,顾不得女儿的事,只吩咐家将道:"你等买个棺椁收拾了陈大人,今夜可小心看守着小畜生。明日本藩进京。"女儿亦跪下,哭恳父亲恕这哥哥一番。母女眼看得云豹总属不肯,到夜密地松了唐吉的缚,教他暂在近处躲避。到了明早,云豹不见了儿子。四时找寻。奈他藏得密,又众将不步说个内里出来,气得那云豹毛发皆竖,指着妻子说道:"必是你个贱人谙他逃走。"语毕,竟出了白白的剑要杀她,被女儿与从将又屡屡阻住。怒起心头,想道:我一家自来忠孝,本无甚可处,今既遭此天厌,又被那畜生冤上加冤,祸上加祸,即见君王亦难辩白。罢,罢,总是前生业债,倒不如先寻个自尽,免得回朝受辱。早去阎王殿上诉个明白,先在此听候父兄便了。主意已定,遂把剑割上颈去。一时夫人女儿众将上前救他不及,早已身倒在地。

　　讵知唐吉就躲在是房中,闻报复回帐中,见父亲已死,大哭在地。众将道:"既死不能复生,公子大难在身,徒哭无益,还须起来收拾了父尸,准备朝兵于临为上。"公子起来，与夫人哭拜道："今番老爷不在，还求诸老爷打救我们生命，万代沾恩。"诸将道："我等素蒙恩荫，哪有不忠心报主之理！便今番朝中说知，必说我们亦是个党同作乱，必然再命雄兵前来问罪，如何是好？"公子道："他兵来到，倘若随机就变退得他便罢。倘若是不能退得他，并不与战，紧闭关门与众将从关后抄路逃往云南牛头山，埋名落草，日后寻个报冤的日子便了。"并烦将军传说各兵丁，愿从者同往，不愿从者可就日逃去他处役生。兵役闻了，有的本是别省人氏，为着家小父母，不得不去，有的孤身从军，厘无挂虑，便不肯去。更有一班半天飞寄名额外的说道："你我大小皆系朝廷的官，今陈将军既死，圣上必说是我等鼠蝎一窝，再不肯赦出半个，即逃回家乡，日后或被官员拿住，或被旁人出首，终须误了性命，倒不如跟公子为上。"公子道："既如此，生生世世不忘大德。"果然陈安邦的跟随军士回朝，把初时被劫入关被杀的情由，奏与嘉靖知了。嘉靖大怒，对梁柱、湛甘泉、梁天保说："尚杰久怀异志，今幸天地不容，故而败露。众卿家个人还苦口替他辩白，朕一时几为众言所误。今又杀了陈安邦，反迹尽露，更有何说？独惜白白送了陈卿家之命。朕誓不与他干休。但未知何人再愿往雁门关与安邦报仇。"说未了，见一人出班奏道："云豹杀我家兄，微臣愿往。"嘉靖说："陈安国，你为兄报仇，为国陈害，真个忠孝两全。朕今赐尔雄兵三万，前去提了云豹并一班叛党回来，那时封尔为友睦侯。待云豹诛后，权镇守雁门一带。但令兄如此英雄，犹被他杀了，卿家此去更须十分谨慎。勿负朕意。"陈安国谢了恩，奏道："微臣领命。"那前时保奏尚杰的大员被嘉靖抢白一番，又说安邦被云豹所杀，真个令人不测，此后在主上面前再不敢替他父子解脱，只得眼看那安国就日点兵奉旨起程。适霍韬从山东回朝复命，一路得知尚杰这个事情，正欲上本保奏，又闻王上因他有据，并杀了安邦，今正在命安国提兵前来拿捉。霍韬见难以舌挽，遂奏道："尚杰父子反情有据，难怪我王诛伐。但云豹有勇有谋，独安国一人前来，虽有三万雄兵，恐不能胜他半卷阴符。孰不若微臣同往，做个参谋，辅着安国，大展孙吴伟略，庶能成功。千祈我主准奏。"嘉靖道："霍卿家前去，朕心自然更安。便必须即日称戈，寡人专候凯旋。回来迁官升爵，不可有违。退班。"正是：

三军防败无谋者，元帅须求有智人。

欲知霍韬作了参谋，同陈安国前去雁门关何如，且看下回分解。

第十六回　夫人献尸脱难

诗曰：

事来凑巧出天然，尸首移堪作变迁。

独惜安国同枉死，满怀冤恨鹊难填。

却说陈安国提兵征剿雁门，又得霍韬为个参谋，自谓兄仇必报。且又我主送行到二十里外，君臣分散。嘉靖吩咐安国道："卿家前去，若能成功，捉获关中人犯可交与霍卿带回。边疆不可一日无人，你就在雁门关镇守便是。"

安国领命，皇上加鉴。安国摆成队伍，真是鱼甲炯聚，贝胄星罗。不一日，到了雁门关前十里。霍韬说："我军新到，不宜造次，待歇了一夜，卑职自有胜筹。"安国传令众军安营扎寨。翌日，唯独自行近关前探望。适见城楼上有一妇人，满身缟素，在此观敌。霍韬在下恭身道："在上莫非云豹大人的夫人吗？"妇人道："正是。"霍韬说："你公公满门被害。陈安邦大人原是忠良的人，他昨日奉王命前来，正当求保奏，缘何将他杀了？"夫人忽然得一个计较，哄他说："大人一向与贱妇公公愚夫等在朝为官，想能信他原是忠孝的。无论一时受害，被人前来拿捉，亦是朝廷主意，与钦差无涉。即杀他，亦未必能了事。"霍韬再问道："然则陈大人何为而死？"夫人又妄答道："只因那关外近日有一伙强徒，亦是响马的流亚，往往假冒官员入村，或藉缉匪为名，遇客或假盘捐为号，打劫人家，十分凶悍。陈大人那日到来，时已近晚，又不即刻入关安歇，是以一时被那强徒算害。后夫君得闻，一时忙急，未及点齐军士，恃自己威负，只身往救，并被贼杀死，及诸将起齐军出城济，事已不入。诸贼见人众难以抵敌，随即扬去。众将上前，只夺得二尸回来。原欲上本奏明，奈夫君已死，军中无主；又况满门被害，说来恐圣上不信，贱妇女流无知，是以迁延未奏。"霍韬道："夫人原来因丈夫已死，故披麻立孝。"谁知霍韬与夫人议论，安国早已催兵到了城下，将军本欲捉个生躬，奈一时藉圣上洪福,神威十倍起来,剑舞处云豹头颅在地他的余党尽为大军掳去。陈大人已奉旨入关镇地。臣是以回来奏知。嘉靖大喜道:"奸人恣志,必须败亡,要将云豹的头颅在吏部门首示众,俾为官作业龟鉴。张卿家可往前天牢,取了唐尚杰的家口带到法场,候朕旨到开刀。不可违此。退班。"张德龙经这遂了心愿,即刻从天牢中调出唐尚杰满门三百余口。到了法场,俟候旨到开刀。那日,嘉靖正欲发旨,早惊动那先王正德太后闻知,急急统了十余个女侍上殿。嘉靖一见他来,好不安乐,但他系母亲,只得起身立侍,拱手道:"国后出来,若不得家庭礼,于子道不安。但此座是大殿,若行起家法来,有失开国军师刘伯勋定的国法。国母有话,倒不如暂且回宫,待朕办完国事,自到母亲处领教便是。"国母道:"果是我儿孝心,但恐上所办的事不是国事,还是陛下一人的事。况待陛下办了才来,哀家无命相见陛下。"嘉靖道:"国母何故出此话?"国后道:"哀命生不辰,止生得一女,陛下得了他的父皇天下,尚嫌他是个公主身份,年年费了陛下的俸钱,故特命张奸仔细押往法场。哀家母子性命相连,若待陛下命人杀他才回,为娘亦要寻个自尽,免得痛恨。岂不是黄泉之下始能相见?"嘉靖道:"国母有所不知。因唐尚杰在双谷命人行刺寡人,云豹又杀了将军陈安邦,理合九族当诛,以正国法。是以命人前往捉他满门时,朕一时恼得心烦意乱忘记除出了御妹。此是朕失察处,求国后少怪。今即命黄门官取来公主回宫、与国后相见便是。"嘉靖遂降了急旨,命监斩官放回公主一人,余候旨正法。黄门往到法场,放出公主。公主上前哭拜公公说道:"媳妇回宫,力求国后打救满门,望众人暂且开怀。"并吩咐监官须好意看,乃去。霎时回宫,见了国后,哀诉冤情,并求打救满门。国母携他到嘉靖面前谢个不杀之恩,国后又对嘉靖说:"我道你为个天子,自应神灵首出,如今看来,像个愚民一般。"嘉靖问道:"朕何愚来?"国母道:"陛下果认是尚杰谋反?哀家即系女流,亦信是他人移害的。"嘉靖道:"人心隔肚皮,母亲何深信之甚?"国母道:"据说尚杰谋反,是想造皇帝的。他若真是有心,我想先王宫崩,他何不凑着此时国家仓卒,新君未立,兵权全在他手,一齐可得,岂待今日太平日久,始行此大背无道之事。况事未必成,即射了陛下,朝中尚有许多大臣亦未必就奉他为主?以此推来,总恬令人相信,还须大开法纲,忍耐几时,日后自有个明白处,铭俾后世说伊是个龙逢,陛下是桀纣。"嘉靖道:"母亲老蒙了。岂不闻人藏其心,不可测度,况有赃据,如此不杀,何以为训!朕不是不孝,此事亦决不能从命!求国母恕罪恕罪。"国后见嘉靖立志不肯,无可如何,只说:"你杀唐家的人,与哀家何干。但恐日后恨杀错,不得江山恐有变乱的事。况尚杰的六子云俊虽官居石渠,实则职为驸马。今蒙赦了公主,后日还学个青年守寡,或学个改嫁夫君?为兄的三十六宫,七十二苑,为妹的影只终身,陛下自问安否?"嘉靖说道:"母亲念着贤妹的少年丧偶,朕今索性看国后之面,屈法赦免那个驸马云俊,更有何说?黄门官过来,可再去法场,取了云俊到来,诸人即速开刀。退班。"

国后、公主见嘉靖终是不允赦他满门,含泪而退。那黄门官又到法场,将圣谕传与监官。云俊含泪对父兄说:"孩儿暂回,自然求恳国老同去圣上再说个明白,然后回来。"正是:

夫荣转是凭妻贵,父死犹当幸子生。

欲知云俊回朝如何与国后同奏,且看下回分解。

第十七回　三百口冤孽已完

诗曰：

> 可怜三百尽刀头，想是前生结下仇。
> 唯有王姬知大义，果然忠孝贯千秋。

却说那云俊入宫，先见了国后妻身，一齐急往前谢过恩，并伸出求赦父兄的话。嘉靖道："你好个贪心不知侥幸，还敢又为满门代恳。据你父谋杀朕，命兄擅杀朕臣，理合片尾不留，朕听着国母言语，念着贤妹私情，一时几屈了祖宗的法，赦了你，你还不知餍足。如今犯官不宜住在京师了，你可过日收拾行程，前往云南安置。朕还每年赐两千两儿交与你受用，并吩咐所到大小官员不得怠慢你便是。此后须安安静静过日子罢，不宜再动个妄念。"云俊奏道："罪官还求我主饶我前去祭了父亲，收拾了己骸，然后起程。此系乌鸟私情，区区微意，况我王以孝治天下。满门等虽死有余辜，但恳宏锡类，俾罪臣得以少尽人子之情，备棺收敛父兄。行见一人克谐，被及臣寮，九五降恩，泽渐枯骨，万代衔环。祈为准奏。"嘉靖道："篡君大罪，理合扬灰。且你如此奏来，亦属孝心可怜。朕不忍使人无以为孝，准奏便是。"驸马叩首谢恩。又到公主奏道："过日驸马落籍云南，臣妹亦要同往。"嘉靖道："我妹生长在潢，贵为公主，那可为军人妇。况属女流，宫虽纤窄，遥遥栈道如上青天，恐难跋涉，倒不如任驸马独往，贤妹就在宫中与皇妃等同享富贵，早晚亦可以服侍太后，免得母女两地相思。贤妹即十分要往云南，待母后弃世未迟。"公主答道："奴家既承先王严命许配唐，即生死皆系唐家的人。昔日繁华，欣然同享，今一旦门衰祚泊，便尔弃之如遗。如在交游，尚且不忍；况分开结发，情何以堪！母后日夕扶持，自有陛下众位娘娘妃嫔，岂劳臣妹！此是事难两就，自当以在家从父、了家从夫的大义，恕不孝于膝下。"嘉靖道："此系朕以好言相劝，贤妹既不听，请从其便。待妹去时，朕再拨女嬗四名，侍御二名，同往服侍公

主便了。"公主驸马谢恩。果然日后夫妻告过了国母,双双望云南进发,不在话下。正是:

　　此生既是谐鱼水,之死还须诵衡诗。

　　那夫妻二人,先到法场尚杰面前跪下,将天子不步宽赦的话告诉一遍。又哭道:"可怜我父子兄弟,要这个样子分离,教你孩儿好不悲伤。我反愿鬼门关上随着满门,免得在此凡尘抱恨。"语罢,不能仰视。尚杰道:"死命也!我正要后世为忠被诬,须学我等如此顺受,独惜上累了八旬老母将来同受极刑。今日亦复不能再见一面,少尽人子私情。今得你死里从死,一来日后祖宗香灯仅留一线;二来倘云豹在外若能走脱,你见他时,必须说我临终吩咐有云:天下无不是之君王,纵若有刺泊处,臣子亦不宜抱恨。须念着旧时那个伍员,看他苦谏胡差,汨罗笑逝,刮目观兵,其忠爱处自属不磨,独以父仇切消恨鞭尸,忘却一日君臣之义。故虽生平节烈,纵里歌道载,而后人直以其毒执齐王一事,人不得宗臣庙里,俎豆千秋。正可日后密地访出仇恨,自行洗脱。若是藉名仇恨,乱动干戈,不独污了我唐家忠孝的名,亦且生灵涂炭。我在九泉地下,亦断不饶他。即尔亦须牢牢谨记。"说罢,气如平时,随赋一诗,其词曰:

　　咨余冲且暗,抱责守微官,潜图密已构,成此祸福端。恢恢六合间,四海一何宽!天网布宏纲,投足不获安。松柏隆冬瘁,然后知岁寒。不涉太行险,谁知斯路难。真伪因事显,人情难豫观。生死有定分,慷慨复何叹。上负慈母恩,痛酷摧心肝。下顾所怜女,恻恻中心酸。二子弃若遗,念皆遭凶残。不惜一身死,唯此如循环。

　　咏毕,又到一班文武,有假意的,有真情的,有曾受恩的,皆来祭奠,说道:"我等不能感悟朝廷,致使大人枉死,实无面目对见。但当此长别,特备酒礼前来钱行,求大人开怀勿怪。"尚杰道:"虽有凤胆龙,亦下不得咽。但诸君须尽忠报国,切勿因我的事诽谤朝廷,反令犯官在地下不安。"祭罢,须臾,刽子手说声:"请大人归天。"杀得天黑地暗。可怜三百余口,顷刻化作无头之鬼,虽属命该,究竟被张德龙一点毒心收了,正合阎王殿上诉他。云俊夫妻痛哭在地,少不得送了终,揩干眼泪,一一收拾好尸骸,落籍云南而去。那监斩官张德龙并一切武员，斩讫上朝回旨。

嘉靖见杀了害己的贼臣，心下十分欢喜，奖赏了武员而去。又说道："张卿家果然忠心办事，料事如神，有才有识，又且嫉恶若仇。古来鹰之逐君侧之情，不过是也。可领唐尚杰田，职同平章事。"

且命赐宴酬功，是日君臣同席，德龙面上好不十分荣幸。酒过数巡，德龙又奏道："幸赖我王洪福，奸人不逐所谋，自取覆，此是天理昭昭处。然尚杰并雁门关的儿孙，今虽伏诛，但臣素知他还有个第七个儿子，素性生事，武艺高强，去年且中了福建武解元，满门不足虑，独此人见父兄败露受诛，决然后日为患，虽则我主堂堂天子，文武得人，谅他这是一个扁毛的山伯，劳作不得甚害？独怕日后养成祸患，必定充埋山东响马一班。那时乘势作乱，还须费朝廷粮饷，更恐一时外内骚动，前日违贡之戈国又乘入媾，大失天朝体统。"嘉靖道："据卿家说出如此利害，使朕寝食不安。皆为着此人。卿家还要想个计策，收拾了他，方免心腹之患。"德龙奏道："尚杰一向所有私卖官爵，勒下僚的财宝，谅亦富过朝廷。前臣奉命去抄尚杰身边的贪婪，不满十万，料他平日积，早贮顿在福建家里。去再抄了回来充库，亦可少佐我王赏赐。并要拿他儿子，将此处家属尽杀是为。"嘉靖道："果然高见。"立命侍手取了文房四宝，执笔书了一道圣旨，着福建泉州协同拿捉云卿。

随命钦差提兵三千，前去唐尚杰家中，协同本地文武官员，尽杀他尚杰眷属，抄家后须缚解云卿，回京定罪，差缴官升。速速退班。张德龙奉命送师祖道时，又重致嘱了钦差无笋。正是：

> 一朝瓦解无留步，十亩桑闲转乐天。

未知钦差前去捉云卿如何，且看下回分解。

第十八回　唐小姐喜事逢凶

诗曰：

祸不单行作孽深，命存孙媳老人心。

孰轻视重权生死，知此何期是女裙。

却说那德龙，只因一件小小绣戈袍，竟害了尚杰满门三百余口。恨犹未平，还欲捉他的儿子。两班文武，除霍韬与陈安国二人亲手放走唐吉的，那个晓得有等为唐家忧者，亦止知尚杰满门止剩云卿在家。一人忽闻张德龙又说王上命将前去福建拿捉云卿这个话，心里忙着道："唐尚杰今已满门尽死，止剩一人，正系先人血食所关。我等既得着君王难以保回他满门，宁不可密地打救他的儿子？"一时梁柱霍韬梁天保各大人，不约而同，人人星放打发了心腹的倌家跑去福建唐府上去报个凶信。那太太自得梦戒孙以后，心内有了一个影，即虫鸣鼠叫亦皆惊着一般。一日，正在意着孙儿在路途上未知事体安乐如何，并京中屡月亦无一个平安信寄来，意中正是十分愁闷。适家人报道："李英华的长公子求见。"赵夫人闻说是姨甥，急传相见。人到堂中，彼此问候一番。李纶公子又说道："小生奉了母命前来问安，并约同七表兄一齐上京明年会试，何不请他出来相会？"夫人道："小儿云卿，前数月已奉你的姨父命去了。想日间已到京中，亦未可知。但贤甥处年来未晓荣娶否？"公子道："小生命中前定的妇未及亲近，已经弃世。现以爹爹不在家中，我为诵读，蹉跎至今，是以未遑再问蓝田种玉。"赵夫人说："你的表妹年亦及笄，自来每每一班官宦家前来聘他为婚。但所来的非亲家志趣与你的姨父不同，或脚下人不免袍气习，想来配合二字甚属难的。今我姨甥既亲上加亲，父哥又是忠孝一流，若不嫌表妹貌丑，许你为婚，你回家禀告双亲说我的主意，应谅无不允。"公子道："小姨甥素知表妹咏雪才高，且又文武双全，只恐下配愚甥有误了终身大事。"金花在旁，闻母亲将己许配李公子，得如此才貌的丈夫，心中倒有十分欢喜。但闻公子回答母亲，虽则自幼兄妹见惯，说到这个，终觉怕羞，只得略略转下秋波，向着公子微露情怀而去。夫人答公子道："不必如此过谦。我今有个玉麒麟，系我传家的宝，与贤婿为凭。若到京中，见过令尊并烦到你的姨父处献上，便知小女许配的故。"公子接了麒麟，说道："既如此，受小婿一拜。"夫人又教他拜见婆婆。住了数日，公子辞行进京。赵夫人吩咐道："贤甥此去，必须着力取了鳌头，这时回来与小女洞房花烛，祈为保重。"公子说："小婿从命，就此告别。"正是：

　　纵为的相国女婿，不强如状元及第。

　　公子已去，唐府上又有人到来求见，引入去，说是京中梁少师家的馆家投书。老太太问道："梁大人与孩儿同居京都，缘何有书何不寄到那处，反寄回此地？"馆家道："求老太太开书便知。"手函拆去，太太拿在手中读还未了，已跌在中央。家众上前急救回阳，大哭道："再不着我这条老命走不过，如何是好？"馆家道："老太太只管痛哭无济于事。家父致嘱：'书到之日即可打救各人逃生。倘若迟疑，走漏了消息，且救不出。'等话。求老太太依书成事，有宜迟缓。我便要回去，免令家爷悬望。"老太太道："我有三百两，送你与费用，回到府中，代老身多多拜阁老，如此体恤我唐家，来世必报。"馆家领命，说声"多谢"而去。孙夫人对婆婆说："据书中说，我唐家三百余口尽行杀了，还要前来捉我等回京治罪。我等妇流更何足惜，可忧云卿在路，倘不知防备，若万一中了奸人的手，那三百口冤情并祖宗的香火，日后无望。如何是好？"太太道："我因一向得了一个不祥的梦，自来惊恐。便唯不中唐家今日如此结局。云卿在路，除是神人打救方得安然。但这个是不由人造得。如今云卿的媳妇现在身怀六甲，未分男女，正系先继嗣所关。孙儿金花，昨日许配李公子，又是李姓的妇，他二人是不可死的，须救他作速逃生。剩了你我两个老命，抵死便了。"云卿媳妇道："满门尽节，我岂可独自偷生？"太太说："人固不可偷生，亦不枉死。你今为着祖宗的计，生反重于死，固当舍死而取生。"金花大小姐又哭道："既承婆婆母亲的命，与七嫂同走。但我生长深闺，未以跋涉，与七嫂悉属女流，一旦被人看破，反为不美，不如奴共婆婆母亲同去见了父亲，免得在尘寰受苦。"婆婆道："你二人死且无益，即速共扮了男装，改名掉姓，取路上京。第一，中途遇着七兄，同往云南云俊兄处安身。倘若是十分无路，查拿得紧，我既李家的妇，那时顾不得羞，同着嫂嫂往去求他收留打救。想公子念着姨表

及夫妻情分,并收留了七媳妇,亦未可知。"

　　说罢,大哭一场。日内,陆续又有京中倌家投书,所说与少师寄来的一样。婆婆恐一时钦差已到,插翼难飞,只向催孙妇孙媳速改了装,临行重新叮咛一番,两难舍割,终须舍割。八小姐跟着七嫂密地逃去。唐老太又吩咐家中大小男女,分散家财,各自逃生,所剩的恩义太重,无家可归,不愿独去,宁愿同死,悲悲哭哭。过了数日,果然有个陈钦差带了三千兵到了福建泉州地区同泉州知府翁孟达接了圣旨,只得点起壮役同往。官兵将唐府重重围却,钦差打进。太太喝道:"堂堂相府,那个如此大胆打进来?"钦差道:"你老贼好不分晓,儿子在京谋反事情败露,现已满门伏诛,今奉皇命到来,捉你孙儿云卿上京正法。快献出吧! 如若不然,千刀万段。"太太说:"七孙一向在父亲处。"钦差道:"胡说! 左右与我搜得来。"搜罢,左右回言没有。钦差指着太太怒道:"是必你知了消息,教他走了。急献出凤冠霞帔受死吧!"太太献了,左右开刀。后又抄出些财物,钦差对知府说:"家财如此寥寥,人口又属无几,定有人通知,教他预先着云卿并一切人等夹家财走了。不能捉获云卿,难以复命。求大老爷回衙,火速命贵差就近搜缉,或日子速,他们走未远,亦未可知。"知府道:"大人吩咐,卑职从命。且请大人到公馆少住数天,或有以复命。"

　　钦差命将唐府封了,欣然适馆。谁知孟达本是个忠良,就在尚杰家乡为官,那有不知尚杰是个忠臣,此事系冤枉的。便奉着钦差命,不得不勉强塞责。发票时,暗里还叫元差假持了票,即见面亦不宜捉他回来,待钦差去后,且缴番票,不在话下。那钦差候了数日,并不见知府捉得唐家一个人,在此无益,心中想道:"倒不如回奏圣上,再移交天下捉他乃是。"就日起程回京。正是:

　　　　忠佞由来分党,急危还有生机。

　　欲知钦差回京如何,且看下回分解。

第十九回　最昏君捉忠悬赏格

诗曰：

一叶偏能寄客身，美人情重奉綦巾。

画中正合来佳宠，岂意形图觉已勤。

却说那钦差住了数日，见那泉州会捉不得云卿，逗留无益，恐天子悬望，孰不若回朝复了命，再作理会。不一日回到京中，见了主上，奏道："微臣奉旨前往尚杰家中，谁料他家里早知了这个消息，先放走了七子云卿，止杀得僮仆数人，并尚杰母亲妻子二人。想家财亦已先分散隔去，止抄得三万余银，并凤冠等件献上，求我主定夺。"嘉靖道："尚杰平日心怀不轨，位极人臣，自有结纳心腹，一时事发，先往告知。朕心内亦曾虑此。张卿家更有何妙策收拾他？"德龙出班奏道："云卿虽一时躲避，料他再不会丢天击地走来走去，必在此十三省中，今我主每省发角文书，绘画形图，交名督府，令他村村张挂，地地移交，令天下知他罪贯。出乎者获上赏，收藏者遭极刑。如此即数十个云卿，亦不忧捉不得。"嘉靖道："果然妙计。"遂命侍御取了文房四宝，写了诏诰，随即命德龙着人绘图，并发差赍往各省。德龙领旨回府，火急办理，以便班行。那张豹在旁得知此事，对父德龙说道："儿前时被云卿打丑，就在家乡，钦差说他不在闽中，莫非还在那处不成？莫若你儿回去，或能捉他，亦未可知。"德龙道："过月正是科场，我已与考试官会了关节，必定中。我儿为状元，岂可回家，失此机会。况事隔多时，未必还在。我儿不去罢了。"

张豹领命，谁知云卿自与素兰成婚后，正是邂逅奇逢。天涯知己难娱，日短温柔乡里，愿老吾乡，鱼水和谐，把一切富贵繁华功名事业都忘了一般。虽被诸人催逼进京，谁知他是命里不该枉死，兼又三百余口冤仇待他昭报，一时未免乐极防淫，酒毒色耽，偶然害病，毛天海只得时时上去素兰家中问候，并着贵同等请个名医调治。奈病属精虚，有形之血难填，更或药到功成，而所人又不足供其所出。以此病体反复缠绵，先生亦说难期速效。毛天海见阻了取路的期，心中十分烦闷，但由于无奈，百计调痊。云卿亦计科场已近，再逗留数时定然疾赶不上，意欲勉强登程。素兰枕边又以功名事小，保身事大苦谏，不欲他连病驰驱而倦体恢恢。云卿亦自觉挨不得乘风拍浪。

一日，遂对天海说，"我本欲同一齐上京，各抢魁首，俾兄弟又是同科取佳话，不料在此耽病，势难进发。自是功名迟早有个定分，但恐贤弟在此扶持，终有误了你的前程。就不若贤弟先去，待我病愈始步后法。"天海哪里放心得过舍公子而去，无奈被云卿屡屡催逼，又命贵同已另寻定船只，只得领了云卿命并五百两银子，随吩咐素兰并贵同等须小心服事公子，倘病愈了，可催他入京进场云云，拜别二哥而去乘船。公子回舟中养病。天海已去，素兰日夕在此服侍。

一日，公子忽见船尾宝鸡飞鸣下泪，公子意中道："是病将来或有更加，孰不若取了一百两银子交与贵同，叫他上岸进城里找些人参回来服食，病体或得以调摄。"贵同领命，取路进桂阳城里，忽见多人踊跃在城门争看，贵同逼近一看，墙上悬挂一样，未知所云，即便从众人中立稳他脚，细读一遍，语未了，浑身冷汗，再读无讹。飞风路回船中，见了公子，气惴惴说道："不好了。"公子道："莫非失了银子回来吗？"贵同道："不是。原来家中满门被害，今圣上还要拿捉公子回京治罪。城门上绘了形图，悬赏格，适进城看见，须防人家知觉我等在，岂不是误了性命！"公子含泪道："你可记得形图所说吗？"贵同道："缘何不记得？待我慢慢诵来。"其词曰：

太子太保兵部侍郎监理三江等处地方兵领事务督府加三级纪录十次王抄白上谕，为悬赏捉犯在靖国难事。照得唐尚杰七子云卿，因父弑君不遂，反迹败露，部议合杀贼党满门以除国害。一时云卿闻风远扬。朕经命军机大臣陈将军提兵闽省，搜捉不获。但云卿系枭雄反贼，目无君上，阴谋不轨，恐其在外扇惑愚民，纠党为乱，故合行出示外，并绘云卿形图班行天下，不论文武军民人等，捉获解京立封万户侯，系云卿戚故，无知包庇，示到日止宜自行出首将功赎罪。倘仍胆敢收藏，一经察觉，或被人供出，窝主一同治罪，决不宽贷。无违特未，钦此钦遵。

桂阳府城实粘

那贵同诵犹未了，公子已气死在舱。素兰急救灵数镒，醒来叹曰："枉我一堂忠孝，却被奸人诬捏，满门受害。我一人偷生何为？"语罢，欲跳下波涛。素兰贵同极力挽住，说道："公子不可如此。今日满门被害，独你一人在此耽病，不及于难，正系祖宗有幸，皇天有眼，留你日后报仇。公子还须念着这个意思，顾着自家性命为是。"公子道："虽则如此，但现有赏条捉我。正系一身尚且难保，何敢望到报仇二字？"素兰道："天地造化，小儿尽多不思议处，日后有个机会或能昭雪，亦未可知。今白白枉死，万世后唐家诛反二字倒实了。公子还要三思为是。"公子闻素兰说得有理，说道："贤娇说来，敢不铭腑！但朝廷既出了重赏，自有人来窥探此处。地属充烦，船内为家，风帆波泊，一望而知。如何是好？"贵同道："船上既不可藏身，公子前日既与南楼结为兄弟，今见公子遇难，自必手足相怜。况复侯门似海，前去在此躲避。料无人觉。"公子说："使得。"对素兰道："你今暂回母亲处，日后倘有好处我自然复来。不必悲伤。"素兰道："两下坚心，皇上怜悯，夫妻可以再会，亦未可知。倘或鄙愿难知，有死而已。"说罢，含泪说声"保重"回去，以便公子向襄阳进发。正是：

夫妻本是同衾枕，大难临时各一方。

未知公子回去襄阳如何，且看下回分解。

第二十回　意中人化作仇敌

诗曰：

> 不图乐地是危机，手足情殷台所之。
> 岂意毒心来贼妇，谋人还有一名医。

却说云卿因恐住在船上倘或被人看见，岂不误了性命？今闻贵同劝他逃往南楼家内躲避，此是出于无奈，只得从宜。一时船到襄阳，以子待日已西归，携着贵同等，慌慌忙忙，遮遮掩掩复到刁府，里面奴婢闻人叩门，出来开了，见是旧日主人的义弟，只得请入，随即到了房中，禀知素娥。素娥出来，帘内相见，问云卿道："贤叔到来何事？"公子道："尊嫂有所不知。小生家门不幸，被人诬捏造反，满门诛戮。适我在桂阳耽病，未曾到京，仅以身免。今朝廷又出重赏要捉小生，故此四海无家，特携僮仆等到来暂时躲避，望尊嫂着尊夫八拜之情，打救为是。哥哥今在何处？快请来相见。"素娥道："那日愚夫送公子一回，却被月娟那贱人欲图反嫁，私着老仆王安布了毒药，一时谋杀你的哥哥，后竟与王安反嫁而去，剩我零丁。实望二位叔叔日后仕路扬眉，或待愚夫吐气，不料贤叔今又遭此天灾，教奴好不悲伤。"说罢，珠泪掉下如雨。云卿道："原来如此。真令我愁上加愁。哥哥的灵安座何处？"素娥道："在中堂。"公子说要祭奠，素娥命侍婢引进。公子哭拜一番。素娥命人安置了公子等，然后归寝。

原来王廷桂早在那间，闻人来到，先躲在素娥床上。及素娥归寝，廷桂得知此系云卿。廷桂对素娥道："他主仆多人在此，耳目有碍，你我不便。况他是个朝廷重犯，倘被人查知出窝藏者，必定有罪，那时岂不反累了夫人。"素娥说："似此如何是好？"廷桂说："既系朝廷出了赏格捉他，是必处处皆有移文悬挂。待我凑早先看过捉他的赏格所说何如。若是十分关系，孰不若你我先下了手捉他献到官处，免得现前受累，并日后免忧他或代南楼报仇。正是去了心腹的患，又受了朝廷重赏，一举两得，岂不甚便？"素娥道："情郎果然高见。少顷可凑着他们未醒起来，你可出去打听个明白。今夜三更你开定了门，立候你回来酌量。"果然到了五更，廷桂早起出门去了，素娥心内怒道："云卿到来，我上门反求，他竟不恤，累我一时欲火难禁，累我病弄出事来，逼着杀了亲夫。虽则我有智谋，又父兄如此势大，倒未必日后有事，究属心内有些不免，皆系此人之过。今他特自前来送死，报了我心中的恨。不若依了情郎的计，送他性命，免得有累吧！"主意已定。

到了三更，个个睡着，素娥出到门首，果见廷桂满面喜色，密地而回。二人到了床上，素娥说："你往查得那厮事体何如？"廷桂道："待你与我尽欢一场方告。"素娥怒道："何来的兴趣？急杀人也！"廷桂不依，执意要弄上一回，素娥无奈，只得顺了。两意绸缪，其乐无极，四肢缓散，轰然仆倒于床，昏昏而睡。

过了五更，廷桂着衣，又早出门而去。公子一连在刁府两日，见素娥不过孝妇的装色，又不是真意款留，况属个家妇，不便周旋，意欲舍此他适。但一时托足无门，心内自想，实无别处可以安身，只得强耐。正在一番愁闷，一番惊惧，到了饭后，公子闻人打门，是来刁宅的。诸婢开了门，忽见数百余人手持利刃，带头系的医生王廷桂，引着襄阳游击旧时跟过父亲的恭薛威，众兵蜂拥而入，指着公子道："捉他。"公子一时急不及防，被那兵丁拿住，并贵同等一齐上了锁。那薛威还对公子说道："下官曾跟令尊大人，此顶乌纱帽皆赖他抬举之力，理不应如此。但线人来下官处报到公子在这里，倘若下官不来，朝廷与上司闻知大有不便。为着前程，是以如此。休得见怪！"公子大怒道："你不说跟过先父犹可，既然沐过我唐家的恩，今日我们有难，你不思报便罢，反来捉我。如此忘恩背义之人，我云卿纵死在你手中，到地狱上断不饶你。"薛威又道："你内里人出首，下官然后来得。你不埋怨自己好眼睛，投得好主人，反来埋怨我。"公子又怒素娥道："我念与你丈夫八拜，故来投你，你不敢留我，便再往别处。今贪朝廷重赏，密地叫人报信旨来捉我；真是毒心妇，令人可恼。"素娥笑道："非是愚嫂无情，但家门衰薄，诚恐有累。"

句句说来，越激公子五内火起。又举目看贵同等，悲悲哭哭。一时发性将那链子扭断了，忙又抢得一利刃；手起刀落，那游击薛威的头颅在地。兵丁各举器械乱刺公子，不敢恋战，且战且走。公子却因有诸人累着，又被各兵丁转去各武营处通报，一时那官员闻知，火速闭了城门如铁桶一般，公子无路可走，追兵约四千有零，寡不敌众。

公子又被那官员捉回，贵同等被乱军杀死。正是：

　　　　命里不辰皆坎陷，笼中无路奋飞鸣。

　　未知捉了公子何如，且看下回分解。

第二十一回　知府买犯解京

诗曰：

英雄受困莫如何，公道须臾唱颂歌。

谁知不合刀头死，偏来千石沐恩过。

却说云卿被各兵丁捉回，襄阳总兵官看他年貌果与形图上所绘的相合，自家又欲将那个万户侯的重赏加在身上，立意要将廷桂唬退，说道："窝家出首，理合受赏。但你有本帅不报，反去报游击以至兵微将寡，损折士卒，反害游击的命，皆你之过。念出首有功，姑从宽恕。将来朝廷止知那薛威捕盗身亡，文明袭荫，再无重赏的理与你何涉。速退。"那王廷桂被唬，不敢置辩，只得抱头鼠窜而退。后那总兵居然将此功认在身上，自谓白手拾了一个万户侯。随把云卿割了发髻为据，写一角文书，差个兵头将人犯解去是府里寄监，以便审实，刻日解京领赏。这襄阳府知府系江西吉安府人，姓吴名瀚，前任巡抚恩张德龙前科，嘱买本省主考，要中他儿子张豹为解元。那时吴瀚正系个监临，见张豹技勇平常，马步京小，便不肯中他解元。幸得中式究在试差，故意中他。后德龙知了，恐吴瀚奏着，先寻个本省事件，白地奏上，要议他问斩。幸得此时梁柱尚杰一班在圣上面前保奏，只得降职，调任湖南襄阳府知府。心中正恼着那班奸仔，正感着那班忠臣。一见总兵移文解来是尚杰之子，心下好不十分哀怜。但碍着解差，只得吩咐来役道："回复大人，本府承办便是。"又将云卿略略讯过，暂且发签押监。那知府见他满门杀戮已尽，云卿又被捉将来，唐家的冤岂不是埋了？左思右想，自家前受张奸臣所害，犹得尚杰一臂之力，今凑着他危难，须要出个方法救他。主意如此，但不知计将安出。

过了数日，适本府监内有一犯官姓林名桢，原系福建人，少年在家专好使性，又嗜博,常常急注伤人。公子曾与相识,爱其勇,赠银三百,劝入营。无何,桢职把总,后又调襄阳千总。因捉贼急功,一时动手打伤一个同列。同列伤重病亡。后来总兵执责削桢职,欲议充遣,暂寄监,候部复起解。谁知被打的儿子系顺天人,充部办,闻总奏议不服,就在京告了部状。因此部文发落,着解桢到部再审。初,公子入监认识,说起旧日恩情,今日同被网罗,你怜我悯。公子犹幸难中遇着个知己,不料聚首未几,适他起解。告别一番,吴瀚即命数个差役将解去。旬日,解差回来,跪下禀告老爷说道:"小的奉解林桢,到了山东却被响马抢了,只得回来领罪。"斯时,知府正在意中欲寻方法打救唐云卿,未得其便。左支右离,十分闷乱。见解差回衙禀说林桢被响马抢去,忽然触起他的计来,只得按下不道。随说道:"你等解差不慎,却被强人抢了重犯,罪该万死! 但响马由来猖獗,屡屡报犯拒兵,朝廷亦素所知,难以究办。但嗣后解到此处,必须小心提防,乃可。"解差说声"小人从命",叩头谢恩而退。吴瀚自比得了打救公子方法。

一日,到总兵衙门说道:"卑职一来恭喜大人指日拜户侯,一来有话商酌,还欲沾光一二。"总兵道:"有话请说。"知府道:"大人捉了云卿,朝廷自然叩拜大人为万户侯。但此处城池十分紧要,必须大人虎威震慑。为着地方起见,此犯料难亲解。孰若卑职代大人走了此遭,那时借着解犯有功,或朝廷喜欢,高升一二级,亦未可知。岂不是沾大人的光吗?"总兵道:"蒙太爷赐教。虽则此处地方紧要,本帅要在此镇守,顷刻难离。至云卿解一事,本帅自有本营的下属,待本帅打发数名游击千决等,过日来贵衙领此犯起解便是。那好又来劳动大老爷?"

吴瀚见他不允,只得回衙,再着个心腹家人前去与那总兵门上说道:"小弟的老爷欲见个功劳,升回旧职。今见驾上元帅捉了朝廷重犯,正欲代元帅解回京都。那时圣上或念他解犯有功,廷升加级,亦未可知。断无空过的。所以前特地亲到你家大人处求他不允,今又着小弟来,求驾上转达大人,请他允肯。起解的费用皆在家老爷身上,并退银三千与大人上寿。现在银二百两,暂送上老人家受用。事成再有重谢。"那总兵的家人一闻个银字,笑道:"又来多谢尊大老兄如此费心。驾上坐坐,用过点心。暂请回衙拜上大老爷,待小弟求了家老爷,自来复命。"吴翰的家人回衙说知。过了数日,果见那总兵的家人到来,说道:"倒有几分成事。但须添饭,大人方肯。"吴翰的家人问道:"未知添多少?"那叫珍家人道:"须双倍。后求他减实五千。"适总兵生日,吴瀚亲身送去,做个寿礼。总兵吩咐吴瀚道:"今得大老爷代本帅回京,固属甚妙。但此去必由山东,须防响马贼盗抢截,如何是好?"知府道:"大人不必忧虑。卑职多带民壮快头前往,打着元帅的旗号,谅此鼠辈技,止令三人欺两,抢截那班过路的客商。一见朝廷大员的威风,还敢正视?但求大人即刻写了本章,过日进发。卑职倘因此附驿邀个功名,廷升了官,日后还有个报答大人处。"总兵允应。

是日留饮吴瀚,散席回衙。果然隔日总兵解了本章过来。吴瀚是夜三更,着个腹门上前往内监调出云卿,入到穿堂跪下。吴瀚屏退外役,只剩一两个家人在旁。遂对云卿道:"本府原系忠良,素朝中奸臣往往诬捏贤臣。尊大人的事,我岂不知是个假的。但我由巡抚降至五品,又复君门万里,即欲上本代你们表白,实料圣上不信,是以转望诸同寅。今你又被捉来,一解到京,绝无生路。眼看三百冤魂终沉地狱,故本府左思右想,送了五千银与总兵元帅,托言买功,解你到京,实欲前去如此如此。望你满门地下有灵,倘遂中了吾计,异日你寻个方法报了仇,本府连那二千石不要亦觉甘心。故特调你出来说知。你道那个计使得吗?"云卿叩首道:"此计虽可,未能操得。但出于无奈,只得从天降福。即或命该一错,得大老爷如此苦救,再世定必结草衔环。"吴瀚道:"除奸护正,乃事之本然。何足言报!"两人说罢,暂带回监。果然翌日点起老的少的差役十余人,并云卿一齐起程解京。正是:

生死原前定,解脱自有方。

未知吴瀚解公子前往何如,且看下回分解。

第二十二回　唐云卿山中称霸

诗曰:

　　千般百计救恩人,难得吴公志力勤。

　　堪笑一班贪劣子,任教生喜又生嗔。

　　却说那吴瀚起解云卿,走了二十余天,谅总兵耳目已远,遂对云卿说:"响马贼抢了前解的官林桢。他原系福建人,你在监中识他否?"公子道:"是犯人的好朋友,那得不识。"吴瀚道:"既如此,中计亦未可知。"

　　又行了几日,正到双谷口,正是贼人出入所在。刚要过此抽身时,吴瀚忽然假说肚疼刺。从役道:"前去患防贼劫。今大老爷又忽然害病,如何是好?"吴瀚道:"尔等先解犯过了双谷口,寻着县里寄了监,就在此等着。我在此处歇住,待肚疼痊愈了就来。留下一人服侍便是。"众役道:"需求大老爷就在此处发个帖子,着我等去各营多借兵丁,方可过双谷口。免至又以前日解林桢一样,误了大事。"吴瀚道:"太平日久,安有能干的老将。若起了兵,才过双谷口,恐贼人反认是官员来捉他。他满山一齐涌下来,不特失了犯,连你等性命亦是难保。我计定是起解,已带定得一副鼓乐前来,你等俾那犯当头,个个持件乐器大吹大擂,装成娶妇一般。贼人纵然见了,道是个迎亲事件,又非比客商有什么财帛,他必不下山的。倘若真来时,你等往的缩回,那时本府务必在本处借了兵剿他回去,决不累尔等。"众役道:"此计亦属平平。且大老爷吩咐,小差从命。"果然推云卿在前,个个持了乐器在后。虽不按腔合拍,而切切嘈嘈,哗鸣入耳,顺风早吹到聚英堂上。那班贼人道:"奇了,如此荒郊野岭,缘何有迎娶赛会的鼓锣?莫不是人家娶妇的迷了路到此不成!"那头目道:"山中正少一押寨夫人,他自投首。天赐不取,反受其累?喽啰,可即速同四大王下山,捉他上来。"

　　那四大王非他,即林桢。飞风下山,谁知来的不是新娘,原是个云卿故人。那在后的吹手远远见了贼来，旋即退去，剩了公子一人。林桢说道："再不意是恩人。喽啰急与他开了锁，同上山吧！"两人一路行，一路语。到了山堂，头目道："此位是谁？"林桢道："是四弟恩人。"遂将公子姓名事迹一一说明。头目道："原来与我等皆是个被害的。"公子又转问那班英雄，始知为首原系旧日襄阳左营光。二哥系右营刘英，因无钱孝敬那总兵，削职亡命在此落寨。三哥马如龙，系雁门关千总，因唐吉杀了陈安邦，他贪着俸禄未跟唐吉逃去，后自己不慎将唐吉杀安邦的真情说与安国知道，意不是关自己的事。不料安国执责起来，怪他是个叛党，本欲奏明朝廷，奈前日连自己亦上了霍韬的当，难以入奏，此欲寻个事件收拾如龙性命。如龙知察，故特地投到此处。林桢系抢的上山，各人见其好汉，尊他为第四。个个方廓，公子遂向马如龙问道："三哥既曾在雁门关中，想必知道小生家兄舍侄的事。乞示其详。"如龙便一一说出，公子始知唐吉逃往湖南牛头山去了。说罢，各人又道："公子英气盖世，我等又曾沐恩波。今日邂逅相逢，正天护佑得来。我等情愿拜公子为大王，日后招兵买马杀回朝廷，与满门报仇便是。"公子说："小生得蒙吴瀚大老爷设法搭救，幸又遇着兄等，满门有幸，宁敢强赛压王、后到为王！"众人说："以公才能，固胜吾辈十倍。况为着报仇，势不得不为了大王，然后名正言顺，各人任所指麾。"公子见说得有理，推让不过，暂且允请。是日，宰杀牺牲，拜告天地，重列长次。止让公子为首，诸人以次而降。合寨畅饮，不在话下。又表那班解差，急急跑回，见了知府禀上。那知府道："总是你等不细，暂且回去再作理会。"火速回到襄阳，吴瀚说知那总兵知。总兵道："我有心抬举你，你反败了我一个万户侯。须要奏明圣上，看你如何解脱罢了？"吴瀚道："那犯是千总薛威捉来的，大人不过顺手执了。卑职又送过五千银子与大人受用。大人若不容情，必要奏明朝廷，卑职此时认是大人将此犯已卖出卑职。现有家人过交可据。又况解的是卑职，不是大人，明明不是大人的犯。这回反面起来，难独大人会奏，卑职不会奏吗？"

气得那元帅哑口无言，又况文武不统属，无可奈何，只得待吴瀚回了衙，总兵又着前时讲银那个家人前往知府衙门，要勒他再送五千块作赏。那吴瀚宦囊甚涩，力办不出，进退两难。忽然想起一计，急着差声言要请王廷桂先生来看脉。少顷，廷桂到衙，先诊了脉。知府说道："恭喜先生，将来就不得闲与人家理命了。"廷桂躬身道："小医生何不闲之有？"知府道："阁得先生前月捉了朝廷重犯，交与总元帅解京。将来圣上得此犯，忆不是要将万户侯赏与先生，先生那时要上京引见领赏，缘何再能得闲与人理病？"廷桂遂将总兵夺了自家功劳的话说出。知府道："世间哪有如此官长！先生何不去各衙门告他?"廷桂道:"他是个元帅的身份,小医生有多大前程,敢与他作对?"知府道:"虽贱不与贵敌,但得失甚重,孰能哑忍。况本省督府甚属廉明,你前去告了一状,又在本府处告了一状,本府上去督府衙门与你调停,包管你无事。"廷桂道:"既蒙栽培,小医生退去,前往告状便是。但大老爷必须照顾相帮,免到小医生画虎类狗。"知府道:"这个自然。"廷桂欣然而退。正是:

遭兵如欲退,必要祸东吴。

未知廷桂退去何如告状,且看下回分解。

第二十三回　薄命人军途遇盗

诗曰：

英雄不获护妻儿，任却难艰共别离。

怜去红颜多薄命，孤身到处祸相期。

却说王廷桂不忿不激，前日捉了云卿，那人万户侯视为囊中物，却被总兵夺了，心下十分怀恨。但畏他官高势大，莫可奈何。今被吴瀚惹起他的火，又许助他的势，竟回到刁府上将那人事道知素娥。素娥原欲情人得了官职，日后自己可以嫁他，不失外家的体面，便辣耸他道："得本府如此出头，怕什么？元帅倘有险阻，我回家求老母入衙门与他说个情便是。"廷桂恨着这个万户侯，且恃着多人帮助，立定主意，翌日果然写了一状，拦舆递上督府。督府不理他，又向本府递了一状。本府收了，故意携了前去呈上总兵，令他知个利害。总兵一看，状中说道：

为夺功欺君气恩代理转奏：事缘生业医无异，因唐云卿与表兄刁南楼非亲非故，只于进京途中偶尔两相知名，后表兄南楼弃世，适前月重犯云犯投到，声言借宅躲避。寡妇刘氏自念夫家原系名流捐纳，父亲又属刘俊，现任顺天府尹，皆朝廷命官，理合为朝廷灭贼。奈青年媚妇难以出入公庭，故特着出生首，随即捉获云卿。本该将生等功劳入奏，方不负国恩。不料总兵大人欺氏媚寡，厌生医巫，竟将大功据为己有。似此明掠国恩，且无以为庶民，他日为朝廷捕盗，劝只得沥情。据实力叩合阶，求将生等出首捉获重犯云卿功劳入奏，庶得上领重赏沾首恩切赴。

那总兵是个纠纠，有什么见识。看罢面如土色。吴瀚乘势唬他说道："天子犯法与庶民同处。他状词句句有理，又明是顺天府尹大人刘俊长女出头，宁不怕他说知父亲奏明圣上？"总兵道："似此奈何？"吴瀚道："须与他和为贵。"总兵道："求大老爷与本帅调停为是。"吴瀚道："那个或能使。卑职回去，传廷桂到衙，看他如何，然后回报。"吴瀚回到衙，果然传那廷桂到来，说道："云卿解到山东已被贼人抢了，这个万户侯总抛了你，今亦取不回的。倒有个法子，令你发注大财。"廷桂亦是个谋财陷命的人，一闻本府如此说，他道："愿大老爷指教。"吴瀚道："若是云卿尚在本府，亦可以出头勉强替你争回。奈抢去无据，朝廷又未曾得知，今若上奏反惹起祸来。但系要那总兵赔一千几百两银子与你抵偿，可以去得。你意下如何？"廷桂说："如此，亦得求大老爷作成便是。"廷桂退去。吴瀚三四往返足足唬回那总兵两千两银子交与王廷桂作抵，廷桂又转将一千送与本府。吴瀚恐他见疑，故不肯受。实自家用了六千银子，又费一番计，致心力口舌，救得那位七公子在山中，此后料无人可以捉他。

一日嘉靖正在想见行文在下多时，还无有能捉得云卿解来。遂与宠臣张德龙议论一番，然后退班。张豹问："父亲日退朝何晏？"德龙遂将圣上因日久不见拿着云卿之语，转述一番。那张豹说："儿被云卿打丑时，在吾家乡襄阳地面。难独他仍躲此里不成？儿今已幸中了新科状元，正合回家拜祖。或撞着他捉了，一来免得挂虑，二来执了那个万户侯，岂不是两成其美？"德龙道："如此看来，走走亦未尝无益。"果然上了本，告假回乡谒祖。张豹归到家中，拜了祖，心内想道："我今多带家丁前去素兰家下，云卿捉得与不捉得，还要捉了那个贱人回来，方遂我的旧愿。"果然前去吵闹一场，将素兰抢了回到书房。张豹立要逼他行事，素兰死志不辱，只得千啼万哭。谁知那张豹虽品性凶险，倒是个野心狼反敌不过床的胭脂虎。那时素兰放声苦叫起来，微微惊动到内里。张豹的妻审问侍婢，公子书房内缘何似有哭声，正欲出来观看。有人心腹的使婆先到报知张豹说道："夫人到查。"张豹一时忙起来，急着人带了素兰到一静所躲避。他仍恐勾盘查确，适室内有一大空柜，张豹遂将素兰推在里面，外加了封锁而去。

是日，又值满堂戚客到贺新贵。张豹少不得留饭，庆闹中多饮几杯。席散，其妻适又命侍婢请丈夫到房来宴，要图云雨的事。张豹一闻床头严命，那时心中记不着素兰。是夜，张豹不敢违夫人柳翠之命，急急到来，见柳翠早已赤精条条斜卧于牙床之上，张豹加刺身，尘柄鼓勇，情穴堪堪欲颓，霎时龟头张弓，牝中紧狭促急,遂阳精大泄,直冲花心。柳翠感一阵气来,冲得淫浪交叠盈满琼室,目慢耳热,身抖不绝,紧要之处,阴精亦至,迸丢为快。二人方才云散高唐,敬枕酣然。

适有鼠么一个姓谢名荣,诨名叫造蛇仔荣,为人十分鬼骨,生平能干,上落如飞猿,出入闪忽若电,人纵见了不能捉他,且又取物如探囊。一个姓李名锡,诨名双刀锡,善使双刀,有气力,能持二百斤瓦上行。二人一向为伴,虽古之嗜仙昆仑徒不过也,知张家连日留客饮喜酒,料夜来各人醉困。适李锡又因近日番摊不利,正欲往张家行窃。主意已定,遂纠合半党谢荣同去。三鼓已报,二人由瓦面落了天街。奈宅内铁门铁厅甚属坚固,料难进去,只得就在外面闲厅等处窃掠一番。转到一所私室,点着头颅有声,以手扪去,竟是一个大柜,又用手一抽,甚重。二人道是衣柜,既有封锁,是必其中好物件太多。孰若窃他回去,免得空出。二人低耳酌量已定,随开了大门,合力抬到家中,已近天明。扭开柜门,忽见二八丽妹,泪眼盈盈,别具一种娇妮动人处。二贼见其慌慌忙忙跳下来,即跪在地上哭道:"求二位大哥饶命。"二贼道:"你是什么人,缘何在这里?"素兰遂将被害头尾说出,并求二人打救。二贼道:"我等皆是个平民,何能救得你?况即送你回家,张公子因不见了你,必再到你母亲处寻你。这回被他拿回,第二次未必再有如此凑巧,被别个卖得你出。今既离张家,又适到这里,正是千古奇遇。倒不如就在我家里过日子,埋了名,不致受人害了性命便罢。"素兰说:"大哥不要如此,奴是有丈夫的。"谢荣道:"你既有丈夫,还受张家的害,这等男子要来何用?况我又未有妻儿,只老母弱弟三人度活,正要寻房家小服侍老娘。你来得如此凑巧,又不是向你丈夫手里抢来的。他只道你尚在张家,哪晓得竟在这里。我虽不是个食租依税的人,但现今如此糊涂世界,得两个钱便是有面子的,管其什名目。我这种生意,利钱固不是子分爱亏,即此之张家,虽房朝绅,究实只知窃位,冒缘谋害忠良,梁上还不失为君子,岂不反胜他为国家大大个奸贼。李贤弟,你有家小了,即将这女子让与我,你平日是无坛的老虎,谅亦无此胆量相受罢了。我今补回银三十两与你作抵,你不可食指妄动。前去赎回那个高衫,买把鹅毛扇薄草鞋穿起,日间回来饮杯喜酒便是。"李锡道:"须要现鸡,有银便罢了。我原不似你是饥鬼。但色即是空空即是色,仔细些乃可。"荣道:"愚兄自有分数。"说毕,随叫母亲取出一包银子出来,择了一锭足足三十两的,交与李锡说道:"此银携去,不可原封与人找换,须要细细开用方可。或待日子耐些使他更妙。"李锡道:"如此晓得。"更去了。正是：

刚离火穴，又蹈冰研。

未知李锡去后谢荣何如，且看下回分解。

第二十四回　烈女子手刃诛奸

诗曰：

复仇雪恨非容易，况复能斯属女流。

谈笑不惊真异事，至今烈女传堪留。

却说那贼仔李锡已去，谢荣用过银子，备要素兰为婚，已露个不死不休的意思，素兰亦明知不免，欲寻个自尽。奈父仇未报，夫难随兴。想到那个时节，真个好不瞑目。但看势逼，勿要求个方法稍得甘心，方可一死。遂假意对谢荣说："我即愿从。此处张家我家耳目甚近，恐一时被他查出，岂不是惹起祸来，你我难以久聚。"谢荣说："既如此，若得娘子允肯，我与你迁往别处就是。"素兰道："远的更好。"谢荣果然收拾了细软携了满眷去别府。居住甫定，又向素兰求合。素兰托言月事方来，业有成说共谐，夫妻同衾共枕的日子自有天长地久，何用操夺乃尔？况君髫如载，四十许岂尚未经人道吗？谢荣闻说经旬不便，不敢强为。且自如载，语得他允肯，便何忧欢娱无日，不过姑忍耐片时了。

果然过数日始来求合。素兰道："市儿岙亦须一杯羹，清醒白白有何体统！"荣道："我一时心急，都忘了。如的去买个神福回来，拜过祖宗才合。"须臾，持了几味肴馔回家，烹饪毕，将来祭告了天地祖宗一番。谢荣还要学世俗交杯执盏的故事，更后直移回房中入席。素兰心生一计，遂手捧玉盏，与那谢荣绸缪，红袖添香，谢荣喜不自胜，早将素兰纤指捉住，仰首饮尽。又抚摩半响，不忍释手，素兰略做羞态，把盏又敬，谢荣酒兴施狂，顺势搂素兰于膝上，素兰娇羞无力，半推半就，半臀即捱，柳腰全依，谢荣腰间那话儿硬若铁杆，早顶住素兰腿间凹处。素兰知其淫兴正狂，遂轻控其腰，紧勾颈儿，将盏酒香唇一沾，旋即递敬谢唇边，谢荣玉人在抱，魂魄难安，叱的一声，将酒儿饮尽。素兰又斟，谢荣不肯，素兰吸进口儿饱含，谢荣用口方才接了，温润入喉，香唇得陋，以亲芳泽，那话儿甚躁，顶得素兰颤颤，素兰嗔恼，施手一捻，谢荣魂飞半空，身在飘云，身翻将素兰强按椅上，急撩裙据，探手去抚那高高迸迸的牝儿，素兰假意推阻，勒其手转，道："你若饮个一醉方休，我方曲意承欢。"谢荣点首，素兰复起身殷勤把盏，谢荣老着脸儿，又将兰搂回怀中，一手抚其酥乳，一手翻卷裙裾，尽露白光光两条玉腿，又探手牝中半个指头，研濡渐渍，竟生些丽水滋溢，谢荣先尝秀色，已大半醉了，素兰又酒盏频递，皆一饮而空，约有半个时辰，谢荣头目森然，摆手不饮，素兰起身，将一条玉腿置于桌上，金莲斜劈，未着亵衣，隐隐及见腿根红白那处。复将一盏酒儿倾于腿上，令谢荣踞蹲仰承，谢荣骨碌而起，蹲下扒着嫩嫩的腿儿喷喷乱舔，不曾一滴走落。转眼五杯又过，谢荣堪堪欲倒，素兰又展露牝户，斜刺里复倾一杯，谢荣跪地而接，舔饮之间，偷尝鼎脔，三寸舌儿于牝中伸伸缩缩，吁吁刺刺，若鹅鸭咂咂食之声，素兰强忍欲心，暗咬银牙，牝中含紧，复又连倾四杯，波涛淘淘，谢荣一通乱抢吃，一头顾那酒儿，一头顾那丰腻牝户，忙得不亦乐乎，又逾一刻，谢荣仆地，素兰牝中竟随之儿抖，暗骂一句，急急整好衣裙。素兰托言出厨取茶与他醒酒。少顷复入，又灌他数盏。荣已睡在桌上，素兰用力扶起，以手搭着他肩，问他要酒否？他已口内呢呢不成话柄。素兰斗胆，右手持了一刀，向他喉咙割下。他连时倒扑在地，素兰俯就双手压下刀去，荣喊一声死去。荣的母亲正睡在对面房中，隐约闻声，急到房首窥探。那时素兰性子已发，尽用平生胆力正欲冲出。适见母亲，顺势一刀当头劈去，他脑尽出，跌倒在地。遂逃出，渐近门首，阿㑇始入房内膛出，须臾叫喊。素兰虽离了屋，终恐难免，旋欲自刎，奈手已无力，刀且断不能入。走数步，阿㑇逼近。素兰身到处，适见一塘，骨突一声跳下去了。邻人闻阿㑇喊声，齐起。黎明众集捞尸。搜素兰身中，并无长物，只有一小包油纸，内封裹一书甚固。各人开读，始知素兰遇难首尾事，原系他于数日前密地将自家的所遇书就，以便殉节后鸣冤的。诵罢，贞烈动人，个个怜他有识有谋，真女中豪杰。一时引得远近来吊，道路如蚁络绎不绝，焚帛成丘，绵朝拜如仙人。阿㑇不敢复仇，只闭门哭兄母而已。

　　数日，众议聚金殓葬，顷刻千金。千夫歌诗，秀闺赠赙。又君殉以珠宝嘉赏与魂。一时惊动到那张豹闻知，大恼。谢荣偷了素兰，虽则连他性命不保，难以追究，但查得阿㑇系他胞弟，还去将那夜人单再加满贯，捉了阿㑇代兄义发。此亦恶人无后处。倒是李锡无赃，幸得漏网。一闻此事，暗怜伙伴为色而亡。可适自家不要学他如此，又得这注大财，在家与妻子朝鱼晚肉，闭门受用。

一日，恐床上坐食易尽，心中正欲前去番摊馆看他是个稳合跳仰，或是运鸡笼。孰知下手处，竟然捞月沧江。须臾火汐毛尽，摇乎萧索，元夜方归。方欲珠还合浦，奈囊底皆空。况谢荣已死，即穿墙发箧，亦已无伴。正在无计得一注大钱前去再战，左思右想，踌躇莫措。忽记起素兰死时，各处男女所赠宝什物尽付棺中，约值不下千金。且灵柩不过停在某处，是从此荒凉所在，并无人履。我今前去密地开了他棺，取其财物回来，岂不是又有本了。遂纠党三四人，果然去到，正欲向棺材挖下。孰知素兰初时下水邻人即时捞起，且塘又浅，其实未曾被水淹死，不过一时惊恐过甚，暂失了魂，数日旋苏。入棺后，口虽不能言，心尚了了，十分烦闷。斯时似有人拍醒一般，上面棺材即闻霹雳一声即开了。素兰出一声大气，动起身来，众贼似见了生鬼一般，个人唬惧欲奔。素兰道："你等不必走，头上珠宝悉任取去。"贼人回头跪下道："娘女夫人，我等安敢如此？但为着一时贪心，今幸娘子再生，勿扬出我众便沾恩活命。"素兰道："虽开棺罪大，但我非遇着尔等安得再睹天日！且携我去，卖与庵尼更可得值。"众贼道："娘子回去，见人勿说我等所为便是成幸，宁敢如此大胆将娘子去卖取值。"素兰道："此是我情愿的，与你等无涉。"一贼道："此去镇江，有一夫人孀居，最好心。我等带娘子前去如此如此，必见收留，岂不胜过卖力为尼？"素兰道："得众大哥如此救援，聊以答报。但凑着无人知觉，速速前往为是。"众贼遂携了素兰去到江崔夫人宅上，假说素兰从夫上京赴任，舟中倾覆，诸人尽溺，素兰幸得一板浮去不死，又遇回风打了近岸，我等看见，捞他回来。素知夫人处好好善事，故引他到来府上暂求收留，俾娘子得个安身，日后再作道理。大望夫人发个慈悲。夫人是个立心救济难人的，闻众人说出如此可怜，又见素兰婀娜动目，不觉俗下钗裙。夫人有意收留他，说道："老妇寡居，并无五尺，得那位娘子做伴少慰寂寞，甚属合意。但未知子有嫌寒舍落寞否？"素兰道："幸免鲸吞，又复安身，有地便是天堂。况得夫人不以口腹见累，即充仆人辈，亦复何嫌！"夫人大喜，并问名姓。素兰假说张名淑英，且说道："一家尽葬鱼腹，剩此孤身无家可去，止愿在此依倚终身。"夫人道："既如此有情，又复到来非偶，我今愿认你为女，共度寒暄，姐姐意下如何？"素兰见得了住脚，不至势头露面，又撞着那班冤家在此慢营冤窟，可以须臾不死，日后有缘中可夫妇重逢，宝钗再合，亦未可知。主意已定，对夫人说："蒙夫人既认为骨肉一般，请受孩儿一拜。"夫人欢喜回礼，后竟以母女相呼。夫人转要多谢众人打救淑英的功劳，随赏了银子十两，众人领受始去。

初是夫人寡居，家中诸务凡一切钱设，悉以一身操持，十分劳瘁。素兰入门后，事事待他理得妥妥当当,特分母忧。又能所以目,凡有措置,无不默中母心。会人亦越加爱惜。居无何,素兰又复挑琴博弈读史诗教夫人诸剧。闺中暇豫,辄复为之。夫人借此消愁,自后反忘却孤孀之苦,竟视素兰如同己出。他在此甚属快乐,但一时想起丈夫的下落,未知吉凶若何,又未免暗中堕泪。一夕,新秋在树,寒气袭念,枕畔孤寒,辗转不寐。正是怀人的境,又忆起湘江船上倒昨罗帏春暖,今夜绣阁凄凉,好不伤怀。被底悲吟,聊撩一乎秋闺怨,少以见志。口占道是:

> 寒砧敲落月蟾光,愁锁鸳衾冷满床。
> 闺梦几回随白雁,奋飞无计度衡阳。

吟成,纱窗背晓。起来梳洗,去见母亲又要强颜欢笑以慰母心。及至漏水更长又复如是,未晓山中人,两路相思,同一口甘苦。正是:

> 志士嫌日短,愁妇厌更长。

正欲素兰丈夫还忆素兰否? 且看下回分解。

第二十五回　庆聚会妻妹相逢

诗曰：

> 萍踪无定恰相逢，妻妹尤难到处同。
>
> 独有素心人永隔，何时共乐此山中。

却说那公子到了山中，一身虽可免人陷害，但一想起满门的酷孽，以及花朝月储备枕畔孤凄，未免忆着那素兰。南望湘江，离云一片，好不伤怀。一日出聚英堂，与众兄弟聚话。你说个百万军中取帅首如探囊，我说个万理提拴功标铜柱，听来说是韩信无双廉颇第二。云卿说道："众兄弟个个如此英雄，眼看我唐家的仇能报有日正是，武家得胜。但人生能干，终是说时易造时难，往往言过其实。及一时事到头来，反束手无措。"众人道："大哥言得有理。我等何不比个武艺，待大哥看过，以便日后可以从宜调用。"云卿道："人不在力，独贵用谋。你试看古业登坛拜将，悉是白面书生。可见徒恃血气，便干不成事的。"众人道："比如何为乃见得你等本领？"云卿道："我自信唐家被害以来，父子兄弟叔侄婆娘姊嫂下及妻妹已死，不能复生，无能得他前来。但今尚有二件事，各人前去办得来便是有能干的。"众人道："那二件？求哥哥说明，各人前去办来便是。"云卿道："第一件，马弟曾说我的侄儿逃去云南牛头山落草，但未知下落至今如何。马弟既系与他相识，正好改了装，持了我的手书前去通知消息，俾得两日后有个照应处。"如龙领命。云卿又道："第二件，我有一房家小仍在桂阳某地面，姓李名素兰。未适愚兄时，曾被张德龙之子张豹所害。今我既不在那里，那奸仔必然又摆布了，终恐有伤性命，且辱了我的面皮。二弟可前去密地携他前来，我已有书在此，交他一看便知。"

公子说犹未了，忽见山中一旗头气喘喘跪上堂来报道："请大王等下山退敌。"犯犯犯下弓矢出了山门，心中知他的利害，不敢亲身对敌，先就百步外恃着自己的连珠箭,平日在此山中打劫往来客端,即被他走过了山前,他远远赶上,一箭放去,无不应弦落马的。以故云卿未到,各人遵光为王,正因有这个本领。今又欲使个手段发下利市,一箭向那女子射去,却被那女子一手搂住,转以手代弓壁面掷回。不知李光再射,急不及接,且又右手拿着宝剑,只得用口衔住他的第二支箭,又如前去射回。李光长技用尽,平日未曾逢此敌手,无计可施,只顾转身急走。幸是快些,那掷回的箭正中肥豚,铿然如春天打败鼓声。堂上见光又败回,起齐喽啰一齐持了利刃涌下山来。云卿奋能当先,一见了那个女子,口中不觉说道:"奇了,来的岂不是我家八妹金花一般?"又见那女子答道:"我正是金花,在上莫不是云卿七哥吗?"公子道:"正是。可快来相见。"二人两下刀剑,抱头大哭一回。金花道:"七嫂在前面山里。"公子又急转过去,果见妻子面如土色,发蓬蓬,手抱一个月婴。一是相认,各有涕泪。公子说:"贤妹可扶着七嫂上山,慢慢细谈。"八小姐果然收还金砖,放起林桢,又前来携着七嫂跟了云卿,与众等一齐回到聚英堂。公子问及家中祖母、母亲并一切家属,金花含泪开口说知家内如此被害,各大人如此通知,姑嫂承祖母如此逃走。他到山前,七嫂一时肚痛,正值临盆,幸产下一个男儿。自家因此持了血衣向山泉洗静,不料在此幸遇着哥哥。正系天赐兄妹父子夫妻重逢,犹属悲中乐事。七公子闻了道:"今既彼此相逢,可以少此两种挂虑。但贤妹一向在家并无技勇,何以忽然如此十分高强?"金花道:"我兄有所不知。我自与七嫂在家逃去,换姓改名,意欲到云南云豹兄处。一路前来,一日途中遇雨,寻得一座古庙躲避,幸蒙神人救援。先化成一个白发司祝,见我姑嫂进去,赐粥充饥。入夜檐头滴滴不绝,姑嫂正欲借此歇宿,那司祝又言庙中有鬼。我等出于无奈,只得壮着胆说声不怕。司祝托言回家睡卧,乘我二人就在庙前打睡。到了三更时候,我甫交睫,即见一神将叫我起来,带到正面神前跪下。上座的神说道:'我是五显华光大帝。可怜尔唐家受害,特欲传些武艺给你,俾得日后为国家出力,并替你唐家报仇,谨记。'又命神将剑舞一通,旋说道:'吾有三块金砖藏在石岩里,取了带往身旁。'点化毕,神将带回睡下。忽然惊醒,原是一梦。方对家嫂说个明白,倒有一阵神风吹开庙门,望去见一白衣鬼,你妹开拳出去,那鬼受了一剑。又到二个矮鬼,涌涌肿肿到来,被我一脚踢去,一踢成了一砖。未几天明,方悟神人所赐。姑嫂叩头谢恩,藏好了神物,一路前来,不料遇着吾兄。"云卿道:"如此道来,悉是神人默佑。日后大仇得报,须要前去重修庙宇,广答恩波。"即李光等在旁听闻八小姐的言说,亦个个开声向云卿恭贺,说道:"大哥兄妹相逢,夫妻聚会,又值天降麟儿。尊嫂临盆,适是青松树下，何不将此位贤侄改名松青？"云卿道："这个使得。"众人又吩咐喽啰，摆宴与大王庆贺。酒至半酣，李光说道："正嫂既到，此后不须弟再接那位二夫人吗？"云卿道："彼有彼的情，岂可留在此处受奸人凌辱。"李光道："明日愚弟起程便是。适这个话是虚的，但未知还有什么吩咐？"云卿道："我有一只宝鸡，在崔荣船处，可一并访着他，取了此鸡回来，不可有违。"

翌日，李光与马如龙一齐改了装，受了书，两人一齐下山，分头而去。正是：

妻妹逢来同梦幻，弟兄辞去各英雄。

欲知李光马如龙所去何如，且看下回分解。

第二十六回　唐公子一喜一悲

诗曰：

> 得失存亡岂偶然，聚散无端别有天。
>
> 未合风云来会合，徒劳祖路强加鞭。

却说那二人承了大王的命，往去各办一事。今且先说马如龙，要往云南访探唐吉投书。一路掩饰，到了牛头山，果然见此山长枕四省四川桂州一带地方，屹然高耸，左右青龙白虎映带。且又两峰危立，中止一条隘路进去。正是一夫守隘，万夫莫当，崤函之险，莫过于斯。如龙将自家的窝场一比，真个万万不及。一路心中称羡，已逼近山人木寨。适有喽啰喝道："谁人如此大胆，独来窥探！幸你进来踏不着地雷。"如龙道："我是个中人，岂不识地雷，反踏将去待他响起来烧死吗？可急传语大王，旧将马如龙奉着唐云卿的命，前来投书。"喽啰进去，忽见唐吉出来，接如龙进去。坐下呈上云卿的书，唐吉读过，始知云卿金花并七婶下落，告知母亲，心下好不欢喜。款留如龙住了二日，如龙要回去复命，恐大王悬望。唐吉只得回了一书，交他回去禀复七叔。如龙依旧取路回到山中，见了大王，将那牛头山的形势赘述一番，呈上唐吉的书。云卿道："据我所说，母子在此山中现有千余喽啰，又有一班莫是强、陈勇、张金榜、魏祖仁、吴信忠、邓廷彪、余虎士、张鹰英数十名大将，青芝押寨夫人。将来时至事起，正可合兵。弟此去头一功！吩咐喽啰摆宴，与四弟接风。"一时里边夫人与八小姐亦知了唐吉母子下落，个个开怀畅饮。云卿又道："愚弟一件事已遂了，但未知李光二弟所去何如，令人盼望。"酒未散，忽见李光白手回来。云卿请他入席，问伊所办的事前去何如。李光道："弟承了大哥的命，去到桂阳地面，寻着素兰家中，他的母亲说道：大哥去后即被张豹捉去，又被鼠麼偷去，逼他为婚。素兰不肯，用个计较将贼人杀了，后又投塘而死，众人聚金殓葬去了。弟是以空手而回。又到崔荣船中问及那只宝鸡，他说竟被奸人骗去。"云卿哭道："那宝鸡犹是贱物，至情人被害身亡，使我日后难以见面，教愚兄好不悲哀。"各人齐劝。

是日，酒席终不能尽欢而散。谁知旧日那个夏光，因开鸡厂领教过公子的鸡，知是天下无敌，自家因为自来赌场花销，般般皆善，把那十余万的家私早早散完。又食出一个洋烟的大瘾，一日一夜，一两有多，始能止得喉咙的痒。他日夜无事，孤伴灯眠，旋犯鸦片烟筒为竹窍山人，且替他竹窍山人作了一传。其词曰：

　　山人性倜傥不羁，当从赤松子游，复其术，善辟谷、吐纳引导，以故少年侠邪，游轹挟与俱。闲为诸妓所惬然，傲逸无度，挥金如土。守财虏每戒绝之，而窍固自若，体不盈尺，肌理滑泽，面点黑似鬼，颈际嵌色百宝。以火灼喙，不知痛痒。腰下有穴深寸许，塞以绵纸票，不知欲何为也，窍固胡产，奉胡教功，令访捕，然窍丰于贿，即公然出入衙署，与长吏相往还，卒无肯。生平不善谷麦，而喜水厄。久与居，鲜不为所化。窍当自言言曰：使吾得操尺寸柄，当令强悍者化为文弱，燥急者变为善柔，须天下皆温文尔雅无事，销兵寝甲而暴戾自靖，其恃所长有如此，旁通岐王，止泄泻，起沉疴，所最长也。

看官，你道那传如此绝好，非真好此道，决不能道出只字。然为人既染了这种，即身家就是个五十万，日日用了一两二两，自然心忍渐渐进，产业渐渐退，不在话下。那夏光把大注家财都没了，止剩了一个捐纳昭勇将军，奈又换不得钱使的，遂人穷志短，比从前更加狡猾十倍。一日思起云卿公子的鸡果然能干，今又闻云卿被捉，此鸡必然还在崔荣船上，何不前去取了回来，与人家打打，不番富贵不可复图。主意已定，左查右访，果然知道崔荣的船尚在此处海面开摆。夏光忽然心生一计，托名请他的船往别处折鹌春。二家约定船线，夏光携了数人下了船，窥去此鸡还在。住了数日，设定圈套。夏光一日正在船中，将一个鹌春来把崔荣见。有一个齐齐整整的官男，到船中拜访昭勇将军。坐定，那人即开口，要将八百银子与他买个只鹌春，夏光要他一千两银子。崔荣等亦从一千两减至六百两银子，将那只鹌春卖与那人。议论一番，那人暂送过一百两银子与夏光作定，约定翌日银雀交易清讫而去。崔荣见那人去了，徐道："岂料世间多如此值钱鸟兽！就如我船尾的鸡，乘云卿到来已不惜三百两与我买了，今贵人的雀又值六百两银子，真个人不如鸟。"夏光道："我尚嫌价少贱卖了。"议论一番，那夏光开灯过了瘾。夜深皆寝。

明早崔荣出来开了船窗，见官桌上悉是花生壳，中央帽子一顶。崔荣史欲拈了此帽将桌上扫净，以免人客起来致嫌堆积不雅。又凑着位将军未进，竟举手向那桌面用展布轻轻扫去。适巾子又粘着，只得拈起那顶帽子。谁知昨日估价六百两的鹤春，从帽子里一声飞去了，唬得崔荣大惊失色。夏光从帐内闻飞了，起来说道："不好了，你放走了我六百两银子。"崔荣道："是小人一时不知，放了将军的雀。非故意者，求为原谅。"夏光道："世间凡事绵易容情，唯有钱银二字最是难的。这雀你昨日明明见到是人家约定六百两银子，如今拿出若干，当让与你买了便罢。"崔荣道："小人操舟为业，水泛为家，那有的重价赔与将军？"夏光大怒道："难独是我白白送了六百两银子与你吗？"崔荣不敢造声。又见夏光来的一人起来劝道："船主一时不细，故失了将军六百两银子。此是大事，非同小可，谅将军处未必便休。但崔荣你赔来亦是易事。"崔荣说："小人前日虽受过云卿公子鸡银三百，但还些旧账，又一向并无生理，使费尽了三百两，赔价岂是个易事？"那人道："你一时记不着了，但怕你不愿赔的，若是肯时便有。"说未罢，夏光又道："既是有，如何不赔？"崔荣狐疑道："小人若有可赔便赔了，断不敢图赖。但真系十分囊空，有不自明之理！"那人道："合将船尾的鸡送与将军爷爷，他或听我劝来，或肯与那作抵，亦未可定。何难之有？"崔荣答道："小人非不割爱。奈我前时已用过云卿银三百两，恐他日后到来收索，如何了得？"那人道："你真呆仔！有目前不顾，顾什么日后，还要将那个替法求爷爷为是。"崔荣终有难色。夏光对那人说："你替他说什么！批拿他见官罢。"一手执着船主的胸前，要缠他上岸。早惊动船尾一班内眷，已将此鸡连笼献上，且说道："求爷爷看那位相公的面，暂收此鸡，饶他罢！"夏光犹愤愤不肯。众人又苦劝一番，那人始接了此鸡。夏光放了手道："总是我朋友耳软，便算你好造化吧！"遂怒怒骂骂，须臾打叠行李。崔荣只得眼睁睁任其携了宝鸡上岸去了。岂知夏光先设定此个骗局，此鹤春原不值数十个铜钱，他密地着人到来，假说出六百两银子，故意堆满各物，料得来早崔荣必扫台中计，遂强骗他的鸡，以便回去与人家斗斗，赢的钱财花散。不料果遂得他的意。骗了此鸡多时，李光才到，那能取得回山送上大王，只是便宜了夏光一番。正是：

田园立尽心偏险，矛盾不操盗始强。

夏光骗了此鸡回去何如，且看下回分解。

第二十七回　夏郎棍中偏遇棍

国学经典文库

私家藏书

玉楼传情

图文珍藏版

诗曰：

> 一山还有一山高，棍中个个出英豪。
>
> 岂知棍夹和棍中，转为他人作老奴。

却说那夏光骗了此鸡回家，持与人家一斗，果然所向无敌。数月间，旧业赎回，床上灯火不绝，早惹来一班北京南京，闻伊赢得一注大财，欲再娶一房侧室。无保，即有老翁觅他博戏，以五十两为注。夏光嫌他的少。公翁道："何妨！暂且则剧。过日小姐过了娉再来赌，三五百都有了。"夏光闻他所说，一一查究，知他有个女儿十分美貌，再醮盐商为妾，约定礼金五百两。夏光即时起了心，问道："令爱曾接了定否？"翁道："何不嫁与晚生？倘见过如果中意，我多送你一二百何如？"老翁道："更妙。"二人遂不复赌，竟携同到那老翁家中。见他女儿果甚美貌，夏光遂即交了二百两银子与老翁作定。又过了数日，寻了间洁净房子，娶了那女子回来。及入洞房，夏光仔细看了一回，真是个倾国倾城之貌，叹了一阵，方与他扯了些闲话，他自言姓胡，表字曼情，先前曾嫁一大贾，夫死再醮。夏光被美色迷住，遂一把搂过，滚至床上，曼情含羞带怯，浅笑吟吟，夏光愈发火动，腰间那话儿早已饥渴难捺，急扯裤儿不下，倒是曼情探纤手解其裤带，卸掉裤儿，二人相禁不住，仆跌于床，云收雨散，一梦之间，金鸡唱绝。与他到了数月，夏光见一少年衣衫褴褛到来门口，自言胡彬，要见姐姐。仆人通报，夏光在旁，见那女人意欲着人出去，推他不愿相见。夏光道："即属令弟到来，亦是一场心事。岂可令他无味回去！"女子道："我夫有所不知，我的顽弟不理生业，嗜博，到来非赊便借，故不愿见他。"夏光道："切肉不离皮，须见他为是。"须臾命人传入。胡氏且切责一番。胡彬道："父亲去了广西桂林埠内出官。今有书回来，着我到彼埠中造个枰手。意欲前去，但爹爹去后，我一向番摊不利，连家中所有一一干净了。今欲来向姐姐处挪借二三十两银子，赎回各行里，然后可以起程。"曼倩道："父亲虽系去了，但回来叫你的话，想未必真。总系番摊不利，要前来骗些银子回去花花散散便是。"胡彬誓神咒愿，以示真情。胡氏又只推道："无限。"夏光见过意不去，又代劝胡氏一番，且说道："待我送他三四十两好吗？"胡氏道："不可。倘若你与他如此甚易，他便时时来寻了。况我的弟，安敢以外戚累君？我与他自有个法。"外面胡彬又再一恳求，曼倩道："银我实无的。但桂林之役果若是真的，为着你生意门路，待愚姐着人拈些首饰去当了二十两银子给你吧。你有了银子即可前去，不宜在家赌博。"胡彬道："那是自然。"须臾摆酒相待。胡彬认是个花散中人，夏光又取出一冈旧正工与他联床一番。夏光入内，见胡氏密地先将银二十两交与那随嫁贴身的使婆，又教他显持了一只金串去街坊空走一遭，回来藏过了金串，献出二十两银子与胡舅爷，假言当的回来了。胡彬收过。是日尽欢而散。过了数日，胡彬又来要见姐姐。夏光见他衣服齐整光鲜，与前来的模样终是不同了。曼倩闻知，出了中堂，与他相见，问他不去广西，到来何事。胡彬说道："如今我的姨丈遇了官司，着我与他调停，是以不能即去，且姨丈被官审断，罪他不轻，要罚五千银子抵罪。现须措办呈缴，奈一时囊空，今欲将某处四土六顷要卖六千银子。弟素知姐姐有银八九千，何不与他买了？一来有租收，二来我弟又得些中钱，岂不是一举两就？"胡氏道："你姐安得如此大财承受？"胡彬道："勿瞒我姐，未来夏府时，某大娘与你借去三千，某三娘与你借去四千，尚有许多零星，弟不及知的。置了田地，利虽微，较借与人家更稳些。"夏光闻舅爷说出有理，从旁劝道："无银便说不得，倘若有的，贤弟所说未尝不是。"曼倩闻将军说，始改口对胡彬道："我虽有，但恐一时立取不回。你须禀复姨丈姨母，求再等十余日始能交易。他若肯时，你回来说知，待我好及早措办。"胡彬去了，征返数次。夏光遂问胡氏道："现个措办足未？"胡氏道："止取回得一千。妾念已事良人，夫妇青春料无再变，即买业亦要写良人的名字。孰不若你今暂计办了六千的数买了，救他燃眉，日后爷爷倘要银用，妾收回各欠，尽交爷爷便是。"夏光道："那个使得。"数日取了五千两银子交胡氏收贮，以便同弟郎前去交易。胡氏又道："虽姨丈的事，妾已打听明白原是真的，但顽弟为人十分诡谲，若是居然携了银子前去，妾倒难以放心。不若爷明日与舍弟前去姨丈处，丈量实了田亩，与他回来立数领银。成不成，银固在家，方为稳当。"胡氏道："爱娇造事倒是个十分主固。胞弟尚且不信，况信得别人！"胡氏道："如今世界不同，须防备更妙。"

夏光又赞他谨慎，竟安心与胡彬前去，过了一河，又行数里，到一村舍，就是姨丈

国学经典文库

私家藏书

玉楼传情

图文珍藏版

家中。须臾见一老叟甚是诚朴，出来那里他入到中堂坐下，彼此领教一番。那老叟声言进去，取茶奉献。少定，胡彬道："姨丈进去太久，待我催他，好去量田交易。"又去了一会。夏光疑他两人何久不出，叫他数声，全无应声，只得探首入内。一见不是内眷，原是一个芜宇。大步进去，全无一个人影。后便有短墙可跳出的。夏光可不狐疑，只得转步回家，心内犹替道："胡氏虽属女流，倒是仔细，可幸听他说，未曾携银来。由此观之，胡彬果糊涂的。"一头行，一头说。回到家中一手推开大门，正欲进去对胡氏说个缘由。谁知寻到房中，全不见曼倩。大声唤来，总无人应，连那跟来的使婆并那五千银子及家中一切抵钱的东西自全不见了，单乘各移不去的物件。夏光惊定，始知中了奸人的计。自家去骗人，又被人家骗去，真个一山还有一山高！说出来反被人耻笑，只得哑忍，密地访查便了。谁知那班光棍知他还有余资，心犹未了。那胡氏原系妓女，认父认弟总是假的。夏光无可奈何。

　　过了数月，一日，忽见胡翁裘马甚都，到来要见女儿。夏光明知是个跳害，但有口难言，只得直斥骗子，又来骂了一番。胡翁到底占他的上风，枉道："你将我儿害命埋尸，要持了名帖到官司处理论。"唬得那夏光一身大汗，只得改脸，好言相奉，送银子三百两与他作偿。后添到六百两，翁始首肯，艰险刻索了银子而去。夏光好忿不过，被他暗骗了又强骗。止求无事，只得如此。奈夏光一时忙里又上了他当，交银时记不得着他写明个字据。被那老翁回去，欲仍示厌，竟在本处衙门以生死不明等故告他一状，官又批个"准拘讯严究"五字。早有个行走衙门的好朋友，一见了状榜即回说知夏光，着他打点。后请人用些银子去县里抄了那个状词回来，果然所说十分厉害。人命重大，非同小可！

　　数日，即有差役前去，声言下次即要搜屋。夏光终恐不免完了家身须防性命。左思右想见自家曾习武艺，又有些宝鸡，何不前去暂投了响马？过了数年事寝时，然后回家。但得此鸡长在，何忧不再有富贵的日子。正是：

　　　　报应若教大眼近，旧物终须反故人。

　　欲知夏光所去如何，且看下回分解。

第二十八回　唐大王喜逢旧物

诗曰：

> 复获珍禽有所因，何殊堂燕不嫌贫。
>
> 独怜风雨喈鸣处，天涯犹有未归人。

　　却说夏光为了这种官司，只得安顿家小携了金银并那宝鸡如逃走一般，望济宁进发，心中实欲往投响马，为安身计。那夏光原不知这响马大王就系唐云卿，并这鸡该还旧主的定数。至唐云卿自到双谷口这九焰山称了孤道了寡，正要招兵买马，为了复仇计，遂与山中众等立了五条号令。第一条，各人无事，个个要出聚英堂练习弓马及进退坐作击刺等法外，即在山中走上走落，饮食后便不许休止。诸人不晓大王要善走的缘故，无为晒为儿戏。但王令不得不遵。一班遂练成如猱升木一般。第二条，下山巡视，凡遇魁梧汉子，须要劝他入伙。第三条，往来如系逃难的所携，不许有犯秋毫。第四条，富商大贾所有财物，止取其半。第五条，所过若系朝廷命官及一切粮饱贡物，尽劫不饶。这五条号令早已大书特高悬堂上，俾众兄弟有所法守，自然这班喽啰个个奉行无异。

　　一日，正在山下巡缉，适夏光来到这里，喽啰喝他要买路钱。夏光道："你们就系九焰山大哥吗？"喽啰道："失礼！莫不是你要问明，异日可去官门出首吗？"夏光道："非也。我正要见你们大王，方肯献上买路钱。"喽啰知他来意，问道："驾上莫非亦要到山中过活不成？这种买卖不是十分有味的，除了风寒雨湿与反撞着敌手，劫来劫去，将所得会计分开每日一人亦不过值一钱几分了。"夏光道："如今光棍世界，别的亦是艰难门路，据说所得便是好了。烦众位带我上山吧！"喽啰说道："慢着，凡要上山来者，须先任我等搜身，看有无利刃毒物，是否奸细，乃可引去。"夏光是真心来投的，遂任喽啰遍搜。喽啰见光囊中止有数十两黄金，身边并携了雄鸡一只。一喽啰戏说："闻之礼,凡赘,庶人执鹜、鹅、鸭也。也驾上反执鸡来见我大王,得毋鸡鸭皆为人家中常畜,彼此一体,故亦可执鸡吗?"夏光道:"再不意你有如此书囊,竟来做贼!"喽啰说:"我不独有书囊,且善七篇七步以及辞赋诸般。因一般衡文使家取财不是取才,我忿着不能上进,故欲到这个地方三年五载剩得一千数百方回去考试了。"夏光说:"何不在家教学?"喽啰道:"你又蒙了。试想世间三家村冬烘馆有多少修金?总是轻酬重责便了。"夏光笑道:"极是。但文人墨客尚且来比,怪不得我等破落户的亚官仔。"

两人一头行一头说,已到聚英堂坐上。喽啰先入禀告,大王始传夏光相见。夏光心内要看大王是谁,不知原是前日厂内相逢的门客,南楼义兄的恩主。急急跪下,并献上黄金十两说道:"昔日既蒙大义汪涵,又蒙收纳,薄贤不腆,乞大王一体收纳。"云卿亦认得他是夏光,说道:"既蒙故人光临敝寨,为幸万分,行此大礼反折了我的福,又何敢受此重币!"遂亲手扶他起来,又说道:"今日看将军,如见吾兄南楼之面。比如将军到来何故?"夏光遂将被棍受诬的官司一一说知。云卿道:"如此盲官黑帝满布朝纲,真个令吾等不得不到这里地方躲避,说起令人可恼。贤弟就在此安身吧!"遂令喽啰摆宴,与夏光接风。夏光已见大王是宝鸡旧主,谅难隐过,只得又徐徐献上。云卿见了旧宝,接在手中摩弄一番,大喜道:"我日前命二弟往取不得,意惮牺化为黄雀。不料倒赖将军带来,又是个堂前的旧燕,未晓他还识旧主否?"须臾酒上,李光、马如龙、刘英、林桢皆入席相陪。酒至半酣,云卿说道:"死者既是追恨无穷,有的如妻子如妹以及旧将旧友暂已聚首一堂,真堪自贺。独吾弟毛天海,自桂阳分袂到如今,参商两地,未晓他春风得意否?真令我不胜晦明风雨之感。"林桢道:"江上鱼龙原共膛,天生我辈一般同。彼此有心,将见日后。自然杨柳一家,何有风不从虎之理?目下尤当畅饮,勿效儿女态为是。"云卿见其说得有理,是日尽欢而散,终不免竟时时怀着天海,或梦寐追寻,或诗歌遥念不等。

谁知毛天海自别了云卿,果然三场得意,先中了状元一载,那时即欲回去拜访二位哥哥。为料嘉靖因前枉杀唐尚杰,一时攘怒上天,祝融示敬,把乾清宫等地方竟遭一炬。这张德龙忌新科状元不早去拜他家门,心内十分可恼,又查知天海是个贫寒。自来凡修造皇上的地方并王河诸务,虽承办得清楚完稳便有功,若向库内所发的工料费银一秤头银水,以及物价低昂,无不要补贴的。

张德龙遂上了一本说道:"毛天海是个新进,即属状元科,必大有干济。他又广受皇恩,正思图报,乞圣上命他督理修辑宫殿,试其才调以使将来大用。"德龙言来,嘉靖无不批准的。一见本章,果然命他修辑。是以一向被这个差务羁身,不能离京去寻哥子。尚幸果有经济,凡用砖瓦本料——因宜合度,不特不须解囊,并皇上所发的银有剩呈回归库。嘉靖大喜,工竣升他为都察御史,随又点伊为两湖提督学政。意旨一下,天海心中大喜,正遂他欲往襄阳探南楼并一路访云卿下落的意思。即刻起程。多时,来了两湖官员齐接钦差大人进衙。毛天海——落学行香放告讫,循例封门考试。

　　不一日,场事完竣,天海静里改了装来到襄阳城问讠南楼住址。有人说道:"是公已亡。"有人说他回了乡。天海又使个小钱请街坊上的闲人引他到了讠家门首,天海独自叩门。内婢道是王廷桂回来,杯内余滴,碗上残菜,少不得厨中又有一番饴饫。急急开了门,谁知是一个白面书生,只得入内禀告夫人。素娥屏后窥看,生平未睹,开声问道:"那位官人姓甚名谁? 辱临何事?"天海说:"小生姓毛名天海,正系夫人的小叔,特来拜访哥哥。"素娥答道:"失敬,叔叔来迟了,再世始能见你哥哥。"天海道:"我一路而来,亦略闻人说哥哥已死。但素知细嫂王氏有个儿子,正欲前来见他一面,以叙叔侄之情,不枉他父亲当日与我结拜的大义。"素娥道:"勿要说起王氏。"天海道:"难独他一连死了不成?"素娥道:"他死了便好。"天海闻见此语离奇,急问道:"死好何来?"素娥假哭起来,遂又假捏月娟如此毒死南楼,如此焚了棺材并携了儿子老仆逃去。天海不知,句句听来,肠里落珠,眼中出火,且答道:"尊嫂既属发妻,尊公又居显官,斯时何不禀官究治,与丈夫报个冤仇?"素娥道:"严君远宦,今衙门内止知看花闹酒,且又无据,难以确指,只得哑忍。唯望皇天报应他便了。"天海道:"既属私逃,便属可疑,何云无据?"素娥道:"虽则如此,但门内并无五尺,难以前去报告。"天海道:"尊嫂所说亦是,待愚叔想个方法,然后回来与尊嫂商量出首便是。"遂起身告辞。素娥一闻南楼的兄弟到来,又惊起自家的事,口中虽说,心内原十分不合,勉强周旋,故一时忙问天海的前程。又恃着毒夫无据,外家势大,总不逃往别处躲避。

　　且说那天海回衙,心内想见,据素娥说,王氏毒死亲夫。虽不亲眼见的,但奈何在明明带了儿子与老仆逃去,事有可疑。但他又是一个懒懒慢慢一样,既属真情有摆手之理。据他说来,是似尚属未定。独可怜南楼枉死是真的。必须见了王氏,此事方有个定夺。但不知去向何处,平日亦未经面善。策划一番,难以措置,好不烦闷。适又值考虑日期,所考诸生刚是襄阳府属,少不得该县该府悉要到大人辕门俟候送册点名局门后,始能回衙,此是常例。府尊吴瀚一见大人,忽然触起他的心来。过了数日无事,即发差臆去请襄阳知府到衙饮酒。吴瀚闻命,自念大人是个后辈,与己素无通过声气,且又名分悬殊,今特过署饮酒,难独为着府里所取案首或有不妥,故着去问话不成? 但大人命,不得不去。

遂快轿到了,进去见过大人,禀道:"大人有何教谕,特劳美意召宴?"天海说:"非为别事,本学见烽日取士有劳太爷协办,凑着无事,故屈驾敝署,共佐清谈耳。"吴瀚道:"又来多谢!"须臾入席。酒已将终,天海道:"素闻太爷明察,不避权贵。本学有一案件,敢求代办。"吴瀚道:"卑职自顾碌碌,但承大人命,恳为明示,回衙办覆便是。"天海道:"此事说来终有可疑。"吴瀚道:"何疑处?"天海道:"本学未遇时,因经过贵府,与本处一个刁南楼定交,后本学以事去,一向未能觌面。今奉主隆恩,复游此地,辄怀旧而已。到南楼家中拜访,据他妻子所说,伊丈夫被二房王氏月娟毒死,又焚了棺,携了儿子逃去。本学与南楼既属五伦之中,怜他枉死,故求太爷着贵差密访王氏所在。倘若冤魂相缠,离去未远,或未可知。果能昭雪此冤,本学感恩不浅。"吴瀚道:"王氏逃时还有别人否?"天海说道:"我几忘了,同走老仆王安。"太爷道:"俾如大人见刘氏穿孝否?"天海道:"倒也似觉甚容止齐整一般。"吴瀚道:"据大人所述,此事必是刘氏造的,反推归妾氏身上,逼他逃去,正未可知。"大人道:"太爷何据知得?"吴瀚道:"天下事总须断之以理。既系妾氏毒死丈夫,斯时无据中必有据。他是个家妇,又是官宦之女,哪有不禀官究亦? 又王氏既属逃走,必图再醮,尚安顾前夫的子?"天海道:"英雄所见略同。求老太爷回衙出个方法觅出王氏,看其子母着落何如,便分黑白。所患逃去远方,无由质证耳。"吴瀚道:"大人如此敦重友谊,即南楼在地下,亦必现个灵圣以便申冤。倘有音信,卑职自来禀复便是。"天海道:"得如此,吾亡友固然瞑目。即事明白了,本学回京且要奏明太爷的功。"吴瀚道:"某平生办事倒不计圣上知不知,止求尽吾心了。"天海道个"难得",送他上轿回衙。正是:

> 自古大冤无不报,从今已恶且难逃。

未知吴瀚回衙如何寻着王氏,王氏现在何处,且看下回分解。

第二十九回　廷桂靠贼反呈赃

诗曰：

世事离奇尽倒颠，宿冤刚日出天然。
一朝天恨怜他处，自有真情在目前。

却说那王月娟携了这个小孩儿并老仆王安同往守丧，被刘氏用着火攻，幸南楼生虽系愚夫，死犹能为灵鬼，托梦教他逃走。又是凑着火势连绵，素娥真道他烧死了，专顾与廷桂日夜寻欢，并不追究王氏踪迹，所以他三人得保无虑，此是南楼不应绝嗣，皇天有眼处。他三人走出，暂且躲避，酌量个法子。王安本是有智慧的，遂对月娟说道："你我藏身不宜太近，亦不宜太远。太近恶被他的害，太远亦不知他的行为动静。投主人须要有势力的，日后或可以藉其扳援。"主仆酌量已定，值吴瀚太爷处有一妾产亡，遗下孤儿，正须觅乳。有一老妪怜他被苦，特用着数层手足荐伊人衙中代乳。知府见系少年壮妇，十分中意，遂问他每年要多少工钱。王氏答道："工钱多少不敢领，只有一老爷，但求太老爷统赐收留。父本精庖厨买办，以及洒扫司门等务。但父女在引皆有饭食，均不取值。"适衙内正少一厨，吴瀚遂命伊职管。王安平日固是忠义的，又加着意办理，久之大为本府另眼。且令他掌库署中钱财，出入皆任他意处，官亦不多究办。

一日，王安待本府房中看卷，王氏在处不知，因有紧事直呼王安名。吴瀚一闻惊讶起来，怒王道："据你二人来时说是父子，缘何女竟直呼父以名。如此看来，你二人非奸夫奸妇，则棍徒贼党。快快认来便罢，如不然，本府务必重办。"王安叩着流血，遂将真实事告诉太爷，且说："主仆二人来投，正望大老爷救恤。但为日未久，是以未曾恳请。"吴瀚怜他二人各尽忠孝，愈安心乐意收留他们，在此如长随一般。

住不两年，适毛天海到襄阳，吴瀚被他请去，正是着代寻王氏的事故。吴瀚闻了那个话，回衙向王氏问道："你主人有个福建省姓毛的朋友，你认得他否？"安答道：

"本不相识。但主人是在桂阳路上与他结拜,他即上京求名了,并未常到过旧主家中。只闻自旧主回家所说,我等正望他高中,日后或念着手足的情,与我主报仇,亦未可定。"吴瀚将天海要寻他的话说与王安知道,并道明:"天海现已到此为个学院,意欲带你等前往,又见皂白无凭,反受了下风。待我慢慢与你踏稳地步,方可进去见他。"王安叩首道:"得老爷如此恩典,我主仆生生世世难忘了。但旧主死后,老仆已查确系主妇与那大夫王廷桂通奸,这个毒法,必是他二人贪图已久会造出来的。"吴瀚道:"我想廷桂非因别的告状,又说是南楼表弟假加是否?"王安道:"不过旧主人常常请他诊脉,实何曾有什么瓜葛!"本府道:"如此看来,两个必是有奸了。你且退去,我自有处置。"王安退去。一日,吴瀚携了王廷桂前日告总兵的状,前去禀见学院大人。天海接他进内,问道:"得无所托有了佳音吗?"吴瀚道:"倒有几分。但未得真赃耳。"遂将王廷桂本与南楼无故,素娥竟着伊出首捉唐云卿。如此观来,无亲认亲,孤男寡妇,必有奸情。天海看了此状,急道:"既然捉了云卿,大老爷处后来如何发落?"吴瀚又将到了山东被响马抢去的话,诉说一遍。天海忍不住竟以手加额曰:"此唐家之福也!"吴瀚道:"云卿系朝廷重犯,今见大人如此休戚相关,莫非故人吗?"天海道:"虽未识荆,但喜忠臣有后。"说罢又恐吴瀚再问,遂说道:"王氏的下落,现在何处?"吴瀚道:"现未嫁人,且住不远。况卑职见真赃未确,主妇又要将事件归他身上,恐大人一时鲁鱼未分,实是不敢取他来招祸。"天海道:"王氏现在未嫁,守节保孤,便是个好人。况廷桂如此白地出首忠良,冒充姻娅,本学将来必要杀他。求大老爷回衙,着王氏前来,俾本学见犹子一面万幸。"吴瀚见学台遽此恨着廷桂,未知何因,回衙又向王安面前转述。王安禀明,本府始知天海、云卿、南楼当日原在新萱市内共结为兄弟。吴瀚遂引着他主仆母子去见学台。月娟又将素娥故害哭诉一番。天海留他三人暂住在衙内,慢慢相信计较与南楼申冤,不在话下。

谁知那廷桂逢毒了南楼,将他的家私已得了一二,又且总兵又赔他银子二千,捐纳下典吏。居然富翁。早有一班贼仔知他所来不义,屡屡劫他。又一夜窥往了刁府,贼纠党多人开了他医馆门,慢慢将家伙什物抬得清清楚楚。他恃本府曾与往来,又写个叠劫的状子上去告了。吴瀚唤地保更练到来,勒伊捉贼,限三日交出。原来更练系贼,贼系更练。一时逼责得紧,更练自知走不过,只提捉了一个近处积匪,将几件不值钱的赃物诬在他身上,一齐解到府里,悉是书柜药箱等物。适值未及传王廷桂到,颁本府开了柜看是什么书。顺手捡了一卷《素问》拿在手中,一揭去,篇里夹了二封书札。吴瀚展诵，谁知一是情书，一是着廷桂埋毒药书，皆素娥奉寄垢。吴瀚喜道："再不意赃中又有赃。"急将手书捡出藏过，然后发签着廷桂道："幸不负命，南楼的冤可立伸了。可叫王氏王安出来商量便是。"须臾主仆出堂。吴瀚袖中出了两封手书，说道："你二人看那个笔迹是否主妇的？"主仆再三审辨，果腕力依然，禀复道："果系主妇笔迹。"天海道："既得了真赃，事不宜迟。恐他知了消息，又有变卦。且凑着本学在此结案以便安乐。"吴瀚道："既如此，大人便代他们做个状子，到卑职处一递，卑职据着呈词，自然发签拿王廷桂到堂凭办便是。"

翌日，天海写了一状，着王氏去本府处递。且虑事有终变，况省内不独吴瀚的衙门，恐对头再去上司贪官处播弄，遂又扪下王安与南楼儿子并两纸情书，独令寡妇出头，以看事情如何，再作道理。果然递了状，本府收过，竟发差前去廷桂馆中，假称本府请他看脉。廷桂闻命，道是发财门路。且去官署必须齐整，遂穿起衣顶乘轿而去。到衙见了知府，礼毕，吴瀚假作请他诊脉。坐下按去，指法未周，廷桂见座侧闪出一妇人跪下道："冤家现在求大老爷即刻究力。"且手中拿着一状呈上。吴瀚接了，对廷桂道："本府适因病目，近日状卷不能久视。先生现捐了吏员，不日出身就要接着这个，何不先看看民情，代本府诵来，大众一听。"廷桂转眼看那妇人，她似刁求旧日王月娟一般，心中十分畏怯。适本府又着自家读他的状，诵去，句句道着自己与素娥的真情，难以卒读。只得了顶子，忙忙跪下道："此妇捏小医生，乞大老爷做主。"吴瀚笑说："本府意更有别个王廷桂，谁知就是你吗？勾引人家妇，毒死亲夫，真好个捐纳的吏员。本府已知得明明白白，快快招认，免至动刑。"廷桂还说："并无此事。王氏不过与主寻不睦，故诬方妇累及小医生的。"知府道："个不打不招。"左右遂将廷桂打了四十。廷桂仍矢口否认。再用夹棍，两足眼散似樵枯，唇际受了数百皮条，上下坟起血淋漓，数齿落。屡问屡不应。刑三上，须臾死去。知府命抬出大堂，以冷水泼面始苏。复带入，又问他招不招。廷桂说："冤枉难招。"吴瀚又虚喝用刑，且谕他道："你既平日与素娥绝无往来，何能彼此同谋出首云卿？且又非亲非故，状子上冒认她丈夫的表亲。孤男寡妇，非奸而何？你若如实招了，免至受刑。本府开了一线生路过你吧！"廷桂自知无言可办，心内想道："我即认了，亦属个奸情，未必便能杀头。"遂认与素娥相合，南楼未死业已多年，今复不能忘情，久久一往，并无别故。吴瀚假说道："素娥说你还有一服药散送与他，此又是何故？"廷桂诈朦胧答道："他一向服小医生的药饵，数年中药散记不着了。"吴瀚见其被刑已重，恐一时死了，反无生口相证，着差暂将两造人犯分押，待刘素娥前来看他如何，然后作法结案。知府又发了

票去捉素娥,且暗中命女禁好好看待月娟。正是:

乐极竟应悲后苦,罪盈难免孽中仇。

欲知去捉素娥何如,且看下回分解。

第三十回　曾英受赃反旧案

诗曰：

　　三百而翁自古然，可怜方面尚贪钱。

　　他时受遣凄凉处，不及归田共着鞭。

却说府差去到刁府上，说道："我们大老爷请夫人到堂问话。那王廷桂医药先生现在三间伫候香舆，一齐赴会。"素娥闻本府相请有什么好事，况又说情郎在了三间，凶多吉少，只得命了丫鬟取出二十两银子做茶资送与各差，说道："求列位官头回衙禀复大老爷，媚妇明日到堂叩见便是。"各差见他是女子，难以动手，又蒙送了银子，只是说道："须求夫人早到，勿累我等比押。"素娥说："这个自然。"府差叮咛而去。素娥火速着人前去使个钱财访查，回来果说被月娟控告，廷桂现在收监，素娥心中好不悲恐。

翌日，即有差人前来奉上了函，系廷桂手书。拆开，说着月娟如此告发，本府如此审问，自己如此招认，并说事到其间须防性命，望夫人顾不得羞，还要使个钱财，哀求尊堂大宪衙门求个人情反案为是。倘连夫人都困在圈里，那时便迟了。素娥后果回家欲恳母亲打救，终是害怕难说，唯有不食昼夜哭。母亲见他光景，问道："女儿因着何故如此？"素娥许久乃哭说："我死了，独舍不得母亲。"他母亦哭问道："到底为着何因？天大的事说出，老娘与你做主便是。"素娥被母亲数次逼说，遂忍着羞假道："日前丈夫被二房王氏毒了，还要毒埋我，见我不中他计，去嫁了，今复到本府处用着钱财贿官，捏造我毒死亲夫，还与医我的先生同奸。那廷桂受刑不起，屈打成招。昨官又有票来招我，我岂不是我就要死了，故特回家见过母亲一面，好去杀头了。"说罢大哭。他母亲哭道："可恨那太守芝麻的官职，敢受人家钱财诬大绅妇女吗！他家有钱使我，我岂独无的？我儿且开怀，待我上督府处求他反案，并收拾那贪官吧！"

说毕，果然携了银三万，去到武昌府大城里拜会了那位曾英大人，送上那银子，径然将特来求大人与女儿反案的情由禀上。曾英道:"俗言官官相护,固是常情,可不必论。事之有无,总要看着同僚的同。况尊夫总制大员,安可俾女儿出丑? 本府念着尊夫,夫人可回去打个禀来,我与你反了案并摆布那不晓事的知府吧。曾甘非要钱的,这个夫人还收回为是。"夫人道:"得大人如此相为,这个区区殊为冒渎,求收下为是。事后女儿处还有重酬。"曾英原是个赃官污吏,那得不为银的,不过假作推辞。后夫人再三求之,自然受了。夫人回来,立刻呈上一禀,督府收了,即行文仰吴瀚立要将这件人犯案卷一齐解赴辕门本部堂,以凭亲讯严办,且察前审官有无偏兹情弊。吴瀚一见了曾英的文书,知是素娥恃着外家的势前去贿嘱了督宪,乃有这个扎论,只得再去学台处通知。天海闻了道:"本学早知有今日,故留下王安在外,并暂且隐过那情书不出,正防上官调案去要沉了这个真据。但上司调案,下断难抗拒,目下须要即刻打发王安密地到京告了部状,待圣上命个钦差前来审断,方能收拾那班奸党了。"吴瀚道:"妙计妙计,但须要火速为上。"学台当下再为了一状,吩咐王安到京如此如此。吴瀚眼看王安去了,然后放心回衙。又被督府文书前来催解那案卷,本府只得先调出月娟,吩咐道:"想必仇家贿了府台,如今前来调停,你去到大人处,他叫你如此招来,你只管招了,免得动刑。不日自有打救处。"王氏哭泣叩头领命。吴瀚带齐犯卷进城去了大人,曾英拍案大怒道:"好不识时务的知府,见了多少的钱,眼内便放了光,要将宦女良臣诬捏,独不顾顺天府尹刘大人的面子吗?"吴瀚打躬禀道:"卑职止知替主上办事,据着道理,知有什么顺天府尹,知有什么大人!"曾英道:"好大前程的知府,待我审实王氏送过多少银子与你受用,才上个奏章。看你那时知有大否? 退去!"本府退了。曾英随看过府卷,叫廷桂上前问道:"你真否与素娥有奸?"廷桂道:"犯人本是个捐纳吏员,素知国法,哪敢引官家的妇女?"曾英道:"既非真情,如何在府处招认?"廷桂道:"大人明见,苦打不得不招。"曾英道:"这也难怪。本部堂如今上个本与你申冤吧。月娟过来,比如吴玉爷受过你多少财帛? 王氏道:"犯妇孤苦一身,那得有财帛!"曾英道:"快快招了,以便本部堂入奏,免至动刑。"月娟本不欲招,只见督府一喝,堂下应声如雷,耸危心魂,早被一班刽子手打了数十下嘴,忍痛不禁,知府又曾吩咐,只得说声:"招罢。"曾英又问:"终归多少?"月娟道:"听从大人所说便是。"曾英道:"少极都要招认四五万。"月娟道:"就是四五万。"须臾改了口供。曾英意正欲奏过本,将王氏正法,庶不负刘俊夫人的盛情。谁知那王安日夜星驰,数日间,曾英尚未拜本,他已早到京师。刚是朔望,王安打听着少师梁柱参神回府,即拦舆递了一状。梁柱收了,随命将王安循例发监，即将此状奏上圣主。嘉靖好唤他到御前，问道："卿家的女儿系素娥，子婿系刁南楼否？"刘俊道："正是。但陛下何由得知。"嘉靖遂将王安的状辞付与刘俊自看。刘俊接起看过，说道："再不意再在家造得这个好事，能不令微臣汗颜吗？"须臾，曾英的本又到，值日英门官呈进。御览毕，嘉靖又问刘俊道："若非督府有本据，那犯人王安一面言。庶枉了卿家的女。"刘俊道："曾大人所奏何如？"圣上又将此本文与刘俊，且说道："卿家看来，试试猜着那个是非。"刘俊接了，再看过奏道："以臣愚见，终是曾大人说的非，王安说的是。"嘉靖失了一惊，道："何见云然？"刘俊道："王月娟虽属小星，原因家贫卖身葬父，王安系他旧仆，怜主人节忠易主，追随同王氏一齐。微臣在家时，闻之最悉。可知他二人平日是个忠义的。今南楼已死，王安何之不可？若非真情，并非念着旧恩，必且早投别处以谋生活，安肯遥遥万里替地下人申冤？况前审官吴瀚为御史，时有冷面之称，为人不被权贵，自来或与曾英大人不睦，或曾大人受微臣贱房的嘱托，竟然为不屑女左袒，故有这番反案诬捏忠良的本章。此理甚明，不审自往。求主上勿被他蒙过。"嘉靖道："似如奈何？"刘俊道："我主必须有个忠梗有智略的大臣前去复审，方可结案。更要即刻发谕知府调回人犯监候，以防曾英见了部驳将王氏先行了毒手。"嘉靖允奏，果然先发谕吴瀚，札到凭文须立即驰往督府处，将人犯案卷取回，俟钦差到核实复奏。那人是刘俊老练周虑处。嘉靖又问梁柱道："廷臣那个可去复审？"少师道："刘俊如此公而忘私，国而忘家，此行就命他承办，以成他的不阿志节，免天下人不知者尺义他有容宽妻女罪过。求主加恩准奏。"嘉靖大悦道："少师真个因事处宜，因人器使，不愧宰臣气识。刘卿家肯往否？"刘俊奏道："肯往。但微臣的家事微臣独审，求主大度，虽信得微臣过，微臣反自信不过。还求我主全恩，命少师同前监审，以示无私。"嘉靖道："更着梁柱。"梁柱急下奏道："微臣亦愿往。但臣有二位事求我主允请。"嘉靖即着侍御扶他平身，说道："少师年迈功高，正合不名不拜盛典，方见我朝股肱心腹之爱。即有二十件事奏来，朕自允肯便是。何须如此？"梁柱又再叩头先领了恩，方奏道："第一件，臣去到湖广审得是非，不论那个，皆要行正，枉法不贷。"嘉靖道："正要如此。""第二件，"梁柱道："臣自壮年筮仕，历相数召，位极人臣，素荷朝廷大典，臣诚死不足以报。今又遇我主御极以来，言动计从，观古求歌拜，鱼水相得，不过如果。臣所以日夜忧悚，知无不言，德无不学，每思报称于万一。奈年迈八旬，两足无力，心志旋虚，过目辄忘，又复多病少食。似此，难以代朝廷办事。臣实欲此行路回乡养病，倘或借我主大福，向须臾不死，数年后万寿称觥，臣

玉楼传情

图文珍藏版

必回京岗陵上颂。"嘉靖道:"少师虽属有年,而两眼光彩,料事多谋,正朕之手足,安忍少师一日不在左右?"梁柱道:"虽感眷顾,臣非草木,岂孰无情?但年老的人,原朝不暮暮,况筋力就衰,任事无能,转有负国家重禄。此区区微意,愿得以亡骸还里,皆我王之赐。"主上见其坚意难留,只得道:"少师回去,倘身稍健,自必再来少慰寡人饥渴为是。"少师谢恩从命,退班,各登行程,并将王安一齐递解回籍,以凭面讯。

翌日,天子赐少师黄金百两,丝缎千筒,人参十斤,御医二名。都门外摆宴,饯行送至三十里余。少师力恳车驾回宫,天子道:"少师去了,朕少了一手。将见天下事内有响马,外有夷人,日后请谁与朕平服?"少师道:"主上待臣下如此推心置腹,何忧廷臣无出微臣上者,只须择人授职耳。"说罢君臣皆有涕泪。少师口占一律志别,其词曰:

念主心诚未忍归,纶扉华发切瞻依。何期预告全终始,特许陈情到细微。七字宠颁同列感,十行存问古人稀。引年自是优者硕,高蹈投簪事总非。

吟罢,又有一班文武送至五十里。梁柱一一辞过,且说道:"此去未知何日重逢,但愿诸君锄奸保忠,努力君恩,勿污史册为是。"个个拜受回车,刘俊遂与少师一齐出京。正是:

朝廷升斗无多费,已困英雄到白头。

未知二大臣同去如何,且看下回分解。

第三十一回　刘俊公事而忘私

诗曰：

　　忠臣止合矢公忠，那有妻儿在眼中。
　　更得少师来共断，靖共尤喜一般同。

　　却说曾英上了一奏，素娥必意决然无累。独学部与知府自打发王安进京，未知事体若何，二人日夜挂望。一日，吴瀚正在衙中看卷。适号房呈上一部文，拆开读来，喜溢眉宇，急急报知天海。即刻上省叩见督府，呈上札谕，要将人犯卷牒领回。曾英闻见，始知此事钦差到审，必然反履。心内正想将月娟夺了水米，今又奉谕要将他交回，难以抗拒，只得怒道："本部堂现有事，数日后始传你来领回人犯便是。"吴瀚说："此乃君命，卑职止知奉照。不知大人有什么事？"激得那曾英气愤愤，总不欲将月娟交与他。吴瀚见自己官卑难以结抗，又去请了天海同来索取。曾英道："大人不过是个试差，理什么民情事！"天海道："本学身居兰台，职居言路，不独民情可理，即督府大人的事想亦奏得。倘若不将人犯交回，本学回衙即刻拜本。"曾英见抵赖不过，只得将人犯案卷一样交吴瀚带回，候钦差到审。素娥等闻了那个消息，好不惊慌。

　　不一日，钦差果然到了淮安地面，大小文武官员齐往接他进城，住下公馆。吴瀚即带齐人卷到叩候审。须臾，摆上公案。刘俊着差请曾英到来，见了礼，坐下。俊先问月娟道："素娥毒死亲夫，有何证据？"王氏始将旧日素娥着廷桂埋毒药散关请他再来这两封喜书呈上。刘俊接了一看，说道："果然不孝的笔迹。但曾大人处这分属何故昧了良心，要帮小女反案？"督府道："我实念着大人的面子，女儿如此不孝，恐被他人取笑。况又尊夫人到请，王氏又不将情书献出。"刘俊道："天子犯法，与民同恩，何况下官的出嫁女。国法难容,顾什么的面子？左右,多带链子可去我家中捉他母女到来领罪。"须臾,将素娥母女带来。刘俊大怒道："贱人,在家不遵父训,出嫁又不过妇道。刁郎有何负于你？为勾引情人,遽害他性命。狼心未了,还要烧王氏三命。如此刻毒,幸为父不是那样的人,不遂畜生的志愿。王安过来,你主仆三人可带他回去,将那淫妇切块祭我贤婿吧。"王安叩头道："我等有母子主仆之份,哪敢如此？今日便得青天亦分了是非,便万代沾恩。志愿已遂,还求大人恕主母的罪。"刘俊道："果然你是个知恩明义的人。待我将那畜生并廷桂一齐取下首级,事完携去亲祭贤婿吧。"素娥与廷桂跪在地下,早已震成一团死肉一般,真不能措语。只见他母亲上前对刘俊道："老爷年逾半百,并无男儿,单得此女,日后正望他奉祀。今虽有过,还须饶他,待改过从新便是。"刘俊大怒道："如此看来,皆是你平日容纵为奸的过错。那个逆种,要来何用！左右,与我快将两个奸夫淫妇开刀！"左右领命,须臾献上头颅。刘俊又命藏过,以便往祭南楼。夫人见了大哭,要图赖丈夫,两人纠缠一番。怒得刘俊怒气冲冠,乱脚踢去,刚中下阴,又呜呼哀哉,与素娥等一齐打下地狱再受刑法去了。刘俊始念夫妻情分,命人殓葬。梁柱道："皆系昔夫人偏庇,以至会罪上加罪。还须请过圣旨,以便审他究属何因偏庇的罪。"须臾,摆上圣旨。吴瀚与督府一齐跪下。吴瀚又将督府苦打王氏成招,并不肯交回卷犯,幸得学院往讨乃肯放回的话禀告一遍。梁柱道："人犯故意不交,有抗君命,内里究欲何为？"曾英哑口无言。刘俊说："必系欲下毒手,不说自明。卑职亦曾虑及,故求主上先发这个谕。"梁柱道："此亦大人虑事周详,下官不及。比如曾大人如此曲意从人,究属如何受他母女相托？"刘俊道："唤我家人一问便知。"果然又叫了刘俊家中一班奴仆到来。刘俊问道："尔等那个当日从夫人去拜会督府？见他二人如何行为？如何说话？可直吐出来,有赏。"有几个跟夫人入衙地跪下禀道："当日夫人送了三万银子与大人,大人受了,应承害却月娟并知府太爷。"梁柱大怒道："得赃移祸,天理人命所关,罪不容诛。独可惜你方面大员,动无制准。本容易造个好官,标名竹帛,乃止知要钱为奢华计,今奢华何在？罢也,你且自说,当时何罪便是。"曾英叩头道："罪该万死,但求两大人打救便了。"刘俊戏他道："我与少师为人不如你的善使人情。倒是你先时欲顾我面子,我今番顾不得你了。据我所见,受赃害命理应腰斩。止幸事尚未成,赃款有据,必须削职充发木齐方合王法。"少师道："刘大人所议甚是公当。但吴玉爷暂且代曾英署理督府,我等上本保奏,自然我主允肯,那

时补实便是。月娟主仆不避险阻，从刀锯鼎钟中为主申冤，真乃高风千古。暂且退去，亦待奏明，自有旌表。"吴瀚、王安、月娟等一一谢恩，钦差随后退堂。那旧督府少不得卸了事，以便日后起解充遣，不在话下。

那学院亦见吴瀚带着王安、月娟回来，将前项的首尾一一详说，我欢你喜。快乐一番。然后吴瀚回衙理清卷牍，以便过督府衙中接即署理。月娟亦要携着儿子谢过叔叔的恩，同义仆复回旧宅事主存孤，重整门户。稍定，刘俊即亲临告祭亡婿。月娟闻报，早携了儿子迎接。刘俊入宅坐定，即跪道："幸睹青天，宿冤立白，家门万幸，老爷到来，但不见了主妇，奴家心上转觉有些不安。"刘俊道："不孝的畜生，祸由自作，恨他何用？但老夫既亡了女儿，今认你做个翻生何如？"月娟道："固所甚愿，但贱人不敢。"刘俊道："你的义重如山，便是女中的杰出，分什么贵贱！还须允从是望。"月娟道："既如此，请上受孩儿一拜。"从此改口爹女相称，毋须笔赘。说罢，刘俊命家人取出素娥的粉头，要祭贤婿。吴瀚大早闻这个事故，已适已会齐毛天海来到奠帛。王安接入，大家见过礼。须臾，摆开酒醴，对着南楼的神位，各人有各人情分，各人有各人的志节，悲悲哭哭，告祭一番。月娟亦携着小儿重穿孝服，代夫叩谢。是日，皆在刁府内素宴，酒罢乃散。正是：

报应须知天不错，祸福皆由自作来。

那刘俊住了数天，又到家中吩咐奴仆："须要守着田园，待我日后归来与你等安名逸。"随后又回到公馆，对少师说要回朝复命。少师遂将审断的事作了一本末，又道着求圣上用人须要先德后才，且不可偏听云云，交与刘大人带回代奏。且请御医回京自到粤。毛天海、吴瀚携着一班文武，并感恩的王安、月娟皆来，先送了刘俊返京，后送梁柱回乡。两位忠良明察的钦差，引动得满路香花灯烛，人人歌功，个个诵德。那刘俊因踢死了夫人，又未存子嗣，少不得就在京城立过一位如夫人，遂一连生下几个儿子。后来长的是刘晚，成中了状元；次的是刘大用，赐进士出身。皆是不肯偏私自己妻女的阴功所荫。那个曾英着三万银子坏了一个大人前程，且要充遣。自来居官逸乐，何等繁华，今日何等落寞，恨回不得，亦是天地祸荫的报应，大都如是，毋须浪墨。且接下梁柱回乡优游林下的事故不题，且说及刘俊办清了那个差务，一路水驿山

程,回到朝中复命。正是:

矢公报国忠臣念,怀义鸣冤烈女心。

欲知刘俊回朝如何,且看下回分解。

第三十二回　刘钦差君臣遇合

诗曰:

> 大官大邑报忠良,天位由来共赞襄。
>
> 节烈上闻喜赏日,歌赓还继帝廷飏。

却说那刘俊回到朝中,先呈过少师的本,又口奏一番。嘉靖道:"卿家有亲生的女儿与夫人不顾,反为他人吐气。是世所难能,而处之豫然,真乃千古罕有,能不令人敬服?"刘俊道:"臣止知有国法,安知有妻儿!公审公断,此乃事之平常,何足当我主挂齿?"嘉靖道:"虽则如此,但人情中往往因一个私字,势必遏倒一个公字。故理属本应事,终难得此,实平庸中神奇的圣贤绝行,岂易言几及吗?看来卿家如此正直,况替朕办事,将来天下的事,尚安有半点私处。现梁柱已知老归田,此位终悬。朕封卿家为工部尚书,带理少师事。那顺天府尹待毛天海回京任理吧!"刘俊跪奏道:"微臣无功,少师之职,另择功能为是。"主上道:"朕意已决,不必辞了。"刘俊叩头谢恩。嘉靖又吩咐他前去会同各部修角文书,发去湖文,着吴瀚提实本省总督,不必来京引见。又赐良田二十顷给予王安、月娟,旌庐以表忠孝。

不一日,快差已到湖广。吴瀚接过部文,即赴了督府的任,旋发差前去传王安到来领谢皇恩。王安得沾朝廷重典,叩谢回家,一并旌庐的故事禀上,王氏一家庆闹不胜。适天海到府,王安接他入座。王氏垂帘见礼,问道:"恩叔临有何赐教?"天海道:"闻嫂处幸沐王恩,前来道喜。且现在差务已了,愚叔不日回京,故特为作别。但愚叔去后,须要重整门户,留心教养儿子,俾他日可以成立,庶不负各人与朝廷之恩,又始可与尊君吐气。待我回朝,有了实缺,始着人到取尔们前来同享太平便是。"王氏含泪道："尊谕金玉，贱妾岂不镂心。但恩叔青云得路，志遂生平，我等冤报立伸，皆无所恨，独唐二叔满门被戮表白无由，剩伊一身，今又未知去向。妾念及此，泪辄沾衾。恩叔此去，倘得稍有机会，务必代他洗冤为是。"天海道："尊嫂女流，尚知重义，我岂无心？天道好远，日后倘得个机会，我虽一死，亦要与他出力，方不负当日结拜愿学桃园的志。"月娟道："得叔叔如此用心，妾亦死且不朽。"说罢，两人叮咛一番，天海告别回衙，果然亦清了事务。正要起程回京，月娟衔已命王安携了少主前来候送义叔。满城官吏亦到，饯程设账，流连歌诗，爱慕踊从，如前日送刘梁两大人时，离亭且远，天海辞过众人，只得两下分头，个个回去不在话下。

唯有毛天海前闻督府吴瀚曾说云卿被响马所捉，意中谅他无地安身，或暂且归服了贼党在此山中，亦未可知。为着手足念切，聊且行险，侥幸以期相遇，遂顾不得贼巢所在。到了山东，弃舟就陆，天海竟吩咐扈从人等望双谷口进发。差役禀道："前途双谷一带，无异古来梁山泊强徒割据，我等屡闻往来皆被劫抢，求大人迁道而行，从别个所在进京，勿致惊慌吧！"天海道："山林啸聚何处没有，总不过是个乌合，三五成群，止可欺着往来旅客，故被所害。我堂堂大员，谅他一闻车旗所届势，且匿迹远扬，宁敢出来唐突惹我回京请旨剿他吗？诸人不必畏怯，打着钦差旗号慢慢进发便是。"各差役见是大人吩咐，不得不从，说声领命，竟望双谷口而来。天海见松路崎岖，羊肠沓乱，果是荒郊所在。又进在半里余，正值车旗斜道，山岸侧忽闪出一班喽啰当前截住，且说要买路钱。天海忽弃了乘舆前来说道："过此要路钱，原是本应。但尔等山中有个唐云卿否？"喽啰道："王咁。"天海道："大王既是唐云卿，他是我的表亲，求你请他下山相见，大多宝贝送上。"喽啰道："既如此，与你通报便是。"去了末几，远远望见多人拥着一位少年果是云卿。二人见了，立地交头大哭一场。云卿道："再不意今日弟兄远有重逢。此处不是话所，请上山慢谈为是。"天海遂唤同一班扈从跟着云卿到了聚英堂坐下，云卿问道："贤弟相隔天涯，何由知愚兄所在？"天海遂将督学湖南要替南楼执冤，适闻知府听说解犯双谷的事故，意贤兄或在此安身等故，特取路由此。云卿亦将知府故意放他的缘故讲明。且喜三弟高发，南楼冤报。况廷桂素娥前时出首，亦系自家的对头，正欲他日摆布他一番，方遂已志，不意他且为着别的早已伏诛，绝不费一分力竟然应征悉偿喜甚。说道："不意我与大哥的仇，皆赖贤弟代报，真不愧桃园的大义。"天海道："此亦天理昭昭处，弟不过从中奏效,何足居功?"云卿又命喽啰摆宴,且教李光等与天海相见。天海一见刘英,笑道:"当日小生上京,路经贵山,适过尊驾,只身回头。不意今日又来相见。"刘英一闻,早认得天海系当时被自己杀了他的僮仆,抢了他的财物,今特说起,好过意不去。跪道:"前日未曾相识,有犯大人。于今千祈勿怪!"天海急扶起他道:"绿林豪杰专以打抢为生,诸仆被害想亦命里所该。多蒙列位护着本学的二哥,感恩不浅。安敢有怪!"众人道:"足见大人的大量。"须臾入席,天海道:"此去眼看大哥的冤情已雪,且喜那位贤侄将来成立,可以跨灶无难。但愚弟自遇主以来,君臣亦颇相得,一向辄欲寻个机会奏明二哥父兄的冤,奈影匿声沉,总无其便。未知何日得吾兄回去共乐晨昏?"说罢,天海泪下。云卿道:"愚兄在此得众位相扶,亦不甚苦。今既得见贤弟一面,又知大哥藉弟申冤,奸人正法,鄙愿已酬,望贤弟努力,云霄得便,寄一个平安来俾愚兄稍知境况幸甚,何必怆怀。"须臾席散。是夜,天海就在山中与云卿联床话旧,点烛通宵。

住了一日,天海告别,云卿送行。分别时,天海说道:"小弟日后倘有个机会将二哥三百余口的冤情伸了,那时二哥必须与山中豪杰念着苍生,再由与朝廷勠力为是。"众人道:"那个自然。但望大人留意便是。"云卿从中堕泪,匆匆作别,且按下不讲。

单说天海去后,日间云卿又命一班喽啰下山试看有无财物过往,取些回来充库。喽啰下山,刚见有长大汉子前来问道:"此处是九焰山否?"喽啰说声:"不差,莫非驾上又是到来入伙吗?"那汉子说:"你好不分晓。在下是个前辈老师了。"喽啰道:"失敬了。前辈光临,有何指示?"那汉子说:"要见宝山大王唐云卿。"喽啰道:"比如前辈要见大王,实系借粮抑或借兵,先求明说,以便禀告。"那汉子说:"烦为通传,砂山将莫是强有见便是。"须臾,喽啰报上,云卿出来接他入去。是强呈上书信,云卿读,原因前日公子曾命如龙往牛头山投书,唐吉知叔在此,今故着是强到来回书,并请公子前去便叔侄日夕得以相见,免至两地相思。书中且又说出牛头山十分险隘,现已子母招集数千兵马正在设法报仇,望尊叔早临裁度云云。云卿看了,一切已悉。款留是强数日,后回了一书,大略说是愚叔自然日后必来与嫂侄聚首,但目下各人携带,不忍远离,姑俊徐徐后到等故。是强接了书,少不得辞别,转回牛头山回复唐吉。这回云卿见犹子有了这个音信,越加着众等职积金银,以为合兵报仇的用。正是：

自来狡兔谋三窟，此去名山是一家。

未知唐云卿与唐吉如何合兵，且看下回分解。

第三十三回　曾赃官起解被贼杀

诗曰：

用力不如用计工，中军蒙去暑炎中。

此回独怕惊扬甚，转惹朝廷用力攻。

却说云卿自有了要到牛头山合兵这个念头，少不得粮草须多，人马须健旺，乃可同侄儿杀回京中代父报冤。一日，正命喽啰等下山看有无国饷到来。喽啰领命下山，半日无财物过往。未几，夕阳在树，暮影凄迷，独见几个元差同着一名犯人前来。喽啰虽知他不是个财星，但未尝无几件行李，亦聊且上前一搜。各差知是遇了强徒，个个走回，独乘那犯人。谁不知就系曾英，奉旨充发木齐，起解路过此双谷口。见喽啰要搜他衣物，英大怒道："鼠辈安敢无忌，你还不识旧任督抚曾某吗？"喽啰说："我道是谁，原来就系毛大人所说欲框杀月娟的赃官了，我等投足绿林，大半皆由你这班污吏所逼。你不说犹可，你若说出，恨不得食了你肉，寝了你皮，方见甘心。尚靳此贪囊有污我等探取的贵手。"说罢，即欲开刀。曾英自愿献上行囊，乞全性命。一喽啰道："杀却何忧什物不到手？"遂一刀向英颈头切去，身首两段。须臾，循山中旧日杀人的常例，将尸首焚却，取了他的发配行装回山禀告大王。大王知所杀是欲害王氏的督抚，大喜，奖赏喽啰一番。

翌日，复下山等候抢劫。见有二人到来，一老一少，甚属衣马丽都。喽啰迎着喝道："放下路钱方许过往。"那老人道："你是九焰山羽翼吗？"喽啰说："正是。"老人道："既是九焰山人等，自应拜我为老师了。"喽啰说："据你说来，想是同道。但看你须发如此种健，高不满三尺，面无四两肉，只得一对眼精光光的。你力不足拿鸡，却系强徒，亦不过因人成事，何处为师之有？况我等逢兵杀兵，朝廷尚且不敢追究，天下那个不知双谷口为贼中之王。你即要到来入党，亦不应出此大言，要吓倒英雄，俾如有多大能干，请为自说。"那老人道："不说你亦不知，倘若说来，不独可为你等尊师。我且是个上入洞总非一切野鬼孤神，可敢望吾的肩背？俾如每日在此打劫，假使人不任你等索取，你便如何？"喽啰道："不服，即以白刃相加。"老人道："倘若人家宝剑更利，万人莫敌，这又如何？"喽啰道："这便莫可如何，任他过往，不敢拦阻了。"老人笑道："遇了勇夫便要罢手，可见天下英雄非止你辈，安知非更有足为你师者？"喽啰道："据说亦是在驾上，有何方法操必胜之权？"老人道："小弟自壮岁以来，踪迹遍天下，几遇财宝所在，任他是文人宦士、暴客武夫，一出了我的眼，务必要令他双手献上，如输饷一般，自家并不用持三寸铁，安乐自然，已做了大半世。你试想想较你等刀口取食，那人劳逸？"喽啰始顿然大悟，笑道："大惊小怪。说来真道驾上有什么出奇本领，原来是一个光棍。但既有此上行本事，处处可以发财，又何必来到敝山僭市！"老人道："我今正来举荐你大王发财，快引我上山相见。"

说罢，两人跟随喽啰上山，先禀告大王，后传两人见。礼拜毕，赐座。云卿动问老少名姓，被说出即骗夏光之胡叟与胡彬其人。云卿问他到来何事，胡叟说道："来月是安乐公张德龙拜寿，各府官员大半皆他门下，料然无人不有礼物进京与他封祝。仆已闻安徽府台崔文丙伊干儿，现在出了百万金银采置宝物为称觞礼。大王目下暂吩咐喽啰勿下山打劫，俾各人说道："双谷口近属平宁。"到了来月，东南一带要上京拜者，自然放胆从此处进发，再不迁道远行至多费时日夫马了。斯时大王多带人马下山，劫个精光，岂不是得此一注大财，反胜日中劫掠百次吗？"云卿道："此所谓将欲取之必先弃之，果然了。"即刻吩咐众人暂勿下山抢劫，习练步伐，以便异日听用。并命摆宴与胡叟胡彬二人下马。少顷，席上传令李光等出堂陪客。夏光从众出堂一见来客就系骗了自己银子数千，还要索性这个，遂抽刀相杀。胡叟二人亦认得夏光，奈狭路相逢，自投罗网，遇着冤家，势难遁走，只得一个拦着夏光，一个跪在大王面前，求他救命。云卿见如此，只得喝住夏光，说道："此座以我为正，诸人不论有大小事情，须要禀明，公是公非，有个处置。贤弟如此独行独断，合人不堪，还须住手讲明总是。"李光等亦以凡事需要再大王发落这等话相劝，夏光只得勉从，息了气，遂将胡叟如此献美人计，如此索人命，一一说明。胡翁亦谓夏光的财，原是用计强取崔荣宝鸡，自家闻他赢得许多不义之财，故设局骗他。他又是色徒，昏迷不醒，偏要入我圈套，并不是欺霸这个语禀复大王。云卿笑道："货悖而入，亦悖而出。棍来棍去，事属政党。况尽里爱宠受用一场，夏光且大有便宜处。不过所失的钱财为什么冤敌，何得刃相加？我明日办了一桌菜，与你旧日广平翁婿作和吧。"夏光说："这个女子是妓妇，原不是他亲生的。"云卿大笑道："倘若是亲生的，恐未必与你！一言之合，就要退了。他人将大多钱财的女嫁你婢妾了，你还要怨自已见识不及为是。"说罢，连胡叟胡彬与座中诸人不觉哄堂，夏光反面红起来，不敢置辩而退。那说云卿想着将来劫贡，目下果然不许喽啰下山打劫。

各官员所有要与德龙祝寿的，正在着人打听双谷口近日平安否，以便取路进程。当下忽闻得单身双履所过毫末不失，且未见有一个强徒。一时官员个个心无忌惮，皆要顺着路途上京。况山东正系咽喉之地，南方一带欲往北京，势难舍此他图。一旦闻得贼人匿迹，那个不乐意前来。独徽州府台念着自家礼物值银几过十万，恐有变故，不则定了主意，挂牌着抚标手下军士尽去押送礼物，以免途中疏漏云云。他有这个扈从，终难下手，幸得胡叟先已说，大王命如龙下山打探明白，回山报知云卿。云卿聚集众人商议道："安徽府台有如此军马护送礼物，即过山前我等亦只是望梅而已，何能取他回来止渴？"胡叟道："大王道出一个渴字，我已有计了，包管十万贡礼唾手可得，不劳厮杀。"云卿道："计将安出？"胡叟遂附大王耳边说道："如此如此。"云卿道："果然高见。"

到了日期，安徽已尽起本部军马。即远近有奉进寿礼的，亦个个阿骥同行。将到九焰山前，胡叟胡彬早已在此等候，扮成卖茶的，一人提了一两大柜，柜面竖了一帘写道："上好白揽，解渴香茶"。正时招值大暑，山中一望蚕丛，并无饮马长窟。白日当天，安徽军马行到此处，汗流遍体，且觉气喘如雷，只得驻足不前，欲觅涧泉以解渴闷。忽见有人在此卖茶，军士个个上前欲买来一饮。这位府台的中军武状元方如虎，是最有勇有谋的，遂拦阻众军士道："荒郊野外正旧日响马出入之所，我等身受大人重托，独无怕茶中有蒙药吗？"遂决意不任军士买饮，只可歇一息，以便舌泉自涌过路便是，如违者重责。军士只得苦忍，甚觉难堪。忽见有继进的二个说道："有茶卖吗？我不怕药。"遂各解囊取了一文，分去买饮。胡叟、胡彬亦于每柜各取一碗分送二人立饮，二人一吸而尽。复索，茶主不肯，两人各伸手向框中自取一碗，说道："如此浓茶，宁不可再让一杯吗?"说罢,又吸过半。胡叟胡彬皆说道:"一文钱买不得两杯。"遂一手抢还作势。叮咚一声泼还,那茶落柜去了。二人徐徐乃去。军士一时被那二人引得流涎不过,个个说道:"路上卖茶何处没有,难独人家饮得,我等饮不得? 如此渴闷不堪,宁受责了。"遂争去买饮。中军见别人犹饮,不去遏阻军士,连他亦要解渴一番。顷刻,两桶茶尽。胡叟、胡彬担起茶桶回山,说道:"军马现已中计,可带喽啰下山代德龙受礼。"云卿大喜被坚执器,统率诸人前去劫贡。如虎远见来的是贼,意欲交锋,奈蒙药一时发作,并诸军马皆如酒醉一般,手中无力,勉强撑持,被云卿等杀得尸横遍野。幸如虎生平甚属有武艺,犹得奔回保存性命,遗下贡物。云卿只管教喽啰取了回山,不复追杀。上到聚英堂,李光等始问胡叟、胡彬,如何方法能用药蒙他军士。两人说出,始知初时来卖茶饮这二人,皆系山中喽啰,预吩咐他先饮引安徽军士的。又初时桶中未尝有药,待引饮的喽啰饮了一碗,他再争第二碗,胡叟胡彬抢回,于放还碗中的茶放下桶时,乘势乃下药,然后令安徽军士见人且已饮去无妨,遂个个放心要饮,不知第一碗第二碗无药第三碗已有药了,如何不中计说出。云卿又赞他道:"胡叟所为,真可为大盗不操矛盾者也。"竟封他九焰山军师。山中得了德龙祝寿的礼物。正是:

仿如臣降当年事,独惜双锏废用时。

未知如虎回去何如,且看下回分解。

第三十四回　唐大王狡兔三窟

诗曰：

不知养晦暂韬光，果然惹出剑生寒。

幸存三窟堪逃去，差免揆歌学项王。

却说如虎被胡叟用药蒙却，不能扬威耀武守贡物，只得抛下任云卿所取，单人匹马走回安徽，将所遇禀告抚台，以便称兵讨贼。气得那抚台怒气冲天，遥骂道："云卿你身居重犯，只应埋名免死，尚敢公然劫贡，待本府奏明圣上，起兵前来剿灭，看你称强得成吧。"遂将唐云卿原在九焰山落草一向打劫各省解京无数钱粮，杀死无数往来商贾，恳皇上务必命猛将提数十万雄师前来剿他，以灭国贼，以除民害云云写了一本。又写一封密信呈上干父，却道："自己原办了十万银子礼物与义父上寿，不料行至双谷口，却被云卿抢了，并各官员亦皆失去无数附行称觞的币帛。书到之日，求义父在圣上面前补奏一本，务必称兵灭他为是。"命了管家，果然不一日将奏章与书信赍到德龙处。德龙知悉，即将干儿的本章面奏君王。嘉靖大怒道："朕一向行文天下悬赏要捉云卿，谁知他在这里做贼，怪得数年上总不能捉他回来。他今日如此猖獗，张卿家有何高明俾知命那员大将去剿凶？"德龙奏道："我儿有万夫不当之勇，求主上可与雄兵数万，着他前去双谷口，何忧不捉云卿回来治罪？"嘉靖道："可宣卿家儿子上殿见孤。"德龙领命须臾，取了张豹回殿，见驾出乎。嘉靖道："果然龙生虎子，想是寡人之胜。张豹过来，朕今着兵部发兵三万与你，可即速前去山东，将九焰山重重围住，捉了云卿回来，领受万户侯之赏。暂且封你为平东将军督师吧！"张豹谢恩退班。

隔了数日，侯兵部点齐军马，张豹辞过父亲，浩浩荡荡向山东而下。朝中一班文武闻知此事，见主意出在主上，难以谏止。有的个替云卿怕惧，有的个怨他不养晦待时，反要出头露面，以速败广。惹到毛天海唯有日夜拜褥天地，保他护救，免至忠臣无后而已。谁知张豹雄兵未到，一日早晨，云卿在九焰山中，忽见宝鸡对着自家展翼飞鸣，两眼泪流交交不已。云卿一惊，想这宝鸡如此哀鸣，料是预报将来必有祸事。左思右想，必定日前打劫安徽的贡物，败兵逃去，决然奏知朝廷，今番起兵马来，我等寡不敌众，将来必败，故这宝鸡缘有此报。但且事到头来，不得不勉强支持。遂出到聚英堂聚集一班兄弟商议。不一时，李光统了夏光、胡叟等众出来，请问大王有何事件咨访。云卿道："我想那日劫了安徽的贡，自来愚兄心惊肉跳。想是败兵逃回奏知朝廷，起兵前来厮杀。但我山中兵不满千，将不满百，如何能抵敌得过？"夏光急说道："此祸皆系胡叟那光棍前来累大王闯来的，须先杀却，免得后来他又演出许多斩身刀为是。"斯时胡叟在座，闻得这话甚是慌忙。可幸云卿说道："献计虽他，举行在我，安能独罪伊身上？"胡叟道："大王勿虑。可先打发个喽啰前去探听。倘朝廷真有兵来，我等同心协力，首尾相顾出些奇策。兵将虽微，背城借一，亦不可以一当百。但忧未见敌而军心先怯，或临阵而自相矛盾如夏将军的。"云卿道："据说不为无理。但彼此同在山中，自当手足相视。夏贤弟还须勿念旧恶，以至各伤性命，贤弟独不见三国时甘宁、凌统两人有杀父冤仇，后来皆事东吴，两人为着国家的事，忘仇为好，结为手足，当时共成霸业，后世传为美谈。你二人不过因此小小事故，何须这等怀忿，反不免小器起来。"胡彬亦向夏光说道："昔日未经相知，故有如此。今在山中，便成兄弟。万望将军听大王吩咐为是。"夏光终个心里不服，但各人所劝，假作唯唯而退。云卿随命喽啰下山，打听朝廷有无兵到。去了数日，喽啰回说三万大兵不日即到。云卿闻报，见山中兵马谅难制胜，且又虑着夏光与胡叟不睦，遂密唤心腹林桢、马如龙二人到账中，着他先带妻儿与这宝鸡改装下山，先逃往云南唐吉处。"我与子诸人在此迎敌，得胜便罢，倘若败北，我亦随后必到。"二将说道："此计甚高。我等去后，大王体势而行，切勿恋战，与八小姐前来为是。"云卿点头，二将如命下山取道云南而去。云卿日夜料理兵策，早为临敌计。

　　一日，山上望尘头大起，知是朝兵将到。胡叟已效孔明定无数车鏖，又多扎秆人背了旗令，满放山巅为疑兵之计。不多时，张豹已到山前，即催兵悬藤上山以抵贼巢，却被胡叟将石鏖滚下山来，悬藤军士个个头破额裂而回。张豹反命放炮，奈低处打高不应。他又是无谋无勇的，攻了数阵，总不能杀得一个贼儿，只有一面回去催粮，一面命将士立实营盘，将九焰山重重围住。云卿知他久守山中并无水路可通，且又粮草仅支月余，今朝兵纵不能上来，而满山在孤城被困一般，亦属可虑。又与胡叟酌量个计较。一时仓促，且未有胜谋，只得力守。谁云夏光亦料山中将又必败，连自家的性命正属可忧，且又恼着云卿不听他言语，屡屡反要替胡叟、胡彬两人调护，何不密往朝兵营中引他到来杀却胡叟、云卿等，一来可以保全性命，二来可雪心恨。主意已定，一日假病，先寝不往执戈眺望，掩过众人耳目，偷自下山，投入豹营。朝兵执见主帅，豹喝道："那个贼子，敢前来营中窥探吗？"夏光跪下道："小人特前来投降，回去作个内应，俾元帅早日成功。"豹道："不信，你必为贼人所买，骗本帅前去中计的。左右，开刀吧！"夏光说："且慢！等说明死亦甘心。"豹道："急说。"光道："小的本系捐纳将军，去年因进京加捐路经过，却被贼人劫我上山，逼小的入伙。小的一时领命，故暂且相从。今见虎威所临，正喜心仇有报，故特欲前来助一臂之力。"豹说："你若是说谎的？"光说："小的若非真心，万代沉沦。"豹闻他所说有理，喝退左右，赐座说出姓名，且与奸臣有旧。豹又问光计将何如，光道："我回去明日发起火来，山中诸人为着救火，不暇准备。斯时元帅督本部直抵贼巢，何忧捉不得云卿？"豹说："此计使得。明日不可失约，成功奏知圣上，包你造官便是。但可早回，免俾贼人知觉。"光欣然领命回山，且喜无人知晓。到了翌午，就在自家鸦片床上发起火来。豹已在山下望见，马歇铃，士衔枚，绕崖而上。凑着山中诸人报知，云卿正欲救火，即见朝兵早到，起火的又是夏光房内，心中知是光为了内应。云卿早寻着他一刀杀却，始与妹子金花相联冲阵，顾不得诸人。胡叟、胡彬竟乱军所杀。幸得金花用着神物金砖保着七哥，俨然长坂大战，赵子龙背却阿斗冲围一般。未几，兄妹下了山，一路望云南逃走。须臾李光、刘英亦捷足幸免，始知大王当日教人善走的有用处。二人亦走到云南。暂且按下不讲。

却道云卿兄妹日行夜宿，过了许多路程始到牛头山。谁知唐吉取了七婶后，即日与如此等在山中盼望。一日，忽见叔子姑娘已到，一开山门迎接，且禀知母亲、妹子一齐相见。久别初遇，先哭后起，共述所遭，刺刺不已。唐吉又命喽啰摆宴，与云卿压惊，住在牛头山中，不在话下。又道那个张豹，一见火起，才上山去，自谓今番必然捉得云卿。谁知却被他冲围走了。且喜安徽那贡礼尚存八九，不复追赶云卿，且放火烧山，随于死尸择一个年几与云卿相同的，豁了回京，欲奏知皇上领万户侯便了。正是：

> 得些好意须回首，骗得君王便罢休。

未知张豹回朝如何，且看下回分解。

第三十五回　张少主白日宣淫

诗曰：

　　由来多败在污淫，中嫦贻羞未晓吟。

　　可是冤魂该白处，故管寡妇思难禁。

　　却说张豹回朝将假头奏上，血迹糊涂，圣上哪里辨得真假。况已属宠臣，竟将万户侯之职赏他。豹谢过恩，回到府中。德龙亦道："张豹确实能干。"父子一时位冠臣寮，心宽意乐。张豹亦自此越加恣行无忌，日来止知恃势凌人。除饮酒外，背着妻子不在这里，止知将府中大婢奴日夜宣淫，那些粗蠢婢奴，亦淫贱非常，其中有春桃，夏莲，秋菊，冬梅四者有几分姿色，最淫，张豹一日竟置四人于一室，通令除光衣裳，玉肤早露，肢臀乱飞，俱都仰卧，立伺张豹来淫，张豹淫兴大举，纵乐心肠，解卸衣裤，傲然睃巡一周，刹那间五人做成一团肉泥，晕绝于床。过了片时，张豹开目，唯闻窗外有人驻足，逐拔开了众婢，起身至窗前，陡的开窗，不意真的惊走一人，花枝摇颤，凌波三寸。细觑那背影，乃是父宠姬，名唤碧香，张豹看着，淫心又起，顾不上什么礼数，急去套裤儿，四婢尚睡，无人理会，张豹潜行，轻启门板，闪身而至，径奔那碧香住处。及至门首，方欲敲门，遂又止住，闻里面似有人交媾之声，力推而入，却原来门板并未拴着，床上斜卧一个美人，原来那碧香在张豹窗外饱看了一回，见被他觉了，遂急急而回，腿间早已咕唧水响，及至进屋，慌乱之间竟忘了栓门，奔到床上，急褪了衣裤，取出角先生塞进腿间急急插插，咿咿呀呀的叫，杀了三分火，正弄间，听房门响亮，见一人楞楞闯进，吃了一惊，角先生顺势滑进去了，只露一点点影儿，碧香大惊，又不敢动，噤若寒蝉，泥塑一般，张豹一见，嬉笑不止，老着脸儿挨近，去抚蓬松松的乳儿，碧香羞甚，又不能挪腾，只得依他乱为。再低首急视，那角先生已遁去，碧香发急，口不能言，用眼求豹，张豹明白，遂探手去讨，滑溜粘滞，竟不上手，讨了几讨，竟无动静，张豹亦急，恨那角先生捷足先登，遂令碧香卧下，猛扣其臀，又令翻转，挤了小肚，方才露了个头儿，张豹令其腿大开，俯首开口去咬，啮得笃实，方才悠然而出，见其头上，隐隐有血迹，想是龟得太深，张豹甩手一丢，扒在碧香肚上，腰间那话儿早已挺然，碧香假意挣了几挣，腿儿蹬了几蹬，倒把个张豹的裤儿蹬掉，张豹大喜，扶住尘柄就龟，叱的一声，达于深广。碧香佳境亦至，花心着露，冷汗淋身，二人方才云收雨散，取了帕儿，揩抹干净，勾头交颈，情意绵绵，早将那张德龙忘到东洋大海里去了。从此张豹日日来偷欢。他亦顾不得中媾贻羞，聚尘愧行。所以府内起了一个浑名称豹为探洞公子，又叫造蜡霎犯，以至诸婢竟无半全完人。奈德龙亦是人容纵不义的行为，有时即明知他的恶迹亦置之而不问，唯有贱售诸婢便了。

一日豹正在书房晚膳，忽见故将谢勇妻子韩氏到来。看官，你道韩氏的丈夫谢勇，原为着德龙欲谋害尚杰，他感奸臣旧恩，一时奋个愚忠，后来竟以身徇了德龙的愿，止剩此孤男寡妇在此府中，为德龙正合另眼相看，荣华同享，以慰亡魂，以安孽种。奈德龙本是不仁不义奸臣，那有良心。不过欲用着这人，便以财帛买嘱，使人助他为虐，非必真有求济孤寒的善心，栽培后进的巨眼。一见谢勇已死，再不能每事为他出力，他儿子谢阿骥又是个软弱无知，母子二人在衙，德龙反嫌他坐食有损自家的贪囊，还须要叫阿骥外充僮仆，韩氏内佐针厨。且他极善烹饪，非他弄菜，德龙几不下箸。少不得同群逐队如老婢一般。

一日，韩氏正到公子房中进餐。这饿鬼张豹见他蛾眉淡扫，缟衣茹肤，虽粉黛不施，看来另有一种清妆动目。张豹料上心来。又见韩氏眉来眼去恰似有情一般。豹亦意他亡了丈夫多时，水性妇人寒衾冷枕，少年孀寡，不免欲火难禁，正易下手。遂立定这个淫念，待了再到撤席，试他番便知真假。食顷，韩氏到来，公子微笑问他道："你吃了饭否？"韩氏道："尚未。"豹道："凑着现在此里无人，何不就陪我把盏。"韩氏道："贱妇不敢。"豹说："是我吩咐你的，何不敢之有？况世说日同食，夜同睡，双双对对，乃有兴致。今尊夫已死，我又妻子远离，正合两家相陪，各慰寂寞。"说罢，两手去拉他入席。韩氏果然欲火一动，会了豹意，答道："虽蒙公子过爱，人非金石，岂竟无情！但须臾僮仆即到，终觉怀羞，倒不如两人谋个夜食吧！"张豹说："厌厌夜饮，可以通宵。果然此计更妙。"是夜，公子竟访问要韩氏出来在此房中阁上寝睡，以便夜间起来，五更弄菜早饭。且说明虽似男女不便，但韩氏有个十余岁的儿子相伴，各分又是主仆一般。除了德龙，那个敢非议拦阻他。更定韩氏果然抱衾出来书房阁上安息。二鼓，他陪着阿骥先去寝了。公子在下看书，到了三更，意欲上阁淫他，防他儿子醒来知觉，且先时所说亦属哑媒，倒不如出个计较引他下来，俾他自媒吧。遂将书席一推跌倒在地，自然有声。凑着酷暑，自己先赤身睡在胡床面天假寐，适阁上韩氏化蝶方回，忽闻下面如墙倒一般，跳醒来未知何故。且幸窗烛尚未见灭，竟携烛下阁观看，急急扶起此桌，拾回各物。不见了公子，知他牌去。正欲转回，轻轻用手弹去烛烬，扶着板梯，莲步层层印去。到了第三层，忽见那烛光映上墙际，蓦见一竿长有七八寸计，大可盈握，挺然特立。韩氏认去，既不是烛影，回头一望，谁知影从胡床上公子身中照出，意中要看明系属何物能如此有趣可观的。遂转身行近床前，见公子赤身熟睡。韩氏心中想道："他有这个魁梧伟具，怪不得诸婢一被所私，无不寻味。我平日丈夫的不过是个僵蚕一般的小体，弄起来尚且魂消天外。况他如此雄悍，定必有异样的趣致，何不偷偷地与他玩一玩以看何如。"忽又怕他醒来无味，方欲回去，移步进阁，踏上板梯，又依旧照出那个影子。韩氏终是过不去，只得又转回头，自家壮着胆道："怕什么？他是个明明叫我来的，想不过公子忌着我的儿子，不敢躁进，故不觉睡了，我今赤体套上，谅必说我识意。"一头说，一头褪了裤，早已一身酥痒。不管生熟，跨马而上，公子又是乒乒乓乓一阵大弄，太翁椅闹个不休，约有半个时辰，二人丢在一处，歇了片刻，复又相偎相抱至床上，颠鸾倒凤，极尽绸缪，一直弄到东方渐白，雨散云收，韩氏方才上了阁楼，陪阿骥睡了。如是者数次。阿骥又是个聪明孩子，且系那奸臣天厌该败，凑着一夜醒来不见母亲同睡，阿骥总不造声，静静起身寻到阁口，侧耳听去，觉溜溜有声。旋又忽闻裹说，始知母亲与公子在做狗勾当。转悟出一向睡后不见了母亲，原系下阁如此。但念自己身为人子，难以捉奸，只得回床中。瞑睡时许，始见韩氏回来。暂且诈作不知，心内自想道："淫欲私奔，不守妇道，虽则母亲不成人，但父亲愿为公子泄恨身亡，理合报恩才是。今我在他府上，日中要执役，始得此两餐一宿，岂不是奴畜我？今公子又将自家母亲勾引，造成这禽兽的行径。是我的父亲施奋发与他，他反为我父亲的仇人。"越想越忿，肚中大怒："张豹不仁，我阿骥誓不与你干休！"正是：

　　人生最恨恩忘处，况复施来辱我为。

　　欲知后事如何，且看下回分解。

第三十六回　谢阿骥是恩是仇

诗曰：

自古深仇必有报，止争迟早在须史。

况复奸臣频作败，昭忠还籍众都喻。

却说那谢阿骥渐渐识了人性，心中早已痛及父亲谢勇为此不义的枉死，后又见张德龙遇已不善，便有几分离心解体。今又眼看母亲被张豹奸淫，愈加不服，实欲一刀杀他方遂自己的志愿。但碍着母亲难以下手，只得暗里提防。那韩氏竟流荡忘返，道着小儿子未必便晓得那个事情，只知偷汉，无忌着阿骥。后来岁月已深，阿骥忍不着，一日，微微讥阗母亲一番。那韩氏见那事情非同小可，且不好意思，反强颜不认，并将孩儿斥责。阿骥无奈，姑行缄舌，唯有心中越加憾恨便了。韩氏素性淫贱，原守不得清规，一旦孀寡多年，遇着这个房行中极有本领极有趣的张豹，一时情同胶漆，利刀难割，温柔乡里又弄出许多手段作致，引得张公子心迷意惑，当他心肝一般。自然金奶财帛珠玉锦绣任他所求。韩氏为着一个淫字，又为着一个贪字，止知有公子，反嫌自己儿子阻碍。一夜，索性密恳公子寻个计较遣阿骥外出，以便大家同衾共枕。张豹亦嫌两人夜来必要偷期一样，不便畅志。

一日，遂对谢阿骥说："你今长成，正当有为时候，终日在府中跟着母亲，有何发奋？我为你计，倒不如前去食粮，日后可以得官，亦未可知。现五城兵司寮大人与我甚厚，若写一封书送你过去，便有个好处。"谢阿骥恐是口蜜腹剑，微有却意。张豹一觉，又道："你若往时，我赐二百两银子与你造衣穿。"阿骥心中知公子无故未必有此作成，今又愿为自己谋度前程，并破囊相赠，必定为着母亲的故。若不从他的话，又防惹出他恨来，倒允肯罢。答道："得公子如此栽培，感恩不浅。"他张豹果不食言，阿骥亦欣然打叠行李，偷窃了日前亲父遗下德龙交与的誓章，领过银子并荐书，入了营。那位五城兵马司寥鹰扬,系趋炎附势的人,一见谢阿骥呈上荐书,自然留心体贴,就赐了一名马粮与他。

那韩氏见儿子去后,夜里不复上阁,便与张豹同床,竟至调笑达旦。从此无束无拘,日夜具淫。一日,韩氏遂觉比前时暗来时快乐十倍,对张豹说道:"这二百两银赏得他抵。"公子说:"买日为活,亦非久计。倘若爱娇无子,我誓必立你为个偏房,同享富贵。"那韩氏自造了淫妇,竟然把羞耻丧尽。又闻公子许立他为偏房,越加无了人性,反欲阿骥死了以便日后与张豹谐老,同享富贵。一时有了这个念头,遂对公子说:"天下事以乱始,必以乱终。他日柳败花残,少念着旧时意,得赐温饱便好。有多大福量,敢长在陶学士房里烹茶吗?"张豹道:"一夜欢娱百世恩果。况我生平是多情,惜花如命,岂肯学王魁薄行?独爱娇碍着儿子,势难相从,不得不令卿作画中爱宠,我作影里情郎。"韩氏道:"虽则如此。但公子若有个真心,要图百年聚首,以妾观来,难属无难。"张豹说:"爱娇计将安出?"韩氏道:"凑着我儿不在,公子就在城中寻一个静所,我便离了府中前去住下。待阿骥回来,便说我走了路。他一个年少无知,哪怕寻得我着。我便与公子暂且在此作乐。公子他时干一个远远外省的大员,那时一齐去了,阿骥如何得知?"二人果然定了计,寻个幽僻所在韩氏住下。张豹亦托言在各处赴宴,每夜必到。阿骥回到府中不见了母亲,张豹亦假说他逃走去了。阿骥心下十分疑惑,自去访寻,全无影迹。只得背了公子,静向府中各人讨个缘故,又用些酒食与众等赔礼。谁知韩氏与张豹的事,府中除了德龙,无不熟悉。但畏着公子,故无人敢向阿骥饶舌。独有一仆姓徐名理,极是贪杯,领过阿骥的疑接,一日又被公子朴责,抱恨在心,遂将韩氏所在并公子往来的勤恳,说知阿骥。阿骥闻了那个消息,随后直到母亲处又苦谏一番。韩氏搪塞不从。入夜,公子到来,并将阿骥言语对他说。公子心中恼着。

翌日即要人往捉阿骥,回府治个不孝的罪。徐理在府早知这个声气,先去阿骥处告急。阿骥只得逃往别处。适一友人荐他户部尚书李英华府内充个长随。那李大人问个来历,晓得是张德龙旧人,正要向他盘问那奸臣的行径,越加好意收留他。后知他并受张豹所寻十日,李大人问阿骥道:"我一向闻唐尚杰系张德龙所害,你一向在他府中,颇晓得否?"阿骥道:"哪里不晓得?"英华道:"请说其谋。"阿骥一时似悔及失言一般。英华察觉,对他说:"倘若能说得真确,本部不惜千金相奉。"阿骥见一言已出,且张豹系自己的冤仇。竟一五一十将德龙如何要害唐杰,自己父亲如何前来移祸说知英华。英华又问道:"此事比如有何凭据?"阿骥又将那德龙付下的誓章献上。英华

玉楼传情

图文珍藏版

着家人先赐他千金，随道："多选举义必自毙。今日始系天道好还，着你替唐家三百口冤出气。明日与你面圣，将此事奏明，你方补得前人的过，亦且主上必有高官赏给你。意下如何？"阿骥道："小人从命。"

到了翌日，英华果然携着谢骥要将此事奏明。嘉靖临朝，李英华凑着奸臣不在，出班奏道："臣访出前日双谷刺客谢勇，原系张德龙的家人，受德龙所命前去弑帝，要移害唐尚杰。"嘉靖道："事已明白结案，还说什么？卿家又何由访出刺客系张卿家的人？"英华奏道："现有出首的谢勇儿子谢骥在午门外，我主传他到御前一问便知。"嘉靖道："倒有这事？"遂命黄门引他进来。须臾，阿骥跟上，三呼毕，又将父亲的旧事说了一回，并呈上德龙的誓章。嘉靖见上面写是：

> 立誓人张德龙，今命家将谢勇前去双谷口，成功富贵同享。倘有不测，
> 日后勇孤儿寡妇务必十分周恤。如若反悔，皇天在上，是纠是殛。某年某月
> 某日龙的笔。

嘉靖看了，浑身是汗，哑了半晌，遂徐徐道："真个知人则难，再不意世界中有如此冤枉事。众卿家，如何是好？"刘俊出班奏道："奸臣德龙职居太师，兼又兵握在手，非同小可。他既怀异志，家中死士如谢勇等，谅不一其人。今若公然就此事情罪他，均之一死，他决不肯罢休。且未知廷臣那个是他腹心？一时事起，势必从中作乱。一来险诈难防，有劳圣虑。二来兵甲扰乱，祸及苍生。孰若着李大人暂将谢阿骥藏过，此事搁起不提。慢慢召他到来便殿赐宴，宫中先藏了甲兵，待他到来然后下手。并约定时辰，臣又点齐将士在外接应提防，乃为全策。求主准奏。"嘉靖道："果然高见。等朕退宫，想定一个日子写了密诏，命黄门赍至少师府上。那时少师依诏成事，诛奸便是。退班。"果然李英华又携了谢阿骥回衙，静候皇上设法与唐尚杰报仇。正是：

> 报应止争迟与早。皇天宁忍善成涩。

欲知后事如何，且看下回分解。

第三十七回　陈安国受败回朝

诗曰：

知人则哲帝犹难，况复衰朝主已偃。

唯有法场三事责，犹堪补过浴维艰。

却说那刘俊当日要皇上求个万全方法，乃可将张德龙的事追究，原是个深谋远虑的识见。谁知那张德龙更有几分心计。他自居官内帘以后，早结纳了一个内监姓黎名太，每年受了德龙一个万银的大礼，凡主上目中看什么书，食什么物，行什么事，说什么话，何人奏本，何人见驾，一切通知，历本无心。德龙因此有个内应，所以主上的性情意念他早一一知悉。及殿中承问，应对自然，控告当旨。他有如此能干，不由嘉靖不宠爱他。那日李英华将谢勇的事奏时，黎太正在左右，备闻了这个缘故。嘉靖退了朝，急跑往德龙府中将祸事偏告。黎太退去，那奸臣父子抱头大哭一回。张豹道："我父子遂如此便了不成？即死亦要出下气方好。"德龙急退了左右，说道："我闻戈国自送了这个绣袍过来，国中便水旱蝗虫，岁岁饥饿。且又宫里暑酷不堪，时见瘟疫，死亡无算。月前曾有本章到来，将个情节上诉，欲将别的宝贝换回这袍。昏君谓其反复无常，不允所请。戈国料必怀恨。今我父子何不凑着事未发作逃往戈国，将此袍归还，求他称兵入寇，杀却昏君。岂不甚善？"张豹道："事不宜迟。明日便可起程。"张德龙即密地将家中什物最珍的，及易携的，并那件绣袍点定，以便隔日出奔。

张豹见是谢骥首告，遂疑韩氏假意与自家欢嬉，故意教儿子出首不成，须要杀却方好。一时变了心肠。是夜，藏了利刃往韩氏处下手。谁知那阿骥明知张家事发，迩来主上就要杀他，自己犹念着母子情分，便立意要取韩氏别个去向。不料到母亲处草草说了几句，张豹带了数人即到。阿骥手无寸铁，急不及避走不得被他一刀杀却。韩氏只以子恨他到此碍目，犹哭怨道："嫌他到此，更有别个法子，不令他来便了，何用害

他性命？"公子竟不分说，喝左右下手。可惜那韩氏为着贪淫两字，倒是死得过了，独误了儿子的命。此亦谢勇恶人无后的报应，正老天善于借力处。

那张豹见他母子二人已死，封好了房子，回府与德龙瞒过众人，只带有能干有腹心家将数人，携了各物，凑早托言出了皇城，渡过沙漠，到了戈国，着家人进去通报。国主戈王闻是上国太师到，只得携着众臣倒屣迎进，问道："上国大臣辱赐下国有何事体？"德龙便纳头下跪，托言被奸臣所害，要来国中借兵杀回朝中报仇，并愿送回这件绣袍，以为赏活命的恩。戈主急扶他起来，答道："有话须慢慢商量，何须如此着急？"德龙说："戈主不允，老夫决不起来。"戈主道："从命便是。"德龙起来分君臣坐下，遂张豹献上各宝并绣戈袍。戈主大悦，随命左右取下，似甚相得。随命摆宴席上，说道："既蒙太师厚赠并赐回镇国的宝，待孤与各大臣议定，自然起兵与你报仇吧！"德龙又谢过恩，携了众等暂出公宫居住，以候戈国起兵。戈主见德龙退了，遂传命东宫太子虹印、公主鸾娜、军师元黄蜡、定国将军乌云豹、获国将军查拿龙上殿，遂将张德龙来意并送上各物与众等议可否。公主奏道："以王儿看来，张德龙如此主意背主，必是个不忠的臣子。虽说被人所害，一定谎说以瞒父王。父王若中他的计，一来受天朝怪责，二来小不敌大，弱不敌强，反累我天朝损兵折将。倒不如杀了他，将头颅献回。他的国王或念我国有功，不是还此袍，天未可定。"太子奏道："贤妹总是个妇人女子之见。我国得还那袍，免得饥荒疾病最是紧要的。若天朝贪此重宝取回它，不是当面错过。况我王已面允他报仇，堂堂国主安可失信于天下？况臣儿素闻大明帝柔懦偏听，臣下有一个唐尚杰父子忠良，不知为着何事竟将他满门诛戮？现在朝内无人，止知向下国求金求马，费尽我等几多悉索。正要凑此前去见个雌雄，待他莫谓下国无人动恣诛术，方合父王发奋有为的锐志。求父王允奏。"戈主道："果见我儿壮志，日后此座可保。"

歇了数日，张德龙又入内恳请戈主乞请，便立定章程发兵外，留下张德龙作质，命张豹引路。并吩咐东宫太子，调了五万精兵，同公主军师、定国获国两将军，即日祭旗兴师。一路抢掠，望中原进发。且立明旗号，托言为唐家报仇。岂知云豹当日镇守北关，保民若赤，去贼若仇。且又军法恢明，壮士毋得恃势凌遏愚民，附近一带绵仰之如父母。被害后，父老流泪，无人不替他怀恨。奈无权无勇，莫可如何。今见师中立着唐家的号，蠢然无知，竟有箪食迎师的，有逐队的。戈兵所到，绝无措阻，如冷手一般。名似正，势愈大，攻破了雁门，关中将士被戈兵杀得血流飘杵，尸骸京观。元帅陈安国可幸满身能干,匹马杀出重围,正欲回朝取救。

谁知朝中皇上一日正在要收拾那德龙父子,假意降了一个手敕,请他进宫谋议大事。黄门回来奏说:"去到张府,全不见德龙父子出来接旨。问伊家人,亦说不知他去向。回来请旨定夺。"黄门奏上,嘉靖吃了一惊道:"莫非他知了消息先逃走了不成?"急叫黄门宣刘俊、霍韬、李英华上殿商议。顷刻皆入。嘉靖遂将不见了张德龙的事体说与三大臣知悉,且着各大臣想他的缘故。刘俊道:"大凡奸臣必买嘱宫廷左右窥伺人主,料将这个消息传报他知,他必须惧罪远逃。"嘉靖道:"莫非回湖广去了?"刘俊道:"若逃回湖广,主上何难兴一旅的师擒回! 谅奸雄未必如此浅呆。他见性命所关,非投往别国则委身贼人,断无面目江东再见。"语犹未了,黄门又奏:"雁门关大元帅陈安国要见,现在午门候旨定夺。"嘉靖着他进见。安国山呼。嘉靖问道:"卿家不在雁门关镇守,今单人匹马回来有何事故?"安国遂将"戈国太子打着要替唐家报仇旗号入寇,所以一到便降。又有张豹引道,现已攻破了雁门关。自家单人匹马打出重关,实欲回朝取救。且将丧师辱国,臣罪当诛,求我主赐兵恢复赎罪"等语奏上圣上。嘉靖又道:"刘卿家果然料事如神。原来张德龙父子又通番去了。真乃罪上加罪,王奔一流,大负平日干城腹心的寄望,并使寡人自痛有眼无珠,所谓忠者不忠贤者不贤,枉居群臣之上。今日有何面目复见。天下雄关大破,朽骨苍生,是朕不识人的过,与陈卿家何涉?"霍韬奏道:"我主能如此引过深自怨艾,正古来对上明君盛节,反躬一念便可捣乱。为今之计,莫如再拨精兵与陈将军前去退敌。料此欺君罔上的贼天怒人怨,自古从无得志之理!"嘉靖凑奏。即发精兵十万,猛将百名,交与陈安国以便刻日起程前往雁门关,力图恢复,以抒国患。正是:

盘根错节人分剐,击鼓鸣金士奋先。

欲知陈安国起兵如何,且看下回分解。

第三十八回　戈兵明主走东京

诗曰：

一时误用这奸臣，急出般般是祸根。

此日六军同驻处，地来天子亦蒙尘。

却说德龙通番，带了戈兵攻破雄关。嘉靖闻报，恨着平日信任错了这个奸臣，前时害了唐家，今又被他杀戮多少将士，累及多少人民，自觉为主上不识人的过，此日深自切责，素服减膳。此是嘉靖好处，所以后来不至失国，皆赖这个。随命顺天府尹暂且前去张府拿着奸臣的党羽，以免从中生事。府尹得旨，统齐御林内侍兵丁，到了张府，抄出家财数百万。履遗于庭，全铺于地，狼狼藉藉，独搜不出这件御赐绣戈袍。即人口亦属无几，想必家爷不在，亦随逸去不等。府尹只得暂且回奏，嘉靖越加愤恨，随去送师。安国统了精兵再去关前杀敌。相离二十里下寨，即见有关内数人到来，禀上安说道："我等初见戈兵旗号，错认为真是为着唐家出气的，所以一时倒戈相迎，并元帅手下千总韩珰亦归顺他。不料戈兵到关后酷毒地道，纵兵劫掠，百姓不堪，韩珰又受他侮慢，个个不服，意欲反关，奈戈兵势大，难以下手。今知元帅前来克复，韩珰守城，念着朝廷恼着番兵，故特命我等偷来营中报知元帅，约定今夜二更求元帅提兵前去劫营，我等与韩珰开关接应，何愁雁门不复？"安国见他说得有理，安得不信？孰知戈兵入关后出示安了民，正恐关中诸将为患，个个早杀了。后知安国提兵复来，故买着关内一班奸民前来安国营中献计。安国不知中了他计，果然命人黄昏造饭饱食。到了二鼓，兵士个个结束驮马衔枚，悄悄行近雁门关外。且喜月色微明，安国一时愤敌抒忠，扬臂当先为众士奋。举头一望，果见城楼上早有数人在上等候一般。安国通了声，即见关门大开，纵马而入，随见那人将关门复闭，然后引路又不见韩珰在此。安国心中早有些惊异，奈兵士已进，只得半信半疑，上前行了半里许，尚未见贼营，知中了计。即将引路杀了，即唤兵士回头。路旁拥出一支番兵，将自己的军士截成两处，首尾不能相顾，只得各各逃生，被番兵杀的杀，捉的捉。犹幸陈安国路熟，急去南门抄路逃往云南，即那日唐吉筹定前去牛头山的羊肠峻岭。安国顾着性命，怕不得岭高插碧，只管衔甲弃鞍独行。渐进山去，犹易到了山顶，望下万仞悬崖，只得缩成一团滚滚而下，正系铤而走险，势穷力绌，马跳檀溪，随天降福。适安国果然不该阵亡，幸值山草丛茸，滚下山脚，急寻路径取道回朝，逃生了一命。共幸了兵士三千，猛将三十余名。所剩关外虽尚有带甲九万有期，但陈安国中计入了雁门关，自然豫早先点定人马在关外接济。诸将领命，提命俟候。将近四更，尚不见元帅回头，亦料是不吉，奈无何如，只得再候一会。须臾见关内骑步蚁阵四出。诸将见不是自己的人马，知元帅必然中了计，一时无主，竟反戈若鸟兽散。被戈兵乘势掩杀，矢石交加。幸是未及天明，戈兵不敢远追。诸将走至天明，招集败军，点过人马，又死了五万。有多少不得收拾余烬，回朝再作。这戈兵待至天明，见安国余兵拔寨远逃。太子虹印催兵，一路烧营拆屋，火光冲天，势如破竹，直逼潼关。关内百姓见番兵浩，只管逃生，携男带女，哭声震野，金银衣物各弃道旁。人人争去皇城避难，不绝如驿。有一个名士文弱不能携着妻女而逃，那妻女又惧贼到受辱，先投塘自尽。剩那名士零子履，蹒跚前行，途中聊口占二律以志哀。

其一曰：

> 大泽哀鸿集，荒庐瘦犊奔。
>
> 流离今若此，保障昔谁论。
>
> 戍鼓连江浒，烽烟逼雁门。
>
> 城楼诸将帅，何日馘孙恩？

其二曰：

> 一炬怜焦土，昏烟覆断堤。
>
> 伤心凋白发，低首憾苍黎。

死义贞魂烈,同仇众志迷。

逃生何处是,愁听夕鸦啼。

　　吟罢哀感行道,成群结队飞入皇城。值安国的败军回朝告急,嘉靖即召诸大臣入议退兵的策。须臾皆人,湛甘泉奏道:"目下贼势如此张扬,倘被他直逼皇城,那时势必挠动个个寒心,即有起,颇亦驱恐怯的军民勉强迎敌。凑此贼人未到,正须先遏其锋。孰不若一面命殿前大将军史忠,协同五城兵马司尽起六军,先去出战,一面火速行文近省,谕各督抚大臣调后前来勤王。求主允奏。"嘉靖果然面诏史忠即刻前去退兵,回来升官重赏。随命部家行文近省征兵。那史忠领着王命,凑此贼兵未到,果提了六军前去厮杀。遂出皇城,行了四十余里,军士报道:"前面不远就是贼营。"史忠闻报,远望戈兵不过二三万的,以内讶道:"远来孤军,缘何却能所向无敌?且今向晦,不便对垒,只得安营下寨,明早才战。"歇了一夜,虹印只得引兵退去。史忠乘势赶上,恰好太子到了救兵,只混杀一场。史忠的兵将却被鸾娜用着长砂当面撒来,孱弱的就在阵中而亡,强力的亦少不得脑破。即那元帅亦又被他害了,这双眸子幸得躲避得快,亦损了兵一万有余,急走回入紫禁城奏知主上。慌得嘉靖坐卧不安。内苑妃嫔个个怨着王爷平日枉杀尚杰,又误信任德龙父子以致一时招乱起来。并城中有一班德龙的心腹旧将,知家爷引兵在外,正欲出去相投。奈城门紧闭,难以走往。一夜遂纠党数十人,在城内放起火来。外面戈兵见了,趱夜攻城愈紧,一时人心越加仓皇。嘉靖正在梦中惊醒,闻宫监报道城内起火,想是贼有了内应,慌得嘉靖手忙脚乱。正在计无所出,忽见霍韬、湛甘泉、张天保、李英华、刘俊、毛天海一班文臣入殿,请驾走避。主上无奈,只得勉从。宫女多有不及相从,一时哭声震地,銮舆行到宫门,又得史忠率了数千军前来护驾。君臣定了主意,欲往山东。即开了南门,并任百姓逃去投生。正是:

　　一朝烽火惊人处,仿佛明皇幸蜀时。

　　未知嘉靖所去如何,且看下回分解。

第三十九回　明兵屡败云俊还朝

国学经典文库

私家藏书

名家藏书

图文珍藏版

七五六

诗曰：

　　岁寒松柏自标奇，过后忠贞合可思。

　　幸得无仇君父理，能令都㕙再相望。

　　却说嘉靖君臣一时火起，知贼人有了内应，只得走避山东再作理会。当下德龙城内的余党见车驾走了，遂争去打开了城门，迎戈兵而入。德龙父子即要入宫搜劫御宝，淫逼妃嫔。幸得戈国太子、公主终畏明朝是个上国，要守着臣君的礼，出了标示，不论诸色人等，毋许乱进宫闹为乱，如违定斩不饶。德龙虽是个恣无忌惮的乱贼，奈现在求籍戈兵，且畏他兄妹英雄，不敢抗令。公主又命人入内安慰内苑一番，随发了一千军马把守宫门，不在话下。

　　那嘉靖渡了黄河，到山东住下，恰好安国逃回见驾。即行文各省调兵，附近路州一带以及河南三江军马，四面恢复皇城。夺鸾娜公主的神砂总是利害，难以取胜。兵马司寥扬鹰并外省襄阳总兵皆已阵亡，一连报败章本不下十余。一日，嘉靖览过，不觉哭着对刘俊等说道："你等虽系忠臣，奈是清词出身，想这般笔阵舌剑，正可太平无事横扫千军，雄屈四座。今日大敌当前，始知无用。"刘俊说："君辱臣死，臣等即非武弁，亦愿战死沙场，以报陛下。"嘉靖道："朕非要卿等出战，但一时忿着寡人平日专尚清词，太平日久，所至甲胄废弛，一时临渴掘井，个个无用耳。况朕今日流醨琐尾，正恃着卿等左右策谋，倘若一时轻敌枉死，刺了寡人，这大明天下必属奸臣之手。卿等还要自家以爱寡人为是。但朕无所恨，止恨枉杀了唐氏一家。倘若云豹尚在，决不至使朕如此狼藉。"霍韬急奏道："圣上既念着唐氏，何不下一诏，待臣前去云南召回驸马云俊回来出敌，令那班无知百姓见了云俊，便知戈兵打着唐氏的旗号是个假冒，便可散他多数军马,以减其势,然后再往外省征募勤王,料这班奸臣不过暂时替天少行劫,断无如此不仁不义可以成功之理。求主允奏。"李英华等亦如此互奏。嘉靖道:"虽则如此,终恐他怨着杀他满门,不肯复回辅朕。"霍韬道:"忠臣孝子,那有仇君父之理?陛下若写了一本,臣凭此三寸不烂之舌前去,务必说他回来见驾方便。"嘉靖果然写了一本,行镰着寡人前日不应误听奸人言语,杀了爱卿满门,后乃知过,求驸马是个忠臣,料无复仇君上的理,故特着霍礼悦前来请驸马与公主回朝,以输国难这等话。书就交与霍韬,着他即日起程。

后来霍韬果然到了云南,寻着驸马寓所,教左右通报。云俊出迎,接了霍韬入堂坐下。俊说道:"再不意罪臣今日再睹天朝贵使。"公主亦出堂问候母安圣驾一番。霍韬道:"再不要说起。求驸马接过圣旨,方道其详。"公子夫妻只得接了圣旨。霍韬将德龙如此败露,今又引兵入寇,后直现在车驾山东以避其锋,还求公主驸马勿念圣上旧日的冤情,回去退敌为是。云俊一一闻了,又哀又喜,说道:"三百被诬,今虽辨白,奈死者不可复生,何益于事?况臣自谪以来,满胸仇恨,失心狂乱业为废人。幸公主左右扶持,得以须臾无死,即强颜再出,亦徒取罪戾。止求大人去来协力匡王便是。"霍韬又说道:"驸马有所不知,戈兵到来原假说为唐氏报仇,雁门一带个个争降,他兵是以能直抵皇城,皆因此故。驸马若令关外诸人一见,戈兵必冰消瓦解。止劳绶带、轻裘,便可做个斯文主帅。"驸马终是不允。霍韬又转顺公主劝驾。公主只得上前向驸马说道:"急始求人,难怪愤恨。且我等若然不出,反遂了奸人假冒的志。况念着先王的基业并国母的难,回去为是。"驸马说:"罪臣本不欲再履尘凡。但念着国母当日打救的恩,并贤妻千里相从的义,勉强一行便是。求霍大人先去奏知主上,我等自然随到。"霍韬临别又叮咛一番,然后先回奏知嘉靖。嘉靖闻奏大喜,揣云俊将到,御驾即先去郊迎。云卿率了公主并李光等见了圣上,好跪在道旁三呼。嘉靖亲手扶起,君臣兄妹皆有涕泪。慰劳一番,圣上即携着驸马同到御营。嘉靖又引愿一番后,乃将戈兵说起。遂命摆宴与驸马御妹接驾。正是:

　　　　君臣复遇处,兄妹再逢时。

欲知后事如何,且看下回分解。

第四十回　叔侄奸敌一体征平

诗曰：

平苗此日辑干戈，关入从教学汉歌。

且喜罪人斯得处，恢恢天网自堪罗。

却说云俊回来朝见天子，引起一时感激，旧恨存消。刘俊等亦转述嘉靖时时念着驸马的父兄，不过前时被奸臣所误。云俊遂决意要为国家分忧。在过几时适外省调兵又到，正在候旨剿贼。驸马即请旨督师前去退敌，嘉靖暂封俊为剿寇天下大元帅。一时师旅重整，个个军士喜着云俊复用，皆愿奋首争先。渡过黄河，番将出阵打叫。云俊道："无知蛮子，被奸臣所弄，冒着本藩旗号前来入寇，该当何罪？"说罢，一时旧日归降的百将见来了云俊，始知戈兵假冒，遂即返回云俊营中无数。戈太子弹压，反被军中倒杀起来，一时乱了阵，大败一场。但恃公主，叫是不能全胜。

一日正忧愁，李光说道："戈兵如此猖獗，元帅必须写了一书，着我前去云南牛头山，请了贤弟贤妹贤侄一齐到来，始能成功了。"云俊道："你等不言，我几忘了。"遂写了一封手书交与李光、刘英。二人领命，不日到了牛头山，见了云卿。云卿自九焰山与他二人相散，且意他为乱军所杀，今日正喜旧将相逢，急问他来意。李光拿出云俊的手书。云卿叔侄犹不免恨着朝廷，不欲回去。唐吉的母亲说道："你哥哥系个文臣，料必圣上有个回心转意，他方再起。况今日奉着兄长的命，我等须回来看看奸臣如何结果，方遂心意。"七夫人、金花等亦上前相劝，又俾二将催速不过，叔侄只得点起军马，放火烧山，背道望黄河进发。不一日，云俊见了七弟率了婶嫂妹侄到来，如梦里相逢一般，哀极不能出一语，大哭失声。始各备所遇，一堂破涕为喜。云俊奏知天子。盘旋数日，安顿了云豹云卿二位夫人。须臾，毛天海来到营中宣圣旨，上即封云卿为万户侯兼管陆军兵马大元帅，唐吉为福命侯平北将军，李光、刘英、林桢、莫是强、如龙皆封为总戎。天海读完圣旨，执着云卿的手哭道："前日张豹起兵，愚弟代褥天地，疤膝生疣。后奸臣又假将头颅献功，这时未分疑似，废寝食者数十日，不期此地复能相见。功成之日，你我须早回江湖同乐便了。"云卿道："愚兄从命。可回去代谢皇恩，凯旋之日，始来面圣。"天海欣然而退。云俊遂与云卿定了帏幄与戈兵决个雌雄，下了战书，到期各拔寨大起。云卿当面迎着虹印，金花迎着鸾娜，唐吉迎着乌云豹，李光迎着查拿龙，刘英迎着张豹。大锣大戟，各发神威。男的男斗，对对龙虎相缠。女的女斗，个个法斗叠山。怎奈鸾娜的神砂，原是人工依书自去炼成的，只可杀退得寻常军士，如何能敌得金花这华光大帝所赐的金砖。一时番兵抵敌不过，只得鸣金收兵回了营盘。虹印见唐氏一门皆出，如此英雄，又且前日归尚的兵卒皆散。

过了数日，潜将戈军弃了紫禁城，退出北口外。云俊见了戈幕疤鸟，遂长驱大进，复篱皇城，即到大内寻见国母请安一番。国母一见了云俊，如天下降一般，开起始知奉旨回朝剿贼，故母子得以复见。云俊一面在京师安定旧都，一面命人请圣驾回銮。嘉靖见了云俊的奏章，说道："驸马真个唐时的郭汾阳，幸当时母后力争保他性命，留为今日保驾。倘若杀了他，朕今日安能复见先王宗庙？寄语国史，可书明朕过以为后世人主枉杀的戒。"公主奏道："陛下如能知过必改，天下自获太平。幸勿安乐时又忘却，危难便好。"说罢，催整六军与各大臣复流黄河。云俊率了北倅，早在城门迎接。嘉靖见了云卿、唐吉，又说道："朕有过勿记于怀。"云卿叔倅答道："天下无不是之君父，罪臣安敢怀恨，有背先佼遗训。"嘉靖道："果纯忠纯孝人也。"说罢，君臣一齐回殿。嘉靖与公主急趋母后处问安。大小诸嫔皆说戈兵紧守宫门，未曾有半个贼人擅进，是以幸得再见陛下。大家慰藉一番。

翌日上朝，又见云俊出班奏道："凑着贼人失势，求我主命舍弟等即速前去剿绝，以免后患。"嘉靖说："朕今始觉自来贤否倒置，如盲子一般，忝为人上，不足以处天下大事。此回存幸赖驸马一门，以后所有国家诸务、去留行止，不必容奏，为卿意裁便是。"云俊说："如此自专，臣实不敢。但望言听计从理是国家的福。"群臣议谕一番，云俊退朝。即命云卿、唐吉、金花再起雄兵追去灭贼。三人得令，望北口外进师。刚值戈兵尚在，追战一场。云卿阵中一见了这个冤仇张豹，如老虎见嫩羊一样，紧紧向他赶上。斯时怒起力发，一时从马上捉了张豹。收兵回来，叔倅兄妹大喜。仇人既得，好好上了枷锁，以便奏过圣上，始将他杀祭满门，不在话下。那德龙见儿子被捉，力恳虹印兄妹回兵取救。老奸处又做起许多令人可怜处，太子相看不忍，只得披挂上阵。战了数十合，又金花有如此神妙，不敢恋战，收兵百退，一面遣将回奏父王定夺。唐吉捉了虹印回来，欲命兵士开刀杀却。云卿喝住，说道："得了此人，自可不劳片甲，包管戈兵将德龙缚解回来。"遂上了刑具，命兵士好生看待。须臾，云卿行至后营，又忽见宝鸡高叫流泪。云卿道："莫非今夜番人前来劫营不成。"遂教军士准备，人不许离甲，马不许离鞍。谁知唐吉全不信事，况又是个粗豪使气少年，恃着自家本领，是夜转欲单人匹马前去劫寨，心中想道："阵上见鸾娜十分国色，况又是个女中战将，正合自家的匹配。今前去捉了回来，转求尊叔，何忧不愿作为主婚，以遂蓝田的志。如或不能，即撞着那仇人德龙，亦未可定。"立了主意，黄昏后背着诸人悄悄望戈营而去，斩寨闯入。适鸾娜正在此巡视，早认得是唐吉杀进，只得轻轻用了神砂将他打下。唐吉好似迷了一般，稍定了一会，却知自家缚着，反恨自投罗网，无可奈何。鸾娜使将士将他带到帐中。德龙闻了即刻出来，要将吉杀。鸾娜喝道："家兄现在彼处，正须将他换回。我捉来了，我自有个处置，与你何干？"那奸老定要不饶，游得鸾娜火起，一时反教军士将德龙缚下。唐吉见番女如此钟爱，性命定属无妨。

须臾，且见他喝退将士，只剩手下女军。鸾娜脱了军装，微微笑道："驻家欲放回公子，但心中有二事相请，未知纳否？"唐吉知他恩情，一时忘却仇敌，说道："既蒙不杀，万能皆肯相从。请说便是。"鸾娜道："第一件要将家兄放回，第二件要公子。"一时鸾娜说出"要公子"三字，反面红起来，说不完一句言语。唐吉见他如此，急问道："比如公主要公子些什么？"鸾娜畏羞，终是道不尽。唐吉故意再三根究，鸾娜忍耻说道："总是要公子便了。"有一个老女将在旁，忍不着替他答道："想必要公子为婚的。"唐吉说道："须忧令尊不允。"老女将答道："我国中自祖宗传下，皆是女自择婚，与父母无涉。成了亲，始行关白。"唐吉道："既如此，求公主拜上父王，亦须依我两件事：一要将张德龙捆缚献出，二要收兵回国，依旧朝贡，不得反背天朝。"公主说个"允从"，亲手与唐吉松了缚。唐吉即欲扬去。鸾娜道："有如此易事？坐坐方能去得。"吉只得忍耐。鸾娜又要与他对天道了誓，放下表记方免反悔。唐吉反被鸾娜引动不过，上前求合。干柴烈火，一燃便灼，两家会意。公主假说送公子回营，行至荒郊草地，唐吉见鸾娜面容姣好，娉娉婷婷。眉目传情，欲说还羞，遂引动春心，趁鸾娜远观闲云，虎扑而至，鸾娜未曾备防，猝然而被压倒于草地之上。唐吉死死覆住，鸾娜粉面红透，假意儿挣扎几番，唐吉欲火焚身，探手进至小衣，早将酥乳握住，霎时魂飞天外，魄散九霄，鸾娜牝中热浪翻滚，花心灼烫，阵酥阵麻，亦丢了身子。高唐云收，阳台雨散，二人整衣而起,唐吉见草地之上,殷红一片,鸾娜说道:"一时仓促,求君紧看落红,日后落房勿说番人兽行。"两人情热一番,各归营寨,恰已天明。云卿点军,刚刚不见唐吉,心中十分慌忙。转眼见他得意扬扬,跨马而回。七叔询其所往,唐吉隐过鸾娜成亲的事,说:"将自家前去劫营被捉,幸得番女放回,自愿缚献奸臣,收兵回国,自后称臣,求侄儿回来恳请放回他兄。但侄儿蒙他不杀,他初来亦是冒着个唐家旗号,心中尚知有我等,一见家叔便早退三舍。兵法云:穷寇莫追。愚到以代他恳请定夺。"云卿说:"若如此亦可,免得上费国饷,下劳将士,得他知罪便罢。"叔侄商议,候了好音便尔后旌奏捷。又凑着这戈王闻知太子被捉,火速到营,衔理怨德龙一番,转与女儿商个计较打救虹印。鸾娜又密恳父王,除非缚献德龙再行臣服,方能再得太子回国。戈王原是个禽犊之爱,这个计策那不允从,止反虑着天朝肯赦便了。鸾娜又胆助一番,再行网缚好了德龙。这回老奸如肉在砧板上一般,求死不得,在牢笼气得口喘喘,眼突突,不能做一语。解到云卿营中,番主又肉袒示罪,膝行而进,唐吉急急扶起。戈王又将那奸老到国假冒受奸臣所害,一时父子上他的当,今日主知罪过,求元帅代奏天朝,赦下属的罪,举国沾恩。云卿说道:"我王好生,本帅代奏无不宽赦。但自后狼主切勿背恩为是。"戈主道咒。云卿又教左右放出虹印,俾他父子相见,皆感泣一番,重讲盟好。戈主放下德龙并德龙带回的绣戈袍,务求云卿叔侄与他转奏请赦。叮咛卑礼,父子携手而退。正是:

　　　一朝干羽平苗日,两个仇家在槛时。

　　未知戈主退后,云卿叔侄如何,且看下回分解。

第四十一回　番女臣服赐联婚

诗曰：

祸淫福善理无讹，反笑奸人作孽多。

恩怨岂无酬志日，满门只觉沐恩波。

却说云卿自戈王退后，察知他为着儿子且又势将大败，是个真意归降，遂教诸军拔寨大起，凯旋奏绩。个个闻着回家，自然喜欢。扬威耀武。反旆而回。圣上一闻，早打发毛天海等前去迎师赏劳。不一日，云卿到了殿上，将戈主的事情奏闻，又带了德龙父子请旨发落。嘉靖命锦衣卫带他上殿，大怒道："你本一介出身，几句臭墨卷，遂已位极人臣，更有何耗欲未足？还要造下许多冤孽。你是个读书人，还不看过古来乱臣贼子除了东陵寿死，那个有善终的？唐吉过来，可将奸臣父子带回府上，等朕明日到来亲祭卿家的祖父满门，才将他杀祭便罢。"又将这件绣袍赐还唐吉。唐吉谢恩。刚值是戈主将臣赍到归降的奏章说着，知罪一番，未又道出意欲女儿匹配唐吉公子，且求大皇帝做个主婚。嘉靖吩咐来使道："你主前日如此无礼，理合杀灭不留。姑念献出奸臣，自知罪过，并朕念着唐卿家保奏，恩宽待赦，下次若有反心，决不饶。"使臣顿首谢恩，又将国主欲纳女事恳求不已。嘉靖向唐吉道："百年之事，自家中意乃问。此如戈主所请，卿家意下如何？"谁知唐吉早定了私盟，复闻圣上问及，正合己意。出班奏道："虽非俗类，但微臣阵中见他英勇，今允所请。那人日后亦可与王家出力的，与别个娇痴不同。"嘉靖已会了唐吉的意，对使臣说道："可归传语国王，选送女儿到宫，俾朕认他为了公主，始赐予唐公子为婚乃可。"唐吉又奏道："戈主为贡了绣袍过来，自后国家饥馑荐遵死之相继，我等要此不甚有用。臣意就欲将这袍赐回以作聘物，俾他国中安宁，庶见我主好生之德。万求准奏。"嘉靖说道："他前地亦屡来恳请，且出于无因。今卿家凑此割爱赏回，亦是个大恩处。"唐吉道："全赖我主栽培，使臣领命。"一众退班。

到了隔日，嘉靖命礼部备办般般祭物，早驾銮舆亲率诸臣幸临唐府躬行奠帛。云俊等重穿起孝服侍候。谢过了圣恩与各大人的吊慰，痛哭一番。嘉靖又命将德龙父子跪在发前，逐块切肉致奠一番，然后回宫。又命各臣将尚杰父子亡的入忠臣庙，上春秋御祭。一时京师百姓见主上如此认过，忠臣如此获报，无不歌功颂德，国乐太平，不在话下。

日间，戈王又将鸾娜送到了大殿。三呼已毕，赐座，圣上又要封他为公主。鸾娜谢恩，重新行过父女的礼。嘉靖且教他进宫见过太后娘娘等，择了日期，早传知云卿，以便代侄主婚。云俊又将妹子金花先曾许聘李英华长子李纶的姻缘奏知圣上，先求做主完婚，乃敢为侄儿行醮。嘉靖即召李英华面问，始知伊子虽中了探花，多年至今守约未娶。圣上大加褒赏，并念着军功多出闺门，封金花为一品夫人，与公主等。又加封李纶为郡马，速日完婚。李纶得旨，正幸故剑终逢花烛之夕，喜不可言。云俊一门盛事，又与唐吉受室王姬下，媵妾如云，且较前时自家为驸马时更自辉煌十倍。朝中文武官员皆来奉贺，一连饮了喜酒十有余日。诸务已完，圣上又命户部代他重起唐府。云俊兄弟皆有奏本推辞，并乞归田，诏发不许。须臾工竣，又值皇上万寿，正喜外无敌国，外有明朋。君赋嘉宾，臣歌天保，一时元首明哉，股肱喜哉。值广东少师又来京师称觞，知了唐氏一门仇复。一日便殿赐宴，嘉靖对少师道："若非云俊等尚在，孤亦无命见老臣了。"少师亦奏道："臣昔日告老归田，为着那个奸佞当权，势不可遏。感着唐家的事，微臣正虑他谗言，不能自完臣节以见先帝于地下。今得天理循环，我王醒悟，臣回去死亦瞑目。但自此用人更须谨慎，庶免生灵涂炭。前车可鉴，后事有师。琐琐微言，主渎天听，求主允纳，臣不胜万幸。"嘉靖道："少师教训，朕行书诸座右，与汤盘武铭共相辉映。敢不留心，以至再蹈前辙？"是日，君臣尽欢而散。梁柱住在京师，又与旧日一班寮友并唐氏一门庆叙多时，然后辞圣回籍。嘉靖又有许多赐赏，慰劳元劳，不在话下。

又道唐吉想起当年误杀陈安邦，自来心里不安，遂将先事沥情面奏，自愿将自己的官爵求皇上追赠忠魂。嘉靖又命各臣犯出查故将军安邦有无后嗣。回奏查得安国现有一子十余岁，名唤继美。圣上即传旨召他到殿，说知唐吉的美意，赐他武状元及第出身，袭荫父职，且教他与唐氏一门结好。继美谢恩，随后云俊等又要请旨回乡，重

谒祖墓,追荐家内亡魂。本上允奏。正是:

　　当年旧恨能伸矣,今日降恩得报焉。

　　未知云俊等回乡何如,且看下回分解。

第四十二回　李情人江中合璧

诗曰：

> 一番遇合一番新，忠报昭然次第陈。
>
> 燃券自来权祸福，故为奇怪出风尘。

却说云俊等上了回乡的本，须臾发落，御批准奏，随赏银子一万两以作回去斋醮费用。云俊遂暂接回妹子金花一家大小男女陆马江舟，要回籍省墓，且追祭昔日在家被害的婆婆、母亲以及宅内一切人等。自出京口外，一路文武及各关寨营讯到处相迎，奔奔逐逐，两月有余，始抵福建，取路泉州。太守翁孟达郊迎，请问圣安。云俊兄弟又谢昔日诵的恩。孟达始说起当日钦差去后，自己捐资买棺代收殓过，令婆以及满眷尸首现幸安顿得稳稳当当。云俊却求他指引灵枢。孟达亲示，兄弟叔侄婶娌又哭祭一场。即在旧宅专请高僧追荐亡魂，一来少报同极深恩，二来酬答同难诸人。一时各旧戚友、文武官员见他们首悬了一对说道："明知地府非亲在，聊向空间尽子情。"个个前来奠帛。

过了九昼连宵，云俊等随又礼葬过婆婆母亲诸人，即赏千金并多小礼物躬到太守衙内酬恩。太守被他盛意不过，只受些许礼物，原金奉璧留宴而去。诸务已毕，云卿向金花说道："想当年出亡，幸得神人显应，又赐宝物，始获高功，今正当前去躬行祭谒，重光庙宇为是。即我亦要到襄阳刁哥哥家下，看他孤儿寡妇如何，并去吴督府去谢恩。贤妹何不顺路一行？"金花说："愚妹久有此心，同去便了。"云卿又见七夫人说道："侧闻贤郎前说李贤妹被害，亦在襄阳。此去正当顺取他棺枢回来，并入祖墓，庶免他孤魂无主，饮恨重泉，我心方免。"七公子眼红说："足见夫人盛德，愚夫听命。"兄妹夫妻议量已定，即催夫马先答神恩。金花到了华光庙致祭一番，大飨牢。是夜，即在庙寝歇。初入梦即见神人说道："本帝不忍忠臣受屈，特赐你神物为国家出力。今功成就，太平无事，止合闺阁从容度活，神物正当奉赐。这宝原不是长留得人间的。"

说罢一阵光芒，大帝已去。金花从梦中跳醒，一摸身边既不见了这块金砖，始知此物神人取还了。天明，即命司祝前来，随拨下了万两银子，命他火速重整庙宇。工竣，小姐后来又亲到参谒，不在话下。

又道云卿不日到了南楼家中，王安接入。王氏母子相见，两家各道遭际，少不得悲喜交集。云卿说："贤侄正当诵读时候，待愚叔回京时着家倌前来接你母子同到京中，一来可以请师教习，俾他日后左志青去，大展先人志气，二来朝夕得近刘大人、毛叔叔处，可以一家快乐，免至孤儿寡妇在彼挨严寒为是。"王氏说道："从命就是。"云卿又祭过南楼，叮咛王氏母子而去。遂买舟前往桂阳，寻亡妾所在。甫顾了舟解缆。一路水驿漫漫，江海如旧，人面难逢，一声疑乃，属想当年鸳鸯水面，饱睡沧浪，今此盈盈秋水，永隔蒹葭，真个不胜伊人宛在之想。行近数程，忽一舟飘过，见一个女子仿佛素兰一般。云卿急出船头高叫道："海中水涨了。"即见那船女子亦说出云："试见艨舟未。"二语系两人当年夜睡舟中一欲寻事即说此，以看桂同等假寐否，盖床上隐谜，无人晓得。云卿一闻这女子所答，必系素兰无疑。即命船家反棹赶上，拍舟隔认。彼此知系情人，急过舟相会，抱头大哭。意外遭逢各述所遇。夫人在旁，始知女儿一向真迹。两人说罢，素兰又教公子拜见夫人。公子始知素兰得这夫人收留，今母子舟行探亲，路经此处，天赐相逢。夫人又知公子系忠孝存家英年当朝一口、有情有义的人，即以贤婿相称。公子大喜，同回夫人宅上拜识一番。公子在此逗留数日。临行又对母子说道："本潘回去，约定日期着人前来相接，幸勿吝玉，应得屈驾府中，以便报恩为是。"母子允诺。云卿又得到督府衙内通报，须臾吴瀚出接。云卿即三跪九叩，如拜谒君父一般，倒累得吴瀚扶接不暇，反过意不去。吴瀚说道："幸赐辱赐，便见高谊，何须如此大礼？"云卿答道："非遇大人，安有今日？"又献上礼物。吴公只适意而止，略受一二见志，余各辞谢。衙内款留数日。云卿见吴瀚有个长公子，与侄女青莲年几相对，遂决意与他为婚，以报大德，两人当面说合，然后回家禀上云豹夫人，择吉送上青莲过衙，庆闹一番。随命家人王氏母子、崔氏母女。男女出外相见，各喜团圆。云俊又路到翁太守与各戚属处告别。刻日祭江回京，个个前来送程。一路风光，复回北阙。兄弟叔侄面过群王，然后归府治事。云俊见翁太守是个忠良，后在嘉靖面前保了为个御史。圣上允奏。果然翁公奉旨回京，又与各忠臣辅佐当朝。即刘俊、毛天海知王氏母子到京，亦亲来唐府相会。云卿感王安尚义，敬王氏自认他为个外舅，不必以仆役相看；且赐一个十分国色的家婢与安为妻。王氏从命，王安谢恩，居然受室。随请名师教训南楼儿子，后来高发。唐氏一门后嗣显赫，竟与国运相终。即一时忠良，亦皆食报无穷，名标史册。

看官，你道那个为忠谁不获报，为奸无不获罪，天理昭昭，报应如饷，千古不独一张德龙一唐尚杰为然也！可知为人在世，不论或男或女，或贵或贱，皆要向忠义上留心，绝无不福禄绵绵，子孙昌盛。是传也，一以戒天下后世之为张德龙者，一以劝天下后世之为唐氏者。

李卓吾藏书

第四篇

贪欣误

〔明〕罗浮散客 撰

第一回　王宦寿 生儿受辱分离苦 得梦寻亲会合奇

千重肌血受胞胎，十月怀耽岂易哉。

情实片言违主意，羁栖两纪受身灾。

不因梦里腾云去，争得山边避雨来。

子母如初天理在，晚年甘旨且相陪。

　　人生一夫一妇，名为一马一鞍，娶了姬妾，便叫作分情割爱。但娶妾的甚有不同：有一等富贵之家，专意贪图美色，纵欲求欢，不惜千金买娇娥者；有一等膝下无儿，希图生育，多置媵妾，不仅仅思供耳目之玩者。无奈妇女之流，不识轻重缓急，一味吃醋研酸，做出许多榜样。那为丈夫的，一来爱惜名节，二来以妇女不好十分较量，渐渐让一个惧内的头目成了。

　　我朝有个总兵，姓纪名光，号南塘，是个当世名将。灭虏寇，杀倭夷，无不指挥如意：遣兵将，相形势，何尝差错分毫。不合当日把个公郎做了先锋，临阵偶然失事，军实难庇护，就学那韩元帅斩子的故事，将来绑出辕门，枭首示众。夫人不及知，不曾出来力救，闻之，只有悲痛哽咽，怨恨不已。后无子嗣，再不容他娶妾。总兵杀了亲儿，也难好对夫人强求，但隐忍畏缩，无后承宗，怎免得不孝之名？古语道得好：娶妾谋诸妻，必不得之数。怎使守定死路，不去通融？遂私立别馆于外，另娶娇娃，连生二子，渐已长成。

　　一旦，总兵六旬，大张寿筵，亲朋毕集，一时高兴，私令两个儿郎，假装做朋友之子，家来祝寿。夫人年老无儿，看见甚是欢喜，引他在膝前嬉耍，这两个儿子忘其所以，不觉顺口叫出一声"爹爹"来。夫人随即怒目圆睁，说道："这孩子好没分晓，别人爹娘，如何胡乱称呼！"内里丫鬟也有预知是老爷公子，口快的露个风声，就如火点百子爆，叽叽喳喳，吵闹惊天，吓得两个小官人，没命的望外边一道烟溜了。夫人急忙传令，打轿亲迫。还亏了总兵平日军威严肃，无人敢来凑趣，只在衙内如春时雷电，轰轰寻个不已。正是：

　　　　　　闺门只听夫人宣，阃外才有将军令。

　　幸喜得天无绝人之路，遇着夫人嫡弟正在标下做参游，早来称贺，总兵急促里，就在他身上讨一个出脱法子，道："我因乏嗣，行权娶妾，今得子全家。汝姊不谅，又做出这等丑模丑样，真欲绝人祭祀！汝速去调妥：母子全收，策之上也；留子去母，策之下也。二者不可得，我决当以死争。先杀汝一家，大家都做绝户罢了！"

　　其弟正在他矮檐下，怎敢不低头？委委曲曲，在夫人跟前再三劝解。夫人只当耳边风，哪里肯听？参游计无所施，只得下跪哀泣，说到"戮辱全家，父母不得血食"，略略有些首肯。参游登时回复，即令一妾领了二子，一同进见。夫人尚逞余威，将妾痛责逐出，自口其子。总兵已先布置在外，仍旧将妾寄养，上下瞒得不通风。后来夫人去世，迎归同住，母子团圆，一生快乐。若使总兵终于惧内，不思活变，那得个儿子来庆生？后边若没个母舅做救兵，这娘子军发作，便大将也抵不住，大丈夫反经行权的事，定要相时，自立个主意，决不可随风倒舵。

　　今说个果山之隅，有一个富翁，姓王名基，表字厚重。家中积金巨万，积谷千仓，生平安分，乐守田园。娶了个妻室安氏，是个大族人家，有几分姿色，但性格严刻，又兼妒忌，十余年来，唯知：

　　　　　　鸳鸯稳宿销金帐，忘却生儿续后昆。

　　王基虽然有些惧内，儿子毕竟是心中要紧的，背地忧愁，闷闷不乐，每动念娶妾，又退缩不敢即形口齿。看看四十岁到来，须鬓已成斑白，亲族都来庆生，设席款留附饮，便乘醉淘洗心事，睨其妻说道："我和你二十余年夫妻，口不缺肥甘之奉，衣不少绮罗之服，可谓快活过了半生。只是膝下半男只女都无一个，留下这许多家私，谁来受用？我们这副骨头，谁来收拾？死后逢朝遇节，谁来祭享？"两人说到伤心刺骨，到悲悲戚戚起来。安氏尚有大家风味，得一时良心发现，便道："你如今年力未衰，尽可寻个生育，不必如此悲啼。"

　　王基听得，千谢万谢，忙忙走去，叫个媒妈妈替他讲说，寻个偏房。安氏私下密嘱："不要寻了十分娇妖出色的。"媒妈妈领命而去。访得一个人家，姓柳，有女名柔

条,年纪方才一十八岁。容貌端庄,举止闲雅。但见他:

　　眉儿瘦,新月小,杨柳腰肢,显得春多少。试着罗裳寒尚早,帘卷珠楼,占得姿容俏。

　　翠屏深,形孤泉,芳心自解,不管风情到。淡妆冷落歌声杳,收拾脂香,只怕巫云绕。

　　只是人家中等,父母都亡,高门不成,低门不就,唯恐错过喜神,正要等个主儿许嫁,加之媒婆花言巧语,说得天花乱坠,自然一说就成。择日下些聘礼,雇乘花轿,娶过门来。王基一见,果然是:

　　妖冶风情天与措,清瘦肌肤冰雪妒。
　　百年心事一宵同,愁听鸡声窗外度。

　　安氏见之,口中不语,心内十分纳闷,好似哑子吃黄连,苦在心头谁得知? 王基也只认她是贤惠的,私下与柔条乘间捉空,温存体贴,周年来往,喜得坐妊怀胎。安氏要儿心急,闻知有妊,解衣推食,毫无吝惜;祈神拜佛,无处不到。至十月满足,催生解缚,一朝分娩,果然天赐麒麟,满家欢天喜地。方显:

　　有个儿郎方是福,无多田地不须忧。

　　安氏急急去寻乳母,将来乳哺,日夜焚香祷祝,只求长大成人,取名宜寿,字长庚。那柔条亦思得子可以致贵,何尝虑着不测风波? 彼此忘怀,绝不禁忌。

　　忽一日,抱儿坐在膝上,与王基引诱嬉笑,安氏走过觑见,来到房中,想道:"我与他做多年夫妇,两个情深意笃,如胶似漆,不料如今这东西,把一段真情实意全都抢夺。日间眉来眼去,实是看他不得,夜里调唇弄嘴,哪里听得她过? 如今有了这点骨血,他两人越发一心一路,背地绸缪。儿子长成,一权在手,哪有我的话(活)分? 不如留了孩儿,打发这东西出门,不特目下清净,日后儿子也只道是我亲生,专来孝顺是稳的。"口与心中思量停当:

先定分离计，来逐意中人。

一日，对着柔条说："我向因自己肚皮不争气，故没奈何，讨你借个肚皮，生个儿子。今儿已及周，乳哺有人，你的事已完局，用你不着了。我拣选个好人家嫁你去，一夫一妇，尽你受用，免得误了你半生。"柔条一时闻言蹙额，对主母道："娶妾原为生儿，妾如不孕，去妾无辞；今有儿周余，如何有再嫁的道理？妾又闻女训云：'好女不更二夫。'妾虽不肖，决难奉主母命。"安氏尚道她是谦词，又对着她说道："俗语云：'只碗之中，不放双匙。'又说：'一个锅里两把杓，不是磕着就是蹦着。'我和你终在一处，必至争长竞短，不如好好开交，你可趁了后生，又可全我体面。倘执拗不从，我却不顺人情，悔之晚矣！"柔条泣曰："身既出嫁，理无退转。儿已庆生，逐母何因？生死但凭家长，苦乐不敢外求，唯愿大娘宽容。"安氏听她不肯去，如火上加油，焦躁了不得，即将柔条首饰衣衫尽情剥去，竟同使婢，粗衣淡饭，略无顾恤，不过借此指勒，要她转一个出嫁的念头，谁知她受之安然。那安氏又放出恶肚肠，一应拖泥带水、粗贱生活，折罚他做，稍不如意，又行朝打暮骂，寻闹一个不已。

一时凶狠实衰哉，平日恩情何在也。

柔条只是情愿忍耐，再无退言，安氏也无缝可寻，时时但闻恨恨之声。不期一日，宜寿走到亲娘面前，倒在怀里，哭将起来，诚所谓孩提之童，无不知爱其亲的真情。柔条不觉伤心，失声号泣，惊动了安氏。好一似老虎头上去抓痒，发起凶性，执杖而骂道："小贱人！好意叫你出嫁，你又撇清卖乖。如今拐骗儿子，用个主意，莫非要设心谋害？这番决难留你！"登时逐出门来，不容停留半刻。那个王基也不知躲在哪里，就如与他毫不相干一般。柔条走出门来，上无亲，下无眷，竟似乞婆一般，身无挂体衣裳，口无充饥米粒。

昔作闺中女，今为泣路人！

幸得王家族里，有个王员外，平生仗义，扶危济困是他本念，目击家中有此不平之事，愤愤地要学个苏东坡谏净柳姬，去解劝一番。又思量道："妒妇一种，都是那些萎靡丈夫时常不能提醒，以致些小醋时，反假意任做取笑；又思一味欺瞒，百般招服，惯了她的性子，只晓得丈夫是好欺的，不管生死，遇着有事，声张起来，丈夫又怕坏了体面,遮遮掩掩,涂人耳目。容纵已不成模样,我如何便以舌争?不如且收留她家来安顿,免得外人耻笑。且待她儿子长成,慢慢再与她计较,两个会合罢了。"教个使用婆子去领了回家,随常过活。

不觉光阴如箭,宜寿日渐长大,家中替他说亲,请个先生教读诗书,恩抚备至。宜寿也不知嫡母之外,还有个生身母亲。王基也日就衰老,有子承宗,心满意足,对柔条也不在意了。无奈安氏胸中怀着鬼胎,时刻防闲。访问得这冤家留住本族家里,全怕人引他儿子去见,无事生事,去到那家,寻非作闹,絮絮烦烦,日夜不休,他家甚觉厌烦。柔条安身不稳,说道:"何苦为我一人,移累他家作闹。"依先走出,东游西荡,经州过县,直到凤凰山下,一所古庙安身。日间采些山草去卖,夜间神前栖宿。天青月白之下,仰天呼号:"宜寿,宜寿,知儿安否?知母苦否?"哀泣之声彻於四境。

偶遇梓童帝君云游八极,看见凤凰山瑞霭森蔚,徜徉于其间,闻而恻然,就本山之里域问其来历。里域一一奏知帝君。帝君曰:"有此怨妇,何忍见之?有儿无望,何以生为?可怜凡夫昏昧,境界隔绝,无人指迷,以至如此。吾将登宜寿于觉路,而与之聚孤乎!"遂题诗一首:

> 寻幽缓步凤山明,惊见贫婆凄惨真。
>
> 有时念子肝肠碎,无计营生珠泪倾。
>
> 日采山花同伯叔,夜栖神宇恨王孙。
>
> 广行方便吾曹事,忍见长年母子分。

帝君竟往果山而来,寻访宜寿。

此时宜寿也有廿余岁,娶妻张氏,相得甚欢。不过二年光景,已生儿清秀,看看周岁。宜寿正与妻子对膝抱弄,怎奈张氏把丈夫前因往迹,件件明透,向恐婆婆严切,吞声不语,此时触景伤感,不免一五一十都向宜寿说了。宜寿惊心大恸,埋怨妻儿不早说破,即日便将家事付托于妻子,也不与爹娘禀告,单身就道,寻访生身之母。

到一市镇,人人下礼问去向;遇一庄村,个个赔笑探虚实,那见有些影响?宜寿又自想道:"她是女身,怎能走得远路?或在附近四邻乡村存身,不如回转细访。"家中父母知他私出,又着人四下追求,遇见宜寿,劝他回程。宜寿只得转来,一路求神问卜,朝思暮想,凄惨已极。正好帝君驾云而来,观见他苦楚景状,因而托彼一梦,梦中指点他该经过的地方,某处登山,某处涉水,明明令其牢记。宜寿惊醒,却是一梦。正是:

分明指与平川路,不必奔波逐去程。

宜寿打发家人先回,仍依着梦中路程,逐程而去。走到一处,果然与梦中历过的境界相合,心中暗喜,猛力前奔,免不得晓行夜住,宿水餐风,望路而行。

逐程风景无心恋,贪望慈帏指顾中。

一日,走到凤凰山下,倏然一阵狂风大雨,前无村舍,后少店房,刚有一间古庙坐在路侧,挨身而进,避这风雨。抬头瞻仰庙宇,却是本山土地之神,整冠端正,拜祷神前。忽然见一老妇,背一捆山柴,跑进庙来,放柴在地,看见一人跪着,听其声音,又是同乡,追思旧土,想念娇儿,高叫"宜寿"数声。宜寿急促回看,却是一个老妇,连忙答应,转身细认,吓得柔条反呆了脸,开口不出,倒去躲了。宜寿仓皇失措,觉得自己轻率,深为懊悔。那柔条亦一时着急,不暇辨别。及至过了一会,追念声音,模拟面貌,着实有些动念,重新走来致意。宜寿便将远地寻母的缘故,细细说明,又问她因何只身在此? 柔条也将生儿被逐的出迹,一一诉说。两人情景,适合符节,子抱母,母抱子,痛哭伤情。

踏破草鞋无觅处,得来全不费工夫。

两人相携,依路而归,不觉到了家门。其时王基二老已是昏耄,媳妇带了孙儿,拜贺于庭。一家团圆,和气盈满,叩谢神天,永载不朽。若使王基不萌娶妾之念,焉得有继统之人? 只是后来也该竭力周旋,不宜任她狠毒。若是柔条不生此子,谁肯登高涉险,竭蹶而趋,感动神灵,指引会合? 故为丈夫的不可学王基,为子的不可不学宜寿。

骨肉摧残数十秋,相逢全在梦中游。
当年不解承宗嗣,安得孤身返故丘!

第二回　明青选说施银户眼　幻去玉连环

熔冶阴阳天地炉，达人弹指见虚无。

篆图秘授长生诀，铅汞经营出世术。

奉使蟾蜍诬帝子，还携环佩证仙徒。

清风两袖知何处，玄鹤翩翩去紫都。

世间拘儒，每每说起怪幻之事，便掩耳以为不经之谈，不知古来剑客飞仙，若昆仑奴、妙手空空儿之流，何代无之？但其间或为人抱负不平，或为人成全好事，纯是一团侠气激发，却於自己没一些利欲，故垂名千古。若徒挟着幻数，去掠人财物，这终是落了邪魔外道。然据他那术数演起来，亦自新人耳目。

就如嘉靖年间，有一个大金吾，姓陆名炳，名重当朝，富堪敌国；艳妾名姬，如翠屏森立，好似唐朝郭令公一样。时逢中秋佳节，排列筵宴，那金吾在庭前玩月，挟着姬妾们，吹弹歌舞，且是热闹。忽见一个力士，头戴金盔，身穿金甲，从空而下，突立庭前。那金吾吃了一惊，暗想道："这所在都是高墙峻宇，且外宅营兵四下巡守，此人如何得到这里？"便立起身来，延之上座，欠身问道："力士能饮乎？"答道："我非为饮而来。"金吾道："莫非欲得我侍妾，如昆仑故事乎？我处姬妾颇多，但凭尊意择之而去。"力士摇首道："非也！"金吾道："即非为此，明明是来代人行刺了。我陆炳亦是个好汉，并不怕死，只要说个明白，可取我首级去！"力士又摇着头道："非也！"金吾道："既非为此数件，突然到此，有何贵干？"力士道："我只要你那一颗合浦珠。"金吾想道："向日李总兵曾送我一珠，也叫道什么合浦珠，但我并不把这珠放在心上，凭侍妾们拿去，实不知落于何人之手。"那些侍妾们齐道："珠到各人所蓄颇多，但不知怎样的便叫作合浦珠，叫我们哪里去查来？"那力士便向袖中摸出一颗来，道："照此颗一样的。"侍妾们一齐向前争着，内有一妾道："这珠却在我处。"那妾径去取来递与金吾，金吾递与力土,力士不胜欢喜,把手拱一拱作谢,便化一道彩云而去。岂不奇绝!

如今还有个奇闻,是当今秀士,姓明名彦,字青选,四川眉州人。自幼父母双亡,为人天资颖悟,胸中尽自渊博,但一味仗义任侠,放浪不羁,遂致家业罄尽,无所倚赖。好为左慈、新垣平之术,只恨生不同时,无从北面受教。闻得岳州地方有个异人,姓管名敩,字朗生,精於遁炼之法。明彦想慕此人,收拾些行囊,独自一个搭船到岳州。哪管敩踪迹不定,出没无常,明彦寻访半年有余,并没下落。心下昏闷,无处消遣,闻洞庭湖边有岳阳楼,乃吕纯阳三醉之所,前去登眺一回。只见满目江景,甚是可人,遂题诗放壁:

> 楚水滇池万里游,轻舟重喜过巴丘。
>
> 千家树色浮山郭,七月涛声入郡楼。
>
> 寺里池亭多旧主,阁中杖履若同游。
>
> 曾闻此地三过客,江月湖烟绾别愁。

赋毕下楼,趁步行了数里,腹中觉有些饥渴,一路都是荒郊僻野,那得酒食买吃。又行数里,远远望见一茂林中,走出一童子来,手中携着一个篮儿,里头到有些酒肉在内。明彦向前,欲与童子买些,那童子决然不肯。明彦道:"你既然不肯卖,可有买处吗?"童子指着道:"只这山前,便有酒家,何不去买些吃?"明彦听说大喜,急急转过山后,只见桃红柳绿,闹簇簇一村人烟,内有一家,飘飘摇摇挂着酒帘。正是:

> 借问酒家何处有,牧童遥指杏花村。

明彦径到酒家坐定,叫拿酒来。那酒保荡了一壶酒,排上许多肴馔。明彦心中想道:"身边所带不过五百文,还要借此盘缠寻师访友,倘若都吃完了,回到下处把些什么来度日?不吃又饥饿难忍。"正在踌躇之际,忽有一个道士,头戴方竹冠,身穿百衲衣,手中执着拂尘,也不与明彦拱手,径到前席坐定。明彦怪他倨傲,也不睬他,只是自斟自饮。那道士倒忍耐不定,问道:"你这客官,是哪里人?"明彦道:"我四川眉州人也。"道士说:"来此何干?"明彦道:"寻师访友。"道士说:"谁是你师父?"明彦道:"当今异人管朗生。"道士说:"什么管朗生?"明彦道:"管师父之名,四方景慕,你是本地人,倒不知道,也枉为一世人。"道士哈哈大笑,道:"你不曾见异人的面,故只晓得个管朗生。"明彦听他说话,倒有些古怪,心中想道:"当日张子房圯上遇老人进履,老人说:'孺子可教。'便授以黄石秘书,子房习之,遂定天下。俗语说得好:'凡人不可貌相,海水不可斗量。'这个道士倒也不要轻慢他。"遂悚然起立,把盏相敬道:"愿师父一醉。"道士说:"我知你身边所带不过五百文,何足醉我?"明彦吃了一惊道:"我所带之数,他何由知之?必是不凡之人。"问道:"师父将饮几何,才可致醉?"道士说:"饮虽百斗,尚未得醉。"明彦道:"弟子身边所带,不足供师父之醉,奈何!"道士说:"不妨,我自能致之。"那道士将桌上嘘一口气,忽然水陆备陈,清酤数瓮。明彦看了,吃了一惊,心中想道:"这师父果然不凡。"愈加钦重,执弟子之礼甚谨。那道士哪里睬他?也不叫他吃些,只是自己大嚼。不上一杯茶时,桌上菜蔬,瓮中美酒,尽数吃完,不留丝毫,径往外走。明彦一把扯住,道:"师父哪里去?挈带弟子一挈带。"道士说:"你自去寻什么管朗生去,只管来缠我,可不误你的前程?"明彦只是扯住不放道:"师父既有此妙术,毕竟与管师父定是同道中人,万乞师父挈带同行,寻管师父所在,就是师父莫大功德。"

原来那道士就是管朗生,只不说破,特特装模作样,试他的念头诚也不诚。那道士见他果然出于至诚,便道:"我虽不认得什么管朗生,你既要寻他,可跟我去,须得一年工夫,或可寻着。你若性急,请自回去。"明彦道:"寻师访道,何论年月,但凭师父指引。"道士说:"今先与你说过,倘或一年找不着,你却不要埋怨我。"明彦道:"就是再多几年,总不埋怨着师父。"道士说:"这等,便可随行。"明彦见道士应允,不胜欢喜,将身边五百文还了酒钱,只见道士所执拂尘失落在桌上,明彦搦在手中,随了道士出门去。

那道士行步如飞,哪里跟得上?行不了十余里,转一山湾,忽然不见了道士。天色已晚,前后又无人家,明彦一步一跌,赶上前路找道士,哪里见些影儿?走得肚中已饿,足力又疲,远远望见山头上有一小庙,明彦只得爬上山去,推开庙门,蹲坐一会。约有二更天了,只听得四山虎啸猿啼,鬼嚎神哭,孤身甚是恐慌。道士还要他坚忍性情,又变出些可畏可惊之事历试他。忽来敲门,明彦听得似道士声音,不胜欢喜,连忙开门,只见一只老虎,张牙舞爪,跳进门来,唬得魂不附体。

萧然变魂,暮夜黯如幽隐。听风驱万树,猛咆哮近身。舞利爪如掷刀,排钢牙便似那列戟，癫狂惊杀人。纵做朱亥圈中也，怎当他那金睛怒逞。瘦弱书生，恐这样形躯不入唇。

明彦一时无计可施，只得躲在庙门后，却有一根门闩，将来抵挡他，却被那孽畜一口衔去，丢在山下去了。明彦又无别物可敌，只有道士拂尘在手，那孽畜赶将过来，明彦只将拂尘一拂，那孽畜便垂首摇尾而去。明彦道："这道士真有些神奇，难道这一个拂尘儿，大虫都怕他的？"

说也不信，正在赞叹之际，只见一阵狂风，一个黑脸獠牙地跳进来。明彦道："苦也。这番性命怎生留得住！"

飘零力尽，经旬鞿靷。奔波苦楚，黑鬼侮行尘。道是张飞现形。这壁厢却不是尉迟公，从今再闻这些狰狞行径。不念歧路，马足伶仃。莫缠他、天涯吊影身。

明彦左顾右盼，无有安顿之处，只得躲在神像背后，口中叫："神明救我一命，日后倘有发迹之时，决当捐金造庙！"哪里肯饶他，直奔到神像之后来擒明彦。明彦死命挣定，也把拂尘一拂，那黑鬼酥酥地放了他，嘿嘿而去。

明彦自此之后，信服道士如神明一般。乱了一夜，看看天亮，出了庙门，再去寻那道士。又翻了几个山头，望见竹林甚是茂盛，内有大石一块，明彦就在石上一坐，身体困倦，不觉得昏昏睡了去。那石头却也作怪的紧，突的一动，把明彦翻倒在地。明彦惊醒，石头不见，却见那道士端坐在那石块上。明彦见了，不胜欢喜。

踏破铁鞋无觅处，得来全不费工夫。

倒身就拜，那道士动也不动。明彦将夜来苦楚，细细说了一番，道士哈哈大笑，道："好也！我叫你不要跟来，如今受这许多苦楚，着什么要紧！"明彦道："只要师父找着管师父，便再受些苦，也是情愿。"道士看他诚心可嘉，便直对他说："你要寻什么管朗生，一百年也找不着，你便将我权当管朗生何如？"明彦已悟其意，又复拜恳道："弟子愿悉心受教。"道士从从容容身边取出一小囊来，囊中有书数页，递与明彦，明彦跪而受领，喜出望外。道士说："我身如野鹤，来去无常，此后不必踪迹于我，但将此书寻一僻静所在细细玩讨，自有效验。日后另有相见之期，不可忘却了这拂尘儿。"言毕，化一道清风而去。明彦望空又拜，拜毕，寻路而行。

行不数里，有一小庵，庵中止得一个老僧，甚是清净。明彦向老僧借住，将此书细玩，前数页是炼形飞升，驱雷掣电的符咒；后数页是烧丹点石的工夫。明彦看了道："如今方士辈，动以烧炼之术走谒权贵，以十炼百，以百炼千，阿谀当时，岂不是个外道！若果炼得来，用得去济得人饥寒，解得人困厄，庶几也不枉了行道的一点念头。"整整坐了四十九日，把这书上法术，一一试验得精妙。于是遍游江湖，那些公卿士夫，也都重他的坐功修养。

一日，云游到鄱阳湖口，远远望见一个妇人，手持白练，将缢死树上。明彦便动了那恻隐之心，道："救人一命，胜造七级浮屠。"忙跑上前，且喜那妇人尚未上吊。明彦道："你这女客，何故如此短见？"那妇人便含着泪，向前叩礼道："仙客在上，妾也处之无可奈何。妾夫周森，手艺打银度日，被匠头陈益，领了宁府打首饰银三千两，雇妾丈夫帮做。岂知陈益怀心不良，将宁府银两尽行盗去，见今发落有司缉获。妾夫亦被陷害，拘禁囹圄，鞭打几毙，想这性命料也拖不出。丈夫不出，妾依何人？不如寻个自尽，倒得干净。"言讫，扑簌簌掉下泪来。

> 信乎有泪不轻弹，只因未到伤心处。

明彦见那妇人哽哽咽咽哭不住，又问道："那宁府钱粮，你丈夫多少也曾侵渔些用吗？"妇人道："丈夫若果偷盗，妾必得知。若果偷盗，不远遁去，是飞蛾投火，自送死了，何曾见他有分毫来！"明彦道："不须讲，我知道了。你且在树林深茂处躲着，自有晓报与你。"那妇人果潜身在茂林中，远远望见明彦口中念咒作法，不一时，起了朵云头，降下个狰狞恶煞的金甲神，拱手前立，听了他指挥一遍，复驾云而去。那明彦方才叫出妇人道："我适才已召值日功曹，查得陈益挈家逃入海中，被海寇劫资，乱刀杀死，全家沉没。不然，我还要飞剑去砍他的头来，今不可得矣！就你丈夫的罪，我一一还要为他解纷开豁，你且回家静待，一月后可消释也。"那妇人倒身下拜称谢，不题。

却说那明彦，探听得宁王积蓄甚厚，便也存着一点心儿。一日，宁王当中秋之夕，宫中排列筵席，宫嫔缤纷，笙歌杂沓，庆赏佳节。因见月色甚好，吩咐撤了筵宴，携了妃子，同登钓月台上玩月，诗兴陡发，便叫宫嫔捧着笔砚，题诗一首于台上：

> 翠壁瑶台倚碧空，登临人在广寒宫。
> 峨媚未做窗前面，吴楚遥添镜里容。
> 大地山河归眼底，一天星斗挂帘东。
> 士人应喜攀蟾易，十二栏杆桂子红。

吟罢，夜深人静，月色愈加皎洁。那明彦略施小术，将自己化作一个童子，把拂尘儿向空一丢，变做一只玄鹤。正值宁王酣歌畅饮之际，忽见月宫门开，光彩倒射中，有一童子穿青衣，跨玄鹤，冉冉从空而下。直至王前，稽首道："我主姮娥，致祝大王、妃子，千岁！千岁！"王与妃子不胜骇异，起身回礼道："你主乃天上仙娥，我乃人间凡质，有何见谕，差你下来？"童子道："我主并无他说。因殿前八宝玲珑银户限岁久销铄，非大王不能更造，愿为施铸，当增福寿。"宁王见此光景，敢拂来意？欣然应允，道："此事甚易，但须示之以式样，我当依样造奉。"童子解开小囊，拿出一条长绳道："式样在此。"王命把妃子量来，计长一丈一尺，阔厚各七寸。王收了此绳道："仙童请返报命。"童子又道："必须良工巧制，庶堪上供，不然恐徒往返不用。当于来月十五完工，即有天下力士来取也。"言毕，复翩翩乘玄鹤凌空飞入月宫，宫门闭。王与妃子极口称奇不已，回宫安寝去了。

次早上殿，集了大小宫臣，备说此事，那宫臣俱各称贺。独有个孔长史，是山东济南人，从容向前曰："月宫乃清虚之府，岂有范银为限之理？此必妖人幻术，为新垣平玉杯之诈以欺殿下耳，愿殿下察之。"王听说，未免有些疑心，未即兴工铸造。

迟了两日，十八之夜，月门忽开，童子又跨鹤下来道："银户限未铸，大王疑我为幻乎？我主以大王气度慷慨，特来求施，若大王违旨，我当回奏我主，必遣雷神下击，薄示小警，那时恐悔无及矣！"言毕，复飞去。

王又迟疑数日，果然风雷大作，雷电击碎正殿一角。王乃大恐，急捐银万计，发了几个内相，命即日兴工，限半月内完。这干内相领了银子，叫到了十几名银匠，要铸这银户限。只见银匠中走出一个来道："禀公公，小的们止会打首饰，制番镶，若要铸这银户限，须得个着实有手段把得作的方好。"内相道："你们如今晓得那个有手段，开名来！"众银匠道："除非是前此犯事在监的周森，果然有些力量。"众内相就禀了宁王。

宁王下令与有司,取监犯周森。周森闻取,又不知为什么事,大大怀着一个鬼胎,到府前方才晓得要他铸银户限。他便心中也动了个将功折罪的念头,便欣欣踊跃见了内相。一例儿领着众人,装塑子,整炉罐,整整忙了十个日夜,果然铸得雕楼光莹,献上宁王。宁王大喜,又加异宝,四围镶嵌。限缝之中,却少一环。王对妃子道:"前年上赐一环,道是暹罗国王所贡,凡人佩之。暑天能使身凉,寒天能使身暖,乃是希世奇珍,不是凡间所有,何不取来系在上面!"料理已备。恰好又是九月初一日。宁王升殿,大集官臣,叫力士取出银限,与众宫臣观看。人人喝彩称庆,那孔长史只是摇着首道:"绝无此事。"王笑道:"公读书人,终是拘泥常见。两度鹤降,我与妃子明明共见,岂有差错!"那长史不敢强辨,默默差惭而退,从此与王不合,遂告病回家去了。一连几日,早已十五夜了,王与妃子仍坐台上,候童子下来。只见天门大开,童子复跨鹤下来,稽首王前。宁王道:"户限已成,计重百斤,恐非天下力士不能负去,仙童单身,何能致之?"童子俯首前谢,只是那玄鹤张喙衔之,凌空飞上,如飘蓬断梗,旋舞云中,不劳余力。王与妃子倒身下拜,称羡不已。

次日有司进本,有福建三人获到陈益盗去宁府银三千两解纳,及点名查验,止银三包,解人忽然不见。宁王阅本道:"哦!这周森真无辜了。况前日银户限,也曾用着他。"一面就令有司释放不题。

却说那周森妻子也知丈夫出监铸银户限,欲要见一面,争奈王府关防,封锁得铁桶相似,苍蝇也飞不进去。归家又哭了几日,心中暗想道:"那道人原许我一月后,便见晓报,终不然又成画饼了?"正是悬望之际,只听得外面敲门,开来看时,却是丈夫周森。夫妻一见,抱头大哭,哭个不止。那周森把月官要银户限,三人获着陈益盗银,及查验一时不见,并自己得放的缘由,说了一遍。他妻子也把道人救了他命,还要力为解纷开蠲的根苗,也说一遍,骇得他夫妻又惊又喜,道:"这分明是神明见我们平白受冤救我们的。"双双望空就拜。只见云端内飘飘摇摇飞下一个柬帖来,上写道:

周森幸脱罗网,缘妻某氏志行感格,故全汝夫妇。今可速徒他乡,如再迟延,灾祸又至。

那周森夫妇看了,连夜远遁,逃生去讫。

正是:

鳌鱼脱却金钩去，摆尾摇头再不来。

却说那明彦略施小术，救了周森夫妇，又将银户限去下八宝，用缩银法，万数多银子，将来缩做不上十来两重一条，并八宝俱藏在身边，道："可以济渡将来。"一日，云游至山东济南府地方，寻寓安歇。那店主人道："师父，实难奉命，你且到前面看看那告示。"明彦看时，只见上写道：

济南府正堂示：照得目今盗贼蜂起，每人（每）潜匿城市，无从觉察，以致扰害地方。今后凡有来历不明，面生可疑之人，潜来借寓，许歇家即时拿送，即作流贼，定罪。倘有容隐，重责五十板，枷号两月；决不轻贷。特示。

明彦看了，便冷笑道："何足难我！以我的行藏，终不然立在路（露）天不成！"

易了服正行，见座栅门上，有一面小扁，写道"王家巷"，巷内闹哄哄一簇人围住了一家人家。明彦也近前去看，只见一个小妇人，一个老婆子。那婆子摊手摊脚，告诉一班人道："列位在上，咱这门户人家，一日没客，一日便坐下许多的债，加五六借了衙（衒）院本钱，讨了粉头，本利分文不怕你少的。不消说，只开门七件事：柴、米、油、盐、酱、醋、茶，那件不靠这碗水里来？你守着一个孤老，妆王八醋儿，不肯接客，咱拼这根皮鞭断送了你！"一五一十骂个不住。那小妇人只是哭哭啼啼，一声也不做。这些看的人，也有插趣点缀的，也有劝的，纷纷扰扰，不一时也都散了。

明彦便悄悄问那鸨儿道："你女儿恋的是谁？"鸨儿道："是孔公子。"明彦道："莫非孔长史的儿子吗？"鸨儿道："正是。"明彦暗想道："那孔长史虽然在宁王面前破我法术，然亦不失为正人。如今看起来，不如将这桩事成就他儿子吧！"便对鸨儿道："我如今要在你家做个下处。"便袖中取出十两雪花银，递与鸨儿。鸨儿笑欣欣双手接了，道："客官在此住极好，咱这女儿虽则如此执拗，随她怎么，咱偏要挫捺她来陪客官就是。"明彦道："我这也不论，况公子与我原有交。"鸨儿道："一言难尽。咱家姓薛，这女儿叫作玄英，自从梳拢与孔公子相好以后，打死也不肯接客，为此咱也恨得她紧。"

当晚，鸨儿也备了些酒肴，叫玄英陪。玄英哪里肯来？鸨儿只得将酒肴搬到玄英房里，邀了明彦，鸨儿也自来陪。玄英见鸨儿在坐，不好撇得，只得也来陪。当下明彦也就把些正经劝世的话讲了一番。那鸨儿逢人骗般,随风倒舵,也插了几句公道话。那玄英心中暗想道:"有这般嫖客?莫非故意装些腔套,要来勾搭不成?且看他怎么结局。"不言不语,也吃了几杯。那鸨儿脱身走出,悄悄将房门反锁了,暗想道:"若不如此,怎消得他这十两银。"那玄英便道:"足下也好请到外面安歇了。"明彦道:"正是。"要去开门,只见紧紧反锁上的。明彦故意道:"不然同娘子睡了吧!"那玄英道:"小妾不幸,失身平康,亦颇自娴闺范,既与孔郎结缡终身,岂有他适?所以妈妈屡次苦逼,缘以孔郎在,不则一剑死矣!"

明彦听了道:"此真女中丈夫也!"便一拳一脚,蹬开房门,叫鸨儿出来道:"你女儿一心既为孔郎,不易其志,与那柏舟坚操何异?我明彦也是个侠烈好汉,岂肯为此不明勾当,有玷于人,贻讥于己?且问你家食用,一日可得几何?"鸨儿道:"咱家极不济,一日也得两数多用。"明彦道:"不难,我为孔郎日逐代偿罢了。"一对一答,整整混了半夜,鸨儿又收拾一间房,与明彦睡了。

到次日,玄英见明彦如此仗义,写一个柬儿,将情意件件开上,叫个小厮去接那孔公子。不一时,小厮转来道:"孔相公因老爷初回,不得工夫,先回一个柬儿在此。"玄英拆开看时,上写道:

日缘老父返舍,未获一叩妆次,彼此怀思,谅有同心。接札知明君任侠
高风,而能神交尔尔,殆过于黄衫诸豪倍蓰矣。翌日竭诚奉竭,不既。

次日,公子果然来访明彦,感谢不尽。少顷,见一个苍头,挑了两架盒子,一樽酒。公子向明彦道:"意欲奉屈至舍下一叙,恐劳起居,特挟樽领教,幸宥简褒。"明彦也称谢不遑,就叫鸨儿、玄英四人同坐,他三人也都把肝鬲道了一番。明彦见孔公子是个风流人物,玄英是个贞节女子,便每人赠他一首诗,孔公子也答谢了一首。明彦从袖中摸出一颗珠子、一枝玉环赠他二人,二人俱各赞赏称谢。鸨儿一见,便眼黄地黑道:"怎这珠子多大得紧,好光彩射人哩。"明彦道:"这是照乘珠,夜晚悬在壁间,连灯也不用点的。"鸨儿便把玄英扯一把道:"既蒙相公厚情,咱们到收这珠吧,好省得夜间买油,这是咱穷人家算计。"大家也都笑了一会。明彦便对公子道:"玄英为兄誓死不二,兄也该为他图个地步,或纳为如夫人,或置之于外室,使玄英得其所安,方是大丈夫的决断。"公子道:"小弟去岁亡过先室,尚未继娶,如玄英之于小弟,小弟岂忍以妾分置

之？但老父薄宦初归，俸余甚淡，妈妈又必得五六百金偿债，是以迟滞至今，安有负订之理。"明彦道："此说何难，弟当措千金为君完璧。"公子称谢道："明早当即禀明老父，以听命也。"又吃了一会酒，大家散讫。

公子次早起来，那晓玉环遗在桌上，适值四方有些人来访，竟便出去迎接。孔长史多年在任，不知儿子学业如何，近来看那种书，一到书房，看见桌上一枚玉环。便惊讶道："这是宁王府圣上所赐之物，前为妖人骗去，如何在此？"竟自拿了，公子一进门，便问他缘故。公子初时也遮掩，被父亲盘不过，便把明彦缘由说了一遍。孔长史也不作声，竟修一封书与同官。众官将长史书并玉环献上宁王，宁王惊讶，始信妖人幻术，即下令严缉妖人。

孔公子心中不安，若不说知，有误此人，况当日非此银完璧，并赠环珠，今不救走，非丈夫之所为也。竟来见明彦，将父在书房见环修书，同官奏缉妖人之事说知，叫其连夜逃去，勿留受害。明彦笑道："吾见玄英贞节女子，公子风流人物，一时触动，仗义任侠，吾今本欲济人饥寒，解人困厄，如此用心，岂为望报！"正在徘徊，忽然一道清风，管师至矣。哈哈大笑道："贤弟行事，与上天好生无异，无一毫私心，无一点欲念，真不负吾所传矣！但宁王严缉吾弟，此处岂可久留？"说罢，二人化作两道彩云，冉冉而去。孔公子、玄英二人知是神仙下降，成其姻缘，望空拜谢不迭。

一日，差官到长史家，着讨出妖人。孔公子及鸨儿受逼不过，只得拈香望空哀告，祝道："神仙，你明明说解人困厄，今某等受此困厄，为何不来一解？"拜了又祝。不一时，只见云端内，飘飘摇摇……

第三回　刘烈女 显英魂天霆告警 标节操江水扬清

系彼松柏，岁寒凌霄，挺节而弗私邪。吁嗟兮，凤友凰，鸣锵锵，胡为牖穿雀角，蜒谤云张。吁嗟兮，万古心，一丝绝，维彼石泐，维彼江涸，而乃声光与斯湮没。

我笑世人碌碌庸庸，无迹可树，无名可传，单只经营算计，愁衣愁食，为妻妾做奴仆，为儿孙作马牛，看看齿衰发落，空手黄泉。这样人，凭他子孙满堂，金珠盈箧，不得个好名儿流传千古，一旦死了，总与粪土一般。甚有高官显爵，受了朝廷厚恩，不思赤心报效，到去反面降夷，屈身臣虏。细细参详，端只为儿女肠热，身家念重，恋恋浮生，决不肯提起一个死字儿，以致青紫无光，须眉少色。倒不如一个红颜女子，烈烈轰轰，视死如归，为夫君增气色，为自己立芳名，充她这念头，能为夫死节，必能为君死忠。只为皇天差了主意，不生她在青云队里，到落她在红粉丛中，岂不可惜！

话说浙江杭州府仁和县地方，有个刘镇，字元辅，原是武举出身，曾做宁波水总，现在军门标下听用，因住候潮门外南新桥大街。其妻颇娴女范，于天启二年七月廿二夜间，梦庭前老柏树，忽然化作青云一道，上天结成五色彩云，飞堕到他身旁，醒来说向元辅，不知主何吉凶。元辅道："老柏乃坚劲之物，化作青云，结成五彩，倘得一子，必然青云得路，想不失为朝廷柱石，劲节清标，能与天地间增些气色。此梦定然是好的。"语未绝口，只觉身腹疼胀，到巳牌时分，却生下一个女儿，元辅道："这梦如何应在女子身上？这也不明。"

且喜此女生来自聪明伶俐，却又端庄宁静。十岁来的时节，唤作大姑。这大姑再不逐在孩子队中间行嬉耍，只是坐在母亲身旁做些针指。那母亲见她伶俐，先教她认些字儿，将那《孝经》教她读了，又将《烈女传》细细与她讲解一番。大姑道："古来烈女,孩儿俱已领略一二,倒是我朝人物,未曾晓得,求母亲指教。"那母亲将靖难时,惨死忠臣之女,约有九百余人,都发教坊为娼,不屈而死,如学士方孝孺,妻女贞烈,不能一一尽说。即如解缙、胡广二人,俱是学士,胡学士之女,许配解学士之子为妻。后来解缙得罪身死,圣上把他儿子安置金齿地方,胡广悔亲,要将女儿另配别人。其女割耳自誓,毕竟归了解家。侍郎黄观,夫人翁氏,也生两个女儿,因得罪死于极刑。圣上将翁氏赐予象奴为妻,象奴喜从天降,领到家中,要为夫妇。夫人道:"既要我为妻,可备香烛,拜了天地,然后成亲。"象奴欣然出外去买香烛。那夫人携了二女,同死在通济桥河下。这都是宦家之女,不必尽述,我且将本地百姓人家几个烈女说与你听。有个烈女,叫作许三姑,其夫青年入学,未嫁身死。许氏闻之,痛哭数日,满身私置油衣油纸,与母亲往祭灵前。痛哭一场,焚帛之时,将身跳入火中,油衣遍着,力救不能,遂死。这是景泰间远年之事。即近天启元年,梅东巷住有个沈二姑,其父沈子仁,把他许与于潜县中俞国柱为妻,未嫁夫亡。其女在家,守孝三年,父母逼她改嫁,到三更时分,悄悄拜别父母,怀了丈夫庚帖,投河中而死。其时抚按题请建造牌坊,旌扬贞烈。有诗为证:

> 赴水明心世所奇,从夫泉下未归时。
>
> 萧郎颜面情何似,烈女存亡节忍移。
>
> 连理菱□鸳对唤,空山寂寞雄双随。
>
> 柏舟芳节留天地,薤露哀章泣素黧。

其母讲解已毕,大姑便叹息一声道:"凡为人做得这样一个女子,也自不枉了。"其母看他年纪虽只得十岁,志向便自不凡,因道:"古人说得好:'国难识忠臣。'男子之事君,犹女子之事夫;男子殉节谓之忠,女子殉难谓之烈。然忠与烈,须当患难死生之际才见得,故又云:'愿为良臣,不愿为忠臣。'那患难死生,是怎么好事?只愿天下太平,做个好官;只愿家室和睦,白首到老。'烈'之一字,用他不着便好了。"大姑道:"患难死生之际,那个是要当着他的?只是到没奈何田地,也须从这个字走去,才了得自己本分内事。"其母大加称异,心中想道:"这个女儿,后来毕竟能尽妇道的,但不知怎么造化的人家承受他去。"

道犹未了,只见一个媒婆,来与大姑说亲。那大姑连忙避过了。其母问媒婆道:

"却是那一家?"媒婆道:"是吴都司第九子,今住镇东楼下。"其母连忙去请刘元辅来说知。元辅道:"这个吴都司是我世通家,况小官又读书的,极好!极好!"媒婆见元辅已应允,如风一般去了。与吴都司说知,吴都司择定好日,率了儿子嘉谏去拜允。刘元辅见了女婿,十分欢喜。那女婿果是如何?看他:

　　举止风流,何异荀令之含香;仪容俊雅,不减何郎之傅粉。想其丰度,如此霞举,笔底自能生花。

拜望已毕,吉期行礼,把那钗环珠花、黄金彩缎,齐齐整整,摆在桌上。两个家人施了礼,递上一封婚启。元辅展开观看,那启云:

　　伏以七月瓜辰,金风蔼银河之影;百年丝约,玉杵联瑶岛之姻。爰订佳期,周届吉旦,恭惟老亲翁门下:白雪文章,紫电武库。雕弧负橐,期清塞上风烟;彩笔登坛,会草马前露布。千军总帅,万里长城。挟策祖计然之奇,传范守班姑之诚。女娴四德,门备五长。固宜乔木之兴怀,应咏桃夭之宜室。乃者弱儿,方惩刻鹄;甫令就傅,初识涂鸦。既生瓮牖之寒宗,又非镜台之快婿。赤绳系武,紫气盈庭。掷玉留款,宝细横眉倩丽;折花比艳,青梅绕榻盘旋。用涓吉以荐筐篚,敬修盟而联秦晋。

刘把总接了婚启,收下礼物,款待行媒已毕,徐徐捧出庚帖、鞋袜诸礼,亦修答启一函。启云:

　　伏以高媒作合,已纳吉而呈样;大贶惠施,荐多仪之及物。占叶凤鸣,光传鸾影,恭惟老亲翁门下:山川献瑞,星斗腾辉。类申甫之生神,厝国家之重奇。清平镇静,寝刁斗以无声;怀远保宁,偃旌旗于弗用。郎君袭六里之天香,石傍摹篆;弱息咏一畦之雪色,林下续胶。辱传命于冰人,盟谐两姓;赞分阴于乔木,欢缔百年。唯幸因可为宗,顿忘本非吾偶。谨伛偻而登谢,敢斋沐以致词。伏冀钧函,曷胜荣荷。

回礼已毕，自此两家时时通问不绝。那女婿吴嘉谏，加意攻书，十分精进。庚辰之岁，值许宗师岁考，上道进学，刘元辅不胜欢喜。吴家择定本年八月二十日，乃黄道吉辰，央媒之日，刘家亦忙忙料理妆奁，送女儿过门。时值五月初一，杭俗龙船盛发，大姑与母亲也往后楼观看，果然繁华。有词云：

梅霖初歇，正绎色、葵榴争开佳节。角黍包金，香满切玉，是处玳瑁罗列。斗巧尽皆少年，玉腕五丝双结。舣彩舫，见龙簇簇，波心齐发。奇绝。难画处，激起浪花，番作湖间雪。画鼓轰雷，龙蛇掣电，夺罢锦标方歇，望中水天，日暮犹自珠帘方揭。归棹晚载，十里荷香，一勾新月。

是时，母亲便推开两扇窗子，叫大姑观看。大姑却羞缩不敢向前。母亲道："有我在此何妨。"大姑只得遮遮掩掩，立在母亲背后，露出半个脸庞儿，望着河里，好似出水的芙蓉一般。那看的人，越是蚂蚁样来来往往，内中有一个少年，也不去看船，一双眼不住的仰望那大姑。但见：

雪白庞儿，并不假些脂粉；轻笼蝉鬓，何曾借助乌云。溶溶媚脸，宛如含笑桃花；袅袅细腰，浑似垂风杨柳。真如那广寒队里婵娟，披香殿上玉史。比花花解语，比玉玉生香。

那人看见这般容貌，不禁神魂飘荡。便想道："这是刘把总家，一向听说他的女儿十分美貌，始信人言不虚。怎得与这女子颠倒鸾凤一场，便死也是甘心。得个计儿才好！"俯首一想，道："有了！有了！"那大姑自与母亲说着话，微有嬉笑之容，又见那人不住的看，便与母亲闭上窗儿进去了。那人见有嬉笑之色，只道有意于他，不觉身上骨头都酥麻去了。

却道那人是谁？乃是刘家对门开果子行张敬泉之子，小名阿官。这阿官年纪二十余岁，自小油滑，专在街上做一个闲汉。他家有个豢奴，叫名张养忠。这养忠却住在刘把总右首紧贴壁。阿官道："我家在对门，如何能得近他？除非到养忠家里住了，才好上手。"于是买了些酒食，又约了一个好朋友叫作宋龙，竟到养忠家来，摆下酒食，请养忠吃。那养忠道："却是为何？"阿官备道大姑向他微笑之意。养忠笑道："我有个笑话,说与你听:一个货郎,往人家卖货去。一个女子看他笑了一笑,货郎只道有情于他,相思得病,甚至危笃。其母细问缘由,遂到这女子家中,问他笑的意思,果是真情否?女子曰:'我见他自卖香肥皂,舍不得一圆擦洗那黑的脖子。'"大家听罢,一齐笑将起来。后人得知真情,作诗诮之曰:

> 虾蟆空想吃天鹅,贫汉痴贪骏马驼。
>
> 野草忽思兰蕙伴,鹌鹑难踏凤凰科。

养忠笑罢道:"那刘把总是老实人家,他女儿平日极是端重,我紧住间壁,尽是晓得。恐无此意,不可造次。"阿官再三说道:"他向我笑,明明有情于我,这事须你做个古押衙才好。"因跪了道:"没奈何,替我设一个法儿。"养忠道:"只恐他无此意。若果有意时,这却不难。"阿官又跪下道:"果有何计?"养忠道:"我后面灶披紧贴他后楼,那后楼就是大姑卧房,晚间扒了过去,岂不甚易?"阿官大喜,便道:"今晚就去何如?"养忠道:"这般性急!须过了端午,包你事成也。"阿官又跪了道:"等不得,等不得!没奈何,没奈何!"养忠道:"我在此居住,你做这事不当稳便。我原要移居,待到初六移了出去,你移进来住下,早晚间做事,岂不像意?"阿官道:"这都极妙,但只是等不得。今晚间暂且容我试试何如?"养忠只是不肯。阿官与宋龙只得回去,翻来覆去,在床上哪里睡得着?到得天明,又拿了一两银子与养忠,要他搬去。宋龙便插口道:"老张,老张,你这个情,还做在小主人身上还好,我们也好帮衬他,你不要太执拗。"养忠不得已,也便搬去。

过了端午,阿官移到养忠家里住下,叫宋龙在门首开个酒店,阿官在楼后居卧。天色已晚,宋龙排了些酒食,道:"我与你吃几杯,壮一壮胆子。"那阿官哪里吃得下去?只管扒到梯上,向刘家后窗缝里瞧。只听得刘把总夫妻二人,尚在那里说话响,只得是扒了下来。停了一会,又扒上去张,只见楼上灯光,还是亮的,又扒下来。停了一会,又扒上去,只听得刘把总咳嗽一声,又扒下来。宋龙笑道:"这样胆怯心惊,如何去偷香窃玉?"看看半夜,听刘家楼上都睡着了,于是去挖开窗子,便钻身进去。那大姑是个伶俐人,听得咯咯叫有些响,便惊醒了,暗想道:"这决是个小人!"登时便穿了衣服,坐起床来,悄悄地听那足步在侧楼上移响。将近前来,便大叫:"有贼!有贼!"元辅夫妻听得说"有贼",忙执灯上楼。那阿官也待要跳出窗去,足步踏得不稳,一交反跌下来。当时被元辅夫妻一把扯住,将绳子捆缚了,道:"我家世守清白,那个不知?你这畜生,黉夜入来,非盗即奸,断难轻饶! 本要登时打死,且看邻舍面情,即把剪子剪下了头发,明日接众位高邻,与你讲理!"

那宋龙在间壁,听得阿官已被捉住,如何救得出来? 慌忙去叫了世达、养忠。养忠道:"何如? 不听我说,毕竟做出事来! 此事如何解救?"宋龙急促里无法可施,只得将锣敲起,街上大喊道:"刘把总谋反,连累众邻,众邻可速起来!"这邻舍听得,却个个披衣出来观看,一齐把刘家门来打。元辅听见,下楼开门。不料宋龙、世达直奔上楼,抢了阿官出来,反立在街心,大声道:"刘家女儿日里亲口约我到楼,如今倒扎起火囤来。"那大姑在楼上听得此言,不胜羞愧,道:"没有一些影儿,把我这等污秽,总有百口,没处分说。不如死了吧。"就把绳子缢死床上。

却说元辅夫妻正在门首,与众邻分青理白,众邻始悉根由,散讫。元辅夫妻上楼,只见大姑已缢死了。元辅道:"且不要作声,天明有处。"看看天亮,那阿官尚不知大姑已缢死了,还摇摇摆摆,到元辅门前分说,被元辅一把扯进,拿绳捆了,伴着死尸,自己径往告府拘拿不提。

那时飞飞扬扬,一传两,两传三,传到吴秀才耳朵里。吴秀才正值抱恙之时,将信将疑,正要亲往打听,适值雷雨暴作,不能行走。次日,两更倾盆,一连六日不住。民谣有云:

> 东海杀孝妇,大旱三年。
> 钱江缢烈女,霪雨六日。

吴秀才忍耐不定,初九日只得扶病冒雨往探,只见正将入殓。时值天气颇热,寻大姑两眼大开,面貌如生,更自芳香扑鼻。吴秀才不禁称异,然这污口纷纷,心下还有些儿信不过,心思道:"我闻女子的眉发剪下,可搓得圆的。"乃讨剪子剪下,把手一搓,却自软软的,似米粉一般搓圆了。始信其贞烈,恸哭于地,力不能起。左右看的,尽皆掩袖悲咽,莫能仰视。却也作怪得紧,那大姑见吴秀才拜下,便把双目紧闭,流泪皆血,见者无不惊异。吴秀才举手将汗巾拭之,其血方止,更自香气袭人。同里钱长人有诗二首,赠云:

其一

死贞事之异，之子更堪哀。

荆棘须臾间，芳兰为之摧。

相蔑以片言，慷慨起自裁。

求之史传中，高行孰可埋。

庶几鲁处士，千载共昭回。

其二

自古忠臣了自心，从来节烈岂幽沉。

投环寂寂月照寝，绝玦轰轰雷振林。

数日頳颜神不死，双眸赤泪语无音。

香魂彻骨喷千古，弹指之间感昨今。

同郡柴虎臣，作《钱江刘娥词》一首吊之，曰：

钱江浩以澄，凤山高以凝。江流山峙间，挺生实奇灵。轰轰刘氏子，家门奕有英。

三季公卿裔，帝王满汉京。勋伐在皇朝，世居负州城。阿爷百夫长，旗鼓总前行。

阿姥娴壶范，壶内不闻声。爷娘鞠一女，爱惜掌上擎。自小端严相，肌肤如白雪。

娇羞弗敢前，盼睐众尽折。七岁辨唯俞，八九殊席食。十龄通经训，十三学组织。

十五调酒浆，女工咸有则。左右侍阿姥，语言无苟疾。张姓比邻人，妾凯窃窕看。

径托媒妁言，来在爷娘侧。云是第一郎，才貌不世出。红丝天上系，鸳鸯宜作匹。

念是终身托，相做须慎择。闻知少年郎，跌荡行巨测。逊词谢媒妁，齐大非吾敌。

女又薄禄命,那堪执巾栉。陈请既失望,耽耽匪朝夕。有顷侦刘氏,酌酒定婚帖。

举家尽欢喜,女夫吴公子。补邑博士员,文誉乘龙比。纳吉展多仪,请期亦在迩。

视历岁庚辰,利在九月始。爰整嫁衣裳,一切宜早理。无赖张氏儿,愤愤妒媒起。

凤昔闻刘娥,天授多才美。自小端严相,肌肤如白雪。娇羞弗敢前,盼睐众尽折。

七岁辨唯俞,八九殊席食。十龄通经训,十三学组织。十五调酒浆,女工咸有则。

左右侍阿姥,语笑无苟疾。以彼穿窬窥,矢心愿结发。媒妁拒不通,佳偶阻咫足。

楚材晋用□,枉作他人室。甘心得一当,时哉勿可失。况我逼处此,乘便势易为。

黄昏薄夜半,穴隙跳中闺。欲效阳台梦,烂醉入罗帷。处子惊遽起,疾呼知阿谁?

家人以贼获,间族正厥非。仓促难辨问,女心痛伤悲。罗敷自有夫,乃为贼所窥。

昏夜入房闼,青蝇岂易挥。爷娘掌上挈,常言爱弱息。自小端严相,肌肤白如雪。

娇羞弗敢前,盼睐众尽折。七岁辨唯俞,八九殊席食。十龄通经训,十三学组织。

十五调酒浆;女工咸有则。左右侍阿姥,语笑元苟疾。行年二八余,中门鲜足迹。

先世清白遗,于飞卜嘉客。无端遭嫌猜,胡然谢口实。涕泪摧肝肠,气结语为塞。

扃户从雉经,一死矢天日。爷娘出毋望,启视悬梁楹。号痛莫救药,讣闻俱涕零。

幽愤动苍穹,风雨来震电。气绝三日夜,容颜好如生。瞪目仰直视,炯夫家随哭赴,辟踊痛幽灵。一见遽长瞑,流血达精诚。若翁控所司,列状雪仇雠。

恶少善诋诬,居间要贿赂。覆盆不见察,法网漏吞舟。士民抱愤叹,公论自千秋。

声冤吁明府,义激谁能私。豪暴蠹贞良,瘅瘴堪倒施。东海称孝妇,曹娥诵古碑。

处子徇节死,幽芳曷愧之。作歌告来者,俎豆宜在时。钱江流不浊,凤山常嶔崎。

衣冠齐下马,兹是烈女祠。男儿重大义,刘氏以为师。

却说张敬泉见儿子阿官情真罪当,难以脱逃,央了亲友,上门议处。许刘家二百两银子,把房契押戥。元辅起初决不肯。圈至府前,又央人再三求释,元辅只得含糊应之。且那状词,出于主唆丁二之手,府尊临审,把那状词看道:"这分明是个和奸!"元辅因有求和之说,又不甚力争,阿官又以利口朦胧府尊,遂以和奸断之。审断已定,只见那主唆丁二在家,蓦地头晕仆地,口作女音道:"我的贞烈,唯天可表,你缘何把我父亲状词改了七字,蔑我清操?我今诉过城隍,特来拿你!速走!速走!"言未毕,只听有铁索之声,须臾气绝而死。

那时合郡绅衿愤愤不平,齐赴院道,伸白其冤。院道将呈批发刑厅,刑厅请了太尊挂牌,于六月初九日会审。审会之日,人如潮涌,排山塞海而来。这番刘把总比前不同,理直气壮,语句朗然,说的前后明明白白。两位府尊问已详悉,因断云:

审得张阿官无赖凶棍,色胆包天,窥邻女大姑之少艾,突起淫心,黉夜布梯,挖窗而入,随被大姑惊觉喊捉。刘元辅剪发痛殴,此亦情理所必然者。宋龙、张养忠闻知被执,不思悔过,反鸣锣喊詈,致令处女气愤投环。其为因奸致死,阿官固无逃于罪矣!刘元辅初供强奸杀命,自是本情,乃临审受饵,贪其二百金,遂尔含糊。且更有张自茂思党,亦受贿嘱,顶名宋龙,一帆偏证。在元辅因智昏于利,在自茂真见金而不有其躬矣。地方公愤,群然上控,灼知女死堪怜耳!阿官依律斩;张自茂受财枉法,冒顶混证,应从绞赎;

宋龙、张养忠鸣金助喊,各照本律拟徒。

是日,审单一出,士民传诵,欢呼载道,感谢神明云。那时刘太尊亲制祭文,委官往奠。祭文附录于后:

赐进士出身、杭州府刘梦谦,委本府儒学教授张翼轸,致祭于故烈女刘氏大姑之灵曰:鸣呼!此女之烈也。其遇暴,暴无玷也则烈。家人立擒,暴之党鸣钲诡厉之。女闻之,义不受污,遂潜自缢死。钲声未绝,而女已绝,其视死如归也则烈。死之后,其父惑于人言,故谬其词,供称和状。冤矣!贞魂不散,能做如许光怪,以自表异。俾一时大夫士以暨齐民,咸咎其父,而代为鸣冤,虽死而有未尝死者存,则更烈。呜呼!始予闻诸孝廉方君,谓此女死三日未殓,君亲往哭之,时盛暑,绝无秽气,面如生。其夫婿吴生吊之,初疑不拜也。尸见其夫,则血痕迸于眉目,观者数千百人咸泣。予闻之,泪盈盈承睫也。既而大中丞洪公为予言:讼师丁二实教其父,谬供已成,丁二忽昼日见此女谪之曰:"汝改窜讼词七字,致我不白!"言未已,其人大叫,仆地而绝。予闻之,又攫然发上指,而女之大端见矣。先是,予不敏,窃谓都人士惜之,何如其父惜之,供词当不妄。故谓女槥去父母槥数步,尊房梯牖而入,遂致破瓜。由是观之,无强形也。既尊房以凤约自诬,冀从和律。予不忍信,以问其父。对曰:"不知。"因问之,终对如前。由是观之,不独无强形,且无强证矣。孰知前之供,即此女其杀之讼师教之;后之供,则尊房之兄号财房者属居间数人,以舍宅建祠,多金茔葬之说款之,而污贞口也。冤哉!异哉!痛哉!予尝疾夫好事者,取慢不关切、无指实之事,群尊而奉之,以号召通都,为挟持当事之具。今日之事,则殊不然。诸公之义愤同声,盖有不知其然而然者,安知非此女贞魂不散所致哉!予不敏,不能烛其文之误,致烦上台之驳,刑馆刘某奉命于上台,仍属予会勘其事。其父乃叩堂,将前后尽情托出向来被惑状。予与刘公更容从讯尊房,尊房陷……。

第四回　彭素芳　择郎反错配 获藏信前缘

露萼临风多烨烨，其如零落路旁枝。

琴心枉托求凰曲，垆鲜徒殷用酒卮。

慢疑怀春归吉士，那堪载月效西施。

总令繁艳相矜诩，何以幽贞松桧姿。

世上人生了一个女儿，为父母的，便要替他拣择人家高下。某家富贵，方许；某家贫贱，不可许。某家郎君俊俏，可许；某家郎君丑陋，不可许。费了多少心机，那都是时命安排，岂容人情算计！时运不好，富贵的倏忽贫贱；时运好来，贫贱的倏忽富贵。时运不好，那俊俏的偏不受享；时运好来，那丑陋的偏能成立。为父母的，也免不得要留一番心，斟酌其间，总也逃不过个前缘分定。如今试将几个向来富贵，倏忽贫贱；向来贫贱，倏忽富贵，结了亲又退悔的，引证来听一听。

如唐朝两个秀士，一个姓王名明，一个姓杜名诗，都是饱学，自幼同窗念书，颇称莫逆。其年同在法音庵中读书，他两家娘子，都身怀六甲。两个秀士在馆中说道："我两人极称相知，若结了姻眷更妙。"当时便一言相订道："除是两男两女，此事便不谐。"看看临月，果然王明生下一男，杜诗生下一女，两人欢天喜地道："毕竟称我们的心愿。但今日贫穷相订，倘后日富贵，万勿相忘。"於是同在伽蓝面前拜了，各立一誓，自此两人愈加亲厚。

不期同去应试，杜诗却中了，官已至廉访使；这王明只是不中，家道甚是贫穷。但儿子却是聪明，会做文字，年已十八九岁了，杜家并不说起亲事。王明因他向年订盟，料无他变，亦无力娶亲，且自听之。那杜夫人对杜诗道："女儿年已长成，看王家无力来娶，不如接他到任，完了婚配何如？"杜诗道："以我势力，怕没亲吗？况王家原未行聘，且又这般清寒，何苦把这女儿送在穷汉手里？我前日曾在朝房里，已许黄侍郎为媳，不久便来行聘。况黄侍郎系当朝元相国极厚的，与他联了姻，仗他些线索，却不更加好看。"夫人不敢相强，只得将女儿嫁与黄公子成亲了。那王明父子这样落寞，如何与那侍郎抗得过？且直隐忍。

岂料三年之间，朝廷抄没了元载，以黄侍郎同党为奸，藉没家产，发他父子岭外充军。却好这年大比，王明儿子叫作用贤，中了进士。那杜诗闻知，懊恨无地，却不迟了？看来世人只为势利两字迷了肚肠，才得发迹，便把贫贱之交，撇在东洋大海。只道黄侍郎泰山可靠，哪知速化冰山；只道王秀才贫寒到底，哪知转眼荣华。俗证云：

　　　　万事不由人计较，一生都是命安排。

我朝神庙时，苏州府常熟县有个员外，姓彭名一德，向在太学中，也是有名目的。早丧妻房，单生一女，名唤素芳。自幼聪明伶俐，更自仪容绝世。那员外止得这个女儿，十分珍重，派定一个傅姆，时时服侍照管他，顷刻不离左右。县中著姓大族，因他是旧家，都央着媒人来求亲。有那家事富足的，新官人不甚标致；有那新官人标致的，却又家道贫寒。高门不成，底门不就，蹉蹉跎跎，那素芳已是十六岁，尚无定议，员外好生忧闷。适值同里有个乡宦姓杨，曾做太守，回家既有势焰，又有钱钞，浼媒来说，员外欣然应允，择了日子，行了聘礼。只见彩帛盈筐，黄金满箧，亲友们都来称贺，那个不晓得素芳许了杨公子。

看看吉期将近，那素芳只是闷闷无言，长吁短叹。傅姆见她愁闷，劝解道："未定姻时，反见你欢天喜地，今定了姻事，佳期将到，正该喜气盈盈，为什么皱了眉头？莫非有甚心事？便对我说说何妨！"素芳低着头道："那公子面貌何如？不知像得那间壁的陆二郎否？"原来那陆二郎乃是贾人陆冲宇之子，住在彭家间壁，素芳常常看见的。傅姆道："杨官人乃宦家公子，那生意人家的儿子，怎么比得他来？定然是杨官人好些！"素芳道："只是等我见一面，才好放心。"傅姆道："这有何难！公子的乳母却是我的亲妹，我明日见妹子，对他说这缘故，叫公子到后街走过，你就看看，何如？"素芳把头一点，那傅姆，果然去见妹子，对公子说这缘由。

这公子大悦，打扮得华华丽丽，摇摇摆摆，往后街走一转。傅姆推开窗子，叫素芳看。素芳看了，径往房中去，把门掩上，寻条绳子，缢在床上。博姆推进房门见了，吃一大惊，忙忙解下绳子救醒了，从容道："公子虽不甚俊俏，却也不丑陋，只是身子略略粗岔些,尽是穿着得华丽。况既已许定,终身难改,如此短见,小小年纪,岂不枉送了性命!"素芳道:"我闻之:夫妇,偶也。嘉偶曰配,不嘉吾弗配矣!宁可死了吧!"傅姆道:"小姐且自忍耐着,待我把你的意思,与员外说知,看员外意思如何?"

傅姆即把这意对员外说,那员外把傅姆骂着道:"痴婆子,这样胡说!许定姻亲,况是宦门,如何更易得!"那傅姆回见小姐道员外是不肯的意。那素芳却又要去寻死。傅姆竭力劝住道:"等我再去,委曲与员外说便了。"傅姆又去,将小姐决然不肯,屡次寻死之意说了。员外呆了半日,欲得顺他的意,怎么回复杨太守?如不顺他的意,又只得这个女儿,终身所靠,倘或一差二误,叫我靠着谁来?再三踌躇,无计可施。又问傅姆道:"杨公子这样势力,这样人品,还不中意,却怎么的才中他意?"傅姆道:"前日小姐曾私下问我,说杨公子面貌,可像得间壁陆二郎否?想他的意思,却要如陆二郎的才好。"员外听说,又呆了半日:"这事叫我难处!"傅姆笑着道:"员外,我倒有一计在此,不知可行否?"员外道:"你有何计,且说来。"傅姆道:"我去叫那陆二郎来,今晚私下与小姐成就了,完她这个念头,后来仍旧嫁杨公子,岂不两便?"员外骂道:"痴婆子,这样胡说!依我想来,若要成就这事,须得如此如此方可。"那婆子点点头道:"好计!好计!"

於是忽一日,员外与傅姆嚎嚎大哭起来,说小姐暴病死了。吩咐家人,一面到杨太守家报丧,一面买棺殡殓开丧。到了三日,杨太守领了公子,行了吊奠,四邻八舍,也都只道小姐真死了,也备些香纸来吊。又过几日,员外叫傅姆去唤陆二郎来,悄悄说道:"我女儿实未曾死,只因看得杨公子不中意,决然不肯嫁他,只是寻死觅活,故此假说死了。我想小小年纪,终是要嫁的,若嫁别门去,未免摇铃打鼓,杨家知道,成何体面?想你住我紧间壁,寂寂的与你成了亲,有谁得知?我私下赠你些妆奁,你又好将去做本生理,岂不两便?"二郎听说大喜,归与父亲说。父亲听说,摇首道:"这却使不得!我虽生意人家,颇知婚姻大礼,若不明公正气,使亲友得知,就是过门来,终是不光彩的。断然不可。"二郎见父亲不肯应允,闷闷地来回复员外,员外亦闷闷不乐而罢。

傅姆在旁听见,私下拉二郎说道:"这有何难!你今晚瞒了父亲,可到后园,叫小姐多带些银两,雇了船,远方去了,岂不快活一生。"二郎道:"员外只得这位小姐,如何肯放远去?"傅姆道:"连员外也瞒了,却不更好。"二郎欢喜,应允而去。那想这小官家终是胆怯,日间虽则允了,夜来睡在床上,翻来覆去,右思左想道:"去倒同去,倘或杨家知觉，必至经官，倘或路上遇捕缉获了，怎么抵对？"再三踌躇，心里又要去，又害怕，迟疑不决，不敢出门。

却说素芳见说与二郎相约已定，到二更时分，与傅姆身边各带了二百余金，又有许多宝饰，伏在墙下，只等二郎到来。不多时，远远见一人走来，昏夜之间，哪里看得分明？傅姆便低声叫道："二郎，来了吗？"那人便应道："怎么？"傅姆道："我们束缚定当，只等你来同行。"傅姆与素芳连忙将宝饰箧儿递与此人。傅姆问道："这里到河口，有多少路？"那人看他两个女人，黑夜里这般行径，定有缘故，答道："河口不远，快走！快走！"三个人奔到河口，唤了小船，行了三十余里，天光渐亮。那素芳与傅姆将那人一看，却不是陆二郎，乃是对门牧牛的张福，形貌粗丑，遍身癣癞，素芳便要投河而死。傅姆再三劝住，张福摇了船，径到虎丘山堂上，租赁一间房子居住。那张福该他时运好来，不消三日，癣癞俱光了，形貌虽则粗丑，为人却自聪明乖巧，性格又温柔，凡事却逢迎得素芳意儿着。素芳渐渐也有些喜他，与他些银子制些衣帽，打扮得光光鲜鲜，竟与他成了婚配。

却说员外在家，不见了女儿，定道是陆二郎同走了，再不道落在张福手里。间壁去看，二郎却还在家，又不好外面去寻，不寻心下又实难过，只得昏昏闷闷，过了日子。

却说张福与素芳、傅姆，同住虎丘山堂上，约有数月，闭门坐食。傅姆道："张官人，须寻些生意做做才好，不然怎么过得这日子？"张福与素芳商量，却再没些便宜生理：若在此开店，恐来往的人认得；若要出外走水，家里无人，却又心下舍不了素芳。辗转思量，再无道理。又耽置了月余，正好是七月七日，张福买下些果品酒食，与素芳、傅姆并坐乞巧。三个你一杯，我一盏，未免说着些家常话儿，不知不觉却都醉了。张福装疯作痴与素芳搂抱玩耍，上床高兴，做了些事业，两个身倦，都睡熟去了。直到次日巳牌时候才醒转来，只见门窗大开，傅姆叫道："不好了，被盗了。"连忙上楼看时，箱中衣物都不见了。

素芳所带，约有千余多金，尽行偷去，无计可施，素芳只得绣些花儿卖了度日。却又度不过日子，将身上所穿衣服，卖一分，吃一分。看看冬月已到，身上甚是寒冷，素芳只是哭哭啼啼的。傅姆道："小姐，你真自作自受，本等嫁了杨公子，吃不尽，用不尽，那有这苦楚？如今自苦了也罢，却又连累我苦，着甚来由？不如速速回去，依然到员外身边，还好度日。"素芳道："说到说得是，只是我既做下这般行径，还有甚颜面去见父亲？"傅姆道："员外只生你一个，不见了你，他在家不知怎样地想你。若肯回去，见了自然欢喜,难道有难为你的意思吗?"素芳道:"就是要回去,也须多少得些路费,如今身边并无半文,如何去得?"左思右想,再没区处。

桌上刚刚剩得一个砚台,素芳道:"这砚台是我家传,或者是旧的,值得几百文钱也未可知。"张福持了这砚台,径到闾门街上去卖。走了一日,并没一个人看看,天色将晚,正待要回,吊桥上走过,恰好撞着一个徽州人,叫拿砚来看,张福便双手递过去。那徽州人接来一看,只见砚背有数行字刻着,却是什么? 其词云:

　　昔维瓦藏,歌女贮舞焉;今维砚侑,图史承铭椠。呜呼! 其为瓦也,不知其为砚也,然则千百年之后,委掷零落,又安知其不复为瓦也。英雄豪武,人不得而有之,子墨客卿,不得而有之,吾嗒然有感於物化也。

　　　　　　　　　　　　　　　　　　　　　　　　东坡居士题

原来这砚是魏武帝所制铜雀瓦,那徽人是识古董的,翻来覆去,念了又念,看了又看,心里爱他,不忍放手。便道:"我身边不曾带得银子,你可随我到下处,就称与你。"即问张福道:"这砚从哪里得来?"张福道:"是我家世代传下的。"到了下处,那徽州人道:"你要几两银子?"张福听见说几两银子,心下大喜,索性多讨些,看他怎说,答道:"须得百两。"徽州人道:"好歹是四十两,就进去兑银子与你。"那徽州人原是做盐商的,坐等一会,只见兑出四十两纹银来。张福不肯,持了砚台就走。那徽州人扯住他道:"你后生家做生意,怎么是这样的?"添到五十两,张福也便卖了。

得了五十两银子,欢天喜地,走到家来,摆在桌上。素芳、傅姆吃了一惊,张福备述其事。素芳道:"如今有了盘缠,回去也罢。"张福自想道:"倘小姐回去,嫁了别人,怎么好? 总不别嫁,那员外如何肯认我这牧牛的女婿?"便说:"回去不好,不好! 不如将几两银子开个酒店,小姐与傅姆当了垆,我自算账会钞何如?"傅姆道:"这却使得。"于是兑了十两银子,买了家伙食物,开起店来。日兴一日,不上一月,这十两本钱,倒有对合利息,三人欢喜之极。

忽一日,有一人进店吃酒,只管把张福来看。张福看他一看,却认得他是彭员外的管家李香。张福连忙进内,通知素芳、傅姆躲到间壁去了。那李香虽认得是张福,看他形貌比当初不同,心里只管疑心。忍耐不住,只得问道:"你是我对门看牛的张福吗?"张福道:"正是。"李香道:"你难道不认得我?"张福假意道:"认倒有些认得,却叫不出。"李香道："我就是彭员外家李仰桥。"张福道："为何得此?"李香道："那陆二郎走漏消息，说我家小姐假死，杨太守得知了，说我家员外赖他姻事，告在府里，故此着我来打点衙门。"因问张福道："你却为何在此?"张福道："我在此替人走递度日。"李香道："也好吗?"张福道："什么好? 只是强如看牛。"李香说话之间，并不疑心，吃罢，算还酒钱，张福决不肯收他的，李香千欢万喜，作谢而去。

张福见素芳，备述陆二郎走漏消息，杨太守告员外之事。素芳道："这般说，却在此住不得了，须到远方去才好。"张福道："我倒有个堂兄，现为千户，住在北京，只是路远难去。"素芳道："只我三人，十余两盘费便可到京。"随即收拾店本，装束行李，搭了粮船，三个月日，径到张湾。张福雇了牲口，先进了京。那京城好大所在，哪里去寻这张千户? 一走走到五凤楼前，看了一回，实在壮观。有赋云：

> 三光临耀，五色璀璨。壮并穹窿，莫罄名赞。凭鸿蒙以特起，凌太虚之汗漫。乎云霞之表，巍峨乎层汉之半。篷天关以益崇，炳祥光而增焕。目眩转於仰瞻，神倘恍於流眄。

张福看了，不禁目眩神摇。正东走西闯，忽见一个官长，骑着马儿，远远的来，近前一看，却就是张千户。张福扯住道："阿哥! 阿哥!"那千户有数年不见了张福，况今形貌又改换，哪里认得他? 张福说起祖父旧事，千户才晓得是张福，便问道："你在家为人牧牛，如何到这里?"张福也囫囵地答应了几句，竟去搬了家眷，到千户家住下。素芳对张福说："在此也不是坐食的，须开个小小店儿方好。"张千户便指着道："间壁到有空房四楹，尽可居住做生意。只是屋内有鬼作祟，凡进住者，非病即死。"张福道："这也是个大数，不妨! 不妨!"

於是夫妻二人并傅姆，俱移过去，修葺扫除一番。只见黑夜中，地上隐隐有光，张福道："这却奇怪，必有藏神在此。"寻了锄头，掘不盈尺，果有黄金数块，像方砖一般，砌在下面。砖上俱镇着"张福泊妻彭氏藏贮"数字在上。两人大喜道："可见数有前定，我两人应该做夫妻。这金子上也刻着我两人的名姓，若在虎丘不遇李香，如何肯到这里收这金子?"将金数来计十块，每块计重六斤，共有千两之数。陆续变换了银子，便开一个印子铺。日盛一日，不三年，长起巨富，在京师也算得第一家发迹的。张福也就将银千两，纳了京师经历。富名广布，凡四方求

贪欣误

图文珍藏版

选之人，皆来借贷并寻线索。京师大老，内府中贵，没有一个不与他往来，皆称为张侍溪家。这话不提。

却说那彭员外，原是监生，起文赴部听选，该选主簿之职。若要讨一好缺，须得五百金，身边所带尚少，因问房主道："此处可有债主？为我借些，便利银重些也罢。"房主道："这里唯张侍溪家钱最多，专一放京债，又是你常熟县人，同乡面上，必不计利。"明日，彭员外写了一个乡侍教生帖儿，叫家人李香跟了，去拜张侍溪。侍溪偶他出，不得见。明早又来拜，长班回道："俺爷还未起哩！要见时，须下午些来。"下午又去，只见车马盈门，来访宾客络绎不绝，哪里轮得着彭员外？员外只得又回来。次日午后，又去拜，长班回道："内府曹公公请吃酒去了。"员外心下甚是焦闷。

迟了十余日，长班才拿彭员外的帖子与张侍溪看。侍溪看了大骇，连忙要去回拜，却又不曾问得下处，吩咐道："如彭员外来，即便通报。"那长班在门首，整整候了两日，并不见来到。第三日，彭员外只得又来，只见门前车马仍是拥满，候见的人都等得不耐烦，向着长班求告道："我是某某，要见，烦你通报声。"连忙送个包儿与那长班，哪里肯要？只回道："俺爷没工夫。"彭员外也只得赔着小心，换一个大样纸包，与那长班道："我是你爷同乡彭某，求速通报一声。"那长班听见彭某某字，便道："爷前日吩咐的，正着小人候彭爷。"长班进报，即出请进内堂相见。

那些候见的官儿，个个来奉承员外，都来施礼道："失敬！失敬！我是某某，烦老先生转达一声。"那员外欢天喜地，进去相见，却再不晓得张侍溪就是张福，即见面也总不认得了。到堂施了礼，那张侍溪道："请到内房坐。"吩咐快备酒席。那彭员外暗想道："我与他不过同乡，没有些儿挂葛，为何请到内房？必有缘故。"只见转进后堂，那傅姆出来，磕了一个头。员外认得是傅姆，大骇道："你如何在这里？"傅姆道："小姐在内候见。"员外大骇大喜，进内，小姐相见拜了，坐定问道："张侍溪是你何人？"小姐笑道："是你女婿。"员外想了半日："我常熟并没有这个人。"又问道："这张侍溪在常熟什么地方住的？你因何嫁得这个好女婿？"小姐并不回话，只是咯咯地笑。

少顷，张侍溪酬应未完，只得撤了众客，进来陪坐，将京师事情两个说了一番。员外因谈及自己谒选之事，侍溪问道："岳父该选何职？"员外道："主簿。"侍溪笑道："主簿没甚体面，不如改选了州同。小婿当竭力主持，并讨一好缺，何如？"员外道："须用费几何？"侍溪道："岳父只管去做官，银子小婿自用便是。"即日盛席款待，并唤跟随管家进内待饭。那管家就是李香，数年前曾在虎丘见过，倒认得是张福。又私下问傅姆，得了根由，悄悄地对员外说了。员外大骇，又大喜道："不料这看牛地到有今日！"小姐算得员外要晓得的，索性把始末根由细告诉一番。

员外叹息道："可见是前身之数。你别后，那陆二郎走漏消息，杨太守知道了，告我在府里，整整涉了两年讼，尚未结局。今他家中一场大火，烧得精光。太守已死，公子又好嫖好赌，如今饭也没得吃了。你从前见了一面，就不肯嫁他，是你的大造化。至于你要嫁的陆二郎，不上二十岁，怯病死了，若一时失身于他，今日反要守寡。向日他父亲执定不肯，毕竟是你有福，该有今日荣华。只是我近日讼事多费，家业凋零，须讨得个上缺做做才好，这全靠女婿。"素芳道："女婿在京线索甚熟，就是大老先生，俱来向他寻路头。父亲的事，就是自己事一般，自然全美，不必挂念。"

过了几日，却是选期，侍溪与岳父先干办停妥，径选了湖广兴国州州同之职。员外大喜，却又愁了眉头道："官到靠了女婿做了一个，只是年已半百，尚无一子，彭氏绝矣！奈何！"素芳道："这有何难？替父亲娶一个妾回去便是。"即捐百金，寻得了花枝相似的一个，与父亲为妾，叫作京姨。又将三百金为父亲路费，凭限到手，即收拾赴任。到任未几，知州已升，即委州同署印，年余，极得上司欢心。元宵之日，上府贺节。那京姨在衙大放花灯，烟火流星，通宵不绝。有诗为证：

　　敞筵华月霁澄空，灯火高悬锦里逢。
　　座握龙蛇浑不夜，星驰非马似生风。
　　初疑香雾浮银界，忽为金莲照绮丛。
　　胜事莫教催玉漏，纷纷游骑满城东。

那京姨放流星烟火，火药脱在空房里，烧将起来。私衙与堂库化作一片白地。库内烧去钱粮万余两，衙内囊资不计其数，上司拿员外禁在武昌府监中，不题。

却说张侍溪原是京府经历，恰好升了武昌府通判，到任两月，即署府篆，为岳父之事，竭力在上司讨情。那上司在京中之时，都向他寻些线索，且又有些账目，于是将彭州同释放了。但回禄之后，虽生一子，身中却无半文蓄积，张侍溪即请到衙内，养老终身。后来侍溪官至同知，家赀百万，甲於吴邦。你看当初，彭员外只生一女，要仰攀高亲，若劝他把女儿与这放牛的，他决不肯。谁想数年之内，杨公子穷饿，陆二郎夭死，单单受这牧牛无限恩惠。俗语云，"碗大的蜡烛，照不见后头。"我劝世人，再不要安排算计，你若安排算计，天偏不容你安排算计。合升州山人也："运去良金无绝色，时来顽铁有光辉。"张福之谓也。

第五回　云来姐　巧破梅花阵

五遁奇门述，株株见□□。

步罘被锦伞，咤叱起□□。

逐崇宗丹篆，传刀有□□。

只今挥指辈，谁复是阴谋。

凡人祸福死生，都有个一定之数，那一个能挽回得来？就是那至圣如孔子，也免不得陈蔡之厄；大贤若颜子，也免不得三十之夭。然古今来亦自有法家术士，凭着自己手段，岂无转祸为福、起死回生的时节？究竟能转移得来，这就是个数。我看世界上人，只随自己的性儿，怪着这个人，便千方百计去陷害他，加之以祸，置之以死。除非那个人该当要死，该当有祸，才凑着你的机关；不然你去算计人，人也会来算计你。纵使这个人被你算计倒了，或是自己限余势力不能还报，或一时躲过了，却不知那个青天湛湛，最肯为人抱负不平，断断不容你躲过。这却不是使心用心，反累其身嘛！

话说近年间，山东东昌府有一个员外，姓富名润。单生一女，生下之时，只见仙乐绕绕，异香袭人，满室中都是彩云围结，以此名唤云来。年长到十五岁，丰姿清秀，体态妖娇；更兼聪明慧巧，好看异书，凡天文地理，阴阳卦命，无所不通。以此为人占卜祸福，课算生死，应验如神。凡有人来求他的，只是不肯轻试。然又心肠极慈，但遇那贫穷孤苦之人，又肯极力为她出步醋力。

忽一日，紧间壁一个妈妈姓段，那段妈妈六十于岁，半世守寡，望靠着一个儿子，叫作段昌。段昌出外生理，日久不回，妈妈终日想望，杳无音信。心下纪念不过，走到间壁，去求云来姐占卜，云来姐再三不肯。

十里之外，有个专门课卜的，叫作石道明。那石道明课卜，凡人死生祸福，丝毫不差。每课足足要一钱银子，若一课不准，情愿出银一两，反输与那上人，所以远近的人，纷纷簇簇，都来向他买课。然买课的人极多，略去迟些，便轮他不着。那段妈妈起了一个五更，走到石家门口，却又有数十人等着他，哪里轮得着妈妈？妈妈等到晚，只得回来，次日五更又早去，又轮不着。一连七八日，再不能轮着妈妈，忧闷之极，索性起了个半夜，到他门首坐着，等他开门。因想念儿子，便苦苦咽咽，哭将起来。道明听见门外有人哭响，便起来开门，叫妈妈进来，问他缘故，妈妈告诉一番。将那课筒儿搦了，祷告天地已毕，道明占下一卦，便叫道："啊呀！啊呀！此卦大凶！你儿子命断禄绝，应在今夜三更时分，合当在碎砖石下压死。"妈妈听说，慌忙还了卦钱，一路哭到家里，且是极其哀切。正是：

世上万般哀苦事，无非死别与生离。

那云来姐在间壁，听得哭声甚是凄惨，便去问妈妈道："你每日欢欢喜喜，今日何故哭得这样苦切？"妈妈晓得云来肚肠极热，且又精于课数，便道："我守寡半世，单单靠着这个儿子，今命在旦夕了！"又大哭起来，云来道："你怎么便知他要死？"妈妈把石道明的话说了一遍。云来道："难道石先生这样灵验？将你儿子八字念来，我替她课算一命看。"妈妈便将八字说与云来，云来将手来轮着，又排一卦，仔细详断。呆了半晌，便把头来摇道："石先生真是神仙，果然名下无虚。你的儿子果是今夜三更，要死在碎砖石下。"妈妈听了大哭，昏仆在地。这些邻舍们走来看，也有眼泪出的，也有替她叫苦的，也有拿姜汤来救她的，团团簇簇，计较真是没法。

只见云来微微的冷笑道："还不妨，有救哩！"这些邻舍们见说有救，便都向云来齐齐施出礼，求道："云小姐，没奈何，看这妈妈可怜得紧，救人一命，胜造七级浮屠。便看我众人面上，救他一救。"云来道："救到救了，只是石先生得知，要怪我哩！"那妈妈时想道："这个女子，却又说天话了，难道石先生不准了不成？"然又心下放不过，或者她有些法儿，能救得也不可知。便向着云来拜下两拜道："姐姐，若能救得我儿子，便是重生父母，再长爹娘。"云来道："你若依我吩咐，包管你儿子不死。"妈妈大喜道："但凭吩咐，敢不遵依。"云来道："如此如此，你可速速备办。"那妈妈连忙应允，一一备下。

只见三更时分，云来到她家，贴起一位星官马，点起两只大烛，一盏油灯，一碗清水，一个鸡子，摆在中堂。又对妈妈说："你可剪下一缕头发来。"妈妈只得应允，剪下递与云来。云来将头发缚在木杓上，左手拿了木杓，右手搦了真诀，口内念念有词，到门首把大门连敲三下，叫妈妈高叫三声，道："段昌！段昌！段昌！"已毕，云来自回家去。看他应验何如？正是：

青龙共白虎同行，吉凶事全然未保。

且说段昌出外长久，想念家里，心忙缭乱，径奔回家。饥餐渴饮，一路辛苦，不在话下。因赶路程，不觉晚了。只见：

金乌渐渐坠西山，玉兔看看上碧栏。
深院佳人频报道，月移花影到栏杆。

天色已晚。怎见得那晚景天气？有只词儿，单道晚景，词名《满庭芳》：

山抹微云，天连衰草，画角声断樵门。暂停征棹，聊共饮芳樽。多年蓬莱旧事，空回首，烟霭纷纷。斜阳外，寒鸦数点，流水绕孤村。断销魂。当此际，香囊暗解，行李轻分。谩赢得、秦楼薄幸名存。此地何时见也，襟袖上、空染啼痕。伤情处，高城望断，灯火黄昏。

段昌见天色晚了，入城还有四十里路，如何走得及？前不着村，后不着店，怎生是好？正忧虑问，忽然飞沙走石，狂风猛雨，满身透湿，慌忙走入一个破窑内躲避。那雨果是来得猛烈，段昌见雨大，又睡不着，做得一首词儿消遣，名《满江红》：

窑里无眠，孤栖静，潇潇雨意。南楼近，更移三鼓，漏传好永。点点不离杨柳外，声声只在芭蕉里。也不管，滴破故乡心，愁人耳。无似有，游丝细，聚复散，真珠碎。天应吩咐与，别离滋味。破我一窑蝴蝶梦，输他双枕鸳鸯睡。向此际，别有好思量，人千里。

词毕，已是三更时分，正要合眼，梦里神思不安，忽听得外面三声响亮，高叫道：

"段昌！段昌！段昌！"却似我母亲声音,如何到了这里？慌忙出来看时,四下里又不见些影儿。正要复入窑中蹲作片时,只见一声响,原来破窑被雨淋倒了,几几乎压死。段昌连忙住了脚,唬得魂不附体,叫了几声观世音菩萨,道:"我段昌这时节,想是灾星过限,要略迟一会,岂不死在窑中？我家老母不得见面,这骨头也没处来寻,好不苦也！亏了神明保佑,还有救星,明日回家,大大了个愿心。古人说得好:'大限不死,必有后禄。'我段昌后来,毕竟还要好哩！"十分欢喜,到那碎砖内,寻拨行李,挨到天明,入城到家,见了母亲。

那母亲见了儿子回来,喜出望外,心里想道:"这云来姐果然有些意思。"连忙抱住儿子,哭了几声,道:"我的儿,你缘何得早回来？我昨日到石先生家买卦,说昨夜你三更时分,该死在碎砖内,因此回家大哭,昏倒在地,亏了邻舍家,都来救醒。你如何今日得好好的回家？这石先生的课,却卜不着了。"段昌道:"不要说起,说也奇怪。孩儿因赶路辛苦,天晚不及入城,且又大雨狂风,无处存身,只得躲入一个破窑内去。将近三更时分,梦寐中只听得母亲在外叫我名字三声,慌忙走出来看,四下里寻,又不见母亲。正待要复入窑中,只听得应天一声响,破窑被雨冲倒,几乎压死在窑里。这却不是石先生课卜得着了？只是说我该死,我却没死,这又卜不着了。我闻他一课不准,输银一两。母亲可去问他讨这一两银子,完了愿心,谢这神明。"妈妈道:"石先生算不着,不必说起,却又有一个卜得着的,这个人却是你的大恩人,你可速速拜谢她。"段昌道:"却是那个？"妈妈道:"是间壁云来姐。"段昌道:"他是个香闺弱质,却如何有这灵应？却是怎么样救我的？"妈妈将夜来演镇之法,一一说与段昌知道。段昌即忙走到富家,向云来姐深深的拜了四拜,一面叫了一班戏子,摆起神马,备下牲醴,又盛设一席,请云来上坐看戏。

戏完,到了次早,妈妈道:"我同你到石先生家,讨这一两银子,看他怎么样说。"于是母子同往石家讨银。石先生见了妈妈娘儿两个,默默无言,满面羞惭,只得输银一两,付与妈妈去了。心中暗想道:"我石道明从不曾有不准的课,这课却如何不准了？好生古怪,必有缘故。"私下叫儿子石崇吩咐道:"你可悄悄到富家门首打探,看段昌却如何得救。"石崇果然到段家相近,只听得这些邻舍,飞飞扬扬,传说段昌夜间之事:石先生起课不灵,却亏了富家云来姐这般演镇,得有救星。那石崇回去,一五一十告诉了石先生,石先生道:"这丫头这般可恶,我石道明怎么肯输这口气与他！"眉头一展,计上心来,道:"我有处,我有处！"

却说那富家村有个邓尚书的坟墓，墓旁有个大石人，离云来家里只有一里路。到了三更时分，石先生到邓尚书坟里，朝着石人左手搯诀，右手仗剑，把一道符贴在石人身上。口内念念有词，道声："疾！"那大石人却也作怪得紧，径往空中飞了去。道明暗喜，说："这番这丫头要死也。"那料云来日间演下一数，早晓得自家该於三更时分，有大石人压在身上。于是画起一道符，贴在卧房门上，房内点了盏灯，对灯坐着不睡。到了三更时分，果然一阵鬼头风，从西南上来，却有一块大石应天一响，把房门一撞，恰好撞着那符儿，大石人跌倒在地。云来开门看时，笑道："原来果如我所料，这石先生却要拿石人压我身，害我性命，心肠太毒。我却不下这样毒手，只略略用个法儿，小耍他一场。"放是又画一符，左手捻诀，右手持一碗法水，把符贴在石人身上，口中念念有词，喷了一口法水，道声："疾！"那大石人又飞也相似从空而去，却好端端正正当对着石先生墙门立住。石先生哪里料他有这手段？到了天明，正要叫儿子去富家门首，打听云来消息，开门一看，只见一个大石人，当门而立。吃了一惊，连忙叫石先生来看，也吃一惊，道："这丫头倒有这手段！"

却说那石家墙门甚小，那大石人当门塞住，只好侧着身子出来进去，好生苦楚。那些买卦的人，约有百人要进门，却又进不得，只得又号召许多邻舍，死命合力去抬，那石人动也不动；石先生无计可施，又用下百般法术遣他，只是一些不动。约有一月，这些买卦的人，因进出不便，多有回去，却又一传三，要来买卦的，都不来了。

石先生见没了生意，石人当门，进出又难，又百法遣他不去，心上闷之极。无可奈何，只得备了些礼物，亲自到富家拜求。云来只是不理他，只得到间壁去见段妈妈，千求万告，要妈妈去讨个分上。妈妈因石先生为着自己儿子，所以起这祸端，只得到云来姐房内，婉转代求。云来道："我并不收他些毫礼物，只要他跪在我大门首，等我与他一个符儿去。"妈妈传言与石先生，石先生只得双膝跪在门首。约有两个时辰，只见妈妈传出小小一张符儿，递与石先生。石先生将符看时，称赞道："我石道明那一个法不晓得，只这符儿却从来不曾见。"欢天喜地，走到门首，将符贴在大石人身上。那石人好生作怪，倏尔从空飞去，仍落在邓尚书墓前不题。

却说那石先生只是心中愤愤不快，恨着云来，又没个法儿去报复他。闷闷之间，戏笔题道：

闲似江淹去笔，愁如宋玉悲秋。

子瞻不幸贬黄州，寡妇孤儿独守。

正在昏闷之间，却有个相厚朋友，姓乌名有，携了些酒食来与石先生解闷。两人对酌，说了些闲话，未免说到家常事来。那乌有道："我今星辰不好，整整的病了半年，这恶星辰不知几时得出？"石先生道："不难，你明早可来，我与你将八字排看，便知明白。"那乌有喏喏而去。

次早，乌有先到来，将八字与石先生排看，又占下一卦。石先生连声叫道："啊呀，啊呀！不好，不好！可怜你年五十岁，却该本月十五日子时暴疾而死。"乌有慌着问道："还有救吗？"石先生又仔细看道："断没有救。奈何，奈何！"叹息道："我与你相好一生，无以为赠，送你白银二两，可去买些酒食，快活吃了，待死而已。死后衣裳棺木，俱是我买。"乌有收了银子，大哭出门，有词《江城子》云：

西城杨柳弄春柔。动离忧，泪难收。犹记多情，曾为系归舟。碧野朱桥当日事，人不见，水空流。韶华不为少年留。恨悠悠，几时休。飞絮落花时候了，一登楼。便做春江都是泪，流不尽，许多愁。

乌有大哭归，将银子买了些酒食，与妻子吃了分别。妻子道："石先生也有算不着的时候。"因把那云来姐救段昌之事说了一回，道："怎得那云来姐救救才好。"乌有道："我与富家并没往来，他如何肯？"妻子道："要求性命，也说不得，我与你同去求他便了。"夫妻二人哀哀出门，乌有道："石先生说断没有救的，今去见云来姐，恐亦无救处，到多了这一番事，不如不去也罢。"妻子道："万一有救，也未可知，且又不费什么，好歹走这一遭。"于是急急同到富家门首。妻子径到云来房内，备说其故。云来想道："那石先生道我破他的法，他好生怀恨，今番又去破他，却不仇恨越深了？"再三不肯。那妻子大哭，跪了拜求。云来姐的肚肠，却是极慈的，见她哭得这般哀切，又求得这般至诚，便一把拽起那妻子，道："你且说你丈夫八字来看。"妻子说了八字，云来把手一轮，便道："你丈夫果然该死。"妻子道："可有救吗？"云来道："怎么没救？"妻子哭道："只求姐姐救我丈夫一命。"云来道："我救便救，只是不要对石先生说便好。"妻子摇手道："决不！决不！"云来画了一张符，递与那妻子，道："你快回去，买七分斗纸，时鲜果品，香花灯烛，净茶七盏，七盏斗灯，於洁净处排下，将符烧化了。待四更时分，烧香跪下，伺候北斗星君朝玉帝而回，云驾打你头顶经过，你却要志诚诵念大圣北斗七元君。"妻子与乌有欢喜拜谢到家，一一全备，斋戒沐浴，换了新衣。

夜至四更，夫妻二人一心朝着北斗而拜。果然人有善念，天必从之，不多时，遥遥望见北斗七星。闪闪烁烁，明晃晃的。如有白日，碧天如洗，忽然彩云飞起，果然好光景。有词为证，词名《醉蓬莱》：

> 渐看月明下，陇首云飞，素秋新霁。华阙中天，镇葱葱佳气。嫩菊黄深，拒霜红浅，近宝阶香砌。玉宇无尘，金茎有露，碧天如水。正值升平，万几多暇，夜色澄鲜，漏声迢递。南极星中，有老人呈瑞。此际宸游，风辇何处？度管弦声脆。太液波翻，披香帘卷，月明风细。

只见那彩云飞处，果然七位真君，金童玉女持着彩幡宝盖，按着云头而下。那乌有跪了，苦求阳寿。那第一位真君道："你是辰申生人，系第五位北斗丹元廉真冈星君所管。"那第五位真君道："你命该尽，因你致诚恳告，增寿一纪。"乌有听罢大悦，低头便拜。忽然一阵香，抬头看时，冉冉从碧空而上，须臾不见了。自此乌有月月奉斋斗素，行方便，做好事，寿果七十。这也是后话不表。

次早，夫妻二人同去拜谢云来。云来又嘱咐他，决不可对石道明说，二人应允而回。乌有道："虽是云来姐救我性命，也亏石先生课算，对我说该死，故我才求救星。若他不与我课算，却不昨夜呜呼哀哉了！只是他说我断断没救，却又不准了。今日去谢他，看他怎么说？"妻子道："去便去，千万不要说是云来姐救你的。"乌有应允而去。见了石先生，那石先生呆做一团，道："你却如何得活？是那个救你的？"乌有说："我夜来并无暴疾，也并没人救我，却是北斗星君救的。"石先生道："你如何得见星君？星君如何救你？你却说说看。"乌有道："我只闻北斗司寿，故我志诚向北而跪，亲见星君从空而下，许我增寿一纪。"石先生道："这毕竟有人教你的，你可从实说来。"乌有只是低头不语。石先生想了半日，把手一轮，佯问道："我晓得了，却是云来这婆娘。"乌有摇手道："没相干！没相干！"石先生道："我却未卜先知，手里轮出是她救你，却来哄我。"乌有低了头，只是不作声，作谢而去。石先生原假意把话去探他真情，看他低头无语光景，却真是云来了。心中想道："这婆娘好生无礼，前番段昌之事，破了我法，今番又与我作对，毕竟斩除此妇，方消我恨。"呆了半晌，想道："我有计在此。"

却说那石先生怎么样计较? 只见他闭门三日,不出去卖卦,却在一间空屋内,铺下法坛,摆了五个香案,乃是金、木、水、火、土五行方位,画符五道,步罡捻诀,披发仗剑,口内念念有词,道声:"疾!"只见东南上狂风忽起,雷电大作,那五道符,从空旋舞,这叫作"梅花阵"。石先生道:"这'梅花阵'乃是九天玄女秘诀,那泼溅如何晓得? 这番定死在我手里了!"

却说云来姐正在房中睡着,忽听见东南上狂风忽起,雷电大作,心里想道:"这却古怪,毕竟又是这妖贼来害我性命了!"披衣急起,开门看天,只见五道白气,半空旋舞。云来道:"这是'梅花阵',是我演成的,他倒要来害我。我只消略显神通,叫他再来跪求。"即时捻诀,望着这五道符,口内念念有词,道声:"疾!"却也作怪得紧,那五道符竟飞了回去,一个大霹雳,把石道明正屋打倒一间,儿子惊死在地。道明唬个半死,连忙去救,儿子心头却是热的,只是动不得,脱下衣服来看,只见背上有五道梅花符,却像刊刻定的,百般演法,再不能救,死去三日不醒。道明大哭道:"屋倒打碎也罢,只我年已六旬,单生一子,倘救不醒,却叫我靠着那个? 分明是这泼妇害我! 我今又有一计在此,须是这般这般,他却哪里参透得我的机关!"

次日,封了二十两银子,四疋缎子,叫一个小使持着,竟去见段妈妈。石先生见了段妈妈,双膝跪下,递了礼物,拜了四拜,道:"有事相求。"妈妈连忙答礼道:"这礼物如何可受? 有事见托,自然尽心,但不知所托何事? 请说就是。"先生道:"妈妈若收了礼物,我才说;若不收时,我只跪着不起。"妈妈见了这许多礼物,心下却也有些动火,便道:"这样收了,请起来说。"石先生道:"有个小儿,特求妈妈作伐。"妈妈道:"却是那家?"先生道:"富员外令爱云来小姐。"妈妈道:"这小姐生性古怪得紧,千家万家来求,只是不肯,一心只要修行成仙去哩! 恐怕说也没用,实难奉命。"石先生又跪下道:"妈妈,没奈何,救我一家之命。"妈妈连忙扯起石先生道:"先生只要求亲,为何说救一家之命?"先生道:"实不相瞒,却有至情告诉与妈妈听。"妈妈道:"却是为何?"先生道:"前番为令郎之事,得罪了云来姐,用法把大石人塞我大门,四方的人,却把这节事当笑话说,哄传道我课卜不灵,自此以后,鬼也没得上门。今又因乌有之事,得罪云来姐,用法使雷打碎正屋。这也罢了,只是我年已六旬,只生一子,却被雷震,半死在家。俗语说得好:'解铃须用缚铃人。'若非云来姐救,如何得醒?"妈妈道:"这样说,只消求他救令郎便是,何必求亲?"先生道:"小姐与我作对,只因与我没甚关切,若结了婚姻,则我的儿子便是她丈夫,至亲骨肉,料不来破我的法了。且她的道术委实高妙,我却万万不如。得她做了媳妇,助我行道,我的生意日兴一日,岂不更妙?所以特来相求。"说毕又跪。妈妈见他求得恳切,应允道:"请起,待我说来。"先生道:"请妈妈就去,我在此等一等。"

那妈妈只得三脚两步,走到富家。却好富员外立在门首,妈妈把这话说了一遍。富员外道:"我再三劝她嫁人,她总不肯。妈妈,除非你去劝她,若劝的肯了,我自然应允了。"这正是:

> 得她心肯日,是我运通时。

妈妈径进房内见云来姐。云来道:"妈妈来意,我已预先知道,不必再说。我修行念重,誓不嫁人,只因与那石先生做下两番对头,俗语说得好:'冤家宜解不宜结。'若结了亲,全了两家和气,尽也使得。"妈妈听说大悦,却不知石先生求亲是用的计,云来应允,也是个计。那石先生的计,云来晓得,云来的计,石先生却不晓得。妈妈总不晓得两边都是计,回家将云来的话,一一覆了石先生。先生大悦,便道:"既蒙许允,则我的儿子便是她丈夫,须求她一个符儿救醒。"妈妈又向云来求符。云来即刻画一张与他。那先生欢天喜地,走将回去,贴在儿子背上,即时醒了。石先生求亲一节,恐云来日久反悔,即放三日内行聘,并拣下吉期,就要成亲。

却说石先生一心只要害云来,选个癸亥灭绝日,又是玄武黑道,周堂值妇红纱杀、往亡杀,白虎人中宫,又是星日马与昴日鸡交争,斗木獬、鬼金羊聚会。许多恶星值日,叫他来时,踏着便死。又有天罗地网,若兜着就死。

却说云来姐收了礼物,将吉期帖儿一看,把手一轮,心中暗想道:"这妖贼果来害我!这些机关,难道我不晓得?"悄悄吩咐段妈妈道:"我进石家之门,须要如此如此,这般这般,各样物件,可一一为我齐备。"妈妈应允了,回复石先生。石先生大悦,心思道:"这泼溅有些什么本事,只我这些机关也认不破?如今落在我圈套中,看她走到哪里去!"于是唤集工匠,把那雷打倒的正屋重新造起来,唤了鼓乐,结了彩轿,大吹大擂,到富家迎接新人。好不热闹,有词为证,词名《鹧鸪天》:

佳气盈盈透碧空，洞房花烛影摇红。云来仙女游蓬岛，瑶阙嫦娥降月宫。诸恶退，福星拱，阴阳变化古今同。石公机变真奇诀，又被仙姑道达通。

只见云来坐轿进门，叫妈妈把芸柏香先烧下一炉。原来芸柏香最能驱邪退恶，那些恶星俱回避了。下轿之时，妈妈将地下铺了白布，不踏着黑道：背行人门，不冲往亡；大红绫一方，兜了头脸，不犯红纱杀；马鞍跨过，不惹星日马。昴日鸡，被她将五谷吃了；鬼金羊，以寸草降之；斗木獬，以方斗冲之；夜游神，用两瓶酒解之。以此诸般恶星，个个被她解过。拜了香案归房，却没一些事儿。

原来石公只晓得演法，不晓得破法，一些儿不懂。心中想道："这也作怪得紧，百般演镇她，她却动也不动。今日是大杀白虎直房内，这会儿入房，定被白虎杀死，看她躲哪里去？"云来早已知道，来到房内，叫妈妈将青铜镜一面，照着自己，将白帕一方，往新官人背后一兜，不多时，只见那新官人骨碌碌一跤跌倒在地，昏迷不醒了。石公慌忙进房，放声大哭，双膝跪下求饶。云来道："不妨，不妨，待我救她。"取了一杯净水，念个咒儿，将净水一喷，新官人醒了，却是两眼钉定，作声不得，好像软瘫一般。石公想道："我用这许多心计，指望害她，反却被她害了。叫她不要慌，我又有处。"正是：

计就月中擒玉兔，谋成金殿捉姮娥。

到了次日，石公将天罡诀法看到深奥处，内有杀法，极是灵验。云来是庚戌生的，他到正南方上，用大斧砍一枝带花的桃枝，买一只大雌狗，办备香花灯烛，书下几道符，把云来年月日时写了，贴在狗身上，步罡作法。云来在房，早已知道了，连忙叫段妈妈来，道："我今番要死也！当初我救你儿子的性命，须你救我。公公在后园作法，此法却是难解，必须死后三日方可救活。我死之时，你可接我爹爹来，要他停三日才可入殓。你等我尸首入棺之时，不要与四眼人见，左手拿个木杵，杵柄朝着斗口，大门上敲三下，连叫三声'云姐'，用左脚踢开大门。可一一依我而行。"吩咐已了。

却说石公在后园作法已完，把狗连打七七四十九桃头，左手挥剑，右手搯诀，一剑杀死了那狗。这云来正坐房中，忽然叫声苦，仆倒在地。石公见云来果死了，大喜道："这番却除了一害，你如何斗得我过！"便去买一口棺材，将尸停放中堂。那妈妈见云来死了，连忙去请富员外来。员外来大哭一场，那石公恐他又用法儿醒转，便要即时入殓。员外决然不肯，定要停到三日。将殓之时，妈妈依计而行，却去大门上连打三下，连叫三声，踢开大门。一声响亮，只见云来一个翻身，跳将起来："咦！你倒用计要害我死，我偏不死呀！却叫你父子两死在今夜四更时分。"石公看云来跳起，呆了半晌，面如土色；又听他说父子两个却要死在今夜，越发慌了。想着道："仔的法儿，委实斗不过，费尽心机，倒讨这个祸碎进门，却怎么好？不若求她一番，赔上一些不是，仍先送她回家罢了。"于是双膝跪下，在云来面前，父子两人磕百十个头，道："今后再不敢冒犯，只求饶恕。"云来哈哈的大笑，道："好货儿，思量要我做媳妇！若饶你父子性命，须一一依我才使得。"石公道："但凭吩咐，敢不依从。"云来道:你到清净（下缺）。

第六回　孪生、徐子　狂妄终阴籍　贪金定损身

影响昭昭理可寻,性天岂与物交侵。

眼根所著无非色,身业居多莫匪淫。

贪财竟失清朝节,图利能伤一世名。

祸福皆因举念错,果报徒嗟罪孽深。

天下读书人,十载寒窗,苦心劳志,只求个一举成名,显亲扬姓。但其中升沉不一,潜见不同,也有未经琢磨,少年科甲,一节打通者;也有用尽苦工,中年得意,后享荣华者;也有终岁穷经,暮年一第,受享无多者;也有驰名一世,屡困场屋,到老不达者。此何以故?或是祖上积德,感动天庭,降生富贵之子.或是祖宗坟墓葬得真穴,荫出个耀祖儿孙;或是命里颇可发迹,祖宗福薄,承受不起;或是自损阴骘,神天示罚,削籍减算。故士子进场,甚有借人提掇,而高擢巍科;买通关节,而反病生不测,不得终场,谁知都是鬼神暗中颠倒。这些举子,遇着考试,纷纷议论生风,那些中了的,自夸文章锦绣;那不中的,只恨试官面目无珠。不知自古道得好:

文章自古无凭准,只要朱衣暗点头。

怎奈后生辈,平日在个窗下,每每出口夸惊人之句,落笔称经世之文,又且古古怪怪,装作道学真儒;遢遢遢遢,做出名公样子。及至暗室之中,欺世盗名,损人利己,无所不为。遇着一个色字,没骨髓钻去,不管人的死活,竟忘却自己生涯。若说到利财,一边没眉毛,只要自得,义理也不暇分辨,名声也不及顾恤。图他暮夜之金,便忘四知之畏;看见金宝之物,那想骨肉之亲!念念守此阿堵,只道可以天长地久,可以垂子荫

孙，他却不见世人厚蓄的，也有遇了盗贼，劫夺一空；也有生个败子，荡费几尽。正所谓：

　　　　积金非福荫，教子是良谋。

　　今说个唐朝有一士子，姓李名登，字士英。生来手内有个玉印纹，清透迈俗，聪明盖世。读书过目成诵，词成鬼服神惊，士林之中，都是推尊他是个奇男子。十八岁赴科，果然首荐鹿鸣。其时鼓吹喧闹，轿伞鲜明，跨马欢迎，士女挨挤而看。李生少年得志，喜气洋洋，人人赞道：

　　　　美青年，名誉早，御苑争先到。鹿鸣首唱，白屋增荣耀。百辈英豪，尽皆

　　　　压倒。试看他跨青骢，越显人儿俏。一举名扬，双亲未老。

　　坐在马上，眼见妇女辈纷纷杂杂，争先看他。内有口不谨的，称赞他年纪小小的，便中了解元。李登听了，心忙意乱，按捺不住。但是贺客盈庭，参谒无暇，分不出工夫便来谋算到女子身上去。过了几时，稍有余闲。只在居停间壁，有个人家姓张，父亲叫作张澄，经纪营生。只生一女，春天燕来时养的，就唤名燕娘，十分俊。但见：

　　　　芳姿凝白如月晓，举步金莲小。翠眉两靥如云流，秋波一转，含恨使人

　　　　愁。竹溪花浦能同醉，得趣忘身累。谁教艳质在尘埃，好把金屋贮将来。

　　一日，李登拜客归来，刚凑燕娘在门前看买彩线。李生出轿，一眼瞟见，好似苍鹰（蝇）见血，钉住不放，连那些家人、轿夫也看不了。燕娘抬起头来，见有人看他，没命地跑进去了，再不出来。李生正血气未定，戒之在色，从此朝思暮想，要寻个计较去偷情。谁想这个女子深闺自重，原不轻自露形，不要说偎红倚翠不可得，连面面相觑也不可得。有那趋炎附势的闻这风声，献策求谋，怎奈无隙可乘。正是：

　　　　任他巧设香甜饵，藏在深渊不上钩。

内中有个豪仆李德，禀白李生："要此女子，何不为苦血计，寻个事端，奈何她的父亲，自然贡献我主。"李生闻言大喜，即令他去做作，事成重赏。李德竟往狱中通个消息与积贼，扳诬张澄同盗，拿去下狱。谁知他生平守分，邻里钦服，因此愿以身保。适值李登也要去会试，心急，只得丢手，回来收拾行李上京。

到了京中，场前寻寓，有个白家甚是清雅，即便赁居。主人白元，有妻郑氏，年方二十三岁，娆娜娉婷，极是可爱。李登一见，又不觉眉迷目乱，妄想引诱，日夕吟风弄月，逞自己伎俩；华衣艳服，显浪子风流。见他：

　　蜂狂蝶乱迷花性，雨意云情觉自痴。

李生终日偷寒送暖，何曾想着前场后场。一旦，白元有罪在官，正值巡城御史是李登的乡里，白元道是个居停主人，来小心求他说个分上。那李生弄他妻子不上手，反生了歹意，口里应承，心里思量扎他个火囤。拿个新中式的举人名帖，备些礼仪，来见御史，那御史见个同乡榜首，十分亲密。李生不替他求饶，反行葬送。御史不由分诉，竟将白元捕了。家中妻子着实埋怨。

李生带个陪堂，叫作王倒鬼，乘机将李生想慕芳容的实情，露与郑氏知道。郑氏也是活脱脱得紧的，一心又要救丈夫，夜间故意的妖妖娆娆，月下拜祷。李生此时色胆天来大，踱将出天井来，说道："娘子求神，甚无影响，不若拜我李解元，倒有速效。"郑氏道："只为求了李相公，做个惹火烧身哩！"李生说："今日救火，只在娘子身上。"郑氏笑道："奴家无水，何从救火？"李生说："女人自有菩提水，点点滴滴便能灭盛火。"两下言来语去，讲得人妙，携进兰房。正是：

　　忘夫龙虎分争斗，且效鸳鸯稳睡浓。

一来李生少年丰韵，二来郑娘云雨情浓，竟成男贪女爱。唯恐白元出狱，两下间隔，进场草草应付。出榜名落孙山，无颜久住，同年相约归家，一段风流罪过，又付东流了。

及至到家，毫不去温习古书，止在女色上寻求。忽听得邻居王骥家中有个女儿庆娘，却是个破瓜的闺女，妖娆体态，甚是可人。李生日逐走来走去，看见了就要欺心，百般去勾引她。又去教家中接她过来，教她做针指，假意记拜做姊妹，渐渐熟了，也不避忌李生。李生乘时挑弄，那庆娘年纪二八，也是当时日夜戏狎，惹得那女子春心飘荡起来。自古说妇女家水性杨花，有几个能决烈正性的？清清白白一个闺中女子，被他拐上了，朝眠夜宿，若固有之，他家父母来接，竟不放回。王骥出於无奈，不敢声扬，自家隐忍。

那李生专贪色欲，本领日疏，屡上公车，再不登榜。闻叶静法师能伏章，知人祸福，甚悉纤毫。李生斋沐谒法师坛中，说道："余年十八，首登乡荐，凡今四举，不得一第，未识何故，求师人冥勘之。"法师唯唯，特为上章於掌文昌职贡举司禄之官而叩焉。有一吏持籍示法师，内云："李登初生时，赐以玉印，十八岁魁乡荐，十九岁作状元，三十三岁位至右相。缘得举后，窥邻女张燕娘，虽不成奸，累其父入狱，以此罪，展十年，降第二甲。后长安旅中，又淫一良人妇郑氏，成其夫罪，又展十年，降第三甲。后又奸邻居王骥女庆娘，为恶不悛，已削去籍矣。"法师趋归语登。登闻之毛骨悚然，惶恐无以自容，终朝愧悔而死。正是：

> 美色人人好，皇天不可欺。
> 莫言室幽暗，灼灼有神祇。

再说个徐谦，为新都丞，居官清正不阿。士大夫期许他为远到之器。那(他)自家也道根器不凡，要致君尧舜，做个忠良不朽事业。常见他书一律于衙斋座右：

> 立志清斋望显荣，滥叨一第敢欺公。
> 清忠自许无常变，勤慎时操有始终。
> 君亲罔极恩难报，民社虽微愿欲同。
> 矢志不志期许意，赋归两袖有清风。

毕竟野有月旦，朝有公议，一日，檄充勘官，上下都仰望他秉公持正，扬善瘅恶，开释无辜，使善良各安生理。赴任之时，也不遗牌，也无头踏，清清净净，如过往客商一般，宿于境上。那店主人徐化前一夜梦见赤衣神道，到他厅堂示之曰："来日有一徐侍郎到你家借宿，他是朝中贵臣，一清如水，守正不阿，尔可预备供应款待之。"醒来与妻

子说知,叹其奇异。次日早起,洁净客房,铺设床帐,一应器具,无不全备,三餐品馔,极其丰洁。果然徐丞来到,徐化连忙小心迎接,自致殷勤。徐丞见他十分恭敬,反觉有不自安的意思。无奈徐化既是梦中有应,又是现任官员,怎敢轻慢?并随行家童,一个个都去周到。徐丞过了一宵,次早称谢而去。说道:

> 我愧在家不揖客,出路何逢贤主人。

随程攒路前进。来到任所,少不得门吏健皂,齐来迎候;升堂画卯,投文放告,一应事照常行去。

一日,将前任堆积的案卷取来审阅。内有未完事件,剖决如流,无不称快。但是百姓歌颂的固多,内中要夤缘脱罪的,又怨他执法严;有要谋涅人的,又恨他忒伶俐。吏书只要乘机进贡,阿谀万千;皂快只要奉牌拘拿,欺诳百出,弄得那文案七颠八倒,哄得官府头昏眼恼。一晚退衙,气狠狠说:"清官出不得滑吏手,我一人耳目,真是盘他不过,落得自己清,银子还替吏书趁去。"谁想这个念头一转,铁石硬的肠子竟绵软去了。遇这一个势家,素逞豪强,有一班乡人不知进退,逆拗了他,诬他成狱,也要在他手内覆勘,全怕露出些破绽,已约定丞行的按捺住了,正要乘个隙弄得他过去。

> 计就钳罗一空网,话揿深冤不得鸣。

谁想衙中一席话传出外边,那些衙门人,原是没缝的鸭蛋也要腌他盐味进去,既有了这个念头,怕不渗入?况又是势力极大的来头,一发容易对付。一旦早堂,清闲无事,那势家又是两衙门方出差还乡,特来拜他。为着一件诬人的事,要来智缚他。先称赞道:"下车来清廉之声盈耳。不肖别无可敬,带得惠泉六坛,衙斋清供。"徐丞初时只道是水,便说清贶自当……

后来任满归家,仍游旧地,主人先一夕又梦前神告之曰:"徐公此任,受人五百金,枉杀七十命。上帝已减寿三十年,官止于此,已无足敬矣!"徐丞意谓旧主重逢,愈加隆重,及至相见,淡然毫不为礼。徐丞怪而问主人,告以梦中之事,一一不爽。徐丞闻而骇异,且思此事成狱,非我枉法,何为即注在我的名下为惭德,心中大不其然。然来到家,候部中殊擢,久之寂然,方才醒悟。平生之苦,何为便为五(下缺)。

情楼迷史

〔清〕佚名 撰

第一回 中丞延师训爱子
霞笺题字觅姻缘

词曰：

> 美却青楼张丽容，玉郎才子偶相逢。
>
> 霞笺诗句相酬和，翠馆恩情乐正浓。
>
> 陆地风波飘蓬远，官房怨叹正无穷。
>
> 春风得意马蹄疾，会看佳人出尚宫。

话说元朝年间，有一家缙绅，姓李名栋，松江华亭人也。官拜御史中丞，夫人何氏。只因年迈，辞官退居林下，单生一子，起名彦直，乳名玉郎。少而颖异，长而涉猎。诸子百家，无不贯通，古今书史，靡不洞悉。只因他是一个盖世才子，性多孤傲，婚配之间必欲选一个才色兼备的女子，方才就姻。恐其误坠罗刹，终身莫赎，所以岁月蹉跎，年至弱冠，尚未花烛。那父母爱子之心，也就不肯十分逼他成姻。待等早登科第，然后议亲，未为晚也。只因本地华亭县内有一广文先生，真是饱学宿儒，启迪后生。这中丞李老御史就将儿子彦直送入学宫，〔由其早〕晚诱掖，成其功名。且学中尽是缙绅子弟，所食切磋，暂且不题。

却说学宫内有一会景楼，这些子弟终日在上讲书课文，每诵读之暇，借此眺望，以舒向倦。谁知有一家鸨儿，他养得一个小娘，姓张名丽容，小字翠眉，生得千娇百艳，且幼习翰墨，诗词歌赋，无不知晓。丝竹管弦，尽皆精通。只是禀性耿介，虽落风尘，常怀从良之意。总因他贞烈成性，每以污贱自耻，无奈鸨母过贪银钱，每到一处，仗养这丽容国色绝世，就想得一注大财帛到手，方才快乐。因闻松江华亭县乃人烟辏集之地，且多贵介王孙，他就侨居在华亭县学宫隔壁间居住。那院子里也有一座小楼，为对景楼。这丽容翠眉小娘，终日在楼上梳妆打扮，行止坐卧，不肯少离。设有那财多学少之人前来亲近，轻易不肯相见。这是他保守清规，借为养闲之地，却也不在话下。

再说那玉郎李公子，与他学中朋友终日温经习史，朝吟夕读，颇不寂寞。但学中有一位顽皮窗友，姓钱名洒银，自恃父亲执掌朝纲，行事每多乖戾，更兼姿秉愚顽，性懒功疏，博弈是他本行，宿娼是他性命。虽也在孙先生儒学中攻书，终日只是胡谈，言不及义。一日先生偶尔公出，不在学中，趁便就要饮酒取乐。随与众位窗友商议道："诸位弟兄们，今日先生不在，这等明媚春光，何不设一筵席，彼此取乐片时，岂不是好。"李彦直说："众位窗兄，既然洒银兄有兴，何不大家欢娱一番。"众人俱道："随喜随喜，敬如遵命。"于是令司书童子治办酒桌，就在会景楼下燕饮。那时彼此酬酢，正在欢乐之时，忽闻丝竹之声自隔墙飞越而来。大家静听了一会，但觉宫商清婉，管弦嘹亮。因其声而思其人，必有绝美之色，乃有此绝技耳。正在叹赏之际，忽听隔墙莺声呖呖说道："趁此光风化日，何不将秋千打上一回。"众窗友无不听见。这玉郎李公子勃勃欲动，向着众人说道："闻其声不如见其人，这粉墙一隔，好似云山万层，怎得快睹芳容，方才满意。诸位兄长，何不竟到楼上眺望一番。"众窗友说："极妙！"随即携手拾级，一同登楼，看那秋千美人。

且说这丽容张氏，天生尤物，不加妆饰，自有一段可人雅趣。况是玉面宛如芙蓉，纤腰酷似杨柳。只见那秋千架上，好似仙姬降于云端，岂不令人喜爱，有词为证：

> 粉头墙露出多娇，秋千影送来花貌。有千般旖旎，万种妖娆。最喜蓬松
> 云髻，斜軃瑶簪，金钏轻遗落。碧纱笼玉体，衬红绡，铜雀何须锁二乔。
>
> ——右（上）调《梁州序》

且说李玉郎观见张丽容秋千之妙，不觉神魂飘荡，注目不舍。这一段痴情，早被人看出，众窗友说："李兄如此迷恋佳人，又坐此名楼，何不将此美事做赋记之，以志不忘。"玉郎说："小弟庸才，怎敢献丑。但既承台命，难以固辞。"钱洒银道："李兄自是高才，七步八斗，人所难及，愿老兄速速濡毫。"李玉郎一听，更觉有兴，随唤书童，快取文房四宝过来，适书笥中尚有霞笺一幅，就以此物试题。只见他趁此浓兴，摇笔书写：

> 暂有视听乍疑思，涓涓一片仙音至。繁弦急管杂宫商，声同调歇迷腔

字。独坐无言心自评，不是寻常月风情。野猿塞鸿声哀切，别有其中一段情。初疑天籁传檐马，又似秋砧和泪打。碎击水壶向日倾，乱剪琉璃闻风洒。俏者闻声情已见，村者相逢不肯恋。村俏由来趣不同，岂在闻声与见面。

这李玉郎将赋做完，众窗友无不称赞。那钱洒银说："李兄之才真乃不愧子建，如此请教先生，自当嘉赏。"玉郎急止道："此乃偶尔戏谈，岂可以对先生，恐获见责。"正说话间，先生自外归来，听见众人喧笑，又见杯盘狼藉，不觉怒道："诸生为何不去读书，反在此宴会，是何道理？"这钱洒银乃是一个学长，说："诸生功课已完，用此润笔，但是席残酒冷，不敢亵渎师长，如何是好？"孙先生不觉大怒，随将诸生责一回，忿然而去。这李玉郎见势头不好，对着众就推辞解手，因自思道："方才戏题霞笺，此事倘被先生知道，殊非体面，不如趁此无人，不免抛过东墙，以绝后患。"正是：

远移蓬梗非无地，近就芝兰别有天。

却说这李玉郎将霞笺掷过东墙，适值张丽容正与一个小妓凝香在墙边斗百草耍子，抬头一看，忽见一片锦笺自天飞来，这丽容急急上前拾起，随细细看了一遍，说道："小妹子，我仔细看来，词新调逸，句斟字酌，作此词者，非登金马之苑，必步凤凰之池，宁与凡夫俗子为伍哉！我想这幅霞笺，自西墙飞来，久闻那边学宫，内有一李生小字玉郎，年力弱冠，胸怀星斗，今此霞笺或出自此生，也未可知。"这小妓女听说，随道："姐姐言之有理，一些也不差。我前日偶立门间戏耍，见一少年才子，乘着一匹紫骝骏马，金辔雕鞍，风风流流，望学宫而来，后跟着一个小奚奴，携着包儿，甚是何人。那时妹子赶上前去问那童儿，他说：'此是千金子，裔出儒绅，姓李名彦直，小字玉郎。'看起那人不过二八纪，真真貌压潘安，才逾子建，且是那一段风流佳致，令人难以摹写。我想这霞笺必是他作的，再无可疑。姐姐你若注念他，好似夙世姻缘今朝定，天遣雕弓中雀屏。姐姐，你也是个士女班头，何不回他一首，以寄情怀。"这丽容一听此言，不觉心肯。随说道："妹子，你将胭脂染成的霞笺拿过一幅来，我即将前韵和他一首。"这小妓女递过霞笺，丽容展开，提笔写道：

太湖独倚含幽思，霞笺忽而从天至。龙蛇飞动发云烟，篇篇尽是相思字。颠来倒去用心评，似信多情似有情，不是玉郎传密契，他人焉有这般情。

自小门前无系马，梨花夜雨可曾打？一任渔舟泛武陵，落花空向东风洒。名实常闻如久见，姻缘未合心先恋。诗中本是寄幽情，知心料得如见面。

丽容将赋题完，这小妓女凝香说："姐姐高才，不烦构思，倚马成章，若是嫁得玉郎，真成佳配。"丽容说："俚句虽已写完，但愧不能成韵，妹子须把此笺抛在西墙去。"这丽容有意玉郎，故暗嘱东风飘到那人面前，方为有趣，有一词为证：

轻将玉笋梁云烟，再祝司天乞可怜。三生若也是良缘，东华幸与些儿便，早觅知音送彩笺。

——右(上)调《懒画眉》

且说张丽容将此笺抛至西墙，原求李玉郎拾着才得快意。谁知天缘凑巧.事当有成，这玉郎终日坐在危楼，思想那秋千美人，不能相会，每于读书之际，时参眷念之情，因而意懒神倦，徐徐步下楼来，穿花径，过小池。正当消遣之时，忽抬头一看，见有一片红笺自东墙飞来。这玉郎喜不自胜，遂急急上前拾起，仔细看了一遍，说："妙哉，妙哉！分明是和我的诗笺，况且词调宜人，字句留情，岂不令人爱杀。"正是：

昨遣红词过墙去，伊谁复见池边来。
不知玉郎丽容如何见面，如何定约，且听下回分解。

第二回 丽容和韵动情郎
彦直得笺赴佳会

话说这玉郎自从得了这丽容的霞笺,不忍释手,读了又看,看了又读,不觉叹了一声,说道:"细观此诗,真乃有情,甚觉着意。看他措词不凡,倦念更切。且金琼尽来献瑞,彩笔恰似流云,休夸这谢道韫出世,不减那李易安再生,岂风尘女子可论哉!我想东院内有座对景楼,有一美妓名唤丽容,小字翠眉,操志不凡,才貌出众,想此霞笺,或出伊手未可知也,不免叫出书童问他一番,或者知其端的也未可知。"即便唤了一声:"书童哪里?"这书童听得叫他,即应一声,到得玉郎跟前,说道:"相公叫小人那边使用?"玉郎说:"此间[那]对景楼,闻听有个名妓张丽容,你可知道吗?"书童说:"小人知之久矣,这隔墙有个翠眉张小娘,名博四方,声传名区,多少王孙公子为她断肠,等闲不肯出来相见,惹得那襄王空恼巫山。"玉郎说:"我要会她一会,不知怎么可以得见。"书童说:"相公若要会他,一些也不难。这翠眉小娘有一妹子名唤凝香,每日在门首闲耍,若是见了凝香,就可以见她姐姐了。"玉郎听说,满心欢喜,说:"此言有理。我明日假以买书为名,出离学宫,经过其门,若见凝香,便可不失此良遇。"正是:

霞笺赓和十分春,毕竟何时见玉人。
明日马蹄芳草地,定须解珮会风云。

且说这李玉郎与书童定计,要会那张丽容,恐其难见面。适值五月端阳节,丽容妹子凝香因见她姐姐拾得霞笺一幅,反复把玩,不肯释手,她就趁着中天令节,佩上了朱符,插戴了艾虎,有心到门首窥探那玉郎消息,正盼望间,抬头一看,见有一个骑紫骝来的,正是那白面郎君。因想道:"这题笺的定是他的。"心中好不欢喜,因就斜倚门边,遮遮掩掩看其动静。

却说这李玉郎因见天气晴明,又值佳节,带领书童骑马过来,原是要来寻丽容相会,正走之际,那书童一眼觑着了凝香,随笔向玉郎说道:"相公事有凑巧,定主天缘,你看那绿杨影里一座朱楼，白粉墙中半湾碧水，那壁厢一个姊妹，乔装打扮，岂非万绿丛中一点红乎？"这玉郎一听，冷眼观看，果是一个小小钗裙立在门首耍子。这玉郎正要叫书童招呼他问话，谁知那凝香小丫头，原是有心等着玉郎，一见他主仆二人，便自满心欢喜，叫了声："相公莫非玉郎乎？请到里边待茶。"这玉郎不胜惊讶，说道："请问大姐，小生从未识荆，何以便呼贱字？"凝香说："忝居隔壁，难言不识，观君尊容，揣君非度，非玉郎而何？"这玉郎亦问道："亲仰美容，莫非翠眉娘耶？"凝香说："翠眉乃是家姐，相公请进见我家姐如何？"玉郎欣然进步，便说："只是拜意不专，焉敢造次。"凝香道："这有何妨，请相公里边坐，唤我姐姐出来。"这玉郎自为三生有幸，今日快睹佳人，便步履相随，跟定凝香，望着对景楼下面来。凝香上楼唤了一声："姐姐快来，你那霞笺情人到了。"翠眉说："小贱才！好孙张狂，你是个女儿家，为何这等欺人？"凝香说："现在楼下立等，何云欺你？"这翠眉款动金莲，摇摆湘裙，蓦然一见，暗自惊：好个聪俊男子，果然风流绝世。这凝香说道："家姐在此，请相公相见。"李玉郎一见翠眉，恍若身在月宫，快睹嫦娥一般。说道："美人拜揖，小生久闻芳名，未获一会，今近玉体，如步瑶池。"翠眉道二万福，说："风尘鄙质，幸邀君驾，但恐瑕弃，甚觉赧颜。"二人坐定，凝香献茶，此时虽属乍会，不唯情深，但觉神交。这翠眉先就说道："观君丰度，玩君霞笺，名唤玉郎，真乃名称其实，钦羡！钦羡！"玉郎说："观卿才貌，久欲相亲，今睹美容，诚为万幸，失敬！失敬！只是小生得蒙和韵，捧读佳章，可称词坛珠玉。"翠眉说："拙句呈政，自愧弄斧，岂不贻笑班门，但是两地欣逢，信由天合。"这玉郎答道："原来二笺相值，自属有缘。"此时小妓女凝香在旁，见他二人百般留恋，万样亲热，随说道："李相公，我姐姐虽落风尘，实矢志待字，你两个德容并美，才貌兼全，正是一对好姻缘。"翠眉说："小妮子，那个要你多嘴。"二人正在难舍之际，忽然间鸨儿午睡方起，听见对景楼下有人说话，急唤凝香去问。这凝香去说："隔壁有个李玉郎相公，今日拜访我姐姐到此，我姐姐爱上他，正在那里絮道哩。"鸨儿说："这翠眉丫头，想我们〔人家〕不过弃旧迎新门户，朝趁夕送生涯，我年轻时节，不知哄过了多少子弟，如今年老，专靠你们挣家，你姐姐终日烧香许愿，不知有何心事，一味滞固，并不圆和，如何挣得钱财到手。昨日赵尚书公子着人将二百两银子、四个尺头送来，接她到杭州去，不过是游一游西湖，到天竺烧一炷香就回，他还不肯作成我。今日为何见了这李公子，便然这样热恋哦！想是他回心转意，要与我做起一分人家来也未可知，岂不令人喜煞。待老身前去奉承一番，自然钱财到手。我的儿快去通知李相公，你说：'妈妈到了。"

　　却说李玉郎与张丽容对谈多时,心投意合,依依难舍,恨不能定以终身,方觉快意。但恐丽容尚有鸨儿,难以随心,因问道:"美人,小生细观你所和霞笺,甚觉有情。只怕你动有掣肘,不得稳便。如今鸨母在哪里?"丽容答道:"午睡未起。"玉郎说:"何不请来相叙。"丽容方要着凝香去请,谁知这凝香早到跟前,说:"妈妈出来拜相公。"玉郎说:"有请。"这鸨儿走到近前,说:"相公,一时乏倦,睡梦东窗,有迭迎候,得罪!得罪!"玉郎说:"久慕香闺,无缘晋谒,今来唐突,拜迟!拜迟!"鸨儿说:"相公,老身忝居比邻,俺常在太湖石畔烧夜香,静听书声,敢是相公奋志青云?今日屈过寒门,不胜光宠。"玉郎道:"好说,小生误作刘阮,得游天合,真是佳会。"妈妈说:"二姐过来,今日是端阳正节,何不留公子在此一叙。"这丽容接口道:"正是现成东道,敢屈相公少坐,使咱蓬荜生辉。"玉郎说:"多谢厚情,岂敢过扰,书童过来,可将买书余下银子送妈妈,聊为一馔之敬,伏乞笑留。"鸨儿说:"公子,老身不意间款留一话,岂敢受赐,若如此、老身便是爱财了。"丽容一听,慌忙说道:"今日是令节,〔不得〕过执,自古道恭敬不如从命,看酒吧。"须臾间酒肴摆完,就坐在对景楼下,三人共酌,小妓女服侍。不觉酒至三巡,忽凝香来请,说客到。这鸨母向着公子道:"外边有客到,一时暂且失陪,有罪。"玉郎说:"妈妈请便。"这鸨儿去了,丽容即请玉郎楼上坐,二人携手一同登上楼去,但见四壁挂着名人诗句,案上摆着宝鼎奇香,牙签收简,无不具备,文房四宝,尽皆精良。此时玉郎虽在烟花,如遇良友,便说道:"观卿雅趣,知卿学问,小生虽为执鞭,亦欣慕焉。"丽容说:"公子之体如玉树,妾本贱质,敢劳公子过奖。妾在闺中窃闻君家多择良配,而百无一就者何也?"玉郎说:"小生缘浅,不遇丽人,因此逗留,久愆佳期。若有如卿才貌者,又何敢言择乎。我愚性最爱丽质,何分贵贱。若是文字知己,即当性命依之。"丽容说:"俺自己思着,只是败柳残花,怎〔插〕得君家雀屏?今不幸贱躯已落风尘,怎能够飞出樊笼,离却了陷阱方好。"玉郎说:"小娘子不必悲伤,难道我做不起个公家软玉屏吗?请问小娘子,既混风尘,即由造物,自甘苦节,更有何心。"丽容说:"李公子,你哪里晓的,〔今〕见君子不唯风雅宜人,而且至诚可敬。俺如今愿托终身,即便脱却红粉,焉肯再抱琵琶,若不见弃,情愿永为捧砚。"玉郎说:"既蒙卿家真心待我,愿为比翼,永效于飞,若有异心,神明作证。"丽容见玉郎如此见爱,便道:"既蒙君子慨许,我和你就此对天盟誓,将此双霞笺各藏一幅,留作他年合卺之据。"玉郎说:"有理,正是各留一幅,方为确实。"二人在楼上定了姻缘,俱各心肯,有词为证:

神明须有证，天地岂无灵。愿鉴微忱无虚谬，保佑我好夫妻松柏龄。虔诚唯一点，稽首拜三星。愿取今生常厮守，默祝我美姻缘永不更。

　　　　　　　　　　　　　——右（上）调《侥侥令》

　　二人祝罢天地，各取霞笺，彼此你唱我和，不觉已至黄昏。这丽容与玉郎同宿在对景楼上，那鸳鸯枕间的叮咛，绣被中的恩爱，自不必说。次日起来，重摆筵席，交杯换盏，好不痛快。鸨儿见丽容肯去接客，亦自不胜欢喜，从此可以大获金银。玉郎心虽难舍，但恐孙先生知〔晓〕，只得告辞，临岐嘱别，有一段难以言传之景，有诗为证：

　　夜抱幽香小院春，如今春色破梨云。
　　彩鸾差作凡鸡伴，此夜谐和百岁恩。

　　不知玉郎如何舍了丽容，且听下回分解。

国学经典文库

私家藏书

名家藏书

图文珍藏版

八三六

第三回　洒银公子求欢娱
丽容拒绝起祸端

话说李玉郎与张丽容定约之后，彼此你贪我爱，不时往对景楼走动，自不必讲。

却说玉郎有窗友，叫作钱洒银，自从那日同着众窗友在会景楼上看见了隔壁张丽容玩耍秋千，不觉魂飞天外，打动他平日好嫖心性。一日把持不住，说道："我终日眠花宿柳，不曾见过这个小娘，说她是个凡间女子，料想尘世绝无。我如今心思梦想，几成沉疴之病，如何是好？欲向那边亲去寻她，我一个人怎好过去。也罢，风月场中有一个姓木的名子吹，惯在院子里往来，此人又极会帮衬，不免着小厮请他前来一陪，自然有成。"说罢就唤家童。这来福小厮走到面前说："大爷有何吩咐？"洒银公子说："西街上有一个木相公，快去请他来，你可认得吗？"小厮说："认得的。"洒银道："好，既认得，快去请他来，说你大爷立等。"这小厮又说："大爷你不晓得，此人是个骗人财物败人家产的，寻他怎么？"洒银道："这厮好不可恶！叫你去请偏有许多闲话！"这小厮不敢作声，说："待小人去请。"洒银说："速去快来，说俺在这里立等。"这小厮穿街过巷，疾走如飞，寻着了木子吹，说："我家大爷有请。"子吹道："有何见教？"小厮说："不知何事，要请相公速去。"子吹即便同小厮来到洒银家，见了公子："小人拜揖，素仰道范，不敢高攀，今蒙呼唤，有何使令？"洒银说："闻知老兄久走风月，极会作成，奉烦大驾，陪弟一游。如今我闷坐无聊，要同兄到院中寻一出色驰名美妓，快乐一会，不知可往那一家去？"子吹说："这有何难，如今黄三娘家有个玉肌小娘，甚是美貌。陆四妈家有个风仙姐儿，果然标致。还有那李燕燕、崔婷婷，尽是些看得上眼的，待小子陪相公拣择一番，自然中意。"洒银说："这都是我走过的，不好不好。"木子吹说："此等人家小娘，就算是名妓了，公子尚不在意，除非学宫间壁，韩二妈家有个小娘，名唤张丽容，真乃美若仙姬，貌出凡尘，又且技艺精绝，词坛第一。只是一件，性子高傲，任那有财有势，等闲不能见面，却是有些古怪。"洒银说："实不相瞒，我前日同窗友，在会景楼上见过她玩弄秋千，如同仙子临世，直到而今，叫我魂颠梦倒。只恐我一人独去，她便有多少推诿，故此邀老兄前去，帮衬一二，自有厚谢。"子吹说："公子若是放他不下，必欲会他一面，只得多带些金银打动她为妙。"二人商议已就，既往对景楼去寻张丽容，也有词为证：

追欢买笑，武陵源何处迢迢？落花流水小危桥。情荡漾，性粗豪，门前已有渔郎到。

——右（上）调《六幺诮》

洒银公子与木子吹走到丽容门首，叫了声："有人吗？"鸨儿出来迎接，一见便说："木相公，近日少会，此位公子是谁？"子吹说："此是洒银公子，他家钱老太爷现在当朝，金多银广，实属第一。"鸨儿说："这等老身失敬了，请里边坐。"二人进内茶罢，子吹说："公子久慕令爱芳容，急欲一会，这是五锭银子，乞妈妈哂留。"鸨儿说："幸邀公子光降，且承厚仪，何以克当，待老身就唤女儿丽容出来奉陪。"此时洒银满心欢喜，要会多娇。谁知丽容既已身许玉郎，不肯接客。这鸨儿连唤数声，只听得丽容在楼上莺声说道："小奴偶染微疾，不能陪客，得罪了。"洒银公子一听，说："这等可恶！小厮们与我拿下来！"鸨儿道："公子不要着恼，待老身再上去唤他。"鸨儿上楼，对着丽容说："此是一位贵客，现有五大锭银子，好歹给为娘的赚下吧。"丽容说："委实身边有恙，不能相陪。"这鸨儿无奈，便心生一计，将一小玉簪拔下，走到洒银面前说："我儿丽容一时偶染寒疾，不能相陪，这是他心爱玉簪一枝，奉送相公，期你明日再来吧！"洒银说："怎么？这是令爱的玉簪，期我明日再来的吗？"鸨儿说："正是。"这木子吹也从旁帮衬道："公子，那《嫖经》上有云：'温存随娇女，婉转作情郎。'相公也要和气一些才是。"洒银道："既如此，我们暂且回去，明日拿着玉簪再来相会。只是一件，老木，老木，漫说与他见面，就是方才答应的口声，犹如莺啭花梢，便令人销魂了。"子吹说："果然好娇声。"说罢，木子吹竟陪公子去了。

正是：

佳人亲送玉搔头，明日应须谐凤俦。
翠被春浓人未起，卖花声已过前楼。

却说翠眉只因玉郎，在楼上假病，推脱了洒银公子。这玉郎便向翠眉说道："适才洒银到来,我不〔觉〕着一大惊,此人鬼头鬼脑,又系我的窗友,倘若撞见了我,必然要先生面前搬弄一场是非,岂不拆散了咱的姻缘,如何是好?"翠眉说:"相公差矣!妾见学问充足,性格温柔,真是终身可托。俺如今风尘下贱,岂能仰配贵人,但欲充君下〔陈〕,以为一生结果,岂徒在一时之眷恋乎?就是与公子终宵在此歇宿,亦甚非长策。"玉郎一听此言,说道:"二笺相遇,你我皆出无心,诗句相投,天缘似乎有意,我如今要与你结个三生之愿,图一百岁之姻,岂肯露水待之。小娘子请自放心。"翠眉说:"君子言之虽确,但君出自宦门,抑且家有严君。俺如今乃花间贱质,何由得拜公姑?以此大费踌躇。"玉郎说:"岂不闻男女之际,大欲存〔焉〕,两心相得,虽父母之命不可止也,我当以心事禀知大人,再三恳求,绝无不可之理。但恐你令堂不肯出脱了你,也是枉然。"丽容道:"君未观《娇红传》乎,倘有不虞,则〔申〕为娇死,娇为申亡,夫复何恨。昨晚家母欲索你宿钱,今日必遣凝香来与你絮聒。这都是娼家故态,不必计较。我已收拾百金,放在箱奁中,少刻若来,你可付与他拿去。"玉郎说:"你如此盛情,足见厚爱,所谓心坚金石,其臭如兰,咱二人暂且快乐一番,多少是好。"丽容说:"我看你心迷花酒,学业顿忘。如今秋闱已近,乘此南窗日永,清风徐来,俺欲效李亚仙故事,勉君诵读,不知君意若何?"玉郎说:"娘子此言甚善,就取过书来,待小生观看。"丽娘说:"你既读书,我将针线绣一香囊与你佩带,以敦厚意。"玉郎见她如此,说道:"想当初李亚仙不弃郑元和,那元和后中状元及第,小生愧无郑生之才,有负翠娘之望。"丽容说:"那郑元和富贵荣身,亚仙后封夫人,生下五子,并皆显达,贱妾岂敢仰望。我如今不愿生前受享诰封,只愿死后再同枕席耳。"玉郎见她如此真心,说道:"小生若有寸进,忘却娘子今日之恩,天必诛之!"丽容说:"郎君何必如此,你且看书。"二人正说话间,只见凝香走到面前,说道:"小妹奉妈妈使令,说近来生意欠好,钱财不能到手,难以度日,要移居在京都去。"又说:"一家过活那一样不在你身上,须要斟酌。"翠眉一听,将玉郎一瞅,玉郎早会其意,说道:"不必如此,我有带得百两白金在此,拿去奉送妈妈,以作薪水之用。"凝香接银到手,说道:"相公,有了银子,你二人放心耍子。"正是:无钱怎安身,有钱鬼可使。这凝香径自去了,他二人正好放心快乐。谁知乐极生悲,忽有书童前来报道:"奶奶严命,老太爷身边有恙,请相公前去调养药饵方好。"玉郎一听,如坐针毡,对着丽容说道:"家父有恙,一定要回去的,如此怎好?"丽容说:"父母有恙,自当亲视汤药,这等官人急宜回去,待令尊平安,再来未迟。"玉郎说:"事处两难,如何是好?"丽容又道:"事有轻重,请君审之,何必做此儿女态乎?"这玉郎别

国学经典文库

私家藏书

情楼迷史

图文珍藏版

了丽容,同着书童方才走到门首,谁知那洒银公子,只因前日赠他的玉簪,认是丽容的表记,他就竭诚早来相会。也是合该有事,这洒银偏偏遇着玉郎门首,不觉顿起醋意,说:"李兄何以至此?"玉郎难以回答,说:"偶然适过此间,并非有意寻春,现今家父抱病,不得细谈,小弟就此告辞,望兄恕罪。"玉郎得空即走,洒银怀恨入门,叫了一声:"鸨儿哪里?"不意翠娘送玉郎出门,方才转身,未及上楼,早被洒银看见,说:"小娘子,你是难得见的,请上,待我拜见。"翠眉说:"公子贵姓?"洒银道:"何必再问,昨日妈妈将你玉簪约我,今日特来相会,为何又推不知。"翠眉说:"公子请尊重,贱妾恨坠污泥,兹已洗尽红粉,此身已许李生,岂容更露头面。请君小坐,令吾舍妹相陪便了。"公子见她这样拒绝,不觉大怒,说道:"你乃万人之妻,还要守什么贞节!"丽容说:"公子与李郎原系同窗好友,这瓜田履下,也要避些嫌疑。"公子说:"此节之事,管何嫌疑,只求一宿之乐,再不重犯就是了。"丽容说:"公子若是相逼,小奴唯有一死,决不从你。"公子怒道:"你原是烟花,这等放肆,我明日拿到你县里去,叫你不要慌。"这丽容一发大哭起来,说道:"个人立志从良,就是官长其奈我何!"说罢将公子推了一跤,竟自上楼去了。这公子一团高兴,只落得一场没趣,对着鸨儿说道:"你女儿不过是个妓者,为何这等可恶,我明日定要摆布他。"鸨儿说:"公子休得着恼,你的造化来了。"公子说:"他如今推我一交。想是跌出来的造化吗?"鸨儿道:"公子自幼读书,不曾看那《嫖经》,'打是亲,骂是爱',怎么不是造化?"公子道:"休得胡说!"竟自愤然去了。正是:

> 二八佳人真个美,血点樱唇喷香嘴。
>
> 流水无情恋落花,落花有意随流水。

不知这洒银公子如何摆布他,下回分解。

国学经典文库

私家藏书

情楼迷史

图文珍藏版

八四一

话说这酒银公子，一心要去嫖那丽容，竟自败幸而回，不觉怀恨在心，随说道："昨日那丽容妮子，甚是可恶，不唯不与我相交，而且推我一跤，放肆之极，如何放得他下。况这李玉郎我亲自见他从院子出来，他的人才又好，学问又通，自然与那丽容如漆投胶，哪里还放得我在眼中。也罢，如今到学中倡扬他一番，再禀了孙先生，管叫他拆散了姻缘，我或者得与他相亲，也未可知，就是这个主意。"

却说这孙先生是个斯文宗匠，作养人才的学究，教训甚严。每到更深人静，仍到书房内查点一番。这酒银公子明知他有个毛病，到的时候料想必来窃听。他就与众朋友说道："为人须贵老成，吾辈原登徒子，不可邪淫。如今彦直李兄，只因他父亲病了，唤得他家去，将来咱们皆被连累。"众窗友说："酒银兄，却是为何？"酒银说："列位有所不知，这隔墙有一张丽容，甚是美貌。不知何时，彦直李兄竟与他钩上了，竟到他家去嫖，月往日来，不止数次。似他这等宿娼，将来先生知道，吾等难免见责。"众窗友说："李兄少年老成，恐无此事，不可妄谈。"酒银说："诸兄不记那霞笺事乎？那日我们同在会景楼上观看那秋千之乐，李兄有一段呆视之情，所以欣然作了一幅霞笺。就以此作了他的媒证了，况小弟昨日学中亲见他出得院门，后边跟着个丽容小娘送他，更有何说。但是我恐他日后败露，不得不早为言之，以为先生责备的地步。"众窗友道："酒银言之有理，真是不愧学长。"孰知这些话俱酒银故意说的，适值先生出来查访，便一一听在心里，不觉大怒，便走到书房说道："酒银你方才说些什么？"酒银说："弟子在此读书，更有何说？"先生道："你分明说什么李彦直在外宿娼，还说没有。"酒银道："也曾说过李彦直，他真天生聪明。过目成诵，吾辈皆不能及，只此一句，再无他说。"先生更怒，说道："我耳中听得至真，讲的是嫖什么妓者，你不肯承认，叫斋夫快拿板子来。"酒银急急止住道："先生不必动怒，待学生一一说来就是了。"先生道："快说！"这酒银便道："隔壁有一个妓者，名唤张丽容，那玉郎李窗兄，曾在会景楼上见过他，就以秋千为题，赠他一幅霞笺，后来不知他怎样与他相见了。昨日学生在院子门口亲见他从内出来,后边那丽容尚自送他。学生恐日后先生见责,恐有连累,所以告诉众同窗,以为脱身之计。"先生听罢说:"既吐真情,暂且饶恕。如今彦直在哪里?"洒银说:"他父亲有病,唤他回家了。"先生说:"为何不辞而去?"洒银趁口说道:"想是他撞见学生,他就难见先生了。"这先生气得怒发冲冠,因说道:"自古训教不严,师之惰,养子不教,父之过,这学生既然回家,我就修书一封,叫斋夫送与李老先生管教他一番,有何不可?"洒银暗自欢喜,自为得计。正是:

画虎画皮难画骨,知人知面不知心。

却说这孙先生听了洒银之言,十分愤怒。说道:"我看李彦直才华甚高,颖悟过人,将来定不可量。谁知习于下流,竟去嫖妓,本欲重责一场。如今他回家去了,不免修书一封,令斋夫速速送去,叫他父亲训教他一番,多少是好。"随提笔写道:

悉在知己,不须烦言。尊公子幼年美质,时当追琢。近来不习上进,眷恋张姬,宿娼功疏,难图画锦。业已访真,特寄书笺,用达忠言。乞老先生严加教训,尚有成就。草草陈情,余不宣。

写完封固停当,就差斋夫即时送去,暂且不提。

却说李老御史偶染寒疾,赖夫人调养,早已安和。一日与夫人并坐言欢,忽有家人来报说:"学里孙师爷差人送书至此。那人口中言道,我家大相公连日不去读书,在妓女家走动。"李御史一听,甚是动怒,说:"将书过来。"家人递过书去,拆开一看,说:"有这等事!且将银子三钱赏那斋夫,令他上覆孙师爷说:'俺知道了。'"这家人出去,夫人说:"相公,孙师爷书来,写些什么?"这御史大怒,说道:"你养得好儿子!近日书到不读,习了下流去嫖,这还了得!我要打死此子,省得辱没家门。"夫人说:"经目之事,犹恐未真,传来之言,岂可轻信。"李御史说:"既如此,快唤书童来审问。"家人唤到书童,御史说:"跟随大相公伺候,逐日做些什么?"书童说:"白昼随大相公在会景楼上读书。"御史说:"晚间呢?"书童说:"晚间在号房承宿。"御史说:"我闻你大相公近日去嫖,你晓得吗?"书童说:"小人不晓得。"御史道:"看板子过来。"家人拿到板子,说:"书童,料你不肯实说,家人扯下去打他十五板。"书童说:"就死小人也不知道,可照哪里说起。"打了十五并不肯说,御史更怒,说道:"书童,你去快唤那畜生来。"这书童挨了板子,一步一跌走到书房。这玉郎正在那里思念翠眉,见书童到来,便说:"我有封书,你可送去与张翠眉?"书童说:"什么张翠眉、李翠眉,老爷、太太知道了,先将书童的腿都打烂了,被俺遮饰已过。如今叫书童请大相公,你可自作道理。"这玉郎失了一惊,说:"这可怎处?"无奈走到近前,说:"爹妈有何吩咐?"御史说:"我送你到学宫,做的是何功课?"玉郎说:"会景楼上读书。"御史道:"夜间呢?"玉郎说:"号房安置。"那夫人就接口道:"相公,你看孩儿,说话与书童一样。可见并无此事。"御史说:"你妇人家晓些什么! 这不是孙先生寄来的书子,你自看去。"玉郎接在手中,看完失惊,自揣必是洒银陷害,便就闲口无言。老御史一时怒极,即将板子打了玉郎,骂道:"狗畜生! 你空戴儒冠,这书香一脉自此永坠了,留你这不肖子何用?"夫人说:"相公息怒,须念幼年无知,教他从此改过就是了。"御史说:"夫人,禽犊之爱非所爱,必须打死了他,方消吾恨。"说罢,举起板子又打。玉郎说:"爹爹,孩儿知罪了,再也不敢如此。"御史说:"狗子,你身穿青衿,岂不有愧,快脱下来!"这玉郎只因为穿着丽容赠他的寒衫,他就遮遮掩掩,不肯去脱,御史定然叫他脱下,玉郎不得已将青衫一脱,露出了那件衣服。老御史不觉更怒,又骂道:"分明浪子形状,还敢嘴强,气杀我也,不肖子! 那公卿之子不学流为庶人,庶人之子勤学可为公卿。你这样不成器的东西,有玷家声,书也不要你读了,与我锁禁房中,不许出门。"夫人道:"相公,岂不闻尧舜之子尚且不贤,也要耐烦些。"御史道:"一发胡讲,叫院子快送他到书房中锁禁起来。若放他出时,一顿打死。"这御史吩咐已毕,气倒在床上将息。夫人随把玉郎叫到一旁,说道:"我儿,攻书是你本等,怎么做这等事。你如今快将张丽容丢下,我对你爹爹说,另选个侯门贵戚与你结姻,岂不是好。"玉郎说:"母亲对我爹爹说,就娶那张丽容与孩儿为妻,孝顺母亲吧!"夫人道:"还要胡说! 难以劝解,家人们快且开了书房门,推他到里边去。"正是:

　　辱没家声习下流,不如打死也甘休。
　　儿孙自有儿孙福,莫与儿孙作远忧。

　　不知玉郎锁禁书房如何结果,下回分解。

话说李玉郎，被孙先生一封书拆散了他的姻缘，他父亲便将他锁禁书房，不准出门。这玉郎只得遵命受禁，无可奈何，却也不在话下。

且说浙江有一都统阿鲁台，镇守松江等处，前者琉球等国作乱，被他一计平伏，成此大功。凯旋之日，指望封侯请赏，奈无物进与伯颜丞相，不得受爵。他就把参军铁木儿请到帐下商议，说道："俺如今立此大功，指望封侯升赏，谁知泯灭无闻，思想起来，奈无异物进与伯颜丞相，所以不能如意。你有什么计策，献上来再为斟酌。"铁木儿道："元帅听禀，伯颜丞相富贵已极，天下奇宝皆出其门，为今之计，须得绝色女子进去，方得欢心。"阿鲁台说："妙计，妙计！就烦将军，以千金彩缎往苏杭等处搜寻一个绝色美人，俺好进与那伯颜丞相，以图升赏。"铁木儿说："小将自当奉命，但请放心。"二人计议已定，要选那绝世佳人献与丞相，暂且不提。

再说那张丽容，自从与李玉郎相交之后，他二人情投意合，又是文字知己，真乃山盟海誓思不断，再期来生续姻缘。不意被洒银进谗，孙先生将书信寄去，被他爹爹锁禁书房，不准出门。自然雁杳鱼沉，音信难通。这丽容放心不下，说道："奴家自见李郎，将谓终身可托，谁想陡遭谗佞，竟起风波。日来被洒银公子在缠扰，正无处躲避。偶然白尚书夫人生辰，来唤奴家承应，一来借此遣我愁肠，二来便道探取李郎消息，岂不是好，不免叫过冯才，来问一问路径，可曾打李郎门首经过否？"说罢即唤冯才，冯才说："姐姐呼唤，必有酒食吃，看有什么事情。"这冯才走到近前，说："姐姐有何传令？"丽容说："今日白尚书老夫人生辰，叫我前去承应，你可将乐器放在锦囊中，随我前去。"冯才说："拿什么好，紫鸾萧吧。"丽容说："不好，萧史秦楼逢弄玉，我今何意品鸾萧。不好，不好。"冯才说："斑竹管如何？"丽容说："湘妃雨后来池上，又被风吹别调开。也不好。"冯才说："琥珀词何如？"丽容见他说到此处，一发伤心，说道："知音只向知音说，不是知音不与弹，更不好了。"这冯才被丽容絮叨急了，说道："还有一个琵琶，拿去何如？"丽容说："这个使得，当初古人借此写怨，我有一腔春恨，正要弹他，取来拿上。我且问你，我如今要到白府去，可打李府经过吗？"冯才说："正打李相公门道经过。"丽容道："我欲进去探玉郎一番，不知可容进去否？"冯才说："如今李相公不是前日那个李相公了，学里孙先生被洒银公子唆拨一场，知道他在我家来嫖，一封书送与李都宪。那都宪大怒，逼他回家去了，竟是一顿好打。如今锁禁在书房内，竟为害起一场相思病来，不知生死哩。"丽容一听心如刀割，不觉大放悲声。冯才说："快且不要如此，妈妈叫我不要说，我如今多嘴，不可惹出事来。"丽容听得此言，只得呜呜咽咽不住的坠泪，这一段伤感之情，令人难道，有词为证：

关关睢鸟，双双上林稍。同举还同宿，同食还同饱。谁想大限无端，何期来早。雄在东洲唤，雌在西林叫。似雨逐寒梅，粉褪娇，毕竟命儿招。

——右（上）调《月儿高》

话说张丽容听见李玉郎有病，恨不能步走到跟前，会他一面，方才是好。便说道："冯才，你既要上白府去，必打从李都宪门首过，你可背了琵琶，快送我前去，重重有赏。"冯才说："晓得。"这冯才牵过驴儿，搭上鞍辔，服侍丽容骑着，自己拿上琵琶，跟在后边，去探李玉郎的病症，这且不讲。

却说那玉郎，自从他父亲锁禁在书房，终日眠思梦想，念那张丽容的恩情，不觉得病在身，书童在旁侍汤药。这玉郎说道："我自从父亲锁禁书房，朝夕如在囹圄。这时节茶饭不思，只觉奄奄沉沉，性命难保。天那！我丽容又不知一向何如？ 正是：海上有方医杂症，人间无药疗相思。书童，我且问你，如今老爷哪里去了？"书童说："老爷往白府拜寿去了。"玉郎道："既如此，你可到张翠娘家讨一个音信回来，我也放心。"书童说："相公你是聪明的，如今被张丽容弄的昏头奄脑，吃茶也是张丽容，吃饭也是张丽容。相公你想着张翠娘，翠娘不来想着你。我如今去问信，倘若老爷回来，怎么了得！"玉郎道："不妨，只说你去取药去了。"书童说："如此，小人就去。"

却说书童出的门来，行不数步，见一俏娘骑着驴儿，后边跟着一人，身背琵琶，迤逦而来。这书童抬头一望，说："好古怪，那边来的好像翠眉娘，我且等一等。"须臾之间，走到近前，抬头一看，果然是他。这书童慌忙问道："姐姐要往哪里去？"丽容道："特来探望相公。"书童说："既来探望相公，为何拿着琵琶？"丽容道："顺便还要到白府去做生辰。"书童道："我家老爷如今也往白府拜寿去了，今日相公趁此空儿，叫我去问你消息，倒也凑巧。"丽容说："老爷既不在府中，敢求小哥方便，传与相公，说我丽容要会他一面。"书童说:"老爷甚是严恶!把相公锁禁在房中,不准出来,如何得见?"丽容道:"求小哥领进奴家一见何妨?"书童道:"我府中人多嘴众,倘若走了风声,老爷知道了,俺就吃罪不起。"这丽容一阵心酸,不觉两泪交流,说道:"玉郎相公,我如今与你难逢,你的病体又是这样沉重,料终身再无相见之期了。"说罢痛哭不已,这书童在旁看着他,就动了不忍之心了,说道:"翠娘,这样干系却也不小,我如今看你这等情意待我相公,也说不得了,我如今破上一身罪,领你到我相公房中做一个永诀吧!"丽容听说,谢了又谢,跟着就走。那冯才也要进去,书童说:"你可不要来。"冯才说:"怎么?"书童说:"俺这门槛高,你这乌龟怎样进得来?"冯才说:"这有何难,待我滚进去何妨?"书童瞧瞧无人,趁空领着丽容到书房,指与翠娘说:"你看如此封锁严密,如何见得面?翠娘你打窗眼里看一看,待我对大相公说罢。"这丽容便从窗眼一观,唬了一身冷汗。那一段悲伤之情,难以言传,有词为证:

> 看他容枯色槁,形衰力少,灭尽了刀马风流,瘦损了六郎花貌。记相逢
> 那宵,记相逢那宵,共同欢笑,鸳衾颠倒,叫人魂消。

　　却说这丽容从窗眼窥见玉郎形容,心如刀割,必要进去会他一面,表其心事,无奈书童不敢开放。丽容说:"小哥,天上人间方便第一,你既领我到此,罪不容辞,索性开了房门,令我进去,诉我衷肠,就是你再造之恩了。"这冯才也就接口道:"小哥,你不晓得,心病还得心药医,你相公这病为我家姐姐起见,或者见上一面,他就好了,也未可知。"书童说:"有理,待我开了门,翠娘你可悄悄进去,速速出来,不要惹事才好。"这丽容见开了门,急忙进去。只见玉郎卧在病床,昏昏沉沉,睡迷未醒。这丽容不敢高声,暗暗坠泪,抱着玉郎低低唤了一声:"相公,小奴在此。"玉郎惊魂初觉,听见娇声可爱,将眼一睁,看见了一个美人站在面前,说道:"你莫非翠娘吗?我虽不能与你日里相见,就梦中也是难得的。"丽容道:"相公莫认作阳台,奴家闻你身染重疾,放心不下,故此悄悄进来看你。"这玉郎将神一定,方晓得是翠眉真个到此,遂将手扯住,说道:"翠娘,你好负心也!我是怎样想你,为何至今才来?"丽容说:"只因老爷严厉,谁敢到此,今闻老爷白府拜寿,不在府中,故此冒死探问一番,以诉衷肠。"玉郎说:"小娘子如此用心,教我如何感佩。"言之泪下如雨。丽容说:"玉郎你有何心事,快向我说。"玉郎道:"心有心事万千,一时难告,唯天可表。"二人正在诉说之时,忽然书童报道:"老爷回府,听说要来看大相公,定要弄出事来了。这里又没有阴沟,冯才,看你躲在

哪里去,也罢,我外面快把门锁上,只说去取药,倘老爷不进来,便是天大的侥幸了。"话犹未尽,李御史已到书房门前,说道:"我那不肖子被我打得几下,锁在此地,我想父子之情终不可失,当时五伦,已曾一夜十往。我如今闻得他有病,心甚悬挂,今日白府祝寿,因此先回。书童,开了书房门!"正说话间,这御史抬头,看见了一人,身抱琵琶,在那里抖战,就问:"这是何人?"书童甚是灵便,禀道:"我大相公心中闷倦,无可消遣,这个人叫作知古,会说琵琶词,因相公病体沉重叫他弹些词儿听听,适值老爷来到,尚未送出。"李御史说:"这等可恶!定是淫词丽曲,有何可听?快与我叉出去!"冯才怕打,巴不得早出来了,只有这个丽容无处躲避,急忙中钻到床底下藏了。这御史进房门看见公子病体沉重,早觉心疼,随问道:"吾儿,你这病因何起的?想是你想着张丽容,不必如此,快些将息起来,自有名门大族,为爷爷的与你速速完姻。"玉郎说:"既蒙教训,怎敢又去想他。只是病已到身,孩儿仔细将息便了。"御史说:"我儿,只要你意马牢拴,紧〔系〕心猿,不可胡思乱想。"又吩咐书童:"你明日再请太医下药,可好好服侍大相公,病痊时,重重有赏。我儿,为爷爷的去了,再来看你。"这御史方出去,走得数步,这书童急急跑到房中,说:"我的骚娘快出来吧,不要连累我。"这御史听见,问道:"书童,你说的什么骚娘?"书童说:"我大相公叫我扫床。"御史说:"书童你好生服侍,不可怠慢。"书童说:"晓得。"这御史方才去了。正是:

> 欲将诗酒牵愁侬,愁侬诗情酒兴疏。

却说这书童将李御史送出,急急回到房中,说:"翠娘,翠娘,几乎做出事来累我一场好打。"丽容说:"连我几乎惊死。"又向玉郎道:"你看你家老爷,如此严厉,我和你纵有心事如何了结?"玉郎道:"丽姐,我如今屈于大人之命,奈何,奈何!我只是咱鸳鸯拆散,空在神前话盟,你如今去了,少不得我要先赴幽冥了。"丽娘说:"既已身许郎君,再无他说,倘有不虞,奴亦早归阴司,咱二人的姻缘,只可期之来世吧。"二人说到衷肠,令人不堪与闻。这书童又报道:"老爷方才回去,说大相公病重,仍〔就〕又要出来了。趁此无人,快且送翠娘出去吧。"二人手扯着手,不忍分离,又留恋了一回,各自洒泪而别。正是:

> 归家不敢高声哭,只恐猿闻亦断肠。

不知玉郎、丽容将来可能见面否,且听下回分解。

第六回　都统凯旋选美女
丽容被诓上京都

且说张丽容自从探病之后，又见李玉郎十分真心，为他害起病来，这丽容一段痴情，终日思想那玉郎。他就懒抹胭脂，无心打扮，就是那高客贵人，鸨儿百般撺掇，再也不去相陪，以此耽误了多少银子。这鸨儿恨在心头，便有个起发他的意思，这且不题。

再说那参将铁木儿，自从奉了阿鲁台之命，留心去访那绝色美女，再也选不出来。一日，无计可施，忽然想道："俺昨日奉元帅将令，着俺各处搜求美女进与伯颜丞相，急切无处找寻，如何是好？我想缙绅人家难以构求，平等人家又难出色，如今旷日持久，岂不是个违命之罪。思想起来，不如到教坊司，唤瑟长问他，倘有绝色的选一个进去，也就是一件大功了。左右，快到教坊司唤一个瑟长来，我有话问他。"须臾之间，将瑟长唤到，领进去见参爷，铁木儿说："你是瑟长吗？"说："小人是瑟长，与老爷叩头。""你在教坊多年了？"瑟长说："小人在教坊一万年了。"参将说："胡说！打嘴！"这瑟长禀道："小人是积年的老乌龟。"这参将问道："你既积年的，我且问你，那出名的妓女有几名？"瑟长说："妓女虽多，绝色者甚少，小人不敢承应。"参将大怒，随吩咐道："我也是晓得的，想是你隐藏在院子内，好去骗人的钱财。"瑟长说："不敢，只是有一个美人，德色虽是兼全，但他禀性古怪，小人不敢提起。"参将说："怎么讲？"瑟长禀道："说此人姓张，名丽容，不但闭月羞花，抑且沉鱼落雁。说他精于琴棋，他又书画皆工。说他长于诗词，又且歌赋尽善。但是声价太高，轻易不肯见客，小人说来也是枉然。"参将道："果然貌美贤淑，无所不备，我将千金彩缎作为聘礼，你先去吩咐他鸨母，我随后亲到他家，与他面讲。"正是：

> 千金不须买花钱，台命传来敢浪言。
> 美女若教来相府，这回端的好姻缘。

话说这参将铁木儿，以千金聘那张丽容，先使瑟长去通音信，谁知他丽容鸨母早犯蹉跎，说道："我那丽容儿，往白府供唱，必要从李府经过去探玉郎的病症，这也不打紧，倘然李老爷知道此事，怎了？我已曾着人去打探，不见消息，好生放心不下。"正思虑间，那瑟长早已走进门来，说："妈妈，拜见了。"韩老鸨说："老官人久不到我家来，今日甚风儿吹到敝地，敢是讨月钱吗？"瑟长说："岂为这些小事！"鸨儿说："所为何事？"瑟长道："有一件喜事特来报你知道。"鸨儿说："有何喜事？"瑟长回道："这里有位阿鲁台大老爷，闻得你女儿张丽容天姿国色，绝世无双。他将千金彩缎聘你女儿，进与伯颜丞相，差参将铁木儿亲到你家面讲，因此先着我来通知一声。"这鸨儿失惊道："别人不知，你是知道我家的，老身一家人口，单单靠着这个女儿赚钱养家，他若去了，老身只得饿死。"瑟长哎呀一声，说道："妈妈，你来有算计的，今日为何这等失计，他将千金彩缎聘你女儿，你且收下，打发了他去，再寻几个中意的丫头，做起人家，岂不两便。况且官府利害，怎由得你？"鸨母说："老官你这等说，只是我舍不得这个好女儿。"瑟长说："你女儿我晓的，他近日恋着个情人哩。"妈妈道："便是恋着那李玉郎。"瑟长说："可有来，你女儿最会捣鬼，倘他两下合了一条腿，寻一个计策，使起官势来，多则不过二三百两，少则不过一二百两，如今比他平空的多了七八百两银子，难道不好？"韩老鸨说："我如今岂不知好歹，只是那个天杀的报我女儿的名姓！"瑟〔长说〕："是我，定遭瘟病。"鸨儿说："不要起誓，那报我女儿的，其实作成我赚银子，我还要补报他。"瑟长说："既如此，妈妈你许了他吧。"鸨母道："尚容忖量。"瑟长说："千个忖量不如一个笑语。"这也不在话下，你且听吾说来，有词为证：

　　　丞相选娇娃，翠眉貌甚佳。阿鲁台不惜千金价，买丫鬟侍他，驾仙舟送他，云帆冉冉乘风挂。

　　　　　　　　　　　　——右（上）调《黄莺儿》

　　且说这瑟长撺掇着鸨母要出脱这丽容，鸨母犹豫不决，尚自不肯。正说话间只听人喧马嘶，一片声嚷，那参军铁木儿已到院子了，瑟长听得，慌忙跑出迎接，跪下禀道："瑟长接老爷，这就是张丽容家，请进去。"这参将到院中，鸨儿无奈，上前说道："小人磕头。"参将对着瑟长："你与他讲过话了吗？"瑟长说："小人与他说过了，他说老爷严命，怎敢不从。"这鸨儿不及回话，那参将就说："既如此，将千金彩缎叫他收下，就打发女儿上船。"鸨儿禀道:"如今未从在家,等他来时,也还要与他商量。"参将说:"有何商量,自要你去做主。"说罢,又取五两银子赏了瑟长。这瑟长作谢。那参将见是定了此女,便回去安排船只,起送去了。这且不讲,正是:

> 今朝选入他乡去,明日灯前少一人。

却说瑟长见铁木儿去了,对着鸨母说道:"如今参将老爷将你女儿选中,又以千金彩缎为聘,只是丽容尚未回家,如何是好?"鸨母说:"正是呢。"瑟长说:"此事不可走漏消息,这丫头就回来了。"鸨儿说:"老官,我有这样本事,才赚得这样钱,使你自放心。"瑟长说:"既如此,我先告辞了。"瑟长去后,鸨母即叫冯才,这冯才应了一声,说:"妈妈,有何吩咐?"鸨母说:"你丽容姐姐尚不回来,如何是好?况他知此消息,他怎肯依随嫁了去,你有什么计较,说来我听。"冯才说:"妈妈,你平日哄千哄万,不知设法骗了人多少,如何倒来问我?"妈妈说:"此事非小可,那丫头如今恋着李玉郎,一片痴心要去嫁他,如何肯依我说。倘若逼起他来,他要寻死觅活,如何是好?所以我才合计于你。"冯才说:"既如此,我倒有一计,俺如今悄悄地到白府中,报他一个假喜信,只说李相公竟是病体好了,他父亲不忍监禁他,带了许多金银雇下游玩船,接你到船中去游虎丘山哩。哪里晓得官船私船,等到船上,竟自连夜开去,有何不可?"鸨母说:"此计甚妙,真是人不知,鬼不觉,将他送出门了。"正是:

> 计就月中擒玉兔,谋成日里捉金乌。

且说冯才与鸨母定下此计,要诓那张丽容去船,送到京中伯颜丞相府中,这且慢讲。

却说张翠眉自探了玉郎之病,又往白府供唱,虽被白老夫人留得几日,心中挂着玉郎,恨不能再过其门,还要探他一番。忽白府家人自外边传一信来,说院子有一冯才,前来要与张丽容说话,须要禀知太太。院子传进,白夫人容他出去讲。这张丽容走将出来,说:"冯才,此来有何事情?"冯才道:"姐姐听禀,如今那玉郎李相公,他爹爹因他有病,不忍锁禁他,已竟放出。约姐姐去游玩山水,船已伺候停当,请姐姐前去,速速陪他一游。"这丽容听了此话,喜出天外,不分真假,就进到内宅，禀知白夫人说："贱婢家中有事，妈妈叫俺速回。"白夫人哪管真假，打发他去了。丽容并不知是计，就跟着冯才便走，及到水边，上得船上，不见有什么李相公，只见有两个侍女，慌忙叩头说："姐姐，恭喜贺喜，婢子一路服侍到京中去，多乞包容。"这翠眉心中大惊，说："此系何人之船，事有蹊跷，姐姐不可错认了人。"侍女说："此系官船，服侍姐姐进京的。"翠眉更觉大惊，嚷道："冯才！这是怎么说？如今李相公在哪里，快与我讲个明白。"冯才道："哪里什么张相公、李相公，只因阿鲁台老爷，要选姿容绝世的女子，进与京中伯颜丞相，冯妈妈因你恋着情人李玉郎，不肯接客，得了千金彩缎，将你卖与他了。"翠眉一听此言，方才明白："总恨我这狠心妈妈，如今是设计将我诓哄至此，我怎肯入你的圈套！冯才，快送我到家中去，与妈妈讲话。"冯才说："这个却难，如今妈妈得了千金，已将你卖与参将老爷了，就是妈妈也做不得主。"翠眉说："冯才，你把我诓哄至此，自然是你们定下的牢笼陷害我，既不能见我那玉郎，宁可死于此地，断不从你们这条计策！"这侍女见他二人争闹，说道："姐姐，不必如此，如今是千金聘你，岂不为美？此行富贵已极，何必顾恋着一个穷酸，甘为下贱？"丽容听罢，说："冯才，你快与我报知李相公，叫他速速前来见我一面，便死也甘心。"冯才说："此处已有官府关防，那个容你如此！你如今不如写书一封，我便寄去，你与李相公做个永诀吧！"丽容说："也讲得是，只是舟中那有纸笔，古人云：'血指写书方见情'，我如今不免咬破指头，写血诗一首于向日霞笺之末，以寄幽恨"，上写道：

　　　　死别生离莫怨天，
　　　　此身已许入黄泉。
　　　　愿郎珍重莫相弃，
　　　　拟结来生未了缘。
　　　　薄命妾张丽容敛衽再拜，
　　　　夫君玉郎亲拆。

丽容写罢，说："冯才，此书烦你递与李郎，道我书不尽言，有死而已。"冯才得书去报李玉郎，这且不讲。
　　却说参将铁木儿见丽容已到船中，哪里容得他这些情节，即令水手速速开船，送至京中，早完其事。这水手听说，不敢怠慢，即便扬帆撑篙，开船去了。正是：

　　　　彩云梦断悲苏小，高挂云帆出豫章。

不知后事如何，下回分解。

国学经典文库

私家藏书

名家藏书

图文珍藏版

第七回 丽容无奈寄血诗
玉郎情极追翠娘

话说张丽容将血书付于冯才，要送给李玉郎，叫他以为永诀之计。谁知事不凑巧，那李玉郎只因昼夜想着丽容，不得再会，真是无计可施。忽一日，听得他父亲出门赴席，他就大着胆越墙而出，急上去寻那丽容。穿街过巷不多时，来到丽容门首，将门敲得数下。冯才出来开门，看是李相公，说道："我正为着相公去见你，不意到得府上，说相公不在书房，不知往哪里去了。如今来得正好，请里边坐。"玉郎进门，说："快请姐姐来见我。"冯才说："姐姐？姐姐因想得你，系吊死了。妈妈如今已走了。"玉郎一听，说："天那！丽容既死，我何以生为？"说罢就要撞死。冯才说："相公不要如此，姐姐虽死，到在我这袖里。"玉郎说："一个人怎么反在你袖里？"冯才说："有我姐姐的书在我袖里，如同他在一般。"玉郎急说道："快拿来我看！"冯才将书递过去，玉郎打开一看，是一幅霞笺，后有诗一首：

> 死别生离莫怨天，此身已许入黄泉。
>
> 愿郎珍重莫相弃，拟结来生未了缘。

玉郎看完，细详此诗，说道："你姐姐尚是未死，如今却往哪里去了？快对我实言，决不肯相忘。"冯才说："实不相瞒，妈妈只因他恋着相公，不肯接客趁钱，这里阿鲁台老爷要选姿容绝色的女子，进与伯颜丞相，妈妈已将千金彩缎收下，将他卖去了。"玉郎说："果然卖去了？"冯才说："难道哄相公不成。"玉郎说："可恨！可恨！你快去将妈妈找回来，我与他讲话。"冯才说："妈妈自从打发姐姐去后，只恐相公前来胡缠，他已搬到他方，叫我在此暂守几日，哪里去寻他？"玉郎说："你不还我大姐，我要送到官去。"冯才道："相公，这是阿鲁台大老爷，极有官势的，如何终用，劝你不要想吧。我还有话告诉你，那日开船之时，姐姐只因放你不下，就要投水自尽，亏我救得他。因此修书一封,着我报与你知道。如今两只大官船,一只是铁木儿参将伴送的,一只是姐姐在里面坐着的。如今开船不过一两日,相公快快赶上前去,倘然会他一面,也未可知。"玉郎听说,就叫冯才跟他同去赶。冯才说:"我是不去的,你自己去吧。"玉郎无奈,说道:"且喜我带得些银子在此,如今也顾不得爹娘了,连夜赶上会他一面,再作理会。"有词为证:

> 恨杀我侯门天样,羞煞我陌路萧郎。偷想怎到天台上,娇丽质在何方?
> 渭水折柳愁萧玉,珠掌何能通凤翔? 忙追上,顾不得风餐露宿,水远山长。
>
> ——右(上)调《解三省》

话说李玉郎闻听丽容已去,恨不能插翅飞到船边会他一面,方才是好。此时心忙意乱,疾走如飞,哪里怕前途遥远,道路高低,没命的往前去赶。走至一个官码头,不见动静,前边有一担柴的人来了,这玉郎就问了一声:"老官,可见张丽容吗?"那老人说:"山里红? 没有。"玉郎见他年老耳聋,随大声问道:"我问的是翠眉娘。"老人说:"大尾羊? 在山里。"玉郎便指说道:"你从哪里来的?"老人说:"我是沿河来的。"玉郎说:"你可见有两只大船吗?"老人说:"过去多时了。"玉郎又问:"过去了有多少路途?"老人道:"过去有两站多路了。"玉郎心忙说:"老官,起动你指引,陪我走一走何如?"老人说:"相公,我一日不趁钱,一日便忍饥,我是不去的,还要到山上打柴,没有闲工夫。"玉郎说:"老人家,我有银子送你。"老人说:"银子倒是小事,但是过去一两站路,只恐赶不上,空劳脚步。银子我也不要,你自去吧。"玉郎无奈,只得又往前赶。走了数日,到得徐州地方,玉郎说:"且喜此处埠头多有牲口",随叫了赶脚的牵驴儿过来。这脚夫答应一声,说:"相公要往哪里去?"玉郎说:"我要赶铁木儿的座船,你可见过去吗?"脚夫说:"那铁木儿可是两只大座船吗?"玉郎道:"正是。"脚夫又说:"如此过去有两三日了,如何还赶得上?"玉郎说:"你既看见,那船中可见有什么人吗?"赶脚的说:"不见什么,只见船舱里面坐有一个妇人,声音不知是唱曲,不知是哭泣,又听的只顾叫道:'停长,停长。'且是声音凄凉。在那里寻死觅活哩。"玉郎一听,心胆俱裂,说:"你的驴儿快些雇于我,俺要速速赶上救他性命。若是赶得上,重重有谢。"掌鞭的说:"不敢言谢,只给我一两银子吧。"玉郎说:"就是一两,只要驴儿快些就是了。"脚夫牵过驴来,这玉郎即便骑上,急急去赶那丽容。有词为证:

趁清晨跨上宝雕鞍，急煎煎扬鞚去加鞭。你道是寒驴行须漫，怎知热心肠不放宽。加鞭赶上了翠眉娘，重相见传也么言，愿赠你扬州十万钱。

——右（上）调《雁儿落》

且说这玉郎心急如箭，将驴骑上，不住的加鞭去赶那丽容。这驴夫说："相公，你下来吧，打坏了我的驴儿，将什么趁钱？"玉郎说："你的驴儿不快，只得要打。"驴夫说："这叫作心急马行迟。"又走了数十里，玉郎说："前面是什么山？"驴夫说："是望夫山。"这玉郎触目惊心，不觉说道："我那翠眉妻呀，不知你可望我否？"正在感伤之际，那脚夫说："相公，快将银子与我，买草料与驴儿吃。"玉郎即将一两银子递与驴夫。这驴夫心生一计，竟将银子收下，骑上驴儿跑开了。此时丢下玉郎，走又走不动，赶又赶不上，不觉眼泪汪汪，说道："我那可意的眉娘已竟抛我几程，如今又无脚力，如何赶得上？□□只得挨上前去，到得前途，再作区处。驴夫，驴夫，你哄得我好不苦也！"谁知天意注定有这场分离，偏偏的浓云四布，大雨倾盆。荒野之间哪里躲避，只得冒雨而行。此时神疲力倦，又值地上泥泞，黄昏黑暗，说不尽跋涉的艰辛，路途的苦楚。只是电光一照，看见了前面有座庄村，少不得一步步挨到庄上。此时大雨淋漓，那里有人可问，只得敲门，说道："有人吗？"里边有一位老者听见，说："此时大雨，什么人叫门？"出来开看，见是一位相公，说道："如今风大雨紧，有何急事？相公这等自苦。"玉郎说："老丈，学生行路天晚，不意遭此大雨，乞老丈方便，铭佩难忘。"老者说："相公不必着慌，请到里边去避一避。"玉郎随着老者到一草堂，谢了又谢，随即脱下湿透衣服，求老者与他烘干。五更就要起程，这老者见他少年孤身，心忙似箭，便有可疑，随说道："我看相公这等狼狈，老拙备有夜膳，聊可充饥，幸勿见哂。还有言相问：如此天气竟冒雨而来，所为何事？这等要紧，望相公说明，致免疑惑。"玉郎说："事到有一件，只是说起来话长，难以言传。"老者道："相公，莫怪我说你是来历不明之人，若不说与老拙知道，不便容留，反觉得罪。"这玉郎一听此言，无可奈何，只得以实言相告，说："老丈，晚生实有一段心事，难以出口，求老丈海涵。"老者说："相公自管讲来，老夫愿闻。"玉郎道："说来倒惹老丈一场好笑。"老者说："岂敢！岂敢！"玉郎说："实不瞒老丈，学生与一青楼女张丽容情投意合，结为姻缘，誓同生死。忽被谗人离间，用计将俺夫妻拆散，今又唆拨他妈妈图银，卖于阿鲁台老爷，戒送京师进于当朝伯颜丞相。如今坐船由水路去了,学生故此急急赶来,只求见他一面,以决死生。乞老丈留宿见怜。"老者一听,说:"相公莫怪我直言,此乃无益之事,你那人总然依依难舍,可惜一入樊笼,如何能见,况又是进于伯颜丞相之人,他如今有利有势,我看相公乃一介书生,难以与他计较,劝相公不如回家去吧。"玉郎说:"老丈之言自是金石,奈学生与那人恩情难断,况是前途非遥,任他飞上焰魔天,也要腾云赶上去。"老者见劝他不住,只得留他一宿。明日玉郎谢了老者,又赶去了。正是:

　　乍得相逢结好盟,相逢又早别离情。

　　相思相见知何日,此时此夜梦魂惊。

　　话说李玉郎去赶丽容,哪知铁木儿将他罗到手中,恨不能一步送到京师,早早献于伯颜丞相,以完其事。他便日夜催趱船户行走,不得少停。这玉郎哪里还赶得上,这话暂且不讲。

　　再说丽容与玉郎有生死之约,岂肯远去京师。但见他整日哭天哭地,几番要去投水自尽。这铁木儿干系不小,因命几个侍女轮班小心防守。张丽容总然要死,也就无计可施。唯有悲伤落泪而已。及到京中,铁木儿打点要进美人。先将礼单开写珍奇宝物,料理停当,到得相府门首,见一长官,说道:"俺是守苏松都统阿鲁台麾下参将铁木儿,求见丞相的,要烦通报,见有黄金四十两,望乞笑留。"长官说:"你可见得丞相吗?"木儿说:"见得的。"长官又道:"你且暂在此处等候,待俺与你去禀。"

　　且说左丞相伯颜乃天子之股肱,朝中之耳目,生杀予夺无不由他,升官加爵尽出其手,真乃是品居一人下,权尊百僚上。他的那赫赫威名震宇内,岩岩气象遍乾坤。

　　正值起事,这长官上前禀道:"今有苏松都统阿鲁台参将铁木铁要见。"伯颜说:"他如今镇守苏松一带地方,甚是一个美缺。从没见他有什么物件贡献于我,今来求见,有何话说,即命他进来。"长官传出钧旨,说道:"丞相爷命你进去。"那铁木儿就往里走,长官说:"此乃相府,不比别处,须要小心。"木儿拿着礼单到得堂下,说:"参将铁木儿叩头。"伯颜丞相说:"你是阿鲁台差来的吗?"参将说:"是。"丞相道:"你那本官屡报虚功,外邦尚未臣服,差你来何干?"铁木儿禀道:"本官久失敬仪,罪不容辞。聊具珍奇数件,美人一名,少伸犬马,现有礼单奉上。"

　　这伯颜丞相乃是酒色之徒,见有美人一名,便就中其所好,不觉满心欢喜。随吩咐道:"铁木儿,你说有美人一名,可曾进来否?"铁木儿说:"美人现在外厢,只因未蒙钧旨,不敢造次。"伯颜说:"既在外面,快备彩舆接进府来,休得迟延。"木儿即命侍女服侍丽容进府。

这丽容总想着那霞笺之事,只可付之流水。况且山高路远,做梦也不知玉郎前来赶他,遂跟着侍女到得丞相台下,说:"张丽容磕头。"伯颜丞相说:"美人,抬起头来。"

丽容将头一抬,丞相将丽容细细打量了一番,说道:"妙哇!天姿国色,绝世无双。铁木儿,你本官真是一个妙人,他既是用心如此,封侯晋爵指日可望。你还有什么话讲?"木儿说:"俺本官仰伏天恩,坐镇苏松,四国尽皆纳降,故特遣小官献纳美人来供歌唱,以觇升平之乐。"

丞相说:"我堂堂广宝,画栋雕梁,只少金钗十二,今喜得婷婷到此,满堂生香,岂是寻常佳贶。我将美人贮之金屋,早晚服侍于我,可以曲尽人生之乐矣。"这丞相正与木儿说到快活处,忽有圣旨来到,丞相摆了香案接旨。叩拜已毕,内史开读,说曰:"'丞相伯颜所进番僧,教演宫女已熟,朕在便殿诏丞相同观。'谢恩!"

伯颜说:"万岁,万岁,万万岁!"谢恩已毕。

伯颜丞相吩咐说:"方才进的张丽容,甚可吾意。我与他正好快乐,谁知忽有圣旨命俺入朝,似此好事多磨,令人伤感,也罢,先令侍女将丽容送与后堂,令夫人暂且收管,候俺回朝再作理会。"正是:

> 君命来召不俟驾,玉踵连步急速行。

要知丽容后来如何,且听下回分解。

第八回　伯颜丞相纳丽容
　　　　　奇妒夫人献宫中

　　却说伯颜丞相的夫人，天生奇妒，不能容物。听的有人传禀说："丞相新得一美人，乃苏松统制阿鲁台送来的。因圣上有旨来宣，丞相上朝去了。如今奉令送入内宅，望夫人暂为收留，待丞相回来再为发落。"夫人一听，不觉怒气冲天，说道："叫他进来，看是何如？"丽容刚到内宅，见了夫人，说："贱婢磕头。"夫人看了一眼，便说道："好个美人，生的果然标致。你看春山淡扫，秋水横波。腰肢摆动，香浮遍体。两脚行来，莲生满地。真乃好一个佳人。"有词为证：

　　　看他温柔体态，旖旎轻扬，一似太真容貌，西施模样，谁不欲相亲相傍。
　　　美妆天姿国色果无双，令人频咽酸浆。

　　　　　　　　　　　　　　　　　——右（上）调《琐窗郎》

　　却说夫人夸奖丽容的美处，原来别有深意。这丽容认是真心待他，谁知那夫人变下脸来，说道："贱人，贱人，这所在也不是你伫立的去处，叫侍儿快赶他到厨房去。"众婢子知道夫人的严恶，答应一声，即刻将丽容赶到厨下去了。众婢子回复夫人说："美人在那里哭泣哩。"夫人说："叫他不要哭，我还有个好地方安置他。我想这样美色，我见他犹自动情，何况那老儿。若是将他留在身边，势必夺我之宠。我有一计，如今皇帝家花花公主招赘了元都驸马，正要选人服侍公主出嫁。不如我将计就计，快写一道表章，将他献与太后，服侍公主，以绝老贼之念，岂不是好。"思想已罢，趁着丞相进朝未回，即将丽容偷偷送进宫去了。太后一见，看他十分美貌，亦是欢喜，以为公主得人，甚觉可意，将丽容留在宫中。这且不提。

　　却说李玉郎来赶丽容，赶来赶去，盘费已尽，尚不能赶上丽容会得一面。及挨到京中，举目无亲，苦不可言。只得打听相府在哪里，好去探听一个消息。但是侯门如海，向谁询问。坐在相府门首，又苦又恼。把那进谗的洒银公子恨了一回，遂又哭了一场。自分饿死京中，也不得见面了，不如回到店中，寻一自尽吧。方才转步，忽听有喝道之声。已经走到近前，这玉郎一时躲避不及，竟是闯了丞相的道了。那伯颜丞相大怒，说："什么人敢来闯我的道，左右快与我拿过来审问。"众奴一听，答应了一声，就如鹰拿燕雀将李玉郎拿到相府审问。只见伯颜丞相坐了中堂，众人将李玉郎拥到堂上，丞相问道："你看我头踏在前，节钺在后，是何等的威严。你怎么大胆闯俺的道？"李玉郎跪禀道："念小生云间世族，寄迹京华。丞相天上台星，望乞垂怜草芥。"丞相听他之言，倬有儒风。因问道："哪里人氏？叫甚名字？快些讲来！"玉郎回禀道："俺乃住居云间，姓李名彦直，小字玉郎。幼习儒业，长列黉序。"丞相说："听汝之言，自然是松江人了，可有父母吗？"玉郎说："家父身在缙绅，于今退居林下。"丞相问："是何官职？"玉郎道："当年曾为御史。"丞相不觉起敬，说道："原来是一位公子。"起来作揖。玉郎说："不敢。"伯颜便道："只管起来，我还有话问，你既是〔贵〕家子弟，为何狼狈至此？"玉郎跪说道："有个缘故，只因游学京师，以图侥幸。谁知功名难望，盘费净尽，因此落寞。近闻乡人说，阿鲁台老爷所进有一张丽容，与学生系中表之亲，故此特到府前探言，谁知误犯台颜，望乞恕罪，施恩开放。"丞相一听，说道："原来与新人有瓜葛之亲，几乎错认飘蓬。我看你英姿美貌，潇洒风流，多应是未遇蛟龙，将来禹门必跃。你方才说，阿鲁台所进丽容美女，有中表之亲。我想令妹到此，并无亲人，既为中表，相见何妨？"玉郎禀道："学生到此，正图一面，丞相不疑，足见大度，不胜感激。"丞相说："何疑之有。"命侍儿快请新娘出来相见。院子传进，夫人怒犹不已，吩咐侍儿："你去对那老狗讲，只说太后打发公主出嫁，驸马闻听我府得一出色美人，即时宣进宫去了。"侍儿答应一声，便往外走，到得中堂，见了丞相，丞相说："侍儿，请那新娘来见他表兄。"侍儿说："老爷在上，小奴叩禀，昨朝进的美人，夫人见他十分标致，绝世无双，恐其夺了他的宠幸，连夜写下表章，将他献于太后，服侍公主招赘兀都驸马去了。老爷与那美人表兄说，教他不要思量吧。"丞相一听，大怒，说道："气死我也！那张丽容原是阿鲁台献于我的，怎么献于太后，这是哪里说起，岂不令人憎恨！侍儿，你且回避，我自有处置。李生过来，你如今远来到此，令妹又不能相见，如何是好。也罢，科场已近，你可在此攻书，倘得高掇魏科，老夫自当代为欢庆。"玉郎说："多谢丞相大恩！"又吩咐院子道："你可将李相公送到相国寺中读书，吩咐僧人好好看待于他。那薪水之资，我这里一应送去。"院子答应一声，即将玉郎领去。正是：

可惜美娇姿，堪嗟嫉妒妻。

情知不是伴，相随因事急。

不知李玉郎将来得见丽容否，下回分解。

　　且说李玉郎自华亭由省起身，千辛万苦来到京师，原图见丽容一面，及到丞相府内，将及相会，又遭夫人之妒，将丽容送入宫中去了。此时无可奈何，只得跟着院子到寺中安身。一到寺内，长老接见，院子说："此位相公姓李，丞相叫你好生服侍。他在此读书候场，薪水之资老爷按月送来。"说罢便自去了。这李玉郎重新又与长老作揖，说道："小生乃出外之人，总蒙丞相送到此处，早晚还烦长老照顾，于心不安。"长老说："又有何妨，小僧但愿服侍相公得步青云，名登金榜，便就光耀山门。"李玉郎说："小生才疏学浅，只恐有负长老。"李玉郎自此住在寺中读书，这话暂且不提。

　　却说丞相夫人假以太后打发公主出嫁，借端将丽容送进宫去，以绝祸根。只是那丽容一心想着玉郎，不得相见，巴不得个清净之处苟且安身，省的被那老儿玷污，且可脱得夫人嗔怪，他到心安意肯住在宫中。这太后见他德性温柔，举止端方，甚是慊意，就发一道懿旨，令内侍递去，内侍捧旨到得相府，夫人迎接，就此开读："皇太后旨下：'伯颜夫人苗氏所进美人张丽容，甚是可意，足觇用心。但恐出身草茅，未瞻礼仪，着盈绣内，教演精熟，待公主娘娘大婚之日选用。'谢恩。"内侍已去。

　　且说这伯颜丞相见是懿旨已下，将丽容美人留在宫中侍奉公主，把那思念张美人的心肠方才绝了。但恨夫人醋意太重，失去了一桩珍宝，终日悒悒不乐。这也不在话下。

　　且说珍奇宝物归何处，富贵无如帝王家。那一日到得公主大婚之日，约定在金亭馆驿合卺，只见那长街短巷，家家尽垂丝帐，户户张灯结彩，轰动了远近人等，谁不来看妆奁。但见是宝珍堆积，光芒射日，彩被摆列，金珠惊人。这一番的热乱，人人争先观看，自不必言。

　　且说这李玉郎在寺中居住，一心想着丽容，哪里念得下书去。终日长吁短叹，日夜梦魂颠倒。长老见他如此光景，甚觉可疑。一日，问道："相公在此，甚是有慢，得罪,得罪。"玉郎见问,说道:"小生无故受你供养,心实有愧,何以克当?"长老说:"薪水鄙事,何足介意,只是相公在此,实属客边,或是小僧侍奉不到,相公自管明言。"玉郎说:"各人自有心腹事,可与人言无二三。"长老便说道:"为人结交须知己,不是知己莫与谈,我也不必问相公的心事,只是你终日愁闷,如何是好?如今圣上有一花花公主,招赘兀都驸马为婿,迎送嫁妆于金亭馆驿。街上士庶纷纷都往那里看景,相公何不借此一观,以消闷怀?"玉郎说:"有这等事!小生要出去一看。"长老道:"待贫僧奉陪,何如?"玉郎说:"这等雪天,不劳禅步吧。"长老说:"既如此,贫僧煮茗奉候。"二人辞别,玉郎思想道:"适才长老说,圣上招兀都驸马,迎送嫁妆于金亭馆驿。想张丽容既入宫中,未必不随妆侍奉,或者天可怜见也在数内,若是邂逅相逢,亦未可知,不免前去打听一番,多少是好。"出得寺门,好大雪也,有词为证:

　　风一穹,云四合,迷失青山绿树多。唯有寒鸦栖古木,漫铺棘驼。瑶堆凤羽,琉璃殿上银妆裹。欲见宫娥,去金亭馆驿,天意肯从吗?

　　　　　　　　　　　　　　——右(上)调《忆莺儿》

　　话说李玉郎听了长老之言,去看花花公主出嫁金亭馆驿,出的门来,偏是大雪满地,只因想着丽容,只得挨上前去。这且休提。

　　再说李玉郎有个服侍他的书童,奉家主之命,到得京中来寻玉郎,再寻不着。一日,说道:"因大相公追赶丽容,不知去向,老爷奶奶放心不下,终日哭天哭地。着我追寻,我直赶到京中,无处寻问,俺已在此日久,盘费已尽,欠下店主人饭钱,毫无〔清〕办,幸店主人是个操军,今日花花公主出嫁,他在店中忙迫,为此我替他应名摆围。你看士庶人等纷纷俱来,看送嫁妆,或者我大相公出来观看,也未可知。苍天,苍天,可怜叫我遇着他,使俺主仆相见,真属万幸。"说罢,两眼留神便在那人层内不住观看。谁知事有凑巧,一眼觑着了李玉郎,说道:"那壁厢来的好像我家大相公。"上前一认,果然是他,一手扭住,哭道:"小人千找万寻,再也撞不着大相公,今日天假其便,得以见面,小人十分侥幸。"说罢,大哭起来,玉郎一阵〔心〕酸,痛倒在地,苏醒半日,说道:"书童,我那爹娘在家安否?"书童说:"老爷奶奶只为大相公追赶丽容,不回家中,哭泣不安。特着小人前来寻,我已经来此日久,费用俱尽,也是无可奈何了。"玉郎又问:"你为何身穿戎衣,这等打扮?"书童说:"只因公主出嫁,那店主人是个操军,我欠他饭钱,故此替他来应名,所以这般打扮。只是大相公到此,不知问着翠娘的消息吗?"玉郎道:"说也可怜,那日我赶到京中,已将翠娘送入相府了。那时我往相府窥探,因为闯了道,那相爷将我拿住,自分必获重罪。那时我说与翠娘有中表之亲,这丞相信以为实,就欢欢喜喜命院子请翠娘与我相见。谁知事有中变,遭了一个奇妒夫人,恐其收下翠娘夺他之宠,乘丞相上朝,竟秘密的送入宫中去了,教人岂不可叹!"书童说:"翠娘一入宫中,这就是石沉大海一般,相公与翠娘相见之日,只可期之来世吧。小人劝相公不必再涉妄想,快与小人回家省亲,致免老爷奶奶悬挂。"玉郎说:"书童言之有理,但是我亦闻得公主出嫁,太后亲点四十名宫人从嫁,我想张丽容或在数内,亦未可知。况是明晚定宿在馆驿金亭中,我和你妆做军卒,混入其内,倘然天可怜见会他一面,俺就死也甘心。"书童说:"这也不难,相公就穿上我的衣服,充一名军卒,待小人再去顶替一名。"玉郎听书童之言,满心欢喜。二人随各脱衣相换,好不兴头,有词为证:

> 脱下儒冠,把青毡带着。穿上戎衣,把蓝袍换却。乔打扮,他怎知变影移形。又况他行见错官家势,思令人顷岱岳。纵是觌面相逢,觌面相逢,只应偷眼看他。

——右(上)调《间黑麻》

李玉郎此时换了衣服,要去寻那丽容,不知寻着否,下回分解。

第十回 主仆相遇换戎衣
隔墙续情得奇逢

话说李玉郎改换衣服，扮作一个军人，一心去找丽容，走向前去，见了一伙军卒，尽是一样打扮，便就混入其内，摆成队伍，执戟扬戈，浑然无二，心内想道："我是一介书生，若非这个机缘，如何到此处。"正说之间，只见香奁嫁妆一对对摆设出来，真个光彩耀目，奇巧惊人。那些众宫女内使，尽是五花团蟒，花攒锦族，不计其数，前后跟随。那些香舆车仗，甚是众多。此时喧闹之际，玉郎便留心观看。只有一个颜色出众，秀雅宜人的，仔细一认，恰恰就是那丽容。但是众人瞩目之地，怎敢与他厮认。这玉郎以饿眼观看着丽容，心内把持不住，未免有些且前且却之意，不似那众人摆围的，寂然不动。李玉郎这番光景，也早被那丽容看出行藏，但是其人总似，衣服甚是不对，况且玉郎一读书之人，如何穿着这样衣服。不免触动情怀，心内想道："我当初上船进京之时，玉郎正然抱病在床，不能挪移，况我有血诗寄去，未必不病上加病，身为情死。且是一个软弱书生，如何走的这千山万水，况是天下面目相同的尽有，如何便就认定是他，这也不过付之想象而已。况他是一个军人，我又系一个女流，正当皇家严肃这地，便敢问他一声不成也罢？等到金亭馆驿住下，或者天可见怜，赐一机缘，问出一个明白，奴家死亦无恨。"说罢，不住的回首观看而去。正是：

乔妆军士混军卒，不许旁人识妙机。

再说李玉郎有心观看张丽容，自然见了他，就认真是他了。只是张丽容看见这个军卒，十分像那李玉郎，如何便认起真来，心中恍恍惚惚，难以定准。待要唤他一声，耳目众多，哪哪里敢叫。只得含忍在心，暗暗垂泪而已。及到金宁馆驿，随着那些内使宫女，安置妥当，单候公主驸马合卺，好去服侍。这且不提。

却说这李玉郎身穿戎衣，替那军卒摆围，明明看见了丽容，只是森严之地，人稠目多,怎敢与他交头接耳上前厮认。因自想道:"咳!那娇滴滴的翠娘,怎经的这样辛苦!到而今我只恨那洒银公子,无故进谗拆散我的姻缘,到使我二人跋涉万里,眼睁睁对面不得相见,岂不令人叹煞!我如今千回百折,无几奈何,不免充一名更夫,借一面巡锣,沿墙探一个消息,以满吾愿。或者天遣相逢,那人也有心将我访察,俺二人得见一面,诉一诉衷肠,各人的心事,便著在那断肠簿上,也就罢了。至若婚配之事,只可付之流水足矣。"思罢,便呜呜咽咽哭了一回。随与众军人说:"列位年兄,看那天气严寒,雪降风冽,好不怕人。我是新充军卒,理宜任劳愿,众位长兄,少为歇息,我不免敲着梆锣,巡视一回。以表微意。"众军卒说:"此乃大家公事,岂可累及一人。"李玉郎有心去探那丽容,哪里顾得什么寒冷。这玉郎即说道:"三人同行,少者吃苦,这也是理所当然。"众军卒见他说得甚好,随接口道:"既然如此,只得难为你了,我们暂且安息,再去换你吧。"玉郎得了这个美差,手提梆锣,即便打更去了。只是心内想了一想,说道:"你看金亭馆驿,门高墙紧,周围宽大。那翠娘总住在里面,难道我会插翅飞进与他相见不成,我如今只好寻墙探听,做一个望梅止渴罢了。"

　　按下玉郎去寻丽容,再说那翠眉随着众宫人安顿在金亭馆驿,只因他路上看见个摆围的军士,相貌与玉郎无二,心中甚觉狐疑,说道:"我自到京以来,与玉郎相别已久,那有音信可通,就为他身死异地,他可哪里知道。不意昨间有一摆围的军卒,面庞与玉郎浑一无二,令人难以想象。若说是他,他可如何来到这个所在?况是充应军卒,叫俺难以凭信。若说不是他,天下哪有这等相似之人?且是他见了奴家一眼,觑定在我身上,只觉有一段不认不能、欲认不敢之意,实实令俺难以猜夺。我于今如何放得他下,正是:心头有事难稳睡,趁此良夜觅情郎。我如今心神缭乱,如何睡得下,我不免私出外堂,试探动静一番,且看众人睡了不曾。"及遍侍御之人各自睡熟,丽容喜道:"何幸得紧!如今他们都已睡着了,我且走到堂下探听一番。"及至,四下一望,杳无人影,不觉叹了一声,说道:"你看更深夜静,万籁俱寂,我一女流,纵有心事,请谁与我传示,我想这段苦衷,唯有上天可表。玉郎,玉郎,不知你可在墙外否?"不觉触动情怀,掩面哭泣起来。正在伤心之际,忽听墙外有咳嗽之声,丽容止住了泪痕,细细一听,说道:"方才这个咳嗽音声,俨然是我那玉郎一般,我欲唤他一声,又恐错误,不得稳便。也罢,我将当年霞笺诗念上一两句,若是我那玉郎,他便闻声即悟,若不是他,也就茫然莫觉,庶不至弄出事来。"思罢,就将霞笺内得意之句,连连高声诵出墙外,这也是天缘凑巧,可可的李玉郎在墙外巡更,只听得风送清音,听的明白,不觉失了一惊,说道:"方才听见的是我霞笺诗,我想此诗唯有丽容注念在心,若非我那可意的人儿,谁能吟咏。况是深夜之间,这等有心,定是我那翠娘无疑了。"随大着胆,也顾不的有人知觉,便就叫了声"墙里边可是翠娘爱卿吗?"丽容一听是玉郎声音,不觉喜从天降,急急地答应一声:"墙外莫非玉郎乎?"玉郎说:"正是。"丽容又问:"你说你是玉郎,我赠你的霞笺血诗可曾带来?"玉郎道:"小娘子的是小生珍若灵符,时时佩带不忘。"丽容说:"你既然霞笺诗在你身边,你可隔墙与我丢过来。"李玉郎一听此言,即将霞笺从身边解下,丢将过去。丽容上前拾在手中,拆开了外函,映雪一照,只见霞笺血诗外又有两行和韵,写道:

> 人生离合系于天,切莫将身赴九泉。
>
> 似此两情金与石,今生应拟续前缘。

　　丽容看罢,心中好不欢喜,说道:"此是李郎前日和我舟中之韵,如此看来,真真是我那玉郎了,岂不令人痛死!只是这一段墙,真如同万仞高山,我如今心腹事纵有万般,哪里能说得明白,不免将要紧话嘱咐他几句。"随扬声道:"玉郎,玉郎,此地耳目众多,非谈心之所,幸而夜深人静,有两句要紧话儿,你可牢牢记着。你既为我来到京中,今当大比之年,君当努力功名,愿登虎榜。试毕之后,你可早上封章,咱两个的姻缘或有可望。"说罢,玉郎正与丽容〔复〕话,只听得里面有人喧嚷,唬的个玉郎急急提了梆锣,离墙边去了。不知玉郎与丽容何以见面,下回分解。

第十一回 金亭馆驿快合卺
公主点鬟露真情

话说李玉郎隔墙与丽容正诉衷情之际，忽听有人喧嚷，却是为何？原来公主驸马到得金亭馆驿，黎明就要拜堂合卺，所以五更时分，那些内使宫人俱各起来安排，执事不觉得彼此传呼，各按次序伺候着，成其大婚之礼。只见礼部赞礼官来到，吩咐这些执事之人各司其事，好服侍行礼，须臾之间，只见两班新人拥簇着两个新人，果然金枝玉叶嫁才子，朝郎驸马配佳人，说不尽金山银海，皇家富贵，有词为证：

> 玉洞金池，喜亲迎天女，成就婚期。香车内妆点许多珍异稀奇。晓日初
> 升，楼台耸处，红云端里琉璃翠。叹人生，哪曾见过这般遭际！
>
> ——右（上）调《惜奴娇》

公主驸马俱已班齐，掌礼官喝道："请公主升座，驸马爷上前行君臣礼。"跪拜已毕，掌礼官又喝道："请公主娘娘、驸马各行夫妇礼。"交拜已毕，宫人排列花烛，送入洞房。公主驸马自成婚之后，倏然之间不觉月余。一日，公主清晨睡起梳洗，唤张丽容来点鬟。这丽容满腔愁恨，无限幽思，正在伤感之际，忽有一宫人前来唤他，说道："公主娘娘梳洗，令姐姐速去点鬟。"这丽容一听，即时跟着前去。到得妆前，见了公主，说："丽容磕头，娘娘千岁。"那娘娘吩咐说："丽容起来，与俺点鬟。"这丽容心头有事，神情散乱，手拿篦儿，别有所思。此时心中只有一个玉郎在怀，不觉失手将篦儿跌在地下。公主一时大怒，说道："我看你终日双眉紧锁，珠泪暗流，似有心事，何不明言。若是仍前难免玉碎，你今须要从实说来。"丽容说："奴婢蒙娘娘别眼看待，实有冤苦，今日蒙娘娘垂问，料想终难隐忍，我这一腔心事，就奏与娘娘知道，恕奴婢万死。"公主道："快说上来。"丽容磕头，禀道："奴婢实是风尘下贱，遭逢不偶。"公主说："你可有丈夫吗？"丽容说："原来有个丈夫。"公主道："既有丈夫，为何到此；又将你献与太

后？"丽容说："只为阿鲁台老爷以千金购奴，转献与伯颜丞相。那夫人见妾有此颜色，顿起妒心，趁着丞相上朝，暗将奴写表献进来的。"公主一听，心下明白，又说道："你既有丈夫，叫甚名字，住居何方？"丽容说："他姓李，名彦直，松江华亭人氏。知贱婢进京，他就来京寻讨。只是堂堂相府，难以相见。况我今又〔在〕宫中，叫他哪里询问消息，所以贱婢日夜悬念，不能放下，故此失手跌了篦儿，望娘娘恕罪。"公主说："你丈夫既在京中，这有何难，明日烦驸马差人与你打听的实，管你夫妻团圆。"丽容将头磕下，禀道："贱婢蒙娘娘厚恩，如同再造。"正说话间，只见驸马下朝来了，一见公主，说道："这丽容为何跪在此处？"公主道："说也稀奇，此人乃有夫之妇，只因阿鲁台拣选美人，将他选入相府，那伯颜夫人苗氏，又以嫉妒为心，背着丞相献于太后作为媵妾的。"驸马道："原来是这个缘故，你丈夫是何方人氏，姓甚名谁？"丽容说："我丈夫姓李，名彦直，松江华亭县人氏。幼习儒业，学高北斗，原是一个龙门之客，点额之鱼。"驸马一听，触动心怀，不觉哎呀了一声，说道："公主真乃是一桩奇事，圣上今早金殿传胪新科状元，也是姓李，名彦直，松江华亭县人。到与丽容丈夫同名同姓，难道就是她丈夫不成？若要是他，岂不是千载奇遇。看那人弱冠貌美，胸藏星斗，自然是文章魁首了。张丽容过来，你当初与李彦直分散之时，可有表记作证否？"丽容说："有，有，有。红楼当日锁花钿，吩咐新词结〔佳〕缘。无奈幽芳闭深阁，怀中剩有此霞笺。我如今现有霞笺可以为证。"驸马道："既有霞笺，何不取上来与我一观。"丽容即从怀中取出霞笺，献于驸马。驸马一看，说道："观此霞笺，写作俱佳，果然胸藏锦绣，笔逞龙蛇。张丽容，我如今宛转与你成其佳配，岂不是好？"丽容一听，说道："多谢驸马爷成就之恩。"驸马与丽容说到快意之时，有诗为证：

古来好事定多磨，今日应须喜气多。

权把霞笺当红叶，管教织女渡银河。

不知驸马与他如何成就姻缘，且听下回分解。

第十二回　驸马赔妆送寓所
　　　　　　辞朝省亲求团圆

　　话说张丽容蒙公主娘娘垂问,正在告禀之时,忽然驸马下朝,叩问原因,丽容即以实言相告,且将当年定约霞笺献于驸马,知道此是何等机缘,何等造化,这且不讲。

　　且说这一班新贵赴罢琼林之后,公同商议说:"列位王公,俱各顶礼拜望,唯驸马府中,尚未晋谒。"这状元李彦直说道:"列位年兄,我等幸擢巍科,同沾雨露,前日已谒过王侯丞相,今日须往驸马府中一拜方好。"众位齐说:"年兄言之有理。"随各人整顿鞍马,齐到驸马府中晋谒。只见转过绿水红桥,便是高楼朱户。到此俱各下马,令人传报。驸马一听,心中正怀着丽容之事,要去见那状元李彦直。忽听传报进言说:"诸位新科老爷前来奉拜,已到门了。"驸马喜之,急忙吩咐:"快请!"只见这一〔班〕新贵进到驸马府中,那驸马出来迎接。到得中堂,列位新贵说:"晚生辈幸叨皇恩,得登甲第,特来造府禀谢。"驸马道:"学生愧□先施,有劳贵步,此理何敢克当。"驸马随与诸位新贵同拜了四拜,坐定茶罢。驸马道:"学生有一幅白头荣贵图,敢劳状元一〔题〕,不知肯赐教否?"李彦直答道:"驸马命晚生捉笔,敢不从命? 但是愧不精工,恐污云笺。"说罢即将荣贵图展开,只见才高学博,不假思索,龙蛇飞舞,立刻写完,递与驸马。这驸马喜仔仔说道:"物以人贵,这幅云笺一得状元题咏,便觉价值千金。"□自□□说:"只是学生总非文人墨士,素性颇好歌词,近日得一幅霞笺,但不知何人题咏,乞状元一观,定其优劣。"李彦直说:"驸马既有锦绣,愿赐一览。"驸马即将霞笺递与彦直,这状元展开一看,不着心内着惊,神情俱失,对着众人不觉露出一段伤惨之情。有词为证:

　　　　见霞笺使我心惊□,这件事费人忖量。多管是故来相弄,想名花已入东墙。又恐你把衷情说向咫尺,无渊如千丈相思账。由他主张,须道乐旨,分镜合徐郎。

　　　　　　　　　　　　　　　　　　——右(上)调《太师引》

话说状元李彦直一见霞笺，触动他的心事，对着这些〔新〕进〔士〕，怎敢明言。驸马早已看出行藏，故意向着状元说道："这是古霞笺真堪赏玩，未审是何人题咏，看将起来这是和韵，还有前咏一幅，不知落于何人手中？"说道此间，这李彦直不觉两泪交流，几乎失声。驸马观此行径，知是状元与丽容真有这一段情缘，只对着一班新进士，怎好开口。遂含糊说道："学生既蒙列位光顾，酒筵已经摆完，请少坐，以尽一日之欢。"李彦直说："晚生辈理宜谒见，怎敢讨扰，愿乞此笺假动细玩一番，何如？"驸马说："宝剑赠予烈士，红粉付于佳人，有何不可，只是看过要还。"彦直说："这个自然。"那时接在手中，就要告辞。驸马说："状元乃列位班头，如何推脱？就此上席。"驸马有心，早吩咐丽容杂在众宫女之中，席前侑酒，令他二人各自相认，以便好送他团聚。只见这些内使宫人，摆列成行，歌的歌，舞的舞，极尽皇家富贵。唯有状元李彦直一眼觑着了张丽容，红裙艳妆，站到筵前，咫尺如同千里，唯有暗自惆怅而已。

再说那丽容蒙驸马叫他出阁相认，他在宫人之队，早看见首席上一位少年，头带乌纱，宫花红袍，分外齐整。更比当年韶秀，心中暗暗自喜，自不必言。但离别情深，和泪下咽，怎了扬声。这便是"银河隔断牛女会，各自心照泪滂沱。"这驸马是个知趣的人，见他两个的光景，知是原系旧交，一心要周全他成为夫妇，随吩咐了声"宫人回避。"只见这些内侍宫女俱各散去，李彦直领着一班新进士谢酒告辞。驸马说："有慢列位先生。"众位已去，驸马对着众内侍说："尔等速办妆奁，明日送张丽容到状元寓所成亲。"

正是：

今朝杯酒见衷肠，两地新诗结凤凰。

风静始知蝉在树，灯残方见月临窗。

到得次日，妆奁完备，驸马命公主将丽容金妆银饰，扎裹得天仙相似，命内侍送至寓所。这丽容喜从天降，叩谢了公主驸马之恩，上了彩舆，一路鼓乐喧天。到了寓所，李彦直感激不尽，接到中堂。内侍说："奉驸马之命，多多拜上状元。昨日见状元认了霞笺，即欲将尊阃就席间相见，奈诸客俱在，恐涉不雅，今备妆奁之资三千贯，特着咱家送与完聚。"彦直一听，说道："多谢驸马厚恩，尚容登门叩谢。"打发众人回去，急急

国学经典文库

私家藏书

情楼迷史

图文珍藏版

八七一

来见丽容,二人交拜了四拜,状元说:"夫妻本是前生定,一幅霞笺完始终。"丽容道:"今朝幸喜鸳鸯会,却蒙公主驸马情。"那书童在旁说:"老爷奶奶大喜,小的磕头。"状元道:"你且起来,听我吩咐。我如今幸喜中了状元,又得与夫人完聚。明日上表省亲,我自修书一封,你可先到家中报喜。我与夫人不日就要起程了。"书童说:"晓得,明日就去。"正是:

> 今宵久旱逢甘雨,况是他乡遇故知。
>
> 重会洞房花烛夜,果然金榜挂名时。

话说状元李彦直差书童前去报喜,他父母正在家中思想彦直。一日,老御史对着夫人说道:"自从孩儿出去,至今杳无音信。我已差人打探,不见回来,好生放心不下。"夫人说:"老身日夜悬念,怎生是好?"正说话间,书童已竟走到堂前,跪下禀道:"老爷奶奶,恭喜,贺喜,大相公中了状元,今蒙圣恩准赐驿还家省亲,不日就到,有书呈上。"老御史接书,拆开一看,上写道:

> 不肖男叩禀父母二位大人。儿自逃往京师,久离亲闱,罪不容死。幸赖家学渊源,得擢巍科。皇恩钦赐状元宫袍色彩,又蒙兀都驸马送出宫人,结为百年姻眷,不日驰驿还家,以谢罪愆。
>
> 不孝男彦直叩禀

御史看毕,满心欢喜,只是驸马赐一宫人,有些不解,随问道:"大相公总是中了状元,驸马为何送一宫人成亲?"书童禀道:"老爷,奶奶,不必追问,就是向日会景楼那话儿。"御史说:"天下有这等奇事!那张丽容如何到得宫中?"书童道:"说也奇怪,那阿鲁台老爷将翠娘夫人选入相府,只因丞相夫人醋意太重,乘间送于宫中,太后见他举止端方,善于服侍,就命他随嫁驸马,及到金亭馆驿,他就终日愁烦,公主问出真情,告知驸马,驸马又见他霞笺酬和,甚是赏心,便将他二人玉成夫妇了。"御史说:"原来如此!这叫作因时娇。"

国学经典文库　图文珍藏版

私家藏书

马松源⊙主编

线装书局

图书在版编目（CIP）数据

民间藏书/马松源编.—北京:线装书局,
2011.7(2021.6)

（私家藏书）

ISBN 978-7-5120-0402-3

Ⅰ.①民… Ⅱ.①马… Ⅲ.①私人藏书—中国 Ⅳ.
①G258.83

中国版本图书馆 CIP 数据核字(2011)第 145236 号

民间藏书

主　　编:马松源

责任编辑:崔建伟　高晓彬

出版发行:线装書局

　　　　　地　址:北京市丰台区方庄日月天地大厦 B 座 17 层(100078)

　　　　　电　话:010-58077126(发行部)010-58076938(总编室)

　　　　　网　址:www.zgxzsj.com

经　　销:新华书店

印　　制:北京彩虹伟业印刷有限公司

开　　本:710mm×1040mm　1/16

印　　张:112

字　　数:1360 千字

版　　次:2021 年 6 月第 1 版第 2 次印刷

印　　数:3001—9000 套

线装书局官方微信

定　　价:598.00 元(全四卷)

目 录

民间藏书

第一篇　民间藏绝世孤本

《金谷怀春》

第二篇　民间藏绣像珍稀秘本

《情梦析》

第三篇　民间藏手抄真本

《梅花洞》

第四篇　民间藏禁毁私刻本

《定情人》

民间藏绝世孤本

第一篇

金谷怀春

〔明〕楚江仙隐石公 撰

　　至正初年，有苏生者，名道春，字国华，号百花主人。远祖累臣唐宋，迨元初尤盛，本贯武功仕籍。生而神凝秋水，貌莹寒冰；文章倒三峡之词源，议论惊四筵之雄辩。书画琴棋，靡不通晓，诚人中之翘楚者耳。年方十五，随父任河南廉访司使。逾两春秋，学问进益。至次年，正月十五上元之夕。晕球灿烂，莲烛荧煌。遂与本司令史何一清者，游专诸门，登望仙桥，至望仙市。且行且观，灯月相映，乃郡城一都会也。有鳌山接汉，车马轰云。俄见两小鬟，各挑丝纱莲花灯前导。一佳人，年可十六七，独坐香车之中，从二女奴，卫以四小童，皆披红垂绿。美人忽下车，以团扇障面，徐行数十步，云鬟月貌袭人。苏生以为出于公侯之家，莫敢仰视。美人停立良久，复登车而去。生窥视之，颜色绝世，真神仙中人。翩若惊鸿而婉若游龙也。生自谓奇遇，因口占《烟影摇红》一词，以寓情云：

　　　　十夜东风，万斛会莲灯开遍。烂花前后映楼台，光沸瑶池宴。十里珠帘
　　尽卷，人正在未央宫殿。姮娥奔月，仕女乘鸾，宽衣素练。谁驾香车，彩云扶
　　下双双留连。踏破绛都春，只恐春宵短，可是将人抛闪。倚阑干笙歌别院，
　　幽恨千条，残星数点。

　　令史何一清，亦口占《一隔秋》歌以和云：

　　　　乘闲步移湘水春，风吹罗绮飘香尘。
　　　　谁将檀板敲明月？梅花一声愁煞人。
　　　　凤皇台上神仙客，尽把黄金买春色。
　　　　观灯深饮流霞秀，遥望芙蓉秋水隔。
　　　　人生行乐虽及时，莫教青春愁红丝。
　　　　等闲庭院夜将永，星斗满天秋露垂。
　　　　洛阳景物应如昼，酒酣不管长安价。
　　　　玉山颠倒醉花阴，翠袖笼香扶上马。

　　生至次夜，灯残人静，再游其处。意下有所遇也。往来间，见一女步行，似不类昨。体饰宫妆，亦以二小娃前导。一持金吊炉，一携紫绣褥，徐徐而进。侧目窃视生

之容止。乃知为昨夜所遇之人也。不能自抑,因制《谒金门》一词云:

深深意,喜遇洞庭姝丽。万种风流含笑里,回头生百媚。瑶玉当年双美,肯问紫云孰是,拟把名花齐与比,名花羞不起。

女亦有感而作《海棠春》词云:

迟迟已到花深处,看未足,密云欲布。花外许神仙,丰度欺良玉。带春归去,洋洋金缕,似把我芳心低诉。无定两情睇,怎禁人胡觑。

后因赋景,有二律云:
其一

蓬莱咫尺隔红尘,谁买仙槎一问津。
闲惜落花联藻句,倦随芳草坐苔茵。
绿云暖阁莺声小,翠袖分香柳色新。
只恐迁音飞鸟过,一声漏泄武陵春。

其二

羞傍妆台整玉容,翠翘浮动宝钗珑。
罗裙半溅潇湘水,金线斜牵太液风。
莺啭上林花烂漫,客游三月草菁葱。
倚窗尽日浑无事,欲把珊瑚斗石崇。

生自侧目之后,梦魂缭乱,神思昏迷,行住坐卧,无不在于美人左右。因书室中栽植牡丹一株,盛开,艳丽娉婷,天香国色,异于百花。遂更号,曰牡丹主人。乃忆所遇,娇姿相似。欲谐姻愿,遂思:堂下司狱之神至灵,征求叩卜前事,心甚诚切。是夜,忽闻窗外,有人吟诗一首云:

牡丹红靓比人龙，半在南阳半武功。

国色天香谁是主？想应都付与东风。

生既闻诗，开户视之，寂然无人。乃悟曰："此司狱神之告我也。吾有牡丹之号，彼有海棠之应；吾郡武功，彼郡南阳。是耳。明日，以牲帛祀神，遂书一律于东壁，以识异。"其诗曰：

公门庙食狱神祠，千载功勋勒石碑。

梁上新题唐岁月，冥中常是旧威仪。

风生剑戟降魔处，云拥旌旗出相时。

欲问古今人世事，捷如□□□□知。

生自是喜形眉宇。遂托前吏何一清访之。复以神所咏诗示之。吏曰："君无往，我当行以报。"寻至其处，见一农者而过道左，乃就而问之。农者曰："吾不知也。前去东风楼下名居，有老妪，以媒为治生，名蔡妈者，凡富贵贫贱之家男女，美恶容貌，年月日时之生，无不周知。盍往质之。"吏因悟东风楼下之语，竟造妪家，备述其情，托媒通事。妪曰："有诸。其女父潘姓，万斛其名，先任四川通政大夫，向寓中山，累罹兵火，迁自南阳，方建第宅于都中，皆以香柏为柱，梓为梁。花木竹石，极其富丽。亭榭楼台，极其宏敞。虽陶朱之室，石氏之园，莫能及也。今通政谢事家居，年五十，唯一女，名拱璧，字玉贞，年方十七。语态度，则娇若芙蓉之映秋水，语颜色，则皎如明月之辗瑶空。聪明秀丽能诗。少游张大参衙内张夫人，嘉其娇质，呼为海棠红，至今家人以为号。女有诗章数百首，自名曰《海棠集》。近闻侍母往赴外祖赵学士家。元夕之会，相去不远，未知归否。且潘夫人谨恪，闺门严肃。尝有贵戚求亲，多不见许。今子欲求，这事妪即当奉命。"吏得妪言，喜溢于心，辞归，备道其详与生，且为生致喜再三。生自喜不胜，因作近体唐律二首。

其一

信手烹鱼觅素音，神仙有路足登临。

扫阶偶得任卿叶，弹月轻移司马琴。

桑下肯期秋有意，怀中可犯柳无心。

黄昏误入销金帐，且把羔儿独自斟。

其二

小棹移游宿柳荫，轻烟迢递罩前林。
乌啼城外闻清调，鹊噪檐头送好音。
隐几顿生青草梦，遣怀谩作白头吟。
成都佳卜应难买，闷掩蓬窗夜雨深。

生厌后遥望明河，不觉几更赏荚。至次年春，生送父朝京观。行道过南阳，遇友，姓黄名中者，与生为莫逆之交。见生至，晤而叙断金之好。黄中以书为业，陌巷贫居。生遂以所有，代其处置田宅。黄中父早丧，丧事生为之举。黄中母暮年，甘旨生为之备。交好始终一于，敬而不少衰，可以见其立心忠厚，待友之诚，轻财重义之美，鲍叔纯仁，不是过也。生于讲习之余，曾口占一律以遗黄中云：

殷勤持酒问春光，报道梅花老寿阳。
把臂并游风雨冷，对床夜话桂兰香。
四方相逐逢东野，千里神交契远章。
剪烛西窗清论后，鹏程九万看翱翔。

黄中亦依韵以答生曰：

开了蓬门竹送光，论情未可道山阳。
一轮明月陈蕃榻，几阵清风荀令香。
鸡黍谩留生死义，萤灯还究圣贤章。
期君早展凌霄翼，五色云中快凤翔。

生复继之以五言律一首：

不见黄生久，匆匆鄙吝留。

风晨怀命驾，云夜兴乘舟。

胜境临杨宅，携琴上庚楼。

且穷樽底酒，扫却一身愁。

黄中亦答之曰：

光阴容易老，白发总难留。

门掩安康凤，江浮李郭舟。

片羹香碧涧，落月碍琼楼。

最是庭前草，能消一段愁。

生寓客居，风月之怀有感，每劳于声口。云雨之梦，多寄情于词章。黄中常览生所作，莫探其故。询及再三，生不得已以实对。黄中曰："隔园桃李，固不可以勉强窥。荆石圭璋，尤不可以容易得。事若克谐，缘有所兆。彼投梭折齿，围扇障面者，何足尚哉。"且慰之曰："天下无难处之事，喜势有可图之机。唯潘相国，渊源学问，足追古人余事，文章卓越。今试为君计者，莫若束书执贽，卜日从游乎，以接明道一团之和气，入孔氏数仞之门墙。不唯为进德之基，抑且为通名之地。况足下霁月光风，冰清玉洁，襟怀之不可及，一也。殊庭日角，玉哲芝眉，风采之不可及，二也。笔花生稿，发藻成章，才华之不可及，三也。彼海棠红者，固贤女子也。岂无一动其心哉？"言毕，又以女之词章以语生。生恍然，不觉自失，因作春风词，以发其意云：

春风起兮百花香，粉翅荡兮蝶身忙。燕有语兮莺有声，叹此时兮难为情。忆扬州兮鹤未还，醉琼瑶兮舞小蛮。帘幕低兮白昼闲，愁绪结兮憔朱颜。夜半鸟啼兮月一山。

越明日，生如其言，整步趋马融之绛帐，凝眸仰韩愈之高山，执贽就业于潘之门，嘱应门者通名辗转。潘相国方理他事，遂易更衣，呼传命者，引生入于中堂，设榻东席，不受生拜，且慰劳至至。询问应答，起止进退，而生多有可人意，相国甚喜。茶罢，复进父书一缄，表里二端。相国忽改容曰："斯文通家，书则宜受，表里绢帛，何以物为。"别遣二童归之，设馔极其丰洁，留生饮于宾馆，歌吹谈笑相延。时生情逸，殊忘形迹。言归靡定，相国笑曰："一客何烦两主人。"生曰："舍馆未定，飘零殊甚。"再拜辞谢。相国曰："莫能强焉。"与生执手曰："明早扫榻以待。"生砰而归。是夜偶成一律：

　　咫尺仙凡有路通，碧桃合露醉东风。

　　看花旧有伤春意，折桂新成力学功。

　　宝鸭吹香来几席，银蟾流影入帘栊。

　　书窗半榻荼蘼架，自与人间景不同。

次早，生遂授业于潘门。洗耳听鳣堂之教，检书燃东阁之藜。相国延入，馆生于丽春园之明翠轩。时见华居壮丽，轩之前有瑶草琪花，罗列于左右。珍禽奇兽，飞走于前后。轩北以盆池养金鲫其中，墙西以竹屏结翠柏其上。屏下设假石山，山外彩楼数椽。四时景物，各逞奇芳。生因赋近体诗一律，以写其胜云：

　　小园风景四时佳，曲曲亭台寂不哗。

　　一色远峰凌画栋，半池活水映窗纱。

　　缘浓翠湿琅玕竹，风细香飘锦绣花。

　　别有洞天人世上，相逢何必问仙家。

诗后再制《春从天上来》曲一阕，以自遣云：

　　淮海逍遥，叹几番风雨，魄散魂凋。梦里曾来，月殿云霄，凤皇九奏箫韶。问当年丰采，有姮娥百媚千娇。笑相招，把霓裳轻举，仙珮飘飘。满酌琼浆频劝，醉春风几度，鬓发萧萧。懊恨蟾蜍，截断长虹，万丈银桥。梦回时，酒醒人何在？烛暗香销。辗转无聊，书帏寂寂，夜漏迢迢。

玉贞于隔窗下，时闻书声。读罢三更，月琴韵调回百媚春，不知其父所主者，何如人也。暨二侍女，一曰桂英，二曰兰英，从环翠亭达宜春堂，垂帘下窥之。见绣窗半启，绛烛高烧，生坐琴榻，凭几支颐，似有所思者。玉贞见生，仪容不让宋弘之独步，儒雅肯辞董子之多才。一见，心颇悦之。盖亦未免无私意之累也。俄而，桂英曰："此非元夕遇人耶？"玉贞乃悟，因制一调，名曰《浣溪沙》：

> 月转兰阶夜几更，书声才辍又琴声，风流儒雅总生成。翠缕柳边金钗响，彩莲灯下锦衣明，教人无处不关情。

他日，生坐对泉亭下，有一哑仆者，过生亭前。生戏之曰："君以眼为耳，予以手为口。"不意玉贞在绣幕下，莞然笑声而作。生挑之曰："得黄金百钧，不如卿子一笑，正谓此也。"时春三月，有牡丹数朵。生题《点绛唇》词以戏之曰：

> 百宝阑干，名花一捻红妆巧。数枝浓艳，妆点春多少。锦萼檀心，画手描难了。东君道，韶光易老，好买千金笑。

玉贞观毕，不以为意。生无聊间，见桂英至。问之曰："汝公相，台榭之盛如此，景销之富如彼，若外有佳景，以适吾玩好者乎？"桂英遂引生于聚景园内玩之。园内四时花草，一望无际。行至赏春亭上，见佳咏数首，字字典雅，句句清新，虽李易安、苏若兰之辈未可优也。生问桂英曰："此佳制，出于何人？"桂英笑曰："此妾家小姐。赋质清明，长于翰墨。拈金针于倦绣之暇，试彩笔于咏物之时。故有此诗数首。"诗云：

咏兰花

> 不枝不蔓吐芳心，空谷无声足赏音。
> 读罢离骚清玩久，满怀真趣托瑶琴。

咏杏花

> 芳姿着酒砭枝头，行客村前醉不休。
> 斜出短墙春正暖，不施朱粉自风流。

咏梨花

冰肌玉质自轻盈,寂寞黄昏对月明。
最是半帘风雨恶,闭门无限惜春情。

咏茶花

翠条无力引风长,点破银葩玉雪香。
韵友似知人意好,隔栏轻舞白霓裳。

咏辛夷花

向晓开来露未干,胭脂红染玉阑干。
含娇妆点春无价,错晓东风问牡丹。

咏柳花

临水佳人事事幽,迎云体态最风流。
雨余犹润胭脂色,占断西湖万顷秋。

咏鸡冠花

艳质昂昂迥出头,顶丹堪与鹤为俦。
阶前风急闲相问,不识官家报晓筹。

咏玉簪花

灵魄食香冷露侵,瑶池深处绿云阴。
若为昨夜天风起,吹落飞仙白玉簪。

咏山茶花

绿叶红苞带雪嘉,半浓半淡两三葩。
广寒与我长潇洒,不比寻常桃杏花。

咏梅花

一枝春寄小江南,独自迎霜独自寒。
淡月细香清艳处,玉人和泪倚阑干。

生于玉贞才思,始言者,尝闻其略;兹见者,则致其详。喜而遍观。其中,所有花草,遗而不尽咏春,生因援笔以咏之。诗曰:

咏丽春花

枝头娇困在东林,一段轻红雨后深。
总把玉壶花下倒,不禁春色恼人心。

咏海棠花

海棠着雨怨红稀,故把娇姿带媚垂。
试问东君伤底事,沉香亭下倒杨妃。

咏杜鹃花

踯躅啼春点淡脂,雨濡阆苑醉西施。
请看枝上哀魂在,惆怅兴亡知不知。

咏李花

素妆寂寞有余寒,弱态轻盈雨后残。
笑倚冰姿归去也,带看春色凭阑干。

咏水仙花

玉质纤纤斗丽华,银台带酒醉香葩。
江妃梦杳今何处? 向出东风第一花。

咏葵花

浅紫深红更淡奇,金杯侧下小西施。
斜阳两脚留残照,一点丹心付与谁?

咏石榴花

紫府深沉白昼中,珊瑚映水笑薰风。
千花万草无颜色,都让猩猩一点红。

咏菱角

怀芳夺角浸清流,一种奇逢一种幽。
何处夕阳箫鼓闹,两湖人荡采菱舟。

咏茉莉花

玉体轻盈学道妆,迎风浥露最生香。
晚来清透琅玕簟,带得瑶台暑气凉。

咏紫薇花

绛霞鸟质锦为裳,娇倚南风逞淡妆。
月满华堂清似洗,朱颜肯对紫薇郎。

咏金钱花

功巧都由造化修，形模何必费泉流。

知君不惜囊中物，买断江南一味秋。

咏冬菊花

腊蕊霜头簇色奇，岁寒唯有两三枝。

黄金满地无人拾，留买渊明醉后诗。

咏瑞香花

奇葩巧靥紫罗裳，浓碧婆娑压众芳。

垂与举杯花下饮，醉归犹觉绮罗香。

咏红梅花

妆遍江南别样山，道人偏爱惜朱颜。

冰肌自是清奇绝，何事东园看牡丹。

生吟兴豪甚，又赋五七言二律：

咏并头莲

自是池中物，钟情独异常。

迎阳倾国色，带露见宫妆。

窈窕同妃子，风流胜六郎。

两枝相倚处，愁杀野鸳鸯。

咏梅花

罗浮梦断杳无踪,冰雪仙姝两两逢。

缟袂怯单寒夜袭,粉妆嫌薄夕阳浓。

迎风一笑和颜厚,临水相看见影重。

道眼只将平等视,玉环飞燕总天容。

既而,因亭名"赏春",乃作《赏春行》一阕云:

世人赏春为春好,我何赏春被春恼。

太昊驾到五更风,万紫千红如一扫。

我今年少未白头,才得白头又枯槁。

赏春年少须追游,莫待春归吊衰草。

春归毕竟有来时,头白乌纱难再造。

何当别置留春轩,但愿赏春人不老。

桂英以生游赏之故,所赋之诗,语于玉贞。玉贞曰:"我有诗在彼,公子见否?"桂英曰:"公子每观,但深赞美。"玉贞遂纵步其所,见生佳作,真如明珠美玉,光振而可脱也。如秋风夜露,凄然而感恻也。如神思超越,高远而不可挽也。观毕,亦欲题律诗以复之,意犹未可,卒不见人,遂书于几云:

天挺联盟倚马才,日光玉洁任徘徊。

秦川锦缎桃花样,合浦长流珠蚌胎。

海内文章夸七步,翰林风月老三槐。

南金声价须珍重,却有佳人捧砚来。

再成三五七言古风一首:

帘半卷,香消篆。

池塘雨溅荷,声与芳心乱。

谩道黄昏独倚门,谁知吾有长门怨。

时,人间秋半,天上月圆。八月十有五日也。夫人当寿诞,生以致贺之仪,入谒拜夫人。两旁拱立者,皆内外亲属,不知其几多也。生作礼,进退未尝少有造次。众咸异之,莫不加敬。相国遂设酒于崇礼堂,大宴宾客。酒及中席。有张万户者起,捧觞致生前曰:"今日之会,盛事也。幸逢公子在座,光彩倍常。酒中无以为乐,愿闻佳制,以为夫人寿。"语毕,生不辞。遂赋《千秋岁》词一阕以进。生素善歌,座间有好事者,皆知之,而请歌甚切。生不得已,乃慷慨歌之,以侑寿觞。歌毕,夫人喜甚,众宾皆举酒谢生,转为生寿。其词云:

> 祥云缥缈,天上琼楼杳。
>
> 飞仙舞,异香绕。
>
> 画堂春似海,醉把金樽倒。
>
> 寿星聚,分明高照梅花早。
>
> 玉盘堆玛瑙,捧出安期枣。
>
> 人不老,春长好。
>
> 是非华表鹤,总与中书巧。
>
> 平白地,谁知自有蓬莱岛。

遏云歌罢,余音绕梁,座人赞称,同出一口。夫人大悦,重加钟爱。时与以龙剂四笏、兔颖十枝,遣左右持莲炬照生归于故馆。是夜,月浸楼台,万丈广寒清有路;香来庭院,一枝丹桂落无声。唯玉贞独坐于爱月之亭,知生独步于影娥之沼。轻笑轻语,情兼贾氏之窥帘;或默或言,意重宓妃之留枕。幸其有意寓焉。生乃托月试吟二绝,以寄情云:

其一

> 一团冰镜隔银河,爱此清光夜几何?
> 万丈广寒如可到,直将心事问姮娥。

其二

> 静观银汉暮云收,皎皎金波映碧流。

又即景四绝以述怀云：

其一

飘飘黄叶下庭除，夜月移来影渐疏。
风景参差留不住，一池秋水浸芙蕖。

其二

挑尽银灯苦夜长，萦心万事总参商。
西风不管人憔悴？暗送秋声到枕傍。

其三

银蟾明透自家秋，会见高人秉烛游。
吹笛桓伊声不远，清光空浸洞庭流。

其四

倚栏频问夜何期？待月中庭欲睡迟。
一树西风黄叶响，不关风景自生悲。

自是之后，几度捧瞻淑范，但知己之驹阴。生唯齿录玉贞，络绎怀春，辗转其心。奈何相府潭潭，见且不可得哑，而况得其私之乎。一旦，步于万玉清秋窗曲。但见嘉木数十株，交荫庭户。引流为清池，以石鲑栏楣环之。怪石高出池中，如怒猊绕骥。红蕖绿蕉，与木芙蓉掩映水上，金鱼鸳鸯凫鸭之属，出没菰蒲间。窗外斑竹千挺，于深处垒壁为台，作亭于上。由窗前一径，级而登焉。竹下列石为几，双鹤往来。径傍品菊数百，霜英然。池南橙桔相亚，累累若金。又别有茆亭，在东林蓊郁中，各擅其胜也。偶望见玉贞，上衣绛罗衫，下着翠纹裙，坐亭之前。卓越比玉有清香；娇艳如花能解语。诚谓两痕鸾月眉边照，一朵松云鬓畔妆。生率然进而揖之。玉贞惊惶中，回避莫及，乃仄身施礼，遂脱身独回。生因见玉贞，喜而作《临江仙》词一阕云：

忆昔望仙桥上遇，归来想象无真。今朝亲见活精神。动衣香满路，潇洒出风尘。回首多情何处也。踌躇立遍西清。临江一曲尽宜人，把持花下意，犹恐梦中身。

又作《寄思曲》一阕云：

江头一技解语花，不随桃李争春华。孤根流芳媚疏雨，香酥晕脸明朝霞。有人比花更奇切，犹带蓬莱秋夜月。南楼高士最关愁，相思梦断双蝴蝶。

词后又有绝句六首：
其一

翠带围宽瘦损腰，天台何处共吹箫？
可怜夜半秋天月，独自无言懒步桥。

其二

一片西风万里秋，落霞孤鹜使人愁。
若寻是处无愁地，却在鸾丘与凤丘。

其三

悠悠迎日对南山，吟啸何如谢传闲。
镇日倚楼无个事，寒鸦几带夕阳还。

其四

惜花无计可留春,倚遍阑干不见人
细雨霏霏长不寐,坐听残角两三声。

其五

自别家山月满楼,举头不见郑瓜州。
于今冷落东篱下,虚度黄花又一秋。

其六

千家楼阁千家月,万里江湖万里秋。
江上芦花无异色,天边白鸟下汀洲。

玉贞因见苏生,遂作近体二律云:
其一

徐徐步入小蓬莱,笑指东山处士来。
诗为雨催遗丽句,花知人意倍娇开。
只鸡斗酒堪悲也,明月清风亦快哉。
还想多情行动处,秋鸿飞到越王台。

其二

闷倚苍藤趁晓晴,残蝉衰柳不禁鸣。
花间烧笋茶烟湿,竹底篝灯露气清。
月向水中流夜色,风从芦里撼秋声。
凭谁借得飞云履,不惮崎岖上玉京。

又成《秋怀》一曲云:

风吹细细半廉雨，转眼光阻掷如缕。

倚楼惆怅望江南，迢递青山谁共语？

鬓云巧学月样梳，蹙地金莲红氍毹。

姮娥自起霓裳舞，情歌沉醉黄金壶。

不觉枫林秋已半，相思欲寄雁行疏。

玉贞是夜，坐于独秀轩下，不堪默默以思，奈以两弯翠黛，致偷送之。分明一点芳心，却被春之拘管。既而，密遣小莺者，持鹧鸪斑遗生，且戒之曰："若公子问所从何来，只道汝物供奉。"小莺拜领其言，即以与之。生见是香出自西国，非小莺所有者。再三叩其所由，小莺盖权辞以对。生知其附会，以厚赂之，始以实告。生喜思不逮，顿觉允说不藏。又思小莺之言，不可致辞以谢。乃喜而作五言古风一首：

夜长更几分，荀令薰龙文。

蠹蠹清檀火，纷纷洛浦云。

素馨不可窃，瑞霭还氤氲。

念此灰心久，凄然伤我魂。

生虽得玉贞雅意，未见出于杳冥。求其形迹可窥者，第补识荆，不知人顾自处何如耳。因于冰月台上，玉贞常所经处，生以是台为名，大书绝句三道，望其赓酬之意，庶可以取言于心。诗曰：

其一

寒梅千顷接高台，四面玲珑绣户开。

天上有津堪去问，不愁弱水隔蓬莱。

其二

万绿空中出宝轮，瑶台深锁避飞尘。

自来自去无拘管，却念凭阑有待人。

其三

　　　　玉华石冷漱流泉，瀛海蓬壶别有天。
　　　　最是宜人秋可惜，一潭寒水浸婵娟。

　　时玉贞，愁牵风景，金针懒刺。上林苑意访清幽，玉步轻移纤瓣笋。乃与桂英往游后苑，果越其所。望见粉壁间，新句墨痕犹润。知生作也，遂依韵和之。其词盖泛云耳：

其一

　　　　池塘分影倒楼台，一道清香桂尽开。
　　　　自是蓬莱观不尽，蓬莱顶上起蓬莱。

其二

　　　　月里声虚响画轮，水晶碾破滑无尘。
　　　　个中万籁俱收拾，唯有清风是故人。

其三

　　　　松飞孤鹤涧飞泉，何事人间有二天？
　　　　坐彻夜阑无觅处，一台水冷月娟娟。

　　生见玉贞虽赓其韵，何句中与向者事情多不吻合？不愉而归。秋香亭畔，窥见玉贞，独凭栏斗，闲视鸳鸯，久不移目。又有词以赋之，未毕，望见生至，急转身而去。生进前，见词名《卜算子》也。遂续前以挑之，试其意。玉贞词曰：

　　　　秋日映寒塘，风弄文禽影。翠羽红毛尽不如，时向波心整。

生续之曰：

韩魄犹凄凉，有恨无人省。只为多情也白头，花下双交颈。

既而自制七言律诗一首，以起之云：

相戏相亲近御沟，人人谁不道风流。

和鸣声彻双溪月，锦乡文飞五凤楼。

乌帽等闲歌白发，好花容易谢清秋。

寄君早结鸳鸯侣，尽解当年刺史愁。

书罢，投笔而去。玉贞见生联句，词曲又无忠厚之意，将欲纳之，恐类嫌疑之诮。将欲却之，未免绝人太甚。遂将原词，各分其半，命桂英还之。生见词还，大失所望。虽此，然致敬桂英之礼且恭。桂英见生有慕玉贞意，遂从而戏生曰："妾非张氏婢人，官人何尽礼如此？"生曰："若得张氏婢人，当以金屋贮之。"桂英曰："方便之门断，吾心不掩玉成之合。顾天意何如？独不闻乎，晓晓者易缺，皎皎者易污。"生曰："且子言过耳。不曰坚乎磨而不磷，不曰白乎涅而不缁。"桂英曰："不然，妾每侍左右，观其对花惜过半之春，览镜悲三千之色，一段风情，被君拘束久耳。兹者，还词以却，其中有所贪昧，隐忍而不肯受之之实，从可知也。"生笑曰："必君之意，岂知他意，如君揆我之心，难料她心似我。且以妇人水性，信乎可决东西。况彼前意尽佳，到此又相各别。是诚所谓误天下之苍生者，必斯人也。"桂英笑曰："然此乃妾特写糟粕，其内真情，是未可知也。若左右赞襄，谨当趋命。"乃退。生因作七言律诗一道，以写其悒怏云：

渐渐风高细雨收，庭前万叶总惊秋。

黄花不语空辞树，流水无情自入沟。

石火难消离合恨，月钩空挂古今愁。

凭阑忽见衡阳雁，费尽人呼不下楼。

生唯玉贞是念。何以见其殷勤？宵星之灿，每瞻北斗。感暮云之生，长向江东而忆李。其于寝食之间，常有不平之叹。盖遑遑焉如有求而弗得也。桂英识之，代彼曲为道达玉贞之前。玉贞知生之慕己深，曰："子何不云，男儿欲遂平生志，六经勤向窗前读。"桂英如其言，以达苏生。生喜玉贞有相勉之意。赋情特甚，又求之曰："子可谓我言曰，'室中若未结姻亲，自有佳人求匹配'之句。"桂英以告玉贞，玉贞见其词语迫切，怒责桂英，且又嘱桂英曰："汝达官人处，切勿言我之失怒，当以我之无言为答。"桂英承命以对，生知其有恨乎己。因制《忆秦娥》词一阕：

　　　　萧声切，无端却被风吹别。风吹别，一声声是，怨花愁月。流萤四起灯
明灭，未眠孤馆心先怯。心先怯，枕单衣薄花残月缺。

玉贞亦自作一律，并绝句一首：

　　　　残角凄凉动鼓鼙，癫狂起舞在闻鸡。
　　　　闷弹焦尾歌黄鹄，醉倚空床倒自羁。
　　　　半夜檐头霜月静，一声树杪野猿啼。
　　　　偶然不失生平笑，犹自无心过虎溪。

　　绝句

　　　　郯郯鸳瓦试新霜，海水铜壶滴夜长。
　　　　酒醒无眠还起坐，一枝梅月转回廊。

　　即辰，窗梅横月，檐雪滚风。生父母遣左右，持通天之犀二，照乘之珠五，以为束脯之仪，并书一缄，促生归焉。生见书至，失意殊甚。由两情未决，进退两难。不得已，将父书上启于相国之前。相国见书大悦，意在礼而不在物。须臾生告归，相国与夫人，款留坚执。生从命而退。

　　玉贞天挺英标，节介冰城，坚似玉环，不断情分，心绪乱如丝。父接苏生犀表，岂无摇厄于中。适闻生系马长亭，实有寸心千里。少焉，知生留居别院，不啻一日三秋，其感可知牟。时季冬，晦日前一夜，步于得月池亭。生知玉贞在，遂口占一绝，以瞰玉贞来意何如。果蒙赓中垂意，生深慰所怀。其诗云：

嫦娥何事掩妆楼？故把双眉皱不休。

自是杨花无定性，随风恐逐水东流。

玉贞依韵和云：

家住东城十二楼，霓裳一曲未曾休。

天河有路通人世，更许乘槎溯上流。

是夜竹爆千门，灯燃万户。相国作腊酒于具庆堂宴生。俎豆备水陆之珍，歌舞极声容之盛。举府大小，无不毕集，唯玉贞不与其列。须臾，命桂英招之。玉贞以嫌疑之故不出。夫人复行催促，玉贞重以父母之诺，而不敢留，乃趋其命，但有欲进不进之状。夫人顾玉贞曰："苏公子一家人也，何避嫌之有。"玉贞从阶下徐徐而进，展拜生前。生熟视之，见其柳眉横岫，星眼动秋波，体态妖妍，词气婉媚，真神仙中人，风尘外物也。顷间，夫人亲酌饮生，生力辞以不胜杯酌之故。夫人曰："公子酒既不任，如今夕佳会何。"因指壁上《仙安宴蓬莱图》命生以赋其上。生承命赋之，顷刻而就。文不加点，赋名《仙客宴蓬山》：

蓬山深静，烛光吐红。壮金屋之巍峨，开朱户之玲珑。五步一亭，十步一宫。东池一山，西池一岛。武夷北向，罗浮西峙。左带瑶池，右环翠水。非红尘之到处，乃长房之壶中。既为仙客之所都，又盛华筵之所设。交梨火枣美其时，冰桃碧藕加其洁。有麟凤可脯，与蛟龙可血。狗毼盛毼，悉庆所有。招邀秦女，吹凤屋之珠笙。指点云英，捣蓝桥之玉臼。王烈鸣弦，玛夷击鼓。花绕洞而玉蟾催，锦缠头而湘子舞。既而，孔雀扇，麒麟车，仙班簇簇；龙麝香，琼瑶，尘世寥寥。争看麻姑之会方平，紫微之邀许穆。有李玉局之说经，有贺鉴湖之一曲。摩耶子晋，各献奇术。又二童子，拜师命飘然莫识所以。须臾，见琴高乘赤鲤而来，王乔飞步履而至。咸曰善哉，且曰快哉。少焉，月出东山之上，徘徊斗牛之间。弋高鸿，钓游鲤，追凉风，濯清水。罢弹石下，一局棋残，听尽檐头，数声鹊喜。奉瑶觞，则神女当前，奏瑶琴，则灵妃在后。一饮一石，一醉千日。或吟彻黄鹤楼前，或醉沉碧桃花里，或叱石以成羊，或画水而成路。慨然长啸一声，俯仰人间今古。嗟夫，以地之杰，以人之灵,道可悟而不可行,仙可望而不可迎。徒见山寒兮屋青青,宴罢兮水泠泠。白鹤飞兮而不去,睡鹿扰兮而不惊。夫对咫尺云路,弗能整履以登。但身外无求,长使醉斗酒于自家风月,天高海阔而忘其主宾。

赋罢呈上,相国与夫人大悦,雅论均口。须臾,相国以事扰出席,生因期语夫人曰:"迩奉玉音,岂当违逆。故忘其固陋之习,敢攀其高明以赋。若小姐,月胁天心,才调甚堪如李杜;瑶琚玉佩,文华谁肯尚班曹。幸逢今宵长筵,不可以无佳制。"玉贞对曰:"聊斟薄酒,非敢言招。自揣鄙庸,何劳过誉。且新句佳词,皆君所道,则余文俗语,我尚何言。"夫人顾玉贞曰:"既荷公子雅意,毋以执一是拘。汝试为之,求其斧削可也。"玉贞因是,遂成五言律诗一首:

> 石髓寻常服,壶中自岁华。
> 青蛇藏舞袖,白兔捣灵沙。
> 渴饮长生酒,闲栽不老花。
> 清风明月夜,跨鹤访君家。

复继之除夜诗一首:

> 今夜逢除夕,人家物候催。
> 欢声惊爆竹,春意到寒梅。
> 守岁椒花颂,分年柏酒杯。
> 明朝调献节,黄道九天开。

生倾听之余,自叹弗及。时酒罢,各谢而退。生因玉贞于宴会之际,有感于心,乃口出一词,名《西江月》:

暖入春风小院,人间七宝高台。皇天谪下素娥来,别是香尘世界。翡翠楼中酌绿,醺红粉晕香腮。晓霞丹脸笑颜开,一似观音出现。

生一日,步于平远堂后,达夺锦轩中。壁间忽见孔子图,并有百花图许多。值玉贞正隐几而卧,几上有画海棠其上,出玉贞妙手。生轻步潜后,拊其背曰:"勿寝,独不观孔夫子在迩,当昼而寝乎。"玉贞惊恐而起,其意有责生者。生负罪以告其非。玉贞曰:"公子既遵孔氏之格言,独不闻乎男正位于外,女位于内,男子无故不入中堂,况入人家闺阁乎?"生曰:"客居寂寞,访景怡情,信步而来,莫知所犯,万唯泰广宽洪,必加涵贷。"玉贞曰:"寒居颇广,宜昧所知。既犯之初,于情可恕,向后若此之愚,即当白诸相国,必见屈于子矣。"生曰:"华国不屈于人久耳,非小姐之前断,不若此之甚。"玉贞乃笑,且曰:"昨承佳作,我母再三道及奇才。"生就而视曰:"此海棠图,能事固美,可试生赋之,以彰其美,可乎?"玉贞然之。生作《明月棹孤舟》一调:

> 富丽谩夸金谷好,芳枝一夜韶光老。猛省春风,都来几日,报道海棠开了。妃子睡余天乍晓,新妆里胭脂初透。子美无诗,梅花柏绕,能有暗香来到。

玉贞曰:"此词曲高雅,善于形容景物,信如落花依草也。只下段句欠着实。"生见玉贞亲览己词,乃藉词引身近之。然玉贞虽常于交攘,亦待之从容,不能免其泰中之严。见生随近,贞乃随退。生笑曰:"国华客邸萧条,久疏笔砚,虽勉强而成,不无感伤之病,伏唯小姐不泻苍海之珠胎,裁支机之云锦,为生一洗之何如?"玉贞亦强成绝句一首,以副其意云:

> 彩云飞散锦屏空,窈窕花仙媚晚风。
> 爱惜芳心浑未解,谩劳银烛照春红。

生得交接间,慰情殊切,不觉日落咸池,月生东谷。玉贞逼生曰:"斯地不可所履,公子早宜回步,恐我父母到此,自贻圭玷。"生致谢而退,因制律诗一首曰:

> 信步名园觅小红,谁家玉貌笑相逢。
> 遗音有地闻箫史,宝篆无缘授木公。
> 元盛愿教从尹吉,孟光终欲择梁鸿。
> 此情尤可成追忆,只恐相逢是梦中。

又寄绝句二首:

金谷怀春

图文珍藏版

其一

翠眉云髻画中人，袅娜宫妆迥出尘。

天上皱娥原有种，娇羞酿出十分春。

其二

恼人光景断人肠，才子相逢窈窕娘。

春意不知何处着，绿窗东畔杏花香。

时正月，朔后十日，夜半。四顾寂寥，生步牙琐寒窗下，见瑞雪飘飘，轻寒剪剪，窗前月色皎洁，如水浅浸，疏枝之上。壁间灯火，明灭似星，低迷孤枕之中。睡鸭中蔷薇露冷，绛纱内翡翠衾寒。有琅玕石几，弹棋枕琴，布置潇洒。生抚琴以寄其指，乃操《雉朝飞》一调，观其舞鹤下庭，游鱼翻水。时玉贞方倚床无寐，忽闻窗外琴韵，呜呜焉，如怨如慕，如泣如订，余音袅袅不绝如缕。知生之奏，遣桂英持武夷龙团以遗生。生起而受之，因移身私桂英。桂英从之。生见其色，虽不能可拟玉贞万一，亦婢中之翘楚者也。方与情好，玉贞知桂英与生遇，遣兰英促之。桂英见兰英，急遽于前，莫掩其实，唯赧然而归。生因占《好事近》词一阕，以自讳云：

夜色映帘栊，梅影半横斜月。闲把素琴消遣，这芳心谁说。高山流水遇知音，石鼎分香雪。一啜何须七碗？喜衷肠清绝。

玉贞亦歌一曲，又绝句一首，以自抑云：

何处远来寒水晶，犹能勾引骊龙吟。

曲弹白雪阳春调，中有离愁白鹤声。

嗟哉子期胡不返？松梢鹤唳伤人情。

夜深泪落残灯下，博山香透冰弦清。

风吹余音敲窗响，为订满庭空月明。

绝句

月照梅花淡又浓，何人窗外诉东风。

欲知后夜相思处，尽在瑶琴一曲中。

不意，兰英以桂英之事，语于玉贞。玉贞亦知其情状，初无不足之意。因题《初春》二绝，以戏生云：

其一

一鞠阳和动物华，深红浅绿总萌芽。

野梅亦足供清玩，何必辛夷树上花。

其二

一气流行自有分，辛夷那有吐奇芬。

昨宵似与东皇道，开到梅花便到君。

生因玉贞以佳句为戏，私喜何如。偶因桂英至，谓之曰："吾有书一缄，能与我持去否？"桂英曰："敢不从命。奈小姐以孤高峻绝之姿，贞白坚雅之操，见此，正谓楚国亡猿，祸延林木；城门失火，殃及池鱼。不亦难乎？"生曰："不难，若事有不可为者，吾用力而为之，固不知轻重之别。事有可以为者，吾侥幸而为之，亦不知取舍之宜。第小姐遇我以厚，我岂甘受其薄。兹修尺楮，以申谢意。愿子挽千钧之力，代吾辗转维持。若遂所愿，当以千金为酬。"桂英曰："君子成人之美，妾岂反是。其受素心之媒，谨当周密。事若克谐，是所愿也。小财余事，岂望报耶？"遂入见，遇玉贞于万娇亭东畔，即以与之。玉贞急纳于袖，返室观之云：

辱爱生苏道春，顿首拜启，芳卿可人妆次。曩者，天意有在，人愿仅从。薰接手仪，自知多幸。唯兰姿英秀，薰质生香。粹然冰玉之洁，盎矣春阳之温，柳媚花娇，世所罕见。奈何地限南北，天各一方。情无由而达，意无自而通，使人于月白风清之顷，酒醒梦觉之余，宛若其留连耳。相见之思，常怀于晋接；相亲之慕，每切于震邻。夫以小姐娇姿淑态，致我之反侧。今一味若此，姑得运亮于思维，贡言于微机，万望小姐体咸之虚，全垢之遇，垂念贤女有吉士之怀，而君子有淑女之逑。而西厢之月可待也，生独不为张氏君瑞乎？梁圆之琴可听也，生独不能为司马相如乎？诚如是焉，桃夭思配，得其时耳。君子好逑，遂其欲耳。天意人愿，岂不为之两全哉。倘不俯就，斯言置之度外，则付人之情怀万斛，与衰柳败荷，相忘于地下矣。兹奏伏，刿之一言，难尽衷肠之万缕。伏冀目击之余，发笑之后，毋使青鸾信沓，黄犬音乖。则生之幸，可胜慨耶。

继之律诗一首云：

> 有美佳人自出群，轻风斜拂石榴裙。
> 花开金谷春三月，漏转铜壶夜十分。
> 玉雪精神联仲琰，琼林才貌迥崔君。
> 少年情思应须早，莫把无心托白云。

桂英索贞回音，玉贞苦其所索，遂封白笺一纸以与生，且固其缄。生见重重于封之密，自以为得其佳人，亦喜以遂所愿也。竟开视云，其中曳白。复题短律一章于其上，以与玉贞云：

> 午夜方彩席，临对一强颜。
> 玉成情似海，珍重意如山。
> 为我先事折，怀人尽目攀。
> 料应相许后，都在不言间。

玉贞接生诗后，亦不与答，乃因时作佳句以自遣。多不尽录，姑记一二，以书于左：

特地寻春

> 闻道西园欲早春，偶凭幽鸟语来宾。

不知好景归何地，试向梅花问主人。

上林春晓

官柳如烟晓露零，一弯残月映三星。
个中多少闲花草，尽逐东风出武陵。

花槛雨晴

窗外花含宿雨低，喜看寒碧涨前溪。
出门检点春多少？绿暗红稀莺乱啼。

兰闺春恨（四首）
其一

花娇柳媚燕呢喃，香径幽怀两不堪。
人在东风庭院里，相思无语佩宜男。

其二

静掩重门春昼长，为谁辗转怨流光。
更怜无似秋波眼，镇日怀人泪两行。

其三

悠悠余恨怨春闺，嫩绿飞红半掩泥。
正是不堪回首处，海棠憔悴子规啼。

其四

几度伤春怯杜鹃,不堪坐冷旧青毡。

登楼王粲今何在? 只见垂杨舞翠烟。

洞房春睡

芙蓉帐暖度春宵,梦入巫山去路遥。

忽被邻歌频唤醒,声声都是念奴娇。

雨霁惜春

临水夭桃褪晚妆,东风吹雨到池塘。

不知乱落花多少? 起剔银灯看海棠。

客窗春夜

丰山亭下正鸣霜,落落春容绕建章。

最是不堪孤枕客? 五更撞碎九回肠。

洞房春夜(二首)

其一

高卧琼台第一宫,花心着雨泣香红。

重门深锁多情梦,咫尺谁怜梦不通。

其二

瓮头酒熟人皆醉,林下烟浓花正红。

夜半灯残香阁静,秋千垂挂月明中。

春宵无寐

清露桃红透,微雨点波绿皱。灭烛解罗衣,正是千金时候。知否? 门外绿肥红瘦。

右调《如梦令》

香闺春情

绛桃倚笑,醉九重春色,东风有约。扇底把娇羞向我,红楼画阁。廉下金钩,香销宝篆,锦字长抛却。燕莺交处,这情投地安着。谁念绿绮飘零?曲终人远,按一床弦丝。惊起两眸无定任,望断天涯地角。倦鸟知还,野云出岫,半点心难托。此时光景,为谁长是萧素。

右调《念奴娇》

时春二月,尚有醉杨妃菊盛开。玉贞异而美之,置于水晶盆内。因题七言古风一首于壁上,以咏之云:

> 马嵬坡下春光好,香魂染作江南草。
> 红颜岂负西风心,自是东风爱相恼。
> 芳心一点和春结,那更重重犹叠叠。
> 大家留取看多娇,寄语谁人敢攀折?

苏生一日,见咏中有"敢攀折"之句,知其必自任之重,因戏以折之,遂秉笔题二绝,以挑其意云:

其一

> 玉根托与玉人栽,暂把香泥筑马台。
> 不道蟾官攀桂客,却将浓艳窃将来。

其二

造化无私亦有私，为何偏许傲霜技。

知他爱披风流种，故向春风唤贵妃。

玉贞见是菊开非其时，甚可人意，每玩而爱之。坐折，不为所吝，且笑曰："此君何放荡若是哉！"亦托根寓意答之云：

娇花插向少年头，年少花娇正好逑。

一种暗香知有约，来生重会此生休。

又继之古诗一首云：

采采黄金花，相亲何太切。

笑我惜花心，恩情中道绝。

疏之久反亲，宠极爱还歇。

盆中更取青青华，留与窗前对明月。

时椎春仲，和气艳阳，丽日初长。苏生虽得玉贞诗词往来，然莫能与诉衷曲。朝暮怀想，郁悒无聊，乃制春辞数十首，以道感慨云：

春愁

红炉谁与共团鱭，此际真成蜀道难。

旧恨新愁无住着，一帘风雨杏花寒。

春恨

春满江南蔽弱兰，山中夜夜梦魂单。

临风不作昭君怨，空把琵琶独自弹。

春思

恼人好景暗消磨，独倚江楼看逝波。

身似虚身轻是叶，载将清怨晚来多。

春眠

聚散无凭似梦中，起来斜日映窗红。

钟情自古多神会，谁道阳台路不通。

春暖

莺逢日暖歌声滑，人值花明笑脸开。

一片落英随水去，肯邀刘阮到天台。

春色

千红万紫竞芳辰，纵与王维写未真。

自是卖花人着力，一肩挑出洛阳春。

春雨

闷对花时倍感伤，一年好景是春光。

无端几阵催花雨，天棘开来妒海棠。

春日

丽日迟迟上翠屏，此窗高卧醉初醒。

伤春黄鸟如人语，独立荼靡花下听。

春游

轻风细雨燕飞斜,笑解金龟问酒家。

九十韶光容易老,何妨秉浊夜看花。

春暮

绕檐新竹薄生寒,绿暗红稀春意阑。

忽报东君欲归去,相留无计独凭阑。

伤春(四首)

其一

春归无计为春留,舞榭歌台总这是愁。

记得怀人云雨梦,一声断雁五更头。

其二

尽日恹恹对画楼,眉头才放又心头。

桃花莫谓刘郎老,浪把轻红逐水流。

其三

半掩朱门日已西,蓝桥路阻草萋萋。

子规更有伤春意,来向海棠花外啼。

其四

酒醒南窗梦未真,满怀心事向谁陈?

自怜辜负看花眼,来到花开不遇春。

春归词一阕

春暮愁万种，门外五更风雨。青鸟不来春欲去，隔帘双燕语。最苦留春不住，满目落红飞絮。行云遮断阳台路，总是伤情处。

生赋罢，乃乘间画张生遇莺莺图，有偎鲛薄恶之态。题一诗一词于上，终日思以便鸿。忽兰英至，生求之，兰英竟以生图付于玉贞。时玉贞因侍父疾，方治汤药，兰英莫知。乃曰："苏公子有图奉此。"玉贞惶愧，乃言他事杂之，得不觉，因踢其足，遂悟。即返绣室展现之，题曰《崔张佳遇图》，有诗词焉。

轻寒时透绿罗裳，情重佳人懒下床。

对舞翩翩双蛱蝶，同心颠倒两鸳鸯。

行云飞雨来神女，倚翠偎红钿沈郎。

忘却碧阑干外立，不知何处是西厢。

又词一阕《观皇阁》

仰看星河半落，洞房乍晓，弄晴黄乌声声巧。春在流苏深处，合欢梦绕。正是恼人时候，琉璃枕上，知是春多少？含情睡起娇无力，乘兴也傍章台，柳烟青小，怎禁得海棠花老。

玉贞观毕，遣兰英召之。生闻召，即趋而往。至则玉贞仍坐不变。生揖之不答，叩之不应，如是者三。生曰："子如不言，吾几失子耳。"乃曰："愚虽女流，不能流芳百世，亦当遗臭万年。洞开重门，正如我心。少有邪曲，君皆见之，且置之勿言，盖闻公子负不世之才，蕴非常之见。所托不得其人，况其大者乎？"玉贞具以其故告之。生曰："殆哉，殆哉，此则国华之罪也。"玉贞笑曰："公子无罪，何其心之有罪？"生曰："昔熊渠子夜行，见寝石以为伏虎，射之，灭矢饮羽。渠子曰，吾之诚心，金石可开，况人心乎。然则，国华之心，乃一诚耳，唯小姐金石，何不为我开耶？"玉贞默然，笑而不答。因指几上之琴，谓生曰："公子雅操见闻。"生乃自制一调，名曰《相思》，操以挑之：

相思相思何纷纷，不见知音空见君。

三径菊松空有恨，五更风雨暗伤魂。

一枝梅吐楚江内，一枝梅吐楚江外。

楚江内外一枝梅，一枝梅落楚江内。

笑我苦相思，尽日无停歇。

微吟略可怀，付与梅稍月。

梅低月尚高，悠悠过夜半。

相思望楚江，芦苇投孤雁。

自断楚江云，回首相思远。

梅稍转明月，春宵何苦短。

相思复相思，阳台无梦处。

佳期多间阻，京兆眉愁聚。

苟令独伤情，我今亦几死。

长相思兮长相忆，苦相思兮无尽极。

早知薄幸负人心，悔教望仙桥上立。

余音

落花流水恨飘零，唯得东风两鬓星。

一曲相思人不识，唯余江上数峰青。

生鼓琴既罢，玉贞危坐若无所闻。生曰："小姐所谓铁肠而石心也。"玉贞乃莞尔而笑，复命兰英取琴，放己膝前，亦自制一曲，以答之。名曰《和鸾操》：

听罢相思琴，谩起广平心。

不识陶潜隐，满帘风露深。

清韵琅琅悲又悲，诉与君闻知不知？

伯牙流水高山调，万古知音只子期。

岂知堂上荧煌烛，偏照愁人庭下哭。

悲哭何因泪许多？一江涨出波绿。

解我想思心，知我相思苦。

为言君子有终交，此道今人弃如土。

君不见，上苑一枝花，深红浅紫争春华。

最恶江南连日雨，奇芬不久落尘沙。

又不见半空一轮月，光浮万里尤高洁。

仙籁云间正可宜，团圆几时还又缺。

多情唯有楚江流，昼夜滔滔常不竭。

君兮君兮思又伤，凄复凄兮无可奈。

愿君好学楚江流，终须还了相思债。

余音

为问乡才浣此情，试听膝上两三声。

曲终自冷画堂夜，寂寂寥寥恨杀人。

生曰：“佳哉指法，但此音未免金石之音。”玉贞曰：“何为其然也？”生曰：“小姐心不应手故也。”玉贞曰：“不然，心正则手正。”俱各嬉笑相倚，时春半甚寒，生设言寒甚，愿托一衣，意谓千金可以买笑，百媚由此春生。玉贞不逆其请，重于所私，即解衣衣之。生谢曰：“一衣可有，万感难名，镂骨刻心，衔环结草。兹有此者，以为得幽人之伴，左右不忘君也。”言未已，忽兰英报曰：“相国疾笃。”遂去。生因作律诗一首云：

万竹窗前理素琴，曾如飞瀑下遥岑。

映阶碧草自春色，隔树黄鹂空好音。

兀坐以思忘坐趣，即人所指见人心。

韶光易上青云翼，几度沉吟惜寸阴。

时潘相国病笃，遗嘱夫人曰：“家事多端，卿治内固优为矣，推玉贞大婚未讲，此女性质聪颖，出于寻常，不可以财帛论，不可为庸人妇。人思善马，远访西域。我意骐骥近在比邻。若苏国华，丰姿隽逸，学问优长，诚卧东床而坦腹者，射屏雀而中目者。况故家文物，亦甚相宜，卿其念之。”夫人怅然受命，召生至，握手与诀别，悲不自胜。明旦卒于正寝，盖庚戌年九月之秋也。生一如礼，助之丧事。殡殓既周，复效近体唐律

> 早把文章夺锦标，急流勇退荷清朝。
>
> 官居一品名犹在，人去千秋恨未消。
>
> 潮水源流千古道，孔颜思议一时凋。
>
> 先生去也还知否，天上人间两寂寥。

玉贞痛父之殁，守丧哀毁，虽祁寒暑雨，侍立枢侧。晨昏吊慰，未尝废离。间闾郑卫之音，未尝一经于耳。不正非礼之书，未尝一接于目。每想父容，辄为流涕。先于父病之时，衣不解带，汤药必亲尝，稽颡北辰，求以身代。如割股之貌，无所不至。及此，常有双鸟，鸣于墓上，灵芝出乎庭前。众以为孝感所致，故并及之。生既别数月，一夕隔帘之间，见玉贞冠震冠，服素服，以家事行过于西帘下，若有追思不平之叹。生因见之，遂口占《虞美人》词一阕，使闻之：

> 银蟾光漏栏杆曲，照个人如玉。悠悠清夜两交光，唯有梨花，高素向东墙。莫非玉府潭潭隔，乘作人间客，含娇犹把翠眉颦，教我有私，何处度芳心。

玉贞闻之，乃托月意，哭咏一绝，以答生诗云：

> 玉清宫下水悠悠，一种相思两地愁。
>
> 月色不知人事改，夜深还照粉墙头。

他日，潘夫人赴玉清观追荐相国，命生辅行。生至中场僭归，见玉贞独坐于览绣窗下。生趋而揖之曰："卿有所思乎？"玉贞从容作礼，答曰："自严君去后，凄惨交集，何所思耶？"生曰"心有所执，固不足以言思。思父之有，独无我思。"玉贞曰："思若急于人而缓于父，正谓所厚者薄，所薄者厚，未之有也。"生无以答。玉贞见生失容，复曰："吾以思君，以其事端百出。愿得为吾家柱石，愿意之必报也。"生曰："若报，当以何事？"玉贞起，取白璧二双，黄金五锭，致生前曰："聊赠客边之需。"生觍然曰："黄金白镒，唾视于轲氏之口。白璧二双，芥拾于虞卿之手。何以利而见诱。"玉贞笑曰："吾为君蓄此久耳，正所谓敬以将之以玉帛则为礼。爱敬之心，假此以达，何必曰利。"生揖而受之，曰："国华愿赠百倍以谢卿，可乎？"贞曰："百倍特可以谢桂英之躯耳。"生曰："如桂英，发蒙振落耳，安敢以撮土而拟泰华哉？"生虽与语，视其色多不自安。遂引身促之，玉贞环柱而走。复正色制之曰："君不闻乎，君子之交淡若水，始虽疏而终必亲。小人之交浓若醴，始虽亲而终必疏。盍不以君子相待乎？"生曰："吾岂不知君子小人之分，若就以君子而论，吾闻以礼食则饥而死，不以礼食则得食，必以礼乎？亲迎则不得娶，不亲迎则得娶，必亲迎乎？"玉贞未及答，生竟掩扉留之。玉贞恐不可脱，因制之曰："吾见善始者多，克者寡，君当议以悠久之交可也。后园有一小祠之神，甚灵，宜请盟于神，未晚也。"生信之，遂与同行。玉贞又曰："交神明若无香，一念之敬安在哉？"生感其言，大喜过望，遂往取香，玉贞从他路而归。生至，则行矣。生自叹甚愚，彷徨无措，因赋近体一律薇诗云：

> 踌躇无地亿元晖，一握薰风下紫薇。
>
> 鲁矢拟飞聊必下，秦都不割赵空归。
>
> 水流东涧朝西涧，云过南扉下北扉。
>
> 携手不堪分手处，闲庭日永燕交飞。

玉贞一旦独步于爱莲亭上，生从会胜园内奔人，踵其后，以手抱之。玉贞力拒坚制，生求之曰："国华于此，盖有日矣。岂不以父母之心为心，故卿之念为念。只为玉人情重，是以燕子忘归。感朝露以兴嗟，见秋蟾而增叹。茕茕骨立，形影相吊。君岂得坐视而忍心耶？"玉贞曰："吾岂不自如，但见一念之差，百年之恨。是故，闭门童子，一善尚地孔氏之贤；奔夜文君，万载而污苏瞻之齿。眼底纷纷，心中快快，倘失自裁，不唯我之名节丧失，亦且君之士风扫地。第可望者，适闻我母有结姻之言，可因其势而交之，庶得以遂兼葭之倚美玉，章丝之附丝萝矣。"生曰："斯愿克谐，是天来相，虽藉一时之欢合，亦何补于终身。三生之念，岂偶然耶。"玉贞深喜其志，遂携手于亭东畔，并坐留连，不觉金乌西坠，玉兔东升。生益为色所夺，口虽言而心不逮，又逼之曰："室迩人遐，当如暮夜无知何？"玉贞笑曰："君何为是，吾岂刻舟求剑，胶柱鼓瑟之流。夫人，立心不为昭昭信，伸节不为冥冥情。鰡暗昧，废其所立哉"又从而诳之曰："子欲图我之私，我欲求君之制，得闻《酹江月》一词可矣。若然，吾当刻烛为信，若君烛至词成，吾即定期从约，不敢以爽。否则非所知也。"生曰："固当应命，奈无徵之言，误人有素。请命何题?"玉贞曰:"不过即其所处之景,自写所蓄之怀。"生曰:"欲写吾之郁抱,但恐笔舌不能尽焉。"乃用辛幼安之韵,俄或而成。其词曰:

天涯寥落,等闲间,又近端阳时节。竹簟微凉无限好,争奈骚人偏怯。绿树荫移,水晶帘卷,此境尘寰别。暗中挥泪,万千心绪难说。谁信藕断丝连,泪干痕在,夜夜窗前月。旧恨眉峰舒不起,怎禁新愁又叠。默想归期,悠悠似水,空把肝肠折。不思岁月,无情白添华发。

烛至刻而词成,玉贞虽甚叹赏,亦甚推托抵牾,终不肯从约。生不能强,郁郁无奈,乃曰:"吾之词即占,君之言又背,此夜月白风清,不可以无佳句,卿当赋一《临江仙》调以抵之可也。吾击钵为信,若立刻响绝而就则已。"因戏曰:"不然,则上自玉楼,下自冰室,亦与君俱往然。"击钵之音未终,而玉贞之词随继。词曰:

扇动笙箫声袅袅,玉轮光浸寒波。风摇花影美娇娥。欲凭十二曲,试问夜如何? 天柱指迷人去久,疏星空绕银河。细思好景暗消磨。天街凉似水,素露接飞蛾。

生见玉贞所赋之咏,不无枯淡之意。其中所蕴者,例此可知其余。无奈何,知玉贞决不可犯,言语颠倒,进退仓皇。玉贞又慰之曰:"慎宜郑重,愿君抽织锦之一机,露操月之半指,但迟之以岁月,即当期报。吾岂守株待兔者耶。"生曰:"不再青春,光阴流水,无凭白发,百年身世一浮萍。若迟之以岁月,吾知心与时驰,意与岁去,鸡皮鹤发,是之谁愆?"言毕,忽闻众声喧哗,遂遁去,不得再语。生次早,闻鹧鸪鸣,因占七言绝句一首:

苦竹山头苦竹西,山寒竹苦鹧鸪啼。
逢前正好鲜徨立,又向相思树畔啼。

复因爱莲亭下有含莲数朵,故题一绝于亭之右,以示玉贞云:

浴罢贵妃出水偎,便将玉手托香腮。

风尽作催花鼓，何事含情不肯开？

生自会玉贞之后，酝成采薪之忧。桂英以告玉贞，玉贞遂作《天仙子》词一曲示生云：

　　流水桥头舟一带，情重骚人不堪载。谓言消瘦怕郎招，忧未解，愁先碍，谩说江山如有待。阆苑多春无处买，抚景平怀增感慨。寄君着力把金钩，宜作态须宁耐，都付五湖明月在。

生见桂英持至，大喜。开视，竟无遂愿之意。复泪笔题《长相思》曲以答云：

　　风一林，月一林。景少情多两不禁，羞弹靖节琴。忆归心，数归心。血泪滂滂满素襟，西山日半沉。

玉贞见生诗意飘荡，又恐有累生躯。所谓娘者，乃女之从婢，虽容貌不及玉贞一二，但其体态窈窕，真仿佛一玉贞也。玉贞平日喜其姿容类己，以善遇之，至此，不得已，以厚谋之。且曰："以意感人，人以意投。以德感人，人以德报。报施之道自然。你在我荫下有日，未尝以薄亦未尝寄一切己事。奈我因与武功苏宫人有约，今日我疾作，不可以风。愿汝代我可否？"又以行事之实告之。娘平时，蒙思戴德之良多，奔走承顺之不暇，即应曰："敢不从命。若于明烛中，不无妍媸之别乎？"玉贞曰："不妨，吾有善处之之术。且我与苏公子，交日无多，而汝又不为熟。愿汝勿以圭角太露。"遂使调己之言，服己之服。又先遣桂英，持《画堂春》词以许生云：

　　银河一派鹊成桥，因风吹下文箫。牛郎织女会今宵，还咏桃天。好把雅情持重，雨暮云朝。花窗月上影斜摇，报道佳招。

生见词意有许，欣慰有加，乃扣桂英曰："吾闻，轻诺者必寡信，小姐欺我乎？"桂英曰："小姐岂有欺官人之心。"临行又曰："请官人勿秉烛以待，恐隔窗有耳，傍隙有人。"生信之，如其言，候至三鼓，果见前至。远迎曰："卿今日作个信人也。"挽之入室，引于帐下。交好之情，虽翡翠之在青霄，鸳鸯之游绿水，未足谕也。相与枕藉，不知东方之既白。娘告归，生送之数步，乃觉。且笑且喜，遂作近体一律，托娘示玉贞云：

　　嘉会相逢实不期，思因依反好因依。
　　蓝田美玉双呈瑞，沧海明珠两蕴辉。
　　异草肯同繁草梦，野花偏艳好花枝。
　　充肠不及灵薯蓣，一粟安能止得饥。

　　玉贞见机不密，深为失意。明日接生于凝碧亭后，抚掌大笑，戏生。生笑曰："一娘亦足以慰山伯耳，非卿阴德乎。"计其何以得解白登，自后疑怨更生。因作一《思归谣》云：

　　望云忆归期，归期是何时？卷帘对明月，明月天一方。故园松菊知犹芳，清风满林谁主张。倚楼醉把梁州按，孤情正属人倚阑。千里家乡回春晚，唯有故山劳望眼。

　　生父母，以生久在他乡，遣书促归甚急。生无奈，告禀夫人。夫人知其势不可留，谓生曰："久劳调护，飘然非愿。郎君远念，音书宿诺，可乘便俯临。命酒钱行。酒罢，生致谢而退。时节在端午，生写一律，并前所赋之谣与桂英，以达玉贞。"诗曰：

　　清湖竞渡属端阳，解语琼荷作意妆。
　　爱俗且从传角黍，洗心犹愧浴兰汤。
　　诗因趣少吟来涩，花为风多灭去香。
　　万古无私天上月，照人窗下读离章。

　　玉贞见诗，已知生去，悒怏满怀。是夜，伺夫人睡尽，欲与生寄别，又恐生窃私之意未除。乃率从妾三五，潜出别生，相视饮泣。生曰："风景几番，我怀为之牢，窘甚牟。正所谓落花随水抛人去，劳草连天何处归。然国华早夜思卿，或辗转在旁，或举目如见。故诗曰，既见君子，我心写兮，若则未见，而写我心。卿何寡情若此哉？"玉贞曰："君知其然，而不知其所以然。吾忝风流余韵，情私恐玷于品流，父道母仪，家教素遵于弱质，诚闺阃是非，吾恐项庄舞剑，意在沛公。周公戒子，责在成王耳。在我，固所甘心，于君诚恐累德。至曰附会支离之词，致之勿论。八极虽广，寸眸可圆，万物虽多，一朝可齐。卿若以心视我，何惮事之不周，但无心故也。一念之中，唯君是仰。我固有解珮之情，君只恐贻养鹰之诮。幸吾严君，有室家之遗命，慈母有敬爱之宿心。但子力为维持，庶几种玉之缘克谐也，同心之愿永于也。"生但含默不言。玉贞无奈，又慰之曰："君到家，因便速来，休轻远别，向后当期所报，勿以凄怆之情，见累青云之体。"言毕，双泪交流，须臾告归。生无已，乃姑留之。玉贞亦不忍舍去，因并坐中庭之前。生遂缀一律以与玉贞，诗曰：

琥珀杯中酒正浓，却教马首驻江东。
苍茫别意鸡三唱，迢递烟波恨几重？
眉黛锁愁山聚碧，泪痕轻坠烛摇红。
凄凉不尽相思话，惊起沙头一个鸿。

玉贞依韵答生云：

留别空余夜色浓，伤怀人坐竹林东。
风拂席荷香满，明月穿帘树影重。
绿鬓多因愁里白，朱颜非为酒中红。
相看莫便移青眼，好把平安报便鸿。

顷闻庭树中有慈鸟，惊林飞鸣。玉贞吟一绝以赋之云：

惊鸟飞过断桥头，拣尽寒枝不肯投。
莫道栖身无定处，海棠花外有高楼。

生疑玉贞"海棠花外有高楼"句有异志，谓之曰："吾暂舒飞燕之眉，又饵祖翁之计，每于君前白诸怀抱，不惮烦劳，第感道及前词，足慰黄金其诺。但日睽颜角，则时曳心旌，正谓'相思相见知何日，此时此夜难为情。'卿何谓出此落句？"玉贞正色对曰："独不闻乎说诗之法，不可以一字而害一句之义，不可以一句而害说辞之意，当以己意,迎取作者之志,乃可得之。且君与我之私,名虽无点水之交,情则有丘山之固。偶然之句,何足疑哉。定不以此身而落他人之手,如果不遂所志,吾有死而已。"遂剪发为信。生信其义,不胜所慰。玉贞面生,再拜曰:"吾只此别君,明日不能出矣。"生曰:"吾明早言还,必欲愿卿一见,胡云不出,使我心伤。"玉贞曰:"百结愁肠,难誉口说。吾于一日十二时,时时兴叹。五更两三点,点点思君。岂不愿见,若见则情重,浃连而不自知其丑,人众中猜疑之诮何迫。"生曰:"彼此皆然。"各辞退,明日清晨,玉贞遣娘行《阳关曲》一阕,及白绫绢数十匹赠生,曲云:

风飘落叶蓬蓬雨,水面芙渠犹泣露。洪都人去海茫茫,梦魂不到阳台处。天长地久两鸳鸯,爱合双飞便双死。早来勉强傍妆台,欲插花枝泪如许。苏卿锦上织回文,浑是相思徐作缕。尽多恩爱只如此,愿君勿作无根树。苦苦留君君不住,赠君一阕阳关语。

再有绝句一首:

独怜幽草雨中残,游于思归泪不干。
南望关山云不断,怎禁惆怅送君还。

生立缀前韵,并以大珠数十颗,以答玉贞云:

夜来听彻芭蕉雨,泪染西湖荷叶露。嗟哉孤雁傍谁飞?含悲啼过花深处。碧玉连环能解时,我生何惮蜉蝣死。燕子楼中寂暗尘,雾鬓云鬟在何许?坐对寒灯数点红,柔肠散乱千千缕。咫尺天涯夫彼此,两地栽培连理树。绿窗犹唱留君住,落花满地莺无语。

再和绝句一首:

一声鸡唱五种残,花外朦胧露未干。
唯有多情双蛱蝶,向人飞去又飞还。

生次早遂归，既达父母侍下，而子职克勤。抵载爨爨，谩把白云翘脱重；小心翼翼，聊将寸草报春晖。四体谕一乐之意，满堂坐毡未暖，仕路随登，与友人黄中，俱赴春选。果联高第，唯黄中次之。殆见其步下香氲氲，天根月窟；笔头花灿烂，玉戛金铿。十里长安，香杏暗随追电马：白云深处，神仙沉醉曲江春。生因作绝句一首：

> 琼林宴罢出紫宸，绣幕争看第一人。
> 高着锦袍声价重，马蹄踏破风池春。

黄中答曰：

> 蓝袍气概动丹宸，始信文章不误人。
> 回首长安红几许？鬓边尤带一枝春。

时有名宦所作词令赠生，并附于此：

> 游阆苑，步金銮，宴罢披衣上绣鞍。月窟天根文有价，满怀星斗灿波澜。

七言绝句诗一首：

> 玉骨英才天下奇，匆匆瑞色上双宜。
> 姮娥不惜蟾宫桂，付与东风第一枝。

时有邓平章者，重生少年儒雅，心愿以女妻之。遣门生求请。生感佩玉贞之意，不忍背之，固辞。谓门生曰："宠以郗鉴之招，敢效宋弘之辞。第我，上有啮指之亲，礼所当告；下有之妇，义不可忘。汝于公相处，善为我辞。"门生以生之言，告于平章。平章喜生志节，不与之强。次早，生遂以省亲之故乞归，上许之。寓金陵，因作律诗一首：

> 夜梦慈闱病鲤鱼，便从金阙捧丹书。
> 候门稚子迎归骑，夹道乡人迓使车。

天上风云终有待，堂前定省恐生疏。

知源好在全忠孝，明舞班衣慰倚闾。

时玉贞年芳貌美，常见重于贵戚豪族，俱各为子求亲。潘夫人多不之许，遂遣东风楼下老妪，持书于生父处，言亲事。生父大喜，遂涓择吉，纳采潘府。玉贞喜之特甚，因作律诗一首：

自古姻娅不偶然，赤绳系足总前缘。

欢声缭绕弦歌曲，瑞气笼葱鼎沸烟。

凤卜示占宜敬仲，鹿车共挽慰鲍宣。

夜阑几度忘情后，多把茗芽试玉川。

生亦作律诗一首：

画锦堂前春色浓，灵芝瑞草庆重重。

麝兰香衬三千履，罗绮红飘万里风。

谩学谪仙夸绮凤，未几黄宪愧乘龙。

自家一段风流种，何必巫山十二峰。

生题名后，不以报政为事，唯以可人是思。常自言曰："应举不状元，仕宦不宰相，虚生也。"然企慕玉贞之切，未尝顷刻而忘于怀。正仰想间，忽报潘夫人遣人致贺，并玉贞托书达生：

妾潘拱璧，书奉苏先生茂才逸史。别来未几，企仰殊深。飞梦之思，无日不形诸左右，但恨无生生缩地之求得以了此生良缘也。恭审秋元得隽，而大魁天下，名播圜宇，诚风行海流之四溢也。则异日十八瀛洲，拟猜天风扶玉步；三千礼乐，俄看宫锦动金銮。妾之平生所怀，今已大慰矣。然画阁情深，愁拖万缕。每欲对面而谈，抵掌而论，斯愿莫伸，为之奈何？白而倚栏，黄昏抚几，度日如年，知妾之心乐否也。万望马首东行，复绝结纳，则前日姻缘，宛然在目。笔砚琴书，既足以供文士之高致，而新恩旧爱，又足以赏吾辈之深情。彼此两心，各偿所愿，亦一大快事也。不然，则一在天之涯，一在地之角，纵有驰情劳思，而两无所得耳。唯冀早图，万万。

生遂因以致谢之期而往。既踵门，夫人见生至，且贺且谢，遂馆生于贰室。生起居月余，莫能与玉贞诉一衷曲。

一日，因夫人出于林大尹家。生见玉贞于接天楼下，进步揖之，且喜且悲。玉贞曰："吾别君久耳，而落月之思，停云之想，不待赘言。君何薄幸，不传青鸟之书，徒使人咨咨于仰望之际。"生曰："书不尽言，言何多耶。以无限之情，而归有限之笔，吾恐画马不能尽其毛，画山不能尽其高，不如无书之为愈也。"玉贞曰："然。"但以彷徨是立。生曰："笔舌之言，未可以量人之心腹。就中之举，方足以见人之真情。卿向者，一则恐致家门之辱，次则恐陷守身之污，吾因不敢犯。今则六礼告成，请毋以他辞见却，万冀见怜，吾书中之所愿足慰，何必华礼左方，从事虚文之为意载。"玉贞笑曰："君不见太阳之照，虽不求葵藿之倾，而葵藿自倾。和气之至，虽不求鸧鹒自鸣，而鸧鹒自鸣。曩者，吾所以不如君愿益请，佳人不可以私奔，才子不可以窃娶。今幸箱中得于祐之红叶，笼内悬宗室之白雁。从此失身，毕竟无秀兰之议。既闻我母，始终为苏子之妻。"遂与生携手于枕流亭，达览秀窗下，指窗后一门："今夜可纳。"约自牖。生再揖而退，喜而作七言律诗一首云：

八面明窗次第开，伫看环佩下瑶台。

闺门春色连新柳，岭角寒香梅自开。

影动花稍明月上，风敲竹径故人来。

合欢一幅鸳鸯锦，都什东君自剪裁。

时野马安闲，谯楼三鼓，生重以期桥之信，旁通方便之门，乃寻入四彻堂之翠围阁下，过爱梅轩，轩后乃得玉贞寝所，名曰卧云窗。玉贞方倚窗而望，望见生至，且惊且喜，迎之入室。室内锦绣盈屋，沉檀扑鼻。有水晶小几，高阁今古之书；云母围屏，模写淡浓之笔。又锦囊响其内，银瓶插紫笋其中。窗前绿竹数竿，时舞潇湘之雨；品花几朵，艳妆金谷之春。窗左畔，粉墙四塞，或小石青蒲，布置清雅。窗右侧，引流为池，真所谓神仙洞府。生未暇遍现，即携玉贞就枕。玉贞犹惑，羞于进退之间。生曰："漏催晓箭，月倒琼楼，恐过此则幸会难逢。但尔我情深，又何怯羞之有。"强携入帐中，为之解衣，并枕而卧。生视玉贞，体态丰而且艳，犹美玉之无瑕，尚有异香可掬。玉贞曰："吾深居久处，世故不谙，枕席之欢，万唯情谅。却不道，娇枝未惯风和雨，吩咐东君好护持。"生曰："护持之意，我固知之，请将勉强于今宵，庶几见惯于后日。"然合欢之际，玉贞乃娇啼嫩语，恐惧逡巡，似有不胜之状。生曰："歹即也毋执，早不念人断肠，今日方知断肠由。"两情会合之际，虽巫山洛浦之遇，岂可以同日语哉。既而雨散云收，玉贞笑曰："君之千方百计，我之万转千思，自今日足耳。"生于枕上，口占《苏幕遮》词一阕，与七言古风一首，索和于玉贞云：

洞房幽，平径绝，拂袖出门踏破花心月。钟鼓楼中声未歇。欢娱佳境，撞入何曾怯。拥香衾，情两结，覆雨翻云，暗把春偷设。若断良宵容易别，试听紫燕深深说。

七言古风诗曰：

兰房几曲深悄悄，香腾宝鸭清烟袅。
梦回绣帐月溶溶，展转牙床春窈窕。
无心误入少年场，但闻丝竹生宫商。
滞情欲起娇无任，须教宋玉赋高唐。
洞开重重无锁钥，露出十双红芍药。

玉贞亦和《苏幕遮》韵，及律诗与绝句，各一首：

漏声沉，人影绝，亲手相携转过花荫月。莲步轻移娇又歇。怕人瞧见，欲进羞还怯。口脂香，罗带解，誓海盟山，尽向枕前说。可恨灵鸡催晓别，临时犹自低低说。

着人情意觉初阑，试把鲛绡仔细看。
到老春蚕丝乃尽，成灰蜡烛泪方干。
颠鸾倒凤惊花外，软绿轻红异世间。
两字风流夸未了，鸡鸣残月五更寒。

槛竹敲声入小斋,满腔春事浩无涯。

一身径藉东君爱,不管床头坠玉钗。

正是:解冻东风,红雨乱飞春雁字;偷香粉蝶,花房深宿夜风流。玉贞为情所困,乃藏生于内阁下十余日,夫人不之知。所知者,唯兰英、桂英而已。吾知其不谓天上姓名播扬于主行子,只知两心娱合见惯于司空。时命桂英取酒于生饮。玉贞口占一绝句,以勤生云:

日月相催似跳丸,诸君莫强素杯难。

扁舟老叟今何在?难买生前一笑欢。

生亦吟一绝句以复玉贞云:

临风随意荐露杯,笑指桃花上脸来。

且问醉乡佳景好,绛纱深处玉山颓。

时酒初阑,生曰:"忆昔河都之会,于载几更,岂期得遇今日。"因以神语一节告之,玉贞叹而异曰:"心亲则千里晤对,情异则连屋不相往来。以神语而观,信其然耳。"玉贞曰:"眉尖目角之意虽有,缘不知及此。但以诗词自抑,不下百首。"生曰:"彼此皆然。"遂俱出前遇所作绝句诗章,录一二以呈。玉贞诗曰:

十分春上小桃红,谩有灵犀一点通。

闭户固将踪迹避,几回无语立东风。

又

野花狼藉怨胭脂,垂却疏帘不忍窥。

试把银缸聊一照,从容吟彻四愁诗。

又

隔楼掩映夏云峰,写景无文亦不工。
粉蝶不随春去也,飞来池馆舞薰风。

又

新留一点绿枝头,手捻花枝独自羞。
此恨付随流水去,长江不断许多愁。

又

渭水滔滔空自流,落霞飞断楚江秋。
玉楼深锁薄情种,何处逢人唤莫愁。

又

绣纬辗转奈何孤,壁上残灯半有无。
辽阔莫嗔音问少,楚天沙漠雁来稀。

又

细雨飘飘入纸窗,地炉灰尽冷侵床。
个中正罢相思梦,风扑梅花斗帐香。

又

雨打芭蕉竹动风,无聊欹枕听僧钟。
不禁夜雨清人骨,一笑开门雪满松。

苏生诗曰：

我生非醉亦非痴，何事无忧每皱眉。
凝望阶前谁是怨，杜鹃啼在落花枝。

又

满眼风光转眼移，残花委地欲成泥。
舍琴暂息商陵操，静听山禽绕树啼。

又

绿荫松萝暑气凉，清泉泻入小池塘。
人闲昼永无聊赖，一朵荷花满院香。

又

新簟小阁午风飘，何处朱唇印洞箫。
鸳鸯惯从花下立，一双添出许多娇。

又

飒飒西风金铁鸣，黄花落地寂无声。
清秋莫道无颜色，一叶残荷罩鹭鸰。

又

明月荷花远近洲，堪惊又是捣衣秋。
暗中不道流年换，底事青春也白头。

又

玉宇微茫白雪倾，疏帘淡月照人清。

凄凉睡到无聊处，怪杀寒鸡不肯鸣。

又

铁马喧风菊尽残，起来和梦倚栏杆。

修心不到梅花地，耐得山中一夜寒。

既而览毕，生乘醉，与玉贞携手，纵步于绣金亭，进雪月轩中。生见石壁深高，幽篁邃密，林障秀阻，人迹罕交。生欲与之构欢，玉贞不从。且笑曰："如此日丽中天何？"生强之，乃从。但见艳体露杨妃之玉，朱唇点汉署之香，其两情吻合，弗克名状。时玉卯酒未醒，随生遣兴。酒醒之后，钗横鬓乱。生曰："卿子亦所谓海棠睡未足也。"玉贞号为田棠红，遂缀一律诗与生云：

带雨笼烟匝树奇，妖娇身势似难支。

红推西国无双色，春占河阳第一枝。

浓艳正宜吟郑子，工夫何用写王维。

合情欲把芳心束，留在东风不放归。

生亦作古风短篇一首，答玉贞云：

洞庭昨夜春风起，又见海棠花吐蕊。

幽姿淑态最风流，一枝低带鸳鸯睡。

朱唇得酒猩猩足，太真亭外凉新浴。

春雨晴天笑半开，纷纷桃李总媚俗。

诗方就，不觉夫人信步于后。时生与眩贞方交体面坐，鬓发纵横，见夫人至，大恐，莫能趋避。玉贞顾生曰："毋恐。"因谓其母曰："向者，天缘事合，儿女情多。隔水赋梅花，非谓广平之罪。上楼见杨柳，乃知王子之愁。仗以儿女犯私通之咎，非不节之名。唯冀泰度包荒，庶几以恩合者终于恩，以情合者终于情。"生但鞠躬惶恐而已，不敢翘首。夫人宠爱玉贞与生，颜色如故，乃谓生曰："吾见私奔窃娶者，当加犯法之名。正娶明婚者，莫作违条之论。顾玉贞，乃寡人今日之门楣，却为郎明日之箕帚。郎君毋恐也。"遂择吉完亲。玉贞因作律诗一首以赠生。诗曰：

朱陈秦晋喜齐谐，剩把华筵月下排。

天意却符人意好，恶缘向作好缘来。

香芬仲宝莲花幕，光满温郎玉镜台。

今夜洞房春万种，不顾蝶使与蜂媒。

生亦庚前韵，以答玉贞云：

不事佳期却偶谐，都缘天意巧安排。

野花有约常开落，浪蝶无心自往来。

静与瑶笙陪绮席，醉乘佳趣上高台。

几回惹得疏狂兴，竟向东风独自媒。

生既卒以合卺之后，置富贵于度外，不以试文为念。玉贞常道之曰："子幸衮龙殿上，曾夸独对之三千，朱雀桥边，不做寻常之百姓。念予之赋情有日，期子之兼善及时。方今，纲纪纵横，民生涂炭，于可展擎天之手段，沛大旱之甘霖。上可以柱石朝廷，下可以雨露海宇。且龙以屈伸为神，凤以嘉鸣为贵，何必隐形天外，潜鳞于重渊哉。"生见其有道之语，亦委听从之焉。时在七夕，玉贞命价荐酒，遂与遣情。乃口占律诗一首与生。诗曰：

九霄高驾众星桥，罗绮香浓步阿娇。

玉树三更云漠漠，银河一带水迢迢。

欢娱只恐催银箭，情绪难禁倒翠翘。

都付两心天地老，何妨暮暮与朝朝。

生见玉贞咏七夕，乃作借花说以答云：

　　余生平，有诗酒琴棋之趣，兼耽风花雪月之怀。尝遍撰名花，而植于系春之堂。莫不爱恋保护，而灌溉栽培，无所不至。故其花，有红沉而醉西施者，有含嘻而笑妃子者，有富贵而傲凡品者，有隐逸不染尘滓者，有先名而占春魁者，有独秀而喷秋香者，有妖娇而媚东风者，有冶艳而妆朝雨者。

　　独见一朵，长颦有恨，如怨如诉。余乃进而解之曰：花呵，花呵，他尽为悦己之容，媚人之色，而何失颜不展，恨不抬头耶？莫是为残红西飞，却怨着五更风恶耶？莫是为纷纷点苔，却怨着妒雨相摧耶？莫是为冉冉绿荫，却怨着门外之无为借问耶？莫是为飘风万点，却怨着欲尽之无为经眼耶？在消长者，时也。

　　爱憎者，情也。时不能常遇，情不能以无徇。故姚公之徇于牡丹，不无富贵之怀。周子之徇于莲花，偏有隐逸之趣。渊明之于菊，和靖之于梅，宝郎之于柳，王氏之于槐，各徇其情性之所安。虽有异芳奇品，亦不为之移其所甚好。尔亦随其所遇，随其所好而已。于天，夫何怨。于人，夫何尤？于是花，乃偏反。

　　叶垂露滴如啼泪，若有悟于相解之有感者矣。但又未能释然，消勃然兴。故余又解之曰：道当反之于己，变则委之于远。但恨自枝之无叶，莫怨太阳之独偏。自恨花锦之无似，莫怨有花之无人。可知东风不私被，云雨无择施。或有惜此而起早者，有恼此而眠不得者。或有葑菲无弃，下体拱把而兼所爱，则彼无专厚，此无独薄。花又何怨，花又何尤。花乃一技微动，随风上下，有若点头道是者然，作惜花说。

民间藏绣像珍稀秘本

第二篇

情梦柝

[清]惠水安阳酒民 撰

第一回 观胜会游憩梵宫 看娇娃奔驰城市

词曰：

　　韶光易老，莫辜负眼前花鸟。从来人算何时了，批古评今，感慨知多少？　贪财好色常颠倒，试看天报如誊稿。却教守拙偏酬巧，拈出新编，满砌生春草。

——右调寄《醉落魄》

　　这首诗，是说万事不由人计较，一生都是命安排。谁不愿玉食锦衣，娇妻美妾，哪晓得才出娘胎，苦乐穷通，已经停停安安注定，不容人矫揉造作。唯君子能造命，唯积德可回天。比如一棵树，培植得好，自然根枝茂盛，开花结果，生种不绝；若做宋人揠苗，非徒无益，反加害矣。昔王敦图贵而伏辜，季伦拥赀而致死，天子不能救倖臣之饿，谋臣不能保霸王之刎，莫非命也。就是有福气的，也要知止知足，不可享尽。玉树后庭花遽谢，馆娃宫里顿成灰。谁许你恣情酒色吗？若依得人算，文王不囚于羑里，孔明不悲于五丈原，邵康节老头儿用不着土馒头了。大抵乾坤似一间屋，日月像荸篮大两面镜，一天星斗，又如许多小镜，远近上下，处处挂着。人在中间像一个蜘蛛，这里牵丝结网，镜里也牵丝结网；这里捉缚蚊虫，镜里也捉缚蚊虫。闪过西边，东边的照着，藏在底下，上面的照着，才一举动，处处镜子里面，都替你记账。真是毫发不爽，报应分明。故作善降百祥，作恶降百殃，如藤缠树一般。

　　在下今日却不说因果，类叹佛偈尼姑；也不说积德，类讲乡约里老，只说个心术。若说到心术，看官们又嫌头巾气，恐怕道隐衷，对着暗病，就要掩卷打盹了。不如原说个"情"字。心如种谷生出芽，是性；爱如风甘雨，怕烈日严霜，是情。今人争名夺利，恋酒贪花，哪一件不是情？但情之出于心，正者自享悠然之福；不正者就有揠苗之结局。若迷而不悟，任情做出，一如长夜漫漫，沉酣睡境，哪个肯与你做冤家，当头一喝，击柝数声，唤醒尘梦耶？此刻乐而不淫，怨而不怒，贞而不谅，哀而不伤，多情才子，具一副刚肠侠骨，持正无私；几个佳人，做一处守经行权，冰霜节操。其间又美恶相形、妍媸各别，以见心术之不可不端，所以名为《情梦柝》。绝古板的主意，绝风骚的文章，句句妩辞雅谑，一断幽情，令观者会心自远，听我说来。

崇祯年间，河南归德府鹿邑县地方，有一秀士，姓胡名玮，字楚卿，生得琼姿玉骨，可人如绿萼梅花；绣口锦心，饱学比青霜武库，十三岁入库。父亲胡文彬，曾做嘉兴通判，官至礼部郎中，母黄氏，封诰命夫人，时已告老在家。一日，吴江县有一个同年，姓荆名锡仁来归德府做同知，晓得胡楚卿童年隽艾，托鹿邑知县作伐，愿纳为婿，就请到内衙读书。县尹将荆锡仁之意达于胡文彬。胡文彬大喜，茶过送出县尹，正要进来与夫人儿子商议，谁知胡楚卿在书房先已听得。见父亲送出知县，走至厅后，见一个管家对书童道："当初我随老爷在嘉兴做官，晓得下路女子，极有水色，但脚大得多，每到暑天，去了裹条，露出两只雪白的肥脚，拖着一双胡椒眼凉鞋，与男人一般。如今荆家小姐自然是美的，只怕那双脚与我的也差不多。"正在那里说笑，不料被楚卿听了，想金莲窄小三寸盈盈，许多佳趣俱在这双脚上，若大了，有什么趣？况且风俗如此，总是裹也未必小。不如向父亲说，回了他倒好。恰好胡文彬至里边，把上项事一五一十说着。夫人未及开口，楚卿接口道："虽承荆年伯美意，但结亲太早，进衙读书又晨昏远离膝下，况乡绅与现任公祖联姻，嫌疑未便，不如待孩儿明年赴过乡试，倘赖祖宗之荫，博得个鹿鸣宴，那时怕没有邻近名门，如今着什么紧？"老夫妻二人见他说得有志气，便也快活，就复拜县官，回绝荆二府。因此蹉跎，不曾与楚卿聘下一房媳妇。

不意十五岁上，父母相继而亡，辟踊痛泣，丧葬尽礼，忙了几个月。倏忽又是周年，挨到十七岁上，思量上无父母，又未娶妻，家人妇女无事进来，冷冷落落不像个人家。因与老管家商议，将服侍老夫人两个大丫头都出配与人；把楼房暂典于族叔胡世赏，他现升户部员外，得价三百五十两。自己却移在庄上花园居住，只同一房服侍家人，一个养娘，一个小厮，唤清书，年纪十五岁，五六口过活。当时三月天气和暖，想平日埋头读书，并未曾结识半个朋友，上年又有服，不曾去得乡试，如今总是闲在家里，坐吃山空，也不济事，心上就要往外行动。便叫苍头唤两个老管家来，一个名周仁，是掌祖产的，一个名蔡德，是向来随任的，俱有妻室另居。一齐唤到，因对他两个道："老爷在日，有一门生俞彦伯，系陕西绥德府米脂县人，曾借我老爷银一百八十两，今现任汝宁府遂平知县。我如今一来历览风景，二来去讨这项银子，或者有赠，也不可知。前房屋典价银三百五十两，尚未曾动，周仁你与蔡德儿子蔡恩各分银一百六十两，买卖生息。尚存银三十两，我要做盘费。蔡德你同我去，一路照管，叫你老婆儿子暂住这庄上来，与我看守家内。"随即将银子交与两人。蔡德领命自去收拾行李起程。楚卿就唤清书、养娘整治行囊,择本月廿六日出门。

　　至期,蔡德及儿子蔡恩并老婆媳妇,清早都来了。楚卿交了什物锁钥,吩咐养娘,并在先服侍的一房家人看守门户。自与蔡德、清书觅牲口,装上行李遂往商水。一路问景观风,往商水,进项城,来到上祭界口,隔着遂平,只差九十里。此时已是四月初七日。那地方有一禅林,叫作白莲讲寺,真是有名的古刹。一路上听人传说明日去看盛会。天已将暮,三人下了饭店,问主人道:"此去白莲寺,有多少路?"店主人道:"这里到白莲寺,只有二十里。再去五里,就是上蔡城。相公若是便路,明日人山人海,何不也去走走,少不得我们都要去的。明日五更造饭,上午早到。"楚卿道:"我便要去。"遂用了晚饭,自去安寝。

　　果然四更时分,就有人行动。楚卿起来,梳洗毕,吃了饭,唤牲口,装上行李,算还饭钱,店主人道:"相公,请先行一步,舍下收拾随后就来。"遂辞主人出门,东方却才发白。一路上,男女络绎不绝。及至寺前,刚上午时候。只见山门口先歇下五乘幔轿。楚卿也要下驴,掌鞭道:"相公,我们牲口是要趁客的,不如送你在饭店安歇,打发我先去吧。"楚卿道:"也说得是。我在此游玩少不得吃些点心。"就在附近饭店住下,打发掌鞭去了。

　　三人吃了点心,吩咐店主照顾行李,三人同步至寺前。此时烧香游玩的已是挤不开,男女老幼,何止一万。三个不离左右,挤到山门,看那匾上写着四个大字是:白莲古刹。一路去只见:

　　　先列两个哼哈菩萨,后塑四位魔体金刚。布袋佛张开笑口,常尊者按定神杵。炉烟飞翠,烛影摇红。正殿上金烁烁大佛三尊,两旁边花流流阿罗十八罗汉。准提菩萨供高楼,千首观音藏宝阁。到讲堂钟声法鼓依稀响,二月春雷佛号梵音,仿佛洒半天风雨。老和尚喊破喉咙,小沙弥击翻金磬。斋堂里,饿僧吃面不怕烫痛嘴唇皮;香积厨,老道烧茶哪管焦破锅子底。孩儿们,玩的玩,跳的跳,手拿麻糖甘蔗;老人家,立的立,拜的拜,口念三世阿弥。还有轻薄少年,扯汗巾,挖屁股,乘机掉趣;又有风流子弟,染须毫,试粉壁,见景留题。那些妇女,老成的,说老公,骂媳妇,告陈亲眷;骚发的,穿僧房,入静室,引惹阇黎。还有口干的,借茶盅,拿盏子,呼汤呷水;尿急的,争茅坑,夺粪桶,哪管露出东西。

　　楚卿三人,挤入挤出,到处观看。到了下午时候,人也渐疏,转出山门,早来这几乘轿子,尚在那里。想道:"定是大户人家女眷怕人多不雅,所以早来进香,如今必在静室,等人散方回去。我且在此看一看。"停了半个时辰,山门口一发清静,等得不耐烦要回去,只见一群妇女丫鬟、三四个尼姑,约二十余人,前面几个男子,先走来唤轿夫,遂将轿子乱摆开。胡楚卿定睛看时,中间几个珠翠满头,香风拂拂。一个年老的,约有五旬,先上轿;次后一个十二三岁的与一个垂髫的,合坐一轿;第三是一个三十岁上下的,艳丽非常,却也看得亲切。那些跟随妇女一挤齐来,只是不曾看着脚。这里看未完,那边又有一个上轿。楚卿立在西边,轿子却在东边,急站足看时,那女子转身,左脚已进轿内,右脚刚刚缩进,一只红绣鞋,小得可怜,面庞竟未曾看得,并不知有多少年纪。慌忙再看,后面只剩一顶空轿,等着个半老佳人在那里与尼姑说话。楚卿懊悔不及。那前面先上轿的三乘,已起身了。只见第四乘,尚等着后面,忽轿内一只纤纤玉手带着金镯,推起半边帘子,露出面来,似要说话光景,见了楚卿,却又缩进。看官你道什么缘故?原来是小姐见前面轿子已去,竟欲唤养娘催后面母亲起身,见有人看,忙缩进去,原是无心。

楚卿打个照面看着,惊喜道:"天上有这样佳人,真是绝色,又且有情,推帘看我。"正在思想,那两乘轿都起身了。忽清书在旁道:"相公,不知谁家小姐,如此标致,可惜后来不知嫁与何人享福?"楚卿道:"你如何知她未嫁?"清书道:"我明明见她是盘头女儿。"蔡德也接口道:"其实还是一位小姐。"楚卿见二人都赞,不胜心痒,因说道:"我等了半日,未曾看得亲切,料她必住城内。明日省走几里路也好,你两个可速速还了饭钱,搬行李进城安歇。我先去,偏要看她一看。好歹在县前等我。"说罢急急赶去。正是:他撇下半天手韵,我拾得万种思量。楚卿及赶上轿子,尾后半箭之地。路上也无心观看,及进了城,又行了三四条街,五乘轿子都立住脚,不知轿内说些什么,只见丫鬟妇女,分走开来,前面三乘轿子,望南去了,尼姑也去了。后面两乘,望西直去,原来是两处的。楚卿随着后边轿,也望西来。

走过县前,又过一条街,到了一个大墙门首,将轿子歇下,楚卿急挨上前。这些妇女掀开两处帘子,先走出一个老的,后走出一位小姐,果然体态轻盈,天姿国色,是个未笄女子。上阶时露出金莲半折,与丫鬟们说说笑笑,飘然似天仙的竟进去了,并不曾把楚卿相得一相。那楚卿乘兴而来,不觉扫兴而归。望北行了三五丈,又转身来,把墙门内仔细一看,痴心望再出来的景象,忽见门边有一条字,上写着:"本宅收觅随任书童。"

楚卿那时已魂飞天外,见了此字,不觉欢喜,暗想道:"我这样才子,不配得个佳人,也是枉然。况天下美女要比她,第二个再没有了。但不知内才如何耳?如今我又不岁考，总是出来游玩。就要往遂平讨银子，何不着蔡德先去。我趁此机会，明日扮作书童，做进身之策，得与小姐亲近，闻一闻香气，也是修来的。若再有才，我就与她吟诗答对起来。倘能够窃玉偷香，与她交亲，讲明成就了百年姻眷，岂不是一生受用？"你看楚卿一路胡思乱想，都是孩子气的主意；忽又跌足道："不妥！我如今已长大了，怎么扮作书童？"看官你道为何？原来人家公子，到八九岁，就有些气质，到十二三，竟妆出大人身份来。楚卿这几年，涉猎丧葬，迎接宾客，岂不自认是一个顶天立地的丈夫，今要改扮小厮，恐怕长大不像样，所以跌足。却不曾想到，自己虽交十七岁，而身材尚小，还是十四五的光景，且身子又生得伶俐，要做尽可做得。

楚卿正在那里算策，却事有凑巧；只一个垂髫童子，远远而来。楚卿有意走到那童子身边，与他比了一比，自己尚矮他寸许，忙回头一相，见自己身躯比他小些，暗暗欢喜道："我如今若到他家问姓就有人认着我，不如叫蔡德去吧。"

欢喜无限，急急行来，却也作怪，寻不见县前，急到了官塘桥，自忖方才不曾有，必是行错了。急问人时，说是官塘桥，又问："到县前多少路？"那人道："里半进南门，再直走一里，左手转弯就是。"原来楚卿想扮书童思与小姐做亲的时节，不觉出了神，错认向南而去，那楚卿原也不知。自己好笑起来，只得转身，走到南门，再问县前来。蔡德远远窥望，接着道："相公这时候才来！我们下处已等多时，日色晚了，可快些去吧。"楚卿一头笑，一头走，随蔡德到下处来。欲知后事，且听下回分解。

第二回　小秀才改扮书童　老婆子拿板券保

词曰：

才遇仙娘，见推帘轿里，有意咱行。春山云黛色，秋水撇晴光。花解语玉生香，想杀我刘郎。没奈何，乔装剪发托入门墙。　　痴情欲傍西厢，似云投楚峡，蝶向花房。琴挑心未逗，杯柜意先防。若个事，九回肠，与哪个商量。且学他登楼崔护，一试何妨？

——右调寄《意难忘》

话说胡楚卿随蔡德来到下处，清书笑脸迎问道："相公可曾看见吗？"楚卿把眼色一丢道："胡说！"清书与蔡德会意，晓得店中杂闹，远方人看妇女不便，明日路上闲讲未迟，因此就闭了口。楚卿暗暗想道："我明日要做这勾当，蔡德是老成人，必然力阻。若叫他去访问，倒惹他疑心。不如写封书，设计打发他先到遂平，留清书在此，又好替我装扮。"一夜无辞。

明早楚卿在床上唤蔡德道："我连日劳顿，昨又走急了几里路，身子疲倦得紧，意欲歇息两日，着你先到遂平何如？"蔡德道："许多路来了，何争这九十里，且到遂平安息，省得大家挂念。况在此是出银子买饭吃，到那里是吃自在饭，也好省些盘费。"楚卿道："你有所不知，我到遂平，俞老爷必定留入内衙，一来非酒即戏，二来客边不得舒畅，拘拘然有什好处？我如今用一个名帖，写一封书，你将家中带来套礼，再拿五两银子，随意买些礼物，预先投进，俞爷也好打点银子。我一到，盘桓两日就回，岂不两便？"蔡德道："不难，相公若要舒畅，同到遂平，城外寻一个寺院歇了，待老仆把书札投进，只说相公路上有事耽搁，着我先来的。如此就是，何必在此远隔，教我放心不下？"楚卿道："我身子委实不快，若勉强上了牲口，弄出病来，什么要紧？若要你在此等三日两日，反耽搁日子。"店主人见楚卿要住，巴不得勾生意，便插口对蔡德道："老人家，你相公是少年公子，吃苦不得。急行一里，不如宽行十里。在此我自会服侍，不须你费心。还依着相公，你先去。"蔡德见说话近理，只得先去吃饭。楚卿起来，写书帖，将箱内礼物交与蔡德，将身边银子称出五两余，与蔡德买些礼物。又另称五钱，与蔡德作盘费。蔡德吩咐清书小心服侍，三两日就来；叮嘱主人几句，出门去了。

楚卿哄蔡德起身，遂吃了饭，唤清书附耳道："如今有一事与你商议，切不可泄漏。到县前往直西去，右边一条巷内，黑枪篱大墙门，门级有一条字：'本宅收觅随任书童'。问他家姓什名谁，做什么官，往哪里去。见机说话，即刻就来。"清书道："相公问他收觅书童，敢是要卖我吗？"楚卿道："为什么卖起你来？我有缘故，少不得对你说。"清书去了一个多时辰，就进来回复："我方才走过他家墙门，到斜对门豆腐店，见一老婆子在那里，假说借坐等个朋友，那婆子叫我坐了，因问她前面大墙门里什样人家，要收觅书童到哪里去。那婆子笑嘻嘻道：'我晓得你来意了。他家姓沈，名大典，号长卿，一向做兵备官。旧年十二月上京复命，朝里见他能事，今福建沿海地方，倭寇作乱，钦差沈老爷去镇守。不日到家，就要上任。着人寄信归来，要讨书房童。他家极是好的，奶奶又贤惠，又无大公子差判，只有一位小姐，名唤若素，才貌双全，年纪才十六岁，要捡好女婿，未曾许人。你若要去，身价细丝银五两，老爷回来还要替你簇新做一身衣服，又有银子赚。是极好的，你不要错过了。'我见她说得好意，只得假应道：'我是不要去。有个亲眷托我，故此替他问一声。'那婆子道：'你亲眷在哪里？'我说就在西门外。婆子星飞舀一碗腐浆与我吃了，又说：'今日是好日，有朋友来寻你，我叫他坐在此等，你快去唤那亲眷来，到我这里吃了便饭，我同他进去，作成我吃一杯中人酒。'她就催我起身来了。相公你道她好笑吗？只不知我的话可是这样说的？"楚卿拍掌得意道："妙！妙！有功，我几乎错了，还亏你提醒。"清书道："我一些缘故也不知？"楚卿掩上客房道："沈家小姐，就是昨日进城看的，果是绝色无双，却恨无门可入。见他字上要收书童，我痴心要趁此机会，改扮投进，看一看光景，图个缘法，却不曾想到受聘不受聘。若一时失检点进去，她已受过聘了，岂不是劳而无功？总得窃玉偷香，也是薄倖坏阴骘。你方才说未受聘，岂不是一喜？且有貌的未必才。婆子说才貌双全，岂不是第二喜？况有婆子引进，故此得意。我如今就要做了。"清书见说，呆着半晌，道："相公主意差了，这个断使不得！"楚卿问："如何？"清书道："他是官宦人家，进时易，出时难，相公卖身进去，教我怎生来赎你？况家中偌大家私屋宇，如今蔡阿叔又往遂平，我在这里还是等着相公好，还是回去好？"楚卿道："你真痴子。我岂真卖身与他？我自有方法进去。若是有缘，说句知心话，订个终身之约，央媒娶她。若是无缘，十日五日，我就出来了。"清书笑道："如此还好。"楚卿道："拿你家中新做的衣服来，我穿一穿看。"清书即递过道："我嫌长，只怕相公嫌短。"楚卿穿起来，到也短俏俐随，脱下来付清书折好。只说剪指甲问主人借剪刀，进来掩上房门。日里店中喜无客，又兼清静，楚卿原是弱冠，未戴网巾，除下扳巾，叫清书周围挑下。清书停手道："相公如此走出去，店主人就要晓得了。"楚卿道："剪齐了，我原梳上戴巾出门。"两个弄了周时，把镜子一照，甚是得意，复梳上出来，对店主人道："我有个朋友在东门外，要去拜访他，住三日五日未可知。清书却要住在此间，这一间房，我有铺盖物件在里面，不许他人睡的。"主人道："盛价在此不妨，若恐年纪小，相公不放胆，有什么财物交我便了。"楚卿转身进房，将三十两头存剩的银子，称一两与清书，另去买布做衣服，将十两交与主人，余银自己带在身边。叫清书袖着梳镜衣服，别主人出门。店上买一双眉公蒲鞋，捡个冷落寺里无人处，梳下发来。脱去自己袍子，穿上清书衣服，换去朱履。清书把楚卿衣服等物收拾包作一包，跟楚卿出寺，道："相公是一个上等出色书童，只少一件不像。"楚卿忙问道："有什么不象？"清书道："若没有一条带子，只像个标致小官。"楚卿道："说得有理。"遂到店上买一条玄色丝带，忽想起此扇又说道："几乎弄出来。"就买一把素金扇子，换去自己紫檀骨书画名扇。一个蓝宝石小鱼扇坠，楚卿素爱的，仍解下系着，这个不妨。此时虽则日长，已是午后。楚卿道："忙不在一时，且到店上吃些点心。"吃完就把衣服零碎一包当在店上道："此物是我家相公的，今日没有银子在身边，我转来取赎。"

两个人商商议议到豆腐店来，婆子道："你朋友不曾来。你亲眷在哪里？"清书道："这位就是。"楚卿即上前作揖。婆子将楚卿一看，大喜道："两边造化。有这样标致小官，不消说老爷欢喜。我看你相貌，后来必然发迹。你可曾吃饭吗？"楚卿道："吃过了。"老婆子道："我须问过你姓名根脚，方好领你进去。"楚卿道："我是归德府鹿邑县人，姓吴，自幼念书，因父母早亡，并无靠托，恐怕地方上出丑，到这边遂平寻一个亲戚，要央他访个乡宦人家去效劳，后来招赘一房妻子，算作成家。"因指着清书道："这位是我同乡，他如今现在遂平县俞老爷衙内做亲随，前日告假来游白莲寺，遇见了，多承他说俞老爷衙中人多，不如替你另访一家罢。无意中遇你老人家说起，故此引到这边。"婆子道："原来如此！只是立契，哪个做的保？"指清书道："这位又在隔县。"楚卿道："做保就烦你老人家。如今且不要立契，我进去试试起来，待老爷回来，立契未迟。"婆子想着不立契，没有中物到手，摇首道："这就不敢斗胆了。倘你后日三心二意，不别而行，反要诬你拐带东西，着在我身上，叫我哪里来寻你？"楚卿会意，假说解手,到背人处,取出银包,捡四五钱一块另包了,走来道:"老人家,我是不比没来历的人,就是要立契,我会写会算,书柬文采,都替老爷心力。比别人身价不同,却要三十两银子,还要娶房好妻子。我还要到鹿邑寻个表叔来做保。如今老爷未回,奶奶怎肯出这许多? 若老爷回来不肯,我就去了。况且做了文书,你就担干系,不做文书,后来我要去,由得你责备,他不肯出价,是无干系的。你的中物,我自然谢你。如今先有几钱银子在此,只要你引我进去,后来成事,还要重重谢你。不必问奶奶要中物。"遂将银子递去。那婆子见送银子,满面天花道:"据你说来,甚是老实,但银子怎好受你。"楚卿道:"些需只当茶意,谢在后边。"话未完,婆子老官叫作薄小澜,卖豆腐回来放下担。那婆子对他说着,老官欢喜,就要领楚卿去。婆子道:"你不会说话,奶奶最喜欢我,还是我去。"遂领楚卿来到大墙门口。原来沈家虽有一二十房家人,却住在墙门里两边,从屋内这些男子,已随主人上京去了五六个。如今接他,又出门八九个,就有几个人,都在自己家里,只有一个贾门公在外。那婆子对他说了,门公道:"你是相熟的,自进去吧。两位阿叔权在这边坐坐。"婆子去不多时,忙忙出来道:"奶奶甚喜,叫你进去。"

看官,原来沈公子小,家时用不着书童,只有年纪大的一个,又随在京。今写字回家要收书童,说来的不是老,定是小识几个字的,定是髭鬓拌嘴皆看得过的,又一字不识。正在心焦,今听说识字、标致,就叫唤进。楚卿随婆子转变抹角,走至楼下,请奶奶出来。楚卿远远看时,随着四五个丫鬟妇女,却不见小姐,只有一个十七八岁大丫头,倒有八九分颜色,不转睛把楚卿看。楚卿自忖这个可做红娘。夫人走到中间,楚卿上前,叩了四个头。夫人笑逐颜开道:"就是你吗,是哪里人,多少年纪,要多少银子?"婆子上前,细细代述一遍。夫人听说如今不要银子,等我老爷回来立契,多要几两定亲,一发欢喜道:"就是成家的了,若说亲事,你这样人,要好的自然有。"就指旁边那个大丫鬟道:"这是我小姐身边极得意的,后日就把她配你。"楚卿道:"多谢奶奶。"因不见小姐,假意问道:"书童初来,不知有几位公子小姐,也要叩个头。"奶奶道:"公子小,只得五岁,一个小姐在房里,也不必了。方才薄妈妈说你姓吴,但不知叫什么名字?"楚卿道:"我年纪小,尚未有名字。"奶奶道:"既如此,你新来,我又欢喜,就叫喜新罢。"薄妈妈在旁道:"奶奶取名甚好,后边还有喜兆呢。"楚卿见不意中美,暗自得意,对奶奶道:"谢赐美名。"奶奶道:"你亲眷在此,我叫送酒饭来吃。"遂唤一个老奶子,同薄妈妈送到外厢书房里来。楚卿谢了薄妈妈,向老奶子唱个喏,问:"老亲娘高姓?"奶子道:"先夫姓朱,我是奶奶房里管酒米的。"楚卿说:"我远方孩子,无父母亲戚在这里的,你就是我父母亲生的一般,全仗你老人家照拂。"奶子见说得和气,念声:"阿弥陀佛,折福,不消你忧虑。"说未完,只见起先奶奶指的大丫头,走到书房边来道:"薄妈妈,奶奶叫你去唤老官来,陪新来的哥哥吃酒。"楚卿慌忙上前要唱诺,她头也不回进去了。原来因奶奶说要把她配与楚卿,有些怕羞。今奶奶叫她唤薄妈妈,她不得不来,心上又要再看楚卿,已在门缝里张了一杯热茶时候,故此说声就走。朱妈妈道:"方才是奶奶房里一位姐姐,老爷见她标致,取名衾儿,心上要纳为妾。夫人不肯,送在小姐身边。一手好针线,极聪明,又识字,肯许配你,是你的好造化。你今只依我们,称她衾姐罢了。"楚卿道:"承指教。"又见一个四十五六的妇人,托六碗菜,又一个丫鬟,提两壶热酒出来。薄妈妈道:"这是李婶婶;这是木蓝姐。"楚卿俱致意过。清书接酒菜摆在桌上。那三个妇人说一声,进去了。薄妈妈也去唤老官了。楚卿因对清书道:"你今只称我吴家哥,座次不可拘拘,露出马脚来。"清书道:"晓得。只是一件,我还是日逐来探望你,还是不来好?"楚卿道:"如今我改扮了,饭店里是来不得的。这三两日,你也不必来;至四五日后,只到县后冷净寺里,上下午来一次,与你打个暗号,若要会你,我画个黑墨圈在右边粉墙上,你就到这里边来寻我。"话未完,薄老官来。楚卿谢了一声,三个吃酒,讲些闲话。天色已晚,大家起身。清书到门口,觉得客边独自凄凉,掉下泪来。楚卿也觉惨然。薄老也作别去了。正是:

混浊未分一共鲤,水清方见两般鱼。

楚卿独自转来。未知后事如何,且看下回分解。

词曰：

　　云鬟丝丝润，金莲步步娇。芙蓉如面柳如腰，一见一魂消。　暗把金钗赠，频将细语挑。恨他心允话偏骄，不肯便相招。

——右调《巫山一段云》

　　却说胡楚卿送清书，别过薄老官，进墙门来，对贾门公道："贾老伯，明早奉揖罢。"贾门公道："如今是一家人了，不必费心。"走到书房门口，先前的李阿婶拿了粥，薄妈妈左手提灯，右手持一壶酒，过来道："奶奶晓得我老官会吃酒，又叫拿来与你们同吃，今既去了，你独吃罢。"楚卿道："我酒量浅，你两位都是老人家，就在此吃完何如？"两人是贪酒的，就坐下。楚卿道："我初来踏地，不知高低，托你们传送。明日我就好进来自取了。"李阿婶道："你不晓得，奶奶做人甚好，家教却甚严，男子汉非呼唤，不敢擅入。酒饭都是我们传出。"楚卿惊问道："若这等说，脸水茶汤，传不得许多？"李阿婶道："奶奶吩咐，厨灶在楼横头从屋里，不在正屋内。早上茶水，是拿了就走的，可从外衖转到灶边取。若午饭、夜饭，是要等候的。老爷不在家不许进来溷杂。就是丫头妇女，夜行以火。如在暗中行走，察知必加责罚。"楚卿道："原来如此。"正说间，朱妈妈拿一盆脸水来，正请坐着，又见门口灯影乱动。楚卿问道："外面还有人吗？"朱妈妈叫道："衾姐姐，我们都在这里，为什么不进来？"外边说道："你来接了去。"朱妈妈起身，扯她进来道："你两个生成夫妻了。这床是要你铺的。"衾姐姐啐了一声，簇的一声把东西掷在旁边空桌上，夺了灯就走。原来是奶奶叫她同朱妈妈送出来的一条新席、一条新被。薄妈妈道："衾姐怎般害羞。"便拿来替楚卿铺着。楚卿道："不敢劳，待我自己来。"妈妈道："我们老人家铺的利市。"那李阿婶已把酒吃完了，二人收拾碗盏，向楚卿说一声安寝罢，大家去了。薄妈妈也自回家。楚卿闭上书房，独自去睡。正是：

不施万丈深潭计，怎得骊龙颔下珠。

且说若素小姐，真是四德兼全，博通经史，虽具十分才貌，却素娴母训，不比那些女子，弄笔头，玩风月，要想西厢酬和、寺壁留题勾当的。是日下午在房中，一个丫头唤作采绿，笑嘻嘻走进来道："小姐，衮姐姐有老公了。"若素骂道："讲什么话！"采绿道："方才奶奶讨一个书童，姓吴，年十五岁，与小姐一样标致的。说不要银子，只要老爷回来，替他定一房亲。夫人欢喜，就说把衮姐姐配他。不是我说的。"若素道："因何不叫我看看？"采绿道："他也说要叩小姐头，夫人说不消了。如今现在外书房。"若素道："夫人好没主意，怎么才来，就轻易许他。"

点灯时分，衮儿送夜饭进房，若素故意道："春风满面，像有什么喜事？"衮儿涨红了脸，叫声："小姐，哪里说起？"若素道："方才闻得奶奶将你许配新进书童，有此话吗？"衮儿道："奶奶是这样笑他，哪个当真。"若素问人物如何，衮儿道："平常。"若素道："你不中意吗？"衮儿带笑道："什么中意不中意，只顾盘问，小姐少不得看见知道。但他在这里恐未必长久。"若素道："恐怕误了你，故此问你，他日我若见面，就晓得了。"说完各自收拾不提。正是：水流心不竞，云在意俱迟。

楚卿是夜，因两日费心，又吃几杯酒，一觉又是天明。朱妈妈来唤道："我领你到厨房认认，下次好自己取脸水。"遂打从厅后出角门，走过一条长街，转到厨下来。有几个养娘丫头，一一都问过。洗完脸，妈妈指道："这左手黑角门，是前楼奶奶卧房。从中间大天井进去，是后楼，做小姐卧房。如今奶奶尚未起，我带你里边穿出罢。"楚卿道："认认更好。"遂打从入黑角门内。走进前楼向左厢廊下，穿到女厅，再向左边小街，出外厅来。楚卿道："原来许多房屋。只是一件，我初来未曾做得梳匣，烦老亲娘悄悄替我向小姐房里随便哪个姐姐权借来一用，不必惊觉夫人惹厌我。我梳了头，就到街上去买。"朱妈妈道："这何难，我理会得。"去不多时，拿出一副来，镜梳俱全，一个小青瓶，朱妈妈道："这都是衮姐交我的。她说瓶里是小姐用的露油掉在这里，若用完了，叫我再取。若木梳没有银买，不必拿进去了。她自有用得。"楚卿道："我自有银。"朱妈妈去了。

楚卿将梳篦一看，虽是油透的，却收拾干净。云香犹滞，脂泽宛然，闻一闻道："衮姐姐，虽承你一腔深意，且不知何人消受着你。非是我薄情，若小姐有缘，你亦有缘；若小姐无缘，我岂肯为你羁绊，又岂肯玷污了你，作负心郎乎？"咨嗟一回，遂解髻拔下簪来，惊讶道："好不细心！幸昨日夫人不曾看见。哪有家贫卖身，插着紫金通气簪的？我今不如将此簪答赠衮姐厚意罢。"遂对镜梳完，吃了早饭，走到外边，对贾门公道："我到街上买件东西就来。"贾门公道："你自去。"

楚卿走到县前，只见清书隔着人，叫"相公那里去。"旁人都站着看，不知叫哪个，楚卿道："清兄弟听明白了，是叫我楚卿哥，听不明白，可是叫我相么。"旁人都笑起来，楚卿扯了手臂就走，觉得袖里垒堆，问是什么，清书道："就是当在店上的梳包衣扇。昨日晚了取不及，刚才赎到手。"楚卿道："我正要去买副牙梳，送一位姐姐。"清书低低道："才去不知高低，就送这般物件？她若藏了还好，若就用时，可不惹人疑虑？"楚卿道："有理！不如取自己的去，还了她的罢。"遂买京帕一方、汗巾三条、泥金扇一柄，向清书物件身畔，取了梳镜，各心照别了。

楚卿回到书房，欲把扇子来写，抬头一看，虽有个砚台，却无笔墨，正在踌躇，看见朱妈妈手执个铜钥匙，递与楚卿道："奶奶吩咐，昨日原是暂时，你年纪小，怕你独自冷静，我们茶饭转出又不便叫你，今叫你到内厅背后老爷东书房住，只不要抽乱书籍并零碎物件。"楚卿道："如此甚好。"遂跟她到内书房来，开了锁，推开房门，见文具兼备，十分清雅。就往外厢取铺盖各项进来。遂将京帕一方、绿汗巾一条送朱妈妈："无以为敬，聊表寸意。"朱妈妈道："这是哪里说起？"再三不受。楚卿道："若不受，是不肯照顾我了。"朱妈妈见来意至诚，只说："帕子我老人家受了好包头，这汗巾送你衾姐罢。"楚卿道："怎说是我的衾姐，知道后来怎样的？"朱妈妈道："奶奶纵有推托，我少不得赞成。"楚卿道："衾姐心上，知是如何？她又未曾对我面说句话，我又不曾见她的面。"朱妈妈道："这个何难！我将你话对她说，她若情愿，我叫她送饭来你吃，就好看她说话了；她若不肯来，我偏叫她拿了茶，我拿了饭。她还不晓得你移在此间，待走过这里，我嗽一声，你却从背后走来，她就没处躲了。"楚卿道："妙甚！我还有东西送她。"朱妈妈道："如此，我只得受了。"

进去不多时，楚卿听得外边说话，"衾姐，我拿饭，你也把茶，大家送上进去。"咳嗽了一声。楚卿即从里边走出。朱妈妈道："我老人家颠倒，方才奶奶叫你搬进来，我又往外送去。"楚卿立在总路口，即唱下喏道："姐姐奉揖。"衾姐没处去，往外就走。朱妈妈扯住道："哪有这礼，别人与你见礼，你好不睬他的？"只得立住了。楚卿一头唱喏，偷眼觑她，果然庞儿俏，脚儿小，比若素小姐不差一二媚眼。衾儿含羞福了两福。楚卿道："小弟新来，只身无靠，全仗姐姐照拂！"衾儿不语。楚卿道："昨日奶奶的话，姐姐不必避嫌，未知老爷回来如何。如今是一家人，若姐姐不肯与我说话，固然是大家体统。姐姐后日自有胜我十倍的佳配，我是不中意的，但教我客路他乡，仰面看谁？"即向袖中取出桃红汗巾一条，金通气簪一支，递过去道："权为敬意。"朱妈妈替她接着，看道："哎呀！这是金的。"楚卿道："是紫金打就鹿葱花通气簪，将来暑月，送与姐姐通发。"朱妈妈道："戴这样簪儿，是个好人家子了。衾姐姐，在别人吴小官决不送她。在别人我也不叫他受。如今你两个，终久是夫妻，不要拂了他盛意。"衾儿在里边时，朱妈妈已对她说："吴小官见你不理他，道你看他不上。"如今又见送簪与她，只得向朱妈妈道："哪里有不说话的人，只因昨日奶奶偶然一句，原未必作准，你们都当真说起来，教我羞答答怎好开口？若疑我看不上吴家哥，是反说了。况此事要凭吴家哥本心，没有我做主。如今把这句话丢开，若要说照顾，这簪儿断不受。"楚卿道："姐姐若不肯受，我在此做什么？不是没饭吃来的，我就要去了。"衾儿见说起决绝话来，也就应道："我若受了你的，自古才郎薄倖，倘若你另有中意的去了，懊悔起来，还是我守着你，还是送簪还你？"楚卿见她说得斩钉截铁，只得诡一句道："不瞒两位说，我舍间原有些家私，因梦见一个神人，吩咐云：'才子与佳人，姻缘上蔡城'，故此我到这边。偶然说起投进这句话，对小姐也讲得的，哪稀罕这一根簪儿，又不是聘礼，又不是下定，不过送与姐姐做些人事。就是姻缘成不成，也情愿送与姐姐插戴的，为何不受起来？况且梦中之话，我也不过试试耳，原不做准。方才姐姐讲把这句话丢开，极有主意的，但要姐姐早晚替我用情些就是了。"衾儿应道："如此我权收了。"放在荷包里，就去托饭，送转书房来。楚卿故意缩一步，避着朱妈妈，在门转角道："待我接着。"那衾儿肥白的一双纤手没处缩，被楚卿摸了一把，自己拿到书房。衾儿立在门首道："也要说过，我此身虽在大户人家，却礼法自守，夫人小姐家教又严，以后若要浆洗衣裳，或做鞋袜，要些长短，只央朱妈妈私对我说，自然尽心的；若汤水茶饭，得空同着人送来，若不得空，要我一人送来，断不能够。莫道我无情也。"楚卿只得应道："多谢！但姐姐既蒙见爱，也不要说了尽绝话，倘我要些什么，若你独自不肯送来，难道转误我不成？"衾儿带着笑摇头道："未必。"走至转弯处，回头相一相，进去了。东边日出西边雨，莫道无情也有情。楚卿取梳镜，对朱妈妈道："我已买了，烦你带还衾姐，代谢一声。"欲知后事如何，再看下回分解。

第四回 没奈何押盘随轿
有机变考古征诗

词曰：

才充学饱，绣阁里观风试考。诗成七步三篇早，暂入侯门，这个青衣少。

闺中斗捷炉烟袅，棋逢敌手真奇巧。英姿隽质偏怜小，鹤立鸡群，骨骼非凡鸟。

——右调寄《醉落魂》

话说楚卿用过饭，想道："这妮子好刁蹬，好聪明。嗳，你有操守，我也有主意，只是枉了你一片真心，累你单相思了，但衾儿尚然如此，小姐家教一发不消说得，虽隔着一重楼，水中捞月，几时有个着落？我今且写一柄扇子，送与贾门公。"这是买路，少不得地写了一首唐诗，就去问他的号，叫作仰桥。尔后假个名人，书房里凑巧有印色图书，捡一城市山林图书，打在上面，袖出送他。贾仰桥欢喜道："我尚未做主人，怎反惠及佳扇？"谢了又谢，遂领他到从屋里，两边家人人家，赵钱孙李，周吴郑王，家家都去拜过。只见妇人多，男子少，也有留茶的，也有立着讲话的，直弄到晚。楚卿只管称阿姊阿叔、哥哥姐姐，一味地谦逊。那些见他又标致又活动，无一个不欢喜。且量他必然重用，俱奉承他。又有一个引他去洗澡，回到书房，只见灯火夜饭，俱已摆在那里，懊悔道："误了日间，与衾姐讲了这些话，是她送来的，也不可知。"吃完饭，睡不着，把灯逐部照检书籍，却是看过的。有一口大厨无锁，开看时，却是一部二十一史，想道：这书还好消闲。因捡后半部来看，烛完睡了。

明早楚卿起来到厨下，衾姐与朱妈妈正在灶前，即取一盆水与楚卿道："我昨晚送夜饭出来，不知你哪里去了？"楚卿忙问："你同哪个来的？"衾儿哄他道："我独自一个先送灯来，后送饭来。"楚卿道："我因拜望墙门里这些人家，又洗个澡。以后再不出书房了。"衾儿掩口笑了一笑。待楚卿洗完，自己取盆，送水到小姐房里去了。楚卿出来，悔恨不迭，因此再不出书房，只把书来看。恐如昨夜烛尽，不得像意，到街上买了二三十支烛来。是晚,只见朱妈妈同一个蓦生送饭来。楚卿问:"这位是哪个?"朱妈妈道:"此是小姐乳母宋妈妈。"作揖过,见许多蜡烛,问要做什么? 楚卿道:"看书。"宋妈妈道:"日里看也够了,怎么夜里还看?"楚卿道:"这个书,不是宦家没有的。我上年只看过前半截,因父母亡后,不曾看得后截,故此要看完它。"宋妈妈道:"这也难得。"是夜,衾儿独不出来。楚卿吃完了夜饭,跕足楼下,隔子眼里望时,只见衾儿拿着灯在天人房门首,对着里边说话,恨不得叫她一声。只听得小姐在后楼呼唤衾儿,提灯去了,正是:

> 栏杆敲遍不应人,分明烛下问刀剪。

胡楚卿转来,勉强看几页书,一时无聊,遂题诗一首道:

> 朱门夜读漫焚膏,娇客何人识韦皋?
> 槐荫未擘鸳鹭足,藕丝先缚凤凰毛。
> 蓝桥路近人难到,巫峡云深梦尚高,
> 微服不知堪解珮,且凭名史伴闲劳。

题完,感慨一番,睡了。

连连几日,衾儿并不见出来。屈指一算,自四月初八日白莲寺遇见小姐,初九日到此,今日是十四日,已为她耽搁七日了。清书在店中盼望,不消说得。蔡德不见我去,岂不要转来寻我。况衾姐不知何故,这几日影也不见? 此事料是无缘。正在那里呆想,忽见朱妈妈走来道:"夫人唤你。"楚卿随至楼下。夫人道:"侯老爷夫人十六日寿诞,明日要去送礼。你替我照这账上,买了物件,备个礼帖,清早要送去的。"遂将银子单帐叫朱妈妈递与楚卿。

楚卿出来,做两次买着,放在书房里,一齐送进,存银开账,结算明白,递与夫人。夫人见礼物买得又值又好,心里甚是欢喜,道:"后来可托你照这单上,再添膝衣寿枕两行,后写沈门尤氏。"楚卿取帖写完送进。夫人看道:"果然一笔好字,件件出人头地。你出去吧。"楚卿是日三次进去,并未曾见小姐,好不焦躁,夫人遂把帖子与小姐看,称赞喜新。宋妈妈在旁接口道:"不但字写好,还买几斤蜡烛,夜里看书哩!"夫人道:"不知看什么书,一发可敬。"

到十五清早,夫人叫粗用地挑了盘,唤喜新押着帖子随去。那侯家留饭。看官,你道楚卿几时惯得在沈家，是为小姐面上，没奈何，还是甘心的。到侯家与这些书房大叔、哥哥、弟弟起来，好不惭愧。又想道：不吃些亏，哪有妻子这般容易的。别了先回。少顷，挑盒的同着侯家一个阿婶拿帖来请夫人。楚卿打听得夫人说："我自然来领，小姐不来。"楚卿就是中了状元，也没有这般得意，肚里起稿子：夫人去后，只说讨针线闯进去，要叩小姐头，那时看她眉目说话，就有斟酌了，衾姐自然用情的。一夜不曾合眼，天明转睡着了。

朱妈妈送早饭来，叫醒道："我们今日都要跟奶奶去。昼饭我吩咐衾姐送来你吃。"楚卿喜得在书房乱跳。少顷，只见丫头妇女同奶奶出来。衾姐在后望见楚卿，转闭角门进去了。楚卿正在疑惑，奶奶唤道："喜新，你随我轿去。"这一惊，却又半天起一个霹雳，一魂吊掉了，只得应一声，随在后面，肚里想道："千巴万巴，捉得这个空，又成画饼，不如回去索性大着胆，叫衾姐出来，说个明白，去了吧。"正待转身，却见卖玫瑰花的两篮，约有二三百朵。夫人连篮买着，叫喜新送回，唤宋妈妈送进去，与小姐打饼。

楚卿又如接着诏书赦了一样，急急走至前楼，只见角门紧闭，寂无人声。恨道："原来衾姐这般恶作！"又想道："我差矣！如今是夫人叫我送花回，谁敢说我不是？"竟大着胆，如奉圣旨一般，从外巷转入前楼黑角门来。幸喜并无人看见，又忖道："我今只管进去，若房里只有小姐衾姐，一发绝妙。"轻轻走到中间楼下，只见衾儿在那里替夫人锁房门，篮里放着炭。楚卿见了，欣欣道："好狠心姐姐，这几日，影也不见，害得我病出，尔何不来医我！"衾儿笑脸迎道："我又不曾咒你，我又不是郎中，怎么害得你病出，医得你病好？我特地送灯来，又独自送夜饭来，你不知哪里去了，我还来做甚？"遂伸手来接。楚卿见无人处，衾儿肯迎着笑语，喜出望外，却心在小姐身上，无心与她缠帐，说："夫人着我送花与小姐打饼，我要叩小姐的头。先替你戴两朵去了。"衾儿道："谁要戴来！"接着两篮花就走。楚卿跟进，又见一个十五六岁的丫头在那里扇茶。楚卿心内忽转想：又是冤家了。只见衾儿走到后楼房里，对小姐道："奶奶着喜新送花来，要叩小姐头。"若素道："我正要认认他。"走出房来。楚卿定睛细看，比那远观，更是不同：

　　羞蛾淡淡，未经张敞之描；媚脸盈盈，欲叶襄王之梦。临风杨柳，应教不数蛮腰；绽露樱桃，何必浪开樊口。秋水为神，芙蓉为骨，比桃花浅些，比梨花艳些。

楚卿叩下头去，看见湘裙底下，一双小脚，一发出了神，就连叩了五个头。衾儿在旁笑起来。若素道："不消了。"细看楚卿时：

> 鬟挽乌丝，发披粉颈。丰姿潇洒，比玉树于宗之；风度翩跹，轶明珠于卫瓘。穿一件可体布袍，楚楚似王恭鹤氅；踏一双新兴蒲鞋，轩轩如叶县仙凫。腰间玄色丝条，足下松江暑袜。

若素问道："你是哪里人，为什么到此？"楚卿道："归德府鹿邑县人，因父母双亡，要寻一个得意妻子，故一路行来。"若素道："标致的，近处怕没有，特费许多路？"楚卿道："那得意的原是千中捡一，有才未必有貌，貌美未必有才。比如小姐一般，天下能有几个？"若素笑道："你这痴子好妄想！那佳人配的，第一要门楣宦族，第二要人物风流，第三要贫富倒也不论。第四极要紧的有才。焉肯来配到你？"楚卿道："小姐有所不知，论才学，喜新也将就的；论门楣，喜新原是旧族；论人物，喜新也不为丑。"若素道："你既说有才，要配个佳人，我就问你，从来显不压弹筝之妇，金不移桑间之妻，乏容奇陋，还是老死绿窗，瞽目宿瘤，终身不嫁么。"楚卿道："陌上弹筝，罗敷处自有夫也；却金桑下，秋胡不认其妻也。那许妇乏容，是许允之见，如合卺之后，自悔不得；诸葛丑妇，是黄承彦备了妆资，送上门来，安可不受？闵王后宫数千，车载宿瘤者，盗名也。刘廷式娶瞽女，是父聘于未瞽之前，焉敢背命？今喜新一夫，一妇并未有，聘焉得不择乎？"衾儿在旁道："不要班门弄斧！小姐是才女，何不试他一试？"若素初见楚卿，已有此意，今见衾儿说话合着机关，便把手中扇，叫衾儿付与楚卿道："你既自夸有才，就将这画上意，吟首诗给我听。"楚卿看扇时，原来是月墙里画一个半截美人，伸手窗外折花，遂吟道：

> 绿窗深处锁婵娟，疑是飞琼滴洞天。
> 安得出墙花下立，藕丝裙底露金莲。

若素小姐听了起头两句已是点头，吟到后边两句，赞道："好，果然好！"楚卿又吟道：

> 月眉云鬓束轻俏，仿佛临窗见半腰。
> 若个丹青何吝笔，最风流处未曾描。

国学经典文库

私家藏书

情梦柝

图文珍藏版

若素听到第三句,赞道:"说出画工更挑剔。"听到末句,把衣袖掩着口笑起来,楚卿道:"莫非不通吗?"

若素道:"太难为情些。"楚卿道:"还不尽那画工的意思。"楚卿又吟道:

> 香篝绿草日迟迟,妆罢何须更拂眉。
> 插得金钗嫌未媚,隔窗捡取梢花枝。

若素听了,又喜道:"果然捷才,愈出妙境,令人叹服!"楚卿做得高兴,又见小姐赞不住口,心中又思量吟一首打动她,看是如何。正回味其诗意,忽听得又吟道:

> 佳人孤零觉堪怜,为恁丹青笔不全。
> 再画阿侬窗外立,与他同结梦中缘。

若素听罢,脸晕红,微笑道:"文思甚佳,只是少年轻薄些。你出去吧。"楚卿道:"初舆折齿,不减风流,司马琴挑,终成佳话,一段幽情,都在诗上,小姐怎说轻薄?"若素道:"我也记不得许多,你把这扇子去题在上面。"楚卿道:"在这里写罢。"若素道:"不雅,到外边去写。写完我叫采绿来取。"

楚卿只得走出来,想:"小姐果是知音,但举止端重,吟得一句挑逗诗,她就红了脸,说我轻薄。若要月下谈心,花荫赴约,只怕是石沉大海了。也罢,或者是初遇不得不如此,自古道,一番生,两番熟,我今急急写完,送进去,不要待她来取,趁夫人未归再去鼓动她一番,难道是铁石心肠么。"遂自去写扇不题。

却说那若素见楚卿出去,对衾儿道:"你好造化。我看喜新风流俊逸,是一个情种,嫁给这样人,你一生受用了。老夫人真好眼力。"衾儿道:"小姐说得怎好。"话未完,楚卿送扇进来。若素道:"写得这快!"遂立起身,走到房门口亲手接来,倚在门里,展开一看,却是一首楷书,一首行书,一首草书,一首隶书,写得龙蛇飞舞,丰致翩翩,赞道:"不但诗亚汉唐,更且字迹钟王。"遂把诗笑盈盈念了一遍,对楚卿道:"这第四首不该写在上边。"楚卿道:"小姐这便叫作太难为情了。凡有才的,必然有情,可惜那画上美人不得真的,若比得琼枝,我喜新就日夜烧香拜她下来,与她吟风弄月,做一对好夫妻,怎肯当面错过。"若素见楚卿字字说得有情,把楚卿上下一相,却见他袖口露出一件宝玩来。只为这一件,一个佳人来了,又牵出一段奇缘。未知露出是何物,且听下回分解。

第五回 题画扇当面挑情 换蓝鱼痴心解珮

词曰：

> 　　客路肯蹉跎，只为佳人俏一窝。牵惹少年肠欲断，弥陀。愿买真香供养它。　　凤眼按秋波，轻语声声带媚胲。待把心情相诉与，哥哥。忽遇虔婆急杀么。

——右调寄《南乡子》

话说若素小姐，见胡楚卿袖里露出一物，夺目可爱，问道："喜新，你袖中什么？把我一看。"看官你道什么，就是前日名扇上解下的扇坠，如今系在素金扇上。楚卿连扇递过，若素接来看时，却是蓝宝石碾成一个小鱼，不满寸许，鳞颊宛然，晶晶可玩，不忍释手。楚卿问道："此物小姐心爱吗？"若素道："此物实实精雅。你肯卖我吗？"楚卿道："宁送与小姐，断不卖的。"若素道："怎好要你送。也罢，我见你带上少个带钩，我换你的罢。"遂向腰间裙带上取下来，递与楚卿。原来是个水晶玦，上面碾成双凤连环，下边伸个如意头钩子，清可鉴发。楚卿得意道："好美器！宝鱼换水晶，小姐，这是如鱼得水了。"若素笑道："调得好，切当书袋。"楚卿道："还有一说，换便换了，这鱼是至宝，就兑一千金子也不卖的。今送与小姐，不要埋没我一生苦心。"若素道："虽是美玩，怎说起这样价钱来，必是你换的不值，心上不愿么。"楚卿道："是极情愿的。但喜新这个宝鱼，要比做雍伯的双玉、温峤的镜台，聘一个才貌的佳人姻缘都在这个上。"

话才说到入港，忽闻背后嚷道："喜新，你怎么不知法度，闯到小姐绣房来！"惊得楚卿回头一看，却是宋妈妈送饭与小姐吃。楚卿正无言可答，只见若素道："奶奶着他送玫瑰花来。"宋妈妈道："原来如此。出去吧！"楚卿因假说道："我要问小姐，讨两条线用。"若素就叫衾儿去拿线与他。正是：

白云本是无心物，又被清风引出来。

　　看官，你道楚卿要线做什么，原来是要哄宋妈妈先去的意思。那宋妈妈却说道："你要线，我叫送出来。今日无人在家，随我到厨下，带了饭出去。"楚卿没奈何，只得随到厨下，取了饭，仍进楼角门来。却见衾儿拿着线，走近前低低笑道："亏你的急智，说得好用心话儿，未得陇先望蜀了。"丢在盘子里就走。楚卿道："陇也未必成。"衾儿已走入中间隔子内。楚卿叫一声："姐姐，送些茶与我吃。"来到书房恨道："小姐虽被我看得个饱，可恶那婆子打断话头。饭呀，你再迟片刻，我就讨得小姐口气了。"正坐在那里对着饭自言自语，只见空里放下一壶茶来，耳边听见说："害相思的请茶。"楚卿这一惊非小，回转头来，却见衾儿立在身畔，口中说道："今番也还怪我。"楚卿喜出望外，急立起身，唱个喏下去，道："姐姐这次是破格爱着小生了。"抬起头来，衾儿已不见。原来衾儿见楚卿立起身来，恐怕去搂她，故此转身就走。楚卿急追出书房外，衾儿已进角门，望着楚卿笑一笑，把角门格的一声，反闩上去了。楚卿恨道："方才我怎么耳就聋了，眼就瞎了？这妮子说话句句爽利，做事节节乖巧，说她无情，是极有情的；说她有情，是第一无情的了。我也算是聪明的人，转被她弄得懵懵起来，若是别人岂不被她活活弄死？"正是：

风流肠肚不牵牢，只恐被伊牵惹断。

　　楚卿吃饭才完，贾门公走来道："吴小官，你乡里在外边叫你。"楚卿自忖必是蔡德回来，急出墙门。只见清书道："吴哥，我要远行，特来看你一看。"两人遂往县前走来。清书问道："相公，事体如何？"楚卿道："功夫已做到六分，若一句话应承，就有十分了。一句不妥当，连前六分一厘也没相干了。"清书道："蔡德方才来到，着实埋怨我，今在冷净寺里等相公。"楚卿道："我这样一个身段怎好去见他！"清书道："俞老爷差人来接相公，现在下处，我不好对他说，单与蔡德相议，来寻相公。"楚卿道："我一发不去了。你只说相公不在这里，打发差人先回。叫蔡德好歹等我两三日，必有着落。"转身就走。清书只得去了。楚卿自回书房。

　　且说若素见宋妈妈逼出楚卿，肚里自揣：喜新来历有些奇怪，说话句句打在我身上；虽是个风流人物，我必定要问他个端的。便唤衾儿："你把这扇藏了，夫人看见不便。"正在思想，忽朱妈妈回来道："奶奶今日侯夫人留宿，叫我到家来说一声，传个诗题在此。我是原要去的。"若素接着，吩咐朱妈妈："你早些去吧。"将诗题一看，却是春闺题目，上限雨丝风片、烟波画船，韵脚溪西鸡齐啼，对衾儿道："这诗题，是仿牡丹亭上的两句。你拿出去，叫喜新再做一首来我看。"衾儿道："我不去。"若素道："为什么不去？"衾儿道："我只是不去。"若素道："这也奇怪，必有缘故。"衾儿道："我见他有些不老成。"若素笑道："这妮子好痴，那有才情的人怎肯古板。你难道不嫁他吗？"遂唤来采绿送去。

却说采绿年纪虽是十五岁，生得肥肥白白，头发梳起，是个最聪明的，见楚卿貌美有才，小姐又赞他，心上倒有涎慕之意，只为夫人许了衾儿，晓得事不两全，只说罢了，却巴不能够与楚卿讲句话儿。如今叫她送诗题，好不欢喜，遂到书房来。只见楚卿如热石蚂蚁，在那里不住地走来走去。叫一声："吴家哥，你妻子在这里了，要也不要？"楚卿见她体态妖娆，言语反来挑拨，因笑道："姐姐，你见我夜来寂寞，肯来陪伴我做妻子吗？"采绿道："啐，怎么将我做你妻子！你的妻子在我手里。"遂将诗题递与楚卿，假说道："夫人今日不归，传回的诗题，小姐说，你若做得好，把衾姐姐赏你，岂不是妻子在我这手里？"楚卿接了诗题一看，自忖道："这妮子，倒有风情可以买嘱。"因问道："姐姐芳名？"采绿道："我叫采绿。"楚卿道："衾姐会妆乔，我不喜她。若把你配我，我就做一首诗与你拿去。"采绿道："夫人做主，似难移易。"楚卿道："我只问夫人要你，难道她不肯？"采绿微笑道："不要嚼咀。快些写诗，与我拿去。"楚卿道："我心在你身上，哪里写得出来？"采绿道："前做几首，立刻就完；今这一首，就难起来？"楚卿道："日间有小姐知音在面前，动了诗兴，就一百首也容易。今天色已晚，写不及了。既然夫人不归，我明日送进来吧。且住，我有一物送你。"遂到床头取一条红纱汗巾出来，执在手里道："我要央你一件事。你对小姐说，喜新也要小姐诗看看，就求小姐写在我扇上。若小姐不肯，我当面也要求她。日间宋妈妈古怪，不许我进来；衾姐恶作，把中门关着。你明日见宋妈妈不在房里时，你就来开了中门，便是你夫妻之情了。"采绿啐了一声，把楚卿打个耳刮子，抓了汗巾就走，道："晓得了。"正是：

　　　　事不做不休，东不着西不着。

采绿走进房，将楚卿的话，对小姐述了一遍。若素道："闺中字迹，可是与人看的？嗳，衾儿，我看喜新，不是个下人，有些蹊跷。"衾儿问道："何以见得？"若素道："你哪晓得，卫青厮役于平阳，金銮庸工于滕肆，法章灌园于太史。喜新此人，若无志气，就是个轻薄;若有志气,未必肯在此恋着你。"衾儿道:"扯住不成?"若素道:"老爷年老,公子又小,若肯在此,是个万幸。他若把你不在意中,哪里再寻出这样一个? 我有道理,明日送诗来把话一试,就晓得了。"当夜无话。

到了次日已牌时分,楚卿正在书房,只见采绿走来道:"我昨日把你的话对小姐说,小姐道:'闺中字迹,不可与人。'黄昏在灯下做了一首,今早誊在花笺上,未知肯与你不肯与你。我偷她诗稿在此。"楚卿喜道:"必定是你乖巧。"接来一看,只见上面写着:

春 闺

上限雨丝风片、烟波画船,韵限溪西鸡齐啼。

雨余芳草绿前溪,丝线慵拈绣阁西。

风影良缘成寡鹄,片时佳梦逐鸣鸡。

烟涵秦鬓修眉润,波曳湘裙俏步齐。

画鼓一声催去后,船船都是动人啼。

楚卿看完,大赞道:"好一个有才情的女子。果然蕙心兰质,浓艳凄清,又如隔花唤郎,亲近不得,今日得窥其心迹,好侥幸也。"采绿道:"莫讲闲话。宋妈妈正在厨下,小姐叫我去唤李阿婶。你可送诗进去。"

楚卿大喜,急急进去。若素正在窗外。楚卿亲手递去道:"俚句在此,求小姐改正。"若素接来,只见上写道:

雨洗桃花嫁碧溪,丝添堤柳绿桥西。

风开帘幙嗔交蝶,片倚栏杆妒伏鸡。

烟袅蒸笼飡独拥,波萦湘簟休谁齐。

画眉人去无消息,船望江平日泪啼。

若素看毕道:"诗如五更杜宇,月下海棠。好情思,好风韵也。"楚卿道:"小姐不必过奖,但求小姐佳句,也借一观,以开尘目。"若素道:"女子诗词可是外人传得? 况我并未曾做。"楚卿道:"从来一唱一和,喜新虽不敢与小姐唱和,但教我下次做也无兴了。小姐决然做过,万祈不吝,题在喜新扇上,也不枉小姐指教一番。喜新是最知窍,决不与外人闻见的。"若素见说下次不做，心上爱他的诗，便沉吟道："且再处。我要问你，你既有此才，何不读书图个仕进？"楚卿道："书都读过，没什么奇书了。"若素道："既是饱学，何不去求功名，却在人门下？你若有志气，就在我这里读书。我对老爷说，另眼看你。"楚卿道："功名易，妻子难，若不聘个佳人，要功名何用？"若素道："衾儿甚有姿色，我把她配你。"楚卿道："小姐美意，自不敢却，但书中有女颜如玉，若单要标致如衾姐，没有才情如小姐的，喜新也不必在这里。"正说到要紧处，忽采绿入来道："快些打从角门出去！夫人进来了。"楚卿一头走，一头叮嘱道："千万写扇子。"若素也急急吩咐道："夫人在家，断不可进来。"

楚卿未到角门，夫人走到左厢廊下，早已望见，唤住道："你进来做什么？"楚卿诨一句道："要问朱妈妈讨针线用。"夫人厉声道："朱妈妈昨日随我去，是你晓得，怎么支吾起来？"楚卿道："喜新不晓得她住在人家，故此来寻。因见楼下无人，就出来了。"夫人心上有些疑惑，因是新进，不好叱他，乃吩咐道："非呼唤不许至楼下。"楚卿道："晓得！"遂回书房闷坐不题。

却说若素因楚卿出去，心上避嫌，只做不知，不敢迎接母亲，故意等夫人进来，方去问候。问候完了，回到自己房里，想："喜新的话，明明是为着我。他又道功名易，妻子难，眼见得不是下人；衾儿决然绊他不住。喜新，喜新，你好痴算计，难道我就许你不成？"又想道："岂有此理！姻缘自有天定，我只守我女子之道罢了。虽然，我若太无情，只说我无眼力。他苦苦要我写扇，我只把唐诗写一首在上面，与他就是。"遂取扇写完，到黄昏时分，叫衾儿道："你明日清早，趁夫人未起，将扇送还喜新，对他说，婚姻不可妄想主意，要自己打定，志气不可隗颓，在此须守法度，你看他说什么话回复我。"衾儿道："早去就是。"明日起来，衾儿送扇出去。孰知事不凑巧，才出角门，而夫人竟知道了。衾儿大惊。未知衾儿如何回答，且看下回分解。

第六回 沈夫人打草惊蛇
俞县尹执柯泣凤

诗曰:

一天骤雨乱萍踪,藕断丝连诉晓风。

幅素实堪书梦谱,怀衾谁许破愁胸。

遂平义重能操介,上蔡缘艰未割封。

好事多磨休躁急,且同阮籍哭途穷。

话说衮儿清早奉小姐之命,送扇还喜新,但知防近不防远,不知夫人已在天井里看金鱼,竟望厢廊就走,开角门要往书房来。那夫人昨日因喜新在里边出去,已存个防察念头,今见衮儿光景,遂赶上一步,喝住道:"你做什么? 快些走来?"不意衮儿开角门时性急了,拔闩甚响,楚卿在书房里听见,恐怕不是衮儿,定是采绿,赶来一望,只见衮儿向内走,却不知夫人立在转弯处,高叫一声"姐姐"。夫人探头一望,见是喜新,心中大怒,骂道:"你这贱人好大胆! 喜新才来,你就与他勾搭了。昨日他进来做什么? 如今你出去做什么? 从实供招!"衮儿道:"他昨日何曾进来。"夫人一掌打去,衮儿急举手一按,不意袖里溜出扇子。衮儿急去拾着。夫人夺来看时,却是一柄金扇,小姐的字在上面,也不看诗句,又一掌道:"罢了,罢了,我不在家,你引诱起小姐。朱妈妈快拿拶指来! 若素这不长进的,快走出来!"那朱妈妈正在厨下催脸水,刚进角门,听得里边打骂,立住脚,隔子眼里一瞧,探知缘故,星飞趱进书房,对楚卿道:"你们不知做了什么事,小姐写扇叫衮姐送你,被夫人搜着,如今小姐衮儿都要拶哩。你快些打点。"说话报个信,飞也进去了。

楚卿原是胆小,唤衮姐时,看见夫人,已是心中突突,及闻得里边闹嚷,虽听得不清,胆已惊碎。今见朱妈妈说小姐衮儿都要拶,一发吓坏,应声不出,想闺门如此,怎得小姐到手? 就要见一面,讲一句话,今后断不能了。若不早走,决然连我被辱,不如去吧。急走出来,喜得门公不在,忙到冷寺前,要画圈时,又忘带墨,解下束腰带,抖一抖衣服，往里边来，只见东关西倒，哪里有一个和尚。也没有香积，寻着一个跎道人，问他借笔墨，说师父化缘出去，锁在房里。楚卿十分焦躁，忽见一个行灶在那里，又问要水，说没有水。只得吐些津沫，把指头调了灶烟，画在墙上，弄得两手漆黑，寻水净手，躺在里边，屈指算时已在沈家十日了，肚里又饿，不敢出去。

　　清书望见墙上有黑圈，进来寻着。楚卿道："你快去拿巾服木梳来。叫蔡德收拾行李，问店家取了十两头，算还饭钱。速速到这里，起身往城外吃饭。"不逾时，清书把巾服木梳取到，替楚卿改装，仍做起相公。蔡德已至，两边问了几句，楚卿道："出哪一门？"蔡德道："出西门。"楚卿道："如今从南门走吧。"遂出了南门。吃过饭，觅牲口上路，方才放心。一路上，三人各说些话。此时是四月十八，天气正长，到遂平未黑。下了牲口，竟报进衙门里来。俞彦伯迎入后堂，各叙寒温，茶罢饮酒，彦伯道："前日闻兄在上蔡，特差人迎候，不知台驾又往何处？"楚卿道："一言难尽，另日细谈。"彦伯晓得路途劳顿，遂收拾安置。

　　连接三五日，彦伯见楚卿长吁短叹，眉锁愁容，问道："吾兄有何心事，不妨与弟言之。"楚卿道："忝在世谊，但说无妨。"遂把前事细诉一番。彦伯笑道："原来有此韵事，且请开怀，弟当与足下谋之。"楚卿急问："吾兄有何良策？"彦伯道："长卿先父同年，那长卿的夫人，是上蔡尤工科长女，尤工科夫人是米脂县人，她到舅家时，弟自幼原认得，一来是年伯，二来是亲知，见与兄执柯，何如？"楚卿揖道："若是如此，德铭五内了。"彦伯笑道："才说做媒，就下礼来，若到洞房花烛，不要磕破了头。"大家笑了一回。明日，彦伯收拾礼物，往上蔡来。

　　再说沈夫人那日见了扇子，把衾儿打了两掌，叫朱妈妈唤小姐出来。若素在里边听得惊悔不迭，却有急智，对朱妈妈道："你且顺我的话就是。"遂走出来。夫人骂道："好个闺女！好一个千金小姐！"若素道："母亲不曾问得来历，实不干衾儿之事。孩儿素守母训，只因昨日朱妈妈传诗题回来，喜新在外看见，说我也会作诗，既小姐能诗，我有扇一柄，烦你央小姐题写在上面。朱妈妈只说孩儿会做，竟拿了进来，对孩儿说。孩儿想这喜新不过是书童，哪里会作诗？因叫朱妈妈对他说，你若果然做得好，小姐就替你写了。原是哄他。不意朱妈妈出去，喜新的诗已写，就拿进来。孩儿看时，却做得好，因想父亲年老，若得喜新在此，甚可替父亲料理，不好哄他。又想闺中诗句，岂宜传出，故此写唐诗一首，叫衾儿送去，吩咐他下次不可传诗进来。不意母亲知道。其实衾儿无过。就是喜新昨日进来，方才母亲又看见，或者为讨扇子，亦未可知。喜新也没有差处，母亲不必过虑。"夫人听了，才把扇子上诗一看，却是杜甫七言《初夏》一律，后题《夏日偶书》又无图书名字，方息怒道："衾儿何不早对我说。且问你,喜新的诗呢?"若素道:"在房中。"就叫采绿去取来。夫人看了,惊道:"这也不信。朱妈妈你去唤他进来,我问他一问。"又向若素道:"你的诗呢?"若素也叫采绿取来。夫人看完说道:"虽是春闺,在妇人则此诗甚美,在女子还该清雅些。衾儿你同小姐进去吧。"

停了半日,朱妈妈进来道:"喜新不知哪里去了,到处寻不见。"下午时分,夫人叫问豆腐店,也说不晓得,心上疑惑:难道闻我打衾儿,他就惊走?到书房看时,件件不动,桌上摊着几本书是二十一史;想此子颇奇。再看床上枕边一只黑漆小匣,开看却是一副牙梳,一瓶百花露油。大疑道:"这是京里带来,若素梳头的。"匣下压着两幅诗:一幅就是《春闺诗》,一幅是《夜读有怀》。连看几遍,想此子也奇。遂拿了梳匣,到小姐房中,问:"这瓶油,哪个送与喜新的?"衾儿道:"并不曾有人出去,哪个送他?"若素道:"他既有牙梳,岂没有油!"夫人道:"喜新的诗,你见过一首,还是两首。"若素道:"只见过春闺一首。"夫人遂把《夜读有怀》一首付与小姐看。若素看了,心中了然,故意道:"据诗中意思,却是为衾儿。"夫人道:"你有所不知,他第二句说'娇客何人识韦皋',韦皋未遇时,为张延赏门胥,延赏恶而逐出,后韦皋持节代延赏。此句是喜新讥我不识人。'槐荫未擎鹓鹭足',是言槐之下,未列着鹭序鹓班,喻未仕也。第四句是为婚姻而羁绊。第五、第六,是未成就的意思。第七句,'微服不知堪解珮',昔郑交甫游汉皋,二女解珮,今变服而在门下,不知能遇否,则他非下人可知。末句'且凭青史伴闲劳',古诗有'闲劳到底胜劳劳'之句,他明知是无书可读,闲在此间,借史以消遣,则其不为做书童而来可知。"若素道:"如此看来,与康宣华学者之事一辙了。"夫人道:"喜新不见回来,必是惊走了。他若恋着衾儿,必不去;若不独为衾儿,决不来。"若素道:"来与不来,母亲何以处之?"夫人道:"若不来,也罢了。若是来,我将衾儿配他,凭他去。就看他如何处置。"若素道:"母亲高见极是。"

正说间,只见长接的家人回来说:"老爷已回省下,着我先回,钦限紧急,五月不利出门,吩咐家人早速收拾,二十六到家,二十八就要起行。"合家大小,各去打点不提。只有若素、衾儿却放喜新不下。

到二十四日,俞彦伯备礼拜见沈夫人,夫人以母亲乡党,又系年侄,出来相见。茶罢,彦伯说起作伐之事。夫人道:"本当从命,但一来老身只生此女,不舍远离;二来寒门并无白衣女婿;三来女婿必要见面,今行期迫促,不暇访察,就是拙夫回来也要老身做主,此行不过一二年之其侯。旋归领教罢。"彦伯见事不可挽,打一躬道:"伯母以旋归为约,决不于福闽择婿了,小侄颙候归旌就是。"夫人道:"盛仪断不敢领。只还要借重一事,前日有个姓吴的,也是鹿邑县人,投舍间作书童,取名喜新,老身爱他聪俊,许把小婢衾儿配他。不意那日衾儿出去开角门,喜新推角门进来,老身不知就里,疑心有私,责衾儿几下,他就惊走了,却见他两首诗,其实才堪驾海,志可凌云,绝非下辈。他说有一个乡里,在尊府作仆,不知此人可曾到来? 若在尊府,情愿将衾儿嫁他,听凭去就,也见老身怜才之意。"彦伯道:"这个却未曾访问,或到敝衙,亦未可知,但有诗乞借一观。"夫人命朱妈妈取出,彦伯看了道:"据这诗人品口气,决是个国器时髦,必是慕令爱才貌,做关文新句,岂肯为着尊婢,便做此游戏三昧。伯母既是怜才,还该斟酌,待小侄访的,回复何如?"夫人道:"老身岂不明白! 但此人头角未嵘,门楣未考,轻易允口,岂不令人见笑? 这事断使不得。若访得着,只把衾儿与他便了,本当留饭,奈乏人奉陪,下程即着人送至尊舟。"彦伯道:"不消费心。"料这事难成,只得做别出门,竟回遂平。

次日天明才到,楚卿急问道:"消息如何?"彦伯道:"一个就是到手。"楚卿道:"原只要小姐一个。"彦伯道:"这却尚远。"遂把上项事说一遍,楚卿顿足情急起来。彦伯道:"她归期尚远,兄何不先娶衾儿,聊慰寂寞,俟来岁乡试中了,那时小弟从中竭力,亦未为迟。何必如此愁态!"楚卿道:"人生在世,一夫一妇是个正理,不得已无子而娶妾。若薄倖而二色者,非君子也。况若素才貌双全,那一种端庄性格,更是稀有。小弟与她说到相关处,她也不叱,也不答,只涨红脸说道'你出去吧。'何等温柔! 及宋妈妈怪弟闯入内室,她说"奶奶着我送花来,何等回护! 小弟假说要线,她即唤衾儿取线,何等聪慧而顺从! 及夫人回来,小弟临出,叮嘱她写扇,她又急急吩咐夫人在家断不可进来,何等体谅!"说到此处,大哭起来,又道:"小姐说闺中字迹,断不传人,却又不拒绝我,特地写着扇子,悄悄唤衾儿送出,又不知多少幽情谜语在上。今忽天各一方,教我怎撇得下!"竟哭个不止。彦伯道:"不须过虑,好处还在后边。今兄且在此与弟盘桓数月,待过了新年,科考还家,免生烦恼。"楚卿道:"虽承盛意,小弟在此,一发愁闷,不如回去,在路上无人处,待弟哭个爽利。明日断要奉别了。"

说未完,门役来报:"外边有一起奸情事,绝美的一个妇人同两个花子解进来,请老爷升堂。"楚卿闻知,拭开眼泪,就出来看审。未知所审何如,且看下回分解。

第七回　守钱奴烧作烂虾蟆
　　　　滥淫妇断配群花子

词曰：

> 盈虚端不爽毫芒，逆取如何顺取强。
>
> 梅坞藏金多速祸，燕山蓄善自呈祥。
>
> 请看梓栌今谁在，试问铜陵音已亡。
>
> 天杀蠹人多富客，任呼钱癖亦惭惶。

话说胡楚卿拭干眼泪，出来看审奸情。看官，丢开上文，待我说个来历。

遂平县东门外二十五里，地名灌村，有个财主，姓吴名履安，祖上原是巨富，未曾出仕，到他手里，更一钱不费。身上衣服，最少要着七八年，补孔三四层，还怕洗碎了，带龌龊穿着。帽子开花，常用旧布托里。一双鞋子，逢年朝月节，略套一套，即时藏起来，只用五六个钱买双蒲鞋拖着，恐擦坏袜子，布条沿了口，防走穿底，常攒些烂泥。这也罢了，若佃户种他田，升合不肯少，倘遇着水旱，别人家五分，他极少也要八分；这些佃户，欲不种，没有别姓田，只得种地。若说放债，一发加四加五，利尾算利，借了他的，无不被他剥剥；要到第二家去借，远近又被他盘穷，不得不上他的钩。及至奸巧的，要索性借他一百五十两逃往他方。他必要估绝你家产，合着一本利才借你，要多一厘也不肯。有几家盘不起，与他拼命地，他又算计好，总不放债，收拾起来，都积在几处典铺里。家中日用，豆腐也不容易吃一块。所以在他身上，又积几十万家私，真是一方之霸。却亏得一个娘子颜氏，原是宦族，能书能算。履安胸中浅浅，每事不敢与娘子争论。颜氏见丈夫财上刻毒，不时劝谕，哪里肯听。到三十五岁无子息，劝他娶妾，他不肯，说道："娶妾定是年少，就生下儿子，我年老死了，少不得连家私都带去嫁人。"颜氏没法，吃了长斋，瞒丈夫修桥造路，广行方便。一日，有母子两个大名府人，丈夫在下路生理，五六年不归，后来得了确信，家中适遇年荒，特与儿子去寻夫。

路上遇着骗子,行李盘费俱拐去,一路行乞。颜氏赠银五钱、米五升。履安进门看见米袋问起缘故,而不知有银子,把米夺了进去,颜氏向头上拔下一根银簪与她母子去。一日雪天将晚,有两个花子在墙门口躲夜,履安叱逐。那花子寒苦哀叫,履安取棒打出,明早一个冻死路上。颜氏闻得,取银一两五钱,私唤管家买棺埋葬。诸事难尽述。到三十七岁,颜氏生一个儿子,取名欢郎,眉清目秀,颖异非常。到六岁从师上学,履安择一个欠债主顾,文理不通,上门揽馆。先生教了一年,反问他找几钱利尾,差六分银子,还留先生一部四书,方才把借批还他。颜氏查考学课,竟是空空,遂着管家另访一位宿儒,对他讲过,每年私赠束金二十两,履安聘金在外。那先生感激,晓夜研究,不三五年,欢郎天资聪明,已是五经通彻,青出于蓝。取名无欲,字子刚,至十五岁入泮。

履安不舍得破财择名门女,访一个殷实人家,结下一头亲事。亲翁姓贾,他却是扳仰富厚,又奉承子刚秀才。到十八岁做亲,借债嫁女,妆资倒赔五六百金。过门之后,无奈庄家人物貌不扬,态不妍,妆不新,步不俏。子刚风流年少,心上不悦,或住书房,或会考住朋友处,日远日疏。履安生了两个恶疮,昼夜呻吟,无处解说,道新妇命不好。连颜氏极明白的,也借口冷言冷语。可怜贾氏吞声忍气,上事公姑,下事夫主,中馈之暇,即勤女工,百般孝顺。子刚付之不理,暗中下了多少眼泪。娘家来领,又不许归宁,要她在家做生活。满腔恶气,又无处告诉,竟成郁症,茶饭渐减,自己取簪珥赎药。公姑又说她装模作样。过了弥月,将鸣呼了。忽一日,子刚要入城拜客,到房取新鞋袜,丫头无处觅着。贾氏在床上听得,遂个字挣出道:"在……厢……厨……里。"子刚勉强揭开帐一看,问:"病体如何?"贾氏道:"相公问我一声,多谢你!我今命在旦夕,不能服侍你。婆婆年老,两年来衣服鞋袜都是我整理。我死之后,作速娶个贤惠夫人,不要牵肠挂肚。若肯垂怜,今日替我寄个信与父母,见一面而别,就是你大阴德。"说罢泪下如雨。子刚见遍体羸瘦,语语至诚,不觉也流泪。贾氏道:"你若哭我,死也瞑目了。两年夫妇,虽不亲爱,却不曾伤我一句。但我自嫌丑拙,不能取悦于君。但生不能同衾,愿你百年之后,念花烛之情,与我合葬,得享你子孙一碗羹饭,我在九泉亦含笑矣。"话到伤心,一痛而死。子刚放声大哭道:"决然合葬。"遂请丈人丈母来看了,棺衾厚殓埋葬,暂封祖墓。

过了月余,门上做媒不绝。子刚到处挨访,闻得个宦族井氏,容貌绝伦,年十九岁新寡。财礼百两,父亲只肯许三十两,私取贾氏首饰兑换凑数。娶过门来,艳冶动人,又带来一个丫头,十分得意。衽席之间,播弄得子刚魂都快活。井氏自恃色美,又夸名门，把公姑不在心上。一日间梳头裹足，并不管闲账。公姑见儿子护短，又体惜她娇怯，奉承她是旧家小姐，就有不是处，亦甘忍而不知也，反说她命好，前夫受享她不起，我家有福得此好媳妇。

未及两月，有债户唤作任大者，曾借过田米六斗二升，其时价贵，作银一两起利。后任大远出，至第三年回家，履安利上加利，估了他米二石一斗，壮猪一口，银二钱，又勒他写五钱欠票。至来年七月，履安哄他："还了我银子，与你重做交易，拨米两石借你。"任大听了，向一个朋友借他籴米银五钱，对他说；"我明日即取米还你。"持银送至吴家，履安收着道："今日没有工夫，明早送批到宅上还你。"任大回去，勉强脱衣服典当，买些酒肉，明日留了饭。到了次日，履安即到任大家中道："五钱头上让你加三算，还该利银一钱二分，一发清足，交付欠票。"任大要借米，只得机上剪布五尺，又凭他捉了一只大公鸡。履安道："实值一钱一分，还少一分。"见壁上挂一本官历，取下道："这个作一分罢。我正要看看放债好日。"遂递还欠票，袖了历本，拿着鸡并布就走，任大道："少不得到宅挑米，我少停带来罢。"履安道："自己拿着不取，你是与我取笑，哪里真要借米。"如飞去了。任大急急写了借批，与两个儿子，扛着箩到他家里借米，回说出门讨债了。明日再去，等了半日，才走出道："你来做什么？"任大道："承许借米，特写约批在此。"履安摇首道："一两米银，讨了三四年才算明白，今谁要与你交易！"任大苦求一番，只是不允，想道："自己没有也罢了，转借的五钱来，教我哪有米还他？"只得又哀恳道："只借一石罢。"履安又不允，把手一摊，"但愿不愿由我，缠什么账。"竟踱了进去。任大急得三神跳爆，气又气，饿又饿，骂道："没天理老乌龟，少不得天火烧！"履安听了，怒跑出来，未及开口，不提防任大恨极，就是一掌，力猛了些，家中一只恶犬正在那里吠生人，一跤跌去，正磕在狗头上，砍去两个牙齿。那狗被履安颈压翻仰，转身把爪一挖，履安一只右眼弄瞎了。履安眼痛，极喊一声，这狗认是捉住他，就是狠命一口，又将履安右耳咬了下来。任大见了，往外就走，跨出门槛，回头一望，不期一脚踏在空中，仰身跌倒阶沿石上，已磕伤头脑，血流满地。两个儿子大恨，拿两条扁担奔进去，把履安打得浑身紫肿，救命连天。许多家人出来救住。看任大时，已呜呼了。闹动地方，都道履安打死人，个个恨入骨髓。三日前又唤子刚到颍上典中算账未回，家里打得个雪片，仓里米挑尽，不亦乐乎。媳妇躲到母家去了。这些人把尸骸扛到厅上，将履安解入城来。

看官，履安平日若有至爱朋友，自然替他出来周全，拼得几百银子，买嘱尸亲、地方、衙门上下，从直断也还问不到斗殴身死。无奈处处冤家，没人来解说。县官又闻里富,见没有官节,一夹打四十收监。反着人到监讲兑,履安哪肯招允。明日又一拶二十板,履安认了斗殴推跌身死。及子刚得信,连夜奔回,遂买嘱尸亲,到衙门用了二三千两银子,告了一张拦招,方才断了两下斗殴,自己失足,误跌身死。暂行保释,听候详宪发落,已是伏圈百日。

此时十月尽间,子刚与颜氏往庄上收租。履安因夹打重伤,在家养病,正在楼上。忽见前厅火起,刚下胡梯,楼上火起,不敢出前门,往后楼要去抢那放债账目。不想库房火又起,急往后园门,门再拔不开。风高火燥,那火已飞到后槽,进退无路,只得钻在粪窖里,喜得两日前挑干了。谁知屋倒下来,飞下红炭烧着身上衣服,烫得浑身火泡,又钻不出,火气一炙闷死了。这些家人妇女,却个个走脱。子刚母子得信赶回,已是天晚,火势正焰,无法可救,急得乱跳。恰好是日井氏回来,只得宿夜船上。可怜几十万家私,在履安手中弄得尽成灰烬,只有二处典铺、一个缎铺并田地,不曾烧得。放债账簿,并无片纸,人人称快。幸喜田产租薄并典中数目,子刚带在庄上,原算祖上遗下的。明早,子刚不知履安尸首在何处,打发井氏往庄上,自己权作家人,唤附近欠债人家,一概蠲免,着他同家人扒运瓦砾。炭石太多,有百余人直弄到第五日,在粪窖扒出尸首,遍体斑烂,火气入腹,像一个癞虾蟆。买棺盛殓埋葬,在庄上再起几间屋,重置一番家伙。自此以后,人人借口谈论履安恶极。

子刚闻得,遂发狠要做争气的事。算计后年科举,有服考不得,及至服满,又下不得秋闱,遂援例入监,把家事托几个管家执掌,竟坐监读书。井氏阻不住,一去数月。颜氏从子刚去后,见媳妇不肯做家,唯图安逸,未免说了几句,井氏回娘家去了,屡接不回。直至岁终,娘家也无盘盒,忽然送来。过了新春,子刚抵家,井氏床头告诉,意欲另居。子刚溺于私爱,想前贾氏,被父母憎嫌死了,今我在家日少,倘妻子气出病来,岂不悔之晚矣。遂托言在庠诸友会考作文不便,竟与井氏移居入城。原来城中,向有房屋一所祖遗做寓的。子刚带了丫头一个、炊爨老婆一个并跟随的书童,住在城内灵官庙前。墙门屋三间,原有老家人一房在内。

过了月余,子刚下乡探母,料理些家事,一去数日。原来井氏是最淫的妇人,前夫姓从,是个好后生。做亲未及一年,弄成怯症。谁知此病身虽瘦弱不堪,下边虚火愈炽,井氏全不体惜,夜无虚度。看看髓枯血竭,不几月而脚直了。公姑怜惜儿子,将柩停在厅左。到了三七,井氏孤零不过,将次傍晚,往孝堂中假哭两声。忽丈夫一个书童,年纪十六七,井氏平日看上的,走来道:"奶奶,天晚了,进去吧。"井氏故意道:"想是你要奸我吗吗?"书童吓得转身就走。井氏唤住,附耳低声道:"我怕鬼,今晚你来伴我。"书童笑允。黄昏进房，却是精力未足，不堪洪治鼓铸。至五七，公姑拜忏亡儿，井氏窥见个沙弥嫩白，到晚设计引入房来，岂期耳目众多，为阿姑知觉。拷问丫头，前情尽露。阿姑气愤不过，请她父母说知，殡过儿子，就把媳妇转嫁子刚。哪里晓得娶过门时，子刚是少年英俊，井氏美貌妖娆，衾枕之间曲尽绸缪，两下中意。及履安打死人，惊回数日，只在母家清净不过，思量要搭识个相知，又再没有，竟与厨下一个粗佣人，叫作汲三弄上了。后来子刚坐监，娘家屡接不回者，恋汲三也。谁知事无不破，一日被母亲见了，责逐汲三，叱回女儿，永不许见面，所以无盘无盒送来。

你想，井氏连出了几场丑，羞耻之心一发全没有了。今子刚家事在身，常常往乡探母，一去数日，井氏终朝起来，无一刻不想取乐，只得前门后门不住地倚望。原来她后门斜对灵官庙，庙门外左右一带栉拉木，有两个乞儿歇宿在内。一日下起暴雨，井氏在后门窥探，瞧见庙前一个乞儿，见街上无人，望东解手，露出阳物，十分雄伟，心上惊喜道："经历数个，俱不如他，作用决然不同。"左思右想，走了进来，又走了出去。只见雨止天晴，乞儿走来道："奶奶舍我赵大几个钱。"井氏正要搭腔，遂问道："你叫赵大吗，这样一个人，为什么讨饭吃？"赵大道："奶奶，我也有二三千家私，只因爱赌穷了，没奈何做这事。"井氏道："你进来，我取钱与你，还有话对你说。"赵大跨入门内，井氏取出旧布裤一条，短夏布衫一件，又付一钱一百，道："央你一事。我相公结识个妇人，在北门内第三家，总不肯回来。你将这钱到浴堂洗个澡，着了这衣服，到黄昏人静，替我去问一声：'吴相公可在此？'他若说不在，你不要讲什么，转身就来回复我。若街上有人，你不要进来，虚掩着门等你，进来不要声唤，恐丫头听见，要对相公说到我察他的是非。"又领赵大走进一重门："你悄悄到这外厢来。"赵大道："晓得。"欢喜去了。黄昏时分，赵大到北门问时，那人家应道："不晓得什么吴相公。"

转回庙前，见街上无人。推门时，果然虚掩。挨到外厢是朝东屋，是夜四月念一，更余后，月色横空，走入侧门，看见四扇隔儿开着，里边是太师墙，窗边一张春凳，井氏仰睡在那里，身上着一件短白罗衫，手执一把团扇掩着胸前，下边不着裤子，系一条纱裙，两腿劈开，把一只小脚，架在窗槛上，血滴红硃履尖尖动人。一只左脚曲起鞋跟，踏在凳角上，月下露出羊脂样白的腿儿，只一幅裙掩着羞羞半段，睡在凳下。赵大要缩出去，想道："好教我悄悄来的。"又见角门闭着，四顾无人，低低唤一声奶奶，不应，把金莲粉腿看了半日，不禁火炽。再唤一声奶奶，又不应，轻轻起其裙也不动，遂掀在半边，露出那含香豆蔻。赵大色胆如天，晚潜入花房，幸喜开门揖盗。未几，凳角一只脚已跷起来。又少顷，架在窗槛上的，一发缩起。赵大暗忖道想必有些醒了，但她睡梦中，未知认着哪一个，她若叫喊，我走了就是。遂放胆施展。却见井氏身如泛月扁舟，摇动半江春水，足似凌风双燕，颔颅一片秋云，娇啼媚喘，声息动人。赵大见其淫荡，唤她一声，井氏假意道："你怎么奸我？我要骂了。"赵大道："特来回复奶奶，因怜爱奶奶，月夜无聊，故此奉承。"井氏道："相公可在哪里？"赵大道："他说不在。"井氏道："我方才睡着，不意被你所污。今相公既不顾我，与别人快活，我也凭你罢了。"赵大恣意奔突，两下十分得意。约赵大夜夜须来，启户而俟。到明日，把二两银与他道："你今不要讨饭了，将就做些生理，我逐渐接济你。"

却是只愁不做，不愁不破。赵大伙伴，叫作终三，赵大连日行踪甚是跷蹊，又见赵大穿着夏布衫，身边又有银子用，疑是哪里去偷来。到了二十三日，在杪拉木栅里，见井氏在后门里丢眼色，终三走进前一看，并无他人，只有赵大站在墙边，遂留心觉察，远远瞧着。到夜静无人，只见赵大溜进去了。终三守在庙口，到三更还不见出来，走去摸后门，却不曾上拴，潜踪而进，挨近右厢门首，只听得淫声浪语，妇人与赵大狠战。终三缩出后门，想道："不信世间有此贱妇！且待我设计制了赵大，也去试她一试。"赵大五更出来，直睡到上午。终三买两碗烧刀子，街上讨些骨头骨脑下酒的，来对赵大道："大哥，我连日身子不快，昨日路上拾得几分银子，今日特买酒来，要请你畅饮一杯。"赵大道："我怎好独扰你，我也去买一壶来。"就提瓦罐去打酒，又买只熟鸡回来，猜拳行令。终三是留心的，赵大是开怀的，直吃到晚，不觉大醉。终三又把他灌了几杯，眼见得醉翻了，行人将寂，妇人把后门不住门关。终三把赵大衣服脱下，穿在自己身上。等到街上无人，走过街来，见她后门虚掩，推开进去。井氏在黑暗中道："我等你好久。"遂曳着终三手，到厢房来。是夜点灯，桌上摆着酒肴。井氏定睛看地，吃了一惊，不是赵大。终三道："奶奶不必惊疑，我是赵大的伙伴。他今日醉了，恐负奶奶之约，特央我来的。我是惯走花街，只为嫖穷了，所以流落在此。"看官，若是井氏有些廉耻，必竟推却一番。孰知她听说赵大央他来的，先被拿住禁头，开口不得。终三见不作声，吹熄了灯，恣情苟合。

那赵大一觉醒来，已是五鼓，想道："我怎么醉了，有负那人。"遂急急扒起，却不见了衣服，又不见了终三，心慌性急，恐负井氏，不知什么时分，竟赤身挨入门来，走到右厢，只听得唧唧浓浓，淫声溢户，仔细一听，却是井氏与终三说话。赵大愤然大怒，欲上前争奸，却想井氏面上不好看，又不知几时先搭上的。按定心头，退出后门，走进庙来。只见两个公人，把手索颈上一套，唱道："贼精做得好事，速把平日一偷哪家，二偷哪家，直说出来！免你上吊！"看官，原来两个公差，因北门人家失了贼，县中缉捕，见昨日赵大买鸡，露出银子，就想这花子必定做贼，故此五更挨访，见他不在庙里，在人家后门出来，一发合着油瓶盖，故此扭住。赵大道："我不曾做贼。"公人打几拳道："还要赖，方才在这人家出来，不是窝主吗？不吊不招？"赵大情极，又恨终三，只得直说道："不是贼，是听奸情。"正说时，有两个光棍，夜里赌钱输了，回来见公人锁了花子，立住脚看。赵大道："是我一个伙伴，奸淫这家奶奶。我去窃听，如今还在那里，却不干我事。"四人听了，牵赵大赶入屋来，只见妇人与终三赤身搂抱。内中一个光棍因赌钱输了，撞到床前，把衣被卷个精光，竟趁风打劫，跑出后门，寄在豆腐店里，招呼众人道："你们大家来看奸情。"此时街坊上，走的人多了，竟挤满房屋，只见公人将手索系着两个花子，妇人一丝不挂，蹲在半边，先前几个问她要银子。众人道："这样美妇人，这般身体伴着死花子，也是禽兽了。"井氏偷眼看终三时，浑身黑癞，两腿肉烂，悔恨不及，央求众人，愿出银两告饶。几个有年纪的道："她有丈夫，银子诈她不得的。但如此伤风败俗，必要解官发落为是，顾不得她丈夫体面。"众人道："有理。"遂唤出丫头，讨件衣服与她穿了，下边束着裙，不许她着裤子。此时，井氏身不由己，推的推，搡的搡，被众人推到衙上，复有两个恶少，挤入人丛，把井氏后边裙幅掀起，露出雪白屁股，解上堂来，引得合衙人拍掌大笑。

　　此时楚卿在衙内哭，听见审奸情亦出来看。当时俞彦伯升堂，欲解楚卿愁闷，把井氏拶起，要她将平生偷汉的事供出。井氏忍能不过，只得把和尚、汲三、赵大前后等情，尽招出来，引得堂上堂下人笑骂。两个花子道："不干小人事，都是她设计哄我们进去的。"彦伯道："这古今罕有。"抽签把两个花子，各责四十，枷号一月。正要把井氏发落，只见一个上前揖道："生员不幸断弦，续此贱妇，向因外出，适才回家，已知始末。此妇已非人类，焉可留于世上？不烦老父母费心，等生员杀了就是。"竟向袜筒里抽出刀来。原来是吴子刚，彦伯向来是认得的，便急叫莫动手。子刚哪里肯听，竟奔井氏身畔来，把刀劈下。幸亏两个皂隶怜妇人标致，又见本官吩咐莫动手，把竹板一架，已削去半片竹片，仍复一刀。这边一个皂隶又把竹板一隔，重了一些，把他刀打在地下。彦伯喝众皂隶劝住，对子刚道："贤契侠肠如此，若在家里，杀了何妨。但经本县，自有国典，公堂之上，持刀杀人，反犯款了。本县自有处法，请付度外就是。"子刚道："生员必要杀她，待她出衙门便了。"遂抽刀，一揖而出。彦伯把井氏收监，出票去唤她父母。至晚，差人回复，他父母说我家没有这个不长进女儿，要杀要剐，任太爷尽情处死就是，没有人来认的。彦伯退堂与楚卿商议了，即唤几名皂隶，往四门选取少壮无妻花子数名，明日早堂听候。公差去了，彦伯退堂。

明早拿了十五六个花子到县，彦伯监中提出井氏，吩咐道："你这淫妇，太伤风化，父母不肯认，丈夫要杀你，我如今救你性命。你喜欢花子，今日凭你去随着几个罢了。"井氏哀求道："愿出家为尼。"彦伯道："守不定情，少不得迎奸卖俏，那清静佛场怎与你作淫秽风流院"又向花子道："你众乞儿造化，领出去讨饭供养她，两下受用，但不许在此境内，又不许恃强独占，并禁贩卖与人为娼，察出处死！"遂把井氏打四十，批下断单道：

　　　　审得井氏，淫妇中之最尤者。负鸡皮之质，不顾纲常；挟狐媚之肠，孰知廉耻？唯快意乎教曹，竟失身于乞丐。扰乃夫之志，杀死犹轻；施我法之仁，如从蕙典。薄杖四十，示辱鞋蒲。奈万人之共弃，为五党所不容。难作士民妻，鄙尔似乱交淫鸨；堪为花子妇，任伊掌野渡新航。逐出境外，禁入烟花。皁田巷口，叫数声奶奶与官人；东郭墙间，和几套哩哩莲花落。

　　唤吏役出一告示并审语粘在照壁，人人称快。众花子把井氏抱的抱，拖的拖，夺的夺，闹嚷嚷，个个兴头。看的男子妇人，塞满街道。楚卿直看她扛出西门，笑个不亦乐乎。

　　又住了两日，告别回家，彦伯若留不住，赠银五百两，复致意道："深感失师之德，铭骨不忘，后日尚容补报。"楚卿逊谢一回，起身辞去。彦伯送出西门才别。未知别后如何，且看下回分解。

第八回 村学究山舍做歪诗 富监生茶坊传喜信

诗曰：

> 哲人日已远，斯文渐投地。
> 学穷如嵩林，纷纷起角利。
> 不识四书字，安解一经义。
> 骗得愚父兄，误却佳子弟。
> 鹤粮借养鹜，盐车负骐骥。
> 感慨灌花翁，击碎玉如意。

话说胡楚卿别了俞彦伯，一路行来，见个少年，也是一主一仆，好生面善。同行了三十里，齐到村店打中伙，那人先开口道："兄不是敞府口气，今往何处？"楚卿道："小弟原是鹿邑，有事来拜俞大尹的。"那人拱手道："失瞻了。小弟正要往归德。今兄也回府吗？"楚卿道："如此同行了。请问尊姓？"那人道："小弟姓吴，字子刚，本县人。"楚卿就晓得前日县堂上要杀妻子的吴监生，所以有些认得。子刚道："兄尊姓大号，几时到这边？几时别俞大尹？"答道："小弟姓胡，字楚卿，在此数日了，今早才别的。"子刚肚里也晓得楚卿知道他的事。遂谦酌罢，仆从还了店账，二人一路讲些闲话，不觉行到上蔡。楚卿叫蔡德去访沈家，就同子刚上了旧店。少顷，蔡德回复道："沈老爷已于二十八日赴任去了。再问豆腐店，他说你是哪里人，我说是鹿邑人，要访乡里姓吴的。他说喜新不知哪里去了，夫人小姐甚是念他，临行朱妈妈寄一封字在这里。她说若有喜新乡里来问，就千万央他寄予喜新。你今既是喜新乡里，我受人之托，把这封字寄你与他，也是你盛德，如此我拿回来了。"楚卿看封皮是二十七夜封寄，内写："撇下衾儿，若不图后会，便是无情也。"不写哪个名字，细认笔迹，乃是小姐的。把《春闺诗》出来一比，虽真草不同，而风雅无二。因想起小姐叹道："我的慧心小姐，口欲言而难言，心欲诉而难诉，书欲写而难写，名欲露而不敢露，待撇下而不忍撇下，故作此无始无终这几个字,藏着哑谜寄人推测,真好感伤也!"又下起泪来。子刚道:"兄有何心事,尚有过于弟者?"楚卿道:"此肠欲断,不能细谈,明日路上,大家一诉。"子刚遂唤主人设酒看散闷。

明日途次,楚卿道:"兄之事,弟未悉其始末,若不见弃,一谈何如?"子刚道:"天涯知己,见笑何妨。"遂把父亲如何作家,如何死法,说一遍,道此一不幸也;弟原配贾氏,颇是贤惠,只因生得貌丑又老实,不肯妆饰,公姑又轻她母氏贫穷,弟恃着读了几句书,攒着家业,这样一个走出去,惹人谈笑,渐渐恼厌起来,也上制于公姑,下厌于小弟,只是亲操井臼,悦色和颜,一时不明,不去亲近,竟抑郁而死,此二不幸也。说到此处也哭起来。楚卿道:"后来如何?"子刚道:"三不幸就是前日娶那美色,不贤之妇做这事来。"楚卿道:"今尊意如何?"子刚道:"已看破红尘,知天道报应不爽,酒色财气,不可认真。向有小典在京师,先父存日俱是三分息,今弟去算清前账,以后一分五厘息了。更有贵府一只盐店,借银四百两,要去取讨,故此一发前去。"楚卿道:"兄有此家私,令堂无人侍奉,还该娶一房才是。"子刚道:"兄有所不知,弟幽冥之下,负了贾氏,不思娶了。"楚卿道:"不孝有三,无后为大,哪有这个理?"子刚道:"就是要娶,在本处亦无颜。待典中算账回时,要在外郡置一住宅,同母亲移居,再作区处。"楚卿道:"这也高见。"楚卿就把自己父母早亡,尚未受室,今在上蔡,前后事情,细说一遍。子刚道:"如此看起来,弟与兄异途同辙了。但替兄想来,那老夫人说无白衣女婿,前科发的决然娶过,后科尚在来年。吾兄发愤,博得一个黄甲,哪里肯与兄便罢,倘老儿古怪,小姐亲有水晶带珙、亲笔诗在此,只说她赖婚,约了三百六十个同年,共上一本,圣上作了主,夺也夺她过来。今日何须愁闷?"楚卿见说得有理,心上畅快道:"有理,有理。"一路你做东,我做主,事事投机,遂成莫逆。

不觉来到鹿邑,正在分路处,楚卿道:"小舍就在前面,若蒙不弃,屈驾光降,结个天涯知己何如?"子刚道:"弟亦有此意。"遂同至楚卿家里,明日到了庄上,合家接见。楚卿打发蔡德妻子回去,就办三牲祭礼,与子刚结拜为昆仲,子刚年长为兄。楚卿摆酒款待。盘桓几日,子刚道:"贵处民风古朴,地土膏腴甚可卜筑。兄园左有隙地数亩,弟欲奉价,建造几间房屋,与兄居止相傍,未知否允?"楚卿道:"但恐跬步未足驻兄驹耳。弟若得与兄为邻,平生之大愿也。昔公瑾让舍而居,弟虽学不得古人,亦有楼屋一所,离此三里,暂典与寒族,以此就送兄居住,何以价为?"子刚道:"若得如此,弟旋踪时,就变卖田产,同家母到宅了。"楚卿大喜。明日临行,子刚道:"八月准到此处。兄若要问信,可到府前广货店汪景成家便知。他不时有人来住,弟亦必先有候书也。"两下依依而别。

　　楚卿把家料理一番，深信子刚之言，发愤读起书来，真个是足不窥园，身不出门，常读至四更，犹吟哦不罢转，为妻子面上，用了许多苦功。光阴梭掷，不觉重阳节近。管家周仁来到书房，见楚卿沉思默诵，把头在桌上不住地观。周仁连叫三四声，总不听见，直待拿朱墨来磨，再叫一声，方才看着。周仁道："相公如此用心，决然大发。但明日是个佳节，该出去散一散步。昨日闻得本府新学官到了，他是翰林降官，本学生员于本月二十一日都要拜见，况宗师已闻出京，相公也要打点去一见才是。"楚卿道："我服未满，到岁底去见未迟。不是你提起，我倒忘怀了。我原约一个朋友，明日可顺便到府前问信。过了明日，后日倒要入城，你去吧。"

　　初九日起来，下起细雨，至初十日晴了。楚卿同清书上了牲口出门，但见金风飒飒，衰柳凄凄，已是深秋气象了。想起上蔡归来，不觉四月有余，不胜感慨。行了三十余里，天气暴热，一片乌云西起，忽然下起雨来。只见路旁山上登高补数的，跑得好看。

　　正是：帽落孟嘉编箬笠，休官陶令觅裳衣。望见山坡下有个竹林，几间茅屋，楚卿急来躲雨。来到门前，下了牲口，进门看时，原来是个三官殿。正立在那里，却听得里边赞道："虽子建复生，不过于斯了。"楚卿因外边没有坐处，就踱进去，却是两间敞屋，半壁疏篱，几盆黄菊，倒也幽雅。有两个老年，一个二十来岁，身上都着了乌不三白不四道袍在那里饮酒，桌上五六个碗碟，已吃得精光，拿两幅字，侧头摆脑的不绝声称奖。忽见楚卿走进，大家立起身来，拱一拱道："请坐！"就掇一张板凳过来。楚卿道："小弟是偶然躲雨，请各尊便！"那一个道："小弟因昨日下雨，不能纪登高之胜，今特约两位知己，在此挈盒补数，限韵赋诗。但瓶之罄矣，不敢虚屈了。"楚卿道："既如此，小弟就在这边坐了。"只见那年少的，口里不住咿唔，把两间空地上反叉着手，旋灯样走，似构思景象。楚卿道："想各位必有佳作，敢借一指教？"那年老有须的道："兄也晓得诗吗？"楚卿道："虽不晓得，却也读得出来。"一个无须的道："这位姓高，是个宿儒，一个徽州大店里，请他教两个儿子。弟姓赵，在前村训蒙。我两家俱住此。因初八日，高先生放学回来，路上买了一只鹁鸪，约小弟昨日要来赏菊，就以'鹁'为韵。不意下雨，未曾一乐。这一位姓邝，是青年饱学，住在城内，就在城中处馆，昨日到这边岳家，要领夫人回去。所以弟两个，各出酒看在此，屈他来到做一首，效金谷园故事。既兄晓得诗，必定是有意思的了。"遂递过姓高的诗来。楚卿看题目，是《雨中寻菊》，再看上面写着诗道：

　　七三涂猎捡之龙，樽也煮妻椒炒精。

　　菊箭倒风双袖酒，鸡糖溅雨一襟饧。

　　宾王昔日无三友，陶令今年有四甥。

　　乐矣归欤哩不见，问狸光惯瓮礁秤。

楚卿念了三遍，也不明白，只得问道：“小弟学浅，不但不明其理，要求逐句讲教；连这'哩'字也不识。”高先生道：“兄方才说识诗，故此与兄看。那个诗两字，原是句负不得的，非有十分大才，做来也不佳，所以古人说吟成五个字，捻断数根须。老夫前两日与赵先生限了韵，回去路上做些，今早才完了。不敢欺小弟，这几根须不曾动得分毫，今兄看不明白，要我讲说。孔子云'诲人不倦'，我若不肯，就是吝教了。这'哩'字，是箝娘切。在《海篇》上，夫哩者，哩啮也，哩啮者，吃物而唇动声也。第一句'三七猎捡之鹊'，前日弟解馆回来，以七分三厘银子，涂路上遇着个猎户，拿许多雉兔獐鸡，弟捡一只鹊鹑买了，是这个缘故；第二句，买到家里，挦去毛，先将水煮一滚，老妻见烧不烂，竟取起切碎，放些椒料炒着，精品不过，所以说'椒炒精'；第三句，要晓得未得菊，先插竹，昨日因虚了赵先生之约，到一个邻家赏菊，正在花下饮酒，忽然一阵风来，竹箭吹倒，划泼了半壶酒，老夫双只衣袖，沾得甚湿，故云'两袖酒'；'鸡糖溅雨'者，那些鸡一向躲在菊花下痾的粪，也有干的，也有白的，也有一样色烂如饧糖的，那急雨溅起来，急去收碗碟，看衣襟上溅满了，故云'一襟饧'；至第三联，是两个古典：昔日骆宾王寻菊，无三友者，当年不曾有赵先生、邳兄与老夫三人也，当初陶渊明最爱菊花，为彭泽令。今人每以海棠比西施，老夫即以菊花比渊明，是巧于用古处。上年敝邻在朋友处分得一根回来，今年产了四芽，可是生了外甥一般？末两句是照应起两句赏了菊，吃了酒，乐而归去，还剩那鹊鹑在家，老夫回去，正要想哩啮哩啮的再吃些，不意不见了，问起拙荆，她道邻家有个狸猫，到舍偷吃，不管多少，一吃就精光，竟是吃惯了，如今把鹊肉藏在瓮里，将礁秤盖好，又恐扒开了，故云'问狸光惯瓮礁秤'。你说这诗好吗？”楚卿笑道：“果然妙。”那赵先生道：“着实字字珠玑，岂特字字金声而已哉！”高先生道：“赵先生佳作，一发与这位看见得，我们为师，俱有实际，不比那虚名专骗人家束修的。”赵先生对楚卿道：“看诗有个看法，须要认题。高先生吃鹊肉，是做死的，我是做活的，不可一例看。”楚卿道：“有理。”只见写着：

　　菊边歇下一只鹊，溅湿衣毛活似精。

　　赶他遑遍像赶鸭，吃他连喋如吃饧。

　　儿惊磕碰寻老子，婆见吱喳叫外甥。

　　十六双棋去得尽，刚刚剩得光棋秤。

楚卿看了好笑，只得赞道："妙！这位邛兄一发请教。"邛先生道："两位老生是前日做起，小弟是今早约来吃酒，方得做起，已有两句了。"递与楚卿道："小弟是不做鹡鸰，做鸡鸰了。"楚卿接来一看，只见道："花叶啄完光打精。"

楚卿见他年少，忍不住道："诗思甚佳，只怕鸡鸰未必做巢在菊花上。"邛先生笑道："兄只识得几个字，就要批评人？千家诗上，说得食阶墀鸟雀驯，鸟雀既驯，难道鸡鸰做不得巢？轻易批评人者，此亦妄人也已矣！"楚卿道："领教。"意欲别出。赵先生道："雨虽止了，地上犹湿。兄既晓得诗，也做两三句何如？"楚卿道："一首诗又不至耽搁功夫，要做何难？"三人便去拿纸笔墨砚，铺在桌上。

楚卿坐着，三人到背后，俱把眼瞅一瞅，做鬼脸笑，不以而知做些什么出来，在那里故意走开，让楚卿构思。孰知楚卿提起笔，不待思索，一挥而就。诗曰：

> 溪头雨暗下飞鹡，踏屐篱边致自精。
> 看去离被如中酒，食来清远胜含饧。
> 临波洛女窥行客，洒泪湘妃觅馆甥。
> 带湿折归敲一局，幽香染指拂揪秤。

楚卿立起身来道："呈丑！"高先生道："做不出吗？"楚卿道："完了。"三人不信，走到近前一看，果有几行字在纸上，都说"这也奇！"念了两句，高先生对两个道："亏他念到第三句，这'中酒'二字不通，哪有菊花会吃酒？"大家都笑。念完，再念一遍，觉得顺口不俗，且做得快，不像自己苦涩，有些嘴软起来。姓邛的道："真是仙才！兄在何处处馆！"楚卿道："不处馆。"赵先生道："兄该处一馆，若要美馆，有个舍亲，只有四个学生，馆欲与高先生差不多，足有八担大麦。"

只见清书进来道："相公，路干了，早些去吧！"三个道："原来还有尊价在外边。"楚卿遂拱手与三人作别。上了牲口，一路好笑不止。

明日到归德府，正欲进城，只见路旁茶馆内一人叫楚卿："贤弟哪里去？"未知何人叫他，且听下回分解。

第九回 费功夫严于择婿
空跋涉只是投诗

诗曰:

学力文宗巨,君英糜士风。

才凭八句锦,缘结寸香红。

旧韵妆台杏,新题绣阁通。

夺标虽入手,犹奶未乘龙。

楚卿听得路旁楼上有人高唤,回头一看,却是吴子刚。下了牲口,子刚迎着道:"一别五月,不胜梦想!"楚卿道:"不见兄回,特来汪家问信。"两个上楼,各叙别后事情。子刚道:"正要来报兄喜信,弟出京时,闻得福闽倭寇已平,北直山西一带流寇土贼猖獗,钦召沈长卿镇抚,特加一级。弟想这几个月,行了几千里路,上任未久,哪有功夫择婿? 如今转来,家眷到任。贤弟来岁中了乡科,到京又是顺路,岂不是个喜信!"楚卿得意道:"但愿如此!"子刚道:"如今既相会过,不到府上了,即返汝宁,打点移居之事,约在来春二月到宅。"楚卿道:"颛侯伯母鱼轩。"就同到子刚寓处住了。明日叮嘱而别,楚卿自回不题。

且说沈长卿奉差同夫人小姐,于四月二十八日起身,一路往九江进发,直到七月终,才到住所。沿海一带,关津严守,倭寇屡战不利,竟退去了。驰表进京,九月二十六日旨下,钦差镇抚冀州、真定、河间等处。自己走马上任,家眷陆续水路起程,十二月初六才到冀州,家眷正月十二方到。彼时流寇窃发,长卿传檄各地,百般严备。不意二月中,打破了沙河、广昌、长坦。长卿日夜设御,流寇方退,长卿遂回冀州。

时沈夫人见若素年长,欲择婿,即与长卿商议。长卿道:"我久有此意,因宦途跋涉,只得丢下。今幸地方稍平,正该留心访择。"看官,你道显宦在私衙里刚说的一句话,就有奶娘婢子传与大叔,大叔传与书吏,一时传遍起来。那些公子乡绅,个人央媒说合。远近州县,每日有几个来说,你讲那个强,我说这个好。忙忙碌碌,迎宾送客,长卿竟没主意。倒是夫人说，门楼好不如对头好，效苏小妹故事，待女儿出题选诗择婿。长卿道："有理。"及至诗题一出，门上纷纷投诗不绝。一应着家人传进，并无可取，却是这个讨回音，那个问决绝，若素一概贴出。有几个央有才的代笔取中了，发帖请到后堂，不是年长，定是貌丑，或有俊雅的，当面再出题一试，竟终日不成只字，一概将原诗封还。如此月余，渐渐疏了。谁知：踏破铁鞋无觅处，得来全不费功夫。

再说楚卿当日别子刚回家，光阴迅速，不觉已过了残冬。至正月服满，见过府县学官，三月初，宗师科考归德，楚卿进考。正出场来，忽听得两三个少年秀才说，考一个科举易，做一个丈夫难。那个道："沈小姐比宗师转恶些。如今做身份，只怕再有两年，熬不过挨上门的日子。"又一个道："什么要紧？我们往来千余里，空费了盘缠，不曾吃得她一杯茶，待她白了头，与我什么相干？"大家都笑。楚卿心中疑惑，就问道："列位兄讲的什事，怎般好笑？"一个二十多岁、有几茎髭的道："冀州沈兵备有个小姐，带在任上，要自己捡老公，出题选诗，多少选过，并没中意的。小弟选中了，又嫌我这几茎髭，恐怕触痛了小姐樱唇，仍复回了。"楚卿忙问："如今有选中吗？"答道："她到八十岁，也不要选中了。"旁边一个道："兄去自然中的。"走至分路口，遂一拱而别。

楚卿闻此信，又惊又喜，喜的是有择婿门路，方才说兄去自然中的，也虽奚落我却是不意中谶语。惊的是路远，恐怕去又有人取中了。来到下处，踌躇不决，又想道："我为她费过多少心，小姐在我面上又有情，我若不去，难道送上门来？不信我去恰恰有人选中了。"打定主意，遂急急回家，也不管有科举、没科举，仍唤蔡德，叫他妻子住在庄上，带些盘费，清书跟随，连夜赶来。不日已到冀州地面，逢人访问都说小姐眼力高，哪里有人选得中。有曾经贴出的发言道："哪里选什么诗？枉费多少路程辛苦。但见富家子弟往来一番，整个盘费使掉。必定她在家里或路上有个心上人，假以选诗为名，包你一来，诗不好也就中了。"

楚卿听了大喜，蔡德道："一路兆头甚好，真是相公缘分。"楚卿道："我也这般想，小姐才学果高，哪里便中得我着？况人不可自夸，难道少年中没有高于我的，只取一个缘分罢了。年纪大者不来，娶过与聘过者不来，年少有才无盘费又不能来，有才有盘费的或无缘分选不中，故我打定主意，不以往返为远也。"三个说说讲讲，已到武邑。明日赶进冀州，寻下处歇宿。问于店主，店主道："以前乱选，每日投诗有上百，俱被贴出。后来每日还有几十，末后选几个进去，或老或丑，或当面复试不出，回了出去，一日只有几个。近来夫人新设一法，不用投诗，每日另换题目，求选者俱至迎宾馆，先将家世年貌名帖写定，管家传进，然后出题，恐两三人同谋代笔，却是一人另有一题，一个另设一桌，不许交头接耳，着管家监着，衙内却有点心茶果。香完不就，一概不收。

或有完的,诗内再写现寓某处,以备邀请。如今或三两日,只有一个。"楚卿大喜。

　　明日早饭后,唤蔡德、清书跟着,备个红柬,进迎宾馆来。管家问道:"相公还是考诗,还是拜见老爷?"楚卿道:"考诗。"管家把楚卿一相,口中赞道:"好!"即去拂桌摆椅,磨墨濡毫,道:"相公这边请坐。"遂从袖中取出一幅格式来,上写道:"十五岁以下,二十岁以上人,俱不入格。"楚卿看了,唤清书取一个红柬来,上写着:

　　　　河南归德府鹿邑县,胡玮字楚卿,年十八岁,面白,系生员。祖廷衡,官
　　　　拜左谏议,父文彬,官至礼部郎中。

写完,管家道:"相公少坐,即刻就来。"少顷,见一个披发童子,托一盏茶送上。清书在旁,掩口而笑。楚卿看见,想着上年自己扮书童在他家,今日他家书童来托茶,也忍笑不住。恐怕失仪,勉强按定。茶完,管家出来,手拿红柬,上写诗题:一个题是《花魂》,一个题是《鸟梦》,下边注着细字"韵不拘"。又见一个童子,拿安息香,把火点了两支,留一支不点,放在案上,取一支点的进去。楚卿问是何意,管家道:"小姐吩咐,香完诗缴,又恐我们在外受贿作弊,不完报完,香完报不完,故同点两支,取一支进去。如里边将息,即着人出来缴诗,迟半刻,即不收。"楚卿问:"留一支不点是何故?"管家道:"小姐定例,点香一炷,要诗一首,题是两个,故香有两炷,逐首去缴。"楚卿又问:"题是哪个出的,哪人写的?"管家道:"题是小姐出的,以前老爷付书房写,如今三日五日也不能有两三个来考,不是自己写,就是侍女衾儿写的,却是完不完要原贴缴进,不许人带去。"楚卿又问:"衾儿会作诗吗?"管家道:"不会。"又问:"衾儿曾嫁人否?"管家道:"说来好笑。今年二月间,老爷要把她配与新来书记,衾儿抵死不肯。问起缘故,夫人道:'老爷未回时,曾有一个姓吴的鹿邑人来做书童,取名喜新。我见他伶俐,把衾儿口许他。后来不知什么缘故去了。想是看上了他,如今衾儿要守他。'老爷听了,要把衾儿拶起,衾儿直说:'喜新因奶奶亲口许了,曾央朱妈妈将紫金通气簪赠我永以为聘。今老爷若欲另许,宁死不辱。'老爷怒道:'你身子是我的,那由你做主?况如今喜新不知在哪里,你私自结识汉子,敢在我跟前强辩。'要打死。转是小姐说:'衾儿常在孩儿房里,并无瑕玷。但女子贞烈守志,虽是她空想痴念,也是好事。望爹爹恕她守一二年,若喜新不来,那时配人也未迟。'老爷就罢了。所以今年十九岁,尚未嫁人。不知喜新如今在何处?'问得楚卿咨嗟不已,对管家道:"我回去替她访问。"管家道:"相公讲话多时,香已半炷,请作诗罢。"楚卿道:"作诗不妨,但要问你,小姐出了诗题,自己可有做吗?"管家道:"小姐或先做或后做,少不得送与夫人看。"楚卿道:"既

然小姐有做,何不劳你传一个韵来,待我和首。"管家道:"小姐说限了韵,就拘拘了,不能尽人之才情,难以察人之品格,定人之穷通寿夭。"楚卿道:"原来如此,高见!"暗想韵既不拘,我如今还做什么韵好? 我是男家,她是女家,必定有些隐然意思才有趣。也罢,夫妇取阴阳和合之义,第一首取七阳韵,第二首就是一东罢。

　　正欲提笔起来,只见八色盛果并一壶细茶,托到中间一张桌上。童子斟了茶,对楚卿道:"请相公便点。"楚卿本不吃,见他请,只得去领个情,却见色色精品,尝时物物可口,心上痴想:必是小姐衾儿两个亲手制的,竟这盘吃些,那盘吃些。旁边童子斟上茶,就饮了七八杯,竟忘了作诗了。香已将熄,管家又不来催,与一个同伴说:"可惜这个人物光景弄不出。"转是清书性急起来,说:"相公,我们多少路来,特为考诗。今香已将完,果子少吃些罢!"楚卿回头一看,只剩得半寸。刚立起身,只见内里走出一个人,说小姐催缴诗。见桌上柬儿,只字未动,口中道:"像是没相干了。"楚卿急急提起笔来,信意挥一首。那人道:"还好,待我先缴进去,再来取第二首。"楚卿见香尚有红星,说道:"一发写去吧,省得走出走入。"又一挥而就,香柄上犹烟煤未绝。管家道:"好捷才!"一发让相公旁边注了寓处。楚卿注了,对管家道:"如今还是等回音,还是先回去?"管家道:"要待小姐看过,并与夫人老爷,选中了,然后发帖到寓来请。"楚卿遂起身回寓,正是:

　　　　不愿诗名满天下,但愿诗留女试官。

　　且说沈夫人当日,见送进考诗人年貌,就是俞彦伯所荐的人,想到许多路来必有才学,遂把帖送与小姐。小姐见了,对衾儿道:"这人也是鹿邑,若取中了,就发了央他替你访喜新消息。"因把自己昨日做的两首诗题写出。一炷香将完,即着人去取诗。香已熄了,不见缴进,对衾儿道:"此人必定也是蠢材。"衾儿道:"两个题,原是两炷香,且把第二炷来点,或者第二首做得快些,也未可知。"刚才点上,只见外边传诗进来。若素看时,却是两个帖子,都写在上面,心上道:"诗未知如何,却也敏捷。"只见得:

　　　　　　花　魂　　韵不拘
　　轻颦浅笑正含芳,欲枉东君费主张。
　　风细撒娇来绣榻,月明涵影到迴廊。
　　似怀吉士怜香句,若妒佳人借丽妆。

一自河阳分种后,多情犹是忆潘郎。

鸟 梦

翱翔求友类孤鸿,羽倦投林睡眼惺。

幽思不离花左右,痴情常绕树西东。

忽从金谷催诗遍,又向苏堤掠雨终。

必境未谐魂不扰,却教啼尽五更风。

　　若素连看三五遍,遂道:"好诗!《花魂》喻我择婿之意;《鸟梦》寓己求聘之情,宛如清溪鲜碧,掩映丹霞;又如月下箜篌,幽情缕缕,令人怨,令人慕,虽司马风流,耆卿逸韵,不过是矣!"衾儿道:"婢子虽不识诗,但见小姐末韵是"娘"字,这诗末韵是"郎"字,以才郎配女娘,不约而同,先是佳兆。"若素道:"果有此奇特。你把这诗送与奶奶看。"衾儿去一会儿,来对若素道:"夫人见诗欢喜,老爷十分赞赏。恐怕人物平常,唤管家来问。"管家道:"自从前到今日,不曾有这样丰采,若小姐欠半分,就也比他不过了。且初来与管家说了无数闲话,及送点心进去,想必饥了,只顾逐件的吃。直到香不上半寸,转是他的小厮催做,他就笔不停点,也不起稿,竟一挥而就。"若素道:"如此便是捷才,与喜新仿佛的了,我的眼力不差。"衾儿道:"老爷唤书房发帖去请了。"正是:

　　　　崔屏今中目,绣幄喜牵丝。

　　未知几时做亲,且看下回分解。

第十回 端阳哭别娘离女
秋夜欣逢弟会兄

诗曰：

鸦声报屋角，蓦田风波恶。

雌雄不同巢，骨内不同酿。

少者自南飞，老者住北落。

忽然变羽毛，相顾犹掠错。

川流朋尽期，惨泪终不涸。

万古别离情，茶若饮百药。

何处少年游，相逢楼上头。

把臂谈凤昔，金风动早秋。

同是百年偶，缘分南北州。

徘徊问征雁，乡书肯寄愁。

却说楚卿回至寓所，暗想，消息只在这个时辰。等了一会，心上活突起来，若这几刻上，把原诗封还跳破天也没用。竟如小儿思乳，老狐听冰，风吹草动，都认是衙里人来。急不过，叫蔡德去打听。不多时，只见蔡德手执一个红帖，领方才监场的管家，笑嘻嘻进来道："相公高中了！"楚卿听得"高中"两字，把一天愁撇下。那管家上前叩头，楚卿慌忙挽起。管家道："相公恭喜。家老爷说相公诗才第一，今日就要请进，恐非特诚，又无陪客。明日是月忌，请后日相会。方才差人到赵州，请俞爷来奉陪。"楚卿问："哪个俞爷？"管家道："就是遂平知县俞太爷，升在这里做同知。夫人说前日曾与相公说亲，故此特去请他来为媒。"楚卿大喜，就问："你姓什么？"管家道："小的唤作郑忠？"楚卿叫蔡德折饭金五钱赏郑忠。郑忠谢去。楚卿看帖，是二十四日，祇聆大教。

挨过二十三，二十四清早，只见郑忠神色变沮，慌张走来道："相公，俺家老爷祸事到了。昨日五鼓报到，说沙河、广昌、长垣三处，被流贼打破失守，犯官拿解，牵连老爷说家老爷，拥兵不救，致失军机。下午又有报，说圣上已着锦衣卫来扭解了。老爷急了，恐家小不便，收拾细软，昨夜打发夫人小姐出城，暂避晋州听候消息。今早封门待罪，差小的报知相公，说事体重大，相见不便，亲事作准，相公不须别聘，俟进京辨白后，驰书到归德定局。如今拜上相公，暂回省下，勉力南场，不必在此耽搁。"说罢跑去。楚卿惊得如土人木偶，半字应答不出。转是蔡德赶上，附耳道："要询问夫人小姐，可有着落。"郑忠亦低语道："如今我与你是一家人，说也无妨，大约候老爷进京消息，即要还汝宁料理银子，进京使用。"拱手去了。

蔡德回来说知，楚卿道："一天好事，又成画饼。如今没有计较，且待三老爷相会，你可到衙前候着。"上午时分，只听街上人声喧传，说圣上差锦衣卫到镇抚衙门。蔡德走来道："锦衣卫进衙门，读过诏书，将沈老爷就锁了。"楚卿计无所出，立在人丛中。少顷，各属官员都到衙边问候。直至下午，忽见唱道声来。众人分开，望见街上一官，正是俞彦伯。楚卿闪在半边，令蔡德至面前禀着，自己回寓。未及片刻，蔡德进来道："俞老爷问候过沈老爷，来拜相公，已到门前。"楚卿接入，先称贺过，复细述前事。彦伯道："事已至此，且请兄到弟任所，打听消息，再作商议。"楚卿道："弟匆匆而过，归心如箭，断不能颠拜了。"彦伯道："兄执意不去，此非久话之所，到弟舟中一叙如何？"楚卿道："这使得，请先行。"楚卿送出，遂唤一乘轿至彦伯船里来。彦伯备酒，细谈前后事情，复要楚卿写出诗来。赞道："果是高才，兄急欲回府，不知有正事？"楚卿遂将吴子刚相约同居事说着。彦伯道："此人原是汉子。兄既要回，且请放心，小弟打听沈年伯的信，着人达兄罢了。"楚卿谢别，来到下处，彦伯差人送贿金三十两，楚卿璧谢。明日闻长卿出城去了，只得自回鹿邑。正是：不如意事常八九，可与人言无二三。

且说长卿同锦衣卫官进京，圣上发三法司勘问。三个守官众口是一辞，俱说流寇来时，调兵民上城严守，已经八昼夜；沈镇抚救兵不至，内外无援，以致被他猖獗攻破，非干卑职失守之罪。沈长卿道："彼时被围，非止一处，犯官发一支兵守兵平、忻州等处，一支保灵寿、新乐，自统一支巡缉易州、高阳一路。昼夜提防，衣不解带。及报马到时，急辙兵回，又恐本处失守，只得虚张旗帜，留兵一半，仰副将严备，自统精点二千，连夜到沙河时，贼已退去。再到开州，已是两日半，忽报长垣、蔚州已经打破掳掠去了。犯官远不济近，分身不得，望大人详察。"广昌守官道："定襄、乐平有救兵，所以守得；蔚州不救，所以失了。"长卿道："贼寇出没不常，蔚州路远调兵不及。"法司道："蔚州路远，以致攻破广昌也罢了。沙河、长垣路近，为何不救？我晓得是平日受贿则救，无贿就不救了。不用刑怎肯招？"遂叫夹起。长卿喊屈连天，夹得个发昏闷地。法司道：“你不招吗？”长卿道：“易州围十四日而不破；垣曲、浑源、翼城三处比广昌更远，救兵亦未到，那地方官效力，俱不破。今长垣、沙河、广昌，乃守官贪生畏死，不肯血战，致有此失，岂关犯官怠惰之故？”法司道：“一概发刑部审，俟太原关防文书到日再审。”

迟延数日，夫人将银子央人到各衙门打听关节。法司申奏，中间替他下一句：土贼到处窃发，救应不迭，实非误国。旨意下来，三处守官削职，沈大典赔偿三县钱粮一万七千三百余两，家产籍没，妻孥入官。又亏辛丑状元张以诚一本，说防御疏虞，止于材短，非畏敌之机、拥兵不救一例，圣恩尚宜矜赦。旨下：籍没概免，钱粮不赦，俟偿清释放。

长卿在狱见事颇定夺，虽无罪名，这项银子，却是难事。自己又不得出来，即差管家李茂、陆庆到晋州，一边送小姐回家，变卖产业；一边送夫人进京，到连襟朱祭酒家商议。

时五月初五日，夫人得了此信，对若素道：“虽有生路，你父是个清官，哪里有许多银子？前日已在各衙门用去千金，今所存不上三千两，是连年的宦资，家中田产，是祖上遗下的，虽值几千，也缓不济急，哪里一时得尽变卖？”又低低对若素道：“只有一种银子，你父对我说是祖公遗下的三千两，藏在房里左边第二柱下埋着；又我房里楼梯边夹墙板内，有扁匣一只，赤金二百两、明珠五颗，小锁锁着，要得托人，同陆庆送上来。只是你终身未了，兄弟又小，后来怎么过日子？况你父在狱，未知何日出来，弄得人离家破，好不痛杀也！”母子两个大哭。李茂道：“哭也无益，如今就有银子，也不好一时就完。奶奶到京，且把现在的银完了些。朱祭酒是大富，难道奶奶去借不得几千？老爷的同年故旧门生也不少，哪里不借得三千五千，倘有人见老爷受此无辜，再上一本辩白，或者圣上赦免些，亦不可知。哪里就见得偿不起，何必这般悲泪？”夫人道：“话虽近理，只是天气渐热，公子小，自然随我入京，小姐怎样独叫她回去？况十六七年未离娘畔，今日一旦南北分路，长途辛苦，教我如何割舍？”小姐哭道：“父亲事大，孩儿事小，母亲只管吩咐孩儿回去，怎样就是。”夫人道：“如今水路回去，是犯官家小，也没有阻截，但女子家不便，不若妆做公子，衾儿、采绿，一概男妆，只陆庆妻子与宋阿妈，两三个老妇人转不妨。你回去，把租税与管家算明，先计较二千上来要紧，其余将田产得价就卖。京中要银，我再着李茂去取。”陆庆便叫去船。初六日，夫人往北，若素往南，大家说声保重，路上小心就是，洒泪而别。正是：世上万般哀苦事，无过死别与生离。

若素同一干妇女坐了船，夜住晓行，望彰德、汤阴一路回来，及到河下，日已平西。

若素遂与奚儿等仍改女妆上岸，来到门首，寂无人影，进了墙门，见第二重门上，两大条印封，封皮十字封着。陆庆急寻贾门公及两边从屋住的家人妇女都来，便道："小姐请在我们家里坐，外边人得知不便。"若素惊得魂不附体，即跟李茂妻子家里来。众人道："自三月二十四日，老爷拿问，我们闻得，日夜彷徨。后县官来说都爷有报，说老爷坐赃银一万七千三百两，家私籍没，妻孥入官，恐有疏失，钦差到来，地方官不便，竟同各官打入里边，只除卧房不曾进去，其余俱写上簿，将门重重封锁，还着总甲同我们巡更守护。个个吓坏，家里人已逃去六七房，只有我们几个，有丈夫儿子在京没处去。后来闻得圣上准一本，免了籍没入官，方才不要总甲并我们巡更。县官又来吩咐道，虽不籍没，尚有赃银，倘家眷亲丁回来，必要申明上司，方许入去。如今小姐还是怎般主意？"若素道："可笑我家赔偿银两，与他何预？又不是贪官污吏，什么赃银？"陆庆道："老爷打发小姐回来，原为住在远方不便，今既到家，随处可以栖身，家私什物料无人敢来擅取，但要银子进京，陆庆却不晓得，要小姐自出主意。"若素沉吟半晌，想房中那银子数目多，一时难取，夹墙里匣子，是易取的，趁今日无人知觉，且取出来再处，因叫陆庆："你且收拾行李停当，吃些夜饭再议。"到了黄昏，对陆庆道："老爷无积蓄，只有祖遗金子二百两。你取长梯来，叫李茂儿子拿了灯爬进去，我把钥匙与你，开到夫人房里，上楼梯边夹墙板内，有个匾匣你取来。"两个依计而行，一更将尽，果然取来。若素取匙开看，匣里另一锦囊，内有三寸长的小晶瓶，知是明珠，不取出来。对陆庆道："如今商议，我还是住在哪里好？"陆庆道："此处公人颇多，未免觉察，反生疑论。舅爷住在西门外十二里，落乡幽僻，且大户人家可以隐藏；二来我家租税俱在碧山庄，管家黄正，卖田粜米，交割又便。不如明晚唤一只小船，赶出水关，住在那里去。"若素道："这也有理。"是夜权宿李茂家，明日小姐吩咐众人道："你们放心，我自有主意。"晚上出城只得住舅家去了。正是：

> 屋漏更遭连夜雨，船迟又被打头风。

且说楚卿冀州回来，管家周仁接问一番，又说："相公去后，就报了科举，如今正宜用功，争得举人，婚姻更容易了。"楚卿依言，晨昏勤不辍。光阴如箭，不觉已是仲秋，遂往开封府应试。与蔡德道："吴相公是监生，必来应举，你可往贡院门首，贴着我的寓处，以便相会。"蔡德领命去了。

考过三场，甚是得意。到十六晚，月光初上，正在寓所，忽听得外边有人问道："店主人，你这里有个鹿邑胡相公吗？"楚卿认得是子刚声音，急走出来，相见大喜，迎入里边。子刚道:"本期二月到府,不期房业颇多,变易甚难,直到七月,终乃得妥。意欲即迁,又试期近,因与家母商议,不如俟场完,顺便寻贤弟一晤,至九月移居。适于县前见尊示,所以跟问到此。"楚卿道:"今场事毕,弟正欲到贵宅,一者迎候伯母,二者访问沈氏消息,竟与兄同行何如?"子刚大喜道:"若得贤弟到舍,待弟略尽地主之谊,便是大幸了。"当夜二人抵足,谈些场中文字,明日各自收拾,遂同往汝宁来。未知访得若素否,且听下回分解。

第十一回
丧良心酒鬼卖拐
报深恩美婢救主

诗曰：

> 眩吾心志乱吾踪，非为能言语不穷。
>
> 做事猖狂情愈放，攀花鲁莽胆偏雄。
>
> 许多达士具沉溺，何况庸流属瞽聋。
>
> 禹恶疏夷诚圣鉴，不为酒闲几人同。

这诗是说那沉酣糟蘗，多有误事。

若素当日挨出水关，到娘舅处，已是一更将尽。娘舅名尤尔锡，平生好酒，掇着盅子，天大事也忘怀了。若有人请他，吃到得意处，妻子的话，也藏不得；若要他心肝，也是肯的。终日醺醺，不晓得作家，父亲遗下产业，醉里糊涂，竟弄得差不多了。幸亏娘子卜氏，有些主意，职掌钱谷，将就存个体面，不致失了大家风范，却是烧香游玩，不由尔锡做主，凭她要去就去。是夜若素到时，尔锡正在醉乡深处，卜氏着人接上来，大家问候一番。明日尔锡看见，若素哭述事情，尔锡道："住在这里放心，但银子也要料理。"说完，自吃酒去了。

若素叫陆庆唤管家黄正来吩咐："将米麦一应粜去，人借去的尽力收来，田地有售主即卖。"如此两月余，凑集得一千七百余两，着黄正送到汝宁府一个通商绸缎店兑兑，写了会票回来。再取黄金五十两、明珠二颗，修书叫陆庆连夜进京。

却说夫人自端阳别了若素，以妹夫朱祭酒家，说起要借银子，赔偿国课。祭酒道："如今哪得许多银子，不如我替你办一本再作主张。"遂同长卿一个门生，名吕德祖，做山东巡按，任满复命，各上一本。旨下说吕德祖妄谈国政，朱祭酒私党树议，俱坏了官，应偿数目着法司追比不赦。吕德祖无奈，赠银子五百两回去。祭酒退闲在家，终日郁郁。尤夫人见累及二人，借银两字，竟不敢开口。其余亲戚，哪来肯来看顾？正是：世情看冷暖，人面逐高低。只得自己上过了二千三百两。倏忽已是中秋，陆庆到了，夫人接书，方晓得家中封锁之故，遂将明珠一颗、黄金二十两，送与阁老申时行，央他特上一本，内说："沈大典抚海有功，任劳茂著，今节制两省，材力不加，情有可原，若薄功而重罚，恐人臣俱自危也。"皇上准奏，恩免一半，只偿八千六百六十二两。

夫人大喜，存珠一颗，货与妹子，得银八百两，又金子兑银二百两，并会票银，做两次去完过二千八百两；连前已是五千一百两。夫人恐若素愁烦，差李茂报喜，并要金珠上来完局。

却说若素打发陆庆去后，只与衾儿、采绿、宋妈妈四人住在尤家，并无个男人商议。一日，舅母卜氏对若素道："我这里有个海神庙极灵，离此不上三里。十八日大朝生日，人人都去烧香，与你大家去走走。"是时若素心中纳闷，巴不得要散心闲步，又想海神既灵，正好去祈保父母，便应允了。

到十八日，卜氏唤几乘轿子，同着自己女儿，因衾儿脚小走不动，又是客边，也替她唤一乘，都乔装打扮，至海神庙来。刚出轿，先有班富豪子弟，挨挤来看，饿眼如苍蝇见血。看得恶状，若素懊悔，只得低头随卜氏到殿烧香，虔诚祷祝，起来催卜氏回去。卜氏道："岂有就去的理？自然后殿两廊俱要游遍。"若素没奈何，打红了面皮，又无处躲，任凭这些人看。内中有一个麻胡子，头戴晋巾，身穿华服，竟阻住路口。卜氏年纪三十五六，原是最风月的，老着脸挨过去，被他挤了一把。卜氏大女儿是嫁过回娘家的，也被他腿上一捻。衾儿看意不过，又见小姐在后，料难饶过，只得骂了一声。那人把须一拂道："稀罕看你。"若素转身就走，衾儿、采绿随了出来。卜氏与女儿乏趣，只得就缩转。及至上轿，又被他批长论短放肆看了个饱。一齐羞恨而回。

看官，你道这人是谁？原来是有名的库公子，字审文，父亲现行侍郎。他倚着宦势，自己又是举人，每逢月夕花朝，哪一处妇女不看过？家中大娘最妒，婢妾不放他近身。当日若素才出轿，他就访问轿夫，晓得是沈长卿小姐，尚未字人，避居尤尔锡家里，就想娶为侧室。长卿是个犯官，可以势压；尔锡是个酒鬼，可以利图。娘子虽不贤，如今却趁会试，早些上京，娶到舟中，一路同去，好不受用。故此着实费精神细看，真是越看越标致，得意说不尽，回到家了，发了一个晚弟帖请尔锡明日饮酒。

汝锡见他来请，喜出望外，想道：只该用眷弟，今用晚弟何谦逊若此？明日连接三请，审文卑辞足恭，迎接入厅，盛陈肴馔，并无他人，奏起家乐，俳优送戏目请点。尔锡跼蹐不安道："既蒙佳款，又无别客，不如清淡为妙。"审文必定要做，只得点了三五出杂剧。戏完，审文道："此间饮酒不畅，移到园中赏桂罢。"尔锡告别，哪里肯

放？到木樨轩，两人对坐，赌拳掷色。酒饮至九分，尔锡道："不知台兄何意，今日承此厚贶？"审文道："家父与令先大人，原系至交，但晚辈疏失耳。今蒙光降，蓬荜生辉。但不知令姐丈消息如何？"尔锡遂将前后事述过。审文道："一万几千银子，今甥在宅只处人二千金去，也干不得正经。晚辈有一个计较，未审台意如何，不敢启齿。"尔锡道："若有高见，舍亲举家有幸，何反太谦，必祈请教！"审文一揖道："不知进退，得罪休怪。晚辈年登三十，尚未有子。今会试入京，意欲再择高门匹配，倘生得一男半女，是二夫人之权，重于拙荆也。况两头住下，并无偏正之嫌。闻得令甥女贤淑，十分仰慕，若蒙俯命，令姐丈就是岳父，一应事情，俱在晚辈身上，到京力恳家严料理，实为两便，不识肯屈从否？"尔锡道："承台教，佩德不浅。家姐只生此女，极是钟爱，但舍甥女才貌兼备，智慧百出，只怕娇养惯了，素性执拗，不听小弟说。"审文道："现成做夫人，也不辱她。娘舅做主，就是令姐夫也怪不得，何况甥女？我晓得怕我谢媒礼薄，故此推托。"遂取出两个元宝，纳尔锡袖中道："权作贽仪，媒物在后。"尔锡见殷勤厚貌，已是过意不去，又见他先送银子，心内欢喜，不知有几百日好醉，假意辞道："待小弟回去商议从了，再领未迟。"审文道："有何商议，择一吉日行聘过来屈到舍间，饮喜酒就是了。"尔锡听说到"酒"字，肝肠俱酥了，半推半就，作别起身，到家竟不说起。

到九月初一日，审文送个甥婿帖来请酒。酒席却不设在大厅，竟设在花园里。审文与尔锡饮到中间。审文恐尔锡醉后失记，叫人托过两只盒来说道："礼金虽薄，却是甥婿到京，要替岳父料理，数目多在后边。今聘仪只三百两，一些回仪俱不要。只求一个庚帖就是百分盛意了。盒内另具媒仪六十两，彩缎四端，送与舅公收下。其令甥女妆奁，一概甥婿备办。初二日戌时下船，子时合卺，既同往京师，一应珠冠、衣饰，俱如娶正妻的礼，另送到宅。"看官，你道为何在家园行聘，又一些回仪不要？原来避着娘子，外边这些吩咐过，不敢透风的。尔锡见不要他费半个闲钱，喜不自胜，假说没有这个理，再迟几日，待舍间薄治妆资几件方妙。审文道："断不劳费心，已检定出行吉期，深领厚意了，只求庚帖就是。"尔锡就胆大起来，竟说："这事不难，到舍写了庚帖，尊使带来。"遂开怀畅饮，不觉酩酊大醉。审文着两个家人送到家里。尔锡事在心头，收了银缎进去，封个犒金，对来人道："今日醉了，庚帖写不得，索性等小姐带来罢。"自己竟入房中鼾睡了。

且说卜氏见丈夫连日拿银进来，摸不着头脑，明日询问根由，尔锡唤若素来说道："我与你嫡亲骨血，凡事商量，汝父在刑部牢，少了银子焉得出头之日？况你终身未了。如今我择得一门好亲，又可救出汝父。"前将库公子事夸说一遍。若素道："多谢舅爷美意，自当从命。奈何终身大事，甥女不敢擅允。况父母为我择婿，费了多少心机，曾选过姓胡的，今颠沛流离，天涯远隔。从了舅爷，是大不孝了。还祈回绝库家！"尔锡道："昔缇萦代父上书，愿没入为婢，成千古佳话；今去做夫人兼救汝父而不肯，是忤逆了。况姓胡的，并未一面，又未曾行聘。今库举人财礼三百两，昨已受在这里，我自着人送上京去。一应衣饰，库家罢办过来，今晚准要下船，断不差你。"若素大哭道："舅父与母亲是同气连枝，怎全不顾我，也不早说一声，竟胡做起来？这断使不得！"尔锡吃了两席盛酒，又得了三百六十两银，哪里睬她，竟走出去，吩咐卜氏替她收拾。

若素哭得乱滚，要寻死路，衾儿哭个不止，卜氏百般劝解，只是不从，唤自己女儿陪伴若素。上午库家着四个人挑两担盘盒，并送两皮箱红锦衣服、金珠首饰来。卜氏拿到房中，百般夸美。若素见了，一发情极，竟在柱上要撞死，披头散发，乱颠号哭。卜氏没法，寻丈夫时，已往库家船上吃酒去了。

急得衾儿哭道："小姐且住了哭。我有个主意，向受厚恩，无以为报。今大相公做了主，库家宦势通神。轿子已将进门，我们女流，是个无脚蟹，必定躲不得。小姐有裁纸刀一把，待我带在身边，装作小姐，到他船里，勒死他，还敢来要人。"卜氏道："这也不是长策。"若素道："蒙你美情！还有高见，何必自戕性命？我看你丰姿窈窕，充得过一位夫人，他又不认得我，家中事体，你都晓得。你不若装作我顺从他，同到京中，救出老爷，你就是我重生父母了。"哭拜下去。若素说到此处又大哭起来，衾儿扶起。若素又拜卜氏道："全伏舅母做主。"此时卜氏心肠软了，说道："只怕他看破绽，又来要你。"衾儿道："还有妙计，我去时，若见他像个人品，不来盘问也罢了；若鬼头鬼脑，不像做得事的，后来断不能救老爷，我将前日晋州下来的一副行头，带在包里，乘便扮作男子走出，这里不问他要人就够了，还敢来要小姐？只是我身边少盘费，小姐也要权避几时。"若素道："人生路不熟，况在舟中，如何走得，但是一件，倘或走或还，约在哪里相会？"衾儿道："若到京不必走了。若就有疑变，近处必要搜捕，不如往鹿邑替小姐访问。"正说到这句，尤家一个丫头进来道："京里有人到来。"若素叫宋妈妈唤他进来，却是李茂，把京中事情说了。若素喜道："你来得好。"也将自己的事说一遍，李茂咨嗟不已。若素取三两银子与他，吩咐道："你速回家探一探妻子，即刻就来，还要唤一只船到河下，要离了娶亲的大船，同我入京。"李茂去了。若素又对卜氏道："舅母厚恩，终身难报。三百两财礼，留与舅母买果子吃。只取六十两来，将三十两赠予衾儿，为我少代衣饰之资；余三十两，我自取作路费，也改男妆入京，省得在此露风声。"卜氏依了，取六十两交与若素。若素分一半与衾儿。衾儿道："十两足矣"。若素道："但愿你去做夫人，不愿你受辛苦。我后来再不漏你机关。"衾儿只得把银收下。

少顷,尔锡领轿进门,鼓乐喧天,花爆震耳。若素与衾儿抱头大哭。幸喜酒鬼烂醉,只问得妻子一声:"事体如何?"卜氏道:"已允了。"酒鬼大喜。两个伴娘要进房,卜氏道:"且停在此。"伴娘就在外俟候。卜氏进房道:"不必哭了,快些梳妆罢。"再了一会,却好李茂也到,遂替衾儿将男行头另锁一只皮箱内。衾儿要带裁纸刀,若素不肯与她,两个拜别。若素又叮嘱了几句,躲过一边。

伴娘进来服侍上轿,宋阿奶、采绿并卜氏假哭几声,送出中门,衾儿放声大哭去了。若素即与采绿扮起男妆,将行李搬至舟中,拜别卜氏,从后门走了。正是:

　　劈破玉龙飞彩凤,顿开金锁走蛟龙。

衾儿此去不知充得过若素否,且听下回分解。

第十二回 有钱时醉汉偏醒
遇难处金蝉脱壳

诗曰：

> 性躁多应致蹶张，劝君何必苦争强。
>
> 楚猴秦鹿君踪灭，汉寝唐陵衰草黄。
>
> 斗智侪同蝼蚁合，奋身不异蝶蜂忙。
>
> 纵然锐气冲牛斗，松径竹流卧石羊。

当夜，若素小舟歇在尤家后门首私河里，娶亲的大船歇在南边官塘上，衾儿抬到舟中，还是黄昏。库公子心头如获珍宝一般，恐怕反悔，二来又怕大娘知风生事，就对水手道："吉时尚早，你们一边饮酒，一边放船。"众人乘着兴头，蓬大水阔，一溜风，顷刻行了二十多里。到了子时，审文唤伴娘扶新人出轿。灯烛辉煌，衾儿在珠冠下偷眼看时，吃了一惊，正是前日骂他的麻胡子，懊悔不曾带得裁纸刀来。见傧相掌礼，审文对拜，如夫妻礼数，扶到房舱，饮过合卺酒，坐在床上，审文喝退众人，闭上门儿，替她取下珠冠笑道："小姐，我与你好缘分也。"把烛一照，半晌道："呀！你不是小姐！"衾儿低头不答，审文高声吩咐："住了船。"挂起帐钩，审文双手捧住衾儿的脸，向火一照道："果然不是，调包了！你好好对我直说！"衾儿道："你叫是就是，叫不是就不是，难道一个人变做两个人？"审文见她莺声娇吐，欲心火炽，解衣上床就亲了一个嘴，替衾儿脱起上服来道："我前日在庙中，见小姐是弱不胜衣龙长面，你是粉团面，你又骂我一声。我今且抱你泻泻火，偿了骂我的罪过。不怕小姐飞上天去！"把衣裳乱扯。衾儿听这话，已知难脱，只得骗他道："今早月信初来，请缓一日罢。"原来审文素爱洁净，最怕这事，听得手软了。却又扫兴不过，发狠起来，唤齐乐工、轿夫、家人并女使，齐下了小船，赶回旧路。无奈逆风，行到尤家，已是半朝。

且说卜氏晓得丈夫不肯作家，藏起财礼银二百两，待他酒醒，把上项事对丈夫说知："如今若素存银四十两，送你买酒吃。她既走开。倘库家来追究，是赖得过的。"尔锡惊疑。

清早起来,夫妻正在计议,门外赶进三个妇女来,竟不开口,到处乱寻。卜氏明知缘故,却纵容她搜看,使她不疑,故意问道:"你们内中两位,像是昨晚伴沈小姐去的,遗忘了什么,对我说,取去就是,何必这般光景?"那几个竟不回答,东逗西逗,到处张望。卜氏假怒道:"人有内外,我又非下等人家,又不窝贼盗,一个外甥女,只为你家相公,救搭他父亲,昨日欢欢喜喜嫁去,原说不要资妆,想是托你们要捡几件好家伙拿去,也只该好好说,成什么体统!"酒鬼正待发挥,只见库公子领着一班人闯进门,高声叫唤:"还我沈小姐来,不要开到吃官司出丑!"酒鬼迎出,拱一拱道:"贤甥婿为何带许多人到舍间来?"库公子道:"你调包哄骗我银子,嫁差了人!"尔锡正色道:"呀,费了多少心,劝得甥女嫁来,是十分好意,你只讨一个,诈我两个不成?"审文道:"老实对你说,我十八日在海神庙中见过,所以认得。"尔锡吃惊道:"从未出门,讲这谎话。"只见两个伴娘、一个家人妇女走出来道:"并没有第二个。"卜氏也随出来探望,立在屏风后听见了,说道:"前日海神庙烧香,他舅公在外饮酒不知,是老身同着自己女儿,并沈家朱家两个甥女四乘轿来。昨日嫁来是大姑娘小姐,想是你认错了。"审文道:"那一位令甥女,是什么朱家,今在何处?"卜氏道:"是二姑娘朱祭酒家的。五日前姑爷着人来领,同两个养娘丫头京中去了。她是受过聘有人家的。"审文不信道:"她许多路,为何到这里?"卜氏道:"自幼常住我家,今大姑娘住在他家,闻得沈甥女在我家,二姑娘着她来接沈甥女入京,并看看舅母,所以特地下来,已一个多月。前日因甥女要嫁与贤甥婿,她独自回去了。"审文反驳道:"船里的既是沈小姐,为何前日烧香,却是青衣素妆,随在后边?"卜氏道:"她是犯官之女,朝廷现追上万银子,隐居此间,就是衣饰,怎敢穿着?随在后边者,沈家甥女是本地人,朱家甥女远来,是让客也。若是他人,为何住在我家?若疑下人,为何把轿子抬着?"审文哑口无言,银子又悔不得,反请舅婆出来见礼,只得说一声:"得罪了!"抬起头来,却是前日挤她一把的,满面羞惭,拱手而别。尔锡假意挽留,他哪里肯住。

来到小船,半疑半信,肚里也饥,身子也倦,再打发人四下细细访问,自己吃些饭,在船中睡觉。至近午,众人来回复:"从没有朱小姐来。"审文愤愤不服,竟到城内,对县官细诉,补一张状词,告他设美人局诓骗银子一千两。上蔡知县,好不奉承,即刻飞签拿究。审文出衙门,只见大船上水手来报道:"昨夜相公下了小船,我们辛苦,都去睡觉,今早新人竟不见了,寻到尤家,他说不曾回去。特来报知。"

看官,你道什么缘故?氽儿见库公子愤愤下了船,暗想他方才的口所,不是个好人,我在此决然奚落,如今趁无人防备,走为上着。逐掩上房舱,箱内取出男行头来,将头发梳好,把网巾束着。那些船人辛苦了半夜,吃些酒都去睡了。却喜得没有丫头,你道为何,原来怕大娘识破,故此不敢带来,只带得一房男妇,是父亲寄书带上京的,又叫他随上两个伴婆,到尤家搜获去了,一时性急失于检点。衾儿见此机会,轻轻开了房舱,再开左边樀子,却是大河,开到右边,探头一望,却旁在塘岸边,上去就是,又喜寂无人影。转身到房,戴上帽子,绣鞋之外,重重缠了许多布。穿了鞋袜,脱去女服,着上男衣,取了自己带来的银两,并一个绣囊。正等要走,看见桌上珠冠簪珥,想道:"我去了,这些船上人拿去,少不得推在我身上,不如自取,实受其名,也消释他亲我口嘴之恨。"遂折叠起来,藏在身边,吹熄了烛,扣上舱门到外舱来。见许多果品摆着,恐怕路上饿,抽了些,把烛吹灭,遂开樀子,悄悄上岸走了。

库公子不知就里,今见水手来报,大惊失色,急急赶到大船上,见床边满身衣服都在,只不见了珠冠首饰,骇然道:"不信脱精光了戴着珠翠,投河自尽?"又着人四下捞救,一边挨访。正是:分开两片顶阳骨,倾下半桶冰水来。

却说卜氏见库公子去后,夫妻欢喜无限。到了午后,只见两三人走来道:"库相公可在这里?"门上人问道:"不在这里。"那人道:"你家小姐今早不见了,可曾回来?"尔锡道:"小姐昨晚娶去,怎么就不见,敢是她要守着父母之命,不肯顺从,被你谋死吗?"那几个吓得不顾命飞跑去了。

尔锡进来对卜氏说,卜氏肚里晓得,遂把衾儿与若素商量的话,对尔锡说了一遍。尔锡道:"如今更好,他若问我要甥女,我正好问他讨命。"斟酌定了,再听消息。傍晚,门上报道:"两三个公差在外。"尔锡出来相见,公差道:"库公子告了状,今奉本县签在此。"尔锡看了签笑道:"我正要去告人命,反来问我?今日晚了,在舍权宿,明早同进面审。倘原告逃躲,还要借重二位身上。"

到了明日,同差人入城写了状词,擎起鼓来见了县官,递上状词道:

　　告状生员尤尔锡,告为三斩事。举人库审文,虺蜴为心,雄狐成性,觊觎甥女冶姿。寄寓尔锡之家,并未有六礼通名,又素无庚谱媒妁。今此初二夜,统袅劫入涂舟。系抢犯官沈长卿闺女,一斩;谋奸不从杀死,二斩;抛尸灭迹,三斩。请法签提上告。

县官看了,惊呆半晌,差别道:"他告你设美人局,以假的哄骗他千金。你怎么反告这谎状?"尔锡道:"老父母在上,不辨自明。库审文虑罪难逃,计希抵饰。若说娶为妻,他现有正室;若娶为妾,焉有两省镇抚,肯把闺女与人作妆?要抵赖不是抢,为何黑夜劫到舟中，不到家里，又不停泊，反望西急行二十五里？他说曾与婚姻，曾发聘礼，媒人是谁？庚帖在哪里？若诬生员哄骗，真的在何处？明明觊觎甥女美色，要明娶时，虑生员自然不允，故更深劫去；又恐生员告状，问他要人，反诬告一纸，是先发制人的意思。如今就算骗他，求老父母着库审文送假的来一审，泾渭立分。若没有假的，必定是藏匿不放，要强奸不从，逼死抛尸了，与他折辨了事。事干重大，求老父母执法。"知县听了，勉强道："请暂回，我拘审就是。"尔锡谢了出来，忻然回家。

这县官畏侍郎份上，不敢出牌，唤一紧身吏，抄出原状，并录尔锡一审口词，着他送至库公子船里来。审文找寻新人不着，未知生死，在那儿纳闷，忽见县吏递上一纸道："尤家告了相公，本官差来报到。"审文接来一看，惊得魂不附体，走投无路。吏书再把尔锡口供送看，一发惊呆，叹道："我怎么不上紧索了庚帖，这是大破绽了。"念来念去，念到"明明觊觎美色"，之后边"必定藏匿不放"两句道："我怎么当得起？如今新人不见，我哪辨得真假！"遂折茶仪二两与来人，再具书仪一封，着得力家人送与县官，说："老爷催大相公入京要紧，不及面别，沈小姐其实在船，因尤家没有妆奁，要呕出他聘金，故家相公告这一状，今尤家既以人命来告，我家相公焉肯放妻子到官之理？是呕不出聘金了，况人命真的假的，至亲何苦作恶。但尤家知相公去了，反要来刁蹬，求老爷调处。我家相公到京，决然我家老爷处力荐。你讨了回音，明日来赶船复我。"打发家人去后，库公子再着两个家人随路缉访新人消息，自己就唤水手开船，一溜烟走了。

这边尤尔锡差人打听晓得审文惊走，故意到县递一个催审禀单，又恐县中差人严缉，露出马脚，却不去上紧。县官受了审文之托，巴不能延下去，以此逐渐丢做冷局，落得大家心照。尤尔锡没奈何做了这番，只为这银子在家，担了许多干系，连日酒也不吃，自悔道："我若不贪这口黄汤，决不应承这亲事，决不容少年内眷去烧香；我若不醉，娘子亦不敢做此，以假易真。"又笑道："还好，我若清醒时，绝没有这胆气，敢骗现任侍郎之子，岂不误了外甥性命？咳，可惜衾儿这丫头，累她担惊受怕，不知逃走何方，又吓得若素黑夜奔走。我的罪孽不浅，此心何安？娘子，我今誓不饮了。"卜氏问道："一醒若此，但愿你少吃些，有正经足矣。"尔锡道："不是这等说，酒以养性情，谁能全戒？在家无一，多饮几杯，有事即少饮此，若到人家，只饮数杯。"遂对天设下大誓来，又道："我父母许多家私，都被我花费了。何争这三百两银子。后来有什么面目见姐姐？我如今还她四十两聘仪，只说我另赠她二百六十两，上京去探问姐夫，也是至亲之谊。"卜氏道："如此甚好。你肯回心，将现存产业还可做得起，我夫妻怎敢相欺？前日财礼，甥女只取三十两做盘费，又付三十两与衾儿折妆资，要我救她，余二百四十两俱送我。我见你终日昏昏，故不对你说，今你既有良心，可将二百四十两送入京中，说一时醉后误应承这事，库家恃强作事，幸喜甥女走脱，今将此银子上来替完钦件，如此就消释前怨了。"尔锡道："娘子之言有理。"遂收拾行李出门。按下不题。

再说衾儿当夜跨出舱口，上岸一想，这船是往京师的，若打船后去，反入城了，不如从船头一路去，又算定计道："还是私路无人追赶。"捡着无茅草的一步步行走。天色暗黑，不知是什么所在，一步一跌，弄浑身汗出，气喘吁吁。约行了一二十里，天色微明，回头一看，这惊不小。原来是鞋弓袜小，路径高低，更兼足小，缠得垒堆，虽觉走得多了，离着大船不上二三里，那塘上平洋无树，旗杆犹望得见。衾儿慌了，低头乱走。半朝时分，见个老人家，背着包裹前来，像乡间人入城的。衾儿道："借问一声，要到鹿邑，打从哪里去？"老儿道："小官人，你问得差远，这里往鹿邑有好几百里，要从项城一路去。你年纪轻，无行李同伴，问这句话，像是从未出门，与哪个斗气，私自奔走吗？"衾儿吃了一惊，改口道："不是这等说，昨日是出行好日，我家小厮同一个朋友先起身，我因舍间有事耽搁了，今早约在前面等，忘了地名，故此问你。"老儿指道："你若走官塘，向西去五里就是；若走内路，一直西去向北去三里，就是陈村大路了。"衾儿接口谢道："正是陈村。"遂别过而去。心中尚然突突忖道："若遇刁恶的，险些盘诘出来。如今直到陈村再处。"

到了上午时分，行过陈村，只往大路走。这些路上人见她标致，都来搭着说话，衾儿总不开口，又走得慢，也就罢了。挨至日中，脚又痛，肚里又饥，忽见路旁树下有块大石，遂走去坐着，把袖中果子，取出来吃，叹道："我记得八九岁时，父亲也是旧家门弟，只因与势宦争讼，弄得穷了。要央沈老爷说个分上，只说是同宗将我送他，虽然恩养，终是奴婢。后来父母双亡，有一哥哥，原是饱学，闻得他在京与人作幕，如今天涯海角，举目无亲，又不曾为非作歹，无依无靠，战战兢兢，如做贼的一般，是前世作什么孽障。"不觉泪下，忽想道："差了！路上人望见，倘或猜破，大为不便。"拭干了眼泪，正将要走，踌躇道："我如今脚又痛，两耳又是穿的，幸喜得路上俱是行客，无人留心细看。若到人家，眼睁睁来瞧看，岂非干系？况且已过午，又无行李，今夜要哪里借宿？"复悲泪起来，一时尿急，蹲在右边解了。立起身结裤带，触着包儿，笑道："啐，我好懵懂，从来有钱使得鬼推磨，身边有的是金银珠宝，我今再挨几里，或撞着尼庵，或见个单村独户贫老人家，只说等人不着，错过了宿店，多送他几钱银子，暂宿一宵；只说走不动，付几两银子，央他买些行李，叫只船送到鹿邑。那胡楚卿既是才子，必定有名，自然访得着。纵然寻不出喜新，他在小姐面上，绝无不睬之理。"正要转上大路，只见两匹骡子，坐着两位少爷，头戴方巾，身穿华服，美如冠玉；后边骡子背上坐一个书童，走近前来。衾儿见前面一人,十分面熟,那前面一人,也不转睛地相衾儿。走上一步,衾儿越想得像了,问道:"尊兄贵处哪里?"那人拱手道:"鹿邑。"衾儿道:"呵哟,贵姓可是吴吗?"那人扯住骡说:"正是。兄有些面善。"衾儿道:"兄上年可曾住在上蔡吗?"那人跳下牲口,一揖道:"曾住的。尊姓什么?"衾儿道:"兄是这个别号,就是一家人,若非此别号,就面貌相同了。"那人见说话蹊跷,只得应道:"正是。你且说尊姓。"衾儿道:"小弟姓衾,曾与兄交易过一件鹿葱花金簪的。"那人仔细一相道:"呀!"执着手,即把衾儿曳转一步,不曾想着她是小脚,即跌倒在地。那人急急扶起,对前面两个人道:"你们先走一箭之远,我问几句话就来。"

看官,你道是谁,原来是胡楚卿。他自从八月十六日夜,在河南省中遇着吴子刚,两个同到遂平,拜见子刚母亲,款接数日,遂一边收拾家伙,一边访若素。却晓得她家封着墙门,并无消息,见室迩人遐,不胜浩叹。至九月初二日,子刚雇了两只大驳船,载着粗用家伙,一只大浪船坐着母亲并几房家人妇女,一只小浪船,自己与楚卿坐着,初三吉日起身。因楚卿撇不下若素,再要逢人访问,故此与子刚另觅三个牲口,与清书从旱路再走一程。打发水路船只先行,约在汝阳驿下船。如今恰好遇着,楚卿道:"姐姐想杀我了,今日天缘奇遇。"遂唱个喏下去,衾儿也鞠下腰去,道这一个揖:"何不饶我吧,走得腰疼不过,又故意人前难我。"楚卿道:"我忘怀了,得罪了。"遂挽衾儿并坐在路旁石上。看官,你想衾儿平素从不与楚卿着身,今日逃难一般,也不顾得。楚卿问缘何男妆至此,莫非前途有人,效红拂故事吗?衾儿道:"前途有人,转是好了。"遂把小姐与自己事情说一遍。楚卿感伤道:"原来如此。今小姐在哪里?"衾儿道:"也改男妆与李茂上京去了。"楚卿喜道:"还好!姐姐如今意欲何往?"衾儿道:"小姐选诗中了胡楚卿。我要到鹿邑访他来寻你。"楚卿假惊道:"小姐选中他,我就没相干了。"衾儿道:"彼时谁叫你不来考?我问你,老实对我说,你究竟是什等人,到此何干?"楚卿道:"我不过是平常人,到此访小姐信息。二来同一位朋友搬到我家去住。"衾儿见不说访她,就问:"你可曾娶妻吗?"楚卿哄道:"娶了。"衾儿半晌失色,又问:"因何这等速?"楚卿道:"都似你与小姐,不要等白了头?我问你,如今寻我,是什么主意?"衾儿见话头说得远,假应道:"要央你送我到京里去。"楚卿摇首道:"我未必有这功夫。"衾儿着忙道:"你不肯带我去吗?"楚卿此时两只手,执着衾儿的左手,放在自己膝上,撷出她雪白的臂来笑道:"岂有不带你去之理!我被你拿板惯了,只怕你仍旧拿板。"衾儿把臂一缩道:"啐!青天白日,专讲鬼话。"楚卿道:"不要说了。你不惯牲口,我扶你将就骑了几里,赶至前面下船去讲。"衾儿欢喜道:"有船更妙!只是前面有位朋友,我与你怎样相呼,与他怎样相称?"楚卿低头想道:"我叫你嫂嫂罢。"衾儿惊讶:"这怎样说?"楚卿笑道:"我与你还是兄妹相呼,前面朋友,我索性与他说明,自不来问你,你只称他吴相公便了。"说罢两人就起身来,衾儿道:"你可要吃点心。"楚卿道:"莫不是你饿了,前途去买吃。"衾儿道:"我有,在这里。"遂于袖中取出果子。楚卿道:"甚妙。"接来袖了两个,走到大路上,手招清书牵驴子来,对衾儿道:"骡子大,恐怕你擘开了牡丹心,难嫁人,驴子小些,好乘坐。"衾儿低低笑道:"活油嘴,未必嫁你!"楚卿道:"果然未必。"清书已牵到,遂扶衾儿上驴。清书跟着,楚卿上驴先行,对子刚说其缘故。子刚称赞。

　　行了十余里,到汝阳驿河口,恰好船到。子刚道:"兄与贵相知一处坐,小弟与家母同舟。"楚卿道:"如此更妙,晚上再换罢。"各下了船,吃些酒饭。楚卿道:"当初豆腐店寄的字,是哪个写的?"衾儿遂把夫人如何发怒,小姐如何回答,只因你逃走,怜悯你,故小姐替我写这字,谁教你无情不来!楚卿道:"原来如此! 是我胆小走了。"衾儿笑道:"如今还着你一纸在县。"楚卿道:"哪有出首女婿不上门做亲的,如今老爷还出多少钱粮? 小姐几时才得嫁?"衾儿道:"还少三千五百二十两。完了银子,老爷出来,就嫁与胡楚卿去。那胡楚卿你认得他吗?"楚卿道:"有什么不认得,只是小姐要嫁我。"衾儿道:"他是有名秀才,老爷中得诗的,怎么嫁到你?"楚卿道:"他会作诗,我也会作诗,小姐也曾鉴赏过的。我替你老爷纳几千银子,小姐怕不是我的?"衾儿见话头甚大,问道:"你说娶过了,难道再娶一个? 你夫人肯容吗?"楚卿道:"一个是容的,两个就未必。我爱你家小姐,必定要娶的。"衾儿见不说要她,又问道:"尊夫人是什么门楣,可是才貌双全吗?"楚卿道:"他父亲也做两省。若不是才貌双全,我也不娶了。"衾儿默然。楚卿暗笑,又问:"姐姐,你今日若不遇我,宿在哪里?"衾儿遂将或住尼庵或寻贫老人家说一遍。楚卿道:"果然高见! 但今日该谢一谢,省得你几两银子买铺盖。就与我抵足罢了。"衾儿不语,楚卿道:"姐姐心上不允吗?"衾儿叹道:"我也是名门旧族,只因父母好讼,以至颠沛。况你既有妻子,又要娶小姐,是个薄倖人,后来置我何地? 我来错了!"抛下几点泪来,楚卿把袖替她拭着,笑道:"这样不经哄的! 当初我在你家,受你若干勒惜,今见略说几句,就哭起来?"衾儿听说是哄她,不哭了。

　　天色已晚,船俱停泊。大船上托过四盘果,又送十大色菜,点上两支红烛。两个妇女抱着两个大包,中间解出红毡棉被。又一个丫头,掇一只小皮箱,中间取出鲜明女衣,并一副首饰,低低对楚卿道:"我家相公说,路途耳目不便,要谨慎些,鼓乐不唤了。今日是好日,请相公成婚。"衾儿踌躇不安,侧转身,正在没奈何之际,只见楚卿道:"多谢你家相公,且拿回去,还有斟酌。"三个丫头妇女哪里肯? 掩上窗门,都过去了。楚卿取梳匣出来道:"姐姐请梳妆。你喜星照命,昨夜库公子不曾成亲,今晚我替你补数了。"衾儿道："我今日不是私奔,你又不是无家。今才到舟中,就成起亲来,后日被人谈论,你也做人不得,我也没体面了。"楚卿道："有理。教她取了方才的衣饰铺盖过去,只说你住在后舱,我住头舱,到家择日做亲可好?"衾儿道："一发差了,掩耳盗铃,无私有弊。若肯如此,当初你在我家,早已做了。"楚卿道："一日不见,如隔三秋,难道你这样秃情不肯了? 一了相思怅,以慰两年渴望。"衾儿道："堂堂女子,决不干这勾当。如今吴老安人总是晓得的。也不必梳头,趁黑夜无人看见,待我过船去,换吴相公过来,吩咐他家人女使,勿露风与水手们,以避库家挨访。待到家做亲未迟。"楚卿一揖道："可敬! 做得一位夫人。"遂与清书附耳低言,过大船去。少顷,开了两边槅子,子刚船头上来,衾儿从槅子过去。楚卿备述其事,子刚道："敬服! 这女子果有烈气。"几日无话。

　　至初九日船到,已是黄昏。楚卿、子刚、蔡德等取灯先上岸,到了庄门首,听得里边喧闹,两扇庄门,打得粉碎。正在惊骇,只见三五声锣响,七八个大汉,棒头短棍飞奔进来。楚卿路熟,与清书黑暗里曳开侧门往园中就走。子刚被众人捉住,道："在这里!"未知为着何事,且听下回分解。

第十三回 贞且烈掷簪断义 负淑女二载幽期

词曰：

> 辟把佳期订，撇下闲愁闷。谁知变起恶姻缘，怨怨怨。怨着当初，乞婆朱妈，劝奴亲近。　　惭愧金簪赠，羞煞新鸳枕。枉人一片至诚心，恨恨恨。错到伊家，一时轻易，惹他身份。

—— 右调寄《醉花阴》

吴子刚被人捉住，楚卿远远听得，与清书没命地跑。只见蔡德到园中，高声乱唤："相公快来！恭喜了。"楚卿吓昏，不敢应，又听得唤道："你高中了，是报录的。"方才把一天惊恐，变做极乐世界。原来里边的是头报，管家周仁正在厅上款待他。满家欢喜，都接见过。楚卿与子刚附耳道："你捡要紧箱笼搬上来，其余家伙并尊价辈俱住舟中。明日小弟另有主意。"子刚道："听凭贤弟。"遂将两乘轿，抬吴安人并衾儿上来，到后房安置。自与子刚到花园里住。

明日起来，打发报录的去，就叫人将船中子刚的家伙，并僮仆妇女，一尽搬来。

那胡世赏儿子闻知楚卿中了，特来贺喜。茶罢，楚卿道："哥哥来得甚好，弟上年之屋，原系暂典，不拘年限，弟于来岁春闱后，即欲毕婚，恐到其时，匆匆不暇，正要面恳此事。"世赏之子见兄弟新中举人，无不奉承，答道："彼时家父原系暂住，今同家母在京，总是空锁着。若贤弟要取赎，殊为两便，即当寻典契送还。"作别起身。

楚卿问周仁、蔡恩："我如今要银子入京，你两个把银账算缴，两年租税一应收拾，籴银要紧。"周仁道："前相公吩咐典屋银三百二十两，与蔡恩各分一半息生。我两个不曾分。后俞老爷处银五百两，也是合伙的。三次塌货，转得些利息，共算本利有一千二百余两。"楚卿道："你两个先取三百五十两，兑还典价，余俟进京缴用。"两人去了。

楚卿旧宅里住的男妇一二十人，俱来拜贺。楚卿请吴安人并衾儿，出与子刚各见礼过，家人都叩过头，吩咐叫衾儿为姑娘。只见衾儿打扮得娇娇滴滴，子刚私与楚卿道："此女端庄福相，吾兄好造化。"楚卿道："未知谁人造化。"衾儿走进屏门，唤丫头请楚卿说话，取二十两银子递与楚卿道："替我买绸做些衣服。"楚卿道："哪个要你买，你哪里有银子？"衾儿道："是小姐赠我的三十两。我首饰都有。"把库家船里事也说了。楚卿道："妙！你把银子收着。"楚卿出来，写账付蔡德去买，一边着人打扫旧居。就对子刚道："这边屋小，两家住不下，若小弟独住旧宅，又冷静，况弟要先进京，不如唤尊使们俱住在这边，吾与兄住在前边，俟来春大造何如？"子刚道："甚妙！"两人遂到大宅拜过胡世赏之子，取出典契，吩咐搬运家伙，楚卿唤家人八个，另雇些车辆，再回庄来。

且说衾儿前日到吴安人船上，问起来，方晓得喜新就是胡楚卿，心上惊疑未定。及至到家，见没有妻子，又报了举人，心上暗喜："他果然哄我。幸我有些志气，若舟中与他苟合，岂不被他看轻！后日就娶我家小姐来，也未必把我做婢子。"遂与吴安人园中各处一步。才到房里，楚卿走进道："姐姐，你识字吗？"衾儿笑道："不识。"楚卿道："不必太谦，我晓得你写算会的，只不会作诗。我今日事忙，要旧宅去料理，明早要搬家去。单帐在此，你替我把右厢房两间开了，照账点了家伙，与家人搬运。"遂把钥匙递过。家人进来，楚卿自去。

衾儿开厢房，看见十二只大箱、二十只皮箱，又许多官箱拜匣，都是沉重封锁，铜锡器几担。心内得意道："我哪里晓得原是富贵之家。"正在交点，忽见蔡德走来道："姑娘，相公买绸缎在此。"只见两包，先打开一包看时，纸包上号写"天"字，包内大红云缎一匹、石青绸一匹、素绸二匹。衾儿看了，自忖道："这是做举人公服的。"再打开包纸上"地"字号看时，大红云缎、大红绉纱、燕青花绸各一匹，桃红、松花、桂黄、白花绸各二匹。衾儿欢喜道："这副衣裳，不要把我做妾了。"又见鸳鸯枕一对，笑道："光景就要做亲了。年少书生，偏是在行，岂不是风流才子。"到了下午搬完，楚卿回来对衾儿道："我要取帐去点，上楼一句要紧话，你又没有亲戚，我又没有亲人，别人又对他讲不得，明确就要作亲，虽不上轿，那新人的鞋子，忌用旧的。你在买来绸缎内，剪些下来，连夜做一双绣鞋要紧。"看官，你道此时衾儿见楚卿没有妻子，住在他家里，虽不曾做亲，却不比以前娇妆作势，像人家团圆媳妇一般，见得面，讲得话了。转是楚卿像道学先生，不但非礼勿言，连笑面孔都没有。衾儿此时听了涨红脸，半晌不作声，低了头反问道："你的鞋子呢？"楚卿道："我不用。"取单帐去了。衾儿只得带羞自去做鞋，不题。到鸡鸣时分，楚卿与子刚起来唤两乘轿子，与吴安人、衾儿两个坐着，灯笼火把，移居至旧宅来。

进了正厅，歇下轿，子刚在外，楚卿自领着衾儿等到里边。走进内厅，转过楼房，又到五六间一带大高楼下。楚卿先领到左边两间房中，对吴安人道："这是令郎的房。"许多箱笼摆满；又领到左边两间道："这是老伯母的房，今日暂与姐姐住着。我的家伙，都在楼上。"衾儿暗喜："好个旧家，与我老爷宅子一样，只是我的房在哪里？"有些疑惑。

少顷天明，想自己要做新人，出去不得。只见许多家人妇人来服侍，妆枕头，剥茶果。衾儿声也不敢喷。忽听得外边鼓乐喧天，楚卿拜天地祭祖宗，八九个裁缝做衣服闹嚷嚷。到下午，子刚没情绪，强为欢笑而已。楚卿道："兄缘何有不悦之色？喜事到了。"子刚道："贤弟大登科后小登科，这才是喜。弟何喜之有？"楚卿道："今日正与兄毕婚，好事只在今晚。"子刚道："贤弟讲的什么话？"楚卿道："岂敢谬言！当初沈夫人虽以此女口许小弟，其实小弟并无此心。不意此女认真，立志守节，不慕富贵，逃出虎口千里相寻，诚可嘉也！奈弟誓不二色，若娶此女，则置沈小姐于何地？即前日路旁喁喁，无非问其别后始末，并未敢言及于乱。弟彼时已具赠兄之心，后舟中与谈者，是恐赠兄之后不便相语，所以再问她小姐前后事情。承兄送下锦盖，弟微以言挑之，此女如金百炼，守正不阿，弟无福享此，诚兄之佳妇也。万勿固辞！"子刚正色道："贤弟差矣！沈小姐还是镜花水月，就娶得来，原是一家人，绝无河东驱犊之辙。今弟尚有老母操家，贤弟蘋蘩无主，正宜暂主中馈，以慰先人，赠之心字，断勿启齿。况我誓不续娶，贤弟所知，若再言及，弟亦不敢居此矣！"楚卿道："呀，弟今日费一番心，唤吹手，做衣服，都为着兄来。若弟要纳一妾，何须用大红衣服？况虑兄客气一时，不及连兄的俱已做了。若兄执意不从，此女胡乱嫁与他人，一来误此女终身，二来兄要娶时，后日哪里再寻出这样一个？弟以为说兄易，说此女难，何期兄反作起难来？"子刚道："三军可夺帅，匹夫不可夺志，就是弟从了，此女也断然不从，不如不开口。"楚卿道："这个郦生，待小弟作为。"遂到前楼正中一间内，唤丫头请姑娘出来。丫头回道："不来。"楚卿晓得她害羞，对丫头道："有要紧话说。"又来回道："有话请进去说。"楚卿没奈何，要里边去，又恐人多不雅，对丫头道："你去说相公并无亲人，有要紧的话，对第二个说不得，必定要她来。"

少顷衾儿出来，楚卿望见，却缩到右边第三间下书房里来。衾儿怕人瞧见，巴不得够僻静些，遂走进第二间来，想道："必是新房子。"却摆着两口小橱，两边三四张椅子，光荡荡的。及走到第三间，抬头一看，只见两个竹书架堆满书籍，窗前一张小桌、一张醉翁椅，中间一张天然几、两把椅子，后边一张藤榻，帐子铺盖都没有，不像个新房，一发惊疑。楚卿丢个眼色，丫头去了。衾儿避嫌，却不与楚卿相近，转走到天然几里边立着。楚卿朝上作揖道："小弟得罪，赔礼了！"衾儿没头脑，只得还个福。却见唱到四个嗻，忍不住道："你怎么呆起来。"楚卿道："今日这话，不得不说了。当初小弟偶游白莲寺，见了你家小姐，访问得才貌双全，尚未配人，一时痴念，要图百年姻眷，故改扮书童到你家。不意夫人将姐姐许我，多蒙暗中照顾，许多怜爱之情。彼时我也有意，若图得到手，小姐做个正，姐姐做个偏，是却不得的。谁料姐姐清白自守，不肯替我做个慈航宝筏。后来惊走，央俞县尹来说亲，夫人不从，只将姐姐许我。小弟抱恨，就丢此念。及到冀州考诗，小弟在宾馆中，问及姐姐，老苍头对我说，已晓得姐姐对老爷说明，为我守节，不胜感念。如今小姐未娶，若与你先做了亲，你家老爷得知，自然不肯把小姐嫁我，一也；二来娶了小姐，就要把你为妾，岂不辜负你？如今吴相公青年美貌，学富五车，我做主将你嫁与他，做个正室娘子，岂不胜十倍？待此说知。"衾儿道："做了举人，也要学些官体。小姐若娶得来，我自然让她为正，何必疑虑我不肯做妾？弯弯曲曲，说许多空头话。"趄身就走。楚卿把两手空里一拦道："我与你取笑来。吴相公我与他讲明了。"衾儿听了，柳眉竖起，脸晕桃花，又问道："果真是吗？"楚卿道："讲了半日，这话可得假得？"衾儿一对金莲在地上乱跳，哭道："你这负心的汉！我要嫁人多时了，我为你担惊受辱，一块热肠，还指望天涯海角来寻你，谁料你这般这般铁心肠！这般短行！今日才中举人，就把我如此看待，我两年来睡里梦里，都把你牵肠挂肚，你何辜负我至此？"号啕大哭。楚卿不得已，老着脸低低说道："姐姐，不是我无情，若当初在你家里，你肯周全，前日在船里或容俯就，今日就说不得了。只为每每不能遂愿，我晓不是姻缘，故有此念头。"衾儿道："呸！原来没志气的，那拈花赘柳、无耻淫贱的，方是你妻子。"说罢只是痛哭。楚卿道："姐姐，你说我中了举人短行，我只不过是一个穷举人，就做了官，未必封赠到你。那子刚万贯家私，他是遂平县籍，或者中了，报在哪里，亦不可知，后日做了官，凤冠霞帔是你戴的，花朝月夕，夫唱妇随，岂不好？何情愿一曝十寒，看人眉眼？"衾儿道："哪稀罕凤冠霞帔？哪稀罕万贯家私？你若叫花，我随你去叫花，只恨你待我情薄！就杀我也不嫁别处。"楚卿道："姐姐，我待你也不薄，如今做许多衣服，又将花园一座、庄房一所、要造屋的隙地数亩，值六百余金，经帐俱已写就，替你折代妆奁，只首饰你说有在那里，不曾备得，也足以报你厚情了。何恨我薄情如此？"衾儿住了哭道："宝贝老虫，尿药不杀人，你的主意真定了？"楚卿道："男子汉说话，哪有不决裂的！"衾儿道："既如此，萧郎陌路了，男女授受不亲，站在这里做什么？"楚卿喜道："有理！请息怒，就在这里坐。我催完衣服送来。"遂趄到外边。

日已将晚，要开珠灯来挂，昨日的钥匙，却在衾儿身畔，欲唤丫头来取，又没有人在外，只得自己再进来，见书房门关着，叫一声："姐姐，我要钥匙。"门推不开，也不应，转到窗外槅子里望时，吃了一惊。只见衮儿立在天然几上，把汗巾扣在楼楹上，正想上吊。楚卿槅子里爬进道："姐姐，不要短见。"衮儿恐怕去抱她，自己从椅子上爬了下来，倚在书架，仍复大哭。楚卿开了房门，然后上去解着汗巾，又劝道："姐姐，我主意不差，我后日京里去了，你在家举目无亲，子刚又嫌疑不便，不要辜负你的好处。我要钥匙开灯。"衮儿一头哭，一边腰里取出钥匙，向楚卿对面掷去，几乎打着。又头上拔下紫金通气簪，掷在楚卿面前道："啐！我原来在梦里。"楚卿道："我当初原说送与姐姐做人事，不是聘仪，后在小姐房里出来，姐姐说我未得陇先望蜀了，我说陇也未必得，我原来讲开的，你自认错了。"楚卿地下拾起簪来，衮儿忽走近身劈手夺去，见桌上有端砚一方，将紫金通气簪放在花梨木天然几上乱捶。楚卿嚷道："簪子犹可，我这端砚价值两金。"衮儿将簪子用力拗折，却拗不折，复恨一声，掷在地下，往外就走。你道她往哪里去，且看下回分解。

第十四回　刚而正赠妇无淫
哄新郎一时逃走

诗曰：

> 婚姻天定莫能移，颠倒悲欢始信奇。
> 出汉只因怀国恨，入吴端为救时危。
> 冰霜自矢坚渠约，膏沐为容悦所知。
> 谁道痴情俱认错，赤绳各系已多时。

衾儿往外就走，楚卿道："去不得了！"衾儿见说，立住脚。楚卿道："说明了，你婆媳相见就不雅。这里还是我住处，我唤妇女点灯服侍你梳妆。"衾儿只得又走退来，呜呜咽咽地哭道："亏得我没爹娘，好苦也！"楚卿听了不觉惨然，也下了几点英雄泪，勉强道："姐姐好在后边，转看我昔日之面罢！"遂唤几个妇女伴着，自己外边来。

问子刚时，众人说不见多时了。楚卿一面点灯，一面着人去寻。到了黄昏都回道："影也不见。"只有一个庄上人道："下午在花园到处观看，后来我见他头也不回望东直走，不知哪里去了。"楚卿心急，又着人四下再寻，自己复到书房探候时，见衾儿还在大哭。丫头道："拖她不肯起来。"楚卿因子刚不见，又不敢催。到了一更，酒筵摆列停妥，那掌灯的傧相不晓得，还催楚卿更衣，请新人出来行礼。楚卿道："不是我，替吴相公做亲，如今不知哪里去了。"这些众人方才晓得寻的是新官人，吹的也不吹，打的也不打，冷冷落落都没兴头起来。真是新郎逃走，从来未有之事。楚卿见众人面面相觑，寂然歇了鼓乐，急得个一佛出世，对众人道："你们只管吹打，我自有赏！"也是没奈何的。及到三鼓，四下的人陆续回复："到处寻不见。"楚卿无主意，在厅上如走马灯样转。忽见前厅五六个人，捧头棍子赶入，门外一人喊道："不要打！厅上已打碎了几件家伙。"许多吹手，吓得收拾乐器。再看外面两三个人如捉贼的快子，把子刚肩胛飞也进来。子刚还不住声喊："莫打！莫打！"

看官，你道为何？原来子刚见楚卿要与他做亲，因想衾儿向日一片苦心，岂有夺人之爱,拆散姻缘的理?弃得一夜间步,他见我走出不回,自然自己成亲了。时月色甚明,秋收时节,路上又热闹,怕有人来寻,随大路而走,竟远八九里。正坐在大路口一块石上,见七八个汉子赶来,子刚躲在一边,让他过去。内中两三个问道:"大哥,可晓得胡楚卿讳明玮的住在哪里?"子刚道:"一直西去八九里大村上就是。"两三个道:"我是报录的,你领我去,我送你五钱银子一餐酒饭吃了。"子刚道:"三日前已报过了。"众人推了子刚,一头走,一头说道:"不是他。是一个遂平县人,移居在他家的。"子刚急问:"什么名字?""到了你自然晓得。"子刚道:"借住的人我认得,恐未必是这个。"众人道:"是姓口天的。"子刚道:"可是吴无欲吗?"众人道:"正是。"子刚大喜,想要不回,恐怕他打坏了楚卿家伙,又少不得打发银子酒饭,不好连累楚卿,只得说道:"列位不必乱推,我脚走不动了,略缓些儿。只舍下就是。"众人大喜,齐齐揖道:"不识台颜,多有唐突,得罪了。恭喜高捷!"一发不由分说,竟把子刚扛了飞走。来到门首,子刚道:"这里就是。"众人方才放下子刚。子刚进来,叫住众人莫打。楚卿正要问,只见屏上高高贴起捷报:"贵府相公吴讳无欲,高中河南乡魁第五名。官报陆延光。"楚卿十分欢喜。

却说衾儿在房,众妇女再劝不从,只是哭。一个丫头奔进来说:"外边报录的又来了。"衾儿想着楚卿中了薄倖,一发放声大哭。只听得楚卿在楼下高叫道:"吴老伯母,令郎高中了,报录的在外边,到遂平报不着,特访到这里来。"又到书房门首道:"姐姐,恭喜了!子刚兄高中第五名,比我还前两名。我主意不差。如今是夫人了,难道别人敢夺你的?还怨我心肠不好,快些梳妆,不要错过吉时!"衾儿方住了哭,却睡在榻上不起来。楚卿吩咐妇女道:"你们不劝夫人起来,取板子来,都是一百!"众女使见主人拿出官势,遂扶的扶,抱的抱,衾儿也肯了。楚卿快活,自去前厅,安顿报录的酒饭。

大厅上请子刚夫妇花烛,子刚犹自谦让。楚卿道:"里边都说妥了,不须过逊。如今兄已高中,用不着衫了,方才小弟做的大红吉服,一发赠兄。"是夜作成子刚衾儿受用,不在话下。有词为证:

洞房饮散帘帏静,拥香衾欢心,金炉麝袅青烟。凤帐烛松红,报无限,任心乘酒兴。这欢娱渐入佳境,犹自怨怜允许道,秋宵不永。

表过不题。且说若素自九月初二夜与李茂下船,一心念着衾儿未知凶吉,终日纳闷。行至贺村驿,到小摊铺还有三十里,忽生起病来。李茂只得上岸,寻个尼庵,仍改女妆,上去赁寓,请医服药,直至十月中才好。又调理数日,遂谢别尼姑,一路出临清州,至杨村驿。若素对李茂道:"舟中纳闷,此处离京师不远,你替我雇辆车儿去吧。"李茂道:"车儿不打紧,只怕小姐太美,有人看见两耳,认出不便。"若素道:"我自有法。"遂与采绿两个，把粉髻和胭脂，调水搽了耳环眼里，及调好搽些干的，把镜一照，如生成一样。即时上了车儿，只捡僻静宽敞寓处宿歇。

明日行过萧家村地方，一时下起雨来。正要寻下处，见一个人家门首，挂着招牌，上写着："斯文下处"，旁边贴一条红纸细字："挑脚、经纪不寓。"若素同李茂进去，店主人见了道："好个精雅人物！请里面坐，已有三四个客在里面！"李茂道："俺相公要捡上等房，宁可多些房金。"主人道："既如此，随俺来！"进了中间一带，又穿过第三层客座，引到楼前右手两间侧厢屋内，中间一个天井，栽数盆残菊，两边帮着一个花篱。外边一间，铺两张板床，里边一间，粉壁上两三幅书画，香几竹榻，甚是幽雅。店主人道："何如？"若素道："不放外人混杂就是了。"采绿铺下行李，李茂与宋阿奶做房在外边。店主送饭来吃了，又送一壶茶来。

若素把壁上书画玩了一回，又伏在窗槛上看菊，饮几杯茶。只见对窗槅子内，一个秀士打扮，旁边立个垂髫童子，卷起帘儿，定睛一望道："好个美少年！"却见他不住地探头窥觑，若素避嫌，到榻边假寐。少顷，那童子送一壶茶来，年可十四五，比采绿转标致些，入到房中，把若素细看，问道："相公尊姓，贵处哪里？"采绿道："姓沈，上蔡人。"若素道："你店主人尊姓？"童子道："姓龚。"采绿斟上茶来，见是上好细茗。若素和采绿、宋妈妈各饮一杯，大家称赞这饭店果然不俗。忽听得对窗吟道："轻颦浅笑正含芳，欲托东君费主张……"若素大疑，再听去正是胡楚卿的《花魂诗》，又听再吟《鸟梦》，因对采绿道："原来胡楚卿在此。你到他书房里看看，高低问一声哪里人，在此做什？他问你，不可说我是小姐，切莫多言。"采绿领命，到前边来。虽是一样房，与这边不同，打从天井里到后边来。那窗内的人问道："可是要进来？"叫童子开了楼下角门，引采绿穿入书房。图书满架，笔砚精良，像久住的。那秀士立起身道："有什么话讲？权坐坐。你家相公高姓，到此贵干？"采绿道："姓沈，家老爷是两省镇抚，因地方官失守，圣上要家老爷赔补钱粮。今公子要上京看亲。"他又问："你相公多少年纪，可曾婚娶否？"采绿道："十八岁，尚未有聘。相公尊姓，这里是祖居吗？"秀士道："我是河南登封人，姓秦。这里是舅家。你先去，我就来看你相公。"

采绿走来回复。若素道："既不是楚卿，为何诵他诗？好生疑惑。"只见秀士步来，接至房中，揖过就座。两个举眼看时：

胜潘安，欺宋玉，温润比清，平原逊浊。一个儿不傅何郎之粉，已是娟娟。一个儿不薰荀令之香，天然馥馥。你看我，浑身娇怯，分明红拂窃符时；我看你，满面娇羞，快似木兰临戎日。

秦生道："不知台兄下榻，有失迎接。"若素道："幸获识荆，不胜荣幸！请教贵表。"秦生道:"贱字惠卿。敢求台号。"若素原无准备,见他说个卿字,也随口道:"贱字若卿。"惠卿道:"弟虽寓居,但在舍亲处,理应是一主之谊。此间不便细谈,乞至敝书斋少叙何如?"若素本不与男子晋接,却见他文雅,心上又要问他诗的来历,因说道:"只恐拜意不专。"两人推推让让,采绿跟着,转过厅厢来,蔡德在旁,又阻不得,暗想:"秦相公这样文雅秀士,教我也是爱的,莫说是小姐,如今小姐到他书房,倘或你贪我爱,露出真情,做起那男女赴阳台的勾当,怎么处?"宋妈妈也替若素担着干系。你道若素与秦生两下何如,且听下回便见。

第十五回　错里错二美求婚　误中误终藏醋意

词曰：

自惜容光频对镜，不识相思，已解摽梅咏。错认才郎犹未聘，胡卢欲把婚姻订。

谜语津津未一允，香屧凝羞，似听将军令。可笑红颜多薄命，谁知两人同一病。

——右调《蝶恋花》

若素到秦蕙卿书房，见摆列古玩名器、锦衾锈褥，十分富饰。少顷茶来，一个大丫鬟体态轻盈，丰姿绰约，年可十七八，托八色果点，排在桌上，把若素细看时，蕙卿袖子一曳，两个会意，走出门外私语片时，又探头向若素一笑，进去。蕙卿走来陪若素吃茶，若素道："适才是尊婢吗？好个女子！兄可曾娶否？"蕙卿也微笑道："尚未，方才是家舅母使女，名玉菱。"若素笑道："可知兄两下喁喁，大受用了。"蕙卿也微笑道："兄自多情。小弟其实冰清玉润。"若素道："如此光景，清字也难说。"两个笑了一番。点心毕，若素要逗出吟诗缘故，问道："兄既未娶，难禁寂寥，必有花间佳咏、月下微吟，敢请教一二。"蕙卿叹口气道："弟誓不做诗了。"若素急问其故，答云："先母早逝，遗弟兄妹二人，朝夕琢磨，颇知辞赋。先父曾做嘉湖道，指望与愚弟妹各择佳偶。不意随父来京复命，家严病故，今权寓母舅处。四月间有客自赵州来，偶带两首诗在外边称道。"弟闻知借来与舍妹一看，舍妹道："这样才子，我若嫁得，就够了。"弟问这客人，说是鹿邑秀才胡楚卿做的，年纪十八，尚未有室，遂差人往鹿邑访他，说往遂平去了。舍妹深恨无缘，不胜怨慕。弟起个念头，不与舍妹毕婚，誓不先娶。所以不敢作诗，恐增舍妹之感。明日再要遣人去访问。"若素暗想道："我只说考中胡楚卿两首诗，已为终身可订，向来因父亲之事，付于风马。原来有名才子，天下的佳人都思量要配他。至于不远千里、费盘缠，几次差人访问。一处如此，焉知不处处如此？若别人占了先手，我倒落空了。"满肚子过不得起来。恰好蕙卿递过楚卿诗，若素心绪如麻，略一过目，放过半边不语。蕙卿道："这诗犹不中看么。"若素道："也没有什么好。这个人，兄不必寻他，他已与舍妹联姻了。这诗就是家父考中的。"蕙卿听了，半晌无言，又叹道："嗳，我空费许多心，又被高才捷足有福者占先。"若素又想，一时说了考诗，倘他妹子才貌拔萃，也选起诗来，楚卿踪迹未定，又来考中，岂不是更费周折？且试他一试，遂说道："令妹大才，不识咏雪之句，可以略窥否？"蕙卿道："只恐巴辞，不堪污目。"若素必要借看，蕙卿拜匣里捡出一幅花笺道："这就是舍妹和题。"接看时：

花　魂　　韵不拘

自怜薄命画楼东，一点幽情欲暗通。

爱月有时随瘦影，羞人着意隐芳丛。

低徊欲绝昏黄雨，冷落愁径槛外风。

若个怀春诸是主，好生无着只朦胧。

鸟　梦

历遍花堤又柳堤，憩寻芳树暮云低。

神童蝶花探香远，境与鸳孤觅偶齐。

华素梳翎餐桧露，渔矶卸迹啄花泥。

南枝一觉东方醒，爱惜春光漫漫啼。

若素读完，赞道："好诗，好诗！如子规声里，独立黄昏，凄情呜咽，不堪多读。有此才情，安肯与俗子相颉颃。"蕙卿道："兄与令妹原作，亦肯见教否？"若素思量我若不与他看，他只认妹妹才高，要私去争楚卿，也未可知。但他是说妹子的诗，我难道也说妹子的？遂道："舍妹诗不记得，弟俚句污耳何如？"蕙卿喜道："足徵雅爱，兄吟诗，待弟取花笺录出，好细细领教。"若素吟《花魂》道：

炎霜守遍历青阳，无限芳心托倩妆。

梁苑熹微亲辇跸，午桥依约袭衣裳。

空惭露挹何郎粉，谁解风生贺女香。

最是清明春光后，精神脉脉似青娘。

鸟　梦

偃息长林夜月低，酣然神往遍东西。

斜通岚径全无碍，直入云屏似有蹊。

花外忽惊红雨湿，巢边犹讶绿荫迷。

回翔几择丘隅止，不道依然素底栖。

若素见蕙卿笔走龙蛇，指纤腻玉，心中转念，可惜我有了楚卿，此生秀娟，诚佳士也。蕙卿写完，再读一遍，赞道："捧诵瑶章，视舍妹之作不啻天渊，见笑多矣！"童子摆上酒肴，若素告退。蕙卿道："天涯得晤，缘契三生，不须过逊。"两个坐下同饮，若素还吃得两三杯，蕙卿刚陪得半杯，桃花脸上更觉妩媚，若素几为心动。蕙卿开口说道："尊大人还挂多少钱粮？"若素道："尚有三千五百两。"蕙卿道："有一句话，不识仁兄肯俞否？弟为舍妹择婿，想世间才貌，孰有过于兄者？适间尊使说尚未婚聘，先父颇遗下些家私，仰扳足下，做一个藤萝附木如何？"若素心内好笑道："我是雌儿，自己婚姻尚在水中捞月，要你做什么？"因答道："虽感错爱，但家父在狱，不暇及此。"蕙卿又道："聘仪一些不要，情愿与舍妹多备妆奁。"点上灯来，童子唤采绿出去，与宋妈妈等饮酒，俱是盛馔。若素道："固承厚谊，但不告父母，非人子之道。待弟入京，对双亲致意，倘家严见允，自当领复。"蕙卿道："尊大人事，不必挂念，明日弟先赠五百金。俟兄回过尊亲，只取一物为信。三千两之数，到小弟这边来取，竟作舍妹妆资。何如？"若素自忖：教我怎生变作男子。答云："事虽兼美，但弟离于父母已久，倘在京曾与别姓议过亲，是有误台兄尊意了。断不敢擅专。"蕙卿又道："尊大人多事之时，人情势利，哪个就来议亲，吾兄不必固辞！明日弟另有主意。"

晚饭才完，只见大丫鬟玉菱抱出一副锦被，床上薰起香，似留宿的意思。若素谢别起身。蕙卿道："这边僻雅，仁兄只就此宿歇罢。"若素哪里肯？采绿恐露机关，推着背就走。蕙卿却不自己来扯，唤玉菱留着。玉菱即笑嘻嘻扯住，一把按在椅上。若素道："小弟素爱独睡，恐不便于兄。"蕙卿道："难道一世独睡不成？"玉菱目视蕙卿笑道："俺家相公，是要俺伴着睡的。"蕙卿把眼一瞧，摇首道："胡说！"看官，你道外人跟前怎讲这话？原来是他自与蕙卿两个取笑，许多妙在后边。蕙卿道："弟原宿内室，这只不过是闲时睡的。这位尊使，一发把铺盖取过来，隔壁一间睡就是。"若素方才放心。采绿同宋妈妈取行李过来，做一处铺着。童子道："你两个怎么一同睡？"宋妈妈道："是我的儿子。"采绿几乎笑倒，勉强忍住，故意道："倘夜间要小便，不曾问主人取个夜壶。"童子道："只有一个，是我家相公要用，不然，我到小姐房里，取个水马子来，又好备着你家相公大解。"宋妈妈道："我有随身小便的在此，将就合用罢。"蕙卿与若素听得，各自肚里暗笑。少顷，玉菱送脸水进来，若素一双手在盆里洗着，那玉菱不转

晴地看。若素道："你伴自家相公进去，睡罢。"玉菱又笑起来。蕙卿道："什么规矩！你爱沈相公，不肯进去，今夜就伴沈相公睡。"玉菱没趣，飞也跑去了。蕙卿拱手道："本当奉陪，恐小弟秽体，不敢亵兄，明早奉候罢。"若素道："斗胆下榻了。"蕙卿进去，采绿闩上房门来，低低说道："小姐，秦相公没正经，我方才见玉菱姐立在外边，捧灯候他，两个扶着手进去。"若素道："舅母家里有这般标致丫头，遇着风流年少。两下怎不相爱？我们过路的管他们则甚。"

　　明日起来，天色已晴，蕙卿苦留不住，遂设一盛馔，采绿等另是一桌，用过起身。蕙卿着童子托出银五百两，对若素道："兄去意甚速，不敢久羁。昨夜进去对舍妹说，不胜喜悦。她道令妹考中胡楚卿的诗，昨日兄做两首，也就算舍妹考中了兄。这银子是舍妹赠兄一程之费。若得尊大人见允，缺少银两，都在弟身上。但要兄随意留下一物。"若素不受，蕙卿又道："舍妹也料兄不受，又想兄是风流才子，就亲事不肯俯谐，在难中也该相济。但兄绝不比无情的，后来恝然别娶。"叫童子取若素行李来，把银子将她行李中乱塞。若素被他几句软麻绳话捆住了，无计可施，想道："也罢！我赠明珠一颗与他，譬如兑她的，消释他五百两罢了。"遂于胸前锦袋内取个包来，小晶瓶里捡明珠一颗，递与蕙卿道："无物相留，聊以此为记。"蕙卿接来一看，啧啧笑道："兄何欺我！此珠价值千金，轻留于此，是使我不疑，兄念头丢下了。"递还若素，看见包内光灿灿露出一个蓝宝石鱼，蕙卿把手持出一看，喜道："此物足矣！"若素摇首道："这使不得，是一朋友寄在小弟处的。"蕙卿笑道："朋友寄的更妙，正要兄来取。"若素道："有个缘故，这是一个才子，与楚卿不相上下的，也要聘一个才貌佳人，弟一时取笑留了他。他就要聘舍妹，但舍妹已许了楚卿，不可误他大事，正要觅访别人寄还，小弟时时慊慊于怀。今兄若留此物，后日他有话说，弟何以为情？"蕙卿道："弟已明白了，兄必欲得此物聘个心上人，不肯向别处念头。望兄进京与尊大人说明，到小弟处兑银，完了钦件，早早毕姻。那时或还盛朋，或去另聘，也凭兄了。"遂转身至于门边，将石鱼付与童子道："你送进去递与小姐，说是沈相公的聘物。"若素懊悔被他抢去，没奈何只得拜别。看官，你道为何？原来若素初时，不过孩子气，要换楚卿的鱼。后见楚卿说了两番话，又见了《夜读有怀》诗，心上就有这念头。后来选诗，考来考去，见没有中意的，一发想到喜新身上，所谓佳人自怜才子，巴不能够喜新来考中了，无奈他不来。及至考中楚卿，又念喜新情重，不忍辜负他，要思量寄还扇坠，却是女流，哪里遇着凑得巧？所以慊慊于心。是的真心事，对别人讲不得。

　　当时蕙卿送至中门，道："礼应送出，但弟有誓，舍妹亲事不妥，不出中门，得罪了。"又叮咛采绿道："若老爷之事妥当，你可催相公早来！"若素拱别出来，再上车了。

李茂笑道:"比相公初择婿更认真些,谁知做梦。"若素道:"可惜他一片孝心在父母面上,替妹子竭力捐金,果是难得,连我也不安。"

明日到了彰义门外,若素是病起的人,是日风大,路上受些寒,在饭店住了一夜,觉得身子不快,对李茂道:"性命要紧,安息一日,明早进京罢。"李茂道:"此间店又僻静,路又不多,不如今日待我先进去,探个消息,赶出京门,明早同小姐进去吧。"若素道:"这也有理。"李茂去不多时,又进客房对若素道:"小姐,胡相公中了!方才出门,见卖乡试录,特买一张在此。这鹿邑胡玮中第七名,不是他是谁。"看下面却注沈氏,问李茂道:"尚未行聘,怎么就注起沈氏?"李茂道:"老爷考中了他,他胡相公就注在上面。"若素点头,吩咐李茂:"明日早来。"自投店中歇息。正是:

才郎已入荷包里,只恐红裙剪绍多。

若素在店中,按下不题。未知衾儿嫁与子刚何如,且听下回分解。

第十六回 是不是两生叙旧
喜相逢熬煞春心

词曰：

> 缘不断，乔装偶至京门畔。京门畔，忽逢情种，转睛偷看。当筵只把人埋怨，桩桩捻着陈供案。陈供案，一个个是，翠帏成算。
>
> ——右调寄《忆秦娥》

话说衾儿自嫁与子刚，到三朝出堂，楚卿拜见，两下并不开口。楚卿虽是自己家里，足迹不入内门。衾儿见子刚家私富厚，又夫妻相爱，深感楚卿之德。见他婚姻未就，独立操家，要凑集银子上京，心上反过意不去，催促丈夫替他料理。子刚道："不烦你吩咐。"十一月间，楚卿备得银一千五百两，要上京去了。衾儿对子刚说了，私赠银六十两，唤了丫头，送出楚卿。子刚说道："本当同贤弟进京，但思来岁贤弟得意回时，恐房户狭小，今先要买木到庄上，造几间房屋，不能奉陪。有书一封、会票一纸在此，赠兄两千两，可到前门外程朝奉绸缎铺验收，门首有大顺号招牌为记。完过令岳之事，其婚姻之费，倘缺少时，一应向绸铺支用，待弟到与他总算。"楚卿辞道："弟有何德，承此厚惠，绝不敢领。"子刚道："贤弟差矣！既系兄弟，即是一家事，些许周急，何必做此儿女态乎？"楚卿只得受了。子刚袖中又取出银子一封道："赆金百两，是敝房相赠的，收为路费，万勿推却！"楚卿暗揣衾儿委曲殷殷，也只得受了。

明日饯行，吴安人等出来，衾儿万福道："叔叔荣行，凡前日有犯处，幸勿介怀。"两边致谢了。楚卿作别起身，与蔡德、清书三个上骡轿，日夜蹿行，望京城不远。是日风大，将近彰义门外，路旁见招牌写着"洁净寓处"，楚卿道："大家打个中火，饮些酒冲寒。"到里面捡个座席吃了，正要起身，见厢房里走出个标致小官，手执茶壶，到门首见了楚卿，不转睛地瞧，反缩进去。楚卿见十分面善，再想不出。又一个老妇人，在门内把头望外一探，原来是宋妈妈。看官，宋妈妈是楚卿的仇人，梦时都恨她的，怎不认得？因这一个认就触着，方才是采绿，小姐必定在这里。衾儿曾说小姐是男扮的，遂立起身问宋妈妈："你怎么在这里?"答云:"我同相公进京。你是姓吴吗?"楚卿道:"正是。我去看看你相公。"暗想,我若认作胡楚卿,小姐必定避嫌,不肯与我说话,还须认作喜新方好。只见宋妈妈道:"不必进去吧。"楚卿道:"我乃是一家之人,认得你的,进去何妨?"竟不由宋妈妈做主,闯入里边,一路想道:"她若肯认估生活上姐,我倒与她说个明白;她若乔装到底,我就盘诘她。"将近客房,只见采绿抢先一步,对若素道:"相公,当初在我家里的吴喜新,今在这里。"楚卿在门外高声道:"好巧!"只讲这两字,却不说破她。

只见若素出来,头戴着一片毡纯阳巾,身穿白缘领石青绸服,脚下京青布靴,扮作如献策阳平。若素把喜新一看,头戴飘摇巾,内穿荔枝色云缎袄,外披白绫绣花鹤氅,脚下大红绸履。分明是张生。看官,要晓得此处要把楚卿两字改做喜新,不然,若称楚卿,恐难明白。当时若素见喜新这般打扮,晓得他是有来历的,遂把手一拱,作揖起来。喜新就公然坐下,自思且看她开口何如。若素想道:"他比前日模样,大不相同,倘识破了我,称我小姐起来,羞答答教我如何回答? 不如我先开口,只做不认得。"因问道:"足下从未识面,请教尊姓大名!"此时楚卿已打点在心,答云:"小弟姓吴名无欲,字子刚,曾聘过沈镇抚字长卿的令爱,上年岳父只有一位小舅,不知兄什么称呼。"若素骇然,自忖并未曾与他订得一言,怎么说聘过,公然称起岳父小舅来? 因答云:"是家叔,小弟字若卿。"喜新道:"足下绝不是若卿,这句话有些破绽,是当面欺小弟了。焉有叔侄俱以卿字称呼?"看官,若素岂不明此理,只因前日与秦蕙卿凑便说这两字,今日也就顺口说出。岂知秦蕙卿是不来盘诘的,怎当得喜新是有心人,在他眼前弄起空头来,立时捉出白字,惊得置身无地,双脸通红,只得勉强说道:"敝地风俗,如父叔辈,下边一字,用着溪桥卿甫,为子侄的,中间只改仰慕思承,小弟若字,亦是求及前人之意。"喜新微笑,若素见瞒过了,反诘道:"舍妹并未闻与足下联婚,她是考诗选中新科举人胡楚卿的。"喜新立起身道:"少待!"即跨出客房,高唤清书、蔡德,仍走到里边坐下。清书、蔡德走来,喜新道:"今日不进京了,把行李、骡轿安顿着。"蔡德至,喜新道:"舅爷在此,过来叩头!"若素又不好搀他,只说一声:"不消!"弄得立身不稳。喜新又吩咐:"你速去捡上等果品、嘎酒的多买几色,要与舅父少叙。"指着采绿、宋妈妈道:"这是小姐的乳母,这是小姐的书童,都要酒菜的。"打发去了,对若素道:"方才说并未与弟联姻,已选中胡楚卿,令叔不曾提起,难道令妹无情,也不曾说着? 楚卿只考得两首诗,小弟曾考过五六首。若要再考,做还他一二百首罢了。况楚卿并未有聘,令妹曾受过蓝宝石鱼一事,令妹又以水晶带钩答聘;还有最要紧的,令妹亲笔字一幅,寄豆腐店约弟到府的,现在亲笺《春闺诗》一首,这几桩证据,不怕她飞上天去,就是御状也要告来。况诗中有'风影良缘片时梦'两句,虽未曾与弟有染,私严俨然,人前辩白起来,只怕有口难分,胡楚卿就要退婚了。"若素被喜新说得浑身麻病,六神无主,强驳道:"别的小弟不晓得,舍妹平素谨慎,哪里有《春闺诗》亲笔到兄手,这决不信!"喜新道:"现在随身拜匣里,是个大执证,今日不与兄看。"蔡德送酒肴进来,若素只得放胆对坐而饮。宋妈妈也在隔壁另酌,清书拖采绿到自己客房同饮,杀猪叫也不肯,清书不知就里,认是小姐书童,爱他生得娇媚,竟抱了就走。若素怕露出机关,转唤进来:"你在这里斟酒。"清书道:"待我来斟。"喜新道:"不用你,你出去!"两个饮了几杯,若素忍不住问道:"舍妹《春闺诗》,曾与弟看过,兄既不肯与弟看,试诵与小弟一听,就知真假。"喜新诵一遍,若素见只字不差,十分骇然,勉强道:"不是她的。"喜新道:"大舅不知,令妹特唤衾儿送与小弟的。"看官,要晓得喜新不说采绿,反说衾儿者,因采绿在旁,替她留一地步,买她帮衬。喜新暗瞧,采绿媚眼传情,若素正无逃遁之际,忽触着"衾儿"两字,点头道:"是了!衾儿偷出来私与兄的。还有一说,舍妹曾与弟道及许以衾儿奉配,待弟入京,对家叔说了,备妆资嫁你何如?"喜新道:"大舅哄哪一个?弟当初改妆易服,到令叔处者,原为白莲寺见了令妹,访得才貌双全,尚未字人,故作勾当,要衾儿做什么?况令妹没有良心,既把衾儿许我,就不该卖与库公子银三百两。我如今只要令妹。"若素道:"舍妹是家叔许与胡楚卿,断使不得!但衾儿之说,何以知之?"喜新见若素不肯饮,思理要灌醉她,好捉醉鱼!说道:"大舅饮三杯,弟就报喜信。"若素勉强饮了一杯,苦苦告饶,喜新必要她吃,若素皱着眉,又饮半杯。两朵桃花上脸,巴不得就搂起来。说道:"小弟为令妹,不知费了许多苦心。"遂把前后挨访事情并遇着衾儿,不要她为妻做妾,至于掷簪断义说一遍,"如此至情,大舅还说什么许与楚卿,断使不得,况金簪现被衾儿捶坏在此。"遂于腰间袋里取出,若素看见,咨嗟不已道:"这是你无情!但衾儿今在哪里?"喜新故意道:"嫁与胡楚卿了。"若素惊问:"怎反嫁于胡楚卿?"喜新故意道:"楚卿原是小弟朋友,小弟知他详细,他不晓得小弟上年在宅缘故。此人的性格风流,高才饱学,年纪相貌,与弟无二。同学中朋友,起我两个诨语,古胡与口吴,认得也模糊,一时辨不出的。但弟至诚有余,誓不二色;此人风月班头,平东魔帅,去冬娶一个才貌的妻室,前日见了衾儿有姿色,又说是她丈人家使女,要她做妾。小弟意思,送衾儿与他,就好娶得令妹,所以赔些妆奁,赠楚卿去了。且他家里还有几位通房姐姐。"若素急问道:"他娶娘子是何人?"喜新道:"沈廉使小姐。"若素大惊,暗想:我原在梦里!可知乡试录上是沈氏。看官,要晓得楚卿未娶,因何就注沈氏?只因心爱若素,长卿又在难中,未曾行聘,恐怕后来有变,故有延续机关,预先注着。此处说来凑巧,哄得若素耳。看官,再要识得此回。楚卿明白,若素已稳稳是自己妻子，无他变了，如今一番说话，无非调情试她心事，看她志量，又指望先与通情，略表渴想之情。彼时若素被喜新一席话弄得软了，见喜新认真为她，衾儿又不要，又有执证，恐后来费口，就要出丑，楚卿又未曾会面，订婚不过两首空诗，又娶过一妻一妾，竟有些向喜新了，说道："就是舍妹肯了，只怕家叔爱他是个新举人，你争他不过。"喜新笑道："一发差了，他是第七名，我是第五名，难道争他不过？"若素急取乡试录一看，果然第五名是未娶，见下面遂平籍，就问："为何不是鹿邑？"喜新道："彼时到贵宅，恐怕有人认得是遂平秀才，故此托言于远，只说有个亲眷在遂平。"若素暗喜："原来如此！"喜新见说到心服，思量逐步做上去，欺她三个女人，又无管家在此，就说道："九月初三日，遇见衾儿时，说小姐男妆，同宋妈妈、采绿上京，原来宋妈妈尚在此处。"指采绿道："这位却像采绿姐改妆的。"若素惊得汗流玉体，支吾道："舍妹先入京，这个是采绿同胞兄弟。宋妈妈因身子不快，故在此。小弟直到今日才到这里。"喜新道："不该得罪，说当初闻令妹选中楚卿，薄情于小弟，后闻衾儿说改扮上京，意欲赶至路上，拿住令妹讹头，要强她成亲，倘有推托，弟就压制她异言异服，变乱古制，不愁她不从。因衾儿嫁人，遂来迟了。"若素听了，心头似小鹿突突乱撞，想道："莫不是识破了我，故意来惊我，就要做这事吗？"勉强道："舍妹身虽女子，言必以正，动必以礼，就是父母聘定，不到亲迎奠雁，宁死不辱。"喜新道："难道两心爱的，忍于反面，又无人知，后来少不得做夫妻，这一些情，就不通融起来吗？"若素道："舍妹无书不读，先奸后娶，反要断离，她女流家，执了性声张起来，你是个举人，不但前程有碍，比平人罪加一等。就是改妆，也是路途不便，古今常事，有什讹头？"喜新听得："好厉害话，如此看来，谅她动也动不得？"若素因说"改妆"两字，忽想起秦小姐，喜滋滋道："兄饮几杯，弟与你一个安心丸。"

喜新见若素笑容可掬，认有俯就之意，不觉开怀，顷刻饮了十杯。若素道："兄的亲事，都在小弟身上。家叔肯许舍妹，无有不从；家叔若不允，还有一个才貌双全，胜舍妹十倍的，且嫁资丰厚，包与兄送上门罢了。"喜新道："天下没有这样骗子，现钟不撞去炼铜。"若素道："有个缘故：前日舍妹上京，其实男妆，到一个所在，有一美人，认舍妹是男子，必欲结婚，先送银子五百两，要舍妹一物为证，舍妹无计可却，以明珠一颗相赠，他不要，反夺了一件宝石鱼去，说留此为聘。舍妹意欲与小弟作伐，今见兄多情，让兄娶了如何？"喜新道："就是有貌，却是无才，况没凭据，哄哪一个？"若素便把美人之兄吟诗打动并慕楚卿，代妹择婿之意述一遍，于锦袋内取出一幅笺纸道："她和舍妹的《花魂》《鸟梦》诗，亲笔现在此。"喜新接来一看，喜出望外，又问道："令妹的诗并借我一观。"若素自思前日衾儿偷诗与他，尚如此认真，我如今怎好与他，因答道：

"不在小弟身畔,且又不记得了。"喜新哄道:"大舅可谓有心术的了。既如此,不要讲闲话,且饮酒,弟暂住敝宿处来。"喜新遂转身,采绿、宋妈妈低低道:"我两个人欲插一句话也不得,担尽干系,他是一个举人,我们是女流假妆的,倘要闹起来,怎敢与他争胜。幸亏小姐有才,抵辩得来。"若素道:"我的胆也被他吓碎了。"适店小二送灯进房。

不多时,只见喜新三个走来,蔡德取一个褡膊,清书背一只挂箱,放在若素床上。喜新叫清书、蔡德出去,又唤宋妈妈掩上客房,身边又取出两大包,对若素道:"弟本欲明春入京,只为姻事未谐,急欲料理令叔事,故特揭千金到此,弟去恐无头绪,不如大舅持往令婶睡眠,浼朱祭酒去纳转便,此处共银一千五百两,余银到京,小弟少不得一总送来。"若素道:"岂有此理,舍妹姻事未妥,断不敢领。"喜新道:"差矣!此银不领,则大舅前听说有美人的五百两之银,何以消释?就是令妹要嫁楚卿,难道再把这美人与他去?只不知尊管家在何处,明日银子要小心。"若素道:"小管家明早就到。美人在弟身上,但银子兄须收回。"喜新又道:"若再推却,我亦不要令妹了,何如?"若素听见说不要令妹两字,转说道:"小弟决然与家叔力言,但恐美人与舍妹未必两全耳。"喜新道:"不必推却,只求周全美人;弟有本事,连令妹都是我的,没本事,决不怨令妹,这银子只算聘美人的,若执意而不从,必是大舅今日之言,俱是金蝉脱壳了,造言哄我,先要纽结到礼部衙门,告你赖婚。"若素听说要纽结到官,唯唯道:"既如此,家叔之事紧急,只得承厚情了。"喜新又道:"弟未尽兴,大舅再陪几杯。"

若素只得再饮一杯,喜新连饮了五六杯。店中桌子小,对面促膝坐着,喜新诈醉,把两只脚夹住若素的靴,故意不放,若素魂不附体,急立起身道:"小弟病后,不能久坐,要得罪了!"喜新叫取饭来吃,各洗手脸,见若素玉手纤纤,故意到盆内执着道:"大舅肤如凝脂,若令妹今日男妆在此,弟顾她不得了。"若素又不敢推脱,战战兢兢道:"尊重些!"喜新放手笑道:"这等害羞,不像个男子样。弟蒙大舅见面如故,深感盛情,叼陪抵足何如?"若素道:"本不该辞,奈弟素爱独睡。"喜新笑道:"这等讲话,一世不做亲了。"竟去卧在若素床上,翻身把枕头来枕,闻一闻道:"这也奇,像女子枕的粉花,香得紧。小弟今晚有缘,要备受用了。"若素道:"还请各便!"喜新不应,鼾声起来。看官,到此地位,只恐怕要落圈套,乔装不得了。待下回分解。

第十七回 贴试录惊骇岳母 送灯笼急坏文人

词曰：

> 灯离离，烛离离。女婿乘龙订吉期，催妆已赋诗。　　九其仪，十其仪。临上香车步又迟，堂前泣别时。

——右调《长相思》

喜新装醉卧榻上，侧耳听得采绿私语道："怎么处？与他和衣宿了罢！"若素道："岂有此理！唤店主另捡一个客房，我去吧。"喜新听得不妥，假醒翻身道："好醉，大舅睡了罢。"若素道："我身子不快，要自在些，故不敢同榻。"喜新道："既如此，我把铺盖来睡在此侧边床上何如？"若素沉吟一会儿，慨然道："如此甚好！"喜新得意，遂起身跨出客房，连唤清书不应，走去唤他，送铺盖来时，厢门紧闭，敲唤不应，原来若素哄他出去。喜新气不过，累清书打了一顿。看官，此处仍改喜新为楚卿了。

明日晨后，厢门尚自闭着，楚卿知事难谐，恐饿坏了若素，叩门道："宋妈妈与采绿听着，多拜上你家新改号相公，他昨日不肯通融，后来少得不与他算账。闻古月胡相公也来替你料理，恐怕他下了先手，我如今只得进京去了。你若有情于我，可将昨日的待管家来，作速去完老爷大事。那蓝鱼之约，切切不可负心。若一周全，三个人面上都好，又免许多口舌，我去矣。"楚卿说了几句，想若素不但才情且有智慧，心上甚是敬服，遂一路来到前门外，寻着程朝奉安歇了。

明日，差蔡德到朱祭酒家探问消息，街上遇着一个胡子，各有些面善，拱一拱手，问起来，恰好是当日在冀州报信的郑忠。同到寓所，见过楚卿，把前后事述一遍，又说："老爷看乡试录，知相公中了甚喜。望相公明春正月进京，不意如今就到了。前月尤舅爷来，又完过一千两，如今只少三千三百两，夫人因小姐不到，心上焦闷，同舅爷回乡，不意昨日李茂同小姐到了，带银两千两，方才正要去对老爷说，遇见蔡哥，说相公在此，特来叩见。"楚卿道："我特因老爷事来，早至京师，要料理他出狱，待将小姐银子先完，其余所欠数目并应用使费，你明后日竟到这里来领，我预备在此。致意你家老爷！我本欲走来拜见，但思狱中相见不便，出来踵贺罢。"郑忠感谢。楚卿唤蔡德同至刑部牢，问候一番。

到十二月初二日，郑忠同李茂带着两个人，见楚卿道："老爷拜上相公，本不应来领银子，因承厚意，夫人又未能即到，欲乘岁底浚局，因此从权领去，事妥之后，即来补还。酬谢相公了。"楚卿道："既属至亲之情，理宜效力，何必说还！又何说此？"问郑忠："如今尚缺多少银两？"郑忠道："前日小姐所到之银，有两千两，止完过一千九百二十两，今尚未足。"楚卿听了，便兑一千三百八十两，外又另赠银三百两，恐有戥头银色使费之处。四人领银而去，完纳不提。钱可通神，生杀予夺，危者能安，死者令活。

且说夫人回到家中，见门封锁，竟打开进去："我是朝廷命妇，谁敢与我作对！勒指我未完圣上银粮吗？"这些官府，晓得赦了一半，又完得差不多，都来省事。及至夫人取得书房银子到京，时若素已先到朱祭酒家里，钱粮俱完足了。母子相见大喜。

十二月初二日，刑部题疏，等朝廷旨下，却不比府县做事易，直至二十二日，长卿方得出狱。谢起各衙门，又是三两日，楚卿做亲眼见得来不及了。

次日，楚卿到朱祭酒家拜贺。两下致谢毕，老夫人在屏风后看见，欢喜无限。若素因在姨娘家里，不好出来，夫人进去，称赞楚卿风流俊秀。若素心上如小鹿般撞，想喜新缘何竟无消息？此时不来开口，楚卿决拨头走了，又不敢对父母说。转是夫人问起银子，若素叹道："父亲虽弄了出狱，只是孩儿身上大费周折。"夫人道："亏你哪里借来，还他就是。"若素道："肯要银子，有什难处，只今一家女儿，吃了两家茶，又没奈他何，找了一席酒。竟无主意在此。"夫人惊问道："你向有见识，为何做出没头脑事来？"若素将喜新当初到家缘故说一番：原来是吴子刚，前日又遇着衾儿，今中了举人，特送银入京，孩儿只为假装了遇着，苦却不得，被他逼受了一千五百两银子，这是一种费力处，只瞒起家中换鱼之事。又将秦小姐赠银求婚述了一遍，道："也有些难摆脱。"夫人急与长卿商议。长卿道："虽承吴子刚美情，但未曾会见我一面，又未曾当面考诗，这婚姻争不出口的，既有秦小姐机会，倒可两全。"若素又将楚卿娶过沈廉使之女、更以衾儿为妾并库公子之事，亦陈述一番。长卿道："哪有什么沈廉使之女？这是谤辞；衾儿做妾，或者有之。若库家之事，得了他银子，倒要提防，吩咐家人并朱家人，只说我有两个女儿，你是第二个便了。那吴子刚少不得来会试，挨到其时，俟黄榜后定夺就是。"夫人道："这算甚长。"

到正月初六日，长卿住在朱家不便，另赁一寓，楚卿来贺节。茶饭后，夫人唤若素出来时，已起身去了。初八日，楚卿央程朝奉来说亲，沈家回说："妆奁未备，恐做起亲来,有妨书业,俟科场后择日罢。"楚卿无奈,只得丢下不题。

且说子刚,自楚卿别后,到庄上先起了几间从屋,前边又造门面数间。真是钱可通神。到正月初,因是遂平籍,赶至本县起文书,急急回家,往返已经半月。你想那衾儿是待雨娇花,子刚是青年久旷,半月在家,是夜夜成双的,忽离了多时,片刻难过,今才到家,又要远别,怎么舍得?撒娇撒痴对子刚道:"夫人、小姐待我不薄,临行犹赠银三十两,今我在此,胡叔叔自然对他讲的,意欲同你上京,代他料理嫁妆,完我心念,不知你肯否。"子刚道:"要去不难,但试期已迫,若水路同行,便误我大事。也罢,二月初间,归德府有程朝奉亲眷家小上去,我找个老管家,带两个使女,约会程家,合雇一只大船,同来罢。"衾儿大喜,收拾行李。子刚趁路先行,二月初一日到京。

楚卿接着,笑逐颜开,两个各叙别后事情。子刚道:"吾兄又入情梦矣。"及三场考毕,大家得意。明日两人偶到东宣门游玩,遇见一个官长,仔细一看,却是俞彦伯。楚卿大喜,唤了一声,下马相见,原来是解花银来京,叙述一番,各说了下处。

明日,楚卿去拜彦伯,烦他催毕姻日子。彦伯道:"自当效力。"两日后,彦伯来拜,说捡定三月初十。楚卿喜得手舞足蹈。

至二月终,楚卿先报会试中第十一名,子刚中第八名,两人得意,自不必说。子刚欲去拜见长卿,楚卿道:"再迟几日不妨。"

那沈长卿正在家料理若素嫁资,忽报录的打进来,急问时,门上贴着捷报:"贵府贤坦吴爷讳无欲,会试高中第八名,京报舍人王昌。"夫人闻得女婿中了,欢喜无限。出来看时,长卿说其缘故,两人惊议道:"此事怎处?"到若素房中面面相觑道:"楚卿中了,尚可分说,今子刚中了第八名,稳稳一个翰林,要弄到上本了。"若素道:"只凭爹爹做主。"忽见李茂入来进禀道:"又一起报录的来了。"长卿急出去时,却是二报两幅并贴在中间,那头报的不见打发,又无酒饮,乱嚷起来,长卿与夫人商议道:"此事甚难决断。若认了,就要做亲了,胡家已与俞彦伯定过日子,明媒正娶,怎好退婚?若不认他,如今正在兴头,三百六十个同年,就要费口了。"听见外边两起报录的,见没人睬他,乱得发昏,转是若素道:"说不得了,且去招认他,吴子刚处尚未订吉期,他若争论,待孩儿再扮作公子,娶秦小姐来,与他说明,凭父亲嫁与那一个罢了。"长卿道:"我倒忘怀了,还好,还好。"遂吩咐李茂,打发赏使酒饭停妥出门。即唤郑忠等三四个家人,分头去置妆奁物件。长卿入内,宋妈妈走来道:"报录又到了。"长卿没好气:"不去理他!"无奈无家人在外,只得踱出去。刚跨出屏门,众人一齐拜贺,长卿道:"什么要紧?第三报了。"众人道:"我们是头报,怎说第三报?"长卿道:"你不见屏门上的?"众人也道:"你不看屏门上的?这是古月胡爷!"长卿急走去看时,却是胡楚卿中了第十一名,喜出望外,对众人道:"请坐了。"进去说与夫人、女儿知道,举家庆幸。一面打发报录不题。

初一日,子刚来拜,长卿不在家,传进一个门婿帖子,若素见了,又添一番愁绪。楚卿也来拜过。第二日,长卿去回拜,却不在寓所。初三殿试过,楚卿中二甲第二名,子刚中二甲第五名,又报到沈家来。子刚赴琼林宴,谢座师,连忙几日,总不曾遇见长卿。长卿吩咐家人去买序齿录,取来一看,又没主意起来,子刚下边也公然注着沈氏,想道:"此事必至大费唇舌了,不如趁他未开口,先将秦小姐事说明,应免吴、胡两下争着。"长卿遂往子刚寓处,他又出门拜客,不遇,急得眼睛火爆。

至初十清早,子刚才接着,要拜见起来,长卿断然不肯,子刚移椅子下边坐了。长卿开口道:"老夫有一言,虽承原意,但小女之事,并无与新元公订盟,昨投帖并报录俱以婿称,甚为骇然,不知何据!"子刚道:"正要叩禀,敝房沈氏,去秋因库公子之难,蒙楚卿兄见赠,知是岳父远族,自幼抚养如子,不胜感德!因后父母俱亡,是小婿欲扳仰泰山之意。"长卿丢下一半鬼胎道:"原来如此。此女自幼聪明,老夫视如己子,今得配足下,不但大小女终身有托,老夫又得此佳婿,万幸也!"心中想道:"原来若素听错了,认楚卿娶了佥儿。"又一巡茶罢,长卿见子刚并不说起若素,心内想道:"他不提起,我要与说什么?"遂作别起身。

长卿到家,与夫人述其始末,夫人道:"如此就不费气力了。"忙忙备办嫁妆。但未曾与若素说得,若素害羞,又不好去问。

当日楚卿吉期奠雁已毕,到晚上花轿到门,只听得花炮震天,鼓乐刮耳,一派灯光、塞满街道。家中大小个个传说,我们眼中作亲的,从未见此富饰。夫人欢喜,也忙里偷闲,捉空楼上一望,吃了一惊,只见灯上大字,都是"内翰吴"。急急下楼,到里边唤李茂去问,一边对长卿说知。李茂去问掮灯的:"你们是哪一个吴家?"众人道:"遂平吴子刚老爷家。"又急问轿上时,众人道:"好笑,女婿家也不晓得!我们是前门外程朝奉家,系新科第八名进士吴子刚老爷下处来的。"看官,你道为何?原来程朝奉是个大徽商,在京城开三五处缎铺、典铺,专与豪宦往来。今子刚新中入翰林,又是房主,伏此扮头,连这三五处铺子,新置起"内翰吴"灯来。子刚又是好名的,因楚卿做亲,自己又买几十对灯,这些各典铺奉承他,都送灯来。所以二三百盏,大小都是"吴"字。楚卿自己竟不曾备得。那些掮灯、抬轿,也有典铺的,也有雇来的,只说他的兴头话,谁晓得内中缘故?李茂忙进来回复。长卿跳起来道:"有这等事?跷蹊极了。"急急出来,唤郑忠请媒人俞老爷来。原来俞彦伯与吴子刚俱在前边,看新人起身,见郑忠来请,彦伯遂进厅揖毕。长卿开口道:"当初蒙尊驾作伐,原说是鹿邑胡楚卿,为何灯轿俱是遂平吴子刚的？事关风化！"彦伯笑道："台台原来不知，楚卿与子刚结为兄弟，如今子刚移居楚卿宅上，所以长卿兄出来就寓在子刚典铺，楚卿只身，灯轿俱是子刚替他备的，方才奠雁的，难道不是楚卿吗？"长卿听了释然，遂作别了，打发女儿上轿起身。未知若素心上如何发付喜新处？且看下回分解。

第十八回　戏新妇吉席自招磨　为情郎舟中各吃醋

词曰：

　　翠被香浓，笙歌乍歇，洞房佳景思量。止含羞解扣，欲上牙床。无端几句调情语，弄一天好事，幸张屠娘，啼泣论黄数点，急煞新郎。　　闻言非忍，恶口相伤，恨少年心性，忒觉猖狂。把千金一刻，看作平常。今宵轻恕风流过，恐伊家看惯行藏。且教先受波查，权硬着心肠。

　　　　　　　　　　　　　　　　——右调《高阳台》

　　当夜新人轿到寓所，傧相掌礼交拜，引入洞房。合卺酒毕，楚卿替她除下珠冠，若素偷眼一看，此惊非小，原来是喜新。暗想父母好糊涂，向说是胡楚卿，什么又是吴子刚；明日知道必有话说。又转念饭店住时，原对我说，有本事两个都是我的，想必他脚力大，楚卿不敢与他争，我女子在家，从来总是姻缘，只索凭他罢了。只见楚卿斯斯文文，在桌边作一个揖道："夫人，下官当初偶到上蔡，闻得夫人才貌无双，特央遂平县尹俞老爷说亲，令堂不允。后来考科举，传闻令尊大人选诗择婿，偶乘兴而来，不意选中。那时下官心上还有些疑惑，唯恐是个虚名，今日得觌芳容，果然王嫱再世，秦女重生，下官深幸了。但夫人大才，未经拭目。今夜花烛洞房，正《花魂》《鸟梦》两诗会合之时，肯赐捧览，以慰鄙怀否？"若素听了一番话，又惕然道："这个是胡楚卿，喜新原对我说，年貌相同，一时难辨，今日果然。"答道："闺阁鄙词，不堪污目。"楚卿道："夫人才欺谢女，慧轶班姬，正宜夫唱妇随，何须过逊？"若素对楚卿道："替我唤采绿进来。"采绿进房，若素教她取拜匣开了，自己捡出《花魂》《鸟梦》的诗，放在桌上。楚卿故意道："这位尊婢名采绿吗？"答道："正是。"楚卿打发出去，闭上房门，把诗在灯下细看。当时若素觑楚卿举止雍容，言词婉丽，暗喜道："比喜新更胜一筹，终身之幸。"看官，为何一人而前后不同起来？不知当初做书童时节，见了若素，虽是风流妩媚，未免心慌意乱，进退轻浮孩子气，鬼头鬼脑身段；及至京门外，店中相遇，虽则大模大样，却是言尖语辣,有凌逼的意思,若素满心提备,先带一分拒他的主意,却不曾有倚翠偎红的款致;今日中了进士,妻子已到手,大红袍、犀角带,心安意适,讲话也自在了,举动也官体了,所以若素一双俊眼,就似得胜于喜新意思起来,有小词曲附笑:

记得爹爹说与姐姐,胡郎俊哉,合卺之夕,灯儿下偷睛微觑,果然生得玉堂人物,大样官裏,顿教人笑逐颜开,去下疑胎。只恐他风流忒煞,不唯怜香惜玉,教我难挨。想一想倒有些愁来。

若素正在欢喜。楚卿看完诗,忽然点头道:"意如月上海棠,韵似花堤莺啭,具此慧心,焉得无红叶传情、蓝桥密约之事乎?"若素听得悚然道:"啊哟,此话何来?必须说个明白。"楚卿道:"是尊婢衾儿对我讲的。她说当初吴子刚慕夫人才貌,扮作书童,投入贵府,曾与他联吟迭和。后来令堂知道,惊走了,不曾到手。下官所以疑到此处。或者衾儿瞒我,替夫人赖着些他话不可知。"若素哭起来,骂道:"衾儿这贱丫头,彼时你看上了喜新,偷我的诗稿与他,你如今要独占乾坤,都要在我名下,谤我是非,我与你不得甘休!"又对楚卿道:"如今衾儿在哪里?"楚卿道:"在我家里。"若素道:"这个亲做不成,我是路柳墙花,明日送我回去,叫衾儿来对明白,再作区处。"看官,你道楚卿心上,本是了了,无非调情取乐的意思,见若素认真起来,哭个不止,没奈何走近身边,赔着笑脸,将左手从后面搭在若素左肩上,把右手衣袖,替她拭泪道:"下官原是取笑,夫人请息怒!"若素把身躯一撒,推开楚卿手道:"别事好取笑,这话可是取笑的?"只是哭。楚卿唱个喏道:"赔礼了。"若素道:"放屁!你什么人,敢强奸我?"楚卿道:"低稳些,外人听见不雅!哪有丈夫强奸娘子的?"若素道:"谁是你娘子?就弄得大家出丑。"楚卿道:"不过取笑,衾儿并无此言,甚称夫人守礼。"若素听了,心上暗转道:"如此吴子刚是个好人,我身子就无事了,只娶秦小姐与他便妥。"遂答应道:"这是真吗?"楚卿道:"怎么不真?今番息怒了,请睡吧!"若素道:"初相会,就如此恶取笑,必等衾儿来,当面一白。"楚卿道:"素知夫人冰清玉润,今又见才貌出群,心中得意,故取笑一句,是我不是了,不必介怀!别样等到衾儿,这个衾儿替不得你。"遂搂过来,若素皱着眉,含着羞,只得凭楚卿宽衣解带,抱上床来。正是:

娇姿未惯风和雨,吩咐才郎着意怜。

明日俞彦伯别去。却说库公子当日吓坏了,一边着人挨访,自己连夜入京,不敢对父亲说,后来挨访的回报,俱说远近并无踪迹,库公子听了,思量娇怯怯的女子,要走也没有这等快,必定自溺了。当时也就丢开。及至今日,自己不曾中,闻得沈家中了两个女婿，初十日才嫁去，心上疑惑起来，先着人到朱家一访，谁知沈长卿托过的，门公道："沈家有两个亲生小姐。"那人又问："你家小姐可曾到上蔡去吗？"门公道："娘舅家里，常年去惯的。"及到沈家来访，正遇着李茂，遂问道："沈老爷共有几位小姐？"李茂见这人像官宦家的，有心应道："三位。"那人道："都嫁了不曾？"李茂道："大小姐嫁与遂平吴翰林，第二个是娘舅家里，嫁与库举人，第三个前日嫁与鹿邑胡翰林。"库公子得了此信，心上小鹿般突突道："一向长卿在刑部牢，不暇去探候，倘或问起女儿，怎么处？"只得与父亲商议，又替他题一本，是买好的意思。朝廷准下，改抚大同等处。长卿揣知其故，往库家致谢，回说不在家。长卿令李茂问门公道："我家小姐在此好否？老爷夫人因家中多事，未及问候。"谁知库家也预先嘱托门上，答道："你家小姐，另住在别宅，不曾进京。"李茂回复长卿。长卿一路好笑。

明日，库公子只得备一个门婿贴来拜见。长卿见了，茶罢，长卿恐库公子不安，先说道："二小姐虽非己出，原是远族侄女，因彼父母双亡，老妻抚如己子，书画诗词，色色精巧，两个小女不能如其一二。老夫素所钟爱，今幸配贤婿，所托得人矣！但老夫妆资未备，慊慊于衷耳。"审文肚中转念：还好，幸喜得是继女，因答道："原来不是岳父所出……"说未完，两个翰林齐到，三位姨丈会面，推让半日，倒是长卿道："依小女排行罢"，审文居右，楚卿居末，子刚居中。茶罢，沈长卿留酒，审文苦辞，说道："小婿别令爱多时，归心似箭，明日就要回乡，当回去料理行装。但岳母尚当拜见。"长卿假意道："老妻渴欲识贤婿一面，奈方才朱襟兄家请去了。"审文怕话出马脚，遂说道："后会有日。"作别出门而去。三个人笑得口合不拢。以后库家也不来，长卿也不去那里，想继女自不关切，这里也不去截树寻根，各自心照，乐得两边无事，闲话休提。

过了三日，楚卿对若素道："我如今要回乡祭祖。子刚连次催促，要与你面白娶还他美人之事。想起来，也该与他结局才好。"若素道："你去择一个日子，先打发人去下聘，一面告假回乡，顺路停妥此事罢。"楚卿暗喜，遂择四月初六日。若素令李茂持彩缎八表里盒、金钗数事，吩咐许多话，打发先行。

楚卿、子刚告过假，同夫人初二日起身，长卿因上告老表未下，对楚卿道："你同小女先行，我待旨下，同你丈母随后就到。"楚卿着蔡德先往张家湾，雇三只大座船，唤车辆搬运件物停妥。初二日清早，家人与若素一干先起身。程朝奉与楚卿、子刚饯别，直至上午起身，只得住在章义门外。

若素赶到大船宿歇。明日起身，不见楚卿到，叫两只船先开，留一只等候。是日早起，子刚与楚卿赶至通州，见前面四五乘车，送一个丽人来，原来是衾儿同几个家人使女轩然而至。子刚喜道："久望不到，正在悬望。我今回乡了，请到舟中细叙罢。"同至河口，子刚管家接着说："胡奶奶等不及，先开两只去了。"楚卿突然大笑道："甚好机会！"齐下船来，各见礼过。衾儿称贺一番，退入房舱，隔屏语道："等程家亲眷起身，二月初十日，忽京中写字回了，我就不做意上来，到后报中进士，有人说做翰林就不得出京。婆婆恐无人照顾，我又念着小姐，所以今日才来。"子刚道："小姐已做过亲，船在前面，如今又要替楚卿只娶一位。"衾儿问其故，楚卿遂把前后事情并假子刚名字说一遍。衾儿笑道："这番是得陇望蜀了。"楚卿道："总是我不该，全望嫂嫂遮盖！今日来得正好，真是一座解星。但目下千万吩咐水手，要离前船一二里，到初五日晨后，方可同歇。嫂嫂会我夫人，断不可说出以前缘故。"又叮嘱如此如此。衾儿道："待她上来，安可反欺小姐？"楚卿隔屏作两揖道："日间要瞒我夫人，夜间过船，又要求你尽情直说，方可解得争闹。"子刚笑道："何须着急？我两个自然依计而行。只要谢媒酒盛些罢了。"楚卿大喜，路上另觅一只小船，赶上大船来。未知如何用计娶得秦小姐否，且听下回分解。

第十九回　假报仇衾儿难新郎　真调包若素寻夫婿

词曰：

　　娇妻如花妃，欲了才郎债。谁知巧里弄元虚，悔，悔，悔！是我冤家，满腔贼智，把人瞒昧。　　思避黄莺喙，转入游蜂队，不曾识破这机关，耐，耐，耐！且待明朝，薄加闺罚，问他狂态。

　　　　　　　　　　　　　　　　　　　——右调《醉花阴》

　　楚卿赶上大船，若素接着，总不说遇衾儿之事。初四日晚船到，李茂下来回复道："老仆二十八日到，秦相公因小姐不来，二十六日往故乡登封县去了。他原托过娘舅龚相公号拙庵的，说道：'倘沈公子若来，择了吉期，把妹子嫁去就是，不必等我。'老仆看他妆奁虽不是新的，却色色俱备，他家只等船到，木工、厨子都停妥在家了。他家又盘问老仆许多话，我都依着小姐的意回答。"若素道："秦相公不在家，一发好做了。"

　　明日扮起男妆，楚卿替他帮衬，蔡德、李茂着四个家人，又有毡单红帖跟随，去拜见舅公龚拙庵。若素秀美非常，周旋中规，欢喜无尽。三巡茶罢，送出门首，若素下船，与楚卿商议，楚卿道："明日把三只船，窗对窗，一顺儿并歇着。你做亲在头一只来，我坐中间一只，子刚在后一只。到半夜如此如此。你出窗到中间一只，我送子刚到头一只下舱去，就万无变局了。"若素大喜。

　　是夜被窝中，把娘子着实奉承，若素得意之极。楚卿向若素一揖道："夫人，秦小姐既如此标致，娶与我吧！"若素道："岂有此理！人如无信，不知其可也。"楚卿道："你何厚于子刚，反把胜你的美人送他？"若素笑道："谁教你当初不到我家来做书童！"

　　明日，若素仍扮作公子，令人送美酒上去。只见子刚船到了，依楚卿并歇着外边。报吴奶奶过来，若素问："哪个吴奶奶？"楚卿道："就是衾儿。初一日，你开船后才到的。"沈若素道："你原何不对我说？"楚卿道："我忘怀了。她如今也是夫人，你须宾客相待。"只见衾儿已进船舱，要拜见，若素把住她手，笑道："且慢着，我如今这光景，还是作揖，还是万福，一总明日罢。"大家坐定，楚卿回避在若素背后房舱门口，将袖子往外一拂，那些丫头妇女，俱退去了。衾儿问小姐为何这般打扮，若素道："你难道不晓得，我为你喜新的冤家，做这勾当。"衾儿道："喜新与我甚没相干。"楚卿在舱门口，对着衾儿跌足。若素道："喜新就是你吴子刚。"楚卿恐衾儿又据直说，在门里边作揖。衾儿道："为他做什？"若素道："只为你取我一幅诗稿与他，又约蓝鱼之事；后来饭店里，又挨送一千五百两银子，要我娶个美人。我上京男妆，因这里秦相公，赠银五百两，强我与妹子为婿，抢我的蓝鱼，没奈何。如今娶秦小姐与子刚。"衾儿见楚卿情极，故意瞧他笑道："我何曾取诗稿与他？就是娶秦小姐，都是胡爷计策，不干我家相公之事。"楚卿在门里边，只是作揖下去，竟不抬起头来。若素道："我为你吴爷，让我于你家相公娶着，故此我用个计策，报答厚情。"衾儿道："如此我就做妾了，断不容的！小姐还是与秦小姐说：'我是男妆，不好误你，莫娶罢。'"楚卿恨不得在门里下跪，衾儿眼觑着，勉强忍住了笑。若素道："你不容娶，就犯到'妒'字上边，非妇人之德了。"衾儿道："小姐只说自己话，不替别人揣度，假如娶与胡爷，小姐未必就肯。何不娶与胡爷么！"楚卿走过来，对若素一揖道："吴家嫂嫂既不容，后日少不得相争，累及秦小姐何安？今夫人又贤惠，不如娶与下官，多少安稳。"若素道："无耻，存些官体，哪个与你讲话！"衾儿道："不是我不肯，只恐胡爷弄空头，到其时溜下舱去，就与我相公有名无实，枉费一番心了。"楚卿听得这句话，在那里极杀。若素道："我家相公，不是这样人。"衾儿道："既如此，就娶到我船里，不要到这边两只船里。"若素道："你莫管，我两个已商量定了，你只依计而行。"

衾儿再要吓楚卿几句，只见涯上龚家差人来请沈相公，若素、衾儿同出舱头，别了上岸去。衾儿慢慢走到自己第三只船上。楚卿性急，舱内打从第二只先攒到第三只舱里，对子刚跌足道："谁知到了一个煞星。"如此如此，告诉一番。衾儿进来道："不要恼，我受你许多恶气，今日正要报仇！你一向冒名子刚，今日娶与我子刚便罢。"楚卿道："我待嫂不薄！"衾儿道："也不见得厚，还未到哭的地位。"楚卿真正要哭起来，衾儿只是暗笑。子刚道："贤弟放心，有我在此。"楚卿道："只怕真要与我作对。"衾儿道："也难得，我家相公大份上，做便凭你去做就是！我方才不会说话，讨你的怪。到夜间我总不开口，与我家相公掩上舱门，自去睡觉，不管账何如？"楚卿顿足道："一发不好了，我夫人不知就里，闹起来，岂不立时决绝，新人就要上岸去。"衾儿道："我总不管账。"子刚道："不必再开口，取酒来吃罢。"楚卿只是千嫂嫂、万嫂嫂，要讨一个放心，衾儿终是不应。

忽见岸上搬下嫁妆来，连一连二，搬个不止。子刚道："贤弟好造化也！"楚卿叮叮咛咛，过船去了。若素下来，说是"大舅不在家，有要紧箱笼，请我上去，自己交点。"楚卿又下一句道："夫人，子刚又是富翁，衾儿心上，又无可无不可，把秦小姐娶与我，也好得些家私。"若素道："胡说！"楚卿不敢开口。

到了一更时分，若素上去奠雁亲迎，娶下船来，交拜已毕。三只大船却下岸排起来，大吹大擂，好不热闹。交拜已毕，花烛下，与秦小姐对坐，饮过合卺。你看我似蕊珠仙子，我看你似月里嫦娥。约到人静，若素替她除冠解带，一如楚卿做新郎方法，抱秦小姐上床，一发替她褪下凤鞋，在灯上啧啧道："好动人也！"把花烛移过屏后，自己卸下鞋抚，攒入翠帏，脱衣同睡。秦小姐身向里面，若素左臂枕着她的粉颈，把右手满身摹抚，鸡头新剥，腻滑如酥，鼻边抵觉鬓云气润，脂泽流香。想到，原来女子有这等好处，可知男子见了妇人，如吸云屏一般。我喜新今夜好受用也。思量要腾身去与她混混儿，像个新郎，又恨自己没那活。延挨得不像样了，忽听得喇叭一声，远远船声渐近，傍到后边来，晓得外边关目到了，故意去褪秦小姐绫裤下来，那里也做势不肯。

只听得外边叫道："大相公，老爷到了，奉命往河涧去，要与相公说一句话，立刻就来。"若素又故意捧住秦小姐的脸儿，樱唇相接，鸡舌偷尝了一尝，披衣下床，穿上鞋袜，套上巾儿。开窗出去。那只官船，仍旧吹打，歇到左边。原来是子刚一只船，以前似远而近，后自近而远，做定关目的。若素攒到中间一只船舱里来。只见船头上两个人，一个到新人船上，走近房舱，跨入窗内，正是喜新，掩上槅子进去了。若素仍旧跨上新人船槅子边，细听半晌，不见动静，料想此时无变局，已入毂了。不觉自己兴动，到中间船上来，前舱后舱，寻楚卿不见，只听得左边船上，灯儿闪烁，舱里似有人说话，想道："方才望见在这只船上的，缘何去与衾儿说话？"开了中间槅子，遂到左边船上，把窗一叩，问："姐姐，我家相公在此吗？"衾儿开了，接下去道："从没有来。"若素正要转身，只见房舱里灯下，见个戴方巾、穿石青袄的一影。若素立住足，转念道这没良心的，原来与衾儿有染，他见子刚去了，便撇着我，溜到这里来。看官，你道为何？原来日间楚卿穿的石青袄，却没有荔枝色袄，恐若素疑心，与子刚换穿了，攒下新人船里。那初六夜，虽有亮星，却无月色，若素只见个穿荔枝色袄地走下去，自然是子刚；到此见穿石青的在衾儿房里，怎地不疑？若素竟折转身来，也不问衾儿，望房舱里就走。那子刚见若素走来，晚上不便相见，便急速进去，把身儿背着。若素从后边一把曳转来，将右手在子刚面上一抹道："羞也不羞？"子刚掉转身来，若素一相，作声不得，急缩出，道："这什么人？"衾儿道："是我家相公。"若素急问："你吴子刚呢？"衾儿道："这就是吴子刚。"又问："我家相公呢？"衾儿道："住在新人船上。"若素急得发昏，那子刚走过来,深深揖道:"嫂嫂见礼!"此时若素身披丈夫衣服,头戴方巾,竟忘怀了,也还起礼来,鞠下腰去,到半个暗光景,忽醒悟了,反立起来,羞赧不过,一手把着衾儿道:"我不明白,你到我船上,细剖我听。"

来到中间船上,衾儿道:"以前做书童的就是楚卿,以后考诗的就是喜新。子刚不过借名,原不曾有两个人。"遂把前后事情,细说了一遍。若素又好气,又好笑,恨道:"这个乔风流惯掉谎的,把我似弄孩儿一般,竟替他做了两三年的梦!你既知道,因何不对我说?"衾儿道:"我本要对小姐说,你自家忒认真,不曾醒得。无奈他千央万央,只得替他瞒着。今日也被我处得够了!小姐与我说话时,他在背后,揖也不知作了多少。"若素道:"待我明日处他!你今夜陪我睡罢。"衾儿道:"我要过去。"若素道:"为何?"衾儿不作声。若素笑道:"我晓得还有一个在那里陪你多时,不曾相见,正要与你讲讲。"遂问库公子至今一路事情,两个抵足细谈不题。

却说楚卿钻入新人舱里,解衣上床,侧身听邻船并无声息。喜道:"夫人贤惠,此时决然知道,不见变局,像是青云得路了。"遂用些款款轻轻地功夫,受用了温香软玉,却不敢说话。将到天明,恐一时认出,难于收拾,黑早起来,到若素船上,唤丫头开了舱门,连唤不应,衾儿低低道:"小姐也有些干系,不如起来,开了商议罢。"若素才开出门。楚卿即跑向床边,意思要赔礼,却见衾儿在内,急放不迭。若素道:"啐!弄玄虚的捣什么鬼,做得好事呀!"楚卿道:"我是好意,夫人没正经,得了喜新一千五百两银子,做出天大谎来,我替你去应急,转道我不好。"若素道:"反说得有趣,你既要如此,何不当初对我说明,为什藏头露尾,歪心肠儿? 累我担着鬼胎,魂梦都不安! 乃至做成,子刚替你受用。"楚卿道:"当初在饭店时,我原要对你说个明白,谁叫你装什么腔儿,小弟舍妹哄我? 到如今夫人是我楚卿的,秦小姐是你喜新的,原不曾在我面上用半分情儿。我如今替你周全了好事,不埋怨你就够了,又来怪我。"若素见他说得好笑,无言可对。衾儿有智在旁道:"小姐,你乐得自在,何须争论。他丞相肚皮才子志量,必定与新人讲个明明白白了。你慢的梳起头来,吃些早饭,他自然去领新人过来拜见,你担什么干系?"楚卿又急道:"嫂嫂,我请你不要开口罢。"就扯若素到半边,耳语道:"她恨我如仇,你做夫人的度量大些,不要听她撺掇!"夫人道:"哎哟,你不识好人! 昨晚没有她劝解,说个详细,我闹起来,新夫人上岸多时了,还不来赔礼?"楚卿喜道:"原来如此,假意难我。"果然向衾儿深深两揖,衾儿道:"只怕还要谢媒人。"楚卿对若素也两揖。若素道:"我容你娶妾,难道另外不该赔礼?"楚卿又是两揖。若素笑道:"今日也够你了,如弄猢狲一般,饶你吧! 姐姐,我与你梳头商量过去。"

只见新人唤丫头来请相公。看官,你道如何? 原来秦小姐起来小解,丫头推开槅子,里面是绿纱窗,见罗帕上猩血点点,恐有余香染席,丫头们见了不雅,把流苏钩起,掀开锦衾一看,那床里边席下,似有垒起,取出时,却是一双藕色丝睡鞋,尖尖可爱,把自己足一试,宽窄无二,又是穿过的,惊疑道:"昨日着人来访,说有两个翰林在此,都有家小,那位不消说是外姓,这位自然是姑娘了,焉有兄妹同床之理。"再把两头绣枕下一翻,又是一根金镂凤钗,想道事有可疑,暗想他莫不是娶过了,去冬在我家里,一时说了未娶,见我求婚,故此千推万阻,今日不得已,把我做妾吗?遂急急梳洗,叫丫头请相公进来。看官,这个花心手,大家要弄出来,你道单是楚卿若素吗?且看下回分解。

第二十回 醒尘梦轩庭合笑
联鸳被鱼水同谐

词曰：

　　守正行权终得意，个中心术如刀刺。老天酬报自分明，男守义，女守志，春生于夜双鸳被。　　说尽从前尘梦事，将来可作蓝鱼记。柝声欲起又呵呵，做也易，丢也易，是谁知己供新醉。

——右调《天仙子》

　　楚卿见丫头来请，催促衾儿两个插戴停当，若素道："我羞答答难去，还亏姐姐傍人先往，略说个缘由，我随后就来。"衾儿过船，两人见礼，采绿道："这是吴老爷夫人。"两下坐定，衾儿道："妹妹，你生得如此绝世丰姿，怎叫我姐姐不爱？正是赤绳系足，千里红牵，姻缘再强不得。但今日新郎，原十二分不肯允，闻是妹妹强他的。今新郎有些害羞，不敢相见，我特来说明。"秦小姐摸不着头绪，只见若素进房，衾儿道："新郎来了！"秦小姐抬头一看，却是一位女娘，面貌与新郎相似，两人万福过，急问道："莫不是姑娘吗？"衾儿道："她原没有哥哥。"秦小姐吓得难开口，只见若素道："姐姐勿怪，向日在宅，为蒙令兄心托，不敢自负，故委曲周全，只是夜来得罪了。"衾儿遂将前后事情细述。秦小姐面上红了白，白了红，似有不悦。若素道："只为两个怜才，以致如此。当初千里相寻，如今送上门来，昨夜已曾到手了，难道转怪我。情愿让与姐姐为正，妹子只供中馈之职，再无悔心。"秦小姐见她说得谦和，况实是自己强做的，一时开不得口，但不知新郎人物如何，夜里又被此道了，竟无言可答。若素觑其心事，便教请老爷过船。

　　楚卿见说一个请，慌忙走来，若素叫行个夫妻之礼，两下定睛一看，楚卿喜从天降，秦小姐见年少风流，也心肯了。楚卿出去，衾儿三个同吃了饭，只见岸上两个丫头下来，若素认得一个是玉菱，指着一个垂髻的道："这个好像我见过的。"看她下边又是一双小脚，秦小姐笑道："今日我也要说明了，先父只生妹子一人，取名蕙娘，并无兄弟，父母亡后，与母舅相依。因负才貌，要亲眼择个良人，故唤老家人开一个饭店，以便简选，又恐旁观不雅，改做男妆，不意遇见姐姐，又幻中之幻。此女取名阿翠，即前日之书童也。今日看来，弄巧原也弄巧报应，总是姻缘，不必说了！"若素笑道："可知前日与这位大姐取笑，如今既说明，我家相公该上岸去拜舅公。"蕙娘道："正是！还有几个男妇要随我去的。"若素大喜。

若素即与楚卿商议，先央子刚去见龚拙庵，说其缘故。拙庵见生米煮成熟饭，也悔不得。子刚着人请楚卿上去拜见，拙庵见年少翰林，人才出众，反欢喜起来，留他饮酒，至晚方散。明日，拙庵送下八九房家人妇女，与外甥哭别，道："尊遗下二三万家私，都是蕙娘收拾。"一路上关津府县各处迎送，好不兴头。回到家中，与子刚母子相见，子刚迁到庄上居住，楚卿祭祖荣宗，不消说得。

过了三五日，沈长卿同老夫人也到了。子母丈婿，相叙一番，问起秦小姐事，方晓得就是楚卿娶的，大笑道："早知如此，何不当初说明，累老夫又与你丈母担了许多干系。"若素道："无非虑孩儿不肯的意思。"大家笑了一会，又与子刚、衾儿会过，住了两日，回上蔡去。

一日，采绿送茶到书房，嘻嘻地说道："老爷，我当初偷小姐的诗稿与你，媒人也不要一谢，竟忘记了？"楚卿心上明白，笑道："我捡个好日，把你配与清书。"采绿不悦，立在半边不作声，见楚卿仍旧磨墨作诗，不以为意，悻悻地进去了。楚卿暗想："这个妮子，记着我当初取笑的话，妄想我起来；秦小姐已出于勉强，只为她怜才念切，又夫人一时做了瞒天谎，算来无个结局，故不得已而为之，岂可人不知足？采绿这丫头，我若想到你，当初也不负衾儿了。"

一日，子刚来请，楚卿去时，却是衾儿的兄弟，向在京师户部主事门下作幕，会见俞彦伯得知缘故，特来看妹子。年纪二十四岁，仪表非俗，饮酒中间，问及未娶，楚卿回来，遂将采绿送他。子刚、衾儿致谢不一。

楚卿立个规矩，两位夫人姊妹相呼，轮流陪宿。一日，楚卿偶然连宿在蕙娘房里，清早，若素走来道："妹妹，你只该与妙人玉菱姐睡，缘何伴着我相公。"蕙娘披衣起来答道："体惜姐姐爱独睡。"两个大笑。八月初间，子刚造厅室完，请楚卿饮酒，楚卿醉归，歇了数日，子刚来对楚卿说，要与衾儿往遂平祭祖扫墓，兼探长卿。若素闻知，也要去。楚卿道："你难道独行？我也去探探岳父母。约齐子刚，各坐一只大船起身。"蕙娘道："你们都出门，叫我独在家里，何不带我走走？"若素道："妹妹肯去更妙！"遂同到上蔡。衾儿、子刚都上去拜见长卿夫妇，举家欢喜。

明日，子刚同衾儿往遂平，祭扫了祖父之墓，又哭祭贾氏道："夫人，我无欲一时不明，当初辜负了你。如今我已做官，虽家迁鹿邑，天年之后，决然与你合葬，不食前言。你在九泉相候就是。"衾儿也来奠过，赞子刚道："相公果是至诚君子，可以感化浇俗。"过了五六日，子刚回上蔡来。

楚卿到豆腐店，赏他十两银子，朱妈妈等皆有赏。是日九月初九，五乘轿跟着许多家人、妇女，齐到白莲寺游玩。登高的也不少，只见金刚台下草窠里，窸窸索索走出一个乞婆来：

> 看年纪，有三八，论人物，颇骚辣。两道柳眉儿，没黛扫；一双小脚儿，无
> 罗袜。破缯儿，遮半头，髻里歇；破衫儿，少袄襟，袖底豁；夏裙儿，四五片，火
> 烧着；裹脚巾，两三年，未浆煠。

那乞婆不住地把子刚看。楚卿道："可惜这个妇人。"两人进寺去游玩。三位夫人到山门口，那乞婆也仔细来看，拖住楚卿一个家人，逐位地问，家人见她有姿色，便一五一十对她讲了。少停楚卿等出来，只见乞婆倒在地上乱哭，许多人围看，问她又不说，及望着子刚将近，分开众人，上前连叩七八个头，一把拖住道："老爷，你做了官了……"子刚未及问她，若素等都到，乞婆哭道："当初只知自己容貌超群，该图快乐，一时丧了廉耻。谁知我没福消受你。你如今做了官，娶了夫人，原是绝色，我在此悔之无及。我是你妻子，求老爷带我回去，情愿做奴婢服侍你，免得在此出丑罢。"子刚方才晓得，骂道："呸！留你贱淫妇性命，已是余生了，走开！"井氏只拖着不放，子刚喝一声："打下去！"那些家人好不多，三五掌打开了。井氏跑到前面，等子刚轿来，望礓礤上尽力把头一撞，脑盖粉碎，鲜血并流，已自死了。子刚住了轿，转怜她起来，下了几点泪，唤地方总甲挟平内取十两银子，着家人同买一口棺木，盛殓埋葬。回至城中，说其始末，各人咨嗟不已。

明日别过岳父母，与楚卿等齐归鹿邑，一路上衰柳寒蝉，秋光满目，楚卿道："回来俗务羁缠，未曾与二位芳卿吟咏，今在舟中无事，即景联句何如？"若素道："甚妙！正合鄙怀，请相公起韵。"楚卿道：

> 唱随千里驾孤篷，胡
> 为予归宁路转东。素
> 且喜身从金马客，蕙
> 恍疑人坐水晶宫。胡

秋容两岸乘除韵,胡

野色回汀次第工。素

又笑对蕙娘,指着窗外远山道:

贤妹翠眉分远黛,素

才郎豪气贯长虹。蕙

几头霜叶飞黄蝶,蕙

檐畔寒葭响暮虫。胡

游兴欲踪苏太守,胡

幽情不减杜司空。素

功名到手方知幻。素

事业萦心便属怆。蕙

但愿升平宜尔室,蕙

四时佳兴与卿同。胡

联完,楚卿喜道:"二卿果然妙才,勘破世俗。"取酒欢饮。

不日到了家中。至十一月里,楚卿庭前蜡梅盛放,请子刚夫妇赏花。原来两边系是通家,每饮酒,俱是夫妇齐请,一边帘内,一边帘外,饮酒中间,说起告假期限将满,子刚又道:"富贵如浮云,弟想一举成名,男儿愿足,何若待漏风霜?意欲往吏部,用几两银子,在林下做个闲人,不知贤弟高见何如?"楚卿道:"弟正有此志,识见相同了。"子刚又道:"世事如朝露,又如定盘星,老天算定,决不由人计较。弟当初嫌发妻貌丑,辜负她郁死。后来千选万选,娶个井氏,反弄出丑态。到前日白莲寺结局后,弟深自愧悔,誓不再娶。又蒙兄惠我沈夫人,岂不是一场大梦,被柝声唤醒!"楚卿道:"弟当初要往遂平,不意在上蔡遇见我夫人,彼时弟如做梦一般,虚空妄想。谁知得了一个,又牵出一个,岂不是天定!"

若素在帘内对衾儿道:"只难为我一边为着楚卿,一边为着喜新,后来又为秦家妹妹,忙碌碌替别人做梦。"衾儿道:"胡爷是哄人班头,造梦的符使。我被他做了两年梦,直到我家相公做亲时方醒。"蕙娘道:"岂但姐姐们,连我也走在梦里。"大家俱好笑起来。衾儿道:"我们的梦倒都醒了,还有库公子如今还睡着哩。"帘外帘内,俱笑不止。宋妈妈在旁插嘴道:"连老夫人与沈老爷都被胡爷弄在梦里,我们走来走去的,都是他梦中。"若素在帘内对着衾儿低低道:"如今改他一个号,叫'梦卿'罢。"齐齐笑倒。

楚卿听见,喝道:"倘外人传出,像什么样?"子刚道:"正是大嫂爱兄处。说我不卿卿,谁复卿卿耳。"欢呼畅饮,日晚方散。

是夜,楚卿该宿在若素房里。因楚卿送调她的采绿,新讨的丫头,把香薰被不中用,埋怨楚卿,楚卿说她不贤,两边争个不止。蕙娘听得走过来,羞着楚卿道:"好乏趣!这是我的新郎,与你有什么相干?"大家笑起来。蕙娘曳了若素到自己房内,若素道:"妹妹,楚卿不知好歹,这样天气,不是你伴着,就是我伴着,哪管得我两个寒热?我今夜在这里睡,待他也去受用一夜。"蕙娘道:"妙!"遂唤丫头,闭上房门去睡。

楚卿吃着酒,瘟口气,先去睡了。一觉醒来,又冷又寂寞,转辗不安,披着衣去叩若素的房门,总不答应。楚卿唤阿翠开了,摸到床上,若素听得进来,悄悄攒到蕙娘一头,见两个侧身搂抱而睡,竟不睬他。楚卿往西边去摸,光荡荡一个枕儿,四只金莲缩起,卸下衣裳,往东挨入被里,冰冷冷的一个身躯,蕙娘打复到里床,若素又骂,竟压在两人身上。若素道:"我两人正要好睡,这楚卿又来搅我做梦吗?"楚卿道:"我是你梦中人,若神女没有襄王,怎做得阳台风月?我来此,正是鱼水相投。"两个只得放下中间,楚卿将两只手臂,一边搂一个睡着。若素道:"一晚就守不得,亏我两个怎样惯了。"楚卿道:"我不是蕙娘的新郎,她独睡,埋怨我不得;你不会做却不在行,蕙娘要埋怨你,只得央着我;你独睡,一发埋怨我不得。只亏我两下周全耳。"若素笑道:"当初偶然把水晶带钩,换你的蓝鱼,你说如鱼得水,又说要比做玉镜台,不意今日应着这句话,也是奇事。"蕙娘道:"我的姻缘更奇,偶因过客传得相公两首诗,题下注着'韵不拘',遂将《花魂》题用了《鸟梦》原韵,将《鸟梦》题随意作一首,不意暗合姐姐原韵。彼时妹子想来,是个奇遇,故此认真求配。谁知前日舟中,上半夜合了姐姐的韵,下半夜合了相公的韵。"语毕,三人大笑起来。蕙娘又道:"当日见姐姐推三阻四,不得已抢了一个蓝鱼,又刚刚是相公聘物,岂不是天定吗?"楚卿道:"我这鱼,原是活宝,要找鱼儿,就是要把活水养着。只可惜不曾游入大海,成龙上天,却游在两条浜里,被你两人捉住。"若素、蕙娘一人一只手,两边乱打,楚卿两只手又被她两个粉颈压着,动弹不得,直至告饶,蕙娘道:"姐姐,他自己说是鱼儿,笑我们是浜水儿,我两个莫叫他'梦卿',叫他'梦虾'罢!"三人笑了更余。

以后,夫唱妇随,花前联句,月下拈题,诗难尽述。竟不去做官,爱享安闲富贵。后若素生一子一女,蕙娘生二子。楚卿将蕙娘次子绍秦氏世脉。衾儿生三子一女,两下结为婚姻。今两家子孙,俱已出仕。予过其居,蕙娘曾一见之,年虽望六,丰韵宛然,见案头有《宝鱼诗集》,因询其始末,传出佳话云:

> 何须书座与铭盘,试阅斯篇寓意端。
> 借得笑啼翻笔墨,引将尘迹指心肝。
> 终朝劳想皆情幻,举世贪嗔尽梦团。
> 满纸析声醒也未?劝君且向静中看。

鸳鸯配

[清]檇李烟水散人 撰

第一回　开贤馆二俊下帷
小戏谑一言成隙

词曰：

> 从来西子拟西湖，绘出米癫图。乱江深处莺声碎，人如蚁闹遍平芜。堪听画楼传曲，最怜红粉当垆。

> 孤山梅鹤只今无，犹有忆林逋。英雄不散金牌恨，千年逝水冷云孤。漫说当时兴废，但余烟柳模糊。

——右（上）调《风入松》

这一首词，前一半是说，杭州山水，洵为天下名区。后一半是说，宋高宗南渡偏安，一连把十二金牌，召回武穆，遂致二帝殂于沙漠，那锦绣中原，不能恢复。及传到理宗开庆元年，金国虽衰，元世祖忽必烈方起兵南下。那时，在朝专政，又有一个赛秦桧的奸相，叫作贾似道。真是权伪人主，势压王侯，在朝文武官员，那一个不趋迎谄媚，甘为鹰犬。只有一人，姓崔名信，表字立之，官拜龙图阁学士。做人直峻敢言，不阿权要，时人遂以包铁面为比。只是年近六旬，单生二女。当夫人李氏临产之时，有一同年，官居府尹，姓吕名时芳，馈送玉鸳鸯一对。此玉出在于阗，色夺鸡冠，鲜明润洁，价值二十万缗。才令人送进后堂，恰好李夫人一胞而举二女。崔立之大喜，以与玉鸳鸯相符。故长的叫作玉英，次的叫作玉瑞。

日月如梭，光阴似箭，二小姐倏忽长成一十七岁了。性资敏慧，态貌娉婷。不独描鸾刺凤件件皆能，兼又诗画琴棋无不通晓，真可比乔公二女，不数那赵家姊妹。那衙署虽则在城，但崔公颇有山水之癖，置一别墅，正靠西湖。四围翠竹成林，桃柳相间。内造楼房三带，备极轮奂之美。又有雕廊绣阁，曲折相通。崔公每日退朝闲暇，便跨马出郊。纶巾羽衣，登楼宴坐。或时唤一小舟，同了几个门客，撑到湖心亭上，徘徊吟眺。就是李夫人与玉英玉瑞，也为城市喧嚣，一年倒有八个月住在湖上。只因西湖景致，果是名山秀水。春有柳浪莺声，夏则荷花曲港，秋取月光于顷，冬称浅港断桥

相兼。梵刹相连,园亭接布。所以笙管时闻,游人不绝。曾有苏长公绝句一首,单把那西湖赞道:

　　山外青山楼外楼,西湖歌舞几时休?
　　暖风熏得游人醉,直把杭州作汴州。

　　一日,崔学士与贾平章议论不合,互相争执。崔学士遂出朝房,一直回到家里,与李夫人商议,要出一疏劾奏贾似道。李夫人再三劝道:"贾似道做人奸险异常,兼以皇上十分信用。若是相公出本弹论不准,触怒圣衷,只怕贾似道阴谋陷害,取祸不小。"崔公愤然道:"我岂不知似道奸险异常,只为我世受国恩,岂忍做那寒蝉给事,缄口不言。况今金虏未除,又值元兵侵犯,边疆危急,正国家多事之秋,我变何怕一死,坐视奸臣误国,决不学那些贪禄苟荣的一般尸位。"说罢,便走出外边书房,独坐沉吟。只见管门地把一个柬儿呈上。崔公展开视之,柬上写道:"通家晚侄申云、荀文同顿首拜。"崔公放下名帖,忙令门公请进。

　　原来申生字起龙,荀生字绮若,俱是姑苏人氏。年方弱冠,才比子建,貌似潘安。因念帝都壮丽,兼与崔公累世通家,所以到杭州即便报刺进谒。当时相见毕,二生衣冠楚楚,举止从容,崔公不胜敬重,道:"老夫只为国惊心,无一筹可展。今辱二位贤侄联骑过我,正好细细请教。若是乍到,未有寓所,敝园虽则荒冷,不妨暂住。"二生因以园傍西湖,欣然应允。唤过从者,把那行李运至。是夜,崔公就令家童打扫中堂西首两间书室,与二生安顿。那一时,正值二月下旬,苏公堤上,草嫩花香。二生每饭后,联袂出游,观玩景致。或至香刹寻僧,或诣青楼访妓。若是崔公闲暇在园,便与谈论朝务,所言皆是经济要略,深切利病,崔公每每叹服,固有相留之意。

　　一日,闲宴赏花。崔公与二生座席才定,忽有一人,伟躯华服,自外趋至。二生慌忙起身,向前相见,要逊他首席。崔公道:"此乃敝同年之子吕肇章。虽则齿序居长,然已向住敝衙已久,绝无僭坐之理。"二生遂而依次坐下。须臾酒过数巡,崔公从容问道:"不知二位贤侄,尊公捐馆之后,曾有姻事否?"二生惨然改容道:"侄辈俱因先父早亡,一寒如洗,是以蹉跎岁月,岂能议及姻亲。"崔公把手指了吕肇章,就向二生说道:"老夫年将耳顺,做了伯道无儿。幸赖吕家年侄,向来相傍。只为他性资粗钝,文字里边不能进益。今观二位贤侄,他日必为伟器。若不弃嫌老夫,意欲屈二位在敝墅下帷。一则老夫便于朝夕晤言,以开茅塞。二则年侄肇章,得以共温经史,时聆切磋之益。未审二位贤侄主意若何。"申生道:"晚侄学疏才浅,正要请教吕兄。况以老伯厚爱相留,岂敢固却。"荀生道:"侄辈幸蒙青眼,亦不忍遽尔言归。只是叨扰厚款,此心殊觉不安耳。"崔公听见二生应允,心下大喜。又宽慰道:"二位贤侄有了这大才,真是干将莫邪,所向无敌。更望着意用功,以图高捷,不可因家事凋零,挫了迈往之志。"二生道:"老伯所教极是。"当晚,饮至更余,沉醉尽欢而罢,个个安寝。

自此,二生闭户潜心经史,除会文访友之外,未尝轻易出门。只有吕肇章,做人放荡不羁,时时潜游妓馆,终日忘归。虽则资性愚陋,目不辨丁,却恃了宦家贵裔,坦然自满自足,不肯虚心下问。又值二生才高广学,未免有矜傲之色。所以同馆未几,意气颇不相入。是时春来夏去,端阳节近。二生读至午余,神思倦念,一同步出馆外,徘徊于竹阴石畔。忽闻隔园楼上,箫声嘹亮。申生慨然道:"小弟意欲即事为题,各吟一绝,不知荀兄亦有此兴否?"荀生笑道:"小弟正有此意。就乞申兄首倡,弟当效肇,请。"申生即信口吟道:

> 片云拖雨过江城,倦倚朱栏眺晚晴。
> 自寓西湖肠已断,玉楼休度凤箫声。

荀生亦朗然吟道:

> 忽观榴花已盛开,伤心独自影徘徊。
> 欲知尽日垂帘意,为妒双飞燕子来。

荀生吟毕,又叹息道:"小弟与申兄,学业虽就,怎奈书剑飘零,家无换石。已当终军之岁,未操司马之琴。寂寞无聊,岂能堪此长日乎。"申生道:"不待兄言,小弟已愁怀种种。自非荀兄相慰晨夕,弟已忧愤成疾久矣。"荀生道:"我两人虽为异性,胜似同胞。他日乘车戴笠,决不忘今日之交情也。"言讫,便携手进内。取过花笺,各把绝句写出,贴于座右。只见吕肇章吃得半醉不醒,笑嘻嘻的踱进书房来。见了壁上笺诗,也勉强吟哦了一遍,拍手大声称赞道:"好诗好诗,妙绝妙绝。二兄有此佳制,小弟也把枯肠搜索步韵。"申生仰首相视道:"吕兄也要作诗吗?奇了奇了。"荀生大笑道:"若使吕兄做得诗来,如今遍地通是诗句了。"吕肇章听了,登时面色涨红,不觉发怒道:"我老吕虽则不通,难道这一首绝句就料我做不出来。你两个纵是有才,怎么这般轻薄。"申生道:"忝在相厚,不过取笑而已,吾兄何必动气。"荀生道:"做得来做不来,与弟辈无甚干系。吕兄忒杀认真,绝无休休之量了。"二人你说一句,我说一句,半真半谑,气得吕肇章半句也说不出来,便悻悻走了出去。二生也不睬他,竟把房门掩闭。吕肇章一直趋出外厢,坐在椅上思忖了一回,转觉恼恨道:"我为崔年伯厚情,款留在此读书。衙内若大若小,并无一个敢来欺慢我。谁想这申云、荀文两个寒酸畜生,自从到此,恃了才学,几番把我当面讥笑,难道我就真心让他不成。不若进去,再与他争论一番。"主意定了,刚欲起身,又立住道:"我若与他口角相争,只怕崔年伯不知详细,反道我出言唐突,得罪于他。我且权时忍耐,慢慢地寻一个机会,在崔年伯面前,搬他一场是非,使这两个畜生存身不得,便可以出我这口恶气了。"主意已定,强把愁容按下,依旧满面堆笑,相与二生谈论,暗暗寻他不是。好在崔年伯面前毁谤他。

倏忽又是八月中秋,是晚崔公自有同僚公宴,二生也为节日,暂辍牙签,同往苏堤,闲步在柳荫之下,徘徊半晌,又走过断桥,席地而坐。谈笑多时,共联一绝道:

水色山光共悄然,(申生)

此身如在画图边。(荀生)

愿随西子湖头月,(申生)

飞入香闺伴绮筵。(荀生)

吟咏未息,背后一人大声赞道:"好诗好诗,仆虽鲁莽,愿与二君作竟日之谈,不识可乎?"申荀二生回首视之。只见那人,身躯壮伟,面红口方,昂昂然一个美男子也。那人飞来向前,欠身施礼。二生知其不凡,慌忙接礼,遂邀进园亭,分宾主坐定。那人先问了二生姓氏,二生答了,也就问他乡贯姓名。那人答道:"小可乃湖广长沙府人,姓任名季良,自十三岁从父出游,飘荡江湖,今已一十二年矣。因慕武林湖山胜概,不远数百里而来。岂意邂逅间得闻佳句,小可虽非知音,然一睹清光,便知二君乃是当今名士。"申生道:"足下既爱俚言,想必善于吟咏。倘有奚囊,愿乞见示。"任季良笑道:"仆虽弓马熟娴,自幼废学。若要寻章摘句,其实不能。"荀生道:"弟观足下,气宇不凡,绝非庸庸碌碌之辈。况值年纪正少,何不发愤读书,以求精进。"任季良道:"二君有所不知。方今豪杰纵横,四郊多垒,必须伊尹之才,才能拨乱为治。而况内有权臣,外无良将,只怕天下事纷纷攘攘,未有定局。一到了兵戈交战,那时靠不着这诗云子曰也者字面。仆虽狂言,幸勿见弃。"二生默然不答。任季良又说道:"今晚乃中秋佳节,仆已命苍头备酒在寓,只是一人独酌,无以畅怀。若二位足下,不以武夫见鄙,容当携至高斋,同作一宵良晤,是一大快也。"申荀二生听了,欣然道:"小弟已蒙崔老先生整备酒果,正欲屈留足下一醉,何必要把佳肴携至。"任季良道:"同在客途,岂有相扰之理。"遂唤过从人,附耳说了数句。那从人去不多时,便把整治的鸡鹅鱼肉等物,并一坛美酒,陆续搬进。

当夜,万里无云,一轮皎洁。吕肇章自到朋友家赴席,只有申云、荀文、任季良三人同饮。呼卢行令,直到子夜而散。二生送任季良到湖边,但听得满湖画舫,笙歌婉转,欢笑之声不绝。真个是,中秋胜景,唯有西湖第一。此时,任季良已是醺然大醉,跄踉而去。当时月色倍明,二生依依不舍,靠在石栏赏玩,直到东方已白,方才就寝。未知此后任季良与二生有何话说?吕肇章如何生出是非?且听下文分解。

第二回 玩联词满座叹赏
点龙睛灵画腾空

诗曰：

笔墨从来能变幻，幽情自古记春风。

世间奇事知多少？莫问真龙与画龙。

却说申云、荀文睡到次日饭后，起来梳洗毕，吃了早膳，二生同步出书斋，寻到任季良寓所，来拜季良。季良又置酒款待。自此，往来数次，遂成莫逆之交。忽一日，崔公因有小恙，告假在园，静养数日。适值有一个门生，送到菊花二十余种。崔公大喜，观玩多时，遂令家人备办酒席，遍请朝绅，并二生赴席赏菊。当日二生正在书房观书，闻说崔公着人来请，正欲打点赴席，忽见任季良慌忙趋至，慨然叹息道："小弟幸遇二君，将谓聚首数月，得以朝夕聆教。不料家父卧病金陵，昨有字来，召弟即日到彼。弟今方寸已乱矣，无缘再聆雅教。只是山川阻隔，世路艰难，此别之后，不知有重晤之日否。"二生听了，亦怅然道："小弟与兄，邂逅相逢，便成知己。正欲图暇请教，岂意尊公抱恙，遽尔言别。但不知吾兄可能暂停今晚，少尽祖道之欢吗？"任季良坚执要行，二生送至湖上，又再三叮嘱道："近闻江总制召兵汉口，吾兄既通武艺韬略，俟尊公病痊之日，何不应慕辕门，以图凌烟勋业。"季良点头唯唯，个个交拜而别。二生回至园中，此时客已满座。崔公诘问道："二位贤侄，既知老夫今日邀请赏菊，为何不在书房，却到别处闲耍。"二生道："非也，因与故人言别，是以来迟耳。"吕肇章冷笑道："有什么故人，想是那个光棍。"申生应声道："他虽是个光棍，强如你这白丁。"崔公正色道："肇章虽则失言，起龙贤侄也不该这般相诮。"荀生笑道："这也不妨。岂不闻《卫风》有云，'善戏谑兮不为虐兮'。"满座宾闻之，俱各大笑。便以巨杯斟满，把申起龙、吕肇章两个各敬了一杯。及饮至半酣，崔公道："赏无诗，岂不为花神所笑。望诸公勿吝珠玉，赐教一二。"众客道："弟辈才疏学浅，焉能成章，唯望申荀二兄赐教。"崔公就唤左右，取出文房四宝，送与二生道："列位诸公，要观二位贤侄大才，今日就把赏菊为题,联词一阕,幸勿推辞。"二生领命,展开花笺,提起笔来。申生居先,荀文继之,顷刻而成。

词曰:

> 淡烟疏柳,秋色盈篱,金卮在手。但取黄花,何必定逢重九。满堂共醉如云友,羡声名望崇山斗。鼎钟勋业,林泉逸趣,唯公俱有。且漫把笙歌侑酒,一觞一咏,便开笑口。几下帘前,多少丹枫青竹?不须归去才消受,问渊明亦曾知否?良时难偶,莫索尘事,等闲白首。

——右(上)调《疏帘淡月》

二生写毕,双手递与崔公道:"侄辈碌碌庸才,辄敢班门弄斧,幸唯老伯教诲一二。"崔公接来,一连看了两遍。莞然笑道:"二位贤侄,矢口成章,真不亚于子建七步。但把老夫试谬誉了。"又传示合席,无不连声叹赏。既而换杯送酒,崔公笑向从宾客道:"学生十世先祖,遗下顾恺之画龙一幅,相传以为灵迹,价值千金。今日幸逢四美毕具,兼以列位先生,俱能博识古物,当令小价张挂起来,以为列位先生赏鉴何如?"众宾客道:"愿求一观。"崔公便令左右,捧过龙画,悬在堂中殿前。原来是一幅青龙,上边半遮云雾,鳞甲鲜明,须尾如动,单有双睛未点。合座宾客,看了半响,莫不骇然称异,以为神笔。申生看了,啧啧赞赏道:"神龙在天,能从笔底绘出,宛然如活,此真化工手段,的系虎头真迹无疑。只是双睛未点,不知何故,岂偶遗忘耶?"崔公笑道:"贤侄你博览群书,怎不知传记上载。那虎头画龙寺壁,不肯点睛。人问其故,他道一经点睛便要飞去。"正在议论不绝,忽见一个管门的,慌忙走入来禀说:"大门外有一道人,必要进来相见老爷。"崔公听了,厉声叱道:"你这管门的好没分晓,今日我与众老爷在这里饮酒赏菊,那道人无非抄化斋粮,就当打发他去,何必进来禀报。"那管门的道:"小的如此回他,他说有急事,必要亲见老爷。"话犹未毕,忽见那个道人已到阶下,闯入筵前。崔公举眼视之,那道人却是全真打扮。但见:

> 头顶箬冠,身披鹤氅,手挥一柄麈尾,腰缠素色丝绦。举止安闲,容仪脱俗。真个有仙风道骨,却疑是湘子纯阳。

崔公看了,只得回嗔作喜,问其来意。道人欣髯笑道:"贫道来自钟南,并非沿门乞食之流。为慕老先生朝家柱石,辄敢斋戒请见。况值东离菊绽,贵客满堂,若不弃嫌贫道，容小黄冠野叟，杂在其中，更足以装点景色，未知老先生意下以为何如？"崔公听其谈吐如流，肃然起敬，便令坐于席末。那道人应声入座，略不谦逊。浮满大白，如灌满卮。又慢慢地饮了一会，日色将西，那道人遂立起身来，到堂中对着一幅画龙，定眼细看，连声叹赏道："奇哉奇哉，真是顾公神迹。贫道不见此画，忽已三百余年矣。"便向崔公说道："此画岁久成灵，已非尘世之物。若肯借以笔砚，贫道把那双睛一点，当使这画龙头尾俱动。"崔公听了，恶其谬妄。忙唤左右，即以笔砚授之。那道人不慌不忙，提起笔来，把这画龙双睛一点，急向众宾客道："请瞧请瞧。"众宾客俱起身近前熟视，果见双眸炯炯，鬐张尾摆，跃然如活，莫不相顾错愕。那道人又向崔公说道："笔墨有灵，将欲腾空飞去。异时公家有难，非此龙莫能救免。"停了一会，那道人又笑向崔公道："贫道不知进退，有一句话奏闻，未审可否。"崔公道："有何见谕，不妨细述。"那道人道："贫道意欲向老先生乞取此画，勿吝惜。"合席听见，无不哑然失笑。只见崔公徐徐答道："老丈既有仙姿，此画亦为神物。既然老丈见爱，自当奉赠，决不吝惜。"便唤从者把这幅画龙收起卷好了，递与道人。左右座客，莫不愕然惊骇，以为出于意料之外。独有申荀二生，神气自如，不以为异。那道人接了画轴，长揖而出。到得中庭，将画展开。倏忽之间，清风骤发，半天里乌云冉冉，只见一条青龙，长有数丈，腾云而起。那道人跨在龙背上，举手向崔公一拱，奄然而逝。须臾云开风息，残纸在窗。忽见空中坠下一纸，左右拾来呈上。崔公看看纸上写道：

　　画龙虽失，履险如平。

　　问我是谁？火龙真人。

　　崔公看毕，方才知是火龙下降。在座宾客，取那张纸一齐看了，个个咨嗟称异，又服崔公能识异人。崔公亦十分欣畅，更以巨杯劝酒。笑问二生道："贤侄博闻广览，曾知古来亦有此异事否？"申生答道："只有晋时雷焕，曾在丰成狱中，掘起干将、莫邪二剑，一赠张华，一以自佩，后来剑合龙津，化龙飞去。至于神画凌空，自古以来，窃恐未之有也。"崔公听了，愀然道："茂先剑去，身亦随丧。只怕老夫失此神画，将有祸临。奈何奈何。"荀生道："不然，茂先虽称博物，然诌事贾后，祸实自贻。至于老怕，朝家股肱，安危所系，自有鬼神护佑，可保无祸，何必以画去为念哉。"崔公闻言，点头称善。又饮几杯，时已寺钟初动，在座朝绅，俱要入城，起身告别。申荀二生亦已酩酊，辞归卧室。

　　话休絮繁，却说当时，有一个名士，姓谢名翔，表字皋羽。做人负奇乐善，临事不苟。至于诗词歌赋,信笔成章。一日游学至杭州,闻得姑苏时髦,只有申起龙、荀绮若二生,馆在崔龙图学士湖上别业。即时具柬到湖上拜访。二生亦素慕其名,倒屣迎接。相见揖毕,分宾主坐定。及茶毕,谢翔道:"小弟虽与二兄各居一方,向来企仰清标,今日幸获识荆,足慰饥渴之望。"二生道:"必如谢兄,才学兼优,方副时名。至于弟辈,斗筲庸才,不足数也。今蒙谢兄过誉,能不自愧于心乎。"谢翔道:"知己相逢,何必如此谦逊。小弟昨日闻元兵分道南侵,不知疆场消息如何?"二生道:"疆场之变,虽有可为,奈秦史复出,其如国事何。"谢翔听说,低首叹息数次,又把六经子史与二生商榷一回,谢翔乃起身别去了。次日申荀二生,即往谢翔寓所回拜。谢翔道:"小弟有一叶扁舟,已在江边等候。二兄若有游兴,何不与小弟偕住桐江,泊舟于钓台之下,扳今吊古,以作十日之欢何如?"二生欣然允诺。即日禀过崔公,遂与谢翔泛舟往桐江而去。未知二生何时回来? 且听下回分解。

第三回 几书斋窥诗题和 赴池畔递柬传情

词曰：

深闺不让黄金屋，有女持身似美玉。休作寻常花柳看，婚姻有约归须速。诗词题和频相嘱，偷向白梅花下候。忽然不是阮郎来，别有姻缘乱衷曲。

右(上)调《玉楼春》

且不暇说申、荀二生，与谢翔同游相江。却说玉英、玉瑞二小姐，虽则刺绣深闺，平时也曾闻得二生才貌。只是内外各分，不敢潜行窥觑。那一日，忽见书童报申、荀二相公，已向桐江泛棹去了。玉英即对李夫人道："孩儿许久不到园中，今喜二生远适，欲与妹妹步出外边，散心半晌，特来禀知。"李夫人点头依允，二小姐慌忙照镜理鬟，轻移莲步，先自桂香阁，转至牡丹亭。又到池边楼上，遥望西湖景色。此时正值秋末冬初，六桥烟树凄迷，湖上游人稀少，唯那山光苍翠，水色澄清。略略坐了一会，即便下楼。行过申生书馆，取匙开锁，进内细瞧。但见，琴书笔砚，铺设珍奇。又见壁上，粘着诗词一幅。玉英吟咏了数次，笑向玉瑞道："此生诗才俊逸，名不虚闻。"玉瑞亦笑道："草率成篇，岂云筑锦。据小妹看来，此诗未见其佳。"玉英听了，不以为然，只是称赏不置，吟哦不休。玉瑞道："既是姐姐见爱这一首诗，何不步韵和一首。"玉英便笑吟吟取出花笺，提笔写道：

帝里从来号锦城，一番佳气在初时。
断肠何与西湖事，好向花边听鸟声。

玉英题毕，玉瑞接来细看，连赞其妙。又令侍儿桂子，开入荀生卧房。只见几上瓶菊数枝，色犹鲜嫩。卧床左侧，挂起一幅西子晓妆图。玉瑞道："荀生书馆孤眠，偏挂这美人图画，不知风清月朗夜深时，亦尝动情而生愁闷乎？"玉英笑道："荀生自己愁闷，何必妹妹代他忧虑。"调笑未结，忽仰首看见，壁上也有诗笺一幅。玉瑞念了一遍，微微笑道："这首诗清新藻丽，幽恨无穷。如此佳作，方可谓雕龙绣虎。"玉英道："这诗亦平平，妹妹因何不识。况末后两句，好像那怀春女子的口气。谓之才人，我亦未信。"说罢，便走到架边，把他文章翻阅。只有玉瑞，看那壁上的诗，细细吟哦，若有所感。就向书内寻出残笺半幅，磨墨濡毫，次韵吟道：

> 湖上名花次一开，赏心尽可日徘徊。
>
> 双飞燕影何须妒，自有倾城书里来。

玉瑞题毕，玉英看了笑道："诗虽妙绝，忒觉爱了荀生。"玉瑞亦笑道："岂敢云爱，聊以效颦佳什。姐姐不要错认了。"正在喧哗笑语，忽闻外边传进，说老爷回来了。玉英、玉瑞听了，心内大惊，急急锁门，同时儿转身时内，却忘记了和韵的诗笺，俱放在两边几上。

过了旬余，申荀二生，俱在桐庐返棹。到得钱塘门外，天色薄暮。耳边只听得笙歌喧沸，急向江畔看时，只见湖边泊着楼船二只，船内美人数十，俱是浓妆艳束，美丽非常。原来是贾平章家眷游湖。二生意欲立住了脚，饱看一回，心中恐怕惹祸，只得勉强步归馆内。见了崔公，说出桐江景致。继而吃完晚饭，快快不怡，各自进房就寝。只因二生年少风流，向来久旷色欲。今日见了舟中诸美，免不得心旌摇曳，春思顿牵。

且说荀生，这一夜辗转无聊，不能睡去。次早起来，忽见棹上花笺，写有一首诗在上。荀生看了，诗意清新，字又端楷，竟不知是谁题和。也不与申生说知，藏在书匣。只见申生吃了早膳，不情不绪，掩上房门，和衣而睡。少顷，书童烹茶捧进。荀生探问道："前日我出外去，钥匙放你处，却是什么人开进门来，把我架上书籍都翻乱了。"书童只是摇头不应。被荀生再三盘诘，便笑嘻嘻地说道："想是我家二位小姐出来闲戏，把你的书籍翻乱了。"荀生又问道："你家小姐会写字吗？"书童道："我家小姐，诗也会吟，画也会画，如何不会写字。"荀生听了，料想这诗必是小姐题和，顿觉满怀欢喜。便把房门闭上，取出诗笺，一连念了二十余遍，慨然叹息道："小姐小姐，多承你错爱我，教我读书中举，自有倾城，却不想等到那时，只怕要索我于枯鱼之肆了。"沉吟半晌，又想道："不知这一首诗是二位小姐共联的也，是那一位小姐独和的？既感盛情，为何不把芳名书上，使我朝朝暮暮，也好口诵心维。自此，荀生时时爱慕小姐，如醉如痴，眠思坐想，不能放下，虽做下词儿四首，奈无便鸿可以寄进，又不见有个侍女出来，可以访问消息，传些言语。想了数日，茶饭懒食，不免生出木边目、心上田之病了。

忽一日，早起梳洗毕，心中闷闷，步出书房观玩景致，远远望见一个侍女，名唤桂子，年近二十，独自一个立在池畔折梅。荀生不胜欢喜，忙整衣冠，急急走到池畔，深深作下一揖，说道："姐姐，小生叫荀文，表字绮若，未审姐姐亦曾认识否？"桂子听了这话，掩口而笑："这也奇诧，你到我家读书已久，我如何不认得你，你今日为何又通起姓名来？"荀生道："敢问姐姐，还是那一位小姐的侍妾？"桂子道："我是二小姐的侍妾，你问我怎么？"荀生又作一揖道："姐姐，小生有句衷肠的话告诉姐姐，就要烦姐姐传与小姐。"桂子知他形状，知他是思慕小姐，"要我做个蜂媒蝶使。我今把些言语探他，看他说出什么说来？"因徐徐答道："相公你何不思男女各别，有什么话要说起来？独不怕我家老爷管家严肃。好意留你在此读书，你为何胡思乱想，要把什么衷肠话，叫我传与我家小姐。"荀生道："别无他话，只为前日小生远诣桐庐，忽蒙你家小姐光降，亲题翰墨。小生自怀寒素，不敢相留，特烦姐姐代为返璧。"说罢，便向袖中取出做下的词儿，付与桂子。桂子不知头脑，只道是小姐前日在书房所做的诗，遂把那词儿接来并拿所折的梅花，急忙走进内房，就把荀生所说的言语，一一对玉瑞小姐说了。一边遂把那一张字，送与玉瑞小姐。玉瑞小姐接来，展开一看，乃是《望江南》四阕，其词曰：

> 人何处？人在绿筠轩。临觑爱枕新样面，绣花欲刺并头莲，手彩何翩翩。
>
> 人何处？人在晚香亭。交甫未承亲解珮，阳春已见暗垂情，能不惜惺惺。
>
> 人难见，空忆碧窗纱。赠我惝惶唯有□，怜卿娇心必如花，室迩叹人遐。
>
> 人难见，空忆石榴裙。尝把相思只诉月，每寻幽梦杳无云，匆匆欲销魂。

玉瑞看了，微微笑道："那荀生好不痴也。我不过是偶然题和一章，你便要十分作诵也罢，为何甚要认真起来。我不免再做一诗，着桂子送去，以免他痴心妄想。"便援笔写道：

> 寒梅存素志，下里偶成吟。
>
> 寄语池边鹤，休灰万里心。

玉瑞小姐写了，将诗封好，就吩咐桂子道："你可悄悄拿这封诗，交与荀生，叫他安心读书，不要痴心妄想。"桂子将诗接了，就走出去。看见荀生独步回廊，正在自言自语。桂子走至近前，荀生忽然看见，含笑问道："姐姐复来，必有好音报我。"桂子道："我家二小姐写得几字儿在此，叫你安心读书，不要痴心妄想。"说罢，将诗递与荀生。荀生接来，拆开一看，方知前日的诗，是玉瑞小姐所和，不胜欢喜道："鲰生不才，蒙小姐这般钟爱，只是一片心起，已在香阁绣户，枉教我凌云万里，竟无鸿鹄之志矣。但不知姐姐可以方便小生，得与你家二小姐一会否？"桂子也不回言，转身含笑而去。荀生只得走进卧房，怏怏闷坐不题。

且说玉英小姐，自从和诗之后，只为年已及笄，似觉芳心微动。平日里每见书童叫茶，俱道是朝中士夫拜候申相公的，料他必是个饱学才子。虽不识面，未免有心于他。一日午间绣倦，悄悄地唤过侍女彩霞，低声问道："汝每日出去，可曾见那申、荀二生人才孰胜？"彩霞道："二生温存俊美，不相上下。若据彩霞看来，还是荀不如申。"玉英听说，不觉笑逐颜开，就向怀中取出一幅罗帕，递与彩霞道："你可瞒了夫人，为我悄悄拿出去，送与申郎，切不可令那荀生看见。"彩霞接了罗帕，点头答应，即时潜出府，打听得荀生自在前楼闲眺，急忙寻觅申生，原来掩门静卧。倾耳听时，只闻得申生口中朗声念道：

　　　　断肠何与西湖事，好向花边听鸟声。

彩霞笑道："真是腐儒，卧在床上，也要吟诗。"便即推门进去。申生看见彩霞，慌忙起来，向前施礼道："小生病余憔悴，有辱姐姐降临，必有所谕。"彩霞道："妾承小姐之命，特以罗帕赠君。"申生接帕细看，上有绝句一首道：

　　　　笔底阳春字字金，断肠可为欠知音。
　　　　濡毫只愧轻酬和，强把莺声学凤吟。

申生看毕，欣然色喜道："小生自见笺上和诗，特晓夜猜疑，不知是谁佳制，今日又辱小姐惠我瑶章，始知前日所作，出自小姐锦心绣口。只是鄙人旅况凄其，恹恹成病。还要题成一首俚语，重烦姐姐转达小姐妆次。"彩霞道："贱妾临行，小姐又再三嘱咐，不可与那荀相公得知。"申生道："这个不消叮咛，既承小姐垂怜，焉敢不为秘密。"遂吮毫展纸，顷刻题成一律云：

自寓名园已一年，春风掠鬓倍凄然。

花时不释穷途恨，月夕徒成伴月眠。

为我和诗颐我绪，感卿佳句感卿怜。

只今更起相思梦，怕听三更泣杜鹃。

申生题完，将诗封好，付与彩霞。彩霞接诗，又向申生道："郎君日用所需，有不能惬意，可为妾言，自当奉上。"申生再三致谢，又嘱咐见小姐婉转代言。彩霞一一领诺，即入内去，回复玉英小姐，接下不题。

却说吕肇章之父吕时芳，原籍长洲人氏，官居府尹，削职在家。因为崔公生有二女，十分才貌，希图亲事，特令吕肇章到杭参谒，并叫他假馆读书，以求亲幸。因此一住三年，不曾回去。此时，吕时芳料想崔公不能推却，遂修书一封，遣人投递。崔公接书拆看，只见书上写道：

　　年家盟弟吕时芳顿首拜：

　　恭候台禧

　　自违台范，瞬息之间，已三年矣。每于风翮，询知起居怡畅。而圣明有柱石之倚，朝野市河清之颂。弟虽窜伏林泉，慰可知己。第思昔人，尝有千里命驾。而况长安咫尺，竟不及暂蹑双凫，以候颜色。耿耿之思不竭，诵来菽而神驰。今所幸，小儿假馆贵衙，侍奉左右，想必时承规诲，学业稍充。唯是年逾弱冠，犹虚射雀。窃不自揣，意欲仰求令爱。倘不弃小儿愚昧，得以坦腹乔门，则弟也佩恩于不朽矣。为此，专价先陈，尚容倩柯纳彩。临楮眷眷，不胜翘首企望之至。

崔公看毕，退入后衙，将书递与夫人观看，就与夫人商议。李夫人道："女大当嫁，我也向有此心。但只吕郎才貌不佳，恐难匹配。今吕公既有书来，为之奈何？"崔公道："为今之计，只以玉英许之。"李夫人亦已许允。只有玉英小姐，闻知此信，忧愁不解，日夜怀烦，乃呼彩霞，来约申生，要与他私会。未知后事如何？且听下回分解。

第四回　怜才双赠玉鸳鸯
　　　　　恨奸独自草奏章

词曰：

　　铁诞人妖不足云，为编佳话待知音。

　　情贞始见风流种，槛折方知忠爱心。

　　俊杰偏钟山水秀，姻缘总属雪兰吟。

　　当时奸相成何事，空使千秋叹恨深。

　　话说玉英小姐，要会申生，又遣彩霞出来相约。一径走到书斋，只见房门锁闭，不知申生往哪里去了。彩霞随即转身进内。刚过牡丹亭，遇着桂子，正与荀生交头细语，便把身儿闪在树后，看他两个唧唧哝哝，话了一会。荀生就把桂子，双手搂住，亲了一嘴。桂子道："我出来许久，如今我要进去，回复我家小姐，你快快放手，不要恃强奸淫，若不放手，我就叫唤起来，坏了你的行止。"荀生再三哀恳道："姐姐不要高声叫唤，小生旅馆孤眠，欲火难禁，万望姐姐垂怜则个。"桂子听了，微微而笑，心内爱他标致，巴不得与他亲热，只是半推半就，被荀生乘势推在芳草之上，急忙卸下裤儿，露出那白松松双股，一霎时云雨起来。桂子把背儿靠着桃树，任从荀生闪闪烁烁，把一株树枝摇动，竟落了满身花片，弄得桂子，娇声宛转，发乱钗横。有顷，淫精狼藉，方才罢战，两人十分爽快。桂子慌忙起身，整好鬓发，穿好裤儿。荀生又把桂子搂住不放。桂子笑对荀生道："我好意为你做个蜂媒蝶使，倒被你这般歪缠。只是所言的事，你须牢记在心，断不可失约。"荀生笑嘻嘻的，连声应诺。桂子道："我家小姐，在内悬望已久，你今放我去回复罢。"荀生闻言，方才放手，遂作揖称谢，桂子连忙答礼。荀生就转过竹屏，踱出书斋去了。桂子刚欲走进后轩，彩霞方才闪在树后，偷看明白，就从桂子背后突出，一把拖住道："我的乖肉，瞒了老娘，做得好风流事儿。"桂子回头，见是彩霞，羞得满面通红。停了半晌，就拍手笑道："罢了，罢了，我的丑态，通被你这小贼妇在背地里瞧破了。"两个又恣意谑了一会。彩霞自向玉英绣房回话。玉英听说申生不

在馆中,心下闷闷不悦,就提起笔来,题诗一绝道:

剪剪春风乱拂衣,无端愁压黛眉低。
夕阳几度凭花立,惆怅流莺别处啼。

且按下玉英小姐闷闷不悦,却说玉瑞小姐。自寄诗之后,曾在花下窥见荀生潇洒,心下十分着意。那一日,因吕公寄书来求亲事,恐怕父亲不好推辞,将已许他。"我想吕生如此庸劣,岂可相从。"故遣桂子出来,也是暗约荀生夜深人静,来绿筠轩相会。适值申生同他的表兄叫作元尔湛,从游会稽未返。所以荀生乘着花底无人,便把桂子抱住求合。那桂子,年已及时,曾经崔公幸过,因此略无推却,草草成欢。既而趋步进房,把话回复。是夜,正值望后第四日,到了二更时候,月色溶溶,明朗如昼。玉瑞小姐,浓妆艳服,悄悄地潜步出房,先令桂子开了角门等候,自己煮茗焚香,坐在绿筠轩内。

不多时,荀生巾履翩翩,丰神旖旎,随着桂子飘然而至。玉瑞小姐,一见含羞,忙以纨扇遮面。荀生含笑向前,深深地施礼道:"小生风尘下士,流寓名园,虽有窃玉之心,实无栖巢之貌,何幸小姐不以砥砆见鄙。前此瑶章,已经剖腹珍藏,今夜得把花容,尤为万幸。"玉瑞小姐闻言,逡巡答道:"贱妾生长深闺,言不及外。自值郎君下榻敝园,门多长者之车,因知名下定无虚士,所以趁此良宵,邀君一叙,实欲评章风月,幸勿疑妾有他心也。"荀生道:"小生年登二十,尚属孤鸾。比闻小姐,亦未许配,窃不自量,意欲倩媒作伐,登门纳聘,未知小姐果肯属意于鄙人乎?"玉瑞道:"郎君之言,妾所愿也。妾自幼时,严君有紫玉鸳鸯二枚,一与家姊,一与妾佩。今夜即以此玉鸳鸯赠君,佩带在身,如与妾伴。自今夜,妾与君许盟之后,弱体便为君有。君必须勉力图之,毋负妾意可也。"言讫,便把玉鸳鸯解下,着桂子递与荀生。荀生接来,把玉鸳鸯细细观玩,不胜欢喜道:"感承小姐厚爱,使鄙人没齿难忘。只恐崔公老伯,或以小生寒陋,不肯许诺,如之奈何?"玉瑞道:"君乃丈夫,岂不能谋一姻事。况闻女子之道,衣不见里,出必遮面,未有暮夜私行,无故与人相会。今妾重君才貌,辄敢逾礼行权。妾思一言既定,生死不移。若使既见君子而不能定情,则妾乃淫奔之女耳,君亦何所取焉。"荀生道:"如此议论,只见小姐厚爱小生,出自肺腑。只是盟言虽订,纳彩难期。当此孤馆凄凉,小姐将无见怜小生否?"玉瑞变色道:"君既读书,必知钻穴之羞。妾虽愚昧,曾歌多露之咏。伏望郎君,以礼自持,无及于乱。"就叫桂子,吩咐道:"夜已深矣,汝可为我送荀相公出去。"言讫,遂转身徐步,玉佩珊珊,自进内房去了。荀生魂断意失,只得闷闷回馆就寝。过了数日,吕家来使,几次促发写书。崔公已与夫人计议定了，便把长女玉英许诺一事，就写书交与来使，回复吕公。

那一日，申生才自会稽回来。刚进园中书房，彩霞慌忙趋至，就在袖中取出绝句一首，交与申生。申生展开吟咏数次，茫然不解其意。因问彩霞道："你家小姐，寄此诗来，是为何而作？方才遣你拿这诗来，还有什么话说否？"彩霞道："诗中之语，贱妾何由得知。唯是前日晚间，小姐欲出来与朗君一会，遣妾来相约，不料郎君已远出在外，致小姐至今怏怏耳。"申生听罢，方知错过机会，追悔不及，唯有浩叹而已。又过了两日，已是黄昏时候，彩霞蓦地走进，以寸柬递与申生道："贱妾有事，不得暂停。小姐之意，都这在柬上。"遂疾趋而去。申生接来，展开视之。只见那柬上写道：

> 前日捧览瑶章，倍深企美。虽君子有董贾之才，鄙人无崔莺之貌。然而，不待冰言，寸已心属。奈何严君昧昧，许配豚夫。终身失所，惆怅何言。望日，老母欲往天竺酬香，妾以卧病弱留在室。君可潜出书帷，密图一晤，幸无愆约，是荷是祈。

申生看毕，又恨又喜。是夜，辗转踌躇，至晓不寐。到了次日，早饭后，打听老夫人果然乘着肩舆，合家众婢妇随着，由孤山，一路直往天竺去了。俄而日已当午，不见彩霞出来。申生心下狐疑，远远步至花荫探望。忽闻东首有人，低低唤道："申相公，我家小姐在此，速急过来相会。"申生抬眼一看，原来就是彩霞，立在竹屏之内。只因老夫人虑着小姐出来闲耍，已把角门封锁。

当下申生飞步近前，窥见玉英小姐，不长不短，袅袅婷婷，闪在彩霞背后，便深深一揖道："小生自蒙小姐赐和佳章，朝夕在心，无由得近妆次。固知锁尾之质，原难作配仙姿，然心小姐华情，或可侥幸万一。岂料骤许吕家，使小生心断意绝，只在早晚，便要辞谢而去矣。昨日蒙小姐赐下一柬，约小生今日潜出来会，小姐必欲面言，未审有何见谕？"玉英闻言，娇羞满面，低声答道："妾自郎君下帷以来，希慕才情，辄以诗章见和，将图仰托终身，岂知事变忽起。然使吕家姻聘果谐，贱妾唯有死而已，决不事奉羔儿，以贻君子愧咻。记得妾在襁褓，合便一个紫玉鸳鸯，迄今十有六载，未尝顷刻不佩。今特解以相赠，聊托鄙私。设或天从人愿，此玉鸳鸯便为媒妁。即至分离各处，使郎君见这玉鸳鸯，如见妾容，更有俚语数章，少舒怅快之况。自兹以后，郎君宜珍重，无以贱妾为深念。"言讫，双眉锁绿，容色惨然。申生接过玉鸳鸯并诗稿，再欲启口，忽见荀生同着吕肇章，打从他边远远步至。遂不得意谈，闷闷而退。当夜更阑，独坐灯下悄然，就取出诗稿，展开吟咏，乃是七言三绝，其首章云：

其一：

花如红雨点苍苔，无限幽思扑梦来。

岂为春归慵刺绣，可知妾意是怜才。

其二：

一见新诗增怅慕，为郎憔悴为郎吟。

玉鸳须向胸前佩，休把相思别用心。

其三：

默默无言倚绣床，断肠不是为春狂。

两行新泪夫人识，谱入花笺诉与郎。

申生挑灯朗咏，每读一过，则抚掌称妙，又复叹息数声。自此以后，踏草无心，看花有泪，而昼夜功课，全然荒废矣。

忽一日傍晚，崔公自朝回园中，忽唤二生商议道："如今元将史天泽，同着伯颜领兵数万，入寇襄阳。知府吕文焕，告急文书雪片相似，岂耐贾似道欺君逆上，不以奏闻。那些文武官员，俱是贪禄畏祸，并无一人出奏。我想襄阳一失，则荆州诸路，急切难保。那时江山摇动，只怕天下事不可料矣。念老夫世受国恩，岂忍与误国之贼并立朝端。故今日老夫欲相烦二位贤倅，为我起一疏稿，明日早朝，拼得碎首金阶，劾奏贾似道。只是贾贼罪恶多端，贤倅须要为我一笔写尽。"二生因各有心事，精神恍惚，踌躇半晌，方才答道："老伯忠君爱国之心，足贯天日。只是贾似道势焰方隆，朝野侧目，老伯还宜徐徐观望，不可直言取祸。"崔公闻言，艴然变色道："汝辈枉了读书，全不知事君之义。待我今晚自草奏章，也不敢重烦二位大笔。"即拂袖而起。踱进里边，即去草疏稿了。二生满面惶恐，各归书馆不题。

且说那一年，正值理宗晏驾，度宗即位，改元咸淳。因为群臣称颂贾似道功道，加禄千石，赐他十日一朝。因此贾似道就在湖畔，靠着苏堤，建造一所绝大园房，又令人遍选民间美丽处子，十五岁以上，二十岁以下者，以为姬妾。似道每日只在园中，拥着群姬，斗草寻花，饮酒取乐，不以国事为念。

一日饭后，正在半闲堂与门客谢延用、沈子良投壶闲耍，忽见心腹贾平慌忙趋进道："老太师还在这里取乐，今早有一件天大的事儿，可曾闻否？"似道闻说，大惊失色。未知贾平所说是什么事？且听下回人分解。

第五回 奸臣蠹国害忠良 兽友设计偷罗帕

诗曰：

陆行多虎狼，舟行慎风波。

不如沽浊酒，醉作田舍歌。

却说贾似道，与门客谢延用、沈子良正在投壶，忽见贾平来报，今早有一件大事到了。似道惊问道："有什么大事？可是襄阳被围十分危急，又来催取援兵吗？"贾平道："这也还是小事。今早卑职进朝，忽闻龙图阁学士崔信，竟把太师着实弹了一本。幸喜接本太监，看见本上是太师尊讳，不敢进呈圣上，将来付与卑职。卑职为此急来报知太师。太师必须把那崔信，着实重处才是。"谢延用道："太师爷丹心为国，功比伊周，不知还有什么过失，可以弹论。"沈子良道："那老崔敢于劾奏太师，真是丧心病狂，不知死活的人了。"贾平就将那本章呈上，似道连忙接来，展开看道：

龙图阁学士臣崔信谨奏，为奸相欺君误国事：臣闻，图治之主，唯忠臣无谠言；而明哲之君，首欲辨人邪正。是故，得人则治，失人则乱。殷相传说，而高宗中兴；秦任李斯，而胡亥覆灭。虽一邦一邑，犹必择选司牧，而况相天子治天下。安危所系，民命所关，胡可不辨其所用之人为君子小人者乎。臣窃按，贾似道，量同斗筲，性比豺狼。穷奢极欲，剥百姓之脂膏；误国欺君，固一身之宠禄。是真小人之尤而为殃民之贼也。先帝误用以为宰辅臣，每望谏官必为弹劾，岂知表里为奸，并无一人敢奏。及先帝殡天，臣又望陛下即位必能首正其罪。孰意毒雾可以迷天，阴霾尚能蔽日。而宠用倍加，赐以十日一朝，岂真有伊吕之功，而陛下遂托为社稷之臣耶。夫谏官虽知，而畏祸不言；陛下不察，而仍前误用。是使贾似道无伏诛之日，而忠臣解体，苍生倒悬，天下事尚有可为者哉。臣不暇远述往代之政，始以本朝之事言之。在昔，神宗皇帝，当天下太平无事，而用一王安石，举行新法，遂酿成靖康之祸。及高宗皇帝中兴，以张、韩、刘、岳为将，中原有可复之机，而误信一秦桧，罢战议和，遂致当时有小朝廷之叹。况今国势凌夷，十倍于昔，而贾似道之奸邪，又非特王安石、秦桧之比，陛下何为不一省察，而循二圣之辙乎。臣窃谓，陛下若不斩贾似道，天下安危未可知也。臣闻襄阳被围，今已二载矣。刺史吕文焕，闭城固守以待援兵，凡斋表三上，而贾似道置之不以奏闻，岂为陛下曾一言之耶。宜兴贼首刘新，聚众数万，劫掠州县，臣每至政事堂，力劝贾似道发兵剿捕，而贾似道俯首不应，陛下亦尝闻之耶？循州诸郡，久旱不雨，百姓饥寒，饿莩载道，未审贾似道肯为陛下剀切细言？又曾议赈议赦耶？昔汉文帝昌盛之时，贾谊犹言可为痛哭流涕，况今烽烟不息，国势乖张，虽卧薪尝胆，犹恐不足以图治，而加以贾似道凶邪，方泄泄然引用群奸，事皆蒙蔽。此愚臣之所以推心泣血而寤寐不安者也。臣非不知，今日言之于前，明日俯首于后。然臣年已六十有奇，死何足惜。所惜万民涂炭，社稷将危，而不忍陛下以尧舜之资，为奸臣所惑。辄敢昧死上陈，伏乞圣明，鉴谅刍荛，即将贾似道磔之于市，然后发兵援救襄阳，庶几民患可除，国势可振。于是斩臣之首以谢似道，则虽死犹如生矣。臣无任泣血瞻天之至。

　　贾似道看毕，气得手脚冰冷，坐在椅上，半日不动。沈子良道："太师爷不须发怒，只消沈某一计，总教崔信自送其躯，而不敢怨及太师，却不是好。"贾似道欣然问道："汝有何计？幸即为我言之。"沈子良道："崔信本内，是说太师爷不顾襄阳危急。太师爷何不就出一疏，奏闻圣上，保荐崔信可救襄阳。闻得总制江臣，向与崔信不睦，太师爷再遣一人，密嘱江臣，叫他不要受崔信节制，临期按兵不动，不要助战。那时崔信孤军深入，无人接应，必然丧师损将。纵不阵亡，亦可治以失机之罪，却不是使崔信自送其躯，而不敢怨及太师的吗？"贾似道听了，拍手大笑道："妙计，妙计。子良兄真是陈平得生，诸葛再世，我当急急行之。"就唤谢延用写下表章，明日早朝，奏闻圣上。正是：

　　　　乱曲直言须受祸，奸臣蠹国必去贤。

　　且把贾似道上表，保荐崔信领兵援救襄阳，按下不题。再说荀生，自与玉瑞小姐许约之后，正欲央媒求聘，忽见崔公要他代做弹章，劾奏贾似道，因所对不合，被崔公面叱数句，他心下怏怏不安。当晚就对申生道："小弟幸与仁兄偕至西湖，同窗二载，不忍分离。但因近来思归甚切，更闻家叔暴亡，心甚不安。只在明早，就欲一辞归去。如吾兄在此，崔老伯相待如初，不妨留下。设或不然，亦宜速退吴门，勿至被他所薄。"申生道："仁兄所言甚善。在小弟，欲去之心久矣。所以逗留于此者，偶有一事耳。"荀生亦不及详问，归到卧内，修书一缄，辞谢崔公。又题诗一律，以别玉瑞小姐。其诗道：

珍重佳人赠玉鸳，难寻冰人更凄然。

落花已把愁心葱，芳草还将归思牵。

宿世有缘期再遇，此生不遂只孤眠。

从今一别西湖水，肠断春风只有怜。

荀生题诗方毕，正值桂子出来，荀生就令桂子持进。送与玉瑞小姐。是夜，长吁短叹，不能合眼。及至天晓，急忙起身，收拾行李，适值崔公连日在朝，不及面别。申生一直送荀生到江头，牵袂依依，叮嘱保重，荀生就向姑苏而去。申生见荀生去了，不胜怅快，回至园中不题。

却说吕肇章，见父亲写字，遣人来求亲，听得崔公许了亲事，又闻是大小姐玉英，美艳非常，心下暗暗欢喜。忽见荀生一旦辞别而去，转觉十分畅快。因想道："荀文去了，申云那厮实为可恶。莫如生得一计，一发弄他去了，才泄我恨。"正在踌躇，遂行至园中。忽闻申生在房内，吟哦之声不绝，便悄悄地躲在窗外，向内一张。只见申生手内捻一罗帕，上有草字数行，一连吟咏了四五遍，又微微叹息，就把来放袖中，竟自上床而睡。吕肇章心下大疑道："看了这个罗帕，其中必有蹊跷。怪道那厮，半月以来，不尴不尬，学业全抛，原来却有这个缘故。只是那个罗帕，用什么法取来一看。"低头沉想了一回，忽然醒起道："必须如此如此，方中我计。"遂推门进去，唤起申生，假意寒温道："我看仁兄，迩来尊容消瘦，情绪全无，想必是为着功名，未得到手。只是春光几何，须要及时行乐。此去岳墓东首，有一个园亭，尽堪消遣。明日待弟备着一个小束，屈仁兄到彼，以散闷怀，未审仁兄允否？"申生道："既承兄雅意，明日小弟必然领情。但我睡兴方浓，兄且出去。"遂又掩门而卧。

到了次日，早膳方毕，吕肇章便来邀往。申生笑道："难道今日真个相扰吗？吕肇章道："不过取笑而已，惶恐惶恐。"遂一齐步出孤山，行至岳坟左首，向一个竹扉进去，不见有什么月榭花亭，只有一个女子，倚门站着。原来这里是一个妓家。怎见得，有前贤《忆秦娥》词为证：

> 香馥馥，樽前有个人如玉。人如玉，翠翘金凤，内家装束。娇羞惯把眉
> 儿蹙，逢人便唱相思曲。相思曲，一声声是，怨红愁绿。

那个妓女，唤作凤娘。抹着满面脂粉，穿着遍体绫罗，略有三分姿色。一见申生，便既出门迎接。吕肇章道："这位相公，便是我日常说的姑苏申起龙，是当今第一个有名声的才子。"凤娘听说，满面堆笑，请申生到厅上，重新见礼道："向来久慕申相公大名，不得面会，不意申相公今日到来，贱妾多多失敬了。"又向吕肇章说道："多亏大爷帮衬，才得申相公脚踏贱地，光辉下妾。"说罢，一同坐下，侍女献上茶来。三人吃毕，吕肇章问道："近来姐姐做什么技艺？"凤娘笑道："近来有一只私情歌儿，编得甚好，不如唱与两位听听，以解寂寞。"申生道："这也使得。"凤娘便按板唱道：

> 郎情重，姐意焦，不得和谐鸾凤交。姐在帘内立，郎在帘外招。郎便道：
> 姐呀，我为你行思坐想，我为你意惹魂飘；害得我茶饭不知滋味，害得我遍身
> 欲火如烧。你不要推三阻四，只管约今夜明朝，空教我，一月如捱一岁长，纵
> 有那柳嫩花鲜嫩待瞧。姐便道：郎呀，你有我心终到手，我有你心非一遭。
> 不是我言而无信，只为着路阻蓝桥。你且坚心守，免使别人嘲。到其间，终
> 有一日相会面，管和你合欢床上话通宵。

凤娘唱毕，申生低头凝想，忽然长叹。吕肇章看着凤娘，丢了一个眼色。凤娘点头会意。吕肇章道："姐姐不要做此冷淡生活，快把酒肴出来，幸屈申兄在此，我们今日须要喝一个尽兴的。"遂即申生首座，自己对坐，凤娘打横里。捧出时蔬美品，摆满一桌。凤娘捧起巨杯，殷勤劝酒。申生怏怏不怡，再三辞道："小生实为心绪不佳，无劳贤卿固劝。"吕肇章笑道："当此春光明媚，正宜醒豁胸襟。小弟虽然粗俗可厌，试看那柳眼桃腮，比着凤娘，果是一般风韵。仁兄还该放宽心绪，借景寻欢，畅饮几杯。"申生道："既承吕兄曲劝，小弟怎好固辞。只是默饮无味，可把色子拿过来，买快饮酒，倒觉有兴。"凤娘听说，慌忙就把骰盆送至申生面前。申生拈起色子，先把吕肇章买过，次及凤娘，一连输了二十余杯，便觉醺然酩酊，坐立不定，走到床上，倒头而睡。原来申生酒量虽宽，只因心上有事，又兼吕肇章先与凤娘相约，做成圈套，所以买那隔年醇酒，顷刻灌醉。凤娘挨在申生身边，假意肉麻，伸手摸那腰里，果然摸着罗帕一方，等

得申生鼾鼾睡熟，凤娘便即轻轻解下，递与吕肇章。吕肇章接来仔细一看，不觉面皮红涨，怒气冲天。原来诗尾写着"贱妾玉英书赠"六字，便与凤娘别道："多感厚情，改日再当重谢。他若醒来，寻起罗帕，你只推不知便了。"遂怒悻悻一直奔回园内。恰值崔公自朝房回，而带忧容，坐在侧边轩里。吕肇章就将罗帕，双手递去。崔公接在手中，从头念了一遍，面容顿改。遂慌忙问道："此罗帕从何而来？"吕肇章便把前事，细陈始末。因劝道："此事未知真假，老年伯还要息怒，细细查实。只是这样轻薄不情之辈，原不该留他住下。"崔公闻言，也不回答，就怒悻悻如飞的趋到后堂。未知崔公将玉英小姐如何处置？做出什么模样来？且听下回分解。

第六回　凤娘妓馆赠金钗　申云酒楼逢侠客

诗曰：

> 客中逢剧孟，回醉酒家楼。
> 伏剑别君去，前途无限愁。

话说崔公，一时怒气塞胸，走入后堂，把那罗帕，向李夫人面前一掷，厉声骂道："你这老淫妇，管得好女儿。"遂直挺挺坐在椅上，只是咬牙切齿，双手摩腹。李夫人苍卒不知头脑，惊得心定口呆。及将罗帕拾起细看，方知这个缘故，一时亦气得手脚冰冷。正在没做理会处，忽闻外边一片声喧嚷道："崔公在哪里？圣上有旨宣召。"崔公听说，便把罗帕劈手夺来，放在袖中，指着李夫人道："你好好教那不肖女速急就死，不许停刻。待我面圣回来，再和你这老淫妇说话。"言讫，遂忙趋出，同着使臣扬鞭驱马，迅速入朝。那时，圣驾已退入后宫去了。只殿堂候官过来禀道："太师爷同着各位老爷，俱在政事堂，专候老爷相见。"崔公便又趋到政事堂上，与众官一一相见毕，就问道："顷闻皇上召崔某，不知有何圣谕？为何崔某入朝，又不得面驾？"贾似道道："只为襄阳被围，十分危迫。学生日夜焦思，并无一人可掌理兵事。想起老先生，尽忠为国，兼有折冲御侮之才。为此出疏保荐，已蒙圣上票准，降旨宣召。伏乞老先生，为国分忧，莫辞艰险，速急一行。"崔公闻说，愤然道："某闻主忧臣辱，主辱臣死。今当国家多难，正臣子尽瘁之日，纵使肝脑涂地，所不辞也。今晚暂归敝廨，明日即便起程。"御史李琪道："老先生识见高明，岂不闻为国忘家，为君忘身。又道是救兵如救火，那襄阳被围，朝夕待援，真有燃眉之急。因此，下官与各位先生，已预先备酒关外，特为老先生饯行。国家安危，在此一举。老先生还宜即刻束装，不便回衙了。"崔公道："所论极是，下官就在今晚发符，知会各营将士。二鼓取齐，三鼓发兵便了。"说罢，起身告别。众官一同送崔公至关外，把酒作饯道："老先生练达兵机，□颇管测，只待凯旋之日，再当奉贺诣教。"既而众官饯行毕，个个回去。本府知府宋汝贤，独来饯送，回避左右,低低说道:"老先生亦知此行,果系出自宸衷吗?那贾公名为荐举,其实阴谋陷害。所以逼勒老先生起程,不容少缓。若老先生提兵到襄阳,须要出奇制敌,计出万全,不宜造次轻举,堕入群奸局内。"崔公道:"谨领贤府大教,下官当书之于绅。但贾贼设谋害我之意,下官岂不知之。只是捐躯赴难,亦臣子之分所当为,我何畏哉。"言讫便向袖中取出罗帕道:"下官又值家门不幸,有此丑事,那兽衿申云,就重烦贤府,即刻拘审下狱,勿使漏网。设或下官侥幸生还,容当造谢。"宋汝贤闻说,慌忙打恭道:"军情紧急,不敢久谈,所谕之事,无不领教。"遂起身作别而去。崔公取过笔砚,写书寄予夫人道:

> 我以襄阳被围,奉旨往救。皇天祐我,决得生还。衙中诸事,想卿自能料理,无须细嘱。第恨申云,兽心凉德,毁我家风。吾已面托府尊宁汝贤,拘审定罪。其不肖女,权时宽责,俟我班师,再当究实处置。吕肇章年侄,亦宜作速遣回。唯要照管门户,弗致再有意外之事。那时虎儿出柙,莫怪我见罪也。匆匆草付,余不尽言。此嘱。

崔公写毕,登时缄封,付与家人崔义持归,寄达夫人不题。

再说凤娘,初时原受吕肇章嘱托。以后看见申生俊雅风流,顿生怜慕。又见吕肇章看了罗帕,登时发怒,不别而行,意不知是何缘故,心内十分惶惑,便把申生轻轻推醒。申生开眼一看,日已过午,不觉大笑道:"为何饮酒不多,便是这般沉醉。"就问:"吕肇章怎么不见?"凤娘叹息道:"吕肇章心怀不仁,郎君还在醉梦里。"申生听说大惊道:"这是哪里说起?"凤娘便把灌酒窃帕之事,细细述了一遍。申生听罢,抚髀叹道:"罢罢罢,我倒中了那厮的奸计了。"心下是想道:"那厮得了诗帕,必然送与崔老伯,若不速行,祸必至矣。"遂沉吟了一会,叹息了一会,一时踌躇不定。凤娘问道:"细观郎君,犹疑不决,必有所怀,何不明言,与妾商之。"申生就把心事,细细说出道:"为此,小生唯恐祸临,将欲远避他方。只是缺少盘缠,无从措办。"凤娘道:"据妾遇见,亦以郎君速行为上。若无盘缠,妾有私蓄数金,并金钗一枝,愿以相赠。"说罢,就把数金并金钗拿出,赠予申生。申生接来,急忙拜谢道:"小生偶与贤卿一面之识,就蒙钟爱,异日定当图报。"遂即趋步出门。忽听得背后有人唤道:"申相公且慢行,等我一等。"申生回头看时,是崔义赶来。就问道:"你来怎么?"崔义跑得气喘吁吁,说道:"小人是因小姐特着彩霞出来,致小人传语相公,作速远行,不宜再至。寄来书一封,吩咐到前途拆看。"申生接书,急雇了牲口,连夜赶至临平。是夜宿于旅邸,取出小姐书来,拆开细看。只见书上写道：

妾晌家君报信云，已面嘱府尊，只在早晚，便欲执君下狱。妾之死生，不足虑。君宜微服远避，弗致缧绁遭殃。幸甚，幸甚。唯恐穷途乏用，特令价驰奉全簪一件，少助路费。欲成一诗寄慰，仓卒不能。只有半律奉览，唯君垂谅，不宣。

一片相思化作愁，贞心难息谤悠悠。

青山只阻寻君梦，碧水何能洗妾羞。

申生看毕，不觉泪流满面，喟然叹道："小姐小姐，你为我，这样用心。只可怜，自今一别，再无会面之日了。正欲展开再读，适值灯尽油干。唯闻窗外雨骤风狂，疏疏滴响，浩叹一声，只得和衣假寐。俄而鸡声三唱，冒雨登途。因为风雨所阻，在路耽搁，行了八日，始抵金闾，将欲潜访苟生，拟议避迹之所，不料苟生，半月前已往靖江去了。左思右想，无路可投。忽然记起表兄元尔湛，向在镇江行医，不若到彼，再作区处。主意定了，遂买舟而往。及到镇江，寻访数日，并不见元尔湛医寓在那里。

忽一日，城外间行，劈头遇着元尔湛，惊问道："贤弟自在临安肄业，为何今日来到此处？"申生道："路次不及细谈，此间有一酒楼，屈兄上去，从容奉告。"遂一同步到楼上。只见那间酒楼，正靠大江，纱窗朱槛，潇洒洁净，两个就对面坐下。申生把那前后事情，备细说了一遍。元尔湛闻言，再三安慰道："诗帕虽则可疑，奸情未有实迹，就拿到官司，亦可致辨。今贤弟既然远来，敝寓近在金坛，不妨到彼处暂住，幸乞放心。"此时店小二已把酒肴陆续捧上，两个就临窗对饮。不多时，只见一个彪形大汉，踱上楼来。那人生得如何？但见：

七尺躯威仪凛凛，两道眉气色堂堂。须髯如戟，面阔耳长。头戴蓝巾，身穿白袷。若不是黄衫豪客，必然是刺虎周郎。

那人上楼，四围一看，只见临水座位，众人坐满，便焦躁道："你们通是这般坐定了，教俺坐在哪里？"申生看他气宇不凡，料非寻常之辈，便起身拱手道："足下尊意想要靠窗而坐，小弟这里只有两人，何妨共棹一谈。"那人笑道："也好，也好。把我这个卤汉，配你两个酸儒，倒也使得。"遂把一张交椅，向南打横坐下。店小二就捧起一壶酒，两碗鱼肉上来。那人道："鱼肉骨多，俺不耐烦吃他。有大块肉多拿两碗上来。"店小二又把牛肉羊肉猪肉一齐捧上。那人就把巨杯斟满，一连吃了二十余杯。拿起双箸，把三四碗肉顷刻吃完。一眼觑见申生那边剩有余肉，又拿过来，一顿吃尽。把须髯一拂，大声笑道："俺食量颇宽，二兄休要见哂。"申生道："细观足下，气概不群，仆辈区区，幸逢联席。只今南北交兵，疆场多故。试论天下大势，后来究竟如何？"那人道："莫怪北边侵犯，南朝自无人物。他交兵的只管交兵，俺吃酒的只管吃酒，干我甚事。说他怎么。"元尔湛道："足下虎头凤眼，相貌惊人，何不效力戎行，以取斗大金印。"那人道："胜则招忌，败则受诛，俺怎受得这些腌臜之气，要这金印何用。"申生道："足下议论慷慨，使人听之，爽然自失。仆愿闻足下高姓大名，志之不朽。"那人道："兄辈只晓得几句正心诚意，俺只晓得一对拳头舞弄，但取异时相识，何须道姓通名。"便站起身来，靠在槛上，向着申生、尔湛笑道："两兄可晓得这浮云流水么，那浮云暗暗，都是古来这些英雄的浩然之气。那江水滔滔，都是古来这些英雄不得志于时的泪血流成。"说罢，又抚掌大笑，连饮数杯。饮罢，就在腰间取出银子，唤起店小二道："俺与你纹银一锭，连这两位的酒资俱在里边，多也罢了，少也罢了。"遂举手向申生、元尔湛一拱，竟自下楼而去。元尔湛道："贤弟，此人何如？"申生道："弟细观此人，即孟轲所谓狂者，子长所谓侠士也。"只有那满座饮酒的，也有骇他食量忒宽，也有厌他狂妄太过，也有羡他轻财不吝，也有爱他议论精奇，彼此互谈，纷纷不一。此时日已过西，元尔湛多饮了几杯，颓然欲醉，遂扶在申生肩上，缓步下楼。是夜，两人在客店投宿。次日早起，申生同元尔湛就往到金坛寓所来。原来尔湛并无妻小，只有一童一仆，房室数间，清幽僻静。申生住下，最便读书。只是一心念着玉英小姐，朝思暮想，寝食俱忘，而容颜渐瘦，不觉恹恹成疾。尔湛观他形状，为他候脉下药，慢慢调理。又知他得病因由，再三安慰，不在话下。

再说崔公，当夜点兵前发，名虽一万，实不上五千，又都是些疲癃老弱之卒，惨然叹道："如此将士，岂堪临阵。我固知贾贼设谋陷害，置我死地。但我崔信一身不足惜，却不坏了国家的大事。我想这贾贼误国欺君，日甚一日，将来事势，不知何状。"忽又慨然道："昔日马伏波，愿在沙场战死，以马革裹尸。我今为国从征，只宜奋力杀贼，何必虑着寡不敌众，以慢淡心。"遂昼夜驱兵，兼程而进。不满旬日，已到襄阳，离城尚有四十余里，崔公就令军士安下营寨，先着一个探子，前去探听元兵虚实。探子领命，去不多时，只见慌忙走来，回报说："前面不远，俱是敌军守住，约有十万之众。只在早晚，就要破襄阳了。"崔公听说，便即传令，聚集将士商议道："贼势浩大，襄阳危在顷刻。我欲进兵交战，不知你等众将，有何高见？"只见先锋苏有爵挺身向前，备陈破敌之策。要知苏有爵说出什么破敌之策，且听下回分解。

第七回　襄阳城火龙援难
阮家庄太公留宾

诗曰：

　　　杀气横空万马来，悲风起处角心哀。

　　　年来战血山花染，冷落铜驼没草莱。

　　却说崔公，唤集诸众，商议进兵之策。先锋苏有爵向前道："某闻，将在谋而不在勇，必须知彼知己，谋而后动，方能取胜。目今彼众我寡，若与交战，其势必败。若坚垒不出，又失千里救援之意。据愚意，须在树林密处，多设旗识，使彼不能知我虚实。更得一人潜入城内，约吕刺史里应外合，然后明公在中，某与将军汪宪分为左右二翼，三路夹攻，则一战可胜，而敌军可破矣。某见如此，未识明公钧意还是如何？"崔公听说大喜道："将军所言，正合吾意。必须如此，方能胜敌。"遂令传示各营，俱要依计而行。将军汪宪大呼道："明公不可听那先锋之言，元将智勇具备，况有十万之众。我军带甲之士，不满五千。若与彼争衡，譬如邹人敌楚，不战而自溃矣。为今之计，还是深沟高垒，坚守为上。"崔公揣知将士，皆怀寡不敌众之见，各无战意。遂扬言道："本督年已六旬，岂不知生死而乐于战斗哉，顾以君命难违，国恩宜报，即使血溅野草，尸枕荒郊，亦其分也。况乘天子威灵，以正伐邪，以天讨逆，纵使彼众我寡，何足为惧。尔等正宜奋勇争先，以图克捷，封妻荫子，书名竹帛，在此一时，何乃畏避偷安，以挫锐气。设或尔等有异心，何不斩我之首级，献到彼营请赏。若欲本督听从尔等，固守不战，是同为叛逆，本督决不为也。"于是诸将俱踊跃应命，刻期整备交战。

　　却说元将伯颜，足智多谋，有万夫不当之勇。同着史天泽，提兵十万，夹攻襄阳。只因城内粮草甚广，又值刺史吕文焕，率领将士，昼夜防守，十分严紧，所以围困半年，不能攻破。忽一日，正在营中商议攻城之策，早有细作来报道："启禀元帅，南朝特遣龙图阁学士崔信做了总督，领兵一万，已到丁家洲了，不日就来交战，元帅需要准备。"

伯颜听说，急忙聚集众将道："闻得宋兵将近，汝等诸将，谁肯为我出战，以破其锋？"一人应声出道："小将愿往。"伯颜视之，乃虎卫将军张汝彪也。便叮咛道："我闻崔信，虽系文官，悉知他做人忠直果敢。他若督兵，必然号令严肃，将士效力，汝不可将他藐视轻敌，务要用心交战。倘能得胜回来，自当重赏。"张汝彪欣然应诺，即将本部人马，直到阵前搦战。宋朝阵上，旗门开处，一将当先，鼓勇而出，乃左将军史文奇也。张汝彪见了，更不通名打话，举枪直刺。史文奇急忙跃马，挺刀相迎。两个抖擞精力，一来一往，直斗至三十余合，不分胜负。正在战酣之中，忽闻炮声连响，城内吕文焕早已开城，领众杀出。张汝彪急忙拨马回身，就与吕文焕交锋。未及一合，左边汪宪，右边苏有爵，两军一同杀到。张汝彪措手不迭，被苏有爵大喝一声，把枪刺落马下。崔公看元兵已败，便驱动后军，乘势掩杀。忽见前面尘埃起处，伯颜自统着大军接应。时已天色傍晚，不敢恋战，各自鸣金，收军回营。伯颜败了一阵，又损了一员骁将，心下闷闷不悦。忙请史天泽入营商议道："我与公自从提兵到此，所向无敌，未尝少有所挫，不意今且反为崔信所败。明日战时，必须用计，方能擒了崔信，未审公有何高见？"史天泽道："我方才差人打听，已悉知崔信虚实。他兵卒不满五千，明日出战之时，吾军须要分为二路，公统大兵自与崔信交锋，某以一军，伏在城外，截住吕文焕，则彼兵里外不能相应，而崔信必为成擒矣。"伯颜听说，抚掌称善，依计而行。

且说崔公，当晚胜了一阵，召集众将道："今日此胜，皆赖汝将士之力，自当计功加赏。但不可以一胜而有怠心。今有总制江臣，驻兵汉口，我已差人，连夜驰檄，约他明日领兵前来策应。你等明日务宜鼓勇争前，以差克敌。"诸将皆喏喏，应声而退。到了次日，巳牌时分，江臣遣人来报，说总制已于四鼓发兵，只在日中准到。崔公大喜道："江臣若来，吾破贼必矣。"即传令诸将，拔寨而起。遂驱兵前进，离襄阳数里。伯颜大军已至，两阵对峙。苏有爵当先骤马，元将贴木不花挺枪出迎。战未上十合，元兵漫山遍野鼓噪而来，竟把宋兵围在垓心。苏有爵、汪宪紧紧保着崔公，左冲右突，不能得出。因至日中，仍不见江总制策兵接应。但闻伯颜传令道："不可走了崔信。"崔公回顾左右，将士止剩二百余骑，怎当得四面矢如雨点。仰天大呼道："陛下为奸臣所误，非由老臣不能尽力之故也。"遂执剑在手，将欲自刎。只见狂风骤发，乌云蔽天，云端里露出青龙一条，背上骑着一位真人，手挥宝剑飞下来。只在崔公头上，左盘右旋。俄而风威愈疾，走石飞沙，暴雷一声，大雨如注，平地水长数尺。元兵无不惊慌退后，自相践踏而死者，不计其数。过了一个时辰，云收雨歇，月色微明。崔公举眼四围一望，见元兵早已退远，左右并无一骑。只听得胡笳互动，四边刀兵之声不绝，竟不知从哪一条路去,可以脱离襄阳,又无人可问。正在踟蹰,忽闻空中有人唤道:"龙图公何不由东北而往。"崔公遂把袍盔弃下,扬鞭骤马,只捡东北大路而行,果无伏兵拦阻。行至次日辰时,人倦马乏,前阻大江,四面并无烟火。正不知此处是何地名,又饥又渴,只得系马垂杨,坐在崖上。远远望见,芦苇深处,撑出一只小船。船上坐着一个钓翁,口中唱道:

> 锦绣山河半已虚,纷纷世局更何如?
>
> 从今买个沙棠艇,闲泛秋江学钓鱼。

崔公听毕,急忙向前问道:"我乃远方过客,只因避乱迷路,不知这里是何地名,何处可有饭店? 望乞老爷一一指示。"钓翁道:"这里是均州地界,远近数里,并无饭店招寓客商,唯向西去,三里之处,有一阮家庄,庄上有一个阮太公,做人仁慈宽惠,乐善好施。若是客官迷路受饥,须要到阮家庄相告,那阮太公自然置饭相待,指点客官路程。"崔公听说,谢了钓翁,遂策马向西。行不数里,果见一所高大庄舍,门外绿槐数株,群犬绕溪而吠。将及到门,有一老者,手携竹杖,启扉而出。崔公看见,胯下雕鞍,向前施礼。老者慌忙答礼。举目向崔公仔细一看,便俯伏在地道:"果是崔大人降临,望恕阮某失迎之罪。"崔公连忙扶起道:"老丈可是阮太公吗?"老者点头答应道是,延入草堂,即时唤过从者,捧出酒肴,请崔公上坐,亲自执壶送酒。崔公正在饥渴之际,也不暇谦让,连忙举杯执箸,吃了一回,乃从容问道:"下官败阵而走,行了一夜,方到贵庄,不知老丈何以预知崔某? 又不知尊庖为何备成如此盛馔?"太公道:"昨夜阮某睡至三鼓,梦见一个真人,骑在青龙背上,对阮某说道:'明早有一个崔龙图战败,到这庄来,汝宜预备酒肴,不可怠慢。'为此,老拙登门而看。一见贵人风度,料想必是大人了。只是朝中多少勋卫将官,受了国家爵禄,怎不遣他出征剿寇,大人年齿既尊,又是文职,反要提兵救援,这是为何?"崔公便把为着贾似道专权误国、抗疏劾奏、反被贾似道陷害的事,细细陈了始末。太公闻说,抚然叹息道:"大人既与权臣作对,今又战败失机,若到长安,必然被权臣所害。不若就在敝庄暂住几时,未知大人意下如何?"崔公闻言,欣然致谢。自此,就在阮家庄住下。

且说将军汪宪,乘着风雨骤至,弃了崔公,纵马突围而走。心中想道:"我今战败而逃,难以回去。闻得崔爷向贾太师有隙,不如乘此机会,先去报知太师,只说崔公不信忠言,以致丧败。那时贾太师听我这话,必然欢喜,却不是个免罪的妙策。"主意已定，星夜赶到临安，进入相府，哀声哭禀道："俱是崔龙图不听小将之言，致有丧师之事。"贾似道听说崔信战败，心下大喜，忙与谢延用商议道："崔信拒谏丧师，自然死罪难免。我闻他单生二女，年已及笄，美艳绝世，意欲遣人夺取为妾，唯恐朝绅物议，不识汝意以为可否？"谢延用道："罪人妻女，原应入官为婢，况以太师爷的威令，这些朝绅，谁敢议论。只是事不宜迟，明日就该劫以归第。"贾似道大悦，重重赏了汪宪，准备次日行事。汪宪此时，不唯免罪，而反得了许多赏赐，满怀欢喜。步出府门，遇着一个相识的朋友，叫作毕宗义，乃是崔公衙役。见了汪宪，愕然惊问道："汪将爷已归，必然得胜了，为何龙图崔老爷尚无音信？"汪宪道："你还未知，崔老爷已在襄阳战败，丧了一万军马，亏我力战得脱，先来报知太师。太师说，崔信丧师辱命，自然死罪难免。罪人妻女，例应入官为婢，议在明日，就要来拿两个小姐并夫人，归到相府了。"毕宗义闻言，不觉大惊。慌忙别了汪宪，赶到西湖园内，请见夫人，报知其事。夫人与玉英、玉瑞听闻此信，吓得魂不附体，一堆哭倒。官家崔义，再三劝慰道："奶奶、小姐，哭也无益。依着小人愚见，三十六着，走者上着。"李夫人听了，拭泪道："这两个小姐，从幼不出闺门，今教他出头露脸，走出他乡，这也无可奈何。但未知何处可以潜迹？"崔义道："老爷的同年吕老爷，住在常州府靖江县内，前日曾有书来，要与老爷联姻。就是吕相公，也在我家读书二载，今奶奶、小姐忽遭此难，必须避到彼处，那吕老爷怕不隐护照管么。"李夫人闻说，寻思半晌，无计可施，只得依允着。就去雇下船只，李夫人与二位小姐，收拾细软什物，只带了彩霞、桂子，当晚悄悄下船，向常州靖江县而去。未知此去。吕时芳果可曾留否？欲知后来端的，且听下回分解。

第八回 投香刹错认荀文
闻美艳计劫玉英

诗曰：

推窗何所见？所见唯竹杯。

侧耳何所闻？唯闻鸟雀音。

终岁终交游，犹秘自搜寻。

开讲莫草草，须议古人心。

遇奸辄唾骂，遇贤若盍簪。

更遇香艳事，如听司马琴。

莫言我居僻，我居趣自寻。

却说李夫人，带玉英、玉瑞并侍女彩霞、桂子，同管家崔义，当晚一齐下船。不则一日，过了苏州，将到无锡。只因天色已暮，就在一个村内停泊。到了黄昏时候，忽闻四野喊声大举，满村男妇，俱纷纷然携老扶幼，趋出荒郊躲避。崔义大惊道："夫人小姐，速速上岸，有强人来了。"话犹未绝，一声炮响，贼船已至。李夫人与玉英彩霞在前，玉瑞与桂子落后几步，被贼把玉瑞、桂子拿住，拖了下船。火光之下，远远望见，舱内坐着一个穿红袍的，大声喝道："我已吩咐不许掳掠妇女，怎么故违吾令。"那贼曰："他是个宦家女子，若拿到寨中，怕他家里不来持钱取赎。"穿红的又喝道："既如此，放在前舱，不许罗唣。"众贼一哄上崖，俱是红布包头，手持枪斧，合村约有五千余家，沿门抢劫，直至更余，满载而去。

原来那伙强徒，乃是宜兴巨寇，刘新部下。自常州一带，以至吴江等处，无不受其荼毒。话休絮繁，李夫人与玉英小姐，等得贼去下船，见玉瑞与桂子被贼拿去，放声大哭，彩霞亦觉感伤不已。次日饭后，方开船前进。及到了靖江县内，先着崔义上岸，问至吕衙，快入通报。那吕时芳自从吕肇章归后，悉知罗帕之故，已把姻事搁起。当日又闻崔公战败，贾似道拟他死罪，要拿他妻女入官为婢，所以李夫人同小姐避难而来，要在吕家潜迹。吕时芳心下转觉不快，便着家人回答道："家老爷与夫人俱不在宅，我们不敢主意，烦乞官家致意奶奶，不便留住赠饭了。"崔义急忙到船回复，夫人泣然流泪道："既是吕公托辞回却，致我进退两难，如何是好？"崔义道："小人闻得，离县数里，有一个尼庵，十分幽僻，不若夫人小姐暂到庵内避迹几时，另为区处。"李夫人点头道："事已至此，只得依汝。"遂算还船钱，起身上岸，一路问到尼庵门首。敲门数下，早有老尼启扉延入。献茶已毕，备问来意，李夫人就述避难借居一事。老尼道："出家人以慈悲为本，既是夫人小姐遭难而来，安有不留之理。但敝庵有一檀越，是本城乡绅江部制的公子，叫作江仲宣，不时在庵随喜，倘或见了小姐这般美貌，未免生起祸端，不若夫人再往别处去吧。"夫人沉吟半晌道："宝庵静室，绝非一间，老身与小女，自当闭户潜踪，料想无事。"

正在谈论，忽见一个小尼走进来，连声催道："荀相公唤茶要紧。"你道那荀相公是谁？原来就是荀绮若，自与申生别后，回到苏州，便为江总制延请，到家做了西席。只因江公子花柳情深，文章意浅，那江老夫人，又严于训子，事在两难，只得托言庵内清幽，可以肄业。其实便那江仲宣出外游玩。当下，老尼送茶出去，荀生笑道："忽闻殿上有女菩萨的声音，不是挂幡，定来斋佛，这是老姑姑的生意人进门了。"老尼道："相公竟猜不着，乃是崔龙图老爷的夫人、小姐，避难到此。"荀生闻说，急问道："当真是崔小姐吗？"老尼道："岂有不真之理。只是小尼一时失口，还望相公遮隐，切不可与那江大爷说知。"荀生应诺，心下暗想："二小姐玉瑞必然同来，我的姻事，却在此处。"便笑道："小生向在崔衙读收，曾与二小姐会面，蒙以玉鸳鸯为订，必做夫妻。今避难而来，可谓天从人愿。烦乞姑姑，就把玉鸳鸯带去，瞒着夫人，悄悄递与小姐，约在晚间一会。好事若成，必当重谢。"老尼听了，满口应允道："这是好事，愿当效力，怎敢望谢。"却不知二小姐可有第二个小姐，竟把玉鸳鸯送与玉英。玉英又错听了，荀生误做申生。接过玉鸳鸯，不胜欢喜道："谁想申郎在此读书。正要与他一会，以决终身之事。"遂与彩霞商议，直等老夫人睡熟，便悄然启户趋出外厢。此时，荀生正在倚栏专等。远远望见小姐出来，走到跟前，深深一揖。玉英抬头把荀生仔细一看，觉道面容差异，吃了一惊，转身就走。唤过彩霞道："那人素昧平生，为何冒做申欺郎哄我。"彩霞道："此即申相公同伴读书荀生。"那玉英听说，便把玉鸳鸯丢在地上，拖着彩霞，急急进户，闭了房门而睡。荀生拾起玉鸳鸯，连声嗟异道："奇哉奇哉，为何见我，反把玉鸳鸯掷下，竟自转身进去？"左思右想，不解其故，闷闷不乐。只因两个小姐是同胞生的，所以面容相似，竟使荀生识认不同。到了次日，方欲进见李夫人，启问被祸之故，不料那年正值大比，本县置酒作饯，促赴公车。荀生唯恐误过选场，忙把行李收拾，同了一班社友，即日便往临安应试。

却说江公子，名虽读书，其实不通文墨，所以临试之期，推病不往，且等苟生起程之后，便即出来闲耍。一日，自言自语，坐在厅上，闷闷不悦。家童得财道："大爷今日为何眉头不展，面带忧容？"江公子道："我要娶一个绝色美妾，嘱托媒婆，为何多时不来回话？因此这几日心内不悦。"得财道："小人昨日，奉着妈妈之命，把那灯油送与庵内老尼，只见殿后立着一个美艳佳人，真有沉鱼落雁之容，闭月羞花之貌。小人就问那老尼，这女子是什么人？那老尼支吾说道，是个宦家小姐。我想大爷既慕娇色，何不将此美人娶来，朝朝寻欢，夜夜取乐，岂不更胜于问柳寻花。嘱托媒婆，四方寻觅，终不得一绝色美人，得以寻欢恣意乎。"江公子听了，心喜发狂，不禁手舞足蹈起来。便道："若果能得了此绝世美人为妻，我便重重赏你。既然是宦家小姐，恐有了对头。倘去求亲，万一不许，如之奈何？"得财道："此却不难，那前日小人遇见之时，看他行容羞涩，唯恐人知，又不见了一个男人出入，内中或恐是避难到此。公子若嘱媒求音，诚恐见拒。依小人主意，不若选一二十个雄壮人丁，扮为强盗，明火执杖，直入内室，抢出美人，另预办几只小船，泊在江中俟候，待抢了来时，放在船中，载回家中，人鬼不觉。未知公子意下如何？"公子闻子大喜道："此计大妙。"即刻整备不题。

　　却说崔公家中，藏有一幅画龙，前日书斋饮酒，被一个道人点了眼睛，化为真龙腾空而去。前日崔公襄阳战败，正在危急，忽见真人骑一条青龙，救出重围。兹知江公子要谋劫玉英，真人知玉英已经许了申生，恐江公子劫去，为他所辱，玉英必然身死。于是化为道人，向尼庵而来，向老尼道："老道在临安，闻崔公出兵救援襄阳。前日兵败，龙图公逃往他方。又闻贾似道要论龙图公死罪，妻子没官为婢，即要取小姐入相府，老夫人及小姐逃往他处避祸。老道四面寻访，不知下落。近闻夫人舟泊苏州，老夫人及小姐寓在宝刹，特来化他一斋，并要面见说话。"老尼只得进房，报知李夫人。李夫人不胜惊异，就叫老尼备斋，款待道人，自即移走出房，与那道人相见。见他头戴黄冠，身穿羽衣，举止安闲，丰神脱俗。有顷，吃斋已结，道人取出琴弦一根，送与李夫人道："令爱小姐，若遇灾难到时，只取清水一盏，把那琴弦放在水内，自然免祸。牢记，牢记。"遂抽身作谢而去。

　　是夜，夫人小姐，在房中挑灯对坐。夫人泣向玉英道："你爹爹战败襄阳，未知生死若何。你妹子陷于贼营，料必多凶少吉。日间那个道人，又说你就有一场灾难，教我做娘的怎生放心得下。"玉英听说，止不住两泪交流。彩霞劝道："吉人自有天相，夫人小姐还要宽心保重。"时已更余，忽闻纱窗撬响。侧耳听时，又若数人，疾步而至。夫人大惊，忙着彩霞唤向老尼。只见一人，身长躯伟，手执木棍，破窗而入，竟把小姐负在背上，开了房门，急急而去。夫人见了，连忙大声喊叫，旁有数人，持枪走过，大喝道："你若再大声喊叫,我就一枪了。"及至众尼一齐起来,出外看时,只见二十余人,明火执杖,劫了小姐,奔到江边,下船而去。原来江总制家,离庵只有数里,所以得财用计行劫。

江公子点着巨烛,坐在外厢等候。俄而得财悄悄报入,说美人已经劫来,船已到了。江公子闻说,不胜欢喜。踱来踱去,身乱发狂,连声吩咐:"快着两个侍女,扶他上岸,不要把那美人惊坏了。"不多时,两三个妇女,扶着玉英而至。但见,泪点盈盈,鬓鬟云乱,常服悴容,自然艳丽。江公子满面堆笑,近前深深一揖,道:"美人但请放心,不消忧虑,我大爷极是一个风流知趣的,与你今夜欢会,夙缘匪浅。"玉英大哭骂道:"汝等夜深行劫宦家闺女,真盗贼之辈也,我今有死而已,汝何必多言。"江公子笑道:"汝今已到我家,只怕插翅也难飞去,快快顺从为妙。"玉英厉声叱道:"我乃宦家之女,决不肯被你狗彘所污。"江公子不由分说,向前搂抱,玉英忽然想起那道人所赠琴弦,带在臂上,便道:"我今已至此,自然从汝,何消强逼,汝有清水,可拿一盏来我吃。"江公子闻言欢喜,便唤婢女,把水拿至。玉英急忙解下琴弦,入放盏内。就觉宛转活动,顷刻间化成一龙,足有一丈余长,张口伸爪,向着江公子一跳。江公子吓得魂不附体,翻身一交,跌在地上。众婢女大惊失色,转身就跑。口里乱嚷道:"不好了,那个女娘,想是一个龙精了。"随把江公子扶进房内,倒在床心,面色已是蜡黄,不省人事。停了一会,那龙依旧变做琴弦。玉英暗暗祝谢龙神,取来仍系于臂。自后,江公子一病月余不能痊愈,再不敢谈着玉英二字矣。

话休絮烦,且说申生,自住表兄元尔湛寓内,倏忽半年,闻得朝廷开科取士,遂与元尔湛作别。想起荀生馆在靖江,便由靖江而去。将欲会了荀生,同他到临安应试。一夜,泊舟江畔,将至三鼓,忽闻连珠炮响,舟子大呼道:"相公快些起身,贼船将近了。"申生梦中惊起,只闻喊痛一声,那舟子已是连中数箭,立身不住,跌在水里去了。急得手忙脚乱,遍处寻衣,贼已走进舱内,取出麻索,竟把申生捆作一团。当夜约有五十余船,俱被群盗拿住,一同解往贼营。到得岸边,只见旗帜鲜明,刀枪密布,大小船只,远泊数里。俄而鼓声三响,就把所拿众人,陆续解进。那个贼首,叫作刘新,生得身长七尺,腰阔数围,面黑眼圆,力能搏虎。手下还有两个结义弟兄,同为寨主。聚众数万,官兵屡讨,不能平定。

当下,刘新坐在中军帐内,唤过众人,一一审究。若有金银货物的,给付令旗,发还船只。若没有买命钱的,喝叫左右,推出枭首。一连斩了六个,次及申生,战兢伏在阶下,自料必死。刘新大喝道:"有何财帛?从实招称。"申生哀告道:"小生一个穷儒,寓往靖江亲友那里,有什么财帛,伏乞大王饶恕,恩感二天。"刘新闻言,便叫"推出辕门,斩讫报来。"申生闭目待刃,未知能留得命否?且听下回分解。

国学经典文库

私家藏书

鸳鸯配

图文珍藏版

第九回　绿林寨中逢故友
龙虎榜上两同登

诗曰：

> 东陵巨寇勇莫比，提刀杀人心便喜。
> 其中亦有豪侠儿，有眼能青为知己。
> 今日相逢能解厄，当时犹幸曾相识。
> 羡尔春风得意时，今朝看花马蹄疾。

却说刘新左右，把申生推出辕门，正要斩首，急有一人，近前视之，忙大呼道："此我故人也，不可动手。"遂亲手解开绑缚。申生开眼把那人一看，面虽识熟，竟不知是何名姓。那人就扶申生进账内，对着刘新道："此位乃是姑苏申起龙，当今名士也。向与小弟莫逆至交。"刘新慌忙出座，与申生施礼道："弟之友，即我之友，适间冒犯受惊，幸乞恕罪。"申生亦拜谢道："感承二位不杀之恩，自当生死衔结。只是小生不知进退，反有一言唐突。那些过往客商，取其财帛则可，若戕其性命，似觉死非其罪。还乞二位暂宽一面之网，以广天地好生之德。"刘新听罢，大笑道："我每不知为着什么话了，杀人心下便喜。既承申兄相劝，今后敢不领教。"便唤左右，把阶下三十余人，俱给予令旗，发还船只，着他回去。申生亦起身作别道："小生为着试期已促，不敢久留，就此告辞，尚容后谢。"那人抵死留住道："小弟敝营，就在咫尺，正欲与申兄促膝细谈，岂有遽别之理。"遂辞了刘新，邀至后边寨内，分宾主坐定。唤茶两次，那人走入寨后去了。一会便出来，对申生道："拙荆仰慕大名，亦欲拜见。"遂有群婢，簇拥着一个妇人，步出中堂。生得轻盈窈窕，年纪约有二十余岁，向着申生，徐徐施礼。申生忙忙答礼。礼毕，那妇人退入寨后，随后摆开椅桌，罗列珍馐，极其丰盛。申生再三谢道："萍水相逢，谬叨厚爱，但足下虽极面善，竟忘记了尊姓大号，幸乞赐闻，以便铭之肺腑。"那人笑道："原来仁兄如此健忘。小弟即长沙府任季良也。曩岁西湖，曾与仁兄并荀兄绮若，杯酒订盟，盘桓数日，仁兄岂忘之耶。"申生愕然醒起，离席而谢道："原来就是季良兄,小弟殊为失敬,负罪不浅。"季良道:"只因到迟,有累仁兄受了惊,恐还是小弟之罪。"两人抚掌大笑,遂令左右,斟酒送席,尽欢而饮。申生道:"小弟有书箧在船,未审遵从曾为检点否?"季良道:"小弟已令小校取入舍内矣。"两个把盏酬酢,直至更余,方才罢饮。次日早起,申生又欲告别,任季良固留不放道:"小弟必要屈留今日,以罄余惊。只在明辰,便当遣舟,奉送仁兄起程。"遂拉了申生,向那茂林幽竹之处,徘徊闲眺。既而左右无人,申生从容问道:"小弟细观足下,武艺超群,人才出众,若肯为国驰驱,挥戈退虏,则肘后金印,定为君有。今日足下啸聚山林,名居盗跖,非大丈夫之所为也。小弟恃为至契,辄敢进以药石之言,唯君急宜醒悟,不可久留于此。"任季良喟然而叹道:"小弟只为父死报仇,手伤二命,唯恐官司追捕,勉强避踪此地。若朝廷假以自新之路,小弟当稽首辕门,将功赎罪。至于结义刘兄,实非小弟之本心也。"申生道:"小弟到长安,倘或朝绅议剿议抚,定当为兄周旋走□相报。"任季良闻言,欠身下拜道:"仁兄肯为小弟如此周旋,感恩不浅。"两个又把闲话谈论了多时,方回寨内。当晚,少不得置酒款待,不消细叙。

到了次日,早膳已毕,任季良取出行李,付还申生道:"仁兄宜仔细检点,倘有遗失,小弟当查奉还。"申生笑道:"小弟乃彻骨穷儒,唯此古书数箧,破衣两件,破被一条,何须查检。但简内有诗笺二幅,最为要紧,不知有在否?"遂启简一看,只见玉英秘寄之书,半律诗后,又续写四句道:

命薄可怜重遇难,魂惊空忆故园秋。

云笺虽见人难见,未续新诗泪已流。

申生看毕,愕然惊异道:"敢问季良兄,此诗还是何人续咏?"任季良道:"仁兄不消疑问,寨内有一个崔小姐,正欲出来见兄。"申生听说,转觉惊讶不已。少顷,只见崔小姐玉瑞,云鬟不整,绿惨遥山,徐步而出。见了申生,未及开口,先已泪如雨下,呜咽多时。方把避难中途,被劫入寨之事,备细告诉一遍。申生便向季良道:"仁兄既肯伏义,遇少艾而无邪心,较之鲁男子柳下惠,尤觉过之。只是老夫人与大小姐,既在靖江,吾兄何不将船送去,免二小姐之虑,释老夫人之忧。则崔公或在或亡,均为感激无穷矣。"任季良道:"小弟在一月前,亲到吕衙访问,他道崔夫人已别住他处去了。小弟又向城外城内,细细访觅,竟无消耗而回,非小弟之不肯用心也。"申生又向玉瑞劝慰道:"小姐,既有任兄保护,权在这里,暂免愁烦。俟小生入试之后,便当寻觅了尊慈与令姊消息。那时即便遣人驰报,迎请小姐回去。后会有期,幸唯珍重。"言讫,遂起身作别。玉瑞又说道："申君既去应试，必然遇着那荀……"刚说到一个荀字，就住了口，不觉桃脸晕红，泪珠滚下，竟不及终语而退。申生又到前寨，谢别刘新。任季良命小校捧过白银四锭，赠为路费，直送至十里之处，方才转去。

且说申生在船，一路晓风夕月，只有万虑千愁。到得临安，刚欲进城，只见城门左首壁上，粘着一纸道：

> 姑苏荀绮若，寓在吴山脚下张凤溪纸铺内。如申起龙到时，幸即过寓一晤。

申生看毕，大喜道："原来绮若兄已先到此了。"即时造寓相见，握手就座，备叙寒温。遂在荀生寓内歇下。每日间唯把经史温习，准备入场。及至试期，两人一同进场。第一策是问战守孰便。第二策是问保国安民之略。第三策是问星辰愆度、风雨不时、灾变何由得弭？边壤日削，屡战不胜，兵势何由得强？咨尔多士，各述所见，以抒朕忧。当时二生座位，同在一处。荀生就密问申生道："仁兄主意，还以战守何先？"申生道："能守然后能战，在我有自强之术，方可出兵制敌。若不审己量力，而轻易进师，鲜有不败者矣，故二者之间，须以守为主，而战次之。"荀生又问道："第二策保国安民之略，与第三策大意如何？"申生道："保国在于强兵，安民在于用贤。崇德省愆则天变可弭，信赏必罚，则兵势可强。"荀生闻说，点头称善，遂各凝神抒思，把三个策题，信笔挥就。约有五六千言，俱切当时利病。二生出场，暗暗得意，以为必中无疑。及至揭晓，申生名登榜首，荀生中在第三。二生向阙谢恩。皇上见二生少年才高，龙颜大喜，亲赐御酒三杯。及至谢恩之后，只得要去拜见贾似道。贾似道看见二生，才貌双全，欣然留酒，同授翰林院学士。一时朝野咸称得贤之庆。

一日，二生泛舟湖上，置酒方饮。申生微叹一声，忽然下泪。荀生愕在惊讶道："年兄荣中状元，不日锦衣荣归故里，正在极欢之际，为何悲惨异常？"申生叹道："小弟有一腔心事，自来未曾与仁兄细话。只因曩岁假馆在崔公园里，崔公有女名唤玉英，曾把玉鸳鸯一枚，与小弟订成伉俪。不料崔公战败襄阳，存亡未卜。夫人与小姐避难，远窜他乡，信息全无。今日玉鸳鸯虽存，斯人何处？每一念及，不觉五内如剪。"荀生道："原来是为此事。年兄不消忧虑，前日小弟授经江氏，寓在尼庵。忽值崔老夫人与玉英小姐向庵避难，小弟因试期已迫，不及问候寒暄。老年兄既有此事，必须亲到彼处，托媒议姻，则老夫人必不推却，而玉鸳鸯之盟可践矣。"申生听说，大喜道："既是夫人与小姐避难尼庵，小弟只在早晚间，便告假还乡，去议亲了。"言讫，荀生想着玉瑞小姐,杳无音信,亦愀然不乐,微微叹息道:"年兄的玉鸳鸯,已有下落。只是小弟的玉鸳鸯,徒抱睹物怀人之感。"申生慌忙诘问其故,荀生就把次小姐玉瑞,亦以玉鸳鸯相订,并前后事情,细细说了一遍。申生大笑道:"原来年兄也有玉鸳鸯相订之事,尤为奇异了。只是小弟为着吾兄,直向虎穴龙潭,死里逃生,方讨得玉瑞小姐的一个实信了。"荀生听说,就问:"玉瑞小姐,如今在哪里?"申生便把自己舟中被劫,乃至贼营,会着任季良,以至续诗半律,方遇玉瑞小姐的事,一一细说。荀生大喜道:"既然如此,只在明日,小弟与吾兄一同告假回去,兄往靖江,小弟即写书求恳任季良便了。"说罢,个个欢喜,遂呼酒畅饮,直至夕阳西下,沉醉而回。

　　且说贾似道,有女琼娥,年已二十,未曾招婿。那一日,看见申荀二生,风流年少。一中状元,一中探花,心下十分爱羡,将欲选择一个,招为女婿,又难于去取。因想道:"申荀二生,人物文章,难分高下。况姻缘之事,亦非偶然。今将二位名姓,书在纸上,分作两阄,置签筒内,向天祝告,用手将阄拈起,拈着者即系姻缘注定,就招为女婿。"主意定了,遂作两阄,置于筒下,向天拜祝告,以凭天配合姻缘之故。祝毕,拈起一阄,展开看时,乃是探花荀文也。似道意决,就着官媒,速至探花寓所,议说小姐姻事,立等回话。官媒不敢迟延,即来见荀生,备说:"贾相府招亲,莫大之喜,望乞探花爷就把丝鞭受下。"荀生固辞道:"下官未遇时,已曾议婚崔氏,岂可停妻再娶,万难从命。"官媒往返数次,荀生只是固辞。贾似道大怒道:"这个小畜生,恁般无状,必须设计摆布他,方消我恨。"遂与心腹贾平计议。贾平道:"欲要害他,何难之有。近闻得剧寇刘新,势甚猖獗,只消用着前番害那崔信的故事,便可以送他的性命了。"贾似道闻言大喜道:"此计甚妙,适值荀生告假回乡,似道遂不准告假,奏他有才可用,教皇上令他领兵二千,前往宜兴剿寇,即时起身,不得迟延。"皇上准奏。一闻诏下,虽不晓得军旅,然以小姐之故,欣然即行。申生已准告假回籍,将往靖江。临歧握手,再三叮嘱道:"我观任季良,甚有投降之意。只是刘新恃强好勇,未即向善。手下又有一个祝千斤,名唤祝万龄,惯使双斧,真有万夫不当之勇。兄若出兵交战,切宜谨慎,须与任季良暗通消息,约定里应外合,方能取胜。小弟到彼,若会了夫人小姐,同返敝居,候年兄凯音也。"荀生唯唯,领教而别,遂引兵前进,宜兴剿寇。未知后来端的,且听下回分解。

第十回 代回书令使通诚
征巨寇延医进鸩

诗曰：

天意全佳偶，情深事亦奇。

春风双看杏，绣幕共牵丝。

合浦珠仍还，延津剑岂离。

从来多异迹，休把画龙疑。

话说宜兴巨寇刘新，正与任季良、祝万龄坐在前营计议，忽见细作来报说："朝廷差着新科探花荀文，领兵五千，前来搦战。"刘新闻报，即与任季良、祝万龄商议道："官兵既至，必须整备交战，未审二生贤弟，计将安全。"任季良答道："我闻荀绮若延对策中深知时务，颇达兵机。况以新进书生，骤领将权，必有才智过人，所以朝廷择用。今既率兵而来，必有扫巢履穴之计。我这里军兵，名虽一万，善战者能有几人。若使沿门抢掠，是其所长；临阵援戈，是其所短。据着小弟愚见，还是坚守营寨，以观动静，此为上计。"言未毕，祝万龄高声道："二哥之言，何其懦也。我军深谙水性，行船如履平地。那些官兵，平时渡水，尚有覆溺之虞。况在红涛白浪之中，岂能操戈取胜乎。兼且我军熟知地理，胜则可以合围攻击，若不幸而败，亦足以凭水依山，守险抗拒。况那荀探花乃是白面书生，但知玩弄笔墨，岂识兵家妙算。只凭我这一双巨斧，必要杀他片甲不回。图主定霸，在此一举，二哥何故欲坚守营寨而不敢以战乎。"任季良道："不然，我辈所以结义聚众，只为着滥官污吏所迫至此。今堂堂大宋，虽则疆场未清，智勇之将，不计其数。带甲之士，尚有五十余万。设或抗讳不服，一旦四面合攻，则吾辈死无噍类矣。还是坚守营寨，审时度制，徐图归顺，方为上策。"刘新道："二位贤弟，欲战欲守，不消争论，愚兄自有主张。"遂唤众贼，分头埋伏，自与祝万龄，领军向前迎战，单着任季良保守营寨。任季良见众人出战去了，闷闷不悦，退出后营。只见小校领着一人进来，悄悄禀道："荀探花老爷有书呈上。"季良拆书看时，上面写道：

囊自西湖一晤，至今时切瞻思。将谓足下，凤起龙骧，图功细柳。不意，以起牧之材，投附鼠窃之辈，陷身匪义，窃为足下羞之。今以圣怒赫然，诏予征剿。唯乞足下，谕以皇威，倒戈归顺，则可以反辱为荣，保全首领。设或狂悖如故，亦乞足下率众内应，以图自全之谋。功成之日，弟即回朝保奏，定当授官行赏，决不有负足下为国之心也。比闻崔小姐，向在营内。倘蒙力为庇护，弗致美璧生瑕，尤见足下高主，而鄙人亦佩德无穷矣。专此布达，幸孰思之，并望速裁回翰，不宣。

任季良看毕，急着其妻并此书带往玉瑞，令代回书。玉瑞见说荀生已中探花，心下十分欢喜。将书看了一遍，遂提起笔来，代任季良写回书，以达荀生道：

两年迢隔，每嗟客路风尘，一片相思时在。西湖夕月自闻，台台看花杏苑，殊慰下怀。弟因鼠迹崔符，无由晋贺。讵意朝廷□□□今白羽麾兵，某敢不稽颡辕门，倒戈请罪。所恨犀谋不徇，主有难专。然某所以苟全性命，树帜潢□者，实有所不得已也。顷承翰诲眷眷，愧感交并，祸福之机，逆顺之理，某已知之稔矣，容当从中取事，以报知爱之恩。崔小姐向在敝营，自有寒荆伴慰。先此布复，尚图临期驰报，不宣。

玉瑞小姐写讫，就拿出来，递与任季良观看。季良看了一遍，又叫玉瑞代他缄封。玉瑞又将寸楮，略草数行，咐寄荀生道：

妾虽身陷贼巢，幸藉任君庇护，得以保全身躯。只是一腔幽悃，难禁万种闲愁，而弱质恹恹，不胜憔悴矣。恭喜郎君高掇巍科，更获分符阃外。伏唯临战谨慎，以图奏捷回朝，俾妾早离虎穴，得与母姊相会，皆出于郎君厚渥之所赐也。兹以便中，八行相嘱，唯君垂念，无任神驰。

玉瑞又写讫，即将回书封作一处，付与来使，回报荀生。"荀生从头至尾，看了一遍，心下大喜道："若得任季良在内相助，乌合草寇，可以一战而破矣。又将小姐之事，展开细阅。只见中军官慌忙禀道："贼船鼓噪而来，老爷须要急急调将迎敌。"荀生闻言，便遣先锋褚明，提着双刀，应声而出。但听得喊杀连天，鼓声乱响。俄而哨兵忙来报道："贼船千艘，四周合击，前军已败矣。老爷火速进兵救应。"苟生大惊，急忙披挂铠甲，率起众将，向前开弓乱射。贼人应弦而倒，落水死者，不计其数。刚把前军救出，不提防祝万龄反从后面杀来，仍把官军团团围住。矢已射尽，贼船愈多。正在危急之际，忽见风云骤起，露出一条龙，鳞甲纯青，垂下尾来，竟把刘新的船，搅翻在水。众贼吃了一惊，忙把刘新救时，已被官兵鼓勇杀出。任季良唯恐众贼追赶，急忙鸣金收军。苟生回营，清点将士，损折三百余人，心中闷闷不悦。自此，两边困住，一边数日。忽见哨兵来报，说任季良使至。苟生叫他进来，使者将书呈上。苟生接书，拆开看云：

> 前晚战后，刘新因以惊堕水中，陡染狂疾，不见愈可。日来遍处寻医，未获延至。台台可于近地，觅一医生，着他携了药草，内带砒礵悄然直至后营，密与某相会，自有妙计。至嘱至嘱，勿误是幸。

苟生览讫，唤过来使道："你可回去，拜上你老爷，说书中所言之事，各已悉知，不日即来复命。如今不便回书了。"遂叫左右，取出白金十两，赏与来使，打发他去了，就欲遣人延访医士，忽报金坛元尔湛特来拜谒。

原来元尔湛打听申生已中状元，直到苏州称贺。恰值申生密往靖江去了，不及相遇，故行访至营中，寻问申生所在。苟生闻说尔湛至，便大喜道："尔湛兄若来，吾事必济矣。"遂请入营见。行礼毕，苟生就备告任季良暗请医生，用毒刘新之意，并许以重谢。元尔湛听说，欣然请行。遂携了药囊，闯进后营，正与任季良遇着。任季良附耳低言道："先生若到前营，看过刘新脉后，只说病已十分危急，非药石可医，待他恳乞再三，方可服药，须把砒礵预先杂在药内，又要哄他直交半夜方可煎服。倘或要留先生住下，先生佯为许允，待至黄昏左近，就着人相送，决不致有累先生也。"元尔湛一一领诺，就去前营看病进药，依计而行，不必细谈。

只说到了半夜之后，祝万龄疾趋到后营报进道："大哥服药，七窍流血，已经身死，二哥为何熟睡不起，却不误了军情重务。"任季良听说，佯作吃惊道："这是什么缘故？若是七窍流血，毕竟是服了毒药，那个医生如今在哪里？"祝万龄道："遍处寻觅，皆不见了，不知去向何方。"任季良道："那个医生如此，必是奸细无疑了。"说罢，便放声大哭。哭了半响，乃徐徐说道："只今兵临寨下，胜负未决，必须设谋定计，杀退官军，方可议举丧事，未知三弟主意，还是如何？"祝万龄点头应道："二哥所见极明，只是大哥既死，须把目前约束，更要整齐一番。"任季良道："愚兄正有此意。明日午前，待愚兄治水酒一杯,屈三弟到后营,料理诸务,并议退兵之策。幸祈早至,得以细谈为妙。"祝万龄听了,满口应允。任季良心内暗暗欢喜,就同祝万龄到前营,见了刘新尸首,又大哭一场。连忙备办棺椁衣衾,把刘新收拾殡殓停当,暂安在营内。到了次日,季良一面准备酒肴,一面选下勇士二百人,各带利器,埋伏在后堂。"待吾与祝万龄饮酒到中间,掷盏为号,众人一齐杀出,把祝万龄登时砍死,不可有误。"众人领命,就去埋伏。将近日中,祝万龄只带二十余人,欣然赴席。既而酒行数巡,任季良道:"刘兄既死,我等益觉势孤。今早荀探花出示,招抚我们,我想起来,不如乘此机会,解甲投降。则荀探花必然欢喜,出疏保荐。凭着你我武艺高强,当此用兵征战之时,何患富贵不至,又何必栖踪水浒,做此悖乱之事哉。"祝万龄道:"二哥但知其一,不知其二。只今奸佞满朝,寇兵不息。眼见得天下已非赵氏之物了。你我正该协力同心,共图大业。他日事成,可以南面为主。若事不成,亦可以全军归附,不失茅土之封,岂可信那招降哄诱之说,自投于罗网也。"任季良变色道:"你若不听我言,只怕利刃临头,那时悔便晚了。"遂把酒盏向地一掷,厉声唤道:"左右何在。"屏后二百名勇士,提枪挺剑,一齐杀出。祝万龄看见势头不好,亦拔剑而起,向前斫伤数人。怎奈寡不敌众,竟被乱枪搠死。手内跟随二十余人,慌忙回去,报知祝万龄之侄祝云。祝云闻报大怒,登时率领众贼,杀进后营。任季良正欲持枪出迎,恰值荀生大军已至。祝云抵敌不住,落荒而走,被任季良急忙追上。轻舒猿臂,活捉回营。其余众贼,一一就擒。任季良唤集本营人马,向着荀生,拜伏在地,愿听招安。荀生把任季良双手扶起道:"我悉知任兄,忠义人也。今日谋诛二贼,上免圣上之忧,下除一方之害,功劳非小。小弟不日班师献俘,定在御前保荐。"季良鞠躬致谢道:"小将何功之有,全赖荀爷洪福,得以去暗投明。所谓生我者父母,知我者鲍子也。"荀生又问道:"那崔小姐却在何处?"任季良道:"就在后轩,专等荀爷相见。"荀生慌忙踱进后轩,玉瑞小姐敛衽向前。施礼方毕,玉瑞愁容满面,低声诉道:"贱妾不幸,家破人亡,乃至避难中途,又遭掳掠。如非任君仗义扶持,妾已作泉下人矣。但不知老母家姊漂泊何方? 今日贱妾虽遇郎君,尚觉归身无地。"荀生道:"小姐不须忧虑。下官前日在靖江,备闻尊堂与令姊,避迹尼庵。近日,状元申起龙告假荣归,已经到彼处探候,想必挈载回苏。故今日下官愚见,即欲重烦任兄尊阃,同着小姐,先往敝居住下,俟下官把那贼情处分明白,候着申兄返棹,便即一同回到苏州,再与小姐相会便了。"玉瑞称谢,荀生就解开衣襟,取出玉鸳鸯道:"别后事难多端,幸喜玉鸳鸯无恙,今送还小姐,先代聘仪。"玉瑞把玉鸳鸯收了,荀生遂命军校,整备船只,先把玉瑞送往姑苏。次日升帐,把那投降众贼,一一发放。说道:"愿为民者归乡耕种,愿为兵者编入部伍。又将祝万龄部下,抗剿诸贼,裁其巨魁,宥其羽翼。只见帐前，又有二十做人，高声叫冤道："老爷，某等俱非强盗，实系良民，被贼劫财，擒缚在此。伏乞老爷释放回乡，公侯万代。"荀生举眼观看，二十余人内，有一人神气超然，须髯如雪，低着头不发一语。荀生心下大惊道："那人莫非是崔老伯否？为何容貌相像得紧。"就叫左右，把二十余人带起，候明日再审释放。未知荀生看见那人，果是崔信否？欲知端的，下回便见。

第十一回　看灵画路逢玉英
逞侠气智劫仲宣

诗曰：

　　悲欢离合，纷纭反复，从来世事无凭。风流佳遇，到底让多情。每美画龙神迹，向闲窗几日才成。停毫处，持杯独酌，侧耳听啼莺。

——右（上）调《满庭芳》

　　却说荀生，见帐前二十余人呼冤求释，内有老者，与崔信相像，心下可疑，就叫把众人带起。到了一更时分，荀生密着任季良，把那老者悄悄唤至。季良去不多时，就引至帐前。那老者一见荀生，便称贺道："恭喜贤侄，高步青云。只是别来许久，还认得老夫吗？"荀生仔细一看，慌忙下拜道："原来果是老伯。日间小侄无状，殊为得罪。"便令左右取出酒肴，请崔公上坐。饮了数杯，荀生从容问道："老伯试把别后事情，备为小侄言之。"崔公就把如何出征，如何战败，以至青龙援难，避在阮家庄上的事，细细陈了始末。荀生道："老伯既在阮家庄，为何又陷入祝万龄的贼营？"崔公道："一言难尽。老夫自住阮家庄上，不及半年，适值均州被元兵攻破，本地盗贼蜂起。因想同年故友，唯与吕时芳最相契厚，遂别了阮太公，直到靖江造谒。谁想那吕时芳是个趋时附势的小人，看见老夫如此狼狈，竟闭门不见。那时老夫进退两难，寄居僧寺。近闻贤侄高捷，特欲到苏州，以图一晤。不料行至中途，竟遭了祝万龄之难。"说罢，容色凄惨，喟然叹道："老夫既受此迍遭，想起寒荆小女，亦必为那奸贼所害。"荀生道："老伯去后家事，小侄一二相闻，容当细禀。"遂把贾似道欲夺二位小姐为妾，直至夫人知风远避，前前后后，始末根由，说了一遍。崔公听了这些话，又惊又喜。荀生道："小侄欲于明日就同老伯至苏州，会了令爱玉瑞小姐，然后等那申兄到来，一同进京，劾奏贾似道。一则为老伯辩冤，二则为朝廷除害，未审老伯以为可否？"崔公点头称善。时元尔湛自进鸩刘新之后，尚在营中，遂令前往靖江，接候申生消息，即日同了崔公，班师回苏州不题。

　　且说申生，自与荀生别后，换了衣巾，只带一僮一仆，不则一日，已到靖江。访至尼庵，谒见老尼，就请出崔老夫人相见。夫人知是申生，急忙移步出来，见礼，问安已毕。申生开口就问："大小姐安否？"夫人闻言，扑簌簌泪流满面，哽咽不能出声。悲啼半晌，方才答道："小女不幸，前日被强人劫去了。"申生听说，大惊道："难道当真吗？"忍不住眼眶泪下，忙以袖拭。李夫人道："老身晚年运蹇，祸事接踵，不知别后郎君近状若如？"申生道："小侄侥幸，忝中状元。因晤荀绮若，方知伯母与小姐寓在尼庵，所以特来问候。谁想令爱又遭此变，使人闻之，殊为骇恨。"李夫人听说申生已占元魁，欣然称贺。既而申生又向李夫人道："前岁小侄，住在贵衙读书，隔看花屏，曾与大小姐一面，多蒙大小姐不弃，赠以罗帕一方，玉鸳鸯一枚。那罗帕，前日被吕肇章窃去，送与老伯，认作奸情，致使小侄闻风惊窜。今玉鸳鸯佩带在此，请乞伯母权且收下，小侄决不以一官为念，情愿到处寻觅小姐。倘或必不能遇，誓毕此生，决不婚娶。"李夫人起身作谢道："难得郎君这般厚爱，只因小女薄福，所以有此变事耳。"老尼在旁，听见申生乃是新科状元，急忙整理蔬果，殷勤款待。当晚无话，到了次日，申生就去拜见本县大尹，诉说小姐被劫情由。大尹闻说，就签了一张缉捕批文，差人缉获。申生告辞大尹，刚出县署，但闻路旁人声喧沸，俱道王家园内，有一个道人，持着龙画一轴，头尾俱会活动。申生闻言，也就随了众人，步至王家园。只见那些看的男子妇女，来来往往，挨肩擦背，足有千数。申生向人丛里错进观看，见厅上挂着龙画，鳞甲纯青，头尾活动，原来是即虎头真迹，崔公之故物也。申生观看多时，自向园中闲步。忽有二乘女轿，后面跟着后生男汉二十余人，一直抬进园来。这些看画的人，乱纷纷站在两旁，让那女轿入厅。申生料想，这轿内女子，必是宦家内眷，挨身偷视。俄而轿帘卷起，一个女子移步出来。申生凝眸熟视，但见那女子，玉惨花愁，泪痕盈颊。原来不是别人，乃是大小姐玉英也。申生看了，故意高声说道："我申起龙，自姑苏来至此，何幸得遇这样灵画。"玉英转眸一看，认是申生，面色登时凄然，如雨泪下。申生意欲近前说话，怎奈豪奴狠仆，登时催唤上轿。玉英亦无心观画，竟上轿如飞而去。申生观望半晌，不觉自断意迷，魂魄俱丧。及向旁人讯问，旁人说是江衙内眷。申生即时进见县尊，要他出牌拘究。谁想那时轻文重武，江总制统辖精兵数万，威势赫赫，所以县官畏惧，只管推托，不行牌拘究。申生左思右想，无计可施。一日，立在尼庵门首，面带忧容，踌躇叹息。忽见路旁走过一人，高声问道："借问足下，有何心事，这般双眉紧蹙，慨叹连声？某乃天下有心人也。设有冤仰不白之事，何不语我。"申生闻言，向头看时，觉得那人有些面熟，急忙邀入庵中，分宾主而坐。遂问道："小弟细观足下尊容，十分面熟，似曾在这里会过？小弟一时想不出来，望足下指示明白。"那人笑道："原来吾兄是忘记了，俺是前日镇江酒楼上那个粗汉。敢问吾兄尊姓大名，到此有何贵干？

何不为俺言之。"申生闻言笑道："前日小弟在镇江酒楼上，闻足下议论慷慨，十分敬服。今小弟忘记尊容，获罪多矣。小弟姓申名云，姑苏人氏。为着一件贱事，所以逗留在此。方才在门首沉吟，思想无计可施。即蒙足下问及，容当细述。"那人道："原来就是新科状元，失敬了。俺乃澄江陆佩玄的便是。千金赠客，略不皱眉。四壁萧然，岂知贫窘。今日虽然幸会，或有可以效力之处，愿乞细谈，不要藏头露尾。"申生闻言，便将前事始末，细说一遍。"今小姐被江仲宣藏锢在家，县尊畏他威势，不敢拘究。小弟无奈他何，只是忧闷叹息而已。"陆佩玄听说，呵呵大笑道："这些小事，何足介怀。只在明早，小弟包你珠还合浦，剑起延津。"申生说道："今承足下仗义相扶，使小弟感戴不浅。只是江仲宣恃着父擅兵权，横行无忌，那县令尚然畏惧，何独足下视之如此之轻。"陆佩玄笑道："这厮乃是小人得志，做事轻狂。在他人视之，以为节制千里，惧其威势。在我视之，直比那城狐社鼠，何足道哉。"说罢，也不告辞，竟抽身而出。申生见他去了，半信半疑，踌躇不定。到了次早，忽闻叩门甚急。申生开门出视，只见壮士二十余人，带着骏马一匹，女轿二顶，陆佩玄毡巾白氅，腰剑而来。向着申生说道："小舟已在江口俟候，速速请崔老夫人登轿，状元亦即乘此骏马，作速下船。俺到江仲宣处，接了小姐，顷刻就来也。"言讫，叫人抬了一顶女轿，飞奔而去。申生就请夫人上轿，崔义同着彩霞，运出箱笼之物，交付众人挑去。一路直赶到江边，果然泊着大船一只，快船二只。众人下船，不上半个时辰，只见一顶女轿在前，陆佩玄一手掣剑，一手扭着江公子随及，飞奔而来。到了江畔，忙叫小姐出轿下船，陆佩玄始把江公子的衣袂放松，大喝一声道："饶你这条狗命罢了，今后万不可胡行做事。若再如此，你认得我老陆的这一口利剑吗？"江公子吓得面色如灰，不敢多言，脱身就走去了。小姐在船中与夫人相见，母子分外欢喜，就向前与申生施礼礼毕，忽见陆佩玄进入船舱，遂与玉英施礼，笑对申生道："小姐已至，不幸辱命。那鱼肉酒果之物，已备在船中，作速开船去吧。"言讫就走过快船，一直护送到苏州，竟不别而行。原来陆佩玄假以晋谒公子为由，等得江公子出来相见，便一把扭住，拔剑欲杀。说："你快把玉英小姐送出来还我，我便饶你性命，若道半个不字，把你登时砍死。"此时江家童仆虽众，只是恐怕害了主人性命，不敢动手。登时就把玉英小姐送出，陆佩玄又恐有变，直令江公子送至江边，方才放手。乃是曹孟达、齐桓公的故智。

话休絮烦，且说申生，船到苏州城外，忽闻岸上有人问道："船内可是状元申爷否？"申生推窗看时，乃是表兄元尔湛。忙叫家人，请他下船相见。元尔湛道："愚兄因苟绮若老爷之命，特到靖江探望贤弟，不料到庵寻问老尼，老尼云已起程回苏去了。因此速急赶来，却在此处遇着。"申生道："表兄既会苟绮若，必知他近来出兵消息，还是胜负如何?"元尔湛道:"皆赖任季良之力,贼已平了。"就把自己用药,暗害刘新,季良设计砍死万龄,前后事情,说了一遍。申生道:"既是如此,平贼之功。吾兄与有力焉。"元尔湛道:"更有一桩奇事。绮若因为剿贼,反得遇着崔老先生,只今俱在荀宅,专等会了贤弟,绮若就要班师入朝。"申生与李夫人、小姐,闻说崔公无恙,俱各十分欢喜。遂即进了闾门,就到荀绮若宅内。众人相会,悲喜交集。这一会,真个是夫妻离而复合,姊妹分而再逢。各把别后愁肠,细细诉说。无不伤前时之厄难,喜此际之团圆。正是:

今宵快把银缸照,犹恐相逢似梦中。

荀绮若见众人一齐聚集,就吩咐家人整办庆喜筵席,众人又说些闲话。不多时,筵席齐备,里边只有李夫人与玉英、玉瑞三人,共席饮酒。前厅崔公、元尔湛、任季良同着申起龙、荀绮若,共是五个。叙次坐下,饮了数杯。崔公见今日一家完聚,不胜欢喜,遂令掷色猜拳,开怀畅饮。直至夜深,尽醉而散。未知后来玉英、玉瑞与申、荀二生如何配合?且听下回分解。

第十二回　上奏疏下诏褒封
　　　　　　隐桐庐霞蕴祝寿

诗曰：

　　记当年，住西湖，各遇娉婷。互赠瑶章，顾盼多情。须待玉堂金马，才配绝世倾城。喜知音，望桐庐，携手偕行。欣羡丹砂，服食长生。纵有金鱼紫绶，何如却銮埋名。

——右（上）调《金人捧玉盘》

　　却说崔公与众人饮醉而寝，次日早起，崔公暗与李夫人商议道："我们一门完聚，皆出于二位贤侄之力，我今意欲央烦元尔湛、任季良作伐，把玉英、玉瑞配与申、荀二生，即日完了姻事，未审夫人以为可否？"李夫人闻说，欣然色喜道："深悔曩岁西湖，不曾招赘二生。今喜二生俱已成名，正所谓邻家快婿，何不可之有。"崔公意决，遂与元尔湛、任季良商议，当日成亲。元、任二人即通知二生。二生闻言，暗暗欢喜。荀生就进入内厅，向着崔公说道："深感老伯不弃寒微，故使侄辈东床袒腹。侄辈不胜欢喜。但只是国贼未除，侄又班师在即。据着愚意，欲与申兄同往临安，连名劾奏贾似道，老伯随后也上一本，备说贾似道拨付弱兵，江臣失朝不赴，以致寡不敌众，丧师害将，有误国家大事。侄料想这本一上，圣明必有定夺，那时从容议亲，未为晚也。"崔公大喜道："贤侄所言，深为有理。"遂唤申生进来，把绮若所言，述了一遍。"未知贤侄你心下若何？"申生道："忠义之心，人皆有之。小侄岂有独让荀兄专美。"三人议定，遂收拾停当。到了次日下船，不则一日，遂到了武林。恰值贾似道为恶多端，已被言官弹论，皇上累诏切责。贾似道唯恐祸及，只得上疏，愿亲督将士，往救襄阳去了。荀生知了这个消息，便与催公计议，连夜草成疏章，次日早朝上奏。那疏内大意：首言扫清巨寇，或抚或剿，俱已处置停当；中间备说贾似道奸邪误国，陷害忠良，并以崔公带入；末后便把任季良荐举，说他解甲投降，剿贼有功，武艺高强，可充将帅之任。不多时，只见圣旨赐下，把荀文加升三级，崔信仍授龙图阁学士，任季良除为忠义郎，其余有功将佐，赏赉有差。众人受了封赏，同向午门拜谢圣恩。事毕，崔公便与申起龙、荀绮若俱往西湖园内，收葺亭轩。李夫人与二位小姐，依旧在园住下。崔公就叫人择吉〔日〕，命二生与二女成亲。

却说吕时芳，探知崔公已复原职，备下一副礼物，十分丰盛，央着族兄吕源，同了吕肇章，直到临安致贺，并议行聘日期。崔公着人回复道："老爷偶着正事，不便相见，若说姻亲，大小姐近已许下新科状元申爷了，承贶厚仪，一概返璧。"吕肇章造门数次，请求一见，崔公终不肯见。吕肇章竟受了一场没趣，闷闷而去。过了两日，已是吉期，元尔湛、任季良做了媒妁，唤齐傧相，整备花烛之筵。申起龙、荀绮若冠带巍峨，玉英、玉瑞凤冠霞帔，打扮得好像天仙玉女一般。大吹大擂，两对夫妻同拜了天地，又拜了崔公与李夫人，又个个交拜。拜毕，然后迎入洞房。申生房在后堂左边，荀生房在后堂右边。个个坐床撒帐，合卺饮酒。真个是才子佳人，一双两好。而锦帐风流佳话，自不待言矣。

次日，任季良为着鄂州军士谋反，奉诏领兵出征。元尔湛要往金坛，二人个个起身辞别，二生置酒饯行，送出园扉。只见崔公骤马而回，面容失色。申、荀二生见了，从容询问，崔公道："适才报至，说贾似道战败于丁家洲，襄阳已破。那些元兵，顺流而下，攻城夺邑，势如破竹。眼见得国家大势已去，怎生得好。"二生道："贾似道既已战败，还是阵亡，还是逃往别处？朝中大臣，有什么议论？"崔公道："朝中大臣闻贾似道战败，反而上疏，说他专权欺君，卖国招兵，当置于典刑。圣上览疏，犹豫不决。众言官又上疏，论贾似道罪恶多端，毒国害民，作速枭首，以伸国法。圣上见奏疏叠至，皆言贾似道罪恶难容，遂下诏放贾似道于犹州，籍其家。"二生听了，叹道："似道不诛，国法何在乎。"又过了数日，崔公自朝中回，对二生道："今早报至，说贾似道放置犹州，一路被监押官郑虎臣窘辱备至，及行至漳州木绵巷，已被郑虎臣所杀了。"二生道："国贼被诛，少慰神人之愤。怎奈王室如毁，吾辈将来，尚不知作何结果。"正在共谈时事，忽报谢翱来拜。二生急忙整衣出迎，延进坐定，彼此叙了寒暄，谢翱道："自向钓台一别，瞬息二年，恭喜二位台兄，名魁金榜，入赘乔门。使晚弟殊为仰羡。但今朝政日非，外寇不息。贾似道既败于襄阳，江臣又殂于汉口。主少国危，灾眚屡见，不知二位台兄将来出处？或挂梅福之冠，或羡常山之舌。请为晚弟备细言之。"申生道："昨日妻父退朝，谈及襄阳已破，使弟为国兴悲，岂能裁以去就。"荀生道："弟虽酷慕知情之风，然既食君禄，怎能忍然便去。设或事势必危，当采西山之薇耳。"谢翱道："晚弟诊观天象，中原帝星不明。当此民心已离，国事已去，二位台兄，官居翰苑，乃是闲散之职，纵使谢事而归，未为不忠也。钓台左首，富春山下，弟有茅屋二十余间，尽可栖足，可不携细君，浩然常往。洋洋涧水，足以供吾辈啸歌之乐也。请自尊裁，毋贻伊戚。"二生俯首沉吟，徐徐答道："容与妻父商之，再当报命。"

是夜便以谢翱所言，述告崔公。崔公首肯道："我亦正有此意。二位贤婿，作速上表辞官，先携小女，并你岳母，就往桐庐住下。老夫世受国恩，当此患难之际，怎敢贪恋性命，做那忘君背国之人。且再匡扶幼主，以待文相国出征消息。"二生进内，就着玉英、玉瑞整备行装。次日遣人约定谢翱，买舟同往。辞朝之后，拜别崔公，带领玉英、玉瑞并李夫人，以至彩霞、桂子及众婢仆，开船挂帆而往。不则一日，到了桐庐。那富春山下，谢翱果有精舍一所。只见花屏竹榭，草阁梧轩，处处幽雅。二生与玉英、玉瑞个个欢喜道："当此山深路僻，足回俗子之车，而评月咏花，不失我辈山林经济。"原来谢翱并无妻小，朝吴暮越，踪迹不定，所以将此园房，让与二生居住。

一日，柳烟拖绿，红杏初开，二生请出老夫人，并与玉英玉瑞，开宴赏花饮酒。中间谈起旧事，玉英道："我与汝分离复合，皆由画龙之力，那道人所赠琴弦，到今犹在，必须着焚香燃烛，礼谢一番，然后放入中流以纵其变化之质。"玉瑞笑道："画龙之力，固不可忘，那玉鸳鸯之功，为何抛却。"二生俱笑道："非画龙不能免难，非玉鸳鸯无以订姻，彼此均有大功，永宜镂刻肺腑。"四人正在纷纭谈笑，忽见一个道人打从竹边走至，羽衣蹁跹，丰神超尘。二生举眼观之，乃是崔公当日赏菊筵前乞取龙画的那个火龙真人也。二生连忙与老夫人、玉英、玉瑞俱叩头拜谢。真人道："今日你们一家完聚,画龙酬德,可谓尽矣。但不知琴弦何在?宜以还我。"玉英慌忙取出,递与真人。真人就将琴弦展开,顷刻化成一龙,跨上龙背,竟腾空冉冉而去。众人仰首遥瞻,不胜嗟异。

忽报崔公已归,急忙向前迎接,进入草堂,个个相见,问安已毕,二生问道:"近闻张世杰、陆秀夫二公扶着幼帝,领兵泛海交战,毕竟胜负若何?"崔公唏嘘泣下,不胜悲怆道;"天意绝宋,不可为也。张世杰泛舟与元兵交战,世杰兵溃,又遇暴风疾雨,幼帝所乘之舟,已将覆没。陆秀夫恐幼帝为元兵所辱,竟抱帝赴海死之。张世杰见天意绝宋,不可挽回,亦赴海死。"说罢,崔公与二生皆感悼不已。自此,崔公只与二婿,盘桓于竹林松径,绝口谈世事。元朝访求故老,遣着使臣,赍诏三聘,俱以病辞。那一年,崔公七旬华诞,二生备办祝庆筵席。红烛辉煌,香烟缭绕。请出崔公与老夫人,并坐堂上。先是申生、玉英捧觞祝寿,次及荀生、玉瑞,以至彩霞、桂子。一家童仆,各拜寿已毕,于是开延列坐,水陆备陈,饮至半酣,忽闻门外,马嘶人喧,崔义进来禀说,任参戎与陆千户二位老爷,特来拜望。崔公就与二生,整理衣冠,鞠躬迎进。原来,梅勒即是任季良,同山即是陆佩玄。请入草堂相见,揖毕,整杯而坐。崔公道:"恭喜二位台兄,分符两制,遂使民安盗息,阖境肃清,老朽借以安卧林泉,受惠不浅。"申生向着佩玄说道:"向日靖江,深感大德,愚夫妇至今铭刻不忘,谁想台翁已做了开国勋臣,督兵敝地,尚未晋贺,反辱先施,殊为抱罪。"荀生亦向季良谢道:"曩岁若非台兄覆庇,拙荆安得保全。及在西湖话别之后,吾兄往救鄂州,传闻战败师丧,使弟每为扼腕,岂意吉人自有天相,竟获万里封侯,荣及故人,倍胜慰羡。"季良道:"荷蒙兄翁荐拔,得授一官,以后战败难归,投在元戎幕下,侥幸成功,滥叨斯任。岂若崔老先生,与二位台兄优游林下,以享竹坞花园之乐,自是物外散仙,非弟辈鄙夫俗吏所敢望也。"佩玄回顾几上,焚香点烛,便笑道:"为何烛火煌煌?可有什么喜庆之事?"崔公道:"今日乃是老夫贱诞,两个小婿,必要学那些祝寿俗套。所愧虚生于世,自觉汗颜耳。"申生道:"幸值二位驾临,即以妻父寿酒,屈作一宵清话,万勿见却为祈。"任季良道:"弟愿借霞筋,奉祝南山之寿。"既而筵席方开,持觞送酒。适元尔湛自金坛来,谢翱亦自天台至,作揖就席,无不欣幸,以为良晤。刻烛雄谈,直至子夜而罢。

自后七年，崔公与李夫人相继病亡，申、荀二生不回原籍，就买宅于桐庐县内，与玉英、玉瑞二夫人，优游安享，寿俱至七十余岁而卒。荀生止获二女，长适士人俞元，次适进士崔玉振。申生生有二子，长讳肯构，次讳肯堂，俱成进士，为元名儒，然皆是二女所生，人咸以为玉鸳鸯之瑞云。后人有诗赞道：

　　　　西湖流寓似飘篷，文既相如貌亦同。

　　　　玉鸳作缘成巧合，画龙为护定奇功。

　　　　从来班马才原并，每美何韩事偶逢。

　　　　何日桐庐山下过，欲将茅草觅幽踪。

民间藏手抄真本

松家藏书

第三篇

梅花洞

［清］白云道人 撰

梅花洞凡例

○小说前每装绣像数叶，以取悦时目。盖因内中情事，未必尽佳，故先以此动人耳。然画家每千篇一列，殊不足观，徒灾梨棘。此集词中有书，何必书中有形，一应时像，概不发刻。

○从来引用诗词评语，俱以此视贴正文。率皆敷浅庸陋，有识者未免遗恨。与其繁而无当，不若简而可观。余于诸家，较有微胜。

○全部书中，似同传剧，正生正旦，事必有主。每见近时诸刻，颠倒错乱，玉石不分，词意虽工，无取乎尔。

○一回一事，终属卑琐。况有窝里巷之秽谈，供俗人之耳目。愚虽菲薄，稍异颓靡。

○始较事之所必无，终揆理之所必有，稍有强附，便属不文。故乱伦失节，鬼神变幻，丑恶果报，不敢具登，所重者寸情两字耳。

○是书之发，本乎坊刻，秽亵诸语，时习所尚，虽于大假主脑，不褓俚俗，然间散点缀，时或有之。正恐刘邕之嗜，非此不欢，如握丹黄，终有微憾。

○行云流水，文章化境，随时逐景，信笔则书，既无成心，何敢滥涉。

苏庵温识

苏庵杂诗八首

　　轻云入梦绮窗秋,往事无成忍再愁;海燕去时花信断,宫莺啼散泪痕收。人间金谷朝朝变,天上银河夜夜浮;青鸟不归香篆冷,几回怅望绕高楼。

　　星虚碧落夜光寒,月姊移香降彩鸾;红袖拂云惊影瘦,翠屏行雨惜花残。含情腕晚留芳芯,暂见分明对合欢;不道三山容易隔,至今幽恨泪阑干。

　　花绕回栏月送更,梦残犹自怨啼莺;虚传留枕怜曹植,谁惜能琴似马卿。细雨春来金柳醉,澹烟秋去玉钩情;寻思底事终难见,知在瑶台第几名。

　　知是鹈鹕遇未长,碧莺灯暗镜光凉;搔头玉晕三更月,照骨金留五夜香。梦里苕荣终惜命,峡中云散未为祥;只今梵火疑禅寂,会得空花也断肠。

　　曾省惊魂度碧宵,至今幽梦未全遥;芙蓉嫩色添花胜,杨柳轻身压绛绡。窗外影寒秋月瘦,灯前香散晓鬟娇;多情剩有空梁燕,记得窥帘坠翠翘。

　　九疑山南吕

　　《香罗带》一从鸾凤分起,至首饰典无存止

　　愁莺埋镜尘双飞,断云关山梦转衾,未温画图难与唤,真真也!

　　《犯胡兵》饭食何处有起,方终可求止

　　向残灯自忖,把题笺寄恨,莫不是我宿世姻缘,今生已尽。

　　《懒画眉》强对南薰起,流水共高山止。

　　空欢离情暗伤神,想昔时,投佩偶,亲把幽香,星下结深恩。

　　《醉扶归》只怕为你难移宠起,心先痛止。

绣帏彩凤双栖稳,说不尽惜花心,一段温存,描不就娇香体,五更残困。

《梧桐树》黄莺似唤俦起,故把人偬愁止。

巫山暮雨昏,洛水朝霞晕。不道吹箫弄玉非凡品,绮楼会晤迷方寸。

第一回　宝实屏梦中门艳
一生石天外寻芳

诗云：

> 千里红线紧碧环，美人家住最高山；
> 分明有个司花吏，一段春情莫等闲。

自古道才子多情，佳人薄命，这句话，一正一反。那才子是有才学的，识见精明，得知古往今来，许多好事，绝不是资性刻薄，把六亲眷属都看作陌路之人。这段情意，天生带来的，不消说得。至于佳人薄命四字，全然不晓得世事的，说出这句话。自古真正佳人，命决然不薄。你道为何不薄起来！西施见辱于亡国；昭君困抑于画图；绿珠坠粉于高楼；太真埋环于荒驿——这都是命薄所致。

看官，却不知他只为命好，所以有此遭际；若是命薄，求也求不到这个地位。怎见得他命好？世上有了几分姿色的，偶然嫁得个斯文财主，做了财主婆，生男育女，不上几年，奄然去了。世间这样妇人尽有，那里记得许多？譬如植名花于幽谷，自开自落，何从见得他好处？唯是颠连困顿，经一番亡家丧国之苦，见得他的，无不起爱惜之心，闻得他的，也还有垂怜之念。就得到几千几百世以后，知他名字，想他形容，说道："我若遇此等佳人，便要如何爱护，如何怜惜，哪舍得一旦云收雨散。"这条念头是人人有的。那个佳人，就享得半生富贵，已传下万载花容，岂不胜人百倍？如今做小说的，开口把"私情"两字说起，庸夫俗妇，色鬼奸谋，一图秽恶之气，敷衍成文，其实不知情字怎么样解。但把妇人淫乐的勾当，叫作私情，便于情字大有干碍。不知妇人淫乐，只叫得奸淫。今日相交一个，明日相交一个，那算得是情，不把此道相交便称贞节，直至阴阳交媾，就是私情。是所重在方寸之间，与情字大相悬涉，甚至有止淫风。借淫说法之语，正是诲淫之书。人既无情，流为报应，此皆不讲得情字明白，到把"佳人才子"四个字，看得坏了，故有此话。

自古佳人才子，不知经历几千百年日月之精华，山川之秀气，鬼神之契合，奇花异木，瑞鸟祥云，祯符有兆，然后生将出来。正如宝贝一般，二美具合，就是不着身不干这件勾当，也要一心想契，生可以死，死可以生。情之所钟，若鸳鸯交颈，分拆不开，鸳鸯岂是惯要打雄的。盖谓情上分不散，故此把他比人家夫妻之谊。树有连枝，花有并蒂，尽是此意。切不要把"私情"二字看坏了，反做出许多无情之事来。不信，但看青陵台畔，魂魄依然，只闻地下有报淫之条，不闻天上有多情之律。吾且把一桩实事，演作话文，教天下有情的，自然感动。正是：

　　不入巫山留夜梦，怎知神女化朝云。

　　当初隋文帝时，曾造一架屏风，赐予义成公主。其名唤作虹霓，雕刻前代美人之形，各长三寸许。其间，服玩之器衣服，皆用众宝嵌成，水晶为地，外以玳瑁水犀为押，种种精妙，迨非人工所制。延至唐朝，太宗得之，藏于内计。到玄宗时取出，赐予太真娘娘。太真归其兄杨国忠家，带此屏风，安于高楼之上。一日国忠偃息楼上，方绕就枕，屏风上诸女，悉到床前，各通名姓，又歌又舞，半晌而去。国忠醒来，怕是妖怪，急令封锁楼门。禄山乱后，屏风存在宰相元载家，自后流落世间。至宋朝又取进宫中，高宗南渡，带到临安。元朝代宋，屏风为赵氏宗室所藏。

　　元顺帝时，杭州府钱塘县，有个赵员外，乃是宋度宗第五世裔孙。他夫人只生一子，名唤赵青心，号云客，生得貌似潘安，才如子建，年方一十八岁，已是无书不读，名冠学宫，真个青年俊雅，自己道是天下第一个风流才子。只因赵员外家财丰盛，婢妾众多，这些云雨意件件都晓得。那勾情缘上说得好，阳物虽小，经了阴水，时常浸一浸，他自然会长大起来。赵家房婢，个个会长养此物的，见那赵云客生来标致，那个不要亲近他？所以年纪虽不多，只有这件事，便如经惯的一般。但是他立心高旷，从小气质，与凡夫不同，常愿读尽天下第一种奇书，占尽天下第一种科甲，娶尽天下第一种美人，凡遇世间第二种事，他却夷然不屑介意。

　　一日，到员外后房闲玩，有些宝贝，他都不留心。只看见屏风一架。那是前朝相传下来的，就是雕刻历代美人的叫作虹霓。只因员外是个宋朝宗室近支，故此有异物。云客心上暗想道："往常在书上，看出古来许多美女，每称绝代佳人，令我终日思慕。不想这屏风上的雕刻，一发工巧非常，便与员外讨此屏风，张在小书房内。下面铺着一张紫檀小榻，锦衾绣褥，独宿其中。"

　　那里晓得屏风上的美人，通是灵异的人。在先历代所藏，只看作是个宝贝，偶一展开，即便收好。只有杨国忠楼上一睡，吓得冷汗直流，以后从不曾近人的精气。那赵员外不知其故，便听儿子把那屏风伴宿。只见赵云客暂时摆在小书房内，便像过了美人气的，心上欢欢喜喜，把一对象牙高召，点起通宵明烛，又把一个古铜香炉，烧些上号好香，也不要家童服侍，也不要婢妾往来。只为他是才子气质，手中不离书本，又得了屏风这件宝物，一头看书，一头把屏风上的美人看看，连牵二夜，不曾上床睡，到第三夜来，眼内昏昏沉沉，虽然点烛烧香，也就上床睡了。睡到三更时分，原来屏风上美人感了云客的精神，就如天上差遣下来的，全个个舞袖翩翩，要与云客相会。云客似梦非梦，看见众美人团床侍立，如花簇锦，不觉神魂飘荡，只道梦中遇着这些仙子，竟忘却自己屏风上有这几个书图，说道："众仙子忽然降临，莫非与小生有缘在此书馆相会？"

那美人不慌不忙，各自陈说名姓。也有说是虎丘山下，馆娃宫里来的；也有说是手抱琵琶，身从马上来的；也有说是琴声感动，垆边卖酒家的；也有说是采药相逢，山上折桃花的；也有说是宫中留枕，寄予有才郎的；也有说是青巢偷香，分与少年的；也有说是为云化雨，梦中曾相遇的；也有说是似雾如烟，帐里暂时逢的；也有说是吹箫楼上，携手结同心的；也有说是侍晏瑶池，题诗改名姓的；也有说是身居金谷，吹逐恨无情的；也有说是掌上五盘，裙衫留不住的。其他离魂解佩，纷纷不一，说道："吾等乃是历代有名的国色，当初被一异人，雕刻形象，感郎君精神相聚，故此连裾而来。"云客听知此话，一点心情，就被他收支不了。美人又道："昔日薛昭遁入兰昌宫，与三位女子相遇。其时以骰子掷色，遍掷云客张氏采胜，遂命薛郎同坐，得茂枕席。今夕共会，不谓无缘。"命侍儿罗列肴馔，珍馐百味，充满于前。云客口虽不言，心中提起平日所慕，不想就遇着这等好事，岂不快活？其时众美人亦把骰子掷色，内中一个掷了六红。众美人笑道："此夜赵郎同会，掷色胜的，今宵先尽缱绻。"当下赵云客情兴勃发，便同携手，走至僻处，相与分衣解带，一根玉棍，胀得火热起来，不苟一二合，精涌如泉，弄得半死半活，忽然睡觉，美人影也不见。

看官，你道赵云客虽则年纪弱小，他也曾在牝户内，浸过几时，难道梦中一度，便弄得半死半活起来？不知平常干事，虽是一抽一下，未必就到极好去处。就是妇人家惯会奉承，把臀尖视起，两腿夹住耸将上来，也只是射中红心之意，略用些呼吸工夫即有走作，不到十分狼藉。只有梦中做这春事，不由心上做主，不是熬得极急，挥得尽情，怎得梦中遗失？况且少年英气，情窦正开，一边独宿几夜，遇着好梦，那顾得性命如何？所以一弄便泄，一泄便吃力，这也是少年的光景。云客只为走了这一度，掐将起来，日色将午。父母只道他睡迟，复到书房中，细细把屏风一看，宛宛然梦中所见。虽甚奇怪，却也不怕。你道他为何为怕？原来云客是个风流才子，见那美人之事，未免有情,却是他心上想惯了,纵使怪怪奇奇,只当得家常茶饭,何消怕得? 但是身子困倦,终非好事,他就把书房关起了。

却说屏风上诸女,原是灵异之物,那赵云客在美人面上,最有情的,天谴他看见这屏风,暂时一遇,也晓得古来美女,并不是涂脂抹粉假做标致的,一至死后影响也没有得。他是个天上星宿,海外神仙,偶然投在下界便做个出类拔萃的美人,及至身后留名,即是个神仙行径。闻得自古有个画工,画一幅软障图,那是南狱夫人形象,吩咐一士人叫他名字,唤作真真。叫了百日,那画上的便活起来,下来与他做夫妻,生一儿子。后来士人疑他是个妖怪,他便携了儿子重到画轴上去了。这样的事,都是美人的灵异,与屏风上一般作怪的。

那赵云客自一梦之后,心内时时想念:"只说天下才子自然有个佳人配他,我这梦中一弄,也是前世美人,三生石上,极大的缘法。只是身子困乏异常,若后来真得了佳人,情意正笃,终日如鱼得水,消得几时工夫? 怕不做个色鬼?"他也虑得周到。谁知天生这个才人后面,自应有些遇合,全然不消虑得。赵云客隔了几日,再往书房中看看。不想他的一生知遇,正在这一看里头,岂不奇怪!

评:

　　苏庵深怪坊间俚词恶说,挑葱卖菜之人、爬灰括镶之妇,动称私情两字。无怪乎小说之淫秽乱伦,可羞可恨也。此回把古来美艳视为神仙,便与私淫者,自然迥别。看得情字郑重,则一花一草,皆有关系,海外玉真应称知己。

第二回 哑诗笺一生情障
真心事三段誓词

诗云:《拟李玉溪无题》

> 窥镜舞鸾迷,分钗小燕低;
> 崔徽曾入画,弄玉未为妻。
> 香雾三更近,花枝二月齐。
> 含情无限思,晚晚绮窗西。

却说赵云客走到书房中去,把屏风从上至下,细细看个不了,说道:"不知他美人有情,骤然发此灵异。又书知因我有情,便想象他出来,为何从无此梦,一到书房中睡了,就生出这等奇梦?"把两只手在屏风上,摸来摸去,谁知天大的缘法,一摸就着手了。那屏风虽则是个宝贝,却也年岁久远,这接缝里边有些不坚固。始初藏在静处,只当得玩器一般,如今被云客摩弄一番,头上便露些细缝。云客将他一拍,只见屏风一边一块水晶地,便落下来。云客讶然一笑说:"原来是不坚固的,被我弄坏了!"把空处一张,哪晓得里面隐着一幅白绫细绢,便把指尖挑将出来,仔细看他绢上,好一首旧诗。一个红图画不知什么意思,且将这诗句念了一遍:

> 浓香娇艳等闲看,折得名花倚书栏;
> 无限心情莫惘怅,琵琶新调自盘桓。

又将这绢上的印子,看了一回,方悟出他的根由。那是当时杨太真娘娘,放在宫中时,自隋文帝到唐开元,已自有年。想是那屏风也曾坏了,被太真娘娘修好,把这幅诗绢,嵌在其中,当个记号。怎见得? 只看印子上面的字,却是"玉环私印"四个字,印得分明。赵云客是博古的人,晓得玉环是杨太真小名,又道太真时常爱弹琵琶,便知道这个缘故。也把自己的名字,印子印一个在后面,恰好两个印子,红又红得好,印又印得端正。人只知屏风是个宝贝，不知那首诗自唐至元，有五百余年，也是一件古玩了。云客自负有才，见别样珍宝，偏不喜欢。见了这首诗，又是古物，甚加爱惜。即把他来佩在身边。却将水晶仍旧嵌好，就屏风面前，朝了这些雕刻的美人，点起香来，罚个誓愿，说道："我赵青心是个天下有情人，自今已往，但遇着天下绝色佳人，不论艰难险阻，便可结一个生死相同了。只是有三件事，不愿从得。第一来，不要妇人搽一缕粉，点一毫胭脂，装一丝假发，做个假髻美人先入宫之计；二来不要有才无貌，有貌无才，应了妇人无才便是德之言；三来不要六礼三端，迎门嫁娶，叫作必待父母之命，媒妁之言的道理。"看官，你道这三件事，他为什么不从？只为世上涂脂抹粉的尽多，像个鬼使夜叉一般，见了人，便把这些假东西一一装在头面之上，及至真正本色，看不上一二分。有等痴人，便道他装得好，不知搽粉之白是死白，涂脂之红是呆红，金珠围绕是假髻。若是把他本身一看，不是定是恼，那讨得好处来？真正绝色佳人，就荆钗裙布，蓬头乱发，自有一种韵态嫣然。西子捧心，岂是妆娇做媚？大凡世上，假事定要露一分贱相。赵云客是聪明人，所以头一桩，便绝这项。

从来倾国倾城，必定能诗能画，若只有貌无才，出辞吐气，自然粗浅。道学家只道妇人识字，恐怕有些走漏。如今世间识字的少，走漏的到多，这又是什么缘故？所以才貌兼全，方为至宝。但是迎门嫁娶一节，礼法所重，聘则为妻，奔则为妾，自古皆然。不知赵云客想着甚的，顿然改了念头，把周公之礼，高高搁起，怎晓得这正是聪明人，识得透的第一件有情妙用。

你看父母做主，媒人说合，十对夫妻定要配差九对。但凡做媒人的只图吃得好酒，哪管你百年偕老之计，信口说来。某家门当户对，父母是老成持重的，只思完了儿女之债，便听信那媒人了。有时麻子配了光面，有时矮妇配了长人。最可笑的，不是壮，定是瘦，穿几件新衣服，媒婆簇拥，也要弱娜起来。后来做一年半载亲，一件不晓得，提起婢妾一事，便如虎狼心性，放出吃人手段，甚得厉害。所以世上夫妻，只因父母做主，再不能够十分和合。男要嫌女，女要嫌男。云客思量此话，必定有些不妥，不如放下礼文，单枪匹马，往各处寻花觅草。倘然遇一个十分稳意的，只把一点真情为聘，就好结个恩爱同心了。这也不在话下。

却说赵员外因儿子长成，欲要与他攀亲，知道儿子劣头劣脑，又因是个钟爱之子，不好轻易央媒，说合亲事。那一日，见是云客走到面前，说道："你在书房读什么书？我见你渐渐长大，要与你娶一房媳妇。这也是姻缘大事，自然有个配合的。只是我终身之计，还该向上一上。如今世上，那个不是趋炎附势的？我看一些少年朋友，略略识几个字，各处拜门生、结文社。遇着考试，进场后有了靠托，说道头名，定然是我榜上真个应验起来，也是有趣后。况你新进学宫，文才本领不如于人，何不出去与那些钻求名利的朋友，结交一番，待到大比开科，图个出身高第，也与祖宗争些体面。"云客笑道："那些钻求名利的朋友，只好杯酒往来，若要他意气相投，千百中难得一个。"说便是这样说，毕竟平日间有些小朋友。只是云客才高意迈，又兼得了屏风上涨味，念美人的意多，图功名的意少。

适值正遇暮春时候，那杭州西湖上，是千古有名的好耍之处，画船箫鼓，那一日没有？当日苏东坡有诗二句，说得好：

> 水光潋滟晴方好，山色空蒙雨亦奇。

据他说起来，这西湖却是晴也好雨也好，只除是求田问舍争名夺利的，不曾领略山水之妙，错过了多少光阴？其余那个不晓得？云客忽然想起来，那西湖上美人聚会之所，何不拉几个朋友，备一只好舫也到此处看看。若得遇着有情的，何消父母这聘，我自会娶她。当下告过父亲，只说要到西湖些个文会，员外就听依了。酒米银钱，一色齐备。又托一个老成家人，叫作赵义看管。那时云客往外边约两个同窗朋友，都是秀才。一个姓钱名通，号神甫，一个就是云客的表兄，姓金名耀宗，字子荣。那两个朋友，通是钱塘县的有名的财主，因云客也是个富贵的公子，所以这两个时常往来。

彼时云客一同下船，琴棋书画、纸墨笔砚、图书印匣等项，俱带了去，那是斯文人的行头，有等衙门里人，或是清客，出去游玩，必定带笙箫弦管，或是双陆纸牌。斯文人出门，只带结琴棋书画为游戏之事。只见云客同两位下了船，船内铺设得齐齐整整。又摆上一桌果酒，与二位吃到半酣，云客说道："我们三人未到西湖，先有一面西湖的景致在心上。如今各人先要做一首想西湖时。"怎么叫作想西湖？不是真正想着西湖许多大、许多阁、许多景致，但是有意思的人，各自有一段心事在腹内。若到西湖，遇景情深，便把一生的心事，发舒出来，这便叫作想西湖。

云客倚马高才，一挥而就，却是专说自己的心情。诗云：

> 十年梦境尽繁花，月姊星娥隔绛纱；
> 翠羽墙东邻宋宅，郁金堂北是卢家。
> 马嘶暗逐多情草，燕剪低隋解语花；
> 今日漫思湖上望，莫教只只是天涯。

钱金两人,于作诗一道,原不十分请求,因见云客先做一首,又催他共做,只得搜索枯肠,也凑成几句,虽非风流俊雅之言,却也到有些意思。

钱诗云:

> 二人今日想西湖,湖上题诗无日无;
> 俗客最能通者也,书生到处念之乎。
> 忙中易老皆名士,静里尤贫是仆夫;
> 勉强斯文还自笑,不如高卧并提壶。

金诗云:

> 九儒十丐尽趋时,也逐西湖学作诗;
> 笑我浪吟羞北阮,诸君何苦效果施。
> 平生意气唯耽醉,今日相逢且自拟;

子荣吟六句,说道:“如今做不出了。还记得少时念的古诗二句,就把他续成一律,装个名士体面。”

> 富贵不淫贫贱乐,人生至此是男儿。

云客见他两人俱已完诗,赞道:“二兄天才高妙,反觉小弟绮靡之句,未免飞卿柔艳。只是小弟一向有句心言,不曾说出,今日二兄在此,可以细谈。”钱神甫道:“赵大兄,莫非指望考试,要钻个头名吗?前日总管平江路浙西道钱兵尊观风,小弟偶然求他乡里一封书,就考个第二,小弟连忙送他一副套礼,便认起同宗来。兄若有此意,只消二百余金,也求他嘱托一句,这是极便的门呼。”金子荣道:“何消如此费力?只求本县李老师做头,写封公书,也就有用了。”云客笑道:“那功名之事,小弟全不挂心。平日思想起来要做人家,小弟这样也够用了,不消再做得。就是功名一节,自有个大数,便迟了几年,也不妨事。只是我辈在少年场中,风流事业等不得到老的。”神甫笑道:“原来未曾有尊夫人,这件就叫作心事了。小弟近日颇有娶妾之意,被拙荆得知,面也抓碎了,房里的粉匣肥皂都打出来。幸得老兄不曾遇此等苦,方说得那样心话。”三人大笑一番,看看的路过西湖,不知西湖上那样风光。看官慢慢地吃了茶,再讲。

评:

屏中一诗,淡淡说来,已埋全部关节,绝无斧凿之痕。千古以来,唯假者不能混真,偏者不能胜全。虽极力装点,终有碱砆鱼目之诮,篇中一一指出,深足快心。至如配合一段,名言鉴鉴,更觉周礼害人不浅,未言名士气习。苏庵特逞笔作余波耳,非有实意刺人也,读者知之。

忆书此回时,斜月侵几,篆香萦幕,蛩声切切。顾景萧然,瓶有残醴,举杯自贶。因飞余墨,得六绝句,附笔于此,以志余情。自记:

马 嵬
梨花树老佛堂空,从此高山不可通;
摘尽荔枝无并蒂,断肠心事雨声中。
驿里谁言负圣恩,女牛私誓至今存;
国家多少兴亡事,玉辇何须恨剑门。

明 妃
当时天子重边疆,马上胭脂塞外香;
千古莫怜图尽误,几人恩幸老昭阳。
翔云漠漠动离情,一曲琵琶马上行;
自是长门因幸薄,却令红粉浪传名。

第三回　巧相逢月下追环
小姻缘店中合卺

诗云：

> 绣廉不挪春云暮，屏障雪衣娇欲妒；
> 缘浅休歌承上桑，小立栏前看红雨。
> 说向花神低翠鬟，第嫌泪点自斑斑；
> 三山青鸟何时至，回首啼莺去复还。

原来西湖上景致，与别处不同。别处景致，看了就讨回头。那个西湖，是大郡所在，画船箫鼓，过往的也在这里盘桓，本地的也在这里摇摆。所以不论早晚，佳人才子，聚会的甚多。有一个扬州府，江都县的乡绅姓王，在福建路做学校提举司，任满回来，路经钱塘。本身一只大船，家小又一只大船，因西湖好景，随即换了湖船，暂住几日。他的家小不多，夫人吴氏，单生下一位小姐，年方二八，小字玉环，连年随在任所，还不曾许聘人家。那小姐生得花容月貌，便是月里嫦娥，也让他几分颜色。宋玉云："增之一分则太长，那高底鞋自然着不得；减之一分则太短，那观音兜自然带不得。着粉则太白，那粉朴儿一年也省了多少钱；施朱则太赤，那胭脂边不消到浙江去买。"真正翩若惊鸿，宛若游龙。若是见他一见，便一千年也想象不了。又兼文才渊博，技艺精工，子史百家，无不贯串，琴棋诗画，各件皆能。他心中最爱的一件乐器，是个琵琶，那是西蜀出的逻逤檀木所制。温润可爱，带着几条渌水蚕丝的弦，终日弹的音调，就是钧天广乐，也没有这般好。那小姐不唯容貌过人，性情又甚端淑，闺中不轻一笑，对镜亦无可怜。不知那个有缘的，撞着这样一位庄严的小姐。这话休题。

却说赵云客自上船以来，竟到西湖换船。他尽想随风转舵，遇着个俊俏佳人，即不能够窝玉偷香，也还要看个下落。谁想把船一泊，正泊在王乡宦家小船边。那一夜是三月望日，风恬月朗，好一段夜景。云客船上，张起灯来。四边也有吹箫唱曲的，也有击鼓放花炮的，闹了二更有余，也就寂然静了。那钱金两个，先去睡着。云客独到船头,四顾清光,飘飘然如凌去仙子。回头一看,只见旁边大船头上,簇拥一伙妇人,异香袭袭。云客仔细看来,内中一个竟像瑶台上飞下来的。云客心忙意乱,不敢轻易开口,看了一回。那女人见边船上,立着一个男子窥探,也就进船去了。云客口内不言,整整思量了半夜。

你道船头上是什么人?却就是回扬州的玉环王小姐。止因他家范谨饬,日间只好在官船中坐。虽则纱窗内可以寓目,外边人却不见他一丝影儿。那一夜月色又好,吹箫击鼓的又去了,正好同夫人侍女在船头上看看景致。不想被那一个有情郎瞧见,正是天生缘分,合着这样凑巧事来。赵云客一夜不睡,巴到天明,即便起身,急急梳洗。走到船头,并没处看见一个妇女。道是昨夜船上,莫非又是屏上的美人跟来出现?正思想间,看那旁边大船上,贴一条钦差福建路学校提举司大封皮,便知道是一家乡宦的家小。望见船工水手,略略问他几句,方绕晓得真实。云客口是不说,心中思忖道:"我这一段情意,不见也罢,见了如何摆脱?"坐在船中与钱金二位,粗业讲几句斯文的话,心生一计,一面先打发那老成的家人回去,说道:"游玩两日,就归来。"坐到第二日,那王家船竟要回了。云客撇了二位,私自买双小船,带些随身盘费,跟随王家大船,一路相傍而行。追到扬州,竟入城内去了。

那王家好一所大宅子,正住在扬州府前相近。里面家人童仆以百数。云客想道:"他小姐归到家中,就是飞也飞不到他里面去。我如今若要罢手,正如猫狗见了名义子,虽是深入穴中,怎肯回头不顾?若是要他相遇,又像先生虚了馆职,只好街上闲走,那得学生见面?若待思量计策,又恐怕像个医生用错了药,不唯无功,反贴一顿打骂。如何是好?"思想一回,忽然笑道:"有了!有了!我是隔省之人,无人认得。不妨假做小厮,投靠他家。倘若能够相逢,诉出缘由,自然小姐不弃。"便写一张靠身文书,竟往王家门首,直入进去。只见王家宅内,喧喧嚷嚷,说道:"老爷即日赴京复命,并无一人揣着。"云客无处安身,仍出门来。身边只带盘缠,并随身几件文墨之事,一时无从安置,慢慢行来。偶到瓦子铺前,见一卖酒人家,且买些酒吃。看那里面几间房子,倒也干净,便对主人道:"我有一事到此,暂借专处歇宿几日。"即送房金一两。

那卖酒的一个老人家,姓孙,号孙爱泉。只因祖上传留卖酒为业,乡邻嘲笑他子孙惯喝白水,招牌上又写着泉酒出卖,所以送个号叫孙爱泉。那爱泉年纪有五十余儿,生得一子一女。一子绰号孙飞虎,因他是个本府堂上公差,众人说道:"《西厢记》上有一贼徒,叫孙飞虎,他和尚寺里寡妇人家,也要抄掠一番,如今做公人的翻了面皮,那个没有虎性的?不要说平民,就是冤屈钱,也掠得几贯。况兼府堂上,比下县更加一倍。又见那孙家儿子为人刚暴,便号他做孙飞虎。他也随人叫唤,竟不改名。一女名孙蕙娘，年纪一十七岁，虽不能够淹通书史，也略识几字。人才俊雅，容貌到有九十分。生平不喜涂脂抹粉，竟做个村妆打扮，风情绰约，自是不风。少时攀一卖米铺家，常顾饥荒耀些贵米。他儿子被人咒死，蕙娘竟望门寡了。云客一进了门，便捡一间精洁房子，把随身行李安好。孙爱泉见他斯文模样，又且仪容标致，时常煮些好茶，取几个点心与云客吃。一应茶饭，里面收拾，吃了后算。谁知赵云客是个后俏儿郎，又乖又巧，出外买些好物，只说杭州土仪，送与爱泉妻子。爱泉妻子是热心肠的老人家，见云客甚是殷勤，就认作至亲一样。他女儿虽在里面，也不十分顾忌。

住了两日，云客出去打听王家消息，那王乡宦还不曾起身，傍晚回到寓中，劈面正撞着孙蕙娘。云客深深作揖道："小生连日在此搅扰，心甚不安。"那蕙娘也不回言，竟望里头走进去。云客也进自己的卧房。当日蕙娘心上，思想起来："吾家母亲说新租房的一个书生，人才生得甚好，且兼德性温存，想是好人家的儿子。不知甚事，独自一身，在此居住。看他衣服行李，也不像个穷人。"心上就有几分看上他的意思。云客自见蕙娘之后，把王家小姐，暂时放下心肠。做个现财买卖的勾当，只是无处下手。

又过一日，爱泉夫妇，要到岳庙中，还一个香愿。商议买些香烛，第二日出门。云客早已得知，到那一日，绝早催做饭吃，要早出去干正经事。爱泉夫妇喜道："我儿子差牌下乡，家内又无媳妇，独自女儿一个。幸喜得那租房的客人早出去了，我两人还了香愿，晚间便回来。"不想云客是聪明人，预先要出去，无非安那两个老人家的心，使他女儿不消央人相伴。及至上午，买些好绸缎，兑些好首饰，带在身边，竟到店中来急急敲门。蕙娘在里头，道是母亲决然忘了东西，转来取去，即便开门。只见云客钻身进去，便掩上门来，不慌不忙，走到蕙娘房里说道："我赵云客是杭州有名的人家，虽是进了学宫，因无好亲事，还不曾娶得妻子。前日有事到扬州街上撇然见了姐姐，道姐姐绝不是个凡人，所以打发家人回去，独自一身，租住在此。今日天遣奇缘，有此机会，若是姐姐不弃，便好结下百年姻眷，若是姐姐不喜欢有才有情的人，请收下些些微物，小生也不敢胡缠。"便将绸绘首饰，双手送去。但见满身香气氤氲，一段恩情和厚。

你道蕙娘怎样打发？那蕙娘虽则小家，人才却也安雅，说道："官人既是读书之人，自该循规蹈矩。那苟合之事，本非终身之计。这些礼物一发不该私下馈送。"亏那赵云客绝顶聪明。听得蕙娘"终身"二字，即晓得他有夫妇之情，说道："小生非是闲花野草的人，任凭姐姐那样吩咐。小生当誓为夫妇。"只这一句顶门针，就针着蕙娘的心了，蕙娘叹口气道："我这样人家，也不愿享得十分富贵，但恐怕残花飘絮，后来便难收拾。"云客放下礼物，双手搂住蕙娘，温存言语，自然有些丑态。你道蕙娘为什么这样和合得快？只因赵云客连住几日，那些奉承爱泉夫妇，与夫烧香读书，凡事殷勤，件

梅花洞

图文珍藏版

件都照着蕙娘身上。蕙娘也是个听察的，所以两边便容易和合。就是左右乡邻，皆晓得爱泉平日是个精细人，自然把女儿安插得停当，那一日都不来稽查。正是：

> 婚姻到底皆天定，但得多情自有缘。

说这赵云客见了蕙娘，但与他叙些恩情，讲些心事，约道如此如此，即走出门，仍旧往别处去。

看官，你道别人遇了妇女，便好亲个嘴，脱衣解裤，先要上床，煞些火气。那云客为何只叙心言，便走出去？要知天下女子，凡是善于偷情的，他腹中定埋一段踌躇顾虑之意，始初最不轻易露些手脚。不比对门女儿，烟花质地，一见男子，便思上床的。他虽是心上极钟爱的人，头一次相交，必有一番驾驭男子的手段。却把一个情郎笼络在掌握之中，那时任其调度，全无差失。此正是聪明女儿要占先着的意思。

看官们晓得的，但凡男女交情，若至上身干事，那先着便被男子占了。妇人虽甚狡猾，只好步步应个后手。所以莺莺偷那张生，明明约他夜间来做勾当，及至见面，反变了卦，直使张生见了莺莺，疑鬼疑神捉摸不定，方绕与他交合。那蕙娘是有智巧的，不是一味端要淫欲，云客窥见其心，反放一分雅道，他自己心服，留这好处，到后边慢慢地奉承。此又是聪明男子，识透女子的心性，故意把先着让他，以后的事便十拿九稳。仍旧出去，并安插他父母回来的念头，这是偷花手一毫不走漏的计较，也是云客第一次入门的手段。

爱泉夫妇，还了香愿回家，看看日色昏黑，叫女儿开门点灯，还不见那赵官人到来，心上一发欢喜。只说他读书人有礼体，见我女儿一个在家，故此来得稽迟，若是那个官人来，急急备饭与他吃。不知读书人在外面装点，若要他心内果然有礼体，则怕明伦堂上难得这个好影子。况且女儿的计策，比老人家更高一层。

云客约至初更，绕提灯笼进爱泉店里。爱泉欢欢喜喜说道："官人在那里干事？这等晚来！"云客道："见你两个老人家出去烧香，知道无人在家，不好就回来得。"爱泉笑道："为我出去，带累官人来夜了，恐怕肚饿，唤妈妈速备饭来。"云客道："你老人家一日走劳碌了，饭便慢些也罢。"云客坐定，爱泉取饭来吃。因他外边烧香，这一晚便是素饭，云客吃完了，抽身到自己房里去。这一夜工夫就比以前不同了。你道有何不同？方绕晚间约成的计，必定如何发落。

评：

　　前赵云客立誓要娶第一种美人，乃今未遇玉环王小姐，而先交蕙娘。毋乃羊质虎皮，见草而悦耶。

　　作小说者，避尽从来俚语，专以佳人才子之配合，谓天造地设的一种至情。而忽有辄于酒店中，何也？苏庵曰："否否。"昔朱文公自白鹿洞讲学之后，唤诸弟子从之，周游四方。一日忽到一村落间，偶见一家女子，嫣然态度，颇有惑阳城迷下蔡之色。文公伫立阶前，身不转移，目不交睫，心志惶惑，惘然若失者久之。诸弟子进曰："先生讲学有年，一切功名富贵，视若浮云。今乃遇一女子，而不能定情，将何以贤贤易色之文训弟子也？"文公于无意中，为诸弟子所诮，猝然无以自明，因对弟子解嘲曰："小子何见之浅耶？我所以伫立阶前，惘然若失者，岂因一女子哉？尽有谓也，夫茅檐之下，尚有绝色，四海之广，岂无大贤？"只这一句，便开诸弟子，多少触类推求的法门。世人只知珠翠成行，便是佳人；不知晓萝村中，原无金屋玉堂之地。此蕙娘有情，天作之合，自然不沉没于卖米铺家，而留以待云客也，有以夫。

第四回　野鸳鸯忽惊兔网
痴蝴蝶竟入迷花

诗云：

> 谁言风味野花多，园内桑阴尽绮罗；
> 若是野花真味好，古来何用讨家婆。

第二回中，夫妻配合，已说得明白矣。此后只该将赵云客与蕙娘约成之计，一直说去，使列位看官，踊跃起舞，如何又把这诗正讲起来？不知云客前往西湖，家里只知道同那钱甫、金子荣两位官人，做些斯文事业。员外见家人赵义回家来，问道："官人如何不归，你先回来？"赵义答说："官人同钱金两位官人，好好地在西湖游玩，着小人先回，恐怕家里有正经的事，故此先打发来。"员外也不提起。

一连过了三日，仍差赵义往西湖去候。赵义寻来寻去，并不见云客坐的船。赵义道："我官人一定同那钱金两位去了。只不知在钱家，又不知在金家？"赵义也不回来，竟先往金子荣家控问消息，道："是我官人表兄表弟，必然到他家里。"走到金家，门上人说："赵伯伯有甚事到这里来？"赵义把寻官人的话，略问几句，管门人道："自从前日我家官人，闻得同你家赵大官人西湖上去，这几日张相公家催贺分的日日在此聒噪。又且至元二年三年的钱粮要比，不知动那一傲米完纳。我官人是没正经的，莫非往勇金门外看新串戏的，做那蔡伯喈记去了？"赵义晓得不在金家，又往钱神甫家问一问，便知端的。看看走到钱家，管门人在，有个老妈妈立在门前。赵义便问妈妈："曾见我家大官人到你家来？"妈妈认得赵义是赵员外家，说道："我家官人也出去三四日了，只因前日与里面娘娘讨了一番闲气，想是没颜面回家，不知这几日躲在那里，你家官人，并不见来。"赵义心上慌忙，急急归家，报知员外。另差人各处寻觅，也只恐他后生家，怕朋友搭坏了气质。那里得知赵云客自见玉环之后，私下叫了小船，带得随身东西，竟自追去。

那一日,钱金两个暂往桥上散步,及到船中已不见了云客。只道云客有事,私自归家,不与他作别,深为可笑。又道是他的铺盖,还在船中,拿他做个当头。金子荣道:"我们两个且自回去,看他可到我家来。"钱神甫道:"小弟前日与敝房有些口嘴,还要在外边消闷几日,闻得近处新到两个姊妹,何不去看他一看?若是好的,便住一两夜何妨?且把赵云客的铺盖,放在那里,见了赵云客教他自去讨取,笑他一番以偿不别而行之罪。"金子荣笑道:"这个到使得。"两人竟往妓家。

果然不远一二里,见一处小小门径。神甫有些认得,直往里面去,先把铺盖放下。内中有三个妓,两个先出来,略有些姿色的,也是油头粉面。后人有诗一首咏青楼故事:

> 抹粉涂脂出绣房,假装妖态骗儿郎。
>
> 相看尽是情人眼,搂得西施便上床。

朗庵云:"语云:'情人眼里出西施',俗眼大都如此。"

那两个妓,一个叫采莲,一个叫秀兰。吃了茶,采莲先笑道:"二位相公来舍下,自有铺盖,何消自己带得?"神甫道:"莲娘不知,这是另一个朋友的,因他不肯同来,把那铺盖放在这里,后日还要取笑他。"四人笑话不题。

妓家连忙备酒,款待二人。晚间饮至更初,两人酣兴大发,神甫搂了莲娘,子荣携了兰姐,两人隔壁而睡。子荣本事不济,绕上身,被那秀兰做个舞蝶倒探花之势,先将两腿竖起,腰下衬高,待阳物到穴边,把手用力一攀,两只腿尽情放开了。子荣的身子正像从天落到云窠里一般,不由他做主。况且乘了酒兴,那根大物,一下便尽根送进了。如此不上百余合,又兼他口里浪了几样肉麻的声气,不觉把持不定,勉强支吾,终难长久,颠得昏天黑地不上一更工夫,就也睡去。原来妓家规矩,一上身,恐怕人本事高强先下个狠手,你不降服他,他便降服你。子荣终是书生,被他一降就服了。只有钱神甫在隔壁,呼见子荣绕上床,便这般大哄,他是青楼中在行的,想道:"这一哄便被他哄倒了,我自有个调度。一上床来,只做醉昏昏的模样,手也不动,脚也不摇。"那莲娘听得隔壁如此高兴,又浪得分分明明的好话,玉户中正像有人搔他的,巴不得神甫上身,神甫只是不动。熬了一会倒把手脚揉摸起来,泥胸贴肚,像个熬不得的光景。不多时,又拿一块绢头,在肚下揩抹一番及腾身上来,先做个省油火之事。这一件,旧名叫作倒浇。我这部小说后面,另行改名使唤,有小词一首为证:

倒凤颠鸾堪爱，肚下悬巢相配。不是惜娇花，怎把玉杵高碓。亲妹，亲妹，蜡烛浇成半对。

古词名　《如梦令》

神甫思量这妇人如此兴浓，便顺手扯来，先与他浇一回通宵画烛。莲娘不禁春情被神甫慢慢放出手段来，十八般武艺，尽皆全备。弄至三更有余，莲娘力尽神疲，大家鼾鼾的熟睡不题。

却说赵员外因不见了儿子，心内十分焦躁。家人打听得钱金两位在妓家行业，员外连忙唤数人跟随，一竟亲到城外来寻觅。却是冤牵相聚，正撞着金家童子，也来寻家主。同到妓家，员外一进了门，影也不见一个。原来二位正在睡乡，醒来还要做些小勾当，以尽一夜之兴。不想外边喧闹，两个抽身起来，蓬头赤脚，一出房，便见了赵员外。两个吓得口呆、目定不是怕什么，只因员外是个高年尊长，乡当中第一正经古执人。况且子荣又是内亲，所以赫呆了。员外见他两人面上颜色不好看，道是骗他儿子嫖赌，心上发怒起来，道："你们后生家，怎么干这样没正经的事？"又道是："我儿子在哪里？"两人道："赵大哥几日并不见来。"员外愈加怒气，叫家人房里搜求，一定躲在那边。只见家人进里面一搜，便搜出赵云客的铺盖来，说道："大官人的铺盖，也在此。"员外一把扯住两人，扯他学里去教训。两人吓得痴呆，一言也说不出来。家人便把妓家扫兴一番，舂抬竹椅，打碎几件绕出门。那妓家不知什么祸事，契家星火搬去。

且说员外扯到半路，家人报道："官人铺盖上有许多血迹。"员外回头一看，忽然大哭起来，道："必是你两个谋杀我的儿子了。不是谋他带些银子宝贝，必是因妓女面上争锋，便发出歹心来。我儿子年纪又小，从来不曾出门，路也不认得，如何到那里去，不见回家？况兼铺盖现在又有血迹，我儿子生性好洁，何从有这血迹来？这段人命，却是真的。"并不扯到学里，竟扯到府前知府台下，大叫活杀人命。那知府生来也要做清官。平日间，怪些秀才缠扰，但是秀才犯法，从重拟罪，见那赵员外又哭又叫，知府说："为什么？唤上来。"员外拖着两个蓬头赤脚人跪了，哭诉道："赵某止生一个儿子，少年心情，不谙利害。只道世上朋友是好交结的。前十五日，祸遭那两个凶徒骗到西湖，劫他所带银子宝玩等项，又将他身子谋杀，不知埋没那里，有被褥血迹现证。"知府道："你两人姓甚名谁？"两人各通名姓。知府道："为什么谋杀他儿子？"两人道："生员虽则识字粗浅，也晓得些礼法。如何敢谋人命？且赵家儿子又是好朋友、亲戚，哪有这等事来？前日同到西湖，不知哪里去了。生员辈并不知情。"知府喝道："本府晓得你们下路人，顾了银子，见些小利，就是至亲骨肉，也要反转面皮。顾名思义的，千人中难得一个。你道不知他那的血迹新鲜,明明是谋杀的。暂收了监,一面补状词来,一面申文学院去。"钱神甫、金子荣两个,一时提在浑水里,有口莫辩,且听他监了。再作道理。

看官,不见了赵云客也罢,你道铺盖上血迹,为何这等凑巧?不知那一夜,三个妓女,两个出来陪客,内一个被别人干坏,下起败血来。彼时铺盖无处安,暂放在那一个妓女床上,一时间玷污了。这是神不觉鬼不知的事体,若是妓女尚在那里,还好访问真实,辨明此事。正为赵员外家人扫兴,霎时间都搬去,无可寻踪。这件事就认真起来,也是五百年前结会的冤债。好笑赵云客在扬州城里受用,哪晓得家中这等怪事。我如今又把赵云客说起了。

却说孙蕙娘与赵郎面约的话,那一夜就行起来。是日,爱泉夫妇烧香回来,走得劳劳碌碌,虽是吃素,被女儿多热几碗酒,一时乘了快活,多吃得两三瓯,到了更深,两人只管要睡。他女儿的房,却在里面,必要经过爱泉的卧所。每夜一路门闩都是爱泉亲手关好。只见爱泉睡不多时,外面酒缸上一声响,像个打破什么光景。蕙娘道:"不好了,外面必是花猫,爬甚下来,打坏酒缸。"爱泉昏昏要睡,叫老妈:"你同女儿点火去看看。"蕙娘点火,后走着母亲。一路先开门,绕开到外边门,蕙娘手内火霎时灭了。恰好赵云客正在门边,蕙娘上前一把手闪他进来,只言点火先引到自己房里去。及至点灯来看,并无什么。原来孙家的酒缸,但放在云客房门前,日里先约他,到更深把缸响一声,便立在门边,暗里一闪就闪进去。老妈依旧关门,进房睡着。赵云客既上蕙娘之床,少不得叙些寒温,就要动手动脚,颠鸾倒凤之事,自然做得停当。蕙娘虽则初试,因他情意笃实,就是花心有些狼藉,也顾不得了。蕙娘道:"今夜进来,只为算那终身之策,不但图一刻欢娱,愿郎君说个本心。"云客搂住玉体,将臂代枕,说道:"我的家事,比你家还好。实不曾娶妻子,百年之期,不消说了。只是有一件事,先要告过。小生曾遇府前王家,有个小姐,未免有情。若是不能够到手,也索罢了。倘后日娶得他,便与姐姐一般供养,这是本心。"蕙娘道:"你这样人才,后日自当有佳配。但是我既遇了你,不论你娶不娶,定要随你终身的。至于我的父母,自会调度他心肯便了。"云客满口奉承,山盟海誓的套话,也都说了一遍。忽然外边鸡叫,东方渐渐的发亮起来。你道如何出得他房门?咦!进便进来得好,出时到有些难也!

评:

浮浪子弟,于戏试之中,便埋祸根,往往弄假成真。有识者不可不慎。

今时少年,多习轻佻,全无实行。至有目先辈为迂腐,而肆志周行。彼所为名士气习,固当如是耶!我恐其基祸深而致灾速也。寄语少年,略知捡束,取益无穷。则此第四回,实当作中庸《论语》读矣。

第五回 藏锦字处处传心
逗情笺般般合巧

有一只苏州山歌倒唱得好,云:

> 昨夜同郎说话长,失窹(音忽,熟睡也。)直困(吴人谓睡为困)到大天光。金瓶里养鱼无出路,鸳鸯鸭蛋两边胧(慌同。)

你道赵云客同孙蕙娘在床上,要出门必要经过父母的床前,不出门,一间小房,岂是藏得身的?道是他两个人,慌也不慌?不知他两个自有好计,一些儿也不慌。两人双手搂定,听得鸡鸣,反放了胆一觉睡着。乃至觉来,日色已到窗前。听见隔壁爱泉夫妇飕飕声要起身了,蕙娘问道:"敢是爹爹起来?我昨夜露了头,点火出去,想是受些风寒。今早甚是头痛,爹爹为我速去买些紫苏来泡汤吃。"爱泉道:"既是这等,我便出去买。妈妈你且起来,看看前面,恐怕有人买酒。"老妈也就起身。爱泉出去买紫苏。蕙娘又问母亲:"爹爹可出去了?正忘了叫他并带些姜来。"只这一句,专要探问爱泉果然出去的意思。老妈道:"他竟去了,得他来再买。"蕙娘又道:"母亲可速来看看我,为何头这等生痛?"老妈竟推开房门,到蕙娘床前,开了帐子。蕙娘睡在床里面,把母亲的手,拖到身边来摸自己的头。那老妈把身子盒在女儿床上,谁知夜间先取上结乱衣服堆在椅子上,靠着房门。云客躲身椅下,待蕙娘扯母亲盒倒床上,帐子又遮定,竟自出房,轻轻走向外边去了。外边的门,孙爱泉为买紫苏,已经尽开,一毫也无碍处。这岂不是不慌忙的好计。云客自此以后,乘着便,就兴蕙娘相通。将自己带的东西,尽数付与蕙娘收管。拜匣内有些图书玩器,也付与蕙娘,只留着屏风内落出来的一幅诗绢。因蕙娘不好文墨,故此不与他。

一日走到府前,再访王家消息。恰好老王赴京复命,家内清清净净。云客换了布衣,投身进门,先见了管门的大叔。管门的道:"你是什么人?来为甚的?"云客深深作揖道:"大叔在上,我祖居浙江。父亲是个经商的客人,欲到扬州买货,半路上为贼劫伤了,只留我一人逃命在此,无亲可托。只得投靠一家乡宦,可以度日。就是抄书写字,也是会的,求大叔引进。"管门的道:"我老爷进京复命,家内又无相公,用你不着。"把他身上一看,见云客斯文身段,且是生得端正,笑道:"可惜我们家法,甚是严正。若是另一家的夫人小姐见了这样小后生,还要做些好衣服与他穿着哩。"云客再三哀求,说道:"只顾度得日子,不愿像别家的受用。"管门的道:"也罢!我去禀上夫人,不知用不用。若是收了,且着你在东花园里看守花木。老爷回家,再把别事差你。"就在厅后传梆说知,里面也就允了。即时引云客到东花园,也有几个同伴,住在园中轮流值日。

原来老王宅内,家法甚严,三尺童子,无事不许进后堂的。云客思想小姐,有天渊之隔。虽则住在园中,也时常到孙爱泉家看看。爱泉夫妇不知其详。蕙娘心上,倒晓得的。

且说云客始初,只为王家小姐思得一见,故此托名靠身。谁想一住东园,毫无影响,心上惶惑无定,常于僻静之处,把小姐二字当作持咒一般,时时想念。到夜间梦中,不知不觉高声叫出小姐来。幸喜独住一间小房,不与同伴共卧,还不曾露些丑态。

忽一夜,月色朦朦,竹间亭畔,若有行动之声。云客此时,正值开门。夜色萧然,全无踪迹。云客正要进房,不想回头一看,远远见一女子立于牡丹台下,斜身靠着湖石,旁边随一个十四五岁的丫鬟想道:"我在此月余,不要说美人,就是丑陋的,也不曾见一个,为何今夜,有此奇遇?莫非小姐晓得我的心事,私下做出卓文君行径来?且上前探问他,看怎生下落?"轻轻走过画栏,那女子也迎上来,仪容妖艳,体态动人。丫鬟先开口道:"我乃本衙侍儿,这一位便是本衙的小姐。晓得郎君终日想念,所以不惮露行来申私约,未知郎君意下如何?"云客心慌意乱,连忙向前施礼,说道:"既蒙小姐降临,真是三生有幸,小生何福?受此厚情?"口内一头说话,身子渐渐亲近起来,相携玉手,走到自己房里去。彼时残灯明灭,云客搂抱玉体,同坐一处,先把他香肌摩弄一番,然后与他脱衣解带。只见御下几件轻而且软的衣服,脱至胸前,忽露出一件奇物来,形如水晶,光照一室。云客问道:"小姐,这是什么宝玩?"美人道:"这是祖上传留的宝石,自小带在身边,时刻不离的。"云客此时无暇致详,但与他同上香床,共图好事。却又古怪,别个女子虽极美艳,不过寻常态度,唯有那个美人,一上床来,先将这玉物放在枕前。但见帐子里面,光莹闪烁,令人昏乱。交合之际如在醉梦中,不复辨别人事,唯满身醋畅,魂迷魄散而已。将次五更,侍儿促归,美人收拾衣装,珍重而别。自后每夜到来叙恩情,别无他语。云客只想小姐是个绝世佳人,有此天仙异质,不比寻常女子的相交,也不十分疑惑了。

忽一日早晨,管门传谕,打扫东园,明日里面,夫人要请某衙夫人在园中走走,众人个个小心收拾花木等项。云客想道:"这一番小姐定然到来,待我日里看他,可是夜间的模样?"到第二日午间,夫人果然来了,请了某衙夫人并带小姐,随着一二十丫鬟使女,备酒东园。那些管园的都出去,只有云客躲在后厅梅树下,湖石边。只见一簇妇人拥进来,见了云客说道:"你是什么人?夫人来,还不回避?"拖到夫人面前,云客跪道:"小的是新进来的,不知夫人家法,故此犯了。"夫人道:"既如此,待他出去吧。"数十妇人,把云客推来,衣带尽扯断了。一来,道他是个标致后生,故意卖弄他;二来,看夫人小姐走过花栏,就也有些放肆。云客推得头昏脑涨,出了,还有二三两银子。云客道:"可恨!小姐又看得不清,反遗失一个小袋,袋中银子也罢了,只可惜那诗绢是古物,被人拾去,必定损坏了。"

说这云客落的小袋,正被小姐身边一个丫鬟拾得,解开先取了银子,又见一幅诗绢,说道:"好一幅绫绢,只多了这几行字。两个图书若是素净的,也好打几双鞋面。"又道是:"我家小姐是识字的,拿去与他看看。那新进的家童,不知什么人,有这件东西?"只这一日,园中热闹,傍晚便各回去。说这丫鬟,拾得诗绢,不敢藏匿,回到府中,黄昏时,灯下说与小姐知道:"今日园中,那个新进来家童,被各妇们拥打出去时,身边落出一幅绫绢,有几行字在上面,不知什么。"就双手送小姐。只见小姐把诗绢翻来覆去,看个不了。想道:"这也奇怪,那幅诗绢,不是平常之物,缘何诗句与我意思相同?上面一个印子,又是我的。"却将诗句,暗里念了数遍。道:"我爱弹的琵琶,是私房事,怎么诗句上有'无限心情莫惆怅,琵琶新调自盘桓'之语?这也罢了,那印子上四个字,分明是我的小字。"又看下面印子,却是赵青心印,心上狐疑不决。

大约女儿心性,一件极无谓的事,偶然关了心,就要认真起来。小姐将诗绢藏好,当夜就想成梦。梦到一处,竹木参差。但见竹影里立着一个郎君,丰仪俊秀,颇有顾盼之情,渐渐走近身来。回头见母亲行动,又指着几个丫头说什么话,忽然惊醒。次日起身,因诗成梦,因梦生情。自此以后,便是烛花鹊噪,也有几分疑惑,连那琵琶也不去弹了。

却说小姐平日,有个相伴文墨的,也是一位小姐,姓吴,名绛英,就是夫人的侄女,比小姐年长一岁,自小没了父母。有一亲兄,那扬州府中名士,家内富饶,住居与王家相近。因吴氏夫人,单生一女,无人伴话,故此常请侄女在家里。那绛英小姐,风情绰约,心口伶俐,诗文针线,百般精巧,与玉环小姐同胞一般,极其亲密,凡两边心上的事,无不相通。

小姐道:"这样便好。只是我一时难好盘问。"自后也不提起。

看看过了一夏,秋来风景,甚是可人。早桂香浓,残梧月淡,诗情画意,触目关心。

原来吴夫人的诞辰，是八月十三日。本年正值五十岁，内外姻亲悉来奉贺。绛英对玉环小姐道："姑娘生日，各人恭贺。我与你两人，也少不得把一件事贺寿。只是珍奇宝玩，都自家有的，不为稀罕。我和你文才绝世，何不作一篇寿文，做个锦屏，后日摆在堂前，倒是没人有的贺。"小姐笑道："这件甚好，只是又要我出丑。"当日便打点些意思，着外面家人，做一架上好锦屏来。家人承小姐之命，星夜攒工，锦绣妆成。一色齐备，只要将金箔写那寿文。小姐因自己做的，不好传将出去，就着家人选一会写字的，后堂描写。家人思量道："闻得小姐性子，最难服侍。况且锦屏上字，岂是好写的。万一错写一笔，怎好赔补？哪管园的小赵，他自己说写得好字，就着他进去。"这也是苦差。

谁知赵云客为着夜间之事，一夏也不觉寂寞。忽听得里头着他写字，心内不胜欢喜。就把身上衣衫，打扮得齐齐整整，里面穿着宫花锦缎，竟不像个靠人的体态。系前厅一唤，走进后堂。梅香侍儿，环绕而立。夫人先走出来，问道："你唤什么名字？"因他靠身不多几月，故有此问。云客躬身对道："小的名唤赵青。"内中有一个丫头道："便是那一日，请某夫人游东园时节，在花园中打出去的人，夫人却早忘了。"夫人笑道："闻得你会写字，着你写那锦屏。"只见两位小姐立在夫人后面，把云客从头细看，心中思想："那人正是诗绢上的赵青心了。看他有才有貌，衣服这样打扮，绝不是平常人。他定然假意来靠我家的。"这小姐两只聪明眼睛，那里逃得他过？云客不慌不忙将笔描那金字，笔画端楷，都有贴意。这原是他本行，见了小姐，愈加放出手段来。绛英同玉环小姐走到房里，商量道："那人相貌不凡，众人前不好盘问。可写一字与他问明来历。"当下绛英便取一纸，写成一字，封讫。把一疋绫绸，藏此字在绸内，走出唤梅香，把绸付与云客，说道："小姐道你字写得好，先赏你一疋绫绸。待明日写完，还要赏你东西。"云客写到一半，天色晚了，袖着绫绸，放了夫人小姐出来。回到园中，想道："今日进去，方始亲小姐。只是日里看他这样端庄气质，为何全然不像夜间光景？"心内疑疑惑惑，且将这绸缎分开，见一封字。拆开一看，字内写道：

　　观你相貌不凡。明日进来，可将家世姓字，靠身缘由，写明一纸，放在锦

屏之下。

云客看了此字，愈加疑惑起来，道："我与他相处几时，怎么这字上还要问我来历？莫非夜间相交的，不是真正小姐，是另一个假借名色，也未可知？但是胸前这件宝贝，必定大家方有，岂是寻常人家有得的？我且不要管他，夜间自做夜间的事，日间自做

国学经典文库

私家藏书

梅花洞

图文珍藏版

日间的事。且把来意,到明日回复小姐,看他如何下落?"当夜那个美人来,云客全不提起写锦屏事。

次日早晨,竟把一幅金凤笺,作诗一首,道达已意,后面仍打一个名字图书。原来云客有两个图书,一个留在孙蕙娘处,一个带在身边,以便于用。

诗云:

> 西湖风景夜阑时,月下多情紧采丝;
> 琴韵自应怜蜀客,箫声无那傍秦枝。
> 云深玉涧迷红树,春入瑶台压翠帷;
> 闻道三山终不远,几回梦里寄相思。

云客写完诗句将纸封好,竟带进后堂去,写完锦屏,就把自己的字放在其下。小姐又赏他些物件,云客放了转身。绛英早已走到锦屏边,取云客的字,进房递与玉环小姐看。小姐轻轻拆出,那是一首律诗。细详诗意,竟是为他而来者。头一句,就记得西湖泊船的相遇。小姐口虽不说,却不能无文君之念,只可惜东园中,先有个顶名冒籍的,偷做文章去了。

评:

> 云客想念小姐,形诸梦寐,便有个假小姐来混他。及至锦字传心,尚不能辨其真伪。文家有损挫法,此其一也。见者心中,跃跃欲竟此事,则虽有量要紧处,亦当撇开,而急看后回矣。

第六回　绿雪亭鸾凤双盟
翠烟舫鸳鸯独散

诗云：

> 十分春色梦中描，一段香魂镜里销；
> 采药不因迷玉洞，分桨曾许嫁蓝桥。
> 梨花月静窥秦赘，杨柳烟低斗楚腰；
> 见说妾家门近水，请君验取广陵潮。

　　说这小姐见了云客的诗，也不轻易开口。想了一会，转身对绛英道："那人虽则像个风流才子，只是这样行径，岂可草草相合？若是今生有缘，须教他回家，寻的当媒人来说合才好，不然终无见面之理。"绛英道："妹子差矣！世上有才有貌的，甚是难得。后日就嫁个王孙公子，倘一毫不称意，终身便不能欢喜。他既投身到此，自然是个极有意思的。又且见他诗句，观他丰仪，一发可信。自古宰相人家，青锁分香之事，后人传为美谈。莫非天谴奇缘，岂可当面错过？"小姐却被绛英撺掇几句，话得有条有理，心内便有些难舍的光景，轻轻说道："既然如此，为之奈何？"绛英道："这也不难，后日姑娘诞辰，我们庆贺完了，过了一日，正是中秋佳节，何不备酒东园？只说请母亲同看月，当夜叫他躲在那里，便好问个端的。待他回去，等个终身之计便了。"小姐也无可否，说道："慢慢地斟酌。"

　　你道绛英小姐为何这样帮亲？他原是有情意的人，见云客如此可爱，但借玉环小姐之名，自己也好占些便宜。若是小姐无心，他已知如何干得外事？所以尽情撺掇。也是云客应该花星照命，里面有此帮手。看看过了两日，适值夫人寿诞，外面檐盘送盒的尽多，自不消说得。小姐着梅香展开锦屏，后堂罗列珍奇宝玩，只见：

> 玉烛银盘，光焰里照仙姬开洞府。金猊宝鼎，瑞烟中引将玉母下瑶池。
> 陈列的海错山珍，先献上蟠桃千岁，供养的长松秀柏，幸逢着桂子三秋。正

是鹿衔芝草添锦算,鹤舞琼筵进寿杯。

当日夫人受了庆贺,恰好忙了二日。到第三日,是八月十五。小姐早晨起来,吩咐梅香,着家人备酒东园,与夫人庆赏团圆佳节。午间先唤数个侍女,随了绛英小姐,先到东园,把园内收拾整齐。批了几张封条,各处封得停当,不许外人侦探,着管园的园外伺候。

却说那绛英小姐,一到东园,虽则整治亭台,排列酒席,这也倒是小事,他心里自有主意。一路封锁外门,转过花栏,引过竹径,见一只小小亭子,叫作"绿雪亭",倚着太湖秀石。前列牡丹高台,后连蔷薇远架,四面图着万竿翠竹。就是天台仙路,也没有这般幽雅。绛英密约赵云客,住此亭中,却将一条封皮,封了小门。那些梅香,并不知里面有人,又不敢开门探看。专待良宵,与小姐订盟鸾凤。到下午来,数十妇女,后拥并遮,簇着夫人小姐,竟到园中来赴家宴。绛英下阶迎接,欢笑移时。夫人命两位小姐同坐,先吃了茶,次用点心。渐渐的赤乌西下,白兔东升,一轮飞镜,照着两位嫦娥。但见画堂中,沉香缭绕,绣烛辉煌,小姐露出纤纤嫩指,双捧盘花玉爵,上献夫人。然后分班侍坐,真下富贵家气象!有个小词,道他酒筵全盛,又想他两人的意思:

> 玉爵分飞琼液,金盘首献燔熊;奇珍不数紫驼峰,还有豹胎为重。
> 藕片双丝牵系,莲房并蒂相逢;宵来家宴意稠浓,看取团圆谁共。

两位小姐分劝夫人,饮至一更,夫人起身罢酒。小姐吩咐梅香:铺设卧房,服侍夫人先睡。我同吴家小姐月下走走,你们把些酒席,个个欢天喜地,将热酒畅饮一番。只见绛英携了玉环小姐之手,慢慢地走到"绿雪亭"边,开了小门,低唤赵郎来迎仙子。小姐欲行又止,被绛英一推,进了小亭,把门关好,自己等在太湖石后。云客见了真正小姐,又惊又爱,不敢轻易犯他,跪告道:"小生赵云客,前在西湖月下,天付姻缘,遇见小姐。自此以后,日夜想念。今宵良会,这段心情,便好申诉了。小生家住钱塘,资财不亚贵府。小生的功名富贵,视如拾芥。唯念佳人难得,所以屈体相亲。若小姐垂怜苦心,果然见爱,就于月下订个盟约。小生即日归家,馨悉资财,央媒说聘,为百年之计。"小姐道:"前日见你的诗证据,已知是个才子。又被表姊绛英说合此事。但是寻媒来聘,必得得当的人到京,与我父亲说知。我家父亲是执性人,切不可草草。若是要用银子,甚是不难,你略住几日,我央绛英先付些你做盘费。你前失落的一幅诗绢,我已收好,这便是姻缘之期了。"云客喜出望外,心上颇有千金一刻,莫负良宵之念,怎当得玉环小姐，大家风度，正如天仙下降，毫无风俗气质，可以襄狙。略住片时，便出亭来。绛英是个极伶俐的，一见小姐，恐怕他有些羞涩，双手携住道："你的心事，总是与我心上一般的。赵郎之言，谅非虚语，凡事我当与你做个停妥。"小姐低头不言，两人仍走到夫人房里。诸婢尽皆沉醉，服侍两位小姐睡了。

次日早晨，梳洗完后，就收拾归后堂去。云客出得园亭，不胜狂喜，便要起身回家。思量独自一身，来此四五月，我家父母，不知怎样思想我了。起初只为小姐，故此羁迟。如今便好归去算计。只是前夜所交的假小姐，不知邻近谁家？昨晚因园中热闹，不见他来。今夜待他来时，必要考究明白。

是日，打点收拾铺陈，寻觅返路，不觉忙了一日。挨至黄昏时候里来，开口贺云客道："昨晚的事，甚是喜庆。妾与侍儿，特携酒果奉贺。"只这一句。吓得云客心头乱跳，想道："昨宵私会，就是鬼神也不得知，怎么这个女子，又晓得了？我日里遍访近邻，全无踪影，这一定是山妖木客，变形而来的。我且今夜多劝他几杯酒，将好语诱他，看怎生光景。"因笑对美人道："昨晚之事，娘子何以知之？小生思乡念切，正想与娘子一叙，早已备下醇酒在此。又蒙带酒果而来，正合我意。"便把椅子摆好，两个促膝而坐。丫鬟暖起酒来。云客的酒量，原自宽洪。两个闭辞浪语，饮至二更，那美人已有八九分酒意，又被云客留心苦劝，吃了一会，不觉深醉起来。云客搂抱上床，与他脱了衣服，兼且乘着酒兴，两边鏖战一番。只见那美人不胜酒困，一觉睡去。也是合当有事，连夜相交，俱是云客先睡。唯有这一夜，云客因自己关心，并未合眼，他竟呼呼的熟睡了。云客此时，愈加疑虑，细看他身躯，全然不像女人的榜样。但见胸前所佩的宝贝，光彩烨烨，萦绕其身。云客想道："往常读稗官野史，见有精怪之事，炼成阴丹，其光绕身。人若触之，即便惊醒，若于从呼吸他的光，他反受人之累。我今夜且把这句书试一试。"应在床上，轻轻对了他的身子，将口吸那宝光。谁知这个光，始初旋绕不定，自从被云客呼吸，那光便渐渐的入至口中。云客吸一口，即咽一口，吸至一半，这宝贝也觉小了。云客腹中，温暖异常，知道书上的话，应验起来，索性一口紧一口，把他的光吸尽。只见光也尽了，胸前的宝贝也不见了。云客朦胧假睡，察其动静。那妇人突然醒来，便将身子坐起。正像失落了魂魄一般，把手推醒云客。云客顺手扯那妇人道："娘子好好的同睡，为何独坐床上？"妇人长叹数声，泪如雨下道："我在广陵城里，修炼数十年，不想今夜前功尽弃。"云客亦坐起来道："这话怎么说？"妇人道："赵郎，我实对你说，我本非妇人，那广陵城中积年的狐精是也。原非有祸于人，但要借些男子的阳精与我阴丹共相补助，以成变化之术。不比夫人家的女子，丰衣足食，只图自己快活，把别人的精神，当作流水一般，时刻浪掷的。不意今夕醉中，被你识破，把我的丹吸去。幸喜与你同睡月余，阳精充实阴胎，得以苟全性命。不然阴丹已散，殆将死矣。我如今别你而去，不复更能变人。潜匿原形，仍旧取星光月色，采炼成惊剖，多则半百，少则一二十年，再图后会。勿以异类，遂谓无情。郎君贵人，幸勉自爱，我亦从此隐矣。"言讫，披衣而起，执手呜咽。云客听到此处，也觉得凄恻起来，亦把好言慰谕。天色将晓，洒泪言别，云客送至后庭，同了丫鬟冉冉而去。

原来这狐精，住在广陵城中，但遇大家园中无人走动处，便隐匿其间。他的阴丹，原常在口中吞吐的，因见云客睡觉，恐怕在口中吞吐易于逗露，故意佩在胸前，唤作宝石，夜间光照帐里，使人不疑。谁想醇醪误事，幸而其所守。可见私房酒席，不是轻易吃的。云客清早起身，到孙爱泉家，寻便与蕙娘一别，约他娶了小姐，一同归去。午后归至东园，算计道："我在扬州城里，不上半年，诸事已就。不过一两日工夫，就有回头之期了。"自吞了狐丹，反觉精神健旺，也是天谴奇缘，因祸得福。从此以后，一心挂在王家小姐身上。只道瞒神赫鬼，放出偷天妙手，谁知这段姻缘，更有意外之虑。

自小姐赏月之后，归到兰堂，绛英探回消息，小姐道："赵郎之言，与姐姐料的，一毫也不错。只是待要留他，恐怕泄了风声。不如付些银子，先打发他回去，叫他上紧把姻事算计起来。这五百两银子，与我带了，只说我暂时邀去看看兄嫂。待我到家，传一密信寄予赵郎，极便的事。"小姐即将五百金，付与绛英。绛英往夫人前去，说道："几时不见兄嫂，暂要回家一两日，便来。"夫人道："既是这等，着家人把轿子送吴小姐去。"绛英随了梅香，一竟归家。其兄往乡间去了，不在家里。见过了嫂嫂，另到一间房中安歇。心上忽然生起计来，想道："赵云客的才貌，谁人不爱？玉环叫他回去，若是他去央媒说亲，竟来聘玉环。我这一段情意，丢在哪里？不如寄信云客，只说小姐有红拂之意，明日早晨寻只船，约到一处等待。到了明日，我竟同他先去。就是后来聘了玉环，也丢不得我。"就写一字，密付梅香，约云客如此缘故。

云客在园中，忽得此信，便寻定一只船，等在府东北市河下。又把一字递与梅香，说道："谨依来命，在开明桥下伺候。"云客只道王家小姐，不知其中计策，脱身出来。但是骤然回去，也要小心的。等到次晨，只见一乘小轿，随一梅香，竟到船头。云客亲扶下船，急急撑开。原来不是王家小姐，倒是吴家小姐。绛英备述心言，道："我今日辞了嫂嫂，只说又往王家，无人稽查，所以来得容易。还有拜匣内白银五百，为路费之资。"云客是个风流名将，就如淮阴用兵，多多益善，岂不快活？玉环小姐的事，且待归去商量。

这一路岁月舟中，新婚佳趣，倒是实实受用的。把船两头冒好，竟出了扬州城。随路行来，至一村落，暮烟凝合，夜色萧然。艄公住橹停宿，此夜鸳鸯共枕，比那孙蕙娘家,更加安稳。只多了梅香同伴,不好恣意取乐。绛英花蕊初开,半推半就。云客风情荡漾,如醉如痴。虽不敢大奋干戈,也落得暂时云雨。只有梅香在铺边细听,睡又睡不着,熬又熬不住,翻来覆去,但求速速完事,省得闻了此声,心忙意乱。若是小姐当不起久战,何不把我做个替身? 也分些好处。云客为舟中不便酣战,且绛英又是新破瓜,难于进退,弄到一二更,也就住手了。

次日绝早,催艄公发船。晓雾蒙蒙,莫辨前后,正要开船,忽然前面一只船来,因在雾中照顾不及,船头一撞,把那一只船撞破了。那一个船中,立起三四人来,先捉艄公乱打。云客不知其故,出了船舱,说道:"不要打,若是撞坏了船,我自赔修。"船上人那里顾你? 一齐跳下船来,就把云客扭住,把船中一探,大叫道:"这位女娘是主人得的,缘何在此?"你道什么人,就认得绛英来? 不知道船上坐的,就是绛英的大兄。扭住云客的,就是绛英的家人。因下乡几日,趁早要归家,不想撞着绛英。家人急急报知,倒把吴相公一吓,说道:"如何妹子随着这个人,往那里去?"又听得云客是杭州的口声,心上大骇道:"莫非是个强盗,打劫家里,抢妹子来的?"速叫家人,把云客不管好歹,先将绳绑了。绛英在船中叫道:"哥哥不要乱嚷奔,这是我自己要去的,不干那人之事。"吴大听见此话,明明道是私奔,越发大怒起来,道:"若然如此,我在扬州府中,体面搁在哪里?"叫家人搜他船中,带些什么。家人取一拜匣,打落了锁,扯开,内中尽是银子。吴大骂道:"这个草贼,盗我家许多银子!"只把云客当作贼情看待,这也是全体面的好计。一面叫两个家人,把自己的船,拖那绛英与梅香在船上,吩咐家人竟送到王老爷家,不要到家里去出丑。自己跟几个家人,绑了云客,解到扬州府来。绛英乱哭乱嚷,那个顾他? 只有云客,吓得魂飞魄散,一言也辨不出。

当晚进了扬州城,吴大把那匣中银子,拿出四百两,做个打官司的盘缠。只将一百两连那拜匣,做个真贼实盗。一路拷问缘由,云客只是不说。又把船上艄公捆打,喝道:"你们船上人,惯同别人做贼,知他什么名姓?"艄公禀道:"相公息怒,小的是乡间人,不比别处快船,挂了贵府灯旗,不是捉贼,就是做贼。昨日早晨,只见那个人说道,要载家小到浙江去,叫小人的船,其余都不晓得。"吴大恐艄公牵连他妹子的事,竟不拷问他,一腔毒气,独呵在云客身上。渐到计前,吴词手禀,也不及写,同那几个家人,竟扯云客,解到府中。吴大击起鼓来,知府从堂,手下人簇拥那一起进去。吴大是个拨州名士,府堂上公差大半相熟,没有一个不帮衬他,跪到知府面前说道:"生员今早捉得一个草贼,特解到太公祖大人案下,乞求正法。"知府问道:"怎样捉的?"吴大道:"生员两日有事下乡,今早雾中,忽一只船撞破生员的船,与他理说,他反肆毒手,把生员的家人打坏了。里党中人不服,把船押住,搜他船中一个拜匣,那是生员家里的。匣中银子一百两,锭锭都是生员家里的物,真贼现证。连忙差人到家,果然昨夜逾墙而入,钻穴相偷的。这是天罗地网,着他败露。"知府唤云客上前,喝问道:"你做贼是真的吗?"赵云客年纪不多,生平不曾经衙门中事,又见吴大利口,一时难与他争执。思量说出:"生员名唤赵青心,也是浙江杭州府钱塘县学生。这银子是自己的,那吴秀才明明要诈人,反冤屈生员做贼,望公祖老爷电鉴。"知府道:"你说是钱塘秀才,本府那里去查你? 只这匣是你的,还是吴家的?"吴大挺前证道:"这匣子祖父所传,里面还有印记,难道不是真贼?"他明晓得分与妹子的拜匣,正好将他执证。果然匣中有吴家印记。那时知府看见,便道:"贼情定是真的,今日且收下监。他说是钱塘秀才,待移文到钱塘支,若果然秀才,申文学院;不是秀才,就将这贼一棒打死便了。"云客泪下纷纷,口中但叫冤屈。公差不由分说,拖到监中。吴大出了府门,顿然生出一计。不知将赵云客,怎样摆布。

评:

昔有人入山,遇见一仙子,与之三言两语,便欲求合。仙子笑曰:"汝欲生男育女耶?"其人曰:"非也。"仙子曰:"然则何为急于求合?"其人曰:"某生平嗜好在此,不能禁耳。"仙子引入石室,其人绕上床,即化为老龟,壳重足轻,艰于行动,屡向仙子叩头乞命。仙子曰:"汝生平嗜好,以致如斯。速宜改却前非,不然此壳将历劫不脱矣。"老龟盘旋山巅,不能自归而死。夫萼绿华、杜兰香,亦曾下嫁,此其情所不免也,若夫情未至而欲先之,则一生平嗜好之老龟耳。赵云客初遇玉环,可敬可爱而不可亲,若是肉蒲团,便形出许多贱态矣。要知真正情种,决不轻易宣淫如鸡犬者也。读者无嫌寂寞,直至后回便见。苏庵尝有诗纪事云:"世间男女尽飞虫,一上身来便打雄;试问有情谁似鹰? 夜深孤向长空。魄散香魂冉冉轻。木客山妖尽有情;闻道一生落花底,活现尽似惜苍苓。"

第七回　陈灾兆青琐含情
解凶星红鸾吊燕

诗云：

> 云欺月色雾欺霞，风妒杨枝雨妒花；
> 纵使自怜珠有泪，可能终信玉无瑕。
> 杜鹃啼处三更梦，灵鹊飞来八月槎；
> 莫道风流客易过，锦屏心绪乱如麻。

吴大陷害云客一事，只为有关体面，故此下个毒手。一出府门，便生计较道："看这贼奴，原像个斯文人。只因我连日下乡，不想妹子做这件勾当。今日幸得不分不明，送他监里。此后复审，加些刑罚，倘若从实招出，我的体面不好看。若是听府文移到钱塘，果是秀才，又宽他几分了，后日反做一冤家在身上，又似不妥。"反复思量，忽然悟道："不如将些银子，在府房中起申文，也不要再审。只个剖明此事，我的体面暗暗里全了，岂不周到？"

看官，那吴大这样算计，一个蕙娘将来无穷懊恨，就是我做小说的，后面做甚出来？若真要云客出头，不是知府救他，定是鬼神救他，方绕免这场大祸。谁知那二项，一毫也不见影响。正是：

> 瓮中捉鳖，命悬手下。

我只想将赵云客，暂时放在一边，听他饿死便了。且把吴小姐归家之事，说个下落。

却说绛英小姐，被哥哥撞见，着家人仍送到王府中。自悔命运，累及云客，无辜受祸。一日不曾吃饿，哭得手麻眼暗，渐到王家府前，家人叫一肩小轿，请小姐上岸。绛英含羞忍耻，上了轿子，随着梅香，竟进王家宅门。家人通报，吴小姐到来。夫人小姐亲自迎接，见绛英花容憔悴，夫人道："小姐脸带愁容，莫非家中与嫂嫂淘些闲气吗？

且进房去吃茶。"玉环携手进房,含笑问道:"姐姐到家,有什么闲气,如此不欢?"绛英但低着头不说。玉环不好再问,只唤侍女,快备夜饭,且待宵来,细细问他,心上想道:"又不知我的事体,可曾料理?"私问绛英的梅香,梅香不敢直说,应答模糊,也不明白。

到夜来,银烛高烧,绮疏掩映,排着夜饭。两位小姐,只当平日座谈的模样,玉环再三劝酒,绛英略略沾唇。夜饭完后,侍女出房,两个促膝而坐。玉环小姐道:"姐姐,你的闲气且慢慢地讲,只问你昨日事体如何?"此时绛英不好相瞒,只得说个明白,道是:"妹子不知,今日为我一人,弄出许多祸事,且并要带累你,为之奈何?"玉环道:"莫非赵郎败露,他竟不别而行吗?五百金小事不与他也罢,只是教他得知我前日与你说的意思绕好。"绛英把私随他去,撞着大兄等事,细细说了一遍。又道:"我只恐独来聘你,教我无处着落,故此先要跟他。谁想这般祸种,倒因我做出来。幸喜妹子的事,一毫也不走漏。但赵郎为兄所陷,不知怎的下落?"玉环闻得此言,心中虽则一惊,却也倒有门路,对绛英道:"既然此事不谐,前日原是我央你去的,我也不怪你。为今之计,只先要打听赵郎的消息,便好相机而动。"绛英道:"我如今也顾不得体面,过一两日,还要归家,与哥哥说个明白。他若必要害赵郎,我便与他做个撒手的事,看他如何安放我?"小姐道:"不要草率,明日先打发梅香归,探听一番落在下界了?"吴大自府回家,也不说长说短,睡了一夜。次日早晨,吃了饭,身边带着和两银子,将二十两送与府房,捺起申文,将四两付与禁子,不容他买饭吃,只待三四日后,递个病状与知府,又将三四两银子,与府堂公差,偿他昨日帮亲的礼,自己道做事周匝,完了府堂使用,又往到朋友家去干别项事。赵云客自昨晚进监,监门又要使费,公差又索银子,牢内头目,又要见面钱,满身衣服,俱剥了去。夜中苦楚,不可胜言。

挨至第二日午后,还没有饭吃。异乡别省,全无亲戚可以照顾。只道命犯灾星,定作他乡冤鬼。哪晓得红鸾吉曜,一时曜照起来。扬州府有个狱官姓秦,名衡石,号程书。他原籍湖广武昌府贡监出身,虽是个狱吏,平日间极重文墨。有一妾生两个儿子,一个就在扬州府进了学,一个还小,在衙门读书。他奶奶亲生一女,名唤素奴,因他母亲日夜持斋念佛,止生这一个女儿,故取名叫素奴。素奴长成,精通书史,自己改名素卿,年方一十八岁。人才风韵,俊雅不凡。那秦程书本日亲到狱中,查点各犯,原是旧规。做了狱官,时常要到狱中查点的。只见各犯唱名点过,临了点到赵云客,说道:"那人新进狱门,本司还不曾见面。"想是犯人进监,狱官原有些常例的,故说此话。又见赵云客一表人才,赤身听点,问道:"你是什么人?犯什么事,到此狱中?"云客俯身跪诉道:"生员赵青心,原是杭州府钱塘县学生,家里也是有名的,薄产几千亩。前日有事到扬州,带些盘费过来,在街上买一拜匣。不想是府中吴秀才家的。昨日早晨,大雾中开船回去,正撞坏那吴秀才的船。被他狼仆数人,乱打一番。窥见生员船中,买些货物,顿起不良之心。以拜匣为名,冤屈生员做贼,把行李货物,都抢了去。父母老爷详鉴,生员这个模样,岂是做贼的? 知府不曾细察,堂上公差,又俱是吴家羽翼,一时就推到临里。生员家乡遥远,无门控诉。伏望老爷大发慈悲,救生员一救。"秦程书见他这一副相貌,又兼哀诉恳切,心上就发起慈念来,说道:"既然如此,后日审究,自然有个明白,本司今日也做不得主。但是见你哀辞可怜,果然是文墨之士。本司保你出去,在衙里住几日,待审明白了,再理会。"禁子得了吴家使用,禀道:"这是本府太爷要紧犯人,放不得出去的,夜来还要上押床,老爷不可轻易保他。"秦程书喝道:"就是府太爷发监的犯人,不过偷盗事情,也不是个斩犯,你便这样阻挡。"禁子不敢拦阻,任凭狱官领云客到衙门里去。

原来秦程书最怕奶奶,奶奶平日敬佛,不许老儿放一分歹心,又因大儿子在学里,一发把斯文人尊重,对云客道:"我衙内有个小儿子。你既是秀才,与我儿子讲些书史也好。"一到衙中,把些衣服与云客穿了,着他住一间书房里教书。一日三餐,好好的供给他。只因云客是个犯人,时常把书房门锁好,钥匙付奶奶收管。大儿子出外与府中朋友做放生会,每人一日,积钱三文,朔望聚钱,杂买鱼虾之类,于水中放生,以作善果,这也是奶奶敬佛的主意。是晚回衙,闻得父亲保一个斯文贼犯,在书房教兄弟的书,便到书房相会,说起诗书内事,云客口若悬河,随你百般盘问,毫无差误。大儿子故意要试他才情,就对云客说道:"今日小弟做放生会,各友俱要赋诗纪事。小弟不揣,欲求兄代作一首,未审可使?"云客谦逊一番,提起笔来便写,立成放生诗一首云:

> 四海生灵困未休,鱼虾何幸得安流;
> 腐儒仅解开汤网,尘世谁能问楚囚。
> 虫尊未消终有劫,风流难息岂无愁;
> 放生莫放双鲤去,恐到龙门更转头。

大儿子见了此诗,赞叹不已,到里面对父母道:"那书房中的犯人,果然文才渊博,相貌过人,后日必定大发的。只是吴秀才冤屈他,也觉可怜。"妹子素卿,在房中听见哥哥说话,心内也要去看他一着。到第二日,程书出衙理事,两儿久边游玩。衙内无人,素卿与母亲散步到书房边,一来随意闲游,二来看那书房中的犯人。门缝里张了一会,见云客身材俊秀,手里拿一本书,朗吟诗句云:

因贪弄玉为秦赘,且带儒冠学楚囚。

素卿颇晓诗书,听云客朗吟诗句,便有些疑惑起来,想道:"人家屈他做贼,其实不像个贼料。他这吟的诗句,倒有些奇怪。莫非是一个风流才子,到这里来?妇人面上有甚勾当,被别人故意害他,也未可知?且到晚间背了母亲,去试他一试。若是果真冤枉,便与父亲说知,尽力救他,后来必有好处。"你道素卿为何顿发此异想?原来素卿自小生性豪侠,常道:"我身虽为女子,决不要学那俗妇人,但守着夫妻儿女之事。"濑水击绵,救亡臣于饥困;盘餐加璧,识公子于遁逃。便是父母兄弟,一家男女,无不敬服他,道他是个女中男子,并不把女儿气质看待。他要看人,就依他看人,他要游玩,就依他游玩。素卿也有意气,平时见了庸夫俗子,任你王孙富贵,他竟毫不揣着。

那一晚,乘衙内无人。母亲又在佛前礼拜,私取钥匙竟把书房门开了。云客忽见一个女儿,韵度不凡,突然进来,反把他一赫。只因近日监中,一番磨难,身上事体未得干净,那些云情雨意,倒也不敢提起。见了素卿,拱手而立。素卿问道:"官人何等人家?犯法羁住在此?"云客哀告道:"未审姐姐是谁?小生的冤,一言难尽。"素卿道:"我就是本衙老爷的女儿,名秦素卿,平生有些侠气。官人有事,不妨从直说出。我与父亲说明,当救你出去。看你这等气质,绝不是做贼的。缘何他家冤你做贼?想是你有什么妇人的勾当,被人害你吗?"云客道:"这个倒没有,小生家里还未有妻子,外边安敢有甚歹事?"只把监内告秦程书的话,说了一遍。素卿道:"这个不难。待我与父商量,算个出脱你的门路。只是有句话对你说,我一生率性,有话就说。不像世上妇人暗里偷情,临上身还要撇清几句。你既是没有妻子,犯了屈事,在这里来,倒像有些缘法。你若是此冤昭释,后日富贵,慎勿相忘。"云客谦恭尽礼,但要营求脱身,图谋玉环小姐的约,那里又有闲情敢与素卿缠扰?谁知不缠扰素卿,倒是极合素卿的意思。素卿仍锁书房,行至里面。暗里自思道:"那人有才有貌,有礼有情,并不是世上这般俗人见了女子,满身露些贼态。我家哥哥大发之言,定是不差。"当夜便私自出房,再到云客书馆。

原来素卿在家中,人人畏慎,并没有一个敢提防他。云客坐到更余,接见素卿,就不像以前的样子了。携手谢道:"小生赵云客,在危疑困厄之中,蒙小姐另眼看承,实是三生有幸。不知以后,怎样被报?若能够脱身罗网,得遂鸾凤,一生的恩情,皆小姐所赐。"素卿直性坦荡,见云客这般言语,自然情意绸缪,委心相托,竟把姻缘二字认得的的真真。古语云:"一夜夫妻百夜恩。"他就像一千夜还放不下的念头。爱月心情,遇着惜花手段。想是赵云客前世在广陵城里种玉。故所遇无非娇艳,必定受恩深处,自有个报答春光。但看后日如何？且听下回表白。

评：

　　从来作小说者，经一番磨难，自然说几句道学的话。道是偷妇人的，将来果报，定然不爽。是何异欲嗜佳肴，而訾其后来臭腐，令人见之，徒取厌倦而已。昔汤临川序《牡丹亭》有言，自非通人，恒以理相格。第云理之所必无，安知情之所必有？旨哉斯言，足以药学究矣。

第八回　赴京畿孤身做客
别扬州两处伤心

诗云：

> 昨夜残云送晓愁，西风吹起一庭秋；
> 梦里不知郎是客，苦相留。
> 别恨为谁闭绣幕，惊啼曾与倚高楼；
> 破镜上天何日也，大刀头。

却说吴大相公移奸诈盗，自是周旋妙策。过了两日，亲往监门，讯问禁子道："那个赵贼死了还未？"禁子对说："前日承相公之托，极该尽力。怎奈遇着狱官秦老爷，查点各犯，被那个姓赵的一套虚词，倒保他衙里去住了。我们拦阻不住，故此不曾效力。"吴大顿足道："有这样狗官！贼也招在家里，可笑！可笑！"即便回身算计道："我这场官司，如今要费银子了。若是听他审问，万一他也像狱官面前的话，翻转事来，我倒有些不便。且是妹子在王家，昨日打发梅香来探看，无非打听那贼的消息，必定处置死了，方为干净。"本日就兑白银一百两，央人送与知府，一定要重加刑罚。又将白银四十两，央人送与狱官秦程书，说道："那贼是吴相公的仇人，求老爷不要遮盖他。"又将银十两，送与府堂皂隶，叫他用刑时节尽力加责。就约明日解审，这一段门路又来得紧了。

不想秦狱官是个好人，见吴家央人送银子与他，回衙对奶奶道："不知那姓赵的与吴家怎样大仇，定要处死他。今早央人，先送白银四十两与我，约明日解审，叫我不要遮盖。想起来，我这里尚然如此，别个爱财的老爷，难道倒白弄不成。"只见奶奶闻得此言，就骂道："你那老不死！这样冤屈钱，切不可要他的。我与你单有二男一女，偏要作孽积与子孙吗？"口里一头念佛，一头责备，倒吓得老秦一身冷汗。女儿素卿，在房里听见，便走出来，对父亲道："那吴家要把银子央来，这件事必然冤枉的了。只是爹爹虽不受他银子，怎禁得别人不受他银子？那姓赵的一条性命，终久不保。"老秦夫妻点头道:"便是我女儿说得不差。"素卿道:"如今莫若把他银子受了,以安其心,省得又要别寻头路。到明日草堂,爹爹去见知府,把这件事说起。说道:'外边人俱晓得他冤枉,只是吴秀才定要处置他。闻得他的父亲浙江有名的富室,又且真的是个秀才,老大人不可轻易用刑。后面弄出事来,官府面上也有些不妥。'就是偷盗也非大事,只叫知府轻轻问个罪名便了。"秦程书满口称赞:"我的女儿大是有才,这一番语甚好。我明日便去与知府说。"当夜更深,素卿思想赵郎明日审问,虽则托了父亲这一番言语,未知是祸是福。又恐怕吴家别有恶计,转辗不安。待众人睡了,竟自出房,到书馆里来,见了云客,把今日父亲的话,备细述了一遍,说:"明日分别,未审好歹。虽则父亲为你申救,不知知府意中必定如何?"云客闻得此言,不觉凄惶无地,一把拖住素卿,哭道:"小生遇着小姐,只道有了生机,不想明日这一般,定然不能够完全。小生死不足惜,但辜负小姐一片恩情,无从报答。"素卿见他苦楚,掉下泪来,说道:"也不要太忧烦。倘父亲与知府说得明白,好也未可知。只是就有好信,你定要问个罪名。若是罪轻,你速速完事,便当归去,不可久留,被吴家算计;若是罪重,你的身子,还不知到哪里去,怎得再到我家来? 我今夜相见,竟要分别了。"两人抱头大哭。又道:"你若明日出了府门,有便客穿好。"又吩咐道:"你的身子,千万自己保重,以图后会。"云客哽咽无言,渐至五更,素卿哭别进去。云客和衣而睡。

只见清早,外面敲门,那是提赵云客赴审的公差,需索银钱,如狼似虎。秦程书里面晓得,出来安插他,送与银子二两,央他凡事照顾。将次上午,秦衙并留公差,同云客吃了饭。程书亲送云客,行到府门,吴秀才却早伺候久了。秦程书先进府堂,见了太守,就与他说这件事。太守心上早有三分疑惑,又见狱官真情相告,道是与云客讨个分上,也不十分威严。

原来这太守,做人极好,专喜优待属官。又因秦狱官平日真诚,他的话倒有几分信他。程书禀过下来,公差即带云客上堂。太守喝道:"你是贼犯,快快招来,省得用刑罚。"云客诉道:"生员的罪名,终无实据。就是一个小匣,原在瓦子铺前买的,也不晓得是吴家的物件,有卖酒的孙爱泉为证。"云客因无人靠托,指望把孙爱泉央他一句话,救己的性命。谁知太守要两边周旋,顾了吴家又舍不得狱官的情面,做个糊涂之计,一名也不唤叫,说道:"你的贼情是真的。姑念你远客异乡,如今也不用刑了,依律但凡奸盗之事,拟个满徒配驿燕山。"另点一名差人孙虎,着即日起解到京里,如迟,差人重责三十板。不由分说,就发文书押出去。吴秀才还要太守加些刑罚,被众人一拥下来。云客就在府门拜谢秦程书。程书回衙,述与奶奶知道:"虽则配驿,然终亏我一番话,不曾用刑,也算知府用情了。"说这公差孙虎,押了云客,竟到家中收拾行李起身。

你道这公差是谁？原来孙虎就是孙爱泉的儿子孙飞虎。云客一见爱泉，怨声恨语，说了一遍。爱泉夫妇，忽闻得这件事，也与他添个愁闷，道是不推官人受冤，我儿子又要措置些盘费出门去。蕙娘在里面，听得云客有事，就如提身在冷水中一般，无计可施。只得挨到夜间，与云客面话。孙虎因云客是认得的，不好需索费用，把云客托与父亲看好，自己反出去与朋友借盘缠。说道："赵大官且住在此，我出外移补些银子，明日早上回来，便可同去。"孙爱泉见云客一来是个解犯，有些干系，二来恐怕吴家有人来窥探，就着落云客直住在后面房里，正好与蕙娘通信。当夜更余，蕙娘寻便来看云客。两个相遇，并不开言，先携住手，哭了一会。蕙娘问道："几日不见你来，只道是你有正经在那里。不想弄得如此，且把犯罪缘由，说与我知道。"云客细诉真情，不曾话得一句，却又扑簌簌掉下泪来，说道："自前日别你之后，便遇了王家小姐，承他一心相契，他的缘法也够得紧了。谁想内又有一个小姐姓吴，名绛英。他先要随我到家中，然后寻媒来聘那王家小姐。想是我的福分有限，当不起许多美人之情，一出城，至第二日早起，正撞着吴小姐的大兄。被那吴大扭禀知府，百般算计，要结果我的性命。幸喜得遇一个狱官秦程书，出身相救，得以全生。如今一路到京，未知路上如何？姐姐若是不忘旧情，守得一年半载，倘然有回家之日，定来寻你，沁不敢相负。"蕙娘道："如今的吴绛英，还在那里？被他害了，他不知还想着你吗？"云客道："闻得他原住在王家府中。这两位小姐，今生想不能够再会了。"蕙娘道："也是你自少斟酌。事已如此，只得耐心上去。我为你死守在家，定不把初衷改变。我还要乘便，替你打听王家消息，看他如何思想？只是这样富贵人家，比不得我们，说话也不轻易的。外边有了人家父母做主，那得别有心肠，再来等你？你此后也不必把这两家的小姐十分挂心。"蕙娘这句话，虽是确当不易之言，他也原为自己，占些地步，所以有些叮嘱。当夜五更，两人分别，伤心惨目，不言可知。

孙虎自觅盘缠，天明就到家里，一边做饭，一边收拾，又对父亲说道："我一到京，讨了批回，便转身来的。家中凡事，你老人家耐烦些。"就同云客整顿行装，出了门，竟向前去。云客泫然含涕，回首依依，只是他一点真情，四处牵挂，并不把湖上追来之事，懊悔一番。只道有情有缘，虽死无恨。一路里鸟啼花落，水绿山青，无非助他悲悼。口吟《诉衷情》词一首，单表自己的心事：

广陵城外诉离郁，回首暮云浮；尺素传心，何处雁字过高楼？不堪重整少年游，恨风流，百般情事；四种恩量，一段新愁。

云客配驿进京，看看的出了扬州境界，心中想道："我此番进京，不过三年徙罪，只要多些盘费，自有个出头之日，只不知绛英回到王家，作何料理？就是玉环小姐，前日见他这般吩咐，料不是薄情的人。我这孤身，前赖蕙娘周旋，后亏素卿提救，虽是受些怨气，也甘心的了。近日若寻得一个家信，寄到钱塘与我父母说知，凑些银子来，京中移补，就得脱身，更图恢复。但是一来没有伶俐的人，替我在父母面前，说话中回护几分，二来恐怕父母得知，不与他争气倒不稳便。且自风餐露宿，挨到京中，或是借些京债，或是转求贵人，申诉冤情，再作道理。"这一段，是云客分离的愁思。还有两位小姐暗里相思，又不知晓得问罪的事，又不知别寻计策图个明珠复合之功，又不知只算等闲做个破镜难圆之想。正是：

梦中无限伤心事，鹦鹉前头不敢言。

评：

此回小说用意甚深，而观者或未之觉，何也？其始也，遇蕙娘则有孙虎为之解。有孙虎为之解，而下回之面目开矣。其继也，遇素卿、秦程书为之救。有程书为之救，而十一、二回之机权现矣。使他人捉笔，定于将解未解之时，费多少气力。而此淡淡说来，已觉顺水流舟，全无隔碍，不必强生枝节。前后若一线穿成，此文家化境也。观其结处圆净已作前段收局复开，后幅波澜。尽云客在广陵城中之事，已经完局，后面不过步步收合，故不得不于此处，总叙一番。作者自有苦心，看者幸无忽略。

第九回 躲尘缘贵府藏身
续情编长途密信

拟古二首：

> 玉颜既睽隔，相望天一方；
> 梦短情意长，思之不能忘。
> 呼女自为别，一岁一断肠；
> 叹此见面难，君恨妾亦伤。
> 昔有倩魂行，念我何参商。

> 弦月星河明，露下清且寒；
> 乘槎隔银汉，安用徒心酸。
> 空闺复何娱，唯有赠琅玕；
> 梦寐暂相见，殷殷慰加餐。

　　孙蕙娘自别赵郎，花容憔悴，寝食无心，暗地里只有短叹长吁，人面前略无欢情笑口。爱泉夫妇商量道："我的女儿，年纪长成，想是他不喜欢住在家里，终日愁眉蹙额，就是头也经月不梳。若能够寻一个门当户对的，也完了老人家心上的事。常言道：'女大不中留。'这句话渐渐的像起来了。"孙爱泉存了这个念头，就有些媒婆，往来说合。也有说是一样做生意的，家给人足，正好攀亲眷；也有说是衙门里班头，外边极行得通的，可以相配。也有个伶俐的媒婆，说道："看你家这位姑娘，人材端正，不像个吃苦的，待我与你寻一个富贵人家。虽不能够做夫人奶奶，也落得一生受用不尽。"爱泉也不论人家，只要他老妈中意，便可成亲。说来说去终无定局。蕙娘在房里想道："赵郎分别不上岁时，就被这些恶婆子来说长说短。若再过岁月，我家父母，怎能坐身得稳？必定要成一头亲事，赵郎的约，便不谐了。我如今莫说小小人家，就是王孙公子，人才面貌与赵郎一般的，我也一马不跨二鞍，岂可背盟爽约？况且来话的，尽是庸流贱品，难道是我的匹配？须生一计，摆脱那样说话才好。"

正思想间，忽听得外边大闹。乃是府堂公差，爱泉儿子的同辈，当了苦差，要孙家贴盘费，把爱泉乱打乱骂。爱泉一番淘气，正合着女儿的计策了。蕙娘听知父亲受气，便道："我的脱身，有了计策。前日赵郎所谓王家小姐，既然盟誓昭彰，定有些放心不下。不如乘此机会，只做个投靠他的意思。待到王家府中，一则探望小姐的心情，就在他忘记里，躲过几时，省得人来寻我。"轻轻走出，假装怒容，对爱泉道："我家哥哥绕去一月，那人便如此欺负我家，若是去了一年半载，连这酒缸锅子，都是别人的。如何人情这样恶薄？想起来这般世界，只有势头压得人倒。不如依傍一家乡宦求他略遮盖些也好。"爱泉一时乘气说道："有理！有理！我被那小狗头欺瞒，难道便怕他不成？只不知投那一家好。"蕙娘道："扬州府里，只有府前王家，现任京里做官。况兼他家夫人极喜遮护人的。"爱泉点头道："便去便去。"忙备了四只盛盘，同了妈妈女儿，竟到王家府中。家人与他通报，夫人传谕，唤那妈妈女儿进来。蕙娘同了母亲，走进后堂。夫人一见，就有几分欢喜，只因蕙娘生得标致，又兼他出词吐气，有条有理。那着外面家人，收了他的盘盒，吩咐外边人，不许欺负那老人家。他女儿蕙娘，倒也聪明伶俐，着他服侍小姐。老妈且暂出去，有事进来。老妈拜谢而去，同了爱泉归家，少不得宅门大叔，请些酒席，倒弄得家中热闹不题。

却说蕙娘进了房来，拜见小姐。玉环见了，便道："好一个俊雅佳人，小人家女儿，也有这般颜色。"玉环略问几口，蕙娘是个乖巧的，应对安闲，并不露一份俗态。又见了绛英，蕙娘便问道："那一位小姐，想是二小姐了。"玉环道："这是吴家小姐，是夫人的侄女。"蕙娘心知，绛英也不提起别样。住在房中，凡事温存周到，小姐十分爱他。过了两三日，蕙娘见玉环并无欢容，时常看书，无人处叹口气，有时提起兔毫，写一首词。词云：

倚遍栏杆如醉，花下偷弹别泪；凤去镜鸾孤抛，却残香遣翠。空睡，空睡，梦断行云难会。

右调《如梦令》

蕙娘不敢推详，也不审词中之意，只是察言观色，每事关心。歇将言语逗他，又难开口。

忽一日，把自己的妆匣开了，整些针指花绣之类，露出一方图书，那是赵云客的名字印子，正与玉环所留诗绢上印子一般的。玉环偶然走来看见，便把图书细细玩了一番，就问蕙娘道："这个印子是你自己的，还是那个的？"蕙娘晓得小姐通于书史，正要借个发端探问消息,便对玉环道:"是吾家表兄留下的。不瞒小姐说,吾家表兄姓赵,字云客,原是杭州府一个有名的才子。因他恃才好色,今年三月中,到这里来。闻得他前日不知与那一爱女儿交好了,私下逃归,被那一家的家人撞见,不把他作奸,倒冤他做贼。解到本府,几乎弄死了。又亏一个狱官相救,绕得问成徒罪,配驿燕山,前日就起了身。吾家哥哥押解,故此留下这些零星物件。"只这一番话,吓得玉环目瞪口呆,想道:"前日绛英的事,梅香打听,并无音耗,只道他脱身去了,不想问罪进京。倒亏蕙娘说出,今日方晓得实信。"也不开口,拿了图书,就叫绛英,将蕙娘的话,私下述了一遍。绛英心绪缠绵,正要寻消问息,骤闻此语,如梦忽觉,转身便走,要问蕙娘。玉环一把扯住道:"此事未可造次开言,姐姐何得性急?既有他的哥哥押解,便好觅个寄信之路了。"两人携手来问蕙娘,道:"你说那姓赵的表兄,既是个才子,何不好好的寻一家亲事,孤身到这里来,受此无肆之祸。"蕙娘答说:"小姐不知。吾家表兄,家里也是有名的富家,只为他要自己捡择个绝代佳人,故此冒犯这件事。"小姐道:"如今他问了罪,莫非埋怨那相交的美人吗?"蕙娘道:"他是有情之人,如今虽问了罪,还指望脱身,仍寻旧好,那里有一毫埋怨的念头。"小姐笑道:"绛英真个盼着了情人也。"蕙娘问道:"小姐怎么说这句话。"玉环道:"蕙娘,你道这那姓赵的是谁?就是那吴家小姐。"蕙娘假装不知,说道:"原来就是吴家小姐。吾家赵云客为小姐费心,险些送了性命,小姐可也垂怜他吗?"玉环道:"绛英时刻想念,正要觅便寄一信与他。若果是你家至亲,极好的事了。"

是日,两位小姐把孙蕙娘,就看作嫡亲骨肉一样,打发一节开了梅香侍女,三人细细交谈。不想尽作同心之结,那一夜挑灯密语,三人各叙衷曲。玉环以绛英为名,句句说自己意思。蕙娘因玉环之语,件件引自身上来。不消几刻工夫,三人的心迹,合做一处。玉环道:"我三人的心事,业已如此,何必藏头露尾?如今以后,只算个姊妹一般。也不须分上下了。"蕙娘对玉环道:"小姐既有此约,蕙娘莫敢不从。"玉环道:"这个不妨。我家老爷进京时,原吩咐夫人说:'待我回家,方择亲事。'若是老爷回来,最快也是一二年。赵郎果能脱身,算计也还未晚。为今之计,但要觅人寄一信去。一来安他相念之情,其次叫他速谋归计。这是第一要紧的。"蕙娘道:"这个不难。小姐可备书一封,待蕙娘与父亲说知,只叫他送些盘缠与哥哥。又有一封赵家的家信,付些路费,央他并带去。我家父亲是诚实人,必不误事。"玉环道:"这事甚好。"就借绛英为名,写书一纸,中间分串他三人的情意。

　　薄命妾绛英书,寄云客夫君:足下烟波分鹣,风月愁鸾,帘幕伤情,绮疏遗恨。自怜菲质,暂分异域之香。深愧寒花,反误临邛之酒。未射雀屏,先惧雀角。每怀鱼水，统候鱼书。伏念昔因环妹，得申江浦之私。乃今近遇蕙娘，转痛衡阳之隔。会真之缱绻，梦绕残丝。游子之别离，魂迷织锦。明珠复合，誓愿可期。霜杵终全，矢怀靡磬。端驰尺素，上达百年。兰堂之别黯然，蕙径之行渺矣。莺花莫恋，时异好音。山水休羁，勉加餐饭。临池泫感，无任悬情。外附玉环之衷，新诗十绝。并写蕙娘之意，诧词二章。密信交通，慎言自保。菲仪数种，聊慰旅怀。

附玉环诗：

不道离愁度驿桥，只今魂梦记秦箫；
春风自是无情物，未许闲花伴寂寥。
翠翘金凤等闲看，一片心情湿素纨；
无限相思谁与诉，花前周帐倚栏杆。
凭谁题锦过衡阳，梦断空余小篆香；
展却绣帏留晓月，素娥急似冷霓裳。
欲化行云愧未能，个中情绪自挑灯；
宵来会鹊知何日，几度思君到广陵。
销尽残脂睡正宜，舞鸾窥镜自成痴；
人间纵有高唐梦，不到巫山那得知。
东风摇曳动湘裙，女伴追随映彩云；
莫道无情轻聚散，此中谁信是双文。
瓶花惨淡自藏羞，只为多情恨未休；
掩却镜台垂绣幕，半生心事在眉头。
闲脂浪粉斗春风，舞蝶哪知是梦中；
不遇有情怜独笑，假饶欢乐也成空。
一片花枝泣杜鹃，不堪重整旧金钿；
绛河鹊驾浑多事，纵有相思在隔年。
洞口飞尘路渺茫，人间流景自相忘；
梦中剩有多情句，浪逐残云寄阮郎。

附蕙娘小词：

残灯明灭坐黄昏，偷傍栏杆掩泪痕；

一段心情无共论，忆王孙，细雨荒难咽梦魂。

凭谁飞梦托昆仑，乡帏添香空闭门；

玉漏声声送断魂，忆王孙，一夜夫妻百夜恩。

右调《忆王孙》

　　玉环将书封好，递与蕙娘，并寄些衣服路费之类。蕙娘持了书，竟自归家，对孙爱泉道："前日哥哥出门，因牌限急促，身边盘缠甚少。如今一路到京，恐怕途中无措。我们既有了王家靠托，家中无事，爹爹何不自己去看他一看？"爱泉是个老实人，说了儿女之事，心上也肯出去，说道："这也使得，只是要多带些费用。"蕙娘道："不妨，奴家在王府中，积几两银子在此，爹爹尽数拿去，也见得兄妹之情。前日王府中，又有个朋友到浙江，带得那赵官人一封家书在这里，并与他寄去。"把那书及衣服银子，打了一个包，付爱泉拿好。爱泉欢欢喜喜，便收拾行李出门，说道："我老人家年纪虽五十余岁。路上还比后生一般。那京中的路，也曾走过几次。如今不但看我的儿子，倒是与赵大官寄家书，也有个名色。我以前看那赵官人，恂恂儒雅。他为了冤屈事，心上十分放他不下。既是有了盘费，何难走一遭？"又对蕙娘道："只是你母亲在家，无人照顾。你该时常看看。"蕙娘道："这个自然，不消挂念。那赵家的书，也看他伶仃孤苦，千万与他寄到了，须是亲手付他绕好。"爱泉道："到那里自然当面与他，况且还有些衣服银子，难道与别人不成？"蕙娘心中甚喜，待父亲出了门，便往王家府内回复小姐。

　　一至房中，玉环与绛英携手问道："书曾寄去否？"蕙娘道："信倒寄得确当。"便述父亲看儿子一番话。两位小姐道："都亏了你，我两人后日有些成就，尽是你之力。总是苦乐同受的。只不知赵郎在京，怎么样了？"

　　却说两位小姐，一个蕙娘，好好的住在家中，打作一团，恋做一块，专待赵云客回来。共成大举以前，三人尽个相思图，以后三人做个团圆会，岂非美事？不想天缘难合，还有些磨折在后边，未审遇合如何？看到后回便见。

评：

　　孙蕙娘触处藏机，不唯自全，又有为人帮助，真云客一大功臣也。书辞对偶精工，诗句函情秀丽，当与贾云花集唐并传。恩情意深长得此。

第十回 梦模糊弄假成真 墨淋漓因祸得福

诗云：

一腔心事无申诉，变做梦魂难自吾；梦里结成刑，假的也是真。大梦无时白，此身终做客；剖析眼前花，方知梦境差。

赵云客与美人相处的事，已经叙过十分之五，他家中父母想念之情，尚未曾说及二三。我此回，就从这一首《菩萨蛮》说起。我想世上的人惯会做梦，心上思这件事，梦中就现这件事，因那梦中现这件事，心上就认真这件事。不知人的身子，有形有质，还是一场大梦。何况夜间睡昏昏的事，便要认真起来。所以古来说，至人无梦。但凡世人做梦，尽是因想而成，岂可认得真的。赵员外因儿子不见，又见了被上的血迹，把钱金两个秀才，拖到监里。又因知府正值大计，数月不理众事，这桩事，还不曾审结。员外在家，做了七七四十九日功德，据魂立座，日日啼哭。忽一日，知府挂牌，编审这事。学院有了批文，着差人拘赵某明日早堂候审。那一夜，赵员外睡了，便梦见儿子蓬头跣足，啼哭面来，说到被朋友谋死，身上时常痛苦。员外不待梦中说完，捶胸跌足，放声大哭，哭醒了，对家人道："明日府堂审事，儿子今夜，就托一梦与我。他虽身死，冤魂不灭，来此出现，那谋死的勾当，岂非真实！"说了又大哭一番。

次日早晨，竟到府中执命。知府在监中提出两人，陈列刑具，考究谋命一事。钱金两人，虽然从实置辩，怎当得被上血迹一项，终不明白。赵员外哭诉奇冤，就把昨夜阴魂出现，梦里的真话，上告知府。却也奇怪，原来昨夜灯前，太守看这一宗文卷，亦曾疑这血迹，终无实据。只因疑心不决，夜间也有一梦，梦见黑风刮地，阴云惨惨，回头看时，满地都是血迹。此时审问，听见赵员外冤魂夜现的话，自然认以为真。他原是直性的，也不十分详察，写了供状就定审单，申达上司。

审得钱通、金耀宗，名列青衿腐儒，形同绿林豪客。私诱同学赵青心，利其多资，于三月十五日，骗到西湖，谋财殒命。所游与僻，既非管仲之可人，却使沉商，有类石崇之践行。赵某青楼缉获被上之血迹，贼证昭然。伊子黄泉负冤，帐中之梦，魂悲啼伤矣。钱通为首，罪在不赦，想应解京处决。金耀宗党恶同谋，编戍燕山卫。卑职未敢擅便。伏乞裁照施行。

　　行府审结此事，申文各意，便点二名府差，锁押两人，一齐解到京里。员外啼牙切齿，说道："我夜夜梦见儿子，想是他阴魂未散。但愿半路上，活捉那两个贼徒，方泄我一场怨气。"官司已结，员外归家。钱金两人，带盆望天，有口莫辩。家中措些盘费相傍进京。一个归路有期，一个生还未卜。你道两人弄假成真，岂不可笑。只因他少年狂妄，全不想世上朋友岂是好交结的？做出事来，平日间交游同辈，与夫至亲骨肉，唯恐城门失火，殃及池鱼。那个出身相救？随你要死要活，只算个等闲看待。常时这些恩义酒杯来往，钱财交结，同眠同坐的，到了此际，毫厘也用不着。末世人情，大抵如此。倒不如赵云客，在广陵城里的事。亏了几个美人真情提挈，一样问罪进京，还不十分狼狈。两人押解起程，出了杭州府城，一路逢州换驿，递解到京里不题。

　　却说赵云客，自一月之前，出了广陵，看看的到燕山大驿，身边盘费，渐渐消磨，又兼见了驿官，用些使费，虽不曾亲受刑杖，羁愁困苦，无不备尝。连那孙虎身边盘缠，都用完了，一时没有批回，与云客同住驿中。又守了半月有余，忽见一人，慢慢行来，背了褡裢行李，走到驿前。云客凝眸观望，那是寄书的孙爱泉。云客一见不胜狂喜，问道："你老人家怎么来了？"爱泉道："我因儿子前月出门，盘费甚少，放心不下。又有官人家里，寄一封书信，送些衣服银子。"在此，交与云客。孙虎也出来，见了父亲说道："正没有费用，等待批回。父亲来得甚好，明后日领了批，就好起身归去。"爱泉又对孙虎道："自从你出了门，我在家中，就被堂上这些后生欺负又要贴使，把我终日闹吵。我气不过，只得投了府前王家，你的妹子也住在王府里。这项盘缠，倒亏他寄予你用的。"孙虎道："这也罢了，只是妹子到王家府中，一时不理攀个亲事，且图过了目下，再作理会。"云客接了书，收下衣服银子，又听得蕙娘投靠王家一节，想道："蕙娘是个有智巧的，他到王家，未必其中无意。但是我家里，不知什么人去通个信，把书银等项寄来。"当晚背了人，将书拆开，那是绛英手笔，又见了玉环的诗，并这小词。便晓得他三人心迹，就里假托家信，叫孙爱泉寄来。把那书词，细细看了一会，不胜慨叹道："女子之情，一至于此，令人怎生割舍得下？"便把衣服银子，收拾藏好。夜间又略略盘问爱泉家事。

次日早晨拿些银子，送与驿官先发批回。打发爱泉父子回家。虽是挂念这几个美人，又不好寄封回书，说些心事。思量道："爱泉回去，蕙娘自然问我的确信，也不消写回书了，只把个安然就回身的意思，与爱泉说道。待他到家，与蕙娘说便了。"爱泉父子，将次起身，对云客道："官人可有家信，带一个回去？"云客道："多谢你两人，我也不寄家信了，既有这些盘费，即日当算计归家。况且前日一到，看那驿官是一个好人，待他寻个方便，就好脱身。我若归家，还要亲到你家里来奉谢。"爱泉珍重而别。

说这驿官，得了云客的银子，又知他是个盗情小事，也不十分督察，听他在京中，各处游玩，只不许私自逃归。过了一两日，云客偶然散步到一处，见一所殿宇，甚是整齐。走进里面，那是后土夫人之祠。云客撮土为香，皋了四皋，私下祝道："夫人有灵，听我哀告：钱塘信士赵青心，只为姻缘大事，偶到广陵，撞着几个美人，情深意厚。不相惹出祸事，配驿到京。若是今生有缘，明朱后合，愿夫人神灵保佑，使能脱身归去，阴功不浅。追想家乡风月，情绪缠绵。今日漂泊无依，何等凄楚。唯神怜悯，言之痛心。"云客想到此处，不觉泫然泪下。独坐在庙中，歇息一回，走出门来，抬头四顾，只见粉墙似雪，云客身边，带有笔墨，就在粉墙上面，题词一首，以诉羁愁：

孤身漂泊染秋尘，家乡月似银；不堪回首自筹论，青衫泪点新。

冤未白，恨难申，长怀念所亲；梦飞不到广陵春，愁云处处屯。

右调 《阮郎归》

云客题了这词，闲愁万千，一时间，蹙生双眉，自觉情思昏昏，暂坐庙门之下。手里拿着笔墨，还要在新词后面，写一行名字，或是家乡籍贯。只因悉怀困倦，少见片时，不料为睡魔所迫，就倒身在门槛边，鼾鼾的睡去了。云客醉睡正浓，谁想庙前，正遇着一个官员过往。路上簇拥而来，见了云客，就唤手下人问道："那庙前睡的是什么人？怎独自一身，夜间不睡，日间到这里来睡？官府攀过也不揣着，好生可恶！"衙役就到庙门，扯起云客。

只见那官员把粉墙一看，看着新词几行，浓墨淋漓，情词悲切，心上好生疑惑。云客被众人拖到轿前，双膝跪下，还打个欠身，昏沉未醒。衙役禀道："那一个不知什么人，手里拿着一管蓬头笔，满身污了墨汁。这等模样，在官府面前，昏昏沉沉的，想是那好好的粉墙，被他涂抹坏了，后土夫人有灵，把他匦缚在此。"又将云客一推道："快快苏醒，官府面前不是儿戏的。"云客抬起头来，惊得满身汗出。那官员问道："你是什么人，孤身瞌睡在此？这墙上的词句，可就是你写的吗？"云客拜道："爷爷听禀，生员

赵云客。"官员道："原来是一个秀士；你细细说来。"云客道："生员祖居钱塘，侨寓广陵城瓦子铺前。买一拜匣，祸遭一个惯絮囤的吴秀才，明欺孤弱。得知生员带些资本在寓中，便借拜匣为名，冤屈做了盗贼，把生员的资本，尽数抢去。贿嘱衙门，不分皂白，配驿到此。今日幸遇老爷，想是此冤可白。求爷爷神明提救，就是再生之恩了。"那官员想一会道："本衙也住在广陵，闻得学里有几个不习好的秀才，这样枉事似有。"就唤手下人，且带到衙里，慢慢盘问，若果冤枉，申理何难，云客随了轿子，一境到衙里去。原来那官员不是别个，恰好正是扬州府前住的王老爷，即玉环小姐的父亲，现任在京，做了京畿御史。衙门风意，不比寻常。云客进了衙中，伺候半日。老王出来，细加访问，又道："老夫家里，住在扬州府前。你既寓扬州，可认得我宅里几个家人吗？"云客道："生员寓在瓦子铺前，卖酒的孙爱泉家。贵府大叔，都是认得的。"列举几个名姓，一字不差，老王半年不见家信，倒亏赵云客在衙中，间些详细说道："我家里的家人不曾放肆诈人吗？宅中不闻得有些别事吗？"云客道："都没有。"老王道："你既是秀才，那些诗书，可也还记得？我今日就差人到驿官处说明，销了罪籍，暂在我衙里，温习经史。老夫自前几衙文闽省十一月诏罢科举之后，也就回京。近日闻知朝廷，晓得天下才人触望，又要开科，特取真才，赞襄治化。你该就在这里应试，倘能够博一科第，那冤枉的事，便不要别人翻冤了。"云客深感厚恩，拜谢而起。老王与他择二间书馆，陈设铺盖，每日供给他，又唤衙役，行文到驿里去除籍。云客一应要看的史书，尽搬出来。云客想道："我这一身，得遇老王提救，也是后土夫人有灵，使我瞌睡片时，逢这机会。过了几日，还要虔诚去烧一炷香谢他。只是我家乡念切，既脱了身，星夜回去，就散了家资，报答各位美人的厚情方好。怎奈老王情意笃实，不好悻悻告别。还有一件，若能够悉我的长才，侥幸一名科第，寻得一官半职，那玉环小姐，倒有三分娶得的道理，各位美人，要图报恩也容易。只是眼下羁迟，颇难消遣。我且把平日偷花手段，丢在一边，把目前折桂手段，放些出来，看怎生结果。"

评：

梦者因也，有因而起。其间怪怪奇奇，一切天堂地狱之事，皆形现出来。佛家所谓因果从心而生者也。昔有一人经过海中，同舟遇一老僧，齐银数百，往南海做好事。此人顿起邪心，把老僧推坠海中，取银而归。抵家便梦老僧来索，如此连梦几夜，心上昏沉。日里起身，将镜子照照，镜里现出此僧；把茶来吃，茶盏里又照见此僧。此人大骇，谓僧索银甚急，百般禳解，竟成大病，上床睡了一年。不但睡时，常常梦见，并觉时也似梦非梦，每见老僧正在身边。忽一日，外边叩门，一老僧来访问。家中讯他来历，正是南海去的那老僧。此人听得，在床上大叫道："往常梦中看见，已经怕甚。今日亲自上门来讨命，我的性命定不好了。"霎时间，牛头马面，绕床而立。其人惊悸不已，家中大小，俱向老僧，叩头乞命道："万求老师父放大慈悲，饶他性命，当即日尽把家财，做个好事超度你。"老僧笑道："不要害怕，我今日并不来讨命。前年蒙居士推坠海中，彼时幸遇一只客舡提救，不曾溺死。思想起来，银子是身外之物，就是到了普陀山，他分散与众僧，不是老僧拿去做人家的，如今居士家取了，也不妨事。老僧今日偶然到这里来看看，怎么这样大惊小怪？"床上病人，如梦忽觉，滚下床来拜道："我一年来梦中见你，镜里茶里，早晚床上时时见你。不想你原来未死，总来是我的心上事，故现出这个光景，适绕闻得老师父这一番话，身里的平凡，一时好了。"就把家财赈济贫穷，尽数分散，随那老僧出家。后来苦行二十余年。一日偶参一大善知识，拜问道："梦中现形，谁是真形？"那堂上大喝道："这秃子速向山门外走！"那人便转身向山门外走。走了二里多路，忽见一孩子啼哭，其母问何哭。孩子道："方绕梦见吃果子，如今要吃。"其人听得豁然大悟，遂成正觉。此回中，员外想念，太守疑心，两梦合一。不知赵云客在京里，做下好梦，正无醒日。

看官们，倘若各人有心事的，可为借鉴。

第十一回　恶姻缘君牛喘月
巧会合众犬留花

诗云：

> 谁家门巷旧垂杨，击马楼鸦覆短墙；
> 不是关心休折取，丝丝叶叶盖离肠。

赵云客既脱网罗，朝夕孜孜矻，攻习文章，指望一举成名，报恩雪耻。这也是天缘大数，未可轻易表白。想起一段流离，无非为美人情重，弄出这般困厄。正是：

> 不因渔父引，怎得见波涛。

虽然如此，但要郎情女意，两边认得真，纵使相隔天渊，也有乘槎会面之日。若是女子有情，那郎君只算得顺风采花的意思，丢了那个，又想别个。缘分顺凑的还好，倘然有些隔碍，便要放下愁肠。了十郎之负心，黄衫侠客也看他不过。若是男子有心，那女人只有做痴汉等婆娘的模样，可以嫁得，就随了他。若还掣肘，不知随风顺舵。章台柳之攀折，纵有许俊，何补于失身？所以生死交情，其实难得。自云客陷身荒驿，那广陵城里四个美人，私下做的事，向来瞒神欺鬼，并不曾在人面前，说半句"我要跟赵云客"的话。又是名人要顾体面。名人自有父兄，虽则青巢偷情，说尽山盟海誓，也只是两人的私语。就如做戏的，两边担年一番，便要当真起来。说又说不出，行又行不得。被那严父严兄，寻一人家，叫一肩花花轿，推拥别家去，做个莺莺嫁郑恒故事，任你表兄人才绝世，也只好为郎憔悴，却羞郎而已，为之奈何？不知真正情种，全不把这段话文骗得他的身边动一动。玉环寄之后，终日叫孙蕙娘归家，打听回音。

一日，爱泉与儿子忽地归来，正值蕙娘在家。心上又悲又喜，喜得那赵郎的信息，有了几分；悲得那赵郎的肉身，何时见面？连忙叫母亲："爹爹与哥哥回来了，快备晚饭。"爱泉与儿子进了酒店，卸下行装，先要吃些热酒。蕙娘便把热酒与他吃了。老妈问道:"那赵大官可曾解到?"孙虎道:"解到了,正在驿中,少了盘缠,亏得父亲到来,才不曾吃得苦。"蕙娘问道:"他家的书信,曾付与他?你们回来,那姓赵的可也苦切吗?"爱泉道:"那赵大官始初见了家信,有些伤心的情状,及至看了书,又收了银子衣服,倒欢天喜地。说道,他见的驿官,甚好说话。既有了这项银子使用,即日也要寻个脱身之路。他说不久归家,还要亲自来谢我。不知他心上,可是诚实的话。"蕙娘听这一番信,又把愁肠略放下几分了。当夜睡过。

次日清早,收拾停当,仍到王家府中去。玉环挂忆赵郎,如痴似醉,泪痕在竹,愁绪萦系。一见蕙娘,便相携手,私下问道:"你两日在家,何故不来?那寄书的曾有消息否?"蕙娘把父亲昨夜来的言语说完,又道:"幸喜他身子不曾受累。若能够今年就得脱身,我们的带领理可稳当。"小姐新仇旧恨迸在心头,纵使云客即立面前,还诉不尽百般情绪。何况口传虚信,怎解得他万种思量?只有吴绛英的心,正像赵云客往那里去了,立刻就回来的一般,也不十分牵挂。但要经营后日,先嫁赵郎,恐怕他两个先占了滋味,故此心忙意乱,专待云客到家,全不闲思浪想。闻知蕙娘好话,信以为实,说道:"只要赵郎不死,这段新事,哪怕走在天外去,迟几日,也不妨。"那绛英便是这样。谁想他的哥哥在家,提起此事,深为愧恨。思想吾的妹子前日丑事,已经使我无颜,万一再撞一个冤家,叫我如何摆脱?不如及早寻下一头亲事,完这孽债。成礼之夕,就要新人结亲。绛英私想道:"我与赵郎情深似海,况且已经着身一夜,不比玉环空来空往。做女子的既是以身许人,便如士卒随了将官,任他死活存亡,一唯听命,安有更改地方再跳营头之理?若今生不能嫁赵郎,唯有一死,图个梦中相会,这也是姻缘簿上,有这一段遇而复失之事。"正是:

> 欲知别后相思意,尽在今生梦想中。

绛英想到此处,不觉柔肠千结,进退无门。只得从暗里大哭一场。挨过几日,媒婆来说,吉间行礼,夜间结亲。花轿出门,一竟到岳庙前大宅里结亲的。

到了正日,小牛打扮新奇,只道红莺照命,绛英心肠惨烈,有如白虎缠身。默在房中,思量一计道:"料想此番,不能脱空。我若悬梁高挂,倘被他们知觉,救得转来,终是不妥。不如乘他忙乱之时,做个金蝉脱壳之计。"外面欢欢喜喜,只像要出去的模样。到了黄昏时分,先打发梅香往王家,谢别夫人小姐。外边行礼盘盒,陈列纷纷。鼓乐喧天,牵羊提酒。吴家大小众人,个个忙乱,拥挤前门。又要收盘盒;又要讨赏封;又要备酒席,只存两个婆子,相伴小姐。绛英急要脱身,骗那里人家不当稳便,除非乡间还好。就央几个媒婆与妹子说亲,又吩咐道:"城里的人一味虚文,全无着实。倒是各乡财主,有些信行,可以做亲眷。"媒婆承命,往乡间说亲,那各乡尽晓得吴大是个名士,俱要梦他。只见不多时,媒婆便话一家,来对吴大道:"有一家财主,住在大仪乡,姓牛,家里鸡鸭五六百,母猪一二十,米麦几千斛。他还有一所大房子在岳庙前,只是有句话,他家官人长大,本年就要成亲的。"吴大道:"这等极好。"便捡下吉日,先去拜门,即日行礼成亲。吴大叫两个使女,来到王家,候绛英回去,说道:"相公把小姐攀了乡间牛家。成亲日子也检定了,请小姐回去住几日,好收拾出门做新人。"绛英闻知此话,吓呆了半晌。玉环私在房中,拍绛英肩头道:"你今去做小牛的妻子了,不与我做同伴,那落花流水之意,如何抛却?"蕙娘又在旁边道:"那牛官人不知气味如何。可不辜负了小姐一片花容。"两个如讽如讥,把一个绛英气得浑身麻木,口里踌躇道:"此也去不妨,我自有主意。但是你们后日见了赵郎,须把我这一段念头与他说几句。"不知他主意何如,辞了王夫人,竟上轿子,向自己家里去。绛英到家,住了几日,看看吉日渐近,行两个婆子道:"我家哥哥嫂嫂,做人极其悭吝。因我没有父母,凡事草率不成规矩。你们两个须是乘他忙乱之时,也出去先讨些赏封。若待我出了门,一毫也没有的。"两个媒婆,闻得这话,火急走出房门,挨身去挤在外面讨赏。绛英独自一身,将包头兜好,身上换一件青布旧衣,又将束腰一条,紧紧束住,竟向后门急走出去。家人也有撞见的,只道是家里别人要拿什么东西,全不揣着。绛英在暗中,一路前行,信足所至,不想到了安江门,他也不知哪里。幸得城门尚未关锁,绛英竟自出城。一路前来,渐近广陵驿,立在官河岸上,想道:"这所在绕是我结亲之所。更深夜静,无人知觉,河伯有灵,今夜把我吴绛英的精魂顺风儿牵去。"

此时在吴宅厅堂,茅坑鼠洞里都在寻找,那里见得绛英小姐?牛家人马,连忙报知老牛,唤粗使数十人,亲到吴家,只道设计哄他财货,如今赔气赔家私,也还不停当,必定明日少不得惊动官府,央些亲友私下讲和,还他茶礼。只苦了送亲迎娶的闲人,白白冻了一夜,汤水也没得吃。笼灯火把,人马轿伞,打得七零八落,岂非笑话?世上财主,喜欢攀有名望人家的,请看这个榜样,切莫轻信媒婆之口。吴大气恼,小牛败兴,这段话文不过如此。

且说绛英小姐,走到河边,将要投河,悲悲咽咽,便寻死路。看官们晓得的,但凡女子的尽头路,只有投河一着。就像戏文上有个钱玉莲投江故事,有人来救,后面还有好处。若无人救,也便罢了。这也是私情中的常套,不足为奇。但是绛英所处之地,又自不同。若是一到河里,就直了脚,倒是清净的事。万一惊动众人,捞摸起来,死又不死,送到吴家,这般颜面,反觉不雅。即不然,遇着过往客船,一篙带起贪利的把你做个奇货,说道全亏他救命,要扯住了诈银子。贪色的,顿起邪心,载到别处去,做些勾当,如何脱白?绛英这一番算计十分倒有九分不妥。不想孤零一身,将次下水,岸上攒住十数只恶犬,绛英的布衣,被犬牙咬住,一时倒难脱身。绛英心忙胆怯,彷徨无措。河里忽撑一只小小官船,傍到岸边来。船头上立着一个老人问道:"什么人孤身独立?"绛英为犬围住,进退两难,被行船水手一把扯到船上。老人见是一个女子,道:"你这个女子,独立河边,莫非要投河的吗?"你道问绛英的老人是谁?那是狱官秦程书,任满起身,载了家小,正要进京,再谋一处小小官职。当夜泊船安江门外,次日早开。船内女儿秦素卿,听见外边有女子投河,他是生性豪侠的,飞跑到船头上来,见了绛英,一把手就扯到船舱里去,吩咐手下人,不要惊动岸上人。他既要投河,必定其中有个缘故,且把船开了,再泊下些,明日绝早开去。岸上人为犬声,热闹,只道官船过往,全不晓得女子投河一节。素卿见了绛英,说道:"好一位女娘,为何干这拼命的事?"绛英泣诉道:"奴家也是好人家女儿,自小得知些节义。只因少时幸失了父母,兄嫂无情,把奴家自小梦的一家丈夫,欺他贫弱,将他陷害,配驿到京里,另择一家财主,欲卖奴家,今夜来娶。奴家不忍改节,故此私自投河。"素卿侠气勃发,把桌子一拍道:"有这样屈事。我正要到京,不管长短,带你进京寻觅丈夫。一应盘费,在我身上。我且问你,丈夫姓甚名谁?"绛英道:"奴家丈夫姓赵,字云客。"素卿耳边忽提起"赵云客"三字,想道:"这也奇怪。我在衙里相逢的那赵云客,他被人陷害,问罪进京。我相遇时,他全然不说有妻子。怎么这个女子说起,又有个赵云客?且在路上细细盘问。若果然是他,倒好做个帮手。"

看官,你道秦素卿家住湖广武昌府,那秦程书任满,自然打发家小回家,自己进京,再图官职。为甚把家小一齐带到京里去?不知他的一家进京,尽是素卿的妙计,专为要寻赵云客,故此定个主意。素卿因父亲解任,私下算计道:"竟归武昌,便与赵云客风马无涉,今生安有见面之理?难道一番恩爱,丢在空里不成?"便与母亲商量道:"爹爹进京,大哥正好图功名之路。闻得要带二娘同去,叫我们母女两人归家,想起来,家里有甚好亲眷?我们一家人,倒分做两处,这事成不得。不如一同到京,得了官,一同再到那里去方好。"素卿的母亲听见这话,对秦程书道:"我一家亲丁,只有六口,若要分两处,决然使不得的。且同到京里去,再作道理。"程书素怕奶奶,吩咐一声,就如令旨,不敢违拗,所以同往京中,正好遇着吴绛英。绛英是个才貌兼全的,不比素卿直性,路上待人接物,极其周到,便是秦程书夫妇,甚加敬重,就看作女儿一般。倒嫌自己的女儿,来得粗辣。你看这两个美人的心肠,待云客也算真切。不知赵郎后日,把他如何看待?倘若有一毫薄幸,这两个主顾不是好惹的。他竟要唱出"恨漫漫,天无限"的曲子来了。

看官们放心，那云客是斯文人，这样负心事弗做个。

附言：

余刻此收去竟，里中有狂士，偶于途中质余。转视之，不相识也。询其姓名居止，且考其质余之故。其人曰："姓张，平生慕君才，有著作欲求正。故相问耳。"终不告以名字，因于腰间出铜印一枚为赠，余笑而受之。翌日，于其居旁有相识者来语余，言其人少好学，多陪慧，家素饶。为兄所败，遂得狂疾。曾一见作此书，心甚契焉。余惊谢曰："是何言与？余困鸡窗有年，今且为绛帐生涯，旦夕佞佛，何狂生之见慕若是？"未逾月，闻其人以戏水死。呜呼！余与张素无交契，特以厄言之故，念余不罜。夫世之面交而心诽者，见富贵则趋之；见贫贱则弃之；见颂德政之俚言，假道学之腐语，则君和之；见风月间情，则共讪之。岂能如狂生之语，真而情恳也哉？惜未尝以全书惠狂生，而淹然长逝，余其有余憾矣夫！

第十二回 结新恩喜同二美 申旧好笑释三冤

诗云:此诗代题桃花仕女图赠闺人之作

春风暗入武陵溪,传得仙姿爱品题;
软障屏开香篆小,朝云梦断月痕低。
有情争恨剑晨小,无迹空怜崔护迷;
最是相思魂漠漠,等闲萧疯伴深闺。

绛英得遇素卿,飘然长往,也不管家中闹吵,一路相傍进京。素卿从容问道:"姐姐的丈夫,既是自小结亲,怎么令兄陷害他的时节,姐姐不言不语。直至今日,方寻这条路?万一前日被令兄陷死,姐姐从何处着落?难道终身守他不成?"绛英道:"前日闻他陷在狱中,幸喜问了徙罪,还指望他回来,图个后会,所以因循到此。"素卿道:"前日我家老爹在此做官时,因见那赵云客哀诉苦切,说到被那吴秀才害他。我家老爹怜念无辜,保在衙中。就是后来问罪,也都亏我家提救,不曾被吴秀才谋死,不想就是姐姐的丈夫。"绛英道:"这等说起来,便是奴家的恩人了。"素卿道:"只是有一句话不好说得。那赵云客在衙里时,他把受冤来历,尽情告诉。只说道吴秀才贪其资财,将小匣为名冤他做贼。并没有半句说及姐姐的事,这却为何?"绛英被那秦素卿说这句话,一时间对答不出,脸上通红起来。素卿想道:"那一夜看赵云客,我原道他定有妇人的勾当。如今详察起来,莫非与绛英有私情事体,所以吴秀才必要处死他?"便对绛英道:"姐姐既是拼命为那赵云客,自然不是平常的人了。但是他在京中孤身做客,倘然又遇了些闲花野草,可不负姐姐一片好心?"绛英长叹道:"姐姐面前不好相瞒。当初赵郎只因为了奴家,害他狱中受累。今后奴家若再嫁人,鬼神有知,便是我负他了,宁可就死,以尽一心。至于另有相知,这也随他。只要赵郎见面时节,得知奴家一段苦情,他难道变了心肠,致有白头之叹?"素卿道:"前在衙里,也曾窥见赵郎。这般才貌,谅不是个薄幸的,且放心前去,待寻着了他,再作道理。"绛英与素卿,日亲日新,相傍进京，一日说一句心话，也有几百句。渐渐把自家的心迹说明白了，素卿不相瞒，说道："既然如此，我也不好瞒你。此番进京，实与姐姐的意思相同。"两人同心合意，全无妒忌之情。道是我们妇人家，从了个才貌兼全的丈夫，譬如忠臣事了圣君，大家扶助他过日子，何必定要专房起嫉妒之念？这个意思，毕竟赵云客生来有福，这些美人，个个发此圣德，竟把世上欢喜吃醋的妇人，看得一钱不值，岂非美事？他两个相怜相爱，扶傍上京去了。后来遇着遇不着，路上安静不安静，我做小说的，也包他不定。若只顾把他两个路上光景，吟诗作赋，怨态愁情，说得详细，我晓得世上这些不耐烦读书的，看官又要瞌睡起来了。我如今另将一段奇文，说来以醒瞌睡之眼。话的非别，便是那赵云客，寓在老王衙之后，颂读余工，便把各位美人，筹论一遍。住了数日，忽然思想后土夫人庙里，要去拜谢他，还不曾烧一炷香。就往街上买了香烛，走到庙中，深深拜谢道："弟子赵青心，前日偶憩庙门，得逢王乡宦提拔，皆是夫人的神灵，鸿恩护庇。今日一点虔心，特来拜谢。弟子也不敢多求，但愿受恩的知恩报恩，有情的因情展情。"云客拜罢起身，慢慢地走出庙来，不想撞见一桩怪事。解冤释结，尽在此一刻之间。

你道的甚怪事？远远望见两人，披枷带锁，又有两个人押了，迤里而来。云客想道："我的苦方绕出脱，见了这个模样，使人心胆俱裂。"只见渐渐地走近前来，内中一人，忽然指着云客，大喊道："这个就是赵云客，把我们两个人，这样冤枉，有口难辩，想是你的阴魂一路随来，与我两人申冤吗？你自己不知死在那里，怎么把我们这等连累。好苦！好苦！"云客不知其故，反把他吓了一跳，说道："这又是什么菩萨见咎？"那锁押的两人，又喊道："赵云客，你的魂灵千万不要变了去，与我两人说一个明白，救了两条性命。"赫者街上的人，一时聚集了百数，都来看他。

云客走到面前，细细观看，真当可骇。说道："你两人是钱大哥，金家表兄，为什么事弄得这等？"两人道："还要问？只为你，受这样苦。你如今是死过的还是活的？"云客道："为什么死起来？好好的人，为何咒我是死的？"两人道："原来你不曾死。我们今日，便好到官府面前申冤理枉了。"云客道："你两人且不要忙，慢慢与我说缘由。"钱神甫道："自从三月望日，与你同到西湖，不想你霎时不见了。你家父亲差人各处寻觅不见，只道是我们两人谋死了你，竟告到府里，备尝刑罚，不容不招。知府又是执性的，申了各上司，问定罪名。把我问了斩罪，金子荣问了充军。"云客道："原来有这等事！"两人道："只是你的铺盖在船中，不知那个累些血迹在上面。你父亲将来执证，教我们辩不清楚。"众人听见这一番话，个个叹道："世上这样冤屈事！倘若遇不着，岂不真正冤枉到底？"云客道："且莫慌，我同你两人先到王御史衙里，求他在刑部说明，解此疑案。"两人道："我如今一刻也离不得你了，只问你为何不见？又怎么到这里来？"云客道："我的事话长，且到王衙里去。"连那解子一齐到老王衙里来，便请王御史出衙，钱金两人细述冤枉情由，又道："若非赵大兄当面相遇，我两人定作冤鬼。"老王笑道："陈丞相之攫金，岂难罪辨？狄梁公之承反，实有可原。两位不必慌张，待老夫与你昭雪这事。"就打了轿，亲到刑部会议，超脱了钱神甫的重罪。又差人行文到燕山衙里，除了金子荣的名字。付些盘缠，打发两个解子回去。老王道："这件事也千载难遇。既然你三个俱是好亲友，俱是秀才，可一同住在我衙里，待应了试回家去。"两人拜谢再生之恩。当夜老王倒备起酒来，与三人做个贺喜筵席，就铺设在一间书馆里，三人抵足而睡，细细谈心。钱神甫道："我与金子荣无辜受累，这也罢了，只是赵大兄，为何也到这里来？"云客道："不瞒兄说，只因少年心性，故此弄出这般祸事。自从西湖夜泊，这一夜月朗风清你两人俱睡了，我独自一身，立船头来赏月，看见隔船有个美女，甚是多情。第二日我便撇了你们，私下叫一小船，直追到扬州。指望寻个方便会一会就归家的。谁知会又会得不停当，倒被一个人扎了火口，送官究治。彼时独自一身，家里又无消息，又亏一个狱官相救，得以配驿到此。"钱神甫道："那女子是什么人？"云客道："也不必说明，以后自然知的。"金子荣道："你既配了驿，怎能够脱身在此？"云客道："却也奇怪，我偶然到方绕那后土夫人庙中祷告，出了庙门，题一首词，在粉壁上，一时瞌睡起来，睡在庙旁。适值老王过往，看见小弟这一首词，问起缘由，小弟尽诉冤情，亏他好心救了。"钱神甫道："怪不得这些名士终日刻了歪诗印在纸上，东送西送。原来诗词果然有用处。"金子荣笑道："当初只有这些落柏山人刻了歪诗，送与公卿大人为入门之诀。如今这项生意都被秀才占了。赵大兄何处习此巧法？我们若早也做得几首词，或者略有些运动，不致有冤难辩，弄到如此。"三人回嗔作喜，仍旧如当初相处的情状，全不把冤屈事情，挂在口里。朝夕欢天喜地，倒像嫡亲兄弟一般，说道："我们三人的事，都是自己不老成弄出来，那些执证的，定罪的，各认一方道理，不必要尽怪他。正是不因傍晚山行，安遇毒蛇猛兽？但要得知命中不该屈死，任你悬岸断索，只当得平生之路，自然有一奇缘来相救援。既然此身不死，再把后面日子好好挨将过去。正如戏场上一出悲苦，便有一出欢喜。何必粘皮带骨，只把报冤结怨的事，留在心上。正像今日侥幸不曾死得，就是几千百年，活在世上的，庸庸碌碌，殊觉无谓。这个便是见性迟钝，不会变化的。我们三人，生性旷达，只管做后面事体，切不要把已往之事，重新提起。"故此三人的心肠，因那一番磨炼，比往常更加亲密。上午翻阅书卷，下午到街上，轮流做个小东道。只待得了功名，再寻别路。

云客同了二人，忽一日，走到吏部衙门前间步，并看天下官员候选。见一老人，坐在衙前石砌上。云客上前一看，说道："这是我的恩人，几时到这里来的？"原来那老人就是秦狱官，一到京中，便在吏部衙前，打听消息。忽然撞着赵云客，携手道："老夫近日到京，官人的事体如何？缘何有工夫在这里闲耍？"云客道："晚生自蒙大恩，救了性命。解到这里，又遇着扬州的王乡宦，感他提拔，如今脱然无事了。"程书道："这等千万分恭喜。那两位是谁？"云客道："也是敝友。"两人各通名姓，又述申冤一段。秦程书道："这般诧异，三位有此遭逢，后日自当大发。"云客问道："贵府宅眷皆安稳添福吗？"程书道："老荆与子女同在这里。因不便归武昌，所以同来了。小寓就在近边。"云客心念素卿，到此这段姻缘定先配合，心中大喜，对程书道："晚生寓在王御史衙中。今日暂且告别，明日亲到尊寓奉看。"秦程书送了三人，回到寓中，对奶奶道："今晚往吏部衙前看看，遇着一件奇事。"奶奶道："什么奇事？"程书道："便是扬州所救的赵云客，在衙前撞见。他说到京遇了王御史，把他的事消释了，又伸雪他两个朋友一段冤枉，如今安闲无累，在此候考。明日还要亲来看我。"奶奶道："不枉了我们救他。明日少不得请他吃一杯酒。"素卿与绛英房里听见这话，就如升天一般，心内十分欢喜，专等明日商议与云客相会。绛英对素卿道："奴家侥幸余生，得同姐姐进京，今日又听得赵郎的好信，一生遭遇，皆是姐姐的恩了。但是奴家与赵郎，既在此间，不比家里，若见了他，便好直言无隐。只不知姐姐的事，如何定夺？"素卿道："便是这等说，且待明日到来，看他言语怎样。倘然男子心肠，一时难测，前日被这一番磨难，又生出别样腔板，也未可知？"两个美人，千思百量，专待赵郎佳信，床上翻来覆去，倒费了一夜清心。挨至次日午前，还不见赵云客的影子。

评：

　　人生百年，只有三万六千日。光阴白驹过隙，安可郁结愁肠，错过良时美景？倘一失足，衰暮悔迟。回中乐天知命，尽在数语之中，觉冤亲平等，使怨恨之心，涣然冰释。此三昧真谛也，岂可作小说观？

　　余看绛英素卿，思想佳期，一夜不能合眼。因忆往时偶有五更小调，附录于此，以侑一觞：

　　一更里捱，二更里捱，香乱云鬟卸玉钗，对银缸，空把灯花拜。想起乔才，万种恩情难打开。恨离愁，不断相思债。恨离愁，不断相思债。

　　二更里捱，二更里捱，斜拥熏笼傍镜台，照痴情，明月知无奈。心上安排。心上安排，梦见虽面相见难。记盟香，纵死心常在。记盟香，纵死心常在。

　　三更里捱，三更里捱，泪满罗衫恨满怀，怨今生，不了前生爱。梦断魂来，梦断魂来，只为情深死亦该。负心的，自有天诛害。负心的，自有天诛害。

　　四更里捱，四更里捱，香冷金炉烛暗台，暂朦胧，怨杀魂归快。何处投胎，何处投胎？但愿双双死共埋。化行云，永结同心带。化行云，永结同心带。

　　五更里捱，五更里捱，断雨残云总不谐。为伤心，使我无聊赖。且自疑猜，且自疑猜，还望天缘合绣鞋。那期间，始信盟如海。那期间，始信盟如海。

第十三回　同心结无意相逢　合卺杯有情双遇

诗云：

> 千丝官柳拂行尘，不解迎春解送春；
> 云气向疑朝化楚，箫声今记夜归秦。
> 骖鸾有梦惊同调，求凤无媒莫论贫；
> 独扫间阶惜红雨，漫题新句问花神。

云客既遇秦程书，回至书馆，深想素卿情爱，无从报恩，幸喜天缘暗合，同寓京中。若错些机会，后来便难寻觅。次日上早起身，要到秦家下处，又被王御使出来，闲谈半日。吃了午饭。云客竟自抽身，走至程书寓中。老秦迎接坐定，把申冤诸事，细谈了半响。里边早已备下现成酒席，云客再三辞谢，方绕举杯，两人对饮一回。酒至半酣，秦程书忽然思想道："我往时涉猎江湖，颇晓得些麻衣相法。我看云客气色甚好，全不比受冤之时。若是将我女儿配他，倒是一个东床佳婿。"你道老秦为何起此念头？止因云客难中相处，每每视同骨肉。所谈的话，句句以真情相告，正像嫡亲子弟，全无半点客气。老秦生性朴实，又见云客情意笃切，说道："官人此番回家，老夫不知几时再会。"云客探知其意，与他亲密，便生一计。奉那老秦道："小生自受大恩，日夜感德。如今偶遇老伯在京，正好图报了。晚生相知的王御史，他与吏部相好。求他寻一个浙江衙门，补了老伯，便可朝夕走候。一应使用，晚生身上设处，不烦费心。"秦程书道："到了浙江，极好的事。至于使用，官人有了门路，老夫自然照数补出。只是有句话，老夫家里虽在武昌，也没有什么亲戚。若得宦游浙省，便好以宦为家。闻得官人尚未有妻室，老夫只生一女，还不曾许字，官人归家，何不与令尊说知，结一门亲眷？"云客千言万语，专要讨此一句。听得这语，就立起身来谢道："倘得如此，晚生当奉养终身，与儿子一般看待。"老秦大喜，当晚酒席完了，云客告别，到五衙馆中，专心致志，图谋浙江小职。秦程书回到里面，把席上的话与奶奶商量。奶奶满口应承，道是既有此言,也不消占卜,就定这门亲事罢了。素卿在房,还要等些妙计相会云客,谁知配合天缘,一毫也不必费力。闻知父母所言,就对绛英道:"我的身子已有定局。姐姐也不劳费心,总是我们两个,甘苦相同的。"这也不在话下。

且说赵云客归至寓中,便把谋官的事与老王商议,说道:"晚生急欲报恩,求老先生一举前箸。"老王道:"这事容易。我学生昨日恰好闻得临安缺了知县一员,可就把姓秦的,暂补一年便了。只是今早礼部接出圣谕一道,兄可晓得?"云客道:"还不知。"老王道:"圣上自从中书之议,思量天下人才,也要振作一番,今后不必由府县升荐,先就现在京中的监贡生员,择次月十五日,试策一道,拔几个真才,上以宜观国之光,下以为牧民之本。各位须当猛力。"云客晓得此信,不觉精神奋扬。又与钱金两兄,议论了一会。当夜云客思量道:"我这试期已近,倘然有些侥幸,恐怕一时难得归家。况且还要算计聘那王小姐。如今老秦到了浙江,虽是亲口相许,终无定局,不若就在此间,只瞒了老王,私下先成亲事。待他到浙江时,这段姻缘便是铁板刊定,再无走漏了。"

次日,竟到秦家寓中,对秦程书道:"小婿昨日就觅得一缺,那是临安县知县,把尊名已补上了。"程书大喜。云客又道:"但是有句相知的话,不知可以从得? 小婿近日有了试期,恐怕在京提搁,心上欲先在京中入赘,以后到家,就候过门。这也是两省的意思。此时世界这些繁文礼节,不必相拘,倒是脱略些好。"程书心上也恐怕云客后日倘然高发,另就了好亲事,不如乘此机会,做个结局。便说道:"这也使得。"云客即往外边,就在数日之内捡一好日,私下又备些礼仪,连那钱金两个都瞒了。挨至吉期,换些衣服,将礼仪一齐送去。原来秦程书虽则性子忠厚,却也有些悭吝。道是不归武昌,处处是个客寓,便在此间完了女儿之事。省得到他家里,添出些花红酒席来。云客行至秦家,喜筵俱已押列。因在客边,喜乐等项一概益免。看看近了吉时,内里拥出一个如花似玉的美人,交拜天地父母,结亲的常规,一件不脱。只有帐中合卺,新人不甚害羞。当夜枕上细谈,准准的话了半夜。正是"其亲孔嘉新,其旧如之何"两句书并作一句,更觉十分亲客。有《鹊桥仙》词一首为证:

凤鸾乍合,鸳鸯重聚,喜客邸行云如旧。柔情狂兴整相看,说不尽为郎消瘦。

深恩似海,佳期如梦,今夜合欢先辏。百花开遍笑东风,还记取锦屏红袖。

素卿他乡遇故，自然情意绸缪。云客久旱逢霖，不觉兴头莽撞，摧残玉质，狼藉花心。素卿困倦之际，忽然想起绛英，道是他为了赵郎，出万死一生之地，还不曾有一些受用。不想今夕，倒是我先占了风光，教他对影闻声，一夜怎熬得过？这也是素卿的侠性，于欢娱之顷，把管鲍交情，毫不放过。如今世上妇人，云雨正浓，就是父母的病痛，也都忘了，那里想起别人的冷静？两人鏖战已毕，云客偃旗息鼓，素卿娇喘略定，对云客道："前在广陵相遇时，郎君曾说没有妻子。今日幸得配合，以后便不该闲花野草了。"云客被他这一句话，逗着心事，难好对答，只做朦胧要睡的光景。素卿又道："郎君若是另有所遇，心里放得下，不必说了。倘然有几个放心不下的，不妨就此说明，省得后日不好相处。"云客搂住素卿道："小生是个有情人，就是外边另有所遇，断然不敢作茂陵薄幸之事。"素卿道："你如今也不必瞒我，你的心上人，我倒遇着一个。"云客自想扬州城里，两位小姐定然不出门的，莫非素卿遇着的是孙蕙娘？便问道："小姐这话恐怕不真。"素卿把绛英投河一段细细述将出来，道是那吴绛英这身节义，可谓十分情重了，只不知郎君何以待之？云客骤闻此语，悲喜交集，说道："不想吴绛英有这一番事，又亏得小姐救他。如今晓得他在那里？"素卿道："他现在此间，只为寻你，一同到京。明日须与他面会一会。"云客不胜忻幸。至次日早晨，便要图谋与绛英相会。

却说吴绛英虽则与素卿两边和好，也只因赵郎面上指望并胆同心，共图会合。不意老秦做主，竟把素卿占了先着，那一局棋子，自己倒步步应个后手。听得那边房里，一团高兴，这一夜便觉更漏绵长，只影寒灯，凄凄切切，想道："素卿侠性，今番已经成就，后日定不把我奚落。但是我人才容貌，件件不让于人，又兼死里逃生，百般挫折，岂料同衾共枕，反在素卿之后。"心上虽不敢吃些酸味，也不免怨着年庚月令，自叹夫星不甚透彻。当夜挨至五更，不要说做些闲梦，便是朦胧困倦，也不曾合得双眼。早早起身，梳洗完后，欲要探问云客，又因老秦夫妇，不知其详，难好轻易举动。暂坐一回，只见素卿走过那边房里来，见了绛英，就携手道："姐姐昨夜冷静了。赵郎之事，奴家已与他说个明白。他也晓得姐姐这一番苦心，感激不浅。奴家想起来，事已如此，今日便该做个定局。若再含糊，以后就不好说了。待奴家见了爹母，即与他说这件事。"

老秦夫妇在外边备些酒席，整治家宴。到了上午，赵云客和素卿一对夫妻，出了房先拜谢丈人丈母，方好赴宴。程书忽然想道，今日家宴，只有吴家小姐，不便与女婿相会，教他独坐房中殊觉不稳。正思想间，女儿素卿上前说道："女儿有句话禀上爹母。今日家宴，虽是庆喜筵席，还怕有一桩喜事不曾完得。"便叫丫鬟房内请吴家小姐出来。秦程书道："这却为何，恐怕赵官人在此，有些不便。"素卿道："女儿正为此，所以要请来说个明白。"就将吴绛英始初投河，只为赵云客的意思，从头至尾，说了一遍。程书与奶奶闻知此话，大喜道："这等便是一家人了，不唯赵官人有此奇遇，也亏我女儿贤德，全无妒忌之心。"奶奶亲自进房，速请吴小姐出来共成喜事。绛英轻移莲步，出得房来。一见云客，但低着头不说。正如西厢上的话，未见时准备千言万语，得相逢都变做短叹长吁了。秦程书笑道："吴小姐既有前盟，今日喜筵相遇，老夫妇就做个主，与赵官人一同结亲。我女儿以后，只把姊妹相称，也不必分大小。"适值本日正是黄道吉期，就铺起毡单，摆列香案，一样先拜天地。程书夫妇，也受了礼，又与素卿两边交拜。云客先将台盏，奉酒两个老人家。各人坐定，饮了半日，奶奶叫侍女送两位小姐进房。云客也就起身，一同进去。酒筵已散，云客一进房门，便携绛英手说道："小姐为了小生，费这一番情节，昨宵秦小姐备述其略，小生不知将何补报？"绛英惊喜之余，一时不好细讲，端待上床与云客备陈情绪。素卿是个侠性人，巴不得云客与绛英就钻在被里做些勾当。当夜素卿另铺一张床在房中，让绛英与云客叙旧。赵郎携了绛英，一般儿脱衣解带，尽个新做亲的规矩。上了绣床，说不尽分离情况。绛英道："兄嫂无情，只道与你永别，不想天缘凑合，得有今日。此皆是素卿之力。"云客又把玉环小姐近来消息问些详细。绛英道："幸得玉环近日又得一个帮手。"便述孙蕙娘投靠一节，亏他寄书的话。云客道："我自那日见你的手札，就想着蕙娘有些意思，果然不出所料。"绛英与云客，因要把分别以后的事，大家话些枝节，那温存言语也无暇说半句。虽则一头讲话，下身两件东西，不知不觉凑在一处，自然运动起来。比得舟中相乐，更加有趣。从此三人相聚，似漆投胶，一边一夜，轮流欢乐。

云客日里到王御史书馆中，与钱金两位做些文义。傍晚只说有事，住在秦家寓中。一连过了月余，秦程书领了临安县文凭，就奉饮限，即日赴任。程书对云客道："老夫到临安饮限甚速，不得久留京中。官人在京候考，老夫端等好消息。两个女儿，且到任所，待官人回来，便好过门。"云客进房与两位小姐分别，只因前番吃苦，此后局面已定，三人欢欢喜喜，虽是新婚伊迩，也无眷盘费，仍到王御史衙中去住。云客想道："广陵美人，幸喜一半到手。若是后面那一半，也是这般到手得容易，岂不快活？"钱神甫、金子荣，见云客又来同住，问道："一月住在别处，有何尊干？"云客假托他辞，一毫不露出迹。又住数日，忽然朝里挂了试期，着在京应试的贡监生员，各备试卷，先三日，礼部报名。至期早集殿阶，御前亲试。只这一回，有分教：

仙桂芬芳，才子看花开锦绣；

瑶枝烂漫，美人争舞斗胭脂。

看官们静坐片时，看这些穷秀才跳龙门者。

评：

作长篇文，不难于起手，而难于收局。此回云客第一收局处也。从此以后，五美聚合。若一线穿成，绝无勉强配合之病，又无顾权大主之嫌。非高手不能如此。

第十四回 折宫花文才一种
夺春魁锦绣千行

诗云:

识得之无满座倾,蜜蜂老鼠尽争名;
吟诗作赋非难事,不惜囊空便有成。

又:

读书何必苦疑猜,孔孟传心窍暗开;
莫道圣人无见识,达财原不是真才。

赵云客同钱金二位,先往礼部报了名字,即日备下卷子。至第三日早起,王御史亲送三人考试。进了午门,御笔亲题试万言策一道,应制诗二首,时曲一段,判语五个。云客将平日长才,上献天子,策上天子擢为第一。钱通金耀宗皆低低搭在榜上。在京报子,尽到王御史衙中来,一应使用,老王替他打发。原来顺帝当日,深怪各省及府州县考试的私相授受,全无真才实学,可以辅国安民,所以亲自策试。那一榜取中一百二十名,赵青心为榜首,特恩钦赐状元,赐宴殿前,簪花游街三日。王御史不胜忻幸,第一日备酒衙中,与三人贺喜。钱神甫与金子荣商量道:"我们两个,幸运老王提救。如今侥幸功名,皆是老王之德。闻得他家中只有一女,尚未许聘,状元赵云客,又无内室。我们特地与他做媒,成这一门亲事。"金子荣道:"此事甚好。"赵云客游街赴宴回到寓中,王御史出来迎接,并钱金两位一同座席,分宾抗礼。云客深谢抬举之恩,得有今日。酒至数巡,钱神甫道:"赵年兄青年俊秀,果魁天下,真是文才可据。但是有句话,还要告王老先生得知。赵年兄的家事,晚生辈少时同学,稔知其详。他的令尊先生,因要与赵兄觅一佳偶,至今尚不曾聘得年嫂。前日闻得老先生有一位令坦,待字香闺,晚生意欲作伐,为金马玉堂之配,不识老先生可使得?"老王笑道:"学生家中,止生一个小女,心上也要择一佳婿,故此还未许字。今状元果无尊阃,又承两兄厚意,极好的事了。"云客谦恭尽礼。酒筵散后,钱金两个,尽力撺掇,老王也就许允。先要写封家书,打发一人回去与夫人说知,好待赵员外家来行礼纳聘。赵云客当夜也写一封家书,附与京报带到家中,第一桩先说速往扬州府前王御史家,将财礼聘他小姐。

次日早起,王御史的家人也发回去。赵云客的书信,也付与京报,一径到钱塘报喜。当日又游了街,晚间往别处赴宴。到第三日,赵云客想道:"今日游街已完,以后在京把这些各位大老,相会一相会,便好先上一本,辞朝出京。一来省亲,二来完娶姻事,不过月余,就有回家之期。谅朝廷自然从允。"不想这一日游街,又撞着一件奇事。京中王府贵戚,但是每科遇着状元游街,各府内眷,以为奇货,无不挤立府门,看迎新状元。道是天上的文星落在下界,每到戚里朱门,便要拥住马头把状元的相貌,从头至脚看个不了。年老的赞道:"鳌头独占,断属老成。想是万民有福,又添出一位宰相的胚子。"年少的赞道:"那样郎君青年大发,不知那一家有福的佳人,嫁给这一个才子。"在京妇女,人人羡慕赵云客是个风流年少,人才体貌,迥出凡流。只这一年看状元的,一发加意,早晨拥起,傍晚尚难脱身,倒拥得执旗把伞之人,腰酸脚软。

只见行到一处,却是驸马府前,那驸马姓韩,有一个郡主,小名叫作季茗。生居金屋,少长玉堂,自然比不得荆钗裙布的模样。又生得一种性子,与世上妇女大不相同。常道:"我等人家,哪怕没有富贵子弟为配? 只是有才无福,有福无貌,俱非男子。"就自小立下一个主意,必定要嫁个状元。前岁开科时节,他年纪也略长成,因见状元有六十余岁,不好将身许婿。淹留岁月,近已及笄。昔闻废科一诏,心上好生烦恼。父母也晓得他的意思,不敢轻易择婿。就是朝廷策士,也亏得那驸马因女儿有这个志气,他进朝入奏,把天下才人待用之语奏了几句,朝廷便有亲试的一段事。如今恰遇着赵云客首折宫花,季茗郡主生平这番念头,正好发泄出来。又因那一日迎到府门,看见云客面貌,越发定了主意。次日早朝,驸马就进一本,把女儿素志,上达天听。

　　　　驸马都尉臣韩呈一本。为招婿事。奉圣旨:郡主韩季茗,许聘状元赵青
　　心。该礼部即日议礼成亲。

礼部接出此本,就往状元寓中,来议姻事。云客忽闻圣旨,难于摆脱,便与老王商议。王御史道:"小女之事,虽未成亲,奈前日已发家书回去。家中见我的书,自然择日纳聘,乡里之中,尽晓得与赵家攀亲。今日奉旨招婿,辞又辞不得,为之奈何?"赵云客念切玉环,就是绛英、素卿也还是第二桩心事,何况牵连国戚为笼之鸟。当夜就写

成一本,清早亲自入朝,把已经聘过御史王某之女,理难再娶,坚执不从的话上奏。也奉圣旨,批发礼部议覆。礼部大臣,即约王御史并状元驸马,会议姻事。赵云客报定宋弘之义,韩驸马引着王允之情,礼部会议未妥。酌量调停一说,便覆奏道:

> 臣部会议得郡主姻事,状元赵青心已聘过御史王某家女,义难离解。今郡主奉旨招亲,又无违旨之理。臣部酌议,如晋相贾充故事,特置左右夫人。赵青心先在京中,与君主韩季苕结亲。即日同郡主归家省亲,拜娶王氏。庶情义两全等语上奏。奉圣旨:依议行。

却说郡主季苕,思想天下做状元的,有得几个? 若是错这一次,后边再遇着一个年老的,教我怎生定夺? 如今莫说有一个王家小姐,就是有一百个王家小姐,也顾不得,定要随他了。做女子的,但凡争宠专权,尽是外边体面,与切身之事,全无补益。今后哪管他有妻无妻,次妻正妻,只嫁了个状元,就完我一生的心事。心事宽他一分,倒落得个贤德之名。听得礼部覆奏已准,心上十分欢喜。驸马也思量状元难得,每事依顺。见了部议,便择下吉日,与状元成亲。赵云客既奉谕纶,便图入赘。乃至正日,先谢了王御史,一径到驸马府中自想道:"今番入赘,比不得别家。不知那郡主性格如何,容貌如何。"心内尤怀郁结。挨至府门,灯影成行,采球高挂,洞房花烛,自是侯王体致。不比世间嫁女,多添得几件衣裳首饰,便道一件大事,只管把男家责备,要争几副糖桌。结亲之夕,云客细看郡主,却也古怪。别人娶妻,经营了许多年代,才讨得一个女儿还是非麻即黑。偏有赵云客撞着的,就是月里嫦娥,再没有一件不生得端正。云客心念,季苕花容月貌,也与广陵城里美人不相上下,只不知他性格可是好说话的。当夜被底绸缪,云客极意奉承,端为求他真心,合到玉环小姐身上去。

说这季苕,被云客甜言美语,打动情肠。道是不唯赵郎才貌天下无双,看他这一段衷情也考得个第一。但凡有关云客身上的事,他倒百般依顺。相交月余,日里出外赴宴,傍晚回到房中,不是谈论古今,考究诗赋,就是弹琴着棋、看花饮酒,也略把云客家事问些详细。两情和合,如鱼得水,专待辞朝,与云客同到钱塘家里去。云客探知季苕心中坦荡,更兼情意缠绵,渐渐把左右夫人之旨,露些心迹。季苕全不关心,任他从便。云客大喜,乘便往老王寓中,商量归计。王御史闻知郡主贤德,知道他女儿后日的醋量自然不消开坛,愈加欢喜。便与云客算定归路。云客乘便进朝,先陈省亲之念,后把娶王一事拖带几句。朝廷许允。一径出朝,来辞驸马说道:"暂归钱塘,即日到京奉候温靖。"驸马以前,原奉有左右夫人之旨,不好相留。又见郡主季苕,夫妻契厚,他便放心得下。奁资等项,色色整齐。云客择日起身,又往王御史衙中,告归婚娶。老王道:"老夫在京,一时难得脱身,小女姻事,自有拙荆可以做主。事也不必过费。"云客拜谢而别,行旌南指。季苕辞别双亲,饯行杯酒,留连数日。

云客思念家乡,暌离已久。当日西湖乘兴,流寓广陵,自后花下奇缘,月中良遇,情怀于种,迷恋忘归,及至罗网忽张,惊魂磨定。虽则香闺提救,终为荒驿相羁。定省晨昏,缺然未讲。虽道才子多情,偏不想着父母的?只因云客所遇,尽是软麻绳,把一个才情尽世的郎君,一交缚住。人只道云客的心肠,长者薄而妇人厚,不知慈乌为恋原自邀切。所以当日,将次出京,反添些悲欢离合之感,全不把富贵功名,装成娇态,但指望立刻就到钱塘拜见父母,便将这些美人,聚集一处。他还要把旧日的亲情友谊,报答一番,也见得山川钟秀,祖功宗德,发出这一段功名,正好在乡里之中,做些正经事体。

看官,你道别人中了科甲,个个像苏四郎,佩着六国相印,不但贫交故旧,就是兄嫂,也该俯伏迎候,父母也该颐指气使,每日早起在家堂香火之前,祝愿里中弄出几桩间事,好于从中占得银子,因此贫交故旧,渐渐生疏。偏是云客中了状元,心内全无此念,岂非痴想?看看的锦衣归故里,那赵员外在家,自应做些好梦。只不知报状元的,可先到家几时了。

评:

忆余往时,读书城东小楼,与白香居士讨论时义得失,雅相善也。白香一夕感古名垩事,手拈一题,并操新稿见示,读之令人快心。因率鄙意亦作一篇,不复自计工拙,回中偶有试事,聊附于末,以博一哂。白香英才蔚发,自是金马玉堂人物,行将几万高搏,而余仅以卮言,重灾梨枣,亦足感也。

问西子亡吴,其功耶罪耶?吴亡而不兴之俱亡,其贞耶淫耶?

尝亩西子非妇人也!其殆于越之无动、春秋之智士乎!当色吴之争雄天下也。封豕长蛇之势,逼于邻国;会稽之困,危如累卵。越之君若臣,无所展其才。而大夫种之第三术,得行于其间,遂令闺阁芒姿,振声千古。盖越之存,不存于生聚之后,而存于夫差荒淫之一心。吴之亡不亡于好色之时,而亡于极好色之意,使忠谏不得进一言。究之存亡之微,操之一女子。而此一女子者,亦何庸心节义,以自全其守贞哉!趣存而不以居功,吴亡而不以任过。想莲洲之遗粉,追响之余音,有令人置思莫罄,要非可以艳舞清歌,轻论西子也。今之议西子者,鲜不曰石室全生,三津得返,非越大夫之功,西施惑敌之功也,其扬名也,固宜。或又曰豺狼出柙,麋鹿游台,非吴君臣之罪,暴戾荒纵之罪也,其垂诫也亦宜。至若逞容报越或以为贞,冶质倾吴,或以为淫,凡此皆不足以定。西子当其时,待字荣罗,守身诸暨,浣纱溪水之上,亦何曾悬计,后日玉堂金屋,有人焉付兴亡于逝水者乎?初不过隐幽兰于芳谷而已。及其进舞姑苏也,越之幸而非西子之幸也。访美里人遗谋,窥牧宫之故智,此其心知有越,而不知有吴矣。知有越,则凡可以煽处者,无不阴寓其权宜。沼吴适所以兴越也,而何必但亡?愚故曰越国之元勋也。然鸟尽弓藏,越兴而种困,使西子邀功于越。安知非昔献之以解厄者,即诛之以示戒乎?迹其行事,能损吴于全盛之时,复能全身于幸而乱之后。虽吴越春秋,不载其末局,而稗官野史,相传与范蠡偕行。则其行藏之术,又何如哉?愚故曰春秋之智士也。虽然千古以来,以色倾国者多矣。压弧箕服,一笑成灾,霓裳羽衣,三春贾祸,以为冶容之诲。贞少而淫多,即坠粉楼前,尚不能保季伦之家室,况娇姿丽质,乱君心于倾败者乎!吴亡而罪西子者,比比矣。罪之,则不得以贞目之。此老儒塞井之见也,面非所以服西子之心,且国家畴不知有忠妄之分乎?吴之先,以用子胥而强,其后任冥喜而弱。彼争长黄池,侈心齐楚,纵无西子,亦终必亡,又奚罪焉?后之玄宗,得姚宋而治,得李林甫而乱,如必谓马嵬负国?则唐之前,掌中歌舞,浴室凝光,未闻汉成之失国也。唐之后,高曹向孟,工有贤德,而宋浸弱又曷以故?以是知吴之亡,亡于复谏,而非亡于纵淫也!诗所谓"西施若道能倾国,越国亡来更是谁"者,良有以也。然则以贞淫拟西子者,则又过矣。夫天生一美人,以充离宫之奉事。非若关雎逑匹正名分而定天下也。其宠之也不足重,其疏之也不足轻。彼西子者,名花浓艳等耳,使必律以贞淫之道。则是古今来必姜源太姒而始称为妇人也,此又迂儒之解也。虽然愚有为西施怜者,不在被亡国之名,而在处亡国之事。夫天生一才士实难,天生一美人亦不易。彼美人者,不用之于燕处宫韩,而用之为行权纳间,究之存亡致感。断粉零香,杳然如梦,回首采莲之径,伤心禾黍之悲,即不能国亡兴亡,如玉树后庭之井,又何必论其功与罪,更何必计其贞与淫耶?然而犹有幸者,后之人虽樵夫牧竖,莫不念姑苏之旧迹,而推究芳容。彼其始进于吴也,固与莫且同其御。而莫且至今无闻,夫西子者,亦岂仅以一身之歌舞著名吴越者哉?或曰西施,孔雀名,古人借此以名美人者,亦犹赵后之名飞燕,崔氏之名莺莺是也。说见《李义山诗》。

第十五回　丑儿郎强占家资
巧媒婆冤遭吊打

此回不用引子，恐看者徒视为余文，则诗词可废也。不知诗句之中，尽有许多意思，深心者自能辨之。今此回前无言可咏。偶得半对，录示天下才人。如对得出，便称绣屏知己。

　　红拂长垂，红线红儿，擎出付红娘。

　　赵员外自从把钱金两人，问成冤罪，解京定夺，将次半年。每日家中，夫妇二口，持斋念佛。自己道是老年衰倦，又兼哀怨之余，精神削弱，料想今生不能够生男育女。通房侍婢虽则一片熟田，他也无心耕种。只将本分家私，修桥造路，施舍贫乏，为作福之地。思想子孙，唯有慨叹一番。说道："我的儿子，何等才貌，如今没了，自己若再生出来也未必中意，何况图谋立嗣，望别人继续？看今世上的人，那见得有几个祭祖宗的极其诚敬？又谁人看见做鬼的，必定要吃羹饭？便是这几根骨头，埋在土中，与付诸水火一般消化，何须虑得？"只这念头，倒也干净，全然不把继嗣之念重新提起。他的盛族，住在钱塘的，也有几百丁，见员外立定主意，一时难好开口。

　　忽一日，族中有几个恶薄的，算计道："我家老大房的儿子，被钱神甫谋死。查惜他这样好家私，无人承受。若是待员外天年以后，合族之中，那个是个忠厚的？这些资财便分散了。如今也顾不得他要嗣不要嗣，只将一个儿子送进门去叫他爹娘，怕他不认？"内中便有一个道："我是近支，理应承继。"便唤自己儿子，叫作赵成郎，将他装个名色，乘员外未死之先，挨身过去，挣住他家财，不被两个老人家施舍完了，就是后日，族中有些说话，也好分他一分，决不做了白客。商量已定，便要行将起来。

　　那一日员外在家礼忏，一则荐度儿子，二则做些预修。满堂僧众，敲钟击鼓，倒也热闹。尽齐鼎礼之时，外面走几个同族进来，也有是兄弟行的，也有是子侄辈的，后面又随着一个短小的，便是赵成郎。员外一见，不知什么缘故，迎接进厅，就在佛堂中坐了。员外道："今日老夫亲自礼忏荐亡，兄弟子侄，来得甚好，一同在此吃素饭。"族中道:"恭喜老伯近日越发清健。子侄辈恐怕老伯与伯母无人相伴,特省出这个儿子名叫成郎,着他住在家中,晨昏定省。小望老伯俯留,这是通族尽知的。"员外闻得这些话,就如疟疾忽到,身上发寒发热,不觉怒气冲天,思量:"我儿子死不多时,族内便埋这样分家私的脚地。倘若再过几年,老夫妇身无立锥矣。"只因心上怒极,倒冷笑道:"老夫自从儿子去后,提起子息一段,甚觉伤心。待老夫死后,有些薄产,任凭分散。若在生一日,这话断然不愿提。"只见那个赵成郎,不由分说,正像教熟的猢狲一般,只管作揖,口叫阿爹。又蓦然竟进他里面,拖住员外的老妪,又叫阿娘,倒把那老人家一吓。你道赵成郎怎生模样? 有个《黄莺儿》为证:

> 黑脸嵌深麻,发黄茅,眼白花,龟胸驼背真难尽。但闻得口中粪渣,更添着头上髻疤,鼻斜耳吊喉咙哑,坐如蛙。癫皮搭脚,惯喜弄花蛇。

员外走进后堂,见这一个恶物走来走去,心上愈加恼怒。便骂道:"你这个蠢东西在我家做什么? 难道我没有儿子,要你这样烟熏落水鬼来继嗣不成? 你可速速出去,不要在此缠扰。"那赵成郎不唯不肯去,倒坐在中堂,要吃长吃短,气得员外手脚冰冷,便成成郎一推,那成郎跌在地上,大哭起来道:"我做得半日儿子,就将我这等乱打,好生苦恼。"员外夫妇,被他一番搅扰,书斋也无心收拾,外边和尚,饿了半日。员外走出,对族人道:"承继二字,断断不能。且待老夫死后,再作理会。"

原来这些族人,做成圈套,不怕员外不从,说道:"老伯不消发怒。但凡人家族谊,那个肯在祖宗面上让一分情面的? 偶然有隙可乘,嫡亲兄弟,也要使些计较,何况远房支庶,肯替你出力? 我家的成郎,相貌也看得过,送与老伯看守家财,实是好意思,为何倒发起怒来? 如今子侄辈,暂且告别,权这成郎打话。"员外一把拖住道:"别样也还耐得,第一,这个成郎,再留不得的。"正喧嚷间,忽闻大门之外,一伙人带着器械,乱打进来,大声喊叫,直打到厅上佛前,把和尚的钟鼓打得粉碎。和尚忍了饥饿,个个奔窜。员外想道:"白日里绝非强盗,必是那些恶族打听我不肯立嗣,就来乘势抢我家私。"心上又气又吓,便望里头走进,急急躲在别处。停了一刻,只听得外边大喊道:"快蒙赵老爷出来,我们不是别个,是京里报子,特来报状元的。速速出来,打发赏赐。"员外不知所以,思量道:"我家并无人考试,就是族中有读书的,也不闻府县升荐,怎么骤然说起报状元? 这定是族人,恐怕我走了,假装这样胡乱的名色骗我出去,好拖住我要分家财。"一家大小,个个吓呆。堂内那些和尚,虽是打碎钟鼓,躲在外边,闻得是报状元的,知道与他无关,俱挨进来收拾经忏,怕又被人抢去,一发折本。渐渐走到佛前，与报子搭话。有几个本学的门斗，说出缘由，道的真是报状元，师父们头上，不消吓出汗来，像个发潮的葫芦。和尚便望里面，传说京报之语。员外因和尚传话，道不是骗他，轻轻走到厅前，那粉红大照壁上，早已高贴着报条一幅：

> 捷报
>
> 贵府老爷赵讳青心在京　御前新试特恩
>
> 钦赐状元

报子见了赵员外先要一千两银子，做路中辛苦之费，其余写赏票。员外问道："什么赵状元，怕不是我家，你们莫非报错了？"报子身边抄出三代籍贯，鉴鉴可据。员外迟疑未决，报子又拿出赵云客的家书，说道："状元老爷前因有事到京，亏得御史王爷极力扶助他。礼部报了名字，御笔新题，特拔做状元的，怎么报错了？"员外看了家书，才信道："有这等事？我知道他死了，冤屈钱金两人。他却原不曾死，倒在京中应试。别样虽不可信，那幅手札，明明说出来历，与这印子是真实的。"少停一回，家人赵义来报员外道："不唯我家官人中了状元，街上听得，连钱金两家，俱在京中，中了进士。他两家报子，也报过了。"员外一发惊喜，便把些银子，打发京报。方绕族内要立嗣的几个人，看见报条，个个吓得面如死灰，速寻赵成郎推拥归去，含羞忍耻，俱来请罪而散。赵员外回进里面，细读儿子家书，对夫人道："儿子不死，就十分侥幸。况兼中了状元，真是锦上添花。不想前日思量，正是一场痴梦。如今他的书上，别项可缓，只头一件说速往扬州府前王御史家说亲。我儿子在京，已蒙御史许允，这是缓不得的。"使着家人往外边唤一个精巧媒婆，星夜到扬州去。因王御史现任在京，家内夫人做主，故此唤个媒婆，好到里头说话。家人承命，就往街上寻一媒婆，姓冯叫六娘。因他姓冯，凡遇喜事，就逢着他，人都绰他叫喜相逢。那冯六娘生性尖巧，言语便捷，一进后堂便有许多好话，员外与夫人大喜。先赏他些银子，又传些盘费，径到扬州府来说亲。

却说玉环王小姐，自吴家忙乱之后，梅香细细报知。玉环追念绛英为了赵云客，拼命出门，不知死在那里，终日忧忧郁郁，万转千回，懒下床褥。幸得孙蕙娘在旁，时时劝解，不至如贾云花，奄奄一息。只道绛英已死，无可追踪，悲怨之余，作诗二首：

> 凭谁飞梦送情亲，逐水啼红花劫尘；
> 荒草露寒堆碧月，宽山日暮动真磷。
> 渡头定有怜神女，尽里曾无唤玉真；

紫风不归仙洞杳,乱云惆怅泪沾襟。

萧飒孤魂去不回,锦堂仍为美人开;
砧声怎奈郎情唤,机绣须同妾命裁。
镜里飞鸾终作对,表前归鹤为谁来;
伤心留得山头月,不照朱明照夜台。

玉环对蕙娘道:"绛英尚且如此,吾辈何以为情?前日若不遇着你,教我孤身安能消遣得过?如今赵郎去后,青写信杳,那姻缘两字,再不必提起了。但恐云恋巫阳,终须销化,为可惜耳。"原来玉环的心性,细密难测。以前绛英在房,忧闷之中,还略略寻些欢喜。自绛英分散后,连那一刻欢容,也消减了。

忽一朝,闻得夫人堂上,有人来说亲。蕙娘潜去打听,见一媒婆,在夫人面前说道:"老婢是冯六娘,奉钱塘赵太夫人之命,他家新状元有书寄赵太爷,道状元在京,曾遇贵府王老爷,说及小姐亲事,蒙王老爷千金之诺,故此老婢敢来说亲。"吴夫人道:"六娘来说,自然确当。只不知我家老爷,怎么不发个书来?若近日京中有信到,也就是了。倘然无信,须差着一家人到京请问老爷,方好从命。"就吩咐侍从收拾酒饭与冯六娘吃,六娘闲辞浪语说了一回。蕙娘听见这话,进房述与小姐得知。玉环道:"赵郎问罪,死生未卜,今日又有个状元花言巧语,顿生一计就与小姐商量。约了房中侍女四五人,私到外边伺候。"

冯六娘吃了酒饭,辞别夫人,要到钱塘回赵员外。吴夫人又付些盘费。径自出来,被蕙娘候住,骗他道:"六娘不可轻去,我家夫人还有吩咐。六娘暂在东园住宿一夜,明日领了夫人之命,方好回去。"六娘认以为真,便同蕙娘等齐到东园。园中冷静异常,无人稽查。蕙娘骗那媒婆,引到绿雪亭中。四五个梅香,一齐拥进,对冯六娘道:"奉夫人严命,我家小姐断不嫁远方别省去的,尽你做媒婆的,偏要把状元势头来哄骗,好生可恶。先着我们在东园,吊打一百,还要送官究治。"六娘道:"方才见夫人言语甚好,为何有这般说话?"梅香不由分诉,尽将六娘衣服脱得精光,高吊在绿雪亭中,只管乱打。六娘喊道:"不要乱打,我们做媒婆的,全靠一张嘴、一双脚在外边寻饭吃。列位姐姐必定要打,须把下面的嘴,替了上面,上面的脚,替了下面。这也是媒婆旧规,话得事成,嘴内吃酒,脚下赚钱。话事不成,手就当脚,嘴就是此道。今日切不可打错了。"有《西江月》一首咏其事:

只为状元情重,先教婆子来通;无端高吊竹亭中,打得满身青肿。

口角唠叨无用,脚跟往复难容;今朝倒挂喜相逢,露出下边黑缝。

蕙娘道:"且饶他这一次,你速速回去,不许再来缠扰小姐的姻事。决然不成的,休得乱话。"冯六娘被梅香打了一顿,再不敢将攀亲二字,口中提起,但求脱身归去。倒把身边盘费,送与梅香买放,空身出了东园,连夜回钱塘县去。蕙娘回到房中,述与小姐道:"虽则打了一顿,究竟未知后日如何?"小姐道:"蕙娘,你且暂时归家,为我访问新状元什么名字,我们的痴想莫非天缘凑合?赵郎在京,有些好处,也未可知?"蕙娘道:"小姐也说得是。"即日打点归家去,问哥哥孙虎,可晓得新状元的名姓。

评:

平平写出报状元,局势便毕,机法便软。先将承继一段,极尽人情炎凉俗套,并老赵凄恻无赖光景,描绘一番。突起一峰,令人快心豁目。九天九地,此兵家设奇制胜法也,奚止文章乎?

又评:

同一怜才也,蕙娘素卿看其设计,绛英就见诸行事,季苕写于素志,玉环写其意中笃挚之情,叙事不同,义归于一。此做文化境也,读者知之。

第十六回 庆团圆全家合璧
争座位满席连枝

诗云:

> 玉帐重重锁去身,朝来依旧踏芳尘;
> 曾经北里空凝睇,可有东游敢效颦。
> 修竹舞烟梁范晓,梨花如雪杜陵春;
> 阿侯年少方娇艳,尽出新妆故恼人。

新状元同了郡主季苕,辞朝归觐,奉旨敕赐金莲彩烛一对,宫花锦缎四端,为左右夫人成亲之礼。一时势焰薰天,在京百官各赋诗词奉贺。就是王御史衙门,也因招了贵婿,添些荣耀。一路程途,起送夫马,竟望浙江而来。途中想道:"此番归去,先娶王玉环,即日恭请小姐素卿,吴小姐绛英,一同到家。至于孙蕙娘,既在王家,他自然相随王小姐,决不走在别处去。这几个美人,虽是不曾奉旨迎娶,却倒是以前的结发,亏他生死交情,真是深恩莫报,端待荣归,庆团圆之会。连日途中,探知君主季苕,性格温厚,十分可喜。只不知列位小姐,藁砧思念,腰带如何了?"话分两头。

却说玉环小姐,与蕙娘设计吊打媒婆,指望辞亲却聘,谁知这头亲事,倒是前生注定,徒然把做媒的,冤枉一番。过了一日,蕙娘正要归家去访消息,京中忽地差人到家,呈上御史家书一封。原来这书不比得钱塘的家信状元书札。因前附京报带来,不消数日,就到家里。御史书札,着家人送回,一样同日出京,路上来得迟了。所以玉环疑惑,把冯六娘着些屈棒。那日见父亲音信,无非说许聘赵云客的话。家人又将赵云客亏了家主,脱他徒罪,住在里念书得中榜首,细述夫人得知。玉环与蕙娘听得详细,暗地欢喜,巴不得冯六娘立刻再来择日行聘。

哪晓得冯六娘生性乖巧,偶然落网被梅香吊打,心上好生恼闷。挨过几日,想道:"我喜相逢经了多少富贵人家,再不曾出丑,今番折本。若被旁人知觉,一生难出头说合亲事,只得收了气闷,再往赵家回复。以后相机而行,图得花红到手,方才偿我一段受累。"一迳走到赵家。那员外与夫人正想这门亲眷,过了数日,还不见冯六娘回报。一见六娘,就问道:"亲事如何?怎么去了许多日子?"冯六娘道:"老婢一到扬州,承王家夫人极其见爱,接连留了数日,故此回复迟了。他说小姐亲事,自然从允,只要待他老爷有了家信就好择日行礼。"员外道:"六娘不知,前日吾家状元,又有一封信来说王家的亲事,也不消待王老爷归家做主,他是奉旨招婿的。"便把入赘驸马,奉旨特置左右夫人的意思,与冯六娘说知。又道:"状元即日荣归,六娘今日先取些盘费,可速到扬州。待成亲之日,重重赏赐。"六娘晓得这话,也不要盘缠,星夜又到扬州来见王夫人。六娘进门,自想道:"此番切不可到东园去了。既是状元奉旨招婿,我们做媒的,蓬上愈有风力。"竟进后堂见夫人重新把赵家说起。小姐房内几个梅香,见了六娘,个个暗笑。六娘知是前番被他算计,定非夫人主意,也不将吊打之事提起。只说状元又有家信,奉旨招亲的话。王夫人满口应承道:"前日我家老爷已经有书送来,说新状元亲事,是老爷亲口许定,怎么六娘今日又说是奉圣旨?这话从何说起?"六娘道:"不瞒夫人说,其实状元先为韩驸马招赘,因状元不敢背王老爷的面约,后来礼部议奏,特置左右夫人,所以就奉了圣旨。"王夫人道:"这等说来,状元既赘驸马,吾家小姐便不是正妻了,这怎么使得?"六娘道:"这个不妨。既是奉旨的,自然不把小姐落后。"夫人便依六娘,任从赵家择日行礼。玉环小姐在房,听见左右夫人的旨,对蕙娘道:"赵郎的情意虽是笃切,又多了韩府这一番事,甚觉不便。"蕙娘道:"事已如此,且待后日理会。"冯六娘往返两家,六礼三端,尽皆全备。不上一二月,攀亲的规矩都完结了。赵云客自出京来,渐渐到家。员外先着家人,同了些亲戚,唤了大舡,远远迎接。

次日早晨,泊舡城外,午时起马。族锣鼓伞,炫耀里中。一进大门厅上,拜谢北阙,转身参拜父母。韩季茗虽是郡主,一般也行了子妇之礼。又因初到家中,宾客拜望,接连忙了数日。然后择日完那王家亲事。

原来赵云客一段心情,始初只道佳人难得觅了一个同生同死,所以把功名富贵都丢开了。谁想暂到广陵,渐渐的得陇望蜀。不上一载,愉凑着五朵凿花。却又个个是恩情兼尽的,无分上下。思想奉旨招娶,只有左右夫人,难道秦知县衙里这两位小姐他怎肯落于人后?如今先娶了王家,然后着人去候秦衙小姐,那秦程书又是固执人,恐怕他有些说话。不若先去候他到来,安插了老秦夫妇,方好把王家亲事做个了局。这却不在话下。

且说秦知县自从上任,日日指望赵云客信息。忽闻外边报了状元,那是云客名字,不觉喜出望外。又迟了几日,朝报内看见有韩驸马一本,又见部复有王家亲事。

心上疑疑惑惑道："不信赵云客一中状元，便有许多贵人攀亲。这也罢了，怎么赵云客本中，全然不提起我的女儿，倒说曾聘王氏？却也古怪，难道这个赵状元，不是前日的赵云客不成？"连日疑心未定。

忽一朝，把门皂隶，急急通报道："新状元来报老爷！"一个知县衙门，见有状元来拜，满堂衙役手忙脚乱。秦程书火急出衙迎接，却正是女婿赵云客。秦程书在内衙，殷勤叙旧。云客亲到里面，拜见奶奶。又见素卿、绛英两位小姐，方绕说明京中朝报上的事。程书道："贤婿飞腾霄汉，老夫妇荣幸非常。但是前日偶见朝报，有贤婿另赘韩驸马一段事，不知真假，请试言之。"云客道："小婿今日，一来拜门请罪，二来告诉苦衷。小婿自别尊颜，叨蒙圣恩首擢，意谓即归故里。不想遇着王御史，与韩驸马两家争议姻事。不由分剖，礼部议复，便奉圣旨招赘。小婿虽是奉了圣旨没奈何就婚，终不敢把两位小姐相负，也曾与王御史韩驸马说明的了。幸喜郡主贤淑，全无忌心。今日请过了罪，明日便候两位小姐归去，一同拜见父母。"程书道："既有圣旨，也索罢了。只是贤婿归家，将两个小女安置得停当，免得老夫妇牵挂，这就是贤婿之恩了。"云客道："这个自然不消挂怀。"程书与奶奶留云客吃了小饭，先送出衙。

次日清早，夫马轿伞，奉候秦衙小姐归家。绛英与素卿，本晓得王家小姐的事，虽是添了韩郡主，他两个自恃才貌，也不揣着。一同上轿出了衙里，竟往赵家而来。赵云客先归到家，门上结彩张灯，专候秦衙小姐进门。素卿、绛英两位天仙，归至赵家，家中大小，无不称羡。拜见员外夫妇后，郡主季苕出来相见。三人的才貌，各自争妍。正是说书人说得好：

唯美爱美，唯才怜才。

便相携手，一见如故，个个欣喜不题。

却说王家小姐受聘之后，冯六娘往来说合，择下吉日。他是大家得达，又是奉旨成亲，凡事十分齐整。先期几日，状元亲往扬州亲迎，牵羊提酒，热闹做一团。到了正日，新人进门，花烛之期，自然富贵。随嫁的梅香侍女数十人，孙蕙娘为第一。妆奁陈设，锦绣之外，更兼书史数千卷，文房异宝几十种，古琴二床，西蜀逻逤檀木琵琶一面。云客点起御赐金莲彩烛，为合卺之荣。真个阆花瑶台，不比尘凡下界。钧天广乐，备极繁华。

第二日晨起，参见过了员外老夫妇。季苕郡主，同各位小姐齐来行礼相见。云客道："今日行礼，虽是前后不同，一时难分上下，况兼郡主小姐而下，还有一人。"因指着孙蕙娘道："这也是未第持,在广陵受恩之人,原许他与正室一样看待,今日也要说个明白。"赵员外老夫妇道："吾儿才名冠世,各位媳妇又四德兼全,真是古今稀有之遇。今日行礼,既是奉旨的自有明旨,受恩的不可忘恩,各位且不必分大小。"连孙蕙娘五个,一齐并肩而立,行了礼,笙箫鼓乐,齐送入洞房,为团圆之会。玉环小姐进了内房,先与郡主季苕叙了寒温,又与小姐素卿问些来历,然后对吴绛英道："自从广陵分袂,音耗杳然。不想姐姐何以遇良人,遂成合璧。"绛英道："这虽是天缘凑合,也由人力使然。"就略把素卿提救,进京相遇等事,述了一番。不唯列位小姐见为奇逢,就是满房侍儿,个个叹异。酒筵陈列,炮凤烹龙。杜工部丽人一篇,不足写其全美;李翰林清平三调,未易尽其形容。赵云客首插宫花,身穿御锦,端坐于上。五位美人,齐立筵前。云客起身笑道："各位夫人请坐。"只见五位相向而立,无言无语。云客又道："夫人何以不坐?"季苕上前道："今日喜筵本该就席,但是有句话未曾剖析,所以各位站立。"云客道："夫人有何说话?不妨就此宣明。"季苕道："各位虽是一体相看,然座位必有上下。使越次无伦而唱随道,废则良人伉俪之谓何,其敢自为后先也。"云客笑道："这事将奈何,夫人当自相议处。"蕙娘先开口道："论家声之重,贵不降微,言婚娶之条,先不让后。良人初至广陵未尝他射雀屏也。妾虽托质寒微,其安能以下坐?"云客道："蕙娘说的是。"吴绛英道："坤贞效顺,节重而才轻。妇道多端,义严而文略。安江门外,秦衙之内眷可微也,伊谁肯隆?"云客道："吴小姐又说得是。"秦素卿道："良人试思治,长误陷时诸夫人能出手相挈乎?今日甫就莺盟,而遂分凤侣,妾又安能以自嘿?"云客道："秦小姐责我以忘恩,理因然也,韩夫人其谓我何?"韩季苕道："以君子之才,经笋永托恩深情重,固不专在仪文。今日诸夫人各自为功,妾以何可妄议?但天语煌,煌诏从中、禁,良人当有以自处耳。"云客被四个美人,纷纷争长,一时有口难分,但把一双眼睛注看王家小姐如何话说?玉环端静寡言,全无争意。但含笑道："古语云:'山有末,工则度之,宾有礼,主则择之。'今日虽非主宾,料君子各位夫人,不必争执,我自有设处。"不知赵云客怎样思量?就定了五个美人的座次。试看下回,便知端的。

评:

　　此回乃全部结局处也。看他次序五位美人,前后一丝不乱,又非勉强牵合。便知从前种种相遇条贯井然,全无顾奴失主之病。作文名家,自是高手,岂坊间俚俚刻能窥其涯际?

第十七回 六色盆腾色争春
五花楼传花飞宴

诗云：

同车到处喜骖鸾，花信撩人思未安；

梦至动心谁惜死，情因钟爱便成欢。

屏间岂独莺离郑，枝上应知蝶姓韩；

一片幽怀经画少，夜深灯烬照银盘。

说这赵云客被五位美人，各争座位，纷纷莫定。云客思想片时不觉笑道："今番良会，真是宿世奇缘，有些遇合。我不肖一生情重，上天之报有情，可谓不薄。犹忆往时，独坐书帏，曾有一架屏风。那是古来至宝，中间列着三千粉黛，旁边靠着十二栏杆，雕刻美人，妆成锦绣。忽一日，依然相对，感动情肠，夜间似梦非梦，看见众美人围床侍立，内中捧出色子一盆，遍掷采腾者为主，更残云散，情不能持。自后流寓广陵，转楼都下桃花深洞，无不牵怀。今日五位相看，况符前梦，昔年警报，良不虚矣。"又对玉环道："就是前番遗落东园的一幅诗绢，也是那屏风中取出来的，小姐可还在吗？"玉环道："这倒留好在此。我只道是有心写的，不想原是古玩。"云客遂命侍儿，老爷处取古屏风过来。只见四五个梅香，立刻抬着一架屏风，张于房内。玉环等俱是博古通今的，且不暇争座次，先要看这屏风。看见美女如花，个个疏眉秀眼，各人细看一番。云客道："今日座位，就依那梦中所为。"就侍儿捧着色盆，各位次第相掷，偶遇红多者，便应首席。蕙娘绛英等欣然就掷。玉环想道："难道我掷不出红，便该下坐不成，这不过是戏言，我且不掷，看他掷个什么？"吴绛英开手一掷，便掷了三个红，笑道："吴非第一，也有第二的指望。"轮着蕙娘，也掷了三个红，素卿掷红四个。季苕掷红五个。众人笑道："此番座位，渐渐的有定局了。只是王小姐不肯掷色，如何是好？"云客道："小姐不妨请试一掷，看怎么样？"玉环不得已，勉强把纤纤玉手拿着骰子，满房看掷色的有一二十个，簇拥席间，道是已经有了五个红，也算难事了，不知王小姐可掷得出？

只见玉环小姐不慌不忙,轻轻把骰子一掷。不掷尤可,掷了这一掷,满房大笑起来道:"这也诧异。"就是赵云客见了,也呆着半晌道:"不信天上缘法有这样巧合的。"你道为何如此叹异?原来众美人轮掷,只有五个红。还是掷了几遍,方掷得出。偏到玉环手里,就像那六个骰子皆有灵异的,一掷下去,便端端正正,摆着六个红。云客恭身起立,亲移一把绣椅,摆在第一位道:"王小姐天上神仙,偶来下界。首位无疑,其余依次而坐。"玉环小姐第一位,季苕第二位,素卿第三位,绛英第四位,蕙娘第五位。坐定,鼓乐喧天,笙歌迭奏。云客欢然相聚,酣饮一回。是夜因玉环新婚,云客鸳鸯同宿。

却说玉环因掷色胜后,那四位美人,每事让他一分,居然是第一位夫人了。过了几日,云客想道:"我这身子始初,只为一点痴情,得到广陵。悲欢离合无不备历,也不想美人情重,一至于斯。此后若把五个美人,只算世间俗见,以夫妻相待,这便是庸流所为。倘然庸庸碌碌过了一生,日月如梭,空使才情绝世的一段话文,付之流水,岂不可惜?"云客有了这个意思,就创一个见识:先着精巧家人,唤集土工木作,在别院之中,起造一座大楼。房楼高五丈,上下三层。下一层为侍女栖息之地,中一层为陈列酒筵之处,上一层为卧所。四围饰以锦绣,内中铺设奇珍异宝。器皿俱用金玉沉香,珊瑚珠翠。楼下叠石如山,四面种植天下名花,一年艳开不绝。上照楼前,昭然如瑶台月殿。楼前题一大匾,名曰:五花楼。云客与五位美人,偃息楼上,食则同食,卧则同卧。又造一架绣屏,图画自己与五位美人之像,张设楼中。云客对五个美人道:"昔日梦中相遇,尽是历代国色。不想今日聚合相同,岂非天使奇缘?今我图画,传之几千百世,也知道才貌兼全的自然有情,有情的自然有缘,有缘的自然有遇,有遇的自然有合。"每日傍晚,大开筵席,命侍儿折名花一枝,楼下击鼓,席上传花。花传至云客手里,五位美人遁相敬酒。花传至五位手里即以传花之次第,为床上取乐之先后。

那一日正值暮春天气,牡丹盛开,云客在外边陪过了员外与母亲的酒,迤至"五花楼"来,已有一二分酒兴,见那玉环小姐与韩季苕,同在花前着围棋。云客道:"二位天仙下棋,肯容小子点眼否?"季苕笑道:"点得一眼。"玉环笑道:"这等就来,今晚那一局先让韩夫人做个对手。"玉环平日,举止端静,云客不敢轻易亵狎,忽闻先让之语,不觉兴致翩翩。说道:"小姐肯让季苕,小生偏不让小姐。"玉环始初,原未尝疏放,自到"五花楼",与四位同眠同坐,就将云雨一事,也不十分收敛了。玉环被云客搂住,正要脱身,适道绛英走来,笑道:"我与姐姐替完这一局棋子罢。"云客见绛英成全其美,心中欢悦笑道:"有违姐姐代劳。"随即牵着玉环,径往楼上去了。

云客总是对玉环不敢轻亵,今日趁着玉环兴致,也就自比平时威风,更加放荡了,两人即时宽衣解带，上了绣床，亲咂面舌，云客不禁春情，先抬起金莲，觑定了玉关，提矢直下。玉环新婚未久，见云客势头太狠，就将纤手一把捻住道："雅歌投壶，亦为名将，何必严于攻击？"云客笑道："正恐大耳儿，专望辕门射戟也。"口虽说话，那下边的不觉入妙起来。原来玉环的阴户，迥异凡流，别个妇人纵使肥暖光香，接连合了几十次，便涌如初婚之紧凑，唯有玉环的妙物，一次尽情交合，第二次上身，仍复如处子一般大，有如赵飞燕内视三日，肉肌盈满之意。所以云客初入门时，未敢恣意，及至春情飘荡，渐渐顶住花心，不肯十分提起。此时玉环口里，虽是他赋性闲雅，不喜闲辞浪语，然已微露些娇怯声气。云客见他会心微妙，便将金莲展开，安置两旁栏上，俯身搂定。谁知玉环之物，还有一种异处，别人到高兴之时，淫水泛滥，声闻于外，大抵水多者易宽，无水者易涉。至若玉环干不枯涉，湿不泛滥，正像一团极滑极暖极软之物，裹住元阳，进则分寸皆合，退则表里俱香，云客战酣情足，不用揩抹，玉户中忽觉浸润起来。玉环香魂流荡，不胜娇喘，喉间齿颊，但闻困倦余声。云客亦满身酥畅。两个龙盘龟伏，寝息片时。哪知云客的本事，原是高强，遇别个相交，十次中只会丢得一两次。唯经了王夫人，便不能持守，只因玉环有异人之质，更兼妖艳非常。云客精神，大半被他收服。只这一晚完事后，穿好了衣服，整容掠鬓，大家携手下楼。不知四位夫人，在花前做什么事？但见日色平西，晚妆明媚，群仙聚集，花柳争妍。有绝句一首纪其事：

　　从此风流别有名，情随春浪去难平；
　　遥知小阁还斜照，更倚朱栏待月明。
　　右集唐诗句　季山甫　李商隐　张泌　许浑
　　一诗主意

　　云客下楼，绛英早已与季苕着两三局棋子，又与秦素卿厨茶去了。孙蕙娘斜倚花栏，看侍儿整治晚宴。当晚席上传花，大开筵席。五位夫人，重整新妆，名花倾国，两相照映。楼下笙歌迭奏，钧天广乐，缭绕动心。云客满举金杯，笑对玉环道："久闻小姐高才，一向未曾面试，今夕传花绮席，可能赐教一诗，为竟席之欢？"玉环道："列位广场和情绝世，宁独首推一人？"季苕与素卿较逊玉环，虽则因云客推奖，他两人乘此机会把玉环的才调，考较一番。若果然高作，不枉让他做个第一。云客道："人生在世，不壹点真情相聚，求小姐请了。"玉环因念道："业艳对花怜妾妒，风回舞蝶厨身轻。"云客讽咏此诗，乃是一首回文，十分赞叹。季苕等四个美人，共相称诵道："夫人天才俊逸，自非吾辈所及，能不令人心服？闻得古人有以诗为歌者，如《清平调》之类，何不被之管弦，以志一时之盛？"云客就唤梅香把这幅诗，粘在绣屏之上。自己执了檀板，长歌此诗，前后回复灵敏四句。玉环弹西蜀琵琶，季苕吹绀色玉箫，素卿绛英，各执弦管，蕙娘吹凤笙。歌声妩媚，余音缭绕。满院侍儿，闻之无不心醉。酒阑歌散，月色荧荧，云客携了五美，走到第三层楼上床。要知春兴如何，少刻上床便见。

评：

　　昔欧阳五代史中，有一位政者，不能决事。每日升堂，将骰子掷色，以定两造胜负。云客与诸夫人卜座位，大亦治国齐家，有所本而然耶，为之一笑。

　　"五花楼"胜会，云客于此时，心满意足，所谓花正开时月正圆也。看书至此，得无有良时不再、佳会难逢之感耶！

第十八回　擅风流勇冠千军 谈色量妙开万古

诗云：

十年流落倦相如，两散云愁梦亦虚；

今日更裁婀娜赋，再生应种断肠书。

心情漠漠凭香篆，往事纷纷傍绮梳；

莫讶天台无旧路，鸾惊是处有同车。

话说五个美人，簇拥云客走上楼来。十瓣香莲，忻忻相向。云客卸下衣裳，正如丈八刚柔，交锋对敌。那些藤牌刀手，一个个滚将上来，你道怎生发付？原来云客在京时，于驸马府中，得一种秘药，乃是大内传出来的，叫作缓催花信丹。形如大豆，将百花香露调搽用服。每夜只用一丸，可以通宵不倦。更兼一种异味，如西域所贡瑞龙腊香。搽过后，至完事之时，满身汗出，香气馥郁。其汗沾湿衾衫，香气数日不散。云客的本事，原自骁勇，又兼得此奇药，随你五个美人，横冲直撞，他竟毫不揣着。

当夜齐上绣床，正值一轮明月，照到床中光明如尽。云客把楼窗尽开，揭起帐子，恍疑身在瑶台，与诸仙子相对。云客道："今宵月下，须要各人取异标新，闹一胜会。即从蕙娘起，每人先抽二百，凑成一千之数，做个见面礼，此后不拘常格，直弄到东鸟高出为止。"孙蕙娘不待说完，就一手扯住云客，高抬双脚，露出粉妆玉琢的一物来。云客提起元阳，在旁边一擦，早已被蕙娘耸身上凑，直插进去，乱颠起来。绛英道："蕙娘不要着忙，慢慢地数清二百，便当交卸候缺了。"蕙娘此时，正当高兴，不上几刻工夫，就过了一百有余，云客见他一腔锐气，就退得缓，进得急，将近二百，忽然顶住花心。蕙娘酥酥地叫道："啊呀！啊呀！此番正有些好处，可到二百之外，再加二百，不要就去交代了。"绛英见他战声酣至，自己痒个不住，渐渐流出水来，上前扯住云客道："数用已过，怎么不交代？"不管蕙娘肯不肯，便硬扯下来。云客转身过去，未及凑合，绛英的舌尖，已吐在云客口里了，只因绛英亲见军威，心上禁遏不住，腰下已亲得齐齐整整，端待云客上身，他便尽情交合，紧紧抽得七八十。他的火性，到煞了一半，绕到二百，不待别人催促，便道："如今该再论两番。"

那素卿的性子，比绛英略熬得几分，已经闻战两番，他即仰身候缺，云客急欲完了各人见面礼，还要整顿军容，翻更陈势，立起身来，在季苕身上敲一下道："素卿的数目，要季苕为我数一数。"韩季苕正在床沿上与玉环小姐讲些闲话，也不来管云客，只得搂住素卿道："我为你紧紧抽送，你为我暗暗记着，不要过了限期，被他们鼓噪。"云客抽一抽，素卿凑一凑，可煞作怪，下面的声音正像与他叫清记数的一般，始初抽一抽，便响一响，到一百后，抽一抽便响几响，直响到完了，素卿也要暂时歇息，竟自把周帕揩抹。云客道："如今轮着季苕，准备出战。"季苕会意，转身替代，因玉环晚间偏背了一席，所以轮他在后。云客把季苕搂住香肩道："见面礼来了，可即收进去。"季苕道："礼是要收的，但当抹净些，不要把别家的力钱，与我字数。"

云客又取香帕揩抹，然后与季苕对垒，那韩夫人的妙物，又是一样，起初稍宽，见了此道，渐渐紧起来，若是尽根抽送，他便紧紧裹住，不放一些缝儿。还有一种异趣，若是抽到好处，他却不要大抽，只要尽根顶住略略松动他里面，自会含咂，所以云客会心微笑，虽是数限二百，到歇了四五次，绕得完局。

以后轮着玉环，云客坐起身来，抱住玉环，相对而坐，下面两件东西，先已凑得停妥了。云客对玉环道："他们见面礼都已完了，只待你完了二百，就该翻出去阵法不要拘着题目，如依疲秀才作文。只管依经傍注做去，全无意见。"玉环道："只要你题目出得好，不要说秀才，就是童生，也会做好做字，何况状元之妻，才郎之妇乎！"云客道："这等说来，也不必拘定二百了，就把这数凑成一个妙局。"云客先身睡下，玉环坐在身上，那下面便直贯其中。玉环道："这怎么意思？"云客道："这叫作云犀射月图。"玉环道："意思甚好，文字还不快畅。"就把身子略略动了一会，又将纤手抚摩一番，即俯身贴在云客身上。云客搂住道："这局面取名叫舞燕窥巢。"玉环道："名色甚好，但恐怕燕泥玷污。"云客不肯放下，两人翻转侧睡。就把一只金莲扯在腰上，又手搂住，意味深长，不可尽述，那时春光大发，颇有短兵相接之色。云客道："这叫作傍花扶柳之图，也算一个好势。"约莫停了数刻，云客绕放玉环睡正，爬上身来，并唤那绛英、蕙娘、大家帮亲，扶住两脚，滚做一团。云客又搂着季苕、素卿，各人做些小意思，以便助兴。云客道："这个势叫作戏蝶争花。"如此大闹一番，玉环星眼朦朦，云客知道他丢了，轻轻放下金莲，待他酣睡，再整旗枪，与别个鏖战。

是夜，五个美人个个急奇取胜。就是隔山取火，顺水推船之势，也看得平常，不肯敷演。一夜五更，个个翻些极奇极妙的做法，看看东方发亮，云客与五位美人，一枕而睡。及至觉来,已是巳牌时候。云客道:"我们便几个俱是天上摘下来的,恰好配合得停当。每夜只图些好势,切不可轻度过了。"

看官,你道怎见得天上摘来,配合停当的话?但凡世上的人,色量大的,只有一个妇人不能尽兴,就思扒墙挖壁,做些奸淫之事出来。若色量浅的,倒有了几个妇人,一时对敌不过,随你药力资助,越助越疲,反为不美。只道春方是助兴之物,不知有力量的,得了药力,正你有力气的。再加些搭膊衣甲,持了器械,愈加威势。一个斯文小子,也叫他束了搭膊,披了衣甲,便弄得头昏脑涨起来。所以春药这一事,只好助有量之人。只是世上人,同样一副本钱,为何量有大小?不知这个色量,与酒量财量气量一般的。酒量人人晓得,那财量气量,就没有人易明了。人类中有藏财的,盈千累万,藏在家中,一样吃饭着衣,如觉无有。若是藏不得的,偶然有了十两半斤,就把银钱撒漫,面上带些骄矜之色,这是财量浅的了。至于气量,也是这等。古人一怒而安天下,淮阴侯屈于市井,而伸于三军,这俱是气量大。不比得抚剑房视,专逞一朝之念的。由此推之,岂非色量之浅深,决有定数。赵云客四量俱大,每事过人,所以做出来的事,偏比别人不同。人只道阴阳配合,自古以来,一定之理。不知如今世上的人尽是没有此道的。怎么没有得?世上的人不叫作阳物,只叫作撒尿棍;不叫作阴物,只叫作种子窠。唯有赵云客与五位美人这样,才叫得真正名色,其余都不是。

说话的,你差了。这个名色,是千古不易的。世上人一样有精有血,凑着一处,自然有一番趣味。怎么只叫撒尿棍、种子窠。信有赵家男女,才当得这个名色?

看官们,且静听在下有个切喻,说来便见明白。凡在世上的人,出了母胎,就有两只手,两只脚,共二十个指头,一些也不差。为什么打拳的把势走来,人人叫他有手脚的?又道是他的手脚好?难道只有拳师的是个手脚,其余都不是手脚?不知拳师的手,左盘右旋,运用得转,绕叫得有手。别人的只好把他吃饭,但这叫作吃饭手,算不得真正有手。拳师的脚,左飞右舞,运用得灵,才叫利用脚。别人的只好将他走路,但这叫作走路脚,算不得真正有脚。如今的男女,夜间做了一处,也会扒上身来,干几遭事。原来上知的时节,甚是高兴,及至完事后,各人转身,一觉睡去了。清早起知,只思做人家,干别事,如此几番,腹内有些萌芽,非男即女。除了生男育女,便是撒尿。问他阴阳交媾之理,全然不晓得。有时看几幅春工,反觉这等样子,做得不平顺。这岂不是撒尿棍、种子窠,何尝晓得阴阳正理?

说话的,不必细讲,我知道了。拳师有手有脚,但凡人个个习了打拳,就是有手有脚的了。赵家男女,如此这般,但凡人个个看了这回小说,就该称这个名色了。

看官,不知这句话,又是说不去的事了。若是习得来,学得会,这样小说,也不稀罕。

拳师的手脚,何从去寻饭吃,不知会打拳的,这副骨头这副气力,这副身段,是天上带来的,世间岂能个个如此?倘若元气不足,或是手足娇嫩,力气短少,一出手,便眼花缭乱,这就是打不得拳的作料。又只知凹进的是妇人,凸出的是男子,不知赵云客与五位美人,这副相貌、这副心情、这副气质,也是天上带来的,世间岂能个个如此?倘若生得丑陋,或是心性精蠢,也要依了小说,行起事来,但见其恶,不见其妙。所以绣屏上的缘法,自然要做一番胜会,应个真正名色。赵云客自上"五花楼",便把此道看作第一件正经事,道是上天赋异于我,何等难得?今后随花逐柳,听其自然,不唯负人间花月之场,抑且负上帝诞生之美。所以尽极欢娱,不分昼夜,风花雪月,时时贪图佳趣,一举一动。皆自己把丹青图画了,粘在"五花楼"绣屏之上。择其中尤美者,标题成帙,为传世之宝。五位美人,更相唱和,弹琴读书,赋诗饮酒,时常把几幅美图,流连赏玩。若是要看赵家的结果,还在末回。若是要知几幅美图,但看下回,便见有词为证:词云:

卖花声

遍写落花图,香绣横铺,凤颠鸾倒债谁扶;一段春情魂去也,偷问儿夫。

娇怯是奴奴,休更支吾,亲亲热热满身酥;重把丹青描好处,方信欢娱。

评:

昔成都昭觉寺,克勤佛果禅师参见五祖,适部使者解印还蜀,祖举小艳诗:"频呼小玉原无事,只要檀郎认得声"话,部使应诺。师因证祖,忽有省,遽出,见鸡鸣鼓更,遂袖香入室,通所得,吴偈曰:"金鸭香销锦绣帏,笙歌业裹醉扶归;少年一段风流事,只许佳人独自知。"祖喜,褊谓山中耆旧曰:"我侍者参得禅也。"嗟呼!看小说之香艳,而能悟其旨意,有若如此者哉!

第十九回 绣屏前粉黛成双 花楼上书图作对

驻云飞 效沈青门唾窗绒体

　　昨夜飞云,暂向阳台宽绣裙。花照罗帏近,洒泛瑶后稳亲。箫史正留泰,多娇聪后。锦帐香深,月透珠楼润,一半鲜明一半昏。 　　《图一》

以下同

　　情榜抢元,种玉迷香总是缘。年少潘安面,锦绣陈思俦。仙亭畔戏双鸳,百花开遍。满座瑶姿,齐把金樽劝,一半长斟一半浅。(云客) 　　《图二》

　　白玉无瑕,一朵千金袭绛纱。羞比行云化,远效瑶浆话。他梦里抱琵琶,崔徽初书。粉黛余香,绣得湘裙衩,一半题诗一半花。(玉环) 　　《图三》

　　罗幕双楼,镜掩回鸾香暗低。归凤终成对,小燕添娇媚。奇花里定佳期,全凭夫婿。今世良缘,前世红丝系,一半相思一半喜。(季茗) 　　《图四》

　　睡损红妆,风韵依稀似海棠。娇怯情初放,引动魂飘荡。郎曾记凤求凰,银河相望。归梦同圆,始得图欢畅,一半清闲一半忙。(素卿) 　　《图五》

　　暮雨温柔,蟾影分明照书楼。眉扫双峨秀,鬓掠单蝉瘦。幽灯下更风

流,并肩携手。小篆香低,暂且松金扣,一半追欢一半羞。(蕙娘)　《图六》

凤韵难描,似水芙蓉初放稍。随苑花堆俏,楚绸云光耀。娇相会在蓝桥,风流年少。这段姻缘,总是红鸾照,一半多情一半巧。(绛英)　《图七》

春酒醉颜酡,倚楼同坐。两袖温香,绣下昭阳唾,一半遮藏一半拖。

《图八》

第二十回　癫道人忽惊尘梦
风流客自入桃源

诗云：

一片飞霞化锦营，自非上圣敢忘情；
移来小篆藏归凤，逗尽闲花记晓莺。
才子始能怜菊耀，英雄犹得梦苕荣；
绣屏往事添新谱，不是前缘莫浪评。

赵云客各自造"五花楼"，终日肆意欢娱，全不想着功名事业。家中殷富，自足骄奢，把朝廷一应大事，托金钱两位，及王御史周旋。自己只亲老无人侍养，不肯入朝理事。朝廷几番辟召，他竟坚辞不出。光阴迅速，顷刻数年，四方多故，方隅一变。韩驸马托迹女儿，洗身草野。王御史罢归故里，退处穷乡。钱金两人，个个间散，当年英俊，大半消灭。赵云客虽拥厚资，家给人足，只因时异势殊，倒把"功名"两字付之流水。时常黄冠野服，同了韩驸马、秦程书、钱神甫、金子荣辈，浪游于名山胜水之间，并约了王御史。便是吴绛英的大兄，也相约来，将以前的事，都消释了。大家赋诗饮酒，为林下散人不题。

却说姑苏有个癫皮道人，他原是积年野狐，就曾在广陵城中修炼，因云客吞了他的丹，故此匿形改变。后来潜往洞庭，得遇吕祖师，追随数年，传授道术。祖师阴戒，不许变女采阳，遂化道人。因见世运纷纷，要在下江繁花之地，为富豪之家门上，建些奇功，辞了祖师，竟到姑苏而来，日逐街坊，行歌饮酒。众人不识，只见他满身癫皮。便顺口叫他做癫皮道人。那道人日里行歌乞食，夜间不知睡在那里。有时身上奇臭，远远见之，无不掩鼻而过。他便仰身睡在街中，将些乱草，堆积身上。停了数刻，翻身起来，便不臭了。那乱草倒有些香气。街上的孩子，每遇他来，就各人拿了乱草，满头满面扑他，他亦不以为意。

一日行到常州无锡县倪云林家，直入进去。那倪云林是江南豪富，又生性好洁，偶然吃了午饭，走出厅来，看见癞皮道人，满身污秽，从在厅上，他是好洁净的，一见这模样，便不欢喜，问道："你道人有何说，到我这里来？"癞皮道："贫道别无他事，特到尊府来，要化白银三千两，干一件大正经，又要即日付下。"倪云林道："要银子不妨，只是你这个模样，我看了当不起。"就叫家人可与他些饭吃。家人拿了一碗饭，并带些素菜，与癞皮吃。道人吃完，即从厅上撒尿出恭，十分不洁。云林见了，便欲呕吐，速叫家人扶他出去，笑道："从来这些各尚，仗了佛力，终日骗人刘僧造殿，然且一时堆聚起几百两银子。你看这一个癞皮道人，就要化人三千银子，岂不可笑？"癞皮出门，长号数声而去。

不隔半月倪家抄籍，家资数万，化为灰烬。云林被锁在坑厕上，不食而死。道人自出了倪家，竟望浙江而来。闻得浙江富家，首推赵云客家，便一径到赵家门首打坐，对门人上道："速叫你家家主出来，俺道人自有话说。"家人见他身上块恶，言语又甚放肆，倒也一吓。原来赵云客自中状元以后，回家便吩咐管门人，不论天官阔佬，直至抄化乞儿，一概不许得罪半句。故此管门人就与他里面通报。那时赵云客正在"五花楼"与五位夫人传花晚宴，忽闻此语亦以为异，抽身出来，见那癞皮道人端坐门前。云客道："道人何事？"癞皮道："贫道有件大正经，特要与府上化白银三千两。贫道又不假借名色，修桥造路，起殿设齐，不过有一桩心愿未完，所以要与居士化个缘法，望即慨允。"云客是个绝顶聪明，有根气的人，见道人言语放诞，就把他仔细一看，发起疑心来，想道："这是一个异人，必非无故要花银子。"便对他道："道人，你要银子容易，你且在我里面去，吃了素饭再处。"原来云客叫道人进去吃饭，正要察他行径。那道人并不慌忙，大踏步竟进里面来。走至内厅，身上忽然大臭。云客熬住了，陪他坐着。家人拿出素饭，道人要云客奉陪，云客只得忍耐陪了。吃完了饭，一句也不讲话，只说要化三千银子。云客叫家人在库房里取出六十大锭，摆在桌上。道人便脱下破衣，先将二十锭包了，自己拿着。其余四十锭，吩咐："放好。待我再来取。"一径出门走去。阖家大小，见之无不惊骇道："为什么把好好的银子，送与这样一个癞皮道人？"只是云客做主，不好违拗。道人去了，一过半月影也不来，连那二千银子，也不来取。云客终日疑心，对着五位美人虽则赋诗饮酒，一样取乐，然不比以前，毫无芥蒂。连日又闻得某家豪富抄没殆尽，心内愈加惶惑。

忽一日，癞皮道人又到门来。家人急急通报，云客即时出来，见了道人。道人呵呵笑道："居士诚实可喜。里面有静密内室，引贫道进去讲话。"云客领那道人，直走至"五花楼"来。道人同云客走到第三层上，唤开侍儿，独自两个坐定。道人道："居士少长豪门，名闻天下，功名富贵已造其极。别人要进一个学，图之甚难，你便唾手中了鼎甲;别人要寻一个幸而女,十分难得,你便如花似玉的,列着五位夫人;别人要挣几亩肥田,费许多经营,你便连疆阡陌;别人要造几间房子,也费好些气力,你便栋宇如云,又兼亲戚俱全,奢华无尽。只是日盈则昃,月满则亏。四时之序,成功者退。倘过此数年,盛者不复增,而衰者且渐至,眼见朝露槿花,欲稍延片刻不可得矣。况且世态纷更,事机不测。繁花之内,遂埋祸根。一旦上天忌盈,显微交责,即欲草服黄冠,农夫没世且不可得,况长享富贵哉?前日所化白银一千,非贫道自为己地,正与居士营一脱身之第耳。比来时势,自当别有一番振作,居士宜及早回头。功名富贵,非君家长久之物,居士当速把家资散了,领着家眷,飘然常往。"只这一番话,说得云客目宁口呆,便道:"师父乃现在神仙,来救下官一家之命,感恩不尽了。只是虽散家财,恐一时无安身之处,为之奈何?"道人道:"我见居士一片诚心,凡事旷达,真有仙风道骨。你只要立定主意,贫道当领你到一处去。"便在桌上,拿一管笔,醮饱了墨,向楼旁粉壁之上,尽两扇大门,一手扯住云客道:"你先随我到一处去看看,若可容身,就当远去。"只见那道人,把壁上画的两扇门,呀然一声,拽开了一扇,同着云客,挨身进去。始初进了这门,还昏暗不辨,走过数十步,便豁然洞开。云客抬头一看,但见夹岸鲜花,带着一湾流水,转过小桥,一路烟霞泉石,幽异非常。彩云连树,娇鸟啼花。慢慢走了一回,见一所屋宇。道人引那云客进门,堂上名香古玩,照耀人目。更走至里面,朱栏曲曲,秀石层层,池边亭畔,花木参差。内中陈设器甲,俱精洁非人世之物。云客问道:"这是什么所在?有那样好处。"道人道:"这所在叫作素谷,乃是小有洞天之分支,海外别岛也。北去二百余里,便是甘谷地方。谷中皆生枸杞菊花,根盘数百里。人居其中,寿至数百,不复知有世间纷更之事。贫道特与居士觅得这个所在。"云客大喜,即与道人寻旧路而归,恰好出了洞门,仍在"五花楼"上。云客于是相约道人,至一月后,共图避世之举。

　　云客送了道人出门,回家便把积年所蓄,金银绸绢,五谷之类,各处赈济孤穷,施舍贫乏。又将田产、屋宅、器皿变卖,俱分散与交游故旧、亲戚邻里之不足者。又与秦程书、韩驸马、王御史、金、钱、吴大辈,醮饮数日,吩咐各家俱寻别境,潜遁终身。又着人到孙爱泉家,送些银子与他,养赡终身。安插停当,看看过了一月,忽然密报,抄没富室,赵家亦在籍中。云客与阖家大小,正值张皇无措,瞥见道人驾舟而来,羽衣翩翩,全不是以前的癞皮了。云客一见,喜出望外。道人道:"居士患难临头,若非贫道有约,今夜便难脱身,如今宅内所存东西,一毫也带不得,可速速起身。一应盘费,贫道一月之中处置停妥,不劳另自费心。"云客即同了父母,携了五位夫人,阖家男女,约有数十人,单收拾屏风,与随身宝玩,跟随道人一径下船来。出了杭州界,泛海而南,飘荡数日,直抵素谷。真个仙岛瑶池也,与尘世大相迥别。谷中走出几个庞眉老叟,与云客等相见皆熙熙攘攘。问其年纪俱不晓得,但云:"我谷中生来,从不知有死丧哭泣之事。"道人把云客全家,安置一所园亭,别了云客,骑鹤飘然而去。

后来五位夫人,一般的生男育女,带去的家人,一样耕田系井,安居乐业。谷中造的瑶花美酒,日与邻里老人,长歌纵饮,绝不提起世间俗事。原来这个所在也不是什么仙境,那是盘古以来不通中国的一个别岛,留与仙风道骨之人避世者也。苏庵曰:"男女之际,人之大欲存焉。如今做小说的,不过说些淫污之事,后来便说一个报应。欲借此一段话文,警戒庸俗。究竟看淫欲的,个个欢喜,及至后来报应,毫不揣着。徒然把乱伦失凶之事,教导世人。至于世上的一段真情实意,反一笔抹煞,岂不可恨?我这回小说,却是真情中探计出来,不是一味淫欲。"

要知世间不论茅檐草舍,与夫金屋玉堂,但生出个真正佳人,就该配个真正才子。若是容貌有一分欠缺,才调有一分短少,便不水分闲思乱想,请收拾起撒尿棍,种子窠,再做别事。奉劝世人,各人把镜子照一照,腹中摸一摸,切不可装娇作态,为苏庵所耻。还有一说:"玉皇上帝,件件通融,唯有'私情'两字,只许才子佳人做得,其余断断不容。"不信但看司马相如,偷了卓文君后,便陡然富贵起来。倘然才不及司马,貌不如文君,后来必定不妥。何况丑陋女子,庸俗鄙夫,要思想风流事业,纵使天公一时不来责罚自己,清夜思量也该惭愧死了。更有一个譬喻,人只看好花蝴蝶打雄,但觉其趣,不觉其恶;倘若一个毒蛇壁虎打雄,人见之,就要处置死他。难道一般情实,有两样看承的? 正因妍媸各别,好恶异同故也。有诗为证:

> 折得名花自放歌,休将丑貌渡银河;
> 上天缘法明如镜,照出人间种子窠。

评:

> 癫皮,仙而侠者也。于繁花之内,忽作蔡泽夺相之言,令人猛醒。觉从前种种艳丽,皆属空花,竟能高飞远举,无干回果报之苦,非上智曷克臻此。要知人世上,处处有个素谷,但须及早回头耳。若认作仙境,便非本旨。

总评:

看小说,如看一篇长文字,有起仗、有过递、有照应、有结局。倘前后颠倒;或强生枝节;或遗前失后;或借鬼怪以神其说,俱属牵强。此书头绪井然,前后一贯。兼之行乎其所当行;止乎其所当止。至于引诗批语,皆有深意,非若从来坊刻,徒为亲贴而已。我愿世上看官,勿但观其事之新奇,词之藻丽,须从冷处着神,闲处作想,方领会得其中佳趣。倘有看官,偶因坐板疮痛,不能静坐细观,使此部书中,未窥全貌,有负作者言外之意,则坐板疮之为害不浅。有一应验良方,录呈于左:

松得、雄黄,等分研细末,用纸卷作条,菜油中浸透,点火滴下热油,俟冷,手搽臀上,立愈。

民间藏禁毁私刻本

私家藏书

第四篇

定情人

〔清〕不題撰人　撰

第一回 本天伦谈性命之情
遵母命游婚姻之学

诗曰：

好色原兼性与情，故令人欲险难平。

苦依胡妇何曾死，归对黎涡尚突生。

况是轻盈过燕燕，更加娇丽胜莺莺。

若非心有相安处，未免摇摇作筛㢊。

话说先年，四川成都府双流县，有一个宦家子弟，姓双，因母亲文夫人梦太白投怀而生，遂取名叫作双星，表字不夜。父亲双佳文，曾做过礼部侍郎。这双星三岁上，就没了父亲，肩下还有个兄弟，叫作双辰，比双星又小两岁。兄弟二人，因父亲亡过，俱是双夫人抚养教训成人。此时虽门庭冷落，不比当年，却喜得双星天性颖异，自幼就聪明过人，更兼姿容秀美，佼佼出群。年方弱冠，早学富五车，里中士大夫见了的，无不刮目相待。到了十五岁上，偶然出来考考耍子，不期竟进了学。送学那一日，人见他簪花挂彩，发覆眉心，脸如雪团样白，唇似朱砂般红，骑在马上，迎将过去，更觉好看。看见的无不夸奖，以为好个少年风流秀才，遂一时惊动了城中有女之家，尽皆欣羡，或是央托朋友，或是买嘱媒人，要求双星为婿。不期双星年纪虽小，立的主意倒甚老成，自小儿早有人与他说亲，他只是摇头不应。母亲还只认他做孩提，不知其味，孟浪回人；及到了进学之后，有人来说亲，他也只是摇头不允。双夫人方着急问他道："婚室乃男子的大事，你幸已长成，又进了个学，又正当授室之时，为何人来说亲，不问好丑，都一例辞去，难道婚姻是不该做的？"双星道："婚姻关乎宗嗣，怎说不该？但孩儿年还有待，故辞去耳。"双夫人道："娶虽有待，若有门当户对的，早定下了，使我安心，亦未为不可。"双星道："若论门户，时盛时衰，何常之有，只要其人当对耳。"双夫人道："门户虽盛衰不常，然就眼前而论，再没有个不捡盛而捡衰的道理。若说其人，深藏闺阁之中，或是有才无貌；或是有貌无才，又不与人相看，哪里知道他当对不当对。大约婚姻乃天所定，有赤绳系足，非人力所能勉强。莫若定了一个，便完了一件，我便放一件心。"双星道："母亲吩咐，虽是正理，但天心茫昧，无所适从，而人事却有妍有媸，活泼泼在前，亦不能尽听天心而自不做主。然自之做主，或正是天心之有在也。故孩儿欲任性所为，以合天心，想迟速高低定然有遇，母亲幸无汲汲。"双夫人一时说他不过，只得听他。

又过了些时，忽一个现任的显宦，央缙绅媒人来议亲。双夫人满心欢喜，以为必成，不料双星也一例辞了。双夫人甚是着急，自与儿子说了两番，见儿子不听，只得央了他一个同学最相好的朋友，叫作庞襄，劝双星说道："令堂为兄亲事十分着急，不知兄东家也辞，西家也拒，却是何意，难道兄少年人竟不娶吗？"双星道："夫妇五伦之一，为何不娶？"庞襄道："既原要娶，为何显宦良姻，亦皆谢去？"双星道："小弟谢去的是非且慢讲，且先请教吾兄所说的这段亲事，怎见得就是显宦，就是良姻？"庞襄道："官尊则为显宦，显宦之女，门楣荣耀，则为良姻。人人皆知，难道兄转不知？"

双星听了大笑道："兄所论者，皆一时之浅见耳。若说官尊则为显宦，倘一日罢官降职，则宦不显矣。宦不显而门楣冷落，则其女之姻，良乎不良乎？"庞襄道："若据兄这等思前想后，说起来，则是天下再无良姻矣。"双星道："怎么没有？ 所谓良姻者，其女出周南之遗，住河洲之上，关雎赋性，窈窕为容，百两迎来，三星会合，无论宜室宜家，有鼓钟琴瑟之乐。即不幸而贫贱，糟糠亦画春山之眉而乐饥，赋同心之句而偕老，必不以夫子偃蹇，而失举案之礼，必不以时事坎坷，而乖唱随之情。此方无愧于伦常，而谓之佳偶也。"庞襄听了，也笑道："兄想头到也想得妙，议论到也议得奇，若执定这个想头议论去娶亲，只怕今生今世娶不成了。"

双星道："这是为何？"庞襄道："孟光虽贤却非绝色，西施纵美岂是淑人？ 若要兼而有之，那里去寻？"双星道："兄不要看得天地呆了，世界小了。天地既生了我一个双不夜，世界中便自有一个才美兼全的佳人与我双不夜作配。况我双不夜胸中又读了几卷诗书，笔下又写得出几篇文字，两只眼睛，又认得出妍媸好歹，怎肯匆匆草草娶一个语言无味、面目可憎的丑妇，朝夕与之相对？ 况小弟又不老，便再迟三五年也不妨。兄不要替小弟担忧着急。"庞襄见说不入，只得别了，报知双夫人道："我看令郎之意，功名他所自有，富贵二字全不在他心上。今与媒人议亲，叫他不要论门楣高下，只需访求一个绝色女子，与令郎自相中意，方才得能成事。若只管泛泛撮合，断然无用。"双夫人听了，点头道是，遂吩咐媒人各处去求绝色。

过不得数日，众媒人果东家去访，西家去寻，果张家李家寻访了十数家出类拔萃的标致女子，情愿与人相看，不怕人不中意。故双夫人又着人请了庞襄来，央他撺掇双星各家去看。双星知是母命,只得勉强同着庞襄各家去看。庞襄看了,见都是十六七八岁的女子,生得乌头绿鬓,粉白脂红,早魂都消尽,以为双星造化,必然中意。不期双星看了这个嫌肥,那个憎瘦,不厌其太赤,就怪其太白,并无一人看得入眼,竟都回复了来家。庞襄不禁急起来,说道:"不夜兄,莫怪小弟说,这些女子,夭夭如桃,盈盈似柳,即较之沉鱼落雁,闭月羞花,也自顾不减,为何不夜兄竟视之如闲花野草,略不注目凝盼,无乃矫情之太过,近于不情乎?"双星道:"兄非情中人,如何知情之浅深?所谓矫情者,事关利害,又属众目观望,故不得不矫喜为怒,以镇定人心。至于好恶之情,出之性命,怎生矫得?"庞襄道:"吾兄即非矫情,难道这些娇丽女子,小弟都看得青黄无主,而仁兄独如司空见惯,而无一个中意,岂尽看得不美耶?"双星道:"有女如玉,怎说不美。美固美矣,但可惜眉目间无咏雪的才情,吟风的韵度,故稍逊一筹,不足定人之情耳。"庞襄道:"小弟只以为兄全看得不美,则无可奈何。既称美矣,则姿容是实,那些才情韵度,俱属渺茫,怎肯舍去真人物,而转捕风捉影,去求那些虚应之故事,以缺宗嗣大伦,而失慈母之望,岂仁兄大孝之所出。莫若勉结丝萝,以完夫妻之案。"双星道:"仁兄见教,自是良言。但不知夫妻之伦,却与君臣父子不同。"庞襄道:"且请教有何不同?"双星道:"君臣父子之伦,出乎性者也,性中只一忠孝尽之矣。若夫妻和合,则性而兼情者也。性一兼情,则情生情灭,情浅清深,无所不至,而人皆不能自主。必遇魂消心醉之人,满其所望,方一定而不移。若稍有丝忽不甘,未免终留一隙。小弟若委曲此心,苟且婚姻,而强从台教,即终身无所遇,而琴瑟静好之情,尚未免歉然;倘侥幸而再逢道蕴、左嫔之人于江皋,却如何发付? 欲不爱,则情动于中,岂能自制;若贪后弃前,薄幸何辞? 不识此时,仁兄将何教我?"庞襄道:"意外忽逢才美,此亦必无之事。设或有之,即推阿娇之例,贮之金屋,亦未为不可。"双星笑道:"兄何看得金屋太重,而才美女子之甚轻耶? 倘三生有幸,得遇道蕴、左嫔其人者,则性命可以不有,富贵可以全捐。虽置香奁首座以待之,犹恐薄书生无才,不褒于归,奈何言及金屋? 金屋不过贮美人之地,何敢辱我才慧之淑媛? 吾兄不知有海,故见水即惊耳。"庞襄道:"小弟固不足论,但思才美为虚名虚誉,非实有轻重短长之可衡量。桃花红得可怜,梨花之白得可爱,不知仁兄以何为海,以何为水?"双星道:"吾亦不自知孰为轻重,孰为短长,但凭吾情以为衡量耳。"庞襄道:"这又是奇谈了。且请教吾兄之情,何以衡量?"双星道:"吾之情,自有吾情之生灭浅深,吾情若见桃花之红而动,得桃花之红而即定,则吾以桃红为海,而终身愿与偕老矣。吾情若见梨花白而不动,即得梨花之白而亦不定,则吾以梨花为水,虽一时亦不愿与之同心矣。今蒙众媒引见,诸女子虽尽是二八佳人,翠眉蝉鬓,然觌面相亲,奈吾情不动何! 吾情既不为其人而动,则其人必非吾定情之人。实与兄说吧，小弟若不遇定情之人，情愿一世孤单，决不肯自弃，我双不夜之少年才美，拥脂粉而在衾裯中做聋聩人，虚度此生也。此弟素心也，承兄雅爱谆谆，弟非敢拒逆，奈吾情如此，故不得不直直披露，望吾兄谅之。"庞襄听了，惊以为奇。知不可强，遂别去，回复了双夫人。双夫人无可奈何，只得又因循下了。正是：

纷丝纠结费经论，野马狂奔岂易驯。

情到不堪宁贴处，必须寻个定情人。

过了些时，双夫人终放心不下，因又与双星说道："人生在世，唯婚宦二事最为要紧，功名尚不妨迟早，唯此室家，乃少年必不可缓之事。你若只管悠悠忽忽，教我如何放得心下。"双星听了，沉吟半晌道："既是母亲如此着急，孩儿也说不得了，只得要上心去寻一个媳妇来，侍奉母亲了。"双夫人听了，方才欢喜道："你若肯自去寻亲，免得我东西求人，更觉快心。况央人寻来之亲，皆不中你之意，但不知你要在那里去寻？"双星道："这双流县里，料想寻求不出，这成都府中，悬断也未便有。

孩儿只得信步而去，或者天缘有在，突然相遇，也不可知，哪里定的地方？却喜兄弟在母亲膝下，可以代孩儿侍奉，故孩儿得以安心前去。"双夫人道："我在家中，你不须记挂，但你此去，须要认真了辗转反侧的念头，先做完了好述的题目，切莫要又为朋友诗酒留连，乐而忘返。"双星道："孩儿怎敢。"双夫人又说道："我儿此去，所求所遇，虽限不得地方，然出门的道路，或山或水，亦必先定所向往，须与娘说明，使娘倚闾有方耳。"双星道："孩儿此去，心下虽为婚姻，然婚姻二字，见人却说不出口，只好以游学为名。窃见文章气运，闺秀风流，莫不胜于东南一带，孩儿今去，须由广而闽，则闽而浙，以及大江以南，细细去浏览那山川花柳之妙。孩儿想地灵人杰，此中定有所遇。"双夫人听见儿子说得井井凿凿，知非孟浪之游，十分欢喜。遂收拾冬裘夏葛，俱密缝针线，以明慈母之爱。到临行时，又忽想起来，取了一本父亲的旧同门录，与他道："你父亲的同年故旧，天下皆有，虽丧亡过多，或尚有存者。所到之处，将同门录一查自知，设使遇见，可去拜拜，虽不望他破格垂青，便小小做个地主，也强似客寓。"双星道："世态人情，这个那里望得。"

双夫人道："虽说如此，也不可一例抹杀。我还依稀记得，你父亲有个最相厚的同年，曾要过继你为子，又要将女儿招你为婿，彼时说得十分亲切。自从你父亲亡后，到今十四五年，我昏沉沉的，连那同年的姓名都记忆不起了。今日说来，虽都是梦话，然你父亲的行事，你为子的，也不可不知。"双星俱一一领受在心。双夫人遂打点盘缠，并土仪礼物,以为行李之备,又叫人整治酒肴,命双辰与哥哥送行。又捡了一个上好出行的日子,双星拜辞了母亲,又与兄弟拜别,因说道:"愚兄出门游学,负笈东南,也只为急于缵述前业,光荣门第,故负不孝之名,远违膝下。望贤弟在家,母亲处早晚殷勤承颜侍奉,使我前去心安。贤弟学业,亦不可怠惰。大约愚兄此去三年,学业稍成,即回家与贤弟聚首矣。"说完,使书童青云、野鹤,挑了琴剑书箱,铺程行李,出门而去。双夫人送至大门,依依不舍。双辰直送到二十里外,方才分手,含泪归家。双星登临大路而行。正是:

> 琴剑翩翩促去装,不辞辛苦到他乡。
>
> 尽疑负笈求师友,谁道河洲荇菜忙。

双星上了大路,青云挑了琴剑书箱,野鹤负了行囊衾枕,三人逢山过山,遇水渡水。双星又不巴家赶路,又不昼夜奔驰,无非是寻香觅味,触景生情,故此在路也不计日月,有佳处即便停留,或登高舒啸,或临流赋诗,或途中连宵僧舍,或入城竟日朱门,遇花赏花,见柳看柳。又且身边盘费充囊,故此逢州过府,穿县游村,毕竟要留连几日,寻消问息一番,方才起行。早过了广东,又过了福建,虽见过名山大川,接见了许多名人韵士,隐逸高人,也就见了些游春士女,乔扮娇娃,然并不见一个出奇拔类的女子,心下不觉骇然道:"我这些时寻访,可谓尽心竭力,然并不见有一属目之人,与吾乡何异? 若只如此访求,即寻遍天涯,穷年累月,老死道途,终难邀淑女之怜,岂不是水中捞月,如之奈何?"想到此际,一时不觉兴致索然,怏怏不快。因又想道:"说便是如此说,想便是如此想,然我既具此苦心,岂可半途隳念,少不得水到渠成,决不使我空来虚往。况且从来闺秀,闺阃藏娇,尚恐春光透泄,岂在郊原岑隰之间,可遇而得也。"因又想道:"古称西子而遇范伯,岂又是空言耶? 还是我心不坚耳。"于是又勇往而前。正是:

> 天台有路接蓝桥,多少红丝系凤箫。
>
> 寻到关雎洲渚上,管教琴瑟赋桃夭。

双星主仆三人,在路上不止一日,早入了浙境。又行了数日,双星见山明水秀,人物秀雅,与他处不同,不胜大喜。因着野鹤、青云歇下行囊,寻问士人。二人去了半晌,来说道:"此乃浙江山阴会稽地方,到绍兴府不远了。"双星听了大喜道:"吾闻会稽诸暨、兰亭、禹穴、子陵钓台、苎萝若耶、曹娥胜迹,皆聚于此,虽是人亡代谢,年远无征,然必有基址可存。我今至此,岂可不浏览一番,以留佳话。"只因这一番浏览,有分教:溪边钓叟说出前缘,兰室名姝重提往事。不知双星所遇何人,且听下回分解。

第二回 负笈探奇不惮山山还水水
逢人话旧忽惊妹妹拜哥哥

词云：

随地求才，逢花问色，一才一色何曾得。无端说出旧行藏，忽然透出真消息。

他但闻名，我原不识，这番相见真难测。莫惊莫怪莫疑猜，大都还是红丝力。

寄调《踏莎行》

双星一路来，因奉母命，将父亲的同门录带在囊中，遂到处查访几个年家去拜望。谁知人情世态，十分冷淡，最殷勤的款留一茶一饭足矣，还有推事故不相见的。双星付之一笑。及到了山阴会稽地方，不胜欢喜，要去游览一番。遂不问年家，竟叫青云、野鹤去寻下处。二人去寻了半日，没有洁净的所在，只有一个古寺，二人遂走进寺中，寻见寺僧说知。寺僧听见二人说是四川双侍郎的公子，今来游学，要借寺中歇宿，便不敢怠慢，连忙应承。随即穿了袈裟，带上毗卢大帽，走出山门，躬身迎接道："山僧不知公子远来，有失迎迓勿罪。"遂一路迎请双星入去。双星到了山门，细看匾额上是惠度禅林；到了大殿，先参礼如来，然后与寺僧相见。相见过，因说道："学生巴蜀，特慕西陵遗迹，不辞远涉而来，一时未得地主，特造上刹，欲赁求半榻以容膝，房金如例。"寺僧连忙打恭道："公子乃名流绅裔，为爱清幽，探奇寻趣，真文人高雅之怀。小僧自愧年深萧寺，倾圮颓垣，不堪以榻陈蕃，既蒙公子不弃，小僧敢不领命。"不一时，送上茶来。双星因问道："老师法号，敢求见教。"寺僧道："小僧法名静远。"双星道："原来是静老师。"因又问道："方才学生步临溪口，适见此山青峦秀色，环绕寺门，不知此山何名？此寺起于何代？乞静老师指示。"静远道："此山旧名剡山。相传秦始皇东游时，望见此中有王气，因凿断以泄地脉，后又改名鹿胎山。"双星道："既名剡山，为何又名鹿胎？寺名惠度，又是何义？"静远道："有个缘故。此寺乃小僧二百四十六代先师所建，当时先师姓陈，名惠度，中年弃文就武。一日猎于此山，适见一鹿走过，先师弯弓射中鹿腹。不期此鹿腹中有孕，被箭伤胎，逃入山中，产了小鹿。先师不舍，赶入山追寻，只见那母鹿见有人来，忽作悲鸣之状。先师走至鹿所，不去惊他，那母鹿见小鹿受伤，将舌舔小鹿伤处。不期小鹿伤重，随舔而死。那母鹿见了，哀叫悲号，亦即跳死。先师见了，不胜追悔，遂将二鹿埋葬，随即披剃为僧，一心向佛，后来成了正果。因建此寺，遂名惠度寺。"双星道："原来有这些出处。"遂又问这些远近古迹，静远俱对答如流。双星大喜，因想道："果然浙人出言不俗，缁流亦是如此。"静远遂起身邀公子委委曲曲，到三间雪洞般的小禅房中来。双星进去一看，果然幽雅洁净，床帐俱全。因笑对静远道："学生今日得一佛印矣。"静远笑道："公子实过坡公，小僧不敢居也。"青云、野鹤因将行李安顿，自出去了，不一时，小沙弥送上茶点，静远与双公子二人谈得甚是投机，双星欢然住下歇宿不提。

到了次日，双星着野鹤看守行李，自带了青云，终日到那行云流水，曲径郊原，恣意去领略那山水趣味。忽一日行到千岩竞秀，万壑争流，古木参天之处，忽见一带居民，在山环水抱之中，十分得地。双星入去，见村落茂盛，又见往来之人，徐行缓步，举动斯文，不胜称羡。暗想道："此处必人杰地灵，不然，亦有隐逸高士在内。"因问里人道："借问老哥，此处是什么地方？"那人道："这位相公，想是别处人，到此游览古迹的了。此处地名笔花墅，内有梦笔桥，相传是江淹的古迹，故此为名。内有王羲之的墨池，范仲淹的清白堂，又有越王台、蓬莱阁、曹娥碑、严光墓，还有许多的胜迹，一时也说不尽，相公就在这边住上整年，也是不厌的。"双星听见这人说出许多名胜的所在，不胜大喜，遂同青云慢慢地依着曲径，沿着小河而来。正是：

关关雎鸟在河洲，草草花花尽好逑。

天意不知何所在，忽牵一缕到溪头。

却说这地方，有一大老，姓江名章，字鉴湖，是江淹二十代的玄孙，祖居于此。这江章少年登第，为官二十余年，曾做过少师。他因子嗣艰难，宦途无兴。江章又虑官高多险，急流勇退。到了四十七岁上，遂乞休致仕，同夫人山氏回家，优游林下，要算作一位明哲保身之人了。在朝为官时，山氏夫人一夜忽得一梦，梦入天宫，仙女赐珠一粒，江夫人拜而受之，因而有孕。到了十月满足，江夫人生下一个女儿。使侍女报知老爷，江章大喜。因夫人梦得珠而生，遂取名蕊珠，欲比花蕊夫人之才色。这蕊珠小姐到了六七岁时，容光如洗，聪慧非凡。江章夫妻，视为掌上之珠，与儿子一般，竟不做女儿看待。后归，闲居林下，便终日教训女儿为事。这蕊珠小姐，一教即知。到了十一二岁，连文章俱做得可视，至于诗词，出口皆有惊人之句。江章对夫人常说道："若当今开女科试才，我孩儿必取状元，惜乎非是男儿。"江夫人道："有女如此，生男也未必胜他。"这蕊珠小姐十三岁，长成得异样娇姿，风流堪画。江章见他长成，每每留心择婿，必欲得才子配之方快。然一时不能有中意之人，就有缙绅之家，闻知他蕊珠小姐才多貌美，往往央媒求聘，江章见人家子弟，不过是膏粱纨袴之流，俱不肯应承。这年蕊珠小姐已十四岁了，真是工容具备，德性幽闲。江章、夫人爱他，遂将那万卉园中拂云楼收拾与小姐为卧室。又见他喜于书史，遂将各种书籍堆积其中。因此，楼上有看不尽的诗书，园中有玩不了的景致。又有两个侍女，一名若霞，一名彩云，各有姿色，唯彩云为最，蕊珠小姐甚是喜他，小姐在这拂云楼上，终日吟哦弄笔，到了绣倦时，便同彩云、若霞下楼进园看花玩柳，见景即便题诗，故此园亭四壁，俱有小姐的题咏在上。这蕊珠小姐，真是绮罗队里，锦绣丛中，长成过日，受尽了人间洞府之福，享尽了宰相人家之荣，若不是神仙天眷，也消受不起。

且说这日江章闲暇无事，带领小童，到了兰渚之上，绿柳垂荫之下，灵圯桥边，看那湍流不息。小童忙将绣墩放下，请江章坐下，取过丝纶，钓鱼为乐。恰好这日双星带着青云，依着曲径盘旋，又沿着小河，看那涓涓逝水。走到灵圯桥，忽见一个老者坐着，手执丝纶，端然不动。双星立在旁边，细细将那老儿一看，只见那老者：

> 半垂白发半乌头，自是公卿学隐流。
>
> 除去桐江兼渭水，有谁能具此纶钩。

双星看了，不免骇然惊喜道："此老相貌不凡，形容苍古，必是一位用世之大瘾君子，不可错过。"因将巾帻衣服一整，缓步上前，到了这老者身后，低低说道："老先生钓鳌巨手，为何移情于此巨口之细鳞，无亦仿韬晦之遗意乎？"那老者看见水中微动，有鱼戏钩，正在出神之际，忽听见有人与他说话，忙抬头一看，只见是一个儒雅翩翩少年秀士，再将他细细来，但见：

> 亭亭落落又翩翩，貌近风流文近颠。
>
> 若问少年谁得似，依稀张绪是当年。

老者看见他人物秀美，出口不俗，行动安详，不胜起敬，因放下丝纶，与他施礼。礼毕，即命小童移过小杌，请他坐下，笑着说道："老夫年迈，已破浮云。今日午梦初回，借此适意，然意不在得鱼耳，何敢当足下过誉！"双星道："鱼爱香饵，人贪厚爵。今老先生看透机关，借此游戏，非高蹈而何？"江章笑道："这种机关，只可在功成名遂之后而为。吾观足下，英英俊颜，前程远大，因何不事芸窗，奔走道路，且负剑携琴，而放诞于山水之间，不知何故？然而足下声音非东南吉士，家乡姓名，乞细一言，万勿隐晦。"双星见问，忙打一恭道："小子双星，祖籍西川。先君官拜春卿，不幸早逝，幼失庭趋，自愧才疏学陋，虽拾一芹，却恨偏隅乏友，磋琢无人，故负笈东南，寻师问难，寸光虚度，今年十九矣。"那老者听见双星说出姓名家乡，不觉大惊道："这等说来，莫非令尊台讳佳文吗？"双星忙应道："正是。"那老者听了大喜，忙捻着白须笑嘻嘻说道："大奇，大奇，我还疑是谁家美少年，原来就是我双同年结义之子。十余年来，音信杳然，我只认大海萍踪，无处可觅，不期今日无心恰恰遇着，真是奇逢了。"双星听了，也惊喜道："先君弃世太早，小侄年幼，向日通家世谊，漠然不知。不知老年伯，是何台鼎？敢乞示明，以便登堂展拜。"那老者道："老夫姓江名章，字鉴湖，祖居于此。向年公车燕地，已落孙山，不欲来家，遂筑室于香山，潜心肄业，得遇令先尊，同志揣摩，抵足连宵，风雨无间；又蒙不弃，八拜订交，情真手足。幸喜下年春榜，我二人皆得高标。在京同官数载，朝夕盘桓。这年育麟贤侄，同官庆贺，老夫亦在其中。因令堂梦太白入怀，故命名为星。将及三周，又蒙令先尊念我无子，又使汝拜我老夫妻为义父母。朝夕不离，只思久聚。谁知天道不常，一旦令先尊变故，茕茕子母无依，老夫力助令堂与贤侄扶柩回蜀。我又在京滥职有年，以至少师。因思荣华易散，过隙白驹，只管恋此乌纱，终无底止。又因后人无继，只得恳恩赐归，消闲物外，又已是数年余矣。每每思及贤母子，只因关山杳远，无便飞鸿，遂失存问。不期吾子少年，成立如斯，真可喜也。然既博青衫，则功名有待，也不必过急。寻师问学，虽亦贤者所为，然远涉荆湘，朝南暮北，与其寻不识面之师，又不如日近圣贤以图豁然通贯。今吾子少年简练，想已久赋桃夭，获麟振趾，不待言矣。只不知令尊堂老年嫂别来近日如何？家事如何？还记得临别时，尚有幼子，今又如何？可为我细言。"双星听了这番始末缘由，不胜感叹道："原来老伯如此施恩，愚侄一向竟如生于云雾。蒙问，家慈健饭，托庇粗安。先君宦囊凉薄，然亦无告于人。小侄年虽及壮，实未曾谐琴瑟之欢，意欲有待也。舍弟今亦长成矣。"江章道："少年室家，人所不免。吾子有待之说，又是何意？"双星道："小侄不过望成名耳，故此蹉跎，非有他见也。"江章听了大喜道："既吾子着意求名，则前程不可知矣。但同是一学，亦不必远行，且同到我家，与你朝夕讨论如何？"双星道："得蒙大人肯授心传，小子实出万幸。"江章遂携了双星，缓步而归。正是：

出门原为觅奇缘，蓦忽相逢是偶然。

尽道欢然逢故旧，谁知恰是赤绳牵。

　　江章一路说说笑笑，同着双星到家。走至厅中，双星便要请拜见，江章止住，遂带了双星同入后堂，来见夫人道："你一向思念双家元哥，不期今日忽来此相遇。"夫人听了又惊又喜道："我那双元哥在哪里？"江章因指着双星道："这不是。"江夫人忙定睛再看道："想起当时，元哥还在怀抱，继名于我。别后数年，不期长成得如此俊秀，我竟认不得了。今日不期而会，真可喜也。"双星见江老夫妻叫出他的乳名来，知是真情，连忙叫人铺下红毡，请二人上坐，双星纳头八拜道："双星不肖，自幼迷失前缘，今日得蒙二大人指明方知，不独年谊，又蒙结义抚养为子，恩深义重，竟未展晨昏之报，罪若丘山矣！望二大人恕之。"江章与夫人听了大喜，即着人整治酒肴，与双公子洗尘。双星因问道："不知二大人膝下，近日是谁侍奉？"江章道："我自从别来，并未生子，还是在京过继你这一年，生了一个小女，幸已长成，朝夕相依，到也颇不寂寞。"双星道："原来有个妹妹承欢，则辨弦咏雪，自不减斑衣了。"江章微笑道："他人面前，不便直言，今对不夜，自家兄妹，怎好为客套之言。你妹子聪慧多才，实实可以娱我夫妻之老。"双星道："贤妹仙苑明珠，自不同于凡品。"江夫人因接着说道："既是自家兄妹，何不唤出来拜见哥哥。"江章道："拜见是免不得的。趁今日无事，就着人唤出来拜见拜见也好。"

　　江夫人因唤过侍女彩云来，说道："你去拂云楼，请了小姐出来，与双公子相见。若小姐不愿来，你可说双公子是自幼过继老爷为子的，与小姐有兄妹之分，应该相见的。"彩云领命，连忙走上拂云楼来，笑嘻嘻地说道："夫人有命，叫贱妾来请小姐出去，与双公子相见。"蕊珠小姐听了，连忙问道："这双公子是谁，为何要我去见他？"彩云道："这个双公子是四川人，还是当初老爷夫人在京做官时，与双侍郎老爷有八拜之交，双侍郎生了这公子，我老爷夫人爱他，遂继名在老爷夫人名下。后来公子的父亲死了，双公子止得三岁。同他母亲回家，一向也不晓得了，今日老爷偶然在外闲行，不期而遇，说起缘故，请了来家。双公子拜见过老爷夫人了。这双公子仪表非俗，竟像个女儿般标致，小姐见时，还认他是个女儿哩。"小姐听了，半晌道："原来是他，老爷夫人也时常说他不知如何了。只是他一个生人，怎好去相见？"彩云道："夫人原说道，他是从小时拜认为子的，与小姐是兄妹一般，不妨相见。如今老爷夫人坐着立等，请小姐出去拜见。"小姐听了，见不能推辞，只得走近妆台前，匀梳发鬓，暗画双蛾，钗分左右，金凤当头。此时初夏的光景，小姐穿着一件柳芽织锦绉纱团花衫儿，外罩了一件玄色堆花比甲，罗裙八幅，又束着五色丝绦，上绾着佩环，脚下穿着练白绉纱绣成荷花瓣儿的一双膝裤，微微露出一点红鞋。于是轻移莲步，彩云、若霞在前引导，不一时走近屏门之后，彩云先走出来，对老爷夫人说道："小姐请来也。"此时双星久已听见夫人着侍女去请小姐出来相见，心中也只道还是向日看见过的这些女子一样，全不动念。正坐着与夫人说些家事，忽见侍女走来说小姐来也，双星忙抬头一看，只见小姐尚未走出，早觉得一阵香风，暗暗的送来。又听见环佩叮当，那小姐轻云冉冉的，走出厅来。双星将小姐定睛一看，只见这小姐生得：

> 花不肥，柳不瘦，别样身材。珠生辉，玉生润，异人颜色。眉梢横淡墨，厌春山之太媚；眼角湛文星，笑秋水之无神。体轻盈，而金莲蹩蹩展花笺，指纤长，而玉笋尖尖笼彩笔。发绾庄老漆园之乌云，肤凝学士玉堂之白雪。脂粉全消，独存闺阁之儒风，诗书久见，时吐才人之文气。锦心藏美，分明是绿冀佳人，彤管生花，孰敢认红颜女子。

双星忽看见蕊珠小姐如天仙一般走近前来，惊得神魂酥荡，魄走心驰。暗忖道："怎的他家有此绝色佳人。"忙立起身来迎接。那小姐先走到父母面前，道了万福。夫人因指着双星说道："这就是我时常所说继名于我的双家元哥了。今日不期而来，我孩儿与他有兄妹之分，礼宜上前相见。"小姐只得粉脸低垂，俏身移动，遂在下手立着。双星连忙谦逊说："愚兄巴中远人，贤妹瑶台仙子，阆苑名姝，本不当趋近，今蒙义父母二大人叙出亲情，容双星以子礼拜见矣。因于贤妹关手足之谊，故不识进退，敢有一拜。"蕊珠小姐低低说道："小妹闺娃陋质，今日得识长兄，妹之幸也，应当拜识。"二人对拜了四拜。拜罢，蕊珠小姐就退坐于夫人之旁。双星此时，心猿意马，已奔驰不定，欲待寻些言语与小姐交谈，却又奈江老夫妻坐在面前，不敢轻于启齿，然一片神情已沾恋在蕊珠小姐身上，不暇他顾。江老夫妻又不住地问长问短，双星口虽答应，只觉说得没头没绪。蕊珠小姐初见双星亭亭皎皎，真可称玉树风流，也不禁注目偷看。及坐了半晌，又见双星出神在己，辗转彷徨，恐其举止失措，露出相来，后便难于相见，遂低低的辞了夫人，依旧带着彩云、若霞而去。双星远远望见，又不敢留，又不敢送，竟痴呆在椅上，一声不做。江老见女儿去了，方又说道："小女虽是一个女子，却喜得留心书史，寓意诗词，大有男子之风，故我老夫妻竟忘情于子。"双星因赞道："千秋只慕中郎女，百世谁思伯道儿。蕊珠贤妹且无论班姬儒雅，道蕴才情，只望其林下丰神，世间那更有此宁馨？则二大人之箕裘，又出寻常外矣。"正说不了，家人移桌，摆上酒肴，三人同席而饮。饮完，江章就着人同青云到惠度寺取回行李，又着人打扫东书院，与双星安歇做房。双星到晚，方辞了二人，归到东书院而去。只因这一住，有分教：无限春愁愁不了，一腔幽恨恨难穷。不知双星果是如何，且听下回分解。

第三回 江少师认义儿引贼入室
珠小姐索和诗掩耳偷铃

词云:

有女继儿承子舍,何如径入东床,若叫暗暗捣玄霜,依然乘彩凤,到底饮琼浆。　　才色从来连性命,况于才色当场。怎叫两下不思量,情窥皆冷眼,私系是痴肠。

寄调《临江仙》

话说双星在江少师内厅吃完酒,江章叫人送在东书院歇宿,虽也有些酒意,却心下喜欢,全不觉醉。因暗想道:"我出门时曾许下母亲,寻一个有才有色的媳妇回来,以为蘋蘩井臼之劳,谁知由广及闽,走了一二千里的道路,并不遇一眉一目,纵有夸张佳丽,亦不过在脂粉中逞颜色,何堪作闺中之乐。我只愁无以复母亲之命,谁知行到浙江,无意中忽逢江老夫妻,亲亲切切认我为子,竟在深闺中,唤出女儿来,拜我为兄。未见面时,我还认作寻常女子,了不关心。及见面时,谁知竟是一个赛王嫱、夸西子的绝代佳人。突然相见,不曾打点的耳目精神,又因二老在坐,只惊得青黄无主,竟不曾看得像心像意,又不曾说几句关情的言语,以致殷勤。但默默坐了一雯,就入去了,竟撇下一天风韵,叫我无聊无赖,欲待相亲,却又匆匆草草,无计相亲;欲放下,却又系肚牵肠,放他不下。这才是我前日在家对人说的定情之人也。人便侥幸有了,但不知还是定我之情,还是索我之命。"因坐在床上,塌伏着枕头儿细想。因想着:"若没有可意之人,纵红成群,绿作队,日夕相亲,却也无用。今既遇了此天生的尤物,且莫说无心相遇,信乎有缘,即使赤绳不系,玉镜难归,也要去展一番昆仑之妙手,以见吾钟情之不苟,便死也甘心。况江老夫妻爱我不啻亲生,才入室座席尚未暖,早急呼妹妹以拜哥哥,略不避嫌疑,则此中径路,岂不留一线。即蕊珠小姐相见时,羞缩固所不免,然羞缩中别有将迎也。非一味不近人情,或者辗转反侧中,尚可少致殷勤耳。我之初意,虽蒙江老故旧美情,苦苦相留,然非我四海求凰之本念,尚不欲久淹于此。今既文

君咫尺,再仆仆天涯,则非算矣。只得聊居子舍,长望东墙,再看机缘,以为进止。"想到快心,遂不觉沉沉睡去。正是:

> 蓝桥莫道无寻处,且喜天台有路通。
>
> 若肯沿溪苦求觅,桃花流水在其中。

到了次日,双星一觉醒来,早已红日照于东窗之上。恐怕亲谊疏冷,忙忙梳洗了,即整衣,竟入内室来问安。江章夫妻一向孤独惯了,定省之礼,久已不望。今忽见双星像亲儿子的一般,走进来问安,不禁满心欢喜。因留他坐了,说道:"你父亲与我是同年好友,你实实是我年家子侄,原该以伯侄称呼,但当时曾过继了一番,又不是年伯年侄,竟是父子了。今既相逢,我留你在此,这名分必先正了,然后便于称呼。"双星听了,暗暗想道:"若认年家伯侄,便不便入内。"因朗朗答应道:"年家伯侄,与过继父子,虽也相去不远,然先君生前既已有拜义之命,今于死后如何敢违而更改。孩儿相见茫茫者,苦于不知也,今既剖明,违亲之命为不孝,忘二大人之恩为不义,似乎不可。望二大人仍置孩儿于膝下,则大人与先君当日一番举动,不为虚哄一时也。"江章夫妻听了,大喜不胜道:"我二人虽久矣甘心无子,然无子终不若有一子点缀目前之为快。今见不夜,我不敢执前议苦强者,恐不夜立身扬名以显亲别有志耳。"双星道:"此固大人成全孩儿孝亲之厚道,但孩儿想来,此事原两不相伤。二大人欲孩儿认义者,不过欲孩儿在膝下应子舍之故事耳,非图孩儿异日拾金紫以增荣也。况孩儿不肖,未必便能上达,即有寸进,仍归之先君,则名报先君于终天,而身侍二大人于朝夕,名实两全,或亦未为不可也。不识二大人以为何如?"江章听了,愈加欢喜道:"妙论,妙论,分别的快畅。竟以父子称呼,只不改姓便了。"因叫许多家人仆妇,俱来拜见双公子。因吩咐道:"这双公子,今已结义我为父,夫人为母,小姐为兄妹,以后只称大相公,不可作外人看待。"众家人仆妇拜见过,俱领命散去。正是:

> 昨日还为陌路人,今朝忽尔一家亲。
>
> 相逢只要机缘巧,谁是谁非莫认真。

双星自在江家认了父子,便出入无人禁止,虽住在东书院,以读书为名,却一心只思量着蕊珠小姐,要再见一面。料想小姐不肯出来,自家又没本事开口请见,只借着问安之名,朝夕间走到夫人室内来,希图偶遇。不期住了月余,问安过数十次,次次皆蒙夫人留茶，留点心，留着说闲话，任他东张西望，只不见小姐的影儿，不独小姐不见，连前番跟小姐的侍妾彩云影儿也不见，心下十分惊怪，又不敢问人，唯闷闷而已。你道为何不见？原来小姐住的这拂云楼，正在夫人的卧房东首，因夫人的卧房墙高屋大，紧紧遮住，故看不见。若要进去，只要从夫人卧房后一个小小的双扇门儿入去，方才走得到小姐楼上。小姐一向原也到夫人房里来，问候父母之安，因夫人爱惜他，怕他朝夕间，拘束地走来走去辛苦，故回了他不许来。唯到初一、十五，江章与夫人到佛楼上烧香拜佛，方许小姐就近问候。故此夫人卧房中也来得稀少，唯有事要见，有话要说，方才走来。若是无事，便只在拂云楼上看书作诗耍子，并看园中花卉，及赏玩各种古董而已，绝不轻易为人窥见。双星那里晓得这些缘故，只道是有意避他，故私心揣摩着急。不知人生大欲男女一般，纵是窈窕淑女，亦未有不虑摽梅失时，而愿见君子者。故蕊珠小姐，自见双星之后，见双星少年清俊，儒雅风流，又似乎识窍多情，也未免默默动心。虽相见时不敢久留，辞了归阁，然心窝中已落了一片情丝，东西缥缈，却又无因无依，不敢认真。因此坐在拂云楼上，焚香啜茗，只觉比往日无聊。一日看诗，忽看见："无可奈何花落去，似曾相识燕归来"二句。忽然有触，一时高兴，遂拈出下句来作题目，赋了一首七言律诗道：

乌衣巷口不容潜，王谢堂前正卷帘。

低掠向人全不避，高飞入幕了无嫌。

弄情疑话隔年旧，寻路喜窥今日檐。

栖息但愁巢破损，落花飞絮又重添。

蕊珠小姐做完了诗，自看了数遍，自觉得意，惜无人赏识，因将锦笺录出，竟拿到夫人房里来，要寻父亲观看。不期父亲不在，房中只有夫人，夫人看见女儿手中拿着一幅诗笺，欣欣而来，因说道："今日想是我儿又得了佳句，要寻父亲看了？"小姐道："正是此意。不知父亲那里去了？"夫人道："你父亲今早才吃了早饭，就被相好的一辈老友拉到准提庵看梅花去了。"小姐听见，便将诗笺放在靠窗的桌上，因与母亲闲话。不期双星在东书院坐得无聊，又放不下小姐，遂不禁又信步走到夫人房里来，哪里敢指望撞见小姐。不料才跨入房门，早看见小姐与夫人坐在里面说话。这番喜出望外，那里还避嫌疑，忙整整衣襟，上前与小姐施礼。小姐突然看见，回避不及，未免慌张。夫人因笑说道："元哥自家人，我儿那里避得许多。"小姐无奈，只得走远一步，敛衽答礼。见毕，双星因说道："愚兄前已蒙贤妹推父母之恩，广手足之爱，待以同气，故敢造次唐突，非有他也。"小姐未及答，夫人早代说道："你妹子从未见人，见人就要腼腆，非避兄也。"双星一面说话，一面偷眼看那小姐，今日随常打扮，越显得妩媚娇羞，别是一种，竟看痴了。又不敢赞美一词，只得宛转说道："前闻父亲盛称贤妹佳句甚多，不知可肯惠赐一观，以饱馋眼？"小姐道："香奁雏语，何敢当才子大观。"夫人因接说："我儿，你方才做的什么诗，要寻父亲改削。父亲既不在家，何不就请哥哥替你改削改削也好。"小姐道："改削固好，出丑岂不羞人。"因诗笺放在窗前桌上，便要移身去取来藏过，不料双星心明眼快，见小姐要移身，晓得桌上这幅笺纸就是他的诗稿，忙两步走到桌边，先取在手中，说道："这想就是贤妹的珠玉了？"小姐见诗笺已落双星之手，便不好上前去取，只得说道："涂鸦之丑，万望见还。"双星拿便拿了，还只认作是笼中娇鸟，仿佛人言而已，不期展开一看，尚未及细阅诗中之句，早看见蝇头小楷，写得如美女簪花，十分秀美，先吃了一惊。再细看诗题，却是"赋得'似曾相识燕归来'"。因先掩卷暗想道："此题有情有态，却又无影无形，到也难于下笔，且看他怎生生发。"及看了起句，早已欣欣动色，再看到中联，再看到结句，直惊得吐出舌来。因放下诗稿，复朝着蕊珠小姐，深深一揖道："原来贤妹是千古中一个出类拔萃的才女子，愚兄虽接芳香，然芳香之佳处尚未梦见。今日若非有幸，得览佳章，不几当面错过。望贤妹恕愚兄从前之肉眼，容洗心涤虑，重归命于香奁之下。"小姐道："闺中孩语，何敢称才？元兄若过于奖夸，则使小妹抱惭无地矣。"夫人见他兄妹二人你赞我谦，十分欢喜。因对双星说道："你既说妹子诗好，必然深识诗中滋味，何不也做一首，与妹子看看，也显得你不是虚夸。"双星道："母亲吩咐极是，本该如此，但恨此题实是枯淡，纵有妙境，俱被贤妹道尽，叫孩儿何处去再求警拔，故唯袖手藏拙而已。"小姐听了道："才人诗思，如泉涌霞蒸，安可思议。元兄为此言，是笑小妹不足与言诗，故秘之也。"双星踌躇道："既母亲有命，贤妹又如此见罪，只得要呈丑了。"彩云在旁听见双公子应承作诗，忙凑趣走到夫人后房，取了笔砚出来，将墨磨浓，送在双公子面前。双星因要和诗，正拿着小姐的原稿，三复细味，忽见彩云但送笔砚，并没诗笺，遂一时大胆，竟在小姐原稿的笺后，题和了一首。题完，也不顾夫人，竟双手要亲手送与小姐道："以鸦配凤，乞贤妹勿哂。"小姐看见，忙叫彩云接了来。展开一看，只见满纸龙蛇飞动，早已不同，再细细看去，只见写的是：

步原韵奉和

蕊珠仙史贤妹"赋得'似曾相识燕归来'"

经年不见宛龙潜，今日乘时重入帘。

他主我宾俱莫问，非亲即故又何嫌。

高飞欲傍拂云栋，低舞思依浣古檐。

只恐呢喃惊好梦，新仇旧恨为侬添。

愚兄双星拜识

小姐看了一遍，又看一遍，见拂云浣古等句拖泥带水，词外有情，不胜惊叹道："这方是大子才凌云之笔，小妹向来无知自负，今见大巫，应知羞而为之搁笔矣。"双星道："贤妹仙才，非愚兄尘凡笔墨所能仿佛万一。这也无可奈何，但愚兄爱才有如性命，今既见贤妹阆苑仙才，琼宫佳句，岂不视性命为尤轻！是以得陇望蜀，更有无厌之请，望贤妹慨然倾珠玉之秘笈，以饱愚兄之饿眼，则知己深恩，又出亲情之外矣。"小姐道："小妹涂鸦笔墨，不过一时游戏。有何佳句，敢存笥箧，非敢匿瑕，实无残沈以博元兄之笑。"双星听见小姐推说没有，不觉默然无语。彩云在旁，看见小姐力回，扫了双公子之兴，因接说道："大相公要看小姐的诗词，何必向小姐取讨？小姐纵有，也不肯轻易付与大相公，恐怕大相公笑他卖才。大相公要看不难，只消到万卉园中，芍药亭、沁心堂、浣古轩，各处影壁上，都有小姐题情咏景的诗词，只怕公子还看他不了。"双星听了方大喜，因对夫人说道："孩儿自蒙父亲母亲留在膝下，有若亲生，指望孩儿成名。终日坐在书房中苦读，竟不知万卉园中，有这许多景致。不但不知景致，连万卉园，也不晓得在那里，今日母亲同孩儿贤妹，正闲在这里，何不趁此领孩儿去看看？"夫人道："正是呀，你来了这些时，果然还不曾认得。我今日无事，正好领你去走走。"遂要小姐同去。小姐道："孩儿今日绣工未完，不得同行，乞母亲哥哥见谅。"遂领着彩云望后室去了。此时双星见夫人肯同他到园中去，已是欢喜，忽又听见要小姐同去，更十分快活。正打点到了园中，借花木风景好与小姐调笑送情，忽听见小姐说出不肯同去，一片热心早冷了一半。又不好强要小姐同去，只得生喳喳硬着心肠，让小姐去了，夫人遂带了几个丫鬟侍女，引着双星，开了小角门，往园中而入。双星入到园中，果然好一座相府的花园，只见：

金谷风流去已遥，辋川诗酒记前朝。

此中水秀山还秀，到处莺娇燕也娇。

草木丛丛皆锦绣，亭台座座是琼瑶。

若非宿具神仙骨，坐卧其中福怎消？

双星到了园中，四下观看，虽沁心堂、浣古轩各处，皆摆列着珍奇古玩，触目琳琅，名人古画，无不出奇，双星俱不留心去看他，只捡蕊珠小姐亲笔的题咏，细细的玩诵。玩诵到得意之处，不禁眉宇间皆有喜色。因暗暗想道："小姐一个雏年女子，貌已绝伦，又何若是之多才，真不愧才貌兼全的佳人矣。我双星今日何福，而得能面承色笑，亲炙佳章，信有缘也。"想到此处，早呆了半晌。忽听见夫人说话，方才惊转神情。听见夫人说道："此处乃你父亲藏珍玩之处，并不容人到此，只你妹子时常在此吟哦弄笔。"双星听了，暗暗思量道："小姐既时常到此，则他的卧房，必有一条径路与此相通。"遂走下阶头，只推游赏，却悄悄找寻。到了芍药台，芙蓉架，转过了荷花亭，又上假山，周围看这园中的景致。忽望北看去，只见一带碧瓦红窗，一字儿五间大楼，垂着珠帘。双星暗想道："这五间大楼，想是小姐的卧房了。何不趁今日也过去看看？"遂下了假山，往雪洞里穿过去，又上了白石栏杆的一条小桥，桥下水中，红色金鱼在水面上唼水儿，见桥上有人影摇动，这些金鱼俱跳跃而来。双星看见，甚觉奇异，只不知是何缘故。双星过了小桥，再欲前去，却被一带青墙隔断。双星见去不得，便疑这楼房是园外别人家了，遂取路而回。正撞着夫人身边的小丫鬟秋菊走来说道："夫人请大相公回去，叫我来寻。"双星遂跟着秋菊走回。双星正要问他些说话，不期夫人早已自走来，说道："我怕你路径不熟，故来领你。"双星又行到小桥，扶着栏杆往下看鱼。因问道："孩儿方才在此走，为何这些鱼俱望我身影急跳？竟有个游鱼唼影之意。"夫人笑说道："因你妹子闲了，时常到此喂养，今见人影，只说喂他，故来讨食。"双星听了大喜，暗暗点头道："原来鱼知人意。"夫人忙叫人去取了许多糕饼馒头，往下丢去，果然这些金鱼都来争食。双星见了，甚是欢喜。看了一会，同着夫人一齐出园，回到房中，夫人又留他同吃了夜饭，方叫他归书房歇宿。只因这一回，有分教：如歌似笑，有影无形。只不知双星与小姐果是如何，且听下回分解。

第四回 江小姐俏心多不吞不吐试真情 双公子痴态发如醉如狂招讪笑

词云：

佳人只要心儿俏，俏便思量到。从头直算到收梢，不许情长情短忽情消。

一时任性颠还倒，哪怕旁人笑。有人点破夜还朝，方知玄霜捣尽是蓝桥。

寄调《虞美人》

话说双星自从游园之后，又在夫人房里吃了夜饭，回到书房，坐着细想："今日得遇小姐，又得见小姐之诗，又凑着夫人之巧，命我和了一首，得入小姐之目，真侥幸也。"心下十分快活。只可恨小姐卖乖，不肯同去游园，又可恨园中径路不熟，不曾寻见小姐的拂云楼在那里。想了半晌，忽又想道："我今日见园中各壁上的诗题，如《好鸟还春》，如《莺啼修竹》，如《飞花落舞筵》，如《片云何意傍琴台》，皆是触景寓情之作，为何当此早春，忽赋此'似曾相识燕归来'之句，殊无谓也。莫非以我之来无因，而又相亲相近若有因，遂寓意于此题吗？若果如此，则小姐之俏心，未尝不为我双不夜而踌躇也。况诗中之'全不避''了无嫌'，分明刺我之眼馋脸涎也。双不夜，双不夜；你何幸而得小姐如此之垂怜也！"想来想去，想得快活，方才就寝。正是：

穿通骨髓无非想，钻透心窝只有思。

想去思来思想极，美人肝胆尽皆知。

到了次日，双星起来，恐怕错看了小姐题诗之意，因将小姐的原诗默记了出来，写在一幅笺纸上，又细细观看。越看越觉小姐命题的深意原有所属，暗暗欢喜道："小姐只一诗题，也不等闲虚拈。不知他那俏心儿，具有许多灵慧？我双不夜若不参透他一二分，岂不令小姐笑我是个蠢汉！幸喜我昨日的和诗，还依稀仿佛，不十分相背。故小姐几回吟赏，尚似无鄙薄之心。或者由此而再致一诗一词，以邀其青盼，亦未可知也。但我想小姐少师之女，贵重若此；天生丽质，窈窕若此；彤管有炜，多才若此。莫说小姐端庄正静，不肯为薄劣书生而动念，即使感触春怀，亦不过笔墨中微露一丝之爱慕，如昨日之诗题是也。安能于邂逅间，即眉目勾挑，而慨然许可，以自媒自嫁哉！万无是理也。况我双星居此已数月矣，仅获一见再见而已。且相见非严父之前，即慈母之后，又侍儿林立，却从无处以叙寒温。若欲将针引线，必铁杵成针而后可。我双不夜此时，粗心浮气，即望玄霜捣成，是自弃也。况我奉母命而来，原为求婚，若不遇可求之人，尚可谢责。今既见蕊珠小姐绝代之人，而不知极力苦求，岂不上违母命，而下失本心哉！为今之计，唯有安心于此，长望明河，设或无缘，有死而已。但恨出门时约得限期甚近，恐母亲悬念，于心不安，况我居于此，无多役遣，只青云一仆足矣。莫若打发野鹤归去报知，以慰慈母之倚闾。"思算定了，遂写了一封家书，并取些盘缠，付与野鹤，叫他回去报知。江章与夫人晓得了，因也写下一封书，又备了几种礼物，附去问候，野鹤俱领了。收拾在行李中，拜别而去。正是：

> 书去缘思母，身留冀得妻。
> 母妻两相合，不问已家齐。

双星自打发了野鹤回家报信，遂安心在花丛中作蜂蝶，寻香觅蕊，且按下不提。

却说蕊珠小姐，自见双星的和诗，和得笔墨有气，语句入情，未免三分爱慕，又加上七分怜才，因暗暗忖度道："少年读书贵介子弟，无不翩翩。然翩翩是风流韵度，不堕入裘马豪华，方微有可取。我故于双公子，不敢以白眼相看。今又和诗若此，实系可儿。才貌虽美，但不知性情何如？性不定，则易更于一旦；情不深，则难托以终身，须细细的历试之。使花柳如风雨之不迷，然后裸从于琴瑟未晚也。若溪头一面，即赠浣纱，不独才非韫玉，美失藏娇，而宰相门楣，不几扫地乎？"自胸中存了一个持正之心，而面上便不露一痕容悦之象。转是彩云侍儿忍耐不住，屡屡向小姐说道："小姐今年十七，年已及笄。虽是宰相人家千金小姐，又美貌多才，自应贵重，不轻许人，然亦未有不嫁者。老爷夫人虽未尝不为小姐择婿，却东家辞去，西家不允，这还说是女婿看得不中意。我看这双公子，行藏举止，实是一个少年的风流才子。既无心撞着，信有天缘。况又是年家子侄，门户相当，就该招做东床，以完小姐终身之事。为何又结义做儿子，转以兄妹称呼，不知是何主意？老爷夫人既没主意，小姐须要自家拿出主意来，早做红丝之系，却做不得儿女之态，误了终身大事。若错过了双公子这样的才郎，再别求一个如双公子的才郎，便难了。"

蕊珠小姐见彩云一口直说出肝胆肺腑之言,略不忌避,心下以为相合,甚是喜他。便不隐讳,亦吐心说道:"此事老爷也不是没主意,无心择婿。我想他留于子舍者,东床之渐也。若轻轻的一口认真,倘有不宜,则悔之晚矣。就是我初见面时,也还无意,后见其信笔和诗,才情跃跃纸上,亦未免动心。但婚姻大事,其中情节,变换甚多,不可不虑,所以蓄于心而有待。"彩云道:"佳人才子,恰恰相逢,你贪我爱,谅无不合。不知小姐更有何虑?小姐若不以彩云为外人,何不一一说明,使我心中也不气闷。"小姐见彩云之问话,问得投机,知心事瞒他不得,遂将疑他少年情不常,始终有变,要历试他一番之意,细细说明。彩云听了,沉吟半晌道:"小姐所虑,固然不差,但我看双公子之为人,十分志诚,似不消虑得。然小姐要试他一试,自是小心过慎,却也无碍。但不知小姐要试他那几端?"小姐道:"少年人不患其无情,而患其情不耐久。初见面既亲且热,恨不得一霎时便偷香窃玉。若久无顾盼,则意懒心灰,而热者冷矣,亲者疏矣。此等乍欢乍喜之人,妾所不取。故若亲若近,冷冷疏疏,以试双郎。情又贵乎专注,若见花而喜,见柳即移,此流荡轻薄之徒,我所最恶。故欲倩人掷果,以试双郎。情又贵乎隐显若一,室中之辗转反侧,不殊轸大道之秣马秣驹,则其人君子,其念至诚。有如当前则甜言蜜语,若亲若昵,背地则如弃如遗,不瞅不睬,此虚浮两截之人,更所深鄙。故欲悄悄冥冥潜潜等等,以试双郎。况他如此类者甚多,故不得不过于珍重,实非不近人情而推聋作哑。"彩云道:"我只认小姐遇此才人,全不动念,故叫我着急。谁知小姐有此一片深心,蓄而不露。今蒙小姐心腹相待,委曲说明,我为小姐的一片私心方才放下。但只是还有一说——"小姐道:"更有何说?"彩云道:"我想小姐藏于内室,双公子下榻于外厢,多时取巧,方得一面。又不朝夕接谈,小姐就要试他,却也体察不能如意。莫若待彩云帮着小姐,在其中探取,则真真假假,其情立见矣。"小姐听了大喜道:"如此更妙。"二人说得投机,你也倾心,我也吐胆,彼此不胜快活。正是:

> 定是有羞红两颊,断非无恨蹙双眉。
>
> 万般遮盖千般掩,不说旁人哪得知。

却说彩云担当了要帮小姐历试双公子有情无情,便时常走到夫人房里来,打听双公子的行事。一日打听得双公子已差野鹤回家报知双夫人,说他在此结义为子,还要多住些时,未必便还。随即悄悄通知小姐道:"双公子既差人回去,则自不思量回去可知矣。我想他一个富贵公子,不思量回去,而情愿留此独居,以甘寂寞,意必有所图也。若细细揣度他之所图,非图小姐而又谁图哉?既图小姐,而小姐又似有意,又似无意,又不吞,又不吐,有何可图?既欲图之,岂一朝一夕之事,图之若无坚忍之心,则其倦可立而待。我看双公子去者去,留者留,似乎有死守蓝桥之意。此亦其情耐久之一证,小姐不可不知。"小姐道:"你想的论的,未尝不是。但留此是今日之情,未必便定情终留于异日。我之所以要姑待而试之。"

二人正说不了,忽见若霞走来,笑嘻嘻对小姐说道:"双公子可惜这等样一个标致人儿,原来是个呆子。"小姐因问道:"你怎生见得?"若霞道:"不是我也不知道,只因方才福建的林老爷送了一瓶蜜饯的新荔枝与老爷,夫人因取了一盘,叫我送与双公子去吃。我送到书房门外,听见双公子在内说话。我只认是有甚朋友在内,不敢轻易进去。因在窗缝里一张,那里有甚朋友!只他独自一人,穿得衣冠齐齐整整,却对着东边照壁上一幅诗笺,吟哦一句,即赞一声'好!'就深深地做一个揖道:'谢淑人大教了!'再吟哦一句,即又赞一声"妙!"又深深作一个揖道:"'蒙淑人垂情了!'我偷张不得一霎,早已对着壁诗,做过十数个揖了。及我推门进去,他只吟哦他的诗句,竟像不曾看见我的一般。小姐你道呆也不呆,你道好笑也不好笑?"小姐道:"如今却怎么样了?"若霞道:"我送荔枝与他,再三说夫人之话,他只点点头,努努嘴,叫我放下,也不做一声。及我出来了,依旧又在那里吟哦礼拜,实实是个呆子。"小姐道:"你可知道他吟哦的是什么诗句?"若霞道:"这个我却不知道。"

这边若霞正长长短短告诉小姐,不期彩云有心,在旁听见,不等若霞说完,早悄悄地走下楼来,忙闪到东书院来窃听,只听见双公子还在房里,对着诗壁跪一回,拜一回,称赞好诗不绝口。彩云是个急性人,不耐烦偷窥,便推开房门,走了进去,问双公子道:"大相公,你在这里与那个施礼,对谁人说话?"双星看见彩云,知他是小姐贴身人,甚是欢喜。因微笑笑答应道:"我自有人施礼说话,却一时对你说不得。"彩云道:"既有人,在那里?"双星因指着壁上的诗笺道:"这不是?"彩云道:"这是一首诗,怎么算得人?"双星道:"诗中有性有情,有声有色,一字字皆是慧心,一句句无非妙想。况字句之外,又别自含蓄无穷,怎算不得人?"彩云道:"既要算人,却端的是个甚人?"双星道:"观之艳丽,是个佳人;读之芳香,是个美人;细味之而幽娴正静,又是个淑人。此等人,莫说眼前稀少,就求之千古中,也似乎不可多得。故我双不夜于其规箴讽刺处,感之为益友;于其提撕点醒处,敬之为明师;于其绸缪眷恋处,又直恩爱之若好逑之夫妇。你若问其人为何如,则其人可想而知也。"彩云笑道:"据大相公说来,只觉有模有样。若据我彩云看来,终是无影无形。不过是胡思乱想,怎当得实事?大相公既是这等贪才好色,将无作有,以虚为实,我这山阴会稽地方,今虽非昔,而浣纱之遗风未散,捧心之故态尚存,何不寻他几个来,解解饥渴?也免得见神见鬼,惹人讥笑。"双星听了，因长叹一声道："这些事怎可与人言？就与人言，人也不能知道。我双不夜若是等闲的蛾眉粉黛可以解得饥渴，也不千山万水，来到此地了，也只为香奁少彩，彤管无花，故捡遍春风而自甘孤处。"彩云道："大相公既是这等看人不上眼，请问壁上这首诗，实是何人做的，却又这般敬重他？"双星道："这个作诗的人，若说来你到认得，但不便说出。若直直说出了，倘那人闻知，岂不道我轻薄？"彩云道："这人既说我认得，又说不敢轻薄他，莫非就说的是小姐？莫非这首诗，就是前日小姐所做的赋体诗？"双星听见彩云竟一口猜着他的哑谜，不禁欣然惊讶道："原来彩云姐也是个慧心女子，失敬，失敬！"彩云因又说道："大相公既是这般敬重我家小姐，何不直直对老爷夫人说明，要求小姐为婚？况老爷夫人又极是爱大相公的，自然一说便允。何故晦而不言，转在背地里自言自语，可谓用心于无用之地矣！莫说老爷夫人小姐，不知大相公如此至诚想望，就连我彩云，不是偶然撞见问明，也不知道，却有何益？"

　　双星见彩云说的话，句句皆道着了他的心事，以为遇了知己，便忘了尔我，竟扯彩云坐下，将一肚皮没处诉的愁苦，俱细细对他说道："我非不知老爷小姐爱我，我非不知小姐的婚姻，原该明求。但为人也须自揣，你家老爷，一个黄阁门楣，岂容青衿溷辱？小姐一位上苑甜桃，焉肯下嫁酸丁？开口不独徒然，恐并子舍一席，亦犯忌讳而不容久居矣。我筹之至熟，故万不得已而隐忍以待。虽不能欢如鱼水，尚可借雁影排连以冀一窥色笑。倘三生有幸，一念感通，又生出机缘，亦未可知也。此我苦情也。彩云姐既具慧心，又有心怜我，万望指一妙径，终身不忘。"彩云道："大相公这些话，自大相公口中说来，似乎句句有理，若听到我彩云耳朵里，想一想，则甚是不通。"双星道："怎见得不通？"彩云道："老爷的事，我捉摸不定，姑慢讲。且将小姐的事，与你论一论。大相公既认定小姐是千古中不可多得之才美女子，我想从来唯才识才，小姐既是才美女子，则焉有不识大相公是千古中不可多得之才美男子之理？若识大相公是才美男子，则今日之青衿，异日之金紫也，又焉有恃贵而鄙薄酸丁之理？此大相公之过虑也。这话只好在我面前说，若使小姐闻知，必怪大相公以俗情相待，非知己也。"双星听了，又惊又喜道："彩云姐好细心，怎直想到此处？想得甚是有理，果是我之过虑。但事已至此，却将奈何？"彩云道："明明之事，有甚奈何！大相公胸中既有了小姐，则小姐心上，又未必没有大相公。今所差者，只为隔着个内外，不能对面细细讲明耳。然大相公在此，是结义为子，又不是过客，小姐此时，又不急于嫁人，这段婚姻，既不明求，便须暗求。急求若虑不妥，缓求自当万全。哪怕没有成就的日子？大相公不要心慌，但须打点些巧妙的诗才，以备小姐不时拈索，不至出丑，便万万无事了。"双星笑道："这个却拿不稳。"又笑了一回，就忙忙去了。正是：

自事自知，各有各说。

情理多端，如何能决？

彩云问明了双公子的心情，就忙忙去了，要报知小姐。只因这一报，有分教：剖疑为信，指暗作明。不知后事如何，且听下回分解。

第五回 蠢丫头喜挑嘴言出祸作
俏侍儿悄呼郎口到病除

词云：

不定是心猿，况触虚情与巧言。弄得此中飞絮乱，何冤，利口从来不惮烦。
陡尔病文园，有死无生是这番。亏得芳名低唤醒，无喧，情溺何曾望手援。

寄调《南乡子》

话说彩云问明了双公子的心事，就忙忙归到拂云楼，要说与小姐知道。不期小姐早在那里寻他，一见了彩云，就问道："我刚与若霞说得几句话，怎就三不知不见了你，你到哪里去了这半晌？"彩云看见若霞此时已不在面前，因对小姐说道："我听见若霞说得双公子可笑，我不信有此事，因偷走了去看看。"小姐道："看得如何，果有此事吗？"彩云道："事便果是有的，但说他是呆，我看来却不是呆，转是正经。说他可笑，我看来不是可笑，转是可敬。"遂将双公子并自己两人说的话，细细说了一遍与小姐听。小姐听了，不禁欣然道："原来他拜的，就是我的赋体诗。他前日看了，就满口称扬，我还道他是当面虚扬，谁知他背地里也如此珍重。若说他不是真心，这首诗我却原做的得意。况他和诗的针芥，恰恰又与我原诗相投。此中臭味，说不得不是芝兰。但说恐我不肯下嫁酸丁，这便看得我太浅了。"彩云道："这话他一说，我就斑驳他过了。他也自悔误言，连连谢过。"小姐道："据你说来，他的爱慕于我，专注于我，已见一斑。他的情之耐久，与情之不移，亦已见之行事，不消再虑矣。但我想来，他的百种多情，万般爱慕，总还是一时之事，且藏之于心，慢慢看去，再作区处。"彩云道："慢看只听凭小姐，但看到底，包管必无破绽，那时方知我彩云的眼睛识人不错。"自此二人在深闺中，朝思暮算，未尝少息。正是：

苦极涓涓方泪下，愁多靥靥故眉颦。
破瓜之子遭闲磕，只为心中有了人。

却说双星自被彩云揣说出小姐不鄙薄他,这段婚姻到底要成,就不禁满心欢喜,便朝夕殷殷勤勤,到夫人处问安,指望再遇小姐,攀谈几句话儿。谁知走了月余,也不见个影儿。因想着园里去走走,或者撞见彩云,再问个消息。遂与夫人说了。此时若霞正在夫人房里,夫人就随便吩咐若霞道:"你可开了园门,送大相公到园里去耍子。"

若霞领了夫人之命,遂请双公子前行,自家跟着竟入园来。到了园中,果然花柳争妍,别是一天。双公子原无心看景,见若霞跟在左右,也只认作是彩云一般人物。因问若霞道:"这园中你家小姐也时常来走走吗?"若霞道:"小姐最爱花草,又喜题诗,园中景致皆是小姐的诗,料小姐朝夕不离,怎么不来?"双公子道:"既是朝夕不离,为何再不遇见?"若霞道:"我说的是往时的话,近日却绝迹不来了。"双公子听了,忙惊问道:"这是为何?"若霞道:"因大相公前日来过,恐怕撞见不雅,故此禁足不敢复来。"双公子道:"我与小姐,已拜为兄妹,便撞见也无妨。"若霞道:"大相公原来还不知我家小姐的为人。我家小姐,虽说是个十六七岁的女子,他的志气比大相公须眉男子还高几分。第一是孝顺父母,可以当得儿子;第二是读书识字,不出闺阁,能知天下之事;第三是敦伦重礼,小心谨慎,言语行事,不肯差了半分。至于诗才之妙,容貌之佳,转还算作余美。你道这等一个人儿,大相公还只管问他做甚?"双公子道:"小姐既敦伦重礼,则我与他兄妹称呼,名分在伦礼中,又何嫌何疑,而要回避?"若霞:"大相公一个聪明人,怎不想想,大相公与小姐的兄妹,无非是结义的虚名,又不是同胞手足,怎么算得实数? 小姐自然要避嫌疑。"双公子道:"既要避嫌疑,为何前日在夫人房里撞见,要我和诗,却又不避?"若霞道:"夫人房里,自有夫人在座,已无嫌疑,又避些什么?"双公子听了沉吟道:"你这话倒也说得中听。前日福建的林老爷,来拜你家老爷,因知我在此,也就留了一个名帖拜我。我第二日去答拜他,他留我坐下,问知结义之事,他因劝我道:'与其嫌嫌疑疑认作假儿子,何不亲亲切切竟为真女婿。'他这意思,想将来恰正与你所说的相同。"若霞道:"大差,大差,一毫也不同。"双公子道:"有甚差处,有甚不同?"若霞道:"儿子是儿子,女婿是女婿。若是无子,女婿可以做儿子。若做过儿子,再做女婿,便是乱伦了,这却万万无此理。"

双公子听了,忽然吃了一大惊,因暗想道:"这句话,从来没人说。为何这丫头凭空说出,定有缘故。"因问道:"做过儿子做不得女婿这句话,还是你自家的主意说的,还是听见别人说的?"若霞道:"这些道理,我自家那里晓得说? 无非是听见别人是这般说。"双公子道:"你听见那个说来?"若霞道:"我又不是男人,出门去结交三朋四友,有谁向我说到此? 无非是服侍小姐,听见小姐是这等说,我悄悄拾在肚里。今见双公子听见这话是小姐说的,直急得他暗暗的跌脚道:"小姐既说此话,这姻缘是断断无望了。为何日前彩云又哄我说,这婚姻是稳的,叫我不要心慌?"因又问若霞道:"你便是这等说,前日彩云见我,却又不是这等说。你两人不知那个说的是真话?"若霞道:"我是个老实人,有一句便说一句,从来不晓得将没作有,移东掩西,哄骗别人,彩云这贼丫头却奸猾,不过只要奉承的人欢喜,见人喜长,他就说长,见人喜短,他就说短,哪里肯说一句实话!人若不知他的为人,听信了他的话,便被他要直误到底。"双公子听了这些话,竟吓痴了,坐在一片白石上,走也走不动。若霞道:"夫人差我已送大相公到此,大相公只怕还要耍子耍子。我离小姐久了,恐怕小姐寻我,我去看看再来。"说罢,径自去了。正是:

> 无心说话有心听,听到惊慌梦也醒。
>
> 若再有心加毁誉,自然满耳是雷霆。

双公子坐在白石上,细细思量若霞的说话,一会儿疑他是假,一会儿又信他为真。暗忖道:"做了儿子,做不得女婿的这句言语,大有关系。若不果是小姐说的,若霞蠢人,如何说得出?小姐既如此说,则这段姻缘,到被做儿子误了,却为之奈何?我的初意,还指望慢慢守去,或者守出机缘。谁知小姐一言已说得决决绝绝,便守到终身,却也无用。守既无用,即当辞去。但我为婚姻出门,从蜀到浙,跋涉远矣,阅历多矣,方才侥幸得逢小姐一个定情之人,定我之情。情既定于此,婚姻能成,固吾之幸;即婚姻之不成,为婚姻之不幸以拼一死,亦未为不幸。决不可畏定情之死,以望不定情之生,而负此本心,以辱夫妇之伦。所恨者,明明夫妻,却为兄妹所误。也不必怨天,也不必尤人,总是我双星无福消受,故遇而不遇也。今若因婚姻差谬,勉强辞去,虽我之形体离此,而一片柔情,断不能舍小姐而又他往矣。莫苦苦守于此,看小姐怎生发付。"一霎时东想想,西想想,竟想得昏了,坐在石上,连人事也不知道。还是夫人想起来,因问侍儿道:"大相公到园中去耍子,怎不见出来?莫非我方才在后房有事,他竟出去了,你们可曾看见?"众侍儿俱答道:"并不曾看见大相公出去,只怕还在园里。"夫人道:"天色已将晚了,他独自一人,还在里面做什么?"因叫众侍妾去寻。

众侍妾走到园中,只见双公子坐在一块白石上,睁着眼就像睡着的一般。众侍妾看见着慌,忙问道:"大相公,天晚了,为何还坐在这里?"双公子竟白瞪着一双眼,昏昏沉沉，口也不开，众侍妾一发慌了，因着两个搀扶双公子起来，慢慢地走出园来，又着两个报与夫人。夫人忙迎着问道："你好好的要到园中去耍子，为何忽弄做这等个模样？我原叫若霞服侍你来的，若霞怎么不见，他又到那里去了？"双公子虽答应夫人两句，却说得糊糊涂涂，不甚清白。夫人见他是生病的光景，忙叫侍妾搀他到书房中去睡，又叫人伺候汤水，又吩咐青云好生服侍。双公子糊糊涂涂睡下不提。

夫人因叫了若霞来问道："我叫你跟大相公到园中去闲玩，大相公为甚忽然病起来？你又到那里去了？"若霞道："我跟大相公入园时，大相公好端端甚有精神，问长问短，何尝有病？我因见他有半日耽搁，恐怕小姐叫，故走进去看看。怎晓得他忽然生病？"夫人问过，也就罢了。欲要叫人去请医生，又因天色晚了，只得挨得次日早晨，方才请了一个医生来看。说是"惊忡之症，因着急上起的，又兼思虑过甚。故精神昏愦，不思饮食。须先用药替他安神定气，方保无虞。"说完，撮下两帖药，就去了，夫人忙叫人煎与他吃了。吃了虽然不疼不痛，却只是昏昏沉沉，不能清白。

此时江章又同人到武林西湖去游赏了，夫人甚是着急。小姐闻知，也暗自着惊。因问彩云道："他既好好游园，为何就一时病将起来？莫非园中冷静，感冒了风寒？"彩云道："医生看过，说是惊忡思虑，不是风寒。"小姐道："园中闲玩，有甚惊忡？若伤思虑，未必一时便病。"彩云道："昨日双公子游园，是夫人叫若霞送他去的。若霞昨日又对夫人说，双公子好端端问长问短，我想这问长问短里，多分是若霞说了什么不中听的言语，触动他的心事，故一时生病。小姐可叫若霞，细细盘问他，自然知道。"小姐道："他若有恶言恶语，触伤了公子，我问他时，他定然隐瞒，不肯直说。倒不如你悄悄问他一声，他或者不留心说出。"彩云道："这个有理。"因故意的寻见了若霞，吓他道："你在双公子面前说了什么恶言语，冲撞了他，致他生病？夫人方才对小姐说，若双公子病不好，还要着实责罚你哩？"若霞吃惊道："我何曾冲撞他，只因他说林老爷劝他，与其做假儿子，不如改做真女婿，他甚是喜欢。我只驳得他一句道，这个莫指望。小姐曾说来，女婿可以改做得儿子；既做了儿子，名分已定，怎么做得女婿？若再做女婿，是乱伦了。双公子听了，就登时不快活，叫我出来了。我何曾冲撞他？"彩云听了，便不言语，因悄悄与小姐说知，道："何如？我就疑是这丫头说错了话。双公子是个至诚人，听见说儿子改做不得女婿，自然要着惊生病了。"小姐道："若为此生病，则这病是我害他了。如今却怎生挽回？"彩云道："再无别法，只好等我去与他说明，这句话不是小姐说的，他便自然放心无恙了。"小姐道："他如今病在那里，定有人伺候。你是我贴身之人，怎好忽走到他床前去说话，岂不动人之疑？"彩云道："这个不打紧，只消先对夫人说明，是小姐差我去问病，便是公，不是私，无碍了。"小姐道："有理，有理。"

国学经典文库

私家藏书

定情人

图文珍藏版

一二三九

彩云就忙忙走到夫人房里,对夫人说道:"小姐听见说大相公有病,叫我禀明夫人去问候,以尽兄妹之礼。"夫人听了欢喜道:"好呀!正该如此。不知这一会,吃了这贴药,又如何了?你去看过了,可回复我一声。"彩云答应道:"晓得了。"遂一径走到东书院书房中来。

此时青云因夜间服侍辛苦,正坐在房门外矮凳上打瞌睡。彩云便不打醒他,轻轻地走到床前,只见双公子朝着床里,又似睡着的一般,又似醒着的一般,微微喘息。彩云因就床坐下,用手隔着被抚着他的脊背,低低叫道:"大相公醒一醒,你妹子蕊珠小姐,叫我彩云在此问候大相公之安。"

双星虽在昏聩蒙胧之际,却一心只系念在蕊珠小姐身上。因疑若霞说话不实,又一心还想着见彩云细问一问,却又见面无由。今耳朵中忽微微听见"蕊珠小姐"四个字,又听见"彩云在此"四个字,不觉四肢百骸飞越在外的真精神,一霎时俱聚到心窝。忙回过身来,睁眼一看,看见彩云果然坐在面前,不胜之喜。因问道:"不是梦吗?"彩云忽看见双公子开口说话,也不胜之喜,忙答应道:"大相公快苏醒,是真,不是梦。"双星道:"方才隐隐听得像是有人说蕊珠小姐,可是有的?"彩云道:"正是我彩云说你妹子蕊珠小姐,着我在此问候大相公之安。"

双星听了,欣然道:"我这病,只消彩云姐肯来垂顾,也就好了一半;何况是蕊珠小姐命来,病自勿药而霍然矣。"因又叹息道:"彩云姐,你何等高情,只不该说'你妹子'三个字,叫我这病根如何得去?"彩云道:"小姐正为闻得大相公为听见儿子做不得女婿之言而生病,故叫彩云来传言,叫大相公将耳朵放硬些,不要听人胡言乱语。就是真真中表兄妹,温家已有故事,何况年家结义,怎说乱伦!"双星听了,又惊又喜道:"正是呀!是我性急心粗,一时思量不到。今蒙剖明,领教矣,知过矣。只是还有一疑不解。"彩云道:"还有何疑?"双星道:"但不知此一语,还是出自小姐之口耶?还是彩云姐怜我膏肓之苦,假托此言以相宽慰耶?"

彩云道:"婢子要宽慰大相公,心虽有之,然此等言语,若不是小姐亲口吩咐,彩云怎敢妄传?大相公与小姐,过些时少不得要见面,难道会对不出?"双星道:"小姐若果有心,念及我双星之病,而殷殷为此言,则我双星之刀圭已入肺腑矣,更有何病?但只是我细想起来,小姐一个非礼弗言,非礼弗动,又娇羞腼腆,又不曾与我双星有半眉一眼之勾引,又不曾与我双星有片纸只字之往来。就是前日得见小姐之诗,也是侥幸撞着,非私赠我也,焉肯无故而突然不避嫌疑,竟执兄为婿之理?彩云姐虽倾心吐胆,口敝舌颓,吾心终不能信,为之奈何?"二人正说不了,忽青云听见房中有人说话,吃了一惊,将瞌睡惊醒,忙走进房来,看见双公子像好人一般,睡在床上,欹着半边身子,与彩云说话,不胜欢喜道:"原来相公精神回过来,病好了。"就奉茶水。彩云见有人在前,不便说话,因安慰了双公子几句,就辞出来,去报知小姐。

只因这一报,有分教:守柳下之东墙,窥周南之西子。不知后事如何,且听下回分解。

第六回 俏侍儿调私方医急病
贤小姐走捷径守常经

词云：

　　许多缘故，只恨无由得诉。亏杀灵心，指明冷窦，远远一番良晤。

　　侧听低吐，悄然问，早已情分意付。试问何为，才色行藏，风流举措。

寄调《柳梢春》

　　话说彩云看过双公子之病，随即走到夫人房里来回复。恰好小姐也坐在房中。夫人一见彩云，就问道："大相公这一会病又怎么了？"彩云道："大相公睡是还睡在那里，却清清白白与我说了半晌闲话，竟不像个病人。"夫人听了，不信道："你这丫头胡说了，我方才看他，还见他昏昏沉沉，一句话说不出，怎隔不多时，就明明白白与你说话？"彩云道："夫人不信，可叫别人去再看，难道彩云敢说谎？"夫人似信不信，果又叫一个仆妇去看。那仆妇看了，回来说道："大相公真个好了，正在那里问青云哥讨粥吃哩！"夫人听了，满心欢喜，遂带了仆妇，又自去看。

　　小姐因同彩云回到楼上，说道："双公子病既好了，我心方才放下。"彩云道："小姐且慢些放心，双公子这病，据我看来，万万不能好了。"小姐听了着惊道："你方才对夫人说他不像个病人，与你说闲话，好了，为何又说万万不能好，岂不自相矛盾？"彩云道："有个缘故。"小姐道："有甚缘故？"彩云道："双公子原无甚病，只为一心专注在小姐身上，听见若霞这蠢丫头说兄妹做不得夫妻，他着了急，故病将起来，及我方才去看他，只低低说得一声'蕊珠小姐叫我来看你'，他的昏沉早唤醒一半。再与他说明兄妹不可为婚这句话，不是小姐说的。他只一喜，病即全然好了。故我对夫人说，他竟不像个病人，但只可怪他为人多疑，只疑这些话都是我宽慰之言，安他的心，并非小姐之意。我再三苦辩是真，他只是不信。疑来疑去，定然还要复病。这一复病，便叫我做卢扁，然亦不能救矣。"小姐听了，默然半晌，方又说道："据你这等说起来，这双公子之命，终久是我害他了，却怎生区处？"彩云道："没甚区处，只好听天由命罢了。"小姐又说道:"他今既闻你言,已有起色,纵然怀疑,或亦未必复病。且不必过为古人担忧。"彩云道:"只愿得如此就好了。"

不期这双公子,朝夕间只将此事放在心上,踌躇忖度,过不得三两日,果然依旧,又痴痴呆呆,病将起来。夫人着慌,忙请名医来看视,任吃何药,只不见效。小姐回想彩云之言不谬,因又与他商量道:"双公子复病,到被你说着了。夫人说换了几个医生,吃药俱一毫无效。眼见得有几分危险,须设法救他方好。但我这几日,也有些精神恍惚,无聊无赖,想不出什么法儿来。你还聪明,可为我想想。"彩云道:"这是一条直路,并无委曲,着不得辩解。你若越辩解,他越狐疑。只除非小姐面言一句,他的沉疴便立起矣。舍此,莫说彩云愚下之人,就是小姐精神好,也思算不出什么妙计来。"小姐道:"我与双公子,虽名为兄妹,却不是同胞,怎好私去看他?就以兄妹名分,明说要去一看,也只好随夫人同去,也没个独去之理。若同夫人去,就有话也说不得。去有何用?要做一诗,或写一信,与他说明,倘他不慎,落人耳目,岂非终身之玷?舍此,算来算去,实无妙法。若置之不问,看他恹恹就死,又于心不忍,却为之奈何?"彩云道:"小姐若呆呆地守着礼法,不肯见他一面,救他之命,这就万万没法了。倘心存不忍,肯行权见他,只碍着内外隔别,无由而往,这就容易处了。"小姐道:"从来经权,原许并用,若行权有路,不背于经,这又何妨?但恐虚想便容易,我又不能出去,他又不能入来,实实要见一面,却又烦难。"彩云道:"我这一算,倒不是虚想,实实有个东壁可窥可凿,小姐只消远远地见他一面,说明了这句兄妹夫妻的言语,包管他的病即登时好了。"小姐道:"若果有此若近若远的所在,可知妙了。但不知在于那里?"彩云道:"东书院旁边,有一间堆家伙的空屋,被树木遮住,内中最黑,因在西壁上,开了一个小小的圆窗儿透亮。若站在桌子上往外一观,恰恰看得见熙春堂的假山背面。小姐若果怜他一死,只消在此熙春堂上,玩耍片时,待我去通他一信,叫他走到空屋里,立在桌子上圆窗边伺候。到临时,小姐只消走到假山背后,远远地见他一面,悄悄地通他一言,一桩好事便已做完了,有甚难处?"小姐道:"这条路,你如何晓得?"彩云道:"小姐忘记了,还是那一年,小姐不见了小花猫,叫我东寻西寻,直寻到这里,方才寻着,故此晓得。"小姐听了欢喜道:"若是这等行权,或者也于礼法无碍。"彩云看见小姐有个允意,又复说道:"救病如救火,小姐既肯怜他,我就要去报他喜信,约他时候了。"小姐道:"事已到此,舍此并无别法,只得要托你了。但要做得稳妥方妙。"彩云道:"这个不消吩咐。"一面说,一面就下楼去了。

走到夫人房中,要说又恐犯重,要不说又怕涉私。恰好夫人叫人去起了课来,起得甚好,说这病今日就要松动,明日便全然脱体。夫人大喜,正要叫人去报知，忽见彩云走来，因就对他说道："你来得正好，可将这课贴儿拿去，唤醒了大相公，报与他知，说这个起课的先生最灵，起他这病，只在早晚就好。"彩云见凑巧，接着就走。

刚走到书房门首，早看见青云迎着，笑嘻嘻说道："彩云姐来的好，我家相公睡梦中不住地叫你哩，你快去安慰安慰他？"彩云走着，随答应道："叫我做甚？我是夫人起了个好课，叫我来报知大相公的。"因将课贴儿拿出来一扬，就走进房，直到床前。也不管双公子是睡是不睡，竟低低叫一声："大相公醒醒，我彩云在此，来报你喜信。"果然是心病还将心药医，双星此时，矇矇眬眬，恍恍惚惚，任是鸟声竹韵，俱不关心，只听得"彩云"二字，便魂梦一惊，忙睁开眼来一看，见果是彩云，心便一喜。因说道："你来了吗？我这病断然要死，得见你一见，烦你与小姐说明，我便死也甘心。"彩云见双公子说话有清头，因低低说道："你如今不死了，你这病原是为不信我彩云的言语害的。我已与小姐说明，请小姐亲自与你见一面，说明前言是真，你难道也不相信，还要害病？"双公子道："小姐若肯觌面亲赐一言，我双星便死心相守，决不又胡思乱想了。但恐许我见面，又是彩云姐的巧言宽慰，以缓我一时之死。"彩云道："实实与小姐商量定了，方敢来说，怎敢哄骗大相公。"双星道："我也知彩云姐非哄骗之人。但思此言，若非哄骗，小姐闺门严紧，又不敢出来，我双星虽称兄妹，却非同胞，又不便入去，这见面却在何处？"彩云笑一笑，说道："若没个凑巧的所在，便于见面，我彩云也不敢轻事重帮的来说了。"因附着双公子的耳朵，说明了空屋里小圆窗直看见熙春堂假山背后，可约定了时候，你坐在窗口等候，待我去请出小姐来，与你远远地见一面，说一句，便一件好事定了，你苦苦的害这瞎病做什么！双公子听见说话有源有委，知道是真，心上一喜，早不知不觉地坐将起来，要茶吃。青云听见，忙送进茶来。彩云才将夫人的课贴儿，递与双公子道："这是夫人替大相公起的课，说这病有一个恩星照命，早晚就好。今大相公忽然坐起来，岂不是好了，好灵课！我就要去回复夫人，省得他记挂。"就要走了出来，双公子忙又留下他道："且慢！还有话与夫人说。"彩云只得又站下。双公子直等青云接了茶盅去，方又悄悄问彩云道："小姐既有此美意，却是几时好？"彩云道："今日恐大相公身子还不健，倒是明日午时，大相公准在空屋里小窗口等候罢。"双公子道："如此则感激不尽，但不可失信！"彩云道："决不失信。"说罢，就去了。正是：

> 一片桐凋秋巳至，半枝梅绽早春通。
> 心窝若透真消息，沉病先收卢扁功。

彩云走了回来，先回复过夫人，随即走到楼上，笑嘻嘻与小姐说道："小姐你好灵药也！我方才走去，只将与小姐商量的妙路儿，悄悄向他说了一遍，他早一轱辘爬起来，粘紧了要约时日，竟像好人一般了，你道奇也不奇？"小姐听了，也自喜欢道："若是这等看起来，他这病，实实是为我害了。我怎辜负得他，而又别有所图！就与他私订一盟，或亦行权所不废。但不知你可曾约了时日？"彩云道："我见他望一见，不啻大旱之望云霓，已许他在明日午时了，小姐须要留意。"二人说罢，就倏忽晚了。

到了次日，小姐梳妆饭后，彩云就要催小姐到熙春堂去。小姐道："既约午时，此际只好交辰，恐去得太早，徘徊徙倚，无聊无赖，转怨尾生之不信。"彩云道："小姐说的虽是，但我彩云的私心，又恐怕这个尾生，比圮桥老人的性子还急，望穿了眼，又要病将起来。"小姐笑道："你既是这等过虑，你可先去探望一回，看他可有影响，我再去也不迟。"彩云道："不是我过虑，但恐他病才略好些，勉强支持，身子立不起。"小姐道："这也说得是。"

彩云遂忙忙走到熙春堂假山背后，抬头往圆窗上一张，早看见双公子在那里伸头缩脑的痴望，忽看见彩云远远走来，早喜得眉欢眼笑，等不得彩云走到假山前，早用手招邀。彩云忙走近前，站在一块多余的山石上，对他说道："原约午时，此时还未及巳，你为何老早的就在此间，岂不劳神而疲，费力而倦？"双公子道："东邻既许一窥，则面壁三年，亦所不惮，何况片时，又奚劳倦之足云！但不知小姐所许可确？若有差池，我双星终不免还是一死。"彩云笑道："大相公，你的疑心也太多，到了此时此际，还要说此话。这不是小姐失约来迟，是你性急来得太早了。待我去请了小姐来罢。"一面说，一面即走回楼上，报与小姐道："何如？我就愁他来得太早，果然已立半响了。小姐须快去，见他说一句决绝言语，使他拴系定了心猿意马，以待乘鸾跨凤，方不失好逑君子之体面。若听其怀忧蓄虑，多恨多愁，流为荡子，便可怜而可惜。"小姐听了道："你不消说了，使我心伤，但同你去吧。"

二人遂下楼，悄悄地走到熙春堂来。见熙春堂无人，遂又悄悄地沿着一带花荫小路，转过荼蘼架，直走到假山背后。小姐因曲径逶迤，头还不曾抬起，眼还不曾看见圆窗在那里，耳朵里早隐隐听见双星声音说道："为愚兄犹疑小恙，怎敢劳贤妹屈体袭礼，遮掩到此！一段恩情，直重如山，深如海矣！"小姐走到了，彩云扶他在石上立定，再抬头看，见双公子在圆窗里笑面相迎，然后答应道："贤兄有美君子，既已下思苄菜，小妹莳菲闺娃，岂不仰慕良人？但男女有别，婚姻有礼，从无不待父母之命而自媒者。

然就贤兄与小妹之事，细细一思，无因之千里，忽相亲于咫尺，此中不无天意。唯有天意，故父母之人事已于兄妹稍见一斑矣。贤兄若有心，不以下体见遗，自宜静听好音，奈何东窥西探，习佻佻之风，以伤河洲之化，岂小妹之所仰望而终身者也？况过逞狂态，一旦堕入仆妾窥伺之言，使人避嫌而不敢就，失此良姻，岂非自误！望贤兄谨之。"双星道："愚兄之狂态，诚有如贤妹之所虑，然实非中所无主而妄发也。因不知贤妹情于何钟，念于谁属，窃恐无当，则不独误之一时，直误之终身。又不独误之终身，竟误之千秋矣。所关非小，故一时之寸心，有如野马，且不知有死生，安知狂态！虽蒙彩云姐再三理喻，非不信其真诚，但无奈寸心恍惚，终以未见贤妹而怀疑。疑心一动，而狂态作矣，今既蒙妹果如此垂怜，又如此剖明，则贤妹之情见矣。贤妹之情见，则愚兄之情定矣。无论天有意，父母有心，即时事不偶，或生或死，而愚兄亦安心于贤妹而不移矣，安敢复作狂态！"小姐道："辗转反侧，君子未尝不多情，然须与桑濮之勾挑相远。贤兄若以礼自持，小妹又安敢不守贞以待！但行权仅可一时，万难复践。况小妹此衷，今已剖明，后此不敢复见矣，乞贤兄谅之。"双星道："贤妹既已底里悉陈，愚兄自应亲疏死守矣。但不知死守中，可能别有一生机，乞贤妹再一为指迷。"小姐道："君无他，妾无他，父母谅亦无他。欲促成其事，别无机括，唯功名是一捷径，望贤兄努力。他非小妹所知也。"双星听了，连连点头道："字字入情，言言切理，愚兄何幸，得沐贤妹之爱如此，真三生之幸也。"小姐说罢，即命彩云搀扶他走下石头来，说道："此多露之地，不敢久留，凡百愿贤兄珍重。"双星本意还要多留小姐深谈半晌，无奈身子拘在小窗之内，又不能留。只说得一声道："夫人尊前，尚望时赐一顾。"小姐听了，略点一点头，就花枝一般袅袅娜娜去了。正是：

> 见面无非曾见面，来言仍是说来言。
> 谁知到眼闻于耳，早已心安不似猿。

小姐同彩云刚走到熙春堂，脚还不曾站稳，早有三两个侍妾，因楼上不见了小姐，竟寻到熙春堂来，恰恰撞着小姐，也不问他长短，遂一同走回楼上。大家混了半晌，众侍妾走开，小姐方又与彩云说道："早是我二人回到熙春堂了，若再迟半刻，被他们寻着看破，岂不出一场大丑！以后切不可再担这样干系。"彩云道："今日干系虽担，却救了一条性命。"二人闲说不提。

且说双星亲眼见小姐特为他来，亲耳听见小姐说出许多应承之话，心下只一喜，早不知不觉地病都好了。忙走回书房，叫青云收拾饭吃。吃过饭，即入内来拜谢夫人。夫人见他突然好了，喜之不胜，又留他坐了，问长问短。双星因有小姐功名二字在心，便一心只想着读书。只因这一读，有分教：佳人守不着才子，功名盼不到婚姻。不知后事如何，且听下回分解。

第七回 私心才定忽惊慈命促归期
好事方成又被狡谋生大衅

词云：

> 幽香才透春消息，喜与花相识。谁知桂子忽惊秋，一旦促他归去使人愁。
> 闺中帘幕深深护，燕也无寻处。钻窥无奈贼风多，早已颠形播影暗生波。

寄调《虞美人》

话说双星自在小圆窗里，亲见了蕊珠小姐，面订了婚姻之盟，便欢喜不胜，遂将从前忧疑之病，一旦释然，又想着小姐功名之言，遂安心以读书为事，每日除了入内问安之外，便只在书房中用功努力。小姐暗暗打听得知，甚是敬重。此时江章已回家久矣，每逢着花朝月夕，就命酒与双星对谈，见双星议论风生，才情焕发，甚是爱他。口中虽不说出，心中却有个暗暗择婿之意。双星隐隐察知，故愈加孝敬，以感其心。况入内问安，小姐不负前言，又常常一见，虽不能畅快交言，然眉目之间，留情顾盼，眷恋绸缪，不减胶漆。正指望守得父母动情，以图好合，不期一日，忽青云走来报道："野鹤回来了。"双星忙问道："野鹤在哪里？"青云道："在里边见老爷夫人去了。"双星连忙走入内来。野鹤看见，忙叩见道："蒙公子差回，家中平安，夫人康泰，今着小人请公子早回。"遂在囊中取出双夫人的书来送上。双星接了，连忙拆开一看，只见上面写的是：

> 野鹤回，知汝在浙，得蒙江老伯及江老伯母，念旧相留，不独年谊深感，且不忘继立旧盟，置之子舍，恩何深而义何厚也！自应移孝事之，但今秋大比，乃汝立身之际，万不可失。可速速回家，早成前人之业，庶不负我一生教汝之苦心。倘有寸进，且可借此仰报恩父母之万一。字到日，可即治装，毋使我倚闾悬望。至嘱！至嘱！外一函并土仪八色，可致江老伯暨江老伯母叱存，以表远意。

母文氏字

双星看完,沉吟不语。江章因问道:"孩儿见书,为何不语?"双星只得说道:"家慈书中,深感二大人之恩,如天高地厚。但书中言及秋闱,要催孩儿回去,故此沉吟。"遂将母亲的书送上与江章看。江章看完,因说道:"既是如此,只得要早些回去。"此时小姐,正立在父母之旁,双星因看小姐一眼,说道:"孩儿幼时,已昧前因,到也漠然罢了。但今既已说明,又蒙二大人待如己出,孩儿即朝夕侍于尊前,犹恐不足展怀,今何敢轻言远去。况功名之事尚有可待,似乎从容可也。"夫人因接说道:"我二人老景,得孩儿在此周旋,方不寂寞,我如何舍得他远行?"江章笑道:"孩儿依依不去,足见孝心。夫人留你不舍,实出爱念。然皆儿女之私,未知大义。当日双年兄书香一脉,今日年嫂苦守,皆望你一人早续。今你幼学壮行,已成可中之才,不去冠军,而寄身于数千里之外,悠忽消年,深为可惜。况年嫂暮年,既有字来催,是严命也,孩儿怎生违得?"双星只得低头答应道:"是。"夫人见老爷要打发他回去,知不可留,止不住堕泪。小姐听见父亲叫双星回去,又见母亲堕泪,心中不觉凄楚。恐被人看见,连忙起身回房去了。双星忽抬头,早不见了小姐。只得辞了二人,带了野鹤,回书房去了。正是:

见面虽无语,犹承眉目恩。
一朝形远隔,那得不消魂。

夫人见双星要回家去秋试,一时间舍不得他,因对江章说道:"你我如此暮年,无人倚靠,一向没有双元倒也罢了,他既在我家,住了这许久,日日问安,时时慰藉,就如亲子一般。他今要去。实是一时难舍。况且我一个女孩儿,年已长大,你口里只说要择个好女婿,择到如今,尚没些影,既没儿子,有个女婿,也可消消寂寞。"江章笑道:"择婿我岂不在心。但择婿乃女孩儿终身大事,岂可草草许人,择到如今,方有一人在心上,且慢慢对你说。"夫人道:"你既有人中意,何不对我说明,使我也欢喜欢喜。"江章道:"不是别人,就是双星。我看他少年练达,器宇沉潜,更兼德性温和,学高才广,将来前程远大,不弱于我。选为女孩儿作配,正是一对佳人才子。"夫人听见要招双星为婿,正合其心,不胜大喜道:"我也一向有此念,要对你说,不知你心下如何,你既亦有此心,正是一对良缘,万万不可错过。你为何还不早说?"江章道:"此事止差两件,故一向踌躇未定。"夫人道:"你踌躇何事?"江章道:"一来你我只得这个女儿,岂肯嫁出,况他家路远,恐后来不便。二来我堂堂相府,不便招赘白衣,故此踌躇。"夫人道:"他原是继名于我的,况他又有兄弟在家,可以支持家事。若虑嫁出,只消你写书致意他母亲，留他在此，料想双星也情愿。至于功名，那里拘得定。你见那家的小姐，就招了举人、进士？只要看得他文才果是如何。"江章道："他的文才，实实可中，倒不消虑得。"夫人道："既是如此，又何消踌躇？"江章道："既夫人也有此意，我明日便有道理。"二人商量不提。

却说小姐归到拂云楼，暗暗寻思道："双郎之盟，虽前已面订，实指望留他久住，日亲日近，才色对辉，打动父母之心，或者侥幸一时之许可。不期今日陡然从母命而归，虽功名成了，亦是锦上之花。但恐时事多更，世情有变，未免使我心恻恻，为之奈何？"正沉吟不悦，忽彩云走来说道："小姐恭喜了！"小姐道："不要胡说，我正在愁时，有何喜可言？"彩云遂将老爷与夫人商量，要取双公子为婿之言，细细说了一遍，道："这难道不是喜吗？"小姐听了，方欣然有喜气道："果是真吗？"彩云道："不是真，终不成彩云敢哄骗小姐？"小姐听了，暗暗欢喜不提。

却说双星既得了母亲的书信，还打帐延挨，又当不得江老，引大义促归，便万万不能停止。欲要与小姐再亲一面，再订一盟，却内外隔别，莫说要见小姐无由，就连彩云，也不见影儿，心下甚是闷苦。过不得数日，江章与夫人因有了成心，遂择一吉日，吩咐家人备酒，与公子饯行。不一时完备。江章与夫人两席在上，双星一席旁设。大家坐定，夫人叫请小姐出来。小姐推辞，夫人道："今日元哥远行，既系兄妹，礼应祖饯。"小姐只得出来，同夫人一席，饮到中间，江章忽开口对双星说道："我老夫妇二人，景入桑榆，自惭无托，唯有汝妹，承欢膝下，娱我二人之老。又喜他才华素习，诚有过于男子，是我夫妻最所钟爱。久欲为他选择才人，以遂室家，为我半子。但他才高色隽，不肯附托庸人，一时未见可儿，故致愆期到此，是我一件大心事未了。但恨才不易生，一时难得十全之婿。近日来求者，不说是名人，就说是才子，及我留心访问，又都是些邀名沽誉之人，殊令人厌贱。今见汝胸中才学，儒雅风流，自取金紫如拾芥，选入东床，庶不负我女之才也。吾意已决久矣，而不轻许出口者，意欲汝速归夺锦，来此完配，便彼此有光。不知你心下如何？若能体贴吾意，情愿乘龙，明日黄道吉辰，速速治装可也。"双星此时在座吃酒，胸中有无限的愁怀。见了小姐在座，说又说不出来，唯俯首寻思而已。忽听见江章明说将小姐许他为妻，不觉神情踊跃，满心欢喜。连忙起身，拜伏于地道："孩儿庸陋，自愧才疏，非贤妹淑人之配。乃蒙父母二大人眷爱，移继子而附荀香，真天高地厚之恩，容子婿拜谢！"说罢，就在江章席前四拜，拜完，又移到夫人席前四拜。小姐听见父亲亲口许配双星，暗暗欢喜，又见双星拜谢父母，便不好坐在席间，连忙起身入内去了。

双星拜罢起来，入席畅饮，直饮得醺醺然，方辞谢出来。归到书房，不胜快活。所不满意者，只恨行期急促，不能久停，又无人通信，约小姐至小窗口一别，心下着急。到了次日，推说舍不得夫人远去，故只在夫人房中走来走去，指望侥幸再见小姐一面。谁知小姐自父母有了成言，便绝迹不敢复来，唯托彩云取巧传言。双星又来回了数次，方遇见彩云，走到面前低低说道："小姐传言，说事已定矣，万无他虑。今不便再见，只要大相公速去取了功名，速来完此婚好，不可变心。"双星听了，还要与他说些什么，不期彩云，早已避嫌疑走开了。双星情知不能再见，无可奈何，只得归到书房去，叫青云、野鹤收拾行李。

到了临行这日，江章与夫人请他入去一同用饭。饭过，夫人又说道："愿孩儿此去，早步蟾宫，桂枝高折，速来完此良姻，莫使我二人悬念。"双星再拜受命。夫人又送出许多礼物盘缠，又书一封问候双夫人。双星俱受了，然后辞出。夫人含泪，送至中门，此时小姐不便出来，唯叫彩云暗暗相送，双星唯眉目间留意而已。江章直送出仪门之外，双星方领了青云、野鹤二人上路而行。正是：

> 来时原为觅佳人，觅得佳人拟占春。
> 不道功名驱转去，一时盼不到婚姻。

双星这番在路，虽然想念小姐，然有了成约，只要试过，便来做亲，因此喜喜欢欢，兼程而进，且按下不提。

却说上虞县有一个寄籍的公子，姓赫名炎，字若赤。他祖上是个功臣，世袭侯爵，他父亲现在朝中做官，因留这公子在家读书。谁知这公子，只有读书之名，却无读书之实，年纪虽止得十五六岁，因他是将门之子，却生得人物魁伟，情性豪华，挥金如土，便同着一班门下帮闲，终日在外架鹰放犬的打围，或在花丛中作乐，日则饮酒食肉，夜则宿妓眠娼，除此并无别事。不知不觉，已长到二十岁了。这赫公子因想道："我终日在外，与这些粉头私窠打混，虽当面风骚，但我前脚出门，他就后脚又接了新客，我的风骚已无迹影。就是包年包月，眼睛有限，也看管不得许多，岂不是多年子弟变成龟了！我如今何不聘了一头亲事，少不得是乡宦人家的千金小姐，与他在家中朝欢暮乐，岂不妙哉！"主意定了，就与这班帮闲说道："我终日串巢窠，嫖婊子，没个尽头的日子。况且我父亲时常有书来说我，家母又在家中琐碎，也觉得耳中不清净。况且这些娼妓们，虚奉承，假恩爱的熟套子看破了，也觉有些惹厌。我如今要另寻一个实在受用的所在了。"这班帮闲，听见公子要另寻受用，便一个个逞能划策，争上前说道："公子若是喜新厌旧，憎嫌前边的这几个女人，如今秦楼上，又新到了几个有名的娼妓，楚馆中，又才来了几个出色的私窠，但凭公子去拣选中意的受用，我们无不帮衬。"赫公子笑道："你们说的这些，都不是我的心事了。我如今只要寻一位好标致小姐，与我做亲，方是我的实受用。你们可细细去打听，若打听得有甚大乡宦人家出奇的小姐，说合成亲，我便每人赏你一个大元宝，决不食言！"这些帮闲，正要撺掇他去花哄，方才有得些肥水入己，不期今日公子看破了婊子行径，不肯去嫖，大家没了想头，一个个垂头丧气。及听到后来要他们出去打听亲事，做成了媒，赏一个大元宝，遂又一个个摩拳擦掌地说道："我只说公子要我们去打南山的猛虎、锁北海的蛟龙，这便是难事了。若只要我们去做媒，不是我众人夸口说，浙江一省十一府七十五县，城里城外，各乡各镇，若大若小乡宦人家的小姐，标致丑陋，长短身材，我们无不晓得。况且重赏之下，必有勇夫，这是极容易的事。"公子听了，大喜道："原来你们这样停当，可作速与我寻来，我捡中意的就成。"

不数日，这些帮闲，果然就请了无数乡宦人家小姐的生辰八字，来与公子捡择。偏生公子会得打听，不是嫌他官小，就是嫌他人物平常。就忙得这些帮闲，日日钻头觅缝去打听，要得这个元宝，不期再不能够中公子之意。忽一日，有个帮闲叫作袁空在县中与人递消息，因知县尚未坐堂，他便坐在大门外石狮子边守候。只见一个老儿，手里拿着一张小票，一个名帖，在那里看。这袁空走来看见，因问道："你这老官儿，既纳钱粮，为何又有名帖？"那老儿说道："不要说起，我这钱粮，是纳过的了。不期新官到任，被书吏侵起，前日又来催征。故我家老爷，叫我来查。"袁空连忙在这老儿手中，取过名帖来看，见上写着有核桃大的三个大字，是"江章拜"。因点头说道："你家老爷，致仕多年，闻得年老无子，如今可曾有公子吗？"那老儿道："公子是没有，止生得一位小姐。"袁空便留心问道："你家小姐，今年多大了？"那老儿道："我家小姐，今年十六岁了。"袁空道："你家小姐，生得如何？可曾许人家吗？"那老儿见问，一时高兴起来，就说道："相公若不问起我家小姐便罢，若问起来，我家这位小姐，真是生得千娇百媚，美玉无瑕，袅袅如风前弱絮，婷婷似出水芙蓉。我家老爷爱他，无异明珠，取名蕊珠小姐，又教他读书识字。不期小姐天生的聪明，无书不读，如今信笔挥洒，龙蛇飞舞，吟哦无意，出口成章，真是青莲减色，西子羞容。只因我家老爷要选个风流才子，配合这窈窕佳人，一时高不成，低不就，故此尚然韫椟而藏。"袁空听了，满心欢喜。因又问道："你在江老爷家是甚员役？"那老儿笑嘻嘻说道："小老儿是江太师老爷家一员现任的门公江信便是。"袁空听了，也忍笑不住。不一时，知县坐堂，大家走开，袁空便完了事情回来。一路上侧头摆脑的算计道："他两家正是门当户对，这头亲事，必然可成，我这元宝哥哥，要到我手中了。"遂不回家，一径走来，寻见赫公子，说道："公子喜事到了！我们这些朋友，为了公子的亲事，那一处不去访求，真是茅山祖师，照远不照近。谁知这若耶溪畔，西子重生，洛浦巫山，神女再出，公子既具五陵豪侠，若无这位绝世佳人，与公子谐伉俪之欢，真是错过。"赫公子听了笑道"我一向托人访问，并无一个出色稀奇的女子。你今日有何所见，而如此称扬？你且说是那家的小姐，若说得果有些好处，我好着人去私访。"袁空笑道："若是别人走来报这样的喜讯，说这样的美人，必要设法公子开个大大的手儿，方不轻了这位小姐。只是我如何敢揩勒公子，只得要细说了。"只因这一说，有分教：抓沙抵水，将李作桃。不知后事如何，且听下回分解。

词云：

千春万杵捣玄霜，指望成时，快饮琼浆。奈何原未具仙肠，只合青楼索酒尝。

从来买假是真方，莫嫌李苦，惯代桃僵。忙忙识破野鸳鸯，早已风流乐几场。

寄调《一剪梅》

　　话说袁空，因窃听了江蕊珠小姐之名，便起了不良之心，走来哄骗赫公子道："我今早在县前，遇着一个老儿，是江阁老家的家人江信。因他有田在我县中，叫家人来查纳过的钱粮。我问他近日阁老如何，可曾生了公子。那家人道：'我家老爷公子到不曾生，却生了一位赛公子的小姐，今年十六岁。'我问他生得如何，却喜得这老儿不藏兴，遂将这小姐取名蕊珠，如何标致，如何有才，这江阁老又如何爱他，又如何择婿，如此如此，这般这般，真是说与痴人应解事，不怜人处也怜人。"赫公子听了半晌，忽听到说是什么百媚千娇，又说是什么西子神女，又说是什么若耶洛浦，早将赫公子说得一如雪狮子向火，酥了半边，不觉大喜道："我如今被你将江蕊珠小姐一顿形容，不独心荡魂消，只怕就要害出相思病来了。你快些去与我致意江老伯，说我赫公子爱他的女儿之极，送过礼去，立刻就要成亲了。"袁空听了大笑道："原来公子徒然性急，却不在行。一个亲事，岂这等容易？就是一个乡村小人家的儿女，也少不得要央媒说合，下礼求聘，应允成亲，何况公子是公侯之家，他乃太师门第。无论有才，就是无才，也是一个千金小姐，娇养闺中，岂可造次，被他笑公子自大而轻人了。"赫公子道："依你便怎么说？"袁空道："依我看来，这头亲事，公子必须央寻一个贵重的媒人去求，方不失大体。我们只好从旁赞襄而已。公子再不惜小费，我们转托人在他左近，称扬公子的好处。等江阁老动念,然后以千金为聘,则无不成之理。"公子道:"你也说得是。我如今着人去叫绍兴府知府莫需去说。你再去相机行事,你道好吗?"袁空道:"若是知府肯去为媒,自然稳妥。"公子连忙叫人写了一封书,一个名帖,又吩咐了家人许多言语。

到了次日,家人来到府中,也不等知府升堂,竟将公子的书帖投进。莫知府看了,即着衙役唤进下书人来吩咐道:"你回去拜上公子,书中之事,我老爷自然奉命而行。江太师台阁小姐,即是淑女,公子侯门贵介,又是才郎,年齿又相当,自然可成。只不知天缘若何,一有好音,即差人回复公子也。"又赏了来人路费。来人谢赏回家,将知府吩咐的话说知,公子甚是喜欢不提。

却说这知府是科甲出身,做人极是小心,今见赫公子要他为媒,心下想道:"一个是现任的公侯,一个是林下的宰相。两家结亲,我在其中撮合,也是一件美事。"因捡了一个黄道吉日,穿了吉服,叫衙役打着执事,出城望笔花墅而来。不一时到了山中村口,连忙下轿,走到江府门前,对门上人说道:"本府有事,要求见太师老爷。今有叩见的手本,乞烦通报。"门上人见了,不敢怠慢,连忙拿了手本进来。

此时江章正坐在避暑亭中,忽见家人拿着一个红手本进来说道:"外面本府莫太爷,要求见老爷,有禀帖在此。"连忙呈上。江章看了,因想道:"我在林下多年,并不与府县官来往,他为何来此?欲不出见,他又是公祖官,只说我轻他,况且他是科目出身,做官也还清正,不好推辞。"只得先着人出去报知,然后自己穿了便服,走到阁老厅上,着人请太爷相见。

知府见请,连忙将冠带整一整,遂一步步走上厅来,江章在厅中,略举手一拱。莫知府走入厅中,将椅摆在中间,又将衣袖一拂道:"请老太师上坐,容知府叩见!"便要跪将下去,江章连忙扶住说道:"老夫谢事已久,岂敢复蒙老公祖行此过礼,使老夫不安,只是常礼为妙。"知府再三谦让,只得常礼相见。傍坐,茶过,叙了许多寒温。江章道:"值此暑天,不知老公祖何事贲临?幸乞见教。"莫知府连忙一揖道:"知府承赫公子见托,故敢趋谒老太师。今赫公子乃赫侯之独子,少年英俊,才堪柱国,谅太师所深知也。今公子年近二十,丝萝无系足之缘,中匮乏频繁之托。近闻老太师闺阃藏珠,未登雀选,因欲侍立门墙,以作东床佳婿,故托知府执柯其间,作两姓之欢,结三生之约。一是勋侯贤子，一是鼎鼎名姝，若谐伉俪，洵是一对良缘。不识老太师能允其请否？"江章道："学生年近衰耄，止遗弱质。只因他赋性娇痴，老夫妇过于溺爱，择婿一事，未免留心，向来有求者，一无可意之人，往往中止。不意去冬，蜀中双年兄之子念旧，存问于学生，因见他翩翩佳少，才学渊源，遂与此子定姻久矣。今春双年嫂有字，催他乡试，此子已去就试，不久来赘。乞贤太守致意赫公子，别缔良缘可也。"莫知府道："原来老太师东床有婿，知府失言之罪多多矣，望老太师海涵。"连忙一恭请罪。江章笑道："不知何妨，只是有劳贵步，心实不安。"说罢，莫知府打躬作别，江章送到阶前，一揖道："恕不远送了。"莫知府退出，上轿回府，连夜将江阁老之言，写成书启，差人回复赫公子去了。

差人来见公子，将书呈上。公子只说是一个喜信，遂连忙拆开一看，却见上面说的，是江章已与双生有约，乞公子别择贤门可也。公子看完，勃然大怒，因骂道："这老匹夫，怎么这样颠倒！我一个勋侯之子，与你这退时的阁老结亲，谁贵谁荣？你既自己退时，就该要攀高附势，方可安享悠久。怎么反去结识死过的侍郎之子，岂非失时的偏寻倒运了！他这些说话，无非是看我们武侯人家不在眼内，故此推辞。"众帮闲见赫公子恼怒不息，便一齐劝解。袁空因上前说道："公子不须发怒，从来亲事，再没个一气说成的。也要三回五转，托媒人不惜面皮，花言巧语去说，方能成就。我方才细细想来，江阁老虽然退位，却不比得削职之人。况且这个知府，虽然是他公祖官，然见他阁下，必是循规蹈矩，情意未必孚洽。情意既不孚洽，则自不敢为公子十分尽言。听见江阁老说声不允，他就不敢开口，便来回复公子，岂不他的人情就完了。如今公子若看得这头亲事不十分在念，便丢开不必提了。若公子果然真心想念，要得这个美貌佳人，公子也惜不得小费，我们也辞不得辛苦。今日不成，明日再去苦求，务必玉成，完了公子这心愿。公子意下如何？"赫公子听了大喜道："你们晓得我往日的心性，顺我者千金不吝；逆我者半文不与。不瞒你说，我这些时，被你们说出江小姐的许多妙处，不知怎么样，就动了虚火，日间好生难过，连夜里俱梦着与小姐成亲。你若果然肯为我出力，撮合成了，我日后感念你不小。况且美人难得，银钱一如粪土。你要该用之处，只管来取，我公子决不吝惜。"袁空笑说道："公子既然真心，前日所许的元宝，先拿些出来。分派众人，我就好使他们上心去做事。"公子听了，连忙入内，走进库房，两手拿着两个元宝出来,都掷在地下道:"你们分去,只要快些上心做事!"袁空与众帮闲连忙拾起来,说道:"就去,就去!"遂拿着元宝,别了公子出来。

众人俱欢天喜地。袁空道:"你们且莫空欢喜,若要得这注大财,以后凡事须要听我主张,方才妥帖。"众人道:"这个自然,悉听老兄差遣。"袁空道:"我们今日得了银子,也是喜事,可同到酒店中去吃三杯,大家商量行事。"众人道:"有理,有理。"遂走入城中,捡一个幽静的酒馆,大家坐下。不一时酒来,大家同饮。袁空说道:"我立才细想,为今之计,我明日到他近处,细细访问一番,若果然有人定去,就不必说了;若是无人,我回来叫公子再寻托有势力的大头脑去求,只怕江阁老也辞不得他。"众人道:"老兄之言,无不切当。"不一时酒吃完,遂同到银铺中,要将银分开。众人道:"我们安享而得,只对半分开,你得了一个,这一个,我们同分吧。"袁空推逊了几句,也就笑纳了,遂各自走开不提。

却说这蕊珠小姐,自从双星别后,心中虽是想念,幸喜有了父母的成约,也便安心守候,不期这日,听见本府莫太爷受了赫公子之托,特来做媒,因暗想道:"幸喜我与双星订约,又亏父母亲口许了,不然今日怎处?"便欢欢喜喜,在闺中作诗看书不提。正是:

> 一家女儿百家求,一个求成各罢休。
>
> 谁料不成施毒意,巧将鸦鸟作雎鸠。

却说袁空果然悄悄走到江家门上,恰好江信在楼下坐着,袁空连忙上前拱手道:"老官儿,可还认得我吗?"江信见了,一时想不起来,道:"不知在何处会过,到有些面善。"袁空笑道:"你前日在我县中相遇,你就忘了。"江信想了半日道:"可是在石狮子前相见的这位相公吗?"袁空笑道:"正是。"江信道:"相公来此何干?"袁空道:"我有一个相知在此,不期遇他不着,顺便来看看你。"江信道:"相公走得辛苦了,可在此坐坐,我拿茶出来。"袁空道:"茶到不消,你这里可有个酒店吗? 我走得力乏了,要些接力。"江信道:"前面小桥边亭子上,就是个酒店,我做主人请相公罢。"袁空道:"岂有此理,我初到这里不熟,烦老兄一陪。"原来这江信是个酒徒,听见吃酒,就有个邀客陪主之意,今见袁空肯请他,便不胜欢喜道:"既是相公不喜吃冷静杯,小老儿只得要奉陪了。"

于是二人离了门前,走入酒店,两人对酌而饮。江信吃了半日,渐有醉意,因停杯问道:"我这人真是懵懂,吃着酒,连相公姓名也不曾请教过。"袁空笑道:"我是上虞县袁空。"二人又吃了半晌,袁空便问道:"你家老爷,近日如何?"江信道:"我家老爷,在家无非赏花赏月,山水陶情而已。"袁空道:"前日我闻得赫公子央你府中太爷为媒,求聘你家小姐,这事有的吗?"江信道:"有的,有的。但他来得迟了,我家小姐已许人了。"袁空吃惊问道:"我前日在县前会你,你说老爷择婿谨慎,小姐未曾许人。为何隔不多时,就许人了?"江信道:"我也一向不晓得,就是前日太爷来时,见我家老爷回了,我想这侯伯之家结亲,也是兴头体面之事,为何回了?我家妈妈说道:'你还不知道,今年春天,老爷夫人当面亲口许了双公子,今年冬天就来做亲了。'我方才晓得小姐是有人家的了。"袁空道:"这双公子,为何你家老爷就肯将小姐许他?"江信便将双公子少年多才,是小时就继名与老爷为子的,又细细说了一番,他是姨兄妹成亲的了。袁空听了,心下冷了一半。坐不得一会,还了酒钱起身。江信道:"今日相扰,改日我做东吧。"

袁空别过,一路寻思道:"我在公子面前,夸了许多嘴,只说江阁老是推辞说谎,谁知果有了女婿。我如今怎好去见公子!倘或发作起来,说我无用,就要将银子退还他了。"遂一路闷闷不快,只得先到家中。妻子穆氏与女儿接着,穆氏问道:"你去江阁老家做媒,事情如何了?"袁空只是摇头,细细说了一遍,道:"我如今不便就去回复公子,且躲两日,打点些说话,再去见他方好。"

这一夜,袁空同着妻子睡到半夜,因想着这件事,便翻来覆去,因对穆氏说道:"我如今现拿着白晃晃的一个元宝,在家放着,如今怎舍得轻轻送出?我如今只得要如此如此,这般这般,倒也是件奇事。况众帮闲俱是得过银子的,自然要出力帮我,你道如何?"穆氏听了,也自欢喜道:"只要做得稳妥,也是妙事。"

袁空再三忖度,见天色已明,随即起来,吃些点心出门。寻见这几个分过银子的帮闲,细细说知道:"江家事万万难成,今日只得要将原银退还公子了。"众人见说,俱哑口不言。袁空道:"你们不言不语,想是前日的银子用去了?"众人只得说道:"不瞒袁兄说，我们的事，你俱晓得的，又不会营运，无非日日只靠着公子，赚些落些，回去养妻子。前日这些些，拿到家中，不是籴米，就是讨录，并还店账去了。你如今来要，一时如何有得拿出来？"袁空听了着急道："怎么你们这样穷？一个银子到手，就完得这样快！我的尚原封不动在那里。如今叫我怎样去回公子？倘然公子追起原银，岂不带累我受气！受气还是小事，难道你们又赖得他的？只怕明日送官送府追比，事也是有的。你们前日不听见公子说的，逆他者分文不与。我若今日做成了这亲事，再要他拿出几个来，他也是欢喜的。如今叫我怎么好？"众人俱不作声，只有一个说道："这宗银子，公子便杀我们，也无用，只好寻别件事补他罢。再不然，我们众人，轮流打听，有好的来说，难道只有江小姐，是公子中意的？"袁空道："你们也不晓得公子的心事。我前日在他面前说得十分美貌，故他专心要娶，别人决不中意。我如今细想了一个妙法，唯有将计就计，瞒他方妙。只要你们大家尽心尽力，若是做成，不但前银不还，后来还要受用不了，还可分些你们用用。你们可肯吗？"众人听了大喜道："此乃绝美之事，不还前银，且得后利，何乐而不为？你有甚妙法，快些说来，好去行事。"袁空道："江家亲事，再不必提了。况且他是个相府堂堂阁老，我与你一介之人，岂可近得正人君子？只好在这些豪华公子处，胁肩献笑，甘作下流，鬼混而已。如今江小姐已被双星聘去，万无挽回之处。若要一径对公子说去，不但追银，还讨得许多不快活。将来你我的衣食饭碗，还要弄脱。如今唯有瞒他一法，骗他一场，落些银子，大家去快活罢了。"众人道："若是瞒得他过，骗得他倒，可知好哩。但那里去寻这江小姐嫁他？"袁空道："我如今若在婊子中挑选美貌，假充江小姐嫁去成亲，后来毕竟不妥。况且不是原物，就要被他看破。若是弄了他聘礼，瞒着人悄悄买个女子，充着嫁去，自然一时难辨真假，倒也罢了。只是这一宗富贵，白白总承了别人，甚是可惜。我想起来，不如你们那家，有令爱的，假充嫁去，岂不神不知鬼不觉的一件妙事？"众人听了道："计策虽好，只是我们的女儿，大的大，小的小，就是不大不小，也是拿不出的人物，怎好假充？这个富贵，只好让别人罢了。"袁空道："这就可惜了。"内中一个说道："我们虽然没有，袁兄你是有的，何不就借重令爱吧。"袁空道："我这女儿，虽然有三分颜色，今年十七岁了，我一向要替他寻个好丈夫，养我过日子的。我如今也只得没奈何，要行此计了。"众人见袁空肯将女儿去搪塞赫公子，俱欢喜道："若得令爱嫁了他，我们后来走动,也有内助之人了;只不知明日怎样个嫁法,也要他看不破方好。"袁空道:"如今这件事,我因你们银子俱花费了,叫我一时没法,故行此苦肉计。如今我去见公子,只说是江阁老应承,你们在公子面前,多索聘金,我也不愿多得,也照前日均分,大家得些何如?"众人听了,俱大喜道:"若是如此,袁兄是扶持我们赚钱了。"袁空道:"一个弟兄相与,那里论得。"众人又问道:"日后嫁娶,又如何计较?"袁空道:"我如今也打点在此。"因附耳说道:"以后只消如此这般。"众人听了大喜。袁空别过,自去见赫公子。只因这一去,有分教:假假承当,真真错人。不知后事如何,且听下回分解。

第九回　巧帮闲惯弄假藏底脚贫女穴中
　　　　　瞎公子错认真饱老拳文人峰下

词云：

> 桃花招，杏花邀，折得来时是柳条。任他骄，让他刁，暗引明挑，淫魂早已消。
> 有名有姓何曾冒，无形无影谁知道。既相嘲，肯相饶，说出根苗，先经这一
> 遭。

寄调《梅花引》

　　话说袁空，要将女儿哄骗赫公子，只得走回家商量。原来袁空的这个女儿，叫作爱姐，倒也还生得唇红齿白，乌头黑鬓，且伶牙俐齿，今年十七岁了。因袁空见儿子尚小，要招个女婿在家养老。一时不凑巧，故尚没人来定。这爱姐既已长成，自知趣味，见父母只管耽搁他，也就不耐烦，时常在母亲面前使性儿淘气。这日袁空回来，见了这锭元宝，一时不舍得退还，就想出这个妙法来抵搪。这个穆氏又是个没主意之人，听见说要嫁与公子，想着有了这个好女婿，自然不穷了。就欢欢喜喜，并不拦阻，只愿早些成事。袁空见家中议妥，遂将这些说话，笼络了众人，又见众人俱心悦诚服，依他调度行事，便满心快活，来见公子，笑嘻嘻地说道：“我就说莫知府的说话，是个两面光鲜，不断祸福，得了人身就走的主儿。不亏我有先见之明岂不将一段良缘当面错过。”赫公子听了大喜，连忙问道：“江小姐亲事，端的如何？你惯会刁难人，不肯一时说出，竟不晓得我望得饿眼将穿，你须快些说来为妙。”袁空笑说道：“公子怎这样性急，一桩婚姻大事，也要等我慢慢地说来。我前日一到了江家，先在门上用了使费，方才通报。老太师见我是公子遣来，便不好轻我，连忙出来接见。我一见时，先将公子门第人物，赞扬了一番，然后说出公子求婚，如何至诚，如何思慕。江太师见我说话切当入情，方笑说道：‘前日莫知府来说，只不过泛泛相求，故此未允。今你既细陈公子之贤，我心已喜。但小女娇娃，得与公子缔结丝萝，不独老夫有幸，实小女之福也。’我见他应允，因再三致谢。又蒙老太师留我数日，临行，付我庚帖，又嘱我再三致意公子。”连忙在

袖中取出庚帖。公子看见大喜道:"我说江老伯是仕路之人,岂不愿结于我。也亏你说话伶俐,是我的大功臣了。"这几个帮闲在旁,同声交赞说:"袁空真是有功。"袁空道:"小姐庚帖已来,公子也要卜一卜,方好定行止。"公子笑道:"从来不疑,何卜?这段姻缘是我心爱之人,只需择日行聘过去,娶来就是了。"忙取历日一看道:"七月初二好日行聘,八月初三良辰结亲。"袁空依允别去了。过了两日,就约了众帮闲商量道:"不料公子这般性急,如今日子已近,我已寻了一个好所在,明日好嫁娶。你们须先去替我收拾,我好搬来。"众人问道:"在那里?"袁空道:"在绍兴府城南,云门山那里,是王御史的空花园,与江阁老家,只离得二十多里。管园的与我相好,我已对他说明,是我嫁女儿。在赫家面前,只说江老爷爱静,同夫人小姐在园中避暑,就在此嫁娶。"众人听了大喜,连忙料理去了。袁空又隔了两日,果然将妻子女儿,移在园中住下。自己又来分派主张行礼,真是有银钱做事,顷刻而成。众帮闲在公子面前,撺掇礼物,必要从厚,公子又不惜银钱,只要好看。果然聘礼千金,彩缎百端,花红洋酒糕果之类,真是件件齐整。因是路远,先一日下船,连夜而行。众帮闲俱在船中饮酒作乐。将到天明,远远一只小船摇来,到了大船边,却是袁空,连忙上了大船,进舱对众家人们说道:"幸而我先去说声,如今江老爷不在家中,已同夫人小姐,俱在云门山园中避暑静养。你们如今只往前面小河进去,我先去报他们知道。"又如飞去了。袁空到了园中,久已准备了许多酒席,又雇了许多乡人伺候。不一时,一只大座船,吹吹打打,拢近岸来。赫家家人将这些礼物搬进厅堂,袁空叫这些乡人逐件搬了进去,与穆氏收拾。袁空就对赫家家人说道:"老太师爷微抱小恙,不便出来看聘了。"于是大吹大擂,管待众帮闲及赫家家人,十分丰盛,俱吃得尽欢。袁空又叫乡人在内搬出许多回聘,交与来人,然后上船而去。正是:

> 野花强窃麝兰香,村女乔施美女装。
>
> 虽然两般同一样,其中只觉有商量。

赫公子等家人回来,看见许多回聘,满心快活,眼巴巴只等与小姐做亲不提。

却说袁爱姐,见父母搬入园中,忽又是许多人服侍起来,又忽见人家送进许多礼物,俱是赤金白银,钗环首饰,又有黄豆大的粗珠子,心中甚是贪爱。又见母亲手忙足乱的收藏,正不知是何缘故。忙了一日,到了夜间,袁空关好了房门,方悄悄对女儿爱姐说道:"今日我为父的费了无限心机,方将你配了天下第一个富豪公子。"遂将始末缘由,细细告知女儿。又说道:"你如今须学些大人家的规模,明日嫁去,不可被他看轻,是你一生的受用。况且这公子,是女色上极重的,你只是样样顺他,奉承他,等他欢喜了,然后慢慢要他伏小。那时就晓得是假的,他也变不过脸来了。如今有了这些缎匹金银,你要做的,只管称心做去。"这爱姐忽听见将他配了赫公子,今日这些礼物,都是他的,就喜得眉欢眼笑起来。便去开箱倒笼,将这些从来不曾看见过的绫罗缎匹,首饰金银,细细看。想道:"这颜色要做什么衣服,那金子要打造甚时样首饰。"盘算了一夜,何曾合眼。过了一两日,袁空果然将些银两,分散与众帮闲,各人俱感激他。袁空见日子已近,就去叫了几个裁缝,连夜做衣,又去打些首饰,就讨了四个丫鬟,又托人置办了许多嫁妆,一应完备。

　　不知不觉,早又是八月初二,赫公子叫众帮闲到江家来娶亲。众帮闲带领仆从,并娶亲人役,又到了云门山花园门首。一时间,流星火炮,吹吹打打,好不热闹。穆氏已将爱姐开面修眉,打扮起来,一时间就好看了许多。袁空与穆氏又传授了许多秘诀。四个丫鬟簇拥出堂前,上了大轿,又扶入船中。袁空随众帮闲,上了小船而来。到了初三黄昏左侧,尚未到赫家河下,赫公子早领了乐人傧相,在那里吹打,放火炮,闹哄哄迎接。袁空忙先去对公子说知:"江太师爷喜静不耐繁杂,故此不来送嫁。改日过门相见,一应事情,俱托我料理。如今新人已到,请公子迎接。"赫公子忙叫乐人傧相,俱到大船边,迎请新人上轿。竟抬到厅前,再三喝礼,轿中请出新人,新郎新妇同着拜了天地,又拜见了夫人,又行完了许多的礼数,然后双双拥入洞房,揭去盖头。赫公子见江小姐打扮得花一团,锦一簇,忙在灯下偷看。见小姐虽无秀媚可飡,却丰肥壮实,大有福相。暗想道:"宰相女儿自然不同。"便满心欢喜,同饮过合卺之卮,就连忙遣开侍女,亲自与小姐脱衣除髻。爱姐也正在可受之年,只略做些娇羞,便不十分推辞,任凭公子搂抱登床。公子是个惯家,按摩中窍,而爱姐惊惊喜喜婉转娇啼,默然承受。赫公子见小姐苦不能容,也就轻怜爱惜,乐事一完,两人怡然而寝。正是:

　　　　看明妓女名先贱,认作私窝品便低。

　　　　今日娶来台鼎女,自然娇美与山齐。

　　到了次日,新郎新妇拜庙,又拜了夫人。许多亲戚庆贺,终日请人吃酒。公子日在酒色之乡,哪里来管小姐有才无才。这袁爱姐又得了父母心传,将公子拿倒,言听计从,无不顺从。外面有甚女家的礼数,袁空自去一一料理。及至赫公子问着江家些事情,又有众帮闲插科打诨,弥缝过去了,故此月余并无破绽看出。袁空暗想道:"我女儿今既他做了贴肉夫妻,再过些时,就有差池,也不怕了。"忽一日赫公子在家坐久,要出去打猎散心取乐，早吩咐家人准备马匹。公子上马，家人们俱架鹰牵犬，一齐出门。只有两个帮闲，晓得公子出猎，也跟了来。一行人众，只捡有鸟兽出入的所在，便一路搜寻。一日到了余姚地方，有一座四明山，赫公子见这山高，树木稠密，就叫家人排下围场，大家搜寻野兽。忽见跳出一个青獐，公子连忙拈弓搭箭，早射中了，那獐负箭往对山乱跑，公子不舍，将马一夹，随后赶来。赶了四五里，那獐不知往哪里走去。公子独自一人，赶寻不见，却远远见一个大寺门前，站着一簇许多人。公子疑惑是众人捉了他的獐子在内，遂纵马赶来。忽见一个小沙弥走过，因问道："前面围着这许多人，莫非捉到正是我的獐吗？"那小沙弥一时见问，摸不着头路，又听得不十分清白，因模模糊糊答应道："这太师老爷正姓江。"赫公子忽听见说是江太师，心下吃了一惊，遂连忙要将马兜住。急奈那马走急了，一时收不住，早跑到寺前。已看见一个白须老者，同着几个戴东坡巾的朋友，坐在那里看山水，说闲话，忙勒转马来，再问人时，方知果是他的丈人。因暗想道："我既马跑到此，这些打围的行径，一定被他看见。他还要笑我新郎不在房中与他小姐作乐，却在此深山中寻野食。但我如今若是不去见他，他又在那里看见了；若是要去见他，又是不曾过门的新女婿。今又这般打扮，怎好相见？"因在马上踌躇了半晌，忽又想道"丑媳妇免不得要见公婆，岂有做亲月余的新女婿，不见丈人之理？今又在此相遇，不去相见，岂不被他笑我是不知礼仪之人，转要怪我了。"遂下了马，将马系在一株树上，把衣服一抖，连忙趋步走到江阁老面前，深深一揖道："小婿偶猎山中，不知岳父大人在此，有失趋避，望岳父大人恕罪。"江章正同着人观望山色，忽见这个人走到面前，如此称呼，心中不胜惊怪道："我与你非亲非故，素无一面，你莫非认错了？"赫公子道："浙中宰相王侯能有几个，焉有差错？小婿既蒙岳父不弃，结为姻眷，令爱蕊珠小姐，久已百两迎归，洞房花烛，今经弥月。正欲偕令爱小姐归宁，少申感佩之私，不期今日草草在此相遇，殊觉不恭，还望岳父大人恕罪。"又深深一揖，低头拱立。江章听了大怒道："我看你这个人，声音洪亮，头大面圆，衣裳有缝，行动有影，既非山精水怪，又不是丧心病狂，为何青天白日，捏造此无稽之谈，殊为可恼，又殊为可笑！"赫公子听了着急道："明明之事，怎说无稽？令爱蕊珠小姐，现娶在我家，久已恩若漆胶，情同鱼水。今日岳丈为何不认我小婿，莫非以我小婿打猎，行藏不甚美观，故装腔不认吗？"江章听了，越发大怒道："无端狂畜，怎敢戏辱朝廷大臣！我小女正金屋藏娇，岂肯轻事庸人，你怎敢诬言斯认，玷污清名，真乃无法无天，自寻死路之人也！"因挥众家人道："可快快拿住这个油嘴光棍，送官究治！"众家人听见这人大言不惭，将小姐说得狼狼藉藉，尽皆怒目狰狞，欲要动手挥拳，只碍着江章有休休容人之量，不曾开口，大家只得忍耐。今见江章动怒叫拿，便一时十数个家人，一齐拥来，且不拿住，先用拳打脚踢，如雨点的打来。赫公子正打帐辩明，要江阁老相认，忽见管家赶来行凶，他便心中大怒道："你这些该死的奴才，一个姑爷，都不认了，我回去对小姐说了，着实处你们这些放肆大胆的奴才！"众人见骂，越发大怒骂道："你这该死的虾蟆，怎敢妄想天鹅肉吃！我家小姐，肯嫁你这个丑驴！"遂一齐打将上来。原来赫公子曾学习过拳棒，一时被打急了，便丢开架子，东西招架。赫公子虽然会打，争奈独自一人，打退这个，那个又来，江家人见他手脚来得，一发攞住不放。公子发怒，大嚷大骂道："我一个赫王侯公子，却被你奴才们凌辱！"众人听见，方知他是个有名的赫痴公子。众人手脚略慢了些，早被赫公子望着空处，一个飞脚，打倒了一个家人，便撺身向外逃走。跑到马前，腾身上马，不顾性命的逃去了。江家人赶来，见他上马，追赶不及，只得回来禀道："原来这人被打急了，方说出是上虞县有名赫痴公子。"江章听了含怒道："原来就是这个小畜生！"因想道："前日托莫知府求亲，我已回了，怎他今日如此狂妄？"再将他方才这些说话，细细想去，又说得有枝有叶。心中想道："我女孩儿好端端坐在家中，受这畜生在外轻薄造言，殊为可恨！此中必有奇怪不明之事，他方敢如此。"因叫过两个家人来吩咐道："你可到赫家左近，细细打听了回我。"两家人领命去了。你道江章为何在此，原来这四明山，乃第九洞天，山峰有二百八十二处，内中有芙蓉等峰，皆四面玲珑，供人游玩。故江章同三四老友来此，今日被赫公子一番吵闹，便无兴赏玩。连夜回家，告知夫人小姐，大家以为笑谈不提。

却说赫家家人在山中打了许多野兽，便撤了围网，只不见了公子。有人看见说道："公子射中了青獐，自己赶过山坡去了。"众家人便一齐寻来。才转过山坡，却见公子飞马而来。众家人歇着等候。不一时马到面前，公子在马上大叫道："快些回去，快些回去！"众家人忙将公子一看，却见公子披头散发，浑身衣服扯碎，众家人见了大惊，齐上前问道："公子同什么人惹气，弄得这般嘴脸回来？"连忙将马头笼住，扶公子下马，忙将带来的衣帽脱换。众家人又问，公子只叫："快些回去，了不得，到家去细说！"众家人俱不知为甚缘故，只得望原路而回。两上帮闲，一路再三细问，方知公子遇着了江阁老，认作丈人，被江阁老喝令家人凌辱，便吓得哑口无言，不敢再问。就担着一团干系，晓得这件事决裂，又不好私自逃走，只得同着公子一路回家。公子一到家中，怒气冲冲，竟往小姐房中直走。爱姐见公子进房，连忙笑脸相迎道："公子回来了？"赫公子怒气填胸，睁着两眼直视道："你可是江蕊珠小姐吗？你父亲不认我做女婿，说你是假的，将我百般凌辱；你今日是真是假，快还我一个明白，好同你去对证。"说罢怒发如雷。爱姐听了，方晓得事情已破，今日事到其间，只得要将父母的心诀行了。遂连忙说道："公子差了，我父亲姓袁，你是袁家的女婿，怎么认在江家名下，做女婿起来？

你自己错了,受人凌辱,怎么回来拿我出气!"赫公子听了大惊道:"我娶的是江阁老的蕊珠小姐,你怎么姓袁?你且说你的父亲端的叫甚名字?"爱姐道:"我父亲终日在你家走动,难道公子不认得?"公子听了,越发大惊道:"我家何曾有你父亲往来?不说明,我要气死也!"爱姐笑道:"我父亲就是袁空。是你千求万求,央人说合,我父亲方应允,将我嫁了你,为何今日好端端走来寻事?"公子听见说是袁空的女儿,就急得暴跳如雷,不胜大怒骂道:"袁空该死的奴才,你是我奴颜婢膝门下的走狗,怎敢将你这贱人,假充了江蕊珠,来骗我千金聘物!我一个王侯公子,怎与你这贱人做夫妻,气死我也!我如今只打死了你这贱人,还消不得我这口恶气!"便不由分说,赶上前,一把揪住衣服,动手就打。爱姐连忙用手架住,不慌不忙的笑说道:"公子还看往日夫妻情分,不可动粗,伤了恩爱。"公子大怒骂道:"贼泼贱!我一个王侯公子,怎肯被你玷辱!"说罢又是一拳打来,爱姐又拦住了,又说笑道:"公子不可如此,我虽然贫贱,是你娶我来的,不是我无耻勾引搭识,私进你门。况且花烛成亲,拜堂见婆,亲朋庆贺,一瓜一葛,同偕到老的夫妻,你还该忍耐三分。"赫公子那里听他说话,只叫打死他,连忙又是一拳打来,又被爱姐接住道:"一个人身总是父母怀胎生长,无分好丑。况且丑妇家中宝,你看我比江小姐差了那一件儿?我今五官俱足,眉目皆全,虽无窈窕轻盈,却也有红有白。况江小姐是深闺娇养,未必如我知疼着热,公子万不可任性欺人。从来说赶人不可赶上,我与你既做了被窝中恩爱夫妻,就论不得孰贵孰贱,谁弱谁强。你今不把我看承,无情无义,我已让过你三拳,公子若不改念,我也只得要犯分了!"公子听罢,越发大怒,骂道:"你这贱人,敢打我吗?气死我也!"又是兜心一拳打来,早被爱姐一把接住,往下一揿,下面又将小脚一勾,公子不曾防备,早一跤跌在地板上。只因这一跌,有分教:骂出恩情,打成相识。不知后事如何,且听下回分解。

第十回 欲则不刚假狐媚明制荡徒
狭难回避借虎势暗倾西子

词云：

> 探香有鼻，寻芳有眼，方不将花错认。若教默默与昏昏，鲜不堕锦裀于溷。
>
> 触他抱恨，忤他生忿，一隙谗言轻进。霎时急雨猛风吹，早狼藉落红成阵。

寄调《鹊桥仙》

话说爱姐与公子厮闹，因一脚将公子勾倒，就趁势骑在公子身上，按住不放，也不打他，竟伏压着不放。公子被他压着，只是叹气，你道这赫公子，是积年在外跑马射箭，弄拳扯腿之人，前日被江家人围住打他，尚被他打了出来，怎今日被爱姐一个女人，竟轻轻跌倒，就容他骑在身上，不能施展？大凡人着了真气恼，则力被气夺，就不能为我而用。今赫公子受了无数恶气，又听见说出是袁空的女儿，一时气昏，手足俱已气软，口里虽然嚷骂行凶，又见爱姐说出夫妻恩爱，就不比得与他人性命相搏了，竟随手跌倒。又被爱姐将兰麝香暗暗把裙裤都熏透，赫公子伏在爱姐身子底下，早一阵阵触到鼻中来，引得满体酥麻，倒觉得有趣，好看起来，故让他压着，竟闭目昏迷，寂然不动了，你道爱姐这个跌法，是那个教的？就是父亲袁空，晓得后来毕竟夫妻吵闹，故教了他做个降龙伏虎的护身符。爱姐身子长大，只压得公子动也动不得。房中几个丫鬟，忽见公子与主母吵闹，也只说是取笑，不期后来认真，上手交拳，在地上并叠做一块，又不敢上前劝解，一时慌了手脚，连忙跑进去告知赫夫人道："公子在房中如此如此。"赫夫人听了大惊，连忙带了许多侍女仆妇，齐到公子房中，见他二人滚在地下，抱紧不放。爱姐看见夫人走来，连忙大哭道："婆婆夫人，快来救我！"夫人连忙上前说道："你们小男小妇，做亲得几时，怎就如此无理起来，孩儿还不放手！"公子忽见母亲走到面前，便连忙放手，推开立起。爱姐得放，扯着赫夫人崩天倒地的大哭道："我生是赫家人，死是赫家鬼，怎今日好端端来家，将媳妇这般毒打！若不是夫人婆婆早来，媳妇的性命，被他打杀了。"说罢大哭。赫夫人道："小姐，你不要与他一般见识。明日你父母闻知，像什么模样。"又说："我做婆婆的，没家教了，小姐不要着恼，待我教训他便了。"赫公子听了，便大嚷起来道："他是什么小姐！他是假货，他是贱货，那里是江家小姐！母亲趁早与孩儿做主，赶他出去！"赫夫人听见说不是江小姐，也就吃了一惊，连忙问道："媳妇为何不姓江？可为我细说。"赫公子正要将打猎遇着江阁老之事，说与母亲知道，爱姐早隔开了公子，扯着赫夫人大哭道："婆婆夫人，冤屈杀人！媳妇本自姓袁，那个说是江小姐？江小姐住的是笔花墅，媳妇借住的是云门山王御史的花园，两下相隔着二十余里。你来娶时，灯火鼓乐，约有数百余人。既是要娶江小姐，难道就没一个人认得江阁老家住在那里，为何一只船，直撑到云门山来，花一团，锦一簇，迎我上轿？若不是预先讲明了娶我，我一个贫家女儿，怎敢轻易走到你王侯家做媳妇？就是当日被人哄瞒了，难道娶我进门之后，也不盘问一声你是姓江姓袁？为何今日花烛已结了，庙已见了，婆婆夫人已待我做媳妇，家中大小已认我为主母，就是薄幸狠心，已恩恩爱爱过了月余，名分俱已定了，今不知听了什么谗言，突然嫌起媳妇丑来；恨起媳妇贫贱来，要打杀媳妇，岂非冤屈！我媳妇虽然丑陋贫贱，却是明媒正娶而来，又不是私通苟合，虽不敢称三从四德，却也并不犯七出之条。怎么轻易说个打死，你须想一想，我袁氏如今已不是贫女，已随夫而贵，做了赫王侯家的原配家妇了。你若真真打死我，只怕就有两衙门官参你偿我之命了！"说罢大哭。赫夫人听了，方晓得是袁空掉绵包，指鹿为马。心中虽然不悦，却见媳妇说的这一番话，甚是有理，又甚中听，又婆婆夫人叫不绝口。因想了一想，忽回嗔变喜，对公子说道："人家夫妇皆是前生修结而成，非同容易。今他与你既做夫妻，也自然是前世有缘。不然，他一个穷父母的女儿，怎嫁得到我公侯之家做媳妇？虽借人力之巧，其中实有天意存焉。从来说丑丑做夫人，况他面貌，也还不算做丑陋，做人到也贤惠。这是他父亲做的事，与他有甚相干？孩儿以后不可欺他。"爱姐见夫人为他调停，连忙拭泪上前跪下道："不孝媳妇，带累婆婆夫人受气；今又解纷，使归和好，其恩莫大，容媳妇拜谢！"连忙拜了四拜。赫夫人大喜，连忙扶了起来道："难得你这样孝顺小心，可爱可敬。"因对公子说道："他这般孝顺于我，你还不遵母命快些过来相见！"此时赫公子被爱姐这一番压法，已压得骨软筋麻，况本心原有三分爱他，今见母亲赞他许多好处，再暗暗看他这番哭泣之态，只觉得堪爱堪怜，只不好就倒旗杆，上前叫他。忽听得母亲叫他相见，便连忙走来，立在母亲身边，赫夫人忙将二人衣袖扯着道："你二人快些见礼，以后再不可孩子气了。"赫公子便对着爱姐，作了一个揖道："母亲之命，孩儿不敢推却。"爱姐也忙敛袖殷勤，含笑回礼，二人依旧欢然。赫夫人见他二人和合，便自出房去了。赫公子久已动了虚火，巴不得要和合一番，一到夜间，就搂着爱姐，上床和事去了。正是：

秃帚须随破巴斗，青蝇宜配紫虾蟆。

一打打成相识后，方知紧对不曾差。

　　这一夜，爱姐一阵风情，早把赫公子弄得舒心舒意，紧缚牢拴，再不敢言语了。到了次早，赫公子起来，出了房门，着人去寻袁空来说话。不期袁空早有帮闲先漏风声与他，早连夜躲出门去了。及赫家家人来问时，穆氏在内，早回说道："三日前，已往杭州望亲戚去了。"家人只得回复公子，公子也不追问。过了些时，袁空打听得女儿与公子相好，依旧来见公子，再三请罪道："我只因见公子着急娶亲，江阁老又再三不肯，心中看不过意，故没奈何行了个出妻献子，以应公子之急。公子也不要恼我，岂不闻将酒劝人终无恶意。"公子道："虽是好意，还该直说，何必行此诡计？如今总看令爱面上，不必提了。只是我可恨那江老，将我辱骂，此恨未消。今欲写字与家父，在京中寻他些事端，叫人参他一本，你道如何？"袁空道："他是告假休养的大臣，为人谨慎，又无甚过犯，同官俱尊重他的，怎好一时轻易处得？若惊动尊翁以后辨明，追究起来，还不是他无故而辱公子。依小弟看来，只打听他有甚事情，算计他一番为妙。"公子道："有理，有理。"且不说他二人怀恨不提。

　　却说那日江家两个家人，一路远远地跟着赫公子来家，就在左右住下。将赫公子家中吵闹，袁空假了小姐之名，嫁了女儿，故此前日山前相认，打听得明明白白。遂连夜赶回，报知老爷。江章听了，又笑又恼。正欲差人着府县官去拿袁空治罪，蕊珠小姐听了，连忙劝止道："袁空借影指名，虽然可恨，然不过自家出丑，却无伤于我。今处其人，赫公子未必不寻人两解。此不过小人无耻，何堪较量，望父要置之不问为高也。"江章听了半晌，一时怒气全消，说道："孩儿之言，大有远见，以后不必问了。"于是小姐欢欢喜喜，在拂云楼日望双星早来不提。

　　却说双星在路紧走，直走到七月中，方得到家。拜见了母亲，兄弟双辰，也来见了。遂将别后事情，细细说了一番道："孩儿出门，原是奉母命去寻访媳妇，今幸江老伯将蕊珠小姐许与孩儿为妇，只等孩儿秋闱侥幸，即去就亲，幸不辱母亲之命。"说罢，就将带来江夫人送母亲的礼物，逐件取出呈上。双夫人看了道："难得他夫妻这般好意待你，只是媳妇定得太远了些。但是你既中意，也说不得远近。且看你场事如何，再作商量。"双星见场中也近，遂静养了数日，然后入场。题目到手，有如长江大河，一泻千里；双星出场，甚觉得意。三场毕，主试看了双星文字，大加赞赏道："此文深得吴越风气，非此地所有。"到填榜时，竟将双星填中了解元。不一时报到，双家母子大喜，连忙打发报人。双星谒拜过去考房师，便要来与江蕊珠成亲，双夫人不肯道："功名大事，乘时而进，岂可为姻事停留。况江小姐之约，有待而成。孩儿还是会试过成亲，更觉好看。"双星便不敢再言。因见进京路远，不敢在家耽搁，遂写了一封家书，原着野鹤，到浙江江家去报喜。又写了一封私书，吩咐野鹤道"此书你可悄悄付与彩云姐，烦他致意小姐，万不可使人看见，小心在意。"野鹤自起身去了。双星遂同众举人，连夜起身去会试不提。

却说这年是东宫太子十月大婚，圣旨传出，要点选两浙民间女子二十上下者，进宫听选。遂差了数员太监，到各地方去拣选。这数员太监，奉了圣旨，遂会齐在一处商议道："这件事，不可张扬。若民间晓得，将好女子隐匿藏开，或是乱嫁，故此往年选来的俱是平常，难中皇爷龙目。我们如今却悄悄出了都门，到了各府县地方，着在他身上，挨查送选。民间不做准备，便拣好的选来。倘蒙皇爷日后宠幸，也是我们一场大功。"众太监听了大喜，遂拈阄派定，悄悄出京，连夜望江南两浙而来。

单说浙省的太监，姓姚，名尹，是个司礼太监，最有权势，朝中大小官员，俱尊敬他。忽一日到了浙江，歇在北新关上，方着人报知钱塘、仁和两县。两县见报大惊，连忙着人，飞报各上司，即着人收拾公馆，自己打轿到船迎接。姚太监到了公馆，不一时大小官员俱来相见。姚太监方说是奉密旨，点选幼女入宫。"因恐民间隐匿，无奇色女子出献，故本监悄悄而来。今看合省府州县官，不论乡绅士庶，不论城郭居民，凡有女子之家，俱报名府县，汇名造册，送至本监，以定去留。若府州县官，有奇色女子多者，论功升赏。如数少将丑陋抵塞者，以违旨论罪。尔等各官，须小心在意。"众官领命回衙，连夜做就文书，差人传报一省十二府七十五县去了。不一日报到绍兴府中，莫知府见奉密旨，即悄悄报知各县，莫知府随着地方总甲，各乡各保，以及媒婆卖婆，去家家挨查，户户搜寻。不一时闹动了城里城外，有女儿之家，闻了此信，俱惊得半死。也不论男女好丑，不问年经多寡，只要将女儿嫁了出去，便是万幸。再过了两日，连路上走过的标致学生，也不问他有妻无妻，竟扯到家中就将女儿配他了。

早有袁空晓得此信，便来对赫公子说道："外面奉旨点选幼女，甚是厉害。公子所恨之人，何不如此如此，也是一件妙事。"赫公子听了，大喜道："你说得大通，不可迟了。"随即来见莫知府说道："姚公奉旨来选美女，侍御东宫，此乃朝廷大事，隐讳不得，治生久知江鉴湖令爱蕊珠小姐，国色无双，足堪上宠。老公祖何不指名开报，倘蒙上幸，老公祖大人，亦有荣宠之加矣。"莫知府道："本府闻知江太师贤淑，已赘双不夜久矣。开报之事，实为不便。"赫公子笑道："此言无非为小弟前日求亲起见，不愿朱陈，故设词推托。今其人尚在，而老公祖怎也为他推辞，莫非要奉承他是阁臣，而违背圣旨？况且有美于斯，舍之不报，而徒事嫫母东施，以塞责上官，深为不便。明日治生晋谒姚公，少不得一一报知，谅老公祖亦不能徇情也。"遂将手一拱，悻悻而去。莫知府听了赫公子这一番公报私仇之言，正欲回答，不期他竟不别而去。莫知府想了半日，竟没有主意。因想道："我若依他举事，江太师面上，太觉没情。况且他又已许人，岂有拆人姻缘之理？若不依他，他又倚势欺人，定然报出，却如之奈何？"因想道："我有主意，不如悄悄通知江相，使他隐藏，或是觅婿早嫁罢了。"随叫一个的当管家，吩咐道："我不便修书，你可去拜上江太师爷，这般这般，事不可迟。"家人忙到江家去了。

却说赫公子见莫知府推辞，不胜恼恨，遂备了一副厚礼，连夜来见姚太监，送上礼物。姚太监见了，甚是欢喜道："俺受此苦差，一些人事，没曾带来，怎劳公子这般见爱？若不全收，又说我们内官家任性了。"赫公子道："如此，足见公公直截。"二人茶过，赫公子一恭道："晚生有一事请教公公，今来点选幼女，还是出之朝廷，还是别有属意吗？"姚太监笑道："公子怎么说出这样话来，一个煌煌天语，赫赫纶音，谁敢假借？"赫公子又一恭道："奉旨选择幼女，还是实求美色，还是虚应故事？"姚太监听了大笑道："公子正在少年，怎知帝王家的受用？今日所选之女进宫，俱要千中选百，百中选十，十中选一。上等者送入三十六宫，中等者分居七十二院，以下三千粉黛，八百娇娥，都是世上无双，人间绝色。如有一个遭皇爷宠幸，赐称贵人，另居别院，则选择之人，俱有升赏。今我来此，实指望有几个美人，中得皇爷之意，异日富贵非小。"赫公子道："既是如此，为何晚生所闻所见，而又最著美名于敝府敝县者，今府县竟不选进，以副公公之望，而但以丑陋进陈，何也？"姚太监听了大惊道："那有此理！我已传下圣旨，着府县严查。府县官能有多大力量，怎敢大胆隐蔽？若果如此，待我重处几个，他自然害怕。但不知公子所说的这个美人，是何姓名，又是什么人家，我好着府县官送来。"赫公子道："老公公若只凭府县在民间搜求，虽有求美之心，而美人终不易得也。"姚太监忙问道："这是为何？"赫公子道："公公试想，龙有龙种，凤有凤胎。如今市井民间，村姑愚妇，所生者不过闲花野草，即有一二红颜，止可称民间之美，那里得能有天姿国色，入得九重之目？晚生想古所称沉鱼落雁，闭月羞花，皆是禀父母先天之灵秀而成，故绝色佳人，往往多出于名公巨卿阀阅之家。今这些大贵之家女儿，深藏金屋，秘隐琼闱，或仗祖父高官，或倚当朝现任，视客官为等闲，待府县如奴隶，则府县焉敢具名称报？府县既不敢称报，则客官何由得知？故圣旨虽然煌煌，不过一张故纸，老公公纵是尊严，亦不能察其隐微。晚生忝在爱下，故不得不言。"姚太监听了，不胜起敬道："原来公子大有高见，不然，我几乎被众官朦胧了，只是方才公子所说这个美人，望乞教明，以便追取。"赫公子道："晚生实不敢说，只是念公公为朝廷出力求贤，又不敢不荐贤为国。晚生所说的美女，是江鉴湖阁下所出，真才过道蕴，色胜王嫱，若得此女入宫，必邀圣宠。公公富贵，皆出此人。只不知公公可能有力，而得此女否？"姚太监笑道："公子休得小觑于我，我在朝廷，也略略专些国柄，也略略做得些祸福，江鉴湖岂敢违旨逆我？我如今，只坐名选中，不怕他推辞。"赫公子又附耳说道："公公坐名选中，也必须如此这般，方使他不敢措手。"姚太监听了大喜。赫公子又坐了半晌，方才别过。正是：

谗口将人害，须求利自身。

害人不利己，何苦害于人。

却说莫知府的管家，领了书信，悄悄走到江家门首，对管门的说道："我是府里莫老爷差来，有紧急事情，要面见太师爷的。可速速通报！"管门人不敢停留，只得报知。江章听了，正不知是何缘故，只得说道："着他进来。"莫家人进来跪说道："小人是莫太爷家家人，家老爷吩咐小人道，只因前日误信了赫公子说媒，甚是得罪。不期新奉密旨，点选幼女入官，已差太监姚尹，坐住着府县官，挨户稽查，不许民间嫁娶。昨日赫公子来见家老爷，意要家老爷将太师老爷家小姐开名送选。家老爷回说，小姐已经有聘，不便开名。赫公子大怒，说家老爷违背朝廷，徇私附党。他连夜到姚太监处去报了。家老爷说赫公子既怀恶念害人，此去必无好意。况这个姚内官，是有名的姚疯子，不肯为情。故家老爷特差小人通知老爷，早做准备。"江章听了这些言语，早吃了一惊，口中不说，心内着实踌躇。因想道："我一个太师之女，也不好竟自选去，又已经许人，况且姚尹，昔日在京，亦有往来，未必便听赫公子的仇口。"因对莫家人说道："多承你家老爷念我，容日面谢罢。"就叫人留他酒饭，尚未出门，又有家人进来报道："姚太监赍了圣旨，已到府中，要到我家，先着人通报老爷，准备迎接。"江章听了吓得手足无措，只得叫人忙排香案，打扫厅堂，迎接圣旨。随即穿了朝衣大帽，带了跟随，起身一路迎接上来。只因这一接见姚太监，有分教：幽闲贞静，变做颠沛流离。不知蕊珠小姐果被他选去否，且听下回分解。

词云：

炎炎使势心虽快，不念当之多受害。若非时否去生灾，应是民穷来讨债。

可怜有女横双黛，一旦驱之如草芥。愁来谁望此身存，却喜芳名留得在。

寄调《玉楼春》

却说江章，见报姚太监已赍着圣旨而来，只得穿起大服，一路迎接。直迎接了四五里，方才接着。江章见了姚太监，连忙深深打恭道："不知圣旨下颁，上公远来，迎接不周，望乞恕罪。"姚太监骑在马上，拱手道："皇命在身，不能施礼，到府相见罢了。"江章果见他在马上，捧着圣旨，遂步行同一路到家，请姚太监下马，迎入中厅。姚太监先将圣旨供在中间香案前，叫江章山呼礼拜。拜毕，然后与姚太监施礼。因大厅上供着圣旨，不便行礼，遂请姚太监在旁边花厅而来。江章尊姚太监上座，姚太监说道："江老先生恭喜！令爱小姐已为贵人，老先生乃椒房国丈，异日尚图青眼，今日岂敢越礼。"江章只做不知，说道："老公公乃皇上股肱，学生向日在朝，亦不敢僭越。今日辱临，又何谦也！"姚太监只得坐下。江章忙打一恭道："学生龙钟衰朽，已蒙皇上推恩，容尽天年。今日不知老公公有何钦命，贲临下邑，乞老公公明教。"姚太监笑道："老太师尚不知吗？目今皇太子大婚在即，皇上着俺数人聘征贵人，学生得入浙地。久有人奏知皇爷，说老太师小姐幽闲贞静，能为庶姓之母，故特命臣到浙，即征聘令爱小姐为青宫娘娘。"江章听完大惊道："学生无子，止生此女，葑菲陋质，岂敢蒙圣心眷顾。况小女已经许聘，不日成婚，乞公公垂爱，上达鄙情，学生死不忘恩。"姚太监听了大笑，说道："老先生身为大臣，岂不知国典，圣旨安可违乎？况令爱小姐入宫，得侍太子，异日万岁晏驾,太子登基,则令爱为国母,老先生为国丈;此万载难逢,千秋奇遇,求之尚恐不能,谁敢抗违! 若说是选择有人,苦苦推辞,难道其人又过于圣上太子吗? 若以聘定难移,恐伤于义,难道一个天子之尊,太子之贵,制礼之人反为草莽贫贱之礼所制吗? 老先生何不谅情度世,而轻出此言! 若执此言,使朝廷闻之,是老先生不为贵戚贤臣,而反为逆命之乱臣了,学生深不取也。学生忝在爱下,故敢直言。然旨出圣恩,老先生愿与不愿,学生安敢过强,自入京复命矣。乞老先生将此成命,自行奏请定夺何如?"说完,起身径走。江章听见他说出这些挟制之言来,已是着急,又说到逆命乱臣,一发惊惶,又叫他自回成命,又见姚太监不顾起身,江章只得连忙扯住,凄然说道:"圣旨岂敢抗违不从? 学生也要与小女计较而行。乞老公公从容少待,感德不尽。"姚太监方笑说道:"老太师若是应允,真老太师之福也。"因而坐下。江章道:"学生进去,与小女商量,不得奉陪。"遂起身入内而来。

却说这一日,莫知府家人来报信之后,夫人小姐早已吃惊。不期隔不得一会,早又报说姚太监奉了圣旨,定名来选小姐。江夫人已惊得心碎,小姐也吓得魂飞。母子大哭,然心中还指望父亲,可以挽回。今见父亲接了圣旨,与姚太监相见,小姐忙叫彩云出来打听。彩云伏在厅壁后,细细窃听明白,遂一路哭着进来,见了夫人小姐,只是大哭,说不出话来。小姐忙问道:"老爷与姚太监是如何说了?"彩云放声大哭道:"小姐,不好了!"遂说老爷如何回他,姚太监怎样发作,勒逼老爷应允。尚未说完,江章早也哭了进来,对小姐说道:"我生你一场,指望送终养老,谁知那天杀的,细细将孩儿容貌报知,今日姚太监口口声声只说皇命聘选入宫,叫我为父的不敢违逆。今生今世,永不能团圆矣! 是我误你了!"说罢大哭起来。小姐听了这些光景,已知父亲不能挽回,只吓得三魂渺渺,七魄悠悠,一跌跌倒,哭闷在地。正是:

> 未遂情人愿,先归地下魂。

江夫人忽见小姐哭闷在地,连忙搀扶,再三叫唤道:"孩儿快苏醒,快苏醒!"叫了半晌,小姐方转过气来,哭道:"生儿不孝,带累父母担忧。今孩儿上无兄姐,下无弟妹,虽不能以大孝事亲,亦可依依膝下,以奉父母之欢。不期奸人构祸,一旦飞灾,此去生死,固曰由天,而茕茕父母,所靠何人?双郎良配,今生已矣。倒不如今日死在父母之前,也免得后来悲思念切!"江夫人大哭说道:"我们命薄,一个女孩儿,不能看他完全婚配。都是你父亲,今日也择婿,明日也选才郎,及至许了双星,却又叫他去求名。今日若在家中,使他配合,也没有这番事了。都是你父亲老不通情,误了你终身之事!"说罢大哭,江章被夫人埋怨得没法,只得辩说道:"我当初叫他去科举,也只说婚姻自在,谁知有今日之事? 今事忽到此,也是没法。若不依从,恐违圣旨,家门有祸。但愿孩儿此去,倘蒙圣恩,得配青宫,异日相逢,亦不可料。今事已如此,也不必十分埋怨了。"小姐听了父亲这番说话,又见母亲埋怨父亲,因细细想道:"我如今啼哭,却也无益,徒伤父母之心。我为今之计,唯有生安父母,死报双郎,只得如此而行,庶几忠孝节义可以两全。"主意一定,遂止住了哭,道:"母亲不必哭泣,父亲之言,甚是有理。此皆天缘注定,儿命所招,安可强为? 为今之计,父亲出去,可对姚太监说,既奉圣旨,以我为贵人,当以礼迎,不可啰唣。"

江章见小姐顺从,因出来说知。姚太监道:"选中贵人,理宜如此。敢烦老太师,引学生一见,无不尽礼。"江章只得走进与夫人小姐说知。小姐安然装束,侍女跟随,开了中门,竟走出中堂。此时姚太监早已远远看见,再细细近看,果然十分美貌,暗暗称奇。忙上前施礼道:"未侍君王,宜从私礼。"小姐只得福了一福。姚太监对江章说道:"令爱小姐,玉琢天然,金装中节,允合大贵之相,学生出入皇宫,朝夕在粉黛丛中,承迎寓目,屈指者实无一人,令爱小姐足可压倒六宫皆无颜色矣。"忙叫左右,取出带来宫中的装束送上,又将一只金凤衔珠冠儿,与小姐插戴起来。众小内宫,随入磕头,称为"娘娘"。小姐受礼完,即回身入内去了。姚太监见小姐天姿国色,果是不凡,又见他慨然应承,受了凤冠,知事已定,甚是欢喜。遂向江太师再三致谢而去。到了馆驿,赫公子早着人打听,见谗计已成,俱各快意。正是:

　　陷入落阱不心酸,中我机谋更喜欢。

　　慢道人人皆性善,谁知恶有许多般。

却说蕊珠小姐归到拂云楼上,呆呆思想,欲要大哭一场,又恐怕惊动老年父母伤心。只挨到三更以后，重门俱闭，人皆睡熟，方对着残灯，哀哀痛哭道："江蕊珠，你好命苦耶！你好无缘耶！苍天，苍天，你既是这等命苦，你就不该生到公卿人家来做女儿了；你既是这等无缘，你就不该使我遇见双郎，情投意合，以为夫妇了！今既生我于此，又使我获配双郎如此，乃一旦又生出这样天大的风波来，使我漂流异地，有白发双亲而不能侍养，有多才夫婿而不得团圆，反不如闾阎荆布，转得孝于亲而安于室，如此命苦，还要活他做甚？"说罢，又哭个不了。彩云因在旁劝慰道："小姐不必过伤，天下事最难测度。小姐一个绝代佳人，双公子一个天生才子，既恰恰相逢，结为夫妇，此中若无天意，决不至此。今忽遭此风波者，所谓好事多磨也。焉知苦尽不复甘来！望小姐耐之。"小姐道："为人在世，宁可身死，不可负心。我与双郎，既小窗订盟，又蒙父母亲许，则我之身非我之身，双郎之身也。岂可以许人之身，而又希入宫之宠？是负心也。负心而生，何如快心而死！我今强忍而不死者，恐死于家而老父之干系未完而贻祸也。至前途而死，则责已谢，而死得其所矣。你说好事多磨，你说苦尽甘来，皆言生也。今我既已誓死报双郎，既死岂能复生，又有何好事，更烦多磨？此苦已尝不尽，那有甘来？天纵有意，亦无用矣。"说罢，又哀哀哭个不住。彩云因又劝道："小姐欲以死报双郎，节烈所关，未尝不是。但据彩云想来，一个人，若是错死了，要他重生起来，便烦难。若是错生了，要寻死路，却是容易。我想小姐此去，事不可知，莫若且保全性命，看看光景，再作区处。倘天缘有在，如御水题红叶故事，重赐出宫，抑或有之。设或万万不能，再死未晚。何必此时忙忙自弃？"小姐道："我闻妇人之节，不死不烈；节烈之名，不死不香。况今我身，已如风花飞出矣。双郎之盟，已弃如陌路矣。负心尽节，正在此时。若今日可姑待于明日，则焉知明日不又姑待于后日乎？以姑待而贪生惜死以误终身，岂我江蕊珠知书识礼，矫矫自持之女子所敢出也？吾意已决，万勿多言，徒乱人心。"彩云听了，知小姐誓死不回，止不住腮边泪落，也哭将起来：道："天那，天那！我不信小姐一个具天地之秀气而生的绝代佳人，竟是这等一个结局，殊可痛心！只可惜我彩云丑陋，是个下人，不能替小姐之行。小姐何不禀知老爷夫人，带了彩云前去，到了急难之时，若有机会可乘，我彩云情愿代小姐一死。"小姐听了，因拭泪说道："你如果有此好心，到不消代我于节，只消委委曲曲代我之生，我便感激你不尽了。"彩云听了惊讶道："小姐既甘心一死，彩云怎么代得小姐之生？"小姐道："老爷夫人既无子,只生我一女,则我一女,便要承当为子之事。就是我愿嫁双郎,也不是单贪双郎才美,为夫妻之乐,也只为双郎多才多义,明日成名入赘,可以任半子之劳,以完我之孝,此皆就我身生而算也。谁知今日,忽遭此大变,我已决意为双郎死矣。我死,则双郎得意入赘何人?双郎既不入赘,则老年之父母,以谁为半子?父母若无半子,则我虽死于节,而亦失生身之孝矣。生死两无所凭,故哀痛而伤心。你如果有痛我惜我之心,何不竟认作我以赘双郎,而侍奉父母之余年,则我江蕊珠之身,虽骨化形销,不知漂流何所,然我未了之节孝,又借汝而生矣。不知汝可能怜我而成全此志也?"彩云道:"小姐此言大差矣!我彩云一个下人,只合抱衾裯以从小姐之嫁,怎么敢上配双公子,以当老爷夫人之半子?且莫说老爷夫人不肯收灶下入金屋,只就双公子说起来,他阅人多矣,唯小姐一人,方舒心服意,而定其情,又安肯执不风不流之青衣而系红丝?若论彩云,得借小姐之灵,而侍奉双公子,则此生之遭际也,有何不乐,而烦小姐之叮咛!"小姐道:"不是这等说,只要你真心肯为我续盟尽孝,则老爷夫人处,我自有话说。双郎处,我自写书嘱托他,不要你费心。"说罢夜深,大家倦怠,只得上床就枕。正是:

> 已作死人算,还为生者谋。
>
> 始知真节孝,生死不甘休。

且说姚太监见江蕊珠果美貌非凡,不胜欢喜,遂星夜行文催各州府县,齐集幼女到省,一同起程。因念江章是个太师,也不好十分紧催,使他父女多留连一日,遂宽十日之限,择了十月初二起身到省不提。

却说双星不敢违逆母命,只得同着众举人起身,进京会试。因是路远,不敢耽搁,昼夜兼程,及到京中,已过了灯节。双星寻了僻静寓处,便终日揣摩,到了二月初八入场。真是学无老少,达者为先,到了揭晓,双星又高高中在第六名上,双星不胜欢喜。又到了殿试,天子临轩,见双星一表人才,又看他对策精工,遂将御笔亲点了第一甲第一名状元及第。双星御酒簪花,一时荣耀。照例游街,惊动合城争看状元郎。见他年纪止得二十一二岁,相貌齐整,以为往常的状元,从未见如此少年。早惊动了一人,是当朝驸马,姓屠,名劳。他有一位若娥小姐,年方十五,未曾字人。今日听见外边人称羡今科双状元,才貌兼全,又且少年,遂打动了他的心事。因想道:"我一向要寻佳婿,配我若娥,一时没有机缘。今双状元既少年鼎甲,人物齐整,若招赘此人,岂非是一个佳婿? 只不知他可曾有过亲事?"因叫人在外打听,又查他履历,见是不曾填注妻氏姓名,遂不胜大喜道:"原来双状元尚无妻室,真吾佳婿也。若不趁早托人议亲,被人占去,岂不当面错过!"遂叫了几个官媒婆去,吩咐道:"我老爷有一位千金小姐,姿容绝世,德性温闲,今年一十五岁了。只因我老爷门第太高,等闲无人敢来轻议。闻得今科状元双星,少年未娶,我老爷情愿赘他为婿,故此唤你们来,可到状元那里去议亲,事成之日,重重有赏。"众媒婆听见,千欢万喜,磕头答应去了。正是:

> 有女思佳婿,为媒望允从。
>
> 谁知缘不合,对面不相逢。

这几个媒婆不敢怠惰,就来到双状元寓中,一齐磕头道:"状元老爷贺喜!"双星见了,连忙问道:"你们是什么人,为何事到我这里来?"众媒婆道:"我四人在红粉丛中,专成就良姻;佳人队里,惯和合好事。真是内无怨女,人人夸说是冰人;外无旷夫,个个赞称凭月老。今日奉屠驸马老爷之命,有一位千金小姐,特来与状元老爷结亲,乞求赐允。"双星听罢大笑道:"原来是四个媒人。几家门户重重闭,春色缘何得入来! 我老爷不嫁不娶,却用你们不着,不劳枉顾。"众媒婆听了着惊道:"驸马爷的小姐,是瑶台阆苑仙妹,状元是天禄石渠贵客,真是一对良缘,人生难遇。状元不必推辞,万祈允诺。"双星笑道:"我老爷聘定久矣,不久辞朝婚娶。烦你们去将我老爷之言,致谢驸马老爷,此事绝不敢从命。"众媒婆见他推辞,只得又说道:"驸马老爷乃当今金枝玉叶,国戚皇亲。朝中大小官员,无不逊让三分。他今日重状元少年才貌,以千金艳质,情愿倒赔妆奁,与状元结为夫妇,此不世之遭逢,人生之乐事,状元为何推辞不允? 诚恐亲事不成,一来公主娘娘,入朝见驾,不说状元有妻不娶,只说状元藐视皇亲,倘一时皇爷听信,那时状元虽欲求婚,恐不可得也。还望状元爷三思,允其所请。"双星答道:"婚姻乃和好之事,有则有,无则无,论不到势利上去。况长安多少豪华少年才俊,何在我一人？愿驸马爷别择良门可也。"众媒婆见他决不肯统口应承，便不敢多言，只得辞了出来，回复屠驸马，驸马听了道："他现今履历上，不曾填名，其妻何来？还是你们言无可采，状元故此推托。你们且去，我自有处。"屠劳便终日别寻人议亲不提。

却说姚太监已择定时日，着府县来催江小姐起身。江章夫妻无法，只得与小姐说知。小姐知万不可留，因与父母说道："死生，命也。贵贱，天也。孩儿此去，听天由命，全不挂念。只有二事萦心，死不瞑目，望二大人俯从儿志。"江章夫妻哭着说道："死别生离，顷刻之事，孩儿有甚心事，怎还隐忍不说？说来便万分委曲，父母亦无不依从。"小姐道："父母无子，终养俱在孩儿一人。孩儿今日此去，大约凶多吉少，料想见面无期，却教何人侍奉？况父母年力渐衰，今未免又要思儿成病，孤孤独独，叫孩儿怎不痛心！"江章听了，愈加哀哭道："孩儿若要我二人不孤独，除非留住孩儿。然事已至此，纵有拨天大力，亦留你不住。"小姐道："孩儿之身虽留不住，孩儿之心却不留而自住。"江章道："我儿心留，固汝之孝，然无形也，叫我那里去捉摸，留与不留何异？"小姐道："无形固难捉摸，有影或可聊消寂寞。"江章又哭道："我儿，你形已去矣，影在哪里？"小姐见父亲问影，方跪下去，被母亲搀起来，说道："彩云侍孩儿多年，灯前月下，形影不离。名虽婢妾，情同姊妹。孩儿之心，唯他能体贴；孩儿之意，唯他能理会，孩儿之事，唯他能代替。故孩儿竟将孩儿事父母未完之事，托彩云代完。此孩儿眠思梦想，万不得已之苦心也。父母若鉴谅孩儿这片苦心，则望父母勿视彩云为彩云，直视彩云为孩儿，则孩儿之身虽去，而孩儿之心尚留；孩儿之形虽消，而孩儿之影尚在。使父母不得其真，犹存其假，则孩儿受屈衔冤，而亦无怨矣。"江章与夫人听了，复又呜呜地大哭起来，道："我儿，你怎么直思量到这个田地！此皆大孝纯孝之所出，我为父母，怎辜负得你！"遂叫人唤出彩云来，吩咐道："小姐此去，既以小姐之父母，托为你之父母，则你不是彩云，是小姐也。既是小姐，即是吾女也。快拜我与夫人为父母，不可异心，以辜小姐之托。"彩云忙拜谢道："彩云下贱，本不当犯分，但值此死生之际，既受小姐之重托，焉敢矫辞以伤小姐之孝心？故直受孩儿之责，望父母恕其狂妄。"江章听了，点头道："爽快，爽快，果不负孩儿之托。"小姐见彩云已认为女，心已安了一半，因又说道："此一事也，孩儿还有一事，要父母曲从。"江章道："还有何事？"小姐道："孩儿欲以妹妹代孩儿者，非欲其单代孩儿晨昏之侍寝劝餐也，前双郎临去，已蒙父母为孩儿结秦晋之盟。虽孩儿遭难,生死未知,然以双郎之才,谅富贵可期;以双郎之志诚,必不背盟。明日来时,若竟以孩儿之死为辞,则花谢水流,岂不失父母半子之望?望父母竟以妹妹续孩儿之盟,庶使孩儿身死而不死,盟断而不断,则父母之晚景,不借此稍慰耶?"夫人道:"得能如此,可知是好。但恐元哥注意于你,未必肯移花接木。"小姐道:"但恐双郎不注意于孩儿,若果注意于孩儿,待孩儿留一字,以妹妹相托,恐无不从之理,父母可毋虑也。"父母听了,甚是感激,因一一听从。小姐遂归到拂云楼上,恳恳切切,写了一封书,付与彩云道:"书虽一纸,妹妹须好好收藏,必面付双郎方妙。"彩云一一受命。只因这一受命,有分教;试出人心,观明世态。不知后事如何,且听下回分解。

第十二回　有义状元力辞婚桥海外不望生还
无瑕烈女甘尽节赴波中已经死去

词云：

> 黄金不变，要经烈火方才见。两情既已沾成片，颠沛流离，自受而无怨。
> 一朝选入昭阳殿，承恩岂更思贫贱。谁知白白佳人面，宁化成尘，必不留瑕玷。

寄调《醉落魄》

话说江章与夫人舍不得蕊珠小姐，苦留在家，多住了几日，被府县催逼不过，无可奈何，只得择日起身，同夫人相送，到了杭州省城。此时姚太监已将十二府七十五县的选中幼女，尽行点齐，只等江小姐一到就起身。今见到了，遂将众女子点齐下船。因江章自有坐船相送，故不来查点，遂一路慢慢而来。

话说赫公子同袁空杂在人丛中，看见蕊珠小姐一家人离了岸去，心中十分得意，快活不过。袁空道："公子且慢手舞足蹈，亦要安顿后着。"公子道："今冤家这般清切，更要提防何事？"袁空皱了两眉道："蕊珠小姐此去，若是打落冷宫嫔妃，则此事万不必忧。我适才看见蕊珠宫装，俨似皇后体态，选为正宫，多分有八九分指望。若到了大婚时候，他自然捏情，到万岁台前，奏害我家。况王侯大老爷，又未知这桩事，倘一时之变，如何处之？"赫公子听了这番话，不觉头上有个雷公打下来一般，心中大惊，跌倒在地，众人忙扶回府中，交女班送进。爱姐忙安顿上床睡觉。这番心事又不敢说破，只郁郁沉在心内。痴公子自从那日受了妻子降魔伏虎钳制，起个惧内之心，再不敢发出无状，朝暮当不得袁氏秘授，父母心传，拿班捉鳖手段，把个痴公子，弄得不顾性命承欢，喉中咳嗽，身体尫羸，不满二载，阎君召回冥途耳。爱姐悔之晚矣，后来受苦不提。

却说驸马屠劳，要招双星为婿，便时刻在心，托人来说。一日央了一个都御史符言做媒。符言受托，只得来拜双星。相见毕，因说道："久闻状元少年未偶，跨凤无人。小弟受驸马屠公之托，他有位令爱，少年未字，美貌多才，诚乃玉堂金马之配。故小弟特来做伐,欲成两姓之欢,乞状元俯从其请。"双星忙一拱说道:"学生新进,得蒙屠公垂爱,不胜感激。但缘赋命凉薄,自幼已缔婚于江鉴湖太师之女久矣,因不幸先严早逝,门径荒芜,所以愆期到今,每抱惭愧。今幸寸进,即当陈情归娶。有妨屠驸马之爱,负罪良多,俟容请荆何如?"符言道:"原来状元已聘过江鉴湖老太师令爱矣,但昨日驸马公见状元履历上,并不曾填名江氏,今日忽有此言,小弟自然深信,只恐驸马公谅之未深。一旦移爱结怨,状元也不可不虞。"双星道:"凡事妄言则有罪,真情则何怨可结?今晚生之婚,江岳明设东床以邀坦腹,小姐正闺中待字以结丝萝,实非无据而妄言也。若虑驸马公威势相加,屈节乱伦以相从,又窃恐天王明圣之朝,不肯赦臣子停妻再娶乖名乱典之罪。故学生只知畏朝廷之法,未计屠公之威势也。万望老先生善为曲辞,使我不失于义,报德正自有日也。"符言见双星言辞激烈,知不可强,遂别过,将双星之言,细细述知屠劳。屠劳不胜大怒道:"无知小子,他自恃新中状元,看我不在眼内,巧言掩饰。他也不晓得宦途险隘,且教他小挫一番,再不知机就我,看他有甚本事做官!"遂暗暗使人寻双星的事故害他。

且说双星一面辞了屠驸马之聘,一面即上疏陈情,求赐归完娶。无奈被屠驸马暗暗嘱托,将他本章留中不发,双星见不能与江小姐成亲,急得没法,随即连夜修书,备细说屠劳求亲之事,遂打发青云到江家说知备细,要迎请小姐来京完娶。青云领书起身去了。双星日在寓中,思念等候小姐来京成亲。正是:

> 昔年恩爱未通私,今日回思意若痴。
>
> 饮食渐销魂梦搅,方知最苦是相思。

却说当时四海升平,万民乐业,外国时常进贡。这年琉球、高丽二国进贡,兼请封王,朝中大臣商议,要使人到他国中去封。但封王之事,必要一个才高名重之人,方不失天朝体统。一时无至当之人。推了一个可去,不期这人,又虑外国波涛,人心莫测,不愿轻行,遂人上央人,在当事求免,此差故尚无人。屠驸马听知此事,满心欢喜道:"既此便可处置他一番,使他知警改悔。"遂亲自嘱托当事道:"此事非今科状元双星难当此任。"当事受托,又见双星恃才自傲,独立不阿,遂将双星荐了上去。龙颜大喜道:"双星才高出使,可谓不辱君命矣。"逐御笔批准,赐一品服,前却封海外诸王,道远涉险,许便宜行事。不日命下,惊得双星手足无措。正指望要与蕊珠来京成亲,不期有此旨意,误我佳期。今信又已去了,倘他来我去,如何是好?遂打点托人谋为,又见圣旨亲点,无可挽回,只得谢恩。受命该承应官员,早将敕书并封王礼物,具备具整齐,止候双星起身。

却说屠劳,只道双星不愿远去,少不得央人求我挽回,我就挟制他入赘。不期双星竟不会意,全不打点谋为,竟辞朝领命。屠劳又不好说出是他的主持弄计,因想道:"他总是年轻,不谙世情,只说封王容易。且叫他历尽危险,方才晓得。他如今此去,大约往返年余。如今我女儿尚在可待之年,我如今趁早催他速去早回,回时再着人去说,他自然不像这番倔强了。"屠劳遂暗暗着当事官,催双星刻日起程。双星不敢延挨,只得领了敕书皇命,出京不提。

却说江章夫妻,同了小姐在船,一路凄凄楚楚,悲悲切切,怨一番自己命苦,又恨一番受了赫公子的暗算。小姐转再三安慰父母道:"孩儿此去,若能中选,得侍君王,不日差人迎接,望父母不必记念伤心。父母若得早回一日,免孩儿一日之忧。况长途甚远,老年人如何受得风霜?"江章夫人哪里肯听,竟要同到京中,看个下落方回。小姐道:"若爹娘必与孩儿同去,是速孩儿之死矣。"说罢,哽咽大哭。江章夫人无奈,不敢拗他,只得应承不送。江章备了一副厚礼,送与姚太监,求他路上照管。又设了一席请姚太监。姚太监满心欢喜道:"令爱小姐前途之事,与进宫事体,都在学生身上。倘邀圣眷,无不怂恿,老太师不必记挂,不日定有佳音。"江章与夫人再三拜谢,然后与小姐作别。真是生离死别,在此一时。可怜这两老夫妻哭得昏天黑地,抱住了小姐,只是不放。当不得姚太监要趁风过江,再三来催,父母三人只得分手,放小姐上了众女子的船。船上早使起篷桅,趁着顺风而去。这边江章夫妻,立在船头,直看着小姐的船桅不见,方才进舱。这番啼哭,正是:

> 杜鹃枝上月昏黄,啼到三更满眼伤。
>
> 是泪不知还是血,斑斑红色渍衣裳。

老夫妻二人一路悲悲啼啼,到了家中。过不得四五日,野鹤早已报到,送上书信。江章与夫人拆开看去,知双星得中解元,不日进京会试,甚是欢喜。再看到后面说起小姐亲事,夫妻又哭起来,野鹤忽然看见,不觉大惊道:"老爷夫人,看了公子的喜讯,为何如此伤心?"夫人道:"你还不知,自你公子去后,有一个赫公子又来求亲,因求亲不遂,一心怀恨。又适值点选幼女,遂嘱托太监,坐名勒逼将小姐点进宫去了。我二人送至江边,回家尚未数日。你早来几日,也还见得小姐一面,如今只好罢了。"说完又大哭不止。野鹤听了,惊得半晌不敢则声。惊定方说道:"小姐这一入宫,自然贵宠,只可怜辜负了我家公子,一片真心,化作东流逝水。"说罢,甚是叹息。夫人遂留他住下，慢慢回去。又过不得数日，早又是京中报到，报双星中了状元。江章与夫人，只恨女儿不在，俱是些空欢空喜，忽想到小姐临去之言，有彩云可续，故此又着人打听。又不多日，早见双星差了青云持书报喜，要迎请小姐进京成亲。江章与夫人又是一番痛哭。正是：

> 年衰已是风中烛，见喜添悲昼夜哭。
>
> 只道该偿前世愆，谁知还是今生福。

野鹤见公子中了状元，晓得一时不回，又见小姐已选入宫，遂同青云商议，拜辞江老爷与夫人，进京去见公子。江章知留他无益，遂写了书信与他二人，书中细细说知缘由，又说小姐临去之言，尚有遗书故物，要状元到家面言面付。野鹤身边有公子与小姐的书，不便送出，只得带在身边，要交还公子。二人拜别而行不提。

却说蕊珠小姐，在父母面前，不敢啼哭，今见父母别后，一时泪出痛肠，又想起双星今世无缘，便泪尽继血，日夜悲啼。同船女子，再三劝勉，小姐哪里肯听，遂日日要寻自尽；争奈船内女子甚多，一时不得其便，只得一路同行，就时常问人，今日到甚地方，进京还有多远，便终日寻巧觅便，要寻自尽不提。

却说双星赍了皇命敕书，带领跟随，晓夜出京。早有府县官迎接，准备船只伺候。双星上了船，烧献神祇，放炮点鼓，由天津卫出口，到琉球、朝鲜、日本去了。

却说姚太监，同着许多幼女，一路兴兴头头，每只船上，分派太监稽查看守，不一日到了天津卫地方，要起早进京，遂吩咐各船上停泊。着府县官，准备人夫轿马。争奈人多，一时备办不及，又不便上岸，故此这些女子，只在船中坐等。这日江蕊珠小姐，忽见船不行走，先前只道是偶然停泊，不期到了第二日，还不见走，因在舱口，问一个小太监道："这两日为何不行，这是什么地方，进京还有多远？"小太监笑嘻嘻地说道："这是天津卫地方，离京只是三日路了。因是旱路，人夫轿马未齐，故在此等了两天。不然，明日此时，已到家了，到叫我们坐在此等得慌。"小姐听完，连忙进舱，暗暗想道："我一路寻便觅死，以结双郎后世姻缘，不期防守有人，无处寻死。今日天假其便，停船河下，若到了京中，未免又多一番跋涉。我今日见船上众人思归已切，人心怠惰，夜间防范必然不严，况对此一派清流，实是死所，何不早葬波中，也博得个早些出头。但我今生受了才色之累，只愿后世与双郎，做一对平等夫妻，永偕到老，方不负我志。"又想道："双郎归来，还只说我无情，贪图富贵，不念窗前石上，订说盟言，竟飘然入宫。殊不知我江蕊珠，今日以死报你，你少不得日后自知，还要怜我这番苦楚。若怜我苦楚,只怕你纵与彩云成亲,也做不出风流乐事了。"想到伤心,忽一阵心酸,泪流不止,只等夜深人静寻死不提。

却说青云、野鹤二人,拜了江章与夫人出门,在路上闲说道:"从来负心女子痴心汉,记得我家公子,自从见了江小姐,两情眷恋,眠思梦想,不知病已病过了几场,指望与他团圆成亲,谁知小姐今日别抱琵琶,竟欢然入宫去了。我如今同你进京,报知公子,只怕我那公子的痴心肠,还不肯心死哩!"二人在路,说说笑笑,遂连夜赶进京来,这日也到了天津卫,因到得迟了,二人就在船上歇宿。只听得上流头许多官船,放炮起更,闹了一更多天,方才歇息。青云、野鹤睡去,忽睡梦中见一金甲神将,说道:"你二人快些抬头,听吾吩咐:吾乃本境河神,今你主母有难投河,我在空中默佑,你二人可作速救他回蜀,日后是个一品夫人,你二人享他富贵不小!"二人醒来,吃了一惊,将梦中之事,你问我,我问你,所说皆同。不胜大惊大骇道:"我们主母,安然在家,为何在此投河? 岂非是奇事?"又说道:"明明是个金甲天神,叫我二人快救,说他是一品夫人,难道也是做梦?"二人醒了一会,不肯相信,因又睡去。金甲神又手执铜鞭,对他二人说道:"你不起来快救,我就打死你二人!"说罢,照头打来。二人看见,在睡梦中吓得直跳起来道:"奇事! 奇事!"遂惊醒了。船家问道:"你们这时候还不睡觉? 我们是辛辛苦苦要睡觉的人,大家方便些好。"青云、野鹤连忙说道:"船家你快些起来,有事与你商量。倘救得人,我们重重谢你。"船家见说救人,吓得一轱辘爬了起来,问道:"是那个跌下水去了?"青云道:"不是。"遂将梦中神道托梦二次叫救人,细细说了一遍:"若果然救得有人,我重重谢你。"船家听了也暗暗称奇,又见说救得人有赏,连忙取起火来,放入舱中,叫起妈妈,将船轻轻放开,各人拿了一把钩子,在河中守候。

却说那蕊珠小姐,日间已将衣服紧紧束好,又将簪珥首饰金银等物俱束在腰间,遂取了一幅白布,上写道:

　　身系浙江绍兴府太师江章之女,名蕊珠,系蜀中双星之妻。因擅才名,奸谋嘱选入宫,夫情难背,愿入河流。如遇仁人长者,收尸瘗骨,墓上留名,身边携物相赠;冥中报感无尽。

小姐写完,将这幅白布,缝在胸前,守至二更,四下寂然,便轻轻走近窗口,推开窗扇,只见满天星斗,黄水泛流。小姐朝着水面流泪,低低说道:"今日我江蕊珠不负良人双星也!"说罢,踊身望水中一跳,跳便跳在水里,却像有人在水低下扶他的一般,随着急波滚去,早滚到小船边。此时青云、野鹤同着船家,三个人,六只眼,正看着水上,不敢转睛，忽见一团水势渐高，隐隐有物一沉一浮的滚来，离船不远，青云先看见，连忙将挠钩搭去，早搭着衣服一股，野鹤、船家，一齐动手，拖到船边。仔细看去，果然是个人，遂连忙用手扯上船来，青云忙往舱中取火来照，却是一个少年女子，再照着脸上看去，吃了一惊，连声叫道："呀！呀！呀！这不是江小姐么，为何投水死在这里？"野鹤看见，连忙丢下挠钩来看道："是呀！是呀！果然是小姐。"青云、野鹤慌张，见小姐水淋淋的，气息全无，又不敢近身去摸看。那船家见他二人说是小姐，知是贵重之人，连忙叫婆子动手来救。只因这一救，有分教：远离追命鬼，近获还魂香。不知小姐性命果是如何，且听下回分解。

第十三回　烈小姐有大福指迷避地感神明　才天使善行权受责封王消狡猾

词曰：

国学经典文库

私家藏书

定情人

图文珍藏版

一二八七

　　风雨催花不用伤，若还春未尽，又何妨？漫惊枝上落来忙，吹不谢，更觉有奇香。

　　驾海岂无梁，世闻危险事，要才当，纵教坑陷到临场，能鞭策，驱虎若驱羊。

右调《小重山》

　　话说那船家看见果然救起人来，不胜欢喜。又见说是一位小姐，又见他二人不敢近身，因连忙叫过婆子来说道："这小姐既是神明托梦，叫我们救他，谅来投水不久，自然救得活。只要使他吐出些水来，就好了。"婆子依言，将小姐抱起，把头往下低着，低了半晌，只听见小姐喉中一阵阵响来，呕出了许多冷水。只见小姐忽叫一声道："好苦也！"众人听见大喜道："谢天谢地也！"老婆子连忙扶抱小姐入舱，青云、野鹤、船家三人，不敢入舱。艄婆忙取了一件棉衣来，将小姐湿衣脱下。小姐此时已醒过来，见湿衣脱去，忙将棉衣裹住。艄婆又取了几件小衣，与小姐换过。又取了一条被来，与小姐盖好，方走出舱来道："好了，好了，如今没事了。"又去烧了些滚姜汤，灌了几口，小姐又吐出了许多冷水。小姐忽哭着说道："我已拼誓死以报双郎，为何被你们救我在此？"青云、野鹤连忙在舱门口说道："小姐且耐烦，小人青云、野鹤在此。"小姐忽然听见，开眼一看道："你二人为何在此救我？人耶？鬼耶？梦耶？可快与我细说。"青云、野鹤遂将河神托梦之言，如此这般，细细说了。"不期果然得遇小姐，真是万幸。"小姐因问道："你家公子，近日如何？"野鹤道："公子回家，已中解元。公子要来与小姐完婚，老夫人逼他会试，故此公子不得已进京，着小的持书先来报喜。见了太师爷方知小姐近日之事。"青云也连忙说道："小人跟随公子到京，侥幸得中状元。不期京中屠驸马要招赘状元，状元再三苦辞，说有原聘，遂上本乞假归娶。不期屠驸马的势力大，央当事将状元的本章留中不准，状元着急，只得叫小人连夜赶来，要迎请小姐到京完娶。小人到家，见了太师老爷，方知小姐被人暗算入宫。小的二人无可奈何，只得进京，要回复状元，不期今夜感神明之力，在此得遇小姐。只不知小姐为何在此，行此短见？”此时小姐神魂已定，心魄已宁，忽见说双星已中解元，又见说中了状元，又听见他守义不允屠驸马之婚，着人来接他，心中不觉大喜道：“如此看来，方不负我这番之苦。”方说道：“我被赫公子陷害入选，彼时欲寻自尽，诚恐老爷夫人悲伤，又恐抗旨遗祸于老爷，故宽慰出门，隐忍到此。今离家已远，老爷干系已脱，故甘一死以报尔公子。不期神明默佑，使你二人救我。但今救虽救了，恐太监耳目众多，不敢进京见你状元，又不敢回家惹祸，到弄得有家难奔，有国难投，却如之奈何？”青云道：“适才梦中神明已吩咐明白，说救了小姐，即速回蜀。小人如今只得且送小姐回蜀中，再来报状元，也说不得了。”小姐想想道：“如此甚好。但是迟延不得，此去离大船不远，倘天明知觉，踪迹起来，就不便了。”小姐因叫船家夫妇说道：“我是被人暗害，落难于此，求你夫妇送我还家，我日后照顾你夫妻，决不有忘。”原来这船家叫作王小泉，五十来岁，并无男女，止得夫妻两口，撑船过日。今在旁边，见他们说出是阁老的小姐，又是状元夫人，二人便满心欢喜，以为今日得救小姐，赏赐不小，将来好做本钱。忽又听见小姐要他二人送回家去，后来看顾，他夫妻二人欢喜不过，遂悄悄商议了一番，来笑说道：“我夫妇数年长斋，尚无男女，今见小姐说得这般苦楚，我二人情愿服侍小姐回家。只要养我半生，吃碗自在饭儿，强似在船上朝风暮水的吃苦不了。”小姐见他肯送，遂大喜道：“若得你夫妇肯去，后日之事，俱在我身上。”二人连声称谢，遂欢欢喜喜忙到艄上收拾篷桅，驾着橹桨。此时将有四更，明月渐渐上来，遂乘着月色，咿咿哑哑，复回原路。不消几日，早又到仪征。青云、野鹤见本船窄小，恐长江中不便行走，遂雇了一只大船，请小姐上了大船。小姐叫王小泉夫妻弃了小船，王小泉遂寻人卖去。于是一行五人，在大船上出了江口，望荆襄川河一路而进。正是：

　　　　燕子自寻王谢垒，马蹄偏识五陵家。

　　　　一枝归到名园里，依旧还开金谷花。

　　且按下蕊珠去蜀中不提。

　　却说船中这些幼女，到了五更，见窗门半开，因说道：“我们怎这样要睡，连窗门都不曾关，幸而不曾遗失物件。”又停了一会，天色大明，一齐起来梳洗，只不见江小姐走来，众女子道：“江小姐连日啼哭，想是今日睡着了。”一个小女子，连忙走到江小姐睡的床边，揭帐一看，那里有个江小姐。便吃了一惊，连忙将被窝揭开看时，已空空如也。忙叫道:"不好了,江小姐不见了!"众女子听见,也连忙走来,但见床帐被褥依然,一双睡鞋儿,尚在床前。众女子看罢,俱大惊道:"我们见他连日不言不语,似有无限伤心,如今又窗口未关,一定是投河死了。"众女在舱中嚷做一团,早被小太监听见,报知姚太监。姚太监吃这一惊不小,忙走来喝问众女。又看见窗口未关,方信是投入河中死了,不禁跌足捶胸道:"我为他不知费了多少心机,要将他进与圣上,学新台故事,已拿稳一片锦美前程。今因不曾提防,被他偷死了,岂不一旦付之东流!可恼,可恨!如今要你这些歹不中怎么,只好与俺内官们捧足提壶罢了。"又想起江太师再三嘱托,遂吩咐众人打捞殡殓。众人忙了一日,那见影响,姚太监兴致索然。到了次日,只得带领众女,起早到京,不论好歹,点入宫中去了。正是:

阴阳配合古人同,今日缘何点入宫?
想是前生淫欲甚,却教今世伴公公。

却说双状元出海开船,正是太平景象,海不生波,一连半日,早过了美女峰,黑水河,莲花漾,又过了许多山岛。不一日,早到了朝鲜地方,舵公抛锚打橛。早有朝鲜国地方官,看见南船拢岸,便着通事舍人,前来探问。这边船上,早扯起封王旗号。通事舍人见了,连忙上船来,相见说道:"不知天使来临,失于迎接。不知天使大人,官居何职?当此重任来封吾王,乞天使说明,以便通报。"双星说道:"学生是天朝新科双状元,奉皇上恩命,因国祚升平,欲普天同乐。念尔朝鲜诸国,久尊圣化,故特遣使臣,敕封汝主。可速谕知来意,使王授爵。"通事舍人听了大喜,连忙起身报知国王,细说其事。国王大喜,遂率领文臣武将,一齐出城,旌旄遍地,斧钺连天,一对对直摆到船边来接。通事舍人上船说了一遍。双状元遂将圣旨敕文,以及诸般礼物,先搬上岸来,叫人赍捧在前,双星穿戴了钦赐的一品服色,上罩着黄罗高伞,走出船头。许多番兵番将看见,忙一齐跪接。早有朝鲜国王,亲到船头,拱扶着双状元上岸,敦请双状元坐轿,国王乘马,一齐番乐欢打,迎入城来。到了国王殿上,已排列香案,宝烛荧煌,异香缭绕。双状元手擎圣谕,立在殿上开读,国王俯伏阶前恭听。双星读罢诏书,国王山呼谢恩已毕,然后大摆筵宴,请双星上坐,国王下陪。一时间吃的是熊掌驼峰,猩唇鲤尾,听的是胡筋羯鼓,许多异音异乐。国王见双状元年少才美,十分敬重,亲自捧觞晋爵,尽欢畅饮。饮毕,然后送双状元馆中歇宿。双状元住有数日,因要封别国,遂辞了国王上船。国王备了称臣的谢表,并诸般贡礼,又私送双星许多奇珍异宝,双星然后开船。于是逐次到了日本、高丽、大小琉球。一一封完。双星正欲打点回朝,不期未封诸国，晓得不封他们，大家不忿起来，遂约齐了大小百十余国，各带了本国人马，一路追来。岸上番王番将，水中战舰艨艟，随后追来。此时双星尚有封过的各国番将护送，连忙报知道："列国争封，各王带领番将追袭，乞状元主张。"双星见说，暗吃一惊。因想道："我奉诏封王，只得这几处；今已完矣，并未曾计及他国，今来争竞，如之奈何？"踌躇了半响，因想道："幸钦命有便宜从事四字，除非如此这般，方可退得这些凶顽。"遂传了通事舍人来说道："我奉皇命而来，因尔等朝鲜诸国，素服王化，贡献不绝，故敕书封及。其余诸国，声气未通，如何引例来争？你可与我在平地上，高筑土台，待我亲自晓谕诸王。"说尚未完，只听得轰天炮响，水陆蜂拥齐到，乱嚷乱叫。这边船上通事舍人，忙立在船头，呜哩呜啦，翻了半日。只见各国王，乱舞乱跳，嘻嘻哈哈的，分立两旁。通事舍人遂叫人在空地上，筑起高堆，不时停当。次日平明，双状元乌纱吉服，带领侍从，走到台上高坐，左右通事站立。各国王见台上有人，都到台下，又呜啦了一番。双星问通事道："他们怎么说？"通事道："他说一样国王，为何不封？若不加封，难以服众。"双状元说道："天有高卑，礼分先后。从无不来而往，无故而亲之道。天朝圣度如天，草木皆所矜怜，何况各国诸王，岂有不加存恤之理？但至诚之道，必感而后通，声响之理，必叩而后应。如朝鲜、琉球等国，久奉正朔，属遵臣礼，吉凶必告，兴废必通，故封从伊始。至于各国各王列土，不知何地名号，不知何人，从无所请，却教朝廷恩命，于何而加？今忽纷争，岂以使臣单宣仁义，未及用武，遂欲肆凶逞悖耶？使臣虽止一人，而天朝之雄兵猛将，却不止一人。本当奏知天王，请加挞伐，但念尔诸王争封，本念愿是慕义向化，欲承声教，非有他也。故推广天王之量，不加深究，而曲从其请。但须各献所有，以表进贡之诚，然后速报某国某王，我好一例遵旨加封，决不食言。"通事舍人遂高声向台下将双状元之言，细细翻了一遍。只见诸王，又呜哩呜啦的翻了一会，遂一齐拍掌，跑马的跑马，使刀的使刀，捉对儿奔驰对舞。又不一时，俱跑到台前下马，颠头跳跃。双状元又问通事道："这又怎么说？"通事说道："方才状元宣谕，见肯封他，故此欢喜。跑刀使刀，与状元看赏，以明感激。所谕贡物，一时不曾备得，随即补上，乞天使少留；今俱在台下领封。"双星道："既是这等，你可报来。"通事舍人遂将各国各王，一一报将上来。双星见一个，封一个，不一时，百余国尽俱封完。各王大喜，遂将带来的许多珍奇异宝，一齐留在台下，又在地下各打一滚，翻身上马，呼哨一声，如风雷掣电而去。正是：

分明翰苑坐谈儒，忽被谗驱虎豹区。

到此若无才足辩，青锋早已丧头颅。

双星见他们去了,方放下一天惊恐。又问通事道:"台下这些东西,他们为何留下而去?"通事说道:"这些东西,是他们答谢天使的。"双星道:"既是如此,你可为我逐件填注,即作各国之贡,我好进呈天子,以见各国款奉之诚,不必又献了。"通事说道:"这是他们送与天使之物,为何不自己收留,反作公物,进与朝廷?"双状元笑道:"我天朝臣子,为国尽忠,岂存私肥己耶?"通事听了,不胜称赞天朝好臣子,遂填写明白,着人搬上船来。又着人报知各国,尽皆称羡。双状元上船,通事诸人,又送过了许多地界,将到浙省地方,方才别去。正是:

> 被人暗算去封王,逐浪冲波几丧亡。
>
> 今日功成名亦遂,始知折挫为求凰。

双星一路平安归国不提。

却说蕊珠小姐,从长江又入川河,一路亏得船家婆子服侍,在路许多日子,到了起旱的所在,青云雇了一乘骡轿,一齐起旱。又行了许多日子,方到了四川成都双流县地方。青云先着野鹤去报夫人,细细说知缘故。双夫人听了,大惊大喜,连忙打发仆妇,一路迎来。众仆妇迎着了,忙到江小姐轿前,揭帘偷看,见小姐果然生得美貌非常,个个磕头道:"贱婢是太夫人差来迎接小姐的。"小姐见了,甚是喜欢道:"多谢太夫人这般用心,又劳你们远接。"于是兴兴头头,管家们打着黄罗大伞,前呼后拥,一路上说是双状元家小,京中回来的,好不热闹。不一时到了家中,双夫人出到厅前相见。家人铺下红毡,江小姐拜了四拜。双夫人先叙了许多寒温,方说道:"闻小姐吃尽辛苦,不顾生死,为我孩儿守志,殊可敬也!我今有此贤媳,何幸如之!"江小姐道:"此乃媳妇分内之事,敢劳婆婆过奖。"双夫人挽了小姐,同入后堂。双夫人使双辰拜见嫂嫂,又叫家人仆妇,俱来拜见小夫人,便置酒款待。婆媳甚是欢喜。双夫人遂将中间一带楼房,与小姐做了卧房,只等双星回家做亲。正是:

> 不曾花烛已亲郎,未嫁先归拜老堂。
>
> 莫讶奇人做奇事,从来奇处始称扬。

江小姐竟在婆家等候双星,安然住下。过不得两月,早有报到,说双状元辞婚屠府,被屠驸马暗暗嘱托当道,将双状元出使外国封王去了。双夫人与蕊珠小姐听了大惊。双夫人日夜惊忧，而小姐心中时刻思想，又感念双星果不失义，为他辞婚，轻身外国，便朝夕焚香，暗暗拜祝，唯愿双星路上平安，早回故里，且按下不提。

却说双星不止一日，将船收进小河，早有汛地官员接着，见双状元奉旨封王回来，俱远远迎接，请酒送礼，纷纷不绝。遂一路耽耽搁搁，早到了绍兴府交界地方。双星满心欢喜，以为离江太师家不远，便吩咐手下住船，我老爷要会一亲戚。只因这一番去会，有分教：惊有惊无，哭干眼泪；说生说死，断尽人肠。不知后事如何，且听下回分解。

第十四回　望生还惊死别状元已作哀猿
他苦趣我欢畅宰相有些不相

词云：

> 忙忙急急寻花貌，指望色香侵满抱。谁知风雨洗河洲，一夜枝头无窈窕。
> 木桃虽可琼瑶报，鱼腹沉冤谁与吊？死生不乱坐怀心，方觉须眉未颠倒。

寄调《木兰花令》

话说双星，自别了蕊珠小姐，无时无刻不思量牵挂。只因遭谗，奉旨到海外敕封，有王命在身，兼历风波之险，虽不敢忘小姐，却无闲情去思前想后，今王事已毕，又平安回来，自不禁一片深心，又对着小姐。因想道："我在京时，被屠贼求婚致恨，嘱托当事，不容归娶。我万不得已，方差青云去接小姐到京，速速完姻，以绝其望；谁料青云行后，忽奉此封王之命，遂羁身海外，经年有余。不知小姐还是在家，还是进京去了？若是岳父耳目长，闻知我封王之信，留下小姐在家还好，倘小姐但闻我侥幸之信，又见迎接之书，喜而匆匆入京，此时不知寄居何处，岂不寂寞，岂不是我害他！今幸船收入浙，恰是便道，须急急去问个明白，方使此心放下。"忽船头报入了温台浙境，又到了绍兴交界地方，双星知离江府不远，遂命泊船，要上岸访亲。随行人役闻知，遂要安排报事，双星俱吩咐不用，就是随身便服，单带了一个长班，跟随上岸，竟望江府而来。

到了笔花墅，看见风景依稀依旧，以为相见小姐，有几分指望，暗暗欢喜，因紧走几步。不一时早到了江府门前，正欲入去，忽看见门旁竖着一根木杆，杆上插着一帚白幡，随风飘荡，突然吃了一惊，道："此不祥之物也，缘何在此？莫非岳父岳母二人中有变吗？"寸心中小鹿早跳个不住，急急走了进去，却静悄悄不见一人，一发惊讶。直走到厅上，方看见家人江贵从后厅走出。忽抬头看见了双星，不胜大喜道："闻知大相公是状元爷了，尽说是没工夫来家，今忽从天而降，真是喜耶！"双星且不答应他，忙先急问道："老爷好吗？"江贵道："老爷好的。"双星听了，又急问道："夫人好吗？"江贵道："夫人好的。"双星道："老爷与夫人既好，门前这帚白幡，挂着却是为何？"江贵道：

"状元爷若问门前这帚白幡,说起来话长。老爷与夫人,日日想念状元爷不去口,我且去报知,使他欢喜欢喜。白幡之事,他自然要与状元爷细说。"一面说,一面即急走入去了。双星也就随后跟来。

此时江章已得了同年林乔之信,报知他双状元海外封王之事,正与夫人、彩云坐在房里,愁他不能容易还朝。因对彩云说道:"他若不能还朝,则你姐姐之书,几时方得与他看见?姐姐之书不得与他看见,则你之婚盟,何时能续?你之婚盟不能续,则我老夫妻之半子,愈无望了。"话还不曾说完,早听见江贵一路高叫将进来道:"大相公状元进来了!"江章与夫人、彩云,忽然听见,心虽惊喜非常,却不敢深信。老夫妻连忙跑出房门外来看,早看见双星远远走来。还是旧时的白面少年,只觉丰姿俊伟,举止轩昂了许多。及走到面前,江章还忍着苦心,欢颜相接,携他到后厅之上。

双星忙叫取红毡来,铺在地下,亲移二椅在上,"请岳父岳母台坐,容小婿双星拜见。"江章正扯住他说:"贤婿远来辛苦,不消了。"夫人眼睁睁看见这等一个少年风流贵婿在当面,亲亲热热的岳父长、岳母短,却不幸女儿遭惨祸死了,不能与他成双作对,忽一阵心酸,那里还能忍耐得住,忙走上前,双手抱着双星,放声大哭起来道:"我那贤婿耶,你怎么不早来!闪得我好苦呀,我好苦呀!"双星不知为何,还扶住劝解道:"岳母尊年,不宜过伤。有何怨苦,乞说明,便于宽慰。"夫人哭急了,喉中哽哽咽咽,那里还说得出一句话来。忽一个昏晕,竟跌倒在地,连人事都不省。江章看见,惊慌无措。幸得跟随的仆妇与侍妾众多,俱忙上前搀扶了起来。江阁老见扶了起来,忙吩咐道:"快扶到床上去,叫小姐用姜汤灌救"。众仆妇侍妾慌作一团,七手八脚,搀扶夫人入去。

双星初见白幡,正狐疑不解,又忽见夫人痛哭伤心,就疑小姐有变,心已几乎惊裂,忽听见江阁老吩咐叫小姐灌救,惊方定了。因急问江章道:"岳母为着何事,这等痛哭?"江阁老见问,也不觉掉下泪来,只不开口,双星急了,因发话道:"岳父母有何冤苦,对双星为何秘而不言,莫非以双星子婿为非人耶?"江阁老方辩说道:"非是不言,言之殊觉痛心。莫说老夫妻说了肠断,就是贤婿听了,只怕也要肠断!"双星听见说话又关系小姐,一发着急,因跪下恳求道:"端的为何?岳父再不言,小婿要急死矣!"江阁老连忙扶起,因唏嘘说道:"我那贤婿呀!你这般苦苦追求,莫非你还想要我践前言,成就你的婚盟吗?谁知我一个才美的贤孝的女儿,被奸人之害,只为守着贤婿之盟,竟效浣纱女子,葬于黄河鱼腹了!教我老夫妻怎不痛心!"双星听见江阁老说小姐为他守节投水死了,直吓得目瞪身呆,魂不附体,便不复问长问短,但跌跌脚,仰天放声哭道:"苍天,苍天,何荼毒至此耶!我双星四海求凰,只博得小姐一人,奈何荼毒其死呀！小姐既死，我双星还活在世间做些什么？何不早早一死，以报小姐于地下！"说罢，竟照着厅柱上一头撞去。喜得二小姐彩云，心灵性巧，已揣度定双状元闻小姐死信，定要寻死觅活，早预先暗暗差了两个家人，在旁边提防救护。不一时，果见双星以头撞柱，慌忙跑上前，拦腰抱住。江阁老看见双星触柱，自不能救，几乎急杀。见家人抱住，方欢喜向前，说道："不夜，这就太差了！轻生乃匹夫之事，你今乃朝廷臣子，又且有王命在身，怎敢忘公义而徇私情？"双星听了，方正容致谢道："岳父教诲，自是药言，但情义所关，不容苟活。死生之际，焉敢负心？今虽暂且腼颜，终须一死。且请问贤妹受谁之祸，遂至惨烈如此！"江阁老方细细将赫公子求亲怀恨说了："又逢值姚太监奉圣旨选太子之婚，故赫公子竟将小女报名入选。我略略求他用情，姚太监早听信谗言，要参我违背圣旨，小女着急，恐贻我祸，故毅然请行。旁人不知小女用心，还议论他贪皇家之富贵，而负不夜之盟。谁知小女舟至天津，竟沉沙以报不夜，方知其前之行为尽孝，后之死为尽节，又安详，又慷慨，真要算一个古今的贤烈女子了。"说罢，早泪流满面，拭不能干。双星听了，因哭说道："此祸虽由遭谗而作，然细细想来，总是我双星命薄缘悭，不曾生得受享小姐之福。故好好姻缘，不在此安守；我若长守于此，得了此信，岂不与小姐成婚久矣！却转为功名，去海外受流离颠沛，以致贤妹香销玉碎。此皆我双星命薄缘悭，自算颠倒，夫复谁尤？"

此时夫人已灌醒了，已吩咐备了酒肴，出来请老爷同双状元排解。又听见双星吃着酒，长哭一声："悔当面错过！"又短哭一声："恨死别无言！"絮絮聒聒，哭得甚是可怜。因又走出来坐下，安慰他道："贤婿也不消哭了，死者已不可复生，既往也追究不来。况且你如今又中了状元，又为朝廷干了封王的大事回来，不可仍当作秀才看承。若念昔年过继之义，并与你妹子结婚之情，还要看顾我老夫妻老景一番，须亲亲热热再商量出个妙法来才好。"双星听了，连连摇头道："若论过继之义，父母之老，自是双星责任，何消商量！若要仍以岳父、岳母，得能亲亲热热之妙法，除非小姐复生，方能得毂。倘还魂无计，便神仙持筹，也无妙法。"一面说，一面又流下泪来。江阁老见了，忙止住夫人道："这些话且慢说，且劝状元一杯，再作区处。"夫人遂不言语。左右送上酒来，双星因心中痛苦，连吃了几杯，早不觉大醉了。夫人见他醉了，此时天已傍晚，就叫人请他到老爷养静的小卧房里去歇息。正是：

　　堂前拿稳欢颜会，花下还思笑脸逢。
　　谁道栏杆都倚遍，眼中不见旧时容。

夫人既打发双星睡下,恐怕他酒醒,要茶要水,因叫小姐旧侍儿若霞去伺候。不期双星在伤心痛哭时,连吃了几杯闷酒,遂沉沉睡去,直睡到二鼓后,方才醒了转来。因暗想道:"先前夫人哭晕时,分明听见岳父说:'快扶夫人入去,叫小姐用姜汤灌救'。我一向在此,只知他止生得一位小姐,若蕊珠小姐果然死了,则这个小姐又是何人?终不成我别去二三年,岳父又纳宠生了一位小姐?又莫非蕊珠小姐还未曾死,故作此生死之言,以试我心?"心下狐疑,遂翻来覆去,在床上声响,若霞听见,忙送上茶来道:"状元睡了这多时,夜饭还不曾用哩,且请用杯茶。"双星道:"夜饭不吃了,茶到妙。"遂坐起身来吃茶。此时明烛照得雪亮,看见送茶的侍妾是旧人,因问道:"你是若霞姐呀!"若霞道:"正是若霞。状元如今是贵人,为何还记得?"双星道:"日日见你跟随小姐,怎么不记得!不但记得你,还有一位彩云姐,是小姐心上人,我也记得。我如今要见他一回,问他几句闲话,不知你可寻得他来?"若霞听见,忙将手指一咬道:"如今他是贵人了,我如何叫得他来?"双星听了,着惊道:"他与你同服侍小姐,为何他如今独贵?"若霞道:"有个缘故,自小姐被姚太监选了去,老爷与夫人在家狐狐独独,甚是寂寞。因见彩云朝夕间,会假殷勤趋奉,遂喜欢他,将他立做义女,以补小姐之缺。吩咐家下人,都叫他做二小姐,要借宰相门楣,招赘一个好女婿为半子,以花哄目前。无奈远近人家,都知道根脚的,并无一人来上钩。如今款留状元,只怕明日还要假借小姐之名,来哄骗状元哩!"双星听了,心中暗想道:"这就没正经了。"也不说出,但笑笑道:"原来如此!"说罢,就依然睡下了。正是:

> 妒花苦雨时时有,蔽日浮云日日多。
> 漫道是非终久辨,当前已着一番魔。

双星睡了一夜,次早起来梳洗了,就照旧日规矩,到房中来定省。才走进房门,早隐隐看见一个女子,往房后避去。心下知是彩云,也就不问。因上前与岳父、岳母相见了。江章与夫人就留他坐下,细问别来之事。双星遂将自中了解元,就要来践前盟,因母亲立逼春闱,只得勉强进京。幸得侥幸成名,即欲恳恩归娶。又不料屠驸马强婚生衅,嘱托当事,故有海外之行诸事,细细说了一遍。江阁老与夫人听了,不胜叹息,因说道:"状元既如此有情有义,则小女之死,不为枉矣。但小女临行,万事俱不在心,只苦苦放我两老亲并状元不下,昼夜思量,方想出一个藕断丝连之妙法,要求状元曲从。不知状元此时此际,还念前情,而肯委曲否?"双星听了,知是江章促他彩云之事。因忙忙立起身来,朝天跪下发誓道:"若论小姐为我双星而死之恩情,便叫我粉身碎骨,亦所不辞,何况其余！但说移花接木,关着婚姻之事,便死亦不敢从命！我双星须眉男子,日读圣贤书,且莫说伦常,原不敢背,只就少年好色而言,我双星一片痴情,已定于蕊珠贤妹矣。舍此,纵起西子、王嫱于地下,我双星也不入眼,万望二大人相谅。"说罢,早泪流满面,江章连忙搀他起来,道:"状元之心,已可告天地矣;状元之情,已可泣鬼神矣,何况人情,谁不起敬！但人之一身,宗祀所关,婚姻二字,也是少不得的。状元还须三思,不可执一。"双星道:"婚姻怎敢说可少？若说可少,则小婿便不该苦求蕊珠贤妹了。但思婚盟一定不可移,今既与蕊珠贤妹订盟,则蕊珠贤妹,生固吾妻,死亦吾妻,我双星不为无配矣。况蕊珠小姐,不贪皇宫富贵,而情愿守我双星一盟而死于非命,则其视我双星为何如人！我双星乃贪一瞬之欢,做了个忘恩负义之人,岂不令蕊珠贤妹衔恨含羞于地下！莫说宗嗣尚有舍弟可承,便覆宗绝嗣,亦不敢为禽兽之事。二大人若念小婿孤单,欲商量婚姻之妙法,除了令爱重生,再无别法。"江阁老道:"状元不要错疑了,这商量婚姻的妙法,不是我老夫妻的主意,实是小女临行的一段苦心。"双星道:"且请问小姐的苦心妙法,却是怎样？"江阁老道:"他自拚此去身死,却念我老夫妻无人侍奉,再三叫我将彩云立为义女,以代他晨昏之定省。我老夫妻拂不得他的孝心,只得立彩云为次女。却喜次女果不负小女之托,寒添衣,饥劝饭,实比小女还殷勤,此一事也。小女又知贤婿乃一情种,闻他之死,断然不忍再娶,故又再三求我,将次女以续状元之前盟。知状元既不忘他,定不辜负他之意。倘鸾胶有效,使我有半子之依,状元无覆绝之虑,岂不玉碎而瓦全？此皆小女千思百虑之所出,状元万万不可认作荒唐,拒而不纳也。"双星听了,沉吟细想道:"此事若非蕊珠贤妹之深情,决不能注念及此。若非蕊珠贤妹之俏心,决不能思算至此。况又感承岳父恳恳款款,自非虚谬。但可惜蕊珠贤妹,已茫茫天上了,无遗踪可据。我双星怎敢信虚为实,以作负心,还望岳父垂谅。"江阁老道:"原来贤婿疑此事无据吗？若是无据,我也不便向贤婿谆谆苦言了。现有明据在此,可取而验。"双星道:"不知明据,却是何物？"江阁老道:"也非他物,就是小女临行亲笔写的一张字儿。"双星道:"既有小姐的手札,何不早赐一观,以消疑虑。"江阁老因吩咐叫若霞去问二小姐,取了大小姐留下的手书来。只因这一取,有分教:鸳梦有情,鸾胶无力。不知后事如何,且听下回分解。

第十五回　览遗书料难拒命请分榻以代明烛
续旧盟只道快心愿解襦而试坐怀

词云：

> 死死生生心乱矣，更有谁，闲情满纸。及开读琼瑶，穷思竭虑，肝胆皆倾此。
> 苦要成全人到底，热突突，将桃作李。血性犹存，良心未丧，何敢为无耻。

寄调《雨中花》

说话江太师因双状元闻知小姐有手书写他，再三索看，只得吩咐若霞道："你可到拂云楼上，对二小姐说，老爷与双状元在房中议续盟之事，因双状元不信此议出自大小姐之意，再三推辞，故老爷叫我来问二小姐讨取前日大小姐所留的这封手书。叫二小姐取与我拿出去与双状元一看，婚姻便成了。"若霞领了太师之命，忙忙入去，去了半晌，忽又空手走来，回复道："二小姐说，大小姐留下的这封书，内中皆肝胆心腹之言，十分珍重，不欲与旁人得知。临行时再三嘱托，叫二小姐必面见状元，方可交付。若状元富贵易心，不愿见书，可速速烧了，以绝其迹，故不敢轻易发出。求老爷请问状元，还是愿见书，还是不愿见书？若是状元做官，大小姐做鬼，变了心肠，不愿见书，负了大小姐一团美意，便万事全休，不必说了。若状元有情有义，还记得临行时老爷夫人面订之盟，还痛惜大小姐遭难流离守贞而死之苦，无处追死后之魂，还想见其生前之笔，便当忘二小姐昔日之贱，以礼相求；捐状元今日之贵，以情相恳。则请老爷夫人，偕状元入内楼，面付可也。至于盟之续不续，则听凭状元之心，焉敢相强？"

双星听见彩云的传言，说得情理侃侃，句句缚头缚脚，暗想道："彩云既能为此言，便定有所受，而非自利耳。"因对若霞道："烦你多多致意二小姐，说我双星向日慕大小姐，而愿秣马秣驹，此二小姐所知也。空求尚如此，安有既托丝萝而反不愿者？若说春秋两闱侥幸而变心，则屠婚可就，而海外之风波可免矣；若说无情无义，则今日天台不重访矣；若说苦苦辞续盟之婚，此非忘大小姐之盟，而别订他盟，正痛惜大小姐之死于盟，而不忍负大小姐之盟也。若果大小姐有书可读，读而是真是伪，则书中之命，当一一遵行，必不敢稍违其半字。若鸾笺乌有，滴泪非真，则我双不夜宁可违生者于人间，决不负死者于地下。万望二小姐略去要挟之心，有则确示其有，以便恳岳父母相率匍匐楼下，九叩以求赐览。"若霞只得又领了双状元之言，又入去了。不一时又出来说道："二小姐已捧书恭候，请老爷夫人同状元速入。"江阁老因说道："好，好，好！大家同进去看一看，也见一个明白。"遂起身同行。正是：

> 柳丝惯会藏鹦鹉，雪色专能隐鹭鸶。
> 不是一函亲见了，情深情浅有谁知？

双星随着岳父母二人，走至拂云楼下，早见彩云巧梳云鬓，薄着罗衣，与蕊珠小姐一样装束，手捧着一个小小的锦袱，立于楼厅之右，也不趋迎，也不退避。双星见了，便举手要请他相见；彩云早朗朗地说道："相见当以礼，今尚不知宜用何礼，暂屈状元少缓，且请状元先看了先小姐之手书，再定名分相见何如？"因将所捧的小锦袱放在当中一张桌上，打开了，取出蕊珠小姐的手札来，叫一个侍妾送与双星。彩云乃说道："是假是真，状元请看。"双星接在手中，还有三分疑惑，及定睛一看，早看见书面上写着："薄命落难妾江蕊珠谨致书寄上双不夜殿元亲启密览"二十二个小楷，美如簪花，认得是小姐的亲笔，方敛容滴泪道："原来蕊珠小姐，当此侘傺之际，果相念不忘，尚留香翰以致殷勤，此何等之恩，何等之情，义当拜受。"因将书仍放在桌上，跪下去再拜。江阁老看见，忙揽住道："这也不消了。"双星拜完起来，见书面上有"密览"二字，遂将书轻轻拆开，走出楼外阶下去细看。只见上写道：

> 妾闻婚姻之礼，一醮终身。今既遭殃，死生已判。若论妾为郎而死，死更何言！一念及生者之恩，死难瞑目。想郎失妾而生，生应多恨；若不辜死者之托，生又何惭！忆自郎吞声别去，满望吐气锦归，不道谗入九重，祸从天降。自应形消一旦，恨入地中，此皆郎之缘悭，妾之命薄。今生已矣，再结他生，夫复谁尤？但恐妾之一死，漠漠无知，窃恐双郎多情多义，怜妾之受无辜，痛妾之遭荼毒，甘守孤单，则妾泉下之魂，岂能安乎？再四苦思，万不得已，而恳父母，收彩云为义女，欲以代妾而奉箕帚。有如双郎，情不耐长，义难经久，以玉堂金马，而别牵绣幕红丝，则彩云易散，原不相妨。倘双郎情深义重，生死不移，始终如一，则妾一线未了之盟，愿托彩云而再续。若肯怜贱妾之死骨而推恩，则望勿以彩云之下体而见弃。代桃以李，是妾痴肠；落月存星，望郎刮目。不识双郎能如妾愿否？倘肯念

旧日之鸠鹊巢，仍肯坦别来之金紫腹，则老父老母之半子，有所托矣。老父老母之半子既有托，则贱妾之衔结，定当有日。哀苦咽心，言不尽意，乞双郎垂谅，不宣。

双星读了一遍，早泪流满面。及再读一回，忽不禁哀哀而哭道："小姐呀，小姐呀！你不忍弃我双星之盟，甘心一死，则孤贞苦节，已自不磨。怎又看破我终身不娶，则知己之感，更自难忘。这还说是人情，怎么又虑及我之宗嗣危亡，怎么又请人代替，使我义不能辞！小姐呀，小姐呀！你之义胆，亦已倾吐尽矣！"因执书沉想道："我若全拒而不从，则负小姐之美意；我若一一而顺从，则我双星假公济私，将何以报答小姐？"又思量了半晌，忽自说道："我如今有主意了。"遂将书笼入袖中，竟走至楼下。

此时彩云，见双星持书痛哭，知双星已领会小姐之意，不怕他不来求我，便先上楼去了。江阁老见双星看完书入来，因问道："贤婿看小女这封书，果是真吗？"双星道："小姐这封书，言言皆洒泪，字字有血痕。不独是真，而一片曲曲苦心，尽皆呕出矣，有谁能假？"江阁老道："既是这等，则小女续盟之议，不知状元以为何如？"双星道："蕊珠小姐既拼一死矣，身死则节著而名香矣，他何必虑？然犹千思百虑，念我双星如此，则言言金玉也。双星人非土木，焉敢不从！"江阁老道："状元既已俯从，便当选个黄道吉日，要请明结花烛矣。"双星道："明结花烛，乃令爱小姐之命，当敬从之，以尽小姐念我之心。然花烛之后，尚有从而未必尽从之微意，聊以表我双星不忘小姐之私，亦须请出二小姐来，细细面言明方好。"江阁老听了，因又着若霞去请。若霞请了，又来回复道："二小姐说，状元若不以大小姐之言为重，不愿结花烛则已；既不忘大小姐，而许结花烛，且请结过花烛以完大小姐之情案。若花烛之后，而状元别有所言，则其事不在大小姐，而在二小姐矣。可从则从，何必今日琐琐？"双星听了，点头道是，遂不敢复请矣。江阁老与夫人见婚盟已定，满心欢喜。遂同双星出到后厅，忙忙吩咐家人去打点结花烛之事。正是：

> 妙算已争先一着，巧谋偏占后三分。
> 其中默默机锋对，说与旁人都不闻。

江阁老见双星允从花烛，便着人选吉日，并打点诸事俱已齐备，只少一个贵重媒人。恰恰的礼部尚书林乔，是他同年好友，从京中出来拜他。前日报双状元封王之信也就是他。江阁老见他来拜，不胜欢喜，就与他说知双状元封王已归，今欲结亲之事，就留他为媒,林乔无不依允。

双星到了正日,暗自想道:"彩云婢作夫人,若坐在他家,草草成婚,岂不道我轻薄? 轻薄他不打紧,若论到轻薄他,即是轻薄了小姐,则此罪我双星当不起了。"因带了长班,急急走还大座船上,因将海上珍奇异宝,检选了数种,叫人先鼓乐喧天的送到江阁老府,以为聘礼。然后自穿了钦赐的一品服色,坐了显轿,衙役排列着银瓜状元的执事,一路灯火,吹吹打打而来,人人皆知是双状元到江太师府中去就亲,好不兴头。到了府门,早有媒人礼部尚书林乔代迎入去。到了厅上,江太师与江夫人,早已立在大厅上,铺毡结彩的等候。见双状元到了,忙叫众侍妾簇拥出二小姐来,同拜天地,同拜父母,又夫妻交拜。拜毕,然后拥入拂云楼上去,同饮合卺之卮。外面江太师自与林尚书同饮喜酒不提。

且说双星与彩云二人到了楼上,此时彩云已揭去盖头,四目相视,双星忙上前,又是一揖道:"我双星向日为小姐抱病时,多蒙贤卿委曲周旋,得见小姐,以活余生,到今衔感,未敢去心,不料别来遭变,月缺花残,只道今生已矣,不意又蒙小姐苦心,巧借贤卿以续前盟。真可谓恩外之恩,爱中之爱矣。今又蒙不辜小姐之托,而殷勤作天台之待,双星虽草木,亦感春恩。但在此花烛洞房,而小姐芳魂,不知何处,生死关心,早已死灰槁木。若欲吹灯含笑,云雨交欢,实有所不忍,欲求贤卿相谅。"说罢,凄凄咽咽,苦不胜情。彩云自受了小姐之托,虽说为公,而一片私心,则未尝不想着偎偎倚倚,而窃双状元之恩爱。今情牵义绊,事已到手,忽见双状元此话,渐渐远了,未免惊疑。因笑嘻嘻答道:"状元此话,就说差了。花是花,叶是叶,原要看得分明。事是事,心是心,不可认作一样。贱妾今日之事,虽是续先姐之盟,然先姐自是一人,贱妾又是一人。状元既不忘先姐,却也当思量怎生发付贱妾。不忍是心,花烛是事。状元昔日之心,既不忍负,则今日之花烛,又可虚度耶? 状元风流人也,对妾纵不生怜,难道身坐此香温玉软中,竟忍心而不一相慰藉耶?"双星道:"贤卿美情,固难发付,花烛良宵,固难虚度,但恨我双星一片欢情,已被小姐之冤恨沉沉消磨尽矣,岂复知人间还有风流乐事! 芳卿纵是春风,恐亦不能活予枯木。"彩云复笑道:"阳台云雨,一笑自生,但患襄王不入梦耳。状元岂能倦而不寝耶? 且请少尽一卮,以速睡魔,周旋合卺。"因命侍儿捧觞以进。双星接卮在手,才吃得一口,忽突睁两眼,看看彩云,大声叹息道:"天地耶,鬼神耶? 何人欲之溺人如此耶? 我双星之慕小姐,几不能生;小姐为我双星,已甘一死。恩如此,爱如此,自应生生世世为交颈鸯(鸯),为连理树。奈何遗骨未埋,啼痕尚在,早坐此花烛之下,而对芳卿之欢容笑口,饮合卺卮耶? 使狗彘有知,岂食吾余? 双星,双星,何不速傍烟销,早随灯灭,也免得出名教之丑,而辱我蕊珠小姐也!"哀声未绝,早涕泗滂沱,而东顾西盼,欲寻死路。彩云见双星情义激烈,因暗忖道:"此事只宜缓图,不可急取。急则有变,缓则终须到手。"因急上前再三宽慰道:"状元不必认真,适才之言,乃贱妾以试状元之心耳。状元以千秋才子,而独定情于先姐,先姐以绝代佳人,而一心誓守状元,此贱妾之深知也。贱妾何人,岂不自揣,焉敢昧心蒙面,而横据鹊巢,妄冀状元之分爱? 不过奉先姐之遗命,欲以窃状元半子之名分,以奉两亲耳。今名分既已正矣,先姐之苦心,亦已遂矣。至于贱妾,娇非金屋,未免有玷玉堂,吐之弃之,悉听状元,贱妾何敢要求?"双星听了,方才破涕说道:"贤卿若能怜念我双星至此,则贤卿不独是双星之笑己,竟是保全我双星名节之恩人矣。愿借此花烛之光,请与贤卿重订一盟,从此以至终身,但愿做堂上夫妻,闺中朋友,则情义两全矣。"彩云道:"此非状元之创论,'琴瑟友之',古人已先见之于诗矣。"双星听了,不觉失笑。二人说得投机,因再烧银烛,重饮合欢,直尽醉方止。彩云因命侍妾另设一榻,请状元对寝。正是:

情不贪淫何损义,义能婉转岂伤情。

漫言世事难周到,情义相安名教成。

到了次日,二人起来,双星梳洗,彩云整妆,说说笑笑,宛然与夫妻无疑。因三朝不出房,双星与彩云相对无事,因细问小姐别来行径。彩云说到小姐别后题诗相忆,双星看了,又感叹一回。彩云说到赫公子求亲,被袁空骗了,及打猎败露之事,双星听见,又笑了一回。及彩云说到姚太监挟圣旨威逼之事,双星又恼怒了一回。彩云再说到小姐知事不免,情愿拼一死,又不欲父母闻知,日间不敢高声,只到深夜方哀哀痛哭之事,双星听了,早已柔肠寸断。彩云再说出小姐苦苦求父母收贱妾为义女,再三结贱妾为姊妹,欲以续状元之盟,又恐状元不允,挑灯滴泪写书之事,双星听不完,早已呜呜咽咽,又下哀猿之泪矣。哭罢,因又对彩云说道:"贤卿之意,我岂不知? 芳卿之美,我岂不爱? 无奈一片痴情,已定于蕊珠小姐,欲遣去而别自寻欢,实所不能,亦所不忍! 望贤卿鉴察此衷,百凡宽恕。"彩云道:"望沾雨露,实草木之私情。要做梅花,只得耐雪霜之寒冷。小姐止念一盟,并无交接,尚赴义如饴,何况贱妾,明承花烛,已接宠光,纵枕席无缘,而朝朝暮暮之恩爱有加,胜于小姐多矣,安敢更怀不足! 状元但请敦伦,勿以贱妾介意。"双星听了大喜道:"得贤卿如此体谅,衔感不尽。"因欢欢喜喜过了三朝,同出来拜见父母。

江阁老与夫人,只认作他二人成了鸾交凤友,满心欢喜。双星因说道:"小婿蒙岳父岳母生死成全，感激无已。不独半子承欢，而膝下之礼，誓当毕尽！但恨王命在身，离京日久，不敢再留，只得拜别尊颜，进京复命。稍有次第，即当请告归养，以报大恩，万望俯从。"江阁老道："别事可以强屈，朝廷之事，焉敢苦羁，一听荣行。但二小女与状元新婚宴尔，岂有遽别？事在倥偬，又不敢久留，莫若携之以奉衾裯，庶几两便。"双星道："小婿勉从花烛者，只不过欲借二小姐之半子，以尽大小姐之教，而破二大人之寂寞，非小婿之贪欢也。若携之而去，殊失本旨。况小婿复命之后，亦欲请旨省亲，奔波道路，更觉不宜。只合留之妆阁，俟小婿请告归来，再偕奉二大人为妙。"江阁老道："状元处之甚当。"遂设酒送行。又款留了一日，双星竟开船复命去了。正是：

> 来是念私情，去因复王命。
> 去来甜苦心，谁说又谁听。

　　双星进京复命，且按下不提。却说江夫人闲中，偶问及彩云，双星结亲情义何如，彩云方将双星苦守小姐之义，万万不肯交欢之事，细细说了一遍。夫人听了，虽感激其不忘小姐，却恐怕彩云之婚，又做了空账，只得又细细与江阁老商量。江阁老听了，因惊怪道："此事甚是不妥，彩云既不曾与他粘体，他这一去，又不知何时重来。两头俱虚，实实没些把臂。他若推辞，反掌之事。"夫人道："若是如此，却将奈何？"江阁老道："我如今有个主意了。"夫人道："你有什么主意？"江阁老道："我想鸠鹊争巢，利于先入。双婿既与彩云明偕花烛，名分已正，其余闺阁之私，不必管他。我总闲在此，何不拼些工夫，竟将彩云送至蜀中，交付双亲母做媳妇。既做了媳妇，双婿归来，纵不欢喜，却也不能又生别议。况又婿守义，谅不别娶。归来与二女朝朝暮暮，雨待云停，或者一时高兴，也不可知。若到此时，大女所托之事，岂不借此完了！"夫人听了，方大喜道："如此甚妙。但只愁你年老，恐辛苦去不得。"江阁老道："水有舟，旱有车马，或亦不妨。"夫人道："既如此，事不宜迟，须作速行之。"江阁老因吩咐家人，打点入蜀，只因这一入蜀，有分教：才突尔惊生，又不禁喜死。不知后事如何，且听下回分解。

词云：

　　眼耳虽然称的当，若尽凭他，半是糊涂账。花事喧传风雨葬，谁知原在枝头放。　　死去人儿何敢望，花烛之前，忽见他相傍。这喜陡从天上降，早惊破现团圆相。

寄调《蝶恋花》

　　话说江阁老算计定，要送二小姐入蜀，因命家人打点行装，备俱舟楫，择日长行。彩云与夫人作别而去，且按下不提。

　　却说双星进京复命，一路府县官知他是钦差，又是少年状元，无不加礼迎送，甚是风骚。双状元却一概辞免。一日行到了天津卫地方，双状元因念小姐死节于此，遂吩咐住船，叫手下在河边宽阔处，搭起一座篷厂来，请了十二个高僧，做佛事超荐江蕊珠小姐。道场完满，又亲制祭文，身穿素服，着人摆设祭礼，自到河边再三哭奠。因命礼生读祭文道：

　　唯某年某月某日，新科状元赐一品服奉使海外封王孝夫双星，谨以香烛遮馐之仪，致祭于大节烈受聘未婚双夫人江小姐之灵曰：呜呼！夫人何生之不辰耶？何有缘而又无缘耶？夫人钟山川之秀气，生台阁之名门，珠玉结胎，冰霜赋骨，闺才倾绝代，懿美冠当时。使皇天有知，后土不昧，先播淑风，早承圣命，则今日友配青宫，异日母仪天下，安可量耶？奈何父兮母兮误许书生，又恨贪兮贱兮未迎之子，适圣世之流采无方，忽一旦而宠诏自天，乃贞女之讲求有素，不终日而含笑入地，呜呼，痛哉！何能已也，不知其可也！夫人未尝蹈其辙，是谁之过欤？双星安敢辞其辜！至今夫人游魂已散，而姓字生香；双星热面虽存，而衣冠抱愧。百身莫赎，徒哀哀而问诸水滨；一死未偿，实局局而难容于世上。呜呼！问盟则言犹在耳，问事则物是人非，问婚姻则水流花谢矣。有缘耶？无缘耶？夫人何生之不辰耶？呜呼哀哉？伏唯尚飨。

　　祭文读罢，双星涕泗交流，痛哭不已，见者无不垂泪。祭毕，双星随即起旱进京复命。

　　到了京中，次早五更入朝，进上各国表章，又将各国贡献的奇珍异宝，一同进上，天子亲自临轩，先看了双星的奏疏，知海外百余国，尽皆宾服，又各有进奉，龙颜大悦。因宣双星上殿，亲赐天语道："遐方恃远，久不来王。今日一旦输诚纳款，献宝称臣，实古所稀有。此皆尔才能应变之所致也，其功不小。"双星忙俯伏奏道："皇恩浩荡，圣德汪洋，四海皆望风而向化，微臣何功之有！"天子闻奏愈喜，因又说道："尔不辱君命，又有跋涉之劳，其功不可不赏。特赐尔为太子太傅，黼黻皇猷，佐朕之不逮。"双星连忙谢恩，谢毕，因又奏道："臣草莽蒙恩，叨居鼎甲，虽披沥肝胆，亦不能报皇恩于万一。但出使经年，寡母在堂，未免倚闾望切，乞陛下赐臣归里，少效乌鸟三年，再展终身之犬马，则感圣恩无尽矣。"天子听了大喜道："不尽孝焉能尽忠，准尔所奏。三年之后，速来就职可也。"赐黄金百镒，美锦百端。双星谢恩退出。百官闻知，尽来恭贺。

　　双星恐怕在京耽延，又生别议，遂连夜收拾，次早即辞朝出京，及屠驸马闻知，再打点同公主入朝恳天子赐婚状元，而状元已离京远矣。无可奈何，只得罢了。正是：

　　　　夜静休将香饵投，鳌鱼早已脱金钩。
　　　　洋洋圉圉知何处，明月空教载满舟。

　　双星请告出京，且按下不提，却说江阁老同了彩云小姐并侍从，望四川而来，喜得一路平平安安，不日到了双流县，寻了寓处住下，随命家人到双家去报知。家人寻到了，因对门上人说道："我是浙江江阁老老爷家的家人，有事要禀见太夫人。"门上人见说是江小姐家里人，便不敢停留，即同他到厅来见夫人。江家人见了夫人，忙磕头禀道："小人是浙江江太师老爷家家人，双状元与家老爷是翁婿。前日双状元已在本府，与小夫人结过亲了。今状元爷进京复命，故家老爷亲送小夫人到此，拜见老夫人，今已到在寓处，故差小人来报知。"双夫人听了这番言语，竟不知这小夫人，又是谁人，心中疑惑，一时不好回言，只得起身入内，与小姐说知。小姐听了，又惊又喜华又狐疑，想道："终不成我父亲直送彩云到此。"因对双夫人说道："婆婆可叫来人见我。"双夫人忙着人去叫。江家人见叫他入内，只得低着头走进，到了内厅前檐下。小姐早远远看见是江安,忙叫一声:"江安,你可知我小姐在此吗?"那江安忽听见有人叫他名字,不知是谁,忙抬头往厅上一看,忽见蕊珠小姐,坐在双夫人旁边,再看是真,直吓得魂魄俱无。不禁大叫一声道:"不好了!"就往外飞跑去了。小姐忙叫家人去赶转。家人因赶上扯住他道:"小夫人叫你说话,为何乱跑?"江安见有人扯他,急得只是乱推乱挣道:"爷爷饶了我吧!我一向听得人说,四川相近酆都城,有鬼,今果然在你家。吓杀人也!吓杀人也!"双家人笑道:"老兄不要慌,鬼在哪里?"江安道:"里面坐的小姐,岂不是鬼?"双家人道:"老哥不要做梦了,小姐虽传说投河死了,却喜得救活在此,你不要着惊。"江安听了,又惊又喜道:"果是真吗?你不要哄我。"双家人道:"我哄你做什么,快去见小姐!"江安方定了神,又跑进来,看着小姐,连连磕头道:"原来小姐果然重生了,这喜是哪里说起?"小姐道:"且问你,老爷为何到此,夫人在家好吗?"江安道:"老爷与夫人身体虽喜康健,只因闻了小姐的死信,也哭坏了许多。老爷此来,是为二小姐与双状元已结过亲,因双状元进京,故送二小姐来侍奉老夫人。谁知无意中遇着小姐,真是喜耶!待小人快去报知老爷与二小姐,也使他们欢喜欢喜。"小姐听了,也不胜欢喜。因吩咐江安道:"你先去报知也好,我这里随后就有轿马来接。"江安急急去了。小姐就与双夫人说明,忙差青云、野鹤,领着轿马人夫去迎请。

江阁老已有江安报知,喜个不了,巴不得立刻就来相见。及轿马到了,一刻也不停留,就同彩云上轿而来。小姐听见父亲到了,忙亲自走到仪门口,接了进来。到得厅上,先父女抱头大哭一场,又与彩云执手悲伤了一遍,然后欢欢喜喜说道:"今生只道命苦,永无相见之期,谁知皇天垂佑,又得在此相逢,真人生侥幸也。"小姐先拜了父亲,就与彩云交拜。拜毕,方请双夫人带着双辰出来相见。相见过,彼此称谢。蕊珠小姐又与双夫人说明彩云小姐续盟之事,又叫彩云拜了婆婆,双夫人不胜之喜,因命备酒,与亲家洗尘,合家欢喜不过。正是:

> 当年拆散愁无奈,今日相逢喜可知。
>
> 好向灯前重细看,莫非还是梦中时。

大家吃完团圆喜酒,就请江阁老到东边厅里住下。彩云小姐遂请入后房,与蕊珠小姐同居,二人久不会面,今宵乍见,欢喜不过,就絮絮聒聒,说了一夜,说来说去,总说的是双状元有情有义,不忘小姐之事。蕊珠小姐听了,不胜感激,因暗暗想道:"当日一见,就知双郎是个至诚君子,故赋诗寓意,而愿托终身。今果能死生不变,我蕊珠亦可谓之识人矣。但既见了我的书,肯与彩云续盟,为何又坐怀不乱?只这一句话,尚有三分可疑。"也不说破，故大家在闺中作乐，以待状元归来，再作道理。

过了月余，江阁老就要辞归，蕊珠小姐苦苦留住，哪里肯放。又恐母亲在家悬望，遂打发野鹤，先去报喜，江阁老只得住下。又过不得月余，忽有报到，报双状元加了太子太傅之衔，钦赐荣归养亲，大家愈加欢喜。

江小姐闻知，因暗暗对双夫人说道："状元归时，望婆婆且莫说出媳妇在此，须这般这般，试他一试，方见他一片真心。"双夫人听了道："有理，有理，我依你行。"遂一一吩咐了家下人。

又过不得些时，果然状元奉旨驰驿而还。一路上好不兴头，十分荣耀。到了成都府，早有府官迎接，到子双流县，早有县官迎接。双夫人着双辰直迎至县城门外。双星迎接到家，先拜了祖先，然后拜见母亲道："孩儿只为贪名，冬温夏清之礼，与晨昏定省之仪皆失，望母亲恕孩儿之罪。"双夫人道："出身事主，光宗耀祖，此大孝也，何在朝夕。"兄弟双辰，又请哥哥对拜。拜毕，双夫人因又说道："浙江江亲家，远远送了媳妇来，实是一团美意。现住在东厅，你可快去拜见谢他。"双星道："江岳父侍孩儿之心，实是天高地厚。但不该送此媳妇来，这媳妇之事，却非孩儿所愿，却怎生区处？"双夫人道："既来之，则安之，有话且拜见过再说。"

双星遂到东厅，来拜见江阁老道："小婿因归省心急，有失趋侍，少答劬劳，即当晨昏子舍，怎反劳岳父大人跋涉远道，叫小婿于心何安？"江阁老道："儿女情深，不来则事不了，故劳而不倦，状元宜念之。"说不完，彩云早也出来见了，见毕，双星因说道："事有根因，我双星与贤卿所续之盟，是为江非为双也。贤卿为何远迢迢到此？"彩云因答道："事难逆料，状元与贱妾所守之戒，是言死而非言生也，贱妾是以急忙忙而来。"

双星听了，一时摸不着头路。因是初见面，不好十分抢先，只得隐忍出来，又见母亲。双夫人因责备他道："你当先初出门时，你原说要寻一个媳妇，归来侍奉我。后秋试来家，你又说寻着了江家小姐，幸不辱命。今你又侥幸中了状元，江阁老又亲送女儿来与你做媳妇，自是一件完完全全的美事，为何你反不悦？莫非你道我做母亲的福薄，受不起你夫妻之拜吗？"双星道："母亲不要错怪了孩儿，孩儿所说寻着了江家小姐，是大女蕊珠小姐，非二女彩云小姐也。"双夫人道："既是大小姐，为何江亲家又送二小姐来？"双星道："有个缘故，大小姐不幸遭变，为守孩儿之节死了，故岳父不欲寒此盟，又苦苦送二小姐来相续。"双夫人道："续盟之意，江亲家可曾与你说过？"双星道："已说过了。"双夫人道："你可曾应承？"双星道："孩儿原不欲应承，只因大小姐有遗书再三嘱托，孩儿不敢负他之情，故勉强应承了。"双夫人道："应承后可曾结亲？"

双星道:"亲虽权宜结了,孩儿因忘不得大小姐之义,却实实不曾同床。"双夫人道:"你这就太差了。你虽属意大小姐,大小姐虽为你尽节,然今亦已死矣。你纵义不可忘,只合不忘于心,再没个身为朝廷臣子,而守匹夫不娶小节之理。江亲家以二小姐续盟,自是一团美意。你若必欲守义,就不该应承,就不该结亲;既已结亲,而又不与同床,你不负心固是矣,而此女则何辜?殊觉不情。况你在壮年,不遂家室,将何以报母命?大差,大差!快从母命,待我与你再结花烛。"双星道:"母亲之命,焉敢有违。但不必同床,却是孩儿报答蕊珠小姐之一点痴念,万万不可回也。"双夫人笑一笑道:"我儿莫要说嘴,倘到其间,这点痴念,只怕又要回了,却将如何?"双星说到伤心,不觉凄然欲哭道:"母亲,母亲,若要孩儿这点痴回时,除非蕊珠小姐再世重生,方才可也。"双夫人听了,又笑一笑道:"若是这等说,我要回你的痴念头便容易了。"双星也只说母亲取笑,也不放在心上。

双夫人果然叫人捡了一个黄道吉日,满厅结彩铺毡,又命乐人鼓乐喧天,又命家人披红挂彩,又命礼生往来赞襄,十分丰盛热闹。到了黄昏,满厅上点得灯烛辉煌,礼生喝礼,先请了状元新郎出来,然后一阵侍妾簇拥着珠冠霞帔阁老小姐出来,同拜天地,又同拜母亲双夫人,又同拜泰山江阁老。拜毕,然后笙箫鼓乐,迎入洞房。正是:

> 白面乌纱正少年,琼姿玉貌果天然。
>
> 若非种下风流福,安得牵成萝茑缘!

状元与小姐到了房中,虽是对面而坐,同饮合欢,却面前摆着两席酒,相隔甚远。席上的锭盛糖果,又高高堆起,遮得严严,新人虽揭去盖头,却璎珞垂垂,挂了一面,那里看得分明。况双星心下已明知是彩云小姐,又低着头不甚去看,哪里知道是谁。左右侍妾,送上合卺酒来,默饮了数杯,俱不说话。又坐了半晌,将有请入鸳帏之意,双星方开口对着新人说道:"良宵花烛,前已结矣。合卺之卮,前已饮矣。今夕复举者,不过奉家慈之命,以尽贤卿远来之意。至于我双星感念令先姐之恩义,死生不变,此贤卿所深知,不待今日言矣。分榻而寝,前已有定例,不待今日又讲矣。夜漏已下。请贤卿自便,我双星要与令先姐结梦中之花烛矣。疏冷之罪,统容荆请。"说罢就要急走出房去。只见新人将双手分开面上的珠络,高声叫道:"双郎,双郎,你看我是那个!你果真为我蕊珠多情如此耶?你果真为我蕊珠守盟如此耶?我江蕊珠获此义夫,好侥幸耶!"双星突然听见蕊珠小姐说话,吃了一惊,再定睛一看,认得果是蕊珠小姐。这一喜非常,便不问是生是死,是真是假,忙走上前,一把抱定不放。道:"小姐呀,小姐呀！你撇得我双星好狠耶，你想得双星好苦耶！你今日在此，难道不曾死耶，你难道重生耶，莫非还是梦耶？快说个明白！"小姐道："状元不须惊疑，妻已死矣，幸得有救，重生在此。"双星道："果是真吗？"小姐道："若不是真，小妹缘何在此？"双星方大喜道："贤妹果重生，只怕我双星又要喜死耶！贤妹呀，贤妹呀，且莫说你为我双星投河而死之大节，即遗书托令妹续盟这一段委曲深情，也感激不尽！"小姐道："状元为我辞婚屠府，而甘受海上风涛之险，这且慢论，只舍妹续盟一段，而状元既念妻之情而不忍违，又守妾之义而断不染，真古今钟情人所未有，叫我小妹如何不私心喜而生敬！"双星道："此一举，在贤妹可以表情，在愚兄可以明心，俱得矣。只可怜令妹，碌碌为人，而徒享虚名，毫无实际，他一副娇羞热面，也不知受了我双星多少抢白；他一片恳款真心，我双星竟不曾领受他半分。今日得与夫人相见，而再一回思，殊觉不情，不能无罪。明日还求贤妹，率我去负荆以请。"蕊珠小姐道："这也不消了。舍妹前边的苦尽，后面自然甘来，何须性急？可趁此花烛，着人请来，当面讲明，使大家欢喜。"

　　侍妾才打帐去请，原来彩云此时正悄悄伏在房门外，听他二人说话，听到二人说他许多好处，再听见叫侍妾请他，不待请竟揭开房帏，笑嘻嘻走了入来。说道："二新人幸喜相逢，我小妹也只得要三曹对案了。状元疑小姐的手书是假，今请问小姐是假不是假？姐姐疑状元与妹子之花烛，未必无染，今请问状元是有染是无染？"双星与蕊珠小姐一齐笑道："手书固然是真，而续盟亦未尝假。从前虽说无染，而向后请将颜色染深些，以补不足，亦未为不可。二小姐何必这等着急？"彩云听了，也忍不住笑将起来。双星因命撤去套筵，重取芳樽美味，三人促膝而饮。细说从前许多情义，彼此快心。直饮到醉乡深处，方议定今宵巫峡行云，明夕阳台行雨，先送彩云到高唐等梦，然后双星携蕊珠小姐，同入温柔，以完满昔日之愿。正是：

　　　　人心乐处花疑笑，好事成时烛有光。

　　　　不识今宵鸳帐里，痴魂销除许多香。

到了次夜，蕊珠小姐了无妒意，立逼双郎与彩云践约。正是：

　　　　记得闻香甘咽唾，常羞对美苦流涎。

　　　　今宵得做鸳鸯梦，这段风流岂美仙。

双星闺中快乐，过了三朝，然后重率大小两个媳妇，拜见婆婆。双夫人见他一夫二妇,美美满满,如鱼水和谐,怎么不喜。又同拜见岳丈,江阁老更是欣然。大家欢欢喜喜,倏忽过了半年。

　　江阁老见住久,忽思量要回去。双星因与母亲商量道:"两个媳妇,本该留在家中,侍奉母亲。但岳父母老年无子,教他独自回去,却于心不安。"双夫人道:"江亲家将两个女儿嫁你,原图你作半子之靠,若一旦留下两个媳妇,岂不失他之望!况你自幼原过继与他为子,就不赘你为婿,也不该忘恩负义。何况招赘之后,又有许多恩义,怎生丢得下。你自同两个媳妇,去完你之事,不须虑我,我自有双辰侍奉。况双辰已列青衿,又定了亲事,自能料理家事。"双星听了,一时主张不定,转是两个媳妇不肯,道:"岂有媳妇不事婆婆之理!既是叔叔料理得家事,何不连婆婆也接了同去,只当随子赴任,庶几两便。"双夫人却不得媳妇之情,只得允了。便急急替双辰完了亲事,然后一同往浙,到了江府。

　　江夫人久已有野鹤报知,今日母子重逢,其乐非常。又见双星同双夫人俱来,知是长久之计,更加欢喜。从此两家合作一家,骨肉团圆,快乐无穷。后来双星的官,也做到侍郎,无忝父亲书香一脉。又勉励兄弟双辰,也成了进士。蕊珠与彩云各生一子,俱登科甲。江阁老夫妻,俱是双星做了半子送终。又以一子,继了江姓,双星恩义无亏,故至今相传,以为佳话。有诗为证:

眼昏好色见时亲,意乱贪花处处春。

唯有认真终不变,故今传作定情人。

附：

原　序

　　尝观《中庸》原天于性，孔子从欲于心，则似乎人身之喜、怒、哀、乐，一心一性尽之矣，何有于情。孰知宇宙中，在天有风有月，在地有山有水，在草木有花有柳，在鸟兽有禽有鱼，在居室有玉堂有金屋，在饮食有醇酒有肥甘，在四时有春夏秋冬，何一不含香吐色，何一不逞态作姿，以为动情之物。情一动于物，则昏而欲迷，荡而忘返，匪独情自受亏，并心性亦未免不为其所牵累。故欲收心正性，又不得不先定其情。虽然，情岂易定者耶？试思情之为情，虽非心而彷佛似心，近乎性而又流动非性。触物而起，一往而深，系之不住，推之不移，柔如水，痴如蝇，热如火，冷如冰。当其有，不知何生；及其无，又不知何灭，夫岂易定者耶！矧撼其定者，又不独风月，山水，花柳，禽鱼，种种之物而已。更有若蝤首蛾眉之人，花容月貌之人，粉白黛绿之人，则又情所最钟而过于百物者也。情既钟于是人，则情应定于是人矣。不知其人之美不一，则情之定于其人其美者亦不一。文君眉画远山，相如之情宜乎定矣，奈何一瞬忽又移于茂陵之女子？飞燕娇倚新妆，汉王之情宜乎定矣，奈何片晌而又移于偏宫之合德？此岂相如、汉王之情不定哉？亦文君、飞燕之人之美不足以定其情也。故班姬有纨扇之悲，唐诗有但保红颜之句。噫！此甚言情之不定而感深矣。然则情终不可定耶？非然也。风不波则水定，云不掩则月定。情有所驰者，情有所慕也。使其人之色香秀美，饱满其所慕，则又何驰？情有所移者，情有所贪也。使其人之姿态风华，屡饫其所贪，则又何移？不移不驰，则情在一人，而死生无二定矣。情定则如磁之吸铁，拆之不开；情定则如水之走下，阻之不隔。再欲其别生一念，另系一思，何可得也？虽然，难言也。眉不春山，则春山必饶黛色而销人魂；目不秋水，则秋水必余俏波而荡人魄；体态不花妍柳媚，则花柳必别弄芳菲而逗人心；言语不燕娇莺滑，则莺燕必更出新声而撩人意,将又使一片柔情,如落花飞絮,是谁之过欤?因知情不难于定,而难于得定情之人耳。此双星、江蕊珠所以称奇足贵也,唯其称奇足贵,而情定则由此而收心正性,以合于圣贤之大道不难矣。此书立言虽浅,而寓意殊深,故代为叙出。

素政堂主人题于天花藏

私家藏书

国学经典文库　图文珍藏版

马松源◎主编

线装书局

图书在版编目（CIP）数据

海外藏书/马松源编．—北京：线装书局，
2011.7（2021.6）

（私家藏书）

ISBN 978-7-5120-0402-3

Ⅰ.①海… Ⅱ.①马… Ⅲ.①私人藏书—中国 Ⅳ.
①G258.83

中国版本图书馆 CIP 数据核字（2011）第 145275 号

海外藏书

主　　编：马松源

责任编辑：崔建伟　高晓彬

出版发行：**线装书局**

　　地　　址：北京市丰台区方庄日月天地大厦 B 座 17 层（100078）

　　电　　话：010-58077126（发行部）010-58076938（总编室）

　　网　　址：www.zgxzsj.com

经　　销：新华书店

印　　制：北京彩虹伟业印刷有限公司

开　　本：710mm×1040mm　1/16

印　　张：112

字　　数：1360 千字

版　　次：2021 年 6 月第 1 版第 2 次印刷

印　　数：3001—9000 套

线装书局官方微信

定　　价：598.00 元（全四卷）

目　录

第三篇　海外藏手抄真本

《银瓶梅》

国学经典文库

私家藏书

目录

图文珍藏版

三

国学经典文库

海外藏书

马松源◎主编

线装书局

海外藏绝世孤本

第一篇

伴花楼

[清]苏庵主人 撰

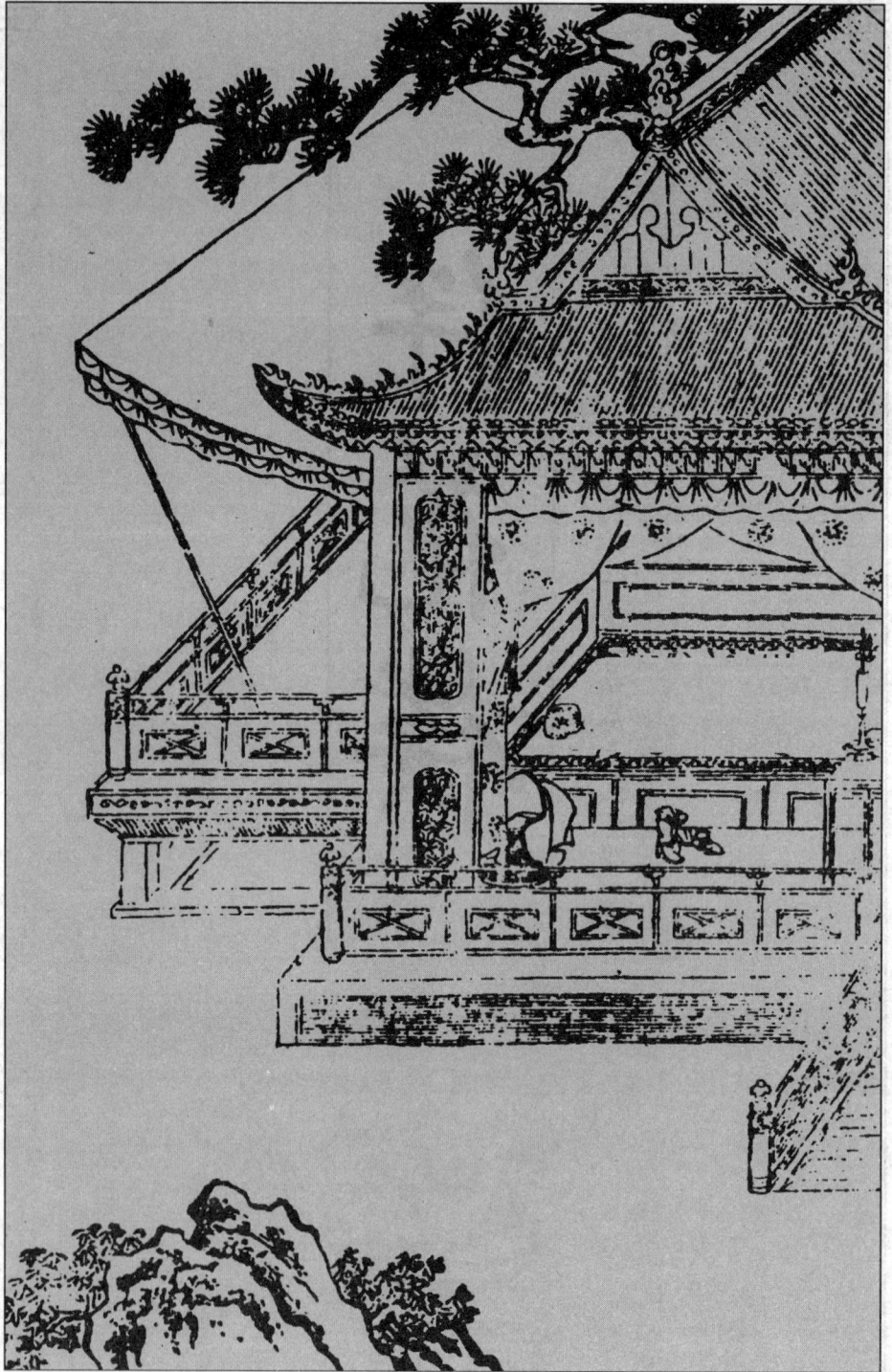

第一回　曲夫人拒欲扬威

诗曰：

　　　　寒梅一树隐空山，独向靖溪弄玉颜。

　　　　劲质从交霜雪妒，姿姿未许蝶蜂攀。

　　这事在万历年间，日本倭奴关白作乱，侵占朝鲜，夺了王京城，国王逃至我辽东边外。他是文物之邦，向来朝贡不缺，遂上本请救。这时，中国官长有道：朝鲜是我臣伏小国，若不发兵救援，大不能恤小，失了四夷的心，以理当救。有道：中国与倭奴隔绝，全恃朝鲜。若是朝鲜一失，唇亡齿寒，以势当救。又有道：不当劳中国事四夷，开边启衅不当救！此是彼非，下廷臣议了几时，定议东征。用都御史杨镐为经略，用都督李如松为大将，调动苏、辽、宣、大、延、宁、甘、固、川、浙兵马，在辽东取齐。这一动，便有一干废间降黜的武官，谋充将领；一干计处转王交官，谋做监纪参谋；一干山人蒐征，优童方术冒滥廪粮，一干偷儿恶少，白棍游手，钻为队峭好笑：

　　　　鸳鸯皆鹅鹨，猿猱尽虎貔。

　　　　何谋能报国，只是吸民脂。

　　维时，有个罢间参将，姓方名法坤。祖籍徽州，夤缘了一个营兵游击，领了一支南兵，带了个儿子方勤隅，又有几个家丁方勤、方勇、方忠、方兴、方刚等。总是嚼着国家，做他的仆从。一路出了山海关。因各镇尚未齐，着他暂住辽阳城外。当日，国家物力全盛，粮饷充足。大凡行军积弊名曰一千，实只八百，上下通同。就是官来查核，也只循前条旧例，将官个个有财物，兵丁个个有银两，且又加上沿途的赏犒。撞着辽东地区，野食繁多，食物不贵，那些兵丁手中，极其充裕。又不行军对敌，所以，大家没事，将官与将官嫖赌吃酒，军士与军士嫖赌吃酒在在皆然。不但方游击一支兵如此也。

中原黎庶悲敲扑，绝塞貔貅正啸歌。

这家丁之内，唯有方兴的年纪小。好只有二十二、三。年少的人，见了众人嫖，也不免动心，他却道有些算计。想道，如今辽阳嫖人的极多，就是似鬼的娼妓，也都长了价钱来了，况且去看时，同伙吹木屑的又甚多，东道又盛，辽阳女人，倒也相应。不若我讨上一个，目前虽多费几两银子，后来却不要日逐拿出钱来。况且，又他炊煮饭食，缝补衣衫，照管行李，想来想去，动了一个娶老小的念头了。常日在一个佟老实冷酒店里打独坐吃。闲话中，与佟老实婆子说起娶老小的事来。这婆子接口道："大人果然你一心要寻个人儿吗？我有一个姑夫，姓曲，他少年的时候极会些武艺，极是有名的人，如今也老了，他有个女儿，唤作云仙，也生得几分颜色，年纪才十八，他要招人，他家事也好过，也有一个儿子，已娶媳，他是养得你的，不必要你养活。大人，你果然要娶，我做替你说这事，没有不成的。只是事成之后，不要忘记了我这门子穷亲戚。"方兴回道："若得成了这样的事，你便是我的娘母，我便是你的外甥女婿了。我定然尽心来孝敬你这舅婆。"两个说着，笑了一回遂散去。这方兴也只当做个闲磕牙，解些愁闷。不料这婆子果然用心说去。

全凭三寸舌，结就百年姻。

去时，值老曲不在家中。先与曲大嫂相见，道："姑娘年纪大了，到如今不曾有亲，我着实的留心细访，没有如意的。昨日，有浙江方总兵一个亲用的人，年纪也只好有二十岁，人品生得极齐整，方爷也极信用他。他说的就是。所以，有些钱，身边的银子也落落动。我想他日后，方爷与他毕竟做些功劳，那一条金带便是稳稳的了。今现在这里，亲自寻亲，间壁祖家、黑家都肯把女儿嫁他，我给他两家子破了，说穷得紧，女儿又生得丑陋，特来给我外甥女说。两下里年貌相当，若不是出家出征，自在这里了。若是出征，他去了，身边这一块，定然落在你家里。"曲大嫂听了，早已动火，有二分愿意。正然说话间，老曲走来，曲大嫂便道："姑婆，今日来与姑娘做媒。"老曲道："好！好！"叫女儿道："云仙！来陪姑婆。"他自上外边去，打了几斤茹茹烧，切了几片驴肉、羊肉，一齐在地上坐了。那时，儿子曲从归也回来，佟婆将从前说的亲事，又对他说。说到人品齐整，曲从规便插口道："这说的不是那五短身材，白团脸儿，不曾有须的那后生吗？半月以前，我来看姑娘的时候，见他戴着京帽，穿着玄宁箭衣，快鞋简银鞋带，独自一人，在你家吃酒。见你叫他方爷，想必是这人了。这人亦看得过。"佟婆道："自古说媒，若看不过，我自然也不来说了。难道与你妹子不是郎才女貌，天生一对好夫妻吗？他这一顶纱帽，将来自是不少的。我看你妹子，生来的像个大小姐。"老曲道："他原是南方人，他要南去，可怎么样？"佟婆道："他又不是方参将的亲生儿子，他征东回来，要在这里住，成家的了。"曲大嫂心里，却也要成就这头等亲事，忙接口说道："受恩深处便为家。我一家子待的他极好，姑娘又与他也过得恩爱，他自然也不想回去了。"老曲说了这一段话，就把眼儿偷瞧女儿。见女儿只把手去撩发，半天一句也不言语。老曲心里想，他女定然意下亦肯了，佟婆又道："千里姻缘一线牵，我说得不差。"老曲便点头应允。一伙人又吃了酒，都散讫。

凭将月下老，绾定足间绳。

佟婆回去，到了店中，巴明不晓，早上的起来，也等不得方兴来，一连捎了几个信去，叫他，恰恰的遇着他，正值方参将差他出去送礼，又不得闲。隔了两日，方回来。走到店中，佟婆迎着道："好人！老奴为你费尽了多少心机，费尽了多少唇舌，你却似羊儿马儿。你不要错过了这个喜神!"方兴道:"其实是不得闲在家,所以没来。但凭你主张吧! 只要人儿略像样些。会得炊煮针线才好。"佟婆道:"一表人才,百能百会,只管放心! 要是娶了,管叫你一脚跌在蜜缸里,快活到底!"方兴听了,满心欢喜,就从身边取出五七钱银子,买些酒肴,在他家请佟婆起媒,不上三五日间,一撮一成,用不过二三十两,早已成就这段亲事了。两下里择了一个吉日良辰,拜堂成亲。彼此偷睛观看,这方兴看那云仙:

　　　　鬓绾乌云,脸薄带阴山雪;黛飘柳叶,眼溜秋波。袅袅腰身,不勾些儿捻,初生月画裙深掩,一瓣莲新折。

右调点绛唇。云仙也看那方兴:

　　　　长臂如猿,英姿如虎,磊落赋雄才,更星眸炯炯,丰神奕奕,韬略胸怀,真是儿家好夫婿,年齿甘方才似凤求凰,一双雨好,行乐在秦台。

右调少年游

　　二人直看得眼里生出欲火,方兴按捺不住,扯了云仙,滚至床上,云仙亦不推阻,任他行事。方兴急急卸下云仙裤儿,露出雪白的臀儿腿儿,方兴看得呆,那话儿早就挺立起,胀鼓鼓的难过,遂又将云仙的衣儿亦解了,抖出一双酥乳。云仙略做害羞状,一手捂了乳儿,一手遮了那肉松松的牝户。方兴喉于咽沫,急将自家衣裳剥了个干净,饿虎扑食般压将上去。云仙轻轻啊了一声,不禁搂住,肌肤相亲,方兴欲烟陡起,捻住铁硬的尘柄,朝那肉缝里乱戳。云仙气喘吁吁,将个舌儿吐进方兴口中,方兴烈欲大炽,用力顶撞,却不得甚门而入。正急恼间,倒是云仙善解人意,探纤手捻住朝牝口导引,借着些湿答答的淫水,方兴总算拜对庙门,遂没头没脑往里闯,方兴进了半个头儿,那云仙痛得熬不过,探手将其尘柄阻住,急得方兴汗出,万般哀求,云仙才撒了手,又让了滑进一些。方兴趁势长驱直入,秃的一声尽根。再看那云仙,星眸微展,口不能开,搂住他不肯动,口中呻吟,似那不禁痛状,方兴知破了其处女身儿,心中甚是欢喜,却也用些怜香惜玉手段,轻送慢提,云仙亦渐识滋味,口中开始咿咿呀呀的叫,将个肥光的臀儿乱耸,方兴见火候已到,遂腾起身,跪于床上,架起金莲,重捣宫门,那云仙牝中早已淫水长流,尘柄一入,唧唧有声,遂勾住方兴的颈儿,心肝肉麻乱叫,方兴耸身大弄,顷刻五百余回,再看云仙,香汗透胸,四肢颠簸,叫快不绝,方兴又发狠,抵住花心,一阵揉戳,不禁龟头酸麻,跳了几跳,身儿跟着一抖,将阳精一泄如注,云仙亦值快处,牡丹着露,春意盎然。不禁连声高叫,也合着丢了个痛快。方兴伏在云仙肚上,喘息片刻,那尘柄又在桃源洞中发起威,云仙亦觉瘙痒异常,二人当下又弄了起来,直尽四更时候,方才罢手。取了帕儿,揩个干净,见那床褥上,数点猩红,桃花瓣一般,煞是可爱。方兴紧拥云仙,沉沉睡去。

两下里年纪都大,干柴烈火,自然似胶如漆,老曲的家事也尽过的,不用靠女婿,方兴身下,也有两个铜钱,性又挥洒,老曲与他取个表字,叫旺之。同伙的家丁来暖房吃酒,且是热闹,一家们甚是相得。但是云仙做事灵变,手脚也利便,性格又极温厚,不大肯言笑,喜的方旺之虽是个少年南人,出身军伍,也不过干些被窝中本分实落工夫,不好去嘲风弄月,两下且是渐帐得过。

轻盈女正娇,潇洒郎方少。

相对足生欢,琴瑟自同调。

似此半年有余,各镇兵已齐,朝鲜求救颇急,经略下令,各路择日过了鸭绿江,向平壤城。此时,方游击身边支的月饷,隐落的缺兵钱粮,并所收的军士节献,头除军士的粮犒,总有数千。要带在行囊中,太重滞,要寄在辽阳去处,又没得托相识的,心生了一计,申文总镇道:"在燕日父,硝磺,铅弹,弓箭多有损坏缺欠,乞给批回南采买,就差儿子方隅,假作名色把总,乘机回家选了六个健丁,拜两个护送,此时,众家丁俱各在辽日久,朝日嫖赌浪费,到如今,也弄得没有看没得赌了,倒不如方兴,一窝一块,手里还得从容。众人也有些醋他,合口道:"方兴年纪少壮,又耐得辛苦,该方兴跟了公子去。"方参将听了众人的话,就遂即差了方忠方兴,同他们去,方兴苦苦的推辞不了,回到家下,好生不乐。

> 新婚方燕尔,相得如鱼水。
>
> 怪煞风浪生,催人别离起。

没奈何,只得对云仙道:"我在此处与你甚是相好,挑一家待我甚厚,不料主人差我送公子回南去,目下就要起程,我掉你不下,如何是好?"云仙道:"你此去不知何时回来,既放我不下,何不与你同去?"方兴道:"我怕你父亲不肯舍你去。"云仙道:"嫁鸡逐鸡飞,却不道出出嫁该从夫吗?"次日方旺之果舍不了他,开口对老曲说,老曲摇头道:"你自去吧,这女儿我可舍不得。"倒是云仙道:"父亲你当不仔细,如今我是他的人,若是他抛了我去不来,岂不累你老人家?"方兴又央佟婆去说道:"女大外向,你老却不能管得他到底。叫他跟了去吧。"曲大嫂又怕留下姑娘要他养活,也撺掇道:"心去意难留留下结冤仇,姑娘要去,还听他去为是。"撮撮哄哄老曲只得依了。

方兴就去禀明公子道:"小人有个妻子,要带了同去,小人有备鞍马行粮。"方公子道:"女人同行未免累缠。"方兴道:"一路也是男扮,多一个人,路上也壮些观。"公子道:"你去自己度量度量,要是带去,须带得方可去。"方兴就买了匹点子青卷手駀马,制些衣服弓刀,买到家中,云仙把刀看了一看,说:"这刀只好切菜。"又把弓接在手,看了看,搭上弦,拽一个满弓,道:"这弓软,不中用。还得再去寻张弓来。"方兴看见,吓了一吓,说道:"公子怕你不会骑马,你且试骑着看这已有五六个力气,还说是软。"方兴初意自骑这石子青,拣匹稳的马与他骑,这一番见他曾开弓,就把他的坐骑,给他骑上,看他驾驭。门前是个空地,方兴待过了马来,这云仙一拍鞍子,跳上马夫,加上一鞭撒了一撒辔头,四个锡盏子搅雪的一般飞去。

> 去苦辞梁燕,自如掠地风。

轻红飞一点，挑泛禹门中。

须臾数里，跳下马来，面不改色，方兴咬着指头道："我却看不出你有这样伎俩。"去拿了几张弓，任他挑选，挑选了两张，夫妇佩带，夫妇各一口好刀，这一日就起了程。云仙与方兴一般，带顶绒帽，头顶狐尾围脖玄宁箭衣，白绫里暖腰。脚踏一双快靴，左弓右刀，一壶箭壶，中一面小小令旗，拜别了老曲父子，曲大嫂，飞身上马。

寒口一点伏云阴，不扫峨眉懒插簪。

驱马春纤时露玉，问程絮语欲铿金。

余香挥袖飘犹远，巧态回身弱不任。

疑是木兰归入塞，丰标直可付清吟。

老曲在门前洒泪相送，道："大姐保重前途。"叫他哥骑了马，远送一程赶上大队，总是十骑马，哨马中各带了千金，方兴领妻子见了方隅，他把眼一睃，见他尽有好几分人物，但他一心只顾在银子上，也不去思及女色，一人自河东到河西，过广宁、锦州、宁远，抵山海关，主宰验了批文放进，一路早行晚宿；渴饮饥餐，云仙拴行李，上马快便，不要人服侍，方忠还道是个寻常女子，说："嫂子腰疼吗？少了琵琶，做不得昭君出塞哩！"云仙也只是不搭理他。到了雄县，便有两个不尴不尬的，挽前落后，傍着他，这一干人同走，众人倚的是人多。彼此也放不到心上，这云仙早已会意，她把弓逐取出袋，绾要右膊上，方忠见了道："嫂子，你也开得弓吗？你递这等一支箭，与咱瞧上一瞧。"这云仙也只笑而不答。

离了任丘十余里地，日将沉西的时候，只听见风响了一声，那两匹马从后面撞上前去，云仙见了，将两双脚把马的前足拘了一拘，绳一煞，就落在后边，见那两个人放一支箭，早从方公子的耳根上擦过来，方公子一声："啊呀！"只见一闪，跌下马来，两个军徒急跳下马来扶时，那两个响马料想，这里云仙一箭已到，强人才提着哨马，左臀上就中了一箭，哨马重，一坠也落下马来，那匹马飞也似去了，这强人待来救时，云仙这里又是一箭,也从耳根边擦来。

那强人见势不好,就飞马逃生,说的时候迟,做的时候疾,云仙早已赶来了,跳下马将坠马强人按住。众人解稍绳捆了。

弓开秋月圆,箭发朔风劲。

纵是绿林豪,也难逃首领。

看方公子时在地下抖做一堆,两个人搀扶不起,众人撮他上了马,一齐人又喜又愧,喜的财帛不失,愧的是八九个男人没用,还不如一个女子,簇簇拥将强人交付到县里,晚间,方兴道:"我枉了合你相处半年,不晓得你有这样手段,今日虽然得了胜,那响马定不死心,我怕他再来翻冤。"云仙道:"这事也是有的,总而言之,在我罢保你无事。"

方兴道:"云仙,今日你辛苦,我要犒赏于你。"云仙道:"如何个犒赏法儿。"方兴道:"请至床上。"一头说,一头去拥云仙,云仙道:"适间将你唬得失了筋一般,还能弄吗?"方兴脸一红道:"你莫要笑我各人有各人的手段。"言毕将云仙抱至床上,去解云仙裤儿。云仙道:"我自家解吧。"言毕将衣裤除了。方兴也除了干净,挨身而卧,用手去抚云仙光油油的牝户。云仙亦捻住他的尘柄把玩了一回,二人兴至,方兴翻身面上,扶住粗硬尘柄照准花房就刺,云仙承着,一入至根,快一会慢一会抽送起来,移时,抽送二百余下。云仙淫水流个不停,痒得难过,那方兴白日受了惊吓,渐渐松软了下来,云仙发急,将方兴推下,腾身而跨,扶住尘柄倒桩入牝户之中,使出白日响马的手段,顿套转磨,霎时方兴的尘柄又长了一寸,粗了一围,卜卜急跳,遂没命的迎凑,任这巾帽驰骤。片刻,遂有一千余外。直弄得淫水蜒蜒,顺着肚儿流下,湿粘粘的,方兴愈发兴动,搂住云仙肥白的臀儿乱耸。云仙呼号不绝,渐至佳美之处,不禁乱套乱桩,花心酸麻,禁忍不住,阴精丢泄,方兴觉龟头一阵热辣辣的,跟着几斜,将阳精合着泄出。云仙滚鞍下马,被方兴搂住,睡去不题。

次日,又收拾起身,众人也怕响马再来复仇,都有些皇皇惑惑,方公子道:"云仙我这性命在你身上了。这一来他定然伤人。"于是，云仙在先九个人在后，弓上了弦，刀出了鞘，紧紧簇做一团走，云仙笑道："怎这样的慌张？"行的将近景烟，果然七骑又从后跑上前面，云仙叫众人合公子列在一边，他带着马立在当道，他那里下一支箭来被他一弓稍打落草间，又有两枝箭一齐下来，他把那弓一拔，却不得近身，后又四支箭方发，他一个蹬里藏身躲过，这云仙便高叫道："我曲云仙也，要还礼了！"正待放箭，只见那些人滚鞍下马，喊道："不要放箭咱们不知是女将军冒犯虎威，如今再不敢了！"云仙道："你既知道了，去吧！"言毕，只见那七个响马果然跳上坐骑，向南而去。

> 猎猎西风日色低，娇眼口只革单骑。
>
> 笑来巾帼偏豪杰，羞煞弓刀介胄儿。

原来云仙父亲，当初也做这买卖，云仙十四五，也随了出来，力敌万夫，百发百中，北地上尽知名的，因老曲年老，家道也好过，不出来了。故此，有这节事。云仙回看公子，正伏在马上，口里喃口里喃的许齐云山真武上帝良愿，云仙道："去了，趱行吧！"公子道："也说得有理，还从后边去，是个散讫了，他倒上前去，定是这几个弄你不倒，再去寻几个人做帮手，断你的路。"云仙道："他不敢！他前面有不知道的，怕着我他手，所以前去先送个信。如今，一路上可保没事了。"公子道："这些响马怎么都晓得你？"云仙讳言道："我与父亲常送辽东标往南去，故此知名。"这方公子还半疑半信。所喜一路良德州，茌平，献县，直至邹县，一路上丝毫没些见阻隔，宿迁下船入淮，过高宝瓜阳，渡江，到了家中，这番是黄金入柜了，方公子孺人出来恭喜太大的，问他路上平安。方公子道："一路上全亏了方兴辽东新娶来的妻子，两次遇盗，却亏他打退了，路上些毫不失。叫作云仙，是天地下一个英雄女子，令子来见孺。"人此时一到家中，这云仙早已另换衣服，改妆了。

> 髻绾乌云宫样梳，狸唇一点似朱涂。
>
> 些见不带英雄气，窈窕依然仕女图。

随时人也尊重他，见了云仙道："一路上辛苦了。"不要行礼不叫他叩首，仔细把他一看，说倒也是个轻盈女子，怎做出如许的事功来？自己去取了一枝银簪，一对银环，两套衣服与他，方公子重赏方兴与云仙，犒劳从行军健书写封家书，着他还到父亲军前，一家见初时，听得说云仙甚是凶勇，都有些忌惮，他争强不伏，呼大唱小，不知他却机是温柔气和，绝没些狼忼态度，方兴自见他路上光景，也怕他，却相爱相敬，并不欺侮，一家杓大碗小的，莫不喜他。

只中方公子当初钱财上紧，眠思梦想，怕这主财物不得到家，如今也不怕飞去了，却一出余事来，想道："我孺人生来憨蠢无才，那像云仙，却生得不长不短，不瘦不肥，眉目见极疏朗，心性又极灵变，在方兴身边，是一块好羊肉，落在了狗口里，可惜得紧，若是我得他作妻，出入之间男装相伴，旅邸便不寂寞了，若到了边上，他这般有气力会武艺，同他去阵去得了功来，岂不是我的吗？是我的这顶纱帽还在他身上，但我要恃着强去夺他却又不雅，我看这女人，极温和，极善净，好说话，不如在暗地里去勾搭他，勾搭上了，与他计较，把方兴送到父亲边去，我两人岂不快活？直至他回来，我先立了他做个二孺人，也高在了他了。方兴要是来说，我与他几两银子，叫他另讨，方兴自然罢了。"这才是：

> 只图自结鸳鸯带，不顾他人连理枝。

主张已定，说云仙灵便，孺人喜他，常叫他穿房入室，极质朴的人，向来一件紫花布道袍，二十年不换，如今也穿绫着锦，向来二三十粒一碗粥，两三根臭干菜做肴馔，如今也美酒肥肉，向来半年不洗浴，一载不篦头？那肥皂与面孔再不相会的，如今也鬃抿而又抿，洗脸擦而又擦，玄巾珀结朱履绫袜。恭喜个皮湾三个皮眼钱，一个皮踢头陈桥鞋，也与尊足相别，打扮得漆漆碌碌，要来勾引云仙，孺人是本分人，他就开口央求道："云仙我实在是看上了，他要得到手，也替了你的力气。我日后的功名，还要靠他要，你总承一总承。"孺人道："我也不阻你的高兴，怕这个人不是好惹的，你可不要失了体面，日后懊悔晚了。"这公子如何肯听。

好酒遇着香醪，渔色得逢姜女；

任你金石之言，只是春风马耳。

可怪这云仙虽是边塞之人，性安淡薄，又极稳重，这一些豪华光景，如同不见一般，公子说些风话，如全不闻一样，这边公子想日着鬼的，自摸拟道："我某时说甚话，盯我一眼，似乎有情；我某时说甚话，他不答应似乎心照，我且做一做试试，看是如何？"便央求孺夫人装病，要云仙在房中服侍，着他在房侧边一间小阁子里，与一个二十七八岁，奇丑小妹同睡，不便，但不得不依他使唤，公子自与孺人小妹设定了局，只是这小妹：

上灶手腻高一寸，踹街脚泥厚八分；

帚眉螺眼又歪唇，破布袄虮虱列阵。

似这样女子，如何与他同得床？再三要与云仙同榻，云仙到底不肯，自在床侧一张小桌上打盹，道："夜间孺人相唤，便了起来。"小妹再三来扯他脱衣裳外床睡缠了半夜，小妹瞌睡，自脱得赤条，吹灭灯放倒头，一觉到了更尽，房门轻轻一响，似乎有个人的脚步响，云仙惊醒，侧耳听时，脚步声向床边去了，这公子竟上在床上，捧住了小妹。这原是公子计议的，要云仙在外床上睡，便于来偷。公子一到床边，摸着个女人，只道是云仙，急急地就去下手，小妹也将错就错，不肯作声。

公子见他不作声，已道是云仙顺了，遂将他与上的小衣去了，又卸了自家衣裳，揽着他卧下，抚摩肉鼓鼓的酥乳和肥腻腻的牝户，暗道一声：好东西！遂急将粗硬的尘柄扶住启股就朝那湿浓浓肉缝里入，只听秃的一声，尽数没进。一阵快意陡至，遂急急抽送起来，霎时七百余下。身下的丽人儿竟咿咿呀呀的叫起来。公子愈发春心摇曳，遂跪于床上，将其双腿儿辫在肩上，重新入进。淫水淋漓而出，公子大动，气吁吁的急急抽了一千余下。愈弄愈觉有趣，这宽又宽，紧又紧的好东西着实着令公子魂灵儿散了，狂抽乱插一番后只听公子悄悄地道："好姐姐，我一路上其实亏你，如今你始我体做个二孺人，不强似做家人媳妇吧？孺人是烂本分的，家事就是你执掌了。"一头干着一头说，云仙听了道："这厮怀这样狗意！如今他弄错定盘星了，要笑不敢，只听见两个正高兴时，那病的孺人也不装病了，携了盏灯竟进阁子来，"公子道："不妨，孺人许了我的，他不吃醋。"这也是公子设的局。要孺人冲破了捉正他做妾，那孺人一看不是云仙，却是公子与小妹道："差了"彼此一笑，把个灯盏落在地下。公子满面羞惭，趁这黑影里，走了出房，孺人还笑个不止。

轻挪鸭步入兰房，错认刘郎和阮郎。

咫尺天台难问路，没盏酱醋惹衣香。

云仙却来闩了房门，小妹道："云仙姐，你在哪里？我替你吃了半日苦。"云仙道："怕你也不苦！"仍自和衣打睡，外边孺人笑，公子恼，不肯死心，连日用心伺候他。

一日，云仙在房中将要出去，并没个人，公子急上的跟随，上前一把抱住就布过嘴去亲嘴，这云仙手脚极快，轻轻托住下颏，下头就把脚往上勾一勾，左手就用力一肘，只听得"咕咚！"一声，早把个公子跌翻在地下了。

不能勾凤求凰，反跌个狗吃屎。

孺人的房中听的房门外似倒的样响了一声，忙走出来看，却是公子倒在地下，云仙恼怒的在前面走，公子见孺人，勉强挣起，挪着屁股道："滑！"孺人道："他的手滑你哄又哄不得，强又强不来，收了心吧！看他光景，大约恼了。"公子这一跌，反跌得颠撅发狠，道："我不得不狠做了！"赶到房中，取了些物件，去叫方兴，方兴正在房中听云仙述公子屡次失理，忽然听得公子叫，只得出来看，公子板着脸道："方兴，方兴，你妻子用多少钱讨的！"方兴道："是自己用二十多两银子讨的。"公子道："这二十两银子，二十两酒器，还你个一本一利，我不嫌他是败叶残花，你另讨一个，把云仙让与我吧！"方兴道："不知他意下如何？"公子道："他是千肯万肯，要你答应了，送到我房里来，你休要作难！你原是我的家人，轻则赶你出门，重则装你些罪过送到官，一顿板子监死你，这妇人不怕不是我的，我还在有天理，有人心上做事，我在这房中专等，你快去打发他进来！"说了，自进去了。

芙口碧波中，开花两相倚。

怪他风雨横，分飞落秋水。

方兴也回到房中，把银子放在桌上，道："天下有这样的事！前边还是暗做，如今意要明夺。"云仙道："怎么说？"方兴道："小主人把这银子酒器给了我，叫我另娶妻室。要你随了他去。你若是不依，道我原是他家人，轻则逐出我去，重则装我些罪过，送了官监死我，你的意下如何？"方兴道，"果然，这主的银子也装得罪过了，你的意下如何？"方兴道："你我是结发夫妻，怎忍的叫他夺了去！"一伸手，去壁上拿挂的刀道："我去与他拼命！"云仙一把扯住道："痴子，命没了，争我做什么？"方兴道："你不是他讨的，不是他家人，和你去吧。"云仙道："你逃走了，这便是罪过，他奈何不得我须奈何得你，这一结，还是我去解吧。"方兴道："你还是舍了我去吗？"云仙道："也未必舍你，今只要顺着我。"方兴道："你不舍我，终不然一马两鞍！"云仙道："也断然没有这样事情，你只管依从着我，今只管随了他的主意去，自有道理。"方兴道："也罢！"

侯门一入深如海，从此萧郎是路人。

里边，小妹捧出一件紫丝袖袄，银红线绒衬一条，白线裙道："送来与二孺人装新的。"方兴看了，两眼火发道："晚也不讨了，出家去吧！"云仙道："你要出家，我还与你说这些混话。"方兴也拿不着云仙的主意，只是气的跌脚捶胸，云仙自去开箱，倒笼装束，天色已晚，里边着人连连催促，他便穿了新衣服，方兴一把手捏住道，"娘，你意去了吗？"云仙道："不去待怎生？"方兴两泪交流，牵衣握手，要想聚一聚别，里面妇女又来得多，下不得手。

云仙道："待我去说。"言毕出门去了。顷刻转回道："我已说好,只容一刻。"方兴流泪道："你这一去就是永诀,这一刻岂值千斤!"盲毕拥住云仙。云仙亦流泪不止,方兴替他解卸新衣,云仙亦给他解衣。二人裸裎至于床上,都把那事儿恨不得一下做尽,遂紧紧搂在一起,云仙捻住方兴尘柄启股,引至花丛间,方兴拭了一把泪,硬挺而入。二人闷闷地弄将起来。云仙心里亦难过,见方兴眉儿紧锁,遂强颜曲承尽他欢心,奈何方兴肝肠寸断,这平素里欢畅的事儿倒做成了没油没盐的滋味儿。云仙将方兴轻轻推倒,坐起将头儿眼在方兴腰间,舌一吐,舔住尘柄,顺势又吮进,慢慢品了起来。方兴觉尘柄被一层嫩肉包裹,火热无比且酸痒极至,不禁欲火大增,尘柄昂然直立,几欲窜出云仙口外。云仙见他兴起,忙又卧下,将个高迭迭肥光光的牝户耸起,方兴为欲所迷,暂把那悲恸抛在一旁,翻身而起,扶住尘柄,秃的一声直捣重关。云仙呀的一声,将腿儿勾住他的腰儿,尽力迎凑,方兴大力而弄,要时五百余抽。入得云仙双颊晕红,口不能开,只是乱乱的哼。方兴又将金莲架于肩上,奋力而入,尽根没脑又一阵乱抽送,似泄那心中难过。云仙咬着牙儿承着,任他大肆地弄,顷刻已是一千余外。云仙被入得亦花心耐不住痒,遂将小窍含紧,方兴再亦禁止不住,龟头连抖,阳精夺路而出,云仙扳住自家的臀儿,大力迎送,阴精亦至,与他泄合丢了个酣畅淋漓,将那生离死别的滋味亦淡了。当下二人瘫在一处,久久不肯分,忽听有人叫门,二人这才起身。取了帕儿揩个干净,重又着衣。

云仙又对方兴说："我去了,你且在这房中坐地等着我吧。"这一干妇女簇拥着他,竟洋洋而去。

> 点点青宵更焉长,玉环新进舞衣裳。
> 管弦咿哑西宫乐,寂寞残灯照寿王。

孺人见云仙也是个倔强人,今日曲从,怕他相见害羞,令送进房去,明日相见吧。一进这房,那些妇女暗地里指手画脚道："如今他也不害我做替身,不跌他了。"方公子一见云仙进房,事已十分成了,于是,先到孺人房中安慰温存一会,然后,进房走到踞前,一把搂住云仙吃合忠酒。被云仙一掀,把一领崭新耦合花袖道袍泼了一身。方公子抖了一抖道:"二孺人你既来之,则安之,怎么这等?"自己要搓捼他,又怕这些人看见不像模样,他便把这些妇人推着道:"去,去,去!"搡出房门关了,这些人都伏在房外听他张他,公子见没有人,便挨身过去道:"二孺人,你试一试,我比那方兴的大,似风月骨气,高多着哩!"只见云仙便去解表新衣,方公子见了欢喜之极,道:"正是,我们快睡吧!"那云仙把这两件衣服脱下来,往地上一撩,倒剔双眉,大眸星眼,飕的一声,从膝裤里,抽出一把解手刀来,手指公子,大喝骂道:"你这忘恩负义的狂徒!我自辽东一路上保护你回来,不但钱财不失,还全了你的性命,我好端端的夫妻,你怎么生拆我的,倚着势力要强占我,也看看我,可是好惹的吗? 一马一鞍怎么逼我为妾? 你那银子,酒器,全是要设局害我丈夫的。"常言道:"先下手者为强,且先砍了你这个驴头,然后再剖腹取心,以泄我恨。"话还不曾说完,方公子早已钻到床底下,道:"二孺人,饶了我的狗命吧,我再不敢起这样狗心了。"云仙又把刀子敲着道:"谁是你的二孺人,快快出来受死若不出来,我把刀子搠你百十个窟窿。"这方公子在床底下大声叫道:"云仙姐,我在这里给你磕响头,你大放慈悲,可怜可怜饶了我吧。"

> 方图琴瑟调,忽见干戈起。

> 枕席有危机,少年当戒此。

一发动时,外边妇女听见,飞的一样去报孺人,说:"孺人! 不好了! 云仙姐杀公子了。"孺人听见面如土色,两步并作一步赶来,道:"做出来,不听我。"到房前,却听得公子在床底下求饶,孺人道:"快开门,还未曾杀哩!"众人打房门似擂鼓的一样,孺人着力喊道:"云仙姐,看我的分上,饶了他吧!"又叫两个有力的妇人推倒房门。灯光之下,见云仙姐手拿着明晃晃的一把刀子叫罢,哪个敢近前来。只有孺人没奈何,走向前道:"云仙姐,千不是,是他的不是。如今已晓得你的贞节你的手段了。只求今日恕他这一次。以后若再有差错,再不要饶他。"去床下扯公子道:"你出来陪云仙姐个理。"越往外扯,越缩了进去,道:"孺人,你便替我磕两个头,以后我若再要无礼,一百个头任他砍,口取笑,我就生钻喉风;手取笑,我手上生七八个大疔疮,要说谎,天诛地灭。"孺人道:"云仙姐看他说的这样极咒,恕他这一次吧!"云仙道:"人虽有贵贱,一夫一妇自古如此,我当日尽心保护他回家来,我不望报,怎么反要污我的身体拆我的夫妻?他怀心太也无良,如今孺人说了,我也不计较他,但只是今日这一番,他必怀恨图害我。"方公子却在床下叫嚷着家人与方兴身契,方兴携云仙出门而去。

持此铁石心,玄都自堪让。

歇后两年,方参将铁交从东征后回家来,方勤到了老曲家中,老曲此时已经死去两个多月,曲从规尚在,与他正在那里叙谈,忽然见两个云水道人,从外面进来,扶棺大哭,曲从规还不知是谁,及至走近前来一看,却是妹夫、妹子。方勤因此也上前去,问他家的消息。方兴说:"俺如今辞了公子,出门已经二年有余,那年离家的时候,家下俱各平安无事。"方勤又追问道:"你二人想必还在此处双修?"云仙从旁道:"云仙这个所在如何住的!我观此地,二十年之后,还要血肉交流,胡坐蔽里。连我哥嫂也当早日入关。我如何在此住得?此言切记,不可忘了,我只因老父去世,故今日特来一哭,不久即往海上去矣。"云仙又对方勤说道:"我在家时,承大娘的看顾,我无以报答他,他不久就有产厄,我有药一丸,烦你速速寄去,临时服之,可以免了此难。"方勤接了,又问道:"嫂子几时起程?"云仙道:"我也不能久居于此,待明日我就去了。"次日早晨,云仙夫妇即速别了哥嫂,竟往海上去矣。及至方勤来送时,曲从规道:"他夫妻早已行了。"方勤从此也就回家,果然回家时,大娘分娩艰难,堪堪与死为邻方勤遂将云仙的药取出来,与大娘之,委实无恙。原来此药真是灵丹,还托在小孩见手出来,合家遂钦重如神明一般。二十年之后,果然就有努尔哈赤之变。

第二回　凑奇缘媒人赔爱女

词云：

世间欲断钟情路，男女分开住，掘条深堑在中间，使他终身不度是非关，暂深又怕能生事，水满情偏炽，绿波惯会做红，不见御沟流出墨痕香。

右调《虞美人》

这首词，是说天地间越礼犯分之事，件件可以消除；独有男女相慕之情，枕席交欢之谊，只除非禁于未发生之先；若到那男子妇人动了念头之后，莫道家法无所施，官威不能摄，就使玉皇大帝下了诛夷之诏，阎罗天子出了缉获的牌，山川草木尽作刀兵，日月星辰皆为矢石，他总是拼了一死，定要去遂心了愿，觉得此愿不了，就活上几千岁，然后飞升，究竟是个鳏寡神仙，此心一遂，就死上一万年不得转世，也还是个风流鬼魅，到了这怨生慕死的地步，你说还有什么法则可以防御得他？所以惩奸遏欲之事，定要行在未发之先，未发之先，又没有别样禁法，只是严分内外，重别嫌疑，使男女不相亲近而已。

儒书云："男女授受不亲。"道书云："不见可欲，使心不乱。"这两句话，极讲得周密。男子与妇人，亲手递一件东西，或是相见一面，他自他，我自我，有何关碍，这等防得森严？要晓得古圣先贤，也是有情有欲的人，都曾经历过来，知道一见了面，一沾了手，就要把无意之事，认作有心，不容你自家做主，要颠倒错乱起来。譬如妇人取一件东西，递与男子，过手的时节，或高或下，或重或轻，总是出于无意。当不得那接手的人，常要画蛇添足；轻地说他故示温柔；重地说他有心戏谑；高的说他提心在手，何异举案齐眉；下地说他借物丢情，不啻抛球掷果。想到此处，就不好辜其来意，也要弄些手势答他。焉知那位妇人不肯将错就错。这本风流戏文，就从这件东西上做起了。

至于男女相见，那种眉眼招灾、声音起祸的利害，也是如此。所以只是不见不亲的妙。不信，但引两对古人做个证验：李药师所得的红拂妓，当初关在杨越公府中，何曾知道男子面黄面白？崔千牛所盗的红绡女，立在郭令公身畔，何曾对着男子说短说长？只为家主公要卖弄豪华，把两得意侍儿与男子见得一面，不想他五个指头、一双眼孔就会说起话来。及至机心一动，任你铜墙铁壁，也禁他不住。私奔的私奔出去，窃负的窃负将来。若还守了这两句格言，使他："授受不亲"，"不见可欲"，哪有这般不幸之事？

今日这回小说，总是要使齐家之人，知道防微杜渐，非但不可露形，亦且不可露影，不是单阐风情，又替才子佳人辟出一条相思路也。

元朝至正年广东韶州府曲江县有两个闹住的缙绅：一姓屠，一姓管。姓屠的由黄甲起家，官至观察之职；姓管的由乡贡起家，官至提举之职。他两个是一门之婿，只因内族无子，先后赘在家中。才情学术，都是一般，只有心性各别：管提举古板执拗，是个道学先生；屠观察跌宕豪华，是个风流才子。两位夫人的性格，起先原是一般，只因各适所天，受了刑于之化也渐渐的相背起来：听过道学的，就怕讲风情；说惯风情的，又厌闻道学。这一对连襟、两个姊妹，虽是嫡亲瓜葛，只因好尚不同，互相贬驳，日复一日，就弄做仇家敌国一般，起先还是同居，到了岳丈、岳母死后，就把一宅分为两院。凡是界限之外，都筑了高墙，使彼此不能相见。独是后园之中，有两座水阁：一座面西的，是屠观察所得；一座面东的，是管提举所得。中间隔着池水，正合着唐诗二句：

> 遥知杨柳是门外，似隔芙蓉无路通。

陆地上的界限，都好设立墙垣，独有这深水之中，下不得脚，还是上连下隔的。

论起理来，盈盈一水，也当得过黄河天堑？当不得管提举多心，还怕这位姨夫要在隔水间花之处，窥视他的姬妾。就不惜工费，在水底下立了石柱，水面上架了石板，也砌起一带墙垣,分了彼此,使他眼光不得相射。从此以后,这两份人家,莫说男子与妇人,终年不得谋面,就是男子与男子,一年之内,也会不上一两遭。

却说屠观察生有一子,名曰珍生,管提举生有一女,名曰玉娟;玉娟长珍生半岁,两个的面貌,竟像一副印版印下来的。只因两位母亲,原是同胞姊妹,面容骨骼,相去不远,又且娇媚异常。两个孩子,又能各肖其母,在襁褓的时节,还是同居,辨不出谁珍谁玉。有时屠夫人把玉娟认作儿子,抱在怀中饲奶;有时管夫人把珍生认作女儿,搂在身边睡觉。后来竟习以为常,两母两儿互相乳育。有《诗经》二句道得好:

> 螟蛉有子,式谷似之。

从来孩子的面貌,多肖乳娘,总是血脉相荫的缘故。

同居之际,两个都是孩子,没有知识,面貌像与不像,他也不得而知。直到分居之后,垂髫总角之时,听见人说,才有些疑心,要把两副面容合来印证一印证,以验人言之确否。却又咫尺之间,分了天南地北,这两副面貌印证不成了。再过几年,他两人的心事就不谋而合,时常对着镜子、赏鉴自家的面容,只管啧啧赞羡道:"我这样人物,只说是天下无双,人间少二的了,难道还有第二个人,赶得我上不成?"他们这番念头,还是一片相忌之心,并不曾有相怜之意。只说九分相合,毕竟有一分相歧,好不到这般地步,要让他独擅其美。哪里知道,相忌之中,就埋伏了相怜之隙,想到后面做出一本风流戏来。

玉娟是个女儿,虽有其心,不好过门求见,珍生是个男子,心上思量道:"大人不相合,与我们孩子无干。便时常过去走走,也不失亲亲之义,姨娘可见,表姐独不可见乎?"就忽然破起格来,竟走过去拜谒。哪里知道,那位姨翁预先立了禁约,却像知道的一般,竟写几行大字,贴在厅后道:

"凡系内亲,勿进内室。本衙只别男女,不问亲疏,各宜体谅。珍生见了,就立住脚跟,不敢进去。只好对了管公,请姨娘、表姐出来拜见。管公单请夫人见了一面,连"小姐"二字,绝不提起。及至珍生再请,他又假示龙钟,茫然不答。珍生默喻其意,就

国学经典文库

私家藏书

伴花楼

图文珍藏版

不敢固请,坐了一会,即便告辞。

既去之后,管夫人问道:"两姨姊妹,分属表亲,原有可见之理,为什么该拒绝他?"管公道:"夫人有所不知,'男女授受不亲'这句话头,单为至亲而设;若还是陌路之人,他何由进我的门,何由入我的室?既不进门入室,又何须分别嫌疑?单为碍了亲情,不便拒绝,所骡有穿房入户之事。这分别嫌疑的礼数,就由此而起。别样的瓜葛,亲者自亲,疏者自疏,皆有一定之理。独是两姨之子,姑舅之儿,这种亲情,最难分别:说他不是兄妹,又系一人所出,似有共体之情;说他竟是兄妹,又属两姓之人,并无同胞之义。因在似亲似疏之间,古人委决不下,不曾注有定仪,所以泾渭难分,彼此互见,以致有不清不白之事做将出来。历观野史传奇,儿女私情,大半出于中表,皆因做父母的,没有真知灼见,竟把他当了兄妹,穿房入户,难以提防,所以混乱至此。我乃主持风教的人,岂可不加辨别,仍蹈世俗之陋规乎!"夫人听了,点头不已,说他讲得极是。

从此以后,珍生断了痴想,玉娟绝了妄念,知道家人的言语印证不来,随他像不得,不像也得,丑似我得,好似我也得,一总不去讨论他。

偶然有一日,也是机缘凑巧,该当遇合,岸上不能相会,竟把两个影子,放在碧波里面印证起来。有一首现成绝句,就是当年的情景。其诗云:

绿树阴浓夏日长,楼台倒影入池塘。

水晶帘动微风起,并作南来一味凉。

时当中夏,暑气困人,这一男一女,不谋而合都到水阁上纳凉。只见清风徐来,水波不兴,把两座楼台的影子,明明白白倒竖在水中。玉娟小姐定睛一看,忽然惊讶起来道:"为什么我的影子,倒去在他家?形影相离,大是不祥之兆。"疑惑一会,方才转了念头,知道这个影子,就是平时想念的人:"只因科头而坐,头上没有方巾,与我辈妇人一样,又且面貌相同,故此疑他作我。"想到此处,方才要印证起来,果然一丝不差,竟是自己的模样。既不能够独擅其美,就未免要同病相怜,渐渐有个怨怅爷娘不该拒绝亲人之意。

却说珍生倚栏而坐，忽然看见对岸的影子，不觉惊喜跳跃，凝眸细认一番，才知道人言不谬。风流才子的公郎，比不得道学先生的令爱：意气多而涵养少。那些童而习之的学问，等不到第二次就要试验出来，对着影子，轻轻地唤道："你是玉娟姐姐吗？好一副面容，果然与我一样。为什么不合在一处做了夫妻？"说话的时节，又把一双玉臂对着水中，却像要捞起影子，拿来受用的一般。

玉娟听了此言，看了此状，那点亲爱之心，就愈加欷动起来，也想要答他一句，回他一手，当不得家法森严：逾规越检的话，从来不曾讲过；背礼犯分之事，从来不曾做过，未免有些碍手碍口，只好把满腹衷情，付之一笑而已。屠珍生的风流诀窍，原是有传授的。使心调戏妇人，不问他肯不肯，但看他笑不笑。只消朱唇一裂，就是好音。这副同心带儿，已结在影子里面了。

从此以后，这一男一女，日日思想纳凉，时时要来避暑。又不许丫鬟服侍，伴当追随，总是孤凭画阁，独倚雕栏，好对着影子说话。大约珍生的话多，玉娟的话少，只把手语传情，使他不言而喻。恐怕说出口来，被爷娘听见，不但受鞭笞之苦，亦且有性命之忧。

且说珍生与玉娟自从相遇之后，终日在影里盘桓，只可恨隔了危墙，不能够见面。偶然有一日，玉娟因睡魔缠扰，起得稍迟，盥栉起来，已是巳牌时候。走到水阁上面，不见珍生的影子，只说他等我不来，又到别处去了。谁想回头一看，那个影子忽然变了真形，立在他玉体之后，张开两手，竟要来搂抱他。这是什么缘故？只为珍生蓄了偷香之念，乘他未至，预先赴水过来，藏在隐僻之处，等他一到，就钻出来下手。

玉娟是个胆小的人，要说句私情话儿，尚且怕人听见，岂有青天白日对了男子，做那不尴不尬的事，没有人捉奸之理？就大叫一声"呵呀"，如飞避了进去。看官，要晓得这番举动，还是提举公家法森严，闺门谨饬的效验，不然，就有真赃实犯的事做将出来，这段奸情，不但在影似之间而已了。

珍生见他喊避，也吃了一大惊，翻身跳入水中跟踪而去。

玉娟那番光景，一来出于仓皇，二来迫于畏惧，原不是有心拒绝他，过了几时，未免有些懊悔，就草下一幅诗笺，藏在花瓣之内。又取一张荷叶，做了邮筒，使他入水不濡，张见珍生的影，就丢下水去道："那边的人儿，好生接了花瓣。"

珍生听见，惊喜欲狂，连忙走下楼去，拾起来一看，却是一首七言绝句。其诗云：

> 绿波摇漾最关情，何事虚无变有形？
>
> 非是避花偏就影，只愁花动金铃鸣。

珍生见了，喜出望外，也和他一首，放在碧筒之上，寄过去道：

> 惜春虽爱影横斜，到底如看梦里花。
>
> 但得冰肌亲玉骨，莫将修短问韶华。

玉娟看了此诗，知道他色胆如天，不顾生死，少不得还要过来，终有一场奇祸，又取一幅花笺，写了几行小字，去禁止他道：

> 初到止于惊避，再来未卜存亡。
>
> 吾翁不类若翁，我死同于汝死。

戒之，慎之！

珍生见他回得决裂，不敢再为佻达之词，但写几句恳切的话儿，以订婚姻之约，其字云：

> 家范固严，杞忧亦甚，既杜桑间之约，当从冰上之言，所虑吴越相衔，朱
> 陈难舍，尚俟徐觇动静，巧觅机缘。但求一字之贞，便矢终身之义。

玉娟得此，不但放了愁肠，又且合他本念，就把婚姻之事，一口应承，复他几句道：

既删《郑》《卫》，当续《周南》。愿深"窈窕"之求，勿惜"参差"之采。此身有属，之死靡也。倘背厥天，有如皎日！

珍生览毕，欣慰异常。

从此以后，终日在影中问答，形外追随，没有一日，不做几首情诗，作诗的题目，总不离一个"影"子。未及半年，珍生竟把唱和的诗稿汇成一帙，题曰《合影编》。放在案头，被父母看见，知道这位公郎是个肖子，不唯善读父书，亦且能成母志，倒欢喜不过，要替他成就姻缘，只是逆料那个迂儒，断不肯成人之美。

管提举有个乡贡同年，姓路，字子由，做了几任有司，此时亦在林下，他的心体，绝无一毫沾滞，既不喜风流，又不讲道学。听了迂腐的话，也不见攒眉，闻了鄙亵之言，也未尝洗耳，正合着古语一句"在不夷不惠之间。"故此与屠、管二人都相契厚，屠观察与夫人商议，只有此老可以做得冰人，就亲自上门求他作伐，说："连襟与小弟素不相识，望仁兄以和羹妙手调剂其间，使冰炭化为水乳，方能有济。"路公道，"既属至亲，原该缔好。当效犬马之力。"

一日，会了提举，问他："令爱芳年，曾否许配？"等他回了几句，就把观察所托的话，婉婉转转说去说他，管提举笑而不答，因有笔在手头，就写几行大字在几案之上道：

　　素性不谐，矛盾已久，方著绝交之伦，难遵缔好之言。欲求亲上加亲，何啻梦中说梦。

路公见了，知道也不可再强，从此以后，就绝口不提，走去回复观察，只说他坚执不允；把书台回复的狠话，隐而不传。

观察夫妇就断了念头，要替儿子别娶，又闻得人说路公有个螟蛉之女，小字锦云，才貌不在玉娟之下，另央一位冰人，走去说合，路公道："婚姻大事，不好单凭己意，也要把两个八字合一合婚。没有刑伤损克，方才好许。"观察就把儿子的年庚封与媒人送去。路公拆开一看惊诧不已,原来珍生的年庚就是锦云的八字,路公拆开一看,惊诧不已,原来珍生的年庚,就是锦云的八字,这一男一女,竟是同年同月同日同时的,路公道:"这等看来,分明是天作之合,不由人不许了,还有什么狐疑?"媒人照他的话过来回复,观察夫妇欢喜不了,就瞒了儿子,定下这头亲事。

珍生是个伶俐之人,岂有父母定下婚姻,全不知道的理?要晓得这位郎君,自从遇上玉娟,把三魂七魄倒附在影子上去,影子便活泼不过,那副形骸肢体竟像个死人一般,有时叫他也不应,问他也不答,除了水阁不坐,除了画栏不倚,只在那几尺地方走来走去,又不许一人近身,所以家务事情无由入耳,连自己婚姻定了多时,还不知道,倒是玉娟听得人说,只道他背却前盟,切齿不已,写字过来怨恨他,他才有些知觉,走去盘问爷娘,知道委曲,就号啕痛哭起来,竟像小孩子撒赖一般,倒在爷娘怀里,要死要活,硬逼他去退亲,又且痛恨路公,呼其名而辱骂说:"姨丈不肯许亲,都是他的鬼话,明明要做女婿,不肯让与别人,所以借端推托,若央别人做媒,此时成了好事,也未见得。"千乌龟,万老贼,骂不了。观察要把大义责他,只因骄纵在前,整顿不起,又知道:"儿子的风流,原是看我的样子,我不能自断情欲,如何禁止得他?"所以一味优容,只劝他,"暂缓愁肠,待我替你画策。"珍生限了时日,要他一面退亲,一面图谋好事,不然,就要自寻短计,关系他的宗祧。

观察无可奈何,只得负荆上门,预先请过了罪,然后把儿子不愿的话直告路公,路公变起色来道:"我与你是何等人家,岂有结定婚姻,又行反复之理!亲友闻之,岂不唾骂,令郎的意思,既不肯与舍下联姻,毕竟心有所属,请问要聘那一家?"观察道:"他的意思,注定在管门,知其必不可得,决要希图万一,以俟将来。"路公听了,不觉掩口而笑,方才把那日说亲,书台回复的狠话直念出来,观察听了,不觉泪如雨下,叹口气道:"这等说来,豚儿的性命决不能留,小弟他日必为'若敖之鬼'矣,故此分拆不开吗?"观察道:"虽无实事,颇有虚情,两副形骸,虽然不曾会合;那一对影子,已做了半载夫妻,如今情真意切,实是分拆不开,老亲翁何以救我?"说过之后,又把《合影编》的诗稿递送与他,说是一本风流孽账。

路公看过之后,怒了一回,又笑起来道:"这桩事情,虽然可恼,却是一种佳话,对影钟情,从来未有其事,将来必传,只是为父母的不该使他至此,既已至此,那得不成就他?也罢,在我身上替他生出法来,成就这桩好事,宁可做小女不着,冒了被弃之名,替他别寻配偶吧。"观察道:"若是如此,感恩不尽。"

观察别了路公,把这番话语报与儿子知道,珍生转忧为喜,不但不骂,又且歌功颂德起来。终日催促爷娘,去求他早筹良计,又亲自上门,哀告不已,路公道:"这桩好事不是一年半载做得来的,且去准备寒窗,再守几年孤寡。"

路公从此以后,一面替女儿别寻佳婿,一面替珍生巧觅机缘,把悔亲的来历在家人面前绝不提起,一来虑人笑耻,二来恐怕女儿知道,学了人家的样子,也要不尴不尬起来,倒说女婿不中意,恐怕误了终身,自家要悔亲别许,哪里知道儿女心多,倒从假话里面弄出真事故来。

却说锦云小姐,未经悔议之先,知道才郎的八字与自己相同,又闻得那副面容俊俏不过,方且自庆得人,巴不得早完亲事,忽然听见悔亲,不觉手忙脚乱,那些丫鬟侍妾,又替他埋怨主人说:"好好一头亲事,已结成了,又替他拆开!使女婿上门哀告,只是不许,既然不许,就该断绝了他,为甚又应承作伐,把个如花似玉的女婿送与别人!"锦云听见,痛恨不已,说:"我是他螟蛉之女,自然痛痒不关,若还是亲生自养,岂有这等不情之事!"恨了几日,不觉生起病来,俗语讲得好:

　　　　说不出的,才是真苦。

　　　　挠不着的,才是真痛。

他这番心事,说又说不出,只好郁在胸中,所以结成大块,攻治不好。

男子要离绝妇人,妇人反思念男人,这种相思,自开辟以来,不曾有人害得,看官们看到此处,也要略停慧眼,稍掬愁眉,替他存想存想。

且说管提举的家范原自严谨,又因路公来说亲,增了许多疑虑,就把墙垣之下,池水之中,填以瓦砾,覆以泥土,筑起一带长堤,又时常找人伴守,不容女儿独坐,从此以后,不但形骸隔绝,连一对虚空影子,也分为两处,不得相亲,珍生与玉娟,又不约而同做了几首《别影》诗附在原稿之后。

玉娟只晓得珍生别娶，却不知道他悔亲，深恨男儿薄幸，背了盟言，误得自己不上不下。又恨路公怀了私念，把别人的女婿攘为己有，媒人不做，倒反做起岳丈来，可见说亲的话，并非忠言，不过是勉强塞责，所以父亲不许，一连恨了几日，也渐渐的不茶不饭，生起病来。

路小姐的相思，叫作错害，管小姐的相思，叫作错怪，害与怪虽然不同，其错一也，更有一种奇怪的相思，害在屠珍生身上，一半像路，一半像管，恰好在错害，错怪之间。

这是什么缘故？他见水中墙下筑了长堤，心上思量道："你父亲若要如此，何不行在砌墙立柱之先？还省许多工料，为什么到了此际，忽然多起事来？毕竟是他自己的意思，知道我聘了别家，竟要断恩绝义，倒在爷娘面前讨好，假妆个贞节妇人，故此叫他筑堤，以示决绝之意，也未见得，我为他做了义夫，把说成的亲事都回绝了，依旧要想娶她，万一此念果真，我这段痴情向何处着落？闻得路小姐娇艳异常，他的年庚，又与我相合，也不叫作无缘，如今年庚相合的，既回了去，面貌相似的，又娶不来，竟做了一事无成，两相耽误，好没来由。"只因这两条错念，横在胸中，所以他的相思，更比二位佳人害得诧异，想到玉娟身上，就把锦云当了仇人，说他是起祸的根由，时常在梦中咒骂，想到锦云身上，又把玉娟当了仇人，说他是误人的种子，不住在暗里唠叨。弄得父母说张不是，说李不是，只好听其自然。

却说锦云小姐的病体越重，路公择婿之念愈坚，路公不解其意，只说他年大当婚，恐有失时之叹，故此忧郁成病只要选中才郎，成了亲事，他自然勿药有喜，所以吩咐媒婆，引了男子上门，终朝选择，谁想引来的男子，都是些魑魅魍魉。丫鬟见了一个，走进去形容体态，定要惊个半死，惊上几十次，那里还有魂灵，只剩得几茎残骨，一副枯骸，倒在床褥之间，恹恹待毙。

路公见了，方才有些着忙，细问丫鬟，知道他得病的来历，就幡然自悔道："妇人从一而终，原不该悔亲别议，他这场大病，倒害得不差，都是我做爷的不是，当初屠家来退亲，原不该就许，如今既许出口，又不好再去强他，况且那桩好事，我已任在身上，大丈夫千金一诺，岂可自食其言？只除非把两亲事合作一头，三个病人串通一路，只瞒着老管一个,等他自做恶人,直等好事做成,方才使他知道,到那时节,生米煮成熟饭,要强也强不去了。只是大小之间,有些难处。"仔细想了一会,又悟转来道:"当初娥皇、女英,同是帝尧之女,难道配了大舜,也分个妻妾不成? 不过是姐妹相称而已。"

主意定了,一面叫丫鬟安慰女儿,一面请屠观察过来商议说:"有个两便之方,既不令小女二夫,又不使管家失节,只是令郎有福,忒煞讨上便宜,也是他命该如此。"观察喜之不胜,问他:"计将安出?"路公道:"贵连襟心性执拗,不便强之以情,只好欺之以理。小弟中年无子,他时常劝我立嗣。我如今只说了立一个,要聘他女儿为媳,他含相与之情,自然应许,等他许定之后,我又说小女尚未定人,要招令郎为婿,屈他做个四门亲家,以终凤昔之好,他就要断绝,也却不得我的面,许出了口,料想不好再许别人待我选个吉日,只说一面娶亲,一面赘婿,把二女一男并在一处,使他各畅怀抱,岂不是桩美事?"屠观察听了,笑得一声,不觉拜倒在地,说他:"不但有回天之力,亦且有再造之恩。"感颂不了,就把异常的喜讯,报与儿子知道。

珍生正在两忧之际,得了双喜之音,如何跳跃得住,他那种诧异相思,不是这种诧异的方式也医他不好,锦云听了丫鬟的话,知道改邪归正,不消医治,早已拔去病根,只等一男一女过来就他,好做女英之妹,大舜之妻,此时,三个病人好了两位,只苦得玉娟一个,有了喜信,究竟不得而知。

路公会着提举,就把做成的圈套去笼编络他,管提见女儿痴危,原有早定婚姻之意,又因他是契厚同年,巴不着联姻缔好,就满口应承,不做一毫难色,路公怕他食言,隔不上一两日,就送聘礼过门,纳聘之后,又把招赘珍生的话吐露出来,管提举口虽不言,心上未免不快,笑他明于求婚,暗于择婿,前门进入,后门入鬼,所得不偿所失,只因成事不说,也不去规谏他。

玉娟小姐见说自己的情郎赘了路公之女,自己又要嫁入路门,与他同在一处,真是羞上加羞,辱中添辱,如何气愤得了,要写一封密札寄予珍生,说明自家的心事,然后去赴水悬梁,寻个自尽,当不得丫鬟厮守,父母提防,不但没有寄书之人,亦且没有写书之地。

一日,丫鬟进来传话说:"路家小姐闻得嫂嫂有病,要亲自过来问安。"玉娟闻了此言,一发焦躁不已,只说:"他占了我的情人,夺了我的好事,一味心高气敖,故意把喜事骄人,等不得我到他家,预先上门来羞辱。这番歹意,如何依允得他。"就催逼母亲,叫人过去回复。

哪里知道这位姑娘并无歹意,要做个瞒人的喜鹊,飞入耳朵来报信的,只因路公要完好事,知道这位小姐是道学先生的女儿,决不肯做失节之妇,听见许了别人,不知就里,一定要寻短计,若央别人寄信,当不得他门禁森严,三姑六婆无由莫入,只得把女儿权做红娘,过去传递消息。

玉娟见他回复不住,只得随他上门,未到之先,打点一副吃亏的面孔,先忍一顿羞惭,等他得志过了,然后把报仇雪耻的话儿回复他,不想走到面前,见过了礼,就伸出一双嫩手,在他玉臀之上捏了一把,却像别有衷情,不好对人说得,两下心照的一般,玉娟惊诧不已,一茶之后,就引入房中,问他捏臀之故。

锦云道:"小妹今日之来,不是问安,实来报喜。《合影编》的诗稿,已做了一部传奇,目下就要团圆诀了,只是正旦之外,又添了一脚小旦,你却不要多心。"玉娟惊问其故,锦云把父亲作合的始末细述一番,玉娟喜个不了。只消一剂妙药,医好了三个病人。大家设定机关,单骗着提举一个。

路公选了好日,一面抬珍生进门,一面娶玉娟入室,再把女儿请出洞房,凑成三美,一齐拜起堂来,真个好看。只见:

　　男同叔宝,女类夷光,评平姿容,却似两朵琼花,倚着一根玉树,形容态度,又像一轮皎月,分开两片轻云,那一边,年庚相合,牵来比并,辨不清孰妹孰兄,这一对,面貌相同,卸去冠裳,认不出谁男谁女,把男子推班出色,遇红遇绿,到处成牌;用妇人接羽移官,鼓瑟鼓琴,皆能合调。允矣,无双乐事;诚哉,对半神仙!

拜过堂后,三人被送入洞房,众人皆散去,晚上锦云合玉娟坐在床上,珍生凭盏而立。笑道:"二位娘子俱是天仙一般,小生有福。"他二人闻言只是笑。珍生一见,愈发可爱，遂移步而至近前，将他二人左拥右抱，羞得二人急欲脱离。珍生道："拜过堂即是一家人了，何必羞哩？"二人还是不言，只顾扭扯。珍生道："二位娘子安歇了吧。"一头说一头去卸他二人的衣裳，二人执意不肯。珍生道："待我吹熄红烛，你二人就不羞哩！"言毕放开二人，经至案前，将红烛熄了。复又摸至床前，却扑了个空，再往里探，方知他二人俱和衣而卧。珍生笑道："都不顾我！待我与你二人做成一处"，一头说一头朝床里挤，三人混闹成一团。那玉娟合锦云早已春兴勃发，只是碍着脸面，才未肯相就，珍生扯过一人道："你可是玉娟？"问了几句，那人也不理，遂认定是玉娟，急卸他的裤儿，方欲扯下，那人叫道："我是锦云。"珍生笑道："另一个就是玉娟了。"一头说一头放了锦云，又去搂那玉娟，却又扑了个空，摸了几次，才一把搂住，将手揉进裤里，去抚那软如棉的好东西，又听叫道："我是锦云"，珍生愣了，锦云趁势躲开，珍生一把又扯住道："你且在我身后，待我寻了玉娟遂放你。"锦云诺诺，尾于其后，珍生这才左摸右摸，终将个玉娟搂了个满怀，软玉温香，一偿经久宿耗，嗅那花玉香气，不禁意荡神迷，遂急扯玉娟裤儿，玉娟已被他二人嬉闹惹得春心大乱，朝思暮想之人就在眼前，亦顾不得什么，半推半就，让那珍生剥了个赤精条条。忙扯过香被儿盖了。珍生笑着，将衣裤也剥个干净，趋进被中，压在玉娟身上，顿觉先已酥了半边，腰间那物儿早已铁硬如杆，直撅撅地乱跳。珍生急切切启开玉娟双股，扶起尘柄就刺，虽入于穴却浅尝即止，原来那玉娟紧扎扎的妙物儿娇嫩的无比，未经风雨，被这肉具莽莽一撞，自然痛不能禁，遂急挥纤指将那尘柄捻住，不令其再进。珍生正是欲活不得，愈死不能，怎能罢手，遂千般哀求，万般温存，直弄得淫水湿溢，玉娟亦火动，方才允了，令他徐徐而入。珍生焉能不听，挺着尘柄，小心翼翼叩问花径，渐渐而入一半，玉娟连连叫痛，将他肩头猛咬，珍生一痛，身下用力，竟透出重围，直至花心，玉娟呀的一声叫，箍住他的腿儿，不令其动，珍生哪还顾得？乘胜而追，急急抽送起来。玉娟见止他不住，只得咬紧香被一角，任他折腾。珍生初得美味，尝个痛快，耸身大弄，霎时三百余下，玉娟初偿人道，痛乐均有，及丽水繁多，意亦不觉甚痛，遂七斜凤眼，口中呜哑有声，直把个肥臀儿一阵猛撅，珍生受他不过，尘柄跳了几跳，一道水儿泄出，快意无比，那玉娟亦高声叫唤，花心紧张，随即似尿了一般，霎时四肢酸软，二人方才云收雨散。

珍生正在喘息，猛闻那床角喘息声更重，这才想起是那锦云在作怪。慌弃了玉娟，竟朝锦云压去。锦云早已卧个平展，珍生挨着，竟滑腻无比，用手摸去，寸楼绝无，才探腿间，早已春水汪汪，珍生方泄，尘柄又被激立。遂扒个他的腿儿，挺身便弄，才至水洼，即滑进一半，锦云亦连连呼痛，珍生急悬住不动，又是一番抚慰，锦云方才放手，任他再进一半。珍生应着，臀上鼓力，遂一下尽根，锦云叱叫不迭，珍生破了他的身儿，遂曲意阿承，轻摇慢研，丽水又盛，竟也抽送易些，只是被含的紧紧。锦云将他的颈儿勾住，竖起腿儿连声叫愉，珍生欲火升腾，遂发力大弄，又令其覆在床上，将臀儿耸起，从后入弄，锦云高一声低一声的叫，珍生快一阵慢一阵地抽送，累加起有两千以外，乃至极快处，锦云乳被殿浪欢抖个不止，珍生知他正在好处，遂大力抽送，锦云一阵肉麻乱叫后，将阴精尽丢，珍生亦洋洋大泄。扒在锦云背上，半晌动不得。约莫过了一刻钟，珍生方起，下床点上红烛，取了白帕儿，二人揩了干净。玉娟道："何这等偏心，未曾替我揩哩。"一头说一头将脸儿蒙住，露出白光光的腿儿。珍生笑道："这就与你揩，"一头说一头去揩，又笑道："你这秀水缘何这样多哩！"玉娟笑而不答。珍生揩完，又将红烛移近，见满床俱是桃花血，不禁心旌摇荡，满心欢畅，遂置了烛儿复至床上，将二玉人儿搂在一处，不免又颠凤倒鸾几回，直至红日半窗，方才止了，三人并头而眠。

成亲过了三日，路公准备筵席，请屠、管二人会亲。又怕管提举不来，另写一幅单笺，夹在请帖之内道：

　　　亲上加亲，昔闻戒矣，梦中说梦，姑妄听之，今为说梦主人，屈作加亲创

　　举，勿以小嫌介意，致令大礼不成。再订。

管提举看了前面几句，还不介怀，直到末后一联，有"大礼"二字，就未免为礼法所拘，不好借端推托。

到了那一日，只得过去会亲，走到的时节，屠观察早已在座，路公铺下毡单，把二位亲翁请在上首，自己立在下首，一同拜了四拜，又把屠观察请过一边，自家对了提

举,深深叩过四首,道:"起先四拜是会亲,如今四拜是请罪;从前以后,凡有不是之处,俱望老亲翁海涵。"管提举道:"老亲翁是个简略的人,为何到了今日,忽然多起礼数来? 莫非因人而施,因小弟是个拘儒,故此也作拘儒之套吗?"路公道:"怎敢如此。弟自定亲以来,负罪多端、擢发莫数,只求念'至亲'二字,多方原宥。俗语道得好,儿子得罪父亲。也不过是负荆而已,何况儿女亲家,小弟拜过之后,大事已完,老亲翁要施责备,也责备不成了。"管提举不解其意,还只说是谦逊之词。

只见说过之后,阶下两边鼓乐一齐吹打起来,竟像轰雷震耳,莫说两人对话,绝不闻声,就是自己说话,也听不出一字,正在喧闹之际,又有许多侍妾拥了对半新人,早已步出画堂,立在毡单之上,俯首躬身,只等下拜,管提举定睛细看,只见女儿一个立在左手,其余都是外人,并不见自家女婿,就对着女儿高声大喊道:"你是何人,竟立在姑夫左手! 不唯礼数欠周,亦且混乱不雅,还不快走开去!"他便喊叫得慌,并没有一人听见,这一男二女,低头竟跪,管提举掉转起身来。正要回避,不想二位亲翁走到,每人拉住一边,不但不放他走,亦且不容回拜,竟像两块夹板夹住身子一般,端端正正受了一十二拜,直到拜完之后,两位新人一齐走了进去,方才吩咐乐工住了吹打,听管提举变色而道,说:"小女拜堂,令郎为何不见? 令婿与令爱,与小弟并非至亲,岂有受拜之礼? 这番仪节,小弟不解,老亲翁请道其故。"路公道:"不瞒老亲翁说,这位令姨侄,就是小弟的螟蛉,小弟的螟蛉就是亲翁的女婿,亲翁的令婿,又是小弟的东床,他一身充了三役,所以方才行礼,拜了三四一十二拜,老亲翁是个至明至聪的人,难道还懂不着?"管提举想了一会,再辨不清,又对路公道:"这些说话,小弟一字不解,缠来缠去,不得明白,难道今日之来,不是会亲,竟在这边做梦不成?"路公道:"小柬上面已曾讲过,'今为说梦主人。'就是为此,要晓得'说梦'二字,原不是小弟创起,当初替他说亲,蒙老亲翁书台回复,那个时节早已种下梦根了,人生一梦耳,何必十分认真? 劝你将错就错,完了这场春梦吧!"

提举听了这些话,方才醒悟,就问他道:"老亲翁是个正人,为何行此暧昧之事? 就要做媒,也只该明讲,怎么设定圈套,弄起我来?"路公道:"何尝不来明讲? 老亲翁并不回言,只把两句话儿示之以意,却像要我说梦的一般,所以不复明言,只得便宜行事,若还自家弄巧,单骗令爱一位,使亲翁做了愚人,这重罪案就逃不去了,如今舍得自己,赢得他人,方才拜堂的时节,还把令爱立在左首,小女甘就下风这样公道拐子,折本媒人,世间没有第二个!求你把责人之念稍宽一分,全了忠恕之道吧!"提举听到此处,颜色稍和,想了一会,又问他道:"连襟舍了小女,怕没有别处求亲?老亲翁除了此子,也另有高门纳采,为什么把二女配了一夫,定要陷人以不义?"路公道:"其中就里,只好付之不言,若还根究起来,只怕方才那四拜,老亲翁该赔还小弟,倒要认起不是来。"

提举听到此处,又重新变起色来道:"小弟有何不是?快请说来。"路公道:"只因府上的家范过于严谨,使男子妇人不得见面,所以郁出病来,一家过到一家,蔓延不已,起先过与他,后来又过与小女,几乎把三条性命断送在一时,小弟要救小女,只得预先救他,既要救他,又只得先救令爱,所以把三个病人,合来住在一处,才好用药调理,这就是联姻缔好的缘故,老亲翁不问,也不好直说出来。"

提举听了,一发惊诧不已,就把自家的交椅,一步一步挪近前来,就着路公,好等他说明就里。路公怕他不服,索性说个尽情,就把对影钟情、不肯别就的始末,一原二故诉说出来。气得他面如土色,不住地咒骂女儿。

路公道:"姻缘所在,非人力之所能为。究竟令爱守贞,不肯失节,也还是家教使然。如今业已成亲,也算做'既往不咎'了,还要怪他做什么?"提举道:"这等看来,都是小弟治家不严,以致如此。空讲一生道学,不曾做得个完人。快取酒来,先罚我三杯,然后上席。"路公道:"这也怪不得亲翁。从来的家法,只能痼形,不能痼影。这是两个影子做出事来,与身体无涉,哪里防得许多!从今以后,也使治家的人知道,这番公案,连影子也要提防,绝没有露形之事了。"又对观察道:"你两个的是非曲直,毕竟要归重一边。若还府上的家教也与贵连襟一般,使令公郎有所畏惮,不敢胡行,这桩诧事就断然没有了。究竟是你害他,非是他累你。不可因令公郎得了便宜,倒说风流的是,道学的不是,把是非曲直颠倒过来,使人喜风流而恶道学,坏先辈之典型。取酒过来,罚你三巨觥,以服贵连襟之心,然后座席。"观察道:"讲得有理,受罚无辞。"一连饮了三杯,就作揖赔个不是,方才就席饮酒,尽欢而散。

从此以后，两家释了芥蒂，相好如初。过到后来依旧把两院并为一宅，就将两座水阁做了金屋，以贮两位阿娇，题曰："合影楼"，以成其志。不但拆去墙垣，掘开泥土，等两位佳人互相盼望，又架起一座飞桥，以便珍生来往，使牛郎织女无天河银汉之隔。后来珍生连登二榜，入了词林，位到侍讲之职。

第三回　娶双妻反合孤鸾命

词云：

　　一马一鞍有例，半子难招双婿。失口便伤伦，不俟他年改配，成对，成对！此愿也难轻遂！

右调《如梦令》

　　这首词，单为乱许婚姻，不顾儿女终身者作。常有一个女儿，以前许了张三，到后来算计不通，又许了李四。以致争论不休，经官动府，把跨凤乘鸾的美事，反做了鼠牙雀角的讼端。那些官断私评，都说他后来改许的不是。据我看来，此等人的过失，倒在第一番轻许，不在第二番改诺。只因不能慎之于始，所以不得不变之于终。做父母的，那一个不愿儿女荣华，女婿显贵。他改许之意，原是为爱女不过，所以如此，并没有什么歹心。只因前面所许者或贱或贫，后面所许者非富即贵。这点势利心肠，凡是择婿之人，个个都有；但要用在未许之先，不可行在既许之后。未许之先，若能够真正势利，做一个趋炎附势的人，遇了贫贱之家，决不肯轻许，宁可迟些日子。要等个富贵之人，这位女儿就不致轻易失身，倒受他势利之福了。当不得他预先盛德，一味要做古人。置贫贱富贵于不论；及至到既许之后，忽然势利起来，改弦易辙，毁裂前盟，这位女儿就不能够自安其身。反要受他盛德之累了。这番议论，无人敢道，须让我辈胆大者言之。虽系末世之言，即使闻于古人，亦不以为无功而有罪也。

　　如今说件轻许婚姻之事，兼表一位善理词讼之官，又与世上嫁错的女儿伸一口怨气。

明朝正德初年，湖广武昌府江夏县有个鱼行经纪，姓钱号小江，娶妻边氏。夫妻两口，最不和睦，一向艰于子息。到四十岁上，同胞生下二女，止差得半刻时辰。世上的人都说儿子像爷，女儿像娘，独有这两个女儿不肯蹈袭成规，另创一种面目，竟像别人家儿女抱来抚养的一般，不但面貌不同，连心性也各别。父母极丑陋、极愚蠢，女儿极标致、极聪明。

长到十岁之外，就像海棠着露，菡萏经风，一日娇媚似一日，到了十四岁上，一发使人见面不得：莫说少年子弟看了无不销魂，就是六七十岁的老人家瞥面遇见，也要说几声"爱死。爱死"。资性极好，只可惜不曾读书，但能记账打算而已。至于女工针线，一见就会，不用人教。穿的是缟衣布裙，戴的是铜簪锡珥，与富贵人家女儿立在一处，偏要把他比并下来。旁边议论的人都说："缟布不换绮罗，铜锡不输金玉。"只因他抢眼不过，就使有财有力的人家，多算多谋的子弟，都群起而图之。

小江与边氏虽是夫妻两口，却与仇敌一般。小江要许人家，又不容边氏做主；边氏要招女婿，又不使小江与闻。两上我瞒着你，你瞒着我，都央人在背后做事。小江的性子，在家里虽然倔强，见了外面的朋友。也还蔼然可亲；不像边氏来得泼悍，动不动要打上街坊，骂断邻里。那些做媒的人，都说："丈夫可欺，妻子难惹。求男不如求女，瞒妻不若瞒夫。"所以边氏议就的人家，倒在小江议就的前面。两个女儿各选一个妇婿，都叫他："拣了吉日，竟送聘礼上门，不怕他做爷的不受。省得他预先知道，又要嫌张嫌李，不容我自作主张。"

有几个晓事的人说："女儿许人家，全要父亲做主，父亲许了，就使做娘的不依，也还有状词可告。没有做官的人也为悍妇所制，倒去了男子汉凭内眷施为之理。"就要别央媒人，对小江说合。当不得做媒的人都有些欺善怕恶，叫他瞒了边氏，就个个头疼，不敢招架，都说："得罪于小江，等他发作的时节，还好出头分理；就受些凌辱，也好走去禀官。得罪了边氏，使他发起泼来，男不与妇敌，莫说被他咒骂不好应声，就是挥上几拳、打上几掌，也只好忍痛受苦，做个唾面自干。难道好打他一顿，告他一状不成？"所以到处央媒，并无一人肯做，只得自己对着小江说起求亲之小江看见做媒的人只问妻子，不来问他，大有不平之意。如今听见"求亲"二字，就是空努足音，得意不过，自然满口应承，哪里还去论好歹？那求亲的人又说："众人都怕令正，不肯做媒，却怎么处？"小江道："两家没人通好，所以用着媒人。我如今亲口许了，还要什么媒妁！"求亲的人得了这句话，就不胜大喜。当面选了吉日，要选盘盒过门。小江的主意也与妻子一般，预先并不通知，直待临时发觉。不想好日多同，四姓人家的聘礼，都在一时一刻送上门来。鼓乐喧天，金珠罗列，辨不出谁张谁李。还只说送聘的人家知道我夫妻不睦，唯恐得罪了一边，所以一姓人家备了两副礼帖，一副送与男子，一副送与妇人。所以谓宁可多礼，不可少礼。及至取帖一看，谁想："眷侍教生"之下，一字也不肯雷同，倒写得错综有致。头上四个字合念起来，正含着百家姓一句："叫作赵钱孙李"。夫妻二口就不觉四目交睁，两声齐发。一边说："至戚之外，哪里来这两门野亲？"一边道："我喜盒之旁，何故增这许多牢食？"小江对着边氏说："我家主公不发回书，谁敢收他一盘一盒！"边氏指着小江说："我家主婆不许动手，谁敢接他一丝一丝！"丈夫又问妻子说："在家从父，出嫁从夫。若论在家的女儿，也该是我父亲为政。若论出嫁的妻子，也该是我丈夫为政。你有什么道理，辄敢胡行？"妻子又问丈夫说："娶媳由父，嫁女由母。若还是娶媳妇，就该由你做主；日今是嫁女儿，自然由我做主。你是何人，也来搀越！"

两边争竞不已，竟要颇打起来。亏得送礼之人一齐隔住，使他近不得身，交不得手。边氏不由分说，竟把自己所许的，照阄礼单，件件都替他收下，央人代写回帖，打发来人去了；把丈夫所许的，都叫人推出门外，一件不许收。小江气愤不过，偏要扯进门来，连盘连盒都替他倒下，自己写了回帖，也打发出门。

小江知道，这两头亲事都要经官，且把告状做了末着，先以早下手为强。就吩咐亲翁，叫他快选吉日，多备灯笼火把，雇些有力之人前来抢夺，且待抢夺不去，然后告状也不迟，那两姓人家。果然依了此计，不上一两日，就选定婚期，雇了许多打手，随着轿子前来，指望做个万人之敌。不想男兵易斗，女帅难降，只消一个边氏捏了闩门的杠子，横驱直扫，竟把过去的人役杀得片甲不留，一个个都抱头鼠窜。连花灯彩轿、灯笼火把，都丢了一半下来，叫作"借寇兵而赍盗粮"；被边氏留在家中，备将来遗嫁之用。小江一发气不过，就催两位亲家速速告状。亲家知道状词难写，没有把亲母告做被犯、亲家填做干证之理,只得做对头不着,把打坏家的人事,都归并在他身上,做个"师出有名"。不由县断,竟往府堂告理。准出之后,小江就递诉词一纸,以作应兵,好替他当官说话。那两姓人家,少不得也具诉词,恐怕有夫之妇不便出头,把他写作头名干证,说是媳妇的亲母,好待官府问他。

被时太守缺员,乃本府刑尊署印。刑尊到任未几,最有贤声,是个青年进士。准了这张状词,不上三日,就悬牌挂审。先换小江上去,盘驳了一番。然后审问四姓之人,与状上有名的媒妁。只除边氏不叫,因她有丈夫在前,只说丈夫的话与他所说的一般,没有夫妻各别之理。哪里知道被告的干证,就是原告干证的对头;女儿的母亲,就是女婿丈人的仇敌,只见人说:"会打官司同笔砚",不曾见说"会打官司共枕头"。

边氏见官府不叫,就高声喊起屈来。刑尊只得唤他上去。边氏拽定了丈夫,说:"他虽是男人,一些主意也没有,随人哄骗,不顾儿女终身。他所许之人,都是地方的光棍,所以小妇人便宜行事,不肯容他做主。求老爷俯鉴下情。"

刑尊听了,只说他情有可原,又去盘驳小江。小江说:"妻子悍泼非常,只会欺凌丈夫,并无一长可取。别事欺凌还可容恕,婚姻是桩大事,岂有丈夫退位让妻子专权之理?"

刑尊见他也说得是,难以解纷,就对他二人道:"论起理来,还该由丈夫做主。只是家庭之事,尽有出于常理之外者,不可执一面论。待本厅唤你女儿到来,且看他意思何如,还是说爷讲的是,娘讲的是。"二人磕头道:"正该如此。"

刑尊就出一枝火签,差人去唤女儿,唤便去唤,只说他父母生得丑陋,料想茅茨里面开不出好花,还怕一代不如一代,不知丑到什么地瞳方才底止,就办一副吃惊见怪的面孔,在堂上等他。谁想二人走到,竟使满堂书吏与皂快人等,都不避官法,一齐挨挤拢来,个个伸头,人人着眼,竟像九天之上掉下个异宝来的一般,至于堂上之官,一发神摇目定,竟不知这两位神女从何处飞来,还亏得签差禀了一声说:"某人的女儿拿到!"方才晓得是茅茨面开出来的异花,不但后代好似前代,竟好到没影的去地方才底止。惊骇了一会,就问他道:"你父母二人不相知会,竟把你们两个许了四姓人家。及至审问起来,父亲又说母亲不是,母亲又说父亲不是,古语道得好:"清官难断家务事。"所以叫你来问:"平昔之间,还是父亲做人好,母亲做人好?"

这两个,平日最是害羞,看见一个男子,尚且思量躲避,何况满堂之人,把几百双眼睛盯在他二人身上,恨不得掀开官府的桌围,钻进去权躲一刻。谁想官府的法眼,又比众人看得分明看之不足,又且问起话来,叫他满面娇羞,如何答应得出,所以刑尊问了几次,他并不作声,只把面上的神色做了口供,竟像他父母做人都有些不是,为女儿者不好说得的一般。刑尊默喻其意,思想这样绝色女子,也不是将就男人可以配得来的。如今也不论父许的是,母许的是,只把那四个男子一齐拘拢来,替他比拼比拼,只要配得过的,就断与他成亲罢了。

算计已定,正要出签去唤男子,不想四人犯人一齐跪上来,禀道:"不消老爷出签,小的们的儿子都现在二门之外,防备老爷断亲与他,放此先来等候,待小的们自己出去,各人唤进来就是了。"刑尊道:"既然如此,快出去唤来,"只见四人去不多时,各人扯一个走进来,禀道:"这就是儿子,求老爷判亲与他。"

刑尊抬起头来,把四个后生一看,竟像一对父母所生,个个都是奇形怪状,莫说标致的没有,就要选个四体周全,五官不缺的,也不能够,心上思量道:"二女之夫,少不得出在这四个里面,矮子队里选将军,叫我如何选得出。不意红颜薄命,亦至于此。"叹息了一声,就把小江所许的叫他跪在江首,边氏所许的,叫他跪在西首,然后把两个女儿唤来,跪在中间,对他吩咐道:"你父母所许的人,都唤来了,起先问你,你既不肯直说,想是一来害羞,二来难说父母的不是,如今不要你开口,只把头儿略转一转,分个向背出来,要嫁父亲所许的,就向了东边,要嫁母亲所许的,就向了西边,这一转之间,关系终身大事,你两个的主意,须是要定得。"说了一句,连满堂之人,都定睛不动,要看他转头。

谁想这两个佳人,起先看见男子进来,倒还左顾右盼,要看四个人的面容,及至见了奇怪形状,都低头合眼,暗暗的坠起泪来,听见官府问他,也不向东,也不向西,正正的对了官府,就放声大哭起来,越问得勤,他越哭得急,竟把满堂人的眼泪都哭出来,个个替他称冤叫苦,刑尊道:"这等看起来,两边所许的,各有些不是,你都不愿嫁他的了?我老爷心上也正替你踌躇,没有这等两个人,都配了村夫俗子之理,你且跪在一边,我自有处。""叫他父母上来!"小江与边氏一齐跪到案桌之前,听官吩咐。

刑尊把桌子一拍,大怒起来,道:"伤夫妻两口,全没有一毫正经,把儿女终身视力儿戏!既要许亲,也大家商议商议,看女儿女婿可配得来,为什么把亭瓣的女儿,都配了这样的女婿?你看方才那种哭法,就知道配成之后,得所不得所了,还亏得告在我这边。除常律之外,另有一个断法,若把别位官儿,定要拘牵成格,判与所许之人,这两条性命,就要在他笔底勾销了!如今两边所许的,都不做准,待我另差官媒,与他作伐,定要嫁个相配的人,我今日这个断法,也不是曲体私情,不循公道,原有一番至理,待我做出审单,与众人看了,你们自然心服。"说完之后,就提起笔来,写出一篇献词道:

> 审得钱小江与妻边氏,一胞生女二人,均有姿容,人人欲得以为妇,某某,某某,希冀联姻,非一日矣,因其夫妻异心,各为婚主,媚灶出奇者,既以结妇欺男灾得志,盗铃取胜者,又以掩中袭外为多功,遂致两偿相闻,多生讹误,二其女而四其夫,既少分身之法;东家食今西家宿,亦非训俗之方,相女配夫,怪妍媸之太别,审音察貌,怜痛楚之难胜,是用以情逆理,破格行仁;然亦不敢枉法以行私,仍效引经而折狱,六礼同行,三茶共设,四婚何以并行?父母之命,媒妁之言,二者均不可少,兹审边氏所许者,虽有媒言,实无父命,断之使就,虑开无父之门;小江所许者,虽有父命,实少媒言,判之使从,是辟无媒之径,均有妨于古礼,且无裨于今人。四男别缔丝萝,二女非其伉俪,宁使噬脐于今日,无令反目于他年,此虽救女之婆心,抑亦筹男之善策也。各犯免供,仅存此案。

做完之后,付与值堂书吏,叫他对了众人,高声朗诵一遍,然后众人逐出,一概免供,又差人传谕官媒:"替二女别寻佳婿,如得其人,定要领至公堂,面相一过,做得他的配偶,方许完姻。"

官媒寻了几日,领了许多少年,私下说好,当官都相不中,刑尊就别生一法,要在文字之中替他择婿，方能够才貌两全。恰好山间的百姓拿着一对话鹿，解送与他，正合刑尊之意，就出一张告示，限于某月某日，季考生童，叫生童于卷面之上，就"己冠""未冠"四个字改做"已娶""未娶"。说："本年乡试不远，要识英才于未遇之先，特悬两位淑女，两头瑞鹿，做了锦标，与众人争夺，已娶者以得鹿为标，未娶者以得女为标，肆到手者，既是本年魁解。"

考场之内，原有一所空楼，刑尊唤边氏领着二女住在楼上，把二鹿养在楼下，暂悬一匾，名曰"夺锦楼。"

告示一出，竟把十县拓生童，引得人人兴发，个个心疾痴，已娶之人，还只从功名起见，抢得活启动到手。只不过得些彩头，那些未娶的少年，一发踊跃不过，未曾折桂，先有了月里嫦娥，纵不能够大富贵，且先落个小登科。到了考试之日，恨不得把心肝五脏都呕唾出来，去换这两名绝名，考过之后，个个不想回家，都挤在府前等案。

只见到三日之后，发出一张榜来，每县只取十名听候复试，那些取着的，知道此番复考不在看文字，单为选人才，生得标致的，就有几分机遇了。

到复试之日，要做新郎的，先做新娘，一个个都去涂脂抹粉，走到刑尊面前，还要扭扭捏捏，妆些身段出来，好等他相中规模，取作案首，谁想这位刑尊，不但善别人才，又且长于风鉴，既要看他研媸好歹，又要决他富贵穷通，所以在唱名的时节，逐个细看一番，把朱点做了记号，高低轻重之间，就有尊卑前后之别，考完之后，又吩咐礼房，叫到："次日清晨唤齐鼓乐，待人未曾出堂的时节，先到夺锦楼上，迎了那两个女子，两头活鹿出来，把活鹿放在府堂之左，那两个女子坐在碧纱彩桥，停在府堂之右，再备花灯鼓乐，好送他出去成亲"。吩咐已毕，就回衙阅卷。

及至到次日清晨，挂出榜来，只憷特等四名，两名已娶，两名未娶，以为夺标之先，其余一等、二等，都在给赏花红之列，已娶得鹿之人，不过是两名陪客，无甚关系，不必道其姓名，那未娶二名：一个是已进的生员，姓袁。名士骏；一个是未进的童生。姓郎。名志远，凡是案上有名的，都齐入府堂，听候发落，闻得东边是启动，西边是人，大家都东就西，去看那两名国色，把半个府堂挤做人山人海，府堂东首，止得一个生员，立在两启动之旁，徘徊叹息。再不去看妇人，满堂书吏都说他是已娶之人，考在特等里面，知道女子没分，少不得这两头活启动有一头到他，所以预为之计，要把轻重肥瘦估量在胸中，好待临时牵取。

谁想那边的秀才，走过来一看，都对他拱拱手道："袁兄，恭喜！这两位佳人，定有一位是尊嫂了。"那秀才摇摇手道："与我无干。"众人道："你考在特等第一，又是未娶的人，怎么说出'无干'二字？"那秀才道："少刻见了刑尊，自知分晓。"众人不解其故，都说他是谦逊之词。

只见三梆已毕，刑尊出堂。案上有名之人，一齐过去拜谢。刑尊就问："特等诸兄是那几位？请立过一边，待本厅预先发落。"礼旁听了这一句，就声唱起名来，袁干骏之下，还该有三名特等。谁想止得两名，都是已娶，临了一名不到，就是未娶的童生，刑奠道："今日有此盛举，他为什么不来？"袁士骏打一躬道："这是生员的密友，住在乡间，不知太宗师今日发落，所以不曾赶到。"刑尊道："兄就是袁士骏吗？好一分天才，好一管秀笔是，今科决中无疑了，这两位佳人，实是当今的国色，今日得配才子，可谓天赐良缘了。"袁士骏打一躬道："太宗师虽有盛典，生员系薄命之人，不能事此奇福。求另选一名挨补，不要误了此女的终身。"刑尊道："这是何事，也要谦让起来？"叫礼房："去问那两个女子，是那个居长？请他上来与袁相公同拜花烛。"

袁士骏又打一躬，止住礼房，叫他不要去唤，刑尊道："这是什么缘故？"袁干骏道："生员命犯孤鸾，凡是聘过的女子，都等不到过门，一有成议，就得暴病而死，生员才满二旬，已曾误死六个女子，凡是推算的星家，都说命中没有妻室，该帮个僧道之流，如今虽列衣冠，不久就要逃儒归墨，所以不敢再误佳具，以重生前的罪孽。"刑尊道："哪有此事。命之理微，岂是寻常星土推算得出的，就是几番虚聘，也是偶然，那有见噎废食之理？兄虽见却，学生断不肯依，只是一件：那第四句郎志远，为什么为到？一来选了良时吉日，要等他来做亲；二来复试的笔踪，与原卷不合，还要面试一番。他今日不到，却怎么处？"

袁士骏听了这句话，又深深打一躬道："生员有一句隐情，论理不该说破，因太宗师见论及此，若不说明，将来就成过失了，这个朋友与生员有八拜之袍，因他贫不能娶，有心要成就他，前日两番的文字，都是生员代作的，初次是他自眷，第二次因他不来，就是生员代写，还只说两卷之内或者取得一卷，就是生员的名字，也要把亲事让他，不想都蒙特拔，极是侥幸的了。如今太宗师明察秋毫，看出这种情弊，万一查验出来，倒把为友之心，变做累人之具了，所以不敢不说，求太宗师原情恕罪，与他一体同仁。"

刑尊道："原来如此，若不亏兄说出，几乎误了一位佳人。既然如此，两名特等都是兄弟的，这两位佳人都该得兄得了。富贵功名，倒可以冒认得去，这等国色天香，不是人间所有，非真正才人不能消受，断然是假借不成的，"叫礼房快请那两位女子过来，一齐成了好事，袁士骏又再三推却说："命犯孤鸾的人，一个女子尚且压他不住，何况两位佳人？"刑尊笑起来道："今日之事，倒合着吾兄的尊造了，所谓命犯孤鸾者，乃是单了一人，不使成双之意，若还是一男一女做了夫妻，倒是双而不单，恐于尊造有碍；如今两女一男，除起一双，就要单了一个，岂不是命犯了鸾？这等看起来，信乎有命，从今以后，再没有兰摧玉折之事了。"

他说话的时节，下面立了无数的诸生，见他说到此处，就一齐赞颂起来，说："从来帝王卿相都可以为人造命，今日这段姻缘出于太宗师的特典，就是替兄造命了，何况有这个解法，又是至当不易之理。袁兄不消执意，竟与两位尊嫂一同拜谢就是了。"

袁士骏无可奈何，只得勉遵上意，曲徇舆情，与两位佳人立做一处：对着大恩人深深拜了四拜，然后当堂上马，与两乘彩轿一同迎了回去，出去之后，方才分赐瑞鹿，给赏花红，众人看了袁士骏，都说："上界神仙之乐，不能有此，总亏了一位刑尊，实实的怜才好士，才有这番盛举。"

袁士骏携了两位新人回来，家人喜出望外，当下张灯结彩，三人拜过天地父母及对拜之后被众人拥至洞房，闹毕已是掌灯时候。洞房内红烛明亮，大红罗帐低垂，一团喜气自不待题。袁士骏于灯下看这双美人，禁不住心旌摇曳，暗称艳福着实不浅，好事频来，好不春风得意。姊妹二人坐在牙床之上都羞得抬不起头来。袁士骏看了半天一竟分不出谁是谁来，遂道："如今拜了花堂。遂是一家人了，何必害羞。"二姐妹依旧依头不语，袁士骏春心发动，遂移步至牙床旁，执二姊妹纤手，二姊妹愈加害羞，被袁士骏紧紧搂住，又推倒于床上，放下帐纬，与二姊妹共效于飞之乐。奈何二姊妹初经人道,迟迟不肯卸衣。袁士骏熬按不住,早将自家衣裤卸个精光,赤条条搂住二姊妹求欢,二姊妹皆百朝床里,死也不肯翻过身来看,袁士骏看了一回,急下牙床,将红烛悉数覆灭,摸至床上,又去扯他二人衣裤。他二人又挣了一回,方才卸了。袁士骏大喜,搂了这个抱那个,不知先在那个身上下手。情急之中道:"你二人那位是姐姐?"半晌,方听娇音颤颤道:"口下有痣者是。"袁士骏闻毕遂去他二人口下摸,摸到一个,光秃秃的,知是妹妹,又摸一个,果有一颗米粒般大小,定是姐姐无疑,遂轻舒臂膀,将其搂住,顿觉温滑凝脂般腻,柔弱不胜骨。袁士骏那阳物早已直蠢蠢立起,扑扑乱跳,扶正遂往玉股间乱塞,横冲直撞,却春路徒迷。这位姐姐被袁士骏调弄得芳心鹿撞,喉干眼湿,牝户花旁之中春水汨汨而出,顾不上矜持,急将袁士骏搂个结实,吁吁而喘。左扭右摆,不耐禁状昭然。久不见袁士骏弄入,遂探纤纤玉指,导引那莽撞迷途的小和尚进至牝门前止住,袁士骏欲心甚烈,奋勇而入,龟头陷进,就被姐姐用手止住,连连叫痛。袁士骏亦不敢蛮干,遂在牝口游衍,及至丽水重生,方耸身又入,进至半根,姐姐又大呼痛,阻其妄进。袁士骏遂叫稳弄,杂耍一般,搅得姐牝中酸痒横生,低吟浅呻,难耐至极。弄了约半个时辰,亦未直捣黄龙。姐姐忽的将腿儿掰开,低低道:"即可再进一半。"袁士骏闻言陡起精神发力插入,一下尽根,遂觉被裹得紧扎扎,润滋滋,犹肋下生风,登及仙境,那姐姐啊的一声紧抠其被,抖个不停。袁士骏徐徐抽插,那姐姐咿呀乱叫,分不出是痛还是爽极力迎凑,二人大弄起来,约莫弄了半个多时辰,方才云收雨散。袁士骏滚落马下,气喘未定,又被一双玉手捻住阳物,那阳物已软儿郎当,素手一抚,霎时又发威挺起,袁士骏知是妹妹的手段:遂腾身将其压在身下,用手去扪牝户,早已淫水淋漓,弄了一手,再细探寻,红门洞开,蚌珠游张,原来妹妹被他二人激得早已春兴勃发。袁士骏挺枪遂刺,秃的一声,攻下一半,心下欢喜,再欲再入柔关,却被妹妹止住,亦连呼带叫,袁士骏被他叫得肉紧,不顾死活,大力而贯。妹妹素手无力久止,遂急扯裙带将阳物勒住,袁士骏欲火中烧,竟不止,妹妹亦骨酥神颤,把持不住,被袁士骏将裙带儿扯去,腰上发力,尽根没脑直抵花心,妹妹惊叫一声,呼叫不止。袁士骏知破了身儿,遂加力温存,徐徐而弄,渐渐阔绰,方紧紧抽送,霎时七百余外。妹妹将双腿儿竖起,叫快不绝,袁士骏战得更狂,猛刺数下,不禁龟头痒极而抖,阳精陡出。妹妹含紧小窍。牡丹着露,香汗透胸,阴精一并而出。袁士骏晕倒在床,未及揩式,一旁姐姐又持了两片明光光大刀杀将过来,袁士骏仓促迎战,阳物早被那姐姐香口含住,一经吸吮,遂橛硬如铁,袁士骏腾身跨马就刺,又大杀了一个时辰,方才两败俱伤。刚放过姐姐,妹妹又滚将而来,将袁士骏跨住,扶住半软阳物往牝门里塞,才及一雨遂又粗硬生风,一入至底。妹妹于上颠套不止,口中呜哑乱叫,弄个半个多时辰,方才落马。袁士骏索性下床点了红烛,罢于帐中,方至床上,一旁姐姐又至,袁士骏接住又战。直把个香洞里摆开了万里沙场。又走马灯般战了近两个时辰,袁士骏正扒在姐姐身上大干,一旁莺声又道:"郎也偏心,尽在弄妹妹,却不顾我。"袁士骏止住,道:"身下不是姐姐吗?"一旁又道:"被他抢了大回,真是不公!"袁士骏急看身下玉人儿口旁是无痣,遂笑道:"你二人长得如此像,我又何能分清,只是妹妹又贪,方才被他夺了几回。"姐姐道:"还不顾我?"袁士骏道:"就来。"一头说一头放下妹妹,来至姐姐近前,令其覆在床上,将个臀儿耸起,扶住雄伟阳物遂入。一旁妹妹含笑而起,从后搂住袁士骏助其发力。袁士骏前后受用好不快乐,乒乒乓乓弄将起来。待完事后又把妹妹横过,斜刺里入了个痛决,三人又轮流大战一番。及至金鸡唱绝,方才罢战,银盆洗手,揩拭一回,袁士骏这才搂了二美,酣然而睡。

当年乡试,这四名特等之中,恰好中了三位,所遗的一个,原不是真才,代笔的中了,也只当他中一般,后来三个之中,只联捷得一个,就是夺着女标的人。

刑尊为此一事,贤名大噪于都中,后来钦取入京,做了兵科给事,袁士骏由翰林散馆,也做了台中,与他同在两衙门,意气相投,不啻家人父子。古语云:"唯英雄能识英雄。"此言真不谬也。

第四回　忍奇痛石女破开荒

国学经典文库

私家藏书

伴花楼

图文珍藏版

一三六三

词云：

> 寡女临妆怨苦，孤男对影嗟穷，孟光难得遇梁鸿，只为婚姻不动，久旷才知妻好，多欢反觉夫庸，某霖不向旱时逢，怎得农人歌颂？
>
> 右调《西江月》

世上人的好事，件件该迟，却又人人愿早，更有"富贵婚姻"四个字，又比别样不迥，愈加望得急切，照世上人的心性，竟该在未曾出世之际，先等父母发财；未经读书之先，便使朝廷授职；拣世上绝标致的妇人，极聪明的男子，都要在未曾出幼之时，取来放在一处，等他欲心一动，就合拢来，连做亲的日子，都不消拣得，才合着他的初心；却一件也不能够如此，陶朱公到弃官泛湖之后，才发得几注大财，姜太公到发白齿动之年，方受得一番显职，想他两个，少年时节，也不曾丢了钱财不要，弃了官职不取，总是因他财星不旺，禄运未交，所以得来的银钱散而不聚，做出的事业，塞而不通。以致奄奄缠缠，直等到该富该贵之年，就像火起水发的一般，要止也止他不住。

梁鸿是个迟钝的男子，孟光是个偃蹇足妇人，这边说来也不成，那边缔好也不就，不想这一男一妇，都等到偌大年纪，方才说合拢来，迟钝遇着偃蹇，恰好凑成一对，两个举案齐眉，十分恩爱，做了千古上下第一对和合的夫妻，虽是有德之人，原该如此，却也因他等得心烦，望得意躁，一旦遂了心愿，所以分外有情。

世上反目的夫妻，大都是早婚易娶，内中没有几个是艰难迟钝而得的，古语云："若将容易得，便作等闲看。"事事如此，不独婚姻一节为然也，冒头说完，如今说到正

　　明朝永乐初年,浙江温州府永嘉县,有个不识字的愚民,叫作郭酒痴,每到大醉后,就能请仙判事,其应如响,最可怪者,他生平不能举笔,到了请仙判事的时节,那悬笔写来的字,比法贴更强几分。只因请到之仙,都是些书颠草圣,所以如此,从不曾请着一位是《淳化贴》上没有名字的。因此合郡之人,略有疑事,就办几壶美酒,请他吃醉了请仙,一来判定吉凶,以便趋避;二来裱做单条册页,供在家中,取名叫作"仙贴"。还有起房造屋的人家,置了对联匾额,或求大仙命名,或望真人留句,他题出来的字眼,不但合于人心,式着景致,连后来的吉凶福祸,都寓在其中,当时不觉,到应验之后,始赞神奇。

　　彼时学中有个秀才,姓姚名戬,字子戬,髫龄入泮,大有才名,父亲是本县的库吏,发了数千金,极是心高志大,见儿子是个名士,不肯就婚,定要娶个天姿国色,直到十八岁,才替他定了婚姻,系屠姓之女,闻得众人传说,是温州城内第一个美貌佳人,下聘之后,簇新造起三间大楼,好待儿子婚娶,造完之后,又置一座堂匾,办下筵席,去请郭酒痴来,要求他降仙题咏,一来壮观,二来好卜休咎,郭酒痴来到席上,手也不拱,管也不拿,只取叫大碗斟酒,"真仙已降,等不得多时,快些吃了,好写。"姚家父子听见,知道请来的神仙,就附在他身上,巴不得替神润笔,就亲手执壶,一连斟上数十碗,与郭酒痴吃下肚去,他一醉之后,就扪口不言,悬起笔来,竟像佛尘扫地一般,在匾额之上题了三个大字,六个小字。其大字云:

十砼楼。

小字云:

九日道人醉笔。

　　席间有几个陪客,都是子戬的社友,知道"九日"二字,合来是个"旭"字,方才知道是张旭降临,只是一件,"十砼"的"砼"字,该是景致的"景。"或者说此楼造得空旷,上有明窗,可以眺远,看见十样景致,故此名为"十景楼,"为何写作"合卺"之"卺"?又有人说:"断卺"的"卺"字,倒切着新婚,或者是十字错了,不可知,凡人到酒醉之后,做事定有讹舛,仙凡总是一理,或者见主人劝得殷勤,方才多用了几碗,故此有些颠倒错乱,也未可知,何不问他一问?"姚姓父子就虔诚拜祷说:"'十卺'二字,文义不相联属,其中必有论断,望大仙改而政之。"酒痴又悬起笔来,写出四句诗道:

> 十卺原非错,诸公枉见疑,
>
> 他年虚一度,便是醉人迷。

众人见了,才知道他文义艰深,非浅人可解,就对着姓姚父子一齐拱手称贺道:"恭喜,恭喜! 这等看来,令郎必有一位夫人,九房姬妾,合算起来,共有十次告卺,所以名为"十卺楼"。庶民之家,那得有此乐事? 其为仕宦无疑了,子为仕宦,父即封翁。岂不是个极美之光!"姚胜父以封翁仕宦自期,众人说到此处。口虽谦让,心实欢然,说:"将来这个验法,是一定无疑的了。"当晚留住众人,预先吃了喜酒,个个尽欢而别。

及至选了吉期,把新人娶进门来,揭起纱笼一看,果然是温州城内第一个美貌佳人! 只见他:

> 月挂双眉,霞蒸两磊,肤凝瑞雪,鬓挽祥云。轻盈绰约不为奇,妙在无心入画,袅娜端庄皆可咏,绝非有意成诗,地下拾金莲,误认作两条笔管,樽前擎玉腕,错呼为一盏玻璃,诚哉绝世佳人,允矣出尘仙子!

姚子毂见了,惊喜欲狂,巴不得早散华筵,急归绣幕,好去亲灸温柔,当不得贺客缠绵,只顾自己贪杯,不管他人好色,直吃到三更以后,方才撤了筵席,放他进去成亲。

姚子毂一人绣房,就劝新人就寝,少不得内致温柔,外施强暴,以绿林豪客之气概,遂绿衣才子之心情,替他脱去衣裳。露出那白松松的臀儿,好似藕节一般,观胸前光油油的酥乳儿,如覆玉杯,两点乳头腥红可爱,小小儿一个肚脐,那脐之下,毫无一根毛影，生得肥肥净净，高又高白又白。子毂一见止不住欲火顿贯，遂把唾沫，涂满阳物，启开玉股，款款搠进，新妇身儿一闪，又弄了好一会儿，急切不能耸入，顶得龟头生痛，又发力大弄，亦不得进入丝毫，子毂好生奇怪，披起身细觑，这一觑不意变出非常，事多莫测，忽以人生之至乐，变为千古之奇惊！这是什么缘故？有新小令一阕，单写新妇昔日的情形，一观便晓：

好事太稀奇，望巫山，路早迷，遍寻没块携云地，玉蜂太巍，玉沟欠低，五丁惜却些儿费，温惊疑，磨盘山好，何事不生脐？

右调《黄莺儿》

原来这位新妇面貌虽佳，却是一个石女！子毂一团高兴，谁想弄到其间，不但无门可入，亦且无缝可钻，伸手又摸，就吃惊吃怪起来，捧住他问道："为什么好好一个妇人，竟有这般的痼疾？"屠氏道："不知什么缘故，生出来就是如此。"姚子毂叹息一声，就掉过脸来，半晌不言语。

新妇对他道："你这等一位少年，娶着我这个怪物，自然要烦恼，这是前生种下的冤孽，叫我也没奈何，求你将错就错，把我当个废物看承，留在身边，做一只看家之狗，另娶几房姬妾，与他生儿育女，省得送我还家，出了爷娘的丑，连你家的体面也不好看相。"姚子毂听了这句话，又掉过脸来道："我看你这副面容，真是人间少有，就是无用，也舍不得休了你，少不得留在身边，做一匹看马，只是看了这样的容貌，就像美食在前不能入口，叫我如何熬得住？"新妇道："不但你如此，连我心上也爱你不过，当不得眼饱肚饥，没福承受，活活的气死。"说到此处，不觉掉下泪来。

姚子毂正在兴发之时，又听了这些可怜的话，一发爱惜起来，只得与他搂做一团，多方排遣，到那排遣不去的时节，少不得寻条门路出来，发舒狂兴，那舍前趋后之事，自然是理所必有，势不能无的了，新妇要得其欢心，巴不得穿门凿户，弄些空隙出来，以为容纳之地，怎肯爱惜此豚，不为阳货之献？这一夜的好事，虽不叫作全然落空，究竟是勉强塞责而已。

第二日起来，姚子毂见了爷娘，自然要说明就里，爷娘怕恼坏儿子，一面托几个朋友，请他出去游山解闷。一面把媒人唤来，要究他欺骗之罪，少不得把衙门声势妆在面上，官府的威风挂在口头，要逼他过去传说，欺负那位亲翁是个小户人家，又忠厚不过，从来怕见官府，最好拿捏，说："他所生三女，除了这个孽障，还有两女未嫁，速抬一个来换，万事都休，不然，叫他吃了官司，还要破家荡产！"

媒人依了此言，过去传话，不想那位亲翁，先有这个主意，因他是个衙门领袖，颇有威权，料想敌他不过，所以留下二女，不敢许亲，预先做个退步，他若看容貌分上，拣一个去替换，见媒人说到此处，正合着自己之心，就满口应承，并无难色，只要他或长或幼，自选一人，省得不中意起来，又要翻悔。

姚子毂的父亲，怕他长女年纪太大，未免过时，幼女只小次女一次，就是幼女罢了，就乘儿子未归，密唤一乘轿子，把新妇唤出房来，呵斥一顿，逼他上轿，新妇哭哭啼啼，要等丈夫回来，面别一别了去，公婆不许，立刻打发起身，不容少待。

可怜一个如花似玉的人，又不犯七出之条，只因裤裆里面少了一件东西，到三摈于乡，五黜于里，做了天下弃物，可见世上怜香惜玉之人，大概都是好淫，非好色也。

且说姚家的娇子，送了一个回去，就抬了一个转来，两家都顾惜名声，不肯使人知道，只见这个女子与前面那位新人，虽是一母所生，却有妍媸粗细之别，面容举止，总与阿妹不同，只有一件放心，料想一门之中，生不出两个石女，姚子毂回家的时节，已是一更多天，又吃得嘇陶烂醉，倒在牙床，就昏昏地睡去，睡到半夜还不醒，那女子坐不过，也只得和衣睡倒。

姚子毂到酒醒之后，少不得要动弹起来，还只说这位新人就是昨夜的石女，替他脱了衣裳，就去抓寻旧路，当不得这个女子只管掉过身来。一味舍前而顾后，姚子过去伸手一摸，又惊又喜：喜则喜其原该如是，惊则惊其昨夜不然！酒醒兴发之际，不暇问其所以然，又用手摸那肥腻腻的牝户，挖进个指头里里外外搅弄了一回，直弄得淫水滔滔汩汩，溢了一席，知是真的牝户无疑，遂爱不释手，腰下的物儿早已直愣愣竖起，咆哮紫胀，子毂急扶住阳物掰开腿儿就刺，只听秃的一声尽至深处，竟无拦阻，亦不多想，没棱没脑抽送起来。霎时就是五百余外。新人被入得咿咿呀呀肉麻乱叫，将双股竖起，任他大肆抽送，子毂将金莲架在肩头，狠力大弄，又一阵乒乒乒乒，龟头吃紧，一边几抖，泄了元精，新人亦正值佳境，用手扳住臀儿猛掀了一顿，亦蹈着泄了阴精。意犹未尽，新人又用手合口儿爱抚他那软呆郎当的物儿，顷刻又扬奋怒振，子毂遂令新人覆在床上，下床立于地上，扶住硕大阳物从臀后耸入，一气又入了近千回，新人恣情极荡，叫快屡屡，子毂耐禁不住，可一泄如注，搂着新人的肥臀畅快非常且做了一会楚襄王，只当在梦里交欢，不管他是真是假。

及至到去收雨散之后，问他这混沌之物，忽然开辟的来由，那女子说明就里，方才知道换了一个，夜深灯灭之后，不知面容好歹，只把他肤肤一摸，觉得粗糙异常，早有三分不中意了，及至天明之后，再把面庞一看，就愈加憎恶起来，说："昨日那一个虽是废人，还尽有看相，另娶一房生子，把他留在家中，当作个画中之人，不时看看也好，为什么去了至美，换了个至恶的回来，用又不中用，看又不中看，岂不令人悔死！"终日抱怨父母，聒絮不了。

不想这位女子，过了几日，又露出一桩破相来，更使人容纳他不得！姚子毂成亲之后，觉得锦衾绣幔之中，不时有些秽气，初到那几夜，亏他蘸麝香兰，还掩饰过了，到后来日甚一日，不能禁止，原来这个女子，是有小遗病的，醒时再不小解，一到睡去之后，就要撒起溺来，这虽是妇人的贱相，却也是天意使然，与石女赋形，不开混沌者无异姚子毂睡到半夜，不觉陆地手波，枕席之上，忽然长起潮汛来，由浅而深，几乎有中原陆沉之俱，直到他盈科而进，将入鼻孔，闻香泉而溯其源，才晓得是脏山腹海中所出，就狂呼大叫走下床来，唤醒爷娘，埋怨个不了，逼他速速遣回："依旧取石女来还我。"

爷娘气愤不过，等到天明，又唤捡来商议。媒人道："早说几日也好，那个石女早有人要她，因与府上联姻，所以不敢别许，自你发回之后，不上一二日，就打发出门去了，如今还有个长的在家，与石女的面容大同小异，两个并在一处，一时辨不出来，你前日只该换长，不该换幼，如今换过一次，难道又好再换不成？"姚子毂的父亲道："那也顾他不得，一锄头也是动土，两锄头也是动土，有心行一番霸道，不怕他不依！他若推三阻四，我就除了状词不告，也有别样法子告他，只怕他承当不起！"媒人没奈何，只得又去传说，那家再三不肯，说："他换去之后，少不得又要退来，不如不换的好。"媒人说以利害，又说："事不过三，哪有再退之理！"那家执拗不过，只得应许。

姚子毂的父母，因儿子立定主意只要石女，不要别人，又闻得他面貌相似，就在儿子面前不说长女代换的缘故，使他初见的时节认出来，直到上床之后，才知就里，自然喜出望外。

不想果应其言，姚子毂一见此女，只道与故人相会，快乐非常，这位女子，又喜得不怕新郎，与他一见如故，所以未寝之先，一毫也认不出来，直到解带宽裳之后，粘肌贴肉之时，摸那件东西，又不似从前混沌，方才惊骇起来，问他所以然的缘故，此女说出情由，才晓得不是本人，又换了一副形体，就喜欢不过，与他颠鸾倒凤起来，折腾了一会，子毂欲兴狂荡，遂将早已硬如铁杵的阳物扶住直左牝门而入。此女竟半路用手迎候，捻个正着，秃的一声入进丽水深处，深不及底，犹那扬子江中一时扁舟漂漂荡荡，子毂奇怪此女淫水太多，竟将个阳物泡得酥软脱了骨般，遂拼力抽提，溺水一般乱折腾。此女连连叫唤，声大骇人，子毂愈发欲心炽烈，急将此女双股一分架在肩上，使出老汉报车的手段。吭吭推了起来，霎时几百余下。女子星眸微展，口不能开，那宽又宽，湿又湿的宝物儿咻咻吸动，及至佳美之处，女子浪叫迭迭，子毂知其阴精欲出，遂狠力大弄，又是四百余抽，女子高叫几声，勾住他的颈儿耸了几耸，子毂合他丢在一处，竭尽平生之乐。

此女肌体之温柔，性情之妩媚，与石女纤毫无异，尽多了一件至宝，只是行乐的时节，两下搂抱起来，觉得那副杨柳腰肢，比初次的新人大了一倍，而所御之下体，又与第二番的幼女不同，竟像轻车熟路一般，毫不费力，只说他体随年长，量逐时宽，所以如此，谁想做女儿的时节，就被人破了元身，不但含苞尽裂，藏钡重开，连那风流种子，已下在女腹之中，进门的时节，已有五个月的私孕了。

但凡女子怀胎，玉月之前还看不出，交到六个月上，就渐渐地粗壮起来，一日大似一日，哪里瞒得到底！姚子毂知觉之后，一家之人也都看出破绽来。再过几时，连邻时乡亲之中，都传播开去。

姝氏父子，都是极做体面的人，平日要开口说人，怎肯留个孽障在家，做了终身的话柄？以前暗中兑换，如今倒要明做出来，使人知道，好洗去这段羞惭。就写下休书，晚了轿子，将此女发回母家，替儿子别行择配。

谁想他姻缘蹭蹬，命运乖张，娶来的女子不是前生的孽障，就是今世的冤家，容颜丑陋，性体愚顽，都不必讲起。又且一来就病，一病就死，极长寿的也过不到半年之处。

只有一位佳人，生得极聪明、极艳丽，是个财主的偏房，大娘吃醋不过，硬遣出门。正在交杯合卺之后，两个将要上床，不想媒人领着卖主，带了原聘上门，要取他回去。只因此女出之后，那财主不能割舍，竟与妻子拼命，被众人苦劝，许他赎取回去，各宅而居，所以责聘上门，取回原妾。不然，定要经官告理，说他倚了衙门的势，强占民间妻小。姚家无可奈何，只得受了聘金，把原妻交还他去。姚子觳的衣裳已脱，裤带已解，正要打点行房，不想新人夺了去，急得他欲火如焚，只要寻死。

等到三年之后，已做了九次新郎，不曾有一番着实。他父子二人，无所归咎，只说这座楼房起得不好，被工匠使了暗计，所以如此。要拆去十卺楼，重新造过。姚子觳有个母舅，叫作郭从古，是个积年的老吏，与他父亲同在衙门。一日，商量及此，郭从古道："请问'十卺楼'三个字，是何人题写，你难道忘记了吗？仙人取名之意，眼见得验在下遭，十次合卺，如今做过九次了，再做一次，就完了匾上的数目，自然夫妻偕老，再无意外之事了。"

姚氏父听了这句说话，不觉豁然大悟说："本处的亲事都做厌了，这番做亲，须要他州外县去娶。"郭从古道："我如今奉差下省，西子湖头，必多美色。何不教外甥随我下去，选个中意的回来。"姚子觳道："此时宗师按临，正要岁考，做秀才的出动不得。母舅最有眼力，何不替我选择一个，便船带回，与我成亲就是。"郭从古道："也说得是。"姚氏父子就备了聘礼与钗钏衣服之类，与他带了随身。自去之后，就终日盼望佳人，祈求好事。

姚子觳到了此时，也是饿得肠枯、急得火出的时候了。无论取来的新人才貌俱佳，德容兼美；就遇着将就女子，只要胯间有缝，肚里无胎，下得人种进去，生得儿子出来，夜间不遗小便。过得几年才死，就是一桩好事了。不想郭从古未曾到家，有书来报喜，说替他娶了一个是天下无双、人间少二的女子。姚子毂得了此信，惊喜欲狂，及至仙舟已到，把新人抬上岸来，到拜堂合卺之后，揭起纱笼一看，又是一桩诧事！

原来这位新人不是别个人，就是开手成亲的石女！只因小了那件东西，被人推来揽去，没有一家肯要，直从温州卖到杭城，换了一二十次的售主，郭从古虽系至亲，当月不曾见过。所以看了面容，极其赞赏，替他娶回来；又不曾做爬灰老子，如何知道下面的虚实？

姚子毂见了，一喜一忧：喜则喜其得遇故人，不负从前之约；忧则忧其有名无实，究竟于正事无干，姚氏父子与郭从古坐在一处，大家议论道："这等看起来，醉仙所题之字，依旧不验了。第十次做亲，又遇着这个女子，少不得还要另娶。无论娶来的人好与不好，就使白发齐眉，也做了十一次新郎，与"十卺"二字不相合了。叫作什么神仙？使人那般敬信！"大家猜疑了一会，并无分解。

却说姚子毂当夜入房，虽然心事不佳，少不得搂了新人，与他重温旧好，夫妻二人各自协了衣，子毂见那雪白的身儿，欲火腾起万丈，哪顾得了许多，挺着紫胀胀的阳物就在他那粉嫩嫩的腿间一阵乱戳，手亦不曾歇，在两团乳熔揉摩，妇人欲念亦狂，把个子毂箍得紧紧，极力迫凑，奈何方才虽坚却攻城不下，折腾了一个时辰，子毂手抚其乳，龟头摩梭几欲星烟，妇人又舌吐丁香，含在了一处，龟头一阵紧张，遂披靡而逝。一连过了几夜，两下情浓，都有个开交不得之意。男子兴发的时节，虽不能大畅怀来，还亏他有条后路，可以暂行宽解。妇人动了欲心，无由发泄，真是求死不得，欲活不能，说不出那种欲火，合来聚在一处，竟在两胯之间，生起一个大毒，名为"骑马痈"，其实是情兴变成的脓血，肿了几日，忽然溃烂起来，任你神方妙药，再医不好。

一夜，夫妻两口，搂做一团，恰好男子的情根，对着妇人的患处。两下忘其所以，竟把偶然的缺陷，认作生就的空虚，就在毒疮里面，摩疼擦痒起来。在男子心上，一向见他无门可人，如今喜得天假以缘，况他这场疾病，原是由此而起，要把玉杵当了刀圭，做个以毒攻毒！在女子心上，一向爱他情性风流，自愧茅塞不开，使英雄无用武之地，也巴不得以窦为门，使他乘虚而入。与其熬痒而生，倒不如忍痛而死。所以任他冲容，并不阻挠。不想这番奇苦，倒受得有功：一痛之后，就觉得苦尽甘来；焦头烂额之中，一般明肆意销魂之乐。子毂冲突了一阵，泄了一回，遂觉不甚畅意，竟将妇人抱至床下醉翁椅上，令妇人仰卧，也不去看那空虚之处，扶起阳物就刺。及至根处，亦觉阳物暖洋洋的，与先前二女子牝户无二，只是不中看而已，亦不去顾，发力顶撞起来，妇人亦咿咿呀呀的叫，与那交媾声无上，子毂大喜，驰骤愈速，霎时八百余外，再看妇人，粉面更红娇，喘吁吁，哪里还有害病模样，分明欲仙欲死！子毂又大弄了一回，畅美之处搂紧妇人泄个不止，妇人亦淫，叫连声抖个不停，似那丢了阳精的模样，云残雨止，二人揩拭一回，昏然睡去。

这夫妻两口，得了这一次甜头，就想时时取乐、刻刻追欢。知道这番举动，是瞒着造物做的，好事无多，佳期有限，一到毒疮收口之后，依旧闭了元关，阴自阴而阳自阳，再要想做坎离交之媾之事，就不能够了。两下各许愿心，只保这个毒疮多害几时，急切不要收口。却也古怪，又不知是天从人愿，又不知是人合天心，这个知趣的毒疮，竟替他害了一生，到底不曾合缝。

这是什么缘故？要晓得：这个女子，原是有人道的，想是因他孽障未消，该受这几年的磨劫。所以造物弄巧，使他虚其中而实其外，将这件妙物隐在皮肉之中，不能够出头露面。到此时，魔星将退，忽然生起毒来，只当替他揭去封皮，现出人间的至宝：比世上不求而得，与一求即得的，更稀罕十倍。

这一男一女，只因受尽艰难，历尽困苦，直到心灰意死之后，方才凑合起来。所以夫妇之情，真个是如胶似漆，不但男子面眉，妇人举案，到了疾病忧愁的时节，竟把夫妻变为父母，连那割股尝药、斑衣戏彩的事都做出来。可见天下好事只宜迟得，不直早得。只该难得，不该易得。古时的人，男子三十而始娶，女子二十而始嫁，不是故意要迟，也只愁他容易到手，把好事看得平常，不能尽琴瑟之欢，效于飞之乐也。

第五回　远归当新娶偕伉俪

诗云：

> 天河盈盈一水隔，河东美人河西客。耕云织雾两相望，一树绸缪在今
> 夕。双龙引车鹊作桥，风回桂渚秋叶飘。抛梭投标整环佩，金童玉女行相
> 要。两情好登中早。复恐天鸡催晓漏。倚屏犹有断肠言，东方未明少停候。
> 欲渡不渡河之湄，君亦但恨生别离。明年七夕还当期，不见人间死别离。朱
> 颜一去难再归！

这首古风，是元人所作，形容女牛相会之时，缠绵不已的情状。这个题目，好诗最
多，为何单举这一首？只因别人的诗，都讲他别离之苦；独有这一首，偏叙他别离之
乐，有个知足守分的意思，与这回小说相近，所以借他发端。

骨肉分离，是人间最惨的事，有何好处，倒以"乐"字加之？要晓得"别离"二字，
虽不足乐；但从别离之下，又深入一层，想到那别无可别、离不能离的苦处，就觉得天
涯海角，胜似同堂；枕冷衾寒，反为清福。第十八层地狱之人，羡慕十七层的受用；就
像三十二天的活佛。想望着三十三天：总是一种道理。

近日有个富民，出门做客，歇在饭堂之中。时当酷夏，蚊声如雷，自己悬了纱帐，
卧在其中，但闻轰轰之声，不见嗷嗷之状。回想在家的乐处：丫鬟打扇，伴当驱蚊，连
这种恶声也无由入耳，就不觉怨怅起来。另有一个穷人，与他同房宿歇，不但没有纱
帐，连单被也不见一条，睡到半夜，被蚊虫叮不过，只得起来行走，在他纱帐外面跑来
跑去，竟像被人赶逐的一般，要使浑身的肉动而不静，省得蚊虫着体。

富民看见此状,甚有怜悯之心,不想那个穷人,不但不叫苦:还自己称赞说他是个福人,把"快活"二字,叫不绝口。富民惊诧不已,问他:"劳苦异常,那些快乐?"那穷人道:"我起先也曾怨苦,忽然想到一处,就不觉快活起来。"富民问他:"想到那一处?"穷人道:"想到牢狱之中,罪人受苦的形状,此时上了枷床,浑身的肢体动弹不得,就被蚊虫叮死,也只好做露筋娘娘,要学我这舒展自由、往来无碍的光景怎得能够?所以身虽劳碌,心境一毫不苦,不知不觉,就自家得意起来。"富人听了,不觉通身汗下,才晓得睡在帐里思念家中的不是。

世上的苦人都用了这个法子,把地狱认作天堂,逆旅翻为顺境,黄连树下好弹琴,陋巷之中尽堪行乐。不但容颜不老,须鬓难皤,连那祸患休嘉,也会潜消暗长。

方才那首古风,是说天上的生离,胜似人间的死别。我这回野史,又说人间的死别,胜似天上的生离。总合着一句《四书》要人"素患难行乎患难"的意思。

宋朝政和年间,汴京城中有个旧家之子,姓段名璞,字玉初。自幼聪明,曾噪神童之誉。九岁入学,直到十九岁,做了十年秀才,再不出来应举。人问他何故,他说:"少年登科,是人生不幸之事。万一考中了,一些世情不谙,一毫艰苦不知,任了痴顽的性子,鲁莽做去,不但上误朝廷,下误当世,连自家的性命也要被功名误了,未必能够善终。不如多做几年秀才,迟中几科进士,学些才术在胸中,这日生月大的利息,也还有里面,所以安心读书,不肯躁进。"

他不但功名如此,连婚姻之事也是这般,唯恐早完一年,早生一年的子嗣,说:"自家还是孩童,岂可便为人父?"又因自幼丧亲,不曾尽得子道,早受他人之奉养,觉得于心不安。故此年将二十,还不肯定亲。总是他性体安恬,事事存民惜福之心,刻刻怀了凶终之虑,所以得一日过一日,再不希冀将来。

他有个同学的朋友,姓郁,讳迁言,字子昌,也是个才识兼到之人,与他的性格件件俱同,只有一事相反。他于功名富贵得更淡,连那日生月大的利息,也并不思量,觉得做官一年,不如做秀才一日,把焚香挥麈的受用,与薄书鞭扑的情形比并起来,只是不中的好。独把婚姻一事,认得极真,看得极重。他说:"人生在世,事事可以忘情,只有妻妾之乐,枕席之欢,这是名教中的乐地,比别样嗜好不同,断断忘情不得。我辈为纲常所束,未免情兴索然,不见一毫生趣,所以开天立极的圣人。明开这条道路,放在伦理之中,使人散拘化腐,况且三纲之内,没有夫妻一纲,安所得君臣父子?五伦之中,少了夫妇一伦,何处尽孝友忠良?可见婚娶一条,是五伦中极大之事,不但不可不早,亦且不可不好,美妾易得,美妻难求,毕竟得了美妻,才是名教中最乐之事。若到正妻不美,不得已而娶妾,也就叫作无聊之思,身在名教之中,这点念头也就越于名教之外了。"

他存了这片心肠,所以择婚的念头甚是激切,只是一件,"要早要好"四个字,再不够相兼,要早就不能好,要好又不能早。自垂髫之际,就说亲事起头,说到弱冠之年,还与段玉初一样,依旧是个孤身,要早要好的也是如此,不要早不要好的,也是如此。倒不如安分守己的人,还享了五六七年衾寒枕冷的清福。不像他扒起扒倒,赶去赶来,央求媒妁,受了许多熬炼奔波之苦。

一日,徽宗皇帝下诏求贤,凡是学中的秀才,不许遗漏一名,都要出来应试;有规避不到者,即以观望论,这是什么缘故?只因宋朝的气运,一日衰似一日,金人的势焰,一年盛似一年,又与辽、夏相持,三面皆为敌国,一年之内,定有几次告警,近边的官吏,死难者多,要人铨补,恐怕学中士子把功名视作畏途,不肯以身殉国,所以先下这个旨意,好驱逐他出山。段、郁二人迫于时势,遂不得初心,只得出来应举,作文的时节,唯恐得了功名,违了志愿,都是草草完事,不过要使广文先生规避而已。不想文章的造诣,与棋力酒量一般,低的要高也高不来,高的要低也低不去,乡会两榜,都巍然高列!段玉初的名数,又在郁子昌之前。

却说世间的好事,再不肯单行,毕竟要相因而至,郁子昌未发之先,到处求婚,再不见有天姿国色,竟像西子、王嫱之后,不复更产佳人,恨不生在数千百年之先,做个有福的男子。不想一发之后,到处遇着王嫱,说来就是西子,亏得生在今日,不然倒反要错了机缘。

有一位姓官的士绅,现居尚宝之职,他家有两位小姐,一个叫作围珠,一个叫作绕翠,围珠系尚宝亲生,绕翠是他侄女,小围珠一年,因父母俱亡,无人倚恃,也听尚宝择婚,这两位佳人,大概评论起来,都是人间的绝色。若要在美中择美,精里求精,又觉

得绕翠的姿容,更在围珠之上,京师里面有四句口号云:

> 珠为掌上珠,翠是人间宝。
>
> 王者不能兼,舍围而就绕。

为什么千金小姐有得把人见面,竟拿来编做口号,传播起来? 只因徽宗皇帝曾下选妃之诏,民间女子都选不中,被承下旨的太监单报他这两名,说:"百千万亿之中,止见得这两名绝色,其余都是庸才。"皇上又问:"二者之中,谁居第一?"太监就丢了围珠单说绕翠,徽宗听了,就注意在一边,一所以世人得知,编了这围珠句口号。

绕翠将要入宫,不想辽兵骤至,京师闭城两月,直到援兵四集,方得解围,解围之后,有一位敢言的科道上了一本说:"国家多难之时,正宜卧薪尝胆,力图恢复,即现在之嫔妃,尚宜纵放出宫,以来远色亲贤之誉;奈何信任谗阉,专事选择。如此举动,即欲寇兵不至,其可得乎?"徽宗见了,觉得不好意思,只得勉强听从,下个罪己之诏,令选中的妇子,仍嫁民间,故此这两位佳人,前后俱能幸免。

官尚宝到了此时,闻得一榜之上,有两个少年都还未娶,又且素擅才名,美如冠玉,就各央他本房座师前去做合,郁子昌听见,惊喜欲狂,但不知两个里面将那一个配他,起先未遇佳人,若肯把围珠相许,也就出于望外;此时二美并列,未免有舍围就绕之心,只是碍了交情,不好薄人而厚己,谁料天从人愿,因他所中的名次,比段玉初低了两名,绕翠的年庚,又比围珠小了一岁,官尚宝就把男子序名,妇人序齿,亲生的围珠,配了段玉初,抚养的绕翠配了郁子昌,原是一点溺爱之心,要使前面的做了嫡亲女婿,好等女儿荣耀一番,序名序齿的话都是粉饰之词。

郁子昌默喻其意,自幸文章欠好,取中略低,所以因祸得福,配了绝世佳人,若还高了,怎能够遂得私愿? 段玉初的心事,又与他绝不相同。唯恐志愿太盈,犯造物之所忌,闻得把围珠配他,还说世间第二位佳人,不该为我辈寒儒所得,恐怕折了冥福,亏损前程只因座师作伐,不敢推辞,哪里还有妄念? 官尚宝只订婚议,还未完姻,要等殿试之后,授了官职,方才合卺,等两位小姐好做现成的夫人。

不想殿试的前后，却与会场不同，郁子昌中在二甲尾，段玉初反在三甲头，虽然相去不远，授职的时节，却有内铨外补之别，况且此番外补，又与往岁不同，大半都在危疆，料想没有善地，官尚宝又从势利之心转出个趋避之法，把两头亲事调换过来，起先并不提起，直等选了吉日，将要完姻，方才吩咐媒婆，叫他如此如此。这两男两女，总不提防，只说所偕的配偶，都是原议之人，哪里知道金榜题名，就是洞房花烛的草稿！洞房花烛，仍照金榜题名的次序，始终如一，并不曾紊乱分毫。知足守分的，倒得了世间第一位佳人；心高志大的，虽不叫作吃亏，却究竟不曾满愿。可见天下之事，都有个定数存焉，不消逆虑。

且说郁子昌思想绕翠，得了围珠，心下不快，及至拜过花堂送进洞房，郁子昌才把那思想绕翠的心思放在一边，略略说了几句话，便将围珠一把搂在怀里，细看丰面果是十分娇艳，然腻脸晕霞愈是，又伸手摸那东西，酥润光旺，真是牝户珍宝，遂即拙开纽扣，卸下衣裙，只是牝户甚小，阳物甚是粗大，乍合之际，急切不能耸入，虽以吐味涂润，终觉紧涩难容，直待摩弃移时，才见其半，然围珠已蹙看皱眉，忙以双手推住道："郎勿再入。"郁子昌知其处女身未破，然欲火上类，思耐不得，兴发如火用力一耸，遂尽根。初时内甚于，十分艰涩，如今淫水冷溢，汩汩有声，围珠到此时，亦乐承受，竟将凤枕推开一边，锦褥衬在臀下，双手抵住了郁子昌的头顶，郁子昌捧起金莲放在肩上，自首自根着实捣了数百，围珠遍体酥麻，口内气喘叫唤不绝，极致美处，身儿乱抖，知他泻了阳精，郁子昌用力抽送，弄得一片声响，龟头麻麻，闭起眼儿，将围珠想成绕翠模样，洋洋大泄，直至三换罗巾，桃红花点，才毕。初婚的时节，未免有个怨帐之心，过到后来，也就心安意贴，彼此相忘，只因围珠的颜色，原是娇艳不过的，但与绕翠相形，觉得彼胜于此，若还分在两处，也居然是第一位佳人，至于风姿态度，意况神情，据郁子昌看来，却像还在绕翠之上，俗语二句道得好：

不要文章中天下，只要文章中试官。

郁子昌的心性原在风流一边，须是赵飞燕、杨玉环一流人，方才配得他上，恰好这位夫人,生来是他的配偶,所以深感岳翁,倒把拂情悖理之心,行出一桩合理顺情之事。夫妻两口,恩爱异常,无论有子无子,誓不娶妾;无论内迁外转,誓不相离,要做一对比目鱼儿,不肯使百岁良缘,耽误一时半会。

却说段玉初成亲之后,看见妻子为人饶有古道,不以姿容之艳冶,掩其性格之端庄,心上十分欢喜,也与郁子昌一般,都肯将错就错。只是对了美色,刻刻担忧,说:"世间第一位佳人,有同至宝,岂可以侥幸得之! 莫谓朋友无缘,得而复失,就是一位风流天子,尚且无福消受,选中之后,依旧发还。我何人斯,敢以倘来之福,高出帝王之上乎? '匹夫无罪,怀璧其罪',覆家灭族之祸,未必不阶于此。"所以常在喜中带戚,笑里含愁,再不敢肆意行乐,就是云雨绸缪之际,忽然想到此处,也有些不安起来,竟像这位佳人,不是自家妻子,有些干名犯义的一般。

绕翠不解其故,只说他中在三甲,选不着京官,将来必居险地,故此预做札人之忧,不时把"义命自安,吉人天相"的话去安慰他,段玉初道:"死生有命,富贵在天。万一补在危疆,身死国难,也是臣职当然,命该如此,何足介意? 我所虑者,以一薄命书生,享三种过分之福,造物忌盈,未有不加倾覆之理! 非受阴灾,必蒙显祸,所以忧患若此"绕翠问:"是那三种?"段玉初道:"生多奇颖,谬窃神童之号,一过分也;早登甲第,滥叨青紫之荣,二过分也;浪踞温柔乡,横截鸳鸯浦,使君父朋友想望而不能得者,一旦攘为己有,三过分也。三者之中有了一件,就能折福生灾,何况兼逢其盛,此必败之所也,倘有不虞,夫人当何以救我?"绕翠道:"决不至此。只是侥福之心,既不宜有;弭灾之计,亦不可无,相公既萌此虑,毕竟有法以处之,请问计将安出?"

段玉初道:"据我看来,只有'惜福安穷'四个字,可以补救得来,究竟也是希图万一,绝无幸免之理。"绕翠道:"何为惜福? 何为安穷?"

段玉初道:"处富贵而不淫,是谓惜福,遇颠危而不怨,是谓安穷,究竟'惜福'二字,也为'安穷'而设,总是一片虑后之心,要预先磨炼身心,好撑持患难的意思。衣服不可太华,饮食不可太侈,宫室不可太美,处处留些地,以资冥福,也省得受用太过,骄纵了身子,后来受不得饥寒,这种道理,还容易明白,至于夫妻宴乐之情,衽席绸缪之谊,也不宜浓艳太过,十分乐事,只好受用七分,还要留下三分,预为别离之计,这种道理，极是业微从来没有知道，为夫妇者，不可不知，为乱世之夫妇者，更不可不知，俗语云：'恩爱夫妻不到头'。又云：'乐莫乐兮新相知，悲莫悲兮生别离'。夫妇相与一生，终有离别之日，越是恩爱夫妻。比那不恩爱的，更离别得早，若还在未别之前，多事一分快乐，少不得在既别之后，多受一分凄凉，我们惜福的工夫，先要从此处做起，假红倚翠之情，不宜过热，省得欢娱难继，乐极生悲钻心刺骨之言，不宜多讲，省得过后追思，割人肠腹。如此过去，即使百年偕老，永不分离，焉知不为惜福所生，倒闰出几年的恩爱？"

绕翠听了此言，十分警醒，又问："铨补当在何时？可能够侥天之幸，得一块平静地方，苟延岁月？"段玉初道："薄命书生，享了过分之福，就生在太平之日，尚且该有无妄之灾，何况生当乱世，还有侥幸之理？"绕翠听了此言，不觉泪如雨下，段玉初道："夫人不用悲姜，我方才所说'安穷'二字就是为此，祸患未来，要预先惜福，祸患一至，就要立意安穷，若还有了地方，无论好歹，少不得要携家赴任，我的祸福，就是你的安危，夫妻相与吾年，终有一别，世上人不知深浅，都说死别之苦，胜似生离，据我看来，生离之惨，百倍于死别，若能够侥天之幸，一同死在他邦，免得受生离之苦，这也是人生百年第一桩快事，但恐造物忌人，不肯叫你如此。"

绕翠道："生离虽是苦事，较之死别，还有暂辞永诀之分，为什么倒说彼胜于此，请道其详。"段玉初道："夫在天涯，妻在海角，时作归来之想，终无见面之期，这是生离的景象，或是女先男死，或是妻后夫亡，天辞会合之缘，地绝相逢之路，这是死别的情形，俗语云：'死寡易守，活寡难熬。'生离的夫妇，只为一念不死，生出无限熬煎，日间希冀相逢，把美食鲜衣，认作糠秕桎梏，夜里思量会合，把锦衾绣绸，当了芒刺针毡，只因度日如年，以致未衰先老。甚至有未曾出户，先订归期，到后来一死一生，遂成永诀，这都是生离中常有之事，倒不如死了一个，没再思量，孀居的索性孀居，独处的甘心独处，竟像垂死的头陀，不思量还俗，那蒲团上面就有许多乐境出来，与不曾出家的时节纤毫无异，这岂不是死别之乐胜似生离？还有一种夫妇，先在未生之时，订了同死之约，两个不先不后，一齐终了天年，连永诀话头都不消说得，眼泪全无半点，愁容不露一毫，这种别法，不但胜似生离，竟与拔宅飞升的无异。非修上几十世者，不能有此奇缘,我和你同入危疆,万一遇了大难,只消一副同心带儿,就可以合成正果。俗语云:"牡丹花下死,做鬼也风流。"这句话头,平常是单说私情,与"纲常"二字无涉,我们若得如此,一个做了忠臣,一个做了节妇,合将拢来,又做了一对生死夫妻,岂不是从古及今,第一桩乐事?"

绕翠听了这些话,不觉蕙质兰心,变作忠肝义胆,一心要做烈妇,说起危疆,不但不怕,倒有些羡慕起来,终日洗耳听佳音,看补在那一块吉祥之地,这日无事,段玉初与绕翠相对饮酒,及至掌灯酒兴已消,灯光之下,段玉初微醉,绕翠半醉,阳情大动,阴怀已舒,段玉初燥体,绕翠涤身,二人解裳裤,情穴顿露,阳物直挺,段玉初忙卧褥而等,俯肌以搂,绕翠辩份,花心早吐,段玉初阳物跳跃,柄进牝内。这个恨不得全身都进方好,那个巴不得尽根吞没更好,绕翠牝内被火熔着,着实美快。段玉初阳物逢紧的,满身珍畅,运功龟形一钻,绕翠得趣,将身一惊,段玉初阳物一刺,柳腰两扭,体不动而阳物自灵。而四肢颤美,四哼大妙,情弦被抚,淫浪褐渭,捣顶之声愈闻,深浅任投,兴情大作,女畅男欢百般恩爱,一自交身,四更以后,情兴莫止,软酥津滑,云布四更,雨洒半夜,方才徐徐雨散云收,二人双散鸳枕而酣。

不想等上几月,倒有个喜信报来,只为亦职缺员。二甲儿十名不够铨补,连在三甲之前也选了部属,郁子昌得了户部,段五初得了工部,不久都有美差,捷音一到,绕翠喜之下胜段玉初道:"塞翁得马,未必非祸,夫人且慢些欢喜,我所谓造物忌人,不肯容你死别者,就是为此。"绕翠听了,只说他是过虑,并不提防,不想点出差来,果然是一场祸害!只因徽宗皇帝听了谏臣,暂罢选妃之诏,过后追思,未免有些懊悔,当日京师里面,又有四句口号云:

城门闭,言路开;城门开,言路闭。

这些从谏如流的好处,原不是出于本心,不过为城门乍开,人心未定,暂掩一时之耳目,要待烽火稍息之后,依旧举行,不但第一位佳人不肯放手,连那陪贡的一名,也还要留做备卷的,不想这位大臣没福做皇亲国戚,把权词当了实话,竟认真改配起来。

徽宗闻得两位佳人都为新进书生所得，悔恨不了，想着他的受用，就不觉拈酸吃醋起来，吩咐阁臣道："这两个穷酸饿莩，无端娶了国色，不要便宜了他，速拣两个远差，打发他们出去！使他三年五载，不得还乡，罚做两个牵牛星，隔着银河难见织女，以赎妄娶国妃之罪！又要稍加分别，使得绕翠的人，又比得围珠的多去几年，以示罪重罪轻之别。"阁臣道："目下正要遣使入金，交纳岁币，原该是户工二部之事，就差他两人去吧。"徽宗道："岁币易交，金朝又不远，恐不足以尽其辜。"阁臣："岁币之中，原有金帛二项，为数甚多，金人要故意刁难。罚他赔补，最不容易交卸。赍金者多则三年，少则二载，还能够回来复命，赍帛之官自十年前去的，至今未返，这是第一桩苦事！唯此一役，足尽其辜。"徽宗大喜，就差郁延言赍金，段璞赍帛，各董其事，不得相兼，一齐入金纳币。

下了这道旨意，管教两对鸳鸯，变做伯劳飞燕。

宋朝纳币之例，起于神宗年间，被金人侵犯不过，只得创下这个陋规，每岁输银若干，为犒兵秣马之费，省得他来骚扰，后来逐年议增，增到徽宗手里，竟足了百万之数，起先名为岁币，其实都是银两。解到后来，又被中国之人教导他个生财之法，说布帛出于东南，价廉而美，要将一半银子买了绸缎布匹，他拿去发卖，又有加倍的利钱，在宋朝则为百万，到了金人手里，就是百五十万，起先赍送银两，原是一位使臣；后来换了币帛，就未免盈车满载，充塞道途，一人照管不来，只得分而为二，赍金者赍金，纳币者纳币，又怕银子低了成色，币帛轻了分两，使他说长道短，以开边衅，就是赍金之使预管征收，纳币之人先期采买，是他办来就是他送去，省得换了一手，诿罪于人。

初解币帛之时，金人不知好歹，见货便收，易于藏拙，纳币的使臣倒择有些利落，刮浆的布匹，上粉的纱罗，开了重价，蒙蔽朝廷，送到地头，就来复命，原是一个美差，只怕谋不到手，谁想解上几遭，又被中国之人教导他个试验之法，定要洗去了浆，汰净了肠，逐匹上天平弹过，然后验收，少了一钱半分，也要来人赔补，赔到后来，竟把这项银两做了定规，不论入货真货假，凡是纳币之臣，定要补出这些常例，常例补足之后，又说他蒙蔽朝赞赏，欺玩邻国，拿住赃证，又有无限诛求，所以纳币之臣赔补不起，只得留下身子，做了当头，淹滞多年，再不能够还乡归国，这是纳币的苦处。

至于赍金之苦,不过因他天平重大,正数之外要追求羡余。虽然所费不赀,也还有个数目,只是金人善诈,见他赔得爽利,就说家事饶余还费得起,又要生端索诈,所以赍金之臣,不论贫富,定要延捱几载,然后了局,当年就返者,十中不及二。

段、郁二人奉了这两个苦差,只得分头分事,采买的前去采买,征收的前去征收,到收完买足之后,一齐回到家中,拜别亲人,出使异国,郁子昌对着围珠,十分眷恋,想在枕上饯行,被中作别,把出门后返掉以前的账目,都要预支出来,做那"一刻千金"的美事。二人这差事言来语去竟春意勃然,相抱上床,郁子昌挺枪上马,围珠牝相凶,郁子昌紧搂围珠香肌,毫不鼓舞,未半刻运用户其法,果然胀满牝内,如滚火一般,围殊美趣畅乐,四肢早已经舒爽,郁于昌阳物坚硬,在内自伸自缩,如鹅鸭呕食,把个珠射得个浑身爽快,若热暑凉风,满腔欲火,在此一弄而消,一连丢了无数,围珠叫将阳物入进,围珠昏迷浑然,忙迎展望凑,相交四鼓,这围珠道:"就死了,今夜不放你出牝。"绵如春蚕真如醉酒,牝户翕翕,阳物昂昂,早已又花房吐露,阳物倾液,雨收云散,拥衾同卧,郁子昌干得心满意得,忖道:"不惧云月不知肉味亦熬得住了。又想自己虽奉苦差,有嫡亲丈人可恃,纵有些许赔补,料他不惜毡上之毫,自然送来接济,多则半年,少则三月,夫妇依旧团圆,决不像那位连襟,命犯孤鸾,极少也有十年之别。"

绕翠见丈夫远行,预先收拾行装,把十年以内所用的衣裳鞋袜,都亲手置办起来,等他采买回家,一齐摆在面前道"你此番出去,料想不是三年五载,妻子鞋弓袜小,不能够远送寒衣,放此窃效孟姜女之心,兼仿苏蕙娘之意,织尽寒机,预备十年之用,烦你带在身边,见了此物,就如见妻子一般,那线缝之中,处处有指痕血迹,不时想念想念,也不枉我一片诚心。"说到此处,就不觉涕泗涟涟,悲伤欲绝。

段玉初道:"夫人这番意思,极是真诚,只可惜把有用的工夫,都费在无用之地,我此番出去,依旧是死别,不要认作生离,以赤贫之士,奉极苦之差,赔挈无穷。何从措置?既绝生还之想,又何用苟延岁月?少不得解到之日,就是我绝命之期,只恐怕一双鞋袜。一套衣裳还穿他不旧,又何必带这许多?就做大限未满,求死不能,也不过多受几年困苦,填满了饥寒之债,然后捐生,岂有做了孤臣孽子,囚系外邦,还想丰衣足食之理!孟姜女所送之衣,苏蕙娘所织之锦,不过寄在异地穷边,并不是仇邦敌国,纵使带去,也尽为金人所有,怎能够穿得上身?不如留在家中,做了装箱叠笼之具,后来还有用处,也未可知。"绕翠道:"你既不想生还,留在家中也是弃物了,还有什么用处?"

段玉初欲言不言,只叹了一口冷气,绕翠就疑心起来。毕竟要盘问到底,段玉初道:"你不见《诗经》上面有两句伤心话云:'宛其死矣,他人入室。'我死之后,这几间楼屋里面,少不得有人进来,屋既有人住,衣服岂没有穿?留得一件下来,也省你许多辛苦,省得千针万线,又要服事后人,岂不是桩便事?"

绕翠听了以前的话,只说他是肝隔之言,及至听到此处,真所谓烧香塑佛,竟把一片热肠付之冷水!不由他不发作起来,就厉声回复道:"你这样男子,真是铁石心肠!我费了一片血诚,不得你一句好话,倒反谤起人来!怎见得你是忠臣,我就不是节妇?既然如此,把这些衣服都拿来烧了,省得放在家中,又多你一番疑虑。"说完之后,果然把衣裳鞋袜叠在一处,下面放了些薪,竟像人死之后烧化冥衣的一般,不上一刻时辰,把锦绣绮罗变成灰烬。

段玉初中口虽劝,教他不要如此,却不肯动手扯拽,却像要他烧化,不肯留在家中与别人穿着的一般,绕翠一面烧,一面哭,说:"别人家的夫妇,何等绸缪,目下分离,不过是一年半载,尚且多方劝慰,只怕妻子伤心;我家不是生离,就是死别,并无一句钟情的话,反出许多悖理之言,这样夫妻,做他何用!"

段玉初道:"别人修得到,故此嫁了好丈夫,不但有情,又且有福,不至于死别生离,你为什么前世不修,造了孽障,嫁给我这寡情薄福之人,但有死灾,并无生趣,也是你命该如此,若还你这段姻缘,不改初议,照旧嫁了别人,此时正好绸缪,这样不情的话,何由入耳?都是那改换的不是,与我何干?焉知我死之后,不依旧遂了初心,把娥皇、女英合在一处,也未可知,况且选妃之诏,虽然中止,目下城门大开,不愁言路不闭,万一皇上追念昔人,依旧选你入宫,也未见得,这虽是必无仅有之事,在我这离家去国的人,不得不虑及此,夫人听了,也不必多心,古语道得好:"死生有命,富贵在天。"又道:"一饮一啄,莫非前定。"若还你命该失节,数俱重婚,我此时就着意温存,也难免红丝别系,若还命该失节,该做节妇,此时就冲撞几句,你也未必介怀,或者因我说破在先,秘密的天机不肯使人参透,将来倒未必如此,也未见得。"

说完之后,竟去料理轻装,取几件破衣服,送入行囊,把绕翠簪新做起,烧毁不尽的,一件也不带,又把所住的楼房,墙上一个匾额,题曰:"鹤归楼。"用丁令威化鹤归来的故事,以见他决不生还。

出门的时节,两对夫妻一同拜别,郁子昌把围珠的面孔看了又看,上马之后还打了几次回头,恨不曾画幅小像,带在身边,当作观音大士一般,好不时瞻礼,段玉初一揖之后,就飘然常往,任妻子痛哭号啕,绝无半点凄然之色。

两个风餐水宿,戴月报星,各把所赍之物解人邻邦,少不得金人验收,仍照往年的定例,以真作假,视重为轻,要硬逼来人赔补,段玉初道:"我是个新进书生,家徒四壁,不曾领皇家的俸禄,不曾受百姓的羡余,莫说论万论千,就是一两五钱,也取不出,况且所之货并无浆粉,任凭洗濯。若要节外生枝,逼我出那无名之费,只有这条性命,但凭贵国处分罢了。"金人听了这些话,少不得先加凌辱,次用追比,后设调停了,总要逼他寄信还乡,为变产赎身之计。

段玉初立定主意,把"安穷"二字,做了奇方,又加上一个壁法,当作饮子,到了五分苦处,就把七分来相比,到了七分苦处,又把十分来相衡,觉得阳世的折磨,究竟好似阴间,任你鞭笞夹打,痛楚难熬,还有"死"字做后门,阴间是个退步,到了万不得已之处,就好寻死。既死之后,浑身不知痛痒,纵有刀锯鼎镬,也无奈我何!不像在地狱中遭磨受难。一死之后,不能复死。任你扼喉绝吭,没有逃得脱的阴司,由他峻罚严刑,总是避不开的罗刹只见活人受罪不过,逃往阴间,不见死人摆布不来,走归阳世,想到此处,就觉得受刑受苦,不过与生疮害疖一般,总是命犯血光,该有几时的灾晦,到了出脓见血之后,少不得苦尽甜来,他用了这个秘诀,所以随遇而安,全不觉有拘挛桎梏之苦。

郁子昌亏了岳父担当,叫他"凡有欠缺,都寄信转来,我自然替你赔补。"郁子昌依了此言,索性做个畅汉,把上下之人都贿赂定了,不受一些凌辱,金人见他肯用,倒把好酒好食不时款待他,连那没人接济的也沾他些口腹之惠。不及五月,就把欠账还清,别了段玉初预先回去复命。

宋朝有个成规：凡是出使还朝的官吏到了京师，不许先归私宅，都要面圣过了，缴还使节，然后归家，郁子昌进京之刻，还在巳牌，恰好徽宗坐朝，料想覆过了命，正好回家，古语道得好："新娶不如远归。"那点追欢取乐的念头，比合卺之初更加激切，巴不得三言两语回过了朝廷，好回去重谐伉俪，不想朝廷之上，为合金攻辽一事，众议纷纷，定议之后，即便退朝，纵有紧急军情，也知道他倦怠不胜，不敢入奏，何况纳币还朝，是桩可缓之事，郁子昌熬了半载，只因灾星未退，又找了半夜的零头，依旧宿在朝房，不敢回宅，倒是半载易过，半夜难熬，正合着唐诗二句：

似将海水添宫漏，并作铜壶一夜长。

围珠听见丈夫归朝，立刻就要回去，竟是天下掉下月来，哪里欢喜得了，就去重熏绣被，再烫罗裳，打点一夜工夫，要叙尽半年的阔别，方便想从日出望起，望到月落，还不见回来，不住在空阶之上走去走来，竟把三寸金莲攒磨得头穿底裂，及至次日上午，登楼而望，只见一位官员，簇拥着许多人马，摇旗呐喊而来，只说是过往的武职，谁想走到门前，忽然住马，围珠定睛一看，原来就是自己的丈夫，如飞赶下楼来，堆着笑容接见，只说他久旱逢甘，胜似洞房花烛，自然喜气盈腮，不想见了面反掉下恓惶泪来，问他情由，只是哽哽咽咽讲不出口。原来复命的时节，又奉了监军督饷之差，要他即日登程，不许羁留片刻，以误师期，连进门一见，也是瞒着朝廷，不可使人知道的，这是什么缘故？只因他未到之先，金人有牒文先到，要与宋朝合兵攻辽，宋朝主意不定，耽搁了几时。金人不见回话，又有催檄递来，说："贵国观望不前，殊失同仇之义。本朝不复相强，当移伐辽之兵转而伐宋，即欲仍遵前约，不可得矣。"徽宗见了，不胜悚惧，所以穷日议论，不能退朝，就是为此。郁子昌若还迟到一日，就也就差了别人，不想冤家凑巧，起先不能决议，恰好等他一到，就定了出师之期，领兵的将帅隔晚已经点出，单少赍饷员一员，要待次日选举，郁子昌擅娶国妃，原犯了徽宗之忌，见他转来得快，依旧要眷恋佳人，只当不曾离别，故此将计就计，倒说他："纳币有方，不费时日，自能飞挽接济，有裨军功。"所以一差甫完，又有一差相继，端不使他骨肉团圆。

围珠得了此信，把一副火热的心肠激得冰冷，两行珠泪竟做了三峡流泉，哪里倾倒得住？扯了丈夫的袖子正要说些衷情，不想同行的武职，一齐哗噪起来，说："行兵是大事，顾不得儿女私情，那家没有妻子？都似这等留连，一个担迟一会，须得几十个日子才得起身，恐怕朝廷得知，不当稳便。"郁子昌还要稽迟半刻，稍一思忖，遂道："待我出去通融一番。"言毕而出，顷刻就回。忙道："只有片刻之欢，快些弄吧！"一头说一头去扯围珠衣裤，围珠急急替他宽衣，二人赤精条条滚至床上，郁子昌掇开两只小脚，跨上身去，阳物昂然高举，照准花房，秀的一声刺入，急急入将起来，霎时就有七百余外，围珠两条手臂勾了郁子昌仰首承受，郁子昌放出久蓄的手段，尽力抽送，弄得下面唧唧有声，围珠娇声屡唤，媚态呈妍，其畏闪闪缩缩，其贪恋处迎凑不迭，郁子昌满怀欲火，积而未发，遂狠力深深提顶，研研擦擦，弄得围珠酥痒异常，淫水滋溢汩汩其来，频把玉股掀起，迎凑阳物，柳腰扇摆，郁子昌欲火更炽。一口气又有七八百抽，围珠气喘吁吁地道："我已头目森然，即倒驰驱太甚？"郁子昌道："久旱逢雨，不觉痴狂！"今是又发力大抽，其乐无极，又弄了一会，方才双双丢了个痛快，正歇息间，外面敲门，二人忙揩了干净，穿了衣裳。扯妻子进房，略见归来的大意，听了这些恶声，不觉高兴大扫。临行之际，取出一封书来，说是姨丈段玉初寄回来的家报，叫围珠递与绕翠。

绕翠得书，不觉转忧作喜，只说丈夫出门，为了几句口过。不曾叙得私情，过后思过，自然懊悔，这封家报无非述他改过之心，道他修好之意，及至拆开一看，又不如此，竟是一首七言绝句，其诗云：

文回织锦倒妻思，断绝恩情不学痴；

云雨赛欢终有别，分时怒向任猜疑。

绕翠见了，知道他一片铁心，久而不改，竟是从古及今第一个寡情的男子！况且相见无期，就要他多情也没用，不如安心乐意做个守节之人，把追欢取乐的念头全然搁起，只以纺织治生，趁得钱来又不想做人家，尽着受用，过了一年半载，倒比段玉初在家之日肥胖了许多，不像那丈夫得决心之人，终日愁眉叹气，怨地呼天，一日瘦似一日，浑身的肌骨，竟像枯柴硬炭一般，与"温香软玉"四个字全然相反。

却说郁子昌尾了大兵料理军饷之事，终日追随鞍马，触冒风霜，受尽百般劳苦，俗语云："少年子弟江湖老"，为商做客的子弟，尚且要老在江湖，何况随征遇敌的少年，岂能够仍其故我？若还单受辛勤，止临锋镝，还有消愁散闷之处；纵使易衰易老，也毕竟到将衰将老之年，那副面容才能改变，当不得这位少年，也生平不爱功名，止图快乐，把美妻当了性命，一时三刻，也是丢不下的，又兼那位妻子极能体贴夫心，你要如此，她早已如此，枕边所说的话，被中相与之情，每一思起，就令人销魂欲绝，所以郁子昌的面貌，不满三拥，就变做苍然一叟，髭须才出，就白起来，纵使放假还乡，也不是当年娇婿，何况此时的命运，还在驿马星中，正没有归家之日，攻伐不止一年，行兵岂在一处？来来往往，破了几十座城池，方才侥幸成功，把辽人灭尽。

班师之日，恰好又遇着纳币之期，被一个仰体君心的臣子，知道此人入朝，必为皇上所忌，少少是又要送他出门，不如在未归之先，假意荐他一本，说："郁廷言纳币有方，不费时日，现有成效可观；又与金人相习多年，知道他的惰性，不如加了品级，把岁币一事，着他总理，使赍金纳币之官，任从提调，不但重费可省，亦能使边衅不开，此本国君民之大利也。"此本一上，正合着徽宗吃醋之心，当日就下了旨意："着吏部写融敕，升他做户部侍郎，总理岁币一事，闻命之后，不必还朝，就在边城受事，告竣之日，另加升赏。"

郁子昌见了邸报，掠得三魂入地，七魄升天，不等敕命进来，竟要预寻短计。恰好遇着便人，与他一封书札，救了残生。

你道这封札，是何人所寄，说的什么事情？原来是一位至亲瓜葛，同榜兄弟，均在患难之中，有同病相怜之意。恐怕他迷而不悟，依旧堕入阱中，到后来悔之无及，故此把药石之宫，寄来点化他。只因灭辽之信，报入金朝，段玉初知道他系念室家；一定归心似箭，少不得到家之日，又肩别样祸。此番回去，不但受别离之苦，不怕有性命之忧。教他飞疏上闻，只说在中途患病，且捱上一年载，徐观动表，再做商量，才是个万全之策。

书到之日，恰好遇了邸报。郁子昌拆开一看，才知道这位连襟是个神仙转世，说来的话，句句有先见之明。他当日甘心受苦，不想还家，原有一番深意，吃亏的去处，倒反讨了便宜。可惜不曾学他，空受许多无益之苦。就依了书中的话，如飞上疏。不想疏到在后，命下在先，仍叫他勉力办事，不得借端推诿。

郁子昌无可奈何，只得在交界之地，住上几时，待赍金纳币的到了，一齐解入金朝。众人见郁子昌任事，个个欢喜，只道此番的使费仍照当初。当初单管赍金，如今兼理币事，只消责成一处，自然两项俱清。那些收金敛币之人，家家摆筵席，个个送下程，把郁老爷、郁侍郎叫不绝口。哪里知道这番局面，比前番大不相同：前番是自己着力，又有个岳父担当，况且单管赍金，要他赔补，还是有限数目，自然用得松爽。此番是代人料理，自己只好出力，赔不起钱财。家中知道赎他不回，也不肯把有限的精神，施于无用之地。又兼两边告乏，为数不资，纵有点金之术，也填补不来，只得老了面皮，硬着脊骨，也学段玉初以前，任凭他摆布而已。金人处他的方法，更比处段玉初不同，没有一件残忍之事，不曾做到。

此时的段玉初，已在立定脚跟的时候，金人见他熬炼得起，又且弄不出滋味来，也就断了痴想，竟把他当闲人，今日伴去游山。明日同他玩水，不但没有苦难，又且肆意逍遥。段玉初若想回家，他也肯容情释放。当不得这位使君要将沙漠当了桃源，权做个避秦之地。

郁子昌受苦不过，只得仗玉初劝解，十分磨难，也替他减了三分。直到二年之后，不见有人接济，知道他不甚有余，才渐渐的放松了手。

段、郁二人，原是故国至亲，又做了异乡骨肉，自然彼此相依，同体共戚。郁子昌对段玉初道："年兄所做之事，件件都有深心，只是出门之际，待年嫂那番情节，觉得过当了些。夫妻之间，不该薄幸至此。"段玉初笑一笑道："年兄所做之事，件件都有深心，只是出门之际，待年嫂那番情节，觉得过当了些，夫妻之间，不该薄幸至此。"段玉初笑一笑道："那番光景，正是小弟多情之处。从来做丈夫的，没有这般疼热，年兄不察，倒说我薄幸起来？"郁子昌道："逼他烧毁衣服，令他日后嫁人；相对之时，全无笑面，出门之际，不做愁容。这些光景，也寡情得够了，怎么还说多情？"段玉初道："这等看来,你是个老实到底之人!怪不得留恋妻孥,多受了许多磨折。但凡少年女子,最怕的是凄凉,最喜的是闹热;只除非丈夫死了,没得思量,方才情愿守寡。若叫他没原没放,做个熬孤守寡之人,少不得熬上几年,定要郁郁而死。我和他两个,平日甚是绸缪,不得已而相别。若还在临行之际,又做些情态出来,使他念念不忘,把颠鸾倒凤之情,形诸梦寐,这分明是一剂毒药,要逼他早赴黄泉。万一有个生还之日,要与他重做夫妻,也不能够了。不若寻些事故与他争闹一场,假做无情,悻悻而别。他自然冷了念头,不想从前的好处,那些凄凉日子就容易过了。古人云:"置之死地而后生。'我顿挫他的去处,正为要全活他。你是个有学有术的人,难道这种道理,全然悟不着?"

郁子昌道:"原来如此,是便是了,妇人水性杨花,捉摸不定。他未曾失节,你先把不肖之心待他,万一他记恨此言,把不做的事倒做起来,践了你的言语,如何使得?"段玉初道:"我这个法子,也是因人而施,平日信得他过,知道是纲常节义中人,决不敢做越礼之事,所以如此。苟非其人,我又有别样治法,不做这般险事了。"郁子昌道:"既然如此,你临别之际,也该安慰他一番,就不能够生还,也说句圆融的话,使他希图万一,以待将来,不该把匾额上面题了极凶的字眼。难道你今生今世就拿定不得还乡,要做丁令威的故事不成?"

段玉初道:"题匾之意,与争闹之意相同。生端争闹者,要他不想欢娱,好过日子;题匾示诀者,要他断了妄念,不数归期,总是替他消灾延寿,没有别样心肠。这个法子,不但处患难的丈夫,不可不学,就是寻常男子,或是出门做客,或是往外求名,都该用此妙法。知道出去一年,不妨倒说两载;拿定离家一月,不可竟道三旬。出路由路,没有拿得定的日子。宁可使他不望,忽地归来;不可令我失期,致生疑虑。世间甚爱妻子的,若能个个如此,能保白发齐眉,不致红颜薄命。年兄若还不信,等到回家之日,把贱荆的肥瘦,与尊嫂的丰腴,比并一比,就知道了。"郁子昌听了这些话,也还半信半疑,说他:"见识虽高,究竟于心太忍。若把我做了他,就使想得到,也只是做不出。"

他两个住在异邦,日复一日,年复一年,到了钦宗手里,不觉换了八次星霜,改了两番正朔。忽然一日,金人大举入寇,宋朝败北异常。破了京师,掳出徽、钦二帝,带回金朝。段、郁二人见了，少不得痛哭一场，行了君臣之礼。徽宗问起姓名，方才有些懊悔，知道往常吃的，都是些无益之醋，即使八年以前，不罢选妃之诏，将二女选入宫中，到了此时，也像牵牛织女隔着银河，不能够见面，倒是让的他好。

却说金人未得二帝以前，止爱玉帛子女，不想中原大事，所以把银子看得极重，明知段、郁二人追比不出，也还要留在本朝做个鸡肋残盘，觉得弃之有味，及至此番大捷以后，知道宋朝无人，锦绣中原唾手可得，就要施起仁政来。忽下一道旨意，把十年以内宋朝纳币之臣，果系赤贫、不能赔补者，俱释放还家，以示本朝宽大之意。徽、钦二宗闻了此信，就劝段、郁还朝。段、郁二人道："圣驾蒙尘，乃主辱臣死之际。此时即在本朝，还要奔随赴难，岂有身在异邦，反图规避之理？"二宗再三劝谕，把"在此无益、徒愧朕心"的话，安慰了一番，段、郁二人方才拜别而去。

郁子昌未满三十，早已须鬓皓然，到了家乡相近之处，知道这种面貌难见妻子，只得用个点染做造之法，买了些乌须黑发的妙药，把头上脸上都装扮起来，好等到家之日，重做新郎，省得佳人败兴。谁想进了大门，只见小姨来接尊夫，不见阿姐出迎娇婿。只说他多年不见，未免害羞，要男子进去就他，不肯自移莲步。见过丈人之后，就要走入洞房，只见中厅之上有件不吉利的东西高高架起。又有一行小字贴在面前，其字云："宋故亡女郁门官氏之枢。"郁子昌见了，惊出一身冷汗，扯住官尚宝细问情由。

官尚宝一面哭，一面说道："自从你去之后，无一日不数归期，眼泪汪汪，哭个不住。哭了几日，就生起病来。遍请医生诊视，都说是七情所感，忧郁而成，要待亲人见面，方才会好。起先还望你回来，虽然断了茶饭，还勉强吃些汤水，要留住残生见你一面；及至报捷之后，又闻得奉了别差，知道等你不来，就痛哭一场，绝粒而死，如今已是三年。因他临死之际，吩咐不可入土，要隔了棺木会你一次，也当作骨肉团圆，所以不敢就葬。"

郁子昌听了，悲恸不胜，要撞死在枢前，与他同埋合葬，被官尚宝再三劝慰，方才中止。官尚宝又对他道："贤婿不消悲苦，小女此时就在，也不是当日的面目，不但骨瘦如柴，又且面黄肌黑，竟变了一副形骸，与鬼物无异。你若还看见，也要惊怕起来，掩面而走，倒不如避入此中，还可以藏拙。"郁子昌听了，想起段玉初昔日之言，叫他回到家中，把两人的肥瘦比并一番，这条性命，岂不是我害了他！"就对了亡灵，再三悔过说："世间的男子，只该学他，不可像我。凄凉倒是闹热，恩爱不在绸缪。'置之死地而后生'，竟是风流才子之言，不是道学先生的话。"

却说段玉初进门，看见妻子的面貌胜似当年，竟把赵飞燕之轻盈，变做杨贵妃之丰泽，自恃奇方果验，心上十分欣喜，走进房中，就陪了个笑面，问他："八年之中，享了多少清福？闲暇的时节，可思量出去之人否？"绕翠变下脸来，随他盘问，只是不答。段玉初道："这等看来，想是当初的怨气至今未消，要我认个不是，方才肯说话吗？不是我自己夸嘴，这样有情的丈夫，世间没有第二个；如今相见，不叫你拜谢，也够得紧了，还要我赔起罪来？"绕翠道："那一宗该拜？那一件该谢？你且讲来。"

段玉初道："别了八年，身体一毫不瘦，倒反肥胖起来，一该拜谢。多了八岁，面皮一毫不老，倒反娇嫩起来，二该拜谢。一样的姊妹，别人死了，你偏活在世上，亏了谁人？三该拜谢。一般的丈夫，别人老了，我还照旧，不曾改换容颜，使你败兴，四该拜谢。别人家的夫妇原是生离，我和你二人已经死别，谁想挨到如今，生离的倒成死别，死别的反做生离。亏得你前世有缘，今生有福，嫁给这样丈夫，有起死回生的妙手，旋乾转坤的大力，方才能够如此，五该拜谢。至于孤眠独宿，不觉凄凉，枕冷衾寒胜如温暖；同是一般更漏，人恨其长，汝怪其短，并看三春花柳，此偏适意，彼觉伤心。这些隐然造福的功劳，暗里钟情的好处，也说不得许多，只好言其大概罢了。"

绕翠听了这些话，全然不解，还说他："以罪为功，调唇弄舌，不过掩饰前非，那几句是由衷的话。"段玉初道："你若还不信，我八年之前，曾有个符券寄来与你，取出来一验就知道了。"绕翠道："谁见你什么符券？"段玉初道："姨夫复命之日，我有一封书信寄来，就是符券，你难道不曾见吗？"绕翠道："那倒不是符券，竟是一纸离书，要与我断绝恩情不许再生痴想的。怎么到了如今，反当作好话，倒说转来？"段玉初笑一笑道："你不要怪我轻薄。当初分别之时，你有两句言语道：'窃效孟姜女之心，兼做苏蕙娘之意。'如今看起来，你只算得个孟姜女，叫不得个苏蕙娘，织锦回文的故事全不知道。我那封书信是一首回文诗，顺念也念得去，倒读也读得来。顺念下去，却像是一纸离书；倒读转来，分明是一张符券，若还此诗尚在，取出来再念一念，就明白了。"

绕翠听到此处，一发疑心，就连忙取出前诗，预先顺念一遍，然后倒读转来，果然是一片好心，并无歹意。其诗云：

疑猜任向怒时分，别有终欢赛雨云；
痴学不情恩绝断，思妻倒织锦回文！

绕翠读过之后，半晌不言，把诗中的意思咀嚼了一会，就不觉转忧作喜，把一点樱桃裂成两瓣道："这等说来，你那番举动，竟是有心做的，要我冷了念头，不要往热处想的意思嘛？既然如此，作诗的时节，何不明说，定要藏头露尾，使我恼了八年，直到如今；方才欢喜，这是什么意思？"

段玉初道："我若要明说出来，那番举动，又不消做得了。亏得我藏头露尾，才把你留到如今。不然也与令姐一般，我今日回来，只好隔着棺木相会一次，不能够把热肉相粘，做真正团圆的事了。当初的织锦回文，是妻子寄予丈夫，如今倒做转来，丈夫织回文寄予妻子，岂不是桩极新极奇之事？"

绕翠听了，喜笑欲狂，把从前之事，不但付之流水，还说他的恩义，重似丘山，竟要认真拜谢起来。段玉初道："拜谢的也要拜谢。负荆的也要负荆，只是这番礼数，要行得闹热，不要把难逢难遇的佳期，寂寂寞寞得过了。我当日与你成亲，全是一片愁肠，没有半毫乐趣；如今大难已脱，愁提尽丢，就是二帝还朝，料想也不念旧恶，再做吃醋拈酸的事了。当日已成死别，此时不料生还，只当重复投胎，再来人世。这一对夫妻竟是簇新配就的，不要把人看旧了。"就吩咐家人，重新备了花烛，又叫两班鼓乐，一齐吹打起来，重拜华堂，再归锦幕。绕翠竟霞满面，低首视胸，段玉初红光盈腮，昂笑灯前，情兴如炽，那段玉初将绕翠搂抱怀中，见依旧宛玉质，娇羞柔遂解晓翠香罗带，除去翠环宝钗，脱的光身赤体，斜散珊枕之上，绕翠又惊又爱，只见檀口香腮，半推半就，凭他阳物直刺花蕊，那段玉初是久旷的，焉能不淫兴火炽，顾物硬提，遂将绕翠金莲两分于靡肩上，阳物硬入牝户，绕翠早已液粘滑拙，遂一下尽根，段玉初奋力相抽送，急争深投，重重狠突，把个绕翠弄得月缺花残，喘声喃喃，畅乐无比，这绕翠亦是久旷的，口内淫言俏语,这快活不知是哪里来的春光!被中翻淫浪,牝内波涛涌,两下如漆投胶般,连有两个时辰,玉鸳户内如吞,连丢数次,方才云收雨散,无限恩情难尽,一宵之事,竟解多年之渴。才知道云雨绸缪之事,全要心上无愁,眼中少泪,方才有妙境出来。世间第一种房术,只有两个字眼,叫作"莫愁"。街头所卖之方,都是骗人的假药。

后来段玉初位至太常,寿逾七十,与绕翠和谐到老,所生五子,尽继书香。郁子昌断弦之后,续娶一位佳人,不及数年,又得怯症而死。总因他好色之念,过于认真,为造物者偏要颠倒英雄,不肯使人满志。后来官居台辅,显贵异常,也是因他宦兴不高,不想如此,所以偏受尊荣之福。可见人生在世,只该听天由命,自家的主意,竟是用不着的。

第六回　痴情客一跪得双娇

诗云：

> 闺中隐祸自谁萌？狡婢从来易惹情。
>
> 代送秋波留去客，惯传春信学流莺。
>
> 只因出阁梅香细，引得窥园蝶翅轻。
>
> 不是红娘通线索，莺莺何处觅张生？

这首诗与这回小说，都极道婢子之刁顽，梅香之狡狯。要使治家的人，知道这种利害，好去提防觉察他，庶不致内外交通，闺门受玷，乃维持风教之书并不是宣淫败化之论也。

明朝有个嫠妇，从二八之年守寡，守到四十余岁，通族逼之不嫁，父母劝之不转，真是心如铁石！还做出许多激烈事来。忽然一夜在睡梦之中，受了好人的玷污，将醒未醒之际，觉得身上有个男子，只说还在良人未死之时，搂了奸夫尽情欢悦，直到事毕之后，忽然警醒，才晓得男子是个奸人，自家是个寡妇。问他："何人引进，忽然到此？"奸夫见她身已受染，料无他意，就把真情说出来，原来是此妇之婢，一向与他私通，进房宿歇者，已非一次，诚恐主母知觉要难为他，故此教导奸夫，索性一网打尽，好图个长久欢娱。说："主母平日喜睡，非大呼不醒，乘他春梦未醒，悄悄过去行奸，只要三寸落肉，大事已成，就醒转来，也不好喊叫地方再来提获你了。"奸夫听了此话，不觉色胆如天，故此爬上床来，做了这桩歹事。此妇乍闻此言，虽然懊恨，还要顾惜名声，不敢发作，及至奸夫去后，思想二十余年的苦节，一旦坏于丫鬟之手，岂肯甘心？忍又忍不住,说又说不出,只把丫鬟叫到面前,咬上几口,自己长叹数声,自缢而毙。后来家人知觉,告到官司,将奸夫处斩,丫鬟问了凌迟。那爱书上面有四句云:

> 仇恨虽雪于死后,声名已玷于生前。
> 难免守身不固之怨,可为御下不严之戒。

另有一个梅香,做出许多奇事,成就了一对佳人才子费尽心思撮不拢的姻缘,与一味贪淫坏事者有别。看官们见了,一定要侈为美谈,说:“与前面之人,不该同年而语。”却不知做小说者,颇谙《春秋》之义,世上的月老人做得,独有丫鬟做不得。丫鬟做媒,送小姐出阁,就如奸臣卖国,以君父予人,同是一种道理。故此这回小说,原为垂戒而作,非示劝也。

宋朝元祐年间,有个秀士,姓裴,名远,字子到。因他排行第七,人都唤作“裴七郎”。住在临安城内,生得俊雅不凡。又且才高学富,常以一第自许。早年娶妻封氏,乃本郡富室子女,奁丰而貌啬,行卑而性高,七郎深以为耻。未聘封氏之先,七郎之父曾与韦姓有约,许结婚姻。彼时七郎幼小,声名未著。及至弱冠之岁,才名大噪于里中,素封之家人人欲得以为婿。封氏之父,就央媒妁来议亲。裴翁见说他的妆奁较韦家不止十倍,狃于世俗之见,决不肯取少而弃多,所以撇却韦家,定了封氏。

七郎做亲之后,见他状貌稀奇,又不自知其丑,偏要艳妆丽服,在人前卖弄,说他是临安城内数得着的佳人,一月之中,定要约了女伴到西湖上游玩几次。只因自幼娇养,习惯嬉游,不肯为人所制。七郎是个风流少年,未娶之先,曾对朋友说了大话,定要娶个绝世佳人。不然宁可终身独处。谁想弄到其后得了东施嫫姆,恐怕为人耻笑,任凭妻子游玩,自己再不相陪,连朋友认得的家僮,也不许他跟随出去。贴身服侍者,俱以内家之人,要使朋友遇见,认不出是谁家之女,那姓之妻。就使他笑骂几声,批评几句,也说不到自己身上。一日,偶值端阳佳节,合郡的男女,都到湖上看竞龙舟。七郎也随了众人,夹在男子里面。正看到热闹之处,不想飓风大作,浪声如雷,竟把五月五日的西湖水,变成八月十八日的钱塘江,潮头准有五尺多高,盈舟满载的游女,都打得浑身透湿。摇船之人把捺不定，都叫他及早上岸，再迟一刻，就要翻下水了。那些女眷们听见，哪一个不想逃生？几百船的妇人，一齐走上岸去，竟把苏堤立满，几乎踏沉了六桥。

男子里面，有几个轻薄少年，说道："看这光景，今日的风潮，是断然不住的了。这些内容，料想不得上船，只好步行回去。我们立在总路头上，大家领略一番。且看这一郡之中，有几名国色。从来有句旧话说：'杭州城内，有脂粉而无佳人。'今日这场大雨，分明是天公好事，好待我辈文人，品题高下的意思，不可负了天心，大家赶上前去。"众人听了，都道他是不易之论，连平日说过大话，不能应嘴的裴七郎，也说眼力甚高，竟以总裁自命。大家一齐赶去，立在西泠桥，又各人取些石块垫了脚跟，才好居高而临下。

方才站立得定，只见那些女眷如蜂似蚁而来，也有擎伞的，也有遮扇的，也有摘张荷叶，盖在头上，像一朵落水芙蕖，随风吹倒的。又有伞也不擎，扇也不遮，荷叶也不盖，像一树雨打梨花，没人遮蔽的。众人细观容貌，都是些中下之材，并没有殊姿绝色。看过几百队，都是如此。大家叹息几声，各念《四书》一句道："才难，不其然乎。"

正在嗟叹之际，只见一个朋友从后面赶来，对着众人道："有个绝世佳人来了，大家请看？"众人睁着眼睛，一齐观望：只见许多婢仆簇拥着一妇人，走到面前，果然不是寻常姿色，莫说他自己一笑，可以倾国倾城；就是众人见了，也都要一笑倾城，再笑倾国起来。有《西江月》一词为证：

面似退光黑漆，肌生冰裂玄纹。腮边颊上有奇良，仿佛湘妃泪印。指露几条碧玉，牙开两片乌银。秋波一转更销魂，惊得才郎倒褪！

你道这妇人是谁？原来不是别个，就是封员外的嫡亲小姐，裴七郎的结发夫人。一向怕人知道，丈夫不敢追随，任亲戚朋友背后批评，自家以眼不见为净的。谁想到了今日，竟要当场出丑！回避不及起来，起先那人看见，知道是个丑妇，故意走向前来，把左话右说，要使人辩眼看神仙，忽地逢魑魅，好吃惊发笑的意思，及至走到面前，人人掩口,个个低头,都说:"青天白日见了鬼,不是一桩好事。"大家闭了眼睛,待他过去。

裴七郎听见,羞得满面通红,措身无地,还亏得预先识窍,远远地见他来,就躲在众人背后,又缩短了几寸,使他从面前走过,认不出自己丈夫,省得叫唤出来,被人识破,走到的时节,巴不得他脚底腾云,快快地走将过去,省得延捱时刻,多听许多恶声。

谁想那三寸金莲有些驼背,勉强曲在其中,到急忙要走在时节,被弓鞋束缚住了,一时伸他不直,要快也快不来的,若还信意走去,虽然不快,还只消半刻时辰,当不得他卖弄妖娆,但是人多的去处,就要扭捏扭捏,弄些态度出来,要使人赞好,任你大雨盆倾,他决不肯疾趋而过,谁想脚下的烂泥与桥边的石块,都是些冤家对头,不替他长艳助娇,偏使人出乖露丑,正在扭捏之际,被石块撞了脚尖,烂泥糊住高底,一跤跌倒,不免四体朝天,到这仓皇失措的时节,自然扭捏不来,少不得抢地呼天,请人扶救,没有一般丑态不露在众人面前,几乎把上百个少年一齐笑死,起先的裴七郎,虽然缩了身子,还只短得几寸,及至到了此时,竟把头脑手足,缩做一团,假装个原壤夷俟,玩世不恭的光景,好掩饰耳目。

正在哗噪之时,又有一队妇人走到,看见封氏吃跌,个个走来相扶,内中有好有歹,媸妍不一,独有两位佳人,年纪在二八上下,生得奇娇异艳,光彩夺人,被几层湿透的罗衫粘在玉体之上,把两个丰似多肌,柔若无骨的身子,透露得明明白白,连那酥胸玉乳,也不在若隐若现之间。

众人见了,就齐声赞叹,都说:"状元有了,榜眼也有了,只可惜没有探花,凑不完鼎甲,只好虚席以待,等明岁端阳,再来收录遗才罢了,"裴七郎听见这句话,就渐渐伸出头来,又怕妻子看见,带累自家出丑,取出一把扇子,遮住面容,只从扇骨中间露出一双饿眼,把那两位佳人,细细的领略一遍,果然是天下无双,世间少二的女子,看了一会,众人已把封氏扶起,随身的伴当,见他衣掌污秽,不便行走,只得送入寺中,暂坐一会,去唤轿子来接他。

这一班轻薄少年,遇了绝色,竟像饿鹰见兔,饥犬闻腥,哪里还丢得下他?就成群结队,尾着女伴而行,裴七郎怕露行藏,只得丢了妻子,随着众人同去,只见那两位佳人，合擎着一把雨盖，缓行几步，急行几步，缓又缓得可爱，急又急得可怜，虽在张皇急遽之时，不见一毫丑态，可见纯是天姿，绝无粉饰，若不是飓风狂雨，怎显得出绝世佳人？及至走过断桥，那些女伴都借人家躲雨，好等轿子出来迎接，这帮少年，跟不到人家里面去，只得割爱而行。

且说裴七郎自从端阳之日，见妻子在众人面前露出许多丑态，令自己无处藏身，刻刻羞惭欲死。众人都说："这样丑妇，在家里坐上罢了，为什么也来游湖，弄出这般笑话？总是男子不是，不肯替妇人藏拙，以致如此，可惜不知姓名，若还知道姓名，倒有几出戏文好做，妇人是丑，少不得男子是净，这两个花面，自然是拆不开的，况且有两位佳人做了旦脚，没有东施媒姆，显不出西子王嫱，借重这位功臣点缀点缀也好。"内中有几个道："有了正旦、小旦，少不得要用正生、小生，拼得费些心机，去查访姓字，兼问他所许之人，我们肯做戏文，不愁她的丈夫不来润笔！这桩有兴的事，是落得做的。"又有一个道："若要查访，连花面的名字，也要查访出来，好等流芳者流芳，贻臭者贻臭。"

七郎闻了此言，不但羞惭，又且惊怕，唯恐两笔水粉要送上脸来，所以百般掩饰，不但不露羞容，倒反随了众人，也说她丈夫不是，被众人笑骂，不足为奇，连自己也笑骂自己，及至回到家中，思想起来，终日痛恨，对了封氏，虽然不好说出，却怀了一点异心，时时默祷神明，但愿他早生早化。

不想丑到极处的妇人，一般也犯造物之忌，不消丈夫咒得，那些魑魅魍魉，要寻他去做伴侣，早已送下邀贴了，只因游湖之日，遇了疾风暴雨，激出个感寒症来，况且平日喜妆标致，惯弄妖娆，只说遇见的男子，没有一个不称羡他，要使美丽之名，扬于通国，谁想无心吃跌，听见许多恶声，才晓得自己的尊容原不十分美丽，"我在急遽之中，露出本相，别人也在仓促之顷，吐出真言，"平日那些扭捏工夫，都用在无益之地，所以郁闷填胸，病上加病，不曾睡得几日，就呜呼了，起先要为悦己者容，不意反为憎己者死。

七郎毁了丑妻，只当眼中去屑，哪里畅快得了，少不得把以前的大话又重新说起，思想："这一次续弦，定要娶个倾城绝色，使通国之人赞美，方才洗得前羞，通国所赞者,只有那两位女子,料想不能全得,只要娶她一位,也就可以夸示众人,不但应了如今的口,连以前的大话都不至落空,那戏文上面的正生,自然要让我做,岂止不填花面而已哉!"

算计定了,就随着朋友去查访佳人的姓字,访了几日,并无音耗,不想在无心之际,遇着一个轿夫,是那日抬他回去的,方才说出姓名,原来不是别个,就是裴七郎未娶之先与他许过婚议的,一个是韦家小姐,一个是侍妾能红,都还不曾许嫁。

说话的,你以前叙事,都叙得入情,独有这句说话,讲脱节了!即是梅香小姐,那日湖边相遇,众人都有眼睛,就该识出来了,为何彼时不觉,都说是一班游女,两位佳人,直到此时,方才查方得出?

看官有所不知,那一日湖边遇雨,都在张皇急遽之时,论不得尊卑上下,总是并肩而行,况且两双玉手,同执了一把雨盖,你靠着我,我挨着你,竟像一朵并头莲,辨不出谁花谁叶,所以众人看了,竟像同行姐妹一般,及至查问起来,那说话的人决不肯朦胧答应,自然要分别尊卑,说明就里,众人知道,就愈加赞羡起来,都说:"一分人家,生出这两件至宝,况是一主一婢,可谓奇而又奇!"

这个梅香,反大小姐二岁,小姐二八,他已二九,原名叫作桃花,因与小姐同学读书,先生见他姿颖出众,相貌可观,将来必有良遇;恐怕以"桃花"二字见轻于人,说他是个婢子,故此告过主人,替他改了名字,叫作能红,依旧不失桃花之意,所谓"桃花能红李能白"也。

七郎访着根蒂就不觉癫狂起来说:"我这头亲事,若做得成,不但娶了娇妻,又且得了美姜,图一得二,何等便宜!这头亲事,又不是劈空说起,当日原有成议的,如今要复前约,料想没甚疑难。"就对父母说知,叫他重温旧好。

裴翁因前面的媳妇娶得不妥,大伤儿子之心,这番续弦,但凭他自家做主,并不相拗,原央旧时的媒妁过去说亲。

韦翁听见个"裴"字,就高声发作起来,说:"他当日爱富嫌贫,背了前议,这样负心之辈,我恨不得立斩其头,剜出心肝五脏,拿来下酒,还肯把亲事许他!他有财主做了亲翁,佳人做了媳妇,这一生一世用不着贫贱之交,糟糠之妇了,为什么又来寻我?

莫说我这样女儿,不愁没有嫁处,就是折脚烂腿,耳聋眼瞎,没有人要的,我也拼得养他一世,决不肯折了饿气,嫁与仇人! 落得不要讲起。"媒人见他所说的话是一团道理,没有半句回他,只得赔罪出门,转到裴家,以前言奉覆。

裴翁知道不可挽回,就劝儿子别娶,七郎道:"今生今世若不得与韦小姐成亲,宁可守义而死! 就是守义而死,也不敢尽其天年,只好等一年半载,若还执意到底,不肯许诺,就当死于非命,以赎前愆。"父母听了此言,激得口呆目定,又向媒人下跪,求他勉力周全。媒人无可奈何,只得又去传说。

韦翁不见,只叫妻子回复他,妇人的口气更比男子不同,竟带讲带骂,说:"从来慕富嫌贫,是女家所做之事,那一本戏文小说,不是男家守义,女家背盟?他如今倒做转来,却像他家儿子是天下没有的人,我家女儿是世间无用之物,如今做亲几年,也不曾见他带挈丈人,丈母做了皇亲国戚! 我这个没用女儿,倒常有举人进士央人来说亲,只因年貌不对,我不肯就许,像他这样才郎,还选得出,叫他醒一醒春梦,不要思量!"说过这些话,就指名道姓咒骂起来,比王婆骂鸡更加热闹,媒人不好意思,只得告别而行,就绝口回复裴翁,叫他断却痴想。

七郎听了这些话,一发愁闷不已,反复思量道:"难道眼见的佳人,许过的亲事,就肯罢了不成! 照媒人说来,他父母的主意是立定不移了,但不知小姐心上喜怒若何?或者父母不曾读书,但拘小忿,不顾大体,所以这般决裂,他是个读书明理之人,知道从一而终是妇人家一定之理。当初许过一番,就是夫妻之义,矢节不嫁,要归原夫,也未可料,待我用心打听,看有什么妇人常在他家走动,拼得办些礼物去结识他,求他在小姐跟前探一探动静,若不十分见绝,就把"节义"二字去掀动他,小姐肯许,不怕父母不从,死灰复燃,也是或有之事。"

主意定了,就终日出门打听,闻得有个女工师父叫作俞阿妈,韦小姐与能红的绣作,是他自小教会的,住在相近之处,不时往来,其夫乃学中门斗,七郎入伴之年,恰好派着他管路,一向原是相熟的,七郎问着此人,就说有三分机会了,即时备下盛礼,因其夫而谒其妻,求他收了礼物,方才启齿,把当日改娶的苦衷,与此时求亲的至意,备细陈述一番,要他瞒了二人,达之闺阁。

俞阿妈道："韦家小姐是端庄不过的人,非礼之言,无由入耳,别样的话,我断然不敢代传,独有'节义'二字,是喜闻乐见的,待我就去传说。"七郎甚喜,当日不肯回家,只在就近之处,坐了半日,好听回音。

俞阿妈走入韦家,见了小姐,先说几句闲言,然后引归正路,照依七郎的话,一字不改。只把图谋之意,变做撺掇之词,小姐回复道:"阿妈说错了。'节义'二字,原是分拆不开的,有了义夫,才有节妇,没有男子不义,责妇人以守节之礼。他既然立心娶我,就不该慕富嫌贫,悔了前议;既悔前议,就是恩断义绝之人了,还有什么瓜葛!他这些说话,都是支离矫强之词,没有一分道理,阿妈是个正人,也不该替他传说。"俞阿妈道:"悔盟别娶之事,是父母逼他做的,不干自己之事,也该谅他一分。"韦小姐道:"父母相逼,也要他肯从,同是一样天伦,难道他的父母,就该遵依,我的父母,就该违拗不成?四德三从之礼,原为女子而设,不曾说及男人,如今做男子的,倒要在家从父,难道叫我做妇人的,反要未嫁从夫不成?一发说得好笑!"俞阿妈道:"婚姻之事,执不得古板,要随缘法转的,他起初原要娶你,惑于媒妁之言,改娶封氏,如今成亲不久,依旧做了鳏夫,裴姓郎君该你有分的了,况且这位郎君,又有绝美的姿貌,是临安城内数一数二的才子,我家男子现在学里做斋夫,难道不知秀才好歹?我这番撺掇,原为你终身起见,不是图他的谢礼。"韦小姐道:"缘法之有无,系于人心之向背。我如今一心不愿,就是与他无缘了,如何强得?人生一世,贵贱穷通,都有一定之数,不是强得来的,总是听天由命,但凭父母主张罢了。"

俞阿妈见他坚执不允,就改转口来,倒把他称赞一番。方才出去,走到自己门前,恰好遇着七郎来讨回复,俞阿妈留到家中,把小姐的话对他细述一番,说:"这头亲事是断门绝路的了,及早他图,不可误了婚姻大事。"

七郎呆想了一会,又对他道:"既然如此,我另有一桩心事,望你周全,小姐自己不愿,也不敢再强,闻得他家有个侍妾,唤作能红,姿貌才情不在小姐之下,如今小姐没分,只得想到梅香,求你劝他主人,把能红当了小姐,嫁与卑人续弦,一来践他前言,二来绝我痴想,三来使别人知道,说他志气高强,不屑以亲生之女嫁与有隙之人,但以梅香塞责,只当羞辱我一场,岂不是一桩便事?若还他依旧执意,不肯通融,求你瞒了主人,把这番情节,传与能红知道,说我在湖边一见,蓦地销魂,不意芝草无根,竟出在平原下土,求他鉴我这点诚心,想出一条门路,与我同效鸾凤,岂不是桩美事?"说了这些话,又具一副厚礼,亲献与他,不是钱财,也不是币帛。有诗为证:

> 钱媒薄酒不堪斟,别有程仪表寸心。
>
> 非是手头无白镪,爱从腾下献黄金。

七郎一边说话,一边把七尺多长的身子,渐渐的矮将下去。没到说完的时节,不知不觉就跪在此妇面前,等他伸手相扶,已做矮人一会了。

俞阿妈见他礼数殷勤,情词哀切,就觉动了婆心,回复他说:"小姐的事,我绝不敢应承,在他主人面前也不好说得,他既不许小姐,如何又许梅香?说起梅香,倒要愈增其怒了,独有能红这个女子,是乖巧不过了,算计又多,口嘴又来得,竟把一家之人,都放不在眼里,只有小姐一个,他还忌禅几分,若还看得你上,他自有妙计出来,或者会驾驭主人,做了这头亲事也未见得。你如今且别,待我缓缓地说他,一有好音,就遣人来相覆。"

七郎听到此处,真个是死灰复燃,不觉眉欢眼笑起来,感谢不已,起先丢了小姐,只想能红,还怕图不到手,如今未曾"得陇",已先"望蜀";依旧要藉能红之力,希冀两全,只是讲不出口,恐怕俞阿妈说他志愿太奢,不止任事,只唱几个肥喏,叮咛致谢而去。

且说俞阿妈受托之后,把七郎这桩心事,刻刻放在心头。一日,走到韦家,背了小姐,正要与能红说话,不想这个妮子,竟有先见之明,不等他开口,就预先阻住道:"师父今日到此,莫非替人做说客吗?只怕能红的耳朵比小姐还硬几分,不肯听非礼之言,替人做暧昧之事。你落得不要开口。受人一跪,少不得要加利还他。我笑你这桩生意做折本了。"俞阿妈听见这些话,吓得毛骨悚然,说:"他就是神仙,也没有这等灵异!为什么我家的事,他件件得知?连受人一跪,也瞒他不得,难道是有千里眼、顺风耳的不成?"

既被他识破机关，倒不好支吾掩饰。就回他道："我果然来做说客，要使你这位佳人，配个绝世的才子。我受他一跪，原是真的，但不知你坐在家中。何由知道？"能红道："岂不闻：'人间私语，天闻若雷；暗室亏心，神目如电？'我是个神仙转仙，你与他商议的事，我那一件不知？只拣要紧的话，说几句罢了。只说一件：他托你图谋，原是为着小姐；如今丢了小姐不说，反说到我身上来，却是为何？莫非借我为由，好做'假途灭虢'之事吗？"俞阿妈道："起先的话句句被你讲着；独有这一句，却是乱猜。他下跪之意，原是为你，并不曾讲起'小姐'二字，为什么屈起人来？"能红听了这句话，就低头不语，想了一会，又问他道："既然如此，他为我这般人尚且下跪；起先为着小姐，还不知怎么样哀求。不是磕碎头皮，就是跪伤脚骨了。"俞阿妈道："这样看起来，你还是个假神仙。起先那些说话，并没有真知灼见，都是偶然撞着的。他说小姐的时节，不但不曾下跪，连喏也不唱一声。后来因小姐不许，绝了指望，就想到你身上来。要央我作伐，又怕我畏难不许，故此深深屈了一膝。这段真切的意思，你也负不得他。"

能红听到此处，方才说出真情。原来韦家的宅子，就在俞阿妈前面。两家相对，止隔一墙。韦宅后园之中，有危楼一座，名曰"拂云楼"。楼窗外面又有一座露台，外面之人，却看不见里面的。那日俞阿妈过去说亲，早被能红所料，知道俞家门内定有裴姓之人，就预先走上露台，等他回去，好看来人的动静。不想俞阿妈走到，果然同着男子进门，裴七郎的相貌丰姿，已被他一览而尽。及至看到后来，见七郎忽然下跪，只说还是为小姐，要他设计图谋，不但求亲，还有希图苟合之意，就时时刻刻防备他。这一日见他走来，特地背着小姐，要与自己讲话，只说这个老狗自己受人之托，反要我代做红娘，哪有这等便宜事！所以不等开口，就预先说破他。正颜厉色之中，原带了三分醋意，如今知道那番屈膝，全是为着自己，就不觉改酸为甜，酿醋成蜜，要与他亲热起来，好商量做事。

既把真情说了一遍，又对他道："这位郎君，果然生得俊雅。他既肯俯就，我做侍妾的人，岂不愿仰攀？只是一件：恐怕他醉翁之意终不在酒，要预先娶了梅香，好招致小姐的意思。招致得去，未免得鱼忘筌，'宠爱'二字，轮我不着。若还招致不去，一发以废物相看，不但无恩，又且生怨，如何使得？你如今对我直说，他跪求之意，还是真

国学经典文库

私家藏书

伴花楼

图文珍藏版

为能红，还是要图小姐？"

俞阿妈道："青天在上，不可冤屈了人！他实实为你自己。你若肯许，他少不得央媒说合，用花灯四轿抬你过门。岂有把丫头做了正妻，再娶小姐为妾之理！"

能红听了这一句，就大笑起来道："被你这一句话，破了我满肚疑心。这等看来，他是个情种无疑了。做名士的人，那里寻不出妻子？千金小姐也易得，何况梅香？竟肯下起跪来！你去对他说，他若单为小姐，连能红也不得进门；既然要娶能红，只怕连小姐也不曾绝望。我与小姐其势相连，没有我东他西，我前他后之理。这两姓之人，已做了仇家敌国，若要仗媒人之力，从外面说进里面来，这是必无之事，终身不得的了。亏得一家之人，知道我平日有些见识，做事的时节，虽不服气问我，却常在无意之中，探听我的口气。我说该做，他就去做；我说不该做，就是议定之事，也到底做不成。莫说别样，就是他家这头亲事，也吃亏我平日之间替小姐气愤不过，说他许多不是。所以一家三口都听了先入之言，恨他入骨，若还这句话讲在下跪之先，我肯替他做个内应，只怕此时的亲事，都好娶过门了。如今叫我改口说好，劝他去做，其实有些烦难。若要丢了小姐，替自己说话，一发是难上加难，神仙做不来的事了。只好随机应变，生出个法子来，依旧把小姐为名，只当替他划策。公事若做得就，连私事也会成，岂不是一举两得？"

俞阿妈听了这些话，喜欢不了。问他计将安出？能红道："这个计较，不是一时三刻想得来的。叫他安心等待，一有机会，我就叫人请你。等你去知会他，大家商议做事。不是我夸嘴说，这头亲事，只怕能红不许；若还许出了口，莫说平等人家图我们不去，就是皇帝要选妃，地方报了，抬到官府堂上，凭着我一张利嘴，也骗得脱身，何况别样事！"俞阿妈道："但愿如此，且看你的手段。"

当日别了回去，把七郎请到家中，将能红所说的话，细细述了一遍。七郎惊喜欲狂，知道这番好事，都由屈膝而来，就索性谦到底，一对着拂云楼深深拜了四拜，做个"望阙谢恩"。

能红见了，一发怜上加怜，惜中添惜。恨不得寅时说亲，卯时就许，辰时就偕花烛。把入门的好事，就像官府摆头踏一般，各役在先，本官在后，先从二夫人做起，才是他的心事。当不得事势艰难,卒急不能到手,就终日在主人面前窥察动静。心上思量道:"说坏的事,要重新说他好来,容易开不得口。毕竟要使旁边的人忽然挑动,然后乘机而入,方才有些头脑。"

怎奈一家之人,绝口不提"裴"字,又当不得说亲的媒人,接踵而至,一日里面极少也有三四起,所说的才郎,家声门第,都在七郎之上;又有许多缙绅大老愿出重聘,要娶能红做小,都不肯羁延时日,说过之后,到别处转一转,就来坐索回音,却像迟了一刻,就轮不着自己,要被人抢去的一般。

为什么这一主一婢都长到及笄之年,以前除了七郎,并无一家说起;到这时候,两个的婚姻,就一齐发动起来?要晓得韦翁夫妇,是一分老实人家,家中藏着窈窕女儿、娉婷侍妾,不肯使人见面。这两位佳人,就像璞中的美玉、蚌内的明珠,外面之人,何从知道?就是端阳这一日,偶然出去游湖,杂在那脂粉丛中、绮罗队里,人人面白,个个唇红。那些喜看妇人的男子,料想不得拢身,极近便的,也在十步之外,纵有倾城美色,哪里辨得出来!亏了那几阵怪雨,替这两位女子,做了个大大媒人,所以倾国的才郎都动了求婚之念。知道七郎以前没福,坐失良缘,所谓"秦失其鹿",非高才捷足者不能得之。故此急急相求,不肯错过机会。

能红见了这些光景,不但不怕,倒说裴七郎的机会就在此中。知道一家三口,都是极信命的,故意在韦翁夫妇面前假传圣旨,说:"小姐有句隐情,不好对爷娘说得,只在我面前讲。他说婚姻是桩大事,切不可轻易许人,定要把年纪生月预先讨来,请个有意思的先生推算一推算,推算得好的,然后与他合婚。合得着的,就许;若有一毫合不着,就要回绝了他,不可又像裴家的故事,当初只因不曾搓合,开口便许,哪里知道不是婚姻!还亏得在未娶之先,就变了封,万一娶过门去,两下不和,又要更变起来,怎么了得?"

韦翁夫妇道:"婚姻大事,岂有不去推合之理!我在外面推合,他哪里得知?"能红道:"小姐也曾说过,婚姻是他的婚姻,外面人说好,他耳朵不曾听见,哪里知道?以后推算,都要请到家里来,就是他自己害羞,不好出来听得,也好叫能红代职,做个过耳过目的人。"又说:"推算的先生,不要东请西请,只要认定一个,随他判定,不必改移。

省得推算的多,说话不一,倒要疑惑起来。"韦翁夫妇道:"这个不难,我平日极信服的是个江右先生,叫作张铁嘴,以后推算,只去请他就是。"

能红得了这一句,就叫俞阿妈传语七郎:"叫他去见张铁嘴,广行贿赂,一托了他,须是如此如此,这般这般,方才说到七郎身上。有我在里面,不怕不倒央媒人过去说合。初说的时节,也不可就许,还要他如此如此,这般这般,方才可以允诺。"七郎得了此信,不但奉为圣旨,又且敬若神言,一一遵从,不敢违了一字。

能红在小姐面前又说:"两位高堂恐蹈覆辙,今后只以听命为主。推命合婚的时节,要小姐自家过耳,省得后来埋怨。"小姐甚喜,再不疑是能红愚弄他。

韦翁夫妇听了能红的说话,只道果然出自女儿之口。从此以后,凡有人说亲,就讨他的年庚来合,聚上几十张,就把张铁嘴请来,先叫他推算。推算之后,然后合婚。张铁嘴见了一个,就说不好,配做一对,就说不合。一连来上五、六次,一次判上几十张,不曾说出一个"好"字。韦翁道:"岂有此理,难道许多八字里面,就没有一个看得的?这等说起来,小女这一生一世,竟嫁不成了。还求你细看一看,只要夫星略透几分,没有刑伤相克,与妻宫无碍的,就等我许他罢了。"张铁嘴道:"男命里面不是没有看得的。倒因他刑伤不重,不曾克过妻子,恐于令爱有妨,故此不敢轻许。若还只求命好,不论刑克,这些八字里面,那一个配合不来?"韦翁道:"刑伤不重,就是一桩好事了,怎么倒要求他克妻?"

张铁嘴道:"你莫怪我说,令爱的八字,只带得半点夫星,不该做人家长妇,倒是娶过一房,头妻没了,要求他去续弦的,这样八字才合得着。若还是头婚初娶,不曾克过长妻,就说成之后,也要反悔;若还嫁过门去,不消三朝五日,就有灾晦出来,保不得百年长寿。续弦虽是好事,也不便独操箕帚。定要寻一房姬妾,帮助一帮助,才可以白发相守;若还独自一个坐在中宫,合不着半点夫星,倒犯了几重关煞,就是寿算极长,也过不到二十之外。这是倾心唾胆的话,除了我这张铁嘴,没有第二个人敢说的。"

韦翁听了,惊得眉毛直竖,半句不言。把张铁嘴权送出门,夫妻两口自家商议。韦翁道:"照他讲来,竟是个续弦的命了。娶人续弦的男子,年纪决然不小,难道这等一个女儿,肯嫁个半老不少的女婿,又是重婚再娶的不成?"韦母道:"便是如此,方才听见他说，若还是头婚初娶、不曾克过长妻的，就说成之后也要翻悔。这一句话，竟被他讲着了！当初裴家说亲，岂不是头婚初娶？谁想说成之后，忽然中变起来，我们只说那边不是，哪里知道是命中所招。"韦翁道："这等说起来，他如今娶过一房，新近死了，恰好是克过头妻的人。年纪又不甚大，与女儿正配得来，早知如此，前日央人来议亲，不该拒绝他才是。"韦母道："只怕我家不允。若还主意定了，放些口风出去，怕他不来再求？"韦翁道："也说得是，待我在原媒面前微示其意，且看他来也不来？"

说到此处，恰好能红走到面前，韦翁对了妻子做一个眼势，故意走开，好等妻子同他商议。韦母就把从前的话，对他述了一番道："丫头，你是晓事的人，替我想一想看，还是该许他，不该许他？"能红变下脸来，假妆个不喜的模样说："有了女儿，怕没人许，定要嫁与仇人？据我看来，除了此人不嫁，就配个三四十岁的男人，也不折这口恶气！只是这句说话，使小姐听见不得。他听见了，一定要伤心。还该到少年里面去取，若有小似他的便好。若还没有，也要讨他八字过来，与张铁嘴推合一推合，若有十分好处，便折了恶气嫁他；若还是个秀才，终身没有什么出息，只是另嫁的好。"韦母道："也说得是。"就与韦翁相议，叫他吩咐媒人，但有续娶之家、才郎不满二十者，就送八字来看，只是不可假借。若还以老作少，就是推合得好，查问出来，依旧不许，枉费了他的心机。又说："一面也使裴家知道，好等他送八字过来。"

韦翁依计而行。不上几日，那些做媒人的，写上许多年庚，走来回复道："二十以内的人，其实没有；只有二十之外三十之内的。这些八字送不送由他，合不合由你。"韦翁取来一看，共有二十多张，只是裴七郎的不见，倒去问原媒取讨。原媒回复道："自从你家回绝之后，他已断了念头，不想这门亲事，所以不发庚帖。况且许亲的人家又多不过，他还要拣精拣肥，不肯就做，哪里还来想着旧人。我说'八字借看一看，没有什么折本。'他说：'数年之前，曾写过一次，送在你家。比小姐大得三岁，同月同日，只不同时，一个是午末未初，一个是申初未末。'叫你想就是了。"

韦翁听了这句话，回来说与妻子。韦母道："讲得不差，果然大女儿三岁，只早一个时辰。去请张铁嘴来，说与他算就是了。"韦翁又虑口中讲出，怕他说有成心，也把七郎的年庚记忆出来，写在纸上，杂在众八字之中，又去把张铁嘴请来，央他推合。

张铁嘴也像前番，见一个，就说一个不好，才捡着七郎八字，就惊骇起来道："这个八字，是我烂熟的！已替人合过几次婚姻，他是有主儿的了，为什么又来在这边？"韦翁道："是那几姓人家求你推合，如今就了那一门？看他这个年庚，将来可有些好处？求你细讲一讲。"张铁嘴道："有好几姓人家，都是名门阀阅，讨了他的八字送与我推。我说这样年庚，生平不曾多见，过了二十岁就留他不住，一定要飞黄腾达，去做官上之官、人上之人了。那些女命里面，也有合得着的。莫说合得着的，见了这样八字不肯放手；连那合不着的，都说只要命好，就参差些也不妨。我只说这个男子被人家招去多时了，难道还不曾说妥，又把这个八字送到府上来不成？"

韦翁道："先生这话果然说得不差。闻得有许多乡绅大老，要招他为婿，他想是眼睛忒高，不肯娶将就的女子，所以延捱至今，还不曾定议。不瞒先生说，这个男子，当初原是我女婿。只因他爱富嫌贫，悔了前议，又另娶一家，不上一二年，那妇人死了，后面依旧来说亲。我怪他背盟，坚执不许。只因先生前日指教，说小女命该续弦，故此想到此人身上。这个八字，是我自家记出来的，他并不曾写来送我。"张铁嘴道："这就是了，我说他议亲的人，争夺不过，哪里肯送八字上门！"韦翁道："据先生说来，这个八字是极好的了，但不知小女的年庚，与他合与不合？若嫁了此人，果然有些好处吗？"张铁嘴道："令爱的贵造，与他正配得来！若嫁了此人，将来的富贵，享用不尽。只是一件，恐怕要他的多，轮不到府上。待我再看令爱的八字，目下气运如何，婚姻动与不动，就知道了。"说过这一句，又取八字放在面前，仔细一看，就笑起来道："恭喜！恭喜！这头亲事决成，只是捱延不得，固有个恩星在命，照着红鸾，一讲便就；若到三日之后，恩星出宫，就有些不稳了。"说完之后，就告别起身。

韦翁夫妇听了这些说话，就慌张踊跃起来，把往常的气性，丢过一边，倒去央人说合，连韦小姐心上也担了一把干系，料他决妆身份，不是一句说话讲得来的，恨不得留住恩星，等他多住几日。

独有能红一个，倒宽着肚皮，劝小姐不要着慌，说："该是你的姻缘，随你什么人家抢夺不去，照我的意思，八字虽好，也要相貌合得着，论起理来，还该男子约在一处，等小姐过过眼睛，果然生得整齐，然后央人说合，就折些恶气与他，也还值得，万一人不像人，鬼不像鬼，倒把个如花似玉的女子挝上门去，送与那丑驴受用，有什么甘心？"韦小姐道："他那边妆作不过，上门去说尚且未必就许，哪里还肯与人相？"能红道："不妨，我有个妙法。俞阿妈的丈夫是学中一个门斗，做秀才的，他个个认得，托他做个引头，只说请到家中说话，我和你预先过去，躲在暗室之中，细看一看就是了。"小姐道："哄他过来容易，我和你出去烦难，你是做丫鬟的，邻舍人家还可以走动，我是闺中的处子，如何出的大门？除非你去替我，还说得通。"能红道："小姐既不肯去，我只得代劳，只是一件，恐怕我说得好，你又未必中意，到后面埋怨起来，却怎么处？"小姐道："你是识货的人，你的眼睛，料想不低似我，竟去就是。"看官，你说七郎的面貌，是能红细看过的，如今事已垂成，只该急急赶人去做，为什么倒宽胸大肚，做起没要紧的事来？要晓得此番举动，全是为着自己，二夫人的题目，虽然出过在先，七郎虽然口具遵依，却不曾亲投认状，焉知他事成之后，不妄自尊大起来？屈膝求亲之事，不是簇新的家主肯对着梅香做的，万一把别人所传的话，不肯承认起来，依旧以梅香看待，却怎么处？所以又生出这段波澜，拿定小姐不好出门，定是央他代相，故此设为此法，好脱身去见他，要与他当面订过，省得后来翻悔，这是他一丝不漏地去处，虽是私情，又当着光明正大的事做，连韦翁夫妇都与他说明，方才央了俞阿妈去约七郎相见。

此番相见，定有好戏做出来，不但把婚姻订牢，连韦小姐的头筹，都被他占了去，也未可知。

且说能红约七郎相见，俞阿妈许便许了，却担着许多干系，说："干柴烈火，岂是见得面的？若还以口调情，弄些眉来眼去的光景，背人遣兴，做些蹑手蹑脚的工夫，这还使得，万一弄到兴高之处，两边不顾廉耻，要认真做起事来，我是图吉利的人家，如何使得？"所以到相见的时节，夫妻两口，着意提防，唯恐他要瞒人做事。

哪里知道，这个作怪女子，另是一种心肠，你料他如此，他偏不如此，不但不起淫心，亦且并无笑面，反做起道学先生的事来，七朗一到，就要拜谢恩人，能红正颜厉色止住他道："男子汉的脚膝头，只好跪上两次，若跪到第三次，就不值钱了。如今好事将成，亏了那一个？我前日吩咐的话，你还记得吗？"七郎道："娘子口中的话，我奉作纶音密旨，朝夕拿来温颂的，那一个字不记得？"能红道："若还记得，须要逐句背来！

倘有一字差讹,就可见是假意奉承,没有真心向我,这两头亲事,依旧撤开,劝你不要痴想。"

七郎听见这句话,又重新害怕起来,只说他有别样心肠,故意寻事来难我,就把俞阿妈所传的言语,先在腹中温理一遍,然后背将出来,果然一字不增,一字不减,连助语的字眼,都不曾说差一个。

能红道:"这等看起来,你前半截的心肠,是真心向我的了。只怕后面半截还有些不稳,到过门之后,要改变起来,我如今有三桩事情,要同你当面订过,叫作'约法三章',你遵与不遵,不妨直说,省得后来翻悔。"

七朗问是那三件,能红道:"第一件,一进你家门,就不许唤"能红"二字,无论上下,都要称我二夫人,若还失口唤出一次,罚你自家掌嘴一道,就是家人犯法,也要罪坐家主,一般与你自账,第二件,我看你举止风流,不是个正经子弟,偷香窃玉之事,一定是做惯了的,从我进门之后,不许你擅偷一人,妄嫖一妓,我若查出踪迹,与你不得开交,你这副脚膝头跪过了我,不许再跪别人,除日后做官做吏,叩拜朝廷,参谒上司之外,擅自下人一跪者,罚你自敲脚骨一次,只除小姐一位,不在所禁之中,第三件,你这一生一世,只能娶我两妇人,自我之下,不许妄添蛇足,任你中了举人进士,做到尚书阁老,总用不着第三个妇人,如有擅生邪念,说出"娶小'二字者,罚你自己撞头,直撞到皮破血流才住,万一我们两个都不会生子,有碍宗祧,且到四十以后,别开方便之门,也只许纳婢,不容娶小。"

七郎初次相逢,就见有这许多严政,心上颇觉胆寒,因见他姿容态度,不是个寻常女子,真可谓之奇娇绝艳,况且又有拨乱反正之才,移天换日之手,这样妇人,就是得他一个,也足以歌舞终身,何况自他而上,还有人间之至美,就对他满口招承,不做一毫难色。

俞阿妈夫妇道:"他亲口承认过了,料想没有改移;如今望你及早收功,成就了这桩事吧。"能红道:"翻云覆雨之事,他曾做过一遭,亲尚悔得,何况其他?口里说来的话,作不得准,要我收功完事,须是亲笔写一张遵依,着了花押,再屈你公婆二口做两位保人,日后倘有一差二错,替他讲起话来,也还有个见证。"俞阿妈夫妇道:"讲得极是。"就取一副笔砚，一张绵纸，放在七郎面前，叫他自具供状。七郎并不推辞，就提起笔来写道：

> 立遵依人裴远，今因自不输心，误受庸媒之惑，弃前妻而不娶，致议之纷然，犹幸篡位者夭亡，待年者未字，重敦旧好，虽经屡致媒言，为易初盟，遂尔频逢岳怒，赖有如妻某氏，造福闺中，出巧计以回天，能使旭轮西上，选奇谋而缩地，忽教断壁中连，是用设计酬功，剖肝示信，不止分茅锡上，允宜并位于中宫，行将道寡称孤，岂得同名于臣妾？虞帝心头无别宠，三妃难并双妃，男儿膝下有黄金，一屈岂堪再屈悬三章而示罚，虽云有挟之求；秉四德以防微，实系无私之奉，永宜恪守，不敢故违，倘有跳梁，任从执朴！

能红看了一遍，甚赞其才，只嫌他开手一句，写得糊涂，律以《春秋》正名之义，殊为不合，叫把"具遵依人"的"人"字加上两画，改为"夫"字，又叫俞阿妈夫妇二人着了花押，方才收了。

七郎又问他道："娘子吩咐的话，不敢一字不依，只是一件：我家的人，我便制得他服，不敢呼你的尊名；小姐是新来的人，急切制他不得，万一我要称你二夫人，小姐倒不肯起来，偏要呼名道姓，却怎么处？这也叫作家人犯法，难道也罪及我家主不成？"能红道："那都在我身上，与你无干。只怕他要我做二夫人，我还不情愿做，要等他求上几次，才肯承受着哩。"说过这一句，就别了七郎起身，并没有留连顾盼之态。

回到家中，见了韦翁夫妇与小姐三人，极口称赞其才貌，说："这样女婿，真个少有！怪不得人人要他，及早央人去说，就赔些下贱，也是不折本的。"韦翁听了，欢喜不过，就去央人说亲。

韦母对了能红，又问他道："我还有一句话，一向要问你，不曾说得，如今迟不去了，有许多仕宦人家要娶你做小，日日央人来说，我因小姐的亲事还不曾着落，要留你在家做伴，如今他的亲事央人去说，早晚就要成了，他出门之后，少不得要说着你，但不知做小的事，你情愿不情愿？"能红道："不要提起，我虽是下贱之人，也还略有些志气,莫说做小的事,断断不从,就是贫贱人家要娶我做正,我也不情愿去!宁可迟些日子,要等个像样的人家,不是我夸嘴说,有了这三分人才、七分本事,不怕不做个家主婆,老安人不信,睁了眼睛看就是了。"韦母道:"既然如此,小姐嫁出门,你还是随去不随去?"能红道:"但凭小姐,他若怕新到夫家,没有人商量行事,要我做个陪伴的人,我就随他过去暂住几时,看看人家的动静,也不叫作无益于他,若还说他有新郎做伴,不须用得别人,我就住在家中,也没有什么不好。只有一件事,我替他甚不放心,也要在未去之先,下个主意才好。"

说话的时节,恰好小姐也在面前,见他说了这一句,甚是疑心,就同了母亲,问是那一件事,能红道:"张铁嘴的话,你们记不得吗?他说小姐的八字,止带得半点夫星,定要寻人帮助,不然,恐怕三朝五日之内,就有灾晦出来,他嫁将过去,若不叫丈夫娶小,又怕于生命有关,若还竟叫他娶,又是一桩难事,世上有几个做小的人,肯替大娘一心一意?你不吃他的醋,他要拈你的酸!两个争闹起来,未免要有些小气,可怜这位小姐,又是慈善不过的人,我同他过了半生,重话也不曾说我一句,如今这时节,倒有我在身边,替他消愁解闷,明日有了个淘气的,偏生没人解劝,他这个娇怯身子,岂不弄出病来?"说到此处,就做出一种惨然之态,竟像要啼哭的一般,引得他母子二人悲悲切切,哭个不了,能红说过这一遍,从此以后就绝口不提。

却说韦翁央人说合,裴家故意相难,不肯就许,等他说到至再三,方才践了原议,选定吉日,要迎娶过门,韦家母子被能红几句话触动了心,就时时刻刻以半点夫星为虑,又说能红痛痒相关,这个女子断断离他不得,就不能够常相倚傍,也权且带在身边,过了三朝五日,且看张嘴铁的说话验与不验,再做区处,故此母子二人,定下主意,要带他过门。

能红又说:"我在这边,自然该做梅香的事,随到那边去,只与小姐一个有主婢之分,其余之人,我与他并无统属。'能红'二字,是不许别人唤的,至于礼数之间,也不肯十分卑贱,也要嫁好脸做好事的,要求小姐全些体面,至于抬我的轿子,虽比小姐不同,也要与梅香有别,我原不是赠嫁的人,要加上二名轿夫,只当送亲的一样,这才是个道理。不然,我断断不去!"韦氏母子见他讲得入情,又且难于抛撤,只得件件依从。

　　到了这一日，两乘轿子一齐过门，拜堂合卺的虚文，虽让小姐先做，倚翠偎红的实事，到底是他筋节不过，毕竟占了头筹，这是什么缘故？只因七郎心上原把他当了新人，未曾进门的时节，就另设一间洞房，另做一副铺陈伺候，又说良时吉日，不好使他独守空房，只说叫母亲陪伴他，分做两处歇宿，原要同小姐睡了半夜，到三更以后托故起身，再与二夫人做好事的，不想这位小姐执定成亲的古板，不肯趋时脱套，认真做起新妇来，随七郎劝了又劝，扯了又扯，只是不肯上床，哪里知道这位新郎是被丑妇惹厌惯了的，从不曾亲近佳人，忽然遇见这般绝色，就像饿鹰看了肥鸡，馋猫对着美食，哪里发极得了？若还没有退步，也只得耐心忍性，坐在那边守他，当不得肥鸡之旁现有壮鸭，美食之外另放佳肴，为什么不去先易而后难，倒反先难而后易？就借个定省爷娘的话，托故抽身，把三更以后的事情，挪在二更以前的来做。

　　能红见他来得早，就知道这位小姐毕竟以虚文误事，决不肯蹈人的覆辙，使他见所见而来者，又闻所闻而往，一见七郎走到，就以和蔼相加，口里便说好看的话儿，叫他转去，念出《诗经》两句道：

雨我公田，遂及我私。

　　心上又怕他当真转去，随即用个挽回之法，又念出《四书》二句道：

既来之，则安之。

　　七郎正在急头上，又怕耽搁工夫，一句话也不说，对着牙床扯了就走，所谓忙中不及写大"壹"字，能红也肯托熟，随他解带宽衣，并无推阻，同入鸳衾，七郎看那能红，白玉相似，似无半点暇疵，一貌如花，却有万千娇态，香乳汗腰，粉颈朱唇，荐芎云股，色色可人，七郎看得十分兴动，拔开他两双玉笋，把阳物抵将过去，能红一眼瞟着，口气一大惊，唬得香汗如珠，紧戚双眉，摇头道："偌大的东西，怎生容得进去，再使不得。"七郎多方哄肯，再云解骗，划开两只小脚，骑上身去，把腿扑着两边，将阳物刺入其中，虽觉艰窄，已挺进了大半，又用力一顶，能红叫声"暖哟"，把身一闪，七郎又是一顶，能红又是一闪。七郎挺身狂弄，渐入佳境，能红亦渐得趣，竟不娇啼，津津水流出花间，呼呼气微从口喘，柳腰轻荡，凤眼含斜，须臾缝缝情浓，溶溶露滴，恍若梦中，俯卧移时，以白拭巾的拭取无红，七郎爱若珍宝。做了第一番好事。

且说七郎完事之后，即时转向，走到新人房内，就与他雍容揖逊起来，那一个要做古时新人，这一个也做古时新郎，暂且落套违时，以待精还力复，直陪他坐到三更，这两位古人都做得不耐烦了，方才变为时局，两个笑嘻嘻的上床。七郎欲心又如火般，将小姐抱到床上，扯落小衣，按定了，捧起两足，扶住铁硬阳物凑在那紧紧窄窄粉嫩雪白绵软的小东西里面，拉将进去，小姐半推半就，满脸通红，柳眉颦颦，挺了半响，止进了半个头儿，七郎只觉里面紧暖裹住，十分有趣，淫兴大发，乃捉阳物用力一顶，小姐只因调笑了半响，牝中早已津水横溢，道履艰难，亦不致十分痛楚，七郎款款独送，小姐竟咿呀有声，渐得佳趣，七郎提起金莲，架于肩头，重新又干起来，小姐也不推阻，两条手臂勾了七郎，仰牝承受，七郎放出本领，尽力独送，弄得一片唧唧声响，小姐也斜俏眼，娇声低喉，十分主动，引得七郎神魂无主，抵住花心，狠狠抽了几十抽，不觉泄了，小姐亦至美处，高叫几声，身儿拌个不停，亦丢了阴精，二人睡卧移时，七郎起身又以白绫帕拭取了元红，见那桃瓣红乱，不禁欲心垒卢，捧住小姐，又做了几次江河日下之事，做完之后，两个搂在一处，酣然睡去。

不想睡到天明，七郎在将醒未醒之际，忽然大哭起来，越哭得凶，把新人越搂得紧，被小姐唤了十数次，才惊醒转来，啐了一声道："原来是个噩梦！"小姐问他："什么噩梦？"七郎只不肯讲。望见天明，就起身出去，小姐看见新郎不在，就把能红唤进房来，替自己梳头刷鬓。

妆饰已完。两个坐了一会，只见有个丫鬟走进来问道："不知新娘昨夜做个什么好梦，梦见些什么东西？可好对我们说说"。小姐道："我一夜醒到天明，并不曾合眼，那有什么好梦？"那丫鬟道："既然如此，相公为什么缘故清早就叫人出去，请那圆梦的先生？"小姐道："是了，他自己做个噩梦，睡得好好的，忽然哭醒，及至问他又不肯说，去请圆梦先生，想来就是为此。这等那圆梦先生可曾请到？"丫鬟道："去请好一会了，想必就来。”小姐道：“既然如此，等他请到的时节，你进来通知一声，引我到说话的近边听他一听，且看什么要紧，就这等不放心，走下床来就请人圆梦。”

丫鬟应了出去，不上一刻，就赶进房来说："圆梦先生已到，相公怕人听见，同他坐在一间房内，把门都关了。还在那边说闲话，不曾讲起梦来，新娘要听，就趁此时出去。"小姐一心要听噩梦，把不到三朝不出绣房的旧例全不遵守，自己扶了能红，走到近边去窃听。

原来夜间所做的梦甚是不详，说七郎搂着新人同睡，忽有许多恶鬼拥进门来，把铁索锁了新人，竟要拖他出去，七郎扯住不放说："我百年夫妇，方才做起，为什么缘故就提起他来？"那些恶鬼道："他只有半夫之分，为什么搂了个完全文夫？况且你前面的妻子又在阴间等他，故此央了我们前来提获。"说过这句话，又要拽他同去，七郎心痛难过，对了众鬼，再三哀告道："宁可拿我，不要捉他。"不想那几个恶鬼，拔出刀来，竟从七郎脑门劈起，劈到脚跟，把一个身子分为两块，正在疼痛之际，亏得新人叫喊，才醒转来，你说这般的噩梦，叫人惊也不惊，怕也不怕？况又是做亲头一夜，比不得往常，定然有些干系，所以接他来详谈。

七郎说完之后，又问他道："这样梦兆，自然凶多吉少，但不知应在几时？"那圆梦的道："凶便极凶，还亏得有个"半"字，可以解释，想是这位令正，命里该有个帮身，不该做专房独，所以有这个梦兆，起先既说有半夫之分，后来又把你的尊躯剖为两块，又合着一个"半"字，叫把这个身子分一半与人，就不带他去了。这样明明白白的梦，有什么难解？"七郎道："这样好妻子怎忍得另娶一房，分他的宠爱，宁可怎么样，这是断然使不得的！"那人道："你若不娶，他就要丧身，疼他的去处，反是害他的去处，不如再娶一房的好，你若不信，不妨再请个算命先生，看看他的八字，且看寿算何如，该有帮助不该有帮助？同我的说话再合一合就是了。"七郎道："也说得是。"就取一封银子，谢了圆梦先生，送他出去。

小姐听过之后，就与能红两个悄悄归房，并不使一人知道，只与能红商议道："这个梦兆，正合着张铁嘴之言，一毫也不错，还要请什么先生，看什么八字！这等说起来，半点夫星的话，是一毫不错的了，倒不如自家开口，等他瑞娶一房，一来保全性命，二来也做个人情，省得他自己发心，娶了人来，又不知感激我。"能红道："虽则如此，也还要商量，恐怕娶来的人未必十分服帖，只是换着的好。"小姐听了这句话，果然挨过一宵，并不开口。

不想天公凑巧，又有催？送来，古语二句说得不错：

阴阳无耳，不提不起。

鬼神祸福之事，从来是提起不得的，一经提起，不必在暗处寻鬼神，明中观祸福，就在本人心上生出鬼祸福祸福来，一举一动，一步一趋，无非是可疑可怪之事，韦小姐未嫁以前，已为先人之言所感，到了这一日，又被许多恶话触动了疑根，做女儿的人，有多少胆量，少不得要怕神怕鬼起来，又有俗语二句道得好：

日之所思，夜之所梦。

裴七郎那些说话，原是成亲之夜与能红睡在一处，到完事之后，教道他说的，第二日请人详梦，预先吩咐丫鬟，引他出去窃听，都是做成的圈套，这叫作巧妇勾魄，并不是痴人说梦，一到韦小姐耳中，竟把假梦变作真魂，耳闻幻为目击，连他自己睡去，也做起极凶极险的梦来，不是恶鬼要他做替身，倒说前妻等他做伴侣，做了鬼梦，少不得真有鬼病上身，恹恹缠缠，口中只说要死。

一日，把能红叫到面前，与他议道："如今捱不去了，我有句要紧的说话，不敢同你商量，只怕还要用着你，但不知肯依不肯依？"能红道："我与小姐，分有尊卑，情无尔我，只要做得的事，有什么不依，"小姐道："我如今现要娶小，你日下就要嫁人，何不把两件事情并做一件做了，我也不消娶，你也不必嫁，竟住在这边，做了我家第二房，有什么不好？"

能红故意回复道："这个断使不得！我服侍小姐半生，原要想个出头日子，若肯替人做小，早早就出去了，为什么等到如今？他有了银子，那银子不出入来，定要苦我一世！还是别娶的好。"小姐道："你与我相处增生，我的性格，就是你的性格，虽然增了一个，还是同心合胆的人，就是分些宠爱与你，也不是别人，你若生出儿子来，与我自生的一样，何等甘心，若叫他外面去寻，就合着你的说话，我不吃他的醋，他要拈我的酸，吻起气来，甩些什么好处？求你看十六年相与之情，不要推辞，成就我这桩心事吧！"

能红见他求告不过，方才应许，应许之后，少不得又有题目出来，要小姐件件依他，方才肯做。小姐要救性命，有什么不依？议妥之后，方才说与七郎知道，七郎受过能红的教诲，少不得初说之际，定要学王莽之虚谦，曹瞒之固逊，有许多欺世盗名的话说将出来，不到黄袍加身，决不肯轻易即位。

小姐与七郎说过，又叫人知会爷娘。韦翁夫妇闻之，一发欢喜不了，又办了一份嫁妆送来，与他择日成亲，做了第二番好事。

能红初次成亲，并不妆作；到了这一夜，反从头做起新妇来，狠推硬扯，再不肯解带宽衣，不知什么缘故，直到一更之后，方才说出真情，要他也像初次一般，先到小姐房中假宿一会，等他催迫几次，然后过来，名为尽情，其实还是他欠账。七郎拗不过他，只好依了，去至小姐房中。小姐诧道："何不与新人乐？"七郎道："能红让我先乐。"小姐道："却是为何？"七郎道："你是大，他是小，本该让你，"一头说一头便过求欢，小姐半推半就道："使不得。"七郎亦不搭言，将小姐衣裤卸个干净，睡在床上，又急卸了自家衣服，扶住阳物，觑住牝户卜入，小姐仰牝而受，秃的一声尽根，小姐紧紧搂住，七郎大肆抽送，直把个小姐当作能红，零时八百余独，遂一泄如注，小姐亦至酣美处，腿儿绷紧，口中哦哦，亦丢了一回，七郎伏在小姐肚上睡了，小姐推他道："新人在等，还不快去！"七郎方才起身，取了帕儿揩拭干净，穿好衣服，坐在醉翁椅上，单等能红来叫，小姐正又催，能红叩门，小姐笑道："新人等不及了。"七郎笑笑，遂起身启门往外走，正遇能红，相偎相依，重人沿房，七郎兴有起，乱将能红剥得寸缕不余，此时，月上纱窗，照在身体之上，光艳润泽，浑如一团软玉，有趣之极，下面阳物直举，不管三七二十一，跨上能红，捧起金莲，轻车熟路，挺着就入，一下尽底，能红玉户中瘙痒不过，狠命将双手抱住七郎，把屁股乱摇乱迭，趋把金莲乱蹬，七郎有些把持不住，觉得酥麻无比，尽力攘了七百余抽，能红鸣哑乱叫，淫水兆兆汩汩，亦至佳境，七郎又和百余抽，遂大泄，能红勾住他的颈儿，高叫不止，亦合着丢个痛快，两下温存了半晌，抚玩移时，绸缪倍至，方才昏然而睡。

成亲之后，韦小姐疑心既释，灾晦自然不生，日间饮食照常，夜里全无噩梦，与能红的身子一齐粗大起来，未及一年，各生一子，夫妻三口，恩爱异常。

后来七郎联掇高魁，由县令起家，屡迁至京兆之职，受了能红约束，终身不敢娶小。

能红之待小姐，虽有欺诳在先，一到成亲之后，就输恼服意，畏若严君，爱同慈母，不敢以半字相欺，做了一世功臣，替他任怨任劳，不费主母纤细气力。

世固有以操，莽之才，而行伊，周之事者，但观其晚节何如耳！

海外藏绣像珍稀秘本

秘家藏书

第二篇

锦香亭

［清］古吴素庵主人 撰

卷之一

第一回　钟景期三场飞兔颖

词曰:

> 　　上苑花繁,皇都春早,纷纷觅翠寻芳。画桥烟柳,莺与燕争忙。一望桃红李白,东风暖满目韶光。秋千架,佳人笑语,隐隐出雕墙。　　王孙行乐处,金鞍银勒,玉罍瑶觞。渐酒酣歌竟,重过横塘。更有赏花品鸟,骚人辈仔细端详。魂消处,楼头月上,归去马蹄香。

右调《满庭芳》

　　这首词单道那长安富贵的光景。长安是历来帝王建都之地,秦曰咸阳,汉曰京兆。到三国六朝时节,东征西战,把个天下四分五裂,长安宫阙俱成灰烬瓦砾。直至隋,炀帝无道,四海分崩,万民嗟怨。

　　生出一个真命天子,姓李名渊。他见炀帝这等荒淫,就起了个拨乱救民的念头,在晋阳地方招兵买马。一时豪杰俱来归附。那时有刘武周、萧铣、薛举、杜伏威、刘黑闼、王世充、李密、宋老生、宇文化及各自分据地方,被李渊次子李世民一一剿平,遂成一统。建都长安,国号大唐。后来世民登极,就是太宗皇帝,建号贞观。文有房玄龄、杜如晦、魏征、长孙无忌等;武有秦琼、李靖、薛仁贵、尉迟、敬德等,一班儿文臣武将济济跄跄。真正四海升平,八方宁静。后来太宗晏驾,高宗登基,立了个宫人武曌为后。那武后才貌双全,高宗极其宠爱。谁想她阴谋不轨,把那顶冠束带撑天立地男子汉的勾当,竟要兜揽到身上担任起来。她虽然久蓄异心,终因老公在前,碍着眼,不敢就把偌大一个家计包揽在身。及至高宗亡后,太子传位,年幼懦弱,武后便肆无忌惮,将太子贬在房州安置,自己临朝听政,改国号曰周,自称则天皇帝。彼时文武臣僚无可奈何,只得向个迸裂的雌货叩头称臣;那武氏俨然一个不戴平天冠的天子了。却又有怪,历朝皇帝是男人做的,在宫中临幸嫔妃。那则天皇帝是女人做的,竟要临幸起臣子来。始初还顾些廉耻,稍稍收敛。到后来习以为常,把临幸臣子只当作临幸嫔妃,彰明较著、不瞒天地地做将去。内中有张昌宗、薛敖曹、怀义、张易之四人最为受宠。每逢则天退朝寂寞,就宣他们进去玩耍,或是轮流取乐,或是同榻寻欢。说不尽宫闱的秽德、朝野的丑声。亏得个中流砥柱的君子,狄仁杰与张柬之尽心唐室、反周为唐,迎太子复位,是为中宗。却又可笑,中宗的正后韦氏,才干不及则天,那一种风流情性,甚是相同,竟与武三思在宫任意作乐。只好笑那中宗,不唯不去觉察她,甚至韦后与武三思对坐打双陆,中宗还要在旁与他们点筹。你道好笑也不好笑。到得中宗死了,三思便与韦氏密议,希图篡位。朝臣没一个不怕他,谁敢与他争竞?幸而唐祚不应灭绝,惹出一个英雄来。那英雄是谁? 就是唐朝宗室,名唤隆基。他见三思与韦后宣淫谋逆,就愤然而起,举兵入宫,杀了三思、韦后并一班助恶之徒,迎立睿宗。睿宗因隆基功大,遂立为太子。后来睿宗崩了,隆基即位,就是唐明皇了。始初建号开元,用着韩休、张九龄等为相,天下大治。不意到改元天宝年间,用了奸相李林甫。那些正人君子,贬的贬,死的死,朝廷正事尽归李林甫掌管。他便将声色货利迷惑明皇,把一个聪明仁智的圣天子,不消几年,变做极无道的昏君。见了第三子寿王的正妃杨玉环标致异常,竟夺入宫中,赐号太真,册为贵妃。看官,你道那爬灰的勾当,就是至穷至贱的小人做了,也没有不被人唾骂耻辱的,岂有治世天子做出这等事来,天下如何不坏? 还亏得全盛之后,元气未丧,所以世界还太平。

是年开科取士,各路贡士纷纷来到长安应举。中间有一士子,姓钟名景期,字琴仙。本贯武陵人氏。父亲钟秀,睿宗朝官拜功曹。其妻袁氏,移住长安城内。只生景期一子,自幼聪明,读书过目不忘,七岁就能作诗。到得长成,无书不览,五经诸子百家,尽皆通透,闲时还要把些“六韬”“三略”来不时玩味。十六岁就补贡士,且又生得人物俊雅,好像粉团成玉琢就一般。父亲要与他选择亲事,他再三阻挡,自己时常想到:“天下有个才子,必要有一个佳人作对。父亲择亲,不是惑于媒妁,定是拘了门楣,那家女子的嫫妍好歹哪能知道? 倘然造次成了亲事,娶来却是平常女子,退又退不得,这终身大事如何了得?"执了这个念头,决意不要父母替他择婚,心里只想要自己去东寻西觅,靠着天缘,遇着个举世无双的佳人,方遂得平生之愿。因此蹉跎数载,父母也不去强他。到了十八岁上,父母选择了吉日,替他带着儒巾,穿着圆领,拜了家堂祖宗,次拜父母,然后出来相见贺客。那日宾朋满堂,见了钟景期这等一个美貌人品,无不极口称赞,怎见他好处,但见:

> 丰神绰约,态度风流。粉面不须傅粉,朱唇何必涂朱。气欲凌云,疑是潘安复见;美如冠玉,宛同卫玠重生。双眸炯炯似寒晶,十指纤纤若春笋。下笔成文,会晓胸藏锦绣;出言惊座,方知满腹经纶。

钟景期与众宾客一一叙礼已毕,摆了酒肴,大吹大擂,尽欢而别。钟秀送了众人出门,与景期进内,叫家人再摆出茶果来,与夫人袁氏饮酒。袁氏道:"我今日辛苦了,身子困倦,先要睡了。"景期道:"既是母亲身子不安,我们也不须再吃酒,父亲与母亲先睡了吧。"钟秀道:"说得是。"叫丫鬟掌了灯,进去睡了。景期到书房中,坐了一会,觉得神思困倦,只得解衣就寝。一夜梦境不宁,到了五更,翻来覆去,再睡不着。一等天明,就起来穿戴衣巾,到母亲房里去问安。走到房门首,只见丫鬟已开着房门。钟秀坐在床沿上,见了景期说道:"我儿为何起得恁般早?"景期道:"昨夜梦寐不宁,一夜睡不着。因此来问爹娘,身子可好些吗?"钟秀道:"你母亲昨夜发了一夜寒热,今早痰塞起来。我故此叫丫鬟出去,吩咐烧些汤水进来。正要来叫你,你却来了。"景期道:"既如此,快些叫家人去请医家来诊视。待我梳洗了,快去卜问。"说罢,各去料理。

那日,钟景期延医问卜,准准忙了一日,着实用心调护。不想犯了真病,到了第五日上,就呜呼了。景期哭倒在地,半晌方醒。钟秀再三劝慰,在家治丧殡殓。方到七终,钟秀也染成一病,与袁氏一般儿症候,景期也一般儿着急。却也犯了真病,一般儿呜呼哀哉了。景期免不得也要治丧殡殓。那钟秀遗命,因原籍路远,不必扶柩归家,就在长安城外择地安葬。景期遵命而行。

却原来钟秀在日,居官甚是清廉,家事原不甚丰厚。景期连丧二亲,衣衾棺椁,买地筑坟,治丧使费,将家财用去了十之七八。便算计起来,把家人尽行打发出去。有极得意自小在书房中服侍的冯元,不得已也打发去了。将城内房子也卖了,另筑小房五六间,就在父母坟旁。只留一个苍头、一个老妪,在身边度日。自己足不出户,在家守制读书,常到坟上呼号痛哭,把那功名婚姻两项事体,都置之度外了。光阴荏苒,不觉三年服满。正值天宝十三年,开科取士,有司将他名字已经申送。只得唤苍头随着收拾进城,寻个寓所歇下。到了场期,带了文房四宝,进场应试。

原来唐朝取士,不用文章,不用策论,也不用表判。第一场只有五言、七言的排律,第二场是古风,第三场是乐府。那钟景期,平日博通今古,到了场中,果然不假思索,揭开卷子,信笔而挥,真个是:字中蝌蚪落文河,笔下蛟龙投学海。眼见得三场已毕,寓中无事,那些候揭晓的员士,闻得钟景期在寓,也有向不识面,慕他才名远播来请教的;也有旧日相知,因他久住乡间来叙契阔的,纷纷都到他寓所,拉他出去。终日在古董铺中、妓女人家,或书坊里、酒楼上及古刹、道院里边,随行逐队地玩耍。钟景期向住乡村,潜心静养,并无杂念。如今见了这些繁华气概,略觉有些心动,那功名还看得容易,倒是婚姻一事甚是热衷。思量:"如今应试,倘然中了,就要与朝廷出力做事,哪里还有功夫再去选择佳人。不如趁这两日,痴心妄想去撞一撞,或者天缘凑巧,也未可知。"那日起了这个念头,明日就撇了众人,连苍头也不带,独自一个去城内城外,大街小巷,痴痴地想,呆呆地走,一连走了五六日,并没个佳人的影儿。苍头见他回来,茶也不吃,饭也不吃,只是自言自语,不知说些什么,便道:"相公一向老实的,如今想是众位相公牵去结识了什么婊子,故此这等模样么。我在下处寂寞不过,相公带我去走走,总成吃些酒肉儿也好,相公又没有娘娘,料想没处搬是非,何须瞒着我?"景期道:"我自有心事,你哪里知道。"苍头道:"莫非为着功名吗?我前日在门首,见有个蓍的走过,我叫他跌了一蓍。他说今年一定高中的,相公不须忧虑。"景期道:"你自去,不要胡言乱语惹我的厌。"苍头没头没脑,猜他不着,背地里暗笑不题。

到次日,景期绝早吃了饭出来,走了一会,到一条小胡同里,只有几户人家,一带通是白石墙。沿墙走去,只见一个人家,竹门里边冠冠冕冕,潇潇洒洒的可爱。景期想道:"看这个门径,一定是人家园亭,不免进去看一看,就是有人撞见,也只说是偶然闲步玩耍,难道我这个模样,认作白日撞不成。"心里想着,那双脚儿早已步入第一重门了。回头只见靠凳上有个老儿,酒气直冲,鞠鞠地睡着。景期也不睬他,一直闯将进去,又是一带绝高的粉墙。转入二重门内,只见绿荫参差,苍苔密布,一条路是白石子砌成的。前面就是一个鱼池,方圆约有二三亩大。隔岸种着杨柳桃花,枝枝可爱,那杨柳不黄不绿,撩着风儿摇摆;桃花半放半合,临着水儿掩映。还有那一双双的紫燕,在帘内穿来掠去地舞。池边一个小门儿,进去是一带长廊,通是朱红漆的万字栏杆。外边通是松竹,长短大小不齐,时时有千余枝,映得檐前里翠。走尽了廊,转进去是一座亭子。亭中一匾,上有"锦香亭"三字,落着李白的款。中间挂着名人诗画、古鼎商彝,说不尽摆设的精致。那亭四面开窗,南面有牡丹数墩与那海棠、玉兰之类,后面通是杏花,东边通是玉兰树,西边通是桂树。此时是二月天时,众花都是芯儿,唯有杏花开得烂漫。那梅树上结满豆大的梅子。有那些白头公、黄莺儿,飞得好看,叫得好听。景期观之不足,再到后边,有绝大的假山,通是玲珑怪石攒凑叠成。石缝里有兰花芝草,山上有古柏长松,宛然是山林丘壑的景象。转下山坡,有一个古洞。景期挨身走过洞去,见有高楼一座,绣幕珠帘,飞甍画栋,极其华丽。正要定睛看时,忽然一阵香风在耳边吹过,那楼旁一个小角门,呀的一声开了,里面嘻嘻笑笑,只听得说:"小姐这里来玩耍。"景期听了,慌忙闪在太湖石畔芭蕉树后,蹲着身子,偷眼细看。见有十数个丫鬟,拥着一位美人,走将出来。那美人怎生模样,但见:

　　　　眼横秋水,眉扫春山。宝髻儿高绾绿云,绣裙儿低飘翠带。可怜杨柳
　　腰,堪爱桃花面。仪容明艳,果然金屋婵娟;举止端庄,询是香闺处女。身无
　　彩凤双飞翼,心有灵犀一点通。

　　这美人轻移莲步,走到画栏边的一个青瓷古墩儿上坐下,那些丫鬟们,都四散走在庭中。有的去采花朵儿插戴;有的去扑蝴蝶儿耍子;有的在荼蘼架边撞乱了鬓丝,吃惊吃唬地将双手来按;有的被蔷薇刺儿挂住了裙袂,痴头痴脑地把身子来扯;有的因领扣松了,仰着头扭了又扭;有的因膝裤带散了,蹲着腰结了又结;有的要斗百草;有的去看金鱼;一时也观看不尽。只有一个青衣侍女,比那美人颜色略次一二分,在众婢中昂昂如鸡群之鹤,也不与她们玩耍,独自一个在阶前,摘了一朵兰花,走到那美人身边,与她插在头上,便端端正正地站在那美人旁边。那美人无言无语,倚着栏杆看了好一会,才吐出似莺啼如燕语的一声娇语来,说道:"梅香们,随我进去吧。"众丫鬟听得,都来随着美人。这美人将袖儿一拂,立起身来冉冉而行,众婢拥着早进了一小角门儿,呀的一声,就闭上了。

　　钟景期看了好一会,又惊又喜,惊的是恐怕梅香们看见,喜的是遇着绝世的佳人,还疑是梦魂儿错走到月府天宫去了。不然,人世间哪能有此女子?呆了半晌,如醉如痴,恍恍惚惚,把眼睛摸了又摸,擦了又擦,停了一会,方才转出太湖石来。东张西望,

见已没个人影儿，就大着胆走到方才美人坐的去处，就嗅嗅她的余香，偎偎她的遗影。正在憧憬思量，忽见地上掉着一件东西，连忙拾起看时，却是异香扑鼻，光彩耀目。毕竟拾的是什么东西？那美人是谁家女子，且看下回分解。

第二回　葛明霞一笑缔鸾盟

诗曰：

晴日园林放好春,馆娃宫里拾香尘。

痴心未了鸳鸯债,宿疾多渐鹦鹉身。

柳爱风流因病睡,鹊贪欢喜也嗔人。

桃花开遍萧郎至,地上相逢一面亲。

话说钟景期闯入人家园里,忽然撞出一个美人来,偷看了一会,不亦乐乎。等美人进去了,方才走上庭阶,拾得一件东西,仔细看时,原来是一幅白绫帕儿。兰麝香飘,洁白可爱,上有数行蝇头小楷,恰是一首"感春"绝句。只见那诗道：

帘幕低垂掩洞房,绿窗寂寞锁流光。

近来情绪浑萧索,春色依依上海棠。

明霞漫题

钟景期看了诗,慌忙将绫帕藏在袖里,一径寻着旧路走将出来。到头门上,见那靠凳上睡的那老儿,尚未曾醒。钟景期轻轻走过,出了门,一直往巷口竟走。不上三五步,只听得后面一人叫道："钟相公在哪里来?"景期回头一看,却见一个人,戴着尖顶毡帽,穿着青布直身,年纪二十内外。看了景期,两泪交流,纳头便拜。景期伸手去扶他起来细认,原来是位旧日的书僮,名唤冯元,还是钟秀在日,讨来服侍景期的。后来钟秀亡了,景期因家道萧条,把家人僮婢尽行打发,因此冯元也打发在外。是日路上撞着,那冯元不忘旧恩,扯住了,拜了两拜。景期看见,也自恻然。问道："你是冯元，一向在哪里？"冯元道："小人自蒙相公打发出来，吃苦万千，如今将就度日，就在这里赁间房子暂住。"景期正要打听园中美人的来历，听见冯元说住在这里，知道他一定晓得，便满心欢喜道："你家就在这里吗？"冯元指着前面道："走完了带白石墙，第三间就是。"景期道："既是这等，我有话问你，可就到你家坐一坐去。"冯元道："难得相公到小人家来，极好的了。"说完，向前先跑，站在自己门首，一手招着道："相公这里来！"一手在腰间乱摸。景期走到，见他摸出个铁钥匙来把门上锁开了。推开门，让景期进去。

　　景期进得门看时，只是一间房子。前半间沿着街，两扇吊窗吊起，摆着两条凳子，一张桌子。照壁上挂一幅大红大绿的关公，两边贴一对春联是："生意滔滔长，财源滚滚来。"景期看了，笑了一笑，回头却不见冯元。景期思道："他往哪里去了？"只道他走进后半间房子去，往后一看，却见一张四脚床，床上摊一条青布被儿，床前一只竹箱、两口行灶，搁板上放着碗盏儿，那锅盖上倒抹得光光净净。又见墙边摆着一口割马草的刀，柱上挂着鞭子、马刷儿、马刨儿。景期心下暗想道："他住一间房子，为何有这些养马的家伙？"却也绝不见冯元的影儿。正在疑惑，只见冯元满头汗地走进来，手拿着一大壶酒，后面跟着一个人，拿两个盘子，一盘熟鸡，一盘热肉，摆在桌上，那人自去了。冯元忙掇一条凳子放下，叫声"相公坐了。"景期道："你买东西做什么？"冯元道："一向不见相公，没什孝敬。西巷口太仆寺前，新开酒店里东西甚好，小人买两样来，请相公吃一杯酒。"景期道："怎要你破钞起来。"冯元道："惶恐！"便叫景期坐下，自己执壶，站在一旁斟酒。原来那酒也是店上现成烫热的了。景期一面吃酒，一面问他道："你一向可好吗？"冯元道："自从在相公家里出来，没处安身，投在个和尚身边，做香火道人。住了年余，那和尚偷婆娘败露了，吃了官司，把个静室折得精光，和尚也不知哪里去了。小人出来，弄了几两银子做本钱，谁想吃惯了现成茶饭，做不来生意，不上半年，又折完了。旧年遇着一个老人，是太仆寺里马夫，小人拜他做了干爷，相帮他养马。不想他被劣马踢死了，小人就顶他的名缺。可怜马瘦了要打，马病又要打。料草银子、月粮工食通被那些官儿，一层一层地克扣下来，名为一两，到手不上五钱。还要放青剪铦，喂料饮水，日日辛苦得紧，相公千万提拔小人，仍收在身边，感激不尽了。"景期道："当初原是我打发你的，又不是你要出去。你既不忘旧恩，我若发达了自然收你。"说完，那冯元又斟上酒来。景期道："我且问你，这里的巷叫什么巷名？"冯元道：“这里叫作莲英儿巷，通是大人家的。后门一带是拉脚房子，不多几份小人家住着，极冷静的。西头是太仆寺前大街，就热闹了。前巷是锦里坊，都是大大的朝官第宅，直透到这里莲英儿巷哩！”景期道：“那边有一个人家，竹门里是什么人家？”冯元问道：“可是方才撞着相公那边门首吗？”景期道：“正是。”冯元道：“这家是葛御史的后园门，他前门也在锦里坊，小人的房子就是赁他的。”景期道：“那葛御史叫什么名字？”冯元想了一想道：“名字小人却记不得，只记到他号叫作葛天民。”景期道：“原来是御史葛天民，我倒晓得他名字，叫葛太古。”冯元点头道：“正是叫作葛太古，小人一时忘记了。相公可是认得他的？”景期道：“我曾看过他诗稿，故此知道，认是没有认得。你既住他的房子，一定晓得他可有几位公子？”冯元道：“葛老爷是没有公子的，他夫人也死的了。只有一个女儿，听见说叫明霞小姐。”景期听见明霞二字，暗暗点头。问道：“可知道那明霞小姐生得如何？”冯元道：“那小姐的容貌，说来竟是天上有世间无的。就是当今皇帝宠的杨贵妃娘娘，若是走来比并，只怕也不相上下。且又女工针黹、琴棋书画、吟诗作赋，般般都会。”景期道：“那小姐可曾招女婿吗？”冯元道：“若说女婿，却也难做。他家的那葛老爷因爱小姐，一定要寻个与小姐一般样才貌双全的人儿来作对。就是前日当朝宰相李林甫，要来替儿子求亲，他也执意不允，不是说年幼，就是说有病，推三阻四，人也不能相强。所以小姐如今一十八岁了还没对头。”景期道：“你虽然住他房子，为何晓得他家事恁般详细？”冯元道：“有个缘故：他家的园里，一个杂人也不得进去的，只用一个老儿看守园门。这老儿姓毛，平日最是贪酒，小人也是喜欢吃酒的，故此与小人极相好。不是他今日请我，说是我明日请他，或者是两人凑来扛扛儿。这些话，通是那毛老儿吃酒中间向小人说的。”景期道：“你可曾到他园里玩耍吗？”冯元道：“别人是不许进去的，小人因与毛头儿相知，时常进去玩耍儿。”景期道：“你到他园里，可有时看见小姐？”冯元道：“小姐如何能得看见。小人一日在他园里看见一个贴身服侍的丫鬟出来采花，只见这个丫鬟，也就标致得够了。”景期道：“你如何就晓得那丫鬟是小姐贴身服侍的？”冯元道：“也是问毛老儿，他说这丫鬟名唤红于，是小姐第一个喜欢的。”景期听得，心就开了，把酒只管吃。冯元一头说，一头斟酒，那一大壶酒已吃完了。景期立起身来，暗想：这段姻缘倒在此人身上。便道：“冯元，我有一事托你，我因久慕葛家园里景致，要进去游玩，只恐守园人不肯放进。既是毛老与你相厚，我拿些银子予你，明日买些东西，你便去叫毛老到你家吃酒。

我好乘着空进园去游一游。"冯元道:"这个使得。若是别的,那毛老儿死也不肯走开。说了吃酒,随你上天下地,也就跟着走了。明日相公坐在小人家,待小人竟拉他同到巷口酒店,上去吃酒。相公看我们过去了,竟往他园里去。若要得意,待我灌得他烂醉,扶他睡在我家里,凭相公玩耍一日。"景期道:"此计甚妙。"袖中摸出五钱银子付与冯元道:"你拿去做明日的酒资。"冯元再三不要,景期一定要予他,冯元方才收了。景期说声:"生受你。"出了门竟回寓所,闭上房门,取出那幅绫帕来细细吟玩。想道:"适才冯元这些话与我听见甚合,我看见的自然是小姐了。那绫帕自然是小姐的了,那首诗想必是小姐题的了。她既失了绫帕,一定要差丫鬟出来寻觅,我方才计较已定,明日进她园中,自然有些好处。"又想道:"她若寻觅绫帕,我须将绫帕还她,才好挑逗几句话儿。既将绫帕还她,何不将前诗和她一首。"

想得有理,就将帕儿展放桌上,磨得墨浓,蘸得笔饱,向绫帕上一挥,步着前韵,和将出来:

　　　　不许游蜂窥绣房,朱栏屈曲锁春光。

　　　　黄鹂久住不飞去,为爱娇红恋海棠。　　　　　　　　　　钟景期奉和

景期写完了诗,吟哦了一遍,自觉得意,睡了一夜。至次日,早膳过了,除下旧巾帻,换套新衣裳,袖了绫帕儿,径到莲英儿巷冯元家里。冯元接着道:"相公坐了,待我去那厢行事。相公只看我与毛老儿走出了门,你竟到园里去便了。只是小人的门儿,须要锁好。钥匙我已带在身边,锁在桌上,相公拿来锁上便是。"景期道:"我晓得了,你快些去。"冯元应了,就出门去。景期在门首望了一会,见冯元挽着毛老儿的手,一径去了。景期望他们出了巷。才把冯元的门锁了,步入园来。此番是熟路,也不看景致,一直径到锦香亭上。还未立定,只听得亭子后边,唧唧哝哝似有女人说话。他便退出亭外,将身子躲过,听她们说话。却又凑巧,恰好是明霞小姐同红于两个,出来寻取绫帕。只听得红于说道:"小姐,和你到锦香亭上寻一寻看。"明霞道:"红于又来痴了,昨日又不曾到锦香亭上来,如何去寻?"红于道:"天下事体尽有不可知,或者无意之中倒寻着了。"小姐说:"正是。"两个同到亭子上来。明霞道:"这里没有,多应不见了。"红于道:"园中又无闲杂人往来,如何便不见了?"明霞道:"众丫鬟俱已寻过,通

说不见。我恐她们不用心寻，故此亲身同你出来，却也无寻处，眼见得不可复得了。"红于道："若是真正寻不着，必是毛老儿拾去换酒吃了。"明霞笑道："那老儿虽然贪酒，绝不敢如此。况且这幅绫帕儿，也不值甚的。我所以必要寻着者，皆因我题诗在上，又落了款。唯恐传到外厢，那深闺字迹，女子名儿，倘落在轻佻浪子之手，必生出一段有影无形的话来。我故此着急。"红于道："我的意思，也是如此。"说罢，明霞自坐在亭中，红于就下到阶前，低着头东寻西觅。走到侧边，抬头看见钟景期，吓了一跳，便道："你是什么人？辄敢潜入园中窥探。我家小姐在前，快些回避。"景期迎着笑脸儿道："小姐在前，理应回避。只是有句话要动问，小娘子可就是红于姐吗？"红于道："这话好不奇怪，我自幼跟随小姐，半步儿不离。虽是一个婢子，也从来未出户庭，你这人为何知道我的名字？就是知道了，又何劳动问，快些出去。再迟片刻，我去叫府中家人们出来拿住了，不肯甘休。"景期道："小娘子不须发恼，小生就去便了。只是我好意来奉还宅上一件东西，倒惹一场奚落，我来差矣！"说罢，向外竟走。红于听见了说"奉还什么东西"这句话，便打着她心事，就叫道："相公休走，我且问你，你方才说要还我家什么东西？"景期道："刚才你们寻的是哪件，我就还你哪件。"红于就知道那绫帕必定被他拾了。便道："相公留步，与你说话。"景期道："若是走迟了，恐怕你叫府中家人们出来捉住，如何了得。"红于道："方才是我不是，冲撞了相公，万望海涵。"景期满脸堆下笑来，唱个绝大的肥喏道："小生怎敢怪小娘子。"红于回了万福，道："请问相公，你说还我家东西，可是一幅白绫帕儿？"景期道："然也。"红于道："你在何处拾的？"景期道："昨日打从宅上后园门首经过，忽然一阵旋风，那帕儿从墙内飘将出来，被小生拾得。看见有明霞小姐题诗在上，知道是宅上的，因此特来奉还。"红于道："难得相公好意。如今绫帕在哪里？拿来还我就是了。"景期道："绫帕就在这里。只是小生此来，欲将此绫帕亲手奉还小姐，也表小生一番殷勤至意。望小娘子转达。"红于道："相公差矣。我家小姐，受胎教于母腹，聆女范于严闺，举动端庄，持身谨慎。虽三尺之童，非呼唤不许擅入。相公如何说这等轻薄话儿。"景期道："小姐名门毓秀，淑德之闻，小生怎敢唐突。待我与小娘子细细说明，方知我的心事。小生姓钟，名景期，字琴仙，就住在长安城外。先父曾作功曹，小生不揣菲材，痴心要觅个倾国倾城之貌，方遂宜家宜室之愿。因此虚度二十一岁，尚未娶妻。闻得你家小姐，待字迟归，未谐佳配。我想如今纨绔丛中，不是读死书的腐儒，定是卖油花的浪子。非是小生夸口,若要觅良偶,舍我谁归?昨日天赐奇缘,将小姐贴身的绫帕被风摄来送到我处,岂不奇怪?帕上我已奉和拙作一首,必求小姐相见,方好呈教。适才听得小娘子说,或者无意之中寻着了东西,小生倒是无意之中寻着姻缘了。因此斗胆前来,实为造次。"一席话说得红于心服,便道:"拼我不着,把你话儿传达与小姐,见与不见任她裁处。"便转身到亭子上来说道:"小姐绫帕倒有着落了,只是有一段好笑话了。"明霞问她,她把钟景期与自己一来一往问答的话儿尽行说出,一句也不遗漏。明霞听罢,脸儿红了一红,眉头蹙了一蹙,长吁一声说道:"听这些话,倒也说得那个。只是他怎生一个人儿?你这丫鬟就呆呆地与他讲起这等话来。"红于道:"若说人品,真正儒雅温存,风流俊俏。红于说来,只怕小姐也未必深信。如今现在这里,拼得与他一见,那人的好歹,自然逃不过小姐的冰鉴。况有帕上和的诗儿,看了又知他才思了。"明霞道:"不可草率,你去与他说,先将绫帕还我,待我看那和韵的诗,果然佳妙,方请相见。"红于领了小姐言语,出来对景期道:"小姐先要看了赐和的诗,如果佳妙,方肯相见。相公可将绫帕交我。"景期道:"既是小姐先要垂青拙作,绫帕在此,小娘子取去,若是小姐见过,望小娘子即便请她出来。"就袖中摸出帕来,双手递于红于。红于接了,走上亭来,将帕递与明霞。明霞也不将帕儿展开看诗,竟藏在袖中,立起身为就往内走,说道:"红于你去谢那还帕的一声,叫他快出去吧。"说完,竟进去。红于又不好拦住她,呆呆地看她走了进去,转身来见景期道:"小姐叫我谢相公一声,她自进去了。叫你快出去吧。"景期道:"怎么哄了绫帕儿去,又不与我相见,是怎么说?也罢。既是如此,我硬着头皮,竟闯进去,一定要见小姐一面,死也甘心。"红于忙拦住道:"这个如何使得?相公也不须着急,好歹在红于身上与你计较一计较,倘得良缘成就,不可相忘。"景期听了,不觉屈膝着地,轻轻说道:"倘得小娘子如此,事成之后,当登坛拜将。"红于笑着连忙扶起道:"相公何必这等,你且消停一会,待我悄地进去,潜窥小姐看了你的诗作何光景,便来回复你。"景期道:"小生专候好音便了。"不说景期在园中等候。却说红于进去,不进房中,悄悄站在纱窗外边。只见明霞展开绫帕,把景期和的诗来再三玩味,赞道:"好诗好诗!果然清新俊逸。我想俱此才情,必非俗子,红于之言,信不诬矣。"想了一会,把帕儿卷起藏好。立起身来,在筒囊内又取出一幅绫帕来,摊在桌上。磨着墨,蘸着笔,又挥了一首诗在上面。写完,等墨迹干了,就叫道:"红于哪里?"红于看得分明,听得她叫,故意不应,反退了几步。待明霞连叫了几声方应道："来了。"明霞道："方才那还帕的人，可曾去吗？"红于道："想还未去。"明霞道：
"他还我那帕儿，不是原帕，是一幅假的，你拿出去还了他，叫他快将原帕还我。"红于
已是看见她另题的一幅帕儿，假意不如，应声"晓得"，接着帕儿出来，向景期道："相
公你的好事，十有一二了。"景期忙问。红于将潜窥小姐的光景，并吩咐她的说话，一
一说了。将帕儿递与景期收过。景期欢喜欲狂，便道："如今计将安出？"红于道："小
姐还要假意讨原帕，我又只做不知，你便将计就计，回去再和一首诗在上面。那时送
来，一定要亲递与小姐，待我撺掇小姐与你相见，便了。只是我家小姐，素性贞洁，你
须庄重，不可轻佻。就是小姐适才的光景，也不过是怜才，并非慕色。你相见时，只面
订百年之好，速速遣媒说合，以成一番佳话。若是错认了别的念头，惹小姐发起怒来，
那我也做不得主，将好事反成害了。牢记，牢记！"景期道："多蒙指教，小生意中也是
如此。但是小生进来，倘然小娘子不在园中，叫又不敢叫，传又没人传，如何是好？"红
于道："这个不妨，锦香亭上有一口石磬，乃是千年古物，你来可击一声，我在里边听见
就出来便了。"景期道一声"领教"。别了红于，出得园门，来见冯元。冯元已在家里，
那毛老儿呼呼地睡在他家凳上。景期与冯元打了一个照会，竟自回寓。取出帕来看
时，那帕与前时一样，只是另换了一首诗儿，上面写道：

> 琼姿瑶质岂凡葩，不比天桃傍水斜。
>
> 若是渔郎来问渡，休教轻折一枝花。

钟景期看了觉得寓意深长，比前诗更加妩媚，也就提笔来，依她原韵又和一首道：

> 碧云缥缈护仙葩，误入天台小径斜。
>
> 觅得琼浆岂无意，蓝田欲溉合欢花。

和完了诗，挨到夜来睡了。次早披衣起身，方开房门，只听得外面乒乒乓乓打将
进来，一共有三四十人，问道："哪一位是钟相公？"早有主人家慌忙进来，指着景期道：
"此位就是。"那些人都道："如今要叫钟爷了。"不等景期开言，纷纷地都跪将下去磕
头，取出报条子来说道："小的们是报录的，报钟爷高中了第五名会魁。"景期吩咐主人

家忙备酒食款待报人，写了花红赏赐。那些人一个个谢了，将双红报单贴在寓所，一面又着人到乡间坟堂屋里，贴报单去了。景期去参拜了座师、房师，回寓接见了些贺客，忙了一日。

次早就入朝廷试，对了一道策，作了四首应制律诗，交卷出朝回寓。时方晌午，吃了些点心。思量明霞小姐之事，昨日就该去的，却因报中了，耽搁了一日。明日只恐又被人缠住，趁今天色未晚，不免走一遭。叫苍头吩咐道："你在房看守，我要往一个所在，去了就来。"苍头道："大爷如今中了进士，也该寻个马儿骑了，待苍头跟了出去，才像礼面。"景期道："我去访个故人，不用随着人去，你休管我。"苍头道："别人家新中了进士，作成家人跟了轿马，穿了好衣帽，满待摇摆点头，哪有自家不要冠冕的？"景期也不去睬他，袖了绫帕，又到莲英儿巷中。只见冯元提着酒壶儿，走到面前道："相公今日可要到园中去了？那毛老儿，我已叫在家中，如今打酒回去与他吃哩。"景期道："今日你须多与他吃一回，我好尽情玩耍。"冯元应着去了。景期走进园门，直到锦香亭上，四顾无人。见那厢一个朱红架子上，高高挂着石磬。景期将槌儿轻轻敲了一下。果然声音清亮，不比凡乐。

话休絮繁，却说那日红于看景期去了，回到房中与小姐议论道："那钟秀才一定要与小姐相见，不过要面订鸾凤之约，并无别意，照红于看来，那生恰好与小姐做一对佳偶，不要错过良缘，料想红于眼里看得过的，决不误小姐的事。明日他送原帕来时，小姐休吝一见。"小姐微笑不答。次日红于静静听那石磬不见动静。又过一日，直到傍晚，忽听得磬声响。知是景期来了，连忙抽身出去。见了景期道："为何昨日不来？"景期道："不瞒小娘子说，小生因侥幸中了，昨日被报人缠了一日。今早入朝殿试过了，才得偷闲到此。"红于听见说他中了，喜出望外，叫声"恭喜"。转身进内，奔到明霞房里道："小姐，前日进来还帕的钟秀才，已中进士了。红于特来向小姐报喜。"明霞啐一声道："痴丫头，他中了与我什么相干？却来报喜。"红于笑道："小姐休说这话，今早我见锦香亭上玉兰盛开，小姐同去看一看。"明霞道："使得。"便起身与红于走将出来，步入锦香亭上。只见一个俊雅书生站在那边，急急躲避不迭，便道："红于，那边有人，我们快些进去。"红于道："小姐休惊，那生就是送还绫帕的人。"小姐未及开言，那钟景期此时魂飞魄荡，大着胆走上前来，作了一揖道："小姐在上，小生钟景期拜揖。"明霞进退不得，红了脸只得还了万福，娇羞满面，背着身儿立定。景期道："小生久慕小姐芳姿,无缘得见。前日所拾绫帕,因见佳作,小生不耻效颦,续貂一首,并呈在此。"说罢,将绫帕递去。红于接来,送与小姐。小姐展开看了和诗,暗暗称赞,将绫帕袖了。景期又道:"小生幸遇小姐,有句不知进退的话儿要说。我想小姐迟归,小生正在觅配。恰好小姐的绫帕又是小生拾得。此乃天缘,洵非人力。倘蒙不弃,愿托丝萝,伏祈小姐面允。"明霞听了,半晌不答。景期道:"小姐无言见答,莫非嫌小生寒酸侧陋,不堪附乔吗?"明霞低低道:"说哪里话,盛蒙雅意,岂敢吝诺。君当速遣冰人便了。"景期又作一揖道:"多谢小姐。"只这一个揖还未做完,忽听得外面廊下,一声吆喝,许多人杂踏踏走将进来。吓得小姐翠裙乱抖,莲步忙移,急奔进去。红于道:"不好了,想是我家老爷进园来了。你可到假山背后躲一会儿,看光景溜出去吧。"说完也乱奔进去。丢下钟景期一个,急得冷汗直淋,心头小鹿儿不住乱撞,慌忙躲在假山背后。那一班人,已俱到亭子上坐定。毕竟进来的是什么人? 钟景期如何出来,且听下回分解。

第三回　琼林宴遍觅状元郎

诗曰：

> 红杏萧墙翠柳遮，重门深锁属谁家。
>
> 日长亭馆人初散，风细秋千影半斜。
>
> 满地绿荫飞燕子，一帘晴雪卷杨花。
>
> 玉楼有客房中酒，笑拨沉烟索煮茶。

话说钟景期与明霞小姐，正在说得情浓。忽听得外面许多人走进来，吓得明霞、红于二人，往内飞奔不迭。原来那进来的人，却正是葛御史同了李供奉、杜拾遗二人，往郊外游春回来，打从莲英儿巷口走过，葛御史就邀他们到自己园中玩耍饮酒。因此不由前门，竟从后园门里进来，一直到锦香亭上，吩咐安排酒肴，不在话下。只可怜那钟景期，急得就似热石头上蚂蚁一般，东走又不是，西走又不是，在假山背后挨了半日。思量那些从人们都在园门上，如何出去得。屁也不敢放一声，心里不住突突地跳，看看到红日西沉，东方月上。那亭子上，正吃得高兴，不想起身。景期越发急了，想了一会，抬头一看，见那边粉墙一座，墙外有一枝柳树，墙内也有一枝柳树。心下想道："此墙内外俱靠着大树，尽可扳住柳条，跳将过去。想墙外必有出路了。"慌忙撩起衣袂，爬上柳树，跳在墙上，又从墙外树上溜将下来。喘息定了，正待寻条走路。举目四顾，谁想又是一所园亭，比葛家园更加深邃华丽。但见：

> 巍巍画栋，曲曲雕栏。堆砌参差，尽是瑶葩琪草；绕廊来往，无非异兽珍禽。珠帘卷处，只闻得一阵氤氤氲氲扑鼻的兰麝香；翠幌掀时，只见有一圆明明晃晃耀眼的菱花镜。楼台倒影入池塘，花柳依人窥琐闼。恍如误入桃源，疑是潜投月府。

景期正在惊疑,背后忽转出四个青衣侍婢来,一把扭住道:"在这里了,你是什么人,敢入园中?夫人在弄月楼上亲自看见,着我们来拿你。"景期听了,只叫得一声苦,想道:"这回弄决撒了。"只得向个婢子问道:"你家是何等人家?"内中一个道:"你眼珠子也不带的,我这里是皇姨虢国夫人府中。你敢乱闯吗?"景期呆了,只得跟着她们走去。看官,你道那虢国夫人是何等人?原来是杨贵妃的亲姊。她姊妹共有四人,因明皇宠了贵妃,连那三位姨娘也不时召入宫中临幸。封大姨为秦国夫人,二姨为韩国夫人,三姨为虢国夫人。也不要嫁人,竟治第京师,一时宠冠百僚,权倾朝野。三姨之中,唯有虢国夫人更加秀媚,有唐人绝句为证:

　　虢国夫人承主恩,平明骑马入宫门。

　　却嫌脂粉污颜色,淡扫娥眉朝至尊。

原来那虢国夫人平日不耐冷静,不肯单守着一个妹夫,时常要寻几个俊俏后生,藏在府中作乐。这日,却好在弄月楼上望见个书生,在园中东张西望。这是上门来的生意,如何放得他过,因此叫侍女去拿他进来。景期被四个侍女挟着上楼。那楼中已点上灯火。见那金炉内焚着龙涎宝香,玉瓶中供着丈许珊瑚;绣茵锦褥,象管鸾笺;水晶帘、琉璃障,映得满楼明莹。中间一把沉香椅上,端坐着夫人。景期见了,只得跪下。夫人道:"你是什么人,敢入我园中窥伺,快说姓什名谁,作何勾当?"景期想来,不知是祸是福,不敢说出真名字来。只将姓儿拆开含糊应道:"小生姓金名重,忝列泮宫。因寻春沉醉,误入潭府,望夫人恕罪。"虢国夫人见他举止风流,已是十分怜爱。又听他言谈不俗,眼中如何不放出火来。便朱唇微绽,星眼双钩,伸出一双雪白的手儿,扶他起来道:"既是书生,请起作揖。"景期此时,一天惊吓变成欢喜。站起来,深深作了一揖,夫人便叫看坐。景期道:"小生得蒙夫人海涵,已出万幸,理宜侍立,何敢僭越。"夫人道:"君家气宇不凡,今日有缘相遇,何必过谦。"景期又告了坐。方才坐下,侍儿点上茶来。银碗金匙,香茗异果。一面吃茶,一面夫人吩咐摆宴。侍女应了一声,一霎时就摆列上来。帘外咿咿呀呀地奏起一番细乐。夫人立起身来,请景期就席。景期要让夫人上坐,自己旁坐。夫人笑着,再三不肯。景期又推让了一回,方才对面坐了。侍女们轮流把盏。那吃的看馔,通是些猩唇熊掌,象白驼峰;用的器皿,通是些玉斝金瓯,晶盏象箸。奏一通乐,饮一通酒。夫人在席间,用些勾引的话儿撩拨景期,景期也用些知趣的话儿酬答夫人。一递一杯,各行一个小令,直饮到更余撤宴,虢国夫人酒兴勃发,春心荡漾,立起身来,向景期微微笑道:"今夜与卿此会,洵非偶然,如此良宵,岂堪虚度乎?"景期道:"盛蒙雅爱,只恐蒲姿柳质,难陪玉叶金枝。"夫人又笑道:"何必如此过谦。"景期此时,也是心痒魂飞,见夫人如此俯就,岂有不仰攀之理,便走近身来,搂住夫人亲嘴。夫人也不避侍儿的眼,也不推辞,两个互相递过尖尖嫩嫩的舌头,大家吮咂了一回,才携手双双拥入罗帏。解衣宽带,凤倒鸾颠。我做小说的,写到此际,也不觉魂飞魄荡,不要怪看官们垂涎咽唾。待在下再作一支《黄莺儿》来模拟他一番,等看官们一发替他欢喜一欢喜:

　　锦帐暖融融。髻斜歆,云鬓松,枕边溜下金钗凤。阳台梦中襄王兴浓。
　　正欢娱,生怕晨钟动。眼朦胧,吁吁微喘,香汗透酥胸。

　　两人云雨已罢,交颈而睡。次早起来,虢国夫人竟不肯放他出去,留在府中饮酒取乐。同行同坐,同卧同起,一连住了十余日。正值三月十五日,虢国夫人清早梳妆,进宫朝贺,是日去了一日,直到傍晚方回。景期接着道:"夫人为何去了一日?"夫人道:"今日圣上因我连日不进朝,故此留宴宫中,耽搁了一日,冷落了爱卿了。"景期道:"不敢。"夫人道:"今日有一桩绝奇的新事,我说与你听,也笑一笑。"景期道:"请问夫人有什奇闻?"夫人道:"今日午门开榜,赐宴琼林,诸进士俱齐,单单不见一个状元,圣上着有司四散寻觅并无踪迹。我方才出宫时,见圣上又差了司礼监公公高力士,亲自出来寻了。你道奇也不奇?"景期道:"今科状元还是谁人?"夫人道:"状元是钟景期,系武陵人入籍长安的。"这句话,景期不听便罢,听了便觉遍体酥酥,手足俱软。喝了一杯热茶之后,才渐渐有一般热气,从丹田下一步步透将起来,直绕过泥丸宫,方始苏醒,连忙跪下说道:"夫人救我则个。"夫人扶起道:"爱卿为何如此?"景期道:"不瞒夫人说,前日闯入夫人园内,恐夫人见罪,因此不敢说出真名字。只将钟字拆开,假说姓金名重。其实卑人就是钟景期。"夫人道:"若如此说,就是殿元公了。可喜可贺。"景期道:"如今圣上差了高公公出来寻访,这桩事弄大了。倘然圣上根究起来,如何是好?"夫人心内想一想道:"不妨,我与你安排便了。如今圣上颇信神仙道术,你可托言偶逢异人,携至终南山访道,所以来迟。你今出去后,就步到琼林去赴宴。我一面差人打关节与高力士,并吾兄杨国忠、吾妹杨贵妃处,得此三人在圣上面前周旋,就可无虞了,你放心出去。"景期扑地拜将下去道:"夫人如此恩山义海,叫卑人粉骨难报矣。"夫人也回了一礼道:"与卿正在欢娱,忽然分袂,本宜排宴叙别,只是琼林诸公,盼望已久,不敢相留了。侍女们,取酒过来,待我立奉一杯吧!"侍女们忙将金杯斟上一杯酒来。夫人取酒在手,那泪珠儿扑簌簌掉将下来道:"爱卿满饮此杯。你虽是看花得意,不可忘却奴家恩爱也。"景期也不胜哽咽,拭着泪儿道:"蒙夫人圣恩,怎敢相忘,卑人面圣过了,即当踵门叩谒,再图佳会便了。"说罢,接过酒来吃了,也回敬了夫人一杯。两双泪眼儿互相觑定,两人又偎抱了一回。只得勉强分开,各道珍重而别。

夫人差两个伶俐侍女,领景期从一个小门里出去。那小门儿是虢国夫人私创,惯与相知后生们出入的所在。景期出得这门,踉踉跄跄走上街来。行不多几步,只见街坊上的人,三三两两,东一堆西一簇的在那边传说新闻。有的说:"怎么一个状元竟没处寻,莫非走在哪里了?"有人说:"寻了一日,这时多应寻着了。"又有人道:"哪里有寻着?方才朝廷又差了司礼监高公公出来查了。"又有人道:"还好笑哩,那主试的杨太师着了急,移文在羽林大将军陈元礼处,叫他亲自带了军士捕快人等,领了钟家看下处的老苍头,在城内城外那些庵院寺观、妓女人家、酒肆茶坊里各处稽查,好像搜捕强盗一般。"有的取笑道:"偌大个状元,难道被骗孩子的骗了去不成?"有的问道:"他的家在何处,如何不到他家里去寻?"又有人说:"他家就在乡间,离城只有三十里。整日的流星马儿边报一般地在他家来往打探哩。"有人说:"莫非被人谋害了?"又有老人家说:"那钟状元的父亲我曾认得,做官极好。就是钟状元,也闻得说在家闭户读书,如何有谁家谋害。"那些人你猜我猜,纷纷议论不一。景期听了,一头走,只管暗笑。又走过一条街,见有三四个做公的手拿朱票,满头大汗地乱跑。一个口里说道:"你说有这等遭瘟的事,往年的琼林宴是白日里吃的,今年不见了状元,直挨到夜黑,治宴老爷立刻要通宵厚蜡的火烛七百斤,差了朱票立等要用,叫铺家明日到大盈库领价。你道这个差难也不难,急也不急。"那一个说道:"你的还好,我的差更加疙瘩哩。往年状元游街,是日里游的。如今状元不知何处去了,天色已晚,仪仗官差了朱票,要着各灯铺借用绛纱灯三百对,待状元游街应用哩。"又见几个官妓家的龟子,买了些糕饼儿在手里,互相说道:"琼林宴上,官妓值酒,不消半日工夫。如今俟了一日,状元还不到。我家的几个姐姐,饿得死去活来,买这些粉面食物与她们充充饥,好再伺候。"景期一一听见,心里暗暗惭愧:"因我一人,累却许多人,如何是好!"低着头又走。只见一对朱红御棍,四五对军牢摆导,引着一匹高头骏马,马上骑着个内官,后边随着许多小太监,喝道而来。景期此时身子如在云雾中,哪里晓得什么回避,竟向摆导里直闯。一个军牢就当胸扭住道:"好大胆的狗头,敢闯俺爷的导子吗。"又一个军牢,提起红棍儿劈头就打,景期慌忙叫道:"啊呀,不要打。"只听得那壁厢巷里,也叫道:"啊呀,不要打。"好像深山里叫人,空谷应声一般。这是什么缘故?原来是陈元礼带着军士们,领了钟家的苍头,四处访寻不见,正从小巷里穿将出来。苍头在前望见那闯导的是自己主人,正要喊出来。却见那军牢要打,便忙嚷道:"啊呀,不要打!"所以与景期那一声不约而同地相应。苍头见了景期，便乱喊道："我家主人相公，新中状元老爷在此了。"那些人听见，一齐来团团围住，吓得那扭胸的连忙放手，执棍地跪下磕头，那内官也跳下马来。这边陈元礼也下马趋来，齐向景期施礼说道："不知是殿元公台驾，多多有罪了。"景期欠身道："不敢，请问二位尊姓？"陈元礼道："此位就是司礼监高公公，是奉圣旨寻状元的。"高力士道："此位就是羽林陈将军，也是寻取状元的，且喜如今寻着了。但不知殿元公，今日却在何处，遍访不见，乞道其故。"景期就依着虢国夫人教的鬼话儿答道："前日遇着一个方外异人，邀到终南山访道。行至中途，他又道我尘缘未断，洪福方殷，令我转来，方才进城，忽闻圣恩擢取，慌忙匍匐而来，不期公公与将军如此劳神，学生负罪深重矣，还祈公公在圣上面前方便。"高力士道："这个何须说得，快牵马来与状元骑了，咱们两个送至琼林宴上，然后复旨便了。"说罢，左右就牵过马来。原来高力士与陈之礼，俱备有空马随着，原是防寻着了状元就要骑的。故此说得一声，马就牵到了。三人齐上了马，众军牢吆喝而行，来到琼林宴上。只见点起满堂灯烛，照耀如同白日。众人听见状元到了，一声吹打，两边官妓名役，一字儿跪着，陪宴官与诸进士都降阶迎接上堂。早有伺候官捧着纱帽红袍，皂靴银带与景期穿戴。望阙谢恩过了，然后与各官相见。高力士和陈元礼自别了景期与诸进士，回去复旨。这里宴上奏乐定席，景期巍然上坐。见官妓二人，拿着两朵金花，走到面前叩了一头，起来将花与景期戴了。以下一齐簪花已毕，众官托盏。说不尽琼林宴上的豪华气概，但见：

　　香烟袅翠，烛影摇红。香烟袅翠，笼罩着锦帐重重；烛影摇红，照耀的宫花簇簇。紫檀几上，列着海错山珍；白玉杯中，泛着醍醐醽醁。戏傀儡，跳魁星，舞狮蛮，耍鲍老，来来往往，几番上下趋跑；拨琵琶，吹笙管，挝花鼓，击金铙，细细粗粗，一派声音嘹亮。掌礼是鸿胪鸣赞，监厨有光禄专司。堂上回放，无非是蛾眉螓首，妙舞清歌，妖妖娆娆的教坊妓女；阶前伺候，尽是些虎体猿腰，扬威耀武，凶凶浪浪的禁卫官军。

　　正是：锦衣叼着君恩重，琼宴新开御馔鲜。

　　少顷散席，各官上马归去。唯有状元、榜眼、探花三个，钦赐游街。景期坐在紫金鞍上，三檐伞下，马前一对金瓜，前面通是彩旗与那绛纱灯，一队一队地接着走。粗乐在前，细乐在后，闹嚷嚷打从御街游过。那看的人山人海，都道好个新奇状元。我们京中人，出娘肚皮从没有吃过夜饭方才看迎状元的。那景期游过几条花街柳巷，就吩咐回寓，众役各散。

次日五更，景阳钟动，起身入朝。在朝廷中，与李林甫、杨国忠、贺知章等一班儿相见了。待殿上静鞭三下，明皇升殿，景期随着众官摆班行礼，山呼谢恩。殿上传下圣旨，宣新状元钟景期上殿。鸿胪引钟景期出班升阶，昭仪卷帘，让景期入殿，伏俯在地战兢兢地奏道："微臣钟景期见驾，愿吾皇万岁。"明皇开言道："昨日高力士奉旨，言卿访道终南，以致久虚琼筵，幸卿无恙，深慰朕心。"景期叩头道："臣该万死。"明皇道："卿有何罪，昨宵朕幸花萼楼饮宴，望见御街灯火辉煌。问时，乃是卿等游街。我想若非卿一日盘桓，安能有此胜景。朕今除卿为翰林承旨，卿其供职无怠。"景期叩头谢恩下殿，明皇退朝不题。

看官听说，想你我百姓人家，摆了酒席，邀着客人不来，心里也要焦躁。哪里有个皇恩赐宴的大典，等闲一个新进小臣，敢丢着一日，累众官寻来寻去，直至晚间方才来赴宴，岂不是犯着大不敬了。此时面君，没一个不替他担忧。谁想皇上，不唯不加罪谴，反赐褒奖，这是什么缘故？原来是虢国夫人怕根究隐匿状元情弊，未免波及自己。故连夜差人，叮嘱了杨贵妃、高力士、杨国忠等内外维持。哄得明皇置之不问，因此景期面君这般太平。有两句俗语道得好：

> 囊中有钞方沽酒，朝里无人莫做官。

景期出了朝门，便吩咐长班，备下该用的禀揭名帖，去各处拜客。先拜了杨、李二太师，并几个显要的大臣。然后到锦里坊来拜虢国夫人与葛御史。到得虢国夫人门首下马，门上人接了帖回道："夫人不在府中，今早奉圣旨宣召入宫未回，留下帖儿吧！"景期道："相烦多多拜上，说另日还要面谒。"门上人道声："晓得。"景期上马，就吩咐到葛御史家去。从人们应了，摆队前行。景期暗想道："论起葛御史来，我也不须今日去拜他，只为明霞小姐的缘故，所以要早致殷勤，后日可央媒说合。我今日相见时，须先把些话儿倾动他一番。"心里想着，那从人们早到马前禀道："已到葛御史门首了。"景期下得马来，抬头一看，但见狮石尘封，兽环掩门；只闻鸟雀啁啾，唯有蜘蛛成网。静悄悄绝无一人，一把大锁锁在门上。两张封条，一横一竖地贴着。那从人们去寻个接帖的也没有。景期看这光景，一时委决不下。毕竟葛御史门首为何这般冷落？且看下回分解。

第四回　金马门群哗节度使

诗曰:

> 劈破虚空消恨魂,吸干沧海洗嚣尘。
> 近来宇宙唯容物,何处能留傲俗人。

话说钟景期去拜葛御史,见重门封锁,绝无一人,不知何故。看官们看到此处,不要因摸不着头脑心焦起来。只为做小说的没有第二支笔,所以一时说写不及。如今待在下暂将钟景期放过一边,把那葛御史的话,细细说与看官们听。

却说那葛御史,名太古,字天民,本贯长安人氏。科甲出身,官至御史大夫。年过半百,并无子嗣。夫人已亡,只有一女,名唤明霞。葛太古素性孤介,落落寡合。那富贵利达,不在心头,唯有诗酒二字摆脱不下。平日与学士贺知章、供奉李太白、拾遗杜子美等,一班儿酒仙诗伯,结社饮酒。自那日游春回来,拉李、杜二人到园中,太古将景期、明霞二人冲散之后,明日又在贺知章家赏花,通是当时的文人墨士。葛太古与李、杜二人,到得贺家,已是名贤毕集了。一时弹琴的弹琴,下棋的下棋,看画的看画,投壶的投壶,临帖的临帖,作诗的作诗。正是:

> 宾主尽一时名胜,笑谈极千古风流。

众人玩耍了一回,就入席饮酒。时对庭中花开,说的说,笑的笑,欢呼痛饮,都吃得大醉,傍晚而散。别了贺知章,上马各回,只有葛太古与李太白是同路,那李太白向葛太古道:"小弟今日吃得高兴,又大醉了。与你又是同路,和你不须骑马,携手步回去吧。"太古道:"如此甚妙。"就吩咐从人牵着马,跟在后边,两人在街上大踱。看看走到金马门来，只见一骑马，上坐着一个紫袍乌帽玉带金钩的胖大官儿，前面两个军官引导，从金马门内出来。李太白朦胧着一双醉眼，问着从人道："那骑马来的是什么人，这般大模大样？"从人看了禀道："是节度使安老爷。"李太白听了，乱嚷起来道："是安禄山这厮吗？罢了！罢了！天翻地覆了。这金马门是俺们翰苑名流出入的所在，岂容那武夫在这坦克驰骋。"葛太古掩他的口不住，那安禄山早已听见，他更眼快，认得是李太白与葛太古二人，就跳下马来，向前道："请了，学士公今日又醉矣。"葛太古勉强欠身道："李兄果然又醉，酒话不必记怀。"太白就直了喉，又嚷道："葛兄睬那武夫则甚，我和你是天上神仙偶谪人世，岂肯与那泼贱的野奴才施礼。"安禄山听见，气得太阳穴里火星直冒，也嚷道："李太白，如何这等欺人太过，我也曾与朝廷开疆拓土，立下汗马功劳。今蒙宣召入朝，拜贵妃娘娘为母，朝臣谁不钦敬，你敢如此小觑我吗？"李太白道："呸，一发放屁，一发放屁。难道一个中朝母后认你这个臭草包为子？葛兄你看他那大肚子里包着酒，袋着饭，塞着粪，惹起我老爷的性子，将青锋利剑剖开你这肚子来，只怕那腌臜臭气要呕死了人，怎及我们胸藏锦绣、腹满文章。你那武夫还不回避！"安禄山大怒道："我方才又不曾冲撞你，怎生这般无礼，你道我是武夫，不中用。我道你们这些文官，作几首吃不得、穿不得的歪诗，送与我糊窗也不要。我想我们在外边血战勤劳，你们在里边太平安享，终日吃酒作诗，把朝廷的事一毫也不理，如今世界通是你们文官弄坏了，还要在我面前说三道四。"只这几句话，惹出一个助纣为虐的葛太古来。那葛太古，始初原在里边解纷，听了安禄山这句犯众的话，也就帮着嚷起来道："你如何说朝廷的事通是我们文官坏的？我想你那班武夫，在外克敛军粮，虚销廪饩。劫良民，如饥鹰攫食；逢劲敌，如老鼠见猫。若没有我们通今博古的君子来发布指示，你那些走狗凭着匹夫之勇，只好去垫刀头。"李太白拍手大笑道："葛兄说得好，说得好，我们不要理他，竟回去吧！"又对从人们道："你们也骂那奴才几声，骂得响回去赏你们酒吃；骂得不响，回去每人打三十板。"那些从人怕李太白回去撒酒疯真正要打，只得也一齐骂起来。千武夫、万草包的一头走一头骂，跟着葛、李二人去了。气得安禄山死去活来，叫军士扶上了马。吩咐不要回第，竟到太师李林甫府中来。门上人通报了，请禄山进去。一声云板，李林甫出来与禄山相见。林甫道："节度公为何满面愠气，此来必有缘故？"禄山尚自气喘喘地半晌作声不得。直待吃了一道花，方才开言道："惊动老太师多多有罪。禄山因适才受了两个酒鬼的恶气，特来告诉。"林甫道:"什么人敢冲撞节度公。"禄山道:"今日圣上在兴庆宫与贵妃娘娘饮宴,禄山进去,蒙圣上赐酒三觞。从金马门出来,遇了李太白、葛太古二人,吃得烂醉,开口就骂。"遂将适才的言语一一告诉出来。林甫听了道:"天下有这等狂放之徒,如今节度公又将怎样?"禄山道:"不过要求太师与禄山出这一口气。"林甫沉吟一会,想葛太古曾拒绝我亲事,正要算计他。不想他自己寻出这个对头来,正中计谋。便笑一笑道:"节度公,我想葛太古这厮,摆布他甚是容易。只是李白这酒鬼,倒难动摇他。"禄山问道:"李白为何难动摇呢?"林甫道:"他恃着几句歪诗儿,圣上偏喜欢他。旧年春间,圣上在沉香亭赏牡丹,叫李白做了什么《清平调》,大加叹赏,赐了一只金斗。他就在御前连饮了三斗,醉倒在地,自称臣是酒中之仙,喝叫高力士公公脱靴。是日醉了,圣上命宫人念奴扶出宫去,着内侍持了金斗宝炬送他回字。这等宠他,我和你一霎时如何就动弹得。"禄山道:"圣上却怎生如此纵容他。"林甫笑道:"节度公的洗儿钱尚然纵容了,何况这个酒鬼。"禄山也笑了一声道:"如今先摆布那葛太古,太师如何计较?"林甫道:"这有何难,你作成一本,劾奏葛太古诽谤朝政,谩骂亲臣。激起圣怒,我便从中撺掇。那老儿看他躲到哪里去。待除了葛太古,再慢慢寻李白的衅端便了。"禄山道:"都承太师指教,只是那桩事,不可迟延,明日朝房早会。"说完,两个作别。明早各自入朝。禄山将参劾葛太古的本章呈进,明皇批下,台阁议奏。李林甫同着众官,在政事堂会议。林甫要将葛太古谪戍边卫山中。又有几个忠鲠的官儿,再三争辩,议将葛太古降三级,调外任用,谪授范阳郡金判。议定复行奏闻,圣上允议。

旨意下了,早有报房人报入葛太古衙内。葛太古看了圣旨,忙进内向明霞小姐说知。道:"我儿,只因我前日同李供奉在金马门经过,乘醉骂了安禄山。那厮奏闻圣上,将我谪贬范阳金判。我平日对官位最看得恬淡,那穷通得失,倒也不在心上。只是我儿柔姿弱质,若带你赴任,恐不耐跋涉之劳,若丢你在家又恐被仇家暗算。去就难决,如何是好?"明霞听说,眼含着泪说道:"爹爹仓悴遭遣,孩儿自当生死不离。况孩儿年幼,又无母亲在堂,家中并无别个亲人照管。爹爹不要三心二意了,儿死也要随着父亲前去的。"太古道:"既是如此,也不须胡思乱想,吩咐家人侍女们一齐收拾,服侍你随我去便了。"里边说话,外边早有家人进来传说:"大司马差着官儿,赍了牌票,来催老爷起身,要讨过关结状哩。"太古道:"你去回复他,说我明早就起行,不须催促。"家人应了出去。又有人进来道:"安禄山差许多军士,在门首乱骂。我们向前与

他讲,倒被他打哩。"太古道:"这个小人不要睬他便了。"差人一面去催车辆、人夫、牲口,一面在家忙忙收拾了一日一夜。次早拜辞了家庙,吩咐家人侍女,都随往住所。一来路上好照管服侍,二来省得留在家中,恐又惹出是非。只留一个精细的家人,并毛老儿在家看守。将前门封锁了,只许看家的在后门出入。自己拂衣上马,小姐登舆,随从男女各自纷纷上了车辆牲口,将行装拴束停当,行出都门。只见贺知章、杜子美与那起祸的李太白,与一班平日相好的官员,都在十里长亭饯别。太古叫车辆先行,自己下马与众相见。各官奉上酒来,太古一一饮了。又赠了许多饯别的诗章,个个洒泪上马而别。太古赶上了小姐一行人,一程程走去,饥食渴饮,夜住晓行,不则一日,来到范阳郡金判衙门上任,毕竟葛小姐与钟景期后来如何相逢,待下回慢慢说来,便知分晓。

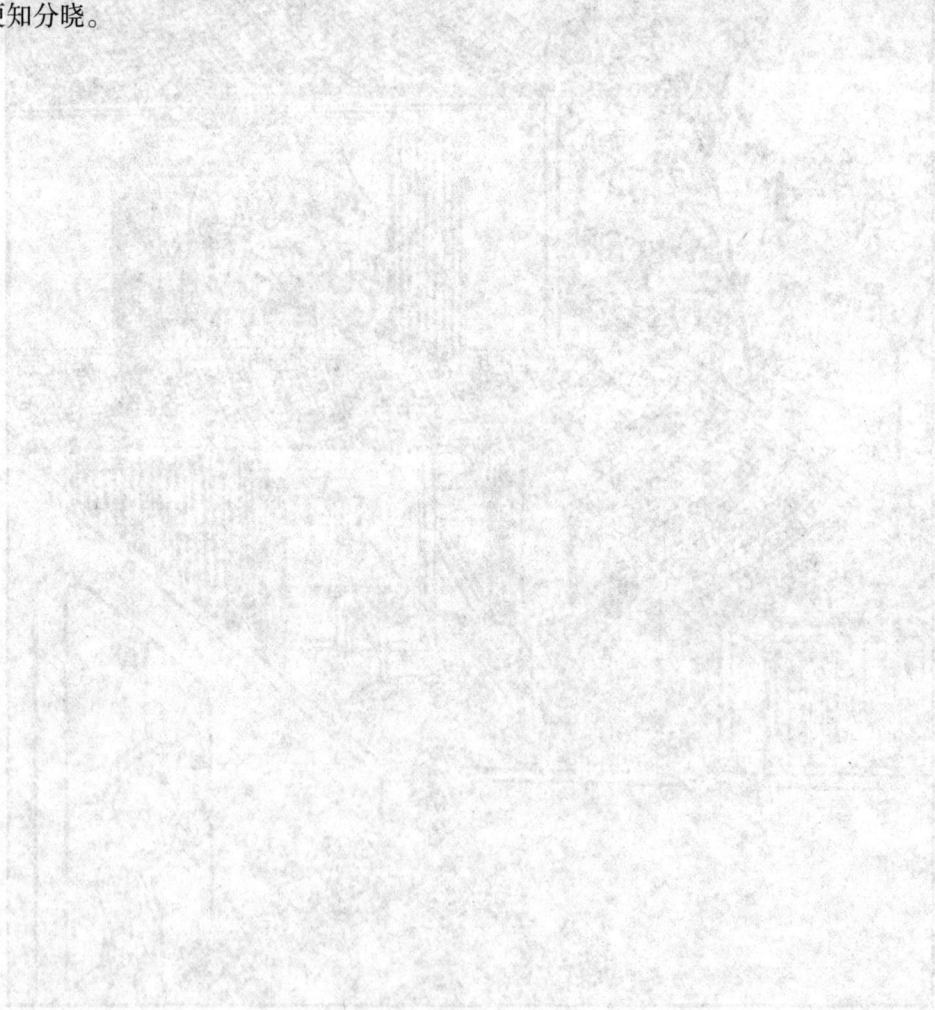

第五回　忤当朝谪官赴蜀

诗曰：

志气轩昂未肯休，英雄两眼泪横流。

秦庭有剑诛高鹿，汉室无人问丙牛。

野鸟空啼千古恨，长安不尽百年愁。

西风动处多零落，一任魂飞到故丘。

前面已将葛太古谪贬的缘由，尽行说过，此回再接入钟景期的话来。却说钟景期一团高兴，一团殷勤，来拜葛御史。忽见重门闭锁，并无人影。景期心中嘀咕，便叫一个长班，到莲英儿巷里，唤冯元到寓所来问他。长班应着去了，自己怏怏地上马而回。看官听说，大凡升降官员，长安城中自然传说，怎么葛太古这些事体，钟景期全然不知呢？原来葛太古醉骂权臣，遭冤被遣这几日，正值钟景期被虢国夫人留在家里，所以一毫也不晓得。是日回寓，卸了冠带坐定。不多时，长班已唤冯元进来，冯元见了，磕了四个头道："小人闻得老爷中了，就要来服侍的，只因这几日为迎接进士的马匹，通是太仆寺承值的，故此小的不得工夫，直到今早才得闲。小的已具了一个手本，辞了本官，正要来投见老爷，不想老爷差人来唤小人，小人一定跟随老爷了。望老爷收用。"景期道："你是我旧人，自然收你。"吩咐长班："将我一个名帖送至太仆寺，叫将马夫冯元名字除去。"长班应办去了。冯元又跪下谢了一声。景期道："起来，我有要紧的话问你。那葛御史家，为着何事将大门封锁？你定知道的，与我细细说来。"冯元道："不要说起，一桩天大的风波，使葛老爷的性命险些儿不保。"景期忙问，冯元便将那金马门前骂了安禄山,被他陷害,谪贬范阳的事情,细细说将出来。

景期听得,慌忙问道:"如今他家的小姐在哪里?"冯元道:"他家小姐也随他去了。"景期暗暗叫苦,打发冯元出去。

那冯元做了新状元的大叔,十分快活,叫人到家里搬了行李,自己又买了一件皂绢直身大顶罗帽,在外摇摆。只苦得景期,一天好事忽成画饼,独自坐在房中长叹。想道:"我若早中了半个月的状元,这段婚姻已成就了。"又想道:"他若迟犯了半个月的事,我去央求虢国夫人替他挽回一番。"又想到:"他自去了,留得小姐在家也好再图一面。"又想:"就是小姐在此,我如今碍着官箴,倒不能像前日的胡行乱闯。"左思右想,思量到帕诗酬和、婢女传情私会、花前稍伸鸾约这种种情景,不觉扑簌簌地坠下泪来。

少顷,外面送晚饭进来。景期道:"我心绪不佳,不要吃饭,须多拿些酒来与我解闷,不要你在此斟酒。你自出去!"伺候人应着出去了。景期自斟自饮,一杯一杯,又是凄楚一回,恼恨一回。外面送进四五壶酒,通吃在肚子里,便叫收去碗盏,在房里又坐了一会,思量这事通是李林甫、安禄山二人弄坏的。我在林下时,即闻得此辈弄权误国,屠戮忠良,就有一番愤懑不平,今日侥幸成名,正欲扫清君侧奸邪。不想那二人坏我好事,如何放得过他,不免轰轰烈烈参他一场,也不枉大丈夫在世一生。一时乘了酒兴,将一段儿女柔情变作一派英雄浩气。就焚起一炉好香,穿了公服,摆开文房四宝,端端坐了,写起本来。本上写道:

> 翰林承旨臣钟景期,诚惶诚恐,稽首顿首谨奏,为奸相窃操国柄,渎乱朝纲,伏枥愚忱,仰祈睿鉴事:臣闻万乘之尊,威权不移于群小;九重之家,聪明不蔽于敛衽。故欲治天下,必先择人;欲择人才,必清君侧。此微臣下伏草莽之时,因夙夜不忘,思得陈一得之愚,以报皇恩千万之一也。

今陛下不弃鄙陋,厕臣讲院,目击权臣僭窃,不敢以窥管之见,谬为越俎之谈。窃见宰相李林甫、节度安禄山,中外交通,上下侧目。舌摇簧鼓,播人主若婴孩;眉蹙剑锋,杀官民如草芥。官爵之升迁,视金钱之多寡;刑狱之出入,觊贿赂之有无。腹心暗结于掖庭,爪牙密饰于朝右。陷尽忠良,固彼党羽。种种凶恶,擢发难数。

臣固知投鼠忌器,不敢以怒螳挡车。第恐朝政日非,奸谋愈炽,将来有不可知者。故不避斧钺之诛,以请雷霆之击也。如果臣言不谬,伏祈陛下敕下廷尉,明正其罪,或窜遐荒、或膺斧锧。举朝幸甚,天下幸甚。臣不胜激切屏营之至。谨奏。

景期写完了本,不脱公服,就隐几假寐待旦。到得五鼓进朝,那早期的常套不必细说。景期将本章呈进内阁,各官俱散。只有李林甫、杨国忠二人留在阁中办事。少顷,司礼监将许多本章来与李、杨二太师票拟。二人接了,将各官的逐一看过。有的是为军需缺乏之事,也有为急选官员之事,也有为地方灾异事,也有为特参贪贿事,也有为请决大狱事,也有为边将缺员事,也有为漕运衍期事。李、杨二人一一议论过去。及看到钟景期一本,二人通呆了。将全本细细看完,李林甫拍案大怒道:"这畜牲敢在虎头上做窠吗?也罢,凭着我李林甫,一定要你这厮的驴头下来,教他也晓得我弄权宰相的手段。"杨国忠看了本,心里想一想,一来妹子虢国夫人曾为钟景期谆谆托付,教我好生照顾;二来自己平日因李林甫百事总揽,不看国忠在眼里,所以也有些怪他。如今见他发怒,就解劝道:"李老先生且息怒。我想这轻躁狂生,撮拾浮言,不过是沽名钓誉,否则必为人指使。若杀了他,恶名归于太师,美名归于钟景期了。以我愚见,不若置之不问,反见李老先生的汪洋大度。"李林甫道:"杨老先生,你平日间也是最怪别人说长道短的,今日见他本上只说我,不说你,所以你就讲出这等不担斥两的话儿。我只怕唇亡齿寒,他既会劾我,难道独不会劾你。况且他本内的'腹心暗结于掖庭'这句话,分明道着禄山出入宫闱的事,连令妹娘娘也隐隐诋毁在内了。"这几句话,说得杨国忠低首无言,羞惭满面,作别先去了。

李林甫便将本儿票拟停当,进呈明皇御览。原来高力士、杨贵妃都曾受虢国夫人的嘱托,也在明皇面前极力救解,以此钟景期幸而免死。明日批出一道圣旨:

> 钟景期新进书生,辄敢诋毁元宰亲臣,好生可恶。本应重处,姑念新科榜首,着谪降外任,该部知道。

旨意下了,铨部逢迎李林甫,寻个极险极苦的地方来检补,将钟景期降授四川石泉堡司户。报到景期寓所,景期不胜恼怒。思量那明霞小姐的姻缘,一发弄得天南地北了。又想要与虢国夫人再会一面,诉一番苦情。谁想李林甫、安禄山差人到寓所来,立时赶逐出京,不许一刻停留。那些长随伺候人等,只得叩头辞别。

景期收拾了东西,叫苍头与冯元陪同出了都门,到乡间坟堂屋里来住下。思量消停几日,然后起身。可恨那李林甫明日绝早,又差人赶到乡间来催促。景期只得打点盘缠,吩咐苍头仍旧在家看管坟茔。冯元情愿跟随前去,就叫安排行李马匹。停当了,吃了饭,到父母坟上痛哭了一场,方才揽衣上马。冯元随着而行,望西进发,一程一程地行去。路又难走,景期又跋涉不贯,在路上一月有零,只走得二千余里,方才到剑门关。正值五月，天气炎蒸。那剑门关的旁边是峭壁危崖，中间夹着大涧，山腰里筑起栈道，又狭又高。下面望去，有万丈余深水中长短参差的凌峭石笋，有成千上万。涧水奔腾冲击，如雷声一般响亮。一日只有巳午二时，有些日光照下，其余早晚间唯有阴霾黑瘴。住宿就在石洞中开张，并无屋宇。打尖时节，还有那些不怕人的猢狲跳在身旁边看人吃饭。景期到了此际，终日战战兢兢，更兼山里热气逼将下来，甚是难行。且又盘缠看看缺少，心上又忧，不觉染成一病。勉强走了三五日，才出得剑门关的谷口，景期正要赶到有人烟的去处将养几日。不想是日傍晚时候，忽然阴云密布，雷电交加，落下一场雨来。好大雨，但见：

> 括地风狂，满天云障。括地风狂，呼啦啦吹得石走砂飞；满天云障，黑漫漫遮得山昏谷暗。滂沱直泻，顷刻间，路断行人；澎湃中倾，转盼处，野无烟火。千村冷落，万木悲号。砑訇一声霹雳，惊起那深潭蛟蟒欲飞腾；闪烁一道电光，照动那古洞妖魔齐畏缩。若不是天公愤怒，也许是龙伯施威。

这一场大雨，足足下了一个时辰。众客伴诚恐赶不上宿头，不顾雨大，向前行去。只有钟景期因病在身，如何敢冒雨而走。回头望见山坳里露出一座寺院，便道："冯元，快随我到那边躲雨去。"策马上了山坡，走到门前，见是一个大寺，上面一块大匾，写着："永定禅寺"，山门半开半掩。

景期下了马，冯元将马拴在树上，随着景期进去。行过伽蓝殿，走到大殿上来，见冷冷清清，香也没人点一炷。景期合掌向佛拜了三拜。出了殿门，走至廊下，见三四个和尚赤脚露顶，在那边乘凉。景期向前欠身道："师父们请了。"内中有一个回了问讯。那些和尚睬也不睬，各自四散走开。连那回问讯的也不来交谈，竟自走去了。

景期叹了一声，脱下湿衣，叫冯元挂起晾着。自己就门槛上坐了，冯元也盘膝坐在地上。景期道："冯元，如何这里的和尚这等大样？"冯元道："岂但这里，各处的贼秃通是这等的。若是老爷今日前呼后拥来到此间，他们就跪接的跪接，献茶的献茶，留斋的留斋，千老爷，万老爷，千施主，万施主，掇臀呵屁地奉承了。如今老爷这般模样，叫他们怎的不怠慢。"他这边说，那边早有几个和尚听见，便交头接耳地互相说道："听那人口内叫什么老爷，莫非是个官吗？"内中一个说："待我问一声就知道了。"便来问景期道："请问居士仙乡何处，为何到此？"冯元接口道："我家老爷是去赴任的。因遇了雨，故此来躲一躲。"和尚听见说是赴任的官员，就满面撮拢笑来道："既如此，请老爷到客堂奉茶。"景期笑了一笑，起来同着和尚走进客堂坐了。和尚们就将一杯茶献上,景期吃了。和尚又问道:"请问老爷选何贵职。"景期道:"下官为触忤当朝,谪贬四川石泉堡司户。"和尚暗道:"惭愧,我只道是大大官府,原来是个司户。谅芝麻大的官有什么好处,倒折了一杯清茶了。"心里想着,又慢慢走了开去,依旧一个人也不来睬了。

景期坐了一会,只见又是一个和尚在窗外一张,把冯元看了又看,叫道:"你是冯道人,如何在此?"冯元听得,奔出来见了道:"啊呀,你是人鉴师父,为何在此?"看官,你道冯元为何认得这人鉴?原来当景期打发他出来后,就投在人鉴庵里,做香火道人。后来人鉴为了奸情事逃走出来,在此永定寺里做住持僧。这日听见有个司户小官儿到他寺里,所以了来张看。不期遇到了冯元,便问道:"你一向不见,如何跟着这个满面晦气色的官人到此?"冯元听了道:"你休小觑他,这就是我旧主人钟老爷,是新科状元,因参劾了当朝李太师,故此谪官到此。"人鉴道:"幸是我自己出来,不然几乎得罪了。"慌忙进去打个深深的揖道:"不知贵人远来,贫僧失礼,未曾迎迓,望乞恕罪。"又连忙吩咐收拾素斋,叫冯元牵了马匹进来,又叫将草与马吃。请景期到方丈中坐了,用了斋。天已夜了,人鉴道:"今日贵人降临荒山,万分有幸。天色已晚,宿店又赶不上,不如就在小庵安歇了吧!老爷的铺盖都已打湿,不堪用了。后面房里有现成床帐,老爷请去安置。这湿铺盖也拿了进去,待我叫道人拿盆火来烘干了,明日好用。"景期道:"多承盛情,只是打搅不当。"人鉴道:"说哪里话。"说着点了灯头,带景期走过了十数进房子,将景期送入一个房里,便道:"老爷请,贫僧告退,明早来问安。"景期感谢不尽。因行路辛苦,身子又病,见床帐洁净,不胜之喜,倒在床上就睡了。冯元在床前将湿衣湿被摊开,逐一烘焙。至更余要大解,起来忙出房门,见天上下过了雨,已是换了一个晴天。新月一弯,在树梢上挂着。冯元又不认得寺里的坑厕在何处,只管在月光之下闯来闯去,走到前边,摸着门上已下锁了。只觉得门外火光影影,人语嘈嘈。冯元心中疑惑,从门缝里一张,只见人鉴领着七八个胖大和尚,手中通拿着明晃晃的刀儿。人鉴道:"师兄们,我当初在长安居住时,晓得钟状元是个旧家子弟,此来毕竟有钞。况且你们方才曾怠慢他,我虽竭力奉承,只怕他还要介意。这个人,说是李阁老尚敢动他一本,必是难惹的。我们如今去断送了他,不唯绝了后患,且得了资财,岂不是好。"众和尚道:"既如此,我们进去行事吧!"人鉴道:"且住,这时节料想他有翅儿也没处飞去了。我们厨下的狗肉正烧得烂,且热腾腾地吃了,再吃几杯酒壮壮胆,方好做事。"众和尚都道:"有理。"便一哄儿到厨下去了。

冯元听得分明,吓得魂飞天外,魄散九霄,连大解也忘了,慌忙转身飞奔。每一重门槛都跌一跤,连连跌了四五个大筋斗,跑入房中,掀开帐子,将景期乱推道:"老爷不好了,杀将来了,快些起来。"景期在睡梦里,惊醒道:"冯元为何大惊小怪?"冯元道:"老爷不好了。方才我听见人鉴领着众和尚,持了刀斧要来害你,须快快逃走。"景期听了,这一惊也不小,急忙滚下床来问道:"如今从哪里出去?"冯元道:"外面门已锁了,只有西边一个菜园门开着哩,那边或有出路。"景期道:"行李马匹如何取得?"冯元道:"哪里还顾得行李马匹,只是逃得性命就好了。"景期慌了手脚,巾也不戴,只披着一件单衣,同冯元飞奔菜园里来。冯元将土墙推倒,搀着景期走出。谁想道路错杂,两人心里又慌,如何辨得东西南北,只得攀藤附葛,挨过山崖。景期还喘息未定,身边一阵腥风,林子里跳出一只吊睛白额虎来,望着景期便扑。不知性命如何,且听下回分解。

第六回　逢义士赠妾穷途

词曰：

　　叠叠云山，回首处，客心愁绝。最伤情，目断西川，梦归地阙。芳草路迷
行骑缓，夕阳驴偕征人咽。问苍天，何事困英雄？关山别。合欢花，被吹折。
连理枝，凭谁接。望天涯，镇日衷肠郁结。万里雾深文豹隐，三更月落乌啼
血。叹孤身，南北任飘蓬，庄周蝶。

右调《满江红》

　　话说钟景期与冯元在寺中逃出，心里慌张，也不顾有路无路，披荆带棘，乱窜过山
嘴。忽跳出一只大虫来，望景期身上便扑，景期闪入林中叫声"啊呀！"吓倒在地。冯
元也在林子里吓得手软脚酥，动弹不得。那大虫因扑不着人，咆哮发怒，把尾巴在地
下一剪，刮得砂土飞卷起来，忽喇一声虎啸，震得山摇谷动，望着林子又跳将入来。冯
元正没理会，只见那虎扑地一声跌翻了，在地上乱滚。那边山坡上一个汉子，手提钢
叉飞奔前来，举起叉望着虎肚上连戳两戳。那虎鲜血迸流，死在地上。冯元看那汉
子，什么模样：

　　身穿虎皮袄，脚踏鹰嘴鞋。眼似铜铃，须如铁戟。身长一丈，腰大十围。
错认山神显圣，无疑天将临凡。

　　那汉子戳死了虎，气也不喘一喘，口里说道："方才见有两个人，哪里去了。"就转
入林里来寻。冯元慌忙跪下道："可怜救命。"那汉子扶住道："你这人好大胆，如何这
时候还在此行走？若不是俺将药箭射倒那孽畜，你倒连命几乎断送了。"冯元道："小
人因跟随主人钟状元来此，适才误入永定寺中，奸僧要谋害我主仆，知风逃窜到此，行
李马匹通在寺中哩。"汉子道："你主人叫什么名字？既是状元，为何不在朝中，却来此

处?"冯元道:"我主人名叫钟景期,为参劾了李林甫,谪贬石泉堡司户。因此路经这里。"汉子道:"如此说是个忠臣了,如今在哪里?"冯元指着道:"那惊倒在地的就是。"汉子道:"待我去扶他。"便向前叫道:"官人苏醒。"冯元也来叫唤了十数声,景期才渐渐醒转。汉子轻轻扶他起来。他还半晌站立不得,靠着松树有言没气问道:"唬杀我也,是什么人救我?"汉子道:"休要害怕,大虫已被俺杀死了。"景期道:"多谢壮士救命之恩。"汉子道:"这是偶然相遇,非有意来救你,何须谢得。"景期道:"如今迷失了路径,不知该往哪里去,望壮士指引。"汉子道:"官人好不知死活。我这里名叫剑峰山,山中魍魉迷人,虺蛇布毒,豺狼当道,虎豹满山。就是日里也须结队而行,这时便如何走得? 也罢。我敬你是个忠臣,留你主仆两人到我家中暂宿一宵,明日走路未迟。"景期道:"家在何处?"汉子道:"就在此山下。"景期道:"壮士刚才说这山中如此厉害,怎生住得?"汉子道:"俺若是害怕,不敢独自一人在此杀虎了。俺住此二十年,准准杀了一百余只大虫了。"景期道:"如何有许多虎?"汉子道:"俺若隔两个月不杀虎,身子就疲倦了。不要讲闲话,快随我下山去。"说罢,将死虎提起来,背在身上,手挂钢叉,叫声:"随我来!"大踏步向前竟走。景期与冯元拽着手,随后而行。心里又怕有虎跳出来,回头看看后边。三人走了里许,山路愈加险峻,那汉子便如踏平地一般。景期与冯元瞪着眼,弯着腰,扯树牵藤,一步一跌,好生难挨。那汉子回头看了这光景,叹道:"你们不理会走山路,须是大着胆,挺着腰,硬着腿,脚步儿实实地踏去才好。若是心里害怕,轻轻踏去,就难于走了。"景期、冯元听了,依着言语,果然好走了。又行了二三里,早见山下林子里透出灯光。那汉子在林子外站着不走。景期想"已到他家门首,一定是让我先走,所以立定。"便竟向林子中走去。汉子忙横着钢叉拦住道:"你休走,俺这里周围通埋着窝弓暗弩,倘误踏上了,就要害了性命。你二人扯着我衣袂,慢慢而走。"景期、冯元心里暗暗感激,扯了他衣袂走了进去。早到黄砂墙下,一扇毛竹小门儿闭着。汉子将钢叉柄向门上一筑,叫道:"开门。"里面应了一声,那门儿呀地开了,见一个浓眉大眼的长大丫鬟,手持灯,让他三人进去。那汉子将虎放在地下,向丫鬟道:"这是远方逃难的官人,我留他在此歇宿。你去向大姐说,快收拾酒饭。"丫鬟应了,拖着死虎进去了。汉子将钢叉倚在壁上,请景期到草堂上施礼坐定。景期道:"蒙壮士高谊,感谢不尽。敢问壮士高姓大名?"汉子道:"俺姓雷名万春,本贯涿州人氏。先父补授剑门关团练,挈家来此。不想父母俱亡,路远回去不得,就在此剑峰山里住下。俺也没有妻室,专一在山打猎度日。且有一个亲兄,名唤雷海清,因少年触了瘴气,双目俱瞽,没什好做,在家学得一手好琵琶羯鼓。因往成都赛会,名儿就传入京师。天宝二年,被当今皇帝选去,充做梨园典乐郎官,他也并无子嗣,只生一女儿。先嫂已亡，自己又是瞽目之人，不便带女儿进京。所以留在家中，托俺照管。只有适才出来那个粗蠢丫鬟在家，服侍答应不周，郎君休嫌怠慢。"景期道："在此搅扰不当，雷兄说哪里话。"外面说话，里面早已安排了夜饭。那个丫鬟捧将出来，摆在桌上。是一盘鹿肉，一盘野鸡，一盘薰兔，一盘腌虎肉，一大壶烧酒。雷万春请景期对面坐下，又叫冯元在侧首草屋里面坐了，也拿一壶酒，一盘獐肉与他去吃。万春与景期对酌谈心，吃了一回，万春道："近日长安光景如何？"景期道："因今李林甫掌握朝纲，安禄山阴蓄异志，出入宫闱，肆无忌惮，只怕铜驼遍生荆棘，石马埋没蒿莱，此景就在目前矣。"万春道："郎君青年高拔，就肯奋不顾身，尽忠指佞，实是难得，只是你窜贬遐方，教令尊堂与尊夫人如何放心得下？"景期道："卑人父母俱亡，尚未娶妻。"万春听了，沉吟了一会道："原来郎君尚未有室，俺有句话儿要说，若是郎君肯依，俺便讲，若是不依，俺便不讲了。兄是我救命恩人，有何见谕，敢不领教。"万春道："家兄所生一女，名唤天然，年已及笄，尚未字人，俺想当今天下将乱，为大丈夫在世，也要与朝廷干几桩事业。只因舍侄女在家，这穷乡僻壤，寻不出个佳婿。俺故此经年雌伏，不能一旦雄飞。今见郎君翰苑名流，忠肝义胆，况且青年未娶，不揣葑菲，俺要将侄女奉操箕帚，郎君休得推却。"景期道："萍水相逢，盛蒙雅爱，只是卑人虽未娶妻，却曾定聘。若遵台命，恐负前盟，如何是好？"万春道："郎君所聘是谁家女子？"景期道："是御史葛天民的小姐，名唤明霞，还是卑人未侥幸之前相订的。"万春道："后来为何不娶？"景期道："葛公也为忤了安禄山，降调范阳去了。"万春道："好翁婿，尽是忠臣，难得难得，也罢，既如此说，俺一言既出，驷马难追，愿将舍侄女赠予郎君，备位小星，虚位以待葛小姐便了。"景期道："虽然如此说，只是令侄女怎好屈她，还须斟酌，不可造次。"万春景期道："郎君放心，舍侄女虽是生长山家，颇知闺训。后日妻妾夫妇之间，定不误你。况你此去石泉堡，也是虎狼出没所在。俺侄女亦谙窝弓藏箭之法。随你到任，不唯暂主频烦，还好权充护卫，不须疑惑，和你就此堂前一拜为定吧！"景期立起身来道："台意既决，敢不顺从，请上受我一拜。"万春也跪下去，对拜了四拜。复身坐了，那长丫鬟又拿出饭来。万春看了，笑一笑道："还有一桩事，一发做了。这丫鬟年已二十，气力雄壮，赛过男子。俺叫她是勇儿，想盛价毕竟也未有对头。俺欲将她二人一发配成夫妇，好同心协力地服侍你们，意下如何？"景期还未回答，那冯元在侧首草房里听见，慌忙奔到草堂上就叩头道："多谢雷老爷，小人冯元拜领了。"景期、万春二人好笑。吃完了饭，各立起来，万春就取一本历书在手内道："待我择一个吉日，就好成亲。"冯元道："夜里看了历头，要犯墓库运的，雷老爷不要看。"万春笑道："这厮好婆子话，听了倒要好笑。"揭开历本一看道："恰好明日就是黄道吉日，就安排成亲便了。"景期道："只是我的衣服都同着行李丢在永定寺里，明日成亲穿戴什么好？"万春道："不妨，你开个单来，俺明早与你讨来还你。他若不还，砍了他的光头来献利市。"景期道："不须开单，我身边有工码帐在此。"便在腰间取出帐来。万春接来一看，上边一件件写得明白：

　　　大铺盖一副：内绸夹被一条，布单被一条，纻系褥一条，绒单一条。小铺盖一副：内布夹被一条，布单被一条，布褥一条，青布直身一件。捎马两个：内皂鞋一双，油靴一双，朔子两枝，茄瓢一只。拜匣一个：内书三部，等子一把，银锯一个，并笔砚纸墨图书等物。皮箱一只：内红圆领一件，青圆领一件，直身三件，夹袄三件，单衫三件，裤二条，裙一条，银带一围。纱帽盒一个：内纱帽一顶。外剑一把，琴一张，便壶一个。

　　万春看完道："还有什么物？"景期道："还有巾一顶，葛布直身一件，仓悴间忘在他房里。还有马匹鞍辔并驮行李的驴子，通不在账上。"万春道："晓得了，管教一件不遗失。"说罢，进去提了两张皮出来，说道："山家没有空闲床褥，总是天气热，不必用被，有虎皮在此，郎君垫着，权睡一宵。那张鹿皮冯元拿去垫了睡。"说罢，放下皮儿进去了，景期与冯元各自睡了。

　　明早起身，见勇儿捧一盆水出来说道："钟老爷洗脸，二爷吩咐叫钟老爷宽坐，不要在外面去闯。"景期道："你二爷呢？"勇儿道："二爷清早出去了。"景期在草堂中呆呆坐了半日，到辰牌时分，只见雷万春骑着景期的马，牵着驴子，那些行李通驮在驴背上，手里又提着一个大筐子，有果品香烛之类在筐子内，到草堂前下了马。那冯元看见，晓得讨了行李来了，连忙来搬取。

　　万春道："俺绝早到那秃驴寺中，一个和尚也不见，只有八十余岁的老僧在那里。俺问他时，他说昨晚走了什么钟状元，诚恐他报官捕捉，连夜逃走了。那住持人鉴放心不下，半夜里还在山上寻觅，却被虎咬去吃了。有道人看见逃回说的。"景期道："天道昭昭，何报之速也。"万春道："你的行李马匹通在此了。俺又到那秃驴房内搜看，见有果品香烛等物，俺想今日做亲通用得着的，被俺连筐子拿了来，省得再去买，又要走三四十里路。"景期道："亲翁甚费心了。"两人吃了饭。万春叫冯元跟出去，去了一会回来。冯元挑着许多野鸡野鸭鹿腿猪蹄，又牵着一只羯羊。万春叫勇儿接进去了。少顷，一个掌礼、两个吹手进来。那掌礼人原来兼管做厨子的。这还不奇，那吹手更加古怪，手里正拿着一个喇叭，一面鼓儿，并没别件乐器。一进来，就脱下外面长衣，便去扫地打水,揩台抹凳。原来这所在的吹手兼管这些杂事的。景期看了只管笑。见他们忙了一日,看看到夜,草堂中点起一对红烛,上面供着一尊纸马,看时却是一位顶盔贯甲的黑脸将军。景期不认得这纸马,问道:"这是什么神?"雷万春道:"这是后汉张翼德老爷,俺们这一方通奉为香火的。"景期听了,作了一揖。

掌礼人出来高声道:"吉时已届,打点结亲。"景期就叫冯元拿出冠带来换了。冯元也穿起一件青布直身。那吹手就将喇叭来吹了几声,把鼓儿咚咚地只管乱敲。掌礼人请景期立了,又去请新人出来。那新人打扮倒也不俗,穿一件淡红衫子,头上盖着绛纱方巾。就是勇儿做伴,搀扶着出来,拜了天地,又遥拜了雷海清。转身拜雷万春,万春也跪下回礼。然后夫妻交拜完了,掌礼人便请雷万春并景期、天然三人上坐,喝唱冯元夫妇行礼。那勇儿丢了伴婆角色,也来做新人,同冯元向上拜了两拜。掌礼人唱道:"请新人同入洞房。"景期与天然站起身来,勇儿又丢了新人角色,赶来做伴婆,扶着天然而走。冯元拿了两支红烛在前引导。那吹鼓手的鼓儿一发打得响了,景期只是暗笑。进入房里坐定,吹手又将喇叭吹了三声,鼓儿打了三遍,便各自出去。

雷万春吩咐勇儿送酒饭进去。景期看着天然,心里想道:"这天然是山家女子,身子倒也娉婷,只不知面貌生得如何?"走进来,将方巾揭开一看。原来又是个绝世佳人,有一首《临江仙》为证:

> 秀色可餐真美艳,一身雅淡衣裳。眼波入鬓翠眉长。不言微欲笑,多媚总无妨。原只道山鸡野鹜,谁知彩凤文凰。山灵毓秀岂寻常。似花花解语,比玉玉生香。

景期看了不胜之喜,吃了几杯酒,叫勇儿收了碗盏,打发她出去与冯元成其好事。自己关了房门,走近天然身边,温存亲热了一番,倚到床边解衣就寝。一个待字山中,忽逢良偶;一个迤遭途次,反遇佳人。两人的快活,通是出于意外。那种云雨绸缪之趣,不待言而可知。

话休絮烦。景期在雷家住了数日,吩咐冯元、勇儿都称雷天然为二夫人,那雷天然果是仪容窈窕,德性温和,与景期甚相恩爱。

景期恐赴任太迟,就与雷万春商议起身赴任。一面叫收拾行李,一面去雇了一辆车儿、五头骡子来。雷万春道:"此去石泉堡,尚有千余里,比郎君经过的路更加难走。俺亲自送你们前去。"景期感激不已。择了吉日,清早起身。

景期一骑马在前,天然坐着车儿,冯元、勇儿各骑一头骡子,万春也骑着骡子押后。尚余两个骡并景期原来的一个驴子,通将来驮载行李家伙,一行人上路而行。又过了许多高山峻岭、鸟道羊肠,方才到得石泉堡。

那司户衙门,也有几个衙役来迎接,景期择日上任,将家眷接进衙门住下。景期将册籍来查看,石泉堡地方虽有四百里方圆,那百姓却只有二百余户,一年的钱粮不上五十两,一月的状词难得四五张。真正地广人稀,词轻讼简。景期心里倒觉快活,终日与天然弹琴下棋,赋诗饮酒。雷万春又教景期习射试剑,闲时谈论些虎略龙韬。

一日,景期正与天然焚香对坐,只见万春走进来道:"俺住此三月有余,今日要别你二人,往长安寻俺哥哥。一来报侄女喜信,二来自己也寻个进身进步。行李马匹俱已收拾停当,即刻就走。快暖酒来与我饯行。"景期道:"叔翁如何一向不见说起,忽然要去,莫非我夫妇有什么得罪吗?"万春道:"你们有什么得罪,俺恐怕郎君侄女挽留,故此不说。哪知俺已打点多时了。"天然忙叫勇儿安排酒看来。景期斟满了酒,双手奉上,万春接来饮了。又饮了十数大杯,抹着嘴说道:"郎君与侄女珍重。俺此去,若有好处,再图后来聚首。"景期道:"叔翁且住,待我取几两银子与叔翁做盘费。"万春道:"盘费已有,你不必虑得。"天然道:"待孩儿收拾几种路菜与叔叔带去。"万春道:"一路里山蔬野味吃不了,要路菜做什?"天然又道:"叔叔少停一会,待孩儿写一封书与爹爹,就是我相公也须寄一个通候信儿去。"万春道:"俺寻见你父亲,自然把家中事体细细说与他知道,要书启何用? 俺就此上路,你们不必挂念。"景期、天然无计留他,只是两泪交流,望着万春双双拜将下去。万春慌忙回礼,拜了四拜。冯元与勇儿也是眼泪汪汪地来叩了四个头。万春看见天然悲泣,便道:"侄女不必如此,你自保重。"说完,向景期拱了一恭,竟自上马而去。景期也忙上了马,叫冯元与几个衙役跟了,赶上来相送,与万春并马行了二十余里。景期只管下泪。万春笑道:"丈夫非无情,不洒别离泪,郎君怎么这个光景?"景期道:"叔翁的大恩未报,一旦相别,如何不要悲怆。"万春道:"自古道,送君千里,终须一别,后会有期,不须眷恋。郎君就此请回。"钟景期见天色晚了,只得依允。两人跳下马来,又拜了四拜,作别上马。景期自领了冯元、衙役回衙门不题。

却说万春匹马上路,经过了无数大州小县,水驿山村。行了两个多月,不觉到了长安,寻个饭店歇下,便去问主人家道:"你可晓得那梨园典乐官雷海清寓在哪里?"主人家道:"他与李龟年、马仙期、张野狐、贺怀智等一班儿乐官,都在西华门外羽霓院里,教演许多梨园子弟。客官顺他怎的?"万春道:"我特为要见他,故不远千里而来,明早相烦指引。"只见旁边站着一条大汉厉声说道:"我看你相貌堂堂,威风凛凛,怎不去勠力为国家建功立业,却来寻这瞽目的优伶何干?"万春听见,忙向前施礼。不知这人是谁,且听下回分解。

第七回　禄山儿范阳造反

诗曰：

　　愁见干戈起四海，恨无才能济生灵。
　　不如痛饮中山酒，真到太平方始醒。

　　话说雷万春在饭店中，寻问哥哥雷海清住处。忽见旁边一人向他说道："看你威风凛凛，相貌堂堂，似非凡品，为何去寻那瞽目的雷海清？况他不过是个梨园乐工，难道你去屈膝嬖人，枉道希求进用吗？"万春道："台兄在上，俺非是屈膝嬖人，俺乃涿州雷万春，向来流落巴蜀。因海清是俺家兄，故此要来见他。"那人道："如此，小弟失言了。"万春道："请问台兄尊姓大名？"那人道："小弟姓南名霁云，邠州人也。一身落魄，四海为家。每叹宇宙虽宽，英雄绝少。适才见兄进门，看来是个好汉，故此偶尔相问。若不弃嫌，到小弟房中少坐，叙谈片时，不知可否？"万春道："无意相逢，盘旋如此，足见盛情，自当就教。"霁云遂邀万春到房中，叙礼坐定。万春道："请问南兄到此何干？"霁云道："小弟有个故人，姓张名巡，乃南阳邓州人氏。先为清河县尹，后调浑源，近闻他朝觐来京，故此特来寻他。我到得长安，不想他又升了睢阳守御史，出京去了。我如今不日就要往睢阳投见他去。"万春道："兄要见他何干？"霁云道："我见奸人窃柄，民不聊生，张公义气薄云，忠心贯日，我去投他，不过是辅佐他与皇家出一臂死力耳。"万春道："如此说来，原与不才志同道合，俺恨未得遇逢，时怀郁愤。兄既遇此义人，不才愿附骥尾，敢求台兄挈带同往。"霁云道："若得兄同心勠力，当结为刎颈之交，死生相保，患难相扶。"万春道："如此甚妙，请上受我一拜。"霁云道："小弟也该一拜。"两个跪下，对拜了四拜。万春道："明日去见过家兄，便当一同就道。"霁云道："既为异姓骨肉，汝兄即我兄也，明早当同去拜兄。"是晚，霁云将银子付与主人家，备了夜饭，二人吃了，各自睡下。

明日二人携手入城，问到西华门羽霓院前。万春央守门人通报进去。不多时，守门人出来请道："爷请二爷进去，小人在前引导。"将南、雷二人引到典乐厅上。早见雷海清身穿绣披风，头戴逍遥巾，闭着一双眼睛，一个清秀童子扶着出来，倚着柱子立定，仰着脸，挺着胸，望空里只管叫道："兄弟来了么，在哪里？"万春向前扶着道："哥哥，兄弟在这里。"定睛一看，见海清鬓发已斑，须髯半白，不觉惆然下泪，便道："愚弟在此拜见哥哥。"捧着海清的手跪将下去。海清也忙跪下，同携了起来。万春道："愚弟有个盟兄南霁云，同在此拜你。"海清又望着空里道："瞽目之人失于迎迓，快请来相见。"霁云向前施礼道："南霁云拜揖了。"海清慌忙回了揖道："此间有子弟们来打混，可请到书房中去坐。"便吩咐安排筵席，三人同入书房。南霁云坐了客位，海清坐主位，万春坐在海清肩下。海清将手在万春身上只管摸，又嘻嘻笑道："兄弟的身材长得一发雄伟了，须儿也这般长了。好！好！祖宗有幸，与雷氏争气必吾弟也。"万春道："愚弟十年不见哥哥，失于问候。不想哥哥的须鬓这般苍了。"海清听了掉下泪来道："我为朝廷选用，不得回家。我又将女儿累着兄弟，不知如今曾将她嫁人否？"万春道："若说侄女，哥哥但放心。愚弟已替她配得个绝妙的好对头了。"海清道："嫁了谁人？"万春便将遇了钟景期，将侄女嫁他，随他赴任的话，一一说与海清听了。海清道："好！好！那钟景期是个参奏李林甫的忠臣，女儿嫁得他，我无憾矣。"万春道："如今李林甫那厮怎么了？"海清道："他自窜贬钟景期之后，不知那虢国夫人为什么切齿恨他，与高力士、杨国忠常在圣上面前说李林甫弄权欺主，擅逐忠良。圣上遂罢了他的相，使他忧愤成疾而死了。"万春道："那李林甫已死，朝廷有幸了。"海清道："咳！你哪知道，还有大大一桩隐忧哩。自李林甫死后，安禄山没了接应，只靠一个贵妃娘娘。那杨国忠又着实怪他，也常常陈奏他的反情。禄山立脚不定，央贵妃说项，封他为东平郡王，领范阳、平卢、河东三道节度使，兼河北诸路采访署行台仆射，统属文武节制将领，驻扎范阳，二月前赴任去了。"南霁云大叫道："不好了，禄山此去，正如猛虎归山，青龙入海，天下自此无宁日矣。"海清道："我乃残废之人，已不能有为。然每鼓雍门之瑟，便思击渐离之筑。南兄与吾弟如此英雄，何不进身效用，以作朝廷保障。"霁云道："不才正有此意，故欲同令弟前往张睢阳处。只是贤昆玉阔别数年，方才相会，恐怕不忍骤然分袂。"海清道："大丈夫志在四方，何必做儿女子的恩爱牵缠之态。"霁云拍掌大笑道："妙，妙，优伶之中，有此异人，几乎失敬了！"说话之间，外面筵席已定，请出上席。那雷海清虽是个小小乐官，受明皇赏赉极多，所以做事甚是奢富。筵席之间，就叫几个梨园子弟来吹弹歌舞。这是他卖物当行，不消说得。海清就留霁云与万春住了数日。霁云、万春辞别，海清又治酒送行。二人别了他，出城到寓所中取了行李,一齐上马登程,向睢阳进发。在路登山涉水,露宿风餐,经了些"鸡声茅店月,人迹板桥霜"。

不一日到睢阳,二人进城歇下。在店中各脱下路上尘沙衣帽,换了洁净衣服,带上包巾。霁云写了名帖,万春是未曾见过面的,不敢具柬,备了谒帖,叫店小二跟了,径投守御使衙门上来。恰值张巡升堂理事,只见闹嚷嚷的健步军牢,杂沓沓的旗牌听用。也有投文的,也有领文的,也有奉差的,也有回销的,也有具呈的,也有塘报的。军民奔走,官役趋跄。南、雷二人站了半晌不得空处。见有一个中军产进辕门来,霁云便向前作揖道:"若是张老爷堂事毕了,敢烦长官通报一声,说有故人南霁云相访,帖儿在此,相恳传达。"中军道:"通报得的吗?"霁云道:"岂敢有误长官。"中军道:"如此少待。"说着进去,又隔了一会,那中军飞也似奔出来道:"南爷在哪里?老爷请进相见。"霁云叫声"有劳!",整衣而入。张巡降阶迎接上堂,忙叫掩门,霁云道:"且慢,有一涿州雷万春与弟八拜之交,他因想慕英风,同来到此,欲求一见,未知可否?"张巡道:"既蒙不弃而来,快请相见。"中军高声应了,飞奔出去,请雷万春入来。万春手持谒帖,将欲跪下。张巡向前扶住道:"岂敢,岂敢。不嫌鄙才,惠然赐顾,理应倒屣,岂敢踞床。"吩咐掩门,后堂相见。三人转入后堂,叙礼已毕,分宾主坐定。先是霁云与张巡叙了些阔别情由。茶过一通,张巡便向万春道:"下官谬以菲才,兹叨重任。方今权臣跋扈,黎庶疮痍,深愧一筹未展,足下此来,必有以教。"万春道:"卑人山野愚蒙,惭无经济,辱蒙垂问鄙陋,敢不披肝沥胆,以陈一得之愚。窃见安禄山久蓄异谋,将来祸不旋踵,明公所镇睢阳,当江淮要冲,直东南之锁钥。为今之计,莫若修葺城垣,训练士卒,囤积粮草,作未雨绸缪之算。一旦贼人窃发,进可以勤王剿逆,退可以守地保民,此所谓防患于未然,愿明公熟筹之。"张巡道:"诚快论也。南兄有何妙见?"霁云道:"自古道,天时不如地利,地利不如人和。以我愚见,尚当与郡守同志,加恩百姓,激以义气,抚以惠政,使民和顺逆之道,定向背之心。外可驱之杀贼,内可令其保城。上下相睦,事无不济矣。"张巡道:"妙哉,妙哉!得二公相助,睢阳有幸矣。"即吩咐摆宴洗尘。二人起身方要告辞,只听得外面传鼓,门上传禀进来,说有范阳郡王钧帖,差官要面投禀见。张巡道:"此来必有缘故,二公少坐,待下官出堂发放了再来请教。"别了二人,一声云板升堂。外边吆喝开门,便唤范阳镇差官进见。那差官手持钧帖,昂昂然如入无人之境,步上堂来,向张巡作了一揖,递上钧帖。张巡拆开一看,原来是要筑雄武城,向睢阳借调粮食三千石,丁夫一千名,立等取用。张巡看罢,向差官道:"本衙门又非属于郡王,为何来取用丁粮?"差官道:"若是郡王统辖地方,就行文去提调了。因睢阳是隔属,所以钧帖上说是借用。"张巡道:"朝廷设立城堡,已有定额,为何又要筑城?"差官道:"添筑军城,不过是固守边疆,别无他故。"张巡冷笑道:"好一个别无他故!我且问你,郡王筑城,可是题请朝廷,奉旨允行的吗?"差官道:"王爷钦奉圣恩,便宜行事,量筑一个小小城池,何必奉旨。"张巡大怒道:"安禄山不奉圣旨,擅自筑城,不轨之谋显然矣,我张巡七尺身躯,一腔热血,但知天子诏,不奉孽藩书。"说罢,须眉倒竖,切齿咬牙,将安禄山的钧帖扯得粉碎,掷在地下,向差官道:"本要斩你这驴头,函送京师,奏闻反忧,兴师诛剿。可怜你是个无知走狗,不堪污我宝刀,权寄下此头,借你的口,说与安禄山知道,教他快回心转意,弃职归朝,束手待罪,尚可赦其性命。若是迷而不悟,妄蓄异谋,只怕天兵到来,把他碎尸万段,九族全诛,那时悔之晚矣。左右,与我打那厮出去。"堂下吆喝一声,押四五十条木棍,齐向差官身上没头没脑地乱打。那差官抱头鼠窜,奔出衙门去了。

张巡掩门退堂,怒犹未息,复与南、雷二人坐定。雷万春道:"我二人在屏后,见明公发放那差官,最为畅快,即此即可吓破逆贼之胆矣。"南霁云道:"禄山知此消息,不日就举兵反矣,不可不预为提备。"张巡道:"此间郡守姓许名远,亦是忠义之士,明日便请来商议,就权请屈尊二公为左右骁骑将军,统率将士。"二人称谢。上席饮酒,谈论战守之策不题。

却说安禄山的差官被张公打出,唬得魂不附体,慌忙出城,不分昼夜奔回范阳,不敢去回复安禄山,先去见那大将尹子奇,把张睢阳的话一五一十地说与尹子奇知道。子奇大惊,忙上马到府上来见禄山,也把差官传来的话说了。禄山听罢,大怒道:"孤招军买马,积草屯粮,俱已停当。因范阳乃根本之地,故此加筑外城,名为雄武城。已将次筑完,方欲举事。这张巡敢如此无礼!也罢,一不做,二不休,事已至此,丢不得手了。你可与我昼夜督工筑城,要三日完工,如迟,尽把丁夫坑杀,快去,快去。"尹子奇答应去了。又唤大将史思明,吩咐备一道矫诏,选一个无须标致军人,充为内奸,只说京中下来,至期在皇华亭如此如此,史思明也应着去了。又吩咐世子安庆绪,教他齐集人马,二日后在教场等候。安排已定,传令军士,在城中大小衙门飞报,三日后有圣旨到来,传各官迎接。那些军士果然往各衙门传报,报到金判葛太古衙门来,葛太古也自打点接旨。

原来葛太古自贬范阳金判,领了明霞小姐和家人婢女赴任之后,不上半年,恰好那冤家对头安禄山也分藩此地。太古就推托有病,不出理事。安禄山因要团结人心，假装大度，不来计较，因此太古得以安然。只是明霞小姐一腔幽恨，难向人言。只有红于知她心事。看见登科录上，钟景期中了状元，二人暗自欢喜。及见邸报上说钟景期参劾了李林甫、安禄山，谪贬石泉堡司户，却又背地伤悲。思量与钟景期一段风流美事，眷恋绸缪，便纷纷落泪。红于再三劝解，只是不乐。不久恹恹染成一病，终日不茶不饭。有时闷托香腮，有时愁抱上腕。看看臂宽金钿，腰褪罗裙，非愁非恼，心中只是恹煎；不痒不痛，肠内总然郁结。勉强寄情笔墨，无非是含愁蓄怨，并无淫艳之词。她的诗赋颇多，不能尽述。只有《感春词》二阕，更为蕴藉，调寄《踏莎行》：

其一：

　　意怯花笺，心慵绣谱，送春总是无情绪。多情芳草带愁来，无情燕子衔春去。　　倚遍栏杆，钏易几许，望残山水濛濛处。青山隔断碧天低，依稀想得春归路。

其二：

　　昨夜疏风，今朝细雨，做成满地和烟絮。花开若使不须春，年年何必春来住。　　楼前莺飞，帘前燕舞，东君漫把韶光与。来知春去已多时，向人还作愁春语。

是日，明霞正与红于在房中闲话，忽见葛太古进来，向明霞道："我儿可着红于将我吉服收拾停当，明早要去接旨。"明霞道："朝廷有何诏旨？"太古道："报事的只说有圣旨到来，不知为着何事。"明霞连忙吩咐红于，取出吉服放在外边。次早，太古穿扮停当，出衙上马，来到皇华亭。

只见安禄山并合城文武官员，俱在那里伺候。太古向前，勉强个个施礼。少停半刻，内官赍着诏书已到。众官跪接，上马前导，鼓乐迎进城内。一路挂红结绿，摆列香案，行到教场中演武厅前，各官下马跪在厅下，厅上内官展开诏书高声宣读：

　　奉天承运皇帝制曰：朕惟，丞相杨国忠专权恃宠，壅蔽宸聪。除越礼僭分轻罪不坐外，其欺君误国，重罪难容。朕欲斩首示众，第以椒房之亲，恐伤内官兄妹之情。几欲削官罢职，诚恐蒹葭之祸难除。咨尔东平郡王安禄山，赤心报国,即命尔掌典大兵,入朝诛讨,以靖国难。部下文武,听尔便宜调处,务使早奏厥功。钦此!

安禄山率众官,山呼万岁已毕。请过圣旨香案,禄山就上演武厅,面南坐下,开言道:"孤家奉旨讨贼,不可迟延,即于今日誓师。孤家便宜行事,今就将你等文武官员,各加一级,荣封一代,你等可谢恩参贺。"众官听了,面面相觑。内中有等阿谀逢迎的,并一班助恶之徒,便要跪下,只见葛太古自班中走出来,厉声高叫道:"安禄山反矣,众官不可参贺。"众皆大惊。安禄山见太古挺身上厅,便对他笑道:"你是葛金判吗?今番在我手下,尚敢强项。我劝你不如归顺于我,自有好处。若是不从,立时斩首示众。你须三思。"太古道:"你这反贼,还要将言来说我吗?我葛太古身受国恩,恨无能报效,断不能屈身顺你千刀万剐的奸贼。"安禄山大怒,喝叫刀斧手即刻推出斩首报来。刀斧手答应,向前绑缚了。方要推出开刀,旁边走过尹子奇来,告道:"这厮辱骂王爷,死有余辜。但杀了此人,反成就了他的美名,莫若将他监禁,令彼悔过投顺。一来显大王的汪洋度量,二来誓师吉期,免得于军不利。"禄山道:"卿言甚善。"便吩咐将葛太古监禁重囚牢内,昼夜拨兵巡逻,不许家人通信。左右应了,牵着葛太古去了。尹子奇与史思明又道:"大王起义兵,除奸诛恶,宜先正大位,然后行师。"禄山道:"卿言有理,今日我自立为大燕皇帝,册立安庆绪为太子,尹子奇为左丞相、辅国大将军,史思明为右丞相、护国大将军。杨朝宗、史朝义、孙孝哲为骠骑将军。改范阳镇为雄武军都。"克日兴师,拨杨朝宗、孙孝哲为先锋,自己统大兵三十万,南下武牢,进取东西二京。又拨尹子奇、史思明领兵十万,南取睢阳,留安庆绪与史朝义镇守雄武根本之地。旨意一下,那各官谁敢不依,只得摆班。参贺已毕,禄山摆驾回去。次日,禄山与尹子奇,各统军马出城,分头进发,只见:

　　悲风动地,杀气腾空。剑戟森严,光闪闪青天飞雪;旌旗缭绕,暗沉沉白昼如昏。那巡阵官、巡警官、巡哨官、旗牌官,司其所事;金吾军、羽林军、虎贲军、神机军、水坐军,听其指挥。人绑头,马结尾,急煎煎星移电走;弓上弦,刀出鞘,惨伤伤鬼泣神愁。正是:

　　万众貔貅入寇来,挥戈直欲抵金台。

　　长城空作防边计,不道萧墙起祸胎。

那军马浩浩荡荡,分为两路:一路向武牢进发,一路向睢阳而去。安庆绪送父亲出城,然后回去,吃吃喝喝地进城。行到一个衙门前经过,见有巡城指挥的封条贴着。安庆绪在马上问道:"这是谁人的衙门?"军士禀道:"这是葛金判的衙门,有家眷在内。"安庆绪道:"就是那老贼的衙门吗? 那厮是个反贼,恐有奸细藏在里面,将士们与我打进去搜一搜。"军士答应一声,一齐动手打将进去,不知明霞小姐怎样藏躲,且看下回分解。

第八回　碧秋女雄武同逃

诗曰：

> 云想衣裳花想容，青春已遇乱离中。
> 功名富贵若常在，得丧悲欢总是空。
> 窗里日光飞野马，檐前树色隐房栊。
> 身无彩凤双飞翼，油壁香车不再逢。

话说葛明霞听得安禄山造反，父亲被他监禁，差人到监问候，又被禁卒拦阻，不许通信。衙门又被巡城指挥封了，正在房中与红于忧愁哭泣。忽见外面乒乒乓乓打将进来，家人奔进说道："小姐不好了，安太子打进来了。"明霞惊问道："哪个安太子？"家人低声说："就是安禄山的儿子安庆绪。"明霞听了，大哭一声，昏倒在地。那安庆绪领着众军，一层一层地搜进来，直到内房，就扯住一个丫鬟，拔出剑来，搁在她颈上问道："你快快直说，葛太古的夫人在哪里？若不说就要砍了。"丫鬟哭道："我家没有夫人的，只有一位小姐。"庆绪指着红于道："这可是小姐吗？叫什么名字？"丫鬟道："这是红于姐姐，我家小姐叫明霞，倒在地下的就是。"庆绪收剑入鞘，喝叫丫鬟们："与我扶起来！"众婢将明霞扶起。庆绪向前一看，见明霞红晕盈腮，泪珠满颊，呜呜咽咽，悲如月下啼鹃；袅袅婷婷，弱似风前杨柳。安庆绪这厮看得麻木了，忙喝军士退后，不要上前惊吓小姐。自己走近前来，躬身作揖道："不知小姐在此，多多惊动得罪。"明霞背转身子立着，不去睬他，只是哭。庆绪道："早知葛金判有这等一位小姐，前日说不要骂我父王，就是打我父王，也不该计较他。如今待我放出你令尊，封他作大大官儿，我便迎小姐入宫，同享富。明日我父王死了，少不得是我登基，你就做皇后，你父亲就是国丈了，岂不妙哉。"明霞听了大怒，不觉柳眉倒竖，杏眼睁圆，大喝一声道："咄！你这反贼，休得无礼。我家累世簪缨，传家清白。见你一班狗奴作乱，恨不得食汝之肉，断汝之骨，寝汝之皮，方泄我恨。你这反贼不要想错了念头。"庆绪见她如此光景，知道一时难得她顺从。待要发怒，又恐激她寻死，心中按下怒气，来在中厅坐定。明霞在房里只是大哭大骂，庆绪只做不知。在中厅坐了一会，吩咐唤李猪儿来讲话，军士应着去了。一面叫军士将葛衙里一应什物细软，尽行搬抢，把许多侍女一齐缚了，命军士先送入宫，又将他老幼家人一十八名，也都下了监。军士一一遵命而行。不多时，李猪儿唤到，向庆绪叩了头，问道："千岁爷呼唤，有何令旨？"庆绪道："葛太古的女儿葛明霞，美艳异常，我欲选她入宫。叵耐这妮子与那老头儿一般的性格，开口便骂，没有半毫从顺的意思。我想，若是生巴巴地抢进宫中，倘然啼哭起来，惊动娘娘知道，倒要吃醋拈酸，淘她恶气。我故此唤你来，将葛明霞与侍女红于交付与你，领回家去，慢慢地劝喻她。若得她回心转意，肯顺从我，那时将那娇滴滴的身体搂在怀中，取乐一回，我就死也甘心了。你这李猪儿，不消说，自然扶持你个大大富贵。"李猪儿道："千岁爷吩咐，敢不尽心，正是，待她心肯日，是我运通时。"庆绪道："好，好，须要小心着意。"说罢，将明霞、红于交与李猪儿，自己上马回宫去了。

看官，你道那李猪儿是谁？原来是个太监，当日明皇赐予禄山的。庆绪要将明霞、红于二人托人劝喻，思量别的东西好胡乱寄在别人处，这标致女子岂是轻易寄托的。所以想着这个没鸡巴的太监是万无一失的，故此叫他来，将明霞、红于交与他。李猪儿领命，就叫军士唤两乘轿子，将她主婢二人抬进李太监衙内来。

原来这李猪儿生性邋遢懒惰，不肯整理衙署。衙里小小三间厅堂，厅后一边是厨房，一边是空闲的耳房，后面三间就是李猪儿睡觉的所在。明霞、红于被猪儿锁在耳房中，两人相对哭泣。坐了半日，看看夜了，也没人点火进来，也没人送饭进来。明霞哭问红于道："安庆绪那贼今日虽去，日后必再来相逼。况我爹爹平生忠心耿耿，必死贼人之手，今生料不能父女团圆了，不如寻个自尽吧！"红于道："小姐不可如此，老爷被贼监禁，自然有日出来，小姐岂可先寻死路？况钟郎花下之盟，难道付之东流了？"明霞道："若说钟郎，越发教人寸肠欲断。我想他谪贬万里遐荒，云山阻隔，未知他生死如何。想起三生凤愿，一笑良缘，天南地北，雁绝鸿稀。我如今以一死谢钟郎，倘钟郎不负奴家，将杯酒浇奴坟上，让他对着白杨青冢哭我一场，我死亦瞑目矣。"红于道："小姐为钟郎死，死亦何恨。只是老爷又无子嗣，只有小姐一点骨血。小姐还是少缓须臾之死，以图完聚。"明霞道："我自幼丧了母亲，蒙爹爹劬育，岂不欲苟延残喘，以事严亲。只是安庆绪早晚必来凌逼。倘被贼人玷污，那时死亦晚矣。我胸前紫香囊内的一个同心方胜儿，就是与钟郎唱和的两幅绫帕。我死之后，你可将来藏好，倘遇钟郎，你须付与他，教他见帕如见奴家。我那红于呀！我和你半世相随，知心贴意，指望同享欢娱，不想今日在此抛离，好苦杀人也。"红于道："小姐说哪里话，若得老爷死忠，小姐死节，独不带挈红于死义乎？况红于与小姐半步儿不肯相离，小姐既然立志自尽,红于自然跟小姐前去,在黄泉路上也好服侍小姐。"明霞大哭道:"红于呀,我和你不想这般结果,好苦呀!"两人泪眼对着泪眼,只一看,不觉心如刀刺,肝肠欲断,连哭也哭不出了,只是手扶着手,跌倒在地。只见门外火光一耀,一声响处,那门上锁儿开了。一个老妪推门进来,后边跟着个垂髫女子,手持一灯,向桌上放了。那老妪与女子一齐扶起明霞、红于。老妪就道:"小姐不须短见,好歹有话与老身从长计议。"明霞见是两个女人,方始放心。红于偷眼看那老妪,生得骨瘦神清,不像个歹人。及仔细把那女子一看,却好一种姿色,但见:

> 态若行云,轻似能飞之燕;姿同玉立,娇如解语之花。眉非怨而常颦,腰
> 非瘦而本细。未放寒梅,不漏枝头春色;含香豆蔻,半舒叶底奇芳。只道是
> 葛明霞贞魂离体先游荡,还疑是观世音圣驾临凡救苦辛。

那女子同着老妪,向前与明霞施礼坐定。明霞道:"妈妈此来为何? 莫非为反贼来下说词吗?"老妪道:"老身奉李公公命令而来,初意本是要下说词。方才在门外听见小姐与这位姐姐如此节烈,如此悲痛,不觉令人动了一片婆心。小姐不须悲泣,待我救你脱离虎口,何如?"明霞道:"若得如此,便是再生大人矣。请问妈妈尊姓?"老妪道:"老身商氏,嫁与卫家,夫君原是秀才,不幸早年弃世,只生这个小女,名唤碧秋。老身没什么营生,开个鞋铺儿,母子相依活命。只因家住李公公衙门隔壁,故此李监与我熟识。方才将你二人关在家中,他因今夜轮值巡城,不得工夫在家,又不便托男子来看守,所以央及老身。一来看管你,二来劝喻你。他将衙门的钥匙都付与我,又恐有军兵来啰唣,付我令牌一面。我因家中没人,女儿年幼,不便独自在家,故此一同过来。我想那安庆绪这厮,他父亲在此还要淫污人家妇女,如今一发肆无忌惮了。我那女儿年方十六,姿容颇艳,住在此间,墙薄室浅,诚恐露她耳目,也甚忧愁。连日要出城他往,奈城门紧急,没个机会。今日天幸李猪儿付与我令牌,我和你如此如此,赚出城门,就可脱身了。"明霞道:"若是逃走,往何处投奔去好?"卫妪道:"附近城池都是安禄山心腹人镇守,料必都已从贼,只有睢阳可以去得。"明霞道:"如此竟投睢阳去便了。"卫碧秋道:"且住,我们虽有令牌,只是一行女子,没一个男人领着,岂不被人疑惑。倘若盘诘起来,如何了得?"明霞道:"正是,这便如何是好?"卫碧秋指着桌上道:"这不是李猪儿余下的冠带在此。我如今可把此衣帽穿戴起来,到城门如此如此,自然不敢阻挡了。"卫妪道:"我儿之言,甚为有理。"三人以为得计,明霞也就停哀作喜,独有红于在旁血泪交流,默然肠断。明霞问她道:"红于,我和你自分必死,不期遇着

卫妈这等义人,方幸有救,你为何倒如此悲惨。"红于道:"小姐在上,红于有一言相告。安贼属意的不过是一小姐,如今小姐逃遁,明日李猪儿、安庆绪知道,必差军士追赶,我们鞋弓袜小,哪经得铁骑长驱。红于仔细想来,小姐虽是暂逃,只怕明日此时依旧被贼人拿获了。"明霞道:"如此,怎生是好?"红于道:"红于倒有一计在此。"明霞道:"你有何计?"红于道:"如今只求小姐将衣服脱下与红于穿了,待我触死阶前,你们自去逃走。那反贼见了,只道小姐已死,除去妄想,不来追缉了。"明霞道:"红于说哪里话,我和你虽是主婢,情同姊妹,方才我欲寻死,你便义不独生。如今我欲偷生,岂可令你就死,这是断断使不得的。"红于道:"蒙小姐养育,如骨肉相待,恨无以为报,今日代小姐而死,得其所矣。若小姐不允红于所请,明日被他擒拿,少不得也是一死,望小姐早割恩情,待红于引决。"说罢,便去脱明霞衣服。明霞抵死不肯。卫姬与碧秋道:"难得红于姐这片好心,小姐只索依了她吧!"明霞不肯,只是哭。卫姬、碧秋向前脱下她衣服来,红于穿了。碧秋道:"红于姐穿着小姐这衣服真似小姐一般,尽可迷安贼之眼矣。"红于哭道:"与小姐说话,只在这顷刻,此后再无相见之期了。小姐请坐,待红于拜别。"明霞哭道:"你是我的大恩人,还是你请坐了,待我拜你。"二人哭作一团,相对而拜。卫姬与碧秋道:"如此义人,我母子也要一拜。"红于道:"我红于当拜你母子二人,万望好生看顾我的小姐,贱人在九泉之下也得放心。"说罢,卫姬、碧秋也掉下许多泪来。三人哭拜已毕,红于起来便向阶下走去。回头看了明霞一眼,那血泪纷纷乱滚。明霞大恸,心中不忍,方要向前去扯,那红于早向庭中一块石上,将头狠撞下去,鲜血迸流而死。明霞看了叫道:"可怜我那红于呀!"一声哽咽,哭倒在地,连那卫姬、碧秋心中也惨痛不过,忙去挽扶明霞,叫了好一会,方才苏醒过来。卫姬道:"小姐且停哭泣,醮楼已交三鼓了。事不宜迟,可速速打点前去。"碧秋便将李猪儿的太监帽戴了,又穿起一件紫团龙的袍儿。卫姬道:"我儿倒俨然是个内官模样,只是袍儿太长了些。"碧秋道:"倒是长些好,省得脚小不便穿靴。"卫姬便将令牌与碧秋藏在袖里道:"你二人稍停,待我外面去看一看光景,然后出去。"说罢,走出去了,一会进来道:"好得紧,李猪儿只留四个小监在家,今晚又有两个随着去巡城了。只有一人把门,一人在厨房后睡熟了。我们快快走吧。"碧秋扶明霞出了房门,向外而来。卫姬在前,明霞战兢兢地跟着,碧秋扮内监随在后边。走到衙门首,卫姬悄悄地将锁来开了。只见把门的小监睡在旁边,壁上挂一盏半明不暗的灯儿,碧秋忙把灯儿吹灭了。卫姬就呀的拽开大门,小监在睡梦里惊醒道:"什么人开门?"卫姬道:"是我,卫妈妈,因身上冷了,回去拿一条被就来。里头关着葛明霞,你须小心,宁可将门关好了,待我来叫你再开。"小监说:"妈妈真是好话,我晓得了。"这边卫姬说话,那边碧秋扯着明霞,在黑地里先闪出门去了，卫姬也走出来，小监果然起来将门关上。卫姬忙到隔壁，开了自己的门，叫明霞、碧秋进去坐了。自己打起火来，向明霞道："你须吃些夜饭好走路，只是烧不及了。有冷饭在此，吃些吧！"明霞道："我哭了半日，胸前堵塞，哪里吃得下。"碧秋道："正是连我的胸也塞紧了，不须吃吧！"卫姬道："有冷茶在此，大家吃一杯吧！"明霞道："口中烦渴，冷茶倒要吃的。"三人各吃了两杯。卫姬又领明霞到房中去小解了，母子二人也各自方便，就慌忙收拾些细软银钱，打个包裹儿卫姬挈着，也不锁门，三人竟向南门而走。到得城门，已是四鼓了，碧秋高声叫道："守门的何在？"叫得一声，那边早有两个军人，一个拿梆子，一个拿锣，飞奔前来，问道："什么人在此？"碧秋道："我且问你，今夜李公公巡城，可曾巡过吗？"门军道："方才过去了。"碧秋道："咱就是李公公差来的，有令牌在此，快传你守门官来讲话。"门军忙去请出守门千户来与碧秋相见。碧秋道："咱公公有两位亲戚，着咱家送出城去，令牌在此，快些开门。"守门官道："既是李公公亲戚，为何日里不走，半夜里才来叫门？"碧秋道："你不晓得，方才千岁爷有旨，自明日起，一应男女不许出城了。因此咱公公知了这个消息，连夜着咱送去。"守门官道："既然如此，李公公方才在此巡城，为何不见吩咐我？"碧秋道："你这官儿好呆。巡城乃是公事，况有许多军士随着，怎好把这话来吩咐你。也罢，省得你狐疑，料想咱公公去还不远，待咱赶上去禀一声，说守门官见了令牌不肯开门，请他亲自转来与你说便了。"守门官慌了道："公公不须性急，小将职司其事，不得不细细盘诘，既说得明白，就开门便了。"碧秋道："既如此，快些开门，咱便将此令牌交付与你，明日到咱公公处投缴便了。"守门官接了令牌，忙叫军士开门，放碧秋与卫姬、明霞三人出城去了，门军依旧锁好城门。到了次早，守门官拿了令牌，到李猪儿处投缴。一走到衙门前，只见许多军民拥挤在街坊上，大惊小怪。守门官不知为什么，闪在人丛里探听。只见人说："昨夜李公公衙内撞死了葛明霞小姐，逃走了侍婢红于，有隔壁卫姬与碧秋同走的，还有令牌一面，在卫姬身边藏着哩。"守门官听了，吓得目瞪口呆，心里想着夜间的蹊跷事，慌忙回去，吩咐军士不要泄漏昨夜开门的话，就将令牌劈碎，放在火里烧了。这边李猪儿忙去禀知安庆绪。庆绪亲自来验看，见死尸面上血污满了，只有身上一件鹅黄洒线衫儿，是昨日小姐穿在身上的。所以庆绪辨不出真假，只道死的真个是明霞，便把李猪儿大骂道："我把葛明霞交付与你，你如何不用心，容她死了？没鸡巴的阉狗奴才，这等可恶。"猪儿只是叩头求饶。庆绪道："且着你把她盛殓了，你的死在后边。"说罢，气愤愤地上马，众军簇拥回去了。猪儿着人买一口棺木，将尸盛殓了，抬到东城空地上埋葬了。立一个小小石碑在冢前为记。上凿"葛明霞小姐之冢"七字。猪儿安排完了，暗想："安庆绪这厮，恨我不过。若在此，必然被他杀

国学经典文库

私家藏书

锦香亭

图文珍藏版

一四七三

害,不如离了这里吧!"计较停当,取了些金珠,放在身边,匹马出城,赶到安禄山营中,随征去了。

却说卫姬与明霞、碧秋三人赚出城来,慌慌张张望南而走。到个僻静林子里,碧秋将衣帽脱下来,撇在林中。三人又行几里,寻个饭店,到内暂歇,买些面来,做了许多饼,放在身边,一路里行去。那地方都被军马践踏,城池俱已降贼。三人怕有人盘诘,只得打从小路行走。担饥受渴,昼伏夜行。但见:

> 人民逃窜,男妇慌张。人民逃窜,乱纷纷觅弟寻兄;男妇慌张,哭啼啼抱儿挈女。村中亦无鸡犬之声,路上唯有马驮之迹。夜月凄清,几点青磷照野;夕阳惨淡,数堆白骨填途。尘砂飞卷,边城隐隐起狼烟;臭气熏蒸,河畔累累积马粪。正是宁为太平犬,果然莫作乱世人。

三人在路行了许多日子,看看来到睢阳界口,当道有一座石牌坊,上有"啸虎道"三字。卫姬道:"好了,我闻得人说,到了啸虎道就不远了。"说话之间,走上大路来。见两旁尽是长林丰草,远远有鼓角之声、旌旗之影。三人正在疑虑,忽见前边三四匹流星马儿飞跑而来,三人忙向草中潜躲。偷眼看那流星马上,通坐着彪形大汉,腰插令旗,手持弓箭,一骑一骑地跑过去了。到第四匹马跑到草中,忽然惊起一只野鸡,向马前冲过去。那马唬得直跳,闯下路旁来。马上的人早已看到明霞等三人,便跳下马来,向前擒捉。不知如何脱身,且听下回分解。

第九回　啸虎道给引赠金

词曰：

情凄切，斜阳古道添悲咽。添悲咽，魂销帆影，梦劳车辙。　　秦关汉川云千迭，奔驰不惯香肌怯。香肌怯，几番风雨，几番星月。

右调《忆秦娥》

话说葛明霞、卫碧秋随着卫姬行到啸虎道上，忽遇游兵巡哨前来。你道那游兵自何处来的？原来是睢阳右骁骑将军雷万春与南霁云，协助张巡、许远镇守睢阳，那贼将尹子奇、史思明领着兵马前来攻打，已到半个月了，只因葛明霞三人，鞋弓袜小，又且不识路径，故此到得迟。这里贼兵与官军已经交战数次，当不过南、雷二将军骁勇绝伦。尹、史二贼将不敢近城，在百里处安营。城内张、许二公，因粮草不敷，一面遣南霁云往邻邦借粮；一面遣雷万春挡住要路，这啸虎道乃是睢阳门户，因此雷将军将兵马屯扎此处，昼夜拨游骑四处巡哨，探听军机，搜拿奸细。是当游骑见明霞等三人伏在草中，便喝问道："你那三个妇人，是从哪里来的？"卫姬慌了，忙答应道："可怜我们是范阳来的逃难人。"那游骑道："范阳来的，是反贼那边的人了，俺爷正要拿哩！"便跳下马来，将一条索子，把三人一串儿缚了。且不上马，牵着索儿就走，吓得明霞、碧秋号咷大哭，卫姬也惊得呆了，只得由他牵着。到一个营门首，只见三四个军士，拿着梆铃在营门上，见游骑牵着三个妇人来，便道："你这人想是活得不耐烦了吗？老爷将令,淫人妇女者斩,掳人妇女者剥皮,你如何牵着三个来,你身上的皮还想要留吗?"游骑道:"哥们不晓得,那三个是奸细,故此带来见爷,烦哥哥通报。"军士道:"既是奸细,待我与你通报。"说罢,走到辕门边,禀了把辕门守备。守备道:"吩咐小心带着,待我报入军中去。"说着进内去了。卫姬偷眼看那营寨,十分齐整,四面布满鹿角、铁蒺藜。里边账房密密,戈戟丛丛,旌旗不乱,人马无声。遥望中军一面大黄旗,随风飘扬,上绣着"保民讨贼"四个大金字。辕门上肃静威严,凛然可畏。不多时,只听得里边呜呜地吹起一声海螺,四下里齐声呐喊,放起三个轰天大炮,鼓角齐鸣,辕门大开。雷万春升帐,传出令来,吩咐哨官出去,将游骑所拿奸细,查点明白,绑解帐前发落。哨官领命到辕门上,问道:"游骑拿的奸细在哪里?"游骑禀道:"就是这三个妇人。"哨官道:"你在何处拿的?"游骑道:"她假伏在路旁草丛中,被小的看见擒获的。"哨官道:"原获只有这三名,不曾放走别人吗?"游骑道:"只这三个并无别人。"哨官道:"既如此,快些绑了,随我解进去。"军士合应一声,向前动手,哨官又喝道:"将军向来有令,妇女不须洗剥,就是和衣绑缚了吧!"军士遵令,把明霞等三个一齐绑了,推进辕门。只见西边通是马军,铜盔铁甲,弯弓搭箭,一字儿排开。第二层,通是团牌校刀手。第三层,通是狼筅长枪手。第四层,通是鸟铳铜人手。人人勇猛,个个威风。直到第五层,方是中军。帐前旁边立着数十对红衣雉尾的刀斧手。又有许多穿勇字背心的军卒,尽执着标枪画戟,号带牙旗。帐下齐齐整整的旗牌、巡绰将佐,分班伺候。游骑带三人跪下。哨官上前禀道:"游骑拿的奸细到了。"万春见是三个女人,并无男子,便唤游骑问道:"这一行通是妇女,你如何知道她是奸细?"游骑道:"据她说是范阳来的,故此小人拿住。"万春道:"与我唤上来问她。"哨官将三人推上前跪下,万春道:"你这三个妇女,既是范阳人,到此作何勾当?"卫姬道:"小妇人是个寡妇,夫家姓卫,因此人都唤作卫姬。这一个是我女儿,名唤碧秋,那一个叫作葛明霞,因安禄山反叛,逃难到此。望将军起豁。"万春听见葛明霞三字,心里想道:"葛明霞名字好生熟的,在哪里闻得,怎么一时想不起?"又思想了一会,忽然想着,暗道:"是了,只不知可是她?"便问明霞道:"你是何等人家,为何只身同她母子逃难?"明霞两泪交流说道:"念葛明霞非是下贱之人,我乃长安人氏,父亲讳太古,原任御史大夫,因触忤权臣谪来范阳金判。近遭安禄山之乱,骂贼不屈,被贼监禁。奴家又被安庆绪凌逼,几欲自尽。多蒙卫姬母子挈出同逃,不想又遭擒掳。"说罢大哭。万春大惊道:"原来正是葛小姐。我且问你,尊夫可是状元钟景期吗?"葛明霞听见,却又呆了,便问道:"将军如何晓得?"万春道:"我与钟郎忝在亲末,以此知道。"明霞道:"奴家与钟郎,虽有婚姻之约,尚未成礼。"这句话一发合适了。万春慌忙起身出位,喝叫解去绑绳,连卫姬、碧秋也放了,俱请她三人起来。万春向明霞施礼道:"不知是钟状元的大夫人,小将多多得罪了。"明霞回了一福,又问道:"不知将军与钟郎是何亲谊?"万春道:"小将雷万春,前年因钟状元谪官赴蜀,偶宿永定寺,寺僧谋害状元,状元知觉,暮夜从菜园逃出,走到剑峰山,遇着猛虎,几乎丧命。彼时小将偶至此山看见猛虎,将猛虎打死,救了状元,留至家中。小将见他慷慨英奇,要将舍侄女配他为妻。他因不肯背小姐之盟,再三推却,小将只得将舍侄女与他暂抱衾裯,留着中馈,以待小姐。不期今日在此相遇,不知小姐如今将欲何往?"明霞道:"各处城池,俱已附贼。闻得睢阳尚奉正朔,故特来相托。"万春道:"小姐来迟了。五日前,城中尚容人出入,如今主帅有令,一应男妇,不许入城出城,违者立时枭首。军令森严,何人敢犯。"明霞道:"如此怎生是好。"万春道:"小姐休慌,好歹待小将与你计较便了。请小姐与卫姬母子在旁帐少坐。有一杯水酒,与小姐压惊,只是军中草草,又乏人相陪,休嫌怠慢。"就吩咐随身童子,领着明霞三人到旁帐去了。又叫安排酒饭,务要小心看待。左右应着,自去打点。

万春独坐帐中想道:"明霞小姐三人到此,睢阳城又进不得,又不便留在军中。想明霞乃是长安人氏,不如教她竟回长安去吧。只是路上难走,须给她一张路引。"又想:"这路引,要写得周到,不用识字辨稿。"叫左右取笔砚纸张过来,自己写出来道:

协守睢阳右营骁骑将军雷为公务事,照得范阳金判葛太古,不从叛寇,被禁贼巢,所有嫡女明霞,潜身避难,经过本营,已经讯问明白。查系西京人氏,听其自归原籍,诚恐沿途阻隔,合给路引护照。为此给引本氏前去,凡遇关津隘口,一应军兵盘诘,验引即便放行,不得留难阻滞。倘有贼兵窃发处所,该营讯官立拨健卒四名护送出界,勿致疏虞。如遇节镇刺史驻扎地方,即将路引呈验挂号,俱毋违错。须至路引者

计开:
女子一名葛明霞 系金判葛太古女,状元钟景期原聘室。

同行女伴二名卫姁、卫碧秋

右路引给葛明霞等，准此。

天宝十四年九月　日给

睢阳右营押

雷万春写完了，将朱笔来签了，又开出印来用了，将一张油纸包衬停当，自己取出白银三十两封好。不多时，明霞等三人用完酒饭，到账中面谢。万春道："小姐，令尊既陷贼庭，万无再往范阳之理。钟郎又远谪巴蜀，一时未能相见。我想小姐原籍长安，故园想必无恙。为今之计，不如竟回长安去吧。"明霞道："路上难行，如何是好。"万春道："不妨，我有路引一张在此。若遇军兵拦阻，将速与他验看，可保无虞。又有白银三十两，送与小姐，为途中盘费。本该留住几日，怎奈军中不便。亵慢之罪，望小姐容恕。"说罢，将路引和银子交与卫姁收好。明霞道："感将军仗义周全，恩同覆载，待奴家拜谢。"说完拜将下去，万春忙跪下回拜了。卫姁、碧秋也来拜谢，万春欠身回揖道："你母子出万死一生之计，脱葛小姐于虎口，难得，难得！自今一路去，还仗小心照顾。"明霞等三人千恩万谢，作别而行。万春又拨军士四名，护送出界。军士领命，将三人送至睢阳界口，指引了路径，明霞等竟望西而去。军士回营，方才缴令，却见外面辕门上守备进营禀道："有雍邱守将令狐潮来拜将军，已到辕门了。"万春道："他乃邻封守将，此来必有缘故，快请相见。"守备答应出去，万春立在帐前等候。只见令狐潮步行入营，万春欠身相迎入帐，施礼坐定。令狐潮道："将军保障江淮，英名如雷贯耳，向恨无遇李之缘，今始遂识荆之愿，有言相告，望祈鉴纳。"万春道："某以袜线短才，当此南北要冲，贼势猖獗，不知将军有何良策？"令狐潮道："以将军之才，建功立名，易如反掌。只是如今朝廷，溺于衽席之私，惑于奸谗之口，荒淫失道，残戮彰闻。我和你冲锋冒失，血汗淋漓，空与朝廷出力，天子哪里知道？况此睢阳，四面受乱，毫无险阻，倘被重围，那时外无援兵，内无粮草，如何是好？"万春道："如此说，终不然束手待毙不成。"令狐潮说："岂有束手之理，我想虽然智慧，不如乘势。方今大燕皇帝雄才大度，足与有为。"万春勃然变色道："住了！哪个大燕皇帝？"令狐潮道："就是安郡王新上的尊号。"万春大怒道："就是那安禄山这贼嘛，我知道你的来意了，你总是要用三寸不烂之舌来说我吗？我雷万春一点赤心，天日可表，随你陆贾重生，张仪再世，也难说得铁石人心转，不必多言。"令狐潮道："我此来是好意，我在唐朝不过是个雍邱守将，自弃暗投明之后，即蒙大燕加为折冲大元帅，领兵协助尹子奇、史思明合攻睢阳。我因与将军向有邻封之谊，因此不便加兵，特来好言劝谕，倘将军迷而不悟，只恐玉石俱焚，那时悔之晚矣。"万春大喝道："令狐潮，你既降贼，便为敌人，谁与你称宾道主。我眼睛便认得令狐潮，腰间宝剑却不认得。本待就擒你这反贼斩首示众，只是袭人未备，不是大丈夫所为，你快快回去，准备厮战。若再哓哓，决难宽恕了。"这一番话说得令狐潮满面羞惭，唯唯而退，出营上马。回到贼营，贼将尹子奇、史思明接着问道："雷万春光景如何？"令狐潮就把雷万春的话，从头至尾，一一说了。尹子奇道："若如此，须是整兵备战了。"史思明道："那雷万春骁勇异常，难以力敌，明日交战，须要如此如此，这般这般，方得万全。"尹子奇、令狐潮道："好计，好计。"三人商量了，打下战书到雷万春营里来。万春批下"来日决战。"也在军中打点迎敌。

次日官兵与贼兵齐出，两阵对围。门旗影里，雷万春出马，头戴三叉凤翅盔，身挂连环锁子甲，腰系狮蛮宝带，脚穿鹰嘴战靴，坐下追风骏马，手提丈八蛇矛，厉声大叫道："反贼快来交战。"那贼阵上令狐潮出马，头装绛红巾，身披黑铁甲，手执长枪，腰悬利剑，睁圆怪眼，大叫道："雷万春不听好人说话，今日与你决个雌雄。"雷万春大怒，更不打话，把矛直取令狐潮，令狐潮也举枪来迎。两般兵器盘旋，八只马蹄来往，好一场厮杀。但见：

> 尘卷沙飞，云低天惨。一个是全忠效勇的唐室勋臣；一个是附势趋炎的贼营降将。一个点钢矛，无些破绽；一个梨花枪，没处遮拦。鸣金擂鼓，数声号炮震天关；呐喊摇旗，半指金戈留日影。胜负分时，转眼见血流满地；死生决处，回头望尸积如山。

二人战有三十余合，令狐潮敌不过雷万春，拨马败回本阵。万春将鞭梢一指，官军奋勇杀来，贼兵大败而走。万春紧紧追赶，约有数里，只见两旁尽是大林，阴翳深密，万春勒住马道："且休追赶，此处恐有伏兵。"话说未了，早听见连珠炮响，四下里喊声大震，伏兵尽起。当先一骑马杀出叫道："雷万春快快下马就缚，我尹子奇等候多时了。"万春大怒道:"你们这些反贼,将诡计来赚我。"即纵马来取尹子奇。子奇舞刀接战,不上二、三回合,令狐潮又回转兵来助战。万春力敌二将,全无惧色。争奈寡不胜众,贼兵不知有多少,重重围住。万春正在危急,只见外面一支军马杀来。当头一将勇猛如虎,手提宣花斧,东冲西撞,如剖瓜切菜一般,砍得那些贼兵七零八落,尹子奇、令狐潮大惊。不知那位将军是谁,且听下回分解。

第十回　睢阳城烹僮杀妾

诗曰：

> 杀气横空万马来，悲风起处角声哀。
> 年来战血山花染，冷落铜驼没草莱。

话说雷万春被贼兵围住，正在危急之际，忽有一支兵马杀来救援，万春就乘势溃围而出。尹子奇、令狐潮见来将勇猛，不敢追袭，收兵自回。万春马上定睛一看，原来救他的是南霁云。二人合兵一处，万春问道："南兄往临淮借军粮，如何却来此处救小弟？"霁云道："不要说起，小弟到临淮贺兰进明处告借兵粮，谁想那厮一名兵也不予，一石粮也不借，倒排起宴来叫一班歌儿舞女留恋小弟，要留我在彼一同应贼。我因此大怒，就席间拔剑斩下一指，立了誓言道：'斩了安禄山，必斩贺兰进明。'那贼见我愤怒，不敢加害，我便领着本部兵马回来。方才到啸虎道上，却见贼将史思明已占了道口，我正要与他厮杀，又有军人来报，说兄长被困于此，因此特来接应。"万春大惊道："不想啸虎道已被史思明袭了，这便如何是好。"霁云道："我和你再去夺转来便了。"二人一头说，一头驱兵前进。远远望见啸虎道上火起，二人慌忙领兵杀到。早有史思明向前拦路，南、雷二将更不打话，竟冲杀过来。史思明如何抵挡得住，正待败将下去。那尹子奇、令狐潮又引兵杀来，两边混杀一场。南、雷二将冲进啸虎道，只是旧塞已被人烧了，只得暂回城中来。见了张、许二公，备述上项事情。正说话间，有人来报道："贼兵把城池团团围住了。"忽有一人在许远身边转出来说道："既是贼兵围城，只可大家出去决一死战。"张巡喝道："军机重务，汝何人辄敢乱言。"许远道："此是小仆，名唤义僮。虽是臧获之徒，亦颇有忠烈之气。"张巡道："原来是盛价，我有一事用着他。"许远道："张大人有何事用他？"张巡道："南、雷二将军只好应敌，城中仓廪无人看管,可拨兵一百随他,叫他点视粮草。"义僮叩头领命去了。不多时,又有报来道:"城外贼兵,攻打甚急。"张巡便吩咐南、雷二将去各门巡视,教将擂木炮石之类滚打下去,箭弩刀枪灰瓶在城上防守。南、雷二将依令在城严守,贼兵不能向前。

隔了月余,各门将佐都到张、许二公处报称缺箭。许公大惊。张公笑道:"不妨。去传南、雷二将来。"附耳低言,如此如此。二将领计而去。密令军士,每人各束草人一个,头戴毡笠,身披黑衣。每一个用长绳一条系着,至二更时分,都将草人挂下城去。城头上呐喊起来,金鼓齐鸣。是夜月色朦胧,贼营中方始睡下。忽听到喊声震天,不知哪里兵马到来,人不及甲,马不及鞍,纷纷乱窜。尹子奇起来,站在营门首探望,见史思明飞也似跑来说道:"我只道何处杀来,原来是城中许多兵,从城上爬下来,想必要来劫营了。"令狐潮穿着一只靴也奔来道:"城上许多兵下来了,快去迎敌。"尹子奇道:"他们既在城上下来,我们不要慌,快着军士尽发弓弩乱箭射去,不容他下城便了。"三个贼将一齐来到营门首,催督军士射箭。真个万弩齐发,望着草人射去。那睢阳军看见他们中计,呐喊一发响了。又将草人儿好似提偶戏的一般,一来一往,一上一下。贼人看见,箭儿射得越紧了。自二鼓起至四鼓,忽然天上云收雾散,推出一轮明月。有眼快的早看见是草人了。南、雷二将便命各军收起草人,高声道:"多谢送箭。"那三个贼将,气得死去活来。睢阳城中各军,在草人身上拔下箭来,齐送至张、许二公处,计点共得箭五十六万二千有余。张、许二公就教南、雷二将,分派各军去了。

又隔了数日,探子来报道:"新店地方有贼军搬运粮车几十辆来了。"适值义僮在旁听见,便道:"仓里粮少,何不去抢来倒够几个月的吃哩。"张公道:"此言甚合我意。"便拨雷万春领兵前去,义僮随去搬粮,南霁云在后接应,竟奔新店地方。果见一队兵马押着许多车辆,车上尽插黄旗,上写"军粮"两字。雷万春挥兵一掩,那押粮兵马尽弃粮车而去。义僮领军士向前把粮车推了,先行回到城下。这里史思明闻报,领兵来救,却被南霁云一支军冲出,把史思明的兵截成两段。义僮先将粮车推入城中去了,外边南、雷二将,把贼兵杀得抱头鼠窜,史思明大败而去。南霁云与雷万春收兵入城,把粮米尽入仓廪。共得米五千四百余石,料豆二千五百石,小米三千石,全城军兵大喜。

次日张、许二公亲自上城巡视,只见史思明在城下,教贼兵大骂。义僮大怒道:"这贼如此辱骂,二位老爷,怎么不发兵去杀他?"许公道:"由他自骂,谁要你管。"义僮道："我们小人也耐不得这等气,亏你们做官的生得好一双顽皮耳朵。"张公巡至东门,南、雷二将来接着。南霁云道："尹子奇、令狐潮在此窥伺,似有攻城之状。"张公道："南将军可领兵在城门首。听敌楼炮响,开门杀出。"南霁云领命而去。张公又吩咐万春道："雷将军可率兵在城上,手执旌旗,一齐站着,不许擅动,不许交头接耳出言吐气,我自在敌楼中。若见贼兵移动,便放炮为号。"万春也领命了。城外尹子奇、令狐潮正在观望,那边史思明也来了,他叫军士辱骂。只见城上的兵都像木偶人一般站着。尹子奇道："却怎生这般光景。"令狐潮指着道："你看那女墙边站的是雷万春、待我放支冷箭去。"搭着箭,曳着弓,嗖的一声射去,正中万春左面颊上。贼兵齐声喝彩,那雷万春却动也不动。史思明道："怎么射他不动,待我也来射。"说罢,也射一箭,正中万春右面颊上,万春只是不动。尹子奇道："这人真是老面皮,待我也射他一箭。"取箭过来,望着万春一箭,却中万春额上,也只不动。令狐潮道："不信有这等事,军士与我一齐放箭。"贼军应声乱射上去,也有射不到的,也有射着城垛的,也有射中别个军士的。那雷万春面上,刚刚又中三支,连前面上中的共有六矢,他竟端然不动,众军大惊。尹子奇道："莫非又是草人吗? 待我近前一看。"遂纵马至城下。万春见子奇来得近了,便向腰间取过雕弓,就自己面上拔下一支箭来,向尹子奇射去,道声"看箭",射得尹子奇应弦落马。张公在敌楼上看见,便将信炮放起。南霁云开门,发兵杀出。史思明忙救尹子奇回营,令狐潮向前接战。不上数合,那些军士见睢阳将士这等骁勇,如何不怕,便不战而退,自相践踏,死者不计其数,令狐潮大败而回。南霁云乘势追赶,便要抢入营去,贼营中的箭,如雨点一般射来。南霁云不能进去,收兵奏凯回城。张、许二公接着,同去看雷万春。见他已拔下面上的箭了,张、许二公亲自替他敷药。义僮道："雷将军真是铁面,那尹贼的面孔想是纸糊的,一箭就射穿了。"众军都笑。南霁云道："今日之战,贼人心胆俱破,但得外面援兵一至,便可解围了。"许公道："坚守待救,必须粮足,不知仓里的粮还够几时用度?"义僮道："小的看了,也不多了,明日老爷亲自下仓来,盘点一番,便知多寡。"许公道："正是。"一面吩咐拨医生调治雷将军箭疮,张公自与南霁云在城巡视。

次日许公来到仓里,义僮接着,将廒里的米逐一盘斛,刚刚只够半个月的粮。许公大惊道："若半月之后救兵不到,如何是好?"义僮道："照前日这般杀起来,不够七八日,都把那些贼杀尽了,哪消半月? 若是粮少,等贼兵运粮来时,也像前日一般,再去抢他的便了。"许公道:"此乃险计,只可一,不可二。我如今想起来,城中绅衿富户人家,必有积储,明日我发帖与你,去各家先借些用。"义僮道:"那些乡绅举监,只晓得说人情,买白宅,哪个是忠君爱国的? 富户人家经纪用的六斗当五斗的斛子,收佃户的米来囤在家里,巴不得米价腾贵,好生利息。小的看那等富贵人家,只知斋僧布施、妆佛造相的事,便要沽名市誉,肯做几桩;其他就是一个嫡派至亲,贫穷出丑,不指望他扶持,还要怕他上门来泄他家的体面,便百般厌恶痛绝他。小的看起来,真正是襟裾牛马,铜臭狗矢。老爷若要与他们借粮,只怕这热气呵在壁上,到底不中用的。"许公道:"十室之邑,必有忠信,偌大睢阳岂无义士? 待我亲去劝谕他们,自然有几家输助。"义僮道:"那些人再不吃好草的,不如待小的去到几家巨富人家,只说要死在他家的,有人或害怕出人命,肯拿些出来。"许公道:"胡说,这是泼皮图赖人的勾当,做出来可不被人笑话。"说罢上马,来到各乡绅举监及富户人家门首? 说郡守亲来借粮保城。这些人家果然也有回不在家的,也有托病不出来相见的。不多几家拿了些米,一共只得二百余石,张、许二公大忧。

那贼营中尹子奇箭疮虽好,却正射瞎了一只左眼,切齿大怒,与史思明、令狐潮昼夜攻打。幸喜雷万春面上的疮也好了,与南霁云在城百般守护。贼兵架起云梯,南、雷二将就将大炮打去,云梯上的军士都被烧死。贼兵夜里来爬城,南、雷二将教将草把沾上脂油,点着火投将下去,军兵不敢上城。贼兵挖地道进来,南、雷二公吩咐沿城都阻深堑,水灌入地道去,贼都淹死在内。尹子奇等无计可施,只是紧紧围着。城中无奈粮草已尽了,张、许二公只得教军士杀牛马来吃。牛马杀尽了,又教取纸头树皮来吃。纸头树皮又吃尽了,只得教军士罗雀掘鼠来吃。可怜一个军士每日只罗得三五只雀,掘得六七个鼠。还有罗不着掘不着的,如何济得事。那些小户百姓人家,也都绝了粮。有游手好闲的人,纠集了饥民,往大户人家去抢米来吃。也有以公废私的倒箪食壶浆送到城上来,与军士们充饥。不多几月,连大户人家的米也抢尽了。城中老弱饿死的填沟积壑,军士们就拆房椽子做了柴,割死人肉去煮来救饥。张、许二公无计可生,一心只望救兵来援。叵耐贼兵攻打愈急,军中食尽,颇有怨言纷纷,都要弃城逃窜。

是日,张公见了这光景,退入私衙独自坐下,左思右想,设做理会处。却好屏后转出一个妇人来道:"老爷,外边事体如何?"张公抬头一看。看来是他爱姜吴氏,心中便暗自估省道："本衙内并无别件可与军士吃得，只有这个爱妾，莫若杀来与军士充饥，还可激起他们的忠义。只是这句话，教我怎生启齿也。"夫人见张公搔首自叹，沉吟不语，便道："看老爷这般光景，外面大势想必不济了，有话可说与妾身知道。"张公道："话是有一句，只是不好说得。"吴夫人道："妾身面前有何不可说的话。"张公道："只因城中食尽，我恐军心有变，欲将你……"张公说到此处，又住口不言。吴夫人道："老爷为何欲言又止。"张公道："教我如何说得出这话来。"吴夫人等了一回，便眼泪交流道："老爷不必言明，妾已猜着了。"张公道："你猜着了什么来。"吴夫人道："军士无粮，可是要将妾身杀来饷士吗？"张公大哭道："好呀！你怎生就猜着了，只是我虽有此心，其实不忍启齿。"吴夫人道："妾身受制于夫，老爷既有此心，敢不顺从。况且孤城危急，倘然城陷，少不得是个死。何如今日从容就义的好。老爷快请下手。"张公大哭道："我那娘子，念我为国家大事，你死在九泉之下，不要怨下官寡情。"说罢，拔出剑来，方举手欲砍，又缩住手哭道："我那娘子，教我就是铁石心肠也难动手。"吴夫人哭道："老爷既是不忍，可将三尺青锋付与奴家，待奴自尽。"张公大叫道："罢！事已至此，顾不得恩情了。"掷剑在地，望外而走。吴夫人拾起剑来，顺手儿一勒，刎死在地。张公听见一声响亮，回身看时，见吴夫人已是血流满地，死在堂中。张公大恸，向着死尸拜了几拜，近前脱下她衣服，全身用剑刴开。吩咐伙夫取去煮熟了，盛在盘中。叫军士捧了，自己上马，亲送至城上来。早有人晓得了，报与众军知道，众军还不信。只见张公骑马而来，眼儿哭得红肿，前面捧着热腾腾的肉儿，方信传言张公杀妾是真的，便齐声哭道："老爷如此忠心，小人们情愿死守，绝无二心，这夫人的肉体，小的们断然吃不下的。"张公道："我二夫人，也因饿了几日，肉儿甚瘦，你们略唉几块，少充饥腹。"南、雷二将道："众军就是要吃，主帅在此，决难下咽。主帅请回府吧。"张公含泪自回去了。众军道："我们情愿饿死，决不忍吃她的。"南、雷二将道："既是众军不忍食，可将吴夫人骨肉埋在城上便了。"众军都道："有理。"便掘开土来，将煮熟的骨肉掩埋好了。南、雷二将率众军向家拜哭，哀声动地。早有许义僮在城上来，晓得此事。看诸军鹄面鸠形，有言无气，就奔回府中，说与许远听。许远道："有这等的事，难得，难得！"义僮道："忠义之事，人人做得，如何只让别人。我想吴夫人是个女子，尚肯做出这等事来。小的虽是下贱之人，也是个男子汉，难道倒不如她。况老爷与张老爷事同一体，他既杀妾，老爷何不烹僮。"许公道："我心中虽有此念，只是舍你不得。"义僮道："老爷哪里话,他的爱妾乃是同衾共枕的人,尚然舍得,何况小的是个执鞭坠镫的奴仆。老爷不必疑惑,快将小的烹与军士们吃。"说罢,拔剑自刎在地。许公大哭,忙叫人将义僮烹熟了,自己亲送上城来道："诸军枵腹,我有两盘肉在此,可大家吃些。"众军此时,还不晓得烹的是义僮,便向前一哄都抢来吃完了。许公包着两眼的泪,回府而去。内中有乖觉军士见许公光景,心中有些疑惑,便悄悄跟到府前打听,只听得人沸沸扬扬地道："张、许二位老爷真是难得,一个杀了爱妾,一个烹了义僮。"那军士听得奔至城上说了。众军大惊,大哭呕吐不已。贼兵知了城中消息,便昼夜攻打。南、雷二将百计准备。又隔了十数日,军士尽皆饿死,剩得几十个兵,又是饿坏了。贼将尹子奇、史思明、令狐潮就驱兵鼓噪上城,雷万春在东门城上,见有贼兵上来,便手持长矛,连戳死十数贼。回头望见北门西门起火,有军士来报道："北门上南霁云撞下城头跌死了。西门已被贼兵攻破,张、许二老爷都被擒住了。"万春听得大叫一声,自刎而死。那尹子奇等进城,教军兵把城中饿不死的居民,尽皆屠戮。衙署仓库民房,尽行放火烧毁。移营城下,置酒称贺。尹子奇、令狐潮、史思明三人,在帐中酣饮,吩咐手下,将张巡、许远并擒获的军士推至帐前。张公厉声道："逆贼为何不杀我。"尹子奇道："你到了此际,还要骂我们吗?"张公道："我志吞反贼,恨力不能耳!"许公道："张兄不要与逆奴斗口。我和你遥拜了圣上,方好就死。"张公道："兄言有理。"二人望西拜道："臣力竭矣,生不能报陛下,死当为厉鬼以杀贼!"尹子奇笑道："活跳的人奈何我不得,不要说死鬼。"张公道："你这狗奴不要夸口,少不得碎尸万段,只争来早与来迟耳!"尹子奇大怒,喝叫左右打落他牙齿。左右向前将张公牙齿尽行打落。张公满口鲜血,尚含糊骂贼。许公也大骂。尹子奇喝叫推出斩首。张、许二公神色不变,骂不绝口,引颈就刃而死。同被擒军士三十二名一齐遇害。连前南、雷二将军,共有三十六人死难。所以史官在纲目上大书一行道:

"尹子奇等陷睢阳,张巡、许远等死亡。"又有长歌一首赞叹张、许、南、雷的忠义:

睢阳城中尽忠烈,凛凛朔风飘铁血。

保障江淮半壁天,一心欲补金瓯缺。

数声鼓角动睢阳,贼骑纷纷犯北阙。

二十四城俱已陷,天生张许人中杰。

南雷英勇称绝伦，协守孤城靖臣节。

耀刀当风鬓欲竖，挽弓卧霜唇亦裂。

面留六矢尚能言，斩指乞兵不少怯。

援不来兮粮又竭，一烹爱僮一杀妾。

欲全忠义割恩情，宝剑锋芒凛霜雪。

君不见五色芳魂化彩云。一片真心煮明月。

破城被执贼营中，大骂犹雄莫能屈。

又不见连城空兮俱焚灭，擎天柱兮双摧折。

亘古流芳千万年，忠名留与人传说。

　　贼将斩了张、许二公等，开怀畅饮，一连在营中吃了三日酒。忽有报来说，朔方节度使郭子仪、太尉李光弼领兵杀来，在五十里外安营。尹子奇等闻报，慌忙预备迎敌。史思明道："彼兵远来，必然疲困。我们就今夜前去劫寨，必获大胜。"令狐潮道："好计，好计。"便吩咐诸军，各自打点不题。

　　却说郭子仪镇守朔方，闻范阳安禄山之变，即兴师勤王，恰遇太尉李光弼也领兵前来，二人合兵而行。到了中途，听说尹子奇等围困睢阳，甚是危急。郭子仪就与李光弼商议道："睢阳张巡、许远等人，死守孤城，我和你必须先解此围，然后西行。"李光弼道："所言有理。"二人遂驱兵望南而行，来到睢阳，早有报人报称，三日前城已破了，张、许、南、雷俱已受害。子仪、光弼大惊，便教将兵扎住。安营已毕，帐前忽起一阵旋风，将一面牙旗吹折。李光弼道："此主何兆？"郭子仪道："今晚贼人必来劫寨。"李光弼道："如此快作准备。"子仪笑道："我欲将计就计，如此如此而行，何如？"光弼大喜，便吩咐诸将，分头去料理。那边尹子奇、史思明、令狐潮领着兵马，人衔枚，马摘铃，一直杀至官军营中。三个贼将当先杀入，只见营中并无一人，只将几只羊在那里打更鼓。尹子奇知是中计，大惊失色，慌忙回马退出。只听得一声炮响，火光冲天，喊声动地，外面不知有多少兵马杀来。当头是大唐先锋仆固怀恩杀到，令狐潮接着厮杀。左边有郭子仪冲来，尹子奇抵住厮杀。右边有李光弼冲来，史思明抵住厮杀。六骑马分做三对儿交战，杀不上二十余合，仆固怀恩大吼一声，将令狐潮一刀分为两段。尹子奇、史思明慌了，拨马落荒而逃，唐兵乘势冲杀前来。贼兵大败，奔至营门，早见门旗影里一个年少将军,在火光之下,横枪立马,高叫道:"我乃郭节度长子郭晞是也。你那反贼的营寨,已被我夺下多时了。"尹、史二人忙领兵转来,要进睢阳城中暂歇。来到城下,望见城头上,尽是大唐旗号。又有一个少年将军,站在城头高叫道:"我乃郭节度次子郭暖是也。睢阳已被我取了。"尹、史二人手脚无措,只得望西而行,后面郭子仪、李光弼、仆固怀恩又领兵追到。贼人正待奔走,忽然一阵狂风,黑云密布,惨雾迷天。半空中,隐隐见张、许二公,南、雷二将,领着许多阴兵,打着睢阳旗号,飞沙走石,杀将过来。尹、史二人并贼兵,一个个头晕眼花,手麻脚软。郭、李二公驱兵追赶前来,杀得尸横遍野,血流成河。尹、史二人抱头鼠窜而去。仆固怀恩大声高叫道:"此际不擒反贼,更待何时?"咬牙切齿,纵马向前。不知在何处捉获尹、史二贼,且看下回分解。

第十一回　雷海清掷筝骂贼

诗曰：

揭天鼙鼓动，悔赐洗儿钱。

九庙成灰烬，千家绝水烟。

霓裳初罢舞，玉瑟尚留弦，

兴庆宫前树，凄凉泣杜鹃。

话说郭子仪、李光弼，将尹子奇、史思明杀败。先锋仆固怀恩，奋勇争先，追杀上去，子仪教鸣金收军。仆固怀恩来见子仪道："小将正待追擒那厮，主帅如何收军？"子仪道："兵法有云，穷寇莫追，汝不可乘胜轻敌。"怀恩道："主帅所见极是。"遂安营。一面犒军，一面着人寻取张、许二公并南、雷二将的尸首。军士领兵去寻了一日，领一个幅巾筇杖的老叟进营来。那老叟昂然上账，向着郭子仪、李光弼长揖不拜。郭子仪见他气宇不凡，遂命坐了。问道："老叟何人，何以到此？"老叟道："我姓李名翰，隐居山野。因张、许二公，南、雷二将尽忠而死，尸骸暴露城下，老夫特备四口棺木前来，已将四位忠臣盛殓了。适见麾下健儿，各处查觅他尸骨，故此老夫特地前来，望二位明公速为择地安葬，以慰忠魂。"子仪、光弼大喜，留李翰在营中暂歇。便往城南择了一块地，将张、许二公，南、雷二将埋葬好了，立了墓碑。子仪、光弼与李翰率领诸将祭奠，哭泣甚哀。礼毕回营，李翰即来告辞。李光弼道："我等欲屈先生在营筹划军费，望先生休弃。"李翰道："老夫性耽隐癖，久已忘情人世，不敢从命。"郭子仪道："先生既爱烟霞佳趣，我等亦不敢相强。只是既来一番，必祈指示一二，方不虚此良晤。"李翰道："二公询问刍荛，老夫敢陈一计。"子仪、光弼道："愿闻大教。"李翰道："目今安禄山统兵入犯，二公可分兵二支，郭公领一支军入援二京，李公领一支军直捣范阳，范阳乃贼人巢穴，若知有兵攻击，必思回救。令此贼首尾不能相顾，我事济矣。"子仪、光弼大加叹服，吩咐饮酒送别，取出黄金三十两，白银一百两，送予李翰。他一毫不受，向上长揖,飘然而去。子仪、光弼就依他言语,分兵进发。李光弼自去征范阳,郭子仪来救两京不题。

却说尹子奇、史思明被唐兵杀得大败,遂领着残兵疲将,惶惶如丧家之狗,急急如漏网之鱼,望西奔走了一日一夜。军马饥乏,只得在路旁树下,造饭而食。将士方才少息,只见前面一彪军马冲来。尹、史二人大惊,忙取兵器在手,立马而待。只见当头一将大叫道:"二位将军受苦了,我特来接应你们。"看时,却是杨朝宗。二人大喜,下马施礼,就石上坐定。杨朝宗道:"蒙主上教我做个先锋,托赖福庇,自起兵以来,大获吉利,直抵武牢关。那守关将封常清,被我们杀败,乘势夺了关口。一路城池望风投顺,到了东京洛阳地方,被俺们擒了守将歌舒翰。那厮怕死,就献了东京。主上便教他留守东京,自己长驱大进,径到西京长安城下。唐朝并无准备,明皇慌了手脚,连夜带了嫔妃、宫监、宗室大臣,逃出延秋门,奔往巴蜀去了。主上遂破了西京,踞了宫殿,如今现在那边受用。闻知二位将军攻打睢阳不下,着我来协攻。谁想昨日有探子来报,说二位将军败于郭子仪、李光弼之手,因此小将特来接应。"尹子奇道:"为今之计将奈何?"杨朝宗道:"我们如今有生力军在此,何不再与他决个胜负?"尹子奇摇头道:"休说这话,我有十万雄兵,被他十停失了七八停。如今这几千军卒,哪里杀得他过。"史思明道:"不如往长安去,求主上再添兵马,方可再与他交战。"尹子奇道:"有理。"说罢,三人并军士们,胡乱吃了些饭,一齐起行。过洛阳,济河津,入潼关,渡渭水。不则一日,来到长安,三人进去朝见安禄山,备述睢阳前后之事。安禄山道:"你二人劳苦倍常,功多过少。只是折了个令狐潮也不足为虑。"正说话间,忽报太子安庆绪到,安禄山即令进来。安庆绪拜见了禄山,禄山就问道:"我着你镇守范阳根本之地,你如何来此?"安庆绪道:"孩儿在范阳镇守,叵耐有太尉李光弼前来攻打。孩儿同史朝义与他交战不胜。闻得父王在此,甚是作乐,孩儿也想要快活几日,故此留史朝义镇守城池,孩儿自领兵来此。一来避敌,二来省亲,三来父王做了皇帝,也带挈孩儿在宫中享用些安稳富贵,不枉做个太子。"安禄山道:"你既来了,那些家眷在彼,如何丢得下?"安庆绪道:"许多家眷,孩儿俱已带来了。又有犯官葛太古,并家人一十八人,向监在狱。孩儿想,那厮是不服俺们的,留在城中恐有他变。因此将葛太古那老贼,与他家人一齐上了囚车,也解在此。"安禄山道:"葛太古解到此间,本该立时枭首。只是孤家想起金马门之辱,还有个李白漏网,今可仍将葛太古监禁,待擒了李白,将他二人双双在金马门前寸磔,以泄前恨。"就吩咐杨朝宗去查点葛太古等下监,杨朝宗领旨而去。又吩咐李猪儿去迎接家眷入宫,李猪儿也领旨去了。安禄山又道:"今日父子君臣欢聚,可排宴宜春院中凝碧池上,令一班乐宫,带梨领园子弟前来侑酒。"左右齐声答应。原来明皇幸蜀时节,因事情急迫,还遗下许多内监宫娥在宫。如今都被安禄山差遣,一时领着旨意便去安排。禄山教安庆绪、尹子奇、史思明随着,摆驾到家春院中,上筵坐定,安庆绪等轮流把盏,早有许多梨园子弟进来。只见第一队是乐官李龟年,头戴天青巾,腰系碧玉带,身穿青锦团花袍。后边一个童子,手执绣龙青幡一面,上用大珠子串成"东方角音"四个大字。旁边两个童子,手执小青幡二面,也各用珠子串成四字,左边幡上是"阳律太簇",右边幡上是"阴吕来钟"。幡下有子弟二十人,俱戴金花在头,穿着青绣织金花彩舞衣,摆列在东边立定。第二队是乐官马仙期,头戴绛红巾,腰系珊瑚带,身穿红锦团花袍。后边一个童子,手执绣花红幡一面,用翠羽贴成"南方徵音"四个大字,旁边两个童子,手执小红幡两面,也各用翠羽贴成四字,左边幡上是"阳律仲吕";右边幡上是"阴吕蕤宾"。幡下有子弟二十人,俱戴金花在头,穿着红绣织金花彩舞衣,摆列在南边立定。第三队是乐官雷海清,头戴月白巾,腰系白玉带,身穿白锦团花袍。后边一个童子,手执绣花白幡一面,上面用赤金打成"西方商音"四个大字,旁边两个童子,手执小白幡二面,也各用赤金打成四字,左边幡上是"阳律夷则",右边幡上是"阴吕南吕"。幡下有子弟二十人,俱戴金花在头,穿着白绣织金花彩舞衣,摆列在西边立定。第四队是乐官张野狐,头戴皂纱巾,腰系墨玉带,身穿黑锦团花袍。后边一个童子,手执绣龙皂幡一面,上用银子打成"北方羽音"四个大字,旁边两个童子,手执小皂幡二面,也各用银子打成四字,左边幡上是"阳律应钟",右边幡上是"阴吕黄钟"。幡下有子弟二十人,俱戴金花在头,穿着黑绣织金花彩舞衣,摆列在北边立定。第五队是乐官贺怀智,头戴赭黄巾,腰系密蜡带,身穿黄锦团花袍。后边一个童子,手执绣花黄幡一面,上用宝石缀成"中央宫音"四个大字,旁边四个童子,手执小黄幡四面,也各用宝石缀成四字,前边幡上是"阳律姑洗",后边幡上是"阴吕林钟",左边幡上是"阳律无射",右边幡上是"阴吕大吕"。幡下有子弟四十人,俱戴金花在头,穿着黄绣织金花彩舞衣,摆列在中央立定。上按着九宫八卦,中按着四时五行,下按着五音十二律。一共五个乐官,统领子弟共一百二十名。都持着风箫莺笛,象管鸾笙,金钟玉磬。吹打的吹打,歌舞的歌舞。李龟年羯鼓,贺怀智琵琶,马仙期箜篌,雷海青奏筝,张野狐手拍。各执一器,通是绝精的妙计,一时弹唱起来,众子弟相和,唱出一套曲子:

步步娇

广寒宫凄凉无人到,玉杵白莩春捣。婆娑树影高,碧海青天瑞云笼罩。琼殿锁无聊,嫦娥应悔偷灵药。

醉扶归

你道素娟娟,出落偏俊俏。谁知冷清清,长夜倍萧骚。香冥冥,鹤唳响中宵。灿荧荧,一派清光照。不知是银蟾蜍影入池塘,乍惊看,误认楼台倒。

皂罗袍

最是添欢添恼。论歌楼舞榭,酒杜诗舫,冰轮偏喜助人豪。柳荫花影秋千笑。只有长门永巷,霜寒路遥。更有戍楼边塞,云低树高。这些时景,实伤怀抱。

好姐姐

步虚似姬静俏,环佩响,霓裳鲜皓。霞冠羽衣,扮的别样娇。人间少翠翘。缕带真奇妙,掌上轻盈颤舞腰。

尾声

回头不见人儿好,只剩得仙音缭绕,唯有寒蟾挂碧霄。

唱完此曲,那五面大幡,十二面小幡一齐移动,引着众子弟往来旋舞,真是合殿生风,令人眼花缭乱。舞完又依旧分开立定,再奏细乐。安禄山大笑道:"真好看,真好听,快活快活。孤家向来虽蓄大志,只因明皇待我甚厚,所以不忍,意欲待他晏驾了,方始举事。我想杨国忠这厮,屡次发我隐谋,激我做出这些事来,正所谓富贵逼人。一起兵时,呼吸间得了二十四郡,赶得明皇有家难奔,有国难投。想他不知费了多少钱粮,用了多少心机,教成这班梨园子弟,自己不能受用,倒留与我们作乐,岂不是个天数。"那安庆绪、尹子奇、史思明等,一齐出席拜贺,安禄山又掀髯大笑。这些众乐人,听了禄山这席话,一个个眼泪汪汪低头伤感,便觉歌不成声,舞不成态。安禄山见了大怒道:"孤家连日在此饮宴,如何众乐人有悲戚之声?尹子奇,与我下去查看,但有哭泣声,即时揪出,进前斩首。"尹子奇应声拔剑下阶来看,那众乐人吓得面色如土,都将衣袖拭干眼泪假作欢容。只有雷海清闭着眼睛泪流满面,呜呜咽咽地哭个不住。尹子奇指道:"你这厮,还要哭,不怕砍头的吗?"雷海清大叫一声,将手中的筝儿掷在地上哭道:"我乃雷海清是也。虽是瞽人,颇知大义。我想食君之禄,不能分君之忧,唯有一死,可报君恩。怎肯蒙面丧心,服侍你这反贼。"禄山大怒,喝叫快快牵出砍了。尹子奇劈胸揪出,雷海清骂不绝口。尹子奇将他斩在凝碧池上,回身复旨,仍复入席。

又饮了一回酒,外面孙孝哲飞奔进来道:"臣启陛下,适才城外有飞报到来,说郭子仪兵至洛阳,斩了哥舒翰,东京已被他复了。只怕早晚要杀到这里来,须是早为准备。"安禄山道:"郭子仪那厮,如何恁般勇猛,作何良策擒他便好。"尹子奇道:"臣看此人，难以力敌，若得一个舌辩之士，前去说他，得那人来投顺，天下不足虑矣。"安禄山道："卿言固有理，只是没有这个说客。"旁边转过李猪儿来跪下道："奴婢蒙皇爷抬举，无以为报，今愿效犬马之劳，单骑往郭子仪营中走一遭，一则说他投顺；二则探听虚实。不知皇爷意下如何？"安禄山大喜道："你这人倒也去得，明日就起身便了。"又吩咐安庆绪道："潼关一路，不可疏虞，你可同杨朝宗带领一支军马，前去巡视一番，就便打探唐兵消息。"安庆绪、杨朝宗领旨。

次日李猪儿辞了安禄山，匹马出城，竟投东京。一路上想道："咱因葛明霞一事，怕安庆绪加害，因此来到长安。谁想那冤家也又来此，我今讨这一差，做个脱身之计，有何不可。"又想道："安禄山乃无义之人，我向来勉强服侍他，甚是不平。今见他父子荒淫暴虐，荼毒生灵，眼见得不成大事。咱不如于中取事，干下一番功业，也不枉为人在世。"心里想着，行了数日，已到东京洛阳地界。只见郭子仪先锋仆固怀恩当道扎个大寨，左边是郭晞的寨，右边是郭暖的寨，郭子仪屯在中军。李猪儿大着胆，直过前营，早有巡兵拦路。李猪儿道："相烦通报，说有个内监李猪儿，有机密事要见节度老爷。"军士报知郭子仪，即传令唤入相见。李猪儿入营，来到帐前，拜见了郭子仪。子仪就问道："你从哪里来，到此何干？"李猪儿道："节度公在上，咱家姓李，名唤猪儿，向蒙圣上赐予安禄山。咱见他恃宠忘恩，以怨报德，心甚愤怒。他因要差人来说节度公，故着咱家到此。咱想节度公忠勇盖世，决难以口舌动摇。咱所以挺身来者，意欲暗约节度公袭取长安，咱愿为内应。"郭子仪道："你如果有此念，唐家社稷有幸矣。"李猪儿道："咱若有二心，天诛地灭。"郭子仪道："我再不疑人，你不须发誓。本待款留，诚恐漏泄大事，反为不便，你快回去行事。我随后领兵就来。"猪儿辞别郭子仪，出营而去。郭子仪就与二子郭晞、郭暖商议进兵。

正说话间，营门外传进蜀中邸报。郭子仪接来看时，见上面报称，明皇驾至马嵬，军士怨恨杨国忠、杨贵妃酿成大祸，尽皆愤怒，不肯前行，鼓噪起来，将杨国忠杀了。又逼近御前，必要杀了杨贵妃方才肯走。明皇不得已，只得令高力士用白练一幅，将杨贵妃缢死。军士方始护驾而行。又父老遮留太子，在灵武地方得李泌为军师，诸将就奉太子即了帝位，遥尊明皇为太上皇，改元至德。即令降旨，宣召各路兵马，会剿安禄山，俱要在潼关取齐。郭子仪看罢，以手加额道："好了，好了。权相已诛，新君即位，宗庙苍生之福也。"就吩咐安排香案，向西朝贺。礼毕起来，只见先锋仆固怀恩上账禀道："外面有三个逃难妇女在此经过，手执睢阳已故副将雷万春的路引，禀求挂号。小将不敢擅专，谨将路引呈验，伏候主将钧旨。"郭子仪接着路引，展开看了道："原来是葛太古的女儿葛明霞逃难到此。只是这路引，是旧年九月中给的。为何来得这般迟。"怀恩道："小将也曾问过，据同行卫姬禀说，因一路贼兵劫掠，不敢行走。在武牢关外赁房，住了四个月。直待主帅收了东京，方才行到此处。"郭子仪道："既已盘诘明白，她乃忠臣之女。雷万春虽死，他的路引，一定不差，可与我挂号放行。只是路引上说，听其自归长安。即今贼人占据西京，如何去得。且教她在附近暂住，待复了西京，然后前去。"仆固怀恩领命，将路引挂了号，出营给予葛明霞收执。又将郭子仪的话，吩咐了她。葛明霞称谢，同了卫姬、卫碧秋，离却郭营，望西而走，要寻个僻静去处暂歇，四下里再无人家。行了两日，来到华阴山下，看看天色昏暮，并无宿店。三人正慌，远望林子里一所庵院，三人忙走至门首，敲门求宿。不知里面肯留不肯留，且看下回分解。

第十二回　蒨夫人挥尘谈禅

词曰：

　　此事《楞严》尝布露，梅花雪月交光处。一笑寥寥空万古，风瓯语，迥然银汉横天宁。　　蛱蝶梦南华栩栩，斑斑谁跨丰干虎。而今忘却来时路。江山暮，天涯目送飞鸿去。

右调《渔家傲》

　　话说葛明霞与卫姬、卫碧秋，自遇着雷万春，得了路引盘缠，欲回西京去。奈贼兵到处骚扰，路上行走不得，在武牢关外，赁房住了四个月。直等郭子仪恢复了东京，那地方稍稍平静，葛明霞等三人方始上路。来到洛阳地方，恰遇郭子仪扎营当道，便将路引挂号。因郭子仪吩咐，贼陷长安，不可前去，葛明霞等三人，就在左近寻觅住处。是晚见有庵观一所，三人向前敲门。里边有个青衣女童出来开门，让三人进去。葛明霞抬头一看，见一尊韦驮尊天立镇山门，上有一匾写着"慈航静室"四个字，景致且是幽雅。但见：

　　一龛绣佛，半室青灯。蒲团纸张，满天花雨护袈裟；瓦钵绳床，几处云堂闲锡杖。门前绿树无啼鸟，清磬声迟；庭外苍苔有落花，幽房风暖。月锁柴关，烟消积火。选佛场，经翻贝叶；香积厨，饭熟胡麻。正是：

　　　紫雾红霞竹径深，一庵终日静沉沉。
　　　等闲放下便无事，看去看来还有心。

　　葛明霞、卫姬、卫碧秋走入佛堂，向着观音大士前，五体投地，躬身礼拜。早有两个老尼出来，接着施礼，留至后堂坐定，便问道："三位女菩萨从何处来？"卫姬道："我等是远方避难来的，要往长安，闻得被贼人占据城池，所以不敢前进，欲在宝庵暂住几日，望师父慈悲方便。"两个老尼道："我二人住在本庵，向来能做得主的。只因近日有本庵山主，在此出家，凡事还须禀问。三位请坐，待贫尼进去，请俺山主出来，去留由她主意。"说着进去了一会。只见有两个女童，随着一个道装的姑姑出来，头戴青霞冠，身披白鹤氅，手持玉柄麈尾，颈挂密蜡念珠，缓步出来。三人忙向前施礼，那姑姑稽首而答，分宾主坐了。姑姑问道："三位何来？"卫姬道："老身卫姬，此个就是小女，名唤碧秋。因遭安禄山之乱，同这葛小姐打从范阳避难来此。"那姑姑道："此位既称小姐，不知是何长官之女，向居何处？"明霞道："家父讳太古，长安人氏，原任御史大夫。因忤权臣，贬作范阳金判。因安禄山造反，家父不肯从贼，被贼监禁，因此奴家逃难此间。"那姑姑道："莫非是锦里坊住的葛天民吗？"葛明霞道："正是。"那姑姑道："如此说小姐是我旧邻了。"葛明霞问道："不知姑姑是？"那姑姑笑道："我非别人，乃虢国夫人是也。"明霞惊道："奴家不知是夫人，望恕失敬之愆。只不知夫人为何在此出家？"虢国夫人道："只因安禄山兵至长安，车驾幸蜀，仓悴之间，不曾带我同往。我故此逃出都门，来到此处。这慈航静室，原是我向来捐资建造的，故就在此出家。"葛明霞道："目今都城已被贼踞，奴家无处投奔，求夫人大发慈悲，容奴家等在此暂歇几日。"虢国夫人道："出家人以方便为本，住此何妨。只是近来郭节度颁下示约，一应寺观庵院，不许容留来历不明之人。小姐若有什么凭据，见赐一观，免得被人责问。"葛明霞道："这个不妨，有睢阳雷将军的路引，前日在郭节度处挂过号的，夫人见阅便了。"说罢，将路引送去。虢国夫人接来一看，见葛明霞名下，注着钟景期的原配室，便惊问道："原来钟状元就是尊夫。他一向窜贬蜀中，不知可有些音耗？"葛明霞道："地北天南，兵马阻隔，哪里知他消息。"虢国夫人听了，想起前情，凄然堕泪。明霞问道："夫人为何说着钟郎忽然悲惨？"虢国夫人掩饰道："我在长安，曾与他一面，因想起旧日繁华，故不胜惨戚耳。"明霞见说，也纷纷滚下泪来。卫碧秋道："姐姐连日风霜，今幸逢故知，急宜将息，不要伤感。"葛明霞道："我见夫人与钟郎一面之识，提起尚然悲伤。奴家想我父亲，年老被禁，不知生死如何。今我又流离播迁，不能相见，怎教人不要心酸。"说罢又哭。虢国夫人道："我正要问小姐，令尊既被监禁，不知小姐怎生脱得贼人巢穴？"明霞便将红于代死，碧秋同逃的事，前后一一备述。虢国夫人道："我既出家，你们不要称我是夫人，我法名净莲，法字妙香。自今以后，称我为妙姑姑便了。"明霞三人齐道："领命。"看官记得，以后作小说的也称虢国夫人为妙香了，不要忘却。

话休絮烦。明霞三人在慈航静室中，一连住了十余日，正值中天月照，花影横阶，星斗灿烂，银河清浅。卫姬是有了年纪，不耐夜坐，先去睡了。妙香在佛堂中，做完功课，来与明霞、碧秋坐在小轩前看月，讲些闲话。明霞心中想起红于死得惨苦，父亲又存亡未卜，钟景期又不知向来下落，衷肠百结，愁绪千条，潸潸泪下。妙香心里也暗想当日富贵，回首恰如春梦。忆昔与钟景期正在情浓，忽然分散。那个会温存的妹夫天子，又远远地撇下去了。想到此处不觉黯然肠断。这碧秋见她二人光景，也自想道："我红颜薄命，空具姿容，不蓬佳偶，母子茕茕，飘蓬南北，困苦流离，未知何日得遇机缘。"对着月光儿，嘘唏长叹。却又作怪，那明霞、妙香的心事，是有着落的，倒还有些涯岸。唯有碧秋的心事，是没有着落的，偏自茫茫无际，不知这眼泪是从何处来的，扑簌簌也只管掉下来。葛明霞道："奴家是命该如此，只是连累妹子，也辛苦跋涉，心上好生难过。今夜指月为盟，好歹与妹子追随一处。如今患难相扶，异日欢娱同享。"碧秋道："但得姐姐提携，诚死生骨肉矣。"正说得投机，忽闻一阵异香扑鼻，远远仙音嘹亮。见一个仙姬冉冉从空而下，立在庭中说道："有灵霄外府贞肃夫人，与琅简元君下降，你等速速迎接。"三人半疑半信，毛骨悚然。妙香忙忙焚起一炉好香。早见许多黄巾力士，羽服仙娥，都执着瑶幢宝盖、玉节金符、翠葆凤旗，銮舆鹤驾，从云端里拥将下来。那贞肃夫人并琅简元君，一样的珠冠云髻，霞披绣裳，并入轩子里来。妙香等三人次第行礼。妙香与碧秋行礼，夫人元君端然坐受。只有明霞礼拜，琅简元君却跪下回礼。个个相见礼毕，贞肃夫人便教看坐。妙香道："弟子辈凡身垢秽，忽逢圣驾临凡，侍立尚怀惕惧，何敢当赐座。"贞肃夫人道："但坐不妨。"三人告罪了，方战兢兢地坐下。妙香问道："弟子凡人肉眼，体陋心迷，不知何缘得见二位圣母尊颜？"贞肃夫人道："我与琅简元君，生前忠节，蒙上帝嘉悯封此位。今因安禄山作乱，下方黎庶凡在劫中，俱难逃走。上帝命我二人，查点人间，有忠孝节义愤激死难之人，悉皆另登一簿，听候奏闻，拔升天界，勿得混入枉死城中。日来查点东京地方，所以经过此处。适见妙香，根器非凡，正该潜心学道，却怎生自寻魔障，迷失本真？我正欲来此点化，恰好琅简元君有故人在此，因此同来相访。"葛明霞道："幽明远隔，圣凡悬殊，不知哪个是圣母的故人？"琅简元君笑道："三生石上，旧日精魂，此身虽异，此性常存，何必细问。"妙香道："既是此说，弟子辈果然愚昧，望二位圣母开示。"贞肃夫人道："妙香本掌书仙子，偶谪尘寰，不期汩没本来，溺于色界，遂致淫罪滔天。观察功曹，已将你选入杨玉环一案。幸而查得有周诱导文曲星之功，故延寿一纪，听你清修改过。谁知你不自猛醒，艳思欲念触绪纷来。只怕堕落火坑，万劫不能超脱矣。"妙香道："弟子气禀痴愚，今闻恩旨，不觉茫然若失。但恐罪孽深重，不能心地清凉，还望圣母指点迷途。"贞肃夫人道："自古道，了心淫女能成佛，人手屠儿但放心。果能痛割尘缘，蓬莱岂患无路。"妙香就向前拜谢。明霞、碧秋同立起来道："听圣母所言，令人心骨俱冷。不揣愚蒙，亦望一言指点。"琅简元君道："二位虽灵根不昧，奈凤愿未酬，尚难摆脱，出世之事，未易言也。"葛明霞又问道："弟子目今进退维谷，吉凶未保，不知几时得脱这苦厄。"琅简元君道:"你尚有一载迍遭。过此当父子重逢,夫妻完聚,连卫碧秋亦是一会中人。但须放心,不必忧愁。"葛明霞听了,便跪下礼拜,那琅简元君忙避席答礼。葛明霞道:"弟子乃尘俗陋姿,对母何故回礼。"贞肃夫人笑道:"琅简元君生前与你有些名分,故此不忘旧谊。"葛明霞道:"请问琅简元君,生前还是何人?"贞肃夫人道:"我二人非是别个,我乃张睢阳之姜吴氏,她即你侍婢红于也。"明霞大惊道:"如此为何一些也不厮认。"贞肃夫人又笑道:"仙家妙用,岂汝所知。你若不信,可教她现出生前色相,与你相见便了。"说罢,将袖子向琅简元君面上一佛。明霞一看,果然是红于面貌,便抱住大哭。琅简元君究竟在人世六道之中,未能解脱,也自扶了明霞泪流不住。卫碧秋看见,想起当日红于触死那番情景,也禁不住两泪交流。正闹热间,忽听得檐前大叫道:"两个女鬼如何在此播弄精魂。"贞肃夫人与琅简元君,并妙香、明霞、碧秋一齐听见。抬头一看,见一个番僧,在半空降下,大踏步走入小轩。形容打扮,却是古怪。但见:

头缠大喇布,身挂普噜绒。睁圆怪眼,犹如一对铜铃;横亘双眉,一似两条板刷。耳挂双环,脚穿草履。乍看疑是羌夷种,细认原来净土人。

那番僧向众说道:"我乃达摩尊者是也。适在华山闲游,无意见你们在此说神论鬼,动了我普度的热肠,因此特来饶舌。"众皆合掌拜见。达摩便向贞肃夫人、琅简元君道:"你二人虽登天界,未免轮回,正宜收魂摄魄,见性明心。若还迷却本来面目,一经失足,那地狱天堂,相去只有毫发,不可不谨。妙香既能皈依清净,亦当速契真如,不可误落旁门,致生罪孽。迷则佛是众生,悟则众生是佛。生死事大,急急猛醒。"众人听了,一齐跪下,求圣僧点化。达摩大喝一声道:"雁过长空,影沉寒水,雁无遗迹之意,水无留影之心。会得的下一转语来。"贞肃夫人道:"万里浪平龙睡稳。"琅简元君道:"一天云净鹤飞高。"达摩道:"何不道'腾空仙驾原非鹤,照日骊珠不是龙'。"妙香道:"没底篮儿盛皓月,无心钵子贮清风。"达摩道:"何不道'有篮有钵俱为幻,无月无风总是空'。"妙香将手巾拂子一挥,拍手嘻嘻笑道:"弟子会得了,总则是'梨花两岸雪,江水一天秋'。"达摩喝道:"妙香道着了,你三人洵是法器,言下即能了然。但须勤加操励,净土非遥。葛明霞、卫碧秋尘缘未了,机会犹然。只是得意浓时急需回首,不得迷恋。"众人又向前拜谢。达摩拂衣而起,倏然腾空而去。贞肃夫人与琅简元君也就起身,护从们一拥而上,妙香、明霞、碧秋望空而拜。

不觉乌啼月落,曙色将开。里边老尼姑也起来了,走到佛堂中,正待向前撞钟,忽

国学经典文库

私家藏书

锦香亭

图文珍藏版

一四九九

听见门外敲门声甚急。妙香道："这时候什么人敲门？"老尼道："昨晚我见老道出去买盐没有回来，想必是他了。"说罢，出去开门，果然是道人回来。见他气喘吁吁，面貌失色，奔进来道："师父不好了，祸事到了。"妙香忙问，道人道："我昨晚出去买盐，因没处买，走远了路，回来天色昏黑。路上巡哨的兵见人就抓，我故此不敢行走，在树下坐了一夜。直待更鼓绝了，有人行动方始敢走。一路里三三两两，听见人说安庆绪领兵在潼关巡视，被郭节度绝了他的归路，那厮倒往东冲杀而来。在各乡村掳掠妇女、粮草，鸡犬不留。看看近前来了，我适才见许多百姓尽去逃难了，我们也须暂避方好。"老尼与妙香等听见，吓得目瞪口呆，没做理会处。卫碧秋道："不要乱了方寸，快打点逃生要紧。"明霞道："正是。"忙叫卫姬起身。碧秋又道："那张路引是要紧的，不可忘记。"便在匣里取将出来。明霞道："我心里慌张，倒是妹子替我藏好吧。"碧秋应声，就将路引藏在身边。那两个老尼还在房中摸摸索索，妙香催杀，也不出来。碧秋道："我们先走吧，不要误了大事。"妙香、明霞都道："有理。"一时间，卫姬、妙香、明霞、碧秋四个人，一齐走出静室，望山间小路行去。不上里许，早有无数逃难的男女奔来。四人扯扯拽拽，随众人而行。转过几座林子，山凹中许多军马，尽打着安太子的旗号，斜刺里直冲过来。赶得众人哭哭啼啼，东西乱窜。妙香、碧秋手挽着手，一步一颠正走时，回头不见了卫姬、明霞。碧秋连忙寻觅，并无踪影，放声大哭。妙香道："哭也没用，趁这时贼兵已过去了，我们且回静室中住下，慢慢寻访。"碧秋含着眼泪，只得与妙香取路回归静室去了。要知卫姬、明霞下落，且到后来便见。

卷之四

第十三回　葛太古九川迎圣驾

国学经典文库

私家藏书

锦香亭

图文珍藏版

诗曰：

　　塞下霜旧满地黄，相思尽处已无肠。
　　好知一夜秦关梦，软语商量到故乡。

　　话说安庆绪同杨朝宗，领了安禄山旨意，来到潼关外边巡视，却被郭子仪差先锋仆固怀恩，领骁卒五千，夜袭江关，断了安庆绪的归路。庆绪、朝宗不敢交战，只得引兵望东而来。却往各乡镇去打粮骚扰，搅得各处人民逃散，村落荒残。是日，见一队男女奔走，纵兵赶来，将明霞、妙香等一行人冲散。妙香与碧秋自回静室，明霞与卫姬随着众人望山谷中而逃。庆绪大叫道："前面有好些妇女，你们快上前擒掳。"众兵呐喊一声，正欲向前追赶，见孙孝哲一骑马飞也似跑将来，叫道："千岁爷住马，小将有机密事来报知。"庆绪忙回马来，孝哲在马上欠身道："甲胄在身，且又事情急迫，恕小将不下马施礼了。"庆绪道："你为什么事这般慌张？"孝哲斥退军士，低低禀道："主上自从斩了雷海清之后，终日心神恍惚，常常见海清站在面前，一双眼睛竟昏了。不想李猪儿在东京回来，备说郭子仪并无西攻之意，劝主上放心，且图欢乐。主上听了那厮的话，昼夜酣饮，淫欲无度。前夜三更时分，李猪儿在宫中，乘主上熟睡，将刀戳破肚腹，肝肠尽吐出来，被他割了首级，赚开城门，投往郭子仪军中去了。"庆绪听罢大惊道："有这等事，我们快快回去，保守长安。"孙孝哲道："长安回去不得了。"庆绪道："为何呢？"孝哲道："李猪儿这厮，杀了主上，倒蘸血大书壁上，写着'安庆绪遣李猪儿杀安禄山于此处'十四个大字。史思明只道真是千岁爷差来的，竟要点兵来与千岁厮杀，亏得尹子奇知是诡计，与他再三辩白，他还未信。如今尹子奇统领大兵离了长安，来保护千岁，差小将先来报知。"庆绪道："既如此，等尹子奇来了，再做理会。"不一时，那尹子奇的兵马赶到，只见子奇当先叫道："千岁爷还不快走，唐兵随后杀来了。"庆绪大惊道："如今投何处去好？"子奇道："史思明那厮假公济私，颇有二心，长安是去不得了。闻得范阳尚未被李光弼攻破，彼处粮草尚多，可向范阳去吧。"庆绪道："有理。"便同尹子奇、孙孝哲、杨朝宗，领兵望北而走。不上五十里，望见尘头起处，唐朝郭子仪大兵，漫山遍野杀到，军中大白旗上，挂着安禄山的首级。那军兵一个个利刃大刀，长枪劲弩，勇不可当。这些贼兵听见郭子仪三字，头脑已先疼痛，哪个还敢交锋，一心只顾逃走，唐兵掩杀前去。安庆绪大败，连夜奔回范阳去了。

郭子仪收兵，转来进取西京，直抵长安城下。城内史思明闻报，暗自想道："那郭子仪是惹他不得的。当初，我众彼寡，尚然杀他不过，我如今孤军在此，怎生抵敌？还不如回去修好安庆绪，与他合兵同回范阳，再图后举。"计较已定，便在宫中搜刮了许多金珠宝贝、玩好珍奇并歌儿舞女，装起车辆，吩咐军士，一齐出了玄武门，望北而去。郭子仪不去追思明，乘势夺门而入。下令秋毫无犯，出榜安民，百姓安堵如故。子仪便扎营房，教军士将府库仓廒尽皆封锁。又教纵放狱中淹禁囚徒。李猪儿道："有范阳金判葛太古，原任御史大夫。因安禄山造反，他骂贼不屈，被他们监禁。后来，安庆绪又将他带到长安，现在刑部狱中。节度公速放他出来相见。"郭子仪道："不是公公说起，几乎忘了这个忠臣。"一面着将官去请，一面教李猪儿到宫中点视。猪儿领命去了。

将官到狱里请葛太古来到营中，子仪接着叙礼坐定。太古道："学生被陷囹圄，自分必死贼人之手，不期复见天日，皆节度公再造之恩也。"子仪道："老先生砥柱中流，实为难得。目今车驾西狩，都中并没一个唐家旧臣，学生又是武夫，不谙政务，凡事全仗老先生调护。老先生可权署原任御史职衔，不日学生题请实授便了。"说罢，吩咐军士取冠带过来与葛太古换了。太古道："节度公收复神京，速当举行大义，以慰臣民之望。"子仪道："不知当举行何事。"太古道："今圣上在灵武，上皇在成都，须急草露布，差人报捷，所宜行者一也；圣驾蒙尘，朝廷无主，当设上皇圣龙位在于乾元殿中，率领诸将朝贺，所宜行者二也；唐家九庙丘墟，先帝久已不安，我等当诣太庙祭谒，所宜行者三也；移檄附贼各郡，令归正朔，所宜行者四也；赈济难民，犒赏士卒，所宜行者五也；遣使迎请二圣还都，所宜行者六也。凡此六事，愿明公急急举行之。"子仪道："承领大教。"连忙教幕宾写起报捷奏章，差将官连夜往成都、灵武二处去报了。是晚留太古在营中安歇。明早领了诸将同入乾元殿，摆列龙亭香案朝贺。出朝就到太庙中来，子仪、太古等进去，只见庙中通供着安禄山的祖宗，僭称伪号的牌位。子仪大怒，亲自拔剑将牌位劈得粉碎，令人拿去撒在粪坑内。重新立起大唐太祖太宗神主。庭外竖起长竿，将安禄山头颅高高挑起。安排祭礼，子仪主爵，太古陪祭，诸将随后行礼。万民亲临，无不踊跃。祭毕出庙，太古向子仪道："学生久不归私家，今日暂别节度公，回去拜慰祖先，再到营中听教。"子仪应允。太古乘马，径回锦里坊旧居来。那十八个家人，也俱放出狱了，俱来随着太古。行到自己门首，见门也不封锁，门墙东倒西歪，不成模样。太古进去，先到家庙中拜了。然后到堂中坐定，叫家人去寻看家的毛老儿来。家人四散，寻了半日方来。毛老儿叩头禀道："小的在此看家，不期被贼兵占住，把小的赶在外面居住，因此不知老爷回来。"太古听了，长叹一声，拂衣进内。先至园中一看，但见：

花瘦草肥，蛛多蝶少。寂寥绿园，并无鹤迹印苍苔；三径荒芜，唯有蜗蜒盈粉壁。零落梧黄，止余松桧色蓊葱；破窗掩映，不见芝兰香馥郁。亭榭欹倾，尘满昔时笔砚；楼台冷落，香消旧日琴书。

太古见了这光景，心里凄然。忽想起明霞女儿不见在眼前，不觉纷纷落泪。思量她在范阳署中，据家人出监时节说，安庆绪打入衙内时，已见我女儿。我想那贼心怀不良，此女素知礼义，必不肯从贼。一向杳无信息，不知生死如何。心里想着，恰好走到明霞卧房门首，依稀还道是她坐在房中，推门进内，却又不见。便坐在一把灰尘椅子上，放声大哭。哭了一会，有家人进来报道："太监李猪儿来拜。"太古心绪不佳，欲待不见。又想向在范阳，必知彼处事情，问问我女儿消息也好。遂起身出外接着。李猪儿施礼，分宾主坐下。猪儿道："老先生为何面上有些泪痕？"太古道："老夫有一小女，向在范阳，不知她下落。今日回来，到她卧房中，见室迩人遐，因此伤感。"猪儿道："老先生还不晓得嘛，令媛因清节而亡了。"太古忙问道："公公哪里知道？"猪儿道："安庆绪那厮，见了令媛，要抢入宫中，令垦守正不从。那厮将令媛交付咱家领回，教咱劝她从顺。那晚适值轮该咱家巡城出外去了，令媛就在咱衙内触阶而死。咱已将她盛殓葬在城南空地了。"太古听罢，哭倒在椅上，死去活来。猪儿劝慰了一番，作别而去。太古在家哭了一夜。明日绝早，郭子仪请入营中议事。子仪道："迎接圣驾最是要紧，此行非大臣不可。我今拨军三百名，随李内监到灵武去迎圣上。再拨军三百名，随葛老先生往成都迎上皇，即日起身，不可迟延。"就治酒与太古、猪儿饯行，又各送盘缠银二百两。太古、猪儿辞别了子仪，各去整顿行装，领了军士，同出都门，李猪儿往灵武去了。

葛太古取路投西川行去，经过了些崎岖栈道，平旷郊原，早到扶风郡界上。远远望见旌旗戈戟，一簇人马前来。葛太古忙着人打听。回报说是行营统制钟景期领三千铁骑，替上皇打头站的。太古忙叫军士屯在路旁，差人去通报。

看官，你道钟景期如何这般显耀？原来景期在百泉堡做司户，与雷天然住在衙门里甚是清闲。那雷天然虽是妇人，最喜谈兵说剑。平日与景期讲论韬略，十分相得。恰值安禄山之乱，上皇避难入蜀，车驾由石泉堡经过。景期出去迎驾，上皇见了景期，追悔当日不早用忠言，以致今日之祸，因此特拔为翰林学士。彼时羽林军怨望朝廷，多有不遵纪律的。景期上了"收兵要略"一疏，上皇大喜，就命兼领行营统制，护驾而行。景期遂带了雷天然随驾至成都。闲时会着高力士，说起当初劾奏权奸时节，都亏虢国夫人在内周旋，得以保全性命。如今不曾随驾到来，不知现下如何？景期听了甚感激她的恩，又想她的情，又想起葛明霞一段姻缘，便长吁短叹，有时泣下。雷天然不住地宽慰，不在话下。

后来，郭子仪收复两京的捷音飞报到成都，上皇闻知，就命驾回都，令景期为前部先行。景期备了一辆毡车与雷天然乘坐，带着冯元、勇儿领兵起身。一路里想着明霞，见那些鸟啼花落，水绿山青，无非助他伤感。是日正行到扶风驿前，见路旁跪着军士，高声禀道："御史大夫葛太古特来迎接太上皇圣驾，有名帖拜上老爷。"冯元下马接了帖儿，禀知钟景期。景期大喜，暗道："不期迎驾官是葛太古，今日在此相遇，不唯可知明霞的音耗，亦且婚姻之事可成矣。"便扎住人马，就进扶风驿里暂歇，即请葛太古相见。太古进驿来与景期施礼坐下，景期道："老先生山斗望隆，学生望风怀想久矣。今日得瞻雅范，足慰鄙衷。"太古道："老夫德薄缘悭，流离琐尾。上不能匡国，下不能保家，何足挂齿。"景期听了"下不能保家"这句话，心上疑惑，便道："不敢动问，闻得老先生有一位令嫒，不知向来无恙否？"太古愀然道："若提起小女，令人寸肠欲断。"景期道："却是为何？"太古道："老夫只生此女，最所钟爱，不期旧年物故。"景期惊道："令嫒得何病而亡？"太古哭道："并非得病，乃是死于非命的。"景期忙问道："为着何事？乞道其详。"太古便先将自己骂贼被监的话儿说了，又将李猪儿传来的明霞撞死缘由，自始至终说了一遍。景期听了，一则是忍不住心酸，二则也忘怀了，竟掉下泪来。太古道："学士公素昧平生，为何堕泪？"景期道："不瞒老先生说，学生未偿幸时便作一痴想，要娶佳人为配，遍访并无。向闻令嫒小姐才貌两全，不觉私心窃慕，自愧鲰生寒陋，不敢仰攀。到后来幸搏一第，即欲遣媒奉叩，不想老先生被贬范阳去了。学生又忤权奸，亦遭谪遣，自叹良缘不就，两地参商，怨怅愁情与日俱积。今护圣驾回朝,便思前愿可酬。适闻老先生到来,以为有缘千里相逢,姻事一言可定。哪知令嫒已香返云归,月埋烟冷。想我这等薄福书生,命中不该有佳人为偶。说完了这番心事,索性倒哭他一场。"太古哭道:"学士公才情俊逸,若得坦腹东床,老夫晚景堪娱,不想小女遭此不幸,不是你没福娶我女儿,还是我没福招你这样快婿。"二人正说得苦楚,阶下将士禀道:"上皇銮驾已到百里外了。"太古忙起身别了景期,上前迎接去了。

景期也出驿门领兵前进,在马上不胜悲伤。行了二十多日,早到西京。那灵武圣驾,已先回朝了。景期入城,寻个寓所将雷天然安顿停当,寓中自有冯元、勇儿服侍。次早景期入朝参贺天子。一时文武有李泌、杜鸿渐、房琯、裴冕、李勉、郭子仪、仆固怀恩、李猪儿等侍立丹墀,景期随班行礼。朝罢,出来就去拜望李泌、郭子仪等。又差人寻访虢国夫人下落,思量再图一见。谁想各处访问,并无踪迹,景期唯有嘘唏叹息。隔了几日,上皇已到。天子率领文武臣僚出廓迎接,彼时护驾的是陈元礼、李白、杜甫、葛太古、高力士等,随着上皇入城。上皇吩咐车驾幸兴庆宫住下。天子遂率群臣朝拜,设宴在宫中庆贺。次日早朝,召群臣直到殿前,降下圣旨:封李泌为邺王,拜左丞相;郭子仪为汾阳王,拜右丞相;杜鸿渐为司徒;房琯为司空;裴冕为中书令;李白为翰林学士;钟景期为兵部尚书;杜甫为工部侍郎;葛太古为御史中丞;李勉为监察御史;陈元礼为太尉;仆固怀恩为骠骑大将军;郭晞为羽林大将军;郭暖为驸马都尉,尚升平公主;李光弼加封护国大将军,领山南东道节度使。俱各荣封三代,文官荫一子为五经博士,武官荫一子为金吾指挥。又授高力士为掌印司礼监;李猪儿为尚衣监。其余文武各官各加一级,大赦天下。阶下百官齐呼万岁,叩头谢恩。天子又降旨道:"李林甫欺君误国,纵贼谋反。虽伏冥诛,未彰国法,着仆固怀恩前去掘起林甫冢墓,斩截其尸,枭首示众。"仆固怀恩领旨去了。班中闪出钟景期上殿奏道:"陛下英明神武,为天地祖宗之灵,得以扫荡群贼,克复神器,彼权奸罪恶滔天,死后固当枭首。雷万春靖难诸臣,亦宜追赠谥号,以广圣恩。"天子闻言道:"卿言甚合朕意,可将死难诸臣开列姓名陈奏,朕当酌议褒封。"景期谢恩领旨退班,天子退朝,各官俱散。只有钟景期与李泌、郭子仪、葛太古在议政堂将前后死节忠臣,一一开明事实,以陈御览。早见高力士捧出圣旨一道,追封张巡为东平王;许远为淮南王;南霁云为彰义侯;雷万春为威烈侯;敕建张、许双忠庙,春秋享祭,以南、雷二将配享;追赠张巡妾吴氏为靖节夫人;许义僮为骁骑都尉;又有原任常山太守颜杲卿赠太子太保;原任梨园典乐郎雷海清赠太常卿;葛明霞封纯静夫人。各赠龙凤官诰,共赐御祭一坛,委郭子仪主祭。子仪奉旨,自去安排祭奠。少顷又有圣旨,命御史葛太古领东京安抚使踏勘地方。有被贼兵残破去处,奏请蠲租;有失业流民,即招抚复业,即日辞朝赴任。又命兵部尚书钟景期领河北经略使，统领大兵十万，进征安庆绪。旨意下了，景期忙回寓所，向天然说道："圣上命我讨安庆绪，不日起行，不知二夫人意下，还是随往军中，还是待我平贼之后，前来迎接你？"雷天然道："妾身父叔俱死贼手，恨不得手刃逆奴，以雪不共戴天之仇，奈女流弱质，不能如愿。今幸相公上承天威，挥戈秉钺，妾愿随侍帷幄，参赞军机。"景期道："如此甚妙。"正说话间，冯元进来禀道："御史葛老爷来辞行。"景期忙出接见。太古道："老夫禀奉严旨，不敢延迟，即日就道，特来告辞。"景期道："东京百姓，久罹水火，专望老先生急解倒悬，正宜速去。学生还要点军马，聚粮草，尚有数日耽搁，不能与老先生同行，殊为快快。"太古道："足下旌旄北上，必过洛阳，愿便道赐顾，少慰鄙怀。"景期道："若到贵治，自然晋谒。今日敢屈台驾，待学生治酒奉饯。"太古道："王事靡临，盛情心醉矣，就此拜别，再图后会。"二人拜别起身，景期也上马来送，直到十里长亭，挥泪分手。景期自回，太古望东京进发。不知此去做出什么事来，且听下回分解。

第十四回　郭汾阳建院蓄歌姬

诗曰：

> 芭蕉分绿上窗纱，暗度流年感物华。
> 日正长时春梦短，觉来红日又西斜。

话说御史葛太古奉旨安抚东京，走马赴任，星夜趱行。早有衙役前来迎接，来到东京上任。那些行香拜客的常套，不消说得。三日之后，就要前往各处乡镇山村，亲自踏勘抛荒田土，招谕失业流民。有书吏禀道："老爷公出要用多少人夫？求预先吩咐，好行牌拘唤，并齐集跟随人役，再着各处整备公馆铺陈，以便伺候。"太古道："百姓遭兵火之余，困苦已极。若多带人役，责令地方铺陈整备公馆，这不叫抚民，反而是扰民了。今一概不许行牌，只跟随书吏一名，门子一名，承差二名，皂隶四名；本院铺盖用一头小驴驮载，随路借寺院歇宿。至于盘费，本院自带俸银，给予你们买柴米，借灶炊煮，不许擅动民间一针一草，如违，定行处死。"书吏领命而行。太古匹马，领着衙役出城，到各乡村去踏勘了几处。

是日来到华阳山下，见一座小小庵院，半开半掩。太古问道："这是什么庵院？"承差禀道："是慈航静室。"太古道："看来倒也洁净，可就此歇马暂息。"遂下马，吩咐衙役停在外厢，自己走进山门到佛堂中礼佛。里面妙香忙出来接见，向前稽首，太古回了一礼，定睛一看，惊问道："你这姑姑好像与虢国夫人一般模样。"妙香道："贫尼正是。不知大人如何认得？"太古道："下官常时值宿禁门，常常见夫人出入宫闱，况又同里近邻，如何不认得。"妙香道："请问大人尊姓，所居何职？"太古道："下官御史中丞葛太古，奉旨安抚此地，所以到此。"妙香道："啊呀！可惜，可惜！大人若早来三个月，便与令嫒相逢了。"太古道："姑姑说哪个的令嫒？"妙香道："就是大人的令嫒明霞小姐。"太古道："小女已在范阳死节，哪里又有一个？"妙香道："原来大人误闻讣音了。令嫒原未曾死，百日以前，逃难到小庵住了几日，因避乱兵在山路里失散了，如今不知去向。"太古道:"姑姑这话甚是荒唐,小女既经来此,如何又不见了?"妙香道:"大人若不信,现有同行女伴卫碧秋在此,待我叫她出来,大人亲自问她。"便到里边叫碧秋出来。碧秋上前相见,太古命妙香、碧秋坐了,问道:"向闻小女弃世,有李猪儿亲口说,已将她埋葬。适才姑姑又说同小娘子避难到此,着人委决不下,小娘子可细细说与我知道。"碧秋便将红于如何代死,自己如何赚开城门,与母亲卫妪如何一齐逃难来到庵中,又如何失散,连母亲也不知消息。说到此处,不觉泪下。太古大惊道:"如此说起来,那死的倒是侍婢红于了,难得这丫鬟这般义气。只是范阳到此,有两千余里,一路兵戈扰攘,你们三个妇女怎生行走。"碧秋道:"亏得有睢阳雷万春给了路引,所以路上不怕盘诘。"太古道:"如今路引在哪里,取来与我一看。"碧秋道:"在此。"便进去取出路引,送与太古。太古接来,从前至后看去,见葛明霞名下,注着钟景期原聘室。便心里想道:"这又奇了,前日遇钟朗时节,他说慕我女儿才貌欲结姻盟,并未遣媒行聘。怎么路引上这般注着?"便问碧秋道:"那雷将军如何晓得小女是钟景期的原聘?"碧秋道:"连奴家也不见小姐说起,倒是雷将军问及才晓得。"太古道:"如何问及?"碧秋道:"他说钟景期谪贬途中遇着雷将军,雷将军要将侄女配他为妻。他说有了原聘葛小姐,不肯从命。因此雷将军将侄女倒赠予他为妾,留着正位以待葛小姐。所以路引上这般注着。"太古想道:"钟郎真是情痴,如何寸丝未定,便恁般注意。"又想道:"难得卫碧秋母子费尽心机,救脱我女,反带累她东西漂泊,骨肉分离,如今此女茕茕在此,甚是可怜。她既救我女,我如何不提拔她。况她姿容不在明霞之下,又且慧心淑贞,种种可人,不如先收她为养女,再慢慢寻取明霞,却不是好。"心中计较已定,就问碧秋道:"老夫只有一女,杳无踪影,老夫甚是凄凉。你又失了令堂,举目无亲,意欲收你为螟蛉之女,你意下何如?"碧秋道:"蒙大人盛意,只恐蓬荜寒微,难侍贵人膝下。"妙香道:"葛大人既有此心,你只索从命吧!"碧秋道:"既如此,爹爹请坐了,待孩儿拜见。"说罢,拜了四拜。太古道:"我儿且在此住下,待我回到衙内,差人出轿子来接你。"碧秋应声:"晓得。"太古别了妙香,出静室上马,衙役随着,又到各处巡行了几日。回至衙门,吩咐军士人役,抬着轿子,到慈航静室迎接小姐。又封香金三十两,送与妙香。承差人役领命而去,接了碧秋到衙。太古又叫人着媒婆在外买丫鬟十名,进来服侍。碧秋虽是贫女,却也知书识字,太古甚是爱她。买了许多古今书籍与她玩读。碧秋虽未精通,一向与明霞、妙香谈论,如今又有葛太古指点,不觉心领神会,也就能吟诗作赋。太古一发喜欢。

隔了数日,门上传报说,河北经略使钟景期在此经过,特地到门拜访。太古心下踌躇道:"钟郎人才并美,年少英奇,他属意我女,我前日又向他说死了。倘他别缔良缘,可不错过了这个佳婿。莫若对他说知我女尚在,只说已寻取回来,就与他订了百年之约。后日寻着明霞不消说得,就是寻不着,好歹将碧秋嫁与他,却不是好?"一头想,一头已走至堂前。一声云板,吹打开门,接入景期上堂,叙礼分宾主坐下。两人先叙了些寒温,茶过一通。太古道:"老夫有一喜信,报知经略公。"景期道:"有何喜信?"太古道:"原来小女不曾死,一向逃难在外,前日老夫已寻取回来了。"景期忙问道:"老先生在何处相逢令媛的?"太古道:"老夫因踏勘灾荒,偶到慈航静室中歇马。却有虢国夫人在彼出家,小女恰好亦避难庵中,与老夫一时团聚,方知前日所闻之误。"景期道:"如此说,那范阳死节的又是哪一个?"太古便将红于代死,挈伴同逃的话一一说了。景期不胜嗟叹。太古道:"如今小女既在,经略公可酬凤愿矣。"景期道:"千里暌违,三年梦寐,好逑之念,今日忘之。今学生种玉有缘,老先生诺金无吝,当即遣媒纳采,岂敢有负初心。"太古笑道:"经略公与老夫,今日始订姻盟,如何预先在人前说曾经聘定小女?"景期道:"我并不曾向人说什么话儿,这话从何处来?"太古道:"小女逃难,曾遇睢阳副将雷万春,承他给予路引。他说当日要将侄女相配,因你说有了原聘葛明霞,故此他将侄女倒送与你为侧室。所以路引上在小女名下就注定是钟某原聘室。老夫见了不觉好笑。"景期道:"彼时我意中但知有明霞小姐,不知有了别人,只恐鹊巢鸠占,故设言以推却。现今尚虚中馈以待令媛。"说罢,二人大笑。

忽见中军官来禀道:"有翰林学士李白老爷来拜。"景期暗喜道:"今日正少一个媒人,他来得恰好。"太古就出去迎接进来,各相见坐定。太古道:"李兄为何不在朝廷,却来此处?"太白道:"小弟已告休林下,在各处游玩。近欲往嵩山纵览,经过贵治,特来相访。"景期道:"李大人来得凑巧,葛老先生一位令媛,蒙不弃学生鄙陋,许结丝萝,敢求李大人执柯。"李白道:"好好,别的事体学生誓不饶舌,做媒人是有酒吃的,自当效劳。"景期道:"既如此,学生即当择吉行聘,待讨平逆贼,便来迎娶。"李白道:"说得有理。"一齐起身作别。太古送出衙门,回身进来,心上忽然猛醒,跌足道:"适才不该说她是慈航静室中寻着的。倘他到彼处问明端的,不道是我的好意,倒道我说谎骗他了。"又想着:"看景期一心若渴,今日方且喜不自胜,何暇去问,只索由他罢了。"便进内去说与碧秋知道不题。

却说钟景期回至馆驿,欢喜欲狂,忙与雷天然说知此事。天然不唯不妒忌,倒还替景期称贺。景期吩咐军兵暂屯住数日,一面叫人去找阴阳官择了吉日,一面发银子去买办行聘礼物,忙了一日。景期向雷天然道:"葛公说虢国夫人在慈航静室中出家,我明日清早要去见她。"天然道:"相公若去,可着冯元随往。"次早,景期吩咐冯元跟着,又带几个侍从,唤土人领路,上马竟投慈航静室中来。到得山门首,只见里面一个青衣女童出来道："来的可是钟状元吗？"景期大惊,下马问道："你如何就晓得下官到此?"女童道："家师妙香姑姑,原是虢国夫人。三日前说有故人钟状元来访,恐相见又生魔障,昨日已入终南山修道去了。教我多多拜上钟老爷,说宦海微茫,好生珍重,功成名就,及早回头。留下诗笺一纸在此。"景期接来一看,上面写道:

> 割断尘缘悟本真,蓬山绝顶返香魂。
>
> 如今了却风流愿,一任东风啼鸟声。

景期看罢,泫然泪下,怏怏上马而回。

到了吉期,准备元宝彩缎、钗环礼物,牵羊担酒,大吹大擂送去。景期穿了吉服,自己上门纳聘。李白是媒人,面儿吃得红红,双花双红坐在马上。军士吃吃喝喝,一齐来到安抚衙门里。葛太古出堂迎接,摆列喜筵,一则待媒人,一则请新婿,好不闹热,但见:

> 喜气盈门,瑞烟满室。喜气盈门,门上尽悬红彩;瑞烟满室,室中尽挂纱灯。笙歌鼎沸吹,一派鸾凤和鸣;锦褥平铺绣,几对鸳鸯交颈。风流学士做媒人,潇洒状元为女婿。佳肴美酒,异果奇花。玉盏金杯,玳瑁筵前光灿烂;瑶筝檀板,琉璃屏外韵悠扬。

筵宴已毕,太白、景期一齐作别。景期回至驿庭,雷天然接着道:"相公聘已下了,军情紧急,不可再迟。"景期道:"二夫人言之有理。"便吩咐发牌起马,各营齐备行装,次日辰时放炮拔营。葛太古、李太白同来相送,到长亭拜别。景期领了兵马,浩浩荡荡望河北去了。

葛太古别了太白,自回衙门退入私署,走进碧秋房中,见碧秋独坐下泪。太古问道:"我儿为何忧戚?"碧秋道:"孩儿蒙爹爹收养,安居在此,不知我母亲与明霞姐姐却在何处?"太古道:"正是,我因连日匆忙,倒忘了这要紧事体。待我差人四散去寻访便了。"碧秋道:"差人去寻也不中用,须多写榜文各处粘贴,或者有人知风来报。"太古道:"我儿说得是。"就写起榜文,上写着报信的谢银三十两,收留的谢银五十两。将避难缘由、姓名、年纪一一开明,写完发出去,连夜刊板印刷了几百张,差了十数个人役,四处去粘贴。差人领了榜文,分头去了。一个差人到西京,一路寻访,将一张榜文贴在长安城门上,又往别处贴去了。那些百姓皆来看榜,内中一个人头戴毡帽,身穿短布衫,在人丛里钻出来拍手笑道:"好快活,好快活。我的造化今日到了。"又有一个老婆子,向前将那人一把扯住,扯到僻静处问道:"你是卖鱼的沈蛇儿,在这里自言自语做什么?"沈蛇儿道:"你是惯做中人的白妈妈,问我怎的?"白婆道:"我听见你说什么造化到了,故问你。"蛇儿道:"有个缘故,我前日在泾河打鱼,夜里泊船在岸边,与我老婆正在那里吃酒。忽听见芦苇丛中有人啼哭,我上岸看时,见一个老姬、一个绝标致的女子,避难到那边迷失了路,放声啼哭。我便叫她两个到渔船里来,问她来历。那老的叫作卫姬,后生的叫作葛明霞,她父亲是做官的。我留她们在船里,要等人来寻,好讨些赏。谁想养了她一百三四十日,并无人来问。方才见挂的榜文,却有着落了,我如今送到她父亲处。报事人三十两是我得,收留人五十两也是我得,岂不是个造化?"白婆道:"那女子生得如何?"蛇儿道:"妙嗄!生得甚为标致,乌油油的发儿,白莹莹的脸儿,曲弯弯的眉儿,俏生生的眼儿,直隆隆的鼻儿,细纤纤的腰儿,小尖尖的脚儿。只是自从在船里并不曾看见她笑。但是哭起来,那娇声儿便要教人魂死,不知笑将起来怎样有趣哩!"白婆道:"可识几个字否?"沈蛇儿道:"岂但识字,据那卫姬向我老婆说,她琴棋诗画件件都会哩!"白婆道:"你这蠢材,不是遇着我,这桩大财却错过了。这里不好讲话,随我到家里来。"两个转弯来到白婆家里。蛇儿道:"妈妈有什么话说?"白婆道:"目今汾阳王郭老爷起建凝芳阁,阁下造院子十所。每一院中,有歌舞侍女十名。又要十个能诗善赋的绝色美人,分居十院统领诸姬。如今有了红绡、紫苑等九个。单单缺着第十院美人,遍处访觅,并没好的。你方才说那个女儿甚是标致,何不将她卖与郭府。最少也得二三百两银子,可不强如去拿那八十两的谢仪。"蛇儿道:"那葛明霞不肯去怎么好?"白婆道:"这样事体不可明白做的,如今你先回去,我同郭府管家到你船边来相看。只说是你的女儿,如此,如此,做定圈套,那葛明霞哪里晓得。"蛇儿道:"倘然她在郭府里说出情由,根究起来,我和你如何是好?"白婆道:"你是做水面上生涯的。我的家伙连锅灶也没一担,一等交割了人,我也搬到你船里来,一溜儿棹到别处去了,他们哪里去寻。"蛇儿道:"好计。好计。我的船泊在长安门外,我先去,你就来。"说罢,回到船上,见明霞、卫姬坐在前舱,心里暗自喜欢,也不与她讲话,竟到后艄与老婆讨饭吃去。不多时,早见白婆领着三四个管家到船边叫道:"沈蛇儿,我们郭府中要买几尾金色大鲤鱼,你可拿上来称银子与你。"蛇儿道:"两日没有鲤鱼,别处去买吧。"管家道:"老爷宴客,立等要用,你故不卖吗?"蛇儿道:"实是没有。"管家道:"我不信,到他船上去搜看。"说着一齐上船来,把那只小船险些跳翻了。管家钻进船里,假意掀开平基搜鱼,那三四双眼睛,却射定在葛明霞身上,骨碌碌地看上看下。惊得葛明霞娇羞满面,奈船小又没处躲避,只得低着头,将衣袖来遮掩。

谁想已被这几个看饱了，便道："果然没有鲤鱼，几乎错怪于他。只是我们不认得别个船上，你可领我们去买。"蛇儿道："这个当得。"便跟随众人上岸，与白婆子齐进城来，到白婆家里。管家道："这女子果然生得齐整，老爷一定中意的。"白婆便瞒了蛇儿，私自讲定身价三百两。自己打了一百两后手，只将二百两与蛇儿。管家又道："方才同坐的那个老妪是什么人？"蛇儿道："也是亲戚，只为无男无女，在我船里博饭吃的。"白婆对管家道："郭老爷每娶一位美人，便要一个保姆陪伴。老妪既无男女，何不同那女子到郭府中，她两个熟人在一处，倒也使得。"蛇儿道："只要添些银子，有何不可。"白婆又向管家说过，添了二十两银子，叫沈蛇儿写起文书，只说自己亲女沈明霞同亲卫姬，因衣食不周，情愿卖到郭府，得身价三百二十两。其余几句套话，不消说得。写完画了花押，兑了银子，权将银子放白婆家里。叫起两乘轿子，沈蛇儿先奔到船上，向葛明霞、卫姬道："昨日圣上差一官员，但有逃难迷失子女，造着册子，设一公所居住。如有亲戚认的即便领回，人家都到彼处寻领。你两人也该到那边去住，好等家里人来认领，再叫轿子来抬你们去。"明霞道："如此甚好，只是在你船上打扰多时没有什么谢你，只有金簪一支与你，少偿薪水，待我见了亲人，再寻你奉谢。"蛇儿收了簪子。少顷轿子到了，明霞、卫姬别了蛇儿夫妇，一齐上岸入轿。蛇儿跟着轿子，送到郭府门首，见几个管家并白婆站着，蛇儿打了个照会，竟自回去。白婆接明霞、卫姬出轿，管家领入府中。明霞慌慌张张不知好歹，只管跟着走。白婆直引至第十院中便道："你两人住在此间，我去了再来看你。"说着竟自抽身出去。那明霞、卫姬举目一看，见雕栏画槛，奇花异木，摆列的金彝宝鼎，玉轴牙签；挂着琵琶笙笛，瑶琴锦瑟，富丽异常。心中正在疑惑，那本院十个歌姬齐来接见。又有九院美人红绡、紫苑等都来拜望。早有女侍捧首饰衣裳来，叫明霞梳妆打扮。明霞惊问道："这里是什么所在？"红绡笑道："原来姐姐尚不知，我这里是汾阳王郭老爷府中凝芳十院，特请你来充第十院美人，统领本院歌姬。今日是老爷寿诞，你快快梳妆，同去侍宴。"明霞听罢，大惊哭道："我乃官家之女，如何陷我于此。快放我出去便罢，不然我誓以一死，自明心迹。"红绡便扯着紫苑背地说道："今日是老爷寿诞，这女子如此光景，万一宴上啼哭起来，反为不美，不如今日不要她去拜见，待慢慢劝她安心了方始和侍，才为妥当。"紫苑道："姐姐所见极是。"便吩咐诸姬好生服侍照管，别了明霞，集了众歌姬到凝芳阁上伺候。到得黄昏时分，只听得吆喝之声，几对纱灯引子仪到阁上座席，九个美人叩头称贺。子仪道："适才家人来报，说第十院美人有了，何不来见我？"红绡禀道："她乃贫家女子，不娴礼数，诚恐在老爷面前失仪，故此不敢来见，待妾等教习规矩，方始叩见老爷。"子仪道："说得有理。"一时奏乐，九院美人轮流把盏，诸姬吹弹歌舞，直至夜分。子仪醉了，吩咐撤宴，就到第三院房里住了。次早起来，外面报有驾帖下来。子仪忙出迎接，展开驾帖来看，原来是景期攻取安庆绪不下，奏请添兵。圣旨着子仪部下仆固怀恩前去助战。子仪看了，就差人请仆固怀恩来吩咐，怀恩领命，点了本部三万雄兵，望范阳进发，协助景期。不知胜负如何？且听下回分解。

国学经典文库

私家藏书

锦香亭

图文珍藏版

第十五回　司礼监奉旨送亲

诗曰：

苍苍变幻何穷，报复未始不公。

昨夜愁云惨雾，今宵霁月光风。

话说仆固怀恩令了天子圣旨、汾阳王令旨，统着兵马来协助钟景期征讨安庆绪，星夜进发来到范阳地界。只见前面立着两个大寨，上首通是绛红旗号，中军一面大黄旗绣着"奉旨征讨逆贼"六个大金字。下首通是缟素旗号，中军一面大白旗绣着"誓报父叔大仇"六个大金字。怀恩见了，心中疑惑，想朝廷只差钟景期来，那白旗的营寨又是谁的？就差健卒先去打探。健卒去了一会，回来禀道："上首红旗营里是钟经略的账房，下首白旗营里就是经略二夫人雷氏的账房。因贼兵势大，未能破城，故扎营在此。"怀恩听了，便叫军马扎住，自己领着亲随来到景期营门首，着人通报进去。景期吩咐大开辕门，接入相见。景期命怀恩坐下，怀恩问道："贼势如何，连日曾交战否？"景期道："贼锋尚锐，连日交战胜负未分，下官因与小妾分兵结寨河上，为犄角之势。今将军到来可大奋武威，灭此朝食。"怀恩道："待小将与他交战一番，看他光景。"正说间，外面报进来道："贼将杨朝宗搦战。"怀恩道："待小将出去，立斩此贼。"说罢，绰刀上马，飞跑出营。景期在账上听得外面金鼓齐鸣，喊声大震。没半刻时辰，銮铃响处，仆固怀恩提着血淋淋的人头掷在帐前，下马欠身道："赖大人之威，与杨朝宗交马只三合，便斩那厮了。"景期大喜，吩咐整备筵席，款待怀恩，一则洗尘，二则贺功。怀恩领了宴，作别回本营。景期便请雷夫人进营议事，不多时，雷天然骑着白马来到，马前十个侍女，尽穿着锦缎缕成的软甲，手中俱执着明晃晃的刀。这都是雷天然选买来的，尽是筋雄力壮的女将，命勇儿教演了武艺，名为护卫青衣女，一对对的引着天然而来。天然下马入账，与景期相见坐定。天然道："今朝廷差仆固将军来此助战，方才即斩一员贼将，已折他的锐气了。但贼人城壕坚固，粮草充足，彼利于守，我利于战。相公可出一计，诱贼人大战一场，乘势抢过壕堑，方好攻打。"景期道："我意亦如此，故请二夫人来筹划。"正在商议，只见辕门上报道："安庆绪差人下战书。"天然喜道："来得甚好。"便教将战书投进来。景期拆开细看，见词语傲慢，大怒道："这厮欺我是个书生，不娴军旅，将书来奚落下官，快将下书人斩讫报来。"天然道："两国相争，不斩来使。相公不须发怒，可示期决战便了。"景期怒犹未息，就在书尾用朱笔批道："安庆绪速整兵马，来日大战。"批完，叫将官付与来人去了。一面差人知会仆固怀恩，一面下令各营准备厮杀。天然也回自己营中打点。

次日，景期、天然、怀恩三队大军合做一处，摆列阵势以待。门旗里旌旄节钺画戟银瓜，黄罗伞下罩着钟景期，头戴金盔，身穿金甲，斜披红锦战袍，稳坐雕鞍骏马，手执两把青锋宝剑。仆固怀恩在旁，头戴兜鍪，身挂连环甲，腰悬羽箭雕弓，横刀立马。军中搭起一座将台，雷天然穿着素袍银甲，亲自登台播鼓。勇儿也全身披挂，手执令字旗，侍立在将台之上，一一整齐。那范阳城里，许多军马开门杀出。两阵对垒，贼阵上僭用白旄黄钺，拥着安庆绪出马。护驾是尹子奇，左有史朝义，右有孙孝哲，史思明在后接应。门旗开处，钟景期与仆固怀恩出到阵前。安庆绪大叫道："安皇帝在此，钟景期敢来交战么！"景期大怒，拍马舞剑而出，庆绪举戟来迎。雷天然在将台上大播战鼓。看官你道景期是个书生，略晓得些剑法，一时交战起来，怎不危险？幸得庆绪的武艺原低，又且酒色过度，气力不甚雄猛，所以景期还招架得住。两个战有十合，仆固怀恩恐景期有失，便闪在旗后，拔出箭来搋满雕弓，嗖的一声射去，正中安庆绪的坐马，那马负痛，前蹄一失，把庆绪掀下马来。景期正欲举剑来砍，那尹子奇大吼如雷，杀将过来。怀恩看他骁勇，景期不是他的对手，便舞刀跃马接住厮杀。孙孝哲上前救庆绪回去，景期自回本阵。尹子奇与仆固怀恩战有二百余合，未分胜负。怀恩心生一计，虚掠一刀，拨马便走。尹子奇大叫道："休走。"拍马赶上，怀恩觑他来得较近，暗将宝刀挟在鞍桥上，却取着弓搭着箭，忙转身子望尹子奇射去。只听得一声响亮，尹子奇两脚朝天，翻身落马，恰好射中他右眼。他的左眼先被雷万春射瞎了，如今却成双瞽，只管在地下乱爬。怀恩忙回马来捉，被史朝义上前救了回去。景期鞭梢一指，将台上战鼓大摆，官军乘势奋勇掩杀过去，贼军大败。但见：

　　刀砍的脑浆齐迸，枪戳的鲜血乱流。人和马尽为肉泥，骨与皮俱成齑粉。弃甲抛戈，奔走的堕坑落堑；断头破脑，死亡的横野填沟。耳听数声呐喊，惊得个鬼哭狼嚎；眼观一派旌旗，阴得那天昏地惨。

正是：

> 劝君莫说封侯事，一将功成万骨枯。

官兵见贼兵退了，一齐赶杀前来。却被史思明领着三千铁甲马军冲来救应，那马匹匹是骏马，驰骋处勇健如飞。雷天然望见，急叫鸣金收军，将士各回营寨。景期道："二夫人为何鸣金？"天然道："我望见贼人马军利害，故此收兵。"景期道："你哪见得他利害？"天然道："人到不打紧，只是那骏马，我营中一匹也不如他，他方才若用此骅骝为前部，先扰乱我的阵脚，我军不能取胜矣。"景期称服，在营犒赏将士。

隔了两日，有人来报，史思明纵放好马二千余匹，在河上北岸饮水。天然听了大喜，便叫勇儿附耳低言，如此，如此。勇儿依计，出去教各营拣选骡马千匹，放在河上南岸饮水。又差冯元领兵赶马，那骡马到了河上打滚吃草，往来驰骋，望着隔岸饮水马，只管昂头嘶叫。那贼人的马，原来大半是公的，见了骡马嘶跳，也都到河边来。这河又不阔，又不深，那些马又通有腾空入海的本事，望着隔河骡马忍耐不住，也有一跃而过的，也有赴水而过的。自古道："物以类聚"，一匹走动了头，纷纷地都过河来，那看马的贼兵哪里拦喝得住。南岸上冯元教军士尽数赶回营中，计点共得好马一千三百八十二匹。景期欢喜，向天然道："我今有一事用着冯元。"天然道："有何事用他？"景期道："差他到范阳城下，只说送还他马匹，赚开城门，带一封书进去送与史思明，这般这般而行。二夫人意下如何？"天然道："有理。此时君臣各自为心，正该行此反间之计。"景期就写一封书来，唤冯元吩咐了密计，教他只等有变，就在城中放火为号。又令将抢来的马留了一千，将零头的三百八十二匹，又选自己营中老疲病马五百余匹，杂在里头，叫几个军士赶着，跟了冯元来到城下。冯元高声道："经略钟老爷送还你们马匹，可速速开门。"城上见果然有马送来，便开门放入，贼兵不问好歹，一齐将马赶入槽内去了。冯元竟到史思明衙门上，央人接了书，抽身自去藏避行事。门上将书送进，史思明打开一看，上面写道：

> 大唐兵部尚书领河北经略使钟景期再拜，致书于史将军麾下：愚闻宁为鸡口，勿为牛后。大丈夫当南面称孤，扬威四海，何能抑抑久居人下。况将军雄才盖世，而安庆绪荒淫暴虐，岂得为将军之主，将军何不乘间杀之，自居范阳首。函驰长安，大唐必与联合，平分南北，永不相侵，彼此受益，维将军图之。

思明看罢，心下踌躇。次早，只见将官来禀道："昨夜不知何人遍贴榜文，有人揭去送与皇爷看了。小将也揭一张在此。"史思明接来一看，上写道：

史思明已降大唐，约定：本日晌午，唐兵入城，只擒安庆绪；凡你百姓，不必惊慌。先此谕知。

思明看了，大惊失色，早见门外刀枪密密，戈戟森森，把衙门围住，许多军士声声叫喊："皇爷召史将军入朝议事，即便请行。"思明见势头不好，道："一不做，二不休，顾不得什么了。"点起家丁百名，披挂上马，冲出衙门，军士尽皆退后，思明一径抢入宫来。安庆绪见了，吓得魂不附体，便叫道："史将军，孤家有何负你，你却降了唐朝。"思明更不答话，赶上前来将庆绪一枪刺死。外面孙孝哲、史朝义赶进来，看见大惊。史朝义道："好嘎！弑君大逆，当得何罪！"思明喝道："我诛无道昏君，有何罪过。你是我的儿子，怎生说出那样话来。"朝义道："你既无君，我亦无父，与你拼三百合。"思明大怒，挺枪戳来。朝义拔刀来迎，父子两个在宫门交战。孙孝哲也不来管闲事，只顾纵兵抢掠，城中大乱。冯元躲在城内看见光景，便跑到一个浮图上去，取出身边硫磺焰硝引火之物，放起火来。城外唐兵望见，仆固怀恩当先领兵砍开城门杀进，随后景期、天然也杀入城来。史思明听见外面声息不好，便丢了史朝义，杀出宫门，正遇雷天然，举枪直刺，天然用剑隔住，就接着交战。那天然如何抵挡得思明，左遮右架，看看力怯，正在危急，忽见半空中隐隐现出雷万春阴魂，幞头红蟒，手执钢鞭，大叫道："贼将休伤吾侄女。"举起鞭来向思明背上狠打一下。思明口吐鲜血，落马跌翻在地。天然就叫军士向前捉了，紧紧绑缚。景期杀入宫中，见安庆绪死在地上，便割了首级，吩咐将许多宫女尽数放出，把安庆绪僭造的宫殿放火烧毁。那孙孝哲、史朝义都被仆固怀恩杀了。景期下令救灭城中的火，出榜安民。将思明的宅子改为经略衙门。景期与天然进内坐下，差人去捉尹子奇。不一时提到，可怜尹子奇有万夫不当之勇，到此时一双眼睛俱被射瞎，好像木偶人一般，缚来与史思明一齐跪在堂前。雷天然忙叫供起雷海清、雷万春的牌位，将尹、史二贼绑在庭中柱上，吩咐刀斧手先剖开胸腹，取出两副热腾腾血滴滴的心肝，又斩了两颗首级，献上来供在案上，景期、天然一齐向灵牌跪拜大哭。祭毕，撤开牌位，设宴与仆固怀恩并一班将佐论功，诸将把盏称贺，宴完各散。

次日景期出堂，一面令仆固怀恩领兵往潞州魏博二处讨贼党薛嵩、田承嗣；一面将庆绪、子奇、思明的三颗首级，用木桶封存好了。又传令拿反贼的嫡亲家属，上了囚车。写起本章，先写破贼始末，后面带着红于代死的一段缘由，请将原封葛明霞位号移赠红于。写完了表，差一员神将，赍了本章，领兵二百，带了首级，押着囚车，解到长安，献俘报捷。来到京中，将本送入通政司挂号，通政司进呈御览，天子大喜，即宣李泌、郭子仪入朝，计议封赏功臣。李泌、郭子仪齐奏道："钟景期、仆固怀恩功大，宜封公侯之爵。"天子准奏，钟景期封平北公，加升太保。即命收复了附贼城池，方始班师。仆固怀恩封大宁侯，开府仪同三司。其余将佐升赏不等。又将原封葛明霞纯静夫人位号移封红于，立庙祭享。命李泌草诏，李泌、子仪领旨出朝。子仪别了李泌，自回府中到凝芳阁上来，九院美人齐来接见。子仪道："范阳逆贼俱已平复，老夫今日始无忧矣。可大开筵宴，尽醉方休。"众美人齐声应诺。子仪道："那第十院美人，来有二月余了，礼数想已习熟，今晚可唤来见我。"红绡禀道："第十院美人自从来此，并不肯梳妆打扮，只是终日啼哭，连同来的保姆也是如此。必有缘故，不敢不禀知老爷。"子仪道："既如此，可唤来，我亲问她。"红绡恐怕诸姬去唤惊唬了她，激出事来，便自己去叫明霞上阁，连卫姬也唤来。子仪抬头把明霞一看，见她虽是粗服乱发，那种娉娉态度绰约可人。明霞上前道了万福，背转身立着，众皆大惊。子仪道："你是何等样人，在王侯面前不行全礼？"明霞哭道："念奴家非是下流，乃是御史葛太古之女葛明霞，避难流落，误入奸人圈套，赚到此处。望大王怜救。"子仪听了道："葛太古之女葛明霞三字，好生熟悉，在哪里曾闻见来？"卫姬就跪下道："是在洛阳经过，曾将雷万春路引送与老爷挂号的。"子仪道："正是。我一时想不起，啊呀！且住，我见路引上注着钟景期原聘室，你可是吗？"明霞道："正是。"子仪忙立起身来道："如此说是平北公的夫人了。快看坐来。"诸姬便摆下绣墩，明霞告了坐，方始坐下。子仪问道："看你香闺弱质，如何恁地飘蓬？你可把根由细细说与我听。"明霞遂将自从在范阳遭安庆绪之难说起，直说到被沈蛇儿骗了卖在此处的话，说了一遍，不觉泪如雨下。子仪道："夫人不必悲伤，令尊已升御史中丞，奉旨在东京安抚。尊夫钟景期做了兵部尚书，讨平了安庆绪，适才圣旨封为平北公，现今驻扎范阳。老夫明日奏闻圣上，送你到彼处成亲便了。"明霞称谢。子仪又道："吩咐就在第十院中摆列筵席，款待钟夫人。去请老夫人出来相陪，我这里只留诸姬侑酒。红绡等九院美人也去陪侍钟夫人饮宴。"九院美人领命，拥着明霞同卫姬去了。

　　子仪饮完了宴，次早入朝将葛明霞的事奏闻天子。天子龙颜大喜道："好一段奇事，好一段佳话。如今葛明霞既在卿家，也不必通知他父亲，卿就与她备办妆奁，待朕再加一道诏旨，钦赐予钟景期完婚。就着司礼监高力士并封赠的诏书一齐赍送前去。"高力士叩头领旨，连忙移文着礼部开赐婚仪，派兵部拨兵护送，工部备应用车马，銮仪卫备随行仪仗，各衙门自去料理。那郭子仪出朝回府，着家人置备妆奁，将第十院歌姬十名就为赠嫁。那卫姬不消说得，自然要随去的了。此时葛明霞真是锦上添花。自古道：

> 不是一番寒彻骨，争得梅花扑鼻香。

子仪在府忙忙准备，又写起一封书，将明霞始末备细写明，差个差官先到范阳去通报钟景期。差官领书，即便起身，在路餐风宿水，星夜趱行。是日到了黄河岸边，寻觅渡船，见一只渔舟泊在柳荫之下。差官叫道："船上人渡我过去，送你酒钱。"渔船上人便道："总是闲在此，就渡你一渡。只是要一百文大钱。"差官道："自然不亏你们。"说罢。跳上了船。渔人解缆棹入中流。差官仔细把渔人一看，便道："你可是长安城下卖鱼的沈蛇儿。"沈蛇儿道："我正是。官人怎生认得？"差官道："我在长安时，常见你的。"正说时，只见后艄一个婆子伸起头来一张。差官看见问道："你是做中人的白婆，为何在他船上？"白婆道："官人是哪里来的，却认的我？"差官道："我是汾阳王的差官，常见你到府门首领着丫鬟来卖，如何不认得？"只这句话，沈蛇儿不听便罢，听见不觉心头小鹿儿乱撞，暗想道："我与白婆做下此事，逃到这里，不期被他认着。莫非葛明霞说出情由，差他来拿我两人。他如今在船里不敢说，到了岸边是他大了，不如摇到僻静处害了他的性命吧！"心里正想，一霎时，乌云密布，狂风大作，刮得河中白浪掀天，将那只小船颠得好像沸汤里浴鸡子的一般，砰的一声响亮，三两个浪头打将过来，那船底早向着天了，两岸的人一齐嚷道："翻了船了，快些救人。"上流头一只划船忙来搭救，那差官抱住一块平基，在水底滚出，划船上慌忙救起来。再停一会，只见沈蛇儿夫妇并白婆三个人直僵僵地浮出水面上，看时已是淹死了。可惜骗卖明霞的身份二百二十两，并白婆后手一百两，都原封不动沉在水里。那蛇儿夫妇与白婆昧心害理，不唯不能受用，倒折了性命。正是：

> 善恶到头终有报，只争来早与来迟。

却说划船上人，且不去打捞三个死尸，慌慌地救醒差官，将船拢岸，扶到岸上。众人齐来看视，差官呕出了许多水，渐渐能言。便问道："我的铺盖可曾捞得？"众人道："这人好不知足，救得性命也够了，又要铺盖，这等急水，一百副铺盖也不知滚到哪里去了。"差官跌足道:"铺盖事小,有汾阳王郭老爷书在里边,如今失落了,如何了得。"众人道:"遭风失水皆由天命,禀明了自然没事的。"就留在近处人家,去晒干了湿衣,吃了饭,借铺盖歇了一夜。明日众人又借些盘缠与他,差官千恩万谢,别了众人,踉踉跄跄往驿中雇了一个脚力,望范阳进发。不知此去怎生报知钟景期,且看下回分解。

第十六回　平北公承恩完配

词曰：

> 俊俏佳人，风流才子，天然吩咐成双。看兰堂绮席，烛影灿煌。数幅红罗绣帐，氤氲看宝鸭焚香。分明是，美果浪里，交颈鸳鸯。　　细留心，这回算，千万遍相思，到此方偿。念宦波风险，回首微茫。唯有花前月下，尽教我对酒疏狂。繁花处，清歌妙舞，醉拥红装。

右调《凤凰台上忆吹箫》

话说汾阳王差官，在黄河翻了船，失了郭子仪原书，又没处打捞，无可奈何，只得怀着鬼胎走了几日，到范阳城里经略衙门。上来还未开门，差官在辕门上站了一会，只听得里面三声鼓响，外边鼓亭一派吹打，放起三个大炮，齐声吆喝开门，等投文领文事毕。差官央个旗牌报进去，不多时，旗牌唤入，报门而进。差官到堂下禀道："汾阳王府差官叩见老爷。"钟景期问道："郭老爷差你到此何干？"差官道："郭老爷差小官送信来此，不期在黄河覆舟只拾得一条性命，原书却失落了。求老爷怜恕。"景期道："但不知书中有何话说？"差官道："没有别的话，是特来报老爷的喜讯。"景期道："有何喜信？"差官道："圣上钦赐一位夫人与老爷完婚，因此差小官特来通报。"景期惊道："可晓得是谁家女？"差官道："就是郭府中第十院美人，小官也不晓得姓名。"景期大惊，想道："圣上好没分晓，怎么将郭府歌姬赐予大臣为命妇。"心中快快不悦。吩咐中军将白银十两赏与差官，也无心理理堂事，即令缴了牌簿放炮封门，退入后衙来。雷天然问道："相公今日退堂，为何有些不乐？"景期道："可笑得紧，适才京中有差官来报，说圣上要将郭汾阳府中一个歌姬赐予下官为配，你道好笑也不好笑。"天然道："相公如何区处？"景期道："下官正在委决不下。想她既是圣上赐婚的，一定不肯做偏房的了。若把她做了正室，那明霞小姐一段姻缘如何发付？就是二夫人与下官同甘共苦，到今日荣华富贵，难道倒教你屈在歌姬之下？晓得的还说下官出于无奈，不晓得的只道下官是薄幸人了。辗转踌躇，甚难区处，如何是好？"天然道："相公不须烦闷，妾身倒有计较在此。"景期道："愿闻二夫人良策。"天然道："赐婚大典绝不敢潦草从事，京中想必有几日料理，一路乘传而来，颁诏的逢州过县，必要更换夫马，取索公文，自然迟延月日。我想东京到此，比西京路近，相公可修书一封，差人连夜到东京报知葛公，教他将明霞小姐兼程送到范阳先成了亲。那时赐婚到来，相公便可推却，说已经娶有正室，不敢停妻再娶作伤风败俗之事，又不敢辜负圣恩，将钦赐夫人为妾，上表辞婚，名正言顺，岂不是两全之策。"景期大喜，连忙写起书来，就差冯元赍书前去。冯元领命，将书藏在怀中，骑着快马，连夜出城望东京进发。五日午夜，已到东京，进城径投安抚使衙门上来，恰值关门。冯元焦躁起来，方要向前传鼓，有巡捕官扯住道："老爷与学士李老爷在内饮酒，吩咐一应事体不许传报。你什么人，敢这般大胆？"冯元道："你这巡捕，眼睛也不带的。我是河北钟老爷差来的，因有要紧事要见你老爷。你若不传，倘误了大事，就提你到范阳砍下你的驴头来。"巡捕官没奈何，只得替他传鼓禀报。不多时里面一声云板，发出钥匙开门放冯元进去。早有内班门子领冯元到穿堂后花亭上来，见葛太古与李太白两个对坐饮酒。冯元向前叩头，呈上主人的书。太古接来一看，大惊道："如何圣上却有这个旨意？"冯元道："他使着皇帝性子，生巴巴地要把别人的姻缘夺去。家老爷着小的多多拜上老爷，说一见了书，即连夜送小姐先到范阳成了亲，然后好上表辞婚。"太古心内思量道："争奈明霞女儿没有寻着，只得把碧秋充做明霞先去便了。"就向李太白道："小女遣嫁范阳，李兄原是媒人，敢烦一行？"太白道："我是原媒，理应去的，何须说得。"太古大喜，就差人出去雇船，因要赶路，不用坐船，只雇大浪船三只，并划船六只，装载妆奁。原来葛太古因景期下聘时节说，平贼之后就要成亲，所以衣服首饰器皿家伙都件件预备，故此一时就着人尽搬下船。先请李太白去坐了一只浪船，又发银子，雇了五六十名人夫拉纤，一一安排了。进来叫碧秋打点，连夜下船。碧秋下泪道："这是姐姐良缘，孩儿怎好闹中夺取？况爹爹桑榆暮景，孩儿正宜承欢膝下，何敢远离。"太古也掉下眼泪道："做了女子，生成要适人的，这话说他怎的。只是日后倘寻着明霞孩儿，须善为调处。事情急迫，不必多言了。"碧秋道："孩儿蒙爹爹如此大恩，怎敢有负姐姐，倘寻见姐姐，孩儿即当避位侧室，以让姐姐便了。"太古道："若得如此，我心安矣。"说罢，就叫十个丫鬟赠嫁前去，又着管家婆四人在船服侍，各人领命收拾起身。太古便催碧秋上轿，碧秋只得向太古拜了四拜，哽咽而别上了轿子。那十个丫鬟并四个管家婆，也都上了小轿，簇拥着去下船。太古也摆到船边，在各船上检点家伙，差几个家人随去，又到太白船上作别了，再下碧秋船内叮咛一回，挥泪依旧上岸回去。冯元就在李太白船内，凭太白吩咐。就此开船,各船一起解缆,由洽河入汴河,望北昼夜前进,不上半月,已到范阳。早有人报知,钟景期出来拜望李太白。太白接入舱中,施礼坐了,先叙寒温,后叙衷由。正说话时,飞马来报道:"司礼监高公公赍着圣旨,护送钦赐的夫人已到二十里之外,请老爷去接诏。"景期跌足道:"再迟来一日,我这里好事成了。"便愁眉苦脸别了太白,登岸上轿,来到皇华亭。只见军牢侍从,引着高力士的马而来,后面马上一个小监背着龙凤包袱的诏书。再望着后边,许多从人银瓜黄伞拥着一辆珠宝香车,随着许多小轿;又有无数人夫扛的扛,抬的抬;也有车子上载的,也有牲口上驮的;尽插小黄旗,上写"钦赐妆奁"四字。金光灿烂,朱碧辉煌。景期接了没做理会处,只得接待高力士下马,到皇华亭施礼。力士教安排龙亭香案,将诏书供好伺候,吉期开读。景期吩咐打扫馆驿,请钦赐夫人在内安顿。高力士就在皇华亭暂歇,一一停当。景期也没心绪与高力士说话,忙忙地作别入城。吩咐立时在衙门里备办筵席,发帖请高力士、李太白。不一时筵席已完,力士、太白齐到,景期接入坐定,说了几句闲话。堂候官禀请上席,景期把盏送位。李太白从来不肯让高力士的,这日因是天使,故此推他坐第一位,李太白第二位,景期主席相陪。方才入席,那太白也不等禀报上酒,便叫取大犀杯来,一连吃了二十多杯,方才抹抹嘴,而后与力士一般上酒举箸。酒过数杯,力士问道:"为何学士公恰好也在此?"太白道:"我特来夺你的媒钱。"力士笑道:"学士公休取笑,咱是来送亲,不是媒人哩!"太白道:"若是送亲的,只怕要劳你送回去。"力士道:"这是怎么说?"太白道:"钟经略公已曾聘定御史葛太古之妇葛明霞为正室,学生就是原媒,今日送来成亲。我想圣天子以名教治天下,岂可使臣子做那弃妇易妻的勾当。所以经略公还不敢奉诏。"力士道:"学士公又来耍咱家了。请教葛明霞只有一个,还是两个?"太白道:"自然是一个。"力士道:"这又奇了,如今圣上赐来的夫人正是葛明霞,哪里有第二个?"太白笑道:"亏你在真人面前会说假话。圣上赐的是汾阳府中的歌姬,如何说是葛明霞?"力士道:"学士公有所不知,葛明霞因逃难江河,被奸人骗来,卖到郭汾阳府中。郭公问知来历,奏闻皇上,因此钦赐来完婚。"太白道:"如此说,那个葛明霞只怕是假的。"力士道:"郭汾阳做事精细,若是假,岂肯作欺君之事。只怕学士公送来那一位葛明霞是假的。"太白笑道:"不差,不差。别人送来的倒是真的,他嫡嫡亲亲的父亲面托我送来的,难道倒是假的不成?"力士道:"这等说起来,连咱也寻思不来了。"太白道:"不妨,少不得有个明白。今晚且吃个大醉,明日再讲。"力士笑道:"学士公吃醉了,不要又叫咱脱靴。"太白又笑道:"此是我醉后狂放,你不要介意。"力士也笑道:"咱若介意,今日就不说了。"两人相对大笑。只有钟景期呆呆地坐着,听他两个说话,如在梦中,开口不得,倒像做新娘的一般,勉强举杯劝酒。太白、力士又饮了一回,起身作别。高力士自回皇华亭,太白自回船里去了。景期送了二人,转入内衙与雷天然说知上项事情。天然道:"这怎么处,葛公又不在此,谁人辨她真假?"景期坐了一会,左思右想没个头绪,只得与雷天然就寝了。

次早起来,天然向景期道:"此事真是难处,莫若待妾身去拜望她两个,问她可有什么凭据,取来一看便知真假了。"景期道:"二夫人言之有理。"天然一面梳妆,景期一面传令出去,着人役伺候。天然打扮停当,到后堂上了四人大轿,勇儿并十个护卫青衣女,一齐随着前后人役吆喝而去。景期在署中独自坐下,专等雷天然回来,便知分晓。正是:

混浊不知鲢共鲤,水清方见两般鱼。

景期闷坐了半日,早见天然回来,景期接着忙问就里。天然道:"若论姿容,两个也不相上下,只是事体越发不明白了。"景期道:"怎么不明白?"天然道:"妾身先到船上,见葛公送来那位明霞小姐。她将范阳逃难,在路经过许多苦楚,后来遇见父亲的话,一一说与妾身听了。妾身问她可有什么凭据? 她便将我先叔赠她的路引为据,妾身取得在此。"景期接路引来看,道:"这不消说是真的了。"天然道:"圣上赐来那位明霞小姐,也难说就是假的。"景期道:"为何呢?"天然道:"妾身次到馆驿中见她,她的说话句句与葛公送来那位说的相合,只多了被人骗到郭府中这一段。及讨她的凭据来看,却又甚是作怪。"景期道:"她有什么凭据?"天然道:"她取出白绫帕两幅,有相公与她唱和的诗儿在上,妾身也取在此。"景期接来看了,大惊道:"这是下官与葛小姐始订姻盟时节作的。如此看起来,那个也是真的了。"天然笑道:"有一真,必有一假。如何说两个通是真的?"景期道:"下官在千军万马中方寸未尝小乱,今日竟如醉如痴,不如天地为何物了。我想古来多有佳人才子成就良缘,偏是我钟景期有许多魔障。"天然道:"相公且免愁闷,妾又有一计在此。"景期道:"你又有何计?"天然道:"不如待妾设一大宴,请她二人赴席,等她两个当面自己去折辨一个明白,可不是好?"景期道:"如此甚妙。"天然道:"若在衙门里不便,可请到公所便好。"景期道:"南门外一座大花园,是安禄山盖造的离宫,地名为万花宫,我改为春明园,内中也有锦香亭一座,甚是宽敞,可设宴在内。我想当初在锦香亭上订葛小姐的姻盟,如今这里恰好又有一座锦香亭,可不是合着前番佳兆?"天然道:"如此甚妙。"景期就发银子,着冯元出去到春明园中安排筵宴。雷天然写了请启二道,差勇儿到二处去投送。

次日,天然戴着玲珑碧玉凤头冠,穿着大红盘金团凤袍,月白绣花湘水裙,叫勇儿随着。又有二十名女乐，原是史思明家的，景期收在署中，这日也令随到园中侑酒。一乘大轿抬着天然，许多人役跟随。到得春明园里，天然叫人役在园外伺候，只带勇儿、女乐进园，来到锦香亭上观看。筵宴上挂锦幛，下铺绒单；展开孔雀，褥隐芙蓉；银盘金碗，玉杯象箸，甚是整齐。忽听一阵鼓乐，早报道："东京葛小姐到了。"只见十数个侍女，引着轿子进来。碧秋冉冉出轿，见她头戴缀珠贴翠花冠，身穿五彩妆花红蟒，好似天仙模样。天然降阶迎入亭中，叙礼落座。丫鬟跪下献茶，茶罢，又听外面报道："钦赐葛小姐到了。"天然起身下降立候，见许多侍婢拥着八人大轿，前面摆着两扇奉旨赐婚的朱红金字牌，后面又随着一乘小轿。碧秋在亭中，心里愤愤地只等她来，便要将葛太古家中的事来盘倒她。那轿子到了庭中歇下，有女使将黄伞遮着轿门，等明霞出来。天然一看，见她头戴五凤朝阳的宝冠，身穿九龙盘舞的锦袍。原来碧秋站在亭上，因黄伞遮了轿子，所以看不见明霞，那明霞恰早看见了碧秋，便惊问道："亭中可是我卫碧秋妹子么，却为何在此？"碧秋听见，吓了一跳，定睛一看，大惊道："我只道是谁，原来正是明霞姐姐。"二人方走进来，那后面小轿里大叫道："我那碧秋的儿嗄！我哪一日不想着你，谁知和你在这里相逢。"碧秋听见是母亲卫姬的声音，便连忙走下亭来。小轿里钻出一个婆子，果然是卫姬。母子二人抱头大哭，明霞也与碧秋携手拭泪。雷天然看得呆了，便哄她三人重新叙礼送坐。碧秋道："家母在此，奴家当隅坐了。"明霞道："若如此倒不稳便，不如请卫妈妈先坐了吧！"碧秋依允。第一位明霞，第二位碧秋，雷天然主位，卫姬上台坐了。茶过一通，天然开言细问端的。她三人各将前后事情，细细说出，天然如梦方觉。连她三人也各自明白了。勇儿禀道："筵席已定，请各位夫人上席。"雷天然猛醒道："我倒忘了，今日卫老夫人在此，吩咐快去再备一桌宴来。"卫姬笑道："今日之宴，非老妇所可与会。况座位不便，雷夫人不必费心，老身且先回去。只是今日三位须要坐得停妥，老身斗胆僭为主盟，与三位定下座次，日后共事经略公。就如今日席间次序便了。"天然道："奴家等恭听大教。"卫姬道："以前葛小姐与小女不知分晓，并驱中原，不知谁得谁失，今已明白。那经略公原聘既是葛明霞，葛御史送来的也是葛明霞，圣上赐婚又是葛明霞，这第一座正位，不消说是葛小姐了。小女虽以李代桃，但既已来此，万无他适之理，少不得同事一人。只是雷夫人已早居其次，难道小女晚来倒好僭越？第二位自然是雷夫人。第三位是小女便了。"三人共同悦服。卫姬道："今日老身暂别，只不要到馆驿中去了，竟到小女船上，待她回来好叙别情。"说罢，作别上轿而去。天然就叫勇儿传谕冯元，教她备一席酒送到船上去，勇儿领命而行。天然吩咐作乐定席，碧秋道："若论宾主该是雷夫人定席，若照适才家母这等说，就不敢独劳雷夫人了，我三人何不向天一拜，依次而坐，令侍儿们把盏吧!"明霞、天然齐道:"有理。"三人一齐向天拜了,然后入席。葛明霞居中,雷天然居左,卫碧秋居右。侍女们轮流奉酒,亭前女乐吹弹歌舞。宴完,一齐起身,各自回去。天然到署中将席间的事体说与钟景期听了。景期大喜,就请高力士、李太白来说明了,择了黄道吉日,先迎诏书开读了,方才发轿到二处娶亲。花灯簇拥,鼓乐喧闹。不多时,两处花轿齐到。掌礼人请出两位新人,景期穿了平北公服色,蟒袍玉带,出来与明霞、碧秋拜了堂,掌灯进内,雷天然也来相见了,饮过花烛喜筵。是夜,景期就在明霞房里睡;次夜,在碧秋房里睡;以后,先葛、次雷、后卫,永远为例。到得七朝,连卫姬也接来了。又吩咐有司寻着红于的冢,掘去李猪儿误立的石碑,重新建造纯静夫人的牌坊庙宇,安排祭祀。景期与三位夫人一齐亲临祭奠。祭毕回来,恰好有报来说,仆固怀恩招降了贼将薛嵩、田承嗣等,河北、山东悉平。景期领了家眷班师回京,先朝拜了天子,就去拜谢郭子仪。是日,圣旨拜钟景期为紫薇省大学士平章军国大事。景期谢恩出来,选了祭祀吉期,同三位夫人到父母坟上祭扫拜谒。朝廷又将虢国夫人的空宅赐予钟景期为第。那葛太古也回京复命,与葛明霞相会,悲喜交集。景期就将宅子打通了葛家园,每日与三位夫人在内作乐。她三个各有所长:葛明霞贤淑,雷天然英武,卫碧秋巧慧。三人与景期唱随和好,妻妾之间相亲相爱。后来葛夫人连生二子,雷、卫二夫人各生一子。到长大时节,景期将明霞生的长子立为应袭,取名钟绍烈,恩荫为左赞善。将次子姓了葛,承接葛太古的宗祀,取名葛钟英;因葛太古的勋劳荫为五经博士。将天然生的一子姓了雷,承续雷海清、雷万春的宗脉,取名雷钟武,以海清、万春功绩恩荫为金吾将军。将碧秋生的一子姓了卫,承顶卫氏宗桃,取名卫钟美,后中探花。景期在朝做了二十年宰相。

　　一日,同三位夫人在锦香亭上检书,检出虢国夫人遗赠的诗笺。看了忽然猛醒道:"宦海风波岂宜贪恋,下官意欲告休林下,三位夫人意下如何?"明霞、碧秋齐道:"曾记慈航静室中达摩点化之言说:'得意浓时急需回首',相公之言甚合此意。"天然也道:"急流勇退,正是英雄手段,相公所见极是。"景期遂上表辞官,天子准奏,命长子钟绍烈袭封了平北公。葛太古已先告老在家,与景期终日赋诗饮酒。景期与三位夫人欢和偕老,潜心修养,高寿而终。后来子孙蕃衍,官爵连绵,岂非忠义之报? 有诗为证:

乾坤正气赋流形,往事从头说与君。

昧理权奸徒作巧,全忠豪杰自留名。

拈笔写出鸳鸯谱,泼墨书成鸾凤文。

悲欢聚合转眼去,皇天到底不亏人。

海外藏手抄真本

第三篇

银瓶梅

[清] 不题撰人 撰

第一回　见美色有心设计
　　　　　求丹青故意登堂

诗曰：

种福寻常休上天，不欺暗室便为贤。

勿因恶小随中做，积祸中来日入愆。

光阴同逝，岁月其流。俗世中跳得出七情六欲圈儿，打得破酒色财气关子弟，知己所当者，名；又自能所知戒者，过；方成豪杰。反此二语，定然做出千般百计钻求，甚至无所不为，遂至妻子不顾、父母不连；亲戚名分不顾、朋友交情义绝。只图一时欢娱，却害他人性命，以辱名放，为伦常种种之弊。可不叹惜哉！唯酒色财气四字，似乎相均一则，然究不竟一财字足统酒色气三则矣！怎见得财字利害倍统三则？

假如一个人受着凶穷之苦，捱尽无限凄凉，早起来看一看厨灶，并没半屋烟火；晚入室摸一摸米缸，无隔夜之粮。妻子饥寒，一身冻馁，粥食尚且不敷，哪有余钱沽酒？更有一种无义朋友，见面远远逃避，即近见亦白眼面寒，相知只心无恨，哪有另心觅美追欢？身上衣衫褴褛，凌云志气，分外损磨。即亲中莫如兄弟，且低视于汝，笑落一筹，思前想后，只能忍气自嗟，怎能有心与人争气？正是：

一朝马死黄金尽，亲者如同陌路人。

此四字计来，岂非财字倍加利害，足统三则乎？此是曰一贵宦公子，为色抛金，唯欲追乐，岂知天不从人之愿，偏偏遇着一位困而有守秀士、贞洁文娘！后来反灾及其身，以至危戮父母妻子，父子俱灾，弄成不忠不孝，皆因以财易色而至祸。可叹其遇由自取！

却说大唐玄宗帝明皇，其登基初年号开元。按史事，睿帝皇帝乃李旦，他因太子劝进，起兵诛戮了武则天众武党，并灭除韦氏，反周为唐，中兴祖基。但李旦在位两载，不乐为君，故传位于皇太子，为太上皇。不数载，驾崩，寿五十五，葬于桥陵。也不多表。此书中单说唐明皇开元之初，前用一班忠贤为相，姚崇、韩休、张嘉贞、杜暹、张九龄等辅政，至治太平民富，可称盛世。后来不有其终，贬逐众忠良，复用李林甫、杨国忠，政又紊矣！

当时，又有一奸佞之臣，官居兵部尚书之职，拜任李林甫门下。二奸结为心腹，大为唐明皇信任，言听计从。他乃江南苏州府人，有子一人名裴彪，他名裴宽。但裴彪，父在朝廷近帝，彼在家未任上两载，只捐纳武略将军武职。年方三十，痴堂妻妾，一心未足，为人凶险，品行不端。凡见人闺女抑或妻妾娇美，无论有夫或孀妇，即立起淫心，千般百计要弄上手来方休。日前恃父在朝官宦势力，欺凌虐陷附近平民过多，实是色中饿鬼。

苏州府南门城外，有一专诸里，内有一贫寒秀士，姓刘名芳，身入黉门，才高志大，但未曾早捷，高登科甲，年交二十四岁上，父母双亡。单身，并无兄弟。彼原籍凤阳府人氏，寄客寓于苏州已两世了。娶妻颜氏，生得相貌娇娆，尚未产育男女，现在怀孕于身。这刘芳仍是在本土学校训课生徒，习文学以取资度日，二者，自得习读以待秋闱应试。

一天，刘秀士出门买物，出城去了。

祸因颜氏精于女工描绣，多与豪门描刺绫绢，以资丈夫诵读日给之需。亦一内助之贤妇也。此天，在门首买些绒线之物，正遇本土狼宦之徒，即系兵部尚书公子裴彪道经刘芳门首。一旦看见颜氏娘子美貌如花，不胜羡慕，即驻马挽缰，双目睁睁看去。颜氏娘子忙闭门进内，不表。

只说裴公子一路回府中，一心专意在此日所遇的美佳人是个本土刘秀士之妻，怎弄得她身从于我？岂不是枉思妄想。也不竟怀，怎出于口的嗟叹之声！早有近身服役家丁，一见公子心有所思光景，短叹长吁之状，即请问："公子大爷，有何心事不乐？恳明示知，小价或可替主分忧，如何？"

裴彪曰："汝等哪里得知？我今天出城游耍，及在南门外回府，只见专诸里内刘秀士门首，一女娘生得美质娉婷，只可惜一朵鲜花插在牛粪之上！他虽一穷困秀才，但是个守道学的书痴，平日又不与会交，怎能有窍通彼内室之妇女？某意欲用强，打抢回来，只恐他协同本土乡宦缙绅士人呈本境大员得知，传入京师，祸及父亲，是不敢造次也！思算不来，是至心忧不下。汝等众人有何妙计谋，与本公子酌力得来？倘事成就赏你们白金千两。"

内二家人曰："公子大爷不须怀忧！小人已有计谋，或可办来！此事且急切不得，且更不可明抢，抢夺果有碍于国法，只暗算个万全之策即可。唯刘秀才书写得一手妙丹青，本土颇有名声。公子爷来日携带绫绢一匹，亲往他书室，以求书写丹青为名，他见公子爷是个赫赫有名的贵宦公子，定然一诺允从。书成后，特往谢他妙笔，故厚交好，以图假结拜手足，定须多用些金银与彼，只强为通家交厚，相善往来。且刘芳是一穷酸秀士,见金帛哪里有推却之理？但得他妻乃妇人水性之见,又以公子显贵宦门,少年玉采,未有不贪而动其心也！倘果然性硬难动,须窥其隙窍破绽处,用智取之抑设计用强也,此事何愁不就算的？"

裴公子当时听罢,大喜曰："此计妙甚！莫无遗策,可唯依也。事成之日,重重有赏。"计谋遂定。

次日膳后,主仆三人同行。公子上马,二家人持却绫绢在后跟随,一程来到刘秀才书院中。先命二家人通报,刘芳一闻知有裴公子到来拜探,即出门迎接。裴公子滚鞍下马相见,刘芳请公子到内堂,分宾主而坐,命门徒递敬茶毕。

登时,刘芳动问："公子贵驾辱临寒舍,有何赐教？"裴彪曰："无故不敢造次访尊府,只因久仰足下妙手丹青,远近驰名。今裴彪亦得闻羡慕,故特携来素绢一幅,仰求妙手一挥,致意珍作,将为敝室增光,祈勿见却,幸甚！"

刘芳闻言,微笑曰："公子哪里得闻误听,敢当谬赏？难道不知刘某乃一介寒士,只因进学后两科不第,想必命限,定该一贫儒终于困乏,无有开科之日也。故设教生徒,度捱日给所需,并伏窃窃学效别人书一两张俗笔丹青,不过售于市井中,村落里,是见哂于大方者。只不过以备日后防身糊口养老之谋耳！岂敢有污公子贵人之目,反要书写污了绫绢贵重之物,可惜之并难以赔偿起的。请公子收回去,另寻妙手之人,方妥当于用也。"

公子闻言,冷笑曰："足下之言,太谦虚矣！莫非不肯见赐乎？裴某久闻先生妙笔远驰,近称第一,我苏州一府丹青,无人与匹,何须过于拒辞？某非为白手空求者,倘承允妙手之劳,自当重谢,休得推却！"

刘芳曰："既然公子不嫌污目,吾且献丑吧！岂敢当受公子赐赏之物！但不知尊意要书的山水云石抑或人物鸟兽花木之景？"

裴公子曰："花鸟云石,山水人物,八大景致,只由足下妙手传神,何须限吝乎？"

刘秀士允诺,又曰："此非一天半日功夫立就,且待两三天,刘某书成,自当亲送至府上,如何？"裴公子曰："既得先生妙手承允,岂敢重劳亲送！且待某于三天之后来府上取领,并携送墨金来致谢也。"

语毕相辞,拱别起位。刘芳送出门外,公子上马,二仆人跟随回府而去。刘芳回身。不知何日写出丹青,公子来取,且看下回。

第二回 假结拜凶狼施阱
真赐赠神圣试凡

诗曰：

君子相交淡水长，小人如蜜也凶狼。

见机择方为智哲，醒眼须分免祸殃。

驻语奸狼公子辞归府去。单说刘秀才有一厚交故友同学，是饱学之士，亦是身进黉门，未曾科第，姓陈名升。他家富饶足，承祖上基业，有百万资财之富，田连阡陌之广，不似刘芳是个贫寒秀士。但他二人交结相善日久，迥非以贫富分界。这刘芳屡得陈升助的薪火之资，原是厚交，不吝惜之处，足见陈升是个仗义济急君子。当日，陈升不时过到刘芳家中叙谈。刘秀才又有一见爱门生，姓梁名琼玉，也是个本土富厚之家。但琼玉一二九少年，父母双亡，并无兄弟手足。彼虽年轻，也会学习武艺，算得一文武小英雄，是与刘芳一厚谊师生，亦不时资助师之困乏。不多细表。

当日，刘芳数天之后开笔书写起一幅人物花鸟、山水云石八大景。后两天，裴公子亲到堂中拜领。刘秀才迎接，入下座、茶毕，方取出绫绢一幅递上。裴公子双手接过，徐徐打开。

刘芳先问言曰："虽承公子不嫌污目，只可见笑大方耳！"裴彪看罢八大景画工精妙，大加赞赏曰："巧手！果名非虚传也！改日复来致谢，以礼酬先生巧妙之笔。"

刘芳微笑曰："此滥习学海，书来敢当公子谬赏，何得言谢！"公子登时告别，收绢幅入袖中，上马拱别而去。

到次日，果然命两名家丁扛抬盒中各式礼物来谢。此一天，适值陈升秀士到刘芳家中座谈。此日一见裴家主仆五人公子前进，礼物在后，一程扛上排开。堂下有刘、陈二秀才迎接，分宾主一同坐下。及问起，陈升方知裴公子赍此重礼是酬写丹青笔劳故也。公子又问明得陈升也是个黉门秀才。

当时，一揭开各盒，只见四季时果、海味山禽食物，又是绫罗丝缎，春夏秋冬各式二匹，又有一绽白金，足有五十两。刘秀才见了这许多食物绫罗银子，摇头开言："不敢领受重赐！此乃些小举手之劳，敢当此过丰重礼？公子可即令盛价扛回府中去。"

裴公子冷笑曰："足下勿怪裴某率直之言、自得夸张之罪！想家君在朝，身当部属，于财上千百犹如牛羊身上拔一毛、大树林上摘一叶耳！今此些许礼物，何足挂齿！且不妨得罪，汝非富厚之家，身上做一两件衣服遮身，免失斯文一脉。休多见却！"

陈升见裴彪如此说来，只道他真情重念斯文穷儒者，即向劝曰："既明公子一片盛意，刘兄长亦不须执却其美意！"刘芳听了，只恩受领食物并绫罗，却要返其五十两之金。公子恳至不依，刘芳只得欣然拜领。

当日，裴公子请告别。刘芳挽留，款以早膳。陈秀才又傍留劝止，公子只得允诺领命。

此天，刘秀才命门徒备办酒筵。

裴公子先开言曰："裴某久闻陈、刘二位先生经纶满腹、八斗高才，不日奋翩飞腾，为帝王之佐。今裴某一心敬重，实欲仰攀结拜为异姓兄弟，且又同述一府往来爱谊，未知二位尊意如何？"

刘、陈曰："这是不敢高攀公子。汝乃显贵宦门之辈，吾二人是个不第寒士，多有玷辱，岂敢从命乎？"

裴彪冷笑曰："某乃一介武夫，不过藉家君近帝之乐，却是个白丁无墨者。若得二位文星结拜通家，所有文书往来修递，全凭指点，吾之幸也。且待某投书，往达京都，禀明家君，家君在部中，待汝此科，自有照应，科甲准联矣！"

刘、陈听了，不约同心喜悦，便允从曰："如此吾三人不以贫富贵贱所分，且效着桃园再结之诚。"即日排修香灯于阶前，三人就向当天下跪，祝告表文一番，有裴彪居长、刘芳为次，陈升年轻为季。三人中，陈、刘俩真心裴为假。

当时，只有刘秀才娘子颜氏在屏后偷看。见夫君结拜禀祝得明白，忍不住一声笑，早被裴彪个有心人一目瞧望入后堂，偷看见了。颜氏她只得急退入内房躲避。

当时，饭馔齐备，三人坐周叙饮交谈，不觉三度申刻，已是日落西山。裴公子告别，陈秀才亦抽身，刘芳送别二人去讫。刘秀才回至房中，对妻颜氏曰："拙夫自十八少年进身黉门，一连两科不第，是必功名迟滞也。今或藉裴公子父亲在京部，加些少提拔，得以功名早济，未可知？"颜氏曰："丈夫休妄喜欢！依妾之愚见，此段金兰结拜得好不,不必言的,如不结交此人,更妙也!"

刘芳一闻妻言,心中不悦,曰:"且住口!汝妇女之流,岂知通变?此日结拜,我非高攀于裴公子。他出自真诚,来致谢我之丹青,是彼先陈及与吾二人结拜的,非我与陈升弟定必背靠此人!今汝冷语闲言,是何道理?"

颜氏曰:"妻非敢冷言多管!妾自归君家数载,果蒙陈秀才多少恩惠提扶,不时赠助薪水之资,并义门生梁琼玉也是一般恩惠周相,实出于一心扶持我夫妇者。何曾平日闻见这裴公子与汝些少往来,恩至之交?今因书写二幅丹青,便即谢送此厚重之礼。如观此人,必有一贪。丈夫乃读圣人之书,明晰理者,岂不闻'君子之交淡如水,小人之交甜如饴'?当汝结拜时,愚妾在后堂观见汝等祝告神祇之语,已忍不住发笑一声。这生面人定必是裴公子,一闻妾声音,即目睁睁偷看,料想此人不是个善良之士,比如陈秀才是汝故交,妾来数载,哪有回避之?哪有生言议论之?他乃正大君子,只无可疑忌者。今交结这裴公子,君须详察其人乃可。"

刘芳闻言颇怒,曰:"妇女之足,三步不出外堂。自此有客到来探望,不许汝出入。多失男女之序,又露人眼目。"这颜氏见丈夫认真说来,只不答言,无语。话分两头。

再说陈升别却刘芳,与裴彪分手,各自入城。未至家中,于道途中,只见一白发老翁远远而来。不觉行近陈升门首,边奔走边连声称说:"有宝贝卖!"陈秀才一驻足,向老人跟前拱手动问:"请问老丈,既有宝贝物件,何以日间不来沽卖?今已天色晚了,又在学生门外呼卖不已,实为欠解,请道其详。"

老翁见问,冷笑曰:"足下未知其由。老拙果有非凡宝贝一物,善能救解人之实厄。但吾初到盛境,不识得程途,赶至入城,天已是晚了。忙速中连连呼卖,或遇富翁善士,有怜急相帮如买者,又得求借一宿,来日早早回家,免至彷徨也。"

陈秀才听言,曰:"原来老丈是失路之客!请问老丈上姓尊名?"老翁见问,既曰:"老拙姓吕名扶世。"复转问陈升,求借一宿。陈秀才一诺承允,即请他进至大堂中。老少分宾主坐入。陈升此时问及:"尊者有何盛宝?求借一观。"

老人见陈秀才乃一贤良君子,即取出一物。用五色绒线包裹数十重,一一揭开,乃一个小小瓦净瓶,言:"此宝名莲子瓶。"陈升见了,冷笑一声曰:"老尊丈,无乃谎言欺人的。汝今一小瓦瓶,何为宝贝之物?"

老人曰:"足下休得小觑此物!汝乃富厚之家,园中必多种植花果之物,内有栽种之莲，且取来莲子二三两，待老拙当面试演来，演汝一观，便知它是一个宝瓶矣！"陈秀才闻此说，即命家仆往后园取到莲子一盅，递过卖宝老人。他即持过，挑拣上四十九粒放在瓦瓶中。他低声念念有词，不知什么咒言，一刻间，瓶口标出成枝，二刻发叶，三刻开花，四刻仍结回莲子，当时遍室异香。

　　陈升细看每一莲花，四十九朵结四十九粒莲子。实乃是个宝瓶奇物也。陈升惊异曰："学生果乃肉眼无珠，不识此瓶是稀世之宝。未知老丈果售否？"不知老丈如何对答，或售或赠，且看下回分解。

第三回 陈秀才一念怜贫 裴公子两番放饵

诗曰：

救急扶危君子忠，贪花起衅小人心。

试看善恶裴刘行，福者善兮祸者淫。

当下，陈升问及老人果售卖的价值几何？老人曰："售取之价有限，不过三百两耳！"陈升曰："三百两金，小事也。且命家仆排上酒饭，料得老丈未用晚膳的，明日差家人送汝回盛乡。"老人曰："既蒙售取买了，且要先赐交白金。老拙收下，方敢领款酒饭，若不先交银子，绝不敢领情。只忧足下明日疑心不买的。"

陈升曰："老丈哪里话来？晚生乃是个顶天立地之人，并非吝啬之辈，岂肯失言！请放心，只三五百之金，何足挂齿！"老人听了，冷笑一声，曰："老拙今已看全，倒也见尽了这世俗之情，多少悭吝薄心阴险之人！千万人中选无一二信行者。"

语毕，拿回瓦瓶，抽身而起。

陈升起位跑上挽留住，即命家人取出白金，一箱千两，扛抬出放在中堂："敬请老丈，要用多少便是。"老人就将银锭挑取五十两一锭，共六锭，足三百两之数，用香囊盛起，藏入怀中，拿起瓦瓶，大步走出。

众家人见了，大呼曰："相公，原来此老人乃一老拐徒！且待小人等追赶拿回，明日送官究治，取还银子，才得甘心矣！"陈升曰："三百两银子是小事。他是八旬老年之人，倘赶他失足仆地跌死，实乃人命关天。想必他家贫如洗，是才将此宝物骗吾亲观，实来讨借此银子耳！不许汝们捉拿，待我亲自追请他回。"

言毕，发足飞步追赶去。出门已是天初黑暗，月色光明。

只见老人飞跑赶急，至一石闸门，头一抢撞，却死仆于地中。陈升一见，自惊曰："不好了，幸得吾也有先见之明，不容许家奴追拿此老丈。不料他畏惧追赶，今撞死于非命，原我之罪过。"自想过意不去。又未知他是哪方人氏？只问得姓名，不及问其乡居。"但彼有宝物银子在身,且守候至天明,待有亲谊人来承认,方免被旁人夺盗他财宝,且买备衣棺,连同财宝二物同葬,得汝九泉心息。"

言毕,将身上长罩袍脱下,盖在老人身上,驻足守候。不一刻,这老人大呼起来曰:"陈先生也来此乎?"

陈升一见,又惊又喜,即曰:"老丈,今身体安否?"老人曰:"老拙一刻撞晕了。今回来追迫见君。"

陈升曰:"某来特请老丈回寒舍用过晚膳,非追赶也。且银子乃小事,汝且拿去,用度足矣。并小瓶宝贝,晚生辈又非要汝的,休得以此介怀!"老人微笑曰:"果善哉,陈君也。于万人中未得一者!吾将此瓶送汝作护身之宝,汝之尊府,吾是不到矣!"

陈升曰:"宝瓶乃老人家传好东西,晚生断不敢领受。"老人曰:"陈君不知有旦夕之灾飞来,倘不得老拙宝瓶,不久灾祸临身,并无别物可救!如得此宝,汝及故友刘芳也无妨碍矣。"

陈升听了,惊讶曰:"晚生平素谨守国法,不负官粮,不欠民债,不敢与人争斗,纵有灾殃,只凭天所命耳!"

老人曰:"陈君以老拙是何人?实乃吕纯阳四海云游,又在凡世试察善恶行止。今我以青年有善行,珍重贤良,日后前程远大。汝陈、刘两人身近帝边之贵,但不日果有灾祸临身,故特将此瓶赠汝,日后有解灾厄之用。且收除妖道以安邦国,皆藉此宝。今且将四十九颗莲子纳回,每日吞食一粒,食讫,不见饥饿。谨记收藏。切不可近狎污秽之所。去也!"一阵狂风,一刻不见了老人。只见星月交辉,碧空云净。当时,陈升望空拜谢起来,独自归家,已是时交二鼓。细思有此异事,又蒙神仙吕纯阳点化救厄。一回府,将宝瓶莲子收入书斋画中,连妻子也不知之。是夜不表。

再说裴彪是日行了请帖命家丁投送,联请刘、陈两位义弟进府堂叙欢。当日,陈、刘怎知裴彪是个奸险之徒?二人闻请,同往相见,弟兄呼唤,裴彪先开言曰:"昨叨二弟盛款,愚兄今天特具小酌,邀请两位贤弟到舍一叙。幸蒙不弃,见柬即光临到,愚兄喜感不尽!且待两天差家人往京都,对家君说在本土与秀士三人共结同手足之谊,待今科进场考选,定有关照,准得金榜题名。"

刘、陈听了,喜色飞扬,不胜感谢裴兄长用情见爱。三人言语投机,一假两真。自卯辰时候饮酒交谈,至未刻方才散席收筵。

当时一刻,裴公子进内复取出白银两大锭,共成一百两,对刘芳曰:"吾知二弟家贫淡泊,前之五十两,不过供些衣裳冠履之用,别的费用俱无。今再送白银百两,且携回做些灯油需用以供习读的帮助。"刘芳摇首曰:"前日叨扰贤兄盛礼,且有白银五十两强使弟受之,已有愧了。但以交情意重,不敢却返。今之百银见赐,实出于无谓,弟断不敢领当也。"

裴彪冷笑曰:"如此贤弟非以交心为首,视某郎百两有限之数即要见却,倘日后还有患难事,还有什么舍命扶替者。吾一心以二弟清贫,至以些少之金略扶助,多有亵渎,尔便认真,果非知我心也。"

当时,陈升见裴公子自此说来,又见他两番赠金与刘芳,言出于真诚,便不胜叹美他是个豪侠之交、救困扶危之士!怎晓得奸狼其中用此番香饵计谋?当此便劝刘芳领受下。休多言之。刘芳被强劝一番,只得顺受拜谢之。又言谈一刻,两人告别。裴公子亲步送出仪门外,陈、刘也分头回家。不表陈升。

只言刘芳一程来至南城外,见江边石勘渡头有一年少女娘,在江边痛哭,向江水凄然下拜。刘芳住足动问曰:"汝这年少婢人,乃闺中细女,何故轻出,向江边痛哭下礼?想必要投死江中,莫非汝深闺不谨,差错行为,是一死不足惜?倘有冤屈逼凌,不妨直曰明言。某若少有可与出力者,定与汝少年弱女解纷,不必畏羞隐讳。"

那年少女娘含泪曰:"君子不必疑心。奴虽乃贫寒弱女,颇明礼节。只因先君在世,欠下债主白金五十两,上年身故了。奴只有老母孤零,被屡次来逼取利息,不能交还,今即要交偿还五十两本金。昨天此人亲到吾母家,在母面前言逼取还,如不偿交五十两之数,即要勒娶奴为第十房妾。幸得慈母不允,他即起狠恶之言,限以五日之内有足五十两之数还他即休,如若仍无银子交偿,第五天即花轿登门强娶,决不容情。为此,奴不想留此苦命于阳间,特来丧葬于水府。一来免玷辱,二免慈母担忧。君子不必劝奴以生,断不在人间以受此狂狙之玷辱也。"

刘芳听了,愤然不悦曰:"五十两银子岂可以一少年之命菹乎?"女娘曰:"家贫如洗,亲者不亲。哪人肯怜孤恤寡?故不得不死耳!"刘芳听到此,不觉动起怜心,下泪曰:"世间狠汉因财逼命者不少,可惜她孤孀母女被此土恶威逼,可悯也!"又呼女娘:"不必寻死!吾有白金刚足成一百两,五十两一锭,共二锭,汝且携回,将一半交还此恶逆,一半留为母女度日。就此去吧!"

少女曰:"须蒙君子盛情搭救,恩同天地。但今一面未识,岂独在此江边受领赐银!奴实不敢拜领。旁人观见不雅,敬请君子移贵步至寒舍,待家母主张可否受领,方得于礼无碍也。"刘芳闻言，笑羡一声："光明正大女娇娘，令人可敬！且请先步指引，待某随后来见寿堂母。"

果行不半里之遥，少女进内，复有六旬妇人出门迎接。刘秀才只随进内坐下。老妇请过姓名，方知是本土秀才，即曰："多感搭救小女于江边。倘恩星到迟一刻，小女身葬大鱼腹中矣！老拙还未知其由，今回归说出，方明刘先生大恩人也。"不知果能救赠得母女如何，下回分解。

第四回 行善念刘芳遇神
设恶谋裴彪通寇

诗曰：

漫言三尺没神祇，暗室亏心有四知。

善者得昌行恶祸，只争来早与来迟。

当下，老妇言："得刘先生搭救大恩，但此祸乃先夫留下，果与土恶揭借此银子有年，息倍于本了。上年先夫身故，将衣裳首饰之物变卖尽，方得寄土为安。但今土恶威逼银子，自是母女一身抵当，哪里敢受恩人白手相送？况且家贫空乏，哪有还偿之理？然前少后欠，均属同科的，何须恩人与土恶互易？"

刘芳曰："此白金，吾刘某亦受厚友相赠的。今并不要偿还，休言欠字！汝母女休得介怀！"

老妇曰："天下并无有此仗义恩人，是无恩可报，不免将小女侍奉箕帚，少报恩德。"刘芳曰："贤母之言差矣！刘某乃一贫儒，现有家室，岂敢有屈令爱少年！就此告别了。某因一时忿此土恶凌逼，且惜少年一命，故不惮来此转送此金，以完了我心，非望报也。"

正起行走，老妇止之曰："既不允，请恩人且慢！先夫在世，最好种果栽花，请君进破园中一观。汝是读书之人，颇爱花木之雅，今一赏如何？"刘芳允从。

一进花园，只见多少奇花异果，皆非世俗所植的。刘芳又见左右有高低两株奇树，不识得是何果木？刘芳请问两树出处，老妇曰："左边之树，高一丈七尺，独生七十二叶，结七十二果；其果长三寸，遍均金色。右边一树三尺余，独生三十六叶，结三十六果，其果长一寸半，遍均红色。左树名长生果，右树名不老果。此果非所常有，非所常得。今各摘二果送与恩人一尝，且留各一归遗细君。如君夫妇食果，增寿至百纪之外。"

当时，刘芳食来二果，真见异香甜美，直透丹田，五心爽朗，赞美佳果，称谢，将食余二果收藏下。

老人又曰："此两种非凡间所有，恩人明日午刻来此折枝，回归种植可也。"刘芳允诺，登时告别归家。已是初更时候。

颜氏正要备晚膳与丈夫食，他言食了美果，觉得甚饱。又取出各一果与颜氏食来，果羡清香甜美，五心透爽。颜氏问及果之奇美所出之由，刘芳将所遇一说知，颜氏听罢，大赞美丈夫所行阴积善事，天必赐佑了。当日，刘芳夫妇得食却仙果，后来双双享寿到一百四十余岁善终，无疾而逝。也无交代。

到次日，用过早膳，一心往取仙树种植。说知颜氏，又命各生徒暂归家，来日方回课文艺，单留梁琼玉一人在窗中。他一出门，直程认此道途，行之半里，是上日旧途。一到了此地，迥非昨天在山脚的茅屋，只是一山丘荒之所、古庙宇一间。行近草径，露出两锭白金，即是原物。心下猜疑不定，即收拾取回。想来昨夜莫非撞遇邪鬼不成？只庙宇中看是何神圣？一身转入，只见庙中一大座天阶，两廊荒废，有炉案，并无司祝香烟。行近神前座上一视，乃系九天圣母，又见左边金童捧着昨夜的长生果，右边玉女捧着不老果。

当时，刘芳心下骇然。见此圣像，方知昨夜所遇母女乃神圣化身。即倒身下拜："谢圣母赐食仙果。"又禀祝圣母娘娘："刘某今虽困处下第，但日后也有功名成就之日，得其上上三胜吾图第一。"心中喜悦，复谢禀祝曰："倘得圣母庇佑，功名早遂，身贵之日，定然重修金阙、圣像维新，以酬圣恩。"祝罢，拜辞神圣归家，将此异事对妻说知。颜氏听了，不胜惊异，又言："丈夫行此善事，不料是圣母化身试凡，可见暗室亏心，神目如电，但行恶之人，可不戒哉！"驻语夫妻勉善之言不表。

再说裴彪，自从设计用些财帛，一心用钓，以赚刘芳之妻，假结为手足，以为如此，鱼可上钓。岂知后来数次到其家，颜氏一心明知这裴彪非循良之辈，依着丈夫昨者吩咐之言，永不出一面。裴彪无可奈何，寻思无计。

此一天，闷闷不乐，在家无聊，只得往松江一游，要以舒心娱怀。道途走到一山，名虎丘山，错蹬山上陷坑，跌翻下马，被山贼捉拿至寨中。

有贼首坐在当中，喝声："匹夫，见某大王还不跪下！好生胆子，敢来探听某山寨虚实，该当死罪！"裴彪怒曰："汝等乃绿林盗寇，要本公子下跪，汝子好生可恼！今裴某是失路误走山下，非特来探听汝者。汝若杀害了本公子，但吾父在朝中一闻知，大兵一到，将汝一群鼠辈，寸草不留也。"

盗首闻言，曰："汝这匹夫，口称公子，汝父在朝官居何职？姓甚名谁？且说来！"

裴彪曰："吾父官拜兵部尚书，姓裴。某公子名彪，本土哪人不闻大名？某现职武略将军。"盗首自言："某久闻裴兵部是个奸臣，与李林甫、鱼朝恩一党。我要报父仇，除非暗通此奸权，好能有机会。可先结识此奸的公子。"当时，离座位，亲解其缚，呼曰:"众喽啰实有目无珠,得罪公子。"

二人重新见礼,分宾主下坐。

裴公子又动问大王名姓,他言:"某乃本土江南镇江府人,姓古名羁威。先君名古全忠,乃昔武后临朝,某父随武三思随征,为部将,立下战功,蒙君王敕授江南吴松总兵。不想后嗣君听佞言,奏说吾父纵兵下边隅,扰害居民,实乃无辜被杀。今且因父仇不共戴天,故落草于松江府虎丘山,招兵买马,有日粮草丰足,军马准备,即要杀进长安京都,定报父仇。只恨无内应之人耳!今不若与汝结拜为异姓手足,待公子修书飞达上帝都,报行令尊做个内应,倘得了唐室江山之日,自愿推举令尊公为君,吾为之臣也。只要报了父仇,某心愿毕矣!"

裴公子听了,大悦曰:"若兄果有此心,弟与汝结拜!"当日,二人拈香结盟。古大王年长二岁为兄,裴公子为弟。

礼罢,中堂上早已排开酒筵。两人就席,双双对饮。

言谈之际,裴公子问起:"兄长有几位令公郎?"古羁威回言:"命蹇不幸,先妻死去数年,未有后嗣人。某落草为寇,但一心不以家室为念,又不妄抢民家妇女,故今尚是中年孤独一身。"

裴公子赞叹:"兄长是个不贪女色的英雄之辈,与弟心性不同。弟一生毛病但专于美色。今有一心腹不满意事,日闷无聊,远游松江,不期误入此虎丘山,故今遇尔,得与兄长结拜,亦一缘遇也。"

当时,古大王问及:"裴弟有何心事介乎怀中?"裴公子将刘秀才妻颜氏生得一貌如花,是以求写丹青为名,又假结拜弟兄,屡屡不得成就美事,千般打算,不得此妇上手,是至心上大不如意事说知。古羁威听了,微笑曰:"此事何难?彼既精于丹青妙手,就有机窍矣!贤弟且先回府中,待愚兄改装下山,亲到苏州府,认作客商,言久闻丹青好手,特来聘请他到松江写书方、绘名画,谢他笔金千两。彼是一贫儒,岂有不乐从而往?若赚他上山,一身犹如入于罗网,那时由贤弟计较这颜氏,如何?她从顺了,不必说。倘不依从,再有别计设施。"

裴公子听罢,大喜,在此宿了一宵。次日,仍用过酒膳,相辞分别。话分两途。

单说古羁威此天改装下山,一连五六日,方到得苏州府城。入南门外,果然寻访着刘秀才。先通报请见,有刘芳出门迎接入内,分宾主坐下,问清姓名。古羁威回言:"古姓名兆,为商家。久闻先生是一位丹青通府妙手,特远来此敬请往松江府一游,求写丹青数幅,愿谢千金。幸勿见却!"

那刘芳一想:"今秋闱在迩,赴京都、入科场也要用一二百两银子,哪里得来?不若凑此重谢，可承允于他。但往松江隔府多路，途则八九天，速赶则五六天，计往返不过十五、六日，可以归家了。"

　　不知刘芳允往松江，如何中他毒计，看官，且听下回分解。

第五回　设陷阱强盗露饷
畏律法秀士埋金

诗曰：

不畏神祇不畏天，只图美色陷良贤。

一朝势尽罪盈日，远遁高飞命不延。

却说刘芳计来程途不远，得了千金重谢可以应科，得往京都也有路费，又足妻之日给用度矣！实乃天就成功也。但不必一刻承允之，便言以不思远行为辞。

当时，古羁威见他不允远行，心中又想一计，即依他曰："既然先生惮于远行，待某即于盛府买绫绢十匹，待先生细细在家书写，仍谢以千金，是不失信的。"

刘芳听了，倍喜，诺诺承允，即曰："好！不过在下书的毫笔当于用否？但十匹之绫绢非三天两日功夫，多则一月，赶速至二十余天，不嫌污目，则可代劳赶起送上。"古羁威言曰："须要先生书得传神奇妙，两月之久，不为迟延！"言毕，珍重作别而去。

果然，次日买白绫绢十匹送来，交刘芳接领下，又别去。那刘秀才哪里得知内里机谋暗算？只一心于十大幅白绫上书写起大景人物、花木鸟兽、山水云烟，奇峰怪石之类。刚得一月之前，早已绘起。

当时，古羁威等候一月。此一天，带了两人，扛抬一箱子来至刘芳家中。令人通报知，迎接入内，分宾主坐下。

刘芳将十幅白绫写成的景物一一展开。古羁威尽将观看过，大加称赏，连声："妙、妙！"即此徐徐卷理，命过二从人收拾了，将千金箱子呈上。

刘芳仍推让，不敢当此重大之礼。古羁威曰："区区千金，何须挂齿！今承蒙先生不却，得此妙手丹青，实稀世之宝。请先生收领。"

当时，刘芳将箱子封皮揭去开看。只见是二十锭银子，每锭五十两，共足一千两之数。但细看银锭中央有朝廷记号，是国饷之银。刘芳见了，觉得惊异，即问曰："足下既为商家之客，这是朝廷库饷之银，前者解饷回京，被本省松江府盗寇所劫去，至今尚未破消盗劫之案。今之饷银，足下怎么得来的？"

古羁威尾露出机关国饷，见刘芳动问，料想瞒抹不过此饷银，只得实说曰："刘先生不用多疑。某原是松江府虎丘山寨主，古羁威是也。曾闻刘先生满腹经纶，只因功名屡科不第，困守清贫，良材惜屈。故借写丹青为名，实欲请驾上山，做个参谋军师，报复杀父之仇，故欲成大事，共享山河，岂不为美哉！"

刘芳曰："寨主差见了。生乃一介寒贫儒士，区区贱名，玷习儒条，并无才智，枉寨主妄荐费心矣！况刘某常读孔孟之书，略守皇法，断不敢做此灭族覆宗之事也。且吾与寨主一较论：汝兵不满数万，将只数员，粮草不继年月，如何一旦动兵？不若回头是岸，改邪归正。虽令先君被害，但唐先王早已去世，今嗣君英明有道，何而以旧怨执新？况君欺国无罪斩父子无仇？汝何不特上京都陈疏，明令先君昔日无辜屈死，且待新王追封叠赠，成汝大孝。少不免子荫父职，还不名声于古馨香，强如心生叛逆所为。"

古羁威听此一番，即曰："先生金玉良言，未为不是。但先家严于先帝屡立战功，一朝无罪惨死，令人子怎肯忍下此忿心？况天下者，人人之天下，有恶无能者何居之？吾虽兵微将寡，但前者有言，必要报却父仇，即一死何恨之有？今先生不愿上山，吾亦不能强请，只忧后再有歹人来劫取，何忧先生不是吾之护佑者！某今且去也。"

言毕，与二从人及来兵四人一刻跨出门，奔走而出。一时见机谋不就，亦无心往见裴彪公子，一程奔回山中去了。

当日，只说刘芳一见古寨主不依劝谏良言，一刻愤然别去，又不能追回，将此项干犯国法饷银交送回他，心中实见不安。呆想一回，又不敢扬言往追赶此人，只得进至内堂，对妻颜氏一一说明。

颜氏也突见惊骇，即曰："此事大干系！妾屡屡劝谏汝，不可出售丹青，实乃识人多处祸端多。不若趁今无人知觉，将此饷银锄掘一穴埋于土中，释了生徒绛帐。不在此土，且自回归凤阳故乡埋此踪迹，方得抹灭了与山贼相通之祸患也。"

当时，刘芳见娘子说得有理，只依从之。未及关门，不想事当败露。谁料偶遇裴彪突来探望，但前两番皆用家人通报，方进他内堂，今裴彪一心主意在颜氏，故此日静悄悄不通报，直程快步进入中堂，方呼唤："刘二弟在家否？"

这刘芳应声即出，其一箱子银子未曾收拾起，仍在中堂。裴彪一见堂上箱子打开，许多大锭银子，不胜惊异，细看来，又是国饷字号，即动问曰："二弟，此银国家饷记号，怎生得来？"

刘芳见问，料瞒不过。"自己结义手足，他未必反来陷害于我！"只得实告虎丘山寇来迎请一节。

裴彪听了，心中明白："缘何这古羁威不来会我，已回山去了？此事何解？"但他裴彪当假作不知，变色急曰："贤弟，此事关系重大，须当秘密，瞒过外人。倘一泄露风声，性命休矣！"

刘芳又将依妻之言埋金于土，即日逃回故乡直说明白。

裴彪虚言曰："嫂嫂果然算得高见，二弟可依从也。"裴彪登时告别。刘芳因于心忙，有此埋金急事，也不款留这裴公子。

但他一出刘芳门首，且不归家，急忙忙催轿，一程至苏州府衙中来拜会，传具名帖通报。此位苏州府知府姓柳名荣春，系山东省青州府人。当时，迎接入裴公子，分宾主告坐于穿堂，即开言问及："公子光临敝衙，有何见教？请道其详。"

裴彪曰："无事不敢惊动公祖大人！今治生特为大事来此，救脱苏州府满城百姓之命。"

柳知府听了，惊吓不小，急忙问曰："清平世界，公子何出此言？"

裴彪曰："公祖有所未知。治生前月往松江府游览，误走虎丘山，被山上贼人擒上山岭，要勒逼银子。当时说出家严在朝职名，盗首方不敢妄索，放回下山。吾也认得贼首一面并头目数人的面貌。不料，今天出府买些物件，在南城外专诸里，一见刘芳秀才送出门首三个客人，某认得是松江虎丘山贼首并两个头目，自外又有四个从人，皆扮作商人之状。这刘秀才殷勤送出，想必这刘芳是一贫儒，守不得困苦，故勾引这虎丘山强盗，想必谋为不轨，未可知也。只忧此贼其志不小，又是屡败官军，倘被他引贼兵入城为内应，劫夺了城中仓库不打紧，若侵占了江南府城，一大郡生灵俱为贼鱼肉了。有此大事，非关系一人之事，治生思此事缓办不得的，故急急忙忙讵突而来。不敢隐讳，请公祖大人即刻点齐差役，拿捉了那寇逆秀才，立刻审详，替宪布按上下，刻日正法，实实去了贼人一内应之弊。如此，方免此大患也。"

当时，柳知府听罢，神色一变，心下彷徨曰："幸值公子相遇得巧，实乃救活百万生灵之功。待本府即日密委精役先拿此狗秀才，汝且回府，万不可少泄风声于旁人。"裴公子应诺，暗自大喜，登时告别回府。一路自思："颜氏是掌中之物，好不称心。"不表奸狼。

暗说柳知府即刻升堂，传齐班首衙役五十余名，令两名先入专诸里邀请刘秀才书写丹青，一出门见面，合同五十名一齐刀枪押送入府衙，路上不许扬言，恐走漏消息。众差役领命。顷刻，已至专诸里刘秀才府第。

只见双门关闭，二役只得将门打开，直进内院，只见刘秀才在花园持锹锄地，竟不住手。二役曰："秀才乃读书贵客，非是农夫，缘何挥起锹锄扒掘？我奉太爷之命，特请秀才进衙写书画丹青。"

刘芳举头一惊,暗思事关重大,心慌意乱,此祸非小,又因藏了银子,未及收藏,必被差人看见,心中惊慌,勃然变色,即放下锹子,被二役缠出门外,不由分辩,众差齐举刀枪押进府衙。不知刘芳性命如何,下回分解。

第六回 裴公子暗施辣手 柳知府昧窦惨刑

诗曰：

对面明枪容易躲，暗施冷箭实难防。

试看裴子机谋密，善良难免覆盆殃。

当时，柳知府二差役只见刘秀才箱子许多银锭，雪花亮白，看来原是国饷字号。只因失去国饷已经两月，在本土官府曾经出至赏银五千两，各官大小衙役军民皆知。今二差役见了，厉声曰："好秀才，读书君子做此朝廷逆犯！如今失去国饷，有着落了，人赃俱在，故府太爷一标发的密票，先令我二人共请写丹青，再发五十人于出门时一齐刀斧押送。原为此大事，今五千两的赏格稳稳到手了。"

语毕，二役上前把住捆行。刘秀才大呼分辩喊救。

当日，刘芳此位心腹门生梁琼玉是个巨富家财，年方须然二九之少，日习文、夜讲武，为人胆正心高，文武全才。但功名尚属蹇滞，未曾登科而椿萱并谢。适是日，从家奔学馆中，一进书室，闻业师被官府差役拿去，不知何故？急进内室，见颜氏师娘悲哭，细问缘由。颜氏直说，惊吓不小，转慰解师娘一番："待门生往府衙中探听明白，自有安置辩论。且先生平素一良儒，岂能屈他做此通犯！此事不须师娘苦恼也。"

语毕出门。一刻跑至府衙公堂大门中，只能在外远远观看这知府如何审断？

早见府役人一众下跪禀曰："小的等奉票差往刘秀才家，请写丹青，不料他自锄园地，要埋国饷银二十锭。现今人赃俱到了，并有锄锹之具为证。请大老爷裁夺。"

柳知府闻禀，吩咐将刘秀才带上。

刘芳深深打躬，把足一拖曰："公祖大人在上，生员刘某叩见。"柳知府一见，厉声大骂："好匹夫！枉汝身进黉门，做此大逆！其身固属不免于死，而且臭名于后，也有玷辱圣贤名教，令人可恼！想必日前包庇响马，坐地分赃，至令强徒胆大、打劫国饷。今还谋为不轨；若引贼兵入城作为内应，你今一党叛逆同谋，死有余辜，罪及妻孥，一门不赦。今日感动神灵地杰，一朝事得败露，至百余万生灵不该遭此大劫。"即将怒案一拍。

刘芳诉曰："公祖大人明鉴，日诵圣贤之书，岂肯做此灭族之事？只因生员功名不第，苦守清贫，故兼习得一笔丹青图画，远近颇闻，自以为晚年养身糊口之度。不意前月内虎丘山贼人假扮作客商，到门求写丹青十幅，愿谢笔金千两，实则思聘生员上山为一谋士。当时，生员惊惧，曾将几句良言劝他一番，彼即悻悻而去。然生员当时即速追赶，交回饷银，他马跑迅速难追，是至惧祸，将锄埋金，誓不与人书丹青。此是真情，恳乞公祖明察秋毫，以免生员负此冤屈，遗臭而死。生员百世沾恩。"

知府闻说，大喝："好厉害刁词匹夫！人赃在这，敢强辩吗？"当日，知府又行书帖与府学教官，革去功名。即刻重打四十，打得皮开肉烂。刘芳只是不招。府官大怒，喊道："夹上狼棍。"刘芳痛得死去还魂，也是不肯招认，这刘芳想来：一生清白，身入圣教，岂可受此逆恶！大辱斯文，不免万年遗臭。故立心留名，自愿抵死不招。

柳知府一心急于糊涂结案，硬将刘秀才一味夹打，逼他招认，通虎丘山贼寇，致贼人胆大，敢于打劫国饷。待刘芳一招认了，即行重办，本省文武官员俱已罪轻。但当时知府见行重刑不招，无奈将他收入监牢，即申公文与各上司缘通省大员。督抚、布按、司道闻此重大之事，各皆惊悚。而督、抚两人即行牌文，仰柳知府细细审，确力办是否，然后拜本回朝，奏闻圣上，发兵征剿虎丘山寇，以静土境，不表。

只有梁琼玉当时见柳知府不容先生分诉，只即行夹打，皆不得口供，心敢怒不敢言，不觉暗暗垂泪。及看至审罢，收入牢中，方出府衙门，一路惨恼而回，思算不言。一到师娘家中，将知府审不公断，打夹收监，达知师娘。

颜氏听了，即哭泣哀哀。

琼玉又对师娘说知，要联请本土举子秀士乡耆缙绅具呈，诉禀刘芳被此冤陷，诉告上司公办，以免知府糊涂屈却清白文儒。

琼玉正在连日奔请。

不料，柳知府实思将刘芳归劫饷破案，故今日打夹，刘芳虽捱重刑，只不招认。一连三天，夹打至死了。当日，柳知府见夹死刘芳，不得供认，思量怎生复得上司？即吩咐将刘芳尸扛出荒野暂停，下申文书言他在牢狱中畏法自尽。

当梁琼玉正在联请各举子秀士缙绅来联呈保结先生。不料此天梁琼玉仍往府衙，探听知府审判，一刻狠狠打，夹死先生，不得回苏，正是心如刀刻，又见扛尸出衙，一路惨惨叨叨,抱恨回归。到了十字街头,有三两匪徒酌议曰:"可惜刘芳的妻,有此花容薄命,独守空房,不免三人今夜私到他书房将她戏弄一场。她若允就罢了;如不允从,拔刀斧以杀动之,她是水性妇人,贪生畏死,必然顺从,岂不美哉!"

琼玉听了,气愤得火上添油,雪上加霜,急步跑走回先生家报凶信。言:"先生已被柳知府夹打死了,将尸扛出荒野停顿",又言街上见三匪徒,说今夜私来无礼之事,一并达知师娘。

颜氏一闻丈夫被夹打死,哭得发晕了。半刻方苏,犹惨不已。琼玉只有带泪劝解师娘,颜氏切切中,一来痛哭丈夫惨死之冤,二来今夜恐匪徒逼淫,受此玷辱,要寻死。即嘱托琼玉:"计寻丈夫尸体,殓棺安葬,我愿毕矣。但今世夫妻受贤世兄大恩,来生夫妇犬马酬答。"言罢,泪如涌泉。

琼玉含泪劝曰:"先生既被狗官屈夹死了,今师娘身怀六甲,或生下来是男儿,正好接后,以全刘氏一脉宗枝,他日长成,好报雪我师之仇,又免二命相连。今师娘勿忧被强盗玷辱,自有门生在此,些小狂徒,吾岂惮之! 只一节唯虑柳知府申文正办先生包庇通寇、劫国饷,上司不察准详,则满门之罪难逃矣! 不可不早虑。师娘必不可寻短见的,急扮了男装,待门生保护,汝即日雇舟奔往金陵,得到吾姑娘家中,自有安身之所。汝且改装,吾回家吩咐舍妹子管家,我带些金银作路费即来也。"

颜氏悲泪,只得应谢他高义用情。

当日,琼玉回家,嘱咐妹子管理家中内事,老家人梁任管理外事,勤谨收理租业、仓谷出入、照管门户。吩咐毕,带了黄金三百两,齐眉铁棍一条,肩挑包袱,飞跑来师家。见颜氏已扮了男装,将首饰余银藏过,将门锁闭,两人先后同走出城。

行程半日,已是红日西沉。跑走到不近村庄市镇之地,并无客店旅家之所,只见路旁一间古庙零落,并无司祝香烟。进内一看神像,乃系伏波将军。他是后汉马援,因奉旨征南,德政惠民,百姓感恩,创建庙宇祀之。

当夜,师生俩食过干粮,见庙内有长板凳一张,琼玉请师娘睡卧于此,自己顶靠庙门而睡。正是一点丹心,保护师娘逃难。

至三更初,梦见伏波神显圣,亲赐双鞭神物,又教习鞭法。使完,神圣向空中而去。已是天明。

琼玉醒来,果得双鞭于神案上,谨记教习,大喜。对颜氏师娘言知,二人拜谢神圣出庙。行至十里,忽一阵狂风,沙飞尘卷。颜氏曰:"梁世兄,想来云从龙,风从虎,倘有狼虎来时，一命休矣！"

琼玉曰："师娘放心，吾今有神鞭护身，惧什么狼虎？汝且避歇于松林间一刻，待吾在此山中等候片时，待大风息止，再请师娘行程。"颜氏应允。正合着她腹中疼痛，想必系临盆生产，正要回避，入此松林不见人之所。

当日，果然贵子下降，颜氏林中分娩。不知何日脱灾，且听下回分解。

诗曰：

夫祸妻殃各自奔，幸逢贤救得安身。

高天仗义深情友，奋勇坚心拯难人。

再说颜氏身入松林，一刻之久，只觉腹中倍加痛楚，急打开衣包，细将小服抖开，坐于石磴。一阵疼痛，产下婴孩，呱呱啼叫、鲜血淋漓。颜氏挨过一刻，将孩儿用布服拭净，包裹好，自换过衣裳，即将污秽衣服抛弃之。只得含羞趋步，走出松林。

琼玉正山坡等候，一刻狂风顿息，正要寻呼师娘出林。颜氏应声从容而出。琼玉登时喜见师娘手抱一小孩子，又见安然无语，即动问曰："师娘，产下香烟种乎？"颜氏含羞答曰："蒙天怜悯，产下怀腹苦命儿来。"琼玉喜曰："谢皇天，先生已有后手香烟，正为可喜！但师娘产儿未久，身体力弱，且慢行路途。"

果行不及一里之遥，颜氏因风吹，晕迷一阵，仆跌倒地。只见她面转土色，双目朝天，东西相望。琼玉大惊，呼救师娘。只见松林间跑出一淡红面老道人，曰："梁琼玉不必忧惊！汝师娘是有福命之人，此子大贵者，焉能死之！贫道特来点救。"

语毕，取出小葫芦一个，倒出红丹丸一颗，金光灿灿，又取出一葫芦，倒出些阴阳水，用小盅调化开，令琼玉灌滤她口中。不一刻，师娘醒来，精神倍加旺健。琼玉大悦，拜谢高仙曰："请问上仙宝山贵洞，敬请尊衔？"

红面道人曰："贫道非别人，乃唐初时谢映登是也，太宗帝二十九家总兵之列，吾不该享受人间世俗富贵，故早别却凡尘，专于修真，今已百二十年。今特来点化妆师母，兄弟不必远行金陵地，且往东南方，即今日自有所遇，以安身也。"言罢，曰："贫道去了。"一阵狂风，人影不见。琼玉与师娘叩首礼谢起来，又论此子在松林下分娩，取名刘松。且依着谢映登先师指点，不走金陵远路，只望东南方跑走。

不觉又走数里。一望并无大路，只有座高山。琼玉一想："谢先师命吾且向东南方走，不往金陵，自得安身之所，今何故走数里便无路，只有高山？此是何解？"颜氏又曰："梁世兄，像此险峻之山，只忧有强徒截抑或狼虎埋藏，怎能走路？须要仔细方可!"琼玉曰:"师娘放心!我想谢仙师指点我们往东南方有安身处,岂疑此高山无路耳!即有强徒,门生固不惧;狼虎不须惊,但仙师之言未必不验。且慢行程登山!"

当时,颜氏只得怀儿慢走。琼玉前挑行李,顷刻,将近山腰。

山林中喧嚷一声,有强盗兵跑出百十人拦阻,各出刀斧大喝:"来者两人,腰间金银及衣包内物件尽将放下送上,可经行此山。不然,一刀一个。"颜氏听了,大惊驻足。

琼玉曰:"师娘休惧!且住步,些小毛贼,何须畏他!"即放下衣包,拔出双鞭,大喝:"一班有目无珠草寇,某不与汝答话,且报知贼首出山。某的衣包内金银不下数千,待他受得某一鞭,任从取去。"

众喽啰见此美少年英雄不凡,口出大言,不知他有多大本领,有数人胆大的,双刀杀去,琼玉飞起左右鞭,立刻打死三四人倒地。喽啰方知利害,即奔报上山。

原来,此乃二龙山。大王名白云龙,二大王名高角。当时,喽啰入报。白、高兄弟皆持兵刃飞马而出。

琼玉一看,此非别人,他是苏州府白云龙,与琼玉姨表兄弟。云龙胞兄云彪为前任总兵,被朝奸劾奏陷害,后罢职身亡。后云龙被赃官逼反上山做了绿林中好汉。当时,二人会面,喜色欣欣。云龙即下马,但高角不相识,云龙说知,亦下马相见。

这云龙先问:"表弟,汝乃一富厚之家,父母俱殁,何不安享本土?今跋涉此高山险地,肩挑行李而奔,实乃令人不解!抑或因祸患奔逃,并后面一人怀抱一小孩子,是哪里来的?"梁琼玉曰:"一言难尽!且上山慢将来踪告诉,如何?"

两大王都言有理,并请后面一人同进山寨。当琼玉三人坐下,尽将保护师娘逃难奔出南城一节说明,云龙急命妻子迎接入后堂,方知她是女扮男装。当日,琼玉尽将奔逃事说明。白、高弟兄大赞美:"梁弟有此义气,师生之情,抛家不顾,一心保师妻儿,实为义重天高,令人可敬!看汝不出又具此文武全才,他日终非池中之物,吾弟兄岂能及之?"

琼玉谦逊一番。又细思谢映登指点无讹。当晚,少不得大排筵宴与表弟洗尘,内堂自有白、高两妻室筵款颜氏。当夜三人叙饮,言语投机。

当时,白云龙想来:"梁表弟文武全才,且留在此山中,拜他三座位,未知他允否?"况高角十分敬重琼玉义气之人,又要三人同为手足,一心结交他,将话讲明。琼玉允从,高角大悦。当日,琼玉与大王三人遍出游耍。

至马厩下,闻嘶鸣声甚雄猛烈,进见一观,只见此马却是豹面虎目,狼牙麒麟身、狮子尾,四足铁色生光,一身遍火红色。琼玉曰:"二位兄长,此马何人的脚力?"白云龙曰:"前者高丽国入贡来朝,被弟兄打劫了,杀败番兵,抢得此马回山。但此马十分性烈，人人喂饲不得，单某一人近伏得它身，但被其踢咬坏了几个喽啰，狠凶太烈。"琼玉曰："不免待弟试试，看它如何？"白、高合言曰："贤弟小心，此马力强势猛，须预意骑之可也。"

琼玉应诺，踏步上前。

此马好生奇怪，一见琼玉，摇头摆尾，嘶嘶雀跃，似喜悦之状。二人大称奇事。高角曰："莫非此马是汝前生豢养来的？是必物各有主也。今日送与贤弟用之，可乎？"琼玉欣言称谢，得此良驹。按下二龙山颜氏、琼玉有着落安身。

再说苏州府柳知府拷夹死了刘芳，命人将尸扛出荒野看守，待他妻儿来领，一并擒拿下。再表陈升，先数天往别县探亲，未闻刘芳此事。是日回家，方知被柳知府冤屈打夹死并无口供审出，又将他尸骸不收棺殓，露体荒野。此天，陈升到刘家探听，岂知门已锁闭了。

正值琼玉带同颜氏逃走之日，陈升亦忖度知琼玉保护。回家等候至三更时，命家丁数人密密将刘芳尸骸用罗箱装入，直程扛回，并无一人得知。这刘芳自从遇过圣母时得食了仙果，虽受重刑外伤死去，但过得百日之外，尸首方腐烂。今三四天，自然五心全好。

当日陈升盗回他尸，放在静室观之，下泪哭之。无辜一命被害，并无手足弟兄，今颜氏虽逃出，但身怀六甲，男女未分。倘生男，得香烟有靠；若产女，定绝宗枝。可恨糊涂知府也。正恼恨间，一想起吕仙赐宝瓶时，言救刘芳无干碍之话，莫非此宝自有起死还魂之妙，故枯干莲子发生枝叶之奇?! 不免拿来一试。

想罢，即取出瓶子，放在尸上，用手在心胸揉之。只见尸体暖如生人，陈升暗喜可活。他当时候至四更残，果见刘芳气息呼响，手足伸动，如睡醒一般。众家人惊惧，陈升知宝贝之验，喜悦行近呼："刘弟，可起来，汝回醒了。"

刘芳将手足伸缩，叹气呵欠跃起，双目睁开，陈升收回宝瓶。刘芳见满堂灯烛光明，众人环坐，不知在官衙哪方？一目定定，又见陈升也在床侧，即曰："陈兄长，莫非梦中与汝相会乎？"正要站起，只双足被夹伤疼痛，不能覆地。陈升止之曰："贤弟，汝已被昏官夹打死，愚兄临夜盗尸回来，不想至今一命还阳，得仙赐宝瓶之功，又天不绝善良也。"

刘芳闻言下泪曰："家君高义，千古一人，救我于荆棘中，恩深渊海。但弟所任祸有焉，丹青也。拙妻曾有劝谏之言，错恨不早收手以至贼人起衅生灾。一死何足惜？一者斩绝宗枝，二者臭名于后，三者抛妻怀腹，未知男女。"陈升曰："贤弟，汝还未知详细。"不知陈升说出何言何状，且听下回分解。

第八回　求申冤反惹冤孽
因逃难复救难人

诗曰：

夫妻本是同林鸟，大难来时各自飞。

方信古言诚不谬，但看月圆有亏时。

当下，陈升言："柳知府将汝夹死，只为口供全无，还防汝妻往上司告诉冤屈重刑至死，故用此露尸之计，待汝妻来领尸，登时活捉入犯人之房，得以斩草除根。岂知令徒琼玉已经暗保嫂嫂逃走，故知府察知，连琼玉皆出花红赏格八千金，吾昨天方回，得闻后，连夜盗回汝尸，今幸还阳，且秘密不可露面。待吾明日往裴兄长府，暗与酌议，怎生与汝报仇？收除这狗官，方泄心头之愤。"

刘芳闻妻出逃，不胜嗟叹。又言："有此高义门徒，不比百万家财贵体，力保某家眷远奔，亦千古无匹之人！与陈兄长可称一奇绝人也。"陈升领之。

到次日，一心到兵部府中，令家人将求传进内。裴彪一想陈升此来，定因刘芳之事，故装成疾病，出来迎接，同至中堂下坐。裴彪先开言曰："三弟许久不来，不知近下言何？吾患此疾不出门将一旬之久，一向何往？"

陈升曰："兄长贵体欠安未出，岂知刘弟被虎丘山强盗求写丹青谢却国饷为赃所累，被狗官柳知府不察屈夹而死！只求兄长念结拜之情，书达令尊公查复冤案，拿问知府一口供未得而重刑至死，抑或往上台申诉冤屈，待上司调察公覆，倘上司大员不准或商量上京呈皇状，弟愿倾尽家财为弟兄出力，纵累及己身，甘心无怨也。"

裴彪闻言，诈诈不知惊骇之状，曰："不意二弟罹此大祸，三弟有此义气，愚兄敬服！但我出身固然，即使财帛亦要均用，何必令三弟一人破散？定然收除柳知府这狗官一命复仇，方不负我三人结拜之义！"

语毕，要嘱咐家人摆酒相款。陈升止之："兄长方患疾，不能尝沾滞嘉馔。弟不独领饲，也且祈保重贵体，多请良医调治乃可。弟告辞了！"裴彪允诺，送出，陈升回归不表。

有狼恶裴彪心惊陈升之言，立刻上马，命家丁直接往知府衙中传柬。然后直进大堂。知府相迎,分宾主下坐。知府又问:"公子光降,有何指教?"

公子曰:"治生又来救脱满城百姓之命。"

柳知府大惊曰:"公子缘何得有此大事闻?今又何事,如此骇人?"

裴彪曰:"治生确又查得虎丘山盗寇不敢造反,只为有兵无粮,不料本土秀才姓陈名升,恃有家财百万,肯助粮米与贼人,要先夺苏州府城为养兵运粮要地。幸得治生早查得明白,特来密报知,求公祖大人协同武营起兵擒拿,免至伤残百万生灵,又成大患。"

知府变色曰:"可恶逆畜,行为不轨!多感公子留心出首,救得满城百姓。且请回府,下官定刻日速办,擒此逆贼。"公子告退。次日,柳知府传齐三班衙役,各带兵器,速往拿陈升。

众役领命。

此日,幸得一副役名陈标,系陈秀才族兄弟,一路奔到陈升家,将此大祸关节报知。陈升吃惊不小,即对刘芳说知,二人急惶终日。

陈升传齐家丁仆婢大小二百余人到身边,任从归家安置,生死不追。逃难急速,一哄而散。

陈升又有一姑表弟,双姓司马,名瑞,是武秀才,父母双亡。只因乃好打不平硬汉,先前打死人命,久隐于陈升之家。一闻此事,心中大恼,复入库角取了大刀一把,一见官差数十人,各持刀斧直进,他挥大刀杀死十余人。众差役惧他英勇,纷纷退散。

陈升见此,大惊曰:"如此,罪名愈大了。表弟,汝且先背了刘兄长逃出,吾一身独走。倘官兵复来,难遁矣!"司马瑞领命,背负起刘芳奔出。

当时,陈升急忙入内,唤声"娘子,急奔回母家或左右邻!吾今与表弟、刘芳逃出,三年两载待事缓之日,然后回来夫妻再叙。今事急矣,不得不如此。"潘氏娘子泣曰:"君家不可以妾身为虑,汝与表叔、刘伯逃出,避此飞灾,前途保重。他日得志,重整门风。妾今尽节,望君早日续娶一妻,生下三男两女,承香后嗣,妾得坐一灵位,免三魂七魄无依,妾死无恨!"语毕,将头磕石而死。

司马瑞正背起刘芳呼曰:"表兄真乃薄情之汉!表嫂尽节以死,如何袖手旁观不救!此何心也?"

陈升流泪曰:"她尽节死于吾跟前,实免我挂心之意。理该备棺殓葬,无奈官兵立刻即到,汝有此膂力,推墙为埋掩尸骸于井中。暂作记葬。"司马瑞依从,又背刘芳逃出里门。

顷刻,官兵果到。知府闻报,急传知会武员总兵赵飞,带兵五百杀来。

适陈升急将莲子瓶拿出。当时在手中飞起,半空中一阵豪光,落下万千天兵大汉下来。五百军兵大惊,纷纷倒退,自相践踏,死者大半。陈升借此逃脱。宝瓶仍飞回收藏,急奔一程三十里,隐于飞霞岭,夜走日伏。心中一想:"闻琼玉逃往金陵,不免奔往此地,若寻觅得琼玉与颜氏嫂,再作设施。"故一路改却名姓,择道而行。

再说众文武官将陈升百余万家财、井田、房屋尽行抄入官库,将浮财大注上下赃官分肥已讫,申详上司,拜本回朝,又出赏格银子一万两捉拿陈升。话分两头。

再说司马瑞先奔出城门,不遇官兵,背住刘芳出城五十里,不见官兵追赶。是日,刘芳虽然被打夹伤两足,但食了神圣仙果,一日两夜双足痛止,不用司马瑞背负。此日,又走三十里,天色将晚,见一所宽广大庄,只得进步,求恳供宿。

只见一主人,五旬外年纪,生得五官端正,一貌慈祥,允从住宿。引二人进中堂,分宾主下坐。主人请问:"二位客官,高姓大名?"客曰:"某是本土人,姓马名升。"刘芳又认名为刘瑞,复请问尊主人姓名,他言:"某姓徐名芳昭,是开国徐茂公之裔,大唐徐孝德之子。"

二人听了,即曰:"原来是功臣之后,小子失敬了。"芳昭曰:"彼时非此时,昔日先君在朝,有些薄面。今隐居为农,有甚高明!"是夜,令人备酒相款。二人称谢不已,然后入席。

酒至半酣之际,二人见徐老饮酒时容有忧蹙,刘芳见了,停杯不食,不知主人有何不悦之色?徐老见二客停杯不饮,即曰:"老拙因今夜有些贱事,匆忙之际,不能殷勤奉敬一杯,至有些简慢,休得见怪!且淡酒粗筵,也须饱用。若闻喧嚷之声,不可开门观看,以免祸及于二位。"

当时,二人听了,大觉骇然,立刻问曰:"徐老先生,有何事情,这等愁怀?请示知其详。"芳昭叹声,直曰:"老拙不幸,今岁九月重阳携一对小女拜扫家坟山坟,被虎豹山贼寇窥见两小女,贼首逼做压寨夫人。老拙不允,他强立日期,定来抢夺,无奈禀官求请征剿。唯这狗官是偷安畏盗的,不准。当初家君在朝,于反周复唐后却此山访道,求其长生不老而隐。今战又战他不过,故出于无奈,我允择吉日。今夜即来入赘,贼人方免满门之祸。但老拙乃世臣之后,颇有名望,岂肯将女儿送入贼伙,实出于不得已耳!故方才无心与二位把盏劝酬!"

刘芳怒曰:"如此狗官,枉食朝廷俸禄,纵盗殃民,负尽圣恩,好生可恶!"又有司马瑞大怒,立起来曰:"徐先生,汝两位千金小姐岂可做响马贼人之妻!这些毛贼不来,是他造化;若来时,是彼晦气到了!生擒下马,打作两段,方消吾气也。"

芳昭曰:"客官,汝果若有能救得小女,方好与吾争气;若无能,不可生事以取祸乃于老拙，且连客官难逃性命，某怎么过意？"

司马瑞曰："徐先生休长贼人志气，灭某之雄心，吾不是马升，乃武秀才司马瑞也。为救陈、刘二秀士，杀死官兵，投至此地，故吾二人改换姓名，今先生不必惧此毛贼。"但不知果能擒得贼首如何，且听下回分解。

第九回 虎豹山两雄被获
徐家庄双杰联婚

诗曰：

宿反破敌人借为，力擒盗寇艺超群。

刚强不吐柔无茹，方见英雄烈性真。

当下，司马瑞曰："先生，莫道此小毛贼，即千军万马，某非惧怯。可唤集齐汝家令仆壮丁，吾自有言吩咐。"此徐老依言，传齐二百名庄丁，瑞即曰："汝家主翁被贼人欺辱，你们何得袖手旁观，是何道理？"众人攘臂愤然曰："食人之食，力人之力。我等焉能容响马相欺！只因主人不许准我们与贼人争斗，只得由他猖獗耳！今武壮士担承退贼，救得我家小姐，实乃恩星降临，徐老爷大幸也。"

司马瑞曰："好！有此义仆，今不是用汝等与贼首交锋，待某擒他，你们只管用索子绑缚可也。且守住庄门闸内，防小贼人将护庄桥收去；谨闭庄门，免小贼兵冲进，有惊汝主人、小姐，待瑞一人出庄门外可擒他。"

当时，众庄丁也不愿退后，皆曰："贵客官与家老爷争气，独我们也畏惧他不成吗？必要出庄外助杀众贼徒，即无能被杀死，亦甘心。"司马瑞喜而壮之。二百人各执刀斧械器尽出庄外。

徐老请两位客官再用酒膳以终席。当夜，芳昭改忧为喜。三人重酌，言语投机，用膳已毕。

此乃二鼓时候，果然风送远来，只闻炮声连天。不一刻，前村外灯笼火把无数之多，又闻鼓乐喧天，光辉照耀，如同白昼。

庄丁人人直挺刀枪等候。登时即入报司马壮士。徐老嘱曰："如此全凭司马兄鼎力退贼！"司马瑞应诺，安慰徐老，即刻步出。刘芳亦嘱咐小心，不可专恃勇而轻敌。

当时，瑞跑出，立在桥上，将大刀按定，对贼前队大喝："该死强徒，敢来在此横行！再不速退，要汝个个死在目前。"

众喽啰数百见一少年手持大刀，怒目圆睁的喝骂，守住护庄桥，又有二百多人在后,个个刀枪并举,故不敢上吊桥去。即禀知二位大王。一名魏英,一名马明。魏英,隋时魏文通之后;马明,马三保之后。两英雄闻喽啰报知有人把截,不许过桥,遂大怒曰:"可恶徐老狗,敢来哄我耶,想必残命该终,一门当灾殃也。"

言罢,魏英一马当先,至庄桥。果见一少年猛汉,貌若灵官,手持大刀,即冲杀大喝:"好匹夫,不知死活!今日孤兄弟吉期聘娶,汝来阻挡,想必死期到了。"用枪对面刺去。

司马瑞大刀分开,战了一十回合,魏英抵敌不住,正要逃走,被司马瑞大刀狠打,枪挡不住,失手跌于地中。司马瑞趋手擒拿,用足揣定,庄丁一齐踊上拿住,用索绳捆绑了。

喽啰大惊,急奔后队报上二大王。马明大怒,一马冲出,见司马瑞喝声:"该死囚徒,敢拿某兄长!"大斧砍去,亦战上仅三十合,被司马瑞擒拖下来,喝众家丁捆绑过。众喽啰见两位大王被擒,大惊四散,奔走殆尽,不见一人。有的抛刀弃斧,灯球火把不要,急弃而散。

单有司马瑞及庄丁押运两人来至中堂,请出徐芳昭。徐老一出堂,见两盗首被擒绑在里柱边,即大喝:"可恨草寇,恃勇打家劫舍,为民大害,逼人闺女为贼党,妄思匹配,今下汝要死抑或要活?"两盗无言。

徐庄主正要令庄丁鞭打他,有司马瑞止之曰:"且慢!"又言:"汝两人是豪杰汉子,既已落草于近境,岂不闻俗语曰:'坐茅不损草,奸臣不食近村禾。'吾惜汝是个少年汉子,还思徐老先生乃本朝开国功臣之后,岂可将二女身入绿林。他原假哄允为名,已掘设陷坑、张开罗网,要除灭汝两命。某是过路商人求宿者,不忍尔年少英雄遭此丧命,因抢夺二女,死不瞑目也。故一力领擒下。倘知事醒悟者,回头两相结识,另寻事业,待用于皇家,散抛山寨,强如绿林打劫,终于为盗,其名不雅。二位可想来。"言罢,令庄丁解脱其缚索。

魏、马两雄听了醒悟,即欣欣拱谢曰:"足下赐教金玉良言,顿开茅塞,请问尊姓大名?"司马瑞对说知名姓并请问刘芳一同见礼,又向上座徐老谢过罪。芳昭还礼,一同下坐交谈。不觉天色光亮。叙起家世,方知是唐初佐将英雄之后,情投意合,不若结个异姓手足。三人欣然,即于当空下拜。是日,弟兄相呼。

此日,有徐老又命家人摆上酒筵,宾主同叙。一众庄丁家人俱有酒筵庆叙,以酬昨夜之劳,共酌叙欢。

当时,马、魏二人言:"某二人乃粗莽之汉,司马三弟是少年英雄,且日后为国家栋梁之臣,应当小姐匹配。吾二人不敢当领。"徐芳昭喜曰:"二位英雄吩咐,老拙焉有不遵？但未知司马恩人心意若何？"

司马瑞曰："须叨二位过奖，徐老先生金诺，但某原犯朝廷国法，况一介武夫，岂敢高攀令媛！"芳昭曰："司马兄有恩于老拙，小女正当匹配。况系一时惹的飞灾，怎言犯朝廷国法？汝正大英雄，日后终非下人，前日有一老女道姑来相两小女，日后有一二品夫人之贵。汝具此英雄，何愁功名不就？老拙立意已定，不必过辞。"

司马瑞曰："既蒙不弃，但吾一身难当两美，且留待大小姐，有表亲是本土陈升，身进黉门，只因为友忘家，妻身尽节。今与他失散，且寻访着落来求婚续配，方可两家乘龙，未知徐老先生允准否？"

芳昭曰："此话正合老拙之心。久闻陈秀才正大积德君子，不幸为仗义救友，延及妻室凶亡，可悯也。如此老拙定然留心招赘他。"

司马瑞见芳昭一允诺从，大喜。自此翁婿相称。魏、马二人反为冰媒。

当日，魏、马暂告别回山。又有司马瑞拜辞岳丈往访寻陈升下落。单留着刘芳一人在徐庄埋隐。陈升分手时，言往扬州而去，故瑞一到扬州数天，至热闹之所见一卖字道人，近观认得是陈升，两下点头会意，共入客寓。瑞尽将前所遇一一说知，二人在店寓一宿。

次早同行，一连七八天，赶到徐庄来。进内拜见徐老，三人是翁婿名分。初时，陈升自言是朝廷重犯，多方推却。刘芳即劝谏陈升，陈升只得允从。又挽请岳丈先延僧超度潘氏，陈升赴坛祭奠，不胜哀切。刘芳细想起升妻惨死皆因己起祸，也不胜哀痛，连及司马瑞也惜贤良表嫂年少存节惨亡，纷纷下泪。

徐老见此感动悲伤。七昼连宵，坛事已毕。捡定良辰吉日，男女四人乘龙。有虎豹山魏、马弟兄，此日齐同下山，又是弟兄相称。此夜洞房花烛，兴到金樽。自是，此文武几人或上山、或到庄，往来不绝。住语陈升赘在徐庄。

刘芳暗想起颜氏妻，只因门生琼玉带她逃难出，但想琼玉是山东青州府人，想必被带了颜氏奔回故土避灾，也未可知？不免离此仍扮着道人，街头卖画往青州寻访其下落，方得心安。想此主意，对陈升等言知，众人齐齐说："一路小心，须防备柳知府赏格差人捉拿难走。"刘芳曰："吾改扮道人，一口一身，那人是神仙，焉得确知？"是日，徐芳昭又赠白金二百两与刘芳作路费。刘芳称谢拜领。此日，登程别去。

一连月余，方到青州府而来。日在街头盛闹之所摆卖字画，晚则店寓安身。又将一月，适有一位归田致仕显官狄光嗣，是兴大唐狄仁杰之子，于唐睿宗即位之初，不愿在朝为官，即告驾回乡。年已六旬半，所生二子狄云、狄月。是日出城买物，一见卖字丹青道人一貌轩昂，且排开字画，山水人物十分夺目奇雅，即下马驻足。一问，方知声音不是本省人。刘芳见问，答言："苏州府，姓刘，为到贵省访求一道兄，不料一年多不遇，流落于此。聊画丹青书画为生。"狄光嗣听了，不知刘芳所遇如何，下回分解。

第十回 访妻踪青州露迹 念师骸山野逢魔

诗曰：

君亲师长义恩礼，敬爱双全重五伦。

舍命致身全大节，千秋不易是斯文。

话说刘芳通上假名，言姓刘名贵，又转问此人姓名，他言狄梁公之后。刘芳曰："原来是兴唐狄司空名臣之后，失敬不恭也。"狄光嗣曰："刘先生有此书法，铁划银钩之妙丹青雅趣，请求到茅舍一叙谈，另有书写相求，未知允诺，尊意如何？"

刘芳闻言，欣然允从，收拾起字画随着狄老直程回他府中。一进大堂，二人对坐少刻，两位公子来见，叙礼交谈。少顷，设席相邀，款待早膳毕，然后开笔。果见字画书写但妙，为狄父子赞赏。一连数日，在狄府书房。

一天，自叹声曰："可见旁人不明某是黄门秀士，只知是江湖卖丹青度日之人耳！只恨满腹经纶，乖时命矣！实至数科不第，妻身又未知生死，真苦滞之命也。"原来，狄光嗣是个有心人，数日细察刘芳，见他才高学问深通，又见他似有不乐之色，一心疑之。此日，在书房外听得明白，推开门曰："老夫有慢贤之罪！原来刘先生身游泮水之儒林，失敬了。"又问及缘何忆念妻子之言，刘芳初时不要将真情说出，被狄老再三诘问，又见他是忠贤之后，一纯良长者，料必不妨。遂将在家被害尽情告诉之。狄老深为叹息。是日，延求他为西宾，教习二位公子，习文诗艺。

当时，狄公见刘芳果才高，深明书理，详诗精奥，父子十分敬重。

不觉又半月之久。狄老见刘芳面带忧容，细问情由。刘芳言："晚生昔日拙荆颜氏得门生携了逃难而出，只道落在贵省，做卖字画为名访察之，至今两月未得遇，想必非在此间矣！但妻怀六甲，方在临盆，今未知生死，是以令人委心不下。"

狄老慰曰："先生勿忧怀，待吾命家人带些路费往贵省打听，到汝住府之左右邻或亲朋处探听，定知来音。并往各处密访，未尝不知下落者。"是时，刘芳称谢。狄老刻日取出白金二百两，命家丁狄福前往苏州府南城专诸里。刘芳又教家丁言："一到茅舍，问及左右邻人，诈作不知吾逃出，要求丹青相问。自有人实对汝们说知。"

狄福领命，谨记于心。果然寻问着苏州府南城专诸里，向他故宅左右求问写丹青，邻人答曰："汝来不及了。前半载刘秀才得祸被官府夹死，尸首被人盗去。妻子得门生琼玉带出奔逃去了，未知生死。但琼玉为保师家眷，与刘芳犯同一律。知府文武皆出赏格花红拿他。但他逃出，不知去向，未曾被执，只因他犯法，出赏格太重，四城差役土棍多往分途打截，汝不须求他书写丹青了。"

狄福听罢，假叹一口气，言："可惜！远隔山东数千里奔劳，求他不遇，且回归复命罢了。"夜走日奔，走一月方回。尽将他邻里人之言告知。刘芳含泪惨伤，有狄家父子劝慰一番，排筵解闷。

席间，狄公又言："吾府中畜婢，有上中下三等三百余名，将上一班的由先生挑选一二人得来早晚服侍，未知尊意若何？"

刘芳曰："此祸事非拙荆不贤，但她屡劝谏于某，要我乐守清贫，自甘诵读，不可贩书丹青以致多识旁人招非。我不听良言谏，至有今日之祸。倘她果为此身亡，我也情愿独守鳏居，誓不再娶，以报她之心！"当时狄家父子见彼耿直之士，也不敢再劝。按下慢表。

再说二龙山梁琼玉思想："先生尸骸被柳知府抛在栖霞郊外，未得归土，不知埋瘗如何？不若悄悄回去，盗出他棺柩安葬方妥。"并想回归一探望家中如何？再者，养妹也年已及笄时候，使人心挂不安。想罢，即进内禀知师娘。

颜氏劝曰："不可只忧！官府不容尔，一时遇获，正乃投入罗网中，我倚靠谁人？世兄且参详。"琼玉曰："门生自有主意，师娘不用挂怀，且细心抚育刘松弟。吾一去迟则二十天，速则旬日外定必回山。"又转出外堂与云龙、高角两兄作别，带了盘费下山。

云龙两人相送，至山脚又嘱："三弟，半月上下可回山，免尔师娘与吾弟兄盼望也。且出入阁津，未知有所盘查，须要醒看知机，勿遭奸徒之计。可牢牢谨记。"梁琼玉应诺："感兄长情爱，且请回！弟去矣！"二人住脚回山。

单表梁琼玉一路行程数天，忽一日，到荒野，仅有一所客寓，并无邻居，只得下马歇足投宿。顷刻，见内厢跑出一位少年美貌佳人，声如莺韵，即呼曰："客官，请进内厢。"

琼玉转问曰："是客寓否？"

女娘曰："此乃客寓之所。"

琼玉曰："如何不见有男子汉？汝可有父兄否？"

女娘曰："客官不必疑心！奴不幸父母双亡并无兄弟，只以女承父业耳！店寓中当时,琼玉牵马,马四蹄不动不起。琼玉想:"这匹脚力不愿进店,何也?"一鞭子打去,马仍不动。琼玉生疑,突被女子一口气将琼玉对面一喷,他打个寒战,又是邪风一阵吹过。琼玉想:"此荒郊野地,这女子定是怪物,非人也。且看她如何,然后制之!"

女娘转出,又言:"客官,如何不进寓? 只在此站立,何故?"又对面复吹一口气,更觉寒气侵肌、头目晕花。琼玉心灵,拔出神鞭曰:"先下手为强。"一鞭打去,正打中女怪。女怪仆跌于地死了。现出原形,乃一只狐狸也。

顷刻间,此处乃平径大道,不是什么店舍。此时,月色光辉,食些干粮,马儿不鞭起步。琼玉大喜曰:"果然宝驹有三不走!"

又是行程数里。身后忽闻大呼:"梁琼玉休走,贫道来也! 要报门徒之仇。"那琼玉回头一望,见一红袍道人,英气勃勃,想必是这妖怪同党类也。只得扭转马头,就将双鞭打去。正中当头坠地,脑髓迸出,鲜血淋漓。细看乃一雌雄精也。不觉哈哈大笑曰:"有此山精妖祟来挡路,不经打死的。"他又走不上十里,将近天明,后面又有人大喝:"梁琼玉,好生凶狠,连伤我门孙门徒,此仇必报的!"

琼玉复回头一看,见一黑面道人,满身花白色,恶狠狠赶上。琼玉看定,一鞭打去,正中面门,道人登时仆倒于地,现出原形,乃一条火蟒白花蛇也。此时,天已大亮。想来琼玉双鞭神圣所赐授,一刻连除三怪。直程归家。

未到门前,先遇老家人梁任,于途中问及家中如何? 老家人见问,叹声曰:"相公,汝是闭门养虎,虎大伤人。书僮梁安,一自相公去后,数天与小姐在花园凉亭之下白日行奸,不顾廉耻。被老奴冲散,二人怀恨,小姐将老奴拘逐而出。但吾想在梁门两代,年登七十五,老主人在日,力托相公于老奴,故不敢一时别去,待等相公回家禀明,任从主意分断方可,行也未迟。但这奴才行为不轨,正在提防。"

琼玉听了大怒,恨不大步归家。一进堂中,奴仆迎接,带过马匹,登时唤梁安大骂:"好畜生! 我为保师娘一出门,尔做下这段美事,污淫小姐吗? 本该打死,但家丑不可外传,有玷辱家规。此系汝衣裳物件。一概收入去,发回汝身契,另赠银二百两,永不再用,生死不追。"

梁安曰:"相公休听外人谗言,使吾主仆生疑! 乞相公追责唆潜之人。"

琼玉发怒,大喝:"奴才,还敢刁言! 如迟不走,打断狗腿!"

这奸恶奴愤恨,只得收拾自己东西而去。琼玉怒气未消,进得内堂,小姐一见,称哥哥回归。琼玉怒目大喝曰:"小贱人,做得好事,光壮门风! 汝向岁卖身在吾梁门为婢,先人在世,见汝生得灵慧些,收汝为养女。自父母双亡,我何曾薄待于汝? 今不料贪淫,败坏门风,今留汝不着,交回身契,赏银二百,生死不追,令媒人送回母家。"不知琼玉何日回山,下回分解。

第十一回　奸狼仆负恩陷主　侠烈汉赴险驰驱

诗曰：

养恶虎狼是祸根，负恩出首害东人。

幸逢侠烈高情汉，赴险坚心不顾身。

当日，梁琼玉打发出奸汉淫妹。逐出之时，淫妹娇羞惭愧，含泪别回母家不表。

单说奸恶奴忿然出了梁门，想得一毒计谋，以泄被逐之恨。即往柳知府衙出首，害之不难。故大着胆子入衙，将鸣冤鼓乱击。柳知府登堂，询问方知，保刘芳妻逃出之梁琼玉回归。他仆人又出首，道交结二龙山贼寇，一党大逆。闻知讯后，即刻通传武员参将，点起营兵三百名，各执刀枪火炮来到梁家围住，开刀杀人。只有老奴扒墙走脱去。可怜五六十家奴逢者杀死。只是琼玉睡熟被拿，一擦目醒来。只见堂中满地尸骸，吓得心惊胆战，复怒目见许多官兵刀斧交加，官府文武俱在，即曰："公祖大老爷，童生向日外游习学，昨天方回，是一家清白良民，并不犯国法，缘何带兵将我家下杀死多人性命？又拿童生是何解？"

文武员大骂曰："小逆贼，尔还言不犯国法？尔保逆贼刘芳之妻私奔，男女奸情罪还轻小？身入二龙山，贼党前者打劫了高丽进朝宝马，杀死番人无数，有辱天朝之威。今伪作游学归家，欲做内应，引兵入城，思夺本省城池。大逆行为，罪当万死，今事已败露，还敢刁词不供认？"

梁琼玉应曰："公祖大老爷，此事有何见证？谁人出首？可带来对质否？"知府曰："倘别人嫁祸者，本府定然不准。今是汝家使唤书僮到衙出首，有凭有据之言，况现有番邦宝马是赃证之物，难道是假？"即命带上书僮来对质。

奸奴才一见琼玉曰："相公，非小人忘恩质证，来出首于汝，但本土一大省生灵数百万人命，是非关小故。汝果然在二龙山回来，又言马是山中狼虎凶恶亲手喂料之，犹恐性烈伤人，是汝自言来的，故小童方知汝在二龙山入伙为王也。今还不供认乎？"

琼玉大喝曰:"好忘恩负义禽兽!尔自小卖身为奴,吾不将汝作践,不待薄汝,今我为救师家眷逃出,汝在家反将吾妹调戏,误她终身。彼虽不是吾母亲生,但恩爱已久,待之一体,与汝有主仆名分。本当打责汝一番,因家丑不可外传,自招不幸,又恩怜于汝,发回身契,赏银二百两,待汝回家,做些小经纪。今日不料汝恩将仇报,妄捏祸端,骗怒文武百官杀死数十无辜之命,真可恨也!"飞脚踢去,已将奸奴打死,倒于地中。

文武官大怒曰:"将出首证人打死了。"即喝令尽情抄家。一面将家人尸首收拾出庄屋宇,所有金银一应归官,押回衙中,将琼玉收监。差副将韩忠带本章申详上宪,以待拜本上京,将宝马进呈为据。但此马纯熟人性,数天不食草料,不饮米汤,似癫恶嘶叫狼嗥,不表。

再说梁任老仆人在梁家跳墙逃走出,一路乞食,借问道途,不分昼夜,数天方寻到二龙山。有众喽啰见他是老人,不喝骂,查问曰:"汝是哪里来的,敢来探我山寨?还不速退。"老奴曰:"吾乃梁琼玉老家人,有紧急事要见大王。"喽啰闻他是梁家老仆人,急进大寨内禀知。两弟兄急传引入。

梁任一见下礼,将主人一回归,被捉收监一一禀明。弟兄两人烦恼,即刻要点齐兵杀入苏州府城,将狗官人人断送了,方救得三弟回山。梁任曰:"不可!此山到苏州城有六七天。倘我兵一动,各府州县众官将城紧闭守定,先将我少主一刀两断杀却必矣!况一路关津卡口岂无兵将与我们对敌?请二位三思。"弟兄一闻暂止。

是日,传知后寨。颜氏一闻,即大惊哀泣。白、高两位妻等相慰劝解。

又过一宵。

白、高弟兄扮作青衣,又令四头目每人暗带五十名兵扮作青衣,分投入苏州府四城门。又令四人混入城内,见机接应救脱琼玉。不表。

却说高角、云龙弟兄扮一客商到苏州府城。只见城门壁上张挂赏格示谕,为总兵大人所得回琼玉番马,数天不食料,狂嘶利叫不绝,逢人近身即被踢咬伤,是匹癫狂狼马。只为外邦进贡皇上之物,今既得之,一来质证梁琼玉通山寇无疑,二来乃进贡宝马,不敢失去。城门下榜文赏格,招医马师之人。倘医效此马,谢赏白金五百两。

当日,白云龙见了,一心思量:"送琼玉宝马,除了琼玉及自己两人是服熟的,原是一宝驹上畜,好脚力。不免伪扮为疗马之人进总兵内衙,见机或劫盗或合囚犯暗取,救脱琼玉出监牢有机会了。"又有高角曰:"哥哥,须当细思。我想苏州府内外各关查察盘诘甚密,倘弄不成,泄出机关,被他关闭城门,又是寡不敌众,欲逃出,难矣!且促三弟诛杀耳!"

白云龙一想曰:"二弟,今进总兵府,若非乘此机会,别的计谋断不能行也。吾自有主意。骗得马回,人亦回了。但汝于四城如此如此,与四头目于中取此事,贤弟可往劫盗或是通反,愚兄劫骗马鞭,定救出三弟方安也。即祸及于己,计及不得的,方见手足之情。"

高角允从之,分手各去。高角往牢中打听。

当时,云龙装上药饵,又于城壁首将医马榜文揭下。有看守榜兵丁诘问曰:"何人也?"白云龙回答:"善能疗狂马,故某领医,求为通报。"兵丁闻知,即禀报帅府,总兵准允医生进见下礼。自言:"在西川成都同为牧马总领,善医马,今因父病回归故省中里,今见大人出示,故来领医。"总兵信托之,命人将云龙引往马厩,将马一观,复回大堂上,禀知赵大人言:"此是匹狼恶之驹,不受拘束,要双铁鞭一对手提之,力相降服。打它一刻,以马药草料喂马,自善服焉!"

总兵点头曰:"怪不得梁琼玉用此双鞭。本部拿来觉得沉重,却不知正因此狼驹不服。"白云龙曰:"大人,既有鞭,便允小医一用,数鞭降之,再用些药料与食,自然狼性转纯良。"

当时,总兵允准。命人取出双鞭,待云龙好料理此马。

云龙即时暗喜,放下药箱一个于案上,骗得双鞭在手,一路随兵役来至马厩。对兵丁言曰:"待某持鞭骑上降服,与你们一观。"众兵皆曰:"可!"

云龙喜欣欣一骑上宝驹,连打三鞭,迅跑纵缰而逃出帅府,顷刻去了。

众兵只道此人跑出校场,驰转一番即回,不料,一去两个时刻不回。分头追他去了较场,人影不见了,方知不妙,急来报知总兵大人言:"医马之人是拐骗之徒,来至马厩,持双鞭骑马急去不回,特来禀知。"总兵听了,大惊恼怒。带兵分路追赶,不知往哪里去? 找寻不得,一心烦恼,不表。

再说高角扮着商人来至知府衙中,带银子往探监,一入狱门,禁子即来诘问,高角言与琼玉中亲,前来探问,又有茶金二十两相送禁子用度。禁子喜曰:"有此大手,送二十两之资。"即刻大开狱门引入。

见琼玉言:"奉母命特来看表弟一面,不须烦恼,吉人自有天佑"云云,琼玉见高角此言是瞒这禁子之话,一心会意,答应之。言谈一番,高角又对禁子曰:"表亲到监中,并无打点使用，亏缺了！今某有白银五十两送上，烦兄代为分派使用，以表一团和气，勿凌欺吾表兄。足见高情，某日后还有谢劳相送。"

禁子倍喜，拜领而去，待二人多谈。一路想来："此人挥金如土，且生来相貌不凡，精铮烈汉，不是善良之人，待我窃听之。"只闻那人曰："三弟，今吾弟兄假作不知，探狱为名观过虚实，然后起兵来救汝。先得报知，不日再来劫狱了。"禁子闻言大惊。不知泄漏得如何，下回分解。

第十二回 劫法场琼玉脱网 匡朝政九龄辱奸

诗曰：

国进贤良为国宝，朝登奸佞是朝衰。

兴衰用舍机关转，天命无常德可裁。

再说禁子窃听高角要反监打劫之言，惊吓不小，只得回步呼曰："大王不可劫狱，某自有妙谋，特慢慢调停。"高角一见禁子回步言此，亦一骇，诚恐他泄漏了，即拔出腰刀要杀之。

禁子曰："大王休得动手！吾非泄漏汝计谋，然不可劫狱，只恐难杀出城门，且又累及于某也。汝虽有兵来接应，但是有限的，不过一二千，怎对敌得一省郡之众数十万人，若一经关闭城门，插翅也难飞，是寡不敌众。如此，不若劫法场为上策。某闻知府与各文武员酌议，要请皇令于本月十八日押杀梁琼玉，然后申详拜本。汝若在法场劫之，是在城外，易于动手后杀出城去。某原是一身，并无父母妻儿，又见令亲梁琼玉平日是善良少年，曾记前两载饥馑之年，多出粮米济活人不少，故一心感惜之。无辜受此毒害，是出于救拔之心，非妄哄于汝的。"

高角闻言，喜曰；"如此足见禁子兄用情义侠也。如今你我同心，只不可少泄一人得知。吾今去了。"禁子允诺。高角又对琼玉曰："且待十八日期，吾与白兄长同伏兵丁，预先来法场等候。"琼玉允从，言："二位哥哥，只要小心。"

高角此日出狱去讫，寻觅着云龙，又喜得回鞭、马，暗埋于附近荒郊山野。又料集齐四城头目管的喽啰，每队五十人，各扮商贾、僧道、乞丐不等，共二百余人。候至十八日期，天初明亮，一同分往北城外法场地远远埋伏，商民僧道不等四边游逻等候。

是日，总兵奉请皇令，押出琼玉于法场。继后千总官员数名、兵丁数百人排开。云龙弟兄眼一瞧，二百喽啰一齐杀入。云龙跳入先将琼玉用刀割去绑索，递过双鞭。押犯刀斧手大喝："可恼！敢救犯人！"双刀砍去。云龙大刀挥去，人头落地，一连杀死十余兵。高角长枪抢入，总兵大惊，提斧来迎敌。法场大乱喧哗。

琼玉左手挡总兵大斧，右手提鞭飞中总兵手腕，大喊痛声，倒于地下，复一鞭，已是头裂不语了。及参将千总上前，又被高角长枪所伤，众兵慌乱。云龙引兵大杀一阵，死者二三百，纷纷走散。单有衙役早将柳知府背回逃走。

琼玉等不敢久战，一同杀出北城而去，奔走回山。

有各文武员未到法场者，闻报皆惊，闭城不及，被贼人先已走脱。计点场中伤去兵丁三百十一人，总兵被杀，游击将军重伤、千总被打坏。知府只得据实详移文书，上达节度使，以待修本进朝。不表。

再说琼玉弟兄三人带兵日夜急走，抄小径回山，防着官兵追逐。此日，到了二龙山，梁任见少主得脱回山，不胜喜悦。琼玉三人下坐，即命老奴进内安慰师娘。颜氏方知行险劫法场救出的，愁怀放下。

当日，琼玉拜谢两兄长高义，入险地搭救方得性命。白、高曰："手足之间，患难共之。三弟患此杀身之祸，岂有坐视不救之理？"是日，不免排上酒筵，三人共叙，畅饮开怀。又谈论劫法场伤了官员并军兵数百，只预备朝廷发兵来征剿，打点早定计谋以得进退。且住表二龙山弟兄商议。

再说朝中，唐明皇接位之初，录用贤臣，政治可观，百姓富庶；灭武韦二党、中兴复唐，亦算令主，及至开元二十五年之末，贤臣辞官至仕，归于东都。张九龄仍居相位，李林甫进吏部天官。按史，九龄乃广东省韶州府曲江县人。李林甫乃唐之宗室，但为人外庄柔顺而内心险狡凶狠，勾结宦官内侍妃嫔以察帝意，以为耳目。故所奏言多合帝心，是其得宠之由也。至明皇末年，又出东胡安禄山，于朝宠命倍隆。至于结拜贵妃杨太真为母，蒸淫于内宫而帝不醒悟，实乃万年为羞之君，为辱之后也。原来，安禄山是个武胡人，臂力英勇，常随山海关张节度使征契丹，先失机，后将功赎罪得免于军中正法，使进封安禄山为平卢节度使重职。一天承召入觐，为明皇倍宠。他厚交李林甫、裴宽二奸，他们便奏举安禄山可大用于帝，故后封赠东平郡王之爵，兼统三大郡，兵势强大，安得不酿成反叛夺位之祸？

当日，禄山蒸淫贵妃于内，杨国忠亦以为耻，怎奈他已得帝宠，难移动之？故屡言禄山之反，而唐明皇不准信。

一天，贵妃召之入宫，见圣上与贵妃共坐，而禄山先拜贵妃后拜见帝。明皇即问其："此何礼也？"禄山言："胡人先母而后父。"故君后大悦。自封东平郡王之爵后，又发出库银三十万与禄山起建王府。于亲仁坊照依金銮殿次一等，但工巧华丽，穷极壮观，务必要做式雅致，不限财力。一建造成，其中器皿玩宝珠玉之物，堆积如山丘，即大内金银不及其充足饶多。可见唐明皇过宠奸狠，赏赐过多以缺竭府库，致其一起叛乱，兵多饷饶，朝兵不能制。自其领镇三大省，兵势益倍盛强，赏革政令、刑罚升贬，自专决之。

此有左相张九龄已知其弊。一天，禄山自范阳出镇三月，杨国忠奏其必反，宣召必不回朝。贵妃闻知，即令人速赶到范阳，言知禄山。故他一见召旨，即刻速赶进朝，帝益信他无二心。但他恃宠藐视朝臣，走马一程直入承天门，不下马。有左相张太傅大喝："骑马进殿者，何人？目无君王，好生无礼！"喝值殿将军拿下。

有四人即将擒下禄山。他曰："丞相，本藩一时忘却下马进殿，何须发怒？"九龄喝声："胆大匹夫，汝不过东胡外种，从幼为张元帅收养成人，因些小战功，得皇上恩宠、皇后施恩。不该擅自骑马上殿，大失人臣之礼，还敢多言，不谢其罪！"

禄山曰："丞相，休恼责罚！某自到天朝，蒙皇上恩宠，格外加恩，此马乃皇后所赐，寸步未离，是奉旨速宣，忙中未得下马，今被丞相辱骂已甚，还谢什么罪？"

九龄大怒曰："如此狂妄小人，有干国法！"喝令斩讫。值殿将军答应一声，正来拿下，禄山大惊，只得下跪舍阶求饶。帝曰："汝骑马上殿，果失人臣之礼，怪不得丞相执责。今丞相看朕情面，赦此年少狂莽、无知初犯，仍逐贬回范阳，不许在朝，以示责罚。若勤巡政、安省民、劝风化、境土咸宁有功，可将功消罪。"

当日退朝，各文武回府。只有张丞相自思："年登七十，况今皇上不比初登基时恭俭勤政，日近奢华，宠用禄山、林甫、国忠、裴宽等一班佞臣。况且初时立子媳杨氏之日，吾与宋、韩林同上本谏诤主上，不可立杨氏，名有不正，非可型化天下也。已经力谏圣上几番，奈何不准，是以吾屡屡告驾回旋，只因圣上不准从。但前月宋已经告准致仕而归，吾今何必在朝与一班奸佞作对？前日曾经执责安禄山骑马上殿，骂辱他一番，想来此人生乱不久，圣上仍昏迷不悟其奸狠，内则淫辱奸妃，勾结高力士，权势太重，外受奸党多人。吾倘不死于奸臣谗言陷害，定然殁于奸妃中伤。不若力陈以年老多疾病，告驾回家，方免留落异乡成孤魂之鬼。"不表丞相言来。

果然，安禄山扑屯不住，领旨出京都往范阳镇而去。当时又兼管营州。当时，张丞相次早上朝告驾，未知圣上准否，且看下回分解。

诗曰：

　　君臣义合本万难，只为时艰要见机。

　　明哲保身当早念，免教祸到幡悔迟。

　　据此传奇论及张九龄告驾致仕归日。唯有鉴史上言：唐明皇于开元二十四年削夺张九龄相位，任用李林甫为相。当时未进李林甫为相时，明皇已有意相之，而九龄尚未退贬。明皇问："相李林甫可乎？"九龄对曰："宰相之任，有以关系国家之兴替也。陛下须当慎择其人之正者，若相李林甫，只恐日后为社稷之忧、为国家之患！"当日明皇亦暂准信九龄之忠言。后来，李林甫闻张九龄之语，一心怀恨，屡思计谋以除逐之。

　　但明皇自登基一连二十余载，岁月已久，渐生奢侈之心，肆欲以怠朝政。然九龄平素耿直，遇事敢言，少有过矣！不论大小事，必力诤苦谏，明皇日久厌其入耳之繁；林甫一意奉承以迎帝心，故时常谗拆九龄短处，故帝亦疏慢之，至罢其相位，贬逐至荆州府为长史卑职，后终于任所。今此传载其告驾有大同小异之分，看官，不必涂求史实而议之。

　　当日，九龄上朝，拜呼三声已毕，陈奏曰："老臣蒙仰圣上天恩之重，粉躯碎骨，罔能报效，曷敢言退？奈已风烛之期，近日疾病多增，虚担宰相重位，枉馔徒，只恐有误国家大政。今特恳乞天恩，容臣解组归乡，一两秋已将就墓，本另择贤能执政。老臣无任治恩，伏惟准奏。"

　　明皇曰："丞相古稀之年虽及，但躯体康健，怎可一朝言去？朕之大政，委托何人？不必辞位以则朕左右也。"

　　九龄曰："陛下，不须命留老臣，唯臣近日委果疾病益殆，料不久于人世，俱鸟之将死，其鸣也哀；人之将死，其言也善。老臣有一言上陈，仰乞至尊鉴听，臣曷胜仰赖！一、祖宗田政不可改；二、进任正贤以匡国政；三、节国用以实库。如受臣言，上下一心而致宁天下治矣。但臣入相二十年所近矣，不少尚有不周，乞陛下恩恕。但念臣随驾多年，不敢他和，今告归别主，原宥忘恩大罪，死后只以鬼魂而不忘国用。"且当时有李学士太白，是西川安庆府人，知九龄是个正直智良材，亦出奏请留之。九龄苦不允从，力辞解任。

帝见他坚持要去，只得曰："丞相力要舍朕而去，亦难以勉强。朕念老功臣辅驾多年，勤劳朝政，今恩赐汝带俸归田，特加恩世禄黄金三千两、白金三十万两，每月俸禄米千石，继赐参茸，太医一名随着调养，赐题忠亮御牌坊，命一二品大员代朕饯别送行。"

九龄叩首谢恩曰："老臣蒙天恩深眷，今生难答，来世犬马追随以报耳！再乞圣上念臣方才谏言，去谗远色，以江山为重。又思先皇在晋阳起义兵，诛灭武韦奸党、重整李氏江山，劳尽瘅力，得安社稷，臣死瞑目矣。"是日，君臣言到此，个个含泪。帝先领驾回宫去，张丞相辞圣君出。

是时，右相李林甫、大学士李白、吏部天官葛大古、礼部尚书贺知章、兵部尚书裴宽、户部尚书钟景期、刑部尚书王、御史中丞杨慎矜、国舅杨国忠，又有二品十余人，不能一一尽述其名。又有武员是中兴王马英，长平侯王仁勇，远兴侯曹威，护国公秦刚，鲁国公程福，越国公罗清，鄂国公尉迟景。当时，一班文武大臣百余人，齐奉圣旨，敬陈美酒，又有送行赐仪饯行。

丞相曰："老夫以老疾无能，故不得已与列位同僚分手，今已叩领厚钱，敢劳诸位送程途？一揖相别可也。只愿诸公一心辅驾，君臣共守兴平。老朽回归就木，列位且请回，老夫复赶马登程。只留太白公、葛吏部、贺礼部是吾故交，与中兴王马英是门徒，多行数步以尽故交、师生之深情。"文武百官哪里肯听？又献上赆仪，祈老丞相见纳。九龄曰："老夫又何恩德，敢当列公惠赐？且吾叩蒙圣恩，颁赐过隆，已为滥领了，是为赐命不敢辞耳！今诸位大人再赐许多厚礼，老夫断难明领矣！"

百官皆言："老丞相在朝，一擎天柱。日久在廷教诲，今日荣旋贵府，薄具凉仪亵渎，聊申赆敬，伏祈鉴纳；方表众士恭敬微意之诚。"推辞多时，张丞相料想方辞不得，只得领情，复一一致意申谢。众官齐送出城数里，丞相数次辞回，百官只得住步，曰："老丞相前途保重，慎越风霜。某等回城，恕不远送也。"一一拱别，分途各回府去。

单有太白、葛、贺、马英四人多送十里之程。九龄曰："四位且住，吾有心腹直言说知，以表今日相爱之情。吾原非多疾，实忧与一班奸党作对，内又有贵妃、高力士，今吾年七十余，亦应息退归田。一来免祸，二则辞此繁政。即昨天责辱安禄山并前劝主杀之，两番不准；并劝不可立贵妃，有紊渎于人伦。圣上原是明敏，只好色之心难遏，至是不准从。贵妃岂不怀恨在心？今虽贬出禄山，免却宫内丑闻，然禄山出镇范阳，实虎归山也。此人必定有变,叛乱不久了。老夫今日已脱离虎口,汝等在朝,实要小心。必酿祸乱者,李林甫。杨国忠逼反安禄山,禄山离不得贵妃,今圣上前明后暗,不久乱作。须各人见机保身,明哲脱厄,方免安禄山罗网。须谨记记。"

四人齐言曰:"叨蒙老丞相指教金玉良言,自当铭诸肺腑。且丞相智虑深,明去就,存身远害,信为老诚达人。但我等在朝近帝,犹如身入虎狼巢穴中,不被噬者,出于万众之一耳。只忧不能逃遁以罹奸党之祸也。"当时,丞相几番催促四人回身,各得住步,殷勤相慰而别。话分两途。

再说九龄退位,李林甫升中书首相,令杨国忠升右相平章,二奸争进不提。单说张九龄一程回广东,道经二龙山,有家丁禀上:"相爷,此路虽乃官场大道,但久闻二龙山有盗寇打劫行人,不若从小路远些去避之。"九龄冷笑曰:"清平世界,些小贼徒,使尔若此畏缩!但可恼守土文武官,枉食朝廷俸禄,日久偷安,不来查察境土,其盗寇打劫害民,皆有可参革之罪。大小官员皆不以安民为重,一省中枉设数十官员,花费朝廷饷禄。今吾定要在他山前经过,教训强盗一番。若然散伙,有能者投食军粮,不愿为盗者自为良民,落业做小经纪,且将匣中所叨圣上恩赐并百官厚情送的金银,不下百万,一并散赏之,令其为良善人,岂不依从乎?又安境土,免陷良民,化恶为善,吾之心也。"

众家人、从兵领命,特往二龙山边经过。有喽啰见一标人马从大路回山而来,一大旗上书着"奉旨荣旋",又数十大旗大书"张"字,威威武武,护送兵千多,皆盔明甲亮。喽啰兵不敢妄进打劫,只得上前动问:"过山来的是哪位官员?且说明,待报知寨主。"护军曰:"朝中左班首相、太师太傅、中书张老大人奉旨荣旋,特经此山,急报知寨主来恭迎。"喽啰闻言,领诺,飞奔上山报知。

有白云龙对高、梁两弟曰:"久闻朝廷张九龄老丞相是当今第一个贤正忠臣,唐天子赖以助复江山,今日想必因奸臣当道抑或因年纪高迈故,致仕归田。我们何不下山迎接送行之?方表我们不是专于贪婪为盗者,是个义气敬重贤良之人!"

高角未言。琼玉曰:"不特表心,我们报仇、收除狗官,亦在此人之身。且下山自己绑缚,将冤屈诉明老丞相,他是唐天子师相,位尊爵隆,岂不准信?他一道本章奏明,苏州一省狗官难逃冤屈妄杀良民之罪矣!"三人议定,出见张丞相如何,下回分解。

第十四回　惜英雄九龄赠书　恩酬愿明皇发驾

诗曰：

英雄被屈志难伸，待遇忠贤历诉陈。

赠赐书函投学士，覆盆冤陷一朝伸。

当时，梁琼玉言来有理，事所当言，云龙、高角欣然从之，命喽啰将自己三人捆绑起，背上押上刀斧，一同下山。见兵队中老丞相在镶金八抬轿里座，童颜白发，五绺雪白长须髯，双目澄清，威严凛凛，弟兄三人一同下跪叩首，座前请罪。

有张丞相命左右松了捆索，收了刀，曰："三位豪杰，且请起，休得拘礼。老夫今日解任回归，道经此山，不知汝等在此山踞守，但清平之世，岂可埋伏于绿林？一者扰害良民，二者有干国法。今皆自绑来见老夫，汝心有何趋向、有何事情？不妨直达知闻。"

梁琼玉先开言曰："上禀老太师老大人。"当时即将业师刘芳被本土柳知府不察其冤情，屈害致命，陈升与己家散人亡，尽将一番前事禀知。张丞相闻此，怒气顿生，曰："有此昏昧狗官，文武同恶相济，只知抄取人家产业，不理冤屈深清，深负君上隆恩。令他治民，实则害民也。待老夫回归故里，事暇定必拜本归朝，以谢皇恩，附本除狗官也。复回汝们故业，不须忧虑也。原来前月江南胡夏使有本回朝，言松江府二龙山先劫高丽进贡宝马；后劫法场，抢去朝廷重犯一名。盗首杀死总兵二人，打伤副将三员，官兵死者三百余，正在部议征剿起兵，岂知官逼民为盗，至身入绿林！"

琼玉又禀上："老太师爷，若待大人回归贵省，已有三四千里来返，拜本进京已有三月程途，倘朝廷果然不知其委曲，一动兵来征伐，丞相本章未到，岂非不及？莫若小童生等上京都告皇状。但无亲故在京为官，是不敢造次。只乞求丞相明鉴参详。"

九龄一想，果然待回广东，然后上本，有六七十天方到，岂非不及？就于此吩咐取过文房四宝，写书一封，递交琼玉，言："一到京都，寻觅着大学士李白大人，倘一见老夫之书，自然即刻传汝进见。吾书中将汝提拔于此人，但老夫观汝一貌不凡，日后不失为皇家之贵,且你弟兄三人岂可久于身入绿林,终无显现之日?不若出仕皇家,立些功业以显耀双亲,扬名后世,方为正路。"

三人叩首曰:"谨从相爷钧谕。"

当时,张丞相吩咐登程。三弟兄谢恩,远送三十里,离山太远,丞相催止步。三人领命。丞相仍吩咐照书行事,不可违背,须要早归朝廷。三弟兄诺诺,连声拜谢而回。

有张丞相一程回本土,道经南雄岭,见岭难于行走,一回至韶州曲江县,发传本土官员,一府州县辟修南雄岭书院。也无交代,不多细表。

再说梁琼玉得了张丞相手书,即日要拜别师娘颜氏及白、高两兄长,奔上长安朝中,带捷健精壮军人二十名,一同起身。颜氏叮咛一番:"道途上小心,谨慎风雨,保重身体。报仇雪恨,尽在贤世兄一人。"语毕,不觉下泪二行,琼玉多言安慰。又踱出外厢,白、高两弟兄早已排开饯别之酒筵,三人叙饮,谈语多时。用过餐膳,拜别,骑马而行。非一天两日到得长安皇都地面。

先说唐玄宗明皇于天宝庚寅曾想起在山东东岳泰山许下旧愿未酬。当唐明皇晚年,酷信鬼神愈甚。此一天,设早朝,各文武官臣朝参已毕,各分班侍立,诸文武无甚事情奏直。帝开言曰:"众卿家听着,朕一事在心。"众臣曰:"未知陛下圣意若何?乞降纶音谕下。"

帝曰:"朕上年偶沾患疾,太医院服药饵无效,后命钟礼部往山东东岳泰山求丹,许愿疾愈酬恩。今思亲发车驾往酬岳神大德。"众吏合奏曰:"普天之下,莫非皇土;率土之滨,莫非皇臣。然酬答神恩,陛下命一大臣往代劳可矣,何必劳圣驾亲往?况往返程途数千里,劳受风霜,且山兽虎狼不少,诚恐有惊圣上;跋涉险途,或有绿林埋伏。恳乞陛下洞鉴缘由。"

明皇曰:"众卿不必谏阻,朕若不亲临酬愿,不见虔诚了。况今清平之世,哪有绿林埋伏者?即山兽遇于途,非朕一人,同一二臣前往,带精壮军兵五千随驾护卫。"言罢,旨命礼部钟景期书一龙凤牌匾,上圣庙又制造神圣真衣冠带靴子,一应限一月赶备足用,择选吉日发驾登程。

众臣领旨。

又命皇太子监国,将玺印交下,命左右两相辅佐太子判治所有大政,并各省犯官解京者,三品以上官员暂收天牢,三品等官以下,卿等部家公议。

左右相并太子领旨。

又敕命中兴王马英与朕挑精兵五千,会同王曹两卿保驾,李学士、钟礼部、高力士随行。

文武领旨。此日退朝。候至一月赶办起金龙牌，神衣冠玉带、靴子一应随驾起马。

当日，奸恶臣兵部尚书裴宽暗差家丁一名，私往山东赤松林投书与贼寇劫驾。家丁日夜赶程途。天子未到，家人先奔至山东赤松林。

喽啰查问，引进山中，见了寨主铁花纲。只因此贼不良，在山东初为小盗，后为大盗，杀人放火，被官兵捉拿太急，故反入赤松林招兵买马，已经十余载。他是裴宽妹子之儿。甥舅之情，故今裴奸来书，大约言："圣上准于本月某日到山东东岳庙酬恩，必经此山，可劫他车驾。保驾是中兴王马英，曹王二将，兵只五千，文员李太白、钟景期、高力士耳！若劫驾事成，先行杀上长安，吾自朝内接应，甥舅同心，何难取了他江山？"

铁花纲见了母舅来书，大悦，即厚赏来人，先回报知，复有书复上，并请舅爷大人金安，叮咛他在内做照应之语。家丁领命，拜谢厚赏，复回也。且不表。

再说明皇刻日起驾，有皇太子、左右相、文武大臣送出皇城，而去数十多天，方得到山东。一路水陆行程，预早地头传知，各省府州县境香烟霭霭的接驾跪送，一路上，内外城池张彩回避，水陆法净。不须细述。

一天，来到不近人烟城市之所，是入了山东境界，有凤凰山一座。唐天子传令下营歇息。有李学士谏曰："此山高峻险阻，且不近城市地镇，四边荒山野村，虎豹太多，万一有盗寇藏聚其中，只虞有惊圣驾。不若在途赶近城镇驻驿，方见稳当也。"明皇曰："久闻凤凰山灵禽异兽甚多，今升平之世，岂有草寇？即有些小不皇化的，不敢来此惊驾，况有马卿英雄！岂惧小寇？卿不须谏阻，且传旨，各将兵放围场，共一游猎。"

是日，择地安营。武将领旨，开围发炮，弓马驰骋。要射的飞禽山兽好不兴闹。正是君臣共乐。将兵纷纷献的鸿雁猿鹿之类，帝大喜出营。兵将武士追迁四围，百里之山，打射不休。住语君臣游猎之乐。

再言赤松林近凤凰山不出三十里之遥，铁花纲早知帝驾十月中旬将到山东境界，故天天命喽啰数十名分散下山，打听消息。此日一闻帝不走大道入关，反往凤凰山打围，正喜他合当遭劫。即刻，点起壮健喽啰一万，手提大斧，飞身上马，一程急跑杀上凤凰山。响炮连天，大队围困在山脚，声言要抢帝王。

有军兵入报，明皇大惊。即命收围，唤过文武百官曰："朕不听李卿家谏言，故有强寇来劫，如何抵敌出山？"有武平侯王仁勇曰："圣上放心，待臣出马擒拿贼首，贼兵自然惊散。"明皇准之。王仁勇带兵二千杀出山外，大喝："何方逆寇，胆敢犯惊帝驾？急通上狗名受死也。"

那盗寇大言曰："某乃赤松林寨主,名铁花纲,要杀上长安,取位登基,不料唐天子反远来山东送上大位,且要他写下降书抑或交出玉玺印,可活一命。汝非某对手,且见个高低。"言毕,大斧打去。未知二将争战胜败,下回分解。

第十五回　凤凰山花纲劫驾
赤松林琼玉除凶

诗曰：

山寇猖狂惊帝王，英雄奋勇灭凶狼。

覆盆冤陷反明照，风虎云龙会合昌。

当时，王仁勇用刀架开大斧，两将对敌，一连杀六十回合，不分胜负。只因喽啰兵一万多，官兵二三千，早被困在核心，登时四下败散，王仁勇一见官兵败阵，回头一望，却失手被贼将大斧劈于马下。官兵四散奔逃。喽啰四散追杀。败残兵飞报知："启上万岁，王将军被杀，兵散。"明皇大惊曰："王卿家为国身亡！何将可去迎敌？"

有曹威大忿出马，带兵一千五百，各通姓名，果因兵少亦不能取胜。只此剩得二千余兵，贼兵万多，四下围困。还亏马英出敌，杀败了铁花纲，贼兵方退下去，但仍围定山口去路。按下慢表。

再说梁琼玉自下山回朝，要将九龄丞相所赠之书投递与李太白学士申理冤屈。当日去进京都，却过山东凤凰山，在左边大路见许多败残军兵冲下。只为是强徒打劫，问其来由，方知唐天子往山东酬香遂愿，被贼寇围困。即刻带同精壮头目军士一同杀上凤凰山。

此日，马英思量："兵少贼多，只得贼兵十之一二，想来必要一阵奋勇，杀下山头，方得出险。倘得济南府有兵接应，不难收除此强盗。"喝令兵丁锐进，杀得征尘滚滚。在半山中大杀喽啰兵一阵，死者亦二千多，奈一万之众，贼又有铁骑逼来，实难大胜乘势杀出。

有梁琼玉拍马当先，二十勇军随后，将众贼兵杀得风卷残云一般，人头落满山。马英才与铁花纲大战，冷目见一少年将一马杀入贼队，勇不可当，双鞭飞打得贼兵死者无数，心中大喜。有此少年将帮助，三千名将士亦旧锐杀，贼兵四山走散。铁花纲大怒，抢了马，一起大战。这琼玉二人交锋一阵，有曹威长枪又上，花纲抵敌不住，被琼玉一鞭打中左臂，痛喊一声，落于马下，已是不活。

马英喝令四边追杀，贼兵见寨主死了，登时惊散，尚有三千上下奔逃不及，只慌忙投降，抛刀下跪。马王爷准他不杀。

马英、曹威同呼："何方少年小将，来山救驾？其功非小，待本藩与汝奏知，圣上自有显爵高官封赐酬劳。汝且通知姓名，随来见驾。"梁琼玉见马上两位将军，王侯服式，即下马曰："小人乃江南省苏州府人，因有大冤情，被本土官员所屈难伸，故不得已赶回长安京都，上呈皇状，又得张太师明白冤陷情由，现有他手书交大学士李大人收览，恳王爷谅情鉴察。"

马、曹二人听了，见他下跪，命起来曰："梁英雄请起，汝有大冤情，被本土官员所屈陷，幸今救驾有功，又有张丞相手书，此冤何愁不雪？不须多陈此事，且往见圣驾，逐一奏明。谅这些污吏赃官，断断难逃其国法也。汝且随来，本藩先入奏明，待圣诏宣！"

琼玉闻言，又叩谢而起，跟随马、曹王侯来至山中营外驻足，俟候圣上旨召。

当时，马、曹二将进大营见主，马英将战斗贼人，偶得一少年杀上山来一并帮助将盗首铁花纲杀死，贼投降者三千余禀上，又说："此人言江南人氏，身负大冤情，特来京都上呈皇状，未知有何冤屈，只求圣上面询某人，方知底细。今臣现带他在营外，候旨召宣。"

明皇闻言大喜曰："有此少年，英雄胆大，一人一骑敢来与战贼寇，救拔寡人，忠志胆量可嘉！唯此人远隔江南，有何大冤屈情？本地官员因何不为申理？是则设此文武员苴任，要来何用？命他治民，反是殃民了。好生可恼！即刻传旨，梁琼玉进见。"

当时，梁琼玉闻宣，只得跪下膝行而入，到御前远远俯伏下，头也不敢抬。圣上命他平身曰："汝虽无职童生，但救驾有功，不复拘执。赐汝起来，不罪。"琼玉闻皇命，叩首低头起来。

明皇一观，见他威貌堂堂，虎头豹目，玉面生光，十分爱重，呼琼玉："汝怎知朕被困于此山？是哪人通知，特来救驾？"

琼玉低声对曰："蚁民只因业师身蒙大冤，并自己倾家荡产及师之友家破人亡，被本土官员不肯稽查明白，草草听着风闻之言，办为通盗抢劫郡城，捉拿屈打，问成死罪。幸得张太师前两月奉旨旋归，得以禀明，察知枉屈，有书赐赠，交大学士李大人，方敢远来京都，上呈皇状。现今有张丞相来书在此，只乞万岁龙目鉴瞻，便明冤陷真情矣。但今道经此山边，只见败残军兵，问起情由，方知万岁爷被赤松林山贼围困住，故舍命杀上山来，藉君王万岁洪福，逆贼得以授首，非蚁民有功于陛下也。"

明皇闻言，一喜一怒。喜者，琼玉一少年英勇熊胆，一骑敢入虎穴帮助杀退贼人救驾，有忠君爱主之心。一怒是怒此江南省中文武官，多是贪婪受贿、百姓冤屈难伸。

当时，又将张丞相相赠手书拆开。大抵命琼玉投交大学士李白，要秉公申理梁、刘、陈三人被枉屈。尽言江南一郡文武不理民情、不察枉屈、妄抄家产以肥己；家破人亡不恤，只知抄灭民业，共合分赃；欺君罔民，大干国法。又推荐梁琼玉，虽年少，具此文武全才，可任充将士，为朝之佐。可秉公申理被冤。即劫法场，伤了官员兵弁，实出于大忿。陷屈逼反、烈性难民，皆由本土文武只知贪利抄家分肥、置民于死地、以杜塞其口，妄获捉琼玉故。惹出二龙山草寇劫法场，搭救琼玉皆各官自取其祸也。须要急办，以除贪婪害民官，方得江南郡宁静……

当时，帝看见丞相书信，准信江南文武不法。李学士也觉怒恼，上奏君王准依丞相来书惩办各赃官，方得此土万民得所。明皇准奏，且待回朝再议。帝复开言安慰琼玉曰："前两月江南据节度使有本回朝，言二龙山贼寇猖狂，劫去高丽入贡宝马并串通本土刁民刘、陈、梁三人，思占疆土，已经擒获，后被二龙山贼劫法场，杀死赵总兵，伤武将三人，兵死三百多人，谋反大逆。正请旨起兵征剿，朕思劳兵动饷非同小可，故未即发兵往征，实尔三姓家门有幸，不然，即日动兵，尔门亲友人人枉死了。今且住办，回朝再申理。唯查问投降兵，命他带同我军往赤松林放火，烧焚其寨，有无余党，以免遗留后患也。马、曹二卿带同琼玉及众兵往他山剿灭，尽不可遗留。"

三将领旨，合同降兵共有六千零，一程杀上赤松林，将山中不投降者尚有兵五千余及铁贼之妻子一齐杀戮已尽，又将山中藏的金饷马粮概行搬运出。然后放火焚烧山寨，昼夜火不熄，烧的松林非赤名，乃一白地。

三将收兵，回山复旨。

次日，明皇发驾，拔寨登程。当日，收殓武平侯尸首，备棺盛殓，运回家乡安葬，荫封他子，用之于朝，袭父职，不过多表。当日，君臣一路起程，驾到东岳庙宇中。有君王驻驾于节度使府衙，沐浴素膳三天，方进庙中摆驾享谒。

此日肃净，鼓乐悠扬。天子行礼，炷香炉上霭霭，神像加金冠玉带、龙袍靴子，一新宝盖，长幡高挂。御祭已毕，又赐拨公田十亩以为庙宇中历年香灯费用。

天子礼毕，有文武臣皆来叩首。是日，拜罢登程。

文武兵保驾一程回归长安而去。所到经处皆有大小文武员恭迎跪接，如往者一般。不须烦述。水陆三月方至京都。

有监国皇太子早已打听明白，先率同众文武大小官员，俱出皇城五十里之外迎接，帝驾回城，文武也纷纷随入，再复朝参。不知唐天子进殿后如何封赠梁琼玉救驾之功，怎生伸办三人冤陷，看官，且听下回分解。

第十六回 唐明皇车驾回朝
梁琼玉职封镇蜀

诗曰：

文官把笔安天下，武将提刀退敌兵。

只要君王宜当用，江山宁固兆升平。

当下，唐明皇山东酬愿回归长安，进城升御正殿，皇太子、各大臣朝参拜谒已毕，侍立。太子请过圣安，问及水陆平宁否？明皇言知，一到山东境界入凤凰山，被赤松林山贼铁花纲带兵围困、兵败折失武平侯、失兵三千余，后得梁琼玉奋勇杀贼救驾一番云云。太子闻父王言知，又惊又喜曰："幸得父王洪福，至得英雄救驾，未知父王可封赏救驾之人否？"

当时，奸臣裴宽在旁暗惊，又幸喜铁花纲已死并无败露，不然，灭族之罪祸难免了。

明皇想来："梁琼玉是救朕恩人，且生来气宇不凡，可抵偿一侯爵。"是时宣进殿中，小英雄三跪九叩首，行过君臣大礼。当时皇封，进他为西平侯之职。梁琼玉暗暗大喜，深谢皇恩。

此日，帝加恩赐御筵于偏殿，命三学士、一王一侯等各陪宴叙。山东一行将士及降顺喽啰三千多有赏劳，颁以金帛，阵亡者倍恤其妻子以赔偿之。

当日，天子驾退后宫。适有杨氏贵妃接驾，请过圣上金安、慰劳过程途风霜，少不得摆宴接驾洗尘。明皇又言知山盗来劫驾，得琼玉少年英雄搭救，今已封赠他侯爵酬之。贵妃曰："险些得此人大功，不然圣上危矣！明日陛下可赐他偏宫酒宴，以示圣上知恩报恩之心。待臣妾敬他酬恩酒三杯，代圣上之劳，未知准否？"

当时，明皇醉酒糊涂了，曰："御妻有爱功臣之心，朕且准依。"

次日，命高力士宣召西平侯进偏宫，皇上设宴以待。此时，李太白、钟景期二人知之曰："贤侯，此事非皇上旨意宣汝，实乃杨贵妃娘娘是个贪淫之妇，闻皇上言汝是少年英雄，气宇轩昂，想必起动得心，故特见汝一面。一进宫，须要打点，不入她圈套为高也。"梁琼玉曰："今若不往，有逆臣之罪。倘进宫，某宁死不敢受辱以活命的。"

　　当时，梁琼玉勉强随高力士进至禁门止，仍不敢入。高力士见了，只得进内宫奉禀，一刻复宣。梁琼玉低头进宫至内殿。明皇令贵妃退后，隐于龙凤帘里。琼玉即下跪曰："微臣琼玉见驾，愿我主圣寿无疆！未知宣小臣至内殿有何圣谕？"

　　明皇曰："朕宣示只因皇后见汝救驾有功，是朕恩人，故特设宴于偏宫以示宠异。君酬臣德，皇后特敬酬功酒一盅，是敬重英贤之士、有功之臣也。"当时，琼玉闻圣上圣谕，只得下拜曰："微臣琼玉见驾，愿娘娘千岁无疆！"那杨贵妃在帘中，见琼玉果然年少，人物丰采，暗暗欣然："不知此子何日得遂我心怀？"

　　此日，明皇赐宴，皇后加恩。两行音乐响奏，有内监酌侍美酒，琼玉谢过圣后特恩，略略领叙。琼玉偏座，君臣共乐。酒至三巡，琼玉离位谢恩，求辞圣驾回衙。

　　君王未准，曰："卿且慢叙欢！"贵妃帘内传旨曰："陛下，贤侯有救驾回天之功，臣妾感激不尽，不若待吾敬递御酒一两杯，以代圣上酬臣恩德，如何？"帝曰："御妻所言有理！又见敬重功德之人。"

　　琼玉曰："此救驾乃微臣偶尔所遇，非特来救有功也。然圣天子百神护体，即微臣不来，贼人焉敢猖獗？今叨蒙于圣上天恩，厚赐重重之职，已是过分不敢当。今又赐御宴，敢当娘娘至尊再赐？君尊臣卑，小臣敢犯上乎？恳乞娘娘免赐，诚恐折尽微臣之福，受当不起也。"贵妃冷笑曰："贤侯过谦。汝乃一胆大英雄，救主功大，难道哀家不该敬汝一杯？即君王敬汝一盏也该当，不必过辞！今喜贺国得贤材，为国家之庆也。"

　　明皇沉醉曰："卿家，此宴所设，原是皇后美情，是娘娘敬酬功臣之心。不须守礼以拂美意。有朕在做主，何妨满饮一觞？"

　　琼玉闻帝命，只得下跪，宫女满酌一巨觞，宫娥双手将玉杯捧上。贵妃步出帘外，对琼玉媚目睁睁，琼玉低头下视，徐徐饮讫。正起来谢恩，贵妃曰："待哀家亲敬一觞。"即命宫娥揭起上坛美酒满斝。

　　梁琼玉暗言："怪不得李学士、钟礼部言杨后是个贪淫之妇，彼只道某是个酒色之徒，以此待我，好生可恼！不守尊卑之礼、败坏伦常，如何是好？"即曰："娘娘差矣！方才宫娥代酒，臣不敢逆尊强领赐一觞，是过分宠异了。娘娘贵为天下臣民之母，千乘之尊，贵贱尊卑定然要分别，娘娘岂可亲手赐酒于臣下乎？失却君臣体统，臣绝不敢领钦赐也。"

　　贵妃曰："贤侯过执了。岂不闻圣谕上有言：'君视臣如手足，臣视君如腹心，君一心一德。'今哀家与贤侯虽有君臣之别，实则诚意相待，犹如腹心手足一般。"

　　明皇醉中听罢，笑曰："朕在席中，即娘娘赐酒何妨？卿休得过辞，却了娘娘美意!"琼玉闻君王之言,暗暗叹恨:"此乃国运当衰,至圣上昏迷,容纵此孽妇放肆,还不知某是顶天立地英雄。似此料理却是传酒之意,唯我一心正大,何畏其邪淫!"复下跪,目不横视,双手接杯。

当时,贵妃欺着皇帝已醉,卖弄风流,一双媚眼闪着英雄,奈他低头不视,只得行趋近前,假作递杯,伸玉手将琼玉手腕一捏,琼玉收手不及,杯未持稳,贵妃手一松,已将琰玉杯损于殿阶,即碎烂了。琼玉一惊,请罪曰:"臣接杯未稳,只因心有所畏惧,尊卑不敢,至碎玉杯,罪该万死矣!"

明皇曰:"爱卿酒已过多,心存敬畏,执杯未稳,打碎玉杯,有甚相干,卿何罪之有?"即命散去筵席,又命穿宫内监:"开御伞盖送贤卿出殿,暂寓李学士府衙,侍候工部臣挑役夫建造府第,然后进居。"

琼玉谢了君王深恩,出九重金殿。只见李、葛、钟三大臣仍在外殿等候。见送琼玉内监去了,三人动问:"贤侯,进内殿有何宣议?"琼玉叹曰:"不出众位大人所料,果也并非帝之旨意。"将贵妃乘圣上赐宴醉了,怎生无礼一一说知。三大臣亦叹曰:"前者安禄山倍宠入宫,丑声外闻,独有圣上被迷惑,毫无醒悟。其淫奸实乃唐之淫风,世代所出,败坏纲常,莫此为甚,可不哀哉!"

又有琼玉对三大臣曰:"未将身为一武夫,叨蒙圣上一朝加恩,亦偶遭逢,但一心不愿为朝内官,犹恐圣后心怀不已,有心腹之患,不免遭于一妇之手。倘得出外镇,方免此祸耳!"

葛吏部曰:"贤侯乃深虑不差。前五天西川节度使有本回朝,终于任所,现今无人接印,幸喜贤侯贵为平西侯之职,在西方之职任。今一出边镇,无端免了淫妃怀此念头。如不从她,定来暗算。如从她有污行止,万古难免臭名。"四臣算定,各自辞别回衙。

次日五更三点,玄宗天子设朝,文武官山呼朝见已毕,个个分班侍立。

"各省有无章奏?"

"单有前数天西川节度使王忠嗣死于任所,现未有哪臣接印,求圣上议敕何臣镇守?方无西顾之忧!"

帝曰:"可惜!念王忠嗣是先帝老臣,出镇西川有年,今可惜一旦逝亡,勤劳臣也!此川地近蛮,西南界至是长安要地,众卿举哪人可当镇川要地之任,方免西南外顾之虞?"

适葛太古曰:"臣启陛下,西川地广人稠,前有剑阁,后有峨眉,左控陈仓,右枕栈道,非文武全才者不能守任之,现有平西侯,有职未有土,况少年精锐,文武兼优,西平之征,正应他身职之符合,未知合陛下龙心否?"

明皇闻奏,思来此可任准,自即敕旨:"平西侯出镇西川,加封节度使之职,统管西川一带,上马管军,下马临民,职兼文武之任,兵部尚书、太子太保兼理粮饷水陆事务。"敕命已毕,梁琼玉见圣上一刻准他出镇,大悦,拜谢君恩而起。不知琼玉出镇西川之后如何,且看下回分解!

第十七回　弃绿林白高得荐
　　　　　赴翰苑刘陈首登

诗曰：

未遇休将志气低，一朝平步上云梯。

能伸能屈趋时会，方见从权智士为。

当日，唐玄宗加封梁琼玉为西川节度使出镇，统领管辖一大郡。琼玉领旨谢恩，复上奏曰："陛下，微臣年少初进，但想西川蜀士，地大人杰之众，任斯土者，非一人之力可当也，微臣非易，还有结义手足，前者只为迫于官之污赃罔利，至激变反上山，向并不凌害良民，只有劫番邦良马一案并劫法场，亦果因某被官屈押出诛杀，是他一心仗义行险，动此干戈耳！是今隐于二龙山，屡待等候招安，即改邪归正，非敢于长久为盗也。以二人武勇不在臣之下，亦可充一武职，恳乞陛下恩赦他前失，别敕臣往招安，臣愿与二人莅守西蜀则不虞疏失矣。且臣又被本土官员所害，只有颜氏师娘仍在二龙山中，恳求圣上赐臣同到住所，早晚服侍，以尽师生之恩。"

明皇闻奏曰："准卿所奏。命钟礼部往二龙山招安，白、高两英雄同朝受职，与卿守蜀；卿之颜氏师娘由同往服侍，暂赐受贞赐二品恭人，待子长成再加恩，以续刘氏香烟。江南苏州一案，文员知府、武员参将、游击等，婪赃害民，拔害着调，拿下正法，与卿等师友报复冤仇。并刘陈两姓待有禀明之士，即刻提调莅。卿可卜吉登程，往川镇守，此土乃边僻大省，不可无主事之人，日久大员不至，犹恐疏虞，速速先往，待白高二人回朝，朕即着调他同往协守，卿勉之而行。"

梁琼玉深谢皇恩，此日退朝，琼玉领了皇命，刻日拜辞众文武同僚大臣，致意李白、葛太古、贺知章、钟景期一班忠贤，离长安出城西去赴任。暂且按下。

明皇退朝还宫，杨太真接驾，方知梁琼玉被一班学士大员荐他往西川赴任而去。一心恼恨，暗骂："老昏君，将吾意中人一朝敕镇边外，哀家还指望下次早晚设计召他进宫，打动此少年，未有不入彀中，得遂我心，岂知被可恶狗党唆荐去远省西川，再休想望。前者安禄山又被张九龄、李白、葛太古众口攻击,向昏君言逐出了,永镇范阳,不得回朝。真乃可恨!"是日,咬碎银牙的切恨,只得强装欢颜,夜陪宫宴。不多细述。

再说钟礼部奉旨,一程往二龙山招安。此日一到,命军士通报,喽啰上山禀知。白、高兄弟方知,曰:"梁三弟一出山立此大功,封赠侯爵,今又荐我弟兄回朝受职,真乃喜从天降也。"即刻大开山门,恭身下山,跪接钦差大人。

钟礼部挽扶起,两弟兄又请大人进山一叙。礼部言:"有圣旨,且进堂迎接。"二人急摆香案、炷上名香,跪接钦差大人宣读圣谕毕,敬请大人当中上座,小军递上香茗,弟兄左右立陪,即吩咐众喽啰兵一齐听命:"今某弟兄奉旨身归朝廷,愿随者跟随进京都,自有皇家饷用粮食;不愿往者,每人给赏银五十两,回家为良民,做小经纪。所将山中的贵重什物搬出变卖,亦归尔等。查清仓库所有粮草储积、刀枪马匹一应俱带回朝。"

众兵领命,一刻点查清白,注上册子,并愿随行兵丁人名注于册内。钟大人看罢,取藏了。是日,命人大摆酒肴,割杀猪羊相款大人并来兵。合山喽啰皆有颁赏均沾,众人叙饮。两人将金银分赏给为民喽啰,皆令搬运出器用什物而去。山内三乘轿上坐颜氏、两寨主之妻,又车辆载上粮草,马匹拖载器皿而出。又敬请大人先下山,然后放火烧焚山寨,一同起程。

非只一日路途,连连水陆多天,进京都,进得皇城。钦差命白、高弟兄暂且安营,待奏知圣上侯旨。二人领命,扎屯于城外。

有钟礼部登朝复旨,将招安册子呈上来,投降兵一万零,粮米若何、马匹多寡、刀斧器械之类,一一看明,龙颜喜悦,即发旨宣召。弟兄进殿俯伏谢罪,历陈因官逼逐上山,为寇求赦。帝曰:"二卿平身。前者入绿林皆因土官失御,以至激变民心,使英雄无用武之地,今前事不较,有平西侯荐二卿武艺超群,可当武职。特赐武进士出身,白云龙特授剑阁总兵,高角特受重庆府总兵。二妻诰封三品恭人,颜氏二品贞静恭人往成都,待琼玉服侍,尽师生师母之谊。"二人谢恩而起。

是日退朝。白、高二将刻日辞驾带同家口出皇城往西川而去。

一天,到了成都省城。先命人报节度使大人。琼玉一闻报,不胜喜悦,方知弟兄、师娘同来,俱受皇恩,正为可喜可贺。是日,车马纷纷进城。弟兄相会,不以职分尊卑,仍以弟兄叙会。颜氏师娘、三位恭人共进内堂,不啻一家叙会,喜色欣欣。

梁琼玉自到任以来,号令严明,出入以公,恩惠爱民。白、高二位总兵分守两府,也是一般清正,勤劳尽职,除暴安境,至川中大治。自西南一带水陆平宁、盗贼潜踪远遁,下属官吏不敢徇私,万民乐业。按下西川不表。

再说是岁,乃天开文运,值大比之年,天下人才进场赴科。此岁,玄宗帝命李学士为大总裁,钟礼部为副选,裴兵部为监临官。各才子领了御题目进科场,纷纷呈卷收阅。

先前书说刘芳在狄府中作西宾,教习狄光嗣两公子文艺,二子精进,文有可观,是赋性聪慧。此岁科朝,三人一同酌议进场赴科。但刘芳被柳知府办为重犯,不敢填真姓名,是以改名不改姓,唤作刘珍。三人拜辞狄光嗣,一同进京都赴考。

又说陈升,也因大比年期,亦思是犯人,只改名不改性,名陈清,要进京都。即日,拜辞徐岳丈及妻,并司马瑞及虎豹山马、魏两人亦要赴京都,倘文场一空,武场又开考,故一同登程。陈升大悦,得同行做伴,妙不过也。

是月,大阅科场,清白取才,高中会元,乃江南苏州府刘珍,并江南苏州府陈清、狄云、狄月俱列二甲中进士。将中式三甲的三百五十五名点入金殿唱名。状元,苏州府陈清;二名,河南开封府白登;三名,苏州府刘珍。二甲、三甲不能将姓名一一尽述。正是新科游街三日,好个妙年及第的俊彦。正引动深闺红粉女争看绿衣郎,闺秀阁中,岂不人人仰慕!

一朝天子临轩问册后,见此科状元、榜眼、探花皆少年雅俊之士,且文才雄博,不胜喜悦,总裁大臣从公取才。帝一想刘探花文才宏博且年貌多长三四秋,比状元、榜眼老成些,不免调刘珍做个本土巡按官,是必洞晓此郡贪婪官,以了结刘、陈、梁三人之案,然后调任别省。想来妥当,即殿上开金口,露银牙,将前者梁琼玉申奏明苏州案一一谕知:"今调卿为本土巡按,御赐尚方宝剑,从公断办,各污吏贪赃文武严法定罪,先斩后奏,问结此重案。"

原来,陈、刘自进京,在寓所已知会过,两人个个改名,不约同心。不料,连捷中式,皆幸点入,又明缀高登首领。正喜之无尽,只心忧是名罪犯,只恐奸臣查出真姓名反来效奏。今见圣上说出刘、陈、梁三事一案,方知梁琼玉救驾得功、已封侯爵,又领镇西川,自是一朝平步上云梯,得他奏明前事在先,今不妨亲口供认原是刘芳、陈升之真姓名。

当时,两人下跪不敢起,又奏上:"微臣二人有欺君之罪,求乞陛下宽恕,方敢领旨。"当时,明皇不知其故,想他年少书生,初进皇家,故不敢领办重案,若不然,一般少年有何欺君事做下？只言曰："朕念卿青年得贵，以案情试才，未知有何欺君瞒朕之处？即有些小干碍国法之事，朕有言在先，一概赦免，且明奏上。"陈、刘听帝言此，将真名姓奏知，历陈起始之由。不知唐天子怎生分断此案，且看下回分解。

第十八回　征山寇陈升明荐
探营寨裴彪暗谋

诗曰：

文忠武勇唐天子，山寇如何横逆行？

一怒天威征殄灭，万民感戴乐丰登。

当时唐玄宗闻状元探花奏上，方知梁琼玉所奏乃是二人，其惧罪改名，来京应试。唯前者有张九龄丞相已有书托交李学士，求彼秉公伸理，并琼玉已陈奏明在先，只曰："今二卿改名来京应选，原未知其情，并非汝二人之罪，乃汝本土贪赃官员祸之也，二卿无罪平身。"陈、刘谢恩起来，明皇一想说："此命二卿，并为退期，益加恩赐谒祖，限一年回朝，呼调一到，将各贪官不法者拿住，重者斩首、轻者刑罚革职。御赐上方剑两口，先斩后奏，并追回各家产业，任卿施行。但一事，前月江南松江府有本回朝，言虎丘山强盗名古羁威十分猖獗，称言先皇屈杀他父亲，要报仇，屡屡劫害乡民，本土官军竟无能治伏，反屡败数次，伤兵不下十万。今二卿乃文员，怎能与敌？或擒拿、或招降、押制、收除此人，只需得三两员勇将与卿同往。擒灭此寇，全郡平宁矣！"

李学士出奏曰："自古有文事，必有武备。圣人训示，千古不易之法。今招降已有二龙山为例，倘此寇不服，定必动兵，如打仗交战，又非陈、刘两文士所任，必得两三员勇将为佐，待两文士提调，方得合其济用。但思怎能此人？"

陈升一想，即荐三将曰："微臣有中表亲，身为武举之士司马瑞，今来京都考选，但其武艺超群，性雄志广；并有结义手足，一名马英，一名魏明。三人皆我唐功臣之后，英杰之汉，一同来京取选，特居寓所，如得三人共往，何难收除这古羁威盗寇一人？"

明皇闻奏，允准："卿既有此亲友武勇之士，即敕令皆赐武进士出身，宣入见驾。"当时，命兵部侍郎往宣三英雄入觐。

且述司马三人，还未知陈升荐他，心中狐疑不定，只得跟随了宣调官来至午朝门外，驻足候旨。一刻，兵部入奏复命，帝宣三人上殿。三英雄匍匐膝行，下跪金阶，不敢抬头，听纶音。帝即降谕："陈升荐三杰，共回江南随行，往招讨虎丘山古寇。"言罢，又命平身。

三人谢恩,方敢起身。

明皇即敕赐司马瑞为都指挥使,魏明封左指挥使,马英封右指挥使,带兵五万随行,同刘、陈往讨招安虎丘山。回朝有功,再行升赏。三人一刻得官,好不称心得意,深谢皇恩,又感谢陈升招荐之力。

当日,天子分发已定,驾退散班,文武回衙。

只有裴宽心中惊惧,知本省官员人人有祸,尚不知犬子私通古羁威并同谋害刘芳之事,故不投家书与闻。

再说刘芳、陈升择了吉期,拜辞圣上、各同僚,出了皇城,往江南省进发。水陆行程数十天,方入江南境界。

先到松江府,带兵入虎丘山。在山前择地安下大营寨,远远见山上扯起大旌旗,"报雪父仇"四个大字。此日,古羁威闻知朝廷有兵来征,即刻顶盔贯甲杀下,红甲红马红盔,手执长枪呼喝:"哪人出马?"陈升曰:"来者山寇,是古羁威否?"

他曰:"然也,汝是何人?"

陈升曰:"本官乃本土奉旨巡按,今奉旨命特来赦汝前罪,招安归护朝廷,保汝无事,追封汝先父。当今是个有道之主,追念汝父前功,定必子荫父职,岂不为美?"

古羁威曰:"陈钦差,汝虽有再世苏秦之舌、张仪之语,难以说动我心。是父仇,定必要报的。"刘芳即喝曰:"不分好歹的匹夫!先君被武党杀害,非止一人,而且余室杀戮者数百,岂关君上枉杀,今枉执报仇之语,来此落草为寇,汝今若不依从金石之言,只忧汝死无葬身之地也。"羁威冷笑一声曰:"汝营中战将赢得某者,自由汝等绑缚吾回朝,如弱于某者,即刻退兵,休来啰唣!"

阵前司马瑞恼了,一马飞出,大喝:"逆贼,某来与你比!"大斧打去,羁威长枪架开,一连杀了数十合,胜负未分。

只因朝廷大兵五万多,数千喽啰哪里抵敌?败走得四散逃奔,死者太多。古羁威看见多伤兵丁,回手一慢,被司马瑞大斧撇去。古羁威一闪,几乎跌仆下,只得放马跑走,招收残兵逃入高山,紧守寨栅门,预备炮箭,不出。唐兵几万数次来攻骂战,但山势高峨,树木丛森,不能即攻上。故两下停兵不动。

再说苏州府城裴公子,此日闻松江府被朝廷起兵将虎丘山围困,古羁威兵败不敢出山;又闻刘芳未死,与陈升二人高中魁首,连捷高登,奉旨出为巡按本境,心中方惊不安,言曰:"此地众官危矣。但幸得我们计算刘芳之谋未泄,他仍不知中吾害之由,不免亲到虎丘山探听古羁威败得如何?且吾得异人传授一制练毒药,些少入腹,三天发作,朝发夕死,非凡药饵所能救的,不免先往见陈、刘二人,假作拜探,方得进山下毒药,弄死两人,羁威方免祸,吾亦得安然无事。"算计定,将毒药暗藏身边,即刻动程。只带两口家丁,一天之间到了山前,有两兵丁喝查问明,军兵入报:"营外一人,自称兵部裴公子请见,未知何人?"

刘、陈闻言,吩咐开营门迎接进内,一同见礼下座。公子即问:"刘贤弟被知府所害,焉能逃脱?及陈弟干连之祸,反得高官,实愚兄所不解。当日,愚兄见两弟俱被害,已有家书上达家严,后又闻二龙山贼劫了法场,救了琼玉,官兵围陈贤弟之家,反得逃出,又杀死官兵,追后一音不闻,只有本土官严追获耳!今幸得贵,实为可喜也。"

刘、陈见问,将前后底细一一说明。裴公子伪为代喜,大赞奇能。听罢,又言:"这日闻朝廷动兵征剿虎丘山,古贼首被杀败,皆二人大才;又久闻司马将军英勇。"众人谦谢曰:"公子过奖!"又命人摆设酒筵相款。

宾主入席,叙饮一番。

席叙半间,裴彪暗取毒药藏于指甲,假酬酢交杯,将毒药放下。初与刘芳抱杯,次与陈升传杯。

二人哪得知裴彪下此毒药?只言此酒是借道贺喜两人因祸得福,今又高官显爵,实为可喜也。刘陈二人接杯饮干,两相交酬。至住停杯,用过膳食,裴彪复言:"古贼不识时务,待吾明日往说此人投降。以免动兵伤残,如何?"

陈、刘曰:"此长之策!唯此人执性强横,弟兵初到,也曾劝陈诱导,他只硬云执兵。兄长往说,只忧不从。"裴彪曰:"事已至此,他必允从;则我兵之利,不从亦无干碍。"

刘、陈允诺。裴彪宿出一宵,次日辞别,要进高山会见古盗首一人。因交兵公干,刘、陈也不挽留。裴彪上马,两弟送出营外别去。

裴彪马至半山,大呼:"喽啰,休要冷箭,裴公子来探!"古羁威闻报,大开山门,迎接入门,方谨闭门坐下,羁威先开言曰:"今朝廷兵围山脚,贤弟怎能上山?他兵怎肯由汝到此?"裴彪言:"先假探陈刘来领招降兄长,故他一心信之。"又言知下毒药于陈、刘,不出三天二人毒死之计一番。羁威听了,大悦曰:"幸也,贤弟相救助于愚兄,不胜感激!"

裴彪曰:"除此二人,是吾弟兄之利也,何言酬谢弟的?"羁威大喜。是晚,少不免排筵,弟兄对饮。按下寨中二人。

却说山下朝廷兵,此日见一道人赤脸银须,自称谢英登,是昔日护唐开国二十九家总兵之列,今特来请见主帅。兵丁入报,刘陈二人酌议曰:"久闻开唐有谢英登,后修道不仕,已经百三四十年,想必修炼成仙。今日来见,必有事了。"即刻大开山栅营门,二帅步出,恭身迎接进营中,请他当中下座。二帅以师礼待之,侧座。二帅刘芳曰:"不知前辈大仙师长降临,有何赐教指示,吾两人未知?"谢英登说何词、有何指点,且看下回,便知分解。

第十九回　救刘陈谢仙点化　赚裴古唐师获奸

诗曰：

英雄量大福仍大，奸佞机深祸更深。

且睹害人终害己，虎狼枉用计谋侵。

再说谢英登久登仙班，故知过去未来之事。此日，已知陈刘两人中了裴奸毒药之谋，见他相询，微笑曰："奸徒暗算，故贫道特来救两贤性命。汝两位乃正大之人，心不狐疑奸陷，未免过于率直。故在奸徒局中不觉，还不知这裴彪是大奸臣之子，父子凶狼之辈。"即将前昔所陷害一一告知，又言："汝二位在他暗算中，还不省悟乎？"

刘、陈听了，骇然而惊，转怒曰："原来此人是起祸之由，一向入他术中，真令人可恨也！若非上仙说明，破其奸谋，久后还不知怎生为祸矣！"

谢仙冷笑曰："今日他来，仍是你们中计，不出三天，你两人一命又要遭他毒手。贫道不来，你两命难活也。"

刘、陈二人大惊，忙问："上仙乃智慧上人，先知先见，不知此贼今来做何计较？莫非通知古贼引彼来劫寨做内应，伪诈往招降的？"谢仙曰："他来非劫营寨做内应，他将暗放毒药，不出三天，你两人中毒双亡云云，是无药饵可救的。"

刘、陈色变求救。谢仙曰："不妨！贫道特来救你二位，乃佐唐有功之士。"命人取到清泉两盅，向囊中取笔管一枝，用黄纸书胼符一道，取出黑丹丸两粒，将符焚化水中，每盅开化黑丹一粒，令二人吃下。饮入不一刻，刘、陈吐出黑水多碗，内有二十个黑蛇虫于地上伸缩游动。

二人骇然而惊，众将多称奇异。

谢仙又言："此药用毒蛇制毒药炼煅成，取择凶恶，日咒决用人血封之。此毒药一入人腹，毒蛇得五脏水，即变化生了。一日咬肺，二日咬肝，三日咬心，即死了。"二人听了，不胜愤然，曰："可恶奸贼，日作暗害，幸得逢凶化吉。今日若非上仙指示，又叨搭救，不然，吾二人一命休矣！一死也罢了，唯误却国家大事矣！与此贼仇如渊海之深。只拜谢上仙！"

礼毕,谢仙辞别起程。二人苦留不允,只得送出营外。谢英登遂驾燧云霭霭,闪闪而去。

二帅回营酌议,将计就计:"想来此贼与古山寇合定计谋,待三天之后某两人中毒死了,军中无主,自然内乱之计,今不若三天之内,吾诈伪死了,将两空枢正出山边,军寨中挂孝,在大营中挖掘深坑三个,每阔三丈,深三丈,用泥草浮搭盖了上面,待他来踏营,一网而就擒。"二人定下计谋,不表。

再说第三天,裴、古二人命喽啰兵私下山脚探明白,只见营外有两新枢棺,用白布盖住,即刻回报。唐兵看见他来私探,也不追赶,是奉将令不追赶的,以待彼来中计。

当日,古羁威冷笑曰:"贤弟,果有此妙药,实乃莫大之功也。今夜趁他军中无主,往劫营抢尸,用火烧之,一刻成功破其营,即兵多将勇,岂畏惧耶?"是晚,饱餐夜饭,各带够三千兵士,尽拿了硝烟火药来烧大营。一程杀入。此日兵士入报,言"贼兵分两支攻来",但刘、陈二帅曰:"此日中军兵报上,言有贼兵数人来打听,一见我军二新棺枢,即奔回。他日来探听过,今夜来劫营了。且预备下破擒二贼。"陈、刘酌议算定,将五万军兵埋伏四营于松林中,单剩空营。

是夜二更,有巡兵入报:"贼兵分两路杀入。"果然,裴、古各带兵三千,分左右杀进。岂知一人中央,尽皆跌下深坑,喧哗大喊。古羁威、裴彪正在后埋兵,方知中计。

刘芳众将兵一见营中火把照亮,即刻四方杀入,数万军只向可恶杀去。岂知贼兵六千多已跌下深坑,大约只剩得一二千兵,早已四散惊逃。车挤路小,跌死者太多。裴彪早被司马、马、魏三将擒拿下。只古羁威为盗七八年,地势了然,已早逃脱。日后再擒。

天明,刘、陈升帐,押上奸徒裴彪,但此贼还未知历来奸险之谋尽泄漏,想必黑夜中被他众将兵误擒捉下,一见陈升、刘芳,自然放脱了,以礼相待,我又有招塞之词对他二人。一路同随军士押入大营,推上帐中。一见刘、陈坐在上面,大呼:"两位贤弟,吾见大兵杀入,将吾擒下,速放脱,待愚兄将古贼首之谋一一说知。"

刘、陈二人一见此贼,气恼他不过,又闻他以此语为骗哄话,为奸淫负义贼徒三番五次来图害,刘芳拍案大怒曰:"贼禽兽,我今生与你何仇抑或前世与汝深冤? 因写丹青假结拜,暗中串通土狗官陷害嫁祸及我师生、故友,二姓顷刻家散人亡,及至伤了朝廷武员官兵数百无辜性命,种种大祸,尽由你起贪淫欲心,逆贼一念,迥非人类,乃禽畜不如。前日所行害也罢,今又来通谋古贼来劫营,不独我两人性命,几连大小三军皆损你毒手之中、败坏君王公事。今日天眼昭昭,奸谋尽露,还敢言军兵错擒于你?思来求脱,待你再行毒害不成?"

裴彪闻责骂之言，暗暗惊惧："此谋得三天，有何人来此尽行谋知？况除了古羁威一人，余外一人也不敢泄，今羁威又逃脱了，哪人知此暗谋的？"想来，只得硬言对曰："两贤弟何得反面无情？将吾拘下反将贼人放脱？况且一向谋害之事，一无影响，有何人为见证的？勿枉屈于我以此天地之词。"

刘芳闻他言，气愤咽喉，口不能骂；陈升拍案道："罪恶不少，还敢刁词抗语？前三天假来探我军，叙饮之间，近室一言，暗下阴毒，再来收除我两命，然后合古贼来劫我营。假言往招降，人面兽心，真令人一刻难容。"众兵丁见元帅怒骂，尽骂此贼心狠，人人怒目圆睁。

这边司马瑞是烈性英雄，想起贤表嫂撞死，登时忿起拔刀，二帅止之曰："此贼父子同恶通贼，今杀之不能除他父，且解回朝，父子证罪，一网打尽奸党，方得朝野升平。"司马瑞住手。二帅喝令，打他四十大棍。打得血肉淋漓，押锁入囚车。又令三将带兵杀上山，将余兵、古羁威妻杀尽，搬运出金银粮草、刀枪马匹，然后放火烧山。

即日，拔寨登程。乃奏旨归乡，好生有度！

一人荣归，州城两姓父老宗亲皆来迎接。文武官自然来请问圣安，然后与巡按见礼。本城司道、府县、驿丞下员皆来叩见，接入省城，众官接圣旨，宣读，乃责罚本土文武员的，诏曰：

奉天承运，皇帝诏曰：朕上承先皇寄托大位，仰荷天麻，自即位以来，待文武如手足，爱庶民如赤子，罔无尽其诚，是以各省设文立武，寄托以安民是任，亦若保之以赤守是，足体念朕之诚爱也！

不料，尔江苏文武员不独尸位素餐、不司民政，不除凶暴以安善良，且视民如草如芥，况又贪赃受贿、不察覆盆含冤之民，妄抄家产坐位分，削民之脂膏以肥己。长寇之威烈以扰边纵兵，差而强如蛇蝎；池民家有悬声凄悲，至吏室有盈箱满载；方脏咨嗟，鬼神愤怒。即今三姓之害，借事生端，妄捏刘芳通寇，手先复陷；陈升助寇，邪后利睆；梁琼玉百万资财，嫁祸抄家。陈梁两业，若共瓜分，何异人盗狼寇，抢夺强横？领王治民，实则害民；承君禁早，集则为暴。上负国恩，下凌黎庶。欺君不法，莫此为甚！

兹特旨敕陈、刘两员，一巡按、一秉公，同文武受贿罔民负恩之员，扭解回朝。为首恶者，于本土诛戮，以警捏害尊民之恶。贪重赃者则令民回领抄家，以济穷民。复还陈、梁故产，给归原物。上清欺君爱贿之臣，下慰众民被害之尊！

呜呼！有善以彰，有恶必惩；国法无私，人情允协；与爱非君，可畏非民。圣言教训，千古是趋。立法尽善，唯万年肃遵。钦此！

宣旨诏一毕，不知本省文武官何如，下回分解。

第二十回　来巡抚抄拿奸眷
　　　　　回长安擒获叛臣

诗曰：

受恩不报非豪杰，有德须当答谢均。

寄语世人休作孽，害人还自害其身。

当时宣读诏旨，苏州一府文武官员面色寒青而又转黄。刘、陈两钦差命柳知府及其左右摘去朝衣朝冠，收还符印，将一家锁拿了，下士尽计讫，填注于册上，并赵总兵家口符印亦然抄讫、锁了家口；府县厅州吏员皆下禁天牢。唯节度使及布政使两大员动本部议，方能定罪。

次日，两钦差恭请皇命，摆开圣旨，开向法场，押出柳知府并家口共有十二人。家丁侍婢不坐罪，又有后队赵总兵已被阵上杀死，只得将妻子儿女九人亦押出法场，具首司户千百户把总吏员共官九人，一同共斩首三十人。一刻人头滚地，斩讫，钦差发兵三千，命马英、魏明二将捉拿装家部属，共十五人，一同押解京都定罪。

只有新任接印文武官多来送别钦差巡按回京复命，各回衙中。

又表刘、陈两官奉旨在本土谒祖，限一年回朝复旨，且得回屋宇产业，日中有乡宗戚友往来问候，或请宴会或与屐游，倒也自得逍遥。当日闲居，刘芳自思："己身得贵做官，出于一刻迅速"，又思："梁琼玉先得身荣，因救驾有功，封侯爵出镇西川，带同吾妻往蜀中侍奉，有此恩义兼尽贤徒，世所无双也。且待完了此公案回朝，然后奏知皇上，请旨调回颜氏妻，并谢梁琼玉恩德，其心方才放下怀念。"又思妻出奔时，怀足十月之孕，未知生产安否？然是男或女。住语刘芳想象。

又言陈升闲暇思量言："为善必昌，为恶必亡。可恨裴彪，因贪淫一节，即假交结刘芳，先害他，后害吾，至今妻身年少而亡。又得徐氏岳丈用情招赘了，某即来故宅起户，用棺柩埋葬，大开空坟，梁玉忏悔，超度幽灵。今且待完了此公事，回朝奏主携妻徐氏赴任，是所必然。"此是陈升心情。

他两人在故土日中，或陈升拜探抑或有刘芳来叙会，同餐共论众奸陷害，不须多表。

再言裴兵部府中老奴，不分日夜赶回长安，进京都城内，上禀老大人言知："公子在家惹出大祸。与虎丘山贼私通，先害刘巡按，又害陈钦差，今被他们拿下，提兵征剿平服了。走脱盗首，将公子一家大小十五口俱拿下，不日解回京矣！"裴兵部一闻此报，大惊失色说："不好了！孩儿累及吾也！"

即日进内，将金银珠宝满载，其余剩的不能多带，累身难携，只分给众家丁，吩咐尽散去。是日，又得接到古羁威下人书。原来，古羁威败阵逃出，想来族弟古强在镇江茅山为王，手下雄兵数万，故败往投之，安身在此，仍思报仇，故此有书赶来达知裴宽，说明公子被擒，通知他今投来茅山方得性命云云。故裴宽心忙意乱，将书及印藏书房中化焚，只扮做客民，与心腹家丁四人扛抬了两箱金宝，向镇江府茅山而去投伙。

一出皇城，一连赶走数天。

途中，遇着一位回兵大臣铜台节度使郭子仪，带领五百家丁、五位世子：郭虎、郭豹、郭玉、郭江、郭海五人，只有长子郭龙代父署印守铜台城。子仪回朝与君皇庆祝上寿，备办了贡献上祝礼物，见天色将晚，只得礼屯扎兵于山边。有一将上禀："大人，山下一人在后营，又有四人扛抬两箱重载之物，入山越岭而上，似极慌忙之状，未知此人是劫取盗贼好歹否？"

这郭令公一想，曰："莫不是劫取财物强盗？且弄来见本帅！"家丁百十人领命，一刻押入来见大人。子仪一观，细细认来，是朝中裴宽兵部，喝左右解其绑缚，扶起座位，曰："家人有眼无珠，只因改装，不认得大人面貌，且恕罪莫怪，请坐下。"

二人拱揖，分左右对坐。子仪曰："请问裴大人，缘何改装私行？天色昏晚，还越山跑路，意欲何往？"

裴兵部曰："郭大人，汝还未知，本部堂风闻得东方高丽要叛吾天朝，故暗自出京来探听彼虚实。又黑暗中山边屯扎安营，只道是山寇，只因家丁四人不敢在前径行，故抄后营岭上行走，免惊动贼人来算计也。"

当时，郭令公想来："既然高丽国果反叛我天朝，何故并无边报？其中必有委曲。"即曰："大人扛抬物品，又料必有御令三五十精健军将保护，何四人而已？既暗中奉密旨往高丽，岂无圣旨？且请借来一观。"

裴宽曰："此乃是吾风闻得来的，倘确拟真假未分，故未敢奏闻，惊动朝廷，故未有圣旨。"子仪又曰："大人，本帅之家丁初得罪时，汝四家人扛的箱箧走散去了，将箧两个打开看来，尽是金银珠宝许多贵重物色，但拟大人私行密访，如何又携带许多金银珠宝？"

裴宽曰："郭大人不知其中底细。本官自出京城，路过都府州县，多来送赠，本待不领,又却其恭诚之心矣!"

子仪一想:"此贼不通外敌,定然奔叛哪一方? 彼必然奔回故土为乱了。"即晚恭进用款。兵部曰:"有朝命在身,要促趱程,不敢领赐;且告退了。"

郭令公曰:"大人言说两端,尔言私行密访,又非奉旨,如何又说朝命在身? 且留宿一宵何如?"裴兵部只是不允,激恼了郭令公曰:"本帅看汝此行,定为负国恩欺君,弃职逃叛为逆。真是既云外国有变,岂无边报? 本帅身承督兵之任,岂有一音不闻之理? 又非出于圣旨,事已糊涂。尔若要行程,除非共同回朝见主奏明,去也未迟。"

裴兵部曰:"去留在我。郭大人,汝是境外大臣,吾是内部之官,汝何必多管本部的事?"郭令公曰:"汝言差矣! 一体为官,大小皆皇上臣子,何分内外? 若大人不肯回京同往,断然去不得,不若与汝对锁,在圣上跟前理明曲直。"裴兵部曰:"谁与汝对锁? 即回朝见驾,奈甚何来?"

当时,郭子仪一心知他作弊,故特羁绊住此贼同行。

走途数天,回到长安。入朝在午门候旨。当时,正在设朝未散,适皇门宫人入奏。圣上闻郭帅回朝,即传旨宣进。

郭令公俯伏叩见,行了君臣礼。帝命平身曰:"卿家代朕领镇铜台,勤劳皇室,朕常怀念。但近日台城一大郡风土民情安靖否? 粮粒丰缺如何?"子仪对曰:"台城大郡,藉圣上洪福,万民乐业,水陆升平,粮食颇丰,无须圣虑。因见不日陛下万寿之期在迩,臣本该回朝恭祝,故备些微物贡仪敬献,少尽臣子微忱。望圣上恕责欠恭之罪。"语毕,呈上贡礼折子。

明皇龙颜喜霁曰:"郭卿,尔乃清廉之官,纵有些皇俸月给,但儿孙众多,食需敷广,朕久知之。且朕是年年有此一日,又非大万寿之期,何劳卿备此重礼贡呈? 足见爱君之至。"

当时,内侍接仪双注。

郭令公又奏上:"臣未入皇都,在陕洛交界,只见兵部尚书裴某扮身为民服式,有珠宝两篚随行,不知何意? 见臣扎屯山下,不敢在山前赴走,越岭而行,事有可疑,邀盘传他时,彼言高丽有变,又言私行密访并无皇令密旨,收篚打开,玉宝太多,不知有无此事? 故不愿放他出岭,今将他同还并珠宝并在,请旨定夺。"

圣上闻此奏,怒曰:"近也八九天不见裴宽上朝,朕只道他有疾,未经告假耳! 是至不查不问,岂知他改扮为民,私自奔走,定有行为不轨也。"

当时,明皇喝令值殿将军押他进殿。下跪曰:"臣见驾,愿圣寿万疆!"明皇拍案怒曰:"汝这逆臣,假扮为民,不辞驾私出京都逃脱去,想必通夷作乱,定然回籍生端。若非郭卿家有此胆量,智识高明,将尔拿回朝,朕的江山有不得了,几乎送在汝逆贼之手。尔实则私赴,是何主见?"

裴兵部曰:"臣但罪是出躁,只因风闻东夷高丽有变动,亦未得其确,不敢擅奏,是至暗行密访其虚实耳!"不知裴宽假奏如何,下回分解。

第二十一回　证逆臣欺君正法
征山寇奉旨提兵

诗曰：

邦家有幸进忠良，君圣臣圣国运昌。

只虑无终遭贬逐，小人将志便倾亡。

当下，唐明皇听了裴宽之奏，怒曰："糊涂妄说！孤身独走，只得有四人扛抬许多金宝，显然奔逃叛国。存此恶逆狼心，终成大患。"喝令押出斩首，休得再多言刁说。但这裴宽与大奸臣李林甫是心腹厚友，相济为恶的一党小人，即出班保奏曰："依臣愚见，且将暂禁天牢，果若东夷有变叛，是他深心于国，有功之臣，固复职有加；若无此事，将正法未迟，以免有误屈杀之弊。望吾皇上开恩准奏。"

明皇怒气少息，一想便准奏，将他收禁天牢。是日退朝，各臣回府。

乃至一月之久，果然万寿之期。百官登朝，纷纷庆祝；并外镇臣子即不回朝亲庆，多有仪礼贡献回朝；并外国四夷，莫不敬祝献宝，称觞恭祝。劳忙一番，天子赐宴。数天热闹，不表。

再说刘芳、陈升须旨上限期以一年归乡并满门捉拿了各家犯官家口，收入天牢，未得完结此公案。只不觉一晃过了五月之久，二人心急，酌议早日赶回朝以除奸党。是日，约定次早登程。一路押解各犯渡水登山，非止一日，得回长安。一入皇城内，已是日午当中了。且传号令扎营于内城，明朝见驾。

此后刘、陈两人先往拜探李学士、钟礼部、郭令公一班忠良，又叙起裴氏在本土私通盗寇，已经提获，抄家时有裴彪一稿，告与父通古羁威、私行结拜的，复有裴氏的家书四封，通知赤松林铁盗同来劫驾之语，倘劫驾成功，裴宽在朝内接应………说明一番缘故。李学士听了，冷笑一声曰："此乃天眼昭彰，只道这奸贼改扮民逃走何缘由，岂知因孽子做至祸至？恐一旦败露，便思想逃脱而去。明日上朝对证攻他，自有诛戮奸狼、锄却朝中狼虎！"

此日，众忠良议谈，但刘、陈二人仍在李学士府中安宿。此夜，少不免酒筵相待。

到次早五更，文武百官俱集朝房候驾。一闻景阳钟一撞，龙凤鼓齐鸣，众大臣纷纷入觐，见礼山呼，文武分列班行。适皇门官入奏："刘、陈两钦差回朝复命，征剿得胜，在午门外候旨。"玄宗帝即宣二臣上殿。

陈、刘闻召，进见朝参。他一奏本呈上，随入江南界先收服山寇，投附不从，攻战败走逃脱，再陈裴彪父子通寇劫驾、蹈害起祸之根由，原是此贼为首。故拘押下裴彪家口，单走脱了古贼首为恨，未知逃脱在何方？忧虑又有风波在后也。并录上破贼巢所得粮草、马匹兵丁若干。

当时，明皇御目电览一过，心中明白了兵部老奸猾奔走私越之情，怒气冲冲；又想起此贼府中尚扃未经封锁，兵部官印仍在他府中，不免命人往他府第一搜。想罢，即旨命钟礼部往兵部府衙搜回符印。钟礼部领旨而去。

不一刻，到了兵部府。只见大门大锁，紧打了门首，无人看守。礼部命军兵用铁锤打下锁扣，一程直进五重府第。内外只存下些石台石凳，楼阁亭池，并无别物。兵士纷纷入搜。礼部信步登楼。书楼中，只见一小箧未有锁扣，打开一看，内有印一颗并书一封，乃是虎丘山古羁威来的，言已战败，今逃脱在镇江府茅山，族弟古强在此为寇，如要保存性命，可逃奔回故土，入顺此土，须要多带些金银来做饷粮更妙云云。

当时，钟景期不意搜得他印，又得古贼来通他逃走之书，不胜嗟叹："此奸贼父子同相作恶，更见死有余辜。今日不料奸谋败露，正天不容此贼！国家有幸，故一时无夺之魄也。又得知古贼逃匿之方，可一网而擒矣！"喜悦中，持了小箧并大呼军人："不用再搜了，且将小箧携回朝中，可复旨！"众下人领命，将箧子拿起。

钟礼部出了兵部府，命人将皇封条贴上，下加锁起，坐大轿一程进朝。将兵部符印呈上，又将古贼来书等并与帝观看过。明皇读毕，乃重重发怒曰："此贼父子乃万恶刁奸逆臣，文通凤凰山铁贼来劫驾，共夺朕之江山；子又通虎丘山古贼来报父仇，杀上长安。是有其父必有其子也，千刀万剐不足以尽其辜。今古贼来书邀其逃回本土镇江，投归贼党。又思此贼为患不浅，必须起兵剿灭尽，方免后患。"又喝令将裴宽吊出天牢，全家处斩。共二十人一齐了决弃市，将首级悬挂黄门以警乱臣贼子。再下旨命苏州府文武大员节度使至布政按察使，俱皆降级罚俸，以彰国法森严。

刻日旨下，苏州文武焕然一新。初来任者，固体上心，即贪员婪吏也惊惧严令。

当日，将奸贼斩讫，复旨。一班忠良臣暗喜，只有奸党李林甫、高力士见去了相厚

私家藏书

银瓶梅

图文珍藏版

心腹，大是不悦矣。

此日，明皇开言曰："古贼今又投入镇江茅山合伙，只恐又生他变，卿等保何人去征？"李学士奏曰："别非其所任，仍要刘、陈是本土人，水陆山川皆稔熟，且司马与马、魏三将前经杀败此贼，今他又入茅山，又多一寇耳，不若陛下仍调梁琼玉同往，随为中军，何难了决此寇，以靖疆土？"

当时，明皇准奏，敕旨：刘、陈为正副元帅，梁琼玉为中军总管，司马瑞为前部先锋，马英为左指挥，魏明为右指挥，带兵十万；待等旨命调回西川梁琼玉节度使，然后兴兵。明皇即日发旨，命刑部王往西川宣调琼玉，领旨而去。遂又呼郭令公曰："卿家，尔回朝庆祝已终，在朝三月之久，但铜台乃大省郡，至重之邑，不可久无主事之人。只因民政纷繁，不可久留京都，早回代朕莅治方面，寄托此土，非卿不能为朕托守也。"

子仪曰："臣领旨。"

次日，带同各子拜辞圣上，别过同僚，出皇城去了。不表郭令公。

再说王刑部奉旨，一程跋涉风霜，急赶二十多天，方入西川成都府。梁琼玉闻圣旨到，大开中门，迎接进帅堂。大使宣读，梁琼玉跪接过，方知宣召回朝，领兵征剿贼事。又与刑部见礼。正要款留，王告辞先回朝复命去了。

次日，梁节度使暂托印于林庆总兵代署，刻日登程，急赶回朝。

一天，进入皇城，知会过刘芳，两相拜谢，刘芳不胜感激。及与陈升见礼，朝廷论爵自然有大小之分，但刘、陈、梁三人是师生故友，又是两相恩惠，故不拘官职。久别相逢，多少言谈。论及裴彪，皆此人陷害，父子私通盗寇云云。琼玉听毕，愤然动怒曰："原来此贼狼心狗肺，暗害多端！害得我与师三人家散人亡，陈师大小老少，夫人年轻死节，可悯也。幸得师娘逃出，在树林下生一子，已将两载，吾为师可喜。"刘芳闻产下儿，心颇欣意，复叹人心扶持之德。陈升亦叹善高义，琼玉谦逊一番。

三人叙情谈话一番，庖人早已送上上口佳筵，师生故友同席把盏、交杯知言。起辰刻欢叙，至日落西山方才散去筵席。

到次日五更三点，文武百官多在朝房候驾。顷刻，天子登殿，文武百官纷纷俯伏金阶，山呼礼毕，各无本疏奏上。单有刑部王回朝复旨，并陈奏："梁节度使刻日奉召回朝，现在午朝门候旨。"

明皇闻奏，即传旨宣召。梁琼玉步进金殿，俯伏行了君臣大礼。帝曰："召卿回朝，协同刘、陈等往征茅山。因卿等是本土人氏，地土稔熟，易于困获，非别将可待。

成功回朝，论功赏劳，以报诸卿也。须早发兵。"众臣皆称："领旨。"

此日退朝，文武各回衙。刘、陈、梁三人仍在李学士府中用过早膳，琼玉行文于兵部，刻日点齐十万精兵，户部预备足三军粮草。大小将兵俱往校场伺候。刘、陈两帅、梁节度使大总管，旗幡错杂，兵戈耀日，杀气冲贯九霄。不知兴兵何日得胜，下回分解。

第二十二回 攻茅山唐将施威 设地雷贼师取胜

诗曰：

顺天安行方常地，岂令群奸侍庙廊？

看尔横行多少日，若存清圣朝中立。

且说茅山日中聚集得喽啰兵五六万，只忧粮草不继，故不敢动兵。但向日官兵太弱，不敢惹此寇。当日，古羁威见书到了裴兵部衙，缘何不见他来投？得以继充粮饷，方能行事。他还未知裴彪父子被诛了。后本省行文，将此奸徒故宅挂了锁、皇章谕旨张挂起，方知兵部父子皆被杀。他心内预得朝廷有兵来征讨，日在山中操练军兵。古羁威酌议四山与前后左右布满火炮灰石以备应对官兵。

再说朝廷大兵，水陆行程四十余天，方入江南境土，一程直趋茅山。有探子先行报："已离茅山百里之遥。"二帅发令，就地安营扎寨。三军领令，发炮安扎大营营寨，左右前后扎围一圈，层层支帐。

此日，埋锅造膳已毕。

二位元帅升帐。众将分列两行。

先说茅山两个强盗，此日喽啰兵打听得朝廷大兵到了，于百里外安扎下大寨。当时，古强曰："哥哥，我想朝廷兵多将广，如以对敌，须设个万全之计，乃可踞守此山。"古羁威曰："他兵果多，我只守此阴山。杀下易，他杀上难，彼断难攻我。只虑军粮少些，今日且令头目先锋开兵一阵，今夜出其不意，往劫他营寨。纵不能全胜，亦挫他一阵。"

古强依允，发令点兵一万，差右寨先锋贾顺带兵杀下山讨战。

再说唐营中，司马瑞此日亦奉将令带兵一万杀往茅山。两军遇于平途，个个摆开队伍。司马瑞拍马大喝："狗盗，纳命来！"贾顺飞马，亦不答话，长枪刺去。司马大斧架开。

将兵对垒，战鼓隆隆响，震得天昏地暗。

但贾顺贼将虽不弱，然本事及不得司马将军。一连冲锋三十合，招挡大斧不住，只有招架之功，并无回手之力。只得扭转马头败走。喽啰兵正在对垒，见主将奔走，亦舍唐兵退后而逃。司马喝令兵丁追杀一阵，贼兵大败，纷纷走回山去。

司马瑞正要带兵追杀上来，及半山，只见箭如雨下，打下巨石如雨，反伤兵数百，只得退回山脚扎定，叫骂喊战。

再说贼将贾顺败上高山，退走入寨，言唐将英勇，败回。古贼惊烦，计点伤兵将及三千余。古羁威大忿，要出马。古强曰："兄长在虎丘山曾与唐将对垒多时，已领教唐将兵本事。不若待弟出马，与他见个雌雄。"羁威只得允了。

古强上马披挂，提了板门大刀，带兵一万五千，杀下山来。司马瑞大声喊杀讨战，只见山上冲下一枝军马，为首一员紫膛面色少年贼将，催开红鬃赤兔马，呼喝大刀打来。司马大斧架开，两相冲锋，二将一连杀了百十合，未分胜败。唐兵喽啰接刀交加混战，但二将杀个对手，不分上下；你我不舍，又战斗八十多合。已是天色晚了，只得两下收兵。一回营，一归山。

司马瑞回营，将初杀败贼将一员、伤他数千贼兵，正要趁势杀上山，当不得箭如点雨、飞打巨石伤兵，只得退后骂战；后有贼将杀来对敌，胜负未分，天色已晚，故两收兵回禀，三帅曰："将军头功取胜，交兵劳力，且往后营安息，明日再破他。"司马瑞应允，往后营去了。

再说古强回山寨，对兄长曰："唐将果然英雄，弟只抵敌不住，如之奈何？"羁威曰："想来唐将文士，多谋计深，未必劫得他大营，但他兵将众多，我山兵少。吾有一计，且令头目带兵五千下山，前往敌营前一百里之外，不分日夜布散暗埋藏下地雷火炮烟硝之物，引线之火，一路相连，他兵一到，定然不知，一践踏着火线一物，自然烧焚起，地雷火炮一响，军兵多要烧死。所有近处山坑之水，尽放毒药冲出，待他汲水做食，又能毒死他军。是不费军力，强如与斗战。"

古强曰："兄长妙算不差。"不表贼营设计。

原来，唐兵初一到，刘、陈俩即已令下众军兵，不许汲引坑溪堑水，犹恐敌人放毒物、暗算计，须要另开沟水，方可取用。三军遵令，是以不中毒水之害。

到次日，三帅升帐。有司马瑞上前曰："昨天只因天色昏晚，是以收兵，未能擒得贼将，今小将仍要出马擒他抑或斩灭贼人，可能立功。"梁琼玉亦要开兵出战，于是各将带兵一万二千五百人，分前后队而出。适司马瑞一军先出，直杀至茅山下骂敌。

古强带兵二万复出。两将对敌，兵丁对垒。好一场厮杀。

当时，古贼用了地雷火炮计谋，一连战了八十回合，古强一想："唐将果然英雄难敌。且引他进山，有炮火伤他。"想定主意，便回马诈败而跑。司马瑞大喝："贼人休走!"拍马追上山来。

顷刻中，喽啰亦退。唐兵随主将追上。当时，不见箭石打射，唐将兵放心追杀，岂知正是贼人引敌之计？故不放箭石。当此古强逃走至半山，司马瑞只顾带兵追杀贼人，讵料众兵未至山腰，不知他布定暗记号火线，足一触动，却被地雷火炮轰天响亮，满山火透。吓得司马瑞胆战心惊，方知中计。不及跑下山，被火烧着，连身上都着了，急忙卸下盔甲，没命地跑走下山脚。一万兵在后者不能逃下山，一半多烧死，三四千余被炮火烧伤。伤的唐兵方逃下山，在山左右羁威带兵拦截住，只得再战，幸得梁琼玉后队带兵接应，挡拒古羁威大战，兵丁交战。

贼将贾顺拍马助战，却被司马瑞大斧劈于刀下。古羁威看见一惊，贼兵阵脚渐渐松移，倒被唐兵奋勇而进。贼兵已散，古羁威料难取胜，亦拍马奔逃上山，大喝兵丁退去。唐兵一路追杀，败中反胜。贼兵战死五六千名。

但琼玉见贼人败走，不敢追赶上山，只恐蹈他地雷炮火，与司马合同收兵回营。

刘、陈二帅闻知，也觉骇然。令司马瑞下去安息。只因受火气所伤，待数天火毒方出。受火伤千余军士亦然安养。众人设计攻山。

复说古贼两人见唐兵不赶上山，只得招集回喽啰兵。虽烧死唐兵数千，但被他后军接应，败中反胜，亦伤兵整千。二人酌议，只得四山多加地雷火炮以防唐兵暗来攻击。

当晚，唐军众将酌议设计攻破山寨。有魏明曰："元帅，以某想来，他的茅山高峻险广，四围俱有地雷火炮，难以将兵杀上攻破。不若将十万人马分开，山之前后左右，重重围困，使水泄不通，待他粮草自绝，自然内乱。谅他插翅难飞也！"

刘芳曰："若此经年累月难下，何日成功班师？今不知贼寨中有无多少粮草囤积？少则易困守，他粮足则困守无期矣！"

马英曰："不若今三更时候尽起大兵，分四面拥上茅山，放火打炮，焚其寨栅，或可一鼓而擒，未知如何？"

陈升曰："不可！仍受他地雷炮火之患也。"琼玉曰："如此何日可破得地雷炮火？"

刘芳曰："他四面俱有地雷炮火，一触其火线，即满山火焰，枉伤军兵耳！不免待下官制造水车八百架，前后左右，每方二百架，水一灌进，即带兵车上他山，也不惧其火矣！此以水克火，方得成功。"

众将听了，多言："主帅妙用。但水车之图式要元帅发式。"刘芳曰："此作式何难？"

当日，两军停战。月余水车方能赶办造成。但古贼自知兵单将少，不敢来挑战。一连三十余天，不见唐将兵来讨战，不知何意？想必他畏惧吾地雷火炮，不敢来攻击，故围困我兵绝粮，以待我们自乱耳！不知唐将如何攻山，下回分解。

诗曰：

天命难违信不诬，贼徒枉自逞奸豪。

罪盈满贯雷畏日，远志高飞曷可逃？

当下，古强言唐将因绝吾粮草，故不来讨战云云，料他必将雄兵围困四山，岂知唐将赶造水车来剿灭他山？刘帅在内营发式，令工匠制造，古贼二人哪里打听得出？果将四旬之久，唐营中制造水车足八百架。

此夕，三帅发大小三军。中将营中，刘、陈二帅留兵三百守营而已。梁琼玉领水车二百架，带兵二万三千，攻入前寨；司马瑞领水车二百架，带兵二万三千攻入后寨；又点魏明领水车二百架，带兵二万三千攻入左寨；复差马英领水车二百架，带兵二万三千攻入右寨。是分料已定，候至二更终，唐兵分四路登上高山，九万余众人，水车先推上。

只见地雷响亮，火势焰光，却被水车运上，军士将车轨扣一放，水势漂飞，有若山崩水涌，冲得波浪高扬，从上下流，水灌透山，火焰不发。唐兵复放火将他四方寨栅门焚烧起，火炮连天轰响，打进大寨，门打踢了，喧哗杀人。古强二贼方知。黑暗中喽啰大惊四散，哪里拿得兵刃相斗？众头目皆奔，各不能相顾，贼兵被杀不少，黑夜仆跌踏死倍多。

古羁威一慌之际，寻不得大刀，只得拔腰刀，又无马在旁，跑出前营，正遇着梁琼玉。梁琼玉大喝："贼徒，哪里走？"双鞭打下。羁威腰刀哪里架得住打？琼玉复一鞭，头已打烂碎了。

又有唐兵四边追杀，直至攻入大寨。火焰已焚，贼人又多烧死的。只后寨逃出贼首古强，亦无兵刃，只顾逃出，又遇司马瑞大喝："贼徒，今休思活了！"大刀一下，打为两段，仆跌于地，鲜血淋漓。可叹二贼强占扰害十年光景，今日尸横山坡，足惩强横之罪。但还连及多少无辜之命一同偿之耳！

当夕，一直杀戮至天明。不见一兵一贼，只尸骸满山。琼玉等收兵焚寨。余火未熄,琼玉吩咐掘野林将各尸草草掩埋过,全胜带兵而回。

一到营中,申言得胜剿灭各贼寇之由,刘、陈二帅大悦曰:"总藉圣上洪福,得除逆寇,又得列位将军劳力于沙场之功也。"众将曰:"今之成功,皆元帅水车破贼地雷火炮,方得贼人尽歼灭,吾等何功之有?"刘芳谦逊,正将帅两相谦议之德。

是日,三帅吩咐大排酒筵,割猪烹牛羊,大加犒赏大小三军,营中内各同畅叙乐饮。三帅及众将在中营把盏,各相劝酬、行酒令的兴闹。此日只因将茅山诸贼灭尽,大小三军不妨叙饮多些,以赏征役劳苦;是诸行军将帅体恤将兵之有心事。

当时叙酒间,刘芳对陈升、琼玉曰:"今幸出兵,仅及一载,藉圣上威福,众军主力,贼徒得早扑灭,亦清除外患之状也。"陈升未及答言,适琼玉嗟叹一声曰:"今日外患虽除,只忧内患。更有甚者,近圣上晚年,春秋既高,内有李林甫、杨国忠用事,贤良正士尽逐贬;外有安禄山进封东平郡王、职管三大镇,兵势权大,观此外患崇朝又立至,无奈圣上不醒悟禄山之凶与林甫之恶!亦国之不幸,不得平宁也。"

二帅众将闻言,皆点头嗟叹以为恨。陈升曰:"当初,宋、韩休、张九龄在朝,进用时贤,政令焕然一新,有唐初太宗先皇政治。奈何当今用贤人不有共终尽皆废,而李、杨进国事焉得不坏乎?只我等叨蒙圣上一时恩遇,只有各尽其心,以称其职耳。"众人皆点头称是。

此日宴饮,自辰时至未刻,方才叙毕。用过餐膳,三帅又酌议择选吉日班师回朝。是一天,期到了,吩咐带兵拔寨登程。自然,苏州府又有文武大小官员相送,出城十里,望不见旗幡影映,文武官方个个回衙。不表江南镇江府茅山贼寇平宁。

再说刘芳三帅大兵,一路涉水登山,奏凯旋师。所过各镇境土府州郡县各班文武官,水陆相送。一连四十余天,方得到了长安大都。一进了皇城,早已散朝,此日午矣。只得屯扎军兵,将兵马赋予兵部管理;粮饷赋予户部暂贮公所官仓。只众将在朝房等候次早面君。

暂宿一宵。

五更早设朝,百官入觐。皇门官进内殿奏知:"三帅征胜茅山班师,现在午朝门外候旨。"唐天子闻奏,大喜,急忙传旨众将进殿。众将一至金阶,俯伏朝参拜贺。天子喜色扬扬曰:"众卿免礼平身。"又问征伐山寇之由。三帅曰:"藉圣上天威,贼人合伙不半载得以尽皆剿灭。"将前后争战之事——陈奏明。

天子羡美刘芳用智、众将兵效力,用水车破地雷火炮方得歼灭强徒,其功非小。进封刘芳为河南节度使之职,兼督全省文武、提调军务、兼理粮饷水陆事务、镇边大臣。刘芳当初被装彪计害,夫妻分散,至今不觉五载。此日谢主加恩赐爵,又陈奏:

"前日得灾难,得恩义门生梁琼玉救出臣妻,今带同往赴任服侍,恩义兼优,微臣感德,求陛下降旨召回与臣赴任,深感天恩,得以夫妻父子叙会也。"明皇准奏,同赴任所。复封诰正二品夫人以奖贞静烈德,刘芳欣然谢主。

又进封陈升征寇同功,敕赐山东都察院之职,妻诰封正二品夫人,随同赴任。陈升又上奏曰:"君皇,微臣故妻潘氏亦因裴彪计害,赵总兵围宅,妻自尽节,撞死梁栋,现今续弦徐氏,乃反周为唐英国公之后、徐孝德之子徐芳昭女也。早已家居不仕,还恳皇上念他祖徐懋功是开国之臣,他父孝德复唐有功,召回朝廷,授以一职,正见国恩恤念功臣之后也。且他二子已钦点入翰苑、两榜标名了。"明皇亦准奏。阴封潘氏为芳烈夫人,赐拨公田三千亩,每岁春秋享祭以纪贞烈流芳。又准奏:"念恤开国功臣之后徐芳昭,于先皇即位之初,即告疾旋归,未经起复。朕继接后亦国务纷纷,却忘怀了。此功臣之后,三十余秋。今差官旨下江南,宣调他回朝,保却兵部之职。"陈升喜悦谢恩。

明皇又进封司马瑞随征山寇,汗马战功不小,敕赐河南总兵兼督水陆军务事情,妻徐氏二品夫人,随同赴任。

马英、魏明亦乃开国功臣之后,今复随征山寇有功于国,进封马英为河南归德府参将,妻诰封三品夫人;进封魏明为汝宁府参将,妻诰封三品恭人。

唯唐世外镇大员节度使乃至重文武之职,总握全省军务,至此职无以复加,故梁琼玉虽则征伐剿寇有功,仍不能加职。但厚赏赍赐,每月加俸而已。

当日,封赠各职已毕,赐赏宴筵,君臣共乐一番。宴罢,正要退朝,午朝门皇门官入报奏上:"有一红面道人,自称先皇祖考时谢映登,要求见驾,未知准见否? 请陛下定夺。"明皇一想:"先皇祖考时果已久闻谢映登之名,但他入道已久,今来见朕,料必有因。"传旨请见。

一刻,谢仙履步而入,一见帝,稽首曰:"贫道山野人见驾。"帝曰:"大仙师,休得拘礼! 尔乃先辈入道之士,久脱世外烟霞,今来见朕,有何赐教指示?"谢仙曰:"贫道山野人,本不敢轻到金銮殿见驾,只陈大人前者得吕仙师赠赐莲子瓶之宝,今已成功,不用此宝矣,且交往吕仙师。故贫道特至金銮殿领回交他。"

陈升闻言,取出香囊,将宝瓶交回。唯明皇不知其故,问及来由,陈升将先师吕纯阳前赐宝瓶、又保性命、脱祸殃,又救活刘芳被知府夹死回生篇云云。帝也惊异:"看不出,一个瓦瓶有此起死回生之妙,并能脱解兵戈之厄,此必仙家妙用之宝!"

看毕,交回。谢仙收入囊中,拜辞圣驾。明皇挽留谢仙,谢仙辞曰:"山野僻性,净归山岛,陛下不必留也。"众臣送出阶下,谢仙向帝一拱手,大袖一展,凌空驾去,冉冉而升。众人多称奇异。得逢一活世仙翁是人人罕见的。

原来，唐明皇平素信重神仙，当日羡慕之，晚年僻性加敬。信史上亦陈及之。

当日，各将士受封之日，各往赴任。但刘芳一连在京等候一月，颜氏回朝，谢过主恩，夫妻父子相会，悲中而喜怀腹子刘松长成五岁之年。

后来，刘、梁、陈三姓联婚，世好结谊，厚爱情深，往来不绝。即司马、魏、马、白、高五人亦不失为通家世好。

此书是刘、陈、梁三贤因灾得贵，书中俱已详结。其时乃玄宗帝唐明皇天宝庚辰二年事迹。即今陈升荐徐芳昭于朝受职诸端，此书也先交代。当此时，与安禄山同时，下书又有续笔，至安禄山叛乱、唐明皇出幸西蜀、复回唐天下，而有郭子仪大功、李光弼为次功。看官欲追此事，不日已有刊行矣。

海外藏禁毁私刻本

第四篇

八洞天

[清]笔炼阁主人　撰

卷一　补南陔

收父骨千里遇生父　裹儿尸七年逢活儿

诗曰：

> 新燕长成各自飞，巢中旧燕望空悲。
> 燕悲不记为雏日，也有高飞舍母时。

这首诗，将白乐天《咏燕》古风一篇，约成四句，是劝人行孝的。常言："养子方知父母恩。"人家养个儿子，不知费多少心力，方巴得长成。及至儿子长成，往往反把父母撇在一边。那时父母嗔怪他不孝，却不思自己当初为子之时，也曾蒙父母爱养，正与今日我爱儿子一般。我当日在父母面上，未曾尽得孝道，又何怪儿子今日这般待我！所以，白乐天借燕子为喻，微劝世人。然虽如此，也有心存孝念，天不佐助的，如皋鱼所言："子欲养而亲不在。"又有那父母未亡，自己倒先死了，不唯不能养亲，反遗亲以无穷之痛，如卜子夏为哭子而丧明，岂非人伦中极可悲之事！

如今待在下说一丧父重逢、亡儿复活的奇遇，与列位听。

话说宋仁宗时，河北贝州城中有一秀才，姓鲁名翔，字翱甫，娶妻石氏，夫妇同庚，十六岁娶了姻。十七岁即生一子，取名鲁惠，字恩卿，自小聪俊，性格温良，事亲能孝。鲁翔亲自教他读书作文。他过目成诵，点头会意，年十二即游庠入泮。鲁翔自己却连走数科不第，至儿子入泮时，他已二十九岁，那年才中了乡榜。次年幸喜联捷，在京候选。春选却选他不着，直要等到秋选。鲁翔因京寓寂寞，遂娶一妾。那女子姓咸，小字楚娘，极有姿色。又知书识字，赋性贤淑。有词为证：

私家藏书

八洞天

图文珍藏版

一六二二

红白非脂非粉,短长难减难增。等闲一笑十分春,撇下半天丰韵。停当身材可意,温柔性格销魂。更兼识字颇知文,记室校书偏称。

鲁翔甚是宠爱。到得秋选,除授广西宾州上林县知县。领了文凭,带了楚娘,一同归家。

石氏见丈夫才中进士,便娶小夫人,十分不乐。只因新进士娶妾,也算通例,不好禁得他。原来士子中了,有四件得意的事:

起他一个号,刻他一部稿。

坐他一乘轿,讨他一个小。

当下鲁翔唤楚娘拜见夫人。楚娘极其恭谨。石氏口虽不语,心下好生不然,又闻她已有了三个月身孕,更怀醋意。因问鲁翔道:"你今上任,可带家眷同行吗?"鲁翔道:"彼处逼近广南,今反贼侬智高正在那里作乱。朝廷差安抚使杨畋到彼征讨,不能平定。近日方另换狄青为安抚,未知可能奏效。我今上任,不可拖带家眷,只着几个家人随去。待太平了,来接你们吧!"石氏笑道:"我不去也罢,只是你那心爱的人,若不同去,恐你放心不下。"鲁翔也笑道:"夫人休取笑,安见夫人便不是我心爱的。"又指着楚娘道:"她有孕在身,纵然路上太平,也禁不得途中劳顿。"这句话,鲁翔也只是无心之言。哪知石氏却作有心之听,暗想道:"原来他只为护惜小妮子身孕,不舍得她路途跋涉,故连我也不肯带去,却把地方不安静来推托。"转展寻思,愈加恼恨。正是:

一妻无别话,有妾便生嫌。

妻妾争光处,方知说话难。

鲁翔却不理会得夫人之意,只顾收拾起身。那上林县接官的衙役也到了。鲁翔唤两个家人跟随,一个中年的叫作吴成,一个少年的叫作沈忠,其余脚夫数人。束了行李,雇了车夫,与石氏、楚娘作别出门。公子鲁惠,直送父亲至三十里外,方才拜别。鲁翔嘱咐道:"你在家好生侍奉母亲。楚娘怀孕,叫她好生调护。每事还须你用心看顾!"鲁惠领命自回。

鲁翔在路晓行夜宿,趱程至广西地界。只见路人纷纷都说,前面贼兵猖獗,路上难走。鲁翔心中疑虑,来到一馆驿内,唤驿丞来细问。驿丞道:"目今侬智高作乱,新任安抚狄爷领兵未到。有广西钤辖使陈曙轻敌致败，贼兵乘势抢掠，前途甚是难行。上任官员如何去得！老爷不若且消停几日，等狄爷兵来，随军而进，方保无虞。"鲁翔道："我恁限严急，哪里等得狄爷兵到！"沉吟一回，想出一计道："我今改换衣装，扮作客商前去，相机而行，自然没事。"当晚歇了一宿。次日早起，催促从人改装易服。只见家人吴成，把帕子包着头，在那里发颤，行走不动。原来吴成本是中年人，不比沈忠少年精壮，禁不起风霜，因此忽然患病。鲁翔见他有病，不能随行，即修书一封，并付些盘费，叫他等病体略痊，且先归家。自己却扮作客商，命从人也改了装束，起身往前而去。正是：

> 只为前途多虎豹，致令微服混鱼龙。

不说鲁翔改装赴任，且说吴成拜别家主，领了家书，又在驿中住了一日。恐公馆内不便养病，只得挨回旧路，投一客店住下，将息病体。不想一病月余，病中听得客房内往来行人传说："前路侬家贼兵，遇着客商，杀的杀，掳的掳，凶恶异常。"吴成闻此信，好不替主人担忧。到得病愈，方欲作归计，却有个从广南来的客人，说道："今狄安抚杀退侬智高，地方渐平。前日被贼杀的人，狄爷都着人掩其尸骸。内有个赶任的知县，也被贼杀在柳州地方。狄爷替他买棺安葬，立一石碑记着哩！"吴成惊问道："可晓得是哪一县知县，姓什名谁？"客人道："我前日在那石碑边过，见上面写的是姓鲁，其余却不曾细看。"说罢，那客人自去了。吴成哭道："这等说，我主人已被害也！"又想："客人既看不仔细，或者别有个鲁知县，不是我主人，也不可知？我今到彼探一实信才好。奈身边盘缠有限，又因久病用去了些，连回乡的路费还恐不够，怎能前进！"寻思无计，正呆呆地坐着。

忽听得有人叫他道："吴大叔，你如何在此？"吴成抬头一看，原来那人也是一个宦家之仆，叫作季信，平日与吴成相识的。他主人是个武官，姓昌名期，号汉周，亦是贝州人，现任柳州团练使。当下吴成见了季信，问他从何处来，季信道："我主人蒙狄安抚青目，向在他军中效用，近日方回原任。今着我回乡迎接夫人、小姐去，故在此经过，不想遇着你。可怜你家鲁爷遇此大难，你老人家又怎地逃脱的？"吴成大惊道："我因路上染病，不曾随主人去。适间闻此凶信，未知真假？欲往前探看，又没盘费。你从那边来，我正要问你个实信。你今这般说，此信竟是真的了！"季信道："你还不知吗？你主人被贼杀在柳州界上，身边带有文凭。狄安抚查看明白，买棺安葬，立碑为记，好等你家来扶柩。碑上大书：'赴任遇害上林知县鲁翔葬此。'我亲眼见过，怎么不真!"吴成听罢,大哭道:"老爷呀!早知如此,前日依着驿丞言语,等狄爷兵来同走也罢。哪里说起冒险而行,致遭杀身之祸。可惜新中个进士,一日官也没做,弄出这场结果!"季信劝道:"你休哭罢,家中还要你去报信,不要倒先哭坏了。快早收拾回去。盘费若少,我就和你做伴同行。"吴成收泪称谢,打点行囊,算还房钱,与季信一同取路回乡。时已残冬,在路盘桓两月,至来年仲春时候,方才抵家。

且说家中自鲁翔出门后,石氏常寻事要奈何楚娘,多亏公子鲁惠解劝,楚娘甚感之。鲁惠闻广西一路兵险难行,放心不下,时常求签问卜。这日正坐在书房,听说吴成归了,喜道:"想父亲已赴任,今差他来接家眷了!"连步忙出,只见吴成哭拜于地。举家惊问,吴成细将前事哭述一遍,取出家书呈上,说道:"这封书,不想就做了老爷的遗笔!"鲁惠此时心如刀割,跌脚捶胸,仰天号恸。拆书观看,书中还说:"我上任后,即来迎接汝母子。"末后,又叮嘱看顾楚娘孕体。鲁惠看了,一发心酸,哭昏几次。石氏与楚娘,都哭得发昏。正是:

> 指望一家同赴任,谁知千里葬孤魂。
>
> 可怜今日途中骨,犹是前宵梦里人。

当日家中都换孝服,先设虚幕,招魂立座,等扶柩归时,然后治丧。鲁惠对石氏道:"儿本欲便去扶柩,但二娘孕体将产,父亲既嘱咐孩儿看顾,须等她分娩,方可放心出门。"石氏道:"都是这妖物运气不好,剋杀了夫主。如今还要她作什?快叫她转嫁人罢!"鲁惠道:"母亲说哪里话,她现今怀孕在身,岂有转嫁之理?"石氏道:"就生出男女来,也是剋爷种,我决不留的!"鲁惠道:"母亲休如此说。这亦是父亲的骨血,况人家遗腹子尽有好的,怎么不留!"石氏谆是恨恨不止。楚娘闻知,心中愈苦,思欲自尽,又想:"生产在即,待产过了,若夫人必欲相逼,把前生孩子托付大公子,然后自寻死路未迟。"不隔数日,早已分娩,生下个满抱的儿子,且自眉清目秀。鲁惠见了,苦中一乐,就与他取名为鲁意,字思之,取思亲之意。只有石氏甚不喜欢,说道:"我不要这逆种,等他满了月,随娘转嫁去吧!"鲁惠见母亲口气不好,一发放不下念头,恐自己出门后,楚娘母子不保,有负亡父之托。正在踌躇,不想鲁意这小孩,就出起痘花来。鲁惠延医看视,医人说要避风。鲁惠吩咐楚娘好生拥护。石氏却睬也不睬,只日逐在丈夫灵座前号哭。楚娘本也要哭,因恐惊了孩子,不敢高声,但背地吞声饮泣。石氏不见她哭,只道她没情义,越发要她改嫁了。过了两日,鲁意痘花虽稀,却不知为什么,忽然手足冰冷,瞑目闭口,药乳俱不进,挨了半晌,竟直挺挺不动了。楚娘放声大哭。

正是：

> 哭夫声复吞，恐惊怀中子。
>
> 夫亡子又亡，号啕不可止。

楚娘哭得昏沉，鲁惠也哭了一场。石氏道："不必哭，死了倒干净！"便吩咐家人吴成："未满月的死孩，例不用棺木。快把蒲包包着，拿去义坛上掩埋。"楚娘心中不忍，取出绣裙一条，上绣白凤二只。楚娘裂做两半条，留下半条，把半条裹了孩子，然后放入蒲包内。鲁惠也不忍去送，就着吴成送去。吴成领命携至义坛上。那坛上住着个惯替人家埋尸的，叫作刘二，说道："今日星辰不利，埋不得。且放在我家屋后，明日埋吧！"吴成见说星辰不利，不敢造次，只得依言放下。到明日去看时，却早埋好在那里了。吴成道："怎不等我们来看埋？"刘二道："埋人的时辰是要紧的。今日利在寅卯二时，等你不及，我先替你埋了，难道倒不好？"吴成道："也罢！"遂取些酒钱赏了刘二，自去回复主命不题。

且说楚娘夫亡子死，日夕悲啼。石氏道："你今孩子又死，没什么牵挂了，还不快转嫁吧！"楚娘哭道："妾受先老爷之恩，今日正当陪侍夫人一同守节。就使妾有二心，夫人还该正言切责，如何反来相逼！"石氏道："你不要今日口硬，日后守不得，弄出不伶不俐的事来，倒坏我家风。"楚娘见夫人出言太重，大哭起来，就要寻死觅活。鲁惠再三劝解，又劝石氏道："二娘有志守节，是替我家争气的事。母亲正该留她陪侍，何必强她！"石氏道："我眼里着不得这样人。你若要她陪侍我，却不是要气死我了！"鲁惠听说，踌躇半响，乃对楚娘道："二娘，你既不肯改节，母亲又不要与你同居。依我愚见，不如去出了家吧，但不知你情愿否？"楚娘道："夫人既不相容，妾身情愿出家。只恐没有可居的庵院？"鲁惠道："你若肯出家，待我寻个好所在送你去！"便吩咐吴成，要寻一清净庵院，送二娘去出家。吴成道："本城中有个女真观，名为'清修院'，乃是九天玄女的香火。小人亡故的母亲，曾在那里出家过来。内中道姑数人，都是老成的。二娘若到这所在去，倒也稳便。"鲁惠闻言，即亲往观中访看，见这些道姑，果然都是朴实有年纪的，遂命吴成通知来意。道姑见说是鲁衙小夫人要来出家，不敢不允。鲁惠择了吉日，备下银米衣服之类，亲送楚娘到观中去。楚娘哭别了灵座，欲请夫人拜别，夫人不要相见。楚娘掩泪登车，径往清修院中去了。石氏那时方才拔去眼中之钉。正是：

白鹤顶中一点血，螣蛇口内几分黄。

两般毒物非为毒，最毒无如妒妇肠。

不说楚娘在道观出家，且说鲁惠既安顿了楚娘，便收拾行装，哭别母亲，仍唤吴成随着，起身出门往柳州扶枢。只因心中痛念先人，一路水绿山青，鸟啼花落，适增鲁孝子的悲感。不则一日，来至柳州地面，问到那埋枢的所在。只见荒冢垒垒，其中有一高大些的，前立石碑，碑上大书鲁翔名字。鲁惠见了，痛入心脾，放声一哭，天日为昏。吴成亦哭泣不止。路旁观者，无不坠泪。鲁惠命吴成买办香纸酒肴，就冢前祭奠，伏地长号。

正哭得悲惨，忽有旌旗伞盖，拥着一位官人乘马而来，行至冢前，勒住马问："哭者何人？"鲁惠还只顾啼哭，未及回答。吴成恰待上前代禀，只见那官人马后随着一人，却就是前日途中相遇的季信。吴成便晓得这官人即团练使昌期，遂禀道："此即已故鲁爷的公子，今特来扶枢。小人便是鲁家的苍头。"昌期忙下马道："既是同乡故宦之子，快请来作揖。"吴奄扶起鲁惠，拭泪整衣，上前相见。昌期见他仪表非俗，虽面带戚容，自觉丰神秀异，暗暗称羡。慰问了几句，因说道："足下少年，不辞数千里之跋涉，远来扶枢，足见仁孝。但来便来了，扶枢却不容易。约计道里舟车之费，非几百金不可。足下若囊无余资，难以行动。"鲁惠哭道："如此说，先人灵枢无还乡之日矣！"昌期道："足下勿忧，令先尊原系狄公所葬。足下欲扶枢，须禀知狄公。今狄公驻节宾州，足下也不必自去禀他，且只暂寓敝署。等学生替你具文详报，并述足下孝思，狄公见了，必有所助。学生亦当以薄赙奉敬。那时足下方可徐图归计耳！"鲁惠拜谢道："若得如此，真生死而肉骨也。"昌期便叫左右备马与鲁惠乘坐，并吴成一同带至衙中。鲁惠重复与昌期叙礼。昌期置酒款待，鲁惠因哀痛之余，酒不沾唇。昌期也不忍强劝。次日，正待具文申详狄公，忽衙门上传进邸报，探得河北贝州有妖人王则等作乱，窃据城池，势甚猖獗。昌期忙把与鲁惠看道："贝州是尔我家乡，今被妖人窃据，归路不通。学生家眷，幸已接到。不知足下宅眷安否？扶枢之事，一发性急不得。狄公处且不必申文去吧！"鲁惠惊得木呆，哭道："不肖终鲜兄弟，只有孀母在堂，没人侍奉，指望早早扶枢回乡，以慰母心。不能事父，犹思事母。不料如今死父之骸骨难还，生母之存亡又未卜，岂不可痛！"昌期劝道："事已如此，且免愁烦。吉人天相，令堂自然无恙。妖人作乱，朝廷不日当遣兵讨灭。足下且宽心住此读书，待平定了，扶枢回去未迟。"鲁惠无奈，只得住下。正是：

一伤死别一生离，两处睽违两地悲。

黄土南埋肠已断，白云北望泪空垂。

　　鲁惠在昌衙住了多时，昌期见他丰姿出众，又询知其尚未婚聘，且系同乡，意欲与他联头姻事。原来昌期有女无子，夫人元氏近日在家新得一子，乳名似儿，年甫一岁，与女儿月仙同携至任所。那月仙年已十四，才色绝伦，性度端雅。昌期爱之如宝，常思择一侍婿。今见鲁惠这表人物，欲与联姻，但不知内才若何，要去试他一试。说话的，你道昌期是个武弁，那文人的学问深浅，他哪里试得出？看官不知，那昌期原是弃文就武的，胸中尽通文墨。所以前日安抚狄青取他到军中参赞，凡一应檄文、告示、表章、奏疏，都托他动笔。今欲面试鲁惠，却是不难。当日步至书斋，要与鲁惠攀话，细探其所学。只见鲁惠正取着一幅素笺，在那里写些什么，见昌期来，忙起身作揖。昌期看那素笺上，草书夭娇，墨迹未干，便欢喜道："足下字学大妙。"鲁惠道："偶尔涂鸦，愧不成字。"一头说，一头便要来收藏。昌期却先取在手中，道："此必足下所题诗词，何妨赐览。"鲁惠道："客馆思亲，和泪写此，不堪入览。"昌期道："学生正欲请教。"遂展笺细看，乃七言律一首，云：

荷蒙下榻主人贤，痛我何心理简编。

《莪蓼》有诗宁可读，《陔》《华》欲补不成篇。

死悲椿树他乡骨，生隔萱帏故国天。

石砚杨花点点落，未如孤子泪无边。

昌期称赞道："仁孝之言，一字一泪。容学生更细吟之。"鲁惠道："拙句污目，敢求斧正。"昌期道："学生当依韵奉和。"说罢，把诗笺袖入内来，想道："鲁生诗又好，字又好，其才可知。若以为婿，足称佳选。但女儿自负有才，眼界最高。我今把此诗与她看，要她代我和一首，看她如何说？"便叫丫鬟请小姐来。那小姐果然生得如何？

眸凝秋水，黛点春山。湘裙下覆一双小小金莲，罗袖边露一对纤纤玉笋。端详举止，素禀郝法钟仪；伶俐心情，兼具林风闺秀。若教玩月，仿佛见嫦娥有双；试使凌波，真个是洛神再世。

月仙见了昌期，问："爹爹有何呼唤？"昌期取出诗笺道："这便是在此做寓的鲁生思亲之咏,其诗甚佳。试与汝观之。”月仙接来看了,点头称赏道:“诗意既凄恻动人,字迹又离奇夺目,真佳制也!”昌期见她称赏,便取白扇一柄,付月仙道:“我欲将此诗依韵和一首,写在这扇上,就送与鲁生。你可为我代笔!”月仙道:“诗要便孩儿代咏了,字还是爹爹自写。恐闺中笔迹,不宜传示外人。”昌期道:“我竟说是自写的,他哪知是你的笔迹。你不必推辞!”月仙不敢违命,唤丫鬟取过笔砚,展开白扇,不假思索,一挥而就。其诗云:

> 得窥翰墨景高贤,仁孝留题诗一编。
> 至性可方《莪蓼》句,深情堪补《白华》篇。
> 经成阙里来黄玉,泪洒空山格昊天。
> 他日朝廷升孝秀,声名应到凤池边。

月仙写完,昌期大加称赞,便连那幅原笺,一齐拿去与夫人元氏观看。把鲁惠如何题诗,月仙如何和韵,并自己欲招他为婿之意,细述与夫人听。夫人道:“你既看得那鲁生入眼,女儿诗中又赞他后日声名必显,这头姻便可联了。”

两个说话间,不妨月仙从外厢走来,听得父母正在那里说她的姻事,遂立住脚,听得仔细。回身至房中,暗想:“爹妈欲把我与鲁生联姻,此生诗字俱佳,自是才子,又常见爹爹说他丰姿秀异,不知果是怎样一个人?”沉吟了一回道:“婚姻大事,不可草草,待我捉空私自看他一看,方才放心。”正在思想,恰好这日昌期因有紧急军情报到,连诗扇也未及送与鲁惠,忙忙出外料理去了。月仙乘间唤一丫鬟随着,以看花为由,悄然至书斋前,从门隙中偷觑,见鲁惠身穿麻素,端坐观书,相貌果然不凡。但见:

> 眉带愁而轩爽,眼含泪而清莹。神情惨淡,纵然孝子之容;器宇昂藏,饶有才人之概。素衣如雪,正相宜粉面何郎;缟带迎风,更不让飘香荀令。若教笑口肯轻开,未识丰姿又何似!

月仙偷觑半晌,悄步归房,心上又喜又惊。喜的是此生才貌双全,正堪与己作配。你道她惊的却是为何?原来鲁惠的面庞,竟与月仙的幼弟似儿仿佛相像。那似儿貌极清秀,月仙最爱之。今见鲁惠状貌相类,故此惊疑。因遂取花笺一幅,题一词云:

> 常怜幼弟颜如玉,目秀眉清迥出俗。今日见乔才,依稀类此孩。萍踪忽

合处,状貌何相似? 疑是一爹娘,偶然折雁行。

题毕,把来夹在针线贴中,放过一边。

次日,夫人偶至月仙房中,适值月仙绣倦,隐几而卧。夫人不惊醒他,但翻玩其所绣双凤图,忽见针线贴中,露出个花笺角儿。取出一看,上有词一阕,正是女儿笔迹。便依旧放好,密呼小鬟问之,晓得她昨日曾窃窥鲁生,故作此词。因想:"她平时最爱幼弟生得清秀,今以鲁生状貌与之相类,却不是十分中她意了? 此姻不可错过。"是晚昌期回衙,夫人把女儿题词之事说知。昌期欢喜,随取了诗扇并原笺,到书斋中见了鲁惠,说道:"足下阳春一曲,属和殊难。学生聊步尊韵,幸勿见哂。"鲁惠看罢,极口称谢。昌期又说了些闲话,因从容问道:"足下质美才高,宜早中东床之选,却为何至今尚未婚聘?"鲁惠道:"寒家本系儒素,不肖又髫稚无知,安敢遽思射雀!"昌期道:"足下太谦了,从来才士不轻择偶,犹才女之不轻许字。古云:'男子生而原为之有室,女子生而原为之有家。'但只这些平常男女,倒容易替他寻家觅室;偏是有才貌的,其遇合最难。即如学生有一女,亦颇不俗,欲求一佳婿,甚难其人!"鲁惠道:"令爱名闺淑质,固难其配,然以先生法眼藻鉴,必得佳偶。"昌期笑道:"学生眼界亦高,今见足下,不觉心醉。"鲁惠逊谢道:"过蒙错爱,使不肖益深愧赧!"昌期道:"足下勿过谦,我实蓄此心已久。今不妨直告足下,不识足下亦有意乎?"鲁惠忙起揖谢道:"蒙先生如此见爱,感入五中。但娶妻必告父母,今不肖父遭惨变,母隔天涯,方当寝苦枕块、陟屺望云之时,何忍议及婚日!"昌期道:"尊君既捐馆,足下便可自作主张。日后令堂知道,谅亦必不弃嫌。"鲁惠垂泪道:"不肖以奔丧扶枢而来,婚姻之事,断非今日所忍议。尊谕铭刻在心,待回乡之日,请命于母,即来纳聘,不敢有负。"昌期道:"足下仁孝如此,愈使我敬爱! 今日一言已定,金石不渝矣!"言罢,即作别入内,将这话述与夫人听了。夫人也赞他仁孝。月仙闻知,亦暗暗称其知礼。正是:

> 方当泣麟悲凤,何心驾鹊乘鸾。
>
> 纵使苦中得乐,也难破涕为欢。

自此昌期夫妇愈敬鲁惠,待之益厚,竟如子婿一般。鲁惠十分感激,但贝州妖人久未平定,归期杳隔,逢时遇节,唯有向冢前哭拜而已!

光阴迅速,不觉一住五年。鲁惠年已十八,学识日进,只是悲死念生,时时涕泣。一日正在衙斋闷坐,忽昌期来说道:"近日侬智高已败死,其部将以众投降,寇氛已平。

昨狄安抚行文来,要我去议什军情事,又要我做平贼露布一篇。我想这篇大文,非比泛常,敢烦足下以雄快之笔,代为挥洒!"鲁惠道:"弱笔岂堪捉刀,还须先生自作。"昌期道:"必欲相求,幸勿吝教!"鲁惠推辞不过,便磨墨展纸,笔不停挥,顷刻草成露布一篇。其文雄快无比。正是:

狭巷短兵相接处,沈郎雄快无多句。

岂若鲁生今日才,雄文快笔通篇是。

昌期大喜称谢,随亲自录出。别了鲁惠,即日起身,至宾州参见狄公。原来狄公杀败侬智高,尽降其众,并日前被掳去的人,俱得逃回。狄公恐有贼党混入其中,都教软监在宾州公所。特取昌团练到来,委他审问。果系良民,方许各归原籍。当下昌期见了狄公,呈上露布,狄公看罢,大赞道:"团练雄才,比前更胜十倍!"昌期道:"不敢相瞒,此实非卑职所作,乃一书生代笔的。"狄公惊道:"何物书生,雄快乃尔!"昌期把鲁惠的来因并其孝行高才,细述一遍。狄公喜道:"才子又是孝子,实不易得。我当急为延访。"遂命昌期修书一封,又自差偏将一员,速至柳州,立请鲁生来相见。

鲁惠接了昌期书信,备知狄公雅意,不敢违慢,即命吴成随了,与来人同至宾州安抚衙门,以儒生礼进见。鲁惠拜谢狄公收葬父骨之恩。狄公赞他代作露布之妙,命坐看茶。问答之间,见他言词敏捷,且仪表堂堂,不觉大喜,便道:"我军中正少个记室参军,足下不嫌卑末,且权在此佐我不及。即日当表荐于朝,以图大用。"鲁惠辞道:"愚生父母死别生离,方深悲痛,无心仕进。"狄公道:"足下服制已满,正当奋图功名,以尽显亲之事,不必推辞!"遂命左右取参军冠带与鲁生换了。鲁惠不敢过却,只得从命。狄公置酒后堂,并传昌团练到来,与鲁参军会饮。饮酒间,狄公问起鲁惠曾婚娶否?昌期便把昔日欲招他为婿,他以未奉亲命为辞的话说了。狄公道:"参军与团练本系同乡,且久寓其署,此姻自不容辞。况相女配夫,以参军之才,而团练欲以女为配,其令爱必是闺中之秀了!"昌期道:"小女不敢云闺秀,然亦不俗。卑职因见她无心中称赞参军的佳咏,故有婚姻之议。"鲁惠道:"令爱几曾见过拙句。"昌期笑道:"不但见过,且曾和过。不但小女见过尊咏,足下也曾见过小女和章。昔日那扇上的诗与字,实俱小女所作,非学生之笔也。"鲁惠惊讶道:"原来如此,怪道那字体妍媚,不像先生的翰墨。"狄公便问:"什么诗扇"?昌期将二诗一一念出。狄公赞道:"才士才女,正当作配。老夫为媒,今日便可联姻,参军不必更却。"鲁惠还欲推辞,一来感昌期厚恩,二来蒙狄公盛意,三来也敬服小姐之才,只得应允。乃取身边所带象牙环一枚,权为聘物。昌期亦以所佩碧玉猫儿坠答之。约定扶柩归后，徐议婚礼。正是：

> 象环身未还，玉坠姻先递。
> 贵人执斧柯，权把丝萝系。

鲁惠当日就住在狄公府中，昌期自去公馆审理逃回人口。

次日，鲁惠问起狄公如何败死侬知高，狄公道："据军士报称，此贼自投山涧中溺死，其尸已腐，不可识认。因有他所穿金甲在山涧边，以此为信。"鲁惠沉吟道："据愚生看来，此贼恐还未死。"狄公点头道："吾亦疑之，但今无可踪迹。且贼众已或杀或降，即使贼首逃脱，亦孤掌难鸣，故姑宽追捕耳。"鲁惠道："然虽如此，擒贼必擒其主。愚闻此贼巢穴向在大理府，今若逃至彼处，啸聚诸蛮，重复作乱，亦大可忧。还宜觅一乡导，遣兵直穷其穴为是。"

正议间，忽报昌团练禀事。狄公召进，问有何事？昌期道："其事甚奇，卑职审问逃回人口，内有一人自称是上林知县鲁翔。"鲁惠听说，大惊道："不信有这事！"狄公亦惊道："鲁知县已死，文凭现据，如何还在？既如此，前日死的是谁？"昌期道："据他说，死的是家人沈忠。当日为路途艰险，假扮客商而行。因沈忠少年精壮，令其挎刀防护，文凭也托他收藏。不意路遇贼兵，见沈忠挎刀，疑是兵丁，即行杀死。余人皆被掳去，今始得归还。有同被掳的接官衙役，口供亦同。卑职虽与鲁翔同乡，向未识面，不知真伪，伏候宪裁。"狄公道："这不难，今鲁参军现在此，教他去识认便了。"昌期道："他又说有机密事，要面禀大人。卑职现带他在辕门伺候。"狄公即命唤进。鲁惠仔细一看，果然是父亲鲁翔，此时也顾不得狄公在上，便奔下堂来，抱住大哭。鲁翔见了儿子，也相抱而哭。狄公叫左右劝住，细问来历。鲁翔备言前事，与昌期所述一般。又云："侬智高查问被掳人口中有文人秀士及有职官员，即授伪爵。知县不肯失身，改易名姓，甘为俘囚。"狄公道："被掳不失身，具见有守。"又问："有何机密事要说？"鲁翔道："侬贼战败，我军获其金甲于山涧之侧，误认彼已死。不知此贼解甲脱逃，现在大理府中，复谋为乱。知县在贼中深知备细。今其降将，实知其事。大人可即用为乡导，速除乱本，勿遗后患。"狄公听了，回顾鲁惠道："果不出参军所料。参军真智士，而尊父实忠臣也！"遂传令遣兵发将，星夜至大理府，务要追擒贼首侬智高。其降将姑免前此知而不首之罪，使为乡导自赎。一面令昌期回柳州任所，将前所立鲁翔墓碑仆倒；一面拨公馆与鲁翔父子安歇。鲁翔谢了狄公，与鲁惠至公馆。此时鲁惠喜出望外，正是：

树欲静而风忽宁，子欲养而亲仍在。

终天忧恨一朝舒，数载哀情今日快。

当下家人吴成也叩头称贺。少顷，昌期也来贺喜，说起联姻的事，鲁翔欢喜拜谢。昌期别过，自回柳州任所去了。鲁家父子相聚，各述别后之事。鲁翔闻家乡又寇警，不知家眷如何？又闻幼子不育，楚娘出家，未免喜中一忧。

过了几日，那发去大理府的兵将，果然追获侬智高解赴军前。狄公斩其首级，驰送京师献捷，表奏鲁翔被掳不屈，更探得贼中情事来报，其功足录；鲁惠孝行可嘉，才识堪用。叙功本上，又高标昌期名字。不一日，圣旨倒下：狄青加升枢密副使，班师回京；鲁翔加三级，改选京府太守；鲁惠赐进士第，除授中书舍人；昌期升任山西指挥使。各准休沐一年，然后供职。恩命既颁，狄公即择日兴师，恰有邸报报到：朝廷因贝州妖人未平，特命潞国公文彦博督师征讨去了。狄公对鲁翔道："文潞公老成练达，旌旗所指，小丑必灭。贤乔梓与昌指挥使既奉旨休沐，可即同归。返旆之日，潞公当已奏捷矣。"

鲁翔大喜，即与鲁惠辞谢狄公，至柳州昌期任所，商议欲先教鲁惠与月仙小姐成婚，以便同行。鲁惠哭道："母亲存亡未卜，为子的岂忍先自婚娶！"鲁翔见他孝思诚至，不忍强他。遂别了昌期，主仆三人起身先行。昌期领了家眷，随后进发。鲁翔等慢慢行至半途，早闻贝州妖贼被文潞公剿灭，河北一路已平，即趱程前进。鲁惠此时巴不得一翅飞到贝州，看母亲下落。正是：

已喜父从天外得，还愁母向室中悲。

话分两头，且说石氏夫人自儿子去后，日夜悬望，不意妖人王则勾结妖党，据城而叛。那王则原是州里的衙役，因州官剋减兵粮，激变军心，他便恃着妻子胡永儿、丈母圣姑姑的妖术，乘机作乱。据城之后，纵兵丁打粮三日，城中男妇，一时惊窜。且喜这班妖人，都奉什么天书道法的，凡系道观，不许兵丁混入。因此男妇都望着道观中躲避。那些道士道姑，又恐惹祸，认得的便留了几个，不认得的一概推出。当下石氏值此大乱，只得弃了家业，与僮仆妇女辈一齐逃奔。恰遇兵丁冲过，石氏随着众人避入小巷。及至兵丁过了，回看僮妇辈都已失散。独自一个，一头哭，一头走，见有一般逃难的妇女说道："前面女贞观中可避。"石氏随行逐队，奔至观前，只见个老道姑正在那里关门。石氏先挨身而入，众妇齐欲挨入。道姑嚷道："我这里躲的人多了，安着你们不下！"众妇哪里肯去。道姑道不由分说，竟把门关上。只有石氏先挨在里面，抵死不肯出去。道姑道："你要住，也须问我观主肯不肯？"石氏道："我自去拜求你观主。"便随着老道姑走进法堂。果然先有许多避难的女人，东一堆西一簇地住着。法堂中间，有一少年美貌的道姑端坐在云床上，望之俨如仙子。石氏方欲上前叩求，仔细一看，呀！那道姑不是别人，却就是咸氏楚娘。原来此观即清修院，楚娘自被石氏逼逐至此出家，众道姑见她聪明能事，因遂推她为主，每事要请问她。不想石氏今日恰好避将入来，与她劈面相逢，好生惭愧。看官，你道当初石氏把她恁般逼逐，如今倒来相投，若楚娘是个没器量的，就要做出许多报复的光景来了。哪晓楚娘温厚性成，平日只感夫主之恩，公子之德，并不记夫人之怨。那日见石氏避难而来，忙下云床拜见，婉言慰问。石氏告以相投之意，楚娘欣然款留。石氏倒甚不过意。有词为证：

> 逢狭路，无生路，夫人此日心惊怖。旧仇若报命难全，追悔从前予太妒。
> 求遮护，蒙遮护，何意贤卿不记过？冤家今变作恩人，服彼汪洋真大度！

三日后，外面打粮的兵已定，观中避难妇女渐皆归去。石氏也想归家，不料家中因没人看守，竟被兵丁占住，无家可归。亲戚亦俱逃散，无可投奔。石氏号啕大哭。楚娘再三劝道："夫人且住在此，安心静待，不必过伤！"石氏感谢，权且住下。不意妖人闻各道观俱容留闲人在内躲避，出示禁约。兵丁借此为由，不时敲门打户的来查问。众道姑怕事，都劝楚娘打发石氏出去。石氏十分着急，楚娘心生一计，教石氏换了道装，也扮作道姑，掩人了耳目。然虽如此，到底怀着鬼胎。却喜妖母圣姑姑是极奉九天玄女的，一日偶从观前经过，见有玄女圣像，下车瞻礼。因发告示一道，张挂观门，不许闲人混扰。多亏这机缘，观中没人打搅，不但石氏得安心借住，连楚娘也得清净焚修。正是：

> 魔头化做好星辰，霜雪丛中一线春。
> 岂是妖狐能护法，只因天相吉人身。

石氏借住观中，并丈夫灵座亦设在观中，日夕拜祷，愿孩儿鲁惠路途安稳，早得还乡。楚娘亦不时祷告。直至五年之后，文潞公统兵前来，方灭了妖贼，恢复城池。破城之日，即出榜安民，城中安堵。此时石氏意欲归家，奈房屋被乱兵作践了几年，甚费修理,婢仆又都散失,难以独居。只是仍住观中,候鲁惠回来计议。

却说鲁家主仆三人,星夜赶回贝州。但见一路荒烟衰草,人迹甚稀,确是乱离后的景象,不胜伤感。到得家中,仅存败壁颓垣,并没个人影。欲向邻里问信,亦无一人在者。鲁惠见这光景,只道母亲凶多吉少,放声大哭。鲁翔道:"且莫哭,你说楚娘在什么道观中出家,今不知还在否?若彼还在,必知我家消息,何不往问之!"鲁惠依命,遂一齐奔至清修院来。那日恰值下元令节,楚娘在观中设斋追荐夫主,正与石氏在灵座前拜祭。忽叩门声甚急,老道姑开了门。鲁翔先人,石氏看见,吃了一惊,大叫道:"活鬼出现了!"举步欲奔,却早吓倒在地。还是楚娘有些胆识,把手中拂子指着鲁翔道:"老爷阴灵不泯,当早生天界,不必白日现形,以示怪异。"鲁翔道:"哪里说起,我是活人。"随后鲁惠、吴成也到。鲁惠见母亲在此,方才大喜,忙上前扶起道:"母亲勿惊,孩儿在此。父亲已生还。前日凶信,乃讹传耳!"石氏与楚娘听说,才定了心神。四人相对大哭。哭罢,即撤去灵座,各诉别后之事,转悲为喜。众道姑莫不啧啧称异。正是:

> 只道阴魂显圣,谁料真身复还。
> 岂比鹤归华表,宛如凤返丹山。

鲁翔收拾住房,重买婢仆,多将金帛酬谢道姑,接取夫人归家,并欲接楚娘回去。楚娘不肯道:"我今已入玄门,岂可复归绣阁。"石氏道:"当初都是我不明道理,致你身入玄门。五年以来,反蒙你许多看顾,使我愧悔无及。今日正该同享荣华,你若不肯同去,我又何颜独归!"鲁翔道:"夫人既如此说,你不可推却。"鲁惠又再三敦请,楚娘方允诺,拜了神像,谢了道伴,改装同归。自此石氏厚待楚娘,不似前番妒忌了。

过了几日,昌期家眷亦归。鲁翔择吉行礼,迎娶月仙小姐与鲁惠成婚。昌家奁具之丰,鲁家花烛之盛,自不必说。合卺后,鲁惠细觑仙姿,真个似玉如花。月仙见鲁惠紫袍纱帽,神采焕发,比前身穿缟素、面带愁容时,又大不同。二人你贪我悦,双双同入罗帏,枕边叙起昔年题诗写扇之事,愈相敬爱。此夜恩情,十分美满。正是:

> 双联双玉,喜见三星。昔日重泉有泪,未暇求凰;今朝风树无悲,欣然跨凤。向者赠诗,已识天朝升孝秀;兹焉应谶。果然帝里达声名。淑女主蘋蘩,庆与椿庭并永;佳人缔萝茑,乐偕萱树俱深。枝称连理正相宜,结缡同心真不爽。

不说鲁惠夫妻恩爱，且说楚娘出家过了一番，今虽复归，尘心已净，凡事都看得恬淡了。只有亡儿鲁意，时常动念。那裹尸剩下的半条白凤裙，一向留着，每每对之堕泪。一日因昌家有人来问候小姐，说起昌期身边有个宠婢怀孕，前夜已生一子，老夫妇两个甚是欢喜。楚娘闻知，又触动了思念亡儿的念头，便取出那半条凤裙来看了流涕。正悲伤间，适月仙进房来闲话，楚娘拭泪相迎。月仙一见此裙，即取来细细展玩，口中嗟呀不已，问道："这半条裙是哪里来的？"楚娘道："原是我自穿的。七年前裂下半条，裹了亡儿去，留此半条以为记忆。"月仙听说，连声道奇。楚娘道："有何奇处？"月仙道："我也有半条，恰好与此一样的。"便叫丫鬟快去取来看。少顷取至，楚娘展开细看，好生惊讶。再把那半条来一配，恰正是一条。大惊道："这分明就是我裹儿的，如何却在小姐处？"月仙道："便是有这些奇处！"楚娘道："此必当日掩埋亡儿之时，被人偷此半裙去卖，因而宅上卖得！"月仙摇头道："我家买的，正不独一裙！"楚娘道："还有何物？"月仙沉吟半响，问道："当时小叔死了，拿去何处掩埋的？"楚娘道："着吴成拿去议坛上掩埋的。"月仙道："二娘可曾自去看埋？"楚娘道："我那时生产未满月，不便出门。大公子亦不忍去看，只着吴成送去。又值这日星辰不利，不曾埋，放在坛上人家屋后。明日去埋时，那坛上人已替我家埋好了。"月仙又问道："这坛上埋人的，可是叫刘二？"楚娘想了一想道："记得当初吴成来回复，正说是什么刘二。小姐问他则什？"月仙听罢，拍掌道："奇哉，奇哉！如此说起来，莫非小叔竟不曾死！"楚娘大惊道："如何不曾死？"月仙道："不瞒二娘说，我那幼弟似儿，实非我父母所生。当初母亲未至爹爹任所之时，有个常来走动的赵婆，抱一个两三月的小孩子来，说是义坛上人刘二所生，因无力养育，要卖与人。母亲见他生得清秀，自己又无子，遂将钱十五贯买了，取名似儿，雇个乳娘领着，携至爹爹任所。爹爹甚喜之，竟如亲生一般。今年正是七岁，且自聪明可爱，这半条凤裙就是裹那孩子来的。因我爱这凤儿绣得好，故留我处。今裙既系二娘之物，孩子又从刘二处来，莫非我家的似儿就是你的亲儿吗？"楚娘听言，半信半疑道："想刘二当初只为要偷这半条裙，故不等我家人去看埋，竟先埋了。如今裙便是我的，孩子或者原是他的也未可知。"月仙道："二娘勿疑，此子必非刘二所生！只看他相貌与我相公无二，若非兄弟，何相像至此？但不知既死如何复生？此中必更有故。今只唤那刘二与赵婆来问，便知端的。"楚娘道："说得是！"遂把这话述向鲁翔与夫人听了，月仙也对鲁惠说知，俱各惊异。忙令吴成去唤刘二，月仙亦传谕家人季信要唤那赵婆。次日，季信回复："赵婆已死。"吴成却寻得刘二来。鲁翔、鲁惠细细问之，果然那昌家公子，就是鲁家人公子重活转来的。

看官听说:一个未满月的孩子,出痘死了,如何又会活? 即使活了,那刘二怎不来鲁衙报喜讨赏,却把去卖与人? 原来其中有个缘故。凡痘花都要避风,偏有一种名"紫金痘"者,倒要透风。若透了些风,便浆满气足,不药而愈,若只藏他在暖房,风缝不透,反弄坏了。这种奇痘出的也少,就有出的,医人也不识。昔有神医叫作周广,能识此痘,可惜不曾明白传示后人,所以人多未晓。当日鲁意出的,正是此种痘,被医生误事,只顾教他避风,弄得昏晕了去。倒亏这一昏晕,人只道他已死,把蒲包包了,拿去义坛上,又不便埋,放在刘二屋后,那时的风却也透得爽利了。到晚间,刘二忽闻屋后孩子哭声,吓了一跳,急呼老婆同去看,只见蒲包在那里动。解开看时,那孩子已活。大家都道奇怪。刘二叫老婆抱起,正待要去报知鲁衙,恰值他相识的赵媒婆走来,说知其故。赵婆说:"吾闻鲁家大夫人妒忌,此儿是小夫人所生,原是要他死不要他活的。今若抱去还他,不讨得好,反断送了孩子。不如瞒着鲁家,待我替你另寻个好人家抚养去,倒赚得几贯钱。"刘二依言,把孩子付老婆乳哺,一面将空蒲包埋了,瞒过吴成。隔了月余,孩子痘花平复,越长得清秀了。赵婆晓得昌衙夫人无子,遂把此子仍用绣裙裹去,只说是刘二养的,卖与昌家,得钱十五贯,自取了五贯,把十贯与了刘二。后来赵婆已死,刘二也移居城外。不想今日被吴成寻着,扯来见主人质问此事。刘二料瞒不过,只得把前后事情,备细说出。举家欢诧。鲁翔倒又把五贯钱,赏了刘二去。随即取了这两半幅裙,同着鲁惠,往见昌期,备言前事。昌期惊叹道:"死而复生,离而又合,千古奇事。不意多见于君家父子兄弟之间,真可庆幸。"遂入内与夫人说知,呼似儿出堂拜见。

却说这似儿年虽幼稚,性极颖悟,向来不知自己是螟蛉子。近因昌期生了个幼儿,家人们私语道:"此才是真公子,不是假公子了。"这句话落在似儿耳中,不觉惊疑,想道:"我既是假公子,我的真父母何在。"又想:"姐夫鲁惠千里奔丧,却遇生父。不知我亦有父母重逢之日否?"正疑想间,忽闻昌期叫他出去拜见亲爹,又闻说姐夫的父亲就是他的父亲,大惊大喜,忙奔出堂,望着鲁翔便拜。鲁翔抱他起来,坐于膝上,仔细一看,果然与大儿子鲁惠面庞相像。鲁惠向在昌衙时,曾见过似儿,无心中不道他与己同貌,今日细看,方知酷肖。父子兄弟,意外重逢,好不欢喜。昌期设宴庆贺。宴罢,便叫把轿来送似儿归去。鲁翔道:"久蒙抚育,不忍遽去。今暂领归拜母,仍当趋侍左右。"昌期笑道:"令郎久离膝下,今日正当珠还合浦,岂可复使郑六生儿盛九当乎!"鲁翔听说也笑起来,遂命似儿拜谢了恩父恩母,领归家中。楚娘见了,又喜又悲,一时哭笑都有。石氏也抚摩欢喜。月仙道:"二娘,你看他兄弟二人,可不是一般面貌吗? 我昔年曾题一词,末云:'疑是一爹娘,偶然拆雁行。'不想竟猜着了。"众人听说,尽皆称异。正是：

> 奇情种种，怪事咄咄。冢中非父，不难将李代桃；包内无儿，幻在以虚作实。偶然道着拆雁词，猜得如神；忽地相遭半凤裙，凑来恰一。嫂子就是姐姐，亲外加亲；姊丈竟是哥哥，戚上添戚。幼弟莫非小叔，月仙向本生疑；舅爷与我同胞，鲁惠今才省得。再来转世未为奇，暗里回生料不出。

当日大排喜筵，合家称贺。自此似儿仍名鲁意，原常到昌家来往。

至明年，鲁昌二家，各携家眷赴任。鲁翔做了三年官，即上表乞休，悠游林下，训课幼子。鲁惠以狄公荐，累迁至龙图阁待制，母妻俱膺封诰。鲁意勤学孝弟，有阿兄之风，年十六即成进士，联姻贵室，后来功名显达。楚娘亦受荣封。昌期官至经略，以军功子孙世袭指挥使，与鲁家世为姻好。

这段话，亲能见子之荣，子能侍亲之老，孝子之情大慰。《诗经·南陔》之篇，乃孝子思养父母而作。其文偶阙，后来束皙虽有补亡之诗，然但补其文，未能补其情。今请以此补之，故名之曰"补陔阙"。

卷二 反芦花

幻作合前妻为后妻 巧相逢继母是亲母

诗曰：

> 当时二八到君家，尺素无成愧枲麻，今日对君无别语，莫教儿女衣芦花。

此诗乃前朝嘉定县一个妇人临终嘱夫之作。末句"衣芦花"，用闵子骞故事。其夫感其词意痛切，终身不续娶。

这等说起来，难道天下继母都是不好的？平心而论，人子事继母有事继母的苦；那做继母的亦有做继母的苦。亲生儿子，任你打骂也不记怀。不是亲生的，慈爱处便不记，打骂便记了。管他，既要淘气；不管他，丈夫又道继母不着急，左难右难。及至父子之间，偶有一言不合，动不动道听了继母。又有前儿年长，继母未来时，先娶过媳妇，父死之后，或继母无子，或有子尚幼，倒要在他夫妻手里过活。此岂非做继母的苦处。所以，尽孝于亲生母不难，尽孝于继母为难。试看二十四孝中，事继母者居其半。然虽如此，前人种树后人收，前妻吃尽苦辛，养得个好儿子，倒与后人受用。自己不能生受他一日之孝，深可痛惜！

如今待在下说一人，娶第三个浑家，却遇了第一个妻子；他孩儿事第二个继母，重逢了第一个亲娘。

这件奇事出在唐肃宗时。楚中房州地方，有个官人姓辛名用智，曾为汴州长史。夫人孟氏，无子，只生一女，小字端娘，丰姿秀丽，性格温和，女工之外，更通诗赋。父母钟爱，替她择一快婿，是同乡人，复姓长孙，名陈，字子虞，风流倜傥，博学多才。早岁游庠，至十七岁，辛公把女儿嫁去，琴瑟极其和调，真好似梁鸿配了孟光、相如得了文君一般，说不尽许多恩爱。有词为证：

> 连理枝栖两凤凰，同心带绾二鸳鸯。花间唱和莺儿匹，梁上徘徊燕子双。郎爱女，女怜郎，朝朝暮暮共徜徉。天长地久应无变，海誓山盟永不忘。

毕姻二年后，生下一子，乳名胜哥，相貌清奇，聪慧异常。夫妻二人甚喜。

只是长孙陈才高命蹇，连试礼闱不第。到二十七岁，以选贡除授兴元郡武安县儒学教谕，带了妻儿并家人辈同赴任所。在任一年，值本县知县升去了，新官未到，上司委他权署县印。不相时运不济，才署印三月，恰遇反贼史思明作乱，兵犯晋阳。朝廷命河北节度使李光弼讨之。史思明抵挡不住，战败而奔。李节度从后追击，贼兵且战且走，随路焚劫，看看逼近武安县。一日几次飞马报到，长孙陈正商议守城，争奈本县的守将尚存诚十分怯懦，一闻寇警，先弃城逃去，标下兵丁俱奔散。长孙陈欲点民夫守城时，那些百姓已都惊慌，哪里还肯上城守御。一时争先开城而走，连衙役也都走了。长孙陈禁约不住，眼见空城难守，想道："我做教谕，原非守城之官。今署县印，便有地方干系，若失了城，难免罪责。"又想："贼兵战败而来，怕后面官兵追赶，所过州县，必不敢久住。我且同家眷，暂向城外山僻处避几日，等贼兵去了，再来料理未迟！"遂改换衣妆，将县印系于臂上，备下快马一匹，轻车一辆，自己乘马，叫辛氏与胜哥坐了车子，把行李及随身干粮都放车子上，唤两个家僮推车。其余婢仆，尽皆步行。出得城门，看那些逃难百姓扶老携幼地奔窜，真个可怜。但见：

> 乱慌慌风声鹤唳，闹嚷嚷鼠窜狼奔。前逢堕珥，何遑回首来看；后见遗簪，哪个有心去拾。任你王孙公子，用不着缓步徐行；恁她小姐夫人，怕不得鞋弓袜小。香闺冶女，平日见生人，吓得倒退，到如今挨挨挤挤入人丛；富室妖儿，常时行短路，也要扛抬，至此日哭哭啼啼连路跌。觅人的爹爹妈妈随路号呼，问路的伯伯叔叔逢人乱叫。夫妻本是同林鸟，今番各自逃生；娘儿岂有两般心，此际不能相顾。真个宁为太平犬，果然莫作乱离人。

行不数里，忽闻背后金鼓乱鸣，回望城中，火光烛天。众逃难的发喊道："贼来了！"霎时间，狂奔乱走。一阵拥挤，把长孙陈的家人们都冲散。两个推车的，也不知去向。只剩下长孙陈与辛氏、胜哥三人。长孙陈忙下马，将车中行李及干粮移放马上，要辛氏抱着胜哥骑马，自己步行相随。辛氏道："我妇人家怎能骑马？还是你抱了孩儿骑马，我自步行吧！"长孙陈道："这怎使得！"三回五次催辛氏上马，辛氏只是不肯。长孙陈只得一手挽着妻子，一手牵马而行。不及数十步，辛氏早走不动了。长孙陈着急道："你若不上马快走，必为贼兵追及矣！"辛氏哭道："事势至此，你不要顾我吧！你只抱了胜哥，自上马逃去，休为我一人所误！"胜哥大哭道："母亲怎说这话！"长孙陈也哭道："我怎割舍得你，我三人死也死在一处！"一面说，一面又行了几步。走到一个井亭之下，辛氏立住了，哭对丈夫道："你只为放我不下，不肯上马。我今死在你前，以绝你念。你只保护了这七岁的孩子逃得性命，我死瞑目矣！"言讫，望着井中便跳。说时迟，那时快，长孙陈忙去扯时，辛氏早已跳下井中去了。正是：

> 马上但求全弱息，井中拼得葬芳魂。

慌得胜哥乱哭乱叫，也要跳下井去。长孙陈双手抱住了孩儿，去望那井中，虽不甚深，却急切没做道理救她，眼见不能活了，放声大哭。

正哭时，后面喊杀之声渐近。只得一头哭，一头先抱胜哥坐在马上。自己随后也上了马，又将腰带系住胜哥，拴在自己腰里扎缚牢固，把马连加数鞭，望着山僻小路跑去。听后面喊声已渐远，惊魂稍定。走至红日沉西，来到一个败落山神庙前。长孙陈解开腰带，同胜哥下马，走入看时，先有几个人躲在内，见长孙陈牵马而来，惊问何人。长孙陈只说是一般避难的，解下马上行李，叫胜哥看守着，自己牵马去吃了草，回来系住马，就神座傍与胜哥和衣而卧。胜哥痛念母亲，哭泣不止。长孙陈心如刀割，一夜未曾合眼，天明起身寻些水净了脸，吃了些干粮，再喂了马，打叠行李，正待去探听贼兵消息，只见庙外有数人奔来，招呼庙里躲难的道："如今好了，贼兵被李节度大兵追赶，昨夜已尽去。城中平定，我们回去吧！"众人听说，一哄都去了。

长孙陈想道："贼兵退去，果不出吾所料！"遂与胜哥上马，仍回旧路，行过山口，将上官塘，胜哥要下马解手。长孙陈抱了他下来，系马等他，却望见前面路旁有榜文张挂，众人拥着看。长孙陈也上前观看，只见上写道：

> 钦命河北节度使李，为晓谕事，照得本镇奉命讨贼，连胜贼兵。贼已望风奔窜，其所过州县，该地方官正当尽心守御。乃武安县署印知县长孙陈及守将尚存诚，弃城而逃，以至百姓流离，城池失守，殊可痛恨。今尚存诚已经擒至军前斩首示众，长孙陈不知去向，侯追缉正法。目下县中缺官失印，本镇已札委能员，权理县事，安堵如故。凡尔百姓逃亡在外者，可速归复业，毋

得观望，特示。

长孙陈看罢大惊，回身便走。胜哥解手方完，迎问道："什么榜文？"长孙陈不及回言，忙抱着胜哥，依旧上马拴缚好了，加鞭纵辔，仍望山僻小路乱跑。穿林过岭，走得人困马乏，臂上系的印，也不知失落何处了。奔至一溪边，才解带下马，牵马去饮水，自己与胜哥也饮了几口。胜哥细问惊走之故，长孙陈方把适间所见榜文述与他听了。胜哥道："城池失守，不干爹爹事。爹爹何不到李节度军前，把守将先逃之事禀告他。"长孙陈道："李节度军法最严。我若去，必然被执。"胜哥道："既如此，今将何往？"长孙陈道："我前见邸报，你外祖辛公新升阆州刺史。此时想已赴任，我待往投奔他。一来把你母亲的凶信报知，二来就求他替我设法挽回。若挽回不得，变易姓名，另图个出身！"说罢，复与胜哥上马而行。正是：

> 井中死者不复生，马上生人又惧罪。
> 慌慌急急一鞭风，重重叠叠千行泪。

行了一程，已出武安县界，来至西乡县地方。时已抵暮，正苦没宿处，遥望林子里有灯光射出。策马上前看时，却是一所庄院，庄门已闭。长孙陈与胜哥下马，轻轻叩门。见一老妪，携灯启户，出问是谁？长孙陈道："失路之人，求借一宿，幸勿见拒！"老妪道："我们没男人在家，不便留宿。"长孙陈指着胜哥道："念我父子俱在难中，望乞方便！"老妪道："这等说，待我去禀复老安人则个。"言毕，回身入内。少顷，出来说道："老安人闻说你是落难的，又带个儿子在此，甚是怜悯，叫我请你进去，面问备细，可留便留。"长孙陈遂牵着马，与胜哥步入庄门，见里面草堂上点起灯火，庭前两株大树。长孙陈系马树下，与胜哥同上草堂，早见屏后走出个中年妇人来。老妪道："老安人来了！"长孙陈连忙施礼，叫胜哥也作了揖。老安人道："客官何处人，因何到此？"长孙陈扯谎道："小可姓孙，是房州人。因许下云台山三元大帝香愿，同荆妻与小儿去进香。不想路遇贼兵，荆妻投井而死，仆从奔散，只逃得愚父子性命。"老安人道："如此却可伤了。敢问客官何业？"长孙陈道："小可是读书人。因累举不第，正要乘进香之便，往阆州投奔个亲戚。谁料运蹇，又遭此难！"老安人道："原来是位秀士，失敬了！"便叫老妪看晚饭。长孙陈谢道："借宿已不当，怎好又相扰？"因问："贵庄高姓？老安人有令郎否？"老安人道："先夫姓甘，已去世五载。老身季氏，不幸无儿，只生一女。家中只有一老苍头、一老妪并一小厮。今苍头往城中纳粮未回，更没男人在家，故不敢轻留外客。通因老妪说客官是难中人,又带个令郎在此,所以不忍拒绝。"正说间,小厮捧出酒肴,排列桌上。老安人叫声客官请便,自进去了。长孙陈此时又饥又渴,斟酒便饮。胜哥却只坐在旁边吞声饮泣。长孙陈拍着他的背道:"我儿,你休苦坏了身子,还勉强吃些东西!"胜哥只是掩泪低头,杯箸也不动。长孙陈不觉心酸,连自己晚饭也吃不下了,便起身把被褥安放在堂侧榻上,讨些汤水净了手脚,又讨些草料喂了马,携着胜哥同睡。胜哥哪里睡得着,一夜眼泪不干。长孙陈只因连日困乏,沉沉睡去。次早醒来,看胜哥时,浑身发热,只叫心疼。正是:

孝子思亲肠百结,哀哉一夜席难贴。

古人啮指尚心疼,何况中途见惨烈。

长孙陈见儿子患病,不能行动,惊慌无措。甘母闻知,叫老妪出来说道:"客官,令郎有病,且宽心住此,将息好了去,不必着忙。"长孙陈感激称谢。又坐在榻前,抚摩着胜哥,带哭地说道:"你母亲只为要留你这点骨血,故自拼一命。我心如割,你今若有些长短,连我也不能活了!"口中说着,眼中泪如雨下,却早感动了里面一个人。

你道是谁?就是甘母的女儿。此女小字秀娥,年方二八,甚有姿色,亦颇知书。因算命的说他,婚姻在远不在近,当为贵人之妻;故凡村中富户来求婚,甘母都不允,立意要她嫁个读书人。秀娥亦雅重文墨,昨夜听说借宿的是个秀士,偶从屏后偷觑,却也是天缘合凑,一见了长孙陈相貌轩昂,又闻他新断弦,心里竟有几分看中了他。今早又来窃窥,正听得他对胜哥说的话,因想他伉俪之情如此真笃,料非薄幸者,便一发有意了。只不好对母亲说,乃私白老妪,微露其意。老妪即以此意告知主母,又撺掇道:"这正合着算命的言语了。那客官是远来的,又是秀士,必然发达。小姐有心要嫁他,真是天缘前定。"甘母本是极爱秀娥,百依百顺的,听了这话,便道:"难得她中意,我只恐她不肯为人继室;她若肯时,依她便了。但我只一女,必须入赘,不知那人可肯入赘在此。"

正待使老妪去问他,恰好老苍头从县中纳粮回来,见了长孙陈,便问:"此位何人?"老妪对他说知备细。苍头对长孙陈道:"昨李节度有宪牌行到各州县,挨查奸细。过往客商,要路引查验。客官若有路引,方好相留,如无路引,不但人家住不得,连客店也去不得!"长孙陈道:"我出门时,只道路上太平,不曾讨得路引,怎么处?"苍头道:"宪牌上原说在路客商,若未取原藉路引者,许赴所在官司禀明查给。客官可就在敝县讨了路引吧!"长孙陈道:"说得是!"口虽答应,心愈忧疑。正是:

欲求续命线,先少护身符。

当晚胜哥病势稍宽,长孙陈私语他道:"我正望你病好了,速速登程,哪知又要起路引来,教我何处去讨?"胜哥道:"爹爹何不捏个鬼名,到县中去讨。"长孙陈道:"这里西乡与我那武安县接壤,县中耳目众多,倘识破我是失机的官员,不是要处!"父子窃窃私语,不妨老苍头在壁后听得了,次早入内,说与甘母知道。甘母吃了一惊,看着女儿道:"那人来历如此,怎生对付他?"秀娥沉吟半晌道:"他若有了路引,或去或住,都不妨了。只是他要在我县中讨路引却难,我们要讨个路引与他倒不难。"甘母道:"如何不难?"秀娥道:"堂兄甘泉现做本县押衙,知县最信任他,他又极肯听母亲言语的。今只在他身上要讨个路引,有何难处!"甘母道:"我倒忘了,便叫苍头速往县中请侄儿甘泉来!"一面亲自到堂前,对长孙陈说道:"官人休要相瞒,我昨夜听得你自说是失机官员。你果是何人?实对我说,我倒有个商量。"长孙陈惊愕了一回,料瞒不过,只得细诉实情。甘母将适间和女儿商量的话说了,长孙陈感激不尽。

至午后,甘泉骑马同苍头到庄。下马登堂,未及与长孙陈相见,甘母即请甘泉入内,把上项话细说一遍,并述欲招他为婿之意。甘泉一一应诺,随即出见长孙陈,叙礼而坐。说道:"尊官的来踪去迹,适间家叔母已对卑人说知。若要路引,是极易的事。但家叔母还有句说话。"长孙陈道:"有何见教?"甘泉便把甘母欲将女儿秀娥结为婚姻之意,从容言及。长孙陈道:"极承错爱,但念亡妻惨死,不忍再娶!"甘泉道:"尊官年方壮盛,岂有不续弦之理?家叔母无嗣,欲赘一佳婿,以娱晚景。若不弃嫌,可入赘在此。纵是令郎有恙,不能行路,阆州之行且待令郎病愈,再作商议何知?"长孙陈暗想:"我本不忍续弦,奈我的踪迹已被他们知觉,那甘泉又是个衙门员役,若不从他,恐反弄出事来!"又想:"我在难中,蒙甘母相留,不嫌我负罪之人,反欲结为姻眷,此恩亦不可忘!"又想:"欲讨路引,须央浼甘泉。必从其所请,他方肯替我出力!"踌躇再四,乃对甘泉道:"承雅意惓惓,何敢过辞!但入赘之说未便,一者亡妻惨死,未及收殓,待小可到了阆州,遣人来收殓了亡妻骸骨,然后续弦,心中始安;二者负罪在身,急欲往见家岳,商议脱罪复官之计,若入赘在此,恐误前程大事。今既蒙不弃,只留小儿在此养病,等小可阆州见过岳父,然后来纳聘成婚吧!"甘泉听说,即以此言入告甘母。甘母应允,只要先以一物为聘。长孙陈身边并无他物,只有头上一只金簪,拔下来权为聘礼。甘泉以小银香盒一枚回敬。正是:

已于绝处逢生路，又向凶中缔新姻。

婚议既定，长孙陈急欲讨路引。甘泉道："这不难，妹丈可写一个禀揭来，待我持去代禀县尊，即日可得。"长孙陈便写下一个禀揭，只说要往云台山进香的，捏个姓名叫作孙无咎，取前程无咎之意。甘泉把禀揭袖了，作别而去。却说胜哥卧在榻上，听得父亲已与甘家结婚，十分伤感。到晚间，重复心疼，发热起来。长孙陈好生忧闷，欲待把自己不得不结婚的苦情告诉他，又恐被人听得，不敢细说。至次日，甘泉果然讨得路引来了。长孙陈虽然有了路引，却见胜哥的病体沉重，放心不下，只得倒住着替他延医服药。又过了好几日，方渐渐痊愈。长孙陈才放宽了心，打点起身。甘母治酒饯行，又送了些路费。长孙陈请甘母出来，下了四拜，说道："小儿在此，望岳母看顾！"甘母道："如今是一家骨肉了，不劳叮嘱。"长孙陈又吩咐胜哥道："你安心在此调养病体，切莫忧煎。我一至阆州，即遣人来接你。"胜哥牵衣啼哭，长孙陈挥泪出门，上马而去。甘泉也来送了一程，作别自回。长孙陈虽缔新姻，心中只痛念亡妻，于路口占《忆秦娥》词一首云：

　　风波里，舍车徒步身无主。身无主，拼将艳质，轻埋井底。留卿不住看卿死，临终犹记伤心语。伤心语，嘱予珍重，把儿看觑。

　　长孙陈在路晓行夜宿，但遇客店，看了路引并无阻滞。一日，正在一个客店里买饭吃，只见有个公差打扮的人，也入来买饭。店主人问他是哪里来的，那人向胸前取出一个官封来，说道："我是阆州刺史衙门，差往李节度军前投递公文的。"长孙陈听了，暗喜道："莫非我丈人知我失机，要替我挽回，故下书与李节度吗？"便问那人道："阆州辛老爷，有何事要投文与李节度？"那人道："如今辛老爷不在阆州了。这公文不是辛老爷的，也不知为着什么事？"长孙陈惊问道："辛老爷哪里去了？"那人道："辛老爷才到任，却因朝中有人荐他，钦召入京去了。如今是本州佐贰官掌印哩！"长孙陈听说，惊呆了半晌。想道："这却怎处？"岳父已入京，我去阆州做什？逃罪之人，又不敢往京中去，况与路引上不对。欲仍回甘家，又没有阆州打回的路引。"此时真个进退两难。正是：

　　羝羊不退又不遂，触在藩篱怎得休！

当晚只得且在客店中歇宿,伏枕寻思,无计可施。正睡不着,只听得隔壁呻吟之声,一夜不绝。次早起来,问店主人道:"隔房歇的是何人?"店主人道:"是一位赴任官员。因路遇贼兵,家人及接官衙役都被杀,只逃得他一人,借我店里住下,指望要到附近州县去讨了夫马,起送赴任。哪知又生起病来,睡倒在此。"长孙陈听说也是个被难官员,正与自己差不多的人,不觉恻然,便叫店主人引到他房里去看。只见那人仰卧在床,见长孙陈入来,睁眼一看,叫道:"啊呀!你是子虞兄,缘何到此?"长孙陈倒吃一惊,定眼细看,果然是认得的,只因他病得形容消瘦,故一见时认不出,那人却认得长孙陈仔细。你道那人是谁?原来是长孙陈一个同乡的好友,姓孙,名去疾,字善存,年纪小长孙陈三岁,才名不相上下。近因四川节度使严武闻其才,荐之于朝,授夔州司户,领凭赴任。他本家贫未娶,别无眷属携带,只有几个家僮并接官衙役相随。不想中途遇贼,尽被杀死。他幸逃脱,又复患病羁留客店。当下见了长孙陈,问道:"闻兄在武安县……"长孙陈不等他说完,忙摇手道:"噤声!"孙去疾便住了口。长孙陈遣开了店主人,方把自己的事告诉他。孙去疾也自诉其事,因说道:"如今小弟有一计在此。"长孙陈问何计?孙去疾道:"兄既没处投奔,弟又抱病难行。今文凭现在,兄可顶了贱名,竟往夔州赴任。严节度但闻弟名,未经识面,接官衙役又都被杀。料无人知觉!"长孙陈道:"多蒙厚意,但此乃兄的功名,小弟如何占得!况尊恙自当痊愈。兄虽欲为朋友地,何以自为地!"孙去疾道:"贱恙沉重,此间不是养病处。倘若死了,客店岂停棺之所。不若弟倒顶了孙无咎的鬼名,只说是孙去疾之弟。兄去上任,以轻车载弟同往。弟若不幸而死,乞兄殡殓,随地安葬。如幸不死,同兄到私衙慢慢调理,岂不两便!"长孙陈想了一想道:"如此说,弟权且代庖。候尊恙痊愈,禀明严公,那时小弟仍顶孙无咎名字,让兄即真便了。"计议已定,恐店主人识破,即雇一车,将孙去疾载至前面馆驿中住下。然后取了文凭,往地方官处讨了夫马,另备安车,载了去疾,竟望夔州进发。正是:

> 去疾忽然有疾,善存几不能存。
>
> 无咎又恐获咎,假孙竟冒真孙。

不一日,到了夔州,坐了衙门。孙去疾幸不死,即于私衙中,另治一室安歇,延医调治。时严公正驻节夔州,长孙陈写着孙去疾名字的揭帖,到彼参见。严公留宴,因欲试其才,即席命题赋诗,长孙陈援笔立就。严公深加叹赏,只道孙去疾名不虚传,哪知是假冒的。以后又发几件疑难公事来审理,长孙陈断决如流,严武愈加敬重。长孙陈泜任半月，即分头遣人往两处去：一往武安城外井亭中，捞取辛氏夫人骸骨殡殓，择地权厝，另期安葬；一往西乡城外甘家，迎接公子胜哥，并将礼物书信寄予甘泉，就请甘母同着秀娥至任所成婚。一面于私衙中，设立辛氏夫人灵座。长孙陈公事之暇，除却与孙去疾闲话，便对着那灵座流涕。一夕独自饮了几杯闷酒，看了灵座，不觉痛上心来，又吟《忆秦娥》词一首云：

> 黄昏后，悲来欲解全恁酒。全恁酒，只愁酒醒，悲情还又。
> 新弦将续难忘旧，此情未识卿知否？卿知否，唯求来世，天长地久。

吟罢，取笔写出，并前日路上所吟的，也一齐写了，常取来讽咏嗟叹。正是：

> 痛从定后还思痛，欢欲来时不敢欢。
> 此日偏能忆旧偶，只因尚未续新弦。

这几日，甘家母女及胜哥都接到。甘母、秀娥且住在城外公馆中，先令苍头、老妪送胜哥进衙。长孙陈见胜哥病体已愈，十分欢喜，对他说了自己顶名做官之故。领他去见了孙去疾，呼为老叔，又叫他拜母亲灵座。胜哥一见灵座，哭倒在地。长孙陈扶他去睡了。次日，衙中结彩悬花，迎娶新夫人。胜哥见这光景，愈加悲啼。长孙陈恐新夫人来见了不便，乃引他到孙去疾那边歇了。少顷，秀娥迎到，甘母也坐轿进衙。长孙陈与秀娥结了亲，拜了甘母，又到辛氏灵座前拜了，然后迎入洞房。长孙陈于花烛下觑那秀娥，果然美貌。此夜恩爱，自不必说。有一曲《黄莺儿》，单道那续娶少妇的乐处：

> 幼妇续鸾胶，论年庚儿女曹，柔枝嫩蕊怜她少。憨憨语娇，痴痴笑调，把夫怀当作娘怀倒。小苗条，抱来膝上，不死也魂销。

当夜，胜哥未曾拜见甘氏，次日又推病卧了一日。至第三日，方来拜见，含泪拜了两拜，到第三拜，竟忍不住哭声。拜毕，奔到灵座前放声大哭。他想自己母亲惨死未久，尸骸尚未殓，为父的就娶了个新人，心中如何不痛？长孙陈也觉伤心，流泪不止。甘氏却不欢喜，想道："这孩儿无礼。莫说你父亲曾在我家避难，就是你自己病体，也亏在我家将息好的。如何今日这般做张智，全不看我继母在眼里！"口虽不言，心下好生不悦。自此之后，胜哥的饥寒饱暖，甘氏也不耐烦去问他，倒不比前日在他家养病时的亲热了。胜哥亦只推有病，晨昏定省，也甚稀疏。又过几日，差往武安的人回来，禀说井中并无骸骨。长孙陈道："如何没有？莫非你们打捞不到。"差人道："连井底下泥也翻将起来，并没什么骸骨！"长孙陈委决不下。胜哥闻知，哭道："此必差去的人不肯用心打捞，须待孩儿自去！"长孙陈道："你孩子家病体初愈，如何去得？差去的人，量不敢欺我。正不知你娘的骸骨哪里去了？"胜哥听说，又到灵座前去痛哭，一头哭，一头说道："命好的直恁好，命苦的直恁苦！我娘不但眼前的荣华不能受用，只一口棺木，一所荒坟，也消受不起！"说罢又哭。长孙陈再三劝他。甘氏只不开口，暗想："他说命好的直恁好，明明妒忌着我。你娘自死了，须不是我连累的，没了骸骨，又不是我不要你去寻，如何却怪起我来！"转展寻思，愈加不乐。正是：

> 开口招尤，转喉触讳。
> 继母有心，前儿获罪。

　　说话的，我且问你：那辛氏的骸骨，既不在井中，毕竟哪里去了？看官听说：那辛氏原不曾死，何处讨她骸骨？她那日投井之后，贼众怕官兵追杀，一时都去尽。随后便是新任阆州刺史辛用智领家眷赴任，紧随着李节度大兵而来，见武安县遭此变乱，不知女儿、女婿安否。正想要探问，恰好行至井亭下，随行众人要取水吃，忽见井中有人，好像还未死的，又好像个妇人。辛公夫妇只道是逃难民妇投井，即令救起。众人便设法救起来。辛公夫妇见了，认得是女儿端娘，大惊大哭。夫人摸她心头还热，口中有气，急叫随行的仆妇养娘们，替她脱下湿衣，换了干衣，扶在车子上。救了半晌，辛氏渐渐苏醒。辛公夫妇询知其故，思量要差人去找寻女婿及外甥，又恐一时没处寻，迟误了自己赴任的限期，只得载了女儿同往任所。及到任后，即蒙钦召，星夜领家眷赴京，一面着人到武安打探。却因"长孙陈"三字，与"尚存诚"三字声音相类，那差去的人粗莽，听得人说"尚存诚失机被杀"，误认作长孙陈被杀，竟把这凶信回报。辛氏闻知，哭得发昏，及问胜哥，又不知下落，一发痛心。自想当日拚身舍命，只为要救丈夫与儿子，谁知如今一个死别，一个生离，岂不可痛！因作《蝶恋花》一词，以志悲思云：

> 独坐孤房泪如雨，追忆当年，拚自沉井底。只道妾亡君脱矣，哪知妾在
> 君反死。君既死兮儿没主，漂泊天涯，更有谁看取！痛妾苟延何所济，不如

仍赴泉台去。

辛氏几度要自尽,亏得父母劝住。于是,为丈夫服丧守节,又终日求神问卜,讨那胜哥的消息。真个望儿望得眼穿,哭夫哭得泪干,哪知长孙陈却与甘氏夫人在夔州受用。正是:

> 各天生死各难料,两地悲难两不同!

不说辛氏了随父在京,且说长孙陈因不见了辛氏骸骨,心里惨伤,又作《忆秦娥》词一首,云:

> 心悲悒,香消玉碎无踪迹。无踪迹,欲留青冢,遗骸难觅。
> 风尘不复留仙骨,莫非化作云飞去。云飞去,天涯一望,泪珠空滴。

长孙陈将此词并前日所题两词,并写在一纸,把来粘在辛氏灵座前壁上。甘氏走来见了,指着第一首道:"她叮咛你将儿看觑。你的儿子,原得你自去看觑他。我是继母,不会看觑他的!"又指着第二首道:"你只愿与前妻'天长地久',娶我这一番,却不是多的了!"看到第三首,说道:"你儿子只道无人用心打捞骸骨,你何不自往天涯去寻觅!"说罢,变色归房。慌得长孙陈忙把词笺揭落了,随往房中看时,见甘氏独坐流泪。长孙陈赔着笑脸道:"夫人为何烦恼?"甘氏道:"你只想着前夫人,怪道胜哥只把亲娘当娘,全不把我当娘。"长孙陈道:"胜哥有什么触犯你,不妨对我说。"甘氏道:"说他怎的!"长孙陈再问时,甘氏只是低头不语。长孙陈急得没做道理处。原来长孙陈与甘氏的恩爱,比前日与辛氏的恩爱,又添了一个"怕"字。世上怕老婆的,有几样怕法:有"势怕",有"理怕",有"情怕"。"势怕"有三:一是畏妻之贵,仰其阀阅;二是畏妻之富,资其财贿;三是畏妻之悍,避其打骂。"理怕"亦有三:一是敬妻之贤,景其淑范;二是服妻之才,钦其文采;三是量妻之苦,念其食贫。"情怕"亦有三:一是爱妻之美,情愿奉其色笑;二是怜妻之少,自愧屈其青春;三是惜妻之娇,不忍见其频颦。今甘氏难中相识,又美少而娇,大约"理怕"居半,"情怕"居多。有一曲《桂枝香》说哪怕娇妻的道:

> 爱她娇面,怕她颜变。为什么俛首无言,慌得我意忙心乱,看春山顿锁。

春山顿锁，是谁触犯？忙陪欢脸，向娘前，直待你笑语还如故，才教我心儿放得宽。

这叫作因爱生怕。只为爱妻之至，所以妻若蹙额，他也皱眉；妻若忘餐，他也废食。好似虞舜待弟的一般，像忧亦忧，像喜亦喜。又好似武王事父的一般，文王一饭亦一饭，文王再饭亦再饭。

闲话少说，只说正文。当下长孙陈偎伴了甘氏半晌，却来私语胜哥道："你虽痛念母亲，今后却莫对着继母啼哭。晨昏定省，不要稀疏了！"胜哥不敢违父命，勉强趋承。甘氏也只落落相待。一个面红颈赤，强支吾地温存，一个懒语迟言，不耐烦地答应。长孙陈见他母子二人终不亲热，亦无法处之。胜哥日常间倒在孙去疾卧室居多。此时孙去疾的病已痊愈。长孙陈不忍久占其功名，欲向严武禀明其故，料严公爱他，必不见罪。乃具申文，只说自己系孙去疾之兄孙无咎，向因去疾途中抱病，故权冒名供职，今弟病已痊，理合避位。向日朦胧之罪，仗乞宽宥。严公见了申文，甚是惊讶，即召孙去疾相见，试其才学，正与长孙陈一般。严公大喜道："二人正当兼收并用。"遂令将司户之印，交还孙去疾，其孙无咎委署本州司马印。一面奏请实授。于是，孙去疾自为司户，长孙陈携着家眷，迁往司马署中，独留胜哥在司户衙内，托与去疾抚养教训，免得在继母跟前，取其厌恶。此虽爱子之心，也是惧内之意。只因碍着枕边，只得权割膝下，正合着《琵琶记》上两句曲儿道："你爹行见得好偏，只一子不留在身边。"甘氏离却胜歌之后，说也有，笑也有，不似前番时常变脸了。

光阴迅速，不觉五年。甘氏生下一女一子：女名珍姑，子名相郎，十分欢喜。哪知乐极悲生，甘母忽患急病，三日暴亡。甘氏哭泣擗踊，哀痛之极，要长孙陈在衙署治丧。长孙陈道："衙署治丧，必须我答拜。我官职在身，缌麻之丧，不便易服。今可停枢于寺院中，一面写书去请你堂兄甘泉来，立他为嗣，方可设幕受吊。"甘氏依言，将灵枢移去寺中。长孙陈修书遣使，送与甘泉，请他速来主持丧事。甘泉得了书信，禀过知县，讨了给假，星夜前来奔丧。正是：

此虽敦族谊，亦是趋势利。

贵人来相召，如何敢不去。

甘泉既到，长孙陈令其披麻执杖，就寺中治丧。夔州官府并各乡绅，看司马面上，都来致吊。严公亦遣官来吊，孙去疾也引着胜哥来拜奠。热闹了六七日，极为光荣。却不知甘氏心上还有不足意处：因柩在寺中，治丧时自己不便到幕中哭拜；直至甘泉扶柩起行之日，方用肩舆抬至灵前奠别，又不能够亲自还乡送葬。为此每日哀痛，染成一病，恹恹不起。慌得长孙陈忙请医看视，都道伤感七情，难以救治。看看服药无效，一命悬丝。常言道："人之将死，其言也善。"甘氏病卧在床，反复自思："吾向嗔怪胜哥哭母，谁想今日轮到自身。吾母亲抱病而亡，有尸有棺，开丧受吊，我尚痛心；何况他母死于非命，尸棺都没有，如何教他不要哀痛！"又想："吾母无子，赖有侄儿替他服丧。我若死了，不是胜哥替我披麻执拂，更有何人？可见生女不若生男，幼男又不若长男。我这幼女幼子，干得什么事？"便含泪对长孙陈道："我当初错怪了胜哥，如今我想他，可速唤来见我。"长孙陈听说，便道："胜哥一向常来问安，我恐你厌见他，故不使进见。你今想他，唤他来便是。"说罢，忙着人到孙去疾处将胜哥唤到。胜哥至床前见了甘氏，吃惊道："不想母亲一病至此！"甘氏执着胜哥的手，双眼流泪道："你是个天性纯孝的，我向来所见不明，错怪了你。我今命在旦夕，汝父正在壮年，我死之后，他少不得又要续娶。我这幼子幼女，全赖你做长兄的看顾。你只念当初在我家避难时的恩情，切莫记我后来的不是吧！"说毕，泪如泉涌。胜哥也流泪道："母亲休如此说。正望母亲病愈，看顾孩儿。倘有不讳，这幼妹幼弟，与孩儿一父所生，何分尔我！纵没有当初避难的一段恩情，孩儿在父亲面上推爱，岂有二心！"甘氏道："我说你是仁孝的好人。若得如此，我死瞑目矣！"又对长孙陈道："你若再续娶后妻，切莫轻信其语，撇下了这三个儿女！"长孙陈哭道："我今誓愿终身不续娶了！"甘氏含泪道："这话只恐未必！"言讫，瞑目不语，少顷即奄然而逝。正是：

自古红颜多薄命，琉璃易破彩云妆。

长孙陈放声大哭，胜哥也大哭。免不得买棺成殓，商议治丧。长孙陈叫再买一口棺木进来，胜哥惊问何故，长孙陈道："汝母无尸可殓，今设立虚柩，将衣冠殓了，一同治丧，吾心始安。"胜哥道："爹爹所见极是。"便于内堂停下两柩，一虚一实。幕前挂起两个铭旌，上首的写："原配辛孺人之柩"，下首的写："继配甘孺人之柩。"择日治丧，比前甘母治丧时，倍加热闹。但丧牌上还是孙无咎的出名。原来唐时律令：凡文官失机后，必有军功，方可赎罪。长孙陈虽蒙严武奏请，已实授夔州司马之职，然不过簿书效劳，未有军功，故不便改正原名。恰好事有凑巧，夔州有山寇窃发，严公遣将征剿，司马是掌兵的官，理合同往。长孙陈即督同将校前去。那些山寇，不过乌合之众，长孙陈画下计策，设伏击之，杀的杀，降的降，不几日，奏凯而还。严公嘉其功，将欲表奏朝廷。长孙陈那时方说出自己真名姓，把前后事情一一诉明，求严武代为上奏。严公即具疏奏闻。奉旨：孙无咎既即系长孙陈，准复原姓名，仍论功升授工部员外。正是：

昔年复姓只存一，今日双名仍唤单。

长孙陈既受恩命，便一面遣人将两枢先载回乡安厝；一面辞谢严公，拜别孙去疾，携着三个儿女并仆从等进京赴任。此时辛用智正在京师为左右拾遗之职，当严公上表奏功时，已知女婿未死，对夫人和女儿说了，俱各大喜。但不知他可曾续娶，又不知胜哥安否？遂先使人前去，暗暗打听消息。不一日，家人探得备细，一一回报了。夫人对辛公道："偏怪他无情。待他来见你，且莫说女儿未死，只需如此如此，看他如何？"辛公笑而诺之。过了几日，长孙陈到京，谢恩上任后，即同着胜哥往辛家来。于路先叮嘱胜哥道："你在外祖父母面前，把继母中间这段话，隐瞒些个。"胜哥应诺。既至辛家，辛公夫妇出见。长孙陈哭拜于地，诉说妻子死难之事。胜哥亦哭拜于地。辛公夫妇见胜哥已长成至十二三岁，又悲又喜。夫人扶起胜哥，辛公也扶起长孙陈说道："死生有命，不必过伤！且请坐了。"长孙陈坐定，辛公便问道："贤婿可曾续弦？"长孙陈道："小婿命蹇，续弦之后，又复断弦。"辛公道："贤婿续弦，在亡女死后几年？"长孙陈局蹐道："就是那年。"夫人便道："如何续得恁快！"长孙陈正待诉告甘家联姻的缘故，只见辛公道："续弦也罢了。但续而又断，自当更续。老夫有个侄女，年貌与亡女仿佛，今与贤婿续此一段姻亲何如？"长孙陈道："多蒙岳父厚爱，只是小婿已誓不再续矣！"夫人道："这却为何？"长孙陈道："先继室临终时，念及幼子幼女，其言哀惨，所以不忍再续。"辛公道："贤婿差矣！若如此说，我女儿惨死，你一发不该便续弦了。难道亡女投井时，独不曾念及幼子吗？贤婿不忍负继夫人，何独忍负亡女乎？吾今以侄女续配贤婿，亦在亡女面上推情，正欲使贤婿不忘亡女耳！"长孙陈满面通红，无言可答，只得说道："且容商议。"辛公道："愚意已定，不必商议！"长孙陈不敢再言，即起身告别。辛公道："贤婿新莅莅任，公事烦冗，未敢久留。胜哥且住在此，尚有话说。"长孙陈便留下胜哥，作别自回。辛公夫妇携胜哥入内，置酒款之，问起继母之事，胜哥只略谈一二。辛公夫妇且不教母子相见，也不说明其母未死，只说道："吾侄女即汝母姨，今嫁汝父，就如你亲母一般。你可回去对汝父说，叫他明日纳聘，后日黄道吉日，便可成婚。须要自来亲迎。"说毕，即令一个家人同一个养娘，送胜哥回去。就着那养娘做个媒妁。胜哥回见父亲，备述辛公之语。养娘又致主人之意。长孙陈无可奈何，只得依他纳了聘。至第三日,打点迎娶。先于两位亡妻灵座前祭奠,胜哥引着那幼妹幼弟同拜。长孙陈见了,不觉大哭。胜哥也哭了一场,那两个小的,不知痛苦,只顾呆着看。长孙陈愈觉惨伤,对胜哥道:"将来的继母,即汝母姨,待妆自然不薄。只怕苦了这两个小的!"胜哥哭道:"甘继母临终之言,何等惨切。这幼妹幼弟,孩儿自然用心调护。只是爹爹也须立主张。"长孙陈点头滴泪。

黄昏以后,准备鼓乐香车,亲自乘马到门奠雁。等了一个更次,方迎得新人上轿。正是:

> 丈人这般耍,女婿赛吃打。
>
> 只道亲上亲,谁知假中假。

新人进门拜了堂,掌礼的引去拜两个灵座,新人立住不肯拜。长孙陈正错愕间,只听得新人在兜头的红罗里,大声说起话来道:"众人退后,我乃长孙陈前妻辛氏端娘的灵魂,今夜附着新人之体来到此间,要和他说话。"众人大惊,都退走出外。长孙陈也吃一惊,倒退数步。胜哥在旁听了,大哭起来,忙上前扯住,要揭起红罗来看。辛氏推住道:"我怕阳气相逼,且莫揭起!"长孙陈定了一回,说道:"就是鬼,也说不得也!"上前扯住哭道:"贤妻,你灵魂向在何处?骸骨如何不见?"辛氏挥手道:"且休哭,你既哀痛我,为何骨肉未冷,便续新弦?"长孙陈道:"本不忍续的,只因在甘家避难,蒙她厚意惓惓,故勉强应承。"辛氏道:"你为何听后妻之言,逐胜儿出去!"长孙陈道:"此非逐他,正是爱他。因为失欢于继母,恐无人调护,故寄养在孙叔叔处。"辛氏道:"后妻病故,你即治丧。我遭惨死,竟不治丧。直待等着后妻死了,趁她的便,一同设幕,是何道理?"长孙陈道:"你初亡时,我尚顶孙叔叔的名字,故不便治丧。后来孙无咎虽系假名,却没有这个人,故可权时治丧。"辛氏道:"甘家岳母死了,你替她治丧。我父母现在京中,你为何一向并不遣人来通候!"长孙陈道:"因不曾出姓复名,故不便遣人通候。"辛氏道:"这都罢了!但我今来要和你同赴泉台,你肯随我去吗?"长孙陈道:"你为我而死,今随你去,固所甘心,有何不肯!"胜哥听说,忙跪下告道:"望母亲留下爹爹,待孩儿随母亲去吧!"辛氏见胜哥如此说,不觉坠泪,又见丈夫肯随她去,看来原不是薄情的。因说道:"我实对你说,我原非鬼,我即端娘之妹也。奉伯父之命,叫我如此试你!"长孙陈听罢,才定了心神。却又想新嫁到的女儿,怎便如此做作,听她言语,宛是前妻的声音。莫非这句话,还是鬼魂在那里哄我。正在疑想,只见辛氏又道:"伯父吩咐教你撤开甘氏灵座,待我只拜姐姐端娘的灵座!"长孙陈没奈何。只得把甘氏灵座移在一边。辛氏又道："将甘氏神主焚化了,方可成亲!"长孙陈道："这个说不去!"胜哥也道："这怎使得?"辛氏却三回五次催逼要焚。长孙陈此时一来还有几分疑她是鬼,二来便做道新人的主见,却又碍着她是辛公侄女,不敢十分违拗。只得含着泪,把甘氏神主携在手中,方待焚化。辛氏叫住道："这便见得你的薄情了。你当初在甘家避难,多受甘氏之恩,如何今日听了后妻,便要把她的神主焚弃?你还供养着。你只把辛氏的神主焚了吧!"长孙陈与胜哥听说,都惊道："这却为何?"辛氏自己把兜头的红罗揭落,笑道："我如今已在此了,又立我的神主则什?"长孙陈与胜哥见了,俱大惊。一齐上前扯住,问道："毕竟是人是鬼?"辛氏那时方把前日井中被救的事说明。长孙陈与胜哥如梦初觉。夫妻母子,抱头大哭。正是:

> 本疑凤去秦台杳,可意珠还合浦来。

三人哭罢,方酌酒相庆。

胜哥引着幼妹幼弟拜见了母亲,又对母亲述甘氏临终之语,望乞看视这两个小的。辛氏道："这个不消过虑。当初我是前母,甘氏是继母,如今她又是前母,我又是继母了。我不愿后母虐我之子,我又何忍虐前母之儿!"长孙陈闻言,起身称谢道:"难得夫人如此贤德。甘氏有灵,亦铭刻于泉下矣!"因取出那三首《忆秦娥》词来与辛氏看,以见当日思念她的实情。辛氏把那《蝶恋花》一词与丈夫看。自此夫妻恩爱,比前更笃。

至明年,孙去疾亦升任京职,来到京师,与长孙陈相会。原来去疾做官之后,已娶了夫人,至京未几,生一女。恰好辛氏亦生一子,即与联姻。辛氏把珍姑、相郎与自己所生二子一样看待,并不分彼此。长孙陈的欢喜感激不可言尽,正是:

> 稽首顿首敬意,诚欢诚忭恩情。
>
> 无任瞻天仰圣,不胜激切屏营。

看官听说,第四个儿子,却与第一个儿子是同胞,中间反间着两个继母的儿女,此乃从来未有之事。后来甘泉有个侄女,配了胜哥。那珍姑与相郎,又皆与辛家联姻。辛、甘两家,永为秦晋,和好无间。若天下前妻晚娶之间,尽如这段话文,闵子骞之衣可以不用,嘉定妇之诗可以不做矣。故名之曰《反芦花》。

卷三　培连理

断冥狱推添耳书生　代贺章登换眼秀士

诗曰：

野草青青土一丘，千年埋骨不埋羞。

殷勤寄语人间妇，自古糟糠合到头。

此诗是方正学先生过朱买臣妻之墓而作，劝世间妇人休嫌丈夫贫贱。且莫说贫贱的有时富贵，纵使终身不富贵，也该到头相守。倘必希图他年富贵，勉强守着目前贫贱，就不是个有意思的妇人了。朱买臣之妻若是个意思的，丈夫要去求官，还该阻他，不要他去。你道汉武帝时的官，可是容易做的？买臣只为贪着功名，后来坐张汤事，惧罪自杀。皆缘妻子嫌他贫贱，激他走这条路，岂非为妻子所误！假如妻子肯到头守着糟糠，丈夫也便到头守着贫贱，何至贪求富贵，以至刑戮。所以方正学诗中，并不较量富贵不富贵，更不提起会稽太守马前泼水之事，只说"糟糠合到头"。然天下妇人，不嫌丈夫贫贱的还有，不嫌丈夫废疾的却难。富贵危险，或不知贫贱安稳。若说废疾人，倒胜过五官具足的，这却谁个肯信？

如今待在下说一奇女子，不但不嫌丈夫贫贱，并不嫌丈夫废疾。才女爱才子，就如才子爱才子一般；夫妻相爱，竟像朋友相识。后来神明灵应，把废疾忽变好了。

此事出在明朝洪武年间，南直扬州府有个秀才，姓莫名豪，字千英，丰姿秀美，文才敏捷，赋性豪爽。不幸父母双亡，家道萧索，胸中虽有才，手中却乏钞。人情只重有"贝"字的才，不重没"贝"字的才。所以年近二十，未谐姻眷。只结交得一个好朋友，那人姓闻名聪，字作谋，学识渊博，议论雄快，与莫豪是至交。时常相叙，攀今吊古，谈起来便是竟日。闻聪常说：人不当以成败论英雄，设使少康若败，便是有穷的多士多方；武庚若成，便是有商的一成一旅。可笑世人识见浅薄，见伯夷指武王为暴，便道奇怪，不敢真个认他为暴；见武王指洛民为顽，便都说是顽了。又常言短丧之制，不是汉文帝始，是汉景帝始。文帝素性谦恭，当其践位，有让三让再之文；劝其立储，有重我不德之诏，故临终亦自谦德薄，遗命短丧。文帝虽如此谦恭，在景帝自当尽礼。若云父命宜从，则辞践位，即不该践位；辞建储，即不该建储，连景帝也不必立了。奈何独从其短丧之命，这不是短丧自景帝起的。又常论断王导为奸臣，温峤为逆子。嵇绍虽忠，未能全孝，不如有向北坐的王裒；王祥虽孝，有缺于忠，不如必在汶上的闵字。如此妙论，不一而足。莫豪深加叹服。但那闻聪有一件酷好的事，是仙家修炼之术。妻室也不肯娶，常闭户独坐，做那养真运气的工夫。原来做这工夫，须要有传授，若得法便好，若不得法，反要弄出病来。闻聪无师之学，未从其法，竟把一双耳朵弄聋了。却又有一件奇事，时常梦到阴司，替冥官断狱，梦中听讼，耳却不聋，及至醒来，依然聋了。闻聪自笑道："昔有仆夫夜梦为王，日间虽劳，梦中却乐。吾今虽聋，又何病焉！"人有不信他的，都道他是鬼话，又见他耳聋，是个残疾人，不甚敬重他。只有莫豪始终钦服，常对他说道："《史记·屈原传》云：王听之不聪。楚怀王何尝耳聋，只为心里不聪，便与耳聋一般。据我看来，世人皆聋，唯兄不聋耳。"因即题诗一首云：

> 岂唯耳目有聋盲，心不聪明病与均。
>
> 人世即今多耳目，能闻能见几何人。

莫豪正与闻聪说得着，不想闻聪自恨修炼不得法，欲出外遍求仙方，遂别了莫豪，往临安天目山访道去了。

莫豪自闻聪别后，甚觉寂寞，虽还有几个朋友，都不甚相契。其间有一人，姓黎名竹，号淇卿，因他头有瘌疮，光秃无发，人便顺口叫他"瘌黎"，又叫他"瘌竹"，又叫他"黎和尚"。那人本是个包揽词讼的秀才。莫豪原与他意气不合，他却偏要强来亲近，每年呈词手谒，及与人争辩的书札，便把来与莫豪看。莫豪见他文字不济，忍不住替他改削了几次。外人见了莫豪改削过的，都交口称赞。黎竹大喜，后来便竟求莫豪代作，也略把些润笔之资相送。又知莫豪好饮，常置酒相款。因此，莫豪亦不复拒之。一日，黎竹与莫豪对酌，因说道："吾兄善于诙谐，嬉笑怒骂，皆成文章。小弟昨日受了一个驼背人的气，求兄做一首驼背的诗去嘲他。"莫豪乘着酒兴，随口念道：

哀哉驼背翁,行步甚龙钟。

遇客先施行,无人亦打躬。

有心寻地孔,何面见苍穹。

仰卧头难着,俯眠腹又空。

虾身窄且缩,鼋背耸还丰。

雨不沾怀内,臀常晒日中。

娶妻须叠肚,搂妾怎偎胸。

桦石差堪拟,断环略可同。

小桥称雅号,新月笑尊容。

赴水如垂钓,悬梁似挂弓。

生来偏局促,死去也谦恭。

黎竹听罢,不觉大笑,便取笔写出,袖着去了。一日,又来对莫豪说道:"前日嘲驼背的诗甚妙,今日还要做首嘲齆鼻与瘪鼻的诗。兄可肯做吗?"莫豪笑道:"就做何妨!"便又带笑念出两首诗来。其嘲齆鼻的诗道:

齆鼻是前缘,夜来开口眠。

读书声不出,讲话语难传。

闻香全不觉,遇臭竟安然。

一事差堪用,教他看粪船。

其嘲瘪鼻的诗道:

世间瘪鼻最蹊跷,形得眼高嘴又高。

将去面光浑不碍,打来巴掌任横超。

踏平鬼脸羞堪拟,跌匾尿瓶略可描。

面孔分明如屁股,中间反嵌一条槽。

莫豪念毕,笑得黎竹眼睛没缝,又牢牢地记着。莫豪笑道:"兄只顾要嘲人,全不想自己亦有可嘲之处。吾闻外人嘲兄为'黎和尚'。如今待小弟替兄解嘲何如?"说罢,便取笔写出几段笑话,乃是《和尚笑鬎鬁》与《鬎鬁答和尚》的谑语。《和尚笑鬎鬁》云:

两头一样光，甘苦不相当。

我光是披剃，你光因鬎疬。

一样两光头，我净你却垢。

走到人前去，嫌你腥臊臭。

和尚解风流，能将信女勾。

妇人喜和尚，不喜鬎疬头。

《鬎疬答和尚》云：

只言和尚斩六根，发去哪知根尚存。

头尚破除唯我净，光光不剩一丝痕。

天风吹落满头芳，谁道轮老我洁郎。

一顶梅花浑似雪，鬎疬头上放毫光。

人见秃驴吐涎去，只因和尚不吉利。

时来晓夜要搔疮，唯有鬎疬最利市。

偷香手段秃驴高，我辈风情也不饶。

谁道妇人不喜鬎，世间唯有鬎疬骚。

　　莫豪写毕，抚掌大笑。黎竹看了，也禁不住笑，心里虽怪他尖酸，却因常要求他文字，只得忍耐，欲待也做几句嘲他，又做不出什么。

　　过了几日，莫豪因饮多了新酒，染患目疾，闷坐在家。黎竹叩门而来，相见问候毕，袖中取出一纸，说道："弟闻尊目有恙，特觅一妙方在此。"莫豪接来张眼看时，上写道：

　　木贼草去两头，何首乌用其尾，败龟板取其中。

莫豪见了，变色说道："兄怎生这等骂我！"黎竹道："如何是骂兄？"莫豪道："'木贼草'去了两头是'贼'字，'何首乌'只用其尾是'乌'字，'败龟板'只取中间的'龟'字。骂我'贼乌龟'，是何道理？"黎竹道："木贼草、何首乌，都是眼科中妙药，龟板也是滋阴的，正对兄目疾，休猜差了。"

莫豪道：“兄莫乱道，这方绝不是你写的。必是哪个教你写的，你实对我说。”黎竹被逼问不过，只得说道：“其实是一个家表弟教我写的。”

莫豪道：“令表弟好没道理，他姓什名谁？”黎竹道：“他是家姑娘之子，姓晁。”莫豪道：“向来不闻兄有这个表弟？”黎竹道：“因他年纪尚幼，故一向不曾说起。”

莫豪道：“他与我素不相识，何故便如此恶谑！”黎竹笑道：“他闻小弟被兄嘲笑，故代为奉答耳！”莫豪道：“小子太弄聪明，待我也答他几句。”便叫黎竹代写，自己信口念道：

　　　“木”除“草”去用中央，“贼”善医人贼亦良。
　　　“何首”取梢“龟”取腹，乌龟肚里有奇方。

黎竹代写罢，笑道：“他把个哑谑儿嘲兄，如今反被兄嘲了。”莫豪道：“这只算答他，我今也把个哑谜儿嘲他几句，看他如何答我？”便又念出四句道：

　　　上有两山横对，下有半朵桃花。
　　　或作缩头龟子，鼋鼍不甚争差。

念毕，又教黎竹写了，“一并拿去与你那表弟看。”黎竹道：“这是什么哑谜？”莫豪道：“兄莫管，只问令表弟可猜得出！”黎竹含笑而去。次日，又来说道：“兄昨日的哑谜，家表弟一猜便着，道是嘲他姓的‘晁’字，他细细解与我听说：‘‘两山横对’，是上面‘曰’字；‘半朵桃花’，是下面‘兆’字；‘龟子’、‘鼋鼍’者，因古体‘晁’字，是‘曰’字下加‘龟’字，其形与‘鼋’‘鼍’等字相类耳！”莫豪笑道：“亏他猜，却也聪明。”黎竹袖出一纸道：“他今也把尊姓的‘莫’字，答嘲几句在此，也教我写来与兄看哩！待我念来你听。”说罢，便看着纸上念道：

　　　似“美”不是美，如“英”不是英。
　　　纵使胸中有“子曰”，可怜徒作“草”间“人”。

莫豪听罢，倒欢喜起来，说道：“令表弟才思敏给，是一个极聪明的人。”黎竹笑道：“他恁般嘲你，你倒喜他。”莫豪道：“兄不晓得，赞得不通，赞亦没趣，嘲得好时，嘲亦快意。你有这等一个聪明表弟，如何不同他来与我一会？”黎竹道：“家姑娘早寡，只生此子。

因他年幼，爱之如处女，只教他闭户读书，不要他接见朋友！"莫豪道："他今年几岁了？"黎竹道："才十六岁。"莫豪道："十六岁也不为年幼了，如何不要他见客？即是他不肯来，待小弟目疾稍愈，先去拜他。"黎竹道："家姑娘性极板执，吾兄就去，也未必肯放表弟出来接见，反要怪小弟牵引多事。不如且消停几时，等他成人后，相交未迟。"莫豪沉吟道："也罢，令表弟既不可即见，待小弟把他嘲我的言语，再破几句，看他可能更答否？"黎竹道："这个使得，待我再替兄写去与他看。"莫豪便又念道：

> 似"美"正是美，如"英"正是英。
> "人"虽伏"草"下，其人是"大人"。

黎竹写来袖着，作别去了。停了几日，又到那晁家来。

看官，你道那晁家表弟是谁？原来不是黎竹的表弟，乃是黎竹的表妹。黎竹姑夫晁育华，只生此女，小字七襄，姿容仿佛天仙，聪明胜过男子。身边有个侍儿，名唤春山，年纪比七襄小两岁，也生得娉婷伶俐，颇知文墨。七襄与她如姊妹一般相爱。不幸晁育华早逝。母亲黎氏，孀居无倚，欲招赘一个女婿在家，却急切难得个快婿，常托黎竹替他留心选择。这黎竹若是个有意思的，便该想佳人必须配才子，才如莫豪，正堪与七襄作配，况又是你的相知，这段美姻缘，便急急该替他玉成了。争奈黎竹是势利小人，他与本城一个富家子弟古淡月相好。那古淡月断弦未续，欲求七襄为继室。黎竹有心要做这头媒，怎肯把表妹作成穷朋友。所以，在莫豪面前，只说是表弟，并不说是表妹。正是：

> 佳人与才子，理合联姻契。
> 表兄不玉成，诈称妹做弟。

黎竹对莫豪便不说实话，及到晁家，却又常把莫豪做的文字与七襄看。七襄深服其才，又知他尚未联姻，甚有相慕之意。因闻其善谑，故也替黎竹写个药方儿去嘲他。却被莫豪答嘲过来，七襄见了，口中虽埋怨黎竹不该说出"晁"字，被他轻薄，心里却愈爱莫豪的聪明，因也把"莫"字来嘲几句，看他怎生回答。及见了莫豪的答语，一发欢喜。黎竹道："他还要你再答，你不可弱与他。"七襄道："答之何难！"随又将"莫"字再做几句道：

有言可陈谟，无金不成镆。

模拟手空挥，摸索才终落。

若应募卒力不堪，欲作幕宾巾折角。

七襄这几句，正道破了莫豪的心事。第一句赞他的才，第二句怜他的贫，第三、第四句叹他沦落不偶，第五句说他不肯弃文就武，第六句说他不屑为门馆先生。此非相嘲，实是相惜。黎竹却不解其中深意，只道是相骂的言语，正要七襄骂断了莫豪，绝了他求见之意，便写将去与莫豪看。此时莫豪目疾已渐愈，一见此语，喜得手舞足蹈；不但爱其巧思，又感其知己，便再三央求黎竹，要他引见。黎竹左支右吾，只不把实话对他说，及问晁家住在哪里，又不肯说出。莫豪乃私问黎家的小童，方才得知了晁家的住处，竟写个眷教弟帖儿自往拜访。到得晁家门首，恰值晁母扫墓回来，正在门前下轿，后面随着个老姬。莫豪等晁母下了轿，进内去了，方走上一步，把帖儿传与那老姬，说道："我莫相公，特来拜望你家大官人。"老姬道："相公莫非差了，我家只有个小姐，并没有官人的。这帖儿不敢领。"莫豪心疑，因问道："宅上可是姓晁？"老姬道："正是晁家。"莫豪道："有个黎相公，可是宅上令亲？"老姬道："他是我家老安人的内侄，时常往来的。"莫豪道："可又来，黎相公说宅上有个十六岁的官人在家。"老姬道："只我家小姐便是十六岁，哪里还有什么官人？ 相公听错了！"莫豪闻言，才晓得黎竹一向哄他，所云表弟竟是表妹。因又婉言问道："不敢动问宅上小姐，可是知书识字的吗？"老姬笑道："我家小姐的才学，只怕比那黎相公倒胜几倍哩！"

莫豪听罢，十分惊喜，想道："这等说起来，前日那些巧思妙语，都是这小姐的了。天下有恁般聪慧女郎，我向认她是男子，欲与之为友，今既知是女子，决当与之为配。这媒人就要老黎做便了。"遂急急奔到黎家，要求黎竹做媒。正是：

前此只思歌《伐木》，从今方欲咏《夭桃》。

黎竹被莫豪央恳不过，只得假意应承；及见晁母，却并不提起莫豪，反替古淡月议婚。晁母嫌那古淡月是纨绔之子，又是续娶，恐女儿不中意，不肯轻许。黎竹快快而归，莫豪来讨回音时，只推姑娘不允。莫豪料黎竹不肯玉成此事，只得另寻别人作伐。访得晁家有个亲戚，姓涂名度，是小姐的表叔，莫豪特地央他去说亲。谁知这人就是前日黎竹要嘲他的驼背翁，人都叫他做驼涂度。他晓得前日嘲他的诗句是莫豪所作，正怪其轻薄，哪里肯替他去说。莫豪没奈何。又寻两个常在晁家走动的媒婆，托他撮合。

那两个媒婆,一个叫作疮鼻谢娘娘,一个叫作齄鼻俞妈妈,恰好也是莫豪嘲过她的。黎竹闻知莫豪要央她,便先去打了破句。两个也都不肯去说了。正是:

> 仙郎无计寻乌鹊,织女何由渡碧河。

莫豪无媒可央,好生忧闷;又闻古淡月家也在那里求亲,恐被他先聘定了去,日往晁家门首探看。一日,也是机缘偶凑,恰好又遇见了那个老妪,莫豪便上前深深地唱了两个肥喏,备述求婚之意。老妪见他来意诚恳,许他代禀主母。莫豪欢喜,再三叮咛称谢而去。老妪即入内对晁母说知,晁母前日在门前下轿时,已曾见过莫豪的相貌,又晓得女儿常赞他的文字,因便使春山去探问七襄的意思。春山极言小姐平日爱慕莫豪之才,今日若与联姻,正中其意。晁母遂欣然依允,令老妪至莫家回复。竟择定纳聘吉日,然后传姑娘之命,教黎竹为媒。黎竹那时不得已,只得做个现成媒人。正是:

> 月老意中思淡月,冰人心上冷如冰。
>
> 非开撮合居间力,自是先通两下情。

莫豪纳过了聘,即选定了入赘佳期,打点要做新郎。谁想好事多磨,旧时目疾,忽然复发,比前更甚。两眼红肿,疼痛异常,连忙请医看视。那医人姓邓号起川,是专门眼科,看了莫豪两目,说是外障,不但要服药,还须动手刮去眼中浮肉血筋,方才痊愈。莫豪任他刮了几次,肿痛之势虽稍缓,只是两目越觉昏沉了。莫豪见邓起川手段不甚妙,又去请个有名的官医奚仰山来看。那奚仰山听说刮去眼中血肉,便道:"目得血而能视,如何反把血来损去,还亏请得我早,若再迟两日,不可救了!今宜速服补血之剂。"莫豪信以为然,连服了他几剂煎药,哪知两目倒添起翳来,心中好不焦躁。此时入赘之期已近,争奈目疾不痊。只得回复晁家,改订吉期。一面急欲另请良医调治,又怕服药无效,特请一个会用针的医家来问他。那人姓乐号居一,高谈阔论,自说针好了多少疑难症候:"今看尊目是内障,若把外障来医便差了。只需于两手两足各下一针,其目自愈。"说罢,做张做智的取出针来,先从两手针起。谁想一针才下,莫豪早昏晕了去。乐居一吃了一惊,忙取汤来灌醒,摇头道:"晕针的人,下针不得!"遂辞别而去。莫豪连请了几个医生,都不见效,十分着急。忽一日,黎竹荐一个会灸的和尚来。那和尚法名温风,自言灸法之妙,诸病可立愈。把莫豪背上手脚上都灸到了,末后又在两眼眶之侧灸了一火。这一灸不打紧,莫豪的两眼竟断送在他手里了。看官听说：大约"疾病"二字，"疾"字从"矢"，"矢"最急；"病"字从"丙"，"丙"属火。凡有疾病的，未有不火上升、心焦躁。医者须要平心和气，缓缓而来。不但病人性急不得，医生也性急不得。所以古来神医，或名和，或名缓，观其命名之意，便可知其医法之高。今莫豪急于求愈，医者又急欲奏效，哪知火气攻入太阳，其目遂成不救。莫豪常戏言和尚不吉利，今被黎和尚荐一个温和尚来，把他两目弄坏，可怜一个聪明之士，变做残疾之人。正与那好朋友闻聪一聋一瞎，恰成一对。有一篇言语，单说那两的苦处：

> 一个静听不闻雷霆之声，一个熟视不见泰山之形。一个腹中虽具八音，耳边辨不出宫商角徵；一个肚里实兼五色，眼前哪晓得赤白黄青。一个以目为耳，有言必要写与他看；一个以耳为目，有字还须念与他听。一个声在西方，偏去向东侧耳；一个客临南首，却去对北恭身。一个当面骂他，也只是笑；一个挥拳试你，毫不知嗔。一个哑子对他张口，赞道这曲儿唱得甚妙；一个胡子骗他摸嘴，怪道那话儿生得恁横。一个现逢燕语莺歌，何缘领略；一个纵遇花容月貌，没福识荆。可怜害着聋和瞎，枉自夸他聪与明。

凡医道之中，唯目疾最难医，往往反为医所害。目有翳，便不能视。"医"字即用"医"字之头，"医"字下"酉"字又为两丁入目之象，故曰"眼不医不瞎"。

莫豪自灸坏之后，方悟求医之误。于是更不求医，只独坐静养，还指望两目养得转来，把毕姻之期改了又改。看看日复一日，瞳神渐散，竟不能够好了。自想"晁家只有一女，怎肯配我废疾之人。不如及早解了这头姻事，莫要误了人家女儿！"遂叹了两口气，落了两点泪，请原媒黎竹来，对他说情愿退婚，听凭晁家另择佳婿。黎竹闻言，正中下怀。原来古淡月此时还未续弦，黎竹巴不得莫豪退了婚，好再把这头亲事去说，便欣然步至晁家。晁母因闻莫豪坏了双目，正在烦恼，恰好黎竹到来，备述莫豪之言。晁母犹豫未决，走进房中，把这话告知女儿。只见七襄两颊通红，正色说道："共姜之节，死且不移，何况残疾。既已受聘，岂容变更。若母亲从其退婚之说，孩儿情愿终身不嫁！"晁母见女儿言词甚正，便出来细述与黎竹听。黎竹道："嫁丈夫不着，是一世之事。以表妹这等人物，却嫁个残疾人，岂不误了终身。今莫生自愿退婚，又不是姑娘逼他，正该趁水推船，另求佳配。表妹一时执性不从，日后懊悔，便无及矣！"因又说起古淡月仰慕求亲之意。晁母听罢，沉吟未答，只听得七襄在里面啼哭起来。晁母方欲起身去看，只见春山出来说道："小姐说婚姻大事，断难游移。若老安人别有他议,小姐有死而已!"晁母知其立志坚决,不忍违拗,遂回绝了黎竹,再命老妪到莫家,备言小姐守义,不肯退婚之意。莫豪的欣喜感激,自不必说。晁母择个吉期,招赘莫豪过门。成亲之夜,新娘不必搀扶,新郎倒要搀扶;姐便认得郎,郎却不认得姐。正是:

> 巧笑倩兮或可闻,美目盼兮不得见。
>
> 色声两字未能全,新郎受享只一半。

　　莫豪入赘后,七襄敬顺无违。只是晁母有些放心不下,暗想:"招了个双瞽的女婿,功名已没望了,又不曾学得起课算命,做什么生理来养家?"口虽不言,心甚担忧。哪知莫豪文名久播于外,常有人来求他文字。莫豪口念,七襄代写,卖文为活,倒也不寂寞。七襄因劝丈夫道:"自今以后,凡寿章诔词之类,赞颂人的文字便做;其一应骂人的文字,切莫做了。从前黎表兄央你代作之文,都是些赌口快的机锋、损阴德的翰墨。常言道:'陷水可脱,陷文不活。'文人笔端,辩士舌端,比武士兵端,更加厉害。即君青年丧目,安知非文字造孽所致!"因作绝句二首,念与莫豪听。
　　其一云:

> 君有奇文天忌之,欲遮世眼使无知。
>
> 却因眼众遮难尽,还令君家眼自迷。

　　其二云:

> 莫言丧目罪无因,慧业文人孽报真。
>
> 只为君文刺人目,故将目疾答君身。

莫豪深服其言,自后黎竹再把辨揭檄文等项来求代作,便立意谢绝。
　　过了几时,本城有个乡绅,姓仲名路,号子由,以礼部侍郎致仕在家。父母八旬双寿,曾有人求莫豪代做一篇寿文去称贺。仲路见了,十分赞赏,知是莫豪之笔,正想要请来相见。忽奉圣旨召他还朝,他为二亲年老,欲上个告养亲的疏。但洪武皇帝不是寻常疏章可以骗得他准的。曾托几个相知朋友代为草创,都不甚好。因想起莫豪长于翰墨,特发个名帖,遣人以肩舆迎请到家,央他代草一疏。说道:"今天子性颇严厉,

须善为我辞,委曲婉转,方不忤圣意。久仰足下妙才,必能代陈情由。"莫豪领命,遂撰成一疏,中有数联云:

> 虽国尔忘家,勤王者不遑将母;而忠须移孝,资父者乃能事君。仰思奉主之日正长,俯念侍亲之年无几。朝中广列诸臣,臣虽归而宣力尚多其侣;膝前只唯一子,子既出而终养更有何人?惭负天恩之未答,心恋阙廷;其如亲齿之已衰,悲深岵岵。时非急难,忍学绝裾之太真;梦切瞻依,乞悯望云之仁杰。得推王者孝治天下之思,益圣臣下媚兹一人之志。为亲图报,即酬罔极于靖共;代父感恩,敢忝所生于夙夜。

仲路看到这数联,拍掌赞道:"如此正合愚意。若一味乞休,以养亲为辞,便难求准。今妙在句句思亲却句句恋主。言孝更不离忠,为臣即在为子,李密《陈情表》拜下风矣!"当下便先馈润笔五十金,仍以肩舆送归。及疏上之后,果然别个告养亲的本都不准,只有仲路这本批准了。仲路大喜,又送酬仪二百两。自此以后,求文者愈多。又过半载,仲路父母相继而亡,凡奠章行状,皆莫豪所作,仲路又多送酬仪。莫豪家中用度,颇也有余,晁母甚是喜欢。

此时春山年已十六,晁母要寻个好对头嫁他出去。春山不愿别嫁,愿常与七襄做伴。七襄因劝莫豪收为小星。莫豪道:"我废疾之人,蒙贤妻不弃,一个佳人尚恐消受不起,何敢得陇望蜀!"七襄见他推辞,心生一计,私与春山说通,等莫豪醉卧,却教春山装作自己,伴他同宿。莫豪只道是七襄,乘醉交欢,颇觉艰涩,好似初婚姻之夜。到得天明,只听得七襄从房外走来,笑道:"昨夜好事已成,今番须推辞不得了!"莫豪那时才晓得被妻子捉弄了去,跌足道:"你折煞我也。我本薄福人,幸得佳丽,一之为甚,何可再乎!"七襄笑道:"你本不认得我,安知我不是她!你又不认得她,安知她不是我!我与她情好无间,你今后何妨以她当我,以我当她。是我是她,只作一人,莫作两人可也。"莫生听说,也笑将起来。正是:

> 比翼不妨添一翼,三生真个见三星。

自此一夫一妻一妾,情好甚浓。哪知欢合无多,又生离别。忽有个浙江布政司上官德,是徽州人,与仲路是同年,特托他聘个书记。原来明初不设督抚,每省布政司,便是一省之主,公务最紧,做他书记的,须得个有才学之人。仲路受了上官德之托,想道："若要寻好书记，非莫生不可。"遂写书与上官德，力荐莫豪之才，说他目虽盲而心不盲，与左丘、卜氏不相上下。上官德见了书，即遣人赍书币到来，聘请莫豪往浙江杭州任所去。莫豪只得辞了丈母，别了妻妾，以轻舟至上官德任所。上官德与他谈论，见他口似悬河，滔滔不竭，遂深加敬重，凡一应文移告示，都与莫豪参酌。莫豪住过年余，将所得馆谷，遣人送归家中，就报与个平安信息，不在话下。那年正值杭州府遇了灾荒，上官德欲上疏求免本年钱粮，托莫豪做个疏稿。莫豪即构就一篇，其略云：

> 鸿基始开，或未便遽陈灾异；赋式初定，似不容辄议蠲除。然大军之后，必有凶年；永清之余，正须发粟。长沙痛哭，告之明主而何疑；监门绘图，献之盛朝则无罪。救荒既未有奇策，课税宜免其常征。若仅除久欠之银，恐官欠实非民欠；欲真行蠲恤之恩，念蠲旧不若蠲新。

此疏一上，即蒙圣旨批允，于是灾民无不被泽。上官德深赞莫豪辞令之妙，能感动天听，那时浙江按察司缺官，上官德兼理其事，因见刑狱繁多，要上个求宽刑狱的疏，也托莫豪代草。莫豪亦即草就，其略云：

> 死不复生，继不复续，重罪固宜矜念；笞或至毙，流或至亡，轻刑亦当轸恤。金赎虽云宽典，贫者奈何？青灾尽有非辜，吏人莫察。乞追纵囚四百灵狱之风，愿垂刑措四十余年之治。

上官德看了，极其称赞。但此本奏上，未蒙俞允，圣旨批道："这本求宽刑狱，意亦可嘉。但大乱初定，奸宄尚多窜伏，立法宜严。创业与守旧不同。本内引用刑措等语，不合当今时势。不准行。"旨下之后，莫豪对上官德道："圣旨虽则如此，明公若能于刑狱之际，每事从宽，所全实多矣！"上官德从之。凡定罪案，多所矜宥。

莫豪在上官德署中住了二年，宾主之情甚笃。上官德欲请名医替他医治两目。莫豪自料其目已不可救，也不去求医了。忽一夜，睡梦中见一判官模样的神人，对他说道："我奉东狱帝君之命，特来换汝两目。"说罢，便手把莫豪两眼挖出，却并不觉疼痛。那种人于袖中另取出两双眼睛，安放在莫豪眼腔之内。莫豪梦中吃了一惊，醒将转来，忽觉得眼前一片光亮，定睛看时，只见帐外曙色照窗，室中诸物无不了然在目。喜出望外，慌忙披衣而起，引镜自照，见两目黑白分明，比当初未盲时的双眼，倒觉清爽些。便走出房来，见了上官德，告知其故。上官德也不胜之喜，说道："此事上天怜才,特赐足下以既盲之视。从今以后,功名可得也。"莫豪道:"晚生久为废人,今幸得见天日,已出意外,岂敢更望功名?"上官德道:"以足下之才,岂有终困牖下之理?"正说间,外堂传报老爷高升了。原来上官德奉旨升授刑部右侍郎,当下接了恩命,即将印务交与署印官员,择日起身进京。是时洪武皇帝建都南京,上官德带领家眷,望南京进发。莫豪欲辞别归家。上官德道:"今年正当乡试之期,足下可同我到京,商议进场之事,不必归去。且到前面镇江口上,写封家信,差人到扬州报知宅上便了!"莫豪欢喜从命。上官德遂另拨座船一只,与莫豪乘坐,一齐赴京。正是:

向来望阙嗟无路,今始披云得见天。

话分两头,不说莫豪在杭州起身,且说晁家自莫豪出门后,只接得家信一次,以后更无音信。又闻杭州饥荒,又讹传疫疠盛行,甚是放心不下。至第二年,忽有一人到来,说是浙江布政司差来报信的,道莫相公染患疫疠已死在杭州了,有代笔的遗书一封寄到。晁家吃此一惊不小,拆书观看,书中只叫妻子速速再醮。七襄与春山见了,几乎哭死。看官,你道这假信从何而来?原来是黎竹与古淡月商量下的计策。黎竹怪七襄执拗不肯改配,又怪莫豪毕姻之后,便不肯替他代笔,古淡月又深慕七襄美貌,故乘机设下此计,要哄七襄改嫁。当时,晁母正患病在床,闻了此信,病上添悲,服药无效,呜呼死了!七襄与春山十分哀痛,家中无主,古淡月又使人来议婚。七襄于新丧重孝之中,忽闻此言,好生悲愤。春山道:"相公凶信未知确否?数百里之外,一纸代笔的遗嘱,何足深信?今当遣人往仲乡官处一问,必知实信,且可仗其力,禁绝强暴逼婚之事。"七襄点头道:"说得是!"即使人往仲家探问。不想仲路服满起官,已带家眷赴京去了。七襄与春山商议道:"相公未有子嗣,设或凶信果真,须是我亲自去扶柩回来。"春山道:"小姐若去,妾愿相随。"两个计议已定,等晁母七终之后,即收拾行李,教老妪看守家中,另唤个养娘和一个老苍头随着,买舟竟往杭州。

在路行了几日,来至苏州吴江县地方,因舟子要泊船上岸,偶傍着一只大官船泊住。那官船上人嚷将起来,持篙乱打道:"我们有官府内眷在船里,你们什么船,敢泊在此!"老苍头便立向船头上回答道:"我们是扬州来的船,要往浙江上官老爷那里去的,也只有内眷在船里,望乞方便,容我们暂时泊泊吧!"官船上人听说,即收住了篙说道:"我这里便是上官老爷的船了。"苍头睁眼看那官舱口封皮上,却写着刑部右堂,便道:"不是,我们是要到上官布政老爷那里去的!"官船上人道:"我家老爷正是布政新升刑部的。你们是谁家内眷,要来这里做什么?"苍头听罢,答道:"我们是扬州莫相公的家眷,特来探问莫相公消息的。"说声未了,官舱里早传出夫人的旨意来,说道:"既是莫相公的内眷,快请过船来相见!"原来这夫人就是上官德的奶奶熊氏,因上官德往岸上拜客去了,泊舟在此,听得船上人争闹,偶向官舱口纱窗内见看,望见小船里有两个戴孝的美貌妇人。后闻说是莫家内眷,正不知他为什涉远而来,因即叫请来相见。当下七襄和春山同过官船,与夫人叙礼毕。夫人问其来意,两个细述家中之事。那夫人却又是个会弄巧的,且不把实话对他说。因向日莫豪曾在官德面前说起家中妻妾之贤,上官德常常述与夫人听,所以夫人今日见了她两个,特地要试她的真心,造出一段假话来。说道:"莫先生凶信是真,二位也不消自往浙中,待我家老爷着人去扶枢回来便了。"七襄、春山闻说莫豪真个死了,相对大哭。夫人再三劝住,因从容问道:"二位青春正少,将来终身之计若何?"两个一齐答道:"矢志守节,有死无二!"夫人道:"二位所见差矣,当初莫先生在日,二位不以废疾而弃之,已见高谊。今既物故,何必复守此硁硁之节,自误终身大事乎!近日我家老爷又请得一位幕宾,才貌与莫先生仿佛,未曾婚娶,二位若肯学文君配相如的故事,老身愿为作伐。"七襄垂泪答道:"妇之从夫,如臣之事主。今若可负之于死,前亦可弃之于生!夫人此言,断难从命。"夫人再问春山时,亦如此说。正是:

> 松筠节操千秋烈,铁石心肠一样坚。

少顷,上官德回船。夫人走出前舱,附耳低言,说知其故。上官德点头称叹道:"难得她两个如此贞节,待我如今也去试莫生一试,须要如此如此。"说罢,便到莫豪船上去。原来莫豪的船,离着官船一箭之地停泊。上官德下得船来,莫豪接着闲谈了半晌。上官德一面叫舟子移舟到大船边去,一面对莫豪说道:"足下久客在外,旅邸孤单,今有两个新寡的美人,是足下同乡,闻君才貌,愿托终身。老夫特为执柯,未识尊意允否?"莫豪道:"多蒙厚爱,但念荆妻不弃残疾,小妾亦有同志。今不肖幸得两目复明,何忍遂负之!"说话间,舟已到大船边了。上官德用手指着中舱,对莫豪道:"足下见吗?"莫豪抬头一看,果见有两个穿白的佳人,姿容绝世。上官德笑道:"这两位佳人,便是老夫欲为足下作伐的了。"莫豪正色道:"糟糠不下堂。虽则如云,匪我思存也。"上官德见他如此,深服其义,然后细把实情告之,说此二美人即足下的一妻一妾。莫豪听罢,倒疑惑起来。他只因向来双瞽,不曾认得妻妾面貌,如今只道上官德因他不肯,故把这话哄他,哪里肯信!正是:

咫尺天涯，隔若河汉。

只为佳人，未经识面。

那边夫人在官船中，也指着莫豪，对七襄与春山道："这位郎君，就是我要替二位作伐的，你道好吗？"春山抬头见了，吃了一惊，私对七襄道："此人与相公面庞无二，只差这一双眼睛。"夫人道："我原说与你相公才貌相同。这般好郎君，休要错过！"七襄变色道："纵有子都之美，妾心已如槁木死灰，更难改易！"春山也道："我二人立志不移，夫人幸勿复言。"七襄便起身告辞，仍要到自己船中去。夫人那时方信她两个真心，一把扯住七襄，笑道："老身岂是肯劝人改节的。这位郎君实即尊夫也。"因把莫豪未死，梦遇神灵，开瞽复明的事，对她说了。七襄哪里肯信，对春山道："相公纵使未死，两目久已无救，岂有无端忽明之理。天下少甚面庞厮像的，多应是夫人哄我。"春山也如此猜度，两个都不肯信。正是：

彼此各相猜，不肯信为实。

大人弄虚头，凡戏真无益。

上官德走过官船，请夫人到前舱，大家述了两边言语。夫人道："我们因欲试他，故先把假话哄他。他今倒把假话认作真话，真人认作假人，如何是好？"正踌蹰间，只见家人传禀有个三只耳朵的道人，说是莫相公的旧友，特来求见。亏得这个人来替莫豪夫妇做了证盟。

你道那人是谁？原来就是闻聪。他自从入天目山访道之后，依旧时常梦断冥狱。忽一夜，梦一金甲神将，传东岳帝君之命，召他前去。他随着神将来至一座宝殿之下，朝拜毕，帝君传旨宣入殿中赐座，说道："闻卿善断冥狱。今特召卿来，有话要问。"闻聪道："愿闻圣论。"帝君道："人有三魂，罪孽重者，一魂入地狱受苦，两魂化作两人，在阳世受报。其罚不太重否？"闻聪道："作孽受报，譬如偿债者心须加利。其罚不为重。"帝君道："向有几宗疑案，至今未决。卿试为我决之。"闻聪问是哪几宗公案？帝君道："汉伏后、董妃，为吕后后身，曹操为韩信后身，华歆为彭越后身，然则曹操、华歆之罪，可末减否？"闻聪道："吕氏以母后杀功臣，诚为过矣！曹操、华歆以人臣杀后妃，罪莫大焉！此宜分别定案。韩信、彭越之功，另以福报报之；曹操、华歆之罪，岂容末减！"帝君道："唐朝王皇后、萧淑妃，又为吕后后身，武则天为戚姬后身，然而武氏之罪，可末减否？"闻聪道："嫡庶尊卑之分，不可不辨。吕氏以母后惨杀妃嫔，固为恶矣！

武氏以妃嫔惨杀母后,逆莫大焉！亦当分别定案。戚姬贞洁无瑕,另以善报报之。武氏淫逆之罪,岂容末减！"帝君道:"宋徽钦二宗,为太宗后身,金兀术为德昭后身,粘没喝为光美后身,高宗为钱镠王后身,秦桧为赵普后身。钱镠王怨太宗收其土地,故不肯迎还二圣。赵普曾劝太宗自立其子,故以主持和议,不迎二圣为赎罪。然则高宗、秦桧之罪,可末减否?"闻聪道:"以人君收降王之土地,不为大过;以子弟而不报父兄之仇,其罪大矣。宋太宗之恶,在背兄灭弟灭侄,而不在收钱氏土地。德昭、光美化为宋之敌国以报之则可,钱镠王化为宋之子弟以报之则不可。高宗之罪,岂容末减！至于秦桧,两世俱为奸臣,当永堕酆都地狱。"帝君道:"宋之帝昺为理宗后身,元伯颜为济王竑后身,其事何如?"闻聪道:"济王竑之死,其罪在史弥远而不在理宗。"帝君道:"韩侂胄、史弥远皆为奸臣,其罪轻重若何?"闻聪道:"韩侂胄虽有逐赵汝愚、毁朱晦翁之罪,而有追贬秦桧、追封岳武穆一事可取。史弥远虽有杀韩侂胄之功,而其谋害济王竑之大罪,决不可恕。以权臣逐贤臣,其罪犹轻,以权臣擅废太子而又杀之,其罪至重。韩侂胄已受戮于生前,复剖棺于身后。史弥远幸保首领以没,虽前世曾为高僧,而其罪岂容末减?"帝君听罢,举手称赞道:"卿言俱极合理,当即上奏天庭,候旨定夺。"言毕,使人送闻聪下殿。闻聪猛然觉来,其言历历可记。

　　过了数日,忽又梦帝君相召,闻聪复应召而往。只见帝君下座相迎,礼数比前甚恭,揖闻聪就座,对他说道:"前日卿所言,上帝已皆依议。深嘉卿断狱之明,特命复矣两聪,更赐神耳一只,以优异之。"说罢,只见一个判官用金盘托着一只耳朵,走到闻聪面前。先把他两耳只一拍,然后取盘中这只耳朵安放在他脑后。闻聪正起身拜谢,只见又有一个判官自外而来,捧着两卷文书,跪启帝君道:"南直扬州府城隍、浙江杭州府城隍,都有申文到此。"帝君接来拆看,说道:"原来为莫豪之事。"闻聪听说莫豪名字,遂问道:"莫豪乃臣之好友,未识他有何事?"帝君道:"莫豪长于笔舌,善于讥刺,有伤厚道,已经夺其两目,使为瞽人。近日悔过自新,多作造福文字,故两处城隍申文到此,求复其两目之光。今当取他的功过来查,如果功多于过,准与开复。"便教判官取他平日所做的文字来。少顷,只见判官取出一大束文字,放于地上,说道:"此是莫豪之过。"又指着手中一小卷文字,说道:"此是莫豪之功。"帝君命取平等秤来权其轻重。却又作怪,那一大束倒轻,那一小卷倒重。闻聪见了,心甚异之,因对帝君道:"这两项文字,乞赐一观。"帝君便叫判官送与闻聪看。闻聪接来看时,那一大束文字都是些讥弹笑骂之语,那一小卷文字,却是几个疏稿:一是代礼部侍郎仲路告养亲的疏,一是代浙江布政上官德求免钱粮的疏,都蒙圣旨批允的;一是代上官德求宽刑狱的疏,圣旨不准行的。闻聪问道:"只此三篇,何以少胜多。那不准行的疏,如何也算是功?"

帝君道:"告养亲虽系一家之事,'百行孝为先',其功不小。至于蠲租恤刑,意在全活万民,不论准行与不准行,其功最大。莫豪有此大功,不但当复其明,并当荣其身、昌其后矣!"便吩咐判官道:"莫豪两目已坏,不可复救,今可另取二目换之。"判官领命而去,帝君对闻聪道:"莫豪所换两目,不过是凡目。卿所添一耳,乃是神耳,无论远近,但心中想着何人,想着何地,便闻此人之言、此地之事。嗣后好生保重,登仙箓不难也。"言毕,起身相送。闻聪醒来,果然两耳不聋了。至明日,脑后发起痒来,忽又生出一只耳朵,好生惊异,遂自称"三耳道人"。想起梦中所云莫豪一事,正不知他几时盲了双目,又几时替人草疏,才一动念。早听得莫豪在浙江布政司衙署中,遂买舟望杭州一路而来。后又听得他在吴江舟次,因即追踪至此。

当日上官德请闻聪至莫豪舟中相会,备述梦中所见所闻,个个叹异。莫豪央闻聪听听自己家中之事。闻聪听了,道:"尊嫂、如嫂已在此间,何不相见?"莫豪闻言,方如梦初觉。那时闹动舟中之人。七襄与春山细察情由,方才晓得莫豪开瞽复明,乃是实话。正是:

> 一天疑阵今才破,半晌迷津幸得开。

上官德请莫豪与家眷相会,彼此喜出望外。闻聪辞别莫豪,竟飘然去了。

莫豪自与七襄、春山做了一处,同舟赴京。七襄诉说别后之事,莫豪知晁母已死,十分伤感;又猜这假报死信的,一定是黎、古二人所为,不胜恼恨。因也把梦中换眼的奇异述了一遍。那时仔细端详两个佳人,方才认得一妻一妾的美貌。遂取笔题诗一首,赠七襄云:

> 频年想象意中面,此日端详眼里花。
> 口授每烦挥彩笔,目成今始识仙娃。
> 临妆玉臂莹秋水,贴翠云鬟丽早霞。
> 更向鸾笺窥锦字,银钩笔势恁能差。

七襄看了,亦和韵吟一律,以答之云:

> 开瞽已开双目瞽,看花亦看两枝花。
> 不因体相轻才士,岂以形容重丽娃。

漫道芳姿映冰雪，须知高谊薄云霞。

巫山山外山重见，此后襄王莫认差。

莫豪看罢，深服其诗意之妙。自此三人情好，比前更密。

到了京师，上官德正欲替莫豪开复前程，恰好仲路在京为礼部尚书，闻莫豪两目复明，不胜之喜，便替他注明部册，做了儒士，只等秋闱应试。是年正值洪武皇帝立建文君为皇太孙，群臣俱上贺表。上官德央莫豪撰成一表，随众进上。洪武皇帝遍阅百官贺章，无当意者，独看到上官德表中一联，十分赞赏，亲用御笔加圈。那一联道：

月依日而成明，半协大易之几望；

文继武而益大，洪宣周语之重光。

原来建文太孙头生得匾，太祖呼之为："半边月儿"。此一联内，把半月合成明字，又以文济武，合着洪武年号。所以太祖看了，龙颜大悦，即召上官德至御前，面加褒奖。上官德奏道："微臣愚陋，何能为此。此实臣客莫豪所作也。"太祖闻奏，即降旨宣召莫豪见贺，钦授为翰林院修撰。不消进得科场，早已做了官了。正是：

忽逢丹诏天还降，早已青云足下生。

莫豪留京一年，告假归乡，葬了晁母，重赏晁家老妪。及访问黎竹时，一年前为人所讼，黜退前程，问了徒罪去了。古淡月家为火所焚，其人亦卧病不起。真个"善有善报，恶有恶报"。后来莫豪因撰文称旨，加官进职，七襄与春山俱受封诰。莫豪时常想念闻聪，却没处寻访他。那时朝中有个异人张邋遢，甚有仙术。莫豪因问他："可认得三耳道人否？"张邋遢道："三耳道人闻聪原系蓬莱仙种，暂谪人间，今尘缘已满，仍返瑶宫去了！"莫豪听说，十分惊异。七襄因劝莫豪急流勇退，不宜久恋官爵。莫豪服其言，即上本告病，退归林下，悠然自得。妻妾各生一子，永乐年间，同举进士。果然"荣其身、昌其后"，闻聪梦中之言，为不虚矣。此虽莫豪改过造福所致，然亦是他妻子不嫌丈夫贫病，一点贞心，感动上天，天特使其夫荣妻贵，培植这一对连理枝。故名之曰《培连理》。

卷四　续在原

男分娩恶骗收生妇　鬼产儿幼继本家宗

诗曰：

同气连枝各自荣，些些言语莫伤情。

一回相见一回老，能得几时为弟兄。

这四句乃法昭禅师所作偈语，奉劝世人兄弟和好的。人伦有五，而兄弟相处之日最长。君臣遇合，朋友会聚，其迟速难定。父生子，妻配夫，其早者亦必至二十岁左右。唯兄弟则或一二年，或三四年，相继而生，自髫稚以至白首，其相与周旋，多至七八十年之久。若使恩意浃洽，猜忌不生，共乐宁有涯哉！所以《诗经》上说："兄及弟矣，式相好矣，无相犹矣。"或将"犹"字解作"谋"字，或又解作"尤"字。看来不必如此解，竟当作"犹"字解。"犹"者，学样之意，他无礼，我也无知，叫作"相犹"；宁可他无礼，不可我无知，叫作"无相犹"。哥子有不是处，弟子该耐他些，弟子有不是处，哥子也耐他些。若大家看样起来，必至兄弟相争，操戈同室，往往撇却真兄弟，反去结拜假兄弟。不知假的到底是假，真的到底是真！

如今待在下说一个兄弟不睦的，私去收养假子，天教他收着了兄弟的孩儿。

此事出在明朝景泰年间，北直真定府地方有个富户，姓岑，号敬泉。积祖开个绒褐毡货店，生意甚是茂盛。所生二子：长名鳞，字子潜，娶媳鱼氏；次名翼，字子飞，娶媳马氏。敬泉只教长子岑鳞帮做生理，却教次子岑翼学习儒业，请一个姓邝的先生在家教他读书。争奈岑翼资性顽钝，又好游荡。那邝先生欺东翁是不在行的，一味哄骗，只说令郎文业日进，功名有望。敬泉信以为然，每遇考童生，便去赞谋县取府取，连学台那里也去弄些手脚。不知费了多少银子,只是不能入泮。邺先生并不说学生文字不通,只推命运不通,遇合迟速有时,敬泉不以为悔。岑翼至二十岁,生下一子,取名岑金。敬泉因自己年老,长儿尚未有子,次儿倒先得子,十分之喜。亲朋庆贺,演了十来日戏,又不知费了多少银子。邺先生又劝他替儿子纳监,敬泉依命,又费了四五百金,授了例。邺先生自要进京乡试,趁着岑翼坐监之便,盘缠到京。即到京后,只理会自己进场之事,并不拘管岑翼,任凭他往妓馆中玩耍,嫖出一身风流疮。只得在京中养病,延医调治,直待疮愈,然后起身归家。又在中途冒了风寒,回家不上一月,呜呼死了!敬泉素爱此子,因哀致病,相继而逝。岑翼浑家马氏,在两年之内,也患病而亡。只留得岑金这小孩子,年方三岁,却赖伯父岑鳞收养。

此时岑鳞夫妇尚未生子,就把侄儿当作亲儿一般,到十二岁,便教他学生理。岑金却也伶俐,凡看银色,拨算盘,略一指点,便都晓得。岑鳞甚是欢喜。是年,岑鳞亦生一子,取名岑玉,爱如珍宝。到岑玉六岁时,岑金已十七岁了,买卖精通,在伯父店中替得一倍力。岑鳞与他定下一房媳妇,就是浑家鱼氏的表侄女卞氏,因幼失父母,收养在家,先为义女,后为侄妇。亲上联姻,愈加亲热,虽云侄妇,与亲媳妇一般看待。岑金成亲之后,夫妇也甚相得。鱼氏见丈夫店中有了岑金做帮手,意欲教儿子岑玉习举业。岑鳞道:"你只看我兄弟费了父亲多少银子,究竟读书不成,反因坐监弄出病来,送了性命。我们庶民之家,只该安分,莫妄想功名,指望这样天鹅肉吃!"鱼氏听说,就休了这念头。正是:

> 万千空费买书钱,曾未将书读一篇。
> 早识才非苏季子,何如二顷洛阳田!

岑鳞只因父亲被先生骗子,遂以读书为戒,并不教岑玉读书,只略识了几个字,便就罢了。鱼氏又因得子颇迟,姑息太甚。岑玉渐渐长成,弄得不郎不秀,书又不曾读得,生理又不曾学得。直至十五岁,方拘他在店中。他平日疏散惯了,哪里肯理会买卖里边的勾当。岑金看见兄弟不上眼,便和妻子卞氏商量,要与伯父分居。卞氏遂乘间对鱼氏道:"叔叔渐已长大,将来少不得要娶个婶婶到家,恐家中住不下。何不分拨我们另居,省得到那时偪促。"鱼氏道:"也说得是。"便把这话对岑鳞说了。岑鳞依允,即另买一所房屋,分拨岑金夫妇居住。岑金那时已二十六岁了,自分居之后,仍在店中相帮,只是朝来暮去。岑鳞因他已自爨,遂照店中伙计之例,一样算些束修与他。如是年余,忽一日,岑金对岑鳞道:"侄儿既分居另爨,日费不给,虽承伯父有束修见惠，哪里用度得来？意欲求伯父划些本钱与我，自去营运。"岑鳞听说，沉吟不语。原来岑金向在店中日久，手中已有些私蓄，自分居以来，时常私约主顾在家做买卖。岑鳞已晓得些风声，今日见他忽然要去，心里好生不然。岑金见伯父不应承他，又托人转对岑鳞说。岑鳞便备起一席酒，请众亲友来公同面议。亲友既至，依次坐定。岑鳞开话间向众亲友道："自先父及亡弟去世之时，侄儿尚在襁褓，全是我做伯父的抚养成人，娶妻完聚，又用心教他学生理，才有今日。他要分居，我就买屋与他住。分居之后，我就与他束修，并不曾亏他。不想他今日忽然要去，又要我付本营运。我今已年老，儿子尚小，侄儿若要去时，须写一纸供膳文书与我，按期还我膳金，我然后借些本钱与他去。众亲友在上，乞做个主见。"众亲友未及回言，只见岑金开口道："侄儿向来伯父教养，岂不知感。但祖公公在日，原未曾把家私两分划开；父亲早亡，未曾有所分授。母亲死时，侄儿尚幼，所遗衣饰之类，也不知何处去了！今日伯父自当划一半本钱与侄儿，此是侄儿所应得，何故说借？"岑鳞听了，勃然怒道："你祖公公为要你父亲读书，在你父亲面上费了若干银子；凡请先生及屡次考试，并纳监、坐监诸般费用，都在我店中支取。我都有账目记着，你还道没有分授吗？你祖公公又欠了若干客债，都是我一力挣清。若非我早夜辛勤，勉强撑持，这店业久已开不成了。至于你母亲所遗衣饰，有得几何？把来抵挡丧葬之费也不够用。你今日还要向我问吗？我向来把亲儿一般待你，你今日怎说出这般没良心的话来？"岑金道："据伯父这般说，家私衣饰都没有了。但侄儿自十二岁下店以后，到十五六岁学成生理，帮着伯父也曾出力过的。自十五岁至廿五岁这几年，束修也该算给。"岑鳞道："你若要算十五岁以后的束修，那十五岁以前抚养婚娶之费，及分居时置买房屋的银两，也该算还我了。"两个你一句，我一句，争论不休。众亲友劝解不住。一个定要写分授文书，不肯说借贷；一个定要说借贷，不肯说分授。众亲友议了多时，商量出个活脱法儿对岑鳞道："总是伯父扶持侄儿，如今也不要说分，也不要说借，竟说付本银若干便了！"于是草就一纸公同议单，先写伯父念侄儿缺本营运，付银几何；后写侄儿感伯父教育婚娶之恩，议贴每年供膳银几何，岑鳞看众亲友面，只得依允。初时只肯付银二百两，岑金嫌少。众亲友又劝岑鳞出了一百两，共写定了三百两，其供膳银写定每年五十两，大家书了花押，然后入席饮酒。席散之时，岑鳞当着众亲友面前取出银子来付与岑金收讫。自此之后，岑金自去开张店面。也是他时来运到，生意日盛一日。岑鳞老店里生意，倒不如他新店里了。正是：

须知世运团团转，安得财源日日来。

岑鳞因去了岑金这帮手，儿子岑玉又不肯用心经营，店中生理日渐淡薄。一日，有几个客商先到岑鳞店里买货，批过了帐，却被岑金私自拉去，照伯父所批之帐，每项明让一二分。那些客商便都在岑金店中取货，把岑鳞的原帐退还了。岑鳞知道侄儿夺了他生意，十分恼怒，赶去发作。岑金只推说客人自要来做交易，并不是我招揽他的。岑鳞闹了一场，只得自回。又过几时，客商渐渐都被新店夺去了。岑鳞告诉众亲友，要与岑金斗气。众亲友来对岑金说，岑金道："这行业原是祖上所传，长房次房大家可做，非比袭职指挥，只有长房做得。常言道：'露天买卖诸人做'。如何责备得我？若说我新店里会招揽客商，他老店里也须会圈留主顾，为何不圈留住了？"众亲友闻言，倒多有说岑金讲得的。岑金又把这话告诉众客商，再添些撺唆言语，众客商便都说岑鳞不是。岑鳞忿了这口气，无处可申，气成一病，不上半年，郁郁而死。正是：

> 可怜犹子终非子，望彼帮身反害身！

岑鳞既死，鱼氏与岑玉大哭一场，即遣人至岑金处报知。岑金到伯父家来，伏尸而哭，说道："丧中之费，一应都是我支持，不消伯母与兄弟费心。"当下便先买办衣衾棺椁，请僧诵经入殓。七中治丧开吊，岑金在幕外答拜，礼数甚恭，哭泣甚哀。治丧既毕，即择吉安葬。各项使费，都是岑金应付。众亲友无不称赞岑金的好处，尽道岑鳞儿子没用，多亏这侄儿替他结果送终。谁想丧事毕后，岑金却开了一篇细账，把从前所费，凭他一个算了两个，竟将伯父前日所付本银三百两，除得干干净净。鱼氏再要索取供膳银两时，也没有了。他说："有本便有利，供膳银原只算这三百两的利钱。今本钱已没有在我处，哪里又讨膳银？"鱼氏此时方知他丧中慨然任费，并非好意。可笑众亲友不知，还把他啧啧称赞。正是：

> 恶多实际，善有虚名。
> 人之君子，天之小人。

自此岑家老店已歇。鱼氏想起丈夫明明是侄儿气死的，如今又被他赖了本钱，除了供膳银去，心中怀恨，怎肯甘休？恰好鱼氏有个内侄叫作鱼仲光，向在本府做外郎的，闻知此事，撺掇鱼氏把寡妇出名去告状。岑金探听了这消息，也吃一惊，因晓得鱼仲光是贪财的，便暗地把些贿赂来买嘱他。那鱼仲光得了钱财，便改了口气。鱼氏再请来他商议时,鱼仲光道:"我细思此事,不是告状的事,不该恶做,还该善处。可使人对他说:'当初伯父曾把本钱扶持侄儿,如今也要他把本钱扶持兄弟便了'。"鱼氏依言,使岑玉去转托岑金店里两个伙计对岑金说。那两个伙计,向日原在岑鳞店里做过伙计的,一个叫作岑维珍,是与岑鳞通谱的族侄;一个叫作鱼君室,即鱼仲光的叔子,单身无靠,依栖在仲光处,仲光冤他做了贼,逐他出来,在街坊上乞求,岑鳞看不过,收养他在家,后来就教他相帮做生理。到得岑鳞死了,店已歇了,用那两个人不着,两个便都到岑金店中去相帮。岑金见他生意在行,人头又熟,便加了束修,倾心任他。人情势利,只顾眼前,哪个思想昔年的水源木本。岑玉去央他,分明把热气呵在璧上,连连讨了几次回音,都说:"你哥哥不肯,无可奈何!"鱼氏只得再请鱼仲光来算计。你道鱼仲光叔子也不肯养的人。哪肯照顾姑娘与表弟。他既得了岑金的财物,便十分亲热,倒与岑金认了表弟兄,往来甚密,把真正表弟反撇在一边了。有一篇言语,单说那势利的人情道:

世无弟兄,财是弟兄。人无亲戚,利是亲戚。伯伯长,叔叔短,不过是银子在那里攀谈;哥哥送,弟弟迎,无非是铜钱在那里作揖。推近及远,或得远而忘其所推;因亲及疏,乃弃亲而厚其所及。嫡堂非嫡从堂嫡,真表不密假表密。缘何冷淡?厌他目下缺东西;为甚绸缪?贪彼手中多黄白。但见挥的金,使的银,便觉眼儿红,颈儿赤;不惜腰也折,背也弯,何妨奴其颜,婢其膝。哪晓得父党之外有母,母党之外有妻;只省得万贯之下有千,千贯之下有百。献媚者既转盼改移,受谄者亦立地变易。见他趋之谨,奉之恭,谁管他曾做贼,曾做乞;爱他邀之诚,请之勤,谁管他现为奴,现为役。今日代彼遮瞒,不记从前将他指谪;此时忽而逢迎,不念当初漠不相识。信乎白镪多功,甚矣青蚨有力!明放着嫡派嫡枝,倒弄得如路如陌。不是他没良心,谁教你不发迹。莫怪炎凉人面,蓦地里四转三回;须知冷暖世情,普天下千篇一律。

看官听说:岑金若是个有良心的,虽不肯把本钱借与岑玉,便收他在店中,也像当初伯父教自己的一般,或者也还拘管得转来。谁想他全无半点热肠,只放着一双冷眼,以至岑玉无所事事,终日在三瓦两舍东游西荡,结识了一班无赖做弟兄。无赖中有个郇小一,就是当初岑翼相从的郇先生之子。那郇先生连走了几科不中,抱郁而亡,遗下这个不肖子,也是他当时哄骗主人,不教这生的果报。岑玉与这郇小一尤为亲密。小一引他去吃酒赌钱，无所不至。鱼氏因自己管儿子不下，指望讨个媳妇来托他拘管，便对几个媒婆说了，叫他替岑玉寻头姻事。谁知那些有女儿的人家，都不肯扳这穷寡妇，须得二房员外岑金出名扳亲，才肯相就。及至有人到岑金家里去访问时，岑金不唯不肯招揽，反打了破句，姻事哪里得成？岑玉又因在赌场中赌钱，闻有公差来捉赌，着了急，奔得慌了，跌坏了脚，人都叫他岑搭脚，一发没有肯把女儿配他了。当时好事的，有一篇十八搭的口号笑他道：

> 好笑岑搭，非但脚搭，做人浪搭，素性淹搭，说话跂搭，气质赖搭，肚里瞎搭陌搭，口里七搭八搭，但有小人勾搭，更没亲人救搭，弄得滥搭搭，糟搭搭，糊搭搭，贱搭搭。只得到没正经处支挨搭，哪有好人家儿女与他配搭。

大约人家不学好的子弟，正经便不省得，唯有色欲一事不教而能。岑玉年已长大，情窦已开，在未搭脚之先，早结识下一个女子，乃是开赌的宇文周之女顺姐。那宇文周原是个光棍，家中开着赌场。郏小一引着岑玉去赌钱，宇文周常托岑玉替他管稍捉头，自己倒到大老官人处帮闲说事，或时吃酒，彻夜不归。他妻子许氏，又常卧病，不耐烦拘管女儿。因此岑玉与这顺姐偷好了，只有郏小一深知其事。岑玉自从跌坏了脚，有好几时不曾到宇文家去。哪知顺姐已有了身孕，恐怕父母知道，私写一封书，央郏小一寄予岑玉，叫他讨一服堕胎的药来。岑玉着忙，便托郏小一赎药寄去。不想药味太猛厉了，胎却堕不成，倒送了顺姐的性命。岑玉闻知，私自感伤，自此也不到宇文家去了。只是少了顺姐这个相知，甚觉寂寞。却又看上了一个年少的收生妇人，叫作阴娘娘。那妇人惯替人家落私胎，做假肚，原是个极邪路的货儿，也时常在岑金家里走动的。岑金妻子卞氏，至今无子，恐怕丈夫要娶妾，也曾做过假肚，托这阴娘娘寻个假儿。争奈那假儿抱到半路就死了，因此做不成。岑玉一来怪这妇人不干好事，二来贪她有些姿色，有心要弄她一弄，私与郏小一计议。小一算出一个法儿来：于僻静处赁下两间空屋，约几个无赖在外边赌钱，却教岑玉假装做产妇，睡在卧室。到三更时分，小一提着灯，竟往阴娘娘家唤她去收生。阴娘娘不知是计，随了就走。小一引她到岑玉卧所，阴娘娘揭帐一看，灯下朦胧，见一个少年妇人包着头，睡在那里。便伸手去候她肚子，却摸着了肚子下这件东西，吓了一跳。有几句笑话说得好：

> 收孩子的，但见头先生。也有踏莲花生的，是脚先生。也有讨盐生的，是手先生。也有坐臀生的，是屁股先生。见千见万，从不曾见这个先生。

当下岑玉把阴娘娘抱住,剥去衣服,侮弄起来。阴娘娘叫喊时,这空房宽阔,又在僻静巷中,凭你叫喊,没人听得。却又岑玉抽了头筹,其余众无赖大家轮流耍了一回。正是:

> 本摸脐夫人,忽遇裸男子。只道大腹内的孩子要我替他弄出来,谁知小肚下的婴儿被他把我弄进去。这孩子顶门上开只眼,好似悟彻的和尚;那婴儿颈项下一团毛,又像献宝的波斯。不笑不啼,只顾把头乱磕;无鼻无耳,但见满口流涎。紫包挂下,倒有一对双生子在中间;光头撞来,更没半些胎发儿在顶上。不带血,居然赤子;未开乳,便吐白浆。洗手钱没处寻,倒被他着了手;喜裙儿何曾讨,反吃他脱了裙。收生收着这场生,那话弄成真笑话。

当夜众无赖了事之后,悄然把阴娘娘扶至半路撇下。这妇人被那些无赖弄得七伤八损,半晌挣扎不动,挨到天明,勉强步归。欲待寻对头厮闹,争奈在黑夜里认不仔细。只得忍了这场羞耻,耐了这口恶气,准准病了月余,出来收生不得。哪知阴娘娘到一月之后,倒也将息好了,岑玉却因这夜狂荡了一番,又冒了些风寒,遂染了阴症,医药无效,呜呼尚飨了。临终之时,口里连呼"顺姐"不止。鱼氏不胜哀痛,检其卧所,寻出一封束帖来,且自包裹得紧。鱼氏拆开观看,却不识字,不知上面写些什么?正看不出,恰好郏小一来问候,闻知岑玉已死,直入停尸之所来作揖,也下了几点泪。鱼氏与他相见了,问道:"你与我亡儿最相知。他临终连呼'顺姐',这场阴症,多应什么顺姐寄死他的。你必知其故,可说与我知道。"郏小一道:"这阴症别有所感,不干那顺姐的事。不是顺姐害死令郎,倒是令郎害死了顺姐!"遂把岑玉向日与顺姐交好,及顺姐寄书求药,堕胎致死之故,细述了一遍。因说道:"顺姐死后,令郎甚是思忆,常对我说:'把她寄来这封书,藏着以为记念。'难道你老人家倒还不知道吗?"鱼氏听说,便取出那封束帖来道:"可就是这封书吗?"郏小一接来看了道:"这正是顺姐寄予令郎的字了!"鱼氏道:"上面写些什么?乞念与我听。"郏小一念道:

> 女弟顺姐,字寄岑家哥哥:腹中有变,恐爹娘知道,如之奈何?可速取堕胎药来,万勿迟误。专此。

鱼氏听罢,大哭道:"早知如此,我当日遣人对他父母说通了,竟联了这头亲事,不但那

顺姐不死,连我亡儿也不至于绝后。"说罢又哭。正是:

　　　　儿子偷情瞒着母,母亲护短只怜儿。

　　当下邺小一别去,鱼氏收过柬帖,使人把岑玉死信报知岑金,少不得也要他买棺成殓。

　　岑金因妻子怀孕将产,送过了殓,忙忙回家。原来卜氏一向做假肚,如今真个有孕了,看看十月满足。忽一夜,岑金梦见一个老妈妈,对他说道:"你妻子腹中所有的孩儿不是你的孩儿。你只看城西观音庵后野坟里的孩儿,方是你的孩儿。"岑金猛然惊觉,正听得妻子呻吟道:"腹中作痛!"岑金知道是分娩快了,连忙起身,先去家庙中点了香烛,一面叫家人岑孝,快去唤那阴娘娘来收生。岑孝领命,去不多时,来回复道:"阴娘娘适才出去遇了鬼,收了什么鬼胎,正在家里发昏,出门不得。城西观音庵左首有个李娘娘,也是收生的,去唤她来吧!"岑金听了"观音庵"三字,正合他梦中所闻,便道:"我和你同去。"此时正是七月十三之夜,四更天气,月色犹明。岑金叫岑孝提灯跟着,忙忙走过观音庵,忽听得庵后野坟里有小孩子哭声。岑金惊异,急同岑孝提灯寻看。只见个小孩子卧在一个冢旁,抱起看时,有纸剪的冥衣包裹在身上。岑金又惊又喜,慌忙把孩子抱在怀中,吩咐岑孝自提灯去唤李娘娘,自己抱着孩子,乘着月色,奔到家中。恰好妻子腹中的孩儿已生下地,却早落盆便死了。卜氏正在那里啼哭。岑金忙把这孩子放在她身边,对她说了梦中之事,劝妻子休要烦恼,只说养了双生儿子,死了一个留了一个。家中只有个抱腰的养娘和一个服侍的老妪,与岑孝三个人知道。岑金吩咐不可泄漏。当下揭去孩子身上纸衣,换了好衣服。却又作怪,那揭下的纸衣,登时变成纸灰了。大家惊异。不一时,李娘娘到来,晓得孩子已经产过,只吃了一顿酒饭,打发去了。岑金因想梦中这老妈妈,必然就是观音菩萨,便把此儿取名岑观保,甚加爱惜。正是:

　　　　平时做假肚,本不是真胎。
　　　　今番真有孕,又遇假儿来。

　　且说鱼氏闻知侄妇卜氏得了双生子,死了一个。嗟叹道:"若得二子俱存,我长房承嗣他一个,继了亡儿之后。可惜不能都活。"正不知鱼氏虽这般思想,却不自揣世情浇薄,只顾财利,哪顾道理。你若还像当初富足之时,不消说得,自然有人把儿子送来立嗣,分授家私,还要几房争嗣起来哩!你今家道消乏,纵使岑金真个得了个双生子,

私家藏书

八洞天

图文珍藏版

一六七九

谁肯承嗣过来。

　　闲话休提，只说鱼氏自儿子死后，一发日用不支，把家中所有，吃尽典尽，看看立脚不牢，将住房也出脱了，岑玉灵柩权寄在城西观音庵里，只剩得孑然一身，无处依栖。老主意竟到岑金家里住下，要他养膳送终。岑金此时推却不得，只得收留伯母在家供膳。正是：

　　　　前既负伯父于死，今难辞伯母于生。
　　　　不肯收有母子弟，怎能地无子之亲。

　　光阴荏苒，岑观保渐渐长成。到十五六岁，千伶百俐，买卖勾当，件件精通，比岑金少年时更加能事。岑金与他定亲，就娶了鱼仲光的女儿采娘做了媳妇。原来鱼仲光当初有个妹子，与岑玉年纪相仿，鱼氏曾向他求过亲来。仲光嫌姑娘家贫了，不肯许他，今贪岑金殷富，便把女儿嫁了岑观保。鱼氏见人情势利如此，十分伤感。且喜采娘过门之后，把祖姑鱼氏待得甚好，倒不比父亲把姑娘待得冷淡。观保也极孝顺伯祖母。因此鱼氏倒也得所。哪知岑金反没福消受这一对假儿假妇，忽因一口愤气抱病而亡。你道为着什来？原来店中伙计岑维珍，与家人岑孝同谋，偷了店中若干货物，自己私把门撬开，只推失了贼。岑金心疑，细加查察，访问实情，把岑孝拷打了一顿，又要把岑维珍处治。岑维珍便道："我虽是远族，却还姓岑，就得了岑家东西，也不为过。强如你在野坟里拾着个不知来历的孩子，当作亲儿，要把家私传与他！"岑金被他说破了这段隐情，明知是岑孝泄漏其事，十分恼恨，把二人告官追赃，倒费了些银子，赃又追不出，愤懑之极，怒气伤肝，遂致丧命。正是：

　　　　伯父为君含愤没，君今亦为愤所激。
　　　　君之受愤因远兄，伯之受愤是亲侄。

岑金死后，观保丧葬尽礼，把岑维珍与逆奴岑孝俱逐出不用，店中只留鱼君室一人。观保因对人说道："我丈人鱼仲光，向常冤太叔翁鱼君室做贼。哪知冤他做贼的倒不曾做贼，倒是岑维珍做了贼！"自此岑维珍贼名一出，再没有人收用他。维珍怀恨，遂与岑孝两个在外边沸沸扬扬地传说："岑观保是观音庵后野坟里拾的。"观保闻知，心中甚是猜疑，私问家中养娘和老妪，此语从何而来，养娘、老妪都只含含糊糊，不说明白。观保猜想不出，只得葫芦提过去了。

至十九岁春间，妻子采娘有孕，将欲分娩，又去唤阴娘娘来收生。此时阴娘娘已死了，她的媳妇传授了婆婆这行生理，叫作小阴娘娘。当日岑观保自黄昏以后遣人去唤他，直至天明才来。幸得采娘分娩颇迟，黄昏腹痛，挨到天明，方产下个儿子。洗浴已过，留小阴娘娘吃酒。观保问道："如何夜里来请你，直至天明才到。今幸分娩平安，不然，可不误了事吗？"小阴娘娘道："大官人休得见怪，这有个缘故！"观保道："有什么缘故？"小阴娘娘道："十九年前七月十三之夜，我亡故的婆婆，收了一个鬼胎，得病而亡。为此如今夜间再不出来收生的。"观保道："你婆婆如何收了鬼胎？"那小阴娘娘叠着两个指头，说出这件事来，真个可惊可骇！

原来她婆婆老阴娘娘，自从被无赖奸骗之后，凡遇夜里有人来请他，更不独行，必要丈夫或儿子随去。是年七月十三之夜三更时分，忽有一青衣童子提灯而来，说是宇家小娘子要请你去收生。阴娘娘便同了丈夫，随着童子来到城西观音庵后一所小小的房屋里。只见一个丫鬟出来接住，吩咐童子陪着丈夫在外边坐，自己引着阴娘娘到卧房之内产妇床头，服侍那产妇生下一个孩儿。洗过了浴，那小娘子脱下自己身上一件衣服，教把孩子裹了，又去枕边取出白银半锭，送与阴娘娘做谢仪。阴娘娘要讨条喜裙儿穿穿，小娘子便在床里取出一条旧裙与她穿了。丫鬟捧出酒肴，请阴娘娘吃。阴娘娘觉得东西有些泥土气，吃不多就住了。又见她房中只有一个丫鬟服侍，外边也只有这个童子支持，问她："官人在哪里？"都含糊不答。家中冷气逼人，阴娘娘心中疑忌，连忙谢别出门。走到半路，月光之下，看自己腰里束的那条裙竟是纸做的，吃了一惊，慌忙脱下。又去袖中取出那半锭银来看，却也是纸锭。再仔细看时，裙儿锭儿都变成纸灰了。吓得浑身冷汗，跌倒在地。丈夫扶她归家，一病不起，不多几日便死了。正是：

　　　　前番既遇男装女，今番又遇鬼装人。
　　　　男扮女兮犹自可，鬼扮人兮却丧身。

是夜，她的丈夫等到天明，再往观音庵后访看，哪里有什么人家，只见一所坟墓，冢边尚留下些血迹，但不见有什么孩儿在那里！去问观音庵里和尚，方知这个坟墓是宇文周之女顺姐埋葬在内。想因生前有孕，故死后产儿，只不知所产儿哪里去了。

当下小阴娘娘把这段事情细述了一遍，观保听罢，目瞪口呆，寻思道："我今年十九岁，她说十九年前，正合我的年庚。我是七月十三夜里生的，她说七月十三之夜，又合我的时辰。有人说我是坟墩里抱来的，莫非我就是顺姐所生。只不知父亲又是何人?"正在惊疑,只见伯祖母鱼氏在旁听了那小阴娘娘所言,忽然扑簌簌掉下泪来,观保惊问其故?鱼氏却把昔年岑玉与顺姐通情这段姻缘说知备细,又去取出顺姐当初写与岑玉这封字来看。观保一发惊讶,便再唤养娘和老妪来细问,务要讨个明白。二人料隐瞒不过,只得从实说了。那时观保方才醒悟,抱住鱼氏哭道:"原来伯祖母就是我的祖母,亡故的叔叔,就是我的父亲!"鱼氏喜极而悲,也抱着观保而哭,卜氏见他祖母孙儿两下已先厮认,只得也把丈夫昔日梦中之语一一说明。大家欢诧,都道天使其然,依旧收养了岑家的骨血。鱼氏一向无子,今忽有孙。观保一向是假,今忽是真。正是:

> 母未嫁时学养子,学养在生养在死。
> 直待此儿更产儿,方知身出坟墩里。

　　岑观保重谢了小阴娘娘,随即使小报知宇文家里。原来顺姐死后,宇文周知其为堕胎丧命,心甚愤怒,但不知奸夫是谁,只得罢了。因怪女儿不夫而孕,要把她尸首焚弃。其妻许氏不忍,故把她埋在观音庵后荒地上。如今宇文周已死了,没有儿子,只剩老妻许氏,家贫独守,甚是凄凉,闻知这消息,亦甚惊喜。岑观保拜认了外祖母,也迎养于家,就择日把岑玉的灵柩与顺姐合葬了。又感观音菩萨托梦显圣之奇,捐资修理庵院,又舍些银钱与庵中和尚,为香火之资。是年以后,观保又生一子,把来继了次房岑金之后。念卜氏养育之恩,原把她做母亲一般看待。正是:

> 人情使尽千般巧,天道原来巧更深。

好笑鱼仲光当初不肯把妹子配岑玉,谁知今日女儿仍做了岑玉的媳妇,可为亲戚势利之戒。岑金负了伯父的恩,不肯收管岑玉,谁知天教他收了岑玉的儿子,可为弟兄不睦之戒。诗云:"鹡鸰在原"以比兄在原之谊,断而不续者多矣。请以此续之,故名之曰《续在原》。

卷五　正交情

假掘藏变成真掘藏　攘银人代作偿银人

诗曰：

> 世人结交须黄金，黄金不多交不深。
> 纵令然诺暂相许，终是悠悠行路心。

此诗乃唐人张谓所作，是说世间朋友以利交者，往往利尽而交疏。如此说起来，朋友间只该讲道论文，断不该财帛相交了。不知朋友有通财之义，正在交财上见得朋友的真情。不分金，安见鲍叔牙；不分宅，安见郇成子；不指困，安见鲁子敬。每叹念天下有等朋友，平日讲道论文，意气相投，依稀陈、雷复生，王、贡再世；一到财帛交关，便只顾自己，不知朋友为何物，岂不可笑！然富与富交财不难，贫与贫交财不难，常贫的与常富的交财也不难。独至富者有时贫，贫者有时富，先富后贫者未免责望旧交之报，先贫后富者未免失记旧交之恩，一个无时追悔有时差，一个饱时忘却饥时苦，每至彼此交情，顿成吴越。

如今待在下说一个负旧交之人，又为新交所负，及至那负他的新交，又恰好替他报了旧交之德。这事出在明朝正统年间，浙江金华府兰溪县，有个穷汉，姓甄号奉桂，卖腐为业，贫苦异常。常言道："若要富，牵水磨"。豆腐生理，也尽可过活，为何他偏这般贫苦？原来豆腐生理，先赊后现，其业难微，也须本钱多，方转换得来。甄奉桂却因本钱短少，做了一日，倒歇了两日。妻子伊氏，生下一男一女，衣长食阔，又不舍得卖与人家，所以弄得赤条条地。只租得一间屋住，倒欠了大半年租钱。亏得房主人冯员外怜他贫苦，不与他计较。又亏了对门一个好乡邻，姓盛名好仁，他开个柴米油酒店，兼卖香烛纸马等杂货，见奉桂口食不周，他店里有的是柴米，时常赊与奉桂，不即向他索价。奉桂十分感激，常对好仁道："我的女儿阿寿，等她长大了，送来服侍你家官官。"又常许冯员外道："我儿子阿福，等他长成，送与员外做个书童。"

原来那冯员外叫作冯乐善，本系北京人，侨居兰溪，是个积德的长者。家中广有资财，住着一所大屋，门前开个典铺。那典铺隔壁又有一所大空屋，系是本城一个富户刘厚藏的旧居，其子刘辉穷了，把来典与冯家。冯乐善自得此屋之后，常见里面有鬼物出现，不敢居住，欲转售与人，急切没有个售主，所以空关在那里。只把门前一间小屋，租与甄奉桂开腐店。奉桂常戏对妻子道："这大屋里时常鬼出，莫非倒有财香在内？若肯容我到里面住下，便好掘藏了。"伊氏道："你休胡说。只这一间屋的租钱，也还欠着，想想住里面大屋？若要住时，除非先掘了藏，才进去住得。"奉桂被妻子说了这几句，也不复再提。过了几时，挨至腊月廿九夜，奉桂睡梦中见一人对他说道："你即日就该掘藏，里面大房子应该是你住了。"奉桂醒来，对妻子说知其梦。伊氏道："你日有所思，夜有所梦，说他怎的？明日是大年夜了，你看家家热闹，打点过年，偏我家过夜的东西也没有。还要说这样痴梦！"奉桂听说，沉吟了半晌，忽然笑将起来道："你休说我痴，我既得此梦，且借掘藏为名，骗几钱银子来过年也好！"伊氏道："怎生骗得银子？"奉桂道："你莫管我，我自有道理。"次早，奉桂做完了豆腐，立在门首，望见对门盛好仁和一个伙计康三老在店里发货。奉桂捉个空走过去，低声问道："盛大官人，你店中纸马里边可有藏神吗？"好仁道："财帛司就是藏神了，你为何问他？莫非那里有什么财香落在你眼里，你要去掘藏吗？"奉桂扯谎道："有是有些吉兆，只没有钱来祭献藏神。"好仁道："你且许下心愿，待掘了藏，完愿便了。"奉桂道："闻说人家掘藏，若不先祭藏神，就掘着也要走了的。"好仁道："如必要祭，须索费三五钱银子。"奉桂道："便是没讨这三五钱银子处。若得有人扶持我，挪借些儿，待得了彩，加倍还他。"好仁听说，暗想道："这人忽发此言，必非无因。我看乡邻面上，就借几钱银子与他。倘他真个得了手，却不是好？"便对奉桂道："我今借五钱银子与你去祭藏神，待掘了藏，还我何如？"奉桂欢喜道："若得如此，感激不尽。倘得侥幸，加倍奉还。"好仁即取银五钱，付与奉桂收讫。奉桂回家对妻子笑道："过年的东西，已骗在此了！"伊氏问知其故，便道："你虽骗了银子来，看你明年将什么去还他。"奉桂道："这不难。我只说没有藏，掘了个空。盛大官是好人，决不与我讨论。若还催讨时，拼得在豆腐账上退清便了。"伊氏道："虽如此说，也须装个当真要掘藏的模样，他才不疑惑。"奉桂依言，便真个去买了三牲，叫妻子安排起来。又到盛家店里取了纸马香烛，索性再赊了些酒米之类。黄昏以后，将纸马供在地上，排列三牲，点起香烛。又去盛家借了一把锄头，以装掘藏的光景。正是：

> 诈装掘藏，扮来活像。
> 偏是假的，做尽模样。

奉桂正在那里装模作样，却也是他时来运到，合该发财，恰好冯乐善的浑家李氏，因念奉桂是空屋门首住的小乡邻，差一个老妪拿着一壶酒、几碗鱼肉并些节糕果子等物，送到奉桂家来。奉桂夫妇接了，千恩万谢。那老妪见他家里这般做作，问起缘故。奉桂又扯谎道："偶然在一个所在掘了些藏，今夜在此祭藏神，妈妈莫要声张。"老妪听在肚里，忙催他出了盘碗，急急地去了。少顷，奉桂正在门前烧化纸马，只见那老妪又提灯而来，说道："我家老安人闻你掘了藏，特使我来问你：那掘的藏里边，可有元宝吗？"奉桂随口笑应道："我有我有。"老妪听说，回身便走。奉桂关了门，正待和妻子吃夜膳，只听得叩门之声。开门看时，却见那老妪一手提着灯，一手捧着一个皮匣，走进门来，把皮匣放在桌上。奉桂问道："这匣儿里是什么东西？"老妪道："这是我家老安人私房积下的纹银，足重一百两，但都是零碎的。今闻你掘得元宝，要问你换两个。"一头说，一头打开匣来看，却是两大包千零百碎的银子。奉桂见了，眉头一皱，计上心来，便道："元宝是有几个，只是我才掘得，需要过了新正初五日，烧了利市，方可取用。况这些散碎银两，今夜也估兑不及。你家老安人若相托，可放在此，待我明日估兑停当，到初六日把元宝送进何如？"老妪道："这也使得。待我回复老安人去。"说罢，自进去了。奉桂欢天喜地，对妻子道："今晓是个大节夜，忽然有这些银子进门，也甚利市。且留它在此过了年，再作计较。"当晓无话。至次日，奉桂先往冯乐善家去拜了年，回到家中，便去匣内取纹银一两，用红纸包好，走过盛好仁家来拜年，就把这银子还他。说道："五钱是还昨日所借，五钱是找清一向所赊的欠账。"好仁见了，只道他真个掘了藏，便道："恭喜时运到了，昨夜所得几何？"奉桂又扯谎道："托赖福庇，也将就看得过。"说罢，即作别而归，伊氏道："盛家的银子便还了，只看你初六日把什法儿回复冯老安人。"奉桂笑道："你不要忙，我已算计下了。难得这些银子到我手里，也是我一场际遇。我今索性再在其中取了九两，明日只还她九十两，拼得写个十两的借票与她。那冯老安人也是忠厚的，决不怪我。我向因本钱少，故生意淡薄，若得这九两银子做本钱，便可酿些白酒，养些小猪，巴得生意茂盛。那时算还她本利，有何不可？"两个计议已定。至初二日，安排些酒食，请冯家管房的大叔冯义来一坐，又往盛家请他的伙计康三老来同饮。那康三老本是盛家的老亲，好仁用他在店里相帮，此老性极好酒，见奉桂请他，便走过来与冯义一齐坐地，直饮至酩酊方散。

次早，奉桂正待把些银子到盛家店里去籴糯米，只见盛好仁亲自来答拜，说道："昨日康舍亲倒来相扰了，今日我也备得一杯水酒，屈足下一叙。"奉桂道："昨日因简亵，不敢轻屈大官人。今日怎好反来打扰？"好仁道："乡邻间怎说客话，今日不但吃酒，还有话要说哩。"奉桂只道因他昨日请了康三老，为此答席，不好过却。到了午间，康三老又来相邀。奉桂便同至盛家堂上，见酒肴已排列齐整，并无别客，只请他一个。奉桂谦让再三，然后坐了。三人对饮，酒过数巡，好仁开言道："今日屈足下来，实有一事相托。"奉桂道："大官人有何吩咐？"好仁道："我有个敝友卜完卿，常往北京为商，三年前曾问我借白银二百两，不想至今不见回来。有人传说他在京中得业，归期未定。我耽搁不起这宗银子，意欲亲往京中取讨，奈家下乏人看管，小儿既在学堂读书，而舍亲又年老了，为此放心不下，难以脱身。今足下既交了财运，这豆腐生理不是你做的了，敢烦你在我店中看看。我还积蓄得纹银三百两，要置些杂货在本地发卖，足下正当交运之时，置货自然得价，也烦你替我营运。若蒙允诺，我过了正月十五日，便要起身赴京，等回家时算结账目，定当重重奉酬。"奉桂听说，喜出望外，满口应承道："向蒙大官人周济之恩，今日自当效劳。"好仁欢喜，再奉劝桂饮了几杯。席终后，即将店中账簿并三百两银子都取出来，付奉桂收明。奉桂接那银子来看时，恰好是六个大元宝，一发欣喜无限。暗想道："难得这元宝来得凑巧，就好借他来还冯老安人了。"当下交明账目，收了银子，作别归家。与伊氏说知其事，大家欢喜。正是：

> 绝处逢生，无中忽有。只骗几钱银过年，顿然一百两应口。只求十两银作本，更遇三百金凑手。真个时运到来，不怕机缘不偶。

至初六日，冯家老妪来讨回音，奉桂便将两个元宝交与送进。李氏大喜，遂将奉桂掘藏的话对丈夫说了。冯乐善沉吟一回，便吩咐家人冯义，叫他对奉桂说："你今手中既有了银了，这一间屋不是你住的。我这所大空房的一向没售主，你如今得了吧。我当初原典价五百两，今只要典三百两，先交二百两，其余等进房后找足何如？"冯义传着主人之命，来对奉桂说知。奉桂此时也亏他胆大，竟慨然应允，约定正月二十日成交。过了十五日，盛好仁已起身赴京去了。至二十日，奉桂竟把剩下这四个元宝作了屋价，与冯家立契，作中就央康三老。奉桂在康三老面前，只说元宝大锭，不便置买杂货，我今使了去，另换小锭儿来用。康三老听信不疑。奉桂是日成交，即于是夜进屋。真是机缘凑巧，合该发迹。那夜黄昏时分，后厅庭内忽现出一个白盔白甲的神人,向墙下钻入。奉桂见了,便与伊氏商议。至次夜,真个祭了藏神,掘将起来。掘不多几尺,早掘着了银子,约有五千余金。原来这银子本是昔年刘厚藏私埋下的。他见儿子刘辉不会作家,故不对他说,到得临终时说话不出,只顾把手向地下乱指。刘辉不解其意,不曾掘得,哪知今日倒富了别人。正是:

> 积累锱铢满甏头,不知费尽几多谋。
>
> 马牛不为儿孙做,却为他人作马牛。

奉桂弄假成真,应梦大吉。过一两日,便找清了典房价一百两。又将银置卖家伙,无所不备。一样衣温食美,驱奴使婢。每月只到盛好仁店里点看一两次。自己门前开起一个典铺,家中又堆塌些杂货,好不兴头。一时人都改口叫他做"甄员外",都说甄员外在新屋里又掘了藏。这话传入原主刘辉耳内,他想:"这银子明明是我父亲所藏,如何倒造化了此人?"心中快快,便来对冯乐善说道:"在下向年所典房屋,原价八百金,今只典得老丈五百两,尚少三百两之数。一向闻得空关在那里,故不好来说,今既有了售主,该将这三百两找完了。"冯乐善道:"舍下转典与甄家,价正三百金,原典价尚亏二百两,哪里又要加金? 足下此言,须去对甄家说。"便唤家人冯义引刘辉到甄家。奉桂出迎,与刘辉叙礼而坐,冯义立在一边。刘辉备言欲找绝房价之意。奉桂道:"兄与舍下不是对手交易。舍下典这屋未及半年,岂有就加绝之理!"刘辉道:"老丈虽只典得半年,舍下典与冯家已多时了。常言:'得业者亏',况闻老丈在这屋中甚是发财,今日就找清原价亦不为过。"奉桂道:"兄言差矣! 凡事要通个理,管什发财不发财。"刘辉未及回言,冯义在旁见奉桂大模大样,只与刘辉座谈,全不睬着他,甚不似前日在豆腐店里与他对坐吃酒的光景了,心怀不平,便插口道:"我家主人原典价尚亏二百两,今日宅上且把这项银子找出,待我家应付刘宅何如?"奉桂道:"就是这二百两,也须待三年后方可找足,目下还早哩!"刘辉再要说时,冯义把眼看着刘辉说道:"今日既讲不来,刘官人且请回,另作计议吧!"刘辉便起身作别。奉桂送至门首,把手一拱,冷笑一声,踱进去了。正是:

> 银会说话,钱会摆渡。
>
> 财主身份,十分做作。

冯义心恨奉桂,遂撺掇刘辉告状。刘辉原是个软耳朵的,便将霸产坑资事,告在县里，干证便是冯义。奉桂闻知，随即请几个讼师来商议。你道这些讼师岂是肯劝人息讼的？都说："员外将来正要置买田房，若都是这般告加绝起来，怎生管业？今日第一场官司，须打出个样子，务要胜他。但县公处必得个要紧分上去致意他便好！"奉桂从其言，访得本城一个乡绅郤待徵是知县的房师。那郤待徵曾为兵部职方司主事，因贪被劾，闲住在家。有闲汉段玉桥，在他家往来极熟。奉桂便将银百两，央玉桥送与待徵，求他写书致意知县。待征收了银子，说道："我虽出了书帖，县公处原须周到。"奉桂依命，又将五十金托人送与知县。那边刘辉也央人到知县处打话，若断得五百两，情愿将百金相送。谁知赊的不若现的，况奉桂又多了个分上，到对簿时，知县竟把刘辉叱喝起来道："甄家典屋未及半年，你又非对手交易，如何便告他！"刘辉道："小人是原主。产动归原，理合将原价找付。况此屋是小人祖产，他在里边掘了藏，多管是小人父亲所藏之物。"知县喝道："胡说！掘藏有何对证？纵使他掘了藏，与你何干？既是你父亲所藏之物，你弃屋之前，何不自己掘了去？这明是觊觎他殷富，希图诈他？"刘辉见知县词色不善，不敢再辩。知县又把甄奉桂的诉状来看，见内中告着冯义指唆，便唤冯义上来，骂道："我晓得都是你这奴才唆讼！"遂拨下两根签喝打，冯义再三求告，方才饶了。看官听说：大约讼事有钱则胜，无钱则败。昔人有一首咏半文钱的诗说得好：

> 半轮明月掩尘埃。依稀犹见开元字。
>
> 遥想清光未破时，买尽人间不平事。

奉桂讼事胜了，扬扬得意。谁想知县闻了掘藏之说，动了欲心，要请益起来，不肯便出审单。奉桂又送了五十两，审单才出。郤等徵也托段玉桥来请益，奉桂只得又补送了百金。两处算来有三百两之数，杂项使费在外。奉桂若肯把这些银子加在屋上，落得做了好人，银子又不曾落空。哪知财主们偏不是这样算计，宁可斗气使闲钱，不肯省费干好事。当下刘辉因讼事输了，倒来埋怨冯乐善道："都是你家尊使骗我告状，弄得不伶不俐，我和你是对手交易，你该把原价三百金找付我。待三年后，你自向甄家取偿便了。"冯乐善是个好人，吃他央逼不过，只得把三百两银子应付刘辉去了。正是：

> 得业偏为刻薄事，弃房反做吃亏人。

奉桂自此之后,想道:"拥财者必须借势。我若扳个乡绅做了亲戚,自然没人欺负了。"因对段玉桥说,要与郐待徵联头姻事。玉桥得了这话,忙报知待徵。原来待徵只有一子,已娶过媳妇,更没幼子幼女了。却□贪着奉桂资财,便私与夫人郁氏商量:"只说有个小姐在家,等他送聘后,慢慢过继个女儿抵挡他,有何不可?"计议定了。便把这话嘱咐段玉桥,叫他不可泄漏。玉桥怎敢不依,即如命回复奉桂,择吉日行礼。正是:

> 未及以假代真,先自将无作有。如此脱空做法,险矣媒人之口。不唯不论真假,亦可不问有无。如此趋炎附势,哀哉势利之夫!

奉桂选了吉日,先往郐家拜门。待徵托病不出。次日,只把个名帖托段玉桥来致意。到行聘之日,奉桂送财礼银四百两,其余簪钗绸缎等物俱极丰盛。郐家回盘不过意而已矣。联姻以后,奉桂心上必要郐乡宦到门一次,以为光荣,与段玉桥商议设席请他。先于几日前下了个空头请帖,候他拣定了一日,然后备着极盛的酒席,叫了上好的梨园,遍请邻里亲族做陪客。只有冯乐善托故不到,其余众陪客都坐在堂中等候。看看等了一个更次,并不见郐乡宦来,奉桂连遣人邀了几次,只见段玉桥来回复道:"郐老先生因适间到了个讨京债的,立等要二百金还他,一时措处不出,心中烦闷,懒得赴席了。特托我来致意。"奉桂听罢,便扯玉桥一边,附耳低言道:"今日我广招众客,专候郐亲翁到来,若不来时,可不羞死了我。他若只为二百两银子,何必烦闷,待我借与他就是。"玉桥道:"若有了二百两时,我包管请他来便了。"奉桂连忙取出银子,付与玉桥悄然袖去,又叮嘱一定要请他到来,替我争些体面。玉桥应诺而去。又等了半晌,方才听门前热闹,传呼"郐老爷到了!"奉桂迎着,十分恭谨,先在茶厅上交拜了,随唤儿子出来拜见岳翁。此时甄阿福已称小大官人,打扮得十分齐整,出来拜了待徵四拜。然后请至大厅上与众亲友相见。玉桥指着众亲友,对待徵道:"列位在此候久了。老先生不消逐位行礼,竟总揖了,就请坐席吧!"待徵便立在上肩作了一揖。奉桂定他首席坐下,其余依次而坐。演起戏来,直饮至天明方散。次日,奉桂又送席敬二十四两。待徵只将色缎二端、金簪一只,送与女婿作见面之礼。奉桂见待徵恁般做作,正想把女儿阿寿也扳个乡绅,敌住郐家,不想此女没福,患病死了。奉桂只得专倚着郐家行动,凡置买田房,都把郐衙出名,讨租米也用郐衙的租由,收房钱也用郐衙的告示。待徵见他产业置得多了,却拣几处好的竟自管业,说道:"我权替你掌管,等女婿长大,交付与他。"奉桂怎敢违拗,只得拱手奉之。正是:

假掘藏弄假成真,虚会租变虚作实。

卖菜佣强附丝罗,欺心汉人过盗贼。

奉桂虽被郤家取了些产业去,却正当时运亨通之际,生息既多,家道日丰。

光阴迅速,不觉已是三年。冯乐善要来讨这五百两房价了,奉桂只肯找还原典价二百两,其应付刘家的三百两竟不肯认。冯乐善使人往复再三,奉桂只将郤乡宦装头,说道:"此屋已转售与郤舍亲,你若要加绝,须向郤衙讲。"冯乐善真个写了名帖,去上复郤待徵,不想到门几次,不得一见,乐善忿了口气,说道:"他倚着乡绅亲戚来欺负我,难道我就没有个做官的亲戚吗?"原来冯乐善有个妻兄李效忠,现为京衙千户。乐善正欲遣人到京,求李效忠写书致意郤待徵,讨这项银子。谁想"天有不测风云,人有旦夕祸福"。忽一夜,因家中丫鬟不小心失误了火,延烧起来。众人从睡梦中惊醒,是夜风势又急,火趁风威,扑救不及,大家只逃得性命。从来失火比失盗更利害,然却是人不小心,不干火事。有一篇《火德颂》为证:

火本无我,因物而生。物若灭时,火亦何存。祝融非怒,回禄非嗔。人之不慎,岂火不仁!苟其慎之,曲突徙薪。火烈民畏,鲜死是称。用为烹饪,火德利民。庭燎照夜,非火不明。洪炉躯寒,非火不温。燧人之功,功垂古今!

却把盛好仁家亦被烧在内。只有甄奉桂家,亏得救火人多,松塌了一带房屋,不曾烧着。次日火熄后,被烧之家,各认着自己屋基,寻觅烧剩的东西。冯家有个藏金银的库楼,不合倒在甄家地基上,冯家要来寻觅时,奉桂令人守着,不许寻觅。冯乐善与他争论不过,只得忍气吞声,自家瓦砾场中只寻得些铜锡等物,其余一无所有。县中又差人出来捉拿火头,典铺烧了,那些赎当的又来讨赔,冯乐善没奈何,把家中几个丫鬟都卖了,还不够用,只得把这屋基来卖。奉桂又将郤衙出名,用贱价买了。乐善把卖下的银子都用尽了,奴仆尽皆散去,只剩得夫妻二口,并一个十三岁的女儿小桃,一个九岁的儿子延哥,共只四人。他本是北京籍贯,并没亲戚在兰溪,一时无可投奔。亏得一个媒妪许婆,常时在他家走动的,因看不过,留他到家中住了。冯乐善与妻子计议,要到北京投奔李效忠,争奈身边并无盘费。许婆听说,便道:"此时哪里去措处盘费。我倒有个计较在此,只怕员外安人不肯。"乐善道:"有何计较?"许婆道:"本城有个姓过的寡妇，惯收买人家十二三岁的女孩儿，养得好了，把来嫁与过往乡绅或本处大户做偏房外宅。员外若肯把这位小娘权寄养在她家，倒可取得几十两银子做盘费。她要嫁与人时，也须等到十五六岁。员外若到京中见了李爷，弄得些银两，只在一两年内便回来取赎了去，有何不可？"乐善夫妇听罢，本是舍不得女儿，寻思无计可施，只得权从此策，便教许婆去约那过寡妇来看。过寡妇一见小桃十分中意，愿出银四十两，即日交了银子，便要领去。乐善夫妇抱着小桃，痛哭一场。临别时，小桃叮嘱爹娘："见了舅舅之后，千万就来赎我。"乐善夫妇含泪允诺。正是：

　　忍把明珠掌上离，只因资釜客中虚。

　　可怜幼女从今后，望断燕京一纸书。

　　话分两头。不说冯乐善夫妇有了银子，自和幼儿延哥往北京投奔李效忠去了。且说小桃到了过寡妇家，不上一月，就有个好机会来。也是她的造化，原来此时邰待徵已起身赴京谋官复职，临行时吩咐夫人郁氏，叫她差人密访小人家女儿，有充得过小姐的，过继她来抵挡甄家这头姻事。夫人领诺，密差家人在外寻访，奈急切没有中意的。邰家有个养娘，向与过寡妇相熟。一日偶至过家，见了小桃，十分赞叹，回来报与夫人知道。夫人即命肩舆抬小桃到家来看，果然姿容秀美，举止端庄，居然大家体段，又且知书认字，心中大喜。问知原价四十金，即加上十两，用五十金讨了。认为义女，命家中人都呼为小姐。正是：

　　今日得君提提起，免教人在污泥中。

　　不说小桃自在邰家为义女，且说盛好仁家自对门失火之夜，延烧过来，店中柴油纸马，都是引火的东西，把房屋烧得干干净净。盛好仁又不在家，其妻张氏并儿子俊哥，及康三老和一个丫鬟、一个养娘共五口，没处安身。甄奉桂便把自己房屋出空两间，与他们住了，又送些柴米衣服与他。一面唤匠工把自己扒堆的房屋，并所买冯家的地基一齐盖造起来，连盛家的地基也替他盖造。奉桂有了银子，砖瓦木石，咄嗟而办，不够两月，都造得齐整，仍请盛家一行人到所造新屋里居住。张氏甚是盛激，只道奉桂待冯家刻薄，待我家却这等用情。不想过了一日，奉桂袖着一篇账目，来与康三老算账。康三老接那账目看时，却是销算前番所付三百两银子。上面逐项开着，只算得一分起息，每年透支银若干，又造屋费去银若干，连前日在他家里暂住这两月的盘费也都算在内，把这三百两本银差不多算完了，只余得十来两在奉桂处。康三老道："当初盛舍亲相托之意，本欲仰仗大力，多生些利息。若只一分起利，太觉少些！"奉桂变色道："一向令亲把这银冷搁在家，莫说一分利息，就是半分利息也没处讨。在下一时应承了去，所置货物，不甚得价，只这一分利息我还有些赔补在内。"康三老道："闻老丈财运亨通，每置货物，无不得利，怎说这没利息的话。"奉桂道："说也不信，偏是令亲的银子去置货，便不得利。我今也有置货脱货的细账在此！"说罢，又向袖中摸出一篇帐来。康三老接来看时，也逐项开着，果然利息甚微，有时比本钱倒欠些。看官听说：难道偏是盛好仁这般时运不济？大约置货的，东长西折，有几件得价，自然也有一两件不得价，若通共算来，利息原多。今奉桂将得价的都划在自己名下，把不得价的都留在他人名下。康三老明晓得他是欺心账目，因盛好仁又不在家，与他争论不得，只得勉强答应道："老丈账目，自然不差。但目下回禄之后，店中没银买货。乞念旧日交情，转移百来两银子做本钱，待舍亲回来，自当加利奉还。"奉桂道："本该从命，奈正当造屋多费之后，哪里兑得出银子？若必要借，除非你把这新屋写个抵契，待我向舍亲处转借与你何如？"说罢，便起身作别去了。康三老把上项话细述与张氏听。张氏方知奉桂不是好人，当初丈夫误信了他。大凡银子到了他人手中，便是他人做主，算不得自己的了。所以施恩与人、借物与人的，只算弃舍与他才好，若要取价责报起来，往往把前日好情反成嫌隙。有一篇古风为证：

> 长者施恩莫责报，施恩责报是危道。昔年漂母教淮阴，微词含意良甚深。尽如一饭千金答，灭项与刘报怎慊？所报未盈我所期，恃功觖望生嫌疑。嫌疑彼此怖难弭，遂令杀机自此起！可怜竹帛动皇皇，犹然鸟尽嗟弓藏。何况解推行小惠，辄望受者铭五内？望而后应已伤情，望而不应仇怨成。思至成仇恩何益，不唯无益反自贼。富因好施常至贫，拯贫如我曾无人。损己利人我自我，以我律人则不可。先富后贫施渐枯，有始无终罪我多。求不见罪已大幸，奈何欲皮相答赠。世情凉薄今古同，愿将德色归虚空！

当下张氏没奈何，只得依着奉桂言语，叫康三老把住居的屋写了空头抵契去抵银。奉桂却把银九十两作一百两，只说是邰衙的，契上竟写抵到邰衙，要三分起息算，说是邰衙放债的规矩。康三老只得一一如命。张氏把这项银子，取些来置买了动用家伙并衣服之类，去了十数金。其余都付康三老置货，在店中发卖。哪知生意不比前番兴旺。前番奉桂还来替他照管,今算清了本利之后,更不相顾,恁康三老自去主张。三老年高好酒,生意里边放缓了些,将本钱渐渐消折。奉桂又每月使邵家的大叔来讨利银,三老支持不来,欠了几个月利钱。奉桂便教邵家退还抵契,索要本银;若没本银清还,便要管业这屋。三老没法支吾,张氏与三老商议道:"我丈夫只道这三百两银子在家盘利,付托得人,放心出去,今已三年,还不回家。或者倒与卜完卿在京中买卖得利,所以不归。我今没有银子还邵家,不如弃了这房屋,到京中去寻取丈夫吧!"三老道:"也说得是。"便将抵契换了典契,要邵家找价。奉桂又把所欠几个月利钱,利上加利的一算,竟没得找了。只叫邵家的人来催赶出屋。张氏只得叫康三老将店中所剩货物并粗重家伙都变卖了,连那个丫鬟也卖来凑做盘费,打发了养娘去,只与康三老并儿子俊哥三个人买舟赴京。谁想福无双至,祸不单行。舟至新庄闸地方,忽遇大风,把船打翻,人皆落水。亏得一只渔船上,把张氏并康三老捞救起来。三老已溺死,只留得张氏性命,俊哥却不知流向哪里,连尸首也捞不着了。正是:

> 前番已遭火灾,今日又受水累。
> 不是旅人号啕,却是水火既济。

张氏行囊尽漂没,孩儿又不见了,悲啼痛哭,欲投河而死。渔船上人再三劝住,送她到沿河一个尼庵里暂歇。那尼庵叫作宝月庵,庵中只有三四个女尼,庵主老尼怜张氏是个异乡落难的妇人,收留她住下。康三老尸首,自有地方下买棺烧化。

你道那俊哥的尸首何处去了?原来他不曾死,抱着一块船板,顺流滚去一里有余。滚至一只大船边,船上人见了,发起喊来,船里官人听得,忙叫众人打捞起来。那官人不是别人,就是邵待徵。你道邵待徵在京中谋复官职,为何又到此?原来那年是景泰三年,朝中礼部尚书王文是待徵旧交,为此特地赴京,欲仗其力,营谋起用。不想此时少保于谦当国,昔日待徵罢官,原系于少保为御史时劾他的,王文碍着于少保,不好用情。待徵乘兴而来,败兴而返,归舟遇风,停泊在此。当下捞着俊哥,听他声口是同乡人,又见他眉清目秀,便把干衣服与他换了。问其姓名,并被溺之故,俊哥将父亲出外,家中遇火,奉桂负托,邵家逼债,以致弃家寻亲,中途被溺,母子失散的事,细细述了。待徵听罢,暗想道:"原来甄奉桂倚着我的势,在外恁般胡行。我今回去与他计较则个。"因对俊哥道:"我就是邵乡宦,甄奉桂是我亲家。放债之事,我并不知,明日到家,与你查问便了。"俊哥含泪称谢。待徵道:"你今年几岁了?"俊哥道:"十四岁。"待徵又问:"曾读书吗?"俊哥道:"经书都已读完,今学做开讲了。"待徵道:"既如此,我今出个题目,你做个破题我看。"便将溺水为题,出题云:"今天下溺矣。"俊哥随口念道:"以其时考之滔滔者,天下□是也。"待徵听了,大加称赏,想道:"自家的公子一窍不通,不能入泮,只纳得个民监。难得这孩子倒恁般聪慧。"便把俊哥认为义儿,叫他拜自己为义父。俊哥十分感激,只是思念自己父母,时常吞声饮泣。待徵就在舟中教他开笔作文。俊哥姿性颖悟,听待徵指教,便点头会意,连做几篇文字,都中待徵之意,待徵一发爱他。带到家中,叫他拜夫人为义母,备言其聪慧异常,他年必成大器。夫人也引冯小桃来拜见了待徵,说知就里。待徵大喜,又说起甄奉桂借势欺人之事。夫人道:"冯小桃也对我说,她家也受了甄奉桂的累。"待徵道:"奉桂如此欺人,不可不警戒他一番!"夫人道:"闻说他近日在家里患病哩。"

正说间,家人来报:甄奉桂患病死了。你道奉桂做财主不多年,为何就死了?原来他患了背疽,此乃五脏之毒,为多食厚味所致;二来也是他忘恩背义,坏了心肝五脏,故得此忌症。不想误信医生之言,恐毒气攻心,先要把补药托一托,遂多吃了人参,发肠而殂。看官听说:他若不曾掘藏,到底做豆腐,哪里有厚味吃,不到得生此症。纵然生此症,哪里吃得起人参,也不到得为医生所误。况不曾发财时,良心未泯,也不到得忘恩背义,为天理所容。这等看起来,倒是掘藏误了他了。正是:

> 背恩背德,致生背疾。
> 背人太甚,背世倏忽。

奉桂既死,待徵替他主持丧事。一候七终,便将甄阿福收拾来家,凡甄家所遗资产,尽数收管了去,以当甄阿福目下延师读书,并将来毕姻之费。只多少划些供膳银两,并薄田数十顷,付与伊氏盘缠。伊氏念丈夫既死,儿子又不在身边了,家产又被郤家白占了去,悲愤成疾,不够半年,也呜呼尚飨。郤待徵也替她治了几日丧,将他夫妇二枢买地殡葬讫,便连住居的房屋一发收管了。

是年甄阿福已十四岁,与盛家俊哥同庚,待徵请个先生,教他两个读书,就将乳名做了学名。一个叫作甄福,一个叫作盛俊,那甄福资性顽钝,又一向在家疏散惯了,哪里肯就学。先生见他这般不长进,钻在他肚里不得。每遇主翁来讨学生文字看,盛俊的真笔便看得,甄福却没有真笔可看。先生恐主翁嗔怪,只得替他改削了些,勉强支吾过去。光阴迅速,不觉二年有余。甄福服制已满,免不得要出去考童生了。待徵只道他黑得卷子的,教他姓了郤,叫作郤甄福,与盛俊一同赴考。府县二案,盛俊都取在十名内,却是真才。甄福亏了待徵的荐书,认作嫡男,也侥幸取了。待徵随又写书特致学台,求他作养。那学台姓丙名官,为人清正,一应荐牍,俱不肯收。待徵的书,竟投不进。到临考时,甄福勉强入场,指望做个传递法儿,诸人代笔。奈学台考规甚严,弄不得手脚,坐在场中一个字也做不出。到酉牌时分,卷子被撤了上去。学台把那些撤上来的卷,逐一检视,看到甄福的卷子,你道怎生模样?但见:

薛鼓少文,白花缺字。琴以希声为贵,棋以不着为高。《论语》每多门人之句,恐破题里圣人两字便要差池;《中庸》不皆孔子之言,怕开讲上夫子以为写来出丑。《大学》"诗云",知他是"风"是"雅";《孟子》"王曰",失记为齐为梁。寻思无计可施,只得半毫不染。想当穷处,"子曰"如之何如之何;解到空时,"佛云"不可说不可说。好似空参妙理,悟不在字句之中;或嫌落纸成尘,意自存翰墨之表。伏羲以前之《易象》画自何来;获麟以后之《春秋》笔从此绝。真个点也不曾加,还他屁也没得放。

学台看了大怒,喝骂甄福道:"你既一字做不出,却敢到本道这里来混账,殊为可恶!"叫一声皂隶:"打"众皂隶齐声吆喝起来,吓得甄福魂飞魄散。亏得旁边一个教官,跪过来禀道:"此童乃兵部主事郤老先生的令郎,念他年纪尚小,乞老大人宽恕。"宗师听说,打便饶了。怒气未息,指着甄福骂道:"你父亲既是乡绅,如何生你这不肖!我晓得你平日必然骗着父亲,你父亲只道你做得出文字,故叫你来考。我今把这白卷送与你父亲看去。"说罢,便差人押着甄福,把原卷封了,并一个名帖送到郤待徵处。一时轰动了兰溪合县的人,都道豆腐的儿子,只该叫他在豆腐缸边玩耍,如何郤乡宦把他认为己子,叫他进起考场来?有好事的便做他几句口号道:

墨水不比豆腐汁,磨来磨去磨不出;卷子不比豆腐账,写来写去写不上;砚池不比豆腐匣,手忙脚乱难了结;考场不比豆腐店,惊心骇胆不曾见。

郤待徵见了这白卷,气得发昏,责骂甄福"削我体面",连先生也被发作了几句。先生便把甄福责了几板,封锁在他书房里,严加督课。不上半月,甄福捉个空,竟私自掇开了门,不知逃向哪里去了。待徵使人各处寻访,再寻不见,只得叹口气罢了。正是:

欺心之父,不肖之子。
天道昭昭,从来如此。

又过了半月，学台发案，盛俊取了第一名入泮，准儒士科举应试。待徵十分欢喜，与夫人商议道："我叫他为子，到底他姓盛，我姓郜，不如招他为婿，倒觉亲切。今甄家这不肖子既没寻处，我欲把冯小桃配与盛俊。夫人以为何如？"夫人道："我看小桃这等才貌，原不是甄福的对头。纵便甄福不逃走，我也要再寻一个配她。相公所言正合我意。"计议已定，待徵就烦先生为媒，择个吉日，要与他两个成婚。盛俊对先生说："要等乡试过了，然后毕姻。"待徵一发喜他有志气，欣然依允。到得秋闱三场毕后，放榜之时，盛俊中了第五名乡魁。郜家亲友都来庆贺。盛俊赴过鹿鸣宴，待徵即择吉日与他完婚。正是：

> 蟾宫方折桂，正好配嫦娥。
>
> 大登科之后，又遇小登科。

是年盛俊与冯小桃大家都是十七岁，花烛之后，夫妻恩爱，自不必说。只是喜中有苦，各诉自己心事。盛俊方知小桃是冯氏之女，不是郜待徵所生。小桃道："我自十三岁时，先到过寡妇家，爹妈原约一两年内便来取我，谁想一去五年，并无音耗。幸得这里恩父恩母收养，今日得配君子。若非这一番移花接木，可不误了我终身大事。正不知我爹娘怎的便放心得下，一定路途有阻，或在京中又遭坎坷，真个生死各天，存亡难料。"说罢，泪如雨下。盛俊也拭泪道："你的尊人还是生离，我的尊人怕成死别。我当初舟中遇风，与母亲一同被溺。我便亏这里恩父救了，正不知母亲存亡若何？每一念及，寸心如割。今幸得叨乡荐，正好借会试为由，到京寻访父母，就便访你两尊人消息。"小桃听说，便巴不得丈夫连夜赴京。有一支《玉花肚》的曲儿为证：

> 谓他人父，一般般思家泪多。喜同心配有文鸾，痛各天愧彼慈乌。儿今
>
> 得便赴皇都，女亦寻亲嘱丈夫。

盛俊一心要去寻亲，才满了月，即起身赴京，兼程趱路。来到向日覆舟之处，泊住了船，访问母亲消息。那些过往的船上，哪里晓得三年以前之事。盛俊又令人沿途访问，并无消耗。一日，自到岸上东寻西访，恰好步到那宝月庵前，只见一个老妈妈在河边淘了米，手拿着米箩，竟走入庵中。盛俊一眼望去，依稀好像母亲模样，便随后追将入去。不见了老妈妈，却见个老尼出来迎住，问道："相公何来？"盛俊且不回她的话，

只说道:"方才那老妈妈哪里去了? 你只唤她出来,我有话要问她。"老尼道:"她不是这里人,是兰溪来的。三年前覆舟被难,故本庵收留在此。相公要问怎么?"盛俊听说,忙问道:"她姓什么?"老尼道:"她说丈夫姓盛,本身姓张。"盛俊跌足大叫道:"这等说,正是我母亲了! 快请来相见。"老尼听说,连忙跑进去引那老妈妈出来。盛俊一见母亲,抱住大哭。张氏定睛细看了半晌,也哭起来。说道:"我只道你死了,一向哭得两眼昏花。你若不说,就走到我面前,也不认得了。不想你今日这般长成。一向在何处? 今为何到此?"盛俊拜罢,立起身来,将上项事一一说明。张氏满心欢喜,以手加额。尼姑们在旁听了,方知盛俊是上京会试的新科举人,加意殷勤款待。张氏也诉说前事。盛俊称谢老尼收留之德,便叫从人取些银两来谢老尼。即日迎请张氏下船,同往京师寻父。正是:

从前折散风波恶,今日团圆天眼开。

盛俊与母亲同至京师,寻寓所歇下了,便使人在京城里各处访问父亲盛好仁的消息。只见家人引着一个人来回复道:"此人就是卜完卿的旧仆。今完卿已死,他又投靠别家。若要知我家老相公的信,只问他便知。"盛俊便唤那人近前细问,那人道:"小人向随旧主卜官人往土木口卖货,祸遭兵变,家主被害。小人只逃得性命回来,投靠在本城一个大户安身。五年前盛老相公来时,小人也曾见过。老相公见我主人已死,人财皆失,没处讨银。欲待回乡,又没盘费。幸亏一个嘉兴客人戴友泉,与老相公同省,念乡里之情,他恰好也要回乡,已同老相公一齐归去了。"盛俊道:"既如此,为何我家老相公至今尚未回乡?"那人道:"戴家人还有货物在山东发货,他一路回去,还要在山东讨账,或者老相公随他在山东有些耽搁也未可知。"盛俊听罢,心上略放宽了些。打发那人去了,又令人到李效忠处问冯乐善夫妻的下落。家人回报道:"李千户自正统末年随驾亲征,在土木口遇害,他奶奶已先亡故,又无公子,更没家眷在京。那冯员外的踪迹并无人晓得。"盛俊听了,也无可奈何,且只打点进场会试。三场已过,专候揭晓。

盛俊心中烦闷,跨着个驴儿出城闲行。走到一个古庙前,看门上二个旧金字,乃是"真武庙"。盛俊下驴入庙,在神前礼拜已毕,立起身来,见左边壁上挂着一扇木板,板上写着许多签诀。盛俊便去神座上取下一副签来,对神祷告。先求问父亲的消息,却得了个阳圣圣之签,签诀云:

> 功名有成，谋望无差。
>
> 若问行人，信已到家。

盛俊见了，想道："若说信已到家，莫非此时父亲已到家中了？"再问冯家岳父母的消息，却得了三圣之签。签诀云：

> 家门喜庆，人口团圆。
>
> 应不在远，只有目前。

　　盛俊寻思道："若说父亲信已到家，或者有之。若说岳父母应在目前，此时一些信也没有，目前却应些什么？"正在那里踌躇猜想，只见一个老者从外面走入庙来，头带一项破巾，身上衣衫也不甚齐整，走到神前纳头便拜，口里唧唧哝哝不知道说些什么，但依稀听得说出个"冯"字。盛俊心疑，定睛把那老者细看。盛俊幼时曾认得冯乐善，今看此老面庞有些相像，但形容略瘦了些，须髯略白了些。盛俊等他拜毕，便拱手问道："老丈可是姓冯？可是兰溪人？"那老者惊讶道："老汉正是姓冯，数年前也曾在兰溪住过。足下何以知之？"盛俊听说，忙上前施礼道："岳父在上，小婿拜见。"慌得那老者连忙答礼道："足下莫认错了。天下少什同乡同姓的！"盛俊道："岳父台号不是乐善吗？"那老者道："老汉果然是冯乐善，但哪里有足下这一位女婿？"盛俊道："岳父不认得盛家的俊哥了吗？盛好仁就是家父，如何忘记了？"乐善听说，方仔细看着盛俊道："足下十来岁时，老汉常常见过，如今这般长成了，叫我如何认得？正不知足下因什到此？那岳父之称又从何而来？"盛俊遂把前事细述了一遍。喜得乐善笑逐颜开，也把自己一向的行藏，说与盛俊知道。正是：

> 人口团圆真不爽，目前一半签先灵。

原来冯乐善当日同了妻儿，投奔李效忠不着，进退两难。还亏他原是北京人，有个远族冯允恭，看同宗面上，收留他三口儿在家里。那冯允恭在前门外开个面店，乐善帮他做买卖，只好糊口度日，哪里有重到兰溪的盘缠？又哪里有取赎女儿的银子？所以逗留在彼，一住五年。夫妇两个时常想着女儿年已及笄，不知被那过寡妇送在什么人家，好生烦恼。是日，乐善因替冯允恭出来讨赊钱，偶在这庙前经过，故进来祷告一番，望神灵保祐，再得与女儿相见，不想正遇着了女婿。当下盛俊便随他到冯允恭家里,见了允恭,称谢他厚情,请岳母出来拜见了,并见了小舅延哥。是日即先请岳母到自己寓所,与母亲同住,暂留乐善父子在允恭家中。等揭晓过了,看自己中与不中,另作归计。过了几日,春闱放榜,盛俊又高中了第七名会魁,殿试二甲。到得馆选,又考中了庶吉士。

　　正待告假省亲,不料又有一场忧事。是年正是天顺元年,南宫复位,礼部尚书王文被石亨、徐有贞等诬他迎立外藩,置之重典,有人劾奏郤待徵与王文一党,奉旨:郤待徵纽解来京,刑部问置,家产籍没。盛俊闻知此信,吃了一惊,只得住在京师,替待徵营谋打点。盛俊的会场大座师是内阁李贤,此时正当朝用事。盛俊去求他周旋,一面修书遣人星夜至兰溪,致意本县新任的知县,只将郤待徵住居的房屋入官,其余田房产业只说已转卖与盛家,都把盛家的告示去张挂。那新任知县是盛俊同年,在年谊上着实用情。到得郤待徵纽解至京,盛俊又替他在刑部打点,方得从宽问拟。至七月中,方奉圣旨:郤待徵革职为民,永不叙用,家产给还。那时盛俊方才安心,上本告假省亲,圣旨准了。正待收拾起程,从山东一路而去,忽然家人到京来报喜信,说太老爷已于五月中到家了。盛俊大喜。原来盛好仁随了戴友泉到山东,不想山东客行里负了戴友泉的银子,讨账不清,争闹起来,以致涉讼。恰值店里死了人,竟将假人命图赖友泉,大家在山东各衙门告状,打了这几年官司。盛好仁自己没盘费,只得等他讼事结了,方才一齐动身。至分路处,友泉自往嘉兴,好仁自回兰溪。此时正是五月中旬。好仁奔到自家门首,只见门面一新,前后左右的房屋都不是旧时光景,大门上用锁锁着。再看那些左邻右舍,都是面生之人,更没一个是旧时熟识,连那冯员外家也不见了。心里好生惊疑,便走上前问一个邻舍道:“向年这里有个盛家,今在哪里去了?”那邻舍也是新住在此的,不知就里,指着对门一所新改门面的大屋说道:“这便是新迁来的盛翰林家。”好仁道:“什么盛翰林?”那人道:“便是郤乡宦的女婿,如今郤乡宦犯了事,他的家眷也借住在里边。”好仁道:“我问的是开柴米油酒店的盛家。”那人道:“这里没有什么开店的盛家。”好仁又问道:“还有个姓甄的,向年也住在此,如今为何也不见了?”那人道:“闻说这盛翰林住的屋,说是什么甄家的旧居。想是那甄员外死了,卖与他家的。”好仁听罢,一发不明白。正在猜疑,只见那对门大屋里走出两三个青衣人,手中拿着一张告示,竟向那边关锁的屋门首把告示粘贴起来,上写道:

　　翰林院盛示:照得此房原系本宅旧居,向年暂典与郤处。今已用价取赎,仍归本宅管业。该图毋得混行开报。时示。

好仁看罢,呆了半晌,便扯住一个青衣人问道:“这屋如何被郤家管业了去? 今又如何归了你们老爷?”只见那青衣人睁着眼道:“你问他则什? 你敢是要认着郤家房产,去报官吗？我家老爷已与本县大爷说明了，你若去混报，倒要讨打哩！"好仁道："你们说的是什么话？我哪晓得什么报官不报官。只是这所房屋，原系我的旧居，如何告示上却说是你家老爷的旧居？又说向曾典与郤家，这是何故？"青衣人道："一发好笑了。我家老爷的屋，你却来冒认。我且问你姓什名谁？"好仁道："我也姓盛，叫作好仁。五六年前出外去了，今日方归，正不知此屋几时改造的？我的家眷如何不住在里面？"青衣人听了，都吃一惊，慌忙一齐跪下叩头道："小的们不知是太老爷，方才冒犯了，伏乞宽恕。"好仁忙扶住道："你们不要认错了，我不是什么太老爷。我哪有什么翰林儿子？"青衣人道："原来太老爷还不晓得。"遂把上头事细细禀明。好仁此时如梦初觉，真个喜出望外。青衣人便请好仁到对门大宅里，报与夫人冯氏知道。小桃大喜，便出堂来拜见了公公。那时郤家住居已籍没入官。所以小桃引着郤家眷属，都迁到甄家旧屋里暂住。当下小桃收拾几间厅房，请好仁安歇。好仁遂修书遣人至京，报知儿子。盛俊看了书信，又问了来人备细，欢喜无限。正是：

　　　　果然灵签无差错，真个行人已到家。

　　当下盛俊唤了两只大船，一只船内请母亲与岳母及小舅乘坐，一只船内自己与郤待徵、冯乐善乘坐。乐善见了待徵，称谢他将女儿收养婚配之德。因诉说往年甄奉桂倚仗贵戚，欺负穷交，攘取库楼资财，勒捎住房原价许多可笑之处。待徵道："这些话，不佞已略闻之于令爱，但此皆奉桂与小僮辈串通做下的勾当。就是令婿，亦深受其累。如今天教不佞收养两家儿女，正代为奉桂补过耳。不佞今番归去，当取奉桂名下之物，归与两家，还其故主。"盛俊道："不肖夫妇俱蒙大人抚养，既为恩父，又为恩岳，与一家骨肉无异，何必如此较量！"待徵道："不佞近奉严旨，罪几不测。今幸得无恙，皆赖你周旋之力，亦可谓相报之速矣！"盛俊逡巡逊谢。

　　不一日，待徵到家。此时住房已奉旨给还，便将家眷仍旧迁归。向来所占甄家赀产，尽数分授予盛俊夫妇。盛俊便划几处产业与冯乐善，以当库楼中所赖之物。又把冯家旧宅，并甄家住居的屋，仍欲归还乐善，自己要迁到对门旧居中去。乐善见他旧居狭隘，遂把甄家的住房送与盛俊，以当女儿的嫁资。自此冯家依旧做了财主，盛家比前更添光彩。至于好仁夫妻重会，小桃父母重逢，骨肉团圆，合家喜庆，自不必说。正是：

　　　　冯家财宝甄家取，甄氏田房郤氏封。

谁识今朝天有眼,邻还归盛盛归冯。

冯乐善前番失火之后,童仆皆散。今重复故业,这班人依旧都来了。老奴冯义亦仍旧来归,又领一个儿子、一个媳妇也来叩头投靠服役。乐善问道:"你一向没儿子的,今日这对男妇从何而来?"冯义道:"这儿子是路上拾的。小人向随刘官人出外做些买卖,偶见这孩子在沿途行乞,因此收他为儿,讨了个媳妇。"乐善听说,就收用了,也不在意里。次日,恰好盛俊到冯家来,一见冯义的儿子,不觉吃惊。你道他是何人?原来就是甄奉桂之子甄福。盛俊想着当初与他同堂读书几年,不料他今日流落至此,好生不忍,便对乐善说知,另拨几间小屋与他夫妇住下,免其服役。可怜甄奉桂枉自欺心,却遗下这个贱骨头的儿子,这般出丑。当初曾将他许与冯员外做书童,今日果然应了口了。又曾将女儿阿寿许与盛俊,今女儿虽死,那冯小桃原系抵挡他儿子婚姻的,今配了盛俊,分明把个媳妇送与他了。正是:

向后欺心枉使去,从前誓愿应还来。

盛俊钦假限期已满,将欲起身赴京,因念当时甄家掘藏,原在刘家屋内掘的,今闻刘辉收心做生理,不比从前浪费,便叫冯义去请他来,划一宗小产业与他,以当加绝不产之物。又念戴友泉能恤同里,遣人把银二百两往嘉兴谢了他。然后与家眷一同起身入京。到前覆舟之处,又将百金施与宝月庵,就在庵中追荐了康三老。及到京师,又将银二百两酬谢冯允恭。真个知恩报恩,一些不岁。至明年,朝廷有旨,追录前番随征阵亡官员的后人。盛俊知李效忠无子,就将小舅冯延哥姓了外祖的姓,叫作李冯延,报名兵部一体题请,奉旨准袭父爵。冯乐善便也做了封翁,称了太爷。后来盛、冯两家子孙繁衍。可见好人自有福报,恶人枉使欺心。奉劝世人切莫以富欺贫,以贵欺贱。古人云:"一富一贫,乃见交情;一贵一贱,交情乃见!"故这段话文,名之曰《正交情》。

匿新丧逆子生逆儿　惩失配贤舅择贤婿

诗曰：

> 犁牛骍角偶然事，恶人安得有良嗣？
> 檐头滴水不争差，父如是兮子如是。

　　此诗乃宋朝无名氏所作。依他这等说，顽如瞽瞍为什么生舜，圣如尧舜为什么生不肖的丹朱、商均？凶如伯鲧为什么生禹？养志的曾参又何以生不能养志的曾元？不知瞽瞍原是个极古道的人。假如今日人情恶薄，势利起于家庭，见儿子一旦富贵，便十分欣喜。偏是他全不看富贵在眼里，凭你儿子做了驸马，做了宰相，又即日要做皇帝了，他只是要焚之杀之而后快。直待自己回心转意，方才罢休。此老殊非今人可及，如何说他是顽父？若论丹朱、商均，也都是能顺父命的孝子。诚以近世人情而论，即使一父之子，分授些少家产，尚要争多竞少。偏是他两个的父亲，把天大基业不肯传与儿子，白白地让与别人，他两个并无片言。所以《书经》云："虞宾在位"是赞丹朱之让；《中庸》云："子孙保之"，是赞商均之贤。如何说他是不肖？又如伯鲧也是勤劳王事的良臣。从来治水最是难事，况尧时洪水，尤不易治，非有凿山开道、驱神役鬼的神通，怎生治得？所以大禹号为神禹。然伯鲧治了九年，神禹也治了八年。伯鲧只以京师为重，故从太原、岳阳治起，神禹却以河源为先，故从积石、龙门治起。究竟《书经·禹贡》上说："既修太原，至于岳阳"，也不过因鲧之功而修之；《礼记·祭法》以死勤事则祀之。夏人郊鲧而宗禹。伯鲧载在祀典，如何把他列于四凶之中，与共工、驩兜、有苗一例看？至于曾参养曾晳曾元养曾参，皆是依着父亲性度。曾晳春风沂水，童冠与游，是个乐群爱众、性喜阔绰的。故曾参进酒肉，必请所与，必曰有余。曾参却省身守约，战战兢兢，是个性喜收敛、不要儿子过费的。故曾元进酒肉，不请所与，不曰有余。安见曾参养志，曾元便不是养志者？今人不察，只道好人反生顽子，顽父倒有佳儿，遂疑为善无益，作恶不妨。

如今待在下说一个孝还生孝、逆还生逆的报应，与众位听。

话说明朝正德年间，南直常州府无锡县，有一个人姓晏名敖，字乐川。其父晏慕云，赘在石家为婿，妻子石氏，只生得晏敖一个。晏敖的外祖石佳贞，家道殷富，曾纳个冠带儒士的札付，自称老爹。只因年老无子，把晏敖当作儿子一般看待，延师读书，巴不得他做个秀才。到得晏敖十八岁时，正要出来考童生，争奈晏慕云夫妇相继而亡，晏敖在新丧之际，不便应考；石佳贞要紧他入泮，竟把他姓了石，改名石敖，认为己子，买嘱廪生，朦胧保结，又替他夤缘贿赂，竟匿丧进了学。到送学之日，居然花鼓吹，乘马到家。亲友都背地里讥笑，佳贞却在家中设宴庆喜。哪知惹恼了石家一个人，乃是佳贞的族侄石正宗。他怪佳贞不立侄儿为嗣，反把外甥为嗣，便将晏敖匿丧事情具呈学师，要他申宪查究。晏敖着了急，忙叫外祖破些钞，在学师处说明了；又把些财帛买住石正宗，方得无事。是年佳贞即定下一个方家的女儿与晏敖为妻，也就乘丧毕姻，一年之内，便生下一子，取名奇郎。正是：

> 合着《孟子》两句，笑话被人传说：
> 不能三年之丧，而缌小功之察。

晏敖入泮、毕姻、生子，都在制中。如此灭伦丧理，纵使有文才也算文人无行，不足取了。何况他的文理又甚不济，两年之后，遇着宗师岁考，竟考在末等了。一时好事地把《四书》成句做歇后语，嘲他道：

> 小人之德满腹包，焕乎其有没分毫。
> 优优大哉人代出，下士一位君自招。

晏敖虽考了末等，幸亏六年未满，止于降社。到得下次岁考，石佳贞又费些银子，替他央个要紧分上，致意宗师，方得附在三等之末，复了前程。

你道外祖待他如此恩深，若论为人后者为之子，他既背了自己爹娘，合应承奉石家香火了，哪知从来背本忘亲之人，未有能感恩报德的，所谓"自家骨肉尚如此，何况他人隔一枝。"他见石佳贞年老,便起个不良之心,想道:"外祖死后,石家族人必要与我争论,不若乘外祖存日,取了些东西,早早开交。"遂和妻子方氏商议,暗暗窃取外祖赀财,置买了些田产,典下一所房屋,凡一应动用家伙俱已完备。忽然一日,撇了外祖,领了方氏并奇郎,搬去自己住了。石佳贞那时不由不恼,便奔到学里去告了一张忤逆呈子。学师即差学役拘唤晏敖来问,晏敖许了学役的相谢,就央他去学师处祢缝停当,又去陪了外祖的礼。石佳贞到底心慈,见他来赔礼,也就不和他计较了。到得事完之后,学役索谢,晏敖竟拔短不与,学役怀恨在心。过了两年,时值荒旱,县官与学师都到祈雨坛中行香,就于坛前施官粥赈济饥民。此时石佳贞家道已渐消乏,又得了疯癫之症,日逐在街坊闲撞。那日戴了一顶破巾,穿了一件破道袍,走到施粥所在,分开众人,大声叫道:"让我石老爹来吃粥。"不提防知县在坛前瞧见了,回顾学师道:"此人好奇怪,既自称老爹,怎到这里来吃粥?"学师未及回答,学役早跪上前禀道:"此人叫作石佳贞,曾为冠带儒士,故自称老爹。乃是本学生员石敖的父亲。"知县惊讶道:"这一发奇怪了,儿子既是秀才,如何叫父亲出来吃官粥? 他儿子如今可还在吗?"学役道:"现在。"知县又问道:"那秀才家事何如?"学役道:"他有屋有田,家事丰足。只因与父亲分居已久,故此各不相顾。"知县听罢,勃然变色,对学师道:"这等学生,岂可容他在学里! 当申参学宪,立行革黜为是!"学师唯唯领命。这消息早有人传与晏敖知道。晏敖十分着急,连忙央人去止住学中参文。一面恳求本族几个姓晏的秀才出来,到县里具公呈,备言:"石敖本姓晏,石佳贞乃其外祖,幼虽承嗣,今已归宗。"并将佳贞患病疯癫之故说明,又寻个分上去与知县讲了。知县方才批准呈词,免其申参。正是:

逃晏归石,逃石归晏。

推班出色,任从其便。

晏敖此番事完之后,所许众族人酬仪虽不曾赖,却都把铜银当做好银哄骗众人。原来晏敖有一件毛病,家中虽富,最喜使铜,又最会倾换铜银,人都叫他做"晏寡铜"。正是:

做人既无人气,使银亦无银意。

假锭何异纸钱,阳世如逢鬼魅。

过了半年,石佳贞患病死了。晏敖不唯不替他治丧,并不替他服孝,只恁石正宗料理后事。到开吊时,只将几两铜银,封作奠金送去。正宗怒极,等丧事毕后,便具词告县,说晏敖今日既不为嗣父丧服,当年何不为本生父母守制?因并称前年曾有首他匿丧入泮的呈词在学中可证。这知县已晓得晏敖是可笑的人,看了石正宗状词,即行文到学里去查。那些学役,谁肯替他隐瞒,竟撺掇学师将石正宗的原首呈送县。知县临审之时,再拘晏家族人来问,这些族人因晏敖前日把铜银骗了他,没一个喜欢的,便都禀说:"晏敖当日制中入泮是有的,但出嗣在先,归宗在后。"知县道:"本生父母死,则曰出嗣;及至嗣父死,又曰归宗。今日既以归宗为是,当正昔年匿丧之罪了。"晏敖再三求宽,知县不理,竟具文申宪。学院依律批断:"仰学除名。"正是:

> 青衿不把真金使,"寡铜"仍作白童身。

自此晏敖与石家断绝往来,却不想晏慕云夫妇的灵柩,向俱权厝在石家的坟堂屋里,今被石正宗发将出来,撇在荒郊。晏敖没奈何,只得将二柩移往晏家祖坟上。一向晏敖以出嗣石家,自己祖坟的地粮并不纳一厘,都是长房大兄晏子开独任,今欲把两柩葬在祖坟,恐晏子开要他分任坟粮,便只说是权时掩埋,不日将择地迁葬。那晏子开是个好人,更不将坟粮分派与他,恁他拣坟上隙地埋葬两柩。晏敖便自己择了一日,也不相闻族人,也不请地师点穴,只唤几个工匠到坟上来,胡乱指一块空地,叫掘将下去。哪知掘下只二尺来深,便掘着了一片大石。众工匠道:"这里掘不下,须另掘别处。"晏敖吝惜工费,竟不肯另掘,便将两柩葬在石上。那石片又高低不等,两柩葬得一高一低,父柩在低处,母柩在高处,好像上马石一般,有几句口号为证:

> 父赘于石,母产于石。生既以石为依,死亦以石为息。
>
> 高石葬母,低石葬父。为什妻高于夫?想因入赘之故。

晏子开闻知晏敖这般葬亲之法,十分惊怪,只道他果然迁葬在即,故苟且至此。不想过了年余,绝不说起迁葬,竟委弃两柩于石块之上了。

你道晏敖如此灭弃先人,哪里生得出好儿子来?自然生个不长进之子来报他。那时制中所生的奇郎,已是十三岁了。晏敖刻吝,不肯延师教子,又不自揣,竟亲自去教他。哪知书便教不来,倒教成了他一件本事,你道是什么事?原来晏敖平日又有一样所好,最喜的是赌钱,时常约人在家角牌。他平日惯使铜银,偏是欠了赌账,哪肯把好银来还？常言道："上行下效"。奇郎见父亲如此，书便不会读，偏有角牌一事，一看便会。有一篇口号说得好：

> 书齐工课，迥异寻常。不习八股，却学八张。达旦通宵，比棘闱之七义，更添一义；斗强赌胜，舍应试之三场，另为一场。问其题则喻梁山之君子；标其目则率水浒之大王。插翅虎似负嵎之逐于晋；九尾龟岂藻棁之居于臧。空没一文，信斯文之已丧于家塾；百千万贯，知一贯之不讲于书堂。所谓尊五美、四赏一百老；未能屏四恶、三剧二婆娘。兼之礼义尽泯，加以忠信俱亡。较彼盗贼，倍觉癫狂。分派座次，则长或在末席，少或在上位，断金亭之尊卑，不如此之紊乱；轮做庄家，则方与为兄弟，忽与为敌国，蓼儿洼之伯仲，不若是之无良。算账每多欺蔽，色样利其遗忘。反不及宛子城之同心而行劫，大异乎金沙滩之公道而分赃。子弟时习之所悦而若此，父师教人之不倦为堪伤！

晏敖之妻方氏，见儿子终日角赌，不肯读书，知道为父的管他不下，再三劝晏敖请个先生在家教他。晏敖被妻子央逼不过，要寻个不费钱省事的先生。恰有族兄晏子鉴，与他同住在一巷之内。那晏子鉴本是个饱学秀才，只因年纪老了，告了衣巾，当年正缺了馆。晏敖便去请他到来，又不肯自出馆谷，独任供膳，却去遍拉邻家小儿来附学，要他们代出束修，轮流供给，自己只出一间馆地，只供一顿早粥。晏子鉴因家居甚近，朝来暮归，夜膳又省了。你道这般省事，那一间馆地也该好些。谁知晏敖把一间齐整书房，倒做了赌友往来角牌之所，却将一间陋室来做馆地，室中窗槛是烂的，地板又是穿的。子鉴见馆地恁般不堪，乃取一幅素笺，题诗八句，粘于壁上。其诗云：

> 山光映晓窗，树色迎朝槛。
>
> 早看曙星稀，晚见落霞烂。
>
> 名教有乐地，修业不息版。
>
> 应将砚磨穿，莫使功间断。

晏敖走来见了此诗，不解其意，只道是训诲学生的话头。哪知附徒中倒有个聪明学生，叫作晏述，即晏子开之子，因子开新迁到这巷中居住，故就把儿子附在晏敖家里，相从晏子鉴读书。此子与奇郎同庚，也只十三岁，却十分聪俊，姿性过人。看了子鉴所题,便私对奇郎道:"先生嫌你家馆地不好,那八句诗取义都在末一字,合来乃是说'窗槛稀烂,地板穿断'也。"奇郎听说,便去说与父亲知道,只说是我自己看出来的。晏敖深喜儿子聪明,次日即唤匠人来把地板略略铺好,烂窗槛也换了。因笑对子鉴说道:"如今窗槛已不稀烂,地板已不穿断,老兄可把壁上诗笺揭落了吧!"子鉴惊问晏敖何以知之,晏敖说是儿子所言。子鉴暗忖道:"不想此儿倒恁般有窍,真个犁牛之子骍且角了。主人虽不足与言,且看他儿子面上,权坐几时。"因此子鉴安心坐定。谁想晏敖刻吝异常,只供这一顿早粥,又不肯多放米粒在内,纯是薄汤。子鉴终朝忍饿,乃戏作一篇《薄粥赋》以诮之。其文曰:

浩浩乎白米浑汤,水光接天。纵一苇之所知,临万顷之茫然。吹去禹门三级浪,波撼岳阳;吸来平地一声雷,气蒸云梦。雅称文人之风,可作先生之供。更喜其用非一道,事有兼资。童子缺茶,借此可消烦渴;馆中乏镜,对之足鉴须眉。一瓢为饮,贫士之乐固然;没米能炊,主人之巧特甚。视太羹而尤奇,比玄酒而更胜。独计是物也,止宜居忧之孝子,以及初起之病夫。水浆少入于口,谷气唯恐其多。又或时值凶荒,施食道路,吏人侵蚀其粲粮,饥民略沾其雨露;甚或垂仁犴狴,饷彼罪牢,狱卒攘取其粟粒,囚徒但餂其余膏。西席何辜,到比于此! 吁嗟徂兮,命之哀矣!

晏述见了这篇文字,回家念与父亲晏子开听了。子开十分嗟讶,量道晏敖不是个请先生的,便邀子鉴到自己家里去坐。晏敖正怪子鉴嘲笑他,得子开请了去,甚中下怀,落得连这一顿薄粥也省了,倒将儿子奇郎附在子开家里读书。子开独任供膳,并不分派众邻,只教众邻在束修上加厚些。到得清明节近,这些众邻果然各增了些束修送来,只有晏敖只将修金三钱相送。子鉴拆开看时,却是两块精铜,因暗笑道:"我一向闻他雅绰以'寡铜'为号,曾央族人到县中具了公呈,后却以铜银谢之。我因从来足迹不入公门,未尝与闻其事,不曾领教他的铜银。今日看起来,'寡铜'之号,诚不虚矣。"便将原银付与奇郎,叫他璧还了父亲。因即出一对,命奇郎对来。其对云:

三币金银铜,下币何可乱中币;

奇郎迁延半晌,耳红面赤,不能成对。少顷,子鉴偶然下阶闲步了片刻,回身来看时,奇郎已对成了。道是:

四诗风雅颂，正诗不妨杂变诗。

子鉴看了，疑惑道："对却甚好，只怕不是你对的。我一向命你做破承开讲，再不见你当面立就。每每等我起身转动，方才成文。此必有人代笔。"奇郎硬赖道："这都是我自做的。有谁代笔？"子鉴道："既如此，你今就把自己这对句解说与我听，风雅颂三样如何叫作四诗？诗中又如何有正有变？"奇郎通红了脸，回答不出。子鉴要责罚起来，奇郎只得招称是晏述代作的，"一向破承开讲，都是他所为，连前日壁上所题诗笺，也是他猜出教我的。"子鉴听罢，便唤过晏述来，指着奇郎对他说道："彼固愚顽，不足深责。你既如此聪慧，为何替人代笔，欺诳师长？"晏述逡巡服罪。子鉴沉吟一回，说道："也罢，我今就将使铜银为题，要用《四书》成语做一篇八股文字，你若做得好时，饶你责罚。"晏述欣然领命，展纸挥毫，顷刻而就。其文曰：

善与人同（铜），是人之所恶也。甚矣形色（银色），不可罔也。出内之吝，一介不以与人，则亦已矣，何必同（铜）！孔子曰：恶似而非者，恶莠，恐其乱苗也；恶紫，恐其乱朱也。岂谓一钩金辨之弗明，可以为美乎？将为君子焉，莫之或欺；小人反是，诈而已矣。何也？君子喻于义，以币交，有所不足，补不足，然后用之，不然，曰未可也。小人喻于利，悖而出，如不得已，恶可已，则有一焉，无他，曰假之也。然则有同（铜）乎？曰有。若是其甚与？曰然。欺人也，无恻隐之心，非人也。知之者，行道之人弗受；不知者，斯受之而已矣，比其□也，则曰我无事也。斯君子受之，而谁与易之？斯人也，无羞恶之心，非人也。不知者，可欺以其方；知之者，执之而已矣。当是时也，皆曰蹠之徒也。有司者治之，其为士者笑之。以若所为，其交也以道，其馈也以礼，无实不详，不成享也；却之为不恭，岂其然乎？以若所为，于宋馈七十镒，于薛馈五十镒，虽多无益，不能用也；周之则可受，岂谓是与？彼将曰：如用之，其孰能知之？惠而不费，乐莫大焉。君子曰：明辨之，乡人皆恶之；亡而为有，不可得已。而今而后，所藏乎身，多寡同（铜）。如之何则可？曰：是不难。惜乎不能成方员，方员之至（铸）也，夫然后行。

子鉴看毕，大赞道："妙妙，通篇用四书成语，皆天造地设，一鉴尤为绝倒。"遂对子开极称晏述之才，说他后来必成大器。又想：晏敖父子俱无足取，正待要拒绝他。

恰值清明节日，子开买舟扫墓，设酌舟中，邀请子鉴并约晏敖同行。三人到得墓所，只见晏敖父母所葬之处，因两枢高置石上，且当日又草草掩埋，不甚牢固，今为风雨所侵，棺木半露。子鉴见了这般葬法，问知其故，不觉骇然。子开不忍见棺木露出，即呼坟丁挑土来掩好。坟丁依命，掩盖停当，来向晏敖讨些犒赏钱。晏敖只推不曾带得，分文不与，又是子开代出一贯钱与之。子鉴极口催他迁葬，晏敖但唯唯而已。及至归舟之时，偶见岸上小梅数株，晏敖便叫泊船上岸，身边取出五钱银子，去唤那种树的人来买下，叫他即日携到家里来种。子开见了，惊问道："方才坟丁替你修了墓讨犒赏，你推没钱，如今买梅树便有钱了。却不是爱草木而轻父母吗？"子鉴亦心中愤然，因冷笑道："活梅树可爱，死椿萱不足惜了！"晏敖听说，也竟不以为意。子鉴归家，作《哀梅赋》一篇以诮之云：

> 哀尔梅花，宜配幽人。昔汉梅福，是尔知音。在唐留赋，则有广平。宋之契友，和靖先生。夫何今日，遇非其伦。灭亲之子，亡慕清芬！观其不孝，知其不贞。以彼况尔，如获与薰。气味既别，难与同群。尔命不犹，尔生不辰。尔宜收华，尔宜掩英。慎勿吐芳，玷尔香名！

自此子鉴深恶晏敖之为人，与他断绝往来，连奇郎也不要他再来附学了。意中只器重晏述聪慧。又见他父亲子开天性仁孝，凡遇父母忌辰必持斋服孝，竟日不乐。又好行方便，每见晏敖门首有来换铜银的，晏敖不肯认，那些小经纪人十分嗟怨，子开看不过，常把好银代他换还，或钱方或公数，不知换过了多少。子鉴因想："如此积善之家，后人必发。"便有心要与晏述联姻。你道子鉴与晏述是同宗伯侄，如何却想联姻？原来子鉴有个甥女祁氏，小字瑞娘，幼失父母，养于舅家。子鉴妻已亡过，家中只有一个乳母郑姬，与瑞娘做伴。那瑞娘年纪正与晏述相当，才貌双全，子鉴久欲择一佳婿配之。今番看得晏述中意，常把晏述的文字袖归与她看。瑞娘亦深服其才，每向乳母郑姬面前称赞。子鉴探知甥女意思，正要遣媒议亲，恰好有个惯来走动的媒姬孙婆到来，子鉴方将把这话对她说。只见那孙婆袖中取出一张红纸来，说道："有头亲事，要央老相公到馆中晏子开官人处玉成则个！"子鉴接那红纸看时，上写道：

> 禹龙门女，年十四岁。

子鉴看了，问其缘故，孙婆道："这禹家小娘，小字琼姬，美貌不消说起，只论她的文才，也与你家小姐一般。今老身要说与子开官人的儿子为配。只因他不是禹龙门的亲女，是把侄女认为己女的，子开的夫人嫌她没有亲爹妈，故此不允。今求老相公去说一说，休错过了这头好亲事。"子鉴听罢，暗想道："禹家以侄女为女，子开的夫人尚不肯与她联姻，何况我家是甥女，这亲事也不消说了。"因便不提起瑞娘姻事，只回复孙婆道："即是他内里边不允，我去说也没有。"言罢，自往馆中去了。

孙婆只不动身，对着瑞娘，盛夸琼姬之才，说个不住。瑞娘心中不以为然，想道："不信女郎中又有与我一般有才的，且待我试她一试。"便取过一幅花笺，写下十二个字在上，把来封好，付与孙婆道："我有个诗谜在此，你可拿与禹家小姐看。若猜得出，我便服她。"孙婆应诺，接了笺儿，就到禹家去，把瑞娘的话，述与琼姬听了。原来琼姬一向也久闻瑞娘之名，今闻孙婆之语，忙折笺儿来看，只见那十二个字写得稀奇：

　　风吹架鸟啄花亭送游晋路春此十二字内藏七言诗四句

琼姬也有个天姿敏慧，见了这十二字，只模拟了片刻，便看了出来。遂于花笺之后，写出那四句诗道：

　　大风吹倒大木架，小鸟啄残小草花。
　　长亭长送游子去，回路回看春日斜。

琼姬写毕，又书数语于后云："此谜未足为异。昔长亭短景之诗，苏东坡已曾有过。今此诗未免蹈袭。如更有怪怪奇奇新谜，幸乞见示。"写罢，也封付孙婆拿去。孙婆随即送至瑞娘处。瑞娘看了，赞叹道："果然名不虚传。她道我模仿东坡，我今再把个新奇的诗谜，叫她猜去。"便又取花笺一幅，只写四个字在上，封付孙婆，央她再送与琼姬。孙婆接来袖了，说道："待我明日送去。"至明日，真个又把去与琼姬看。琼姬拆开看时，这四字更写得奇：

　　闲树夜灯此四字内藏五言诗四句

琼姬看罢，又猜个正着。即于花笺后，写出那四句五言诗，道：

　　间门月影斜，村树木叶脱。

　　　　夜长人不来,灯残火半灭。

琼姬写讫,对孙婆道:"这诗谜委实做得妙。不是她也不能做,不是我也不能猜。"孙婆道:"你既这般猜得快,何不也写些什么去难她一难?"琼姬笑道:"你也说得是。我若不也写几个字去,她只道我但能猜,不能做了。"说罢,便也取一幅花笺,也只写四个字在上,连那原笺一齐封好,叫孙婆拿去与瑞娘看。瑞娘先见她猜着了五言诗,已十分钦服,及看她所写的诗谜,却也奇怪:

　　召目秌桥此四字内亦藏五言诗四句

　　瑞娘看了,笑道:"亏她又会猜,又会做。我既能做,岂不能猜?"遂亦于花笺后,写出四句道:

　　　　残照日已无,半明月尚缺。
　　　　小楼女何处,断桥人未合。

瑞娘写毕,付与孙婆持去回复了琼姬。自此以后,两个女郎虽未识面,却互相敬爱,胜过亲姊妹一般。

　　忽一日,孙婆来对瑞娘说道:"可惜禹家这一位小娘,却被不干好事的媒人害了。现今在那里生病哩!"瑞娘惊问其故。原来禹龙门之妻也姓方,与晏敖之妻正是姊妹。晏敖自被子鉴回了奇郎出学堂来,仍旧自己去教他。奇郎却抄着前日晏述代作的文字,哄骗父亲。晏敖原是看不出好歹的,把儿子的假文字东送西送请教,别人都十分赞赏。因便误认儿子学业大进,向人前夸奖不已。有个青莲庵里的和尚,法名了缘,与晏敖交好,晏敖常到庵里做念佛会。禹龙门也是会中人,因此了缘从中撮合,叫他两襟丈亲上联亲。龙门便与妻子商议,竟把侄女许了奇郎,受了晏家的聘。他也只道奇郎果然聪慧能文,将来必有好日。哪知是真难假,是假难真,奇郎的本相渐露。初时还把假文骗着父亲,后来竟抛弃书本,终日在街坊赌博。晏敖好赌,还是铺了红毯,点了画烛,与有钱使的人在堂中坐着赌的。奇郎却只在村头巷口,与一班无赖小人沿街而赌,居地而博,十分可笑。这风声渐渐吹入琼姬耳内,你道琼姬如何不要气!那孙婆又因自己不曾做得媒人,常在她面前跌足嗟叹,一发弄得琼姬不茶不饭,自恨父母双亡,被伯父伯母草草联姻,平白地将人断送。气恼不过,遂致疾病缠身。瑞娘闻知这消息,也替她懊恨。常使乳母郑妪去问候,再三宽慰她。哪知心底病难医,不够一年,呜呼死了。临终时把自己平日所作诗文,尽都烧毁,不留一字。正是:

父亡母丧愁难诉,地久天长恨不穷。

瑞娘闻知琼姬凶信,也哭了一场。常言道:"同调相怜,同病相惜。"她想:"自己文才与琼姬不相上下,偏是有才的女郎恁般命薄!"又想:"自己也是螟蛉之女,没有亲爹妈着急,正不知后来终身若何?"转展思量,几乎也害出病来。因赋曲一套以挽琼姬,其曲云:

[二郎神]难禁受,恶姻缘,问何人谱就。敢则是月下模糊多错谬。少什么痴钗笨粉,得和文士为俦。为何偏将贤媛锢,忌才天想来真有。从今后,愿苍苍莫生才女风流!

[前腔]换头休休,红颜薄命,每多偏憾,恨不生来愚且丑。只挥毫染翰,便为消福根由。宜入空门离俗垢。生生的将淑女葬送河洲,鸳鸯偶,是前生几时结下冤仇!

[黄莺儿]诗谜记相酬,痛当时,谶早留。小楼有女今存否?斜阳已收,缺月一钩,半明不是圆时候。鹊桥秋,将人隔断,未得合牵牛。

[前腔]无地可言愁,哑吞声,慵启口。有谁知你眉痕皱。椿庭已休,萱帏弃久,移花莫惜花枝瘦。似萍浮,又遭风浪,灭没在汀洲。

[猫儿堕]明珠万斛,泣付与东流。绿绮琴无司马奏,《白头吟》向什人投?怀羞,一炬临终,泪抛红豆!

[前腔]遥思仙佩,疑赴碧云头。恨未生前一握手,神交除往梦中求。悲忧,女伴知音,从今无有。

[尾声]天上曾闻赋玉楼,岂修文员缺,欲把裙钗凑。因此上燕冢空余土一坯。

子鉴见了甥女所作之曲,也不觉掉下泪来。瑞娘又把前日共猜诗谜之事,对子鉴说了。子鉴到馆中说与子开知道,大家叹惜。子鉴道:"这般不肖子,替他联什么姻?害别人家的女儿。"子开道:"也是禹龙门不仔细。常言道'相女配夫'。为什么草草联姻,送了恁女性命。"晏述在旁听了,懊恨自己当初不曾与她联姻,乃私自赋诗二绝以挽之：

其一
女郎不合解文章，难许鸱鸮配凤凰。
焚砚临终应自悔，不如顽钝可相忘。

其二
九天仙女降天关，一夕飞符忽召还。
惆怅人琴归共尽，不留遗笔在人间。

晏述题罢，放在案头。却被子鉴看见，知他有怜惜才女之意，正要把瑞娘姻事亲自对子开说。恰好晏述闻知瑞娘所猜诗谜，深慕其才，便去告禀母亲陈氏，务要联此佳配。陈氏是极爱晏述的，听了这话，即与丈夫商议，遣孙婆做媒。子鉴亦令乳母郑姬到子开家中来撮合。子开欣然允诺，择日行聘。

是年晏述已十五岁了，到来年十六岁入泮，十七岁毕姻。合卺之后，夫妻极其恩爱。过了几日，晏述正坐在书房中看书，只见郑老姬拿着三幅纸，走来说道："我家小姐说，官人善集《四书》成语为文，又会代人作对。今有几个四书上的谜儿，要官人猜，又有个对儿，也要求官人对。"晏述接那三幅纸来看时，第一幅上写着一个对道：

孔子为邦酌四代，虞夏殷周；

晏述看了不假思索，就提起笔来写道：

姬公施事兼三王，禹汤文武。

对毕，再取第二幅纸来看，却是六句四书，隐着六个古人。晏述一一都猜着了，就于每句四书之下，注明古人的姓名：

使天下仕者皆欲立于王之朝　来俊臣
武王伐纣　周兴
后世子孙必有王者矣　太公望

晏述猜毕，说道："六谜俱妙，至末后第五伦一句，尤为巧合。"说罢，再看第三幅纸，只见上写道：

国士无双　内隐《四书》一句

晏述看了，却一时猜想不出，走来走去，在那里踌躇。郑妪却先将那两幅纸去回复瑞娘。少顷，又来传语道："小姐说前二纸，官人都已中式。何难这一句，只想这句是谁人说的，是说哪一个？便晓得了。"晏述恍然大悟道："'国士无双'是萧何说韩信的，正合着《四书》上'何谓信'一句。我今番猜着了。"便取笔写出，付与郑妪持去。自己也随后步入房来，见了瑞娘，深赞其心思之巧。瑞娘亦深喜晏述资性之捷，互相叹羡。正是：

彼此相宜凤与凰，女郎亦足比才郎。

五伦夫妇兼朋友，国士今朝竟有双。

自此晏述所作之文，常把来与瑞娘评阅，俱切中窍要。晏述愈加叹服，把妻子当作师友一般相待。至十八岁秋间去应了乡试，回到家中写出三场文字，送与子鉴看。子鉴称赏，以为必中。再把与瑞娘看时，瑞娘道："三场都好，但第三篇大结内有一险句，只怕不稳。"及至揭晓之时，晏述中在一百二十七名。原来晏述这卷子，房师也嫌他第三篇大结内有险句碍眼，故取在末卷。不想大主考看到此句，竟不肯中他，欲取笔涂抹。忽若有人拿住了笔，耳中如闻神语云："此人仁孝传家，不可不中！"主考惊异，就批中了。当下晏述去谢考，房师、座师对他说知其事。晏述知是父亲积德所致，十分感叹，又深服瑞娘会看文字。正是：

俊眼衡文服内子，慈心积德赖尊君。

晏述中举之后，亲戚庆贺热闹了几日。子开得意之时，未免饮酒过度，发起痰火病来。晏述朝夕侍奉汤药,且喜子开病体渐愈。晏述只是放心不下,意欲不去会试。子开再三劝他起身,晏述迫于父命,只得勉强赴京。不想出门后,子开病势又复沉重起来。瑞娘连忙写书寄予晏述,说"功名事小,奉亲事大",遣人兼程赶去唤他回家。哪知所差的家人将及赶上,忽然中途患病,行动不得,及至病好,赶到京师寓所,已是二月十五日了。场事已毕,晏述出场,方见妻子手书,便不等揭晓,星夜赶归。到得家中,只见门前已高贴喜单报过进士了。子开病体亦已霍然。若非天使家人中途患病,报信羁迟,几乎错过了一个进士。可见:

人心宜自尽,天道却无差。

话分两头。不说晏子开一家荣庆,且说晏敖当初把儿子奇郎与禹家联姻时,其妻方氏取出私蓄的好银六十两,封作财礼送去。后来琼姬既死,晏敖索得原聘银两,方氏仍欲自己收藏,晏敖不肯,方氏立逼着要,晏敖便去依样倾成几个铜锭,搊换了真银。方氏哪里晓得,只道是好银,恐奇郎偷去赌落,把来紧藏在箱中。不想奇郎倒明知母亲所藏之银是假的,真银自在父亲处,因探知父亲把这项银子藏在书房中地板下,他便心生一计,捉个空去母亲箱中偷出假银,安放在父亲藏银之处,把真银偷换出来做了赌本,出门去赌了。方氏不见了箱中银子,明知是儿子偷去,却因溺爱之故,恐声张起来倒惹恼了晏敖,只索忍气吞声的罢了。又过几时,晏敖为积欠历年条银五十余两,县中出牌催捉,公差索要使费,晏敖哪里肯出。公差便立逼完官,晏敖一时无措,只得要取这六十两头来用。那日已是抵暮时候,公差坐着催逼。晏敖忙在书房地板下取出银子,急急地兑准,把剩下的几个锭也带在身边,以便增添。同了公差,奔到县前投纳。他只道这银子是搊换妻子的,哪知又转被奇郎搊换去了。当初只为要骗妻子,把这些假锭弄得与真锭一般无二。今日匆忙中哪里看得出,竟把去纳官,却被收吏看出是铜锭,扭上堂去禀官。知县正在堂比较,看了假银,勃然大怒,喝叫扯下去打。只见晏敖身边又掉出一包银子来,知县叫取上来看时,却又是几个铜锭,愈加恼怒。那押催的公差,因怪晏敖没使费与他,便跪下禀道:"这晏敖是惯使铜的,外人都叫他是'晏寡铜'。"知县听了,指着晏敖大骂。当下把晏敖打了二十板,收禁监中。方氏在家闻知此信,吃惊不小,忙使人去赌场里报与奇郎知道。奇郎明知是自己害了父亲,恐父亲日后要与他计较,便也不归家,竟不知逃向哪里去了。

晏敖在监中既不见儿子来看他,又打听得知县要把他申解上司,说他欺君误课,当从重治罪。一时慌了手脚,只得写出几纸经帐,叫家中急把田房尽数变卖银两来使用。原来晏敖向虽小康,只因父子俱好赌,家道已渐消乏。今番犯了事变卖田房,却被石正宗乘其急迫,用贱价买了,连家中动用的什物,也都贱买了去。说道:"他这些田房什物,当初原是窃取石家赀财置买的,今日合归石家。"当下交了银子,便催促方氏出屋。方氏回说等丈夫归来,方可迁居。此时晏安僮仆已散,方氏只得拿着变卖田房的银子,亲往监中,一来看视丈夫,二来恐丈夫要讨她所藏的六十金来用,因欲要当面说明失去之故,到得监里。晏敖见了妻子,便问:"奇郎何在?"方氏道:"自从你吃官司之后,并不见他回来。"晏敖跌足道:"这畜牲哪里去了? 我正要问他:我藏的好银子,如何变做铜银? 一定是这畜牲做下的手脚,害我受累。"方氏道:"你银子藏在哪里? 如何是奇郎弄的手脚?"晏敖道:"你不晓得我银子藏在书房中地板下,明明是好银,如何变了铜? 不是这畜牲偷换去是谁?"方氏道:"这也未必是他,你且休错疑了。只是我藏的这六十两,却被他拿了去。若留得在时,今日也好与你凑用。"晏敖惊问道:"你这六十两,几时被他拿去的?"方氏道:"他也不曾问我,不知他几时拿去的。一向怕你要气,故不曾对你说。"晏敖听罢,跌脚叫道:"是了,是了。如此说起来,这假银是我骗你的,不想如今倒骗了自己了。"方氏闻知其故,埋怨丈夫:"当初如何骗我?"晏敖也埋怨她:"既不见了银子,如何护短,不对我说! 若早说时,我查究明白,不到得今日惹出祸来。"两下互相埋怨不已。正是:

> 初时我骗妻,后来子骗我。
> 人道我骗官,哪知我骗我。

当下方氏把变卖下的银子,交与晏敖收了。自己走出监门,正待步回家中,不想天忽下微雨,地上湿滑。方氏是不曾走惯的,勉强挨了几步,走到一条青石桥上,把不住滑,一个脚错,扑通的跌下水去。过往人看见,连忙喊救,及至救起时,已溺死了。正是:

> 溺于水者犹可生,溺于爱者不能出。
> 尔为溺爱伤其身,非死于水死于溺。

方氏既死,自有地方买棺烧化。晏敖知妻子已死,家破人亡,悲哀成疾。到得使了银子,央了分上,知县从轻释放,扶病出监,已无家可归,只得往青莲庵投奔了缘和尚。了缘念昔日交情,权留他在庵中养病。那时晏敖已一无所有,只剩得日常念佛的一串白玉素珠。这串素珠当初也是把铜银子哄骗来的，晏敖极其珍惜，日日带在臂上。今日不得已，把来送与了缘，为自己医药薪水之费。了缘见是他所爱之物，推辞不受。过了数日，晏敖病势日增，无可救治，奄奄而死。

原来晏敖有事之际，正值晏述赴京，子开病笃，故不相闻问。到得他死时，子开病已少愈，闻知其事，念同宗之谊，遣人买办衣衾棺木，到庵中成殓。临殓时，了缘把这串白玉素珠也放入棺中。殓毕，即权厝于庵后空地之上。又过两三日，忽见奇郎来到庵中，见了了缘和尚，自言一向偶然远出，今闻父死，灵柩权厝此间，乞引去一拜。了缘引他到庵后，奇郎对着父柩哭拜了一番。了缘留他吃了一顿素饭，把他父亲死状说了一遍。因劝他收心改过，奇郎流涕应诺。问起父亲怎生入殓的，了缘细细述与他听了。奇郎一一听在肚里。到晚间，只说要往子开处拜谢，作别而去。是夜四更以后，了缘只听得庵后犬吠之声。次日早起，走到庵后看时，只见晏敖的尸首已抛弃于地，棺木也不见了，有两只黄犬正在那里争食人腿哩！了缘吃了一惊，忙叫起徒弟们来，先把芦蓆掩盖了死尸，一面奔到子开家中去报信，子开大骇，急差家人来看，务要查出偷棺之贼，送官正法。家人来看了，却急切没查那贼处。挨到午牌以后，只见几个公差缚着三个人，来到庵后检看发尸偷棺的事。数中一人，却正是奇郎。原来奇郎有两个最相知的赌友，一个党歪头，绰号党百老，一个斗矮子，绰号斗空笆，三人都赌剧了，无可奈何。奇郎因想父亲虽死，或者还有些东西遗在青莲庵里，故只托言要拜谒父柩，到庵里来打探。及细问了缘，方晓得父亲一无所遗，只剩一串白玉素珠，已放在棺中去了。那时玉价正贵，他便起了个大逆不道之念，约下斗、党二人，乘夜私至庵后，撬开棺木，窃取了素珠。这斗、党二贼又忒不良，见棺木厚实，便动了火，竟抬出死尸，将棺木杠去，就同着奇郎连夜往近村镇上去卖。却被地方上人看出是偷来的尸棺，随即喝住，扭到本处巡检司去。巡检将三人拷问，供出实情。遂一面申文报县，一面差人押着三人来此相验。这也是晏敖当初暴露父母灵柩之报。一时好事的编成几句口号云：

　　人莫赌剧，赌剧做贼。小偷不已，行劫草泽。宛子为城，蓼儿作窟。昔袭其名，今践其实。然而时迁盗冢，岂发乃翁之棺；李逵食人，犹埋死母之骨。奈何今之学者，学古之盗而弗如；只缘后之肖子，肖前之人而无失。莫怪父尸喂黄犬，谁将亲柩委白石？信乎肯构肯堂，允哉善继善述。不传《孝经》传赌经，纵念《心经》《法华经》，忏悔不来；不入文场入赌场，遂致法场检尸场，相因而及。

巡检把那三人解县，知县复审确实，按律问拟：奇郎剖父棺，弃父尸，大逆不道，比寻常开棺见尸者罪加三等；斗、党二人，亦问死罪。晏子开自着人另买棺木，将晏敖残骸，依旧收殓。晏述归家，闻知此事，十分嗟叹。奇郎自作之孽，晏述也救他不得，只索罢了。但将晏慕云夫妇两柩改葬坟旁隙地，免至倾欹暴露于乱石之上，不在话下。

　　且说晏述因闻父病，急急归家，不及殿试。哪知是年正德皇帝御驾出游，殿试改期九月，恰好凑了晏述的便。至九月中，晏述殿试三甲，选了知州。三年考满，升任京职。父母妻俱得受封，伯父晏子鉴亦迎接到京，同享荣华。是年，瑞娘生下一个聪明的儿子，却正是禹琼姬转世。你道为何晓得是琼姬转世？原来禹龙门妻方氏，为联差了侄女的姻事，送了她性命，十分懊悔，不上一年，抱病而亡。龙门见浑家已死，又无子息，竟削了发，做了个在家和尚。时常念经礼忏，追荐亡妻并侄女。忽一夜，梦见琼姬对他说道："我本瑶池侍女，偶谪人间，今已仍归仙界，不劳荐度。但念晏述夫妇曾作诗歌挽我，这段情缘不可不了，即日将托生他家为儿，后日亦当荣贵。"龙门醒来，记着梦中之语，留心打听。过了几日，果然闻得晏述在京中任所，生了一个公子。正是：

　　　　孝子自当有良嗣，仙娃更复了凡缘。

　　看官听说，晏敖死无葬地，只为丧心之故；晏子开儿孙荣贵，皆因仁孝所致。奉劝世人，为仁人孝子，便是做样与儿孙看，即所以教训子孙也。听了这段话文，胜听周公日挞、昔孟母三迁之事，故名之曰《明家训》。

卷七　劝匪躬

忠格天幻出男人乳　义感神梦赐内官须

诗曰：

> 黄山黄水志春申，山水千年属楚臣。
> 只问储君谁为脱，故应消得此名称。

此诗亦前代无名氏所作，是赞美春申君的。战国时有四君名重一时：魏有魏无忌，为信陵君；赵有赵胜，为平原君；齐有田文，为孟尝君；楚有黄歇，为春申君。那春申君曾随楚顷襄王的太子出质于秦。顷襄王病笃，太子欲求归国，秦王拘留之，不肯遣归。春申君乃密令太子易服改妆私自逃回，自己却住在馆驿中待罪。秦王初时大怒，欲杀春申君，既而念太子已走，杀之无益，赦而遣之。顷襄王既死，太子幸早归国，遂得嗣位，是为考烈王。此皆春申君之力。较之蔺相如完璧归赵，其功更大。至今江南奉春申君为土谷之神，香火不绝。其墓在江阴县君山下。谓之君山者，正因春申君之墓在彼故也。江南又有黄山黄水，亦皆后人思念春申君，故即以其姓为山水之名，只论他当时拼着性命脱逃太子一事，便消受得千年香火了。令人不肯为忠义之事，只因惜着此身，恐救了别人，害了自己。又恐天不佐助，谋事不密，自己死而无益，连所救之人，亦不能保。所以，把忠义的念头都放冷了。

今待在下说一个忠肝义胆、感格天神，有两段奇奇怪怪的报应。

说话南宋高宗时，北朝金国管下的蓟州丰润县，有个书生姓李名真，字道修，博学多才，年方壮盛，却立志高尚，不求闻达，隐居在家，但以笔墨陶情，诗词寄傲。他闻得往年北兵南下，直取相、澶等处，连舟渡河，宋人莫敢拒敌，因不胜感悼。又闻南朝任用奸臣秦桧,力主和议。本国兀术太子为岳将军所败,欲引兵北还,忽有一书生叩马而谏,说道:"未有奸臣在内,而大将能立功于外者。岳将军性命且未可保,安望成功?"兀术省悟,遂按兵不退。果然岳将军被秦桧召归处死。自此南朝更不能恢复汴京、迎还二帝了。李真因又不胜感悼。遂各赋一诗以叹之,一曰《哀南人》,一曰《悼南事》。其《哀南人》一绝云:

> 八公草木已摧残,此日秦兵奏凯还。
>
> 最惜江南诸父老,临风追忆谢东山。

其《悼南事》一绝云:

> 书生叩马挽元戎,预料南军必丧功。
>
> 恨杀奸回误人国,徒令二帝泣西风。

李真把此二诗写在一幅纸上,自己吟讽了两遍,夹在案头一本书内,也不在话下。

哪知有个同窗朋友叫作米家石,此人本是个阴险小人,面目可憎,语言无味,李真心厌之。他却常要到李真家里来,李真不十分睬他。米家石见李真待得他冷淡,心中甚是不悦。一日与李真在朋友公席间会饮,醉后互相嘲谑。李真即将米家石的姓名为题,口占一诗诮之云:

> 元章袖出小山峰,袍笏徒然拜下风。
>
> 若教点头浑不解,可怜未得遇生公。

众朋友听了此诗,无不大笑。米家石知道嘲他是顽石,且又当着众友面前讥诮他,十分恼恨。外面却佯为不怒,付之一笑,心里却想要寻些事故,报这一口怨气。一日,乘李真不在家,闯入书斋,翻看案头书集。也是合当有事,恰好捡着那幅《哀南人》《悼南事》的诗笺,米家石见了,眉头一皱,恶计顿生。想道:"此诗是李真的罪案,我把去出首,足报我之恨了!"便将诗笺袖过,奔到家中,写起一纸首呈,竟说:"李真私题反诗,其心叵测。"把首呈并诗笺一齐拿到蓟州城中,赴镇守都督尹大肩处首告。那尹大肩乃米家石平时钻刺熟的,是个极贪恶之人,见了首呈并诗笺,即差人至丰润县,把李真提拿到蓟州,监禁狱中,索要贿赂,方免参究。李真一介寒儒,哪有财帛与他。尹大肩索诈不遂,竟具本申奏朝廷。那时朝中是丞相业厄虎当国,见了尹大肩的参本,大怒道:"秦桧是南朝臣子,尚肯心向我朝,替我朝做奸细;李真这厮是本国人,如何倒心向南朝,私题反诗?十分可恶!"便票旨:"将李真就彼处处斩,其家产籍没,妻子入宫为奴。出首之人,官给赏银二百两。"这旨意传到蓟州,尹大肩即奉旨施行,一面地去狱中绑出李真,赴市曹处决;一面行文至丰润县,着落县官给赏首人,并籍没李真家产,提拿他妻子入宫。原来李真之妻江氏,年方二十岁,贤而有识,平日常劝丈夫:"谨慎笔墨,莫作伤时文字。"又常说:"米家石是歹人,该存心相待,不该触恼他。"李真当初却不曾听得这些好话,至临刑之时,想起妻言,追悔无及,仰天大哭。正是:

夫人不言,言必有中。

非夫人恸,而谁为恸。

却说江氏只生得一子,乳名生哥,才及两月。家中使唤的,只有一个十二岁的丫鬟,并一个苍头,叫作王保。那王保却是个极有忠肝义胆的人,自主人被捉之后,他便随至蓟州城中,等候消息。一闻有提拿家口之信,遂星夜兼程赶回家,报与主母知道,叫她早为之计,若公差一到,便难做手脚了。江氏闻此凶信,痛哭了一场,抱着生哥对王保说道:"官人既已惨死,我便当自尽,誓不受辱。但放这小孩子不下,你主人只有这点骨血,你若能看主人之面,好生保全了这个孩儿,我死在九泉之下,亦得瞑目矣!"王保流泪领诺。是夜黄昏以后,江氏等丫鬟睡熟,将生哥乳哺饱了,交付与王保。又取了一包银两、几件簪钗,与王保做盘费。自却转身进房,悬梁自缢而死。有诗为证:

红粉拼将一命倾,夫分玉碎妇冰清。

愿随湘瑟声中死,不逐胡笳拍里生。

王保见主母已死,望空哭拜了几拜,抱着生哥,正待要走,却又想道:"我若只这般打扮,恐走不脱,须改头换面,方才没人认得。"想了半晌,生出一计,走入自己房中,将一身衣服都脱下,取出亡妻所存的几件衣来穿了,头上脚下都换了女装。原来王保是个太监脸儿,一些髭须也没有的,换作女人装束,便宛然一个老妪形状了。当下打扮停妥,取了银两并簪钗,抱了幼主,开了后门,连夜逃去。

至次日,县官接了尹大肩的文书,差人来捉拿家属时,只拿得个丫鬟到官。及拘邻舍审问,禀称李真有个两月的孩儿生哥,并家人王保,不知去向。县官一面差人缉捕，一面将丫鬟官卖，申文回报督府。江氏尸首，着落该地方收殓。那时本城有个孝廉花黑，平日与李真并未识面，却因怜李真的文才，又重江氏的贞烈，买棺择地，将江氏殡葬。又遣人往蓟州收殓了李真尸首，取至本县与江氏合葬在一处。正是：

> 不识面中有义士，最相知者是奸人。

　　且说王保自那夜逃走出门，等到五更，挨出了城，望村僻小路而走，一口气走上一二十里。肚里又饥，口里又渴，生哥又在怀中啼哭，只得且就路旁坐了一回，思量要取些碎银，往村中买点心吃。伸手去腰里摸时，只叫得苦。原来走得慌急，这包银子和几件簪钗，都不知落在哪里了。王保那时抱着生哥大哭，一头哭，一头想道："莫说盘费没了，即使有了盘费，这两个月的孩子，岂是别样东西可以喂得大的？必须得乳来吃方好。如今却何处去讨？若保全不得这小主人，可不负了主母之托！"寻思无计，立起身来，仰天跪着，祝告道："皇天可怜，倘我主人不该绝后嗣，伏愿凶中化吉，绝处逢生！"说也奇怪，才一祝罢，便连打几个呕，顿觉满口生津，也不饥也不渴了。少顷，又忿觉胸前一阵酸疼，两乳登时发胀。王保解开衣襟看时，竟高突突的变了两只妇人的乳，乳头上流出浆来。王保吃了一惊，忙把乳头纳在生哥口中，只听得咕嘟嘟的咽，好像呼满壶茶的一般。真个是：

> 口里来不及，鼻里喷而出。
> 左只吃不完，右只满而溢。

当下喜得王保眉开眼笑，以手加额道："谢天谢地。今番不但小主人得活，我既有了乳，也再没人认得我是男身了。"便一头袒着胸，看生哥吃乳，一头拔步前走，只向村镇热闹所在，随路行乞将去，讨得些饭食点心。看看日已沉西，正没投宿处，远望前面松林内露出一带红墙，像是一所庙宇，便趋步向前。比及走到庙门首，天已昏黑。王保入庙，抱着小主，就拜台上和衣而卧。因身子困倦，一觉直到天明。爬将起来，看那神座上，却有两个神像，座前立着两个牌位，牌上写得分明，却是春秋晋国赵氏家臣程婴、公孙杵臼两个的神位。王保看了，倒身下拜，低声祷告道："二位尊神是存赵氏孤儿的，我王保今日也抱着主人的孤儿在此，伏望神力护佑！"拜罢起身，抱了生哥，走出庙来。看庙门匾额上，有三个金字，乃是"双忠庙"。王保自此竟把这庙权作栖身之地，夜间至庙中宿歇，日里却出外行乞。有人问他时，不唯自己装作妇人，连生哥也只说是个女子。他取程婴存孤之意，只说："我姓程，叫作程寡妇，女儿叫作存奴，是我丈夫遗腹之女。我今口食不周，不愿再嫁人，又不愿去人家做养娘。故此只在村坊上求乞。"众人听了这话，多有怜他的，施舍他些饭食，倒也不曾忍饿。正是：

> 既把苍头冒妇人，又将赤子做幼女。
>
> 等闲不肯到人家，只恐藏头又露尾。

那时官府正行文各乡村缉捕王保及生哥，亏得他已改换女装，又变了两只大乳，因得安然无事。

王保行乞，过了数日。忽一日早起，才走出那双忠庙门，只见一个道人，皂袍麻履，手持羽扇，徐步而来，看着王保说道："你且慢行，我有话对你说。"王保见那道人生得清奇古怪，童颜鹤发，飘飘然有神仙气象，便立住了脚，问道："师父要说什么？"道人道："我看你不是行乞的，这庙中也不是你安身之处。我传你个法儿，教你不消行乞何如？"王保道："如此甚妙。但不知师父传什法儿与我？"那道人不慌不忙，去袖里取出个小小盒儿，递与王保道："这盒内有丹药一粒，名为银母。你可把此盒贴肉藏好，每朝可得银三分，足够你一日之用。"王保接了，忙跪下拜谢。道人道："你且休拜，可随我来。"王保便抱了生哥，随着道人，走了半里多路，到一个茅庵门首。门上用锁锁着，道人取钥匙来开了，引王保入内。说道："这里名留后村。此庵是我盖造的，庵中锅灶碗碟、床榻桌椅之类都有。我今将往别处云游，这庵竟让与你安身。七年之后，我再当来相会也。"言讫，转身出庵便走。王保再要问时，那道人步履如飞，转眼间已不见了。王保看那茅庵两旁，右边却是空地，左边有一带人家。再入庵内细看时，却是两间草房，外面一间排着锅灶，里面一间，设着一张木榻，榻上被褥都备。榻前排列木桌木椅，桌上瓦罐内，还有吃不尽的饭。王保十分欣喜，这一日就不消出外乞食了。当晚有几个邻舍来问道："这茅庵乃是两月前一个道人来盖造在此的，如何今日却是你来住？"王保道："便是那师父哀怜我没处栖身，故把这庵儿舍与我住，他自往别处云游去了。"众邻舍听说，也便由他住下。王保过了一夜，次早开那丹盒来看，果然有白银一小块在内。取等子称时，恰重三分。自此每日用度不缺。

光阴荏苒，不觉过了几个年头，生哥已渐长成，不吃乳，只吃粥饭了。却又作怪，才得生哥长大，那银母丹盒内每日又多生银三分，共有六分之数，足供两人用度。王保欣喜无限，便每日节省下一分半分，积少成多，把来做些女衣与生哥穿着，只不替他缠小脚，穿耳朵眼。邻舍问时，王保扯谎道："前日那道人说他命中有华盖，应该出家的。故不与他缠足穿耳。"众邻舍信以为然，并不晓得生哥是个男子。每遇岁时伏腊，王保祭祀主人主母，悲号痛哭。邻舍问之，只说是祭奠亡夫与亡夫的前妻。众邻舍都道他有情义，甚敬服他，哪知不是节妇哭夫，却是义仆哭主。

王保又每遇朔望，必引着生哥到双忠庙去拈香。一日，正烧过了香，走出庙门，忽遇前番那个道人。此时生哥已是八岁，恰好是七年之后了。王保一见，慌忙下拜。道人道："你莫拜，我特来求你施舍。"王保道："师父休取笑，我母女一向吃的住的，也都是师父施舍的，如何今日倒说要求我施舍？"道人指着生哥，对王保道："我不要你施舍别的，你只把这孩子舍与我做了徒弟吧。"王保道："先夫只有这点骨血，怎好叫他出家？"道人道："你对人扯谎，便道我说他该出家。今日我真个要他出家，你又不肯吗？"王保无言可答。道人笑道："我特来试你，你不肯把这孩子舍与我，正见你的忠心。我今也不要他出家，只要他随我去学些剑术。"王保道："学剑恐非女孩儿之事。"道人笑道："你在我面前，也说假话吗？他女子学不得剑，你男人如何有了乳？"王保见说破了他的底蕴，吓得只顾磕头。道人扶了他起来，说道："我要教这孩子的剑术，将来好为父报仇。目下当随我入山，五年之后再送来还你。"说罢，袖中取出两个白丸，望空一掷，却变了两把长剑。道人接在手中，就庙门前舞将起来。但见寒光一片，冷气侵人，分明是瑞雪纷飞，霜花乱滚。王保看得眼花。比及寒光散处，道人不见了，连生哥也不见了。王保惊得痴呆了半晌，寻思道："这道人是个活神仙。我当初遇见他时，他说七年后来相会，今七年之后，准准到来。方才他说五年后送幼主来还我，定非虚言。我只得且安心等到五年后，看是如何！"当日独自回到庵中。邻舍问他女儿何在，王保道："适才遇见前年那个道人，领他去教习经典了。约定五年后送来还我。"邻舍道："游方道人哪有实话？你被他哄了女儿去了！"王保道："他舍庵与我住的，决不哄我。"众邻舍胡猜乱想，也有说这道人不好的，也有说这道人好的。王保心里明白，更不猜疑。正是：

> 桥边得遇赤松子，圯上休疑黄石公。

自此，王保独处庵中。弹指光阴，看看已及五载。那时北朝正值海陵王为帝，尹大肩升做京营统制，甚见宠幸。米家石求他荐引，也得授皇城大使之职。二人遂逢迎上意，劝海陵广选民间女子以充后宫。海陵准奏，即差二人为采选使，先往蓟州一路选去。凡十三岁以外，十六岁以内者，皆在所选。二人奉了钦差，遂借端索诈民间贿赂，有钱的便免了，没钱的便选将去，不论城市村坊，搜求殆遍。又大张告示道："圣旨到日，即停止民间嫁娶。"于是，人家有女儿的，无不哭哭啼啼，惊慌无措。王保见了这些光景，心中暗忖："我家这假女子，亏得那道人先领了去。若还在此，今年恰是十三岁，正在选中，却怎地支吾？"正是：

　　即以男为女，难言女是男。
　　若非先避去，怎免这迍邅？

　　村坊上忙乱了两三个月，忽有人传说尹、米二人尽皆杀了。你道为何？原来米家石私息于选到女子中，挑取美貌的留下数人，自己受用。尹大肩闻知，恐怕日后被海陵王察出，连累着他，遂先具密疏奏闻。海陵大怒，即传旨将米家石就所在地方阉割了，逐归原籍。过了几日，忽一夜，尹大肩在公馆中被人杀死，失去首级，榻前粉壁上大书七个血字道："杀人者米家石也。"手下人报知地方官，以其事奏闻。海陵王怒甚，即将米家石处斩，收他妻子入宫为奴。正是：

　　邪党还为邪党害，恶人自有恶人磨。

　　王保闻知这消息，私自庆幸道："且我主人两个仇家，都被杀了。真个天理昭昭，果报不爽。"又过月余，闻得朝廷差太监颜权持节到来，停罢选女之事，将选过女子悉还民间。一时村坊市镇，欢声载道。王保寻思道："我小主人即躲过这番灾难，此时若归，泰然无事矣！"
　　只是看了腊尽春回，又交过一个年头，屈指算来，生哥已是十四岁了，却不见那道人送来。王保终日盼望。常往双忠庙去拜祝。一日，走至庙中，忽见那道人已同着生哥坐在里面。王保又惊又喜，看生哥时，披发垂肩，已十分长成，依然是女子打扮。王保望着道人磕头礼拜道："多感仙翁大恩，真个并不失信。"道人指着生哥对王保道："我教会他剑术，已报了父仇。但目下还出头不得，你可仍保护他到庵中住下。待十日后，有一个姓须的画师，到你茅庵左侧居住。你可叫他到彼学画，将来自有奇遇。须依我言，不得有误！"言毕，走出庙门，长啸一声，腾空而去。有诗为证：

　　遨游仙界在虚空，来似风兮去似风。
　　只为忠心如铁石，故能白日致仙翁。

王保见了，望空连拜了数拜。回身抱着生哥问道："你去了这五六年，一向在哪里？"生哥道："我在那边也不记年月，但觉不多几时，怎说是五六年？"王保道："想必是仙家一日，抵得凡间几时了。你且说仙翁领你到什么去处？那仙翁姓什名谁？可细述与我听。"生哥道："我自从那日看仙翁舞剑，忽见一道白光将我身子裹住，耳边如闻风雨之声，到得白光散了，定睛一看，身子却立在一个石洞里边，洞中石床石椅、笔墨诗书等物都备。仙翁把男衣与我换了，着几个青衣童子服侍我。每日与我饮食，又不见他炊煮，不知是哪里来的？仙翁常有朋友往来，都呼之为碧霞真人。这洞也叫作碧霞洞。仙翁先教我读书，后教我学剑。初学剑之时，命我在石崖上奔走跳跃，习得身子轻了，然后把剑法传我，有咒有诀，可以剑里藏身，飞腾上下。觉得纯熟之后，常书符在我臂上，教往某处取某人头来。我捏决念咒，往来数百里之外，只需顷刻。记得几日前，命我到一个去处，杀了一人，取其首级。又命我书七字于壁上，道'杀人者米家石也。'仙翁说：'此人是你杀父之仇，你今杀了此人，父仇已报，可送你回去了。'便教我仍旧改作女装。我对仙翁说：'我一向但认得母亲，并不负认得父亲，也并不见母亲说起父亲的事。正不知我父亲怎生死的？我又如何要男人女扮？'仙翁说：'你只回去问你那母亲，便知端的。'说罢，遂把我送到此间。母亲，如今快把这些事情，说与我知道！"

王保听说，不觉涕泗横流，呜呜咽咽地哭将起来，说道："我不是你母亲。你母亲也是死于非命的。"生哥闻言，放声大哭，扯着王保问道："你快与我说个明白！"王保正待要说，却又住了口。走出庙门四下一望，见没有人，然后再入庙中，对生哥道："此事声张不得的。你且住了哭，坐定了，待我说来。"当下生哥拭泪而坐，王保站立在旁，把李真夫妇惨死始末，并自己男扮女装，保护幼主一段情由，细细诉出。生哥听罢，哭倒在地。正是：

> 十年遁迹一孤儿，失记分离两月时。
>
> 前此犹疑慈侍下，谁知怙恃已双悲。

王保扶起生哥，说道："今日既已说明，小人不该乔装假母，本当即正主仆之分，但方才仙翁有言，目下不是出头日子，小主切勿露圭角，还须仍旧扮作女儿，呼小人为母，以掩众人耳目。"生哥道："我若无你保护，性命早已休了。多亏你一片忠诚，致使神仙感应。我就拜你为母也不为过。"说罢，便拜将下去。慌得王保连忙叩头道："不要折杀了小人。自今以后，只要在人前假装母女便了。"当日主仆两个回到庵中，依然母女相呼。邻舍见了，只道程寡妇的女儿已归，且又恁地长成，大家都替他欢喜。

数日后，间壁一个旧邻迁移了去，空下两间房屋，果然有个姓须的人领着儿子来租住了。那姓须的不是别人，却就是太监颜权。原来前日海陵王并没有停罢选女之旨，特命颜权来代尹大肩之任，收取女子到京。哪知颜权是个极慈心极义气的太监，他竟乘此机会，倒矫旨将众女给还民间。因此番自料回朝必然被戮，乃于半路里遣开从人，微服遁走，恰好也走到双忠庙里去宿歇。睡至五更，忽见庙中灯烛辉煌，一个青衣童子走来把颜权按住，口中说道："我奉神人之命，赐你须髯一部，以避灾难。"一头说，一头把一只金针去颜权颏下刺了半晌。又向袖中取出一把须髯，插在他颏下。插毕，童子脱下身上青衣，并脚上鞋袜，放于地上，吩咐道："这东西你可收着，明日好去救一个人。"颜权忙爬起来，扯住童子问道："还要我救什么人？"童子更不回言，只用手一推，颜权跌了一跤，猛然惊醒，却是南柯一梦。伸手去嘴上一摸，果然有三绺须髯，约长尺许，须根里尚觉有些酸痒，好生奇异。直至天明，又真见有一件青衣并鞋袜在地上，一发惊怪。起身拜谢了神明，就地上取了青衣并鞋袜，走出庙门，料道嘴上有了须没人认得他是太监了，大着胆向前行去。走不上数步，忽闻路旁有啼哭之声，颜权看时，却是个十一二岁的小女子，坐在地下啼哭，虽则敝衣乱发，丰姿却甚不凡。颜权问其来历，女子初时不肯说。颜权用好言再三慰问，女子方才说道："我乃蓟州玉田县人氏。父亲廉国光，官为谏议大夫，因直言忤旨，身被刑戮，家产籍没。近又有旨收妻女入宫。幸我母亲向已亡过。我被统制尹大肩拘捉，与所选民间女子一齐封置公馆。今众女奉旨放回，各有父母领去，唯我无家可归，流落在此，所以啼哭。"颜权听罢，想起昨夜梦中之言，又想廉谏议的忠节可敬，又想起自己原籍也是玉田县人，正与此女同乡，我当设法救她。当下便算出一条计策，领着这女仍回身至双忠庙里。先把自己的来历低声诉与她听了，因对她说道："我和你都是避罪之人，我昨梦神人教我今日救一个人，想就是你了。我今欲救你，你当认我为义父。但你既是罪人之女，未经赦免，出头不得。昨夜神人赐我男人衣履一副，想要教你女扮男装，方保无虞。你今就改扮了男子，与我同行何如？"那女听说，忙起身拜谢。颜权叫她拜了神像，把青衣鞋袜与她换了。问她叫什名字，今年几岁了？女子道："我小字冶娘，年方十三岁。"颜权道："我今呼你为儿，把冶娘去了两点，改名台官吧。"冶娘欢喜领诺。正是：

> 那边两两男装女，此处双双雌化雄。
> 一样稀奇古怪事，变难相反幻相同。

颜权携着这假男儿，想道："客店里不是安身处，要在村坊上租两间房屋居住。"恰好寻着那庵旁空屋住下。他因自己生了须，便托言姓须。只说从玉田县携儿到此，投奔亲戚不着，回乡不得，只得在此权住。身边虽带些银两，不敢浪用，要寻个长久度日之计。冶娘便道："义父不须忧虑。我幼时书也读过，针指也习过，还学得一件技艺是丹青，常画些山水花草，至于传神写像，也都会得。我今就卖画为活也好。"颜权道："如此甚妙！"便入城去买了些纸笔并颜色之类，先叫冶娘画些山水花草，果然画得好。又叫她画自己的一个有须的形象，却又酷肖。颜权大喜，便挂起传神卖书的招牌。外人闻留后村须家，有个十三岁的小儿善于丹青，便都来求他的画。但若有人要请她到家去，冶娘即托故不去，只坐在家中卖画，取些笔资度日，甚不寂寞。

王保住在间壁，见那须客人的孩儿善画，因记起仙翁之言，便来拜望颜权，要将生哥送过去，求他孩儿指教丹青。颜权只道生哥真是女郎，想道："我的假子也是女身，女郎与女郎相处有何妨碍！"遂慨然应允。王保心里也道："生哥原是男身，便与他家孩儿亲近也不妨事。"自此早去暮回，冶娘与生哥姊弟相称，两下甚是情投意合。那时海陵王闻颜权矫旨放回众女，十分震怒，书影图形的缉捕颜权，又欲遣官重选女子入京。幸得有人出使南朝回来，盛称南朝子女胜于北地。海陵王遂有兴兵南下之意，故把重选女子之事停搁了。因此生哥虽假扮女郎，却安然无恙。一日，生哥至冶娘处学画，恰值颜权他出。冶娘闲话之间，对生哥说道："姐姐姿性敏捷，丹青之道，略加指点，便都晓得。如今姐姐的画已与小弟不相上下，将来必然胜我十倍。恁般颖悟，不识幼时也曾读书否？"生哥道："也颇知一二。然我辈女流，读书原非所重。若贤弟少年才隽，必然精于词翰，何不以文章求仕进，乃仅以丹青自见乎？"冶娘道："君子藏器待时，此时岂吾辈仕进之日。恐文章不足以取功名，适足以取祸患耳！"生哥听了这句话，想起自己父亲亦以诗文小故被奸人陷害，触动了一腔悲愤，不觉悚然而起，对冶娘道："我幼遇异人，学得一件本事，多时不曾试演。今日演一个与贤弟看。"说罢，向袖中取出一个白丸，走到庭前，望空一掷，化成一把长剑。生哥接剑在手，就庭前舞将起来。初时犹见个人影在白光里，后来但见白光，不见人影，及至舞完，依然一个白丸在手，并不知剑在哪里。冶娘惊得呆了，说道："不想姐姐有这般本事，真是女中丈夫。若教改换男妆，秦木兰当拜下风矣！"因遂题诗一首以赠之，云：

剑锷簇芙蓉，寒光射碧空。

霜飞如舞雪，电走似驱风。

腾跃出还没，往来西复东。

隐娘今再见,不数薛家红。

冶娘把这诗写在一幅纸上,与生哥看。生哥十分叹赏,因笑道:"我说贤弟高才,必精于词翰,但你方才道我像丈夫气概,我今看你这字体柔妍,倒像女子的笔墨。我也有俚言奉赠。"因即于纸后,题《西江月》词云:

> 体学夫人字美,文兼幼妇词芳。纤纤柔翰谱瑶章,不似儿郎笔仗。雅称
> 君家花貌,依稀冶女风光。若教易服作宫装,奉引昭容堪况。

冶娘看毕,见词中之意,险些儿道破她是女子,不觉面色微红,笑说道:"姐姐如何把女子来比我?我看姐姐倒全无女子气象,如今不要叫你姐姐,竟叫了你哥哥吧。"因又题一绝以戏之云:

> 羡尔英雄大丈夫,应教弟弟唤哥哥。
> 他年姊丈相逢处,也作埙篪伯仲呼。

生哥看了,笑道:"你若呼我为哥哥,我也呼你为妹妹。"因亦口占一绝以答之云:

> 爱你才郎似女郎,几疑书室是闺房。
> 他年弟妇相逢处,伉俪应同姊妹行。

当下大家戏谑了一回,生哥自归家去了,他只道须家的台官是男人女相,冶娘也只道程家的存奴是女人男相,两下都不知是假的。

一日,正当清明节日,生哥那日不到冶娘家来,自与王保在家中祭奠亡亲。有一曲《江儿水》,单道生哥那日祭奠亡亲的痛苦:

> 闭户谋禋祀,孤儿泪涌潮。从前未识爹名号,向来错把娘亲叫。穷民如
> 我真无告,若没个苍头相保,纵遇春秋,一陌纸钱谁讨?

那日,冶娘也对颜权说,要祭奠父母灵魂。颜权买些纸钱及祭品安放在家,自己往双忠朝里烧香去了。冶娘闭上了门,独自一个在室中祭奠先灵,吞声饮泣。也有一

> 幼女私设祭,吞声泪暗流。纸牌不设魂来否? 望空默祝灵间否? 改装
> 易服亲知否? 伯道可怜无后。愿把裙钗,权当儿郎消受。

冶娘终是女子家,不敢高声痛哭,静悄悄地祭奠完了,只听得间壁生哥家里哀号之声。冶娘向壁缝里张时,原来他家还在那里设祭。只见那存奴跪在前面,他的母亲程寡妇倒跪在后面,叩头流涕,存奴哭倒于地。他的母亲去扶他,口中喃喃地劝个不住。冶娘听得不甚分明,只听得他叫:"小官人"三字。又见存奴祭毕而起,却望上做了个揖。冶娘看了,好生惊疑。想道:"他们这般光景,甚是跷蹊。我一向疑存奴像个男子,莫非也与我一般是改头换面乔装扮的? 待我明日试他一试。"当晚无话。

次日,生哥又到冶娘家来。冶娘等颜权出去了,以言挑生哥道:"姐姐如此聪明,必然精于女工,为何再不见你拈针刺绣,织锦运机,把薛夜来、苏若兰的本事做与小弟一看?"生哥道:"我因幼孤,母亲娇养,不曾学得刺绣之事。"冶娘笑道:"如何题诗舞剑却偏学了? 我知你女工必妙,若遇着个女郎,定然把组绣之事做将出来。今在小弟面前,故只把男子的伎俩来夸示我耳。"生哥道:"丹青与组绣,正复相类,莫非吾弟倒善于组绣吗?"冶娘道:"我非女子,哪知组绣? 你是女子,倒俨然习男子之事,却反把女工问起我来?"生哥笑道:"你道自己不是女子吗? 只怕女子中倒没有你这个伶俐人物。"冶娘也笑道:"姐姐本是女子,却倒像个男子,也还怕男子中倒没有你这样偬傥人才。"因指着纸上所书画红拂私奔的图像,对生哥说道:"姐姐若学红拂改换男装,莫说夜里私奔,就是日里私奔,也没人认得你是女子!"生哥笑道:"你叫我私奔哪个? 我若做了红拂,除非把你当个李靖。"冶娘见他说得入港,便又指着画上鸳鸯对生哥道:"我和你姊弟相称,就如雁行一般,恐雁行不若鸳鸯为亲切,姐姐虽长我一岁,倘蒙不弃,待我对爹爹说了,结为夫妇何如?"生哥听罢,低头不语了半晌,忽然两眼流泪。冶娘惊问道:"姐姐为何烦恼,莫非怪我语言唐突吗?"生哥拭泪答道:"我的行藏,无人能识。既蒙吾弟如此错爱,我今只得实说了。"便去桌上取过一幅纸来,援笔题诗一绝云:

> 改装易服本非真,为乏桃源可避秦。
> 若欲与君为伉俪,愿天真化女人身。

冶娘见诗,大惊道:"难道你真个不是女子是男子吗?你快把自己的来历实说与我知道!"生哥便悄悄把上项事细述了一遍,叮嘱道:"吾弟切勿泄漏!"冶娘甚是惊异,因笑道:"我一向戏将姐姐比哥哥,不想真个是哥哥了。"生哥道:"我向只因假装女子,不好与吾弟十分亲近。今既说明,当与你把臂促膝,为联床接席之欢。"说罢,便走过来与冶娘并坐,又伸手去扯她的臂。慌得冶娘通红了脸,连忙起身,逡巡避开。生哥笑道:"贤弟虽貌似女子,又不是真正女子,如何做出这般羞涩之态?"冶娘便道:"你道我不是女子,真是男子吗?你既不瞒我,我又何忍瞒你?"便也取过纸笔,和诗一绝云:

> 姊不真分弟岂真?亦缘无地可逃秦。
> 君如欲与为兄弟,愿我真为男子身。

生哥看了诗,也失惊道:"不信你倒是女子。你也快把你的来历说与我听!"冶娘遂也将前事述了一遍。生哥亦摇首称奇,因说道:"我与你一个女装男,一个男装女,恰好会在一处。正是天缘凑合,应该做配。你方才说雁行不若鸳鸯,自今以后不必为兄弟,直当为夫妇了。"冶娘道:"兄果有此心,当告知我养父,明明配合,不可造次。"

正说间,颜权回家来了。生哥亦即辞归,把这段话告知王保。这边冶娘也把生哥的话,对颜权说了。大家叹异。

次日,王保来见颜权,商议联姻。颜权慨然应允。在众邻面前,只说程家要台官为婿,须家要存奴为媳。央邻舍里边一个老婆婆做了媒妁,择下吉日,先迎生哥过门。王保把屋后墙壁打通了,两家合为一家。邻舍中有几个轻薄的,胡猜乱想。有的道:"十四五岁的儿女,一向原不该教她做一处。今日替她联了姻,倒也稳便。若不然,他们日后竟自己结亲起来,就不雅了。"有的道:"程寡妇初时要女儿出家,如何今日又许了须家的台官?想必这妈妈先与须客人相好了,如今两亲家也恰好配了一对。"王保由他们猜想,只不理他。时光迅速,早又过了两年。生哥已是十七岁,冶娘已是十六岁了,颜权便替他择吉毕姻。拜堂时,生哥仍旧女装,冶娘仍旧男装,新郎倒是高髻云鬟,娘子倒是青袍花帽,真个好笑。但见:

> 红罗盖却粉郎头,皂靴套上娇娘足。作揖的是新妇,万福的是官人。只道长女配其少男,哪知巽却是震,艮却是兑;只道阳爻合乎阴象,谁识乾反是地,坤反是天。白日里唱随,公然颠倒粉去;黑夜间夫妇,暗地较正转来。没

鸡巴的公公，倒娶了有鸡巴的子舍；有阳物的妈妈，倒招了个没阳物的东床。只恐新郎的乳渐高，正与假婆婆一般作怪；还怕新娘的须欲出，又与假爹爹一样蹊跷。麋边鹿，鹿边麋，未识孰麋孰鹿；凤求凰，凰求凤，不知谁凤谁凰。一场幻事是新闻，这段奇缘真笑柄！

是夜颜权便受了二人之拜，掌礼的要请王保出来受礼，王保哪里敢，只推腹痛先去睡了。生哥与冶娘毕姻之后，夫妻恩爱，自不必说。但恨阴阳反做，不能改装易服，出姓复名。

哪知事有凑巧，既因学画生出这段姻缘，又因买画引出一段际遇。你道有何际遇？原来那时孝廉花黑已中过进士，选过翰林，却因与丞相业厄虎不睦，致仕家居。他的夫人蓝氏要画一幅行乐图，闻得留后村须家的媳妇程存奴善能传神，特遣人抬着轿儿来请，要邀到府中去面画。冶娘劝生哥休去。生哥因念花黑有收葬他父母大恩，今日不忍违他夫人之命，遂应召而往。那夫人只道生哥真是个女子，直请至内堂相见。叙礼毕，吃了茶点，便取出一方白绢，教生哥写照。生哥把夫人再细看了一回，援笔描画起来。顷刻间画成一个小像，真乃酷肖。夫人看了欢喜，唤众女使们来看，都道像得紧。夫人大喜，十分赞叹。因又对生哥道："我先母蓝太太的真容，被我兄弟们遗失了，今欲再画一幅，争奈难于模仿。我今说个规模与你，就烦你一画。若画得像时，更当重谢。"生哥领诺。夫人指着自己面庞，说那一处与我先母相同，那一处与我先母略异。生哥依她所言，凭空画出一个真容。却也奇怪，竟画得俨然如生。夫人看了，拍掌称奇。一头赞，一头再看，越看越像，便如重见了母亲一般，不觉呜咽涕泣起来。生哥在旁见夫人涕泣，也不觉泪流满面。夫人怪问道："我哭是因想念先母，你哭却是为何？"生哥拭泪答道："妾幼丧二亲，都不曾认得容貌。今见夫人补画令先慈之像，因想妾身枉会传神，偏无二亲可画，故不禁泪落耳！"说罢，又流泪不止。正是：

> 孤儿触景泪偏多，尔有母兮我独无。
> 纵使传神异样巧，二亲形像怎临摹。

夫人听说，问道："我闻小娘子的母亲尚在，如何说幼丧二亲？"生哥忙转口道："夫人听错了。妾自说幼丧父亲。"夫人道："我如何会听错？你方才明明说幼丧二亲。莫非你不是程寡妇亲生的？可实对我说！"生哥暗想："花公是个有情义的人，我今就对他夫人实说来历，料也不妨。"因叉手向前说道："夫人在上，当初我父亲蒙花老爷厚恩，今日在夫人面前怎敢隐瞒？但须恕我死罪,方才敢说!"夫人道:"又奇怪了! 我与你家素不相识,我家当初有何恩? 你今日又有何罪?"生哥道:"乞夫人屏退左右,容我细禀!"夫人便叫女使们退避一边。生哥先说自己男扮女装,本不当直入内室,因不敢违夫人之命,勉强进来,罪该万死。然后从头至尾,把改装避难的缘故,细细告陈,并将妻子冶娘的始末根由一发说了。夫人听罢,十分惊异。便请花黑进来对他说知其事,叫与生哥相见,花黑亦甚惊异。

正叹诧间,家人传禀说:"报人在外,报老爷原官起用了。"原来此时海陵王因御驾南征,中途遇害。丞相业厄虎护驾在彼,亦为乱军所杀。朝中更立世宗为帝。这朝人主极是贤明,凡前日触忤了海陵王、业厄虎被杀的官员,尽皆恤赠,录其后人;其余被黜被逐的,都起复原官。因此花黑亦以原官起用。当下花黑闻此恩命,便对生哥道:"当今新主贤明,褒录海陵时受害贤臣的后人,廉谏议亦当在褒录之例。你今既为廉公之婿,廉公无子可录,女婿可当半子。至于令先尊题诗被戮一事,我当特疏奏白其冤。你不唯可脱罪,还可受封。"生哥谢道:"昔年既蒙恩相收葬先人骸骨,今日又肯如此周全,此恩此德,天高地厚。"说罢,倒身下拜,正是:

得蒙君子垂青眼,免使穷人陷黑冤。

生哥拜谢了花公夫妇,回到家中,说知其事。冶娘与颜权、王保俱各惊喜。花黑即日起身赴京。陛见时,即上疏白李真之冤,说:"他所题二诗,一是叹南朝无人,一是叹南朝未尝无人,只为奸臣所误,并无一语侵犯本朝。却被奸贪小人,朋谋陷害,非辜受戮,深为可悯。其妻江氏,洁身死节,尤宜矜恤。况今其子生哥,现配先臣廉国光之女,国光无子,当收录伊婿,以酬其忠。"因又将王保感天赐乳,颜权梦神赐须之事,一一奏闻。世宗览奏,降旨:"赐生哥名存廉,授翰林待诏。封冶娘为孺人。王保忠义可嘉,授太仆丞。太监颜权召还京师,授为六宫都提点。"命下之后,生哥与冶娘方才改正衣装。一个大乳的苍头,一个长须的内相,也都复了本来面目。一时传作奇谈。正是:

前此阴阳都是假,今朝男女尽归真。

众人受了恩命,个个打点赴京。生哥独上一疏道:"臣向因患难之中,未曾为父母守制。今欲补尽居丧之礼,庐墓三年,然后就职。"天子嘉其孝思,即准所奏。生哥遂同冶娘披麻执杖，至父母墓所，备下三牲祭品，望冢前拜奠。想起二亲俱死于非命，生前未曾识面，死后有缺祭扫，直至今日方得到土堆边一拜，哀从中来，伏地痛哭，哭得路旁观者，无不凄惶。有一曲《红衲襖》为证：

> 徒向着土堆前列酒卮，恨不曾写真容留作记。纵则向梦儿中能相会，痛杀我昧平生怎认伊？想当初两月间无知识，到如今十年余空泪垂。除非是起死回生，一双双学丁令还灵也，现原身使我知。

王保闻得生哥夫妇都在墓所，便也于未赴任之前，备着祭礼，到墓前来设祭。那时王保冠带在身，及到墓前，即呼从人："取青衣小帽过来，与我换了。"生哥问道："这是何故？"王保哭道："我王保当初受主母之托，保护幼主。今日特来此复命。若顶冠束带，叫墓中人哪里认得？"生哥听说，不觉大哭。王保换了衣帽，向冢前叩头哭告道："主人主母在上，小人王保昔年在苏州城中时，因急欲归报主母消息，未及收残主人尸首。及至主母死后，小人又急忙保护幼主，避罪而逃，也不及收殓尸首，又不及至墓前一拜。今日天幸，得遇恩赦，小人才得到此。向蒙皇天赐乳，仙翁庇祐，我主仆二人得以存活。今幸大仇已报，小主人已谐婚配，又得了官职。未识主人主母知道否？倘阴灵不远，伏乞照鉴！"一头拜，一头说，一头哭。从人见之，尽皆下泪。也有一曲《红衲襖》为证：

> 想当初托孤儿在两月时，今日里纵生逢怕也难识取。我若再换冠袍来行礼，教你墓中人怎认予？几年间变男身为乳姬，只这领旧青衣岂是易着的。痛从前春去秋来，不能够一拜坟头也，禁不住洒西风血泪垂。

王保祭毕，才换了冠带，恰值颜权也来祭奠。王保等他奠罢，一同别了生哥夫妇，再备祭品，同颜权到双忠庙去拜祭了一番。颜权又将庙宇重修，神像再塑，然后与王保一齐赴京。生哥自与冶娘庐墓。又闻朝廷有旨，着玉田县官为廉国光立庙，岁时致祭。生哥遂同冶娘到彼处拜祭了，复回墓所。三年服满，然后起身赴京，谢恩到任。

在京未久，忽闻塘报，赵州临城县有妖妇牛氏结连山寇作乱，势甚猖獗。你道那妖妇是谁？原来就是尹大肩之妻。尹大肩原系临城人，他存日恃着海陵王宠幸，作恶多端。近来被人告发，世宗有旨籍没其家。不想他妻子牛氏，颇知妖术，遂与其子尹彪，逃入太行山中，啸聚山贼作乱，自称"通圣娘娘"。地方官遣兵追捕，反为所败。生哥闻知此事,激起一片雄心,说道:"此是我仇人的妻子,我正当手刃之!"遂上疏自请剿贼。天子准奏,命以翰林诏兼行军千户,领兵三千前往临城,讨平妖寇。生哥奉旨,星夜督师前进。牛氏统领贼众,据着个险峻的高岭,立下营寨。方待要用妖法来迎敌,哪知生哥自有碧霞真人所传的剑术在身,便不等交锋,先自飞腾上岭,挥剑斩了牛氏并尹彪首级,然后驱兵直捣贼巢。贼众无主,逃者逃,降者降,寇氛悉平,奏凯回朝。天子喜其功绩,升为中书右丞兼枢密副使,并追赠其父李真与其母江氏。

生哥感泣谢恩,归到私署。是夜即得一梦,梦见一个金幞绯衣的官长,一个凤冠霞帔的夫人,对生哥说道:"我二人是你父母。上帝怜我二人,一以文章被祸,一以节烈捐躯,已脱鬼录,俱得为神。不但受人主之恩,又膺天帝之庞。你可擅自宽解,不消哀念我二人了!"生哥醒来,记着梦中所见父母的形貌,画出两个真容,去唤王保来看。王保见了,吃了一惊,说道:"与主人主母生前容貌,一般无二。"生哥大喜,便把来装裱好了,供养在家庙中。正是:

忠贞既可格天地,仁孝犹能致鬼神。

王保做了三年官,即弃了官职,要去寻访碧霞真人,入山修道。竟拜别了生哥夫妇,仍旧怀了这粒银母灵丹,飘然而去。生哥思念其忠,也画他一个小像,立于李真之侧,一样岁时展祭。又画碧霞真人之像,供养于旧日茅庵中,亦以王保配享。后来花黑出使海上,遇见王保童颜鹤发,于水面上飞身游行。归来述与生哥听了,知其已得成仙。颜权出入宫中,人都呼他为须太监,极蒙天子庞眷,寿至九十七而终。冶娘替他服丧守孝,也把他的真容来供养。这是两人忠义之报。

看官听说,人若存了一片忠心、一团义气,不愁天不佐助,神不效灵。试看奴仆、宦竖尚然如此,何况士大夫?《易》曰:"王臣蹇蹇,匪躬之故。"所以这段话文,名曰《劝匪躬》。

两决疑假儿再反真　三灭相真金亦是假

诗曰：

　　无相之中相忽生，非非是是几回争。

　　到头有相归无相，笑杀贪人梦未醒。

　　此四句乃惺禅师所作偈语，奉劝世人凡事休要着相。大抵若相的人，都为着贪嗔痴三字。贪嗔总谓之痴，嗔痴总由于贪。贪人之财是贪，贪天之福亦是贪。贪而不得，因而生嗔。嗔人是痴，嗔天尤痴。究竟有定者不可冒，无定者不可执。知其有定，贪他做什么？知其无定，又贪他做什么？

　　如今待在下说一段醒贪的话文，与众位听！

　　话说后五代周世宗时，河南归德府城中有一个人，姓纪名衍祚，家道小康，年近四十，未有子嗣。浑家强氏，性甚嫉妒，不容丈夫蓄妾。只有一个婢子，名唤宜男，年已十六，颇有几分姿色。强氏恐丈夫看上了她，不许她梳好头，裹小脚。又提防严密，一毫也不肯放空。纪衍祚有个侄儿叫作纪望洪，正是他的亡兄纪衍祀所生。此人幼为父母娇养，不事生理，终日嫖赌，十分无赖。父母死了，做叔父的一发管他不下。其妻陈氏，有些衣饰之类，也都被他荡尽了。亏得他丈人陈仁甫收拾女儿回去，养在家里。纪衍祚见侄儿这般不肖，料道做不得种，便把立侄为嗣的念头灰冷了。哪知望洪见叔父无子，私心觊觎他的家产，只道叔父不看顾他，屡次来要长要短。及至衍祚资助他些东西，又随手而尽，填不满他的欲壑，诛求无厌。强氏因对丈夫说道："只为你没有儿子,故常受侄儿的气。我前年为欲求子,曾许下开封府大相国寺的香愿,不曾还得。我今要同你去完此香愿,你道何如?"衍祚道:"入寺烧香,原非妇人所宜。况又远出,殊为不便。你若要求子,只在家中供养佛像,朝夕顶礼便了!"强氏听了这话,便要丈夫供起佛像来。不要木雕泥塑,定要将铜来铸,又要放些金子在内,铸一尊渗金的铜佛,以为恭敬。衍祚依她言语,将好铜十余斤,再加黄金数两在内,寻一个高手的铸铜匠人叫作容三,唤他到家铸就一尊渗金铜的佛像,其好似纯金的一般光彩夺目。强氏把来供在一间洁净房内,终日焚香礼拜,祈求子嗣。

看看将及一年,并没有生子的消息。衍祚老妻子不能有孕,心里便暗暗看中了宜男这个丫头。她虽不梳头,不缠脚,然只要她的下头,哪管她的上头;只要她的坐脚,哪管她的走脚。常言道:"只有千人做贼,没有千人防贼。"恁你浑家拘管得紧,衍祚却等强氏夜间睡着了,私去与宜男勾搭。正是:

> 任你河东吼狮子,哪知座下走青鸾。

从来惧内的半夜里私偷丫鬟,其举足动步,都有个名号:初时伏在枕上听妻子的鼻息,叫作"老狐听冰";及听得妻子睡熟,从被窝中轻轻脱身而出,叫作"金蝉脱壳";黑暗里坐在床沿上,把两脚在地上摸鞋子,叫作"沧浪濯足";行走时恐暗中触着了物件,把两手托在前面而行,叫作"伯牙抚琴";到得丫鬟卧所,扭扭捏捏,大家不敢作声,叫作"哑子相打";恐妻子醒来知觉,急忙了事,叫作"蜻蜓点水";回到妻子床上,依着轻轻钻入被窝,叫作"金蛇归穴"。

闲话休提,且说纪祚衍虽然偷得宜男,却是惊心动魄,不能舒畅。正想要觅个空儿,与她偷一个畅快的,恰好遇着个机会。原来强氏因持斋奉佛,有个尼姑常来走动。那尼姑俗家姓毕,法名五空,其庵院与城南隆兴寺相近,因与寺中一个和尚相熟。这隆兴寺中有两个主持:一名静修,一名惠普。静修深明禅理,不喜热闹,常闭关静坐。惠普却弄虚头,讲经说法,笑虚男女,特托五空往大家富户说化女人布施作缘。因此五空也来劝强氏去听经。是时正值二月二十九日,观音大士诞辰,寺中加倍热闹。强氏打点要去随喜。衍祚本不要妻子入寺烧香的,却因有宜男在心,正好乘强氏出外去了,做些勾当,便不阻挡她。只预先一日,私嘱宜男,教她推说腹痛,睡倒了。至次日,强氏见宜男抱病,不能跟随,便只带家人喜祥夫妇跟去,留下一个十二岁的小厮兴儿,与宜男看家。衍祚初时也随着妻子一同入寺,及到法堂,男东女西,分开坐下,等候慧普登座讲经。衍祚便捉空从人丛里闪将归来，与宜男欢会一番，了其心愿。但见：

> 老婆入寺，为看清净道场；丈夫归家，也是极乐世界。一个化比丘身，对世尊五体投地；一个现欢喜相，把丫鬟两脚朝天。从前黑夜中，匆忙勾当，只片时雨散云收；如今白日里，仔细端详，好一歇枝摇叶摆。向怪作恶的龟山水母，并不放半点儿松；何幸好善的狮子吼佛，也落下一些儿空。仗彼观音力，勾住了罗刹夜叉；多赖普门息，作成了高唐巫峡。一向妻子坐绣房持咒，倒像替丈夫诵了怕婆经；今日老荆入佛寺听经，恰似代侍儿念了和合咒。全亏我佛开方便，果然菩萨会慈悲。

衍祚了事之后，唤过小厮兴儿来，吩咐道："大娘归时，切不可说我曾来家！"吩咐毕，悄地仍到寺前，恰好接着强氏轿子，一同回来。强氏并不晓得丈夫方才的勾当。

哪知宜男此会已得了身孕，过了月余，但觉眉低眼慢。强氏见得有些蹊跷，便将宜男拷问起来。宜男只得吐出实情。强氏十分恼怒，与丈夫厮闹。衍祚惧怕妻子，始初不敢招承，后被逼问不过，只得承认了。强氏捶台拍桌，大哭大骂，要把宜男卖出去。正是：

> 夫人会吃醋，吃醋枉吃素。
> 自己不慈悲，空拜慈悲父。

强氏自此每日辱骂宜男，准准地闹了一两个月。一日走进佛堂烧香，却对着这尊铜佛像，狠狠地数说道："佛也是不灵的。我这般求你，你倒把身孕与这贱婢，却不枉受我这几时香火了！"一头拜，一头只顾把佛来埋怨。

却也作怪，强氏那日说了这几句，到明日再进佛堂烧香时，供桌上早不见了这尊铜佛。强氏吃了一惊，料必被人盗去。家中只有喜祥夫妇并兴儿、宜男四个人，强氏却要把这盗佛的罪名坐在宜男身上，好打发她出去。宜男哪里肯招承，强氏正待要拷打宜男，却早有人来报铜佛的下落了。那报事的乃是本城富户毕员外的家人，叫作吉福。原来这尊铜佛在毕员外家里。你道是哪个盗去的？却就是喜祥这厮盗去的。他闻得主母对着佛像口出怨言，是夜便悄悄地将铜佛偷了，明早拿到毕员外家去卖了十两银子。这毕员外叫作毕思复，为人最是贪财。尼姑五空就是他的嫡堂姑娘，他常听得姑娘说："纪家有个渗金的铜佛,铸得十分精美。"今恰遇喜祥盗将来卖与他,他便把贱价得了。家人吉福知道是喜祥偷来卖的,要分他一两银子,喜祥不肯,吉福怀恨,因此到纪家报信。及至纪衍祚问他盗佛的是谁?吉福却又不肯实说。衍祚也八分猜是喜祥,只因喜祥是妻子的从嫁家人,妻子任之为心腹,每事护短,做不敢十分盘问。只将五钱银子,与吉福做了赏钱。再将银十两,就差喜祥到毕家去赎。吉福又私嘱喜祥道:"我在你主人面前不曾说你出来,你见了我主人,也切不可说是我来报信的。"喜祥应诺。见了毕思复,只说家中追究得紧,故此将银来赎。毕思复正贪这尊渗金铜佛买得便宜,不舍得与他赎去。心生一计,只推银色不足,要他去增补,却私与吉福商量,连夜唤那铸佛匠人容三到家,许他重赏,教他这样铸成一尊纯铜佛像,要与渗金的一般无二。纪家补银来赎时,又推员外不在家,一连捱迟了好几日,直等容三铸假象来搠换了,然后与他赎去。那真的却把来自己供养。正是:

> 贪金暗把奸谋使,奉佛全无好善心。

衍祚得了佛像,并不知是假的,依前供在佛堂中。

　　强氏见佛已赎还,那盗佛的罪名,加不得在宜男身上了,却只是容她不得,终日寻闹,非打即骂。衍祚看了这般光景,料道宜男难以容身,私与喜祥计议,要挽一个人来讨她去暗地养在外宅。哪知喜祥这奴才倒把主人的话,一五一十都对主母说了。强氏大怒,问喜祥道:"这老无耻恁般做作,叫我怎生对付他?"喜祥献计道:"主母要卖这丫头,不可卖与小家,恐主人要去赎;须卖与豪门贵宅,赎不得的去处,方杜绝了主人的念头。"强氏听计,便教嘱咐媒婆,寻个售主。过了几日,尼姑五空闻知这消息,特来做媒,要说与侄儿毕思复为妾。原来毕思复也是中年无子,他的妻子单氏极是贤淑,见丈夫无子,要替他纳个偏房。五空因此来说合。强氏巴不得宜男离眼,身价多少也不论,但恐丈夫私自去赎了。五空道:"这不消虑得。我家侄儿曾做过本城呼延府尉的干儿,今在你官人面前,只说是呼延府里讨去便了。"强氏尚在犹豫,五空晓得强氏极听喜祥言语的,便私许了喜祥二两银子,喜祥遂一力撺掇主母允了。乘衍祚下乡收麦不在家中,强氏竟收了毕家银十六两,叫他即日把轿来抬了宜男去。喜祥又恐宜男不肯去,却哄她道:"主人怕大娘不容你,特挽五空师父来说合,讨你出去,私自另住。"宜男信以为然,恁他们簇拥上轿,抬往毕家去了。衍祚归家,不见了宜男,问喜祥时,只说呼延府中讨去了。衍祚不胜懊恨,又惧怕老婆,不敢说什么,唯有仰天长叹而已！正是：

> 侯门一入深如海，从此萧郎是路人。

不说衍祚思念宜男，无计可施。且说宜男到了毕家，方知主母把她卖了，放声大哭，欲待寻死，又惜着自己的身孕。正没奈何，不想吉福打听得宜男是有孕的，便对主人备言其故，说道："主人被五空师太哄了！"毕思复即请过五空来，把这话问他。五空道："并没此事，是谁说的？"思复道："是吉福说的。"五空道："他因不曾得后手，故造此谤言。你休听他！"思复将信将疑，又把这话对浑家说，叫她去盘问宜男。此时宜男正哭哭啼啼，不愿住在毕家，竟对单氏实言其事，说道："我自二月里得了胎，到如今五月中旬，已有了足三个月身孕。今虽被主母卖到这里，此身决不受辱。伏乞方便，退还原主则个！"单氏将此言对丈夫说知。思复道："我真个被五空姑娘哄了。今当退还纪家，索取原价。"单氏道："他家大娘既不相容，今若退还，少不得又要卖到别家去。不如做好事收用了她吧！"思复道："若要留她，须赎些堕胎药来与她吃了，出空肚子，方好重新受胎。"单氏沉吟道："这使不得。一来堕胎是极罪过，你自己正要求子，如何先堕别人的胎？二来堕胎药最厉害，我闻怀孕过了两月，急切难堕，倘药猛了些，送了她的命，不是耍处。三来就堕了胎，万一服过冷药，下次不服受胎，岂不误事？不若待她产过了，那时是熟肚，受胎甚便，回来还有个算计。你一向艰于得子，她今到我家，若七个月之后就产了，那所产的男女便不要留；倘或过了十个月方产，便可算是我家的骨血，留他接续香烟，有何不可？"思复听了，点头道："也说得是。"便把宜男改名子姐，叫她在房里歇下。宜男是夜恐思复去缠她，将衣带通缚了死结，和衣而卧。至黄昏以后，思复睡在浑家床上，忽然腹痛起来，连起身泻了几次。到明日，神思困倦，起身不得。延医看视，医人道："不但腹疾，又兼风寒，须小心调理。"单氏只疑丈夫夜间起身时，已曾用过宜男，或者害了阴症。哪知思复并不曾动弹，只因连起作泻，冒了些风，故两病交攻，直将息了两三个月，方才稍可，尚未能痊愈。宜男因此幸得不受玷污，日日去佛堂中拜佛，愿求腹中之孕至十三个月方产，便好替旧主人留下一点骨血。这也是她不忘旧主的一片好心。有诗为证：

> 侍儿含泪适他门，不望新恩忆旧恩。
> 况复留香原有种，忍同萍草去无根。

单氏见宜男日日礼佛，便指着佛像对她说道："这尊铜佛，原是你旧主人家里来的。"宜男道："我正疑惑这尊佛与我主人家里的一般，原来就是这一尊。但当日被人偷来卖在这里，我家随即赎归，如何今日还有？"单氏便把喜祥偷卖，吉福商量掇换的话一一说了。宜男嗟叹道："我始初只道我主人佛便赎了去，人却不能赎去。谁知佛与我也是一般，只有来的日，没有去的日。"因也把吉福报信讨赏钱的话，对单氏说了。单氏随即唤吉福来骂道："你这不干好事的狗奴才，家主前日买了铜佛，你如何便去纪家报信？你既去报信，骗了纪家的赏钱，如何又撺掇主人掇换他的真佛？我若把你报信的事对家主说知，怕不责罚你一场！今恐他病中惹气，权且隐过，饶你这狗才！"当下吉福被单氏骂得垂首无言，心里却又起个不良之念，想道："既说我不干好事，我索性再走个道儿。"便私往铜匠容三家里去，与他商量，要他再依样铸一尊铜佛，把来掇换那尊渗金的来熔化了，将金子分用。容三应允，便连夜铸造起来。他已铸过这佛两次，心里甚熟，不消看样，凭空铸就一尊，却是分毫无二。吉福大喜，遂悄地拿去，偷换了那尊渗金的真佛，到容家来熔化，指望分取其中的金子。不想这尊佛却甚作怪，下了火一日，竟熔不动分毫。两个无计奈何，商量了一回，只得把这尊佛拿到呼延府里去当银十两，大家分了。正是：

> 偷又逢偷，诈又逢诈。
>
> 行之于上，效之于下。

单氏与宜男并不知佛像被人偷换去，只顾烧香礼拜，宜男便祷求心事，单氏却祈保丈夫病体。谁想思复身子恰才好些，又撞出两件烦恼的事来，重复增病。你道为何？原来思复平昔极是势利有两副衣妆、两副面孔：见穷亲戚，便穿了旧衣，攒眉皱目，对他愁穷；见富贵客，便换了好衣，胁肩谄笑，奔走奉承。他有个嫡堂兄弟毕思恒，乃亡叔毕应雨之子，为人本分，开个生药铺，只是本少利微，思复却并不肯假借分毫。那纪望洪的丈人陈仁甫，就是思复的母舅，家贫无子，只生一女，又嫁女婿不着，自养在家，思复也并不肯看顾他。只去趋奉本城一个显宦呼延仰。那呼延仰官为太尉，给假在家，思复拜在他门下，认为干儿，馈送甚丰，门上都贴着呼延府里的报单。三年前有个秀才毕东厘，向与毕思恒相知，因特写个宗弟帖儿，到思复家里来拜望。思复道是穷秀才，与他缠不得的，竟璧还原帖，写个眷侍教生的名帖答了他。毕东厘好生不悦。不想今年应试中了进士,归家候选。恰值呼延仰被人劾奏,说他私铸铜钱,奉旨着该地方官察报。思复恐累及了他,忙把门上所贴呼延府里的报单都揭落了。瞒着兄弟毕思恒,私去拜见毕东厓,要认了族兄,求他庇护。毕东厓想起前情,再三作难。思复送银二百两,方买得一张新进士的报单,贴在门上。不隔几时,呼延仰铸钱一事,已得弥缝无恙。毕东厓却被人劾奏,说试官与他有亲,徇私中式,奉旨着该部查勘。东厓要到部里去打点,缺少些使费,特央人到思复处告借百金。思复分毫不与,说道:"我前日已有二百金在他处,如今叫他余了一百两,只先还我一百两吧。"东厓大怒,遂与思复绝交。又过几时,东厓查勘无恙,依然是个新进士。本府新到任的金判卞芳胤,正是东厓的同年。思复却为遣吉福出去讨债,逼死了一个病人,被他家将人命事告在金判台下。思复病体初痊,恐尸亲到家啰唣,只得权避于毕思恒家中,就央思恒致意东厓,求他去卞公处说分上。东厓记着前恨,诈银五百两,方才替他完事。

　　思复受了这场气,闷闷而归,正没好心绪,又值尼姑五空来向他讨银子。原来五空当初曾将银百两,托付思复盘利,今见他为了官司,恐银子耗费了,后来没处讨,故特来取索。思复焦躁道:"哪见得我就还不起了,却这般着急?出家人要紧银子做什?况姑娘的银子,侄儿也拿得的。我今竟赖了不还,却待怎么?"五空听说,嚷将起来道:"你怎说这般欺心的话?姑娘的银子好赖,出家人的银子,倒没得到你赖哩!"当下嚷闹了一回,单氏再三劝开。五空暗想:"我当初不把银子借与穷侄思恒,特把来付与富侄思复。只道万无一失,谁知今日富的倒这般欺心,却不反被思恒非笑吗?"心中十分愤怒。她平日也常到呼延府里走动的,因把这话告诉了太尉的小夫人,方待要央她府里的人去讨。恰好思复又犯了一件事,正落在呼延太尉手里:时值秋尽冬初,思复到庄上养病,就便收租,有个顽佃叫作陶良,积欠租米不还,思复把他锁在庄里。哪知陶良的妻子却与吉福有私,吉福竟私开了锁,放走陶良,倒叫他妻子来庄里讨人;又指引她去投了呼延太尉。呼延仰正因前日有事之际,思复便撤却了干爷,心甚不乐。今日思复为了事,他便乘机包揽,也索要五百金,方保无虞。思复只得变卖些产业,凑得五百两奉送。又被太尉于中除去一百两,还了五空,只算收得四百两。思复没奈何,只得把庄房也典了,再凑百金,送与太尉,方才罢休。思复气得发昏,扶病归家,又跌一跤,中了风,成了个瘫痪之疾,卧床不起。可怜一个财主,弄得贫病交并。当初向亲戚愁穷,今番却真个穷了。有诗为证:

贫者言贫为求援,富者言贫为拒人。

一是真兮一是假,谁知弄假却成真。

思复卧病了四五个月,不觉又是来年季春时候,宜男方产下一个孩儿。自旧岁二月中受胎,至是年三月中生育,算来此孕果然是十二个月方产的了。单氏不知就里,只道她旧年五月中进门,至今生产恰好十月满足,好生欢喜。对丈夫道:"这是我家的子息无疑了。"思复在枕上摇头道:"这不是我生的。我自从纳妾之夜,便患病起来,一向并未和她沾身。这孩子与我一些相干也没有。"单氏低言道:"你今抱此不起之疾,眼见得不能够养儿子的。你看如今周朝皇帝,也是姓柴的顶受姓郭的基业,何况我庶民之家,便将错就错,亦有何碍?"思复沉吟道:"且再商量。"又过了月余,为家中少银用度,只得将这尊铜佛去熔化,指望取出金子来用。不想熔将起来竟是纯铜,全无半点金子在内。思复惊讶,唤过宜男来问时,宜男道:"我当初亲见旧主人将黄金数两放入里边铸就的,如何没有?"思复只疑当日捌换的时节拿错了,再叫吉福来询问。吉福道:"并不曾拿错。"单氏胡猜乱想,对丈夫道:"多应是神佛有灵,不容你捌换那尊真的,竟自己归到纪家去了。"思复听说,心里惊疑,愈觉神思恍惚。忽又闻呼延仰被人首告他交通辽国,奉旨提解来京,从重问罪,家产籍没入官。思复因曾做过他的干儿,恐祸及其身,吃这一惊不小,病体一发沉重起来。看看一命悬丝,因请母舅陈仁甫与兄弟毕思恒来,嘱托后事。指着宜男对二人道:"此人进门之后,我并不曾近她,今所生之子,实非吾子。我一向拜假父、认假兄,究竟何用?今又留这假子做什么?我死之后,可叫纪家来领了他母子二人去。我今只存下薄田数十亩,料娘子是妇人家,怎当得粮役之累?我死后,也求母舅做主,寻个好头脑,叫她转嫁了吧!所遗薄田并脚下住房,都交付与思恒贤弟收管。我一向虽不曾照顾得贤弟,乞念手足之情,代我料理粮役,我死瞑目矣!"说罢,便奄然而逝。正是:

人当将死言必善,鸟到临终鸣也哀。

单氏哭得死去活来,仁甫与思恒再三解劝。单氏含泪道:"丈夫叫把宜男母子送还纪家,这还可听。至若叫我转嫁,此是他的乱命,我宁死不从!"思恒道:"嫂嫂若有志守节,这是极争气的事。凡家中事体,我自替你支持便了。"当日殡殓之后,单氏便将一应文书账目交付思恒。又将自己钗簪之类,叫他估价变卖,营运度日。思恒便亲到乡间踏勘田亩,一向被吉福移熟为荒、作弊减额的,都重新较正。又将变卖簪钗的银两,赎了几亩好田。单氏得他帮助,安心守节。只有宜男母子,未得了当。与思恒商议,要依丈夫遗命,退还原主。思恒道:"须得原媒去说。"单氏道:"原媒是五空师太。她因索银惹气之后,再不上门。如今怎又去央她? 不若陈舅公与纪家有亲,就烦他去说吧。"思恒道:"如此却好。"单氏便请陈仁甫来,央他到纪衍祚家去说知其事,叫他快来领了宜男母子二人去。正是:

> 不许旁枝附连理,谁知落叶又归根。

话分两头。且说纪衍祚自宜男去后,终日长吁短叹,与强氏夫妻情分渐觉冷淡了。纵然她屡发雷霆,怎当得冻住云雨。强氏气恼不过,害出病来。病中怨恨奉佛无效,遂破素开荤。病势日甚一日,医、祷莫救。不上半年,呜呼哀哉了。临终时还怨恨神佛无灵,吩咐衍祚将这尊铜佛熔化了,不要供养。有一曲《黄莺儿》,单说那强氏平日奉佛,临终恨佛的可笑处:

> 奉佛已多年,到今朝忽改前,心肠本与佛相反。香儿枉拈,烛儿枉燃,平生真性临终见。听伊言,声声恨佛,誓不往西天。

强氏死后,衍祚不肯从她乱命,仍将佛像供奉。又每七延僧礼忏,超及阴魂。七终之后,便有媒婆来说亲,也有劝他续弦的,也有劝他纳妾的。衍祚只是放宜男不下,想着:"这三个月身孕,不知如何下落了?"时常到呼延府前打听消息。原来呼延仰有妾倪氏,小字鸾姨,当呼延仰被逮之时,她乘闹里取了些资财,逃归母家。恰好毕东厘要娶妾,便娶了她去。衍祚打听差讹,把倪鸾认作宜男,只道她做了毕进士的小夫人,十分懊恨。不想陈仁甫来对他说了宜男母子之事,衍祚将信将疑。仁甫道:"我感亲翁平日间看顾小女之德,故特来报知。你若不信,可就同到毕家去看。"衍祚便随着仁甫,到了毕家。仁甫唤宜男出来相见。宜男见了旧主,泪流满面。衍祚见宜男手中抱着个孩儿,梳头缠脚,打扮齐整,比前出落得十分好了,又喜又悲。再抱过那孩子来看,只见左足上有一个骈指,衍祚大喜。原来衍祚自己左足上,也有个骈指。当下脱出来与众人看了,都道:"这孩子是他养的无疑!"次日,衍祚即取原价十六两送去,分外再加十两,酬谢大娘单氏保全之德。是夜便迎接宜男母子回家,两下恩情,十分欢畅。正是:

去而复来，离而复遇。后主却是前夫，新宠却是旧婢。继父即是亲爹，

假儿即是真嗣。这场会合稀奇，真个出其不意。

宜男是夜把上项事一一细述。衍祚方知盗佛的是喜祥，与主母商量，瞒着主人卖宜男的也是喜祥，心中大怒。次日即唤喜祥来责骂了一场，把他夫妇逐出不用。另收个家人叫作来宁，此人甚是小心谨慎，其妻也甚老成得用。又雇一个养娘，专一保抱孩儿。把孩儿唤名还郎，取去而复还之意。

哪知侄儿纪望洪闻了这消息，想道："叔父一向无子，他家私少不得是我的。如何今日忽然有起儿子来？此明系毕家之种，怎做得纪家之儿？"便走到衍祚家中来发话，衍祚只不理他。望洪愤怒，竟将非种乱宗事，具呈本府金判卞公案下。衍祚闻知，也进了诉词，引毕家母舅陈仁甫为证。卞公拘齐一干人来审问，衍祚将十三个月产儿的事说了一遍。卞公再问陈仁甫时，也是一般言语。望洪只是争执不服，卞公命将还郎抱来，与衍祚当堂滴血，以辨真伪。说也奇怪，衍祚一点血滴入水盆内，凝在盆底下，先取别个小儿的滴下去，并不调和，及至还郎那点血滴下盆时，只见衍祚这点血冒将起来，裹住了还郎的血并成一块。堂上堂下众人见了，都道两人的是父子，更无疑惑。正是：

是假难真，是真难假。

一天疑案，涣然冰解。

卞公审明了纪家父子，知纪望洪所告是虚，骂了几句，即时逐出。望洪好生羞愤，心里想要别寻事故，中伤叔父。过了年余，适值朝廷因钱法大坏，要另选好铜铸钱，降下圣旨："凡寺院中有铜铸的佛像，都要熔来应用。民家若有铜佛像，官府给价收之，私藏者有罪。"当时朝臣有奉佛的，上疏说佛像不宜熔毁。周世宗御笔批答道：

佛以善道化人，苟志于善，即为奉佛。彼铜像岂所谓佛耶？且朕闻佛在

利人，虽头目犹舍以布施。若朕身可以济民，亦非所惜也。

此旨一下，谁敢道个不字。看官，你道朝廷要铸新钱，自当收取旧钱的铜来用，何

至毁及佛像？原来那时钱法坏极，这些旧钱纯是铅沙私铸，并没些铜气在内，所以毫无用处。有一篇讥笑低钱的文字说得好：

号曰青蚨，呼云赤亥，虽有其名，全无其实。百个不满寸，千个不满尺。亲如兄个用不通，母权子个行不得。杜甫一钱看不来，刘宠大钱拣不出。孔褒见此可无论，和峤对此可无癖。卜式输之宁足奇，崔烈入之何足惜。呼卢刘毅未以豪，日费何曾仍是啬。十万腰缠轻若无，鹤跨扬州不费力。追念太公九府时，岂料凌夷至今日。

当下官府奉旨出示，晓谕民间，凡有铜佛像在家者，亲自赍赴官司领价。私藏不报者，即以抗旨论。纪望洪见了这告示，想起叔父有一尊铜佛在家，便又到金判卞公处，首告他抗旨私藏铜佛。卞公即差人拘纪衍祚到官询问，衍祚禀道：“铜佛是有的，但有金子在内，不是纯铜的。又且神灵显应，恐怕熔毁不得。故不敢报官。”卞公道：“怎见得神灵显应？”衍祚将毕家换去重来的一段话说了。卞公道：“不信铜铸的佛能自去自来。若果能如此，也不被人偷了。可快取来熔化，熔出金子来，你自领去。”说罢，便着原差同衍祚去熔了来回话。衍祚不敢违命，只得同着公差将佛像去熔起来，却并不见有一些金子在内。衍祚惊得木呆。公差即押着衍祚，赍了所熔的铜，当堂禀复。卞公道：“我说佛像岂有自去自来之理，这都是你支吾之词。”衍祚叩头道：“毕家明明搅换，后来熔化时，却不见有金子。此是实情。”卞公沉吟着：“如此看来，一定毕家以假换真之后，又有人偷换他真的去了。”因问：“当时铸佛的铜匠是谁？”衍祚说出容三名字。卞公道：“只唤容三来问，便晓得那真的下落了！”当晚便差人拘唤容三。次日早堂拏到，卞公再三究问，容三料赖不过，只提招出实情。说道：“此皆毕家吉福指使。”卞公道：“这佛若当在呼延府中，已经籍没入官，不可追究。今只拿吉福来，问他个欺盗之罪便了！”说罢，正要出差拘提吉福，恰好毕家把叛奴盗逃的事来呈告。原来吉福被毕思恒查出以前许多弊端，料道难以安身，竟于数日前私往乡间，冒讨了一船租米，不知逃往哪里去了。故此毕思恒遣家属来递状，恳求缉捕。卞公看了状词，一面出差缉捕，一面吩咐将容三押赴铸钱局里当官，不许放归，待缉获吉福面质明白，然后发落。衍祚给予铜价，释放宁家。

纪望洪本要中伤叔父，哪知卞公并不曾难为他，一发羞恼。因又起个凶恶念头，思量要去拐盗那还郎，早晓常到衍祚门首往来窥伺。一日，衍祚替亡妻强氏举殡，宜男也同到墓所送葬,只叫来宁夫妇随去,将还郎交付养娘收管,与小厮兴儿一同看家。那时还郎已三岁了,当宜男早起出门时,他正睡熟,及至清晨醒来,不见了母亲,只管啼哭,定要兴儿抱去寻觅。养娘骗他不住,只得叫兴儿抱他去门前玩耍。兴儿与他要了一回,听得养娘在内叫道:"兴儿,你把小官人来与我抱了。你自去邻家取火。"兴儿应了一声,却待抱还郎进去,还郎哪里肯? 兴儿只得把他放在门槛上,空身入内,到厨下去寻取引火的纸板。谁知纪望洪那时也假意要来送殡,起早地走来,却见还郎独自一个坐在门前,便起歹念,哄他道:"你要寻哪个? 我抱你去寻。"那小孩子不知好歹,竟被他抱在怀里,一道烟走了。说时迟,那时快,望洪抱了还郎,穿街过巷,一霎时跑出城外。正走之间,劈面遇着了喜祥,叫道:"大舍,你抱这小官人到哪里去?"望洪知喜祥被叔叔责逐,必然不喜欢主人的,便立住了,把心话对他说知。喜祥道:"你来得正好。我自被逐之后,便去投靠了毕东厓老爷。他的小夫人鸾姨另居在庄上,离此只一二十里远近。前年那小夫人怀孕将产,恰遇毕爷选了京官,赴京去了。小夫人产了一女,却只说是男,使我到京中报喜。毕爷住在京师二年有余,目下大夫人死了,要接取小夫人到京同住。小夫人急欲寻个两三岁的孩儿,假充公子去骗主人,正苦没寻处。你若把这孩子卖与她,倒可得几两身价,我们两个同分何如?"望洪喜道:"如此最妙。"便与喜祥到饭店中吃了饭,抱着还郎一同奔至庄上。喜祥抱还郎与鸾姨看,鸾姨见还郎眉清目秀,年纪又与自己女儿相同,十分中意,便将十两银子买了。喜祥与望洪各分了五两,望洪自回家去讫。鸾姨把所生女儿,命喜祥抱去寄养在庄后开腐店的王小四家,与他十两银子,吩咐他好生抚育,待过几时,设法领回。小四领诺。鸾姨自带了假公子,与喜祥夫妇起身赴京,不在话下。

且说那日纪家的养娘见兴儿空身入来,忙走出去看时,还郎已不见在门前了。慌得养娘急走到街上叫唤,并不见答应。忙呼兴儿到两边邻舍家寻问,奈此时天色尚早,邻舍开门的还少。有几家开门的,都说不曾见。养娘与兴儿互相埋怨,河头井里,都去张得到,更没一些影儿。慌乱了一日,到得夜间,衍祚与宜男归家,听说不见了还郎,跌脚捶胸,一齐痛哭起来。正是:

　　　璧去复归诚有幸,珠还再失待如何。

衍祚写着招子,各处粘贴,哪里有半分消息,眼见得寻不着的了。自叹命中无子,勉强不得。宜男因哀念孩儿,时常患病。看看又过了三四年,更不见再产一男半女。

衍祚因想起亡妻强氏，当初曾许下开封府大相国寺香愿不曾还得，或因这缘故，子息难招，便发心要去还愿。择下吉日，吩咐养娘与来宁妻子，好生服侍宜男，看管家里，自己却带了来宁，起身往开封府去。在路行了几日，忽一夜，投一个客店歇宿，觉得卧榻上草褥之下累累有物，黑暗中伸手去摸时，摸出一个包儿，像有银两在内，便把来藏过。至天明打开一看，果然是一包银子。里面写道白银十五两，共九锭五件，银包面上有个小红印儿，乃是"毕二房记"四字。衍祚看了，想道："这客人失落了这东西，不知怎样着忙？幸喜是我拾了，须索还他。"当日便不起身，住在店中等了一日，却不见失银的人来。衍祚暗想："我若只顾住在此呆等，误了我烧香的事，如何是好？"沉吟一回，心生一计，把那包银子封好交付店主人，说道："这包银两是一个姓毕的舍亲暂寄我处，约在此间店里还他的。今不见他来，或者他已曾来过，因不见我，又往近边那里去了。即日少不得就要转来。但我却等他不及，只得把这银子转寄贵店，我自去了。他来问时，烦你替我交还他，幸勿有误！"店主人指着门前招牌道："我这里有名的张家老客店，凡过往客官有什么东西寄顿在此，再不差误的。"衍祚大喜，便另自取银三钱，送与店主人，作寄银的酬仪。又叮嘱道："须记舍亲姓毕，房分排行第二，不要认错了别人。"店主人接了银子，满口应承。衍祚临行，又再三叮咛而别。

不则一日，来至开封府。那所在是帝王建都之处，好不热闹。衍祚下了寓所。到次日，那往大相国寺进过了香，在寺中随喜了半晌。回寓吃了午饭，叫来宁随着，带了些银两在身边。到街市上闲行，看些景致，买些土宜。闲步之间，偶然走入一条小巷里，见一个人家，掩着一扇小门，门前挂个招牌，上写道："侯家小班寓"，只听得里面有许多小孩子歌唱之声。衍祚立住脚听了一回，歌声歇处，却闻得一个孩子啼哭甚哀，又闻有人大声叱喝。衍祚正听间，只见对门一个老者扶杖而立，口中喃喃地说道："可怜这孩子也是好人家出来的，若遇个做好事的人收了他去，倒是一场阴德。"衍祚听说，便向老者拱拱手，问其缘故。老者道："有个刑部员外毕老爷，讳东厓，是归德府人。他有个小夫人倪氏，叫作鸾姨，生下个公子，毕爷爱如珍宝。不想近日毕爷病故，鸾姨也死了。他家里大叔说这公子是抱来的，不是亲生之子。因此他家的大公子毕献夫竟自扶枢回乡，把这小孩子丢在京中。恰遇这对门教戏的侯师父，收养在家，要他学戏，他不肯学，所以啼哭。"衍祚闻言，恻然道："我也是归德府人，与毕东厓同乡。待我收留了这孩子去吧。"老者道："客官当真吗？这是一件好事体。"衍祚道："就烦老丈替我去说一说！"老者便扶着杖，走过对门，唤那姓侯的出来，对他说知其意。那人道："这孩子既不肯学戏，我留他也没用。但我已白养了他三五个月了。"衍祚道：

"这不难,我自算饭钱还你。"便向身边取出白银三两奉送。那人接了银子,欢天喜地,就去引出那孩子来,交与衍祚领去。衍祚又将几钱银子谢了那老者。然后叫来宁领着孩子,回到寓所,替他梳洗一番。仔细看他的面庞,却与还郎的面仿佛相似。问他年纪,说是八岁,算来还郎若在,也是八岁了。衍祚甚是惊疑。再细问他亲生父母是何人? 孩子道:"我幼时失散,不记得了。只听得有人说,我是三岁时被人在归德府城中偷出去的。"衍祚听说,一发惊讶。便去脱他的左足来看,却一样有骈指在上,不觉又惊又喜,抱着孩子哭道:"你就是我亲儿还郎了。你认得我父亲吗?"遂把以前失散的缘故对他说了。还郎才晓得衍祚就是自己的亲父。正是:

> 再经失散悲何限,重得团圆喜倍常。

　　衍祚得了还郎,欢喜无限,即日起身,赶回家中,说与宜男知道。宜男喜出望外,捧着还郎,相抱而泣。一向宜男为思念孩儿,常常患病,今既得还郎之后,身子渐渐好了。倒是还郎因在侯家受了些啾唧,饥饱不时,又长途跋涉而归,身子有病,延医调治,才得痊愈。医生又写下个药方,教衍祚合一料丸药与他吃。衍祚依言,便往毕思恒店里去买药。原来思恒与衍祚虽存识面,却不相熟,当下看了药帐,该价银二两。衍祚称银与他,却称错了,称了三两。思恒忙取出一两来奉还。衍祚谢道:"难得你这样好人。"思恒笑道:"我今还你这一两银子,何足为奇! 我前日曾带十五两银子出去卖药,却遗失在一个客店里。两日后才去寻,以为必落他人之手。不想遇着个好人,竟把来寄予店主人,送还了我。可惜不曾晓得那人的姓名!"衍祚便道:"可是张家老客店里? 所失之银可是九锭五件吗? 银包上可是有'毕二房记'一个小红印的吗?"思恒失惊道:"老丈如何晓得? 莫非还银的就是老丈吗?"衍祚笑道:"然也!"思恒忙跳出柜来,躬身施礼,叫伙计看了店,自己陪衍祚到里面堂中坐下,置酒相款。因问衍祚有几位令郎,衍祚道,"只有一子,年方八岁。"因把向来多蒙令嫂保全,后来失而复遇的话说了一遍。思恒道:"此皆老丈盛德之报。"因问令郎曾有姻事否? 衍祚道:"还未!"思恒道:"小弟有一女,恰好也是八岁。意欲与令郎联姻,未识尊意若何?"衍祚道:"既蒙不弃,何敢推却。"思恒大喜。当下两人尽欢而别。衍祚回家,对宜男说知其事。宜男想起单氏恩义,也要与毕家联一脉亲,便叫衍祚去央陈仁甫为媒,择日下聘,两家行礼,俱颇丰盛。

　　却又动了纪望洪觊觎之心,走到陈仁甫家来说道:"我叔父一向所认的还郎,已不见了,合当立我为嗣。如何又到外边去寻个来历不明之子为子,岳父又替他做媒定亲?"仁甫素怪女婿无赖,由他自说,便不理他。望洪怀愤,又要到官司告理。原来金判卞芳胤,向已去任,今又恰好升了本府太守。望洪又到他台下告状。卞公道:"此事我前已断过,如何又告?"望洪诉出上项情由,卞公即拘衍祚来审。衍祚备言还郎三岁失去,八岁复遇的缘故。卞公道:"有何凭据?"衍祚道:"有脚上骈指可证。"望洪便道:"天下有骈指的人也多,那见得毕刑部的假子就是叔父的亲儿?"卞公对衍祚道:"你前番以滴血辨出父子,如今可再与他滴血便了。"当下衍祚与还郎又复当堂滴起血来,却与第一次滴血一般无二。卞公道:"你二人是父子无疑了。但不知你的儿子,怎生到了毕刑部家里去。这个缘故,也须根究明白。毕刑部是我同年,待我请他的公子来问,即知端的。"便吩咐衍祚等一干人且暂退门外,待请出公子来问了再审。卞公退堂,随即差人持名帖到毕乡宦家,请他公子毕献夫来会话。此时毕公子才扶柩归来,在家守制,忽闻卞公相请,不敢迟延,即刻来到府中。卞公邀入后堂,相见叙坐,寒温已毕,问起他所弃的幼弟,何由知是假的,有什么凭据。毕公子遂将鸾姨以男易女的事,细述一遍,说道:"此皆家奴喜祥经手做的事,后来原是此奴说出,所以治年侄知其备细。只不知此儿是哪家的。"卞公道:"如今喜祥何在? 待我唤他来问。"毕公子道:"此奴近日因盗了先君遗下的一尊佛像,被治年侄追究了出来,现今送在捕衙羁候着。公祖年伯要他时,去提来就是。"卞公便问是何佛像,毕公子说出这尊佛像的来历。真个事有凑巧,原来他家的佛像,就是纪衍祚家那尊渗金的铜佛。当初吉福与容三当在呼延府中,却是倪氏鸾姨把来供在内室。后来嫁到毕东厓家,遂带了这尊佛去。鸾姨死后,这尊佛在毕公子处。喜祥又要偷他到别处去利市,不想才偷到手,却被同辈的家人知觉了,报知家主。毕公子大怒,即时追出佛像,把他送官究治,羁候发落。当下毕公子说出缘故,卞公笑道:"原来这尊佛却在足下处。"便也把前年审问铜佛的事说了。毕公子道:"治年侄正待把这佛来纳官助铸。今承公祖年伯见谕,即当送来。"言罢,起身告辞而去。卞公即差人到捕衙,立提喜祥到来,与衍祚、望洪等一干人同审。望洪一见了喜祥,惊得呆了。卞公唤过喜祥来问道:"你旧主人之子,何由假充了新主人之儿?"喜祥初时不肯说出,后来动起刑法,只得招出纪望洪偷来同卖的缘由。卞公喝问望洪:"此事有的吗?"望洪料赖不过,只得招承。卞公大怒道:"你两人一个以兄卖弟,一个以奴卖主,灭叔之侄,背主之奴,情理难容!"便将望洪重责三十,喜祥重责五十。责毕,又问喜祥道:"你既受小主母之托,暗地以男易女,后来为何又对公子说知?"喜祥道:"当初小主母原许小人重赏的,后来竟没有赏。小主母与先老爷又都死了，因便将此事说出，指望公子赏赐。"卞公笑道："你这奴才，总是贪心无厌。"因又问道："你小主母把女儿寄在外边，那女儿却是毕老爷亲生的小姐，可曾教公子取会吗？"喜祥道："小主母所生小姐，寄养在腐店王小四家。公子曾差小人去取，那王小四已迁往宁陵县去了。及自小人到宁陵县寻着了他问时，不想那小姐已于一年前患病死了。"卞公道："你这话还恐是假的。你旧主人的儿子可以盗卖得，只怕新主母的女儿也被你盗卖了。你可从实说来，真个死也未死？"喜祥道："其实死了，并非说谎。"卞公摇头道："难以准信，待我明日拘唤王小四来面问。"说罢，命将喜祥与纪望洪俱收监，听候复审定罪。衍祚叩谢出衙，只见毕思恒同陈仁甫都在府前探望。衍祚对他述卞公审问的言语，说到王小四家寄女一事，只见毕思恒跌足失惊道："这等说起来，我的女儿就是毕乡宦的小姐了！"衍祚闻言，惊问其故。思恒道："实不相瞒，我这小女乃是螟蛉之女。我因往宁陵县收买药材，有个开腐店的王小四，同着个人，也说姓毕，领着个女儿，说是那姓毕的所生，一向过继在王小四处。今因她母亲死了，她父亲要卖她到别处去。我见此女眉清目秀，故把十二两银子买回来的。"衍祚听说，便道："既如此，不消等王小四来问，只需亲翁进去一对便明。"此时卞公尚未退堂，衍祚同着思恒，上堂禀知此事。卞公随即唤转喜祥来质对。思恒一见喜祥，说道："当初卖女的正是此人。据他说姓毕，又说这女儿是他所生的。哪知他却是毕家的奴子，盗卖主人的女儿！"喜祥那时抵赖不过，卞公转怒道："恶奴两番卖主，罪不容于死了！"喝令将喜祥再重打一百棍，立时毙之杖下。纪望洪问边远充军。发落已毕，至次日，毕公子拿着那尊铜佛，又来候见。卞公收了铜佛，请他入后堂来，对他说道："令弟虽是假的，即为令先尊所钟爱，还该看尊人面上，善处才是。如何辄便抛弃，太已甚了。令妹未死，却轻信逆奴之言，任其私自盗卖，便不留心详察，恐于孝道有亏。今毕思恒收养令妹为女，恰好又与足下的假弟作配。弟虽是假，妹夫却是真。可将银三百两送与令妹作妆奁，以赎前过。"毕公子听罢，逡巡惭谢，连声应诺。辞了卞公，便具名帖到纪衍祚与毕思恒两家去拜候，真个将银三百两送作妆奁。人皆服卞公的明断。正是：

> 有儿既已明真伪，失女还能辨死生。

卞公既审了两家儿女之事，却将那尊渗金铜佛，唤铜匠容三来认，问他可是原佛。容三道："正是原铸的佛一尊。"卞公道："你前日说这尊佛熔化不得，今可当堂熔与我看。"容三依命，就堂安炉举火，熔将起来。真个奇怪，凭你怎样烧他，只是分毫不动。

卞公见了，咄咄称奇，吩咐不消熔化了，且放过一边。因对容三道："佛便在此了，只是吉福尚未拿获。据你招称是吉福指使，又被他分了一半银子去，如今没有对证，难以定案。"容三未及回言，只听得府门外高声叫屈，卞公喝问是谁？快拿进来。一霎时，公差押着两个人来跪于堂下，二人未及禀事，只见容三指着内中一人连声喊道："这个就是吉福。"原来吉福一向逃往虞城县，与陶良夫妇同住，改了姓名，投充了本县差役。后竟自恃衙门情熟，白占了陶良的妻子，赶逐陶良出去。陶良怀恨，料道在本县告他不过，等他奉差出外，在府城外伺候着了他，结扭到府前来叫喊。当下卞公先推问偷佛一事，吉福一口招承。陶良又告他目下强占妻子，前日放他逃走，指引他妻子将假人命诈害主人，又拐去租米若干，种种罪状。卞公把吉福打了五十，也问边远充军。陶良昔日同谋，今方出首，也打二十，问了徒罪。其妻官卖。容三罚役已久，只杖二十，免罪释放。吉福去充军，未到半路，棒疮发作，呜呼死了。此亦是欺主之报。有一篇劝诫家奴的歌儿说得好：

靠人家的，心肠休变。试问你头顶谁的屋？口吃谁的饭？主人自去纳房税，完田粮，你只白白地住，白白地啖，还要时常嗟怨。怨道没什么摸，没什么赚，独不思"消灾经"也须念一念。怎的为公便懒，为私便健。有等没良心的，贪求无厌。投了兴头的乡宦，便私扎囤，私诈人，十分大胆。假告示儿用惯，假图书儿用惯，到得事发难瞒，拼着一顿板，再去过别船。若还靠了膏粱子弟，市井富翁，又看他不上眼，公然背叛。管店的将货物偷，管当的把金珠换，管田的落租米，管屋的漏房钱，买办的无实价，收债的开虚欠。成交易，后手多，送人情，抽一半。及至主人有难，并不肯效些肝胆，反去做国贼，替别人通线，趁匆忙把资财诓骗。直待骨髓吸干，方才树倒猢狲散。不知主人与你有什么冤仇，这般样将他谋算？如此伤天理，总为着贪，岂知头上那亮亮的难遮掩。几曾见会竞钱的大叔发迹了多年？几曾见花手心的管家得免了灾患？倒不如守着老实，学司马的家奴，万古流传；行着好心，似阿季般义气，千秋称叹。

闲话休提。且说卞公既发落了吉福等一起人犯，即令人请了这尊渗金铜佛，亲自打轿，送到隆兴寺里来供养。此时隆兴寺里，只有静修和尚做住持，那讲经的惠普和尚已不在寺中了。因有人说他与尼姑五空有染，五空产病而死，惠普惧罪，不知逃往哪里去了。正是：

> 本谓五空空五蕴，谁知一孕竟难空。
>
> 只因惠普慈悲普，却令尼姑沐惠风。

当下卞公到了寺中，静修出来接见了。卞公指着那尊铜佛，对静修道："这尊佛熔化不得，想佛家有灵，要借此感化朝廷。今可权供在此，待我具疏奏闻，候旨定夺。"静修合掌禀道："相公不消题疏。既有圣旨毁佛铸钱，那佛像本是幻形，岂有销熔不得之理，待贫僧熔与相公看。"卞公听说，将信将疑，即命左右安置炉火，看静修熔佛。静修令侍者将这尊佛放入炉内，一面举火，一面合掌宣偈道：

> 佛本虚无，何有色相？假金固是假形，真金岂是真像？咄！真真假假累翻多，从此捐除空障碍。

静修宣偈方毕，只见那铜佛登时熔化已尽。卞公十分惊诧，因问道："请问吾师，如何此像一向熔化不得，今日便熔了？"静修道："向因真假未明，故留以为质。今日真假既明，不必更留形迹矣。"卞公点头称善。便教将熔下来的铜付钱局应用，内中金子给还原主纪衍祚。吩咐毕，即打轿回衙。衍祚要将这金子舍与静修，静修辞谢道："我出家人要金子何用？你只把这金去做些好事，便胜如舍与老僧了。大凡佛心不可无，佛相不可着。只因你将金铸佛，生出无数葛藤。自今以后，须知佛在心头，不必着相。"衍祚再拜领教。回到家中，果然把这金子去做了许多好事。后来纪望洪遇赦而归，抱病身故，衍祚收埋了他的骸骨。又养老了侄妇陈氏。还郎毕姻之后，连生二子，衍祚将一子承继在望洪名下，使哥哥纪衍祀的宗祧不至断绝。毕思恒亦将自己一子承继与嫂嫂单氏，报她不从乱命，一片贞心。又教单氏迎养陈仁甫于家中，终其天年。自此纪衍祚、毕思恒两家，俱各子孙繁盛，亦有贵显者，此是后话。当时好事的，单把辨人辨佛之事，编成几句道：

> 于水验水，于火验佛。验佛验金，验人验血。验血不分，验金不灭。佛有三尊，子唯一尊。究竟幻形，化在转睫。存不终存，合岂终合。人相我相，总为虚设。众生寿者，镜花水月。奈何世人，迷而不达。

　　看官听说：人有定形，佛无定相。形是无形，无相是相。认起真来，假难混真；看得假时，真亦是假。试看讼假儿，盗假儿，卖假儿，买假儿，弃假儿，与夫铸金佛，怨金佛，偷金佛，换金佛，首金佛，如是种种，总为贪心所使。究竟妒妾之妻，欺夫之妾，灭叔之侄，弃弟之兄，背主之奴，以至忽是忽非之干爷，忽亲忽疏之远族，倚势取财之贵客，趋炎行诈之富翁，不守清规之僧尼，同谋分贿之佃户工匠，枉使贪心，有何用处？不若不贪的倒得便宜。诗云："大风有遂，贪人败类。"故这段话文，名之曰《醒败类》。

特别提示：

　　本书在编写过程中，参阅和使用了一些报刊、著述和图片。由于联系上的困难，和部分作品的作者（或译者）未能取得联系，对此谨致深深的歉意。敬请原作者（或译者）见到本书后，及时与本书编者联系，以便我们按照国家有关规定支付稿酬并赠送样书。

　　联系电话：010-80776121　　联系人：马老师